Heussen/Pischel (Hrsg.)
**Handbuch Vertragsverhandlung
und Vertragsmanagement**

Handbuch Vertragsverhandlung und Vertragsmanagement

Planung, Verhandlung, Design und Durchführung von Verträgen

herausgegeben von

Prof. Dr. Benno Heussen
Dr. Gerhard Pischel, LL.M.

bearbeitet von

Dr. Jan Curschmann
Rechtsanwalt, Hamburg

Prof. Dr. Fredmund Malik
Managementexperte und Ökonom, St. Gallen

Prof. Dr. Benno Heussen
Rechtsanwalt, Berlin

Wolfram Meven
Rechtsanwalt und Steuerberater, Düsseldorf

Dr. Martin Imbeck
Rechtsanwalt, München

Dr. Thomas Pattloch, LL.M.Eur.
Rechtsanwalt, München

Dr. Markus Junker
Rechtsanwalt, München

Dr. Gerhard Pischel, LL.M.
Rechtsanwalt, München

Dr. Selim Keki
Rechtsanwalt, Istanbul

Dr. Reiner Ponschab
Rechtsanwalt, München

Dr. Dirk von dem Knesebeck
Rechtsanwalt, München

Dr. Benno Schwarz
Rechtsanwalt, München

Dr. Dagmar Knigge
Rechtsanwältin, München

Mikio Tanaka
Rechtsanwalt, Tokyo

Clemens Kochinke
MCL, Rechtsanwalt,
Attorney at Law, Washington, DC

Prof. Dr. Bernd Wegmann
Notar, Ingolstadt

Dr. Tim Goro Luthra
Rechtsanwalt, München

Gabrielle H. Williamson, J.D.
Solicitor, England and Wales
Attorney-at-Law, Washington, D.C.
und Virginia, U.S.A.
Brüssel und Düsseldorf

4. Auflage
2014

Verlag
Dr. Otto Schmidt
Köln

Zitierempfehlung:
Heussen/Pischel (Hrsg.)/*Bearbeiter*,
Vertragshandbuch, 4. Aufl., Teil ... Rz. ...

*Bibliografische Information
der Deutschen Nationalbibliothek*

Die Deutsche Nationalbibliothek verzeichnet diese
Publikation in der Deutschen Nationalbibliografie;
detaillierte bibliografische Daten sind im Internet
über http://dnb.d-nb.de abrufbar.

Verlag Dr. Otto Schmidt KG
Gustav-Heinemann-Ufer 58, 50968 Köln
Tel. 02 21/9 37 38-01, Fax 02 21/9 37 38-943
info@otto-schmidt.de
www.otto-schmidt.de

ISBN 978-3-504-06306-1

©2014 by Verlag Dr. Otto Schmidt KG, Köln

Das Werk einschließlich aller seiner Teile ist
urheberrechtlich geschützt. Jede Verwertung, die nicht
ausdrücklich vom Urheberrechtsgesetz zugelassen ist,
bedarf der vorherigen Zustimmung des Verlages. Das
gilt insbesondere für Vervielfältigungen, Bearbeitungen,
Übersetzungen, Mikroverfilmungen und die Einspeicherung und Verarbeitung in elektronischen Systemen.

Das verwendete Papier ist aus chlorfrei gebleichten
Rohstoffen hergestellt, holz- und säurefrei, alterungsbeständig und umweltfreundlich.

Einbandgestaltung: Jan P. Lichtenford, Mettmann
Satz: WMTP, Birkenau
Druck und Verarbeitung: Kösel, Krugzell
Printed in Germany

Herrn Rechtsanwalt
Prof. Dr. Reinhard Pöllath, LL.M.
gewidmet,
nach dem die Max-Planck-Gesellschaft
mit guten Gründen
den Asteroiden 7448
„Pöllath"
genannt hat.

Geleitwort

Seit nunmehr siebzehn Jahren trägt das Handbuch „Vertragsverhandlungen und Vertragsmanagement" an prominenter Stelle dazu bei, Defizite auszugleichen, die nach wie vor trotz aller Bemühungen, die Situation zu verbessern, bestehen. Es ist wohl immer noch so, dass viele komplexe internationale Verträge von Juristen und Kaufleuten verhandelt werden, die dies in ihrer Ausbildung nicht richtig gelernt haben. Zugeben muss man, dass inzwischen die Häufigkeit und Dauer von Auslandsaufenthalten und Studien im Ausland deutlich zugenommen haben. Hierdurch sind sicher die größten Defizite beseitigt. Dies ändert aber nichts daran, dass es nach wie vor einen großen Bedarf gibt, umfassende und professionelle Hilfe in Form von sorgfältig erarbeiteten Handreichungen in Anspruch nehmen zu können.

Eine solche fundierte Hilfe stellt das vorliegende Handbuch in bewährter Weise zur Verfügung. Wie bisher werden umfassende taktisch-psychologische Hinweise gegeben. Basischecklisten für Austauschverträge und Gesellschaftsrecht erleichtern die Problembearbeitung in diesen wichtigen Bereichen. Wie bisher ist das Handbuch aufgrund der detaillierten Hinweise gleichzeitig wie ein Handbuch zum Gesellschaftsrecht zu verwenden. Gründliche Hinweise zum Steuerrecht und zur außergerichtlichen Konfliktbeilegung runden das Angebot ab.

Die vielfältigen Auslandsbeziehungen der deutschen Wirtschaft werden angemessen gespiegelt. Neben den USA (die oft exotischer sind, als man annimmt), werden Russland, China, Japan und Brasilien gründlich behandelt. Neu aufgenommen wurden Kapitel über die Türkei und Indien, was dem wachsenden Handel mit diesen Ländern entspricht. Ein besonderes Kapitel ist auch dem Verhandeln in Brüssel gewidmet, ein sehr sinnvoller Bestandteil, da die europäische Ebene immer wichtiger wird.

Sehr nützlich ist das Kapitel über Vertragsenglisch. Hier finden sich nicht nur sprachliche Hinweise, sondern auch vielfältige Hinweise auf rechtliche Konzepte im Englischen, die vom deutschen Rechtsdenken abweichen.

Auch diesmal ist die Lektüre wieder eine Freude, weniger Arbeit, aber immer nützlich und hilfreich.

Auch diesmal wird das Buch mit Sicherheit allen einschlägig Tätigen nützliche Dienste erweisen. Wie schon in der Vorauflage gesagt, sei das Buch nicht nur Juristen und Kaufleuten empfohlen, sondern auch Mitarbeitern im Controlling und in den Compliance-Abteilungen, die auf diese Weise lernen, worauf es ankommt.

Ich bin sicher, dass das bewährte Handbuch in der Neuauflage dazu beitragen wird, das Niveau von Vertragsverhandlungen und Vertragsgestaltungen zu heben und darf auch diesmal viel Erfolg und natürlich Freude bei der Lektüre wünschen.

Frankfurt am Main, Rechtsanwalt Hans-Peter Benckendorff M.A.,
März 2014 vormals Syndikus, Deutsche Bank AG

Vorwort

Wir legen das Handbuch in der 4. Auflage erneut erweitert und in seiner Zielrichtung verändert vor. Anfangs standen die Teile 1–4 im Vordergrund, in denen wir ein auch heute noch revolutionäres (und leider sehr erklärungsbedürftiges), auf Checklisten und Module gestütztes System für den Vertragsentwurf vorstellen und viele praktische Ratschläge für die Planung und Verhandlung von Verträgen geben.

Unsere praktischen Erfahrungen im Lauf der letzten 17 Jahre haben uns gezeigt, dass dieses System nicht nur im deutschen Recht, sondern ganz unabhängig von der jeweiligen Rechtsordnung funktioniert. Allerdings wird man dieses 6-er-Raster nicht in jeder Lage verwenden können. Jeder Anwalt hat seine eigenen Formate für die unterschiedlichen Verträge, die er entwirft, und notarielle Urkunden, Allgemeine Geschäftsbedingungen oder andere Vertragssysteme folgen den Gepflogenheiten der Branche, die in jedem Land unterschiedlich sind. Auch in diesen Fällen hat sich das 6-er-Raster als wesentliche Hilfe erwiesen: Wenn wir für den Entwurf oder die Überprüfung anderer Vertragsformate selbst entwickelte Module und Checklisten verwenden, die den eigenen Denkgewohnheiten folgen, werden wir große Teile des eigenen Know-how auch dann verwenden können, wenn wir das Vertragsdesign nicht in der Hand haben. Während früher nur sehr große Sozietäten mit diesen Fragen konfrontiert wurden, müssen heute schon wegen der europäischen Koordinierungsprozesse, aber auch wegen des wachsenden Wirtschaftsverkehrs mit dem Ausland auch kleine und mittlere Sozietäten solche Probleme lösen.

Deshalb haben wir den internationalen Teil konsequent ausgebaut. Er umfasst jetzt die USA, Russland, China, Japan, Indien, Brasilien, Türkei und die Europäischen Behörden. Als neue Autoren begrüßen wir die Rechtsanwälte:

- *Mikio Tanaka* von City Yuwa Partners, Tokio (Japan),
- Dr. *Tim Luthra*, München (Indien),
- Dr. *Selim Keki* von Balcıoğlu Selçuk Akman Keki Avukatlık Ortaklığı, Istanbul (Türkei).

Dr. *Gerhard Pischel*, LL.M. hat seit 2012 bei der Planung und Umsetzung der 4. Auflage als Herausgeber mitgewirkt und wird das Buch künftig weiterentwickeln. Wir widmen es gemeinsam *Reinhard Pöllath*, LL.M. zum 65. Geburtstag: Er hat uns und zahlreiche andere Kollegen als Anwalt und Manager immer wieder in komplizierten Sachlagen beeindruckt, in kurzer Zeit eine herausragende Sozietät entwickelt und durch eine Vielzahl von ProBono-Tätigkeiten, vor allem für die Max-Planck-Gesellschaft, eine Menge für Deutschland getan.

München/Berlin, im März 2014   Prof. Dr. Benno Heussen
                                                     Dr. Gerhard Pischel, LL.M.

Inhaltsübersicht

	Seite
Geleitwort	VII
Vorwort	IX
Inhaltsverzeichnis	XV
Abkürzungsverzeichnis	LXXXI

	Rz.	Seite
Teil 1 **Funktion und Bedeutung der Verträge im Rechtssystem** *(Heussen)*	1	1

Teil 2
Vertragsmanagement
(Heussen)

	Rz.	Seite
1 Vertragsplanung	1	41
2 Vertragsdesign	217	119
3 Vertragsverhandlung	368	190
4 Vertragsdurchführung	635	337
5 Vertragscontrolling	686	365

Teil 3
Austauschverträge
(Imbeck)

	Rz.	Seite
1 Einführung	1	371
2 Vertragsanbahnung	13	376
3 Vertragsinhalt	101	410
4 Vertragsdurchführung	333	501

Teil 4
Gesellschaftsrechtliche Verträge – Basischeckliste und Kommentierung mit Einzelformulierungsvorschlägen
(Wegmann/von dem Knesebeck)

	Rz.	Seite
1 Vorbereitung von Gesellschaftsverträgen und Konzepten	1	507

	Rz.	Seite
2 Allgemeine Gestaltungsfragen für alle Gesellschaftsverträge	62	528
3 Gestaltungsfragen bei einzelnen Gesellschaftsverträgen	229	582
4 Vertragsabschluss	572	705
5 Vertragsdurchführung	574	707

Teil 5
Vertragsgestaltung und Steuern
(Meven)

	Rz.	Seite
1 Einführung	1	721
2 Vertragsplanung	19	727
3 Austauschverträge	30	732
4 Gesellschaftsrechtliche Verträge	82	753
5 Steuerrechtliches Vertrags-Controlling	200	797

Teil 6
Vertragsenglisch
(Pischel) 1 800

Teil 7
Außergerichtliche Konfliktbeilegung
Institutionen und Verfahren im In- und Ausland
(Ponschab) 1 833

Teil 8
Verhandeln in Brüssel
(Williamson)

	Rz.	Seite
1 Einleitung	1	869
2 Besonderheiten der Interessenvertretung und des Verhandelns auf EU-Ebene	7	871
3 Verhandeln mit der Europäischen Kommission in ihrer Funktion als Vollzugsbehörde	12	873
4 Verhandeln mit den europäischen Institutionen im Gesetzgebungsverfahren	125	908

		Rz.	Seite
5	Verträge mit den europäischen Institutionen	166	922
6	Schlussfolgerungen	170	923
7	Überblick	173	924

Teil 9
Verhandeln im Ausland

9.1
Verhandeln in den USA
(Kochinke)

		Rz.	Seite
1	Einführung: A Deal is Not a Deal	1	929
2	Vertragsmanagement	8	932
3	Anhang	152	980

9.2
Verhandeln in Russland
(Schwarz)

		Rz.	Seite
1	Einführung – Der ferne Nachbar	1	983
2	Vertragsmanagement	9	989
3	Anhang	99	1021

9.3
Verhandeln in China
(Pattloch) 1 1025

9.4
Verhandeln in Japan
(Tanaka) 1 1083

9.5
Verhandeln in Brasilien
(Curschmann)

		Rz.	Seite
1	Einführung	1	1113
2	Vertragsplanung	6	1120
3	Vertragsdesign	19	1125
4	Vertragsverhandlung	26	1129

	Rz.	Seite
5 Vertragsdurchführung.	41	1138
6 Vertragscontrolling.	44	1142
7 Schlusswort.	46	1144

9.6
Verhandeln in der Türkei
(Keki)

1 Einführung.	1	1145
2 Vertragsmanagement.	33	1158

9.7
Verhandeln in Indien
(Luthra)

1 Einführung.	1	1181
2 Vertragsmanagement.	14	1188

Teil 10
Qualitätsmanagement von Vertragsprojekten
Typische Fehler von Managern im Umgang mit ihren Beratern aus Sicht des Beraters
(Malik) 1 1211

Teil 11
Checklisten

11.1
Checklisten für Austauschverträge
(Pischel/Junker) 1 1225

11.2
Checklisten für Gesellschaftsverträge
(Knigge) 1 1251

Verzeichnis der Autoren.	1291
Sachregister.	1297

Inhaltsverzeichnis

	Seite
Geleitwort	VII
Vorwort	IX
Inhaltsübersicht	XI
Abkürzungsverzeichnis	LXXXI

Teil 1
Funktion und Bedeutung der Verträge im Rechtssystem
(Heussen)

	Rz.	Seite
I. Einführung	1	2
1. Verträge, Gesetze und soziale Regeln	1	2
a) Geben und Nehmen, Vertrauen und Risikosteuerung	1	2
b) Internationale Rechtskulturen	3a	4
aa) Netzwerke und Hierarchien	3a	4
bb) Der gesetzliche Rahmen in unterschiedlichen Rechtskulturen	3b	5
cc) Verträge als private Gesetze	8	7
2. Risiken und Risikoprognosen	13	9
a) Risiko und Vertrauen	13	9
b) Wesentliche Risikofaktoren	13a	10
c) Risikoprognosen	16	12
3. Verhandeln als soziales Ritual	18	12
II. Statisches und dynamisches Vertragsverständnis	21	13
III. Komplexität, Strategie und Taktik	29	16
1. Verträge und vernetztes Denken	29	16
2. Strategie, Taktik und Führung	35	19
a) Verbindungen und Gegensätze	35	19
b) Strategie	37	20
c) Taktik	38	21
d) Führung	46a	23
IV. Vertragsmanagement	47	24
1. Vertragsplanung	59	28
2. Vertragsdesign	60	29
a) Begriff	60a	29
b) Vorgehen	60b	29
c) International einheitliche Module	60b	30

	Rz.	Seite
3. Vertragsverhandlungen	61	31
4. Vertragsdurchführung	72	35
5. Vertragscontrolling	74	35
6. Zwölf Grundregeln des Vertragsmanagements	75	35
V. Macht, Recht und Willkür	76	37
VI. Entscheidungen und Emotionen	80	38
VII. Stabilität und Anpassungsfähigkeit	81	39

Teil 2
Vertragsmanagement
(Heussen)

1 Vertragsplanung

	Rz.	Seite
I. Strategie und Taktik	1	44
1. Vertragsstrategie	1	44
2. Vertragstaktik	12	48
3. Grenzen der Taktik	19	51
4. Führung	20a	51
II. Planungsfaktoren	21	52
1. Informationen	24	54
a) Informationen geben	28	55
b) Informationen nehmen	30	55
c) Informationen prüfen und aktualisieren	31	55
d) Einfluss auf das Vertragsmanagement	33	56
2. Machtverhältnisse und Beziehungen	35	56
3. Zeitrahmen und Prioritäten	39	58
4. Finanzielle Mittel	46	60
5. Einsatz von Projektteams	50	61
6. Berater	53	62
a) Beratungsgebiete	53	62
b) Auswahl von Beratern	60	65
c) Beraterverträge	61	65
d) Zusammenarbeit beim Vertragsmanagement	66	67
aa) Vereinbarung von Funktion, Rolle und Tätigkeitsumfang	66	67
bb) Grundregeln für die Zusammenarbeit	71	69

	Rz.	Seite
e) Krisensituationen	75	71
f) Haftung von Beratern	79	72
aa) Haftung gegenüber dem Auftraggeber	80	73
bb) Haftung gegenüber Dritten	83	74
cc) Beweislast, Schaden und Verjährung	85	75
dd) Sekundärhaftung	88	75
ee) Haftung des Beraters für eingeschaltete Dritte	90	76
g) Beratung im internationalen Umfeld	91a	76
7. Kommunikation	92	77
8. Entschlossenheit	98	78
9. Feste Strukturen und Flexibilität	104	80
a) Auffangplanung	106	80
b) Vertragskonzeption	107	81
c) Flexible Regelungen	110	81
d) Änderungsvereinbarungen	115	83
10. Störfaktoren	119	84
III. Risikobewertung	127	86
IV. Zusammenarbeit zwischen Managern, Unternehmensjuristen und Rechtsanwälten	137	90
1. Rechtsfragen im Unternehmen	137	90
a) Risikomanagement	139	90
b) Manager, Unternehmensjuristen und Rechtsanwälte	141	91
2. Rechtsmanagement in der Aufbauorganisation	150	95
a) Tatsachen und Rechtsfragen	150	95
b) Aufgabenverteilung nach Servicegesichtspunkten	155	96
3. Rechtsmanagement in der Ablauforganisation	159	98
4. Kosten und Nutzen	164	99
5. Zusammenfassung	169	101
V. Planungsszenarien	170	102
VI. Vertragsvorbereitung	174	104
1. Planung	175	104
2. Teamwork Interne Organisation, Computer und Software	180	106
3. Ideensammlung	182	107
4. Tatsachen und Meinungen	187	108
5. Tatsachen und Bilder	191	109
6. Dokumentation	193	110
7. Informationen über den Vertragspartner	194	110
8. Rechtslage	195	111

	Rz.	Seite
9. Entwurfsregie	200	113
10. Interne Abstimmung der Entwürfe	207	115
11. Verträge mit ausländischen Vertragspartnern	210	115
12. Letter of Intent	214	117

2 Vertragsdesign

	Rz.	Seite
I. Entwurfsstrategie	217	120
1. Vertragsformen	217	120
2. Begriff: Vertragsdesign	221	122
3. Strategie und Taktik	229	124
II. Wissensmanagement: Die Werkzeuge für das Vertragsdesign	233	126
1. Checklisten	234	127
2. Vertragsmuster	237	129
3. Vertragssammlungen	238	130
4. Rechtsprechung	239	130
5. Literatur	240	130
6. Datenbankinformationen und Newsletter	241	131
7. Softwareunterstützung	242	131
8. Einbindung in das Firmennetzwerk	246	132
9. Einbindung der Anwälte in das Netzwerk	247	132
10. Videokonferenzsysteme, Bildtelefonie (Skype)	248	132
11. Hardwareausstattung	249	132
12. Elektronische Signaturen	250	133
III. Arbeitstechnik	251	133
1. Zettelsystem	253	134
a) Grundidee: Ein Zettel = Ein Gedanke	253	134
b) Einheitliches Format	256	136
2. Charts, Mind-Mapping	257	136
3. Texte	259	137
4. Teamwork	261	138
5. Zeitmanagement	262a	138
IV. Elemente des Vertragsdesigns	263	138
1. Struktur von Verträgen	263	138
2. Modulare Vertragssysteme	271	141
a) Das einheitliche modulare 6-er Raster für alle Vertragstypen	273a	142

	Rz.	Seite
aa) Die sechs Module für Austauschverträge	273b	142
bb) Die sechs Module für Gesellschaftsverträge	275	145
b) Andere Aufteilung der Module	276	146
3. Sprache und Begriffe	279	148
a) Umgangssprache	281	149
b) Fachsprachen	282	149
c) Juristische Fachsprache	283	150
d) Fremdsprachliche Begriffe	284	150
e) Sprachstile	287	151
aa) Neutraler Vertragsstil	290	152
bb) Konstruktiver Vertragsstil	291	153
cc) Destruktiver Vertragsstil	295	154
dd) Gesichtsverlust	296	155
ee) Stilistische Eleganz	297	155
ff) Nur das Notwendige formulieren	298	155
f) Definitionen	299a	156
V. Vertragsinhalt	300	156
1. Umfang des Vertrages	301	157
2. Risikobeschreibung und Risikoverteilung	302	157
3. Entscheidungsfreiheit	305	159
4. Systemverantwortung	308	160
5. Mitwirkungspflichten	309	161
6. Hauptleistungen und Nebenleistungen	310	161
7. Regelung von Rechtsfolgen	311	161
8. Gesetzliche Begriffe	312	162
9. Schließung von Lücken	313	162
10. Inhaltliche Ausgewogenheit	315	163
11. Schiedsgutachter	316	163
VI. Ein System für die Entwicklung vertraglicher Regeln	318	164
1. Der Gestaltungsraum der Verträge	318	164
2. Die Entwicklung gesetzlicher und vertraglicher Regeln	319	164
3. Bestimmende Faktoren für Verträge	320	164
4. Probleme der gesetzlichen Lösung	323	165
a) Szenario: Leistungsstörungen bei Austauschverträgen	323	165
aa) Die gesetzliche Lösung	324	166
bb) Probleme der gesetzlichen Lösung	325	167
b) Szenario: Ausscheiden von Gesellschaftern	326	167
5. Alternativen	328	169

	Rz.	Seite
a) Leistungsstörungen bei Austauschverträgen	329	169
aa) Veränderung des Leistungsinhalts	330	169
bb) Kosten- und Risikovermeidung (Cheapest Cost Avoider)	331	170
cc) Risikoübernahme durch Dritte (Cheapest Insurer)	332	170
dd) Risikoübernahme durch den Überlegenen (Superior Risk Bearer)	333	170
ee) Formale Vorgehensmodelle	334	171
ff) Reduzierung des Streitrisikos	335	171
b) Ausscheiden von Gesellschaftern	337	172
6. Elemente, die die Risikoverteilung und Risikoakzeptanz beeinflussen	343	177
a) Ökonomische Analyse der vertraglichen Risikoverteilung	343	177
aa) Gesetzliche Zuweisung der Risiken	345	178
bb) Interpretation der Ermessensspielräume	346	178
cc) Risikokategorien	347	178
b) Analyse der ideellen Interessen und emotionalen Lagen der Parteien	348	179
c) Macht, Information und Spiele	349	180
d) Das Problem der Gerechtigkeit	351	181
e) Ergebnisorientierte, aber auch interessengerechte Verhandlungsführung	352	181
f) Vorsorgliche Verminderung der Streitrisiken	353	181
g) Komplexität	355	182
h) Check and Balance	356	182
7. Naives Vorgehen bei der Entwicklung vertraglicher Regeln in der Praxis	358	183
8. Systematisch richtiges Vorgehensmodell bei der Entwicklung von vertraglichen Rechtsregeln	360	185
a) Macht, Logik, Analogiebildung und Stressfaktoren	360	185
b) Erläuterung des Vorgehensmodells an einem Beispiel	361b	186
aa) Phase 1: Definition des Risikoverteilungsmodells (Regel)	362	186
bb) Phase 2: Ermittlung der Tatsachen (Fall)	363	187
cc) Phase 3: Vergleich zwischen Risikoverteilung und Tatsachen (Analogie)	364	188
dd) Phase 4: Verhandlung und Entscheidung	365	188
ee) Phase 5: Neue Alternativen	366	189
ff) Zusammenfassung	367	189

3 Vertragsverhandlung

	Rz.	Seite
I. Verhandlungsstrategie	368	192
1. Die Verhandlung als soziales und kommunikatives Ritual	369	192
2. Verhandlungsplanung	373	193
II. Psychologische Faktoren bei Vertragsverhandlungen	378	195
1. Positionen, Status und Machtspiele	380	196
2. Machtdifferenzen, Argumente und Gefühlslagen	381	197
a) Soziale und kommunikative Rituale	381a	198
b) Wirkung nach außen: Tatsachen sprechen lassen!	381b	199
c) Wirkung nach innen	381c	199
d) Argumente ändern Gefühle	381e	200
e) Funktion von Drohungen	381f	200
3. Unbewusste Motive	382	201
4. Flexibilität und Zuverlässigkeit	383	201
5. Emotionale Lagen	384	202
a) Positive Emotionen	384a	202
b) Negative Emotionen und Stress	384b	203
6. Misstrauen und Vertrauen	385	204
7. Respekt	387a	204
III. Strategische Modelle	388	205
1. Tatsachen, Meinungen und Bewertungen	388	205
2. Drei Basismodelle	389	206
3. Basarhandel	390a	206
4. Das Harvard-Verhandlungskonzept	391	207
5. Machiavelli in Harvard: Zwei gegensätzliche Perspektiven	392	210
a) Die Entwicklung des Harvard-Verhandlungskonzepts	392a	210
b) Machiavellis Ideen	392c	211
c) Die Kombination der Perspektiven	392f	213
aa) Unterschiedliche Machtperspektiven	392f	213
bb) Situationsbedingte Werkzeuge	392i	215
cc) Verbindung der Perspektiven	392l	216
6. Zusammenfassung	392m	217
IV. Verhandlungsstil	395	219
1. Neutrales Verhalten	400	222
2. Destruktives Verhalten	402	222

	Rz.	Seite
3. Konstruktives Verhalten	405	224
4. Bewertung der Stilformen	407	224
5. Klarheit des Stils und Stilwechsel	413	228
6. Sprache, Verhalten und Körpersprache	415	228
a) Aktives Zuhören	418	230
b) Unterbrechungen	419	230
c) Endlose Reden	420	230
d) Ich- und Du-Botschaften	420a	231
7. Direkte und indirekte Kommunikation	421	232
a) Indirektes Verhalten	423	233
b) Direktes Verhalten	424	233
V. Logische, komplexe und emotionale Intelligenz	426	234
1. Logische Gedankenführung	426a	234
2. Emotionale Lagen	426b	235
3. Komplexe Situationen	426c	235
VI. Sieben Konfliktelemente	427	236
VII. Verhandlungsorganisation	432	238
1. Ad-hoc-Verträge	432	238
2. Beweis des Vertragsschlusses	434	238
3. Komplexe Verträge	435	239
4. Verträge ohne Verhandlungskonferenzen	436	240
5. Verträge als Ergebnis von Verhandlungskonferenzen	438	240
a) Vorverhandlung	439	241
b) Entwurfsverhandlung	440	241
c) Schlussverhandlung	442	242
6. Organisation von Verhandlungen	446	243
a) Taktische Überlegungen	446	243
b) Verhandlungsregie	449	245
c) Themen	453	246
d) Tagesordnung	455	247
e) Teilnehmer	456	247
aa) Verhandlungen unter vier Augen	456	247
bb) Verhandlungsteams	456a	248
cc) Rollenspiele	460	250
dd) Spannungen im Team	461	250
ee) Aus der Rolle fallen	462	251
f) Ort	465	252

			Rz.	Seite
	g) Zeit		468	254
	aa)	Zeitplanung	468	254
	bb)	Taktik	469	254
	cc)	Pausen	471	255
	dd)	Zwischenergebnisse	472	255
	ee)	Fehlende Strukturierung	473	255
	h) Arbeitstechnik mit Zetteln und Software		474	256
	i) Organisatorische Details		476	257
	aa)	Sitzordnung	477	257
	bb)	Unterlagen vorbereiten	478	258
	cc)	Visitenkarten	479	258
	dd)	Visuelle Hilfsmittel	480	259
	ee)	Protokolle	481	259
	ff)	Dokumente und Anlagen	482	260
	gg)	Getränke	483	260
	hh)	Rauchen	484	260
	ii)	Essen	485	260
	jj)	Alkohol	486	261
	kk)	Dokumentenmanagement	487	262
	ll)	Aktenkoffer	488	262
	mm)	Mobiltelefone	489	262
	nn)	Computer und Software	490	263
	oo)	Taschenrechner	491	263
	pp)	Telefax, E-Mail	492	263
	qq)	Sekretariatsdienste	493	263
	rr)	Ausweichräume	494	264
	ss)	Entertainment	495	265
	tt)	Schlaf	496	265
	uu)	Sprachprobleme	497	265
	vv)	Übersicht behalten	499	267
VIII. Verhandlungsregie			500	267
1. Allgemeines			500	267
2. Werkzeuge der Verhandlungsregie			502	268
a) Übersicht			502	268
b) Grundregeln			503	269
3. Übernahme der Verhandlungsregie			504	270
4. Tatsachenorientiertes Verhalten			507	271
5. Verhandlungsteams			508	272
6. Einsatz der Werkzeuge			510	273

	Rz.	Seite
a) Ergebnisse zusammenfassen	511	273
b) Wiederholen	512	274
c) Regeln brechen	513	274
d) Strukturen schaffen	515	275
aa) Informieren	516	275
bb) Strukturieren	517	276
cc) Detaillieren	518	276
dd) Dokumentieren	519	277
ee) Bewerten	520	278
ff) Entscheiden	521	278
e) Zwölf taktische Regeln	521a	278
IX. Verhandlungsablauf	522	280
1. Anfangsphase	524	280
2. Vereinbarung über Protokolle	528	283
3. Verhandlung über den Vertragsinhalt	529	283
a) Statements	529	283
b) Verhandlungsstil	533	285
c) Störfelder	534	285
d) Forderungen stellen	535	286
e) Reaktion auf Forderungen	536	286
f) Abwarten und Schweigen	537	287
g) Abkürzen endloser Reden	537a	287
4. Bewertung der eigenen Position	538	287
a) Zwischenbilanz	538	287
b) Vorzeitiger Abbruch	540b	289
5. Lösungen suchen: Die Bilanz der Zugeständnisse	541	290
a) Kultureller und sozialer Hintergrund	542	290
b) Komplexes Denken	543	291
c) Verhandlungsstil	547	293
aa) Lob des Konjunktivs	548	293
bb) Fragen und Schweigen	549	294
cc) Scheinzugeständnisse	550	294
d) Gegenüberstellung von Leistung und Gegenleistung	551	295
e) Objektive Risikobewertung	556	297
f) Emotionale Bewertung	557	297
g) Rechtliche Bewertung	559	298
h) Vorteile für beide Seiten suchen	560	299
i) Alternativen entwickeln und anschaulich machen	562	300

	Rz.	Seite
j) Entscheidungskompetenzen	565	301
k) Letzte Forderungen	566	302
6. Ergebnislosigkeit des ergebnisorientierten Verhandelns	567a	302
7. Organisation des Abbruchs von Verhandlungen	567b	303
X. Schwierige Verhandlungssituationen	568	304
1. Allgemeine Verhaltenshinweise	569	305
a) Vier-Stufen-Plan bei offenen Krisen	571	306
b) Strategien der Leere	575	308
c) Unsinnige Forderungen	578	309
d) Auflösen von Pattsituationen	579	309
e) Ultimative Forderungen	581	310
f) Übersicht über die Fallgruppen	582	311
2. Neutrale Probleme	583	312
3. Beeinflussung des Verhandlungsablaufs	586	313
4. Taktieren	591	315
a) Zu hohe Forderungen	592	316
b) Zu geringe Forderungen	593	316
c) Zurücknehmen von Zugeständnissen	595	317
d) Inhaltsleere Zusagen	596	317
e) Unbegründete Zweifel	597	318
5. Manipulation von Tatsachen	598	318
6. Manipulation von Meinungen	602	319
7. Destruktion und Machtspiele	605	320
a) Offene Konfrontation	609	322
b) Prinzipienreiterei	610	322
c) Skepsis	612	323
d) Drohungen	613	323
e) Unhöflichkeiten	614	324
8. Interne Konfliktsituationen	615	325
a) Denkverbote und Killerphrasen	616	325
b) Änderungen von Anweisungen	618	326
c) Gefühlsschwankungen	619	327
XI. Abbruch der Verhandlungen	622	328
XII. Formeller Vertragsschluss	629	330
XIII. Checkliste: Von der Idee zum Text – Ein Vorgehensmodell	634a	333

4 Vertragsdurchführung

	Rz.	Seite
I. Planung der Durchführung	635	337
II. Planungsfaktoren und eigene Vertragstreue	639	339
III. Strategie und Taktik	641	340
IV. Durchführungsregie	645	342
V. Projektteams bei der Durchführung	647	343
VI. Wirksamkeit des Vertrages	649	344
VII. Sicherung der Leistungen	651	344
VIII. Treuhandabwicklungen	652	345
IX. Geld- und Sachleistungen	653	345
X. Leistungsänderungen und Planänderungen	656	346
XI. Rechtshandlungen im Bereich der Vertragsdurchführung	660	348
XII. Der Vertrag in der Krise	661	349
1. Strategie und Taktik	661	349
2. Auslöser für die Krise	664	350
3. Verhinderung von Vertragskrisen	665	354
a) Allgemeines Verhalten	665	354
b) Streitrisikoanalysen	666a	355
4. Umgang mit der Presse	668	356
5. Rechtliche Bewertung	669	356
6. Unterstützung durch Berater in der Krise	671	358
7. Krisensitzungen	673	359
8. Rückabwicklung des Vertrages	682	362

5 Vertragscontrolling

	Rz.	Seite
I. Begriff	686	365
II. Werkzeuge	687	365
III. Bandbreite des Vertragscontrollings	690	367
IV. Vertragsdokumentation	691	367
V. Nachkalkulation	694	368
VI. Gemeinsames Controlling von Ergebnissen	695	369

Teil 3
Austauschverträge
(Imbeck)

	Rz.	Seite
1 Einführung	1	371

2 Vertragsanbahnung

	Rz.	Seite
I. Rechtliche Qualifikation von Vorbereitungsmaßnahmen	14	377
1. Letter of Intent/Absichtserklärung	14	377
a) Begriff	14	377
b) Zweck	15	377
c) Form	16	378
d) Rechtliche Bedeutung	17	378
e) Rechtsfolgen des Fehlens eines Letter of Intent	18	378
f) Literatur	20	378
2. Memorandum of Understanding	21	379
3. Third Party Legal Opinion	23	379
a) Begriff	23	379
b) Rechtliche Bedeutung und Rechtsfolgen	25	380
c) Literatur	26	380
4. Isolierte Geheimhaltungsvereinbarung	27	380
5. Vorvertrag und Option	28	381
6. Vertrauensschadenshaftung	33	382
7. Handelndenhaftung	35	383
II. Aufklärungs- und Schutzpflichten	36	383
1. Aufklärungspflichten	37	383
a) Grundsätze	37	383
b) Folgen	38	384
c) Beispiele	39	384
2. Schutzpflichten	40	385
III. Verpflichtung zur Vertraulichkeit	41	385
1. Zivilrechtlicher Schutz	42	386
2. Strafrechtlicher Schutz	47	387
IV. Verschulden bei Vertragsverhandlungen	49	387
1. Vertrauenshaftung	50	388
2. Erfüllungsgehilfen	53	389
3. Eigenhaftung des Vertreters	54	389
4. Beweislast	56	390

	Rz.	Seite
V. **Allgemeine Geschäftsbedingungen/Formularverträge** .	57	391
1. Begriff	58	391
2. Sachlicher und persönlicher Geltungsbereich	59	392
a) Sachlicher Anwendungsbereich	59	392
b) Persönlicher Anwendungsbereich	60	392
3. Einbeziehung	61	393
4. Zulässigkeit der Klauseln	62	393
5. Verbraucherverträge	63	394
VI. **Vollmachten**	66	395
1. Verhandlungsvollmacht	67	395
2. Abschlussvollmacht	69	396
3. Duldungs- und Anscheinsvollmacht	71	397
a) Duldungsvollmacht	72	397
b) Anscheinsvollmacht	73	397
4. Vollmachtloser Vertreter	74	398
VII. **Konsens und Dissens**	76	398
1. Offener Einigungsmangel	77	399
2. Versteckter Einigungsmangel	78	400
VIII. **Scheinvertrag**	79	400
IX. **Anfechtbarkeit**	81	401
1. Irrtum	82	401
2. Täuschung und Drohung	85	402
3. Rechtsfolgen der Anfechtung bei Dauerschuldverhältnissen	86	403
4. Vermögensverschiebungen	89	404
X. **Geschäftsgrundlage**	90	404
XI. **Sittenwidrigkeit**	94	406
1. Allgemeines	95	407
2. Wucher	99	408
XII. **Gesetzliche Verbote**	100	409

3 Vertragsinhalt

	Rz.	Seite
I. **Vorfragen**	101	412
1. Formerfordernisse	102	412
a) Gesetzliche Formerfordernisse	105	414
aa) Vertragstypus und Vertragszweck	106	414

	Rz.	Seite
bb) Einzelne Vertragsbestandteile	108	415
(1) Schuldbestärkung und -sicherung	109	415
(2) Dinglicher Vollzug	110	415
(3) Sonstige Vertragsbestandteile	111	416
cc) Zustimmungs- oder Ermächtigungshandlungen	112	416
b) Formbedürftigkeit von Vorverträgen	114	417
c) Umfang der Formbedürftigkeit	117	418
d) Probleme der Schriftform	119	419
aa) Einheitlichkeit der Urkunde	119	419
bb) Schriftform und Telekommunikation	122	420
cc) Unterzeichnung	123	421
e) Besondere prozedurale Pflichten	124	422
aa) Trennung von Urkunden	124	422
bb) Hinweis- und Belehrungspflichten	125	422
2. Vertragssprache	126	422
3. Übertragung von Rechten und Pflichten	129	423
a) Drittbegünstigung	129	423
b) Schutzpflichten zugunsten Dritter	131	424
c) Abtretung von Ansprüchen aus dem Vertrag	138	427
d) Antizipierter Vertragsübergang	142	428
4. Vertragspartner	143	429
a) Vertretung	143	429
aa) Dokumentation der Vertretungsmacht	143	429
bb) Vertreter ohne Vertretungsmacht	144	430
cc) Einräumung von Vertretungsmacht zwischen den Vertragsparteien	145	431
dd) Vollmacht an Dritte	146	431
ee) Vertretung Minderjähriger	147	431
b) Zugangsvereinbarungen	148	431
aa) Empfangsvollmacht	149	432
bb) Modifikation allgemeiner Zugehensregelungen	150	432
c) Mehrheit von Vertragspartnern	152	433
d) Änderung in der Person des Vertragspartners	154	434
aa) Änderungen im Gesellschafterbestand bei Gesellschaften	155	434
bb) Rechtsformwechsel	157	435
cc) Verschmelzung oder Spaltung des Vertragspartners	158	436
dd) Insolvenz des Vertragspartners	160	436
ee) Tod des Vertragspartners	162	437

	Rz.	Seite
e) Geschäftsfähigkeit der Vertragspartner	163	438
5. Verhältnis zu anderen Verträgen	164	438
a) Formaspekt	165	438
b) Einwendungsdurchgriff	166	438
c) Koordination/Systemverantwortung	168	439
6. Einfluss Dritter auf den Vertrag	170	440
a) Öffentlich-rechtliche Beschränkungen	171	441
aa) Einfluss auf die Wirksamkeit	171	441
bb) Einfluss auf die Erreichung des Vertragszwecks	175	442
b) Privatrechtliche Beschränkungen	176	443
aa) Schlicht schuldrechtliche Beschränkungen	176	443
bb) Beeinflussung der Wirksamkeit des Vertrages	177	443
cc) Einfluss Dritter auf die Durchführung des Vertrages	178	444
c) Vorkaufsrechte	179	444
7. Haftungsrisiken aus dem Leistungsaustausch	181	445
a) Vermögensübernahme (§ 419 BGB a.F.)	182	445
b) Haftung aus Firmenfortführung (§ 25 HGB)	183	446
c) Haftung des Betriebsübernehmers (§ 613a BGB)	185	447
d) Steuerliche Risiken	187	447
e) Haftungsrisiko beim Erwerb von Gesellschaftsanteilen	189	448
aa) Kapitalgesellschaften	189	448
bb) Personengesellschaften	190	449
f) Öffentlich-rechtliche Haftung	191	449
8. Externe Effekte des Vertragsinhalts	192	450
a) Gesetzes- und Vertragsumgehung	193	450
b) Steuerrechtliche Folgen	195	451
aa) Berücksichtigung von Steuerfolgen	196	451
bb) Planung von Steuerfolgen	197	451
II. Vertragliche Grundlagen	198	452
1. Vertragsrubrum	199	452
2. Präambel oder Vorbemerkung	201	453
a) Erläuterungsfunktion	202	453
b) Dokumentationsfunktion	203	454
c) Struktur der Präambel oder Vorbemerkung	204	454
3. Registerstand	205	454
4. Begriffsdefinitionen	206	455
5. Geltungsbereich des Vertrages	207	456
a) Sachlicher Geltungsbereich	207	456
b) Räumlicher Geltungsbereich	208	456

	Rz.	Seite
6. Rangfolge von Regelungen	209	456
a) Verhältnis zwischen Vertrag und Gesetz	209	456
aa) Zwingendes Gesetzesrecht	210	456
bb) Dispositives Recht der Vertragstypen	213	457
b) Einbeziehung von Regelungssystemen außerhalb des Vertragstextes	215	458
aa) Regelungsprogramme von Dritten	215	458
bb) Allgemeine Geschäftsbedingungen	217	459
c) Interne Rangfolge	223	461
III. Inhalt der Leistungen	224	461
1. Sachleistung	225	462
a) Leistungsart	225	462
aa) Allgemeines	225	462
bb) Beschaffenheitsvereinbarungen/Zusicherungen/ Garantien	228	463
cc) Leistungsinhalt bei Typenmischung	233	465
b) Leistungsmodalitäten	235	465
c) Leistungsvorbehalte	236	466
d) Mitwirkung des Vertragspartners	240	467
e) Leistungen Dritter	241	468
f) Leistungszeit	242	468
2. Geldleistung	243	469
a) Vergütung	243	469
aa) Abbedingung gesetzlicher Regelungen	244	469
bb) Festpreis	245	469
cc) Preisrahmen	246	469
dd) Vergütung nach Aufwand	248	470
ee) Preisgleitklauseln	249	470
ff) Preisverrentung	250	470
gg) Abhängigkeit der Geldleistung vom Umsatz, Gewinn etc.	252	471
hh) Wertsicherungsklauseln	255	472
ii) Umsatzsteuer	256	473
b) Zahlungsmodalitäten	257	473
aa) Fälligkeitsregelungen	257	473
bb) Rechtsfolgen bei Abschlagszahlungen und Vorschüssen	258	473
cc) Boni/Skonti/Rabatte	259	473

	Rz.	Seite
dd) Aufrechnung	260	474
ee) Zurückbehaltungs-/Leistungsverweigerungsrechte	261	474
3. Leistungsbestimmungsrechte	262	474
4. Regelung des Verzuges	264	475
IV. Sicherung der Leistungen	269	476
1. Sicherung der Sachleistung	269	476
a) Gewährleistung	269	476
b) Garantien	270	477
c) Rügepflichten, Fristen	271	477
d) Qualitätssicherungsvereinbarungen	273	478
e) Bürgschaften	274	478
f) Anwartschaftsrechte, Vormerkung	275	479
2. Sicherung der Geldleistung	276	479
a) Wahl des Zahlungsweges	276	479
b) Eigentumsvorbehalt	277	479
c) Typische Kreditsicherheiten	278	480
aa) Sicherungsmittel	279	481
(1) Sicherungsübereignung	279	481
(2) Sicherungszession	280	481
(3) Grundpfandrechte	281	481
bb) Sicherungsabreden	282	482
d) Sicherung des Zahlungsflusses	287	484
e) Drittsicherheiten	288	484
aa) Bürgschaft	289	484
bb) Schuldbeitritt	290	485
cc) Garantie	291	485
3. Allgemeine Leistungssicherung	292	486
a) Versicherungen	293	486
b) Informationsrechte und -pflichten	294	486
c) Konkurrenz- und Geheimnisschutz	295	487
4. Allgemeine Haftungsvereinbarungen	297	487
a) Regelung einer Haftung wegen Pflichtverletzung im vorvertraglichen Bereich	298	487
b) Verschuldensregelungen	299	488
c) Haftungsausschlüsse und Haftungsbegrenzungen	300	488
d) Regelung der Haftungsfolgen	301	489
e) Verjährungsregelungen	304	490
V. Vertragsdurchführung	305	490

	Rz.	Seite
1. Leistungsvollzug	305	490
2. Beginn und Beendigung des Vertrages	306	490
a) Beginn des Vertrages	306	490
b) Laufzeit	307	490
c) Vertragsbeendigung	308	491
aa) Ordentliche Kündigung	309	491
bb) Außerordentliche Kündigung	310	491
cc) Rücktrittsrechte	312	492
3. Vertragsanpassung/Vertragsänderung	313	492
4. Abnahme und Übergabe	316	493
5. Besondere Nebenpflichten	317	493
6. Abwicklungs- und nachvertragliche Pflichten	318	493
a) Abfindungen bei Vertragsbeendigung	318	493
b) Herausgabepflichten	319	494
c) Unterlassungs- und sonstige Pflichten	320	494
VI. Allgemeine Bestimmungen	321	494
1. Rechtswahl	321	494
2. Erfüllungsort und Gerichtsstand	323	495
a) Vereinbarung des Erfüllungsortes	323	495
b) Gerichtsstandsvereinbarungen	324	495
3. Schriftformklauseln	325	496
4. Salvatorische Klauseln	326	497
5. Schiedsregelungen	328	498
a) Schiedsgutachten	328	498
b) Schiedsgerichtsvereinbarungen	329	498
6. Kosten/Steuern	331	499
VII. Anlagen	332	499

4 Vertragsdurchführung

	Rz.	Seite
I. Auslegung/Lückenfüllung	334	501
II. Anfechtung/Kündigung/Rücktritt	335	501
III. Vertrauensschutz bei Rückabwicklung	338	502
IV. Bereicherungsrechtliche Fragen	339	502
V. Vorsorgliche Beweissicherung	342	503
1. Selbständiges Beweisverfahren	343	503
2. Privatgutachten	345	504

	Rz.	Seite
3. Eidesstattliche Versicherungen	346	505
4. Gedächtnisprotokolle	348	505
5. Fotografische Dokumentationen	349	506
6. Telefon-Mitschnitte	350	506

Teil 4
Gesellschaftsrechtliche Verträge – Basischeckliste und Kommentierung mit Einzelformulierungsvorschlägen
(Wegmann/von dem Knesebeck)

1 Vorbereitung von Gesellschaftsverträgen und Konzepten

	Rz.	Seite
I. Konzeptionierung, Vorbemerkungen	1	508
1. Prämisse	1	508
2. Zeitliche Abfolge	2	508
3. Dokumentation	3	509
II. Rechtliches Konzept	4	509
1. Entscheidung: Interessenverfolgung durch gemeinsame Gesellschaft	4	509
a) Gemeinsame Gesellschaft oder losere Kooperation	5	509
aa) Lose Kooperationsformen ohne Gesellschaftsbildung	6	509
(1) Abgestimmte Zulieferungs- und Abnahmeverpflichtungen	7	509
(2) Dienstvertragsbeziehungen mit Ergebnisbeteiligung, Aktienoptionspläne	7	510
(3) Partiarische Darlehen	8	510
(4) Kartellabsprachen	9	510
bb) Gemeinsame Zweckverfolgung	10	510
b) Gemeinsame Gesellschaft möglich	11	511
aa) Wettbewerbsrechtliche Hindernisse	12	511
bb) Berufsrechtliche Hindernisse	13	511
cc) Steuerrechtliche Hindernisse	14	511
dd) Kartellrechtliche Hindernisse	15	512
2. Interessen und Perspektiven	16	512
a) Zeitliche Dauer des gemeinsamen Engagements	16	512
b) Projektbezug der Gesellschaft	17	512
c) Engagement der Gesellschafter in der Gesellschaft	18	512

	Rz.	Seite
aa) Erforderlichkeit aus der Sicht der Gesellschaft und Bereitschaft und Fähigkeit der Gesellschafter ...	18	512
bb) Finanzielles Engagement	19	513
cc) Tätigkeitsverpflichtungen	22	513
(1) Geschäftsführung und Vertretung	22	513
(2) Sonstige Tätigkeiten	23	514
dd) Besondere Kenntnisse und Nutzungen	24	514
ee) Außenwirkung des Engagements eines Gesellschafters.	25	514
ff) Personenbezug des Engagements	26	514
3. Gesellschaftsform	27	515
a) Zivilrechtliche Aspekte	28	515
aa) Haftung	28	515
(1) Haftungsdurchgriff	30	516
(2) Haftung in der Gründungsphase	32	517
(3) Haftung des GmbH-Geschäftsführers	36	519
bb) Übertragbarkeit und Vererblichkeit der Gesellschafterstellung	37	519
cc) Selbstorganschaft/Drittorganschaft	39	520
dd) Firma	40	520
ee) Handwerks-GmbH	41	520
ff) Zulässigkeit von Einmann-Gesellschaften	42	521
gg) Rechnungslegung und Publizität	43	521
b) Arbeits- und mitbestimmungsrechtliche Aspekte . .	44	521
aa) Sozialversicherungspflicht und Altersversorgung .	44	521
bb) Mitbestimmung	45	522
c) Steuerliche Aspekte	46	522
4. Nutzung vorhandener Unternehmen oder Gesellschaften eines Gesellschafters	47	523
a) Sinnhaftigkeit der Nutzung	50	523
b) Umstrukturierung	51	524
aa) Rechtsformänderungen	52	524
bb) Beitritt der weiteren Gesellschafter	53	524
III. Betriebswirtschaftliche und steuerliche Prüfung des Konzepts	54	525
1. Prüfungsumfang	54	525
a) Betriebswirtschaftliche Checkliste	54	525
b) Steuerliche Checkliste	55	525
2. Organisation der Überprüfung	56	526

	Rz.	Seite
a) Interne oder externe Konzeptprüfung	56	526
b) Herbeiführung der Prüfung	57	526
aa) Zuständigkeit	57	526
bb) Formulierung	58	527
c) Durchführung der Prüfung	59	527
d) Rezeption des Prüfungsergebnisses	60	527
IV. Schlusskonzept	61	527

2 Allgemeine Gestaltungsfragen für alle Gesellschaftsverträge

	Rz.	Seite
I. Form des Gesellschaftsvertrags	62	530
1. Rechtliches Formerfordernis	62	530
a) Notarielle Beurkundung bei Gründung einer GmbH und einer Aktiengesellschaft sowie einer SE	62	530
b) Notarielle Beurkundung von Umwandlungen	63	531
c) Schriftform bei der Partnerschaft	64	531
d) Reduziertes Schriftformerfordernis bei der EWIV	65	531
e) Grundsätzlich Formfreiheit bei sonstigen Gesellschaftsverträgen	66	531
f) Formbedürftigkeit in Einzelfällen	67	531
aa) Grundbesitz im Gesellschaftsvermögen	68	531
bb) Doppelgesellschaften	69	532
cc) Auswirkung	70	532
2. Urkundliche Gestaltung	71	532
II. Beteiligungsfähigkeit in- und ausländischer Gesellschafter und Gesellschaften	72	533
1. Beteiligungsfähigkeit inländischer Gesellschaften	72	533
a) GbR	72	533
b) oHG, KG	73	533
c) GmbH	74	533
2. Ausländische natürliche Personen	75	533
3. Ausländische Gesellschaften	76	534
III. Basischeckliste und Aufbauschema für Gesellschaftsverträge	78	534
IV. Kommentierung der Basischeckliste	79	535
1. Vertragliche Grundlagen	80	536
a) Bezeichnung	80	536
aa) Vorbemerkungen	80	536
(1) Innengesellschaften	80	536

	Rz.	Seite
(2) Außengesellschaften	81	536
bb) Grundsätze	84	537
cc) Formulierungsbeispiele	86	537
b) Namensrechte (entfällt bei reinen Sachbezeichnungen)	87	537
aa) Vorbemerkungen	87	537
bb) Interessenlage	88	537
cc) Formulierungsbeispiele	89	538
c) Sitz	91	538
aa) Vorbemerkung	91	538
bb) Grundsätze	92	538
cc) Vorgreiflichkeit	93	538
d) Gesellschaftszweck/Unternehmensgegenstand	94	539
aa) Vorbemerkungen	94	539
bb) Bedeutung	95	539
(1) Schwerpunkt der Tätigkeit	95	539
(2) Kompetenz von Gesellschaftsorganen	96	539
(3) Formbedürftigkeit des Gesellschaftsvertrags	97	539
cc) Formulierungsbeispiele	98	540
e) Gesellschafter, Beteiligungsverhältnisse	100	540
aa) Vorbemerkungen	100	540
(1) Namen der Gesellschafter	100	540
(2) Beteiligungsquote	102	541
f) Besondere Anforderungen an Gesellschafter	103	541
aa) Beteiligungsfähigkeit in- und ausländischer Gesellschafter	103	541
bb) Gesellschaftsvertragliche Beschränkungen	104	541
cc) Formulierungsbeispiele	105	542
g) Gesellschafterstämme/Gesellschaftergruppen	107	543
aa) Vorbemerkungen	107	543
bb) Formulierungsbeispiele	109	543
h) Dauer der Gesellschaft	110	544
aa) Vorbemerkungen	110	544
(1) Bedeutung	110	544
(2) Gestaltung	111	544
bb) Formulierungsbeispiele	112	544
i) Geschäftsjahr	114	544
aa) Vorbemerkungen	114	544
bb) Formulierungsbeispiele	115	545
j) Kapital der Gesellschaft, Einlagen der Gesellschafter	117	545

	Rz.	Seite
aa) Definition	117	545
(1) Beiträge	118	545
(2) Einlagen	119	545
bb) Gestaltung	120	546
k) Dienstleistungs- und Nutzungsüberlassungspflichten	121	546
aa) Abgrenzung gesellschaftsvertraglicher Pflichten von Leistungspflichten aufgrund zusätzlicher Abreden	121	546
bb) Gestaltung	122	547
2. Innere Ordnung der Gesellschaft	123	547
a) Geschäftsführung	123	547
aa) Abgrenzung Geschäftsführungsbefugnis – Vertretungsmacht	123	547
bb) Kein Recht zur Zwecküberschreitung und zu Grundlagenänderungen	124	547
cc) Selbst- und Fremdorganschaft	125	548
b) Buchführung, Bilanzierung	127	548
aa) Gesetzliche Regelung	127	548
bb) Gesellschaftsvertragliche Regelung	128	548
c) Kontrollrechte der Gesellschafter	129	549
aa) Gesetzliche Regelung	129	549
bb) Gesellschaftsvertraglich mögliche Ergänzungen	130	549
(1) Beiziehung von Dritten	130	549
(2) Missbrauchsgefahr	131	549
d) Gesellschafterversammlung, Stimmrecht, Einwendungsrechte	132	550
aa) Gesellschafterversammlung als Entscheidungsforum	132	550
bb) Nähere Gestaltung	134	550
e) Ergebnisverwendung	136	551
aa) Verluste	136	551
(1) Keine Verlustteilnahme bei Kapitalgesellschaften	136	551
(2) Verlustteilnahme bei Personenhandelsgesellschaften, GbR und stiller Gesellschaft	137	552
bb) Gewinne	138	552
f) Wettbewerbsfragen	140	553
aa) Erforderlichkeit einer Regelung	140	553
bb) Interessenlage	141	553
cc) Abgrenzung zu arbeitsvertraglichen Wettbewerbsregelungen	142	554

	Rz.	Seite
dd) Gesetzliche Regelungen des Wettbewerbsverbots	144	554
(1) Grundsatz	144	554
(2) GbR	145	554
(3) oHG	146	554
(4) KG	148	555
(5) GmbH	149	555
(6) AG	152	556
(7) Weitere Gesellschaften	153	557
ee) Verhältnis zum Kartellverbot	154	557
ff) Steuerliche Gefahren im Zusammenhang mit dem Wettbewerbsverbot	155	557
gg) Regelungsmöglichkeiten und Regelungsgrenzen	157	558
hh) Grenzen der Regelungsbefugnis, insbesondere Mandanten- und Branchenschutzklauseln	158	559
3. Außenverhältnisse der Gesellschaft	159	559
a) Vertretung der Gesellschaft oder der Gesellschafter	159	559
aa) Definition	159	559
bb) Fremd-/Selbstorganschaft	160	560
cc) Vertragliche Regelung	161	560
dd) Gestaltung, Adressaten der Vertretungsmacht	162	560
ee) Verleihung der Vertretungsmacht, Umfang, Registrierung, Legitimationsurkunde	163	560
(1) Umfang	164	561
(2) Registrierung	165	561
(3) Legitimationsurkunde	166	561
b) Haftungsbeschränkung	167	561
4. Strukturänderungen der Gesellschaft	168	562
a) Aufnahme weiterer Gesellschafter/Gesellschafterwechsel	168	562
aa) Kapitalgesellschaften	168	562
(1) GmbH	168	562
(2) AG	169	562
bb) Personengesellschaften	170	563
b) Kündigung eines Gesellschafters	171	563
aa) Definition	171	563
bb) Zulässigkeit	172	563
cc) Form	173	564
dd) Wirkung	174	564
ee) Gestaltung	175	564

	Rz.	Seite
(1) Kündbarkeit	175	564
(2) Adressat der Kündigung	176	565
(3) Form der Kündigung	177	565
(4) Zeitpunkt der Wirksamkeit der Kündigung	178	565
(5) Folgekündigung	179	566
c) Ausschließung von Gesellschaftern	180	566
aa) Vorbemerkungen, Tatbestände	180	566
bb) Gestaltungsrecht der weiteren Gesellschafter	184	567
cc) Regelungsbedarf	185	567
d) Tod eines Gesellschafters	186	568
aa) Vorbemerkungen	187	568
bb) Gestaltungsüberlegungen	189	568
(1) Bei Personengesellschaften	194	569
(2) Bei der GmbH und der AG	197	570
cc) Testamentsvollstreckung	198	571
(1) Personengesellschaften	199	571
(2) Kapitalgesellschaften	201	571
e) Automatisches Ausscheiden	201a	571
f) Abfindung	202	572
aa) Erforderlichkeit einer Abfindungsregelung	202	572
bb) Interessenlage	204	572
(1) Interesse der Gesellschaft bzw. der Mitgesellschafter bzw. eintrittswilliger Dritter	205	572
(2) Interessenlage des Gesellschafters bzw. sonstiger Dritter	206	572
(3) Abfindungsklausel zur Streitverhütung	207	573
(4) Differenzierungsmöglichkeiten	208	573
(5) Möglichkeiten	209	573
cc) Beurteilung von Abfindungsklauseln durch die Rechtsprechung	210	574
dd) Rechtsfolgen	211	575
ee) Differenzierungskriterien	212	575
ff) Insbesondere: Abfindung nach dem „Stuttgarter Verfahren"	213	576
gg) Zusammenhang der Abfindungsregelung mit Kapitalkonten	215	577
hh) Erb- und familienrechtliche Auswirkungen von Abfindungsklauseln	216	577
g) Weitere Ansprüche des ausscheidenden Gesellschafters	219	578

	Rz.	Seite
aa) Rückgewähr von Gegenständen, die ein Gesellschafter der Gesellschaft zur Nutzung überlassen hat	220	578
bb) Befreiung von Schulden bzw. Sicherheitsleistung	221	579
cc) Gestaltungsüberlegungen	222	579
(1) Rückgewähr von Gegenständen, die zur Nutzung überlassen wurden	222	579
(2) Befreiung von Schulden bzw. Sicherheitsleistung	223	579
h) Nebenansprüche beim Ausscheiden	224	580
aa) Vertraulichkeit	224	580
bb) Herausgabe von Unterlagen	225	580
5. Allgemeine Bestimmungen	226	580
a) Sonstige Bestimmungen	226	580
aa) Vollständigkeitsklausel	226	580
bb) Vertragsänderungen	227	580
b) Teilnichtigkeit	228	581

3 Gestaltungsfragen bei einzelnen Gesellschaftsverträgen

	Rz.	Seite
I. Gesellschaft des bürgerlichen Rechts	229	587
1. Vertragliche Grundlagen	229	587
a) Bezeichnung	229	587
aa) Innengesellschaften	229	587
bb) Außengesellschaften	230	587
cc) Formulierungsbeispiele	231	588
(1) Grundstücksverwaltende Gesellschaft mit Sachbezeichnung	231	588
(2) Gewerblich tätige Gesellschaft mit gemischter Sach- und Namensbezeichnung	231a	588
b) Namensrechte	232	588
c) Sitz	233	588
aa) Vorbemerkungen	233	588
bb) Formulierungsbeispiele	234	588
d) Gesellschaftszweck/Unternehmensgegenstand	235	589
e) Gesellschafter, Beteiligungsverhältnis	236	589
aa) Vorbemerkungen	236	589
bb) Formulierungsbeispiele	237	589
f) Besondere Anforderungen an Gesellschafter	238	590
g) Gesellschafterstämme/Gesellschaftergruppen	239	590
aa) Vorbemerkungen	239	590
bb) Formulierungsbeispiel	240	590

	Rz.	Seite
h) Dauer der Gesellschaft	241	591
i) Geschäftsjahr	242	591
j) Kapital der Gesellschaft, Einlagen der Gesellschafter	243	591
k) Dienstleistungs- und Nutzungsüberlassungspflichten	244	592
2. Innere Ordnung der Gesellschaft	247	593
a) Geschäftsführung	247	593
aa) Vorbemerkungen	247	593
bb) Gestaltung	248	593
(1) Geschäftsleitung durch Nichtgesellschafter trotz Selbstorganschaft	249	593
(2) Geschäftsführung durch einzelne Gesellschafter	250	594
cc) Formulierungsbeispiele	251	594
(1) Gesellschaft mit gesellschaftsfremdem Geschäftsleiter	251	594
(2) Gesellschafterinterne Geschäftsführung	252	595
(3) Geschäftsführung bei Freiberufler-GbR	252a	595
b) Buchführung, Bilanzierung	253	595
aa) Vorbemerkungen	253	595
bb) Formulierungsbeispiele	254	596
c) Kontrollrechte der Gesellschafter	255	596
aa) Vorbemerkungen	255	596
bb) Formulierungsbeispiel	256	596
d) Gesellschafterversammlung, Stimmrecht, Einwendungsrechte	257	596
aa) Vorbemerkungen	257	596
bb) Formulierungsbeispiel	258	597
e) Ergebnisverwendung	259	598
aa) Vorbemerkungen	259	598
(1) Verweisung	259	598
(2) Gesetzliche Regelung	260	598
bb) Vertragsgestaltung	261	598
(1) Rücklagenbildung durch Gewinnthesaurierung	261	598
(2) Bewältigung von Verlusten	262	599
cc) Formulierungsbeispiel	263	600
f) Wettbewerbsfragen	264	601
aa) Vorbemerkungen	264	601
bb) Gestaltung	265	601
cc) Formulierungsbeispiele	266	602
3. Außenverhältnisse der Gesellschaft (Vertretung, Haftungsbeschränkung)	268	603

	Rz.	Seite
a) Verweisung	268	603
b) Gesetzliche Regelung	269	603
aa) Umfang der Vertretungsmacht außerhalb des Grundbuchverkehrs	270	603
bb) Legitimationsnachweis	271	603
cc) Vertretung im Grundbuchverkehr, Nachweis	272	604
c) Formulierungsbeispiele	273	604
aa) Vertretungsmacht ohne Haftungsauftrag	273	604
bb) Vertretungsmacht einer GbR mit Haftungsbegrenzungsauftrag	274	604
4. Strukturänderungen der Gesellschaft	275	605
a) Aufnahme weiterer Gesellschafter/Gesellschafterwechsel	275	605
aa) Vorbemerkung	275	605
bb) Gestaltung	276	605
cc) Formulierungsbeispiele	277	606
b) Kündigung eines Gesellschafters	278	606
aa) Vorbemerkung	278	606
bb) Gesetzliche Regelung und Regelbarkeit	279	606
cc) Formulierungsbeispiele	280	607
c) Ausschließung von Gesellschaftern	282	608
aa) Vorbemerkung	282	608
bb) Formulierungsbeispiel	283	608
d) Tod eines Gesellschafters	284	609
aa) Vorbemerkung	284	609
bb) Gestaltung	285	609
cc) Formulierungsbeispiele	286	610
e) Abfindung	289	610
aa) Vorbemerkung	289	610
bb) Gestaltung	290	610
cc) Formulierungsbeispiele	291	611
f) Anmietungs- und Ankaufsrecht, weitere Ansprüche beim Ausscheiden	293	612
g) Sonstige Bestimmungen	294	613
II. Offene Handelsgesellschaft	295	613
1. Vertragliche Grundlagen, Vorbemerkungen	295	613
2. Zweck: Betrieb eines Gewerbes bzw. vermögensverwaltende Tätigkeit	296	613
3. Firma	298	614

	Rz.	Seite
4. Sitz der Gesellschaft, inländische Geschäftsanschrift . .	301	615
5. Gegenstand des Unternehmens	302	616
6. Rechte und Pflichten der Gesellschafter, insbesondere Stimmrecht	303	616
a) Vorbemerkung	303	616
b) Gestaltung.	304	617
7. Informationsrecht	308	618
8. Wettbewerbsverbot	309	618
9. Grundsatz der rechtlichen Selbständigkeit	310	618
10. Beitragsleistung	311	619
a) Gegenstand der „Beiträge", Umfang und Bewertung .	311	619
b) Leistungsstörungen bei der Einlageerbringung.	315	620
11. Kapitalanteil und Gesellschafterkonten	318	620
a) Gesetzliche Regelung	318	620
b) Gestaltung.	319	621
12. Entnahmen.	321	622
13. Buchführung und Bilanzierung, Jahresabschluss	322	623
14. Geschäftsführung	323	623
15. Vertretung	324	624
16. Verfügung über den Gesellschaftsanteil	325	625
17. Tod eines Gesellschafters	326	625
18. Abfindung	327	625
III. Partnerschaftsgesellschaft	328	625
1. Vor- und Nachteile der Partnerschaft.	329	625
2. Rechte und Pflichten der Gesellschafter	330	626
IV. EWIV (Europäische wirtschaftliche Interessenvereinigung)	331	627
1. Vorbemerkungen	331	627
2. Vertragliche Grundlage.	332	627
3. Rechte und Pflichten	333	628
4. Geschäftsführung und Vertretung	334	628
V. Kommanditgesellschaft	335	628
1. Gesellschaftszweck.	335	628
2. Firma, Sitz, inländische Geschäftsanschrift	336	628
3. Geschäftsführung und Widerspruchsrecht der Kommanditisten	338	629
4. Stimmrecht-Gesellschafterbeschlüsse	340	630
5. Informationsrecht	341	630

	Rz.	Seite

6. Vertragliche Änderungen der Kontrollrechte der Kommanditisten ... 342 631
7. Wettbewerbsverbot ... 343 631
8. Haftung der Kommanditisten ... 344 631
   a) Vorbemerkung ... 344 631
      aa) Pflichteinlage ... 345 631
      bb) Haftsumme ... 346 631
   b) Gestaltung ... 347 632
      aa) Wiederaufleben der Haftung bei Rückzahlung der Haftsumme ... 348 632
      bb) Haftung vor Eintragung ... 349 633
9. Gewinn und Verlust ... 350 633
10. Entnahmen, Buchführung und Bilanzierung ... 351 633
11. Vertretung der Gesellschaft nach außen ... 352 633
12. Strukturänderungen der Gesellschaft ... 353 634
   a) Vorbemerkung ... 353 634
   b) Gestaltung ... 354 634
      aa) (Isolierter) Beitritt bzw. Ausscheiden eines Gesellschafters ... 354 634
      bb) Gesellschafterwechsel – Übertragung eines Kommanditanteils unter Lebenden ... 356 635
      cc) Umwandlung der Gesellschafterstellung (Komplementär in Kommanditist bzw. umgekehrt) ... 358 635
      dd) Schenkungen, insbesondere im Rahmen einer vorweggenommenen Erbfolge ... 359 636
13. Beendigung der Gesellschaft ... 361 637

VI. Stille Gesellschaft, Unterbeteiligung ... 362 637
1. Stille Gesellschaft ... 362 637
   a) Gesetzliche Regelung ... 362 637
   b) Gestaltung ... 365 638
      aa) Anwendungsbereich ... 365 638
      bb) Rechte und Pflichten der Gesellschafter ... 367 639
         (1) Leistung der Einlage ... 367 639
         (2) Gewinn- und Verlustbeteiligung ... 368 639
         (3) Kontroll- und Überwachungsrechte ... 370 640
         (4) Haftung ... 371 640
      cc) Innere Organisation ... 372 640
      dd) Vertretung der Gesellschaft nach außen ... 373 641
      ee) Strukturänderungen der Gesellschaft ... 374 641
      ff) Beendigung der Gesellschaft ... 376 641

	Rz.	Seite
(1) Auflösung	376	641
(2) Auseinandersetzung	377	642
2. Unterbeteiligung	380	643
a) Begriff, Formen, Vor- und Nachteile	380	643
b) Rechte und Pflichten der Gesellschafter	383	644
c) Geschäftsführung und Vertretung	386	645
d) Kontroll- und Informationsrechte	387	646
e) Wechsel des Unterbeteiligten	388	646
f) Beendigung der Gesellschaft, Auseinandersetzung	389	646
g) Sonstige Auflösungsgründe	390	647
h) Auseinandersetzung, Vermögensbeteiligung	391	647
i) Allgemeine Bestimmungen	394	647
VII. GmbH/UG (haftungsbeschränkt)	394a	648
1. Vorbemerkungen	394a	648
2. Vertragliche Grundlagen	395	648
a) Firma	395	648
aa) Vorbemerkung	395	648
bb) Grundsätze	396	648
cc) Formulierungsbeispiele	397	649
b) Namensrechte	398	650
aa) Vorbemerkung	398	650
bb) Formulierungsbeispiel	399	650
c) Sitz, inländische Geschäftsanschrift	400	650
aa) Vorbemerkung	400	650
bb) Formulierungsbeispiel	401	650
d) Unternehmensgegenstand	402	650
aa) Vorbemerkung	402	650
bb) Verweisung	403	651
e) Stammkapital	404	651
aa) Vorbemerkung	404	651
bb) Formulierungsbeispiel	406	651
f) Gesellschafter, Einlagen	407	651
aa) Gesetzliche Regelung	407	651
bb) Formulierungsbeispiel	408	652
g) Bareinlage oder Sacheinlage	409	652
aa) Vorbemerkung	409	652
bb) Bareinlage	410	652
cc) Sacheinlage	411	653
dd) Mischeinlagen	412	653

	Rz.	Seite
ee) Fälligkeit der Einlageverpflichtung	413	653
h) Gesellschafterstämme, Gesellschaftergruppen	414	654
aa) Vorbemerkung	414	654
bb) Formulierungsbeispiel	415	654
3. Evtl. gruppenbezogene Sonderrechte	416	654
a) Dauer der Gesellschaft	416	654
b) Geschäftsjahr	417	654
c) Dienstleistungs- und Nutzungsüberlassungspflichten	418	655
4. Innere Ordnung und Außenverhältnisse der Gesellschaft	419	655
a) Geschäftsführung und Vertretung	419	655
aa) Vorbemerkung	419	655
(1) Vertretung	420	655
(2) Geschäftsführung	422	656
bb) Formulierungsbeispiele	423	656
b) Buchführung, Bilanzierung	425	657
aa) Vorbemerkung	425	657
bb) Formulierungsbeispiel	426	657
c) Kontrollrechte der Gesellschafter	427	657
d) Gesellschafterversammlung, Stimmrechte, Einwendungsrechte	428	658
aa) Verweisung	428	658
bb) Formulierungsbeispiel	429	658
e) Ergebnisverwendung	430	659
aa) Vorbemerkung	430	659
(1) Verluste	430	659
(2) Gewinne	431	659
bb) Formulierungsbeispiel	432	659
f) Wettbewerb	433	660
aa) Vorbemerkung	433	660
bb) Formulierungsbeispiel	434	660
5. Strukturänderungen der Gesellschaft	435	661
a) Verfügung über Geschäftsanteile	435	661
aa) Vorbemerkung	435	661
bb) Gestaltung	436	661
cc) Formulierungsbeispiele	438	662
b) Kündigung durch den Gesellschafter	440	663
c) Ausschließung von Gesellschaftern	441	663
aa) Vorbemerkungen	441	663

	Rz.	Seite
bb) Gestaltung	442	664
cc) Formulierungsbeispiel	444	665
d) Tod des Gesellschafters	445	665
e) Abfindung	446	666
6. Allgemeine Bestimmungen	447	666
VIII. GmbH & Co. KG	448	666
1. Vorbemerkung und Erscheinungsformen	448	666
a) Vorbemerkung	448	666
b) Erscheinungsformen	449	667
aa) Typische GmbH & Co. KG	449	667
bb) Beteiligungsidentische GmbH & Co. KG	450	667
cc) Einheits-GmbH & Co. KG	451	667
dd) Publikums-GmbH & Co. KG	452	668
2. Gestaltungsfragen außerhalb der „Verzahnungsproblematik"	453	668
a) Firmierung bei GmbH und bei KG	454	668
aa) Vorbemerkung	454	668
bb) Formulierungsbeispiele	455	669
b) Unternehmensgegenstand	456	669
aa) Vorbemerkung	456	669
bb) Formulierungsbeispiele	457	669
c) Befreiung von § 181 BGB	458	670
aa) Vorbemerkung	458	670
bb) Gestaltungsgrundsätze	459	670
cc) Formulierungsbeispiele	460	670
dd) Handelsregisteranmeldung und -eintragung	462	671
3. Verzahnung der Beteiligungen bei der GmbH und der KG	463	671
a) Identitätsgrundsatz	465	672
b) Ergänzung der Bestimmungen betr. die Verfügung über Geschäftsanteile/Beteiligungen	466	673
aa) Vorbemerkung	466	673
bb) Freie Veräußerlichkeit der Beteiligungen gewünscht	467	673
cc) Eingeschränkte Veräußerlichkeit gewünscht	468	673
dd) Ankaufs- und Vorkaufsrechte	469	673
c) Formulierungsbeispiele	470	674
aa) Sonst freie Veräußerlichkeit des Geschäftsanteils und der Beteiligung	470	674

	Rz.	Seite
bb) Sonst bestehendes Vorkaufsrecht bei der Veräußerung des Geschäftsanteils/der Beteiligung	472	674
cc) Anbietungspflicht mit Ankaufsrecht	474	674
d) Ergänzung der Bestimmungen beim Tod des Gesellschafters	475	675
aa) Bei sonst freier Vererblichkeit	475	675
bb) Qualifizierte Nachfolgeregelung	476	675
(1) Qualifizierte Nachfolgeregelung bei der GmbH	477	675
(2) Regelung des Scheiterns	478	676
e) Ergänzung der Bestimmungen beim Zwangsausscheiden	479	676
IX. AG, insbesondere kleine AG	**480**	**676**
1. Allgemeine Vorbemerkungen	480	676
a) Grundlagen, SE als Gestaltungsalternative	480	676
b) „Kleine AG"	481	677
c) Gründe für die AG	482	677
d) Personalistische, insb. Familien-AG	484	678
aa) Personalisierung durch satzungs- und schuldrechtliche Abreden	484	678
bb) Beispiele	485	678
cc) Sicherung des Fortbestands der schuldrechtlichen Abreden bei Einzelrechtsnachfolge	486	678
dd) Vinkulierte Namensaktien	486a	679
ee) Formulierungsbeispiele	487	679
(1) Ankaufsrecht	487	679
(2) Vertragsstrafe	488	679
(3) Vinkulierte Namensaktien	488a	679
e) Vorbemerkungen zur folgenden Checkliste	489	679
2. Vertragliche Grundlagen	490	680
a) Firma	490	680
aa) Verweisung	490	680
bb) Rechtsnatur	491	680
b) Namensrechte	492	680
aa) Verweisung	492	680
bb) Rechtsnatur	493	680
c) Sitz; inländische Geschäftsanschrift	494	680
aa) Verweisung	494	680
bb) Rechtsnatur	495	680
d) Unternehmensgegenstand	496	680

	Rz.	Seite
aa) Verweisung	496	680
bb) Aktienrechtliche Besonderheiten	497	681
cc) Formulierungsbeispiel	499	681
dd) Rechtsnatur	500	681
e) Grundkapital	501	681
aa) Verweisung, Vorbemerkungen	501	681
bb) Rechtsnatur	502	681
f) Einteilung des Grundkapitals	503	682
aa) Vorbemerkungen	503	682
bb) Nennbetragsaktien	504	682
cc) Stückaktien	505	682
dd) Formulierungsbeispiele	506	682
(1) Nennbetragsaktien	506	682
(2) Stückaktien	506	682
ee) Rechtsnatur	507	682
g) Inhaber- oder Namensaktien	508	682
aa) Grundsätzliches Wahlrecht	508	682
bb) Unterschiede zwischen Namens- und Inhaberaktien	509	683
cc) Formulierungsbeispiele	510	683
h) Gesellschafter, Einlagen	511	684
aa) Gesetzliche Regelung	511	684
bb) Formulierungsbeispiele	512	684
i) Bareinlagen, Sacheinlagen, Sachübernahmen	513	684
aa) Vorbemerkungen	513	684
bb) Formulierungsbeispiel	514	685
j) Fälligkeit der Einlageverpflichtungen	515	685
aa) Vorbemerkungen	515	685
bb) Satzungsgestaltung	516	685
cc) Formulierungsbeispiele	517	686
k) Gesellschafterstämme/Gesellschaftergruppen	518	686
aa) Vorbemerkungen, Verweisung	518	686
bb) Formulierungsbeispiel	519	686
cc) Eingeschränkte satzungsmäßige Gestaltungsmöglichkeiten	520	687
(1) Einfluss auf die Organbesetzung	520	687
(2) Formulierungsbeispiele	521	687
(a) Entsendungsrecht in den Aufsichtsrat	521	687
(b) Vinkulierung mit Gruppierung	521	687
(c) Sonstige Übertragungen	521	688

	Rz.	Seite
l) Dauer der Gesellschaft	522	688
m) Geschäftsjahr	523	688
n) Dienstleistungs- und Nutzungsüberlassungsverpflichtungen	524	688
3. Ordnung der Außenverhältnisse der Gesellschaft	525	688
a) Geschäftsführung und Vertretung	525	688
aa) Vorbemerkungen	525	688
bb) Vertretung	526	688
cc) Geschäftsführung	527	689
dd) Formulierungsbeispiele	528	690
b) Buchführung, Bilanzierung	530	690
c) Kontrollorgan Aufsichtsrat	531	691
aa) Grundlagen	531	691
bb) Satzungsbestimmungen	532	691
cc) Formulierungsbeispiel zum Aufsichtsrat	533	692
dd) Kontrolle durch die Gesellschafter	534	693
d) Hauptversammlung, Stimmrechte, Einwendungsrechte	535	693
aa) Grundlagen, Verweisung	535	693
bb) Formulierungsbeispiel (nicht börsennotierte Gesellschaft)	536	694
e) Ergebnisverwendung	537	694
aa) Verweisung	537	694
bb) Formulierungsbeispiel	538	695
4. Strukturänderungen der Gesellschaft	539	695
a) Verfügungen über Aktien	539	695
b) Ausschließung von Gesellschaftern	540	695
c) Tod eines Gesellschafters	541	696
d) Abfindung	542	696
e) Sonstige Bestimmungen	543	697
X. Europäische Aktiengesellschaft (Societas Europea – SE)	544	697
1. Rechtliche Grundlagen	544	697
2. Gründe für eine SE	545	698
a) Schaffung einer einheitlichen Konzernstruktur	546	698
b) Vereinfache Sitzverlegung	547	698
c) Möglichkeit der grenzüberschreitenden Verschmelzung	548	698
d) Europa-AG als europäische Marke	549	698
3. Gründungsformen	550	698
a) Verschmelzung	551	699
b) Holding SE	552	699

	Rz.	Seite
c) Tochter-SE	553	699
d) Umwandlung	554	699
4. Organisationsformen	555	700
a) Monistische Struktur	556	700
b) Dualistische Struktur	557	700
5. Arbeitnehmerbeteiligung	558	700
6. Buchführung, Bilanzierung, Steuern, Insolvenz	559	701
XI. Betriebsaufspaltung	560	701
1. Vorbemerkung und Erscheinungsformen	560	701
a) Vorbemerkung	560	701
b) Erscheinungsformen	563	702
aa) Echte Betriebsaufspaltung	563	702
bb) Unechte Betriebsaufspaltung	564	703
cc) Umgekehrte Betriebsaufspaltung	565	703
dd) Kapitalistische Betriebsaufspaltung	566	703
ee) Mitunternehmerische Betriebsaufspaltung	567	703
2. Gestaltungsgrundsätze	568	703
a) Nutzungsüberlassungsvertrag	568	703
aa) Höhe des Nutzungsentgelts	569	703
bb) Vertragsdauer	570	704
b) Verzahnung der Gesellschaftsverträge	571	704

4 Vertragsabschluss

	Rz.	Seite
I. Formfragen, Vertretung	572	705
II. Registrierung	573	705

5 Vertragsdurchführung

	Rz.	Seite
I. Anforderung von Beiträgen, speziell Geltendmachung von Einlagen	574	707
1. Zuständigkeit	574	707
2. Verfahren	575	708
a) Personengesellschaften	575	708
b) GmbH	576	708
c) Einberufung Gesellschafterversammlung	577	708
3. Formulierungsbeispiele	578	708
a) Beschluss der Gesellschafterversammlung	578	708
b) Anforderungsschreiben gegenüber dem Gesellschafter	579	709

	Rz.	Seite
II. Jahresabschluss und Ergebnisverwendung, Prüfung, Feststellung	580	709
1. Zuständigkeit	580	709
2. Frist	582	710
3. Prüfung	583	710
4. Verfahren bei Personenhandelsgesellschaften und GmbH	584	711
III. Offenlegungspflichten	585	711
1. Jahresabschlussbezogene Offenlegungspflichten	585	711
a) Betroffene Gesellschaften	585	711
b) Umfang der Offenlegungspflicht	586	711
aa) Kleine Gesellschaften	587	711
bb) Mittelgroße Kapitalgesellschaften	588	712
cc) Große Gesellschaften	589	712
dd) Sanktion	590	712
2. Gesellschafterliste	591	712
a) Keine jährliche Gesellschafterliste	591	712
b) Ad-hoc-Einreichung	592	712
IV. Ordentliche Gesellschafterversammlung	593	713
1. Gegenstand	593	713
2. Vorbereitung	594	713
3. Durchführung	595	714
4. Formulierungsbeispiel Einladungsschreiben	596	714
V. Außerordentliche Gesellschafterversammlung und Gesellschafterversammlung auf Verlangen einer Minderheit	597	715
1. Außerordentliche Gesellschafterversammlung	597	715
a) Erfordernis	597	715
b) Tagesordnung	598	716
c) Vorbereitung, Durchführung	599	716
2. Gesellschafterversammlung auf Minderheitenverlangen	600	716
a) Grundsätze	600	716
b) Formulierungsbeispiel Einberufungsverlangen	601	716
c) Behandlung durch die Geschäftsführung/den Vorstand	602	717
VI. Krisenszenario: Kündigung eines Gesellschafter-Geschäftsführers	603	718
1. Betroffene Rechtsverhältnisse	603	718
a) Bei der GmbH	603	718
b) Bei Personengesellschaften	604	718
2. Gesellschafterversammlung	605	718

	Rz.	Seite
3. Spezielles Durchführungsproblem bei der GmbH	606	718
4. Gewährung von Gehör	607	719
VII. Wirtschaftliche Krisenszenarien	608	719
1. Einfache „Unterbilanz" bei der GmbH	608	719
a) Feststellung	608	719
b) Folge	609	719
c) Vermeidung von Folgen	610	719
2. Kapitalverlust von 1/2	611	719
3. Insolvenzreife	612	720

Teil 5
Vertragsgestaltung und Steuern
(Meven)

1 Einführung

	Rz.	Seite
I. Bedeutung der Steuerfragen bei Austauschverträgen	1	721
II. Bedeutung der Steuerfragen bei Gesellschaftsverträgen	6	722
III. Internationales Recht	9	723
1. Steuerliches Kollisionsrecht/anwendbares Recht	9	723
a) Umsatzsteuer	10	723
b) Grunderwerbsteuer	11	723
c) Zölle und Verbrauchsteuern	12	724
d) Ertragsteuern	13	724
2. Steuerfragen in ausländischen Rechtssystemen	14	725

2 Vertragsplanung

	Rz.	Seite
I. Priorität der steuerrechtlichen Aspekte für verschiedene Gestaltungsmöglichkeiten	19	727
II. Zusammenarbeit zwischen Rechtsanwälten und Steuerberatern	20	727
III. Einholung verbindlicher Auskünfte bei den Finanzbehörden	21	728
1. Zusage nach Betriebsprüfung	23	729
2. Lohnsteuerauskunft/Zollauskunft	24	729
3. Verbindliche Auskunft	25	729

	Rz.	Seite
IV. Zusammenarbeit mit ausländischen Anwälten und Steuerberatern	28	731

3 Austauschverträge

	Rz.	Seite
I. Formfragen	30	732
II. Vertragssprache	32	733
III. Steuercheckliste und Kommentar	33	733
1. Checkliste Austauschverträge	33	733
2. Kommentar Checkliste Austauschverträge	34	734
a) Umsatzsteuer	34	734
aa) Ausgangsumsatz	35	734
bb) Vorsteuerabzug	41	736
cc) Steuerentstehung	45	738
dd) Abtretung „Vorsteuerguthaben"	47	739
b) Grunderwerbsteuer/Verkehrsteuern	49	740
aa) Steuergegenstand	50	740
bb) Bemessungsgrundlage	52	741
cc) Steuerschuldner	53	741
c) Zölle und Verbrauchsteuern	54	742
aa) Verbrauchsteuern	55	742
bb) Zölle und Einfuhrumsatzsteuer	56	742
d) Ertragsteuern	57	743
IV. Einzelprobleme	61	745
1. Rückbeziehung	61	745
2. Haftungsfragen	63	746
3. Steuerklauseln	64	746
a) Umsatzsteuer	66	747
b) Grunderwerbsteuer/Verkehrsteuern	67	747
c) Zölle und Verbrauchsteuern	68	748
d) Ertragsteuern	69	748
V. Durchführung	71	748
1. Steuererklärungs- und Meldepflichten/Fristen	71	748
a) Umsatzsteuer	72	749
b) Grunderwerbsteuer	75	750
c) Zölle und Verbrauchsteuern	76	750
d) Ertragsteuern	78	751
2. Besondere Meldepflichten	79	751

	Rz.	Seite
3. Einbehaltungspflichten	80	751
a) Umsatzsteuer	80	751
b) Ertragsteuern	81	752

4 Gesellschaftsrechtliche Verträge

	Rz.	Seite
I. Planung	82	754
1. Steuerrechtlicher Systemunterschied	83	754
a) Mitunternehmerschaft	84	754
b) Körperschaften	88	756
c) Ausländische Gesellschaftsformen	89	756
d) Steuerrechtliche Konsequenzen	90	757
e) Gesetzesänderungen	94	759
f) Belastungsvergleich	97	759
2. Wahl der Gesellschaftsform	100	761
a) Checkliste Gesellschaftsform	101	761
b) Kommentar Checkliste Gesellschaftsform Personengesellschaft	102	761
aa) Gewinn- und Verlustausgleich	102	761
bb) Entnahmen	103	762
cc) Gesellschaftervergütungen/Pensionsrückstellungen	104	762
dd) Verdeckte Gewinnausschüttungen	105	762
ee) Zeitpunkt der Ergebniszurechnung	106	763
ff) Beteiligung ausländischer Gesellschafter	107	763
gg) Finanzierung	108	763
hh) Umfang Betriebsvermögen/Transfer/Nutzungsüberlassung	109	764
ii) Gewinn-/Verlustzurechnung	111	765
jj) Grunderwerbsteuer	112	765
kk) Erbschaftsteuer	113	765
ll) Gewerbesteuer	114	766
mm) Behandlung der Anschaffungskosten	115	766
nn) Steuerrechtliche Haftung	116	767
c) Kommentar Checkliste Gesellschaftsform Kapitalgesellschaft	117	767
aa) Gewinn-/Verlustausgleich	117	767
bb) Entnahme	118	767
cc) Gesellschaftervergütungen/Pensionsrückstellung	119	768

		Rz.	Seite
dd)	Verdeckte Gewinnausschüttungen	120	768
ee)	Zeitpunkt der Ergebniszurechnung	122	769
ff)	Beteiligung ausländischer Gesellschafter	123	770
gg)	Finanzierung	124	770
hh)	Umfang Betriebsvermögen/Transfer/Nutzungsüberlassung	125	771
ii)	Steueranrechnung	126	771
jj)	Grunderwerbsteuer	127	772
kk)	Erbschaftsteuer	128	772
ll)	Gewerbesteuer	129	773
mm)	Behandlung der Anschaffungskosten	130	773
nn)	Steuerrechtliche Haftung	131	773

II. Gründung ... 132 773
1. Checkliste Gesellschaftsvertrag ... 133 774
2. Kommentar Checkliste Gesellschaftsvertrag ... 135 774
   a) Personengesellschaft ... 135 774

		Rz.	Seite
aa)	Kapitalkonten/sonstige Gesellschafterkonten	135	774
bb)	Gewinnermittlung/Gesellschaftervergütungen	136	775
cc)	Gewinn-/Verlustzurechnung	138	776
dd)	Regelstatut KG	139	776
ee)	Sacheinlagen	140	777
ff)	Sonderbetriebsvermögen	142	777
gg)	Geschäftsjahr	143	777
hh)	Gründungskosten	145	778
ii)	Beginn der steuerlichen Existenz	146	778

   b) Kapitalgesellschaft ... 147 779

		Rz.	Seite
aa)	Wettbewerbsverbot	147	779
bb)	Sacheinlagen	148	779
cc)	vGA-Klausel	149	779
dd)	Dienstleistungsverpflichtungen/Gesellschaftervergütungen	150	779
ee)	Gewinnermittlung, Unterschied Handelsbilanz/Steuerbilanz	151	780
ff)	Gewinnverteilung	152	780
gg)	Geschäftsjahr	153	780
hh)	Gründungskosten	154	780
ii)	Beginn der steuerlichen Existenz	155	780

III. Durchführung ... 156 781
1. Allgemeine Meldepflichten ... 156 781

	Rz.	Seite
a) Anmeldung	156	781
b) Umsatzsteuer	158	782
c) Verkehrsteuern	159	782
d) Ertragsteuern (Gewerbe-, Einkommen-, Körperschaftsteuer)	160	782
e) Lohnsteuer/Sozialversicherung	162	783
f) Verbrauchsteuern/Zölle	163	783
g) Kapitalertragsteuer	164	783
2. Verträge der laufenden Geschäftstätigkeit	165	783
IV. Umstrukturierung	166	784
1. Gesellschafterwechsel	167	784
a) Personengesellschaft	167	784
b) Kapitalgesellschaft	170	785
2. Umwandlungen	172	786
a) Gesamtrechtsnachfolge	173	787
aa) Verschmelzung	173	787
bb) Spaltung	176	788
cc) Formwechsel	179	789
b) Einzelrechtsnachfolge	180	789
aa) Einbringung/Sacheinlage	180	789
bb) Verdeckte Sacheinlage	182	790
cc) Anteilstausch	182a	791
3. Weitere Umwandlungsmöglichkeiten	183	791
a) Tausch/Einzelrechtsübertragung	184	791
b) Realteilung	186	791
c) Anwachsung	187	792
d) Betriebsaufspaltung	189	793
4. Steuerrechtlich motivierte Umwandlungen	191	793
V. Beendigung	194	794
1. Personengesellschaft	195	794
a) Veräußerung	195	794
b) Liquidation	196	795
2. Kapitalgesellschaft	197	796
a) Veräußerung	197	796
b) Liquidation	198	796

5 Steuerrechtliches Vertrags-Controlling

	Rz.	Seite
I. Begriff	200	797
II. Steuerplanung	201	797
III. Dokumentation	202	798
IV. Erklärungs- und Meldepflichten	204	799
V. Verbesserung von Checklisten	205	799

Teil 6
Vertragsenglisch
(Pischel)

	Rz.	Seite
I. Einleitung	1	801
II. Grundlagen	5	803
1. Case Law und Codified Law	5	803
a) Rechtsprechung und Gesetz	5	803
b) Spielraum der Interpretation	6	804
c) Consideration	10	806
d) Abstraktionsprinzip	11	807
2. Verhandlungen mit Briten	12	807
3. Allgemeine Grundsätze der Vertragsgestaltung auf Englisch	15	809
a) Vermeidung von allgemeinen Undeutlichkeiten	15	809
b) Begriff und rechtliche Anknüpfung	19	810
c) Punkt und Komma	21	812
4. Groß- und Kleinschreibung	22	813
a) Definitionen	23	813
b) Weitere Ausnahmen	25	814
5. Normalschrift, Kursives und Fettdruck	27	814
III. Aufbau englischsprachiger Verträge	28	814
IV. Einzelne Begriffe	33	817
1. Verpflichtung und Berechtigung	33	817
2. Ermessen	35	818
3. Bemühen	36	818
4. Zustimmungsvorbehalte	38	819
5. Regelungen im Kontext der Verträge	39	820
6. Bedingung, Ausnahme, Vermutung, negative Formulierung und Beweislastverschiebung	42	821

	Rz.	Seite
a) Vermutungsregeln	43	821
b) Bedingungen	44	821
c) Ausnahmen	49	822
d) Negative Formulierungen	50	823
V. Einzelne Formulierungen in der Vertragsgestaltung	51	823
1. Leistungszeit	51	823
a) Effective Date, Signing und Closing	51	823
b) Prompt and without undue delay vs. Time of Essence	52	824
c) Klarheit der Fristbestimmung	53	824
2. Erfüllungsort – Ship and Deliver	56	825
3. Representation, Warranties and Guarantees	57	825
a) Representation	58	826
b) Warranty	59	826
c) Guarantee	61	827
4. Liability, Damages and Indemnification	62	827
a) Liability	63	827
b) Damages	64	828
c) Indemnification	66	829
5. Corporate Guarantee, Recourse and Joint Debtors	67	829
6. Termination	69	830
7. Zustellung und Empfang	71	831
8. Schlussbestimmungen	72	831

Teil 7
Außergerichtliche Konfliktbeilegung
Institutionen und Verfahren im In- und Ausland
(Ponschab)

I. Wesen und Bedeutung von Außergerichtlicher Konfliktbeilegung (AKB)	1	833
1. Konfliktentscheidungen durch Dritte (heteronome Konfliktbeilegung)	2	834
2. Konfliktlösungen durch die Parteien (autonome Konfliktbeilegung)	3	834
3. Obligatorische Streitschlichtung	7	836
II. Entwicklung der Institutionen der Außergerichtlichen Konfliktbeilegung	12	840
1. Entwicklung in der Bundesrepublik Deutschland	12	840
2. Entwicklung in den USA und anderen Ländern	23	846

	Rz.	Seite
III. Die Bedeutung von AKB beim Konfliktmanagement von Verträgen	30	850
1. Die Stufen des Konfliktmanagements bei Verträgen	30	850
2. Vorteile von AKB	35	851
a) Interessengerechte Lösungen	36	851
b) Erhaltung guter Geschäftsbeziehungen	38	853
c) Ersparnis von Zeit	39	853
d) Ersparnis von Kosten	40	853
e) Planungssicherheit	42	855
f) Kontrolle über den Verhandlungsprozess	43	855
g) Diskretion/Ausschluss der Öffentlichkeit	44	855
h) Besondere Sachkunde	45	856
i) Informelle (nichtförmliche) Verfahrensweise	46	856
3. Ungeeignete Fälle	47	856
IV. Systematische Darstellung einzelner Verfahren der AKB	48	857
1. Verhandlung	50	859
2. Moderation	51	859
3. Mediation/Vermittlung	52	859
a) Prinzipien des Mediationsverfahrens	53	860
aa) Vertraulichkeit	53	860
bb) Freiwilligkeit	54	861
cc) Eigenverantwortlichkeit	55	861
dd) Einvernehmliche Beilegung des Konflikts	56	862
b) Aufgaben und Pflichten des Mediators	57	863
aa) Unabhängigkeit (Unparteilichkeit)	57	863
bb) Neutralität	58	863
cc) Offenbarungspflichten	59	864
dd) Prüfungspflichten	60	864
ee) Klärung der Abschlussvereinbarung	61	864
ff) Verschwiegenheit	62	864
gg) Pflicht des Mediators zu Aus- und Fortbildung (§§ 5, 6 MedG)	63	864
4. Schlichtung	64	865
5. Neutraler Experte	65	865
6. Schiedsgutachten/Schiedsrichter	66	865
7. Schiedsschlichtung (Med/Arb oder Arb/Med)	67	865
8. Spezielle Schiedsverfahren (Tailored Arbitration)	68	866
9. Michigan Mediation	69	866
10. Last-Offer-Arbitration	70	866

	Rz.	Seite
11. High-Low-Arbitration	71	866
12. Miniverfahren (Mini-Trial)	72	867
13. Adjudikation	73	867

Teil 8
Verhandeln in Brüssel
(Williamson)

	Rz.	Seite
1 Einleitung	1	869
2 Besonderheiten der Interessenvertretung und des Verhandelns auf EU-Ebene	7	871
3 Verhandeln mit der Europäischen Kommission in ihrer Funktion als Vollzugsbehörde		
I. Allgemeines	12	873
II. Planung	16	875
1. Problemidentifizierung	16	875
a) Positionsbestimmung	16	875
aa) An einzelne Unternehmen gerichtete Kommissionsentscheidungen	16	875
bb) Beschwerderecht	18	875
cc) Problembewusstsein und -identifizierung	19	876
b) Exkurs EU-Kartellrecht	21	876
aa) Bedeutung des Kartellrechts	21	876
bb) Dezentralisierung	26	878
cc) Ermittlungs- und Nachprüfungsbefugnisse der Kommission	30	879
dd) Anordnungsbefugnisse der Kommission	37	880
ee) Reaktionsmöglichkeiten	42	882
(1) Kronzeugenprogramm	42	882
(2) Vergleichsverfahren	45	883
(3) Beschwerderecht des Konkurrenten	53	886
c) Exkurs Fusionskontrolle	61	888
aa) Rechtlicher Rahmen	61	888
bb) Zusammenschluss von gemeinschaftsweiter Bedeutung	65	889
cc) Erhebliche Behinderung wirksamen Wettbewerbs	68	890

	Rz.	Seite
dd) Anmeldeverfahren	70	891
ee) Prüfungsverfahren	73	892
ff) Beteiligung Dritter	75	892
gg) Checkliste: Fusionskontrolle	76	893
d) Exkurs Recht der staatlichen Beihilfen	77	893
aa) Begriff „staatliche Beihilfe"	79	894
bb) Anmeldepflicht von staatlichen Beihilfen	82	895
cc) Rolle der betroffenen Unternehmen im Verfahren	85	896
dd) Checkliste: Beihilfeverfahren	86	897
e) Exkurs Grundfreiheiten	87	897
2. Beauftragung eines Experten	90	898
a) Erfahrung im Umgang mit der Kommission	91	898
b) Kontakte zu Unternehmen und Verbänden	94	899
c) Fremdsprachenkenntnisse	95	899
3. Zuständige Abteilung innerhalb der Kommission	96	900
4. Checkliste	102	901
III. Durchführung	103	902
1. Kontaktaufnahme	103	902
2. Informelles Vorgespräch	106	903
a) Besetzung der Delegation	108	903
b) Briefing	109	904
3. Einleitung des Verfahrens	112	904
4. Die offizielle Anhörung	118	906
5. Checkliste	121	906
IV. Strategiekontrolle	122	907

4 Verhandeln mit den europäischen Institutionen im Gesetzgebungsverfahren

	Rz.	Seite
I. Allgemeines	125	908
1. Das Gesetzgebungsverfahren	128	909
2. Die Kommission im Gesetzgebungsverfahren	131	910
3. Der Rat der Europäischen Union	133	910
4. Das Europäische Parlament	135	911
a) Selbstverständnis des Parlaments	136	912
b) Organisation	137	912
5. Der Wirtschafts- und Sozialausschuss	139	913
6. Der Ausschuss der Regionen	140	913

	Rz.	Seite
II. Planung	141	913
1. Monitoring- und Informationsservice	141	913
2. Kontaktaufnahme mit betroffenen Wirtschaftsverbänden, Unternehmen und anderen privaten Organisationen	145	914
III. Durchführung	148	915
1. Kontaktaufnahme mit der Kommission	148	915
2. Kontaktaufnahme zu Europäischem Parlament und Parlamentariern	151	916
a) Besonderheiten bei der Kontaktaufnahme	155	917
b) Treffen mit einem Parlamentarier	158	918
3. Kontakt mit Rat und Mitgliedstaaten	160	919
4. Zeitfaktor	161	919
5. Checkliste	164	920
IV. Strategiekontrolle	165	920
5 Verträge mit den europäischen Institutionen	166	922
6 Schlussfolgerungen	170	923

7 Überblick

	Rz.	Seite
I. Die Institutionen der EU	173	924
II. Europäische Kommission: Untergeordnete Dienste	174	924
III. Europäisches Parlament: Ausschüsse	176	926
IV. Ordentliches Gesetzgebungsverfahren, Art. 294 AEUV	177	927

Teil 9
Verhandeln im Ausland

9.1
Verhandeln in den USA
(Kochinke)

	Rz.	Seite
1 Einführung: A Deal is Not a Deal	1	929

2 Vertragsmanagement

	Rz.	Seite
I. Vertragsplanung	8	933
1. Bestehende Verträge als Hindernis	9	933
2. Überlegungen zur fremden Wirtschaftskultur	10	933
3. Einschaltung des US-Korrespondenzanwalts	15	935
4. Informationsbeschaffung	19	937
5. Vorvertragliche Haftungsrisiken und Präventivmaßnahmen	23	938
a) Geheimhaltung	24	938
b) Geistiges Eigentum	26	938
c) Verwertungsverbote	28	939
d) Planung für Fehlschlag – Default	30	940
e) Vorbereitende Sicherung von Rechten	32	940
f) Klarstellung des Leistungserbringers	35	941
II. Vertragsdesign	37	941
1. Struktur	38	941
2. Bezeichnung der Vertragsparteien	43	943
3. Schriftform – Statute of Frauds	47	943
4. Beglaubigung, Beurkundung, Besiegelung, Beeidigung	51	944
5. Erläuterungen (Defined Terms), Großschrift	55	946
6. Unverzichtbar: Das Synallagma mit Leistungsaustausch	57	946
7. Terminologie	58	947
8. Klarheit der Vertragssprache	59	947
9. Probleme bei Abbruch der Verhandlungen	62	949
a) Szenario: Vertrag schriftlich vereinbart und unterzeichnet	63	949
b) Szenario: Ergebnisse schriftlich festgehalten, doch nicht in einem Text	64	949
c) Szenario: Kein schriftlicher Vertrag, keine gegenseitigen Verpflichtungen vereinbart	68	950
10. Wirkung von Vorvertragsvereinbarungen	69	950
a) Merger Clause – Saubere Entsorgung	70	950
b) Bestätigung des Abbruches	72	952
c) Verhandlungspause	73	952
III. Vertragsverhandlung	74	953
1. Inhaltliche Voraussetzungen	74	953
a) Bargaining	74	953
b) Gegenleistung	75	953
c) Keine Vertragsstrafe	76	954

	Rz.	Seite
2. Verhandlungsthemen	78	955
3. Vergleichsverhandlungen	80	956
4. Vertragsänderung	81	956
5. Abschluss der Verhandlungen: Closing	82	957
6. Rolle des Rechtsanwalts	85	958
7. Kosten des Rechtsanwalts	89	959
8. Psychologische Faktoren	96	961
9. Verhandlungsorganisation	100	962
IV. Vertragsdurchführung	105	963
1. Unterzeichnung	106	963
2. Vertragserfüllung (hart am Wortlaut)	112	965
3. Vertrag in der Krise	117	966
a) Auslöser für Krise (schweigsam, dann bockig)	117	966
b) Krisenvorbeugung durch Vertragsaktualisierung	120	967
c) Lethargie	123	968
4. Vertrags- und Deliktsrecht	124	968
5. Schiedsklausel verleiht Zuversicht	125	969
6. Öffentlichkeitsarbeit	126	969
7. Gelassenheit bei Drohszenario	127	969
8. Stillhalteabkommen zur Deeskalation	136	971
9. Diverse Reibungspunkte und Gelegenheiten	137	972
a) Firmierung	138	972
b) Ausstattung nach deutschem Geschmack	139	972
c) Ich liebe Las Vegas	140	973
d) Staatsangehörigkeit	141	973
e) Durchgriffshaftung	142	974
f) Business Plan	143	974
g) Sprachprobleme	144	975
h) Titel statt Geld	145	976
V. Vertragscontrolling	146	976
1. Vertragsdokumentation	147	977
2. Kontrolle der Vertragsdurchführung	148	978
3. Verbraucherverträge	149	979
3 Anhang	152	980

9.2
Verhandeln in Russland
(Schwarz)

1 Einführung – Der ferne Nachbar

	Rz.	Seite
I. Auf der Suche nach der russischen Seele	1	983
1. Mythos und Realität	2	984
2. Verhältnis von Russen zu Deutschen	3	984
3. Zentrale und Provinz	4	984
II. Zwischen Staatsmonopolkapitalismus und kontinentaleuropäischem Recht	5	985
1. Ein Land auf der Suche nach den passenden Rahmenbedingungen	5	985
2. Das sozialistische Erbe lebt fort	6	986
3. Die turbulenten Jahre der Perestrojka und ihre rechtlichen Folgen	7	987
4. Die Ära Putin	8	987

2 Vertragsmanagement

	Rz.	Seite
I. Vertragsplanung	9	990
1. Einschaltung des russischen Korrespondenzanwalts	9	990
a) Von Advokaten und Juristen	10	990
b) Internationale Kanzleien	14	991
c) Russische Kanzleien	18	992
2. Informationsbeschaffung	19	993
a) Zugang zu öffentlichen Registern	19	993
b) Umfang und Qualität der erhältlichen Informationen	20	993
c) Schutz des öffentlichen Glaubens in staatliche Register	23	993
3. Vorvertragliche Haftungsrisiken und Präventivmaßnahmen	24	994
a) Geheimhaltung	24	994
b) Geistiges Eigentum	26	994
II. Vertragsdesign	30	995
1. Struktur – Form over Function	30	995
a) Die Wichtigkeit der geschriebenen Vereinbarung	31	996
b) Die Bedeutung der Vertragsform	32	996
2. Schriftform	33	997
a) Gesetzliche Schriftform	33	997

	Rz.	Seite
b) Gewillkürte Schriftform	34	997
3. Vertretungsrecht	35	997
a) Gesetzliche Vertreter von juristischen Personen und Vertretungsnachweis	35	997
b) Originäre Vertretungsmacht	38	998
c) Stellvertretung, Vertreter ohne Vertretungsmacht, Anscheinsvollmacht	40	998
d) Zustimmung von Aufsichtsorganen, gesetzliche Organvorbehalte	41	999
e) Zustimmung von Behörden	43	999
f) Beurkundungs- und registrierungspflichtige Geschäfte	45	1000
4. Vertragsaufbau	47	1001
5. Zwingendes Recht als Beschränkung der Parteiautonomie	48	1001
a) Was nicht ausdrücklich erlaubt ist, erscheint (zunächst) erst einmal verboten	48	1001
b) Russisches Devisenrecht	49	1002
6. Vertragstypenzwang, Gemischte Verträge, Atypische Verträge	50	1002
a) Im russischen ZGB geregelte Vertragstypen	50	1002
b) Behandlung von gemischten Verträgen und Verträgen sui generis	51	1003
7. Wirkung von Vorvertragsvereinbarungen	52	1003
III. Vertragsverhandlung	53	1003
1. Inhaltliche Voraussetzungen	53	1003
a) Verhandlungssprache	53	1003
b) Dolmetscherdienste	54	1004
c) Zeitansatz	55	1005
2. Gesprächsthemen	56	1005
a) Klare Strukturierung der zu besprechenden Themen	57	1006
b) Abgrenzung von Geschäftsthemen und juristischen Themen	60	1006
c) Verhandlungsprotokoll, Term Sheet	61	1006
3. Vertragsänderung	63	1007
a) Inhaltliche Einigung	64	1007
b) Vertragliche Fassung der Vertragsänderungen	65	1007
c) Rückwirkung von Änderungen	66	1007
4. Abschluss der Verhandlungen (Closing)	68	1008
5. Rolle des Rechtsanwalts	69	1009
6. Kosten des Rechtsanwalts	70	1009
7. Psychologische Faktoren	71	1010

	Rz.	Seite
8. Mittelsmänner, Vermittler und andere Gestalten	76	1011
IV. Vertragsdurchführung	81	1013
1. Unterzeichnung	81	1013
2. Vertragserfüllung	82	1013
3. Vertrag in der Krise	84	1013
4. Vertrags- und Deliktsrecht	89	1015
5. Schiedsklausel	90	1015
a) Übliche Schiedsklauseln und Schiedsgerichte	91	1016
b) Vollstreckung von Schiedsurteilen in Russland	92	1017
V. Vertragscontrolling	93	1017
1. Besondere Bedeutung im Rechtsverkehr mit Russland .	93	1017
2. Vertragscontrolling beginnt beim richtigen Vertragsdokument	94	1018
3. Nach dem Closing geht die Arbeit erst richtig los	95	1018
4. Risiken erkennen und richtig adressieren	96	1019
5. Zentrales Archiv als Controlling-Tool	97	1019

3 Anhang

	Rz.	Seite
I. Registrierungsbehörden	99	1021
II. Ausländische und russische Wirtschaftsverbände	100	1021
III. Sonstige nützliche Adressen	101	1022
IV. Internetadressen	102	1022

9.3
Verhandeln in China
(Pattloch)

	Rz.	Seite
I. Kulturelle Besonderheiten	1	1026
1. Gesellschaftspolitische Rahmenbedingungen in China .	1	1026
a) Die Stellung des Individuums in der chinesischen Gesellschaft	2	1027
b) Konfuzianismus und Herrschaft des Rechts	5	1028
c) Inländer und Ausländer	8	1029
d) Die Betonung der hierarchischen Stellung in der Gesellschaft	9	1030
2. Streben nach Harmonie	12	1031
3. Das chinesische Verständnis vom Vertrag	15	1032

	Rz.	Seite
4. Guanxi (Beziehungen)	17	1032
a) Beziehungsnetzwerke als Ordnungsprinzip der chinesischen Gesellschaft	18	1032
b) Das „Gehen durch die Hintertür"	23	1034
c) Der Inhalt von Guanxi	24	1034
d) Guanxi und Vertragsverhandlungen	27	1035
5. Gesicht (Mianzi) und Vertragsverhandlungen	28	1035
a) Die Bedeutung von Mianzi	29	1036
b) Gesicht wahren	33	1037
c) Gesicht verlieren	34	1037
d) Gesicht gewinnen	35	1038
e) Gesicht nehmen	36	1038
f) Gesicht geben	37	1039
6. Nationalbewusstsein und Verhandlungsstil	38	1039
II. Vertragsvorbereitungen	40	1040
1. Verhandlungs- und Vertragspartner	41	1040
a) Der richtige Verhandlungspartner	41	1040
b) Risiko des falschen Verhandlungspartners	42	1041
c) Überprüfen des Vertragspartners	43	1042
d) Weitere Verhandlungspartner	45	1043
2. Das eigene Team	46	1043
a) Psychologisches Verhandlungsgleichgewicht	47	1043
b) Rollenverteilung	48	1043
c) Hierarchie der Teammitglieder	49	1044
d) Fachleute	50	1044
e) Assistenten und Kontaktpersonen	51	1045
f) Dolmetscher	53	1046
g) Rechtsanwälte	59	1047
3. Ziele von Vertragsverhandlungen	61	1047
a) Rechtlich und verhandlungstechnisch realistische Zielsetzung	62	1048
b) Einplanen von Rückzugsräumen und sog. Dealbreaker	66	1049
c) Flexibilität	68	1050
4. Logistik und Zeitplanung	70	1050
III. Vertragsplanung	71	1051
1. Faktoren der Vertragsplanung	72	1051
a) Erfahrung des Vertragspartners	72	1051
b) Eigene Verhandlungsposition	73	1052
c) Konkurrenz	74	1052

	Rz.	Seite
d) Einfluss der Behörden	75	1052
2. Typische Stufen bis zum Vertragsschluss	76	1052
a) Kontaktaufnahme	77	1052
b) Letter of Intent	78	1053
c) Behördliche Erfordernisse	79	1054
d) Vertragsschluss	81	1054
IV. Vertragsdesign	82	1055
1. Musterverträge	83	1055
2. Drafting Prozess	84	1055
3. Rechtliche Besonderheiten	85	1056
a) Schiedsklauseln	86	1056
b) Rechtswahl	88	1057
c) Behördliche Genehmigungen	89	1057
d) Erfüllung von Forderungen	90	1057
e) Beweis des Zugangs von Erklärungen	91	1058
f) Vertragsstrafe und Schadensersatz	92	1058
g) Der Staat als Vertragspartner	93	1058
h) Erfüllbarkeit eigener Zusagen	94	1058
i) Geheimhaltungsvereinbarungen	95	1059
V. Vertragsverhandlungen	96	1059
1. Schematischer Verhandlungsverlauf	96	1059
2. Technischer Ablauf	97	1060
a) Verhandlungsort; Pünktlichkeit	97	1060
b) Eintreten, Begrüßen, Austausch von Visitenkarten, Sitzordnung	98	1060
c) Aufwärmphase	101	1061
d) Verhandlungsphase	102	1062
e) Abschluss der Verhandlung	108	1063
3. Technische Besonderheiten	109	1064
a) Witze und Humor	109	1064
b) Lachen	110	1064
c) Frauen im Verhandlungsteam	111	1064
d) Gestik und Körpersprache	112	1065
e) Einsatz von Dolmetschern	113	1065
f) Kommunikation von Reisedaten	114	1066
g) Geschenke	115	1066
h) Abendessen – Karaoke	116	1067
i) Bankette	117	1068

	Rz.	Seite
4. Taktik und Strategie	118	1069
a) Eigene Taktik	119	1070
aa) Zugeständnisse	119	1070
bb) Preise und Konditionen	120	1070
cc) Ausloten kritischer Punkte	121	1070
dd) Herrschaft über Vertragstext	122	1070
ee) Bewertung von Angaben	123	1071
ff) Sensible Fragen	124	1071
gg) Appell an Vertragstreue	125	1071
hh) Inakzeptable Forderungen	126	1071
ii) Patt-Situationen	127	1072
jj) Einsatz der Hierarchie	128	1072
b) Chinesischer Verhandlungsstil und chinesische Verhandlungstaktik	129	1072
aa) Kommunikation außerhalb der offiziellen Verhandlungen	129	1072
bb) Mangelnde Schriftlichkeit des Verfahrens	130	1073
cc) Geduld, Geduld, Geduld	131	1073
dd) Wutausbrüche	132	1074
ee) Plötzlicher Zeitdruck	133	1074
ff) Nachverhandlungen bei Unterschriftszeremonien	134	1074
gg) Nachforderungen	135	1075
c) Lesen des Verhandlungsverlaufs	136	1075
aa) Verärgerung	137	1075
bb) Schweigen	138	1075
cc) Äußern von Befürchtungen als Argument	139	1076
dd) „Nein" erkennen – „Nein" sagen	140	1076
ee) Verzögerungen erkennen, vermeiden oder erzeugen	141	1076
VI. Vertragsdurchführung	145	1077
1. Der geschriebene Vertrag und seine Durchführung	145	1077
a) Beobachtung des Partners	146	1077
b) Vorgeschobene Hinderungsgründe	149	1078
2. Streit über Vertragserfüllung	151	1078
a) Außergerichtliche und gerichtliche Auseinandersetzung	151	1078
b) Typische Konfliktkonstellationen	154	1079
aa) Landnutzungsrechte/erforderliche Lizenzen	154	1079
bb) Zahlungsmoral	155	1080
cc) Forderungsabschläge am Laufzeitende	156	1080

	Rz.	Seite
3. Vertragsanpassung	157	1080
4. Kündigung und/oder Beendigung des Vertrages	158	1081
5. Gerichtliche Hilfe	160	1081
VII. Vertragscontrolling	162	1082

9.4
Verhandeln in Japan
(Tanaka)

	Rz.	Seite
I. Einführung	1	1084
II. Japanische Rechtskultur	4	1085
1. Religion	5	1085
2. Geschichte	9	1086
a) Taihō-ritsuryō-Kodex	10	1086
b) Zeit der Shogunats-Regierung	11	1086
c) Meiji-Restauration	13	1087
d) Nachkriegszeit	19	1089
3. Beispiele für Besonderheiten der japanischen Rechtskultur	21	1090
4. Einflüsse der Rechtskultur auf die Unternehmenskultur	28	1092
III. Vertragspraxis in Japan	34	1095
1. Vertragsplanung	34	1095
a) Allgemeines	34	1095
b) Juristen in Japan	37	1095
aa) Volljurist – Bengoshi	37	1095
bb) Nicht-Volljuristen	39	1096
(1) Juraschreiber (Shihō Shoshi)	41	1097
(2) Verwaltungsschreiber (Gyōsei Shoshi)	42	1097
cc) Berater für ausländisches Recht (Gaikoku Hō Jimu Bengoshi, sog. GJB)	43	1097
dd) Notar (Kōshōnin)	44	1098
c) Auswahl von geeigneten Anwälten in Japan	45	1098
d) Nützliche Homepages	48	1099
2. Vertragsdesign	49	1099
a) Allgemeine Bemerkungen	49	1099
b) Anwendbares Recht	52	1101
c) Gerichtsstand	53	1101
d) Schiedsklauseln	55	1102

Inhaltsverzeichnis

	Rz.	Seite
3. Vertragsverhandlungen	56	1102
4. Vertragsabschluss	58	1103
a) Juristische Aspekte	59	1103
aa) Angebot	60	1104
bb) Annahme	61	1104
cc) Vertretungsberechtigte je nach Rechtsform	62	1105
b) Praktische Aspekte	65	1106
5. Vertragsdurchführung	66	1106
6. Vertragsbeendigung	67	1107
7. Streitigkeiten hinsichtlich der Vertragsauslegung	69	1108
a) Allgemeines	69	1108
b) Die Rolle des Rechtsanwalts	70	1108
c) Klage	71	1109
d) Alternative Streitbeilegung	74	1110
aa) Schlichtungsverfahren (Chōtei)	74	1110
bb) Schiedsverfahren (Chūsai)	76	1110
8. Vertragscontrolling	77	1111
IV. Schlussbemerkung	79	1111

9.5
Verhandeln in Brasilien
(Curschmann)

1 Einführung

I. Erfolgreich in Brasilien	1a	1115
II. Geographische und wirtschaftliche Ausgangslage	2	1116
III. Der Einfluss deutscher Einwanderer und Investoren	3	1117
IV. Kulturelle und gesellschaftliche Kontraste	4	1118

2 Vertragsplanung

I. Brasilien und Deutschland: Die kulturellen Unterschiede	6	1120
1. Die Gegensätze	7	1120
2. Deutsche aus der Sicht der Brasilianer	9	1121
3. Brasilianer aus der Sicht der Deutschen	10	1122
II. Sprachprobleme	12	1122

	Rz.	Seite
III. Geistiges Eigentum/Markenpiraterie	16	1123
IV. Informationen über den brasilianischen Partner/ Dokumentation	17	1124

3 Vertragsdesign

	Rz.	Seite
I. Geschriebenes Recht	19	1125
II. Rechtswirklichkeit	20	1126
III. Vertragsstruktur und Vertragssprache	23	1127
IV. Beglaubigung, Beurkundung, Formerfordernisse	24	1128

4 Vertragsverhandlung

	Rz.	Seite
I. Verhandlungsatmosphäre	26	1129
1. Höflichkeit	27	1130
2. Spontaneität und Improvisationsfähigkeit	28	1130
3. Brasilianischer Humor	29	1131
4. Optimismus	30	1132
5. Geduld	31	1133
II. Der Zeitfaktor	32	1133
1. Das brasilianische Verständnis von Zeit	32	1133
2. Unpünktlichkeit? Das Datum als ungefährer Zeitpunkt	33	1134
3. Das „Amanhã-Syndrom"	36	1135
4. Der Zeitunterschied „Fuso horario"	37	1136
III. Kleidung	38	1136
IV. Rechtsanwälte	39	1137

5 Vertragsdurchführung

	Rz.	Seite
I. Gute Verträge gewährleisten noch keine guten Resultate	41	1138
1. Die Macht der persönlichen Beziehungen	41	1138
2. Der „Jeitinho Brasileiro"	42	1138
II. Die „Empresas de Serviços Paralegais", die „Despachantes" und der Umgang mit Behörden	43	1140

6 Vertragscontrolling

	Rz.	Seite
I. Das Erfordernis ständiger Kontaktpflege	44	1142
II. Typische Gründe für Vertragsstörungen	45	1142

7 Schlusswort 46 1144

9.6 Verhandeln in der Türkei
(Keki)

1 Einführung

	Rz.	Seite
I. Allgemeines zum Lande	1	1145
1. Hintergrundinformationen	1	1145
a) Geschichtlicher Rahmen	1	1145
b) Zur Entwicklung der türkischen Wirtschaft	4	1147
c) Soziales Umfeld	7	1148
d) Zur Kultur und Sprache	9	1149
2. Allgemeines zum türkischen Verhandlungspartner	12	1150
3. Verhältnis des türkischen Verhandlungspartners zum deutschen Kulturkreis	17	1151
4. Steuerrechtliche Verstöße – ungeahnte Risiken?	20	1152
5. Korruption	27	1154
II. Zur Rechtsordnung im Allgemeinen	28	1155
1. Entwicklungen im türkischen Recht	28	1155
2. Kritikpunkte	30	1156
3. Änderungen in der jüngeren Vergangenheit	31	1156
4. Stellung der Ausländer vor den Gesetzen	32	1157

2 Vertragsmanagement

	Rz.	Seite
I. Vertragsplanung	33	1158
1. Einschaltung des Anwalts	33	1158
a) Der eigene Anwalt	33	1158
b) Der Rechtsberater des türkischen Verhandlungspartners	38	1160
2. Zugang zu Informationen	39	1161
a) Hinsichtlich der Türkei	39	1161

	Rz.	Seite
b) Über die Rechtsordnung	40	1161
c) Über den jeweiligen Verhandlungspartner	42	1162
3. Vorvertragliche Phase	43	1163
a) Vorvertragliche Regelungsinstrumente	43	1163
b) Vorvertragliche Haftung	46	1164
c) Vorbereitende Sicherung von Rechten	48	1165
II. Vertragsdesign	50	1166
1. Zur Sprache	50	1166
2. Struktur	53	1167
3. Vertragspartner und Haftungsfragen	55	1167
4. Absicherung von Krediten an die türkische Partei	58	1168
5. Wahl des zuständigen Gerichts und des anwendbaren Rechts	62	1169
III. Vertragsverhandlung	65	1170
1. Sprachliche Barrieren	65	1170
2. Publizierung von Verhandlungsergebnissen?	66	1171
3. Einfluss von Drittparteien	67	1171
4. Einfluss des Steuerrechts	70	1172
5. Psychologie	71	1172
IV. Vertragsdurchführung	72	1173
1. Unterzeichnung	72	1173
a) Die Unterschriften	72	1173
b) Das Unterschriftenzirkular	73	1173
c) Die Stempelsteuer	74	1174
2. Formvoraussetzungen und Beweisvorschriften	77	1175
3. Vertragserfüllung	79	1176
4. Der Erfüllungsanspruch	80	1176
5. Vollstreckung von Entscheidungen nichttürkischer Gerichte und Schiedsgerichte	83	1177
V. Vertragscontrolling	85	1177
VI. Quellen	88	1178
1. Literatur	88	1178
a) Allgemeine Literatur	88	1178
b) Juristische Literatur	89	1178
2. Hilfreiche Internetadressen	90	1179
3. Zeitschriften	91	1179
a) Deutsch	91	1179
b) Englisch	92	1179

9.7
Verhandeln in Indien
(Luthra)

1 Einführung

	Rz.	Seite
I. Ausgangslage	1	1181
II. Kulturelle, religiöse und soziologische Kontraste Indiens	4	1183
1. Indien als „Vielvölkerstaat" – Pluralismus	5	1183
2. Religionen und Glaubensrichtungen	6	1184
3. Sprachen und Schriftsysteme	7	1184
4. Das Kastenwesen	8	1185
5. Hierarchiesysteme als Kulturelement	9	1185
6. Soziale Unterschiede	10	1186
III. Wirtschaftslage Indiens	11	1186
1. Entwicklung	11	1186
2. Aktuelle Kennzahlen	12	1187

2 Vertragsmanagement

	Rz.	Seite
I. Vertragsplanung	14	1188
1. „Planning is essential"	14	1188
2. Wesentliche Elemente der Planung	17	1189
3. Frühzeitige Auswahl geeigneter Berater	21	1191
4. Organisation von Reise und Reiseverlauf, Kleidung	22	1192
5. Quellen der Informationsbeschaffung	28	1194
II. Vertragsdesign	29	1195
1. Vorabüberlegung	29	1195
2. Das Common Law als Grundlage für das indische Vertragsdesign	30	1195
3. Besonderheiten des indischen Vertragsdesigns	31	1195
III. Vertragsverhandlung	36	1200
1. Grundlagen	36	1200
2. Englisch als Verhandlungs- und Vertragssprache; das „indische Englisch"	37	1200
3. Gestik, Mimik und Zeichensprache	41	1202
4. Preisverhandlungen, Berechnungsmethodik, Zahlenwerk – „Lakhs und Crores"	42	1203

	Rz.	Seite
5. Einigung und Nachverhandlung	43	1203
6. Erfahrungen zu Verhandlungen in Indien	44	1204
IV. Vertragsdurchführung	46a	1205
1. Persönliche Präsenz vor Ort	47	1205
2. Arbeitskräfte, Arbeitstage und Arbeitszeiten, staatliche Feiertage, religiöse Feiertage und Feste sowie „Special Leave"	48	1205
3. „No problem", „Yes, we can do", „101 Percent", „Pakhar"	50	1207
4. Korruption und „Speed Money"	51	1207
5. Devisenbewirtschaftung (teilweise)	52	1207
6. Streitbeilegung	53	1208
V. Vertragscontrolling	54	1208

Teil 10
Qualitätsmanagement von Vertragsprojekten
Typische Fehler von Managern im Umgang mit ihren Beratern aus Sicht des Beraters
(Malik)

	Rz.	Seite
I. Berufsverständnis und Arbeitskontext	2	1211
II. Fehler im Entscheidungsprozess	13	1214
1. Die präzise Bestimmung des Problems	14	1214
2. Informationsmängel über Sachfragen des Unternehmens	17	1215
3. Informationsmängel über Personen und die Funktionsweise der Organe	24	1217
4. Die Definition der Lösungsspezifikationen	27	1218
5. Die Suche nach Alternativen	31	1219
III. Typische Fehler in der Arbeitsweise	33	1219
1. Unkenntnis über die Informationsverarbeitungsgewohnheiten	36	1220
2. Wirksame Berichte	38	1221
IV. Fehlervermeidung als Aufgabe des Managers	41	1222

Teil 11
Checklisten

11.1
Checklisten für Austauschverträge
(Pischel/Junker)

	Rz.	Seite
I. Dienstvertrag für freie Mitarbeiter	1	1225
II. Vertrag für Handelsvertreter	2	1228
III. Vertrag eines GmbH-Geschäftsführers	3	1234
IV. Mietvertrag über Gewerbeimmobilie	4	1238
V. Lizenz- und Know-how-Vertrag	5	1244

11.2
Checklisten für Gesellschaftsverträge
(Knigge)

	Rz.	Seite
I. Gesellschaft bürgerlichen Rechts	1	1251
II. Gesellschaft mit beschränkter Haftung	3	1259
III. Kommanditgesellschaft	5	1269
IV. Aktiengesellschaft	7	1278

Verzeichnis der Autoren		1291
Sachregister		1297

Abkürzungsverzeichnis

a.A.	andere/r Ansicht
AAA	American Arbitration Association
a.a.O.	am angegebenen Ort
ABl.	Amtsblatt
Abs.	Absatz
ACR	Association for Conflict Resolution
ADR	Alternative Dispute Resolution
ADSp	Allgemeine Deutsche Spediteur-Bedingungen
a.E.	am Ende
AEUV	Vertrag über die Arbeitsweise der Europäischen Union
a.F.	alte Fassung
AFCO	Ausschuss für konstitutionelle Fragen (des Europäischen Parlaments)
AFET	Ausschuss für auswärtige Angelegenheiten (des Europäischen Parlaments)
AFM	Academy of Family Mediators
AG	Aktiengesellschaft, Die Aktiengesellschaft (Jahr, Seite), Amtsgericht, Auftraggeber
AGB	Allgemeine Geschäftsbedingungen
AGBG	Gesetz zur Regelung des Rechts der Allgemeinen Geschäftsbedingungen (AGB-Gesetz)
AGRI	Landwirtschaftsausschuss (des Europäischen Parlaments)
AHK	Auslandshandelskammer
AKB	Außergerichtliche Konfliktbeilegung
AktG	Aktiengesetz
AKR	Außergerichtliche Konfliktregelung
al.	alteri, alii
allg.	allgemein
Allg.	Allgemeinen
Alt.	Alternative
amtl.	amtlich
AN	Auftragnehmer
AnfG	Gesetz über die Anfechtung von Rechtshandlungen eines Schuldners außerhalb des Insolvenzverfahrens (Anfechtungsgesetz)
Anh.	Anhang
Anm.	Anmerkung
AnwBl.	Anwaltsblatt (Jahr, Seite)
AO	Abgabenordnung
AP	Arbeitsrechtliche Praxis (Nr., §, Gesetz)
Arb	Arbitration
ARGE	Arbeitsgemeinschaft

Abkürzungsverzeichnis

Art.	Artikel
ASB	Außergerichtliche Streitbeilegung
AStV	Ausschuss der Ständigen Vertreter der Mitgliedstaaten (der EU)
Aufl.	Auflage
AWG	Außenwirtschaftsgesetz
Az.	Aktenzeichen
BAFA	Bundesamt für Wirtschaft und Ausfuhrkontrolle
BAG	Bundesarbeitsgericht
BAGE	Entscheidungen des Bundesarbeitsgerichts
BayObLG	Bayerisches Oberstes Landesgericht
BayObLGZ	Entscheidungen des Bayerischen Obersten Landesgerichts in Zivilsachen (Band, Seite)
BB	Betriebs-Berater (Jahr, Seite)
Bd.	Band
BDI	Bundesverband der Deutschen Industrie e.V.
Bek.	Bekanntmachung
BEPA	Bureau of European Policy Advisers (der Europäischen Kommission)
Beschl.	Beschluss
BetrKV	Verordnung über die Aufstellung von Betriebskosten (Betriebskostenverordnung)
BetrVG	Betriebsverfassungsgesetz
BeurkG	Beurkundungsgesetz
BewG	Bewertungsgesetz
bfai	Bundesagentur für Außenwirtschaft
BFH	Bundesfinanzhof
BFH/NV	Sammlung der Entscheidungen des BFH (Band, Seite)
BGB	Bürgerliches Gesetzbuch
BGBl.	Bundesgesetzblatt (Jahr, Teil, Seite)
BGH	Bundesgerichtshof
BGHZ	Entscheidungen des Bundesgerichtshofes in Zivilsachen (Band, Seite)
BJagdG	Bundesjagdgesetz
BMF	Bundesministerium der Finanzen
BNotO	Bundesnotarordnung
BörsG	Börsengesetz
BRAGO	Bundesgebührenordnung für Rechtsanwälte
BRAK	Bundesrechtsanwaltskammer
BRAO	Bundesrechtsanwaltsordnung
BRIC(-Staaten)	Brasilien, Russland, Indien, China
BStBl.	Bundessteuerblatt (Jahr, Teil, Seite)
BT	Bundestag
BT-Drucks.	Bundestagsdrucksache (Jahr, Teil, Seite)

BUDG	Haushaltsausschuss (des Europäischen Parlaments)
BUrlG	Mindesturlaubsgesetz für Arbeitnehmer (Bundesurlaubsgesetz)
B.V.	Besloten Vennootschap (met beperkte aansprakelijkheid)
BVB	Besondere Vertragsbedingungen für Bauleistungen
BVerfG	Bundesverfassungsgericht
BVerfGE	Entscheidungen des Bundesverfassungsgerichts (Band, Seite)
BVerwG	Bundesverwaltungsgericht
bzw.	beziehungsweise
ca.	circa
CD	Compact Disk
CEDR	Centre for Effective Dispute Resolution
CEO	Chief Executive Officer
CFO	Chief Financial Officer
c.i.c.	culpa in contrahendo
CIETAC	China International Economic and Trade Arbitration Commission
CIO	Chief Information Officer
CIS	Commonwealth of Independent States
CISG	United Nation Convention on Contracts for the International Sale of Goods
Co.	Compagnie
COD	co-decision
COM DOCS	(externe) (EU-)Kommissionsdokumente
Co-Med-Arb	Combined Mediation-Arbitration
CONT	Ausschuss für Haushaltskontrolle (des Europäischen Parlaments)
CPR	International Institute for Conflict Prevention and Resolution
CR	Computer und Recht (Band, Seite)
CREnet	Conflict Resolution Education Network
CS	ISO 639-1-Kennung für die tschechische Sprache, amtl. Prüfzeichen der Tschechischen und Slowakischen Föderativen Republik
CULT	Ausschuss für Kultur und Bildung (des Europäischen Parlaments)
D&O (-Versicherung)	Director's and Officer's
DAV	Deutscher Anwaltverein e.V.
DB	Der Betrieb (Jahr, Seite)
DDR	Deutsche Demokratische Republik
ders.	derselbe

DEVE	Entwicklungsausschuss (des Europäischen Parlaments)
d.h.	das heißt
dies.	dieselben
DIGIT	Generaldirektion Datenverarbeitung (der Europäischen Kommission)
DIHK	Deutscher Industrie- und Handelskammertag
DIN	Deutsches Institut für Normung e.V.
DIS	Deutsche Institution für Schiedsgerichtsbarkeit e.V.
DJJV	Deutsch-Japanische Juristenvereinigung e.V.
DJW	Deutsch-Japanischer Wirtschaftskreis e.V.
DM	Deutsche Mark
DNotZ	Deutsche Notar-Zeitschrift (Jahr, Seite)
DROI	Unterausschuss für Menschenrechte des Ausschusses für auswärtige Angelegenheiten (des Europäischen Parlaments)
Drucks.	Drucksache
DStR	Deutsches Steuerrecht (Jahr, Seite)
DVD	Digital Versatile Disc
EBRD	European Bank for Reconstruction and Development
ECHO	European Community Humanitarian Aid Department (der Europäischen Kommission)
ECN	European Competition Network
ECON	Ausschuss für Wirtschaft und Währung (des Europäischen Parlaments)
EDV	Elektronische Datenverarbeitung
EG	Europäische Gemeinschaft/en, Vertrag zur Gründung der Europäischen Gemeinschaft
EGAktG	Einführungsgesetz zum Aktiengesetz
EGBGB	Einführungsgesetz zum Bürgerlichen Gesetzbuch
EGInsO	Einführungsgesetz zur Insolvenzordnung
EGKS	Europäische Gemeinschaft für Kohle und Stahl
EGV	Vertrag zur Gründung der Europäischen Gemeinschaft
EGZPO	Gesetz betreffend die Einführung der Zivilprozessordnung
ehem.	ehemals
EKG	Einheitliches Gesetz über den internationalen Kauf beweglicher Sachen
EMPL	Ausschuss für Beschäftigung und soziale Angelegenheiten (des Europäischen Parlaments)
endg.	endgültig
engl.	englisch/e/r/s

ENVI	Ausschuss für Umweltfragen, Volksgesundheit und Lebensmittelsicherheit (des Europäischen Parlaments)
EnWG	Gesetz über die Elektrizitäts- und Gasversorgung (Energiewirtschaftsgesetz)
EPSO	European Personnel Selection Office
ERA	Einheitliche Richtlinien und Gebräuche für Dokumenten-Akkreditive
ErbStR	Allgemeine Verwaltungsvorschrift zur Anwendung des Erbschaftsteuer- und Schenkungsteuerrechts (Erbschaftssteuer-Richtlinien)
ESt	Einkommensteuer
EStDV	Einkommensteuer-Durchführungsverordnung
EStG	Einkommensteuergesetz
etc.	et cetera
EU	Europäische Union
EUCON	Europäisches Institut für Conflict Management e.V. (ehem. gwmk)
EuGH	Europäischer Gerichtshof
EuGRZ	Europäische Grundrechte-Zeitschrift (Jahr, Seite)
EuGVO	Verordnung (EG) über die gerichtliche Zuständigkeit und die Anerkennung und Vollstreckung von Entscheidungen in Zivil- und Handelssachen (auch EuGVVO)
Euratom	Europäische Atomgemeinschaft
EuroEG	Euro-Einführungsgesetz
Eurostat	Statistisches Amt der EU
EUV	Vertrag über die Europäische Union
EuZW	Europäische Zeitschrift für Wirtschaftsrecht (Jahr, Seite)
e.V.	eingetragener Verein
EVB-IT	Ergänzende Vertragsbedingungen für die Beschaffung von IT-Leistungen
evtl.	eventuell
EWG	Europäische Wirtschaftsgemeinschaft
EWG-Vertrag	Vertrag zur Gründung der Europäischen Wirtschaftsgemeinschaft
EWIV	Europäische wirtschaftliche Interessenvereinigung
EWIV-AusfG	Gesetz zur Ausführung der EWG-Verordnung über die Europäische wirtschaftliche Interessenvereinigung (EWIV-Ausführungsgesetz)
EWIV-VO	Verordnung (EG) über die Schaffung einer Europäischen wirtschaftlichen Interessenvereinigung
EWR	Europäischer Wirtschaftsraum
f.	folgende

FA	Fachanwalt
FAZ	Frankfurter Allgemeine Zeitung
FEMM	Ausschuss für die Rechte der Frau und die Gleichstellung der Geschlechter (des Europäischen Parlaments)
Fern-USG	Gesetz zum Schutz der Teilnehmer am Fernunterricht (Fernunterrichtsgesetz)
ff.	fortfolgende
FGG	Gesetz über die Angelegenheiten der freiwilligen Gerichtsbarkeit
FLF	Finanzierung Leasing Factoring (Jahr, Seite)
Fl.Nr.	Flurnummer/n
Fn.	Fußnote/n
FRE	Federal Rules of Evidence
FS	Festschrift
G	Gesetz
GBl.	Gesetzblatt
GBO	Grundbuchordnung
GbR	Gesellschaft bürgerlichen Rechts (auch GdBR)
GD	Generaldirektion
gem.	gemäß
GewO	Gewerbeordnung
GewSchG	Gesetz zum zivilrechtlichen Schutz vor Gewalttaten und Nachstellungen (Gewaltschutzgesetz)
GewSt	Gewerbesteuer
GewStG	Gewerbesteuergesetz
gez.	gezeichnet
GF	Geschäftsführung
GG	Grundgesetz
ggf.	gegebenenfalls
GmbH	Gesellschaft mit beschränkter Haftung
GmbHG	Gesetz betreffend die Gesellschaften mit beschränkter Haftung (GmbH-Gesetz)
GmbHR	GmbH-Rundschau (Jahr, Seite)
grds.	grundsätzlich
GrdstVG	Gesetz über Maßnahmen zur Verbesserung der Agrarstruktur und zur Sicherung land- und forstwirtschaftlicher Betriebe (Grundstückverkehrsgesetz)
GRUR	Gewerblicher Rechtsschutz und Urheberrecht (Jahr, Seite)
GVO	Grundstücksverkehrsordnung
GWB	Gesetz gegen Wettbewerbsbeschränkungen
gwmk	Gesellschaft für Wirtschaftsmediation und Konfliktmanagement e.V. (jetzt EUCON)

HandwO	Gesetz zur Ordnung des Handwerks (Handwerksordnung)
Hdb.	Handbuch
HGB	Handelsgesetzbuch
h.L.	herrschende Lehre
h.M.	herrschende Meinung
HOAI	Honorarordnung für Architekten und Ingenieure
HRB	Handelsregister Abteilung B
HRefG	Gesetz zur Neuregelung des Kaufmanns- und Firmenrechts und zur Änderung anderer handels- und gesellschaftsrechtlicher Vorschriften (Handelsrechtsreformgesetz)
Hrsg.	Herausgeber
HS/Hs.	Halbsatz
HSFK	Hessische Stiftung Friedens- und Konfliktforschung
ICC	International Chamber of Commerce
i.d.F.	in der Fassung
i.d.R.	in der Regel
IDR	Journal of International Dispute Resolution (Jahr, Seite), International Dispute Resolution
i.Gr.	in Gründung
IHK	Industrie- und Handelskammer
IMCO	Ausschuss für Binnenmarkt und Verbraucherschutz (des Europäischen Parlaments)
Inc.	Incorporated
inkl.	inklusive
INPI	Instituto Nacional da Propriedade Industrial
insb.	insbesondere
InsO	Insolvenzordnung
INTA	Ausschuss für internationalen Handel (des Europäischen Parlaments)
IPR	Internationales Privatrecht
IPRax	Praxis des Internationalen Privat- und Verfahrensrechts (Jahr, Seite)
i.S.	im Sinne
i.S.d.	im Sinne des/der
ISDN	Integrated Services Digital Network
ISO	International Organization for Standardization
i.st.Rspr.	in ständiger Rechtsprechung
i.S.v.	im Sinne von
IT	Information Technology
ITRE	Ausschuss für Industrie, Forschung und Energie (des Europäischen Parlaments)
ITT	International Telefone and Telegraph Corporation
i.Ü.	im Übrigen

i.V.m.	in Verbindung mit
JCAA	The Japan Commercial Arbitration Association
JETRO	Japan External Trade Organization
JIHK	Japanische Industrie- und Handelskammer
JURI	Rechtsausschuss (des Europäischen Parlaments)
JuS	Juristische Schulung (Jahr, Seite)
JZ	Juristen-Zeitung (Jahr, Seite)
Kap.	Kapitel
KapCoRiLiG	Gesetz zur Durchführung der Richtlinie zur Änderung der Bilanz- und der Konzernbilanzrichtlinie hinsichtlich ihres Anwendungsbereichs, zur Verbesserung der Offenlegung von Jahresabschlüssen und zur Änderung anderer handelsrechtlicher Bestimmungen (Kapitalgesellschaften-&Co-Richtlinie-Gesetz)
Kfz	Kraftfahrzeug
KG	Kammergericht, Kommanditgesellschaft
KO	Konkursordnung
KonTraG	Gesetz zur Kontrolle und Transparenz im Unternehmensbereich
KostO	Gesetz über die Kosten in Angelegenheiten der freiwilligen Gerichtsbarkeit (Kostenordnung)
KostRMoG	Gesetz zur Modernisierung des Kostenrechts (Kostenrechtsmodernisierungsgesetz)
KStG	Körperschaftsteuergesetz
KWG	Gesetz über das Kreditwesen
LCIA	London Court of International Arbitration
LG	Landgericht, Lizenzgeber
li.	links, linke
LIBE	Ausschuss für bürgerliche Freiheiten, Justiz und Inneres (des Europäischen Parlaments)
Lit.	Literatur
LLC	Limited Liability Company
LLP	Limited Liability Partnership
LM	Lindenmaier-Möhring, Kommentierte BGH-Rechtsprechung (§, Gesetz, Nr. der Entscheidung)
LN	Lizenznehmer
lt.	laut
Ltd.	Limited
M&A	Mergers and Acquisitions
MarkenG	Gesetz über den Schutz von Marken und sonstigen Kennzeichen (Markengesetz)
MBA	Master of Business Administration

mbH	mit beschränkter Haftung
MDR	Monatsschrift für Deutsches Recht (Jahr, Seite)
m.E.	meines Erachtens
Med	Mediation
MERCOSUL	Mercado Comum do Sul
MERCOSUR	Mercado Común del Sur
MiethöheG	Gesetz zur Regelung der Miethöhe (Miethöhegesetz)
mind.	mindestens
Mio.	Million/en
MitBestG	Gesetz über die Mitbestimmung der Arbeitnehmer (Mitbestimmungsgesetz)
MKAS	Internationales Handelsschiedsgericht bei der Handels- und Industriekammer der Russischen Föderation in Moskau
Mot.	Motive
Mrd.	Milliarde/n
MTE	Ministério do Trabalho e Emprego
MünchKomm	Münchener Kommentar
MuSchG	Gesetz zum Schutz der erwerbstätigen Mütter (Mutterschutzgesetz)
m.w.N.	mit weiteren Nachweisen
MwSt.	Mehrwertsteuer
N°	Número/s
NachwG	Gesetz über den Nachweis der für ein Arbeitsverhältnis geltenden wesentlichen Bedingungen (Nachweisgesetz)
NDA	Non-Disclosure Agreement
n.F.	neue Fassung
NIDR	National Institute for Dispute Resolution
NJOZ	Neue Juristische Online-Zeitschrift (Jahr, Seite)
NJW	Neue Juristische Wochenschrift (Jahr, Seite)
NJW-RR	NJW-Rechtsprechungs-Report (Jahr, Seite)
NLP	Neuro-Linguistisches Programmieren
NotBZ	Zeitschrift für die notarielle Beratungs- und Beurkundungspraxis (Jahr, Seite)
Nr.	Nummer/n
NRW	Nordrhein-Westfalen (auch mit NW abgekürzt)
NStZ	Neue Zeitschrift für Strafrecht (Jahr, Seite)
NVwZ	Neue Zeitschrift für Verwaltungsrecht (Jahr, Seite)
NZA	Neue Zeitschrift für Arbeitsrecht (Jahr, Seite)
NZBau	Neue Zeitschrift für Baurecht und Vergaberecht (Jahr, Seite)
NZG	Neue Zeitschrift für Gesellschaftsrecht (Jahr, Seite)

NZM	Neue Zeitschrift für Mietrecht (Jahr, Seite)
o.a.	oben angegeben
o.ä.	oder ähnlich
o.Ä.	oder Ähnliche/s
OAB	Ordem dos Advogados do Brasil
OECD	Organisation for Economic Co-operation and Development
OFD	Oberfinanzdirektion
o.g.	oben genannt/e
oHG	Offene Handelsgesellschaft
OIB	Office for Infrastructure and Logistics – Brussels (der Europäischen Kommission)
OIL	Office for Infrastructure and Logistics – Luxembourg (der Europäischen Kommission)
OL	Office Lady
OLG	Oberlandesgericht
OLGZ	Entscheidungen der Oberlandesgerichte in Zivilsachen
ÖRA	Öffentliche Rechtsauskunfts- und Vergleichsstelle Hamburg
OWiG	Gesetz über Ordnungswidrigkeiten (Ordnungswidrigkeitengesetz)
p.a.	per annum, pro anno
PartGG	Gesetz über Partnerschaftsgesellschaften Angehöriger freier Berufe (Partnerschaftsgesellschaftsgesetz)
PC	Personal Computer
PCT	Patent Cooperation Treaty
PDF	Portable Document Format
PECH	Fischereiausschuss (des Europäischen Parlaments)
PETI	Petitionsausschuss (des Europäischen Parlaments)
PHARE	Poland and Hungary: Aid for Restructuring of the Economies (Gemeinschaftliches Hilfsprogramm [der EU] für Länder in Mittel- und Osteuropa)
Pkw	Personenkraftwagen
PMO	Amt für die Feststellung und Abwicklung individueller Ansprüche (der Europäischen Kommission)
PreisAngG	Preisangaben- und Preisklauselgesetz
PrKV	Preisklauselverordnung
ProdHaftG	Gesetz über die Haftung für fehlerhafte Produkte (Produkthaftungsgesetz)

PVÜ	Pariser Verbandsübereinkunft (Union Internationale pour la Protection de la Propriété Industrielle)
qual.	qualifiziert
R$	Real, Reais
RA	Rechtsanwalt
RBerG	Rechtsberatungsgesetz
re.	rechts, rechte
REGI	Ausschuss für regionale Entwicklung (des Europäischen Parlaments)
resp.	respektive
RG	Reichsgericht
RGZ	Entscheidungen des Reichsgerichts in Zivilsachen (Band, Seite)
RiLi	Richtlinie
Rn.	Randnummer
ROM	Read Only Memory
Rospatent	(Russischer) Föderaler Dienst für geistiges Eigentum, Patente und Handelsmarken
Rs.	Rechtssache
RSiedlG	Reichssiedlungsgesetz
Rspr.	Rechtsprechung
RUB	(Russischer) Rubel
RusStGB	Russisches Strafgesetzbuch
RusZGB	Russisches Zivilgesetzbuch
RVG	Gesetz über die Vergütung der Rechtsanwältinnen und Rechtsanwälte (Rechtsanwaltsvergütungsgesetz)
Rz.	Randzeichen
s.	siehe
S.	Satz, Seite
s.a.	siehe auch
S.A.	Société Anonyme
SARS	Severe Acute Respiratory Syndrome
SCAP	Supreme Commander for the Allied Powers
SchRModG	Gesetz zur Modernisierung des Schuldrechts (Schuldrechtsmodernisierungsgesetz)
SchwbG	Schwerbehindertengesetz
SE	Societas Europaea (Europäische Gesellschaft)
SEDE	Unterausschuss für Sicherheit und Verteidigung des Ausschusses für auswärtige Angelegenheiten (des Europäischen Parlaments)

SEStEG	Gesetz über steuerliche Begleitmaßnahmen zur Einführung der Europäischen Gesellschaft und zur Änderung weiterer steuerrechtlicher Vorschriften
SGB	Sozialgesetzbuch
SigG	Gesetz über Rahmenbedingungen für elektronische Signaturen (Signaturgesetz)
SLC	Standby Letter of Credit
Slg.	Sammlung (der Rechtsprechung des EuGH und des Gerichts erster Instanz)
s.o.	siehe oben
SOBau	Schlichtungs- und Schiedsordnung für Baustreitigkeiten der ARGE Baurecht im Deutschen Anwaltverein e.V.
sog.	sogenannte/r/s
Sp.	Spalte
SPIDR	Society of Professionals in Dispute Resolution
StGB	Strafgesetzbuch
str.	streitig
st. Rspr.	ständige Rechtsprechung
s.u.	siehe unten
TACIS	Technical Assistance to the Commonwealth of Independent States
TB	Taschenbuch
TOMAC	Tokyo Maritime Arbitration Commission of The Japan Shipping Exchange, Inc.
TOP	Tagesordnungspunkt
TRAN	Ausschuss für Verkehr und Fremdenverkehr (des Europäischen Parlaments)
TÜV	Technischer Überwachungs-Verein
TVG	Tarifvertragsgesetz
TzBfG	Gesetz über Teilzeitarbeit und befristete Arbeitsverträge (Teilzeit- und Befristungsgesetz)
u.a.	unter anderem, und andere
u.Ä.	und Ähnliche/s
UCC	Uniform Commercial Code
UKlaG	Gesetz über Unterlassungsklagen bei Verbraucherrechts- und anderen Verstößen (Unterlassungsklagegesetz)
UmwG	Umwandlungsgesetz
UmwStG	Umwandlungssteuergesetz
UN	United Nations
UNCITRAL	United Nations Commission on International Trade Law
URL	Uniform Resource Locator

Urt.	Urteil
US(A)	United States (of America)
USD	United States Dollar
USP	Universidade de São Paulo
USt.	Umsatzsteuer
UStG	Umsatzsteuergesetz
usw.	und so weiter
u.U.	unter Umständen
u.v.m.	und vieles mehr
UWG	Gesetz gegen den unlauteren Wettbewerb
v.	von/m
v.a.	vor allem
VAG	Gesetz über die Beaufsichtigung der Versicherungsunternehmen (Versicherungsaufsichtsgesetz)
Var.	Variante
vBP	vereidigter Buchprüfer
v. Chr.	vor Christus
VDMA	Verband Deutscher Maschinen- und Anlagenbau e.V.
VerlG	Gesetz über das Verlagsrecht
VermG	Gesetz zur Regelung offener Vermögensfragen (Vermögensgesetz)
VersR	Versicherungsrecht (Jahr, Seite)
vGA	verdeckte Gewinnausschüttung
vgl.	vergleiche
VO	Verordnung
VOB	Vergabe- und Vertragsordnung für Bauleistungen (ehem. Verdingungsordnung für Bauleistungen)
VOF	Verdingungsordnung für freiberufliche Leistungen
VOL	Verdingungsordnung für Leistungen
VR	Volksrepublik
vs.	versus
VVG	Gesetz über den Versicherungsvertrag (Versicherungsvertragsgesetz)
VwVfG	Verwaltungsverfahrensgesetz
WährG	Erstes Gesetz zur Neuordnung des Geldwesens (Währungsgesetz)
WAN	Wide Area Network
WEG	Gesetz über das Wohnungseigentum und das Dauerwohnrecht (Wohnungseigentumsgesetz)
WiB	(ehem.) Wirtschaftsrechtliche Beratungspraxis (Jahr, Seite) (jetzt NZG)
WIPO	World Intellectual Property Organization

Abkürzungsverzeichnis

WiRO	Wirtschaft und Recht in Osteuropa (Jahr, Seite)
WM	Wertpapier-Mitteilungen (Jahr, Seite)
WoBindG	Gesetz zur Sicherung der Zweckbestimmung von Sozialwohnungen (Wohnungsbindungsgesetz)
WP	Wirtschaftsprüfer, Wirtschaftsprüfung
WTO	World Trade Organization
WUA	Welturheberrechtsabkommen (Universal Copyright Convention)
z.B.	zum Beispiel
ZEV	Zeitschrift für Erbrecht und Vermögensnachfolge (Jahr, Seite)
ZGR	Zeitschrift für Unternehmens- und Gesellschaftsrecht (Jahr, Seite)
z.Hd.	zu Händen
ZHR	Zeitschrift für das gesamte Handelsrecht und Wirtschaftsrecht (Band, Seite)
Ziff.	Ziffer
ZIP	Zeitschrift für Wirtschaftsrecht (Jahr, Seite)
zit.	zitiert
ZJapanR	Zeitschrift für japanisches Recht
ZPO	Zivilprozessordnung
z.T.	zum Teil
ZVglRWiss	Zeitschrift für vergleichende Rechtswissenschaft (Jahr, Seite)
ZZP	Zeitschrift für Zivilprozess (Band [Jahr], Seite)

Teil 1
Funktion und Bedeutung der Verträge im Rechtssystem

	Rz.
I. Einführung	1
1. Verträge, Gesetze und soziale Regeln	1
a) Geben und Nehmen, Vertrauen und Risikosteuerung	1
b) Internationale Rechtskulturen	3a
aa) Netzwerke und Hierarchien	3a
bb) Der gesetzliche Rahmen in unterschiedlichen Rechtskulturen	3b
cc) Verträge als private Gesetze	8
2. Risiken und Risikoprognosen	13
a) Risiko und Vertrauen	13
b) Wesentliche Risikofaktoren	13a
c) Risikoprognosen	16
3. Verhandeln als soziales Ritual	18
II. Statisches und dynamisches Vertragsverständnis	21
III. Komplexität, Strategie und Taktik	29
1. Verträge und vernetztes Denken	29

	Rz.
2. Strategie, Taktik und Führung	35
a) Verbindungen und Gegensätze	35
b) Strategie	37
c) Taktik	38
d) Führung	46a
IV. Vertragsmanagement	47
1. Vertragsplanung	59
2. Vertragsdesign	60
a) Begriff	60a
b) Vorgehen	60b
c) International einheitliche Module	60b
3. Vertragsverhandlungen	61
4. Vertragsdurchführung	72
5. Vertragscontrolling	74
6. Zwölf Grundregeln des Vertragsmanagements	75
V. Macht, Recht und Willkür	76
VI. Entscheidungen und Emotionen	80
VII. Stabilität und Anpassungsfähigkeit	81

Literaturübersicht:

Adloff/Mau (Hrsg.), Vom Geben und Nehmen – zur Soziologie der Reziprozität, 2005; *Arnauld, Andreas v.* (Hrsg.), Recht und Spielregeln, 2003; *Bauer, Joachim*, Warum ich fühle was du fühlst, 9. Aufl. 2006; *Clausewitz, Carl von*, Vom Kriege, in: Kriegstheorie und Kriegsgeschichte, DKV 1993; *Dobelli*, Die Kunst des klaren Denkens, 2011; *Dörner, Dietrich*, Die Logik des Mißlingens – Strategisches Denken in komplexen Situationen, 1995; *Fisher/Ury/Patton*, Das Harvard-Konzept, 23. Aufl. 2009; *Fikentscher*, Modes of Thought, 1995; *Gigerenzer*, Bauchentscheidungen, 2008; *Gigerenzer*, Risiko – wie man die richtigen Entscheidungen trifft, 2013; *Godelier, Maurice*, Das Rätsel der Gabe, 1999; *Goleman*, Emotionale Intelligenz, 1999; *Gladwell*, Tipping Point: Wie kleine Dinge Großes bewirken können, 2002; *Glasl, Friedrich*, Konfliktmanagement, 1980; *Glasl, Friedrich*, Selbsthilfe in Konflikten, 5. Aufl. 2010; *Haft*, Juristische Rhetorik, 2009; *Kaufmann, Arthur*, Das Verfahren der Rechtsgewinnung – eine rationale Analyse, 1999; *Lao-Tse*, Tao-Te-King, Kommentar und Übersetzung, 2004; *Machiavelli*, Der Fürst, 2001; *Macioszek*, Chruschtschows dritter Schuh, 2000; *Malik*, Die Neue Corporate Governance, Wirksame Unternehmensaufsicht, 3. Aufl. 2002; *Malik*, Gefährliche Managementwörter, 2004; *Malik*, Management Band I, 2006; *Mauss, Marcel*, Die Gabe. Form und Funktion des Austauschs in archaischen Gesellschaften, in: Marcel Mauss, Soziologie und Anthropologie, Bd. 2, 1989; *Ockenfels, Axel*, Fairneß, Reziprozität und Eigennutz, 1999; *Pfordten, Dietmar von der*, Rechtsethik, 2. Aufl. 2011; *Rawls, John*, Gerechtigkeit als Fairness – ein Neuentwurf, 2003; *Sahlins, Marshall*, Kultur und praktische Vernunft, 1981; *Schäfer/Ott*, Lehrbuch der ökonomischen Analyse des Zivilrechts, 5. Aufl. 2012; *Sun Tsu*, Wahrhaft siegt, wer nicht kämpft –

die Kunst der richtigen Strategie, 2011; *Thaler/Sunstein*, Nudge – wie man kluge Entscheidungen anstößt, 2009; *Tomasello, Michael*, Warum wir kooperieren, 2010; *Vester*, Die Kunst vernetzt zu denken, 3. Aufl. 2003; *Wilson, James Q.*, Das moralische Empfinden, 1994.

I. Einführung

1. Verträge, Gesetze und soziale Regeln

a) Geben und Nehmen, Vertrauen und Risikosteuerung

1 Ein Vertrag ist eine Vereinbarung zwischen mindestens zwei Parteien, die

– bindende **Verpflichtungen** für eine oder mehrere Seiten auslöst,

– auf diese Weise **Vertrauen** bildet und so

– dazu beiträgt, künftige **Risiken** besser zu bewältigen.

Jeder von uns gibt ständig anderen gegenüber Versprechungen ab, er gibt oder nimmt, er vertraut oder misstraut, er akzeptiert und bewältigt Risiken (Rz. 13) oder scheitert an ihnen. All das erledigen wir informell, weil eine formale Absicherung unserer Interessen außer Verhältnis zum Aufwand stünde. Wenn unser Vertrauen enttäuscht wird, akzeptieren wir das. Vertrauen ist der Angelpunkt aller unserer sozialen Handlungen (*Niklas Luhmann*, Vertrauen: Ein Mechanismus zur Reduktion von Komplexität, 2000). Verträge sorgen dafür, dass Aktionen des sozialen Austauschs (Geben und Nehmen) eine bestimmte **Form** erhalten, die wir wählen, um Planungssicherheit und Berechenbarkeit zu erzeugen, ohne die qualifiziertes Vertrauen nicht entstehen kann. Er ist Teil eines der Grundgesetze unseres sozialen Lebens:

Geben und Nehmen entwickeln Vertrauen, begrenzen Risiken und sind stets voneinander abhängig

Wird dieses Grundgesetz eingehalten, sorgt es für einen fairen Ausgleich divergierender Interessen und hat über die Welt der Verträge hinaus kulturprägende Bedeutung.

Die Art und Weise, wie Verträge durch Gesetze, Handelsbräuche und gerichtliche Auslegung gestaltet und verstanden werden, hängt nicht nur von der rechtlichen Konstruktion ab, die sie gefunden haben. Jeder Vertrag steht in einem Umfeld, das von Politik, Soziologie, Psychologie, von Machtkämpfen, Ritualen und nicht zuletzt von den Emotionen bestimmt wird, die bei ihrer Planung, Verhandlung und Durchführung wirksam werden. Im ersten Teil des Handbuchs wollen wir einen Blick auf diese Rahmenbedingungen werfen.

1a Obwohl das Recht ein wichtiger Teil dieser Rahmenbedingungen ist, spielt es für die Frage, welchen Wert wir Verhandlungen einräumen, wie wir uns in ihnen Verhalten und welche Erwartungen wie mit ihnen verbinden, nur eine untergeordnete Rolle. Wenn wir in diesem Teil von

Recht sprechen, dann betrachten wir es als internationales Phänomen und nicht unter dem Aspekt einer einzelnen Rechtsordnung. Wir werden dabei sehen, dass diese Rahmenbedingungen in ihrem Kern **international** absolut die gleichen sind, auch wenn sie in den unterschiedlichsten Erscheinungsformen auftreten.

Verträge gehören mit Sicherheit zu den **ältesten Formen**, in denen **Recht** entsteht, und sind wahrscheinlich früher entstanden als Gesetze (*Herzog*, Staaten der Frühzeit, 1988, S. 287 ff., 301 ff.; *Wesel*, Frühformen des Rechts in vorstaatlichen Gesellschaften, 1985, S. 89 ff., 344). Sie stehen in einem **Spannungsfeld** zwischen sozial wirksamen, aber nicht unter allen Umständen als bindend angesehenen Versprechen und allgemein gültigen sozialen Regeln, wobei diese beiden Bereiche in ihren jeweiligen Entwicklungen unendlich komplex ineinander greifen: Aus einzelnen Zusagen mögen soziale Regeln ebenso entstanden sein wie aus natürlichen Zwangslagen, und irgendwann war die Entwicklung in den westlichen Rechtsordnungen (**Römisches Recht**) so weit, dass man den **subjektiven Anspruch** eines einzelnen gegenüber einem anderen erkennen und daraus eine ganze Reihe rechtlicher Folgerungen ableiten konnte.

Diese Entwicklung ist nicht selbstverständlich. Blickt man in die älteste Kultur des Ostens (China), entdeckt man zwar ein in hohem Maße leistungsfähiges Staatsgebilde mit Gesetzen, Verordnungen und unzähligen geschriebenen und ungeschriebenen sozialen Regeln, ein Vertragsmodell, wie das Römische Recht es entwickelt hat, ist aber weder dort noch in jüngeren asiatischen Kulturen (Japan) entstanden (siehe unten Teile 9.3 [*Pattloch*] und 9.4 [*Tanaka*]; Zweigert/Kötz, S. 280 ff.). Dieser Widerspruch wird uns an mehreren Stellen beschäftigen: Auch heute noch können Staaten und Wirtschaftsordnungen außerordentlich effektiv sein, ohne einen einheitlichen Grad von gesetzlicher Durchformung oder vertragliche Systeme zu besitzen, wie sie in den westlichen Kulturen und Rechtsordnungen bekannt sind. Will man dieses Phänomen näher untersuchen, darf man nicht an der Oberfläche haften bleiben. In Japan etwa findet sich seit Ende des letzten Jahrhunderts ein voll ausgebildetes, vom Westen übernommenes Rechtssystem, das uns bis in die Details vertraut vorkommen wird: Wer z.B. Urteile japanischer Gerichte liest, die bei uns zum Teil in Fachzeitschriften (IPRax) übersetzt veröffentlicht werden, stößt auf einen für den deutschen Juristen ganz vertrauten Urteilsaufbau und -stil. Gleichwohl wäre es falsch anzunehmen, die Japaner verfügten über ein dem westlichen Verständnis vergleichbares Rechtsdenken (*Rahn*, Rechtsdenken und Rechtsauffassung in Japan, 1990, und Teil 9.4, passim). Sie **benutzen** zwar einzelne Elemente als **Werkzeuge**, diese Werkzeuge sind aber in ganz anders geartete informelle Abstimmungen, Regeln und Verhaltensweisen eingebunden, als wir dies kennen.

Wie groß die strukturellen Unterschiede in den einzelnen Kulturen der Welt sind, kann man nicht einmal dann erahnen, wenn man täglich im Internationalen Vertragsrecht praktiziert. Die Auslandsteile dieses Buches geben immerhin einen ersten Einblick. *Wolfgang Fikentscher* hat 1995 mit seinem – nur in englischer Sprache vorliegenden – Versuch *Modes of Thought* einen in jeder Hinsicht aktuellen weltweiten Überblick über die Denkstile gegeben, mit denen gleichzeitig immer auch ein emotionaler und kultureller Stil verbunden ist. „Projektion ist das Verfolgen eigener Wünsche in anderen" (*Sigmund Freud*): Erst wenn wir uns intensiv mit anderen Denkstilen beschäftigen, können wir erkennen, wie weit unser eigenes Denken von (unvermeidbaren) Vorurteilen geleitet ist, mit denen wir lernen müssen, umzugehen (zum Islam s. bei *Fikentscher* etwa S. 402 ff.). Die Literaturhinweise können nur einen sehr kleinen Bruchteil der Literaturen erfassen, die das Grundgesetz des sozialen Lebens vom Geben und Nehmen in den Geistes – und Kulturwissenschaften und den Streit darüber in der Konfliktforschung abbilden. Sie ist unter dem Gesichtspunkt ausgewählt, dass auch Juristen sie ohne besondere Fachkenntnisse anderer Wissenschaften leicht verstehen können.

b) Internationale Rechtskulturen

aa) Netzwerke und Hierarchien

3a Man kann im Wesentlichen zwei Arten von Rechtssystemen unterscheiden:

– Systeme, die organisch nach und nach als **Netzwerk** unterschiedlichster Beziehungen und Beziehungsebenen entstanden sind. In ihnen wird Recht weniger oder gar nicht als Anspruch einer einzelnen Person gewertet, sondern vielmehr als etwas, das die Ausgewogenheit all dieser Beziehungen interpretiert. Diese Systeme dürften zeitlich die ältesten sein und sind heute überwiegend in Asien verbreitet. Aber auch in Europa finden sich noch starke Einflüsse, wenn man etwa die Auffassung vom Recht in Deutschland mit derjenigen in Italien vergleicht.

– **Hierarchisch** organisierte **Systeme**: Sie zeichnen sich dadurch aus, dass rechtliche Strukturen überwiegend als Über- und Unterordnungsverhältnisse gesehen werden, in denen einzelne Personen Ansprüche haben, die sie gegenüber anderen (auch dem Staat) durchsetzen können. Auf die vielfältigen Beziehungsgeflechte wird dabei weniger Rücksicht genommen. Solche Systeme konnten erst entstehen nach staatlichen Strukturen, die Verträge ihrerseits anerkannt und Konflikte geregelt haben (beginnend etwa 600 v. Chr. in Griechenland und dann im Europäischen Rechtskreis durch das Römische Recht grundlegend etabliert).

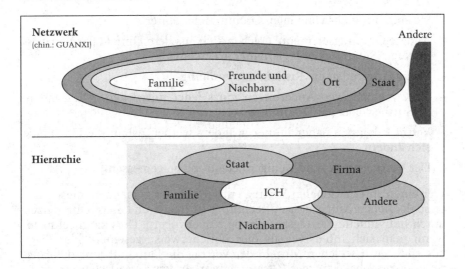

bb) **Der gesetzliche Rahmen in unterschiedlichen Rechtskulturen**

In hierarchisch strukturierten Rechtssystemen sind das Gesetz und der aus ihm entwickelte Vertrag das zentrale Ordnungselement. In Deutschland gilt das in besonderem Maße, weil es hier in den §§ 305 ff. BGB präzise Beschreibungen einzelner „gesetzlicher Leitbilder" gibt, von denen in Verträgen nicht abgewichen werden kann, um sicher zu stellen, dass ein wirtschaftlich Mächtiger einem weniger mächtigen Vertragspartner nicht seine Bedingungen aufzwingen kann. Trotz Europäischer Richtlinien über den Verbraucherschutz fehlt es bereits in anderen europäischen Ländern an ähnlichen Regelungen. Außerhalb Europas, so vor allem in den USA, existiert das Verständnis für solche Gesetze nicht.

Das Vertragsverständnis in **hierarchisch strukturierten** Systemen ist von folgenden Vorstellungen geprägt:

– Ordnung entsteht nur, wenn Gesetze sie herstellen.

– Verträge sind von den Parteien vereinbarte Gesetze, die alles regeln, was staatliche Gesetze offen lassen.

– Deshalb müssen sie jedes Detail regeln.

– Sie müssen ganz genau befolgt werden.

– Jeder Änderungswunsch ist Auslöser für einen Konflikt und wirft die Frage nach der Vertragstreue auf.

In den Rechtsystemen, die eher in **Beziehungen** und **Netzwerken** denken (Teile 9.3 [*Pattloch*] und 9.4 [*Tanaka*]), werden Verträge ganz anders aufgefasst:

- Sie sind nur **eines** von vielen Ordnungselementen.
- Andere Ordnungselemente ergeben sich aus dem **Umfeld** der Vertragsparteien (Staat/Technologie/Banken/Personen).
- Verträge verteilen die Risiken nur **vorläufig**.
- An zweckmäßigen Änderungen muss **jeder** mitwirken. Alles andere ist Sturheit oder gar Dummheit.
- Verträge können daher immer geändert werden, wenn die **Umstände** sich **ändern**.
- Der **Vertragstreue** wird weniger Bedeutung beigemessen.

4 Wer einen internationalen Vertrag entwirft, muss versuchen, diesen unterschiedlichen Auffassungen Rechnung zu tragen und diese Differenzen durch individuelle Vertragsgestaltung zu verringern. Dies kann gelingen, wenn man sich intensiver als dies üblicherweise geschieht, der Frage zuwendet, mit welchen Mitteln der Vertrag die Durchführung des Leistungsaustausches bzw. das Zusammenwirken von Gesellschaftern praktisch steuern soll.

In deutschen Verträgen ist sehr oft nur geregelt, welche Rechte und Pflichten die Parteien haben, es fehlen aber Vereinbarungen darüber, wie diese Rechte und Pflichten in einem **konkreten Konfliktfall** ausgeübt werden sollen, da man in der Regel davon ausgehen kann, dass die Rechtsfolgen durch das Gesetz geregelt werden. Aber auch bei uns ist es oft genug ratsam, die Rechtsfolgen eines Vertragsbruchs situationsgerecht zu regeln, weil einer Partei oft genug mit Schadensersatz allein nicht gedient ist, Ein wichtiges Mittel kann es z.B. sein, bestimmte **Eskalationsstrategien** zu vereinbaren. Dies bedeutet: Jede Partei ist verpflichtet, über aufkommende Konflikte zu früh wie möglich leitende Mitarbeiter oder gar die Geschäftsführung zu informieren, damit diese in einem frühen Stadium darauf Einfluss nehmen können. Manchem Ärger kann dadurch schon im Ansatz begegnet werden.

Andere Methoden bestehen darin, Leistung und Gegenleistung **flexibler** zu gestalten, wieder andere, bei Qualitätsmängeln sehr schnell einen neutralen Dritten einzuschalten, im Übrigen aber dafür zu sorgen, dass der Leistungsaustausch durch solche Auseinandersetzungen nicht gestört wird.

5 Je umfangreicher und detaillierter der gesetzliche Rahmen ist, in dem Verträge sich bewegen, um so kürzer fallen sie aus, weil die Verträge sich stillschweigend auf Gesetze beziehen können, während in den Ländern, die vom **Case Law** geprägt sind, erheblich mehr geregelt werden muss, wenn es keinen Streit geben soll (Teil 9.1).

Die oben skizzierten Unterschiede in der Rechtsauffassung über Verträge wirken sich in der Praxis vor allem dann aus, wenn zwei Parteien unterschiedlichen Rechtsordnungen angehören, die gleichzeitig systematisch sehr verschieden sind.

I. Einführung

Ein asiatisches, aber auch ein italienisches Unternehmen kann eine völlig andere Auffassung von Vertragstreue haben, als ein deutsches oder amerikanisches. Auch innerhalb von Systemen, die sich nahe stehen, wie etwa dem deutschen und dem französischen Recht bedeuten viele ähnliche Begriffe keineswegs dasselbe.

Die **Rechtswahl** stellt deshalb entscheidende Weichen in Bezug auf die Interpretation eines Vertrages und sie ist in vielen Fällen nicht beliebig behandelbar.

Weitere Schwierigkeiten entstehen dadurch, dass die Vertragssprache häufig im internationalen Rechtsverkehr nicht identisch ist mit der Sprache des Landes, dessen Recht gelten soll. Der Hauptgrund hierfür: In internationalen Konzernen ist **Englisch** die überwiegende Konzernsprache und es bestehen Anordnungen, alle relevanten Verträge nur in dieser Sprache zu verfassen, auch wenn sie z.B. deutsches oder spanisches Recht für anwendbar erklären. Was ein bestimmter englischer Begriff aber im spanischen Recht bedeuten mag, wird den Beteiligten oft nicht klar sein.

Zusammengefasst: Verträge müssen – abhängig vom gesetzlichen Rahmen – alles das regeln, was im Gesetz nicht allgemein geregelt wird. Der Vertrag muss ferner alle Änderungen von gesetzlichen Vorschriften und Rechtsprechungslinien enthalten, die die Parteien nicht akzeptieren wollen (sofern solche Änderungen gesetzlich zulässig sind). 6

Der Inhalt des Vertrages ist damit wesentlich davon abhängig, ob Gesetz und Rechtsprechung ein bestimmtes Konflikt- und Risikopotential schon gesehen und geregelt haben oder ob es daran fehlt.

Es ist heute weitgehend dem politischen Zufall überlassen, ob der **Gesetzgeber** sich einer bestimmten Thematik annimmt oder nicht. Darunter leiden bei uns vor allem die klassischen Rechtsgebiete wie etwa das Schuldrecht, die über eine Jahrtausende alte Rechtstradition verfügen und gleichwohl an der einen oder anderen Stelle (z.B. bei den Verjährungsvorschriften) den erheblichen Änderungen in Naturwissenschaft, Technik und den Geschäftsusancen angepasst werden müssten. Genauso aufwendig ist es, Regeln, die sich aus der **Rechtsprechung** ergeben, in die Verträge einzuarbeiten, solange diese Regeln noch nicht in Gesetzen Eingang gefunden haben oder nicht völlig herrschende Ansicht sind. 7

cc) Verträge als private Gesetze

Es gibt allerdings auch Bereiche, in denen der Gesetzgeber selbst beim besten Willen nichts regeln könnte. Gute Beispiele sind die Durchführung von komplexen Werkleistungen, wie etwa im Industrieanlagenbau, bei Bauvorhaben oder bei der Erstellung von Computerprogrammen oder Systeminstallationen. Das Gesetz enthält nur wenige Vorschriften im Werkvertragsrecht, die die Phase zwischen Vertragsabschluss und -abnahme inhaltlich strukturieren. Dies ist keine Lücke in dem oben be- 8 klagten Sinn, sondern ein **bewusst** für die Parteien **offen gehaltener Freiraum**, in dem sie ihre individuellen Bedürfnisse für die Durchführungsphase unterbringen sollen. Gerade daraus ergibt sich aber der intensive Regelungsbedarf in diesem Bereich. Daraus folgt die hohe Fehlerquote bei Verträgen, die solche bewusst gelassenen Lücken nicht ausfüllen.

9 Wer einen Vertrag von hinreichender Qualität erstellen will, kann also nur selten auf die häufigen Hinweise des Managements Rücksicht nehmen, gute Verträge seien kurz und knapp, denn der Rest finde sich ja in den Gesetzen. Dies ist für die Länder des **Case Law** schon auf den ersten Blick nicht richtig, weil es dort vielfach an gesetzlichen Regeln und Präjudizien fehlt, es passt aber auch nicht auf die Rechtssituation in Deutschland, weil nicht einmal in den klassischen Rechtsgebieten alles geregelt ist, worüber die Parteien sich einigen müssen.

10 Art und Umfang der Verträge hängt, wie oben schon skizziert, unmittelbar mit dem **gesellschaftlichen** und **sozialen Umfeld** zusammen, in dem die Vereinbarung steht. Entscheidend ist, ob durch den Vertrag direkt oder indirekt Verbindlichkeiten begründet, verändert oder aufgehoben werden sollen, auf die eine Seite sich später berufen will. Diese **Erwartung** entscheidet, ob und wie ein Vertrag zu gestalten ist. Sind z.B. voll ausgebildete und lückenlose gesetzliche Regeln vorhanden, die im Wesentlichen nicht geändert werden dürfen (Wohnraummietrecht), ist es mit kurzen Verträgen getan, in anderen Fällen (z.B. Leasingverträge) braucht man umfangreiche und detaillierte Regelungen.

11 Vertragsgestaltungen sind auch dort oft nicht möglich, wo die **Machtverhältnisse** es der einen Partei unmöglich machen, etwas anderes zu tun als die Vorstellungen der Gegenseite anzuerkennen (z.B. AGB der Banken und Versicherungen). Vertragsgestaltung trifft daher auch im **öffentlich-rechtlichen Bereich** auf ihre Grenzen, wo die Über-/Unterordnung und Bindungen durch Gesetz und Verwaltungsanordnungen den Handlungsspielraum verkleinern.

11a Gelegentlich ist von **Vertragsgerechtigkeit** die Rede. Man meint damit, dass auch Verträge, mit denen stets unterschiedliche Interessen der Beteiligten ohne Hilfe staatlicher Institutionen ausgeglichen werden, bestimmte Gerechtigkeitsmaßstäbe einhalten müssen. Die Gesetze des Vertragsrechts kennen solche Maßstäbe (z.B. das Prinzip von Treu und Glauben oder das Wucherverbot) in: „Die Zivilgerichte müssen – insbesondere bei der Konkretisierung und Anwendung von Generalklauseln wie § 138 und § 242 BGB – die grundrechtliche Gewährleistung der Privatautonomie in Art. 2 Abs. 1 GG beachten. Daraus ergibt sich ihre Pflicht zur Inhaltskontrolle von Verträgen, die einen der beiden Vertragspartner ungewöhnlich stark belasten und das Ergebnis strukturell ungleicher Verhandlungsstärke sind." (BVerfGE 89, 214 = NJW 1994, 36 [Ls.]). In der gleichen Entscheidung wird aber auch auf die Grenzen solcher Beschränkungen hingewiesen: „Dies bedeutet jedoch nicht, dass die Privatautonomie zur beliebigen Disposition des Gesetzgebers stünde und ihre grundrechtliche Gewährleistung infolgedessen leer liefe. Vielmehr ist der Gesetzgeber bei der gebotenen Ausgestaltung an die objektiv-rechtlichen Vorgaben der Grundrechte gebunden. Er muss der Selbstbestimmung des Einzelnen im Rechtsleben einen angemessenen Betätigungsraum eröffnen. Nach ihrem Regelungsbescheid ist die Privatautonomie notwendigerweise auf staatliche Durchsetzung angewiesen. Ihre Gewährleistung denkt die justitielle Realisierung gleichsam mit und begründet daher die Pflicht des Gesetzgebers, rechtsgeschäftliche Gestaltungsmittel zur Verfügung zu stellen, die als rechtsverbindlich zu behandeln sind und auch im Streitfall durchsetzbare Rechtspositionen begründen."

Auch im öffentlichen Recht existieren präzise Vorschriften darüber, wie Verträge gestaltet werden müssen, um ihnen zu entsprechen. Über diesen Kern hinaus hat die Vertragsgerechtigkeit keinen weiteren Inhalt: Unfairness, die die gegebenen Machtdifferenzen nutzt, aber die Grenzen von Treu und Glauben noch nicht verletzt, muss hingenommen werden.

Die **Grenzen** der **Vertragsgestaltung** sind demnach leicht zu ziehen. Es sind: 12

- Alle **gesetzlichen Vorschriften**, die durch Verträge nicht geändert werden können,
- die allgemeine Grundregel, dass **sittenwidrige** und knebelnde **Verträge** rechtsunwirksam sind, wobei sich dies oft auch auf den Inhalt der Leistungen bezieht (§ 138 BGB),
- bei **Standardverträgen**: die Regeln der §§ 305 ff. BGB,
- die in Deutschland unmittelbar geltenden Vorschriften des **EG-Rechts**,
- Unwirksamkeitsgründe, die sich aus den Regeln des **internationalen Privatrechts** bei internationalen Verträgen ergeben.

2. Risiken und Risikoprognosen

a) Risiko und Vertrauen

Der wichtigste Zweck eines Vertrages ist es, durch eine formale Absprache dafür zu sorgen, dass allen Beteiligten die Bindung klar wird, die sie eingegangen sind. Solche formalen Handlungen sind schon entstanden, als es noch keine Schrift gab: Der vor Zeugen ausgetauschte Handschlag, der die Abrede bekräftigt, hat sich bis heute erhalten. 13

Das Ziel der Vereinbarung kann unterschiedlichen Inhalt haben:

- Bei einem **Austauschvertrag** will die eine Seite die Leistung, die andere das Geld (oder andere Gegenleistungen) (Teil 3)
- Beim **Gesellschaftsvertrag** wollen alle das Gleiche, und verpflichten sich zu abgestimmten Beiträgen (Teil 4)

Der Vertrag ist in beiden Fällen das Band, das sie aneinander kettet: Im ersten Fall ziehen sie in entgegengesetzten Richtungen, im anderen Fall gemeinsam in die gleiche!

Beide Fälle sind nicht immer klar voneinander zu trennen. Ein Austauschvertrag kann auch kooperative Elemente besitzen und sich einem Gesellschaftsvertrag annähern. Ein typischer Fall, in dem sich die Formen vermischen, sind die Joint Ventures, im wahrsten Sinne des Wortes „gemeinsame Abenteuer".

Obwohl die Perspektiven der Beteiligten in jedem Fall sehr unterschiedlich sind, dokumentiert der Vertrag die **Risikobewertungen** beider Seiten und zwar so, dass Dritte dies nachvollziehen können. So schafft der Vertrag das nötige Vertrauen, dass man die Leistungsrisiken auf die eine oder andere Art überwinden wird. Im ersten Fall eher aus Furcht vor Sanktionen, im zweiten, um den Solidaritätsgedanken zu realisieren. Die Risiken werden spätestens sichtbar, wenn man an den **Vertragstexten** arbeitet. Dabei geht es keinesfalls nur um rechtliche Risiken, sondern häufig genug um das Zentrum des Vertrages – den Leistungsinhalt –, also z.B. die Qualitätsbeschreibung, die Zahlungsbedingungen u.a. Manager kennen oft nur Preis und Leistung in den gröbsten Umrissen, wenn sie nicht schon viele leidvolle Erfahrungen mit gescheiterten Verträgen gemacht haben, bei denen ganz andere Faktoren eine Rolle gespielt haben (zu den Erfolgsfaktoren Teil 2 Rz. 21 ff., 378 ff., 639 ff.).

b) Wesentliche Risikofaktoren

13a Unabhängig vom Vertragstyp muss man stets über folgende Risiken nachdenken, die zwischen den Parteien (oder auch Dritten) zu verteilen sind.

- Die **zeitliche Distanz** zwischen einzelnen Leistungen: Wer eine Zeitung am Kiosk kauft, muss sich über Liefermöglichkeiten und Bonität keine Gedanken machen, bei einer Industrieanlage, die erst in drei Jahren fertig sein kann, sind das jedoch zentrale Punkte.
- Die **räumliche Distanz** zwischen einzelnen Leistungen: Sie führt immer auch zu einem Risiko im Bereich der Zeit, setzt aber weitere Risiken frei, wie z.B. das Transportrisiko, das Versicherungsrisiko etc.
- **Leistungstiefe**: Es ist ein weit höheres Risiko, die Leistung nur unter Einschaltung vieler Subunternehmer erbringen zu können, als wenn man fähig ist, sie aus einer Hand zu erbringen (typischer Unterschied zwischen handwerklicher und industrieller Fertigung).
- **Schnittstellenrisiko**: Auch wer überwiegend selbst leisten kann, wird oft Informationen von dritter Seite geben oder nehmen müssen, hat möglicherweise intern eine Vielzahl von informatorischen Schnittstellen, die alle Fehlerquellen werden können oder er muss Dritte informieren etc.

I. Einführung

- **Check and Balance**: Für die Risikoverteilung ist es stets entscheidend, von wem die Initiative zu einzelnen Handlungen ausgehen kann/muss: Wenn ein Vertrag ohne Kündigung zu einem bestimmten Zeitpunkt ausläuft, ist das Risiko seiner Beherrschung kleiner, als wenn man Fristen überwachen muss. Dieselbe Überlegung gilt bei Gestaltungsrechten aller Art, bei Vorleistungen, bei der Pflicht zur Anrufung von Schlichtern oder Schiedsrichtern etc.

Die Aufgabe des Vertrages ist es, diese Risiken zu definieren, in ihre Bestandteile aufzulösen, auf Einzelne zu verteilen und Prozesse festzulegen, wie man in Krisensituationen das System anpassen oder ändern kann, um gleichwohl das Ziel zu erreichen. Verträge erinnern mich manchmal an ein vom Wasser überflutetes Gebirge: Das Wasser verlangsamt zwar die Bewegungen, aber es trägt auch den Schwimmer, der sich in diesem Gelände ohne Unterstützung des Wassers gar nicht bewegen könnte.

Die **Risikoverteilung**, die der Vertrag vornimmt, kann man am einfachsten mit dem System der Herz- und Venenklappen vergleichen. Der Transport des Blutes im Blutkreislauf von unten nach oben wäre aus statischen Gründen wider die Schwerkraft gar nicht möglich, wenn das jeweils hochgepumpte Blut nicht durch die zwischengeschalteten Klappen, die sich hinter ihm schließen, zurückgestaut und durch die Herzpumpe jeweils ein weiteres Stück vorangetrieben würde. Nach dem gleichen System funktioniert auch der Herzmuskel selbst mit den Vorhöfen, Kammern etc. 14

Das Rechtssystem und die in ihm verankerten **Verträge** machen mit den Leistungsströmen, die jeweils auszutauschen sind, genau das gleiche: Sie **schotten Risikofaktoren** voneinander **ab**, und sorgen damit gleichzeitig dafür, dass einzelne Störfaktoren den Gesamterfolg des Vertrages nicht gefährden. Ein einfaches Beispiel: Bei einem Kaufvertrag über ein Grundstück wird der Käufer erst dann unanfechtbarer Eigentümer, wenn er in das Grundbuch eingetragen worden ist oder durch eine Auflassungsvormerkung einen vergleichbaren Rechtsstatus erhalten hat. Will er möglichst sicher planen, dann dürfte er den Kaufpreis für das Grundstück an den Verkäufer erst zahlen, wenn diese Bedingungen eingetreten sind. Dem steht das Interesse des Verkäufers entgegen, das Eigentum am Grundstück nicht schon zu verlieren (oder eine frühzeitig eingetragene Auflassungsvormerkung wieder löschen zu müssen), wenn der Käufer die Finanzierung nicht zustande bringt. Die vertragliche (und im Gesetz nicht vorgesehene!) Lösung: Der Käufer hinterlegt den Kaufpreis auf einem Treuhandkonto (Anderkonto) des Notars und beweist damit seine Zahlungsfähigkeit, der Notar wiederum darf das Geld erst weitergeben, wenn die Interessen des Käufers hinreichend gesichert sind. 15

Zu dieser Grundfigur der **gegenseitigen Interessensicherung** gibt es unzählige Varianten, die von den Finanzierungsmodellen des Käufers, der Grundbuchlage und anderen Faktoren abhängen. Sie alle müssen individuell vertraglich gestaltet werden, denn selbst Standardlösungen muss man bei jedem einzelnen Vertrag immer wieder neu durchdenken. Ohne den Vertrag als Gestaltungsmittel ist all dies nicht möglich.

c) Risikoprognosen

16 Der Vertrag regelt aber nicht nur erkannte Risiken, sondern zwingt beide Parteien, nach weiteren möglichen Risiken zu suchen, diese in ihren Auswirkungen abzuschätzen und den Regelungsbedarf festzustellen. Dabei geht es um **technisch/kaufmännische** Risiken wie z.B. die Wahrscheinlichkeit, ob ein bestimmter Subunternehmer zeit- und qualitätsgerecht zuliefert oder ob man bestimmte Risiken versichern kann. Es geht aber auch um **rechtliche** Risikoeinschätzungen, die sich etwa auf die künftige Entwicklung der Rechtsprechung beziehen, wenn die Parteien bestimmte Formulierungen suchen, die der künftigen Auslegung standhalten sollen (ausführlich Teil 2 Rz. 661 ff.):

„Ein guter Vertrag gibt in der Krise Antwort auf Fragen, die beim Aushandeln keiner gestellt hat."

17 Je phantasievoller (aber auch realistischer) solche **Risikoprognosen** ausfallen, umso mehr bewährt der Vertrag sich in der Praxis. Erfahrungsgemäß gelingt es keiner Partei vor Eintritt in die Verhandlung, alle denkbaren Varianten zu durchdenken oder sich darüber eine Meinung zu bilden. Das liegt nur teilweise an mangelhafter Vorbereitung, nicht selten aber daran, dass bestimmte Perspektiven erst im Verhandlungsgespräch entwickelt und die regelungsbedürftigen Prognosen bestimmt werden. *Murad Ferid* zitiert aus dem französischen Rechtskreis den Satz: „Contracter, c'est prévoir." („Verträge schließen heißt Vorhersehen.", zit. bei *Vorbrugg*, Anwaltliche Vertragsgestaltung, AnwBl. 1996, 251 [254]), was jedenfalls für die westlichen Rechtskreise eine prägnante Formulierung ist. Sie heißt aber negativ gewendet auch: Risiken, die man nicht geregelt hat, muss im Zweifel derjenige tragen, den sie nach allgemeinen Regeln treffen! In östlichen Rechtskreisen sieht man die Dinge jedoch anders: Dort erwartet man nicht, dass die Parteien bei Vertragsschluss alle wesentlichen Risiken vorausplanen können, hier gilt vielmehr: Wenn die Umstände sich ändern, müssen beide Parteien die Bereitschaft haben, auch die vertraglichen Grundlagen dem anzupassen. In diesen unterschiedlichen Sichtweisen liegt viel Spannungspotential bei internationalen Verträgen.

3. Verhandeln als soziales Ritual

18 Oft genug ist der Vertragsentwurf und die Verhandlung über ihn die erste wirklich wirksame **Kommunikationsplattform**, auf der die Parteien sich nach unverbindlichen Vorgesprächen treffen und zusammenraufen. Verträge sind a priori Kommunikationswerkzeuge, doch die darin für beide Parteien steckenden Chancen werden nicht immer voll genutzt: Wenn

ein künftiger Vertragspartner Risiken, die der andere sieht, beharrlich ignoriert und nicht geregelt haben will, kann man daraus den Schluss ziehen, dass er entweder zu ignorant oder zu selbstsicher (oder beides) ist, als dass man mit ihm einen gemeinsamen Erfolg erreichen könnte. Wie gut wäre manche Partei beraten, die Vertragsverhandlung als **Test** für die **Eigenschaften** des künftigen **Vertragspartners** zu betrachten, so wie dies in den asiatischen Kulturen (vor allem in Japan) seit jeher Tradition ist (dazu ausführlich Teile 9.3 [*Pattloch*] und 9.4 [*Tanaka*] und Rz. 21 ff.).

Die Vertragsverhandlung bewegt sich als soziales Ritual wie ein Ballet nach Notaten, die im Recht, in der Soziologie und in der Psychologie verankert sind, und sie wird von technischen, kaufmännischen und politischen Faktoren bestimmt, die die Parteien nur sehr begrenzt wirklich planen können. Beide Parteien spüren immer, dass sie nur dann etwas nehmen können, wenn sie auch etwas geben wollen, aber natürlich versucht jede Seite, daraus Vorteile für sich zu ziehen. Das ist der eigentliche Hintergrund des „Negotiation Dance" (*Raiffa*), des Verhandlungsrituals, das ohne taktische Spiele und strategisches Dazwischenhauen gar nicht denkbar ist. 19

Mehr als heute war das Vertragsverhandeln in früheren Kulturen eine **soziale Veranstaltung** mit hohem Stellenwert und enthielt ebenso viel Spaß wie Aggression. Anders wäre es kaum erklärbar, dass, wie *Malinowski* schildert, die Tobrianden viele Tage in ihren mit Muschelketten beladenen Booten über die Südsee gesegelt sind, um in mehrtägigem Tausch nichts anderes heimzubringen als die gleiche Menge Muschelketten, die sie gegen die ihren in schwierigen Verhandlungen eingetauscht hatten (*Malinowski*, Argonauten des westlichen Pazifik, 1979, S. 385 ff.). Der Vertrag enthält also en miniature alle Elemente, die das Leben im Guten wie im Schlechten auszeichnen, das planerische Kalkül, den bewegten Kampf, Scherz, Ironie und tiefere Bedeutung, Zuneigung und Hass, und zwar in all den Variationen, die sich in den Personen der Vertragsverhandler finden. Darüber berichten **Teil 2 und Teil 9** im Einzelnen. 20

Der jüngsten psychologischen und neurobiologischen Forschung (etwa ab 2000) verdanken wir die Erkenntnis, dass die emotionalen Komponenten der Verhandlung ihre logischen Anteile häufig überwiegen (ausführlich Rz. 66, 80, 368, 426 ff.). Für Juristen, vor allem Rechtsanwälte, kann das sehr irritierend sein. Ihre Aufgabe erschöpft sich oft genug darin, sich durch die Emotionen anderer Leute zu kämpfen und dabei selbst einen kühlen Kopf zu behalten.

II. Statisches und dynamisches Vertragsverständnis

Verträge als rechtliche Regelungsformen haben ebenso wie Gesetze und soziale Regeln **statische** und **dynamische** Elemente. 21

Verträge müssen eine hinreichende **Statik** besitzen, weil sie sonst als Gerüst für die Absichten der Parteien nicht tauglich wären, sie müssen geplant und berechenbar sein, brauchen Klarheit in den Eckdaten und Kernaussagen und müssen über Bereiche verfügen, die nur **einvernehmlicher Änderung** zugänglich sind.

Andererseits müssen Verträge auch **Dynamik** besitzen, d.h. Phantasie, Beweglichkeit, Alternativen, Sollbruchstellen und andere Elemente, die sie hinreichend **flexibel** machen.

22 Der Begriff „Vertragsbeziehung" umfasst diese beiden Elemente der **beweglichen Bindung** und zeigt sie in ihrem dialektischen Verhältnis zueinander. Im Vertrag müssen beide Elemente in lebendiger Spannung in doppeldeutigem Sinn „aufgehoben" sein: In der statischen Perspektive wirkt die Lage und die Beziehung zwischen den einzelnen Kräften, in der dynamischen ihre Wirkung zueinander.

In den westlichen Rechtsordnungen haben sich vor dem Hintergrund der jeweiligen Kulturen die statischen Elemente weit deutlicher konturiert als die dynamischen. In den östlichen Kulturen hingegen liegen die Schwerpunkte genau umgekehrt:

Im **westlichen Verständnis** muss der Vertrag in erster Linie die Risiken **rechtlich** wirksam **verteilen** und erzwingbare Bindungen schaffen. Die Hürden für Vertragsanpassungen bei geänderten Verhältnissen sind außerordentlich hoch (Wegfall der Geschäftsgrundlage). Im **östlichen Verständnis** hingegen ist der Vertrag lediglich das formelle Resultat einer nicht rechtlich, sondern **sozial** verstandenen Bindung, die den anderen im Kern nicht verletzen darf und Änderungen zugänglich sein muss.

23 Da die Wurzeln des Vertragsverständnisses bei den östlichen Kulturen gerade nicht im rechtlichen Bindungsbereich liegen, sondern im sozialen Austausch, betrachtet man die im Westen übliche Berufung auf die Unveränderbarkeit der vertraglichen Vereinbarungen als aggressiv-ablehnendes Verhalten und mangelndes soziales Verständnis der Grundregeln.

Daran hat sich auch durch die Tatsache nichts geändert, dass viele östliche Staaten, so vor allem Japan, westliche Rechtssysteme übernommen haben (siehe Teil 9.4 [*Tanaka*]). Dies geschah nämlich (etwa um 1870) unter erheblichem außenpolitischen Druck und konnte aus naheliegenden Gründen in die viel tiefer liegenden Zonen des Verständnisses über den Zweck von Verträgen nicht eindringen.

Auf dieser tieferen Ebene kollidieren Realitätserfahrungen, die vom rechtlichen Regelwerk gar nicht beeinflussbar sind. Während man im westlichen Verständnis Ziele durch Handeln erreicht und Ursache und Wirkung immer noch recht simpel verknüpft werden, orientiert sich die östliche Sicht an dem Satz „Durch Nicht-Handeln bleibt nichts ungeordnet." (*Lao-Tse*, Kapitel 3, S. 68).

II. Statisches und dynamisches Vertragsverständnis

Das Wissen um diese Unterschiede und die intensive Beschäftigung mit ihnen ist nicht etwa deshalb erforderlich, weil wir uns in diesem Buch am Rande auch mit internationalen Vertragsbeziehungen beschäftigen. Vielmehr leistet die dynamische Vertragsperspektive auch und gerade auf dem Hintergrund westlicher Rechtsordnungen ganz Erhebliches sowohl im Bereich des **Vertragsdesign** als auch – und vor allem – bei der **Vertragsverhandlung**. Das Harvard-Konzept, das in Teil 2 Rz. 391 ff. im Detail vorgestellt wird, enthält alle Elemente eines dynamischen Vertragsverständnisses, ohne dass seine Entwickler darauf besonders zu sprechen kommen, respektiert aber auch die im Westen nötige Statik.

Es war nicht leicht, Texte aus östlichen Kulturen zu finden, aus denen sich die Grundprinzipien des dortigen Vertragsverständnisses ableiten lassen, denn eine juristische Literatur in unserem Sinne ist außerhalb der Adaption des westlichen Rechts weder in China noch in Japan entstanden. Für meine Überlegungen habe ich daher zwei Werke zugrunde gelegt, aus denen sich diese Grundregeln ableiten lassen, obgleich sie nicht von Juristen stammen.

Das erste ist *Lao-Tses* weltbekannter Text **„Tao-Te-King"**, ein Buch, das einem (oder mehreren) Gelehrten am Hofe der chinesischen Dynastie Chu in der Zeit zwischen 500–300 v. Chr. zugeschrieben wird. Es enthält eine Reihe von Lebensregeln und dunklen Sätzen, die nur mit tiefem historischen Wissen interpretierbar sind. Einige dieser Sätze lassen sich teils direkt, teils indirekt auf das Verständnis von Verträgen und dem Verhalten bei ihrer Verhandlung und Durchführung beziehen. Für uns ist an *Lao-Tses* Texten vor allem die ständige – in unserer Sicht dialektische – Bildung von **Gegensatzpaaren** interessant, die den Leser immer wieder belehren sollen, dass seine eigene Sicht der Dinge nicht die einzig mögliche ist: „Als Gegenteil ist oft das Wort erst wahr." (*Lao-Tse*, Kapitel 78, S. 279).

Ein zweites Buch ist weit weniger abstrakt und daher eine gute Ergänzung für das erste: **Sun-Tsu**, ein General (oder mehrere Generäle) aus der Periode der „Streitenden Reiche" in China (403–221 v. Chr.), trug Grundregeln über strategisch und taktisch richtiges Verhalten unter dem Titel **„Die Kunst der Strategie"** zusammen. Es enthält neben einer Reihe von praktischen Hinweisen, die man so oder ähnlich auch bei *Clausewitz* finden könnte, einige sehr tiefe Sätze über das Verständnis von Planung und Erfolg und ergänzt *Lao-Tses* Text, der ja in nahezu gleicher Zeit entstanden ist, auf überzeugende Weise.

Übertragen auf die Thematik des vorliegenden Buches findet man bei *Lao-Tse* Wichtiges zur Vertragsgestaltung, bei *Sun-Tsu* hingegen zur Vertragsverhandlung und zur Vertragsdurchführung, wobei seine Beiträge sich keinesfalls nur auf die „kriegerischen Aspekte" des Vertrages beschränken, sondern Wertvolles über den kreativen Umgang mit dem geschlagenen Feind und mithin etwa über Vergleiche enthalten.

28 Natürlich hat die Umsetzung dieser Überlegungen auf Vertragsverhandlungen auch ihre Grenzen. Ihr Wert liegt in erster Linie darin aufzuhellen, dass die Instrumente moderner Psychologie, wie sie zum Beispiel das **Harvard-Konzept** anwendet, weit zurückreichende Wurzeln im Verständnis menschlichen Verhaltens haben. Rechtliche Instrumente können im Bereich der Vertragsgestaltung bei weitem nicht alles bewältigen, was an Problemen auftaucht. **Kurz:** Die richtige Zusammensetzung statischer und dynamischer Elemente innerhalb jeder Vertragsbeziehung ist ganz unabhängig vom jeweiligen kulturellen Hintergrund von hohem Wert.

III. Komplexität, Strategie und Taktik

1. Verträge und vernetztes Denken

29 Verträge sind – von den typischen Alltagsgeschäften einmal abgesehen – komplexe Gebilde. Sie sind bestimmt von

- der **Informationslage** (sie kann niemals vollständig sein und wird oft Lücken oder Fehler enthalten),
- den **Machtverhältnissen** (sie sind häufig nicht kalkulierbar und wechseln ständig),
- den **technischen Faktoren** (sie sind meist als Betriebsgeheimnisse geschützt, bei Pilotprojekten hofft man auf die Machbarkeit, es gibt technische Ermessensspielräume bei gleichwertigen „Lösungen"),
- den **wirtschaftlichen Hintergründen** (sie sind selten ausreichend bekannt, wechseln oft, Finanzierung und Liquidität sind schwer berechenbar),
- den **rechtlichen Grundlagen** (Gesetz und Rechtsprechung wechseln, Rechtsordnungen sind nicht- oder fehlverstanden, unbestimmte Rechtsbegriffe „unverzüglich", „angemessen", „schadensmindernd" sind nicht abschätzbar),
- dem **erwarteten Ergebnis** (selten offenbaren die beteiligten Parteien einander, mit welchen Risiken sie wirklich rechnen und von welchen sie hoffen, dass die andere Seite sie nicht erkennen möge und gleichwohl über den Text des Vertrages stillschweigend und unerkannt übernimmt).

Alle diese Faktoren nehmen Einfluss auf den Vertrag und die Personen, die an ihm mitwirken.

30 Der Vertrag legt den **rechtlichen Handlungsrahmen** zwischen den Parteien fest, innerhalb dessen sie sich bewegen sollen.

Diesen Rahmen darf man sich aber nicht als festes, unverrückbares Element vorstellen oder gar – wie Ingenieure dies gewohnt sind – als Brücke zwischen den Parteien, die so wie entworfen stets richtig planbar und unwandelbar den Leistungs- und Informationsaustausch sichern soll. Wenn der Vertrag über die Risikoverteilung (Definition der wesentlichen Rechte und Pflichten) und die Verfahrensregeln wesentlich hinausgeht und alle möglichen Details festgelegt" verfehlt er gerade wegen seiner Starrheit seinen Zweck; er ist aber auch unbrauchbar, wenn die Risikoverteilungen unklar und die Verfahrensregeln nicht zwingend sind.

Eine der Aufgaben des Vertrages ist es, aus der unendlichen Zahl der Einflussfaktoren diejenigen zu bestimmen, die auf das Schicksal der Risikoverteilung Einfluss nehmen sollen. Komplexität wird reduziert und dadurch soll Vertrauen entstehen (*Luhmann*, Vertrauen, 4. Aufl. 2000).

Da wegen der unendlichen Vielzahl von Möglichkeiten das Verhalten komplexer Systeme nicht vorhersehbar ist, kann die nötige Stabilität nur durch das **Vertrauen** erreicht werden, dass jede Seite das leisten wird, was sie laut Vereinbarung leisten soll. 30a

Wenn eine Partei dieses Vertrauen bricht, sehen die meisten Rechtsordnungen vor, dass die andere Seite den Vertrag auflösen und Schadenersatz verlangen kann. Bei Gesellschaftsverträgen sind etwa Kündigungsmöglichkeiten vorgesehen. Eine der wichtigsten Aufgaben des Vertragsentwurfs besteht darin, sich zu fragen, ob diese Folgen nicht zu weit gehen. Sehr oft würde es sinnvoll sein,

- die möglichen **Vertragsverstöße** in bestimmte **Kategorien** (leicht/mittel/schwer) einzuteilen und daran unterschiedliche Folgen zu knüpfen,
- **Eskalationsstrategien** zu vereinbaren, die eine möglichst frühzeitige Konfliktlösung ermöglichen,
- den stets möglichen **Streit** um die Leistungsqualität so weit als möglich zu objektivieren (Sachverständige etc.),
- **alternative Wege** für den Fall zu entwerfen, dass ein bestimmter Weg sich als nicht gangbar erweist, ein anderer aber zu einem ähnlichen Resultat führen kann.

Der Vertrag erreicht seinen Erfolg also nicht durch absolut präzise Festlegung einzelner Faktoren, sondern durch das Zusammenspiel heterogener Elemente wie: 31

- Informationsaustausch,
- Begründung von kommunikativen Wegen,
- Mitwirkungspflichten
- Festlegung von Eskalationsschritten
- Berufung auf moralische Appelle,
- Abschottung von Risiken,
- Gründung von Vertrauen für Vorinvestitionen,

– Beendigung anderweitiger Verhandlungen,
– In-Aussicht-Stellen von Schaden,
– Einschränkung vorhandener Alternativen.

All diese vielfältigen Wirkungen werden zwar mit rechtlichen Mitteln erreicht, wirken sich aber keinesfalls nur im rechtlichen Regelwerk aus: Niemand schließt einen Vertrag, um sich am Ende durch Prozesse Geld zu verschaffen, auch wenn Verträge oft genug als Werkzeuge in einem ganz anders gemeinten Machtspiel eingesetzt werden. Der Vertrag macht die **Erfüllung** zwar **erzwingbar**, trägt aber zum Erfolg nur dann bei, wenn er **Krisen verhindern** hilft. Im Grunde ist der Vertrag bereits **gescheitert**, wenn die Krise nicht mehr mit seiner Hilfe, sondern nur noch mit **prozessualen** Mitteln zu behandeln ist. Aus diesem Grund sind Erfüllungsklagen, also Prozesse mit dem Ziel, den Vertragspartner dazu anzuhalten, seine Leistung zu erbringen, extrem selten, obgleich sie in der rechtlichen Dogmatik in Deutschland eine große Rolle spielen (in England und den USA gibt es den Klagetyp nur in seltenen Ausnahmefällen).

32   Komplexe Sachverhalte sind allein mit logischen Mitteln nur schwer beherrschbar. Im Grunde gehört die formale **Logik**, mit der Juristen ständig arbeiten, zu den Formen der **Ästhetik**, kann also ohne jeden Realitätsbezug betrieben werden (siehe näher Teil 2 Rz. 360). Die Realität ist nicht logisch und die Logik nicht real. Im Kapitel Vertragsdesign ist näher belegt, warum Analogiebildungen einen wesentlichen Teil unserer Arbeit bestimmen und warum sie nicht logischen Ableitungen entsprechen können (Teil 2 Rz. 360 ff.). Es lassen sich „unwiderlegbare" Argumente in Fülle sammeln, ohne damit eine einzige **Vertragskrise** bewältigen zu können. Nicht einmal dann, wenn eine Partei konkrete Vorstellungen von einer fairen Lösung des Problems hat, wird es leicht sein, auch die andere Seite davon zu überzeugen. Und selbst wenn beide eine faire Lösung vor Augen haben, kennen sie noch nicht den möglichen Weg, der dorthin führen soll. „Auch gute Lösungen sind noch keine Antwort ... Das Problem besteht darin, sie wirksam umzusetzen." (*Robert Bordone, Bruce Patton, William Ury u.a.*, in: Memoriam: Roger Fisher, Harvard-Law-Review 2013, 875 ff.). Es kann sehr schwer sein, eine einfache und wirkungsvolle Lösung divergierender Interessen zu finden.

Kurz: Man muss Vertragsbeziehungen als „Prozess" verstehen, ein ganz interessantes Begriffsspiel, denn wenn am Ende des Vertrages tatsächlich nur noch der Prozess steht, dann bleibt nichts anderes als trockene Bilanzierung von Schäden übrig.

33   Verträge müssen also in ihrer Komplexität mit den Werkzeugen des „vernetzten Denkens" (*Vester*) verstanden werden. Dabei bietet die Logik in komplexen Systemen durchaus Hilfsmittel zum Verständnis überschaubarer Bereiche an bestimmten Schnittstellen. Man muss aber auch deren Begrenztheit verstehen, was vielleicht erst gelingt, wenn man ein paar Mal erlebt hat, wie man mit logisch-rechtlicher Argumentation schei-

tern kann. Welche **psychologischen Faktoren** dabei eine Rolle spielen, ist in den wichtigen Arbeiten von *Dörner* anschaulich dargestellt. *Dörner* hat Personen mit Hilfe von computersimulierten Entscheidungsprogrammen bei diesen Entscheidungen beobachtet. Eine wesentliche Erkenntnis ist dabei, dass instabile Personen zum Über- oder Untersteuern neigen, also übertrieben reagieren und dabei nicht viel Fragen stellen, während andere Personen, die viel Zeit in die Informationsphase stecken und dann – dauernd fragend – behutsam reagieren, die besten Ergebnisse erzielen. Aus *Dörners* Experimenten kann man einen zentralen Satz ableiten, gegen den in der Welt der Verträge ständig verstoßen wird:

> **Komplexe Systeme kann man nur mit einer Vielzahl kleiner Eingriffe steuern.**

Jeder Manager und jeder Anwalt weiß aus eigener Erfahrung, dass die großen Eingriffe wirkungslos bleiben und/oder das System in große Gefahr bringen. EDV-Umstellungen, die stets einen großen Eingriff in die Organisationsstruktur des Unternehmens bedeuten, sind typische Beispiele (die Einführung des computergestützten Mautsystems Toll Collect in Deutschland ist etwa zu nennen).

Kurz: Man muss Logik und Planung mit Emotionen und innerer Stabilität in ein ausgewogenes Verhältnis bringen. *Dörner* hat mit seinen Arbeiten experimentell bewiesen, was uralte Erkenntnis ist: „Große Staaten regiert man, wie man kleine Fische brät." (*Lao-Tse*, Kapitel 60, S. 223). Kleine Fische – so lehren die Kommentare zu *Lao-Tse* – werden vorsichtig und gleichmäßig behandelt, nicht aufgeteilt oder zerstückelt, und am Ende im Ganzen verspeist. Auf Verträge übertragen bedeutet das: Man kann nicht willkürlich einzelne Regelungen aus dem Zusammenhang reißen, sondern sollte alle zugrunde liegenden **Regeln**, die im Vertrag meist nur zum Teil angesprochen werden können, in ihrer komplexen **Gesamtheit** sehen, die nicht nur aus logischen Überlegungen oder emotionalen Reaktionen besteht. Erst dann darf man endgültige Entscheidungen treffen.

2. Strategie, Taktik und Führung

a) Verbindungen und Gegensätze

Strategie ist die langfristige Planung der Durchsetzung eigener Interessen unter den vorhandenen Rahmenbedingungen, zur Taktik gehört der richtige Einsatz der verfügbaren Mittel in kurzfristiger Perspektive. Beide Sichtweisen müssen unter den konkreten Bedingungen laufend aktualisiert und konkretisiert werden. Das ist Aufgabe der Führung. Sie bedeutet für jeden, der in die Vertragsgestaltung eingebunden ist jeweils für sich:

– Ziele bestimmen und/oder vereinbaren und/oder der Situation anpassen

- Personen finden, die sie erreichen können und Mittel dazu bereitstellen
- Jeden in seinen Aufgaben unterstützen
- Ergebnisse kontrollieren und darstellen.

36 Solange die Parteien noch keinen Vertrag abgeschlossen haben, prägen die gegensätzlichen Interessen ihr Verhalten. Ist er aber einmal geschlossen, dann kommt es im Bereich der Durchführung darauf an, das **gemeinsame Ziel** der jeweiligen **Vertragserfüllung** zu betonen und die Interessengegensätze zurücktreten zu lassen.

Um das zu erreichen, werden jeweils unterschiedliche strategische und taktische Mittel eingesetzt.

b) Strategie

37 Strategie setzt sich aus den Grundüberlegungen zusammen, die sich auf das Vertragsziel richten. Die Vertragsstrategie umfasst folgende Phasen:

- Planung,

- Entwürfe,

- Verhandlungen,

- Durchführung,

- Kontrolle.

In all diesen Phasen dienen die taktischen Werkzeuge in der jeweiligen Situation dem Ziel, den geplanten Erfolg zu erreichen. Das **Leitmotiv des Vertrauens** (Rz. 13) durchzieht jede einzelne dieser Phasen: Bei der Planung will man herausfinden, ob der Vertragspartner vertrauenswürdig ist, bei der Vorlage der Entwürfe wird man sehen, ob er fähig ist, Rücksicht auf die Interessen anderer zu nehmen, auch der Stil der Verhandlungen gibt Hinweise darauf und erst bei guten Erfahrungen wird man den Vertrag abschließen. Jede Verletzung des Vertrauens bei der Durchführung ist das deutlichste Alarmzeichen für eine Krise. Erfahrene Manager wissen, dass die **Strategie** stets „ein **System** der **Aushilfen**" ist und dass ihre Lehren „wenig über die ersten Vordersätze des gesunden Verstandes hinaus gehen ... Ihr Wert liegt fast ganz in der konkreten Anwendung." (*Helmuth von Moltke*, Über Strategie in Kriegstheorie und Kriegsgeschichte, 1993, S. 431 ff.). Viele meinen daher, sie könnten sich auf Improvisation beschränken. Für die beteiligten Rechtsanwälte und andere Berater bedeutet dies, sich auf den schwankenden Kurs solcher Bemühungen einzustellen. Darunter leidet ihre Arbeit erheblich. Gerade wenn man im „Nebel der Ungewissheit" arbeitet, muss „wenigstens **eins** gewiss sein – der **eigene Entschluss** ..." (*Moltke*, a.a.O., S. 434). „**Einfaches Handeln, folgegerecht durchgeführt, wird am sichersten das Ziel erreichen.**" Ich habe früher gelegentlich versucht, offensichtliche Mängel in der strategischen Planung, die ich auf Seiten meiner Mandanten beobachtet habe, zu korrigieren. Ich bin im Lauf der Jahre darin sehr zurückhaltend geworden, da ich gesehen habe, dass man als Berater meist nicht genug Informationen hat, um das zu tun. Aus Haftungsgründen sollte man aber seine Zweifel schriftlich dokumentieren, will man sich nicht dem Vorwurf aussetzen, das Offensichtliche nicht gesehen zu haben.

c) Taktik

Taktik umfasst alle Verhaltensweisen, Werkzeuge und Mittel, die man einsetzt, um die strategische Linie möglichst genau zu verwirklichen. 38

Theoretisch wäre es vielleicht denkbar, dass beide Parteien, wenn sie beginnen, einen Vertrag zu gestalten, einfach alle ihre Überlegungen vollständig auf den Tisch legen, um dann zusammen zu vergleichen, welche gemeinsamen und welche getrennten Ziele es gibt, die zum Erfolg führen können. **Praktisch** hingegen ist ein solches Verhalten undenkbar, denn auch bei Gesellschaftsverträgen, bei denen gemeinsame Ziele noch leichter bestimmbar sind als bei Austauschverträgen, gibt es immer noch eine Fülle **gegenläufiger Interessen**, die – vorzeitig definiert und dargelegt – einen Vertragsabschluss mit Sicherheit verhindern oder die Durchführung eines Vertrages unmöglich machen würden.

Beide Parteien müssen – gerade **um** zum Erfolg zu kommen – einen Teil ihrer Absichten für sich behalten, um dann – wie beim Stunt-Pokern – Schritt für Schritt ihre Überlegungen aufzudecken und ihre gegenseitigen Interessen auszugleichen.

Das Ziel der Verhandlung ist es die jeweiligen Extrempositionen der Parteien durch gegenseitige Zugeständnisse schrittweise auszugleichen. Nur wenn das gelingt, entsteht das notwendige **Vertrauen**. Taktik bedeutet also immer auch **Respekt** vor den Plänen der Gegenseite und hat eine Menge **Spielerisches** an sich, wie es in richtigen Spielen wie zum Beispiel dem Poker mehr als selbstverständlich ist: Dort ist nahezu jeder Einsatz taktisch überlegt, und die Wahrheit wird nur Blatt für Blatt offen gelegt. 39

Grundlage aller taktischen Überlegungen ist dabei für alle Seiten die **Information**: „Wer andere kennt, ist klug; wer sich selbst kennt, ist weise; wer andere bezwingt, ist kraftvoll; wer sich selbst bezwingt, ist unbezwingbar." (*Lao-Tse*, Kapitel 33, S. 156). 40

Nur in einer Verhandlungssituation, in der es gar kein **Informationsgefälle** zwischen beiden Parteien gibt, sind die taktischen Mittel beschränkt. In diesen Fällen kommt es aber meist gar nicht erst zum taktischen Spiel. Beide Parteien bleiben hier in ihren Positionen, wohl sehend, dass die andere Seite die eigenen Strategien voll durchschaut.

Es gibt eine berühmte Geschichte über zwei Schwertmeister, die sich zu einem Kampf treffen, einander gegenübertreten, nach wenigen Minuten des Verharrens ohne Bewegung voreinander verbeugen und sich dann wieder verabschieden. In dieser Situation – so sagen die Kommentare – 41 erkannten beide, dass sie – bei der ersten eigenen Bewegung durchschaut – den Kampf verlieren würden, beide erkannten aber auch, dass der andere das gleiche wusste und sich daher nicht bewegen würde.

So etwas kommt in der Praxis sehr häufig vor, so typischerweise in der **Patt-Situation**, die bei Gesellschaften entsteht, bei denen beide Parteien 50 % der Anteile halten und der Gesellschaftsvertrag keinem von beiden ein Übergewicht gibt (siehe näher Teil 2 Rz. 326 „Mexikanisches Duell"). Solche Situationen sind häufig nur durch „Weggehen" aufzulösen, was Anwälte ihren Mandanten oft nicht klarmachen können.

42 Das Bild von den unbewegten Parteien legt den Verdacht nahe, dass starres **Festhalten** an **Prinzipien** und Grundsätzen ganz am Ende zum Erfolg führt. Diese Regel gilt aber nur dann, wenn wirklich beide Parteien gleiche Ausgangspositionen haben, was in der Realität selten genug vorkommt. Dort siegt, wie *Lao-Tse* feststellt, die Flexibilität immer über die Prinzipien: „Das Weiche besiegt das Harte." (*Lao-Tse*, Kapitel 36, S. 160), und konkreter sagt *Sun-Tsu:* „Wasser kennt keine beständige Form: Wer fähig ist zu siegen, indem er sich dem Gegner entsprechend wandelt und anpasst, verdient es, ein Genie genannt zu werden." (*Sun Tsu*, S. 146).

Das bedeutet: Nur bei gleicher Informationslage und gleicher Stärke besteht die Anpassung in eine Haltung, die der **Starrheit** des anderen angeglichen ist, ist es aber anders, dann wird die **Flexibilität** siegen.

43 Man kann seine Interessen nur realisieren, wenn man fähig ist, die Realität wahrzunehmen und flexibel auf sie zu realisieren. („Erkenne die Lage" [*Gottfried Benn*]). Aber was ist Realität? Die moderne biologisch basierte Erkenntnistheorie (*Watzlawick/Damasio/Maturana/Claxton*) zeigt uns, dass jeder seine eigene Realität konstruiert. In den trivialen Standardsituationen des täglichen Lebens bleibt uns das verborgen, weil wir mit den anderen übereinstimmende Wahrnehmungen haben (eine Rose ist eine Rose, ist eine Rose). In Konflikten divergieren die Wahrnehmungen aber in Sekundenschnelle. Darauf müssen wir flexibel reagieren. Diese **Flexibilität** lässt sich nur erreichen, wenn man innerhalb der Vertragsbeziehung genügend Freiräume lässt, die undefiniert bleiben und richtig verstanden das stille, unbewegte Zentrum sind, um das einzelne Aktionen sich drehen: „30 Speichen umringen die Nabe; wo nichts ist, liegt der Nutzen des Rades." (*Lao-Tse*, Kapitel 11, S. 93).

44 In Vertragsbeziehungen kommt es mithin niemals darauf an, Prinzipien durchzusetzen, sondern darauf, zu einem bestimmten **Ergebnis** zu gelangen. Dieses Ergebnis kann bei Vertragsverhandlungen darin bestehen, dass man an einem bestimmten Punkt erkennt: Mit **diesem** Vertragspartner kann es keinen Erfolg geben! In solchen Fällen ist der **Abbruch** der Verhandlungen der **Erfolg**, den man anstreben sollte, und eine solche Entwicklung der Dinge kann dann völlig unschädlich sein, wenn man früh genug über **Alternativen** nachgedacht hat.

Man darf bei all diesen Überlegungen aber nicht vergessen, dass unsere 45
Fähigkeit zu **vernetztem Denken**, zu komplexer Planung und zu strategisch richtigem Verhalten sehr **begrenzt** ist. Schon wenn man sich nur logisch richtig verhält und ziemlich einschichtig plant, vorbereitet, abstimmt, verhandelt und Verträge fair durchführt, erreicht man hohe Erfolgsquoten. Wenn man darüber hinaus Erfahrungen sammelt und die Geschicklichkeit im Umgang mit komplexen Situationen schult, vermeidet man auf jeden Fall die gröberen Fehler, auch wenn man die Komplexität der Gesamtsituation nicht annähernd richtig einschätzt.

Im naturwissenschaftlichen Bereich versucht man, komplexe Verhältnisse und Zusammenhänge mit Hilfe der **Chaostheorie** zu entschlüsseln. 46
Daraus sind für bestimmte Simulationen Computerprogramme entstanden, die auf „ungefährer Logik" (Fuzzy Logic) beruhen und für einzelne Bereiche (z.B. Retrieval-Systeme und Steuerungs-Systeme) schon zu bemerkenswerten Ergebnissen geführt haben. Ob man mit Hilfe solcher Werkzeuge demnächst auch die Auflösung komplexer Vertragssituationen leichter bewältigen kann, ist nicht annähernd abzusehen.

d) Führung

Strategie und Taktik sind nur wirkungsvoll, wenn sie Teil eines **Konzepts** der **Führung** sind. Eines der wesentlichen Probleme des Vertragsmanagements besteht darin, dass die Führungsansprüche der Beteiligten schon in einem sehr frühen Stadium untereinander koordiniert werden müssen. Irgendwann müssen sie das **gemeinsame Ziel** ins Auge fassen: Den Vertragsschluss! Wer übernimmt die Führung dabei? Löst das schon Konflikte aus? 46a

Wirksame Führung bedeutet in diesem Fall:
- **Ziele gemeinsam vereinbaren,**
- sich **gegenseitig** bei der Erreichung dieser Ziele **unterstützen**,
- sich **gegenseitig** über den Stand der Dinge **informieren**,
- sich **gegenseitig kontrollieren**.

Ständig müssen die Beteiligten Zielkonflikte zwischen ihren individuellen Führungsansprüchen und dem Gelingen des Projekts (dem Vertragsschluss) lösen. Keiner kann das ohne Abstimmung mit dem anderen tun und schon dabei werden oft genug **Vertrauensfragen** gestellt! Wird z.B. vereinbart, der Vertragsschluss solle in zwei Monaten stattfinden, dann wird es nur gelingen, wenn ein Zeitplan vereinbart wird, der die ineinandergreifenden Aktivitäten aller Beteiligten realistisch abbildet. In der Praxis kommt es dazu fast nie. Häufig kommt stattdessen zu Kompromissen, wobei nicht einmal für deren Realisierung Verantwortung übernommen wird.

Wenn eine Vertragspartei, die vom Management etwas versteht, wie gewohnt die Führung übernimmt, kann allein das für die andere Seite ein

Problem werden. Unterbleibt aber die Führung, sind die Schwierigkeiten noch größer.

Vor allem die Berater sind auf führungserfahrene Mandanten angewiesen, die auch wissen, welche Aufgaben man delegieren kann und welche nicht. Häufig findet man den Irrtum, man könne Führung insgesamt delegieren. Das geht deshalb nicht, weil Führung die Verantwortung für Ergebnisse bedeutet – und die kann man nicht einfach durchreichen!

46b In der modernen Managementpraxis wird – gestützt durch eine Flutwelle von Literatur – häufig der Eindruck erweckt, Führung sei eine Teamaufgabe. Das Gegenteil ist richtig! Führung ist stets **individuelle Verantwortung**, obgleich sie natürlich voraussetzt, dass jemand innerhalb eines ihm zugeordneten Teams seine Ideen und Absichten so kommuniziert, dass sie von anderen akzeptiert und umgesetzt werden können: „Ein Herrscher, der sich auf seine Geschäfte versteht, sie einheitlich zusammenfasst und richtig rechnet, kommt allein viel weiter als mit allen Ministerräten. Er handelt mit Nachdruck und Tatkraft und wahrt das Geheimnis, was nie geschehen kann, wenn sechs oder sieben Personen zusammenkommen müssen, um sich über einen Entschluss zu einigen." (*Friedrich der Große* in seinem „Politischen Testament").

Wenn man sich fragt, wer die **Führung** eines **Vertragsprojekts** übernehmen muss, so ist die Antwort überraschend einfach: Es ist derjenige, der am Ende zu **unterschreiben** hat. Was und wieviel er in den Vorstadien aus dem Bereich des Vertragsmanagements delegiert, ist seine Entscheidung, damit aber auch seine Verantwortung. Dieser Verantwortung sind sich wenige Manager bewusst.

Insbesondere lassen sie es an der Unterstützung fehlen. Unterstützen heißt:

– Für die Mitarbeiter und das Projekt **Zeit haben**,

– notwendige **Entscheidungen** schnell **treffen**,

– erforderliche **Budgets freigeben**.

Wenn diese einfachen Regeln in einer komplexen Umgebung wirksam umgesetzt werden, ist schon das Wesentliche getan.

IV. Vertragsmanagement

47 Das **Vertragsmanagement** umfasst alle planerischen und organisatorischen Tätigkeiten, die dazu dienen, den Vertrag zu gestalten und zu realisieren. Es setzt sich aus fünf Elementen zusammen, und zwar:

– Vertragsplanung,

– Vertragsdesign,

– Vertragsverhandlung,

IV. Vertragsmanagement

– Vertragsdurchführung,
– Vertragscontrolling.

Beim Vertragsmanagement geht es um die reine Praxis, denn „Management ist der Beruf der Wirksamkeit." (*Malik*, Gefährliche Managementwörter → Führungsstil, 2004, S. 113). Allerdings wird diese Wirksamkeit verstärkt, wenn man eine „Theorie der Praxis" hat, wie sie in diesem Buch entwickelt wird.

In allen Phasen des Vertragsmanagements ist es für den Erfolg von ausschlaggebender Bedeutung, dass man die **Führungsverantwortung** (Regie) übernehmen kann. Wer die Initiative in den jeweiligen Phasen in der Hand hat, behalten und jeweils wieder gewinnen kann, wird seine Interessen stets besser durchsetzen als ein anderer, der stets nur auf fremde Initiative reagiert. Wie sich diese Idee jeweils auswirkt, zeige ich in den einzelnen Phasen. Schon hier sei jedoch darauf hingewiesen, dass die Übernahme der **Regie** immer die Bereitschaft voraussetzt, die damit verbundenen **Kosten** zu tragen. Wer seine Planung ernst nimmt, muss sich Zeit nehmen und Berater einsetzen, wer den ersten Vertragsentwurf vorlegt und das Vertragsdesign bis zum Ende steuert, wird erheblich höhere Anwaltskosten haben, als jener, der nur reagiert. 47a

Hinter dem Begriff „Vertragsmanagement" scheint sich nichts zu verstecken: Was Verträge sind, weiß jeder, und was Management ist, glaubt jeder zu wissen. Gleichwohl ist es eine Aufgabe, die sich vom einfachen Vertragsentwurf erheblich unterscheidet. Da sieht man an dem folgenden Fall (alle Einzelheiten dieses Fallbeispiels sind erfunden und beruhen nicht auf tatsächlichen Ereignissen): 48

Ein Versicherungskonzern geht online. Die Versicherungen sollen nicht nur über das herkömmliche Vertriebsnetz, sondern auch über Webseiten vertrieben werden, und alle Aufgaben sind offensichtlich verteilt: Die Finanzplanung steht, die Programmieraufgaben sind vergeben, Räume sind gemietet, Personal wird über Headhunter gesucht, und natürlich erhält die Rechtsabteilung laufende Nachrichten über den Fortschritt der Planung.

Die Rechtsabteilung hat zu einigen kartellrechtlichen und versicherungsaufsichtsrechtlichen Spezialfragen Gutachten teils selbst angefertigt, teils vergeben und die Online-AGB selbst bearbeitet. Plötzlich geht eine Konkurrenzversicherung mit einem ähnlichen E-Commerce-Konzept in den Markt. Jetzt entsteht Hektik! Zwar werden in aller Eile die Gutachten fertig gestellt, es fehlen aber die Texte, die die gutachtlichen Inhalte umsetzen sollen – es sind verschiedene Varianten ausgearbeitet worden, die auf unterschiedliche Marketingstrategien passen –, und über diese Strategien haben die Marketingvorstände noch nicht entscheiden können. Der Druck des Vorstandes spült den letzten guten Willen aus dem Projekt. Im Endergebnis wird nicht nur der ursprüngliche Einfüh- 49 rungstermin verpasst, sondern das Projekt gerät völlig ins Schlingern und geht um ein halbes Jahr verspätet ans Netz.

Wie hätte man das verhindern können?

50 Die Hauptursache für eine solche Entwicklung besteht in der mangelnden Koordination zwischen den Planungsaufgaben des Managements und den rechtlichen Bewertungsaufgaben der eingeschalteten Juristen.

51 Allzu oft vermittelt das Management den Juristen das Gefühl, ihre Arbeit sei lediglich eine Arabeske des Projekts, und wenn harte Verhandlungstaktiken der anderen Seite dann die Erkenntnis dämmern lassen, dass ohne rechtliche Planung überhaupt nichts zustande kommt, entsteht Hektik und Druck, was wiederum Ungenauigkeit der Ergebnisse und widerwillige Zuarbeit zur Folge hat. Man hätte im Beispielsfall die Sache richtigerweise ganz anders angepackt:

– Sobald die Entscheidung getroffen wurde, das Online-Projekt zu starten, hätten die juristischen Aufgaben (Sachverhaltsermittlung/Gutachten/Vertragstexte) bereits ausformuliert, einzelnen Verantwortlichen zugewiesen und in den Zeitplan eingepasst werden können.

– Dann wäre von Beginn an augenfällig gewesen, dass Gutachten ohne Texte nichts wert sind.

– Der Zeitbedarf zwischen der Vorlage juristisch einwandfreier Texte, ihrer Überprüfung durch das Management, der Drucklegung und Vervielfältigung, der Schulung der Vertriebsmitarbeiter etc. wäre realistisch eingeschätzt worden.

– Der Druck der Konkurrenz hätte sich dann wohl gar nicht ausgewirkt, denn auf den ersten Blick hätte man sehen können: Dieser Zeitplan ist nicht verkürzbar! Einem solchen Argument hätte sich ein Vorstand auch beugen müssen.

52 Aus all dem sieht man: Management besteht aus der Fähigkeit, komplexe Vorhaben zu planen und durch geeignete Führungs- und Kontrollmaßnahmen tatsächlich zu verwirklichen. Der Vertragsmanager muss – gleichgültig ob er Betriebswirt, Ingenieur oder Jurist ist – alle Aspekte, die der Vertrag aufwirft, überblicken und entscheiden, was zu ihrer Umsetzung nötig ist. Das ist weit überwiegend eine **praktische** und keine intellektuelle **Leistung**, die dann besonders gut gelingt, wenn man „die Besten begeistern" kann. Management ist (die wichtigste) **Serviceaufgabe** in einem Unternehmen (*Malik*, Wirksame Unternehmensaufsicht, passim). Visionen und Launen können ihr nur schaden.

53 Das Vertragsmanagement hat daneben auch eine **kreative Seite**, die man durch Checklisten und strukturiertes Vorgehen nicht erfassen kann. *Mozart* berichtet, dass er eine Sonate oder den ganzen Satz einer Sinfonie trotz ihrer hohen Komplexität „gleichzeitig hören" konnte, bevor er auch nur eine Note zu Papier brachte (*Mozart*, Briefe und Aufzeichnungen,

IV. Vertragsmanagement

Gesamtausgabe Band IV, 2005, S. 527). Da die Begabung zum Vertragsmanagement (im Gegensatz zur musikalischen Begabung) nicht zu unseren Erbanlagen gehört, muss man die Fähigkeit, viele Probleme „gleichzeitig" zu sehen und Lösungsanstöße zu geben, durch Erfahrung und Schulung lernen. Dazu gehört auch die **Form**, in der man sich mit den Beteiligten abstimmt, Anweisungen gibt oder sich sonst nach außen verhält: Verträge sind nämlich komplexe und teilweise sensible Gebilde, die im Gegensatz zu unternehmensinternen Aufgaben immer auch Personen außerhalb der eigenen Einflussmöglichkeiten betreffen, die ihre eigenen Vorstellungen zum Vertrag haben. Eigene Leute kann man notfalls unter Druck setzen, den künftigen Vertragspartner nur selten.

Daraus müsste man den Schluss ziehen, Rechtsabteilung, Anwälte, rechtliche Gutachter etc. vollständig und so früh wie möglich in das Vertragsmanagement mit einzubeziehen. Tatsächlich aber geschieht das selten und meist zu spät. Vor allem wird nicht erkannt, dass **Verträge** eine **tatsächliche Basis** haben und sich inhaltlich ändern, wenn diese Basis sich verschiebt. Wenn es zum Beispiel aus verbraucherschutzrechtlichen Gründen notwendig ist, bestimmte Unterschriften einzuholen, dann muss die organisatorische Basis dafür geschaffen werden, das zu tun. Rechtsregeln sind nicht selten die Stützpfeiler organisatorischer Strukturen, und wenn man sie ändert, fallen diese Strukturen zusammen. Selten trifft man bei Managern das Verständnis für diese Zusammenhänge. Die Folge: Die Notwendigkeit des rechtlichen Beitrags zur Planungssicherheit wird weit unterschätzt. Wenn das Projekt ins Schlingern gerät, ist man enttäuscht, dass die Juristen den beweglichen Zielen (Moving Targets) nicht so flink folgen können, wie es die Marketingstrategen sich wünschen. Nur deshalb werden die Anwälte oft genug als „Sand im Getriebe" des Vertrages erlebt, obgleich ihr Beitrag immer darin besteht, Projekte zu ermöglichen und nicht zu verhindern. 54

In den Begriffen des Managements bilden Vertragsplanung und Vertragsdesign die **Aufbauorganisation**, die übrigen Elemente die **Ablauforganisation**. 55

Blickt man in die Praxis, so muss man feststellen, dass sie die dahinter stehenden Management – und Führungsaufgaben gar nicht wahrnimmt, sondern meist improvisiert. Vertragsplanung in dem Sinne, dass zu einem frühen Zeitpunkt gefragt wird, welche juristischen Werkzeuge zur Erzielung des wirtschaftlichen Erfolgs eingesetzt werden sollen, ist äußerst selten und nur bei gut organisierten Firmen anzutreffen. Gegen die **wichtigste Grundregel** wird ständig verstoßen. Sie lautet: Sobald einmal der Entschluss gefasst ist, bestimmte Beziehungen durch Verträge zu regeln, müssen die **Anwälte sofort**, und zwar möglichst erhebliche Zeit vor der tatsächlichen Vertragsverhandlung, über die Absichten **informiert** und ihre **Hinweise eingeholt** werden.

Viele Vertragsverhandlungen würden einen ganz anderen Verlauf nehmen, wenn das geschähe. Ist etwa geplant, dass ein Vertrag mit einem 56

Konkurrenzunternehmen abgeschlossen werden soll, dann muss vor allen anderen Überlegungen geprüft werden, ob das Vorhaben kartellrechtlich zulässig ist, und etwa erforderliche Gespräche mit den deutschen und europäischen Kartellämtern müssen früh anlaufen, wenn beabsichtigte Zeitpläne eingehalten werden sollen. Gleiches gilt aber nicht nur im Kartellrecht, sondern z.B. auch beim Grundstückskauf, bei dem der Grundstückswert oft genug von den baurechtlichen Ausnutzungsmöglichkeiten abhängig ist, die zu Beginn von Verhandlungen selten feststehen.

57 Die Aufgabe der Anwälte ist es, all das so **früh wie möglich** zu ermitteln und damit die Zielrichtung der weiteren Verhandlungen zu bestimmen. Bei vielen weiteren Fragen können sie dann „außen vor bleiben".

In der Praxis sieht es aber meist ganz anders aus: Die Rechtsabteilung oder die beauftragten Anwälte erhalten Vertragsentwürfe, die in allen kaufmännischen Details (vor allem auf der Preisseite!) ausgehandelt sind, und sollen dann meist unter hohem Zeitdruck irgendetwas dazu sagen. Dass dabei nur **rechtliche Persilscheine** herauskommen können, liegt auf der Hand und hat in vielen Fällen zur Folge, dass rechtliche Gestaltungsmöglichkeiten, die zu einem früheren Zeitpunkt noch gegeben gewesen wären, endgültig entfallen.

58 Es sind aber nicht nur die rechtlichen Chancen, die dieses Verfahren verfehlt. Viel schlimmer ist es, dass **wirtschaftliche Alternativen** (Verhandeln mit einem anderen Vertragspartner, bei dem es diese Rechtsprobleme nicht gibt) durch den Zeitablauf längst verschüttet wurden und man am Ende häufig nur zwischen einer schlechten Lösung oder gar keiner zu wählen hat. Meist wird dann die schlechte Lösung gewählt, weil man durch den Verhandlungsabbruch „sein Gesicht verliert"! (Teil 2 Rz. 296 und Rz. 622).

1. Vertragsplanung

59 In der Vertragsplanung (Teil 2 Rz. 1 ff.) geht es zunächst darum, zu ermitteln, welche Ziele der Vertrag erreichen soll. Diese Ziele sind meist kaufmännisch/technisch vorgegeben, können aber auch andere Bereiche einschließen, so etwa den Wunsch nach künstlerischem Ausdruck, politischem Einfluss und anderen Faktoren.

Ein wesentliches Anliegen unserer Darstellung besteht darin, deutlich zu machen, dass alle rechtlichen Wirkungen, die man etwa festlegen kann, immer nur den Sinn haben können, diese Ziele zu realisieren, und nicht dazu dienen, ein Eigenleben zu führen.

2. Vertragsdesign

Vertragsdesign ist die Gesamtheit der Regeln, die den Entwurf im Aufbau, in seinen Formen und in seiner Sprache bestimmen (zum Begriff im Einzelnen Teil 2 Rz. 221 ff.). 60

Gute Verträge entstehen nur, wenn sie kreativ gestaltet werden, und Kreativität steht immer in einem Spannungsverhältnis zu strengen Strukturen, die man wiederum benötigt, um Verträge als Planungs- und Ordnungswerkzeuge verwenden zu können:

Ein Vertrag, der die eigene **Position** im Hinblick auf einen künftigen Prozess **sichern** soll, hat andere Schwerpunkte als ein anderer, dem die **Durchführung** des Vertrages, also eine **ergebnisorientierte** Vertragsgestaltung, mehr am Herzen liegt.

a) Begriff

Wer einen Vertrag entwirft, befindet sich in der Position eines Gesetzgebers. Er muss die Chancen und Risiken erkennen, den Konflikten nachspüren, mögliche Risikopotenziale ausloten, Kommunikationsregeln etablieren – und all das in einer Sprache, die dieses Vorhaben klar zum Ausdruck bringt und gleichzeitig juristisch so korrekt ist, dass sie das jeweils angesprochene Rechtssystem richtig abbildet. 60a

Ebenso wie der Gesetzgeber trifft der Verfasser des ersten Entwurfs alsbald auf seine Opposition – die andere Vertragspartei oder Dritte, die am Vertrag beteiligt sind. Je weniger Konturen der erste Entwurf hat, umso schneller wird er durch die dann hochkommenden Einflüsse kraftlos gemacht. Es ist nämlich viel einfacher, einen Vertragstext zu kritisieren, als einen zu entwerfen.

b) Vorgehen

Der wahre Auslöser für dieses Buch war eine bittere Erfahrung, die ich zu Beginn meiner anwaltlichen Tätigkeit machen musste: Ich sollte in einer bestimmten Situation einen Vertrag entwerfen und fand nicht ein einziges Muster, dass ich auch nur annähernd hätte verwenden können! Wer die unendliche Menge von Formularen, Vertragsmustern, Checklisten und anderen Werkzeugen vor Augen hat, die heute auf dem Markt zur Verfügung stehen, hält das Problem vielleicht für gelöst. Dies ist aber eine gewaltige Täuschung, wie ich vor einiger Zeit wieder einmal erfahren habe: Mein Mandant, ein Biotechnologie-Unternehmen brauchte ein auf viele tausend Versuchstiere zugeschnittenes Gebäude, das dann von einem hierauf spezialisierten Unternehmen nach ganz spezifischen Vorgaben betrieben werden sollte. Dazu gehörte nicht nur das übliche Gebäudemanagement, sondern auch eine umfangreiche tierärztliche Praxis, es spielten Seuchengefahren eine Rolle und vieles mehr. Anwälte, die Krankenhäuser beraten, werden in ihren Vertragssammlungen wahrscheinlich ein geeignetes Muster finden. Alle anderen hingegen stehen 60b auf ziemlich verlorenem Posten und nun war ich froh, dass ich, ausgehend von der „Basischeckliste für Austauschverträge" (s. Teil 2 Rz. 273a–f und Teile 3 und 4) und einer Vielzahl anderer zwischenzeitlich entstandener Checklisten aus IT-Projekten eine immerhin diskutable Lösung entwerfen konnte.

Vor einigen Jahren stellte sich mir in internationalen Vertragsverhandlungen die Frage, was eigentlich einen Vertrag nach deutschem Recht vom jenem nach dem Recht des Staates New York unterscheidet? Natürlich ist es das zwingende Recht beider Rechtssysteme. Außerhalb von Verbraucherverträgen sind dessen Regeln aber nicht sehr ausgedehnt. Eine genauere Analyse zeigte, dass 80–90 % aller zivilrechtlichen Austauschverträge in **allen Rechtssystemen** frei vereinbart werden können. Und ein weiterer Blick zeigte mir, dass es außerhalb der **Austauschverträge** nur noch einen zweiten generellen Vertragstyp gibt, nämlich den **Gesellschaftsvertrag**. In Deutschland gibt es dann noch den einseitig verpflichtenden Vertrag. Er spielt aber für die Probleme der Vertragsverhandlungen und des Vertragsmanagements keine Rolle.

c) International einheitliche Module

60c Kurz: Die tragende Idee war, einen – auch international – einheitlichen Aufbau für Austauschverträge und Gesellschaftsverträge zu entwickeln, der die Basis für alle Variationen solcher Verträge abgeben könnte. Wie das praktisch aussieht, ist unten ab Teil 2 Rz. 217 näher dargestellt: Man entwickelt für bestimmte Konstellationen eine Pyramide aneinander geketteter Checklisten, die eine auf der anderen aufbauen und deren letzte dann unmittelbar in einen Vertragstext umgesetzt werden kann.

Dieses Arbeiten anhand von **Checklisten** hat einen entscheidenden Vorteil gegenüber der Arbeit mit **Formularen** oder **Mustern**:

- **Musterverträge** bilden Lösungen ab, die das Ergebnis eines **Interessenausgleichs** zwischen den Parteien oder das Ergebnis des Diktates einer Partei sind. Die Interessenlagen sind aber im Einzelfall jeweils so **unterschiedlich**, dass ein Muster sie nie richtig abbilden kann.
- Muster **gefährden** das eigene **Denken**, während Checklisten die eigene Kreativität unterstützen.
- Die ausgeschriebenen **Formulierungen** in Vertragsmustern verleihen eine **Scheinsicherheit**: Ob sie wirklich klar genug sind, weiß niemand.
- Wenn man demzufolge nicht in der eigenen Sprache schreibt, arbeitet man im Grunde genommen in einer **Fremdsprache**, deren Bedeutung man nicht abschätzen kann.
- Fremde Muster lassen sich **schwer pflegen**.
- Sie bilden auch nicht das **spezielle Know-How** ab, über das gerade der Vertragsverfasser verfügt.

– Dieses Know-How kann der Vertragsverfasser unschwer in Form von Fragen und Fundstellen einarbeiten, ohne sich damit das **alternative Denken** abzugewöhnen.

Die Zusammenfassung dieser Gesichtspunkte zeigt, dass das Arbeiten mit seinen eigenen, stets weiter geschriebenen Checklisten die entscheidende Voraussetzung dafür ist, die **Entwurfsregie** an sich zu ziehen und zu behalten.

3. Vertragsverhandlungen

Bei Vertragsverhandlungen geht es im Kern um den Ausgleich von **Machtdifferenzen** (näher Rz. 76). Wenn eine Seite ihre Interessen gegen den Willen eines anderen auch ohne Verhandlung durchsetzen kann, wird es nicht zu einem Vertrag kommen – in solchen Fällen kann die andere Seite nur fliehen oder standhalten. Solche Fälle sind heutzutage außerhalb der Politik selten. Auch mächtige Vertragspartner wählen deshalb den Weg über Verträge. Dabei wollen sie natürlich auf ihre Macht nicht verzichten sondern schließen ihre Verträge, ohne darüber zu verhandeln: Bei Verbraucherverträgen ist die Ohnmacht des Vertragspartners so offensichtlich, dass sie (in Deutschland) durch Schutzgesetze verbessert werden muss. 61

Vertragspartner, die z.B. in einer Krise keine gute Verhandlungsposition haben, sind gleichwohl nicht machtlos: Sie können gerade dann Strategien der Selbstvernichtung entwickeln, die der mächtigeren Seite erheblichen Schaden zufügen können. 62

Die einfachste Art und Weise die andere Seite zur Anerkennung der eigenen Machtposition zu zwingen ist die Drohung (ausführlich Teil 2 Rz. 613). Dieses und vergleichbares Verhalten kollidiert mit dem Ziel der Verhandlung, **Vertrauen** aufzubauen. Das Geschick des Verhandlers besteht darin, beide Ziele miteinander vereinbar zu machen.

Es hängt von der Berufs – und Lebenserfahrung, dem Charakter und dem Verhandlungsstil der Beteiligten ab, ob diese schwierige Aufgabe gelingt. Dabei zeigen sich bedeutende Unterschiede zwischen Privatpersonen, Managern, Ingenieuren und Juristen. 63

Privatpersonen sind meist so wenig erfahren bei Verhandlungen, dass die von ihnen ohne Beratung abgeschlossenen Verträge wenig wert sind. Manager, die Führung gewohnt sind, tun sich schwer dabei, auf Stilelemente zu verzichten, die sie innerhalb ihrer Unternehmen typischerweise anwenden und mit denen sie Erfolg haben. Untergeordnete Manager erweisen sich als entscheidungsschwach.

Ingenieure bleiben oft auf der Ebene der Fakten hängen und haben keinen Blick für Interessengegensätze. Außerdem sind sie selten flexibel genug in der Kommunikation und entwickeln wenig Fantasie, wie man in festgefahrenen Lagen zu Lösungen kommen kann. Juristen – vor allem An- 64 wälte – können viele dieser Fehler vermeiden, neigen aber zur Rechthaberei.

65 Dies wäre noch relativ einfach, wenn alle, die am Verhandlungstisch sitzen, dem Idealbild des gut informierten, emotional beherrschten und ergebnisorientierten Verhandlungsteilnehmers entsprächen, wie es ein Teil der modernen Kommunikationstheorie (*Habermas*) wohl voraussetzt. Die Wahrheit kann aber im Diskurs nur dann erfolgreich entdeckt werden, wenn alle darin übereinstimmen, dass jede behauptete Tatsache nichts weiter als eine **Arbeitshypothese** ist, die jedes Mal neu in Frage gestellt werden muss, wenn sich neue Aspekte ergeben. Ein solches Verfahren **überfordert** eine normale Vertragsverhandlung und bietet vor allem dann keine Lösung, wenn uninformierte, wenig intelligente und im schlimmsten Fall hysterische Gesprächsteilnehmer aufeinander treffen, die das Ziel der Verhandlungen darin sehen, ihre Positionen so lange zu wiederholen, bis sie selbst beim Zuhören müde werden und ein mögliches Endergebnis längst aus den Augen verloren haben.

66 Solche Situationen kommen viel zu oft vor, als dass man sie als „schwierige Verhandlungen" bezeichnen dürfte. Man kann ihrer nur Herr werden, wenn man nicht nur mit **logischen Argumenten** an die Sache herangeht, sondern die **Gefühle** aller **Beteiligten** (einschließlich der eigenen) ernst nimmt und versucht, damit zu arbeiten. Dazu fehlen uns bisher in vieler Hinsicht die Werkzeuge. Anders in den östlichen Kulturen: Dort ist man aufgrund des andersartigen sozialen Hintergrundes nahezu gezwungen, auch extreme Verhandlungssituationen durch geduldiges Zuhören und Gewährenlassen zunächst zu entschärfen und dann solange darauf einzuwirken, bis Ermüdungserscheinungen eintreten und man am Ende doch ein für alle mehr oder weniger akzeptables Ergebnis zusammenbringt (in Japan: *Nemawashi* = „gemeinsam die Baumwurzeln freilegen", d.h. einer Sache auf den Grund gehen; in afrikanischen Kulturen: *Palaver*).

67 Dieses Verfahren gelingt natürlich nur, wenn man viel Geduld mitbringt und **soziale Sanktionen** in Aussicht stellen kann, falls einzelne Beteiligte nicht bereit sind, ihre extremen Positionen sehr aufzugeben. Eine weitere Voraussetzung ist, dass alle Beteiligten im Rahmen des komplizierten Rituals von Geben und Nehmen (japanisch: *Giri*) ihr **Gesicht behalten** können.

68 Das **Wahren des Gesichts** ist ein allgemein menschliches Bedürfnis, wenn es auch in den **östlichen** Kulturen eine besondere Bedeutung hat (ausführlich Teile 9.3 [*Pattloch*] und 9.4 [*Tanaka*]).

Man sieht das am japanischen Begriff *kao no tatsu* („gesichtwahrend handeln"), wobei der Begriff *kao* die Bedeutung „breit gefächerte Beziehungen" hat. Nimmt man das wörtlich, dann ist dort ein Mensch mit vielen Beziehungen ein solcher mit „breitem Gesicht", was tiefe Rückschlüsse auf die psychologische Verankerung diese Begriffs zulässt. Wer

IV. Vertragsmanagement

sein Gesicht verliert, verliert damit auch „viele Beziehungen" und gerät damit in eine isolierte Situation, die man im Osten weit mehr zu fürchten hat als bei uns.

Im **Westen**, im Bereich der **statischen Vertragssysteme**, nimmt man diese Überlegungen wenig ernst, obgleich sie hier ebenfalls erhebliche Bedeutungen haben.

Dieser Begriff ist auch in unseren Kulturen von weit höherer Bedeutung, als allgemein angenommen wird. Jeder von uns ist bestrebt, bei Verhandlungen seine Fassade zu schützen, wir entwickeln nur andere Mittel hierzu, in erster Linie die **Rationalisierung**, also den Versuch, etwas logisch argumentativ zu begründen, was letztlich nichts anderes als ein emotionaler Aufschrei ist. Die Amerikaner allerdings scheinen manchmal die Notwendigkeit, das Gesicht zu wahren, nicht allzu ernst zu nehmen, da es dort als Zeichen der Schwäche gilt, seine Position nicht in offener Auseinandersetzung (challenge) wahrzunehmen und die Standhaftigkeit der Gegenseite nicht in der Auseinandersetzung (encounter) zu testen. 69

Von dieser Attitüde blättert aber recht bald der Putz, wenn die Machtposition nicht so eindeutig ist, dass man sich das leisten kann, und es führt bei genügender Differenz der Kulturen oft genug zum Scheitern von Verhandlungen, die erfolgreich hätten beendet werden können.

Eine Gefahr des vorsichtig angepassten Abstimmens von Gruppeninteressen auf ein einheitliches Ergebnis soll aber nicht verschwiegen werden: Natürlich gibt nicht jeder, der letztlich dem Druck der Gruppe folgt, deshalb nach, weil er die besseren Argumente der anderen eingesehen hat. Viel Nachgeben ist da auch **Nachgiebigkeit**, und so kommt es nicht selten vor, dass ein schließlich im langen Palaver erzieltes allgemeines Einverständnis am Ende zu nichts weiter führt als einem **gutem Gefühl**, ohne dass die daraus gewonnenen Ergebnisse realistisch, sinnvoll oder umsetzbar wären. Wer hierfür in unseren Bereichen Anschauungsmaterial sucht, wird in den Protokollen der Parteitage, die ja stets genügend zu verhandeln haben, ausreichendes Material finden. 70

All diese Gesichtspunkte sind bei internationalen Verhandlungen noch wichtiger als ohnehin. 71

Die Erwartungshaltungen die jede Partei in die Verhandlungen mitbringt, sind – vor allem bei Krisenverhandlungen – völlig unterschiedlich und von der jeweiligen Rechtskultur abhängig, in der die einzelnen Menschen ihre Erfahrungen gemacht haben. Wer gelernt hat, auf Beziehungen zu achten und sie zu respektieren, dafür aber die eigenen Rechtspositionen für weniger wichtig zu halten, reagiert anders, als jemand, der auf sein Recht pocht und die Beziehungsgeflechte missachtet.

Diese Unterschiede sind bei Verhandlungen zwischen westlichen und asiatischen Vertragspartnern mit den Händen zu greifen. Wer im Westen beschuldigt wird, einen Vertrag gebrochen zu haben, wird versuchen, diese Schuld von sich zu weisen und dem anderen zuzuschieben. Er nimmt damit eine ganz andere Perspektive ein, als ein chinesischer Manager, dem es in erster Linie darum geht, seine Beziehungen in Takt zu halten (möglicherweise auch zur Gegenseite) und der sich deshalb nicht lange damit aufhalten will, nach dem Schuldigen zu suchen (siehe Teile 9.3 und 9.4 und zum Unterschied zwischen Schuld- und Schamkultur: *Ruth Benedict* [1887–1948], The Chrysanthemum and the Sword [1946]).

71a Man kann die Voraussetzungen für erfolgreiche Vertragsverhandlungen zusammenfassend wie folgt kennzeichnen:
- Man muss **die eigenen Ziele** kennen.
- Man braucht die Fähigkeit, die **Perspektive wechseln** zu können (eigene Sicht der Dinge/die Sicht der andere Seite/die Auffassungen Dritter).
- Man muss die **eigene Position** und das **Verständnis** für die Perspektiven der anderen überzeugend (bildhaft, nicht nur argumentativ) **darstellen** können.

71b Eine solche, nicht an Ideologien, sondern nur an den Ergebnissen orientierte Auffassung vom Sinn und Ziel der Verhandlung ist noch nicht sehr alt. Viele Voraussetzungen mussten zusammenkommen, um den Boden für sie vorzubereiten. *Roger Fisher* (1923–2012), Prof. in Harvard, brachte die Grundlinien des Harvard-Konzepts, das wir unten im Detail darstellen (Teil 2 Rz. 391) nach vielen Irrwegen und Versuchen Anfang 1980 mit knapp 60 Jahren erstmals zu Papier. Seine Assistenten *William Ury* und *Bruce Patton* schrieben gemeinsam mit ihm das „Harvard-Konzept", das bis heute weltweit mit etwa 8 Millionen Exemplaren in über 30 Sprachen verbreitet ist. Schon diese Zahlen zeigen uns, dass das Konzept unabhängig vom kulturellen Hintergrund verstanden und geschätzt wird.

Eine seiner wesentlichen Erkenntnisse ist schon oben (Rz. 32) hervorgehoben worden: Anders als viele rein psychologische Verhandlungslehren liefert das Harvard-Konzept nicht nur Werkzeuge für das Verständnis der Situation, der Haltung der anderen Beteiligten usw., sondern fordert immer wieder dazu heraus, eine übergeordnete Perspektive einzunehmen, die auch die eigenen Fehler und Versäumnisse in den Blick nimmt. Es kommt nicht darauf an, die Perspektiven des Gegners zu zerstören, sondern es ihm zu ermöglichen, die eigenen kennen zu lernen, ohne dabei den Kern der eigenen Position infrage zu stellen: Der Klügere sollte seine Intelligenz nicht durch Nachgeben beweisen wollen. *Georg Macioszek*, der dem Modell kritisch gegenüber steht, bringt es auf den Punkt: Es kommt nicht auf die Argumente an, wir brauchen eine Antwort auf die Frage, was uns zu einer Lösung führt, die wir (vielleicht gerade noch) akzeptieren können. Kreative Intelligenz allein hilft dabei nicht viel, man braucht auch eine Menge Übung (dazu ausführlich Teil 2 Rz. 368 ff.).

4. Vertragsdurchführung

Die Vertragsdurchführung umfasst alle organisatorischen Maßnahmen und Verhaltensregeln, die nach Festlegung der Risikoverteilung im späteren Verlauf durch den Vertrag notwendig werden, um die durch die Planung vorgegebenen Ziele tatsächlich zu erreichen. 72

Das Vertragsmanagement soll eine hohe Qualität der Vertragsgestaltung sichern helfen. Wenn das gelungen ist, wird man im Bereich der Vertragsdurchführung keine nennenswerten rechtlichen Probleme mehr antreffen, denn, wie oft gesagt wird, bleibt dann „der Vertrag in der Schublade". 73

Verträge können aber beim besten Willen aller Beteiligten nicht alle Situationen vorausplanen, die bei der Vertragsdurchführung entstehen. Dann muss das Vertragsdesign und die Vertragsgestaltung die Werkzeuge bereithalten, die man benötigt, um solche Krisen bewältigen zu können.

5. Vertragscontrolling

Das Vertragscontrolling findet in der Praxis nicht sehr oft statt: Kleinere Unternehmen haben weder Zeit noch Mittel dafür, größere sind zu sehr damit beschäftigt, sich neuen Projekten zu widmen, als aus den Erfahrungen früherer (vor allem gescheiterter) Projekte etwas zu lernen. 74

Das Vertragscontrolling ist eine Aufgabe, die jede Partei für sich zu erledigen hat. Da die Vertragsziele für jeden der Vertragsschließenden unterschiedlich sind, muss jeder selbst bewerten können, ob sie erreicht wurden und welche Differenzen es ggf. zwischen Ziel und Realität gegeben hat.

Im industriellen Bereich ist eine Kontrolle von Ziel und Ergebnis – vor allem im Wege der Nachkalkulation von Projekten – nicht nur Standard, sondern auch durch Qualitätsnormen (DIN/ISO 9000 ff.) vorgegeben. Für Verträge gilt das noch nicht. Wir versuchen in diesem Buch erste Ansätze für ein **Vertragscontrolling** zu skizzieren, so wie es sich in der näheren Zukunft entwickeln kann (Teil 2 Rz. 686).

6. Zwölf Grundregeln des Vertragsmanagements

Die nachfolgenden Grundregeln sind zum wenigsten juristischer Natur. Sie spielen aber zur Vorbereitung rechtlicher Formulierungen eine erhebliche Rolle und müssen daher in allen Stadien des Vertragsmanagements beachtet werden. 75

➩ – **Risikoverteilung**: Durch Verträge werden Risiken und Risikoprognosen verbindlich verteilt. Phantasievolle **Risikoprognosen** bestimmen die Qualität des Vertrages.

- **Ergebnisorientierung**: Verträge müssen den **Vertragszielen** dienen. Widersprechende Vertragsziele müssen verhandelt und gewichtet werden.
- **Verfahrensregel**: Ergebnisse hängen immer auch vom **Verfahren** und von den **Verhandlungsbedingungen** ab (Information, Motivation, Intelligenz, Raum, Zeit, Mittel, Wege, Strukturierung, Verhandlungsstil etc.).
- **Komplexität und Flexibilität**: Vertragsbeziehungen sind **komplexe Gebilde** – Ursachen und Wirkungen sind vielfältig verflochten und oft weder planbar noch gestaltbar. Sie müssen deshalb flexibel sein, wenn sie nicht brechen sollen.
- **Vorteile und Nachteile**: Wer sich nicht nur Gedanken über seine eigenen Vorteile und Nachteile, sondern auch über die der anderen macht, wird leichter den Weg zum Erfolg finden.
- **Information und Kommunikation**: Wissen ist Macht. Ohne Information kann man nichts richtig einschätzen, ohne Kommunikation (Reden, Schweigen, Gefühlsäußerungen, allgemeines Verhalten) kann keine Vertragsbeziehung entstehen.
- **Strukturieren und Dokumentieren**: Strukturieren (teile und herrsche) und Dokumentieren (Unterschrift statt Handschlag) von Ideen **verändert** deren Qualität.
- **Phantasie, bevor verhandelt wird**: Der Erfolg wird erreicht durch Ideen zur Belohnung oder Bestrafung anderer (*Macioszek*).
- **Anregen, nicht überreden**: Man kann niemanden ändern. Aber man kann sein **Interesse** für eine Lösung wecken, die er dann eher akzeptiert, wenn er sie selbst (mit)gefunden hat.
- **Argumente und Gefühle**: Argumente bewirken nur dann etwas, wenn sie (auch) die Gefühle ansprechen, sonst dienen sie nur sozialen Ritualen.
- **Bilanz der Zugeständnisse**: Keine endgültigen Zugeständnisse, bevor man die Bilanz der gegenseitigen Zugeständnisse nicht abgestimmt hat. Die Kosten-/Nutzenbilanz kann aus beliebigen Elementen bestehen (Geld, Sachen, Rechte, Phantasien und Emotionen).
- **Überblick behalten**: Segeln und steuern, nicht rudern. Dabei Wind (auch Gegenwind!) nutzen. Mutig Vertrauen **investieren**, aber gleichzeitig Ergebnisse **kontrollieren**.

All diese **Statements** sind nicht mit rechtlichen Mitteln fassbar, sondern setzen technische und kaufmännische Intelligenz und flexible Ausnutzung der Situation voraus. Sie münden aber alle letztlich wieder in **vertraglichen Formulierungen**, die das Ergebnis der Verhandlung im Guten wie im Schlechten widerspiegeln.

V. Macht, Recht und Willkür

Der Zweck des Vertrages besteht in der Verteilung bekannter, vermuteter und unbekannter Rechte und Pflichten (Risikoverteilung) (siehe oben Rz. 13 ff.). Von der Planung bis zur Durchführung ist jeder Vertrag daher von den **Machtverhältnissen** geprägt, die sich zwischen zwei oder mehr Parteien ergeben: Wer mächtiger ist, wird stets versuchen, den anderen die Übernahme von Risiken aufzubürden. 76

Macht ist „jede Chance, innerhalb einer sozialen Beziehung den eigenen Willen auch gegen Widerstreben durchzusetzen, gleichviel, worauf diese Chance beruht." (*Max Weber*, in: Wirtschaft und Gesellschaft, Schriften zur Soziologie, § 16: Soziologische Grundbegriffe, S. 311).

Obgleich diese Definition sehr abstrakt ist, zeigt sie doch anschaulich, worum es bei Macht im Kern geht: Sie ist eine **Chance**, die keinesfalls immer genutzt wird und sie bedarf keiner aktuellen Demonstration, um gleichwohl wirksam zu sein.

All das kann sich in vertraglichen Verhältnissen schnell ändern: Macht ist nicht statisch sondern dynamisch (oben Rz. 21), so dass der heute mächtige Vertragspartner morgen der Unterlegene sein kann.

Darüber hinaus hat Macht im vertraglichen Zusammenhang nichts mit dem allgemeinen Gewicht zu tun, über das ein Vertragspartner vor allem im Wirtschaftsleben verfügen mag. Auch sehr große Firmen wie etwa Automobilhersteller können von einzelnen Zulieferern extrem abhängig sein und befinden sich dann in einer schwachen Position. Es kommt also stets auf die **konkrete Analyse der Machverhältnisse im jeweiligen Zeitpunkt an**.

Willkür und Gewalt hingegen bedeuten eine permanente Unterdrückung des Willens anderer. Anders als die Macht folgt die Willkür keinen Regeln und ist umso wirksamer je weniger sie vorhersehbar ist. Wenn sie nicht gebändigt wird, endet sie im Terror. In der Welt der Wirtschaft findet man sie meist als **Hybris** von hochrangigen Managern, denen die Macht zu langweilig geworden ist. 77

Das **Recht** besteht aus Regeln, die von **Mehrheiten** akzeptiert werden. Nach wie vor ist die Idee eines „Contract Social" auch in modernen Theorien lebendig (*John Rawls*). Wir gehen üblicherweise davon aus, dass die Macht das Recht respektiert, aber es gibt viele Bereiche, in denen diese Vermutung nicht zutrifft. Die Willkür hingegen bricht das Recht offensichtlich, tut es aber oft genug in der Verkleidung rechtlicher Regeln, damit der Bruch nicht entdeckt wird oder nicht offen kommentiert werden kann. Das Besondere an **Verträgen** ist es, dass sie in **allen drei Bereichen** bestimmte Zwecke erfüllen können.

In westlichen Rechtssystemen sind wir geneigt, nur in rechtlichen Kategorien zu denken. Wir gehen stillschweigend davon aus, dass **alle** sich an bestehende gesetzliche Regeln halten müssen. 78

Dabei übersehen wir, dass viele Bereiche gesetzlich nicht geregelt sind und dass bestehende Regeln mit großer Selbstverständlichkeit von denen missachtet werden, die es sich leisten können. Das naheliegendste Beispiel finden wir in den **Allgemeinen Geschäftsbedingungen**, also den Standardverträgen der Großindustrie. Obgleich die Rechtsprechung seit vielen Jahren immer wiederholt, dass standardmäßige Haftungsbeschränkungen von der Rechtsordnung nur in besonderen Ausnahmefällen anerkannt werden können, dürfte es kaum einen Standardvertrag der Großindustrie geben, der nicht eine solche Haftungsbeschränkung enthält (typisches Beispiel: BGH NJW-RR 1996, 783 [789] – Geschäftsbedingungen des Verbands Deutscher Maschinen- und Anlagenbau, VDMA). Erst seit kurzem hat der 69. Juristentag 2012 angeregt, diese Haltung der Rechtsprechung durch den Gesetzgeber zu korrigieren (Bericht: *Kondring*, BB 2013, 73 ff.).

Dieses Verdikt könnte nur durch **individuelles Verhandeln** über jede einzelne Klausel überwunden werden (BGH NJW 2003, 1805 – Vertragsstrafe). Bis heute fehlt aber ein Urteil, aus dem sich erkennen ließe, dass ein solches „zur Disposition stellen" jemals geschehen ist. Es entspricht auch nicht meiner Erfahrung.

Wie kommt es, dass die Standardverträge der Großindustrie die klare Rechtsprechung ebenso offensichtlich ignorieren? Die Antwort lässt sich nur aus den **Machtverhältnissen** gewinnen. Macht besteht in ihrem Kern weniger darin, einen anderen tatsächlich zu unterdrücken, sondern mehr in dem stets aufrechterhaltenen Bewusstsein, dies jederzeit tun zu können. Der – allerdings markante – Unterschied zur Willkür besteht darin, dass diese Demonstration der Macht bestimmten sozialen Regeln folgt, also bestimmte Ursache – Wirkungskriterien einhält, die von Dritten nachvollzogen werden können.

Wer Macht hat, verbietet es sich damit selbst, ausgewogene Verträge anzubieten, weil dies sein eigenes Machtbewusstsein irritieren würde.

79 Wer mit Mächtigen Verträge schließt, hat es daher niemals leicht, muss aber auch seine Chancen sehen. Sie bestehen in erster Linie darin, dass Macht sich selbst beschränkt, da sie alle Handlungsalternativen ablehnen muss, die das Machtbewusstsein irritieren könnten. Das mächtige Unternehmen kann sich also im Laufe der Zeit immer weniger anpassen. Dadurch wird es – wie *Charles Darwin* für die Biologie festgestellt hat – immer dümmer. Dies wiederum kann der Vertragspartner durch geschicktes Verhalten ausnutzen, wie ich ab Teil 2 Rz. 368 im Einzelnen zeige.

VI. Entscheidungen und Emotionen

80 Jedes Vertragsprojekt wird durch eine Vielzahl von Entscheidungen geprägt, die alle Stadien von der Planung bis zur Durchführung durchziehen. Ganz überwiegend bemühen sich alle Beteiligten, sich bei diesen

Entscheidungen **rational** zu verhalten und nicht ihren Gefühlen nach Belieben zu folgen, denn dies würde alle anderen Beteiligten erheblich beeinträchtigen.

Man muss sich aber darüber im Klaren sein, dass rationales Verhalten und die Argumente, die es stützen sollen, stets Ausdruck der **Machtverhältnisse** sind, die ich oben beschrieben habe. Diese Verhältnisse sind nun sehr oft völlig **irrational** und überwiegend von den **Gefühlen der Beteiligten** geprägt: Machtverhältnisse verschaffen den Inhabern der Macht Privilegien in der Außendarstellung ohne die die Macht im Übrigen ziemlich uninteressant ist. Der Umgang mit diesen Privilegien wird durch Gefühle und nicht durch rationale Überlegungen gesteuert. Jüngere Experimente im Bereich der Neurobiologie zeigen uns (*Roth*, Fühlen – Denken – Handeln, S. 527):

„**Verstand und Vernunft brauchen Gefühle zu ihrer Durchsetzung.**"

Vor allem im Bereich der Vertragsverhandlung ist darauf Rücksicht zu nehmen, wenn man Erfolg haben will (unten Teil 2 Rz. 368 ff.).

VII. Stabilität und Anpassungsfähigkeit

Jeder Vertrag ist selbst Teil eines Systems, das ihn umgibt und schafft ein System, dass durch ihn – wenigstens teilweise – gesteuert werden soll (siehe oben Rz. 29 ff.).

Um als System bestehen bleiben zu können, braucht der Vertrag Stabilität und Anpassungsfähigkeit. Deshalb können Austauschverträge nicht von einer Seite beliebig gekündigt werden und gleichzeitig enthalten viele Verträge unbestimmte Rechtsbegriffe, die die Flexibilität von Leistung und Gegenleistung sichern sollen.

Dieser positiven Funktion beider Begriffe stehen aber auch negative Funktionen gegenüber, an die man denken muss. Jeder neue Vertrag gefährdet die Stabilität des Systems, das ihn umgibt und wird daher von Anfang an bei allen Beteiligten Befürworter und Gegner finden.

Von der Planung bis zur Durchführung stößt man auf Leute, die ihre Bedenken nicht überwinden können, die die Machtverhältnisse nicht ändern wollen, die die Risiken als untragbar ansehen etc. Diesen wiederum stehen die Anpassungsfähigen gegenüber, die gerade die durch den Vertrag notwendigen Neuerungen befürworten etc. Beide Gruppen argumentieren logisch gegeneinander und vergessen oft genug, dass es ihre Gefühle sind, die sie letztlich zu ihren Haltungen veranlassen. Darüber darf aber nicht gesprochen werden! Die Folge: Der Vertragsschluss wird verhindert, die Durchführung torpediert oder die Neuerer setzen sich durch und schaffen damit andernorts Konfliktherde.

Sehr zugespitzt kann man diese Konfliktlagen auch als den Kampf der Dummheit gegenüber der Intelligenz interpretieren: Die Dummen wollen, dass alles so bleibt, wie es ist und weigern sich, sich anzupassen, die anderen hingegen wollen alles ändern, um das Überleben zu sichern.

Wer genauer hinschaut, wird erkennen, dass Stabilität und Anpassungsfähigkeit damit nichts zu tun haben. **Beide Perspektiven** sind vielmehr **notwendig**, damit Systeme stabil bleiben, sich aber auch ändern können. „Dummheit" kann so gesehen eine Eigenschaft sein, die dem System die nötige Stabilität verleiht und ihm damit Lebensfähigkeit und Dauer sichert. „Intelligenz" kann die Eigenschaft sein, die Bewährtes ohne Grund aufgibt. Die richtige Beschreibung beider Perspektiven und ihr konkreter sinnvoller Einsatz im Einzelfall ist die einzige Möglichkeit, das Beste aus beiden Perspektiven herauszuholen.

Teil 2
Vertragsmanagement

1 Vertragsplanung

	Rz.
I. Strategie und Taktik	1
1. Vertragsstrategie	1
2. Vertragstaktik	12
3. Grenzen der Taktik	19
4. Führung	20a
II. Planungsfaktoren	21
1. Informationen	24
a) Informationen geben	28
b) Informationen nehmen	30
c) Informationen prüfen und aktualisieren	31
d) Einfluss auf das Vertragsmanagement	33
2. Machtverhältnisse und Beziehungen	35
3. Zeitrahmen und Prioritäten	39
4. Finanzielle Mittel	46
5. Einsatz von Projektteams	50
6. Berater	53
a) Beratungsgebiete	53
b) Auswahl von Beratern	60
c) Beraterverträge	61
d) Zusammenarbeit beim Vertragsmanagement	66
aa) Vereinbarung von Funktion, Rolle und Tätigkeitsumfang	66
bb) Grundregeln für die Zusammenarbeit	71
e) Krisensituationen	75
f) Haftung von Beratern	79
aa) Haftung gegenüber dem Auftraggeber	80
bb) Haftung gegenüber Dritten	83
cc) Beweislast, Schaden und Verjährung	85
dd) Sekundärhaftung	88
ee) Haftung des Beraters für eingeschaltete Dritte	90
g) Beratung im internationalen Umfeld	91a
7. Kommunikation	92
8. Entschlossenheit	98

	Rz.
9. Feste Strukturen und Flexibilität	104
a) Auffangplanung	106
b) Vertragskonzeption	107
c) Flexible Regelungen	110
d) Änderungsvereinbarungen	115
10. Störfaktoren	119
III. Risikobewertung	127
IV. Zusammenarbeit zwischen Managern, Unternehmensjuristen und Rechtsanwälten	137
1. Rechtsfragen im Unternehmen	137
a) Risikomanagement	139
b) Manager, Unternehmensjuristen und Rechtsanwälte	141
2. Rechtsmanagement in der Aufbauorganisation	150
a) Tatsachen und Rechtsfragen	150
b) Aufgabenverteilung nach Servicegesichtspunkten	155
3. Rechtsmanagement in der Ablauforganisation	159
4. Kosten und Nutzen	164
5. Zusammenfassung	169
V. Planungsszenarien	170
VI. Vertragsvorbereitung	174
1. Planung	175
2. Teamwork Interne Organisation, Computer und Software	180
3. Ideensammlung	182
4. Tatsachen und Meinungen	187
5. Tatsachen und Bilder	191
6. Dokumentation	193
7. Informationen über den Vertragspartner	194
8. Rechtslage	195
9. Entwurfsregie	200
10. Interne Abstimmung der Entwürfe	207
11. Verträge mit ausländischen Vertragspartnern	210
12. Letter of Intent	214

Teil 2 Vertragsmanagement

Literaturübersicht:

1. Handbücher und Formularbücher: *Hoffmann-Becking, Michael v./Rawert, Peter* (Hrsg.), Beck'sches Formularbuch Bürgerliches, Handels- und Wirtschaftsrecht, 11 Aufl. 2013; *Weise, Stefan/Krauß, Hans-Frieder* (Hrsg.), Beck'sche Online-Formulare Vertragsrecht, 23. Edition 2012, Stand 1.9.2012; *Büchting, Ulrich/Heussen, Benno* (Hrsg.), Beck'sches Rechtsanwaltshandbuch, 10. Aufl. 2011; *Beisl/Klumpp,* Der Unternehmenskauf, 6. Aufl. 2009; *Berenbrok/Froning,* Unternehmensnachfolge, 5. Aufl. 2005; *Bernstorff, Christoph Graf von,* Vertragsgestaltung im Auslandsgeschäft, 7. Aufl. 2012; *Dombeck/Kroiß,* Formularbibliothek Vertragsgestaltung, 2012; *Fingerhut/Karg/Ritzinger/Schwartz/Kroh,* Formularbuch für Verträge, 12. Aufl. 2009; *Groß, Michael,* Handbuch Technologietransfer, 2010; *Graf von Westphalen* (Hrsg.), Vertragsrecht und AGB-Klauselwerke, 32. Aufl. 2013; *Heidel/Pauly/Amend,* Anwalt Formulare, 7. Aufl. 2012; Heidelberger Musterverträge (einzelne Vertragsmuster zu einer Vielzahl von Rechtsgebieten), Verlag Recht und Wirtschaft; *Heussen, Benno,* Letter of Intent – Erklärungen und Vereinbarungen im Umfeld von Verträgen, 2. Aufl. 2014; *Hölters, Wolfgang* (Hrsg.), Handbuch des Unternehmens- und Beteiligungskaufs, 7. Aufl. 2010; *Holzapfel/Pöllath,* Unternehmenskauf in Recht und Praxis, 15. Aufl. 2013; *Hopt/Merkt* (Hrsg.), Vertrags- und Formularbuch zum Handels-, Gesellschafts- und Bankrecht, 2012; *Leistikow,* Gesellschafts- und Unternehmensrechtliche Beratung, § 44 im Beck'schen Rechtsanwaltshandbuch; *Lutter,* Der Letter of Intent, 3. Aufl. 1998 (nur noch antiquarisch); *Münchener Handbuch Vertragsverhandlung,* Bd. 1: Gesellschaftsrecht *(Heidenhain, Martin),* 7. Aufl. 2011, Bd. 3: Wirtschaftsrecht *(Schütze, Rolf A./Weipert, Lutz),* 7. Aufl. 2012, Bd. 4: Bürgerliches Recht *(Langenfeld, Gerrit),* 6. Aufl. 2010; *Münchener Handbuch des Gesellschaftsrechts,* Bd. 1: BGB-Gesellschaft, Offene Handelsgesellschaft, Partnerschaftsgesellschaft, Partenreederei, EWIV *(Gummert, Hans),* 3. Aufl. 2009, Bd. 2: Kommanditgesellschaft, GmbH & Co., PublikumsKG, Stille Gesellschaft *(Gummert, Hans),* 3. Aufl. 2009, Bd. 3: Gesellschaft mit beschränkter Haftung *(Priester, Hans-Joachim),* 4. Aufl. 2012, Bd. 4: Aktiengesellschaft *(Hoffmann Becking, Michael),* 4. Aufl. 2007, Bd. 6: Internationales Gesellschaftsrecht, grenzüberschreitende Umwandlungen *(Leible, Stefan),* 4. Aufl. 2013; *Picot, Gerhard,* Unternehmenskauf und Restrukturierung – Handbuch zum Wirtschaftsrecht, 4. Aufl. 2013; *Picot, Gerhard,* Handbuch Mergers and Acquisitions – Kauf und Restrukturierung von Unternehmen, 5. Aufl. 2012.

2. Vertragsgestaltung und Vertragsmanagement: *Bernstorff, Christoph Graf von,* Rechtsprobleme im Auslandsgeschäft, 5. Aufl. 2006; *Bernstorff, Christoph Graf von,* Risikomanagement im Auslandsgeschäft, 4. Aufl. 2008; *Brandstetter, Franz,* Rechtsabteilung & Unternehmenserfolg, 2011; *Fitzsimmons, Conor John/Hoffmann, Hans-Erland/Schoper, Yvonne-Gabriele,* Internationales Projektmanagement: Interkulturelle Zusammenarbeit in der Praxis, 2004; *Hofstede G./Hofstede G. J.,* Lokales Denken, globales Handeln, interkulturelle Zusammenarbeit und globales Management, 5. Aufl. 2011; *Heussen, Benno,* Time-Management für Rechtsanwälte, 3. Aufl. 2009; *Heussen, Benno,* Letter of Intent, 2. Aufl. 2014; *Huff, Martin* (Hrsg.), Die Rechtsabteilung mittelständischer Unternehmen: Aufbau, Organisation und Management, Verlag Bundesanzeiger 2013; *Junker/Kamanabrou,* Vertragsgestaltung, 3. Aufl. 2010; *Kapellmann, Klaus,* Juristisches Projektmanagement, 2. Aufl. 2007; *Langenfeld, Gerrit,* Grundlagen der Vertragsgestaltung, 2. Aufl. 2010; *Malik, Fredmund,* Management – Das A und O des Handwerks, 2. Aufl. 2013; *Müller, David,* Vertragsmanagement für Architekten und Ingenieure, 2012; *Pischel, Gerhard,* Vertragsenglisch für Management und Berater, 2013; *Reithmann/Martiny,* Internationales Vertragsrecht, 7. Aufl. 2010; *Rittershaus/Teichmann,* Anwaltliche Vertragsgestaltung, 2. Aufl 2003; *Rothlauf,* Interkulturelles Management – mit Beispielen aus Vietnam, China, Russland, Japan und den Golfstaaten, 4. Aufl. 2012; *Sauerwald,* Mind Mapping für Anwälte, 2002; *Schulz/Klugmann,* Wissensmanagement für Anwälte, 2. Aufl. 2013; *Triebel, Volker,* Englisch als Vertragssprache – Fallstricke und Fehlerquellen, 2013; *Vollkommer/Greger/Heinemann*, Anwaltshaftungsrecht, 3. Aufl. 2009; *Walter, Tonio*, Kleine Stilkunde für Juristen, 2002.

3. Verhandlungslehre: *Berz, Gregor*, Spieltheoretische Verhandlungs- und Auktionsstrategien, 2007; *de Bono, Edward*, de Bonos neue Denkschule, 2010; *Haft*, Juristische Rhetorik, 8. Aufl. 2009; *Haft/v. Schlieffen* (Hrsg.), Handbuch Mediation, 2. Aufl. 2008; *Fisher/Ury/Patton*, Das Harvard-Konzept, 2009; *Fisher, Rodger*, Erfolgreicher verhandeln mit Gefühl und Verstand, 2007; *Gordon, Thomas*, Managerkonferenz – Effektives Führungstraining, 2005; *Greger/von Münchhausen*, Verhandlungs- und Konfliktmanagement für Rechtsanwälte (2010); *Glasl, Friedrich*, Konfliktfähigkeit statt Streitlust!, 2. Aufl. 2006; *Frege Michael*, Verhandlungserfolg in Unternehmenskrise und Sanierung, 2. Aufl. 2013; *Hägg, Göran*, Die Kunst, überzeugend zu reden: 44 Lektionen in praktischer Rhetorik, 2. Aufl. 2003; *Heussen, Benno*, Interessante Zeiten – Reportagen aus der Innenwelt des Rechts, 2013; *Heussen, Benno*, Wenn schon – denn schon: Streiten, aber richtig! Von Machiavelli lernen, vitolibro e-book 2014; *Kumbier/Schulz von Thun*, Internationale Kommunikation: Methoden, Modelle, Beispiele, 2006; *Kunkel/Bräutigam/Hatzelmann*, Verhandeln nach Drehbuch, 2010; *Lewicki/Hiam/Olander*, Verhandeln mit Strategie, 1998; *Macioszek*, Chrustschows dritter Schuh, 7. Aufl. 2000; *Molcho, Samy*, Alles über Körpersprache, 7. Aufl. 2004; *Ponschab/Schweizer*, Kooperation statt Konfrontation – Verhandeln in der Anwaltspraxis, 2009; *Schnetzler, Nadja*, Die Ideenmaschine – Methode statt Geistesblitz, 2004; *Schranner, Matthias*, Verhandeln im Grenzbereich, 2005; *Schranner, Matthias*, Die 7 größten Irrtümer bei schwierigen Verhandlungen, 2009; *Schranner, Matthias*, Faule Kompromisse – Wie gut verhandeln unsere Politiker?, 2013; *Thiele*, Argumentieren unter Stress, 7. Aufl. 2007; *Ury, William*, Nein sagen und trotzdem erfolgreich verhandeln, 2009.

Vorbemerkung zu Teil 2

Teil 2 stellt das Vertragsmanagement in all seinen Details dar. Wie oben skizziert (Teil 1 Rz. 47) besteht es aus fünf Elementen:

– der Vertragsplanung, die Strategie und Taktik umfasst,
– dem Vertragsdesign, also der Beschreibung des Weges von der Idee zum Text,
– der Vertragsverhandlung unter all ihren psychologischen Aspekten,
– der Vertragsdurchführung, also der praktischen Umsetzung der Vereinbarungen,
– dem Vertragscontrolling: Das ist die Kontrolle der vier anderen Elemente, um prüfen zu können, ob man die angestrebten Ergebnisse erreicht hat, Fehler aufzudecken und die Ergebnisse zu optimieren.

Jedes dieser Elemente beruht auf Säulen, die – wie Teil 1 zeigt – seit Hunderten von Jahren, in manchen Fällen seit Menschengedenken unser Verhalten bestimmen. Aber die Art und Weise, wie wir mit diesen Elementen umgehen, kann sich mit großer Schnelligkeit ändern. Waren wir bei Vorbereitung der ersten Auflage (1997) noch überwiegend von Büchern und Papieren umgeben, arbeiten wir heute vielfältig in virtuellen Welten: Datenräume befinden sich in clouds, wir arbeiten nur noch mit elektronischen Versionen der Entwürfe und durch solche Veränderungen kann der Blick auf das Wesentliche verloren gehen.

I. Strategie und Taktik

1. Vertragsstrategie

1 Unter dem Begriff Vertragsstrategie sind alle Überlegungen zusammenzufassen, die sich um den Abschluss und die Durchführung des Vertrages drehen. Die Vertragsstrategie ist dabei ein Teil der **Gesamtstrategie**, die sich auf ein bestimmtes Vorhaben oder Projekt bezieht. Die Bandbreite ist erheblich: Die Vertragsstrategie kann sich ebenso auf einen mehrjährigen Einkaufsvertrag für halbfertige Produkte als auch auf einen Firmenkauf oder die Entwicklung eines modularen Vertragssystems (Rz. 271) erstrecken.

Natürlich gibt es auch viele Verträge in der Unternehmenspraxis, die keine besonderen strategischen Überlegungen erfordern. Diese Fälle sollten aber immer in eine bestimmte – strategisch geplante – Vertragsstruktur eingebunden sein und sich nicht, wie in den meisten Fällen, aus der Unternehmenspraxis einfach organisch entwickeln.

1a Im Teil 1 haben wir die Grundlagen für das Verständnis von Verträgen und ihre Funktion in unserem sozialen, politischen und wirtschaftlichen Umfeld kennen gelernt. Wir haben dabei gesehen, dass der Begriff „Vertrag" keinesfalls nur rechtlich relevante Vorgänge abdeckt sondern nur einer der vielen Fälle des Gebens und Nehmens ist, die alle unsere sozialen Beziehungen prägen. *Fritz B. Simon* hat es auf die Formel gebracht („Radikale" Marktwirtschaft, Grundlagen des systemischen Managements, Carl Auer 5. Aufl. 2005, S. 42):

„**Wer handelt, der handelt**"

Das soll heißen: Es gibt keine Handlung, die sich auf andere Menschen bezieht und sich nicht auf irgendeine Form des Austauschs bezieht. Wer einen anderen grüßt, erwartet, ebenfalls gegrüßt zu werden, wer Informationen gibt, erwartet selbst welche, wer etwas verschenkt reagiert ungehalten, wenn das ignoriert oder nicht erwidert wird und so weiter. Selbst im extremen Fall der Künstler, die für ihre Werke absolute Einsamkeit benötigen, zeigt sich, dass sie ohne das Echo anderer nicht leben können. All dies geschieht in unserem täglichen Leben informell und hat nur soziale Reaktionen und Sanktionen zur Folge. Verträge haben demgegenüber gesetzliche oder vereinbarte Rechtsfolgen. Wer in diesem Zusammenhang strategisch denkt, muss sich bei jedem seiner Schritte darüber bewusst sein, dass sein Handeln nicht nur nach juristischen Kriterien beurteilt wird, sondern der Erfolg seiner Strategien wesentlich davon abhängt, die im Teil 1 geschilderten sozialen und psychologischen Muster unseres Handelns in die Praxis umzusetzen.

Durch strategische Überlegungen will man das Projekt „in den Griff bekommen", man befindet sich zunächst abtastend, dann in immer engerem Kontakt in einem Ringkampf mit dem Vertragspartner, bei dem man je nach Situation oben oder unten zu liegen kommt. „Ringen hat nichts mit Kraft, sondern mit Kontrolle zu tun." (*John Irving*). Es sind also niemals die allgemeinen Machtverhältnisse, sondern es ist immer nur das Ausmaß der Kraft ausschlaggebend, die jeder der beiden in der jeweiligen Situation konkret einsetzen kann.

Dabei ist der Vertrag nur **ein** strategisches Mittel, denn die angestrebte Kontrolle des Vertragspartners kann sich aus allem zusammensetzen, was nötig ist, um ihn zu veranlassen, seinen Teil zum Gelingen beizutragen. Das sind z.B. persönliche Bindungen, Überzeugung durch Dritte, Berufung auf Konventionen, Informationsirrtümer – kurz: jeder einzelne der Planungsfaktoren (Rz. 21 ff.) kann richtig oder falsch gehandhabt werden.

Für Vertragsprojekte gilt ein wichtiger Grundsatz, der auch für andere Projekte seine Berechtigung hat:

Standardaufgaben kann man neuen Leuten anvertrauen.

Neue Aufgaben muss man erfahrenen Leuten anvertrauen.

Ein junger Anwalt kann als Mitarbeiter der Rechtsabteilung keine wesentlichen Fehler machen, wenn er einen Standardvertrag verhandeln soll, über den schon viele Male gesprochen wurde und für den es feste Regeln gibt.

Geht es aber um ein neues Projekt, dann müssen die erfahrenen Kollegen die Verantwortung übernehmen. Der erste Schritt der Planung besteht also darin, festzustellen, ob es sich um Standardaufgaben oder um neue Aufgaben handelt. Personen sind gerade bei Vertragsprojekten häufig viel entscheidender als allgemeine strategische Überlegungen.

Die Planung dieser Strategie ist immer eine **Führungsaufgabe** der Geschäftsführung bzw. des Vorstandes, der mit der Rechtsabteilung oder den Anwälten die richtige Vorgehensweise abstimmen muss, denn in diesem Bereich geht es keinesfalls nur um juristische Fragen; es ist vielmehr immer auch die **Unternehmensstrategie** berührt.

In der Praxis erlebt man eine frühzeitig und intelligent geplante Vertragsstrategie nur selten. Die meisten Manager und Anwälte vertrauen darauf, dass sie ein Naturtalent für Vertragsgestaltung und Vertragsverhandlungen haben (daher jederzeit spontan reagieren können), und meinen, der **Zeitaufwand** für die Vertragsplanung stehe in keinem Verhältnis zu den Ergebnissen. Diese Haltungen führen nur dann nicht zu Problemen, wenn die Dingen normal laufen und wenn die Machtverhältnisse so verteilt sind, dass man sich das leisten kann. Wird aber plötzlich die Zeit knapp, werden Budgets gekürzt oder verändern sich andere Umstände, dann hilft die beste Intuition nichts, wenn man keine frühzeitig vorbereitete Alternativplanung hat: „Der Individualist, der über keinerlei Strategie verfügt und glaubt, einem leichten Gegner gegenüberzustehen, wird unvermeidlich verlieren." (*Sun Tsu*, S. 178).

5 Die Vertragsstrategie muss dabei einen Spannungsbogen schlagen, wenn sie erfolgreich sein will:
– Jede Partei hat in der Regel **entgegengesetzte** Projektziele.
– Diese können aber nur erreicht werden, wenn beide Parteien einen Vertrag abschließen, der diese **unterschiedlichen Projektziele** rechtlich miteinander verbindlich **verknüpft**.

6 Solche strategischen Ziele sind etwa:
– Ein Unternehmen der Fertigungsindustrie will eine Ingenieurfirma kaufen, um das dort vorgefundene Know-how nutzen zu können – die Ingenieurfirma will lieber selbständig bleiben oder sich so teuer wie möglich verkaufen.
– Der Autor eines Trickfilms, der über die Filmrechte verhandelt, will die Verwertungsrechte an den Figuren behalten – die Produktionsfirma hat es aber auf genau diese Rechte abgesehen.
– Ein Verlag will die gesamte EDV auf eine neue Software umstellen, und zwar möglichst zum Festpreis – das Softwarehaus hingegen kann den Umfang der Arbeiten nicht annähernd genau genug kalkulieren.

7 In all diesen Situationen haben Parteien gute Gründe, den Vertrag zu wollen, stehen aber andererseits in dem Dilemma, dass sie mit dem Vertrag ihre eigenen Ziele nur erreichen können, wenn auch die eigenen Bedingungen angemessen erfüllt werden. Die Vertragsstrategie muss versuchen, diesen Konflikt aufzulösen.

Dieser Spannungsbogen wird von Managern deshalb selten richtig erkannt, weil es bei anderen strategischen Überlegungen nicht immer notwendig ist, Interessengegensätze zu verknüpfen: Will man etwa im Rahmen einer Vertriebsstrategie einen neuen Auslandsmarkt erobern, muss man zwar damit rechnen, dass die vorhandene Konkurrenz darauf abwehrend reagieren wird. Man muss sich mit ihr aber nicht an einen Tisch setzen und darf das in vielen Fällen aus kartellrechtlichen Gründen auch gar nicht. Die allgemeine Unternehmensstrategie ist also selten ein „Ringkampf", weil es an einer nahen Berührung der beiden Kontrahenten fehlt.

8 Die Besonderheit der **Vertragsstrategie** ist also gewöhnungsbedürftig und **muss gelernt werden**.

Dabei helfen bestimmte Eigenschaften, die *Sun Tsu* wie folgt benennt (S. 65):
– Intelligenz,
– Glaubwürdigkeit und Vertrauen,

I. Strategie und Taktik

– Mitgefühl mit der Situation anderer,
– Mut,
– Konsequenz.

Diese Aufzählung liest sich, wie das bei alten Texten häufig geht, ganz selbstverständlich. Bei genauerem Hinsehen – wenn man etwa die Gegensätze der genannten Eigenschaften zu entwickeln sucht – sieht man schnell, dass die Auswahl wohlüberlegt getroffen wurde.

Negativ gewendet muss die Strategie nämlich folgende Eigenschaften vermeiden: 9

– Uninformiertheit und Dummheit,
– Verlogenheit und Unzuverlässigkeit,
– Verständnislosigkeit und Rechthaberei,
– Unentschlossenheit und Furcht,
– Inkonsequenz und Disziplinlosigkeit.

Von diesen Fehlern kommen fehlende Information, Blindheit für die Position des anderen und Inkonsequenz bei Vertragsverhandlungen außerordentlich oft vor, wobei viele Manager diese Schwächen durchaus erkennen, oft aber aufgrund gewachsener Firmenkulturen nicht wirklich beseitigen können: Für ausreichende Information wird den Verhandlungsführern zu wenig Zeit gelassen, beachtenswerte Sichtweisen des Vertragspartners dürfen nicht akzeptiert werden, weil dies dem eigenen Image widerspricht, entscheidungsreife Vorlagen werden weder akzeptiert noch verworfen und dergleichen mehr. Die wünschenswerten Eigenschaften können Verhandlungsteams daher nur entwickeln, wenn sie die nötige **Unterstützung** durch die **Firmenkultur** und die **Geschäftsführung** haben, denn „die Treppe wird von oben gekehrt".

Ist das strategische Ziel einmal bestimmt, dann muss das **Vertragsziel** 10 ins Auge gefasst werden. Während das strategische Ziel naturgemäß immer kontrovers bleibt, ist das Ziel des Vertrages die Herstellung einer **konstruktiven Vertragsbeziehung**, die es beiden Parteien am Ende erlaubt, ihre jeweiligen Ziele zu erreichen. Für die Zeit der Vertragsdurchführung befinden sich beide Parteien nämlich trotz gegenläufiger Interessen im gleichen Boot. Der Vertrag soll dazu beitragen, dass dieses Boot sich in die gemeinsam gewollte Richtung bewegt und nicht kentert.

Der Vertrag bietet Hilfe bei der Vertragsdurchführung, wenn er 11

– das **gemeinsame** Ziel realistisch darstellt,
– die **unterschiedlichen** Interessen, Risiken und Konfliktpotentiale der Parteien deutlich macht,
– **Verhaltensregeln** – vor allem für Konflikte – entwickelt, wenn sie im Gesetz fehlen,

– **Sanktionen** abgestuft so regelt, dass die Vertragserfüllung auch in Krisen möglichst noch gesichert bleibt.

Die wichtigste Regel, die den Erfolg dabei sichert, stammt von *Dietrich Dörner*:

> „**Komplexe Systeme muss man mit einer Vielzahl kleiner Eingriffe steuern.**"

Wer sich mit Strategien beschäftigt, neigt dazu, die Schlüssigkeit des Gesamtbildes schon für das Ergebnis und die Charts, die er entworfen hat, für die Realität zu halten. Aber

> „**Die Landkarte ist nicht das Land.**" *(Alfred Korzybski)*

Die Umsetzung komplexer Strategien braucht viele kleine Schritte, viele Korrekturen und große Aufmerksamkeit, um wirksam werden zu können. Nur auf diese **Wirksamkeit** kommt es an *(Fredmund Malik)*.

2. Vertragstaktik

12 Während die Strategie das Projektziel und das Vertragsziel definiert, befasst sich die Vertragstaktik mit den **Werkzeugen**, **Mitteln** und **Wegen**, mit denen diese Ziele erreicht werden sollen. Wenn das strategische Ziel etwa lautet, etwas möglichst billig zu erwerben, dann muss man in taktischer Hinsicht bestrebt sein, den Verkäufer unter Preisdruck zu setzen. Die Mittel dazu sind vielfältig (Rz. 200 ff., 229 ff., 378 ff., 469 ff., 529, 598 ff.) und durchziehen das gesamte Vertragsmanagement von den ersten Vorbereitungen über das Design bis hin zur Verhandlung und zur Durchführung.

13 Die Entwicklung und Nutzung taktischer Werkzeuge bedeutet keinesfalls, die Strategie der **ergebnisorientierten Vertragsgestaltung** aufzugeben. Vielmehr sollen die taktischen Werkzeuge gerade dem Zweck dienen, den **Erfolg** dieser Strategie durch Kontrolle zu **sichern**, denn nur so können natürliche Vorteile und Übergewichte einer Seite, wie sie sich vor allem aus gegebenen Machtverhältnissen herleiten, wieder austariert werden. **Taktik** soll nicht schaden, sondern **Bindung durch Kontrolle** erzeugen – wozu letztlich der andere mit gleichen taktischen Mitteln beiträgt!

14 Allerdings entwickeln sich Auswahl und Anwendung taktischer Mittel ganz anders, wenn man im Sinne herkömmlicher Vertragstaktik beim Entwurf und der Verhandlung von Verträgen hauptsächlich **negativ** daran denkt, wie man aus einem möglichen Konfliktfall möglichst viel herausschlagen will. In einem solchen Fall versucht man durch den Vertragstext,

– den anderen möglichst eng zu binden und schwere **Sanktionen einzubauen**, ohne dass er das merkt,

– entsprechenden **Bindungen** selbst **auszuweichen**,

I. Strategie und Taktik

- **Texte** immer dann **unklar** zu lassen, wenn dies (vermeintlich) der eigenen Position dient (in der Praxis wendet sich das oft genug gegen einen selbst),
- mit **Formulierungen** um **Positionen** statt um **Ergebnisse** zu kämpfen.

Eine **ergebnisorientierte Vertragstaktik** geht anders vor: Sie versucht, das strategische Ziel eines klaren und ausgewogenen Vertragstextes zu erreichen, und achtet beim Vertragsmanagement darauf, dass die Art und Weise, wie die Verhandlungen geführt und der Vertrag realisiert wird, von beiden Parteien als **gemeinsame Aufgabe** betrachtet wird, soweit die Interessengegensätze dies zulassen. 15

Taktik besteht nicht nur aus Intuition, sondern aus einfachen, aber oft **widersprüchlich** wirkenden Werkzeugen, die mit Phantasie benutzt werden wollen. Sie sind in ihrer Wirkung bei den Planungsfaktoren (Rz. 21 ff.) und im weiteren Verlauf der Darstellung beschrieben. Vorab eine Übersicht: 16

- **Nähe** zum Vertragspartner herstellen,
- **Distanz** zum Vertragspartner halten,
- **Zeitdruck** erzeugen,
- Verhandlungen **verlangsamen**,
- eigene Informationslage **aufdecken**,
- eigene Informationslage **verstecken**,
- **großzügige** Angebote machen (ernst gemeint oder zum Schein),
- sich mühsam alles **abhandeln lassen** (ernst gemeint oder zum Schein),
- die **Alternativen** des anderen beschränken,
- dem anderen **neue Alternativen** aufzeigen, die er selbst nicht sieht,
- **Arbeitsteilung** anbieten,
- **Arbeitsteilung** ablehnen,
- den anderen in Vorkosten und in **Vorinvestitionen** treiben,
- den anderen durch **Dritte** beeinflussen,
- den anderen unter **Entscheidungsdruck** setzen,
- selbst Entscheidungen **verzögern**,
- Kräfte **bündeln**,
- Kräfte **verteilen**,
- den anderen **vollständig** und richtig informieren,
- den anderen **unvollständig** und halbrichtig informieren,
- den anderen **falsch** oder nicht informieren,

- **Kompromissbereitschaft** offen austesten,
- eigene Forderungen zu **hoch** ansetzen,
- berechtigte Forderungen zum Schein **abweisen,**
- Texte **klar** und abgestimmt formulieren,
- scheinbar klare Texte **unabgestimmt** lassen (um sie später anders interpretieren zu können),
- Texte bewusst **unklar** lassen,
- frühzeitige **Scheinzusage** geben (um dann im Detail unnachgiebig zu werden),
- gute Angebote **zum Schein ablehnen,** um noch bessere zu bekommen,
- sich einen **Verbündeten** beim Vertragspartner **suchen,**
- rationale Situationen durch gezielte Emotionen **irritieren,**
- Krisensituationen durch Unbeteiligtsein ins **Leere laufen** lassen,
- **eigene Verpflichtungen** bewusst nicht, schlecht oder unter Verzug erfüllen,
- die **Verpflichtungen** des **anderen** unnachgiebig einfordern,
- Einsatz von **Presseveröffentlichungen,**
- Erzeugung von **politischem Druck,**
- Einsatz von **Beziehungen** und **Vermittlern.**

17 Diese Liste ließe sich beliebig verlängern, reduziert sich aber auf einer abstrakteren Ebene im Grunde auf zwei Begriffspaare, nämlich auf

- Realität und Schein,
- Statik und Dynamik.

So abstrakt diese Begriffspaare sein mögen, so bestimmen sie doch im Grunde die verschiedenen Stilarten, aus denen sich jede Taktik zusammensetzt.

18 Entscheidend wichtig ist dabei, dass man sich innerlich vollkommen frei fühlt, die richtigen taktischen Mittel in der gegebenen Situation einzusetzen. Wer grundsätzlich davon überzeugt ist, dass er am Ende nachgiebig sein muss, wird sein taktisches Ziel genauso verfehlen wie derjenige, der es für richtig hält, an seinen Positionen grundsätzlich festzuhalten: „In der Regel musst du. ... deine Taktik hundertmal, bei jedem Schritt verändern. Du musst vorrücken, wenn du siehst, dass du vorrücken kannst, du musst dich zurückziehen, wenn du siehst, dass du in einer Sackgasse steckst." (*He Yanxi*, Kommentator zu Sun Tsu, dort S. 109).

3. Grenzen der Taktik

Natürlich gibt es Grenzen taktischen Verhaltens. Zum einen sind dies alle gesetzlichen Verbote, wozu im Bereich der Vertragsverhandlung in erster Linie der Eingehungsbetrug (§ 263 StGB) und alle Formen sittenwidrigen Verhaltens (§ 138 BGB, § 826 BGB) gehören. 19

Innerhalb dieser Grenzen ist das Vermeiden eigener Fehler und die Ausnutzung von Fehlern der Gegenseite immer legitim, um die eigene Position und damit die eigenen strategischen Ziele zu erreichen. Das wird augenfällig, wenn man sich klarmacht, dass Vertragsverhandlungen aus der Sicht des Unterlegenen ohne den Einsatz solcher Mittel oft genug ins Leere laufen müssten: Wer für Amnesty International über die Freilassung von Gefangenen verhandelt, ist gut beraten, sich tiefe Gedanken über Strategie und Taktik auch in problematischen Formen seines Vorgehens zu machen, wenn er dabei Erfolg haben will.

Diese Grundregel ändert sich allerdings dann, wenn man es sich aufgrund strategischer Vorgaben **selbst verbietet**, bestimmte taktische Mittel einzusetzen, die in die Welt des Scheins gehören, so vor allem die bewusste oder in Kauf genommene Fehlinformation oder etwa das Erzeugen von Druck- und Knebelungssituationen. Es gibt nur sehr wenige Menschen, die eine solche Entscheidung treffen und wirklich durchhalten können. *Mahatma Gandhi* z.B. war selbst dazu fähig, konnte seine Anhänger aber immer nur durch Hungerstreiks dazu drängen, an diesen Grundsätzen festzuhalten. In einer vergleichbaren Situation wird der Manager sich selten finden. *Gandhi* war aber innerhalb seiner selbst gesetzten moralischen Grenzen ein außerordentlich erfahrener Taktiker, der formale Gesetzesverstöße wie z.B. im Rahmen seiner Passverbrennungsaktionen in Südafrika durchaus in Kauf genommen hat. Die Ablehnung heimlicher Strategien, die gerade in dieser Verletzung zum Ausdruck kommt, ist gleichzeitig ein guter Beweis für die Kraft der zuvor entwickelten Strategie. 20

4. Führung

Die Überlegungen, wem man die Führung (grundlegend: Teil 1 Rz. 46a) eines Vertragsprojektes überträgt, muss bereits im Planungsstadium voll entwickelt werden und zwar sowohl nach innen wie nach außen: Intern ist zu regeln, ob die eigenen Manager, die eigenen Juristen, beigezogene Anwälte, oder andere Berater die Führung übernehmen und alles Erforderliche koordinieren. Im Verhältnis zu dem oder den Vertragspartnern muss Sorge getragen werden, dass man nicht von deren Initiativen und gutem Willen abhängt, wenn es um die eigenen Entscheidungen geht. Fehler bei der Auswahl können ein ganzes Projekt kippen. Ein Beispiel: Ein Vertriebsunternehmen, das von einer funktionsfähigen Lagerverwaltung existenziell abhängt, will auf Wunsch des Vertriebs ein neues Warenwirtschaftssystem einführen. Die Projektführung wird der eigenen EDV-Abteilung übertragen, die noch nie ein Projekt vergleichbarer Grö- 20a ßenordnung durchgeführt hat und daher nicht mit der Fachabteilung kommuniziert, die das System später benutzen soll. Das Pflichtenheft enthält daher nur sehr wenige Aussagen zur Anwenderoberfläche, die Vertriebsleute werden nicht in die Abnahmeprozedur mit eingebunden und weigern sich infolge, mit dem System zu arbeiten. Änderungswünsche werden in diesen Konflikten zerrieben und das Projekt scheitert insgesamt (näher zu den Problemen der Teambildung: unten Rz. 50 ff.).

20b Die entscheidende Aufgabe der Führung ist es, die unvermeidlich entstehen Konflikte zwischen den einzelnen Personen, die an einem Projekt beteiligt sind, zu erkennen und durch kluge Entscheidungen auszuschalten. Am häufigsten sind die Spannungen zwischen Managern, die ein bestimmtes Ziel unter allen Umständen erreichen wollen und den Juristen, die sich Sorgen um die Rechtmäßigkeit des Vorgehens machen. Wenn die Compliance Struktur eines Unternehmens keine klaren Anweisungen für diese Konfliktfälle enthält, ist es sehr schwer, solche Konflikte zu steuern. Man braucht mindestens eine Eskalationsstrategien, damit die notwendigen Entscheidungen auf jeden Fall von höheren Ebenen getroffen werden und das Problem damit überhaupt in deren Blick gerät.

II. Planungsfaktoren

21 Um Planung und Strategie nicht der Intuition der Beteiligten zu überlassen, ist es zweckmäßig, die Faktoren zu strukturieren, die Strategie und Taktik bestimmen. Dies sind:

– Informationen,

– Machtverhältnisse und Beziehungen,

– Zeitrahmen und Prioritäten,

– finanzielle Mittel,

– Einsatz von Projektteams,

– Beratung,

– Kommunikation,

– Entschlossenheit,

– Flexibilität,

– Störfaktoren.

Eine Reihe dieser Aspekte bezieht sich auf Tatsachen (so vor allem die Informationen, die Machtverhältnisse und die finanziellen Mittel), andere erschließen psychologische und emotionale Zonen, die für das strategische Ergebnis aber von gleichem Gewicht sind, so vor allem die Kommunikationsstrategie.

22 Diese Planungsfaktoren sind unter allen Gesichtspunkten (so vor allen den rechtlichen/kaufmännischen/technischen) zu bewerten, die die Ent-

scheidung letztlich tragen sollen. Im vorliegenden Zusammenhang werden sie insofern kommentiert, als sie unmittelbar für die rechtliche Bewertung und die Vertragsfassung von Bedeutung sind. Nur auf diesen Aspekt beziehen sich die Hinweise und Checklisten, die demnach nur einen **Teil der Planungsarbeit** unterstützen können. Ein praktisches Werkzeug ist der **Planungspfeil**, bei dem das Vorhaben auf eine Zeit- und eine Tätigkeitsachse gelegt wird. Hier wie bei allen anderen graphischen Hilfsmitteln liegt ein besonderer Wert darin, das Chart nicht nur einmal zu erstellen, sondern in den **verschiedenen Phasen** der **Planung** immer wieder neu an den jeweiligen Sachstand **anzupassen**. So gewinnt man auf einfache Weise ein anschauliches Bild von der **Differenz** zwischen Planung und Realität.

Chart zur Planung von Vertragsverhandlungen 23

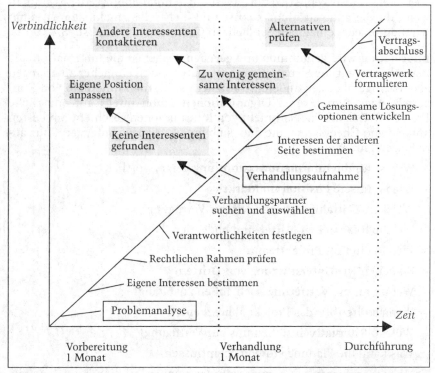

© denkmodell Berlin®

Das obige Beispiel eines Planungs-Charts bildet den geplanten Verhandlungsprozess in Bezug auf die Dimensionen „**Zeitbedarf**" und „**Verbindlichkeitsgrad**" ab. Die beispielhaft eingezeichnete Gerade kann in Ablaufphasen untergliedert und durch wichtige Arbeits- und Entscheidungsschritte charakterisiert werden. In der oberen Hälfte der Grafik werden **Sollbruchstellen** und mögliche **Verhandlungsalternativen** dargestellt.

1. Informationen

24 Informationen sind das wichtigste Planungselement, denn alle anderen Faktoren hängen davon ab: Wer über die Machtverhältnisse nicht informiert ist, kann mit ihnen ebenso wenig rechnen wie jemand, der seine finanziellen Ressourcen oder diejenigen des Vertragspartners nicht kennt oder nicht realistisch einschätzen kann.

25 In einer vielfältig vernetzten Umgebung stehen allgemeine Informationen den meisten zur Verfügung. Um so wichtiger ist es, sich frühzeitig zu überlegen, woher man **besondere Informationen** erhalten kann, die nicht allgemein zugänglich sind.

„Wenn du die anderen und dich selbst kennst, wirst du auch in hundert Schlachten nicht in Gefahr schweben; wenn du die anderen nicht kennst, aber dich selbst kennst, dann siegst du einmal und verlierst einmal; wenn du die anderen nicht kennst und dich selbst nicht kennst, dann wirst du in jeder einzelnen Schlacht in Gefahr sein." (*Sun Tsu*, S. 110).

26 **Information** wird **genommen** und **gegeben**. Dabei ist die Information, die man über die eigene Situation einholt, naturgemäß einfacher zu erlangen als diejenige über den anderen. Trotzdem stößt man innerhalb von Konzernen oder komplexeren Organisationen schon intern auf erhebliche Probleme. Das interne Sammeln von Informationen geschieht am besten anhand von Checklisten, die man sich projektbezogen anfertigt. **Relevante Fragen lauten** etwa:

- Wer ist für die **Informationssammlung** verantwortlich?
- Wie ist unsere **Position** im **Markt**?
- Welchen **Zeitrahmen** haben wir zur Verfügung?
- Welche **finanziellen Mittel** sind budgetiert?
- Wer arbeitet im **Projektteam**?
- Brauchen wir **Unterstützung** von **Dritten**?
- Wer ist für die **Vertretung** nach außen zuständig?
- Wann sollten wir das Projekt **abbrechen**?
- Welche **Alternativen** stehen uns zur Verfügung?
- Was kann die Planung **störend** beeinflussen?

Die gleichen Fragen stellt man sich dann spiegelbildlich beim Versuch, sich über die Position der anderen Seite Klarheit zu verschaffen.

27 Der Austausch von nicht geheimhaltungsbedürftigen Informationen in einem vergleichsweise unkritischen Stadium ganz am Beginn eines Projekts ist auch ein guter Test für die Firmenkultur und das künftige Verhandlungsklima, in dem man sich bewegen wird. Selten genug wird diese Chance genutzt.

II. Planungsfaktoren

a) Informationen geben

Die Frage, was man von diesen **Informationen** in welchem Stadium des Projekts **preisgibt**, hängt immer von der **konkreten Situation** ab.

Zunächst ist zu bedenken, dass die Gegenseite allgemein verfügbare Informationen vor allem über Wirtschaftsdatenbanken (Creditreform, Ecodata, Bürgel etc.) und über das Handelsregister beziehen kann. Viele Firmen wissen gar nicht, was dort über sie gespeichert ist, obgleich es nach den Datenschutzgesetzen jederzeit Auskunft darüber gibt. Es ist z.B. ein grober **Planungsfehler**, wenn man Kreditgespräche führt, die sich wider Erwarten längere Zeit hinziehen, um dann zu spät zu entdecken, dass das Zögern der Bank in erster Linie darauf beruht, dass die Bonitätsauskünfte falsch oder völlig veraltet waren.

In **taktischer** Hinsicht ist es keinesfalls selbstverständlich, alles offen darzulegen, was die Gegenseite ohne große Schwierigkeiten erhalten kann. Wird dort nämlich der Fehler gemacht, sich nicht aus allgemein zugänglichen Quellen zu informieren, dann ist jede freimütig gegebene Information eine Geste des **Vertrauens**, die letztlich in die „**Bilanz der Zugeständnisse**" Eingang findet (mehr dazu unten Rz. 541 ff.).

b) Informationen nehmen

Erhaltene Informationen dürfen nie ungeprüft hingenommen werden, und die **Prüfung** sollte man **dokumentieren**, damit man geprüfte von ungeprüften Informationen unterscheiden kann. So können etwa Bankauskünfte durch Nachfragen bei anderen Banken ebenso überprüft werden wie Presseveröffentlichungen, Umsatzzahlen oder technische Angaben.

c) Informationen prüfen und aktualisieren

Die Informationssammlung darf auch keinesfalls mit dem Vertragsschluss aufhören, wie es nur allzu oft geschieht. Bonitätsschwächen im Bereich der Vertragsdurchführung können ein Projekt ebenso gefährden wie sich wandelnde Marktsituationen oder technische und gesetzliche Änderungen.

Selbst wenn beide Seiten bei Beginn eines Projekts über alle Informationen verfügen, die relevant sind, helfen diese gegen **künftige Risiken** nur bedingt ohne Aktualisierung.

Der mit der Informationssammlung verbundene finanzielle und organisatorische Aufwand wird oft genug als nutzlos betrachtet, vor allem dann, wenn die Informationssammlung sich in den Bereich der **Alternativplanung** hinbewegt. Man begründet das meist damit, dass man am Anfang noch gar nicht absehen kann, welche Informationen letztlich relevant werden, und hält dann den investierten Aufwand für überflüssig. Wie falsch diese Ansicht ist, zeigt der Blick nach Japan, wo bekanntlich das Sammeln von Informationen außerordentlich intensiv betrieben wird und die Projektplanungszeit sich dadurch deutlich erhöht. Aus vielen wissenschaftlichen Untersuchungen weiß man aber, dass dieser Aufwand sich später wieder kompensiert, weil die Zeit für die Um- und Durchsetzung bei besserer Informationslage deutlich sinkt (dazu noch näher unten Rz. 41 ff.). Dass dieses System darüber hinaus erhebliche Entscheidungsfehler vermeidet, liegt auf der Hand.

d) Einfluss auf das Vertragsmanagement

33 Die Informationssammlung hat auch einen wesentlichen Einfluss auf das Vertragsmanagement und die Art und Weise, wie Verträge entworfen und verhandelt werden. Jede Information, die die andere Seite vorlegt und die sich als richtig erweist, stärkt das Vertrauen. Umgekehrt sinkt es dramatisch, wenn man das Gefühl hat, ständig veraltete, unrichtige oder halbe Informationen zu erhalten. Bei Vertragsverhandlungen wird oft genug das Klima dadurch beeinträchtigt, dass beide Parteien über Dinge streiten, die keiner von ihnen genau weiß: „Je weniger Licht man auf ein Problem wirft, um so mehr erhitzt es die Gemüter." (*Desmond Morris*).

Wer in Umfang und Qualität von Informationen seinem Partner überlegen ist, hat auch ein einfaches Mittel, mit Selbstüberschätzung, Arroganz und Rechthaberei fertig zu werden, die ihm vielleicht auf der anderen Seite begegnen. Denn all diese Attitüden lassen sich nur solange aufrechterhalten, bis sie durch die Realität zerstört werden.

34 Aus alldem ergeben sich folgende Regeln:
 – Alle relevanten Informationen müssen so **früh wie möglich** zusammengetragen werden,
 – Informationen sind zu **prüfen,**
 – die **Weitergabe** von Informationen ist Gegenstand der Verhandlung,
 – man kann Informationen über sich selbst **beeinflussen,**
 – Informationen müssen vom Beginn bis zum Ende des Projekts **aktuell** gehalten werden.

2. Machtverhältnisse und Beziehungen

35 „Macht korrumpiert und absolute Macht korrumpiert absolut. Alle großen Männer haben dunkle Seiten." (*Lord John E. Dahlberg-Acton*, engl. Historiker, 1834–1902, Berater Gladstones) Von diesem Satz, den *Lord Acton* eher beiläufig in einem seiner politischen Essays geschrieben hat, ist die erste Hälfte weltbekannt geworden. Die zweite hingegen hört man nicht so oft. Sie hat aber trotzdem ihre Richtigkeit. Absolute Macht unter allen Bedingungen ist auch in Diktaturen und Monopolen selten anzutreffen: Die Machtverhältnisse werden nämlich von anderen Planungsfaktoren (vor allem von der Information, die ihrerseits Macht ist) stark relativiert und können sich daher nicht immer und überall in glei-

II. Planungsfaktoren

cher Qualität durchsetzen Welche Mittel legitim sind, um sich gegen absolute Macht zu wehren, kann man nicht abstrakt sagen. Vieles ist in diesem Bereich Notwehr und wenn die Grenze zum Ausnahmezustand überschritten ist, stellt sich die Frage nach der Legitimität nicht mehr.

Damit sind wir schon mitten in den konkreten Themen: 36

Natürlich erscheint die Situation eines kleineren oder mittelständischen Betriebes, der der Computerindustrie zuliefert, für eine denkbare Verhandlungsstrategie zunächst hoffnungslos. Gleichwohl muss auch das mächtigste Unternehmen seine Rechtsverhältnisse durch Verträge gestalten und daher auch die Verhandlung zulassen. Am Ende muss sich aber jeder fragen, ob ihm mit einem Vertragsabschluss gedient ist, der wegen der harten Bedingungen das Standing des Vertragspartners so untergräbt, dass man sich auf seine Leistung am Ende nicht mehr wird verlassen können. Solange **wirtschaftsrechtliche Gesetze** (Kartellrecht, Wettbewerbsrecht, AGB-Recht) das Schlimmste verhindern, gibt es also auch für Vertragspartner mit schlechteren Ausgangslagen Chancen, sich durchzusetzen. Das mag oft nicht beim Preis der Fall sein, der für Kaufleute leider häufig genug der einzige Fetisch ist, um den sich die Verhandlung dreht. Es könnte aber sehr wohl eine Erhöhung der **Mitwirkungsleistungen** des mächtigen Vertragspartners, eine **Unterstützung** bei der **Informationssammlung** und damit der eigenen Planungssicherheit, eine **Hilfe** bei der **Produktentwicklung**, der **Finanzierung** oder vieles andere zur Folge haben, das die Situation am Ende **ausgewogen** macht.

Wie immer ist auch hier taktisch richtiges Verhalten ausschlaggebend. 37
Bei komplexen technischen Verträgen, bei denen auf beiden Seiten die Ingenieure das Sagen haben, sieht man zum Beispiel oft, dass der unterlegene Vertragspartner im technischen Projektleiter der anderen Seite seinen Verbündeten gegenüber den Kaufleuten von beiden Seiten findet (von den Juristen ganz zu schweigen) und gemeinsam mit diesem unrealistische Qualitätsforderungen abwehrt.

Ein kleinerer Vertragspartner kann auch dann leichteres Spiel haben, wenn die andere Seite aufgrund eigener Planungsfehler zum Beispiel hohe Vorinvestitionen hatte, die ohne Vertragsschluss verloren wären, Alternativlösungen aufgrund des Zeitdrucks nicht mehr verhandelbar sind, die eigenen Abnehmer drängen und dadurch insgesamt der Zeitrahmen, um mit anderen Zulieferern in Verhandlungen zu treten, zu eng wird.

Wer solche Zwangslagen erkennt, kann sich auch in schwierigen Situationen durchsetzen und damit seinerseits das entscheidende taktische Ziel erreichen: Die **Kontrolle** der **Gesamtsituation** ist das wichtigste Ziel. 38

Dabei spielen psychologische Faktoren immer eine viel größere Rolle, als man allgemein annimmt, da vieles sich im Unterbewusstsein abspielt (siehe Rz. 378 ff.). Das Bestreben, **Gesichtsverluste** zu vermeiden, beeinflusst den Gang von Verhandlungen auch in Europa viel intensiver, als den meisten bewusst wird. Viele Verhandlungen scheitern daran, dass Empfindlichkeiten der anderen Seite nicht richtig erkannt werden.

3. Zeitrahmen und Prioritäten

39 **Unstrukturierte Zeit dehnt sich unendlich.** Das ist eine der wenigen Regeln ohne Ausnahme, wie man an vielen gescheiterten Projekten sehen kann, die ohne richtige Milestones, bindende Zeitvereinbarungen und ähnliche Hilfsmittel angegangen wurden, mit denen man Zeit strukturiert. Zeit hat nur die Qualität, die man ihr gibt. Das stellt man immer wieder fest, wenn man versucht, mit einem pensionierten Manager einen Termin zu bekommen: In der Regel ist das schwieriger als zu Zeiten seiner aktiven Laufbahn.

Man kann sogar umgekehrt sagen: Aus Projekten, die man nicht bewusst unter Zeitdruck setzt, wird in der Regel nichts: „Daher habe ich von Unternehmungen gehört, die zwar ungeschickt, aber schnell waren, aber ich habe nie eines gesehen, das geschickt und langwierig gewesen wäre." (*Sun Tsu*, S. 81).

40 Wie man die Schwerpunkte in der Zeitplanung eines Gesamtprojekts setzt, hängt von sehr vielen Faktoren ab, die man nicht verallgemeinern kann. Trotzdem gibt es grundsätzliche Haltungen zum **Zeitaufwand** für das Vertragsmanagement, die man etwa wie folgt charakterisieren kann:

- Unternehmen, die auch im Übrigen dazu neigen, sich erst umfassend zu informieren, dann sorgfältig abzuwägen und vorsichtig zu entscheiden, verhalten sich beim Vertragsmanagement ganz genauso. Dieses, für den Osten typische Verhalten hat den Vorteil hoher Planungssicherheit und **beschleunigt** die **Vertragsdurchführung** erheblich, weil es in dieser Phase dann nahezu keine ungeklärten Fragen mehr gibt.

- Die andere Methode, die bei westlichen Unternehmen eher üblich ist, besteht in einer ziemlich schnellen Entscheidung nach Klärung wichtiger Eckdaten. Bei diesem Verfahren bleibt den Anwälten meist zu wenig Zeit, die notwendige Qualität bei der Vertragsgestaltung zu entwickeln. Erfahrungsgemäß gibt es später bei der Vertragsdurchführung interne Abstimmungsprobleme oder unbedachte Schwierigkeiten, so dass beide Wege am Ende den gleichen Zeitbedarf hervorrufen.

Zeitverhalten bei Projekten: 41

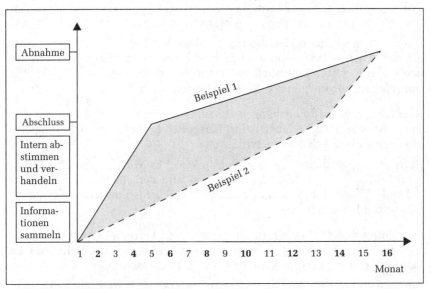

Im ersten Beispielsfall ist der Vertragsabschluss im vierten Monat erfolgt, der Projektabschluss hingegen erst im sechzehnten Monat, während im anderen Fall der Vertragsabschluss sich dreizehn Monate hingezogen hat, die Durchführung dann aber in drei Monaten gelang. Natürlich sind beim zweiten Verfahren viele Vorarbeiten schon in der Vertragsanbahnungsphase erledigt worden, während im ersten Fall diese Tätigkeiten erst geraume Zeit nach Vertragsabschluss begonnen wurden. Im Endergebnis zeigt sich jedoch, dass es sich eher lohnt, in die Planungs- und Vorbereitungsphase mehr Zeit zu stecken, weil man sie anderenfalls in die Durchführungsphase investieren muss.

Richtige Zeiteinteilung verzeiht eine Menge Fehler. Falsche Zeiteinteilung aber potenziert Fehler extrem, weil man unter unstrukturiertem Zeitdruck nur noch schwer Informationen sammeln, miteinander reden oder sich intern wie extern abstimmen kann. 42

Falsche Zeiteinteilung führt zur Aneinanderreihung von **fehlerbehafteten Ad-hoc-Entscheidungen**. Oft genug sind es gerade die großen Unternehmen, die wegen ihrer eigenen komplexen Struktur diese Dinge nicht in den Griff bekommen.

Die Zeiteinteilung und das Setzen von **Prioritäten** hängen engstens zusammen, weil bestimmte Aufgaben einen zeitlichen Vorlauf brauchen und daher unabhängig von ihrem Gewicht für die Entscheidungen vorgezogen werden müssen. (Zu Details siehe Rz. 468 ff.). 43

44 Schließlich spielt der Zeitfaktor bei der Suche nach **Alternativen** eine Rolle: Je früher man erkennt, dass ein Projekt keine Erfolgschancen hat, um so eher kann man noch auf Alternativen ausweichen.

Wie wichtig es ist, den Zeitfaktor in taktischer Hinsicht zu nutzen, liegt auf der Hand: Selbst wenn man nicht die taktischen Möglichkeiten hat, den anderen unter Zeitdruck zu setzen, so kann man doch dessen Planungsfehler, die die gleiche Wirkung haben, für sich nutzen.

45 Auch **Strategie** und **Zeit** hängen zusammen, denn jede Strategie hat eine kurzfristige und eine langfristige Perspektive, die nicht unbedingt zur gleichen Zeit sichtbar werden müssen.

Zeitplanung wird auch als wichtiges taktisches Mittel eingesetzt, indem man selbst versucht, Zeit zu gewinnen und der anderen Seite Zeit zu nehmen. Dieser Druck kann leicht unfaire Formen annehmen (ausführlich unten Rz. 468 ff.).

45a Wer professionell plant und Zeitmanagement betreibt, kann solche Aufgaben viel leichter lösen als andere, die davon keine Ahnung haben (ausführlich: *Heussen*, Time-Management für Rechtsanwälte).

Einige wenige Grundregeln des Zeitmanagements helfen schon erheblich weiter. Die wichtigste ist folgende Schrittabfolge:

– **Ziele bestimmen,**

– **Zeit** und **Aufgaben planen**:

　– **Wer** (Personen)?

　– **Was** (Inhalte)?

　– **Wann** (Zeitrahmen)?

　– **Wie** (Ablaufplan)?

　– **Wo** (Ort)?

– **Aufgaben durchführen** oder **delegieren,**

– **Ergebnisse kontrollieren.**

4. Finanzielle Mittel

46 Geld spielt für die Planung immer eine Rolle, vor allem, wenn es um das Aushandeln von Preisen geht. Der Umgang mit Geld scheint so einfach zu sein, dass in diesem Bereich die Fehlerquote besonders hoch liegt: Wer glaubt, ein höherer Preis sei immer besser als ein niedrigerer und es sei immer klug, Zahlungen zurückzubehalten, wenn man etwas zu beanstanden hat, kann damit anspruchsvolle Projekte schneller ruinieren als mit jeder anderen Methode.

Konflikte dieser Art erlebt man z.B. oft bei anspruchsvollen Bau- und Softwareprojekten, die nach der Vorstellung des Kunden aufgrund der sehr harten Marktverhältnisse für den Hersteller seit längerem meist nur noch über Festpreisangebote vergeben werden.

Man verschiebt damit das Kalkulationsrisiko voll in den Bereich des Herstellers, gibt diesem aber selten genug in der Vorbereitungsphase Gelegenheit, diese Risiken realistisch abschätzen zu können. In vielen Fällen kommt es dann zwar zum Vertragsschluss, es gibt aber nie ein vollendetes Projekt, weil der Anbieter es unter diesen Preiskonditionen einfach nicht packen, geschweige denn die Schäden ersetzen kann, die für den Besteller intern im Laufe eines fehlgeschlagenen Projektes anwachsen. Die meisten Softwarehäuser könnten aufgrund ihrer geringen Kapitalausstattung nicht einen einzigen größeren Schadensfall überleben, so dass der Besteller zwar einen Vertrag in der Hand hat, aber seine Schadensersatzforderung nur auf dem Papier steht. 47

Ähnlich entwickeln sich die Dinge, wenn Teilzahlungen geleistet werden sollen, denen Mängel gegenüberstehen. Solange diese Mängel nicht erkennbar die Gesamtleistung gefährden, muss mit Zurückbehaltungsrechten vorsichtig umgegangen werden, wenn man in einer weiterhin belastbaren und vertrauensvollen Vertragsbeziehung stehen will.

Große Fehler werden auch im Bereich der eigenen **Refinanzierung** und der **Liquiditätsplanung** gemacht. 48

Dass die Liquiditätsplanung unmittelbaren Einfluss auf die Vertragsdurchführung hat (Fälligkeitsregeln etc.), ist manchen Managern nicht genügend klar. Vielmehr erfordert die genaue Abstimmung zwischen **Leistungen**, **Finanzplanung**, **Fälligkeiten** und **Sicherheiten** intensive Abstimmung zwischen verschiedenen Interessen auf Seiten beider Vertragspartner und Dritter (insbesondere der Banken).

Verträge, bei denen die Vertragspartner ihre Leistungen refinanzieren müssen, sind von diesen Risiken besonders bedroht. Offenkundig ist das im Bereich der Grundstückskaufverträge: Nur selten bleibt die Zeit, einen geplanten Kauf so frühzeitig mit der kreditgebenden Bank abzustimmen, dass diese ihre Entscheidung rechtzeitig vor der notariellen Beurkundung treffen kann. Wenn – wie üblich – die Kaufverpflichtung eingegangen werden muss, bevor man weiß, ob man eine Finanzierung bekommt, lassen sich diese Risiken nur durch Optionsrechte, Rücktrittsrechte oder andere juristische Werkzeuge abfangen, wenn nicht erheblicher Schaden entstehen soll. Auch bei **Langzeitverträgen** jeder Art sind die Schnittstellen zwischen der Finanzplanung und der rechtlichen Gestaltung von höchster Bedeutung. 49

5. Einsatz von Projektteams

Verträge, die nicht standardisiert oder als unproblematische Massengeschäfte vor sich gehen, erfordern die Definition von Verhandlungskompetenzen und die Einrichtung einer Verhandlungsorganisation (Vertrags- 50 management), wenn die anstehenden Aufgaben erfolgreich gelöst werden sollen. Es mag ausreichen, einem Manager die Aufgabe für das Vertragsmanagement zu übertragen, bei größeren Projekten werden regelmäßig Teams entstehen, die dann eine **Binnenstruktur** brauchen.

Die Einrichtung einer solchen Organisation und der zugehörigen Kompetenzen macht allen Beteiligten die Bedeutung eines bestimmten Vorhabens klar. Wo es hingegen kein Vertragsmanagement gibt, kann man niemanden zur Verantwortung ziehen, und jeder Planungsfehler wirkt sich unmittelbar auf das Verhandlungsergebnis aus. Oft genug fehlt im Unternehmen die „Vertragsakte", in der alle Informationen, die das Vertragsprojekt betreffen, zusammenfließen, weil diese – der normalen Aufbauorganisation des Unternehmens folgend – auf verschiedene Abteilungen verteilt sind. Resultat: Es entstehen große Informationslücken und die Kommunikation leidet erheblich.

51 Von absolut ausschlaggebender Bedeutung ist die Bildung von Projektteams bei Unternehmenskäufen oder anderen größeren **Vorhaben**, die nicht zum **gewöhnlichen Geschäftsbetrieb** gehören. Hier ist ein funktionierendes Vertragsmanagement umso bedeutungsvoller, als Berater (Steuerberater, Wirtschaftsprüfer, Rechtsanwälte, Unternehmensberater) zugezogen werden müssen, die für ihre Arbeit ein **einheitliche Anlaufstelle** mit Entscheidungskompetenzen brauchen.

52 Die Auswahl des Managers, der ein Projektteam oder eine Vertragsverhandlung führt, bedarf genauester Einschätzung. Er sollte unterhalb der Entscheidungsebene liegen, also möglichst nicht selbst Geschäftsführer sein (was bei kleineren Unternehmen allerdings selten möglich ist), mit dem Unternehmen und all seinen Vorzügen und Mängeln gut vertraut sein und alle Eigenschaften aufweisen, die zu einem guten Verhandler gehören (Rz. 395 ff., 502 ff., 541 ff.).

6. Berater

a) Beratungsgebiete

53 Bei den meisten Vertragsprojekten ist der Einsatz externer Berater unverzichtbar. Es handelt sich um

– Rechtsanwälte,

– Notare,

– Steuerberater,

– Wirtschaftsprüfer,

– Unternehmensberater,

– Technische Gutachter,

– Finanzberater,

– Presseberater,

II. Planungsfaktoren

- Politische Berater,
- Verbandsberater.

Dazu kommen oft noch Dolmetscher oder andere Fachleute, die keine umfassenden Berateraufgaben haben, sondern einzelne übertragene Aufgaben lösen. Diese Berater frühzeitig auszuwählen und innerhalb des Projekts zu koordinieren ist eine wichtige Aufgabe des Vertragsmanagements, weil Fehler in diesem Bereich den Erfolg unmittelbar beeinträchtigen können.

In vielen Fällen stehen bereits die Auftraggeber diesem Aufwand kritisch gegenüber. Rechtsanwälte z.B. haben immer Probleme damit, hochspezialisierte Kollegen beizuziehen weil sie ihr Spezialwissen überschätzen, ähnliches beobachtet man bei Steuerberatern im Verhältnis zu Rechtsproblemen, auf die sie stoßen und versuchen, aus eigenen Kenntnissen (z.B. aus parallelen Fallgestaltungen) zu bewältigen. Typisch sind folgende Argumente: 54

- Es sei zeitlich zu aufwendig, den Berater mit allen Hintergrundinformationen zu versehen, die für seinen Rat erforderlich sind,
- der Berater störe die Verhandlungskultur,
- der Berater werde außer Bedenken zur Sache selbst nichts beitragen,
- die Kosten seien zu hoch.

Gleichwohl gibt es wichtige Gesichtspunkte, die für den Einsatz von Beratern sprechen und gegen die entstehenden Kosten abgewogen werden müssen: 55

- **Übergreifende Fachkenntnisse**: Auch ein sehr fähiger Manager/Jurist/Steuerberater, der im Unternehmen arbeitet, kauft nicht jeden Tag Firmen oder schließt komplexe Verträge ab. Auch wenn er sein Fachwissen aus Büchern ergänzen kann, fehlt ihm die konkrete Anschauung aus Parallelprojekten. Die Berater bringen oft aus vergleichbaren Projekten auch Kenntnisse mit, die nicht nur ihren eigenen Fachbereich betreffen (insbesondere im Bereich des Vertrags- und Projektmanagements).
- **Befangenheit**: Jeder Mitarbeiter des Unternehmens ist aufgrund der bestehenden Unternehmenshierarchie in seinen Aussagen befangen und muss stets auf seine eigene Stellung und die der anderen Teambeteiligten Rücksicht nehmen.
- **Vier-Augen-Prinzip**: Es erfordert die Zuziehung außenstehender Fachleute für die Bewertung der eigenen Vorschläge. Sind Fachleute gleicher Richtung im Haus, wird der Wert des Vier-Augen-Prinzips sogar verstärkt, weil sie sich gegenseitig in ihren Fachkenntnissen ergänzen.
- **Kreativität**: Von einem guten Berater kann man kreative Vorschläge für kritische Situationen erwarten und nicht nur (was meist be-

fürchtet wird) die Formulierung von Bedenken, die man ohnehin selbst hat.

– **Distanzierung**: Der Einsatz von Beratern ermöglicht die zeitweise Distanzierung von bestimmten Verhandlungsergebnissen, die der Berater erreichen soll und die der Genehmigung bedürfen. Dadurch kann man Verhandlungen beschleunigen oder verlangsamen.

– **Waffengleichheit**: Berater stellen die Waffengleichheit zu der anderen Partei her, soweit diese selbst beraten ist.

– **Rückendeckung**: Berater geben dem Management Rückendeckung für kritische Fragen der Aktionäre und Aufsichtsräte.

– **Haftungsansprüche**: Berater verschaffen dem Unternehmen einen Haftungsanspruch für Fehlberatung, der gegen eigene Mitarbeiter nicht gegeben ist.

56 Eine schwierige Aufgabe ist es, mehrere **Berater** zunächst untereinander und dann mit dem eigenen **Projektteam** zu **koordinieren**. Das geschieht am einfachsten durch eine klare **Aufgabenbeschreibung** in den **Beraterverträgen**, so dass der Einsatz der Rechtsanwälte, die diese Aufgabe übernehmen, am **Anfang** steht. Schon hier können erhebliche Fehler gemacht werden, weil es meist gegenüber den eingeschalteten Steuerberatern und Wirtschaftsprüfern, die das Unternehmen ohnehin kontinuierlich begleiten, an der Definition der besonderen Aufgaben fehlt, die im Rahmen des Vertragsmanagements auf sie zukommen.

Das lässt sich durch richtige Auswahl des Beraters vermeiden, denn ein qualifizierter Berater weiß, dass er „helfen, wenigstens nicht schaden" soll, wie *Hippokrates* zutreffend von den Ärzten sagt.

57 Darüber hinaus ist es gerade am Anfang von Projekten zwar schmerzhaft, meist aber hilfreich, wenn zunächst die **Nachteile** von Verträgen intensiv geprüft werden, denn „Vorteile und Nachteile sind eng verwoben – lerne zuerst die Nachteile kennen, dann kannst du leichter die Vorteile erkennen." (*Li Quan*, Kommentator zu Sun Tsu, dort S. 82).

58 Zu frühe Phantasien über mögliche Vorteile („Gier frisst Hirn") sind für jedes Projekt schädlich. Es ist besser, man bewegt sich von einer zurückhaltenden Betrachtungsweise zu einer positiveren Sicht der Dinge als umgekehrt. Die Erfahrung, dass **Anwälte** oft mehr hindern als vorwärts bringen, liegt denn auch nicht selten daran, dass sie viel zu spät eingeschaltet werden und man ihnen so keine Chance lässt, ihre Ideen früh genug einzubringen: In vielen Fällen könnte man das Projekt andernfalls noch in eine andere Richtung bringen, was unter Zeitdruck später gar nicht mehr möglich ist.

Darüber hinaus muss man lernen, den Beitrag, den ein Berater am besten leisten kann, frühzeitig zu sehen: Der **Notar** etwa, der einen Vertrag beurkundet, darf aufgrund der gesetzlichen Vorschriften keine der beiden Parteien einseitig beraten und hat seine Stärke darin, die **Durchführbarkeit** von Verträgen kritisch zu beleuchten, er darf aber eine gestellte Frage nicht zugunsten einer Partei einseitig beantworten, so z.B. mit welchen Haftungsklauseln eine Partei gegenüber der anderen im Vorteil sein kann.

Bei Vertragsentwürfen von **Steuerberatern** gibt es immer wieder das Problem, dass der Entwurf zwar die steuerlichen Perspektiven, nicht aber andere, so etwa die gesellschaftsrechtlichen oder haftungsrechtlichen Aspekte berücksichtigt und deshalb zwischen steuerlichen und anderen Gesichtspunkten kein Gleichgewicht herstellt. Das gilt natürlich auch umgekehrt für anwaltliche Entwürfe, die steuerlich nicht durchdacht sind. 59

Am gefährlichsten ist das Abschreiben von Verträgen aus früheren Projekten, bei denen vielleicht ein Berater mitgewirkt hat, so dass man nun den Eindruck hat, die Dinge müssten nicht erneut durchgeprüft werden. Gesetze und Rechtsprechung ändern sich so schnell, dass bei diesem Verfahren **Scheinsicherheiten** entstehen, die sich schädlich auswirken können (s. dazu auch Teil 1 Rz. 60c).

Auf technische Sachverständige, Unternehmensberater und andere Ratgeber lassen sich diese Überlegungen unschwer übertragen.

b) Auswahl von Beratern

Kennt man Berater nicht schon aus anderer Zusammenarbeit, gibt es eine feste Regel, die man einhalten sollte: Berater muss man sich **empfehlen** lassen. 60

Aus der Werbung kann man einen Teil der Berater nicht ermitteln, denn Notare z.B. dürfen überhaupt nicht werben, Rechtsanwälte, Steuerberater, Wirtschaftsprüfer nur eingeschränkt, und gerade die Qualifiziertesten sehen aus Imagegründen häufig davon ab.

Die Empfehlungen können von Verbänden, von befreundeten Unternehmen, ja sogar von der anderen Partei stammen, die einen Berater in einem anderen Zusammenhang kennen gelernt hat.

Ob der Berater ein Spezialist oder ein Generalist sein soll, hängt von der Aufgabenstellung ab.

c) Beraterverträge

Das Rechtsverhältnis des Auftraggebers zum Berater wird durch den Beratervertrag bestimmt, der in der Regel ein Dienstvertrag ist, gelegentlich aber (so vor allem bei Gutachten) auch ein Werkvertrag sein kann (näher: *Hamm* § 50 in Beck'sches Rechtsanwaltshandbuch – Der Anwaltsvertrag). 61

Die Notare bilden hier allerdings eine Ausnahme, weil ihre Rechte und Pflichten einschließlich ihrer Kosten (über die nicht verhandelt werden kann) in der Bundesnotarordnung und dem Kostengesetz festgelegt sind und von den Parteien nicht geändert werden können.

Bei den übrigen Beratern können Art und Umfang der Tätigkeit im Beratervertrag genau eingegrenzt und beschrieben werden. Der Beratervertrag sollte mindestens umfassen:

– Auftragsbeschreibung,

– Kompetenzen,

– Honorar,

– Haftung.

62 Wenn mit Rechtsanwälten, Steuerberatern und Wirtschaftsprüfern keine ausdrückliche Honorarvereinbarung abgeschlossen wird, richtet sich das Honorar nach den jeweiligen **gesetzlichen Gebührenordnungen** und damit nach dem **Gegenstandswert** des Vertrages.

Er kann vor allem bei Langzeitverträgen (Lizenzen), Unternehmenskäufen oder Immobilienverträgen sehr hoch liegen, weshalb das sich danach zu bemessende Honorar ein angemessenes Stundenhonorar deutlich überschreiten kann.

Rechtsanwälte dürfen im Rahmen von laufenden Beratungsverträgen und außerhalb von Prozessen Zeithonorare vereinbaren (was früher nicht möglich war).

63 Manche Berater können bei Standardprojekten, deren Umfang sie übersehen können, auch **Festpreise** anbieten, deren Höhe bei Anwälten, Steuerberatern und Wirtschaftsprüfern am Umfang der übernommenen Verantwortung orientiert sein muss.

64 Bei Stundenhonoraren erweist sich in der Praxis, dass gerade am Anfang, wenn es um die Erfassung der Informationen geht, der Zeitaufwand erheblich höher ist als im weiteren Verlauf des Projekts. Das mag einer der Gründe dafür sein, dass man versucht, den Berater erst **spät einzuschalten**, wenn manches schon geklärt ist oder ihm gar nur einzelne Detailaufgaben zuzuweisen, die sich aus der gesamten Problematik herauslösen lassen.

Dieses Verfahren hat **wesentliche Nachteile**: Die Fülle der möglichen Alternativen und Optionen, die am Anfang eines Projekts oft genug vorhanden sind und die verschiedene steuerliche und rechtliche Lösungen zugelassen hätten, verengen sich im Zuge der Verhandlungen immer mehr, so dass der gute Rat, es auch anders zu versuchen, aus praktischen Gründen gar nicht mehr angenommen werden kann. Der Wert des Beraters besteht aber gerade darin, die Planung am **Anfang** mit seinen Vorschlägen günstig zu beeinflussen. Gibt man ihm immer nur Detailaufgaben, so schränkt man darüber hinaus auch seine **Haftung** für die gesamte Planung in seinem Aufgabenbereich ein.

II. Planungsfaktoren

Die meisten Berater schlagen bezüglich ihrer Haftung eine **Haftungsvereinbarung** vor. Dazu muss man wissen, dass formularmäßige Haftungsbeschränkungen, wie sie sich vor allem in den AGB der Rechtsanwälte, Wirtschaftsprüfer und Steuerberater immer wieder finden, auch gegenüber Kaufleuten häufig rechtsunwirksam sind. **Wirksam** ist jedoch eine **individuelle Haftungsvereinbarung**, die der Berater mit einer entsprechenden Versicherung auch so abdecken kann, dass sie werthaltig ist. Versicherungssummen um 3 Mio. Euro bis 5 Mio. Euro für jedes Einzelprojekt sind bei Anwälten durchaus üblich, und im Wege der Einzelversicherung kann mit Einschaltung von Rückversicherern auch eine höhere Summe vereinbart werden, wobei die Prämien allerdings beträchtlich sind.

d) Zusammenarbeit beim Vertragsmanagement

aa) Vereinbarung von Funktion, Rolle und Tätigkeitsumfang

Die Vereinbarung der Rolle, die der Berater zu übernehmen hat, kann nicht abstrakt im Vorhinein bestimmt werden, da sie von der jeweiligen Situation abhängig sein wird. Entscheidend kommt es auf das vertrauensvolle Zusammenspiel von Auftraggeber und Berater an, denn „die Beziehung zwischen Berater und Klient beruht mehr auf Feingefühl als auf Planung und ist mehr Kunst als Wissenschaft." (*Salacuse*, The Art of Advising Negotiators, Negotiation Journal 1995, 393).

Die wichtigste Regel für den Berater lautet: Er muss den Rahmen, in dem er tätig ist, **vorher** abstecken und Art und Umfang seiner Vollmacht mit seinem Auftraggeber genau abstimmen. Erfahrungsgemäß entstehen immer wieder Situationen, in denen man als Berater eine bestimmte Konzession für vernünftig hält, die vom eigenen Mandanten später als unzumutbar zurückgewiesen wird. Der Berater kommt dann in eine sehr schwierige Situation, weil sein eigener Goodwill an die in Aussicht gestellte Konzession geknüpft war und seine Glaubwürdigkeit unter solchen Rückziehern erheblich leidet.

Ein Berater kann **offen** auftreten, also unmittelbar mit der Gegenseite verhandeln, er kann **verdeckt** im Hintergrund bleiben, ohne dass die Gegenseite merkt, dass ein Berater eingeschaltet wurde, und er kann **parallel** zu den eigenen Verhandlungen des Auftraggebers von Fall zu Fall eingesetzt werden. *Salacuse* (a.a.O., 391 ff.) unterscheidet anschaulich drei Rollen, die man (frei übersetzt) wie folgt bezeichnen kann:

- Der Diener,
- der Regisseur,
- der Partner.

Der **Diener** steht in der Rolle eines Mitarbeiters seines Mandanten und hat nur das auszuführen, wozu er beauftragt ist. Kreative Vorschläge in irgendeiner Richtung soll er nicht geben, er wird begrenzt informiert und er erhält nur Teilaufgaben zugewiesen. Folglich haftet er auch nur, wenn er aufgrund der ihm gegebenen Informationen Mängel hätte erkennen müssen.

Der **Regisseur** wird eingesetzt, um das gesamte Vertragsmanagement zu steuern. Oft übernehmen **Unternehmensberater** diese Rolle bis hin zu völlig selbständiger Vertragsverhandlung. Der Regisseur macht die fremde Sache zur eigenen. Die Gefahr dieser Rolle besteht in der Überschreitung der Kompetenzen. Sie realisiert sich meist dann, wenn ein Berater dieser Art selbständig Zusagen macht, Verträge unterschreibt etc., weil er dann über die Beraterposition hinaus wie ein vollmachtloser Vertreter selbst haften kann (§§ 177, 179 BGB).

Der **Partner** ist weder Diener noch Regisseur, er erhält vollständige Informationen, soll kreative Beiträge leisten, muss aber nach der Rollenverteilung immer dann hinter seinem Auftraggeber zurücktreten, wenn dieser das verlangt. Seine Pflicht ist es, in allen Situationen auf Fehler hinzuweisen; er darf aber nicht zur Vermeidung von Fehlern das Ruder an sich reißen.

68 Auf den ersten Blick scheint die Partnerrolle die einzige, die einem selbständigen Berater gerecht wird. Das trifft aber auf jene Fälle nicht zu, in denen der Verhandlungsführer über hohe eigene Fachkompetenz verfügt und lediglich einen **Coach** braucht (Dienerrolle). In anderen Fällen mag es für einen unsicheren Auftraggeber von großem Nutzen sein, wenn der Berater die Rolle des Regisseurs zu übernehmen bereit ist, auch wenn er im Gegenzug eine ausdrückliche Haftungsbeschränkung für den Fall verlangt, dass er Fehlentscheidungen trifft. Anwälte sehen sich z.B. in der Rolle des Konkursverwalters oder Testamentsvollstreckers, in der ihnen aus gesetzlichen Gründen die Rolle des Regisseurs zufällt, häufig vor vergleichbaren Abgrenzungsproblemen.

69 Die Rollen vermischen sich in der Praxis also immer wieder, was für den Berater unter Haftungsgesichtspunkten latent gefährlich sein kann. Wenn etwa in einer bestimmten Verhandlungssituation dem Mandanten zur Lösung schwieriger Probleme nichts mehr einfällt, mag der partnerschaftliche Berater eine Lösung sehen und sich gedrängt fühlen, diese unabgestimmt auf den Verhandlungstisch zu legen. In einer solchen Situation muss er erkennen, dass er seine bisher definierte **Rolle überschreitet** und zum Regisseur wird. Er darf das nicht ohne Abstimmung tun, was zwingend voraussetzt, dass die Verhandlung unterbrochen und die Rolle neu geklärt wird. Solche „Auszeiten" kommen immer wieder vor. Werden sie zu häufig verlangt, erkennt man (und meist auch die Gegenseite) die Mangelhaftigkeit der Vorbereitung.

Es ist danach außerordentlich wichtig, die in Frage kommenden **Rollen** frühzeitig bei Übernahme des Auftrags zu **klären** – vielleicht auch im Beratungsvertrag als Möglichkeiten zu beschreiben – und nicht erst in Krisensituationen zu entscheiden, was vom Berater eigentlich verlangt wird.

II. Planungsfaktoren Rz. 71 **Teil 2**

Welchen Teil der Berater in- oder außerhalb von Verhandlungen übernimmt, hängt von der jeweiligen Situation ab. Es kann sich empfehlen, 70
- völlig im Hintergrund zu arbeiten und lediglich als **Coach** tätig zu sein,
- **gemeinsam** mit dem Mandanten zu verhandeln,
- allein **ohne den Mandanten** zu verhandeln bis zu dem Zeitpunkt, wo die endgültigen Entscheidungen zu treffen sind.

Alle diese Optionen haben unterschiedliche Vor- und Nachteile und sind im Rahmen der Aufgabenverteilung festzulegen (ausführlich unten Rz. 500 ff.).

bb) Grundregeln für die Zusammenarbeit

Die wichtigste Grundregel für den Umgang mit Beratern lautet: **Der Berater muss umfassend informiert werden**! Nur wenn das der Fall ist, kann er seine Aufgabe wirklich wahrnehmen. Das wesentliche Problem in diesem Zusammenhang ist: Der Auftraggeber ist selbst nicht voll informiert, weil er schlecht organisiert ist und diese Lücke auch nicht mehr schließen kann. Manche Auftraggeber scheuen auch davor zurück, ihre Berater vorbehaltlos zu informieren, weil sie dann fürchten, dass Fehler aufgedeckt werden. Diese Taktik geht selten auf, denn irgendwann – vor allem in späteren Verhandlungsstadien – sind Fehler nicht mehr zu vertuschen und dann wegen der fortgeschrittenen Zeit umso weniger zu korrigieren. 71

Darüber hinaus kann man einen Berater, den man nicht vollständig informiert, nicht haftbar machen, wenn etwas schief geht. Aus all diesen Gründen muss der Berater frühzeitig eingeschaltet und mit ihm vereinbart werden, in welchem Umfang er dann tätig ist. Bei geschickter Steuerung kann man sogar eine Menge Kosten sparen, indem man nach der Anfangsinformation den Berater „stand by" hält und ihm erst dann wieder Beratungsverantwortung zuweist, wenn das Projekt sich ein Stück weit entwickelt hat. Ein Berater muss nicht bei jeder Sitzung des Projektteams mitwirken. Er sollte aber alle Protokolle bekommen, damit er rechtzeitig eingreifen kann, wenn er sieht, dass sich Probleme entwickeln. Auch die Qualität der Protokolle ist sehr unterschiedlich. Bewährt hat sich seit Jahrzehnten ein ganz einfaches Format, das sich besonders bewährt, wenn es in einer Tabellenkalkulation oder einer Datenbank verwaltet wird:

- Laufende Nummer (sie wird benötigt, um in späteren Protokollen leicht auf jeden einzelnen Punkt verweisen zu können),
- Thema (auch Themen können eigene Nummerierungen erhalten. Man sieht dann, wie ein Thema sich durch mehrere Protokolle zieht),
- Ergebnis,
- verantwortlich (folgt Name),

- zu erledigen bis (folgt Datum),
- kontrolliert durch (folgt Name).

Der partnerschaftlich eingeschaltete Berater wird sich in all diesen Fällen eher auf die Kontrolle beschränken als sich berufen fühlen, wesentliche Anregungen zu machen – jedenfalls so lange, als das, was geschieht, im geplanten Rahmen bleibt.

72 Vor allem für Anwälte gilt: Man kann mit **rechtlichen** Formulierungen **nicht** die wirtschaftliche Situation **verbessern**, sondern nur unter **Kontrolle** halten. Der Vertrag kann aber nur dann alle erkannten Risiken regeln, wenn man sie entweder aus dem konkreten Projekt oder aus parallelen Erfahrungen bereits kennt.

73 Das richtige Zusammenspiel zwischen Berater und Auftraggeber greift ineinander wie in einer Kette: Der **Information** folgt die **Bewertung**, der **Bewertung** die **Information**, und so ergänzen sich die beiden Rollen, die Auftraggeber und Berater jeweils einnehmen.

Aus all dem ergeben sich folgende Grundregeln:

Der **Auftraggeber** muss

- den Berater so **früh** wie möglich **einschalten** (und ggf. im „stand by" belassen),
- ihn **offen**, umfangreich und selbstkritisch **informieren**,
- ihn **aktiv** mit anderen Beratern, dem Verhandlungsteam und der Gegenseite **koordinieren**,
- seine **Aufgabe** klar definieren,
- den **Kostenrahmen** festlegen,
- die **Kompetenzen** verteilen.

74 Der **Berater** ist verantwortlich für

- **Annahme** von Aufträgen nur bei vorhandener **Fachkompetenz**, ausreichender Zeit und **Fehlen** von **Interessenkonflikten**,
- **Vereinbarung** der **Rolle** und Abstimmung des Rollenwechsels, wenn dies angezeigt erscheint,
- **Einhaltung** der ihm zugewiesenen **Kompetenzen**,
- klare **Empfehlungen**,
- klare **Gewichtung** von Risiken,
- **Freihalten** seiner Empfehlungen von sachfremden Faktoren, insbesondere **Eigeninteressen**,
- **Vermeidung** von **Eigenwilligkeiten**,
- **Überprüfung**, ob er vollständig und richtig **informiert** wurde,

- **Überprüfung** und Ergänzung der **Planung,**
- **Überwachung** der Projektentwicklung mit der **Planung,**
- **Hinweis** auf Planungs- und Durchführungsfehler,
- **Aufdeckung** von **Missverständnissen** zwischen den Beteiligten,
- **Strukturierung** der Aufgabe in seinem eigenen Bereich,
- **Kontrolle** angestrebter **Ergebnisse,**
- **Beendigung** des Auftrages bei **Vertrauensverlust.**
- Bei Rechtsanwälten, Steuerberatern und Wirtschaftsprüfern: **Beratung** über die Haftungsansprüche des Mandanten gegen ihn selbst (Sekundärhaftung).

e) Krisensituationen

Es gibt typische Probleme, die im Umgang mit Beratern auftreten. 75

Der Auftraggeber wünscht sich zu Recht einen Berater, der **schnell, engagiert** und **zuverlässig** arbeitet. Das ist aber nur möglich, wenn er selbst genügend dazu beiträgt und das Vertrauen des Beraters in die ihm erteilten Informationen nicht durch Nachlässigkeit oder schlechte Organisation gefährdet.

Auftraggeber versuchen oft, die Last des Verhandelns auf den Berater abzuwälzen, indem sie von Anwälten verlangen, mit „juristischen Definitionen" etwas abzusichern, was in Wirklichkeit nur das Ergebnis von Verhandlungen sein kann. Auch von Gutachtern wird allzu oft verlangt, Zusicherungen über ihre Untersuchungsergebnisse zu geben, die man ihnen fairerweise nicht abverlangen sollte.

Man gibt den Beratern auch kein Chance, wenn man wesentliche Teile 76
der Verhandlungsmaterie selbst verhandelt, um dann – nach entsprechenden Hinweisen – zu merken, dass es noch ganz andere Probleme gibt, an die man nicht gedacht hat und so zu peinlichen Nachverhandlungen gezwungen ist. Diese Fehler sind so häufig, dass man sie fast nicht schildern mag: Der Manager, der von den ganzen Planungsfaktoren nichts weiter verstanden hat, als dass der Preis den Ausschlag gibt, verhandelt diesen zuallererst, ohne sich hinreichend darum zu kümmern, was er für den Preis bekommen soll. Natürlich hat er eine Vorstellung von der Sachleistung. Dass aber eine Sachleistung verschiedene Qualitätsstufen haben kann, dass zusätzliche Haftungsübernahmen Geld kosten, dass der Preis einer Investition anders ausfallen kann, wenn Wartungsleistungen dahinter stehen etc.: Diese und viele andere Gesichtspunkte, die bei sorgfältiger Planung vor Beginn der Verhandlung durchdacht worden wären, fehlen in der Praxis allzu oft. Ist die Preisseite einmal festgenagelt, bewegt sich bei möglichen Zugeständnissen (z.B. Garantien) nicht mehr sehr viel: Daran können dann auch die Anwälte nichts ändern.

Diese Schwierigkeiten steigen, wenn man Berater unter unangemessenen Zeit- oder Leistungsdruck setzt. „Ein gutes Pferd läuft unter dem Schatten der Peitsche.", wie ein sehr zutreffendes Sprichwort sagt, und wenn man als Auftraggeber allzu sehr drängt, erregt man Widerwillen und provoziert Fehler. Aus anwaltlicher Sicht gilt: Haftungsfälle gibt es meist bei querulatorischen und überanspruchsvollen Mandanten. Das bedeutet nicht, dass der Auftraggeber nicht fordernd auftreten kann – er muss nur partnerschaftliche Rücksicht zu nehmen wissen, denn die Fähigkeiten seines Beraters bestimmen sich nicht zuletzt daraus, dass er auch andere Mandate betreut, aus denen er das Wissen schöpft, das er seinem Auftraggeber weitergeben kann.

77 Berater werden auch häufig genug von den **internen Spannungen** und **widersprüchlichen Interessen** des Projektteams zerrieben. Ein technischer Gutachter etwa, der in einem Pilotprojekt bestimmte Sicherungsmaßnahmen empfiehlt, die Geld kosten, sieht sich oft mit zu knapp kalkulierten Budgets konfrontiert: Sie werden von den **Finanzleuten** hartnäckig verteidigt, die den **Fehlschlag** des Projekts **nicht** auszubaden haben.

Am meisten leiden Berater unter dem häufig starken Wunschdenken der Anfangsphase: Sie werden in Verhandlungen mit engen Vorgaben geschickt, die sie erfüllen sollen, um zu erleben, dass in der Verhandlung dann vorschnelle Konzessionen gemacht werden, sobald sich Widerstand regt. All das muss im Projektteam vorher sorgfältig abgestimmt werden, will man nicht das Standing des Beraters aufs Spiel setzen. Dazu muss man bereit sein, dem Berater die Kritik an den eigenen Vorstellungen zu gestatten, ihn über interne Abstimmungsprobleme zu informieren und in die Meinungsbildung kreativ mit einzubeziehen.

78 Natürlich wird das Verhältnis zwischen Auftraggeber und Berater auch durch unsachgemäßes, teils egozentrisches Verhalten von Beratern gefährdet. Dazu gehören fachliche Fehler ebenso wie mangelnde Strukturierung, Unpünktlichkeit und schlechte Erreichbarkeit.

Beide Seiten müssen sich also innerlich darauf einstellen, dass es solche internen Spannungen geben kann, die nur dann aufzulösen sind, wenn sie bereit sind, die Beratungsbeziehungen aktiv zu pflegen, durch Information und Kommunikation zu stützen und Meinungsverschiedenheiten offen und fair auszutragen.

Das schließt die **Fähigkeiten** beider Seiten ein, **verunglückte** Beratungsbeziehungen, an denen niemals eine Seite einseitig Schuld trägt, zur richtigen Zeit **abzubrechen**.

f) Haftung von Beratern

79 Wenn Beratungsfehler vorliegen, stellt sich immer die Frage, in welchem Umfang der Berater dafür die Haftung zu übernehmen hat. Es ist in Deutschland bislang selten üblich, dass Auftraggeber sich das verlorene

II. Planungsfaktoren   Rz. 80   Teil 2

Geld aus gescheiterten Projekten bei ihrem Berater zurückholen. Es kommt aber immer häufiger vor.

Das Ausmaß der Beraterhaftung ist von dem jeweils geschlossenen Vertrag abhängig, soweit sie sich nicht – wie bei den Notaren, für die sich der Auftragsumfang aus dem Gesetz ergibt – aus allgemeinen Grundsätzen herleitet.

aa) Haftung gegenüber dem Auftraggeber

- **Rechtsanwälte** haften in der Regel wegen positiver Vertragsverletzung des Geschäftsbesorgungsvertrages (§ 675 BGB) bzw. bei Dauerberatungsverträgen des Dienstvertrages (§ 611) auf Schadensersatz oder im Falle der Erstattung eines Gutachtens aus Werkvertrag (z.B. BGH – IX ZR 94/10, BeckRS 2013, 08618; BGH MDR 2003, 742 = NJW-RR 2003, 850; BGH NJW 2002, 1117). Wenn sowohl Anwaltsfehler wie Fehler des Gerichts kausal zum Schaden beigetragen haben, tritt in der Regel der Fehler des Gerichts zurück, wenn er nicht offensichtlich allein überwiegt (BVerfG NJW 2009, 2945). 80

- **Steuerberater** haften in der Regel wegen „positiver Vertragsverletzung" des Geschäftsbesorgungsvertrages (§ 675) auf Schadensersatz (BGH NJW-RR 2013, 113; BGH MDR 2005, 1045 = NJW-RR 2005, 1511; BGH NJW 2000, 69); wenn konkrete Einzelleistungen (z.B. Erstattung eines Gutachtens) erbracht werden, wird nach Werkvertragsrecht gehaftet.

- **Unternehmensberater** haften im Rahmen eines Beratungs- und Auskunftsvertrages bei der Erteilung falscher Auskünfte aus so genannter positiver Vertragsverletzung des Geschäftsbesorgungsvertrages (§ 675 BGB) auf Schadensersatz (BGH MDR 1991, 48 = NJW 1990, 1907).

- **Technische Ingenieure** (Architekten, Statiker) haften nach Werkvertragsrecht (§ 633) zunächst auf Nachbesserung, gemäß § 634, 635 BGB auf Wandelung, Minderung und im Falle des Verschuldens auf Schadensersatz:
  Architekten: BGH MDR 2005, 402 = NJW-RR 2005, 318,
  Statiker: BGH MDR 2003, 984 = NJW-RR 2003, 1239,
  Vermessungsingenieure: BGH MDR 2004, 89 = NJW 2003, 3621,
  Sachverständige: BGH MDR 2003, 1180 = NJW 2003, 2825.

- **Wirtschaftsprüfer** haften wie Steuerbevollmächtigte und Steuerberater grundsätzlich aufgrund positiver Vertragsverletzung des Geschäftsbesorgungsvertrages (§ 675 BGB) (BGH VersR 2013, 69: BGH MDR 2004, 1357 = NJW 2004, 3420).
- **Notare**: BGH MDR 2004, 446 = NJW-RR 2004, 706.

81 Neben der vertraglichen Haftung haften alle Berater nach den allgemeinen deliktischen Regeln gemäß § 823 Abs. 2 BGB in Verbindung mit § 263 StGB und nach § 826 BGB, was auf Seiten des Beraters allerdings eine vorsätzliche Schädigung des Auftraggebers voraussetzt und deshalb selten vorkommt (BGH v. 16.12.2010 – III ZR 10/10, BeckRS 00113; für Anwälte erweiternd: BGH MDR 1992, 942 = NJW 1992, 2821).

82 Berater verletzen ihre Pflichten, wenn der geschuldete Rat oder die Auskunft nicht gewissenhaft und vollständig erteilt wird.

Einzelne Pflichtverletzungen sind angenommen worden, wenn:

- Ein Hinweis, dass hinreichende **Erkenntnisquellen fehlen**, nicht gegeben worden ist (BGH MDR 2004, 1128 = NJW-RR 2004, 1420),
- eine besonders zu begründende **Nachforschungspflicht** verletzt worden ist (BGH MDR 2005, 380 = NJW 2005, 359 – Flowtex),
- eine Pflicht zur **Richtigstellung fehlerhafter Auskünfte** versäumt wird, sobald die Unrichtigkeit erkannt worden ist (für Rechtsanwälte BVerfG NJW 2002, 2937, 2938; BGH MDR 1992, 193 = NJW 1992, 836), was jedoch nicht in Betracht kommt, wenn die Auskunft aufgrund der Veränderung von Umständen (Gesetzesänderungen) unrichtig wird. Dann kann jedoch in Ausnahmefällen eine Benachrichtigungspflicht entstehen.
- Nicht der „**sichere Weg**", empfohlen wurde (BGH NJW 2007, 2485; BGH MDR 2005, 435 = NJW-RR 2005, 494).

bb) Haftung gegenüber Dritten

83 In Betracht kommt eine **vertragliche Haftung** von Beratern auch ohne den ausdrücklichen Abschluss eines Beratervertrages dann, wenn aufgrund besonderer Umstände angenommen werden kann, dass ein solcher Vertrag stillschweigend zustande gekommen ist.

Dies wird angenommen, wenn der Sach- und Fachkundige eine Auskunft gibt, die erhebliche Bedeutung für den Empfänger hat, und erkennbar war, dass die Auskunft Grundlage für eine wesentliche Entscheidung des Empfängers sein soll (BGH MDR 2004, 1357 = NJW 2004, 3420).

84 Eine Beraterhaftung gegenüber Dritten kommt ferner nach den Grundsätzen eines **Vertrages mit Schutzwirkung zugunsten Dritter** dann in Betracht, wenn der geschädigte Dritte in den Schutzbereich des Beratervertrages nach entsprechender Wertung einbezogen werden kann (BGH

NJW 2010, 1360; BGH MDR 2004, 1357 = NJW 2004, 3420). Voraussetzung ist, dass mit der Weiterverwendung eines Gutachtens oder einer Auskunft zu rechnen ist und die geschützte Personengruppe objektiv abgrenzbar ist (BGH MDR 2004, 1357 = NJW 2004, 3420).

Dies ist anzunehmen, wenn derjenige, der ein Gutachten in Auftrag gibt, regelmäßig auch Interessen anderer gewahrt wissen will und die Weitergabe des Testates an Dritte für den Berater zumindest erkennbar war und der Berater besonderes Vertrauen genießt (BGH MDR 2004, 1357 = NJW 2004, 3420).

cc) Beweislast, Schaden und Verjährung

Die Beweislast für die Unrichtigkeit oder die Unvollständigkeit der gegebenen Auskunft trägt der Geschädigte(BGH NJW 2007, 2485). 85

Dem Verletzten ist der Schaden, der durch das enttäuschte Vertrauen auf die Richtigkeit und die Vollständigkeit der Auskunft entstanden ist, zu ersetzen (BGH DB 2011, 1633; BGH MDR 1995, 640 = NJW-RR 1995, 619). Demnach ist er so zu stellen, wie er bei pflichtgemäßem Verhalten stehen würde (BGH a.a.O.). Das bedeutet, dass der Geschädigte den Schaden, den er dadurch erlitten hat, dass er auf den falschen Rat oder die fehlerhafte Auskunft vertraut und sich demgemäß entschieden hat, ersetzt bekommt. Für den Umfang ist sodann die hypothetische Betrachtung anzustellen, wie der Geschädigte wirtschaftlich gestanden hätte, wenn der Rat oder die Auskunft richtig erteilt worden wäre und er dieser Empfehlung gefolgt wäre.

Zur Beweiserleichterung besteht weitgehend eine Vermutung, dass der Geschädigte sich bei vertragsgerechter Beratung beratungsgemäß verhalten hätte (BGH MDR 1992, 1004 = NJW-RR 1992, 1110; BGH MDR 1992, 414 = NJW 1992, 1159; einschränkend BGH MDR 1994, 211 = NJW 1993, 3259). 86

Eine Einschränkung der Beraterhaftung kann aufgrund eines Mitverschuldens des Geschädigten entstehen, wenn dieser Anlass zu Rückfragen bei erkennbar unvollständiger Auskunft hatte (BGH MDR 1990, 48 = NJW 1989, 2882).

Die vertraglichen Ansprüche für Pflichtverletzungen verjähren grundsätzlich nach 3 Jahren (§ 195 BGB ab Kenntnis zum Jahresende); vertragliche Ansprüche nach § 635 BGB verjähren in 2 Jahren ab Abnahme (§ 634a BGB). Die Schadensersatzansprüche sowohl aus Geschäftsbesorgungs- als auch aus Werkvertrag gegen Anwälte verjähren nach den allgemeinen Regeln (§§ 195, 199 BGB). 87

dd) Sekundärhaftung

Rechtsanwälte, Wirtschaftsprüfer und Steuerberater haben anders als sonstige Berater (insbesondere Unternehmensberater) darüber hinaus die 88

Pflicht, ihren Mandanten ausdrücklich darauf aufmerksam zu machen, wenn sie einen Fehler festgestellt haben, den sie selbst verursacht haben.

Diese Pflicht hat die Rechtsprechung entwickelt, um den Auftraggeber optimal zu schützen, auch wenn sie damit den Anwälten einen erheblichen Interessenkonflikt zumutet: Es fällt niemandem leicht, einen Fehler zuzugeben und, noch weniger, den Mandanten ausdrücklich darauf aufmerksam zu machen, dass sich hieraus Ansprüche für ihn ergeben können. Gleichwohl hat die Rechtsprechung so hohe Anforderungen gestellt, denn andernfalls wären die Mandanten im Grunde gezwungen, die gesamte Tätigkeit ihrer jeweiligen Berater immer noch durch einen weiteren Anwalt daraufhin überprüfen zu lassen, ob Fehler vorgekommen sind, die zum Schadensersatz berechtigen.

89 So ergibt sich für den Mandanten ein „Sekundäranspruch", der neben den Haftungstatbestand aus der Vertragsverletzung tritt (BGH MDR 2006, 178 = NJW-RR 2006, 279; BGH NJW 2003, 822).

ee) Haftung des Beraters für eingeschaltete Dritte

90 Berater, die Dritte mit der Erfüllung ihrer Pflichten aus einem Geschäftsbesorgungsvertrag betrauen, haften für dessen Pflichtverletzungen, falls die Ausführung des Auftrages durch einen Dritten von dem Auftraggeber gestattet ist, nicht selbst (zur analogen Anwendung des § 664 BGB: BGH MDR 1993, 1178 = NJW 1993, 1704 [1705]).

Ist die Einschaltung eines Dritten hingegen nicht ausdrücklich gestattet und ist diese auch nicht aus den Umständen zu entnehmen, haftet der Berater, der sich zur Erfüllung seiner Verpflichtungen dritter Personen bedient, gemäß § 278 BGB für deren Verschulden.

91 Beschäftigt der Auftraggeber von Anfang an mehrere Berater **parallel**, so besteht zwischen ihm und den jeweiligen Beratern ein eigenständiges Vertragsverhältnis, in dessen Rahmen die einzelnen Berater im Falle einer eigenen Pflichtverletzung für den von ihnen verursachten Schaden haften.

g) Beratung im internationalen Umfeld

91a Die Bedeutung der Beiziehung von Beratern liegt auf der Hand, wenn man sich außerhalb des eigenen Erfahrungsbereiches im Ausland bewegt. Der wesentliche Zweck von Teil 9 dieses Buches besteht darin, diese Einsicht zu vermitteln. Wir gehen alle meist allzu naiv davon aus, dass die Erfahrungen, die wir zum Beispiel in unserem Rechtssystem gesammelt haben, mehr oder weniger ähnlich auch im Ausland gültig sein werden. Das ist eine grobe Illusion, wie im Teil 1 näher begründet worden ist. So berichtet etwa Rechtsanwalt *Michael Ghaffar* (JUVE Juni 2013) aus der Rechtsabteilung eines japanischen Unternehmens, ihm habe einmal ein Mitarbeiter einen Vertragsentwurf auf den Schreibtisch gelegt mit den

Worten: „Da müssen sie nicht mehr reinschauen, die Gegenseite hat das schon rechtlich prüfen lassen". Für einen japanischen Manager ist es völlig unverständlich, dass Anwälte einen Vertrag aus gegensätzlichen Positionen betrachten. Sie behandeln ihm wie eine statische Berechnung, die unter allen Perspektiven die gleiche sein muss. Man kann sich auch schwer vorstellen, dass in einer zwanzigköpfigen Rechtsabteilung eines japanischen Unternehmens nicht ein Jurist tätig ist! Wie soll ein deutscher Anwalt – von den Sprachkenntnissen ganz abgesehen – solchen Leuten seiner Vorstellung vermitteln? Er wird ohne den japanischen Korrespondenzanwalt vor Ort nicht auskommen!

7. Kommunikation

Die Kommunikation unter den Beteiligten ist der Planungsfaktor, der regelmäßig am wenigsten wahrgenommen wird. Wir alle kommunizieren selbstverständlich miteinander, halten uns meist für Naturtalente auf diesem Gebiet und schätzen das ganze Thema als nicht planbar ein.   92

Vergleicht man diese unter Managern typische Selbsteinschätzung mit der nahezu uferlosen Literatur, die sich mit Kommunikationsproblemen beschäftigt, dann ist entweder die Selbsteinschätzung falsch oder die Literatur überflüssig. Die wesentlichen Überlegungen zum diesem Thema finden sich unter Rz. 522 ff. und Rz. 568 ff. Hier seien nur die Grundlinien angedeutet: 93

Kommunikation unter mehreren Menschen führt unvermeidlich zu **gruppendynamischen Prozessen**, die sowohl die interne Arbeit des Projektteams wie die Verhandlung selbst beeinflussen.

Naturgemäß kann man diesen Bereich in der Planung nur schwer erfassen. Es lassen sich aber die Grundvoraussetzungen planen, unter denen Kommunikation die Chance hat, grobe Irrtümer, Missverständnisse und Fehler zu vermeiden. Auch wenn man auf diesem Gebiet viel weiß, lässt sich dieses Wissen nicht immer auf die jeweilige Firmenkultur übertragen, denn diese entsteht in der Praxis und ist innerhalb von Vertragsprojekten nur in geringem Umfang zu beeinflussen.   94

Die Firmenkultur hängt in erster Linie davon ab, ob ein Unternehmen eher hierarchisch oder eher nach Profit-Centern organisiert ist, wieviel Freiräume den einzelnen Managern innerhalb ihrer Verantwortungsbereiche zugestanden werden, wie stark die formelle Hierarchie, wie mächtig die gegenläufigen informellen Machteinflüsse sind und vieles mehr (*Malik*, Führen, Leisten, Leben, S. 277 ff.; sehr anschaulich: *Thomas Gordon*, Managerkonferenz).

Betrachtet man das **interne Projektteam**, so wird die Situation dadurch nicht einfacher, dass dort Berater mitwirken, die jeweils eigene Elemente ins Spiel bringen, die durch die Firmenkultur nur mittelbar zu lenken sind. Das Entstehen kreativer Lösungen für auftauchende Probleme ist in   95 streng hierarchisch geführten Firmen weniger wahrscheinlich als in anderen, andererseits können kurzfristige Entscheidungen, die von oben kommen, Projekte manchmal schneller vorwärts bringen, als wenn sie in vielen Gremien untereinander abgestimmt werden müssen. Solche schnellen Entscheidungen können aber genau in die falsche Richtung führen. Im Zweifel haben mehrere, flexibel miteinander kooperierende Einheiten („getrennt marschieren, vereint schlagen") eher die Chance, sich schwierigen Situationen anzupassen, als Organisationen, die mehr im Über-/Unterordnungsstil geführt werden: Dort werden Entscheidungen zwar oft leichter gefällt, andererseits aber ihre Spezialisierung durch Statusdenken und interne Spannungen im Verhandlungsteam verhindert oder auch gar unmöglich gemacht.

Ideal wäre eine Mischung beider Elemente in einem Unternehmen, das sowohl klare Kompetenzzuweisungen und entscheidungsfähige Manager als auch die nötige Lernfähigkeit aufweist: „Der General lehrt die Soldaten, die Soldaten lehren den General und jeder Soldat lehrt jeden Soldaten." (*Mao Tse Tung*). In der Praxis konnte auch er es nicht umsetzen!

96 Betrachtet man die Kommunikation zwischen den am Vertragsprojekt beteiligten Partnern, dann komplizieren sich die Dinge vor allem, wenn **unterschiedliche Unternehmenskulturen** aufeinander stoßen. Das wirkt sich jedoch nicht immer aus und ist auch schwer erkennbar, denn wenn es überhaupt zu Verhandlungen kommt, bemühen beide Projektteams sich um ein Klima, das die jeweiligen strategischen Ziele erreichbar erscheinen lässt.

97 Entstehen dann im Verlauf der Verhandlungen die unvermeidbaren Spannungen, werden sie durch taktische Überlegungen überspielt, denn „was den Gegner bewegt, sich zu nähern, ist die Aussicht auf Vorteil." (*Sun Tsu*, S. 132). Erst wenn der Schaden größer scheint als der erzielbare Vorteil, kommt es zu wirklichen Krisensituationen, die aber in vielen Fällen der Einsatz von Beratern, Außendruck und andere Faktoren in Grenzen halten. Der Mut, schwierige Verhandlungen **abzubrechen**, ist dabei selten. Wirklich kritisch wird es meist erst in der **Durchführungsphase:** dann wiederum zwingt die beiderseits erkannte Schwierigkeit, den einmal geschlossenen Vertrag vielleicht wieder auflösen zu müssen, beide Seiten zu notwendiger, wenn oft auch ungeliebter Solidarität.

8. Entschlossenheit

98 Erfolgreiches Vertragsmanagement setzt von beiden Seiten immer wieder die Fähigkeit voraus, Entscheidungen, deren Auswirkungen letztlich nicht ganz planbar oder nur annähernd abschätzbar sind, zu treffen und die damit verbundenen Risiken in Kauf zu nehmen.

Obgleich Planung notwendig ist, darf man nicht verkennen, dass sie nicht auf eine Spitze getrieben werden darf, die letztlich die Entscheidung selbst gefährdet, denn „je mehr wir wissen, je tiefer und umfassen-

II. Planungsfaktoren

der unsere Einsichten sind, desto schwerer wird unser Handeln, und wer alle Folgen eines jeden Schrittes immer voraussähe, der würde gewiss bald aller Bewegung entsagen." (*Heinrich Heine*).

Die Fähigkeit, Entscheidungen zu treffen, wird von drei wesentlichen Faktoren bestimmt, und zwar:

- Der **Kompetenz**, die dem jeweiligen Projektteam zur Verfügung steht,
- der **Hoffnung**, dass die eigenen strategischen Ziele erreicht werden können, und
- dem **Gefühl**, dass die Arbeit des Projektteams innerhalb des eigenen Unternehmens **anerkannt** wird.

Sind die **Kompetenzen** zu stark **beschränkt** und muss für relativ einfache Zwischenentscheidungen stets nachgefragt werden, beeinflusst das nicht nur den Elan, sondern führt zu **Zeitverzögerungen** und allen damit verbundenen Nachteilen. Darüber hinaus leidet vor allem dann, wenn die andere Seite weiter gehende Kompetenzen hat, das Ansehen innerhalb der Gruppe, und es gibt nichts Schlimmeres für einen Manager, als in einer Verhandlung in Aussicht gestellte **Entscheidungen** (vor allem Kompromisse) in der nächsten Sitzung unter Berufung auf höhere Stellen **zurücknehmen** zu müssen, soweit dies nicht Taktik ist. Der Rat, alles offen zu lassen, hilft dabei in der Praxis nicht weiter, denn jede Verhandlung hat eine Reihe von Themen, die häufig einander bedingen und unter engen zeitlichen und räumlichen Bedingungen abgearbeitet und irgendwann auch erledigt sein sollen: man kann nicht alle Entscheidungen, die letztlich in die „Bilanz der Zugeständnisse" gehören, ganz ans Ende verschieben (dazu näher unten Rz. 541 ff.).

Auch die Hoffnung auf das Erreichen der strategischen Ziele wird mehr und mehr in Frage gestellt, wenn Verhandlungen sich zwischen halben Zusagen, Vorstößen und Zurücknahmen von Positionen hin und her bewegen. Verhandlungen brechen aber immer zusammen, wenn der Rückhalt im eigenen Unternehmen nicht mehr sichtbar ist, Personen oder Kompetenzen wechseln und keiner mehr bereit ist, für ein bestimmtes Verhandlungsergebnis die Verantwortung zu tragen. *Dörner* (Die Logik des Misslingens) hat die Wichtigkeit von Fehleinschätzungen und daraus resultierender Überreaktion deutlich dargestellt.

Ein wichtiges Mittel ist die Einrichtung einer

- **Arbeitsebene**, in der die Verhandlungen geplant, vorbereitet und durchgeführt werden und die alle nötigen Kompetenzen hat, die sie für Zugeständnisse innerhalb einer bestimmtem Brandbreite benötigt, und einer
- **Entscheidungsebene**, die das Projektteam stützt, nur in wirklich gravierenden Fällen eingreift und vorgelegte Entscheidungen zügig erledigt.

103 Bei der **Vertragsdurchführung** kommt es entscheidend darauf an, dass vor allem in Krisensituationen die Kräfte gebündelt werden und sich nicht verzetteln: „Die Wucht der Streitkräfte gleicht Steinen, die man gegen Eier wirft: Dies ist eine Sache von Leere und Fülle." (*Sun Tsu*, S. 124). In der deutschen Militärtradition, die in diesen wie in vielen anderen Punkten auf Jahrtausende alte Regeln zurückgreift, heißt der vergleichbare Satz (leider weit weniger poetisch): „Nicht kleckern, sondern klotzen."

Um diese Regel in der Praxis realisieren zu können, darf ein Projektteam nicht nach **Vertragsschluss** auseinander gerissen werden oder ist jedenfalls durch ein anderes Team zu ersetzen, das die Vertragsdurchführung kompetent überwacht und im Bedarfsfalle entschlossen eingreift.

9. Feste Strukturen und Flexibilität

104 Viele Verhandlungen, vor allem in Europa und den USA, werden von Positionskämpfen, Statusargumenten und ähnlichen starren Elementen geprägt, über die vor allem in der psychologischen Literatur oft Negatives gesagt wird, weil die Verhandlungssituation durch sie sehr schwierig werden kann.

Man darf auf der anderen Seite aber nicht übersehen, dass der **Status** und die mit ihm verbundenen **Rituale** eine Situation für alle Beteiligten auch sichtbar strukturieren und daher besser einschätzbar machen (zu Stabilität und Anpassung oben Rz. 80).

105 In vielen Situationen sind feste Strukturen notwendig, um überhaupt weiterzukommen, und die Gefahren einer unnötigen oder gar schädlichen Verhärtung kann man leicht dadurch vermeiden, dass man die **innere Bereitschaft** besitzt, Positionen stets zu überprüfen und gegebenenfalls zu ändern. Wenn man **Positionen** als **Arbeitshypothesen** (*Popper*) versteht und die Verhandlungssituation offen hält, sind sie nicht schädlich.

a) Auffangplanung

106 Die Szenarien, die das Team zu Beginn seiner Tätigkeit zu entwerfen hat, sollten alle vernünftigen Alternativen umfassen, die aus der Vertragsverhandlung entstehen können (unten Rz. 622 ff., 656 ff.). Geht es etwa um die unternehmensweite Einführung neuer Softwareprogramme, die meist nicht nur technische, sondern auch organisatorische Eingriffe in die Unternehmensstruktur bedeuten, so ist es zu wenig, wenn man am Anfang den Entschluss fasst, einen geeigneten Vertragspartner zu suchen, der die geplante Aufgabe realisieren soll. Vielmehr muss man damit rechnen, dass bei einem so komplexen Projekt Hindernisse und Schwierigkeiten auftauchen, aufgrund deren man die ursprüngliche Planung ändern und diesen Gegebenheiten anpassen muss.

So kann man etwa daran denken, zunächst im Rahmen eines **Pilotprojekts** bestimmte Teilaufgaben vorzuziehen und die weiteren Schritte vom Erfolg dieses Projekts abhängig zu machen. Ist das nicht möglich, so empfiehlt sich ein **Stufenplan**, der für die nächste Stufe ein anderes Vorgehen als das ursprünglich geplante möglich macht, ohne dass die ersten schon erreichten Stufen wieder wertlos werden (Auffangplanung).

Kommt auch das nicht in Frage, so gibt es in allen Fällen mindestens eine weitere Alternative zum Vertragsabschluss: Das ist das **Fallenlassen des Projekts** (jedenfalls mit diesem Vertragspartner) und die endgültige Umplanung oder Weiterverfolgung mit einem anderen.

b) Vertragskonzeption

All diese Überlegungen haben unmittelbaren Einfluss auf die Vertragskonzeption. 107

Im ersten Fall wird man eher dazu neigen, einen **Pilotprojektvertrag** abzuschließen, und sich allenfalls bestimmte Kapazitäten durch Optionsverträge sichern, die die weiteren Stufen gegebenenfalls umfassen.

Im zweiten Fall wird man eher einen **Rahmenvertrag** konzipieren, der jeweils abgestufte Teilleistungen und ein weitgehendes Leistungsänderungsrecht des Auftraggebers in Bezug auf Art und Umfang der Leistung enthält. Dass man in einem solchen Fall nicht gleichzeitig Festpreise und fixe Termine für das Gesamtprojekt verlangen kann, liegt auf der Hand. Die dadurch entstehenden höheren Kosten sind – verglichen mit dem Risiko eines auch nur teilweisen Scheiterns – in den meisten Fällen angemessen und auch viel leichter kalkulierbar. 108

Im dritten Fall schließlich, in dem man sich immer befindet, wenn es außer einem einzigen Vertragspartner derzeit keine ersichtliche Alternative gibt, tut man gut daran, eine **Auffangplanung** zu installieren, die es ermöglicht, auch ohne die neuen Programme das Unternehmen funktionsfähig zu halten. 109

c) Flexible Regelungen

Das Bedürfnis nach solchen flexiblen Regelungen ist den meisten Managern klar. Man nutzt aber bei weitem nicht alle **rechtlichen Möglichkeiten** innerhalb der Vertragskonzeption, um die nötige Flexibilität zu zumutbaren Kosten einzukaufen. So kommt es besonders bei EDV-Systemumstellungen vor, dass man statt eines kleinen Pilotprojekts im Sinne einer Probestellung gleich das gesamte neue System neben das alte setzt und parallel über eine längere Zeit betreibt, ungeachtet der dadurch entstehenden ganz erheblichen eigenen Organisationskosten. Solche Fehlplanung wird erleichtert, wenn die dabei entstehenden Personalkosten im Budget nicht eingestellt werden und dort nur die Kosten der Neuinvestition auftauchen – eine bedenkliche Augenwischerei, die vielfach ihren Grund darin hat, dass das Kostencontrolling und die Nachkal- 110 kulation für eigene Projekte bei vielen Unternehmen in einem traurigen Zustand sind.

111 Der flexible Übergang in solchen Systemen kann natürlich mit rechtlichen Mitteln allein nicht bewältigt werden, die Vertragskonzeption kann dabei aber viel helfen. Der Auftragnehmer ist in diesen Fällen oft dankbar, wenn man auch hier **Risikobegrenzungen** durch gestaffelte **Teilprojekte** anbietet, obgleich er ursprünglich lieber den Gesamtauftrag für zwei bis drei Jahre nach Hause getragen hätte (zur Risikoverteilung oben Teil 1 Rz. 13 ff.).

Fehlt diese Flexibilität, dann kann es entweder nur ein Erfolg oder ein Misserfolg werden, nicht jedoch ein für beide Teile oft genug hinreichender Teilerfolg.

112 Auch wenn man ein einheitliches Projekt verhandelt, das derartige Abstufungen nicht benötigt, tut man gut daran, künftig mögliche Entwicklungen in die Überlegungen einzubeziehen (**Risikoprognosen**). Im Bereich der **Preisgleitklauseln** sind solche Anpassungen üblich. Im Bereich der **Leistungsänderungen** hingegen fehlt es oft an praktikablen Lösungen in den Verträgen.

113 Die Rechtsprechung billigt bekanntlich ein Recht zur Vertragsanpassung nur unter sehr eingeschränkten Bedingungen zu, und zwar dann, wenn

– beide Parteien bestimmte Entwicklungen **beiderseits** nicht vorausgesehen haben und

– aufgrund **äußerer, von den Parteien nicht beeinflussbarer Faktoren** das Verhältnis von Leistung und Gegenleistung schlechthin unzumutbar auseinandergedriftet ist (Wegfall der Geschäftsgrundlage).

Dabei rechnet die Rechtsprechung den betroffenen Parteien das, was sie hätte vorhersehen müssen, auch dann zu, wenn sie es tatsächlich nicht vorausgesehen haben. Kurz: Wenn die Parteien sich nicht schon vor Vertragsschluss auf bestimmte Verhaltensregeln einigen, die bei Änderungen bestimmter Planungsfaktoren eintreten, kann man eine Anpassung nur in seltenen Fällen erzwingen.

114 Alternativplanung ist auch dann taktisch wertvoll, wenn man nicht ernsthaft annimmt, dass die Alternative wirklich relevant wird.

Dieser Gedanke bewährt sich vor Vertragsschluss immer dann, wenn man mit einem anderen möglichen Vertragspartner noch im Gespräch ist und glaubhaft auf parallele Abschlussmöglichkeiten verweisen kann. Im Bereich der Grundstückskäufe ist das jedenfalls in Fällen ein Zaubermittel, in denen es um spekulativen Erwerb geht. Bei technischen Projekten ist es weniger wirksam, es sei denn, der alternative Anbieter ist technisch und preislich wirklich vergleichbar (was selten genug vorkommt).

d) Änderungsvereinbarungen

Weit schwieriger wird es **nach Vertragsschluss**, denn dann ist die vertragliche Bindung vorhanden und die Auflösung des Vertrages sowie das Überwechseln zu einem anderen Vertragspartner nie ohne drohende Verluste möglich. Gleichwohl muss man auch und gerade hier immer schon dann Alternativen aufbauen, wenn das Vertrauen in die Leistungsfähigkeit des Vertragspartners ernsthaft gestört ist. Natürlich kann man bei nachhaltigem Verzug oder nachhaltiger Leistungsstörung den Vertrag in rechtlicher Hinsicht immer beenden. Praktisch ist das aber keinesfalls immer möglich: Wenn die Kündigung zu höheren Schäden führt, als man sie gegenüber seinem Vertragspartner jemals wieder einklagen und eintreiben lassen kann, bleiben alle diese Überlegungen Makulatur, und man muss sich letztlich doch arrangieren, um den eigenen Schaden gering zu halten.

115

Bei vielen Verträgen, so vor allem bei **komplexen Projektverträgen**, ist es immer wieder notwendig, den ursprünglichen Vertrag später geänderten Umständen anzupassen. Teils beruht das auf entsprechenden Einbruchklauseln in den Verträgen, teils ergeben sich neue Situationen, auf die beide Seiten richtig reagieren wollen.

116

In rechtlicher Hinsicht gilt grundsätzlich, dass eine Anpassung von Verträgen an geänderte Umstände nach deutschem Recht nur unter den sehr eingeschränkten Bedingungen von Treu und Glauben (§ 242 BGB) möglich ist. Es kann daher nur in sehr seltenen Fällen eine Partei die andere zur Vertragsanpassung zwingen. Hierdurch ergeben sich im Grunde gleichberechtigte Situationen wie vor dem Vertragsschluss, und nicht selten ist eine bei Vertragsschluss unterlegene Partei dann in einer stärkeren Stellung, weil die andere Partei auf eine Zustimmung angewiesen ist, die sie nicht erzwingen könnte. Bei Verträgen mit ausländischen Parteien und/oder in fremden Rechtsordnungen wird man immer wieder vor dem Problem stehen, dass die Berufung auf die Rechtslage kulturell und/oder emotional nicht verstanden wird. (Teil 1 Rz. 21). Die Berufung auf die Rechtslage ist in diesen Fällen eher eine Fluchtburg, auf die man sich erst zubewegen sollte, wenn Verhandlungsversuche scheitern.

Änderungsverhandlungen können sich auch dann empfehlen, wenn die Umstände sich nicht geändert haben, aber neue Einsichten in das Verhältnis von Leistung und Gegenleistung zu gewinnen sind. Hat man z.B. einen Mietvertrag über fünf Jahre abgeschlossen und fallen die Mieten im dritten Jahr erheblich, so wird man oft erfolgreiche Verhandlungen über eine Senkung des Mietpreises führen können, wenn man eine Vertragsverlängerung anbietet.

117

Wer mit dem Änderungsverlangen eines Vertragspartners konfrontiert wird, muss den taktischen Wert, den diese Situation für ihn hat, also richtig einschätzen, um seine Verhandlung erfolgreich gestalten zu können.

118 **Zusammengefasst:** Sowohl vor Vertragsschluss wie im Bereich der Vertragsdurchführung darf man nicht statisch denken, sondern man muss immer wieder flexibel reagieren und Alternativen aufbauen, wenn man seine strategischen Ziele erreichen will.

10. Störfaktoren

119 Schließlich muss die Vertragsplanung noch alle Störfaktoren berücksichtigen, die in den Phasen der Vorbereitung, der Verhandlung und der Vertragsdurchführung auftreten können. Das ist eine besonders schwierige Aufgabe, denn „fähig zu sein, etwas **erstmalig zu tun**, etwas zu **erahnen**, bevor es Realität wird, etwas zu **sehen**, bevor es hervortritt: Dies sind die drei Fähigkeiten, die sich in Abhängigkeit voneinander entwickeln. Dann wird nichts erahnt, sondern durch Einsicht verstanden, nichts wird unternommen, ohne dass eine Reaktion einträte, nirgendwo tritt man hin, ohne daraus Nutzen zu ziehen" (*Zhong-Keji*, zit. bei Cleary in Sun-Tsu, S. 15).

Während nämlich die Erfolgsfaktoren jedenfalls dann, wenn man vergleichbare Projekte bereits ein- oder mehrmals realisiert hat, schon einigermaßen überschaubar sind, kann man nur schwer voraussahnen, woran ein Projekt scheitern könnte, wenn man das noch nicht erlebt hat.

120 In der Phase der **Vorbereitung** und der **Vertragsverhandlung** spielen regelmäßig folgende Störfaktoren eine Rolle:

- Fehlende Informationen,
- fachliche Inkompetenz,
- fehlende Entscheidungskompetenzen,
- Sturheit und Rechthaberei,
- Unzuverlässigkeit,
- Kleinlichkeit,
- Unentschlossenheit,
- fehlende Kompromissfähigkeit,
- bewusst falsche Informationen,
- Taktieren und Manipulieren,
- fehlende Offenheit und Heuchelei,
- Geheimniskrämerei,
- unrealistisches Wunschdenken,
- aufgedeckte Fehlplanungen,
- unüberwindbare Spannungen im Projekt,

- Änderungen von Planungsfaktoren durch eine der Parteien,
- Änderungen der Einflussgrößen auf die Planung durch Zufall oder Dritte.

Wie man auf solche Störungen reagieren soll, muss der Entscheidung im Einzelfall überlassen bleiben. Mit rechtlichen Mitteln ist meist nicht viel zu helfen Der Anwalt kann in schwierigen Verhandlungssituationen, die in diesen Störfaktoren ihren Grund haben, meist nur moderierend wirken. Auch wenn solche Störungen gegebenenfalls beseitigt sind, schwächen sie das Vertrauen und damit oft genug das ganze Projekt. 121

Nach dem **Vertragsschluss** sind es im Wesentlichen drei Problemzonen, die bewältigt werden müssen, und zwar: 122

➲ - Planungsfehler, die erst später wahrgenommen werden,
- Leistungsstörungen und Verzug,
- Kommunikationsprobleme.

Im Gegensatz zu Situationen während der Vertragsverhandlung, in welcher die beiden Parteien sich gegenseitig zu nichts zwingen können, ist die Situation nach Vertragsschluss eine ganz andere: Jede Partei, die vorsätzlich gegen den Vertrag verstoßen will oder dies billigend in Kauf nimmt, muss sich darüber im Klaren sein, dass die andere Partei hierauf mit rechtlichen und/oder tatsächlichen Sanktionen reagieren kann. Dieses Risiko ist für jede Partei so lange bedrohlich, als die daraus entstehenden Ansprüche noch erfüllbar sind. Gehen die Ansprüche hingegen über die finanziellen Möglichkeiten eines Vertragspartners hinaus, erlebt man immer wieder stures Verharren auf Rechtspositionen, wie man dies bei manchen sehr großen Unternehmen allzu häufig sieht. Ganz ähnlich aber reagieren Vertragspartner mit stark unterlegenen Positionen (dazu unten Rz. 610 ff.). 123

Bei den **Planungsfehlern**, die erst nach Vertragsschluss entdeckt werden, muss diejenige Partei das Risiko tragen, in deren Risikosphäre der Fehler liegt. Sie wird aber immer versuchen, die Gegenseite in die Verantwortung mit hineinzuziehen, und zwar meist mit der Behauptung, bestimmte Informationen zu Aufklärungs- oder Mitwirkungspflichten seien unterlassen worden. 124

In dieser Situation kommt es entscheidend darauf an, ob die andere Seite ihrerseits den Vertragserfolg noch will oder – teils aus ganz anderen Motiven – den Fehler zum erwünschten Vorwand nimmt, ihre eigene Ausstiegsstrategie vorzubereiten. Wenn das so ist und die Ursache des Planungsfehlers zu Lasten des anderen eindeutig festgestellt werden kann, geht die Rechnung in rechtlicher Hinsicht in der Regel auf, denn auf das Motiv einer berechtigten Vertragskündigung kommt es niemals an. Die Vertragsreue (unten Rz. 629 ff.) hat in diesem Bereich ein weites Spielfeld.

125 Bei **Gewährleistungsfällen** und **Verzug** ist die Situation ganz ähnlich, nur ist die **Beweisführung** für den anderen Vertragspartner meist viel einfacher, wenn nur der Vertragsverstoß selbst eindeutig lokalisierbar ist. Auch hier hängt das weitere Geschehen in taktischer Hinsicht nur von der Frage ab, ob die Partei, die einen Rechtsanspruch hat, der sie berechtigt, sich vom Vertrag zu lösen, ihn deshalb nicht wahrnimmt, weil dies ihre Strategie durcheinander brächte. Auch in diesen Fällen bleibt meist ein ausreichend hoher Schadensersatzanspruch gegeben, um den man sich dann abhängig von der weiteren Vertragsentwicklung gegebenenfalls streiten kann.

126 Rechtlich schwierig ist hingegen die dritte Gruppe zu behandeln. Natürlich beruhen **Kommunikationsstörungen** letztlich auf Verhalten und Eigenschaften, wie sie in der Liste zu Störfaktoren bei der Vertragsverhandlung genannt worden sind. All diese Schwierigkeiten lassen sich aber letztlich überwinden, wenn die Parteien sich in aktiver und kreativer Kommunikation befinden. Dazu kann sie allerdings niemand zwingen, hier kommt es entscheidend auf das Vertragsklima an, das in der Verhandlung aufgebaut und in der Vertragsdurchführung gepflegt worden ist. Man kann in einer Faustformel sagen: Prozessualen Streit zwischen den Parteien gibt es immer erst dann, wenn sie nicht mehr miteinander sprechen (können), und die erste Aufgabe des anwaltlichen Beraters in Krisensituationen ist es, alles zu versuchen, um die Kommunikation wieder in Gang zu bringen. Welche Mittel hier zur Verfügung stehen, zeigen Rz. 571 ff. und 661 ff. im Detail.

III. Risikobewertung

127 Die Bewertung von Risiken ist in jeder Phase des Vertragsmanagements erforderlich. Im Grunde müsste man nach Abschluss der eigenen internen Planung und der Einschätzung der Möglichkeiten des Vertragspartners eine **Zwischenbilanz** ziehen. Diese Zwischenbilanz müsste dann je nach wechselnder Vertragslage bis zum Ende der Verhandlungen fortgeschrieben werden, um in jeder Lage entscheiden zu können, ob die diskutierten Risiken im Verhältnis zur geplanten Strategie übernommen werden können. Die **rechtlichen** Risiken spielen dabei nur eine, wenn auch bedeutende Rolle, die **technischen** und **finanziellen** Risiken, die Faktoren, die die Parteien nicht beeinflussen können, und alle sonstigen Planungsfaktoren müssen in diese Überlegungen einbezogen werden.

Diese Risikobewertung wird dadurch erheblich erschwert, dass nicht alle Risiken absicherbar sind: Das finanzielle Risiko z.B., das darin besteht, dass der Auftraggeber nicht zahlt, kann man noch relativ einfach mit Bürgschaften abfangen, das Risiko hingegen, dass die Leistung an technischen Problemen scheitert, ist selten inhaltlich durch Alternativplanung und meist wiederum nur durch unzureichenden finanziellen Ausgleich (aus Erfüllungsbürgschaften) abzusichern.

III. Risikobewertung

128 Schließlich kommt hinzu, dass die Risikofaktoren untereinander nie im schlichten Ursache-Wirkungs-Verhältnis stehen, sondern untereinander engstens vernetzt sind und sich gegenseitig bedingen. In vielen Bereichen kann man das nicht hochrechnen, auch wenn man modernste Planungsmittel (Netzplantechnik) oder Risikoabbildungen durch computergesteuerte Szenarien als Werkzeuge einsetzt.

129 Bei großer Vereinfachung sind immer folgende Überlegungen relevant:

- Die Situation ist aus allen informatorisch erfassbaren **Perspektiven** zu sehen, und diese sind zu integrieren.
- Die **Vernetzung** der einzelnen Risikofaktoren ist – soweit fassbar – vorzunehmen und zu analysieren.
- Die **Dynamik** der Faktoren untereinander muss bewertet werden.
- Die **Verhaltensmöglichkeiten** der Beteiligten sind alternativ hochzurechnen und gegebenenfalls zu simulieren.
- Die **Einflussmöglichkeiten** über Bereiche, die nicht beeinflusst werden können, müssen erfasst werden.
- Soweit **Lenkung** möglich ist, sind die Werkzeuge zu bestimmen.
- Die **Problemlösung** ist zu entwerfen und die Zustimmung der anderen Beteiligten – soweit erreichbar – herbeizuführen.

130 Man kann dieses Verfahrensmodell an einem Einzelproblem manchmal noch durchspielen. Bei Situationen, in denen viele Faktoren eine Rolle spielen, ist ohne computergestützte Simulation nichts machbar. Das mag einer der Gründe dafür sein, dass komplexe Lenkungsmodelle dieser Art in der Praxis noch keine große Rolle spielen. Dort wird das herkömmliche Ursache-Wirkungs-Schema in meist sehr einfacher Form verwendet, v und alle sind damit zufrieden, weil die Mängel niemandem auffallen. Dadurch entsteht zwar de facto nur eine Scheinrealität; aber letztlich kommt es, wie oben gezeigt, im Wesentlichen auf die kommunikative Übereinstimmung an. Diese ist natürlich immer erzielbar, wenn alle Beteiligten von den gleichen (wenn auch falschen) Voraussetzungen ausgehen – es sei denn, sie werden durch die Tatsachen eines Besseren belehrt.

131 In der Praxis trifft man immerhin manchmal den Versuch, Risiken wenigstens in herkömmlicher Weise einigermaßen abzuschätzen. Dabei wird oft übersehen: Mehrere **Risikofaktoren** addieren sich nicht einfach, sondern sie **multiplizieren sich**, denn eine Kette ist nur so stark wie ihr schwächstes Glied. Um das anschaulich zu machen, gehen wir in einem Beispielfall von der Annahme aus, dass in einem typischen **Fusions-Projekt sechs Risikofaktoren** eine Rolle spielen, und zwar

– **technische** Probleme, weil es sich um ein Pilotprojekt handelt,
– **finanzielle** Probleme, weil die Bonität des Vertragspartners fragwürdig ist,
– **personelle** und/oder **organisatorische** Probleme, weil bestimmte Fachleute möglicherweise ausfallen,
– **Kommunikationsprobleme**, weil die Parteien unterschiedliche Firmenkulturen haben,
– **Veränderungen** des Marktes, die Umplanungen nach sich ziehen können,
– das **Fehlen** von **Alternativen**, wenn ein bestimmtes Risiko sich verwirklicht.

132 Die Aussage, dass Risikofaktoren sich multiplizieren und nicht nur addieren, bleibt ziemlich abstrakt, wenn man sie sich nicht in einer Übersicht wie der unten skizzierten im Detail klarmacht.

Risikofaktoren	Wahrscheinlichkeit der Überwindung	Gesamtwahrscheinlichkeit	Auffangplanung	Wahrscheinlichkeit + Auffangplanung
1. Technische Probleme	80 %	80 %	+ 20 %	100 %
2. Finanzielle Probleme	80 %	64 %	+ 10 %	74 %
3. Personelle und/oder organisatorische Probleme	80 %	51 %	+ 10 %	61 %
4. Kommunikationsprobleme	80 %	40 %	+ 10 %	50 %
5. Risiko von Marktveränderungen	80 %	32 %	+ 10 %	42 %
6. Wegfall von Alternativen	80 %	26 %	–	26 %

133 Diese Übersicht geht von der Annahme aus, dass jedes einzelne Problem mit achtzigprozentiger Wahrscheinlichkeit nicht eintritt. Die zweite Spalte zeigt, wie die Wahrscheinlichkeit des Erfolgs sinkt, wenn mehr als ein Problem sich realisiert. Kommen also zu den technischen Problemen auch finanzielle Probleme, sinkt die Wahrscheinlichkeit des Gelingens auf 64 %, kommt es noch zu personellen oder organisatorischen Problemen, sinkt sie auf 51 %, dann auf 40 %, um schließlich beim Zusammentreffen aller Faktoren auf eine Erfolgs-Wahrscheinlichkeit von nur 26 % herabzusinken!

133a Die außerordentlich hohe Komplexität auch von Vertragsprojekten, die auf den ersten Blick unkompliziert aussehen, zeigt sich daran, dass Risikofaktoren sich zu einander nicht linear verhalten, sondern in vielen Fäl-

III. Risikobewertung

len voneinander abhängen: Wenn es technische Probleme gibt, wird man auch einen finanziellen Aufwand haben, um sie zu überwinden, und um sie überhaupt identifizieren zu können, braucht man besonders befähigte Personen, die miteinander reden können. Schon sind vier Bereiche gleichzeitig angesprochen! Dies führt dazu, dass man auch dann, wenn in jedem Risikobereich nur ein einziges Krisenereignis stattfindet, diese Ereignisse nicht einfach addieren kann, sondern miteinander multiplizieren muss. Aus der einfachen Rechnung 1 × 2 × 3 × 4 × 5 × 6 (= 6! [Fakultät]) ergeben sich 720 mögliche Alternativen, die man mit herkömmlichen Planungsmitteln gar nicht erfassen kann, will man den Planungsaufwand nicht ins Unendliche treiben. Die Folge: Die Planungsaufgabe erscheint von Anfang an so hoffnungslos, dass man sich auf ein „Management auf Zuruf" zurückzieht.

Dahinter steht die Erkenntnis, dass auftretende Probleme immer mit einer gewissen Wahrscheinlichkeit auch bewältigt werden können. Nehmen wir an, technische Probleme treten auf, können aber mit hundertprozentiger Wahrscheinlichkeit wieder behoben werden, dann lässt sich, wie die dritte Spalte zeigt, die Scharte völlig auswetzen: Die Wahrscheinlichkeit des Gelingens steigt, weil der Faktor 20 addiert werden kann, wieder auf 100 %. 134

Dem steht aber auch eine andere mögliche Entwicklung gegenüber: Angenommen, nur bei einem einzigen Faktor (z.B. den finanziellen Problemen) sei die Wahrscheinlichkeit, dass sie auftreten und nicht lösbar sind, hundert Prozent, dann nützt es nichts, wenn die anderen Risikofaktoren alle nicht eintreten, denn dann bricht das Projekt genau an dieser Stelle zusammen.

Das Beispiel geht auch nur von sechs Faktoren aus, die zu denjenigen gehören, die bei komplexen Verträgen immer zu bedenken sind und sich auch häufig genug realisieren. Nicht selten gibt es weit mehr Störfaktoren, die vor allem dann planerisch nicht abgesichert werden, wenn sie selten auftreten oder von geringer Bedeutung erscheinen. Ein einziger dieser Faktoren kann das Risiko des Scheiterns allerdings sofort auf hundert Prozent hochtreiben, wenn sich keine alternativen Lösungen zeigen. Solche Lösungen sind **nach Vertragsschluss** ohne Zustimmung des Vertragspartners aber **selten durchsetzbar**. Lässt sich z.B. aufgrund einer Änderung des Baurechts eine bestimmte Geschossflächenzahl bei einem geplanten Bauvorhaben nicht verwirklichen und sind damit gegebene Zusagen nicht mehr erfüllbar, dann hängt es bei bestimmten Vertragsgestaltungen ganz vom Belieben des Vertragspartners ab, ob er den Kaufvertrag rückgängig machen oder sich mit einer Minderung zufrieden geben will, es sei denn, man hat schon bei der Vertragsplanung an diese Möglichkeit gedacht und im Vertrag die Klausel aufgenommen, dass für einen solchen Fall der Kaufpreis sich in einem bestimmten Verhältnis mindert. 135

136 Die Vertragsplanung ist das einzige Mittel, jene Risiken zu erfassen und zu bewerten, die für das Projekt mit hoher Wahrscheinlichkeit relevant werden können, und die Auffangplanung möglichst schon in das Vertragskonzept zu integrieren. Geschieht das nicht, sinkt die Wahrscheinlichkeit des Gelingens, wie man oben sehen kann, dramatisch.

IV. Zusammenarbeit zwischen Managern, Unternehmensjuristen und Rechtsanwälten

1. Rechtsfragen im Unternehmen

137 Das Vertragsmanagement durchzieht das gesamte Unternehmen wie man etwa aus den Büchern von Huff und Brandstetter (siehe Literaturverzeichnis) gut erkennen kann. So hat die Personalabteilung mit dem Arbeitsrecht, das Marketing mit dem Wettbewerbsrecht, Entwicklung und Herstellung mit der Produkthaftung und die Unternehmensstrategie mit Steuer- und Kartellrecht zu tun. So ergeben sich eine Handvoll **Schwerpunktgebiete**, von denen jedes sich wiederum in zwei bis drei kleinere Rechtsgebiete unterteilen ließe. Jedes von ihnen fordert angesichts der Vielzahl von Einzelregelungen, ständig neu erlassenen und überarbeiteten Gesetzen und der unübersehbaren Anzahl von Verträgen ein **Spezialwissen**, das wohl nur wenige Juristen – geschweige denn die Manager – auch nur annähernd beherrschen könnten.

138 Die richtige Aufbau – und Ablauforganisation des rechtlichen Managements ist eine zentrale Aufgabe der Unternehmensführung, die vor allem von mittelständischen Unternehmen selten in ihrer Bedeutung richtig eingeschätzt wird. Gesetzliche Compliance Regeln zwingen in jüngerer Zeit jedes Unternehmen dazu, sich darum zu kümmern. Aber in vielen Unternehmen wird das rechtliche Management immer noch auf Zuruf organisiert. Darin besteht ein wesentlicher Unterschied etwa zur Arbeit der Ingenieure: Ist eine Brücke schlecht entworfen, bricht sie bei der ersten Benutzung zusammen. Die Fehler eines schlechten Vertrages hingegen bemerkt man nicht, solange Leistung und Gegenleistung richtig ausgetauscht werden. Ein guter Vertrag kann also eine gute Leistung nicht weiter verbessern; man bemerkt seinen Wert vielmehr erst in der **Krise**. Einer unserer Mandanten, ein dynamischer Vertriebsmann, hat dafür den Begriff „Schüsse unter die Wasserlinie" geprägt: Nur wenn eine Vertragskrise so akut wird, dass das Schiff wirklich absaufen kann, greift man nach dem Vertrag, vorher kann er egal sein.

a) Risikomanagement

139 Rechtsmanagement ist Risikomanagement und besteht aus drei Bereichen:

- Es müssen alle **gesetzlichen** und sonstigen rechtlichen **Regeln**, die die Tätigkeit des Unternehmens bestimmen, ermittelt und in der Organisation des Unternehmens berücksichtigt werden (Compliance).
- Durch die Vertragsgestaltung müssen **Risiken** ausgewogen **verteilt** werden.
- In Krisensituationen muss das **Vertragsmanagement** sicherstellen, dass das Unternehmen **schnell, engagiert** und **zuverlässig** reagieren kann.

In allen drei Bereichen stellt man in der Praxis erhebliche Defizite fest. Vielen Managern ist der oben skizzierte rechtliche Hintergrund ihrer Entscheidungen nicht klar. Das muss nicht verwundern, wenn man berücksichtigt, dass auch Juristen nur begrenzte Chancen haben, die jeweils aktuelle Rechtslage auch nur annähernd zuverlässig festzustellen. Wenn typische juristische Begriffe auftauchen („Gerichtsstand"; „Eigentumsvorbehalte"), ist das noch relativ einfach. In anderen Fällen werden die rechtlichen Gestaltungsmöglichkeiten im Rahmen von Verträgen oft genug nicht erkannt. Bei der Vertragsgestaltung ist meist nicht nur unbekannt, wann ein Vertrag am Ende wirklich zustande kommt (mündliche Vorgespräche, Bestätigungsschreiben, Letter of Intent, schriftlicher Abschluss?), welche Sonderprobleme sich aus Auslandsbezügen ergeben und welche Gestaltungsmöglichkeiten man bei der Risikoverteilung hat (Pflichtenheft für Mitwirkungsleistungen des Auftraggebers; formalisierte Vertragsänderungsverfahren etc.). 140

In einer Faustformel kann man sagen: 140a

„**Je größer ein Unternehmen, desto schwerfälliger und schwächer ist sein Risikomanagement.**"

Die Gründe dafür liegen auf der Hand: Die Entscheidungswege sind lang, die Kompetenzen für unbekannte Risikobereiche nicht definiert und die Risiken für jeden, der selbstständig entscheidet, höher als in kleineren Unternehmen.

b) Manager, Unternehmensjuristen und Rechtsanwälte

Die meisten Manager verlassen sich auf Rückfragen bei erfahrenen Kollegen. Nach der auch in der Medizin geltenden Regel 141

„**Häufiges ist häufig, Seltenes ist selten.**"

erfahren sie damit meist genug über die **Standardsituationen**. Die immer notwendige Rückfrage bei den Unternehmensjuristen in schwierigeren Situationen führt aus der Sicht der Manager oft genug zu unbefriedigenden Ergebnissen:

- Da problematische Rechtsfragen ohnehin erst sehr spät entdeckt werden, wird die Antwort immer sofort gebraucht, und dafür hat der meist

überlastete Unternehmensjurist – wenn es ihn denn gibt – nicht die Zeit.
- Nicht selten sind die Fragen dann so speziell, dass man für ihre Beantwortung wirklich den Spezialisten bräuchte, und der steht (gerade wegen des Zeitdrucks) selten sofort zur Verfügung.
- Bekommt man endlich eine Antwort, so ist sie nicht immer so einfach und klar, wie der Manager sich das wünscht. Meist gibt es Vorbehalte, die die Entscheidungen eher komplizierter als einfacher machen, und am Ende erlebt der Manager immer wieder, dass er den Rechtsproblemen ohnehin nicht ausweichen kann, gleichgültig wie er sich verhält.

142 Diese Erfahrungen führen viele Manager zu dem falschen Schluss, dass Juristen nur der Sand im Getriebe der Geschäfte sind und die Manager im Grunde an der Arbeit hindern. Diese Auffassung zeigt sich gelegentlich am internen Status von Unternehmensjuristen, denen nur eine Alibifunktion zugesprochen wird. Den Anwälten des Unternehmens geht es bei dieser Auffassung auch nicht anders: Sie werden für die unvermeidbaren Prozesse eingesetzt, mit deren Hilfe der Schrott weggeräumt wird, der beim unternehmerischen Handeln notwendig anfällt, oder man benutzt sie im besten Falle als würdige Leichenbestatter, die bestimmte Probleme zu Grabe tragen müssen. Um den Besuch bei der Beerdigung (das ist die Wahrnehmung der mündlichen Verhandlungen bei Gericht) drückt der Manager sich deshalb gern, weil die dort ausgesprochenen Warnungen für richtiges künftiges Verhalten ja aus den oben angegebenen Gründen nur als sinnlos empfunden werden.

143 Man kann Juristen auch ganz anders einsetzen. Juristen lernen in ihrer Ausbildung mehr als alle anderen Berufe, wie man in ein beliebiges Chaos **Strukturen** bringt (das ist die zentrale Aufgabe des Gesetzgebers), wie man **Rechte** und **Pflichten fair verteilt** (das ist die Aufgabe der Gerichte) und wie man **Entscheidungen** mit Machtmitteln **durchsetzt** (das ist die Tätigkeit der Vollstreckungsgerichte, Gerichtsvollzieher etc.). All diese Aspekte fließen in die Vertragsgestaltung durch Juristen ein.

144 Diese Grundfähigkeit können Unternehmensjuristen und Anwälte in allen drei Bereichen einsetzen, in denen rechtliches Risikomanagement stattfindet:
- Die für das Unternehmen typischerweise relevanten rechtlichen Vorschriften werden systematisch gesammelt, für das Verständnis der Mitarbeiter auf den jeweiligen Entscheidungsstufen aufbereitet und ihre Anwendung geschult (**Informationsbroker**).
- Im Bereich der Vertragsplanung werden Standardverträge als Werkzeuge für die Manager entworfen und die Verhandlungsführung mit rechtlichen Hinweisen **taktisch** unterstützt (**Vertragsmanager**).

Solche Organisationsstrukturen sollten schon für die tägliche Arbeit eingerichtet sein, denn wenn es zur Krise kommt (Abbruch von Vertragsverhandlungen, Vertragsbruch, Einstweilige Verfügungen usw.) kann man sie unter dem Druck der Ereignisse nicht mehr einrichten. Für solche Fälle sind typische Szenarien und Frühwarnsysteme vorzusehen, mit deren Hilfe Manager und Juristen **gemeinsam** handeln und entscheiden können: Nur so kann der Informationswert der Krise für künftige Fälle voll genutzt werden (**Krisenmanager**).

Rechtliches Risikomanagement 145

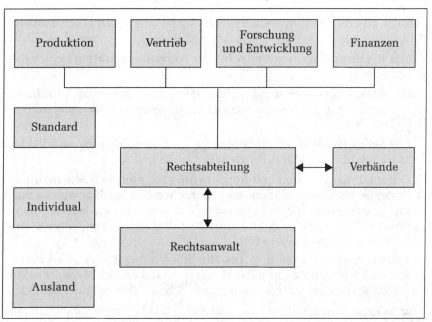

Rechtliches Risikomanagement kann diese Qualität nur erreichen, wenn die **Zusammenarbeit** zwischen den Managern, den Unternehmensjuristen – sofern solche vorhanden sind – und den Anwälten stimmt.

Auch große Unternehmen, die mehrere Unternehmensjuristen beschäftigen, können einen wesentlichen Teil ihrer Gerichtsprozesse (Zivilverfahren ab Landgerichtsebene) nicht selbst führen, und dort, wo sie selbst auftreten können (Arbeitsgerichte, Verwaltungsgericht erster Instanz), sollten sie es nicht immer tun: Gerichtsverfahren können ja nur entstehen, wenn die außergerichtliche Konfliktregelung gescheitert ist, und das ist oft genug ein Indiz für Grundlagenfehler in der rechtlichen Einschätzung und/oder dem Konfliktmanagement. Solche Fehler lassen sich oft nur entdecken, wenn Außenstehende sich mit der Sache beschäftigen (Vier-Augen-Prinzip). 146

Der Erfolg der Zusammenarbeit zwischen den Unternehmensjuristen und den Rechtsanwälten hängt – was oft übersehen wird – immer davon ab, dass die Manager solange in den Fall involviert bleiben, bis er gelöst 147 worden ist. Die typische **Fluchtneigung** der Manager, die Szene zu verlassen, sobald es um rechtliche Argumente geht, muss unbedingt unterbunden werden. Nur dann, wenn sie die rechtlichen Auswirkungen ihrer Entscheidungen in allen Facetten zu sehen bekommen, lernen Manager, wie sie sich in vergleichbaren Situationen später richtig verhalten, und entwickeln Verständnis für die Voraussetzungen **kreativer** juristischer **Arbeit** (bei der schlichten Schrottbeseitigung ist das allerdings überflüssig).

148 Um das zu erreichen, müssen folgende Voraussetzungen geschaffen werden:
- Das Rechtsmanagement muss bei der **Aufbauorganisation** berücksichtigt werden.
- Die **Ablauforganisation** muss Unternehmensjuristen und Anwälte vor allem im Bereich des Krisenmanagements informatorisch und taktisch einbeziehen.
- Die **Schnittstellen** zwischen Managern, Rechtsabteilung und Rechtsanwälten müssen klar definiert sein.
- Unternehmensjuristen und Anwälte müssen intensiv in die **Informationswege** des Unternehmens einbezogen werden, auch soweit es nicht um offenkundig rechtlich relevante Themen geht; die **Kommunikation** zwischen Managern und Juristen muss intensiver werden, auch wenn das Zeit und Geld kostet.
- Unternehmensjuristen und Anwälte müssen ihre Tätigkeit als **Service** für das Unternehmen und die Manager verstehen; die Manager sollten diesen Service als Unterstützung und nicht als Behinderung auffassen.

Nur so kann man erreichen, dass das Rechtsmanagement eine Qualitätsstufe erreicht, wie sie in anspruchsvollen Qualitätsmanagementsystemen für Produktion, Vertrieb und/oder Unternehmenssteuerung erreicht werden kann. Die Normenreihe DIN/ISO 9000 ff. widmet diesen Bereichen allerdings noch wenig Aufmerksamkeit und beschränkt sich im Wesentlichen auf die herkömmliche „Vertragsprüfung" (etwa Ziff. 4.3 bei DIN/ISO 9001 und Ziff. 5.2 ff. DIN/ISO 9000 Teil 3).

148a Seit den letzten großen Finanzkrisen (2008 ff.), verschiedenen Umwelt-Störfällen, Bestechungsskandalen, der ausufernden Rechtsprechung zur Managerhaftung und vielen vergleichbaren Handlungen, die meist auch strafrechtlich bewehrt sind, ist in den meisten Unternehmen in den letzten Jahren das Bewusstsein gewachsen, dass nur stabil eingerichtete Compliance Systeme die Steuerung solche Risiken ermöglichen. (Übersicht mit ausführlichen Literaturhinweisen: *Junker/Knigge/Pischel/Reinhart*, Compliance § 48 im Beck'schen Rechtsanwaltshandbuch).

149 Die wirkliche Leistungsfähigkeit einer solchen Zusammenarbeit zwischen Juristen und Managern liegt aber ohnehin in Eigenschaften, die sich nicht normieren lassen.

Man kann sie mit drei Begriffen charakterisieren:

- **Schnell:** Rechtsprobleme außerhalb von Standardsituationen tauchen meist überraschend auf. Man bewältigt sie nicht mit ausführlichen Gutachten, sondern mit Vorschlägen, die im Wesentlichen in die richtige Richtung zielen.
- **Engagiert:** Es gehört zu den Machtspielen der Anwälte, möglichst unbeteiligt zu erscheinen, was alle anderen aus der Fassung bringen kann. Die gebotene distanzierte Betrachtung der Situation muss durch **engagierte Teilnahme** ausgeglichen werden, wenn die Zusammenarbeit klappen soll.
- **Zuverlässig:** Das Präsenzwissen über Standardsituationen muss **umfassend** sein; bei unbekannten oder schwierigen Fragen muss schneller Zugriff auf Spezialisten möglich sein.

2. Rechtsmanagement in der Aufbauorganisation

a) Tatsachen und Rechtsfragen

Rechtsmanagement besteht, wie die Übersicht (Rz. 151) zeigt, nur zu etwa 30 % aus der Lösung rechtlicher Probleme. Oft ist schon die Tatsache, dass es überhaupt Rechtsprobleme gibt, durch die Routine der Tagesabläufe verdeckt und wird im Übrigen auch deshalb verdrängt, weil die Manager dann die eigenen Kompetenzgrenzen anerkennen und die Juristen fragen müssen. Wie oft werden Verträge von Vertriebsmanagern gekündigt, ohne sich über die dann entstehenden Abfindungsprobleme Gedanken zu machen, und wie selten denkt jemand an den Datenschutz, wenn er die EDV-Wartung mit einem Outsourcing-Vertrag außer Haus gibt. 150

Die wesentliche Tätigkeit der Unternehmensjuristen und der Anwälte (ca. 70 %) besteht daher in der 151

- Ermittlung der Tatsachen,
- Definition der Probleme,
- Information aller Beteiligten,
- Kommunikation mit Dritten,
- Vermittlung von Kompromissen zwischen den Beteiligten.

Viele dieser Tätigkeiten müssen **sofort** ergriffen werden, noch bevor man überhaupt die Chance hat, sich über die zutreffende Lösung der Rechtsfragen Gedanken zu machen. Das kann ohne Qualitätsverluste nur gelingen, wenn jede Stelle der Aufbauorganisation daraufhin geprüft wird, welche Rechtsprobleme dort auftauchen können und wer sie lösen soll.

Das setzt eine intensive **Analyse** der **Aufbauorganisation** voraus, wie man am einfachsten im **Bereich der Vertragsabschlüsse** zeigen kann. Es dürfte wohl keinen Manager geben, zu dessen Aufgaben es nicht gehört, 152 über Verträge zu verhandeln, und viele haben Vollmacht, sie abzuschließen. Entscheidet man sich dafür, alle Verträge durch eine **zentrale Rechtsabteilung** zu überprüfen und gegenzeichnen zu lassen, ist das ein sicherer Weg, der aber auch Scheinsicherheiten auslösen kann: Wenn die Rechtsabteilung mit akuten anderen Situationen (Krisenfälle) beschäftigt ist, wird sie die routinemäßige Überprüfung von Verträgen immer zurückstellen müssen oder kann nur eine sehr flüchtige Bewertung abgeben. Darüber hinaus liegt der wirkliche Wert in der rechtlichen Bewertung von Verträgen nicht in schriftlichen Gutachten, sondern in einem **intensiven Dialog** zwischen Juristen und Managern über Ziel und Gestaltung des Vertrages, ein Dialog, der oft von taktischen Überlegungen geprägt ist, die sich erst aus dem Gespräch ergeben. Das braucht **Zeit**.

153 Beauftragt man die Anwälte mit der Vertragsüberprüfung, so ist das Kapazitätsproblem vielleicht geringer (weil Anwälte notfalls nachts arbeiten müssen). Ob man aber den wichtigen kommunikativen Teil der Aufgabe lösen kann, ist damit noch nicht gesagt.

154 Die Lösung kann darin bestehen, **Standardverträge** für Standardsituationen zu entwerfen. Es kann aber auch richtig sein, rechtliche Probleme einfach zu ignorieren und in den Fällen, in denen das schief geht, draufzuzahlen. Im Bereich Produkthaftung und Umweltschutz wird man gut beraten sein, die Juristen in die Frühwarnsysteme einzuschalten, weil es hier **strafrechtliche** Risiken gibt, die man als Geschäftsführer/Vorstand nicht vermeiden kann. Trotzdem fehlt es erstaunlicherweise gerade hier oft an der notwendigen Sensibilität für das Organisationsverschulden (§ 14 StGB), das sich im mangelhaften rechtlichen Design der Aufbauorganisation niederschlägt.

b) Aufgabenverteilung nach Servicegesichtspunkten

155 Die zentrale Frage der Aufbauorganisation ist die **Aufgabenverteilung** zwischen Managern, Unternehmensjuristen und Rechtsanwälten (Outsourcing).

Die übliche Zuweisung von Prozessen, Spezialaufgaben und Spitzenbelastungen in den Tätigkeitsbereich der Anwälte beruht zwar auf grundsätzlich richtigen Überlegungen, greift aber erheblich zu kurz, wenn nicht zuvor geklärt wird, was die Beteiligten fairerweise voneinander erwarten können. Man nähert sich der Antwort am einfachsten, wenn man den **Service-Aspekt** in den Vordergrund stellt. Service wird immer gegenüber **Personen** und **nicht** gegenüber **Institutionen** erbracht. Auch wenn es die Interessen des Unternehmens sind, die die Juristen berücksichtigen müssen, so sind sie auch von den Interessen der Unternehmer (Manager) bestimmt, was oft genug auch Anlass zu **Interessenkonflikten** zwischen dem Unternehmen und unter den Managern gibt. Kurz: Auch der Unternehmensjurist sieht sich wie der Anwalt in einem komplexen Umfeld, das zunächst einmal strukturiert werden muss, bevor man zusammenarbeiten kann. Man kann dabei die Unternehmensjuristen und Anwälte durchaus in der gleichen Situation sehen, auch wenn es im Bereich der **Unabhängigkeit**, der **Weisungsgebundenheit** und der **Haftung** erhebliche Unterschiede geben mag (die wesentlich von der Firmenkultur bestimmt sind): Wenn beide Berufsgruppen serviceorientiert arbeiten, ebnen sich diese Unterschiede weitgehend ein.

Die entscheidenden Kriterien, die man bei der Zuweisung einzelner Aufgaben zur Rechtsabteilung oder zu den Anwälten berücksichtigen muss, sind demnach folgende: 156

– Die Sammlung von **Tatsachen** und **Informationen** wird im Schwerpunkt immer **intern** vorzunehmen sein, da ein Außenstehender meist zu wenig über Organisation, Hierarchien und Kompetenzen wissen und psychologische Faktoren (persönliche Empfindlichkeiten etc.) schlecht einschätzen kann.

– Die **Kernkompetenzen** müssen im Unternehmen verbleiben, weil sonst die Arbeit der Anwälte nicht kontrollierbar ist: Wenn es keinen Unternehmensjuristen gibt, der diese Aufgabe wahrnehmen kann, muss mindestens ein Manager (z.B. als Vertragsmanager) die Qualität der anwaltlichen Arbeit einschätzen können.

An diesen beiden Kriterien gemessen, lässt sich im Einzelfall schnell entscheiden, ob man z.B. die Standardverträge selbst (oder mit Hilfe der Verbände) entwirft und von den Anwälten nur überprüfen lässt oder ob es ratsam ist, einen Anwalt hinzuzuziehen, der innerhalb einer Branche spezialisiert ist und Know-how aus Konkurrenzunternehmen mitbringt, über das manchmal auch die Verbände nicht verfügen. Auch die Frage, ob z.B. **Tochtergesellschaften** im **Ausland** über die eigene Rechtsabteilung oder die inländischen Anwälte betreut werden, die dann ihrerseits ausländische Kollegen einsetzen, ist von Fall zu Fall sehr unterschiedlich zu beantworten: Für das eine Unternehmen ist die Kontrolle der Tochtergesellschaften eine Kernkompetenz, für ein anderes hingegen nicht. 157

Beim Einsatz von Spezialisten gibt es eine wichtige organisatorische Grundregel: Man muss den Spezialisten möglichst kennen, **bevor** das Problem akut wird! Wie oft wird man als Anwalt von einem neuen Mandanten unter höchstem Zeitdruck in eine krisenhafte Situation gerufen und hat kaum eine faire Chance, die Unternehmensstruktur und Firmenkultur unter dem gegebenen Zeitdruck so kennen zu lernen, dass man einen vernünftigen Rat geben könnte. Man sollte sich den Spezialisten rechtzeitig suchen und ihn mit einzelnen Aufgaben im Rahmen der Strukturberatung betrauen. Dann können beide Seiten sich bei überschaubaren Einzelaufgaben kennen lernen, was die **Zusammenarbeit** in der **Krise** erheblich unterstützt. 158

3. Rechtsmanagement in der Ablauforganisation

159 Es gibt zwei grundsätzlich verschiedene Situationen, in denen Rechtsprobleme sich bemerkbar machen:

– **Standardsituationen:** Das ist alles, was zum Tagesgeschäft gehört und von Branche zu Branche sehr unterschiedlich ausfallen kann. Für ein Maklerbüro z.b. ist es wichtig, dass die Zugangsnachweise für jedes einzelne Angebot richtig organisiert und dokumentiert werden, weil jeder Fehler das ganze Honorar kosten kann; bei einem Hardwarehändler kommt es eher auf die Auftragsbestätigungen an; bei einem Produktionsunternehmen hat jede Abteilung ihre eigenen Standardsituationen.

– **Krisensituationen:** Sie entstehen entweder, wenn typische Fehler aufgrund mangelhafter Planung überraschend auftreten oder untypische Fälle, die man nicht einplanen kann, sichtbar werden.

Die Ablauforganisation muss unterschiedliche Regeln für beide Fälle aufstellen und bestimmen, wer im einen und im anderen Fall die notwendigen Entscheidungen treffen kann.

160 In Standardsituationen wird das häufig die Geschäftsführung sein, in Krisensituationen muss auch dann entschieden werden können, wenn die Geschäftsführung nur schwer erreichbar ist.

Daraus ergibt sich auch automatisch, wer der „Mandant" des Unternehmensjuristen oder des Anwalts ist. Davon hängt – wie oben skizziert – für den Erfolg eine Menge ab. Die Definition des Mandanten ist dabei nicht immer frei von **Interessenkonflikten**, die zwischen mehreren Hierarchieebenen oder auch auf gleicher Ebene unter den Managern ausbrechen können. So mag der Vertrieb an frühzeitiger Freigabe von neuen Produkten interessiert sein, während Forschung und Entwicklung eher zur Vorsicht raten. Hier ist es Aufgabe der Juristen, Entscheidungsvorschläge für die Risikobewertung abzugeben, die die Interessen aller „Mandanten" berücksichtigen. Die Situation ist hier ähnlich wie bei mehrgliedrigen Familiengesellschaften.

161 Für Standard- wie für Krisensituationen ist die Ablauforganisation in **sechs Schritten** anzupassen:

– Diagnose des Problems,
– Feststellung der Tatsachen,
– Kommunikation,
– Entscheidung,
– Durchführung,
– Controlling.

In allen sechs Bereichen trifft man auch bei erfahrenen Unternehmen immer wieder auf die gleichen Fehler. Sehr oft wird die Diagnose vernachlässigt und nur auf Zuruf entschieden, und besonders selten wird nach Bewältigung von Krisen die entscheidende Frage gestellt: **Was kann man daraus lernen**? Nur für zukünftige Projekte lassen sich die gewonnenen Erfahrungen kreativ nutzen.

Aber auch im Bereich der **Information** und **Kommunikation** fehlt es sehr oft. Man lernt als Anwalt erst in vielen Jahren, dass die Informationen, die man benötigt, keinesfalls auf der Straße liegen, sondern oft detektivisch ermittelt werden müssen. Ähnlich wie Patienten, die ihren Ärzten auch nicht immer alles sagen wollen, halten Manager teils aus **Selbstschutz**, teils aufgrund von **Verdrängung** viele wichtige Dinge zurück, die man dann von der Gegenseite in überraschenden Situationen präsentiert bekommt, ohne dann noch vernünftig reagieren zu können. 162

Auch die **mangelhafte Kommunikation** ist ein Dauerproblem, das allein durch flache Hierarchien nicht beseitigt wird, denn immer noch hat Wissen etwas mit Macht zu tun und wird selten ohne Gegenleistung verteilt. Amerikanische Anwälte, für die die Richtigkeit der gegebenen Informationen aus prozessualen Gründen eine noch viel größere Bedeutung hat als für uns, müssen in Einzelinterviews vorsorglich alles nochmals an der Quelle überprüfen, was die Inhouse-Juristen ihnen aufgearbeitet haben, und gewinnen so häufig ein realistischeres Bild, als uns das möglich ist. Den richtigen Mittelweg muss man finden.

Wie schon bei der Aufbauorganisation hängt letztlich aber alles davon ab, dass Rechtsabteilungen und Anwälte **agieren** und nicht nur **reagieren** und darin die notwendige Unterstützung ihrer Mandanten einschließlich der Geschäftsführung (und manchmal auch der Gesellschafter) haben, denn jeder Service muss sich der **Firmenkultur** anpassen, wenn er erfolgreich sein soll. 163

4. Kosten und Nutzen

Rechtsmanagement ist immer ein **Kostenfaktor**, und zwar auch dann, wenn man weder einen Unternehmensjuristen hat noch häufig einen Anwalt beschäftigt. Viele Unternehmen verlieren jeden Tag eine Menge Geld, ohne zu merken, dass diese Verluste durch besseres Vertragsmanagement leicht aufgefangen werden könnten; noch mehr Verluste entstehen durch ungeschickte Reaktionen in Krisen, falsch geplante und geführte Prozesse oder den Zeitaufwand, den die Manager benötigen, um mit ihren unbeholfenen Bordmitteln rechtliche Krisen zu lösen, die sie als solche teilweise gar nicht erkennen. Rechtsmanagement findet immer statt und löst immer einen Aufwand aus, auch wenn man ihn nicht erkennt. Man muss also erst untersuchen, wie es im konkreten Fall gehandhabt wird, bevor man Verluste und Kosten definieren und Verbesserungsvorschläge machen kann. 164

Dabei muss man den Zeitaufwand von Managern und Unternehmensjuristen realistisch berechnen. Er liegt intern für ein durchschnittliches 165

Managergehalt von ca. 100 000 Euro unter Einrechnung organisatorischer und anderer Nebenkosten abhängig von der Produktivität des einzelnen zwischen ca. 260 Euro und 400 Euro pro Stunde (ausführlicher Kostenvergleich: *Horst*, BB 1995, 1096 ff.).

Höherrangige oder ältere Manager verdienen entsprechend mehr, so dass die Stunde eines Vorstandsvorsitzenden mit etwa 1 Mio. Euro Jahresgehalt einem Stundensatz zwischen 1200 Euro und 2500 Euro entspricht (weil die organisatorischen Begleitkosten relativ gesehen weniger steigen), während sehr teure Anwälte (nach allem was man so hört) nur sehr selten mehr als 800 Euro pro Stunde berechnen können. Die Kosten der Anwälte sind naturgemäß immer sichtbarer als die **versteckten Kosten**, die Unternehmensjuristen und Manager in diesem Bereich auslösen – sie müssen deshalb aber nicht höher sein. Kurz: Je höherrangiger ein Manager, umso weniger sollte er sich mit Rechtsproblemen beschäftigen.

166 Im Rahmen des **Outsourcings** stellt sich die Frage besonders, ob es preiswerter ist, einen Unternehmensjuristen zu beschäftigen oder die Dinge außer Haus zu geben. Ein realistischer Vergleich setzt, wie *Horst* nachgewiesen hat, nicht nur die Berücksichtigung der **Umgebungskosten**, sondern auch einen **Produktivitätsvergleich** voraus, so dass man am Ende vielleicht sogar zu dem Ergebnis kommen könnte, Anwälte seien preiswerter als Unternehmensjuristen. Nur: Auf die Kostengesichtspunkte darf es letztlich erst ankommen, wenn das Rechtsmanagement für die Bedürfnisse des jeweiligen Unternehmens richtig strukturiert und organisiert ist, und das lässt sich nicht abstrakt bewerten, sondern hängt immer vom Einzelfall ab. Kein Anwalt kann den Syndikus ersetzen, der in einem Unternehmen gebraucht wird, um die interne Information und Kommunikation zwischen mehreren Abteilungen aufrechtzuerhalten oder z.B. die für Standardprozesse relevanten Daten an den richtigen Stellen abzurufen und aufzuarbeiten. Jeder außenstehende Jurist, der diese Aufgabe lösen wollte, würde dafür erheblich mehr Zeit benötigen, wenn es ihm überhaupt gelänge, an die entsprechenden Informationen heranzukommen. Der Vorteil, nicht in die Unternehmenshierarchie eingebunden zu sein, der den Rechtsansichten der Anwälte gelegentlich ein größeres Gewicht verleiht, ist mit dem untrennbaren Nachteil verbunden, dass sie nicht hinter die Kulissen sehen können.

Man kann nicht leugnen, dass intensivere Zusammenarbeit zwischen Managern, Unternehmensjuristen und Anwälten **mehr Zeit** kostet als die übliche Methode, den Juristen eine Aktennotiz vor die Füße zu werfen und sie um Stellungnahme zu bitten. Da diese Methode aber so fehlerträchtig ist, wie wohl jeder erfahren haben wird, ist es dann fast besser, man fragt die Juristen erst gar nicht und schreibt die Verluste ab.

167 Im Gegensatz zu früher wird man heute bei den wenigsten Unternehmen im Bereich der Rechtsabteilungen noch Geld sparen können, denn, soweit man es in der Praxis zu sehen bekommt: Rechtsabteilungen sind nicht überbesetzt. Der eigentliche Vorteil des Outsourcings ist also nicht

die Einsparung von Unternehmensjuristen, sondern das Know-how darüber, wie man aus **Kosten Investitionen** macht, die im Bereich des Rechtsmanagements den höchsten Ertrag bringen. Dieser Ertrag besteht z.B. in

– erhöhter **Planungssicherheit**,

– besseren **Argumenten** für Streitfälle,

– intensiverer **Erfahrung** für Folgeprojekte,

– effizienterem Einbringen von Argumenten in **Vertragsverhandlungen**,

– erhöhten **Spezialkenntnissen** bei richtigem Einsatz von Spezialisten.

Wie umfangreich und differenziert z.B. ein **Vertragshandbuch** ausfällt, hängt vom Einzelfall ab. Es kann in Papierform, in Datenbanken und/oder Textsystemen entwickelt werden und folgende Elemente umfassen: **168**

– **Benutzerhinweise**,

– Checklisten für typische **Abläufe** (sie können von den Mitarbeitern zum jeweiligen Vorgang kopiert und als Gedächtnisstütze verwandt werden),

– **Kommentare** zu den Checklisten,

– **Standardverträge**,

– Checkliste für typische **Standardmodule**,

– **Prüfcheckliste** für Entwürfe des Vertragspartners,

– Checkliste für die **Rechtsabteilung**,

– Checkliste für **Geschäftsführer** und Vorstand,

– Checkliste für den **Aufsichtsrat**,

– Checkliste für das **Unternehmenscontrolling**,

– **Stichwortregister**.

Je nach Anzahl der Mitarbeiter, die das Vertragshandbuch benötigen, muss die Pflege (ca. ein- bis zweimal im Jahr) ebenfalls systematisiert werden (der Wartungsvertrag des Vertrages).

5. Zusammenfassung

– Rechtliche Regeln und Verträge werden im Unternehmen meist nur bewusst, wenn **Krisen** auftreten. **169**

– Das **Risikomanagement** darf nicht nur die Bewältigung von Krisen umfassen, sondern muss vorsorglich Krisensituationen vermeiden helfen.

– Die **Kernkompetenzen** des Rechtsmanagements müssen im Unternehmen verbleiben: Der Unternehmensjurist oder mindestens ein spezialisierter Vertragsmanager muss fachlich in der Lage sein, mit beauftragten Rechtsanwälten zusammenzuarbeiten.

- Die wichtigste Aufgabe des Unternehmensjuristen ist die **Informationssammlung** und **interne Koordination** innerhalb des Unternehmens; daneben muss er die rechtlichen Standardsituationen beherrschen.
- Die typische Aufgabe der Anwälte ist die Bearbeitung von **Spezialgebieten**, die Hilfe bei **Sofortmaßnahmen**, die Überbrückung von **Kapazitätslücken**, die **Prozessführung** und die fachliche Beratung beim Aufbau von **Vertragssystemen**.
- **Outsourcing** wird nicht immer Kosten einsparen können. Bei richtiger Organisation kann man aber erhöhte Planungssicherheit, bessere Beratungsqualität und tieferes Spezialwissen erreichen.

V. Planungsszenarien

170 Das Denken in Ursache-Wirkungs-Abläufen legt es nahe, von Planungsschritten oder einem Planungsablauf zu sprechen. Mit dem Begriff des Planungsszenarios soll angedeutet werden, dass die Planung ihrerseits ein Vorgang ist, der nicht in strengen Gesetzmäßigkeiten, sondern gerade in der Anfangsphase in natürlichem Chaos vor sich geht. Gerade im Anfang des Planungsgeschehens, wenn viele unterschiedliche Bewertungen von Tatsachen und unzählige Meinungen aufeinander treffen, wäre es völlig verfehlt, strenge Abläufe zu planen, weil man sich sonst die Kreativität zerstört, die in dieser Phase am wichtigsten ist.

171 Auch bei einem kreativ-chaotischen Planungsverfahren, in dem z.B. einzelne „Planungsinseln" entstehen, die sich erst langsam strukturieren, muss man sich darüber im Klaren sein, dass man sich im Stadium der Planung nicht nur bei unverbindlichen Vorüberlegungen befindet. Viele Manager achten nicht darauf, dass diese **Grenzen fließend** sind, und springen aufgrund höherer Entschlüsse und eines plötzlich verkürzten Zeitrahmens von unverbindlichen eigenen Vorüberlegungen direkt in die Verhandlungen mit Vertragspartnern. Solche Entwicklungen kann man nur verhindern, wenn man so früh wie möglich das Projekt definiert und klarmacht, dass es um **verbindliche Planung** geht, die in welcher Weise auch immer strukturiert werden muss.

Was dann zu geschehen hat, hängt von der Art des Projekts, der Firmenkultur und vielen anderen Faktoren ab, die von Fall zu Fall unterschiedlich sind. Die wichtigsten Planungsfaktoren, die man nahezu immer berücksichtigen muss, sind oben beschrieben. Ihr Zusammenwirken im zeitlichen Ablauf ist nun darzustellen.

172 „Der neunstöckige Turm begann mit dem Häufchen Lehm, die Reise von tausend Meilen mit einem Schritt." (*Lao-Tse*, Kapitel 64, S. 240). Dieser weltbekannte, meist aber nur in der zweiten Hälfte zitierte Satz wirft ein interessantes Licht auf die **Unterschiedlichkeit** der Planverfahren. Es gibt solche, bei denen der Plan zeitliche oder räumliche Distanzen überwinden muss (diese beginnen mit dem ersten Schritt), und ande-

V. Planungsszenarien

re, bei denen die Aufgabe darin liegt, ungeordnete Lagen zu strukturieren.

Bei beiden Verfahren kann man im Groben folgende Phasen unterscheiden:

⇨ – Vorbereitung,
– Verhandlung,
– Durchführung,
– Kontrolle.

Feiner aufgegliedert zeigen sich danach folgende Planungsschritte:
1. Situation analysieren
2. Verantwortung festlegen
3. Ziele, Alternativen und Auffangpositionen definieren
4. Mittel und Wege finden
5. Prioritäten setzen
6. Zeitrahmen festlegen
7. Mit dem Vertragspartner verhandeln
8. Risiken und Chancen bewerten
9. Lösungen suchen
10. Entscheiden
11. Durchführen
12. Kontrollieren

Bei der **Situationsanalyse** kommt es entscheidend darauf an, alle Überlegungen zum Problem völlig offen zu halten und grundsätzlich alles (aber auch alles) in Frage zu stellen einschließlich der Frage, ob das Projekt selbst überhaupt sinnvoll ist. Diese offene Haltung darf nicht mit der in vielen Unternehmen anzutreffenden Bereitschaft verwechselt werden, jede neue Idee mit **Denkverboten** abzuwürgen (dazu unten Rz. 616 ff.). Man kann kritische Fragen durchaus in kreativer Form stellen, muss dann aber mehr tun als darauf hinweisen, dass das Projekt etwas ganz anderes ist als das, was man schon immer gemacht hat. 173

Ohne unterstützende Firmenkultur sind offene **Brainstormings** zu Beginn von Projektphasen nicht realisierbar, und wenn Projekte über diese Anfangsschwierigkeiten nicht hinwegkommen, dann bleibt nichts anderes übrig, als zunächst die Firmenkultur zu ändern, bevor man sich an komplexe Planungsprozesse heranwagen darf.

Das Setzen von **Prioritäten** ist nicht nur nach Abschluss der Vorplanung, sondern danach in jeder Phase des Projekts nötig, wenn bei beschränkten Kapazitäten mehrere Aufgaben gleichzeitig zu erledigen sind.

Kreative Lösungen im Planungsstadium sind entscheidend davon abhängig, dass die Fähigkeit und Bereitschaft besteht, in jeder Lage die **Perspektive** zu **wechseln** und die Sichtweite anderer nicht nur zuzulassen, sondern sie **arbeitshypothetisch** zu begreifen und ernst zu nehmen.

VI. Vertragsvorbereitung

174 Wenn die unter I. bis V. dargestellten Überlegungen vollständig entwickelt worden sind, wird man sich der Frage zuwenden, wie der Vertrag organisatorisch vorzubereiten ist. Dabei merkt man immer wieder, dass kleine Verträge oft genauso schwer vorzubereiten und zu behandeln sind wie komplexere Vorhaben, wenn sie von Standardsituationen abweichen. Gerade in starken Positionen neigt man dazu, **notwendige Informationen** zu unterlassen und **Details** zu übersehen oder die eigene Position in Frage zu stellen.

Erfahrungsgemäß neigt man im Planungsstadium dazu, sich nur die eigenen Ziele vor Augen zu führen, nicht aber mit ausreichender Tiefe zu überdenken, welche Position die Gegenseite wohl einnehmen wird. Man wird dann oft von Forderungen überrascht, auf die man sich besser hätte vorbereiten können.

Qualitativ hochwertige Planung bildet daher für alle in Frage kommenden Perspektiven Szenarien aus, die den jeweils besten und schlechtesten Fall einschließlich der **Eckdaten** beschreiben, die die eigene Position und diejenige der anderen Seite beschreiben.

Erst so gewinnt man die Chance, so früh wie möglich die **Details** zu sehen, auf die es später oft entscheidend ankommt.

1. Planung

175 Art, Umfang und Ablauf der Vertragsvorbereitung hängen unmittelbar mit der **Form** und dem **Inhalt** des Vertrages zusammen.

Die standardisierten Geschäftsvorfälle des täglichen Lebens bedürfen natürlich keiner besonderen Vorbereitung, da man bei ihnen die vertraglichen Voraussetzungen und die Konsequenzen, die der Vertrag haben wird, immer intuitiv richtig einschätzen kann.

176 Außerhalb dieses Bereichs gibt es jedoch eine **Fülle** von **Sachverhaltsgestaltungen**, bei denen man die übliche Praxis einer Ad-hoc-Entscheidung überprüfen und sich überlegen sollte, ob ein unbedeutend erscheinender Vertragsschluss nicht doch weit reichende Konsequenzen haben kann, die eine sorgfältigere Vorbereitung rechtfertigen.

Dabei ist die gedankliche Vorbereitung und **Risikoeinschätzung** viel bedeutender als ein vollständiger Rückgriff auf die Werkzeuge, Arbeitstechniken und anderen Elemente des Vertragsdesigns, von denen man meist nur Teile benutzen kann. Hat man es sich aber einmal angewöhnt, be-

VI. Vertragsvorbereitung

stimmten Fragen im Bereich der **Vertragsvorbereitung** auch dann nachzugehen, wenn es sich um einen **Routinefall** handelt, erreicht man dadurch erhöhte Planungssicherheit. Hierzu gehört vor allem eine möglichst umfassende Information über die eigenen Perspektiven und über die Person des Vertragspartners und dessen voraussichtliche Sicht der Dinge.

Die nachfolgenden Hinweise zur Vorbereitung beziehen sich auf die Entwicklung eines individuellen, komplexen Einzelvertrages, also die umfassendste Aufgabe, die gegebenenfalls zu lösen ist. Der sicherste Planungsablauf ist folgender: 177

⇨ – **Ermittlung** des allgemeinen **Planungsziels,**
  – Festlegung der **Funktion** des Vertrages im Rahmen der Gesamtplanung,
  – Zuweisung der **Planungsverantwortung,**
  – Durcharbeiten der **Planungsfaktoren** (oben Rz. 21 ff.),
  – Ermittlung der **eigenen Interessen** und vorhersehbaren Verpflichtungen,
  – Abschätzung der **Interessen** des **Vertragspartners,**
  – Ermittlung und Bewertung der **Interessen Dritter,**
  – Erarbeitung der **Gesamtstrategie,**
  – Durchdenken einzelner **Szenarien,**
  – Ermittlung aller möglichen **Alternativen,**
  – Festlegung der **Abbruchkriterien** für das Projekt,
  – Definition des **Zeitrahmens,**
  – Erarbeitung der ersten **internen Entwürfe,**
  – **Abstimmung** dieser Entwürfe,
  – Aufnahme des **Kontakts** mit der **Gegenseite,**
  – Einarbeitung der **Vorschläge** des Vertragspartners,
  – Vorbereitung der **Verhandlungsstrategie** mit internen Checklisten etc.

Diese Ideallinie, die natürlich auch ideale Ausgangslagen und Fähigkeiten voraussetzt, wird in der Praxis selten erreicht. Es gibt jedoch einen **Grundlagenfehler**, den man versuchen muss unter allen Umständen zu vermeiden: Das sind verfrühte Gespräche und Verhandlungen mit einem Vertragspartner, die man führt, bevor man die eigene Position hinreichend durchdacht hat. Diesen Fehler kann man auch unter schwierigen Bedingungen (Zeitdruck, komplexe Sachverhalte) vermeiden, indem man nur früh genug die richtigen **Prioritäten** setzt, zu denen in erster Linie die Klärung der **eigenen Gedankenwelt** gehört. Bei der Vertragsvorberei- 178 tung und mehr noch bei der Vertragsverhandlung ist nichts schädlicher als ein ständiger Wechsel der eigenen Positionen, die aufgrund mangelhafter eigener Planung immer wieder korrigiert werden müssen.

179 Aber auch wenn die eigene Position geklärt ist, sollte man versuchen, außerhalb von mehr oder weniger unverbindlichen Kontaktgesprächen eine richtige Vertragsverhandlung erst zu führen, wenn man selbst mindestens eine voll **ausgearbeitete Checkliste**, möglichst aber schon einen **Vertragsentwurf** entwickelt hat, dessen Design man selbst bestimmt: So kann man die taktischen Vorteile der **Entwurfsregie** in vollem Umfang nutzen.

2. Teamwork Interne Organisation, Computer und Software

Auf die Arbeit im Team (Rz. 66 ff.) und die Zusammenarbeit mit Anwälten und anderen Beratern (oben Rz. 137 ff.) ist schon hingewiesen worden.

Wie Projektteams organisiert werden, hängt von der Firmenkultur, den Management-Techniken, die die Beteiligten beherrschen, ihrer Kommunikationsfähigkeit, der Art des Projekts und vielen anderen Faktoren ab. Die Unterstützung der Vertragsplanung durch leistungsfähige Computer und Software sind wichtige Erfolgsfaktoren. Beispielhaft seien genannt:

- Datenbanken für die Verwaltung des eigenen Wissens und der eigenen Erfahrung
- Einrichtung von Datenräumen, auf die alle Beteiligten zugreifen können
- Programme für Checklisten, Excel Tabellen, Charts und Mindmaps
- Text – und Übersetzungsprogramme
- wirkungsvolle Dokumentenverwaltung.

Hardwareseitig haben wir das meiste zur Hand und auch an Softwareprogrammen fehlt es nicht. Problematisch ist das Zusammenwirken der einzelnen Elemente. Hier wird noch sehr viel improvisiert.

180 Für das Gelingen der Vorbereitung in rechtlicher Hinsicht ist entscheidend, dass bereits im Stadium der Planung erkennbar Führung stattfindet, also

- einem **führenden Manager** die **Verantwortung** für die Vertragsvorbereitung zugewiesen wird und
- die **Kompetenzen**, über die er verfügt, sowohl für ihn selbst als auch für die anderen Beteiligten, mit denen er zusammenarbeitet, klar definiert sind.

Fehlt es daran, können erhebliche Unsicherheiten über die wirklichen Planungsziele entstehen, Entscheidungen, die man für verbindlich hält, werden häufig korrigiert und damit die Autorität des führenden Planers untergraben, wodurch in extremen Fällen das gesamte Projekt auseinander fallen kann.

Bei **Planungsgruppen** aus mehreren Personen hängt der Erfolg wesentlich davon ab, dass die Beteiligten das Brainstorming beherrschen und sich gruppendynamischer Prozesse bewusst sind. Das gilt auch dann, wenn ein rein **hierarchischer Entscheidungsstil** gepflegt wird: Gruppendynamik entsteht nämlich unter allen Umständen auch und gerade in hierarchisch organisierten Unternehmen – sie ist dort nur schwerer zu entdecken als in flexibler geführten Organisationen (dazu noch unten Rz. 508 ff.). 181

Folgende Ablaufplanung hat sich bewährt:

– **Teamziele** und **Einzelziele** vereinbaren/vorgeben,

– **Teammitglieder** beim Erreichen der Ziele **unterstützen,**

– In unklaren Situationen **Führung übernehmen,**

– Bei **Konflikten** im Team schnell **entscheiden!**

– Ziele **überprüfen**/bestätigen/anpassen,

– **Ergebnisse kontrollieren** und besprechen.

Wenn das Unternehmen keinen geeigneten Manager hat, um sie ausführen zu lassen, muss ein anderes Teammitglied diese Führungsaufgabe ausdrücklich übertragen erhalten. Dafür kommen in erster Linie nur Unternehmensberater und Rechtsanwälte in Frage, weil sie aufgrund ihrer beruflichen Ausbildung gewöhnt sind, Teams zu führen. Wirtschaftsprüfer und Steuerberater eignen sich weniger.

3. Ideensammlung

Ob die Ideensammlung (Brainstorming) wirklich gelingt, hängt entscheidend von der **Firmenkultur** ab. Sie muss es ermöglichen, dass alle Beteiligten den Mut aufbringen, nach neuen Ideen zu suchen, ohne sich von eigenen Interessen und Statusfragen behindern zu lassen. Hierzu muss man 182

– die **Differenz** zwischen Wunsch und Wirklichkeit **analysieren** können,

– vorbehaltlos fragen, wie man auf eine bestimmte Situation **Einfluss** nehmen kann,

– sich vorsorglich fragen, was man tut, wenn **keine Lösung** gefunden wird.

Die Ideensammlung wird wesentlich beeinträchtigt, wenn es Teilnehmer gibt, deren **innere Haltung** einen offenen Ideenaustausch verhindert. Zerstörerisch wirkt vor allem das typische **Double-bind-Verhalten**, wie man es in strengen Hierarchien antrifft. Es kann bildhaft mit folgenden Sätzen illustriert werden (Killerphrasen): 183

– „Konflikte müssen ausgetragen werden – aber nicht mit dem Chef."
– „Teamarbeit ist notwendig – aber Anerkennung wird individuell verteilt."
– „Fehler dürfen nie verschwiegen werden, aber wehe dem, der sie verursacht hat."

184 Hilfreiche Mittel, um solche Einstellung zu korrigieren, sind **Regeln** für Brainstormings, die man vereinbart, bevor man in die Phase der Ideensammlung eintritt. Solche Regeln lauten etwa:
– **keine formellen Regeln** für die Besprechung,
– Zuziehung **aller** an dem Entscheidungsprozess interessierten **Personen,**
– **Wortmeldungen** zunächst durch die **Rangniederen** und Zurückhaltung der Ranghöheren,
– Zulassung von **Vier-Augen-Gesprächen** aller Beteiligten in den Pausen,
– nur **offene Aufzeichnungen** bezüglich der diskutierten Ideen (keine internen Protokolle oder Aktennotizen für Personen, die nicht teilgenommen haben, also auch nicht für Vorgesetzte).

185 Ein weiterer Erfolgsfaktor besteht im Vorhandensein einer oder mehrerer Personen, die in kritischen Situationen die Fähigkeit entwickeln, als **Moderator** zu wirken. Wenn ein vorgesetzter Manager diese Eigenschaft hat und die Meinungsbildung „von unten nach oben" (japanisch: Ringi-System) fördert, entwickeln die Dinge sich meist erfreulich, es kann aber auch ein Berater, vor allem der eingeschaltete Anwalt, diese Funktion leichter als andere übernehmen, weil er außerhalb der Firmenhierarchie steht.

186 Es wird sich in der Regel nicht empfehlen, ein Brainstorming zu veranstalten, an dem die **andere Seite** teilnimmt: Taktische Überlegungen zwingen nahezu immer dazu, bestimmte Ideen verdeckt zu halten, und damit fällt ein wesentliches Grundelement offener Ideensammlungen weg.

4. Tatsachen und Meinungen

187 Beim Sammeln und Bewerten von Ideen und Vorschlägen, die im Rahmen der Vertragsvorbereitung entwickelt werden, müssen Tatsachen und Meinungen sorgfältig voneinander unterschieden werden. Unter **Tatsachen** kann man alles verstehen, was durch Beobachtungen Dritter objektiv festgestellt werden kann, während **Meinungen** subjektive Einschätzungen von Tatsachen sind, die mehr oder weniger „realistisch" sind.

VI. Vertragsvorbereitung

Die Unterscheidung wird immer deutlich an den Gefühlen, die, sobald sie geäußert werden, von Dritten als Tatsachen feststellbar sind und daher nicht geleugnet werden können, während sie andererseits als subjektives Empfinden in einer bestimmten Situation reinen Meinungscharakter haben können.

Beide Bereiche haben natürlich erhebliche Überschneidungen, die sich für Juristen am einfachsten beobachten lassen, wenn man die Rechtsprechung zur falschen Tatsachenbehauptung (Verleumdung) im Verhältnis zur Beleidigung (Ehrverletzung) näher analysiert. 188

Für die Vertragsvorbereitung ist dieser Unterschied deshalb so wichtig, weil man im Bereich der Tatsachen immer leichter eine Übereinstimmung zwischen mehreren Positionen erzielen kann als im Bereich der Meinungen. Wenn innerhalb heftiger Diskussionen keiner der Beteiligten merkt, ob er über Tatsachen oder Meinungen streitet, ist die Gefahr eines Abgleitens ins Irrationale hoch und eine gemeinsame Zielbildung eher unwahrscheinlich. 189

In der Praxis wirkt sich das so aus: Immer wieder weist in kritischen Gesprächssituationen der Vorbereitungsgruppe oder bei späterer Verhandlung mit dem Vertragspartner ein Beteiligter engagiert darauf hin, dass dies oder jenes eine Tatsache sei, die doch niemand leugnen könne. Wenn in einer solchen Situation alle Beteiligten sich zunächst einmal darum bemühen zu klären, ob man wenigstens von der Tatsachenqualität einer bestimmten Behauptung überzeugt ist, kann die Verhandlung immer noch ein Ergebnis bringen. Prallen jedoch lediglich Meinungen aufeinander, werden die meisten Verhandlungen ergebnislos abgebrochen oder der Widersprechende beugt sich nicht den **Argumenten**, sondern den **Machtverhältnissen**. 190

5. Tatsachen und Bilder

Bei der Erarbeitung der eigenen Position sollte man sich im Bereich der Informationssammlung möglichst nicht nur mit der Zusammenstellung von Tatsachen begnügen, sondern sich darüber hinaus bemühen, Zusammenhänge herzustellen und diese möglichst plastisch abzubilden. „Bilder sagen mehr als Worte", und noch mehr sagen **bewegte Bilder**, die man durch Charts, Mind-Mapping oder durch andere Darstellungsformen (graphische Software) entwickeln kann. 191

Bei der späteren Vertragsverhandlung sind solche Techniken aus Zeitgründen oft nicht einsetzbar (wohl aber immer empfehlenswert). Bei der internen Abstimmung hat man aber bei guter Zeitplanung immer die Gelegenheit, die Entwicklung verschiedener Modelle hochzurechnen und Szenarien zu bilden, die **anschaulich** machen, wo im Zweifel die richtigen Entscheidungen liegen.

192 Dabei empfiehlt es sich, **grafische** oder **tabellarische Übersichten** herzustellen, in denen z.B. der derzeitige Informationsstand, die vorhandenen Alternativen und mögliche Lösungen nach **einheitlichen Schemata** aufbereitet werden, um das Vergleichen zu erleichtern.

Der Einsatz graphischer Darstellungen kann bei späteren Verhandlungen mit der anderen Seite von unschätzbarem Wert sein, um Missverständnisse zu vermeiden.

6. Dokumentation

193 Die Protokolle und schriftlichen Ausarbeitungen, die so entstehen, sind wichtige Voraussetzungen nicht nur für die spätere Vertragsdokumentation, sondern vor allem für Berater wichtig, die nicht an allen vorbereitenden Sitzungen teilnehmen können und möglichst umfassend informiert werden sollen.

7. Informationen über den Vertragspartner

194 Bei allen Verträgen ist es unabhängig von ihrem Inhalt wichtig zu wissen, mit wem man es zu tun hat. Die nachfolgenden Informationen über den Vertragspartner müssen so früh wie möglich **erhoben**, spätestens vor Vertragsschluss noch einmal **überprüft** und während der Vertragsdurchführung **aktuell gehalten** werden, weil sie in allen Phasen des Vertrages relevant sein können:

➪ 1. Firmenbezeichnung

2. Rechtsform

3. Hauptsitz
   - Eingetragen im Handelsregister von ...
   - Handelsregisterauszug liegt vor: ja/nein

4. Niederlassungen
   - Niederlassungen/Beteiligungen Inland (Handelsregisterauszug erforderlich, falls Vertrag mit der Niederlassung zustande kommt)
   - Niederlassungen/Beteiligungen Ausland (Handelsregisterauszug erforderlich, falls Vertrag mit der Niederlassung zustande kommt)

5. Kapitalausstattung
   - Eigenkapital (falls Auszug aus der Bilanz erhältlich, diesen anfordern/Bundesanzeiger/bei veröffentlichungspflichtigen Firmen letzte Bilanz vom Handelsregister anfordern)

6. Organisationsstruktur
   - Organigramm des Partners mit allen Unternehmen
   - Mitarbeiterzahl, (verteilt auf Hauptniederlassungen, Niederlassungen Inland/Niederlassungen Ausland)
   - Zeichnungsrechte
7. Wirtschaftliche Informationen
   - Umsatzentwicklung der letzten fünf Jahre Inland/Ausland
   - Gesamtumsätze auf einzelne Tätigkeitsbereiche
   - Gewinne
   - Kalkulationsgrundlagen
   - Patente, Warenzeichen
8. Zahl der Mitarbeiter
9. Tätigkeitsbereiche

   Einzelne Tätigkeitsbereiche des Partners, die für den Vertrag relevant sind
10. Wirtschaftsauskünfte
    - Auskunfteien (Creditreform etc.)
    - Wirtschaftsdatenbanken
    - Bankverbindungen
    - vertrauliche Mitteilungen

8. Rechtslage

Der Erfolg bei der Prüfung der Rechtslage hängt im Wesentlichen davon ab, wie zutreffend die Ermittlung der relevanten Tatsachen war. Es ist ein Grundirrtum von Managern, dass Anwälte rechtlich brauchbare Aussagen machen können, ohne bis ins Detail zu wissen, worum es geht. Die Frage, ob zum Beispiel ein bestimmtes Vertriebssystem kartellrechtlich und/oder wettbewerbsrechtlich zulässig ist, kann von unscheinbaren Details abhängen, die zunächst aufzuklären sind. Welche Tatsachen relevant sind, kann wiederum nur der Anwalt festlegen, so dass eine erfolgreiche Arbeit wesentlich von seiner frühzeitigen Einschaltung abhängt (oben Rz. 66 ff.).

Manager sind gegenüber der Einholung von **Rechtsgutachten** im Rahmen der Vertragsvorbereitung sehr zurückhaltend, wenn sie dazu nicht gezwungen sind, um sich höheren Ortes Rückendeckung zu verschaffen. Auch in diesen Fällen werden oft nur **steuerliche** Prüfungen vorgenommen, die Klärung der anderen Rechtsfragen (Due Diligence) überlässt man oft ihrer zufälligen Klärung im Rahmen der Vertragsentwürfe oder

der späteren Verhandlungen. Ob dieses Verhalten zu hinreichender Planungssicherheit führt, hängt vom Einzelfall ab. Man muss natürlich zugeben, dass noch so umfangreiche Rechtsgutachten in den seltensten Fällen eine endgültige rechtliche Planungssicherheit schaffen, denn nicht alle Fragen sind durch gesetzliche Regeln und Rechtsprechungslinien so klar entwickelt, dass man stets auf ihnen aufbauen könnte. Diese Lage findet sich aber auch bei technischen Fragen (z.B. Statikgutachten), bei denen es in der Praxis viel häufiger zu gutachtlichen Festlegungen kommt. Wer Vertragsplanung betreibt, ohne seinen Beratern eine ausreichende Aufklärung der Tatsache zu gestatten, muss die damit verbundenen Unsicherheitsfaktoren hinnehmen.

197 Es gibt einen **Mindestumfang**, in dem die **Rechtslage** bei Verträgen unabhängig von ihrem jeweiligen Inhalt geprüft werden muss. Es handelt sich um die Themenlisten, die in Teil 6 (Vertragsrecht) entwickelt werden. Aufzuklären ist die Rechtslage daher bezüglich

– aller Gesetze, die den Vertrag beeinflussen,

– öffentlich-rechtlicher Genehmigungen,

– zivilrechtlicher Zustimmungen,

– allgemeiner Wirksamkeitsvoraussetzungen,

– vertraglicher und gesetzlicher Rechte Dritter.

198 Oft ist es auch erforderlich, die **Rechtslage** nicht nur für die gewählte Konstruktion, sondern auch für mögliche **Alternativen** zu prüfen, die später in den Verhandlungen eine Rolle spielen können. Wendet sich nämlich die Verhandlung plötzlich solchen Alternativen zu und verwirft man die ursprünglich angedachten Konstruktionen, besteht selten genug Zeit, deren rechtliche Voraussetzungen zu klären – eine der am schwersten beherrschbaren **Fehlerquellen** im Zuge der Vertragsentwicklung.

199 Auch die Prüfung der Rechtslage setzt voraus, dass man gelernt hat, in **Szenarien** zu denken, also Rechtslagen nicht nur statisch zu sehen, sondern ihre möglichen **Entwicklungen** zu **prognostizieren**. Das ist vor allem dann notwendig, wenn der Vertragspartner aufgrund der Gesetzeslage **Wahlrechte** hat, so etwa die Möglichkeit, entweder Nachbesserung oder Schadensersatz zu verlangen, ohne dass die verpflichtete Partei das beeinflussen kann. Wählt nämlich die eine Seite zum Beispiel die Nachbesserung und ist die andere Seite hierzu aus technischen Gründen nicht fähig (wäre es anders, wäre der Fehler wahrscheinlich gar nicht entstanden), muss rechtzeitig für einen zuverlässigen Subunternehmer gesorgt werden, wenn nicht das Recht zur Selbstnachbesserung verloren gehen soll (§ 637 BGB). Vertragsstrategie bedeutet: Kontrolle über die Situation (oben Rz. 1 ff., Teil 1 Rz. 35), und in solchen Details wirkt sie sich aus.

9. Entwurfsregie

Die Entwurfsregie, deren taktische Bedeutung oben im Einzelnen skizziert ist, erreicht man am einfachsten dadurch, dass man sich so früh wie möglich bemüht, einen **konsistenten Vertragstext** zu erstellen. Hat nämlich die eine Seite einen Vertragsentwurf vorgelegt, so verzichtet in den meisten Fällen die andere Seite auf die Erarbeitung eines eigenen Gegenentwurfs, weil man (zu Unrecht) den taktisch hohen Wert der Entwurfsregie gering einschätzt und die Kosten fürchtet.

Die hier gebotene **Schnelligkeit** kann auch ein **unterlegener Vertragspartner** entwickeln und sich dadurch entscheidende Vorteile verschaffen. Jede Änderung an seinem Vertragsentwurf wird nämlich – ob die Gegenseite das nun will oder nicht – als Konzession interpretiert, auch wenn sie gegebenenfalls nur der Klarstellung des Textes dient. Solche **formalen Konzessionen** müssen oft genug durch **inhaltliche Zugeständnisse** erkauft werden.

Der einfachste Weg, die Entwurfsregie zu erringen, ist das frühzeitige **Angebot** an die Gegenseite, einen eigenen Vertragsentwurf vorzulegen. Dieses Angebot wird von einem unerfahrenen Vertragspartner, der das unberechtigte Selbstbewusstsein entwickelt hat, er könnte seine Vorstellungen gegen jeden beliebigen Entwurf jederzeit durchsetzen, als freundliche Geste empfunden, während sie ihm in Wirklichkeit eine wichtige strategische Position nimmt.

Erfahrenen Vertragspartnern gegenüber, bei denen man davon ausgehen kann, dass sie ein entsprechendes Angebot ablehnen werden, kann man sich durch schnelles Handeln gleichwohl in die gleiche Situation bringen: Wer als erster – auch unabgestimmt – seinen Vertragsentwurf vorlegt, zwingt die andere Seite damit, entweder an diesem Entwurf entlang zu verhandeln oder sich die Mühe und Kosten zu machen, einen eigenen Gegenentwurf vorzulegen, was oft genug aufgrund falscher Einschätzung der dadurch entstehenden taktischen Vorteile unterlassen wird.

Natürlich ist die **Entwurfsregie** immer auch von den **Machtverhältnissen** zwischen den Parteien bestimmt. Das wirkt sich vor allem bei Verträgen aus, die bei größeren Unternehmen in **Standardformen** existieren, über die kleinere Unternehmen nicht verfügen: Der Abschluss eines Forschungs- und Entwicklungsvertrages ist für einen Großkonzern ein Alltagsgeschäft, das Ingenieurbüro, das ihn abschließen soll, hat aufgrund der gegebenen Machtstrukturen selten die Gelegenheit, hierzu eigene Alternativen zu entwickeln.

Bei dieser Sachlage muss man sich immer bewusst sein, dass Machtverhältnisse nicht ewig dauern und dass es gerade bei Großkonzernen immer wieder einzelne Abteilungen gibt, die von den vorhandenen Entwürfen in anderen Abteilungen keine Ahnung haben. Wenn in diesen Fällen die Verträge nicht einheitlich durch zentrale Rechtsabteilungen koordiniert werden, hat man immer wieder die Chance, mit eigenen Entwürfen durchzudringen, auch wenn die Gegenseite irgendwo einen geeigneten Standardvertrag gehabt hätte.

203 Kann man gegen die Standardverträge eines mächtigen Vertragspartners in den wesentlichen Grundzügen nichts ausrichten, so verbleibt doch bei den meisten Vertragsprojekten im Bereich **individueller Regeln** noch genügend **Spielraum**. Es gibt außerhalb der Massen-AGB nahezu keinen Vertrag, der nicht auch individuelle Vereinbarungen enthält, und in diesen Fällen muss der kleinere Vertragspartner sich darauf konzentrieren, seine Vorstellungen in diesen individuellen Teilen möglichst umfassend zu regeln. Gelingt das, sind aufgrund individueller Verhandlung gleichzeitig auch die allgemeinen Regeln der Standardformulare außer Kraft gesetzt. Ein typisches Beispiel ist etwa die Haftung des Bürgen, die in Bankformularen stets im Detail beschrieben ist. Solange diese Bürgschaften noch nicht unterschrieben sind, kann man mit den Banken in den meisten Fällen darüber sprechen, eine Höchstbetragsbürgschaft zum Beispiel nur auf den Hauptsachebetrag zu beschränken und die (manchmal viel gefährlicheren) Zinsen auszunehmen. Ein anderes Mittel, die Inanspruchnahme aus Bürgschaften einzuschränken, sind Vereinbarungen mit der Bank, anderweitige Sicherheiten zunächst zu realisieren, bevor sie auf die Bürgschaft zurückgreift oder den Schuldner in vereinbarter Weise zu überwachen etc., etc. Solche Vereinbarungen sind viel wertvoller als alles, was man mit allgemeinen juristischen Formeln entwickeln könnte.

204 Bei Verträgen, bei denen es um **technische Leistungen** geht, gilt als Faustformel, dass die individuelle Verhandlung über den Leistungsinhalt – also den Teil, der am wenigsten von rechtlichen Regeln geprägt ist – das hauptsächliche taktische Ziel sein muss, denn der **Leistungsinhalt** kann von Formularverträgen nur sehr begrenzt geregelt werden. Dadurch ergeben sich auch bei Verträgen, die sonst bis aufs letzte Komma vorgeschrieben sind (z.B. die Beschaffungsbedingungen der öffentlichen Hand VOB/B, VOL/B, BVB etc.), noch erhebliche Spielräume für individuelle Verhandlungen.

205 Man muss auf die Entwurfsregie verzichten, wenn man nicht das notwendige Know-how hat (oder die Kosten scheut, es zu erwerben), um einen anständigen Vertrag zu erstellen, oder wenn die Machtverhältnisse so sind, dass man keine Chance hat, sie zu gewinnen.

Es ist oft auch aufgrund gegebener Machtverhältnisse nicht möglich, an Vertragsentwürfen, die die andere Seite vorlegt, Wesentliches zu ändern.

206 Bei **Standardverträgen** muss man ohnehin auf das **Aushandeln** des Standardtextes verzichten, wenn man sich den Schutz des AGB-Gesetzes erhalten will.

In solchen Situationen hat man manchmal noch die Möglichkeit, bestimmte günstige Interpretationen in Begleitbriefen (Side Letters) unterzubringen.

10. Interne Abstimmung der Entwürfe

Vertragsentwürfe müssen zunächst intern abgestimmt werden. Das ist einfacher gesagt als getan, weil Manager für alles Mögliche Zeit haben, aber nicht dafür, Verträge zu lesen. Die Meinung, man müsse den Anwälten nur sagen, was man wolle, die dann entstandene Formulierung könne man aber – aufgrund fehlender Fachkenntnisse – gar nicht richtig bewerten, ist schon beim ersten Hinsehen falsch: Die Qualität von Verträgen lebt in erster Linie davon, dass diejenigen sie verstehen, die sie benutzen sollen. Verträge sind nicht dazu da, Juristen intellektuell zu erfreuen, sie müssen vielmehr **praktisch handhabbar** sein. Ein intelligent mitlesender Mandant ist für jeden Anwalt eine erfreuliche, wenn auch seltene Erfahrung: Wer einmal miterlebt hat, wie sich ein Vertrag aus groben Entwürfen durch intensive Zusammenarbeit der beteiligten Projektgruppen zu einem individuellen und intelligenten Werk entwickelt, in dem die Verfasser ihre eigenen Absichten richtig widergespiegelt finden, wird sich nicht wundern, dass die Gegenseite solchen Entwürfen meist wenig entgegenzusetzen hat. Bei intensiver interner Abstimmung werden nämlich viele Argumente, die die Gegenseite gegen bestimmte Formulierungen erheben wird, schon durchdacht, so dass in der Verhandlung die Gegenargumente sofort bereitliegen.

Wenn es unter Zeitdruck nicht möglich ist, ausreichende interne Abstimmungen vorzunehmen, ist es für Anwälte in Sozietäten manchmal hilfreich, einen anwaltlichen Partner den Vertrag ohne jede Vorinformation lesen zu lassen, so wie ein Richter ihn läse. Jeder juristische Text wirft Fragen nach den Motiven und Hintergründen auf, und diese Fragen führen meist zur Aufdeckung von Inkonsistenzen, logischen Brüchen, Lücken und anderen Mängeln, die erste Fassungen immer aufweisen.

Bei größeren Projekten empfiehlt es sich, neben dem Vertragsentwurf noch schriftliche Darstellungen von taktischen und strategischen Konzepten niederzulegen und wenigstens diese mit den zuständigen Managern zu besprechen. Dieses Verfahren gewährleistet, dass die gröbsten Missverständnisse zwischen Mandanten und Anwälten so früh wie möglich und nicht erst in der Verhandlung entdeckt werden. Leider bleiben aber auch viele derartige Hinweise ungelesen.

11. Verträge mit ausländischen Vertragspartnern

Wenn Verträge mit **fremdsprachigen Vertragspartnern** geschlossen werden sollen, ergeben sich eigene Probleme (siehe ausführlich Teil 9).

Dabei sind die einfachsten Fälle noch diejenigen, bei denen z.B. ein deutsches Unternehmen mit einem amerikanischen Unternehmen einen Vertrag nach amerikanischem Recht schließt. Hier wird das deutsche Unternehmen meist einen amerikanischen Anwalt einschalten, der die Entwurfsverantwortung trägt und seinem deutschen Kollegen nur zu berichten hat. Dessen Aufgabe wiederum besteht darin, seinem Mandanten die Art des Vorgehens (und manchmal auch die Höhe der Kosten) zu erklären, ohne dass ihn jedoch eine inhaltliche Verantwortung träfe.

211 Schwieriger wird es schon, wenn ein ausländischer Vertragspartner mit mangelhaften Sprachkenntnissen ohne eigenen deutschen Anwalt oder mit einem Anwalt auftritt, dessen Sprachkenntnisse nicht besser sind als die seines Mandanten. Man ist in diesen Fällen nur dann auf der sicheren Seite, wenn man die Entwurfsregie hat und der Vertrag in deutscher Sprache und nach deutschem Recht abgefasst ist. Das Risiko, dass die Gegenseite dann Missverständnissen unterliegt, hat sie selbst zu tragen. Wenn man in solchen Fällen Arbeitsübersetzungen in die Fremdsprache schafft, muss in jedem Fall klargestellt werden, dass die **deutsche Sprachfassung führt**.

Besondere Schwierigkeiten tauchen auf, wenn man sich über die Frage des anzuwendenden Rechts und der Vertragssprache nicht schon im Vorbereitungsstadium bewusst ist und sie möglicherweise sogar für rechtlich irrelevant hält. Viele Manager können sich seltsamerweise nicht vorstellen, dass auch im vereinten Europa jedes Land nach wie vor eine eigene Rechtsordnung hat, und noch weniger wissen, dass z.B. in den USA jeder Bundesstaat eine eigene zivilrechtliche Gesetzgebung hat, so dass es an einem einheitlichen Bürgerlichen Recht wie etwa in Deutschland fehlt.

212 Wenn man über all das nichts weiß, kann es zu seltsamen Situationen kommen: Die eine Seite legt einen Vertrag nach deutschem Recht in englischer Sprache vor (weil das die Verhandlungssprache ist), die andere Seite bringt ohne jegliche Vorankündigung in die Verhandlung einen eigenen Entwurf mit, der zwar in englischer Sprache abgefasst ist, aber italienisches Recht zugrunde legt. Da in der Schweiz gezahlt werden soll, einigt man sich schnell und „unproblematisch" auf Schweizer Recht (das beiden Parteien unbekannt ist) und einen Gerichtsstand in Paris (weil dort die International Chamber of Commerce ihren Sitz hat).

Ein Manager, der einen solchen Vertrag abschließt, ohne seine Juristen oder Anwälte zu fragen, muss sich darüber im Klaren sein, dass eine auch nur näherungsweise Abschätzung von Prozessrisiken praktisch nicht möglich ist. Man kann dann in einer Krisensituation auch nur sehr schwer Verhaltensmaßregeln entwickeln, die über die Empfehlung zu weit gehender Nachgiebigkeit hinausgehen.

VI. Vertragsvorbereitung

Bei all dem ist das Risiko, dass die beiden Parteien sich aufgrund unterschiedlicher Sprachkenntnisse oder Einschätzungen schon in der Sache missverstehen, noch gar nicht erörtert: Wenn Russen und Libanesen auf Englisch verhandeln, kann man sich vorstellen, dass schon die Sprache des Vertrages selbst das wesentliche Auslegungsproblem bietet, aber auch verhandlungssicher Englisch sprechende Manager und Anwälte haben selten genug ausreichende Kenntnisse, um schriftliche Verträge aufzusetzen oder zu kontrollieren.

12. Letter of Intent

Der Letter of Intent hat den Zweck, die **Vertrauenswirkungen**, die durch die Aufnahme von Vertragsverhandlungen entstehen, zeitlich zu fixieren (erst mit Zugang des Briefes soll das Vertrauen entstehen können) und darüber hinaus die an sich unbegrenzte Haftung für Vertrauensschaden auf bestimmte Rechtswirkungen einzuschränken (zum Thema im Detail: *Heussen*, Anwalts-Checkbuch Letter of Intent). Diese Rechtswirkungen sind frei vereinbar.

Typisch sind etwa:

- Zweck der Verhandlungen
- **Verbote**, während der Verhandlungen mit einer anderen Partei **parallel zu verhandeln**,
- **Geheimhaltungsvereinbarungen** für bestimmte Verhandlungsthemen,
- **Preisgabe** bestimmten **Know-hows**,
- Verbot der **Benutzung** von **Know-how** nach Abbruch der Verhandlungen,
- Verpflichtung zu bestimmten personellen und sachlichen **Vorinvestitionen**,
- **Erstattungsregelungen** für solche Kosten,
- **Haftungsvereinbarungen**, die gegenständlich oder summenmäßig begrenzt sind,
- **Haftungsausschlüsse**,
- Regelungen der **Kosten** für die Vereinbarungen,
- **Rechtswahl**, **Gerichtsstand** u.a. allgemeine Bestimmungen (die allerdings in der Regel fehlen).

Gibt es keinen Letter of Intent, hat es ein Vertragspartner, wenn er Vertrauensschaden erlitten hat, zwar in der Regel sehr viel schwerer, zu beweisen, dass die andere Seite mit Vorinvestitionen etc. rechnen musste, er kann im Schadensfall aber seine Ansprüche, wenn er über die Beweisklippe hinwegkommt, unbegrenzt geltend machen. Solche Ansprüche können sein:

- Ersatz von Vorinvestitionen,
- Ersatz von aufgewendeten Beratungskosten, insbesondere Anwaltskosten,
- Schadensersatz wegen entgangenen Gewinns,
- Schadensersatz wegen des enttäuschten Vertrauens.

Liegt hingegen ein Letter of Intent vor, dann beschränken sich die Rechtsfolgen auf die konkreten Regelungen, die zumeist Art und Umfang der Haftung ansprechen, weil sonst der Austausch von Absichtserklärungen keinen großen Wert hätte.

2 Vertragsdesign

Rz.

I. Entwurfsstrategie 217
1. Vertragsformen 217
2. Begriff: Vertragsdesign 221
3. Strategie und Taktik 229

II. Wissensmanagement: Die Werkzeuge für das Vertragsdesign 233
1. Checklisten 234
2. Vertragsmuster 237
3. Vertragssammlungen 238
4. Rechtsprechung............... 239
5. Literatur..................... 240
6. Datenbankinformationen und Newsletter................... 241
7. Softwareunterstützung 242
8. Einbindung in das Firmennetzwerk 246
9. Einbindung der Anwälte in das Netzwerk................... 247
10. Videokonferenzsysteme, Bildtelefonie (Skype) 248
11. Hardwareausstattung 249
12. Elektronische Signaturen 250

III. Arbeitstechnik................. 251
1. Zettelsystem 253
    a) Grundidee: Ein Zettel = Ein Gedanke.................. 253
    b) Einheitliches Format 256
2. Charts, Mind-Mapping 257
3. Texte....................... 259
4. Teamwork 261
5. Zeitmanagement............. 262a

IV. Elemente des Vertragsdesigns ... 263
1. Struktur von Verträgen......... 263
2. Modulare Vertragssysteme...... 271
    a) Das einheitliche modulare 6-er Raster für alle Vertragstypen 273a
        aa) Die sechs Module für Austauschverträge 273b
        bb) Die sechs Module für Gesellschaftsverträge..... 275
    b) Andere Aufteilung der Module 276
3. Sprache und Begriffe 279
    a) Umgangssprache 281
    b) Fachsprachen.............. 282
    c) Juristische Fachsprache 283
    d) Fremdsprachliche Begriffe 284
    e) Sprachstile................. 287
        aa) Neutraler Vertragsstil ... 290
        bb) Konstruktiver Vertragsstil . 291
        cc) Destruktiver Vertragsstil.. 295
        dd) Gesichtsverlust 296

Rz.

    ee) Stilistische Eleganz 297
    ff) Nur das Notwendige formulieren............ 298
    f) Definitionen 299a

V. Vertragsinhalt 300
1. Umfang des Vertrages 301
2. Risikobeschreibung und Risikoverteilung................... 302
3. Entscheidungsfreiheit 305
4. Systemverantwortung......... 308
5. Mitwirkungspflichten.......... 309
6. Hauptleistungen und Nebenleistungen................... 310
7. Regelung von Rechtsfolgen 311
8. Gesetzliche Begriffe........... 312
9. Schließung von Lücken 313
10. Inhaltliche Ausgewogenheit..... 315
11. Schiedsgutachter 316

VI. Ein System für die Entwicklung vertraglicher Regeln 318
1. Der Gestaltungsraum der Verträge 318
2. Die Entwicklung gesetzlicher und vertraglicher Regeln........ 319
3. Bestimmende Faktoren für Verträge 320
4. Probleme der gesetzlichen Lösung 323
    a) Szenario: Leistungsstörungen bei Austauschverträgen 323
        aa) Die gesetzliche Lösung ... 324
        bb) Probleme der gesetzlichen Lösung 325
    b) Szenario: Ausscheiden von Gesellschaftern............. 326
5. Alternativen.................. 328
    a) Leistungsstörungen bei Austauschverträgen 329
        aa) Veränderung des Leistungsinhalts 330
        bb) Kosten- und Risikovermeidung (Cheapest Cost Avoider)................ 331
        cc) Risikoübernahme durch Dritte (Cheapest Insurer) .. 332
        dd) Risikoübernahme durch den Überlegenen (Superior Risk Bearer)............. 333
        ee) Formale Vorgehensmodelle 334
        ff) Reduzierung des Streitrisikos 335

	Rz.		Rz.
b) Ausscheiden von Gesellschaftern	337	h) Check and Balance	356
6. Elemente, die die Risikoverteilung und Risikoakzeptanz beeinflussen	343	7. Naives Vorgehen bei der Entwicklung vertraglicher Regeln in der Praxis	358
a) Ökonomische Analyse der vertraglichen Risikoverteilung	343	8. Systematisch richtiges Vorgehensmodell bei der Entwicklung von vertraglichen Rechtsregeln	360
aa) Gesetzliche Zuweisung der Risiken	345	a) Macht, Logik, Analogiebildung und Stressfaktoren	360
bb) Interpretation der Ermessensspielräume	346	b) Erläuterung des Vorgehensmodells an einem Beispiel	361b
cc) Risikokategorien	347	aa) Phase 1: Definition des Risikoverteilungsmodells (Regel)	362
b) Analyse der ideellen Interessen und emotionalen Lagen der Parteien	348	bb) Phase 2: Ermittlung der Tatsachen (Fall)	363
c) Macht, Information und Spiele	349	cc) Phase 3: Vergleich zwischen Risikoverteilung und Tatsachen (Analogie)	364
d) Das Problem der Gerechtigkeit	351	dd) Phase 4: Verhandlung und Entscheidung	365
e) Ergebnisorientierte, aber auch interessengerechte Verhandlungsführung	352	ee) Phase 5: Neue Alternativen	366
f) Vorsorgliche Verminderung der Streitrisiken	353	ff) Zusammenfassung	367
g) Komplexität	355		

Literaturübersicht:
Siehe vor Teil 2.

I. Entwurfsstrategie

1. Vertragsformen

Jeder schließt täglich, ohne dass ihm dies klar wird, eine Vielzahl von Verträgen ab und/oder wirkt als Vertragspartei an der Vertragsdurchführung mit.

Natürlich schadet es nicht, wenn man das Mittagessen im Restaurant nicht als Vertrag begreift, denn die Zahl derjenigen, die wegen einer Schnecke im Salat einen Prozess beginnen, der sich auf vertragliche Minderung stützt, ist gering (AG Burgwedel, NJW 1986, 2647, m. Anm. *Wolf*, NJW 1987, 821; *Freckmann*, NJW 1987, 3113; *Wolf/Freckmann*, NJW 1988, 1251).

Aber auch im Bereich des Wirtschaftsrechts werden viele Verträge mit ihren juristischen Risiken nicht als solche erkannt, weil Vertragsabschluss und Vertragsdurchführung selbstverständlich erscheinen. Die Grenzen sind aber fließend: Wer einen zehnjährigen Mietvertrag mit einer Monatsmiete von 10 000 Euro abschließt, hat eine Investition im Gesamtwert von 1,2 Mio. Euro vorgenommen, was auch eine größere Firma schon zum Nachdenken veranlassen sollte.

I. Entwurfsstrategie

Neben diesen – stets berechen- und planbaren – **Erfüllungsansprüchen** sind aber die **Schadensersatzansprüche**, die aus kleineren Verträgen drohen, noch viel gewaltiger. Ein mittelständisches Unternehmen etwa, das einen elektronischen Schalter an einen Automobilhersteller liefert, für den es pro Stück 1 Euro berechnen kann, riskiert bei jeder Lieferung, für die es vielleicht 10 000 Euro berechnet, den Rückruf von 10 000 Automobilen, wenn dieses Teil an sicherheitsrelevanten Stellen eingebaut wird – ein Schadenspotential von Millionen Euro! Mit jeder einzelnen Triviallieferung dieser Art kann der Bestand des gesamten Unternehmens gefährdet sein. Ich will nicht behaupten, dass es eine Vertragsgestaltung gibt, die dieses Risiko irgendwie begrenzen kann. Das ist wohl einer der Hauptgründe, warum die meisten Zulieferer gar nicht erst darüber nachdenken, über solche Risiken zu verhandeln, weil die Machtverhältnisse zwischen den Parteien das offenbar verbieten. Dadurch entsteht aber in gefährlicher Weise eine Atmosphäre der **Gleichgültigkeit gegenüber Risiken**, die dann zum Schaden führen kann, wenn es nicht um den **Standardfall**, sondern zum Beispiel um unerkannte **Pilotprojektrisiken** geht, bei denen man durchaus eine Chance gehabt hätte, die Haftung in geeigneter Weise zu begrenzen. 218

Will man also Vertragsrisiken richtig einschätzen lernen, dann muss man sich über die Formen klar werden, in die Verträge sich in der Praxis „verkleiden". Dies sind: 219

- **Mündliche** zweiseitige **Vereinbarungen**, und zwar unabhängig davon, ob sie mit oder ohne Zeugen erfolgen, ob sie intern (Aktennotiz) dokumentiert oder durch Briefe bestätigt werden,
- **einseitige** mündliche **Zusagen**, die im kaufmännischen Verkehr wirksam werden können, wenn man ihnen nicht widerspricht (kaufmännisches Bestätigungsschreiben),
- **einheitliche Vertragsdokumente**,
- **notarielle Urkunden**,
- **gerichtliche Vergleiche**.

Natürlich ist bei vielen dieser Vertragsformen die Beweiskraft nur eingeschränkt, und deshalb sind Manager oft der Ansicht, ein schlecht beweisbarer Vertrag sei überhaupt keiner. Das ist ein gefährlicher Irrtum!

Zu den Vertragsformen im weiteren Sinne gehören aber nicht nur diejenigen Verträge, die als **Austauschverträge** Leistungsbeziehungen regeln oder als **Gesellschaftsverträge** die Rechtsbeziehungen zwischen Gesellschaftern bestimmen. Auch wenn der Begriff „Vertrag" auf **Koalitionsabreden** im politischen Bereich, auf **Aktionärsabsprachen** oder andere **informelle Vereinbarungen** ohne erzwingbaren rechtlichen Inhalt nicht direkt anwendbar ist, so gelten doch die Regeln für die Gestaltung solche Abreden und ihre Verhandlung im **gleichen Umfang** wie für Verträge. Die Verhandlungslehre ist in ihren wesentlichen Grundzügen (Harvard-Konzept) nicht bei der Arbeit an rechtlich bindenden Verträgen, sondern in Situa- 220 tionen entstanden, in denen keine der beiden Parteien zwangsweise etwas hätte durchsetzen können. Gerade hier bewährt sich das Modell in besonderem Maße, und zwar gerade deshalb, weil keine der Parteien sich letztlich auf eine Prozessposition zurückziehen kann und daher mit dem **Rücken zur Wand** verhandelt.

2. Begriff: Vertragsdesign

221 Der Begriff „Vertragsdesign" ist in diesem Buch **neu geprägt**. Er lehnt sich nicht nur an das allgemeine Verständnis von „Design" als der Gesamtheit der Gestaltungselemente von Gegenständen an, sondern ist darüber hinaus durch seine Verwendung in den DIN-Normen abgesichert, wo es etwa in DIN/ISO 9004 unter 8.1 heißt: „Die Auslegung und das Design sollten so sein, dass das Produkt oder die Dienstleistung ... realisierbar, verifizierbar und lenkbar ist." (DIN TB Nr. 226, S. 193].

Diese Definition bezieht sich, wie man sieht, neben den Produkten auch auf die **Dienstleistungen**. Betrachtet man einen Vertrag als das Produkt einer Dienstleistung, kann man die Definition wie folgt übersetzen:

„Die Auslegung und das Design des **Vertrages** sollten so sein, dass der Vertrag **realisierbar**, **verifizierbar** und seine **Durchführung lenkbar** ist."

222 Der Begriff „Auslegung" ist in der DIN-Definition allerdings nicht im juristischen Sinne gemeint: Man versteht darunter den Anwendungsbereich und den Rahmen, in dem Produkte und Dienstleistungen sich entfalten (so ähnlich wie man Teppiche auslegt). Der **juristische** Begriff der Auslegung lässt sich gleichwohl auf das Design beziehen, denn es geht dabei niemals nur um äußere Gestaltungselemente wie etwa den Stil des Vertrages, sondern immer auch um den Inhalt („**form follows function**").

Bei den einfachen Verträgen des täglichen Lebens (Zeitungskauf und andere Bargeschäfte) nehmen die meisten nicht einmal wahr, dass es sich um Verträge handelt, auch wenn sie nie ganz formlos abgeschlossen werden. Je wichtiger die Rechtsordnung einen Vertrag einordnet, umso höher sind die formalen Anforderungen. Deshalb werden Gesellschafts- und Grundstücksverträge notariell beurkundet, wobei der Notar nicht nur die Einhaltung der Form überwacht, sondern oft auch dafür sorgen muss, dass zwingendes Gesetzesrecht eingehalten und auf vertragliche Risiken hingewiesen wird. In den meisten Rechtsordnungen werden Formvorschriften von solchen Überlegungen gesteuert. Daher müssen die Vertragsparteien selbst dafür sorgen, dass die **Form** des Vertrages den gesetzlichen Vorschriften entspricht.

222a Dabei stoßen sie auf ein zentrales Problem, bei dessen Lösung die Rechtsordnungen nicht weiter helfen. Verträge sind nämlich lineare Texte; die Projekte hingegen, die sie regeln sollen, sind häufig mehr dimensionale Systeme, die sich der linearen Beschreibung entziehen und ein „linearer Code kann eine nichtlineare Welt nicht adäquat beschreiben."

I. Entwurfsstrategie

(*Alan Watts*). So entstehen Lücken, Fehlinterpretationen und Missverständnisse in Hülle und Fülle. Es gibt eine Vielzahl von Werkzeugen, mit denen man solche Risiken wenigstens eingrenzen kann. Die wichtigsten sind:

- Ein **klarer Aufbau** des Vertrages (Rz. 234, 263, 271 ff.),
- der richtige Gebrauch der juristischen **Fachsprache**, einzelner (z.B. technischer) Fachsprachen und der Umgangssprache (z.B. Begleitbrief) (Rz. 279 ff.),
- ein qualitativ hoch stehender **Sprachstil** (Rz. 287 ff.),
- die Unterstützung der **Anschaulichkeit** einzelner Vertragsregeln (Muster, Zeichnungen, Beispielrechnungen etc.) (Rz. 256),
- eine verlässliche **Vertragsdokumentation**, die die spätere Auslegung erleichtern soll,
- bei internationalen Verträgen: Die Lösung des **Sprachproblems** (Übersetzungen? Zweisprachige Texte? etc.) (Teil 1 Rz. 5; Teil 2 Rz. 210; Rz. 284, 497)

Das wesentliche Problem bei der Vertragsauslegung besteht darin, dass Verträge in den **unterschiedlichen Phasen** auch **unterschiedlich interpretiert** werden: 223

- Im Zeitpunkt der **Verhandlung** hat man immer die Hoffnung, die Gegenseite werde die tatsächlich aus dem Vertrag ableitbaren **Risiken geringer** bewerten als man selbst, denn diese **Bewertung** beeinflusst immer die **Einschätzung** der **Gegenleistung**.
- Ist die **Krise** oder der Konflikt hingegen ausgebrochen, legt man Wert auf eine möglichst **exzessive Risikodarstellung** dessen, was man selbst leisten musste.

Das Vertragsdesign besteht aus folgenden Elementen: 224

- **Form** des Vertrages,
- **Aufbau**, **Gliederung** und **Struktur** des Vertrages,
- **Sprache** des Vertrages.

Eine handschriftlich auf Hotelpapier in einer Bar niedergelegte Vereinbarung hat ein vollkommen anderes Design als eine notarielle Urkunde, auch wenn beide Dokumente für sich völlig ausreichend sind, um etwa eine Darlehensschuld zu begründen. 225

Dieser Unterschied wirkt sich in dreierlei Hinsicht aus:

- **Wirksamkeit** des Vertrages,
- **Beweiskraft** der Urkunde,
- **Auslegung** des Vertragsinhalts.

226 Die **Wirksamkeit** des Vertrages kann u.a. davon abhängen, ob etwa der Darlehensnehmer nicht etwa leichtsinnig einen zu hohen Zinssatz akzeptiert hat. Das ist wahrscheinlicher, wenn der Vertrag in einer Bar am Rande eines Rennplatzes abgeschlossen wurde, und weniger wahrscheinlich, wenn es vor einem **Notar** geschah, der darüber hinaus ab einer bestimmten Zinshöhe zur **Belehrung** über die Unangemessenheit von Zinssätzen verpflichtet ist.

Die **Beweiskraft** über den **Vertragsinhalt** ist naturgemäß ganz anders, wenn der Vertrag nur zwischen den beteiligten Vertragspartnern unter fragwürdigen Umständen vereinbart wurde oder ob – wie beim Notar – eine neutrale Person den Vorgang überwacht und die Verantwortung für die richtige juristische Formulierung übernommen hat.

227 Die **Auslegung** schließlich bezieht niemals nur den **Text** der Urkunde, sondern auch die **Umstände** mit ein, unter denen sie zustande gekommen ist, und die Unterschiedlichkeit beider Situationen kann im Streitfall zu völlig abweichenden Beurteilungen führen.

228 Ähnliche Unterschiede gibt es zwischen mündlichen und schriftlichen Verträgen.

Schriftliche Verträge haben als Urkunden die **Vermutung** der **Vollständigkeit** und **Richtigkeit** für sich, auch wenn sie von Privatpersonen erstellt wurden; für notarielle Urkunden gilt das verstärkt.

Mündliche Verträge, bei denen nur die Vertragspartner anwesend waren, sind im Streitfall dann nicht beweisbar, wenn die andere Seite den Vertragsschluss bestreitet, da die den Vertragsschluss behauptende Partei selbst im Verfahren nicht Zeuge sein kann.

Vor **Gericht** geschlossenen **Vergleichsverträgen** wird eine so hohe formale Qualität zugemessen, dass sie nur unter ganz eingeschränkten Bedingungen wieder angefochten werden können.

Kurz: **Vertragsdesign** und **Vertragsinhalt** sind engstens miteinander verwoben.

3. Strategie und Taktik

229 Die Anwendung der Regel „form follows function" auf Verträge führt zu der strategischen Empfehlung, zunächst die **Funktion** eines Vertrages zu bestimmen, bevor man sein Design festlegt. An dieser Schnittstelle sieht man am deutlichsten den Einfluss, den das Vertragsdesign auf die **Entwurfsstrategie** hat. Die Entwurfsstrategie hängt unmittelbar mit der **Entwurfsregie** (oben Rz. 200 ff.) zusammen, also der Möglichkeit, den Vertrag als erster zu entwerfen und die Verhandlungen am eigenen Entwurf zu steuern. Sie ist eines der **wichtigsten strategischen Mittel** bei der Vertragsverhandlung, von der der Erfolg der Verhandlung wesentlich abhängen kann.

I. Entwurfsstrategie

Die **Funktion**, die ein Vertrag wahrnehmen soll, hängt von den **strategischen Zielen** ab, die er verfolgen soll. Ein solches Ziel kann zum Beispiel darin bestehen, dass der Vertragspartner durch den Vertrag gebunden ist, auch wenn diese Bindung nur sehr schwach ist (etwa beim Letter of Intent). Auch in diesem Fall schafft der Vertrag strategische Positionen, indem er die Parteien daran hindert, während der Laufzeit der **Vorverhandlungen nicht parallel** mit **anderen** zu verhandeln, wenn dies im Letter of Intent so vereinbart wurde.

Demgegenüber stehen **komplexe Projektverträge**, die nicht nur taktisch verwertbare Bindungen erzeugen, sondern **Arbeitsplattformen** herstellen, die eine **feste Statik** haben und es den Parteien ermöglichen, auch in schwierigen Krisensituationen miteinander zurechtzukommen. Man kann das Spektrum etwa so darstellen:

– **Erste Stufe**: Der Vertrag erzeugt Bindungen welcher Art auch immer, die gegebenenfalls nur taktisch nutzbar sind.

– **Zweite Stufe**: Der Vertrag verteilt Risiken zwischen den Parteien.

– **Dritte Stufe**: Der Vertrag bietet Werkzeuge für das Krisenmanagement.

– **Vierte Stufe**: Der Vertrag ist so entworfen, dass Krisen verhindert werden.

Abhängig von diesen jeweiligen Funktionen weisen Verträge **stilistische** Eigenschaften auf, die man nicht abstrakt als gut oder schlecht, erwünscht oder unerwünscht qualifizieren kann. Diese Eigenschaften sind vielmehr Formen, die der jeweiligen Funktion folgen. Typische Begriffspaare sind:

Starr – flexibel,

klar – unklar,

offen – verdeckt,

ausführlich – knapp,

höflich – unverbindlich.

Viele Richter und Wissenschaftler, die sich im Prozess oder als Gutachter mit Verträgen beschäftigen, stellen immer wieder die Frage, warum einzelne Passagen so unklar geraten sind und keine eindeutige Interpretation zulassen. Sie widersprechen der Feststellung, dass auch eine **unklare** Formulierung ihren **Zweck** haben kann. Diese Kritik ist stets berechtigt, wenn die Unklarheit einer Formulierung auf Nachlässigkeit oder Unvermögen der Vertragsverfasser zurückzuführen ist.

In anderen Fällen ist die Kritik aber unberechtigt. **Verträge** sind – übrigens genauso wie Gesetze – stets das Ergebnis von **Machtkompromissen**. Man sieht das deutlich an den Allgemeinen Geschäftsbedingungen von Großkonzernen, insbesondere den Banken, die an Klarheit nichts zu wünschen übrig lassen: Auch der Laie wird erkennen, dass man ihm in den Regelungen so wenig Rechte zubilligen will wie gesetzlich möglich.

Bei Individualverträgen hingegen gelingt es auch mächtigen Vertragspartnern nicht immer präzise das zu beschreiben, was sie wollen. Der Vertragspartner wird es in dieser Situation vorziehen, die unklare Bestimmung in der Hoffnung stehen zu lassen, sie später bei einer Auseinandersetzung in seinem Sinne zu interpretieren.

232 Solche Situationen gibt es immer wieder, wenn man mit großen Unternehmen verhandelt, die für bestimmte Rechtsverhältnisse **Standardverträge** verwenden, die sie grundsätzlich nicht ändern wollen. Oft genug hat man dann die Chance, auf das Vertragsdesign Einfluss zu nehmen. Ebenso kann man natürlich zu vorgelegten Entwürfen eigene **Gegenentwürfe** machen: Wenn das eigene Vertragsdesign gelungener ist, als dasjenige der anderen Seite, zieht die Gegenseite ihren Entwurf möglicherweise zurück, so dass man den am Anfang verlorenen Boden wieder gutmachen kann. Solche Situationen sind häufig, wenn zum Beispiel über Ingenieurleistungen verhandelt wird und die eine Seite eine Vertragssprache verwendet, die die eigenen Ingenieure nicht oder unzureichend verstehen. Legt dann die andere Seite einen Text vor, der den letztlich entscheidenden Ingenieuren hinreichende Klarheit über die Begriffe verschafft, kann sie damit die **inhaltliche Struktur** der Vereinbarungen wesentlich beeinflussen.

II. Wissensmanagement: Die Werkzeuge für das Vertragsdesign

233 Die Werkzeuge, die im Bereich des Vertragsdesigns benutzt werden, sind:
- Checklisten,
- Vertragsmuster,
- Vertragssammlungen,
- Formularbücher,
- Rechtsprechung,
- Literatur,
- Datenbankinformationen,
- Dokumenten-Management-Systeme,
- Wissens-Management-Systeme.

Der geschickte Gebrauch dieser Werkzeuge „erfordert keine Naturbegabung, sondern Training, unermüdliches Training. Ein *Boris Becker* kann schon Tennis spielen und trainiert trotzdem jeden Tag sechs Stunden, und *Arthur Rubinstein* hat bis wenige Monate vor seinem Tod täglich acht Stunden Etüden gespielt ..." Manager und Anwälte „brauchen ... **eine effektive persönliche Arbeitsmethode**". (*Malik*, Manager-Magazin 6/1996, 250 f.).

II. Wissensmanagement: Die Werkzeuge für das Vertragsdesign

1. Checklisten

Checklisten, die man selbst für typische Fälle entwickelt hat, stehen deshalb an erster Stelle, weil sie das eigene Know-how am besten repräsentieren. Man kann zwei Arten unterscheiden: 234

– Checklisten zur **Vorbereitung** des **Vertrages**:

Sie sind so aufgebaut, dass sie dem Gang der Vertragsvorbereitung angepasst sind (Rz. 174 ff.). Man kann sie zeitlich so aufbauen, dass das, was zuerst zu prüfen ist, am Anfang steht, oder auch so, dass die wichtigsten Fragen (Vertragseckdaten) zunächst zu berücksichtigen sind, während die mehr formalen Aspekte sich später entwickeln.

– Checklisten für den **Vertragsentwurf**:

Diese Checklisten sind an der Struktur des jeweiligen Vertrages orientiert und werden in diesem Buch beispielhaft erläutert (Teile 3–6). Dabei musste die Vielzahl der einzelnen Vertragstypengestaltungsmöglichkeiten auf ein **Grundmuster** reduziert werden.

Eine vor etwa 10 Jahren durchgeführte Analyse einer Vielzahl vergleichbarer nationaler und internationaler Verträge hat gezeigt, dass sich weltweit unabhängig von der jeweiligen Rechtsordnung alle Verträge, über die verhandelt werden muss, auf die zwei Grundtypen 234a

– **Austauschvertrag**
– **Gesellschaftsvertrag**

reduzieren lassen.

Aus den Basis-Checklisten lässt sich noch kein Vertrag entwickeln. Dazu sind sie zu abstrakt. In der Regel braucht man zwei weitere Sub-Checklisten, die das jeweilige Thema soweit detaillieren, dass man aus der letzten Checkliste dann den endgültigen Vertrag entwickeln kann. Zwei Beispiele sollen das zeigen:

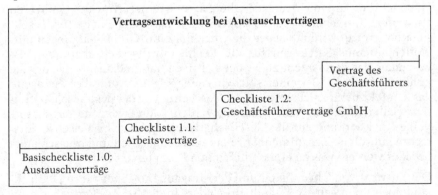

Wer vor der Aufgabe steht, den Vertrag des GmbH-Geschäftsführers zu entwerfen, sollte sich zunächst aus der Basis-Checkliste eine Checkliste 234b für Arbeitsverträge im Allgemeinen und aus dieser wiederum eine Checkliste für Geschäftsführerverträge im Allgemeinen entwickeln. Dabei helfen die gängigen Formularbücher. Die Qualität dieser beiden Sub-Checklisten gewinnt erheblich, wenn man sie in demselben 6-er-Raster aufbaut, wie es bei der Basis-Checkliste exemplarisch geschehen ist (siehe unten Rz. 273a). Wenn man die so gewonnene Checkliste für Geschäftsführerverträge von GmbH-Geschäftsführern in Händen hält, wird die Umsetzung der konkreten Bedingungen, die dann noch zu formulieren sind, in aller Regel nicht mehr schwer fallen.

Das abgebildete – einfache – Beispiel lässt ahnen, wie komplex ein Netz von Checklisten werden kann, die die Umgebung des Geschäftsführervertrages richtig abbilden sollen. Diese Umgebung wird z.B. geprägt von der Satzung der Gesellschaft, von den Gesellschaftervereinbarungen, den Beiratsbestimmungen, firmeneinheitlichen Tantiemenregelungen etc. etc.

234c Das nächste Beispiel zeigt dies deutlich:

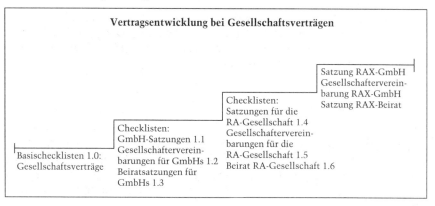

Hier geht es um die Aufgabe, die Satzung einer Anwalts-GmbH zu entwerfen. Ausgehend von der allgemeinen Basis-Checkliste für Gesellschaftsverträge, wird zunächst die Checkliste für GmbH-Satzungen entworfen, hieraus Satzungen für die Rechtsanwaltsgesellschaft (die insbesondere das Berufsrecht zu berücksichtigen hat) und aus ihr wieder die konkrete Satzung. Bei einer solchen Aufgabe muss nun aber zwingend das Umfeld berücksichtigt werden, das beim Vertrag des Geschäftsführers vielleicht außer Acht gelassen werden kann, wenn dieser Vertrag keine Rückwirkung auf die Gesellschaftsverträge hat. Im Gesellschaftsrecht sind solche Zusammenhänge fast immer gegeben und müssen stets bedacht werden, was zu einer erheblichen Komplexität führt.

Der Entwurf von Checklisten und der Umgang mit ihnen ist in Deutschland noch nicht selbstverständlich. Anders in den USA: Dort geben zum Beispiel die Anwaltskammern Checklisten für typische Verträge (z.B.

Grundstückskaufverträge) heraus, um eine Mindestqualität der anwaltlichen Beratung zu sichern.

Checklisten haben den unschätzbaren Vorteil, dass bei richtiger Handhabung die **Erfahrung** aus **jedem einzelnen Vertrag**, den man erstellt, in die Checkliste **Eingang** finden kann. Man hat dieses Werkzeug früher wohl deshalb nicht so oft benutzt, weil ohne Einsatz von Computern eine Checkliste sehr **schwer** zu **pflegen** ist. Mit modernen Textsystemen, die es erlauben, neben den Text der Checkliste **parallele Kommentare** zu setzen und diese je nach Fallgestaltung auszudrucken oder in den Hintergrund treten zu lassen, ist das alles viel einfacher.

In einer vorbereitenden Checkliste kann man zum Beispiel typische Fragen, die man als Anwalt gegenüber dem Mandanten zu stellen hat, unterbringen und fallbezogen ergänzen. Mandanten, die verstanden haben, dass sie an ihren eigenen Verträgen mitarbeiten müssen, wenn eine bestimmte Qualität erreicht werden soll, werden damit zu ganz anderer **Mitarbeit motiviert**, als dies bei herkömmlichen Verfahren der Fall ist.

Eigene Checklisten kann man selbstverständlich auch dazu benutzen, Vertragsentwürfe, die die andere Seite vorlegt, auf Übereinstimmung mit der eigenen Interessenlage zu überprüfen. Man stellt dabei aber recht bald fest, dass es sehr schwierig sein kann, die eigene Denkstruktur auf Entwürfe von anderer Hand zu übertragen. In solchen Fällen kann es sich empfehlen, eine eigene **Prüf-Checkliste** zu entwerfen, die sich nicht an die eigene Vertragsstruktur anlehnt, sondern nur die Themen benennt, um die es geht. Solche Checklisten sind dann wertvoll, wenn sie mit eingebauten Kommentaren versehen werden, in denen Erfahrungen aus früheren Verhandlungen aufgenommen werden.

2. Vertragsmuster

Vertragsmuster stehen in den allgemeinen Formularbüchern in großer Anzahl zur Verfügung. Ohne sie könnte man eigene Checklisten nur auf der Basis der eigenen Erfahrung entwickeln – und das kann lange dauern.

Vertragsmuster leiden oft unter dem Problem, dass in ihnen die **Perspektive** des **Verfassers** nicht klar genug offen gelegt worden ist. Ein Mietvertrag, den ein mächtiger Vermieter wie zum Beispiel eine Wohnungsbaugesellschaft entwirft, sieht natürlich ganz anders aus als ein anderer, den ein mächtiger Nachfrager (z.B. eine Lebensmittelfilialkette) gegenüber einem Vermieter durchsetzen kann.

Checklisten, die der **künftigen Vertragsstruktur** folgen, können oft mit **Vertragsmustern** sinnvoll verknüpft werden, indem die jeweils unterschiedlichen Perspektiven in typischen Formulierungen ausgedrückt werden.

3. Vertragssammlungen

238 Allgemein zugängliche Vertragsmuster werden ideal durch eigene Vertragssammlungen ergänzt, die man wie folgt aufbaut:

- Verträge, bei denen man **selbst** die **Entwurfsregie** übernommen hat: Sie werden in der Regel in der eigenen Textverarbeitung zu finden sein.
- Verträge, die die **andere Seite** vorgelegt hat oder die von **dritter Hand** stammen: Diese Dokumente verwaltet man am besten in der Struktur der eigenen Bibliothek und erfasst sie dort wie Bücher, wobei sich als Ablageform Stehsammler bewährt haben. Bei guter Druckqualität kann man sie auch in einem **Scanner** erfassen.

Solche Vertragssammlungen sind allerdings nur dann wirklich wertvoll, wenn man sie mit Dokumenten-Management-Systemen erschließen kann, die über geeignete Suchfunktionen verfügen.

4. Rechtsprechung

239 Die Rechtsprechung wird durch Zeitschriften und Datenbanken erschlossen. Wenn man sich schwerpunktmäßig mit wenigen Vertragsgebieten befasst, kann man Rechtsprechungshinweise in die Kommentare von Checklisten sinnvoll **einarbeiten**, in anderen Fällen ist der Pflegebedarf bei weitem zu hoch. Dann muss man sich darauf beschränken, Gebiete, in denen die Rechtsprechung sich dynamisch entwickelt, so zu kennzeichnen, dass keine **Scheinsicherheiten** durch Rückgriff auf ältere Urteile entstehen.

5. Literatur

240 Die Fundstellen in der Literatur sind für die Vertragspraxis nur als Hintergrundinformationen verwertbar. Zwar mag es im einen oder anderen Fall argumentativ hilfreich sein, wenn man auf eine **sich entwickelnde** oder gar **herrschende** Meinung in der Literatur verweist. Für den anwaltlichen Berater hilft das wenig, da er stets den „sicheren" Weg empfehlen muss, und das ist der Weg, der entweder in der Rechtsprechung schon gegangen wird oder sich als sehr wahrscheinlich abzeichnet (ausführlich unten Teile 3, 4 und 6). Die Rechtsprechung zur Anwaltshaftung, die den Anwalt verpflichtet, **Rechtsprechungsentwicklungen**, die in der Literatur diskutiert werden, vorauszuahnen, geht weit über das hinaus, was man den Anwälten fairerweise zumuten kann. Der Versuch, das zu korrigieren, ist leider aussichtslos, und es hilft den Anwälten gar nichts, wenn sie auf die Meinung namhafter Fachleute hinweisen, die den Rechtsprechungslinien entgegenlaufen.

6. Datenbankinformationen und Newsletter

Datenbanken enthalten neben Informationen über Rechtsprechung und Literatur auch eine Menge von Tatsachen, die für Vertragsentwürfe verwertbar sind. Dazu gehören **Preisindizes**, Informationen über **Gesetzgebungsvorhaben** und **Presseberichte** über Entscheidungen, die noch nicht veröffentlicht sind. Sie müssen bei komplizierten Fällen ebenfalls beigezogen werden. Der BGH und etwa das Bundeskartellamt versenden – ebenso wie Fachverlage – darüber hinaus regelmäßige Newsletter, die eine weitere Erkenntnisquelle sein können.

7. Softwareunterstützung

Es gibt eine Vielzahl von Software für das Projektmanagement, die sich auch für Verträge eignen oder besonders darauf spezialisiert sind. Soweit sie in clouds abgelegt sind, stellt sich besonders für Anwälte immer das Problem der Datensicherheit(§ 203 Abs. 1 StGB). siehe *Kilian/Heussen* [Hrsg.], Computerrechtshandbuch, Teil 15: Datensicherheit). Geht es um das Wissensmanagement, bestehen ebenfalls leistungsfähige Werkzeuge zur Verfügung. Eine gute Übersicht gibt der Katalog „Elektronische Medien" (auch auf CD-ROM) von Schweitzers Sortiment, der die vorhandene Software für Juristen darstellt (auch im Internet unter *www.schweit zer-sortiment.de*).

Erhebliches Know-how zieht man aber auch aus Vertragsentwürfen, die man von der Gegenseite zugeschickt erhält oder von Dritten zur Verfügung gestellt bekommt. Es ist selten sinnvoll, solche Entwürfe in die eigenen Textsysteme zu übernehmen, da der Aufwand selbst dann hoch ist, wenn man **Textscanner** benutzt. In diesen Fällen ist es meist ausreichend, wenn man solche Verträge wie Bücher behandelt, in der Bibliothek in einem geeigneten **Ordnungssystem** ablegt und sie nur durch **Stichworte** erschließt. (Schulz/Klugmann Wissensmanagement für Anwälte, Heymanns 2005). Eigene Vertragssammlungen oder fremde Verträge, die man sammelt, um das eigene Know-how zu unterstützen, können ohne ein solches System nur sehr mangelhaft erschlossen werden.

Es gibt auf dem Markt professionelle Managementsysteme, von denen einige ausdrücklich für Juristen bestimmt sind, z.B.:
- *www.datev.de* (Pro Check und DATEV-DMS),
- *www.knowledgetools.de*,
- *www.normfall.de*.

In einigen Spezialbereichen (z.B. Insolvenzverwaltung) habe ich in einem Pilotprojekt das papierlose Büro schon überwiegend verwirklicht gesehen. Auch Strafverteidiger können die ungeheuren Aktenmengen großer Ermittlungsverfahren nur noch mit solchen Systemen wirksam beherrschen.

Die ungeheure Leistungssteigerung der Hardware macht es heutzutage möglich, die meisten solcher Werkzeuge auch in den üblichen PC-Netzwerken einzusetzen, wie sie in den Rechtsabteilungen und Anwaltsbüros ohnehin vorhanden sind. Will man die überörtliche Datenverbindung (WAN) aber aus Sicherheitsgründen nicht über die allgemeinen Internetzugänge erreichen, müssen für Intranet-Lösungen erhebliche Mittel für Investitionen und Wartung aufgewendet werden.

245 Einstweilen frei.

8. Einbindung in das Firmennetzwerk

246 Vertragsprojekte werden typischerweise in den Fachabteilungen der Unternehmen vorbereitet und nicht selten auch ohne Einbeziehung der Rechtsabteilung abgeschlossen. Darunter leidet die Qualität der rechtlichen Beurteilung: Auch die Rechtsabteilung sollte (mit genügendem Zeitvorlauf) einbezogen sein, weil sie sonst vom Informationsstrom abgeschnitten wird.

9. Einbindung der Anwälte in das Netzwerk

247 Es ist eine Frage der Vertragsplanung, inwieweit Anwälte in die Schnittstellen zu Unternehmen frühzeitig oder erst spät eingebunden werden. Jedenfalls muss die Arbeit mit ihnen koordiniert werden, wenn nicht bedeutende Qualitätsverluste oder andere Risiken auftreten sollen. ((mager ok? war als Überschrift formatiert))

10. Videokonferenzsysteme, Bildtelefonie (Skype)

248 Videokonferenzsysteme sind auch heute noch wegen der damit verbundenen Kosten außerhalb großer Unternehmen und/oder Beratungsfirmen kein selbstverständlicher Standard. Über ihre Nützlichkeit besteht kein Streit. Die Bildtelefonie hat sich wegen ihrer geringen Kosten erstaunlich schnell durchgesetzt ((mager ok? war als Überschrift formatiert))

11. Hardwareausstattung

249 Die Hardware-Ausstattung folgt der gewählten Software, so dass man sich hier meist auf die Empfehlungen des Software-Lieferanten wird verlassen müssen oder eigene Beratung zuzieht. Am besten ist es, ein bestimmtes System unter vergleichbaren Anwendungsbedingungen bei Anwaltskollegen, befreundeten Rechtsabteilungen usw. im Einsatz zu beobachten. Die Aussagen der Hersteller in Prospekten haben mit der Realität leider nicht allzu viel zu tun.

12. Elektronische Signaturen

Eines der zentralen Probleme bei internationalen Verträgen ist das Einholen originaler Unterschriften. Häufig führt dies zu großen Zeitverlusten und auch das Fälschungsrisiko ist nicht gering. Elektronische Signaturen sollen das verhindern. 250

In technischer Hinsicht ist das Problem schon seit Jahren gelöst, auch die Zertifizierungsstellen sind tätig. Der Markt kann dieses Werkzeug jedoch erst anwenden, wenn große Anwender insbesondere Banken und Versicherungen sich entschlossen haben, es im Massengeschäft einzusetzen. Derzeit traut sich aber kein großer Verwender die elektronische Signatur einzusetzen, denn im Spannungsfeld zwischen Datenschutz und Datensicherheit stecken immer noch unplanbare Risiken.

III. Arbeitstechnik

Beim Entwurf von Verträgen stößt man auf ein **Organisationsproblem**, das man nur mit geeigneten Arbeitstechniken bewältigen kann. 251

Die einzelnen Arbeitsschritte, die vorzunehmen sind, wenn man einen eigenen Entwurf fertigen oder den Entwurf der Gegenseite bewerten will, sind in diesem Kapitel im Einzelnen geschildert.

Wer diese Schritte konsequent und in geordneter Weise nachzuvollziehen versucht, wird feststellen, dass er von den ersten Ideen bis zum endgültigen Entwurf alles immer wieder umstellen muss, denn man erhält die **Informationen** nicht in strukturierter, sondern in **ungeordneter Form**. Bevor man etwa die Chance hat, die gesetzlichen Regelungen oder einzelne Rechtsprechungslinien im Detail zu verfolgen, muss man zunächst **Tatsachen erfassen**, **gliedern** und **bewerten**, denn ein wirklich guter Vertrag lebt im Wesentlichen davon, dass man in einem möglichst frühen Stadium alle denkbaren Eventualitäten durchspielt.

⇨ Man muss die Gesamtaufgabe 252

- in den wesentlichen Umrissen **planen,**
- in mehrere Teilbereiche **aufteilen,**
- einen Zeitrahmen **festlegen**, in dem der Entwurf zu erledigen ist,
- das angestrebte Ergebnis in geeigneter Weise **kontrollieren.**

Kommt man dann in das Entwurfsstadium, so muss man

- übersichtlich **gliedern,**
- logische **Gedankenfolgen erzeugen,**
- sprachlich **verständlich formulieren,**
- Ergebnisse vielfältig **abstimmen.**

All das gelingt nur, wenn man für das gegebene Thema
- das Material **sammelt**, um jede einzelne Detailfrage zu lösen,
- es in alle seine **Detailaspekte** zerlegt,
- den Stoff **gliedert,**
- Teilentwürfe für jeden einzelnen Problemkreis **skizziert,**
- um am Ende den **Gesamttext zusammenzufügen.**

Kurz: Man trifft bei diesem Verfahren immer wieder auf den Grundgedanken: **Teile und herrsche,** der auch in **taktischer Hinsicht** eine große Rolle spielt. Die Arbeitstechnik muss einem dabei helfen, davon möglichst wirkungsvoll Gebrauch zu machen.

1. Zettelsystem

a) Grundidee: Ein Zettel = Ein Gedanke

253 Eine ebenso einfache wie wirkungsvolle Methode besteht darin, sich jeden Gedanken, jeden Hinweis, jede Tatsache, jede Meinung, kurz: jeden Gedanken, auf den man bei der Vorbereitung kommt, auf jeweils einen getrennten Zettel zu schreiben.

Dieser Zettel hat zweckmäßig das (Quer-)Format DIN A5, weil man bei Zetteln dieser Größenordnung keine Scheu davor hat, nur eine einzige Zeile zu schreiben (was bei DIN A4 nicht zutrifft), und weil Zettel dieser Größe unschwer in normalen Leitz-Ordnern abgelegt werden können, wofür kleinere Zettel nicht geeignet sind.

Verwendet man das Zettelsystem von Anfang an, dann kann man mit Fragen anfangen und die jeweils gefundene Antwort darunter schreiben, hat aber immer die Freiheit, jeden **Gedanken**, jede **Frage** und jeden **Hinweis** an derjenigen Stelle, an der man gerade arbeitet, so zu **ordnen**, dass die jeweilige Arbeitsphase **unterstützt** wird.

254 Anwälte, die so arbeiten, gehen etwa folgendermaßen vor:
- Beim ersten **Gespräch** mit dem Mandanten notieren sie alle Fragen, Hinweise, Ideen oder sonstige Gedanken, die aus dem Mandantengespräch entstehen, jeweils auf einen **Zettel**.
- Nach dem Gespräch arbeitet man diese Gedanken anhand der eigenen **Erfahrung** und der vorhandenen **Know-how-Sammlung** (Checklisten, Formulare etc.) in Ruhe durch, woraus sich weitere **Fragen** ergeben.
- Die Beantwortung dieser Fragen wird entweder der Mandant vornehmen, oder man kann sie durch eigene **Ermittlungen** klären.
- Sodann bringt man alle Einzelfragen in eine vollkommen **neue Ordnung**: Es ist die **Reihenfolge** der **Themen**, die man einhalten will, wenn man mit der Gegenseite spricht.

III. Arbeitstechnik

- Aus dem Gespräch mit der Gegenseite ergeben sich **neue Fragen**, Hinweise und Anhaltspunkte, denen man nachgehen wird.
- Daraus entsteht – in ganz anderer Struktur – der erste **Vertragsentwurf**, über den verhandelt wird.
- In der **Vertragsverhandlung** selbst notiert man in gleicher Weise alle Ideen, die am Verhandlungstisch geäußert werden. Hier entsteht ein entscheidender Vorteil des Systems: Man braucht diese Ideen nicht irgendwie systematisch zu ordnen, sondern kann sie am Ende der Verhandlung in die **schon vorhandene Struktur** an geeigneter Stelle einfügen.
- Dadurch gelingt es besonders schnell, **Verhandlungsprotokolle** zu schreiben, wenn das notwendig ist.
- Auch der **Vertragsentwurf** schreibt sich anhand der vielfältig ergänzten Einzelgedanken einfacher fort, bis er schließlich zur **Endfassung** gelangt.

Dieses Verfahren hat den ungewöhnlichen Vorzug, in jeder beliebigen Phase der Vertragsvorbereitung Kreativität zuzulassen, begrenzt aber den Aufwand erheblich, um sie zu **strukturieren**. Das Verfahren ist **offen** für jede neue Idee und erleichtert erheblich deren **Bewertung**.

Es ermöglicht auch, einzelne Fragen zu **delegieren** und überall dort auch zu **systematisieren**, wo es erforderlich ist, **zwingt** aber nie zu einer **Vorgehensweise, die dem eigenen Arbeitsrhythmus nicht entspricht**.

Darüber hinaus lässt sich aus dem Zettelsystem immer auch sofort nach Vertragsschluss eine **Dokumentation** entwickeln, mit der man belegen kann, über welche Fragen man nachgedacht hat. Denn vieles, was besprochen worden ist, findet sich in den endgültigen Verträgen nicht mehr wieder.

Der besondere Wert des Verfahrens besteht schließlich darin, dass es **ohne** irgendwelchen **systematischen Brüche** sowohl für die eigene Vorbereitung von Entwürfen als auch für jede Art von Verhandlungen während der **Vertragserstellung** wie bei der **Vertragsdurchführung** eingesetzt werden kann.

Die ungeheuer schnelle Entwicklung auf dem Gebiet der Software ermöglicht fast in jedem Medium (vor allem der Smartphones), Notizen zu machen oder zu diktieren. Jüngere Statistiken zeigen, dass fast 80 % der Handy Benutzer die Gerät rund um die Uhr zur Hand haben. Sie scheinen einer Zetteltechnik, die sich am Notizblock orientiert, überlegen. Richtig ist es, beide Techniken miteinander zu verbinden: Auch wenn man nur softwaregestützt aufschreibt, sollte man Papier und Bleistift als Plan B unter allen Umständen zur Hand haben und die Notizen dann zu späterer Zeit in das jeweilige Medium übernehmen.

b) Einheitliches Format

256 Jeder Vertragsentwurf muss das Problem lösen, dass die Inhalte, die zu verarbeiten sind, in den **unterschiedlichsten Formaten** angeliefert werden. Man erhält Skizzen des Mandanten, Auszüge aus Büchern, anderen Verträgen und Korrespondenzen, man muss fremdsprachige Texte verarbeiten und/oder übersetzen. Die Aufgabe, all dies zu einem homogenen Ganzen zusammenzufügen, gelingt erheblich leichter, wenn man diese unterschiedlichen Formate auf ein **einheitliches Format** zusammenzieht, das man selbst definiert hat – eben den Zettel! Natürlich ist damit eine gewisse Arbeit verbunden. In sehr vielen Fällen kann man das fremde Material nicht exzerpieren, weil das viel zu zeitaufwendig wäre (wenn ich wissenschaftlich arbeite, zwinge ich mich allerdings auch dazu). In diesem Fall notiert man auf dem jeweiligen Zettel eine bestimmte Fundstelle und legt die Materialien dann durchnummeriert an anderer Stelle ab. Wenn es ans Diktieren geht, kann man sich die jeweils unterschiedlich formatierten Quellen einfach beiziehen.

Auf diese Weise schafft das Zettelsystem eine Art „Zwischenlager", mit dem der Autor vertraut ist, während er sich in fremden Formaten stets nur schwierig zurechtfinden kann.

Für mich hat sich deshalb die Grundidee „Ein Zettel – ein Gedanke" nicht nur bei wissenschaftlichen Arbeiten, sondern auch und gerade beim Vertragsmanagement als das wesentliche Hilfsmittel erwiesen (*Heussen*, Time-Management für Anwälte).

2. Charts, Mind-Mapping

257 Für Anwälte, die hauptsächlich mit Texten arbeiten, ist es meist ungewohnt, **Zeichnungen** (**Charts**) zu nutzen, in denen bestimmte Rechtsbeziehungen graphisch dargestellt sind. Obwohl viele Juristen seit Studentenzeiten die Zeichnungen der Repetitoren und Professoren gewöhnt sind, vergessen sie den Vorteil dieser Methode in der Praxis allzu oft. Auch bei einfachen Verträgen bewährt es sich immer wieder, wenn man sich die Beziehungen zwischen den Parteien und Dritten durch **Skizzen** klarmacht, und zwar sowohl bei **Tatsachen** wie bei **Rechtsbeziehungen**.

Die herkömmlichen Zeichnungen werden seit einigen Jahren durch ein neues Verfahren unterstützt, das die typischerweise statischen Charts beweglich macht: **Mind-Mapping** ist, wie der Name sagt, ein Verfahren, in dem nicht nur statische Tatsachen zeichnerisch erfasst, sondern auch Entwicklungen von Beziehungen einfach sichtbar gemacht werden können (*Sauerwald*, Mind-Mapping für Anwälte, 2003).

258 Das oben skizzierte Zettelsystem kann bei einfachen Sachlagen durch Charts im Mind-Mapping-Verfahren ersetzt werden, wenn sie durch **Schlagworte** dargestellt werden können. Das nachfolgende Beispiel zeigt typische Schlagworte, wie sie im Rahmen einer Vertragsplanung verwandt werden. Wenn man die Erläuterungsbücher zum Mind-Mapping beizieht (*Sauerwald*), wird man oft Schwierigkeiten haben, die Charts zu lesen. Im beigefügten Beispiel wird jedoch gezeigt, dass solche Charts bei richtiger graphischer Darstellung sehr übersichtlich gestaltet werden können. Unverzichtbar ist allerdings eine leistungsfähige Software (wie z.B. der MindManager) möglichst in einer professionellen Version, in der mehrere Teilnehmer gleichzeitig an einer Map arbeiten und darüber kommunizieren können.

3. Texte

Man sollte sich nicht nur beim Vertragsdesign, sondern bei jeder juristischen Tätigkeit angewöhnen, endgültig ausgearbeitete juristische Texte erst dann zu formulieren, wenn man sich über die Tatsachen und die Bewertungen, die man vorzunehmen hat, im Klaren ist. Dieser gute Vorsatz wird durch den **Zeitdruck**, der meist durch ungeeignete Planungen entsteht, oft genug zunichte gemacht. Trotzdem sollte man als Anwalt immer wieder die Wünsche der Mandanten abwehren, Vertragstexte in einem Stadium zu fertigen, in dem man die Interessen des Mandanten nicht klar genug sieht – geschweige denn die Vorstellungen der Gegenseite erahnt.

Man kann sich einem so ungeeigneten Vorgehen gegenüber aber nur zur Wehr setzen, wenn man eine **Alternative** anzubieten hat, die dem Mandanten und der Gegenseite einleuchtend erscheint. Sie besteht darin,

- die wichtigsten **Daten** und eigenen **Positionen** kurz und präzise zu **beschreiben,**
- die Gegenseite **aufzufordern,** **Zustimmung** und **Ablehnung** in einer gewissen Breite grundsätzlich zu **definieren,**
- die **Struktur** des **Vertragsentwurfs** mit der Gegenseite **abzustimmen** und
- erst dann einen Text zur Verfügung zu stellen. (Dabei ist man aus taktischen Gründen meist gut beraten, wenn man einzelne Positionen – so vor allem die Preise – bewusst **offen lässt**, um die Verhandlungssituation nicht zu blockieren.)

All diese Verfahren sind erst möglich, wenn man **softwareunterstützt** arbeitet. Erst dann kann man die eigenen Texte der Gegenseite nicht nur in Papierform, sondern elektronisch zur Verfügung zu stellen, so dass die Gegenseite dann in der eigenen Struktur weiterarbeiten oder diese kommentieren kann. Nur bei softwareverwalteten Texten, die über Retrieval-Systeme voll erschlossen werden können, lassen sich Checklisten, Bausteine und Kommentare relativ schnell so zusammensetzen, dass man nicht nur selbst, sondern auch der Mandant und die andere Seite damit arbeiten kann.

4. Teamwork

261 Während Anwälte und ihre Mandanten früher sehr isoliert nebeneinander her gearbeitet haben, ist es heute aufgrund moderner Werkzeuge und Arbeitstechniken ohne Teamwork nicht mehr zu schaffen. Damit entsteht eine **Binnenkultur** zwischen Mandanten, Beratern und Gegnern, die im besten Fall das **Verhandlungsklima** unterstützen oder in einem frühen Stadium bewirken kann, dass die Parteien einsehen, wie weit sie in ihren Positionen noch auseinander sind.

262 Der Erfolg des Teamworks (ausführlich Rz. 180 f.) hängt entscheidend davon ab, ob man sich auf einheitliche Arbeitstechniken und Werkzeuge **einigen** kann. Denn wenn jeder in seiner eigenen Struktur individuell tätig ist, wird es schwer, Informationen und Daten auszutauschen und Schnittstellen kompatibel zu halten. Wie im Teamwork gearbeitet, wie Brainstorming repressionsfrei sichergestellt und brauchbare Arbeitsresultate gesichert werden, zeigt Rz. 180 im Einzelnen: Alle dort entwickelten Hinweise, die für die Verhandlungen mit der Gegenseite gelten, haben die gleiche Bedeutung bei der internen Abstimmung innerhalb eingesetzter Projektteams.

5. Zeitmanagement

262a Einer der wichtigsten Faktoren, die die Qualität des Vertragsdesigns beeinflussen, ist der Zeitfaktor. Allzu häufig übersehen die Manager bei ihrer Zeitplanung, dass sie ihren Juristen Zeit genug lassen müssen, um zu abgestimmten Formulierungen zu kommen und sie unterschätzen vor allem den Zeitaufwand, der erforderlich ist, um die Juristen erst einmal zu informieren. Im Kapitel „Vertragsplanung" bin ich darauf schon eingegangen (Rz. 39 ff.). Der beste Weg ist es, von dem Tag, der für die Vertragsunterzeichnung vorgesehen ist, auf den aktuellen Tag zurückzurechnen und die einzelnen Schritte, die gegangen werden müssen, in ein festes Zeitraster zu bringen. Diese einfache Maßnahme wird oft aufdecken, dass die Zeitplanung völlig unrealistisch ist. Leider wird sie in den meisten Fällen aber trotzdem nicht geändert. Vielmehr wird der Tag der Unterzeichnung (Signing) immer wieder in improvisierter Form weiter nach hinten geschoben, bis irgendwann jemandem der Geduldsfaden reißt. Wenn dann die Qualität des Vertragswerkes unzureichend ist, kennt man jedenfalls immer einen, der dafür verantwortlich ist: Die Rechtsabteilung oder die Anwälte!

IV. Elemente des Vertragsdesigns

1. Struktur von Verträgen

263 Aufbau, Stil und Struktur von Verträgen unterliegen – abgesehen von Besonderheiten bei notariellen und anderen formgebundenen Verträgen – keinen besonderen gesetzlichen Vorschriften.

IV. Elemente des Vertragsdesigns

Strukturlose Verträge (zum Beispiel in Form eines Briefwechsels) sind also meist genauso rechtswirksam wie sorgfältig ausgearbeitete schriftliche Urkunden.

Die Auslegung eines Vertrages kann sich aber als recht schwierig herausstellen, wenn der Vertrag wenig oder keine Strukturen hat, seine Gedankenführung ständig durcheinander geht, er Regelungslücken aufweist etc. Solche **Strukturmängel** können Teil eines **taktischen Konzepts** sein, wenn man anstrebt, die Regelungen im Unklaren zu lassen und mehrdeutig zu halten. In der Regel sind solche Strukturschwächen aber **unbeabsichtigt** und erschweren nur die Arbeit mit dem Vertrag. 264

In diesem Buch sind eine Fülle von Strukturvorschlägen einerseits für **Austauschverträge**, andererseits für **gesellschaftsrechtliche** Verträge gemacht, die sich von herkömmlichen Lösungen an einigen Punkten (wenn auch nicht sehr erheblich) unterscheiden. Viele der Strukturelemente, die dort vorgestellt werden, stehen an den traditionell bekannten Stellen. So hat es sich etwa eingebürgert, **Präambeln** grundsätzlich an den **Beginn** eines Vertrages zu setzen, die **Gerichtsstandsregeln** hingegen an den **Schluss**. Von solchen allgemeinen Usancen sollte man möglichst nicht abweichen, weil alle daran gewöhnt sind. Neu ist an der vorgeschlagenen Struktur aber etwa die Trennung von **Leistungsinhalt** und **Leistungssicherung** oder etwa der Vorschlag, die **Vergütungsregelung** grundsätzlich an den **Schluss** der Vereinbarung zum Leistungsinhalt zu setzen. Dahinter steht eine **taktische Idee:** Dieser Aufbau zwingt den Vertragsverfasser, sich darüber klar zu werden, dass er über Vergütung am besten erst spricht, wenn zuvor klar ist, was dafür geleistet werden soll. Diese Wirkung kann man natürlich auch mit **Vorbereitungs-Checklisten** erreichen, im Vertrag ist es nicht unbedingt notwendig, ebenfalls so zu gliedern. 265

Ein gutes Beispiel für die **Notwendigkeit** einer **Umgliederung** ergibt sich, wenn in einem Vertrag verschiedene Preise für verschiedene Leistungen vereinbart werden, die Anzahl dieser Elemente aber nicht groß genug ist, um eine Verweisung in die Anlagen zu rechtfertigen. 266

In einem solchen Fall ist es meist nicht sinnvoll, in dem einen Bereich des Vertrages alle Leistungen aufzuzählen und erst mehrere Seiten später die dazugehörigen Vergütungen aufzulisten, es empfiehlt sich vielmehr, **zu jeder Leistung** auch gleich die **vereinbarte Vergütung** zu setzen.

Entscheidend ist auch nicht, **wie gegliedert** wird, sondern vielmehr, dass innerhalb einzelner Vertragstypen **einheitlich gegliedert** wird. Wir machen im vorliegenden Buch den Versuch, eine einheitliche Gliederung für alle **Austauschverträge** und alle **gesellschaftsrechtlichen Verträge** vorzulegen, wissen aber natürlich, dass man diese Struktur nicht unter allen Umständen durchhalten kann. Wir haben den vorgeschlagenen Aufbau in vielen Praxisfällen quer durch viele Rechtsgebiete getestet und fest- 267 gestellt, dass er im Wesentlichen so bleiben kann – die Anpassungsarbeiten müssen wir dem Leser für den Einzelfall überlassen.

268 Das Lob der **Flexibilität** soll auch an dieser Stelle wiederholt werden: Die einzelnen Elemente, aus denen der Vertrag zusammengesetzt ist, sind in den Vorschlägen thematisch zusammengefasst und **modular** so **gegliedert**, dass sie auch **ohne** wesentlichen **Bezugsverlust** neu zusammengesetzt und anders aufgebaut werden können. Der Wert der vorgeschlagenen Vertragsstrukturen liegt also in erster Linie in dem Versuch, eine **möglichst vollständige Aufzählung** der **Themen** zu gewährleisten, die bei Austauschverträgen und gesellschaftsrechtlichen Verträgen in der Regel überdacht werden müssen.

Die vorgeschlagene Struktur geht in beiden Bereichen von **komplexen Individualverträgen** aus: dies deshalb, weil es einfacher ist, einzelne Elemente wegfallen zu lassen, als bei einer kürzeren Fassung weitere hinzuzufügen.

269 Ein wichtiges Element der Strukturvorschläge ist die Empfehlung, **Vertragstext** und Anlagen konsequent zu trennen und **Leistungsinhalte** möglichst in die **Anlagen** zu verweisen, wenn sie einen bestimmten Komplexitätsgrad überschreiten. Dieses Verfahren hat vor allem bei technisch anspruchsvollen Projektverträgen auch einen taktischen Sinn: **Ingenieure** und **Kaufleute** können sich für ihre Zwecke im Rahmen der Vertragsdurchführung meist mit den Anlagen zurechtfinden, in denen ihre Sprache verwandt wird (Rz. 282). Sind diese aber eingebettet in eine Fülle juristischer Formulierungen, fällt es ihnen sehr viel schwerer, die für sie relevanten Textstellen herauszufinden und zu interpretieren.

270 Trotz der Komplexität empfehlen wir darüber hinaus, so weit als möglich nur **eine Urkunde** für einen Vertrag anzufertigen, es sei denn, es müssen aus taktischen Gründen mehrere Urkunden sein. Das ist etwa der Fall, wenn jemand einen GmbH-Anteil treuhänderisch für einen anderen hält, da der Sinn der Treuhandschaft gerade in der **Diskretion** besteht, die verloren ginge, wenn der Vertrag beim Handelsregister einschließlich der Treuhandregelung hinterlegt würde. Abgesehen von solchen Sonderfällen sollte man willkürlich zusammengesetzte Verträge jedoch möglichst vermeiden. Ein Beispiel: Bei Softwareprojekten werden in den meisten Fällen Hardware, Software, Wartung, Schulungen und andere Begleitleistungen erbracht, und nicht selten findet man über jeden dieser Leistungsteile einen in sich geschlossenen mehrseitigen Vertrag, so dass die Gesamtleistung in fünf bis sechs einzelne Urkunden aufgesplittet ist. Das erzeugt nicht nur Papierberge, weil viele Klauseln sich wiederholen, sondern gibt bei der Interpretation der Verträge immer wieder Anlass zur Frage, ob denn eine einheitliche Leistung oder eine zeitlich gestaffelte vereinbart worden sei, was gravierende Auswirkungen auf Erfüllung und Gewährleistung hat (Systemverantwortung). Die Lösung liegt in der Konstruktion eines **modularen Vertragssystems**.

2. Modulare Vertragssysteme

Nur selten gibt es Verträge, die allein im Raum stehen. Selbst bei einem Grundstückskaufvertrag, bei dem es nur um den Erwerb einer schon bestehenden Immobilie geht, müssen die Kreditverträge und die Sicherheitenverträge mit dem Kaufvertrag koordiniert werden. Wird hingegen ein Grundstück gekauft, auf dem noch kein Gebäude errichtet ist, schließen sich meist die Bauverträge, Architektenverträge und die Verträge für die Fachplaner an; nach Fertigstellung sind Mietverträge, Maklerverträge und andere zu berücksichtigen. Eine Gesamtübersicht über alle in Frage kommenden Vertragstypen, die bei der Immobilienentwicklung eine Rolle spielen, zeigt, dass es sich um bis zu 30 einzelne Verträge handeln kann, die am Ende miteinander koordiniert und abgestimmt werden müssen. Bei Computerprojekten ist die Situation noch komplexer, und es gibt viele Bereiche, die ähnlich strukturiert sind.

Daraus ergibt sich die Notwendigkeit, die **einzelnen Verträge** untereinander auf ein gemeinsames Projektziel hin **abzustimmen**, das erreicht werden soll. Wenn man Vertragspartner hat, die bereit sind, die **Systemverantwortung** zu übernehmen, kann man die Probleme zwar auf sie verlagern, diese aber haben dann denselben **internen Koordinationsbedarf**, dem der Auftraggeber ausgewichen ist.

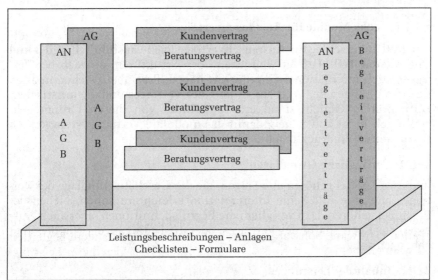

Hinreichende **Planungssicherheit** kann man in diesem Bereich nur gewinnen, wenn man nicht in einzelnen Verträgen, sondern in **Vertragssystemen** denkt, bei denen die einzelnen Elemente **modular** miteinander **verknüpft** sind. Wichtigste Voraussetzung dafür ist eine möglichst einheitliche Struktur, die man jedenfalls für den Bereich der Austauschverträge einerseits und der Gesellschaftsverträge andererseits erreichen kann. Das wesentliche Ziel der in diesem Buch vorgestellten Basis-Checklisten besteht darin, anschaulich zu machen, welche Themen einheitlich behandelt werden können, auch wenn die Zielsetzung jedes einzelnen Vertrages im Einzelfall unterschiedlich ist. Das gilt nicht nur für die **Vertragsinhalte**, sondern vor allem auch für die stets wechselnden **taktischen Perspektiven**, die die Vertragsparteien in den unterschiedlichen Rechtsbeziehungen einnehmen müssen: Gegenüber einem mächtigen Auftraggeber, der ein Bauwerk in Auftrag gibt, kann ein Generalunternehmer eine taktisch untergeordnete Position haben, gegenüber seinen eigenen Subunternehmern hingegen ist er in der Regel derjenige, der die **Entwurfsregie**, die **Verhandlungsregie** und die **Durchführungsregie** (z.B. bei der Bauleitung) übernimmt und die wesentlichen Vertragsinhalte bestimmen kann.

a) Das einheitliche modulare 6-er Raster für alle Vertragstypen

273a Der Aufbau eines modularen Vertragssystems wird bedeutend erleichtert, wenn man sich dazu entschließt, allen Verträgen, die man entwirft, eine **einheitliche Grundstruktur** zu geben. Diese besteht aus sechs Basis-Kapiteln, die sich nur im Bereich der Austauschverträge und der Gesellschaftsverträge teilweise voneinander unterscheiden.

aa) Die sechs Module für Austauschverträge

Der Aufbauvorschlag für **Austauschverträge** (siehe **ausführlich Teil 3 und Checklisten Teil 11**) folgt weitgehend den Strukturen, die sich bei Verträgen auch international eingebürgert haben. Präambeln stehen in allen Rechtsordnungen der Welt am Anfang des Vertrages und die juristischen Formalitäten (Gerichtsstand etc.) am Ende. Von diesen Grundregeln wollte ich nicht abweichen, damit das modulare Vertragssystem keinen gekünstelten Eindruck macht.

273b **Teil 1: Vertragliche Grundlagen**

In dieses Kapitel gehören alle Fragen, die die **Geschäftsgrundlage** des Vertrages betreffen und seine Interpretation erleichtern sollen. Neben der Präambel gehören dazu vor allem die Begriffsdefinitionen, aber auch Aussagen zur Rechtsnatur des Vertrages, oder die Bedingungen, von denen er abhängen soll.

Teil 2: Inhalt der Leistungen

In diesem Kapitel wird der **Leistungsaustausch** dargestellt, und zwar zunächst die Sachleistung, dann die Geldleistung. Das hat folgenden Grund: Die Vergütung hängt immer vom Umfang der Leistung ab, und wenn sie in sich schlüssig und vollständig dargestellt ist, dann wird für den Leser am einfachsten verständlich, warum das Ganze so viel kostet. Die Mitwirkungspflichten, die zum Beispiel ein Käufer oder Besteller erledigen muss, sollte man allerdings noch vor die Vergütungspassagen stellen, denn ihr Wert mindert ja die Preise.

An dieser Stelle kann man gut erläutern, dass die Zuordnung einzelner Fragen zu einem der sechs Module keineswegs immer eindeutig zu beantworten ist. Ob man Aufrechnungs- und Zurückbehaltungsrechte in diesem Teil oder im Teil „Sicherung der Leistungen" regelt, ist letztlich Geschmackssache. Wichtig ist nur, dass man sich im Lauf der Zeit angewöhnt, ein bestimmtes Einzelthema in einem bestimmten Kapitel anzusprechen, damit man jedenfalls für die eigenen Verträge das jeweilige Thema leicht wieder finden kann.

Teil 3: Sicherung der Leistungen 273c

Spiegelbildlich zum Teil 2 gibt es zunächst Aussagen über die Sicherung der Sachleistung (Gewährleistungen, Garantien etc.), sodann Regelungen, um die Geldleistung zu sichern (Bürgschaften, Garantien etc.). Sodann sollte ein Abschnitt folgen, in dem gleichlaufende Interessen der Parteien gesichert werden (Geheimhaltungsschutz, Abwerbungsverbote etc.) und den Abschluss bilden **Haftungsvereinbarungen**, weil auch sie sehr oft beiderseits abgeschlossen werden: einseitige Haftungsausschlüsse sind nur schwer durchsetzbar.

Teil 4: Vertragsdurchführung 273d

Dieses Kapitel unterscheidet sich von allen anderen dadurch, dass es streng **historisch aufgebaut** wird. Es beginnt mit dem Abschluss des Vertrages und endet mit seiner Kündigung bzw. den nachwirkenden Abwicklungspflichten. Eine feste Regel des Vertragsdesign lautet:

„In einem Vertrag darf niemals ein Thema zweimal geregelt sein."

An diese Regel sollte man sich unbedingt halten, wenn man verständliche Verträge schreiben will. Man kann sie auch nahezu immer einhalten, denn wenn man ein bestimmtes Thema an zwei Stellen des Vertrages ansprechen will, kann man normalerweise auch eine Verweisung einbauen. Es gibt aber **Ausnahmefälle**, in denen das nicht möglich und sogar nicht wünschenswert ist, weil eine zweimalige Erwähnung eines Themas zur Verständlichkeit dessen beiträgt, was die Parteien wollen. Ein typischer Fall sind Zahlungstermine. Die Zahlung ist eine Vergütungsregelung und gehört daher in Teil 2. Die Termine aber, zu denen etwa Teilzahlungen zu leisten sind, hängen oft vom Projektfortschritt ab, und dann ist es besser, folgendermaßen vorzugehen:

– Man regelt im Teil 2 „Inhalt der Leistungen" oder in einer geeigneten 273e
Anlage den Gesamtpreis, der zu zahlen ist, falls dieser ein Festpreis ist, etwa wie folgt: „Der Käufer bezahlt an den Verkäufer für die überlassene Software einen Gesamtpreis von 850 000 Euro zuzüglich der gesetzlichen Mehrwertsteuer. Die Bezahlung erfolgt in Raten wie im Teil 4 dieses Vertrages im Detail geregelt."

– Im Teil 4 „Vertragsdurchführung" werden dann die einzelnen Zahlungsraten an bestimmte Leistungsfortschritte oder Aushändigung von Unterlagen etc. geknüpft.

Im Kapitel „Vertragsdurchführung" wird dem Leser des Vertrages also im historischen Ablauf erzählt, wie die Planung für die Zukunft aussieht und das führt naturgemäß dazu, dass einzelne Themen, die in den anderen Kapiteln geregelt sind, hier nochmals erzählerisch aufgegriffen werden müssen, weil sie im Ablauf besser verstanden werden können. Hierher gehören deshalb auch die Regeln zur Vertragsanpassung oder Änderung, die sich in eine solche Darstellung weit harmonischer einfügen, als dies bei einem anderen Aufbau möglich wäre.

273f Wie das Ineinandergreifen der systematischen Kapitel mit dem „erzählenden" Kapitel „Vertragsdurchführung" hergestellt wird, kann man auch am Beispiel der nachvertraglichen Wettbewerbsverbote gut erläutern. Sie sind zunächst im Teil 3 „Sicherung der Leistungen" zur regeln, müssen aber im Teil 4 aufgegriffen werden, wenn etwa der einen Partei das Recht zugestanden wird, von der anderen nach Vertragsende Auskunft über ihre nachfolgenden geschäftlichen Aktivitäten zu geben.

Die Praxis zeigt, dass auf diese Weise nicht nur das **Vertragscontrolling** sehr erleichtert wird, sondern auch die Manager, die die Verträge **durchführen** müssen, in diesem Kapitel wie in einer Checkliste vorgeführt bekommen, worauf sie zu achten haben. Wer nicht juristisch ausgebildet ist, dem kann es sehr schwer fallen, aus einem anders oder gar nicht in Großkapitel gegliederten Vertrag ein solches Verhaltenspflichtenheft abzuleiten.

Teil 5: Allgemeine Bestimmungen

273g In diesem Kapitel werden notwendige Formalitäten geregelt, wie das Schriftformerfordernis, salvatorische Klauseln und Schiedsregeln, die in die ausschließliche Domäne der Rechtsberatung fallen. Man sollte sie grundsätzlich von anderen Themen des Vertrages reparieren und dafür sorgen, dass Änderungen an Entwürfen nicht ohne Absprache mit Anwälten/Rechtsabteilungen vorgenommen werden dürfen.

274 **Teil 6: Anlagen**

In Deutschland wird den Anlagen viel zu wenig Aufmerksamkeit geschenkt. Ganz anders in USA, wo sie oft genug – und vollkommen zu Recht – das Zentrum der Diskussion darstellen. Bei geschicktem Vertragsaufbau kann man in den Leistungsbeschreibungen, die typischerweise zu den Anlagen gehören, die juristische Munition viel besser verstecken als irgendwo sonst, weil sie dort nicht gesucht wird. Von Rechtsabteilungskollegen hört man, dass sie gelegentlich Verträge ohne Anlagen prüfen und das den Managern überlassen – ein ganz schwerer Planungsfehler! Als Faustformel kann man sagen:

IV. Elemente des Vertragsdesigns

In die Anlagen gehört alles, was auf Managementebene geändert werden kann und was bei einer Änderung die rechtliche Kernaussage des Vertrages nicht berührt.

Von diesem Grundprinzip sind allerdings die oben erwähnten Fälle ausgenommen, dass man absichtlich rechtlich problematische Erklärungen/Vereinbarungen in den Anlagen unterbringt. Wer sie dort versteckt, darf nicht vergessen, sie später auch zu überwachen!

Auch aus diesem Grunde definiert man komplexere Vergütungsregelungen und/oder Zahlungsbedingungen besser in den Anlagen als im Hauptvertrag, weil es hier erfahrungsgemäß zu solchen Anpassungen kommt.

Darüber hinaus ist zu bedenken: Jede Zuweisung in die Anlagen entlastet den Haupttext, der damit oft leichter lesbar und verständlich wird.

bb) Die sechs Module für Gesellschaftsverträge

Das Grundraster für Gesellschaftsverträge wurde demjenigen für Austauschverträge soweit wie möglich angeglichen 275

Die Überschriften „Vertragliche Grundlagen" (Teil 1), „Allgemeine Bestimmungen" (Teil 5) und „Anlagen" (Teil 6) sind gleich geblieben. Allerdings haben sich die Inhalte verändert und darüber hinaus benötigen Gesellschaftsverträge im Mittelteil einen anderen Aufbau als Austauschverträge. Die Gliederung ist wie folgt:

Teil 1: **Vertragliche Grundlagen**

Darunter fallen Punkte wie: Firma, Sitz, Geschäftsjahr, Einlagen, Gesellschafterkonten bzw. Kapital.

Teil 2: **Innere Ordnung, Geschäftsführung und Vertretung**

Darunter fallen neben Geschäftsführer- und Vertretungsregelungen, z.B. Gesellschafterversammlung und -beschlüsse, Regelungen zum Aufsichtsrat, Wettbewerbsverbote, Informations- und Kontrollrechte, Verfügung über Geschäftsanteile.

Teil 3: **Jahresabschluss, Ergebnisverwendung**

Darunter fallen z.B. Regelungen über die Aufstellung des Jahresabschlusses, etwaige Prüfungspflichten, die Ergebnisverwendung, Entnahmerechte.

Teil 4: **Ausscheiden, Auflösung**

Darunter fallen sämtliche Ausscheidensregelungen, Kündigung, Ausschließung, Einziehung, Verfahrensfragen hierzu, Einziehungs-, Abfindungsentgelt, Auflösungsregelungen.

Teil 5: **Allgemeine Bestimmungen**

Darunter fallen z.B. Bekanntmachungen, ggf. salvatorische Klausel, Tragung von Gründungsaufwand, Gerichtsstandsregelung.

Teil 6: **Anlagen** (falls erforderlich)

Die Praxis zeigt uns, dass vor allem Notare Schwierigkeiten haben, diesen Aufbau zu verstehen, weil er nicht den bei ihnen verwendeten Strukturen entspricht, die in Deutschland oft auch durch lokale Eigenheiten geprägt sind. Wenn der Notar den Vertrag entwirft, sollte man nicht versuchen, ihn durch den hier vorgeschlagenen Aufbau zu verändern, denn dann findet der Notar sich in den Entwürfen nicht mehr zurecht.

In solchen Fällen verwendet man die eigenen Entwürfe als Checkliste, um zu prüfen, ob das, was man geregelt haben will, sich im Entwurf des Notars wieder findet.

b) Andere Aufteilung der Module

276 Die vorgeschlagene thematische Zusammenfassung hat sich in den letzten 20 Jahren, in denen wir diese Struktur benutzen, nicht mehr geändert und damit wohl auch allgemein bewährt. Dies bedeutet aber nicht, dass das modulare Vertragssystem nicht auch mit anderen Modulen funktionieren würde: Wer statt sechs lieber acht Kapitel wählt und die Inhalte dieser Kapitel ganz anders als es hier definiert wurde, schafft sich damit sein eigenes modulares Vertragssystem und damit genau das Handwerkszeug, dass für die spezielle Arbeit geeignet ist. Auch in einer solchen Einteilung wird es Übereinstimmungen mit dem hier vorgeschlagenen Raster geben, denn sicher wird jeder Vertrag etwas über seine Grundlagen aussagen, allgemeine Bestimmungen enthalten und Anlagen benötigen. Gewiss wird es auch zweckmäßig sein, die Präambel an den Anfang und die beiden anderen Kapitel an den Schluss zu setzen. Die Teile 2 bis 4 können aber – abhängig von der jeweiligen Aufgabe – auch ganz anders aussehen, als dies hier vorgeschlagen wurde.

Besonders für Gesellschaftsverträge zeigt sich in der Praxis manche Schwierigkeit, weil Notare den hier vorgeschlagenen Aufbau als ungewöhnlich empfinden, da er von den üblichen Formularen im Gesellschaftsrecht deutlicher abweicht, als die hier gewählte Struktur es bei den Austauschverträgen tut.

Wenn man aus diesem Grund z.B. gezwungen ist, Gesellschaftsverträge anders aufzubauen, sollte man sich trotzdem an den Vorschlag halten, alle Verträge, die man selbst entwirft, nach einem **einheitlichen Raster** zu gestalten, um so die Vorteile einer modularen Vertragsstruktur gewinnen zu können.

277 Arbeitet man nämlich innerhalb einer stets wiederholten und vertrauten Vertragsstruktur, fällt es leichter, diese jeweils gegensätzlichen Perspektiven situationsgerecht einzunehmen und taktisch richtig zu verhandeln.

Aus dem gleichen Grund ist es einfacher, Checklisten innerhalb **abgestimmter Vertragsmodule** zu entwickeln, wenn man es schafft, die Entwurfsregie zu behalten. Der wahre taktische Wert liegt wie immer darin, dass man sich „in bekanntem Gelände" bewegt. Kann man das nicht, dann ist der **zeitliche Aufwand** und damit auch der **Kostenaufwand** erheblich größer, den man einsetzen muss, um vorgelegte Verträge, deren Struktur man nicht kennt, auf die hinter ihnen liegenden Motive abzuklopfen. Dabei erhöht sich der Verhandlungsaufwand in gleichem Maße, wenn man eigene – in Konfliktfällen oft ausprobierte – Texte mühsam gegenüber dem Vertragsentwurf der Gegenseite durchsetzen muss.

Kann man stattdessen mit einem eigenen modularen Vertragssystem antreten, fällt es viel leichter, Konzessionen zu machen, weil man deren Reichweite besser abschätzen kann.

Neben diesen Gesichtspunkten, die letztlich wesentliche Elemente der **Planungssicherheit** darstellen, spielen in der jüngeren Diskussion die **Qualitätsnormen DIN/ISO 9000 ff.** eine maßgebliche Rolle.

278

Diese Normengruppe legt **inhaltlich** nichts fest, sondern regelt nur das **formelle Vorgehen**, das bei **Produkten** und **Dienstleistungen** eingehalten werden muss, wenn ein Unternehmen zertifiziert werden will. Diese Zertifikation spielt im Bereich der Fertigungsunternehmen eine große Rolle und strahlt immer stärker in den Bereich der Dienstleistungen und der individuellen Fertigung aus. Auch wenn man mit guten Gründen dieser Entwicklung kritisch gegenüberstehen kann (näher *Heussen/Schmidt*, CR 1995, 181), so muss man doch damit rechnen, dass die Unternehmenspraxis mehr und mehr von den Anforderungen der DIN/ISO 9000 ff. bestimmt wird. In ihrem Rahmen ist in Bezug auf die Verträge **mindestens sicherzustellen**, dass Vertragstexte und zugehörige Dokumentationen im Unternehmen an geeigneter Stelle **archiviert** und **überwacht** werden. Auch sind Mindestanforderungen zu erfüllen (so z.B. Bonitätsprüfungen der Vertragspartner), die sich wenigstens mittelbar auf den Vertragsinhalt niederschlagen. Der Aufwand, all das sicherzustellen, ist bei der Verwaltung und Pflege unterschiedlicher Einzelverträge erheblich höher als bei modularen Vertragssystemen.

Zusammengefasst: Für einen einheitlichen modularen Aufbau von Verträgen und Vertragsnetzen sprechen folgende Gesichtspunkte:

278a

Es entsteht eine **einheitliche Struktur**, mit der der Vertragsverfasser immer arbeitet und deren **Logik** sich ihm **einprägt**.

Bei Vertragsparteien, die häufig miteinander zu tun haben, **überträgt** sich dieses **Wissen** auch auf die anderen Beteiligten und macht es ihnen einfacher, die Entwürfe zu verstehen.

Da alle Verträge dieselbe Basis-Struktur haben, können die einzelnen Module beliebig erweitert werden, ohne das **Verständnis** der **Grundstruktur** zu beeinträchtigen.

Die **Qualität** der Verträge, insbesondere ihre Vollständigkeit und Richtigkeit lässt sich leicht überprüfen, da hinter jedem Vertrag auch eine **Checkliste** steht.

Diese Checkliste regt auch dann **Assoziationen** für den konkreten Vertrag an, wenn im Einzelfall dieser oder jener Punkt keine Rolle spielt.

3. Sprache und Begriffe

279 Die **Sprache** ist das wesentliche **Werkzeug** der **Vertragsgestaltung**. Wer Verträge nur als **juristische** Werkzeuge versteht, wird Schwierigkeiten dabei haben, Verträge in einer anderen als der juristischen Sprache abzufassen. Wer so denkt, versteht den Vertrag in erster Linie als ein Mittel, um bei späteren Auseinandersetzungen seine Position gut **prozessual** vertreten zu können. Dann wird der Vertrag nämlich von den Richtern in seine Einzelteile zerlegt, analysiert und dann wieder insgesamt betrachtet, wobei es natürlich für den Richter hilfreich ist, sich in einer ihm bekannten Sprachwelt bewegen zu können. Für ihn ist es viel einfacher, in einem Vertrag zu lesen: „Der Besitz geht am 1.1.1996 auf den Käufer über." als etwa „Der Käufer kann das Grundstück ab 1.1.1996 betreten." Im ersten Fall kann man kaum am gewollten Besitzübergang zweifeln, im zweiten hingegen kann es sich nur um ein auf bestimmte Planungszwecke beschränktes Betretungsrecht handeln ohne die vielfältigen **rechtlichen Folgen** des Besitzübergangs.

Ich habe oben ausführlich erläutert, dass die Funktion des Vertrages als prozessuales Hilfsmittel bei weitem nicht seine wichtigste ist. Ein Vertrag, über den prozessiert wird, ist kein lebendiger Organismus, sondern nur noch tote Materie, an der die **Richter** als **Pathologen** wirken, um aus dem zerfallenden Humus des Einzelfalls neue Strukturen von allgemeinem Interesse für die Rechtsanwendung entstehen zu lassen.

280 Viel wichtiger als diese Funktion ist die Eigenschaft des Vertrages, den Parteien bei der **Vertragsdurchführung** zu helfen. Dabei können andere als juristische Sprachebenen von ausschlaggebender Bedeutung sein.

Folgende Sprachebenen kann man unterscheiden:
– Die allgemeine Umgangssprache,
– die ingenieurtechnischen und kaufmännischen Fachsprachen,
– die juristische Fachsprache,
– die Fremdsprachen,
– Definitionen.

In all diesen Sprachebenen kommt es in erster Linie darauf an, das, was die Parteien wirklich wollen, sprachlich so auszudrücken, dass es darüber später möglichst wenig Streit gibt.

Zunächst ist das ein rein handwerkliches Problem, das man durch ständige Arbeit am eigenen Stil auf den unterschiedlichen Sprachebenen lösen kann (sehr hilfreich hierbei: *Tonio Walter*, Kleine Stilkunde für Juristen, 2002).

Bei diesem Training orientiert man sich am besten an folgenden sprachlichen Eigenschaften:

Einfachheit: Kurz/eindeutig/treffend/aktiv statt passiv/verbal statt nominal,

Übersichtlichkeit: Erkennbare Strukturen/Vermeidung von Wiederholungen,

Anschaulichkeit: Arbeiten mit Beispielen/Kommentare – sofern nötig/ Metaphern,

Grammatische Präzision: Orthographie/Interpunktion/Syntaktische Bezüge.

Um solchen Anforderungen gerecht zu werden, wie sie z.B. von *Urs Albrecht* und *Vinzenz Rast* auf dem Schweizerischen Anwaltskongress 2005 vorgestellt wurden, müsste man sich idealerweise mit Germanisten verbünden. Die allerdings können einem im Bereich der Fachsprachen auch nur wenig helfen. 280a

Wie wichtig die Sprache als Basis für jedes rechtliche Verstehen und Handeln ist, hat *Konfuzius* schon um 500 v. Chr. klar genug erkannt:

„Wenn die Sprache nicht stimmt, so ist das, was gesagt wird, nicht das, was gemeint ist; ist das, was gesagt wird, nicht das, was gemeint ist, kommen die Werke nicht zustande; kommen die Werke nicht zustande, so gedeihen Moral und Kunst nicht; gedeihen Moral und Kunst nicht, so trifft die Justiz nicht; trifft die Justiz nicht, so weiß die Nation nicht, wohin Hand und Fuß setzen. Also dulde man keine Willkürlichkeit in den Worten. Das ist es, worauf alles ankommt." (zit. n. *Egon Müller*, Plädoyer für eine Verfahrenssprache, in Festschrift für Müller-Dietz, 2001, S. 567).

a) Umgangssprache

Die allgemeine **Umgangssprache** wird bei Verträgen überall dort benutzt, wo man keinen Fachjargon benötigt. Ihr wesentliches Problem besteht darin, dass bestimmte Begriffe umgangssprachlich anders als in juristischer Fachsprache verwandt werden (z.B. „Besitz"). Die Aufgabe der Juristen besteht darin, ihren eigenen Begriffskatalog zu erkennen und dort, wo er sich mit der allgemeinen Sprache überschneidet, die erforderliche Definitionsarbeit zu leisten. 281

Juristische und damit vor allem die anwaltliche Arbeit ist misslungen, wenn der Vertrag nichts weiter als eine umgangssprachliche Beschreibung der Absichten der Parteien ohne eine rechtliche Strukturierung enthält, die seine innere Statik ausmacht.

b) Fachsprachen

Fachsprachen haben stets ihr eigenes Vokabular. Wie umfangreich es ist, kann man sich kaum vorstellen. Als Faustformel gilt, dass einzelne Fach- 282 sprachen (z.B. im Bereich der Computertechnologie) mindestens so viele Begriffe haben wie die allgemeine Umgangssprache (zwischen 10 000 bis 20 000 Wörter), so dass auch Fachleute nicht immer sicher sein können, die Begriffe richtig zu benutzen, sofern es überhaupt in den Fachsprachen eindeutige Begriffe gibt. Diese Eindeutigkeit liegt zum Beispiel bei Begriffen vor, die in **Normen** und **Standards** (DIN/ISO) definiert sind, bei vielen gängigen Begriffen **fehlen** aber solche **Definitionen**, und dann kann es auch unter Fachleuten vorkommen, dass derselbe Begriff mit ganz unterschiedlicher Bedeutung gesehen wird. Für das Vertragsdesign besteht die Aufgabe darin, alle Begriffe, die einer Fachsprache zugehören, entweder zu definieren oder wenigstens innerhalb derselben Urkunde **konsistent** zu **verwenden** und nicht für ein und dieselbe Sache verschiedene Begriffe aus **Umgangssprache** und **Fachsprache** zu verwenden.

c) Juristische Fachsprache

283 Im Bereich der **juristischen Fachsprache** schließlich sollten es die Juristen wenigstens am einfachsten haben. Es erweist sich aber manchmal, dass die Probleme gerade dann am größten werden, wenn man sich in dieser Begriffswelt aufhält. So sind etwa Begriffe wie „Mangelfolgeschaden" oder „Lizenz" keinesfalls eindeutig definierbar und können oft nur durch Beispielsbildungen für bestimmte Konfliktfälle erschlossen werden.

Fachleute, die über eigene Sprachen mit **hohem Bestimmtheitsgrad** verfügen, wollen es oft nicht wahrhaben, dass ausgerechnet die **juristische Sprache** nur **selten** über **eindeutige Begriffe** verfügt. Dort gibt es fast nie eindeutige Begriffe, sondern im besten Fall solche, die mit hoher Wahrscheinlichkeit von der Mehrzahl der Interpreten den gleichen Sinn zugesprochen erhalten.

Mit diesen Unschärfen muss man leben, denn ein Vertrag, der sie alle durch geeignete Definitionen und stilistische Eleganz, Beispielsbildungen ausräumen wollte, könnte praktisch nicht mehr gestaltet werden.

Eindeutige Vertragsklauseln, die nur in einem einzigen Sinne auszulegen wären, gibt es weniger oft, als man annimmt. Verträge verfügen – ebenso wie Gesetze – notwendig über eine Vielzahl unbestimmter Begriffe, denn sie brauchen Flexibilität, um umgesetzt werden zu können. Immer wieder wird bei späteren Auseinandersetzungen behauptet, die eine oder andere Seite nutze einen bestimmten Begriff als „Schlupfloch" um aus tatsächlich vereinbarten Verpflichtungen heraus zu kommen. Selbst wenn das im Einzelfall so ist, brauchen wir solche Interpretationsspielräume, um mit den Verträgen überhaupt arbeiten zu können.

d) Fremdsprachliche Begriffe

284 Für **Fremdsprachen** gilt sinngemäß das für die Fachsprachen Gesagte: Hier besteht das Problem häufig darin, fremdsprachliche Begriffe, die in

IV. Elemente des Vertragsdesigns

andere Umgangssprachen Aufnahme gefunden haben (so vor allem die Anglizismen wie: „Interface", „Update" etc.), so zu verwenden, dass klar ist, ob sie in ihrer heimatlichen Bedeutung oder in der Bedeutung verwandt werden, die sie gerade in Deutschland als fremdsprachliche Begriffe gefunden haben. Im Bereich der Computerindustrie, wo es viele Begriffe in deutscher Sprache nicht gibt, ist diese Abgrenzung besonders schwer (zu weiteren Problemen siehe Teil 1 Rz. 5; Teil 2 Rz. 210 ff.).

Zusammengefasst: Ein Vertrag enthält sehr **selten nur einen Sprachstil**, meist setzt er sich mindestens aus **Umgangssprache** und **juristischer Sprache** zusammen, und wenn weitere Sprachelemente dazukommen, kann die Erarbeitung eines konsistenten Textes schon redaktionell ein erhebliches Problem werden. Für das Vertragsdesign bedeutet das, dass man sich bei allen Formulierungen über die **Sprachebene** klar sein muss, in der man sich jeweils aufhält. Diese Sprachebene hängt meist vom **natürlichen Verständnis** der Personen ab, die an dem Vertrag mitwirken. Wenn etwa ein erfahrener Generalunternehmer mit einem ebenso fachkundigen Rohbauunternehmen einen Vertrag über ein Bauwerk abschließt, dann können sich in der Urkunde vielfältige bautechnische Fachbegriffe finden, die genau so stehen bleiben können, wie die Parteien sie konzipiert haben, denn bei der späteren Auslegung kann man darauf vertrauen, dass ein **Sachverständiger** die Begriffe **eindeutig** wird festlegen können. 285

In einem Bauträgervertrag hingegen, der mit einem privaten Käufer abgeschlossen wird, dürfen manche Klauseln nicht so technisch ausfallen, damit bei der Durcharbeitung des Vertrages nicht immer wieder Detailfragen auftauchen, die die Verhandlung unnötig erschweren.

Damit sind wir bereits wieder im Bereich der taktischen Überlegungen. Die **Sprache** des **Vertrages** muss ja seiner **Funktion dienen**, und so kommt es, dass etwa beim Vertragsdesign von Vertriebsverträgen die Perspektive der künftigen Vertragspartner (zum Beispiel Franchisenehmer) und ihr **Verständnishorizont** berücksichtigt werden müssen, will man hinreichend interessierte Vertragspartner bekommen. Die Sprache eines Vertrages kann für den künftigen Vertragspartner so abstoßend sein, dass die Verhandlungen über ihn sich sehr schwierig gestalten. Besonders fatal ist es, wenn die Absichten, die hinter schwierigen Formulierungen stecken, sich gar nicht gegen den Vertragspartner richten, sondern aus allgemeinen Erwägungen (Einheitlichkeit der Begriffsbildung etc.) so gewählt werden, dass er Mühe hat, sie zu verstehen. Man kann auch **marketingorientierte Vertriebsverträge** entwerfen und so die Verhandlungen über den Vertrag **taktisch unterstützen**. 286

e) Sprachstile

Innerhalb der einzelnen Sprachtypen gibt es unterschiedliche Sprachstile, wobei die **Variationsbreite** bei der allgemeinen **Umgangssprache** natürlich viel größer ist als bei den Fachsprachen. 287

Die Wahl des Stils wird wesentlich durch **taktische Überlegungen** bestimmt. Diese taktischen Möglichkeiten umfassen etwa

- **Verstecken** von **Risiken** hinter unklaren Formulierungen,
- Bilden **abstrakter Regeln** zur Verdeckung von Dissens,
- bewusste **Unklarheiten**,
- **Verwischung** von **Tatsachen** und **Wertungen** (vor allem durch Verwendung unbestimmter Rechtsbegriffe),
- Verwendung **fachlich wirkender** Begriffe, die tatsächlich nicht definiert sind (z.B. „frustrierter Aufwand", „Mangelfolgeschaden", „freier Mitarbeiter", „Kundenschutz").

288 Derartiges ist natürlich nur dann sinnvoll, wenn man aus der **begrifflichen Vieldeutigkeit** später Nutzen ziehen kann. Befindet man sich in der anderen Situation, muss man auf **Begriffsklärung** hinwirken.

Begriffserklärung geschieht am einfachsten durch

- **einheitliche Definitionen** von Begriffen vor oder nach dem Haupttext,
- **klare Präambeln**, die die Beschreibung der Geschäftsgrundlagen umfassen,
- **Bildung** von **Beispielen**, insbesondere **Rechenbeispielen** für typische Abrechnungen,
- **Auslegungsklauseln**.

289 Die taktischen Möglichkeiten, die sich durch die Verwendung von Begriffen und bestimmten Formulierungen erschließen, sind ohnehin begrenzt und nicht ungefährlich, denn der Wunsch, daraus später **Vorteile** zu ziehen, kann sich immer ins **Gegenteil verkehren**. Unrealistisch ist der gegenüber Anwälten immer wieder geäußerte Wunsch, eine Formulierung zu erarbeiten, die im Streitfall die eigene Position sichert, obgleich diese in den Verhandlungen nicht offen gelegt worden ist. Hier werden die **juristischen Möglichkeiten** oft **überschätzt**.

Folgende Stilarten kann man unterscheiden:

- Neutraler Stil,
- konstruktiver Stil,
- destruktiver Stil.

aa) Neutraler Vertragsstil

290 Ein Vertrag ist in neutralem Stil gehalten, wenn er sich im Wesentlichen juristischer und anderer Fachbegriffe bedient, auf taktisch verwendbare Begriffe und Werkzeuge weitgehend verzichtet und versucht, die Interes-

IV. Elemente des Vertragsdesigns

sengegensätze der Parteien so ausgewogen wie möglich herauszuarbeiten.

Er versucht, die Probleme so **konkret** und **klar** wie möglich **anzusprechen**, Begriffe einheitlich zu verwenden und **Auslegungshilfen** durch stilistische Unterstützung zu bieten. Gute Notarverträge zeichnen sich durch diese Eigenschaften aus.

Das bedeutet aber nicht, dass der neutrale Stil den anderen Stilarten in jeder Hinsicht überlegen sei. Größere Projektverträge zum Beispiel brauchen mehr als einen neutralen Stil. Bei ihnen muss darüber hinaus konstruktive **Hilfe** für die **Vertragsdurchführung** geboten werden, die ohne (häufig wechselnde) Einseitigkeiten und Hervorhebungen schlecht dargestellt werden können.

bb) Konstruktiver Vertragsstil

Der so entstehende konstruktive Stil zeichnet sich durch drei Eigenschaften aus: 291

– Information,

– Strukturierung,

– Ausgewogenheit.

Konstruktiv entworfene Verträge sind, soweit es um **Informationen** und **Tatsachen** geht, zwar neutral, sie strukturieren aber das **Gemeinsame** und das **Trennende** je nach der Interessenlage der Parteien unterschiedlich und bilden im Vertragstext ausgewogen das Endergebnis der Diskussionen ab, die die Parteien im Zuge der Vertragsverhandlungen zu kontroversen Themen geführt haben. Konstruktive Verträge werden sehr selten von einem Verfasser bestimmt, sie sind meist das Ergebnis **kreativer Zusammenarbeit mehrerer Verfasser**, die zum Gesamtergebnis das Ihre beitragen.

Von den Inhalten abgesehen, drückt sich das auch in **formalen Einzelheiten** aus. Während ein neutral formulierter Vertrag sich eher in die Fachvokabeln flüchtet und etwa vom „Käufer" und „Verkäufer" spricht, wird ein konstruktiv entworfener Vertrag einen **persönlichen Stil** bevorzugen und versuchen, die Parteien unter ihrem jeweiligen Namen anzusprechen (wodurch der Text sich ohnehin sehr viel leichter liest, weil er weniger abstrakt ist). Ein Beispiel: 292

In einem Kaufvertrag lauten die Gewährleistungsklauseln häufig wie folgt: „Der Käufer hat gegenüber dem Verkäufer Mängel der Kaufsache unverzüglich zu rügen. Stellen die Rügen sich als berechtigt heraus, so kann der Verkäufer die Kaufsache nachbessern …".

Diese Passage könnte ganz anders lauten: „Bitte untersuchen Sie die gekaufte Sache sobald als möglich in allen wichtigen Funktionen. Sollten sich dabei Mängel herausstellen, teilen Sie uns bitte diese Mängel alsbald mit. Wir werden sie unverzüglich beseitigen und Ihnen, falls dies beim zweiten Mal nicht gelingt, ohne weitere Aufforderung auf unsere Kosten ein neues Produkt zusenden ...".

Der Unterschied ist nicht nur ein stilistischer, sondern auch ein inhaltlicher. Entschließt man sich nämlich, dem Vertragspartner alle Rechte offen einzuräumen, die ihm die Rechtsprechung ohnehin eingeräumt hat, dann ergibt sich daraus eine (vielleicht ungewollte) Kundenfreundlichkeit, die dem Markenimage sehr dienlich sein kann.

293 Ein **konstruktiver Vertragsstil** nimmt auch auf **Empfindlichkeiten** der Parteien Rücksicht, indem er zum Beispiel Begriffe verwendet, die dem Vertragspartner **vertraut** sind, und nicht um des Prinzips willen unter allen Umständen auf dem „fachlich richtigen" Begriff besteht.

294 Eine taktisch bedeutende Leistung bringt jemand zustande, der einen Vertrag bereits so entwirft, dass die eigenen Interessen zwar optimal gesichert sind, der Vertragspartner aber **seine** Sicht der Dinge im Vertrag widergespiegelt findet, bevor er überhaupt Gelegenheit hatte, sie in der Vertragsverhandlung unterzubringen.

Das widerspricht der herkömmlichen „Basarmentalität" und kann daher die völlig falsche Taktik bei Vertragspartnern sein, die etwas begriffsstutzig sind und noch viel Freude am Kuhhandel haben. Trifft man auf differenziertere Verhandler, ist die Wirkung hingegen oft genug erstaunlich.

cc) Destruktiver Vertragsstil

295 Destruktiver Vertragsstil ist daran erkennbar, dass er in erster Linie die gegebenen **Machtpositionen** zum Ausdruck bringt und kein nennenswertes Interesse am Vertragserfolg erkennen lässt: Dabei versucht der Verfasser, gegnerische Rechtspositionen im Ansatz zu zerstören, aus eigenen Verantwortungen zu flüchten, Regelungen im ungewissen zu lassen etc.

Solche Verträge sind häufig in **Befehlsform** abgefasst („Der Franchisenehmer hat spätestens bis zum 1. des Monats Berichte mit folgendem Inhalt abzuliefern: ...").

Stilelemente dieser Art findet man naturgemäß besonders häufig bei Standardverträgen mächtiger Vertragspartner (Banken, Versicherungen, Konzerne), ohne dass diese davon einen besonderen Vorteil hätten: Solche Verträge werden von der Rechtsprechung unabhängig von ihren stilistischen Elementen immer kritisch betrachtet, und gerade deshalb wäre manchem Verwender anzuraten, seine stilistischen Demonstrationen zugunsten geschmeidiger Formulierungen aufzugeben. Eine bemerkenswerte Ausnahme zu dieser „Konzernregel" findet sich bei vielen Verträgen, die IBM entworfen hat (ich sollte bei diesem Lob darauf hinweisen, dass wir IBM nicht vertreten).

IV. Elemente des Vertragsdesigns

dd) Gesichtsverlust

Schon beim Vertragsentwurf spielt die Rücksichtnahme auf einen möglichen Gesichtsverlust des Vertragspartners eine große Rolle (Teil 1 Rz. 69 und Teile 9.3 [China] und 9.4. [Japan]). Man kann die Gegenseite durch Entwürfe, die weit **überwiegend unannehmbare Inhalte vorschlagen**, so verärgern, dass es gar nicht erst zur Verhandlung kommt, oder dadurch **taktische Gegenmaßnahmen** provozieren, mit denen man selbst nicht mehr fertig wird. Neben dem inhaltlichen Ungleichgewicht kann aber bereits die Menge des Papiers, das man in einem ersten Entwurf präsentiert, die Gegenseite zu **Abwehrreaktionen** veranlassen, auch wenn dies bei komplexen Verträgen unberechtigt sein mag. Wenn man mit solchen Reaktionen rechnen muss, ist es geschickter, zunächst nur die wesentlichen Verhandlungspunkte zu formulieren und allgemeine Regelungen nur thematisch anzudeuten, ohne sie mit Text zu hinterlegen: Auf diese Weise kann man mit zehn vorläufig ausformulierten Seiten ins Gespräch kommen, wohl wissend, dass die Endfassung den drei- bis vierfachen Umfang haben wird.

296

ee) Stilistische Eleganz

Wenn alle anderen Ziele, die sich durch Struktur und Stil von Verträgen realisieren lassen, im Wesentlichen erreicht sind, kann man auch versuchen, einen Vertrag stilistisch elegant zu machen. In der Praxis bleibt dafür in der Regel wenig Zeit, und meist steht Eleganz auch im Gegensatz zu den anderen Elementen des Vertragsdesigns (*Vorbrugg*, AnwBl. 1996, 251 [256], weist richtig auf die Bedeutung der „Vertragsästhetik" hin).

297

ff) Nur das Notwendige formulieren

Eine der schwierigsten Fragen des Vertragsdesigns ist es, was man regeln muss und was man weglassen darf. Die Entscheidung hängt in erster Linie von dem Rechtskreis ab, in dem man sich bewegt. In den Rechtskreisen, die über kodifizierte gesetzliche Regeln verfügen, kann man für viele Einzelfragen auf die gesetzlichen Regelungen verweisen, die man daher in den Verträgen nicht aufgreifen muss. Hier ist jede Wiederholung schädlich, weil sie immer wieder zu Missverständnissen Anlass geben kann. *Vorbrugg*, AnwBl. 1996, 251 (255), gibt hier die wichtigen Ratschläge:

298

– Für den **gleichen Gegenstand** stets den **gleichen Begriff** verwenden.
– **Zusammenhängende** Fragen zusammenhängend regeln.
– Den **gleichen** Gegenstand **nicht mehrfach** regeln.
– **Sinnvolle Absätze** machen (was sich dadurch kontrollieren lässt, dass man sie mit einer gedachten oder besser noch mit einer echten Überschrift versieht).
– So **knapp** wie **möglich**, aber so **ausführlich** wie **nötig**!

299 Diesen Regeln kann man aber nicht immer folgen, wenn man es mit Vertragspartnern aus dem angelsächsischen Rechtskreis (Großbritannien/USA) zu tun hat, weil dort die Wiederholung oft als notwendige Verstärkung interpretiert wird. In den asiatischen Rechtskreisen, die im materiellen Recht weitgehend den kodifizierten Systemen folgen, muss man sich eher kürzer fassen, weil die für uns ganz üblich klingenden genauen Formulierungen dort auf psychologische Widerstände stoßen, die man nur schwer überwinden kann.

Problematisch sind solche Unterschiede vor allem dann, wenn man zum Beispiel einen Vertrag, der auf deutschem Recht basiert, mit einem japanischen Vertragspartner verhandeln muss, der die Genauigkeit der Formulierung irritierend findet, oder aber mit einem amerikanischen, der auf immer wieder neue Definitionen des ewig gleichen drängt. Hier wird man immer wieder geeignete Kompromisse finden müssen.

f) Definitionen

299a Vor allem bei Verträgen aus dem anglo-amerikanischen Rechtskreis ist es üblich, die Standardbegriffe, die der Vertrag verwendet, in einem eigenen Vertragsabschnitt ausdrücklich zu definieren. Im Grunde ist das eine gute Idee, der aber in der Praxis häufig falsch angewendet wird und dann zu großen Problemen führen kann.

Wenn die Definition sich darauf beschränkt, wirklich nur das zu definieren, was das Begriffsfeld konkret ausmacht, und wenn solche Definitionen an den Schluss des Vertrages (bevorzugt in den Anhängen) erfolgen, können sie eine große Hilfe darstellen. Dies gilt vor allem für die Definition technischer Fachbegriffe.

Häufig wird der Definitionskatalog aber dazu verwendet, Rechte und Pflichten zu definieren. Dann entstehen leicht **Widersprüche** zu dem übrigen Vertragstext. Diese Gefahr wächst, wenn die Definitionen als Standard-Module aus anderen Vertragstexten übernommen werden und der konkrete Vertrag dann an der einen oder anderen Stelle individuell von dieser Definition abweicht, ohne dass dies erkannt wird. Auch die Übung in US-amerikanischen Verträgen, die Definitionen an den Anfang des Vertragstextes vor die Präambel zu stellen, dient nicht der Klarheit des Aufbaus – aber oft genug muss man sich damit abfinden.

V. Vertragsinhalt

300 Die einzelnen Themen, an die man bei der Gestaltung von **Austauschverträgen** und **gesellschaftsrechtlichen Verträgen** denken muss, sind in den Teilen 3, 4, 5 und 11 im Einzelnen dargestellt. Im Bereich des Vertragsdesigns stellt sich die Frage, wie diese Themen unter Berücksichtigung der gewählten Gestaltungselemente miteinander zweckmäßig verknüpft werden können. Dabei lassen sich wegen der Vielzahl der Ver-

V. Vertragsinhalt

tragstypen, der unterschiedlichen Perspektiven und der vielfältigen Überschneidungen nur wenige allgemeine Regeln aufstellen. Die wichtigsten werden hier skizziert.

1. Umfang des Vertrages

Der Umfang dessen, was man vertraglich regeln muss, hängt wesentlich von folgenden Faktoren ab: 301

- **Gesetzliche Regelungen**: Sind diese detailliert, muss der Vertrag nur noch das regeln, was vom gesetzlichen Leitbild abweichen soll oder dort nicht erfasst ist.
- **Rechtsprechung**: Es gibt Rechtsgebiete, die durch die Rechtsprechung nahezu vollständig erschlossen sind, andere, bei denen es an Urteilen fehlt, an die man sich anlehnen könnte.
- **Außergesetzliche** Regeln (Handelsbräuche).
- **Informelle Regeln**, an die beide Parteien sich selbstverständlich halten (z.B. Binnenverhältnisse homogener Gruppen).
- Persönliche **Nähe** der **Vertragspartner**.
- **Komplexität** der zu regelnden Themen.

2. Risikobeschreibung und Risikoverteilung

Eine vollständige Risikobeschreibung gelingt in Verträgen nur, wenn beide Parteien sich konstruktiv und offen verhalten und ein gemeinsames Interesse daran besteht, alle möglichen Risiken **realistisch** zu **erfassen** und einer der beiden Parteien zuzuweisen. Eine solche Ausgangslage ist selten, meist überwiegen **taktische Gesichtspunkte**. Sie führen häufig dazu, dass Risiken, die eine Partei sehr wohl sieht, ungeregelt bleiben, weil man erwartet, der Hinweis darauf werde die andere Partei dazu veranlassen, das Risiko auf die eigene Seite zu verschieben. Dieses Verfahren ist solange unproblematisch, als man innerlich mit einer solchen Entwicklung rechnet und **Irrtumsmöglichkeiten akzeptiert**. Problematisch ist es hingegen, wenn man im Konfliktfall ohne solche Reserven letztlich nur versuchen kann, die ungeregelten Risiken von sich wegzudrängen. 302

Die entscheidende Stütze für die eigene Beweglichkeit ist mithin der Einbau von **Sollbruchstellen** in den Vertrag. Sie können in der Verhandlung nur durchgesetzt werden, wenn man ein Klima schafft, in dem beide Parteien mehr oder weniger entspannt über Chancen und Risiken von Projekten nachdenken. Typische Regeln sind 303

- Preisanpassungsklauseln,
- flexible Qualitätsanforderungen,
- Sonderkündigungsrechte,
- Eintrittsrechte Dritter (z.B. Untervermietung),

- Zustimmungsrechte,
- Genehmigungsvorbehalte,
- Prüfrechte,
- Bedingungen,
- Befristungen,
- ausdrückliche Ermessensspielräume,
- Bewertungsvorbehalte.

In all diesen Fällen muss man **sorgfältig abwägen**, ob man die Vorteile der Flexibilität nicht durch eine Aufweichung der vertraglichen Basis bezahlen muss. Finanzielle Ausgleichsforderungen für solche Risiken sind oft unzureichend.

304 Es gibt sprachliche Werkzeuge, um eine Risikoverteilung zu erreichen, die den Erfolg des Vertrages sichert. Dabei bewährt sich vor allem die **Regel-Ausnahme-Bildung**, die man sehr **differenziert** handhaben kann.

Beispiel:

Bei nicht eindeutig definierten Leistungen muss man sich immer mit der Frage beschäftigen, wie man mit künftigen **Leistungsänderungswünschen** (Change Request) umgehen soll. Das gesetzliche Leitbild lässt etwa im Werkvertragsrecht einerseits keinerlei Änderungswünsche des Bestellers zu, andererseits keinerlei Vergütungszuschläge durch den Werkunternehmer. Das Problem kann also nur **vertraglich** gelöst werden, wobei man festlegen muss, in welchen Regelfällen Änderungswünsche zulässig sind, um daran die jeweiligen Kostenfolgen zu knüpfen. Viele Missverständnisse zwischen den Parteien sind davon bestimmt, dass beide Parteien das Regel-Ausnahme-Verhältnis unterschiedlich einschätzen. In solchen Fällen helfen nur Beispielsbildungen, Szenarien etc.

Leistungsänderungen und Planänderungen (Change Requests)

304a Leistungs- und Planänderungen kommen sehr häufig bei Werkverträgen vor. Im Gesetz sind sie nicht geregelt. Das liegt an der fehlerhaften Vorstellung des Gesetzgebers, ein Vertrag komme erst zustande, wenn Leistung und Gegenleistung einschließlich aller Mitwirkungspflichten bis ins Kleinste definiert worden seien. In der Praxis ist das Gegenteil richtig: Vor allem technische Verträge, insbesondere Software-Verträge oder Industrie-Anlagen-Verträge werden zu einem Zeitpunkt abgeschlossen, der zwei bis fünf Jahre vor der Abnahme liegt und beide Parteien sind sich völlig darüber im Klaren, dass innerhalb dieser Zeiträume sich die Anforderungen erheblich wandeln können. So ist es z.B. nicht zweckmäßig, die Hardware beim Vertragsschluss schon zu definieren, wenn man davon ausgehen kann, dass in wenigen Monaten neue und leistungsfähigere Hardware auf den Markt kommen wird, die zudem auch noch preiswerter sein wird.

Die Baubranche hat auf diese Gesetzeslücke durch die Erstellung der Verdingungsordnung für Bauleistungen (VOB/B, jetzt Vergabe- und Vertrags-

V. Vertragsinhalt

ordnung für Bauleistungen) reagiert und die dazu entstandene Rechtsprechung hat nahezu alle Konfliktfälle erfassen können, die in diesem Bereich entstehen.

Im Bereich der öffentlichen Hände gibt es für die Beschaffung von IT-Leistungen ebenfalls Bedingungswerke (EVB-IT, kommentiert u.a. in *Müglich*, Computerrechtshandbuch, 23. Aufl. 2005).

Außerhalb dieser Sonderregelungen müssen die Vertragsparteien das Problem der Plan- und Leistungsänderungen im Vertrag individuell regeln. Folgende Werkzeuge haben sich bewährt (siehe auch Checkliste bei Rz. 659): 304b

- Beschreibung eines formal **standardisierten Verfahrens** für die Behandlung von Leistungsänderungen,
- **festgesetzte Antwortfristen** für die Partei, die die Änderung genehmigen muss,
- Einrichtung eines **koordinierten Verfahrens** zur Feststellung von Preisänderungen (gegebenenfalls: Schiedsgutachter),
- **Feststellung** von **Eskalationskriterien**, falls das Projektteam sich nicht einigen kann,
- **Regelungen** für die **Dokumentation** von Leistungsänderungen,
- **Festlegung** von **Kündigungsrechten** oder anderen Gestaltungsrechten, falls die Einigung scheitert.

3. Entscheidungsfreiheit

In schwierigen Situationen braucht man die Möglichkeit, die **Initiative** in die Hand zu nehmen. Man muss sich also möglichst in jeder Vertragslage **frei entscheiden können**, ob man auf **Erfüllung** drängen oder den Vertrag **beenden** will. 305

Diese Entscheidungsfreiheit ist im Gesetz bewusst vorgesehen (§§ 323 ff. BGB), sie kann aber durch ungeschickte Vertragsformulierungen eingeschränkt sein.

Solche Probleme entstehen vor allem, wenn sich weder aus vertraglichen noch aus gesetzlichen Regeln ergibt, welche Partei **vorleisten** muss. In der Praxis kann eine „Zug-um-Zug-Abwicklung" unmöglich oder jedenfalls so erschwert sein, dass man von ihr praktisch keinen Gebrauch machen kann. Auch das Drohen mit **Schadensersatz** ist oft kein ausreichendes Mittel, um sich die Initiative zu sichern, in solchen Fällen kann ein ausdrückliches Recht auf **Ersatzvornahme** (z.B. § 637 BGB), das im Gesetz nicht immer vorgesehen ist, wertvoller sein. 306

Zu derartigen **abstrakten Zukunftsbindungen** gehören vor allem:
- Wettbewerbsverbote,
- Exklusivitätsabsprachen,

- Mindestabnahmegarantien,
- Vorkaufsrechte,
- Optionen,
- Wahlrechte.

307 Allein das Bestehen solcher Vereinbarungen kann die eigene **Entscheidungsfreiheit** in bestimmten Situationen erheblich beeinträchtigen. Typisch ist das bei Vorkaufsrechten an Grundstücken: Sobald man dem künftigen Vertragspartner offenbaren muss, dass es Vorkaufsrechte zugunsten eines Dritten gibt, steigt dieser vielleicht aus der Verhandlung aus und sucht sich ein weniger belastetes Alternativobjekt, weil er den erheblichen Aufwand für die Vertragsverhandlung, Finanzierungsgespräche etc. scheut, wenn er nicht eine realistische Chance sieht, das Grundstück am Ende erwerben zu können.

Vergleichbare Situationen findet man bei Gebietsschutzregeln, wenn die **Exklusivität** nicht mit einer **Mindestabnahme** verknüpft ist, die ein angemessenes Äquivalent für die Beschränkung der eigenen Bewegungsfreiheit darstellt.

Auch in diesen Fällen nützt ein finanzieller Ausgleich für die Einschränkung (Optionsgebühr) nicht immer.

4. Systemverantwortung

308 Mit diesem – gesetzlich nicht definierten – Begriff kann man alle Vertragsgestaltungen zusammenfassen, bei denen eine Vielfalt von Leistungen in die Verantwortung eines Vertragspartners fällt.

Diese Regelungen sind im Gesetz nicht einheitlich erfasst und teilweise auch nur in der Rechtsprechung entwickelt. Zu ihnen gehören:
- Zwischen **zwei Vertragspartnern** die Verbindung mehrerer Einzelleistungen aufgrund
  - technischer Erfordernisse,
  - wirtschaftlicher Motive,
  - organisatorischer Zusammengehörigkeit.
- Die Verbindung der Leistungen bei **mehreren Vertragspartnern** durch
  - Gesamtschuldverhältnisse,
  - Einbeziehung Dritter,
  - gesetzliche Durchgriffshaftung.

Der Vertrag muss möglichst klar sagen, für welche Leistungen außerhalb des eigenen Kernbestandes jede Partei Verantwortung trägt, und muss daran bestimmte Rechtsfolgen knüpfen.

V. Vertragsinhalt

5. Mitwirkungspflichten

Nach dem gesetzlichen Grundverständnis ist es die Sache jeder Partei dafür zu sorgen, dass sie ihren Leistungsteil erfüllen kann, **vertragliche Mitwirkungspflichten** müssen also immer **besonders vereinbart** werden. Oft wird aber schon bei der Vertragsverhandlung klar, dass die eine Partei zur Erfüllung der eigenen Leistung die Unterstützung durch die andere Seite braucht. Das kann sowohl im Bereich der **Geldleistung** (z.B. Unterstützung bei Bankverhandlungen) als auch bei **Sachleistungen** (Unterstützung durch technisches Know-how) der Fall sein. Es ist taktisch manchmal nicht einfach, solche Unterstützungen anzubieten oder im Vertrag zu entwerfen, ohne den Vertragspartner in seinem Selbstbewusstsein anzugreifen. Liegt einem aber an Erfüllung mehr als an Schadensersatz, dann ist es unumgänglich.

309

6. Hauptleistungen und Nebenleistungen

Der Unterschied zwischen Haupt- und Nebenleistungen ist seit der Schuldrechtsreform nicht mehr so bedeutungsvoll wie zuvor: § 280 Abs. 1 BGB spricht generell von der Verletzung einer „Pflicht aus dem Schuldverhältnis" und meint damit jede denkbare Verletzung solcher Pflichten, ohne sie zu gewichten. Allerdings unterscheidet das Gesetz dann bei den Rechtsfolgen zwischen einem Schadensersatz neben der Leistung und dem Schadensersatz statt der Leistung. Einfache Nebenpflicht-Verletzungen, die nicht die „zusätzlichen Voraussetzungen des § 281, des § 282 oder des § 283 verlangen", führen daher nicht zum Schadensersatz „statt der Leistung". Die Abgrenzung solcher Nebenpflichten von den Hauptpflichten muss im Einzelfall erfolgen.

310

Diese Unterscheidung ist besonders kritisch in den Bereichen, in denen die Mitwirkung des einen Vertragspartners (vor allem im Bereich der Leistungssicherung) von der einen Partei als Hauptleistung betrachtet wird, während die andere Seite ihr untergeordnete Bedeutung beimisst. Ein typischer Fall ist etwa die Bereitstellung von Testdaten bei der Installation von Computerprogrammen. Ihre Bereitstellung kann teuer und Erfassungsprogramme können komplex sein. Wenn der Vertrag diese Aufgaben dem Besteller ausdrücklich als Hauptpflichten zuweist, kommt der Werkunternehmer solange nicht in Verzug, als diese Mitwirkungsleistung nicht erfolgt ist. Auch Informationspflichten können zu Hauptpflichten werden. **Eindeutig** ist das alles aber nur, wenn es im Vertrag **ausdrücklich** vereinbart wird.

7. Regelung von Rechtsfolgen

Bei allen vertraglichen Vereinbarungen, die im Gesetz nicht geregelt sind, stellt sich immer wieder die Frage, welche Rechtsfolgen eintreten sollen, wenn sie nicht, verspätet oder schlecht erfüllt werden. Es wäre wünschenswert, wenn die **Verträge** ebenso wie die Gesetze sowohl die

311

Voraussetzungen wie die **Rechtsfolgen** regeln würden. In der Praxis geschieht das aus zwei Gründen selten:

- Seit wir in § 280 Abs. 1 BGB die Anknüpfung an alle „Pflichten aus dem Schuldverhältnis" haben, genügt es, diese Pflichten hinreichend klar zu beschreiben, weil die Rechtsfolgen, die sich aus einer Pflichtverletzung ergeben, gesetzlich geregelt sind.
- Soweit solche Regelungen fehlen (z.B. bei Vertragsstrafen), zeigt die Erfahrung, dass der Kampf um solche individuell ausgehandelten Rechtsfolgen meist den Aufwand nicht wert ist: Ich habe in dreißig Jahren Berufspraxis noch nicht einen Fall gehabt, in dem eine Vertragsstrafe den gewünschten Zweck erfüllt hätte und auch gerichtlich konnte ich niemals eine Vertragsstrafe ohne Abstriche durchsetzen.

8. Gesetzliche Begriffe

312 Der Vertrag ergänzt in seinen Spielräumen Gesetz und Rechtsprechung. Soweit man dabei nahe genug an **gesetzlichen Leitbildern** und **Rechtsprechungslinien** arbeitet, tut man gut daran, sich **begrifflich** darauf zu beziehen.

Ironischerweise verbietet die Rechtsprechung diese sichere Methode bei Standardverträgen mit Endkunden, da diese mit den Rechtsbegriffen nicht vertraut sind („Rückgängigmachung des Kaufvertrages" statt „Wandelung").

Im kaufmännischen Rechtsverkehr ist das anders.

9. Schließung von Lücken

313 Verträge müssen sich immer wieder mit **hochgerechneten Möglichkeiten** beschäftigen und die Frage regeln, was geschieht, wenn eine bestimmte erhoffte Entwicklung nicht eintritt. Man muss dann vereinbarte Klauseln durch andere ersetzen, wie es insbesondere in den typischen **salvatorischen Klauseln** gemacht wird. Generell gilt für solche Fälle, dass man den fiktionalen Charakter der Ersetzung klar zum Ausdruck bringt und dafür sorgt, dass die ersetzende Regelung zweifelsfrei von Anfang an die weggefallene ersetzt.

314 Auch die absolut übliche Ersatzklausel, dass „im Übrigen die **gesetzlichen Regeln** gelten", ist missverständlich, denn wenn man genauer hinschaut, dann schließt sie die in der **Rechtsprechung** entwickelten Regeln nicht mit ein. Präziser ist es, von „**allgemeinen rechtlichen Regeln**" zu sprechen, die sich von den „**besonderen vertraglichen Regeln**" unterscheiden.

V. Vertragsinhalt

10. Inhaltliche Ausgewogenheit

Vertragsentwürfe sollten, wie oben im Einzelnen erläutert, von Anfang an eine inhaltliche Ausgewogenheit zum Ausdruck bringen. Dieses atmosphärische Ziel kann mit eigenen taktischen Überlegungen unauflösbar zusammenstoßen. Bevor man sich dann entscheidet, einen ausgewogenen Vertragsentwurf vorzulegen, sollte man folgende beiden Möglichkeiten prüfen: 315

– Man legt einen Entwurf vor, der die eigene Position klar formuliert enthält, lässt aber die **Höhe** der eigenen **Gegenleistung offen**. Man mag dann zwar zu viel gefordert haben, wenn die Gegenseite aber in ihren Preisvorstellungen unverrückbar bleibt, kann man diese Zuvielforderung immer noch gut korrigieren.

– Problematischer, aber immer noch wirksam ist das Verfahren, den Entwurf **im Sinne** der **Gegenseite** zu **gestalten**, dann aber die eigenen Vorstellungen über die Gegenleistungen entsprechend hoch anzusiedeln, um sich diese dann für bestimmte Konzessionen wieder abhandeln zu lassen.

Dieses Verfahren sieht auf den ersten Blick so ähnlich aus wie der **Basarhandel**, unterscheidet sich von ihm aber dadurch, dass die jeweiligen **Kalkulationsfaktoren** nicht im Unklaren bleiben.

11. Schiedsgutachter

Wenn Konflikte zwischen zwei Parteien bei der Vertragsdurchführung auftreten, geht es immer um **Tatsachen** und **Meinungen**. Die ohnehin schon schwierigen Verhältnisse in einer Krisensituation werden dann noch verschärft, wenn die Parteien sich nicht einmal über die Tatsachen einigen können – im Bereich der Meinungen gibt es häufig schon Streit genug. 316

Erfahrene Parteien können mit Hilfe interner Organisation den Streit um Tatsachen objektivieren, aber man erlebt oft genug, dass vor allem größere Unternehmen zwar den richtigen Sachverstand im Hause haben, ihn aber aus Kompetenz- und Imagegründen nicht selbst nutzen.

In diesen Fällen kann es für den Erfolg eines Projekts entscheidend sein, wenn die Parteien sich schon beim Vertragsschluss auf **Schiedsgutachter** einigen können, deren Aufgabe es ist, den Streit um Tatsachen zu kanalisieren und – begrenzt auf diesen Aufgabenbereich – Entscheidungshilfe zu leisten. Bei Bau- oder Computerprojekten z.B. kann man einen solchen Schiedsgutachter im Vertrag namentlich (mit bestimmten Ausfallalternativen) benennen, in anderen Fällen legt man wenigstens das **Verfahren** für seine Auswahl fest. Es ist ein untrügliches Kennzeichen für eine gute Vertragsverhandlung, wenn die Diskussion um einen möglichen Schiedsgutachter spannungsfrei und kooperativ verläuft. Daran sieht man: Diese Parteien werden im Zweifel nicht einmal den Schiedsgutachter brauchen, weil sie sich im Konfliktfall genauso vernünftig verhalten werden.

317 **Schiedsgutachter** können zu allen **Tatsachenfragen** beigezogen werden, also insbesondere als technische Gutachter, aber auch als Gutachter über finanzielle Fragen wie zum Beispiel die Bewertungskriterien für Preisanpassungen etc. in Austauschverträgen.

VI. Ein System für die Entwicklung vertraglicher Regeln

1. Der Gestaltungsraum der Verträge

318 Verträge füllen jene dispositiven Räume aus, die das Gesetz für die Gestaltung durch Vertragsparteien freigehalten hat. Es ist ein System der **negativen Abgrenzung**: Wo immer das Gesetz keine zwingenden Vorschriften aufstellt, ist Raum für vertragliche Regeln. Verträge kann man daher als „Gesetze unter autonomen Vertragssubjekten" bezeichnen. Ihr Inhalt wird von den ideellen und ökonomischen Interessen der Parteien sowie den gegebenen Machtlagen bestimmt.

2. Die Entwicklung gesetzlicher und vertraglicher Regeln

319 Die Verfassung legt nur die **formellen** Regeln fest, wie Gesetze zu entwickeln sind, liefert aber keine Gesetzgebungslehre. Die Ansätze dazu sind vereinzelt geblieben (*Noll*, Gesetzgebungslehre, 1973). *Arthur Kaufmann* hat aber nachgewiesen, dass Rechtsfindung und Gesetzgebung die gleiche logische Struktur haben, beide verlaufen in der Abfolge von Abduktion, Induktion, Analogie und Deduktion (*Arthur Kaufmann*, Das Verfahren der Rechtsgewinnung – Eine rationale Analyse, 1999, S. 88).

Obgleich Verträge letztlich „Gesetze" zwischen den Vertragsparteien festlegen, lassen sich diese Ideen nur sehr begrenzt auf die „Rechtsgewinnung" im Rahmen von Verträgen übertragen. Der Hauptgrund liegt in Folgendem: Verträge gehen davon aus, dass die Rechtsfolgen von Vertragsverstößen im Gesetz geregelt sind und verweisen auf die Rechtsfolgen nahezu nie. Darüber hinaus ist es aus taktischen Gründen selten empfehlenswert, darauf zu beharren, Rechtsfolgen individuell zu definieren. Jeder, der z.B. über Vertragsstrafen verhandelt, macht diese Erfahrung. Der Rechtsfolgenbereich bleibt daher sehr häufig unklar. Darüber hinaus spielt die Analogie eine viel größere Rolle als die Logik (näher hierzu im Detail Rz. 360 ff.).

3. Bestimmende Faktoren für Verträge

320 a) Der Gestaltungsspielraum der Parteien, den sie im Rahmen des Vertragsdesign nutzen können, wird innerhalb des gesetzlichen Rahmens von vier Faktoren bestimmt:

VI. Ein System für die Entwicklung vertraglicher Regeln

- Den **ökonomischen** Interessen,
- den **ideellen** Interessen,
- den **emotionalen** Lagen,
- den **Machtverhältnissen**.

Diese Einflüsse wirken stets dynamisch und – weil sie von Menschen beeinflusst werden – oft sprunghaft wechselnd in jeder Vertragsphase von der Anbahnung über Vertragsverhandlung, Vertragsabschluss, Vertragsdurchführung bis zu seiner Abwicklung und wirken auch auf Vertragsnetze ein.

Das gilt auch für Dritte, die direkt oder indirekt in das vertragliche Umfeld einbezogen sind.

b) Die Vertragspraxis ist ganz überwiegend von fehlender Einsicht in die rechtlichen Möglichkeiten, fehlender Planung und dadurch verursachtem Zeitdruck und der Unfähigkeit zur Koordinierung unterschiedlicher Fachleute einschließlich der Juristen geprägt – das Endergebnis ist außerhalb von Standardsituationen sehr oft ein naiv ausgehandelter Text, der die tatsächlichen Parteiinteressen nur ungenügend widerspiegelt. Diese Mängel können aber auch auf taktischen Überlegungen der Parteien beruhen. 321

c) Die typischen Mängel von Verträgen können mit fünf Werkzeugen behoben werden: 322

- **Analyse** der ökonomischen und ideellen **Interessen** sowie der emotionalen Lagen der Parteien und ihre **Anpassung** an die gewonnenen Ergebnisse,
- taktisch kluge **Ausnutzung** auch ungünstiger **Machtlagen**,
- **ergebnisorientierte Verhandlungsführung**,
- vorsorgliche **Verminderung** der **Streitrisiken**,
- systematische **Entwicklung vertraglicher Regeln**, die sich am Idealmodell der Entwicklung gesetzlicher Regeln orientiert.

4. Probleme der gesetzlichen Lösung

a) Szenario: Leistungsstörungen bei Austauschverträgen

Beispiele:

- Ein international tätiges Unternehmen der Textilindustrie (hochwertigste Damenoberbekleidung) stellt auf ein neues System um, mit dem die Logistik gesteuert werden soll. In der Textilindustrie hängt die gesamte Organisationsstruktur wesentlich von der Logistik ab. Das System ist mit ca. 15 Mio. Euro Investitionssumme geplant, es soll in achtzehn Monaten realisiert werden. Nach ca. vierundzwanzig Monaten bricht die Krise aus: Das verfrüht eingeführte neue System zeigt erhebliche Fehler. Ein Jahr Sanierungsversuche führt zu nichts. Bereits ab dem zweiten Jahr sinken die Gewinne dramatisch, da Händler falsch 323 ausgelieferte Orders insgesamt kündigen und sich anderen Herstellern zuwenden. Die Projektkosten liegen zwischenzeitlich bei ca. 50 Mio. Euro, und ein Ergebnis ist nicht in Sicht. Erst als Krisenmanager das Projekt auf etwa die Hälfte des ursprünglich geplanten Umfanges zurechtstutzen, können wenigstens die Basisfunktionen wieder reorganisiert werden, die im alten System beanstandungsfrei zur Verfügung standen. Das Unternehmen braucht etwa drei Jahre, um sich von dieser Fehlplanung zu erholen. Verlust: ca. 150 Mio. Euro.

323a – Ein Unternehmen des Maschinenbaus mit ca. vierzig Auslandsniederlassungen steht vor der Wahl, weltweit das Softwaresystem SAP oder ein Konkurrenzprodukt einzuführen. Eingeschaltete Unternehmensberater empfehlen das Konkurrenzprodukt, da das Unternehmen im Ausland etwa achtzig Prozent mehr Umsatz macht als im Inland und dort das Konkurrenzprodukt in verschiedenen kleineren Ländern besser eingeführt ist als SAP.

– Drei Monate nach dem Projektstart wird festgestellt, dass das angebotene Produkt auf völlig anderen Betriebssystemen aufsetzt als die jahrelang weltweit eingeführte Produktfamilie. Damit ist das wesentliche Vertragsargument, nämlich die Stabilität des Systems in einer Vielzahl von Ländern, völlig in Frage gestellt: Man hat stattdessen ein Pilotprojekt eingekauft. Frustriert von einer Vielzahl technischer Schwierigkeiten verlassen die drei führenden Informatiker die deutsche Niederlassung des Softwareherstellers und gehen zu SAP. Die US-Muttergesellschaft gerät kurz danach ins Insolvenzverfahren (Chapter 11). Um erhebliche Skonti zu erhalten, wurden die Wartungsgebühren für fünf Jahre (!) nach USA vorausbezahlt, die nun dort im Insolvenzverfahren verschwinden. Außer mehreren CDs mit in jeder Hinsicht mangelhaften und teilweise unvollständigen Softwaremodulen erhält das Unternehmen für Vorauszahlungen in Höhe von fast 7,5 Mio. Euro buchstäblich nichts. Der dann fällige Wechsel zu SAP verschlingt weitere 1,5 Mio. Euro Projektumstellungskosten.

aa) Die gesetzliche Lösung

324 – Nach Überschreiten des vereinbarten Termins: **Mahnung** durch den Besteller, mit deren Zustellung der Verzug eintritt (§ 286 BGB).

– Ab diesem Zeitpunkt: Verpflichtung zum Ersatz der **Verzögerungsschäden** (§§ 280, 286 BGB).

– **Rücktritt** etc. nach § 634 BGB: Kommt in der Praxis nicht vor, denn eine verspätete Herstellung ohne Eintritt des Verzugs ist schwer denkbar und wird wegen der Rücktrittsfolgen und des Ausschlusses von Schadensersatzansprüchen natürlich nicht vorgenommen.

– Setzen einer angemessenen **Nachfrist** mit **Ablehnungsandrohung** (§§ 323, 325 BGB).

– Nach Ablauf dieser Frist: **Wegfall** des **Erfüllungsanspruchs** und nach Wahl des Bestellers Rücktritt (der in der Praxis nicht vorkommt) oder **Schadensersatzanspruch** wegen Nichterfüllung unter Einschluss unbegrenzt hoher Mangelfolgeschäden. Sie sind besonders zu fürchten, da der Besteller Rückgriffsansprüchen seiner eigenen Kunden ausgesetzt sein wird, die er in der Regel nicht individuell begrenzen kann.

bb) Probleme der gesetzlichen Lösung

Einer der Hauptgründe dafür, dass in beiden Fällen nicht früher und zweckmäßiger reagiert werden konnte, bestand darin, dass die Frage, wer in technischer/finanzieller/organisatorischer Hinsicht für einzelne aufgetauchte Probleme verantwortlich war, nur sehr schwer geklärt werden konnte und die Projekte nicht modular mit „Sollbruchstellen" ausgestattet worden waren. So befanden beide Parteien sich in der schwierigen Situation, das Risiko eines Projektabbruchs in rechtlicher Hinsicht kaum einschätzen zu können. Die Hoffnung, durch Nichtreaktion das Projekt stabilisieren zu können, trog, ein rechtlich ausbalanciertes Check- und Balance-System fehlte. Es waren lediglich vorgedruckte Standardverträge vorhanden. Diese können die typischen Konflikte in diesen Fällen nicht lösen: Auch bei idealer Leistungsfähigkeit des Bestellers wird er innerhalb des gegebenen Zeitrahmens oft **keine Alternativlösung** mehr aufbauen können (zum Beispiel Beauftragung eines Nachfolgeunternehmers). Selbst wenn der Zeitrahmen das zuließe, ist es oft aus technischen Gründen nicht möglich, den Auftrag ein zweites Mal zu vergeben, weil die entsprechenden Fachleute nicht (vor allem nicht: innerhalb des gegebenen Zeitrahmens) zur Verfügung stehen oder weil die technische Entwicklung über die ursprüngliche Aufgabenstellung bereits hinweggegangen ist und die Kunden des Bestellers das Produkt nach der ursprünglichen Konzeption gar nicht mehr gebrauchen können (bei pünktlicher Ablieferung hätten sie es gleichwohl abnehmen müssen!). 325

Kurz: Mit der gesetzlichen Lösung, die das Erfüllungsrisiko voll auf die Seite des Werkunternehmers verschiebt und bei verzögerter (vielleicht nicht einmal: endgültig gescheiterter) Nichterfüllung nur eine Alles-oder-Nichts-Lösung vorsieht, ist beiden Parteien in den meisten Fällen nicht geholfen. Nur eine geeignete vertragliche Lösung, die die Risikoverteilung dem Projekt **individuell anpasst** und damit die Lücken füllt, die der Gesetzgeber teilweise bewusst offen gelassen hat, ermöglichen eine Politik des Flexible Response, die einen großen Schaden verhindern kann.

b) Szenario: Ausscheiden von Gesellschaftern

Beispiel: 326

In einer Venture Capital-Gesellschaft halten die Softwareentwickler 25 % der Anteile, die Kapitalgeber 75 % der Anteile. Die Entwickler haben nur ihre Patente eingebracht, aber keine Kapitalanlage. Diese Patente wurden einvernehmlich mit 1 Mio. Euro bewertet. Die Kapitalgeber haben 3 Mio. Euro Barkapital eingebracht und weitere 17,5 Mio. Euro Gesellschafterdarlehen zur Verfügung gestellt. Nach zwei Jahren entsteht heftiger Streit zwischen ihnen: Die Softwareentwickler möchten eine Beta-Test-Phase von weiteren achtzehn Monaten einschieben, um die Qualität des Produkts verlässlich zu testen und Produkthaftungsrisiken zu vermeiden. Die Kapitalgeber hingegen wollen möglichst schnell an den Markt, weil sich gezeigt hat, dass das Fenster für Aktienemissionen am Neuen Markt sich zu schließen droht: Fast fünfzig Prozent des Wertes der Neuemissionen ist unter den Ausgabekurs gefallen!

Da die Meinungsverschiedenheiten nicht überbrückbar sind, verhandeln die Parteien über die Auflösung der Gesellschaft. Im Vertrag findet sich lediglich die Klausel, dass im Falle der Kündigung der Ausscheidende den Verkehrswert seines Anteils erhält.

Bis zum Zeitpunkt der Auseinandersetzung sind Verluste in Höhe von 20 Mio. Euro entstanden, das Stammkapital ist nahezu verbraucht: Nur noch 0,5 Mio. Euro stehen an Barreserven zur Verfügung. Die von den Entwicklern gewünschte Beta-Test-Phase kann nur durchgeführt werden, wenn die Kapitalseite noch mindestens 2 Mio. Euro Gesellschafterdarlehen zur Verfügung stellt. Die Kapitalgeber könnten diese weiteren Mittel nur unter größten Schwierigkeiten aufbringen.

326a In dieser Krisensituation bieten die Kapitalgeber nun den Entwicklern an, deren Anteil von fünfundzwanzig Prozent zu übernehmen und dafür 1 Mio. Euro zu bezahlen. Argument: Genau so hoch seien die Patente bei Gründung der Gesellschaft bewertet worden, und es sei mehr als großzügig, dass die Entwickler ohne Verlust aus der Sache herauskämen, während die Kapitalgeberseite den zwanzigfachen Betrag zu übernehmen habe.

Die Entwickler verlangen 20 Mio. Euro. Ihr Argument: Es ist ihnen zugetragen worden, dass eine zweite US Venture Capital-Gesellschaft bereit sei, mindestens diesen Betrag für fünfundzwanzig Prozent der Anteile an der Gesellschaft zu bezahlen, und folglich sei der Wert der Patente in der ersten Finanzierungsrunde offensichtlich so hoch, wie der Markt dies einschätze. Es sei eine Zumutung, dass die Kapitalgeber durch den Austausch der Gesellschafter 19 Mio. Euro verdienen wollten und dazu noch die Entwickler ausgebootet würden. Die Kapitalgeber kontern mit dem Hinweis auf die drohende Insolvenz der Gesellschaft. Die US Venture Capital-Gesellschaft erklärt gegenüber den Entwicklern, sie werde auf keinen Fall kurzfristig entscheiden können und sehe sich auch nicht unter Entscheidungszwang, weil sie im Zweifel vom Insolvenzverwalter die Anteile günstiger bekommen werde als im Verhandlungswege mit den Gesellschaftern.

327 Auch bei diesem Szenario ist die gesetzliche Lösung ohne jeden Reiz für die Parteien:

– Die Erfinder können **kündigen**, haben aber **keinerlei Planungssicherheit**, wie hoch ihr eigener Abfindungsanspruch sein wird. Noch weniger wissen sie, ob zu dem Zeitpunkt, zu dem sie ihn zugesprochen erhalten, die Kapitalgeber noch zahlungsfähig sind, wie sich das Schicksal der Gesellschaft entwickelt etc. Tun sie aber nichts, droht die Insolvenz, und es ist nicht zu erwarten, dass der Wert ihrer Erfindung im Insolvenzverfahren auch nur annähernd zum Marktpreis vergütet werden wird.

– Die Kapitalgeberseite sieht sich einem ähnlichen (wenn auch nicht vergleichbar gravierenden) Problem gegenüber: Auch sie weiß nicht, welcher Abfindungsanspruch entstehen wird, und wird Sorgen haben müssen, ob neue Investoren in einer **ungeklärten Rechtssituation** in die Firma einsteigen wollen.

– Genau das **hindert** auf jeden Fall beide Parteien, ihre Anteile **freihändig** zu **veräußern**, denn kein neuer Investor steigt in eine so ungeklärte Rechtssituation ein.

5. Alternativen

In beiden Szenarien wären die Schwierigkeiten nicht entstanden, wenn der Vertrag die vom Gesetzgeber offen gelassenen Freiräume im Hinblick auf solche Krisensituationen gestaltet hätte. 328

a) Leistungsstörungen bei Austauschverträgen

Während die gesetzliche Lösung nur zwei Optionen bereit hält (**Alles** oder **Nichts**), stehen für vertragliche Lösungen viele andere Alternativen zur Verfügung, die man in fünf Gruppen einteilen kann: 329

– Veränderung des Leistungsinhalts,

– Kosten- und Risikovermeidung,

– Risikoübernahme durch Dritte,

– Risikoübernahme durch den Überlegenen,

– Reduzierung des Streitrisikos.

aa) Veränderung des Leistungsinhalts

– **Aufteilung des Projekts in Phasen**: Der Zeitrahmen wird gestreckt, und man vereinbart eine Pilotphase, in der zunächst ein Funktionsmodell oder ein Prototyp mit bestimmten Eigenschaften hergestellt wird. Erst wenn dieser Auftrag erfolgreich erfüllt wird, folgt der Auftrag zur endgültigen Fertigung mit weiteren (weniger problematischen) technischen Eigenschaften. 330

– **Erweiterte Mitwirkung des Bestellers**: Der Besteller begleitet den Werkunternehmer von Beginn an mit seinem Wissen, nimmt Teilleistungen ab, wirkt an Testreihen mit, wird frühzeitig über Probleme informiert und geht selbst erst Risiken bei eigenen Kunden ein, wenn er das Fertigstellungsrisiko positiv beurteilen kann (all solche Rechte fehlen im Gesetz).

– **Höhere oder tiefere Qualitätsebenen**: Das kann sich auch auf bestimmte Qualitätslevel beziehen.

– **Übernahme von Fachleuten**: Der Besteller wird berechtigt, Entwicklungsfachleute des Werkunternehmers in sein Team zu übernehmen, die sich damit vorsorglich einverstanden erklären (gegebenenfalls Absicherung durch Vertragsstrafen).

- **Keine Ankündigungspolitik:** Beide Parteien vereinbaren, eine Ankündigungspolitik zu vermeiden, die jede Seite unter bestimmten Erwartungsdruck des Marktes setzen kann. So wird bei Schwierigkeiten ein möglicher Gesichtsverlust vermieden.

- **Übernahme von Know-how:** Für den Fall eines sich abzeichnenden Scheiterns wird der Besteller berechtigt, alle Zwischenergebnisse zu übernehmen (zeitnahe Übertragung des gesamten Know-hows).

- **Vertriebsrechte:** Dem Besteller werden nicht nur Herstellungs-, sondern auch Vertriebsrechte übertragen, falls der Werkunternehmer in Schwierigkeiten kommt, die Ergebnisse dieses Vertriebs kommen dann aber auch dem gescheiterten Werkunternehmer zugute (der damit eigene Schäden abdecken kann).

bb) Kosten- und Risikovermeidung (Cheapest Cost Avoider)

331 Dies sind alle Vereinbarungen, bei denen die Leistungs- oder Risikovermeidungspflichten dem zugerechnet werden, für den sie die geringste Höhe annehmen – wobei die andere Seite durchaus verpflichtet sein kann, diese Kosten zu übernehmen.

- **Qualitätsprüfungen:** Der einen Seite mag es leichter fallen, solche Prüfungen in Auftrag zu geben, vor allem wenn mehrere Länder betroffen sind, in denen die andere Seite keine Kontakte hat (TÜV-Prüfzeichen, CS-Prüfzeichen etc.).

- **Bezug von Rohstoffen und Halbfertigprodukten:** Hier mag die eine Seite bessere und billigere Bezugsquellen haben als die andere, so dass der Besteller für den Werkunternehmer ordert, um seine eigenen, höheren Rabatte auszunutzen.

cc) Risikoübernahme durch Dritte (Cheapest Insurer)

332 In diesem Bereich geht es nicht nur um Versicherungen, sondern um jede Art von Risikoübernahme.

- **Versicherungen:** Beide Parteien bemühen sich, geeignete Versicherungen zu finden, die einzelne Risiken abdecken, und kalkulieren die entsprechenden Prämien ein.

- **Bürgschaften:** Künftig etwa entstehende Schäden werden durch Bürgschaften abgesichert, im Gegenzug aber die Schadenshöhe begrenzt (Bürgschaften auf erstes Anfordern sind in einigen Branchen üblich [zum Beispiel Industrieanlagengeschäft], enthalten aber ein hohes Risikopotential für den Bürgschaftsgeber und den Bürgen).

dd) Risikoübernahme durch den Überlegenen (Superior Risk Bearer)

333 - **Kundenrisiko begrenzen:** Der Besteller kann seine eigenen Risiken gegenüber seinen Kunden möglicherweise individuell begrenzen und

dann seinerseits mit einer individuellen Begrenzung von Schadensersatzrisiken einverstanden sein.

- **Zusatzvergütung**: Es wird ein Belohnungssystem geschaffen, das bei pünktlicher Erfüllung eine Erhöhung der Vergütung anbietet.
- **Vertragsstrafen**: Es werden Vertragsstrafen vereinbart, deren Höhe in die finanzielle Leistungsfähigkeit des Werkunternehmers passen.

ee) Formale Vorgehensmodelle

- **Projektmanagement**: Es wird ein detailliertes Projektmanagement eingerichtet, das dafür sorgt, dass die Parteien nach der Vertragsunterzeichnung bis zum Zeitpunkt der Abnahme in ständigem Informations- und Gesprächskontakt bleiben; im Gegenzug werden besondere Vertraulichkeitsverpflichtungen vereinbart, damit diese Kommunikation nicht zum Schaden einer Seite ausfallen kann. 334

- **Mexikanisches Duell**: Bei Austauschverträgen findet man es selten, bei Gesellschaftsverträgen hingegen hat es seine Tauglichkeit schon bewiesen und wird unten (b) näher beschrieben. Es beruht auf der Idee, im Rahmen des Vertrages formale Handlungsabläufe zu schaffen, die als „Prozessrecht" den Ablauf von Krisenverhandlungen steuern. Die inhaltliche Einigung wird am Ende dadurch ermöglicht, dass bei Aufteilung von Interessen der einen Seite das Recht zugewiesen wird, die Interessen im eigenen Sinne zu definieren, dafür erhält die andere Seite das Recht, als erste zu wählen (Beispiel: Bei einer Erbschaftsaufteilung steht dem einen Erben das Recht zu, einzelne Vermögensgegenstände zu bewerten, dafür steht der anderen Seite das Recht zu, als erste zu wählen. Wer einen Gegenstand zu hoch bewertet, riskiert, dass der andere als erster zugreift, bewertet er ihn zu niedrig, schlägt sich das in der Schlussbilanz des Ausgleichs für ihn negativ nieder).

ff) Reduzierung des Streitrisikos

- **Sollbruchstellen**: Im Bereich der Vertragsdurchführung werden bestimmte zeitlich oder inhaltlich definierte Punkte festgelegt, an denen die Planung mit der Realisierung verglichen wird. Werden die vereinbarten Ziele verfehlt, legen flexible Rechtsfolgen das weitere Vorgehen fest (zum Beispiel Teilkündigungen, einseitige Ausstiegsrechte, Übertragung von Teilergebnissen auf Dritte, gedeckelte Schadensersatzforderungen). 335

- **Externe Sachverständige**: Der Besteller beauftragt Sachverständige und Gutachter mit der Begleitung des Projekts, um mögliche Qualitätsschwächen des Werkunternehmers zeitnah ausgleichen zu können.

- **Projektgutachter**: Um Streit wegen möglicher Produkteigenschaften zu vermeiden, wird ein projektbegleitender Schiedsgutachter (technischer Sachverständiger) von beiden Seiten beauftragt, der beim Streit um technische Ermessensspielräume für beide Parteien verbindlich entscheidet.

– **Mediationsvereinbarungen**: Es werden bestimmte Verfahren festgelegt, die dafür sorgen, dass Konflikte ins Blickfeld anderer Entscheidungsträger gerückt werden (Eskalationsverfahren), man kann auch vereinbaren, dass Gerichtsverfahren erst nach Schlichtungsversuchen eröffnet werden dürfen, oder man schaltet Vermittler ein, die solche Verfahren ad hoc installieren. Die üblichen Schiedsgerichtsklauseln zählen nicht hierhin, weil sie letztlich nur das staatliche Gericht ersetzen und nach aller Erfahrung den Vertrag selten retten können.

336 Die Auflistung dieser Alternativen zeigt nur einige Varianten, die in einer solchen Situation zur Verfügung stehen. Oft wird es aber noch weitere Optionen geben, über die eine oder beide Parteien aufgrund ihrer Stellung im Markt oder persönlicher Qualitäten und Eigenschaften der beteiligten Personen verfügen. Zu beachten ist, dass es sich hier um Alternativen innerhalb nur eines **einzigen gesetzlichen Leitbildes** handelt. Bei modernen Vertragstypen, die eine Mischung aus mehreren klassischen Leitbildern darstellen (zum Beispiel Franchisevertrag), erhöhen sich die Optionen aufgrund der **Komplexität** solcher Verträge nochmals: Für den Vertragsverhandler bedeutet das: Geht es nur um fünf oder sechs vergleichbare Problemfelder (das ist der typische Durchschnitt in der Praxis), muss jede Vertragspartei sich schon für die Bestimmung der eigenen Position ein hoch komplexes Netz von Optionen schaffen und versuchen, dieses mit den entsprechenden Vorstellungen der anderen Seite zur Deckung zu bringen. Jede einzelne dieser Optionen wird durch vielfältige gesetzliche Regeln definiert (so steckt zum Beispiel hinter jeder Vereinbarung, der anderen Partei etwas exklusiv zu überlassen, ein kartellrechtliches Problem).

b) Ausscheiden von Gesellschaftern

337 Gesellschaftsrechtlich hätte man folgende vertraglichen Lösungen finden können:

– Einseitiges Übernahmerecht zugunsten eines Gesellschafters,
– Andienungsrechte für beide,
– Optionen für beide,
– Vorkaufsrechte für beide.

Diese Möglichkeiten müssen allerdings von einem Verfahren zur **Wertfestsetzung** begleitet werden, da man nur dann weiß, wie man sich verhalten soll, wenn die Vergütung kalkulierbar ist (Planungssicherheit). Dazu ist ein Modell unter dem Begriff „**Mexican Shoutout**" oder „Mexican Stand-off" bekannt geworden. Das „Mexikanische Duell" funktioniert folgendermaßen:

VI. Ein System für die Entwicklung vertraglicher Regeln

- Wer ausscheiden will, muss alle **Wertansätze** und Informationen **offen legen**, die ihn nach seiner Auffassung zu diesem Wertansatz berechtigen. Er kann innerhalb einer definierten Frist ein **Angebot** der Gegenseite **verlangen**. Wird ein solches Angebot nicht abgegeben, muss die andere Seite **ausscheiden** und erhält nur die **Hälfte** des **Verkehrswertes**, der zudem erst fällig wird, wenn er gerichtlich festgesetzt wird. Wer also kein Angebot abgibt, verliert Kapitalsubstanz, Zinsen und Planungssicherheit.

- Das Angebot muss **alle** für die Entscheidung notwendigen **Bedingungen** enthalten, die vorher vertraglich definiert werden müssen (Veräußerungsstichtag, Zahl der Anteile, Gewährleistung, Preis etc.).

- Die Gegenseite muss **angemessene Prüfungszeit** haben, um den Wertansatz überprüfen und sich ein eigenes Bild machen zu können. Diese Frist kann länger sein, wenn es sich um nicht tätige Gesellschafter handelt, und kürzer, wenn es sich um tätige handelt. Werden einzelne Bedingungen (vor allem: der Preis) für unangemessen gehalten, hat der Anbieter mindestens zweimal Gelegenheit, sein Angebot nachzubessern: Diese Chance muss er deshalb haben, weil er nach Ablauf der Frist Gefahr läuft, seinen eigenen Anteil zu verlieren (siehe unten Rz. 339 ff.). 337a

- Wird nach angemessener Frist das Angebot nicht akzeptiert, hat der Ausscheidungswillige das **Recht**, den Anteil des anderen Gesellschafters zu eben dem Preis zu **übernehmen**. Er muss aber **mindestens** den Preis zahlen, den **er** für seinen **eigenen Anteil** als angemessen definiert hat.

Dieses Grundschema kann man auch variieren, indem zum Beispiel ein pauschaler Abschlag auf den ersten Angebotspreis von zwanzig Prozent vereinbart wird, um die Annahme des Angebots zu erleichtern. Dem kann ein entsprechender Abschlag korrespondieren, wenn das so gesenkte Angebot nicht angenommen wird.

Die Formulierung einer solchen Vereinbarung ist extrem abhängig von der jeweiligen gesellschaftsvertraglichen Situation, den Interessen der Parteien und den praktischen Abwicklungsmöglichkeiten. Wer das nachfolgende Formulierungsbeispiel gedanklich nachvollzieht, erkennt gleichzeitig: Eine abstrakte gesetzliche Regelung für alle denkbaren Variationen könnte man gar nicht entwickeln! 338

Beispiel: Übernahme und Verfügungen über Aktien

§ 1 Shout-Out
Modifiziertes Mexican-Stand-off-Verfahren

1. Falls (i) in zwei Hauptversammlungen der Gesellschaft innerhalb eines Geschäftsjahres ein identischer Antrag auf Beschlussfassung, der entweder von XXX oder ZZZ gestellt worden ist, bei der Beschlussfassung jeweils die nach Gesetz oder Satzung erforderliche Mehrheit verfehlt hat, (ii) in zwei Aufsichtsratssitzungen der Gesellschaft innerhalb eines Geschäftsjahres ein identischer Antrag auf Be- 339

schlussfassung, der entweder von XXX oder ZZZ gestellt worden ist, bei der Beschlussfassung jeweils die nach Gesetz oder der Satzung erforderliche Mehrheit verfehlt hat, (iii) in zwei Aufsichtsratssitzungen der Gesellschaft innerhalb eines Geschäftsjahres ein identischer Antrag auf Beschlussfassung der von einem Aufsichtsratsmitglied gestellt worden ist, bei der Beschlussfassung jeweils die erforderliche nach dem Gesetz oder der Satzung erforderlichen Mehrheit verfehlt hat, (iv) innerhalb eines Geschäftsjahres ein Antrag auf Zustimmung zu Geschäftsführungsmaßnahmen des Vorstandes, die gemäß Beschluss des Aufsichtsrats der vorherigen Zustimmung durch den Aufsichtsrat bedarf, verweigert wurde, so sind die Parteien für 6 Monate nach Eintritt des Ereignisses bzw. Ablauf der Frist berechtigt, von der anderen Partei durch Aufforderungsschreiben die Abgabe eines Angebots über den Kauf sämtlicher Aktien der verlangenden Partei bzw. den Verkauf sämtlicher eigener Aktien an die verlangende Partei zu fordern.

2. In dem Aufforderungsschreiben gemäß Absatz 1 sind mindestens folgende Informationen anzugeben:

(a) der Veräußerungsstichtag, zu dem die Aktien wirtschaftlich übertragen werden sollen,

(b) die Zuordnung ausschüttungsfähiger Ertragsteile für bis zum Veräußerungsstichtag abgelaufene Ergebnisperioden an den Erwerber bzw. die Veräußerer,

(c) sämtliche Gewährleistungsregelungen, die in das entsprechende Angebot aufzunehmen sind,

(d) der Name und die Anschrift eines deutschen Notars, bei dem das Angebot zu hinterlegen ist, und

(e) das Datum, bis zu dem das Angebot bei dem bezeichneten Notar spätestens hinterlegt sein muss, wobei die Frist zwischen dem Zugang des Aufforderungsschreibens und dem vorbezeichneten Datum nicht kürzer als drei Monate sein darf.

339a 3. Im Falle eines den Bestimmungen des Absatzes 2 entsprechenden Aufforderungsschreibens sind die verlangende Partei und die andere Partei verpflichtet, ein den Vorgaben des Aufforderungsschreibens entsprechendes schriftliches Angebot auf Veräußerung ihrer sämtlichen Aktien bzw. Übernahme sämtlicher Aktien der anderen Parteien bei dem bezeichneten Notar zu hinterlegen (nachfolgend das „**hinterlegte Angebot**"). Dabei muss der Kaufpreis pro 1 % Anteil am Grundkapital der Gesellschaft für den Verkauf beziffert und identisch sein.

4. Der Notar, bei dem die Angebote der Parteien zu hinterlegen sind, ist anzuweisen, dass den Parteien der Inhalt der hinterlegten Angebote unverzüglich nach Ablauf des im Aufforderungsschreiben benannten Datums schriftlich bekannt gegeben wird. Diejenige Partei, die den höchsten Kaufpreis pro 1 % aus dem Grundkapital der Gesellschaft angeboten hat, ist verpflichtet, sämtliche Aktien der anderen Parteien innerhalb von 3 (drei) Monaten nach dem Ablauf der Hinterlegungsfrist zu den in dem Angebot genannten Konditionen rechtswirksam zu erwerben, es sei denn, die andere Partei macht von ihrem Recht gemäß Absatz 6 innerhalb von 2 Wochen nach Bekanntgabe des Inhalts der hinterlegten Angebote durch den Notar Gebrauch. Macht die andere Partei nicht von ihrem Recht gemäß Absatz 6 Gebrauch, wird der Kaufpreis insgesamt mit rechtswirksamer Annahme des Angebots zur Zahlung fällig. Die Wirksamkeit der Übertragung der veräußerten Aktien ist jeweils aufschiebend bedingt durch die vollständige Kaufpreiszahlung.

5. Gibt eine Partei trotz Aufforderung in Übereinstimmung mit diesem § 9 durch die andere Partei ein Angebot nicht frist- oder formgerecht ab, gilt ein Angebot zu 1 Euro als abgegeben.

6. Diejenige Partei, die den niedrigeren Kaufpreis pro 1 % aus dem Grundkapital der Gesellschaft angeboten hat, ist berechtigt, innerhalb von zwei Wochen nach Bekanntgabe des Inhalts der hinterlegten Angebote durch den Notar von der anderen Partei zu verlangen, dass sich die Parteien innerhalb von weiteren zwei Wochen bei dem Notar, bei dem die Angebote der Parteien zu hinterlegen waren, oder bei einem anderen Notar, auf den sich die Parteien einigen, treffen (im Folgenden: der „**Notar**"), um über den Kaufpreis zu verhandeln. Der Termin und Ort der Verhandlung des Kaufpreises wird vom Notar unter angemessener Rücksichtnahme auf die Wünsche der Parteien bestimmt.

7. Die Parteien können in diesem Termin wechselseitig Angebote zum Kauf sämtlicher Aktien der jeweils anderen Partei machen. Die Angebote müssen dabei jeweils höher sein als die hinterlegten Angebote. Diejenige Partei, die am Ende den höheren Kaufpreis pro 1 % aus dem Grundkapital der Gesellschaft angeboten hat, ist berechtigt und verpflichtet, sämtliche Aktien der anderen Partei zu erwerben. Der Kaufvertrag ist unverzüglich schriftlich zu fixieren und zu unterschreiben. Können sich die Parteien in diesem Verfahren nicht über einen höheren Kaufpreis einigen, d.h. gibt keine Partei ein höheres Angebot ab als in den hinterlegten Angeboten, bleibt diejenige Partei, die im hinterlegten Angebot den höheren Kaufpreis pro 1 % aus dem Grundkapital der Gesellschaft angeboten hat, berechtigt und verpflichtet, sämtliche Aktien der anderen Parteien innerhalb von 3 (drei) Monaten nach diesem Termin zu den in dem hinterlegten Angebot genannten Konditionen rechtswirksam zu erwerben. Der Kaufpreis wird dann insgesamt mit rechtswirksamer Annahme des hinterlegten Angebots zur Zahlung fällig. Die Wirksamkeit der Übertragung der veräußerten Aktien ist jeweils aufschiebend bedingt durch die vollständige Kaufpreiszahlung.

Erscheint diejenige Partei, die im hinterlegten Angebot den niedrigeren Kaufpreis pro 1 % aus dem Grundkapital der Gesellschaft angeboten hat, unentschuldigt nicht zu dem vom Notar bestimmten Termin, so bleibt die andere Partei berechtigt und verpflichtet, sämtliche Aktien der anderen Partei innerhalb von 3 (drei) Monaten nach dem vom Notar bestimmten Termin zu den in ihrem hinterlegten Angebot genannten Konditionen rechtswirksam zu erwerben. Der Kaufpreis wird dann insgesamt mit rechtswirksamer Annahme des hinterlegten Angebots zur Zahlung fällig. Die Wirksamkeit der Übertragung der veräußerten Aktien ist jeweils aufschiebend bedingt durch die vollständige Kaufpreiszahlung.

Erscheint diejenige Partei, die im hinterlegten Angebot den höheren Kaufpreis pro 1 % aus dem Grundkapital der Gesellschaft angeboten hat, unentschuldigt nicht zu dem vom Notar bestimmten Termin, kann die andere Partei bei dem Notar ein neues höheres Angebot hinterlegen und ist dann berechtigt und verpflichtet, sämtliche Aktien der nicht erschienenen Partei innerhalb von 3 (drei) Monaten nach dem vom Notar bestimmten Termin zu den in ihrem neuen Angebot genannten Konditionen rechtswirksam zu erwerben. Der Kaufpreis wird dann insgesamt mit rechtswirksamer Annahme des neuen Angebots zur Zahlung fällig. Die Wirksamkeit der Übertragung der veräußerten Aktien ist jeweils aufschiebend bedingt durch die vollständige Kaufpreiszahlung.

8. Die Parteien können sich vor dem Notar vertreten lasen. Ein Nichterscheinen einer Partei oder ihres Vertreters kann nur mit höherer Gewalt entschuldigt werden. Die Beweislast hierfür trifft die nicht erscheinende Partei. In diesem Fall werden sich die Parteien auf einen neuen Termin innerhalb der nächsten zwei Wochen einigen, für den die Absätze 6 und 7 entsprechende Anwendung finden.

9. Die Parteien verpflichten sich wechselseitig, alle Maßnahmen zu ergreifen und alle Erklärungen fristgerecht und in der erforderlichen Form abzugeben und entgegenzunehmen, die für die Durchführung des vorstehenden Verfahrens erforderlich sind.

340

§ 2
Veräußerung der Anteile

1. XXX und ZZZ verpflichten sich, ihre gegenwärtigen und künftigen Aktien an der Gesellschaft nur nach Maßgabe der Bestimmungen des § 2 zu veräußern.

2. Beabsichtigen XXX oder ZZZ, ihre Aktien an der Gesellschaft ganz oder teilweise zu veräußern, liegt ihnen jedoch kein Angebot eines dritten Kaufinteressenten oder der jeweils anderen Partei für diese vor, hat die veräußerungswillige Partei das Recht, von der anderen Partei durch Aufforderungsschreiben die Abgabe eines Angebots für den Kauf sämtlicher Aktien der verlangenden Partei bzw. den Verkauf sämtlicher eigener Aktien an die verlangende Partei zu fordern.

3. Beabsichtigt XXX oder ZZZ, ihre Aktien an der Gesellschaft – ganz oder zum Teil – zu veräußern und liegt ein entsprechendes Angebot eines Kaufinteressenten vor, hat die veräußerungswillige Partei ihre Veräußerungsabsicht, den Namen des Kaufinteressenten sowie die Konditionen, zu denen dieser bereit ist, die Aktien – ganz oder zum Teil – zu erwerben, schriftlich mitzuteilen. Die andere Partei hat sodann innerhalb der Frist von zwei Monaten ab Zugang des Mitteilungsschreibens der veräußerungswilligen Partei schriftlich zu erklären, ob sie diese Aktien der veräußerungswilligen Partei an der Gesellschaft zu den mitgeteilten Konditionen zu erwerben wünscht. Erklärt die andere Partei fristgerecht, dass sie den Erwerb dieser Aktien zu den mitgeteilten Konditionen wünscht, ist die veräußerungswillige Partei verpflichtet, die Aktien zu diesen Konditionen an diese zu veräußern. Eine Veräußerung an den dritten Kaufinteressenten ist nicht zulässig. Gibt die andere Partei diese Erklärung über den Erwerb der Aktien nicht fristgerecht ab oder lehnt sie diesen Erwerb schriftlich ab, ist sie verpflichtet, der Veräußerung an den dritten Kaufinteressenten zu den mitgeteilten Konditionen zuzustimmen.

4. Statt der Ausübung des Vorkaufsrechts gemäß vorstehend § 2.3 hat die andere Partei auch das Recht, binnen der Zweimonatsfrist von der veräußerungswilligen Partei schriftlich zu verlangen, dass diese ihre jeweiligen Aktien zu gleichen Konditionen wie ihre eigenen Aktien mitveräußert. Besteht nur Interesse an einem Teil der Aktien, so sind die Aktien aller veräußerungswilligen Parteien im Verhältnis von deren Beteiligten an der Gesellschaft zu veräußern bzw. mitzuveräußern.

341 Das oben geschilderte Szenario endet hier also nicht in einer für beide Teile lähmenden Dead-lock-Situation, sondern kann elegant aufgelöst werden: Wollen die Entwickler ausscheiden, können sie die Kapitalgeber zwingen, ein Angebot vorzulegen. Würde dieses Angebot nur einen Betrag von 1 Mio. Euro umfassen und würde die Kapitalgeberseite trotz Aufforderung nicht nachbessern, läuft sie das Risiko, dass die Entwickler das zu niedrige Angebot ablehnen und statt dessen die Anteile der Kapitalgeber für 3 Mio. Euro übernehmen – mehr sind diese Anteile nicht wert, wenn die fünfundzwanzig Prozent der Entwickler auch nicht mehr wert sein sollen als 1 Mio. Euro! Den Entwicklern würde es leicht fallen, diesen Betrag zu finanzieren, wenn man berücksichtigt, dass in die Entwicklung insgesamt 20 Mio. Euro geflossen sind, so dass sich zu diesen Bedingungen gewiss neue Kapitalgeber finden ließen.

Auch umgekehrt funktioniert das Modell: Wollen die Kapitalgeber ausscheiden, weil sie dem Optimismus der Entwickler nicht mehr trauen, können sie die Entwickler zu einem Angebot zwingen, das erheblich höher sein wird als 3 Mio. Euro, denn andernfalls hätte ja die Kapitalgeberseite das Recht, im Falle der Ablehnung den Anteil der Entwickler für einen unangemessen tiefen Kaufpreis zu erwerben.

342

Mit diesem Modell kann verlässlich verhindert werden, dass durch irrationale Verweigerungshaltungen einer Seite der Wert des Gesellschaftsanteils für die andere Seite ruiniert wird. Sowohl für dieses Modell als auch für die weit einfacheren Andienungs- und Optionsvereinbarungen muss man erhebliche Erfahrungen gesammelt haben, bevor man sicher sein kann, dass sie in der Praxis funktionieren.

6. Elemente, die die Risikoverteilung und Risikoakzeptanz beeinflussen

a) Ökonomische Analyse der vertraglichen Risikoverteilung

Nicht unbeabsichtigt sind drei der oben unter Rz. 328 f. genannten Alternativen den eingeführten Risikokategorien der ökonomischen Analyse des Rechts zugeordnet worden (*Schäfer/Ott*, Lehrbuch der ökonomischen Analyse des Zivilrechts; kritisch: *Eidenmüller*, Möglichkeiten und Grenzen der ökonomischen Analyse des Rechts, 2005). Die Werkzeuge, die die ökonomische Analyse des Vertragsrechts bieten, sind in dreierlei Weise nützlich:

343

– Sie erleichtern es, **Risikoverteilungen**, die durch Gesetz und/oder Rechtsprechung vorgegeben sind, zu **analysieren**.

– Sie bieten interpretatorische Hilfe, wenn es darum geht, **unbestimmte Rechtsbegriffe** zu definieren.

– Sie helfen dabei, bestimmte **Verhaltensalternativen** zu erkennen, die dem Vertragsverhandler sonst verschlossen bleiben.

Im Bereich der **gesellschaftsrechtlichen Verträge** lässt sich das Modell der ökonomischen Analyse des Rechts allerdings nur **teilweise** anwenden. Bei diesem Vertragstyp ziehen die Vertragspartner alle an einem Strang" oder sitzen im gleichen Boot", sie teilen also alle Risiken gemeinschaftlich. Anders als bei den Austauschverträgen gibt es hier keine antagonistische Risikoverteilung, denn hier sind die Gesellschafter nur der Gesellschaft die vereinbarten Beiträge und untereinander Solidarität schuldig. Gewährleistung oder andere Risikoverteilungsinstrumente sind unter ihnen nicht anwendbar. Von diesen Grundregeln gibt es aber im konkreten Vertrag immer wieder **Abweichungen**, denn vielfach werden im Einzelfall Haftungsabsprachen getroffen, die nur einen **einzelnen Gesellschafter** betreffen: Ein Erfinder, der ein Patent einbringt, wird natürlich für die Qualität dieser Leistung haften müssen, wenn sie einer Geldeinlage entspricht etc. In diesen Bereichen ist die ökonomische Analyse genauso nützlich wie bei den Austauschverträgen.

344

aa) Gesetzliche Zuweisung der Risiken

345 Der Gesetzgeber hat Risiken teils offen, teils verdeckt einzelnen Vertragsparteien zugewiesen. Meist geschieht das nach dem **Leitbild: Wer Risiken besser beurteilen kann als die andere Vertragspartei, muss sie übernehmen oder vom Vertrag Abstand nehmen.** Diese Grundregel gilt auch im neuen Schuldrecht. Allerdings ist dort die von der Rechtsprechung entwickelte ungeschriebene „Garantie-Haftung" beim Kauf-, Werk- und Mietvertrag ausdrücklich aufgehoben worden. Zwar haftet auch im neuen Schuldrecht derjenige, der eine Garantie auch dann übernimmt, wenn die garantierte Leistung objektiv unmöglich ist, denn dieses Haftung knüpft letztlich an fehlgeschlagenes Vertrauen an, für das derjenige voll verantwortlich ist, der es geschaffen hat (§ 443 BGB). Auf Grund der Neugestaltung der Unmöglichkeitsvorschriften (§ 275 BGB) die über § 275 Abs. 4 BGB zu § 280 ff. BGB führen, steht aber auch fest, dass ein Schuldner sich gegenüber dem Schadensersatzanspruch des Gläubigers mit dem Argument wehren kann, er habe „die Pflichtverletzung nicht zu vertreten". Bei Software-Projekten z.B. ist bekannt, dass auch bei Entwicklung nach den anerkannten Regeln der Technik stets ein Restbestand von Fehlern verbleibt, der unvermeidbar ist. Ähnliches wird für viele andere Branchen gelten müssen (ausführlich: *Heussen*, Unvermeidliche Softwarefehler – Neue Entlastungsmöglichkeiten für Hersteller, CR 2004, 1).

bb) Interpretation der Ermessensspielräume

346 Die Analyse der Risikoverteilung leistet aber auch Bedeutendes, wenn es darum geht, sich zu fragen, was in einer konkreten Situation „fahrlässig" (§ 276 Abs. 2 BGB) oder was „unverzüglich" (§ 377 HGB) ist: Wer einen Mangel nur mit unverhältnismäßig hohen Kosten entdecken kann, wird sich länger dafür Zeit lassen dürfen als jemand, für den es ein leichtes wäre, im Rahmen seiner Wareneingangskontrolle ein entsprechendes Testfeld einzurichten.

cc) Risikokategorien

347 Die Entwicklung von Alternativen, die kreative Verhandlungs- und Regelungsspielräume eröffnen sollen, ist aber zweifellos das wertvollste Werkzeug:

- **Definition des Leistungsinhalts**: Neben der allgemeinen Bandbreite der Leistungsdefinition zählt hier vor allem die Erkenntnis, dass die Mitwirkung des Vertragspartners an der Leistung der anderen Seite ein wesentliches Mittel zur Neuverteilung der Risiken sein kann.
- **Risikovermeidung**: Die nächste Frage ist: Wer kann ein gegebenes oder mögliches Risiko vermeiden, wie kann man es berechnen, und welche Gegenleistung erhält derjenige, der es übernimmt?

– **Leistungen Dritter**: Zu den Cheapest Insurern gehören nicht nur die Versicherer, sondern die Bürgen, ja auch Vertragsstrafen, die an Ergebnisse und nicht an Verhalten anknüpfen, kurz alles, was nicht die Parteien, sondern nur Dritte tun können, um im Interesse beider die Risiken zu vermindern. Die dafür zu zahlende Prämie kann dann wieder in Kategorie eins verhandelt werden, in der es um Leistung und Gegenleistung geht.

– **Haftung des überlegenen Risikoträgers**: Diese Kategorie kommt im vertragsrechtlichen Bereich selten vor, ihr Schwerpunkt liegt zweifellos im Prozess (§§ 305 ff. BGB). Gelegentlich gibt es aber Situationen, in denen man ex ante nicht weiß, welche Partei der überlegene Risikoträger ist. Typisch wäre ein großes Softwaresystemhaus, das Anwendungsprogramme für einen Versicherer liefern soll, bei dem der Risikoschwerpunkt in der Kenntnis von den Geschäftsabläufen liegt und nicht in der Softwaretechnik. Hier ist der Kunde seinem Zulieferer wissensmäßig weit überlegen, und trotzdem trägt das Softwarehaus das gesamte (von ihm selbst gar nicht erfüllbare) Erfüllungsrisiko. Dann kann es zweckmäßig sein, die schlichte Vertragserfüllung zusätzlich zu prämiieren.

– **Streitvermeidung**: Diese Werkzeuge haben in erster Linie den Sinn, die gesetzlich vorgesehenen „Alles-oder-Nichts-Lösungen" zu vermeiden und die Zusammenarbeit der Parteien trotz einer auftretenden Krise zu retten.

b) Analyse der ideellen Interessen und emotionalen Lagen der Parteien

Die Analyse darf sich aber nicht nur auf die **ökonomischen** Interessen erstrecken, sondern muss sich auch auf **ideelle** Interessen und **emotionale** Lagen einstellen: Oft erlebt man in der Praxis, dass Scheinrationalisierungen diese Bereiche verhüllen und es praktisch nicht möglich ist, sie aufzudecken. Das gilt jedenfalls dann, wenn ein Beteiligter sich beharrlich weigert, ergebnisorientiert zu verhandeln, denn dazu muss man fähig sein, die eigenen Interessen zu analysieren. So kommt es, dass ein Besteller, der unnachsichtig auf einer Erfüllungs- und Gewährleistungsbürgschaft besteht, eine Zahlungsbürgschaft strikt ablehnt und dafür keinen vernünftigen Grund angeben kann, außer dem Hinweis, Derartiges habe es in seinem Haus noch nie gegeben.

Die Folge: In der Praxis wird es geradezu vermieden, über Risiken zu sprechen, die nicht völlig offensichtlich sind, man sucht sein Heil in definitorischen Mehrdeutigkeiten, bei denen die Gerichte sich später fragen, warum man das nicht klarer ausgedrückt hat. So lohnt es sich auch selten, sich mehr Informationen zu verschaffen, als man gerade zusammenraffen kann, denn man kann sie ohnehin nicht verwenden. So zwingen die Machtverhältnisse am Ende zu aleatorischem Verhalten, das eigentlich die Ausnahme sein sollte (*Schäfer/Ott*, a.a.O., S. 381, zu Verträgen zwischen „Spielern und Risikoaversen").

c) Macht, Information und Spiele

349 Obgleich die Werkzeuge der ökonomischen Analyse des Vertragsrechts ihre Faszination haben, ist ihr Einfluss auf die Praxis doch sehr beschränkt, weil die **Machtverhältnisse** sie an ihrer Entfaltung hindern. Sehr selten treffen nämlich Vertragspartner aufeinander, die in etwa gleich mächtig sind und von daher beide unter dem Zwang stehen, sich rational zu verhalten, einen vergleichbaren Aufwand bei der **Informationsgewinnung** zu treiben und **Zufallsrisiken** zu vermeiden.

Viel häufiger ist der Fall, dass eine Seite (etwa ein Kfz-Hersteller) alle Machtmittel in seiner Hand hat und die andere Seite (sein Zulieferer) praktisch keine Möglichkeit, auf andere Märkte auszuweichen.

Unter solchen Verhältnissen ist es bereits schwer, den „vollständigen Vertrag zu rekonstruieren" (*Schäfer/Ott*). Den „egoistischen Menschen" findet man in Mengen, kann aber keinen rational denkenden unter ihnen erkennen – normal ist vielmehr eine Vielzahl von Verhaltensanomalien, die sich einem rationalen Zugang weitgehend entziehen (*Schäfer/Ott*).

350 Wenn man in diesem Zusammenhang von „Macht" spricht, so ist es niemals nur die ökonomische Macht, sondern auch die Macht, die ideellen und emotionalen Interessen der anderen Seite gegen deren Willen zu unterdrücken (*Max Weber*). Dahinter muss, wie oben gezeigt, nicht einmal die Befriedigung eines eigenen Interesses außerhalb desjenigen der Machtausübung selbst stehen.

Macht kann aber auch dadurch kanalisiert werden, dass die Parteien sich auf bestimmte Vorgehensmodelle einigen, wie dies anhand des „Mexikanischen Duells" geschildert wurde. Wie solche Modelle funktionieren, ist in der **Spieltheorie** in unterschiedlicher Weise theoretisch aufgearbeitet. Aus der Perspektive der Mathematik wurde sie zwischen 1930 und 1940 von *John von Neumann* entwickelt und durch *Oskar von Morgenstern* auf die Wirtschaftswissenschaften angewendet (Theory of games and oeconomic behaviour, Nachdruck 1990). *J. C. Harsanyi*, *J. F. Nash* und *R. Selten* erhielten 1994 den Nobelpreis für Wirtschaftswissenschaften für die Anwendung der Spieltheorie auf den Bereich nichtkooperativer Spiele. Hier zeigt sich die Schnittstelle sowohl zum vertraglichen Bereich als auch zu ihrer Bedeutung bei Auseinandersetzungen aus Verträgen. Man kann vermuten, dass ihre Wurzeln sehr viel tiefer in unser Sozialverhalten und damit in den Bereich des Rechts hineinreichen, als derzeit erkennbar ist (*Merö*, Die Logik der Unvernunft, 2000; *Baird*, Game-Theory and the Law, 1998; *Avinask K. Dixit*, Games of Strategy, 1999; *Jost*, Strategisches Konfliktmanagement in Organisationen, 1999). Die jüngste psychologische Forschung zeigt uns schon lange geahnte Schwächen der Spieltheorie: Sie kann die **emotionalen Faktoren** einer Verhandlung nur im Ergebnis abbilden, trägt aber nichts zu ihr Analyse bei. *Reinhard Selten* und *Axel Ockenfels* arbeiten derzeit an einem „Konzept der eingeschränkten Rationalität", um diesen Einsichten Rechnung zu tragen (Harvard Business Manager, Mai 2013, S. 82).

d) Das Problem der Gerechtigkeit

Die oben skizzierten Vorgehensmodelle verdanken ihren Erfolg in erster Linie der Tatsache, dass sie formale Strukturen dort erzeugen, wo sie nicht vorhanden sind. Sie wirken als „prozessuale Vorschriften" innerhalb der vertraglichen Konfliktfelder. Ihr Beitrag besteht in der Stärkung der Rechtssicherheit und der Konfliktvermeidung. Deshalb kann man die Frage, inwieweit Verträge unter diesen Umständen „inhaltliche Gerechtigkeit" abbilden können, kaum beantworten. Dieselbe Schwierigkeit ergibt sich bekanntlich, wenn es um Mediationsverfahren geht, die im Kern aus nichts anderem als einer Vereinbarung bestimmter Abläufe bestehen, die eine Einigung wahrscheinlicher machen als das naive Drauflosverhandeln. Ich mache mir darüber deshalb wenig Sorgen, weil wir uns im **dispositiven Raum** befinden. Solange er eingehalten wird und seine typischen Grenzen (§ 138 BGB, § 242 BGB, §§ 305 ff. BGB etc.) erkannt werden, sind die Probleme lösbar.

351

e) Ergebnisorientierte, aber auch interessengerechte Verhandlungsführung

Der Erfolg solcher Vorgehensmodelle hängt entscheidend davon ab, dass die Parteien sich um eine ergebnisorientierte Verhandlungsführung bemühen und Positionskämpfe vermeiden. Das **Harvard-Verhandlungsmodell**, wie es von *Fisher*, *Ury* und *Patton* entwickelt und von vielen weiteren Verhandlungslehren ausdifferenziert worden ist, liefert die nötigen Werkzeuge in diesem Bereich (siehe *Fisher/Ury/Patton* und die anderen Bücher zur Verhandlungslehre im Literaturverzeichnis), ältere Literatur (*Machiavelli* etc.) liefern **Gegenmodelle**.

352

Wie unten noch ausführlich gezeigt wird (Rz. 377a), muss ein schwächerer Verhandlungspartner die Ideen des Harvard-Konzepts an einigen Stellen verändern und ergänzen, um zum Erfolg zu kommen. Man darf nicht ein Ergebnis gegen seine eigenen Interessen akzeptieren und muss Mittel und Wege finden, beide Aspekte miteinander in eine Gesamtstrategie zu bringen.

f) Vorsorgliche Verminderung der Streitrisiken

In diesen Bereich gehören nicht nur die Schiedsgutachter und die Schiedsregelungen, sondern ganz allgemein alle Maßnahmen, die vom „Alles-oder-Nichts-Prinzip" wegführen und eine flexiblere Handhabung der Risikoverteilung ermöglichen.

353

Ein mächtiges Werkzeug ist dabei der **modulare Aufbau** von Verträgen, der sich vor allem dann bewährt, wenn es sich um Vertragsnetze handelt. Modulare Vertragssysteme, das heißt solche, die klar erkennbare Schnittstellen für einzelne Themenbereiche haben, ermöglichen es uns, sie leichter miteinander zu vergleichen als Verträge mit je unterschiedlichem Aufbau. Wer einmal versucht hat, zu prüfen, ob im Subunternehmervertrag alle Risiken aufgenommen sind, die der Generalunternehmervertrag für das jeweilige Teilgewerk enthält, weiß, dass diese vergleichende Arbeit außerordentlich schwer sein kann. Sie wird durch einen entsprechenden Vertragsaufbau erleichtert.

Damit kann man aber gleichzeitig auch einzelne Risikozonen leichter isolieren und damit außer Streit stellen. (Man prüft zum Beispiel jedes Risiko auf seine Versicherbarkeit und nimmt die versicherbaren Risiken aus den Leistungsrisiken heraus.)

354 **Vertragsnetze** schließlich lassen sich manchmal nur dann knüpfen, wenn die Schnittstellen überhaupt systematisch klar erkennbar sind, was außerhalb hierarchisch aufgebauter Vertragssysteme, die man in der Praxis nicht allzu oft antrifft, durchaus nicht einfach ist.

Kurz: Richtiges Vertragsdesign, das für alle Beteiligten klar durchschaubar ist, vermindert Streit auch dann, wenn inhaltlich überhaupt nichts geändert wird.

g) Komplexität

355 Die Auflistung dieser Alternativen zeigt nur einige Varianten, die in einer solchen Situation zur Verfügung stehen. Oft wird es aber noch weitere Optionen geben, über die eine oder beide Parteien aufgrund ihrer Stellung im Markt oder persönlicher Qualitäten und Eigenschaften der beteiligten Personen verfügen. Zu beachten ist, dass es sich hier um Alternativen innerhalb nur eines **einzigen gesetzlichen Leitbildes** handelt. Bei modernen Vertragstypen, die eine Mischung aus mehreren klassischen Leitbildern darstellen (zum Beispiel Franchisevertrag), erhöhen sich die Optionen aufgrund der **Komplexität** solcher Verträge nochmals: Für den Vertragsverhandler bedeutet das: Geht es nur um fünf oder sechs vergleichbare Problemfelder (das ist der typische Durchschnitt in der Praxis), muss jede Vertragspartei sich schon für die Bestimmung der eigenen Position ein hochkomplexes Netz von Optionen schaffen und versuchen, dieses mit den entsprechenden Vorstellungen der anderen Seite zur Deckung zu bringen. Jede einzelne dieser Optionen wird durch vielfältige gesetzliche Regeln definiert (so steckt zum Beispiel hinter jeder Vereinbarung, der anderen Partei etwas exklusiv zu überlassen, ein kartellrechtliches Problem).

h) Check and Balance

356 Eines der wichtigsten Werkzeuge zur Bewältigung komplexer Strukturen ist das Prinzip von Check and Balance (Anstoß und Ausgleich) (der Begriff „Body-Check" aus dem American Football zeigt anschaulich, was gemeint ist). Ausgleich bedeutet in der Praxis nicht „Einvernehmlichkeit" oder „Ausgewogenheit", sondern die Möglich des Vertragspartners, auf den Anstoß der anderen Seite hemmend oder kontrollierend zu antworten). Es zwingt die Parteien dazu, sich darüber Gedanken zu machen,

in welcher Situation einer Seite die Initiative überlassen und der anderen Seite das Recht zur Kontrolle eingeräumt wird.

Zwei **Beispiele**:

– Wenn in einem Mietvertrag in regelmäßigen Abständen eine Mieterhöhung vorgesehen ist, muss der Vermieter keinerlei Initiative ergreifen, um zu mehr Geld zu kommen, denn der Vertrag selbst übernimmt diese Initiative für ihn. Fehlt die Klausel hingegen, muss er die Berechtigung zur Mieterhöhung detailliert begründen und sich an bestimmte gesetzlich vorgeschriebene Formen halten, was bekanntlich gar nicht so einfach ist.

– In einem Lizenzvertrag wird vereinbart, dass der Lizenznehmer jedes Jahr zu einem bestimmten Zeitpunkt eine von einer bereits bestimmten Wirtschaftsprüfungsgesellschaft zu erstellende Übersicht über die Lizenzvergütung vorlegen muss und, wenn er den Termin verpasst, eine Vertragsstrafe zu zahlen hat. Fehlt diese Klausel, muss der Lizenzgeber erhebliche Initiativen ergreifen, um nur an seine Informationen zu kommen.

Beide Beispiele zeigen, dass es allein nicht viel nützt, eine bestimmte Vergütung zu vereinbaren, man muss sich vielmehr auch Gedanken darüber machen, ob die Vergütung einfach oder schwierig durchzusetzen ist und von wem die Initiative ausgehen muss, um das zu tun.

Das Prinzip der Balance muss andererseits dafür sorgen, dass derjenige, dem der Vertrag die Pflicht zur Initiative abnimmt, sich entsprechenden Kontrollrechten der anderen Seite aussetzen muss, um diesen taktischen Vorteil wieder auszugleichen. Hier werden in der Praxis große Fehler gemacht, weil die Last, eine bestimmte Initiative zu ergreifen, regelmäßig unterschätzt wird. 357

7. Naives Vorgehen bei der Entwicklung vertraglicher Regeln in der Praxis

Der Rückblick auf die hier entwickelten Vorgehensmodelle, Strukturhilfen und Werkzeuge, die alle in der Praxis so vorkommen, erweckt vielleicht den falschen Eindruck, als ob die Praxis imstande sei, sich ihrer unter allen Umständen zu bedienen. Tatsächlich folgt die Entwicklung einzelner vertraglicher Regeln einem primitiven, aber hinreichend wirksamen Verfahren, das meist so aussieht: 358

⊃ – Man bespricht das **wirtschaftlich gewünschte** Endergebnis (zum Beispiel die Verpflichtung einer Seite, für eine Versicherung bestimmter Risiken zu sorgen).

– Diese Verpflichtung wird dann **umgangssprachlich** (oft auch in Briefform oder Aktennotizen) festgelegt. Viele Manager sind der Ansicht, wenn über einem solchen Text das Wort „Vertrag" stehe, sei in rechtlicher Hinsicht das Erforderliche getan.

– Ob und inwieweit eine genauere **rechtliche Überprüfung** der festgelegten Regel durchgeführt wird, hängt von der Einsicht der Beteiligten, dem gegebenen Zeitrahmen, der Qualität der Planung und vielen anderer Faktoren ab. Sie wirken sich unmittelbar auf die Qualität aufgestellter Rechtsregeln aus.

– Soweit Anwälte oder Rechtsabteilungen beigezogen werden: Es wird (innerhalb des engen Zeitrahmens und der meist unvollkommenen Informationen) geprüft, ob das Gewollte innerhalb des **dispositiven Rahmens bleibt** oder diesen **überschreitet** (z.B. bei kartellrechtswidrigen Klauseln).

– Wenn die Zeit dann noch reicht: Wird der Text auf Schlüssigkeit innerhalb des **juristischen Begriffssystems** überprüft (dieselben Begriffe sollten auch immer dasselbe bedeuten).

– Sollte dann immer noch Zeit bleiben, wird geprüft, ob der Text auch in logischer Hinsicht zu den Ergebnissen führt, die **wirtschaftlich gewollt** sind.

359 Die Schilderung dieser einzelnen Phasen erweckt nach außen hin immerhin noch den Eindruck, als handle es sich um ein geordnetes Vorgehen. Tatsächlich werden in der Praxis aber nicht einmal diese einzelnen Schritte konsequent gegangen und die einzelnen Phasen durch geeignetes Vertragsmanagement gestaltet. In den meisten Fällen fehlen **Zeit** und **Information**, und zwar erstaunlicherweise gerade bei Verträgen, bei denen es wirklich um etwas geht: Viele Manager haben gelernt, dass man Entscheidungsprozesse unter Druck setzen muss, weil sonst gar nichts passiert, vergessen aber, diesen Druck durch geeignete Maßnahmen so zu strukturieren, dass ihnen ihre Projekte nicht um die Ohren fliegen. Als Anwalt kann man daran wenig ändern. Oft fragen sich Richter, warum bestimmte Texte unklar, unlogisch oder mehrdeutig wirken, und bezweifeln die Kompetenz der Anwälte, die sie entworfen haben. Der Vorwurf kann zutreffen, nicht selten aber ist er unberechtigt: Die Parteien versuchen oft, sich für spätere Auseinandersetzungen das Argument zu sichern, ein mehrdeutiger Text bedeute in Wirklichkeit eine Risikoverschiebung zu Lasten der anderen Seite. Dieses Argument fiele in der Vertragsverhandlung in sich zusammen, wenn die Risikoverschiebung offen gefordert würde. Dann würde die andere Seite ihr nämlich widersprechen und den Vertragsschluss möglicherweise an diesem ihr zugeschobenen Risiko scheitern lassen. Bei unklarer Formulierung hingegen kommt der Vertrag (mit all den dadurch bestehen bleibenden oder hervorgerufenen Interpretationsrisiken) zustande. Wirken Anwälte an ihnen mit, ist es ihre Aufgabe, gegenüber dem eigenen Mandanten zu klären, dass dies nicht auf eigener Unfähigkeit, sondern auf unbeeinflussbaren Bedingungen des Umfelds oder auf taktischen Überlegungen beruhte.

8. Systematisch richtiges Vorgehensmodell bei der Entwicklung von vertraglichen Rechtsregeln

a) Macht, Logik, Analogiebildung und Stressfaktoren

In der Entstehungsgeschichte eines jeden Vertrages bilden sich in erster Linie die **Machtverhältnisse** ab: 360

Verfügt z.B. eine der Parteien über einen Standardvertrag und ist sie in der Position, dass die andere Seite ihn als Verhandlungsgrundlage akzeptieren muss, dann besteht die Aufgabe darin, die eigenen Interessen der unterlegenen Partei in den Standardvertrag zu integrieren.

Die unterlegene Partei muss dabei aber wissen, dass jedes individuelle Verhandeln über Standardklauseln zum Wegfall des Schutzes der §§ 305 ff. BGB führt und wird sich daher klugerweise darauf beschränken müssen, nur über Leistung und Gegenleistung zu sprechen, sich über die Mitwirkungspflichten Gedanken zu machen und alles unangetastet zu lassen, was in den AGB-Bereich fällt.

Solche taktischen Überlegungen zählen aber nicht nur bei Standardverträgen, sondern auch dann, wenn es um das individuelle Aushandeln von Texten zwischen mehr oder weniger gleich starken Vertragspartnern geht. Auch wenn klare Formulierungen meist wünschenswert sind, so können sie doch in taktischer Hinsicht verfehlt sein. Viele Texte enthalten auch Widersprüche und logische Brüche, die man nur mit übergroßem Aufwand beseitigen könnte. Dafür fehlt oft die Zeit.

Kurz: Die Gestaltung von Verträgen folgt nicht den abstrakten Regeln eines „Verfahrens der Rechtsgewinnung" (*Arthur Kaufmann*), wie es bei Gesetzen jedenfalls theoretisch möglich wäre und bei der Erarbeitung von Richtersprüchen die Regel sein sollte. Verträge können auch dann **funktionieren**, wenn sie **unlogisch** sind, wie der britische Premier *Clement Attlee* einmal über die Vertragswerke des Commonwealth sagte. 360a

Verträge leben in erster Linie davon, dass die Erfahrungen der Beteiligten mit vergleichbaren Projekten in ein bestimmtes Muster einfließen und der Text dann mit den Erfahrungen verglichen wird (Analogie). **Analogien sind** aber – wie *Arthur Kaufmann* nachgewiesen hat – **keine logischen Prozesse** (*Arthur Kaufmann*, Das Verfahren der Rechtsgewinnung, S. 59). Analogien entstehen nämlich so, dass der Blick zwischen den beiden Mustern, die verglichen werden sollen „hin- und herwandert" (*Karl Engisch*, Logische Studien zur Gesetzesanwendung, 3. Aufl. 1963, S. 15).

Dabei werden dann die beiden Muster teils induktiv, teils deduktiv solange aneinander angepasst, bis aus der Sicht des Betrachters ein schlüssiges – aber nicht notwendig logisches – Bild entsteht. Diese Sicht ist für beide Parteien sehr unterschiedlich und so ist das Ergebnis letztlich ganz überwiegend durch die **Machtverhältnisse** und die **Gegenstrategien** geprägt. Für Verträge gilt das, was *Arthur Kaufmann* über „den Rechtsprozess" gesagt hat (*Arthur Kaufmann*, a.a.O., S. 97):

> „Verträge sind ihren Merkmalen nach
> ganz überwiegend strategisches Handeln."

361 Der Erfolg der eigenen Strategien hängt wesentlich von dem theoretischen Rüstzeug ab, das man sich im Laufe der Zeit zugelegt hat (siehe dazu Teil 1 Rz. 76 ff.).

Theorie wirkt zwar selten unter Stressbedingungen, wohl aber kann sie Planungs- oder Verhaltensfehler vermeiden helfen, die man nur entdecken kann, wenn man sich die Entstehung eines Vertrages wie unter einer Zeitlupe betrachtet („Das Höchste wäre: zu begreifen, dass alles Faktische schon Theorie ist.", *J. W. von Goethe*).

361a Anders als bei der Entstehung von Gesetzen oder richterlichen Urteilen sollte man Verträge in einem anderen Phasenmodell entwerfen und zwar wie folgt:

- Phase 1: **Definition** des **Risikoverteilungsmodells**,
- Phase 2: Ermittlung der **Tatsachen**,
- Phase 3: **Vergleich** zwischen **Risikoverteilung** und **Tatsachen**,
- Phase 4: **Verhandlung** und **Entscheidung**,
- Phase 5: Neue **Alternativen**.

b) Erläuterung des Vorgehensmodells an einem Beispiel

361b Die oben (ab Rz. 318 ff.) vorgestellten Elemente einer solchen Theorie lassen sich am besten praktisch nutzen, wenn man sie in ein zeitliches Vorgehensmodell umsetzt, wie das nachfolgende Szenario zeigt:

Eine Software-Entwicklungsfirma ist damit beauftragt, anspruchsvolle Individual-Software für ein Industrieanlagen-Projekt zu entwickeln, zu testen und einzuführen. Die dabei entstehenden Entwicklungs- und Wartungsrisiken will sie versichern lassen.

Bei der Lösung dieser Aufgabe zeigt sich zunächst ein **Wechselspiel** zwischen **Regel und Fall**. Zwischen der abstrakten rechtlichen Regel und dem konkreten Fall muss in den Phasen 1 und 2 eine logische Verbindung hergestellt und dann das Ergebnis in Phase 3 auf seine Übereinstimmung mit vergleichbaren Ergebnissen hin untersucht werden. In der Phase 4 fällt dann endgültig die Entscheidung für eine bestimmte Lösung oder es muss über neue Alternativen nachgedacht werden (Phase 5).

aa) Phase 1: Definition des Risikoverteilungsmodells (Regel)

362 Als **Ergebnis** ist gewünscht, dass ein Versicherer das Scheitern des Projekts bis zur Höhe der Versicherungssumme übernimmt.

Die rechtlichen Regeln lassen das grundsätzlich zu, wenn es zu einem Versicherungsvertrag kommt, so dass die Parteien diese Lösung wählen können (**Regel**).

Tatsächlich werden solche Versicherungen angeboten, wenn auch zu erheblichen Prämien. In dieser Phase zeigt sich also: Die Verschiebung des Risikos kann bis zu dem Betrag gelingen, den ein Versicherer gegen eine bestimmte Prämie, die eine oder beide Parteien aufbringen können, bereit ist, einen Versicherungsvertrag abzuschließen (**Fall**).

bb) Phase 2: Ermittlung der Tatsachen (Fall)

Jetzt bemühen sich beide Parteien, Gespräche mit Versicherern zu führen, um die Bedingungen des Vertrages praktisch zu ermitteln. In dieser induktiven Phase 2 muss also im „Kübel der Tatsachen" (*Karl Popper*) alles gesammelt werden, was den **Fall** ausmacht. Die Ermittlung der Tatsachen hat den unverzichtbaren Zweck, die verschiedenen denkbaren Fall Alternativen zu ermitteln und in ihren typischen Kriterien voneinander zu unterscheiden. Viele Alternativen kommen in Frage, zum Beispiel:

– Möglicherweise hat der Besteller schon selbst eine Konzernversicherung, die das Ausfallen von Zulieferern abdeckt: Dann muss geprüft werden, ob das konkrete Risiko unter die schon bestehende Versicherung fällt.

– Oder das Softwarehaus hat eine allgemeine Deckung, die für den konkreten Fall aber nicht hoch genug ist: Dann muss versucht werden, diese zu erhöhen.

– Es mag sein, dass der Softwareentwickler die Prämie nicht auf der Basis der bisherigen Kalkulation zusätzlich übernehmen kann: Dann muss erneut über Preise verhandelt werden. Diese Preiserhöhung kann der Besteller wiederum leichter akzeptieren, weil er durch die Versicherung, deren Bonität weit höher als die des Softwareentwicklers ist, in Höhe der Versicherungssumme keinen Schaden erleiden wird.

– Die Parteien verringern den Leistungsumfang, so dass die Kalkulation für den Softwareentwickler trotz Übernahme der Versicherungsprämie wieder stimmt.

– Oder: Der Versicherer dient seine Versicherung dem Besteller an, den er als Konzernkunden gewinnen will, und bietet diesem günstigere Konditionen als dem Softwareentwickler. Da nunmehr der Besteller die Prämie übernimmt, wird die Verhandlung sich darum drehen, dass der Entwickler seine Preise senkt.

Sind all diese Möglichkeiten auf eine einzige reduziert, wird die **Regel** aufgestellt, die den Vertrag bestimmen soll.

Die Phase 2 wird zwischen den Parteien jeweils einzeln vorbereitet, fällt oft genug aber schon in die **Vertragsverhandlung** selbst, weil die Parteien sich manchmal über Regel und Fall erst dann klar werden, wenn sie die Vorstellungen der anderen Seite kennen.

cc) Phase 3: Vergleich zwischen Risikoverteilung und Tatsachen (Analogie)

364 Sehr oft ist es nicht möglich, die Regel aufzustellen, ohne zuvor für jede einzelne Alternative die Phase 3 zu durchlaufen: In ihr wird die mögliche **Regel** mit dem in Phase 1 ermittelten **Fall** verglichen. Dann richtet sich der Blick wieder zurück auf das Ergebnis, das in Phase 1 definiert worden ist. In der Praxis wird es in Phase 2 oft genug korrigiert und damit die Phase 1 und gelegentlich die Phase 3 erneut durchlaufen werden müssen. Der kreative Blick wandert also innerhalb beider Phasen (oft mehrfach) zwischen Ergebnis, Fall und Regel hin und her. Dieser Vorgang ist es, der das **Rechtsgefühl** aller Beteiligten schrittweise zu einem bestimmten Resultat hin drängt, denn **die Analogie folgt keinen logischen Regeln**: Der konkrete Fall wird mit dem Normfall (*Fritjof Haft*) verglichen, den Gesetzgebung und/oder Rechtsprechung entwickelt haben. Stimmt er mit ihm überein, wird so entschieden, andernfalls anders. Die Phase der **Analogie** fällt sehr oft kurz aus, weil in vielen Fällen schon auf den ersten Blick erkennbar wird, was zusammenpasst und was nicht. In anderen Fällen allerdings kann es um sehr schwierige Einschätzungen von Optionen gehen, und der „Negotiation Dance", der auch von taktischen Überlegungen bestimmt ist, wird die eine oder andere Option günstiger erscheinen lassen. Im vorliegenden Fall liegt es zum Beispiel nahe, dass der Softwareentwickler das für ihn mit weiteren Kosten verbundene Versicherungsmodell dann leichter akzeptieren kann, wenn der Hersteller bereit ist, die gesetzlich unbegrenzte Haftung individuell auf die Versicherungssumme zu begrenzen.

In dieser Phase kommt es entscheidend darauf an, dass nicht nur die Juristen untereinander, sondern auch alle anderen Entscheidungsträger miteinander ins Gespräch kommen und im Gespräch bleiben. Das ist einfacher gesagt als getan. Es gibt typische strukturelle Schwierigkeiten dabei, die zum Teil darauf beruhen, dass sich emotionale und rationale Elemente untrennbar miteinander vermischen.

dd) Phase 4: Verhandlung und Entscheidung

365 Die Vereinbarung zwischen den Parteien kommt zustande, sobald **beide** aus den Phasen 1 bis 3 die übereinstimmende **Entscheidung** getroffen haben, eine der Optionen, die rechtlich möglich sind, zu wählen. Auch diese Phase ist in der Praxis kurz, es sei denn, anhand der konkreten Formulierungen ergibt sich, dass die Parteien sich vorher nicht so einig waren, wie sie glaubten. Dabei spielt das Rechtsgefühl eine bedeutende Rolle. Warum die Partei eine bestimmte Zustimmung erklärt, wird der anderen Seite oft nicht klar sein, weil es aus taktischen Gründen bewusst verdeckt bleibt. Letztlich mixt sich jede Seite in dieser Phase einen ihrer

Ansicht nach ausgewogenen Cocktail aus Tatsachen und Meinungen, und nicht selten beruht die Annahme, dass Fall und Regel übereinstimmen, auf fehlerhaften Schlüssen, die sich im Text nicht niederschlagen. Nur in seltenen Fällen kann das später korrigiert werden (§§ 119, 123 BGB). Beide Parteien leiten hier nämlich auf der Basis ihres Wissens bestimmte Hypothesen ab, die ihrerseits auf Irrtümern, Spiel oder Zufall beruhen können. Deshalb darf die andere Seite damit nur in Grenzfällen belastet werden.

ee) Phase 5: Neue Alternativen

Das Hauptproblem in der Praxis besteht darin, dass man die Phase 4 viel zu früh ansteuert, ohne vorher sorgfältig die eigenen Ziele analysiert und die Möglichkeiten bewertet zu haben, zu diesen Zielen zu gelangen. 366

Bei allen einigermaßen unproblematischen Regelungen werden frühzeitig Festlegungen getroffen, die man später nicht mehr korrigieren will, obgleich neue Vereinbarungen sich nach vorn drängen, die die Teilzugeständnisse im Grunde wieder obsolet machen.

Vor allem Manager neigen dazu, die Eckpunkte eines Vertrages (Termsheet) auszuhandeln, ohne zu bedenken, dass die rechtliche Risikoverteilung häufig zu einer Änderung dieser Eckdaten führen kann. Auch wird immer wieder vergessen, dass der Preis das Gegenstück der Leistung ist und daher erst definiert werden kann, wenn man die Leistung kennt. Wenn das – wie häufig – nicht möglich ist, dann muss der Preis ebenso flexibel sein wie die Leistung. Kurz: Wenn man sich darüber im Klaren ist, dass die Ablehnung einer Entscheidung zwingend dazu führt, über neue Alternativen nachzudenken, dann kann man sich daraufhin trainieren, von Anfang an in **mehreren Alternativen** zu denken und so den Entscheidungsprozess zu beschleunigen.

ff) Zusammenfassung

Erkennt man die Vielzahl der Faktoren, die auf die endgültige Fassung von Vertragswerken oder gar Vertragsnetzen einen Einfluss nehmen, wird man die Möglichkeit einer systematischen Entwicklung vertraglicher Regeln nicht überschätzen. Gleichwohl bilden sie eine Struktur, an der es sich zu orientieren lohnt. 367

Die von *Arthur Kaufmann* entwickelte und auf die Erstellung vertraglicher Regeln übertragene Systematik kann lebendig gemacht werden, wenn innerhalb der einzelnen Phasen die ökonomische Analyse des Rechts ebenso ihren Platz findet wie die Analyse ideeller und emotionaler Hintergründe und wenn man nicht vergisst, dass mit und gegen die Machtverhältnisse auch gespielt werden kann.

So ergibt sich eine außerordentlich komplexe, in ihrer Gesamtheit faszinierende Mischung aus heterogenen Elementen, mit der umzugehen gleichzeitig Last und Freude ist.

3 Vertragsverhandlung

	Rz.
I. Verhandlungsstrategie	368
1. Die Verhandlung als soziales und kommunikatives Ritual	369
2. Verhandlungsplanung	373
II. Psychologische Faktoren bei Vertragsverhandlungen	378
1. Positionen, Status und Machtspiele	380
2. Machtdifferenzen, Argumente und Gefühlslagen	381
a) Soziale und kommunikative Rituale	381a
b) Wirkung nach außen: Tatsachen sprechen lassen!	381b
c) Wirkung nach innen	381c
d) Argumente ändern Gefühle	381e
e) Funktion von Drohungen	381f
3. Unbewusste Motive	382
4. Flexibilität und Zuverlässigkeit	383
5. Emotionale Lagen	384
a) Positive Emotionen	384a
b) Negative Emotionen und Stress	384b
6. Misstrauen und Vertrauen	385
7. Respekt	387a
III. Strategische Modelle	388
1. Tatsachen, Meinungen und Bewertungen	388
2. Drei Basismodelle	389
3. Basarhandel	390a
4. Das Harvard-Verhandlungskonzept	391
5. Machiavelli in Harvard: Zwei gegensätzliche Perspektiven	392
a) Die Entwicklung des Harvard-Verhandlungskonzepts	392a
b) Machiavellis Ideen	392c
c) Die Kombination der Perspektiven	392f
aa) Unterschiedliche Machtperspektiven	392f
bb) Situationsbedingte Werkzeuge	392i
cc) Verbindung der Perspektiven	392l
6. Zusammenfassung	392m
IV. Verhandlungsstil	395
1. Neutrales Verhalten	400
2. Destruktives Verhalten	402
3. Konstruktives Verhalten	405
4. Bewertung der Stilformen	407

	Rz.
5. Klarheit des Stils und Stilwechsel	413
6. Sprache, Verhalten und Körpersprache	415
a) Aktives Zuhören	418
b) Unterbrechungen	419
c) Endlose Reden	420
d) Ich- und Du-Botschaften	420a
7. Direkte und indirekte Kommunikation	421
a) Indirektes Verhalten	423
b) Direktes Verhalten	424
V. Logische, komplexe und emotionale Intelligenz	426
1. Logische Gedankenführung	426a
2. Emotionale Lagen	426b
3. Komplexe Situationen	426c
VI. Sieben Konfliktelemente	427
VII. Verhandlungsorganisation	432
1. Ad-hoc-Verträge	432
2. Beweis des Vertragsschlusses	434
3. Komplexe Verträge	435
4. Verträge ohne Verhandlungskonferenzen	436
5. Verträge als Ergebnis von Verhandlungskonferenzen	438
a) Vorverhandlung	439
b) Entwurfsverhandlung	440
c) Schlussverhandlung	442
6. Organisation von Verhandlungen	446
a) Taktische Überlegungen	446
b) Verhandlungsregie	449
c) Themen	453
d) Tagesordnung	455
e) Teilnehmer	456
aa) Verhandlungen unter vier Augen	456
bb) Verhandlungsteams	456a
cc) Rollenspiele	460
dd) Spannungen im Team	461
ee) Aus der Rolle fallen	462
f) Ort	465
g) Zeit	468
aa) Zeitplanung	468
bb) Taktik	469
cc) Pausen	471
dd) Zwischenergebnisse	472
ee) Fehlende Strukturierung	473
h) Arbeitstechnik mit Zetteln und Software	474
i) Organisatorische Details	476
aa) Sitzordnung	477

	Rz.
bb) Unterlagen vorbereiten	478
cc) Visitenkarten	479
dd) Visuelle Hilfsmittel	480
ee) Protokolle	481
ff) Dokumente und Anlagen	482
gg) Getränke	483
hh) Rauchen	484
ii) Essen	485
jj) Alkohol	486
kk) Dokumentenmanagement	487
ll) Aktenkoffer	488
mm) Mobiltelefone	489
nn) Computer und Software	490
oo) Taschenrechner	491
pp) Telefax, E-Mail	492
qq) Sekretariatsdienste	493
rr) Ausweichräume	494
ss) Entertainment	495
tt) Schlaf	496
uu) Sprachprobleme	497
vv) Übersicht behalten	499

- VIII. Verhandlungsregie 500
  1. Allgemeines 500
  2. Werkzeuge der Verhandlungsregie 502
     - a) Übersicht 502
     - b) Grundregeln 503
  3. Übernahme der Verhandlungsregie 504
  4. Tatsachenorientiertes Verhalten . 507
  5. Verhandlungsteams 508
  6. Einsatz der Werkzeuge 510
     - a) Ergebnisse zusammenfassen .. 511
     - b) Wiederholen 512
     - c) Regeln brechen 513
     - d) Strukturen schaffen 515
       - aa) Informieren 516
       - bb) Strukturieren 517
       - cc) Detaillieren 518
       - dd) Dokumentieren 519
       - ee) Bewerten 520
       - ff) Entscheiden 521
     - e) Zwölf taktische Regeln 521a
- IX. Verhandlungsablauf 522
  1. Anfangsphase 524
  2. Vereinbarung über Protokolle ... 528
  3. Verhandlung über den Vertragsinhalt 529
     - a) Statements 529
     - b) Verhandlungsstil 533
     - c) Störfelder 534
     - d) Forderungen stellen 535
     - e) Reaktion auf Forderungen ... 536
     - f) Abwarten und Schweigen 537
     - g) Abkürzen endloser Reden ... 537a
  4. Bewertung der eigenen Position .. 538

	Rz.
a) Zwischenbilanz	538
b) Vorzeitiger Abbruch	540b

  5. Lösungen suchen: Die Bilanz der Zugeständnisse 541
     - a) Kultureller und sozialer Hintergrund 542
     - b) Komplexes Denken 543
     - c) Verhandlungsstil 547
       - aa) Lob des Konjunktivs 548
       - bb) Fragen und Schweigen ... 549
       - cc) Scheinzugeständnisse 550
     - d) Gegenüberstellung von Leistung und Gegenleistung 551
     - e) Objektive Risikobewertung... 556
     - f) Emotionale Bewertung 557
     - g) Rechtliche Bewertung 559
     - h) Vorteile für beide Seiten suchen 560
     - i) Alternativen entwickeln und anschaulich machen 562
     - j) Entscheidungskompetenzen .. 565
     - k) Letzte Forderungen 566
  6. Ergebnislosigkeit des ergebnisorientierten Verhandelns 567a
  7. Organisation des Abbruchs von Verhandlungen 567b
- X. Schwierige Verhandlungssituationen 568
  1. Allgemeine Verhaltenshinweise . 569
     - a) Vier-Stufen-Plan bei offenen Krisen 571
     - b) Strategien der Leere 575
     - c) Unsinnige Forderungen 578
     - d) Auflösen von Pattsituationen . 579
     - e) Ultimative Forderungen 581
     - f) Übersicht über die Fallgruppen 582
  2. Neutrale Probleme 583
  3. Beeinflussung des Verhandlungsablaufs 586
  4. Taktieren 591
     - a) Zu hohe Forderungen 592
     - b) Zu geringe Forderungen 593
     - c) Zurücknehmen von Zugeständnissen 595
     - d) Inhaltsleere Zusagen 596
     - e) Unbegründete Zweifel 597
  5. Manipulation von Tatsachen 598
  6. Manipulation von Meinungen ... 602
  7. Destruktion und Machtspiele ... 605
     - a) Offene Konfrontation 609
     - b) Prinzipienreiterei 610
     - c) Skepsis 612
     - d) Drohungen 613
     - e) Unhöflichkeiten 614
  8. Interne Konfliktsituationen 615

	Rz.		Rz.
a) Denkverbote und Killerphrasen	616	XI. Abbruch der Verhandlungen	622
b) Änderungen von Anweisungen	618	XII. **Formeller Vertragsschluss**	629
c) Gefühlsschwankungen	619	XIII. **Checkliste: Von der Idee zum Text – Ein Vorgehensmodell**	634a

Literaturübersicht:
Siehe vor Teil 2.

I. Verhandlungsstrategie

368 Die strategischen Überlegungen, die schon im Bereich der Vertragsplanung entwickelt werden müssen, bilden das statische Gerüst für Verhandlung, Durchführung und Kontrolle von Verträgen. Verträge sind – wie eingangs gezeigt (Teil 1 Rz. 4 ff.) – **Ergänzungen** von **Gesetzen** und entstehen ähnlich wie Gesetze, indem die Vertragsparteien durch „parlamentarische Verhandlungen" versuchen, ihre **gegenseitigen Interessen** auf einen Nenner zu bringen. Während für diese Vorgänge im Parlament ausreichend klare Strukturen vorhanden sind, gibt es für die Vertragsverhandlungen nichts Vergleichbares: Wie und unter welchen Umständen verhandelt wird, ist nirgendwo vorgeschrieben. Das kann durch schriftlichen Austausch von Entwürfen, durch Briefwechsel und in ähnlichen Formen geschehen und setzt keine Konferenz beider Parteien an einem bestimmten Ort zu einer bestimmten Zeit voraus.

Die meisten **strategischen Fehler** bei Vertragsverhandlungen beruhen darauf, dass unproblematische Abläufe, die man hundertfach schon praktiziert hat, in Situationen wiederholt werden, in denen sie sich als ungeeignet, missverständlich oder gefährlich erweisen. Die nachfolgende Darstellung geht – wie schon im Bereich der Vertragsplanung – von dem umfassenden Modell eines **individuell** zu verhandelnden **komplexen Vertrages** aus, der **schriftlich** niedergelegt wird, ein Modell, das sich vereinfachen lässt, wenn die Aufgabenstellung weniger schwierig ist.

1. Die Verhandlung als soziales und kommunikatives Ritual

369 Ob Verhandlungen einfach, automatisch oder komplex geplant vor sich gehen, immer sind es **soziale Rituale**, da Verträge immer von **Personen** verhandelt werden, auch wenn diese im Namen von Firmen, Systemen und Institutionen handeln. Daraus ergeben sich immer spielerische und kämpferische Elemente. Verhandlungen sind **kommunikative** Spiele, bei denen es offene, versteckte und unbewusste Regeln gibt, die hier (Teil 1 Rz. 18; Teil 2 Rz. 378 ff., 500 ff., 522) sehr vereinfacht mit den Werkzeugen der praktischen Erfahrung beschrieben und entschlüsselt werden.

Bei tiefergehenden wissenschaftlichen Ansätzen würde man mit Hilfe 370
der Kommunikationstheorien, psychologischer Theorien, den **Spieltheorien**, den **Chaostheorien** und mit **mathematischen Modellen** gewiss noch vieles zutage fördern, was für eine vertiefte rechtliche Betrachtung nützlich sein könnte. Indes zeigt die Erfahrung, dass schon die **einfachen praktischen Regeln** nur **wenig bekannt** sind und noch weniger praktiziert werden. Ihre immer wieder **geübte Umsetzung** wäre völlig ausreichend, um die Qualität der Vertragsverhandlungen erheblich zu verbessern und das Erreichen der gesteckten Ziele leichter zu ermöglichen.

Zu den **offenen Regeln** der Vertragsverhandlung gehört alles, was man 371
förmlich vereinbart, also die Zeit, den Ort, die Sprache, die Teilnehmer, die Tagesordnung etc.

Versteckte Regeln herrschen dort, wo jede Vertragspartei sich – für die andere erkennbar – nach einem bestimmten **Konzept** verhält und dieses Konzept von der anderen Seite stillschweigend akzeptiert wird. Dazu gehört etwa die Reihenfolge der Redner, der Themenkatalog, der Umfang der gegebenen Informationen oder das taktische Verhalten, auf das die andere Seite, ohne es zu problematisieren, reagiert.

Die **unbewussten Regeln** umfassen Verhaltensweisen der Beteiligten, die 372
diese befolgen, ohne zu erkennen, nach welchem Muster die eigene Strategie abläuft, vor allem also die Körpersprache, die Inszenierung des eigenen Charakters (persona), das Temperament, die dargestellten sozialen Rollen etc.

Dieses Gesamtverhalten, das man nur bei grober Vereinfachung als „Regeln" kennzeichnen kann, umfasst Tatsachen und Meinungen (facts and fictions) ebenso wie Gefühle, Phantasien und Spiele, die die handelnden Personen in komplexer Weise nur beherrschen, wenn sie in Standardsituationen immer wieder durchgespielt werden. Genau dadurch aber entsteht auch eine **Scheinsicherheit**, die in ungewöhnlichen Situationen die Aufmerksamkeit beeinträchtigt und zum Rückgriff auf Stereotype statt zu kreativem Verhalten führt.

2. Verhandlungsplanung

Man kann Vertragsverhandlungen **nicht** bis ins **Detail planen** und zwar 373
schon deshalb nicht, weil man nicht immer die Personen, die auf der anderen Seite auftreten, kennt und immer wieder in unterschiedliche Verhandlungslagen gerät, auf die situativ reagiert werden muss. Viele strategische Möglichkeiten können auch nur mit hinreichend informierten und erfahrenen Managern umgesetzt werden: Wenn ein Konzernmanager, zu dessen Aufgabe das Verhandeln komplexer Verträge gehört, auf einen mittelständischen Unternehmer trifft, der in der Regel handfestere Gesprächspartner hat, dann kann zum Beispiel das dem Manager vertraute **Spiel** mit **Andeutungen**, auf das ein erfahrener Gesprächspartner sofort reagiert hätte, ohne jede Wirkung bleiben.

374 Ein einfaches **Planungsinstrument** ist eine Übersicht, die es ermöglicht, verschiedene **Szenarien** zu bilden, die sich sowohl aus harten Verhandlungspunkten wie Preis und Leistung als auch aus psychologischen Faktoren zusammensetzen können. Erstellt man zum Beispiel diese Skizze ganz am Anfang einer Verhandlung als wahrscheinliches Szenario, kann man die später eintretenden Ereignisse entsprechend berücksichtigen und so relativ einfach abschätzen, wie weit man sich von der Planung entfernt hat.

375 **Verhandlungsszenario am Beispiel einer Firmenübernahme**

Merkmal	Mögliche Ausprägungen				
Haltung der Firmeneigner	Kooperativ	Abwartend	Skeptisch	Nicht kooperativ	
Haltung der Geschäftsführung	Kooperativ	Abwartend	Skeptisch	Nicht kooperativ	
Haltung des Betriebsrates	Kooperativ	Abwartend	Skeptisch	Nicht kooperativ	
Preisvorstellungen der Gegenseite	über 120 Mio €	110–120 Mio €	105–110 Mio €	100–105 Mio €	weniger als 100 Mio €
Notwendiges Fremdkapital	80%	70%	60%		
Andere Interessenten	Aggressiv	Zielstrebig aktiv	Abwartend	Abgeneigt	Nicht vorhanden
Gewinnzuwachs im nächsten Jahr	mehr als + 20%	+ 0- 10%	Gewinnrückgang	„schwarze Null"	Verluste
Jetziges Management	Wird übernommen	Wird z.T. entlassen	Wird abgefunden	Wird ausgetauscht	

—— Wahrscheinliches Szenario   © denkmodell Berlin®

Die Szenario-Entwicklung dient zur mentalen und strategischen Vorbereitung auf konkrete Verhandlungssituationen und unterstützt das Denken in Alternativen. Zu diesem Zweck werden die entscheidenden Parameter für den Verlauf einer Verhandlung identifiziert (1. Spalte) und in ihren **theoretisch** möglichen Ausprägungen aufgefächert. Danach kann diskutiert werden, welches vermutlich das pessimistische, das optimistische und wahrscheinliche Szenario sein wird. Auch kann eine Rückzugslinie markiert werden, die im Sinne der Harvard-Verhandlungstechnik die Situation charakterisiert, in der die Verhandlung abgebrochen und die „nächstbeste Alternative" ergriffen wird.

376 Verzichtet man auf der anderen Seite auf jegliche Planung und Überlegung zur eigenen Strategie und Taktik, gerät man oft schon in Standardsituationen in Schwierigkeiten.

Vor allem muss man in jeder Lage der Verhandlung imstande sein zu erkennen, wann Spiele und Rituale **ernst** werden, man muss erkennen, an welchem Punkt man wirklich **Boden verlieren** kann. Immer dann, wenn eine kämpferische Situation sich anbahnt, zeigt das: Jetzt geht es um die Essentials des Vertrages, und dann ist größte **Aufmerksamkeit** geboten. Phasen kämpferischer Auseinandersetzung bei Vertragsverhandlungen, die über bloße Macht- und Demonstrationsspiele hinausgehen, sind keinesfalls etwas Negatives. Wenn beide Seiten nämlich um den Vertrag und ihre Interessen kämpfen, zeigen sie, dass sie letztlich den Vertragspartner brauchen, um aus unterschiedlichen Motiven ein gemeinsames Ziel zu erreichen: „Ein jeder Kampf dreht sich um unterschiedliche Blickwinkel, die allesamt dieselbe Wahrheit beleuchten." (*Mahatma Gandhi*). Erst diese vollständige Beleuchtung des Sachverhalts aus verschiedenen Blickwinkeln, um die die Parteien engagiert ringen, gibt Verträgen die realistische Basis, die sie brauchen, um erfolgreich durchgeführt werden zu können.

Ganz am Anfang jeder Verhandlungsplanung ist zu entscheiden, **wer die Verhandlung verantwortlich führen soll.** Diese Aufgabe muss demjenigen zufallen, der letztlich die Entscheidung auf der operativen Ebene (gegebenenfalls mithilfe anderer Mitarbeiter und/oder Berater) soweit vorbereiten muss, dass er sie entweder selbst treffen kann oder lediglich die Zustimmung von Vorstand und/oder Aufsichtsrat benötigt. Bleibt diese Frage offen oder unklar, wird der Fehler sich im Lauf der Verhandlung erfahrungsgemäß verstärken. (Siehe dazu Rz. 522 ff.). 377

II. Psychologische Faktoren bei Vertragsverhandlungen

Schon im Bereich der Vertragsplanung sind wichtige psychologische und emotionale Faktoren erörtert worden, die die Vorbereitung von Verträgen beeinflussen (oben Rz. 21 ff.). 378

Ihre Bedeutung wächst erheblich, wenn man in die Phase der Verhandlung kommt, weil hier ein unmittelbarer Austausch der Positionen zwischen den beteiligten Personen stattfindet.

Idealerweise bringen beide Parteien folgende Eigenschaften mit: 379
- **Geduld**, die eigene Position zu entwickeln und der Gegenseite zuzuhören,
- **Klarheit** in der Darstellung der eigenen Position,
- **Organisationsfähigkeit**,
- **Phantasie** bei der Entwicklung von Lösungen.

Nur selten verfügen beide Seiten über diese Eigenschaften in jeder Verhandlungsphase, und beide Seiten sollten die realistische Einschätzung mitbringen, dass man selbst ebenso wenig wie die andere Seite alles zu jeder Zeit richtig machen kann.

Die meisten Schwierigkeiten können erfahrungsgemäß überwunden werden, wenn beide Seiten wenigstens die Bereitschaft mitbringen, unter allen Umständen die Kommunikation miteinander aufrechtzuerhalten.

379a Ich will gleich zu Anfang einen einfachen, aber absolut entscheidenden Rat geben, wie man erfolgreich verhandelt:

Nur die Übung macht den Meister im Verhandeln!

Warum ist diese Regel des Volksmunds hier besonders wichtig? Es dürfte fast keine Verhandlung geben, die der anderen ähnelt, auch wenn es auf den ersten Blick um die gleichen Sachverhalte geht. Wer sich z.B. als Einkäufer eines großen Unternehmens häufig in der immer gleichen Situation wiederfindet, die eigenen Bedingungen gegenüber einem Mittelständler durchzusetzen, wird in den meisten Fällen nichts anderes als eine ergebene Unterschrift einsammeln müssen. Da ist nicht viel zu lernen.

Aber dann kommt auf einmal ein Unterhändler, der sich nicht sofort beugt, der eigene Ideen hat und der auch bereit ist, den Auftrag ziehen zu lassen. Man hat nicht sofort eine Alternative zur Hand. Wer jetzt keine Übung hat, blitzschnell die eigenen Risiken abzuschätzen, sich in die Position des Lieferanten zu versetzen, wer nie den eigenen Bewegungsspielraum frühzeitig ermittelt hat, wer die Gefahr für das Unternehmen nicht sieht, langfristig seine Zulieferer zu verprellen, wird keinen erfolgreichen Abschluss zu Stande bringen.

Es gibt hunderte von praktischen Leitfäden, Videokursen, Seminaren usw (Auszug siehe Literaturverzeichnis), in denen man das lernen kann, was hier im Buch nur unvollkommen vermittelbar ist, weil es nur aus Text und nicht aus Interaktion besteht. Diese Lernmöglichkeiten muss man sich erschließen.

1. Positionen, Status und Machtspiele

380 Schon oben (Rz. 376 ff.) ist darauf hingewiesen worden, dass Positionen, Statusfragen und die Darstellung von Machtritualen nicht nur negative Aspekte haben, sondern zur Berechenbarkeit des anderen beitragen. Ein Vertragspartner, der unter solchen Darstellungen zu leiden hat, kann sich deshalb immer sagen: Das Verhalten der anderen Seite lässt auf jeden Fall Rückschlüsse für das spätere Verhalten bei der Vertragsdurchführung zu und erleichtert damit die eigene Entscheidungsfindung. Machtdemonstrationen können nämlich auch Selbstbewusstsein und Großzügigkeit signalisieren, so dass man aus ihnen nicht voreilige Schlüsse ziehen sollte. Natürlich kann es auch anders sein: Ein teurer Dienstwagen ist für den Vorstandsvorsitzenden eines großen Unternehmens ein schlichtes Werkzeug, bei einem Makler hingegen dient er oft genug nur der Vortäuschung von Vermögen.

Psychologische **Machtsignale** können sich auch durch **Leutseligkeit**, Kumpelhaftigkeit oder **intellektuelle Attitüden** ausdrücken und zur Vorsicht Anlass geben etc. Auch demonstrativ zur Schau gestelltes Fachwissen und Detailkenntnisse können ebenso wie hohe Intelligenz und schnelle Auffassungsgabe zu negativen Schlüssen Anlass geben, wenn sie nicht in einem sachlichen Zusammenhang verwandt werden. Wichtig ist es, all dies auf sich wirken zu lassen und erst dann zu bewerten.

Das ist in der konkreten Situation keinesfalls einfach. Es gibt typische Machtspiele, an die man sich trotz langen Trainings nur sehr schwer gewöhnen kann, wie z.B.: 380a

- **Unpünktlichkeit,**
- **Verweigerung** telefonischer **Rückrufe,**
- Benutzung von **Handys** in Konferenzen,
- sich telefonisch über sein Sekretariat **vermitteln lassen**, obwohl man den Anrufer um etwas bitten will (und dann lässt man ihn auch noch in der Warteschleife!),
- **huldvolle Sekretärinnen**, die den Anrufer wissen lassen, dass ihr Chef wichtiger ist als der Rest der Welt.

Es sind gewiss schon große Verträge an solchen Kleinigkeiten gescheitert und viele Leute merken nicht, wie ein notorisches Verhalten dieser Art im Laufe der Zeit zu Hass und **Verachtung** auf Seiten anderer Personen führt – Stimmungslagen, vor denen schon *Machiavelli* warnte, wenn man seinen Einfluss behalten will.

Wie reagiert man aber in der konkreten Situation, wenn man Opfer solcher Machtspiele am Verhandlungstisch zu werden droht? Die Antwort ist einfach und immer wirksam: Man **schweigt aktiv** (also mit direktem **Blickkontakt** zu demjenigen, der seine Spiele treibt) und sagt so lange nichts mehr, bis dieser sein Verhalten ändert oder fragt, warum man schweige (näher unten Rz. 568 ff.). Darauf muss man nicht antworten, sondern kann die Frage getrost im Raum stehen lassen. Das wäre auch *Adenauers* Außenminister zu raten gewesen, der vom Bundeskanzler in einer Konferenz spontan gebeten wurde, die Fenster zu öffnen. Wäre er sitzen geblieben, hätte *Adenauer* angesehen und nichts getan, hätte auch dieser äußerst selbstbewusste Mann gemerkt, dass man solche Wünsche an die Saaldiener richtet und nicht an seine Minister. 380b

Machtspiele sind aber keinesfalls den Mächtigen vorbehalten. Im Gegenteil: Arrogante Kellner, sture Hausmeister und ähnliche Leute können einem das Leben genauso schwer machen. Und gerade bei ihnen wird es oft nicht ausreichen, bedeutungsvoll zu schweigen, da muss man gelegentlich andere Seiten aufziehen.

2. Machtdifferenzen, Argumente und Gefühlslagen

Es gibt immer wieder Verhandlungen, bei denen alle Beteiligten mehr oder weniger klar wissen, dass ihr Ergebnis ausschließlich von der Machtdifferenz zwischen den Beteiligten abhängen wird (Rz. 35 ff.). Bei 381

Verbraucherverträgen ist das offensichtlich, häufig auch bei Verhandlungen in Insolvenzlagen oder unter hohem politischen Druck. Auch in diesen Situationen wird aber oft so verhandelt, als gäbe es wirklich mehrere Alternativen. Der Grund: Man will die unterlegene Seite nicht in eine Situation bringen, in der sie ihr Gesicht verlieren könnte und (auch zu ihrem eigenen Schaden) die Verhandlung abbricht.

So kommt es auch in diesen Fällen zum Austausch von Argumenten, also der logisch schlüssigen Darstellung der jeweiligen Positionen. Wir brauchen diese Phase, um die Alternativen vor uns zu sehen, über die wir dann – überwiegend von Emotionen beeinflusst – entscheiden können (oben Teil 1 Rz. 80 ff.).

Einige Autoren (z.B. *H.-Georg Macioszek*) halten Argumente im Wesentlichen für „Geräusche", weil sie nur eine logischen Oberfläche abbilden, nicht aber die wirklichen tieferen (und sowohl durch die Machtverhältnisse wie Emotionen beeinflussten) Motive der Parteien erfassen. Tatsächlich habe ich es noch nicht ein einziges Mal erlebt, dass ein gegnerischer Anwalt oder sonst ein Mensch, dessen Argumentation ich mit eigenen Argumenten bekämpft hatte, mich hätte wissen lassen, meine Argumente seien besser als die seinen und er wolle nun seine Position ändern. Aber durch die Tatsache, dass wir unsere Argumente auf den Tisch legen und austauschen, verändert sich doch immer wieder das Bild, dass man von der Situation hat. Diese Veränderung wiederum bleibt nicht ohne Einfluss auf unsere Gefühlslagen (*de Bono*, Neue Denkschule, Seite 141 ff.)

a) Soziale und kommunikative Rituale

381a Der Austausch von Argumenten hat noch einen zweiten Sinn: Jede Verhandlung ist – ganz unabhängig von ihrem Inhalt – Teil eines wichtigen sozialen und kommunikativen Rituals, das wir benötigen, um Vereinbarungen überhaupt treffen zu können (ausführlich oben Teil 1 Rz. 18 ff., Rz. 368). Diese Funktion kann man nur durch den formalisierten Austausch von Argument und Gegenargument erfüllen.

Jüngere neurobiologische Forschungen (*Rizzolatti* und sein Team von der Universität Parma) haben uns gezeigt, dass Fühlen, Denken und Kommunizieren mit anderen dazu führt, **mehr Alternativen** zu entwickeln, als man sie für sich alleine sehen konnte. Spiegelneuronen sorgen dafür, dass wir aus dem Verhalten unserer Gesprächspartner Schlüsse ziehen können, die unser eigenes Verhalten beeinflussen. Dieser Einfluss findet zwar in erster Linie über den erlebten Stil der Kommunikation statt, er kann aber auch den Boden für Inhalte vorbereiten: Wer durch die Höflichkeit seines Gesprächspartners selbst zur Höflichkeit animiert ist, wird eher geneigt sein, auch die Inhalte dessen zu bedenken, was gesagt wird. Umgekehrt kann eine schroffe, aggressive Reaktion notwendig sein, um dem anderen klar zu machen, dass seine Forderungen ganz unakzeptabel sind (ausführlich zu diesem Problemkreis: *Joachim Bauer*, Warum ich fühle, was Du fühlst).

b) Wirkung nach außen: Tatsachen sprechen lassen!

Argumente werden immer als Meinungen aufgefasst. In den meisten Fällen haben sie aber einen Tatsachenkern der nur in der Art und Weise der Darstellung in den Hintergrund tritt oder verloren geht. Den Widerstand gegen Argumente kann man am einfachsten bewältigen, wenn man die Tatsachen, auf denen sie beruhen, wieder in den Vordergrund stellt.

Tatsachen sind die besten Argumente.

Um Tatsachen sprechen zu lassen, muss man sie oft vereinfachen(Bruce Patton). Auch das ist eine Kunst, zu der Übung gehört. Ein schönes Beispiel sind die Übersichtspläne für U-Bahnen in den großen Weltstädten. Sie dürften bis auf die Namen der Stationen in den meisten Details falsch sein. Mit Sicherheit geben sie nie die richtigen Entfernungen an, die Himmelsrichtungen stimmen nicht und doch ist ohne diese bewusste Vereinfachung (die natürlich auch eine Verfälschung darstellt) keine Übersicht zu gewinnen. Wenn man im Planungsstadium an diesem Problem arbeitet, kann man sich viel Mühe mit Argumenten sparen.

c) Wirkung nach innen

Argumente haben darüber hinaus eine weitere Funktion: Jede logische Argumentation hat ihr **Gegenstück**, nämlich die emotionelle Reaktion (dazu unten Rz. 384 ff.). Beide sind unsichtbar miteinander verbunden. Diese Verbindung kann man aufdecken, wenn man die **Funktion der Argumente für den** untersucht, **der sie verwendet**. Für **ihn** sind Argumente sinnvoll und notwendig, denn

- sie **zeigen** die **Realität**, so wie **er** sie sieht,
- sie bilden die **Logik** ab, die **er** verwendet,
- sie **verdecken** die **Motive**, die nicht offenbart werden sollen,
- sie **beschreiben** den **sozialen Rahmen** der Verhandlung,
- sie **ermöglichen Zustimmung,**
- sie lassen im Falle der Ablehnung bestimmte **Strategien** erkennen,
- sie sorgen dafür, dass man weder selbst das **Gesicht verliert**, noch dem anderen sein **Gesicht nimmt** (solange argumentiert wird, beleidigt man sich nicht, siehe Teil 9.3 und 9.4).

Da all diese Überlegungen für die Argumente zutreffen, die **beide** Seiten verwenden, werden diese Funktionen für **jede Seite** wirksam, auch wenn sie die andere Seite nicht überzeugen mögen. Auf diese Weise wirkt der Austausch von Argumenten als Stabilisator für die Emotionen, die allein dadurch entstehen, dass man den unsinnigen Argumenten der Gegenseite zuhören muss, will man nicht unhöflich wirken. Der **Leidensdruck** den dieses **Zuhören** auslöst, ist offensichtlich sehr hoch. Anders kann man es sich kaum erklären, wie wichtig es den Teilnehmern an Verhandlungen, Talk-Shows oder ähnlichen Ereignissen ist, angemessene Zeit reden zu dürfen, obgleich doch den meisten klar sein muss, dass dieses Reden keine Wirkung hat: Der Ausgleich geschieht dadurch, dass nun die andere Seite darunter leidet, zuhören zu müssen – und dadurch geschieht ausgleichende Gerechtigkeit, die die Gemüter beruhigt.

d) Argumente ändern Gefühle

381e Argumente haben darüber hinaus ein **weiteres Wirkungsfeld**: Unter bestimmten günstigen Umständen können sie die andere Seite dazu veranlassen, entweder die **Tatsachen**, von denen sie bisher ausgegangen ist, nochmals **zu überprüfen** und/oder ihre **Gefühlslage zu ändern**. Beide Wirkungen hängen eng miteinander zusammen. Begeht eine Partei z.B. einen Rechenfehler, so wird sie diesen korrigieren müssen, weil die richtige Rechnung ein objektives Kriterium ist, auf das beide Seiten sich beziehen müssen. Mit der Änderung der Rechnung sind aber die Tatsachen geändert und mit den Tatsachen können sich auch die Entscheidungen ändern. Gleichzeitig wird derjenige, der falsch gerechnet hat, Scham über sein Versagen treffen – bei sensiblen Menschen ändert das die Gefühlslage und fließt dann in die „Bilanz der Entschuldigungen" ein (Rz. 570). Kurz:

> **Argumente können die Entscheidungen anderer dann ändern, wenn sie die Gefühle ändern, von denen die Entscheidungen abhängen.**

Nur dann kommt es zu Kompromissen oder zu Korrekturen an der eigenen Position. Deshalb ist es meist empfehlenswert, sich nicht gleich gegen die Argumente des Gegners zu wenden, sondern erst einmal ihren unbestreitbaren Tatsachenkern anzuerkennen. „Man sollte die Argumente des Gegners nicht zerlegen, sondern als Basis für die eigene Argumentation benutzen!", *Bruce Patton*). Diese Einsicht wird nicht durch Logik sondern durch Teilnahme an der Verhandlung selbst gewonnen, die im Grunde ein feststehendes soziales Ritual darstellt. Wer sich scheinbar den Argumenten der Gegenseite beugt, sorgt dafür, dass diese nicht ihr **Gesicht verliert**. Das ist letztlich der Zweck der Verhandlung!

e) Funktion von Drohungen

381f Wenn man sich dieser Erkenntnis beugt, muss man sich allerdings fragen, wie man anderen die Einsicht über das **eigene Verhalten** vermitteln kann.

Der naheliegendste Weg ist es, anderen zu **drohen** und so sein eigenes künftig gefährliches Verhalten so zu beschreiben, dass die anderen Angst bekommen sollen (unter Rz. 613). Drohung ist ein Verhalten, das es ermöglichen soll, die eigenen Kräfte anzudeuten und sich ihren wirklichen

Einsatz zu ersparen („Hunde, die bellen, beißen nicht."). Ein wesentlicher Teil der Aggressionen unter Tieren wie unter Menschen hat nur diesen Zweck: Wer sein Revier mit Drohgesten verteidigen kann, hat schon deshalb seine Überlegenheit unter Beweis gestellt (*Wickler/Seibt*, Das Prinzip Eigennutz. Ursachen und Konsequenzen sozialen Verhaltens, 1977, S. 185 ff.).

Bei einem eindeutig erkennbaren Machtgefälle laufen Drohungen allerdings leer, wenn man ihnen nicht **zeitnah** die Handlungen folgen lassen kann. Deshalb empfiehlt *Macioszek*:

> „**Entwickle Ideen zur Belohnung oder Bestrafung anderer, bevor du an den Verhandlungstisch gehst**"!

Dieser Empfehlung kann ich mich ohne jede Einschränkung anschließen. Sie hat z.B. dazu geführt, dass ich zu Vergleichsgesprächen über Schadensersatzforderungen – wenn möglich – eine voll ausgearbeitete Klage vorbereite und ganz oder teilweise auch offen lege, weil man nur so wirkungsvoll demonstrieren kann, dass man die Investition in die Klage schon vorgenommen hat und damit eigentlich kein vernünftiges Motiv mehr hat, noch einen Vergleich abzuschließen. 381g

Wer Machtspiele und andere Unhöflichkeiten konsequent vermeidet, sondern stattdessen seine **tatsächliche Macht nachzuweisen** im Stande ist, wird keine Drohungen brauchen, da die Macht dann durch sich selbst argumentiert: – „Man darf also Zorn oder Hass nie anders zeigen als in Taten." (*Schopenhauer*, Aphorismen zur Lebensweisheit, Sämtliche Werke Band IV o. J., S. 557)

3. Unbewusste Motive

Ungeachtet dessen muss man aber stets versuchen, sich über die eigenen unbewussten Motive seines Handelns klar zu werden, wie auch die **Motive** der **Gegenseite** so **gut** wie möglich zu **verstehen**. Man wird dabei oft genug die Überraschung erleben, dass eine genügend intensive Beschäftigung mit der **Perspektive**, die die **andere Seite** einnimmt, am Ende dazu führt, dass man deren Motive anerkennen muss. Die Überwindung solcher Vorurteile ist eine wesentliche Basis für das Gelingen von Verhandlungen. Unter Gelingen ist hier – wie schon oft gesagt worden ist – nicht etwa der Vertragsschluss unter allen Umständen zu verstehen, sondern auch die frühzeitige Erkenntnis, dass die gegenseitigen Positionen unvereinbar sind. 382

4. Flexibilität und Zuverlässigkeit

Wenn auch die Offenhaltung eigener Positionen unbedingt erforderlich ist, um die Verhandlung in Gang zu halten, so darf sie doch nicht so beliebig werden, dass die andere Seite an der Zuverlässigkeit und Entschlossenheit des Verhandlungspartners zweifeln kann. Man wird also 383 immer wieder an geeigneter Stelle die eigene Entschlossenheit demonstrieren müssen.

Das gelingt am einfachsten durch

- präzise **Vorbereitung,**
- aufrichtige **Vorschläge,**
- Einhalten aller formellen **Verhandlungsvereinbarungen** (einschließlich Pünktlichkeit etc.),
- Vermeidung **widersprüchlicher** emotionaler **Informationen** (Double bind).

5. Emotionale Lagen

384 Die emotionalen Lagen, in die die Parteien geraten, sind mindestens genauso einflussreich wie die Argumente, mit denen sie ihre Positionen unterstützen. Während Argumente die Oberfläche der Verhandlung steuern, beeinflussen die Emotionen die Grundströmungen.

Man sieht sie in erster Linie deshalb nicht, weil jede Seite ihr Gesicht verlieren würde, wenn sie sich von ihren Emotionen in den jeweiligen Verhandlungssituationen hinreißen ließe (über den untrennbaren Zusammenhang von Verstand und Gefühl siehe *Damasio*, Descartes' Irrtum, 1997; *Damasio*, Ich fühle also bin ich, 5. Aufl. 2004).

Die emotionale Lage, indem man sich befindet, ist sehr stark davon abhängig, unter welchen Rahmenbedingungen die Verhandlung stattfindet. Zwei Personen unter vier Augen agieren völlig anders untereinander, als sie es in zwei großen Konferenzgruppen tun würden, in denen alles, was sie sagen, **gleichzeitig eine interne wie eine externe Wirkung** hat. In einer Telefonkonferenz reagieren die Leute anders als in Videokonferenzen oder in der Internettelefonie, wenn sie sich gegenseitig in die Augen sehen können. Da weite Teile der Vertragsverhandlungen heute über Computer und Web vermittelt werden, neigt man dazu, die Wirkung einer persönlichen Begegnung gering zu erachten. Aber nur die persönliche Begegnung erlaubt eine zuverlässige Einschätzung der charakterlichen Eigenschaften der anderen Beteiligten, auf die es vor allem bei der Durchführung des Vertrages ankommen wird.

a) Positive Emotionen

384a Gefühle der Freundlichkeit und Zuneigung zur anderen Seite können genauso gefährlich – wenn nicht gefährlicher – sein, als Misstrauen und Zweifel. Da die meisten Menschen versuchen, kontroverse Verhandlungssituationen zu umgehen, versuchen sie, unter allen Umständen eine angenehme Verhandlungssituation zu schaffen und aufrecht zu erhalten. In diesem Fall besteht die größte Gefahr darin, **inhaltliche Positionen aufzugeben**, um sich durch vorzeitige Konzessionen bei der Gegenseite **beliebt** zu machen. Es ist immer wieder erstaunlich, wie viele

Verhandlungen mit dem Statement beider Seiten eröffnet werde, nichts liege ferner, als der Wunsch, die andere Seite irgendwie zu übervorteilen. Man strebe unter allen Umständen eine faire Lösung an etc. etc. Sehr häufig machen Manager den **Kardinalfehler**, den Preis für eine Leistung an den Anfang der Verhandlung zu setzen. Das kann ebenso gut eine Machtdemonstration wie eine Unterwerfungsgeste sein – in jedem Fall wird damit die Chance vernichtet, im Zuge der Verhandlungen Schritt für Schritt sich ein Bild von den wahren Absichten der anderen Seite zu machen.

Wer Schwierigkeiten damit hat, solche Tendenzen in sich zu unterdrücken, wird häufig das Opfer von Übervorteilungen, denn geschickte Verhandlungspartner nutzen genau das am ehesten aus.

Die sicherste Methode, die hier lauernden Gefahren zu vermeiden, besteht darin, grundsätzlich keine Zugeständnisse zu machen, bevor nicht die **Bilanz der Zugeständnisse** gezogen werden kann. In der Praxis ist das leichter gesagt als getan, denn geschickte Verhandler versuchen gerade aus den Zwischenzugeständnissen Argumente zu ziehen, die sie später verwerten können.

b) Negative Emotionen und Stress

Negative Emotionen sind von der Verhaltenspsychologie relativ gut erforscht (gute Laune scheint kein Forschungsgegenstand zu sein). Die neuere Forschung arbeitet mit computergestützten Simulationsmodellen, die einen interessanten Einblick in das Verhalten von Menschen geben, die sich über etwas ärgern (*Dörner*, Bauplan für eine Seele, S. 566 ff. unter Hinweis auf *Lautermann/Henze* [1992]; *Lautermann/Otto* [1994]; *Dörner/Pfeiffer* [1991]). Danach neigt man im Stress zur **Übergeneralisierung**, indem man die Wirklichkeit mit einem „niedrigen Auflösungsgrad" wahrnimmt, man neigt zu **Unterschätzung** von Möglichkeiten, zu **Überschätzung** von Wahrscheinlichkeiten, man entwickelt einen **Tunnelblick** mit der Folge, dass Alternativen nicht mehr wahrgenommen werden.

All diese Wirkungen entwickeln sich bereits in Stresssituationen, die noch nicht eindeutig von Ablehnung oder Ärger gekennzeichnet sind. Allein der Stress führt dazu, dass man Aktuelles für wichtig und Fernliegendes für weniger wichtig hält, also (wie an der Aktienbörse) kurzfristige Gewinne anstrebt, aber die Fähigkeit zum langfristigen Denken verliert. Unter Stress werden eher „alte Verhaltenspläne abgerufen, als neue generiert" (*Dörner*, a.a.O.; *Thiele*, Argumentieren unter Stress).

Kurz: Stress und Ärger erhöhen kurzfristig und schnell die Konzentrationsfähigkeit, tun dies aber stets auf Kosten der Kreativität, für die man „Zeit, Raum und Faulheit" benötigt (*Christian Kracht*).

6. Misstrauen und Vertrauen

385 Naives Vertrauen ist genauso gefährlich wie überzogenes Misstrauen. Man kann beides vermeiden, wenn man davon ausgeht, dass jeder Vorschlag, den die andere Seite macht oder zu dem sie zustimmt, im Zweifel ein Element enthält, das ihr günstig ist. Solange man versteht, warum die andere Seite in bestimmten Vorschlägen etwas Positives sieht, braucht man nicht misstrauisch zu sein, denn dann versteht man, warum der Vorschlag gemacht wurde. Aufmerksamkeit ist aber geboten, wenn die Gegenseite einer Regelung zustimmen will, die in den eigenen Augen für sie ungünstig ist. Dann gibt es nur zwei Erklärungen:

– Entweder enthält der Vorschlag Elemente, die man nicht zutreffend bewerten kann, **oder**

– die Gegenseite kennt ihre eigene Position und deren Gefahren nicht, und dann hat man es möglicherweise mit einem zu unerfahrenen Vertragspartner zu tun.

Kurz: Man darf keinen Vertrag abschließen, bei dem man die **Vorteile**, die die andere Seite sich von ihm verspricht, **nicht** selbst in vollem Umfang **versteht**.

386 Vertrauensbildung gelingt nur, wenn man sich angewöhnt, niemals bewusst die Unwahrheit zu sagen. Die viel weiter gehende Forderung, immer die Wahrheit zu sagen, lässt sich in der Praxis nicht verwirklichen: „Was immer man sagt, muss wahr sein, aber man muss nicht immer alles sagen, was wahr ist." (*Moltke* und im Detail: *Schopenhauer*, a.a.O. [Rz. 381] S. 531 ff.).

Immer wieder kommt man nämlich in die Situation, Tatsachen oder Meinungen einstweilen bewusst im Hintergrund zu behalten, damit sie nicht frühzeitig angegriffen, zerredet oder sonst unbrauchbar gemacht werden können.

387 Oft genug ändern sich auch Tatsachen und Meinungen im Zuge von Verhandlungen, und in diesen Fällen kann es schwieriger sein, eine frühere Aussage zu korrigieren, als sie als nunmehr neue Erkenntnis vorzustellen. Schließlich kommt es oft genug vor, dass man nicht vollständig informiert ist, sich irrt oder seine Meinung wechselt. In all diesen Fällen kann man seinem Verhandlungspartner gegenüber erläutern, warum man sich so verhalten hat. Eine bewusste Lüge hingegen wird man nahezu nie rechtfertigen können, von den seltenen Fällen berechtigter Notlügen einmal abgesehen. Unwahrheiten dieser Art zerstören viel Vertrauenskapital, das man nur selten wieder ersetzen kann.

7. Respekt

387a Die meisten Hinweise zu einem erfolgreichen Verhalten bei Vertragsverhandlungen kann man nur glaubhaft praktizieren, wenn man Respekt vor seinem Verhandlungspartner hat – auch wenn er die eigene Meinung nicht akzeptiert, Formen verletzt, unfair auftritt etc. Respekt enthält in sich die Elemente der Furcht wie der Anerkennung. Es erscheint auf den ersten Blick unmöglich, Respekt vor Menschen zu entwickeln, deren Motive man als völlig irregeleitet oder sogar verbrecherisch betrachtet. Es ist tatsächlich eine Herausforderung, in sich die Fähigkeit zu entwickeln, Respekt vor dem Irrtum zu empfinden und dabei nicht in Mitleid oder Verachtung abzugleiten. Die einfachste Übung, um sich darin zu trainieren, besteht im ständigen Positionswechsel auf die andere Seite: Wer sich wirklich darum bemüht, die Welt mit den Augen des Gegners zu betrachten, wird schrittweise mehr Respekt für dessen Sicht der Dinge entwickeln – ohne diese Sicht für sich anzuerkennen!

Mächtige Vertragspartner, deren Berufserfahrung die Position des Unterlegenen nicht ermöglicht hat, lernen diesen Respekt selten. Aber auch ein Elefant sollte vor einer Biene Respekt haben, die ihn in den Rüssel stechen kann. **Respekt** heißt: **Aufmerksamkeit** und hat nichts mit der Billigung des Verhaltens anderer zu tun. Er ist nach meiner Erfahrung eine der wichtigsten Grundlagen für Vertragsverhandlungen.

III. Strategische Modelle

1. Tatsachen, Meinungen und Bewertungen

Die Strategie, die man sich in bestimmten Verhandlungssituationen erarbeitet und anwendet, hängt wesentlich davon ab, was man als Tatsache erkennen und realistisch einschätzen kann. **Erkennen** von Tatsachen heißt **Konstruieren** von Tatsachen, wobei wir unbewusst zwischen induktiven und deduktiven Methoden wechseln (näher *Watzlawik*, Die erfundene Wirklichkeit, S. 46 ff.).

Dass man dabei niemals absolute Wirklichkeiten erfahren oder darstellen kann, ist eine Erkenntnis, zu der nicht nur die Philosophie, sondern auch die modernen Naturwissenschaften Erhebliches beigetragen haben. Wir müssen uns damit abfinden, dass Wahrheit stets nur „diejenige Arbeitshypothese ist, die am besten geeignet ist, den Weg zu jener anderen zu bahnen, die mehr zu erklären vermag" (*Konrad Lorenz*, Die acht Todsünden der zivilisierten Menschheit, 1973, S. 86).

Wenn schon jede Beschreibung von Tatsachen eine Arbeitshypothese ist, dann gilt dies verstärkt für Meinungen und Bewertungen: „Ich erbiete mich, an den Werken unserer Historiker den Nachweis zu führen, dass, wo immer der Mann der Wissenschaft mit seinem eigenen Werturteil kommt, das volle Verstehen der Tatsachen aufhört." (*Max Weber*, Wissenschaft als Beruf, 1919, 9. Aufl. 1992).

2. Drei Basismodelle

389 Wenn man die Tatsachen ebenso wie die Meinungen, die man selbst als richtig auffasst, in dieser Weise **arbeitshypothetisch** begreift, vermeidet man die Fehler der Überheblichkeit und Rechthaberei, die bei Vertragsverhandlungen außerordentlich störend sein können.

Auf diesem Hintergrund kann man die vielen strategischen und taktischen Modelle, die für Vertragsverhandlungen denkbar sind, in drei große Gruppen einteilen:

- Der **Basarhandel,**
- das **ergebnis-** und **tatsachenorientierte Verhandeln** wie es im Harvard-Verhandlungskonzept am klarsten zum Ausdruck kommt,
- das Durchsetzen eigener Positionen mit Hilfe offener **Machtstrategien** (Lohn und Strafe).

390 Welches der drei Modelle im konkreten Fall eingesetzt werden sollte, kann man nicht abstrakt entscheiden. Folgende Grundlinien sind aber erkennbar:

- Der Basarhandel ist in allen Standardsituationen erfolgreich, in denen beide Seiten gute Chancen haben, die Werthaltigkeit von Angebot und Nachfrage abzuschätzen, wenn sie sich die Mühe machen, auf dem asar herumzulaufen und eine Vielzahl von Verhandlungen zu führen (näher Rz. 390a).
- Das Harvard-Konzept ist erfolgreich, wenn ein **mächtiger** Verhandlungspartner seine Vorstellungen gegenüber einem weniger Mächtigen nicht durchsetzen kann und auf Gewalt verzichten muss (näher Rz. 391).
- Wer hingegen unterlegen ist, sich aber einem Verhandlungspartner gegenüber sieht, der keine Rücksicht auf ihn nehmen will, dem werden nur kreative Ideen helfen, wie er dem Mächtigen soviel Schaden zufügen kann, dass dieser seine Meinung ändert (näher Rz. 392i).

3. Basarhandel

390a In Millionen von Standardfällen genügt es, so zu verhandeln, wie dies seit Jahrtausenden auf den Basaren geschieht: Der Anbieter verlangt einen Preis, von dem er genau weiß, dass er nie akzeptiert wird und das Gegenangebot ist erheblich niedriger, als die andere Seite zu zahlen bereit ist. Von diesen Ausgangspositionen aus arbeiten sich die Parteien im Ritual der Verhandlung näher an ihre innere Vorstellung heran und entfernen sich immer weiter von den zunächst geäußerten Zielen.

III. Strategische Modelle

Der Basarhandel ist als Methode in unserem Verstand und unseren Gefühlen fest verankert wie die Kognitionspsychologie herausgefunden hat. Man entscheidet in der Regel auf der Basis eines **Vergleichs** zwischen dem, was man sich **vorstellt**, und dem was man **anbietet**. Nicht die objektiven Daten zählen, sondern der Vergleich, zwischen dem, was man selbst als fair ansieht und dem, was angeboten wird. Neuere Forschungen, die Ökonomie und Psychologie zusammenführen und auf breite experimentelle Grundlagen gestützt sind, belegen das ohne Zweifel (*Axel Ockenfels*, Fairness Reziprozität und Eigennutz – Ökonomische Theorie und experimentelle Evidenz, 1999).

Diese Forschungen zeigen, dass man sich fair behandelt fühlt, wenn die Gegenseite ihre behauptete Stärke nicht ganz ausnutzt, sondern auch nachgibt und wenn man sich im Vergleich zu **anderen Interessenten** gleichbehandelt fühlt. In diesen Untersuchungen wird auch gezeigt, wie wichtig die emotionalen Lagen bei Vertragsverhandlungen sind. Wir wussten das schon aus den Diskussionen um das, von *Merrill Flood* und *Melvin Drescher* beschriebene „Gefangenendilemma" bei dem ein optimales Ergebnis für beide Seiten nur erreicht werden kann, wenn beide kooperieren (*Tomasello*, Warum wir kooperieren, 2000; *Robert Axelrod*, Die Evolution der Kooperation, 2000).

Der **Basarhandel** trägt all diesen Einsichten in **Standardfällen** Rechnung.

Die Methode **versagt** aber überall dort, wo Vor- und Nachteile nicht so offensichtlich sind wie auf dem Marktplatz, der den Preisvergleich erlaubt, weil nur dort beide Seiten klare Vorstellungen über ihre Wünsche und Forderungen entwickeln können. Sobald es aber um **individuelle** und **komplexe** Themen geht muss man andere Methoden wählen: „Das Wichtigste ist, zu wissen, wann man einen Vorteil nutzen muss, das Zweitwichtigste, wann man auf ihn verzichten sollte." (*Benjamin Disraeli*, Britischer Premierminister). Zu diesem Wissen gehört ein möglichst breiter Ansatz, in den alle Faktoren einfließen können, die den Vertrag und seine Durchführung bestimmen.

4. Das Harvard-Verhandlungskonzept

Die zweite Methode kann man als **ergebnisorientierte Verhandlung** kennzeichnen, ein Oberbegriff, unter dem man verschiedene Methoden zusammenfassen kann, die diesem Modell dienen. Dazu gehört vor allem das von *Fisher, Ury, Patton* u.a. an der Harvard-Universität (USA) entwickelte **Harvard-Konzept**, das in Deutschland in den Arbeiten von *Fritjof Haft* für Juristen rezipiert worden ist, aber auch viele andere Modelle, wie das von *de Bono* (unten Rz. 395 ff.), *Raiffa* u.a.

391a Die Grundideen des Harvard-Konzepts lassen sich in fünf Regeln darstellen:

1. Prinzip des Harvard-Konzepts

Behandle Mensch (Beziehung) und Sache getrennt!

Folgerungen:

Eine gestörte Beziehung verhindert zufrieden stellende Sachergebnisse. Also: Beziehungsprobleme haben Vorrang

- Vorstellungen, fehlerhafte Kommunikation, Emotionen und Positionen schlagen auf die Beziehungsebene durch. Es ist wichtig, diese Ursachen gestörter Beziehungen zu erkennen und zu beseitigen.
- Kommentar: Das unübersehbare Problem dieses Ratschlages ist: Was soll ich tun, wenn der Mensch selbst das Problem ist?

2. Prinzip des Harvard-Konzepts

Erkunde Interessen, vermeide Positionen!

Folgerungen:

Lege die eigenen Interessen offen dar, ohne Positionen zu beziehen.

- Frage danach, welche Interessen die Gegenseite hat, insbesondere, welche Interessen hinter den Positionen liegen.
- Prüfe, welche Interessen gemeinsame Interessen sind und welche Interessen sich widersprechen.
- Sprich über die Vorstellungen beider Seiten.
- Kommentar: Dieses Prinzip kann man unter allen Umständen realisieren.

391b **3. Prinzip des Harvard-Konzepts**

Entwickle Optionen, die die beiderseitigen Interessen zufrieden stellen können!

Folgerungen:

Lass der Phantasie aller Beteiligten bei der Suche nach Lösungen möglichst freien Raum (Brainstorming).

- Verzichte während der Entwicklung von Optionen auf deren Beurteilung. Bewerte erst, wenn das Kreativitätspotential aller Personen ausgeschöpft ist.
- Prüfe, ob der Verhandlungsstand nicht vergrößert werden kann, ob nicht weitere Punkte einbezogen werden können.
- Gib Dich nicht mit erstbesten Lösungen zufrieden, sondern suche nach weiteren Möglichkeiten, Modellen und Varianten
- Kommentar: Dieses Prinzip kann man unter allen Umständen realisieren.

4. Prinzip des Harvard-Konzepts

Löse widerstreitende Interessen durch Anwendung objektiver (neutraler) Kriterien!

Folgerungen:

Suche gemeinsam mit dem Verhandlungspartner nach allgemeingültigen Normen, Werten, Rechtsgrundsätzen und Verfahren, die als objektive (neutrale) Entscheidungskriterien verwendet werden können, weil sie

- von der Einflussnahme jeder einzelnen Verhandlungspartei unabhängig sind und dadurch
- für alle Verhandlungsparteien als gültig und verbindlich anerkannt werden können.
- Kommentar: Es ist nicht immer möglich, wertneutrale Kriterien zu finden oder die Zustimmung aller Beteiligten herbeizuführen, sie zu ermitteln.

5. Prinzip des Harvard-Konzepts 391c

Prüfe Deine beste Alternative, bevor Du ein Verhandlungsergebnis akzeptierst!

Folgerungen:

Stelle Dir die Frage: Was wäre die beste meiner Möglichkeiten, wenn es nicht zu einem Verhandlungsergebnis kommt?

- Wäre diese Alternative besser als die Verhandlungslösung? Wenn Du diese Frage mit ja beantwortest, dann stimme dem Verhandlungsergebnis nicht zu!
- Frage auch: Welche Alternative hat die andere Seite? Wenn ich eine Verhandlungslösung will, muss sie nämlich auch besser sein, als die beste Alternative des Verhandlungspartners.
- Bringe Deine beste Alternative sehr vorsichtig in Verhandlungen ein und behandle die beste Alternative Deines Vertragspartners vorsichtig! Dein Verhalten könnte sonst als Drohung empfunden werden.
- Kommentar: Dieses Prinzip kann man unter allen Umständen realisieren.
- Im Ergebnis kann man dreien dieser Ratschläge immer folgen, bei den beiden anderen muss man eine situationsgerechte Lösung finden (Rz. 392i).

Das „Harvard-Konzept"

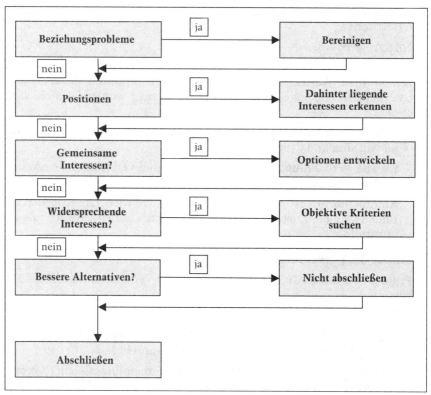

5. Machiavelli in Harvard: Zwei gegensätzliche Perspektiven

392 Die Prinzipien des Harvard-Konzepts sind in vielen Variationen angewendet, aber auch häufig kritisiert worden. Man hat seine Wirksamkeit bestritten und immer wieder ist in diesem Zusammenhang auf *Machiavellis* Analysen des Umgangs mit der Macht hingewiesen worden. Leuten, die zu jedem **Rechtsbruch entschlossen** sind, kann man mit dem Harvard-Verhandlungskonzept offensichtlich **nicht** in den Griff bekommen. Deshalb muss man vertieft über die Frage nachdenken, unter welchen Umständen das Harvard-Konzept Erfolg verspricht und wann man sich gegebenenfalls anderer Überlegungen bedienen muss.

a) Die Entwicklung des Harvard-Verhandlungskonzepts

392a Es gab einen politischen Auslöser dafür, ein System von neuen Verhandlungsregeln zu entwickeln, die zu besseren Ergebnissen führen sollten, als der übliche Stil einer Verhandlung zwischen Mächtigen und Schwachen: Im Jahr 1979 waren 66 US-Diplomaten von einer aufgebrachten Menge in Teheran als Geiseln genommen worden und wurden bis zum

Ende der Legislaturperiode von Präsident *Carter* (1981) trotz aller diplomatischer Bemühungen nicht freigelassen. In dieser Situation bat die US-Regierung *Roger Fisher* von der Universität Harvard um Rat. *Fisher* hatte durch frühere Analysen amerikanischer Außen- und Wirtschaftspolitik immer wieder darauf hingewiesen, dass man Blockadesituationen nur dadurch auflösen könne, dass man sich für die Sicht der Gegenseite interessiere. Für diese These gab es eine Vielzahl von Belegen, so etwa

- die Konflikte zwischen Hindus und Sikhs in Indien ab 1950,
- die Kuba-Krise 1962,
- den Konflikt zwischen Syrien und Israel 1975,
- den Konflikt zwischen den USA und Vietnam ab 1975,
- Verhandlungen zwischen USA und Mexiko wegen der Lieferung von Erdgas 1975,
- die Kaperung eines US-Kriegsschiffes an der Küste von Thailand durch kambodschanische Truppen.

In diesen und vielen anderen Fällen, skizziert *Roger Fisher* eine Vielzahl politischer und wirtschaftlicher Konflikte, bei denen der übliche Verhandlungsstil nicht weiter führte und entwickelt Vorschläge für einzelne Maßnahmen und Haltungen, die solche Blockaden auflösen können. Im Fall der Iran-Geiseln waren diese Taktiken am Ende erfolgreich: *Ronald Reagan* erreichte unmittelbar nach seinem Amtsantritt 1981 die Freilassung der Geiseln, die seinem Vorgänger verwehrt worden war. 392b

In der Folgezeit etablierte sich in Harvard um *Roger Fisher* ein Team von Juristen, Soziologen, Psychologen, Politikwissenschaftlern und Historikern etc., die – angelehnt an die Harvard-Law-School – eine eigene Abteilung hervorgebracht haben, dass Harvard Negotiation Project. Von den Forschern dieses Teams sind eine Vielzahl von Veröffentlichungen erschienen, deren grundlegendste das „Harvard-Konzept" von *Fisher/Ury/ Patton* auch in Deutschland sehr verbreitet ist. Die meisten Hinweise zur Verhandlungsführung, die ich in diesem Teil des Handbuches darstelle, sind direkt oder indirekt von dem Harvard-Konzept beeinflusst (*www.pon.harvard.edu*).

b) Machiavellis Ideen

Die Regeln des Harvard-Verhandlungskonzepts sehen sich selbst als **Überwindung** von **Machtstrategien**, die „Beyond Machiavelli" führen sollen, wie eines der zentralen Bücher von *Roger Fisher* heißt. 392c

Machiavelli steht dabei für alle Strategen, deren einzige Triebfeder der Eigennutz ist, den sie ebenso ignorant wie arrogant verfolgen und dabei die Interessen der Gegenseite oder anderer Beteiligter mit Füßen treten.

Das ist eine griffige Kurzformel, die aber nicht nur historisch falsch ist und damit *Machiavelli* persönlich unrecht tut, sondern auch in der Sache nicht weiter hilft. **Machiavellis** Ideen, die er u.a. in seinen Büchern „Il Principe" (1513), „Discorsi" (1520) sowie der „Arte de la guerra" (1521) niedergelegt hat, beschränken sich keinesfalls auf die blinde Empfehlung, Macht mit allen üblen Machenschaften zu verteidigen. Sie gehören vielmehr zu den **großen Theorien** der **politischen Praxis**, die deshalb auch heute noch gültig sind, weil *Machiavelli* sie als zutiefst im psychischen und sozialen Wesen der Menschen verankert entdeckt hat. Er hat auf einzigartige Weise Vernunft und Leidenschaft miteinander kombiniert. Darin liegt auch heute noch der Schlüssel zu erfolgreichen Strategien. (*Eric Voegelin*, Die Spielerische Grausamkeit der Humanisten – Studien zu Machiavelli und Thomas Morus, 1995).

Machiavelli rät etwa, der Fürst solle seinen Anhängern stets kleinere Vorteile und zwar ständig – nicht aber in wiederkehrendem Rhythmus – zukommen lassen, schmerzhafte Eingriffe hingegen sofort und in vollem Umfang umsetzen (Il Principe, Kapitel 8). Dieser Rat entspricht der psychologischen Erfahrung, dass Unerfreuliches schnell vergessen wird, unerwartete gute Taten – auch wenn sie nur geringfügig sind – aber eine dauernde Abhängigkeit erzeugen, der man nur entrinnen kann, wenn man ein Geschenk zurückweist. Und das wiederum ist in vielen Fällen unhöflich.

392d Bis heute reißt der Strom der Literatur um *Machiavellis* Leben und Bücher nicht ab, die aus den unterschiedlichsten Perspektiven geschrieben worden sind. Man kann seine Ideen als „machtorientierte Verhandlung" beschreiben, um ihnen die „ergebnisorientierte Verhandlung" des Harvard-Modells entgegenzusetzen.

Anders als *Roger Fisher* bin ich der Meinung, dass **beide Modelle** notwendig sind und sich unbedingt **ergänzen** müssen, wenn man Erfolg haben will. Auf diese Idee hat mich ein kleines, aber sehr wichtiges Buch gebracht: *H.-Georg Macioszek* schrieb 1995 „Chruschtschows dritter Schuh". Darin wird berichtet, der sowjetische Premierminister habe bei seinem berühmten Auftritt auf der 15. UN-Vollversammlung (1960) keineswegs spontan seinen Schuh ausgezogen und wutschnaubend auf den Tisch geschlagen. Vielmehr habe er diesen dritten Schuh in der Aktentasche dabeigehabt, um den Delegierten den Eindruck zu vermitteln, er sei in seiner Wut völlig unberechenbar, während er in Wirklichkeit den Wutanfall kalten Sinnes geplant hatte.

Macioszek empfiehlt, sich bei Verhandlungen gelegentlich so zu verhalten, wenn die Situation danach ist – nach dem Harvard-Konzept eine absolute Todsünde! Das Buch enthält noch eine Reihe weiterer guter Ratschläge, deren wichtigster es ist, keinesfalls auf die Kraft der Argumente zu vertrauen, sondern sich darauf zu konzentrieren, außerhalb der Verhandlung „wirksame Belohnungen und Bestrafungen zu finden", die die anderen Beteiligten dazu bewegen können, ihre Pläne zu ändern (siehe oben Rz. 381a).

Solche Erkenntnisse findet man bei *Machiavelli* im Dutzend. Seinen schlechten Ruf hat er sich hauptsächlich deshalb eingehandelt, weil er die menschliche Natur ohne Scheuklappen analysiert und das sind teilweise unangenehme Wahrheiten: „Bösartigkeit wird weder durch die Zeit schwächer noch durch Geschenke beseitigt." (Discorsi, Teil III, Kapitel 3). Wenn *Neville Chamberlain* diese Erkenntnis ernst genommen hätte, wäre seine Entscheidung in der Münchener Konferenz von 1938 anders ausgefallen und er hätte *Hitler* nicht das Geschenk der Zerschlagung der Tschechoslowakei gemacht. Man muss lernen, wirkliche Bösartigkeit von gespielter Aggression zu unterscheiden und je nach dem unterschiedlich zu reagieren. *Machiavelli* lenkt unsere Aufmerksamkeit immer wieder auf diesen Unterschied: „Die meisten Leute geben sich mit dem Schein genauso zufrieden wie mit der Realität; und oft genug werden sie zu einzelnen Handlungen mehr durch Illusionen als durch Realität bewogen." Deshalb vor allem empfiehlt er den Politikern, „milde, rechtschaffen, menschlich, aufrichtig und gottesfürchtig zu **erscheinen**". Für solche Empfehlungen ist er tatsächlich in Verruf gekommen, aber die meisten Leute haben nicht weiter gelesen; denn der Satz wird folgendermaßen fortgesetzt: „... **und** es auch **sein**; aber er muss in der Lage sein, im **Notfall** auch das **Gegenteil** zu tun." (Il Principe, Kapitel 18)

392e

Wer sich mit den Regeln des Harvard-Konzepts ebenso intensiv wie mit *Machiavellis* Hinweisen beschäftigt und beide mit seinen eigenen Erfahrungen vergleicht, wird feststellen, dass – je nach Lage der Dinge – beide Recht haben. Woran liegt das?

c) Die Kombination der Perspektiven

aa) Unterschiedliche Machtperspektiven

Der Grund dafür, dass man beide Perspektiven miteinander verbinden muss, enthüllt sich, wenn man das historische Umfeld betrachtet, in dem beide Theorien entwickelt worden sind.

392f

Roger Fisher, William Ury, Bruce Patton und ihr Team entwickelten ihre Ideen für die US-Regierung anhand von Situationen aus dem 20. Jahrhundert, als die **USA** wie auch heute eine **dominierende Weltmacht** waren. Die Schwierigkeiten der Konfliktlösung entstanden daraus, dass offensichtlich weit unterlegene Beteiligte, also Mexiko, der Iran oder Nicaragua mit Hass, Verachtung und Gewalt auf die Vorschläge des weit Mächtigeren reagierten. Die wesentliche Leistung des Harvard-Teams, bestand darin, dieser – über alles mächtigen – Regierung zu zeigen, dass sie die bestehenden Blockaden durch **Verständnis für die Positionen der Gegenseite** überwinden konnte. Dies Einsicht wurde überwiegend dadurch geweckt, dass sich die **Kosten** für das Durchhalten der Machtposition letztlich als höher erwiesen als denkbare Konzessionen. Die „beste Alternative" beim Gas-Streit mit Mexiko entwickelte sich ganz von allein, nachdem die Mexikaner, denen ein angemessener Weltmarktpreis für ihr Erdgas zunächst verweigert worden war, begannen, monatelang ihr Gas abzufackeln und in die Luft zu jagen. So wurde erkennbar, dass sie es eher vernichten, als zu einem geringeren Preis verkaufen wollten. Die Demonstration dieser Entschlossenheit und das Verständnis für die – auf den ersten Blick irrational wirkende – Haltung der Mexikaner führte zu einem höheren und am Ende akzeptierten Preisangebot.

Heute – nach vielen Jahren der Selbstmordattentate – ist es für uns einfacher, zu verstehen, dass man mit Argumenten gegen solche Haltungen nichts bewirken kann. Damals aber war es ein große kreative Leistung des Harvard-Teams, die heute in ihren vielen Facetten immer wichtiger für uns wird.

392g Für *Machiavelli* war die Situation eine ganz andere. Er war mit 29 Jahren (1498) nach juristischen und humanistischen Studien Sekretär der Seconda Cancellaria der Republik Florenz geworden, die sich mit Problemen der inneren Verwaltung, der Verteidigung und der Außenpolitik zu beschäftigen hatte. Es war ein Ministerposten oder – übertragen auf Stadtstaaten – das Amt eines Senators.

Das Team um *Machiavelli* waren junge Leute etwa gleichen Alters und alles um ihn herum war neu. Die diplomatischen Verhandlungen mit *Papst Julius II., Cesare Borgia, Kaiser Maximilian I.* oder dem französischen *König Ludwig XII.* zeigen ihn stets in der Situation des Unterlegenen, der durch geschickte Allianzen dafür sorgen muss, dass der Stadtstaat überlebt. Das Florenz um 1500 hatte mit den USA um 1960 nichts zu tun: Es war **innenpolitisch zerrissen**, außenpolitisch **gefährdet** und von Söldnerheeren **abhängig**, die *Machiavelli* durch eine Bürgermiliz ersetzte (ohne dabei aber gegen Pisa militärischen Erfolg zu erreichen).

392h Nach 14 Jahren, im Jahre 1512 war die Republik am Ende. Die Medici kehrten zurück, entließen ihn und schickten ihn in die Verbannung, in der er dann die Bücher geschrieben hat, die ihn nach seinem Tod berühmt machten.

Seine gesamte Ideenwelt war aus der – vielfach glänzend gelösten – **Aufgabe** entstanden, unter **ungünstigen Bedingungen** das **Beste** aus einer Situation **herauszuholen**.

Besonders die Überlegungen in „Il Principe" sollten ihn den Medici als politischen Ratgeber empfehlen, also Fürsten, die Florenz schon seit vielen Generationen – von der Unterbrechung durch die Republik einmal abgesehen – im Griff hatten. Sie enthalten eher die Träume, wie man sich verhalten könnte, wenn man eine Position absoluter Macht besäße. Aber diese Macht war stets gefährdet. So finden sich in dem Buch eine Vielzahl von Überlegungen, wie man die Macht gewinnt oder in der Krise so reagieren kann, dass man sie behält.

bb) Situationsbedingte Werkzeuge

Das Harvard-Konzept kann keinesfalls alle Konfliktsituationen lösen, in denen man versucht, es anzuwenden. Darauf weisen viele Autoren hin, jüngst vor allem *Matthias Schranner* (siehe Literaturverzeichnis). Was tun wir wenn: 392i

- Man die Person und das Problem deshalb nicht voneinander trennen kann, weil die Person selbst das Problem ist?
- Die Ermittlung der gegnerischen Interessen daran scheitert, dass der Gegner seine eigenen Interessen nicht kennt und nicht ermitteln will, sondern nur unter dem Druck der Situation handelt?
- Das Gleichgewicht der Kräfte, die Sorge vor einem Gesichtsverlust, die fehlende Macht des Verhandlungsführers nach innen ect. zu einer unauflösbaren Blockade führen?
- Einer der Beteiligten das Scheitern der Verhandlung als das eigentliche Ziel der Verhandlung betrachtet?
- Und es aus diesen oder anderen Gründen einfach nicht möglich ist, eine win-win-Situation herbeizuführen?

In jedem dieser Fälle kann die Verhandlung stecken bleiben. Damit ist aber das Harvard-Konzept selbst noch nicht gescheitert! Es mag sein, dass unser Drehbuch uns jetzt konkret nicht weiterhilft, aber wir dürfen die Hoffnung nicht aufgeben, die Blockade zu lösen und es **später wieder zur Hand zu nehmen**. Denn in all diesen Fällen wird man zwar im schlimmsten Fall auf den Beginn der Verhandlung zurück geworfen, aber nichts hindert uns daran, mit anderen Ideen jederzeit wieder von vorn anzufangen. Bis dahin allerdings sind *Machiavellis* Überlegungen unverzichtbar. Seine Grundposition entspricht *Gottfrieds Benns* Forderung: „Erkenne die Lage" – und gleichgültig, wie katastrophal sie ist, kann man doch irgendetwas tun, z.B. die Verhandlung unterbrechen, das Thema wechseln, die Personen austauschen, versuchen, Faktoren ins Spiel zu bringen, die nur indirekt wirken. Viele dieser Ideen sind hier ab Rz. 395 zusammengestellt.

Das entscheidende Problem, dem wir hier begegnen hat *William Ury* auf den Punkt gebracht:

Alle unsere Wahrnehmungen sind parteiisch!

Wenn wir also die Lage erkennen, begreifen wir auf den ersten Blick nur unsere eigenen Interessen und es bedarf oft genug einer erheblichen Anstrengung (zu der auch ein moralisches Bewusstsein gehört), die Interessen der anderen Seite in die Lagebeurteilung einfließen zu lassen. Und dann merken wir, dass die Ziele, Definitionen und Gefühlslagen mit der Perspektive wechseln.

Die Ratschläge des **Harvard-Konzepts** sind für Parteien unverzichtbar, die sich **selbst** in einer **mächtigen Position** befinden, aber von ihr nicht durch Gewalt Gebrauch machen können. Sie werden veranlasst, sich für 392j die Perspektive des Gegners zu interessieren, werden so auch die Schwäche ihrer eigenen Position bemerken und damit ein Ergebnis erreichen können, dass die eigenen Interessen dadurch hinreichend sichert, dass diejenigen des Gegners respektieren werden.

Machiavellis **Ideen** hingegen sind immer dann gefragt, wenn ein **Unterlegener** sich einem mächtigen **Gegner** gegenüber sieht, der sich einfach nur durchsetzen will. Der Unterlegene muss sich zwar zunächst auch fragen, ob hinter der offensichtlichen Machtfassade nicht auch Schwächen stecken, die er für seine Position ausnutzen kann. Im Übrigen aber nützen ihm die Ideen des Harvard-Konzepts wenig. Der Unterlegene wird vielmehr nur Erfolg haben, wenn ihm etwas einfällt, was den Mächtigen beeindrucken kann. Das sind nicht Argumente, sondern z.B. eine Politik der Nadelstiche oder andere Verhaltensalternativen, die die Einsicht wecken, dass eine Fortführung der Machtdemonstration mehr kostet, als sich den Vorschlägen des Schwächeren zu nähern.

Wie oben (Rz. 176 ff.) im Detail gezeigt wurde, hängt die Machtposition bei einem konkreten Vertrag keinesfalls von der **allgemeinen Machtstellung** eines Vertragspartners ab, die ihm sonst zukommt. Von den wenigen Ausnahmen einmal abgesehen, in denen ein mächtiges Unternehmen über Monopole verfügt, die ihm Fehler erlauben, hat auch ein mächtiges Unternehmen immer wieder Schwachstellen, die es in der konkreten Situation zum Unterlegenen machen. Die Verhandlungen werden in solchen Fällen dadurch besonders erschwert, dass das mächtige Unternehmen einen solchen Zustand schwer erträgt und versuchen wird die eigene Schwäche zu verdecken. Wer die Techniken des Harvard-Modells anwendet, dem wird es viel leichter fallen, eine solche Situation zutreffend zu analysieren, als einem anderen, der sich entweder **a priori** über- oder unterlegen fühlt.

Ist er in der Position des Mächtigen (obwohl sonst vielleicht unterlegen), dann sollte er sich nach dem Harvard-Konzept verhalten und dem sonst mächtigen Unternehmen ist es zu empfehlen, sich *Machiavelli* zu Herzen zu nehmen.

392k Das bedeutet gleichzeitig erhöhte Aufmerksamkeit für taktische und strategische Maßnahmen, die nur anderer Art sein müssen, als diejenigen, die das Harvard-Konzept empfiehlt. Auch wenn wir Machiavellis Ratschlägen folgen wollen, müssen wir respektvoll sein, zuhören, dürfen keine sinnlosen Machtspiele betreiben, uns nicht emotional gehen lassen usw. (Siehe dazu *Matthias Schranners* taktische Empfehlungen Rz. 521a).

cc) Verbindung der Perspektiven

392l Darüber hinaus ist zu bedenken, dass beide Konzepte vielfältige Überschneidungen haben. Das lernt man am besten, wenn man sich immer wieder Folgendes klarmacht (ausführlich oben Teil 1 Rz. 13 ff.):

Zweck der Vertragsverhandlungen ist es, eine bestimmte Macht- und Risikoverteilung festzuschreiben.

Sowohl im Harvard-Konzept wie bei *Machiavelli* und anderen Praktikern, die mit der Macht vertraut sind, findet man für bestimmte Situationen **gleichlautende Empfehlungen**, wie etwa Folgende:

Eines der Kernstücke des Harvard-Konzepts ist das genaue Durchdenken und Entwickeln der „**besten Alternative**", die einem in jedem Vertragsprojekt von Beginn der Planung bis zum Controlling zur Verfügung steht. Dieser Begriff ist völlig neutral. Die beste Alternative kann in Angriff oder in Flucht bestehen, sie kann Flexibilität oder Sturheit nahe legen. Sie kann auch – wie es vor allem in großen Projektverträgen geschieht – in der geheuchelten Unterwerfung des Schwächeren stehen, der alle Forderungen des Mächtigen akzeptiert, weil er ganz genau weiß, dass dieser seine vertraglichen Rechte, wenn das Projekt einmal begonnen hat, praktisch nicht durchsetzen kann. In dieser Phase des Konzepts können viele Gedanken einfließen, die *Machiavelli* den Schwächeren empfohlen hat.

Auch bei *Machiavelli* finden sich Hinweise, die mit dem Harvard-Konzept gut korrespondieren. So empfiehlt er, in der Verhandlung **offene Fragen** zu stellen, denn „die richtige Frage lenkt unsere Aufmerksamkeit auf viele Themen und enthüllt so eine Reihe von Problemen, auf die man ohne Frage nicht gekommen wäre." – das ist die Technik der „offenen Fragen" die auch das wichtigste Werkzeug des Harvard-Konzepts ist.

Allerdings sagt das Harvard-Konzept uns nicht, wie man in der jeweiligen Situation Ideen entwickeln kann, die zum Erfolg führen, da es ein abstraktes Verfahren und nicht dessen Inhalte beschreibt. Solche Ratschläge muss man sich bei *Machiavelli* und vielen anderen abholen, die vor oder nach ihm geschrieben haben. Dazu gehören *Clausewitz*, *Moltke* und *Talleyrand* ebenso wie *Sun Tsu*, *Musashi* und viele ältere Strategen, deren Bücher sich in der modernen Management-Literatur erhalten haben (siehe Literaturverzeichnis).

6. Zusammenfassung

Die Perspektiven und Konzepte, die das ergebnisorientierte Verhandeln unterstützen sollen, lassen sich bei allen Unterschieden der jeweiligen Perspektiven wie folgt zusammenfassen:

◯ **1. Sich an Zielen und Tatsachen orientieren:**

Das eigene Ziel definieren und es im Chaos der Verhandlung nie aus den Augen verlieren. Eine Position ist kein Ziel.

Tatsachen **anerkennen**, auch wenn das schwer fällt. **Keine formellen Hürden** errichten.

2. Perspektiven wechseln:

Die Ziele/Perspektiven aller anderen Beteiligten **analysieren** und verständnisvoll betrachten. Es gibt meist ein gemeinsames Interesse: Der Vertrag soll geschlossen, der Konflikt beendet werden (gilt nicht für Scheinverhandlungen, deren Ziel die Bestätigung von Positionen ist).

3. Emotionen ernst nehmen:

Eigene Emotionen und die der Verhandlungspartner ernst nehmen und nicht unterdrücken, sondern positiv und negativ (wenn möglich: kontrolliert) zum Ausdruck bringen und ihre **Berechtigung anerkennen** (man kann niemandem verbieten, sich schlecht behandelt zu fühlen, auch wenn das „unlogisch" ist). Gefühle haben Gründe! Man kann die Gefühle anderer anerkennen, ohne die eigenen Ziele aus den Augen zu verlieren (emotionaler Zustimmung kann logische Ablehnung folgen: „Die Welt ist Widerspruch." [*Nietzsche*]).

4. Kreative Lösungen suchen:

Gemeinsam nach kreativen Lösungen suchen, auf die man nie kommt, wenn man nur die eigene Perspektive im Blick hat. Oft hat ein Dritter den Schlüssel zur Lösung in der Hand („Kuchen vergrößern") (siehe unten Rz. 541 ff. und Rz. 560 f.).

Heinz von Foerster hat daraus den Grundsatz abgeleitet: „Handele stets so, dass weitere Möglichkeiten entstehen." (cit. bei Watzlawik, Vom Unsinn des Sinns und vom Sinn des Unsinns, 1996, S. 38). Dieser Grundsatz ist der einzige Rettungsanker, den man in festgefahrenen Verhandlungssituationen hat.

393 Wenn beide Vertragsparteien diese Grundsätze entweder intuitiv beherrschen oder sich durch Übung aneignen,

– haben alle das Gefühl, dass den anderen die eigene Sicht der Dinge **bekannt** ist,

– sind sich sicher, dass alle Positionen **ernst genommen** werden,

– **akzeptieren**, dass außer den vorgeschlagenen Lösungen keine weiteren zur Verfügung stehen,

– sind bestrebt, **nichts Unangemessenes** zu fordern und **Zugeständnisse** der anderen Seite durch eigene **auszugleichen**.

– Wenn beide Parteien so vorgehen, ergibt sich wenig Anlass, sich komplexere taktische Überlegungen zu machen, wie sie im folgenden Teil entwickelt werden.

394 Anders ist es aber, wenn man mit einem Vertragspartner zu tun hat, für den erfolgsorientiertes Verhandeln auf der Basis von **Tatsachen** ein Fremdwort ist. Man ist nicht immer in der komfortablen Situation, um solche Verhandlungen einen Bogen zu machen, sondern muss versuchen, auch und gerade mit **schwierigen Verhandlungspartnern** zurechtzukom-

men (unten Rz. 568 ff.). Solche Situationen sollten einen nicht dazu zwingen, die eigene ergebnisorientierte Verhandlungsstrategie in Frage zu stellen, man muss aber auf andersgeartete taktische Konzepte vorbereitet sein und flexibel auf sie reagieren. Gerade darin besteht die Stärke der ergebnisorientierten Verhandlungsstrategie, denn „nichts in der Welt ist weicher und schwächer als Wasser, und doch gibt es nichts, das wie Wasser Starres und Hartes bezwingt" (*Lao-Tse*, Kapitel 78, S. 279).

IV. Verhandlungsstil

Die unterschiedlichen Konzepte darüber, wie man erfolgreich verhandelt, führen zu unterschiedlichen Verhandlungsstilen, die wiederum die Verhandlungsbedingungen und das Verhandlungsklima prägen: Auch wenn die meisten Verhandlungen sich im Wesentlichen (unvermeidbar) mit dem Austausch von logischen **Argumenten** beschäftigen, so reagiert doch das Unterbewusstsein zu 70 % auf **emotionale Sachverhalte**, die nur zu 30 % logisch kontrollierbar sind. Entscheidend ist also immer die „Verpackung" der Argumente, und diese wiederum oszillieren in einem Umfeld von Tatsachen, Meinungen, Gefühlen und Phantasien, die niemand in allen Situationen klar voneinander trennen oder bewerten kann. Die **Sprache** ist dabei nur ein Element, auch wenn in Verhandlungen viel gesprochen wird und das Ergebnis normalerweise in einer **Textfassung** endet. Fast ebenso wichtig ist das **Schweigen** (man kann provozierend, zustimmend oder neutral schweigen), die **Körpersprache**, die Klarheit und **Richtigkeit** der **Information**, die Darstellung von **Mitgefühl** und **Konsequenz** – kurz: die Eigenschaften, die einen guten Verhandler kennzeichnen (unten Rz. 510 ff.), drücken sich in vielfältigen Stilelementen für die andere Seite erkennbar aus. Nur die wenigsten von ihnen sind einer bewussten Kontrolle oder Beeinflussung zugänglich – im Gegensatz zum Entwurfsstil (s. oben Rz. 279 ff.).

De Bono hat versucht, sie in ein **Raster** zu bringen, mit dem man die einzelnen Elemente besser verstehen kann. Er verdeutlicht dieses Schema, indem er jedem Element eine Farbe zuweist, denn Farben werden (weitgehend unbeeinflusst durch kulturelle Elemente) relativ einheitlich verstanden. *De Bono* schlägt folgendes Schema vor:

– **Tatsachenorientiert**   weiß

– **emotional**   rot

– **pessimistisch**   schwarz

– **optimistisch**   gelb

– **kreativ**   grün

– **kontrollierend**   blau

Die praktische Umsetzung dieser Einteilung kann man am Beispiel einer Diskussion leicht nachvollziehen, die über die Richtigkeit von Zahlen in

Bilanzen, Statistiken oder anderen Zusammenhängen geführt wird. Der Zweifel darüber, ob bestimmte Zahlen richtig oder falsch sind, drückt sich in den verschiedenen Stilformen folgendermaßen aus:

- **Tatsachenorientiert** (weiß): „Die Zahlen, über die wir sprechen, befinden sich bezüglich des Vorjahres auf den Seiten 1 bis 10, die aktuellen Zahlen auf Seiten 11 bis 20 ...".
- **Emotional** (rot): „Zahlen sagen über die wirklichen Verhältnisse gar nichts."
- **Pessimistisch** (schwarz): „Diese Zahlen sind wahrscheinlich falsch zusammengestellt."
- **Optimistisch** (gelb): „Selbst wenn sie inhaltlich falsch sind, können wir daraus immer noch unsere Schlüsse ziehen."
- **Kreativ** (grün): „Wir können das Problem auch ohne Kenntnis der Zahlen lösen."
- **Kontrollierend** (blau): „Auf jeden Fall müssen die Zahlen erst einmal kontrolliert werden, bevor wir weiterreden."

Jede dieser **Perspektiven** ist unter **bestimmten Bedingungen** berechtigt, und jede kann ihren Beitrag zu einem sachgerechten Ergebnis leisten. Es ist also keinesfalls so, dass man immer nur eine optimistische Perspektive einnehmen muss, in vielen Fällen ist es notwendig, auch pessimistisch zu sein. Wichtig ist aber immer, sich über die **eigene Perspektive** auch in schwierigen Verhandlungssituationen **bewusst** zu sein.

397 Wer sich über den gewählten **Stil** in der Regel im klaren ist und ihn **wählen** kann, hat bereits dadurch einen erheblichen **taktischen Vorteil** gegenüber den anderen Beteiligten. Er kann **situationsgerecht** zwischen den einzelnen Perspektiven wechseln und damit Vertrauen zum Ausdruck bringen und Kontrolle jeweils dort fordern, wo sie erforderlich ist.

Man kann die Bedeutung des Verhandlungsstils gar nicht überschätzen, wenn man weiß, dass – abhängig von der Situation, in der man verhandelt (am Konferenztisch/am Telefon/in Videokonferenzen), der Eindruck von der Persönlichkeit, die der andere Verhandlungspartner gewinnt, einen viel stärkeren Einfluss (ca. 80 %) auf den Gang der Verhandlungen hat als der Inhalt vorgetragener Argumente (nur ca. 20 %). Eine McKinsey-Studie aus dem Jahre 1999 hat das erneut belegt (*Balzer*, Die McKinsey-Methode, 2000, S. 179). Dort wurden Manager aus mehreren europäischen Ländern danach gefragt, wie sie ihre jeweiligen Verhandlungspartner aus anderen Ländern erleben. **Alle** deutschen Verhandlungspartner wurden als fordernd, arrogant und wenig konzessionsbereit erlebt, und zwar umso mehr, wenn sie als Einkäufer großer Konzerne auftraten. In solchen Situationen wurden manche ihrer Argumente als „absurd" bezeichnet. Engländer und Holländer hingegen wurden positiv eingeschätzt, und zwar besonders von ihren deutschen Verhandlungspartnern! Wenn man bedenkt, dass Einkäufer und Verkäufer sich in den unterschiedlichsten Situationen häufig wieder sehen, dann kann man er-

IV. Verhandlungsstil

messen, wie ein solcher Verhandlungsstil dem eigenen Unternehmen langfristig schaden kann.

Ein ergebnisorientierter Verhandlungsstil nutzt das **gesamte Spektrum**. Er trägt dazu bei,

- die eigenen **Interessen** zu **verdeutlichen,**
- die Interessen des **Vertragspartners** in der gebotenen Tiefe zu **erforschen,**
- **Gefühle** zu **äußern** und zu **interpretieren,**
- berechtigte **Argumente** (auch diejenigen der Gegenseite) zu **unterstützen,**
- unbrauchbare **Argumente** (auch die eigenen) zu **verwerfen,**
- **Gemeinsamkeiten** zu finden,
- **Unterschiede** offen zu überbrücken,
- **Kontroversen** kreativ zu nutzen,
- gegenseitigen **Respekt** und Fairness zu **demonstrieren,**
- **unfaire Verhandlungspraktiken** abzuwehren.

Es ist nicht einfach, die vielfältigen Perspektiven, Stile und Verhandlungslagen, die im Rahmen von Vertragsverhandlungen sichtbar werden, zu **erkennen**, zu **strukturieren** und selbst sachgerecht zu **reagieren**.

Ebenso wie beim Entwurfsstil kann man die verschiedenen Hilfsmittel wie folgt einteilen:

- **Neutrales** Verhalten (Arbeitsstil),
- **destruktives** Verhalten,
- **konstruktives** Verhalten.

In allen drei Bereichen mischen sich die von *de Bono* skizzierten Stilelemente je nach Situation: Ein Gefühlsausbruch kann sowohl destruktiv wirken und eine Verhandlungssituation zerstören als auch festgefahrene Verhandlungen mit einem Schlag verwandeln, hartnäckig kritisches Nachfragen kann ebenso den guten Willen zerstören wie Risiken aufklären helfen, an die beide Parteien nicht gedacht haben, und so zu neuen konstruktiven Lösungsansätzen führen.

Die Aufgabe, den richtigen Stil zu finden, dient in erster Linie dem Zweck, allen anderen Beteiligten gegenüber **Respekt** zum Ausdruck zu bringen (Rz. 387a). Man muss diesen Respekt aber völlig von den inhaltlichen Zielen trennen können, die man anstrebt. Der Vertrag muss **Wirkung** entfalten und der Stil darf dabei nur insofern eine Rolle spielen, als er diese Wirkung unterstützt (so auch zum Führungsstil: *Malik*, Gefährliche Managementwörter).

399b Der Verhandlungsstil hängt immer von der Persönlichkeit des Verhandlungsführers ab (siehe Rz. 377). Wenn mehrere Verhandlungspartner am Verhandlungstisch sitzen, muss jede Seite zunächst für sich klären, wer die Verhandlung führen soll. Andernfalls sprechen alle in ihrem eigenen Stil durcheinander und es entsteht große Verwirrung sowohl auf der eigenen Seite, wie bei den Gesprächspartnern. In Asien ist man gewöhnt, dass nur einer spricht (der nicht unbedingt der höchstrangige Verhandler ist!), in Europa hingegen übersieht man das Problem häufig.

1. Neutrales Verhalten

400 Eine neutrale Verhandlungssituation liegt vor, wenn beide Parteien sich um eine Verhaltensweise bemühen, die zu einem bestimmten **Arbeitsergebnis** führen soll. Das geschieht in der Regel durch Austausch und Bewertung von **Argumenten**. Dabei sind beide Parteien stets bereit, auf unfaire Argumentation zu verzichten und die eigene Position immer wieder so objektiv wie möglich zu hinterfragen.

Diese Haltung darf nicht mit kalter Berufung auf Zahlen oder **vermeintliche Objektivität** verwechselt werden, die in den Bereich destruktiven Verhaltens gehören kann. Vielmehr versucht man mit diesem Stil, eine **Arbeitsatmosphäre** zu schaffen, die möglichst wenig von unbewussten und schwer kontrollierbaren Faktoren beeinflusst ist. Dabei bedeutet „Argumentation" nicht nur den Gebrauch herkömmlich logischer Methoden, man kann auch **bildhaft argumentieren**, lange bevor man die Ebene emotionaler Darstellung erreicht.

401 Man muss allerdings auch die **Grenzen** dieses Argumentationsstils sehen: Verhandlungspartner, die weniger gut argumentieren können, fühlen sich, auch wenn sie respektvoll behandelt werden, oft überfahren, und in solchen Situationen nützt die beste Argumentation nichts. Darüber hinaus ist es auch dann nicht leicht, logische Argumentationen so zu gestalten, dass sie immer fair sind.

2. Destruktives Verhalten

402 Destruktives Verhalten findet man in zwei Grundformen:
- Ausspielen **mächtiger Positionen** gegenüber unterlegenen Vertragspartnern,
- vorzeitige Preisgabe eigener Positionen durch zu große **Nachgiebigkeit**.

Die erste Variante ist allgemein bekannt und leicht zu erkennen, wenn sie mit Unhöflichkeit, Arroganz und einer Gesprächsführung einhergeht, wie man sie von Staatsanwälten gewohnt ist (Verhörstil). Sie kann sich aber auch hinter scheinheiligen, heuchlerischen und verlogenen Kommunikationsformen verstecken und ist dann bei weitem nicht so einfach zu erkennen.

IV. Verhandlungsstil

Viel weniger bekannt ist die zweite Variante, denn dass übertriebene **Nachgiebigkeit destruktiv** sein kann, erschließt sich nicht auf den ersten Blick. Vor allem **intelligente** und **sensible Verhandler** machen hier ihre größten Fehler. Da sie sich – anders als einfachere Naturen – beim Reden meist selbst zuhören, gestatten sie es sich nicht, nach außen hin **begriffsstutzig, stur, geizig** oder **rechthaberisch** zu wirken. Sie wiederholen sich ungern und anstatt klar zu sagen, was sie wollen, **formulieren** sie in **Andeutungen**. Dass die Ironie, zu der sie häufig greifen, außerordentlich destruktiv wirken kann, erkennen sie selten. Gegenüber Verhandlungspartnern, die gebetsmühlenartig immer wieder dieselben (natürlich „falschen") Argumente wiederholen, finden sie kein wirksames Mittel (siehe im Einzelnen die Darstellung von *Pattloch*, Teil 9.3). Dabei ist die Lösung – wie insbesondere *Macioszek* überzeugend darlegt – im Grunde ganz einfach: Ein intelligenter Mensch hat immerhin die Fähigkeit sich dümmer zu stellen als er ist, kann das aber, wenn nötig, sofort ändern. Wenn hingegen „ein beschränkter Geist einmal einen Gedanken gefasst hat, ist es nicht leicht, ihn davon wieder abzubringen." (*Prinz Heinrich von Preußen*, Bruder Friedrich des Großen in einem Brief an La Roche Aymon). Die einfacheren Naturen wiederholen sich deshalb so oft, weil ihnen eben nichts anderes einfällt. Der von den sensibleren Verhandlern gewünschte Wechsel in der Formensprache bleibt ihnen gegenüber also völlig wirkungslos. Wer dann frühzeitig aufgibt und sich überfahren lässt, wird diesen Verzicht nicht hinnehmen, ohne Narben davonzutragen. Im Gegenteil: Gerade Leute, die ohne Grund voreilig bis an die Grenze ihrer Kompromissbereitschaft zurückweichen, merken bei genauer Selbstbeobachtung, dass sie dabei immer zorniger werden. Am Ende greifen sie dann doch zu Machtmitteln, an die sie zuvor gar nicht gedacht hätten („Und willst Du nicht mein Bruder sein, so schlag ich Dir den Schädel ein.").

Dieses Verhalten kann man auch bei einer schwachen Verhandlungsposition vermeiden, wenn man Gelegenheit hat, Lösungen vorzuschlagen, die den eigenen Interessen besser entsprechen als die ursprünglichen Vorschläge. Man muss dann allerdings eine **offene Ablehnung** hinnehmen, wenn die andere Seite **Alternativen** zur Verfügung hat, die **besser** sind als das, was man selbst anbieten kann.

In solchen Situationen wird man einsehen müssen, dass man der Konkurrenz nicht gewachsen ist, oder aber man hat Glück und findet Verständnis für die eigene Position. Unterdrückt man jedoch die eigene Sicht der Dinge, weil man sich nicht einmal traut zu diskutieren, dann wird man immer versucht sein, während der **Vertragsdurchführung** das verlorene Terrain wieder zurückzugewinnen, und zwar meist nicht nur durch lautere Mittel. Die destruktive Haltung verlagert sich also in die Zeit nach Vertragsschluss, wo sie im Grunde gefährlicher ist als vorher. *DeBono* formuliert anschaulich: „Der Klügere gibt nicht nach.", und schlägt vor, auch aus schwacher Position die Verhandlung wie folgt zu führen:

- **Informieren,**
- **strukturieren,**
- **detaillieren,**
- **dokumentieren,**
- **bewerten,**
- **entscheiden.**

404 Wenn der schwächere von zwei Verhandlungspartnern sich entscheidet, die Verhandlung abzubrechen, weil er sich nicht durchsetzen kann, **kontrolliert** er sie immer noch im erforderlichen Umfang, denn **er lehnt ab**, und nicht seine Vorschläge werden abgelehnt. Wie wichtig dieses Erlebnis ist, zeigt sich immer wieder bei Vertragskündigungen, bei denen beide Parteien in der späteren Auseinandersetzung (überflüssigerweise) oft großen Wert darauf legen zu klären, wer wem zuerst gekündigt hat! („Nicht Sie haben gekündigt, sondern ich habe Sie rausgeworfen.")

3. Konstruktives Verhalten

405 Konstruktives Verhalten ist durch die souveräne Benutzung aller Stilelemente gekennzeichnet, die dem Ergebnis der Verhandlung letztlich dienen können. Dazu ist nicht nur sachliches und optimistisches Verhalten dienlich, sondern unter bestimmten Umständen auch **kritisches Nachfragen** ebenso wie die erforderliche **Kontrolle von Behauptungen** oder die **selbstbewusste Ablehnung** unfairer Zumutungen.

Dann liegen die Schwerpunkte so, dass

- mehr **Nähe** als **Distanz** entsteht,
- mehr **Information** als **Emotion** eine Rolle spielt,
- nicht die **Darstellung** der eigenen **Position**, sondern das angestrebte **Ergebnis** im Vordergrund steht.

406 Die taktischen Werkzeuge werden dabei in erster Linie genutzt, um das Verhalten der Gegenseite unter **Kontrolle** zu bringen, wenn die Linie ergebnisorientierten Verhaltens verlassen und destruktive Verhandlungsformen angestrebt werden. Das gelingt, wenn man die jeweilige Verhandlungssituation richtig einschätzen lernt, Taktik und Stil gut beherrscht und flexibel reagiert.

4. Bewertung der Stilformen

407 Die Unterschiede der drei Verhaltensformen kann man am besten in der **3-F-Formel** ausdrücken:

IV. Verhandlungsstil

- Neutraler Stil stellt fest,
- destruktiver Stil fordert,
- konstruktiver Stil fragt.

Feststellungen, die nicht von beiden Seiten akzeptiert werden, führen immer zur Diskussion, ob sie richtig oder falsch, begründet oder unbegründet sind. Neutraler Stil ist daher nur bei weitgehender **Übereinstimmung** der **Zielsetzung** erfolgreich.

Forderungen laden nicht ein, sondern stellen Ansprüche, die oft unbegründet bleiben, und führen zum **Gesichtsverlust** der anderen Seite, wenn diese die Forderungen nicht akzeptieren kann.

Fragen hingegen sind **offen**, laden auch zum **Widerspruch** ein und bringen auch dann ein **Ergebnis**, wenn keine der beiden Seiten sie beantworten kann, denn dann gibt es Arbeit für beide Seiten, weil zunächst die offen gebliebenen Fragen geklärt werden müssen.

Beispiel:
Zwei Parteien diskutieren die Frage, ob im Rahmen eines Vertrages Haftungsbegrenzungen vereinbart werden sollen. Die Verhandlungssituation ist sehr unterschiedlich, je nachdem, wie man an dieses Thema herangeht:
- **Feststellung:** „Bei Verträgen dieser Art sind Haftungsbegrenzungen üblich."
- **Forderung:** „Ohne Haftungsbegrenzung werden wir diesen Vertrag nicht abschließen."
- **Frage:** „Unter welchen Bedingungen halten Sie eine Haftungsbegrenzung für unangemessen?"

Die **Feststellung** fordert die Entgegnung heraus, die Behauptung der Üblichkeit sei falsch und eine Haftungsbegrenzung auch dann unangemessen, wenn sie üblich sei. Die **Forderung** führt, wenn sie ernst gemeint war, zum Abbruch der Verhandlung, wenn sie nicht insgesamt akzeptiert wird, und wird sie zurückgenommen, so verliert der Fordernde sein Gesicht und wird als Taktierer abqualifiziert. Die **Frage** hingegen lässt immer noch die Möglichkeit offen, sich im einen wie im anderen Sinne zu verhalten, und enthält vor allem die entscheidende **Option**, einen Verzicht auf die Forderung mit anderen Zugeständnissen auszugleichen, über die noch nicht verhandelt wurde.

Bei Fragen muss vor allem darauf geachtet werden, dass sie **offen** gestellt werden. Fragen, auf die der Angesprochene nur mit ja oder nein antworten kann, erdrosseln die Kommunikation und führen sehr schnell zum „Verhörstil".

Wird z.B. statt der oben vorgeschlagenen Frage formuliert: „Halten Sie eine Haftungsbegrenzung für unangemessen?", dann kann die andere Seite mit einem schlichten „Ja" die Diskussion blockieren, wird die Frage aber offen gestellt, so muss sie die Bedingungen nennen, unter denen sie ablehnen will (will sie nicht eine Unhöflichkeit riskieren). Konstruktives

Verhalten gelingt also in erster Linie, wenn man das Werkzeug „offener Fragen" gut beherrscht.

410 Darüber hinaus können folgende Verhaltensweisen unterstützend eingesetzt werden:

- Zu Erklärungen und **Stellungnahme auffordern**, **ohne** Voraussetzungen oder Ergebnisse zu **bewerten**,
- **Positionen** neutral **klarstellen**, ohne zuzustimmen oder abzulehnen,
- offene **Suche** nach **Alternativen**, ohne sich verfrüht auf eine davon festzulegen,
- **Zusammenfassen** geeigneter Zwischenpositionen,
- Bildung von **Beispielen** oder **Szenarien**,
- Definition von **Gemeinsamkeiten** und **Differenzen**,
- **Präzisieren** von Positionen in übersehenen **Details**.

411 Konstruktives Verhalten schließt Feststellungen und Forderungen nicht aus, man darf diese Mittel aber niemals **verfrüht** und im **falschen Zusammenhang** benutzen:

- Feststellungen sind richtig, wenn es um beiderseits akzeptierte Positionen geht,
- Forderungen können erhoben werden, wenn sie für die andere Seite voraussichtlich **akzeptabel** sind oder man im Fall der Ablehnung bereit ist, die angekündigten **Konsequenzen** zu **ziehen**.

Konstruktives Verhalten darf schließlich nicht mit der Vorstellung verwechselt werden, Vertragsverhandlungen hätten stets das Ziel, unter allen Umständen zum Vertrag zu kommen. Die Option, dass die Verhandlung scheitert, muss immer als gleichwertig angesehen werden, weil man sonst nicht die notwendige Freiheit im eigenen Verhalten erreichen kann, und über diese Freiheit verfügt man nur bei frühzeitiger **Planung** geeigneter **Alternativen** (oben Rz. 106).

412 Die nachfolgende Übersicht zeigt in der linken und der rechten Spalte die verschiedenen Formen destruktiven Verhaltens und in der Mitte die typischen **Elemente des Verhandlungsstils** bei neutralem und konstruktivem Verhalten in einer anschaulichen Gegenüberstellung:

IV. Verhandlungsstil

Elemente des Verhandlungsstils

Unterlegen (emotional, zu nachgiebig)	Ergebnisorientiert (Argumente, Emotionen und andere Elemente mischen)	Überlegen (fordernd, unsachlich)
1. Die Verhandlungspartner sollen Freunde sein	Die Verhandlungspartner sind Problemlöser	Die Verhandlungspartner sind Gegner
2. Ziel: Vereinbarung mit der Gegenseite um jeden Preis	Ziel: Faires Ergebnis (auch Verhandlungsabbruch ist ein Ergebnis!)	Ziel: Durchsetzen des eigenen Standpunktes
3. Konzessionen werden als Vorleistung erbracht	Konzessionen werden am Ende ausbalanciert	Konzessionen werden als Voraussetzung gefordert
4. Nachgiebige Einstellung zu Menschen und Problemen	Sachliche Einstellung zu Menschen und Problemen	Harte Einstellung zu Menschen und Problemen
5. Vertrauensvorschuss ohne Kontrolle	Vertrauen und Kontrolle werden ausbalanciert	Kontrolle ohne Vertrauen
6. Jederzeit bereitwilliges Ändern der Position	Positionen sind (bis auf die Basisdaten) Arbeitshypothesen	Positionen beruhen auf Prinzipien
7. Angebote werden unaufgefordert gemacht	Angebote erst nach ausreichender Information	Angebote werden vermieden
8. Verhandlungslinie liegt immer offen	Verhandlungslinie wird nach Sachlage offengelegt	Verhandlungslinie bleibt immer verdeckt
9. Man kümmert sich zu sehr um die Interessen des Vertragspartners	Die Interessen werden abgewogen	Man kümmert sich nur um seine eigenen Interessen
10. Vertragsabschluss unter allen Umständen	Abschluss nach Sachlage	Ständige Drohung mit Scheitern
11. Alle Auseinandersetzungen werden gemieden	Differenzen werden verdeutlicht, Kämpfe gemieden	Eigene Position wird durchgesetzt
12. Nachgeben unter allen Umständen	Nachgeben nur bis zur Akzeptanzgrenze	Interessen des Vertragspartners werden in der Regel übergangen

5. Klarheit des Stils und Stilwechsel

413 Man kann den Stil, den man in der Verhandlung verwendet, nicht unter allen Umständen frei wählen und diese Wahl während der Verhandlung durchhalten. Immer wieder reagiert man zum Beispiel auf emotionales Verhalten selbst emotional, auch wenn das in der Situation vielleicht falsch ist. Man sollte sich aber immer bemühen, den in der Situation gewählten Stil klar zu halten. Das heißt: Gefühle sollte man emotional ausdrücken („Diese Argumentation finde ich unfair."), und logische Argumentationen sollte man möglichst präzise halten, denn sonst kann es passieren, dass die Gegenseite gar **nicht erkennt**, wie man sich verhalten will.

Weitere Probleme gibt es in **Verhandlungsgruppen**, wenn die Firmenkultur sich vom persönlichen Stil und Charakter des Verhandlungsführers stark unterscheidet. Ein streng **hierarchisch** aufgebautes **Unternehmen**, das darüber hinaus über große Marktmacht verfügt, erzieht seine Leute **selten** in **konstruktiven Verhandlungsstilen**, die Manager sind es vielmehr gewohnt, Forderungen zu stellen, die erfüllt werden. Wenn einzelne Manager davon abweichen wollen, müssen sie diese Absicht innerhalb der Gruppe verdeutlichen und sich intern absichern, weil sie sonst ihr Standing verlieren.

414 Besonders häufig sind solche Spannungen, wenn im Verhandlungsteam auch **Berater** mitwirken, die meist einen eigenen (manchmal zu eigenwilligen) Stil entwickeln, der mit den anderen nicht abgestimmt ist. Solche Situationen kann man mit zwei Hilfsmitteln auflösen:

- Man einigt sich rechtzeitig darauf, dass **nur** der **Verhandlungsführer** verhandelt, und muss dann akzeptieren, dass die Dinge so laufen, wie er es sich vorstellt. Eingriffe kann man dann nur in „**Auszeiten**" vornehmen (unten Rz. 570).

- Man **verteilt** von vornherein die **Rollen** und weist dem einen die Aufgabe zu, Fragen zu stellen, während der andere sich mit Forderungen begnügt. Daraus entsteht dann allerdings leicht das bekannte taktische Spiel zwischen dem „guten" und dem „bösen" Kommissar, wie man es aus Kriminalfilmen zur Genüge kennt.

6. Sprache, Verhalten und Körpersprache

415 Verhandlungen werden bei uns sehr stark durch Sprache und sprachliche Argumente gekennzeichnet. In östlichen Kulturen legt man demgegenüber der Sprache eine weniger große Bedeutung bei und hält sie sogar oft für hinderlich: „Wortreichtum verarmt, wahre lieber das Maß." (*Lao-Tse*, Kapitel 5, S. 72).

416 Wenn man über die Sprache hinaus **andere Verhaltensformen** für sich entdeckt, die man in Verhandlungen zur Unterstützung des eigenen Stils einsetzen kann, kann man nicht nur im Ausland erfolgreicher verhan-

deln, sondern gewinnt weitere wertvolle Werkzeuge hinzu. Dazu gehören:

- Aktives **Zuhören,**
- wortlose **Bestätigungen** (Anblicken, Nicken etc.),
- geduldiges **Ausreden-lassen** (wenn der andere gesprochen hat, noch drei Sekunden warten),
- nonverbale **Distanzierung** bei unerfreulichen Themen (Blickkontakt unterbrechen, bewusst schweigen),
- aktiv **beobachten** (Blickkontakt zur eigenen Gruppe oder zu einzelnen Mitgliedern des anderen Verhandlungsteams),
- Zustimmung durch **Lächeln,**
- Zustimmung durch **Nicken,**
- **Konzentration** signalisieren (vorneigen beim Zuhören etc.),
- **wortlos** unterbrechen (z.B. aufstehen),
- **Abwehr** signalisieren (z.B. Hände vor der Brust verschränken),
- **Verständnisschwierigkeiten** signalisieren (z.B. Stirnrunzeln etc.),
- **Status** signalisieren (Kleidung, Kfz, Entourage etc.),
- Gesprächspartner **berühren** (in Verhandlungssituationen sehr selten zu empfehlen; in Asien, wo bereits der Händedruck als zu intim gilt, praktisch ausgeschlossen; besonders problematisch: amerikanisches Schulterklopfen, das bei Asiaten Fluchtreaktionen auslöst),
- **Gestikulieren** (in Südeuropa notwendig und erwünscht, in Nordeuropa selten und in Asien völlig zu vermeiden).

Die neueren Forschungen der Neurobiologie (*Rizzolatti*, siehe oben Rz. 381a) beweisen nun endlich, dass Sprache und körperliche Reaktionen biologisch engstens zusammenhängen. Beide entstammen dem linken prämotorischen Areal und werden von Geburt an laufend unbewusst trainiert (*Joachim Bauer*, a.a.O. Rz. 381a, S. 79). Die Folge ist (außer bei Autisten): Man kann nicht „nicht" reagieren. Auch völlige Bewegungslosigkeit angesichts von Beleidigungen ist eine Reaktion. Deshalb hatte *Freud* – ohne die biologischen Zusammenhänge zu kennen – recht, wenn er über die Körpersprache schrieb: „Wer Augen hat zu sehen und Ohren zu hören, überzeugt sich, dass die Sterblichen kein Geheimnis verbergen können. Wessen Lippen schweigen, der schwatzt mit den Fingerspitzen. Aus allen Poren dringt der Verrat." (*Sigmund Freud*, Bruchstücke einer Hysterie – Analyse [1905], Studienausgabe [1982] Band VI S. 83 [148])

Dem bekannten Sprichwort: „Der erste Eindruck zählt." liegt die Erfahrung zugrunde, dass jeder Mensch einen anderen, dem er begegnet, mit seinen eigenen Erfahrungen und Mustern vergleicht und bei weitgehender Übereinstimmung mit seinen Idealbildern akzeptiert, in anderen Fällen ablehnt. Dagegen kann man ohnehin wenig machen, und vor allem kann man die eigene **Körpersprache** nur sehr bedingt beeinflussen oder um ungewohnte „Vokabeln" erweitern (näher *Molcho*, passim). Immerhin kann man grobe Fehler vermeiden und lernen, welches Verhalten in bestimmten Situationen im In- und Ausland zu Missverständnissen führt oder wie man die eigenen **guten Absichten** in geeigneter Weise **unterstreichen** kann (ausführlich *Rowland*, Japan-Knigge).

a) Aktives Zuhören

418 Von diesen Verhaltensweisen ist in allen Kulturen die Fähigkeit zum **Zuhören** die allerwichtigste. Man erlebt kaum eine Verhandlung, geschweige denn Talkshows, politische Diskussionen etc., in denen nicht nach kurzer Zeit die Bemerkung fällt: „Lassen Sie mich ausreden, ich habe Sie auch ausreden lassen." Diese Bemerkung ist schon so stereotyp, dass man sich manchmal fragt, ob derjenige, der sie zum tausendsten Mal bemüht, nicht stattdessen tief durchatmen könnte, um sich zu sagen: „Wieder einmal lässt mich einer nicht ausreden." Es ist nicht einfach, aber man muss es trainieren, einerseits einen Gesprächspartner nicht zu unterbrechen, und andererseits auf Unterbrechungen anders zu reagieren als mit dieser ewigen Bemerkung.

b) Unterbrechungen

419 Wird man selbst unterbrochen, dann ist ein wirkungsvolles Mittel das **Abbrechen** des **Blickkontakts** und ein **bewusstes Schweigen**, wenn der Unterbrechende seinerseits geendet hat. Er merkt nämlich in den meisten Fällen nicht, dass er unterbrochen hat, und darauf muss man ihn anders aufmerksam machen als durch eigenes Unterbrechen, weil solche Retourkutschen recht bald abgegriffen sind. Auf das Schweigen reagiert der Unterbrechende nämlich ziemlich regelmäßig mit der Frage, warum man auf seine Äußerung nicht reagiert. Dann kann man ihn darauf aufmerksam machen, dass er unterbrochen hat und man daher den eigenen Gedanken nicht zu Ende führen konnte. In höflichem Ton ausgesprochen, ist der Unterbrechende machtlos und der pädagogische Effekt hält meist für eine Zeit vor.

c) Endlose Reden

420 Ist man selbst das Opfer endloser Ausführungen, die sich zudem noch meist weit vom Thema wegbewegen, hilft es manchmal, durch **Körpersprache** zu signalisieren, dass man nicht mehr zuhört, indem man zum Beispiel anfängt, sich Notizen zu machen, mit seinen Nachbarn zu sprechen, zum Himmel zu blicken o.Ä. Sind einem solche Mittel zu augenfällig und zu unhöflich, hilft die Bitte, das Fenster zu öffnen, eine Rauchpause einzuschalten o.Ä.

IV. Verhandlungsstil

Wer geübt genug ist, kann sich in Endlosreden am einfachsten dadurch einschalten, dass er **bestätigende Bemerkungen** macht, wenn der Gesprächspartner einmal Atem holt (was er irgendwann einmal muss) und an diese Bestätigungen dann eigene Bemerkungen anknüpft. Dann fühlt die Gegenseite sich nicht so „unterbrochen" wie bei förmlichen Beanstandungen. Der nahezu körperliche Schmerz, der manche Europäer überfällt, wenn sie anderen endlos zuhören müssen, wird anderswo nicht ähnlich empfunden: Ich habe bei vielen Verhandlungen in Japan kein einziges Mal erlebt, dass ich unterbrochen wurde, obgleich ich bestimmt in vielen Situationen auch viel Überflüssiges gesprochen habe, und niemals hat jemand meine ständigen Unterbrechungen, die ich mir anfangs ebenso schlecht abgewöhnen konnte wie das Gestikulieren, förmlich beanstandet.

d) Ich- und Du-Botschaften

In vielen Verhandlungen werden Argumente im „Ich-Stil" vorgetragen, also etwa: 420a

- „Ich finde diesen Preis zu hoch."
- „Ich finde diese Qualität unzureichend."
- „Ich finde diesen Vorschlag unfair."

Nur wenige können sich vorstellen, dass es ganze Sprachen gibt, in denen das Wort „Ich" in der Praxis fast nicht existiert: Das japanische Ich *„Watashiwa"* wird äußerst selten mit Argumenten und Meinungen verknüpft, man flieht in indirekte Sprachformen und Andeutungen um jeder auch noch so entfernten Gefahr der Kritik die Angriffsflächen zu entziehen (siehe unten Rz. 421 ff. und Teil 9.4)

Für einen Verhandlungspartner, der es normalerweise vermeidet, von sich in der ersten Person zu sprechen, ist es völlig undenkbar, die andere Seite im „Du-Stil" mit bestimmten Ansichten zu konfrontieren. Aus westlicher Perspektive sind Sätze wie die folgenden nicht besonders auffällig: 420b

- „Ihr Preis ist viel zu hoch."
- „Ihre Qualität ist ganz unakzeptabel."
- „Ihr Angebot ist unfair."

Während der „Ich-Stil" es immerhin noch erlaubt, später einzuräumen, dass man sich geirrt habe, ist das beim „Du-Stil" fast unmöglich. Hier wird nämlich die Behauptung mit dem Bezug auf objektive Kriterien verknüpft, die der „Ich-Stil" bewusst vermeidet.

Auch hier hängt aber alles von der gegebenen Situation ab: Auf westlichem Verhandlungsboden kann man bei indirekter und sehr höflicher Ausdrucksweise auf das Problem stoßen, gar nicht mehr verstanden zu werden, weil die andere Seite gewöhnt ist, direkt angesprochen zu werden.

Im Zweifel sollte man sich immer unbedingt gegen den „Du-Stil" entscheiden, denn auch im „Ich-Stil" kann man mit hinlänglicher Klarheit zum Ausdruck bringen, was man will und gleichzeitig die Gefahr vermeiden, die Gegenseite in Verlegenheit zu bringen.

7. Direkte und indirekte Kommunikation

421 Menschen kommunizieren miteinander teils direkt, teils indirekt, und diese Unterschiede prägen sowohl ganze Kulturen als auch das individuelle Verhalten innerhalb der jeweiligen Kultur. In den **asiatischen Kulturen** beruht die „Grundierung" des Verhaltens trotz großer Unterschiede im Einzelnen (vor allem zwischen China und Japan) insgesamt auf **indirekten Formen**, von denen nur unter hohem Stress abgewichen wird. In den westlichen Kulturen hingegen fehlt eine vergleichbar allgemeine Übereinstimmung: Die direkte amerikanische Art kann bereits in England zu atmosphärischen Problemen führen und in anderen europäischen Ländern große Missverständnisse auslösen.

Die indirekten Kommunikationsformen sind allerdings schwieriger zu beherrschen. Das gilt vor allem für die Sprachformen. Der **Konjunktiv**, der als Möglichkeitsform das sprachliche Werkzeug ist, um Alternativen, Optionen, Möglichkeiten, Eventualitäten und Szenarien zu entwickeln, wird in der Umgangssprache immer seltener, weil die direkten Redeformen einfacher zu nutzen sind. Sein Wert bei Verhandlungen ist aber nicht zu unterschätzen, denn die „Möglichkeitssprache" unterstützt das „Verhandlungsspiel", weil sie gestattet, ohne eine Festlegung vorzunehmen, verschiedene Optionen und Entwicklungen durchzuspielen (ausführlich unten Rz. 548).

422 Man ist bei uns gewohnt, unter Kommunikation in der Regel ein aktives, direktes Verhalten zu verstehen. Mit dieser Sicht der Dinge beschränkt man aber die zur Verfügung stehenden Möglichkeiten erheblich. Die folgende Gegenüberstellung zeigt gleichwertige Möglichkeiten direkten und indirekten Verhaltens, von denen keine der anderen überlegen ist, wenn sie in der jeweiligen Situation richtig angewandt wird:

Aktiv/Dynamisch	**Passiv/Statisch**
– Reden	– Schweigen
– Schreiben	– Schweigen
– Sehen	– Übersehen
– Hören	– Überhören
– Kommen und Gehen	– Wegbleiben

a) Indirektes Verhalten

Indirektes Verhalten hat einige Vorteile: 423

- Der Gesprächspartner fühlt sich wohler, wenn **Ungünstiges** gesprochen wird, und auf **Lob** muss nicht bestätigend reagiert werden.
- Die Abwehr fällt leichter, wenn Ideen **abgelehnt** werden.
- Auch bei indirekter Zustimmung fühlt man sich meist **richtig verstanden**.
- **Aggressivität** wird gemildert.

Indirektes Verhalten bedeutet auch einen **Intelligenz-** und **Sensibilitätstest**, wenn man sich bereits „in Andeutungen" versteht.

Indirektes Verhalten, das nicht klar genug ist oder missverstanden wird, kann aber gerade deswegen auch **gefährlich** sein.

b) Direktes Verhalten

Direktes Verhalten hat demgegenüber den Vorteil, dass es auch bei fehlender Vertrautheit eindeutig ist, emotional unmittelbar wirksam (Gunst und Hass) und klare Ablehnung bzw. Zustimmung provoziert, womit der taktische Spielraum in der Kommunikation verengt werden kann (falls man diese Wirkung anstrebt). 424

Unabhängig von diesen allgemeinen Grundhaltungen, die in den **Sozialisierungsphasen** der **Kindheit** entstehen, gibt es natürlich erhebliche **individuelle Unterschiede** je nach den verschiedenen **Temperamenten** der Menschen, mit denen man es zu tun hat.

Neuere Forschungen zeigen, dass es auch große Unterschiede zwischen **männlichen** und **weiblichen** Kommunikationsformen gibt, auf die man sich jeweils einstellen muss, wenn man mit männlichen oder weiblichen Verhandlungspartnern spricht oder mit **gemischten Verhandlungsgruppen** zu tun hat.

Trotz dieser weitgehend kulturell vorgegebenen Unterschiede haben direkte und indirekte Verhaltensweisen in allen Ländern allgemeine Wirkungen, von denen sich im Grunde niemand freimachen kann. Zurückgenommenes, **andeutendes Verhalten** wird überall eher mit **Respekt** und **Anerkennung** assoziiert als klare Worte, auch wenn sie lobend ausfallen, und Kritik wird niemals genossen, wenn sie geradeheraus erfolgt, auch wenn sie noch so berechtigt ist. 425

Vor allem beim Kampf um die **Bilanz der Zugeständnisse** (unten Rz. 541 ff.) ist eine souveräne Beherrschung dieser Formen in Verbindung mit der „offenen Frage" absolut entscheidend.

Unter taktischen Gesichtspunkten ist es also zweifellos immer besser, von den **indirekten** zu den **direkten** Formen zu wechseln als umgekehrt.

V. Logische, komplexe und emotionale Intelligenz

426 Juristen sind es gewohnt, in Argumenten zu denken, die aus den Traditionen der griechischen Philosophie (vor allem: der Sophisten), der römischen Rechtstradition, der Auslegungstechniken des jüdischen Talmud und der Tradition des Kirchenrechts stammen, um nur die wichtigsten Quellen des europäischen Rechtsdenkens zu skizzieren.

Dass dieses **logische**, auch von der Naturwissenschaft beeinflusste **Denken** in komplexen Situationen nur begrenzten Wert hat, zeigen die Arbeiten zum **komplexen** oder systemischen **Denken** (*Vester; de Bono, Gigerenzer, Goleman u.a.*). Diese Denkansätze, die im Westen Ergebnisse psychologischer und naturwissenschaftlicher Forschung sind, werden von östlichen Kulturen schon lange als realitätsgerechtere und dem logischen System überlegene Beschreibungen angesehen (Teil 9.3 und 9.4). *Vester* zeigt, wie die Komplexität die Rahmenbedingungen unseres Handelns bestimmt, wie der Versuch, sie zu reduzieren, uns verwirrt und wie wir oft unzulässig vereinfachen, um überhaupt entscheidungsfähig zu bleiben. *De Bono* (de Bonos neue Denkschule, S. 142 ff.) beschreibt anschaulich den Zusammenhang zwischen Intuition, Denken, den Gefühlslagen und den dadurch entstehenden Entscheidungssituationen. Er kommt ebenso wie *Gigerenzer* und *Goleman* zu dem Ergebnis, dass unsere Entscheidungen unter mehreren Alternativen vom Gefühl her bestimmt werden (Bauchentscheidungen), aber welche Alternativen wir vor uns sehen, ist das Ergebnis intelligenter und logischer Operationen. Kurz:

Wer zu faul zum Denken ist, hat weniger Alternativen, als er haben könnte.

Auch damit reduziert er die Komplexität, aber ausschließlich zu seinen eigenen Lasten. Nach meiner Erfahrung handeln viele Manager allzu planlos und emotionsgetrieben, viele Juristen hingegen vertrauen nur auf das System und ihren Verstand – das sind unzählige Quellen für Missverständnisse in Vertragsprojekten.

1. Logische Gedankenführung

426a Eine erfolgreiche Verhandlung braucht ein Minimum von logischer Grundübereinstimmung zwischen den Personen, die am Verhandlungstisch sitzen (siehe auch Rz. 166; Rz. 381 ff.). Dabei stößt man auf die ersten Schwierigkeiten, wenn nämlich die Personen, die miteinander verhandeln ein unterschiedliches Information- oder Intelligenzniveau haben: „Denn es gibt dreierlei Köpfe: Die einen verstehen von selbst, die zweiten können beurteilen, was andere verstehen, die dritten verstehen weder von selbst noch mit Hilfe anderer." (*Machiavelli*, Il Principe, 22. Kapitel). Die erste Intelligenzleistung besteht daher darin, das Intelligenzniveau seiner Gesprächspartner richtig einzuschätzen. Andernfalls ärgert man sich völlig ohne Grund über unlogische, falsche oder uninspirierte Argumente. Wer sich darüber im Klaren ist, dass „ein Narr nicht denselben Baum (sieht), den ein Weiser sehen kann." (*William Blake*) tut sich leichter.

2. Emotionale Lagen

In jeder Verhandlung entstehen unvermeidlich Emotionen, die die Logik der Argumente beeinträchtigen oder sie gar nicht erst zulassen (siehe oben Teil 1 Rz. 80; Teil 2 Rz. 384). Einer der häufigsten Sätze: „Lassen Sie mich ausreden, ich habe Sie auch ausreden lassen!" belegt das deutlich (oben Rz. 418). Der Satz signalisiert, dass allein die Erfüllung des Wunsches gehört zu werden zur Entspannung und zur Befriedigung führt. Alle, die gelernt haben, aktiv aufmerksam zuzuhören, werden von dieser Erkenntnis profitieren. Derjenige, den man ausreden ließ, kann gar nicht anders als dankbar für diese Chance sein und wird sie oft mit großen Zugeständnissen bezahlen. Wer jemandem ins Wort fällt und meint, in einer solchen Situation werde das eigene Argument gehört, vergisst, dass alles „was dem Gefühl widerstrebt, beim Verstand nicht ankommt" (*Schopenhauer*, Aphorismen zur Lebensweisheit). 426b

Warum ist es so schwer, emotionale Lagen in Verhandlungen zu beherrschen? Emotionen sind tief in uns verankert, sie rufen „alte Verhaltenspläne" ab (*Dietrich Dörner*) und haben eine wichtige Funktion, dabei die Welt zu stabilisieren und zu vereinfachen: Wer sich selbst im Recht fühlt und nicht darüber grübeln muss, welche anderen Interpretationen noch möglich wären, kann sich die Welt einfacher erklären, als ein nachdenklicher, weniger gefühlsgesteuerter Mensch (nähere Nachweise bei *Dörner*, Bauplan, S. 558 unter Hinweis auf eine Vielzahl von Untersuchungen unter anderem *Plutchik* [1980], *Dorsch* [1970], *Kleinginna/Kleinginna* [1981], *Izard* [1981]).

3. Komplexe Situationen

Die Neigung, durch einfache Emotionen die komplexen Lagen, in denen man sich befindet, leichter verstehbar zu machen, liegt damit auf der Hand. Außerhalb von Standardsituationen ist aber so ziemlich alles komplex, was in den Bereich differenzierter Verhandlungen gehört. Der Grad der Komplexität wird durch die Zahl der Faktoren bestimmt, die ein bestimmtes Ergebnis beeinflussen (siehe dazu oben Rz. 23 und Rz. 375). Wären Verhandlungssituationen tatsächlich „herrschaftsfreie Dialoge", wie *Habermas* sich das als Gedankenexperiment vorstellt, könnte man diese Komplexität leichter beherrschen. Tatsächlich sind Verhandlungen aber stärker als andere Situationen von Machtlinien bestimmt, die weit mehr emotional als logisch geprägt sind. Nur durch **dauerndes Training** kann man sein eigenes Verhalten an solchen Einsichten ausrichten. 426c

VI. Sieben Konfliktelemente

427 Bei Verhandlungen tauchen typischerweise sieben Elemente auf, die man genau analysieren muss, wenn man zum Ergebnis kommen will.

- **Interessen**: Dies sind die eigenen Interessen, die Interessen der anderen und die Interessen Dritter, die entweder bekannt und/oder verständlich sind oder definiert werden müssen.
- **Optionen**: Dies sind die Wahlmöglichkeiten, die jede Seite oder Dritte haben.
- **Rechtlicher Rahmen**: Er ist entweder aufgrund vorhandener Verträge oder sonstiger Bindungen vorhanden oder fehlt.
- **Beziehungen**: Dies sind vertragliche oder andere Beziehungen, die die Parteien oder Dritte untereinander haben.
- **Kommunikation**: Das sind die Kommunikationswege, die (noch) bestehen oder herzustellen sind.
- **Verpflichtungen**: Das sind die Lasten, die beide Parteien oder Dritte noch bereit sind zu erfüllen oder die sie endgültig in Frage stellen.
- **Alternativen**: Das sind die Ereignisse, die eintreten werden, wenn die Parteien die vorhandenen Optionen nicht wahrnehmen können oder wollen.

Da diese sieben Elemente sich sehr stark gegenseitig an nicht vorhersehbaren Schnittstellen beeinflussen, ist es nahezu immer notwendig, sich eine **graphische Darstellung** anzufertigen, um so die notwendige Übersicht herzustellen.

428 Das folgende Beispiel zeigt eine solche Skizze, in der die einzelnen Faktoren in konkrete Unterpunkte aufgelöst werden. Die Detailthemen und Schwerpunkte werden von Fall zu Fall jeweils unterschiedlich liegen: Wenn zum Beispiel bei Lieferverträgen zwischen Hersteller und Großhändler der Großhändler seinerseits die Ware noch nicht weiterveräußert hat, dann ergibt sich beim Punkt „Beziehungen", dass keine Drittinteressen bestehen und folglich das Schadensersatzrisiko an dieser Stelle begrenzt ist. Geht es hingegen um einen Serienfehler an Kfz-Bauteilen, bei denen der Einbau schon durchgeführt und die Kraftfahrzeuge in den Händen von Endkunden sind, liegen die Risiken ganz anders und sind möglicherweise von allen Beteiligten nur noch begrenzt beherrschbar.

VI. Sieben Konfliktelemente

© denkmodell Berlin®

Ein Lese- und Denkbeispiel: Das Risiko der Nichterfüllung wird stark vom Vertrauen der Verhandlungspartner, von der Höhe der Vorinvestitionen und von der Höhe der Vertragsstrafe beeinflusst. Ebenso kann durch effektivere Kommunikationswege das Risiko der Nichterfüllung gesenkt werden. Andererseits behindert ein hohes Risiko der Nichterfüllung den Aufbau von Vertrauen zwischen den Vertragspartnern. Moralischer Druck auf die Vertragspartner kann – je nach Richtung dieses Drucks – das Risiko der Nichterfüllung steigern oder senken. Der Aufbau von persönlichem Vertrauen zwischen den Verhandlungspartnern kann diese graduell gegen externen moralischen Druck schützen.

431 Soweit die eigene Sphäre betroffen ist, können alle diese Elemente schon im **Planungsstadium** erkannt werden. Meist stellt sich aber erst in der konkreten Verhandlungssituation heraus, wie sich die Situation für die andere Seite darstellt. Man erleichtert sich vor allem die schwierige Anfangsphase erheblich, wenn man zunächst in einem gemeinsamen Gespräch die Interessen, Optionen, den rechtlichen Rahmen etc. mit der Gegenseite durchspricht, um so ein erstes Gefühl für die Gesamtsituation und die wechselnden Perspektiven zu erhalten, die die Parteien im Detail einnehmen werden.

VII. Verhandlungsorganisation

1. Ad-hoc-Verträge

432 Auch wenn im Kontext dieses Buches Verhandlungen, die in förmlichen Verträgen münden sollen, im Zentrum der Überlegungen stehen, darf man nicht vergessen, dass die zahllosen trivialen Absprachen, die man täglich im persönlichen und beruflichen Bereich trifft, viel häufiger, als man denkt, die Rechtsqualität von Verträgen haben.

433 Wie immer sind es die fließenden Übergänge zwischen **einfachen** und **komplexen** Sachlagen, an denen man klarmachen kann, in welchen Fällen man beginnen muss, über die Planung und Organisation von Verträgen und deren Verhandlungen nachzudenken.

Typisch sind die Aufträge an kleinere Zulieferer von unbedeutendem Wert, die aber in komplexen Zusammenhängen wichtige Rollen spielen können, wie etwa elektronische Bauteile bei **Serienprodukten**, die sicherheitsrelevant sind und daher bei kleinen Fertigungsfehlern zu Rückrufaktionen zwingen können. Typisch sind aber auch **arbeitsrechtliche Absprachen** wie etwa die Organisationsanweisungen, die über das arbeitsrechtliche Direktionsrecht hinausgehen und echte Vertragsänderungen darstellen, zu denen beide Seiten zustimmen und manchmal auch Betriebsräte gehört werden müssen etc. In solchen Fällen muss man sich das Risikopotential auch trivialer Vorgänge deutlich machen und überlegen, wie man darauf planerisch reagieren soll.

2. Beweis des Vertragsschlusses

434 Die einfachste und wichtigste Regel lautet: Man muss Sorge dafür tragen, dass man wenigstens den **Vertragsschluss** und seinen **Inhalt beweisen** kann. Dafür gibt es **vier Standardmethoden**, die einem wirklich in Fleisch und Blut übergehen müssen, wenn man im hektischen Tagesgeschäft Fehler vermeiden will:

VII. Verhandlungsorganisation

⊃ – **Einheitliche Vertragsurkunde**: Niederlegung des Vereinbarten in einer Urkunde, in der alles, was besprochen wurde, vollständig und richtig wiedergegeben wird (klassische Vertragsform; wenn das Gesetz **Schriftform** vorschreibt, müssen alle Anlagen untrennbar mit dem Hauptvertrag verbunden sein).

– **Vertrag durch Briefwechsel**: Schriftliches Angebot, das in einer zweiten Urkunde schriftlich bestätigt wird, oder Beschreibung des Vereinbarten mit „**Einverstanden**"-Vermerk der anderen Seite (die eigene Unterschrift spielt für die Beweislage keine Rolle).

– **Kaufmännisches Bestätigungsschreiben**: Brief an die andere Seite mit Wiedergabe des (meist telefonisch) vereinbarten Vertragsinhalts, der zeitnah abgesandt wird (**kaufmännisches Bestätigungsschreiben**): Hier muss die andere Seite unverzüglich (übliche Höchstfrist: eine Woche) widersprechen. Wenn das Bestätigungsschreiben den Inhalt der Vereinbarung richtig wiedergegeben hat (das Gegenteil muss die andere Seite beweisen), gilt der Inhalt als vertraglich wirksam vereinbart. Das Problem für den Absender: Er muss den Zugang des Schreibens beweisen. Am einfachsten wäre das durch Einschreiben/Rückschein, was aber allgemein als unhöflich angesehen wird. Das Sendeprotokoll des Faxgerätes wird als Zugangsbeweis nicht anerkannt (BGH NJW 1995, 665). Es bleibt also nur eine Möglichkeit: Durch die Sekretariate telefonisch nachzufassen, sich den Eingang bestätigen lassen und darüber eine interne Aktennotiz fertigen (Inhalt, Tag, Uhrzeit, Name der Sekretärin!).

– **Interne Aktennotizen**: Sie sollen als Beweismittel den mündlich abgeschlossenen Vertrag bestätigen. Als **Geschäftsführer** und Vorstand eines Unternehmens muss man wissen, dass man bei späteren Auseinandersetzungen als **Zeuge** nicht aussagen kann. Man sollte in dieser Funktion auf solche improvisierten Vertragsschlüsse verzichten und diese Aufgaben einem Mitarbeiter übertragen. Ist das praktisch nicht möglich, so muss man mindestens einen Mitarbeiter mündlich über den Vertragsschluss informieren, ihn per Aktennotiz festhalten und sich die Aktennotiz intern abzeichnen lassen. Man kann dann notfalls einen indirekten Beweis führen, der besser ist als gar nichts.

3. Komplexe Verträge

Bevor man sich bei komplexen Verträgen dafür entscheidet, eine Verhandlungskonferenz einzuberufen, sollte man sich fragen, ob man wirklich alle anderen Möglichkeiten, den Vertrag auszuhandeln, erschöpft hat. Konferenzen sind oft nämlich nichts anderes als das Ergebnis mangelhafter Zeitplanung und haben weniger das Ziel, sich mit der Gegenseite zusammenzusetzen, als die eigenen Leute zu einem bestimmten Zeitpunkt an einen Tisch zu bringen. Solche Konferenzen, bei denen keine

435

Zeit für ausreichende interne Vorbereitung bleibt, haben gute Chancen zu scheitern – hat man jedoch die eigenen Vorbesprechungen hinter sich und die Themen daher auch intensiv durchgearbeitet, dann kann man oft den Vertrag telefonisch oder schriftlich mit der Gegenseite abstimmen.

4. Verträge ohne Verhandlungskonferenzen

436 In diesen Fällen sieht der Ablauf so aus:
– Intern die Themen klären,
– diese Themen und die Ansichten dazu mit der Gegenseite telefonisch abstimmen,
– interne Konferenz mit Zwischenergebnis,
– Vertragsentwurf an Gegenseite (Entwurfsregie übernehmen!),
– Änderungen einarbeiten,
– Vertrag abschließen.

Ein so vereinfachtes Verfahren muss man innerhalb des eigenen Unternehmens einüben, da die Teilnahme an Konferenzen oft ebenso wie das Reisen zu den Statussymbolen gehört. Man beklagt zwar deren Lästigkeit und Ineffizienz, will am Ende aber doch nicht darauf verzichten.

437 Das **verkürzte Planungsverfahren** ist mit Verhandlungspartnern aus östlichen Kulturen meist nicht durchsetzbar, da die Konferenz weniger den Zweck hat, Verträge auszuhandeln, als sich kennen zu lernen und das Klima künftiger Zusammenarbeit zu testen. Dazu reichen Briefe und Telefonate nicht. Wenn hier und an anderen Stellen von derartigen Unterschieden zu östlichen, vor allem asiatischen Auffassungen die Rede ist, so soll damit nicht geleugnet werden, dass es viele Manager aus diesen Ländern gibt, die den uns vertrauten westlichen Verhandlungsstil pflegen. Vor allem bei Managern, die in beiden Kulturkreisen aufgewachsen sind oder langjährig darin gearbeitet haben, sind die Unterschiede in den Verhandlungsstilen stark verwischt. Bei anderen hingegen mag die Aufnahme von Verhandlungselementen westlichen Stils reine Tünche sein, die aus Höflichkeitsgründen, aber unter großen inneren Spannungen ausgehalten wird. Dasselbe gilt natürlich auch umgekehrt für europäische Manager, die an Verhandlungen im Ausland teilnehmen müssen.

5. Verträge als Ergebnis von Verhandlungskonferenzen

438 Umfragen unter Managern bestätigen immer wieder, dass 75 % aller **Konferenzen** und Verhandlungen von den Teilnehmern aus unterschiedlichen Gründen als **ineffizient** bezeichnet werden. Der Hauptgrund liegt in ungenügender Klarstellung des Zwecks von Konferenzen, viele Beschwerden richten sich aber auch gegen ungenügende gedankliche **Planung** und organisatorische **Vorbereitung**.

VII. Verhandlungsorganisation

Hat man sich für eine Verhandlungskonferenz entschieden, muss man zunächst klären, ob es sich um eine

- Vorverhandlung,
- Entwurfsverhandlung oder
- Schlussverhandlung

handelt.

a) Vorverhandlung

Vorverhandlungen sollen nicht schon zu einem bestimmten Ergebnis führen und müssen deshalb nicht bis ins Detail geplant und vorbereitet werden. Fehler kann man meist später gegebenenfalls noch beseitigen. 439

Vorverhandlungen können im Stil des Brainstorming mit offenem Ergebnis geführt werden und brauchen außer der Protokollführung keine besondere Verhandlungsregie. Oft genug entsteht aus Vorverhandlungen erst ein bestimmter Verhandlungsstil, der spätere Gespräche prägt. Sie dienen in erster Linie der Informationsgewinnung.

b) Entwurfsverhandlung

Entwurfsverhandlungen sind Arbeitsverhandlungen, an denen oft auch nur einzelne Manager aus einem Projektteam teilnehmen. Sie finden teilweise parallel neben anderen Verhandlungen statt. Die bei ihnen entstehende Arbeitsatmosphäre in homogenen Arbeitsgruppen (Juristen, Ingenieure etc. unter sich) macht vieles einfacher, und es ist nicht so schwer, ergebnisorientiert zu verhandeln. Man muss allerdings darauf achten, dass die so entstehende Gruppendynamik zu starken **persönlichen Bindungen** zwischen **Managern** führen kann, die der **anderen Seite** angehören, so dass sich **gruppenübergreifende Koalitionen** bilden können, die nicht mehr den Absichten des Unternehmens entsprechen. Solche Entwicklungen beobachtet man häufig nach ausgedehntem „Arbeitstrinken", das den beteiligten Managern Gelegenheit gibt, die eigenen Leiden im Unternehmen zu beschreiben und auszutauschen („Fronterlebnisse"). 440

Solche Entwicklungen können wünschenswert sein, um Hemmschwellen abzubauen, sie können aber auch strategische Konzepte stören. Verbrüderung ist nämlich nicht unter allen Umständen wünschenswert, wenn sie auch spätestens bei Vertragsschluss in einem Mindestumfang entstanden sein muss, um eine gedeihliche Arbeitsatmosphäre zu schaffen. Erlebt man sie zu früh, verhindert sie manchmal sogar sachgerechte Lösungen oder schlägt – was noch gefährlicher ist – in Ablehnung um, falls später bestimmte Verhandlungserwartungen, die an das persönliche Zutrauen anknüpfen, aufgrund höherer Weisungen nicht erfüllbar sind.

441 Bei Vorgesprächen und Entwurfsverhandlungen sollte man darauf achten, möglichst einen Manager verhandeln zu lassen, der nicht die endgültigen Entscheidungen zu treffen hat. Wird der Entscheidungsträger zu früh in die Gespräche einbezogen, ist er häufig als Problemlöser oder Moderator „verbrannt", und in dieser Eigenschaft wird er in der Schlussverhandlung oft genug gebraucht.

c) Schlussverhandlung

442 Die **Schlussverhandlung** sollte erst erfolgen, wenn mindestens ein **Vertragsentwurf** vorliegt und genügend Zeit vorhanden war, um ihn intern durcharbeiten zu können. Daran fehlt es in all den Fällen, in denen man nach der Vorstellung der Beteiligten nur eine einzige Konferenz eingeplant hat und niemand die Zeit findet, den Vertragsentwurf rechtzeitig zu erarbeiten und der anderen Seite zuzuschicken. Damit gefährdet man nicht nur die Möglichkeit, die **Entwurfsregie** zu übernehmen, man bringt sich darüber hinaus unter erheblichen **Zeitdruck** und findet auch nur selten den richtigen **Verhandlungsstil**, den die Schlussverhandlung benötigt:

Er ist durch folgende Elemente gekennzeichnet:

- Vertrautheit mit den eigenen **Problemen** und der **Perspektive** des Vertragspartners,
- **Kenntnis** der **Mindestvoraussetzungen**, die man im Vertrag wieder finden muss, wenn man ihn schließen will,
- **Vorhandensein** aller notwendigen **Informationen**, um auch in überraschenden Situationen noch agieren zu können,
- **Bereitschaft**, nach **Lösungen** zu suchen und **Kompromisse** zu akzeptieren.

443 Für Anwälte ist es immer wieder erstaunlich zu erleben, dass Manager, die ihren Entwürfen keinerlei Beachtung geschenkt haben („Das regeln dann die Anwälte."), in der Schlussverhandlung jedes Wort und jedes Komma umdrehen und in letzter Minute ungeheure Phantasien darüber entwickeln, was alles schief gehen kann. Tauchen **Verdachtsmomente** erst so spät auf, zerstören sie jedes ergebnisorientierte Verhandlungsklima, weil sie ja immer stark destruktive Elemente haben. Den Anwälten wird dabei oft zugemutet, diese Risiken durch geeignete **rechtliche Formulierungen** aufzufangen, die möglichst so gestaltet sein sollen, dass der Gegner nicht einmal merkt, welche Absicht dahinter steht. Diese Aufgabe zu erfüllen ist schwieriger als die Quadratur des Kreises und mit rechtlichen Mitteln überhaupt nicht lösbar. Der richtige Weg ist umgekehrt: Man muss sich am **Anfang** der Verhandlung alle **Schwierigkeiten** plastisch vor Augen führen, die entstehen können, dann seine Vorentscheidungen treffen und darf die Schlussverhandlung nur noch zur Diskussion möglicher Lösungen benutzen.

VII. Verhandlungsorganisation

Bei guter Vorbereitung kann die Schlussverhandlung sich auf rein **formelle Zwecke** beschränken, denn dann ist der Vertragstext bis in alle Details festgelegt und wird nur noch in formeller Hinsicht abgestimmt (z.B. notarielle Verlesung). Bei Verhandlungen in **Asien** ist das der **Regelfall** (siehe *Pattloch* [China] Teil 9.3 und *Tanaka* [Japan] Teil 9.4). 444

Allzu oft wird dieses Ziel jedoch bei den vorbereiteten Gesprächen nicht erreicht, und dann müssen die Manager, die die letzte Entscheidung treffen, sich überlegen, ob sie an der Konferenz von Anfang teilnehmen sollen. Das ist manchmal aufgrund des Verhandlungsorts oder anderer organisatorischer Umstände unvermeidbar, man kann aber auch in diesen Fällen den Ablauf noch so organisieren, dass es zunächst eine Arbeits- und dann eine Entscheidungsphase gibt, wobei die entscheidenden Manager nur am letzteren Teil mitwirken.

Wenn in diesem Zusammenhang von „**Entscheidungen**" die Rede ist, so muss es sich wirklich um die Personen handeln, die die Entscheidung treffen können, und nicht um solche, die das nur behaupten. Häufig geben Aufsichtsrat, Gesellschafter oder andere, die die Entscheidung beeinflussen können, vorab eine **allgemeine Zustimmung**, die dem Vorstand genügend Entscheidungsspielraum lässt. Wenn aber der Aufsichtsrat einem Vertrag erst dann zustimmen will, wenn er ihn in ausgearbeiteter und unterschriebener Fassung vor sich sieht, dann entscheidet letztlich der Aufsichtsrat und nicht der Vorstand, und der Vertrag muss die Klausel enthalten, dass er erst nach **Genehmigung** durch den Aufsichtsrat rechtswirksam wird. 445

Das gilt vor allem bei Unternehmen und Institutionen der **öffentlichen Hand**. Wer nicht genügend Verhandlungserfahrung mitbringt, ist sich nicht bewusst, dass auch ausgearbeitete und unterschriebene Verträge vor der Genehmigung durch Aufsichtsgremien dann nichts wert sind, wenn Personen und/oder Kompetenzen wechseln oder der politische Wind plötzlich aus anderer Richtung weht (Wahlen!). **Vertrauensschutz** für **Vorverhandlungen** mit der öffentlichen Hand gibt es nur in geringem Umfang, man braucht in diesen Fällen also eine langfristig geplante Auffangstrategie, wenn man nicht für zeitnahe Genehmigungen sorgen kann. 445a

Die Treuhandanstalt, bei der es meist schwieriger war, die Genehmigung zu bekommen, als den Vertrag auszuhandeln, hat auch hier Geschichte geschrieben und wohl eine ganze Anwaltsgeneration für diese Probleme sensibilisiert.

6. Organisation von Verhandlungen

a) Taktische Überlegungen

Wenn in Konferenzen die endgültigen Entscheidungen getroffen werden, konzentrieren sich auch die taktischen Überlegungen in der Verhandlung wie in einem Brennpunkt. Wenn schon der Entwurf von Verträgen tak- 446 tisch durchdacht werden muss, gilt das umso mehr für Verhandlungen, denn hier treffen nicht nur **Ideen**, sondern **Personen** zusammen, wodurch das Netzwerk der Strategie erheblich komplexer wird als in den anderen Phasen des Vertragsmanagements.

Diese Überlegungen müssen schon im Organisationsstadium einsetzen, denn zunächst ist das Ziel der Verhandlung zu bestimmen, und zwar in zweierlei Hinsicht:

- **Formell**: Das Ziel der Verhandlung ist zu definieren (Vorbereitung/Entwurf/Abschluss), und davon abhängig muss man sich über Zeit, Ort, Personen und Abläufe klar werden.

- **Inhaltlich**: Es ist festzulegen, was notwendig und wünschenswert ist, um bestimmte Ziele zu erreichen und sich über die Alternativplanung klar zu werden.

Beide Bereiche sind eng miteinander verknüpft: Über bestimmte Inhalte können nur bestimmte Personen entscheiden, die wiederum nicht zu allen Zeiten und an allen Orten zur Verfügung stehen, um nur eines der vielen **Abstimmungsprobleme** zu erwähnen, die im Planungsstadium auftreten.

447 Bei größeren Unternehmen besteht in dieser **Koordinationsarbeit** die Hauptschwierigkeit, denn jeder Manager hat seine eigenen Prioritäten, die von seinen eigenen Zielen innerhalb des Unternehmens bestimmt sind, und das Abgleichen dieser **internen Prioritäten**, von denen vor allem die Zeitpläne abhängen, kann eine genauso schwierige Verhandlungsaufgabe werden wie die entsprechenden Abstimmungen mit der Gegenseite.

Aber auch **Einzelunternehmer**, die das Planen selten in richtiger Qualität gewohnt sind, haben hier ihre Schwierigkeiten und verwenden oft für die wichtigsten Entscheidungen nicht mehr oder manchmal sogar weniger Planungsaufwand als für ihren nächsten Sommerurlaub. Dahinter stecken meist unbewusste Verweigerungshaltungen, Entscheidungsschwächen, Verdrängungsmechanismen, Angstneurosen – kurz: die ganze Palette des unbewussten, das sich planerischen Zugriffen entzieht.

448 Die Berater, vor allem die Anwälte, müssen sich, wenn sie die Qualität ihrer eigenen Arbeit nicht gefährden wollen, darum kümmern, wie die Mandanten die organisatorischen Vorbereitungen planen, müssen Ungenügendes beanstanden und dafür sorgen, dass **Mindestbedingungen** eingehalten werden, die sie für ihre Arbeit brauchen: Werden Verhandlungen anberaumt, bevor es wenigstens eine thematische Eingrenzung, eine Checkliste über die Themen, einen vernünftigen Zeitrahmen und Verhandlungsbedingungen gibt, kann man nur **unsichere Ergebnisse** erwarten.

b) Verhandlungsregie

Die Verhandlungsregie besteht in dem Einfluss, den jede Partei auf Organisation und Gang der Verhandlung nehmen kann. Hierzu gehören: 449

⇒ – **Tagesordnung** und **Themen**,
– **Teilnehmer**,
– **Zeitrahmen**,
– **Ablaufplanung**,
– vorbereitende **Checklisten** und Fragenlisten,
– Vorbereitung von **Entwürfen**,
– **Gesprächsführung**,
– **organisatorische Hilfsmittel**,
– Planung von **Begleitereignissen** (Arbeitsessen, Entertainment).

Es steht jedem Verhandlungspartner frei, sich einzelner oder aller Themen anzunehmen, und wie schon beim Gewinnen der **Entwurfsregie** gewinnt derjenige die entscheidenden **taktischen Vorteile**, der weiß, dass die **Verhandlungsregie** entscheidend für seinen Erfolg ist, und der imstande ist, schneller zu handeln als die andere Seite. Wer als erster nach vernünftigen Gründen sucht, warum eine Verhandlung an seinem Ort stattfinden soll, zwingt den anderen dazu, bessere Gründe für einen anderen Vorschlag zu finden, und wer als erster eine **Tagesordnung** vorlegt, kann meist auch die **Gesprächsführung** bestimmen – das **wichtigste taktische Hilfsmittel** bei der Verhandlung. 450

Man ist allerdings nicht verloren, wenn man bei einzelnen Punkten zunächst im zeitlichen Nachteil ist, man muss dann aber um einzelne Elemente, die die Verhandlungsregie bestimmen, aktiv ringen und darf die Abläufe nicht auf sich beruhen lassen. Wer etwa zu einer Konferenz in den Räumen der anderen Seite eingeladen ist und daher den Verhandlungsort nicht bestimmen kann, sollte möglichst **frühzeitig** dort sein: Dann kann er sich nämlich am Verhandlungstisch die Plätze aussuchen, die die **strategisch** besten sind (unten Rz. 477). Dieser Taktik kann nur ein wirklich kundiger Vertragspartner durch noch frühzeitigere Verteilung von Sitzkarten begegnen!

Sorgfältige Planung der Organisation von Konferenzen hat über die taktischen Vorteile hinaus eine viel weiter reichende Wirkung. Gute Organisation kann man nämlich nur leisten, wenn man sich um die Bedürfnisse der anderen Seite kümmert und sich fragt, wie man selbst in vergleichbarer Situation behandelt werden möchte. So kann man seine Mitarbeiter damit beauftragen, bestimmte Wünsche anreisender Manager bei deren Sekretariaten zu ermitteln und möglichst zu erfüllen. Ein magenkranker Manager, der ohnehin selten zu guter Laune neigt, wird sich gegen das Gefühl der Dankbarkeit kaum wehren können, das er empfinden 451 muss, wenn ihm unaufgefordert seine gewohnte heiße Milch serviert wird, denn jeder weiß, was für einen Aufwand es bedeutet, solche Details zu ermitteln und umzusetzen. In östlichen Ländern, vor allem in Japan, sind die Elemente der **Höflichkeitskultur**, die hier eingesetzt werden können, unendlich vielfältig und auch bei uns in den Grundzügen nachahmenswert. In westlichen Ländern finden sich rudimentäre Reste in den Protokollvorschriften des diplomatischen Dienstes, die uns aus früheren Zeiten noch geblieben sind. Gerade dort dürften sie aber weitgehend nur noch zeremonielle Bedeutung haben, denn inhaltlich wird bei Botschaftsgesprächen nur noch selten Bedeutendes entschieden.

452 Die nachfolgenden Einzelthemen, die man bei der Planung von Konferenzen berücksichtigen muss, sollten in der **Reihenfolge** bedacht werden, in der sie hier beschrieben sind. Bevor man sich zum Beispiel über den Ort einer Konferenz Gedanken macht, muss man wissen, über welche Themen man reden will und welche Teilnehmer dazu gebraucht werden, weil sich daraus oft schon von selbst die weiteren Entscheidungen ergeben: Will man beispielsweise über die Weiterführung eines Forschungsprojekts entscheiden, kann es zweckmäßig sein, sich über den jüngsten Stand der Sache in den Labors zu versichern.

c) Themen

453 Zunächst ist **intern** und sodann mit der anderen Seite zu klären, über welche Themen man verhandeln will. Dabei sollte man sich nicht mit allgemeinen Stichworten begnügen wie zum Beispiel „Vertriebsvertrag Consumer-Produkte", sondern versuchen, das Thema inhaltlich so weit zu füllen, wie es nach dem Stand der Vorbereitung möglich ist. Wenn es schon einen Vertragsentwurf gibt, dann müssen nur noch diejenigen Themen ergänzt werden, die in ihm nicht angesprochen wurden, anderenfalls sollte man sich mindestens Gedanken machen, was in einem künftigen Vertrag zu regeln ist.

454 Zu jedem einzelnen Thema wird man auch eine **Meinung** haben. Ob diese Meinung – angedeutet oder offen ausgesprochen – schon in die Themenbeschreibung Eingang findet, ist eine taktische Frage, die man nicht allgemein beantworten kann.

Beispiel:

Wenn man in einem Vertriebsvertrag als Hersteller von Produkten eine bestimmte Mindestabnahme festschreiben will, muss man sich darauf einrichten, dass der Vertriebspartner exklusive Vertriebsrechte anstrebt, um den von ihm verlangten Erfolg sichern zu können. Wenn man solche Exklusivitätsvereinbarungen aus rechtlichen Gründen aber nicht treffen darf (Kartellrecht), sollte man früh genug darauf hinweisen, um sich überflüssige Gespräche zu ersparen. Auch wenn man es sich aus taktischen Gründen erspart, die eigene Ansicht aufzudecken, enthebt einen das nicht der Mühe, sie in jedem Fall so frühzeitig wie möglich intern zu klären. Auch diese Klärung braucht nämlich bei größeren Unternehmen Zeit.

d) Tagesordnung

Es empfiehlt sich sehr, die **Tagesordnung** schriftlich **festzulegen** und rechtzeitig vor der Verhandlung mit der Gegenseite **abzustimmen**. Das kann zwar notfalls auch zu Beginn der Verhandlung geschehen (unten Rz. 524 ff.), unterschiedliche Auffassungen wirken sich aber immer auf den Zeitrahmen aus, und zeitliche Umplanung ist einer der unangenehmsten Störfaktoren. 455

Eine Tagesordnung sollte nicht nur Themen enthalten, sondern wie folgt aufgebaut sein:

- **Thema**,
- **Zeitbedarf**,
- **Verantwortung** für die Darstellung.

Thema und Zeitbedarf werden oft festgelegt, allzu häufig aber wird vergessen, dass es zu jedem Thema auch Personen gibt, die besondere Kenntnisse und/oder Kompetenzen haben. Sind diese vorher bekannt, können sie leichter organisatorisch eingebunden werden. Darüber hinaus kann man **taktische Vorteile** gewinnen, wenn man zwar nicht die Verhandlungsregie gewinnt, aber durch einzelne Statements zu bestimmten Einzelthemen die Gesprächsführung erreichen kann, mit der man eine überstarke Verhandlungsregie des Vertragspartners zurückdrängt.

e) Teilnehmer

aa) Verhandlungen unter vier Augen

Wenn die Verhandlungen nur von einer einzigen Person auf jeder Seite geführt werden, wie es bei uns oft der Fall ist, erfordert das einen erhöhten Aufwand bei der Sammlung aller erforderlichen Informationen, über die ein einzelner nur selten kompetent verfügen kann. Man muss in diesem Fall nicht nur die **Kompetenzlücken**, sondern meist auch **Informationslücken** überbrücken und kann sich das in Einzelfällen dadurch erleichtern, dass bestimmte Ansprechpartner wenigstens telefonisch für Rückfragen zur Verfügung stehen. Alleinverhandlungen „unter vier Augen" haben immer den Vorteil der Vertraulichkeit, der gegen die oben erwähnten Nachteile abgewogen werden muss. Darüber hinaus hat ein einzelner, an dessen Ort verhandelt wird, gegenüber dem anderen erhebliche organisatorische Vorteile, da er sich Fachwissen und Information viel unmittelbarer zuziehen kann. Dem steht der Nachteil gegenüber, dass er außer seinem Gesprächspartner niemand anderen kennen lernt, während dieser sich durch Bitten um Erweiterung der Verhandlungsgruppen, Führungen und Einzelvorstellungen vor Ort einen persönlichen Eindruck von anderen Managern verschaffen kann. 456

Für Verhandlungen mit asiatischen Geschäftspartnern sollte man wissen, dass dort die Zahl der Teilnehmer ein Zeichen für die Bedeutung der Verhandlung ist: Man betrachtet es daher als unhöflich, wenn auf der anderen Seite deutlich weniger Personen auftreten, als die eigene Delegation umfasst.

bb) Verhandlungsteams

– Gruppendynamik und Kanalkapazität

456a Bei größeren Projekten kann es leicht vorkommen, dass nicht zwei Verhandlungspartner aufeinandertreffen, sondern auf einmal eine ganze Handvoll Leute der unterschiedlichsten Beteiligten in Besprechungszimmer, Videokonferenzen oder in den E-Mail Verteilern, aufeinandertreffen. Daraus entstehen fast unverzüglich Führungsprobleme interner wie externer Art und die Kontroversen häufen sich ebenso wie die Missverständnisse.

Das hat psychologische Gründe.

Der erste beruht auf unserer begrenzten „Kanalkapazität": Wenn wir mehr als sieben gleichzeitige Informationen erhalten, oder über entsprechend viele Alternativen entscheiden sollen, neigen wir dazu, gar keine Entscheidung zu treffen. (*Malcolm Gladwell*, Tipping Point, Goldmann 2002 S. 197 ff. unter Verweis auf Forschungen von *Georg A. Miller/S.L. Washburn/R. Dunbar u.a.*). Den Test dazu kann jeder im Supermarkt machen, wenn mehr als sieben Sorten Joghurt vor ihm stehen(noch schlimmer, wenn es zwei unterschiedliche Sorten griechischen Joghurt gibt, die sich durch nichts voneinander unterscheiden). Also muss man die Zahl der Personen, die mitreden und der Alternativen, über die man spricht deutlich unter sieben halten, am besten kommt man bei nur zwei Wahlmöglichkeiten an.

456b Reden mehr als zwölf Personen über ein bestimmtes Thema mehr oder weniger gleichzeitig, schaltet sich das Hirn ebenfalls ab (wir beobachten es in der Politik). Eine gruppendynamische Regel zeigt uns, dass die Dissonanzen in größeren Gruppen überproportional zunehmen, weil die aktuellen Aufgaben, sich miteinander zu koordinieren zwischen mehr als elf Personen nicht mehr geleistet werden können. Vielleicht ist das der Grund dafür, dass Sportmannschaften (außer beim Rugby und American Football, wo es vor allem um's Anrempeln geht) nicht größer sind und Judas, der zwölfte Jünger, ein Verräter war.

In solchen Situationen machen wir die Erfahrung, dass keine vernünftigen Ergebnisse zu erreichen sind, wenn es nicht gelingt, die Zahl der Teilnehmer radikal zu verkleinern.

– Interne Vorbereitung

457 Wenn Verhandlungsteams auftreten, sind eine Reihe weiterer Gesichtspunkte zu beachten. Zunächst muss man mehr Zeitaufwand in die **interne Vorbereitung** stecken: Da wir meist nicht genügend Übung darin haben, in Teams zu verhandeln, bedeutet allein die Mehrzahl der Ver-

VII. Verhandlungsorganisation

handlungsteilnehmer einen erheblichen Unsicherheitsfaktor, der auch die strategische Linie durcheinander bringen kann.

– Rollenverteilung

Deshalb sind zunächst die Rollen festzulegen, die in der Verhandlung eingenommen werden sollen. 458

Folgende Rollen stehen typischerweise zur Verfügung:

- Der **Sprecher**: Er sollte nicht der Ranghöchste sein, um den Vorteil einer **Trennung** von **Verhandlung** und **Entscheidung** zu wahren, er sollte aber möglichst über die höchste Fachkompetenz und umfassende Information verfügen;

- der **Organisator**: Er ist für die Organisation der internen Abstimmung und alle Fragen zuständig, die mit der Gegenseite im organisatorischen Bereich zu klären sind; er ist auch für die **interne Protokollführung** verantwortlich;

- der **Ranghöchste**: Sein Beitrag besteht darin, die **strategische Linie** intern festzulegen, dafür zu sorgen, dass sie eingehalten wird, den Verhandlungsverlauf zu beobachten, Kontakte zu seinem Gegenüber auf der anderen Verhandlungsseite zu suchen und für parallele „Vier-Augen-Gespräche" zu nutzen etc.

Bei einem **Zweierteam** nimmt der Sprecher auch die Aufgaben des Organisators wahr, sind die Teams größer, können weitere Unterteilungen gebildet werden etc. 459

Die Rollenverteilung kann natürlich auch **inhaltlich** genutzt werden, so dass etwa der Sprecher die Funktion übernimmt, **Fragen zu stellen**, der Organisator offenen Fragen, die die Gegenseite stellt, durch Einholung von **Informationen** nachgeht und der Ranghöchste sich um **kreative Lösungen** bemüht (deren Verhandlung en detail er dann wieder dem Sprecher überlassen sollte).

– Interne Kommunikation

Innerhalb von Teams kommt es erfahrungsgemäß immer wieder zu Missverständnissen und anderen Kommunikationsstörungen. Es ist Aufgabe des jeweiligen Teamleiters, solche Probleme zu beheben. Dies stößt an der Schnittstelle zu den eingeschalteten Beratern jedoch gelegentlich auf massive Schwierigkeiten. Unternehmensberater, Rechtsanwälte und Wirtschaftsprüfer etc. sind es gewöhnt, selbst zu führen und ertragen Führung durch Dritte schwer: „Das Genie kann nur wachsen in einer Atmosphäre der Freiheit. Personen von Genie sind ex vi termini, individueller als andere Leute, folglich weniger fähig, sich ohne schmerzhaften Zwang in eine der wenig zahlreichen Formen hineinzupassen, die die Gesellschaft bereit hält, um ihren Mitgliedern die Mühe zu ersparen, sich selbst einen Charakter zu formen." (*John Stuart Mill*, Über die Freiheit → über Individualität, S. 89). 459a

Deshalb sind hoch qualifizierte Berater selten bereit, sich mit anderen Beratern auf gleicher Ebene zu arrangieren und zu organisieren. Wenn der vom gemeinsamen Mandanten eingesetzte Teamleiter nicht energisch seinen **Führungsanspruch** geltend macht, laufen hier die Dinge oft aus dem Ruder.

Es ist ein Grundlagenfehler eines Beraters, Aufgaben zu übernehmen, die nicht in sein Ressort fallen. Er vergrößert damit seine eigene Haftung und gefährdet seine fachliche Autorität.

Noch schwieriger kann es werden, wenn der Berater mit Positionen, die die Gegenseite aufgebaut hat, innerlich übereinstimmt, seinem Mandanten aber nicht beibringen kann, dass das so ist.

cc) Rollenspiele

460 Für **tatsachenorientiertes Verhandeln** ist es besonders wichtig, die plumpe Aufteilung in den liebenswürdigen Sprecher und seinen ewig nörgelnden Widerpart zu vermeiden: Dieses Spiel ist nicht nur leicht durchschaubar und verletzt deshalb einen intelligenten Gesprächspartner, es ist auch nicht glaubwürdig, weil man niemandem abnimmt, zu den einzelnen Verhandlungsthemen immer die gleiche (entweder zustimmende oder ablehnende) Meinung zu haben. Natürlich müssen Finanzmanager auf das Geld achten und werden daher bei Preisverhandlungen kritischer sein als Vertriebsleute, man kann von ihnen aber auch erwarten, dass ihnen Lösungen für schwierige Finanzierungsfragen einfallen und die Kritik nicht immer aus derselben Ecke kommt.

Der **Sprecher**, der neben der Fachkompetenz auch über **psychologisches Gespür** verfügen sollte, hat immer die schwierigste Aufgabe und muss von den anderen daher in geeigneter Weise gecoacht werden.

dd) Spannungen im Team

461 Wer in Verhandlungsteams arbeitet, sollte sich auch Grundkenntnisse über **gruppendynamische Prozesse** verschaffen, falls er über dieses Thema noch nicht genügend weiß (grundlegend hierzu: *Gordon*, Managerkonferenz). Auch wer Probleme damit hat, unbewusste psychische Vorgänge als Realität zu akzeptieren, wird erlebt haben, dass im kommunikativen Zusammenwirken mehrerer Menschen innerhalb einer Gruppe immer eine ganze Menge heterogener Spannungen mit erheblichen Gefühlsspektren ablaufen, die die sachliche Arbeit beeinflussen.

Die Situation wird – im Gegensatz zu rein internen Besprechungen – dadurch kompliziert, dass manche Spannungen unter dem Außendruck, der durch die Präsenz der anderen Seite entsteht, sich nicht so artikulieren können, wie dies sonst der Fall wäre. Die Aufgabe, einerseits die eigene taktische und strategische Linie einzuhalten, die Kommunikation mit der Gegenseite am Laufen zu halten und mit inneren Spannungen im Team fertig zu werden, kann manchen Manager überfordern.

Hier gibt es eine **eiserne Grundregel**:

> **Spannungen innerhalb des Teams dürfen niemals am Verhandlungstisch ausgetragen werden.**

Sobald man sie erkennt, muss man um Unterbrechung bitten und die Dinge hinter den Kulissen klären. Für solche Situationen muss man wissen, dass nur eine **Unterbrechung** der **Verhandlung** (Auszeit) an geeigneter Stelle und die **interne Diskussion** die Situation klären kann, will man nicht riskieren, dass solche Brüche im Team der Gegenseite auffallen und von ihr taktisch genutzt werden.

ee) Aus der Rolle fallen

Dieses Phänomen kann man in zwei Spielarten beobachten:

- Jemand verspricht innerhalb des Teams, eine bestimmte Aufgabe zu übernehmen, **löst** das Versprechen aber **nicht** ein,
- jemand **überschreitet** die ursprünglich vereinbarten **Kompetenzen**.

In der ersten Variante sieht man oft, dass einzelne Manager in den internen Vorbesprechungen bestimmte Positionen außerordentlich dezidiert vertreten und mit großer Energie ankündigen, was sie alles in der bevorstehenden Verhandlung vortragen und bei der Gegenseite durchsetzen werden. Sind Anwälte einbezogen, erhalten sie oft detaillierte Anweisungen, dass an dieser oder jener Stelle keinerlei Kompromisse möglich seien etc. etc. Unerfahrene Verhandler wundern sich, wenn von diesen Ankündigungen in der konkreten Situation wenig Gebrauch gemacht wird und der zuvor so energische Manager stundenlang wortlos am Tisch sitzt.

Übergeht man ihn dann, weil man der Ansicht ist, er habe seine Bedenken überwunden, läuft man Gefahr, später mit den bittersten Vorwürfen überschüttet zu werden, die eigene Position sei nicht nachdrücklich vertreten und dargestellt worden. Das ist ein typischer Fall missglückten Rollenspiels: Wer eine bestimmte Stellungnahme ankündigt und nicht vom Team dazu gezwungen wird, diese Rolle auch wahrzunehmen, „fällt aus der Rolle". Die anderen Mitglieder des Teams müssen das feststellen und in den Pausen klären, worin die Gründe liegen.

Eine solche Situation kann leicht zum Anlass für eine **Kompetenzüberschreitung** durch ein anderes Mitglied des Teams führen, die immer dann auch ohne Rücksprache gerechtfertigt ist, wenn die Situation es nicht zulässt, anders zu reagieren.

Kompetenzüberschreitungen können aber auch auf übergroßer **Eigenwilligkeit** oder Anmaßung beruhen und müssen in diesen Fällen sofort korrigiert werden.

In östlichen Ländern werden Verhandlungen bevorzugt in Gruppen organisiert, weil man sich einerseits allein unwohl fühlt und andererseits allen, die an dem Vertrag mitwirken, einen unmittelbaren Eindruck von den Personen verschaffen will, die auf der anderen Seite zuständig sind.

Hat sich eine ausländische Verhandlungsgruppe angesagt, erwartet sie selbstverständlich, nicht nur **einen** Gesprächspartner vorzufinden, sondern – der eigenen Zusammensetzung entsprechend – die jeweiligen Fachleute der anderen Seite. Wird diese Erwartung enttäuscht, weil der Einladende die Termine der in Frage kommenden Manager nicht offen gehalten oder sie eingeplant hat, kann das zu erheblichen Verstimmungen führen.

464 Man bekommt die meisten dieser Probleme in den Griff, wenn man die interne Vorbereitung nicht nur für die Klärung der Themen und der Rollen benutzt, sondern sich darüber hinaus noch Zeit nehmen kann, das **Drehbuch der Verhandlung** in den wesentlichen Umrissen zu entwerfen und **einzuüben**. Dabei kann man so vorgehen:

- Jeder Teilnehmer **beschreibt** in eigenen Worten die ihm zugewiesene **Rolle** und die **wesentlichen Argumente**, die er benutzen wird.
- Die anderen Teilnehmer versuchen, die **Gegenargumente** so vollständig wie möglich zusammenzutragen und darauf vernünftige Antworten zu finden.
- Für vorhersehbare **Krisensituationen** werden die denkbaren **Reaktionen** schon vorab geklärt.
- Der Sprecher versucht, die **Statements**, die er abgeben wird, nicht nur abstrakt zu beschreiben, sondern der Gruppe im Spiel **vorzutragen**.
- Wenn einzelne **Fachleute** eigene Statements abgeben, verfahren sie ebenso.
- In diese internen Vorbereitungen werden die **Berater** möglichst vollständig einbezogen: Nur so kann man das Risiko begrenzen, dass sie aufgrund fehlender Vorinformationen an bestimmten Stellen eingreifen, wo sie es vernünftigerweise für ihre Pflicht halten, das taktische Konzept aber dazu nicht passt.

f) Ort

465 Die Verhandlung am eigenen Ort (Heimspiel) bietet nach wie vor wichtige taktische Vorteile, auch wenn die modernen Kommunikationsmittel viele Schwierigkeiten beheben helfen, die man früher bei Verhandlungen hatte, zu denen man weite und teils gefährliche Reisewege in Kauf nehmen musste: „Du erwartest in der Nähe die weit Entfernten, du erwartest ausgeruht die Erschöpften, du erwartest gesättigt die Hungrigen; nur so bekommst du die Stärke." (*Sun Tsu*, S. 156).

Auch wenn diese äußeren Faktoren unter den heutigen Verhältnissen (Hunger und Durst bekommt man meist in den Griff) nicht mehr so entscheidend sind, zählen nach wie vor eine Reihe von organisatorischen Vorteilen wie etwa die Möglichkeit, auf die eigenen Informationen kurz-

VII. Verhandlungsorganisation

fristig und kompetent zurückgreifen zu können, sich keine Sorgen um die Vertraulichkeit zu machen und alle organisatorischen Hilfsmittel ohne besondere Kosten zur Verfügung zu haben. Wie oft schreckt man davor zurück, ins Ausland einen vertrauten **Dolmetscher** mitzunehmen, und erlebt dann, welch unzureichende Angebote vor Ort vorhanden sind (wenn überhaupt). Aber das sind nur die wirklich schwierigen Situationen: Schon bei sehr einfachen organisatorischen Hilfestellungen kann die eigene Umgebung von entscheidender Bedeutung sein.

Noch wichtiger sind fast die **psychologischen Faktoren**, also das Gefühl, zu Hause zu sein, nicht im Hotel übernachten zu müssen, sich nicht mit fremden Speisekarten herumzuschlagen oder gar die Gelegenheit wahrnehmen zu können, zu einem Arbeitsessen jemand anderen hinzuschicken, „weil die Kinder krank im Bett liegen". Diese Optionen entspannen den, der sie hat. 466

Man sollte allerdings aus dem Verhandlungsort niemals eine **Prestige**-, **Status**- oder **Machtfrage** machen. Neben dem „Heimvorteil", den die Verhandlung am eigenen Ort bietet, muss es immer auch sachliche Gründe geben, die dafür sprechen. So ist es sicher unzweckmäßig, über Fabrikationsaufträge zu verhandeln, wenn noch niemand die Fabrik, um die es geht, besichtigt hat, und oft genug entscheidet über den Ort der Verhandlung die Frage, wo bessere Bibliotheken, Datenbanken oder sonstiges Know-how zur Verfügung steht, auf das man im Zuge der Verhandlung angewiesen ist. Darüber hinaus kann jeder Besucher durch geeignete Mittel den **Heimvorteil relativieren**, wenn nicht gar ausschalten, indem er als der Eingeladene so vielfältige Hilfestellungen erbitten kann, dass er am Ende vielleicht noch besser dasteht als ein Manager, dem unternehmensintern die notwendige Unterstützung fehlt.

Endlich bietet die Verhandlung am Ort des Vertragspartners die willkommene Gelegenheit zur Sammlung und **Überprüfung** von **Informationen** und der Feststellung von **Umfeldfaktoren**, die man anders nicht kennen lernen kann. 467

Auf diese Chancen kann man in erheblichem Umfang selbst Einfluss nehmen: Man sollte sich sein Hotel selbst bestellen, und zwar in erster Linie nicht nach der Qualität der Bar, sondern zum Beispiel danach, ob man 24 Stunden Restaurantservice und **Kommunikationsservice** haben kann; man kann sich einen eigenen Sekretariatsservice ebenso wie einen Dolmetscherservice buchen; man kann im eigenen Hotel die Konferenz ansetzen und erst später einen höflichen Gegenbesuch in der Firma des Vertragspartners machen etc. Informationen darüber, wie all das zu organisieren ist, bieten im Ausland die örtlichen Industrie- und Handelskammern, teilweise helfen auch die Banken, in jedem Fall aber **unterstützen** die **Anwälte** ihre Mandanten bei all diesen Fragen, denn international tätige Anwaltskanzleien müssen diesen **Service** anbieten, wenn sie konkurrenzfähig bleiben wollen.

g) Zeit

aa) Zeitplanung

468 Die benötigte Zeit hängt von den Themen, den Teilnehmern und dem Ort der Verhandlung ab. Die allgemeine Zeitnot macht die meisten Manager offenbar unfähig, für Vertragsverhandlungen genügend Zeit vorzusehen, denn **die meisten Zeitpläne sind zu eng.** Zum einen wird nicht genügend darauf geachtet, dass man viel Zeit für interne Abstimmungen (vor allem bei geplanten Unterbrechungen) braucht, zum anderen berücksichtigt man nicht immer, dass die Gegenseite mit dem eigenen Zeitbedarf vielleicht nicht zurechtkommt, und schließlich vernachlässigt man oft die stets von außen drohenden Störfaktoren, die den Zeitplan beim besten Willen immer wieder gefährden.

bb) Taktik

469 **Zeitdruck** ist eines der wichtigsten taktischen Mittel, um sich selbst genügende Freiräume zu schaffen und die Gegenseite durch Zeitverkürzung in Schwierigkeiten zu bringen. Auch wenn man selbst die taktische Methode, Zeitdruck zu erzeugen, für sich ablehnt, sieht man sich doch immer wieder solchen Versuchen ausgesetzt. Typisch sind:

– Manipulationen der **Rednerliste,**

– Verkürzung der Arbeitszeit durch **Begleitveranstaltungen** (Essen/Trinken/Entertainment),

– Zwischenschalten von „technischen" Prüfungen durch **Experten,**

– **Vorenthaltung** von Informationen bis zur letzten Sekunde,

– Berufung auf **Hierarchien,**

– Einschalten von **unangekündigten Dritten,** besonders von Anwälten, Steuerberatern etc.,

– **Vortäuschen** von Unwissen,

– **Verweigerung** von abgestimmten Unterschriften,

– **Druck** zu sofortiger Entscheidung ohne Überlegungsfristen.

Es muss nicht immer auf bösem Willen beruhen, wenn solche Situationen entstehen, sie fördern aber das Misstrauen, und die Frage ist, wie man damit umgehen soll.

470 Das beste Mittel, um nicht unter Zeitdruck zu kommen, ist die **frühzeitige** eigene **Planung (Verhandlungsregie).** Wenn das gewährleistet ist, fällt es erheblich einfacher, der Gegenseite organisatorische Vorschläge zum zeitlichen Ablauf zu machen, für deren Ablehnung es dann gute Gründe braucht (die nicht immer zur Verfügung stehen). Bricht die Gegenseite dann solche formellen Verabredungen zum Ablauf, hat sie auch immer die Begründungslast, und es fällt einfacher, Verschiebungswünsche argumentativ zu unterlaufen.

VII. Verhandlungsorganisation

Wenn das „**Drehbuch der Verhandlung**" rechtzeitig abgestimmt wird, dann ist von Anfang an klar, wie viel Zeit für die Verhandlung und wie viel für das Arbeitsessen zur Verfügung steht, und ebenso kann man vorab klären, ob die Verhandlungsteilnehmer auch entscheidungsbefugt sind, welche Informationen sie vorhalten müssen etc. All das sind wesentliche Bestandteile der Verhandlungsregie, die man in jeder Phase des Verfahrens ergreifen kann.

cc) Pausen

Als Störfaktor empfinden manche Manager das Ansinnen, dass Konferenzen auch **Pausen** haben müssen oder dass man nach einem Transatlantik-Flug nicht sofort ans Werk gehen kann, wenn es gelingen soll. Dabei erlebt jeder, wie sehr er seine Fähigkeit zur Konzentration immer wieder überschätzt: Es gibt keine Konferenz, die nicht nach ein bis zwei Stunden konzentrierter Gespräche langsam aber sicher zerfleddert, sich in Einzelgespräche und Unterbrechungen auflöst oder solange im Kreis dreht, bis schließlich einer der beteiligten Manager mit sich selbst und seiner Umgebung Mitleid hat und einsieht: „Heute werden wir wohl zu keinem Ergebnis mehr kommen."

471

dd) Zwischenergebnisse

Für Anwälte ist es immer wieder deprimierend zu sehen, wie wenig Gedanken ihre eigenen Mandanten (geschweige denn die andere Seite) darauf verschwenden, wie viel Zeit für die Abänderung von Vertragsentwürfen (geschweige denn für ihre Erstellung) benötigt wird. Die Arbeit der Anwälte beginnt nämlich erst dann, wenn die Manager ihr Ergebnis haben. Ist die schwierige Einigung inhaltlich einmal erreicht, dann soll sie möglichst sofort auch formuliert sein – und gerade darin steckt oft das größte Problem, umso mehr, wenn man mehrsprachig arbeiten muss.

472

Manager müssen sich darüber im Klaren sein, dass mindestens die **Hälfte** des **Zeitaufwandes** für die Verhandlung in die **Formulierung** gesteckt werden muss, wenn das Ergebnis etwas taugen soll. Man kann also fairerweise nicht erwarten, dass nach dem Ende einer Konferenz von zehn Stunden die Umsetzung der meist nur grob skizzierten Vereinbarung in einer oder zwei Stunden vorliegen kann. Natürlich leidet auch die Qualität der Beratungsarbeit unter solchen Fehlplanungen erheblich.

ee) Fehlende Strukturierung

All diese Schwierigkeiten multiplizieren sich, wenn es auch noch an einer Tagesordnung fehlt oder sich diese im Zuge der Gespräche inhaltlich so stark ändert, dass keiner sie mehr wahrnimmt. Eine der wichtigsten Aufgaben der jeweiligen Verhandlungsführer ist es, Gespräche zu strukturieren, zusammenzufassen, neue Themen vorzugeben etc., kurz, den

473

organisatorischen Rahmen immer wieder zu erneuern, in dem die Verhandlung sich bewegen soll (näher unten Rz. 551 f.).

Man ist eher bereit, mehr Zeit in eine Verhandlung zu investieren, wenn die Wahrscheinlichkeit steigt, dass sie auch ein Ergebnis haben wird. Ist die Verhandlung schlecht durchdacht und mangelhaft vorbereitet, weiß man natürlich instinktiv, dass daraus nicht viel werden wird, und will der schlecht investierten Zeit nicht noch die gute hinterherwerfen. Dadurch wird die Hoffnung, die Verhandlung werde am Ende wenigstens irgendetwas bringen, noch geringer. Richtig ist das umgekehrte Verfahren: Sorgfältig vorbereiten und planen und die Entscheidungsgrundlagen so präparieren (mis en scene), dass die Verhandlung die Themen inhaltlich weiterbringt. Eine solche Verhandlung bringt letztlich mehr **Zeitvorteile** ein, als sie auch bei großzügigster Planung verbrauchen wird, und gleichzeitig steigt die **Planungssicherheit** ganz erheblich.

h) Arbeitstechnik mit Zetteln und Software

474 Im Zuge der Vorbereitung entstehen eine Vielzahl von schriftlichen Aufzeichnungen, die teilweise der anderen Seite übergeben werden, zum größten Teil aber nur internen Zwecken dienen. Beide Arten von Aufzeichnungen und Dokumenten muss man streng unterscheiden und gegebenenfalls auch **kennzeichnen**, denn sonst besteht die Gefahr, dass man in der Hitze des Gefechts interne Aufzeichnungen kopiert oder aushändigt.

475 Interne Notizen, die man z.B. für die eigenen Statements benutzt, sollte man wenn möglich in der Technik des Zettelsystems abfassen (näher oben Rz. 253 ff. beschrieben). Gerade in Verhandlungen hat diese Arbeitstechnik, die sicherstellt, dass man jeden relevanten Gedanken auf einen eigenen, von den anderen getrennten Zettel schreibt, entscheidende Vorteile:

- Verhandlungen entwickeln sich **phasenweise chaotisch**, und so hat man immer Probleme, Notizen zu einzelnen Themen zu machen, die systematisch nicht zusammengehören. Legt man die eigenen Gedanken auf jeweils getrennten Zetteln fest, können sie später nach beliebigen Gesichtspunkten sortiert werden.
- Man kann einzelne Zettel für Fragen benutzen, auf die man dann die jeweiligen Antworten schreibt, und damit leicht den **relevanten Zusammenhang** herstellen.
- Zettel können auch für **Botschaften** benutzt werden (wie oft sucht man in der Verhandlungssituation danach!).
- Arbeitet man mit existierenden Vertragsentwürfen, kann man die Zettel als **Zwischennotizen** benutzen und merkt in den jeweiligen Entwürfen nur die Nummer einer Notiz an. Verfährt man (wie meist üblich) anders und schreibt abgestimmte Änderungen sofort in die

Entwürfe, erlebt man oft genug, dass diese Änderungen sich wieder ändern und damit die **Entwurfsurkunde** alsbald **unlesbar** wird.

– Arbeitet man in anderen **Sprachen**, kann man sich neben die deutsche Version gleich die fremdsprachige setzen, um die interne Verständigung zu verbessern.

Das Zettelsystem hat für den mündlichen Vortrag bei Statements allerdings auch einen Nachteil: Wenn man alle Ideen, die man vortragen will, auf einzelnen Zetteln übereinander stapelt, ist es oft nicht einfach, den Übergang vom einen Gedanken auf den anderen zu finden. Man kann dieses Problem aber einfach dadurch lösen, dass man die **wesentlichen Stichpunkte** einzelner Gedanken auf die üblichen DIN A4-Notizblock **überträgt** und zu dem jeweiligen Stichwort dann die umfangreicheren Erläuterungen beizieht, die man sich auf Zetteln notiert hat. Man kann so die Vorteile der freien Rede, die mehr als alles andere die Aufmerksamkeit der Zuhörer zu fesseln vermag, mit der gebotenen Präzision verbinden.

Es gibt unzählige Softwareprogramme (auch Freeware oder Shareware), in denen man seine Notizen verwalten kann (interessant z.B.: http://zettelkasten.danielluedecke.de). Das Problem, diese Einfälle so zu organisieren, dass man sie jederzeit wieder findet, ist erheblich. Da wir aber in wenigen Jahren bei Vertragsprojekten überwiegend papierlos arbeiten werden, ist es gewiss zweckmäßig, sich mit solchen Programmen zu organisieren. 475a

i) Organisatorische Details

Daneben gibt es noch eine ganze Reihe von Details zu beachten, die manchem trivial erscheinen mögen, an denen aber Projekte auch schon gescheitert sind, denn „viel Schweres erduldet, wer vieles zu leicht nimmt" (*Lao-Tse*, Kapitel 63, S. 236). Im Folgenden ein kurzer Überblick: 476

aa) Sitzordnung

Es gibt ein Grundverständnis, das interessanterweise quer durch alle Kulturen vorhanden zu sein scheint. Es lautet: Man sitzt strategisch richtig mit dem **Blick** zur **Tür** und möglichst gleichzeitig mit dem **Rücken** zum **Fenster**. Diese Regel gilt für alle Tischformen, ob rund, eckig, oval oder wie immer. Sie scheint ihren tieferen Grund darin zu haben, dass man sich außerordentlich unwohl fühlt, wenn man mit dem Rücken zur Tür sitzend einen Eintretenden nicht wahrnehmen kann. Mit dem Rücken zum Fenster bedeutet: Die Gegenseite kann die eigene Mimik nicht so gut wahrnehmen wie man selbst, so fühlt man sich ebenfalls geschützter. Wie tief diese Regel offenbar in allen Menschen verankert ist, kann man jeden Tag in Restaurants sehen, wenn man beobachtet, welche Tische zuerst besetzt werden. 477

Daneben gilt aber auch eine weitere Regel: Man soll sich niemals an den Platz setzen, der für den **Ranghöchsten** vorgesehen ist. Dieser Platz ist je nach Raumanordnung nicht immer leicht zu bestimmen (vor allem nicht bei runden Tischen), aber man tut einer Verhandlung nichts Gutes, wenn man als Gast dem Ranghöchsten der anderen Seite seine Plätze streitig macht.

Probleme der **Sitzordnung** kann man am eigenen Ort unschwer lösen, indem man Sitzkarten verteilt oder Mitarbeiter darum bittet, eintreffende Gäste in Empfang zu nehmen und einzuweisen. Seltsamerweise wird diese Chance fast nie wahrgenommen. Man kann deshalb als Gast durch frühzeitiges Kommen Einfluss auf die Sitzordnung nehmen, denn dem Gastgeber bleiben dann nur die Plätze übrig, die man nicht schon selbst besetzt hat.

bb) Unterlagen vorbereiten

478 Frühzeitiges Kommen hat auch den Vorteil, dass man mitgebrachte Unterlagen (Tagesordnung/Checklisten mit Fragen/Vertragsentwürfe/Dokumente/Statements etc.) auf alle in Frage kommenden Plätze verteilen kann, womit man automatisch den Platz der Gegenseite definiert und etwas tut, was man sonst nur bei Hunden beobachtet: Man „markiert". Niemand bringt es nämlich fertig, auf seinem Platz liegende Unterlagen nicht durchzusehen, und damit hat derjenige, aus dessen Händen die Unterlagen stammen, schon einen wesentlichen Teil der für ihn wichtigen Verhandlungsregie übernommen.

cc) Visitenkarten

479 Obwohl jeder heutzutage über eine Visitenkarte verfügt, gilt es bei uns teilweise als aufdringlich, sie anzubieten. In Amerika, mehr aber noch in Asien, ist es jedoch unbedingt erforderlich, eine Visitenkarte zu haben, die eine möglichst präzise Beschreibung des Ranges in der **Firmenhierarchie** abgibt. Anderenfalls hat die andere Seite es schwer, die **Kompetenzen** der anderen Teilnehmer abzuschätzen, was schwere Fehler in der Verhandlungsführung auslösen kann.

Firmen, die im Inland über flache Hierarchien verfügen und mit guten Gründen die Titelsucht abschaffen, müssen sich darüber im Klaren sein, dass solche **Titel** im **Ausland** gegebenenfalls notwendig sind. Nur Anwälte haben es hier einfach, da sie keinen steigerungsfähigen Titel wie zum Beispiel „Oberanwalt" besitzen.

Man muss also genügend **Visitenkarten** für **alle Teilnehmer** dabeihaben und erhält seinerseits die entsprechenden Karten, die man am besten in der **Reihenfolge** der Personen vor sich hinlegt, wie sie gegenübersitzen. Man kann sie dann mit dem Namen ansprechen, was weltweit als Höflichkeitsgeste anerkannt ist. Kann man den Rang trotz Visitenkarte nicht richtig einschätzen, muss man Unterbrechungen nutzen, um sich bei dem erkennbar Rangniedrigsten nach den entsprechenden Rängen zu erkundigen. In Japan gilt eine einfache Faustformel: Der Ranghöchste redet (fast) nie, und derjenige, der die Entscheidungen trifft, ist grundsätzlich nur bei der Schlussverhandlung zum Unterschreiben anwesend, trifft aber nie vor aller Augen eine Entscheidung. Das gilt für andere Länder ebenfalls mit gewissen Einschränkungen.

dd) Visuelle Hilfsmittel

Man kann nicht immer davon ausgehen, dass ein Konferenzzimmer über **Overhead-Projektoren** oder **Computerprojektoren** verfügt. Wenn man das nicht vorab klären kann, sollte man gleichwohl auf **Charts** nicht verzichten, sondern sie in genügender Anzahl kopiert mitbringen. 480

Noch besser ist es allerdings, sich um **Stellwände** zu bemühen, auf denen man mitgebrachte Charts notfalls abzeichnet oder die man nutzt, um ad hoc Skizzen zu entwerfen, die die jeweilige Gesprächssituation wiedergeben. Zum einen übernimmt der Zeichnende automatisch die **Verhandlungsregie**, weil alle auf ihn blicken und auf seine Erklärungen angewiesen sind, zum anderen helfen Zeichnungen zu strukturieren. Man beobachtet immer wieder mit Staunen, wie eine noch so unbeholfene Zeichnung die **Aufmerksamkeit** der Verhandlungsteilnehmer noch auf sich zieht, wenn der Zeichnende längst wieder an seinen Platz zurückgekehrt ist.

Aus dem Zeichnen und Darstellen, das ja Bewegung in den Raum bringt, entsteht außerdem immer wieder eine **gute Arbeitsatmosphäre**, weil geschickte Verhandler entstandene Zeichnungen fortschreiben, neue Entwürfe beginnen etc., und all das wirkt kreativ, auch wenn es inhaltlich nichts anderes ist als das, was Texte und Checklisten sagen.

ee) Protokolle

Für interne wie für gemeinsame Protokolle gibt es einen stereotypen Aufbau, den man nicht verbessern kann. Er umfasst folgende Punkte: 481

– Thema,

– Ergebnis,

– Verantwortung für die Durchführung,

– Zeitpunkt der Durchführung,

– Verantwortung für die Kontrolle.

Dabei empfiehlt es sich, jedes einzelne Thema durchzunummerieren, weil dadurch spätere Bezüge auf die einzelnen Besprechungspunkte erleichtert werden.

ff) Dokumente und Anlagen

482 Bei den meisten Verträgen befinden sich wesentliche Vertragsinhalte in Dokumenten, die man dem Vertrag als Anlagen beifügt. Man kann sie zu Verhandlungen nicht immer vollständig und in den jeweils gültigen letzten Fassungen mitbringen. Manchmal gibt es mehrere Fassungen, von denen nur eine dem Vertrag als relevant beigefügt wird. Oft müssen sie auch von dritter Seite bestätigt, beglaubigt oder überprüft werden. In jedem Fall ist es eine wichtige Aufgabe der **Schlussredaktion**, die relevanten Fassungen auf Vollständigkeit, Richtigkeit und sprachliche Konsistenz hin zu überprüfen.

gg) Getränke

483 Sie werden üblicherweise bereitgestellt, man sollte aber auf dem Tisch selbst möglichst nur Mineralwasser oder Saft bereithalten und nicht die gesamte Auswahl an Kaffee, Tee etc. Das nimmt zum einen Platz weg, zum anderen beraubt es einen der Möglichkeiten, zu geeigneter Zeit eine Kaffeepause vorzuschlagen, die die Leute von den Stühlen bringt, das Lüften gestattet und andere wohltuende Wirkungen hat. Längere Vertragsverhandlungen sind absoluter **Stress**, was man nicht zuletzt am üblicherweise folgenden Arbeitstrinken bemerkt, an dem man meist teilnehmen muss. Die Anwälte werden davon oft suspendiert, indem man sie in Klausur schickt, um das Verhandlungsergebnis in die richtige Form zu bringen. Eine kluge Verhandlungsregie sorgt für dosierte Pausen, die immer auch in taktischer Hinsicht zur internen Abstimmung genutzt werden können.

hh) Rauchen

484 In nahezu allen europäischen Ländern und den USA ist das Rauchen innerhalb von Gebäuden verboten, in Russland und Asien hält sich diese Sitte noch. Mit diesen Verboten ist aber die Zahl der Raucher jedenfalls in den älteren Generationen nicht wesentlich weniger geworden. Deshalb muss man auf Rauchpausen achten. Wer einmal in die dankbaren Augen eines Rauchers geblickt hat, dem man eine Zigarettenpause vorschlägt, wird wissen, wann er dieses Mittel taktisch klug einzusetzen weiß: Er erkundigt sich nämlich frühzeitig nach den Rauchgewohnheiten und sorgt für entsprechende Gelegenheiten.

ii) Essen

485 Das **Mittagessen** ist bei uns und in den USA bei Verhandlungen aus der Mode gekommen: „Nur Versager gehen Mittag essen." (*Michael Douglas*). Statt dessen sieht man die Manager, von denen dieser Satz stammt, verstohlen nach Traubenzucker, Vitamintabletten oder anderen Muntermachern greifen, denn der Blutzuckerspiegel will gerade in Stress-Situationen besonders gepflegt werden. In anderen Ländern, so vor allem in

Italien, Spanien, Frankreich und Griechenland, gilt eine Verhandlung ohne Mittagsunterbrechung als sehr unhöflich. Man muss also zum einen Rücksicht darauf nehmen, in welcher Umgebung man verhandelt, sollte aber auch bedenken, dass ein ausgedehnteres Essen mitten in der Verhandlung das gesamte Konzept durcheinander bringen kann, weil man danach längere **Anlaufzeiten** braucht, um wieder in die **Arbeitsatmosphäre** zurückzufinden. Wenn man nicht aus Höflichkeitsgründen gezwungen ist, an einem Mittagessen teilzunehmen oder es anzubieten, besteht die richtige Lösung nahezu immer in Sandwiches und Kleinigkeiten, die man in einer **geplanten Unterbrechung** in oder neben dem Verhandlungsraum servieren lässt. Gerade das muss rechtzeitig vorher geplant und mit der anderen Seite abgestimmt werden, da die Vorstellungen über Pausen sehr unterschiedlich sein können.

Es ist nicht nur aus Platzgründen ungeschickt, Sandwichplatten auf den Verhandlungstischen stundenlang herumstehen zu lassen, weil sie die Konzentration stören: Irgendwann fangen sie an zu riechen! Ungeschickte Essensplanung kann andererseits ein wichtiges taktisches Mittel sein, um den Gesprächspartner zu ärgern, unkonzentriert werden zu lassen und zu verunsichern – leider treten alle diese Effekte aber meist zufällig ein! 485a

Etwas ganz anderes sind Einladungen zum **Abendessen**. Wenn irgend möglich, sollte man daraus **kein Arbeitsessen** machen und solchen Vorschlägen auch gezielt entgegentreten. Das Abendessen ist in nahezu allen Kulturkreisen von der Arbeit am weitesten entfernt, und es gibt fast nichts Unangenehmeres, als wenn man nach stundenlangen Verhandlungen sich auch dann von den besprochenen Themen aus Gründen der Höflichkeit nicht lösen darf. Vielfach blockieren sich dabei auch die Vorstellungen von Höflichkeit, die die Verhandlungsteilnehmer haben: Der eine meint, der andere wolle unbedingt noch übers Geschäft reden, und umgekehrt, obgleich beide über andere Themen erleichtert wären.

Man vergibt sich darüber hinaus die entscheidende Chance, seine künftigen Vertragspartner auf einer **persönlichen Ebene** kennen zu lernen, erfährt kulturell nichts und kämpft darüber hinaus mit Sprache, Taktik, Gräten, Knochen und Alkohol gleichzeitig.

jj) Alkohol

Er wird bei Verhandlungen selten angeboten, danach aber manchmal umso heftiger. Man kann diesen Angeboten nur dann völlig ausweichen, wenn man eigene Krankheiten glaubhaft versichert (Leberwerte!) und eine geeignete Form findet, das mitzuteilen. Am einfachsten ist es, volle Gläser nach den üblichen Zeremonien halbvoll zu belassen. Spirituosen kann man – außer in Russland – meist ausweichen, und in jedem Fall sollte man die Faustformel beherzigen: Mindestens so viel **Wasser** wie **Alkohol**, weil das die Verträglichkeit erhöht. 486

kk) Dokumentenmanagement

487 Man kann bei Verhandlungen nur selten die gesamten Unterlagen mit sich führen, die für ein Projekt insgesamt relevant sind. Deshalb ist die richtige Auswahl, die Gliederung und die Organisation der Akten wichtig, die man bei Verhandlungen mit sich führen muss. Dazu gehören:

– **Vertragsentwürfe** und andere Dokumente, an denen die beiden Parteien gemeinsam arbeiten,
– **Dokumente**, die später Anlagen werden sollen,
– **Literatur** und Hilfsmittel, die man für die Entscheidungen benötigt,
– interne **Korrespondenz,**
– interne **Planungsaufzeichnungen.**

Es ist keine leichte Aufgabe, diesen Wust von Papier in eine sinnvolle Ordnung zu bringen. Diese Ordnung muss nämlich einerseits systematisch richtig sein, andererseits aber den unmittelbaren Zugriff in der Verhandlung erleichtern. Es gibt nichts Störenderes als Schweigesekunden und erzwungene Pausen, die durch das Suchen nach Aufzeichnungen veranlasst worden sind. Fehlende Organisation in diesem Bereich kann der anderen Seite nicht verborgen bleiben und lässt natürlich im Guten wie im Schlechten Schlüsse auf die allgemeine organisatorische Kompetenz des künftigen Vertragspartners zu.

All diese Probleme ändern sich, wenn man die Dokumente elektronisch auf dem Laptop gespeichert hat. Man hat dann zwar auf dem Tisch kein Durcheinander mehr, aber manchmal kann es schwieriger werden, Dokumente zu finden, wenn man sie nicht zuvor in einer vertrauten Ordnung abgelegt hat. Computerprogramme zur Indexierung (*Copernic, Lookeen* etc.) können hilfreich sein.

ll) Aktenkoffer

488 Sie sind vor allem auf Reisen eines der wichtigsten Organisationsmittel, das klug ausgewählt und richtig bestückt sein will. Der Aktenkoffer sollte darüber hinaus ein **Zahlenschloss** haben, so dass man bei Unterbrechungen, bei denen man den Raum verlässt, vertrauliche Unterlagen ohne viel Aufhebens dort verstauen und gegen fremde Einsicht sichern kann. Allzu oft bleiben in solchen Situationen wichtige Dokumente offen herumliegen, die die Gegenseite für sich nutzt, auch wenn das zunächst nicht beabsichtigt war.

mm) Mobiltelefone

489 Es ist meist empfehlenswert, die eigenen Telefone mitzubringen, weil man sich dadurch von den organisatorischen Möglichkeiten am Ort unabhängig macht. Man sollte sie aber in erster Linie zum aktiven Telefonieren benutzen, denn es ist sehr unhöflich, Mobiltelefone während Ver-

handlungen nicht abzuschalten. Ausnahmen sollte man sich nur gestatten, wenn man die Störung bewusst inszeniert, um Unterbrechungen herbeizuführen. Dieselbe Regel gilt umgekehrt für Manager, die sich ständig aus Verhandlungen herausrufen lassen, denn damit wird eindeutig signalisiert „Es gibt Wichtigeres als hier zu sitzen!" – trotz aller Entschuldigungen.

nn) Computer und Software

Wenn sie in der Verhandlung benutzt werden, muss man in den Pausen ebenfalls für Sicherung sorgen, und auf keinen Fall darf man sie über Nacht in Konferenzräumen lassen. Bei der Benutzung von Computern, die zur Verfügung gestellt werden, ist es besonders wichtig, über die **Datensicherheit** nachzudenken, denn Texte sind auch dann noch lesbar, wenn Dateien gelöscht werden etc. Gegebenenfalls muss man über Verschlüsselung nachdenken. 490

oo) Taschenrechner

Den Taschenrechner braucht man immer, man sollte sein vertrautes Gerät mit sich führen, weil man sonst mit der Handhabung nicht vertraut ist (vor allem bei im Ausland zur Verfügung gestellten Geräten). 491

pp) Telefax, E-Mail

Wenn der eigene Computer diese Features hat, kann man auf die Benutzung der Geräte des Verhandlungspartners verzichten. Nutzt man fremde Geräte, so besteht das Hauptproblem in den Nachrichten, die man selbst erhält, denn diese wandern durch verschiedene Hände, bevor man sie zu sehen bekommt. Es kommt gewiss nicht oft vor, dass zum Beispiel Hotelangestellte oder die Mitarbeiter des Verhandlungspartners eingehende Telefaxe kopieren und die Vertraulichkeit brechen, auszuschließen ist es aber nicht. Viele dieser Probleme sind leicht lösbar, wenn man sich der organisatorischen Hilfe seiner Anwälte bedient. 492

qq) Sekretariatsdienste

Die internen Protokolle von Verhandlungen sollte man grundsätzlich **selbst konzipieren** und **schreiben** und dazu nicht die Sekretariate des Verhandlungspartners nutzen, weil das Vertraulichkeitskonflikte mit sich bringt. Diese Regel gilt nicht für eigene Vertragsentwürfe, die man mitbringt, denn deren Inhalt ist offenkundig, es sei denn, sie sind in unterdrückten Versionen mit internen Kommentaren versehen! 493

Spracherkennungsprogramme sind zwischenzeitlich soweit entwickelt (vor allem *DragonDictate*), dass die Erstellung der Protokolle auf diese Weise viel leichter fällt als beim Diktat über eine Sekretärin etc. Sobald in Englisch gearbeitet wird, schreiben (oder diktieren) ohnehin die meisten Anwälte selbst.

Man sollte frühzeitig klären, ob **Vertragsentwürfe** beim Verhandlungspartner mit dessen Systemen **überarbeitet** werden können. Früher gab es immer wieder die Schwierigkeit, abgestimmte Vertragsfassungen in ordentlicher Form kurzfristig geschrieben zu bekommen, um sie dann abzeichnen (paraphieren) und damit verbindlich machen zu können. Dem kann man ausweichen, wenn man es organisatorisch fertig bringt, weitgehend unterschriftsreife Fassungen als Ergebnis der Verhandlung herzustellen. Notfalls muss man den eigenen Sekretariatsservice oder **eigene Anwälte** und deren Servicemöglichkeiten einschalten.

rr) Ausweichräume

494 Bei jeder Verhandlung benötigt man Räume, in die eine der beiden Parteien im Bedarfsfall ausweichen kann, um sich **intern abzustimmen**. Wenn hierfür kein freier weiterer Konferenzraum zur Verfügung steht, entstehen auch **Höflichkeitskonflikte**: Bietet man selbst an, den Konferenzraum zu räumen, um der Gegenseite Gelegenheit zu interner Besprechung zu bieten, muss man auch die Mühe auf sich nehmen, die eigenen vertraulichen Unterlagen (welche gehören nicht dazu!) mitzunehmen. Die Frage wird meist so entschieden, dass die größere Verhandlungsgruppe den ursprünglichen Konferenzraum behält, während die andere ausweicht. Steht hierfür kein zweites Konferenzzimmer zur Verfügung, ist es eine Frage der Aufmerksamkeit, der ausweichenden Gruppe angemessene Arbeitsmöglichkeiten zu schaffen. Fehlt es auch daran, bleibt nichts anderes übrig, als kontroverse Themen zu **vertagen** und erst die auftauchenden organisatorischen Probleme zu lösen, bevor man in solchen Situationen zu improvisieren beginnt. Getrennte Verhandlungsräume bieten auch die taktisch willkommene Möglichkeit, während getrennter interner Verhandlungen **Botschafter** zwischen den Parteien zu senden, die die Verhandlung vorwärts bringen. Oft genug zeigt sich nämlich, dass vor allem bei verhärteten Situationen das unmittelbare Gespräch am Verhandlungstisch nicht mehr weiterführt, weil zwischen den Vertragsparteien die Wellen so hochschlagen, dass man sachlich nicht mehr weiterkommt.

Vor allem **Anwälte** sehen sich dann in der Rolle des Vermittlers, der als Botschafter zwischen den Gruppen pendelt und den jeweils neuesten Stand der Überlegungen in diplomatischer Form verpackt hin- und herträgt (*Henry Kissinger*: Shuttle-Diplomacy). Auch wenn man als Anwalt immer einseitig auf die Interessen des Mandanten zu achten hat, bietet dieses Verfahren doch die Möglichkeit, **Zwischentöne** zum Ausdruck zu bringen, die in dieser Form am Verhandlungstisch nur zu Missverständnissen führen würden.

ss) Entertainment

Manchmal wird zum Ende des Tages noch auswärtige Unterhaltung, welcher Art auch immer, vorgeschlagen. Man sollte sich rechtzeitig vorher vergewissern, was da auf einen zukommen kann, und es nicht unter allen Umständen als ein Gesetz der Höflichkeit betrachten, die Planungen des Gastgebers nicht abzuändern. Diese Grundregel gilt nicht nur für Barbesuche, sondern auch für künstlerische Ereignisse, die man nach einem langen Arbeitstag nicht immer genießen kann. Nur taktische Überlegungen sollten gegebenenfalls überwiegen.

tt) Schlaf

Das Schlafbedürfnis wird vor allem bei Reisen viel zu häufig ignoriert. Man muss durch geeignete Zeitplanung dafür sorgen, wenigstens hier nicht allzu große Defizite zu erleiden, und kann sich, wenn man auswärts verhandelt, durch Konferenzen im eigenen Hotel manchen Vorteil verschaffen.

uu) Sprachprobleme

Sprachliche Missverständnisse sind die bedauerlichste Problemquelle, weil man bei richtiger Organisation immer die Chance hat, sie zu vermeiden, andere Missverständnisse, die auf fehlender Kenntnis des kulturellen Umfeldes oder der psychologischen Bedürfnisse von Verhandlungspartnern beruhen, sind oft nicht vermeidbar (zu weiteren Problemen: Teil 1 Rz. 5; Teil 2 Rz. 210 Rz. 284).

Dabei ist nicht einmal die Einschaltung von **Dolmetschern** ein sicheres Mittel, um zu eindeutigen Ergebnissen zu gelangen, denn der Dolmetscher selbst kann zur Quelle von Irritationen werden, wenn er seine Rolle nicht richtig versteht, vor allem, wenn er eigene Interessen oder Darstellungsbedürfnisse ins Spiel bringt.

Meist scheut man aber den Einsatz von Dolmetschern aus ganz anderen Gründen: Das **simultane** Übersetzen von Diskussionen kann man sich bei üblichen Vertragsverhandlungen praktisch nicht leisten, weil die Konzentrationsfähigkeit auch der besten Fachleute sehr schnell absinkt und man über ein ganzes Dolmetscherteam verfügen müsste, um eine mehrstündige Vertragsverhandlung durchzuhalten. **Konsekutivdolmetscher** hingegen, die im Wesentlichen nur sinngemäß übertragen, müssen mit ihren Auftraggebern, deren Fachsprachen und persönliche Eigenheiten sehr gut vertraut sein, wenn ihre Arbeit Wert haben soll, und diese Personen nimmt man oft aus Kostengründen nicht mit ins Verhandlungsteam, wenn man überhaupt über sie verfügt. Hier muss man **Mittelwege** gehen: Am besten versucht man, mit den eigenen Sprachkenntnissen zunächst einmal die Positionen abzuklären, die von beiden Seiten einheitlich gesehen werden, und versucht, sie möglichst schriftlich zu fixieren, weil sich dann Missverständnisse am leichtesten herausstellen.

Sodann versucht man, die streitigen Positionen jeweils so weit zu beschreiben, dass klar ist, worin die Differenz in den Auffassungen besteht, und nähert sich so Schritt für Schritt einem möglichen Ergebnis immer in dem Bewusstsein, dass wesentliche Gedanken zwar übersetzt, aber noch nicht verstanden worden sind.

Das Problem wird nur scheinbar dadurch gelöst, dass in den meisten Verhandlungen irgendeiner Art Englisch gesprochen wird, in der Hoffnung, man spreche die gleiche Sprache.

498 Verhandelt man auf dem Hintergrund der **eigenen Rechtsordnung** in fremden Sprachen (zum Beispiel englischsprachiger Vertrag nach deutschem Recht), kann aber eine deutschsprachige Fassung nicht als die „führende Vertragsfassung" durchsetzen, muss man ebenso wie in den anderen Fällen, in denen eine **fremde Rechtsordnung** zugrunde liegt, Anwälte einschalten, die wenigstens die entscheidenden Probleme in diejenige Sprache übersetzen können, die der Vertragspartner als **Muttersprache** versteht (näher dazu: Teil 6 und *Pischel*, Vertragsenglisch, 2014).

Wenn all das nicht möglich ist, dann sind Verträge letztlich nichts anderes als **niedergeschriebene Konversation**, deren rechtlichen Bedeutungsgehalt niemand annähernd abschätzen kann. Solche „Verträge" verdienen eigentlich nicht ihren Namen als „verbindliche Verteilung von Risiken und Risikoprognosen" (oben Teil 1 Rz. 13). Obwohl das eigentlich klar sein müsste, werden solche Vereinbarungen immer wieder abgeschlossen, und das hat auch einen verständlichen **praktischen** Hintergrund: Bevor man auf der Basis eines Vertrages Prozesse beginnt, dienen die Vereinbarungstexte immerhin der vorprozessualen Argumentation beider Seiten, die sich bei hinreichender Fairness und entsprechender Dokumentation in den Verhandlungsprotokollen etc. möglicherweise darauf besinnen, was die ursprünglichen Intentionen der Parteien waren.

498a In solchen Fällen werden die Parteien im Verhandlungsweg auch in der Krise oft noch einen Weg finden, gegenseitig anzuerkennen, dass eine bestimmte Sprachfassung nicht das ausdrückt, was man bei der Verhandlung vereinbart hat. Würde man nicht einmal eine (wenn auch missverständliche) sprachliche Fassung erarbeitet haben, fehlte es sogar daran! **Unklare Sprachfassungen** haben also bei allen Bedenken immer noch einen gewissen **Restnutzen**, man muss sich aber über eines im Klaren sein: Mit solchen Vereinbarungen kann man mit hoher Wahrscheinlichkeit weder einen Prozess noch ein Schiedsverfahren gewinnen oder auch nur die Chancen einer Auseinandersetzung hinreichend klar abschätzen. Vor diesem Hintergrund wird man leicht verstehen, dass das Ziel eines Vertrages unter diesen Umständen eher darin besteht, eine – wie immer geartete – **Arbeitsplattform** für die Parteien bereitzustellen als für spätere **Auseinandersetzungen** Positionen zu bieten, auf die man sich verlassen könnte.

vv) Übersicht behalten

Das ist neben dem inhaltlichen auch ein organisatorischer Vorschlag: Bei längeren Verhandlungen entstehen fast immer Berge von Papieren, Notizen und anderen Dokumenten von unterschiedlicher Qualität und Bedeutung, die man im Eifer des Gefechts munter durcheinander wirft. Ein erfahrener Verhandler kennt das Problem und sorgt spätestens bei Unterbrechungen für Ordnung wenigstens in den eigenen Reihen. Schwierig wird es vor allem, wenn in den Sekretariaten zeitnah immer neue Vertragsfassungen erstellt und dann neu durchverhandelt werden. Eine grobe Ordnung kann man immerhin durch **Versionsnummern** schaffen, die sich aber möglichst über alle Seiten eines Dokuments hinweg ziehen sollen, damit nicht einzelne Seiten aus alten Versionen sich mit anderen Seiten aus neueren kreuzen, denn der Ausdruck des Tagesdatums, der von vielen Textsystemen automatisch erzeugt wird, reicht naturgemäß nicht. Die einfachste, aber wirkungsvollste Methode ist das **Zerreißen** alter Fassungen, so dass alles, was nicht zerrissen im Papierkorb landet, die jeweils jüngste Vertragsversion darstellt. Der **Papierkorb** aber bietet ein weiteres Problem: Man darf in ihm nur Papiere versenken, die die andere Seite schon kennt, möglichst aber nicht eigene überholte Aktennotizen oder interne Vermerke, denn das kann beim Aufräumen den Vertragspartner in Versuchung führen. Einen so taktvollen Verhandlungspartner, der für diese Konflikte im Verhandlungsraum einen **Papierschredder** bereitstellt, trifft man außerhalb des Verteidigungsministeriums und des Bundesnachrichtendienstes wahrscheinlich selten.

VIII. Verhandlungsregie

1. Allgemeines

Der Ablauf der Verhandlung wird von demjenigen gesteuert, dem es gelingt, die Verhandlungsregie zu übernehmen. Die wesentlichen Voraussetzungen hierfür kann man schon im Planungsstadium schaffen (oben Rz. 175 ff.).

Wie immer ist die **Ausgangslage** von den **Machtverhältnissen** bestimmt, so dass ein deutlich mächtigerer Vertragspartner in den meisten Fällen die wesentlichen Spielregeln und Abläufe vorgeben kann. Diese Spielregeln bestimmen den Ablauf der Verhandlung aber **keinesfalls endgültig**: Auch der Verhandlungspartner „mit den schlechteren Karten" hat eine Menge Chancen, seine Position durch geeignete Vorbereitung zu verbessern, und in der Verhandlungssituation selbst bieten sich immer wieder **unterschiedliche Lagen**, in denen auch er die **Initiative** und damit die Verhandlungsregie wenigstens für begrenzte Zeit **gewinnen** kann. Das beginnt schon am Anfang der Verhandlung: Wer als Gast an fremdem Ort verhandelt, wo die andere Seite das natürliche Übergewicht hat, kann die Gesprächsführung am Anfang dadurch übernehmen, dass er sich für die Einladung bedankt und die Organisation lobt, um dann ohne

Unterbrechung seine eigene Tagesordnung vorzuschlagen, oder eine von der anderen Seite präsentierte zu kommentieren. Ebenso kann man in späteren Verhandlungen an beliebigen Stellen, die es erforderlich erscheinen lassen, um Pausen bitten oder, wenn alle eigenen Initiativen abgeblockt werden, durch nachhaltiges Schweigen auf die Krisen aufmerksam machen und dann das Ruder wieder in die eigene Richtung herumreißen. All das ist unten (Rz. 522 ff.) in verschiedenen Verhandlungssituationen im Detail entwickelt.

501 Für jede Verhandlungsgruppe empfiehlt es sich, unmittelbar vor Beginn der Verhandlung nochmals in einem kurzen Check-up die eigene Linie abzustimmen, also:

– Verhandlungsziel abstecken,

– Rollen bestätigen,

– Drehbuch (soweit vorhanden) wiederholen.

2. Werkzeuge der Verhandlungsregie

a) Übersicht

502 Die Werkzeuge der Verhandlungsregie sind alle organisatorischen Mittel und Verhaltensweisen, die den Ablauf der Verhandlung bestimmen, also:

- Einleiten,
- Überleiten,
- Verfahrensvorschläge,
- Protokollvorschläge,
- Methodenänderungen (z.B. Brainstorming vorschlagen),
- Pausenvorschläge,
- Bilden von Untergruppen,
- Wort erteilen,
- um Äußerungen bitten,
- Zusammenfassen,
- Wiederholen,
- Informationen und Gefühle verstärken,
- Informationen und Gefühle abschwächen (ignorieren, vorbeischwimmen lassen),
- nach neuen Argumenten suchen,
- Bestätigen („richtig"/„vermutlich"/„könnte so sein"),
- Vertiefen, näher darlegen lassen,
- Nachfragen,

- Diskussion erweitern,
- Detailprobleme herauslösen,
- Gefühle offen legen oder verstecken,
- durch Charts und graphische Darstellungen visualisieren,
- Unterbrechen,
- Dramatisieren,
- Humor einsetzen,
- Thema beleben,
- Thema versanden lassen,
- Zeitdruck wegnehmen,
- Zeitdruck verstärken,
- Zeit durch Umorganisation dazu gewinnen,
- zum Wechsel der Perspektive ermuntern,
- Gruppenkonflikte steuern (Auszeit!),
- sich bei Provokationen entrüsten (waffenlos stellen!),
- Verstehen,
- bewusst Missverstehen,
- Aufklären,
- Übergehen und Überhören,
- bemerkbar Schweigen,
- Isolieren,
- bewusst Übersteigern,
- akzentuiert Unterbrechen,
- Ausweichen.

b) Grundregeln

Diese Werkzeuge werden unten (Rz. 522 ff.) im Detail kommentiert. Die 503 Kunst der Verhandlungsregie besteht darin, sie situationsbezogen richtig einzusetzen. Diese Kunst entspricht dem Aufbau von Stellungen und den Spielzügen beim Schach oder den Figuren, die im Rahmen asiatischer Kampfkünste gelehrt werden (Kata), aber auch einfacheren Formen wie im Sport. Allen diesen Künsten sind drei Elemente gemeinsam:

- Es gibt bestimmte **Grundregeln**, die niemand verletzen darf, ohne das Spiel zu zerstören.
- Es gibt eine Reihe von **Grundmustern** und **Modellen**, die in bestimmten Situationen **stereotyp** angewendet werden können und auf die es erfolgreiche stereotype Reaktionen gibt.

- Der Erfolg hängt im Wesentlichen davon ab, diese Regeln sinnreich zu nutzen, man muss sie aber **situationsbedingt** auch **brechen** können.

Es hängt ausschließlich von der Erfahrung und der Phantasie des jeweiligen Verhandlungsführers ab, mit welchem dieser Mittel er erfolgreich ist. Grundsätzlich gilt:

- Wer die Verhandlungsregie übernimmt, **verliert** sie am leichtesten, wenn er die Interessen der anderen Seite nicht berücksichtigt, weil diese dann instinktiv um die Verhandlungsregie kämpfen wird, um verlorenen Boden wieder gutzumachen.
- Die Verhandlungsregie wirkt immer unmittelbar und direkt auf die Verhandlung ein – umso **indirekter** müssen ihre Werkzeuge gewählt werden, um dem Verhandlungspartner genügend Spielraum zu lassen: „Treibe einen verzweifelten Gegner nicht in die Enge." (*Sun Tsu*, S. 159).

3. Übernahme der Verhandlungsregie

504 Bei Verhandlungen gibt es – anders als im Sport – keinen Schiedsrichter, es sei denn, man verhandelt ausnahmsweise einmal unter Zuziehung eines Moderators.

Wenn ein **Moderator** vorhanden ist, können beide Parteien ihre jeweilige Taktik nicht ohne Rücksicht auf den Moderator entwickeln und die Verhandlungsregie nur in dem Umfange übernehmen, in dem der Moderator das zulässt. Typische Situationen sind etwa Tarifverhandlungen, bei denen der Schlichter anwesend ist, Verhandlungen im Rahmen der Mediation, Vergleichsgespräche bei Gericht oder auch Vertragsverhandlungen vor einem Notar, der (unter Beachtung seiner Neutralität) Vorschläge zum Verhandlungsablauf macht und/oder in diesen steuernd eingreift.

505 Fehlt eine solche Person, besteht die Kunst darin, selbst die **Initiative zu ergreifen** und sie im Wesentlichen zu behalten, wenn man sie nicht aus taktischen Gründen der anderen Seite überlässt, damit diese sich nicht übergangen fühlt.

Im Übrigen entstehen immer wieder Verhandlungslagen, bei denen die **Verhandlungsregie** von der einen auf die andere Seite **überspringt**, und oft genug ist ein mächtiger Verhandlungspartner gut beraten, wesentliche Teile der Verhandlungsregie der anderen Seite zu überlassen, damit diese wenigstens ein paar taktische Vorteile nutzen kann, wenn sie schon inhaltlich eine schwierige Position hat. Ein solches Zeichen der Fairness geht unbewusst auch in die „Bilanz der Zugeständnisse" ein.

506 Wenn zwei erfahrene und gleich starke Verhandlungspartner aufeinander treffen, die mit den taktischen Möglichkeiten der Verhandlungsregie vertraut sind, kann es zunächst zu einem **Stillstand** der Bewegungen kommen, weil jede Seite geeignete Mittel findet, um die Übernahme der Verhandlungsregie durch die andere Seite zu verhindern.

VIII. Verhandlungsregie   Rz. 507 **Teil 2**

Eine solche Situation wäre für den Gang der Verhandlung genauso gefährlich wie ein einseitiges, für die andere Seite nicht mehr tolerierbares Übergewicht des anderen Vertragspartners, denn in beiden Fällen kann keine Verhandlung gelingen.

Solche Situationen löst man dadurch auf, dass man sich anhand der **Tagesordnung** über einzelne Themenbereiche einigt und jeden Bereich einer Partei zuordnet, die während dieser Zeit die Verhandlungsregie übernimmt. Es bietet sich zum Beispiel an, bei der Erörterung der notwendigen technischen Qualität eher den Hersteller als den Käufer die Regie führen zu lassen, während der Käufer es vorziehen wird, bei Finanzierung und Preisen die Verhandlungsregie zu übernehmen.

Besonderes Geschick entwickelt eine Partei, wenn sie zwar die Verhandlungsregie in den entscheidenden Punkten übernimmt, sie aber eher wie ein Moderator handhabt, um so – vor allem im Zuge längerer Verhandlungen – Schritt für Schritt vorhandenes Misstrauen abzuschleifen und persönliches Vertrauen herzustellen. Wer so vorgeht, verzichtet aber auf eine ganze Reihe von taktischen Möglichkeiten, die sich mit dieser Strategie nicht vereinbaren lassen, so vor allem jedes Verhalten, das Zweifel an der Glaubwürdigkeit hervorrufen könnte. Auch hier gibt es Zwischenformen, vor allem dann, wenn in Gruppen verhandelt wird: Dann entstehen teilweise recht früh „grenzübergreifende" Vertrauensverhältnisse, die in der Gesamtstrategie kontrolliert werden müssen. 506a

4. Tatsachenorientiertes Verhalten

Außerhalb des oben (Rz. 502) vorgestellten Katalogs gibt es natürlich noch weit gröbere Werkzeuge, also Ironie, Beleidigung, Verachtung, Auftrumpfen etc. Außerhalb von Krisenverhandlungen erlebt man sie selten, sie sind aber gelegentlich unvermeidbar. Auch wenn man selbst nicht immer verhindern kann, dass man aus der Rolle fällt, sollte man immer wieder die Fähigkeit besitzen, zu einem normalen Verhandlungsstil zurückzukehren, und sich auch mit der notwendigen Geduld wappnen, um den immer wieder aufflammenden „Unsinn" anzuhören, den die Gegenseite als „Argument" verkleidet. Man muss nämlich davon ausgehen, dass die eigenen Argumente der anderen Seite ebenso „unsinnig" erscheinen werden! 507

Es gibt einige der Mittel, wie zum Beispiel das **bewusste Missverstehen**, das **Übergehen** oder **Überhören**, die nicht zum Stil des tatsachenorientierten Verhandelns zu passen scheinen. Sie werden trotzdem erwähnt und müssen auch benutzt werden, wenn man sich Verhandlungspartnern gegenüber sieht, die in der Welt des Taktierens aufgewachsen sind und zunächst nur auf deutliche Zeichen reagieren. In solchen Situationen muss man sich (zeitlich begrenzt) dem Stil der Gegenseite anpassen, um nicht in den Verdacht unfähigen Nachgebens oder anderer Schwächen zu geraten. Die Souveränität einer richtigen **Anpassungsstrategie** zeigt sich immer an der Fähigkeit, bei veränderter Situation die Friedensangebote der anderen Seite spontan anzunehmen, ohne ihr unfaire Methoden (allzu lange) nachzutragen.

5. Verhandlungsteams

508 Wenn nur zwei Parteien miteinander sprechen, müssen sie gleichzeitig auch die Verhandlungsregie führen, wird in Gruppen verhandelt, muss diese Aufgabe der **Sprecher** übernehmen, während die anderen Verhandlungsteilnehmer ihn dabei unterstützen.

Das geschieht am wirkungsvollsten, wenn seine Aufgabe allen anderen bekannt ist und sie ihn von anderen Pflichten **entlasten**, die im Rahmen der Verhandlung auf die Gruppe zukommen. Der Verhandlungsführer kann nicht **gleichzeitig** taktisch nachdenken, inhaltlich begründen, Protokoll führen und seine Gruppe zusammenhalten. Deshalb ist es für den einzelnen Verhandler außerordentlich schwierig, wenigstens einen Teil dieser vielfältigen Aufgaben sachgerecht zu erledigen. Bei Gruppen können die jeweiligen Aufgaben im Rahmen der Rollenverteilung frühzeitig festgelegt werden.

508a Der Fehler, die Führung eines Verhandlungsteams nicht rechtzeitig festzulegen, geschieht häufig, da über Führungsfragen zu wenig nachgedacht wird (siehe oben Rz. 20a). In solchen Situationen kann es oft vorkommen, dass Rechtsanwälte innerhalb eines Teams aus Managern und anderen Beratern die Führung übernehmen, weil sie das so gewöhnt sind. Dabei besteht die Gefahr der **Kompetenzüberschreitung**, die auch haftungsrechtlich relevant ist. Anwälte sollten aktiv dafür sorgen, dass ihre Mandanten die Verhandlungsführung nicht aus der Hand geben und ihnen nur im Rahmen der rechtlichen Konzeption etc. zuarbeiten. Manche Mandanten begreifen nicht, dass die **Verhandlung** eine **Managementsache** ist, die von den Anwälten nur rechtlich strukturiert wird. Sie halten vieles für „die Sache der Juristen", was tatsächlich ihre eigene wäre und sind darüber froh, die Verantwortung scheinbar los zu werden. Die Anwälte müssen hier offen gegensteuern, denn meist sind sie über viele Dinge, die letztlich in die Entscheidung einfließen müssen, nicht annähernd so gut informiert, wie der Mandant.

Anwälte sind auch keine geborenen Verhandlungsführer, wenn sie sich nicht wirklich Mühe gegeben haben, zu lernen, wie man das macht. Ihr Beruf ist ja der **Streit** und so streiten sie sich eben gerne vor allem mit anderen Anwälten, um sie mit intelligenten Einsichten zu beeindrucken und ihre **anwaltlichen Machtspiele** am Verhandlungstisch zu spielen. Wenn man eine solche Entwicklung zulässt, kann es die ganze Verhandlungssituation vergiften, denn Anwälte werden durch ihren Beruf gefährlich gemacht, wie *Talleyrand* einmal zutreffend bemerkte. Das mag im Gerichtssaal (wenn auch nicht immer) vorteilhaft sein, am Verhandlungstisch muss man es vermeiden.

Anwälte sind dafür verantwortlich, dass sie die Informationen erhalten, die sie brauchen und dass ein Vertragstext entsteht, der das abbildet, was als Ergebnis erreicht wurde. Mit dieser Aufgabe haben sie genug zu tun.

Der Verhandlungsführer wird immer wieder bestimmte Situationen, die sich anbahnen, nicht wahrnehmen, weil er mit anderen Themen beschäftigt ist oder sich in Parallelbesprechungen außerhalb der Gruppe aufhält, während dort neue Sachverhalte erörtert werden. Die übrigen Verhandlungsteilnehmer müssen besonders auf Information und kommunikative Unterstützung achten, interne Konflikte frühzeitig ansprechen, präsent sein und Ideen beisteuern. Sie dürfen sich aber **nicht unaufgefordert** in die Arbeit des Verhandlungsführers **einmischen**, wobei es natürlich nicht ausgeschlossen ist, dass eine Gruppe sich dazu entschließt, die Aufgabe des Verhandlungsführers bei längeren Verhandlungen unter sich aufzuteilen. Das geht aber selten gut. 509

Den Verhandlungsteilnehmern kann auch die Aufgabe übertragen werden, ihren fachlichen Gegenpart auf der anderen Seite mit vertraulichen Informationen zu versehen, um so bestimmte Einzelbindungen zu erzeugen, die dem Verhandlungserfolg dienlich sind.

Gute Verhandlungsteams agieren wie ein Team im Football oder – wenn man ein poetischeres Bild bevorzugt – wie gute Jazzmusiker in einer jam session. In beiden Fällen muss jeder einen harmonischen Beitrag zum Gesamten leisten, Dissonanzen sind nicht ausgeschlossen, und schwierig wird es immer, wenn das andere Team auftritt und man dann nach interner Probe **gegeneinander**, aber auch **miteinander** spielen muss.

Verhandlungsteams müssen sich zwar auf einen Sprecher konzentrieren, dieser darf aber nicht nur Solist sein, will er nicht interne Schwierigkeiten bekommen, und **niemals** dürfen **interne Konflikte offen** auf dem Spielfeld **ausgetragen** werden!

6. Einsatz der Werkzeuge

Die Werkzeuge der Verhandlungsregie müssen so eingesetzt werden, dass sie dem Ziel einer tatsachenorientierten Verhandlung dienen. Sie müssen das Zustandekommen eines von beiden Seiten als fair empfundenen Verhandlungsergebnisses unterstützen und mit ihm synchron laufen: „Benützt du Ordnung, um der Unordnung Herr zu werden; benützt du Ruhe, um mit Tumult fertig zu werden, dann beherrschst du deinen Geist." (*Sun Tsu*, S. 155). 510

a) Ergebnisse zusammenfassen

Die Fähigkeit, Verhandlungsergebnisse und Verhandlungslagen so **zusammenzufassen**, dass beide Parteien sich darin wieder finden, ist eine wichtige Fähigkeit des Verhandlungsführers. Er muss es fertig bringen, nicht nur die eigene Position darzustellen, sondern immer auch die Posi- 511 tion der Gegenseite, und sorgfältig darauf achten, bei solchen Zusammenfassungen alle **Bewertungen** zu **vermeiden**, die den Verhandlungspartner irritieren könnten.

Wer diese Fähigkeit besitzt, beweist damit vor allem, dass er sich von der eigenen Position distanzieren kann – ein wesentliches Element im Fundament des Vertrauens, das in der Verhandlung gelegt werden muss.

b) Wiederholen

512 Neben dem Zusammenfassen ist das **Wiederholen** ein wichtiges Hilfsmittel, auch wenn es manchmal unelegant wirken kann. Immer wieder zeigt sich nämlich, dass Argumente, die beim ersten Mal vorgestellt werden, ohne Kommentar bleiben, beim zweiten oder dritten Mal aber auf Widerspruch stoßen. Die Gründe sind vielfältig: Vielleicht hat die andere Seite das **Argument** zunächst inhaltlich **nicht verstanden**, meist sind aber zwischenzeitlich andere Gesichtspunkte aufgefallen, die zum Widerspruch nötigen. Das Wiederholen und immer erneute Durcharbeiten klopft mit der Zeit allen überflüssigen Staub aus den Ritzen der Entwürfe, macht dadurch Lücken sichtbar (aber auch Zusammenhänge) und rüttelt so den Boden fest, auf dem die Parteien sich nach und nach immer sicherer bewegen.

c) Regeln brechen

513 Schließlich muss ein guter Verhandlungsführer die Kunst beherrschen, **Regeln zu brechen**, also in geeigneten Situationen für Humor, Provokationen, überraschende Zugeständnisse und Belebung der Situation zu sorgen. So wichtig es ist, Verhandlungen eine **Struktur** zu geben, so notwendig ist es, gelegentlich auch **chaotische Zustände** zuzulassen. Wer die Situation in der Hand hat, kann sich das leisten, denn er weiß, wie er das Chaos wieder in den Griff bekommt. Eine konsistent beherrschte Verhandlungssituation lässt sich ohnehin nicht über lange Zeit aufrechterhalten und ist oft genug nur das Zeichen der Angespanntheit, unter der die Verhandlungsteilnehmer stehen. Die Verhandlung muss sich also zwischen **geordneten** und **ungeordneten** Zuständen hin und her **bewegen** können, und die Aufgabe der Verhandlungsregie ist es, diese Steuerung zu übernehmen. Das kann besonders gut klappen, wenn zwei gleich geschickte Verhandlungsführer miteinander zu tun haben, die die jeweiligen taktischen Absichten durchschauen, sich aber nicht in Argumente flüchten, sondern das ganze **Formenspiel** (oben Rz. 502) entwickeln, das ihnen zur Verfügung steht.

514 In schwierigen Verhandlungssituationen (unten Rz. 568 ff.) hängt von diesen Fähigkeiten alles ab: In jeder Verhandlung muss die **kritische Anfangsphase** überwunden, die **chaotische Mitte** strukturiert und das **ermüdende Ende** wiederbelebt werden.

VIII. Verhandlungsregie

Die meisten Verhandlungen leiden darunter, dass man dazu neigt, ins **Detail** zu **flüchten**, statt sich mit den **schwierigen** Verhandlungsthemen ausreichend **lange** zu beschäftigen. Andere Gefahren sind das Abgleiten in **Stimmungen**, **Konzentrationsschwächen** und **Themaverfehlungen**, die niemals ganz zu vermeiden sind. Hier muss die Verhandlungsregie mit geeigneten Mitteln gegensteuern (ausführlich oben Rz. 500 ff.).

d) Strukturen schaffen

Eine gute Verhandlungsregie erreicht das Verhandlungsziel durch: 515

– Informieren,

– Strukturieren,

– Detaillieren,

– Dokumentieren,

– Bewerten,

– Entscheiden.

aa) Informieren

„Wer will, dass ihm andere sagen, was sie wissen, muss ihnen sagen, was er weiß; denn das beste Mittel Nachrichten zu erhalten, ist es, Nachrichten zu geben." (*Machiavelli*, Brief an *Raffaello Gerolami*, Botschafter von Florenz an *Kaiser Karl V.* in Madrid, cit. n. *Maurizo Viroli*, Machiavelli, S. 284). 516

Das rituelle Nehmen und Geben von Informationen bildet die Bühne für den „Negotiation Dance" der während der Verhandlung stattfindet. Man hält die Dinge nur in Bewegung, wenn man etwas anbietet, aber natürlich kann auch ein dauerndes „njet", wie die Russen es jahrelang im kalten Krieg praktiziert haben, ein wirksames Stilmittel bei diesem Tanz sein.

Wer die Verhandlungsregie führt, muss darauf achten, dass seine eigene Information zu dem jeweiligen Thema vollständig ist, und im Einzelfall entscheiden, ob und wie er **Informationslücken** der **Gegenseite**, die zu beobachten sind, schließt. Werden durch Informationslücken Risiken verdeckt, sollte man sie beseitigen, denn sie gefährden in den meisten Fällen eine erfolgreiche Durchführung des Vertrages.

Ebenso wichtig ist das stete Hinarbeiten auf den Unterschied zwischen **Meinungen** und **Tatsachen**. Da man Tatsachen nicht ändern kann, kann man sich leichter über sie einigen, und erfahrungsgemäß ändert man Meinungen nicht durch **Überreden** (Wiederholen von Argumenten), sondern durch **Überzeugen**, also durch neue Interpretation von Tatsachen, über die sich beide Parteien dann vielleicht einigen können.

Wer die Verhandlungsregie führt, muss ferner sicherstellen, dass Informationen richtig ankommen und Missverständnisse verhindert bzw. aufgeklärt werden.

Er muss aber auch darauf achten, dass er nicht etwa zu redselig wird:

> „Wenn Du Dein Gesicht nicht verlieren willst,
> musst Du seinen unteren Teil festbinden."

wie das chinesische Sprichwort sagt. Wer in ruhiger Weise Ordnung schafft, aktiv zuhört und wenig sagt, wird als Regisseur der Verhandlung leichter anerkannt als jemand, der solche Eigenschaften nicht entwickelt.

bb) Strukturieren

517 Viele Probleme lösen sich nahezu von allein auf, wenn man sie so strukturiert, dass die strategischen Linien klar werden und der Kern von Übereinstimmungen und Differenzen offenbar wird.

Die Verhandlungsregie muss dabei

- **Gemeinsames** herausarbeiten („Wir können gemeinsam von diesen Statistiken ausgehen ...");
- **Trennendes** deutlich machen („Sie ziehen aus diesen Statistiken andere Schlüsse als wir ...").

cc) Detaillieren

518 Wenn die Übersicht über die wesentlichen Positionen geschaffen ist, muss jeder einzelne von ihnen in ihre Detailaspekte aufgefächert werden.

Dazu gehören:

- Vertragsziel,
- Zeit,
- Raum,
- Weg,
- Mittel,
- Risiken.

⊃ Vertragsziel
- Was ist das **eigene Ziel**?
- Was ist sind die **Ziele** der **anderen Beteiligten**?

Zeit
- Welcher **Zeitrahmen** steht zur Verfügung?
- Welche Zeitvorstellungen haben die anderen Beteiligten?

Raum
- Lässt sich das **Thema** begrenzen (inhaltlich/Teilprobleme/örtlich/ Reduzierung sonstiger Faktoren der Komplexität)?
- Kann man die anderen Verhandlungspartner hierzu ermutigen?

Weg
- Welche **taktischen Wege** sind möglich?
- Welche Reaktionen der anderen Beteiligten werden dadurch provoziert?

Mittel
- Welche Mittel stehen zur Verfügung (Macht/Geld/Taktik/Emotionen)?
- Welche Mittel haben die anderen Beteiligten (Macht/Geld/Taktik/Emotionen)?

Risiken
- Kann man die Risiken, die sich aus einzelnen Alternativen ergeben, einheitlich bewerten?
- Bei welcher Lösung stehen die Risiken in angemessenem Verhältnis zum angestrebten Ziel?
- Welche Alternativen haben die anderen Beteiligten?
- Welche Risikobewertungen werden sich voraussichtlich aus diesen Alternativen ergeben?
- Was geschieht, wenn nichts geschieht (keine Verhandlung/kein akzeptables Ergebnis)?

dd) Dokumentieren

Die Verhandlung wird wesentlich erleichtert, wenn man die einzelnen Zwischenergebnisse immer wieder intern – und im Bedarfsfall durch Zusammenfassungen, die man der anderen Seite überlässt, dokumentiert. Das geschieht durch:

- **Entwurfsregie** anstreben (falls nicht schon gegeben).
- Falls nicht möglich: Eigene **Dokumentationen** auch dann erstellen, wenn andere Beteiligten dokumentieren.
- Alle **Detailfragen** schriftlich vorbereiten.
- **Verhandlungen** und schriftliche Unterlagen **dokumentieren** (Protokolle/Communiqués).
- **Ergebnisse** dokumentieren.
- **Vertragsgeschichte** festhalten.

ee) Bewerten

520 Sodann schließt sich die Phase der Bewertung an, die meist eine Unterbrechung erfordert (Rz. 556). Hier ist zu fragen:
- Was war die ursprüngliche strategische Linie?
- Hat sie sich nach dem bisherigen Verhandlungsstand geändert?
- Wenn ja: In welchen Bereichen?
- Welcher Entscheidungsspielraum steht uns zur Verfügung? Welchen haben die anderen?
- Über welche Grenzpositionen (Eckdaten) können wir nicht hinausgehen? Was gilt für die anderen?
- Welche Risiken entstehen für uns? Für die anderen?
- Wie sieht die Bilanz der Zugeständnisse für uns aus? Für die anderen?
- Welcher Spielraum ergibt sich am Ende aller Überlegungen für uns? Für die anderen?
- Gibt es für uns bessere Alternativen? Für die anderen?

ff) Entscheiden

521 Solange man noch über einzelne Themen spricht, sollte man sich die endgültige Entscheidung immer möglichst offenlassen. In vielen Fällen kann man aber weitere Themen nicht sinnvoll behandeln, wenn nicht bestimmte Vorentscheidungen getroffen werden. Auch wenn sie intern feststehen, sollte man immer darauf achten, sie der anderen Seite noch nicht in endgültiger Form mitzuteilen, bevor nicht die Bilanz der Zugeständnisse gebildet ist (unten Rz. 541 ff.). Die Entscheidung hängt von folgenden Fragen ab:
- Eigene Positionen voll **durchsetzen** (Nachteile des Gewinns abschätzen),
- gegnerische Position voll **akzeptieren** (Vorteile des Unterliegens abschätzen),
- kreative **Kompromisse** auf Kosten Dritter gemeinsam festlegen,
- sich für den **Konflikt** entscheiden (und alle damit verbundenen Konsequenzen freudig in Kauf nehmen).

e) Zwölf taktische Regeln

521a *Matthias Schranner* hat in seinem jüngsten Buch „Faule Kompromisse" (2013) zwölf taktische Regeln aufgestellt, die sich mit den hier vorgestellten taktischen Überlegungen teilweise überschneiden und so griffig formuliert sind, dass man sie sich als eiserne Regel in die Brieftasche stecken sollte. Kurz kommentiert lauten sie wie folgt:

VIII. Verhandlungsregie

1) **Entscheidungsträger dürfen nicht selbst verhandeln**: An diese Regel kann man sich allerdings nur dann halten, wenn es abgestufte Hierarchien gibt (Rz. 457).

2) **Verhandlungen im Krisenstab führen**: Wer nicht ständig verhandelt und genügend Erfahrung sammeln kann, macht vermeidbare Fehler (Rz. 446).

3) **Jederzeit absolute Geheimhaltung**: Wer den Inhalt der Verhandlung mit Leuten bespricht, die mit dem Thema nichts zu tun haben, verliert das Vertrauen anderer. Vertragsschlüsse hängen ausschließlich vom Vertrauen in das Verhalten der anderen Beteiligten in der Zukunft ab (Rz. 385, 429)!

4) **Immer respektvoll**: Der Rat klingt einfacher als er ist (Rz. 387a). Respektloses und demütigendes Verhalten ist eine Demonstration der Macht, auf die nur sehr kluge Leute ohne Gegenleistung verzichten können (Rz. 380).

5) **Emotionalität beherrschen und bewusst einsetzen**: Wer sich respektvoll verhalten kann (Rz. 384), kann auch das.

6) **Anker setzen**: Wir nennen es „Bilanz der Zugeständnisse" (Rz. 562), wobei es wichtig ist, die anderen Beteiligten wissen zu lassen, dass man sich Gedanken über die weiteren Schritte macht: Unterbrechen und Abbrechen.

7) **Lob**: Nicht ganz so einfach zu handhaben, wie man denkt. Leicht überschreitet man die Grenze zu Ironie und/oder Heuchelei. Nur ehrliches Lob ist taktisch verwendbar. *Erich Honecker* hätte man sagen können: „Was haben sie doch für eine schöne Zinnfigurensammlung."

8) **Argumentation vermeiden**: Für Juristen schwer zu lernen, aber eine der wichtigsten Lektionen (Rz. 381a ff.)!

9) **Forderungen im Konjunktiv einbringen**: Und darauf achten, vorher zu fragen und Zwischenergebnisse festzustellen, bevor die Forderung erhoben wird. (Rz. 407 ff., 535, 548).

10) **Provokationen vermeiden**: Eine Variation der Ziffern 4 und 5.

11) **Forderungen analysieren**: Hier ist entscheidend, welche Ziele man sich gesetzt hat. Oft fehlt es am Plan B, also einer Auffanglinie nach rückwärts. Wichtig sind Hilfsmittel wie das Vergleichsnetz (Rz. 545) oder die Bilanz der Zugeständnisse (Rz. 562)

12) **Warnen statt drohen**: Und vor der Warnung eine taktisch gute Ausgangsposition gewinnen (Rz. 381d, 613)

IX. Verhandlungsablauf

522 Im Folgenden wird gezeigt, wie die Werkzeuge, die oben im systematischen Zusammenhang dargestellt wurden, in der **konkreten Verhandlungssituation** benutzt werden sollten.

Bevor man in eine konkrete Verhandlungssituation geht, muss man die andere Seite in aller Regel darüber informieren, ob man **parallel** zu dieser Verhandlung noch mit **anderen Interessenten** im Gespräch ist. Natürlich besteht die Gefahr, dass dies die Verhandlungen schwieriger macht, es kann aber auch sein, dass ein Ergebnis schneller zustande kommt, wenn die andere Seite weiß, dass man selbst noch weitere Alternativen hat. Hier muss sorgfältig zwischen taktischen Alternativen, die man nutzen will, und der Gefahr abgewogen werden, einen **Vertrauensbruch** zu riskieren.

523 Wie wichtig die interne Vorbereitung für den Erfolg der Verhandlung ist, bedarf keiner weiteren Hervorhebung. Ebenso wichtig ist aber auch die Fähigkeit, die dort gewonnene Verhandlungslinie in der konkreten Situation immer wieder zu überprüfen. Dabei bewährt es sich, weder starrsinnig am eigenen Konzept festzuhalten noch es voreilig in Frage zu stellen. Richtig ist:

– Zuhören,

– Fragen,

– sich um Verständnis bemühen,

bevor man sich für oder gegen eine Änderung des Verhandlungskonzepts entscheidet.

1. Anfangsphase

524 Sie ist unproblematisch, wenn die Personen sich kennen, kann aber – vor allem bei großen kulturellen Differenzen – außerordentlich schwierig und **spannungsreich** verlaufen, wenn man sich erstmals an fremden Orten begegnet. In solchen Fällen ist jede Seite geneigt, sich **übervorsichtig** zu verhalten oder umgekehrt **Machtspiele** zu inszenieren, die die Gegenseite verstören. Stattdessen sollte man darauf achten, dass das wichtigste für den Erfolg der Verhandlung das Entstehen einer **vertrauensvollen Arbeitsebene** ist.

Man kann diese Schwierigkeiten mit einfachen Mitteln steuern:

– Manchmal ist es möglich, die **Termine** so zu legen, dass die Gäste am Abend zuvor anreisen und man mit ihnen gemeinsam essen kann, um sich so näher kennen zu lernen.

– Man kann Gäste aus dem Hotel durch eigenes Personal **abholen** lassen und bis zum Konferenzbeginn betreuen.

IX. Verhandlungsablauf

– Die Phase der Begrüßung legt man **vor** den **Konferenzbeginn**, und die Teilnehmer stellen sich gegenseitig im Stehen vor: Das ist weniger förmlich als die Vorstellung am Verhandlungstisch.

In einer größeren Verhandlungsrunde kann man dafür sorgen, dass wenigstens ein Teil der Teilnehmer sich vorher in einem **anderen Zusammenhang kennen gelernt** haben. Das geschieht etwa durch Voraussendung einzelner Fachleute, die zur späteren Verhandlungsgruppe gehören, für interne Vorabklärungen mit anderen Fachleuten. 524a

Bei perfekt vorbereiteten Verhandlungen finden die Teilnehmer neben der Tagesordnung auch eine zweizeilige **Beschreibung** der jeweiligen **Funktionen** der Gesprächspartner (ggf. ihrer Vita), die man auch vorher verteilen kann etc.

Auch wenn keine dieser Möglichkeiten gegeben ist oder der Aufwand für ihre Inszenierung zu groß erscheint, kann man ein angenehmes Arbeitsklima erzeugen, indem man den Beginn der Verhandlung zur Klärung von Funktionen, Rollen und organisatorischen Details benutzt. Dazu gehört: 525

– **Begrüßung** und Dank der Gegenseite,

– Austausch der **Visitenkarten,**

– **Vorstellung** der Gesprächsteilnehmer durch den jeweiligen Verhandlungsführer oder durch jeden Teilnehmer selbst,

– Darlegung der eigenen **Kompetenzen,**

– Vereinbarungen über **Beiziehung Dritter** (Fachleute, Spezialisten),

– Abfrage der **Kompetenzen** der anderen Seite,

– Vereinbarungen zum **Protokoll** (wer es schreibt, hat taktische Vorteile),

– Festlegung der **Tagesordnung** und des **Zeitbedarfs** – (!) für jedes Thema, **Zeitrahmen** und **Pausen,**

– Vorschläge zur **Organisation** des Tages (Essen, Entertainment, Abreise).

Das gemeinsame Durcharbeiten dieser organisatorischen Einzelfragen ermöglicht es den Parteien, sich darzustellen und miteinander vertraut zu werden, **ohne** dabei **inhaltlichen Kontroversen** ausgesetzt zu sein. Gleichwohl erlaubt schon diese Phase einen ungefähren Einblick in die Überlegungen der Gegenseite, denn die Diskussion der Tagesordnung und des Zeitrahmens lässt immer **Rückschlüsse** auf geplante **Vertragsinhalte** zu. Beim Zeitrahmen z.B. sollten alle Beteiligten ihre jeweiligen Abreisetermine, insbesondere Flugtermine, bekannt geben, damit man den Zeitplan entsprechend gestalten kann. Vielfach wird es als höflich angesehen, eine **Open-End-Verhandlung** anzubieten. Tatsächlich verdeckt ein solches Angebot nur die **Unfähigkeit** zu richtiger **Zeitplanung** 525a und bietet der Gegenseite die Möglichkeit zu vielfältigen taktischen Spielen, denn irgendwann entsteht immer ein Zeitdruck (spätestens dann, wenn der Tag zu Ende ist; zum Aufbau von Tagesordnung, Zeitplänen etc. oben Rz. 455 ff.).

526 Wenn man die Anfangsphase mit der Verhandlung über organisatorische Einzelfragen beginnt, gewinnt man nicht nur atmosphärische Vorteile für beide Seiten, sondern vermeidet vor allem den **Bruch** zwischen **privaten Bemerkungen** am Verhandlungstisch, mit denen manche Verhandlungen – oft aus Verlegenheit – beginnen, um dann plötzlich abrupt „**zum Thema**" zu kommen: Diese kalte Dusche ist immer unangenehm.

Bei der Diskussion um die Tagesordnung wird man oft feststellen, dass die andere Seite völlig andere Auffassungen von der **Gewichtung** einzelner **Themen** hat und bestimmte Fragen vor anderen diskutieren will (was natürlich immer auch taktische Bedeutung hat).

Wenn solche Hinweise **sachlich gerechtfertigt** sind, sollte man sie einfach akzeptieren und damit auch einen indirekten **Hinweis** auf den **eigenen Verhandlungsstil** machen, der durch sachliche Kompromissbereitschaft gekennzeichnet sein sollte. Empfindet man hingegen die Bitte um Änderung der Tagesordnung als **taktisches Spiel** (wie bei Parteitagen üblich), muss man es entweder offen **beanstanden** oder stillschweigend hinnehmen und daraus seine **Schlüsse ziehen**. Bei Vertragsverhandlungen spielt nämlich die „Taktik der Tagesordnung" keine so bedeutende Rolle wie manchmal angenommen wird, denn schwierige Themen brauchen immer viel Zeit, und ob sie schwierig sind bestimmt nicht eine Verhandlungsseite allein.

527 Man kann keine allgemeinen Regeln darüber aufstellen, ob es zweckmäßiger sei, **unkompliziertere Themen** „zum Anwärmen" an den Anfang der Verhandlung zu stellen und die **schwierigeren** erst später zu erörtern. Obgleich eine solche Anordnung auf den ersten Blick einleuchtend erscheinen mag, ist sie in der Praxis doch meistens falsch: Einfache Themen sind z.B. die „Allgemeinen Bestimmungen" in Verträgen und trotzdem wäre es vollkommen ungewöhnlich und unzweckmäßig, gerade mit ihnen eine Verhandlung zu beginnen. Ebenso wenig ist es sinnvoll, die Arbeitsverträge führender Mitarbeiter im Detail zu erörtern, bevor überhaupt klar ist, welche übernommen werden sollen etc. etc. Kurz: Es gibt keine Regel „vom Einfachen zum Schwierigen", wohl aber eine „vom **Wesentlichen** zum **Unwesentlichen**", und wesentliche Themen sind nun einmal diejenigen, bei denen die unterschiedlichen strategischen Ziele der Parteien sich am stärksten auswirken. Darüber hinaus braucht man keine einfachen Themen zum „Anwärmen", wenn man sich statt dessen Zeit nimmt, zunächst die organisatorischen Fragen zu klären (Rz. 446 ff.).

2. Vereinbarung über Protokolle

Das Protokoll der Verhandlung muss jede Partei immer zunächst für sich allein schreiben. Es kann aber sinnvoll sein, zu Beginn ein **gemeinsam abgestimmtes Protokoll** zu vereinbaren. Das ist eine große Chance für die eigene **Verhandlungsregie**, auch wenn sie Arbeit macht: Wer dieses Protokoll schreiben darf, hat viele **Gestaltungsmöglichkeiten**, auch wenn er den Gesprächsverlauf stets korrekt wiedergibt. 528

Gemeinsam abgestimmte Protokolle (Communiqué) sind manchmal notwendig, wenn Dritte gemeinsam über den Verhandlungsverlauf informiert werden müssen.

Interne Protokolle sollten auch dann verfasst werden, wenn jeweils nur ein Verhandlungspartner das Protokoll erstellt, denn man braucht immer eine Gedächtnisstütze für sich selbst.

3. Verhandlung über den Vertragsinhalt

a) Statements

Bevor man zu den einzelnen **Verhandlungsthemen** kommt, die in der Tagesordnung festgelegt sind, sollte jede Seite ein kurzes **Statement** über die eigenen **strategischen Ziele** abgeben, die mit dem Vertrag verfolgt werden. Wie weit man diese Ziele aufdeckt, ist natürlich eine taktische Frage, aber diejenigen, die die andere Seite ohnehin erkennen kann, sollte man hervorheben und Details kenntlich machen. Verhandelt man etwa über einen Firmenkauf, dann ist das Ziel des Käufers nicht ausreichend damit beschrieben, dass er die Firma kaufen will. Entscheidend sind vielmehr die **Motive**, aus denen das geschehen soll: Will man seinen Marktanteil vergrößern, dann kann es beim Kauf eines vertriebsorientierten Unternehmens eher auf die Zahl der Standorte als auf deren Qualität ankommen; wer sich an einem Softwarehaus beteiligen will, ist oft weit mehr an den Personen interessiert, die dort tätig sind, als an den Entwicklungscomputern oder anderen Sachwerten etc.; in manchen Fällen wird man zwar notgedrungen bereit sein, für Sachwerte zu zahlen, ist aber viel eher am Know-how oder am Goodwill (Wert der Marken oder des Firmennamens etc.) interessiert. 529

Deckt man solche strategischen Ziele auf, kann das den Vorteil haben, dass die **Schwerpunkte** von Anfang an **richtig gesetzt** werden. Beschreibt man sie aber nur zum Teil, wird die andere Seite das als **taktisches Manöver** sehen, wenn sie die wirklichen Motive aufgrund besserer Informationslage kennt und sich dazu ihre eigenen Gedanken machen.

Natürlich muss man davon ausgehen, dass das Statement der anderen Seite auch von taktischen Überlegungen geprägt ist und die aufgedeckten Interessen nicht immer mit den wirklichen Motiven übereinstimmen. Wenn man das Gefühl hat, dass es hier Differenzen gibt, besteht die einfachste Methode darin, nach den Motiven zu **fragen**. Sind sie bewusst 530 versteckt worden, dann wird man am Verhalten der Gegenseite häufig das taktische Verhalten erkennen, man erlebt aber immer wieder, dass durch die Antwort unbewusste Motive aufgedeckt werden und die Gegenseite sich erst dann über ihre wahre Interessenlage bewusst wird. In solchen Situationen können erhebliche **Verhandlungsspielräume** entstehen.

Unterlässt man solche Nachfragen, besteht die Gefahr, dass beide Parteien in der zentralen Verhandlung über die Inhalte die wirklichen **Themen verfehlen**.

Typisch ist das vor allem, wenn es um die Geldleistung geht. Es dürfte kaum eine Verhandlung geben, in der nicht eine Seite hervorhebt, dass die angebotene Leistung zu teuer sei. Wer in solchen Situationen nicht nachfragt, **warum** der Preis als zu hoch betrachtet wird, vergibt sich die Chance, die Qualitätsvorstellungen oder andere preisbildende Elemente in die Diskussion zu bringen, bei denen beide Seiten sich ohne weiteres einander annähern könnten.

531 Wenn die andere Seite ihre Position schon in den Statements sehr detailliert darstellt, kann das ein taktisches Mittel sein, um die Diskussion auf Detailfragen zu lenken und damit die wirklich komplexen Probleme einstweilen zu verdecken. In eine solche Taktik darf man sich nicht hineinziehen lassen. Die ohnehin notwendige Zusammenfassung der eigenen Statements und derjenigen der anderen Seite gibt Gelegenheit aufzudecken, wo die Schwerpunkte gesehen werden. Sie kann etwa lauten: „Ihnen kommt es offenbar in erster Linie auf die Qualität unserer Fertigung an, weniger auf die ständige Lieferbereitschaft, denn, wie Sie berichten, setzen Sie auch andere Lieferanten ein."

Dieses Verfahren hat drei wichtige Vorteile:

- Es erlaubt der anderen Seite **sofort** zu **erkennen**, ob alles **richtig verstanden** worden ist, was man selbst geäußert hat.
- Es werden sofort **Übereinstimmungen** und **Differenzen sichtbar**, über die dann weiterverhandelt werden kann („Wir fertigen zwar schon jetzt in hoher Qualität, haben das Zertifizierungsverfahren nach DIN ISO 9001 aber noch nicht abgeschlossen ...").
- Die Mitteilung, man habe etwas **verstanden**, ist immer eine **positive Nachricht**, und die Mitteilung, man könne bestimmte (offen gelegte) Anforderungen der anderen Seite (noch) nicht erfüllen, ist notwendig, wenn der Vertrag nicht **verdeckte Risiken** enthalten soll, die für beide Seiten gefährlich werden können.

532 Darüber hinaus kann man mit der **Bestätigungstechnik** die Verhandlung sehr stark konzentrieren: gibt es nur Übereinstimmungen, ist der Vertrag schnell geschlossen, gibt es aber Differenzen, dann kann man sofort darüber reden und sie zu beseitigen versuchen. Unerfreulich ist demgegenüber eine Verhandlung, bei der beide Seiten den „**Negotiation Dance**"

übertreiben und nur Positionen hin und her schieben, ohne dass die wirklich relevanten Themen auf den Tisch kommen.

Ebenso peinliche Situationen entstehen, wenn beide Seiten stets in **allgemeinen Ausführungen** das **gemeinsame Ziel** betonen, sich dabei aber im Hintergrund das ihre denken. Ein solches Vorgehen scheint wenig Sinn zu haben, kann aber gegenüber unerfahrenen Verhandlungspartnern Erfolg haben: Man zieht auf diese Weise die andere Seite in bestimmte **zustimmende Erklärungen**, von denen sie sich dann später, wenn im Zuge der Detailverhandlungen die Risiken wirklich sichtbar werden, wieder **distanzieren** muss, und versucht sie dann, an dem vorschnell gegebenen Wort festzuhalten. Die berechtigte Argumentation, man habe die Zustimmung ohne ausreichende Information gegeben, wird dann überhört oder zum Anlass genommen, **Kompetenzzweifel** zu äußern. All das kann man vermeiden, wenn man in die „Wolke des guten Willens" mit gezielten Nachfragen Struktur bringt, auch wenn das die ersten Spannungen auslösen wird.

b) Verhandlungsstil

Zu den Stilfragen ist oben Ausführliches gesagt worden (Rz. 395 ff.), man kann jedoch nicht oft genug betonen, wie wichtig es ist, gerade bei der Verhandlung über die Vertragsinhalte sich nicht nur im Kreis sachlicher Argumente zu bewegen, sondern die ganze Form und Vielfalt von Argumenten und **Verhalten** einzusetzen. „The Medium is the Message." (*Marshall McLuhan*). Das gilt vor allem bei Auslandsbezügen (siehe Teil 9).

533

Entscheidende Verhandlungserfolge wird man oft nicht am Verhandlungstisch erzielen, weil für bestimmte Verhandlungspartner die Atmosphäre zu sachlich und formalisiert ist, die Regie dominiert und nicht genügend Emotionen ins Spiel gebracht werden können.

Natürlich steckt darin auch eine Gefahr, wenn die andere Seite die Verhandlungssituation auflöst, um zu Erfolgen zu kommen, die am Verhandlungstisch nicht erzielbar sind (Entertainment etc.).

c) Störfelder

Man muss in jeder Situation mit Störungen rechnen, die durch fehlende Informationen, Missachtung von Gefühlen, Verdrängung von Schwächen und Vorurteilen entstehen und sich bis hin zu **Ultimaten** entwickeln können. In Krisensituationen können ultimative Forderungen unumgänglich sein, auch wenn man sie immer mit Angeboten verbinden sollte. Werden sie in normalen Vertragsverhandlungen gestellt, signalisiert das entweder den Willen zum Abbruch oder eine ungeschickte Verhandlungsstrategie. Bevor man das endgültig bewerten kann, sollte man auf sie mit **Schweigen** reagieren, damit die andere Seite zunächst nicht ihr Gesicht verliert. Für die eigene Verhandlungsstrategie gilt: Ultimative

534

Forderungen sind sinnlos, bevor man die **Bilanz** der **Zugeständnisse** nicht bilden kann.

d) Forderungen stellen

535 Inhaltliche Forderungen sollten eine bestimmte Struktur haben, die für die andere Seite erkennbar ist. Sie sollte folgende Elemente enthalten:
– Adressat der Forderung,
– Sicherung des Zugangs (es hat keinen Sinn, Forderungen an Personen zu stellen, die nicht über sie entscheiden können),
– Fristen,
– Begründung,
– Alternativen,
– Konsequenzen, wenn die Forderung abgelehnt wird,
– Abwendung der Folgen.

In der konkreten Verhandlungssituation ist es natürlich viel zu umständlich, diesen Katalog konsequent abzuarbeiten. Man darf ihn aber in kritischen Situationen nicht aus den Augen verlieren. Geht es zum Beispiel um die Frage, welche Qualität einer Leistung erforderlich ist, auf die nicht der Vertragspartner, sondern nur sein Subunternehmer Einfluss hat, dann ist eine Vertragsklausel mit dem Ziel, die Überwälzung solcher Qualitäten auf den Subunternehmer sicherzustellen (Adressat!), durchaus sinnvoll. Ebenso zweckmäßig kann es sein, über Auffangpositionen zu sprechen für den Fall, dass der Subunternehmer versagt (andere Subunternehmer? selbst leisten?).

e) Reaktion auf Forderungen

536 Die Forderungen, die die andere Seite erhebt, erfordern immer eine eigene Bewertung in folgenden Stufen:
– Folge leisten, da die Forderung vernünftig ist,
– Folge leisten mit inneren Vorbehalten (Auffangpositionen sichern),
– Reaktion offenlassen,
– andere Ideen entwickeln und verhandeln,
– ablehnen.

In vielen Fällen erlebt man in Verhandlungen nichts anderes als die sofortige Ablehnung von Forderungen, die für unangemessen gehalten werden. Besser ist es, zunächst die anderen Verhaltensweisen auszuprobieren, um die Reaktion der anderen Seite bewerten zu können.

f) Abwarten und Schweigen

Jeder vorschnellen Reaktion auf eine Forderung ist Abwarten und Schweigen vorzuziehen. Für Asiaten ist das so selbstverständlich, wie es für uns ungewohnt ist. Durch Schweigen vergibt man sich nichts, provoziert Reaktionen, die oft ungewöhnlich sein können, und schafft sich Zeit, die Substanz von Vorschlägen zu prüfen. An der Fähigkeit zu schweigen erkennt man den wirklich erfahrenen Verhandler.

g) Abkürzen endloser Reden

Manche Verhandlungsführer neigen zu endlosen Reden, bei denen sie sich ungern unterbrechen lassen. Es gibt eine wirksame Methode, damit umzugehen: Sobald der Redende zur dritten Wiederholung des Gesagten ansetzt und irgendwann einmal Luft holt, muss man bereit sein, mit fester Stimme zu sagen: „Habe ich Sie an diesem Punkt richtig verstanden …?"

Wer etwa zum dritten Mal hervorhebt, wie wichtig ihm die Qualität eines bestimmten Details ist, wird damit gezwungen, dies ein viertes Mal zu erläutern, merkt durch die Intervention aber, dass er sich wiederholt hat. Ein fünftes Mal wird er es gewiss nicht mehr versuchen.

Eine andere Methode ist es, während der endlos wiederholten Rede wortlos an die Flip-Charts zu gehen (eine Möglichkeit zum öffentlichen Aufschreiben braucht man in jeder Verhandlung!) und dort Stichworte von dem mitzuschreiben, was der Redende sagt. Man schreibt etwa auf: „Qualität der Schnittstelle wichtig!!" und macht dann für jede Wiederholung dieses Satzes Striche wie beim Skat. Meist kommt es dazu aber gar nicht, weil man sich das Aufgeschriebene durch einfache Nachfrage nochmals erläutern lassen kann (siehe Methode 1) und damit den Strom des Redens zum Versiegen bringt.

Verhandler, die mit dem politischen Umfeld vertraut sind, kennen die Kraft der „Diskussion über die Geschäftsordnung", mit der sich jede Debatte über Inhalte dauerhaft eliminieren lässt. Bei Vertragsverhandlungen muss man sensibler sein.

4. Bewertung der eigenen Position

a) Zwischenbilanz

Ist die Bestätigungsrunde vorbei und liegen alle Differenzen, über die man sprechen muss, auf dem Tisch, ist es meist nicht nur Zeit, **Pause** zu machen, sondern auch, die eigene Position in einer **internen Verhandlungsrunde** zu überdenken.

Man kann in der Zeitplanung selten voraussagen, wann solche Unterbrechungen angezeigt sind, denn es gibt Themen, deren **Zeitbedarf** man **unterschätzt**, und andere, die schneller abgehandelt sind, als man gedacht hat. Man sollte auch möglichst nicht länger als zwei Stunden am Stück verhandeln, weil die **Konzentration** dann erfahrungsgemäß sehr nachlässt und die Höflichkeit eine Unterbrechung erfordert (Fenster auf, Rauchpause etc.).

Viel wichtiger als diese organisatorischen Details ist es aber, die eigene **strategische Linie** mit dem zu vergleichen, was bisher in der Verhandlung an Fragen aufgeworfen wurde, bevor man mit der Gegenseite in das Gespräch über mögliche Lösungen eintritt.

539 Der **Grundfehler** der meisten Verhandlungen besteht darin, Teillösungen für einzelne Themen bis ins Letzte zu diskutieren, bevor man nicht den gesamtem Kreis der Themen abgeschritten hat, die für den Vertrag am Ende eine Rolle spielen. Manche Verhandlungspartner machen das, um die andere Seite durch **Salamitaktik** in Schwierigkeiten zu bringen. Wenn man nämlich bindende Teilzugeständnisse erhalten hat, dann ist derjenige, der diese Ergebnisse wieder rückgängig machen will, stets in der Position des Bittenden und muss dafür wieder seinerseits Zugeständnisse machen. Eine solche Entwicklung kann sehr gefährlich werden! Der klassische Fehler, den Preis zu verhandeln, bevor man über Leistungen gesprochen hat, ist unten näher beschrieben (Rz. 551 ff.) aber auch andere Gesichtspunkte wie Qualität, Zeitfaktoren, Finanzierung, technische Fähigkeiten etc. müssen wenigstens einmal angesprochen sein, damit man ein Gefühl dafür hat, in welche Richtung die Gesamtlösung sich ungefähr entwickeln kann. Das ist ohne interne Abstimmung nahezu nie möglich. Auch der einzelne Verhandler sollte sich diese Unterbrechung erbitten, um seine Gedanken zu ordnen, bevor er in die entscheidende Lösungsphase geht, denn jeder Lösungsvorschlag setzt eine **Bewertung** der Chancen und Risiken voraus, die man zuvor entweder diskutiert oder aus dem Verlauf der Verhandlung erkannt hat.

540 Die Unterbrechung zum Zweck der Bewertung ist deshalb so wichtig, weil man dafür Zeit braucht und nicht improvisieren darf. Folgende Möglichkeiten und ihre Kombinationen sind abzuwägen:

- Eigene Interessen **durchsetzen,**
- eigene Interessen **verändern,**
- Lösungen über **Dritte** suchen,
- Lösungen bewusst **offenlassen,**
- der anderen Seite stets behilflich sein, ihr **Gesicht** zu wahren,
- Angriffe zunächst **ignorieren,** dann **parieren** (auch im Gegenwind kann man vorwärts kommen),
- verbleibende **Alternativen** ermitteln,
- eigene Ziele **endgültig** festlegen,
- **Übereinstimmung** mit den Zielen des Verhandlungspartners **prüfen,**

IX. Verhandlungsablauf

- **Differenzen** ermitteln,
- **Alternativen** planen, wenn es keine Lösung gibt.

540a
Die meisten dieser Stufen werden **intuitiv** beschritten, meist fehlt es aber an der entscheidenden Überlegung, welchen **Weg** man gehen muss, um diese Intuition zum Ziel zu führen. Ob man die eigene Kompromissbereitschaft zu bestimmten Punkten auch dann voll **aufdeckt**, wenn sie in der internen Besprechung als unproblematisch erkannt wurde, ist eine der schwierigsten taktischen Fragen: Gibt man **Kompromissbereitschaft** zu früh zu erkennen, wird das in den meisten Fällen als Zeichen der **Schwäche** und nicht der **Intelligenz** bewertet, liefert man aber nur **Scheinkämpfe** um Positionen, die man eigentlich nicht verteidigen will, leidet die eigene **Glaubwürdigkeit**, wenn man sie dann plötzlich verlässt.

Erfolgt die interne **Abstimmung** im **Team**, ist es nicht nur erforderlich, inhaltlich zu diskutieren, sondern man muss auch die taktische Linie untereinander abstimmen. Sonst kommt es zu vorschneller Bekanntgabe von Übereinstimmungen, bevor man deren taktischen Wert voll genutzt hat.

b) Vorzeitiger Abbruch

540b
Bei vielen Verhandlungen – vor allem solchen, die schlecht vorbereitet wurden – zeigt sich schon in einem sehr frühen Stadium, dass man unter Berücksichtigung der eingeplanten Zeit im Grunde kein vernünftiges Ergebnis erreichen kann. Da diese Planungsmängel sich aber nicht ausgleichen lassen, wird dann – auf Teufel komm heraus – weiter verhandelt. Unter dem hohen Zeitdruck bleiben viele Fragen ungeklärt, die Texte werden nicht präzise erarbeitet etc.

Man sollte unter allen Umständen vermeiden, unter derartigen Zeitdruck zu geraten. Dies ermöglicht, nach jeder in sich geschlossenen Verhandlungsrunde jedem Verhandlungsteam eine Auszeit zu nehmen und sich zu fragen, wo man steht.

Wird die Verhandlung fortgesetzt, so sollte jede Seite das zusammenfassen, was sie bisher von der Verhandlung als Zwischenergebnis verstanden hat. Hierbei ist es besonders wichtig, nicht nur die eigene Position zu wiederholen sondern auch die **Position** der **Gegenseite** so **wiederzugeben**, wie man sie verstanden hat. Dabei klären sich oft Missverständnisse auf. Bei guter Vorbereitung werden beide Parteien dann sehen, ob sie die aufgetauchten Differenzen im Rahmen dieser Verhandlungen in den Griff bekommen können oder nicht. Bricht man die Verhandlung ab, so ist es sehr wichtig, das **weitere Vorgehen** zu vereinbaren und in einem definierten **Zeitrahmen** zu stellen.

5. Lösungen suchen: Die Bilanz der Zugeständnisse

541 Es ist nicht einfach, die Bilanz der Zugeständnisse herzustellen, denn sie setzt einmal voraus, dass man die eigene Position klar vor Augen hat und die Perspektive der anderen Seite respektiert. Daneben müssen aber **beide Seiten** die Einflüsse, die von dritter Seite kommen können, möglichst realistisch sehen und bewerten. Dadurch entsteht in jeder Verhandlung ein **Zusammenspiel der Perspektiven**, das man nur dann durchschauen kann, wenn man es in folgende Einzelelemente auflöst:

– Kultureller und sozialer Hintergrund,

– Anwendung des komplexen Denkens,

– flexibler Verhandlungsstil,

– realistische Gegenüberstellung von Leistung und Gegenleistung,

– objektive Risikobewertung,

– emotionale Bewertung,

– rechtliche Bewertung,

– Ermittlung der Vorteile für beide Seiten,

– Suche nach Alternativen,

– Klärung der Entscheidungskompetenzen.

a) Kultureller und sozialer Hintergrund

542 Die Phase, in der beide Parteien darüber verhandeln, in welchem Umfang sie von ihren bisherigen Positionen abrücken können, ist der bei weitem **sensibelste** Bereich innerhalb der Vertragsverhandlung. Hier entwickeln die uralten Muster und **Rituale** des **Gebens** und **Nehmens** ihre volle Kraft (oben Teil 1 Rz. 18), und daher wirken vor allem kulturelle und sprachliche Einflüsse hier besonders stark. In den asiatischen Kulturen ist es z.B. üblich, die andere Seite durch **Vorleistungen** und Zugeständnisse so zu binden, dass diese sich ihrerseits zu gleicher Gegenleistung **verpflichtet** fühlt. Stärke entwickelt man dort durch vorgezogenes, bedingungsloses Verschenken, und je höher der Wert dieses Geschenks ist, umso stärkere Verpflichtungen erzeugt man. Man wird deshalb in Asien durch unangemessen hohe Geschenke, die die andere Seite nicht erwidern kann, nicht nur Verlegenheit, sondern schroffe Zurückweisung oder gar Fluchtreaktionen auslösen (ausführlich *Pattloch* [China] Teil 9.3 und *Tanaka* [Japan] Teil 9.4).

Vorleistungen, die nicht an Gegenleistungen geknüpft sind, werden demgegenüber in Europa und den USA als Zeichen der **Schwäche** interpretiert. Man kann sich vorstellen, wie es auf einen Menschen aus dem Osten, der das nicht weiß, wirken muss, wenn er als erster Zugeständnisse anbietet, woraufhin die andere Seite die bis dahin moderaten Forderungen plötzlich erhöht, weil sie eine Schwäche zu entdecken meint.

Wer solche Mechanismen nicht durchschaut, kann im Verhandlungsspiel grobe Fehler machen, die nicht mehr korrigierbar sind.

b) Komplexes Denken

In dem Stadium, in dem man nach Lösungen sucht, ist der Einsatz des komplexen Denkens von ausschlaggebender Bedeutung. Viele Lösungen bleiben verborgen, weil man nur ausgetretene Pfade geht und **Querverbindungen** übersieht, die man beschreiten könnte.

Die Berufserfahrung ist das gängigste Mittel, um komplexe Entscheidungen schnell und zuverlässig zu treffen, und weil man damit hohe Erfolgsquoten erzielt, können sich die meisten nur schlecht vorstellen, dass bestimmte Planungswerkzeuge die Ergebnisse noch verbessern oder mangelnde Berufserfahrung ausgleichen können. Wie immer ist die graphische Darstellung von Situationen, Problemlagen und Zielen den textlichen Beschreibungen weit überlegen. Eines der besten Werkzeuge ist die Skizzierung eines Vergleichsnetzes, wie es in den nachfolgenden Abbildungen vorgestellt wird.

Abb. 1: Vergleichsnetz Auftraggeber

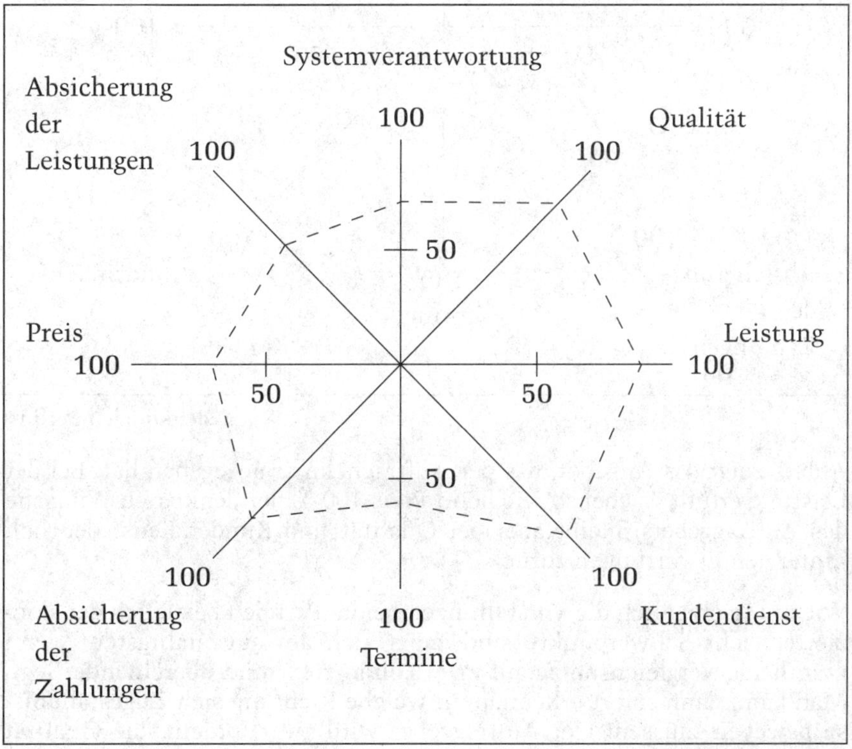

© **denkmodell Berlin**®

Abb. 1 zeigt beispielhaft acht Gesichtspunkte, die für den Auftraggeber bei der Bewertung eines Vertrages notwendig sein können. Die Skalen von 0 bis 100 zeigen die Spannweite der möglichen Ziele: So ist im Beispielsfall Qualität und Kundendienst von besonderer Bedeutung, während die Termine eine geringere Bedeutung haben, und der Wunsch nach Absicherung der Leistung oder einem günstigen Preis liegt etwa bei drei Viertel der denkbaren Prioritäten.

545

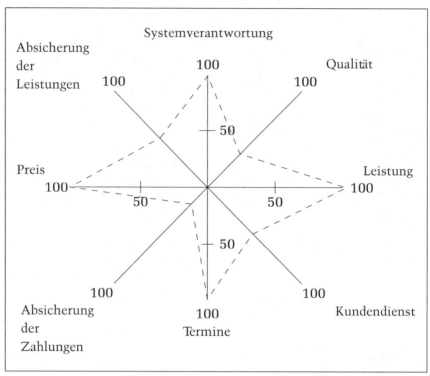

Abb. 2: Vergleichsnetz Auftragnehmer

© denkmodell Berlin®

Abb. 2 zeigt das Angebot, das der Auftragnehmer abgegeben hat. Bei der Leistung erfüllt es ebenso wie beim Preis 100 % der denkbaren Wünsche des Auftraggebers, bleibt aber bei Qualität und Kundendienst deutlich hinter den Erwartungen zurück.

546 Wie unterschiedlich die Vorstellungen beider Parteien bezüglich der skizzierten acht Schwerpunkte sind, zeigt sich am augenfälligsten, wenn man beide Vergleichsnetze auf **zwei Folien** zieht und **übereinander** legt. Man kann dann sofort erkennen, in welche Richtung sich Zugeständnisse bewegen müssen: Der Auftraggeber wird zwar fordern, die Qualität des Kundendienstes deutlich zu erhöhen, wird andererseits aber beim Preis Zugeständnisse in Aussicht stellen etc. etc.

Wer einmal mit solchen Vergleichsnetzen gearbeitet hat, wird das punktweise Durchsprechen von Einzelthemen ohne ihre anschauliche gegenseitige Verbindung nicht nur für unanschaulich, sondern für fehlerträchtig halten.

Die Entwicklung und Benutzung solcher Planungswerkzeuge (z.B. SINFONIE von denkmodell Berlin) ist Gegenstand einer ganzen Literatur, die aber noch nicht die richtige Durchsetzungskraft zu entwickeln scheint. Der Grund hierfür liegt auf der Hand: Allein aus Büchern kann man nur schwer **Verhalten** lernen, die Inhalte müssen also **geschult** und in der Praxis **angewandt** werden, bevor man Boden unter die Füße bekommt.

Die Schulung des komplexen Denkens kann auch kaum ein Manager für sich allein betreiben, da sie vom konkreten Umfeld nicht ablösbar ist. Der einzig Erfolg versprechende Weg ist die Schulung einzelner Abteilungen, die dann das so gewonnene Wissen Schritt für Schritt in andere Firmenbereiche übertragen.

c) Verhandlungsstil

Die Verhandlung über die Bilanz der Zugeständnisse ist erheblich einfacher, wenn man sie durch einen geeigneten **Verhandlungsstil** unterstützt. Besonders hier ist darauf zu achten, **nicht festzustellen** oder zu **fordern**, sondern zu **fragen** (oben Rz. 407 f.) und eigene mögliche Zugeständnisse nur offen zu überlegen oder in Aussicht zu stellen, nicht aber als endgültig anzubieten, ohne dass die Gegenseite ihre Position dargelegt hat. Natürlich ahnt jeder Verhandlungsteilnehmer, dass manches „eventuelle" Zugeständnis ein **endgültiges** werden muss, wenn es zum Vertrag kommen soll. Trotzdem sollte man auf die Einhaltung dieser Regel achten, um der Gegenseite nicht die taktische Möglichkeit zu bieten, einen an Teilzugeständnissen festzuhalten. 547

In der Praxis ist das nicht einfach, denn vielfältig bietet ja die andere Seite **Teilzugeständnisse** an und wünscht darauf eine sofortige Reaktion. ebenso wenig, wie man selbst Zugeständnisse endgültig anbieten soll, darf man umgekehrt derartige **Angebote** endgültig **annehmen**, denn sonst zerstört man verfrüht das diffizile Spiel der Kräfte.

aa) Lob des Konjunktivs

Der richtige Sprachstil bei diesen Verhandlungen zeigt sich z.B. an folgenden Wendungen: 548

➲ – „Wir können uns für dieses Problem folgende Alternativen vorstellen: ..."
  – „Von den Alternativen, die Sie nennen, scheint uns die zweite am ehesten Erfolg versprechend ..."

- „Wir sollten über diesen Vorschlag erst sprechen, wenn wir auch das damit verbundene andere Thema diskutiert haben ..."
- „Diesen Vorschlag können wir jetzt nicht bewerten. Gibt es einen Fachmann (z.B. Steuerberater), der uns hierzu weitere Informationen geben kann?"
- „Wir sehen in den ersten beiden Alternativen für uns keine nennenswerten Vorteile. Haben wir dabei irgendetwas übersehen?"
- „Diesen Vorschlag könnten wir akzeptieren, wenn Sie uns Ihrerseits in den Bereichen X, Y und Z entgegenkommen würden." (Wie anders klingt dieser Satz im Indikativ: „Wir kommen Ihnen bei dieser Position entgegen, wenn Sie uns Konzessionen bei X, Y und Z machen."!)

bb) Fragen und Schweigen

549 Forderungen und Zugeständnisse werden im Gespräch abhängig vom Verhandlungsstil oft genug sehr vorsichtig, umschreibend oder mit bestimmten Färbungen geäußert, und immer wieder kommt es vor, dass unangemessen harte Forderungen gestellt oder angemessene Zugeständnisse verweigert werden. Die wichtigste Eigenschaft in solchen Situationen ist **Geduld**, und Geduld hängt immer mit **Zeit** zusammen. Man muss sich also Zeitgewinn schaffen (tief durchatmen) und sich angewöhnen, in jeder unklaren, aggressiven oder mehrdeutigen Situation durch einfaches Nachhaken die wirklichen Absichten der anderen Seite zu erforschen.

So ist es ein **Grundlagenfehler**, eine zu hohe Preisforderung mit der Antwort abzuwehren: „Auf keinen Fall sind wir bereit, mehr als 50 000 Euro zu bezahlen." (Problem des Ultimatums, Rz. 581). Es kann nämlich sein, dass die Gegenseite ganz bewusst viel zu viel gefordert hat und sich mit dem geringeren Angebot gern zufrieden gibt. Besser ist es, für jede Forderung oder Ablehnung eines Zugeständnisses eine **Begründung** zu verlangen. Wird diese **verweigert**, kann man daraus unmittelbar seine Schlüsse ziehen.

Man kann unangemessene Forderungen oder schwierige Verhaltensweisen auch durch einfaches Schweigen, Übergehen von Situationen oder geeignete Fragen („Was erwarten Sie von mir als Zugeständnis?") beantworten. Wichtig ist immer, die Situation in Bewegung zu halten und die Standpunkte nicht einfrieren zu lassen.

cc) Scheinzugeständnisse

550 Die Bilanz der Zugeständnisse besteht nicht **allein** aus den Angeboten, auf eigene Positionen zu **verzichten**, die man vorher verteidigt hat. Wenn man sie so auffasst, lädt man zu dem üblichen Basarspiel ein, bestimmte

Positionen nur aufzubauen, um sie dann als **Scheinzugeständnis** wieder zu räumen.

Besondere Aufmerksamkeit ist erforderlich, wenn in einem relativ frühen Verhandlungsstadium Zugeständnisse angeboten werden, die in Wirklichkeit nicht ernst gemeint sind. Sind z.B. mehrere Kaufinteressenten für ein attraktives Objekt vorhanden, sieht man oft, dass einer ein Preisangebot macht, das die Forderungen des Verkäufers sofort erreicht oder sogar übersteigt. Das Ziel: Der Verkäufer soll bewogen werden, die Verhandlungen mit anderen Interessenten, die kritischer sind, abzubrechen. Damit verliert er seine Alternativen, es entsteht Zeitdruck, und im Wege der Nachverhandlung kommt am Ende ein Preis heraus, der weit unter dem zunächst zugestandenen liegt. Oft genug kann man diese Taktik gar nicht entlarven, denn welches Objekt hat nicht Mängel, die sich erst bei näherer Besichtigung herausstellen? Hier gibt es nur die immer gleiche, wirksame Methode: erst mit **allen** ernsthaften Interessenten die **Vertragsbedingungen** klären und dann die **Preisentscheidung** treffen.

d) Gegenüberstellung von Leistung und Gegenleistung

Schon mehrfach wurde darauf hingewiesen, dass das Verhandeln über die Bilanz der Zugeständnisse am **Ende** der **inhaltlichen Diskussion** stehen muss und nicht zuvor in viele Detailaspekte zerschlagen werden darf. Nur wenn man Leistung und Gegenleistung zeitlich eng konzentriert gegenüberstellt, hat man eine Chance, die notwendige Gesamtbewertung realistisch vorzunehmen.

Dabei sind folgende Regeln nützlich:

- **Verhandeln über Sachleistungen**

  Wer die Sachleistung zu erbringen hat, unterliegt einem sehr hohen Planungs- und Erfüllungsrisiko und muss bestrebt sein, dieses Risiko mit welchen Mitteln auch immer überschaubar zu machen. Wenn die Preisangebote offensichtlich zu niedrig sind, dann hat man in diesem Bereich immer noch genügend Spielraum, um die Leistungsanforderungen (z.B. im Qualitätsbereich) zu senken oder den Anteil der Mitwirkungsleistung zu erhöhen.

- **Preisverhandlungen**

  Bei den meisten Verträgen steht einer Sachleistung ein Preis gegenüber, der für sie bezahlt werden soll, auch wenn dieser Preis nicht immer in Geld auszudrücken ist. Der **Grundfehler** vieler Verhandlungen ist es, dass über **Preise viel zu früh** gesprochen wird. Im Grunde gibt es keinen Gegenstand, der zu teuer wäre, denn eine wertvolle Leistung hat immer ihren Preis. Der **Preis** ist also immer von dem **Wert** abhängig, der der Sachleistung beigemessen wird. Er ergibt sich deshalb nahezu automatisch, wenn über alle wertbildenden Faktoren Einigkeit erzielt wird. Nur wenn man diese Grundregel wirklich ernst nimmt, hat man eine Chance, von der herkömmlichen Basarmentalität abzurücken und das Preis-Leistungs-Verhältnis im eigenen Sinne richtig zu beeinflussen. Je mehr Informationen man über die wertbildenden Faktoren hat, umso einfacher kann man unangemessenen Preisforderungen entgegentreten, und je geringer die eigene Information ist, umso stärker ist die Verhandlungssituation für denjenigen, der den Leistungsinhalt bestimmt.

Die oben skizzierte Grundregel kann man natürlich dann nicht einhalten, wenn man sich im **Ausschreibungsverfahren** befindet oder ein **Angebot** auf der Basis von Pflichtenheften abgeben muss, die zwingend eine Preisangabe erfordern.

552 Man kann dieses Dilemma nur durch **offene Leistungsalternativen** lösen, indem man überall dort, wo der Wert der Gegenleistung nicht klar genug kalkulierbar ist, verschiedene **Qualitätsstufen** ausweist und daraus Alternativpreise bildet.

Ist auch dieses Verfahren zum Beispiel bei Ausschreibungen nicht zugelassen, gibt es nur noch die taktisch weit gefährlichere Methode, sich den Gewinn über **Nachtragsangebote** zu holen, die frei kalkulierbar sind.

Obgleich diese Regeln einleuchten, zeigt sich in der Praxis gleichwohl, dass offensichtlich zu hohe Preisforderungen oder offensichtlich zu geringe Angebote auf die andere Seite so suggestiv wirken können, dass die Frage nach dem Leistungsinhalt nicht mehr mit der richtigen Präzision gestellt wird.

553 Wesentliches Ziel der Preisverhandlung muss es also sein, das Hin- und Herwerfen von Zahlen möglichst zu vermeiden und eine irgendwie geartete **Festlegung** auf Preisvorstellungen **konsequent** solange zu **vermeiden**, bis der Wert der Gegenleistung hinreichend diskutiert worden ist.

Wenn man sich an diese Grundregel hält, kommt es letztlich nur noch darauf an, Argumente zu finden, die die Gegenseite nicht zurückweisen kann, ohne ihr Gesicht zu verlieren. Dabei ist zu bedenken, dass derjenige, der sich zur **Geldleistung** verpflichtet, im Grunde auch gegenüber einem mächtigeren Vertragspartner immer in der **stärkeren Stellung** ist: Bis zum Vertragsschluss hat er immer die Möglichkeit, aus der Verhandlung auszusteigen, und dann nützen der Gegenseite noch so klug aufgebaute Argumente für einen hohen Preis gar nichts.

554 Außerdem hat der Käufer – vorausgesetzt er ist nicht auf Kredit angewiesen – weder ein Planungs- noch ein Erfüllungsrisiko. Natürlich wird die zum Leistungszeitpunkt notwendige Liquidität nicht schon bei Vertragsschluss zur Verfügung stehen, hier sind die **Planungsmöglichkeiten** aber erheblich **einfacher** und die Risiken leichter zu erkennen: Wer einen Vertrag schließt, ohne zu wissen, wie er die Leistung bezahlen soll, dürfte dieses Risiko in den meisten Fällen früh genug sehen können und muss dann damit leben.

IX. Verhandlungsablauf

Entscheidende psychologische Vorbedingung für die Käuferseite ist daher die innere **Freiheit**, gegebenenfalls **nicht** abzuschließen. Mit dieser Waffe in der Hand kann man auch schwierige Preisverhandlungen erfolgreich führen.

Es gibt immer wieder interessante taktische Kämpfe um die Frage, wer **zuerst** einen bestimmten **Preis nennen** soll. Normalerweise ist das derjenige, der die Sachleistung anbietet, denn er stellt die Preisforderung. Mit dieser Preisforderung legt er sich aber oft schon zu Beginn einer Verhandlung so einseitig fest, dass jede Änderung als Konzession verstanden wird, obwohl sie es inhaltlich vielleicht gar nicht ist. Wer den Preis nennt, muss also immer darauf achten, **gleichzeitig** die **Bedingungen** zu beschreiben, unter denen der Preis gültig sein soll. Am besten geschieht das durch **Wahlangebote**, die die Bandbreite der Leistung aufzeigen.

555

Einer unserer Mandanten berichtete kürzlich, bei einer Verhandlung über ein neues EDV-System habe der Anbieter seine Leistung mit der Bemerkung vorgestellt: „Das Notwendige kostet ca. 50 000 Euro, aber die wirklich leistungsfähige Version, die Ihnen Freude machen wird, ist unter 500 000 Euro nicht zu haben." Die Wahl fiel erstaunlich schnell auf die Luxusvariante!

e) Objektive Risikobewertung

Der nächste Schritt besteht in einer möglichst **objektiven Beschreibung** der **Risiken** und **Risikoprognosen** (oben Teil 1 Rz. 13), die jede Partei im Fall eines Vertragsschlusses übernimmt. Wenn etwa neue Technologien eingesetzt werden und der Auftraggeber dabei schwer planbare Risiken übernimmt, kann man ihm nicht gleichzeitig zumuten, auch noch beim Preis Zugeständnisse zu machen. Über beide Themen wird in der Verhandlungsphase kontrovers gesprochen worden sein, wobei der Auftraggeber vielleicht von Anfang an zum Ausdruck brachte, dass er ohne entsprechende technische Garantien keinen Vertrag abschließen wolle. Ob er diese Risiken aber tatsächlich zutreffend eingeschätzt hat, wird sich oft erst im Zuge der Verhandlung erweisen. Der Auftraggeber wird dann (hoffentlich) erkennen, dass er die von ihm nicht richtig beurteilten technischen Risiken nur dadurch ausgleichen kann, dass er von seinen Preisvorstellungen abrückt und Risikozuschläge akzeptiert. „Wo man nehmen will, muss man geben." (*Lao-Tse*, Kapitel 36, S. 160).

556

f) Emotionale Bewertung

Die Bilanz der Zugeständnisse besteht zudem nicht nur aus der harten Ware der vertraglichen Leistungen und Gegenleistungen oder aus Kosten und Nutzen in Form von Geld, Sachen und Rechten, sondern oft genug aus **flüchtigeren Elementen**, wie Gefühlen, Phantasien und Vorstellungen, die jede Partei mit dem Vertragsschluss verbindet. Sie können nicht in einen „vernünftigen" Bezug zu Geld oder Sachleistungen gestellt wer-

557

den, und trotzdem hängt die abschließende Entscheidung für oder gegen einen Vertrag von ihnen in hohem Umfang ab. Deshalb sollte man **keine vorzeitigen** inhaltlichen **Zugeständnisse** nur mit dem Ziel machen, das **Verhandlungsklima** zu verbessern: Solange die Gegenseite den Vertrag will, wird sie auch in schwierigen Situationen am Verhandlungstisch bleiben, will sie ihn aber im Grunde nicht, dann nützen auch die Zugeständnisse nichts, sondern führen nur zu schweren taktischen Verlusten. Das Verhandlungsklima verbessert man am einfachsten **nicht** durch **Argumente**, sondern durch **Reaktionen**!

Aus diesem Grunde muss man sich sorgfältig überlegen, unter welchen Bedingungen man **aktive Kompromissvorschläge** macht, um die Verhandlung vorwärts zu bringen.

558 Gerade kreative Verhandler, die zur Entwicklung immer neuer Denkansätze neigen, müssen dann erleben, dass solche Vorschläge aus reinem Positionsdenken abgelehnt werden (not invented here), und noch größer empfindet man die Kränkung, wenn ein gut gemeinter Kompromissvorschlag als Zeichen der Schwäche interpretiert und mit höheren Forderungen beantwortet wird.

Um das zu vermeiden, sind zwei Mittel zu empfehlen:

– Man entwickelt sich zwar intern seinen eigenen Kompromissvorschlag, fordert dann die andere Seite auf, ihrerseits Vorschläge zu machen, und deckt nur notfalls die eigenen Vorstellungen (wie beim Poker) Blatt für Blatt auf. Dabei ist es immer richtig, eher eine Phase des Schweigens oder eine Verhandlungspause zu durchlaufen, bevor man selbst aktiv wird, damit man sicher ist, dass die andere Seite wirklich keine neuen Vorschläge mehr bringen will.

– Damit Kompromissvorschläge nicht als Zeichen der Schwäche interpretiert werden, sollte man sie zum einen nur als Möglichkeiten und nicht schon als konkrete Angebote vortragen, zum anderen möglichst mit bestimmten Forderungen verknüpfen, die erfüllt sein müssen, wenn man seinerseits dem entwickelten Kompromiss endgültig zustimmen soll.

Kurz: **Lösungen** müssen immer **insgesamt** gesucht werden, denn „mit den Dingen ist es so: Sie mehren sich, wenn man sie verringert, verringern sich, wenn man sie mehrt." (*Lao-Tse*, Kapitel 42, S. 177).

g) Rechtliche Bewertung

559 Diese Lösungen, die oft in mehreren Alternativen auf dem Tisch liegen, sind sodann unter Zuziehung der Anwälte **rechtlich** zu **bewerten**: Ohne diese Bewertung kann man in den meisten Fällen nicht entscheiden, ob und welche Konzessionen möglich sind, denn jede Konzession kann eine Schwächung des **rechtlichen Risikomanagements** bedeuten.

IX. Verhandlungsablauf

Hierfür wird auch dann Zeit gebraucht, wenn die Anwälte sehr gut vorbereitet in die Verhandlung gehen, denn sie können nicht alle Alternativen voraussehen, die sich aus der Verhandlung selbst entwickeln. Die Bewertung der Rechtslage erfordert eigentlich für **jede einzelne Alternative** folgende Schritte:

- Eigene Rechtsauffassung,
- Rechtsauffassung der anderen Seite,
- feststellbare Rechtslage in der Rechtsprechung,
- Ansichten in der Literatur,
- Bewertung von Rechtsprechungstendenzen,
- unaufklärbare Rechtspositionen (z.B. Auslandsrecht).

In der Praxis ist es nie möglich, das ganze Spektrum der Prüfungen durchzuarbeiten, die eigentlich erforderlich wären, denn dazu müsste man eine ideale Informationslage und den gesamten wissenschaftlichen Apparat zur Verfügung haben, der ihre rechtliche Bewertung ermöglicht. Meist muss man sich mit einem weit schmaleren Spektrum begnügen.

h) Vorteile für beide Seiten suchen

Die einzelnen Wege, in denen die Parteien tragfähige Lösungen suchen, sind (oben Rz. 551 ff.) im Detail beschrieben. Eine der wichtigsten Grundideen, die dort vorgestellt werden, lautet: Lösungen sind eher wahrscheinlich, wenn beide Seiten sich darum bemühen, nicht nur nach dem eigenen Nutzen, sondern auch nach dem Nutzen zu suchen, den die andere Seite von einem Vertragsschluss hat (Kuchen größer machen, *Haft*, S. 100 ff.; *Fischer/Ury/Patton*, Das Harvard-Konzept, S. 89 ff.;).

Typische Mittel hierfür sind:

- **Risiken versichern** (dann Versicherungsprämien ggf. teilen),
- **Subventionen** beantragen (Know-how über Subventionen bereitstellen, Zustimmungen verschaffen),
- **Bürgschaften** besorgen (eigene Rückbürgschaften für Dritte geben; Avalprovisionen teilen),
- **Steuervorteile** ermöglichen (Know-how über Steuervorteile besorgen, Zustimmung beschaffen),
- **Genehmigungen** herbeiführen (Know-how zur Verfügung stellen, Kosten übernehmen),
- Unterstützende **Leistungen Dritter** beschaffen (und ggf. finanzieren),
- Eigene **Mitwirkung** verstärken,
- Für bessere **Informationen** der Gegenseite sorgen,
- **Angriffe** Dritter **abwehren** (Kosten ggf. selbst tragen),

- **Sicherheiten verstärken** (ggf. auf Kosten des anderen),
- **Risiken verbinden** (wenn z.B. X zu Lasten A eintritt, deckt B davon den Teil X ab; übernimmt B ab dann Risiko Y; wird gegebenenfalls neu verhandelt).

561 Die **gemeinsame Arbeit** der Parteien an solchen Lösungen ist erheblich fruchtbarer als das Kreisen um die eigenen Argumente. Das beste Verhandlungsklima entsteht aus einer gemeinsamen **Arbeitsatmosphäre**.

Ergebnisse, die man so erreicht, finden mit denjenigen Leistungsteilen, die jede Partei übernimmt, Eingang in die Bilanz der Zugeständnisse. Sie ist, wie man jetzt unschwer sieht, ein recht komplexes Gebilde, das schnell undurchschaubar zu werden droht.

i) Alternativen entwickeln und anschaulich machen

562 Viele Verhandlungen sind nur dadurch aus der Sackgasse gekommen, dass einem der Beteiligten eine Alternative zu den Lösungen eingefallen ist, die bisher kontrovers diskutiert worden sind. Man kann stundenlang darüber streiten, ob ein Preis zu hoch oder zu niedrig ist, aber wenn es jemandem gelingt, für ein Projekt eine Subvention oder einen Steuervorteil zu beschaffen, der den Preis senkt, ohne dass eine Seite nachgeben muss, hat er das Problem gelöst. Die Checkliste bei Rz. 560 zeigt solche Möglichkeiten. Man kann sie z.B. in einer Übersicht kenntlich machen, die so aussehen kann:

Bilanz der Zugeständnisse

Thema	nichtverzichtbar	verzichtbar	Teilkonzessionen möglich
1. Leistungsinhalt			x
2. Zeitrahmen u. milestones			x
3. Systemverantwortung	x		
4. Qualitätssicherung	x		
5. Nutzungsrechte	x		
6. Projektausschuss und Projektorganisation			x
7. Abnahme	x		
8. Haftungsvereinbarung		x	
9. Vergütung u. Zahlungsbedingungen			x
10. Weitere Bestimmungen		x	

Bei der praktischen Anwendung wird die Themenliste erheblich umfangreicher und differenzierter sein, als das Schema dies andeuten kann. Je genauer man sie aber auffächert, umso leichter wird die Entscheidung im Einzelfall.

Das Hauptproblem besteht darin, Dinge miteinander vergleichbar zu machen, die im Grunde nicht vergleichbar sind. Einfach ist es zum Beispiel, Preis und Leistung zu vergleichen, weit schwieriger aber, Garantiezusagen zu bewerten oder die Vor- und Nachteile einer Haftungsvereinbarung richtig abzuschätzen. 563

Dabei können Detailfragen, die zunächst trivial erscheinen, überraschendes Gewicht gewinnen. Bei EDV-Projektverträgen, die diesem Beispiel zugrunde liegen, kann es einen großen Unterschied für die Planungssicherheit bedeuten, wenn die Parteien sich auf einen Schiedsgutachter einigen. Es gibt kein vernünftiges Argument, warum eine Partei das ablehnen sollte, denn die technischen Fragen werden auch bei einer streitigen Auseinandersetzung vor Gericht letztlich durch die Sachverständigen entschieden. Gleichwohl zuckt manche Partei zurück, wenn sie den Begriff „Schiedsgutachter" auch nur hört, und oft mag der Grund darin liegen, dass man ein Schiedsgutachterverfahren mit einem Schiedsverfahren verwechselt und die Aufklärung über die Unterschiede in einer angespannten Verhandlungssituation einfach nicht möglich ist. Mancher Auftragnehmer wäre gut beraten, wenn er für die Bereitschaft der anderen Seite, Bedenken über eine Schiedsgutachterlösung hintanzustellen, größere Zugeständnisse an anderer Stelle machte, denn auch für ihn bedeutet es ein erhebliches Plus an Planungssicherheit. Diese Vorteile werden leider oft genug nicht gesehen, weil man das Konfliktpotential unterschätzt, das bei der Leistungsbewertung im Rahmen von Werkverträgen immer wieder zu beobachten ist.

Aus taktischen Gründen ist man gut beraten, solche **Übersichten** nicht zur allgemeinen Diskussion zu stellen, sondern nur **intern** zu **verwenden**: Sonst kann nämlich wider Erwarten sichtbar werden, dass die eigenen Zugeständnisse nicht so groß sind, als man dies bestrebt ist darzustellen. Wie weit man hier taktisch gehen kann, entscheidet sich letztlich an der eigenen Glaubwürdigkeit, die man unter keinen Umständen gefährden darf. 564

Noch wichtiger allerdings ist es, darauf zu achten, dass die Zahl der Alternativen weniger als sieben beträgt und systematisch immer weiter verringert wird, bis es schließlich nur noch **zwei Alternativen** gibt. Der Grund: Wir sind aus psychologischen Gründen nicht im Stande, komplexere Alternativen gleichzeitig zu bewerten (näher dazu Rz. 456a). 564a

j) Entscheidungskompetenzen

Es ist immer zu empfehlen, die Verhandlungs- und Entscheidungskompetenzen der Beteiligten schon vor der Verhandlung oder spätestens zu ihrem Beginn zu klären. Wenn das übersehen wurde, muss auf jeden Fall vor Verabschiedung der Bilanz der Zugeständnisse klar sein, ob nur ver- 565 handelt oder schon entschieden werden kann. Sitzt die Person, die letztlich entscheidet, nicht am Verhandlungstisch, müssen die endgültigen Vereinbarungen an **Annahmefristen** gebunden werden, wenn man nicht (was taktisch günstiger ist) sich die Entscheidung auch seinerseits offen halten kann.

k) Letzte Forderungen

566 Man erlebt immer wieder, dass nach förmlichem Abschluss einer Verhandlung – teilweise unmittelbar vor der Unterschrift – noch letzte bis dahin nicht diskutierte Forderungen erhoben werden. Sie können in seltenen Fällen darin begründet sein, dass neue Aspekte auftauchen, die niemand vorher fairerweise hätte entdecken können. Wenn das nicht der Fall ist, sind zwei Schlüsse möglich:

- Es handelt sich um einen Vertragspartner, der unerfahren ist und nicht weiß, was für katastrophale Wirkungen sein Verhalten haben kann. Man entdeckt das sehr einfach, indem man die Forderung **kategorisch ablehnt**.
- Wird daraufhin die Forderung nicht sofort zurückgezogen, hat man den zweiten Typ vor sich: Das sind Verhandlungspartner, die sich ihre Machtspiele unter keinen Umständen abgewöhnen können, und mit solchen Personen sollte man **keine Verträge schließen**, weil bei der Durchführung noch Schlimmeres zu erwarten ist.

567 Solche unangenehmen Situationen kann man allgemein vermeiden, wenn man nach Klärung aller übrigen Punkte über den **letzten Punkt** verhandelt, der für die Entscheidung noch relevant ist. Er bietet aus nahe liegenden Gründen den größten Widerstand gegen Kompromisse, weil jede Partei weiß, dass dies die letzte Chance ist, um Punkte zu machen. Man bezeichnet diesen Punkt als „**Dealmaker**" (wenn der Vertrag zustande kommt) oder „**Dealbreaker**" (wenn er genau daran scheitert).

Er empfiehlt zu Recht, bezüglich des letzten Punktes die entscheidende Frage zu stellen: „Wenn ich Ihnen dieses Zugeständnis mache, haben wir dann einen Vertrag?"

Mit dieser Frage kann man meist verhindern, dass nach der letzten Konzession neue Forderungen gestellt werden.

6. Ergebnislosigkeit des ergebnisorientierten Verhandelns

567a Bei vielen Verhandlungen merkt man, dass das ergebnisorientierte Verhandeln so wie es hier vorgestellt wird, keine großen Chancen hat. Wie schon oben (Rz. 392d) gezeigt wurde, hilft der Ansatz des Harvard-Konzepts demjenigen wenig, der in einer deutlich unterlegenen Situation ist, die die andere Seite bedenkenlos ausnutzt. Wer sich darüber ärgert, muss sich zunächst selbst den Vorwurf machen, dass seine Vorbereitung ungenügend war: Über die Machtverhältnisse ist man sich meistens im Klaren und wenn man in der unterlegenen Position ist, muss man sich außerhalb des Verhandlungstischs zunächst einmal darüber Gedanken machen, mit welchen Handlungen und Maßnahmen man die andere Seite „belohnen oder bestrafen" kann, wie *Macioszek* empfiehlt.

Wenn einem solche Ideen fehlen, wird jede Verhandlung am Ende ergebnislos bleiben – und dann braucht man sich nicht an den Verhandlungstisch setzen. Von dieser Regel gibt es aber eine **Ausnahme**: Die Verhandlungssituation ist oft die einzige, die es ermöglicht, weitere **Informationen** über die wirklichen **Absichten** der anderen Seite zu gewinnen. Es mag sein, dass man hier den Vorstandsvorsitzenden einer Gesellschaft erstmals persönlich kennen lernt oder die entscheidenden Leute trifft, die wirklich das Sagen haben. Der **persönliche Eindruck** von diesen **Personen** und die Analyse der **Situationen**, die sich am **Verhandlungstisch** ergeben, können für die eigene Entscheidung ausschlaggebend werden. Dies ist vielleicht einer der Gründe, warum es nur sehr wenige Leute gibt, die jegliche Verhandlungen ablehnen, bevor nicht bestimmte Teilzugeständnisse gemacht werden. Darüber hinaus muss man sich auch wirklich **Mühe** gegeben haben, **Ideen** über Belohnung und Bestrafung zu **entwickeln**. Vielleicht reicht es nicht, sich nur an den Schreibtisch zu setzen. Man kann auch die Fähigkeit, Ideen zu entwickeln, trainieren!

So kann man etwa das **interne Verhandlungsteam** rechtzeitig vor der Verhandlung in einen **Kreativ-Workshop** stecken, man kann sich besser informieren, als man es üblicherweise tut und man kann sich an all die Ratschläge halten, die in diesem Kapitel für die Führung der Verhandlung gegeben worden sind. Als Endergebnis stehen dann hoffentlich Ideen zur Verfügung, die auch gegen einen weit überlegenen Vertragspartner Wirkung zeigen.

7. Organisation des Abbruchs von Verhandlungen

Die Art und Weise, wie aussichtslose Verhandlungen beendet werden, ist von entscheidender Bedeutung für alle künftigen Beziehungen zwischen den Parteien (zum endgültigen Abbruch unter Rz. 622). Wer es fertig bringt, ein Angebot abzulehnen, ohne dass die andere Seite ihr Gesicht verliert, kommt immer wieder für andere Gespräche in Frage. Deshalb ist der Stil, in dem Ablehnung vermittelt wird, von großer Bedeutung, vor allem bei Verhandlungen mit ausländischen Vertragspartnern (besonders in Asien, siehe *Pattloch* [China] Teil 9.3 und *Tanaka* [Japan] Teil 9.4).

567b

Zu den wichtigsten Stilmitteln gehört es, am Abschluss einer vor dem Scheitern stehenden Verhandlung noch einmal nicht nur die **eigene Position**, sondern auch die der **Gegenseite zusammenzufassen** und möglichst auch auf einer Tafel, Flip-Chart o.Ä. in Stichworten darzustellen. Wenn man mehr Zeit hat, kann man diese Gegenüberstellung auch in einen anspruchsvolleren Text überführen und aushändigen. Allein die Tatsachen, dass man sich mit den Argumenten der Gegenseite intensiv beschäftigt und sie erwogen hat, beweist unwiderleglich den Respekt, den man dem anderen zollt, auch wenn man seine Ansicht nicht teilen kann. Eine solche Darstellung gibt auch eine letzte Gelegenheit zu möglichen Kompromissen – vor allem dann, wenn der Gegenseite ein vergleichbarer Überblick bisher gefehlt hat.

Schließlich sollte man jede Verhandlung damit beenden, dass man bestimmte Organisationsvorschläge macht, also sich z.B. darum kümmert, dass jeder gut nach Hause kommt, dass Taxis zur Verfügung stehen und dass ungeachtet der gescheiterten Verhandlung der organisatorische Rahmen gesichert bleibt. Schließlich kann man einige Tage nach dem Scheitern der Verhandlung sich gegenseitig noch einmal schreiben und das Ergebnis bedauern.

All diese Maßnahmen werden dazu führen, dass das Scheitern der Verhandlung nicht als persönlicher Angriff empfunden wird – für zukünftige Perspektiven ist das wichtig: Man begegnet sich oft zweimal im Leben, einmal wenn man die Treppe hinauf geht und dann, wenn es wieder abwärts geht!

X. Schwierige Verhandlungssituationen

568 Verhandlungen scheitern im Wesentlichen an vier Problemen:
– Mangelnde Vorbereitungen und Steuerung der Verhandlung
– Plötzlich auftretende Unwägbarkeiten, die die Planung aller Beteiligten verändern
– Fehlendem Feedback von Beteiligten auf Vorschläge der anderen
– Negative Emotionen, vor allem Angst und Stress als Folge der anderen Faktoren.

Das hat eine umfangreiche Untersuchung der US-Forscher *Leary*, *Pillemer* und *Wheeler* ergeben, die gleichzeitig drei Lösungen vorschlagen (Harvard Business Manager, Mai 2013):
– Besser planen und Alternativen in der Reserve halten,
– mit emotionalem Stress rechnen,
– auch in schwierigen Situationen die Führung behalten.

Diese Analyse ist richtig denn sie wird durch die Erfahrungen eines bekannten Verhandlungscoaches in Europa, *Matthias Schranner* (Veröffentlichungen siehe Literaturverzeichnis) in unterschiedlichen Varianten bestätigt. Im Bereich der Planung hatte er vor allem beobachtet, dass 95 % aller Manager kein Minimalziel definieren, sie also keinen Plan B für eine eventuelle Auffanglinie entwerfen Der zweite Fehler besteht in widersprüchlichen Zielen, (z.B. Forderung nach hoher Qualität und enger Zeitplan), die nicht koordiniert werden, der dritte und häufigste ist die

X. Schwierige Verhandlungssituationen

Unfähigkeit, mit negativem Stress richtig umzugehen (unterbrechen, durchatmen etc.). Die nun folgenden Hinweise auf einzelne Details sind immer auf dem Hintergrund dieser Erkenntnisse zu lesen.

1. Allgemeine Verhaltenshinweise

Es gibt Tausende von Büchern, Seminaren, Workshops usw., in denen man lernen kann, schwierige Verhandlungssituationen zu bewältigen. Man findet dort für nahezu jede der Situationen, die unten skizziert werden, irgendeine kreative Idee, mit der man das Problem in den Griff kriegen kann. Die Schwierigkeit ist nur: Sobald man wirklich Stress hat, fallen einem diese guten Ideen nicht mehr ein. Nicht nur aus diesem Grund muss man sich einfache Regeln einfallen lassen, die unter allen Umständen funktionieren. Sie lauten:

- Tief durchatmen, Emotionen fest ins Auge fassen und vorbeiziehen lassen,
- nachfragen (nach Tatsachen, Meinungen, Verhalten usw.),
- unterbrechen und versuchen, neue Alternativen zu finden.

Diese „Strategien der Leere" (Rz. 575) verhelfen einem vor allem zu eigener emotionaler Stabilität und Selbstbewusstsein. Wenn Leute, die sich sonst nicht gehen lassen, auf einmal anfangen, zu schreien, schämen sie sich für ihr Verhalten derart, dass sie kurz danach der anderen Seite die größten Konzessionen machen. Gelingt es jedoch, zur eigenen Ruhe zu finden, wird man fast immer erkennen, dass jede Verhandlungskrise wertvolle Informationen über die Vertragsprobleme und die Situation enthält, in der man sich jetzt befindet.

Trägt eine Partei wirklich allein die Schuld an auftretenden Schwierigkeiten und trägt nichts dazu bei, sie beheben zu helfen, sollte die andere Seite **dankbar** dafür sein: Sie hat diese Erfahrungen dann schon im **Verhandlungsstadium** gesammelt und muss sie nicht erst später bei der **Vertragsdurchführung** machen. Wenn man schon in der Verhandlung kein Verständnis für die eigene Position wecken kann, wie viel weniger wird das später möglich sein!

Werden **Auseinandersetzungen** im Zuge der Verhandlung **behoben**, erweist sich ihr wirklicher Wert: Dann haben die Parteien nicht nur das Problem erkannt und gelöst, sondern sich meist auch im Zuge des Konflikts gegenseitig besser kennen gelernt und darüber hinaus die Fähigkeit zur Konfliktlösung am ersten praktischen Fall erprobt.

Es ist in taktischer Hinsicht gut, wenn man sich anbahnende Auseinandersetzungen so **früh** wie **möglich** erkennt. Die richtige Beobachtung des Sprachstils, der Körpersprache und des allgemeinen Verhaltens der anderen Seite kann dazu eine Menge beitragen.

Aus der Vielzahl der Werkzeuge, mit denen man schwierige Verhandlungen steuern kann, gibt es eines, das auch in nahezu gescheiterten Situationen immer wieder weiterhilft: Es ist die **vereinbarte Unterbrechung (Auszeit)**, die oft genug dazu beiträgt, dass beide Parteien die Situation wieder etwas entspannter sehen („Die Zeit heilt alle Wunden"): Solange beide Seiten noch davon ausgehen, dass sie ein gemeinsames Ergebnis, nämlich den Vertrag, brauchen, wird man in der Regel wieder zu kreativen Lösungsmöglichkeiten zurückfinden. Vor allem deshalb muss mit der Drohung des endgültigen Abbruchs besonders sparsam umgegangen werden.

Ebenso wie man für inhaltliche Lösungen die Bilanz der Zugeständnisse benötigt, braucht man in Spannungssituationen die „**Bilanz der Entschuldigungen**": Man kann mit den Verhandlungswerkzeugen unbefangener umgehen, wenn man innerlich auch bereit ist, Fehlverhalten und Irrtümer einzugestehen, ohne zu befürchten, dadurch sein Gesicht zu verlieren. Das fällt leichter, wenn man sich allgemeiner Stressfaktoren in solchen Situationen bewusst ist.

570a Sieht man sich einer **Krise** gegenüber, so muss man sich zuerst daran erinnern, dass

– die Krise untrüglich daran **erkennbar** ist, dass die **Kommunikation** leidet oder ganz **abbricht** (oben Rz. 571),

– **Argumente** eine **geringe Bedeutung** haben (oben Rz. 381),

– die **Emotionen** der Hebel sind, bei dem man ansetzen muss, da sie die Krise wesentlich beeinflussen (oben Rz. 384),

– die Emotionen sich in der Regel in **Meinungen** ausdrücken, deren Verbindung zur **Realität schwach** ist.

Jede Krise hat einen realen Kern. Wer fähig ist, ihn im tosenden Sturm der Meinungen zu entdecken und den anderen dabei zu helfen, dies ebenfalls zu tun, leistet den besten Beitrag zur Krisenbewältigung (*Epiktet*, Encheiridion, Kap. 5):

„Nicht die Dinge beunruhigen die Menschen,
sondern die Meinungen über die Dinge."

a) Vier-Stufen-Plan bei offenen Krisen

571 Offene Krisensituationen erkennt man untrüglich daran, dass mindestens eine Seite die weitere Kommunikation ablehnt (die „Botschafter" werden zurückgerufen).

Die erste Anstrengung muss also dem Versuch gelten, wieder eine **kommunikative Ebene** herzustellen, denn allein dadurch wird vieles wieder entschärft. Oft hilft es auch, streitende Parteien durch Druck von dritter Seite wieder an den Verhandlungstisch zu zwingen, **Vermittler einzuschalten** oder zu versuchen, sich wenigstens auf bestimmte **Gesprächsbedingungen** zu **einigen**, die die verfahrene Situation wieder auflockern können. Erfahrungsgemäß hilft dabei das Schreiben von Briefen wenig: Schreiben ist eine viel indirektere Form der Kommunikation als Spre-

X. Schwierige Verhandlungssituationen

chen, und daher erkennt man Krisen im Frühstadium oft schon daran, dass Verhandlungspartner sich Briefe schreiben, um bestimmte Positionen aufzubauen, anstatt sie im offenen Gespräch zu bewältigen.

Da es in der Krise an der Bandbreite der Lösungsmöglichkeiten typischerweise fehlt, muss man zunächst ermitteln, was als **kleinstes gemeinschaftliches Vielfaches** den Parteien noch zur Verfügung steht. Im Gegensatz zum breiten Rahmen der Verhandlungsmöglichkeiten, wie sie außerhalb der Krise bestehen, verbleiben in der Krise meist nur **vier Stufen**, die man beschreiben kann:

– Beschreibung der **Symptome**,

– Ermittlung der **Ursache**,

– **theoretische** Lösungsmöglichkeiten,

– **praktische** Lösungsmöglichkeiten.

572

Diese vier Stufen klingen äußerst selbstverständlich, sind aber schwer beiden Parteien gleichzeitig bewusst zu machen.

So kann es für beide Seiten bereits eine bedeutende emotionale Erleichterung sein, der Gegenseite im unmittelbaren Gespräch mitzuteilen, worunter man leidet (Beschreibung der **Symptome**).

Steht man diese schwierige Phase der gegenseitigen Anschuldigungen, Beschwerden (und manchmal: Beleidigungen) durch, sind beide Parteien erfahrungsgemäß so erschöpft, dass sie sich nicht mehr völlig dagegen sperren, nun die **Ursache** der Auseinandersetzung, soweit ihnen das möglich ist, zu ermitteln. Besonders in dieser zweiten Phase sind Vermittler unschätzbar.

573

Gelingt es, sich wenigstens über die wichtigsten Ursachen der Krise zu verständigen, sollte man nicht vorschnell schon nach praktischen Lösungen suchen, denn in dieser Phase neigen die Parteien typischerweise dazu, ihre Machtpositionen zu entdecken und gegeneinander auszuspielen. Besser ist es, wenn die Parteien sich zwingen, zunächst nach **theoretischen Lösungsmöglichkeiten** zu suchen, auch wenn diese unakzeptabel erscheinen. Diese dritte Phase sollte so nah wie möglich der Ideensammlung (Brainstorming) ähneln, die normalerweise jede Partei nur in den eigenen Reihen vornimmt. In der Krise müssen die taktischen Vorbehalte, die normalerweise dagegensprechen, deshalb zurückstehen, weil es nun in erster Linie darauf ankommt, dass beide Seiten verstehen: Jeder bemüht sich, unter Einsatz seiner Phantasie eine Lösung zustande zu bringen, die nicht in einer endgültigen Auseinandersetzung mündet.

Natürlich werden viele der dann erarbeiteten Vorschläge in der vierten Phase verworfen werden. Bei der **Ermittlung der praktischen Lösungsmöglichkeiten** ist die Entscheidung letztlich davon abhängig, welche Zugeständnisse jede Seite zu machen bereit ist, und das hängt immer von

574

Leistung und Gegenleistung in dem Wert ab, den jede Seite den Angeboten der anderen Seite beimisst.

Auf den ersten Blick erscheint die Aufteilung in diese vier Stufen recht formell, in der Praxis funktioniert es aber gleichwohl, weil das Verfahren dafür sorgt, dass Kommunikationswege, die zu Beginn der Krise abgeschnitten worden sind, wieder funktionsfähig werden.

b) Strategien der Leere

575 In kritischen Verhandlungssituationen ist man oft genug geneigt, dem Verhalten der anderen Seite spontan bestimmte Bedeutungen beizumessen, weil man sich aus der eigenen Perspektive unter dem Druck einer aktuellen Verhandlungssituation nur einen Reim machen kann: Die andere Seite will um nichts in der Welt die eigenen Forderungen als berechtigt anerkennen oder auch nur zur Kenntnis nehmen. Das mag in vielen Situationen ganz richtig sein, in anderen aber ist es falsch, weil man gar nicht die Möglichkeit hat, das Verhalten der Gegenseite unter den gegebenen Umständen richtig zu interpretieren. In diesen Fällen bewährt es sich, auf Techniken zurückzugreifen, die in den östlichen Kulturen zum Beispiel in der Kampftechnik des Aikido entwickelt worden sind. Man kann sie in einem Satz wie folgt charakterisieren:

576 Man muss die Angriffe der Gegenseite ins Leere laufen lassen und gleichzeitig auf bewegliche Weise beharrlich bleiben.

Das kann man auf verschiedene Weise tun, wie zum Beispiel:

– Aktiv zuhören und schweigen,
– beharrlich Tatsachen klären,
– den Angriffsschwung der Gegenseite ins Leere laufen lassen,
– das Tempo durch Schweigen verlangsamen,
– strittige Punkte wiederholen,
– Probleme auf andere Themen umleiten,
– unangenehmes Verhalten einfach aushalten, ohne es zu kommentieren,
– den Angriffsschwung umdrehen (Absurdität der Gegenargumente verstärken),
– die positiven Ansätze verstärken (*Skinner*).

577 Die moderne Verhaltenspsychologie (*Skinner, Milgram, Watson* etc.) hat nachgewiesen, dass auch uneinsichtige Gesprächspartner ihre Perspektiven schrittweise zu ändern bereit sind, wenn sie erfahren, dass einzelne Aspekte ihrer Argumentation positiv aufgenommen werden. Das ist natürlich ein langwieriger Prozess, der niemals nur auf der argumentativen Ebene erfolgreich bewältigt werden kann. Immer wieder aber erlebt man Überraschungen, wenn man zum Beispiel auf überhöhte Preisvorstellun-

gen nicht dadurch reagiert, dass man sie für unangemessen erklärt, sondern hervorhebt, dass die zweifellos überragende Qualität der Gegenleistung einen solchen Preis rechtfertige, wenn nur diese Qualität überzeugend nachgewiesen werden könne! Vielen Verhandlungspartnern fällt es in solcher Situation schwer nachzuweisen, worin denn die besondere Qualität der Gegenleistung bestehen soll, und dann bröckelt auf einmal bei schwindenden Argumenten auch die Preisvorstellung ab.

Eine solche Strategie überzeugend umzusetzen ist allerdings wirklich nicht einfach. Allzu oft gleitet man in ironische Nebenbemerkungen ab oder widerlegt durch seine Körpersprache seine verbalen Äußerungen. Hier wie überall hilft nur eins: Training!

c) Unsinnige Forderungen

Für Krisensituationen ist es typisch, dass immer wieder eine Seite Forderungen aufstellt, die entweder inhaltlich unsinnig sind oder von der anderen Seite so offensichtlich nicht akzeptiert werden können. 578

Dagegen gibt es nur ein einziges Mittel: Man muss versuchen zu verstehen, warum man die Position der anderen Seite einfach nicht begreifen kann. Genauere Analyse von unsinnigen Positionen zeigt nämlich nahezu immer, dass die aufgestellte Forderung aus der Perspektive der anderen Seite durchaus Sinn gibt. Das gilt vor allem für Strategien der Selbstzerstörung, die auch der anderen Seite erheblichen Schaden zuzufügen. So erlebt man immer wieder, dass ein unterlegener Vertragspartner, der einen Vertrag offen gebrochen hat, zwar keinesfalls leugnet, dass er gegen den Vertrag verstoßen hat, es aber trotzdem kategorisch ablehnt, seinen Beitrag zur Schadensminderung zu leisten, obgleich er der einzige ist, der davon profitieren kann. Die Motive für ein solches Verhalten mögen ohne jeden Bezug zu rationalen Überlegungen sein, sie bereiten aber offenbar demjenigen, der von ihnen ergriffen ist, eine hinreichende emotionale Befriedigung (Freude am Untergang).

In solchen Fällen ist natürlich mit Vernunft nicht zu helfen, man erlebt es aber immer wieder, dass mit **emotional richtigem Verhalten**, aktivem Zuhören und engagiertem Aufgreifen der Perspektive der anderen Seite unüberwindbar erscheinende Hindernisse zusammenbrechen und auf einmal der Weg zu einer Lösung frei wird.

d) Auflösen von Pattsituationen

Pattsituationen können durch unsinnige Forderungen, aber auch durch vernünftiges Verhalten entstehen, wobei die Ursache oft im vertraglichen Rahmen, den die Parteien früher einmal freiwillig gewählt haben, zu suchen ist. Typisch sind etwa Auseinandersetzungen zwischen Gesellschaftern, die jeweils 50 % der Anteile an einer Gesellschaft halten, vor allem, wenn es sich um Familienstämme handelt. Der anwaltliche Rat, bei Abschluss des Gesellschaftsvertrages klare Mehrheitsverhältnis- 579 se zu schaffen, ist oft genug nicht zu verwirklichen, weil die Beteiligten (manchmal zu Recht) annehmen, die gleichmäßige Verteilung der Gesellschaftsanteile werde einen Einigungszwang auslösen, der der Gesellschaft auch in schwierigen Situationen dienlich sein werde. Oft geht diese Rechnung in einer Generation auf, versagt aber dann bei der Nachfolgegeneration, bei der die Personen sich nicht so nahe stehen wie zuvor. Besonders typisch ist der Konflikt bei Gesellschaftern, von denen die einen im Unternehmen tätig sind und die anderen nicht, während die Anteile aber gleich verteilt sind. Was tun?

580 Auch hier hilft zunächst die Auffächerung der maßgebenden sechs Gesichtspunkte (oben Rz. 515 ff.) und die Einhaltung der vier Verhandlungsschritte (oben Rz. 572), wobei aber zusätzlich noch folgende Maßnahmen helfen können:

- Patt offen **feststellen,**
- **Inhalte wechseln:** neue Alternativen suchen,
- **Kommunikationsverhalten ändern:** von Logik zu Gefühl/Ansprechen von Schweigsamen etc.,
- Vorschläge entwickeln, die weg von den Details gehen und sich nur mit den **wesentlichen Gesichtspunkten** beschäftigen (z.B. Konzentration auf die Gewinnverteilung),
- Oder im Gegenteil: Die großen Fragen einstweilen außen vor lassen und tief in die **Details** einsteigen, um durch die Beschäftigung mit Einzelfragen das Starren auf die Grundprobleme aufzulösen,
- **Wechseln** der **Verhandlungspartner,** die sich oft genug emotional ineinander verbissen haben,
- Einsatz eines **Vermittlers,**
- **Änderung** der **Verhandlungssituation:** weg vom Konferenztisch, Unterbrechungen schaffen, Vier-Augen-Gespräche ermöglichen,
- Fachliche und **technische Fragen** definieren, die durch Experten geklärt werden können, und erst dann wieder Eintritt in die Verhandlungen,
- **Beendigung** der **Verhandlung** unter bewusstem Offenlassen der Probleme, sofern beide Seiten wenigstens an der Herstellung einer Arbeitssituation in Detailfragen Interesse finden.

e) Ultimative Forderungen

581 Erstaunlich oft beginnen Verhandlungen mit Ultimaten oder der Forderung nach bestimmten Voraussetzungen, ohne die nicht einmal die Verhandlung akzeptiert werden soll („Ohne Waffenstillstand keine Verhandlung!"). Jedermann scheint zwar zu wissen, dass ultimative Forderungen immer den **Gesichtsverlust** der anderen Seite heraufbeschwören und des-

halb das sicherste Mittel für die Blockade von Verhandlungen sind – gleichwohl scheinen auch erfahrene Verhandler darauf nicht verzichten zu können: Der emotionale Gewinn ultimativer Drohungen ist offenbar auch dann erheblich, wenn die Gegenseite klar erkennt, dass die Drohung nicht realisiert werden wird (ausführlich Rz. 613). Auch die Erkenntnis, dass man nicht beliebig oft ultimativ drohen kann, scheint daran nichts zu ändern („Ich bring mich um!").

Wer das Problem ultimativer Drohungen kennt, weiß auch die Regel anzuwenden: **Keine Drohung ohne Angebot**!

Wer eine Drohung mit einem Angebot verbindet, das die Gegenseite annehmen kann, sprengt damit die Fessel, die das Ultimatum ihm selbst auferlegt. Wird das Ultimatum nämlich nicht erfüllt, muss er die Drohung wahr machen, und folglich sollte die Drohung einen Inhalt haben, der auch realisierbar ist. Es muss aber gleichzeitig im Angebot auch ein Vorteil stecken, denn sonst handelt die Gegenseite nur zu logisch, wenn sie die Drohung beiseite schiebt: In dem Fall ist nämlich keinerlei Vorteil damit verbunden, sich der Drohung zu unterwerfen. 581a

Wie soll man sich aber umgekehrt verhalten, wenn einem selbst ein Ultimatum ohne vernünftige Wahlmöglichkeit angeboten wird?

In diesem Fall muss man das Angebot selbst machen und dartun, welche Konzessionen man zu machen bereit ist, wenn die Drohung nicht wahr gemacht wird. Nur wenn eine solche Möglichkeit wirklich nicht besteht, sind alle Verhandlungsmöglichkeiten erschöpft, und die Dinge müssen ihren Lauf nehmen.

f) Übersicht über die Fallgruppen

Angesichts der Vielzahl von Faktoren, die auf die Personen und Situationen einwirken, die in einer schwierigen Verhandlung entstehen können, ist es nicht einfach, Strukturen zu finden, die sich wiederholen, und Hinweise zu geben, wie man schwierige Situationen bewältigen kann, denn auf spontane Gefühlsausbrüche oder trockene Aggressionen reagiert jeder abhängig von seiner eigenen Situation immer anders. Darüber hinaus hängt viel von den Erfahrungen und der Verständnisebene, der Wichtigkeit des Ziels für jede Partei, sprachlichen Differenzen, Altersunterschieden, Vorurteilen und tausend anderen Elementen ab, die die Verhandlungslage beeinflussen können. 582

Gleichwohl lassen sich folgende große **Fallgruppen** bilden:
- Neutrale Probleme,
- Beeinflussen des Verhandlungsablaufs,
- allgemeines Taktieren,
- Manipulation von Tatsachen,
- Manipulation von Meinungen,

- destruktives Verhalten,
- interne Konfliktsituationen.

2. Neutrale Probleme

583 Neutrale Probleme liegen vor, wenn die Verhandlung auf Schwierigkeiten stößt, für die keine der beiden Seiten verantwortlich ist. Dazu gehören:
- Überraschend auftauchende, neue Tatsachen,
- neu erkannte Risiken,
- Eingriffe Dritter in den Verhandlungsablauf,
- aufgedeckte, unvollständige Informationen,
- erkennbare Missverständnisse und Fehlinterpretationen,
- überraschende neue Argumente, Meinungen und Bewertungen,
- offene Differenzen über die Bewertung einzelner Faktoren (vor allem Risiken),
- erkennbare Unterschätzung von Risiken durch die andere Seite,
- Pattsituationen, bei denen beide Parteien vernünftigerweise von ihren Standpunkten nicht abgehen können.

Aus der Aufzählung erkennt man, dass bei neutralen Problemen auch **subjektive Faktoren** eine große Rolle spielen, so vor allem bei der unterschiedlichen **Bewertung von Risiken**. Gleichwohl kann man keiner Partei vorhalten, sie komme zu falschen Schlüssen, ohne dass man Einfluss auf die Voraussetzungen nimmt, die die Grundlage solcher Schlüsse bilden.

Bei neuen Tatsachen, Risiken, Eingriffen Dritter etc., die von beiden Seiten erkannt werden, ist die Lösung einfach: Beide Seiten müssen prüfen, ob sie entweder diese Faktoren oder ihre Verhandlungslinie ändern können und wollen, und dann erneut in die Verhandlungen eintreten.

584 Geht es um **erkennbare Missverständnisse** und überraschend **neue Argumente**, müssen diese Missverständnisse aufgeklärt und die Situation ebenfalls neu bewertet werden.

Schwieriger sind die Fälle, bei denen **nur** die **eine Seite** neue Risiken, Missverständnisse oder Fehleinschätzungen der anderen Seite erkennt. In solchen Situationen muss man sich überlegen, ob man die Situation öffnet und daraus ein neues **Arbeitsthema** macht oder ob man die Gegenseite mit ihren Problemen allein lässt. Ein typischer Fall ist das Erkennen von **Kalkulationsirrtümern** der anderen Seite. Sind diese Irrtümer so schwerwiegend, dass man daraus später schwere Vertragsstörungen befürchten muss (unaufgedeckte Risiken), wird man sich oft entschließen müssen, die Dinge anzusprechen, wobei dann allerdings die Wahl des **Zeitpunktes** eine Rolle spielt, zu dem das geschieht. Es ist auch bei ergebnisorientiertem Verhandeln gewiss zulässig, bis zum Ende der Verhandlung abzuwarten, um zu sehen, welche Risiken insgesamt auf einen selbst zukommen. Erst dann mag man entscheiden, ob verdeckte Risiken hingenommen oder besser aufdeckt werden, um damit die eigene Bilanz der Zugeständnisse zu verbessern.

Offene Differenzen, die durch Bewertungs- oder Meinungsunterschiede entstehen, lassen sich dann überbrücken, wenn man sich zunächst mit den **Tatsachen** beschäftigt, auf denen solche Bewertungen und Meinungen beruhen. Sind die Tatsachen oder die Sicht auf sie korrigierbar (manchmal mit Hilfe von Dritten, so vor allem Gutachtern), werden sich oft auch die **Meinungen** ändern. 585

Schwierig wird es allerdings, wenn solche Differenzen bestehen bleiben und man sich in einer **Pattsituation** wieder findet. Hier hat man im Grunde nur drei Alternativen:

– Man spielt eine überlegene **Machtposition** aus und zwingt die Gegenseite zu einer Entscheidung für den Vertrag trotz deren weiterhin bestehender Bedenken,
– man **beendet** die Verhandlung, weil sie gescheitert ist,
– man schlägt vor, das Thema vorerst **offen** zu lassen (Isoliertechnik).

Die letzte Alternative kann man immer dann wählen, wenn es noch andere Themen gibt, über die man sich unterhalten muss, denn aus der Bilanz der Zugeständnisse mag sich dann später eine einfache Lösung ergeben. Kommt man am Ende der Verhandlung in einer solche Situation, hängt die Möglichkeit, den Abbruch noch zu verschieben, von den Zeitfaktoren und den **noch bestehenden besten Alternativen** ab.

3. Beeinflussung des Verhandlungsablaufs

Hier ist das Feld destruktiven Verhaltens, das sich auf die Verhandlungsorganisation und den Verhandlungsablauf richtet und ihn beeinträchtigt. Dazu gehören: 586

– Kampf um die Tagesordnung,
– Auseinandersetzung über Protokollfragen,
– zwanghaft formalisiertes Verhalten,
– Unpünktlichkeit,
– Verhandlungsunterbrechungen (Nebengespräche, Telefonate, sich herausrufen lassen),
– unmotivierte Änderungsvorschläge zur Tagesordnung,
– Bruch von Verhandlungsvereinbarungen,
– Unterbrechung von Statements,
– endlose Reden,

- inszenierte Gefühlsausbrüche,
- intellektuelle Abschweifungen (Themaverfehlung),
- Grundsätzliches Abblocken („Njet"),
- Denkverbote (Killerphrasen),
- provozierte Abbruchsdrohungen.

587 Werden überraschend **neue Verhandlungsbedingungen** verlangt, so kann das sachliche Gründe haben. Sind keine erkennbar, bringt das Nachgeben einen Punkt in der Bilanz der Zugeständnisse.

Die offenen Verstöße gegen Vereinbarungen über den Verhandlungsablauf, bei denen man vermuten muss, dass sie beabsichtigt erfolgen, müssen **einfach beanstandet** werden. Wichtig ist der **Stil**, in dem das geschieht: Er sollte möglichst sachlich sein und schlicht auf Einhaltung der zuvor getroffenen Vereinbarungen bestehen. Bestehen keine ausdrücklichen Vereinbarungen – so etwa, wenn zu Beginn einer Verhandlung noch keine Tagesordnung feststeht –, gibt das Verhalten der anderen Seite Anlass, zunächst diese ungeregelten Punkte zu regeln und nicht einfach dem Zufall zu überlassen. Wird eine solche Regelung verweigert (was erfahrungsgemäß sehr selten geschieht) und ist dieses Verhalten nicht überwindbar, dann ist die Verhandlung im Grunde sofort am Ende.

Man kann solche Vereinbarungen in **jeder Lage** der Verhandlung treffen. lässt sich zum Beispiel ein Manager stets stören, kann man vorschlagen, störungsfreie Zeiten zu vereinbaren, denn dahinter muss nicht immer böser Wille, sondern kann manchmal auch ein wirklicher Konflikt stecken, bei dem man der anderen Seite helfen muss.

Bei **Unpünktlichkeit** und Unzuverlässigkeit wird all das nichts helfen, aber auch hier sollte man seinen Ärger nicht herunterschlucken, sondern das Verhalten feststellen, um so Punkte für die „**Bilanz der Entschuldigungen**" zu sammeln (Rz. 570).

588 Bei Gefühlsausbrüchen muss man sorgfältig unterscheiden lernen, ob es sich um echte oder inszenierte handelt. Auf **echte Gefühlsausbrüche** gibt es nur eine einzige zulässige Reaktion: Aushalten und Verständnis zeigen, denn nur so fühlt die andere Seite sich respektiert.

Auf **inszenierte Gefühlsausbrüche** (als zum Beispiel *Chrustschow* bei einem Vortrag in New York einmal seinen Schuh auszog und auf das Rednerpult haute) reagiert man entweder mit aktivem Schweigen und Kommunikationsabbruch oder indem man zurückbrüllt, was vor allem bei hysterischen Naturen manchmal Wunder wirkt. Ob man nach einer solchen Szene aber noch viel Lust hat, mit so jemandem zusammenzuarbeiten, ist die Frage. In Krisen ist man aber manchmal trotz großer Unlust dazu gezwungen.

Über die Reaktion bei Unterbrechungen, Endlosreden und intellektuellen Abschweifungen ist oben (Rz. 575) näheres gesagt.

Schließlich bleiben noch das formalisierte Verhalten und das **stereotype** **589** **Abblocken** aller Vorschläge, für das vor allem russische Verhandlungsdelegationen während der Zeit des Kalten Krieges eine gewisse Berühmtheit erlangt haben („Njet"). Auch hier muss man sorgfältig unterscheiden lernen, ob dieses Verhalten nicht sachliche Gründe hat, auf Unsicherheit beruht oder wirklich eine gezielte Provokation darstellt. Das häufige „Njet" der Russen hatte meist seinen Grund darin, dass die jeweilige Verhandlungsdelegation keinen anderen Auftrag hatte als nein zu sagen: Wenn man als Verhandlungsführer vor der Wahl steht, als Dank für flexible Verhandlungsführung nach Workuta geschickt zu werden, wird man sich das gut überlegen und lieber bei seinem „Njet" bleiben, auch wenn man dann dümmer dasteht, als man ist.

Mit Japanern hingegen hat man das umgekehrte Problem: Sie nicken zu allem, und man muss erst herausfinden, in welchen Fällen diese Botschaft lediglich heißt: „Ich habe Sie akustisch verstanden." oder (ausnahmsweise) mehr als das bedeutet (siehe *Tanaka* [Japan] Teil 9.4).

Verhandelt man mit Beamten und Managern von Großkonzernen, kann stark **formalisiertes Verhalten** auf den gleichen Gründen beruhen und ist darüber hinaus oft genug Ausdruck einer entsprechenden Firmenkultur, die der verhandelnde Manager nicht von jetzt auf gleich ablegen kann.

Droht eine Partei mit dem **Abbruch** der **Gespräche**, um bestimmte Teilzugeständnisse zu erreichen, muss man sich fragen, ob der Wille, zum Ergebnis zu kommen, überhaupt noch besteht. Der einfachste Test: Man stimmt dem Abbruch zu. Kommt dann keine andere Reaktion, kann man sich viel Ärger ersparen. Dieses Verhalten kann man sich bei **Krisenverhandlungen** selten gestatten. Dann hilft manchmal der Vorschlag, eine beiderseitige Bilanz der Zugeständnisse zu erstellen, und die offen geäußerte Bereitschaft, die erhobene Forderung in diese Bilanz aufzunehmen (auch wenn man sie so niemals wird akzeptieren können). Man hat dann nämlich Gelegenheit, zunächst einmal wieder über Formalitäten zu reden und eine **Arbeitsatmosphäre** zu schaffen, die den ultimativen Forderungen entgegenwirkt. **590**

4. Taktieren

Bei diesem Verhalten wendet man Taktik nicht dazu an, bestimmte Ergebnisse zu erreichen (was immer legitim ist), sondern dazu, Verwirrspiele zu betreiben, um vor allem durch dauernden Wechsel der Taktik die eigene Position zu vernebeln. **591**

Verhandlungspartner, die gern taktieren, erkennt man daran, dass sie in Aussicht gestellte Zugeständnisse sofort erkennbar annehmen, bevor noch das Gesamtbild sich entwickelt hat, Ablehnungen eigener Forderungen aber wortlos hinnehmen. Dazu gehören etwa:

– Erkennbar zu hohe Forderungen (Basarspiele),
– erkennbar zu geringe Forderungen (Mitleidsszenarien),

- ständiges Ändern formeller oder inhaltlicher Positionen,
- vorschnelle Teilzugeständnisse, die dann zurückgenommen werden,
- verspätete Forderungen nach Schluss von (Teil-)Verhandlungen,
- inhaltsleere Zusagen,
- unberechtigte Zweifel an den Vorschlägen der anderen Seite,
- vorgetäuschte Zweifel an eigenen Vorschlägen,
- offensichtlich unbegründete Ablehnung angemessener Forderungen.

Auch in diesen Fällen kommt es zunächst darauf an, das Taktieren überhaupt zu erkennen und zu prüfen, ob zum Beispiel Positionsänderungen nicht **inhaltlich begründet** oder durch **höhere Weisung veranlasst** sind oder ob nicht sogar etwas Positives dahinter steckt, weil die andere Seite demonstrieren will, dass sie **flexibel** ist („Wie wenig trennt Jasagen von Heuchelei.", *Lao-Tse*, Kapitel 20, S. 116).

a) Zu hohe Forderungen

592 Liegt wirkliches Taktieren vor, wie vor allem bei den **Basarspielen**, muss man sich sorgfältig überlegen, ob man sich darauf einlässt oder einer zu hohen Forderung mit sachlichen Informationen begegnet, aus denen die andere Seite erkennen kann, dass man die Unangemessenheit der Forderung sehr wohl einschätzen kann. Das ist eigentlich immer möglich, wenn man sich Zeit nimmt, genügend **Informationen** zu **sammeln** (Vergleichspreise). Man darf keine Sorge haben, das Gesicht zu verlieren, wenn man klar macht, dass man bestimmte Tatsachen noch nicht kennt und daher noch überprüfen muss.

Offensichtlich überhöhte Forderungen werden manchmal nicht als Taktieren, sondern als Machtspiel interpretiert, sind es aber im Grunde nicht, denn derjenige, der diese Taktik anwendet, will mit ihr im Grunde die Informationstiefe und die Intelligenz seines Verhandlungspartners testen.

Nimmt das Taktieren solche Formen an, steckt oft nichts weiter dahinter als das Gefühl, man müsse sich vor der eigenen Gruppe als harter Verhandler profilieren, und solche Spiele können leicht entlarvt werden: Entweder reagiert man direkt emotional, lehnt eine Zuvielforderung als offene Zumutung ab, oder man karikiert sie durch Wiederholung, Präzisierung, Dokumentation oder absurde Beispielsbildung, um der anderen Seite (bei Teams: auch dessen Kollegen gegenüber) klarzumachen, dass solche Forderungen wirklich übertrieben sind.

b) Zu geringe Forderungen

593 Stößt man auf erkennbar zu **geringe Forderungen**, liegt entweder eine **Informationslücke** auf der anderen Seite oder so viel **Inkompetenz** vor, dass

man sich fragen muss, ob man den richtigen Vertragspartner gewinnt, wenn man mit ihm abschließt.

Zu geringe Forderungen können aber auch auf übertriebener **Schüchternheit** beruhen oder als ein Test für die **Fairness** der anderen Seite und damit nur taktisch gemeint sein.

Um sich Gewissheit zu verschaffen, ist es das Beste, sie zunächst **nicht** zu **kommentieren** und als mögliches Zugeständnis vorzumerken. Kommt man dann zu dem Ergebnis, dass die zu geringe Forderung nicht nur taktisch gemeint war, stellt sich die Frage, ob man den anderen Verhandlungspartner darauf aufmerksam machen und die Situation aufdecken soll. Handelt man so, gewinnt man nicht nur sehr an **Glaubwürdigkeit**, sondern sammelt darüber hinaus Pluspunkte bei der Bilanz der Zugeständnisse. 594

Unterdrückt man diese Erkenntnisse und nimmt zu geringe Forderungen am Ende an, muss man sich darüber im klaren sein, dass man einen **Störfaktor** für die Vertragsdurchführung geschaffen hat, denn in den meisten Fällen wird der Vertragspartner später erkennen, dass er mehr hätte fordern können. Nur wenn solche Risiken nicht die Vertragsdurchführung selbst gefährden, kann man sie als taktische Vorteile am Ende behalten.

Versucht man selbst zu bluffen, muss man hinreichend sicher sein, dass die eigene Glaubwürdigkeit nicht leidet. Man sieht das deutlich beim Pokerspielen: Wenn man schon gebluff hat und die anderen ausgestiegen sind, ist es ein Grundlagenfehler, das eigene Blatt aufzudecken, nur um die Freude zu genießen, die anderen beschämt zu sehen. So etwas kann man sich nur einmal leisten!

c) Zurücknehmen von Zugeständnissen

Das **Zurücknehmen** von **Teilzugeständnissen** taucht bei richtig geführten Verhandlungen nicht auf, denn ein guter Verhandler verlangt keine Teilzugeständnisse oder lehnt deren förmliche Annahme ab. 595

Die Ablehnung wird vor allem in Situationen schwierig, in denen die Gegenseite vorschnell die Bereitschaft signalisiert, den Vertrag abzuschließen. Dann muss man sich fragen, ob dahinter vielleicht die Absicht steckt, einen vom Verhandeln mit anderen Interessenten abzuhalten, um dadurch die Möglichkeit vernünftiger Alternativen einzuengen, wie man es bei begehrten Mietwohnungen und Grundstücken häufig findet („Wer leicht verspricht, hält selten Wort.", *Lao-Tse*, Kapitel 63, S. 236).

d) Inhaltsleere Zusagen

Stößt man auf **inhaltsleere Zusagen**, kann man auf die immer bewährte Methode zurückgreifen, an augenfälligen Beispielen durchzutesten, was ihr wirklicher Inhalt ist („Darum sorgt der Weise für den Bauch, nicht für das Auge.", *Lao-Tse*, Kapitel 12, S. 98). 596

e) Unbegründete Zweifel

597 Offensichtlich unbegründete Zweifel an Vorschlägen, die man selbst gemacht hat, muss man auf gleiche Weise durch harte Fakten widerlegen.

Schwieriger ist der Fall, dass der Verhandlungspartner einen Vorschlag macht, dessen Wert er selbst aus **taktischen Gründen** in **Zweifel** zieht, um die andere Seite so zu veranlassen, diesen Vorschlag für besonders attraktiv zu halten. Hier überschreitet es oft die Grenze der Höflichkeit, der Gegenseite klarzumachen, dass man die wahren Vorteile des Vorschlages wohl erkennt. Bei intelligenten Gesprächspartnern genügen in solchen Fällen Andeutungen, bei anderen muss man wohl gröber vorgehen.

5. Manipulation von Tatsachen

598 Hier geht es im Wesentlichen um den Wahrheitsgehalt von Informationen, die im Zuge der Vertragsverhandlungen ausgetauscht werden, also etwa um:

- Erkennbar falsche Informationen,
- Verdrängung von Tatsachen,
- Verheimlichung von Informationen,
- bewusst unklar gehaltene Vertragsklauseln („angemessene Entschädigung").

Mit offenbar verdrängten Informationen kann man einfach umgehen, indem man dafür sorgt, dass alles Notwendige offen diskutiert wird. Bei unklaren Klauseln benutzt man die Werkzeuge des Vertragsdesigns (oben Rz. 233 ff.) und sorgt für anschauliche Beispielsbildungen und Definitionen.

599 Schwieriger wird es bei allgemeinen Unaufrichtigkeiten, denn diese können ihren Grund in falsch verstandener Höflichkeit und/oder Diskretion haben. So findet man etwa bei Verhandlungen mit Banken selten ein klares Wort über den Grund der Ablehnung von Kreditanträgen, weil die Banken dann offenbaren müssten, dass sie über ihre eigenen Informationssysteme (*Schufa*) viel mehr über den Kunden wissen, als dieser ahnt. Die wahren Hintergründe kann man in diesen Fällen nur ermitteln, wenn man Dritte einschaltet, die vertrauliche Gespräche mit der anderen Seite führen (Paten), und hat auch dann nicht immer die Möglichkeit, auf die Entscheidung selbst einzuwirken.

Manche unwahre Information wird selbst von der Partei, die sie benutzt, nicht immer als solche erkannt: Vor allem Menschen mit Berufen, in denen die Phantasie eine große Rolle spielt (Künstler, Schauspieler, Vertriebsleute für Kapitalanlagen etc.), sind so daran gewöhnt, die Welt des Scheins für die Wirklichkeit zu halten, dass sie beide manchmal wirklich nicht voneinander unterscheiden können.

600 Schließlich gibt es noch die Berufsoptimisten oder jene, die es gewohnt sind, nur Fassaden hinzustellen, wo in Wirklichkeit Häuser stehen sollten (Potemkinsche Dörfer). Unter ihnen gibt es immerhin manchmal die entschlossenen Entrepreneurs, die es leicht riskieren, die Fassaden für Häuser erklären, weil sie wissen: Wenn die Zarin *Katharina* wirklich kommt, kann man notfalls hinter die Fassaden noch Fertighäuser stellen, und dann war das ganze eben doch kein Bluff.

Kurz: Eine **Notlüge** aus **Höflichkeit** ist etwas anderes als eine **bewusste Irreführung**, und man muss zwischen all diesen Schattierungen unterscheiden lernen, wenn man richtig reagieren will.

601 Dabei ist es meist verkehrt, die erkannte Unwahrheit auf sich beruhen zu lassen, denn damit nimmt man der anderen Seite auch die Chance zur Richtigstellung. Entscheidet man sich gleichwohl dazu, die Tatsache unter den Teppich zu kehren, dann muss man mit ihr als einem totgeschwiegenen Risiko leben und darf nicht hoffen, es durch kluge Vertragsfassungen begrenzen zu können.

Deckt man auf, was man weiß – was demnach meistens zu empfehlen ist –, muss man es von der Reaktion des Verhandlungspartners abhängig machen, ob man den Vorfall zum Anlass nimmt, die Verhandlung abzubrechen oder fortzuführen. In jedem Fall gibt es einen Punkt in der Bilanz der Zugeständnisse, den die Gegenseite zugestehen muss.

6. Manipulation von Meinungen

602 Wie wichtig die Unterscheidung zwischen Tatsachen und Meinungen ist, erweist sich besonders in schwierigen Verhandlungssituationen. Während man Manipulationen von Tatsachen fast immer durch den Hinweis auf anders lautende Informationen begegnen kann, ist man gegenüber der Manipulation von Meinungen immer wieder ziemlich hilflos.

Hierzu gehören etwa:

- Rationalisierungen und Scheinbegründungen,
- verdeckte Scheinargumente (petitio principii), also Zirkelschlüsse, bei denen das vorausgesetzt wird, was zu beweisen ist,
- Indiskretionen,
- Verdachtsäußerungen auf fragwürdiger Basis,
- offensichtlich unlautere logische Argumente.

Indiskretionen können ebenso wie **Verdachtsäußerungen** sachliche Gründe haben, denen man nachgehen muss. „Wo das Vertrauen fehlt, spricht Verdacht.", (*Lao-Tse*, Kapitel 17, S. 110). Man muss sich aber immer fragen, was wohl der Grund dafür sein mag, dass die entsprechenden Informationen nicht offen mitgeteilt werden. Das mag auf der Furcht beruhen, selbst unter Druck gesetzt zu werden (und ist dann anzuerken-

603 Auf **offensichtlich unlautere Argumente** oder Aufforderungen, unter Druck Stellung zu nehmen, bevor man sich selbst seine Meinung bilden kann, reagiert man am besten mit Schweigen und Übergehen und beharrt darauf, zunächst die Tatsachen zu klären, bevor man sich einer Meinung entweder anschließt oder sie verwirft.

Besonders schwierig ist der Umgang mit **Zirkelschlüssen** (petitio principii). Ein typischer Zirkelschluss lautet etwa: „Dieser Sachverständige ist nicht öffentlich vereidigt und daher ungeeignet.", wenn es auf die Tatsache, dass er vereidigt ist, im konkreten Fall deshalb nicht ankommt, weil man einen herausragenden Fachmann außerhalb eines Gerichtsverfahrens benötigt.

Oft ist es schon schwer genug, den Zirkelschluss überhaupt als solchen zu enttarnen, denn letztlich beruht der Zirkelschluss auf einer als Logik verkleideten, destruktiven Haltung oder in schlimmeren Fällen im bewussten Legen falscher Fährten.

604 Wenn man genügend Zeit hat, um ein Argument abzuklopfen, kommt man jeder Scheinbegründung dadurch auf die Spur, dass man die **Voraussetzungen** im Einzelnen hinterfragt und den **Tatsachengehalt** offen legt. Das geschieht durch Fragen, Konkretisieren, Klarstellen, Dokumentieren und Überprüfen, wozu man in den meisten Fällen Zeit benötigt, die in der Hitze der Verhandlungen selten genug zur Verfügung steht.

Dann hilft nur **bewusstes Schweigen**, das meist zu der Nachfrage führt, ob das geäußerte Argument nicht überzeugend sei. Wenn das noch nichts nützt, weist man darauf hin, dass man dieses Argument weder bestätigen noch widerlegen kann (zum Widerlegen reicht es meist nämlich nicht, und gegen das Bestätigen spricht das unklare Gefühl, über den Tisch gezogen zu werden).

Hiergegen ist die andere Seite immer machtlos, denn sie kann nie bestreiten, dass jemand die Gefühle hat, die ihn bewegen, auch wenn sie „unberechtigt" sind. Ist die andere Seite am Fortgang der Debatte interessiert, muss sie deshalb der Frage nachgehen, warum die Gegenseite sich nicht überzeugen lassen will, und das wiederum führt meist in den Bereich der Tatsachen, wo man sich sicherer fühlen darf.

7. Destruktion und Machtspiele

605 Derartige Situationen findet man bei Vertragsverhandlungen selten, sie kommen aber häufig bei Verhandlungen vor, die der **Abwendung** von **Krisen** dienen sollen, politischen Verhandlungen oder anderen, bei denen die Macht ungeschminkter eingesetzt wird als anderswo.

X. Schwierige Verhandlungssituationen

Zu den destruktiven Machtspielen gehören vor allem:

- Offene Konfrontation,
- Unsachlichkeit,
- Demonstration übersteigerten Selbstbewusstseins,
- übertriebene Verschlossenheit,
- Arroganz,
- Sturheit,
- Rechthaberei und Prinzipienreiterei,
- latente Skepsis,
- Ironie,
- Unhöflichkeit,
- bewusstes Missverstehen,
- heuchlerisches Nachgeben,
- versteckte Drohungen.

Während bei Vertragsverhandlungen das Übergewicht der Machtverhältnisse meist von allgemeinen Umständen abhängt (Marktstärke, Kapital, etc.), kann es bei Krisenverhandlungen genau umgekehrt sein: Ein ursprünglich mächtiger Vertragspartner, der sich gegen den berechtigten Vorwurf eines Fehlers nicht wehren kann, ist in Krisenverhandlungen naturgemäß der schwächere (herausragend: *Thiele*, Argumentieren unter Stress). 606

In beiden Situationen ist es auch dem Mächtigeren klar, dass es „keiner großen Stärke (bedarf), um ein Haar aufzuheben, keiner scharfen Augen, um Sonne und Mond zu sehen, keiner guten Ohren, um einen Donnerschlag zu hören." (*Sun Tsu*, S. 117).

Aus dieser trivialen Erkenntnis sollte sich eigentlich die Einsicht herleiten, dass man als Mächtiger in Verhandlungen derlei Spiele nicht nötig hat, um zum Ziel zu gelangen. Gleichwohl geschieht das immer wieder, ist aber im Grunde für den kundigen Betrachter keine ernsthafte Bedrohung.

Viele dieser Machtspiele haben auch weniger den Sinn, den Verhandlungspartner zu beeindrucken, sie dienen oft genug nur dazu, die **Position** in der **eigenen Verhandlungsgruppe** zum Beispiel als harter Verfechter der eigenen Interessen zu unterstreichen. Dabei wird immer wieder übersehen, dass jede inhaltlich unberechtigte Machtdemonstration einen Minuspunkt bei der **Bilanz** der **Entschuldigungen** nach sich zieht, und man später möglicherweise eine Menge Goodwill investieren muss, um das zerschlagene Porzellan wenigstens einigermaßen zu kitten. 607

Der schwächere Verhandlungspartner wird oft wenig Möglichkeiten sehen, solchen Verhaltensweisen richtig zu begegnen. Vor allem Manager aus Kulturkreisen, die gewohnt sind, Machtspiele indirekt auszudrücken, empfinden direkte Demonstrationen dieser Art als emotionale Quälerei und Zeichen von Unintelligenz. Das bedeutet keinesfalls, dass asiatische Verhandlungspartner nicht ihre eigene Art hätten, destruktive Machtspiele vorzuführen – sie verstehen es nur, ihren Vertragspartner intelligenter zu quälen als andere. Auch damit muss man umzugehen lernen.

Die richtige Lösung besteht in der Erkenntnis, dass **70 % aller Konflikte am Ende** doch **kommunikativ gelöst werden** können, und bei Verhandlungen muss die Chance hierfür noch höher liegen, denn anderenfalls säße die andere Seite nicht am Verhandlungstisch.

608 Wie immer ist zunächst genau zu prüfen, ob das, was als Machtspiel interpretiert wird, nicht in Wirklichkeit einen anderen Hintergrund hat. Zunächst einmal darf man nämlich mächtigen Vertragspartnern unterstellen, dass sie über hinreichend Selbstbewusstsein (und Arroganz) verfügen, um ihre Position nicht auch noch mit unlauteren Mitteln unterstützen zu müssen. Es mag also durchaus sein, dass einzelne Situationen nur auf persönliche Unfairness eines beteiligten Managers und nicht auf die Firmenkultur oder die gesamte Verhandlungslinie zurückzuführen sind.

In diesen Fällen hilft das **Isolieren** des entsprechenden Managers, indem man der Verhandlungsrunde klarmacht, dass man davon nicht beeindruckt ist. Das kann in einem gestuften Verfahren erfolgen, um Rücksicht auf den drohenden Gesichtsverlust des Verletzers zu nehmen; notfalls muss man ihn allerdings bloßstellen.

a) Offene Konfrontation

609 Da in diesem Bereich ohnehin mit harten Bandagen gekämpft wird, darf man auch die **offene Konfrontation** nicht scheuen: „Wer die Nachteile der offenen Konfrontation nicht kennt, kann auch ihre Vorteile nicht richtig nutzen." (*Sun Tsu*, S. 82).

Unsachlichkeit, Ironie und Arroganz beantwortet man am besten mit bewusstem Schweigen und Abbruch der Kommunikation. Es gibt wenige Manager, die ein Schweigen von mehr als drei Sekunden aushalten, wenn es sich nicht aus der Situation als offensichtlich begründet ergibt, es tritt dann Unruhe ein, es werden Nachfragen gestellt etc., und das ist dann die Zeit, in der man so emotional wie nötig (und distanziert wie möglich) klarstellen muss, wie sehr das Verhalten der anderen Seite einen verletzt hat.

b) Prinzipienreiterei

610 Wir haben bisher nur über Machtspiele gesprochen, die auf Seiten des mächtigeren Vertragspartners vorkommen. Es gibt sie aber auch auf der

X. Schwierige Verhandlungssituationen

anderen Seite, nämlich im Bereich der Prinzipienreiterei und des **heuchlerischen Nachgebens**.

Es kommt gar nicht so selten vor, dass schwächere Parteien von bestimmten Forderungen nicht ablassen wollen und dabei Sun-Tsus Satz übersehen: „Wer sich als Schwächerer in seine Position verbeißt, kann nur verlieren." (Sun Tsu, S. 103).

So erlebt man zum Beispiel Architekten, die ihre Urheberrechte an Plänen ebenso überschätzen wie Softwareentwickler den Wert ihrer Quellenprogramme, und es ist kein Zufall, dass gerade in den kreativen Berufen (auch Künstler, Schauspieler etc.) solche Haltungen oft anzutreffen sind.

Man möchte eigentlich meinen, dass derartige Positionen durch **Großzügigkeit** der anderen Seite überwindbar seien, das ist aber seltsamerweise nicht oft der Fall. Für den mächtigeren Vertragspartner ist die Lösung dieses Problems sehr häufig deshalb am Ende nicht schwierig, weil er nach Abbruch der Verhandlung meist einen anderen findet, mit dem er sich arrangieren kann. Umso unsinniger ist die oben geschilderte Haltung der anderen Seite.

Besonders diffizil ist die Situation des heuchlerischen Nachgebens, denn sie führt fast immer zu latenten Vorurteilen und Vorbehalten auf der Seite desjenigen, der seine Position zu früh kampflos geräumt hat.

c) Skepsis

Latente Skepsis wiederum ist ein Verhalten, das nah an den Denkverboten steht, und kann entsprechend überwunden werden (Rz. 616 f.).

Auch dem **bewussten Missverstehen**, dem oft die gespielte Empörung folgt, kann man begegnen, wenn man nochmals in Ruhe die eigene Position darlegt und das Missverständnis aufklärt.

d) Drohungen

Es dürfte wohl keine Verhandlung geben, in der nicht mehr oder weniger offen mit einem Verhalten gedroht wird, von dem die andere Seite Nachteile befürchten muss (siehe auch oben Rz. 381d). Dies geschieht ständig, obwohl der Volksmund weiß, dass Hunde die bellen, nicht beißen.

Wenn man einmal genau analysiert, in welchen Situationen man selbst zu Drohungen neigt, dann ist leicht zu erkennen, dass sie in erster Linie eine emotionale Befriedigung für den sind, der die drohende Haltung einnimmt – sie dienen, ebenso wie das Argumentieren, überwiegend der Ich-Stabilisierung! Unzählige Beispiele aus dem Tierreich zeigen uns, wie tief in unserer Natur dieses Verhalten verankert ist (Zähnefletschen, Drohgebärden, Brüllen etc.). **Drohen testet** aber auch die **Energie** des Angegriffenen, da dessen Verhalten einen klaren Rückschluss darüber zulässt, wie stark seine Entschlusskraft ist. Diesen Test kann man nur vermeiden, wenn es einem gelingt, sich der Drohung nicht auszusetzen, denn die Grundvoraussetzung der Drohung ist es, dass der Bedrohte sie auch erhält. Das ist heute nur schwer zu verhindern: Die modernen Kommunikationsmittel sorgen für die Erreichbarkeit von fast jedermann zu jeder Zeit. Wie geht man mit Drohungen um, die man nicht vermeiden kann? *Macioszek* (S. 50 ff.) gibt dazu drei wichtige Ratschläge:

- Drohungen sind nur wirksam, wenn sie in angemessenem **Verhältnis** zum **Ergebnis** stehen.
- Sie schrecken nur ab, wenn der Drohende **glaubhaft** macht, dass er die Drohung tatsächlich wahr machen **kann**.
- Drohungen sind wirkungslos, wenn frühere Drohungen **nicht realisiert** wurden: Dann zeigt sich nämlich, dass der Hund zu feige zum Beißen ist.

Wird **versteckt gedroht**, was manchmal auch durch **Sprechen** in **Andeutungen** erfolgt, hilft es wenig zu fragen, ob das eine Drohung sein soll, denn genau das soll ja vertuscht werden. Hier hilft nur, der Gegenseite genau die Konsequenzen zu entwickeln, die sich ergeben, wenn die angedeutete Drohung wahr gemacht wird.

e) Unhöflichkeiten

Direkte Unhöflichkeiten kommen relativ selten vor und führen, wenn es keine Entschuldigung gibt, immer zu schweren Krisen. Sie sind auch meist Ausdruck der Hilflosigkeit des Verwenders, das Scheitern der Verhandlung mit vernünftiger Begründung zu inszenieren.

Häufiger sind aber die **indirekten Unhöflichkeiten**. Oft kommt es vor, dass Mandanten über die Köpfe ihrer Anwälte hinweg unmittelbar attackiert werden, während man gleichzeitig an die Intelligenz des Anwalts appelliert und dergleichen mehr.

Besonders in diesen Situationen ist es außerordentlich gefährlich für die eigene Position, solche Vorfälle auf sich beruhen zu lassen, denn dann ist man wirklich angeschlagen und hat oft nicht einmal mehr die Chance, die Verhandlung später ohne Gesichtsverlust abzubrechen.

Wie so oft ist die **einfachste Reaktion** die richtige: Man **reagiert** auf versteckte Aufforderungen oder Andeutungen absolut **nicht**, unterbricht durch „**aktives Schweigen**" (Rz. 418) und friert die Situation so lange ein, bis die Gegenseite Irritation zeigt, was sie unvermeidlich tun wird. Entweder nämlich übergeht sie die Situation und man hat dann später die Möglichkeit, am Rande des Geschehens individuell zu kommentieren und zu korrigieren, oder sie spricht den Konflikt an und muss sich dann entsprechend offener Kritik aussetzen.

8. Interne Konfliktsituationen

Interne Konfliktsituationen gibt es selbst dann, wenn nur ein einzelner verhandelt: In fast jeder Verhandlungslage fragt man sich selbst immer wieder, ob man der geplanten Verhandlungslinie richtig folgt und die richtigen Werkzeuge benutzt. Es ist notwendig, sich mit seinen Fehlern zu konfrontieren und sie möglichst wieder auszubessern. Spätestens bei der Bilanz der Zugeständnisse sieht man die eigene Situation schonungslos, wenn man die Fähigkeit hat, sich selbst gegenüber ehrlich zu sein. All diese Spannungen treten verstärkt in Verhandlungsgruppen auf. 615

Typische Probleme sind:

– Denkverbote,

– mangelhafte interne Abstimmung,

– aus der Rolle fallen,

– neue Anweisungen von oben, die die Verhandlungslinie überraschend ändern sollen,

– unbegründeter Optimismus,

– unbegründeter Pessimismus,

– Stimmungsschwankungen zwischen beiden,

– entdeckte Fehlinterpretationen des Verhaltens der Gegenseite,

– fehlende Stabilität der Verhandlungslinie,

– übertriebene Vorsicht,

– Selbstzweifel,

– Verlust der Orientierung,

– Erkenntnis eigener Verhandlungsfehler.

a) Denkverbote und Killerphrasen

Denkverbote („Das haben wir hier noch nie so gemacht." oder „Das haben wir früher schon probiert, und es ist immer wieder schief gegangen.") haben ein merkwürdig zähes Leben. Die psychologische Literatur und die Verhandlungsliteratur geißeln solche Killerphrasen seit vielen Jahren, und trotzdem unterlaufen sie auch intelligenten und engagierten Managern immer wieder. Der Grund: Bei den Denkverboten handelt es sich um die (verdrängte) Weigerung, Phantasie einzusetzen, weil das immer beschwerlich ist, denn man gefährdet dadurch vertraute Zustände und fühlt instinktiv, dass ein Weiterdenken möglicherweise mehr Arbeit macht als das einfache Abblocken. Solche Verdrängungen sind schwer bewusst zu machen und schon gar nicht dadurch aufzulösen, dass man der anderen Seite empfiehlt, einfach mehr Phantasie zu entwickeln, denn genau das wird ja (oft mit guten Gründen) gefürchtet. 616

Denkverbote können den Verhandlungsablauf empfindlich beeinträchtigen, und zwar umso mehr, je höherrangiger der Manager ist, von dem sie ausgehen.

Am einfachsten sind Denkverbote zu verhindern, indem man sich vor der Besprechung darauf einigt, dass **zunächst** die **rangniedrigsten** (und meist jüngsten) Manager ihre **Stellungnahme** abgeben, bevor die älteren etwas sagen. In Japan gehört das zu den fest eingeführten Verfahren (Ringi-System) und wird dort oft so weit getrieben, dass die älteren Manager auch am Ende der Diskussion nichts sagen, sondern sich lediglich an der Entscheidung beteiligen (siehe *Pattloch* [China] Teil 9.3; *Tanaka* [Japan] Teil 9.4).

617 Dieses Verfahren bedeutet keinesfalls, dass ältere Manager bereit wären, die ihnen selbst verordneten – oft unbewussten – Denkverbote aufzugeben, denn oft genug wird etwas ganz anderes entschieden, als die jüngeren Manager sich gedacht haben. Trotzdem wird immerhin die Chance gesichert, etwas Neues zu hören und die anderen nicht von vornherein durch die höhere Autorität zu überfahren. Darüber hinaus sichert dieses Verfahren das Ansehen der älteren Manager: Wer nämlich als erster spricht, hat immer eine bessere Chance, Unsinn zu reden, als derjenige, der sich erst am Ende der Diskussion einschaltet, wenn Vorteile und Nachteile bestimmter Lösungen besser sichtbar sind. Kurz: Diese Verfahrensregel ist deshalb eine so optimale Lösung, weil sie für **beiden Seiten** erhebliche **Vorteile** hat.

Kann man sich auf sie nicht einigen, dann hilft es häufig, darauf hinzuweisen, dass **Entscheidungen** erst am **Ende** des Brainstormings erfolgen sollen. Einem solchen Appell können diejenigen, die zu Denkverboten neigen, schlecht ausweichen, denn es ist ganz offensichtlich nicht sinnvoll, Entscheidungen zu treffen, bevor alle gesprochen haben. Es ist dann zwar nicht die Rangfolge festgelegt, und es besteht immer noch die Gefahr, dass die übergroße Autorität auf den Ideen lastet, aber immerhin ist die Situation besser, als wenn nach dem Statement des Vorsitzenden resigniertes Schweigen und Kopfnicken eintritt (zum heuchlerischen Nachgeben oben Rz. 610).

b) Änderungen von Anweisungen

618 Wird die **Verhandlungslinie** durch Anweisungen **geändert**, darf man ihnen nicht ungeprüft folgen, denn derjenige, der die Anweisungen gibt, hat selten eine konkrete Anschauung der Verhandlungslage. Man muss deshalb eine volle Information über die Verhandlungssituation geben und dann nachfragen, ob die Anweisung unter den gegebenen Umständen wirklich aufrechterhalten werden soll. Es ist ungeschickt, die Gegenseite früher darüber zu informieren, denn möglicherweise ändern sich die Dinge. Erst wenn wirklich klar ist, dass die ursprüngliche Linie vernünftigerweise geändert werden soll, muss man reagieren und offene Klarstellungen vornehmen, wenn die eigene Verhandlungslinie für die

Gegenseite schon erkennbar war. Anderenfalls genügt die interne Umstellung.

c) Gefühlsschwankungen

Gefühlsschwankungen zwischen Optimismus und Pessimismus sind für unterschiedliche Verhandlungslagen selbstverständlich. Man kann ihnen nicht entgehen, muss sie aber kontrollieren können. Die größte Gefahr besteht darin, bei günstig eingeschätzten Situationen vorschnelle Zugeständnisse zu machen, die man später wieder korrigieren muss. 619

Umgekehrt sollte eine vorübergehend **pessimistische Einschätzung** kein Anlass sein, verfrühte Zugeständnisse zu machen, weil man die eigene Situation schlecht einschätzt, oder in die Verbissenheit abzurutschen, die für den schwächeren Verhandlungspartner in solchen Situationen typisch ist. Eine wirkliche Bewertung kann man erst am Ende der Verhandlung vornehmen. Selbstzweifel und Furcht kann man in schwierigen Situationen leicht mit der gebotenen Vorsicht verwechseln und darf erst reagieren, wenn man sich sicher ist, wo man innerlich steht.

Das Fehlen der **inneren Stabilität** ist vor allem für intelligente und sensible Verhandler eine latente Gefahr. Auf jeden Fall muss ein Grundfehler vermieden werden, der häufig unterläuft: Wenn die Gegenseite überzeugend argumentiert oder auch nur in indirekten Andeutungen ihre Position klar beschreibt, neigen intelligente Leute dazu, die Schwäche der eigenen Position zu erkennen und der Gegenseite verfrüht zuzustimmen. Mancher neigt dann zum Eingehen auf intellektuelle Spielereien und verfrühten Anerkenntnissen und vergisst, dass es in vielen Situationen nicht schlecht ist, sich zunächst einmal (auch sich selbst gegenüber) etwas dümmer zu stellen: „Alle tun als wären sie von Nutzen, nur ich bin störrisch wie ein Tölpel." (*Lao-Tse*, Kapitel 20, S. 117). 620

Die Empfehlung, „klug wie die Schlangen und naiv wie die Tauben" zu sein (*Matthäus*, Kapitel 10, 16), ist auch in diesem Zusammenhang von großem Nutzen.

Von besonderer Bedeutung sind solche Einsichten, wenn man sich darüber klar wird, dass man **formelle Fehler** begangen hat, die immer angreifbar sind, und umso schlimmer ist es, wenn die Gegenseite sie erkennt und einen das wissen lässt. In solchen Situationen neigt man leicht dazu, eigene Positionen vorschnell aufzugeben, anstatt sich aktiv darum zu bemühen, die Fehler auszubügeln und wieder wettzumachen. Auch die andere Seite macht Fehler und wird weitere Fehler machen, erst die **Bilanz der Zugeständnisse** wird am Ende der Verhandlung zeigen, zu welcher Seite die Waagschale sich neigt.

In **Verhandlungsgruppen** potenzieren sich diese Probleme deshalb, weil hier immer auch Einzelinteressen eine Rolle spielen, die in einer Gruppe nie homogen koordinierbar sind. Man kann gar nicht verhindern, dass einzelne Verhandlungsmitglieder aus dem Scheitern von Verhandlungen 621 internen Nutzen ziehen, so etwa, weil eigene Projekte eine höhere Priorität erhalten werden oder die vorhandenen Kräfte sich nicht auf ein weiteres Projekt konzentrieren müssen. Weitere Schwierigkeiten wie Statuskämpfe, Karrierewünsche, Rachefeldzüge und viele andere Konflikte können auftauchen. Mit ihnen muss der Verhandlungsführer rechnen und stößt in diesem Bereich vielleicht auf schwierigere Gegner, als er sie in seinem Verhandlungspartner findet.

XI. Abbruch der Verhandlungen

622 Es sind oben verschiedene Situationen diskutiert worden, die den Abbruch von Verhandlungen nahe legen, bevor man alle Themen durchgesprochen und bewertet hat (Rz. 569 ff.).

In fast allen Fällen wird man sich dafür entscheiden, bis zum Ende durchzuhalten, wenn die Gegenseite sich im erforderlichen Maß flexibel verhält.

Ist aber die Bilanz der Zugeständnisse endlich gebildet, muss auch die Entscheidung im einen oder anderen Sinne fallen.

Am einfachsten ist es, wenn man am Ende hinreichend klar sieht, wo die Vor- und Nachteile des geplanten Vertragsschlusses liegen, und alle vorhandenen Informationen zur gefühlsmäßigen Einschätzung bei der Mehrheit aller passen, die die Entscheidung letztlich zu treffen haben.

623 Bei dieser abschließenden Bewertung muss man sich allerdings darüber im klaren sein, dass gerade bei richtiger Planung und Vorbereitung in jeder Verhandlung erhebliche Investitionen stecken, die man verloren geben muss, wenn es nicht zum Abschluss kommt: Verhandlungen werden umso **leichter abgebrochen**, je **weniger** eine Seite in sie **investiert** hat.

Dieser Gesichtspunkt verhindert oft schon zu Beginn die Ausbildung realistischer Alternativen oder gar die Parallelverhandlungen mit mehreren in Frage kommenden Vertragspartnern und zählt umso mehr, wenn man am Ende einer komplexen und langwierigen Verhandlung steht.

Hinzu kommt das Gefühl, auch bei bestehenden Schwierigkeiten müsse man am Ende immer „den gordischen Knoten durchhauen" können, es zählt der **Gesichtsverlust**, der mit dem Abbruch von Verhandlungen immer einhergeht und vieles mehr.

624 Schließlich gibt es noch die Fälle, in denen ganz zum Schluss negative Gesichtspunkte auftauchen, die man eigentlich in die Gesamtbewertung einstellen müsste, sich daran aber gehindert sieht, weil man sich dem Vorwurf nicht aussetzen will nachzuverhandeln, auch wenn dies durchaus berechtigt wäre. In solchen Situationen muss man sich sorgfältig überlegen, ob das Nachgeben, von dem mancher Vertragsschluss letztlich abhängt, wirklich die richtige Entscheidung ist. Man darf dabei nie vergessen, dass derjenige, der eine Verhandlung abbricht, sie immerhin noch

XI. Abbruch der Verhandlungen

steuert. Dazu sollte die Einsicht kommen, dass Entscheidungen, die im Grunde als falsch erkannt werden, die spätere Vertragsdurchführung erheblich beeinträchtigen können.

Neigt man zum Nachgeben, sind die Vor- und Nachteile dieser Entscheidung an der **Testfrage** zu prüfen, was geschieht, wenn man den Vertrag nur durch Nachgiebigkeit zustande bringt, und welche Szenarien sich entwickeln, wenn die Verhandlung ergebnislos abgebrochen wird.

Gibt man nach, hat man möglicherweise ein weiterhin schwelendes Problem (einschließlich der eigenen Unzufriedenheit), muss Risiken eingehen, die man nicht richtig abschätzen kann, und muss diese und andere negative Faktoren durch vermehrte Entschiedenheit ausgleichen – Energie, von der man vielleicht nur einen Bruchteil investieren muss, wenn man sich für den Abbruch entscheidet.

Für den Abschluss des Vertrages spricht neben den inhaltlichen Kriterien: 625

- Der **Vertrag** ist **abgeschlossen** und damit eine sichere Risikoverteilung erreicht.
- Man kann sich der **Durchführung** des Projekts zuwenden und andere **Alternativen** endgültig ausschließen.
- Das **Investment** in die Verhandlung (Personen/Mittel/Engagement/Zeit/Organisation etc.) ist **beendet**.
- Es entsteht **Planungsfreiheit**, die in das Projekt investiert werden kann.
- Man kann sich **anderen Gegenständen** zuwenden, die man während der Verhandlung oft genug vernachlässigen muss.

Auf keinen Fall darf man das Nachgeben allein von finanziellen Gesichtspunkten abhängig machen, sondern muss immer alle Vor- und Nachteile in die Überlegungen mit einbeziehen, die sich aus der Bilanz der Zugeständnisse ergeben.

Für das **Abbrechen** von **Verhandlungen** sprechen am Ende folgende Gesichtspunkte: 626

- Man erkennt, dass die andere Seite **nicht vertrauenswürdig** ist.
- Die **ursprünglichen Ziele**, die in der Planung und der Verhandlungslinie vorgegeben und entwickelt worden sind, haben sich **grundlegend geändert** und werden durch Zugeständnisse der anderen Seite nicht mehr aufgefangen.
- Man kann die **berechtigten Forderungen** der Gegenseite **nicht** wirklich **erfüllen**.
- Die Vertragsverhandlung zeigt, dass es **gravierende Zweifel** an dem **Willen** zur **Zusammenarbeit** beider Vertragspartner gibt.
- Es gibt **bessere Alternativen**.

Wenn es um die Entscheidung geht, ob man die Verhandlung abbricht, muss man auf die **Klarheit** des eigenen **Verhaltens** achten. Das ist manchmal schwer, weil man die Motive des Abbruchs nicht immer offenbaren will.

Niemand kann einen dazu zwingen, den Abbruch von Verhandlungen zu begründen, man kann aber auch nur selten empfehlen, den Abbruch der Verhandlungen anzukündigen, wenn nicht bestimmte Bedingungen erfüllt sind, weil man sich damit die allgemeinen Probleme eines Ultimatums einhandelt.

627 In der Praxis zeigt sich oft genug, dass den Erkenntnissen über die andere Seite, die man gerade durch die Verhandlung gewinnt, zu wenig Aufmerksamkeit geschenkt wird, obgleich sie nahezu die wichtigste Informationsquelle über das Verhalten des künftigen Vertragspartners bei der Durchführung des Projekts ist.

Ebenso oft trifft man auf das **Wunschdenken**, das eine realistische Einschätzung sowohl der eigenen Möglichkeiten wie derjenigen des Vertragspartners verhindert. In diesen Fällen werden vernünftige Risikoabschätzungen übergangen, notwendige Investitionen trivialisiert und die Fähigkeit zum eigenen Engagement auch in Krisensituationen unrealistisch eingeschätzt.

Geht es um den Vergleich mit **besseren Alternativen**, fehlt es manchmal an den notwendigen Informationen, und zwar vor allem dann, wenn man solche Alternativen bis dahin immer nur taktisch ins Spiel gebracht hat, anstatt wirklich mit dem gebotenen Aufwand zu prüfen, ob sie einen Vergleich mit dem aushalten, was durch den Vertrag am Ende erreicht werden kann.

628 Von all diesen Überlegungen ist man allerdings enthoben, wenn die **andere Seite** zu erkennen gibt, dass sie die Verhandlungen beenden will. In solchen Situationen hat man oft das Gefühl, es bedeute einen Gesichtsverlust, wenn man nachfragt, warum solche Absichten bestehen. Man wird zwar selten eine ehrliche Antwort erhalten, sollte sich aber gleichwohl vergewissern, was die wirklichen und nicht nur die vorgeschobenen Gründe sind.

Erst wenn beide Parteien wohlüberlegt zu dem Ergebnis kommen, ein Vertragsschluss sei aussichtslos, ist die Verhandlung wirklich am Ende.

XII. Formeller Vertragsschluss

629 Die **Entscheidung**, die formellen Voraussetzungen für den endgültigen Vertragsschluss zu schaffen, fällt unter dem fast immer gegebenen Zeitdruck **meist zu früh**.

XII. Formeller Vertragsschluss

Im Idealfall dürfte sie erst getroffen werden, wenn beide Seiten ihre Positionen überprüft und bestätigt haben, was bei Verträgen im Grunde erst geschehen kann, wenn die **vollständig ausgearbeiteten Texte** vorliegen.

Genau daran fehlt es in der Praxis meist, denn nur wenige Manager erkennen, dass es nicht ausreicht, die vereinbarten Absichten allgemeinsprachlich zu umschreiben, sondern dass am Ende nur die **Risikobeschreibung** zählt, die sich im **Vertragstext** und dem Vertragsdesign für Dritte nachvollziehbar **realisiert** hat. 630

Die häufigsten Fehler sind:

- Ungenügende **Planung** und **Vorbereitung**,
- zu **späte Einschaltung** der **Anwälte** und anderer Berater,
- **ungenügende Klärung** von **Eckdaten**,
- Vereinbarung von Preisen, **bevor** die Gegenleistung definiert ist,
- unvollständige oder **mangelhafte Information** von Anwälten und anderen Beratern,
- hoher **Zeitdruck** gegenüber Anwälten und anderen Beratern, weil man selbst eigene Entscheidungen fahrlässig verzögert hat,
- **unterlassene Prüfung** von Vertragsentwürfen,
- **mangelhafte Vorbereitung** der Schlussverhandlung,
- **Unterschätzung** des organisatorischen **Aufwandes** für die Fertigung von Vertragsurkunden komplexer Art (vor allem der Anlagenwerke!),
- **Unterschätzung** der **Beratungskosten**.

Viele dieser Verhaltensweisen werden durch die an sich richtige Erkenntnis unterstützt, dass eine allzu **lange Verhandlungsperiode** jeden Vertragsabschluss **fragwürdig** macht. 631

Allzu lange Verhandlungen beruhen aber nahezu immer auf ungenügender Planung und Vorbereitung. Investiert man genügend Zeit in diesen Bereich, dann dauern Verhandlung und Entscheidung nicht lange und können bei frühzeitiger Einbeziehung der Anwälte und anderer Berater auch schnell umgesetzt werden.

Man weiß aus Erfahrung, dass **Zeitdruck** oft notwendig ist, um Entscheidungsschwächen zu überwinden. Dieser Druck kann auch hilfreich genutzt werden, wenn kurz vor dem geplanten Abschluss sich Unvorhergesehenes auftürmt. Man muss dann aber wissen, dass Entscheidungen unter Zeitdruck immer auch unter **Qualitätsmängeln** leiden, und bereit sein, diese hinzunehmen. Für die Anwälte ist die Situation besonders unerfreulich, wenn ihre Mandanten einerseits unter Hinweis auf den bestehenden Zeitdruck eine vertiefte Analyse der rechtlichen Situation ablehnen, andererseits aber dem Wunsch gegenüber Haftungsbeschränkungen unnachsichtig gegenüberstehen und rigide Kostenkontrolle fordern. Zu- 632 sammengefasst: Man wird die Entscheidung nicht immer von der Vorlage endgültig ausgearbeiteter Texte abhängig machen können.

Es müssen dann aber folgende **Mindestbedingungen** vorliegen:

- **Vollständige Information** über alle relevanten Tatsachen,
- **keine** wesentlichen **offenen Fragen,**
- erkennbar **vernünftige Motive** für den Vertragsschluss auf beiden Seiten,
- **tragbare** rechtliche **Risiken.**

Liegen die **unterschriftsreifen Vertragstexte** einmal vor, sollte man sich wenigstens die Mühe machen (und die Zeit dafür nehmen), sie in internen Konferenzen **Punkt** für **Punkt durchzugehen** und sich die Hintergründe erläutern zu lassen, die zu einzelnen Formulierungen führen.

Wird das unterlassen, kommt es bei der Schlussverhandlung unvermeidlich zu **Nachfragen,** die in der Gesamtrunde nicht beantwortet werden können, ohne die strategischen und taktischen Positionen zu schwächen.

633 Ein klares Vertragskonzept erfordert erheblichen Aufwand in der **internen Abstimmung,** der oft **größer** sein mag als der Verhandlungsaufwand mit der anderen Seite.

Bei dieser Detailarbeit merkt man: „Wenn Menschen handeln, versagen sie meist kurz vor der Vollendung." (*Lao-Tse*, Kapitel 64, S. 240). Es kommt also darauf an:

- Den **Willen aufrechtzuerhalten,** das ins Auge gefasste Ziel wirklich zu erreichen,
- **offen** über alle auch in letzter Sekunde noch auftauchenden Gesichtspunkte zu **diskutieren,**
- das **Wesentliche** vom **Unwesentlichen** zu unterscheiden und sich nicht an Details festzubeißen,
- **Offenheit, Toleranz** und **Phantasie** zu zeigen, ohne die ein brauchbarer Vertrag nicht zustande kommt.

634 Auffällig sind die Beobachtungen, die vor allem anwaltliche Berater machen können, wenn es – auch und gerade bei Verträgen, in denen viel Arbeit steckt – zur **Unterschrift** kommt. In dieser emotional stets aufgeladenen Situation kommt manches zusammen:

- Alle Beteiligten spüren das „Hochzeitsdilemma", merken also, dass mit der Unterschrift alle anderen angedachten **Alternativen** endgültig **entfallen.**
- Man spürt deutlicher als zuvor alle **Fehler,** die man in der Planung, Vorbereitung und Verhandlung gemacht hat.
- Die unabweisbaren **Verpflichtungen** aus dem Vertrag werden deutlich.

- Man muss den Wunsch, **alles** zu bekommen und **nichts** zu geben, endgültig aufgeben.
- Man entwickelt das Gefühl der **Unsicherheit** aller **Prognosen** und spürt, dass es der anderen Seite genauso geht.
- Man befürchtet **unvorhergesehene Störungen** bei der Vertragsdurchführung (70 % aller Firmenzusammenschlüsse erreichen nicht die geplanten Ergebnisse!).
- Nahezu alle Menschen haben eine instinktive **Abwehr** gegen formelle **Unterschriften**, weil sich gerade im Unterzeichnen alle diese – oft unbewussten – Einsichten und Gefühle konzentrieren.

Diese Phänomene sind unter dem Begriff „Vertragsreue" wohlbekannt und haben realistische Hintergründe. Sie werden aber leicht vergessen.

XIII. Checkliste: Von der Idee zum Text – Ein Vorgehensmodell

Die nachfolgende Checkliste gibt in kurzen Stichworten die einzelnen Schritte wieder, die gegangen werden müssen, um die in der Planungsphase gewonnenen Ideen so umzusetzen, dass am Ende ein unterschriftsreifer Vertrag steht. Am besten nimmt man sich diese Checkliste kopiert zu jeder Akte, bei der solche Aufgaben zu lösen sind. Hat man 10 oder 20 Verträge auf diese Weise gestaltet, wächst Sicherheit und Erfahrung für andere Projekte erheblich.

634a

I. Vertragsplanung

1. Sachverhalt ermitteln
- Welche Aufgabe will der Mandant gelöst haben?
- Von welchem Sachverhalt geht der Mandant aus?
- Welche Informationen werden benötigt?
- Welche Informationen sind (gegebenenfalls auch betriebsintern!)
- geheim zu halten?

2. Interessenlagen klären
- Interesse des Mandanten
- Interesse des Vertragspartners
- Interessen Dritter

3. Aufgabe definieren
- Was soll am Ende erreicht werden?
- Welche Texte sind erforderlich?
- Wer soll sie entwerfen? Wenn die Gegenseite einen ausgearbeiteten Vertragstext vorlegt und keine Chance besteht, anhand eines eigenen Entwurfes zu verhandeln, ist es umso wichtiger, die eige-

ne Position anhand von Checklisten und Mindmaps klar vor Augen zu haben!
- Wer muss in den Entwurfsprozess mit eingebunden werden?

4. Projektmanagement definieren
- Sachverhalt, Interessen und Aufgaben schriftlich dokumentieren
- Zeitplan festlegen
- Aufgaben verteilen
- Controlling regeln

5. Zusammenhänge erkennen
- Definition von Vertragsbündeln/Vertragsnetzen
- Klärung der inneren Verbindung zwischen mehreren Verträgen/Vertragsnetzen (Über-/Unterordnungsverhältnisse etc.?)
- Mindmaps anlegen

II. Vertragsdesign

1. Entwurf der Checkliste
- Festlegung: Austauschvertrag, Gesellschaftsvertrag oder Mischform
- Prüfen, ob es für den Vertragstyp eine generelle Checkliste gibt (z.B. Checkliste Vertriebsvertrag oder noch spezieller: Checkliste für IT-Vertriebsverträge)
- Sofern keine spezielleren vorhanden sind: Alle relevanten Stichpunkte aus der Basischeckliste in eine individuelle Checkliste für den Vertragsinhalt übernehmen
- Die jetzt vorliegenden Inhalte überprüfen und gegebenenfalls irrelevante Stichpunkte beseitigen
- In der Checkliste etwa noch nicht vorhandene relevante Gesichtspunkte hinzufügen
- Gliederung des Vertrags anhand des 6er Rasters entwerfen oder es als Checkliste verwenden und den gegnerischen Vertrag prüfen.
- Alternativen und Auffangpositionen erarbeiten!
- Alle Vorschläge auf Durchführbarkeit und Kontrollmöglichkeiten prüfen
- Grenzen für das Scheitern definieren.

2. Ermittlung der Rechtslage
- Die im Interesse des Mandanten günstigste Lösung inhaltlich festlegen
- Alternativen zusammentragen
- Kompromisse vorbereiten

3. Position des Gegners und Dritter

- Die voraussichtlichen Positionen des Gegners ermitteln und nachvollziehen. Die Grenzen seiner Kompromissfähigkeit abschätzen
- Das gleiche für die Positionen anderer Beteiligter

4. Texte entwerfen

- Jetzt erst: Textvorschläge auf der Basis der eigenen Entwürfe machen!
- Text anhand von Formularbüchern und Vertragsmustern optimieren
- Alternativen als Auffangposition ausformulieren
- Merken: Wer schreibt, der bleibt

III. Vertragsverhandlung

1. Checkliste

- Die wichtigsten Vertragspunkte, an denen der Vertrag scheitern kann (Eckpunkte, Killerkriterien) auflisten. (ihre Zahl sollte zwischen drei und fünf liegen, keinesfalls aber mehr als zehn Punkte betragen)
- Diese Punkte – gegebenenfalls nach Einführungsfloskeln und Abarbeiten von Kleinigkeiten – dem Verhandlungspartner als für die eigenen Entscheidungen ausschlaggebend mitteilen, aber noch nicht die eigene Position aufdecken
- Wenn die Gegenseite einen von ihr vorbereiteten Text von Anfang bis Ende durchlesen will, dieses Verfahren möglichst abbrechen und die stets begrenzte Zeit den wichtigen Fragen widmen (dieses Verfahren möglichst vorher klären)

2. Fragen

- In jedem Fall dem roten Faden folgen, den das Harvard Modell anbietet:
- Durch geeignete Fragen die Position der Gegenseite ermitteln
- Die Positionen Dritter ausfindig machen
- Die eigene Position darlegen – auf Gesichtswahrung achten!
- Lösungsalternativen entwickeln und diskutieren, konkrete Textformulierungen möglichst noch vermeiden
- Die Alternativen durchverhandeln und gegebenenfalls abändern bis zur eigenen Auffangposition
- Wenn Konzessionen nötig sind: Endgültige Entscheidung ausdrücklich als offen erklären (anderenfalls droht Salamitaktik der Gegenseite)

3. Feststellen

- Immer wieder in angemessenen Zwischenräumen: Zwischenergebnisse zusammenfassen und erklären, welche Fragen noch offen sind, damit alle Beteiligten den roten Faden der Verhandlung wieder sehen (am besten: diesen roten Faden als Mindmap darstellen)
- Soweit am Ende Punkte noch nicht entschieden sind: Verhandlung unterbrechen und jeweils intern beraten
- Die Bilanz der Zugeständnisse beider Seiten ziehen und dazu gegebenenfalls einzelne Punkte bewerten
- Erneut Auffangpositionen bilden

4. Fordern

- In der Schlussverhandlung die offenen Punkte klären und sich entweder einigen oder abbrechen: Nicht immer lässt sich eine Win-Win-Situation erreichen, da das Harvard Modell in erster Linie erfolgreich ist, wenn eine mächtige Partei sich mit ihren Machtmitteln nicht durchsetzen kann, aber keinen Weg findet, kreativ zu werden!
- Gegebenenfalls Letter of Intent formulieren – sich keinesfalls schnelle Formulierungen aufdrängen lassen, die nicht durchdacht werden können.

IV. Entscheidung: Fünf Schritte vom Gefühl zur Entscheidung

- Von den Meinungen zu den Tatsachen
- Von den Tatsachen zu den Bewertungen
- Von den Bewertungen zu den Alternativen
- Von den Alternativen zu den Ergebnissen
- Von den Ergebnissen zu den Entscheidungen

4 Vertragsdurchführung

	Rz.		Rz.
I. Planung der Durchführung	635	XI. Rechtshandlungen im Bereich der Vertragsdurchführung	660
II. Planungsfaktoren und eigene Vertragstreue	639	XII. Der Vertrag in der Krise	661
III. Strategie und Taktik	641	1. Strategie und Taktik	661
IV. Durchführungsregie	645	2. Auslöser für die Krise	664
V. Projektteams bei der Durchführung	647	3. Verhinderung von Vertragskrisen	665
		a) Allgemeines Verhalten	665
		b) Streitrisikoanalysen	666a
		4. Umgang mit der Presse	668
VI. Wirksamkeit des Vertrages	649	5. Rechtliche Bewertung	669
VII. Sicherung der Leistungen	651	6. Unterstützung durch Berater in der Krise	671
VIII. Treuhandabwicklungen	652		
IX. Geld- und Sachleistungen	653	7. Krisensitzungen	673
X. Leistungsänderungen und Planänderungen	656	8. Rückabwicklung des Vertrages	682

Literaturübersicht:
Siehe vor Teil 2.

I. Planung der Durchführung

Die gesetzlichen Vorschriften, die Beginn und Ende von vertraglichen Beziehungen sehr genau regeln, besagen wenig über die Vertragsdurchführung. Das hat folgenden Grund: 635

- Bei den **Austauschverträgen** bietet das Gesetz keine Hilfestellung, weil es gedanklich davon ausgeht, dass die Risiken verteilt sind und die Rechtsfolgen sich aus den übernommenen Risiken ergeben. Eine qualitativ hoch stehende und ungestörte Vertragserfüllung ist mit rechtlichen Mitteln nur bedingt beeinflussbar und wird dem Geschick (oder Ungeschick) der Parteien überlassen.

- Bei **gesellschaftsrechtlichen Verträgen** würden gesetzliche Regeln die Gestaltungsfreiheit der Partei empfindlich beeinträchtigen, und wie man in der Praxis sieht, nutzen geschickte Parteien die gegebenen Möglichkeiten in einem großen Spektrum kreativ aus.

Regelungen über die Vertragsdurchführung umfassen bei **Austauschverträgen** (ausführlich unten Teil 2): 636

> - Vereinbarungen von **Projektmanagern**, die während der Vertragsdurchführung engen Kontakt halten,
>   - **Projektsitzungen**, die in der Durchführungsphase in regelmäßigen Abständen abgehalten und protokolliert werden,

- Konkretisierung von **Hinweis-** und **Warnpflichten,**
- ausgedehnte **Informationspflichten** über den jeweiligen Stand des Projektes,
- **Warnpflichten** bei drohenden Gefährdungen von dritter Seite,
- **Verfahrensregeln** beim Auftauchen technischer Auseinandersetzungen (Ad-hoc-Schiedsgutachten),
- Vereinbarung von **abgestimmtem Verhalten** bei Angriffen Dritter,
- **Prüfungs-** und **Abnahmeverfahren** für die Leistungen,
- vorgezogene **Qualitätsprüfungen,**
- vereinbarte **Ersatzvornahmerechte,** wenn der Vertragspartner ganz oder teilweise ausfällt, um das Projekt zu retten und den Schaden gering zu halten,
- **Schiedsklauseln.**

Bei **gesellschaftsrechtlichen Verträgen** gehören etwa dazu:

- Voraussetzungen für die Einberufung von **Gesellschafterversammlungen,**
- **Kontrolle** der **Geschäftsführer** durch die Gesellschafter,
- **Informationspflichten,**
- **Einsichtsrechte,**
- **Eintritt** in die Gesellschaft,
- **Ausscheiden** aus der Gesellschaft.

637 In der Praxis beobachtet man oft genug, dass auch dann, wenn solche Regeln wenigstens teilweise vorhanden sind, die Parteien sie nicht nutzen, weil sie nicht geübt haben, damit umzugehen. Das deckt immer eine **Schwäche** in der **Zusammenarbeit** zwischen **Anwälten** und ihren **Mandanten** auf: Manche Anwälte haben eine Menge guter Ideen, die ihren Mandanten nützen könnten, werden aber in der Durchführungsphase nicht gefragt oder verstehen es nicht, die in ihren Vertragsentwürfen enthaltenen Ideen in der praktischen Umsetzung zu erläutern. Ein Vertrag ist mit einer sehr komplexen technischen Maschine vergleichbar, und eine solche Maschine ist ohne Bedienungsanleitung und/oder dauernden Service nicht sinnvoll nutzbar. Der Satz: „Der beste Vertrag bleibt während der Durchführung in der Schublade liegen." ist schon richtig, er bedeutet aber kein Verbot, die Schublade im Bedarfsfall aufzumachen und nachzuschlagen, was er für Hilfen in konkreten Konfliktsituationen bietet. Die DIN/ISO 9000 ff. schreiben nicht zuletzt deshalb vor, dass die Unternehmen dokumentieren müssen, **wo** sie ihre jeweiligen **Verträge ablegen,** damit sie in solchen Fällen schnell gefunden werden können. Wenn man, wie wir empfehlen, darüber hinaus auch die Vertrags**dokumentation** geeignet **ablegt** (unten Rz. 691 ff.), ist schon viel gewonnen.

Wenn weder das Gesetz noch der Vertrag etwas über die Phase der Vertragsdurchführung sagen, müssen die Parteien sich mit praktischen Mitteln behelfen. Neben den allgemeinen Empfehlungen, ist zu bedenken: „Frieden bedeutet nicht bloß Abwesenheit von Krieg; er ist kein Zustand. Wir müssen Frieden führen, und zwar ebenso wachsam, wie wir Krieg führen." *(Dalai Lama).*

Man muss also aktiv etwas dafür tun, dass die Vertragsbeziehung gedeihlich bleibt und Krisen überwunden werden können; es genügt nicht, den Dingen ihren Lauf zu lassen.

II. Planungsfaktoren und eigene Vertragstreue

Die Planungsfaktoren sind bei der Vertragsdurchführung keine anderen als bei der **Vertragsplanung**. Sie sind oben ausführlich erläutert (Rz. 21 f.).

Allerdings ist die **Perspektive** eine andere: Während man im Bereich der Vorbereitung versuchen muss, ein Verhandlungsergebnis zu erreichen, das den eigenen Zielen möglichst nahe kommt, müssen diese Ziele nach Vertragsabschluss immer unter **drei wechselnden Perspektiven** betrachtet werden, und zwar:

- Welche **Rechte** ergeben sich aus dem Vertrag (und aus dem Gesetz),
- welche **Pflichten** ergeben sich aus dem Vertrag (und aus dem Gesetz),
- wie werden diese Rechte und Pflichten durch die spiegelbildlichen **Positionen** der **anderen Seite** ggf. beeinflusst?

Beispiel:

Ein Bauunternehmen, das auf der Basis von Architektenplänen arbeiten soll, kann mit dem Bau erst beginnen, wenn die Pläne vorliegen, die der Bauherr bereitzustellen hat. Die Leistungspflicht des Bauunternehmers ist also von der (vorher zu erfüllenden) Mitwirkungspflicht des Bauherrn abhängig. Es kann rechtlich außerordentlich kompliziert sein zu entscheiden, unter welchen Bedingungen solche Mitwirkungspflichten verletzt sind, wann solche Verletzungen zu Kündigungen oder Schadensersatz berechtigen, wann zur Ersatzvornahme etc.

Während es also bei der **Vertragsvorbereitung** in erster Linie auf die **eigene** und nur sehr mittelbar auf die **Perspektive** der anderen Seite ankommt, muss man bei der **Durchführung** immer das **gesamte Bild** im Auge behalten, wenn man keine Fehler machen will. Für alle Entscheidungen bei der Vertragsdurchführung ist es von **entscheidender Bedeutung**, unter allen Umständen die **eigene Vertragstreue** einzuhalten und zu dokumentieren!

Es ist keinesfalls selten, dass eine Vertragspartei ihre eigenen Pflichten nicht erfüllt, unnachgiebig aber von der anderen Seite verlangt, die Vertragspflichten ernst zu nehmen. Sobald eigene Pflichten und fremde Pflichten in einem inneren Zusammenhang stehen, verlangt die Rechtsprechung die strikte Einhaltung ausdrücklich oder stillschweigend vereinbarter Vorleistungen oder Mitwirkungspflichten (BGH NJW 2002, 3541 – Hotelvideoanlagen: Unberechtigte fristlose Kündigung; BGH NJW 1999, 352 – Grundstückskauf; BGH NJW 2002, 1788 – Schecksperrung). Dieser „tu-quoque-Einwand" ist vor allem bei Projektverträgen gefährlich, weil man oft nicht feststellen kann, ob zwei Pflichten in diesem „inneren Zusammenhang" stehen. Ein Beispiel: Bei einem EDV-Vertrag müssen Altdaten in ein neues Software-System übertragen werden. Der Besteller weigert sich aber, diese kostenaufwendigen Arbeiten in Angriff zu nehmen, bevor nicht der Hersteller die Grundfunktionalität des Systems anhand von Testdaten nachgewiesen hat. Nun sind aber wichtige Eigenschaften von EDV-Systemen (z.B. die Schnelligkeit des Datenzugriffs) sehr häufig von der Datenmenge abhängig, die man mit Testdaten möglicherweise nicht erreichen kann. Der Funktionalitätsnachweis kann daher grundsätzlich nur bezüglich von Funktionen verlangt werden, die nichts mit der Datenmenge zu tun haben.

Im Zweifel sollte man stets davon ausgehen, dass die eigenen Pflichten vorrangig erfüllt werden müssen, will man nicht erhebliche rechtliche Risiken in Kauf nehmen. Das gilt vor allem dann, wenn mit außerordentlicher Kündigung gedroht wird. Wer das tut, muss zuvor absolut sicher sein, dass er alle eigenen Vertragspflichten sorgfältig erfüllt hat und das auch beweisen kann! Nach einer unberechtigten fristlosen Kündigung ist nämlich der andere Vertragspartner berechtigt, solange mit der eigenen Leistung zurückzuhalten und sogar die Gegenleistung zu fordern, ohne selbst vorzuleisten (BGH NJW 2002, 3541 – Hotelvideoanlagen).

Ebenso wie bei der Vertragsplanung gilt daher auch hier: Die Berater müssen so früh wie möglich eingeschaltet werden, wenn Krisen sich abzeichnen, wenn man sich alle taktischen Vorteile der eigenen Position erhalten will.

III. Strategie und Taktik

641   Bei der Vertragsdurchführung gelten alle taktischen Werkzeuge, wie sie oben (Rz. 1 ff.) vorgestellt worden sind. Ihre Handhabung erfordert aber teilweise noch mehr Geschick als bei Vorbereitung und Verhandlung von Verträgen: Zum einen ist das Spektrum der Überlegungen breiter, weil die Rechte der anderen Seite, die sie durch den Vertrag erworben hat, intensiver berücksichtigt werden müssen, andererseits sind Krisen, wenn sie auftreten, heftiger als in einer Situation, in der die Parteien noch nicht vertraglich aneinander gebunden sind.

642   Es gibt einen weiteren wesentlichen Unterschied zur Situation vor Vertragsschluss: Ziel aller strategischen und taktischen Maßnahmen ist jetzt nicht mehr ein **Versprechen** (der Vertrag), sondern ein **Erfolg**, den man notfalls auch **gegen** den **Vertragspartner** erreichen muss. Dieser hat aber seinerseits in dem Vertrag Ansprüche erhalten, die erfüllt werden

III. Strategie und Taktik

müssen. Der Vertrag selbst spielt bei der Lösung dieses Konflikts für beide Parteien teilweise nur eine untergeordnete Rolle:

- **Vertragsbruch** mag zwar über neue Verhandlungen zu neuen vereinbarten Lösungen führen, diese Lösungen können aber nie erzwungen werden, da die andere Seite immer die Freiheit hat, den Weg über den **Prozess** zu wählen. Diese Option hat sie vor Vertragsschluss nicht (oder nur selten).

- Wählt eine Partei den **Prozess**, dann kommt es auf dessen Ergebnis für die Frage des Vertragserfolges im Grunde nicht mehr an, wenn man den Erfolg als ein Ergebnis sieht, das beide Parteien gemeinsam erreichen wollten. Dieses Ziel ist schon bei Prozessbeginn gescheitert, und nach aller Erfahrung sind die Beträge, die eine Seite im Prozess noch erstreiten kann, stets nur ein Bruchteil dessen, was sie an Verlust wirklich gehabt hat. In den USA, wo man nicht nur den wirklich eingetretenen Schaden, sondern in der Rechtsprechung entwickelte Vertragsstrafen (Punitive Damages) einklagen kann, mag das im einen oder anderen Fall anders sein. Dort können Prozesse in größerem Umfang zu taktischen Manövern genutzt werden, als dies bei uns der Fall ist. Im Ergebnis ändert das aber am Scheitern der Vertragsbeziehungen nichts.

Strategie und Taktik in der Durchführung müssen sich also in erster Linie darauf richten, wie das Vertragsziel **trotz** des Konflikts zu erreichen ist, und dürfen dieses Ziel erst dann in Frage stellen, wenn andere Optionen bessere Ergebnisse in Aussicht stellen. 643

Für Strategie und Taktik bedeutet das: „Schlagen ohne Armbewegungen; den Feind vertreiben ohne Feindseligkeit; gewappnet sein – doch ohne Waffen zu tragen; kein größeres Übel als den Feind zu unterschätzen ..." (*Lao-Tse*, Kapitel 69, S. 258).

Sun Tsu (S. 91) sagt konkreter: „Daher beweisen jene, die jede Schlacht gewinnen, nicht wirklich höchstes Geschick. Jene, die die gegnerische Armee hilflos machen, ohne es zu einem Kampf kommen zu lassen, sind die wahrhaft Vortrefflichen."

Mit beiden Zitaten wird darauf hingewiesen, dass bei einer einmal entstandenen Bindung derjenige den größten Nutzen zieht, der die **Situation kontrolliert**, ohne in offene Auseinandersetzungen zu geraten. Offene Konflikte nämlich können **Emotionen** so hoch peitschen, dass die Bereitschaft zur weiteren Vertragserfüllung radikal zusammenbricht. Dabei ist oft mit einem sehr geringen Aufwand in die **Pflege** der **Vertragsbeziehung** eine Arbeitsatmosphäre zu erreichen, die solche Entwicklungen verhindert. Dies gilt keinesfalls nur für die mächtigen Vertragspartner, die den anderen gegenüber großzügig sein können, denn auch die **Machtverhältnisse** stellen sich **nach** dem Vertragsschluss anders dar als **zuvor**. Auch der mächtigste Vertragspartner hat sich in dem Vertrag zu Leistungen verpflichtet, die er einhalten muss, und oft genug hat er nach dem Ver- 643a tragsschluss nicht mehr die Option, mit Wettbewerbern abzuschließen, weil dies aus zeitlichen oder technischen Gründen nicht mehr möglich ist, und befindet sich dann in einer weit weniger komfortablen Situation als zuvor (zum Wechsel in den Machtverhältnissen, siehe Teil 1 Rz. 76; Teil 2 Rz. 392).

644 Natürlich wird man an dieser Stelle nicht vergessen, dass mächtige Vertragspartner leichter den **Vertragsbruch** riskieren können und ihr Risiko, selbst verklagt zu werden, geringer ist. Auch das gilt aber nur, solange sie weitere Geschäfte in Aussicht stellen können. So gilt also für alle kleinere Vertragspartner *Sun Tsus* Satz: „Benütze Taktiken und überwinde den Gegner, indem du ihn entmutigst statt mit ihm zu kämpfen ..." (S. 98).

Beispiel:

Wie wirksam das in der Praxis sein kann, zeigt z.B. der misslungene Versuch von Porsche, seine Vertriebshändler in den USA durch eine eigene Vertriebsorganisation zu ersetzen. Schon die Ankündigungen in der Presse, Porsche denke über eine solche Möglichkeit nach, führte zu so unmissverständlichen Reaktionen auf Seiten der Händler, dass der Plan aufgegeben wurde, bevor man über die Details der Umsetzung auch nur nachdenken konnte. Der Grund: Die Fesselung des mächtigen Vertragspartners gelang einfach durch die Drohung mit jahrelangen Prozessen, obgleich deren günstiger Ausgang für die Vertragshändler keinesfalls vorhersehbar war.

Für den unterlegenen Vertragspartner gilt es, solche **Bindungen** zu entdecken und mit ihnen zu arbeiten. Er wird sie im Vertrag, im Gesetz, in den Marktverhältnissen, in der Presse und in vielen anderen Quellen finden. Bevor ein Vertrag geschlossen ist, stehen ihm diese Mittel nicht zur Verfügung.

IV. Durchführungsregie

645 Die Durchführungsregie ist die Summe aller Maßnahmen, die man treffen kann, um während der Vertragsdurchführung die Erfüllung des Vertrages im eigenen Sinne absichern zu helfen. Sie umfasst Teile der **Verhandlungsregie** (oben Rz. 500 ff.) und der **Entwurfsregie** (oben Rz. 200 ff.).

646 Im Gegensatz zu den beiden anderen Fällen ist es relativ einfach, die Durchführungsregie zu gewinnen, denn erfahrungsgemäß entsteht nach Vertragsabschluss immer eine Phase der Erschöpfung und der Untätigkeit, und derjenige, der diese Phase als **erster** unterbricht, übernimmt damit auch die Durchführungsregie. Meist ist es die Partei, die die **Sachleistungen** erbringen muss, und gerade deshalb ist der anderen Seite anzuraten, ihre eigenen Möglichkeiten im Rahmen der Durchführungsregie dadurch zu sichern, dass die Initiative zu ersten Projektsitzungen, terminlichen Abstimmungen oder dem ersten Informationsaustausch ergriffen und das weitere Verfahren gestaltet wird.

V. Projektteams bei der Durchführung

Besondere Bedeutung kommt dabei den Projektteams zu, die für die Zwecke der Durchführung meist anders zusammengesetzt werden müssen als für die Vorbereitung und Verhandlung von Verträgen. **647**

Zunächst ist das **interne Projektteam** zusammenzustellen und möglichst ebenso zweifach in eine **Handlungs-** und eine **Entscheidungsebene** aufzugliedern, wie das für die Verhandlungsteams oben (Rz. 457 ff.) empfohlen worden ist.

Dem Projektteam, das den Vertrag durchzuführen hat, müssen aber in der Regel **größere Kompetenzen** gegeben werden als den Verhandlungsteams, denn im Zuge der Durchführung können überraschende Situationen auftreten, auf die sofort reagiert werden muss. Beim Verhandeln über Verträge ist es selten eine gute Empfehlung, eine Krise dadurch zu lösen, dass man möglichst schnell den Vertrag abschließt oder die Verhandlungen abbricht. Anders bei der Durchführung: Hier kann großer Schaden entstehen, wenn nicht schnell genug gehandelt wird: „Was Befehle von Seiten des Herrschers betrifft, die all dies regeln sollten, so ist es, als würdest du deinem Vorgesetzten ankündigen, dass du ein Feuer löschen wolltest – bis du mit einem Befehl dorthin zurückkommst, ist nichts mehr übrig außer Asche." (*Sun Tsu*, S. 109). **648**

Für die Zusammenarbeit der **Berater** mit dem Projektteam kann auf die Empfehlungen oben (Rz. 53 ff.) zurückgegriffen werden.

Ist im Vertrag nichts über den Ansprechpartner der anderen Seite geregelt, kann man solche Vereinbarungen natürlich jederzeit nachholen.

In der Management-Literatur wird häufig davon gesprochen, dass Teams harmonisch zusammenarbeiten sollen und häufig motiviert werden müssten. Viel wichtiger ist statt dessen, dass einer Person im Team die **Führung** (siehe dazu Teil 1 Rz. 46a) übertragen wird, was gleichzeitig bedeutet, dass mindestens eine Person über **alle Informationen** verfügen muss, die für die Entscheidungen relevant sind. **648a**

Die Richtigkeit dieser These kann man sofort erkennen, wenn man an große Orchester denkt. Der Dirigent hat alle Notensätze aller beteiligten Instrumente und koordiniert deren Wirken. Gerade Orchester zeigen uns auch, dass sie große Eleganz und Wirksamkeit entfalten können, obgleich die Mitglieder nur im Abspielen der Noten harmonisch miteinander umgehen. Die klassische Feindschaft zwischen Streichern und Bläsern ist nicht nur für Insider legendär (siehe etwa: *Stephan Handel*, Süddeutsche Zeitung 23./24.7.2005 – Grabenkämpfe im Orchester). Auch besondere Motivation ist nicht vonnöten, wenn die Arbeiten die zu erledigen sind, ihre eigene Dynamik entfalten (das betont *Fredmund Malik* immer wieder zu Recht, unter anderem in: Gefährliche Managementwörter → „Motivation").

VI. Wirksamkeit des Vertrages

649 Viele Verträge stehen unter **Bedingungen** oder werden erst nach Erteilung von **Genehmigungen** wirksam.

Im Grunde müsste man den Parteien raten, nach Vertragsabschluss im Bezug auf die Erfüllung des Vertrages solange noch nichts zu unternehmen, als der Vertrag nicht wirklich rechtsbeständig ist. Erst dann nämlich kann jede der Parteien sich auf die **Risikoverteilung** im Vertrag berufen, vorher gibt es nur einen sehr begrenzten **Vertrauensschutz**.

Tatsächlich zwingt die Sachlage teils schon im Vorbereitungsstadium oder während der Vertragsverhandlungen, bestimmte Investitionen oder andere Maßnahmen zu treffen, die im Vertrauen auf das spätere Wirksamwerden des Vertrages erforderlich sind, weil sonst viel wertvolle Zeit verloren gehen kann.

650 Um die Risiken innerhalb dieser **Schwebephase** klein zu halten, gelten folgende Regeln:

- Sieht man voraus, dass noch vor Eintritt von Bedingungen/Genehmigungen Investitionen notwendig sind, müssen die Parteien diese **Risiken verteilen**;
- **beide Parteien** müssen sich aktiv um das Erlangen von **Genehmigungen** bemühen, und zwar auch dann, wenn die Gegenseite diese zu beschaffen hat, denn die Verhinderung des Eintritts von Bedingungen kann schadensersatzpflichtig machen;
- **Vertrauensschaden** wird nur ersetzt, wenn der andere ihn **fahrlässig** verursacht hat, und ist einem erheblichen **Mitverschuldensvorwurf** ausgesetzt, wenn man die Gegenseite über drohende Schäden nicht informiert.

VII. Sicherung der Leistungen

651 Bei vielen Verträgen müssen **Bürgschaften** teils als Erfüllungs-, teils als Zahlungsbürgschaften gestellt werden, manche Verträge verlangen innerhalb bestimmter Fristen den Nachweis von **Qualitätszeugnissen**, technischen Fähigkeiten, **gutachtlichen Bestätigungen** oder ähnlichen Erklärungen.

Da man in diesem Bereich von der **Verhaltensweise Dritter** abhängig ist, muss man sich sofort nach Vertragsschluss darum bemühen, die entsprechenden Bestätigungen zu erhalten. All zu oft kümmert sich niemand darum, und wenn es später aus ganz anderen Gründen zu Auseinandersetzungen kommt, kann die eine Partei sich plötzlich auf formelle Nachlässigkeiten der anderen Seite stützen und hieraus für sich Kündigungsrechte oder Schadensersatzansprüche herleiten.

VIII. Treuhandabwicklungen

Wenn in die Vertragsdurchführung Notare eingeschaltet sind (so vor allen bei den Grundstückskaufverträgen und der Durchführung der Formalitäten beim Handelsregister), bedarf es keiner besonderen Vorkehrungen, denn die Notariate in Deutschland sind sehr zuverlässig und werden staatlich überwacht. Im **Ausland** kann das anders sein. Notare sind auf der Basis der Bundesnotarordnung und der Notar-Gebührenordnung (KostO) tätig, und ihr Rechtsverhältnis zu den jeweiligen Beteiligten, einschließlich der Haftung, ist bis ins Detail geregelt. 652

Außer den Notaren können aber auch Anwälte, Wirtschaftsprüfer oder Steuerberater sowie **Gutachter** als Treuhänder mit bestimmten Durchführungsaufgaben betraut worden sein.

Im Gegensatz zu den Notaren ist die Rechtsstellung dieser Beteiligten nicht im Gesetz geregelt, muss also stets im Einzelfall definiert werden. Wird etwa ein Schiedsgutachter eingeschaltet, der bei einer komplizierten technischen Anlage während der Vertragsdurchführung einzelne Streitfragen entscheiden soll, müssen die Parteien mit ihm einen **Gutachtervertrag** abschließen, in dem mindestens Leistungsumfang, Vergütung und Haftung geregelt werden müssen.

IX. Geld- und Sachleistungen

Bei Austauschverträgen stehen sich im Schwerpunkt meist eine Geld- und eine Sachleistungen gegenüber. Die **Geldleistung** zu erbringen ist (jedenfalls wenn man Geld hat oder sich beschaffen kann) eine einfache Sache, denn der Zahlungsvorgang selbst ist unkompliziert – von Ausnahmefällen im Auslandszahlungsverkehr einmal abgesehen, die auch subtile Planung erfordern können! 653

Viel schwieriger hat es die Vertragspartei, die die **Sachleistung** erbringen muss, wenn sie sich nicht in der schlichten Lieferung eines Kaufgegenstandes erschöpft, den man auf Lager hat. Zeitliche Differenzen, räumliche Entfernungen, komplexe Zusammensetzungen und viele andere Faktoren können den Erfolg der Leistung gefährden. Das Gesetz trägt dieser Grundidee sowohl im Kaufvertragsrecht wie im Werkvertragsrecht vielfältig Rechnung und belastet denjenigen, der die Sachleistung zu erbringen hat, ziemlich einseitig mit allen Risiken, die hier auftreten können. Der Grund: Nur wer die Sachleistung erbringt, kann fachlich richtig kalkulieren, inwieweit dies möglich ist, der Besteller hingegen ist dazu meist außerstande. Der Werkunternehmer steht in rechtlicher Hinsicht also oft genug vor der Wahl, eigentlich unplanbare Risiken akzeptieren oder auf den Vertrag verzichten zu müssen. 654

Wenn dem Besteller dies nicht bewusst ist und er lediglich die **Erfüllung** abwartet, um dann von seinen Rechten Gebrauch zu machen, tut er sich 655 selbst keinen Gefallen, denn mit einem **Schadensersatzanspruch** ist seinen unternehmerischen Zielen niemals geholfen. Er sollte also besorgt sein, seinem Vertragspartner die Vertragserfüllung wenigstens nicht zu erschweren oder besser noch so weit wie zumutbar zu erleichtern. Das kann durch umfassende Information, Warnungen, Unterstützung bei der Beschaffung oder anderen Maßnahmen geschehen, die er auch dann ergreifen kann, wenn der Vertrag ihn dazu nicht ausdrücklich verpflichtet.

X. Leistungsänderungen und Planänderungen

656 Wenn beide Vertragspartner realistisch planen können, werden sie schon im Zuge der Verhandlungen überlegt haben, wie groß das Risiko künftiger Leistungsänderungen ist. Sie können auf folgenden Umständen beruhen:

- Einseitige **Planänderungen** auf **einer** Seite,
- einseitige Planänderungen auf **beiden** Seiten,
- **organisatorische** Umstellungen,
- **personelle** Umstellungen (Wechsel von Personen und/oder Zuständigkeiten),
- Änderungen des **technischen** Umfeldes,
- Änderungen der **finanziellen** Rahmenbedingungen,
- unplanbares Verhalten **Dritter**,
- zufällige Einflüsse.

657 Das Gesetz enthält keinerlei Regelungen für diese Fälle und nur selten wird einer oder mehrere dieser Faktoren dazu führen können, dass eine Parteien sich auf den **Wegfall** der **Geschäftsgrundlage** (§ 313 BGB) berufen kann. Als Faustformel kann man sagen:

Ein Wegfall der Geschäftsgrundlage ist nur dann anzuerkennen, wenn ein bestimmter Umstand von **beiden Parteien** bei Vertragsschluss nicht gesehen wurde und das Risiko der Zusatzbelastungen, die sich aus den geänderten Umständen für eine Seite ergibt, sich **wesentlich** verschiebt (BGH NJW 2002, 2098 – DDR-Grundstück; Wegfall der Geschäftsgrundlage aber verneint: BGH NJW-RR 2005, 1506 – Abhängigkeit eines Maklervertrages vom nicht erfüllten Hauptvertrag).

657a Die Vergabe- und Vertragsordnung für Bauleistungen (VOB/B) behandelt die Frage der Leistungs- und Planänderungen detailliert und ausgewogen und die Rechtsprechung hat sich vielfältig dazu geäußert, in welchem Umfang solche Änderungen zulässigerweise verlangt bzw. abgelehnt werden können. Dieses Regelwerk gibt den Parteien ausreichende Werkzeuge an die Hand, um mit Änderungswünschen umzugehen. Deshalb kann keine Partei einen Änderungswunsch einfach ablehnen oder gar eine fristlose Kündigung auf für unberechtigt gehaltene Änderungswünsche stützen (BGH NJW-RR 1997, 403).

Auch die Vertragsbedingungen der öffentlichen Hand für die Vergabe von EDV-Verträgen sind nach diesem Muster gestaltet (*Müglich* in Computerrechtshandbuch Kap. 191 [Stand März 2005]).

Außerhalb dieser Standard-Vertragswerke ist es Aufgabe der Parteien, das Problem schon im Vertrag zu lösen (siehe oben Rz. 304).

In anderen Fällen werden die Parteien sich über Leistungsänderungen ad hoc im **Verhandlungswege** einigen müssen. Dabei befindet sich der Werkunternehmer oder der Lieferant (also die Partei, die die Sachleistung zu erbringen hat) in einer taktisch sehr viel besseren Position als die andere Seite. Stimmt er einer Leistungsänderung nämlich nicht zu und ist hierzu auch nach Maßstäben von Treu und Glauben nicht verpflichtet, muss die andere Seite eine unerwünschte oder nicht mehr brauchbare Leistung auch dann abnehmen und bezahlen, wenn sie aufgrund der geänderten Umstände ihren Wert verloren hat. Mit diesem Prinzip gleicht das Gesetz das Risiko des Werkunternehmers aus, Fehlkalkulationen seines Angebots auch dann tragen zu müssen, wenn er es bei Vertragsschluss fairerweise nicht erkennen konnte. 658

Hat ein Unternehmen z.B. Computersysteme bestellt, die in der einzigen Niederlassung des Unternehmens eingesetzt werden sollen, und ist bei Vertragsschluss nicht erkennbar, dass es noch vor Lieferung eine zweite Niederlassung mit gleichen Bedürfnissen geben wird, ist der Lieferant keinesfalls verpflichtet, die Erweiterung zu den gleichen Konditionen auszuführen, wie dies im ursprünglichen Vertrag vorgesehen wurde. Er kann seine Leistung für den Erweiterungsteil vielmehr vollkommen frei berechnen und dabei die Zwangssituation seines Kunden (bis zur Sittenwidrigkeitsgrenze) ausnutzen, die darin besteht, dass dieser sich für den zweiten Teil kaum einen anderen Lieferanten wird suchen können. 658a

Umgekehrt muss ein Kunde, der z.B. Drucker eines bestimmten Herstellers bestellt hat, sich nicht mit Geräten einer anderen Marke zufrieden geben, auch wenn diese völlig leistungsgleich sind, weil der Lieferant zum Beispiel Bezugsschwierigkeiten hat, sein Hersteller in Konkurs gefallen ist oder andere Umstände auftreten.

Bei der Verhandlung in diesen Fällen geht es keinesfalls nur um Preiserhöhungen oder Änderung der Hauptleistung, meist ändern sich auch andere **Rahmenbedingungen**, so vor allem die Zeitschiene, die Abnahmetermine, manchmal auch die Qualitätskriterien etc. Kurz: Wenn man genau hinsieht, ist von einer einzigen, meist kleinen Änderungsanforderung ein ganzes Leistungsbündel erfasst und muss von Anfang bis Ende neu durchverhandelt werden. Welche Fragen hier meist zu stellen sind, zeigt die nachfolgende Übersicht am Beispiel der Projektverträge: 659

⟳ 1. Die Änderung ist aus folgenden Gründen notwendig: ... (technische Beschreibung im Einzelnen)
2. Sie wirkt sich über folgende Schnittstellen in andere Teilleistungsbereiche aus: ... (Angabe)
3. Folgende Leistungsteile entfallen: ... (Angabe unter genauer Bezugnahme auf das Pflichtenheft)
4. Der Auftragnehmer muss in folgendem Umfang mitwirken bzw. Leistungen Dritter bereitstellen: ...
5. Der Zeitplan ändert sich wie folgt: ...
6. Zusatzvergütung wird festgelegt wie folgt: ...
7. Einfluss auf Qualitätsstandards (Überprüfung anhand von Standards und Normen im Rahmen der Qualitätskontrolle)
8. Teilabnahme der Änderung bis spätestens: ...
9. Folgende Projektbeteiligte sind durch (Name) zu informieren (Angabe): ...
10. Die vorliegende Änderungsvereinbarung ist integrierter Bestandteil des Projektvertrages.

Alle hier angesprochenen Punkte müssen neu verhandelt, in eine neue **Bilanz** der **Zugeständnisse** eingebracht und zu einem neuen **Zwischenergebnis** geführt werden, soll der Vertrag Bestand haben. Dabei wird der Vertragspartner, der nur Geld zu zahlen hat, demjenigen, der die Sachleistungen erbringen muss, in der Regel weit unterlegen sein (was auch für Großkonzerne gilt). Viele **Nachverhandlungen** im Bereich der Leistungsänderungen verpassen diese taktischen Möglichkeiten.

Nur am Rande sei darauf hingewiesen, dass einseitige Leistungsänderungsrechte des mächtigen Bestellers in Formularverträgen in der Regel gegen die §§ 305 ff. BGB verstoßen.

XI. Rechtshandlungen im Bereich der Vertragsdurchführung

660 Neben den technisch/kaufmännischen Leistungen, die bei Austauschverträgen vereinbart werden, oder den finanziellen Leistungen, die Gesellschafter zu erbringen haben, gibt es weitere Maßnahmen, die beide Parteien teils im eigenen, teils im fremden Interesse treffen müssen, wenn sie nicht rechtliche Risiken, insbesondere Schadensersatzansprüche befürchten wollen. Gehören solche Einzelpflichten zu den Hauptpflichten, können sie auch die Rechte aus §§ 323 ff. BGB, also Rücktrittsrechte und/oder Schadensersatzrechte, auslösen.

Dazu gehören etwa:
– Einsichtsrechte in Handelsbücher,
– Prüfrechte bezüglich Bilanzen,

- Überprüfungsrechte durch Dritte (z.B. des Technischen Überwachungsvereins [TÜV] bei der Hinterlegung von Software),
- Mitteilungen an Behörden,
- Verzicht auf Rechte aus anderen Verträgen (z.B. Vorkaufsrecht),
- Veröffentlichungspflichten (z.B. im Rahmen von Liquidationen).

Zu diesen Pflichten kann auch die Einrichtung geeigneter Marktbeobachtungsmaßnahmen gerechnet werden, die ein Hersteller seinem Vertrieb auferlegt, damit er über etwaige Produkthaftungsrisiken so früh wie möglich informiert wird.

All diese Maßnahmen müssen in vielen Fällen sofort nach Vertragsschluss anlaufen, noch bevor der eigentliche Leistungsaustausch begonnen hat.

XII. Der Vertrag in der Krise

1. Strategie und Taktik

Nahezu jeder Vertrag durchläuft bei seiner Durchführung irgendein Krisenstadium – manchmal ohne dass die Parteien dies überhaupt bemerken.

Das beginnt mit der **Vertragsreue** (oben Rz. 629 ff.), die sich häufig unmittelbar nach Unterschrift einstellt, und reicht hin bis zu Auseinandersetzungen der Parteien, lange nachdem die Hauptleistungen erfüllt sind und es nur noch um Fortwirkungen des Vertrages in Nebenbereichen geht.

Fast kein Vertrag kann nämlich genau so erfüllt werden, wie es ursprünglich vereinbart wurde: Menschen und Umstände ändern sich, ohne dass man das beeinflussen kann, und dadurch ändert sich meist auch die Sicht auf den Vertrag, wenn nicht sogar seine **Grundlagen**.

Von dieser Regel gibt es natürlich immer wichtige **Ausnahmen**. Eine der erstaunlichsten ist die präzise Rückzahlung von Bankkrediten, wie man sie in Deutschland erlebt, und zwar nicht etwa bei den Großkrediten, sondern bei der Vielzahl der Kleinkredite, die bei den Banken aufgenommen werden. Der Anteil der Verträge, die in diesem Bereich störungsfrei erfüllt werden, liegt über 50 % und die Ausfallrate der Banken bei gescheiterten Verträgen unter 10 % der ausgereichten Kredite samt Zinsen!

Der Grund liegt vielleicht in der massenhaften **Standardisierung** solcher Geschäfte, etwa im Vergleich zu technischen **Projektverträgen**, die sich von Fall zu Fall anders gestalten und deren Risiken schlecht planbar sind.

Die Gründe, aus denen Vertragskrisen entstehen, sind ebenso vielfältig wie die denkbaren Störungsursachen, und zu welchem Ergebnis eine Krise führt, hängt **niemals** von der wirklichen Rechtslage, sondern immer nur von den persönlichen Einschätzungen derjenigen ab, die die Krise managen müssen. Natürlich werden in Krisenverhandlungen immer wieder **Rechtsargumente** ausgetauscht. Man misst ihnen jedoch – richtigerweise – keinen besonders hohen Wert zu, denn niemand kann wirklich austesten, ob eine bestimmte Rechtsansicht richtig oder falsch ist: Das könnte nur im Prozess geschehen, und wenn der beginnt, ist der Vertrag unabhängig vom Prozessergebnis gescheitert.

663 Es führen auch bei weitem nicht alle Vertragsstörungen zu Krisen. Entscheidend ist, wie die Parteien ihre Situation bei Ausbruch der Störungen einschätzen: Sind sie der Meinung, die Fortführung des Vertrages sei von größerem Vorteil als das Schüren der Krise, werden sie diese möglichst unterdrücken:

„Selbst Menschen, die einander nicht mögen, werden einander helfen, wenn sie im gleichen Boot sitzen und in Schwierigkeiten geraten." (*Sun Tsu*, S. 194; frei übersetzt).

Die Einschätzung über den Nutzen der Vertragserfüllung kann aber sehr abrupt wechseln. Das geschieht vor allem dann, wenn die **Personen wechseln**, die bisher miteinander gearbeitet haben, denn jeder neue Manager muss bestrebt sein, alle Altlasten des Unternehmens schonungslos ans Licht zu zerren, weil sie seine eigenen Ergebnisse später immer beeinträchtigen werden. Bei dieser Arbeit – die grundsätzlich richtig ist – wird aber auch viel Porzellan zerschlagen, und es werden Krisen hervorgerufen, die man gar nicht bewältigen kann. Dann kommen Zweifel an der Wirksamkeit von Verträgen hoch, es wird mit Gerichtsverfahren gedroht, die offensichtlich aussichtslos sind, Zahlungen werden zurückgehalten, die zweifelsfrei geschuldet werden etc.

Bevor man Störungen zu Krisen entfacht, muss man wissen, ob man sich durchsetzen kann, denn „keine Bewegung ohne Erfolgschancen, keine Handlung ohne Wirkung, keine Konfrontation ohne Notwendigkeit" (*Sun Tsu*, S. 194).

Nur in der Krise kann man die Qualität eines Vertrages wirklich feststellen:

Ein guter Vertrag gibt in der Krise Antwort auf Fragen, die beim Aushandeln keiner gestellt hat.

2. Auslöser für die Krise

664 Es gibt fünf typische Gründe, die eine Vertragskrise auslösen:

⊃ – Die **Erwartungen** einer oder beider Parteien erfüllen sich nicht, obgleich die Umstände, die zum Vertragsschluss geführt haben, und die dazu gehörenden Annahmen gleich geblieben sind: Das sind die Fälle der Fehleinschätzung von Tatsachen, mit denen die Parteien am Ende leben müssen.

- **Verdeckter Vertragsbruch**: In diesen Fällen versucht eine Partei, sich ihren wohlerkannten Verpflichtungen zu entziehen oder die Pflichten der Gegenseite möglichst unbemerkt zu erhöhen, um so die Risikoverteilung zu verschieben;
- **Offener Vertragsbruch**: In diesen relativ seltenen Fällen wird die Leistung offen verweigert oder mehr gefordert als der Partei zusteht, gleichzeitig aber versucht, die Gegenseite von den gebotenen rechtlichen Konsequenzen abzuhalten.
- **Leistungsstörungen**, für die **niemand** verantwortlich ist (**höhere Gewalt**): Das System der Leistungsstörungen im BGB weist bei Austauschverträgen einen wesentlichen Teil auch der unbeherrschbaren Risiken demjenigen zu, der die Sachleistung erbringen muss. Fällt etwa unvorhersehbar ein Subunternehmer aus, so haftet der Werkunternehmer auch dann, wenn er das weder voraussehen konnte noch zu vertreten hatte (**Erfolgshaftung**). Dieser Grundsatz muss deshalb besonders hervorgehoben werden, weil er Managern häufig unbekannt ist. Auch die stereotypen Klauseln der Allgemeinen Geschäftsbedingungen, die das anders regeln, sind **nicht wirksam**!
- **Leistungstörungen**, für die **eine Partei** verantwortlich ist: Das ist die Mehrzahl der Fälle, denn die Risiken sind in der Regel im Vertrag oder durch das gesetzliche Leitbild der einen oder anderen Seite zugewiesen.

Daneben gibt es eine Vielzahl weiterer Gründe, deren Zahl zunimmt, je komplexer ein Vertragsprojekt ist (ausführlich *Dörner*, Die Logik des Misslingens, S. 32 ff.). Die wichtigsten sind:

1. Unvollständige Leistungsbeschreibung

Keine eindeutige und vollständige Bestimmung der Leistungsinhalte	Die Leistungspflichten sind unklar und es können viele Change Requests und Zusatzaufträge erforderlich sein.
Kein Pflichtenheft	Es droht die Gefahr, dass das fertige Endprodukt nicht mit der Ursprungsidee korrespondiert.
Keine klaren Kompetenzabgrenzungen	Dadurch entstehen im Falle von Komplikationen Probleme in der Abgrenzung der Verantwortlichkeitsbereiche.

2. Fehlen von Projektregeln

Keine vertragliche Fixierung der Projektphasen	Es ist später unmöglich festzustellen, wann welche Leistung in welchem Umfang geschuldet ist.
Keine Regelung für Change Requests	Es können Probleme mit Fristen, Vergütung und Vertragsstrafen auftreten.

Kein formeller Auftrag für Zusatzaufträge	Der Streit zwischen den Parteien darüber, wer in welchem Umfang später die Kosten des Zusatzauftrags übernimmt, ist vorprogrammiert.
Kein Mängelmanagement	Mangels eines strukturierten Mängelbeseitigungsmanagements tauchen dieselben Fehler oder geringfügig abgewandelte Fehler auf und müssen von neuem bearbeitet werden.
Kein Projektreport	Der Fortschritt des Projekts und der aktuelle Status können nur schwer festgestellt werden.
Fehlendes Projektinstallationsformular	Dadurch können Installationstermine an fehlender Vorbereitung und Mitwirkung auf Seiten des jeweiligen Projektbeteiligten scheitern.
Keine Verpflichtung rechtzeitig auf Probleme hinzuweisen	Die andere Projektpartei kann diese nicht sofort beheben, was wiederum zu Verzögerungen führt und weitere Fehler nach sich ziehen kann.
Keine Verpflichtung Leistungen der anderen Seite rechtzeitig anzufordern	Eine vorausschauende und aufeinander abgestimmte Terminplanung, die für eine zügige Leistungserbringung erforderlich ist, wird erheblich erschwert.
Undurchsichtige Abrechnungen	Dadurch wird eine schnelle und unkomplizierte Begleichung der Forderungen verhindert. Die andere Seite ist zu umfangreichen Kontrollen gezwungen und das Vertrauensverhältnis wird gestört.

3. Projektbürokratismus

Zu langsame Beantwortung von Fragen	Dies führt zu unnötigen Verzögerungen und Verstimmungen auf der anderen Seite.
Keine einheitlichen Projektformulare	Die Kommunikation erfolgt über mehrere Ecken und Abläufe, ist zufällig und nicht mehr nachvollziehbar.

4. Unzureichende Kommunikation

Die Kommunikation erfolgt weder nummeriert noch wird sie aufgezeichnet	Spätere Kontrollen und die Aufklärung von Missverständnissen oder Absprachen werden dadurch unnötig erschwert oder gar unmöglich.
Es besteht keine einheitliche Plattform für die Kommunikation	Der Austausch von Informationen läuft ungeordnet und unkontrolliert, so dass eine spätere Aufklärung nicht möglich ist. Außerdem werden die Kommunikationswege länger.
Fehlendes Feedback und Unzureichende Kommunikation	Die andere Seite ist nicht ausreichend informiert und es entsteht Raum für Spekulationen.

Fehlende Planungsabsprachen	Es können Missverständnisse über das weitere Vorgehen und Prioritäten auftreten, die später teure und zeitaufwendige Korrekturen erforderlich machen.

5. Fehlen von Projektdisziplin

Keine Einhaltung der vereinbarten Fristen	Dies kann dazu führen, dass das Projekt scheitert, übermäßig verspätet abgeschlossen oder plötzlich sehr viel teurer wird als ursprünglich angenommen.
Wechselnde Projektleitung	Die neue Projektleitung muss sich erst einarbeiten und ein neues Vertrauensverhältnis zur anderen Seite aufbauen.
Häufiger Personalwechsel	Lange Einarbeitungszeiten, die zu Problemen mit der fristgerechten Leistung führen können. Es kann der Eindruck entstehen, dass entweder eine schlechte Personalplanung vorliegt oder dass aufgrund eines schlechten Betriebsklimas die Arbeitnehmer häufig wechseln.
Kein ausreichendes Personal/Ressourcen	Es drohen Probleme bei der fristgerechten Erfüllung der Leistungspflichten. Die andere Seite erhält den Eindruck, das Projekt werde nicht ernst genommen.
Fehlende Transparenz	Die andere Seite ist mangels hinreichender Informationen bei Problemen zu Spekulationen gezwungen. Es entsteht leicht der Anschein, etwas verbergen zu wollen.
Keine laufende Erstellung von Konzepten nach Besprechungen	Es entstehen Zeitverluste u.a. durch die Realisierung von Projektpunkten, die nach der Umsetzung wieder revidiert oder verändert werden müssen. Diese dienen auch einer späteren Nachvollziehung der erfolgten Tätigkeit.

6. Fehlen von Qualitätsstrukturen

Kein Projektformular für die Abnahme	Die Abnahme läuft ungeordnet ab und die festgestellten Tatsachen werden nicht korrekt dokumentiert.
Keine Testkonzepte	Dies kann dazu führen, dass erst bei der Abnahme Punkte auftauchen, die das Programm nach Meinung einer Projektpartei können soll, tatsächlich aber nicht kann.

7. Fehlen von rechtlichen Rahmen

Keine Zuordnung der Nutzungs- und Verwertungsrechte	Wer hat an welchen Teilen des Projekts welche Rechte?

Keine Regelung der Haftung	Z.B. Höchstgrenzen, Verschuldensmaßstab, …
Keine Qualitätssicherung	Es muss eine rechtliche Regelung bestehen, die die Sicherung der vereinbarten Qualität gewährleistet.
Keine Regelung der Nachbesserungspflichten und -rechte	Wie weit reicht die Nachbesserungspflicht und wer trägt die Kosten?
Keine Gewährleistungsregelungen	Welche Fehler fallen noch in die Gewährleistung?
Keine Regelung des Verzugs	Bei festen Terminen tritt Verzug sofort und ohne vorherige Mahnung ein. Neben den gesetzlichen Rechtsfolgen können auch Vertragsstrafen vereinbart werden.
Keine Bestimmung der Termine als fest oder flexibel	Dies ist für den Beginn des Verzugs entscheidend, der wiederum bestimmte Rechtsfolgen (z.B. Vertragsstrafen) auslösen kann.
Keine Abnahmeregelungen	Wie und in welcher Form soll die Abnahme erfolgen, um die Gefahr zukünftiger Streitigkeiten möglichst zu minimieren?
Keine Regelung der Rückabwicklung	Was passiert mit den erbrachten Leistungen, wenn das ganze oder Teile des Projekts rückabgewickelt werden sollen?
Keine Regelung der Beendigung nicht abschließend geregelter Projekte	Was passiert mit Leistungen, die bereits erbracht wurden, obwohl eine endgültige Regelung des (Teil-)Projekts nicht zustande kommt?

3. Verhinderung von Vertragskrisen

a) Allgemeines Verhalten

665 Vertragskrisen können in vielen Fällen wirksam verhindert werden, wenn die beteiligten Manager:

- Ein **Frühwarnsystem** für die Erkennung von Vertragsstörungen installiert haben,
- auf **Beschwerden** des Vertragspartners oder überraschende Situationen **sofort** reagieren,
- die **Kommunikationslinien** zur Gegenseite niemals abreißen lassen,
- **eigene Fehler** ebenso **wahrnehmen** können wie diejenigen der Gegenseite.

Das **Frühwarnsystem** existiert in den meisten Unternehmen schon in Form des Controllings, das entweder systematisch oder wenigstens fallweise betrieben wird.

666 Die Empfehlung, auch **kleine Störungen** ernst zu nehmen, beruht auf der Erfahrung, dass man jedes Feuer im Ansatz ersticken kann, einen Flä-

chenbrand aber nicht mehr. Bei Produkthaftungsfällen ist das offenkundig. Die Rechtsprechung in diesem Bereich zeigt klar genug, dass Manager, die wegen Nachlässigkeiten verurteilt worden sind, die Informationen über die Störfälle lange Zeit teils vorsätzlich missachtet haben. Die Mitarbeiter des Unternehmens und oft auch diejenigen, die bei der Erfüllung des Vertrages tätig sind (z.B. Vertriebsunternehmen), müssen ermutigt werden, auch triviale Vorfälle zu melden. Bei Just-in-time-Lieferungen wird das Frühwarnsystem in die Sphäre des Vertragspartners hinein verlagert (Qualitätsprüfung am Herstellort), um dem Rechnung zu tragen.

Die **Schnelligkeit** der Reaktion ist ein weiterer wichtiger Faktor bei der Bekämpfung. Sie zeigt besser als jede andere Methode den eigenen Mitarbeitern wie der anderen Seite die Entschlossenheit, das Problem nicht auf sich beruhen zu lassen.

b) Streitrisikoanalysen

In den meisten größeren Krisen würde es sich empfehlen, das Risiko einer Eskalation der Krise abzuschätzen, bevor man einzelne Entscheidungen trifft. Jede Krise kostet Zeit und Geld. Sie lähmt außerdem die Mitarbeiter, die am Projekt beteiligt sind, bindet Ressourcen in anderen Abteilungen und stört so auch die Qualität insgesamt.   666a

Eine fundierte Streitrisiko-Analyse würde auch manches persönliche Fehlverhalten in den eigenen Reihen aufdecken, das von vielen versucht wird zu vertuschen, indem man der Gegenseite Schuldvorwürfe macht.

Während es in den USA eine Vielzahl von Beratungsunternehmen gibt, die solche Risiken – nicht zuletzt in Hinsicht auf entstehende Prozesskosten – einschätzen können, fehlt es in Deutschland daran. Nur im Bereich der Mediation ist die Prozessrisiko-Analyse zwischenzeitlich ein eingeführtes Werkzeug (siehe etwa *Eidenmüller*, Prozessrisikoanalyse, ZZP Band 113, 5 [1999]; *Winterstetter*, Ökonomische Aspekte der Mediation in: Handbuch Mediation, 2002 S. 510 ff.; *Neuenhahn/Neuenhahn*, Die Begleitung des Mandanten durch den Rechtsanwalt in der Mediation – Eine neue Dienstleistung des Anwalts, NJW 2005, 1244).

Eine Krise kann auch zum Anlass genommen werden, vertragliche Vereinbarungen für die Zukunft zu treffen, die bei der Vertragserstellung vielleicht entgegen den Ratschlägen bei Rz. 304a übersehen worden sind. Das jedenfalls wäre das Beste, was man aus einer Krise machen kann.

Kommunikation mit dem Vertragspartner und **offene Informationspolitik** mit der Bereitschaft, eigene Fehler einzugestehen, ist sodann das wichtigste Werkzeug zur sofortigen Behebung von Krisen. Ein Merksatz der Vertriebsleute lautet: „Die Kundenbeschwerde ist die beste Gelegenheit zur Verstärkung des eigenen Goodwill.", denn sie gibt Gelegenheit, den Kunden in einer gefühlsmäßig aufgeladenen Situation zu begegnen.   667

Erst die vorbehaltlose und emotional aufgeladene Beschwerde ermöglicht den Einblick in die wirklichen Fehlerursachen.

Ein untrügliches Zeichen dafür, dass eine sehr schwere Krise ausgebrochen ist, erkennt man an der Bemerkung: „Wir können mit denen nicht mehr reden." Hinter diesen Bemerkungen steht nämlich die Erfahrung, dass man sich auf Dauer missversteht, nicht mehr erwartet, fair behandelt zu werden, die eigenen Argumente überhört werden und somit eine einvernehmliche Lösung offenbar nicht gefunden werden kann. Anwälte können in solchen Situationen manchmal noch etwas retten, meist kommen sie aber auch dann zu spät.

4. Umgang mit der Presse

668 Zur Kommunikation in der Krise gehört aber nicht nur der Informationsaustausch und das Gespräch mit der Gegenseite, sondern – manchmal noch viel wichtiger – der richtige Umgang mit anderen Beteiligten, vor allem aber mit der **Presse**. Das Pressemanagement der deutschen Unternehmen ist in einem traurigen Zustand, denn diejenigen Personen, die in normalen Zeiten das Unternehmen gegenüber der Presse darstellen, scheinen nicht geeignet zu sein, in der Krise das richtige zu tun. Vielleicht liegt das an den Vorständen, die im eigenen Hause keine **offene Informationspolitik** betreiben, mehr noch aber liegt es an der fehlenden beruflichen Erfahrung von Pressesprechern etc. im Umgang mit **investigativen** Journalisten. In Krisenfällen ist die Unterstützung durch **Unternehmensberater**, die auf dieses Fach spezialisiert sind, unerlässlich (ausführlich *Apitz*, Konflikte, Krisen, Katastrophen – Präventivmaßnahmen gegen Imageverlust, 1987).

5. Rechtliche Bewertung

669 Parallel zu den Gesprächen über die Krisenbewältigung muss die rechtliche Bewertung der Situation vorgenommen werden, denn sonst kann keine geeignete Verhaltensstrategie entwickelt werden. Ebenso wie beim Vertragsschluss müssen also die **Anwälte** schon beim **Auftauchen** der **Krise** informiert werden, denn nur sie können abschätzen, welche rechtlichen Risiken wirklich hinter einer Leistungsstörung stecken. Oft wird man sie dann – vergleichbare Situation bei Vorverhandlungen – nicht weiter benötigen, aber wie will man eine sachgerechte Lösung verhandeln, in der einem die eigene rechtliche Situation nicht bewusst ist? Obgleich das klar auf der Hand zu liegen scheint, werden hier die meisten Fehler gemacht: Es werden **Zahlungen** vorgenommen, denen keine Gegenleistung gegenübersteht (obgleich der Vertrag sie verlangt), **Mängel** werden nicht richtig gerügt, sondern hingenommen, ohne die eigenen Rechte zu sichern, **Terminverschiebungen** werden zugesagt ohne Kompensation. All das kann meist nur deshalb geschehen, weil mit dem Vertragsschluss die Finanzierung und das Budget für die Vertragserfüllung

freigegeben werden, ohne dies an bestimmte Tatsachen zu knüpfen, die beim Controlling erfasst und überprüft werden können.

Ein Manager darf auch genehmigte Gelder nur freigeben, wenn die Voraussetzungen, unter denen sie genehmigt worden sind, von der Gegenseite eingelöst werden. Eine bedenkenlose Vorauszahlung, die im Vertrag nicht vorgesehen ist, kann **strafbare Untreue** des Managers gegenüber der Firma sein (BGH, Beschl. v. 13.1.2001 – 5 StR 78/01, NStZ 2001, 542 – Treuhandliquidator)!

Bei der rechtlichen Bewertung der Position, die die Partei in der Krise hat, wird **dreistufig** geprüft, und zwar: 670

– Der Vertrag **regelt** den Fall,

– der Vertrag **regelt** den Fall **nicht,**

– der Vertrag regelt den Fall **mehrdeutig.**

Bei der ersten Variante können die Konflikte meist ziemlich leicht gelöst werden: Hier bewähren sich **anschauliche** Verträge, aus deren Grundlinien man die Behandlung des konkreten Störungsfalles zweifelsfrei ermitteln kann.

Regelt der Vertrag den Fall nicht, muss die Regelung im Gesetz und/oder der Rechtsprechung gesucht werden. Auch hier wird man unter Juristen oft genug ein konsensfähiges Ergebnis finden.

Wird der Fall mehrdeutig geregelt, wird man sich meist entschließen müssen, das aufgetretene Risiko in irgendeiner vernünftigen Quote zu teilen.

Neben den juristischen Berechnungsfaktoren spielen natürlich alle anderen technisch/kaufmännischen Faktoren eine gewichtige, manchmal entscheidende Rolle.

Erst wenn man sie alle (wie bei Vertragsschluss; oben Rz. 541 ff.) abschließend bewertet hat, kann man sich in der Krise richtig positionieren. „Bist du gleich stark wie dein Feind, dann kämpfe, wenn du dazu in der Lage bist. Bist du ihm zahlenmäßig unterlegen, dann halte dich von ihm fern, wenn du dazu in der Lage bist. Bist du ihm nicht gewachsen, dann fliehe, wenn du dazu in der Lage bist." (*Sun Tsu*, S. 102). An diesem Satz ist die unscheinbare Bemerkung „wenn du dazu in der Lage bist" das eigentlich Faszinierende! Es nützt nämlich nichts, wenn man gleich stark wie die andere Seite ist, aber (z.B. aus Imagegründen) am Kämpfen gehindert ist, und wenige Manager bedenken, dass es auch Situationen gibt, in denen man gern fliehen möchte, aber nicht einmal das kann! Besonders energische Manager, die außer Angriff wenig andere Alternativen zur Verfügung haben, werden auf den Rat, das Fliehen zu erlernen, unwirsch reagieren. Die Folge: Sie bringen sich immer wieder in Situationen, in denen das nicht mehr möglich ist, und müssen dann Stück für Stück die Probleme durcharbeiten, denen sie durch Angriff ausweichen wollten. *Horst Eberhard Richter* hat in ganz anderem Zusammenhang 670a die Alternative „**Flüchten** oder **Standhalten**" für gleichwertig gehalten, eine Lektion, die offenbar schwer zu lernen ist.

6. Unterstützung durch Berater in der Krise

671 Man neigt dazu, in der Vertragskrise spontan denjenigen **Anwalt** einzuschalten, der bei der **Vertragsberatung** mitgewirkt hat. Das kann ein Fehler sein, wenn die Krise durch Vertragsklauseln ausgelöst worden ist, für deren Qualität dieser Berater verantwortlich ist. Auch wenn ein Anwalt auf eigene Fehler stets ausdrücklich aktiv hinweisen muss, sollte man realistisch damit rechnen, dass er damit seine Schwierigkeiten haben wird, und im Übrigen ist ja nicht gesagt, dass er seine eigenen Fehler überhaupt entdeckt. Nach dem **Vier-Augen-Prinzip** sollte also jedenfalls bei bedeutenderen Angelegenheiten ein anderer Anwalt die Arbeit seines Kollegen überprüfen, um **Rückgriffsansprüche** zu sichern. Oft scheitert das am **Zeitdruck**, und der wiederum entsteht **immer durch Fehlplanung**.

672 Da Vertragskrisen immer relativ nahe an **künftigen Prozessen** stehen, muss man noch einen weiteren **Interessenkonflikt** der Anwälte bedenken: Scheitert der Vertrag, kommt es ziemlich sicher zum Prozess, und dann gibt es für die Anwälte neue Arbeit. So nahe liegend dieser Gedanke zu sein scheint, so wenig spielt er in der Praxis eine wirkliche Rolle. Erfahrene Vertragsanwälte reißen sich nämlich nicht um die Prozesse, weil den Prozessen das kreative Flair abgeht, das die Vertragsgestaltung hat. Sie bemühen sich allerdings immer um einen gewissen Bodensatz an Prozesserfahrung, weil vor allem die Fähigkeit zur Vertragsverhandlung nachlässt, wenn man lange nicht mehr prozessiert hat.

Die Warnung gilt also nur für die Ausnahmefälle, in denen Rechtsanwälte durch Rechthaberei, Selbstdarstellungsbedürfnisse oder Machtspiele vernünftige Lösungen verhindern. Erfahrene Mandanten erkennen solche Tendenzen und können mit ihnen umgehen.

Auf keinen Fall darf ein Manager sich bei der Frage, ob er einem bestimmten Vergleichsergebnis zustimmen soll, hinter seinem Anwalt verstecken. Seine Aufgabe ist es, eine **Entscheidung** zu treffen, die auch dann richtig sein kann, wenn er damit rechtlichen Boden preisgibt. Von dieser Erkenntnis profitieren allerdings Beamte, die in solchen Situationen zu entscheiden haben, nicht, denn sie werden von den Rechnungshöfen auch dann gemaßregelt, wenn sie vernünftige Kompromisse treffen. Mit der Landeshauptstadt München z.B. oder dem Berliner Senat soll es daher nach einer (nicht repräsentativen) Umfrage unter Anwaltskollegen in beiden Städten seit Jahrzehnten keine Vergleiche mehr gegeben haben.

7. Krisensitzungen

Verhandlungskonferenzen verlaufen als Krisensitzungen naturgemäß ganz anders, als wenn es um den Vertragsabschluss geht. Im letzteren Fall wollen die Parteien zu einem Ergebnis kommen, im ersteren ist das absolut unsicher, denn die eine Partei mag es durchaus darauf angelegt haben, dass kein vernünftiges Ergebnis zustande kommt. Dadurch liegt auf jeder Krisensitzung erheblicher **Stress**.

673

Es kann ein Vorteil sein, wenn sich bei der Krisenkonferenz dieselben Personen gegenübersitzen wie bei der Vertragsverhandlung, es kann aber auch die gegenteilige Wirkung eintreten. Letzteres beobachtet man vor allem, wenn ein Vertragspartner dem anderen verdeckte Risiken zugeschoben hat, die jetzt offenbar geworden sind und die Krise auslösen.

Schwierig wird es auch, wenn kaufmännische Fehler in der Verhandlung (unangebrachte Großzügigkeit, Nachlässigkeit bei der Information, Überschätzung der eigenen Leistungsfähigkeit) jetzt mit Rechtsargumenten ausgeglichen werden sollen. Es gibt keine „sichere juristische Formulierung", es gibt nur Formulierungen, denen die **Mehrheit** der Beteiligten zu einem bestimmten Zeitpunkt im Wesentlichen den **gleichen Sinn** zu geben bereit ist. Vor allem deshalb ist der Streit um die Auslegung einzelner Klauseln der überflüssigste von allen: Niemand weiß, wie ein Gericht später eine Klausel auslegen wird, und zwar umso weniger, als in der Krisensitzung selbst bei weitem nicht alle Tatsachen auf dem Tisch liegen, die letztlich in einem Prozess eine Rolle spielen können.

674

Der wesentliche Unterschied der Krisensitzung zur Vertragsverhandlung ist die Bereitschaft, ja oft der **Zwang** der Beteiligten, ihrem Zorn über die andere Seite freien Lauf zu lassen, auch wenn er in der Sache unangemessen, übertrieben formuliert oder einfach zu aggressiv ist. Die meisten Menschen haben die Fähigkeit, für sich selbst zu registrieren, wann sie gerechten oder ungerechten Zorn spüren und wenn einem „der Gaul durchgeht", ist einem das oft innerlich peinlich genug, und man macht später Konzessionen, mit denen man nicht gerechnet hat.

675

Man tut also gut daran, sich bei Krisensitzungen darauf einzurichten, dass man zunächst einmal **falsch beschuldigt** wird. Tiefes Durchatmen und die Befolgung der Ratschläge, die oben in diesem Zusammenhang gegeben worden sind (Rz. 605 ff.), kann neben ständigem Training eine Menge helfen.

Natürlich neigt jeder bei offenem Angriff oder sogar Beleidigungen zu sofortigem **Zurückschlagen**.

Es gibt aber gute Gründe, auf schwere Angriffe zunächst ausweichend zu beantworten. Das sind folgende:

676

➲ – **Ausweichen**, ohne sofort zu reagieren, besagt inhaltlich gar nichts. Es enthält weder das Zugeständnis, dass der Angriff berechtigt ist,

noch die Aussage, man könne nichts Geeignetes erwidern; Ausweichen legt nicht fest! (**Aikido-Technik**),
- folglich geht auch keine **Option** zum **Gegenangriff** verloren,
- es entsteht **Zeitgewinn**, in dem man das eigene Verhalten planen kann,
- man gewinnt **Informationen**, denn die andere Seite wird ihre Positionen ja wie immer zu begründen versuchen,
- man **weiß** zu Beginn der Krise oft **nicht** so genau, ob man nicht selbst zum Angriff beigetragen hat. Schlägt man sofort zurück, setzt man sich **zweimal** ins Unrecht,
- lässt man die Gegenseite ins **Leere laufen**, kann man dadurch eine Steigerung von Aggressionen in den meisten Fällen verhindern (Beißhemmung),
- man bucht Punkte in der **Bilanz** der **Entschuldigungen**, wenn die Gegenseite ihre Position übertreibt,
- man hilft der Gegenseite ihr **Gesicht** zu **wahren**, denn solange man selbst nicht angreift, hat der andere noch nicht nachgegeben,
- wer den anderen ins Leere laufen lässt und nicht entgegenstürmt und/oder beschimpfend hinterherläuft, **kontrolliert** die Situation strategisch besser.

677 Mehr noch als in Verhandlungen, die dem Abschluss des Vertrages dienen, muss man sich Konzepte für die Krisenverhandlung machen. Dazu gehört auch ein Konzept für das eigene Verhalten, insbesondere den Umgang mit Machtdemonstrationen, Stress und Ärger (ausführlich oben Teil 1 Rz. 378 ff.).

Bei der Erarbeitung dieses Konzepts ist es von entscheidender Bedeutung, sich über die **Machtverhältnisse** klar zu sein, die in der Krise herrschen (Teil 1 Rz. 76; Teil 2 Rz. 392 ff.). Häufig sind sie **umgekehrt** als beim Vertragsschluss: Ein mächtiges Unternehmen wird in der Regel den Vertragsschluss als huldvolle Geste gegenüber einem unterlegenen Unternehmen verstehen. Ist aber die Krise ausgebrochen, so kann auch der kleinste Zulieferer plötzlich strategische Bedeutung gewinnen. Da Manager, die in großen Unternehmen tätig sind, selten Gelegenheit haben, aus der Position des Unterlegenen heraus zu argumentieren, lernen sie auch dieses Verhalten nicht. Wenn sie in der Krise dann ebenso huldvoll argumentieren wie gewohnt, bricht auf der Seite des nun mächtigen kleinen Zulieferers der Zorn aus. Er fühlt sich emotional um den Gewinn der Situation betrogen.

677a Um es hier nicht zu gefährlichen Eskalationen kommen zu lassen, muss man beiden Seiten raten, sich an die Ratschläge eines alten japanischen Samurai aus dem 17. Jahrhundert zu halten: „Bei einem Streit sollst Du zuerst sagen: „Du hast recht" und Deinem Gegenüber all seine Standpunkte erklären lassen … Wenn jemand eine Angelegenheit bereinigt haben will, ohne seinen Mund zu öffnen, soll er einfach nichts sagen … Unnötig zu reden, könnte Schmach über den Redner bringen …" (*Tsunetomo Yamamoto*, Hagakure II, S. 69/79).

In vielen Verhandlungsbüchern werden komplizierteste Ratschläge gegeben, wie man auf ein bestimmtes Verhalten der anderen Seite zweckmäßig reagieren solle. Meine persönliche Erfahrung ist eine andere. Die beste Reaktion auf unangemessenes Verhalten am Verhandlungstisch ist es, **aktiv zu schweigen**. Aktiv bedeutet: Entweder offener Blickkontakt, den die meisten Leute sowieso nicht aushalten oder eine aufmerksame Sitzhaltung wie jemand sie einnimmt, der spricht, obgleich er tatsächlich nicht spricht. Allein diese **körpersprachlichen Signale** reichen aus, um der anderen Seite klar zu machen, dass die Grenze des Anstandes überschritten wurde.

Es gibt – wenn auch sehr selten – Situationen, in denen man seinen Emotionen freien Lauf zu lassen muss: Besonders cholerische Personen neigen gelegentlich zu der Ansicht, nur wer ihnen durch Geschrei Paroli bieten könne, sei ein würdiger Vertragspartner, mit dem man gut zusammenarbeiten könne. Hat man so jemanden vor sich, muss man auch gezielt **brüllen lernen** (Technik der „Spiegelung des Verhaltens").

Bei richtiger Vorgehensweise entwickeln sich Krisensitzungen wie eine neue Vertragsverhandlung, bei der beide Parteien versuchen, ein gemeinsames Problem auf faire Weise zu lösen. Es ist oben (Rz. 541 ff.) ausführlich beschrieben, wie man auf diesem Hintergrund vorgehen muss:

– Fehlerursachen, einschließlich des eigenen Beitrags hierzu, jedenfalls intern schonungslos aufdecken und extern das zugeben, was offensichtlich ist,
– Tatsachen und Meinungen trennen,
– Tatsachen prüfen,
– Meinungen und Emotionen ernst nehmen,
– Lösungsalternativen erarbeiten,
– Vorschläge bewerten,
– Bilanz der Zugeständnisse bilden,
– Entscheiden,
– Formulieren,
– Durchführen.

Nur mit diesem Verfahren kann man Verdrängungen des eigenen Fehlverhaltens auf beiden Seiten aufbrechen, den Schaden gering halten und im besten Fall eine **Aufbruchsstimmung** erzeugen, die am Ende die erneute Erfüllung ermöglicht.

In diesen Fällen gelingt es auch, bei größeren Projekten **Zwischenvergleichsverhandlungen** erfolgreich abzuschließen, bei denen **Leistungsänderungen** für beide Seiten vereinbart werden, die dem Projekt dienlich sind.

Dazu kann man Vertragsparteien auch dann bewegen, wenn sie zu Beginn solcher Verhandlungen kein erkennbares Interesse mehr an der Durchführung des Vertrages hatten. Entscheidend ist nämlich immer, ob die Krise eine der Parteien berechtigt, sich **einseitig** vom Vertrag zu lösen. Wenn das rechtlich nicht einwandfrei geklärt werden kann, werden beide Parteien durch die vertraglichen Bande so eng aneinander gefesselt, dass sie einsehen müssen: Die Erfüllung des ursprünglichen Vertrages ist für beide sinnlos, trennen können sie sich aber auch nicht, also müssen Rechte und Pflichten angemessen neu definiert werden.

Bei der Bearbeitung von Lösungen hilft ein Testsatz, auf den *Edelman* hingewiesen hat:

„Angenommen, wir hätten diese Krise vor Abschluss des Vertrages gehabt: Was hätten wir damals anders gemacht?"

Wer bereit ist, sich auf diese Fragestellung einzulassen, wird immer zu einer fairen Lösung kommen.

680 Das Endergebnis der Krisensitzung kann sein:
- Die Krise wird **übertüncht**: In diesem Fall kann man davon ausgehen, dass sie irgendwann so oder anders wieder ausbricht,
- sie wird **überwunden**,
- man **trennt** sich im Guten, meist im Wege einer **Abwicklungsvereinbarung**,
- man **beendet** den Vertrag und streitet sich im Prozess um die Folgen,
- man lässt die Dinge auf sich **beruhen** und schreibt die Verluste ab.

681 Die Drohung mit dem Prozess ist für Manager nur dann erheblich, wenn der **Prozess** zu **Rückstellungen** in größerem Umfang zwingt. Die Erfahrung zeigt, dass dieser Gesichtspunkt meist keine Rolle spielt, weil man realistische Rückstellungen gegenüber den Wirtschaftsprüfern durch Schönfärben vermeidet (s. VW gegen Opel im Lopez-Verfahren).

Bei gesellschaftsrechtlichen Verträgen können Prozesse **unvermeidbar** sein, weil die Parteien sich dort oft nicht voneinander lösen können, andererseits aber zu rationalen Entscheidungen nicht fähig sind. Das ist eine der seltenen Situationen, wo man von einem Prozess etwas Weiterführendes erwarten kann.

8. Rückabwicklung des Vertrages

682 Mitten in der Krise ist es nicht leicht, sich des Satzes zu erinnern: „Das Tao des Weisen: Handeln ohne Streit." (*Lao-Tse*, Kapitel 81, S. 290). Es ist

interessanterweise der **letzte Satz** des Tao-Te-King, das sich mit Fragen des Streites oder rechtlicher Verhältnisse nur am Rande beschäftigt. Der Autor muss diesem Schluss-Satz besondere Bedeutung beigemessen haben, die über die Streitbeilegung selbst weit hinausreicht. Der Begriff „Tao" ist dabei schwer zu deuten: Im vorliegenden Zusammenhang kann man ihn für unser Verständnis am besten mit „Verhalten", „Methode" oder „Prinzip" übersetzen.

Die vielfältigen taktischen Überlegungen in unserem Buch lassen sich erst dann entwickeln, wenn man die **Werkzeuge kontrolliert** einsetzt und sie daher jederzeit anders oder gar nicht benutzen kann. Man darf sich von ihnen **nicht dominieren lassen**. Deshalb sollte man sich bis zuletzt bemühen, einen Streit **kreativ** und nicht **primitiv** zu beenden.

Die **kreativste Lösung** wird möglich, wenn beide Parteien erkennen, dass eine gemeinsame Zusammenarbeit künftig ausgeschlossen ist, und sich gleichzeitig darum bemühen, die vertraglichen Bindungen in einer **geordneten Rückabwicklung** aufzulösen. 683

Wenn die Anwälte beider Seiten diese Möglichkeit als vernünftige Option verstehen und früh genug ins Spiel bringen, können sich Krisenverhandlungen ganz anders als üblich entwickeln. Man verwendet dann seine Energie nicht darauf, künftige Prozesspositionen zu sichern (die wegen der meist ungenügenden Informationslage ohnehin fragwürdig sein werden), sondern konzentriert sich auf **Schadensbegrenzung** und **Sicherung** von **Restvorteilen** für beide Seiten.

Die Diskussion über den **geordneten Rückzug** findet niemals zu früh statt. Man erkennt das klar, wenn man diese Überlegungen auf die Situation vor Vertragsabschluss überträgt: Niemand kann die andere Parteien hindern, die **Vertragsverhandlungen** zu beliebiger Zeit **abzubrechen**. Ein solcher Abbruch ist jedenfalls immer weit empfehlenswerter als die Fortführung von Verhandlungen aus falsch verstandenen Prestigebedürfnissen. Unterstellen wir folgendes Szenario: Ein Lieferant, der ein elektronisches Bauteil aus dem Ausland liefern soll, übergibt nach Vertragsschluss die ersten Muster, und alle Muster erweisen sich als mangelbehaftet. Natürlich hat er nach dem Vertrag ein Nachlieferungsrecht. Man kann sich aber das Ausmaß der Zweifel des Bestellers vorstellen, der dem nächsten Lieferungsversuch entgegensieht und damit rechnen muss, erneut fehlerhafte Qualität zu erhalten, Zeit verloren zu haben und mit seinen eigenen Verpflichtungen gegenüber seinen Abnehmern in Verzug zu geraten. Er wäre gut beraten, die **Vertrauensfrage** gleich zu **Beginn** zu stellen und dem unfähigen Zulieferer eher eine Abstandszahlung für erbrachte Vorkosten zu leisten als mit der Unsicherheit künftiger Schlechtlieferungen leben zu müssen. 684

Anders ist es natürlich, wenn außer dem Vertragspartner kein Dritter leisten kann. Dann müssen die **gemeinsamen Anstrengungen** beider Parteien sich darauf richten, den Vertragspartner in die Lage zu versetzen, 685 die versprochene Leistung wenigstens in einer Mindestqualität zu erbringen: Auch das kann geordneter Rückzug gegenüber weiterreichenden vertraglichen Verpflichtungen sein.

Die Optionen in diesem Bereich sind vielfältig. Man kann:

- **Rahmenverträge** nicht fristlos kündigen, sondern unter angemessenen Fristen auslaufen lassen,
- schlechteren, aber für den Zweck noch ausreichenden Qualitäten zustimmen, dies aber mit **vorzeitiger Vertragsbeendigung** verbinden,
- den Vertrag vor der Erfüllung (oder Teilerfüllung) beenden und dafür **Abstandszahlungen** leisten,
- die eigenen **Mitwirkungsleistungen** erhöhen und damit die Leistungspflicht der anderen Seite indirekt verkürzen,
- Leistungen, die die andere Seite offenbar nicht erbringen kann, durch andere ersetzen, um dem Vertragspartner ein **Minimum** an **Deckungsbeiträgen** zu liefern,
- bei **Gesellschaftsverträgen aktive** in **stille** Beteiligungen **ändern**,
- in diesem Bereich überhaupt: den wirtschaftlichen Forderungen von Mitgesellschaftern entgegenkommen, aber ihre **Stimmrechte beschneiden**, wenn weiter gehende Maßnahmen nicht möglich sind,
- wirtschaftliche Verluste durch **immaterielle Werte** ausgleichen (und mit der Beendigung der Vertragsbeziehungen verbinden),
- einen **Zwischenvergleich** abschließen, in dem alle Punkte geregelt sind, auf die man sich verständigen konnte: Die **Streitpunkte** kann man dann im **Prozess** klären.

Das ist nur ein schmaler Abriss der Möglichkeiten, auf die man bei kreativer Verhandlungsführung kommt, wenn man die vertragliche Bindung schonend auflösen will. Zugegeben: Der Prozess, der den gordischen Knoten des Vertragsbruchs mit dem Schwert durchhaut, erscheint auf den ersten Blick oft als die einfachere Alternative. Ich vermute nur, *Alexander* hätte diese Methode wohl kaum wählen können, wenn er durch drei Instanzen hätte gehen müssen.

5 Vertragscontrolling

	Rz.		Rz.
I. Begriff	686	IV. Vertragsdokumentation	691
II. Werkzeuge	687	V. Nachkalkulation	694
III. Bandbreite des Vertragscontrollings	690	VI. Gemeinsames Controlling von Ergebnissen	695

Literaturübersicht:
Siehe vor Teil 2.

I. Begriff

Die Betriebswirtschaft benutzt den Begriff des Controllings zur Kennzeichnung aller Maßnahmen und Werkzeuge, die dazu dienen, Planung und Realität miteinander zu vergleichen, Differenzen zu messen und die daraus gewonnenen Erkenntnisse zu bewerten. Auf Verträge wird er bisher noch nicht angewandt. Das hat zwei Gründe: 686

- Die betriebswirtschaftliche Planung erkennt noch nicht klar genug, wie bedeutsam die **Vertragsplanung** für die Realisierung kaufmännischer Ziele sein kann: wo aber nichts geplant ist, kann man auch keine Ergebnisse vergleichen.

- Während es – jedenfalls bei einfachen betriebswirtschaftlichen Kennzahlen, wie etwa geplanten Umsätzen – nicht schwer ist, die Planung mit den tatsächlich erzielten Resultaten zu vergleichen, lassen sich die **Vorteile**, die richtig strukturierte und gut verhandelte Verträge für ein Projekt bringen, **nicht** so leicht **erfassen** und/oder von anderen Effekten abgrenzen. Vertragsplanung ist eine viel „weichere Ware" als betriebswirtschaftliche Planung, so dass man nicht in allen Bereichen des Vertragscontrolling eine ähnliche Präzision erwarten darf, wie dies bei betriebswirtschaftlichen Controllinginstrumenten der Fall ist. Hier sei allerdings nicht verschwiegen, dass vieles, was die Controller an Bewertungskriterien definieren, von den Managern zurückhaltend betrachtet wird. Mit den gleichen Schwierigkeiten wird man im Bereich des Vertragscontrollings verstärkt zu rechnen haben.

II. Werkzeuge

Es gibt ein einfaches Mittel, die nach Vertragsschluss erforderlichen Vorbereitungs- und Planungsarbeiten zu strukturieren. Man nimmt den Vertragstext und exzerpiert (möglichst mit dem Zettelsystem – oben Rz. 253 ff.) den Text einschließlich aller Anlagen (!), in dem man die Rechte und Pflichten der Parteien jeweils symmetrisch aufteilt und in ei- 687 ne Matrix bringt. Diese versieht man gleichzeitig mit den Leistungsdaten und anderen Informationen, die man für die weitere Kontrolle benötigt.

In dieser **Übersicht** ist von den ersten Wirksamkeitsvoraussetzungen bis zum Ablauf der letzten Gewährleistungsfrist alles erfasst, was zu kontrollieren ist.

688 Diese Arbeit ist bei komplexen Verträgen am Anfang sehr hoch, erleichtert sich aber sehr, wenn man diese Übersichten **computergesteuert** erzeugt, wie sie bei **Planungssoftware** zur Verfügung steht.

Man sollte dabei **nicht** dem **Aufbau** des **Vertrages** folgen, sondern wie folgt gliedern:

– Rechtliche **Wirksamkeitsvoraussetzungen,**

– eigene **Hauptpflichten** (insbesondere Mitwirkungspflichten),

– eigene **Nebenpflichten** (Information/Warnung),

– Hauptpflichten des **Vertragspartners,**

– Nebenpflichten des **Vertragspartners,**

– rechtliche **Sicherungsmaßnahmen** außerhalb des Vertrages,

– **nicht** beherrschbare **Risiken,**

– Risiken, die nur durch **Dritte** beherrschbar sind.

Sind alle Gesichtspunkte auf diese Weise erfasst, kann man Vergleichsnetze (oben Rz. 538 ff.) zur Evaluierung einsetzen. Anderenfalls dient die Übersicht der Kontrolle, dass

– alle **Pflichten** frühzeitig **überwacht** werden,

– **Verzug** rechtzeitig **angemahnt** wird,

– **Schlechterfüllung** frühzeitig **erkennbar** wird,

– die **Rechte** bei Leistungsstörungen frühzeitig ergriffen werden (kaufmännische Rügepflichten gemäß §§ 377, 378 HGB betragen oft nur wenige Tage!).

689 Die aus den Übersichten gewonnenen Erkenntnisse müssen tief hinunter auf die **praktische Durchführungsebene** gebracht werden. Darin besteht oft ein Problem, denn hier sind viele **Hierarchiestufen** zu überwinden.

Dabei sind phantasievolle Lösungen so einfach: Die Deutsche Bahn AG schreibt beispielsweise das Datum, zu welchen die Gewährleistung für Lackierarbeiten an ihren Zügen abläuft, außen sichtbar auf die Züge, so dass jeder Wagenwäscher auf den ersten Blick sehen kann, wann diese Frist abläuft. Er wird bei nur geringfügiger Schulung diese Zahl im Auge behalten und Mängel melden.

III. Bandbreite des Vertragscontrollings

Das Controlling erstreckt sich auf Abläufe von Planungsverfahren und das Messen, Vergleichen und Bewerten von Ergebnissen. 690

In der einfachsten Form sollte man das tun, was in DIN/ISO 9000 Teil 3 Ziff. 5.2 und 5.3 zum Thema „**Vertragsüberprüfung**" niedergelegt ist (Text s. DIN-Taschenbuch 226, S. 102 f.; zum Hintergrund: *Heussen/ Schmidt*, Inhalt und rechtliche Bedeutung der Normenreihe DIN/ISO 9000 bis 9004 für die Unternehmenspraxis, CR 1995, 321 ff.).

Verträge als Dokumente im handelsrechtlichen Sinn unterliegen einschließlich aller späteren Änderungen dann der **Aufbewahrungspflicht** nach dem HGB sowie teilweise den **steuerlichen** Aufbewahrungspflichten.

IV. Vertragsdokumentation

Die Vertragsdokumentation kann über diesen Kern jedoch weit hinausgehen, denn über die endgültig ausgehandelte Vertragsurkunde hinaus entstehen bei Planung, Verhandlung und Durchführung von Verträgen eine Fülle weiterer Dokumente, so vor allem: 691

- Projektpläne,
- Zeitpläne,
- Budgetpläne,
- Protokolle,
- Projekttagebücher,
- technische Testunterlagen,
- Gutachten,
- Vertragsentwürfe,
- interne Memoranden,

und zwar meist in verschiedenen technischen Formen (Papier/Datenträger etc.).

In Europa messen wir diesem Bereich viel zu wenig Bedeutung zu, während die Anwälte in USA nach genauesten Vorschriften arbeiten müssen, um im Falle behördlicher Überprüfungen oder gerichtlicher Auseinandersetzungen alle **vertragsrelevanten Dokumente** einfach **wieder finden** und vorlegen zu können. Dokumentenunterdrückung oder gar Vernichtung kann in USA den Verlust von Prozessen aus formalen Gründen zur Folge haben, eine Rechtsfolge, die uns übertrieben erscheint, aber im Zusammenhang mit anderen prozessualen Vorschriften und den Gesichtspunkten des Minderheitenschutzes durchaus ihren Sinn macht. Die großen Verbraucherschutzprozesse in den USA hätten nicht geführt werden kön- 692 nen, wenn die jeweiligen Kläger sich nicht auf die Urkunden hätten stützen können, die die **Beklagten** dem Gericht **vorlegen mussten**, und die sie – um die oben erwähnten Sanktionen zu vermeiden – auch nicht hätten vernichten dürfen.

Ohnehin geschieht es nur recht selten, dass Unterlagen vor Ausbruch einer Krise bewusst vernichtet werden, denn man kann im Vorhinein ja nie wissen, auf welche Teile der Dokumentation es entlastend oder belastend ankommt.

693 In jedem Fall sollten im Rahmen der **Dokumentenverwaltung organisatorische Vorschriften** bestehen, aus denen hervorgeht, welche Dokumente wo aufzubewahren sind, damit sie für spätere Kontrollen zur Verfügung stehen.

Sie sollten auf jeden Fall so lange aufgehoben werden, bis auch **Fernwirkungen** des Vertrages nicht mehr zu befürchten sind.

Im Einzelfall – etwa bei produkthaftungsrelevanten Dokumenten – kann das so lange dauern, bis kein Produkt mehr im Markt ist.

Die Vertragsdokumentation kann eine wesentliche Hilfe bei der **Auslegung** des Vertrages sein, wenn dessen Wortlaut mehrdeutig ist. Wenn man z.B. alle Entwürfe eines Vertrages von der ersten bis zur letzten Version einschließlich des dazwischen geführten Briefwechsels, der Verhandlungsprotokolle und internen Notizen zur Verfügung hat, wird es in den meisten Fällen nicht schwer sein, die eigenen Motive bei der Abfassung einer bestimmten Formulierung zu rekonstruieren oder nachzuweisen, aus welcher Perspektive die Gegenseite argumentiert hat. Fehlt es an solchen Aufzeichnungen, sind die Beweise in der Regel sehr dürftig. Sie werden außerdem durch **Verdrängungsprozesse** verschüttet, denn in der Krise ist es besonders schwer, eigene Fehler zuzugeben. Man kann dies umso leichter, wenn die früheren Aufzeichnungen nicht mehr zur Verfügung stehen.

V. Nachkalkulation

694 Die Kalkulation der eigenen Leistung hängt oft von Risikofaktoren ab, zu denen auch vertragliche Elemente, wie etwa die **Vertragsstrafen**, die **Zinsen** für Bürgschaften, die **Rückstellungen** für Garantien o.ä. Faktoren gehören können.

Zur Nachkalkulation gehört aber auch die Erfassung des eigenen Aufwandes für das Projekt. Dabei kann der Kosten- und Zeitaufwand vom Beginn der Planung bis zum Abschluss der Vertragsverhandlung eine bedeutende Rolle spielen: Große Systemverträge werden oft mit erheblichen planerischen Vorinvestitionen über viele Monate hinweg verhandelt, was für beide Seiten Kosten auslöst, die in der Gewinnkalkulation allzu selten realistisch berücksichtigt sind.

VI. Gemeinsames Controlling von Ergebnissen

Über die nach **innen** gerichtete Perspektive hinaus, die das Controlling üblicherweise einnimmt, kann man vertraglich auch vereinbaren, bestimmte, im gemeinsamen Interesse liegende Controllingaufgaben auch **gemeinsam** zu erfüllen. Manchmal kann man dies ohnehin nur gemeinsam tun, wenn eine Partei allein nicht über die notwendigen Informationen verfügt.

695

So verhält es sich z.B. bei **Forschungs-** und **Entwicklungsverträgen**, auf deren Basis zwei Parteien ein Forschungsprojekt initiieren und durchführen. Manchmal sind die Ziele solcher Projekte als Endergebnis klar beschreibbar, manchmal hingegen ist das nicht möglich, weil die Forschungsergebnisse vielfältiger Natur sein können. In diesen Fällen kann ein für beide Parteien verwertbares Ergebnis darin bestehen, sich gegenseitig über die Schwierigkeiten zu informieren, die bei der Projektdurchführung aufgetreten sind, und sich die dabei jeweils intern angewendeten Kontrollinstrumente und Ergebnisse zu offenbaren.

Teil 3
Austauschverträge

1 Einführung

Literaturübersicht:
Bernstorff, Graf von, Vertragsgestaltung im Auslandsgeschäft, 7. Aufl. 2012; *Büchting*, Beck'sches Rechtsanwaltshandbuch, 10. Aufl. 2011; *Heidel/Pauly/Amend*, AnwaltFormulare, 7. Aufl. 2012; Heidelberger Musterverträge (einzelne Vertragsmuster zu einer Vielzahl von Rechtsgebieten); *Güllemann*, Internationales Vertragsrecht: Kollisionsrecht, UN- Kaufrecht und Internationales Zivilverfahrensrecht, 2011; *Heussen*, Letter of Intent, 2. Aufl. 2013; *Hoffmann-Becking/Rawert*, Beck'sches Formularbuch zum Bürgerlichen-, Handels- und Wirtschaftsrecht, 11. Aufl. 2012; *Hopt*, Vertrags- und Formularbuch zum Handels-, Gesellschafts-, Bank- und Transportrecht, 4. Aufl. 2013; *Langenfeld*, Grundlagen der Vertragsgestaltung, 2. Aufl. 2010; *Kötz/Siebeck*, Vertragsrecht, 2. Aufl. 2012; *Münchener Vertragshandbuch*, Band I–VI, 7. Aufl. 2009–2012; *Reithmann/Martiny*, Internationales Vertragsrecht, 7. Aufl. 2010; *Schmittat*, Einführung in die Vertragsgestaltung, 3. Aufl. 2008.

Der Begriff **„Vertragsrecht"** ist umfassend und betrifft die unterschiedlichsten Rechtsgebiete. Man versteht darunter alle rechtlichen Regeln, die für die Vorbereitung, den Abschluss, die Durchführung und gegebenenfalls bei Störungen eines Vertragsverhältnisses von Bedeutung sind. Hier soll entsprechend dem Schwerpunkt des Buches die Betrachtung auf das Recht der Austauschverträge, also auf Verträge, bei denen sich in der Regel eine Sachleistungspflicht einer Seite der Geldleistungsverpflichtung der anderen Seite gegenübersteht, gelegt werden. 1

Ausgangspunkt dieser Materie sind der Allgemeine Teil und das im BGB geregelte **Schuldrecht**. In einer komplexen Rechtsordnung, wie unserer, greifen jedoch die unterschiedlichsten Rechtsgebiete ineinander: 2

Zahlreiche **spezialgesetzlich geregelte Materien**, insbesondere Regelungen, die die Vertragsfreiheit beschränken, sind ausgelagert: das Kartellrecht im Gesetz gegen Wettbewerbsbeschränkungen (**GWB**), das Wettbewerbsrecht im Gesetz gegen den unlauteren Wettbewerb (**UWG**), das der geschäftlichen Bezeichnungen im Gesetz über den Schutz von Marken und sonstigen Kennzeichen (**MarkenG**), um einige Vorschriften beispielhaft anzuführen. 3

Vielfach sind auch **öffentlich-rechtliche Bestimmungen** zu beachten. Bei der Ausschreibung öffentlicher Aufträge etwa sind die VOB/A (Vergabe- und Vertragsordnung für Bauleistungen), die VOL/A (Verdingungsordnung für Leistungen – ausgenommen Bauleistungen), die VOF (Verdingungsordnung für freiberufliche Leistungen), sowie §§ 97 ff. GWB, die Vergabeverordnung u.a. öffentlich-rechtliche Vorschriften zu berücksich- 4 tigen (dazu auch Rz. 171 ff.), bei der öffentlichen Angabe von Preisen kann die Preisangabenverordnung relevant sein. Die Bestimmungen über Verbraucherdarlehensverträge (§§ 491 ff. BGB) und andere Bestimmungen sollen vor allem den privaten Endverbraucher (aber nicht nur diesen) schützen. Das Gesetz über das Kreditwesen regelt das Recht der Kredit- und Finanzinstitute, das Baugesetzbuch und die landesrechtlichen Bauordnungen sind bei der Errichtung von Bauwerken zu beachten. Auch diese Aufzählung ist nur beispielhaft.

5 Nicht zu unterschätzen ist die Gefahr, sich bei Vertragsverhandlungen, Vertragsabschlüssen, bzw. bei der Durchführung von Verträgen oder ihrem Scheitern **strafbar** zu **machen**. Das Spektrum reicht vom Eingehungsbetrug über gesetzlich verbotene Geschäfte (Geldwäsche, Untreue etwa) bis zu den Insolvenzstraftaten. Bei jedem Vertragsverhalten muss daher geistig die Parallelspur strafrechtlich sanktionierter oder mit Bußgeld bedrohter Handlungen als Kontrollinstanz abgefragt werden. Neben dem Strafgesetzbuch (StGB) und dem Gesetz über Ordnungswidrigkeiten (OWiG) gibt es eine Vielzahl strafrechtlicher Nebengesetze. Vor allem zahlreiche Gesetze und Verordnungen aus dem Bereich des öffentlichen Rechts enthalten Bestimmungen, deren Verletzung strafrechtlich oder als Ordnungswidrigkeit sanktioniert ist. Die wichtigsten sind abgedruckt in der Sammlung Strafrechtliche Nebengesetze von *Erbs/Kohlhaas* (vier Bände, ein Registerband).

6 Daneben sind **sozialrechtliche Bestimmungen** zu beachten (etwa bei Verträgen über den Vorruhestand von älteren Mitarbeitern), ferner arbeitsrechtliche Vorschriften, die zwingend sein können, wie etwa nach dem MuSchG oder dem BUrlG. Im eigenen Interesse jedes Vertragspartners sollten auch die steuerrechtlichen Auswirkungen vertraglichen Handelns geprüft werden.

7 Zudem arbeitet die EU-Kommission an der Entwicklung eines **europäischen Vertragsrechts** für Unternehmer und Verbraucher. 2010 erschien hierzu ein Grünbuch der Kommission (Komm [2010] Nr. 348), welches optionale Möglichkeiten zur Vertragsgestaltung auf EU-Ebene aufzeigte. 2011 stimmte auch das Europäische Parlament für ein fakultatives EU-weit geltendes Vertragsrecht, das grenzüberschreitende Geschäfte erleichtern soll.

Dabei ist nach Mitteilung der Kommission (Komm [2011] Nr. 636) das gemeinsame europäische Kaufrecht als **„zweites"** **Vertragsrechtssystem** gedacht, welches für die gesamte EU gelten soll. Außerdem soll die Verwendung des Rechts **freiwillig** erfolgen. Die Parteien müssten sich also über die Anwendung einigen.

Beschränkt wird der Anwendungsbereich auf **grenzüberschreitende** Verträge/Sachverhalte. Außerdem ist das Kaufrecht auf Verbraucherverträge und Verträge zwischen Unternehmen von denen mindestens eines ein KMU (kleine und mittlere Unternehmen) ist, ausgerichtet.

Solch eine zivilrechtliche Harmonisierung wäre für die Verwirklichung des Binnenmarktes von großer Bedeutung, steht aber wegen der historisch gewachsenen nationalstaatlichen Struktur des Rechts und seiner unterschiedlichen Rechtstraditionen vor großen Herausforderungen in der Umsetzung.

Bedenken bei der Umsetzung bestehen insbesondere dahingehend, dass das zivilrechtliche Grundprinzip der Vertragsfreiheit nicht ausreichend Beachtung erfährt und dass eine systematische Trennung von Vertragsbeziehungen zwischen Unternehmen untereinander sowie zwischen Unternehmen und Verbrauchern nicht hinreichend klar erfolgen wird.

Alle diese Bestimmungen setzen der Vertragsfreiheit Grenzen, auch wenn unsere Rechtsordnung von den Prinzipien der **Privatautonomie** und der **Vertragsfreiheit** beherrscht wird. Diese hat Verfassungsrang und wird als Ausfluss der allgemeinen Handlungsfreiheit durch Art. 2 Abs. 1 GG gewährleistet. Diese Verfassungsnorm schützt den Einzelnen vor hoheitlichen Eingriffen in Verträge, die er abgeschlossen hat; sie gewährleistet auch die Handlungsfreiheit im wirtschaftlichen Bereich (BVerfGE 8, 274 [328]; 12, 341 [347]; 73, 261 [270]; 75, 108 [154]; 89, 48 [61] und 214 [231] jeweils m.w.N.; st. Rspr.; kritisch hierzu: *Cornils*, NJW 2001, 3758). Diese Freiheiten sind allerdings nur in den Schranken des Art. 2 Abs. 1 2. Halbs. GG gewährleistet, also soweit keine Verletzung der Rechte anderer und kein Verstoß gegen die verfassungsmäßige Ordnung oder das Sittengesetz vorliegt (BVerfGE 70, 115 [123 m.w.N.]). Außerdem erfährt die Vertragsfreiheit Beschränkungen durch andere Verfassungsbestimmungen, insbesondere durch Art. 12 Abs. 1, Art. 14 Abs. 2 und Art. 20 Abs. 1 GG (BVerfGE 81, 242 [255]), also durch das Grundrecht der Berufsfreiheit und die Sozialstaatsklauseln, aber auch durch das in Art. 20 Abs. 3 GG verankerte Rechtsstaatsprinzip. Daher hat der Gesetzgeber vielfach vor allem aus sozialen Gründen die Vertragsfreiheit beschränkt (grundlegend *Stein*, Die Wirtschaftsaufsicht), insbesondere im Wohnungsmietrecht, durch Kündigungsschutzklauseln (sowohl dort wie im Arbeitsrecht), Bestimmungen über Verbraucherverträge (Legaldefinition: § 310 Abs. 3 BGB), das Allgemeine Gleichbehandlungsgesetz und durch das Produkthaftungsgesetz. Daneben kommen Beschränkungen aus allgemeinem Kartellrecht (GWB) sowie besonderem Kartellrecht (etwa EnWG) in Betracht, die eine Kontrahierungspflicht statuieren können (§§ 19, 20 GWB) oder gewisse Vertragsklauseln unzulässig machen (§§ 1, 2 GWB). Diese Beschränkungen der Vertragsfreiheit sollen auch der Durchsetzung der **Vertragsgerechtigkeit** dienen (vgl. hierzu: *Zweigert/Kötz*, Einführung in die Rechtsvergleichung, Bd. II S. 10), doch stellt BVerfGE 89, 214 [231] klar, dass die Privatautonomie nicht zur beliebigen Disposition des Gesetzgebers steht.

Der folgende Abschnitt stellt die **Vertragsgestaltung** vorwiegend **chronologisch** dar, also ausgehend vom Stadium erster vorvertraglicher Kontakte (Vertragsanbahnung) über den Vertragsinhalt zur Durchführung des Vertrages. Die Rechtsprechungshinweise beschränken sich auf BGH-Entscheidungen, Entscheidungen des BVerfG und anderer oberster Bundesgerichte. Nur wenn Rechtsprechung dieser Gerichte fehlt, wird ausnahmsweise Rechtsprechung der Oberlandesgerichte oder anderer Instanzgerichte zitiert, insbesondere in Fällen kontroverser Rechtsprechung. Rechtsliteratur wird nur zitiert, wenn das unumgänglich erscheint.

10 Die Darstellung klammert das Gesellschaftsrecht aus und beschränkt sich auf Austauschverträge. Ebenfalls nicht Gegenstand der Darstellung sind Rechtsgeschäfte des Massenverkehrs, die früher als **faktische Vertragsverhältnisse** bezeichnet wurden (BGHZ 21, 319 [334] – Benutzung eines Parkplatzes; BGHZ 23, 175 [177] – Elektrizitätslieferung; BGH NJW 2003, 3131). Das Zustandekommen von Vertragsverhältnissen durch sozialtypisches Verhalten betrachtet der Bundesgerichtshof mittlerweile unter dem Gesichtspunkt des konkludenten Vertragsabschlusses (BGHZ 95, 393 [399]; BGH NJW-RR 1991, 176 [177]). Die damit verbundenen Rechtsprobleme haben mit den hier behandelten wenig gemein; allenfalls richten sie sich nach dem für Formularverträge geltenden Recht (§§ 305 ff. BGB).

11 Ein Vertrag dient dazu, dass die Vertragspartner sich vertragen. Insbesondere bei auf Dauer angelegten Vereinbarungen, also Dauerschuldverhältnissen in Austauschverträgen und in Gesellschaftsverträgen, liegt es damit im Interesse der Parteien, eine ausgewogene Lösung der jeweiligen Ziele zu finden. Die **Technik der Vertragsgestaltung** besteht daher darin,

– die Interessen der Parteien zu erkennen und die der beratenen Partei optimal umzusetzen,

– unter Berücksichtigung der in den Vertragsverhandlungen erzielten Ergebnisse einschließlich der getroffenen Kompromisse,

– unter Beachtung aller in Frage kommender gesetzlicher Bestimmungen, notfalls auch derjenigen ausländischen Rechts,

– wobei die Vertragssprache klar und unmissverständlich sein sollte, erforderlichenfalls verwendete, nicht eindeutig determinierte Begriffe zu definieren sind,

– Vorsorge zu treffen für den Fall, dass einzelne Vertragsklauseln gleichwohl einer gerichtlichen Kontrolle nicht standhalten durch Vereinbarung salvatorischer Klauseln oder – soweit zulässig – durch den Verzicht auf die Berufung von Willensmängeln,

– Bestimmung von – evtl. auch alternativer – Gerichtsstandsklauseln einschließlich von Schiedsgerichtsklauseln und

– bei internationalen Verträgen die Bestimmung einer eindeutigen Rechtswahl.

Auch **vorvertragliche Bindungen** bis zum Abschluss des endgültigen Vertrages oder dessen Scheitern können entstehen, insbesondere 12

– bei langwierigen Vertragsverhandlungen,

– wenn rechtliche, wirtschaftliche oder technische Vorfragen weiterer und längerer Untersuchungen bedürfen,

– wenn Genehmigungen oder Unbedenklichkeitsbescheinigungen einzuholen sind, die privatrechtlicher oder öffentlich-rechtlicher (etwa kartellrechtlicher) Art sein können,

– oder wenn andere Hindernisse einem sofortigen Abschluss des Hauptvertrages entgegenstehen, die Vertragsparteien aber über einige grundsätzliche Fragen bereits Einigung erzielt haben.

2 Vertragsanbahnung

	Rz.		Rz.
I. Rechtliche Qualifikation von Vorbereitungsmaßnahmen	14	**V. Allgemeine Geschäftsbedingungen/Formularverträge**	57
1. Letter of Intent/Absichtserklärung	14	1. Begriff	58
a) Begriff	14	2. Sachlicher und persönlicher Geltungsbereich	59
b) Zweck	15	a) Sachlicher Anwendungsbereich	59
c) Form	16	b) Persönlicher Anwendungsbereich	60
d) Rechtliche Bedeutung	17	3. Einbeziehung	61
e) Rechtsfolgen des Fehlens eines Letter of Intent	18	4. Zulässigkeit der Klauseln	62
f) Literatur	20	5. Verbraucherverträge	63
2. Memorandum of Understanding	21	**VI. Vollmachten**	66
3. Third Party Legal Opinion	23	1. Verhandlungsvollmacht	67
a) Begriff	23	2. Abschlussvollmacht	69
b) Rechtliche Bedeutung und Rechtsfolgen	25	3. Duldungs- und Anscheinsvollmacht	71
c) Literatur	26	a) Duldungsvollmacht	72
4. Isolierte Geheimhaltungsvereinbarung	27	b) Anscheinsvollmacht	73
5. Vorvertrag und Option	28	4. Vollmachtloser Vertreter	74
6. Vertrauensschadenshaftung	33	**VII. Konsens und Dissens**	76
7. Handelndenhaftung	35	1. Offener Einigungsmangel	77
II. Aufklärungs- und Schutzpflichten	36	2. Versteckter Einigungsmangel	78
1. Aufklärungspflichten	37	**VIII. Scheinvertrag**	79
a) Grundsätze	37	**IX. Anfechtbarkeit**	81
b) Folgen	38	1. Irrtum	82
c) Beispiele	39	2. Täuschung und Drohung	85
2. Schutzpflichten	40	3. Rechtsfolgen der Anfechtung bei Dauerschuldverhältnissen	86
III. Verpflichtung zur Vertraulichkeit	41	4. Vermögensverschiebungen	89
1. Zivilrechtlicher Schutz	42	**X. Geschäftsgrundlage**	90
2. Strafrechtlicher Schutz	47	**XI. Sittenwidrigkeit**	94
IV. Verschulden bei Vertragsverhandlungen	49	1. Allgemeines	95
1. Vertrauenshaftung	50	2. Wucher	99
2. Erfüllungsgehilfen	53	**XII. Gesetzliche Verbote**	100
3. Eigenhaftung des Vertreters	54		
4. Beweislast	56		

13 Nach deutschem Recht kommt ein **Vertrag** durch die **Annahme** eines Vertragsangebots zustande, §§ 145 ff. BGB. Vor dem rechtsverbindlichen Abschluss eines Vertrages, der stets schriftlich fixiert werden sollte – gesetzlich jedoch nur in Ausnahmefällen schriftlich formuliert sein muss (wie etwa bei Grundstücksgeschäften nach § 311b BGB oder im Fall der Bürgschaft nach § 766 BGB) –, finden jedoch in der Regel Verhandlungen zwischen den künftigen oder potentiellen Vertragspartnern statt, in denen Erklärungen abgegeben werden, die rechtlich unterschiedlich qualifiziert werden können.

I. Rechtliche Qualifikation von Vorbereitungsmaßnahmen

1. Letter of Intent/Absichtserklärung

a) Begriff

Eine Legaldefinition fehlt, doch hat der Letter of Intent im internationalen Kaufrecht in Art. 14 CISG und damit indirekt auch in deutsches Recht Eingang gefunden. Der Letter of Intent lässt sich mit „Absichtserklärung" übersetzen. Man versteht darunter die Bekundung der Bereitschaft, mit dem oder den Adressaten einen Vertrag abzuschließen. Vom Vertragsangebot unterscheidet sich der Letter of Intent dadurch, dass die Erklärung zumindest überwiegend noch **nicht rechtlich verbindlich**, sondern nur eine Bereitschaftserklärung sein soll, unter bestimmten Voraussetzungen einen Vertrag abschließen zu wollen. Diese Voraussetzungen können bei der Abgabe der Bereitschaftserklärung auch bereits genannt werden. Daher kann die Abgrenzung zum Vertragsangebot fließend sein. Es empfiehlt sich daher dringend, die Unverbindlichkeit der Erklärung ausdrücklich mit deren Abgabe zu verbinden (no binding clause) und Teile, die verbindlich sein sollen, z.B. Kostentragungsregeln oder Vertraulichkeitsvereinbarungen, umgekehrt ausdrücklich als bindend zu vereinbaren.

b) Zweck

Der Letter of Intent dient der Vertrauensbildung während der Vertragsverhandlungen, ihrer zeitlichen Fixierung (ab Zugang des Briefes oder mit Beginn der ersten Vorverhandlungen), der Definition gewisser später zu verhandelnder Bereiche, des Absteckens bestimmter Themenkomplexe, möglicher Eckpunkte, des weiteren Vorgehens in Verhandlungen sowie eventuell der Haftungsbegrenzung auf bestimmte Rechtswirkungen, die frei vereinbart werden können. Typisch sind folgende Klauseln:

- Die Verpflichtung, während der Verhandlungen nicht parallel mit einem Dritten über den gleichen Gegenstand zu verhandeln,
- Abwerbungsverbote,
- Geheimhaltungsvereinbarungen für bestimmte Verhandlungsthemen,
- Offenbarung eines bestimmten Know-hows mit der Verpflichtung, nach dem Scheitern der Verhandlung davon keinen Gebrauch zu machen und es Dritten gegenüber nicht offen zu legen,
- Übernahme bestimmter personeller und finanzieller Vorinvestitionen sowie Erstattungsregelungen hierfür,
- Haftungsvereinbarungen, die gegenständlich oder betragsmäßig begrenzt werden können,
- Haftungsausschlüsse für bestimmte Fallkonstellationen,
- Rechtswahl und – soweit zulässig – Gerichtsstandsvereinbarungen.

c) Form

16 Der Letter of Intent kann eine einseitige Erklärung sein. Sind ihm Gespräche vorausgegangen, kann er als **kaufmännisches** oder **berufliches Bestätigungsschreiben** zu qualifizieren sein. Der Letter of Intent vermag durch Gegenzeichnung aber auch zum zwei- oder gegenseitigen Vertrag zu werden.

d) Rechtliche Bedeutung

17 Soweit nicht ausdrücklich vereinbart, folgen aus einem Letter of Intent keine Verpflichtungen (BGH NJW 2000, 725 [726]). Allerdings ist der Letter of Intent bereits **vorvertragliches** rechtsgeschäftliches Handeln und kann als solcher eine Haftung aus Verschulden beim Vertragsabschluss (culpa in contrahendo) und Pflichten nach den §§ 241 Abs. 2, 280 ff. BGB auslösen. So etwa, wenn der Absender eines Letter of Intent gar nicht ernsthaft die Absicht hatte, Vertragsbeziehungen zu dem Empfänger aufzunehmen, dieser jedoch im Hinblick auf solche Verhandlungen bereits wirtschaftliche Investitionen getroffen oder Verhandlungen mit anderen potentiellen Vertragspartnern unterlassen hat.

e) Rechtsfolgen des Fehlens eines Letter of Intent

18 Fehlt ein Letter of Intent oder ist sein Inhalt ungenügend, kann es für den Verhandlungspartner, der einen Vertrauensschaden erlitten hat, schwieriger sein, zu beweisen, dass sein Verhandlungspartner mit Vorinvestitionen rechnen musste und dafür einstandspflichtig ist. Liegt hingegen eine Einstandspflicht vor, kann er seine Schadensersatzansprüche unbegrenzt geltend machen. Das können u.a. sein:

- Grundsätzlich Ersatz des Vertrauensschadens (BGHZ 114, 87, 94),
- ausnahmsweise Ersatz des Erfüllungsinteresses (BGH BB 1974, 1039 [1040]),
- Schadensersatz wegen Verletzung von Aufklärungspflichten,
- Aufwendungsersatz für unnütze Vorinvestitionen.

19 In einem Letter of Intent lassen sich derartige Risiken je nach Regelung begründen, begrenzen, insbesondere pauschalieren oder auf einen Höchstbetrag beschränken.

f) Literatur

20 Da der Letter of Intent im deutschen Recht zwar als „Absichtserklärung" nicht neu, aber als Begriff doch noch jung ist, soll ausnahmsweise weiterführende Literatur aufgeführt werden: *Heussen*, Letter of Intent, 2. Aufl. 2014; *Thümmel* in Münchener Vertragshandbuch, 7. Aufl., Band 4, Wirtschaftsrecht III, Kap. I 1 mit einem Formular in englischer und deutscher

Sprache und erläuternden Anmerkungen; ferner Kommentierungen vor § 145 BGB und zu Art. 14 CISG.

2. Memorandum of Understanding

Der Begriff wird oft ebenfalls mit „Absichtserklärung" übersetzt oder als „Dokumentation des ernsthaften Willens, aktiv zu einer endgültigen Vereinbarung zu gelangen" (*Hertel*, BB 1983, 1824 [1825]). Wenn der Begriff neben dem Letter of Intent Bestand haben soll, muss man ihn klar davon abgrenzen. 21

Wörtlich übersetzt, ist das Memorandum of Understanding eine Aufzeichnung zum besseren Verständnis, eine Notiz über das Einvernehmen. Es ist im deutschen Recht gesetzlich nicht gesondert geregelt. Man versteht darunter eine (in der Regel vertragliche) **Festlegung von für die Parteien wesentlichen Punkten**, die die Geschäftsgrundlage für einen beabsichtigten, künftig abzuschließenden oder gleichzeitig abzuschließenden Vertrag festlegen und nach rechtswirksamem Zustandekommen des Hauptvertrages auch Anhaltspunkte für dessen Auslegung und Durchführung bilden können. Das Memorandum of Understanding sollte zu diesem Zweck von allen Vertragsteilen unterzeichnet werden. Die gleiche Wirkung kann ein Term Sheet oder eine Eckpunktevereinbarung haben, in dem die wesentlichen Punkte zukünftig geplanter Zusammenarbeit dargestellt werden. 22

3. Third Party Legal Opinion

a) Begriff

Dieses Rechtsinstitut verdankt seine Entstehung der Tatsache, dass es in den USA mangels entsprechender öffentlicher Register oft schwierig ist, Grundvoraussetzungen für eine wirtschaftliche Transaktion festzustellen: Ist die Handelsgesellschaft, die ein Vertragsangebot macht, rechtswirksam gegründet, sind die Handelnden vertretungsbefugt, bei wem liegen die Eigentums- oder Inhaberrechte am prospektiven Vertragsgegenstand? Diese Fragen können zwar auch durch entsprechende Garantien im Vertrag behandelt werden; die Third Party Legal Opinion erweitert jedoch die Zahl möglicher Schuldner, sollte eine von der Opinion erfasste Tatsache sich später als nicht zutreffend herausstellen. Aber auch nach deutschem Recht kann es schwierig sein, festzustellen, wer zu einem bestimmten Zeitpunkt welche Geschäftsanteile an einer GmbH hält, weil deren Abtretung im Handelsregister nicht verlautbart wird. 23

Die Third Party Legal Opinion wird **im Auftrag des Mandanten gegenüber dessen Verhandlungspartner** (dem möglichen späteren Vertragspartner) abgegeben und soll diesem die Sicherheit verschaffen, dass bestimmte Grundvoraussetzungen rechtlich (und daher in der Regel durch einen 24

Rechtsanwalt) geklärt sind. Sie ist ein **Referenzgutachten** für die Gegenseite im Interesse des Mandanten. Es sind daher **mögliche Interessenkonflikte** zu prüfen und zu vermeiden.

b) Rechtliche Bedeutung und Rechtsfolgen

25 Im Verhältnis zwischen den Verhandlungspartnern erfüllt der Auftraggeber einer Third Party Legal Opinion dem Erklärungsempfänger gegenüber eine von diesem gestellte Bedingung. Sie soll diesem Sicherheit vermitteln und – wie dargestellt – einen **weiteren Haftenden** für den Fall verschaffen, dass das Referenzgutachten falsch oder mangelhaft ist. Der Rechtsanwalt oder der sonstige Rechtskundige, der eine Third Party Legal Opinion abgibt, kann dem Mandanten (seinem Auftraggeber) gegenüber wie auch insbesondere dem Empfänger der Erklärung, also dem Verhandlungspartner des Mandanten, aus §§ 823 ff. BGB wie auch aus § 311 Abs. 3 Satz 2 BGB direkt haften oder aufgrund eines Vertrages mit Schutzwirkung zugunsten Dritter über § 328 BGB (BGH NZM 2004, 756; *Emmerich*, JuS 2004, 1102 m.w.N.). Besonders haftungsträchtig sind Legal Opinions im Zusammenhang mit Transaktionen, die eine aktuelle oder künftige Kapitalmarktrelevanz aufweisen. Der Abgebende läuft Gefahr, bei Störungen einer unbestimmten Vielzahl von Gläubigern gegenüberzustehen, ähnlich wie ein Prospektverantwortlicher. Aus diesem Grund wird seitens des beauftragten Rechtsanwalts üblicherweise eine Haftungsbegrenzung gefordert, deren Schutzwirkung insbesondere bei einer eventuellen Haftung Dritten gegenüber oder aus ausländischem Recht nicht umfasst. Erforderlichenfalls sollte eine gesonderte Haftpflichtversicherung hierfür abgeschlossen werden.

c) Literatur

26 *Thümmel* in Münchener Vertragshandbuch, 7. Aufl., Band 4, Wirtschaftsrecht 3, Kap. I 3 mit einem Formular in englischer Sprache und deutscher Übersetzung sowie Anmerkungen; *Heppe*, WM 2003, 714 (753).

4. Isolierte Geheimhaltungsvereinbarung

27 Vertrags(vor)verhandlungen erfolgen schrittweise. Die Verhandlungspartner können jeden dieser Schritte einseitig oder in Form einer Vereinbarung dokumentieren. Enthält ein Letter of Intent keine Geheimhaltungszusagen oder haben die Verhandlungsparteien auf einen Letter of Intent verzichtet, ist jedoch eine Vertragspartei im Besitz eines geheimen Know-how, das die andere Vertragspartei im Falle des Zustandekommens des Hauptvertrages erwerben und ausbeuten will, ist es erforderlich, dass der Know-how-Inhaber sich dagegen schützt, dass im Falle des Scheiterns der Vertragsverhandlungen die andere Vertragspartei von dem offenbarten Know-how Gebrauch macht. Da die §§ 17, 18 UWG, die Geheimnisverrat und die Nutzung von Betriebsgeheimnissen verbieten (vgl. Rz. 43),

hier oft in der Praxis unzureichenden Schutz versprechen, ist eine bindende Geheimhaltungsvereinbarung empfehlenswert. Insbesondere im internationalen Handelsverkehr hat sich daher die Übung entwickelt, in Fällen dieser Art eine isolierte Geheimhaltungsvereinbarung abzuschließen, in der der Inhalt des zu offenbarenden Know-how definiert wird und in der die andere Vertragspartei sich zur Geheimhaltung des offenbarten geheimen Know-how für den Fall des Scheiterns der Vertragsverhandlungen verpflichtet sowie ferner dazu, diese Geheimhaltungsverpflichtung auch allen ihren Mitarbeitern aufzuerlegen, die mit der Prüfung der Geeignetheit des Know-how-Inhalts notwendigerweise befasst werden müssen.

5. Vorvertrag und Option

Im Gegensatz zum Letter of Intent **verpflichtet** der Vorvertrag die Parteien, oder auch nur eine von ihnen, zum späteren Abschluss eines Hauptvertrages (BGHZ 102, 384 [388]). Aus dem Prinzip der Vertragsfreiheit folgt, dass auch eine einseitige Verpflichtung nur einer der Vertragsparteien des Vorvertrages, einen Hauptvertrag abzuschließen, zulässig ist (BGH NJW 1990, 1233 [1234]). Diese vorzeitige Bindung für die Zukunft kann sinnvoll sein, wenn der Hauptvertrag aus tatsächlichen oder rechtlichen Gründen noch nicht abgeschlossen werden kann oder nach dem Willen der Parteien noch nicht abgeschlossen werden soll. 28

Zum **Inhalt des Vorvertrags** ist die Rechtsprechung uneinheitlich. BGHZ 97, 147 (154) meint – allerdings nur inzident –, ein Vorvertrag müsse nicht die gleiche Vollständigkeit aufweisen wie der vorgesehene Hauptvertrag; in BGH NJW 1990, 1234 (1235) wird aber mit Recht darauf abgestellt, auch ein Vorvertrag müsse „ein solches Maß an Bestimmtheit oder doch Bestimmbarkeit und Vollständigkeit enthalten, dass im Streitfall der Inhalt des Vertrages richterlich festgestellt werden kann". Diesem Erfordernis ist genügt, wenn die Bestimmungen des Vorvertrages den notwendigen Anhalt dafür bieten, eine fehlende Einigung der Parteien in einzelnen Punkten zu ergänzen (BGH LM § 154 BGB Nr. 4). 29

Unterliegt der Hauptvertrag einer gesetzlichen **Formvorschrift**, gilt sie auch für den Vorvertrag, jedenfalls dann, wenn sie vor übereilter Bindung warnen und nicht nur Beweiszwecken dienen soll (BGH NJW 2004, 3626 [3627]). Das gilt daher nicht bei nur gewillkürter, also auf Parteiwillen beruhender Formbedürftigkeit. Haben die Parteien für den Hauptvertrag jedoch eine Form vereinbart, ist im Wege der Auslegung zu ermitteln, ob sich das Formerfordernis nach dem Willen der Parteien auch auf den Vorvertrag erstrecken soll (BGH NJW 1958, 1281). 30

Da der Vorvertrag eine oder beide Parteien dazu verpflichtet, einen Hauptvertrag abzuschließen, unterscheidet er sich vom **Rahmenvertrag**, der die Bedingungen für künftig abzuschließende Verträge festschreiben kann. Haben die Parteien in einem Vorvertrag bereits alle wesentlichen 31

Punkte geregelt und beinhaltet er ihren Willen, einen bindenden Hauptvertrag abzuschließen, kann sich hieraus ein Anspruch auf Abschluss des Hauptvertrages ergeben. Aus einem Rahmenvertrag kann – soweit nicht die Voraussetzungen eines zum Abschluss verpflichtenden Vorvertrages vorliegen – jedoch grundsätzlich nicht auf Abschluss eines einzelnen Vertrages geklagt werden, doch kann ein Rahmenvertrag die eine Vertragspartei dazu verpflichten, mit der anderen über den Abschluss eines weiteren Vertrages zu verhandeln. Ist diese dazu ohne sachlichen Grund nicht bereit, kann der anderen Vertragspartei ein Schadensersatzanspruch zustehen (BGH NJW-RR 1992, 977 [978]).

32 Von den eben genannten vertraglichen Bindungen, die einem Hauptvertrag vorausgehen können, unterscheidet sich der **Optionsvertrag**. Der Begriff der „Option" wird im Schrifttum nicht einheitlich verwendet. Als eigenständige Vertragsform macht sie jedoch nur Sinn, wenn eine Vertragspartei der anderen das Recht einräumt, durch einseitige rechtsgestaltende Willenserklärung ein Vertragsverhältnis zu begründen oder zu verlängern, weshalb die Einzelheiten und Bedingungen dieses Vertragsverhältnisses im Optionsvertrag bereits bestimmt sein müssen (*Georgiades* in FS Larenz, 1973, S. 409 ff.). In der Praxis kommt der Optionsvertrag vor allem im Kauf-, (BGHZ 47, 387 [391]), Miet-, Pacht-, Lizenz- und (modifiziert) im Verlagsrecht vor. Gesetzlich geregelt ist er beim Wiederkauf, §§ 456 ff. BGB. Die Ausübung der Option ist in der Regel an eine bestimmte Frist oder an ein bestimmtes Ereignis geknüpft. Im Verlags- und sonstigen Medienrecht kann eine angemessene Gegenleistung für die Einräumung der Option erforderlich sein (BGHZ 22, 347). Gesetzliche Formvorschriften sollten sowohl für die Einräumung wie für die Ausübung des Optionsrechts eingehalten werden (streitig; vgl. *Georgiades* in FS Larenz, 1973, S. 425). Unabhängig hiervon sollte zu Beweiszwecken neben dem Optionsvertrag die Ausübung der Option selbst jedenfalls nur schriftlich – gegebenenfalls nach Eintritt besonderer Bedingungen wie etwa der Zahlung einer angemessenen Vergütung – möglich sein.

6. Vertrauensschadenshaftung

33 Haftet der Schuldner dem Gläubiger auf den **Vertrauensschaden** („negatives Interesse"), hat der Geschädigte Anspruch auf Ersatz des Schadens, der ihm dadurch entstanden ist, dass er auf die ihm gegebenen unrichtigen Erklärungen, das Zustandekommen oder die Rechtswirksamkeit des Rechtsgeschäftes vertraut hat. Dieser Schaden ist nicht nach oben hin durch das Erfüllungsinteresse (Rz. 51) begrenzt (BGH NJW-RR 1990, 229 [230] – Zur Haftung aus Verschulden beim Vertragsschluss wegen mangelnder Aufklärungspflicht; BGHZ 69, 53, [56] – Falsche Angaben beim Unternehmenskauf; BGHZ 57, 191, [193]). Der Vertrauensschaden kann also im Einzelfall das Erfüllungsinteresse erreichen oder sogar übersteigen (BGH LM § 276 [Fa] BGB Nr. 144).

Ein derartiger Anspruch unterliegt grundsätzlich der regelmäßigen **Verjährungsfrist** nach den §§ 195, 199 BGB. Er soll dem Geschädigten einen wirtschaftlichen Ausgleich dafür bieten, dass die Vertragsverhandlungen gescheitert sind (BGHZ 57, 191 [197], zum Schadensersatz aus Verschulden beim Vertragsschluss, siehe § 311 Abs. 2 und 3 BGB).

7. Handelndenhaftung

Bei Austauschverträgen kommt auch eine **Haftung des Vertreters ohne Vertretungsmacht** in Betracht (vgl. dazu Rz. 74). Sie gilt auch bei **Überschreitung der Vertretungsmacht**. Der Schadensersatzanspruch geht auf Ersatz des Erfüllungsinteresses („positives Interesse").

In gleicher Weise haftet, wer für eine nicht existente Gesellschaft oder einen nicht existierenden Verein auftritt und den Anschein erweckt, er vertrete eine rechtsfähige juristische Person. Auch dieser haftet nach §§ 177 ff., 179 BGB; eine Genehmigung scheidet mangels Existenz des angeblich Vertretenen aus.

Selbst ein Dritter kann unter den Voraussetzungen des § 311 Abs. 3 BGB wegen Verletzung von Pflichten nach § 241 Abs. 2 BGB haften.

II. Aufklärungs- und Schutzpflichten

Zwischen den Verhandlungspartnern können bereits dann Pflichten entstehen, wenn es sich bei ihnen noch nicht um Vertragspartner handelt. Die Begriffe der Aufklärungs- und Schutzpflichten sind nicht inhaltsgleich. Sie können sich überschneiden. Letztere sind einerseits ein Unterfall der Aufklärungspflichten, sie gehen jedoch über den Bereich vertraglichen Handelns hinaus und können, wie bei der Produkthaftung, auch im außervertraglichen, insbesondere deliktischen Bereich – nach § 241 Abs. 2 BGB, sanktioniert in § 282 BGB – entstehen.

1. Aufklärungspflichten

a) Grundsätze

Bereits bei sich anbahnenden Vertragsverhandlungen besteht die **Pflicht der Verhandlungspartner** alle Tatsachen zu offenbaren, die für den Willensentschluss des anderen Teiles von wesentlicher Bedeutung sind. Diese Aufklärungspflicht entfällt grundsätzlich, wenn der Verhandlungspartner über ausreichende Kenntnisse und Erfahrungen mit dem angestrebten Geschäft verfügt (BGH NJW-RR 2004, 1420 [1421]), kann aber trotzdem gelten, selbst wenn der angestrebte Vertrag für beide Parteien ein Handelsgeschäft nach § 343 HGB ist (BGH NJW 1971, 1795 [1799]).

Daraus folgt keineswegs eine uneingeschränkte Aufklärungspflicht über alle für den anderen Vertragspartner erheblichen Umstände, die schon mit Rücksicht auf die stets widerstreitenden Interessen der Parteien nicht verlangt werden könnte. Es ist vielmehr auf die Verhältnisse des Einzelfalles und die Erfordernisse des redlichen Geschäftsverkehrs, also auf Treu und Glauben, abzustellen (BGH BB, 2006, 1650; BGH NJW 1970, 653 [655]; 1989, 1793 [1794]). Eine Offenbarungspflicht wird vor allem dann bejaht, wenn Umstände vorliegen, die der andere Teil nicht kennt, die aber – für den Verhandlungspartner erkennbar – für dessen Entschluss, den Vertrag abzuschließen, von wesentlicher Bedeutung sein können. Sie dient damit dazu, ein Gefälle zwischen den Parteien über relevante Informationen zu verringern.

b) Folgen

38 Verstöße gegen die Aufklärungspflicht können zu Ansprüchen aus Verschulden bei Vertragsverhandlungen (culpa in contrahendo = c.i.c.) und damit zur **Verpflichtung zum Schadensersatz** aus § 311 Abs. 2 BGB i.V.m. § 241 Abs. 2 BGB und gegebenenfalls auch aus den §§ 280 Abs. 1, 3, 282 BGB führen. Auch können Ansprüche nach § 826 BGB und § 823 Abs. 2 BGB i.V.m. §§ 263, 264a StGB entstehen (BGH NJW 2005, 1784 [1787]). Im Falle arglistiger Täuschung hat der Getäuschte auch das Recht, seine Erklärung nach den §§ 123, 124 BGB anzufechten mit der Folge, dass der auf Basis dieser Täuschung geschlossene **Vertrag als von Anfang an nichtig** anzusehen ist, § 142 Abs. 1 BGB, soweit sich die Täuschung nicht auf einen Fehler der vertragscharakteristischen Leistung (also des Gegenstandes, der erworben werden soll) bezieht: in diesem Fall gehen die Vorschriften über die Haftung für Mängel der §§ 434, 435, 437 ff. BGB (Kaufvertrag), §§ 633 ff. BGB (Werkvertrag) in der Regel vor.

c) Beispiele

39 – Fahrlässige Angaben oder Nichtangaben des Verkäufers über Eigenschaften der Kaufsache begründen keinen Anspruch auf Schadensersatz unter dem Gesichtspunkt der c.i.c. und damit § 311 Abs. 2 BGB. Die Haftung des Verkäufers für Eigenschaften der Kaufsache bestimmen sich vielmehr allein nach den Mängelansprüchen der §§ 437 ff. BGB. Unrichtige Angaben über Umsatz und Erträge eines Unternehmens oder der Praxis eines Freiberuflers werden im Verkaufsfall nur dann als Unternehmenseigenschaften angesehen, wenn sie vertraglich zugesichert sind. Ist das nicht der Fall, begründen unrichtige Angaben des Verkäufers keinen Sachmangel, sie können aber eine Haftung aus früherer c.i.c. begründen (BGH NJW 1977, 1538 [1539] und NJW-RR 1989, 306 [307]).

– Eigenschaften einer Kaufsache sind auch ihre wirtschaftlichen und rechtlichen Beziehungen zur Umwelt, sofern diese die Brauchbarkeit oder den Wert der Sache beeinflussen; jedoch müssen die rechtlichen Umweltbeziehungen in der Sache selbst ihren Grund haben, insbesondere dürfen sie nicht an Umstände in der Person des Erwerbers anknüpfen, wie die Rechtsfolge einer Ermäßigung der persönlichen Steuerschuld durch Wahrnehmung von Steuervorteilen (BGHZ 114, 263, [266]). Im Beispielsfall würde der Verkäufer nach den §§ 437 Nr. 2 und 3, 440 i.V.m. §§ 323, 326 Abs. 5 bzw. §§ 280 ff. BGB haften, der Käufer könnte also zurücktreten, den Kaufpreis mindern oder Schadensersatz fordern.

– Der Veräußerer einer in Wohnungseigentum umgewandelten Altbauwohnung, der den Erwerber schuldhaft über den geplanten, auf einer behördlichen Auflage beruhenden Einbau einer Feuertreppe vor dem einzigen Fenster der Wohnung nicht aufklärt, ist nach § 311 Abs. 2 BGB schadensersatzpflichtig, wenn der Erwerber am Vertrag festhält (für die Haftung aus c.i.c. für Pflichtverletzungen vor dem 1.1.2002 siehe BGH NJW 1989, 1793 [1794]).

– Der Vermittler von Warenterminoptionen muss unmissverständlich und grundsätzlich schriftlich über die Risiken derartiger Geschäfte informieren, doch genügt grundsätzlich zur Herbeiführung der Börsentermingeschäftsfähigkeit kraft Information (§ 53 Abs. 2 BörsG) die Unterzeichnung der von den Spitzenverbänden der Kreditwirtschaft entwickelten Informationsschrift (BGH WM 1995, 658). Gegenüber einem nicht erfahrenen Anleger hat allerdings in einer zweiten Stufe eine anleger- und objektgerechte Aufklärung zu erfolgen (BGH WM 1996, 1260; NJW-RR 2004, 1420 [1421]). Ferner können sich aus § 31 Abs. 2 Nr. 2 des Gesetzes über den Wertpapierhandel Informationspflichten ergeben. Zu den Anforderungen bei Börsentermingeschäften vgl. BGH WM 1998, 2331. Ist ein Vertragspartner wegen c.i.c. schadensersatzpflichtig, hat er grundsätzlich den Vertrauensschaden (unten Rz. 50) zu ersetzen (BGHZ 60, 319; BGH NJW 1977, 1538 [1539] und NJW-RR 1989, 306 [307]).

2. Schutzpflichten

Schutzpflichten als Teil der Aufklärungspflicht können sich bereits in der Anbahnung einer Vertragsbeziehung ergeben (OLG Frankfurt NJOZ 2005, 4284 [4285]) und insbesondere dann bestehen, wenn von dem Vertragsgegenstand **Gefahren für Gesundheit oder Eigentum** ausgehen können (BGHZ 64, 46 [49] – Haartonicum; grundsätzlich: BGHZ 51, 91 [95] – Hühnerpest, allerdings wurde keine vertragliche Haftung, sondern deliktische Haftung aus §§ 823 ff. BGB angenommen). Diese Rechtsprechung ist auch heute noch von Bedeutung, weil das Produkthaftungsgesetz nicht alle Haftungstatbestände abdeckt. Entsprechende Schutzpflichten sind in § 241 Abs. 2 BGB gesetzlich normiert.

40

III. Verpflichtung zur Vertraulichkeit

Bei Vertragsverhandlungen wird es sich nicht vermeiden lassen, Tatsachen zu offenbaren, die nicht allgemein und jedenfalls nicht dem Verhandlungspartner bekannt sind. Es kann sich dabei auch um **Geschäfts-**

41

oder **Betriebsgeheimnisse** handeln, die offen gelegt werden müssen, etwa bei Lizenzverhandlungen über technische Geräte oder die Herstellung von Produkten.

1. Zivilrechtlicher Schutz

42 Einen uneingeschränkten Schutz solcher Informationen nach dem Scheitern der Vertragsverhandlungen gibt es nicht, weshalb sich empfiehlt, bereits bei Vertragsverhandlungen eine bindende Geheimhaltungsabrede zu treffen. Im Einzelnen gilt Folgendes:

43 a) **Geschäfts- oder Betriebsgeheimnisse** werden geschützt durch die §§ 17, 18, 19 UWG. Wird einem Kaufinteressenten bei den Kaufverhandlungen eine technische Neuerung bekannt gegeben, die er nach dem Scheitern der Verhandlungen unter Bruch des ihm geschenkten Vertrauens für sich ausnutzt, kann er nach § 1 UWG auf Unterlassung in Anspruch genommen werden (BGHZ 38, 392 [393]), so lange die Neuerung nicht ohne Zutun des Anbieters offenkundig geworden ist (RG GRUR 1942, 352 [357] – Quarzlampe). Soweit es an einem Wettbewerbsverhältnis fehlt, kommt ein Unterlassungsanspruch nach § 823 Abs. 2 BGB i.V.m. §§ 17 ff. UWG, § 826 BGB sowie §§ 1004, 823 Abs. 1 BGB in Betracht (BGH GRUR 1966, 152 [153]). Gleiches gilt für denjenigen Vertragspartner, der bei Vertragsverhandlungen ein Geschäfts- oder Betriebsgeheimnis erfährt und nach dem Scheitern der Verhandlungen unter Verwendung der erhaltenen Informationen ein Gerät nachbaut (BGH GRUR 1961, 40 [41] = NJW 1960, 1999 [2000] – Wurftaubenpresse).

Der **Begriff des Geschäfts- oder Betriebsgeheimnisses** erfordert eine Tatsache, die im Zusammenhang mit einem Geschäftsbetrieb steht und nur einem eng begrenzten Personenkreis bekannt ist, also nicht offenkundig ist, sowie ferner, dass sie nach dem **bekundeten oder erkennbaren Willen** des Betriebsinhabers geheim gehalten werden soll sowie (kumulativ) ein berechtigtes wirtschaftliches Interesse des Betriebsinhabers an der Geheimhaltung besteht. Auch ein an sich bekanntes Verfahren oder eine an sich bekannte Herstellungsvorrichtung kann für ein bestimmtes Unternehmen Gegenstand eines Betriebsgeheimnisses sein, sofern geheim ist, dass sich dieses Unternehmen dieses Verfahrens oder dieser Anlage bedient und derzeit möglicherweise besondere Erfolge erzielt (BGH NJW 2009, 1420 [1420]; BGH GRUR 1961, 40 [41] – Wurftaubenpresse; BGH GRUR 1955, 424 – Möbelpaste).

44 b) Im **Arbeitsrecht** kann sich die Verschwiegenheitspflicht als nebenvertragliche Nebenverpflichtung aus dem Arbeitsvertrag ergeben; für gescheiterte Vertragsverhandlungen gelten die vorstehenden Ausführungen entsprechend.

45 c) Um zweifelsfrei zu dokumentieren, was für die Verhandlungsparteien jeweils als Geschäfts- oder Betriebsgeheimnis oder sonst der Vertraulichkeit unterliegende Tatsache gelten soll, kann es sinnvoll sein, diese Tat-

sachen in einem Letter of Intent zu dokumentieren (oben Rz. 14) oder in einer isolierten Geheimhaltungsvereinbarung und Vertragsstrafenregelung nebst Anlagen (siehe oben Rz. 27), deren Inhalt über den Schutz von § 17 UWG hinausgeht und individuell ausgedehnt werden kann. Hierbei sowie bei einer späteren Vertraulichkeitsabrede im schließlich abgeschlossenen Vertrag kann § 1 GWB sowie Art. 101 AEUV im Hinblick auf Wettbewerbsverbote zu beachten sein.

d) **Sonstiges Know-how**, das nicht zu den Geschäfts- und Betriebsgeheimnissen zählt, wird nur nach den allgemeinen Grundsätzen geschützt: unlautere Nachahmungen stets nach den §§ 3, 4 Nr. 9 c) UWG, nach §§ 823 Abs. 1, 823 Abs. 2 BGB in Verbindung mit einer Strafnorm (nachstehend Rz. 47 f.) und § 826 BGB (Schadensersatzansprüche) bzw. § 1004 BGB (Beseitigungs- und Unterlassungsansprüche). 46

2. Strafrechtlicher Schutz

Neben den Sanktionen nach den §§ 17, 18 UWG kommt eine Strafbarkeit nach § 203 StGB in Betracht, wenn ein Angehöriger bestimmter Berufe (Arzt, Zahnarzt, Tierarzt, Apotheker, Angehöriger eines anderen Heilberufs, Rechtsanwalt, Patentanwalt, Notar, Amtsträger nach § 11 Nr. 2 StGB) unbefugt ein fremdes Geheimnis, vor allem ein zum persönlichen Lebensbereich gehörendes Geheimnis oder ein Betriebs- oder Geschäftsgeheimnis offenbart, das ihm in seiner beruflichen oder amtlichen Funktion anvertraut oder sonst bekannt wurde. 47

Auch diese Vorschriften können in Verbindung mit § 823 Abs. 2 BGB Schadensersatzansprüche und in Verbindung mit § 1004 BGB Beseitigungs- und Unterlassungsansprüche begründen.

Ebenso strafbar sind (nach § 201 StGB) Verletzungen der **Vertraulichkeit des Wortes**. Wer das nicht öffentlich gesprochene Wort eines anderen ohne dessen Zustimmung auf einen Tonträger aufnimmt oder eine so hergestellte Aufnahme gebraucht oder einem Dritten zugänglich macht, kann diesen Straftatbestand verwirklichen. Ebenso ist strafbar, wer das nicht zu seiner Kenntnis bestimmte nicht öffentlich gesprochene Wort eines anderen mit einem Abhörgerät abhört, sowie nach § 202a StGB das Ausspähen von Daten. 48

IV. Verschulden bei Vertragsverhandlungen

Wie vorstehende Ausführungen zeigen, ist einer der wichtigsten Haftungstatbestände bei der Vorbereitung des Vertragsabschlusses das Verschulden bei Vertragsverhandlungen („culpa in contrahendo", abgekürzt c.i.c.), das gesetzlich in § 311 Abs. 2 und 3 BGB i.V.m. § 241 Abs. 2 BGB geregelt ist. 49

1. Vertrauenshaftung

50 Es ist heute allgemein anerkannt, dass mit dem Eintritt in Vertragsverhandlungen bereits ein Schuldverhältnis zwischen den Verhandlungspartnern mit Aufklärungs- und Obhutspflichten entsteht (*Flume*, AT II, 3. Aufl., S. 128). Das gilt insbesondere auch dann, wenn die Vertragsverhandlungen nicht zum Vertragsschluss führen. Die Rechtsprechung hat angenommen, dass in diesem vorvertraglichen Stadium ein vertragsähnliches Vertrauensverhältnis unter den Beteiligten erzeugt wird, das zur Beachtung erhöhter Sorgfalts- und Rücksichtspflichten führt. Je nach Lage des Falles kann dieses Vertrauensverhältnis verpflichten, solche Tatsachen zu offenbaren, die für die Entschließung des anderen Teiles erkennbar von Bedeutung sein können (BGH NJW 1960, 720 [721]).

Die Rechtsprechung hat den **Beginn** dieses Vertrauensverhältnisses immer mehr **vorverlagert** und lässt es bereits mit dem die beabsichtigten Vertragsverhandlungen vorbereitenden „geschäftlichen Kontakt" beginnen, unabhängig davon, ob es noch zu Vertragsverhandlungen kommt, die jedoch zumindest beabsichtigt sein müssen (BGHZ 66, 51 [54] – Gemüseblattfall = NJW 1976, 712 = JZ 1976, 776 mit Anm. *Kreuzer*). In Fällen dieser Art, in denen es zu Vertragsverhandlungen noch nicht gekommen ist, wird die besondere Schutzpflicht daraus hergeleitet, dass „der Geschädigte sich zum Zwecke der Vertragsverhandlungen in den Einflussbereich des andere Teils begeben hat und damit redlicherweise auf eine gesteigerte Sorgfalt seines Verhandlungspartners vertrauen kann" (BGH WM 1976, 428 m.w.N.).

51 Der Schadensersatz geht grundsätzlich auf Ersatz des **Vertrauensschadens** („negatives Interesse"), also auf Ersatz des Schadens, der dem Geschädigten dadurch entstanden ist, dass er auf die ihm gegebenen unrichtigen Erklärungen oder auf die in ihm sonst erweckten schutzwürdigen Erwartungen vertraut hat. Dieser Schaden ist nach oben in der Regel durch das Erfüllungsinteresse begrenzt, kann dieses im Einzelfall jedoch sogar übersteigen (BGHZ 57, 191 [193]; 69, 53 [56]).

Der Geschädigte kann also verlangen, so gestellt zu werden, wie er ohne das schuldhafte Verhalten stehen würde. Welcher Schaden dabei erstattungsfähig ist, richtet sich im Hinblick auf die Vielgestaltigkeit, in der ein Verschulden bei Vertragsschluss in Betracht kommen kann, nach der Ursächlichkeit des Schaden stiftenden Verhaltens für den eingetretenen Schaden im Einzelfall (BGHZ 69, 53 [56] m.w.N.).

Eine Haftung aus § 311 Abs. 2 BGB wird sich vor allem bei **Austauschverträgen** ergeben, sie kann jedoch auch beim Abschluss von **Gesellschaftsverträgen** entstehen, wenn einem Gesellschafter gegenüber Offenbarungspflichten verletzt wurden (BGH NJW 1993, 2107 für den Fall des Erwerbs einer stillen Beteiligung im Sinne des § 230 HGB durch einen Arbeitnehmer).

IV. Verschulden bei Vertragsverhandlungen

Wer hingegen auf das **Erfüllungsinteresse** („positives Interesse") haftet, hat den Gläubiger so zu stellen, wie er stehen würde, wenn der Schuldner ordnungsgemäß erfüllt hätte („Schadensersatz wegen Nichterfüllung"). Es geht entgegen § 249 Satz 1 BGB in der Regel auf Leistung von Geld (BGH LM § 325 BGB Nr. 3).

Beispiele siehe oben Rz. 39.

2. Erfüllungsgehilfen

Nach § 278 BGB hat der Schuldner ein Verschulden seines gesetzlichen Vertreters und der Personen, deren er sich zur Erfüllung seiner Verbindlichkeiten bedient, **in gleichem Umfang** zu vertreten wie eigenes Verschulden. Lässt sich ein Unternehmen bei Vertragsverhandlungen also durch seinen gesetzlichen Vertreter (Geschäftsführer der GmbH, Vorstandsmitglied der Aktiengesellschaft) oder durch einen mit Vollmacht ausgestatteten Angestellten (Prokuristen, Handlungsgehilfen) vertreten und begeht dieser eine haftungsbegründende Handlung oder Unterlassung, so haftet im Regelfall auf Schadensersatz nicht der Vertreter, sondern der Vertretene. Es kann jedoch auch zu einer Eigenhaftung von Personen kommen, die in den geschäftlichen Kontakt eingebunden sind, ohne selbst Vertragspartei zu sein oder werden zu wollen (Rz. 54).

3. Eigenhaftung des Vertreters

Eine Eigenhaftung des Vertreters kommt insbesondere in Betracht, wenn er **wirtschaftlich** selbst stark an dem Vertragsabschluss **interessiert** ist und aus dem Geschäft eigenen Nutzen erstrebt oder in besonderem Maße persönliches Vertrauen in Anspruch genommen hat (BGH NJW-RR 2005, 1137). Auch ein von einer Vertragspartei bestellter Sachwalter, der in besonderem Maße das persönliche Vertrauen des Vertragsgegners in Anspruch nimmt und von dessen Entscheidung nach den gegebenen Umständen der Abschluss des beabsichtigten Rechtsgeschäfts maßgeblich abhängt, muss für die Verletzung von Pflichten aus dem durch die Anbahnung von Vertragsverhandlungen begründeten gesetzlichen Schuldverhältnis **selbst** einstehen, und zwar auch dann, wenn er bei den Vertragsverhandlungen nicht als Vertreter der einen Partei aufgetreten ist, sondern wenn er lediglich seine dem Vertragsgegner mitgeteilte Zustimmung zu dem Vertragsschluss gegeben und dadurch den Entschluss des anderen Teils, sich auf das Geschäft einzulassen, entscheidend beeinflusst hat (BGHZ 56, 81 [84 ff.]; 70, 337 [341]). Das gilt selbst dann, wenn es sich um eine Pflichtverletzung des nicht am Vertrag beteiligten Dritten **nach** Vertragsabschluss handelt (BGHZ 70, 337 [344]). Bei der **Sachwalterhaftung** muss das besondere Vertrauen über das normale Verhandlungsvertrauen hinausgehen (BGH NJW-RR 1991, 1241 [1242] m.w.N.). Selbst ein Dritter, der kein Eigeninteresse am Vertragsabschluss hat, kann haften (§ 311 Abs. 3 Satz 2 BGB), wenn ein Verhandlungspartner sich wegen der besonderen Sachkunde, Objektivität und Neutralität des

Dritten auf seine Aussagen verlässt (etwa bei Sachverständigen oder sonstige Auskunftspersonen).

Auch die das Management bildenden Initiatoren und Gründer einer Publikums-KG haften den beitretenden Kommanditisten im Regelfall persönlich aus Verschulden bei Vertragsschluss für die Vollständigkeit und Richtigkeit der mit ihrem Wissen und Willen in Verkehr gebrachten Werbeprospekte (BGHZ 71, 284 [286 ff.] – Prospekthaftung; vgl. auch BGHZ 72, 382; BGH NJW 1980, 1162; 1982, 2492; 1984, 865; 1989, 175; 1990, 846; 1991, 1608; OLG Koblenz NJOZ 2005, 1997).

55 Für die Haftung des **Maklers** aus c.i.c. kommt es auf die Umstände des konkreten Einzelfalls an. Er wird nicht generell als Erfüllungsgehilfe im Sinne des § 278 BGB angesehen, wofür nicht seine selbständige Stellung als Makler maßgebend ist, sondern der Umstand, dass der Makler durch seine Vermittlungstätigkeit eine eigene Leistung gegenüber dem Auftraggeber erbringt, die nicht ohne weiteres zugleich die Verpflichtung des Auftraggebers gegenüber dem späteren Vertragspartner erfüllt. Aus dessen Sicht erscheint der Makler nicht generell als Hilfsperson des Kontrahenten, sondern – je nach Sachlage – als Dritter, der durch seine Tätigkeit die Parteien zusammenbringt (BGH BB 1996, 396 [397]).

Das gilt jedoch nur, wenn sich der Makler vereinbarungsgemäß darauf beschränkt, seine Maklerdienste anzubieten. Übernimmt er darüber hinaus mit Wissen und Wollen einer der späteren Vertragsparteien Aufgaben, die typischerweise ihr obliegen, so wird er in deren Pflichtenkreis tätig, wird deren Hilfsperson und damit ihr Erfüllungsgehilfe nach § 278 BGB. Die Rechtsprechung hat dies etwa in Fällen angenommen, in denen der Makler als beauftragter Verhandlungsführer oder Verhandlungsgehilfe einer Partei aufgetreten ist (BGHZ 47, 224 [230]; 114, 263 [269]; BGH WM 1986, 1032 [1034]). Darüber hinaus kann ein Makler dann haften, wenn er sich Angaben des Verkäufers zu eigen macht oder sich für deren Richtigkeit einsetzt und wenn er die Unrichtigkeit der Angaben kennt oder sich Zweifel an der Richtigkeit der Angaben aufdrängen, sofern es dem Auftraggeber erkennbar auf diese Angaben ankommt (LG Münster NJW-RR 2005, 701).

4. Beweislast

56 Die Darlegungs- und Beweislast dafür, dass eine Aufklärungspflicht nicht verletzt wurde oder die Pflichtverletzung nicht ursächlich für den Vertragsschluss war, obliegt in der Regel demjenigen, dem der Schaden angelastet wird, weil es sich um Vorgänge handelt, die sich in seinem Bereich abgespielt haben (BGH NJW 1978, 41 [42] – Umkehr der Beweislast).

V. Allgemeine Geschäftsbedingungen/Formularverträge

Wer standardisierte Vertragstexte verwendet, muss Rechenschaft darüber ablegen, ob der beabsichtigte Vertrag unter Bestimmungen zur Regelung des Rechts der Allgemeinen Geschäftsbedingungen (§§ 305–310 BGB) fällt.

57

1. Begriff

Allgemeine Geschäftsbedingungen (im Folgenden AGB oder Formularverträge) sind nach § 305 Abs. 1 BGB alle für eine Vielzahl (mindestens drei Verwendungen, BGH NJW 2002, 138 [139]; BAG DB 2006, 1377) von Verträgen **vorformulierte Vertragsbedingungen**, die eine Vertragspartei (Verwender) der anderen Vertragspartei bei Abschluss eines Vertrages stellt. Gleichgültig ist es, ob die Bestimmungen einen äußerlich gesonderten Bestandteil des Vertrages bilden oder ob sie in die Vertragsurkunde selbst aufgenommen werden, welchen Umfang sie haben, in welcher Schriftart sie verfasst sind und welche Form der Vertrag hat.

58

Nicht immer sieht man daher einem Vertrag äußerlich an, ob er ein Formularvertrag im Sinne des § 305 Abs. 1 BGB ist. Auch wer seinen Vertrag im PC gespeichert hat und ihn für den konkreten Fall abruft, verwendet AGB. Auch einzelne Textbausteine, die unverändert in Verträge integriert wurden, sind als AGB zu qualifizieren (BGH NJW 1988, 410; OLG Hamm NJW-RR 1988, 726; OLG Frankfurt NJW 1991, 1489 [1490]), und zwar selbst dann, wenn sie nur im Gedächtnis gespeichert und daraus wiedergegeben werden (BGH WM 2005, 1373). Ausreichend ist bereits die erstmalige Verwendung, wenn dies mit dem Ziel geschieht, entsprechende Klauseln auch für weitere Verträge zu nutzen (Palandt/*Grüneberg*, BGB, 72. Aufl., § 305 Rz. 9).

AGB liegen **nicht** vor, soweit die Vertragsbedingungen zwischen den Vertragsparteien im Einzelnen ausgehandelt sind (§ 305 Abs. 1 Satz 3 BGB), wobei ein echter Verhandlungsspielraum gegeben sein muss. Wurde über eine Klausel verhandelt, so ist sie auch dann eine Individualklausel, wenn sich ihr Wortlaut gegenüber der Ursprungsversion nicht verändert hat (BGH NJW 1992, 2283 [2285]). Wichtig ist ferner, dass **individuelle Vertragsabreden** stets Vorrang vor AGB haben (§ 305b BGB). Soweit die Parteien im Rahmen ihrer Verhandlungen über einzelne Klauseln kontrovers sprechen, verlieren vorformulierte Klauseln damit ihren Charakter als AGB, selbst wenn der Wortlaut einer Klausel dadurch nicht verändert wird. Eine Vereinbarung ist deshalb stets von Klausel zu Klausel dahingehend zu überprüfen, ob es sich jeweils um einen für eine Vielzahl von Fällen vorformulierten Teil handelt. Auch wenn also über einen Vertrag, den eine Partei im Entwurf vorlegt, verhandelt werden soll, ist es sinnvoll, sich als Verwender von AGB bereits im Vorfeld Klarheit darüber zu verschaffen, ob es sich bei mehrfacher Verwendung um zulässige Klauseln handelt. Soweit es nicht zu einer Verhandlung bezüglich einzelner

Regelungen des Vertrages kommt, ist für die Geltung und Zulässigkeit Folgendes zu beachten:

2. Sachlicher und persönlicher Geltungsbereich

a) Sachlicher Anwendungsbereich

59 Auf Verträge auf den Gebieten des Erb-, Familien- und Gesellschaftsrechts sowie auf Tarifverträge, Betriebs- und Dienstvereinbarungen findet Buch 2 Abschn. 2 BGB keine Anwendung (§ 310 Abs. 4 BGB). Sonstige AGB-Verträge auf dem Gebiet des Arbeitsrechts, die seit dem 31.12.2001 abgeschlossen wurden, unterliegen daher dem AGB-Recht der §§ 305 ff. BGB und seiner Klauselkontrolle, doch sind bei der Anwendung auf Arbeitsverträge die im Arbeitsrecht geltenden Besonderheiten angemessen zu berücksichtigen. § 305 Abs. 2 und 3 BGB (Einbeziehungsvoraussetzungen finden jedoch keine Anwendung; § 310 Abs. 4 Satz 1 und 2 BGB). Den (vom AGB-Recht freigestellten) Tarifverträgen, Betriebs- und Dienstvereinbarungen (§ 310 Abs. 4 Satz 1 2. Halbsatz) stehen Rechtsvorschriften im Sinne von § 307 Abs. 3 BGB gleich (§ 310 Abs. 4 Satz 3 BGB). Daraus folgt, dass auch Einzelarbeitsverträge, die (ohne beiderseitige Tarifbindung) auf Tarifverträge usw. Bezug nehmen, nicht der Inhaltskontrolle, wohl aber dem Transparenzgebot unterliegen (BT-Drucks. 14/6857, S. 54, li. Sp. unten). Da die Bestimmungen für AGB nicht für Verträge auf dem Gebiet des Gesellschaftsrecht (zu dem die Rechtsprechung auch das Vereinsrecht zählt) Anwendung finden, gelten sie folglich nur für Austauschverträge, soweit sie nicht eines der genannten Gebiete betreffen.

Ferner sind in den §§ 305a, 309 Nr. 7 BGB eine Reihe von Verträgen, die zumeist, aber nicht nur, der öffentlichen Versorgung dienen, vom sachlichen Anwendungsbereich des AGB-Rechts ausgenommen, in §§ 308 Nr. 5, 309 Nr. 8 Buchstabe b) ff.) BGB Verträge privilegiert, in denen die **VOB/B insgesamt einbezogen** ist.

b) Persönlicher Anwendungsbereich

60 Die §§ 305 Abs. 2 und 3, (Einbeziehung), 308 und 309 (Klauselverbote) BGB finden keine Anwendung auf Allgemeine Geschäftsbedingungen,

- die gegenüber einem **Unternehmer** (§ 14) verwendet werden,
- die gegenüber einer **juristischen Person** des öffentlichen Rechts oder einem öffentlich-rechtlichen Sondervermögen verwendet werden.

Von erheblicher Bedeutung ist jedoch, dass in diesen Fällen aber die **Generalklausel** des § 307 BGB gilt, so dass beispielsweise auch im kaufmännischen Geschäftsverkehr AGB unwirksam sind, wenn sie den Vertragspartner des Verwenders entgegen den Geboten von Treu und Glauben unangemessen benachteiligen, und zwar auch insoweit, als Klauseln verwendet werden, die nach den im kaufmännischen Geschäftsverkehr nicht geltenden §§ 308 und 309 BGB unwirksam sind. Jedoch ist auf die Gewohnheiten und Gebräuche des Handelsverkehrs angemessen Rücksicht zu nehmen. Allerdings ist festzustellen, dass eine Vielzahl gegenüber Verbrauchern nach den §§ 308, 309 BGB unwirksame Regelungen auch gegenüber Personen nach § 14 BGB über § 307 BGB unzulässig sind.

3. Einbeziehung

Soweit die §§ 305–310 BGB Anwendung finden, werden Allgemeine Geschäftsbedingungen nur dann Bestandteil eines Vertrages mit einem Verbraucher, wenn sie nach § 305 Abs. 2 und 3 BGB einbezogen werden. Nach § 310 Abs. 1 BGB findet diese Regelung insbesondere auf Unternehmer keine Anwendung. § 305 Abs. 2 u. 3 BGB gilt für die in § 305a BGB genannten Verträge ebenfalls nicht. Beide Parteien müssen sich im Falle von § 305 Abs. 2 und 3 BGB einig sein, dass der Formularvertrag zwischen ihnen gelten soll. Erforderlich ist dafür ein ausdrücklicher Hinweis durch den Verwender und die Möglichkeit der Kenntnisnahme durch den Vertragspartner. Großzügigere Regelungen zugunsten des Verwenders gelten in Verträgen mit Unternehmern. Hier ist eine Einbeziehung bereits dann anzunehmen, wenn ein ausdrücklicher Verweis auf die AGB erfolgt, auch ohne dass die AGB zugesandt werden müssten. Der Hinweis, dass die AGB auf Wunsch gerne zugesandt werden, ist ausreichend (OLG Düsseldorf VersR 1996, 1394). 61

4. Zulässigkeit der Klauseln

Bereits im Stadium der Vertragsvorbereitung ist es erforderlich, die Zulässigkeit der Klauseln zu prüfen, wenn der Vertrag (voraussichtlich) den §§ 305 ff. BGB unterliegen wird, weil sein Inhalt rechtlich nach § 305 Abs. 1 BGB als Allgemeine Geschäftsbedingungen zu qualifizieren ist oder zumindest als solche ausgelegt werden könnte. 62

Nach der auch auf Unternehmer anwendbaren Generalklausel des § 307 BGB ist:

eine unangemessene Benachteiligung im Zweifel anzunehmen, wenn eine Bestimmung

1. mit wesentlichen Grundgedanken der gesetzlichen Regelung, von der abgewichen wird, nicht zu vereinbaren ist, oder

2. wesentliche Rechte oder Pflichten, die sich aus der Natur des Vertrages ergeben, so eingeschränkt werden, dass die Erreichung des Vertragszwecks gefährdet ist.

Doch der Begriff der **Pflicht aus einem Schuldverhältnis** in § 280 Abs. 1 BGB strahlt auch auf die Verbotstatbestände unangemessener Klauseln in AGB aus (Einzelheiten: *Graf v. Westphalen*, NJW 2002, 12 [17 ff.]). Wie *v. Westphalen* (a.a.O., 19 f.) u.a. am Beispiel der **Einrede des nicht erfüllten Vertrages im Kaufrecht** darlegt, führt die Beseitigung der Mängelgewährleistungsvorschriften als Sonderregelungen dazu, dass die AGB-Klauselverbote inhaltlich erweitert werden. In AGB müsse daher nun sichergestellt werden, dass dem Käufer diese Einrede nicht klauselmäßig abgeschnitten werde. Unwirksam sei es insbesondere, wenn die Zulässigkeit dieser Einrede an die Tatbestandsvoraussetzungen des Aufrechnungsverbotes (§ 309 Nr. 3 BGB) geknüpft werde.

5. Verbraucherverträge

63 Der Begriff ist in § 310 Abs. 3 BGB legal definiert. Danach liegt ein **Verbrauchervertrag** vor, wenn ein Unternehmer (§ 14 BGB) mit einem Verbraucher (§ 13 BGB) einen Vertrag – gleichgültig welcher Art – abschließt. Es kann sich also um einen Kauf-, Dienst- oder Darlehensvertrag („Verbraucherdarlehensvertrag", § 491 BGB) handeln. Auf sie finden die Vorschriften der §§ 305–310 BGB mit folgenden Maßgaben Anwendung (§ 310 Abs. 3 BGB):

– AGB gelten als vom Unternehmer gestellt, es sei denn, dass sie durch den Verbraucher in den Vertrag eingeführt wurden,

– bei der Beurteilung der unangemessenen Benachteiligung nach § 307 Abs. 1 und 2 BGB sind auch die den Vertragsabschluss **begleitenden Umstände** zu berücksichtigen.

Im Rahmen von Verbraucherverträgen ist der Spielraum für Verwender im Vergleich zu Verträgen mit Unternehmen deutlich eingeschränkt. Nachdem in der Praxis bei Verbraucherverträgen wenig zwischen den Parteien verhandelt wird, kommt AGB-Recht in diesen Vertragsbeziehungen häufig zur Anwendung.

64 Nach der Legaldefinition des § 14 BGB ist **Unternehmer** eine natürliche oder juristische Person oder eine rechtsfähige Personengesellschaft, die bei Abschluss eines Rechtsgeschäfts **in Ausübung ihrer gewerblichen oder selbständigen beruflichen Tätigkeit** (also nicht privat) **handelt**, also auch Freiberufler, Handwerker und Landwirte, die im Rahmen ihrer gewerblichen, beruflichen oder sonst selbständigen Tätigkeit handeln. Eine rechtsfähige Personengesellschaft liegt vor, wenn sie mit der Fähigkeit ausgestattet ist, Rechte zu erwerben und Verbindlichkeiten einzugehen, also auch die Außen-GbR (BGH NJW 2001, 1056) und entsprechend wohl auch der organschaftlich organisierte nicht eingetragene Verein (*Karsten Schmidt*, NJW 2001, 1002).

Verbraucher sind nach § 13 BGB natürliche Personen, die ein Rechtsgeschäft zu einem Zweck abschließen, der weder einer gewerblichen noch einer selbständigen beruflichen Tätigkeit zugerechnet werden kann. Die Bestimmungen der §§ 13, 14 BGB erfassen daher im Wesentlichen **Austauschverträge** mit Ausnahme von Verträgen auf dem Gebiet des Erb-, Familien- und **Gesellschaftsrechts**, Tarifverträgen, Betriebs- und Dienstvereinbarungen.

Ihre **besondere Bedeutung** gewinnt die Bestimmung des § 310 Abs. 3 BGB 65
jedoch in Verbindung mit dem Anhang zur EG-Richtlinie 93/13/EWG, in welchem ein Katalog von Klauseln aufgeführt und näher beschrieben ist, die gem. Art. 3 Abs. 3 der Richtlinie zu missbilligen sind. Art. 3 Abs. 3 der Richtlinie lautet: „Der Anhang enthält eine als Hinweis dienende und nicht erschöpfende Liste der Klauseln, die für missbräuchlich erklärt werden können." Sie sind fast ausnahmslos im Klauselkatalog der §§ 307 bis 309 BGB bereits enthalten, können diesen jedoch wegen der Notwendigkeit richtlinienkonformer und damit europarechtskonformer Auslegung ergänzen. Zwar findet § 310 BGB auf Verträge mit Unternehmern keine unmittelbare Anwendung; allerdings können entsprechende Klauseln auch nach § 307 BGB – wie dargestellt – unwirksam sein.

VI. Vollmachten

Vielfach wird der Verhandlungspartner nicht Inhaber oder gesetzlicher 66
Vertreter der künftigen Vertragspartei sein, sondern ein Bevollmächtigter. Es ist wichtig, sich darüber zu vergewissern, dass der Verhandlungspartner auch tatsächlich Verhandlungsvollmacht und erforderlichenfalls Abschlussvollmacht hat. Eine Legal Opinion (Rz. 23 ff.) bei ausländischen Vertragspartnern kann hier zumindest die Zahl der einer Haftung Unterworfenen erweitern. Bei Handelsgesellschaften sind die gesetzlichen Vertreter und die Prokuristen aus dem Handelsregister ersichtlich.

Die **Prokura** ermächtigt zu allen Arten von gerichtlichen und außergerichtlichen Geschäften und Rechtshandlungen, die der Betrieb eines Handelsgewerbes mit sich bringt. Zur Veräußerung und Belastung von Grundstücken ist der Prokurist jedoch nur ermächtigt, wenn ihm diese Befugnis besonders erteilt ist (§ 49 HGB). Die Beschränkung des Umfangs der Prokura ist Dritten gegenüber grundsätzlich unwirksam (§ 50 Abs. 1 HGB). Aus dem Handelsregister kann sich jedoch ergeben, dass der Prokurist nur zusammen mit einem anderen Prokuristen oder mit einem Geschäftsführer (GmbH) oder Vorstandsmitglied (AG) handeln darf.

1. Verhandlungsvollmacht

Ist jemand, ohne dass ihm Prokura erteilt ist, zum Betrieb eines Handels- 67
gewerbes oder zur Vornahme einer bestimmten zu einem Handelsgewerbe gehörigen Art von Geschäften oder zur Vornahme Einzelner zu einem Handelsgewerbe gehöriger Geschäfte ermächtigt, so hat er **Handlungsvollmacht**, die sich auf alle Geschäfte und Rechtshandlungen erstreckt, die der Betrieb des entsprechenden Handelsgewerbes oder die Vornahme derartiger Geschäfte gewöhnlich mit sich bringt. Zur Veräußerung oder Belastung von Grundstücken, zur Eingehung von Wechselverbindlichkeiten, zur Aufnahme von Darlehen und zur Prozessführung ist der Handlungsbevollmächtigte jedoch nur ermächtigt, wenn ihm eine solche Befugnis besonders erteilt ist. Sonstige Beschränkungen der Handlungs-

vollmacht braucht ein Dritter nur dann gegen sich gelten zu lassen, wenn er sie kannte oder kennen musste (§ 54 HGB).

Im nichtkaufmännischen Bereich wirkt die Willenserklärung eines Vertreters – mit Ausnahme der unter Rz. 74 ff. dargestellten Ausnahmen – nur dann und soweit für und gegen den Vertretenen, wie die Vertretungsmacht des Vertreters reicht, § 164 Abs. 1 BGB.

68 Auch im kaufmännischen Bereich ist es möglich, die Vertretungsmacht des Verhandlungspartners intern zu beschränken, wenn ein Handlungsgehilfe (§ 59 HGB) verbindliche Willenserklärungen abgibt: Entsprechende interne Beschränkungen kann der Vertretene jedoch nicht in jedem Fall dem Vertragspartner entgegenhalten; sie begründen nur dann einen Schadensersatzanspruch des Vertretenen, wenn der Vertreter seine interne Vollmacht überschreitet. Nicht selten wird ein Verhandlungspartner aber vor dem endgültigen Vertragsabschluss erklären, er müsse das Verhandlungsergebnis von einer vorgesetzten Stelle genehmigen lassen.

Es empfiehlt sich daher stets, sich frühzeitig über die Reichweite der Vollmacht seines Verhandlungspartners zu vergewissern, da man auch bei ungewollter, aber im Außenverhältnis wirksamer Vertretung den Vertragspartner häufig nicht in einen Vertrag zwingen will, der dann nur unwillig, schlecht oder gar nicht erfüllt wird. Zusätzliche Rechtsverfolgungskosten können in diesem Fall entstehen; die gesamte Vertragsdurchführung kann scheitern.

2. Abschlussvollmacht

69 Wer Verhandlungsvollmacht hat, muss noch keine Abschlussvollmacht haben. Bei Verträgen, die den §§ 305 ff. BGB unterliegen, kann etwa die Vertretungsmacht des Vertragspartners darauf beschränkt werden, dass die AGB des Verwenders unverändert übernommen werden.

Im kaufmännischen Bereich umfasst die Vertretungsmacht von Handlungsbevollmächtigten (§ 54 HGB) und von Abschlussvertretern (§§ 55, 91 Abs. 1 HGB) die Vertretungsmacht zum **Geschäftsabschluss** als solchen und im Zweifel auch die zur **Änderung** oder **Ergänzung** der vom Unternehmer vorgesehenen Vertragsbedingungen. Allerdings ist der Abschlussvertreter nicht ohne weiteres bevollmächtigt, bereits abgeschlossene Verträge zu ändern, insbesondere Zahlungsfristen zu gewähren, § 55 Abs. 2 HGB. Das gilt nach § 91 Abs. 1 HGB auch für den Handelsvertreter.

Beide – Handlungsbevollmächtigte wie Handelsvertreter – gelten jedoch als ermächtigt, **Mängelanzeigen** und ähnliche Erklärungen entgegenzunehmen, auch wenn sie keine Abschlussvollmacht haben (§§ 55 Abs. 4, 91 Abs. 2 HGB).

70 Im HGB wird ferner eine Reihe von Vermutungen aufgestellt, die positiven **Vertrauensschutz** gewährleisten. Grundsätze des Vertrauensschutzes

VI. Vollmachten

gelten auch im sonstigen Zivilrecht, allerdings dort durch die Rechtsprechung – und nicht wie im HGB – durch Gesetze konkretisiert (siehe dazu Rz. 74 ff.). So gilt, wer in einem Laden oder einem offenen Warenlager angestellt ist, als ermächtigt zu Verkäufen und Empfangnahmen, die in einem derartigen Laden oder Warenlager gewöhnlich geschehen, § 56 HGB. Diese gesetzliche Fiktion der Rechtsscheinhaftung hilft aber bei komplexen Verträgen nicht weiter, da sie nur „gewöhnliche", also üblicherweise getätigte Geschäfte umfasst.

Ferner schaffen § 75h HGB für den Handlungsgehilfen im Außendienst und § 91a HGB für den Handelsvertreter einen eigenen handelsrechtlichen **Vertrauenstatbestand**. Auch wenn der Handlungsgehilfe im Außendienst bzw. der Handelsvertreter nur mit der Vermittlung von Geschäften betraut ist, also keine Abschlussvollmacht hat, gilt das von diesen Personen gleichwohl abgeschlossene Geschäft als genehmigt, wenn der Unternehmer (der Prinzipal, wie das HGB noch etwas altmodisch formuliert) nach Kenntnis von dem Geschäftsabschluss dem Dritten gegenüber nicht unverzüglich das Geschäft ablehnt.

3. Duldungs- und Anscheinsvollmacht

Auch außerhalb des kaufmännischen Verkehrs können nicht mit Abschlussvollmacht ausgestattete Vertreter unter bestimmten Voraussetzungen dem Vertretenen gegenüber wirksam Geschäfte abschließen, wenn ein Rechtsschein vom Vertretenen zurechenbar gesetzt oder wenigstens nicht vermindert wurde und der Vertragspartner hierauf vertrauen durfte. Hierunter fallen die Duldungs- und die Anscheinsvollmacht.

a) Duldungsvollmacht

Sie kann vorliegen, wenn

- der Vertretene das **wiederholte** (BGH LM § 167 BGB Nr. 9 = NJW 1956, 460) Verhalten des Vertreters, dem er weder ausdrücklich noch stillschweigend Vollmacht erteilt hat, **kannte**
- und es gleichwohl **duldete,**
- wenn der Geschäftsgegner diese Duldung nach Treu und Glauben und mit Rücksicht auf die Verkehrssitte dahin deuten durfte, dass der Vertreter Vollmacht habe (BGH LM § 167 BGB Nr. 4 = MDR 1953, 345; BGH LM § 164 BGB Nr. 34).

b) Anscheinsvollmacht

Sie kann gegeben sein, wenn

- der Vertretene zwar das **Handeln** des Scheinvertreters **nicht kannte,**
- es aber bei pflichtgemäßer Sorgfalt **hätte kennen** und **verhindern** können

– und der Geschäftsgegner das Verhalten des Vertreters nach Treu und Glauben und mit Rücksicht auf die Verkehrssitte dahin auffassen durfte, dass es dem Vertretenen bei verkehrsmäßiger Sorgfalt nicht habe verborgen bleiben können und dieser es also duldete (BGH NJW 1956, 1673 [1674]; BGH NJW 2011, 2421; BVerwG NJW-RR 1995, 73 [75]).

4. Vollmachtloser Vertreter

74 Während in den Fällen der Duldungs- oder Anscheinsvollmacht der Vertretene die rechtsgeschäftlichen Handlungen und Erklärungen des Scheinvertreters gegen sich gelten lassen muss, ist das beim schlichten Vertreter ohne Vertretungsmacht nicht der Fall (zur Vollmacht vgl. auch Rz. 66 ff.). Hier hat der „Vertretene" kein Verhalten an den Tag gelegt, aufgrund dessen er für die Handlungen des Vertreters ohne Vertretungsmacht verantwortlich wäre. Nach § 177 BGB hängt die Wirksamkeit des Vertrages für und gegen den Vertretenen in diesem Fall von dessen Genehmigung ab. Nach § 179 BGB haftet der vollmachtlose Vertreter dem Geschäftsgegner nach dessen Wahl auf Erfüllung oder auf Schadensersatz, der das Erfüllungsinteresse umfasst.

75 Hat der **Vertreter** den **Mangel** der Vertretungsmacht **nicht gekannt**, so ist er zum Ersatz nur des Schadens verpflichtet, den der andere Teil dadurch erleidet, dass er auf die Vertretungsmacht vertraut, jedoch nicht über den Betrag des Interesses hinaus, welches der andere Teil an der Wirksamkeit des Vertrages hat. Er haftet also auf das Vertrauensinteresse (oben Rz. 33 f.).

Wenn der Vertragspartner des vollmachtlosen Vertreters den **Mangel** der Vertretungsmacht **kannte** oder kennen musste, haftet der Vertreter nicht, da der Vertragspartner insoweit nicht schutzwürdig ist. Gleiches gilt, wenn er in der Geschäftsfähigkeit beschränkt war, es sei denn, dass er mit Zustimmung seines gesetzlichen Vertreters gehandelt hat, § 179 Abs. 3 BGB.

VII. Konsens und Dissens

76 Ein Vertrag kommt durch übereinstimmende Willenserklärungen zustande, wobei das Gesetz als Regelfall davon ausgeht, dass ein Verhandlungspartner einem anderen ein Vertragsangebot macht (§ 145 BGB), das der andere unverändert annimmt; erklärt er die Annahme unter Erweiterungen, Einschränkungen oder sonstigen Änderungen, gilt das als Ablehnung des Vertragsangebots verbunden mit einem neuen Vertragsantrag (§ 150 Abs. 2 BGB), den nun wieder der andere Verhandlungspartner annehmen oder ablehnen kann. In bestimmten Fällen bedarf es nicht der ausdrücklichen Annahme des Vertragsangebotes, wenn sie den Umständen nach nicht zu erwarten ist oder derjenige, der das Vertragsangebot gemacht hat, auf eine Annahmeerklärung verzichtet hat und der Vertrag

VII. Konsens und Dissens

nun ohne weiteres in die Tat umgesetzt wird. Die übereinstimmenden Willenserklärungen, die, gegebenenfalls nach mehreren Verhandlungsstadien, erreicht werden, bilden den Konsens.

In komplexen Vertragsverhandlungen kann es aber vorkommen, dass die Parteien über einzelne Punkte Einigung erzielen, andere Punkte jedoch zurückstellen, um sie später zu verhandeln. Dabei ist denkbar, dass die Verhandlungspartner einen Punkt oder mehrere Punkte, über den oder die sie sich einigen wollten, vergessen. Es liegt dann ein Einigungsmangel vor, ein so genannter **Dissens**.

Der Gesetzgeber hat in den §§ 154, 155 BGB zwei Fälle des Einigungsmangels geregelt: den **offenen** und den **versteckten Einigungsmangel** (zur Rechtsdogmatik: *Leenen*, Abschluß, Zustandekommen und Wirksamkeit des Vertrages, AcP 188, 382 ff.; *Flume*, AT II, 3. Aufl., § 34).

1. Offener Einigungsmangel

Solange sich die Verhandlungspartner nicht über alle Punkte eines Vertrags geeinigt haben, über die nach der Erklärung auch nur einer Partei eine Vereinbarung getroffen werden soll, ist **im Zweifel** der Vertrag nicht geschlossen. Die Verständigung über einzelne Punkte ist auch dann nicht bindend, wenn eine Aufzeichnung stattgefunden hat (§ 154 Abs. 1 BGB). Es handelt sich bei § 154 BGB um eine **Auslegungsregel**. Die Verhandlungspartner sind nach dem Grundsatz der Vertragsfreiheit und der Privatautonomie frei, zu vereinbaren, dass ein Vertrag mit dem Inhalt, über den Einverständnis erzielt wurde, bindend geschlossen werden soll, ungeachtet der noch ausstehenden Einigung über die noch zu regelnden Fragen. Das kann im Einzelfall durchaus sinnvoll sein, wenn beide Parteien sich grundsätzlich darüber einig sind, zusammenzuarbeiten, aber ein Nebenpunkt – und sei er noch so wichtig – noch der Klärung bedarf. Sie müssen sich dann allerdings der Gefahr bewusst sein, dass möglicherweise über diesen Nebenpunkt später eine Einigung nicht mehr erzielt wird. Um dieses Risiko zu minimieren, bietet sich ein Letter of Intent (Rz. 14 ff.) an.

Beispiel:

Haben sich Vertragsparteien nur darüber geeinigt, dass der Kaufpreis in bestimmter Höhe verrechnet werden soll, aber nicht darüber, mit welchen von mehreren in Betracht kommenden bestrittenen Gegenforderungen, ist der Vertrag wegen offenen Dissenses im Zweifel nicht zustande gekommen, weil ein Veräußerungsvertrag eine Einigung über die Gegenleistung voraussetzt (BGH BB 1999, 710).

Unproblematisch ist § 154 BGB, solange der Vertrag noch von keiner der Parteien gelebt und erfüllt wird. Probleme ergeben sich, wenn der Vertrag in **Vollzug** gesetzt wird, **ohne** dass es zur **Einigung** über den offen gelassenen Nebenpunkt kommt. In diesem Fall kann sich auch konkludent aus den Umständen ein Bindungswille der Parteien ergeben. Das gilt insbesondere im Bereich des Arbeits- und Gesellschaftsrechts wie bei Dauerschuldverhältnissen (BGH NJW 1983, 1727 [1728] für den Fall eines Handelsvertretervertrags; vgl. auch BGHZ 41, 271 [275]), in denen eine Rückabwicklung schwer oder überhaupt nicht möglich ist. Regelungslücken sind erforderlichenfalls durch ergänzende Vertragsauslegung zu schließen, wenn feststeht, dass die Parteien die gesetzliche (dispositive) Regelung nicht wollten (BGH NJW 1975, 1116 [1117]).

Ein Dissens begründet nicht die Nichtigkeit eines Vertrags; nach der gesetzlichen Auslegungsregel ist vielmehr das Rechtsgeschäft noch nicht zustande gekommen.

2. Versteckter Einigungsmangel

78 Ein versteckter Dissens liegt vor, wenn sich die Vertragsparteien beim Vertragsabschluss über einen Punkt, über den eine Vereinbarung getroffen werden sollte, in Wirklichkeit nicht geeinigt haben. In diesem Fall gilt nach § 155 BGB das Vereinbarte, der Vertrag wird also rechtswirksam, sofern anzunehmen ist, dass der Vertrag auch ohne eine Bestimmung über diesen Punkt geschlossen worden wäre. Entscheidend ist also wie im Fall des § 139 BGB (Teilnichtigkeit eines Rechtsgeschäfts) der mutmaßliche Parteiwille.

Haben sich die Vertragsparteien über einen für den Vertragsgegenstand wesentlichen Punkt nicht geeinigt, die „essentialia negotii" (z.B.: Kaufpreis, Höhe des Mietzinses), gilt der Vertrag als nicht geschlossen, es sei denn, er ist bereits durchgeführt (siehe Beispiel oben Rz. 77).

Zur Vermeidung von Einigungsmängeln ist danach stets ein strukturiertes Verhandlungsmanagement (vgl. dazu Teil 2) erforderlich, das keine regelungsbedürftigen Punkte unberücksichtigt lässt sowie ein klares Vertragsdesign (vgl. dazu Teil 2), das deutlich macht, was genau als vereinbart gelten soll. Auch Notizen und Gedächtnisprotokolle über das in Verhandlungen erzielte Ergebnis sind zur Beweiserleichterung, dass ein Dissens (nicht) vorliegt, hilfreich.

VIII. Scheinvertrag

79 Scheingeschäfte der in § 117 BGB genannten Art sind weitaus seltener als vielfach angenommen. Wird eine Willenserklärung, die einem anderen gegenüber abzugeben ist, **mit dessen Einverständnis** nur zum Schein abgegeben, so ist sie nach § 117 BGB **nichtig** (Abs. 1). Wird durch das Scheingeschäft aber ein anderes Rechtsgeschäft verdeckt, so finden die für das verdeckte Rechtsgeschäft geltenden Vorschriften Anwendung (Abs. 2).

Ein Scheingeschäft im Sinne des § 117 BGB liegt nur dann vor, wenn die Parteien einverständlich nur den äußeren Schein des Abschlusses eines Rechtsgeschäfts hervorrufen, dagegen die mit dem betreffenden Rechtsgeschäfts verbundene Rechtswirkung nicht eintreten lassen wollen. Es setzt deshalb voraus, dass den Parteien der **Geschäftswille** fehlt. Daraus folgt, dass es gegen den Scheincharakter eines Rechtsgeschäfts spricht, wenn der mit ihm erstrebte Zweck nur bei Gültigkeit des Rechtsgeschäfts erreicht werden kann (BGHZ 36, 84, 88).

Treuhandgeschäfte, **Strohmanngeschäfte** und **Umgehungsgeschäfte** sind daher keine Scheingeschäfte, weil in diesen Fällen die Vertragsparteien gerade den Eintritt der angestrebten Rechtsfolge wollen. Inwieweit derartige Geschäfte zivilrechtlich wirksam oder wegen Verstoßes gegen andere Normen nichtig sind, richtet sich nach den §§ 134, 138 BGB. 80

IX. Anfechtbarkeit

Das BGB stellt eine Reihe von rechtlichen Möglichkeiten zur Verfügung, ein Rechtsgeschäft, das nicht nichtig ist, anzufechten. Die wichtigsten **Anfechtungstatbestände** für das Vertragsrecht sind: **Irrtum**, **Arglist**, **Drohung** und **Vermögensverschiebung** bei einer Insolvenz. Gleiches gilt bei Vermögensbeeinträchtigungen nach dem AnfechtungsG. Im Regelfall (Ausnahmen Rz. 86) wirkt die Anfechtung auf den Beginn des Vertrages zurück, § 142 Abs. 1 BGB. Das angefochtene Rechtsgeschäft ist damit von Anfang an nichtig. 81

1. Irrtum

Wer bei der Abgabe einer Willenserklärung über deren Inhalt im Irrtum war oder eine Erklärung dieses Inhalts überhaupt nicht abgeben wollte, kann die Erklärung anfechten, wenn anzunehmen ist, dass er sie bei Kenntnis der Sachlage und bei verständiger Würdigung des Falles nicht abgegeben haben würde (§ 119 Abs. 1 BGB). Als Irrtum über den Inhalt der Erklärung gilt auch der Irrtum über verkehrswesentliche Eigenschaften (§ 119 Abs. 2 BGB). Anfechtbar ist auch die Falschübermittlung (§ 120 BGB). Die Anfechtung muss in diesen Fällen **ohne schuldhaftes Zögern** („unverzüglich", das ist eine Legaldefinition) erfolgen, nachdem der Anfechtungsberechtigte vom Anfechtungsgrund Kenntnis erlangt hat. Da die Anfechtung – wie meist – gegenüber einem Abwesenden erfolgen muss, gilt sie als rechtzeitig, wenn die Anfechtungserklärung unverzüglich abgesendet wurde (§ 121 Abs. 1 BGB). Man unterscheidet vier Irrtumsfälle: 82

– Den Irrtum in der Erklärungshandlung,

– den Irrtum über den Erklärungsinhalt,

– den Irrtum über verkehrswesentliche Eigenschaften und

– den Übermittlungsirrtum.

Der Irrtum ist zu unterscheiden vom Dissens (oben Rz. 76 ff.). **Nicht irrt**, wer eine Urkunde unterschreibt, ohne sich eine Vorstellung von ihrem 83

Inhalt zu machen, also insbesondere, wer sie ungelesen unterschreibt. Das gilt auch für Ausländer, die der Verhandlungs- und Vertragssprache nicht mächtig sind (BGH NJW 1995, 190.), und selbst für Analphabeten. Unbeachtlich ist auch der reine **Kalkulationsirrtum** ebenso wie der Motivirrtum, der entsteht, weil Motive, die der Abgabe einer freien Willenserklärung zugrunde lagen, sich im Nachhinein als unzutreffend herausstellen.

Auf die Irrtumsanfechtung kann vertraglich verzichtet werden, weil es sich um dispositives Recht handelt (zu den Möglichkeiten und Beschränkungen ausführlich: *Daniel Wiegand*, Vertragliche Beschränkungen der Berufung auf Willensmängel [2000], Münchener Universitätsschriften Bd. 146). Gegen eine spätere Irrtumsanfechtung kann man sich aber nicht durch Klauseln etwa des Inhalts schützen, dass beide Vertragspartner den Inhalt des Vertrages gelesen und von ihm Kenntnis genommen und ihn verstanden haben, jedenfalls nicht, wenn der Vertrag oder diese Klausel – wie meist – als AGB-Klausel anzusehen ist, weil Tatsachenbestätigungen, die insbesondere die Beweislast umkehren, entweder nach § 308 Nr. 5 BGB oder nach § 307 BGB unwirksam sind. Dies gilt in der Regel auch im kaufmännischen Geschäftsverkehr.

84 Das Anfechtungsrecht wegen des Irrtums über verkehrswesentliche Eigenschaften nach § 119 Abs. 2 BGB (nicht aber das aus § 119 Abs. 1 BGB und nicht das aus § 123 BGB, zu letzterem nachstehend Rz. 85) konkurriert mit den **Mängelansprüchen** der §§ 437 ff., 634 ff. BGB, **die vorrangig sind**, weil die erfolgreiche Anfechtung die Willenserklärung, die den Vertrag rückwirkend beseitigt, die Mängelansprüche vernichten würde. Das ist im Wesentlichen unstreitig für die **kaufvertragliche Mängelhaftung**, für die **mietvertragliche Gewährleistung** (§§ 536 ff. BGB, nicht ganz unstreitig), für die **werkvertraglichen Mängelansprüche und Dienstverträge**. Zu den **Gesellschaftsverträgen** siehe nachstehend Rz. 86 ff.

2. Täuschung und Drohung

85 Wer zur Abgabe einer Willenserklärung durch arglistige Täuschung oder widerrechtlich durch Drohung bestimmt wurde, kann die Erklärung nach § 123 Abs. 1 BGB **anfechten**. Hat ein **Dritter** die Täuschung verübt, so ist eine Erklärung, die einem anderen gegenüber abzugeben war, nur anfechtbar, wenn dieser die Täuschung kannte oder kennen musste, § 123 Abs. 2 BGB. Dritter in diesem Sinn ist aber nur, wer am Geschäft nicht beteiligt ist, also nicht, wer Verhandlungsvollmacht hatte, da der Vertretene sich die Handlungen des Vertreters zurechnen lassen muss.

Die Anfechtung wegen arglistiger Täuschung oder Drohung kann nur **binnen Jahresfrist** erfolgen, wobei die Frist im Fall der arglistigen Täuschung mit dem Zeitpunkt beginnt, in dem der Anfechtungsberechtigte die Täuschung entdeckt, im Falle der Drohung mit dem Zeitpunkt, in welchem die Zwangslage aufhört, § 124 Abs. 1 und 2 BGB.

Die vorstehenden Ausführungen in den Rz. 81–85 gelten nicht für Gesellschaftsverträge. Näheres hierzu siehe Rz. 86 ff.

3. Rechtsfolgen der Anfechtung bei Dauerschuldverhältnissen

Sie unterscheiden sich von den regulären Austauschverträgen dadurch, dass sie nicht auf den bloßen Austausch von Leistung und Gegenleistung gerichtet sind, sondern **beiderseitige Dauerverpflichtungen** begründen. Besondere Rechtsprobleme treten dabei insbesondere auf, wenn ein Dauerschuldverhältnis nicht rechtswirksam begründet wurde oder wenn es vorzeitig beendet werden soll. Denn an der Rückabwicklung der erbrachten Teilleistungen nach Bereicherungsrecht (wie bei den Austauschverträgen) ist den Vertragspartnern in der Regel nicht gelegen; sie ist oft auch unmöglich, wie z.B. bei Arbeits-, Miet- und Gesellschaftsverträgen. Die erbrachte Arbeitskraft, die Nutzung der Mietsache und oft auch die Leistungen im Rahmen eines Gesellschaftsverhältnisses können nicht zurückerstattet werden.

Aus diesem Grund finden die Vorschriften über die **Anfechtung** wegen Irrtums, arglistiger Täuschung oder Drohung, die bei den Austauschverträgen das Vertragsverhältnis von Anfang an (ex tunc) nichtig machen (§ 142 Abs. 1 BGB), auf Dauerschuldverhältnisse **keine Anwendung**. Sie können nur aus wichtigem Grund (vgl. § 314 Abs. 1 Satz 2 BGB allgemein sowie den §§ 490, 543, 626, 627 BGB im Besonderen) außerordentlich fristlos **gekündigt** werden mit der Wirkung, dass das Rechtsverhältnis mit Rechtswirksamkeit der Kündigung (ex nunc) beendet wird. Besteht der Grund in der Verletzung einer Pflicht aus dem Vertrag, ist die Kündigung erst nach erfolglosem Ablauf einer zur Abhilfe gesetzten Frist oder Abmahnung zulässig, es sei denn, ein Fall des § 323 Abs. 2 BGB liegt vor (§ 314 Abs. 2 BGB). Dies ist der Fall bei endgültiger Leistungsverweigerung des Schuldners, bei Nichtleistung trotz Vorliegens einer bereits bestehenden Frist oder wenn eine Interessenabwägung die sofortige Beendigung des Vertragsverhältnisses rechtfertigt. Letzteres ist der bei einer außerordentlichen Kündigung häufig vorliegende Fall. Die Kündigung ist nur innerhalb angemessener Frist ab Kenntnis vom Kündigungsgrund zulässig (§ 314 Abs. 3 BGB).

Aus der Natur von Dauerschuldverhältnissen und bereits ausgetauschten Leistungen folgt, dass für in Vollzug gesetzte Dauerschuldverhältnisse nicht die Auslegungsregel des § 154 Abs. 1 Satz 1 BGB gilt (offener Einigungsmangel, oben Rz. 77).

Dagegen hat die Rechtsprechung diese Grundsätze nicht ausgedehnt auf Fälle der **Nichtigkeit nach § 134 BGB**, mit der Begründung, die Rechtsordnung könne eine fehlerhafte Gesellschaft nicht anerkennen, wenn bei ihrer Gründung gegen ein gesetzliches Verbot verstoßen wurde und wichtige Gemeinschaftsinteressen entgegenstehen (BGHZ 62, 234 [241 m.w.N.]; 97, 243 [250]; BGH WM 1980, 12 [14]). In diesem Fall sind die beiderseitigen Leistungen der Parteien nach den Grundsätzen des Bereicherungsrechts zurück zu gewähren.

88 Die wichtigsten Dauerschuldverhältnisse sind:
- Gesellschaftsverträge,
- Dienst- und Arbeitsverträge, daher auch
- Handelsvertreterverträge,
- Vertragshändlerverträge,
- Franchise-Verträge,
- Miet- und Pachtverträge,
- Bezugsverträge,
- Sukzessivlieferungsverträge und
- Wiederkehrschuldverhältnisse.

Sie können (auf einen längeren Zeitraum) befristet sein oder aber unbefristet mit dem Recht der ordentlichen Kündigung abgeschlossen werden. Sie unterliegen jedoch stets dem Recht der außerordentlichen Kündigung aus wichtigem Grund auch ohne entsprechende vertragliche Regelung, soweit die andere Vertragspartei eine schwer wiegende Pflichtverletzung zu vertreten hat. Einschränkungen hinsichtlich der Abwicklungsfrist können sich jedoch bei marktbeherrschender Stellung des Kündigenden ergeben (OLG Frankfurt NJW 1995, 3260; BGH NJW 1987, 3197 [3199]).

4. Vermögensverschiebungen

89 Im Falle der Insolvenz können Rechtshandlungen des Insolvenzschuldners, die vor der Eröffnung des Insolvenzverfahrens vorgenommen wurden und die Insolvenzgläubiger benachteiligen, nach §§ 129 ff. InsO **angefochten** werden, und zwar **durch den Insolvenzverwalter.**

Außerhalb des Insolvenzverfahrens können Rechtshandlungen zum Zwecke der Befriedigung eines Gläubigers als diesem gegenüber unwirksam nach den Vorschriften des Anfechtungsgesetzes angefochten werden, wobei zu den nach § 3 Abs. 2 AnfG anfechtbaren entgeltlichen Verträgen **auch Gesellschaftsverträge** gehören, ebenso wie nach § 133 Abs. 2 InsO (näheres hierzu: BGHZ 96, 352 [357] = NJW 1986, 2252 zu § 31 Nr. 2 KO).

X. Geschäftsgrundlage

90 Als Geschäftsgrundlage eines Vertrages bezeichnet die Rechtsprechung – mit teils unterschiedlichem Wortlaut, aber im Wesentlichen inhaltsgleich – „die nicht zum eigentlichen Vertragsinhalt erhobenen, bei Vertragsschluss aber **zu Tage getretenen gemeinsamen Vorstellungen** beider

X. Geschäftsgrundlage

Vertragsparteien oder **die dem Geschäftsgegner erkennbaren und von ihm nicht beanstandeten Vorstellungen der einen Vertragspartei** von dem Vorhandensein oder dem künftigen Eintritt gewisser Umstände, auf denen der Geschäftswille der Parteien sich aufbaut" (BGH NJW 1991, 1478; 1997, 320 [323] – „Klimbim"; 2012, 1718; BAG NJW 1991, 1562 [1563]; BAG NZA 2010, 465 jeweils m.w.N.; st. Rspr.).

Die Rechtsfigur der **Störung der Geschäftsgrundlage** ist in § 313 BGB mit folgendem Wortlaut gesetzlich geregelt:

(1) Haben sich Umstände, die zur Grundlage des Vertrages geworden sind, nach Vertragsschluss schwerwiegend verändert und hätten die Parteien den Vertrag nicht oder mit anderem Inhalt geschlossen, wenn sie diese Veränderung vorausgesehen hätten, so kann Anpassung des Vertrages verlangt werden, soweit einem Teil unter Berücksichtigung aller Umstände des Einzelfalles, insbesondere der vertraglichen oder gesetzlichen Risikoverteilung, das Festhalten am unveränderten Vertrag nicht zugemutet werden kann.

(2) Einer Veränderung der Umstände steht es gleich, wenn wesentliche Vorstellungen, die zur Grundlage des Vertrages geworden sind, sich als falsch herausstellen.

(3) Ist eine Anpassung des Vertrages nicht möglich oder einem Teil nicht zumutbar, so kann der benachteiligte Teil vom Vertrag zurücktreten. An die Stelle des Rücktrittsrechts tritt für Dauerschuldverhältnisse das Recht zur Kündigung.

Man unterscheidet die Fälle 91

– des **Wegfalls** der Geschäftsgrundlage, § 313 Abs. 1 BGB, die zu einer Anpassung des Vertrags und seiner Bedingungen an die veränderten Umstände führen kann (Beispiele: BGH NJW 1952, 137 – Volkswagensparer; BGHZ 25, 390 [392 ff.] – Irrtum über den Umstellungssatz aufgrund der Währungsreform 1948) und

– des **Fehlens** der Geschäftsgrundlage zur Zeit des Vertragsabschlusses, § 313 Abs. 2 BGB (Beispiel: Börsenkursfälle RGZ 94, 65 ff.; die Vertragsparteien hatten sich über die Höhe des Börsenkurses eines Wertpapiers geirrt).

Der zweitgenannte Fall der von Anfang an **fehlenden Geschäftsgrundlage** behandelt die Fälle des gemeinschaftlichen Irrtums über einen für die Willensbildung wesentlichen Umstand. Dabei steht der Rechtsirrtum dem Tatsachenirrtum gleich (BGH 25, 393) und wird im Ergebnis ebenso behandelt wie der Wegfall der Geschäftsgrundlage in § 313 Abs. 1 BGB (so auch bisher BGH 25, 393; NJW 1976, 566; 1986 1349).

Der erstgenannte Fall des **Wegfalls der Geschäftsgrundlage** ist – wie die 92 Beispielsfälle zeigen – vor allem ein Instrumentarium für das Krisenmanagement. Ihm liegt die im Gemeinen Recht entwickelte **clausula rebus sic stantibus** zugrunde, also der Gedanke, dass gegenseitige Verpflichtungen unter der stillschweigenden Voraussetzung eingegangen werden, das

Verhältnis zwischen Leistung und Gegenleistung werde sich bis zur beiderseitigen Erfüllung des Vertrags nicht grundsätzlich ändern. Das BGB hat diesen Rechtsgedanken zunächst ausdrücklich nicht generell übernommen, so dass Fälle des Wegfalls der Geschäftsgrundlage vor Inkrafttreten des § 313 BGB durch das Schuldrechtsmodernisierungsgesetz zum 1.1.2002 mit Hilfe von § 242 BGB gelöst werden mussten.

93 Neben der Regelung des § 313 BGB finden sich im BGB einige spezialgesetzlich geregelte Fälle des Wegfalls der Geschäftsgrundlage, beispielsweise:
– In § 321 BGB, der bei **Vermögensverschlechterung** des Vertragspartners ein Leistungsverweigerungsrecht gibt („Unsicherheitseinrede"),
– in § 490 BGB, der im Fall der tatsächlichen oder auch nur drohenden **Vermögensverschlechterung** des Darlehensnehmers oder der Werthaltigkeit einer für ein Darlehen gestellten Sicherheit ein **Leistungsverweigerungsrecht** bzw. das Recht der fristlosen Kündigung des Darlehens einräumt,
– in § 519 BGB, der gegen den Anspruch auf Erfüllung eines **Schenkungsversprechens** die Einrede des Notbedarfs gewährt,
– in § 779 BGB, wonach ein Vergleich unwirksam ist, wenn der als Geschäftsgrundlage angesehene Sachverhalt nicht der Wirklichkeit entspricht.

Für den Fall, dass **Streit über die Geschäftsgrundlage** entsteht, ist es nützlich, die Geschäftsgrundlage **vertraglich festzuschreiben**. Hierzu gibt es zwei Instrumentarien: die **Präambel** oder **Vorbemerkung** (näheres unten Rz. 201) und – sollte sich die Geschäftsgrundlage damit nicht ermitteln lassen – die **salvatorischen Klauseln** (näheres unten Rz. 326).

XI. Sittenwidrigkeit

94 Nach § 138 Abs. 1 BGB ist ein Rechtsgeschäft nichtig, das gegen die guten Sitten verstößt. Zweck der Vorschrift ist der Schutz gegen Missbrauch der Privatautonomie. Die Rechtsordnung verweigert sittenwidrigen Rechtsgeschäften ihre Anerkennung sowie Durchsetzung. Wer sich außerhalb der guten Sitten bewegt, kann danach nicht auf Unterstützung der Rechtsordnung bei der Durchsetzung nichtiger Rechtsgeschäfte hoffen.

Die Nichtigkeit eines Vertrages nach § 138 BGB gilt sowohl für einmalige **Austauschverträge** als auch für **Dauerschuldverhältnisse**. Hier bieten insbesondere unverhältnismäßige Wettbewerbsverbote, die örtlich, zeitlich und gegenständlich nicht beschränkt oder zu weitreichend ein Wettbewerbsverbot statuieren, ein Einfallstor für die Berufung auf § 138 BGB (vgl. BGH NJW 1997, 3089 [3090]). Das gilt zumindest bei Austauschverträgen, wie etwa im Arbeitsrecht (BAG AP Nr. 1 und 2 zu § 138 BGB). In

Vollzug gesetzte **Gesellschaftsverträge** sollen hingegen nur dann nach § 138 BGB nichtig sein, wenn der **Gesellschaftszweck** sittenwidrig ist (BGH NJW 1967, 36 [39]; 1970, 1540 [1541]). Dieser Einschränkung wird in der Rechtsliteratur mit Recht widersprochen: Sie steht im Gegensatz zu der Auffassung der Sittenwidrigkeit als Inakzeptabilität einer rechtsgeschäftlichen Regelung (*Armbrüster* in MünchKomm, BGB, 6. Aufl., § 138 Rz. 162 m.w.N.) und der Folge der Nichtigkeit, wenn ein Gesellschaftsvertrag gegen ein gesetzliches Verbot verstößt (§ 134 BGB), wo auch nicht (nur) auf den Zweck der Gesellschaft abgestellt wird, näheres hierzu unten Rz. 100.

1. Allgemeines

Der Begriff der Sittenwidrigkeit ist seit den Motiven (Mot. II, 727; *Mugdan*, II, 406) eine Handlungsweise, die „den in den guten Sitten sich ausprägenden Auffassungen und dem Anstandsgefühl aller billig und gerecht Denkenden widerspricht". Auch der BGH orientiert sich hieran (Beispiele: BGHZ 10, 228 [232] = NJW 1959, 1665; 69, 295 [297]). Insbesondere ist § 138 BGB – wie alle interpretationsbedürftigen und interpretationsfähigen Normen des Privatrechts – auch als „Einbruchstelle" der Grundrechte des Grundgesetzes in das bürgerliche Recht bezeichnet worden (BVerfGE 7, 198 [206] – Lüth unter Bezugnahme auf Dürig). 95

Bei der Prüfung, ob ein Rechtsgeschäft sittenwidrig ist, muss grundsätzlich auf den Zeitpunkt seiner Vornahme abgestellt werden (BGHZ 7, 111; 20, 71 [73]; 72, 308 [314]; 100, 353 [359]; 107, 92 [96 m.w.N.]), also auf den Zeitpunkt des Vertragsabschlusses. Zweifelhaft ist das allerdings in Fällen, in denen die Sittenwidrigkeit wegen eines Wertewandels nachträglich entfallen ist (*Armbrüster* in MünchKomm, BGB, 6. Aufl., § 138 Rz. 13 ff.).

Die Rechtsprechung hat eine vielfältige Kasuistik zu § 138 BGB (und dem ihm entsprechenden § 826 BGB) entwickelt. So werden unter dem Gesichtspunkt der Sittenwidrigkeit etwa folgende Fallgestaltungen geprüft: 96

– Ausnutzung von (vor allem wirtschaftlicher) Übermacht,

– Beschränkungen der Handlungsfreiheit, etwa durch Knebelung oder Missbrauch von Formen und Möglichkeiten des Gesellschaftsrechts,

– schwere Äquivalenzstörungen (grundlegend zum Konsumentenkredit nun: Verbraucherdarlehen, §§ 491 ff. BGB: BGHZ 80, 153 [158]),

– krasse Überforderung von mittellosen Angehörigen (und Arbeitnehmern zugunsten von vom Arbeitgeber aufgenommenen Darlehen) aus emotionaler Verbundenheit auf Grund von Bürgschaften (BVerfGE 89, 214, [235] = NJW 1994, 36 [39]; BGH NJW 2000, 362 und 1182; NJW 2004, 161 m.w.N.),

– vorsätzliche Schädigung Dritter, wie etwa Verleitung zum Vertragsbruch, Wechsel- und Scheckreiterei.

Gerade die Judikatur zu Bürgschaften zeigt hier den Wechsel des Verständnisses einer Sittenwidrigkeit durch Wandel der gesellschaftlichen Anschauungen.

97 Die Rechtsfolge eines Verstoßes gegen § 138 BGB ist die Nichtigkeit des Rechtsgeschäfts und die Rückabwicklung über Bereicherungsrecht, wobei nach § 817 BGB die Rückforderung ausgeschlossen ist, wenn beiden Vertragspartnern ein Verstoß nach § 138 BGB zur Last fällt, es sei denn, dass die Leistung in der Eingehung einer Verbindlichkeit bestand. Als weitere Rechtsfolge kommt eine Schadensersatzpflicht nach § 826 BGB in Betracht. Daneben können entsprechende sittenwidrige Absprachen auch gegen weitere gesetzliche Verbote verstoßen und als solche ebenfalls nach § 134 BGB nichtig sein (so etwa sittenwidrige Wettbewerbsverbote i.V.m. Art. 101 AEUV oder § 1 GWB; vgl. Rz. 100).

98 Zum **subjektiven Tatbestand** stellt die Rechtsprechung u.a. auf folgende Kriterien ab:

– Verwerfliche Gesinnung,

– Bewusstsein der Sittenwidrigkeit,

– und vor allem Kenntnis oder fahrlässige Unkenntnis der Sittenwidrigkeitsmerkmale (BGHZ 80, 153 [160]: „wenn sich der Darlehensgeber als objektiv sittenwidrig Handelnder zumindest leichtfertig der Einsicht verschließt, dass sich der Darlehensnehmer nur aufgrund seiner wirtschaftlichen schwächeren Lage auf die ihn beschwerenden Darlehensbedingungen einlässt.").

Inhalt und Zweck des Rechtsgeschäfts und die gesamten sonstigen Geschäftsumstände sind zusammenfassend zu würdigen. In der Praxis ist freilich festzustellen, dass die subjektive Komponente de facto regelmäßig von der Rechtsprechung als vorliegend angesehen wird, wenn der objektive Tatbestand erfüllt ist.

2. Wucher

99 Nach § 138 Abs. 2 BGB ist insbesondere ein wucherisches Rechtsgeschäft **nichtig** (während die wucherähnlichen Rechtsgeschäfte unter § 138 Abs. 1 BGB subsumiert werden). Danach liegt Wucher vor, wenn jemand unter Ausnutzung der Zwangslage, der Unerfahrenheit, des Mangels an Urteilsvermögen oder der erheblichen Willensschwäche eines anderen sich oder einem Dritten für eine Leistung Vermögensvorteile versprechen oder gewähren lässt, die in einem auffälligen Missverhältnis zu der Leistung stehen. Ergänzt wird die zivilrechtliche Folge der Nichtigkeit durch die Strafsanktion des § 291 StGB, die in Verbindung mit § 823 Abs. 2 BGB und § 826 BGB zu Schadensersatzansprüchen führen kann.

XII. Gesetzliche Verbote

Nach § 134 BGB ist ein Rechtsgeschäft, das gegen ein gesetzliches Verbot verstößt, **nichtig**, wenn sich nicht aus dem Zweck der Verbotsnorm etwas anderes ergibt. So führen etwa Verstöße gegen Preisvorschriften nicht zur Nichtigkeit des Rechtsgeschäfts, sondern nur dazu, dass der zulässige Preis an die Stelle des preisrechtlich unzulässigen Preises tritt und damit Vertragspreis wird (BGHZ 89, 316 [319 f.]).

Verbotsgesetze im Sinn des § 134 BGB müssen nicht förmliche Gesetze sein, sie können auch in Rechtsverordnungen enthalten sein, selbstverständlich auch in Landesrecht und in EU-Recht.

Die Nichtigkeit nach § 134 BGB erfasst **Austauschverträge** ebenso wie **Gesellschaftsverträge** (BGHZ 62, 234 [238] – Rechtsberatung; BGH v. 19.7.2011 – II ZR 86/10; BGHZ 75, 214 [217 f.] – Stille Beteiligung an einer Apotheke).

3 Vertragsinhalt

	Rz.
I. Vorfragen	101
1. Formerfordernisse	102
a) Gesetzliche Formerfordernisse	105
aa) Vertragstypus und Vertragszweck	106
bb) Einzelne Vertragsbestandteile	108
(1) Schuldbestärkung und -sicherung	109
(2) Dinglicher Vollzug	110
(3) Sonstige Vertragsbestandteile	111
cc) Zustimmungs- oder Ermächtigungshandlungen	112
b) Formbedürftigkeit von Vorverträgen	114
c) Umfang der Formbedürftigkeit	117
d) Probleme der Schriftform	119
aa) Einheitlichkeit der Urkunde	119
bb) Schriftform und Telekommunikation	122
cc) Unterzeichnung	123
e) Besondere prozedurale Pflichten	124
aa) Trennung von Urkunden	124
bb) Hinweis- und Belehrungspflichten	125
2. Vertragssprache	126
3. Übertragung von Rechten und Pflichten	129
a) Drittbegünstigung	129
b) Schutzpflichten zugunsten Dritter	131
c) Abtretung von Ansprüchen aus dem Vertrag	138
d) Antizipierter Vertragsübergang	142
4. Vertragspartner	143
a) Vertretung	143
aa) Dokumentation der Vertretungsmacht	143
bb) Vertreter ohne Vertretungsmacht	144
cc) Einräumung von Vertretungsmacht zwischen den Vertragsparteien	145
dd) Vollmacht an Dritte	146
ee) Vertretung Minderjähriger	147
b) Zugangsvereinbarungen	148
aa) Empfangsvollmacht	149
bb) Modifikation allgemeiner Zugehensregelungen	150
c) Mehrheit von Vertragspartnern	152
d) Änderung in der Person des Vertragspartners	154
aa) Änderungen im Gesellschafterbestand bei Gesellschaften	155
bb) Rechtsformwechsel	157
cc) Verschmelzung oder Spaltung des Vertragspartners	158
dd) Insolvenz des Vertragspartners	160
ee) Tod des Vertragspartners	162
e) Geschäftsfähigkeit der Vertragspartner	163
5. Verhältnis zu anderen Verträgen	164
a) Formaspekt	165
b) Einwendungsdurchgriff	166
c) Koordination/Systemverantwortung	168
6. Einfluss Dritter auf den Vertrag	170
a) Öffentlich-rechtliche Beschränkungen	171
aa) Einfluss auf die Wirksamkeit	171
bb) Einfluss auf die Erreichung des Vertragszwecks	175
b) Privatrechtliche Beschränkungen	176
aa) Schlicht schuldrechtliche Beschränkungen	176
bb) Beeinflussung der Wirksamkeit des Vertrages	177
cc) Einfluss Dritter auf die Durchführung des Vertrages	178
c) Vorkaufsrechte	179
7. Haftungsrisiken aus dem Leistungsaustausch	181
a) Vermögensübernahme (§ 419 BGB a.F.)	182
b) Haftung aus Firmenfortführung (§ 25 HGB)	183
c) Haftung des Betriebsübernehmers (§ 613a BGB)	185
d) Steuerliche Risiken	187
e) Haftungsrisiko beim Erwerb von Gesellschaftsanteilen	189
aa) Kapitalgesellschaften	189
bb) Personengesellschaften	190
f) Öffentlich-rechtliche Haftung	191

	Rz.
8. Externe Effekte des Vertragsinhalts	192
a) Gesetzes- und Vertragsumgehung	193
b) Steuerrechtliche Folgen	195
aa) Berücksichtigung von Steuerfolgen	196
bb) Planung von Steuerfolgen	197
II. Vertragliche Grundlagen	198
1. Vertragsrubrum	199
2. Präambel oder Vorbemerkung	201
a) Erläuterungsfunktion	202
b) Dokumentationsfunktion	203
c) Struktur der Präambel oder Vorbemerkung	204
3. Registerstand	205
4. Begriffsdefinitionen	206
5. Geltungsbereich des Vertrages	207
a) Sachlicher Geltungsbereich	207
b) Räumlicher Geltungsbereich	208
6. Rangfolge von Regelungen	209
a) Verhältnis zwischen Vertrag und Gesetz	209
aa) Zwingendes Gesetzesrecht	210
bb) Dispositives Recht der Vertragstypen	213
b) Einbeziehung von Regelungssystemen außerhalb des Vertragstextes	215
aa) Regelungsprogramme von Dritten	215
bb) Allgemeine Geschäftsbedingungen	217
c) Interne Rangfolge	223
III. Inhalt der Leistungen	224
1. Sachleistung	225
a) Leistungsart	225
aa) Allgemeines	225
bb) Beschaffenheitsvereinbarungen/Zusicherungen/Garantien	228
cc) Leistungsinhalt bei Typenmischung	233
b) Leistungsmodalitäten	235
c) Leistungsvorbehalte	236
d) Mitwirkung des Vertragspartners	240
e) Leistungen Dritter	241
f) Leistungszeit	242
2. Geldleistung	243
a) Vergütung	243
aa) Abbedingung gesetzlicher Regelungen	244
bb) Festpreis	245
cc) Preisrahmen	246

	Rz.
dd) Vergütung nach Aufwand	248
ee) Preisgleitklauseln	249
ff) Preisverrentung	250
gg) Abhängigkeit der Geldleistung vom Umsatz, Gewinn etc.	252
hh) Wertsicherungsklauseln	255
ii) Umsatzsteuer	256
b) Zahlungsmodalitäten	257
aa) Fälligkeitsregelungen	257
bb) Rechtsfolgen bei Abschlagszahlungen und Vorschüssen	258
cc) Boni/Skonti/Rabatte	259
dd) Aufrechnung	260
ee) Zurückbehaltungs-/Leistungsverweigerungsrechte	261
3. Leistungsbestimmungsrechte	262
4. Regelung des Verzuges	264
IV. Sicherung der Leistungen	269
1. Sicherung der Sachleistung	269
a) Gewährleistung	269
b) Garantien	270
c) Rügepflichten, Fristen	271
d) Qualitätssicherungsvereinbarungen	273
e) Bürgschaften	274
f) Anwartschaftsrechte, Vormerkung	275
2. Sicherung der Geldleistung	276
a) Wahl des Zahlungsweges	276
b) Eigentumsvorbehalt	277
c) Typische Kreditsicherheiten	278
aa) Sicherungsmittel	279
(1) Sicherungsübereignung	279
(2) Sicherungszession	280
(3) Grundpfandrechte	281
bb) Sicherungsabreden	282
d) Sicherung des Zahlungsflusses	287
e) Drittsicherheiten	288
aa) Bürgschaft	289
bb) Schuldbeitritt	290
cc) Garantie	291
3. Allgemeine Leistungssicherung	292
a) Versicherungen	293
b) Informationsrechte und -pflichten	294
c) Konkurrenz- und Geheimnisschutz	295
4. Allgemeine Haftungsvereinbarungen	297
a) Regelung einer Haftung wegen Pflichtverletzung im vorvertraglichen Bereich	298
b) Verschuldensregelungen	299

	Rz.		Rz.
c) Haftungsausschlüsse und Haftungsbegrenzungen.......	300	a) Abfindungen bei Vertragsbeendigung	318
d) Regelung der Haftungsfolgen..	301	b) Herausgabepflichten.........	319
e) Verjährungsregelungen.......	304	c) Unterlassungs- und sonstige Pflichten	320
V. Vertragsdurchführung..........	305	VI. Allgemeine Bestimmungen	321
1. Leistungsvollzug	305	1. Rechtswahl	321
2. Beginn und Beendigung des Vertrages	306	2. Erfüllungsort und Gerichtsstand .	323
a) Beginn des Vertrages.........	306	a) Vereinbarung des Erfüllungsortes.....................	323
b) Laufzeit	307		
c) Vertragsbeendigung	308	b) Gerichtsstandsvereinbarungen	324
aa) Ordentliche Kündigung...	309		
bb) Außerordentliche Kündigung	310	3. Schriftformklauseln	325
	4. Salvatorische Klauseln	326
cc) Rücktrittsrechte.........	312	5. Schiedsregelungen.............	328
3. Vertragsanpassung/Vertragsänderung	313	a) Schiedsgutachten	328
	b) Schiedsgerichtsvereinbarungen	329
4. Abnahme und Übergabe........	316		
5. Besondere Nebenpflichten	317	6. Kosten/Steuern	331
6. Abwicklungs- und nachvertragliche Pflichten.............	318	VII. Anlagen	332

I. Vorfragen

101 Als „Vorfragen" stellen sich diejenigen Fragen, die die Gestaltung des Vertrages in seiner Gesamtheit bestimmen oder Umstände betreffen, die nicht notwendig Gegenstand des Vertrages sein müssen, jedoch eine Rückwirkung auf die Gestaltung des Vertrages haben.

1. Formerfordernisse

102 Ausgangspunkt vor Fertigung eines Vertragsentwurfes ist stets die Frage, ob und inwieweit dieser einer bestimmten Form bedarf, wobei im Hinblick auf Formerfordernisse die Frage einer gesetzlich vorgeschriebenen Form von der Frage, ob von den Parteien eine bestimmte Form vereinbart werden soll, zu unterscheiden ist. Die Frage der **gewillkürten Form**, insbesondere der gewillkürten Schriftform, wird unten (Rz. 325) behandelt. An dieser Stelle gilt das Interesse zunächst gesetzlichen Formerfordernissen.

Unter der gesetzlichen Formbedürftigkeit von Verträgen wird in erster Linie die Frage der **Beurkundungsbedürftigkeit** oder der **Wahrung der Schriftform** verstanden. Jenseits dieser Formerfordernisse sind jedoch weitere zu berücksichtigen, die in den Bereich „**besonderer prozeduraler Erfordernisse**" fallen. Hierher gehören insbesondere **Belehrungspflichten** oder auch Pflichten zur getrennten Erstellung von Urkunden (s. unten Rz. 124 f.).

Schriftform oder Beurkundungserfordernisse haben nicht nur Konsequenzen für die Wirksamkeit des Vertrages, sondern bringen, was hier

I. Vorfragen

vorab behandelt werden soll, auch Konsequenzen für die Auslegung des Vertrages mit sich. Von zentraler Bedeutung ist in diesem Zusammenhang die **Andeutungstheorie**. Nach dieser sollen bei der Auslegung von formbedürftigen Verträgen zwar Umstände, die außerhalb der Urkunde liegen, berücksichtigt werden, jedoch in das Auslegungsergebnis nur dann einfließen dürfen, wenn sich für die daraus resultierende Auslegung in der Urkunde zumindest eine Andeutung hierfür findet. In diesem Zusammenhang sind insbesondere drei Entscheidungen des BGH relevant, die nicht frei von Widersprüchen sind.

Im Zusammenhang mit der Auslegung eines Testamentes vertrat der BGH in seiner Entscheidung vom 9.4.1981 (BGHZ 80, 246 ff.) die Auffassung, die Auslegung dürfe sich nicht über den klaren und eindeutigen Wortlaut des Testamentes hinwegsetzen, selbst wenn es hinreichenden Anhalt außerhalb der Urkunde gebe, eine andere Auslegung zu präferieren, weil insoweit die gesetzliche Form nicht gewahrt wäre, käme man zu einem Auslegungsergebnis, welches in dem Wortlaut keine Stütze fände.

Demgegenüber vertrat der BGH in der Entscheidung vom 8.12.1982 (BGHZ 86, 41 ff.), wiederum im Hinblick auf die Auslegung eines Testamentes, die Auffassung, dass auch ein klarer und eindeutiger Wortlaut eines Testamentes dessen Auslegung keine Grenze setze. Unabhängig hiervon sei jedoch nach Ermittlung des Erblasserwillens zu entscheiden, ob dieser im Testament eine hinreichende Stütze finde und damit formgültig erklärt sei (ähnlich die Entscheidung des BGH vom 22.4.2010, NJW 2011, 218 [219]).

Im Widerspruch hierzu steht die Entscheidung des BGH vom 25.3.1983 (BGHZ 87, 150 ff.). Diese betraf die irrtümliche Falschbezeichnung des Kaufgegenstandes in einem nach § 313 Satz 1 BGB a.F. (nunmehr § 311b Abs. 1 BGB) beurkundungspflichtigen Rechtsgeschäft. Hier war bei der Beurkundung eines von mehreren Flurstücken, die verkauft werden sollten, vergessen worden. Das Gericht kam infolge der Auslegung zu dem Ergebnis, dass auch die vergessene Parzelle mit verkauft sei, und ließ diese Auslegung nicht an der Formbedürftigkeit scheitern. Die Entscheidung steht im Widerspruch zu der vorgenannten Entscheidung.

Insoweit ist gegenwärtig nicht mit Sicherheit festzustellen, ob und in welcher Form die Andeutungstheorie im Bereich formbedürftiger Rechtsgeschäfte noch Geltung besitzt. Da – unabhängig von deren Sinnhaftigkeit – eine Abbedingung einer möglichen Andeutungstheorie im Bereich formbedürftiger Rechtsgeschäfte wegen des zwingenden Gesetzesrechtes nicht möglich sein dürfte, kommt es gerade in diesem Bereich darauf an, den Willen der Parteien in einer hinreichenden Art und Weise zu dokumentieren, um den erforderlichen Spielraum im Rahmen der Andeutungstheorie zu schaffen. Dies bedeutet, dass gerade im Bereich formbedürftiger Rechtsgeschäfte die Präambel bzw. Vorbemerkung des Vertrages, die insbesondere die von den Parteien verfolgten Absichten dokumentieren soll (vgl. unten Rz. 201), mit besonderer Sorgfalt zu fertigen ist. Dies gilt auch deshalb, weil die Partei, die sich für die Auslegung der Urkunde auf außerhalb der Urkunde liegende Umstände beruft, diese zu beweisen hat (BGH NJW 1999, 1702).

a) Gesetzliche Formerfordernisse

105 Gesetzliche Formerfordernisse für Verträge können sich im Wesentlichen aus dem von den Hauptleistungspflichten bestimmten **Vertragstypus** bzw. dem **Vertragszweck** im Hinblick auf einzelne mit einem Austausch verbundene Bestandteile oder im Hinblick auf Zustimmungs- oder Ermächtigungshandlungen zu dem Vertrag ergeben.

aa) Vertragstypus und Vertragszweck

106 Die wichtigsten durch Vertragstypus oder Vertragszweck von Gesetzes wegen angeordneten Formerfordernisse sind:
– Beurkundung bei Verträgen über die Verpflichtung zur Veräußerung oder zum Erwerb von Immobilien § 311b Abs. 1 BGB),
– Beurkundung bei Verträgen über die Verpflichtung zur Abtretung von Geschäftsanteilen an einer Gesellschaft mit beschränkter Haftung (§ 15 Abs. 4 GmbHG),
– Schriftform bei Mietverträgen über Grundstücke und Laufzeit länger als ein Jahr (§ 550 BGB).

Wenngleich es nicht unmittelbar in den Bereich der Austauschverträge fällt, ist jedoch das Erfordernis der notariellen Beurkundung von Schenkungsversprechen (§ 518 BGB) relevant, wenn es gemischte Schenkungen angeht.

107 Ferner sind im Vertragsrecht folgende Formerfordernisse von Bedeutung:
– Das Formerfordernis für Landpachtverträge mit einer Laufzeit von mehr als zwei Jahren (§ 585a BGB),
– Schriftform des Leibrentenversprechens (§ 761 BGB),
– Schriftform des Verbraucherkreditvertrages (§ 492 Abs. 1 BGB),
– Schriftform bei Honorarvereinbarungen mit Architekten und Ingenieuren (§ 7 Abs. 1 HOAI),
– Textform für Honorarvereinbarungen mit Rechtsanwälten (§ 3a RVG),
– Schriftform für Jagdpachtverträge (§ 11 Abs. 4 BJagdG),
– Schriftform für Fernunterrichtsverträge (§ 3 Fern-USG),
– Beurkundung eines Vertrages über gegenwärtiges Vermögen oder Teilen hiervon (§ 311b Abs. 3 BGB),
– Schriftform und Aushändigungserfordernis des Arbeitsvertrages (§ 2 Abs. 1 NachwG).

In Bezug auf die Wahrung der **Schriftform bei Mietverträgen** hat der BGH in einer Entscheidung (BGH, Urt. v. 14.7.2004 – XII ZR 68/02, ZIP 2004, 2142) festgestellt, dass die Schriftform eines langfristigen Mietvertrages gewahrt sei, wenn die Vertragsbestimmungen in einem unterzeichneten Schreiben der einen Partei niedergelegt sind, die die andere ihrerseits unterzeichnet hat. Es genügt, wenn die Vertragsparteien **eine Urkunde angefertigt und unterschrieben** haben. In wessen Besitz die Urkunde verbleibt, ist unerheblich, weil die Aushändigung der gegengezeichneten Urkunde nicht Teil des Formerfordernisses ist, sondern mit dem Zustandekommen des Vertrages verbunden ist. In den Fällen, in denen die eine Vertragspartei der anderen ein Schriftstück mit Änderungsvereinbarungen geschickt hat und diese ihre Einverständniserklärung unter die Unterschrift gesetzt hat, ohne dass dieses schriftliche „Einverständnis" die erste Vertragspartei nochmals unterschrieben hat, hat der BGH die Wahrung der Schriftform ebenfalls bejaht. Mit dieser Aussage hat der BGH die frühere höchstrichterliche Rechtsprechung (RGZ 105, 60 [62]) aufgegeben.

bb) Einzelne Vertragsbestandteile

Im Bereich einzelner Vertragsbestandteile lassen sich Formerfordernisse unterscheiden für die Bereiche der Schuldbestärkung und -sicherung, des dinglichen Vollzuges und sonstiger Vertragsbestandteile.

(1) Schuldbestärkung und -sicherung

Bei der Schuldbestärkung und -sicherung sind insbesondere folgende Formerfordernisse zu berücksichtigen:

– Schriftform der **Bürgschaft** (§ 766 BGB),
– Schriftform bei **Schuldversprechen** oder **Schuldanerkenntnis** (§§ 780, 781 BGB).

Die vorstehenden Formerfordernisse gelten nicht, wenn die Bürgschaft auf Seiten des Bürgen oder das Versprechen/Anerkenntnis auf Seiten des Schuldners ein Handelsgeschäft ist (§ 350 HGB). Eine Erstreckung des Schriftformerfordernisses für die Bürgschaft auf bürgschaftsähnliche Schuldverhältnisse, wie z.B. das Garantieversprechen, wird abgelehnt (BGH WM 1964, 62).

Eine Beurkundung ist im Falle der **Vollstreckungsunterwerfung** notwendig (§ 794 Abs. 1 Ziff. 5 ZPO).

(2) Dinglicher Vollzug

Soweit für den Vollzug des Verfügungsgeschäftes kein Realakt notwendig ist, ist häufig auch der dingliche Vollzug oder zumindest seine Vorbereitung Gegenstand eines Austauschvertrages. In diesem Zusammenhang sind folgende Formerfordernisse von Bedeutung:

– Beurkundung der Einigung im Sinne des § 873 Abs. 1 BGB, soweit sie bindend sein soll (§ 873 Abs. 2 BGB),
– Schriftform der Abtretung der Forderung bei der Hypothekenübertragung (§ 1154 BGB),
– Beurkundung der Abtretung von GmbH-Geschäftsanteilen (§ 15 Abs. 3 GmbHG).

(3) **Sonstige Vertragsbestandteile**

111 Im Bereich sonstiger Vertragsbestandteile ist insbesondere das Schriftformerfordernis bei **nachvertraglichen Wettbewerbsverboten** (§ 74 Abs. 1 HGB) zu beachten, wobei diese Vorschrift auch außerhalb des Vertragsschlusses mit Handlungsgehilfen im gesamten Arbeitsrecht entsprechende Anwendung findet (BAG BB 1974, 1531).

cc) **Zustimmungs- oder Ermächtigungshandlungen**

112 Weiter ist zu berücksichtigen, dass Zustimmungs- oder Ermächtigungshandlungen im Hinblick auf einen Vertragsschluss zuweilen bestimmten Formen unterliegen. Dies gilt beispielsweise für die Einwilligung des gesetzlichen Vertreters in den Vertragsschluss durch Minderjährige (§ 111 Satz 2 BGB), die der Schriftform unterliegt.

Die **Vollmacht** zum Abschluss eines Vertrages ist grundsätzlich formfrei (§ 167 Abs. 2 BGB). Hiervon hat die Rechtsprechung bei den Grundstücksgeschäften jedoch erhebliche Ausnahmen entwickelt. Insbesondere dann, wenn die Vollmacht unwiderruflich erteilt worden ist, bedarf die Vollmacht der für das Grundgeschäft vorgeschriebenen Form (BGH WM 1967, 1039). Gleiches gilt im Bereich des Grundstückserwerbes, wenn der Bevollmächtigte des Verkäufers den Weisungen des Erwerbers zu folgen hat (RGZ 108, 126). Die Vollmacht bedarf auch der Form des Grundgeschäftes, wenn der Bevollmächtigte vom Verbot des Selbstkontrahierens befreit worden ist und sich der Vollmachtgeber nach den Umständen des Einzelfalls hierdurch bereits gebunden hat (BGH NJW 1979, 2306).

Auch die **Zustimmung des Dritten** bedarf nach dem Gesetzeswortlaut nicht der für das Rechtsgeschäft bestimmten Form (§ 182 BGB). Im Bereich der **Genehmigung** (§ 184 BGB) formbedürftiger Rechtsgeschäfte liegt es nahe, eine teleologische Reduktion der Norm entsprechend den vorstehenden Grundsätzen zur Vollmacht durchzuführen. Dies entsprach auch der Auffassung des Reichsgerichtes (z.B. RGZ 108, 125 [126]). Demgegenüber vertritt der BGH in seiner Rechtsprechung die Auffassung, dass auch bei der Genehmigung eines formbedürftigen Grundstücksgeschäftes, welches von einem vollmachtlosen Vertreter geschlossen worden ist, keine Beurkundungsbedürftigkeit der Genehmigung vorliegt (BGH NJW 1994, 1344).

Die Frage war vor dieser Grundsatzentscheidung des BGH außerordentlich umstritten. Die Instanzgerichte bejahten teilweise die Beurkundungsbedürftigkeit der Genehmigung (OLG München DNotZ 1951, 31 [32]; OLG Saarbrücken OLGZ 1968, 3 ff.; implizit: OLG Karlsruhe NJW 1980, 2050). Ob die Entscheidung des BGH dauerhaft Bestand haben wird, erscheint im Hinblick auf die Rechtsähnlichkeit der unwiderruflichen Vollmacht und der Genehmigung zumindest fragwürdig. Jedenfalls dann, wenn die Frage dem Großen Senat des BGH oder dem Gemeinsamen Senat der Obersten Bundesgerichte vorgelegt wird, erscheint es nicht unmöglich, dass sich die gegenteilige Haltung durchsetzen wird.

b) Formbedürftigkeit von Vorverträgen

Soweit der Hauptvertrag formbedürftig ist, ist es auch der Vorvertrag, wenn dieser bereits Bindungswirkung entfalten soll (BGH BGHZ 97, 147 ff.; BGHZ 98, 130 ff.) formbedürftig. Ein formunwirksamer Vorvertrag wird jedoch durch den formwirksamen Abschluss des Hauptvertrages geheilt. Dies kann mit der Heilungswirkung des § 311b Abs. 1 Satz 2 BGB verglichen werden, der voraussetzt, dass Auflassung und Eintragung die Erfüllung des formunwirksam abgeschlossenen Verpflichtungsvertrages darstellen (BGH NJW 2004, 3626 [3628]).

Aus der Formbedürftigkeit des Vorvertrages kann jedoch, das sei am Rande erwähnt, nicht geschlossen werden, dass die Bindungswirkung im Bereich formbedürftiger Rechtsgeschäfte generell erst mit dem Abschluss eines dieser Form entsprechenden Vertrages entsteht. Insbesondere im Bereich der **culpa in contrahendo** (siehe § 311 Abs. 2 BGB) wegen **Nichtabschlusses eines Vertrages** ist nicht ohne weiteres davon auszugehen, dass die Verletzung vorvertraglicher Pflichten im Zusammenhang mit dem Abschluss bzw. Nichtabschluss des Vertrages wegen des Formzwanges sanktionslos bleibt.

Jenseits formbedürftiger Rechtsgeschäfte ist anerkannt, dass eine schuldhafte Verletzung von Schutzpflichten aus Vertragsverhandlungen auch darin liegen kann, dass das **Vertrauen** der einen Vertragspartei auf das bevorstehende Zustandekommen eines Vertragsverhältnisses erweckt und die Partei zu **Aufwendungen** veranlasst wird, die sie nicht gemacht hätte, wenn sie nicht mit dem Vertragsschluss gerechnet hätte (BGH BGHZ 71, 383 [396]; NJW 1975, 1774; NJW 1984, 866 [867]; NJW 1970, 1840 [1841]). Im Anwendungsbereich des § 311b Abs. 1 BGB hat der BGH mehrfach eine derartige Haftung trotz fehlender Erfüllung der Formerfordernisse bejaht und lediglich eine in Anlehnung an § 122 BGB hergeleitete verschuldensfreie Haftung abgelehnt (NJW 1975, 43 [44]; bestätigt in: DB 1979, 741 f. m.w.N.). Demgegenüber verneinte das OLG Stuttgart eine Haftung eines Verkäufers bei einem GmbH-Anteilsverkauf unter dem Gesichtspunkt „schuldlos herbeigeführten und sodann ohne triftigen Grund enttäuschten Vertrauens" mit Berufung darauf, dass das vorgesehene Geschäft der notariellen Beurkundung nach § 15 Abs. 3, 4 GmbHG bedurft hätte (DB 1989, 1817). Diese Entscheidung steht jedoch nicht notwendig im Gegensatz zu den vorstehend zitierten Entscheidungen des BGH. Nach Rechtsprechung des BGH setzt eine Haftung aus culpa in contrahendo bei Scheitern der Verhandlungen über einen formbedürftigen Vertrag in der Regel Vorsatz voraus (BGH DB 1996, 1916).

116 Nach dem Institut der culpa in contrahendo entsteht ein Schuldverhältnis mit Pflichten nach § 241 Abs. 2 BGB durch die Aufnahme von Vertragsverhandlungen, die Anbahnung eines Vertrages oder ähnliche geschäftliche Kontakte. § 241 Abs. 2 BGB regelt ausdrücklich die nicht leistungsbezogenen Nebenpflichten des Schuldverhältnisses, insbesondere die Schutzpflichten, wonach „jeder Teil zur Rücksicht auf die Rechte, Rechtsgüter und Interessen des anderen Teils" verpflichtet wird. **Anspruchsgrundlage** für eine Haftung in diesen Fallgestaltungen ist also § 280 Abs. 1 BGB, der als Grundtatbestand des allgemeinen Leistungsstörungsrechts den Schuldner im Falle einer Pflichtverletzung zum Ersatz des dadurch entstandenen Schadens verpflichtet, es sei denn, der Schuldner hat die Pflichtverletzung nicht zu vertreten.

c) Umfang der Formbedürftigkeit

117 Dem Formzwang unterliegen **sämtliche Vereinbarungen**, aus denen sich der schuldrechtliche Vertrag nach dem Willen der Beteiligten zusammensetzen soll (BGH st. Rspr. BGHZ 63, 359; 85, 315). Dies gilt jedoch nicht, wenn eine Vereinbarung von der anderen abhängig ist, die andere aber nicht von der einen (BGH NJW 2000, 951). Im Zweifel sollte jedoch die weitestmögliche Geltung des Formerfordernisses unterstellt werden. Beispielsweise unterliegt der Vertrag über den Verkauf und die Bebauung eines Grundstückes insgesamt dem Beurkundungszwang, wenn beide Leistungen als Einheit angeboten werden (BGH BGHZ 78, 346 ff.). Beim Bauherrenmodell, in welchem durch die Zusammenstellung eines Konvolutes von Verträgen versucht wurde, den Erwerber eines zu bebauenden Grundstückes zum Zwecke der Ausnutzung fragwürdiger Steuervorteile zum Bauherren zu stilisieren, ist neben dem Grundstückskaufvertrag auch der Treuhandvertrag und der Gesellschaftsvertrag unter den zukünftigen Miteigentümern beurkundungsbedürftig (BGH BGHZ 101, 393 ff.).

118 Ob und inwieweit im Hinblick auf den Umfang des Formbedürfnisses auf den Aspekt der **rechtlichen Einheit** im Sinne des § 139 BGB abzustellen ist, ist fragwürdig. So wird vertreten, dass § 139 BGB bzw. dessen Rechtsgedanke erst bei späteren Fragen der Gesamt- oder Teilnichtigkeit einschlägig sei, nicht jedoch bei der zeitlich vorangehenden Frage des Umfanges des Formerfordernisses (Staudinger/*Wufka*, BGB, § 313 Rz. 142 a.E.). Gewiss kann dieser Gedanke des § 139 BGB angesichts des für den Umfang der Formbedürftigkeit maßgeblichen Zwecks der die Form anordnende Vorschrift nicht dominieren. Für die Praxis empfiehlt es sich jedoch, hinsichtlich des Umfangs der Formbedürftigkeit vorsorg-

lich stets zu unterstellen, dass sämtliche Vereinbarungen der Form bedürfen, die mit dem an sich formbedürftigen Geschäft „stehen und fallen" sollen.

d) Probleme der Schriftform
aa) Einheitlichkeit der Urkunde

Im Hinblick auf die Wahrung des Schriftformerfordernisses sind zwei Punkte nach der jüngeren Rechtsprechung von erheblicher Bedeutung. 119

– Bezüglich eines Überweisungsträgers vertrat der BGH die Auffassung, die **Unterschrift** müsse den **Urkundentext abschließen**, eine „Oberschrift" genüge nicht (BGH BGHZ 113, 48 [51]). Dieses Erfordernis lässt sich zwanglos auf Verträge übertragen.

– Für die Wahrung der Schriftform bei Urkunden, die aus mehreren Blättern bestehen, verlangte der BGH früher, dass die **einzelnen Schriftstücke** in der Regel in der Art **zusammengefügt** werden, dass entweder die Auflösung der Verbindung nur unter teilweiser Substanzzerstörung möglich ist oder die körperliche Verbindung wenigstens als dauernd gewollt erkennbar ist und ihre Lösung Gewaltanwendung erfordere. Eine bloße verbale bzw. gedankliche Bezugnahme genüge nicht (BGH BGHZ 40, 255 ff.). Im Hinblick auf nachträgliche Abreden der Parteien wurde diese Rechtsprechung gelockert. Die Schriftform soll jedenfalls dann gewahrt sein, wenn die **im Nachtrag in Bezug genommenen Urkunden von denselben Parteien unterzeichnet** seien und die **neue Urkunde** die für das Zustandekommen eines derartigen Vertragsverhältnisses **wesentlichen Geschäftsbestandteile selbst enthalte** (BGH BGHZ 42, 333 – Abänderungs- oder Auflockerungsrechtsprechung).

Problematisch ist bei der „**Auflockerungsrechtsprechung**" im Hinblick auf nachträgliche Vertragsänderungen die Frage, wie eine Vertragsänderung von einem neuen Vertragsschluss abzugrenzen ist. Nahe liegend weist der BGH darauf hin, dass diese Abgrenzung nach den „Umständen des Einzelfalls" zu treffen sei. Maßgeblich sei in erster Linie der Wille der Parteien, der sich im Allgemeinen aus der Fassung einer schriftlichen Änderungsvereinbarung ergäbe. Neben dem Wortlaut der Urkunde sei auch die wirtschaftliche Bedeutung der Abänderung und die Verkehrsauffassung zu berücksichtigen (BGH NJW 1992, 2283 [2284 f.]).

Der BGH hat allerdings in einigen Folgeentscheidungen die Rechtssicherheit im Hinblick auf die Wahrung des Schriftformerfordernisses erhöht. So entschied er, dass die Schriftform des § 126 **BGB keine körperliche Verbindung** der einzelnen Blätter der Urkunde erfordere, wenn sich deren Einheit aus fortlaufender Paginierung, fortlaufender Nummerierung der einzelnen Bestimmungen, einheitlicher graphischer Gestaltung, inhaltlichem Zusammenhang des Textes oder vergleichbaren Merkmalen zweifelsfrei ergebe (BGH NJW 1998, 58 ff.). Bezüglich der **Anlagen** des Vertrages entschied der BGH, dass die Schriftform des § 126 BGB keine 120 körperliche Verbindung der Vertragsurkunde mit der ihr beigefügten Anlage, soweit auf diese verwiesen werde, voraussetze, wenn sich die Einheit von Urkunde und Anlage aus der Verweisung sowie den Unterschriften der Vertragspartner auch auf jedem Blatt der Anlage zweifelsfrei ergibt (BGH NJW 1999, 1104; NJW 2000, 354 [357]). In einer anderen Entscheidung wies er darauf hin, dass als körperliche Verbindung im Bereich der Schriftform eine Heftklammer genüge (BGH NJW 1999, 3257 ff.). Der BGH hat darüber hinaus die Einhaltung der Schriftform für einen **Nachtragsvertrag** bejaht, wenn eine Nachtragsurkunde auf den ursprünglichen Vertrag Bezug nimmt und deutlich wird, dass es unter Einbeziehung der Nachträge bei dem ursprünglich formgültig Vereinbarten bleiben soll (BGH NJW-RR 2000, 744 [745]). Der XII. Senat hat in einer Entscheidung klargestellt, dass eine Paraphierung der Anlagenblätter nicht erforderlich sei für die Wahrung der Urkundeneinheit und dass entscheidendes Kriterium die zweifelsfreie Bezugnahme der Haupturkunde auf die Anlage sei; nicht erforderlich ist nach dieser Entscheidung auch Personenidentität der Vertragsparteien des Vertrages, auf den als Anlage Bezug genommen wird und des Hauptvertrages (BGH NJW 2003, 1248 [1249]; vgl. auch BGH NJW-RR 2004, 586). In einer jüngeren Entscheidung hält es der XII. Senat für die Einhaltung der Schriftform für ausreichend, wenn sich die **„wesentlichen vertraglichen Vereinbarungen"** aus der Urkunde ergeben, außerhalb der Urkunde liegende Umstände könnten herangezogen werden, wenn sie im Zeitpunkt des Vertragsschlusses vorlagen (BGH IMR 2009, 92).

121 Trotz dieser Auflockerungsrechtsprechung des BGH zur Einheitlichkeit der Urkunde ist es auch im Hinblick auf das oben erwähnte Erfordernis der „Unterschrift" im Gegensatz zur „Oberschrift" zu empfehlen, auch bei schlichten Abänderungsverträgen den Regelungsgehalt des ursprünglichen Vertrages formgerecht in einer Urkunde neu zu erklären, oder bei Bezugnahmen auf andere Urkunden mit Regelungscharakter für den Vertrag diese anderen Urkunden der Vereinbarung als Anlage fest hinzuzufügen und darauf zu achten, dass die **Unterschriften** der Parteien sich erst **nach den Anlagen** finden, oder jedes Blatt einzeln zu unterschreiben. Dies ist jedenfalls dann aus Gründen der Rechtssicherheit zu empfehlen, wenn Bestandteile der Regelung des Hauptvertrages inhaltlich vom Inhalt der Anlagen abhängen.

bb) Schriftform und Telekommunikation

122 Im Bereich empfangsbedürftiger Willenserklärungen, zu denen insbesondere der Antrag auf Abschluss bzw. die Annahme des Vertrages oder die durch den Vertragspartner unterzeichnete Vertragsurkunde gehören, verneint die Rechtsprechung eine Wahrung der Schriftform beispielsweise bei Telegrammen (BGH BGHZ 24, 297 ff.) oder durch Telefax (BGH BGHZ 121, 224 ff.; NJW 1997, 3169; OLG Düsseldorf NJW 2004, 1396).

I. Vorfragen

Hiervon ausgehend konnte man im Bereich des E-Mails oder sonstiger moderner Datenübertragungstechniken auf keinen Fall von einer Wahrung gesetzlicher Schriftformerfordernisse ausgehen (vgl. den Vorlagebeschluss des BGH v. 29.9.1998 – XI ZR 367/97, NJW 1998, 3649 ff.). Im Zuge der Neuregelung elektronischer Signaturen durch das Signaturgesetz vom 16.5.2001 (BGBl. I, 876 ff.) wurde durch das Artikelgesetz zur Anpassung der Formvorschriften des Privatrechts an den modernen Rechtsgeschäftsverkehr vom 13.7.2001 (BGBl. I, 1542) der Ersatz der Schriftform durch die **elektronische Form** zugelassen (vgl. insbesondere § 126 Abs. 3 BGB und § 126a BGB). Allerdings wurde in einer Reihe von Formvorschriften die Verwendung der elektronischen Form ausdrücklich ausgeschlossen (§§ 623, 761, 766, 780 und 781 BGB und § 78 HGB, § 492 Abs. 1 Satz 2 BGB u.a.).

Ein anderer Formtyp ist mit der **Textform** in § 126b BGB geregelt. Dieser erfüllt keine der klassischen Formzwecke (Warn-, Beweis- und Indentitätsfunktion), sondern ist für Erklärungen oder Mittelungen vorgesehen, für die mündliche Äußerungen zur Information und Dokumentation nicht als ausreichend angesehen werden. § 126b BGB erfordert, dass die Textform im Gesetz vorgeschrieben ist, wie dies z.B. in §§ 312c Abs. 2, 355 Abs. 1, Satz 2, 356 Abs. 1 Nr. 3, 357 Abs. 3 BGB, 477 Abs. 2, 554 Abs. 3, 613a oder 655b Abs. 1, Satz 4 BGB der Fall ist.

cc) Unterzeichnung

Die gesetzliche Schriftform erfordert gem. § 126 Abs. 1 BGB die **eigenhändige** Unterzeichnung der Urkunde durch den Aussteller.

Zwar kann die Urkunde von einem Dritten erstellt und mit Schreibmaschine geschrieben oder ein Vordruck sein, jedoch muss die Unterschrift eigenhändig geleistet werden und zudem den Urkundentext räumlich abschließen, da sich eine Unterschrift nur auf das zuvor Geschriebene bezieht.

Zur Einhaltung der **Textform** von § 126b BGB reicht es hingegen aus, wenn die Person des Erklärenden genannt und der Abschluss der Erklärung durch die Namensunterschrift oder auch anders erkennbar gemacht wird.

Für Geschäfte von besonderer Bedeutung sieht das Gesetz eine **notarielle Form** vor, z.B. beim Grundstücksveräußerungsvertrag (§ 311b Abs. 1 BGB) sowie beim Erbschaftskauf (§ 2371 BGB). Die Beurkundung erfolgt nach dem Beurkundungsgesetz. Gem. § 13 Abs. 1 Satz 1 BeurkG muss die von einem Notar errichtete Niederschrift in seiner Gegenwart von den Beteiligten eigenhändig unterschrieben werden.

Gesetzlich nicht geregelt ist, welche **Namensbestandteile** die Unterschrift enthalten muss. Entscheidend ist indes, dass die Unterschrift die unterschreibende Person so kennzeichnet, dass man ihr die Erklärung individuell zuordnen kann. Nach der Rechtsprechung reicht dafür die Unterzeichnung mit nur dem Familiennamen aus (BGH NJW 1959, 525), während die Unterschrift nur mit dem Vornamen zur Unwirksamkeit der von den Vertragsparteien abgegebenen notariell beurkundeten Erklärungen führt (BGH NJW 2003, 1120 f.).

e) Besondere prozedurale Pflichten

aa) Trennung von Urkunden

124 Während oben (s. Rz. 119) dargestellt wurde, dass es im Bereich der Schriftform grundsätzlich erforderlich ist, einheitliche Urkunden zu erstellen, bei denen mehrere Seiten nach Möglichkeit nur mit Gewalt getrennt werden können, stellt das Gesetz gelegentlich auch ein gegenteiliges Erfordernis auf. Vorgeschrieben ist zuweilen ausdrücklich die Trennung von Urkunden.

Dies gilt beispielsweise bei einer von den Regeln des Rechtsanwaltsvergütungsgesetzes abweichenden Vereinbarung zwischen dem Rechtsanwalt und dem Mandanten. Der Rechtsanwalt kann eine höhere als die gesetzliche Vergütung nur fordern, wenn die Erklärung des Auftraggebers in Textform abgegeben und nicht in der Vollmacht enthalten ist (§ 3a Abs. 1 RVG).

bb) Hinweis- und Belehrungspflichten

125 Hinweis- und Belehrungspflichten entstehen insbesondere im Bereich der **Verbrauchergeschäfte**. Zu beachten sind insbesondere die Belehrung nach § 492 Abs. 1 Satz 5, Abs. 2, Satz 3 BGB (Verbraucherdarlehensvertrag), ggf. i.V.m. § 499 Abs. 1 BGB (Zahlungsaufschub, sonstige Finanzierungshilfen zwischen einem Unternehmer und einem Verbraucher) bzw. §§ 499 Abs. 2, 501, 502 Abs. 1 BGB (Teilzahlungsgeschäfte) sowie den §§ 499 Abs. 2, 500, 492 Abs. 2, Abs. 3 BGB (Finanzierungsleasingverträge) oder § 312 Abs. 2 BGB i.V.m. § 355 Abs. 2 BGB (Haustürgeschäfte).

Auch jenseits ausdrücklich vom Gesetz angeordneter Belehrungspflichten empfiehlt es sich jedoch, stets dann, wenn die Gefahr besteht, dass eine Partei sich bei Durchführung des Vertrages möglicherweise auf ein **treuwidriges Verschweigen von Rechtsfolgen** beruft, entsprechende Belehrungen in den Vertragstext aufzunehmen. Dies gilt insbesondere beim Kontrahieren mit ausländischen Vertragspartnern, die in der nationalen Rechtsordnung nicht erfahren sind.

2. Vertragssprache

126 Das Problem der Wahl der Vertragssprache stellt sich nicht nur bei den hier nicht schwerpunktmäßig behandelten Verträgen des internationalen Rechtsverkehrs, sondern auch dann, wenn ein inländischer Sachverhalt durch Vertrag mit einem oder unter Beteiligung eines ausländischen Vertragspartners geregelt wird.

In allen Fällen ist zu beachten, dass die Wahl einer bestimmten Vertragssprache Indiz für eine **konkludente Rechtswahl** ist (z.B. OLG Düsseldorf NJW-RR 1991, 55 f.). Ist bei der Regelung eines nationalen Sachverhaltes eine hiervon abweichende Vertragssprache gewählt, soll jedoch das nationale Recht auf jeden Fall zur Anwendung kommen, empfiehlt es sich, in den Vertrag ergänzend eine **ausdrückliche Rechtswahl** (zur Rechtswahl siehe unten Rz. 321) aufzunehmen.

Auch innerhalb der nationalen Rechtsordnung ist es möglich, notarielle Urkunden in fremden Sprachen zu errichten. Nach § 5 Abs. 2 BeurkG kann der Notar auf Verlangen der Parteien Urkunden auch in einer anderen Sprache errichten.

Bei Auseinanderfallen von Gerichts- und Vertragssprache sollte beachtet werden, dass Rechtsstreitigkeiten in diesem Falle um den **Unsicherheitsfaktor** der **Übersetzung** bereichert werden, da beispielsweise ein deutsches Gericht einen in englischer Sprache abgefassten Vertrag nur auf Basis der Übersetzung des Vertrages beurteilen wird. Es empfiehlt sich in derartigen Fällen entweder, eine deutsche Übersetzung anzufertigen und als verbindlich zu vereinbaren oder, soweit dies für den deutschen Vertragspartner nicht durchsetzbar ist, im Rahmen einer Schiedsgerichtsvereinbarung die Gerichtssprache dem Vertragstext anzupassen. 127

Bei der Abwicklung fremdsprachiger Verträge in der deutschen Rechtsordnung ist schließlich zu berücksichtigen, dass in dem Falle, in dem die Verträge für die **Besteuerung** von Relevanz sind, die Finanzbehörden nach § 87 Abs. 2 AO verlangen können, dass unverzüglich eine Übersetzung vorgelegt wird, und in begründeten Fällen sogar eine beglaubigte oder von einem öffentlich bestellten oder vereidigten Dolmetscher angefertigte Übersetzung verlangt werden kann. Hieraus kann bei umfangreichen Vertragswerken eine nicht unerhebliche Kostenlast entstehen. 128

3. Übertragung von Rechten und Pflichten

a) Drittbegünstigung

Zuweilen regeln Verträge Ansprüche Dritter, die diese gegen eine der Vertragsparteien haben sollen. Bei der Vertragsgestaltung ist zu entscheiden, ob hierbei ein **echter** oder **unechter Vertrag zugunsten Dritter** geschlossen werden soll. Während beim echten Vertrag zugunsten Dritter der Dritte unmittelbar das Recht erwirbt, die Leistung zu fordern und nach dem Rechtserwerb sein Recht nicht mehr ohne weiteres zur Disposition der ursprünglichen Vertragsparteien steht (vgl. § 328 Abs. 1 BGB), kann beim unechten Vertrag zugunsten Dritter nur eine der Vertragsparteien Leistung an den Dritten verlangen. 129

Für Unklarheiten bei der vertraglichen Regelung enthält das Gesetz **Auslegungsregeln**. Nach § 329 BGB ist im Zweifel bei der Verpflichtung einer Vertragspartei zur Befriedigung eines Gläubigers der anderen Vertragspartei nicht anzunehmen, dass der Gläubiger unmittelbar das Recht erwerben soll, die Befriedigung zu fordern. Demgegenüber wird durch den § 330 BGB geregelt, dass bei Lebensversicherungs- oder Leibrentenverträgen im Zweifel der Dritte unmittelbar berechtigt sein soll.

130 Jenseits des Anwendungsbereiches dieser Sonderregelungen greift die Regel des § 328 Abs. 2 BGB. Nach § 328 Abs. 2 BGB ist in Ermangelung einer besonderen Bestimmung aus den **Umständen**, insbesondere aus dem **Zweck des Vertrages**, zu entnehmen, ob der Dritte das Recht erwerben, ob das Recht des Dritten sofort oder unter gewissen Voraussetzungen entstehen und ob den Vertragsschließenden die Befugnis vorbehalten sein soll, das Recht des Dritten ohne dessen Zustimmung aufzuheben oder zu ändern.

Um Unsicherheiten vorzubeugen, empfiehlt es sich, diese Fragen **im Vertrag** ausdrücklich zu regeln. Vor der Einfügung einer Drittbegünstigung ist daher Folgendes zu prüfen und ausdrücklich zu regeln:

- Soll der Dritte ein unmittelbares Forderungsrecht erwerben, oder soll nur eine Partei von der anderen Leistung an einen Dritten verlangen können?
- Soll das Recht des Dritten befristet oder bedingt sein?
- Sollen die Vertragsschließenden die Befugnis haben, das Recht des Dritten ohne dessen Zustimmung später aufzuheben oder zu ändern?

b) Schutzpflichten zugunsten Dritter

131 Im Bereich der vertraglichen Grundlagen ist stets zu prüfen, ob einer Vertragspartei – ggf. sogar unbemerkt – Schutzpflichten gegenüber Dritten erwachsen können, deren Verletzung zu einer Schadensersatzverpflichtung gegenüber dem Dritten führen kann. Aus dessen Sicht ist zu entscheiden, inwieweit Derartiges ausgeschlossen werden soll. Umgekehrt kann das Interesse einer Vertragspartei sein, mit dem Vertrag ausdrücklich Schutzpflichten zugunsten Dritter entstehen zu lassen. Es stellt sich hierbei die Frage, inwieweit es zum einen möglich ist, durch Parteidispositionen Schutzpflichten Dritter auszuschließen, und zum anderen, inwieweit es möglich ist, Schutzpflichten zugunsten Dritter vertraglich zu begründen.

132 Die Rechtsprechung verlangt für die Annahme einer den Dritten begünstigenden Schutzwirkung des Vertrages das Bestehen nachfolgend beschriebener Voraussetzungen:

- Der Dritte muss dem Vertrag zunächst **leistungsnah** sein. D.h., dass dem Dritten die Leistung nach dem Inhalt des Vertrages bestimmungsgemäß zugute kommen soll (BGH NJW 1995, 1739 [1747]).
- Des Weiteren muss der Vertragspartei, der der Dritte nahe steht, eine **Schutzpflicht** zugunsten des Dritten obliegen. Ursprünglich wurde hier von der Rechtsprechung verlangt, dass zwischen der Vertragspartei und dem Dritten eine Rechtsbeziehung mit personenrechtlichem

Einschlag besteht, etwa familienrechtliche, arbeitsrechtliche oder mietvertragliche Beziehungen (z.B. BGH NJW 1977, 2208 [2209]). Demgegenüber tendiert die jüngere Rechtsprechung dazu, auf dieses Erfordernis zu verzichten, soweit denn Leistungsnähe des Dritten vorhanden ist (BGH NJW 1985, 489 f.; siehe auch BGH, Urt. v. 14.6.2012 – IX ZR 145/11: Einbeziehung von Geschäftsführer und Gesellschafter einer GmbH in den Schutzbereich eines Beratungsauftrages der GmbH an den Steuerberater zur Prüfung der Überschuldung). Alternativ – wohl auch zum Erfordernis der Leistungsnähe – kann sich die Einbeziehung eines Dritten in den Schutzbereich des Vertrages aus einem hierauf gerichteten **Parteiwillen** ergeben (BGH NJW 1984, 355 f.).

- Darüber hinaus muss für den Schuldner der Schutzpflichten die Drittbezogenheit der Leistung bei Vertragsschluss auch **erkennbar** gewesen sein (BGH NJW 1985, 2411).

- Des Weiteren wird **Schutzbedürftigkeit** des Dritten verlangt, die entfallen soll, wenn ihm ein eigener Schadensersatzanspruch auch jenseits des Vertrages zusteht (BGH NJW 1995, 1739 [1747]).

Ausgehend von diesen Prämissen und dem Grundsatz der Vertragsfreiheit, scheint es unbedenklich, durch ausdrückliche Parteiabrede Dritte in den Schutzbereich des Vertrages einzubeziehen. Insbesondere im Urteil vom 2.11.1983 (– IVa ZR 20/82, NJW 1984, 355) führte der BGH aus, die Vertragsparteien könnten in beliebiger Weise bestimmen, welche Personen in den Schutzbereich des Vertrages einbezogen werden sollen.

Die ausdrückliche Einbeziehung Dritter in den Schutzbereich eines Vertrages sollte regelmäßig dann geprüft werden, wenn der Vertrag für Dritte ein **erkennbares Risikopotential** enthält. Hier ist beispielsweise auf die Problematik der Schutzwirkung des Anstellungsvertrages des Geschäftsführers einer Komplementär-GmbH gegenüber der Kommanditgesellschaft bei der GmbH & Co. KG zu verweisen. Meistens erschöpft sich annähernd die gesamte Tätigkeit des Geschäftsführers der Komplementär-GmbH in der Geschäftsführung der KG. Gleichwohl wird es vielfach versäumt, eine ausdrückliche Einbeziehung der KG in den Schutzbereich des Anstellungsvertrages zu regeln, weswegen die Rechtsprechung in dieser Konstellation die Schutzwirkung aufgrund der vorstehend beschriebenen Kriterien für den Fall bejaht hat, in dem die Geschäftsführung für die Kommanditgesellschaft die wesentliche Aufgabe der GmbH ist (BGH NJW 1980, 589; BGHZ 76, 326).

Bei diesen Konstellationen empfiehlt es sich allerdings aus der Perspektive des Dienstberechtigten, die entsprechende Schutzwirkung des Vertrages von vornherein mit dem Dienstverpflichteten zu vereinbaren.

Mit der Frage, ob die von der Rechtsprechung entwickelten Grundsätze des Vertrages mit Schutzwirkung für Dritte im Verhältnis von Bank und Bankkunden – insbesondere im Hinblick auf die Verschwiegenheitspflicht der Banken bei Konzernsachverhalten – gelten, hat sich der BGH in der „**Kirch-Entscheidung**" auseinander gesetzt (BGH NJW 2006, 830 [835 ff.]). Dazu hat er klargestellt, dass ein Darlehensvertrag zwischen einer Bank und einer GmbH in Bezug auf deren Konzernobergesellschaft, Alleingesellschafter und Geschäftsführer nicht drittbezogen ist und daher auch grundsätzlich keine Schutzwirkung zu deren Gunsten entfaltet (vollumfänglich zustimmend OLG München ZIP 2013, 558 [561]).

Diese würden von der Darlehensgewährung nur mittelbar berührt. Allein eine gesellschaftsrechtliche Beteiligung kann die erforderliche Leistungsnähe zu einem Vertrag der Gesellschaft mit einem Vertragspartner nicht begründen. Dem steht im Übrigen auch bereits das aus § 13 Abs. 2 GmbHG folgende Trennungsprinzip entgegen (BGH a.a.O.; anders noch die Vorinstanzen LG München NJW 2003, 1046 und OLG München NJW 2004, 224).

135 Ein besonderer Bereich des Drittbezuges sind Verträge über die **Erstattung von Gutachten**: Sofern sich aus den Umständen des Falles ein auf Drittschutz gerichteter Parteiwille ergibt, kann ein durch ein unrichtiges Gutachten geschädigter Dritter, wie z.B. der Kreditgeber, Bürge oder Käufer, aus dem Vertrag zwischen Gutachter und Auftraggeber Schadensersatzansprüche herleiten. Ein rechtsgeschäftlicher Wille zur Einbeziehung Dritter in den Schutzbereich des Vertrages besteht nach ständiger Rechtsprechung, wenn der Sachverständige über besondere vom Staat anerkannte Sachkunde verfügt und in dieser Eigenschaft ein Gutachten erstellt, das erkennbar für Dritte bestimmt ist und diesen als Grundlage einer Entscheidung über Vermögensdispositionen dient (BGH NJW 2004, 3035 [3036]; NJW 2001, 360; NJW 1995, 392; NJW-RR 1989, 696; NJW 1989, 1029; NJW 1987, 1758 [1759]; NJW-RR 1986, 484; NJW 1984, 355 [356]). Diese Grundsätze gelten im Wesentlichen auch bei Sachverständigen ohne staatliche Anerkennung (BGH NJW 2004, 3035 [3036]). Der BGH hat in einer Entscheidung hinsichtlich eines Vertrages zur Wertermittlung eines Grundstückes festgehalten, dass durch Auslegung zu ermitteln ist, ob Dritte in den Schutzbereich eines Vertrages mit einbezogen sind. Die Auslegung erfolgt anhand der Angaben zum Zweck, sonstigem Inhalt des Gutachtens sowie Angaben des Gutachters zu Inhalt und Umständen der Auftragserteilung (BGH NJW 2004, 3035 [3036 ff.]). In dieser Entscheidung hat der Senat zu dem Kreis der von den Schutzpflichten eines Gutachtenauftrages erfassten Personen Stellung genommen: Zwar darf der geschützte Personenkreis zur Vermeidung eines unkalkulierbaren Haftungsrisikos nicht uferlos ausgeweitet werden, jedoch ist eine Beschränkung auf die klassischen Fallgruppen der Nähebeziehung des Vertragspartners zu dem Dritten dann nicht mehr gerechtfertigt, wenn durch die Einbeziehung Dritter eine Ausweitung des Haftungsrisikos nicht eintritt. Eine Ausweitung der Haftung tritt nach dem Bundesgerichtshof dann nicht ein, wenn das Gutachten vereinbarungsgemäß zu Finanzierungszwecken Dritten vorgelegt wird und das Haftungsrisiko durch den vom Gutachter ermittelten Wert begrenzt wird.

I. Vorfragen

Als Dritte kommen auch dem Gutachter nicht bekannte private Kreditgeber oder Kreditinstitute in Betracht (BGH a.a.O.).

In diesem Zusammenhang sind auch Entscheidungen des Bundesgerichtshofs zur **Prospekthaftung** zu nennen: Ein Wirtschaftsprüfer, der im Auftrag eines Initiators einen Werbeprospekt für eine Kapitalanlage, der an interessierte Anleger übergeben werden soll, prüft und diesem Vollständigkeit, Richtigkeit, Plausibilität und Genauigkeit bescheinigt, haftet den Kapitalanlegern wegen fehlerhafter Prüfung des Prospekts nicht nur als sog. Garant aus Prospekthaftung, sondern kann zusätzlich auch aus **Vertrag mit Schutzwirkung zugunsten Dritter** verpflichtet sein (BGH NJW 2004, 3420 ff.; vgl. zu diesem Problembereich auch BGH NJW-RR 2006, 611 und BGH, NJW 2006, 1975, wo im Ergebnis allerdings eine Haftung des WP abgelehnt wurde).

136

Hiervon zu unterscheiden ist die Frage, ob eine Schutzwirkung, die nach den von der Rechtsprechung entwickelten Grundsätzen bestehen würde, durch Parteivereinbarung auch ausgeschlossen werden kann. Da der rechtsmethodische Anknüpfungspunkt der Rechtsprechung in einer ergänzenden Vertragsauslegung (z.B. BGH NJW 1984, 355 [356]) gesehen wird, die Schutzwirkung letztendlich ihre Rechtfertigung im Parteiwillen bzw. hypothetischen Parteiwillen findet, muss auch ihr Wegfall zur Disposition der Parteien stehen. Daher kann, und dies ist aus der Perspektive desjenigen, den die Schutzpflichten treffen, häufig von Interesse, die Schutzwirkung zugunsten Dritter durch **ausdrückliche Parteivereinbarung** abbedungen werden. Dies gilt jedenfalls für Individualverträge in den Grenzen des § 138 BGB. Fragwürdig erscheint es demgegenüber für Allgemeine Geschäftsbedingungen. So dürften z.B. AGB-mäßige Ausschlüsse der Schutzwirkung für Familienangehörige in Wohnraummietverträgen als überraschende Klauseln im Sinne des § 305c Abs. 1 BGB zu qualifizieren sein.

137

c) Abtretung von Ansprüchen aus dem Vertrag

Häufig ist es für eine Vertragspartei von Interesse, von vornherein ein vertraglich begründetes Recht an einen Dritten abzutreten. Umgekehrt kann auch das Interesse der anderen Partei sein, die Abtretung von Rechten aus dem Vertrag auszuschließen.

138

Darüber hinaus haben mitunter Dritte ein dringendes Interesse daran, dass ihnen eine Vertragspartei bereits mit Vertragsschluss Forderungen aus dem Vertrag abtritt.

In diesem Falle empfiehlt es sich für den Dritten, darauf zu drängen, dass die Abtretung bereits **im Vertrag mit geregelt** wird, um den Fährnissen der §§ 404, 406, 407 BGB sowie der Gefahr einer zeitlich vorangehenden Abtretung oder Pfändung vorzubeugen.

139 Des Weiteren kann es aus vielfältigen Gründen für den Vertragspartner von Interesse sein, die **Abtretung** von Forderungen des anderen Vertragspartners gegen ihn **auszuschließen**. § 399 BGB gestattet das Verbot der Abtretung durch Vereinbarung mit dem Schuldner. Eine solche Vereinbarung schließt auch die Verpfändung des Rechtes aus (§ 1274 Abs. 2 BGB). Das Abtretungsverbot im Sinne des § 399 BGB wirkt dinglich, jedoch kann man abgeschwächt auch schlicht eine schuldrechtlich wirkende Verpflichtung, keine Abtretung vorzunehmen, vereinbaren (Münch-Komm/*Roth*, BGB, § 399 Rz. 30). Deshalb sollte vorsorglich, wenn die dingliche Wirkung, d.h. auch unmittelbare Wirkung, gegenüber Dritten erzielt werden soll, dieses ausdrücklich bestimmt werden.

140 Die Möglichkeit, ein Abtretungsverbot zu vereinbaren, ist wegen § 354a HGB im **kaufmännischen Verkehr** erheblich eingeschränkt. Bei Forderungen, die durch beiderseitige Handelsgeschäfte begründet sind oder bei denen der Schuldner eine juristische Person des öffentlichen Rechts oder ein öffentlich-rechtliches Sondervermögen ist, wird die Regel des § 399 BGB insoweit durchbrochen, als eine verbotswidrige Abtretung gleichwohl wirksam ist. Es wird dem Schuldner lediglich offen gelassen, mit befreiender Wirkung an den bisherigen Gläubiger zu leisten. Ausdrücklich bestimmt ist, dass abweichende Vereinbarungen unwirksam sind.

141 In bestimmten Konstellationen ist bei der Abtretung von Forderungen zu berücksichtigen, dass es sinnvoll ist, gerade die **Nichtabtretung** von Forderungen im Vertrag festzuschreiben. Beispielsweise gelten die im Betrieb begründeten Forderungen den Schuldnern gegenüber als auf den Erwerber übergegangen, wenn ein Handelsgeschäft veräußert wird und die bisherige Firma fortgeführt wird (§ 25 Abs. 1 Satz 2 HGB). Nach zutreffender Auffassung handelt es sich hierbei um eine widerlegliche Vermutung (*Baumbach/Hopt*, HGB, § 26 Rz. 27).

Bei solchen Geschäften empfiehlt es sich, wenn Altforderungen aus dem Handelsgeschäft nicht übertragen werden sollen, die Nichtabtretung im Vertrag ausdrücklich offen zu legen, um die Vermutung des § 25 Abs. 1 Satz 2 HGB bei der Geltendmachung von Altforderungen durch den früheren Inhaber widerlegen zu können. Vorzugswürdig dürfte demgegenüber allerdings eine Bekanntmachung nach § 25 Abs. 2 HGB sein.

d) Antizipierter Vertragsübergang

142 Insbesondere bei Dauerschuldverhältnissen sollte der Sachleistungsberechtigte berücksichtigen, dass sich während deren Laufzeit **Änderungen** in seiner **betriebswirtschaftlichen Organisation** ergeben können. Während der Übergang von Verträgen im Rahmen schlicht formwechselnder Umwandlungen, der Verschmelzung oder der Spaltung von Rechtsträgern weitestgehend ermöglicht ist, hängt ein Vertragsübergang beim schlichten Verkauf eines Handelsgewerbes oder bei der Verlagerung einzelner

Betriebsteile durch Ausgründung neuer Rechtsträger stets von der Zustimmung des Vertragspartners ab.

Soweit derartige Entwicklungen absehbar sind, kann versucht werden, mit dem Vertragspartner eine entsprechende Verpflichtung zur Zustimmung zu einem Vertragsübergang zu vereinbaren. Eine solche Vereinbarung könnte etwa lauten:

Soweit A sein Einzelunternehmen an einen Dritten veräußert, verpflichtet sich B schon heute, einem Vertragsübergang zu unveränderten Konditionen auf den Erwerber zuzustimmen. B ist jedoch berechtigt, die Zustimmung zu verweigern, wenn ein sachlicher Anlass zu erheblichen Zweifeln an der Fähigkeit des Erwerbers besteht, das Vertragsverhältnis ordnungsmäßig zu erfüllen.

4. Vertragspartner

a) Vertretung

aa) Dokumentation der Vertretungsmacht

Zur Sicherstellung der Wirksamkeit des zu schließenden Vertrages empfiehlt es sich stets dann, wenn für eine natürliche Person ein Vertreter auftritt, vor Vertragsschluss dessen Vertretungsmacht zu prüfen und zu dokumentieren. Das kann durch Beifügung einer Vollmachtsurkunde als Anlage geschehen. Bei juristischen Personen oder Personengesellschaften empfiehlt sich die Prüfung der Vertretungsbefugnis anhand eines aktuellen Registerauszuges bzw. des Gesellschaftsvertrages und die Dokumentation der Vertretungsmacht durch Beifügung der Urkunden als Anlage.

Bei einer **GbR** ist zu beachten, dass ein GbR-Gesellschafter kraft einer konkludent erteilten Vollmacht zur Vertretung einer Gesellschaft bürgerlichen Rechts ermächtigt sein kann, wenn der andere Gesellschafter ihm gestattet hat, nahezu sämtliche Verträge allein namens der Gesellschaft abzuschließen (BGH ZIP 2005, 524). Der BGH erwähnte, dass der Grundsatz der Gesamtvertretung nicht ausnahmslos gelte und dass ein Mitgesellschafter mit der alleinigen Vertretung der Gesellschaft betraut werden könne. Eine konkludent erteilte Vollmacht, die Grundlage für das rechtsgeschäftliche Handeln für die GbR bildet, ist insbesondere dann gegeben, wenn ein geschäftsführender Gesellschafter seinen Wirkungskreis auf die internen Tätigkeiten beschränkt, dem anderen geschäftsführenden Gesellschafter demgegenüber die Außenvertretung der Gesellschaft überlassen wird (BGH a.a.O.). Der Geschäftspartner kann jedoch eine empfangsbedürftige Willenserklärung eines alleinvertretungsberechtigten Gesellschafters zurückweisen, wenn ihr weder eine Vollmacht der anderen Gesellschafter noch der Gesellschaftsvertrag oder eine Erklärung der anderen Gesellschafter beigefügt ist, aus der sich die Alleinvertretungsbefugnis des Gesellschafters ergibt (BGH NJW 2002, 1194). Eine Zurückweisung scheidet nur in den Fällen aus, in denen die Vertretungsmacht auf gesetzlicher Grundlage beruht (RG RGZ 74, 263 [265]).

Rechtlich interessant ist die Frage, wie **ausländische Urkunden**, die als Nachweis der Vertretungsberechtigung einer ausländischen Gesellschaft vor deutschen Gerichten und Behörden dienen sollen, zu behandeln sind. Das LG Berlin (LG Berlin ZIP 2004, 2380 ff.) hat diese Frage in Bezug auf eine englische Limited entschieden. Demnach genügt für den Nachweis der ordnungsgemäßen Vertretung der Limited neben einer Bestätigung eines englischen Notars auch eine gesonderte Bescheinigung des Register of Companies, in der nach Prüfung der hinterlegten Gesellschaftsdokumente die vertretungsberechtigten Personen bezeichnet werden (ebenso OLG Schleswig NJW-RR 2012, 1063). Diese Bescheinigung ist dem beglaubigten deutschen Handelsregisterauszug gem. § 9 Abs. 2 HGB vergleichbar.

bb) Vertreter ohne Vertretungsmacht

144 Es kommt nicht selten vor, dass auf einer der beiden Seiten eines Vertrages eine Person handelt, die keine Vertretungsmacht hat, insbesondere dann, wenn es sich um Geschäfte handelt, die noch von einem Organ einer der Vertragsparteien genehmigt werden müssen. Selbst dort, wo die Genehmigung als bloße Formalie erscheint, empfiehlt sich für die Person des Vertreters ohne Vertretungsmacht, das Fehlen der Vertretungsmacht offen zu legen und vorsorglich jede Haftung als vollmachtloser Vertreter auszuschließen.

Nach § 179 Abs. 3 BGB haftet der Vertreter nicht, wenn der andere Teil den Mangel der Vertretungsmacht kannte oder kennen musste. Eine Klausel zur Vermeidung der Vertreterhaftung könnte wie folgt lauten:

Herr A handelt als vollmachtloser Vertreter für die X-GmbH. Hierauf wird ausdrücklich hingewiesen. Zugleich wird jede Haftung des Herrn A als vollmachtloser Vertreter ausgeschlossen.

Die Offenlegung fehlender Vertretungsmacht ist auch für das **Widerrufsrecht** des Erklärungsgegners aus § 178 BGB von Bedeutung. Der Erklärungsgegner ist nämlich nicht zum Widerruf des Geschäftes berechtigt, wenn er den Mangel der Vertretungsmacht beim Abschluss des Vertrages gekannt hat.

Soweit im Hinblick auf die Genehmigung des Vertrages eine von § 177 Abs. 2 BGB abweichende Regelung gewünscht ist, ist zu empfehlen, zum einen die Frist für die Erteilung der Genehmigung klar zu regeln und zum anderen die Folgen des fruchtlosen Ablaufes der Frist ebenfalls ausdrücklich zu regeln.

Besondere Arten von Geschäften bergen teils schwer vorhersehbare Risiken in Bezug auf die Vollmacht: Als Vertreter ohne Vertretungsmacht handelt ein Geschäftsbesorger, obwohl ihm eine Vollmacht erteilt worden ist, wenn der Geschäftsbesorgungsvertrag gegen Art. 1 § 1 Abs. 1 des RBerG verstößt, weil die Nichtigkeit des Geschäftsbesorgungsvertrages auch die zur Vertragsausführung erteilte Vollmacht umfasst (BGH NJW 2002, 2325 [2326]).

cc) Einräumung von Vertretungsmacht zwischen den Vertragsparteien

Insbesondere bei Grundstückskaufverträgen kann es erforderlich werden, dass der Veräußerer den Erwerber bevollmächtigt, zur Absicherung der Finanzierung im Namen des Veräußerers bereits Grundstücksbelastungen zu bewilligen. In Betracht kommt auch eine Weiterverkaufsvollmacht. 145

dd) Vollmacht an Dritte

Häufig findet man in notariellen Urkunden weit reichende Vollmachten an Notariatsangestellte, die diesen die Rechtsmacht erteilen, den Vertrag erforderlichenfalls anzupassen oder abzuändern. 146

ee) Vertretung Minderjähriger

Bei der Vertretung Minderjähriger durch ihre gesetzlichen Vertreter sind die Beschränkungen, denen diese Vertretung unterworfen ist, zu beachten. 147

Hierzu gehört zunächst das Erfordernis der **Ergänzungspflegschaft** gem. § 1909 BGB in den Fällen der §§ 1629 Abs. 2, 1795, 1796 BGB. Von praktisch größter Relevanz dürfte hierbei das Erfordernis der Ergänzungspflegschaft bei Geschäften im Sinne des § 1795 BGB (u.a. Vertragsschluss mit einem Elternteil) sein.

Weiter sind **Genehmigungspflichten** durch das Vormundschaftsgericht zu beachten (§ 1643 BGB). Praktisch bedeutsam ist insbesondere die Genehmigungsbedürftigkeit der Verfügung über Grundstücke (§ 1643 Abs. 1 BGB i.V.m. § 1821 Abs. 1 Ziff. 1 BGB) sowie die Genehmigungsbedürftigkeit von Verfügungen über das Vermögen im Ganzen, die Veräußerung eines Erwerbsgeschäftes, die Verpflichtung zu wiederkehrenden Leistungen sowie die Aufnahme von Krediten (§ 1643 Abs. 1 BGB i.V.m. § 1822 Ziff. 1, 5 und 8 BGB).

b) Zugangsvereinbarungen

Im Zuge der Durchführung eines Vertrages kann sich für die eine oder andere Vertragspartei aus vielfältigen Gründen die Notwendigkeit ergeben, gegenüber der anderen Vertragspartei eine empfangsbedürftige Willenserklärung abzugeben (z.B. Kündigung, Fristsetzung oder die Ausübung sonstiger Gestaltungsrechte). Diese Erklärungen werden nur wirksam, wenn sie gem. § 130 BGB der anderen Vertragspartei zugehen. 148

Zugegangen ist eine Willenserklärung, wenn sie so in den Bereich des Empfängers gelangt, dass dieser unter normalen Verhältnissen die Möglichkeit hat, vom Inhalt der Erklärung Kenntnis zu nehmen (z.B. BAG NJW 1984, 1651 f.; BGH NJW-RR 2011, 1184 [1185]).

Der Zugang von Willenserklärungen kann im Rahmen der Vertragsdurchführung sowohl im Hinblick auf die Person des Empfängers als auch im Hinblick auf den Beweis des Zuganges durch den Absender Schwierigkeiten bereiten, die durch entsprechende vertragliche Abrede vermieden werden können.

aa) Empfangsvollmacht

149 Hält sich beispielsweise eine Vertragspartei ständig im Ausland auf oder bestehen Zweifel über den zukünftigen Aufenthaltsort, kann von der anderen Vertragspartei die Erteilung einer Empfangsvollmacht an eine dritte Person gelegentlich der Vertragsverhandlungen durchgesetzt werden. Die Empfangsvollmacht (§ 164 Abs. 3 BGB) bewirkt, dass der Tatbestand des Zugehens auch im Verhältnis zum Vertragspartner gegeben ist, wenn dieser in der Person des Empfangsvertreters verwirklicht wird (vgl. BGH NJW 1965, 965 [966]).

Auch beim Vertragsschluss mit Personenmehrheiten, insbesondere mit Gesellschaften bürgerlichen Rechtes, empfiehlt es sich für den anderen Vertragsteil, die Einräumung wechselseitiger Empfangsvollmacht von den Gesellschaftern zu verlangen (vgl. zu den AGB-rechtlichen Grenzen: BGH NJW 1997, 3437).

bb) Modifikation allgemeiner Zugehensregelungen

150 § 130 Abs. 1 BGB ist dispositiv (Palandt/*Ellenberger*, BGB, § 130 Rz. 19). Da für den Zugang der Erklärung derjenige stets die Beweislast trägt, der sich auf den Zugang beruft (BGH BGHZ 101, 49 [55]), bietet es sich an, vertragliche Erleichterungen im Hinblick auf Zugangsprobleme zu schaffen. Umfang und Grenzen der Dispositivität des § 130 Abs. 1 BGB sind von der Rechtsprechung noch nicht gesteckt.

Mit Urteil vom 7.6.1995 (BGH NJW 1995, 2217 f.) vertrat der BGH die Auffassung, dass die Voraussetzungen des wirksamen Zugangs empfangsbedürftiger, in Abwesenheit des Empfängers abgegebener Willenserklärungen, der Vereinbarung zugänglich seien. Diese Entscheidung betraf inhaltlich nur die Frage, inwieweit bei formbedürftigen Erklärungen der Zugang einer Abschrift genügt.

151 Allgemein üblich ist es, Zugangsvereinbarungen dahin zu schließen, dass nicht der tatsächliche Zugang beim Empfänger, sondern der durch den Poststempel ausgewiesene **Tag der Absendung** der Erklärung für die Zugangswirkungen maßgeblich sein soll. Dem wird zu Recht entgegengehalten, dass nicht jeder Brief einen lesbaren Poststempel aufweist und zum anderen das Zugangsdatum vollkommen offen bleibt, wenn der Adressat behauptet, den Brief nicht bekommen zu haben (*Zankl*, Die an-

waltliche Praxis in Vertragssachen, Rz. 973). Vorzugswürdig sind daher Klauseln, die mit einer Rechtsfiktion arbeiten, wie z.B.:

Sind im Zuge der Durchführung dieses Vertrages zugangsbedürftige Erklärungen abzugeben, so gilt eine derartige Erklärung am dritten Werktag nach ordnungsmäßiger Absendung als zugegangen.

Eine derartige Fiktion wird als widerleglich anzusehen sein. Jedoch muss derjenige Vertragspartner, der potentieller Adressat ist, sich klar darüber sein, dass es in bestimmten Konstellationen annähernd unmöglich ist, den Nichtzugang einer Erklärung zu beweisen.

c) Mehrheit von Vertragspartnern

Jenseits der Fälle des „dreiseitigen Synallagmas" (siehe unten Rz. 170) kommt es häufig vor, dass bei Verträgen, die typischerweise zwei Parteien angehen, auf der einen oder anderen Seite mehrere Parteien stehen, denen der Anspruch auf die Sach- oder Geldleistung zusteht. Beispielsweise können mit einem Vertrag mehrere Personen von einem Veräußerer unterschiedliche GmbH-Geschäftsanteile erwerben. Umgekehrt kann es sein, dass einer eine Sache an mehrere verkauft. 152

In dieser Konstellation ist es sinnvoll, für die Hauptleistungspflichten und/oder einzelne Vertragsbestandteile klar das Außen- und Innenverhältnis der Mehrheit der Vertragspartner zu regeln.

Im **Außenverhältnis** soll stets klargestellt werden, ob die Leistungsberechtigten **Gesamt-** oder **Teilgläubiger** sind. Im Hinblick auf die Leistungsverpflichteten sollte spiegelbildlich klar geregelt werden, ob diese **Gesamt-** oder **Teilschuldner** sind.

Oftmals empfiehlt sich auch eine Klarstellung im Verhältnis mehrerer Leistungsberechtigter, etwa dahin, ob sie die Berechtigung zur gesamten Hand oder als Miteigentümer erwerben sollen.

Bei der Leistungsverpflichtung von Gesamtschuldnern sollte, soweit nicht die Zweifelsregel des § 426 Abs. 1 Satz 1 BGB greifen soll, klar die **Ausgleichungspflicht** geregelt werden. Dies wird häufig vergessen. 153

Erwerben etwa zwei Personen eine GmbH & Co. KG in der Weise, dass einer die Geschäftsanteile an der Komplementär-GmbH und den überwiegenden Teil der Kommanditbeteiligung, während der andere nur einen marginalen Kommanditanteil erwirbt, verlangt der Verkäufer jedoch die gesamtschuldnerische Haftung beider Erwerber für den Gesamtkaufpreis, so empfiehlt es sich für den Berater des Erwerbers des Marginalanteils, vorsorglich eine von § 426 Abs. 1 Satz 1 BGB abweichende Ausgleichungsregelung zu treffen.

Schließlich ist immer dann, wenn auf der einen oder anderen Seite des Vertrages eine Personenmehrheit kontrahiert, zu empfehlen, dass eine klare Regelung über die Ausübung von Gestaltungsrechten getroffen wird. Diese kann entweder darin bestehen, dass die Gestaltungsrechte von den an selber Seite beteiligten Vertragspartnern nur gemeinschaftlich oder gerade von jedem einzeln ausgeübt werden können. Im letzteren Falle bedarf es weiter einer Regelung, was passiert, wenn nur einer der beiden auf selber Seite beteiligten Vertragspartner das Gestaltungsrecht ausübt.

d) Änderung in der Person des Vertragspartners

154 Insbesondere bei Dauerschuldverhältnissen ist stets der Fall zu antizipieren, dass in der Person eines der Vertragspartner Änderungen eintreten, die für die Abschlussbereitschaft der anderen Seite von Bedeutung sind. Als wichtigste Änderungstatbestände sind in diesem Zusammenhang aufzuzählen:

– Veränderungen im Gesellschafterbestand bei Gesellschaften,

– Rechtsformwechsel des Vertragspartners,

– Verschmelzung oder Spaltung des Vertragspartners,

– Insolvenz des Vertragspartners,

– Tod des Vertragspartners.

aa) Änderungen im Gesellschafterbestand bei Gesellschaften

155 Beim Kontrahieren mit Personen(handels)gesellschaften spielt für die Abschlussbereitschaft der anderen Vertragspartei die Bonität der persönlich haftenden Gesellschafter in der Regel eine maßgebliche Rolle. Der wechselnde Bestand der Gesellschafter betrifft die Vertragsverhältnisse der Personengesellschaft zunächst nicht, weil der Ein- und Austritt von Gesellschaftern die Identität der Gesellschaft unberührt lässt (h.L., vgl. *K. Schmidt*, Gesellschaftsrecht, S. 1084; a.A. *von Stebut*, ZGR 1981, 196 ff.).

Zwar haftet der ausscheidende Gesellschafter für die bis zu seinem Ausscheiden entstandenen Verbindlichkeiten nach Nachhaftungsgrundsätzen (§ 160 HGB, § 736 Abs. 2 BGB, § 10 Abs. 2 PartGG) bis zum Erlöschenszeitpunkt der Ansprüche (fünf Jahre) weiter. Zugleich wachsen die Verbindlichkeiten dem neu eintretenden Gesellschafter an, wenngleich eine persönliche, unbeschränkte Haftung des eintretenden Gesellschafters nur bei der oHG (§ 130 HGB) und nunmehr in entsprechender Anwendung des § 130 HGB auch bei der GbR entsteht. Der eintretende Kommanditist haftet zwar auch für vor seinem Eintreten begründete Verbindlichkeiten (§ 173 HGB), jedoch ist diese Haftung auf die Hafteinlage beschränkt (§ 172 Abs. 1 HGB). Bei der Gesellschaft bürgerlichen Rechts schied nach alter Rechtsauffassung eine Haftung des eintretenden Gesellschafters für davor begründete Verbindlichkeiten mit seinem übrigen, nicht gesamthändisch gebundenen Vermögen aus (BGH NJW 1979, 1821). Der BGH hat aber mit seiner Entscheidung vom 29.1.2001 (NZG 2001, 311 ff.) in umfassender und grundsätzlicher Hinsicht zum Recht der Gesellschaft bürgerlichen Rechts Stellung genommen. Mit dieser Entscheidung wurde der Grundstein zu einer Rechtsprechungsänderung durch die Abkehr von der Doppelverpflichtungslehre hin zu der Annahme des Akzessorietätsprinzips gelegt. In Fortentwicklung dieser Rechtsprechung zum geänderten Verständnis von der Haftungsverfassung der GbR hat der BGH mit Urteil vom 7.4.2003 (NJW 2003, 1803 ff.) und in Abweichung von der früheren Rechtsprechung klargestellt, dass der in eine Gesellschaft bürgerlichen Rechts eintretende Gesellschafter für Altschulden grundsätzlich entsprechend der Regelung des § 130 HGB gesamtschuldnerisch mit den Altgesellschaftern auch persönlich, also mit seinem Privatvermögen, haftet. Die Rechtsprechungsänderung wurde vom Bundesverfassungsgericht als unbedenklich qualifiziert (BVerfG, Beschl. v. 18.10.2012 – 1 BvR 2366/11, ZIP 2012, 2437).

Ungeachtet dessen wird es häufig im Interesse des Vertragspartners der Personengesellschaft liegen, im Falle des Gesellschafterwechsels das Vertragsverhältnis vorzeitig beenden zu können. In diesem Falle empfiehlt sich eine klare Regelung eines **außerordentlichen Kündigungsrechtes**. Alternativ ist auch eine **Prolongation der Nachhaftung** denkbar, weil die Nachhaftungsvorschriften als dispositives Recht angesehen werden (vgl. z.B. *Baumbach/Hopt*, HGB, § 160 Rz. 8). Unbedenklich erscheint auch, für den Fall des Ausscheidens eines Gesellschafters dessen Mithaftung für sämtliche bis zur Beendigung des Vertragsverhältnisses entstandenen Verbindlichkeiten der Gesellschaft zu vereinbaren. Da insoweit jedoch eine persönliche unmittelbare schuldrechtliche Verpflichtung vereinbart wird, ist hier darauf zu achten, dass die Gesellschafter auch persönlich kontrahieren, da beispielsweise eine vertraglich vereinbarte Vertretungsmacht eines GbR-Gesellschafters für die GbR nicht notwendig zur Eingehung derartiger persönlicher Verpflichtungen für die übrigen GbR-Gesellschafter berechtigt. Völlig unzweifelhaft ist die Kontinuität der Vertragsparteien beim Gesellschafterwechsel von Kapitalgesellschaften. Will eine Vertragspartei sich für diesen Fall besondere Rechte vorbehalten, empfiehlt sich die Aufnahme einer entsprechenden Change of Control-Klausel. 156

bb) Rechtsformwechsel

Die §§ 190 bis 304 UmwG ermöglichen in verschiedensten Varianten den Formwechsel einer Gesellschaft in eine andere Rechtsform. Für den Vertragspartner der Gesellschaft ist hier in der Regel nur der Fall bedeutsam, in dem eine Personenhandelsgesellschaft durch Formwechsel in eine Kapitalgesellschaft nachträglich das **Haftungsprivileg** erlangt. Praktisch von Relevanz dürfte hierbei in erster Linie die Umwandlung einer Personenhandelsgesellschaft in eine Kapitalgesellschaft nach den §§ 240 ff. UmwG sein. 157

Für diese Fälle ordnet § 224 UmwG eine der **Nachhaftungsbegrenzung** entsprechende Regelung an. Persönlich haftende Gesellschafter haften für die bis zum Zeitpunkt des Formwechsels entstandenen Verbindlichkeiten innerhalb einer Frist von fünf Jahren nach dem Tage der Eintragung der neuen Rechtsform oder des Rechtsträgers neuer Rechtsformen in das Register weiter. Lösungsmöglichkeiten für denjenigen Vertragspartner, der über eine Veränderung der Haftungsmasse besorgt ist, bieten sich in der unter Rz. 181 ff. beschriebenen Weise an.

cc) Verschmelzung oder Spaltung des Vertragspartners

158 Für den Fall der Übertragung des Vermögens einer Personenhandelsgesellschaft durch Verschmelzung auf einen Rechtsträger in einer Rechtsform, dessen Anteilsinhaber für die Verbindlichkeiten dieses Rechtsträgers nicht unbeschränkt haften, ordnet § 45 UmwG eine im Falle des Formwechsels einer Personenhandelsgesellschaft in eine Kapitalgesellschaft entsprechende **Nachhaftung** der persönlich haftenden Gesellschafter an. Insoweit ist auf das Vorstehende zu verweisen.

Im Übrigen findet sich im allgemeinen Teil des Verschmelzungsrechtes eine allgemeine **Gläubigerschutznorm** (§ 22 UmwG). Danach ist den Gläubigern, wenn sie binnen 6 Monaten nach dem Tag der Eintragung der Verschmelzung in das Register ihren Anspruch anmelden, Sicherheit zu leisten, soweit sie nicht Befriedigung erlangen können.

159 Dieser Anspruch bezieht sich auf Forderungen, die bereits entstanden sind. Bei Dauerschuldverhältnissen könnte fraglich sein, ob der Gläubiger für **zukünftige Ansprüche**, die nach der Eintragung der Verschmelzung in das Register des übernehmenden Rechtsträgers entstehen, Sicherheitsleistung nach § 22 UmwG verlangen kann (vgl. zum Meinungsstand *Schmitt/Hörtnagel/Stratz*, UmwG, § 22 Rz. 6).

Aus der Perspektive des Gläubigers besteht daher das Interesse, die Ansprüche auf Sicherheitsleistung vertraglich zu erweitern oder für den Fall der Verschmelzung eine Beendigungsmöglichkeit für das Vertragsverhältnis vorzusehen.

Umgekehrt kann jedoch auch aus der Perspektive des Schuldners das Interesse bestehen, Erschwerungen von Verschmelzungen aufgrund des Rechtes der Gläubiger, Sicherheitsleistung zu verlangen, auszuschließen. Aus dieser Perspektive kommt auch eine Abbedingung des § 22 UmwG in Betracht.

Für den Fall der Spaltung der Rechtsträger trifft § 133 UmwG eine ähnliche Regelung wie § 22 UmwG, so dass das Vorstehende auch für diesen Fall gilt.

dd) Insolvenz des Vertragspartners

160 Für den Fall der Insolvenz des Vertragspartners bei noch nicht vollständig erfüllten gegenseitigen Verträgen oder Dauerschuldverhältnissen treffen die §§ 103 ff. InsO eingehende Regelungen. Ausgangspunkt ist zunächst

§ 103 InsO, wonach bei einem beiderseitig noch nicht vollständig erfüllten Vertrag zur Zeit der Eröffnung des Insolvenzverfahrens der Insolvenzverwalter ein **Wahlrecht** hat, den Vertrag zu **erfüllen** oder die **Erfüllung abzulehnen**. Im letzteren Falle wird die Leistungsverpflichtung des Gemeinschuldners durch eine Verbindlichkeit wegen der Nichterfüllung substituiert. Die nachfolgenden Regelungen betreffen insbesondere Miet- und Dienstverhältnisse, Regelungen über Fortbestand und Beendigung (vgl. §§ 108–112 InsO und §§ 113, 114 InsO). Für die Abwicklung von Austauschverträgen erscheinen zudem die Vorschriften über das Erlöschen von Aufträgen des Gemeinschuldners (§ 115 InsO), das Erlöschen von Geschäftsbesorgungsverträgen (§ 116 InsO) sowie das Erlöschen von Vollmachten, die sich auf das zur Insolvenzmasse gehörende Vermögen beziehen (§ 117 InsO), bedeutsam.

Wichtig ist auch die Regelung des § 119 InsO, die in der Konkursordnung keinen Vorläufer hatte. Hiernach sind Vereinbarungen, durch die im Voraus die Anwendung der §§ 103–118 InsO ausgeschlossen oder beschränkt werden, unwirksam. Damit ist die weit gehende Indispositivität der Normen des Insolvenzrechtes festgeschrieben.

Bislang ungeklärt war die Frage, inwieweit § 119 InsO vertraglichen **Lösungsklauseln** entgegensteht, die Vertragsverhältnisse durch die Eröffnung oder die in einem Insolvenzantrag zum Ausdruck kommende Vermögenverschlechterungen auflösend bedingen oder dem anderen Teil daran geknüpfte Kündigungs- oder Rücktrittsrechte einräumen. Nun schaffte der BGH ein klarstellendes Ergebnis, indem er entschied, dass Lösungsklauseln in Verträgen über die fortlaufende Lieferung von Waren oder Energie, die an den Insolvenzantrag oder die Insolvenzeröffnung anknüpfen, unwirksam sind (BGH WM 2013, 274 [274]).

Gegenüber kautelar-praktischen Versuchen, das Risiko der Insolvenz des Vertragspartners auf der schuldrechtlichen Ebene zu minimieren, dürfte die Bestellung insolvenzfester Sicherheiten der bessere Weg sein.

ee) Tod des Vertragspartners

Soweit es nicht höchstpersönliche Pflichten des Erblassers betrifft, gehen die Rechtsverhältnisse des Erblassers per Universalsukzession auf die Erben über. Auch dies führt zu einer mitunter nicht erwünschten Auswechslung des Vertragspartners. Wenn das vermieden werden soll, empfiehlt sich die Einfügung eines entsprechenden **Kündigungstatbestandes**. Hinzuweisen ist jedoch darauf, dass das Kündigungsrecht bei Tod des Sachleistungsberechtigten im Wohnraummietrecht stark eingeschränkt ist (§ 580 i.V.m. den §§ 563a ff. BGB).

e) Geschäftsfähigkeit der Vertragspartner

163 Die Vertretung beschränkt Geschäftsfähiger wurde bereits beschrieben (siehe oben Rz. 147). Jenseits des Minderjährigenrechtes ist der Vertragsschluss mit einem (unerkannt) Geschäftsunfähigen ein Fall, der den Lehrbüchern zum Allgemeinen Teil des BGB vorbehalten bleibt. Bestehen jedoch Zweifel an der Geschäftsfähigkeit des Vertragspartners, so sollte bei beurkundungsbedürftigen Geschäften zumindest der Notar aufgefordert werden, einen Vermerk über die Prüfung der Geschäftsfähigkeit in die Urkunde aufzunehmen. Jenseits beurkundungsbedürftiger Geschäfte ist zu empfehlen, ggf. zum Zeitpunkt des Vertragsschlusses ein Gutachten über die Geschäftsfähigkeit einzuholen, um im Falle späterer Konflikte die Geschäftsfähigkeit dokumentiert zu haben.

5. Verhältnis zu anderen Verträgen

164 Häufig korrespondieren Verträge mit anderen Rechtsverhältnissen unter denselben Parteien oder mit Dritten. In diesem Zusammenhang sind insbesondere drei Aspekte regelmäßig zu berücksichtigen:

– Formbedürftigkeit kraft Zugehörigkeit zu einem formbedürftigen Vertrag,

– Probleme des Einwendungsdurchgriffs,

– Koordination/Systemverantwortung.

a) Formaspekt

165 Wie bereits (siehe oben Rz. 117) dargestellt, können Verträge, die mit formbedürftigen Verträgen verbunden sind, selbst der Form dieser Verträge unterfallen. Ggf. kann sogar die Nichtbeurkundung einer beurkundungsbedürftigen Nebenabrede zu einem beurkundungsbedürftigen Hauptgeschäft über § 139 BGB das Hauptgeschäft zu Fall bringen, soweit kein Heilungstatbestand erfüllt wird.

b) Einwendungsdurchgriff

166 Gelegentlich der Problematik des finanzierten Abzahlungskaufes, einem Geschäft, das eine objektive Umgehung des Abzahlungsgesetzes durch die Aufspaltung des Ratenkaufes in einen Kredit- und Kaufvertrag darstellte, hat der BGH durch richterliche Rechtsfortbildung die Möglichkeit für den Käufer geschaffen, Einwendungen aus dem Kaufvertrag dem Rückzahlungsanspruch des Kreditgebers entgegenzuhalten (grundlegend: BGH BGHZ 22, 90). Die von der Rechtsprechung entwickelten Grundsätze sind insbesondere durch die §§ 358, 359 BGB (Einwendungen bei verbundenen Verträgen) kodifiziert. Zwar hat der BGH früher auch außerhalb des Geltungsbereiches des Abzahlungsgesetzes die Grundsätze des Einwendungsdurchgriffes angewendet mit der Begründung, die Normen des Abzahlungsgesetzes allein könnten den aus Treu und Glauben gebo-

tenen Einwendungsdurchgriff nicht begründen, so dass sie ihn umgekehrt auch nicht verhindern können (BGH NJW 1978, 1427 [1428]). Zumindest für Verbraucherverträge ist jedoch die Regelung des § 359 BGB abschließend (Palandt/*Grüneberg*, BGB, Überblick vor § 311 Rz. 18; BGH NJW 2004, 1376).

Ein Rückgriff auf den von der Rechtsprechung auf Grundlage des § 242 BGB entwickelten Einwendungsdurchgriff ist indes auch heute noch bei Verträgen mit Kleinunternehmern, die nicht unter das HGB fallen, denkbar, wenn eine besonders enge Verbindung zwischen den Verträgen besteht und besondere Umstände den Schutz des Kreditnehmers rechtfertigen (Palandt/*Grüneberg*, BGB, Überblick vor § 311 Rz. 18 m.w.N.)

Für die Kautelarpraxis sollte davon ausgegangen werden, dass der Einwendungsdurchgriff ein **allgemeines Rechtsprinzip** ist, welches unter bestimmten Voraussetzungen Platz greifen kann. Entscheidend ist, dass die Gefahr eines Einwendungsdurchgriffes dann besteht, wenn ein Austauschgeschäft für den Sachleistungsberechtigten dadurch ermöglicht wird, dass dieses durch einen eigens hierfür geschlossenen Kreditvertrag finanziert wird.

167

Hier tritt eine Interessenkollision auf, die in dem einen oder anderen Sinne klar geregelt werden sollte. Der Sachleistungsberechtigte, der den Vertrag drittfinanziert, wird in der Regel ein Interesse daran haben, das Sachleistungsgeschäft dann nicht durchführen zu müssen, wenn die Finanzierung scheitert. Der Sachleistungsverpflichtete wird wenig Interesse daran haben, Einwendungen aus dem Kreditverhältnis ausgesetzt zu sein, und der Kreditgeber wird kein Interesse daran haben, Einwendungen aus dem Sachleistungsverhältnis ausgesetzt zu sein.

Es kommt daher für die optimale Interessenwahrnehmung auf die Perspektive an. Aus Sicht des Sachleistungsberechtigten wird es sinnvoll sein, sowohl den Kreditvertrag als auch das Sachleistungsgeschäft aufschiebend mit dem Zustandekommen beider Verträge zu bedingen. Der Kreditgeber wird – was außerhalb des Anwendungsbereiches der Regelung über Verbraucherverträge (§§ 358, 359 BGB) und der Regelungen zur Gestaltung rechtsgeschäftlicher Schuldverhältnisse durch Allgemeine Geschäftsbedingungen (§§ 305 ff. BGB) ohne weiteres möglich sein dürfte – bestrebt sein, jeden Einwendungsdurchgriff aus dem Sachleistungsgeschäft auszuschließen. Der Sachleistungsverpflichtete wird ein entsprechendes Interesse am Ausschluss von Einwendungen aus dem Kreditverhältnis haben.

c) Koordination/Systemverantwortung

Häufig lässt sich der von einer Vertragspartei verfolgte wirtschaftliche Zweck nur durch den Abschluss **mehrerer, paralleler Verträge** erreichen. Dies gilt für eine Vielfalt von wirtschaftlichen Zwecken, vom Hausbau bis zum Aufbau einer Produktion eines bestimmten Artikels. Hier resul-

168

tiert der angestrebte wirtschaftliche Erfolg daraus, dass Teilleistungen, die von einer unterschiedlichen Anzahl von Anbietern erbracht werden, „zusammenpassen". Wird in solchen Konstellationen keine Regelung der Systemverantwortung getroffen, so trägt das Risiko regelmäßig der Auftraggeber.

Will dieser beispielsweise ein am Markt zu handelndes Produkt aus zwei von unterschiedlichen Werkunternehmern erstellten Teilprodukten herstellen lassen und passen diese Teilprodukte nicht zusammen, ohne dass einen der beiden Lieferanten ein Verschulden trifft, so zahlt der Auftraggeber zwei für ihn wirtschaftlich sinnlose Leistungen.

169 Für die Zuweisung der Systemverantwortung gibt es verschiedene Alternativen:

– **Keine ausdrückliche Zuweisung der Systemverantwortung**

Fehlt es an einer ausdrücklichen Zuweisung der Systemverantwortung, so trägt das hieraus resultierende Risiko der Auftraggeber, soweit nicht ein isoliertes Verschulden eines der beauftragten Unternehmer festzustellen ist. Dieses kann jedoch u.U. darin liegen, dass der Nachunternehmer Prüfungspflichten im Hinblick auf die Leistung des Vorunternehmers verletzt (vgl. BGH NJW 1987, 643 f.; BGH NJW 2011, 2644).

– **Delegation der Systemverantwortung als Koordinierungspflicht**

Während bei der Nichtregelung der Systemverantwortung der Auftraggeber diese trägt und zur Vermeidung der Realisation eines Risikos die Teilleistung selbst koordinieren muss, kommt es in Betracht, die Koordinationspflicht an einen **Generalübernehmer** zu delegieren, für dessen Verschulden er dann jedoch gem. § 278 BGB einzustehen hat.

– **Übernahme der Systemverantwortung mit vollem Haftungsrisiko für die Gesamtleistung**

Übernimmt der Generalübernehmer lediglich die Koordinierungspflicht als selbständige Pflicht, so übernimmt der **Generalunternehmer** die volle Verantwortung für das Gelingen der Gesamtleistung. Diesem bleibt es überlassen, die Teilleistungen selbst zu erbringen oder an Subunternehmer zu delegieren.

6. Einfluss Dritter auf den Vertrag

170 Sowohl die Wirksamkeit eines Vertrages als auch dessen Durchführung kann durch Rechte Dritter beeinträchtigt sein. Hier kommen sowohl öffentlich-rechtliche oder privatrechtliche Beschränkungen und als Spezialfall öffentlich-rechtliche oder privatrechtliche Vorkaufsrechte in Betracht.

I. Vorfragen

a) Öffentlich-rechtliche Beschränkungen

aa) Einfluss auf die Wirksamkeit

Öffentliches Recht kann die Wirksamkeit eines privatrechtlichen Vertrages auf verschiedene Weise beeinflussen.

171

Den stärksten Einfluss übt ein **Durchführungsverbot** mit Erlaubnisvorbehalt aus. Verbotswidrig vollzogene Rechtsgeschäfte sind, von bestimmten Tatbeständen abgesehen, unwirksam. Schwebende Unwirksamkeit kann sich beispielsweise aufgrund öffentlich-rechtlicher Genehmigungserfordernisse ergeben. Diese bestehen insbesondere bei bestimmten Grundstücksgeschäften. So hängt die Wirksamkeit auch des schuldrechtlichen Vertrages über die Übertragung eines Grundstückes in den neuen Bundesländern von der Erteilung der Grundstücksverkehrsgenehmigung durch die zuständige Behörde ab (§ 1 Abs. 1 i.V.m. § 2 Abs. 1 Ziff. 1 GVO). Allgemein hängt auch die Wirksamkeit des schuldrechtlichen Vertrages über land- oder forstwirtschaftliche Grundstücke u.a. im Sinne des § 1 Abs. 1 GrdstVG von der Erteilung einer entsprechenden Genehmigung durch die zuständige Behörde ab.

Von besonderer Bedeutung sind zudem die Tatbestände der kartellrechtlichen **Zusammenschlusskontrolle** (§§ 35–43 GWB). Jeder Zusammenschluss, der die Voraussetzungen des § 37 GWB erfüllt, ist **vor seinem Vollzug** beim Bundeskartellamt anzumelden. Das Verfahren der Zusammenschlusskontrolle regelt § 40 GWB. Hiernach darf das Bundeskartellamt einen angemeldeten Zusammenschluss nur untersagen, wenn es den anmeldenden Unternehmen innerhalb einer Frist von einem Monat seit Eingang der vollständigen Anmeldung mitteilt, dass es in die Prüfung des Zusammenschlusses eingetreten ist. Tritt das Bundeskartellamt in die Prüfung ein (Hauptprüfverfahren), entscheidet es durch Verfügung. Ergeht die Verfügung nicht innerhalb einer Frist von 4 Monaten seit Eingang der vollständigen Anmeldung, gilt der Zusammenschluss als freigegeben, es sei denn, es liegen die Ausnahmetatbestände des § 40 Abs. 2 Ziff. 1–3 GWB vor. Nach § 41 Abs. 1 GWB besteht für den Zeitraum der vorerwähnten Monats- bzw. Viermonatsfrist ein Vollzugsverbot. Rechtsgeschäfte, die gegen das Vollzugsverbot verstoßen, sind unwirksam.

Neben den Regeln der nationalen Zusammenschlusskontrolle sind bei Vorliegen der entsprechenden qualitativen und quantitativen Kriterien auch die Regelungen der **europäischen Fusionskontrolle** zu beobachten (Verordnung EG Nr. 139/2004 des Rates über die Kontrolle von Unternehmenszusammenschlüssen vom 20.1.2004; Verordnung [EG] Nr. 802/2004 der Kommission vom 7.4.2004 zur Durchführung der Verordnung [EG] Nr. 139/2004 des Rates über die Kontrolle von Unternehmenszusammenschlüssen).

Ist die Zustimmung Dritter beim Vertrag erforderlich, sind zwischen den Parteien regelmäßig drei Punkte zwingend zu regeln:

172

- **Welche Vertragspartei** soll für die Einholung der Zustimmung zuständig sein?
- Wie werden die **Kosten** der Einholung der Zustimmung verteilt?
- Was passiert, wenn sich die Erteilung der Zustimmung **übermäßig verzögert**?

173 Eine Regelung dieser Probleme bei einem Vertrag, der der öffentlich-rechtlichen Genehmigung bedarf, könnte wie folgt gestaltet werden:

Dieser Vertrag bedarf gem. § (...) der Genehmigung durch die (...-)Behörde. Vertragspartei A wird unverzüglich nach Vertragsschluss den Antrag auf Erteilung dieser Genehmigung stellen. Vertragspartei B wird diesen Antrag in jeder erforderlichen Hinsicht unterstützen. Die durch das Genehmigungsverfahren entstehenden Gebühren werden zwischen den Parteien hälftig geteilt. Dieser Vertrag ist zugleich auflösend damit bedingt, dass die Genehmigung nicht bis einschließlich den (...) erteilt und bis zum (...) bestandskräftig wird.

Weiterhin ist zu beachten, dass eine öffentlich-rechtliche Genehmigung eines Vertrages ein Verwaltungsakt mit belastender Drittwirkung sein kann. In diesen Fällen kann infolge eines Widerspruchsverfahrens und einer Anfechtungsklage des belasteten Dritten die Wirksamkeit des Vertrages über Jahre im Zweifel stehen. Um dieses Risiko auszuschließen, kann die vorstehend geschilderte auflösende Bedingung z.B. auf eine **bestandskräftige** Genehmigung bis zu einem bestimmten Zeitpunkt abstellen.

174 Die dritte Gruppe der Beschränkungen ist schließlich der Fall einer sich an den Abschluss eines wirksamen Vertrages anschließende **Verbotsmöglichkeit** für die öffentliche Verwaltung.

Wo die Gefahr eines Verbots des vertraglichen Vorhabens nach seinem Vollzug droht, ist es sinnvoll, einen **Rückabwicklungsmodus** für diesen Fall vertraglich ausdrücklich zu vereinbaren, da insbesondere bei komplexeren Austauschverträgen und bei einer Veränderung des Vertragsgegenstandes über einen längeren Zeitraum die gesetzlichen Rückabwicklungsmodi oft zu nahezu unlösbaren Problemen führen.

bb) Einfluss auf die Erreichung des Vertragszwecks

175 Die zumindest von einer der Parteien mit dem Vertragsschluss verfolgten Zwecke können häufig unerreichbar werden, wenn erwartungswidrig öffentlich-rechtliche Voraussetzungen für die Zweckverfolgung nicht eintreten oder von Anfang an gefehlt haben.

Beispiele:

Der Erwerber eines Einzelhandelsunternehmens erhält keine Gewerbeerlaubnis; erforderliche Konzessionen fehlen (exemplarisch: BGH DB 1997, 2320) oder wer-

I. Vorfragen

den entzogen; das Bauvorhaben, dessentwegen ein Grundstück erworben wird, erweist sich als nicht genehmigungsfähig.

Soweit hier das öffentliche Recht Einfluss auf die Beschaffenheit oder Verwendbarkeit des Vertragsgegenstandes ausübt, greifen teilweise gesetzliche Regelungen. So werden im Grundstückskaufrecht Mängel der Bebaubarkeit aufgrund öffentlich-rechtlicher Bestimmungen u.U. als Sachmangel gewertet (z.B. BGH BGHZ 117, 159 ff.). Die Abgrenzungen hierbei sind jedoch häufig so subtil und indifferent, dass es sich für die Vertragspartei, deren Zweckerreichung möglicherweise aufgrund öffentlich-rechtlicher Beschränkungen des Vertragsgegenstandes oder der eigenen Person fraglich ist, dringend empfiehlt, den Bestand des Vertrages von der Zweckerreichung, z.B. durch eine Geschäftsgrundlagenvereinbarung, abhängig zu machen (siehe unten Rz. 315).

b) Privatrechtliche Beschränkungen

aa) Schlicht schuldrechtliche Beschränkungen

Nicht der Bestand des Vertrages oder dessen Durchführung stehen in Frage, wenn lediglich eine Vertragspartei durch schuldrechtliche Abrede mit einem Dritten an einer Verfügung über den Vertragsgegenstand gehindert ist. So sind rechtsgeschäftliche Veräußerungsverbote, im Gegensatz zu gesetzlichen, nur schuldrechtlich, nicht jedoch dinglich wirksam (§ 137 BGB). Die Verletzung einer solchen schuldrechtlichen Verpflichtung kann auf Seiten der verletzenden Vertragspartei gegenüber einem Dritten nur Schadensersatzpflichten auslösen.

176

bb) Beeinflussung der Wirksamkeit des Vertrages

Zur schwebenden Unwirksamkeit eines Vertrages führen insbesondere die **Genehmigungsbedürfnisse des Familienrechtes**. Hervorzuheben sind hier das Zustimmungserfordernis des anderen Ehegatten, im Falle der Verpflichtung eines Ehegatten, über sein Vermögen im Ganzen zu verfügen (§ 1365 Abs. 1 BGB). Dieses für den Fall des gesetzlichen Güterstandes geltende Erfordernis wird häufig übersehen. Da der andere Vertragspartner selten vollständigen Einblick in die Vermögensverhältnisse hat, empfiehlt es sich, bei Vertragsschluss entsprechende Absicherungen zu treffen. Untauglich sind dabei Versicherungen des anderen Vertragspartners, nicht über sein Vermögen im Ganzen zu verfügen, weil deren Unrichtigkeit zwar Schadensersatzansprüche auslöst, der Vertrag jedoch bei fehlender Zustimmung des anderen Ehegatten gleichwohl unwirksam ist. Die Wirksamkeit des Vertrages wird nur dann sichergestellt, wenn man den anderen Ehegatten seine Zustimmung vorsorglich erteilen lässt, was sinnvollerweise in derselben Urkunde geschieht.

177

Im Falle des ehelichen Gesamtgutes regelt § 1423 BGB ein entsprechendes Genehmigungserfordernis.

cc) Einfluss Dritter auf die Durchführung des Vertrages

178 Dritte können die Durchführung des Vertrages z.b. beim Bestehen dinglich wirkender Verfügungsbeschränkungen beeinflussen. Insbesondere das **Abtretungsverbot unter Genehmigungsvorbehalt**, welches bei der Vinkulierung von GmbH-Geschäftsanteilen (§ 15 Abs. 5 GmbHG) oder der Vinkulierung von Namensaktien (§ 68 Abs. 2 AktG) mit dinglicher Wirkung greift, kann die Erfüllung eines entsprechenden Kaufvertrages hindern. Zur Vermeidung von Schadensersatzpflichten empfiehlt es sich für den Veräußerer, gegenüber dem Erwerber das Erfüllungshemmnis **im Vertrag offenzulegen**. Der Erwerber wird hier, wie bei schwebend unwirksamen Verträgen, die einer sonstigen Genehmigung bedürfen, ein Interesse daran haben, nicht ewig gebunden zu sein. Derartigen Interessen kann beispielsweise durch die folgende Klausel entgegengetreten werden:

Der Veräußerer weist ausdrücklich darauf hin, dass die Abtretung der Geschäftsanteile der Genehmigung durch die Gesellschaft bedarf. Er wird sich unverzüglich nach Vertragsschluss um die Einholung der Genehmigung bemühen. Der Vertrag ist auflösend damit bedingt, dass die Genehmigung durch Gesellschafterbeschluss bis einschließlich den (…) erfolgt. Die auflösende Bedingung gilt auch dann als eingetreten, wenn der Genehmigungsbeschluss durch einen oder mehrere Gesellschafter angefochten wird.

c) Vorkaufsrechte

179 Der wohl schwerwiegendste Fall der Einflussnahme Dritter auf die Durchführung eines Vertragsverhältnisses ist die Ausübung eines Vorkaufsrechtes im Kaufrecht. Privatrechtliche Vorkaufsrechte können rein schuldrechtlich (§§ 463 ff. BGB) oder dinglich (§§ 1094 ff. BGB) ausgestaltet sein. Öffentlich-rechtliche Vorkaufsrechte resultieren insbesondere aus den §§ 24 ff. BauGB (gemeindliches Vorkaufsrecht). Weitere Vorkaufsrechte ergeben sich aus den §§ 4 ff. RSiedlG. Darüber hinaus sind auch zuweilen durch Landesrecht öffentlich-rechtliche Vorkaufsrechte vorgesehen. Von Bedeutung ist darüber hinaus das Vorkaufsrecht aus § 20 VermG.

Insbesondere bei rein schuldrechtlichen Vorkaufsrechten, die für den Vertragspartner nicht ohne weiteres erkennbar sind, empfiehlt sich die **Offenlegung** des Bestehens des Vorkaufsrechtes im Vertrag, um im Vorkaufsfalle keine Schadensersatzpflichten des Verkäufers auszulösen.

180 Das Vorkaufsrecht als solches ist für **Umgehungsversuche** besonders anfällig. Die Rechtsprechung wehrt Umgehungsversuche relativ strikt ab. Hervorzuheben ist die Entscheidung des BGH vom 11.10.1991 (BGHZ 115, 335 ff.). Hiernach können Vertragsgestaltungen, die zur Umgehung des Vorkaufsrechtes ohne formellen Kaufvertrag in ihrer Gesamtheit einem Kaufvertrag nahezu gleichkommen, in die der Vorkaufsberechtigte zur Wahrung seiner Erwerbs- und Abwehrinteressen „eintreten" kann, ohne die von dem Verpflichteten ausgehandelten Konditionen der Ver-

äußerung zu beeinträchtigen, nach Treu und Glauben den Vorkaufsfall auslösen. Betroffen war hier ein mit Kaufangebot und Auflassungsvormerkung flankierter Nießbrauch. Diese aus dem Leitsatz der Entscheidung ersichtliche relativ weit reichende Formulierung zwingt auch dann, wenn es an sich nicht beabsichtigt ist, ein bestehendes Vorkaufsrecht zu umgehen, die vertragliche Gestaltung darauf zu prüfen, inwieweit hierin nach den vorstehenden Grundsätzen der Eintritt des Vorkaufsfalles bejaht werden kann (siehe auch BGH NJW 2012, 1354 m.w.N.).

Nicht nur die Umgehung des Vorkaufsrechtes selbst, sondern auch der Versuch der **Vereitelung** seiner Ausübung durch nachteilige Vertragsbestimmungen wird von der Rechtsprechung skeptisch betrachtet. Mit Entscheidung vom 13.6.1980 (BGHZ 77, 359 ff.) vertrat der BGH die Auffassung, der Vorkaufsberechtigte sei durch solche Bestimmungen des Erstvertrages nicht verpflichtet, die nicht zum Kaufvertrag gehören und sich darin als Fremdkörper darstellen. Dies sei in der Regel der Fall bei einer Vertragsgestaltung, die völlig außerhalb des Abhängigkeitsverhältnisses zwischen Leistung und Gegenleistung des Kaufs liege, also nur für den Vorkaufsfall getroffen wurde und den Parteien des Erstvertrages bei dessen Durchführung keine irgendwie gearteten Vorteile bringe. Diese Entscheidung betraf die Regelung eines Maklerhonorares im Wege eines Vertrages zugunsten Dritter.

7. Haftungsrisiken aus dem Leistungsaustausch

Vornehmlich bei Kaufverträgen, aber auch bei Nutzungsüberlassungsverträgen, selbst bei bestimmten Werkverträgen resultieren aus dem Leistungsaustausch kaum absehbare Leistungsrisiken, die es für die risikobelastete Partei von vornherein zu prüfen gilt. Hervorzuheben sind hierbei folgende Risiken:

– Haftung des Firmenfortführers (§ 25 HGB),
– Haftung des Betriebsübernehmers (§ 613a BGB),
– Haftung für Ansprüche aus einem Steuerschuldverhältnis,
– Haftung für ausstehende Einlagen bei GmbH-Geschäftsanteilen,
– öffentlich-rechtliche Störerhaftung.

a) Vermögensübernahme (§ 419 BGB a.F.)

§ 419 BGB ist im Zuge der Insolvenzrechtsreform mit Ablauf des 31.12.1998 außer Kraft getreten (vgl. Artikel 33 Ziff. 16 EGInsO). Damit ist das häufig kaum zu übersehende Risiko einer Haftung wegen Vermögensübernahme im Grundsatz entfallen. Dies sollte insbesondere bei dem Erwerb kompletter Aktivvermögen, insbesondere von Kapitalgesellschaften, jedoch nicht zu einer völligen Bedenkenlosigkeit verleiten. Gerade Vermögensübernahmen im Ganzen können zur Gläubigerbenachteiligung, zu Anfechtungsrechten innerhalb und außerhalb des Insolvenzverfahrens oder gar zu Schadensersatzansprüchen führen. Weiterhin ist nicht auszuschließen, dass die Rechtsprechung nach Wegfall des § 419 BGB zur Schließung tatsächlich bestehender oder kreierter Gerechtigkeitslücken Ersatztatbestände schafft. Denkbar wäre beispielsweise eine Art privatrechtliche „Funktionsnachfolge", für die die ausufernde Interpretation des Begriffes des Betriebsüberganges i.S.d. § 613a BGB Modell steht (vgl. EuGH EuZW 1994, 374 ff.; so tendenziell BGH Beschluss vom 30.4.2008, XII ZR 64/05, ZEV 2008, 391)

b) Haftung aus Firmenfortführung (§ 25 HGB)

183 Ein nicht unerhebliches Risiko beim Unternehmenskauf liegt in § 25 HGB. Hiernach haftet derjenige, der ein unter Lebenden erworbenes Handelsgeschäft unter der bisherigen Firma mit oder ohne Beifügung eines das Nachfolgeverhältnis andeutenden Zusatzes fortführt, für **alle im Betrieb** des Geschäfts **begründeten Verbindlichkeiten** des früheren Inhabers.

Die Tatsache, dass die alte Firma nicht unverändert fortgeführt wird, ist dabei belanglos, sofern der maßgebende Teil der alten in der neuen Firma beibehalten ist und gerade aus diesem Grunde die Geschäftspartner die neue Firma noch mit der alten identifizieren (BGH ZIP 2004, 1103). Die Haftung gem. § 25 Abs. 1 Satz 1 HGB besteht in diesen Fällen weiter.

184 Alt- und Neufirma müssen nicht unbedingt wort- und buchstabengetreu identisch sein. Nur der Kern der alten und neuen Firma müssen sich gleichen (BGH NJW 1992, 911; NZG 2012, 916). Unter Erwerb ist nicht lediglich das Kaufgeschäft zu verstehen. Ein Erwerb liegt beispielsweise auch bei Erwerb des Umlauf- und Pacht des Anlagevermögens vor (BGH NJW 1984, 1186). Insbesondere im Bereich der **Gaststättenpacht** werden hiermit verbundene Haftungsrisiken regelmäßig übersehen.

Die Haftung aus § 25 Abs. 1 HGB lässt sich durch Vereinbarung mit dem Veräußerer ausschließen, soweit diese im Handelsregister bekannt gemacht wird (§ 25 Abs. 2 HGB).

Die Eintragung des Haftungsausschlusses in das Handelsregister samt Bekanntmachung oder Mitteilung muss mit der Geschäftsübernahme zusammenfallen. Es genügt aber, wenn die Anmeldung nach der Geschäftsübernahme erfolgt und Eintragung und Bekanntmachung anschließend in kurzem angemessenen Zeitabstand folgen (*Baumbach/Hopt*, HGB, § 25 Rz. 15). Wie man den Terminus des „angemessenen Zeitabstandes" auslegen soll, wird unterschiedlich beurteilt. Eine dreimonatige Frist ab der Firmenübernahme wird noch als angemessen angesehen (BayObLG ZIP 2003, 527).

I. Vorfragen

c) Haftung des Betriebsübernehmers (§ 613a BGB)

Im Falle der Übernahme eines Betriebes oder Betriebsteils tritt der Übernehmer nach § 613a BGB in die Rechte und Pflichten aus den Arbeitsverhältnissen dieses Betriebes oder Betriebsteils ein. Ein **Betriebsübergang** im Sinne des § 613a Abs. 1 Satz 1 BGB liegt vor, wenn der Erwerber die für die Betriebsführung **wesentlichen Betriebsmittel**, ggf. auch von Dritten, erhält. Dies muss nicht notwendig durch ein Rechtsgeschäft geschehen, es kommt im Wesentlichen darauf an, dass beim Erwerb durch mehrere Rechtsgeschäfte diese insgesamt dazu dienen, einen funktionsfähigen Betrieb zu erwerben (BAG NJW 1986, 448 ff.). Der Übergang muss nicht notwendig auf einem Kaufvertrag beruhen. So genügt beispielsweise auch der Übergang von einem Vorpächter auf einen neuen Pächter (BAG NJW 1981, 2212 f.; BAG NJW 2011, 3596).

185

Die Übernahme des Betriebes kann auch nach der Eröffnung eines **Insolvenzverfahrens** erfolgen. In diesen Fällen ist die Haftung gem. § 613a BGB modifiziert anzuwenden. Der Betriebserwerber haftet für die Ansprüche nicht, die vor der Eröffnung des Verfahrens entstanden sind (siehe BAG DB 2003, 100 [101]).

Nach der Rechtsprechung des EuGH beschränkt sich der Begriff des Betriebsüberganges jedoch nicht nur auf den Erwerb durch Kauf oder Nutzungsüberlassungsverträge. Durch die viel beachtete Entscheidung vom 14.4.1994, die einen Fall des **Outsourcing** der Reinigungsaufgaben aus einem Unternehmen betraf, vertrat der EuGH die Auffassung, dass ein Betriebsübergang im Sinne der Betriebsübergangs-Richtlinie der Europäischen Gemeinschaften auch dann vorliege, wenn ein Unternehmer durch Vertrag mit einem anderen Unternehmer die Verantwortung für die Erledigung früher von ihm selbst wahrgenommener Reinigungsaufgaben überträgt, selbst dann, wenn diese Aufgabe bislang von einer einzigen Arbeitnehmerin verrichtet wurde (EuGH EuZW 1994, 374 ff.). Dies gilt jedoch nicht, wenn der Auftraggeber einfach den Auftragnehmer wechselt (EuGH ZIP 1997, 516). Diese Rechtsprechung hat der EuGH modifiziert und stellt bei der Auftragsnachfolge bei betriebsmittelarmen Betrieben auf die **tatsächliche Identitätswahrung** ab (EuGH NZA 2011, 148; BAG NZA-RR 2013, 179 [185]).

186

Auf der Grundlage der Rechtsprechung des EuGH besteht für einen Drittunternehmer bei der werk- oder dienstvertraglichen **Übernahme bislang im Betrieb erledigter Aufgaben** die **erhebliche Gefahr** der Annahme eines **Betriebsüberganges** mit der Folge des **Überganges der betroffenen Arbeitsverhältnisse**.

d) Steuerliche Risiken

Die §§ 69 ff. AO regeln teilweise Haftungstatbestände, die bei Austauschverträgen von Bedeutung sind. Hervorzuheben sind die §§ 75 und 76 AO.

187

Nach § 75 AO haftet der Übernehmer eines Betriebes für Steuern, bei denen sich die Steuerpflicht auf den Betrieb des Unternehmens gründet, und für Steuerabzugsbeträge, vorausgesetzt, dass die Steuern seit Beginn des letzten, vor der Übereignung liegenden Kalenderjahres entstanden sind und bis zum Ablauf von einem Jahr nach Anmeldung des Betriebes durch den Erwerber festgesetzt oder angemeldet werden. Unternehmen im Sinne dieser Vorschrift ist jede organisatorische Zusammenfassung von persönlichen und sächlichen Mitteln zur Verfolgung eines wirtschaftlichen oder ideellen Zwecks (BFH BStBl. I 1974, 145).

188 Wenngleich der Tatbestand der Norm von „Übereignung" spricht, kommt es nicht auf einen Eigentumserwerb im bürgerlich-rechtlichen Sinne an, sondern lediglich darauf, ob der Erwerber wirtschaftlich wie ein Eigentümer über das Unternehmen verfügen kann (BFH BFH/NV 1992, 712 [714]). Eine praktisch sehr relevante Fallgruppe der Anwendung des § 75 AO ist die **Gaststättenpacht**. Nach Auffassung des BFH reicht es für die Annahme einer Betriebsübereignung im Ganzen aus, wenn unter Veräußerung aller sonstigen wesentlichen Betriebsgegenstände der Veräußerer dem Erwerber durch eigene Mitwirkung die Möglichkeit verschafft, die dem bisherigen Betrieb dienenden Räumlichkeiten unverändert zu nutzen und über die Räume einen neuen Pachtvertrag abzuschließen (BFH BFH/NV 1991, 718). Eine Haftung setzt weiter voraus, dass ein lebendes und kein „sterbendes" Unternehmen erworben wird. Der Erwerber muss im Augenblick des Überganges in der Lage sein, den Betrieb in der bisherigen Art ohne nennenswerte zusätzliche Aufwendungen fortzuführen (BFH BStBl. 1980, 258).

§ 75 Abs. 2 AO enthält einen Haftungsausschluss für den Fall des Erwerbs aus einer Konkursmasse, für den Erwerb aus dem Vermögen eines Vergleichsschuldners und für den Fall des Erwerbs im Vollstreckungsverfahren.

Die Haftung des Betriebsübernehmers aus § 75 AO ist nicht zu unterschätzen. Im Zweifel sollte vor Erwerb das Haftungsrisiko im Einverständnis mit dem Veräußerer mit dem zuständigen Betriebsstättenfinanzamt geklärt werden.

Neben § 75 AO ist bei Verträgen über verbrauchsteuerpflichtige Waren und zollpflichtige Waren stets § 76 AO zu beachten. Diese dienen nach § 76 Abs. 1 AO ohne Rücksicht auf die Rechte Dritter als Sicherheit für die darauf lastenden Steuern.

e) Haftungsrisiko beim Erwerb von Gesellschaftsanteilen

aa) Kapitalgesellschaften

189 Beim Erwerb von **GmbH-Geschäftsanteilen** ist stets das Risiko aus § 16 Abs. 2 GmbHG zu beachten. Hiernach haftet der Erwerber neben dem Veräußerer für die auf den Geschäftsanteil zum Zeitpunkt der Anmeldung des Überganges bei der Gesellschaft **rückständigen Einlagen**.

Unter **rückständigen Leistungen** sind neben der ausstehenden Einlage auch Ansprüche der Gesellschaft aus Differenzhaftung (§ 24 GmbHG) sowie Ansprüche der Gesellschaft auf Rückgewähr verbotener Leistungen (§ 31 Abs. 3 GmbHG) gemeint (*Seibt* in Scholz, GmbHG, § 16 Rz. 52). Nach diesseitiger Auffassung kommen ergänzend auch Ansprüche aus Haftung für zurückbezahlte eigenkapitalersetzende Darlehen (§ 32b GmbHG) in Betracht. Hinzu kommen Geldanlagepflichten wegen der Überbewertung von Sacheinlagen (§ 9 GmbHG) sowie die Risiken im Zusammenhang mit dem Ausgleich von Vorbelastungen der GmbH (vgl. *Seibt* in Scholz, GmbHG, § 16 Rz. 52).

Rückständig ist eine Leistung, wenn sie fällig geworden und nicht bewirkt ist (BGH GmbHR 1961, 144).

Eine kautelarpraktische Vorsorge gegen diese Haftungsrisiken ist kaum möglich. Hier kommt es im Wesentlichen auf die Recherche der Risiken vor Vertragsschluss aus Sicht des Beraters des Erwerbers an.

bb) Personengesellschaften

Für die **Gesellschaft bürgerlichen Rechts** ist die Rechtsprechung des Bundesgerichtshofes zu beachten: Der eintretende Gesellschafter haftet grundsätzlich entsprechend § 130 HGB für die Altschulden der GbR auch persönlich (BGH NZG 2001, 311; NJW 2003, 1803 ff.; NZM 2006, 154 ff.). 190

Der Eintritt als Gesellschafter in eine **offene Handelsgesellschaft** oder **Komplementär einer Kommanditgesellschaft** (§§ 130 Abs. 1, 161 Abs. 2 HGB) führt regelmäßig zur Anwachsung der vor dem Eintreten entstandenen Verbindlichkeiten der Gesellschaft. Ohne eine gesonderte Vereinbarung mit den Gesellschaftsgläubigern lässt sich dieses Risiko vertraglich nicht begrenzen (vgl. insbesondere § 130 Abs. 2 HGB).

Vermeidbar ist demgegenüber das Risiko eines Erwerbers eines **Kommanditanteils**, nach § 176 Abs. 2 HGB für die Zeit bis zu seiner Eintragung als Kommanditist im Handelsregister unbeschränkt zu haften. Hier ist es unbedingt erforderlich, den Eintritt zum einen im Wege der Sonderrechtsnachfolge auszugestalten und zum anderen den Übergang des Gesellschaftsanteils aufschiebend mit der Eintragung des Erwerbers als Kommanditisten im Handelsregister zu bedingen (vgl. Münchener Vertragshandbuch, Band 1 Gesellschaftsrecht, Muster III. 19, dort Anm. 6).

f) Öffentlich-rechtliche Haftung

Aufgrund der zunehmenden Kontamination von Grund und Boden besteht beim Erwerb von Grundstücken regelmäßig das Risiko, polizeirechtlich als **Zustandsstörer für die Beseitigung** von durch Vorgänger verursachten **Altlasten** herangezogen zu werden. Der hiermit verbundene Aufwand kann nicht selten den aufgewendeten Kaufpreis übersteigen. Mit Rücksicht hierauf ist dem Käufer insbesondere von einem umfassen- 191 den Gewährleistungsausschluss bei Grundstückskäufen abzuraten (siehe auch unten Rz. 269).

8. Externe Effekte des Vertragsinhalts

192 Nicht nur durch die Gestaltung der Leistungspflichten des Vertrages, sondern auch durch die förmliche Ausgestaltung der Vertragsbeziehungen werden mitunter „externe Effekte" zu erzielen versucht bzw. unbeabsichtigt erzielt.

Unter externen Effekten ist einerseits die Umgehung von Gesetzes- oder Vertragsrecht zu verstehen. Zum anderen sind hierbei insbesondere Steuerfolgen der Transaktion zu verstehen.

a) Gesetzes- und Vertragsumgehung

193 Ziel der Vertragsgestaltung, insbesondere der formalen Ausgestaltung der Rechtsbeziehungen der Parteien, ist es häufig, als nachteilig empfundene Rechtsfolgen zu vermeiden. Ungeklärt ist bis heute, ob die Qualifikation einer Vereinbarung als Gesetzesumgehung oder Vertragsumgehung das Vorliegen einer **Umgehungsabsicht** voraussetzt (bejahend: BGH NJW 1953, 248 [249]; verneinend z.B.: BGH BGHZ 106, 295 [299]; NJW 1983, 2496 [2497]).

Für die Praxis der Vertragsgestaltung sollte vorsorglich unterstellt werden, dass zur Annahme einer sanktionierten Gesetzesumgehung eine Umgehungsabsicht nicht erforderlich ist, sondern es ausschließlich auf den objektiven Erfolg der Gesetzesumgehung ankommt.

194 Wenn eine besondere formale Ausgestaltung der Rechtsbeziehungen unter dem Aspekt der Vermeidung nachteiliger Rechtsfolgen durch Gesetzesumgehung angestrebt wird, sollte als Faustregel darauf geachtet werden, dass die Transaktion auch ohne Berücksichtigung des Umgehungszweckes **wirtschaftlich Sinn** hat. Immer dann, wenn es an einem solchen eigenständigen wirtschaftlichen Zweck für die formale Gestaltung fehlt, besteht die Gefahr, dass der Umgehungsversuch scheitert.

Umgekehrt ist bei Unterstellung einer objektiven Umgehungslehre auch stets zu prüfen, ob nicht **versehentlich** ein von der Rechtsprechung sanktioniertes Umgehungsgeschäft geschlossen wird. So führt beispielsweise nach Auffassung des BAG die mehrfache, verkettete Befristung von Arbeitsverhältnissen zur Annahme eines einheitlichen, unbefristeten Arbeitsverhältnisses, an das die üblichen Bestandsschutzvorschriften anknüpfen können (BAG BAGE 1, 128 ff.). Diese Rechtsprechung hat ihren Niederschlag im Gesetz gefunden (§ 16 TzBfG). In derartigen Konstellationen ist es beispielsweise denkbar, dass die Verkettung befristeter Arbeitsverhältnisse in Unkenntnis der Umgehungsaktion vorgenommen wurde.

b) Steuerrechtliche Folgen

Bei externen Effekten des Vertragsinhaltes bezüglich Steuerrechtsfolgen ist zwischen der schlichten Berücksichtigung der Steuerfolgen und der Planung von Steuerfolgen zu unterscheiden. Für beides gilt jedoch, dass **Gestaltungssicherheit** häufig durch Einholung einer verbindlichen Auskunft der zuständigen Finanzbehörde erlangt werden kann (vgl. zum Verfahren: *Heidel/Pohl* in Heidel/Pauly/Amend, AnwaltFormulare, S. 1686 f.).

aa) Berücksichtigung von Steuerfolgen

Bei allen Austauschverträgen sollten bei der Prüfung vertraglicher Grundlagen zumindest die folgenden Fragen berücksichtigt werden:
- Welche Verkehrssteuern werden durch die Transaktion ausgelöst?
- Wer schuldet und wer haftet für diese Verkehrssteuern?
- Wer soll diese Verkehrssteuern im Innenverhältnis tragen?
- Besteht eine Umsatzsteuerpflicht der Transaktion?
- Soll der Preis ein Brutto- oder Nettopreis sein?
- Welche ertragsteuerlichen Folgen hat die Transaktion?
- Hat eine erstrebte steuerrechtliche Qualifikation für eine Partei eine so erhebliche Bedeutung, dass diese zur Geschäftsgrundlage der Transaktion deklariert werden sollte?

bb) Planung von Steuerfolgen

Die Planung von Steuerfolgen einer Transaktion ist ein legitimes Anliegen der Parteien, welches an dieser Stelle nicht vertieft werden soll. Problematisch sind jedoch solche Transaktionen, bei denen das verfolgte steuerliche Ziel die sonstigen, zivilrechtlich verfassten Ziele der Parteien dominiert. Dies gilt für das gesamte „**Steuerspargeschäftmodell**".

Hier ist stets zu berücksichtigen, dass Verlustzuweisungen keine endgültige Steuerentlastung bringen, sondern bestenfalls einen Zins- und Liquiditätsvorteil, der häufig durch tatsächliche kaufmännische Verluste, die den Vorteil naturgemäß übersteigen, erkauft sind. Die gewünschte steuerliche Qualifikation wird hierbei zumeist durch eine vom zivilrechtlichen Leitbild abweichende, instabile Risikozuordnung erreicht. Wird beispielsweise der Käufer eines zu bebauenden Grundstückes durch ein ganzes Vertragskonvolut steuerrechtlich zum „Bauherren" stilisiert, so wird ihm zwar der Eindruck vermittelt, wirtschaftlich nichts anderes als der Käufer zu sein, er trägt jedoch sämtliche mit der Bauherrenstellung verbundenen zivilrechtlichen Risiken (vgl. z.B. *Walz*, Die steuerrechtliche Herausforderung des Zivilrechts, ZHR 147, 281). Für den anwaltlichen Berater stellt sich hier aus der Perspektive dessen, der einen Steuervorteil in Anspruch nehmen will, dieselbe Grundregel wie bei der

Gesetzesumgehung. Eine Transaktion, für deren Inhalt oder formale Ausgestaltung keine vernünftigen wirtschaftlichen Zwecke mit Ausnahme des angestrebten externen Effektes bestehen, ist in der Regel zum Scheitern verurteilt.

II. Vertragliche Grundlagen

198 Die vertraglichen Grundlagen der Basischeckliste betreffen die elementaren Regelungen und sonstigen Festlegungen, die zweckmäßigerweise am Anfang des Vertrages getroffen werden.

1. Vertragsrubrum

199 Bei der Einleitung des Vertrages stellt sich stets die Frage, ob und welche Überschrift gewählt wird. Insbesondere bei der Bezugnahme auf einen gesetzlichen Vertragstypus sollte berücksichtigt werden, dass hier zumindest ein **Indiz für die rechtliche Qualifikation** des Vertrages geschaffen wird (so z.B. Palandt/*Weidenkaff*, BGB, Überblick vor § 433 Rz. 3), wenngleich dem abstrakten Willen der Parteien, eine bestimmte Qualifikation zu erreichen, die Wirkung versagt bleibt (z.B. BGH BGHZ 71, 189 [191]). Insbesondere bei **gemischten Verträgen** sollte vermieden werden, bereits durch die Bezeichnung des Vertrages eine von den Parteien möglicherweise gar nicht beabsichtigte Präjudikation des Rechtsverhältnisses vorzunehmen.

Ansonsten ist dem Vertragsrubrum die **Bezeichnung der Parteien** des Vertrages vorbehalten, wobei sich allein zu Dokumentationszwecken eine vollständige und zutreffende Bezeichnung der Vertragsparteien, ihres Sitzes, ihrer Vertreter und ihrer Eigenschaft im Hinblick auf den Vertrag empfiehlt. Als abschreckendes Beispiel sei hier auf notarielle Urkunden verwiesen, bei denen man auf den ersten vier Seiten interessiert zur Kenntnis nehmen kann, wer alles vor dem Notar erschienen ist, die Erkenntnis, wer eigentlich mit wem über was kontrahiert, jedoch einer sorgfältigen Exegese der Auflistung der Erschienenen und des übrigen Textes der Urkunde vorbehalten bleibt. Hier sollte sich an die Auflistung der Erschienenen stets ein vollständiges Vertragsrubrum anschließen. Empfehlenswert ist weiterhin, bereits im Rubrum die **Vertretungsverhältnisse** so offen zu legen, wie im Ausgang des Vertrages bei den Unterschriften gehandelt wird, d.h. die für eine juristische oder eine andere natürliche Person handelnde Person bereits zu bezeichnen. Im Ausgang des Vertrages kann man sich in diesem Falle darauf beschränken, die Unterschrift mit dem Zusatz „handelnd wie im Rubrum ausgewiesen" zu versehen. Des Weiteren empfiehlt es sich für den Fall, dass die Parteibezeichnung im weiteren Verlauf des Vertrages abgekürzt werden soll, die **Abkürzung** bereits im Rubrum einzuführen.

II. Vertragliche Grundlagen   Rz. 202 Teil 3

Ein diesen Anforderungen entsprechendes Rubrum könnte beispielsweise wie folgt lauten: 200

Gewerberaummietvertrag

zwischen

1. der **X oHG** mit Sitz in 80927 München, Mühlbaumstraße 3, HRA-Nr. beim Amtsgericht München: 35327, diese vertreten durch ihre persönlich haftenden Gesellschafter, Herrn A. und Herrn B., diese beiden vertreten durch Herrn Rechtsanwalt C.

– (im Folgenden oHG genannt) –

als Vermieterin einerseits

und

2. der **Y GmbH**, mit Sitz in 88456 München, Meierstraße 5, HRB-Nr. beim Amtsgericht München: 56328, diese vertreten durch ihren alleinvertretungsberechtigten Geschäftsführer, Herrn D., dieser vertreten durch Herrn Rechtsanwalt E.

– (im Folgenden GmbH genannt) –

3. der **Z KG**, mit Sitz in 86458 München, Müllerstraße 8, HRA-Nr. 24359 beim Amtsgericht München, diese vertreten durch ihren einzigen Komplementär, Herrn F., dieser ebenfalls vertreten durch Herrn Rechtsanwalt E.

– (im Folgenden KG genannt) –

als Mieter andererseits

wird Folgendes vereinbart: (...)

2. Präambel oder Vorbemerkung

Wenngleich die meisten komplexeren Verträge eine Präambel oder Vorbemerkung enthalten, fehlt es in der einschlägigen Literatur fast vollständig an einer Erörterung von deren Bedeutung. Gelegentlich wird diese lediglich in negativer Hinsicht beschrieben, so beispielsweise mit dem gut gemeinten Rat, überflüssige Lyrik in der Präambel zu vermeiden (*Zankl*, Die anwaltliche Praxis in Vertragssachen, Rz. 628). Bei näherer Betrachtung kommt der Präambel oder Vorbemerkung des Vertrages eine Doppelfunktion hinzu: 201

– Die **Erläuterungsfunktion** für Außenstehende und

– die **Dokumentationsfunktion** im Hinblick auf den Parteiwillen.

a) Erläuterungsfunktion

Oftmals regeln Verträge die Veränderung eines Zustandes, der auf einer komplexen historischen und rechtlichen Entwicklung zwischen den Parteien entstanden ist (z.B. Sanierungsvereinbarungen). Gerade in diesen Fällen ist es wichtig, wenn die Verträge forensisch relevant werden, au- 202 ßenstehenden Dritten zum Eingang des Vertrages eine **Orientierung über die Vorgeschichte** zu geben. Bei komplexeren Verträgen sollte also die Präambel unter dem Aspekt verfasst werden, dass außenstehenden Dritten die Rechtsverhältnisse zwischen den Parteien nicht ohne weiteres geläufig sind und diese durch den Eingang des Vertrages hierüber aufgeklärt werden müssen.

b) Dokumentationsfunktion

203 Wie bereits im Rahmen der „Andeutungstheorie" (siehe oben Rz. 102) erörtert, empfiehlt es sich insbesondere im Bereich formbedürftiger Rechtsgeschäfte, den mit dem Vertrag verbundenen **Regelungswillen** der Parteien innerhalb der Präambel in allgemeiner Hinsicht zu dokumentieren. Dann ergibt sich im Geltungsbereich der Andeutungstheorie für eine dem Parteiwillen entsprechende Auslegung des Vertrages eine hinreichende Andeutung. Aber auch jenseits formbedürftiger Geschäfte liefert die Präambel so dem Richter hinreichende Anhaltspunkte über die von den Parteien mit dem Vertragsschluss beabsichtigten Zwecke, was insbesondere einer ergänzenden Vertragsauslegung beim Bestehen von Regelungslücken förderlich ist.

c) Struktur der Präambel oder Vorbemerkung

204 Aus den vorstehend erläuterten Funktionen der Präambel ergibt sich zugleich zwangsläufig ihre Struktur. Der **erste Teil** der Präambel ist einer **historischen Darstellung** des Zustandes vorbehalten, welcher durch den Vertrag geregelt werden soll. Der **zweite Teil** der Präambel betrifft dann den von den Parteien mit der Regelung verfolgten **Zweck**.

3. Registerstand

205 Bei beurkundungsbedürftigen Grundstücksgeschäften ist zu berücksichtigen, dass sich der Notar nach § 21 BeurkG über den Grundbuchstand unterrichten soll. Hieraus wird gefolgert, dass der durch die Grundbucheinsicht erlangte Stand im Vertrag wiedergegeben werden sollte (z.B. *Möhrle* in Beck'sches Formularbuch zum Bürgerlichen, Handels- und Wirtschaftsrecht, III. B. 1. Anm. 6). Jenseits dessen dient die Offenlegung des Grundbuchstandes auch einer späteren Bezugnahme im Bereich der Leistungssicherung. So kann sich der Käufer die Richtigkeit des Grundbuchstandes, insbesondere das Fehlen bereits bewilligter, jedoch nicht eingetragener Belastungen, zusichern lassen.

Nicht nur im Bereich der Grundstücksgeschäfte, sondern auch bei anderen Rechtsgeschäften, welche sich auf registermäßig erfasste Sachen beziehen (so z.B. Seeschiffe oder Flugzeuge und, was von größerer Relevanz sein dürfte, Geschäftsanteile an Gesellschaften mit beschränkter Haftung), empfiehlt es sich, zu Eingang des Vertrages den Registerstand offen zu legen.

II. Vertragliche Grundlagen

Insbesondere bei GmbH-Geschäftsanteilen wird so die **eindeutige Bezeichnung** des Vertragsgegenstandes gesichert und zugleich ein Bezugspunkt für die mit Rücksicht auf § 16 Abs. 3 GmbHG vom Veräußerer regelmäßig zu verlangende Zusicherung der vollständigen Leistung der Einlage geschaffen.

4. Begriffsdefinitionen

Es ist eine Frage der Vertragsphilosophie, ob man – wie insbesondere im angelsächsischen Bereich üblich – zu Eingang des Vertrages eine umfassende **Definition aller** als auslegungsbedürftig erachteter **Termini**, die im späteren Vertragstext verwendet werden, liefert.

Die Einfügung eines gesonderten Teils für Begriffsdefinition zu Beginn des Vertrages birgt zwei **wesentliche Nachteile.** Zum einen wird dem Vertrag ein unleserlicher, wenig inspirierender Textblock vorangestellt, dessen Bedeutung sich erst bei Lektüre des Restes des Vertrages erschließt. Zum anderen besteht bei der zentralen Zusammenfassung von Begriffsdefinitionen die erhebliche Gefahr, all das, was klar ist, überflüssigerweise zu beschreiben, jedoch die wesentlichen Unklarheiten zu übersehen. Da der Rest des Vertragstextes in der Regel nicht feststeht, wenn dieser Teil verfasst wird, besteht zur Vermeidung von Lücken nur die Möglichkeit, ihn erst nach Abfassung des restlichen Vertrages überhaupt zu schaffen, wobei jedoch bei der Formulierung des Restes des Vertrages stets ein Merkposten für den Teil der Begriffsdefinitionen geschaffen werden muss. Hierbei kann es zu erheblichen Versäumnissen des den Vertrag Formulierenden kommen.

Es ist daher vorzugswürdig, Begriffsdefinitionen **sukzessive** im Vertrag vorzunehmen, und zwar an der Stelle, wo der zu definierende Begriff erstmals vorkommt. So kann es bei der Abfassung eines Verbotes für eine Vertragspartei darauf ankommen, Umgehungen auszuschließen, die darin bestehen, dass nahe stehende Personen der Vertragspartei diejenige Handlung vornehmen, die der Partei verboten wird. Soll sich z.B. eine Partei verpflichten, ohne Zustimmung der anderen ein gemeinsam entwickeltes Know-how nicht zu verwenden, und soll zugleich eine Umgehung eines derartigen Verbotes verhindert werden, so kann an dieser Stelle im Vertrag zunächst das Verbot geregelt und zugleich eine Garantie dahin abgegeben werden, dass die Verbotsverletzung auch von nahe stehenden Personen nicht begangen wird. An dieser Stelle gilt es, sodann den Terminus der „nahe stehenden Personen" zu definieren. Bei natürlichen Personen kann hierbei beispielsweise auf den Grad der Verwandtschaft oder das Vorliegen verdeckter Treuhandverhältnisse abgestellt werden, bei juristischen Personen etwa auf die Beherrschungsvermutung des § 17 AktG.

5. Geltungsbereich des Vertrages

a) Sachlicher Geltungsbereich

207 Unter dem Gesichtspunkt des sachlichen Geltungsbereiches sollte Klarheit gewonnen werden, welche **Funktion** dem Vertrag zukommt: Handelt es sich um die Regelung eines einzelnen Schuldverhältnisses im weiteren Sinne, soll ein Dauerschuldverhältnis begründet werden, oder soll es sich um den Rahmenvertrag zur Regelung einer komplexeren Geschäftsbeziehung handeln?

Auch bei der Regelung eines **einzelnen Schuldverhältnisses** empfiehlt es sich, zuweilen zu berücksichtigen, dass sich die Geschäftsbeziehungen zwischen den Parteien nach Durchführung des ersten Vertrages fortsetzen oder sogar intensivieren könnten. Unabhängig von der Perspektive kann es hierbei sinnvoll sein, die zu vereinbarenden Rahmenabreden auch für Folgeverträge für verbindlich zu erklären (Fortgeltungsklausel).

Insbesondere beim Abschluss von **Rahmenverträgen**, beispielsweise für Lieferbeziehungen, bietet es sich an, über den üblichen Inhalt eines nur eine einzelne Geschäftsbeziehung regelnden Vertrages allgemeine Regelungen zu treffen, die die Abwicklung der Geschäftsbeziehungen erleichtern. Typischer Inhalt eines Rahmenvertrages für eine Lieferbeziehung ist beispielsweise eine ausdrückliche Kontokorrentabrede, die es gestattet, den Zahlungsverkehr zu vereinfachen.

b) Räumlicher Geltungsbereich

208 Der Aspekt des räumlichen Geltungsbereiches ist regelmäßig nur bei Verträgen von Belang, mit denen **Vertriebsbindungen** vereinbart werden (Vertragshändlerverträge, Handelsvertreterverträge).

Bei geographisch zweifelhaften Abgrenzungen des Geltungsbereiches empfiehlt es sich, ggf. entsprechend gekennzeichnete **Landkarten** dem Vertrag als Anlage beizufügen.

6. Rangfolge von Regelungen

a) Verhältnis zwischen Vertrag und Gesetz

209 Im Bereich vertraglicher Grundlagen ist es erforderlich, sich Gedanken über das Verhältnis zwischen dem Vertrag und dem Gesetz zu machen. Die Problematik ist doppelschichtig. Einerseits gilt es, den **Verstoß gegen zwingendes Gesetzesrecht** zu vermeiden, andererseits gilt es, die **Anwendbarkeit dispositiven Gesetzesrechtes** aufzuklären und ggf. hiervon **abweichende Regelungen** zu treffen.

aa) Zwingendes Gesetzesrecht

210 Neben den klassischen Beschränkungen der Vertragsfreiheit (§§ 134, 138 BGB) ist im Verlauf von mehr als einem Jahrhundert eine erhebliche **Zu-**

nahme der Beschränkungen der Vertragsfreiheit zu konstatieren. Dies gilt sowohl für das zwingende Recht, welches an das Vorliegen eines bestimmten Vertragstypus anknüpft, als auch für Beschränkungen, die quer zu den verschiedenen Gesetzes- und Vertragstypen gelegt werden.

Ganz oder teilweise unabhängig vom Vertragstyp ergeben sich Beschränkungen der Vertragsfreiheit insbesondere in folgenden Konstellationen: 211

– Allgemeine Geschäftsbedingungen,
– Verbraucherdarlehensverträge und
– Haustürgeschäfte.

Als jüngere gesetzliche Vertragstypen, deren Recht ganz überwiegend zwingend geregelt ist, sind folgende aufzuführen: 212

– Der Reisevertrag (§§ 651a ff. BGB),
– der Arbeitnehmerüberlassungsvertrag (Arbeitnehmerüberlassungsgesetz),
– der Fernunterrichtsvertrag (Fernunterrichtsschutzgesetz) und
– der Heimvertrag (Heimvertragsgesetz).

Soweit Verträge in ihrer Regelungsmaterie sich auch nur teilweise mit den vorstehend beschriebenen Materien überschneiden, ist auf die Prüfung der Verletzung zwingenden Gesetzesrechtes besondere Sorgfalt zu verwenden.

bb) Dispositives Recht der Vertragstypen

Die Zuordnung einer Parteivereinbarung zu einem gesetzlichen Vertragstyp geschieht (siehe oben Rz. 199) unabhängig von der formalen Bezeichnung der Vereinbarung und unabhängig vom Parteiwillen, der sich auf eine bestimmte Qualifikation bezieht. Die Zuordnung eines Vertrages zu einem gesetzlichen Vertragstypus ist eine reine Frage der **rechtlichen Qualifikation** der Vereinbarung, wobei bei den meisten gesetzlichen Vertragstypen die Zuordnung sich nach den essentialia negotii, den in der Regel vereinbarten Hauptleistungspflichten, richtet. Bei einfachen Verträgen bereitet die Zuordnung daher keinerlei Schwierigkeiten. Auch bei zusammengesetzten Verträgen, die auf Seiten des Sachleistungsverpflichteten mehrere für gesetzliche Vertragstypen typische Hauptleistungspflichten enthalten, beurteilen sich die jeweiligen Teile des Vertrages nach dem jeweils einschlägigen dispositiven Gesetzesrecht. 213

Da das **dispositive Gesetzesrecht** dann zum Tragen kommt, wenn es durch die Parteien nicht abbedungen wurde, sollte entsprechende Sorgfalt darauf verwendet werden, diejenigen Teile des gesetzlichen Regelungsprogrammes, die von den Parteien nicht gewünscht sind, unmissverständlich auszuschließen und zu ersetzen.

214 Schwierigkeiten bereitet demgegenüber die Bestimmung des dispositiven Gesetzesrechtes bei Verträgen, die sich nicht als Zusammensetzung verschiedener Typen, sondern deren **Mischung** oder **Verschmelzung** darstellen.

So treffen bei **Leasingverträgen** sowohl die Gebrauchsüberlassungsfunktion als auch die Finanzierungsfunktion in einer Art und Weise zusammen, die eine eindeutige Zuordnung zu einem gesetzlichen Vertragstypus kaum gestattet, wenngleich der BGH überwiegend von einer mietvertraglichen Qualifikation ausgeht (BGH i.st.Rspr. BGHZ 82, 121 [125]; BGHZ 97, 137 [139 f.]). Hierdurch kann nicht nur die Ermittlung des einschlägigen dispositiven Gesetzesrechtes problematisch werden, sondern nahezu unmöglich. Die Komplexität des mit einem **Automatenaufstellungsvertrag** verbundenen Geschäftszweckes („Eingliederung des Automaten in den Gewerbebetrieb eines anderen"; BGH BGHZ 47, 202) führt etwa zu einer derartigen **Atypizität**, dass ein einschlägiges dispositives Gesetzesrecht nicht mehr auffindbar ist (vgl. die Problematik in BGH BGHZ 51, 55 [58]; NJW 1983, 159 [162]).

Dort, wo die Zuordnung zu einem Gesetzestypus zweifelhaft oder unmöglich wird, kann sich der Kautelarjurist nicht auf die Auffangfunktion des dispositiven Gesetzesrechtes verlassen, sondern muss eine **dem Parteiwillen entsprechende umfassende Regelung** treffen, um erhebliche Rechtsunsicherheiten bei dem Auftreten von Streitigkeiten bei der Durchführung des Vertrages zu vermeiden.

b) Einbeziehung von Regelungssystemen außerhalb des Vertragstextes

aa) Regelungsprogramme von Dritten

215 Unterhalb des dispositiven Gesetzesrechtes existieren eine Reihe von **gesetzesähnlichen Regelungssystemen**, die häufig nur durch ausdrückliche Einbeziehung Einfluss auf die Gestaltung der Rechtsbeziehung zwischen den Parteien gewinnen (z.B. Tarifverträge außerhalb ihres persönlichen Anwendungsbereiches, VOB, VOL oder ADSp).

Soweit derartige oder ähnliche Regelungssysteme einbezogen werden, geschieht dies durch **Verweisung**. Die Verweisung auf ein außervertragliches, aber untergesetzliches Regelsystem kann dann zu Problemen führen, wenn dieses System, wie z.B. Tarifverträge, nicht unabänderlich, sondern einem ständigen Inhaltswechsel unterworfen ist. Es ist deshalb auch im Wortlaut des Vertrages klar zum Ausdruck zu bringen, ob eine **statische** oder **dynamische Verweisung** beabsichtigt ist.

216 Während die **dynamische** Verweisung auf das Regelwerk in seiner „**jeweils geltenden Fassung**" Bezug nimmt, bezieht sich die **statische** Verweisung in der Regel auf die zum **Zeitpunkt des Vertragsschlusses** existente Fassung. Wird im Hinblick auf die statische oder dynamische Eigenart der Verweisung keine ausdrückliche Bestimmung getroffen, so kommt es auf die Auslegung des Vertrages in diesem Punkte an. Das

II. Vertragliche Grundlagen

Auslegungsproblem erscheint regelmäßig dann unlösbar, wenn die Interessenlage der Parteien im Zeitpunkt des Vertragsschlusses keinen Rückschluss gestattet, weil keine Partei von vornherein mit Sicherheit Konfliktpotentiale absehen kann, geschweige denn die Entwicklung des in Bezug genommenen Regelungssystems.

Bereits deshalb ist es unabdingbar, bei Verweisung auf untergesetzliche Regelungssysteme die Statik oder Dynamik der Verweisung festzulegen.

bb) Allgemeine Geschäftsbedingungen

Von der Einbeziehung untergesetzlicher Regelungssysteme ist die Einbeziehung Allgemeiner Geschäftsbedingungen zu unterscheiden, da es sich hierbei um Regelungssysteme handelt, die eine Vertragspartei in ihrem eigenen Geschäftsbereich ihren Geschäftspartnern vorzuschreiben pflegt. 217

Bei der Einbeziehung Allgemeiner Geschäftsbedingungen sind grundsätzlich folgende Problemkreise zu unterscheiden:

– Wirksamkeit der Einbeziehung,
– Wirksamkeit der einzelnen Geschäftsbedingungen,
– Behandlung der Kollision von Geschäftsbedingungen,
– Behandlung der Veränderung von Geschäftsbedingungen.

Nach § 310 Abs. 1 BGB sind die Vorschriften der §§ 305 Abs. 2 und 3 BGB und die Vorschriften der §§ 308 und 309 BGB durchgehend nicht anzuwenden auf Allgemeine Geschäftsbedingungen, die gegenüber einer Person verwendet werden, die bei Abschluss des Vertrages in Ausübung ihrer gewerblichen oder selbständigen beruflichen Tätigkeit handelt (**Unternehmer**). Damit kommt es nicht auf die Differenzierung zwischen kaufmännischem und nicht kaufmännischem, sondern zwischen unternehmerischem und nicht unternehmerischem Verkehr an. 218

Während die Einbeziehung im Verhältnis zu einem Nichtunternehmer nach § 305 Abs. 2 und 3 BGB zum einen den ausdrücklichen Hinweis auf den Willen des Verwenders zur Einbeziehung der Allgemeinen Geschäftsbedingungen und die Verschaffung der Möglichkeit, von deren Inhalt Kenntnis zu nehmen, voraussetzt, findet § 305 Abs. 2, 3 BGB gem. § 310 Abs. 1 BGB im Verkehr zwischen Unternehmern keine Anwendung. Auch dort ist jedoch Voraussetzung, dass diese durch rechtsgeschäftliche Einbeziehung Vertragsbestandteil geworden sind. Notwendig ist demgemäß eine ausdrückliche oder stillschweigende Willensübereinstimmung der Vertragspartner zur Geltung der Allgemeinen Geschäftsbedingungen (BGH NJW 1992, 1232).

Die Frage der Wirksamkeit einzelner Klauseln soll in diesem Kontext nicht erörtert werden, da Gegenstand dieses Buches in der Regel vollständig ausgehandelte (§ 305 Abs. 1 Satz 3 BGB) Verträge sind. Ungeachtet 219 dessen ist jedoch zur Aushandlung individueller Verträge darauf hinzuweisen, dass der Anwendungsbereich der §§ 305 ff. BGB durch die weitere Auslegung des Begriffes der **„vorformulierten Vertragsbedingungen"** im Sinne des § 305 Abs. 1 Satz 1 BGB erheblich extendiert wurde. Auch dann, wenn der Verwender die von ihm ausgearbeitete Klausel nur aus dem Gedächtnis in den jeweiligen Vertragstext übernimmt, sollen die Voraussetzungen des § 305 Abs. 1 Satz 1 BGB gegeben sein (BGH ZIP 1987, 1536 zum § 1 AGBG a.F.). Dies soll auch dann gelten, wenn die Klausel handschriftlich eingefügt worden ist (OLG Hamm NJW-RR 1987, 243; OLG Karlsruhe DNotZ 1989, 688). Es soll ferner genügen, wenn die Klauseln in einem Schreibautomaten oder Computer in Form von Textbausteinen gespeichert sind und den jeweiligen Bedürfnissen entsprechend zu Vertragswerken zusammengesetzt oder in Individualverträge eingefügt worden sind (Soergel/*Stein*, § 1 AGBG Rz. 9).

Soll die Anwendbarkeit des AGB-Rechtes vermieden werden, so ist auf jeden Fall die Verwendung gleich lautender Klauseln in mehreren Verträgen stets zu vermeiden.

220 Da im unternehmerischen Verkehr auch für die rechtsgeschäftliche Einbeziehung von Allgemeinen Geschäftsbedingungen wesentlich geringere Anforderungen gestellt werden, z.B. für die Einbeziehung durch schlüssiges Verhalten genügt, dass der Verwender erkennbar auf seine Allgemeinen Geschäftsbedingungen verweist und der Vertragspartner ihrer Geltung nicht widerspricht (BGH BGHZ 117, 190 ff.), kommt es nicht selten vor, dass zwischen den Vertragsparteien wechselseitig die Allgemeinen Geschäftsbedingungen vereinbart werden und so das Problem der **Kollision** einzelner Klauseln entsteht.

Hierbei sind zwei Lösungsmöglichkeiten denkbar, die von der Rechtsprechung parallel zueinander, je nach den Umständen des Einzelfalles, praktiziert werden:

– Entweder es werden die zuletzt in Bezug genommenen AGB nach den §§ 150 Abs. 2, 151 BGB Vertragsinhalt (**„Prinzip des letzten Wortes"**), oder

– die Allgemeinen Geschäftsbedingungen werden insoweit Vertragsinhalt, soweit sie sich nicht widersprechen, während im Übrigen das dispositive Recht gilt (**„Prinzip der Kongruenzgeltung"**: Palandt/*Grüneberg*, § 305 Rz. 54).

221 Im Regelfall ist trotz kollidierender Allgemeiner Geschäftsbedingungen ein **Vertragsschluss** jedenfalls bezüglich der **Essentialien** anzunehmen; soweit die Allgemeinen Geschäftsbedingungen inhaltlich übereinstimmen, werden sie nach dem Prinzip der Kongruenzgeltung im vollen Umfang Vertragsinhalt. Anstelle der widersprechenden Allgemeinen Geschäftsbedingungen tritt nach dem Rechtsgedanken des § 306 Abs. 2 BGB das dispositive Gesetzesrecht bzw. ist dem Parteiwillen soweit wie möglich Rechnung zu tragen (BGH NJW 1973, 2106; WM 1977, 451;

NJW 1985, 1838 zum § 6 AGBG a.F.). Ausnahmsweise bleibt es bei der Anwendung des § 150 Abs. 2 BGB und damit beim „Prinzip des letzten Wortes", wenn die Einkaufsbedingungen des Bestellers eine Abwehrklausel nicht enthalten (BGH NJW 1995, 1671) oder wenn eine Partei ausdrücklich und unmissverständlich das Zustandekommen des Vertrages von der Geltung ihrer AGB abhängig macht, wobei nach Auffassung von Teilen der Literatur eine bloß formularmäßige Abwehrklausel nicht genügen soll (*Ulmer/Brandner/Hensen*, AGB-Recht, § 305 BGB Rz. 189).

Insbesondere bei **Dauerschuldverhältnissen** stellt sich ferner die Frage, wie bei nachträglichen Änderungen einmal wirksam einbezogener Allgemeiner Geschäftsbedingungen vorgegangen werden soll. Die vertragliche Einbeziehung von Allgemeinen Geschäftsbedingungen in ihrer jeweiligen Fassung wird ganz überwiegend als mit dem Schutzzweck des § 305 Abs. 2 BGB nicht vereinbar angesehen und deshalb als nichtig qualifiziert (vgl. *Ulmer/Brandner/Hensen*, AGB-Recht, § 305 BGB Rz. 164 m.w.N.). 222

In gestaltungstechnischer Hinsicht bietet es sich an, für den Fall des Wunsches einer Partei nach der Einbeziehung veränderter AGB, dieser im Falle der Nichteinwilligung der anderen Partei ein **Kündigungsrecht** einzuräumen, soweit Dauerschuldverhältnisse betroffen sind. Fraglos darf hierbei jedoch nicht gegen zwingende Regelungen über Kündigungsfristen verstoßen werden.

c) Interne Rangfolge

Häufig kommt es vor, dass ein Vertragstext Bezugnahmen auf andere Verträge zwischen den Parteien oder auf Anlagen, die selbst Regelungswerke enthalten, beinhaltet. Um in diesen Fällen Widersprüche zu vermeiden, empfiehlt es sich, die Rangfolge der Parteivereinbarungen klar zu bestimmen, etwa so: 223

Bei Widersprüchen in Regelungen oder Terminologie gilt folgende Rangfolge: Die in diesem Vertrag selbst verwandten Termini und Regelungen gehen denen in anderen Verträgen, auf die Bezug genommen wird, und dem Inhalt der Anlagen vor. Anlagen sind gegenüber anderen Verträgen, auf die Bezug genommen wird, nachrangig.

III. Inhalt der Leistungen

Austauschverträge beinhalten in der Regel den Austausch einer Sach- gegen eine Geldleistung, soweit nicht ausnahmsweise, wie beim Kredit, Geld entgeltlich zum Gebrauch überlassen wird. Der Teil „Leistungsinhalt" betrifft daher die Regelung der Sach- und Geldleistung sowie hierauf bezogene Leistungsbestimmungsrechte. 224

1. Sachleistung

a) Leistungsart

aa) Allgemeines

225 Die **Hauptleistungspflichten** aus einem Vertragsverhältnis prägen in der Regel den Vertragstypus, an den sich ein gesetzliches Regelungsprogramm anschließt. Meist ist es die **Sachleistungsverpflichtung**, die den Vertragstyp bestimmt und der eine Geldleistungsverpflichtung gegenübersteht. Die Nichterfüllung von Hauptleistungspflichten beruht entweder auf einer der vielfältigen Formen der Unmöglichkeit, führt in der Praxis jedoch regelmäßig zur Beendigung des Schuldverhältnisses und zur Verpflichtung des Nichterfüllenden zur Leistung von Schadensersatz.

Von den Hauptleistungspflichten sind die **Nebenleistungspflichten** zu unterscheiden. Das sind Pflichten, die zwar nicht synallagmatisch mit der Gegenleistung verbunden sind, sie dienen jedoch der Vorbereitung, Durchführung oder Sicherung der Hauptleistung.

Von den Nebenleistungspflichten sind die weiteren Nebenpflichten (§ 241 Abs. 2 BGB) zu unterscheiden. Die Verletzung dieser Pflichten führt zu einem Schadensersatzanspruch aus § 280 BGB, ggf. i.V.m. § 282 BGB, sowie bei gegenseitigen Verträgen zu einem Rücktrittsrecht unter den im § 324 BGB normierten Voraussetzungen.

226 Von den Nebenpflichten wiederum zu unterscheiden sind die **Obliegenheiten**, deren Verletzung weder einen Erfüllungsanspruch noch eine Schadensersatzforderung begründet, sondern lediglich zu Rechtsverlust oder rechtlichen Nachteilen bei dem Verletzer führen (vgl. BGH NJW 1995, 401 [402]).

Da die Rechtsfolgen für den Berechtigten bei der Verletzung von **Hauptleistungspflichten** die weitesten sind, ist aus dessen Interesse stets zu prüfen, welche Pflichten aus dem Vertragsverhältnis zu solchen erhoben werden sollen. Da die Qualifikation als Hauptleistungspflicht aus der Parteiabrede über das Gegenseitigkeitsverhältnis der Pflichten folgt, bleibt es der Parteidisposition überlassen, Pflichten in- oder außerhalb des Gegenleistungsverhältnisses zu stellen. Es bleibt im Übrigen auch der Gestaltungsfreiheit überlassen, die Rechtsfolgen der Verletzung von Nebenleistungs- und Nebenpflichten oder Obliegenheiten gesondert und in einer vom Gesetz abweichenden Weise zu gestalten.

227 Kern eines jeden Austauschvertrages ist die **Leistungsdefinition** im Hinblick auf die Sachleistungspflicht. Art und Umfang der Definition hängen hierbei zwangsläufig von Art und Umfang der Verpflichtung ab. Bei einfacheren Austauschverträgen genügt es, die Leistungspflicht im Vertragstext selbst zu definieren. Bei komplexeren Leistungen, deren Inhaltsbestimmung sich ggf. nach technischen Normen richtet, bietet es sich an, eine Leistungsbeschreibung, die von Fachleuten erstellt wurde,

oder das Angebot des Leistungsverpflichteten dem Vertrag als Anlage beizufügen und hierauf zu verweisen.

Im Grenzbereich zwischen der Leistungsdefinition und der Leistungssicherung stehen insbesondere im Kaufrecht **Beschaffenheitsvereinbarungen**, **Eigenschaftszusicherungen** und **Garantien**. Da auch diese sich auf den Inhalt der Leistungspflichten beziehen, empfiehlt es sich, diese in unmittelbarem Anschluss an die Leistungsdefinition einzufügen, die hieraus resultierenden Rechtsfolgen, soweit diese von den gesetzlichen abweichen sollen, im Teil „Leistungssicherung" (siehe unten Rz. 269) zu regeln.

bb) Beschaffenheitsvereinbarungen/Zusicherungen/Garantien

Die gesetzliche Risikoverteilung bei der Überlassung von Sachen bildet häufig die tatsächliche Interessenlage der Parteien nicht ab. Deshalb kommt es darauf an, im Vertrag entweder die Anknüpfung gesetzlicher Gewährleistungspflichten zu präzisieren oder zusätzlich zum dispositiven gesetzlichen Gewährleistungsrecht besondere Einstandspflichten für die Beschaffenheit der überlassenen Sache zu schaffen. 228

Instrumente hierzu sind **Beschaffenheitsvereinbarungen**, **Zusicherungen** und **Garantien**. Diese sollen am Beispiel des Kaufrechtes nachfolgend erläutert werden. 229

Beschaffenheitsvereinbarungen sollen sichern, dass die Beschaffenheit der Sachleistung aus Sicht des Sachleistungsberechtigten die Vertragszweckerreichung ermöglicht. Dem Sachmängelbegriff in § 434 BGB liegt primär ein subjektiver Fehlerbegriff zugrunde, wonach die Sache frei von Sachmängeln ist, wenn sie bei Gefahrübergang die vereinbarte Beschaffenheit aufweist (§ 434 Abs. 1 Satz 1 BGB). Fehlt es an einer vertraglichen Vereinbarung über die Beschaffenheit, so ist auf objektive Kriterien zurückzugreifen. Gemäß § 434 Abs. 1 Satz 2 Nr. 1 BGB ist für die Beurteilung der Mangelfreiheit zunächst auf die Eignung für die vertraglich vorausgesetzte Verwendung abzustellen, ansonsten kommt es gemäß § 434 Abs. 1 Satz 2 Nr. 2 BGB darauf an, ob sie sich für die gewöhnliche Verwendung eignet und ob sie eine Beschaffenheit aufweist, die bei artgleichen üblich ist und die der Käufer je nach Art der Sache erwarten kann. Die hieraus resultierenden Unsicherheiten können durch eine klare Beschaffenheitsvereinbarung ausgeschlossen werden. Macht der Käufer unter Berufung auf das Vorliegen eines Sachmangels die Rechte nach § 437 BGB geltend, nachdem er die Kaufsache entgegengenommen hat, trifft ihn die Darlegungs- und Beweislast für die einen Sachmangel begründenden Tatsachen (BGH NJW 2004, 2299 [2300]).

Es kann auch eine **Garantieübernahme** vereinbart werden. Eine solche ist u.a. auch in der Erklärung gegeben, die vom Verkäufer bei den vorvertraglichen Verhandlungen abgegeben wurde. Irrelevant ist dabei, ob die Erklärung als verlässlich erscheint oder „ins Blaue hinein" abgegeben 230 wird. Das Risiko der Unrichtigkeit trägt der Erklärende und nicht der Erklärungsempfänger (OLG Koblenz DB 2004, 1037). Die Folge einer unrichtigen Beschaffenheitsgarantie ist, dass der Geschädigte sowohl Rücktritt als auch Schadensersatz geltend machen kann (§§ 437 Nr. 2, 3, 325 BGB). Beim Schadensersatzanspruch wird verschuldensunabhängig gehaftet (Palandt/*Grüneberg*, BGB, § 276 Rz. 29).

Weiterhin ist in § 434 Abs. 1 Satz 3 BGB geregelt, dass Eigenschaften, die der Käufer nach den öffentlichen Äußerungen des Verkäufers, des Herstellers oder seiner Gehilfen erwarten kann, zu der üblichen Beschaffenheit artgleicher Sachen i.S.v. § 434 Abs. 1 Satz 2 Nr. 2 BGB gehören.

231 Von den gesetzlichen Gewährleistungsrechten ist die **Gewährleistungsgarantie** zu unterscheiden. Diese hat teilweise in § 443 BGB in Form der Beschaffenheitsgarantie sowie der Haltbarkeitsgarantie eine gesetzliche Regelung gefunden. Gemäß § 443 BGB hat bereits die einseitige Erklärung des Garanten bindende Wirkung. Die Rechtsfolgen bei Eintritt des Garantiefalles ergeben sich nach wie vor aus der vertraglichen Vereinbarung und nicht aus dem Gesetz (§ 443 Abs. 1 BGB).

Will man diese Grenzen überwinden, so kommt nur eine entsprechende Garantie des Sachleistungsverpflichteten in Betracht. In bestimmten Fällen erscheint es aus dem Interesse des Sachleistungsberechtigten geradezu geboten, derartige Garantien, die nach Inhalt und Modalitäten über die gesetzlichen Gewährleistungsrechte hinausgehen, zu verlangen. Beispielsweise wurde vor der Schuldrechtsreform auf den Unternehmenskauf per Erwerb der Geschäftsanteile (Share-deal) Sachmängelgewährleistungsrecht des Kaufes entsprechend angewendet, wenn eine erhebliche Beteiligung erworben wird (die Anforderungen schwanken zwischen 50 %, BGH WM 1980, 284, und 90–95 %, BGH WM 1970, 819) und der Mangel eines einzelnen Bestandteils des Unternehmens so erheblich ist, dass er als „Unternehmensmangel" zu qualifizieren ist (BGH WM 1978, 59). In diesen Konstellationen ist es nach wie vor ratsam, die nach dem Vertrag vereinbarten Beschaffenheit im Wege einer Garantie zu vereinbaren.

232 Trotz Erwähnung der Garantien im Gesetz (§ 443 Abs. 1 BGB) fehlt es nach wie vor an einer gesetzlichen Regelung der **Rechtsfolgen** des Garantiefalles.

Im Zusammenhang mit derartigen Garantien empfiehlt es sich, zumindest folgende Regelungen zu treffen:

– Inhalt der Garantie, d.h. Regelung der Umstände, auf die sich die Garantie bezieht.

– Zeitliche Geltung der Garantie (Anfang und Ende der Frist, innerhalb derer die Verletzung der Garantie geltend gemacht werden muss).

– Ansprüche bei Verletzung der Garantie (Nacherfüllung, Minderung, Rücktritt, Schadensersatz, ggf. pauschalierter Schadensersatz).

cc) Leistungsinhalt bei Typenmischung

Sonderprobleme tauchen auf, wenn in einem Vertrag auf Seiten des Sachleistungsverpflichteten verschiedene, unterschiedlichen Vertragstypen zugehörige Leistungspflichten eingegangen werden. Eine relativ lose Verbindung liegt beispielsweise vor, wenn eine Gaststätte verpachtet und zugleich das Inventar an den Pächter vom Verpächter verkauft wird. Für beide Teile des Vertrages sieht das dispositive Gesetzesrecht ein unterschiedliches Regelungsprogramm vor, welches isoliert angewendet in der Regel zu interessengerechten Ergebnissen führt. 233

Probleme tauchen jedoch auf, wenn in einem Bereich eine derart **erhebliche Leistungsstörung** vorliegt, dass der Bestand des anderen Vertragsteils fragwürdig erscheint. Erweist sich beim kombinierten Inventarkauf und der Gaststättenpacht das Inventar als mangelhaft, so mag es zweckgerecht sein, hier den Rücktritt oder die Minderung im Hinblick auf das Inventar zuzulassen, ohne dass der Pachtvertrag berührt wird. Erweist sich jedoch das Pachtverhältnis als mangelhaft, fehlt es beispielsweise an der öffentlich-rechtlichen Zulässigkeit der Nutzung der Räume als Gaststätte, so erscheint aus der Perspektive des Sachleistungsberechtigten der Erwerb des Inventars als sinnlos. Ähnlich liegt es beim Kauf mit Installationsverpflichtung. Soweit der Verkäufer einer Installationsverpflichtung nicht nachkommt und wegen der Besonderheiten des Kaufgegenstandes eine Ersatzvornahme ausscheidet, erweist sich auch das Kaufgeschäft als sinnlos. Eine aufgrund eines Werkvertrages hergestellte Spezialsoftware kann für den Sachleistungsberechtigten unverwendbar sein, wenn der Werkunternehmer nicht zugleich einer eingegangenen Schulungsverpflichtung für das Personal des Auftraggebers nachkommt. Bei der Kombination unterschiedlichen Vertragstypen zugehöriger Leistungspflichten ist es daher zwingend notwendig, das **Verhältnis der verschiedenen Leistungsverpflichtungen** klar zu regeln. So könnte beispielsweise beim kombinierten Kauf des Inventars und Pacht der Räumlichkeiten Folgendes vereinbart werden: 234

Mängel des Inventars berühren den Bestand des Pachtverhältnisses nicht. Im Falle der außerordentlichen Beendigung des Pachtverhältnisses wegen Nichtgewährung des Gebrauches innerhalb der ersten 12 Monate des Pachtverhältnisses für eine Dauer von mehr als einem Monat ist der Pächter und Käufer berechtigt, den Rücktritt vom Kaufvertrag zu erklären.

b) Leistungsmodalitäten

Bei der Regelung der Hauptleistungspflichten sind häufig die Modalitäten der Leistung zu regeln. Hierzu gehören bei Lieferbeziehungen insbesondere die Regelung des Leistungsortes (Erfüllungsort), des Erfolgsortes, möglicher Versendungspflichten sowie die damit einhergehenden Transportkosten und die Tragung der Preis- und Leistungsgefahr. Im Handelsrecht gibt es hierzu eine Vielzahl von Handelsklauseln, im Außenhan- 235 delsverkehr ist insbesondere auf die Incoterms weiter zu verweisen (vgl. die Darstellung bei *Baumbach/Hopt*, HGB, § 346 Rz. 39 ff.).

c) Leistungsvorbehalte

236 Die Erbringung der Sachleistung kann durch vielfältige Umstände gehindert oder verzögert werden. Der Sachleistungsverpflichtete wird hierbei stets ein Interesse haben, zumindest solche Risiken, die nicht in seine Sphäre fallen, auszuschließen und ein entsprechendes Leistungsverweigerungsrecht zu regeln.

237 Klassisch ist hierbei der Vorbehalt der richtigen und rechtzeitigen Selbstbelieferung und höhere Gewalt. Der VIII. Zivilsenat des BGH verlangt in ständiger Rechtsprechung (BGH BGHZ 49, 388 [395]; NJW 1995, 1959 [1960]) für ein Freiwerden des Sachleistungsverpflichteten, dass dieser im Zeitpunkt der Vereinbarung des Vorbehalts der Selbstbelieferung ein **kongruentes Deckungsgeschäft** abgeschlossen hatte und vom Partner des Einkaufskontraktes im Stich gelassen wird. Die Ausgestaltung der beiden Kontrakte muss so beschaffen sein, dass bei natürlichem reibungslosen Ablauf die Erfüllung des Verkaufskontraktes mit der aus dem Einkaufskontrakt erwarteten Ware möglich ist, d.h. die Lieferpflichten des Vormannes aus dem Einkaufskontrakt müssen gegenüber dem Verkäufer mindestens die gleiche Sicherheit für die Lieferung bieten, wie dieser sie selbst seinem Abkäufer gewährleistet hat. Dies ist der Fall, wenn der Einkaufskontrakt die gleiche Ware und mindestens die gleiche Menge wie der Verkaufskontrakt betrifft, die Qualität der Waren und die Liefer- oder Ablagezeit sich jeweils entsprechen und die Erfüllung aus dem Einkaufskontrakt nicht von einer Bedingung oder sonstigen, in der Sphäre des Vorlieferanten auftretenden Umständen abhängig gemacht ist (vgl. den instruktiven Fall BGH NJW 1995, 1959 f. – „ungarische Himbeeren").

238 Neben Mängeln des Deckungsgeschäftes aufgrund höherer Gewalt oder sonstiger Risiken ist insbesondere das **Streikrisiko** ein Risiko, welches zweckmäßigerweise bei Leistungsvorbehalten geregelt wird. Im Falle eines rechtmäßigen Streikes sind die Dienstleistungspflichten des Arbeitnehmers und Erfüllungsgehilfen des Sachleistungsverpflichteten suspendiert, der Sachleistungsverpflichtete braucht sich das Verhalten seiner Erfüllungsgehilfen nach § 278 BGB grundsätzlich nicht zurechnen zu lassen. Grund dafür ist, dass ein Arbeitskampf als ein von der Rechtsordnung anerkanntes zulässiges Geschehen bewertet wird. Wegen der Zweckbestimmung des Arbeitskampfes fordert die im Verkehr erforderliche Sorgfalt von einem Arbeitgeber nicht, dass es sich der Streikforderung beugt, um seine Leistungsfähigkeit als Schuldner im Schuldverhältnis mit Dritten zu wahren. Dies gilt sowohl für einen rechtswidrigen als auch für einen rechtmäßigen Streik. Im Ergebnis hat der Arbeitgeber aber dafür zu sorgen, dass er das ihm Mögliche und Zumutbare unternimmt, um soweit wie möglich Schäden bei seinem Vertragspartner zu vermeiden, die durch Streikmaßnahmen seiner Arbeitnehmer und einer daraus

resultierenden Nichterfüllung resultieren. Im Falle eines rechtmäßigen Streiks besteht daher eine Einstandsverpflichtung des Bestreikten, soweit dieser nicht die tragbaren Vorsorge- und Abwendungsmaßnahmen getroffen hat (MünchKomm/*Grundmann*, BGB, § 278 Rz. 14). Im Falle des rechtswidrigen Streikes hat der BGH in deliktsrechtlicher Hinsicht vertreten, der Arbeitgeber hafte hier aus § 831 BGB (vgl. BGH NJW 1977, 1875 ff.).

Einfache **Arbeitskampfklauseln** werden zumindest im Verkehr unter Kaufleuten auch nach den Beurteilungsmaßstäben des § 307 BGB für zulässig gehalten (vgl. *Ulmer/Brandner/Hensen*, AGB-Recht, Anh. § 310 BGB Rz. 25 ff.). Dies gilt erst recht für Individualvereinbarungen, bei denen der Spielraum zwangsläufig weitergesteckt sein muss als im AGB-mäßigen Verkehr. Bei der Abfassung von Arbeitskampfklauseln ist zu berücksichtigen, dass nicht nur ein Arbeitskampf im Betrieb des Sachleistungsverpflichteten, sondern auch Arbeitskämpfe bei **Zulieferbetrieben** die Leistungspflicht stören können. In derartigen Fällen empfiehlt sich eine Ausweitung. Des Weiteren ist in Arbeitskampfklauseln häufig lediglich vom „Streik" die Rede. Hier ist zu berücksichtigen, dass als Arbeitskampfmittel auch die **Aussperrung** in Betracht kommt, so dass zweckmäßigerweise sowohl der Fall des Streikes und der der Aussperrung geregelt werden. 239

d) Mitwirkung des Vertragspartners

Für die Verletzung von Mitwirkungspflichten des Gläubigers der Sachleistung, die häufig für die Erbringung des Leistungserfolges unabdingbar sind, gibt es kein klares gesetzliches Konzept. Einschlägig sind allenfalls die Regelungen über den **Annahmeverzug**, die keine Ersatzpflicht des Mitwirkungsverpflichteten und auch kein Lösungsrecht des Mitwirkungsberechtigten vom Vertrag vorsehen. Spezifische Regelungen finden sich lediglich in § 433 Abs. 2 BGB (Abnahmeverpflichtung des Käufers) und den §§ 642 ff. BGB (Sonderregelung für den Werkvertrag). Aus Sicht des Sachleistungsverpflichteten sollten folgende Fragen vor Vertragsschluss geprüft werden: 240

– Ist zur Herbeiführung des Leistungserfolges eine Mitwirkungshandlung des Gläubigers erforderlich?
– Wie ist der Inhalt der Mitwirkungspflicht des Gläubigers auszugestalten?
– Welche Sanktionen sollen gelten, wenn der Gläubiger seinen Mitwirkungspflichten nicht nachkommt?

Angesichts der rudimentären gesetzlichen Regelungen ist eine **ausdrückliche Regelung** der Art des Inhaltes, der Modalitäten und der Sanktionen im Hinblick auf Mitwirkungspflichten des Gläubigers stets zu empfehlen.

Die Problematik der Mitwirkungspflichten wird in der Basischeckliste zwar unter dem Stichwort „Sachleistung" behandelt. Es sollte jedoch nicht verkannt werden, dass auch im Rahmen der Herbeiführung des Leistungserfolges bzgl. der Geldleistungsverpflichtung zuweilen Mitwirkungshandlungen des Geldleistungsgläubigers erforderlich sind, insbesondere bei der Sicherung des Zahlungsflusses beispielsweise durch Einrichtung entsprechender Anderkonten (s. unten Rz. 287).

e) Leistungen Dritter

241 Drittbezug beim Leistungsinhalt ist in zweierlei Hinsicht regelungsbedürftig:

Zum einen stellt sich für den Sachleistungsverpflichteten die Frage seiner **Substitutionsbefugnis**. Für das Dienstvertragsrecht sieht § 613 Satz 1 BGB eine Zweifelsregel vor, wonach der zu Dienstleistungen Verpflichtete im Zweifel in Person zu leisten hat. Auch im Werkvertragsrecht kann aufgrund der Umstände des Einzelfalles möglicherweise auf eine konkludente höchstpersönliche Verpflichtung geschlossen werden. Insoweit empfiehlt es sich bei Dienst- und Werkverträgen, die Frage der Substitutionsbefugnis ausdrücklich zu regeln.

Im Hinblick auf die Frage der **Verantwortlichkeit für Vorleistungen** besteht zur Zuweisung der Systemverantwortung die Möglichkeit, auch solche, die nicht als Subunternehmer im eigentlichen Sinne tätig werden, im Verhältnis zwischen den Parteien als Erfüllungsgehilfen des Sachleistungsverpflichteten zu qualifizieren (siehe oben Rz. 168).

f) Leistungszeit

242 Nach § 271 Abs. 1 BGB kann der Gläubiger die Leistung sofort verlangen und der Schuldner sie sofort bewirken, soweit eine Zeit für die Leistung weder bestimmt noch aus den Umständen zu entnehmen ist. Im Zusammenhang mit der Leistungszeit stellen sich regelmäßig folgende Fragen, die in der vertraglichen Regelung ihren Niederschlag finden müssen:

– Soll ein fester Leistungstermin vereinbart werden oder ein Zeitrahmen?
– Soll im Falle eines festen Leistungstermins das Geschäft als Fixgeschäft (§ 323 Abs. 2 Nr. 2 BGB) ausgestaltet werden?
– Soll die Fälligkeit der Sachleistung von Vorleistungen, insbesondere Vorschüssen oder Abschlagszahlungen oder Sicherheitsleistungen, abhängen?
– Soll im Hinblick auf Verzugsfolgen die Leistungszeit „kalendermäßig bestimmt" im Sinne des § 286 Abs. 2 Nr. 1 BGB sein?

2. Geldleistung

a) Vergütung

Von bestimmten Berufsgruppen abgesehen (Ärzte, Architekten, Rechtsanwälte), kennt das bürgerliche Recht keine Preisregulierung, so dass mithin als Grenze der Preisvereinbarungsfreiheit § 138 BGB bleibt. Hier knüpft die Rechtsprechung an das Institut der laesio enormis an. Sittenwidrigkeit im Sinne des **Wuchertatbestandes** des § 138 Abs. 2 BGB wird grundsätzlich dann erwogen, wenn der Preis den Wert der Gegenleistung um das Doppelte übersteigt. Dies gilt nicht nur für die Problematik sittenwidriger Kreditvereinbarungen (vgl. z.B. BGH NJW-RR 1989, 1068), sondern grundsätzlich für jeden Austauschvertrag, z.B. auch Leasingverträge (BGH NJW 1995, 1019 ff.) oder Grundstückskaufverträge (BGH NJW-RR 1990, 950). 243

aa) Abbedingung gesetzlicher Regelungen

Jedenfalls dort, wo das Gesetz dispositive Regelungen der Geldleistung trifft, wie insbesondere bei Rechtsanwälten, kommt es in Betracht, hiervon abweichende Vereinbarungen zu schließen, die insbesondere die hierfür vorgesehenen prozeduralen Erfordernisse (siehe oben Rz. 106) erfüllen müssen. 244

bb) Festpreis

Regelfall einfacher Austauschverträge ist die Vereinbarung eines fixen Preises, der zu einem bestimmten Zeitpunkt zu zahlen ist. Bei komplexeren Beziehungen gibt es hierzu eine Vielzahl von Alternativen, die nachfolgend dargestellt werden. 245

cc) Preisrahmen

In bestimmten Austauschbeziehungen bietet es sich an, den Preis an den zeitlichen oder sachlichen Erfolg des Sachleistungsverpflichteten zu binden. Aus der Interessenlage des Sachleistungsverpflichteten empfiehlt es sich hierbei, zumindest eine **Mindestvergütung** festzulegen. Ansonsten liegt es im gemeinsamen Interesse der Vertragsparteien, eine klare Regelung der Kriterien, nach denen ein Preisrahmen ausgeschöpft werden kann, zu treffen. Hierbei bestehen zwei Alternativen: 246

Entweder werden im Vertrag die Kriterien, nach denen sich die Ausschöpfung des Preisrahmens ergibt, klar und im Zweifel prozessual nachvollziehbar bestimmt. Oder es wird einer der Vertragsparteien oder einem Dritten ein Ermessen eingeräumt, aufgrund bestimmter Ermessenskriterien über die Ausschöpfung des Preisrahmens zu entscheiden (§§ 315 ff. BGB). 247

dd) Vergütung nach Aufwand

248 Eine weitere Alternative besteht darin, die Höhe der Geldleistung für den Sachleistungsverpflichteten auch von der Höhe seines Aufwandes abhängig zu machen. Hierbei kommt insbesondere der Zeitaufwand in Betracht. Von besonderer Bedeutung ist in diesem Zusammenhang die Frage der **Dokumentation des Aufwandes**. Während der Sachleistungsberechtigte ein Interesse daran hat, nicht willkürlichen Behauptungen des Sachleistungsverpflichteten über seinen Aufwand ausgesetzt zu sein, muss der Sachleistungsverpflichtete im Prozess im Zweifel seinen gesamten Aufwand beweisen.

In Betracht kommt in derartigen Fällen insbesondere der Abschluss einer entsprechenden Vereinbarung, die die Dokumentation des Zeitaufwandes zum Schutze des Geldleistungsverpflichteten formalisiert, z.B. durch Vereinbarung zur Führung von den entsprechenden Mitarbeitern des Sachleistungsverpflichteten täglich gegenzuzeichnenden Stundenlisten. Zum anderen kommt in Betracht, für den Fall von Streitigkeiten die **Beweislast** dahin abzuwandeln, dass eine ordnungsmäßige Dokumentation des Aufwandes durch den Geldleistungsberechtigten die Vermutung für das tatsächliche Entstehen des Aufwandes enthält, die vom Geldleistungsverpflichteten widerlegt werden muss.

ee) Preisgleitklauseln

249 In bestimmten Branchen besteht das Bedürfnis, in der Preisvereinbarung Vorbehalte für die Veränderung von Einkaufspreisen, Zulieferleistungen etc. zu vereinbaren. Dies geschieht durch entsprechende Preisvorbehalte, Listenvorbehalte oder Tagespreisklauseln. Derartige Vereinbarungen sind unter Kaufleuten auch AGB-mäßig grundsätzlich unbedenklich (vgl. *Ulmer/Brandner/Hensen*, AGB-Recht, § 309 Nr. 1 BGB Rz. 21 f.). Es ist jedoch die allgemeine Beschränkung bei Wertsicherungsklauseln zu beachten (siehe unten Rz. 255).

ff) Preisverrentung

250 Das Bürgerliche Gesetzbuch enthält in den §§ 759–761 nur sehr rudimentäre Regelungen des Leibrentenversprechens. Hervorzuheben ist, dass mindestens die **Schriftform** gewahrt sein muss (§ 761 BGB).

Die **Kalkulation** der Rente beinhaltet für den Leistungsverpflichteten regelmäßig erhebliche Risiken, da die Wahl der nachfolgenden Faktoren die Höhe und die Veränderung der Höhe der Rentenzahlung erheblich beeinflussen kann. Als elementare Faktoren sind hierbei zu nennen:

– Wahl der zugrundegelegten **Sterbetafel,**

– Wahl des **Diskontierungszinses,**

– **Anfangsalter** des Berechtigten,

– **Wertsicherung** der Rente.

Insbesondere bei der Vornahme einer **Wertsicherung** der Rente ist zu berücksichtigen, dass der zugrunde gelegte Verrentungszins stets bereits einen inflationsbedingten Anteil enthält, so dass bei Wertsicherung der Verrentungszins zwingend um diesen Anteil bereinigt werden muss (vgl. ausführlich: *Kiethe*, MDR 1993, 1155 [1156]), weil ansonsten faktisch eine doppelte Wertsicherung durchgeführt wird.

Elementare Regelungen des Rentenversprechens selbst sind darüber hinaus: 251

– **Höhe** der Rentenzahlung,

– **Zeitpunkt** der ersten Zahlung,

– **Zahlungsintervalle,**

– **Zahlungszeitpunkte,**

– **Dauer** (im Zweifel Lebenszeit: § 759 Abs. 1 BGB).

gg) Abhängigkeit der Geldleistung vom Umsatz, Gewinn etc.

In bestimmten Konstellationen bietet es sich an, die Geldleistung oder einen Teil der Geldleistung von veränderlichen wirtschaftlichen Verhältnissen beim Vertragspartner abhängig zu machen. Regelfall ist das **partiarische** Darlehen, bei dem an Stelle eines gleich bleibenden Zinses ein Anteil aus dem jeweils entstehenden Gewinn aus Handelsgewerbe geleistet wird. Die Abgrenzung partiarischer Verträge gegenüber der stillen Gesellschaft (§§ 230 ff. HGB) hängt von der Qualifikation des Verhältnisses als Austauschverhältnis (jede Partei verfolgt ihre eigenen Zwecke) oder Gesellschaftsverhältnis (im Mittelpunkt steht ein gemeinsamer Zweck) ab (vgl. z.B. BGH NJW 1990, 573 ff.). 252

Die Abgrenzung zwischen partiarischem Austauschvertrag und Gesellschaftsvertrag ist insbesondere für die Frage der Einschlägigkeit dispositiven Gesetzesrechtes bei fehlenden Parteibestimmungen von Bedeutung. Es empfiehlt sich, bei partiarischen Austauschverträgen im Vertrag klar zu regeln, dass keine gesellschaftsrechtliche Abrede getroffen werden soll.

Hauptproblem bei partiarischen Austauschverträgen ist die Bestimmung der **Bemessungsgrundlage** für die Geldleistung. Der nach handelsrechtlichen Grundsätzen (§§ 238 ff. HGB) zu ermittelnde Gewinn hängt seiner Höhe nach in vielfältiger Hinsicht von der Disposition des Inhabers des Handelsgeschäftes ab. Dies liegt daran, dass das deutsche Bilanzrecht insbesondere durch die Einräumung großzügiger Bewertungswahlrechte Fragen der Gewinnermittlung und Fragen der Gewinnverwendung vermischt (vgl. *Imbeck*, BB 1990, 1598 ff.). 253

Als Sicherungsmechanismen für den Geldleistungsberechtigten kommen hier Vereinbarungen in Betracht dahingehend, dass die Bilanzierungsmethoden der Vergangenheit, die regelmäßig einer objektiven Nachprüfung zugänglich sind, für die Dauer des partiarischen Verhältnisses beibehalten werden, oder dass die Verkürzung des Gewinns durch die entsprechende Ausübung handelsrechtlicher- oder steuerrechtlicher Bewertungswahlrechte einer Kontrolle durch einen Schiedsgutachter (siehe hierzu unten Rz. 328) unterliegt.

Zur Kontrolle einer redlichen Gewinnermittlung empfiehlt es sich zugleich aus dem Interesse des Geldleistungsberechtigten entsprechende **Informationsrechte**, die denen des stillen Gesellschafters durchaus nachgebildet sein können, zu vereinbaren.

254 Bei partiarischen Rechtsverhältnissen ist zu beachten, dass diese im Verhältnis zu Kapitalgesellschaften, insbesondere im Verhältnis zu einer Aktiengesellschaft, als **Teilgewinnabführungsverträge** im Sinne des § 292 Abs. 1 Nr. 2 AktG qualifiziert werden könnten. Für die Stille Beteiligung an einer Aktiengesellschaft ist dies bereits entschieden (OLG Düsseldorf AG 1996, 473). Ob und inwieweit andere partiarische Rechtsverhältnisse den Regelungen über den Teilgewinnabführungsvertrag, insbesondere den aktienrechtlichen Wirksamkeitserfordernissen unterliegen, ist abschließend noch nicht geklärt. Sie sollten deshalb gegenüber Aktiengesellschaften vermieden werden.

hh) Wertsicherungsklauseln

255 Die gesetzlichen Grundlagen der Regelung von Wertsicherungsklauseln haben sich im Verhältnis zu den Vorauflagen erheblich geändert. Durch Art. 9 des Gesetzes zur Einführung des Euro vom 9.6.1998 (BGBl. I, 1242 [1253 f.]) wurde § 3 Währungsgesetz aufgehoben. Auch die bis 2007 geltenden PreisAngG und PreisklauselVO wurden sodann von dem heutigen Preisklauselgesetz (BGBl. I S. 2246) abgelöst.

Nach § 1 PreisklG ergibt sich heute folgendes **Klauselverbot**: „Der Betrag von Geldschulden darf nicht unmittelbar und selbständig durch den Preis oder Wert von anderen Gütern oder Leistungen bestimmt werden, die mit den vereinbarten Gütern oder Leistungen nicht vergleichbar sind." Nach § 2 PreisklG ergeben sich Ausnahmen von diesem Verbot. Gem. § 2 Abs. 1 Satz 1 sind die in den §§ 3–7 PreisklG genannten Preisklauseln (langfristige Verträge, Erbbaurechtsverträge, Geld- und Kapitalverkehr, Verträge mit Gebietsfremden, Verträge zur Deckung des Bedarfs der Streitkräfte) zulässig.

Preisklauseln von langfristigen Verträgen (§ 3 PreisklG) und Verbraucherkreditverträgen (i.S.d. § 491 BGB und § 506 BGB) müssen im Einzelfall hinreichend bestimmt sein (vgl. § 2 Abs. 2 PreisklG) und dürfen keine Vertragspartei unangemessen benachteiligen (vgl. § 2 Abs. 3 PreisklG).

ii) Umsatzsteuer

Bei bestimmten Transaktionen kann eine umsatzsteuerrechtliche Qualifikation im Voraus fragwürdig und schwierig erscheinen. Häufig ist es aus Zeitgründen nicht möglich, vorher eine verbindliche Auskunft des zuständigen Finanzamtes einzuholen. Der BGH geht davon aus, dass die Umsatzsteuer ein rechtlich **unselbständiger Teil** des zu zahlenden Preises sei, die, wenn sich aus den Umständen nichts anderes ergebe, in dem angebotenen Preis enthalten sei (BGH i. st. Rspr. BGHZ 58, 292; 103, 284 [287 m.w.N.], siehe aber: BGH BB 2000, 690 f.). Ein vereinbarter Kaufpreis ist in derartigen Fällen daher im Zweifel als **Bruttopreis** zu qualifizieren. Es empfiehlt sich aus Sicht des Geldleistungsverpflichteten, hier entsprechende Vorbehaltsklauseln zu vereinbaren, etwa dahin, dass die Parteien davon ausgehen, das Geschäft sei umsatzsteuerfrei, für den Fall, dass etwas anderes gelte, erhöhe sich der Preis um den Betrag der Umsatzsteuer.

b) Zahlungsmodalitäten

aa) Fälligkeitsregelungen

Im Zusammenhang mit der Geldleistung sind insbesondere folgende Aspekte bei der Vertragsgestaltung zu berücksichtigen:

- Soll eine einzelne Gesamtleistung stattfinden oder Abschlagszahlungen?
- Sollen **Vorschüsse** geleistet werden?
- Soll die Fälligkeit der Gesamtzahlung oder von Teilleistungen von **besonderen Voraussetzungen** abhängen (Abnahme, 3 Wochen nach Lieferung, Eintragung der Auflassungsvormerkung etc.)?
- Soll eine **kalendermäßige Bestimmung** im Sinne des § 286 Abs. 2 Nr. 1 BGB getroffen werden?

bb) Rechtsfolgen bei Abschlagszahlungen und Vorschüssen

Soweit der Sachleistungsverpflichtete Vorschüsse oder Abschlagszahlungen (siehe auch § 632a BGB) beanspruchen kann, empfiehlt es sich, die Rechtsfolgen des Ausbleibens des Vorschusses oder der Abschlagszahlungen klar zu regeln. Die gesetzlichen Verzugsregeln verursachen insbesondere im Hinblick auf Lösungsrechte vom Vertrag Unsicherheiten, die durch klare Parteivereinbarungen ausgeräumt werden können.

cc) Boni/Skonti/Rabatte

Insbesondere bei Dauerschuldverhältnissen oder Sukzessivlieferungsverträgen empfiehlt sich eine klare Regelung über die Einräumung von Boni, Skonti und Rabatten.

dd) Aufrechnung

260 Die Aufrechnung ist Erfüllungsersatz und vom Gesetz nur in wenigen Fällen (§§ 390–395 BGB u.a.) beschränkt. Die Rechtsprechung nimmt bei bestimmten Schuldverhältnissen ein **konkludentes Aufrechnungsverbot** an (z.B. Aufrechnung mit fremden Forderungen bei Aufbauhilfedarlehen, BGHZ 25, 211 ff.; Aufrechnungsausschluss beim Dokumentenakkreditiv, BGHZ 60, 262 ff.; weitere Beispiele bei Palandt/*Grüneberg*, BGB, § 387 Rz. 15).

Dementsprechend liegt es im Interesse des Geldleistungsberechtigten, dem Verpflichteten Aufrechnungsmöglichkeiten durch die Vereinbarung eines **vertraglichen Aufrechnungsverbotes** abzuschneiden, welches außerhalb des AGB-mäßigen Verkehrs grundsätzlich unbedenklich ist.

Demgegenüber kann es jedoch bei bestimmten Geschäften auch im Interesse des Geldleistungsverpflichteten, bei denen konkludent ein Aufrechnungsverbot angenommen werden könnte, liegen, die Zulässigkeit der Aufrechnung mit sämtlichen oder bestimmten Gegenforderungen ausdrücklich zu regeln.

ee) Zurückbehaltungs-/Leistungsverweigerungsrechte

261 Ebenso wie das Aufrechnungsverbot stößt der Ausschluss von Zurückbehaltungs- und Leistungsverweigerungsrechten gesetzlich auf verhältnismäßig geringe Grenzen (vgl. aber § 309 Ziff. 2 BGB).

3. Leistungsbestimmungsrechte

262 Sowohl im Bereich der Geld- als auch im Bereich der Sachleistung kann es in vielfältigen Zusammenhängen zur Vereinbarung von Leistungsbestimmungsrechten durch eine Vertragspartei oder Dritte kommen (vgl. z.B. oben Rz. 235). Die gesetzliche Regelung der Leistungsbestimmungsrechte (§§ 315–319 BGB) geht von einer grundsätzlichen Verbindlichkeit der Bestimmung unter dem Korrektiv einer richterlichen Billigkeitskontrolle aus (§§ 315 Abs. 3, 317 Abs. 1, 319 BGB).

Aus Sicht des Leistungsverpflichteten bergen derartige Bestimmungen erhebliche Unsicherheiten. Bei der Leistungsbestimmung durch eine Vertragspartei unterliegt die getroffene Bestimmung einer richterlichen Billigkeitskontrolle, so dass es sich anbietet, die Ermessenskriterien, nach denen die Leistungsbestimmung erfolgen soll, im Vertrag **klar** zu regeln, soweit dies möglich ist.

263 Das Risiko bei der **Leistungsbestimmung durch Dritte**, insbesondere durch Schiedsgutachten, ist im Grunde für beide Parteien noch größer. Hier findet eine Kontrolle, soweit der Dritte die Leistung nach billigem Ermessen bestimmen soll, nur dahin statt, ob die Bestimmung „**offenbar unbillig**" ist (§ 319 Abs. 1 BGB). Offenbare Unbilligkeit nimmt die Rechtsprechung bei Schiedsgutachten beispielsweise an, wenn das Gutachten offenbar unrichtig ist, was der Fall ist, wenn sich die Unrichtigkeit dem sachkundigen und unbefangenen Beobachter aufdrängt (z.B. BGH NJW-RR 1993, 1034 f.).

Wenngleich bei der Leistungsbestimmung durch Dritte, insbesondere bei Schiedsgutachten, für eine Abkürzung des Rechtswegs und eine schnelle Rechtssicherheit im Hinblick auf die Höhe der Leistung gesorgt werden soll, empfiehlt es sich in diesen Fällen, Maßstäbe einer groben Unbilligkeit aus Sicht beider Parteien von vornherein festzulegen, etwa durch eine Klausel wie:

Die Leistungsbestimmung durch den Gutachter unterliegt der gerichtlichen Kontrolle mit folgenden Maßgaben: Eine offenbare Unbilligkeit im Sinne des § 319 Abs. 1 BGB liegt vor, wenn (...).

4. Regelung des Verzuges

Es kann sowohl für den Verzug mit der Sachleistung als auch für den Verzug mit der Geldleistung geboten sein, die Voraussetzungen und Rechtsfolgen des Verzuges **abweichend** von den gesetzlichen Regelungen durch besondere vertragliche Vereinbarungen zu regeln.

Die Regelung der Verzugsvoraussetzungen ergibt sich hierbei bereits aus den Fälligkeitsregelungen (siehe oben Rz. 242 und Rz. 257).

Regelungsfähig erscheinen darüber hinaus zwei weitere Aspekte:

– **Lösungsrechte** einer Vertragspartei im Verzugsfall,

– **Schadensregelungen**.

Nach § 323 Abs. 1 BGB steht dem Gläubiger ein **Rücktrittsrecht** zu, soweit die Leistung fällig und zum vertraglich versprochenen Zeitpunkt nicht erbracht worden ist. Darüber hinaus muss dem Schuldner eine Frist zur Leistung oder Nacherfüllung gewährt werden, die erfolglos verstrichen sein muss.

Neben dem Rücktrittsrecht nach § 323 Abs. 1 BGB steht dem Gläubiger gemäß § 325 BGB auch die Möglichkeit offen, **Schadensersatz** zu verlangen. Die Anspruchsgrundlage für den Schadensersatz wegen Nichterfüllung bzw. anstatt der Hauptleistung ergibt sich aus den §§ 280 Abs. 1, Abs. 3, 281 Abs. 1 BGB, wonach der Anspruch an die gleichen Voraussetzungen gebunden ist wie das Rücktrittsverlangen nach § 323 Abs. 1 BGB. Er hängt also insbesondere vom erfolglosen Verstreichen einer angemessenen Frist zur Leistung oder Nacherfüllung ab.

Schwierigkeiten bereitet bei Leistungsstörungen insbesondere das Erfordernis der Setzung einer **angemessenen Nachfrist**. Dieses Erfordernis ist grundsätzlich dispositiv, so dass die Parteien ohne weiteres auf die Fristsetzung verzichten können (BGH NJW 1985, 267 [268]). Ein derartiges völliges Abbedingen dürfte im Verhandlungswege normalerweise nicht erreichbar sein. Besondere Probleme bereitet daher stets die Frage der

"Angemessenheit" der Nachfristsetzung. Eine unangemessen kurze Nachfristsetzung setzt nach Auffassung des BGH eine angemessene Nachfrist in Lauf (BGH NJW 1985, 2640 ff.). Gerade in derartigen Konstellationen kann es zu erheblichen Unsicherheiten kommen, wenn die leistungsverpflichtete Partei zwar nach Ablauf der gesetzten Nachfrist leistet, jedoch behauptet, sie habe noch innerhalb einer in Lauf gesetzten angemessenen Nachfrist geleistet. Insoweit empfiehlt es sich letztendlich aus dem Interesse beider Vertragsparteien, zumindest die Dauer einer angemessenen Nachfrist im Sinne des § 323 Abs. 1 BGB bzw. § 281 Abs. 1 BGB klar zu regeln. Hierbei empfiehlt es sich die Nichtleistung der Entgeltforderung binnen 30 Tagen nach Fälligkeit und Zugang einer Rechnung oder einer gleichwertigen Zahlungsaufforderung (§ 286 Abs. 3 BGB) vertraglich gleich mit zu regeln. Ist der Vertragspartner ein Verbraucher, so ist zu beachten, dass diese Verzugsalternative nur greift, sofern der Verbraucher auf genau diese Folgen in der Rechnung oder Zahlungsaufforderung besonders hingewiesen wurde (§ 286 Abs. 3, Satz 1, 2. Hs. BGB).

268 Durch das Gesetz zur Beschleunigung fälliger Zahlungen vom 30.3.2000 (BGBl. I, 330 ff.) wurde die ursprünglich nur Kreditinstituten zugestandene Möglichkeit der pauschalen Schadensberechnung als allgemeiner Verzugszins sowohl für den nicht kaufmännischen als auch für den kaufmännischen Verkehr eingeführt (§ 288 Abs. 1 BGB; § 352 Abs. 1 Satz 1 HGB). Nach § 288 Abs. 1 Satz 2 BGB beträgt der **Verzugszinssatz** 5 Prozentpunkte p.a. über dem Basiszinssatz. Nach § 288 Abs. 2 BGB beträgt der Zinssatz für Entgeltforderungen bei Rechtsgeschäften, an denen ein Verbraucher nicht beteiligt ist, 8 Prozentpunkte über dem Basiszinssatz.

IV. Sicherung der Leistungen

1. Sicherung der Sachleistung

a) Gewährleistung

269 Manche Vertragstypen sehen besondere gesetzliche Gewährleistungsverpflichtungen im Hinblick auf die Sachleistung vor (insbesondere der Kauf-, Miet- und Werkvertrag). Jenseits der speziell gesetzlichen Gewährleistung kommt bei Pflichtverletzung eine Haftung nach den §§ 280 Abs. 1, 282 i.V.m. § 241 Abs. 2 BGB sowie nach § 324 BGB i.V.m. § 241 Abs. 2 BGB in Betracht. Durch diese Regelung wird das Institut der positiven Forderungsverletzung ausdrücklich normiert.

Soweit gesetzliche Gewährleistungsregeln einschlägig sind, stellt sich – je nach Interessenlage – einerseits die Frage der **Konkretisierung** gesetzlicher Gewährleistungsregeln, z.B. durch Beschaffenheitsvereinbarungen oder Eigenschaftszusicherungen (siehe oben Rz. 228 ff.), andererseits die Frage der **Abbedingung** gesetzlicher Gewährleistungsregeln, die jenseits

IV. Sicherung der Leistungen Rz. 272 Teil 3

AGB-mäßiger Vereinbarung regelmäßig dem dispositiven Recht zuzuordnen sind.

Darüber hinaus kommt noch eine **Modifikation** der dispositiven Gewährleistungsregeln in Betracht, etwa dahin, dass die Voraussetzungen (Fristen, Rügen etc.) abgeändert oder die Rechtsfolgen modifiziert werden.

b) Garantien

Zur Erforderlichkeit und zum Inhalt möglicher Gewährleistungsgarantien wurde bereits oben Stellung genommen (Rz. 230). Im Bereich der Leistungssicherung ist es ergänzend notwendig zu regeln, welche **Rechtsfolgen** die Verletzung von Garantien zeitigen soll. 270

§ 443 BGB ordnet zwar eine Haftung des Garanten bei Eintritt des Garantiefalls an. Umfang und Inhalt der Ansprüche des Berechtigten aufgrund der Garantie richten sich aber nach dem Inhalt der Vereinbarung. Deshalb ist eine explizite Regelung der Rechtsfolgen der Verletzung einer Garantie unentbehrlich. Dies gilt insbesondere dann, wenn ein Schadensersatzanspruch wegen Nichterfüllung im Zusammenhang mit dem Inhalt der Garantie für den Verletzten schwer darstellbar ist. Dies ist insbesondere bei dem Erwerb von Geschäftsanteilen an Kapitalgesellschaften der Fall, wenn die Garantie sich auf Umstände bezieht, die auf das Unternehmen der Gesellschaft zutreffen. Das Fehlen einer bestimmten Ertragslage oder einer bestimmten Rentabilität, das Fehlen der Inhaberschaft an bestimmten Schutzrechten usw. wirkt sich bei dem Erwerber eines Geschäftsanteils einer GmbH nicht unmittelbar, sondern allenfalls als Reflexschaden im Anteilswert aus. Hier kommt es in Betracht, ergänzend zu Rechten auf Nacherfüllung oder Rücktritt bzw. Schadensersatz des Käufers zugleich eine Verpflichtung des Verkäufers zu regeln, wonach dieser bei der Gesellschaft den Zustand herzustellen hat, der bestünde, treffe die Garantie zu (vgl. z.B. das Klauselbeispiel in Münchener Vertragshandbuch Band 1, Gesellschaftsrecht, Muster IV. 67, dort § 8).

c) Rügepflichten, Fristen

Im Zusammenhang mit Garantien und Gewährleistungen bietet es sich häufig an, prozedurale Rahmenbedingungen vertraglich besonders zu regeln. 271

Möglich ist es auch außerhalb des Anwendungsbereiches des § 377 HGB Rügepflichten zu vereinbaren, um zu verhindern, dass der Sachleistungsverpflichtete zu lange im Unklaren über eine mögliche Haftung bleibt, und zum anderen den Sachleistungsberechtigten zu zwingen, die Leistung rechtzeitig auf Mängel zu untersuchen. Dies verhindert zugleich für beide Seiten Beweisschwierigkeiten.

Sinnvoll ist es häufig auch, **Verjährungsfristen** innerhalb des gesetzlich zulässigen an die Erfordernisse des Vertragstypus anzupassen. Die regel- 272 mäßige Verjährungsfrist beträgt drei Jahre (§ 195 BGB). § 438 BGB modifiziert dies im Kaufrecht dahingehend, dass bei Verwendung der Kaufsache für ein Bauwerk die Frist auf fünf Jahre verlängert wird, im Übrigen aber auf zwei Jahre verkürzt wird (§ 438 Abs. 1 Ziff. 2 und 3 BGB). Eine Besonderheit besteht bei Mängeln, die in dem Herausgabeanspruch eines Dritten aufgrund dinglichen Rechts beruhen. Hier gilt eine Frist von 30 Jahren (§ 438 Abs. 1 Ziff. 1 BGB). Im Werkvertragsrecht beinhaltet § 634a BGB eine fünfjährige Verjährungsfrist bei Ansprüchen wegen Mängeln an Bauwerken und ordnet im Übrigen eine Frist von zwei Jahren an. Allerdings bleibt es bei der regelmäßigen Verjährungsfrist von drei Jahren, wenn ein Werk geschuldet wird, bei dem der Erfolg in etwas anderem besteht als der Herstellung, Wartung oder Veränderung einer Sache (§ 634a Abs. 1 Ziff. 3 BGB). Die Möglichkeit zur vertraglichen **Verlängerung** von Verjährungsfristen ist nach § 202 Abs. 2 BGB nicht auf das Kaufrecht beschränkt. Hiernach gilt, dass die Verjährung durch Rechtsgeschäfte nicht über eine Verjährungsfrist von 30 Jahren nach dem gesetzlichen Verjährungsbeginn hinaus erschwert werden kann. Daraus folgt die allgemeine Zulässigkeit von Vereinbarungen über eine Verlängerung der gesetzlichen Verjährungsfristen.

d) Qualitätssicherungsvereinbarungen

273 Insbesondere im Bereich der Zulieferung für Serienproduktionen, wo der Hersteller die Systemverantwortung für die Qualität des Endproduktes besitzt, können die Mängel der Zulieferprodukte erhebliche Folgen zeitigen, so dass es in diesem Bereich der Leistungssicherung nicht auf Kompensation, sondern **Prävention** ankommt. Eine präventive Maßnahme ist der Abschluss von Qualitätssicherungsvereinbarungen. Diese sollen sicherstellen, dass die Qualität der gelieferten Sachen bei jedem Einzelstück gewährleistet ist. Hierzu werden zunächst die technischen Einzelheiten und die Standards, die erfüllt werden sollen, verbindlich festgelegt. Des Weiteren werden bestimmte Qualitätsprüfungen sowie Informations- und Kontrollrechte des Abnehmers vereinbart (Beispiele bei *Merz*, Qualitätssicherungsvereinbarungen).

e) Bürgschaften

274 Gewährleistungsansprüche oder Schadensersatzansprüche des Sachleistungsberechtigten wegen einer Verletzung der auf die Sachleistung bezogenen Leistungspflicht schlagen häufig deshalb fehl, weil der Sachleistungsverpflichtete nach Leistungserbringung in die Insolvenz gerät. Dies ist mit trauriger Regelmäßigkeit im Baugewerbe der Fall. Sicherungsmittel ist hier typischerweise eine Gewährleistungsbürgschaft eines Kreditinstitutes, die im Insolvenzfall zum Tragen kommt.

Üblich ist es insbesondere bei Werkverträgen, den Werkunternehmerlohn nicht vollständig mit Abnahme bzw. Erteilung der Fertigstellungsbescheinigung fällig werden zu lassen, sondern einen Zurückbehalt erst nach Ablauf von Gewährleistungsfristen fällig werden zu lassen. Dazu wird häufig ein Ablösungsrecht des Unternehmers durch Stellung einer Gewährleistungsbürgschaft vereinbart (zu Bürgschaften im Einzelnen siehe unten Rz. 289).

f) Anwartschaftsrechte, Vormerkung

Die Sicherung der Sachleistung geschieht im Kaufrecht bei beweglichen Sachen auch durch Besitzverschaffung (unter gleichzeitigem Eigentumsvorbehalt des Veräußernden) oder im Immobiliarrecht durch Eintragung einer Auflassungsvormerkung. Hieraus resultiert regelmäßig ein **Anwartschaftsrecht** des Erwerbers. Während die Auflassungsvormerkung primär dem Schutz des Erwerbers vor gutgläubigem, zwischenzeitlichen Erwerb durch Dritte dient, dient die Übertragung unter Eigentumsvorbehalt im Wesentlichem dem Sicherungsinteresse des Veräußerers. Beim **Vorbehaltsverkauf** ist es empfehlenswert, Art und Umfang der Ermächtigung des Vorbehaltskäufers zur Weiterveräußerung (§ 185 Abs. 1 BGB) zu regeln (siehe auch unten Rz. 282). Die Rechtsprechung nimmt das Bestehen einer derartigen Ermächtigung beim Vorbehaltskauf jenseits der Konsumentensphäre im Zweifel auch aufgrund stillschweigender Abrede an (OLG Hamburg MDR 1970, 506). Auch wenn zugleich eine Beschränkung der Ermächtigung auf die Veräußerung im Rahmen des ordnungsmäßigen Geschäftsverkehres anzunehmen ist, selbst wenn dies nicht besonders verabredet ist (vgl. BGH BGHZ 10, 14 [18]), empfiehlt es sich regelmäßig, die Voraussetzungen, unter denen der Vorbehaltskäufer befugt ist, die Vorbehaltsware weiter zu veräußern, explizit zu regeln. 275

2. Sicherung der Geldleistung

a) Wahl des Zahlungsweges

Soweit der Geldleistungsverpflichtete vor Erhalt der Sachleistung zur Leistung verpflichtet sein soll, entspricht es seinem besonderen Interesse, den tatsächlichen Zahlungsfluss sicherzustellen. **Schecks** und Wechsel können platzen, jedoch eröffnen sie die Möglichkeit, im Scheck- bzw. Wechselprozess relativ schnell eine Forderung zu titulieren. Demgegenüber bietet ein durch eine Landeszentralbank bestätigter Scheck eine hinreichende Sicherheit für den Zahlungsfluss. Ggf. kommt auch eine Hinauszögerung der Sachleistung bis zur Vorlage einer **Bankbestätigung** über die Ausführung einer Überweisung in Betracht. 276

b) Eigentumsvorbehalt

Weiteres Sicherungsmittel, die Geldleistung auch tatsächlich zu erhalten, ist der Vorbehaltsverkauf (§ 449 BGB). Verkehrstypisch haben sich verschiedene Arten des Eigentumsvorbehaltes ausgeprägt. 277

- Der **einfache Eigentumsvorbehalt** entspricht der Regelung des § 449 BGB. Das Eigentum wird unter der aufschiebenden Bedingung der vollständigen Zahlung des Kaufpreises übertragen. Der Vorbehaltskäufer ist an die Voraussetzungen des § 323 BGB gebunden. Tritt er nach dieser Vorschrift zurück, dann kann er die Wiedereinräumung des Besitzes an der Vorbehaltssache verlangen, wie in § 449 Abs. 2 BGB klargestellt wurde.

- Beim **verlängerten Eigentumsvorbehalt** ist dem Vorbehaltskäufer die Weiterveräußerung der Ware gestattet (§ 185 BGB). Der Verkäufer sichert sich, in dem er sich gleichzeitig die Forderungen aus dem Weiterverkauf im Voraus abtreten lässt (vgl. auch unten Sicherungszession Rz. 280). Zugleich wird bei der Verarbeitung der Sache § 950 BGB ausgeschlossen oder eine Eigentumsübertragung antizipiert, wodurch sich der Vorbehaltsverkäufer zugleich das Eigentum an der durch die Verarbeitung seiner gelieferten Ware entstehenden Sache sichert.

- Beim **erweiterten** oder **Kontokorrentvorbehalt** werden mit dem vorbehaltenen Eigentum nicht nur die konkrete Kaufpreisforderung, sondern alle (auch zukünftigen) Forderungen des Vorbehaltsverkäufers aus der Geschäftsverbindung mit dem Vorbehaltskäufer gesichert. Der BGH hat im Rahmen einer AGB-mäßigen Überprüfung des erweiterten Eigentumsvorbehaltes die Frage einer zur Nichtigkeit nach § 138 BGB führenden Übersicherung offen gelassen, stellte jedoch für die Wirksamkeit der konkreten Klausel am Maßstab des § 307 BGB auf das Vorhandensein einer Freigabeklausel ab (BGH BGHZ 94, 105, 113). Die zu beurteilende Vereinbarung enthielt einen verlängerten und erweiterten Eigentumsvorbehalt, eine Vorausabtretung der Kaufpreisforderungen sowie folgende Freigabeklausel:

„Der Kunde bleibt zur Einziehung der Forderung solange berechtigt, als er sich uns gegenüber nicht in Zahlungsverzug befindet. Übersteigt der Wert des uns zur Sicherung dienenden, unter Eigentumsvorbehalt gelieferten Gegenstandes unsere Gesamtforderung um mehr als 20 %, so sind wir auf Verlangen des Kunden insoweit zur Rückübertragung verpflichtet."

- Der **Konzernvorbehalt** sichert nicht nur die Forderungen des Vorbehaltsverkäufers gegen den Vorbehaltskäufer, sondern auch Forderungen gegen andere Lieferanten des Vorbehaltskäufers, die demselben Konzern angehören wie der Vorbehaltsverkäufer.

c) Typische Kreditsicherheiten

278 Die nachfolgenden Sicherungsmittel sind zwar typische Kreditsicherheiten, taugen jedoch in bestimmten Fällen auch zur Sicherung der Geldforderung aus anderen Austauschverträgen.

aa) Sicherungsmittel

(1) Sicherungsübereignung

Klassisches Mittel der Kreditbesicherung ist die **Sicherungsübereignung**. Sie ersetzt die wirtschaftlich häufig unmögliche Bestellung eines Pfandrechtes, welche die Übertragung des Besitzes an der Pfandsache an den Gläubiger voraussetzt (§ 1205 BGB). Die Eigentumsübertragung wird mit der Abrede vollzogen, dass die zur Sicherung übereignete Sache nur bei Nichterfüllung der gesicherten Forderung verwertet werden darf.

279

Sicherungsobjekte können einzelne Sachen, auch künftig zu erwerbende Sachen und zu einer Sachgesamtheit zusammengefasste Sachen, insbesondere Warenlager, sein. Bei der Übertragung von **Sachgesamtheiten** kann es zu Problemen mit dem Spezialitätsgrundsatz kommen. Die Rechtsprechung verlangt, dass die übereigneten Sachen im Vertrag bestimmt bezeichnet werden, bloße Bestimmbarkeit soll nicht genügen (z.B. BGH BGHZ 73, 252 [254]).

(2) Sicherungszession

Ähnlich wie die Übereignung von Sachen kann auch die Abtretung von Forderungen, auch künftigen Forderungen, der Sicherung der Geldleistung dienen. Auch hier ist der Bestimmtheitsgrundsatz zu berücksichtigen, d.h. die Forderung muss bestimmt oder zumindest hinreichend bestimmbar sein (vgl. zu den Kriterien BGH BGHZ 7, 365 ff.). Bei **Globalzessionen** besteht zudem regelmäßig die Gefahr der Sittenwidrigkeit wegen der Verleitung des Vertragspartners zum Vertragsbruch (§ 138 Abs. 1 BGB). Hiervon ist regelmäßig auszugehen, wenn die Globalzession sich bestimmungsgemäß auf Forderungen erstreckt, die typischerweise von einem verlängerten Eigentumsvorbehalt (siehe oben Rz. 277) erfasst werden (BGH i.st.Rspr. BGHZ 30, 149 [152 f.]; NJW 1995, 1668 [1669]). Vermieden werden kann eine solche Sittenwidrigkeit durch eine Vereinbarung, dass der verlängerte Eigentumsvorbehalt vor der Globalzession stets Vorrang haben soll (vgl. BGH BGHZ 98, 303 [314]). Klauseln, die dem Schuldner lediglich die Verpflichtung zur Befriedigung des Vorbehaltsverkäufers auferlegen oder dem Vorbehaltsverkäufer nur den schuldrechtlichen Anspruch auf teilweise Freigabe des Erlöses einräumen, genügen nicht (BGH NJW 1968, 1516 [1518]; BGHZ 72, 308 [310]). Vielmehr muss im Verhältnis zwischen dem Vorbehaltslieferanten und dem Sicherungsnehmer in jedem Falle ein Vorrang mit „dinglicher" Wirkung bestehen (BGH NJW 1995, 1668 [1669]). Ein anderes Problem der Globalzession ist die Frage der Übersicherung und deren Verhinderung durch Freigabeklauseln (siehe nachfolgend unter bb) Rz. 282).

280

(3) Grundpfandrechte

Weiteres kredittypisches Sicherungsmittel ist die Bestellung von Grundpfandrechten wie der Hypothek oder der Grundschuld. Zu den Einzelhei-

281

ten der Gestaltung sei hier auf die sachenrechtliche Literatur und Formularhandbücher verwiesen.

bb) Sicherungsabreden

282 Während die Bestellung eines Grundpfandrechtes, die Tilgung einer Forderung oder die Sicherungsübereignung den verfügenden bzw. dinglichen Teil der Sicherungsvereinbarung ausmachen, bedarf es zudem einer Regelung der Sicherungsmodalitäten. Regelungsbedürftig ist hierbei regelmäßig Folgendes:

– **Sicherungszweck,**

– **Verfügungsbefugnis** des Sicherungsnehmers,

– **Freigabeverpflichtung** des Sicherungsgebers,

– **Verwertungsrecht** des Sicherungsnehmers.

283 Die **Sicherungszweckabrede** legt fest, welche Forderungen gesichert werden sollen. Bei der Formulierung des Sicherungszwecks ist Zurückhaltung geboten. Beispielsweise erstrecken formularmäßige Sicherungszweckabreden von Kreditinstituten auch bei Grundpfandrechten den Sicherungszweck häufig nicht nur auf sämtliche – auch künftige – Forderungen aus der Geschäftsverbindung, sondern selbst auf Forderungen, die nach Sicherheitenbestellung in Gestalt der Abtretung von Dritten durch den Sicherungsnehmer erworben werden. Trifft dies noch mit einer notariellen Unterwerfung unter die Zwangsvollstreckung in das gesamte Vermögen zusammen, so erscheint nicht nur im AGB-mäßigen Verkehr eine unangemessene Benachteiligung im Sinne des § 307 BGB gegeben, sondern wegen der Vereitelung des Erkenntnisverfahrens für unabsehbare Forderungen auch die Grenze des § 138 BGB überschritten.

Weiterhin ist insbesondere im kaufmännischen Verkehr die **Verfügungsbefugnis** des Sicherungsgebers zu regeln, insbesondere die Voraussetzungen, unter denen er sicherungshalber abgetretene Forderungen einziehen oder sicherungsübereignete bzw. unter Eigentumsvorbehalt erworbene Sachen weiterveräußern darf.

284 Zur Schonung der schutzwürdigen Belange des Sicherungsgebers empfiehlt es sich regelmäßig, angemessene **Freigabeverpflichtungen** des Sicherungsnehmers zu vereinbaren, die den Sicherungsnehmer zur Freigabe der Sicherheiten durch Rückübertragung bzw. Vollrechtsübertragung verpflichten, wenn der Wert der Sicherheiten den Betrag der zu sichernden Forderungen in einer bestimmten Höhe überschreitet.

Die Frage über Art und Umfang von Freigabeklauseln im Zusammenhang mit Globalsicherheiten und die Rechtsfolgen ihres Fehlens waren in der Rechtsprechung des BGH umstritten. Die Problematik war kaum noch überschaubar (vgl. die Zusammenstellung bei *Neuhof*, NJW 1995, 1068 ff.). Zwischenzeitlich hat der Große Senat für Zivilsachen aufgrund von Vorlagebeschlüssen des IX. und XI. Zivilsenates die Grundsätze des

IV. Sicherung der Leistungen

BGH im Zusammenhang mit Freigabeklauseln bei Globalsicherungen geklärt (BGH NJW 1998, 671). Danach hat der Sicherungsgeber bei formularmäßig bestellten, revolvierenden Globalsicherheiten im Falle nachträglicher Übersicherung einen ermessensunabhängigen Freigabeanspruch auch dann, wenn der Sicherungsvertrag keine oder eine ermessensabhängig ausgestaltete Freigabeklausel enthält. Für formularmäßig bestellte, revolvierende Globalsicherungen sollen ausdrückliche Freigaberegelungen, zahlenmäßig bestimmte Deckungsgrenzen und eine Klausel für die Bewertung der Sicherungsgegenstände keine Wirksamkeitsvoraussetzung sein (siehe auch BGH NZI 2013, 298 [299]). Bei Fehlen einer Deckungsgrenze beträgt die Grenze nach Auffassung des Großen Senates für Zivilsachen des BGH unter Berücksichtigung der Kosten für Verwaltung und Verwertung der Sicherheit, bezogen auf den realisierbaren Wert der Sicherungsgegenstände, 110 % der gesicherten Forderungen. Die Grenze für das Entstehen eines Freigabeanspruches soll regelmäßig bei Überschreitung von 150 % des Schätzwertes des Sicherungsgutes liegen. Infolge dieser Klärung der Rechtslage ist bei formularmäßigen Globalabtretungen nun nicht mehr die Unwirksamkeit der Forderungsabtretungen selbst wegen unangemessener Freigaberegelung zu befürchten (vgl. BGH NJW 1998, 2206). Dies sollte jedoch nicht dazu verleiten, den Aspekt einer möglichen, anfänglichen Übersicherung gering zu achten. Trotz Vorliegens des Beschlusses des Großen Senates hat der IX. Senat des BGH sich nicht hindern lassen, die Nichtigkeit des gesamten Sicherstellungsvertrages gemäß § 138 Abs. 1 BGB wegen ursprünglicher Übersicherung zumindest als möglich darzustellen (BGH NJW 1998, 2047).

Obgleich die Entscheidung des Großen Senates nur formularmäßig vereinbarte Globalsicherheiten betrifft, empfiehlt es sich, die dort aufgestellten Maßgaben auch bei **Individualvereinbarungen** zu berücksichtigen. Die Formulierung einer Freigabeklausel könnte wie folgt lauten: 285

1. Der Sicherungsnehmer ist verpflichtet, auf Verlangen des Sicherungsgebers die ihm zur Sicherung seiner Forderung bestellten Sicherheiten nach seiner Wahl insoweit freizugeben, als deren Gesamtwert eine Grenze von 110 % der gesicherten Forderungen übersteigt. Dieser Freigabeanspruch entsteht wiederkehrend, sobald der Schätzwert der zur Sicherung bestellten Sicherheiten 150 % der gesicherten Forderungen übersteigt. Im Übrigen gelten die Grundsätze des Beschlusses des Großen Senates des Bundesgerichtshofes vom 27.11.1997 (NJW 1998, 671) in entsprechender Anwendung.

2. Die Parteien gehen übereinstimmend davon aus, dass mit Abschluss dieser Vereinbarung noch keine Übersicherung des Sicherungsnehmers durch den Sicherungsgeber eintritt.

Regelungsbedürftig ist häufig weiterhin die Frage, ob und unter welchen Umständen der Sicherungsnehmer berechtigt ist, das Sicherungsgut zu **verwerten**. 286

Verwertungsklauseln sind insbesondere dann zu empfehlen, wenn von Gesetzes wegen komplexe und kaum handhabbare Verfahren vorgeschrieben sind. So kommt bei der Verwertung von sicherungshalber übereigneten Sachen oder sicherungshalber abgetretenen Forderungen eine entsprechende Anwendung der Regelungen über den Pfandverkauf in Betracht. Das hiermit eingehende Prozedere ist kaum durchführbar, seine Kosten dürften regelmäßig den Erlös aus der Sicherheitenverwertung erheblich schmälern. Hier kommt insbesondere eine Regelung der **freihändigen Verwertung** in Betracht, wie sie beispielsweise die Ziff. 21 Abs. 3 der AGB der Banken alter Fassung enthalten hat.

d) Sicherung des Zahlungsflusses

287 Die Sicherstellung des Zahlungsflusses kann auf verschiedene Weise geschehen. Typisch ist im Immobilienverkehr das **Notaranderkonto**. Hier wird vereinbart, dass zu bestimmten Fälligkeitsterminen Leistungen des Käufers auf das Konto erfolgen und der Notar nur bei Nachweis bestimmter Voraussetzungen und ggf. nach Freigabe durch den Käufer verpflichtet ist, den Betrag an den Käufer auszukehren. Derselbe Effekt lässt sich durch Vereinbarung entsprechender **Treuhand- oder Sperrkonten** bei Banken erreichen. Möglich ist auch, Vorschussleistungen auf ein sog. „**Und-Konto**" zu leisten, bei dem die Bank nur auf übereinstimmende Weisung beider Parteien berechtigt und verpflichtet ist, das Guthaben abzuführen. Regelungsbedürftig ist in derartigen Fällen auch immer die Frage, wem ggf. Zinsen aus dem auf dem Konto liegenden Betrag zustehen.

e) Drittsicherheiten

288 Weiteres Sicherungsmittel der Geldleistung sind Drittsicherheiten:

aa) Bürgschaft

289 Typische Drittsicherheit ist die Bürgschaft. Regelungsbedürftig ist im Bürgschaftsvertrag regelmäßig Folgendes:

– Bezeichnung der Hauptschuld, Erstreckung auf mehrere Hauptschulden, gesamte Geschäftsverbindung?
– Umfang der Bürgenschuld – Beschränkung auf einen Höchstbetrag?
– Bedingung oder Befristung der Bürgschaft?
– Kündigungsrecht des Bürgen?
– Ausschluss von Einreden (Einrede der Anfechtbarkeit und Aufrechenbarkeit, Einrede der Vorausklage – selbstschuldnerische Bürgschaft)?
– Ausschluss der Vollstreckungs- und Verwertungspflicht des Gläubigers?

- Verhältnis zu Mitbürgen?
- Ausfallbürgschaft?
- Bürgschaft auf erstes Anfordern?

bb) Schuldbeitritt

Ein gegenüber der Bürgschaft geeignetes Drittsicherungsmittel ist der Schuldbeitritt eines Dritten. Während der Bürge akzessorisch für eine fremde Schuld haftet, begründet der Schuldbeitritt eine eigene Verbindlichkeit des Beitretenden, der neben dem „Hauptschuldner" als Gesamtschuldner haftet. Bevor ein Berater des Gläubigers sich für einen Schuldbeitritt bei der Gestaltung entscheidet, sollte er berücksichtigen, dass der Schuldbeitritt aufgrund der Verdichtung der Akzessorität zur originären Schuld zwar Vorteile haben soll, die Rechtsverfolgung jedoch im Verhältnis zur akzessorischen Bürgschaft ungleich schwieriger ist. Aufgrund des Gesamtschuldverhältnisses muss sich der Schuldbeitretende andere als die in den §§ 422–424 BGB bezeichneten Tatsachen nicht entgegenhalten lassen, soweit sich aus dem Schuldverhältnis nicht ein anderes ergibt (§ 425 Abs. 1 BGB). Dies gilt insbesondere für die **Kündigung** und den **Verzug** (§ 425 Abs. 2 BGB). Demgemäß braucht der Schuldübernehmer sich eine Kündigung des Darlehens, dessen Rückzahlung er mit übernommen hat, gegenüber dem „Hauptschuldner" nicht entgegenhalten zu lassen. Häufig wird in der Praxis übersehen, dass auch dem Schuldbeitretenden zu kündigen ist. § 425 Abs. 1 BGB stellt zwar ausdrücklich darauf ab, dass sich aus dem Schuldverhältnis nichts anderes ergeben darf, versucht man jedoch den Schuldbeitritt dergestalt auszugestalten, dass die Akzessorietät wieder hergestellt wird, so kann man auch gleich eine Bürgschaft vereinbaren, für die im Gegensatz zum Schuldbeitritt eine hinreichend gesicherte und fundamentierte Basis höchstrichterlicher Rechtsprechung vorhanden ist. Im Übrigen gelten zum Schuldbeitritt dieselben Grundsätze über die Unwirksamkeit wegen finanzieller Überforderung des Schuldners wie bei der Bürgschaft (vgl. BGH NJW 1999, 135 f.).

cc) Garantie

Im Gegensatz zur Gewährleistungsgarantie (siehe oben Rz. 270) bezieht sich bei der der Bürgschaft ähnlichen Garantie die Zusicherung nicht auf den Zustand eines Gegenstandes, sondern auf die Erbringung einer Leistung, welche von einem Dritten geschuldet wird. Die Garantie ist ein nicht akzessorisches Zahlungsversprechen, welches sich auf die Leistung anstelle des Schuldners unter Ausschluss sämtlicher Einwendungen oder Einreden aus dem Hauptschuldverhältnis bezieht. Regelungsbedürftig ist bei der Garantie im besonderen Maße der **Garantiefall**. Während sich die Verpflichtung des Bürgen aufgrund der Akzessorietät nach der Hauptschuld richtet, müssen Voraussetzung und Umfang der Einstandspflicht des Garanten mangels entsprechender gesetzlicher Vorgaben stets vertraglich gesondert festgelegt werden. Da die Formulierung des Garantiefalles im Einzelfall deshalb besondere Schwierigkeiten bereitet, weil dessen Eintritt einerseits mit einem Mangel im Valutaverhältnis zusammenhängt, andererseits aber wegen der Überwindung der Akzessorietät tatbestandlich damit nicht vollständig verknüpft werden darf, ist die **Garantie auf erstes Anfordern** besonders verbreitet. Hier braucht der Garantiebegünstigte den Eintritt des Garantiefalles nur zu behaupten, um den Garanten in Anspruch nehmen zu können.

3. Allgemeine Leistungssicherung

292 Jenseits der Sicherung der Geld- bzw. Sachleistung, welche der Sicherung der Äquivalenz von Leistung und Gegenleistung dienen soll, kommen zur allgemeinen Sicherung der Leistungspflichten weitere Vereinbarungen in Betracht.

a) Versicherungen

293 Häufig wird vereinbart, dass die eine oder andere Vertragspartei den Vertragsgegenstand versichern soll. Bei haftungsträchtigen Dienstleistungen wird oft eine Versicherung der Tätigkeit des Dienstverpflichteten verlangt, wenn dies nicht bereits, wie z.B. bei Rechtsanwälten, gesetzlich vorgeschrieben ist. Bauleistungen werden auf Seiten des Leistungsverpflichteten häufig dagegen versichert, dass sich bei diesem die Leistungsgefahr verwirklicht, etwa weil er aufgrund höherer Gewalt seine Leistungsverpflichtung nicht erfüllt und nochmal erfüllen muss, jedoch nur einmal die Gegenleistung erhält. In diesen Fällen ist zu regeln, wer die Kosten der Versicherung tragen soll.

b) Informationsrechte und -pflichten

294 Vielfach liegt es im Interesse einer Vertragspartei, bestimmte Informationen von der anderen Vertragspartei erhalten zu können, um Leistungsstörungen oder Leistungsprobleme frühzeitig erkennen zu können, wie z.B. im Zusammenhang mit Qualitätssicherungsvereinbarungen (siehe oben Rz. 273) oder um bei partiarischen Rechtsgeschäften die Richtigkeit der Gewinnermittlung prüfen zu können (siehe oben Rz. 252).

Es sollte daher bei den Leistungspflichten stets geprüft werden, ob und in welcher Art und Weise ein Vertragspartner bei der Durchführung des Vertrages oder auch bei der Realisierung der Haftungsrisiken auf Informationen des anderen Vertragspartners angewiesen ist. Dies sollte in einem besonderen Abschnitt über die Informationsrechte, welcher zugleich die Rechtsfolgen bei der Verletzung von Informationspflichten regelt, eingeflochten werden.

c) Konkurrenz- und Geheimnisschutz

Ebenfalls zur Leistungssicherung im weiteren Sinne gehören Regelungen zum Geheimnisschutz. Die vertrauliche Behandlung von Informationen, die die eine Seite der anderen überlässt, hat nicht nur im Bereich von Vertriebsverträgen und Dienstverträgen, sondern auch bei komplexeren Werkverträgen, wie z.B. Entwicklungsverträgen, eine nicht unerhebliche Bedeutung. **Vertraulichkeitsverpflichtungen** sind jenseits des Strafrechtes (§ 203 StGB) auch in § 17 UWG geregelt. Probleme bei den zivilrechtlichen Konsequenzen der treuwidrigen Ausbeutung des aus Austauschverträgen durch eine Vertragspartei erlangten Know-hows bereitet insbesondere jedoch der Begriff des Geschäfts- oder Betriebsgeheimnisses im Sinne des § 17 UWG (vgl. zum Geheimnisbegriff: *Köhler/Bornkamm*, Wettbewerbsrecht, § 17 UWG Rz. 4 ff.). Es empfiehlt sich daher bei Vertraulichkeitsvereinbarungen, die vertraulich zu behandelnden Informationen so präzise wie möglich zu beschreiben. Da auch der aus der Verletzung von Vertraulichkeitsbindungen resultierende Schaden häufig schwer zu beziffern ist, kommen hier Regelungen über Vertragsstrafen oder pauschalierten Schadensersatz in Betracht.

295

Ein verwandtes Problem ist der **Konkurrenzschutz**, insbesondere durch Vereinbarungen von Wettbewerbsverboten (zu den nachvertraglichen Wettbewerbsverboten siehe unten Rz. 320). Wettbewerbsverbote müssen sich hierbei nicht nur auf die Person des Vertragspartners, sie können sich auch auf die Förderung von Konkurrenten durch Vertragspartner beziehen, wobei hier die kartellrechtlichen Grenzen zu beachten sind. Typisch sind insbesondere Ausschlussklauseln bei Gewerberaummietverträgen, etwa dahin, dass sich der Vermieter verpflichtet, in demselben Gebäude keinem Konkurrenzbetrieb einen Mietvertrag einzuräumen, oder Unterlassungsklauseln bei Arztpraxisverkäufen, wonach sich der Veräußerer verpflichtet, nicht in räumlicher Nähe eine neue Praxis zu eröffnen.

296

4. Allgemeine Haftungsvereinbarungen

Allgemeine Haftungsvereinbarungen betreffen die Haftung der Vertragsparteien für schuldhaftes Verhalten bei den Vertragsverhandlungen, bei Abschluss des Vertrages sowie bei der Durchführung des Vertrages. Sie unterliegen jenseits der Anwendbarkeit der Regelungen betreffend die Allgemeinen Geschäftsbedingungen (dort § 309 Ziff. 7 und 8 BGB) in erster Linie der Grenze des § 276 Abs. 3 BGB. Hiernach kann die Haftung wegen Vorsatzes dem Schuldner nicht im Voraus erlassen werden.

297

a) Regelung einer Haftung wegen Pflichtverletzung im vorvertraglichen Bereich

Gebräuchlich sind Regelungen, oft bei Vertragspartnern mit großer Marktmacht, wonach diese ihre Haftung wegen Pflichtverletzung im

298

vorvertraglichen Bereich mit dem Vertragsschluss **abbedingen**. Da für den anderen Vertragsteil die Haftungsgründe (z.b. Verletzung vorvertraglicher Aufklärungspflichten, BGH BGHZ 71, 386 ff.) kaum absehbar sind, ist aus dessen Interesse vor dem Abschluss solcher Vereinbarungen zu warnen. Wenngleich dem Schuldner die Haftung für Vorsatz im Nachhinein erlassen werden kann, dürfte insbesondere im Bereich der vorsätzlichen Verletzung von Aufklärungspflichten oder vorsätzlichen Falschinformationen der Ausschluss der Haftung nach § 123 Abs. 1 BGB anfechtbar sein.

b) Verschuldensregelungen

299 Jenseits der Grenze des § 276 Abs. 3 BGB steht es den Parteien frei, vertraglich **Haftungsmilderungen** zu vereinbaren. Ein Ansatz hierzu ist die Beschränkung der Haftung auf Fälle eines bestimmten Verschuldensgrades, z.b. ausschließlich auf Vorsatz oder auf grobe Fahrlässigkeit. Derartige Haftungsmilderungen sind grundsätzlich zulässig, nicht nur für vertragliche Haftung, sondern auch für Ansprüche aus unerlaubter Handlung (BGH BGHZ 9, 301 [306]). Da derartige Vereinbarungen jedoch im Zweifel eng auszulegen sind (BGH NJW 1970, 383 [386]), ist die Erstreckung der Haftungsmilderung auf unerlaubte Handlungen im Vertrag ausdrücklich zu regeln.

Demgegenüber findet § 276 Abs. 3 BGB für die Zurechnung des Verschuldens von **Erfüllungsgehilfen** nach § 278 Satz 2 BGB keine Anwendung. Demgemäß kann die Haftung für das Verschulden von Erfüllungsgehilfen, insbesondere auch für Vorsatz, ausgeschlossen werden.

Bei Haftungsmilderungen sind also bei der Regelung folgende Punkte zu beachten:
– Auf welchen **Grad des Verschuldens** soll die Haftung beschränkt werden?
– Sollen nur **vertragliche** oder auch **deliktische** Ansprüche erfasst werden?
– Soll die Haftung für **Erfüllungsgehilfen** ganz oder teilweise ausgeschlossen werden?

c) Haftungsausschlüsse und Haftungsbegrenzungen

300 Während im Hinblick auf die Zurechnung des Verschuldens von Erfüllungsgehilfen ein vollständiger Ausschluss der Haftung möglich ist, können die Vertragsparteien ihre Haftung nur für Verschuldensgrade **unterhalb des Vorsatzes** vollständig ausschließen. Gleiches gilt für eine Begrenzung der Haftung auf Höchstbeträge. Auch summenmäßige Haftungsbegrenzungen sind im Falle des Vorsatzes insoweit unzulässig (Palandt/*Grüneberg*, BGB, § 276 Rz. 35).

d) Regelung der Haftungsfolgen

Die Bezifferung von Schäden kann regelmäßig schwer fallen. Vereinfachungen können im Rahmen von **Vertragsstrafen** oder der Vereinbarung **pauschalierten Schadensersatzes** geschaffen werden. Die Vertragsstrafe unterscheidet sich vom pauschalierten Schadensersatz darin, dass der primäre Zweck der Vertragsstrafe darin besteht, Druck auf den Schuldner auszuüben, den Vertragsstrafefall nicht zu verwirklichen (BGH BGHZ 49, 84 [89]). Gleichwohl kann als weitere Funktion der Vertragsstrafe das Entbehrlichmachen des Schadensbeweises im Falle einer Leistungsstörung betrachtet werden. Abreden über die Pauschalierung von Schadensersatz und Vertragsstrafeabreden sind grundsätzlich der Parteidisposition überlassen, jedoch in den Allgemeinen Geschäftsbedingungen nur eingeschränkt zulässig (§ 309 Ziff. 5 und 6 BGB). 301

Die Verwirkung der Vertragsstrafe setzt nach § 339 BGB, wegen des dortigen Verweises auf die Verzugsregeln, grundsätzlich Verschulden voraus. Das Verschuldenserfordernis ist jedoch nicht zwingend, denn die Vertragsstrafe kann auch unabhängig von einem Verschulden versprochen werden (BGH NJW 1971, 883).

Im Zusammenhang mit Vertragsstrafeversprechen sind daher folgende Punkte regelungsbedürftig: 302

- In welchen **Fällen** soll eine Vertragsstrafe verwirkt sein?
- Soll die Verwirkung der Vertragsstrafe ein **Verschulden** voraussetzen?
- **Höhe** der Vertragsstrafe?
- Ausschluss der Einrede des **Fortsetzungszusammenhanges**?
- Soll die Vertragsstrafe auch **Schadenskompensationsfunktion** haben?

Für den Fall, dass der Vertragsstrafe auch Schadenskompensationsfunktion zukommt, ist diese einer Vereinbarung über pauschalierten Schadensersatz ähnlich. Bei der Vereinbarung von Schadenspauschalen stellt sich die Frage, ob die Pauschale fix vereinbart und die Höhe des tatsächlich entstandenen Schadens unbeachtlich sein soll. Wird die Schadenspauschale fix, ohne Ansehung des tatsächlichen entstandenen Schadens vereinbart, so kann dies für den Geschädigten einen erheblichen Nachteil bedeuten, wenn der tatsächlich entstandene Schaden höher ist, jedoch einen Vorteil, wenn der tatsächliche Schaden geringer ist. Bei Schadenspauschalen sind daher folgende Regelungselemente zu beachten: 303

- Für welchen **Fall** soll die Schadenspauschale gezahlt werden?
- Unter welchen **Modalitäten** soll sie geleistet werden?
- Soll dem Schuldner der **Nachweis eines geringeren Schadens** offen bleiben?
- Soll dem Gläubiger der Nachweis eines höheren Schadens offen bleiben?

e) Verjährungsregelungen

304 Ein weiteres Instrument zur vertraglichen Beeinflussung der Haftung ist die **Abkürzung** gesetzlicher Verjährungsfristen. Nach § 202 BGB ist eine Erleichterung der Verjährung in Fällen des Vorsatzes ausgeschlossen. Die **Erschwerung** der Verjährung durch Rechtsgeschäft ist ansonsten generell ermöglicht worden. Dabei darf die Verjährungsfrist nicht länger vereinbart werden als 30 Jahre nach dem Beginn der Verjährung auf Basis der gesetzlichen Vorschriften (§ 202 Abs. 2 BGB).

V. Vertragsdurchführung

1. Leistungsvollzug

305 Soweit es notwendig oder möglich ist, das Verfügungsgeschäft oder dieses vorbereitende Rechtsakte in den Vertrag mit aufzunehmen, fällt der Vollzug der Verfügungen in den Bereich der Vertragsdurchführung. An diese Stelle gehören die **dingliche Einigung**, insbesondere die **Auflassung**, sowie die **Bewilligung** der Eintragung der zu übertragenden Rechte im Grundbuch. Weiterhin sind an dieser Stelle die Abtretungserklärung des Zedenten und die Annahmeerklärung des Zessionars zu regeln.

Soweit die Verfügungen nicht sofort vollzogen werden sollen, wie z.B. bei der Übertragung eines Kommanditanteils, gehört an diese Stelle ebenfalls eine aufschiebende Bedingung des Vollzugs der Verfügung.

2. Beginn und Beendigung des Vertrages

a) Beginn des Vertrages

306 Eine Regelung des Beginns des Vertrages bzw. des Leistungsvollzuges ist in der Regel nur bei **Dauerschuldverhältnissen** erforderlich. Bei komplexeren Austauschverträgen kommt es jedoch in Betracht, verschiedene Leistungsverpflichtungen nicht gleichzeitig, sondern sukzessive, ggf. bei mehr als zwei Parteien getrennt nach Parteien in Gang zu setzen. Hier bietet sich die Regelung von Zeitrahmen und Milestones bei komplexeren Verträgen an.

b) Laufzeit

307 Einer Regelung der Laufzeit bedarf es in erster Linie bei Dauerschuldverhältnissen, die nicht unbefristet geschlossen werden. Regelungsbedürftig ist in diesen Fällen die **Befristung** des Vertrages und ggf. die Einräumung von **Verlängerungsoptionen**.

Bei der Befristung von Dauerschuldverhältnissen ist zu berücksichtigen, dass diese sowohl im Arbeitsrecht als auch im Wohnraummietrecht nur eingeschränkt möglich ist.

V. Vertragsdurchführung

Im Arbeitsrecht bedarf eine wirksame Befristung eines Arbeitsverhältnisses eines sachlichen Grundes, anderenfalls entsteht ein unbefristetes Arbeitsverhältnis (§ 16 TzBfG). Nur in den Grenzen des § 14 Abs. 2 u. 3 TzBfG, mit dem aus konjunkturpolitischen Motiven unter bestimmten Voraussetzungen Vertragsbefristungen auch ohne sachlichen Grund zugelassen werden (BAG NJW 1989, 1756; ArbRAktuell 2011, 537), ist daher eine Befristung von Arbeitsverhältnissen unbedenklich. Ähnlich liegt es im Wohnraummietrecht. Dort beugt § 575 BGB einer missbräuchlichen Umgehung zwingenden Kündigungsschutzes durch die Befristung von Verträgen vor.

c) Vertragsbeendigung

Bei der Vertragsbeendigung sind zu regeln: 308

– Voraussetzungen und Prozedere der ordentlichen Kündigung,

– die außerordentliche Kündigung und

– vertragliche Rücktrittsrechte.

aa) Ordentliche Kündigung

Regelungsbedürftig ist bei Dauerschuldverhältnissen die **Kündigungsfrist**. Die Parteiautonomie ist hier wiederum im Arbeitsrecht und Wohnraummietrecht eingeschränkt. Zugleich sind Form und Prozedere der Kündigungserklärung zu regeln. 309

bb) Außerordentliche Kündigung

Wenngleich bei den Austauschverträgen im Wesentlichen nur beim Dienstvertrag und Mietvertrag geregelt, gilt der Grundsatz, dass sämtliche Dauerschuldverhältnisse **aus wichtigem Grund** auch außerordentlich gekündigt werden können (BGH NJW 1972, 1128 [1129]). Das Recht zur außerordentlichen Kündigung von Dauerschuldverhältnissen aus wichtigem Grund gilt als unabdingbar (vgl. Staudinger/*Preis*, BGB, § 626 Rz. 38). Erweiterungen des Kündigungsrechtes aus wichtigem Grund über den Rahmen des § 626 BGB hinaus dürften im Arbeitsrecht generell unzulässig sein. Demgegenüber hat der BGH zu der Frage der Ausweitung der außerordentlichen Kündigungsgründe für das Anstellungsverhältnis über den Rahmen des § 626 BGB hinaus bei Vorständen von Aktiengesellschaften oder Geschäftsführern von Gesellschaften mit beschränkter Haftung für zulässig gehalten, allerdings mit der Maßgabe, dass die Mindestfrist des § 622 Abs. 1 Satz 2 BGB a.F. eingehalten wird (BGH NJW 1981, 2748 [2749]). Selbst im Bereich des Arbeitsrechtes werden jedoch Erweiterungen der Kündigungsgründe durch den Arbeitsvertrag nicht als gänzlich unbeachtlich eingestuft. Vielmehr ist bei der Gesamtwürdigung bei Abwägung der Interessen der Beteiligten im Rahmen des wichtigen Grundes der Parteiwille mit zu berücksichtigen (BAG AP 310

Nr. 67 zu § 626 BGB), so dass eine explizite Vereinbarung von wichtigen Gründen zur außerordentlichen Kündigung des Arbeitsverhältnisses in diese Abwägung mit einfließt.

311 Nach hier vertretener Auffassung ist die Frage, was **wichtiger Grund** zur außerordentlichen Kündigung des Dauerschuldverhältnisses sein soll, jedenfalls dann der **Parteidisposition** überlassen, wenn die Parteien, ohne mit sozialen Schutznormen zu kollidieren, eine auflösende Bedingung oder Befristung des Vertragsverhältnisses frei vereinbaren können. Soweit es im Interesse einer Partei liegt und diese ihr Interesse bei den Verhandlungen durchsetzen kann, empfiehlt es sich daher auch, solche Beendigungsgründe als wichtige Gründe zur außerordentlichen Kündigung zu deklarieren, die bei Subsumtionen unter § 626 Abs. 1 BGB nicht ohne weiteres entsprechend qualifiziert würden.

cc) Rücktrittsrechte

312 Vertraglich vereinbarte Rücktrittsrechte sollten im Vertrag an der Stelle vereinbart werden, wo die Leistungs- oder Nebenleistungspflicht geregelt ist, deren Verletzung das Rücktrittsrecht auslösen soll. Im Bereich der Vertragsbeendigung kommt nur eine Regelung ergänzender Rücktrittsgründe in Betracht. Zugleich bietet sich an dieser Stelle eine Regelung des möglichen Rückabwicklungsmodus an, soweit dieser von dem Modus der §§ 346–354 BGB abweichen soll.

3. Vertragsanpassung/Vertragsänderung

313 Eine Vertragsanpassung oder Vertragsänderung kann sowohl aus **Wertsicherungsklauseln** (siehe oben Rz. 255) als auch aus der Anwendung **salvatorischer Klauseln** (siehe unten Rz. 326) resultieren. Während erstere lediglich die Anpassung der Geldleistung an einen veränderten Geldwert betreffen und letztere die Ausfüllung von Lücken der ursprünglichen Regelung, kommt es in Betracht, die Änderung sonstiger für die Vertragsdurchführung, insbesondere für das Äquivalenzverhältnis von Leistung und Gegenleistung beachtlicher Faktoren, gesondert zu regeln. Dies gilt gerade für Umstände, die für die Kalkulation nur einer Vertragspartei zwar von entscheidender Bedeutung sind, nach allgemeinem Vertragsrecht jedoch auch dann, wenn sie sich ändern, keinen Einfluss auf den Vertragsinhalt haben.

Nach allgemeinem Vertragsrecht unbeachtlich sind insbesondere Irrtümer einer Partei im Beweggrund zum Abschluss des Vertrages (**Motivirrtum**). Hierzu gehört beispielsweise der verdeckte Kalkulationsirrtum (vgl. BGH NJW-RR 1987, 1306 f.).

314 Demgegenüber können solche Umstände, die für die Willensentschließung einer Partei maßgeblich, für die andere Partei jedoch erkennbar sind und deren Veränderung nach Treu und Glauben Leistungspflichten nicht

V. Vertragsdurchführung

unberührt lassen dürfen, zu einer richterlichen Vertragsanpassung gemäß § 313 BGB führen. Das Fehlen oder der Wegfall bzw. die Änderung der Geschäftsgrundlage werden jedoch nur beachtlich, wenn das zur Vermeidung von untragbaren, mit Recht und Gerechtigkeit nicht zu vereinbarenden und damit der betroffenen Partei nicht zumutbaren Ergebnissen unabweislich erscheint und der anderen Partei ein Abgehen von dem Vereinbarten zugemutet werden kann (BGH i.st.Rspr., z.B. NJW-RR 1994, 434 [435 m.w.N.]).

Da sich eine Anpassung des Vertrages nach § 313 BGB durch die Rechtsprechung nach wie vor als **Ausnahme** darstellt, empfiehlt es sich dann, wenn Änderungen der Geschäftsgrundlage absehbar sind, von vornherein ausdrücklich zu regeln, welche Änderungen zu welcher Anpassung des Vertrages führen sollen, beispielsweise durch Preisanpassungsklauseln (siehe oben Rz. 246 ff.). Darüber hinaus bleibt es den Parteien unbenommen, diejenigen Vorstellungen, die für die Durchführung des Vertrages für sie maßgeblich sind, offen zu legen und im Vertrag gesondert als Geschäftsgrundlage des Vertrages zu vereinbaren. Selbst dann, wenn Änderungen nach Qualität und Quantität nicht absehbar sind, dementsprechend keine konkrete Rechtsfolge für den Fall einer Änderung konzipiert werden kann, so kann zumindest eine Ermächtigung des Richters, im Falle der Änderung eine Vertragsanpassung vorzunehmen, in den Vertrag aufgenommen werden. Denkbar sind auch Nachverhandlungspflichten oder Schiedsklauseln für den Fall bestimmter Änderungen im Hinblick auf die Anpassung der Leistungsverpflichtungen.

4. Abnahme und Übergabe

Soweit im Werkvertrag ein abnahmefähiges Werk hergestellt wird oder Sachen zu übergeben sind, gehört die Regelung der Abnahme oder Übergabe in den Bereich der Vertragsdurchführung. Hier kommt insbesondere die Regelung des Abnahme- oder Übergabeprocederes, die Regelung von Art, Aufbau und Inhalt von Abnahmeprotokollen, der Form von Vorbehalten bei Abnahme etc. in Betracht.

5. Besondere Nebenpflichten

Soweit bei den Nebenleistungspflichten und der Leistungssicherung Nebenpflichten der Parteien nicht erschöpfend geregelt sind, sollten besondere Nebenpflichten der Parteien ergänzend im Bereich der Vertragsdurchführung geregelt werden.

6. Abwicklungs- und nachvertragliche Pflichten

a) Abfindungen bei Vertragsbeendigung

Bei Beendigung von Dauerschuldverhältnissen sieht das Gesetz bei verschiedenen Vertragstypen **Zahlungspflichten** eines Vertragspartners vor.

Abfindungspflichten können sich hierbei aus ganz unterschiedlichen Rechtsgründen ergeben, so z.B. der Ausgleichsanspruch des Handelsvertreters (§ 89b HGB) oder die Abfindung des Mieters durch den Vermieter für die Belassung von Einrichtungen (§ 552 Abs. 1 BGB).

Bei sämtlichen Dauerschuldverhältnissen ist daher anhand der nachfolgenden Kriterien zu prüfen, ob und wie evtl. Abfindungspflichten geregelt werden müssen:

– Können oder sollen sich **Abfindungsansprüche** einer Vertragspartei nach Vertragsbeendigung ergeben?
– Wie **hoch** soll die Abfindung sein?
– Unter welchen **Modalitäten** soll die Abfindung geleistet werden?

b) Herausgabepflichten

319 Regelungsbedürftig können auch Herausgabepflichten der Vertragsparteien sein. Dies gilt z.B. für überlassenes und dokumentiertes Know-how, für Abfallprodukte der Leistung des Sachleistungsverpflichteten, für überlassene Arbeitsmittel etc.

Im Zusammenhang mit der Herausgabe beweglicher und unbeweglicher Sachen nach Vertragsbeendigung stellt sich stets die Frage, welche **Veränderungen**, die der Nutzer vorgenommen hat, rückgängig zu machen sind und in welchem Zustand die Sache zurückzugeben ist.

c) Unterlassungs- und sonstige Pflichten

320 In den Bereich nachvertraglicher Unterlassungspflichten fallen insbesondere die nachvertraglichen Wettbewerbsverbote, die im Arbeitsrecht generell den zwingenden Vorschriften der §§ 74 ff. HGB unterliegen.

Schließlich kommen auch nachvertragliche Handlungspflichten in Betracht, beispielsweise die Pflicht des Vermieters zur Duldung eines Hinweises auf neue Geschäftsräume etc.

VI. Allgemeine Bestimmungen

1. Rechtswahl

321 In allen Fällen der Auslandsberührung empfiehlt sich zur Vermeidung von Unsicherheiten eine ausdrückliche Wahl des anzuwendenden Rechtes. Nach Art. 3 Abs. 1 Rom I-VO unterliegt der Vertrag grundsätzlich der **freien Rechtswahl** der Parteien. Die Rechtswahl kann auch konkludent erfolgen, etwa durch die Wahl der Vertragssprache (vgl. oben Rz. 126). Aus deutscher Sicht gibt es keinen allgemeinen Erfahrungssatz, wonach die Vereinbarung deutschen Rechtes stets vorteilhaft ist.

VI. Allgemeine Bestimmungen

Im Anwendungsbereich des UN-Kaufrechtes ist insbesondere zu berücksichtigen, dass die Wahl des Rechtes eines Konventionsstaates automatisch zur Anwendung des **UN-Kaufrechtes** führt, weil dieses im nationalen Recht als einschlägige Sonderordnung – vgl. Art. 3 Ziff. 2 EGBGB – gilt (Staudinger/*Magnus*, Art. 6 CISG Rz. 25). Die Klausel „für den Vertrag gilt deutsches Recht" führt deshalb für sich allein nicht zum Ausschluss, sondern zur Geltung des CISG (OLG Düsseldorf IPRax 1993, 412 [413]; ebenso zum EKG: BGH BGHZ 96, 313 ff.).

Zu berücksichtigen ist weiterhin, dass die Rechtswahl für das auf den Vertrag anzuwendende Recht sich nicht notwendig auf mit Vertragsverletzungen einhergehende Delikte beziehen muss. Allerdings unterliegt auch das **Deliktstatut** der Parteivereinbarung (BGH BGHZ 98, 263 ff.), so dass vertraglich durch einen Gleichlauf von Vertrags- und Deliktstatut gesorgt werden kann. 322

Eine Rechtswahlklausel für deutsches Recht im Zusammenhang mit einem Liefervertrag mit Auslandsberührung könnte sich daher wie folgt gestalten:

Dieser Vertrag, die Frage seines Zustandekommens sowie sämtliche Ansprüche aus und im Zusammenhang mit diesem Vertrag – einschließlich von Ansprüchen aus unerlaubter Handlung – unterliegt deutschem Recht unter Ausschluss des UN-Kaufrechtes.

2. Erfüllungsort und Gerichtsstand

a) Vereinbarung des Erfüllungsortes

Die Vereinbarung des Erfüllungsortes hat sowohl eine materiell-rechtliche als auch eine prozessuale Bedeutung. Materiell-rechtlich unterliegt der Erfüllungsort (= Leistungsort im Sinne des § 269 BGB) freier Parteivereinbarung. Demgegenüber begründet eine Erfüllungsortvereinbarung nur den besonderen Gerichtsstand des § 29 Abs. 1 ZPO, soweit beide Vertragsparteien Kaufleute, juristische Personen des öffentlichen Rechts oder öffentlich-rechtliche Sondervermögen sind (§ 29 Abs. 2 ZPO). 323

b) Gerichtsstandsvereinbarungen

Auch die Prorogation vor Entstehen der Streitigkeit setzt zu ihrer Wirksamkeit voraus, dass auf beiden Seiten Kaufleute bzw. juristische Personen des öffentlichen Rechts oder öffentlich-rechtliche Sondervermögen beteiligt sind (§ 38 Abs. 1 ZPO). Ein regelmäßiges Problem bei Gerichtsstandsvereinbarungen ist die Frage, ob der gewählte Gerichtsstand **ausschließlicher** oder lediglich ein zu den gesetzlichen Gerichtsständen hinzutretender **Wahlgerichtsstand** sein soll. 324

Wird hierzu keine ausdrückliche Bestimmung getroffen, so treten Schwierigkeiten auf. Es spricht in derartigen Fällen weder eine Vermutung für die Ausschließlichkeit noch gegen sie (RG RGZ 159, 254 ff.;

BGH BGHZ 59, 116 [118 f.]). Insoweit empfiehlt es sich, soweit der Gerichtsstand als ausschließlicher gewollt ist, diesen klar zu betiteln. Soweit die Zuständigkeit verschiedener Landgerichte an einem Ort in Betracht kommt (dies ist in München der Fall), sollte für diesen Fall zugleich klar bestimmt werden, welches Landgericht zuständig sein soll.

Wichtigste Rechtsquelle für die Beurteilung internationaler Gerichtsstandsvereinbarungen ist zurzeit die EG-Verordnung Nr. 44/2001 über die **Gerichtliche Zuständigkeit und die Anerkennung und Vollstreckung von Entscheidungen in Zivil- und Handelssachen** vom 22.12.2000 (EuGVO, in Kraft getreten zum 1.3.2002). Das Zustandekommen und die Zulässigkeit von Gerichtsstandsvereinbarungen sind – unter weit gehender Übernahme der vorherigen Regeln in Art. 17 des Brüsseler Übereinkommens über die Gerichtliche Zuständigkeit und die Vollstreckung gerichtlicher Entscheidungen in Zivil- und Handelssachen (EuGVÜ) – in Art. 23 EuGVO geregelt. Das EuGVÜ gilt im Verhältnis der Mitgliedstaaten weiterhin für sog. Altfälle (vgl. *Hausmann* in Reithmann/Martiny, Internationales Vertragsrecht, Rz. 2940). Art. 23 EuGVO setzt für die Wirksamkeit von Gerichtsstandsvereinbarungen, anders als § 38 Abs. 1 ZPO, keine besonderen Eigenschaften der Vertragsschließenden, jedoch die Wahrung bestimmter Formen voraus. Zudem ist grundsätzlich erforderlich, dass eine Partei ihren Wohnsitz in einem Mitgliedstaat hat und sich das gewählte Gericht in einem Mitgliedstaat befindet. Bei Fällen mit reiner Inlandsberührung bleibt es jedoch bei der Anwendbarkeit des § 38 ZPO (*Hausmann* in Reithmann/Martiny, Internationales Vertragsrecht, Rz. 2971).

3. Schriftformklauseln

325 Soweit zu Beweissicherungszwecken ein Schriftformerfordernis vereinbart wird, ist die Rechtsprechung des BGH zur konkludenten Abbedingung der Schriftform zu berücksichtigen. Die Parteien können den vereinbarten Formzwang jederzeit formlos aufheben, was selbst dann gilt, wenn sie bei der formlosen ggf. konkludenten Aufhebung an den Formzwang nicht gedacht haben (z.B. BGH BGHZ 71, 162, 164 m.w.N.). Üblich ist daher zur Sicherstellung der vollständigen Wahrung der Schriftform folgende Klausel:

Dieser Vertrag bedarf der Schriftform. Das Schriftformerfordernis gilt auch für Nebenabreden und nachfolgende Vertragsänderungen. Auf dieses Schriftformerfordernis kann wiederum nur durch schriftliche Vereinbarung verzichtet werden.

Ob und inwieweit der Ausschluss der formlosen Abbedingung des Schriftformerfordernisses vor der höchstrichterlichen Rechtsprechung Bestand haben wird, bleibt abzuwarten.

4. Salvatorische Klauseln

Salvatorische Klauseln haben in aller Regel zwei Problematiken zum Gegenstand. Zum einen wird die Vermutung des § 139 BGB, wonach im Falle der Teilnichtigkeit im Zweifel das ganze Rechtsgeschäft nichtig ist, wenn nicht anzunehmen ist, dass es auch ohne den nichtigen Teil vorgenommen sein würde, abbedungen. Zum anderen wird eine Bestimmung über den Ersatz unwirksamer Bestimmungen durch andere, wirksame Bestimmungen getroffen. 326

Die Abdingung der Vermutung des § 139 BGB ist indes nicht unproblematisch. Sie wird von der Rechtsprechung grundsätzlich als wirksam angesehen (z.B. BGH WM 1994, 1035 ff. m.w.N.). Jedoch kann der Wegfall einzelner Bestimmungen des Vertrages, die auch nicht ersetzt werden können, das Äquivalenzverhältnis so erheblich stören, dass die Partei, die sich auf den Ausschluss der Regel des § 139 BGB eingelassen hat, eher wünschte, sie hätte dies nicht getan. Instruktiv ist das Beispiel aus der Entscheidung des BGH vom 11.10.1995. Es handelt sich um einen Praxiskaufvertrag, der zugleich die Verpflichtung des Veräußerers regelte, dem Erwerber die Patientenkartei zugänglich zu machen. Eine derartige Bestimmung ist nach ständiger Rechtsprechung des BGH nichtig (BGHZ 116, 268 [272 ff.]; ZIP 1995, 1016). Der BGH (WM 1996, 23 [24]) führte aus, die Gesamtnichtigkeit trotz salvatorischer Klausel komme insbesondere in Betracht, wenn nicht nur eine Nebenabrede, sondern eine wesentliche Vertragsbestimmung unwirksam ist und durch die Teilnichtigkeit der Gesamtcharakter des Vertrages verändert würde. Ob dies der Fall sei, hänge im Wesentlichen von einer Auslegung des Vertrages ab. Der BGH stellte hier maßgeblich auf die Frage ab, ob möglicherweise eine **Teilnichtigkeit** der Vergütungsregelung in Betracht komme, was jedoch voraussetze, dass erkennbar werde, ob und inwieweit einzelne Vergütungsbestandteile den einzelnen Leistungen zugeordnet sind, so dass überhaupt eine Teilbarkeit des Rechtsgeschäftes vorliege. Zur Treffung der weiteren Feststellungen wies der BGH die Sache an das OLG zurück. Zur Vermeidung derartiger Konstellationen kommt es in Betracht, die Hauptleistungspflichten von der salvatorischen Klausel auszunehmen.

In dem Urteil vom 24.9.2002 hat der BGH (NJW 2003, 347) klargestellt, dass die weit verbreitete salvatorische Klausel nicht von der gem. § 139 BGB vorzunehmenden Prüfung entbinde, ob die Parteien das teilnichtige Geschäft als Ganzes verworfen hätten oder aber den Rest hätten gelten lassen. Die Darlegungs- und Beweislast treffe denjenigen, der entgegen der Erhaltensklausel den Vertrag als Ganzen für unwirksam hält. Die Vermutung der Gesamtnichtigkeit des § 139 BGB wird durch eine salvatorische Erhaltungsklausel umgekehrt (BGH NZG 2010, 619).

Der zweite Regelungskomplex salvatorischer Klauseln ist die Frage, was zu geschehen hat, wenn sich eine oder mehrere Regelungen des Vertrages als unwirksam erweisen (zur Problematik der Ersetzungsklauseln: *Michalski*, Funktion, Arten und Rechtswirkungen von Ersetzungsklauseln, 327

NZG 1998, 7 ff.). In der Regel wird hier vereinbart, dass die Parteien verpflichtet sind, eine wirksame, aber der unwirksamen wirtschaftlich möglichst nahe kommende Vereinbarung zu treffen. Vorzugswürdig ist demgegenüber die Vereinbarung einer **Rechtsfiktion**, die zugleich eine Ermächtigung an den Richter bedeutet, das zu bestimmen, was vereinbart worden wäre.

Nach den vorstehenden Maßgaben könnte eine salvatorische Klausel sich wie folgt gestalten:

Ist eine oder sind mehrere Bestimmungen dieses Vertrages unwirksam, so wird hiervon die Wirksamkeit des übrigen Vertrages nicht berührt. Dies gilt nicht, wenn sich Bestimmungen im Hinblick auf die Hauptleistungspflichten gem. Ziff. (...) dieses Vertrages als unwirksam erweisen. Im Falle der Unwirksamkeit einer Bestimmung dieses Vertrages gilt anstelle der unwirksamen eine wirksame Bestimmung als vereinbart, die der unwirksamen wirtschaftlich am Nächsten kommt.

5. Schiedsregelungen

a) Schiedsgutachten

328 Die Notwendigkeit eines Schiedsgutachtens kann sich im Zuge der vorstehenden Regelungen des Vertrages an mehreren Stellen ergeben (vgl. Rz. 252). Es erscheint jedoch wenig sinnvoll, im Verlauf des Vertragstextes die einzelnen Regelungen der Schiedsgutachtenerstellung zu treffen. Vorzugswürdig ist es, an der entsprechenden Stelle auf ein Schiedsgutachten gem. den Regelungen bei den allgemeinen Bestimmungen zu verweisen und die einzelnen Regelungen hier zu treffen. Regelungsbedürftig ist regelmäßig Folgendes:

– Person des **Schiedsgutachters** und deren Auswahl,

– **Ermessensrichtlinien** für den Schiedsgutachter,

– Regelung der **Anfechtbarkeit** des Schiedsgutachtens,

– Regelung der **Kosten** des Schiedsgutachtens.

b) Schiedsgerichtsvereinbarungen

329 Es empfiehlt sich, Schiedsgerichtsvereinbarungen **gesondert** zu dem Vertrag abzuschließen und in den allgemeinen Bestimmungen des Vertrages lediglich auf den Schiedsvertrag zu verweisen. Klargestellt werden sollte bei der Verweisung insbesondere, ob das Schiedsgericht **neben** der ordentlichen Gerichtsbarkeit oder **anstelle** der ordentlichen Gerichtsbarkeit entscheiden soll. Dies wird durch Formulierungen geregelt wie:

Streitigkeiten aus oder im Zusammenhang mit diesem Vertrag werden unter Ausschluss der ordentlichen Gerichtsbarkeit *ausschließlich* durch ein Schiedsgericht gem. dem als Anlage (...) zu diesem Vertrag beigefügten Schiedsvertrag entschieden.

Der **Schiedsvertrag** selbst muss im Wesentlichen folgende Vereinbarungen enthalten: 330

– Vereinbarung einer **Schiedsgerichtsordnung,**
– Vereinbarung der **Zahl der Schiedsrichter,**
– Vereinbarung des **Sitzes** des Schiedsgerichtes,
– Vereinbarung der **Sprache,**
– Vereinbarung des **Schiedsprozessrechtes.**

Zu Vertragsmustern für Schiedsgerichtsverträge wird auf die Formularliteratur verwiesen (z.B. Beck'sches Formularbuch zum Bürgerlichen, Handels- und Wirtschaftsrecht, Muster VIII. C. 24; *Lionnet*, Handbuch der internationalen und nationalen Schiedsgerichtsbarkeit, S. 87).

Eine umfassende Regelung ist nur dann erforderlich, wenn nicht die Zuständigkeit **institutioneller Schiedsgerichte**, die von verschiedenen nationalen und internationalen Organisationen betrieben werden, beabsichtigt ist. Diese bieten regelmäßig Musterklauseln für die Vereinbarung ihrer Schiedsgerichte an (vgl. die Aufstellung bei *Lionnet*, Handbuch der internationalen und nationalen Schiedsgerichtsbarkeit, S. 83 ff.; *Schütze* u.a., Handbuch des Schiedsverfahrens, S. 530 ff.).

6. Kosten/Steuern

Zum Abschluss des Vertrages sollte stets geregelt werden, wer die Kosten, ggf. Beurkundungskosten oder die Kosten der Herstellung von Abschriften sowie die aufgrund der Steuerfolgenprüfung anfallenden Steuern (vgl. oben Rz. 195 ff.) tragen soll. 331

VII. Anlagen

Den Abschluss des Vertrages bilden die Anlagen. Soweit die Anlagen selbst, ggf. durch Verweisung aus dem Vertragstext, Regelungscharakter haben, empfiehlt es sich mit Rücksicht auf das Erfordernis, dass die **Unterschrift** den Abschluss der Regelungen bilden soll (siehe oben Rz. 119), den Vertragsausgang, welcher die Unterschriften enthält, erst nach den Anlagen einzufügen. Als typische Vertragsanlagen kommen insbesondere in Betracht: 332

– Leistungsbeschreibungen (insbesondere Pflichtenheft),
– Lagepläne,
– Zeitpläne,
– vereinbarte Formulare, z.B. für Aufwandserfassung,
– Handelsregisterauszüge und Grundbuchauszüge,

- öffentlich-rechtliche Genehmigungen,
- Vollmachten,
- Qualitätszertifikate,
- Bürgschaften,
- Schiedsvertrag.

4 Vertragsdurchführung

	Rz.		Rz.
I. Auslegung/Lückenfüllung	334	V. Vorsorgliche Beweissicherung	342
II. Anfechtung/Kündigung/Rücktritt	335	1. Selbständiges Beweisverfahren	343
		2. Privatgutachten	345
III. Vertrauensschutz bei Rückabwicklung	338	3. Eidesstattliche Versicherungen	346
		4. Gedächtnisprotokolle	348
		5. Fotografische Dokumentationen	349
IV. Bereicherungsrechtliche Fragen	339	6. Telefon-Mitschnitte	350

Kommt es bei der Durchführung von Verträgen zu **Konflikten**, stehen den Vertragsparteien eine Reihe von Rechtsbehelfen zur Verfügung, die zum größten Teil in der vorstehenden Darstellung bereits erörtert wurden. In diesem Fall wird im Folgenden auf die vorstehenden Ausführungen verwiesen. 333

I. Auslegung/Lückenfüllung

Zeigt sich, dass im Vertragstext ein Begriff mehrdeutig ist oder dass er eine **Regelungslücke** enthält, gilt § 157 BGB: Der Vertrag ist so auszulegen, wie Treu und Glauben mit Rücksicht auf die Verkehrssitte es erfordern. 334

Hat der Vertrag eine **Präambel** oder Vorbemerkung, kann diese für die Auslegung oder Lückenfüllung nützlich sein (oben Rz. 201 f.).

Andernfalls müssen die Vertragsparteien, notfalls das Gericht, die Auslegung bzw. Lückenfüllung vornehmen. Hat der Vertrag eine salvatorische Klausel (oben Rz. 326), kann diese die Vertragsparteien auch dann zur Vertragsanpassung verpflichten, wenn kein Fall der Teilnichtigkeit vorliegt.

Für den Fall des offenen Einigungsmangels gibt § 154 Abs. 1 BGB eine Auslegungsregel (siehe oben Rz. 77 ff.).

II. Anfechtung/Kündigung/Rücktritt

Zur **Anfechtbarkeit** siehe oben Rz. 81 ff. 335

Für den Fall des Wegfalls der Geschäftsgrundlage siehe oben Rz. 90 ff.

Wer sich durch **Kündigung** vom Vertrag lösen will, muss zunächst prüfen, ob der Vertragstext eine Kündigungsklausel enthält und welche Modalitäten sie vorschreibt. Bei gesetzlich geregelten Vertragsverhältnissen finden sich oft im Gesetz zwingend einzuhaltende Kündigungsregelungen, so im Wohnraummietrecht. Beim Darlehen ist das Kündigungsrecht des Schuldners in § 489 BGB geregelt, das außerordentliche Kündigungsrecht des Darlehensgebers wegen Vermögensverfalls des Darlehensgebers 336 in § 490 BGB; bei Verbraucherdarlehensverträgen muss der Darlehensgeber die Vorschriften des § 498 BGB einhalten. Beim Werkvertrag kann der Besteller bis zur Vollendung des Werks jederzeit den Vertrag kündigen, schuldet jedoch die vereinbarte Vergütung, auf die der Unternehmer sich jedoch ersparte Aufwendungen anrechnen lassen muss, § 649 BGB.

Dauerschuldverhältnisse können aus wichtigem Grund stets außerordentlich gekündigt werden, ohne dass es einer vertraglichen Regelung bedürfte, siehe oben Rz. 86 ff.

337 Der **Rücktritt** vom Vertrag kann vertraglich vereinbart sein oder sich aus gesetzlichen Vorschriften selbst unmittelbar ergeben. In beiden Fällen gelten die §§ 346 ff. BGB, soweit die Parteien keine abweichenden Regelungen getroffen haben.

Der Rücktritt hat beim gegenseitigen Vertrag insbesondere die in den §§ 346 Abs. 2 bis 4, 347, 348 BGB bestimmten Rechte und Pflichten zur Folge.

III. Vertrauensschutz bei Rückabwicklung

338 Durch die Ausübung des Mangel- und Rücktrittsrechts wird das bisherige Vertragsverhältnis umgestaltet. Es entsteht ein **Abwicklungsverhältnis**.

Nach § 346 BGB sind die Parteien dieses Abwicklungsverhältnisses (also die früheren Vertragsparteien) verpflichtet, einander die empfangenen **Leistungen zurück zu gewähren**. Für geleistete Dienste sowie für die Überlassung der Benutzung einer Sache ist der Wert zu vergüten bzw. die im Vertrag bestimmte Gegenleistung zu entrichten.

Lässt sich die Rückgewähr der empfangenen Leistungen wegen Verschlechterung, Untergangs oder einer aus einem anderen Grund eintretenden Unmöglichkeit der Herausgabe (etwa: Vermischung) nicht mehr durchführen, hat der Schuldner **Wertersatz** zu leisten (§ 346 Abs. 2 BGB).

IV. Bereicherungsrechtliche Fragen

339 Erfolgt die Rückabwicklung eines Vertrages – sei es wegen Anfechtung, Nichtigkeit – nach Bereicherungsrecht, ist nach § 812 BGB das „Erlangte" zurückzugeben (Leistungskondiktion). Das gilt nicht, wenn der Leistende wusste, dass er zur Leistung nicht verpflichtet war (§ 814 BGB), wenn er also das Fehlen des rechtlichen Grundes seiner Leistung kannte. Ferner ist eine Rückforderung nach § 817 Satz 2 BGB ausgeschlossen, wenn der Leistende wusste, dass das Geschäft gegen ein gesetzliches Verbot oder gegen die guten Sitten verstieß (BGHZ 44, 1 [6]; 50, 90 [91]).

340 Den **Umfang** des Bereicherungsanspruchs regeln die §§ 818 bis 820 BGB. Der in der Praxis wichtigste Einwand ist, der Empfänger sei nicht mehr

bereichert und deshalb nicht mehr zum Ersatz des Wertes verpflichtet, § 818 Abs. 3 BGB. Dabei ist ein Vergleich zwischen Vermögensmehrung und Vermögensminderung anzustellen und ein Saldo zu ziehen.

Im Übrigen muss für die äußerst schwierigen bereicherungsrechtlichen Fragen auf die Darstellungen zum Bereicherungsrecht (*Loewenheim*, Bereicherungsrecht, 3. Aufl.2007; *Wieling*, Bereicherungsrecht, 4. Aufl. 2006) verwiesen werden. 341

V. Vorsorgliche Beweissicherung

Gerät der Vertrag in die Krise, kommt es gar zum Rechtsstreit, kann es erforderlich sein, die nötigen Beweise zu sichern. Die Beweissicherung sollte allerdings nicht erst einsetzen, wenn der Konfliktfall bereits eingetreten ist; es gibt eine Reihe von Möglichkeiten, vorsorglich Beweismittel zu sichern, auch wenn ein Konfliktfall noch gar nicht befürchtet werden muss. 342

Erster Schritt und wichtigstes Mittel zur Beweissicherung ist natürlich die sorgfältige **Ausarbeitung** und **schriftliche Fixierung des Vertrages**, unter Beachtung etwaiger zwingender Formvorschriften. In einem umfänglichen Vertrag lassen sich die Verantwortungsbereiche abgrenzen, die Haupt- und Nebenpflichten fixieren und die Haftung regeln.

Darüber hinaus sollten bei jedem Vertrag die einzelnen Schritte dokumentiert werden, vom Beginn der Vertragsverhandlungen an, weil sich daraus später wichtige Anhaltspunkte für die Vertragsauslegung ergeben können. Die Niederlegung von ausführlichen und vollständigen **Aktenvermerken** gehört hierzu. Ärzte und Rechtsanwälte sind von Berufs wegen dokumentationspflichtig.

Erkennt man, dass der Vertrag in die Krise geraten wird, zeichnet ein Rechtsstreit sich ab, gibt es weitere Mittel der Beweissicherung. Die wichtigsten werden nachstehend vorgestellt:

1. Selbständiges Beweisverfahren

Ein förmliches Beweissicherungsverfahren ist in §§ 485 ff. ZPO geregelt. Auch wenn ein Hauptsacheprozess noch nicht anhängig ist, kann auf Antrag einer Partei die Einnahme des **Augenscheins**, die **Vernehmung von Zeugen** oder die **Begutachtung durch einen Sachverständigen** angeordnet werden, wenn der Gegner zustimmt oder (wichtigster Fall) zu besorgen ist, dass das Beweismittel verloren geht oder seine Benutzung erschwert wird. Gleiches gilt auch, wenn das Streitverfahren bereits anhängig ist, aber nach dem Verfahrensstand der Beweis noch nicht erhoben werden kann. 343

Erforderlich ist ein **rechtliches Interesse** an der sofortigen Beweiserhebung. Das ist regelmäßig der Fall, wenn ein tatsächlicher Zustand sich zu verändern droht, wie regelmäßig der Zustand einer Kaufsache, eines Bauwerks, wenn der Tod einer kranken oder alten Person zu erwarten ist.

Ist ein Rechtsstreit noch nicht anhängig, kann eine Partei insbesondere die schriftliche Begutachtung durch einen Sachverständigen beantragen, wenn sie ein rechtliches Interesse daran hat, dass der Zustand einer Person oder der Zustand oder Wert einer Sache, die Ursache eines Personenschadens, Sachschadens oder Sachmangels oder der Aufwand für die Beseitigung eines Personenschadens, Sachschadens oder Sachmangels festgestellt wird. Ein **rechtliches Interesse** ist immer dann anzunehmen, wenn die Feststellung der Vermeidung eines Rechtsstreits dienen kann (§ 485 Abs. 2 ZPO). Die Möglichkeit der Vermeidung eines Rechtsstreits besteht stets, weil sich die Parteien des selbständigen Beweisverfahrens in diesem Verfahren vergleichen können.

344 Auswahl und Ernennung des Sachverständigen erfolgen durch das Gericht. Dem Antragsteller bleibt es jedoch unbenommen, **Anregungen** zur Auswahl des Sachverständigen zu geben. Da dem Antragsgegner rechtliches Gehör zu gewähren ist (Art. 103 Abs. 1 GG), sollte dieser sich möglichst frühzeitig in ein selbständiges Beweisverfahren einschalten.

Die im selbständigen Beweisverfahren erhobenen Beweise sind im späteren Hauptsacheprozess **bindend**. Beruft sich eine Partei im Prozess auf Tatsachen, über die selbständig Beweis erhoben wurde, so steht die selbständige Beweiserhebung einer Beweisaufnahme vor dem Prozessgericht gleich (§ 493 Abs. 1 ZPO). War der Gegner in einem Termin im selbständigen Beweisverfahren nicht erschienen, so kann das Ergebnis nur benutzt werden, wenn der Gegner rechtzeitig geladen war (§ 493 Abs. 2 ZPO). Auch diese Rechtslage sollte den Antragsgegner veranlassen, sich so früh wie möglich am selbständigen Beweisverfahren zu beteiligen.

2. Privatgutachten

345 In Fällen, in denen sich die Erhebung von Beweisen im selbständigen Beweisverfahren nicht eignet oder in minder bedeutsamen Fällen, in denen man den Aufwand eines selbständigen Beweisverfahrens scheut, kann jeder Beteiligte zumindest ein Privatgutachten einholen lassen.

Der Inhalt eines solchen Privatgutachtens gilt zwar im nachfolgenden Rechtsstreit nur als Parteivorbringen. Handelt es sich jedoch um einen **öffentlich bestellten und vereidigten Sachverständigen** oder ist er in Fachkreisen besonders angesehen, wird sich ein gerichtlich bestellter Sachverständiger oder, soweit es zu keinem selbständigen Beweisverfahren kommt, das Gericht mit dem Privatgutachten ernsthaft und kompetent auseinander setzen.

Der Auftrag zur Erstattung von Privatgutachten sollte daher stets an öffentlich bestellte und vereidigte Sachverständige (soweit es sie gibt) erteilt werden oder an eine für den Fachbereich anerkannte Kapazität.

3. Eidesstattliche Versicherungen

Auch eidesstattliche Versicherungen können ein brauchbares Mittel der Beweissicherung sein. In den Verfahren des **vorläufigen Rechtsschutzes** (einstweilige Verfügung, Arrest, einstweilige Anordnung) sind sie zulässige Mittel der Glaubhaftmachung (§ 294 Abs. 1 ZPO). 346

Im Hauptsacheverfahren ist die eidesstattliche Versicherung zwar kein zulässiges Beweismittel. Die Person, die eine Tatsache an Eides statt versichert hat, wird jedoch ihre Bekundungen mit besonderer Sorgfalt wählen, wenn sie unter der **Strafdrohung** des § 156 StGB steht. Danach ist strafbar, wer vor einer zur Abnahme einer Versicherung an Eides statt zuständigen Behörde eine solche Versicherung falsch abgibt oder unter Berufung auf eine solche Versicherung falsch aussagt.

Eidesstattliche Versicherungen sollten daher – auch wenn noch nicht feststeht, ob es zu einem Verfahren des vorläufigen Rechtsschutzes kommt – stets die **Präambel** tragen, dass sie zum Zwecke der Vorlage bei Gericht abgegeben wird und dass der erklärenden Person die Strafbarkeit der Abgabe einer falschen Eidesstattlichen Versicherung bekannt ist.

Der **Notar** ist zwar nach § 22 Abs. 2 BNotO für die Aufnahme eidesstattlicher Versicherungen zuständig, jedoch nur in allen Fällen, „in denen einer Behörde oder sonstigen Dienststelle eine tatsächliche Behauptung oder Aussage glaubhaft gemacht werden soll", wozu auch die Gerichte gehören. Nicht zuständig ist er dagegen zur Abnahme eidesstattlicher Versicherungen für Privatzwecke. Auch die notariellen eidesstattlichen Versicherungen müssen daher, sollen sie die Strafdrohung des § 156 StGB auslösen (und nur dann sind sie von Beweiswert), zum Zweck der Vorlage bei Gericht oder einer anderen zur Entgegennahme von eidesstattlichen Versicherungen zuständigen Stelle abgegeben werden. 347

4. Gedächtnisprotokolle

Nicht zu unterschätzende Bedeutung für die vorsorgliche Beweissicherung können Gedächtnisprotokolle haben. Naturgemäß hängt ihre Aussagekraft vor allem davon ab, dass sie **zeitnah** nach dem Ereignis, das festgehalten werden soll, **schriftlich** fixiert werden. 348

Gedächtnisprotokolle sind Aktenvermerken (Rz. 342) verwandt. Sie geben in der Regel Gespräche oder ein Geschehen oder den Zustand einer Sache oder Person wieder, die sich auf andere Weise nicht dokumentieren lässt.

Es handelt sich dabei nicht um ein förmliches Beweismittel. Gedächtnisprotokolle sind **Eigenurkunden** des Ausstellers. Sie haben keine Vermutung der Richtigkeit für sich. Wer jedoch ein Gedächtnisprotokoll, von dem ihm bekannt ist, dass es inhaltlich falsch ist, in einen Rechtsstreit einführt, steht immerhin unter der Strafdrohung des (versuchten) Prozessbetruges, § 263 Abs. 2 StGB.

5. Fotografische Dokumentationen

349 Dokumentationen mittels Fotografien oder Videoaufnahmen können erhebliche Beweis sichernde Wirkung entfalten. Falls es auf den Zeitpunkt der Dokumentation ankommt, sollten sie entweder eine Datums- und gegebenenfalls eine Zeitanzeige enthalten.

6. Telefon-Mitschnitte

350 Sie sind grundsätzlich **verboten**, weil sie die Vertraulichkeit des Wortes verletzen (§ 201 Abs. 1 Nr. 1 StGB) und sind in Prozessen als Beweismittel ungeeignet.

Sie sind grundsätzlich **erlaubt**, wenn der Gesprächspartner darauf hingewiesen wird, dass das Gespräch zu Dokumentationszwecken auf Tonband aufgenommen wird und nicht widerspricht.

Ferner sind sie zulässig im Falle der Notwehr (etwa gegenüber einem Erpresser) oder im Falle des rechtfertigenden Notstands, wobei eine Güter- und Pflichtenabwägung stattzufinden hat.

351 Das **Mithören** von Telefongesprächen über eine Lautsprecher-Verstärkeranlage ist in gleicher Weise rechtlich zu qualifizieren. Entgegen der früheren Auffassung des BGH (BGH NJW 1964, 165) stellt das Mithören von Telefongesprächen über Lautsprecheranlagen eine Verletzung des allgemeinen Persönlichkeitsrechts dar, das zu einem Beweisverwertungsverbot im Zivilprozess führt (BVerfG NJW 2002, 3619 [3622 ff.]) Eine konkludente Zustimmung und damit eine Verwertung von Zeugenaussagen im Zivilprozess ist danach nur möglich, wenn der Gesprächspartner ausdrücklich darauf aufmerksam gemacht wurde, dass das Gespräch von Dritten mitgehört wird und der Gesprächspartner dem nicht widersprochen hat (BVerfG NJW 2002, 3619 [3623]; NJW 2003, 2375). Ebenso unzulässig ist eine Beweisverwertung, wenn der Arbeitgeber dem Arbeitnehmer zu erkennen gegeben hat, dass er die Unterredung vertraulich behandeln wolle, insbesondere wenn sie unter vier Augen im Büro des Arbeitgebers hinter geschlossener Tür stattfindet, dieser jedoch gleichwohl über eine Bürosprechanlage die Unterredung mithören lässt (BAG NJW 1983, 1691).

Das Mithören oder Mitschneiden eines Telefongesprächs, in welchem Vertragsverhandlungen geführt werden, ist nur dann zulässig, wenn dies dem Gesprächspartner mitgeteilt und sein (konkludentes) Einverständnis eingeholt wird.

Teil 4
Gesellschaftsrechtliche Verträge – Basischeckliste und Kommentierung mit Einzelformulierungsvorschlägen

1 Vorbereitung von Gesellschaftsverträgen und Konzepten

	Rz.
I. Konzeptionierung, Vorbemerkungen	1
1. Prämisse	1
2. Zeitliche Abfolge	2
3. Dokumentation	3
II. Rechtliches Konzept	4
1. Entscheidung: Interessenverfolgung durch gemeinsame Gesellschaft	4
a) Gemeinsame Gesellschaft oder losere Kooperation	5
aa) Lose Kooperationsformen ohne Gesellschaftsbildung	6
(1) Abgestimmte Zulieferungs- und Abnahmeverpflichtungen	7
(2) Dienstvertragsbeziehungen mit Ergebnisbeteiligung, Aktienoptionspläne	7
(3) Partiarische Darlehen	8
(4) Kartellabsprachen	9
bb) Gemeinsame Zweckverfolgung	10
b) Gemeinsame Gesellschaft möglich	11
aa) Wettbewerbsrechtliche Hindernisse	12
bb) Berufsrechtliche Hindernisse	13
cc) Steuerrechtliche Hindernisse	14
dd) Kartellrechtliche Hindernisse	15
2. Interessen und Perspektiven	16
a) Zeitliche Dauer des gemeinsamen Engagements	16
b) Projektbezug der Gesellschaft	17
c) Engagement der Gesellschafter in der Gesellschaft	18
aa) Erforderlichkeit aus der Sicht der Gesellschaft und Bereitschaft und Fähigkeit der Gesellschafter	18
bb) Finanzielles Engagement	19
cc) Tätigkeitsverpflichtungen	22

	Rz.
(1) Geschäftsführung und Vertretung	22
(2) Sonstige Tätigkeiten	23
dd) Besondere Kenntnisse und Nutzungen	24
ee) Außenwirkung des Engagements eines Gesellschafters	25
ff) Personenbezug des Engagements	26
3. Gesellschaftsform	27
a) Zivilrechtliche Aspekte	28
aa) Haftung	28
(1) Haftungsdurchgriff	30
(2) Haftung in der Gründungsphase	32
(3) Haftung des GmbH-Geschäftsführers	36
bb) Übertragbarkeit und Vererblichkeit der Gesellschafterstellung	37
cc) Selbstorganschaft/Drittorganschaft	39
dd) Firma	40
ee) Handwerks-GmbH	41
ff) Zulässigkeit von Einmann-Gesellschaften	42
gg) Rechnungslegung und Publizität	43
b) Arbeits- und mitbestimmungsrechtliche Aspekte	44
aa) Sozialversicherungspflicht und Altersversorgung	44
bb) Mitbestimmung	45
c) Steuerliche Aspekte	46
4. Nutzung vorhandener Unternehmen oder Gesellschaften eines Gesellschafters	47
a) Sinnhaftigkeit der Nutzung	50
b) Umstrukturierung	51
aa) Rechtsformänderungen	52
bb) Beitritt der weiteren Gesellschafter	53
III. Betriebswirtschaftliche und steuerliche Prüfung des Konzepts	54
1. Prüfungsumfang	54

	Rz.		Rz.
a) Betriebswirtschaftliche Checkliste	54	aa) Zuständigkeit	57
b) Steuerliche Checkliste	55	bb) Formulierung	58
2. Organisation der Überprüfung	56	c) Durchführung der Prüfung	59
a) Interne oder externe Konzeptprüfung	56	d) Rezeption des Prüfungsergebnisses	60
b) Herbeiführung der Prüfung	57	**IV. Schlusskonzept**	61

I. Konzeptionierung, Vorbemerkungen

1. Prämisse

1 Die Ausführungen in diesem Abschnitt gehen von folgenden **Prämissen** aus:

- Der **Rechtsberater** eines Unternehmens wird mit der Absicht konfrontiert, mit einem weiteren Unternehmen oder Unternehmer eine Gesellschaft zu gründen.
- Der Rechtsberater will bei der Prüfung und Realisierung der Absicht die „**Systemführung**" übernehmen. Systemführung bedeutet dabei, dass er
- in der zeitlichen Reihenfolge als 1. Berater tätig wird,
- sein Konzept erstellt, bevor wirtschaftliche oder steuerliche Vorkonzepte entwickelt werden,
- bei eigener fachlicher Kompetenz die wirtschaftliche und die steuerliche Konzeptionierung übernimmt oder, wenn er diese fachliche Kompetenz nicht selbst hat, die wirtschaftliche und steuerliche Konzeption insofern steuert, als er
- für sie die Fragestellungen vorgibt,
- sie zumindest anregt oder für sie sorgt,
- die Prüfungsergebnisse rückkoppelnd entgegennimmt zur Bestätigung oder Überarbeitung seines rechtlichen Konzepts.

2. Zeitliche Abfolge

2 In der zeitlichen Abfolge führt dies zu folgenden Schritten:

 ⇨ – Rechtliche Vorkonzeptionierung
  – Erarbeitung der Vorgaben für die wirtschaftliche und steuerliche Prüfung des rechtlichen Vorkonzepts
  – Wirtschaftliche und steuerliche Überprüfung des Vorkonzepts
  – Rezeption der wirtschaftlichen und steuerlichen Überprüfung durch den Rechtsberater
  – Erarbeitung des endgültigen Konzepts

Dieses endgültige Konzept ist dann die Grundlage für die nähere Erstellung der erforderlichen gesellschaftsrechtlichen Verträge und der damit zusammenhängenden Verträge einschließlich evtl. Umwandlungs-, Übernahme- und Beitrittsverträge, Dienstverträge, Nutzungsverträge und Darlehensverträge.

3. Dokumentation

Der Konzeptionierungsprozess sollte schriftlich erfolgen und in folgenden Dokumenten niedergelegt werden: 3

- **Rechtliches Vorkonzept** mit Fragestellung und Prüfungsauftrag für betriebswirtschaftliche und steuerliche Überprüfung
- **Betriebswirtschaftliches** und **steuerliches** Überprüfungsergebnis
- **Endgültiges** Konzept

II. Rechtliches Konzept

1. Entscheidung: Interessenverfolgung durch gemeinsame Gesellschaft

Ein spezifisch gesellschaftsrechtliches Konzept kann nur erarbeitet werden, wenn durch mehrere Personen ein gemeinsamer Zweck verfolgt werden soll oder – nur bei Einmann-Kapitalgesellschaften – wenn eine Person beabsichtigt, einen bestimmten Zweck rechtlich verselbständigt zu verfolgen. 4

a) Gemeinsame Gesellschaft oder losere Kooperation

Stets ist zu überprüfen, ob nicht „losere" Kooperationsformen unter mehreren Personen ausreichend sind. 5

aa) Lose Kooperationsformen ohne Gesellschaftsbildung

Lose Kooperationsformen, die aber noch keine Gesellschaften darstellen, sind z.B.: 6

(1) Abgestimmte Zulieferungs- und Abnahmeverpflichtungen

Durch abgestimmte Zulieferungs- und Abnahmeverpflichtungen können sich z.B. Zulieferer für Kfz-Hersteller dazu verpflichten, auf eine bestimmte Dauer dem Kfz-Hersteller von ihm weiterzuverarbeitende Produkte oder Produktgruppen in der vom Kfz-Hersteller angeforderten Quantität und Qualität innerhalb bestimmter zeitlicher Vorgaben anzuliefern, während sich umgekehrt der Kfz-Hersteller verpflichtet, diese Produkte dann auch exklusiv von diesem Zulieferer abzunehmen, und diesem bestimmte Mindestabnahmen oder ein bestimmtes wirtschaftliches Mindestergebnis garantiert. Solche abgestimmten Zulieferungs- und Abnahmeverpflichtungen sind nicht nur wie im erwähnten Beispiel bei materiellen Gütern, sondern auch bei Immaterialgütern vorstellbar.

(2) Dienstvertragsbeziehungen mit Ergebnisbeteiligung, Aktienoptionspläne

7 Speziell leitende Angestellte können, bevor sie in ein gesellschaftsvertragliches Verhältnis einbezogen werden oder stattdessen an dem Ergebnis des Unternehmens dadurch mitbeteiligt werden, dass ein Teil der Bezüge umsatz- oder ergebnisabhängig bezahlt wird. Eine besondere Form der Ergebnisbeteiligung stellt die Begebung von Aktienoptionsplänen dar. Hier sind eine Vielzahl von Modellen möglich: von der rein finanziellen Teilhabe an künftigen Kurssteigerungen über kursabhängige Dividenden bis zum Recht zur späteren Unternehmensbeteiligung für den Angestellten z.B. durch Wandelschuldverschreibungen.

(3) Partiarische Darlehen

8 Geldgeber können, ohne dass ihnen gesellschaftsrechtliche Beteiligungen eingeräumt werden, an dem Erfolg des von ihnen finanzierten oder mitfinanzierten Unternehmens dadurch beteiligt werden, dass die Höhe der Verzinsung vom wirtschaftlichen Erfolg des finanzierten Unternehmens abhängt.

(4) Kartellabsprachen

9 Statt gemeinsam Märkte zu erschließen, können Unternehmer auch ihre Konkurrenz auf bestehenden Märkten dadurch vermeiden oder reduzieren, indem sie diese Märkte ganz oder teilweise untereinander aufteilen.

bb) Gemeinsame Zweckverfolgung

10 Wenn unter den beteiligten Unternehmen und Unternehmern eine engere Kooperation gewünscht wird, kommt die Gründung einer Gesellschaft in Betracht, wenn die Beteiligten einen gemeinsamen Zweck verfolgen wollen. D.h. die Aktivitäten der beteiligten Unternehmen bzw. Unternehmer werden ganz oder teilweise nicht mehr auf die Verfolgung eigener Zwecke gerichtet. Statt dessen werden die Interessen zu einem gemeinsamen Zweck gebündelt, wird ein gemeinsames wirtschaftliches Ergebnis angestrebt, das dann nur wieder auf die Einzelindividuen verteilt wird.

b) Gemeinsame Gesellschaft möglich

Spezifische rechtliche Hindernisse können der Begründung einer gemeinsamen Gesellschaft entgegenstehen. Dabei sind insbesondere zu beachten:

aa) Wettbewerbsrechtliche Hindernisse

Wenn einer der in Aussicht genommenen Gesellschafter an anderen Unternehmen beteiligt ist oder für diese aufgrund eines Arbeits- oder eines sonstigen Dienstvertrags, zum Teil auch aufgrund sonstiger Verträge (z.B. Handelsvertretervertrag oder Werkvertrag) tätig ist, ist stets zu überprüfen, ob er aufgrund seiner vertraglichen Beziehung zu dem anderen Unternehmen daran gehindert ist, zu diesem in „Wettbewerb" zu treten. Deshalb ist zu ermitteln, ob die potentiellen Gesellschafter in vertraglicher Beziehung zu anderen Unternehmen stehen, speziell zu Unternehmen im selben Tätigkeitsbereich wie die zu gründende Gesellschaft. In einem solchen Fall sind die Verträge, ggf. auch das Gesetz (s. z.B. bei der oHG § 112 HGB!), daraufhin zu überprüfen, ob eine Beteiligung an der in Aussicht genommenen Gesellschaft überhaupt möglich ist. Dabei ist stets zu berücksichtigen: Selbst wenn nach dem Gesetz oder nach dem Wortlaut des Vertrags grundsätzlich ein Verbot bestünde, sich an der in Aussicht genommenen Gesellschaft zu beteiligen, kann von diesem Verbot ggf. Befreiung erteilt werden. Deshalb sollte ermittelt werden, ob solche Befreiungen juristisch möglich und deren Erlangung real vorstellbar sind. Bei bestehenden vertraglichen Wettbewerbsverboten ist zu prüfen, ob ein solches Verbot ggf. wg. Gesetzesverstößen unwirksam ist.

bb) Berufsrechtliche Hindernisse

Speziell wenn die Gesellschaft freiberuflich tätig werden will, ist zu überprüfen, ob berufsrechtliche Gründe der Begründung von Gesellschaften entgegenstehen. Solche berufsrechtlichen Gründe sind insbesondere zu beachten, wenn andere Personen als „Berufsträger" dieses Berufs in die Gesellschaft aufgenommen werden sollen. Hindernisse können sich dabei in folgender Hinsicht ergeben:

- Generelles Verbot der Beteiligung von Nicht-Berufsträgern; s. z.B. das Assoziierungsverbot des hauptberuflichen Notars in § 9 Abs. 1 BNotO.

- Beteiligungsbeschränkungen; solche bestehen z.B. nach § 50a Steuerberatungsgesetz.

cc) Steuerrechtliche Hindernisse

Die gesellschaftsrechtliche Verbindung von Nicht-Berufsträgern mit Trägern freier Berufe führt dazu, dass die Tätigkeit steuerlich nicht mehr als freiberufliche Tätigkeit, sondern als gewerbliche Tätigkeit qualifiziert wird mit der Folge, dass Gewerbesteuer ausgelöst wird.

dd) Kartellrechtliche Hindernisse

15 Solche sind stets zu berücksichtigen, wenn die Gesellschafter marktbeherrschend sind oder das neue Unternehmen aufgrund der Stellung der Gesellschafter marktbeherrschend werden kann.

2. Interessen und Perspektiven

a) Zeitliche Dauer des gemeinsamen Engagements

16 Sämtliche Gesellschaftsformen können entweder auf unbeschränkte Dauer oder zeitlich begrenzt eingegangen werden. Deshalb ist diesbezüglich eine Entscheidung zu fällen. Eine Beschränkung der Dauer ist dabei in der Form denkbar, dass die Gesellschaft auf eine bestimmte Zeit (z.B. 2 Jahre) eingegangen wird oder bis zum Ablauf eines bestimmten Ereignisses (z.B. Zeitpunkt der Verjährung der Gewährleistungsansprüche bezüglich der mit der Gesellschaft zu erbringenden Bauleistungen für ein bestimmtes Projekt).

Die Entscheidung ist bei der Erstellung des konkreten Gesellschaftsvertrags wieder aufzugreifen (siehe unten Rz. 110 ff.).

b) Projektbezug der Gesellschaft

17 Die beabsichtigte Gesellschaft kann zu dem Zweck errichtet werden, ein einziges „Projekt" (z.B. Errichtung eines bestimmten Bauvorhabens und Erbringung der dazu evtl. erforderlichen Gewährleistungsarbeiten) zu realisieren, oder ohne eine solche Beschränkung allgemein auf die Geschäfte bestimmter Art ohne konkreten Projektbezug zugeschnitten sein (z.B. Errichtung von Hochbauwerken). Mit der Entscheidung über den Projektbezug wird auch die Entscheidung für eine zeitlich beschränkte oder für eine Dauergesellschaft vorherbestimmt. Dabei ist zu berücksichtigen, dass durch eine spätere Änderung des Gesellschaftsvertrags der ursprünglich vorgesehene Projektbezug aufgegeben und der Umfang der geschäftlichen Tätigkeit verallgemeinert werden kann. Die Entscheidung fließt in die Formulierung des Unternehmensgegenstands ein (siehe unten Rz. 94 ff.).

c) Engagement der Gesellschafter in der Gesellschaft

aa) Erforderlichkeit aus der Sicht der Gesellschaft und Bereitschaft und Fähigkeit der Gesellschafter

18 Dieser Fragenkomplex ist von zwei Seiten her zu untersuchen:

Aus der Sicht der Gesellschaft ist zu ermitteln, welches Engagement sämtlicher Gesellschafter erforderlich ist, damit die Gesellschaft überhaupt sinnvoll wirtschaften kann.

II. Rechtliches Konzept

Aus der Warte der potentiellen Gesellschafter ist zu prüfen, welchen Teil des erforderlichen Engagements sie bereit und in der Lage sind, zu übernehmen.

bb) Finanzielles Engagement

Finanzielle Engagements erbringen die Gesellschafter, indem sie der Gesellschaft (bei Personengesellschaften zur Leistung in das Gesamthandsvermögen, bei Kapitalgesellschaften zur Leistung in das Vermögen der Gesellschaft) Barkapital und Sachkapital im ausreichenden Umfang zur Verfügung stellen. 19

Bei der Frage, welche Bar- und Sachkapitalausstattung erforderlich ist, sind **rechtliche** und **wirtschaftliche Kriterien** zu berücksichtigen.

(1) Rechtliche Kriterien sind bei Kapitalgesellschaften zu berücksichtigen, die mit einem bestimmten Mindestkapital ausgestattet werden müssen (siehe unten Rz. 117 ff.). Dabei ist auch zu berücksichtigen, inwieweit dieses Kapital bereits zum Zeitpunkt der Gründung der Gesellschaft der Gesellschaft zur Verfügung gestellt sein muss (also in deren Vermögen überführt sein muss). 20

(2) Bezüglich der in wirtschaftlicher Hinsicht erforderlichen finanziellen Ausstattung sind von dem rechtlichen Berater, der selbst das wirtschaftliche Konzept nicht erstellt, nur die eigenen Angaben der Gesellschafter und die Angaben von evtl. Dritten, z.B. von Banken, auf deren Kreditgewährung die Gesellschaft in Zukunft angewiesen sein wird, zu berücksichtigen. 21

Im Übrigen sind diese Angaben dann dem wirtschaftlichen Berater zur Überprüfung zu übermitteln. Ggf. sind auch Prüfungen veranlasst, ob Mitgesellschafter ausreichend leistungsfähig sind.

cc) Tätigkeitsverpflichtungen

(1) Geschäftsführung und Vertretung

In jedem Fall muss die Geschäftsführung und Vertretung der Gesellschaft sichergestellt werden. Bei Personengesellschaften müssen wegen der Eigenorganschaft einige oder mehrere Gesellschafter bereit und fachlich in der Lage sein, diese Tätigkeit zu übernehmen. 22

Bei Kapitalgesellschaften ist die Fremdorganschaft möglich; eine Gesellschaftsgründung ist aber auch dann nur sinnvoll, wenn die Person desjenigen, der Geschäftsführung und Vertretung übernehmen soll, zumindest in Aussicht genommen ist.

Ermittelt werden muss der Umfang der Tätigkeitsverpflichtung und das Entgelt:

Hierzu sind in der Regel Angaben der in Aussicht genommenen Gesellschafter erforderlich. Diese bedürfen der wirtschaftlichen Überprüfung, ggf. auch einer steuerlichen Überprüfung, damit das in Aussicht genommene „Honorar" steuerlich anerkannt wird.

(2) Sonstige Tätigkeiten

23 Neben der Geschäftsführung und Vertretung können für die Gesellschaft weitere Tätigkeiten ihrer Gesellschafter existentiell sein (z.B. die Softwareentwicklung eines hochspezialisierten Gesellschafters für eine Gesellschaft, die auf diesem Bereich tätig werden will).

Es ist zu regeln, ob diese Tätigkeit aufgrund des Gesellschaftsvertrags oder aufgrund eines weiteren Dienstleistungsvertrags erbracht wird, welchen Umfang die Tätigkeit hat und wie diese honoriert wird. Im Übrigen wird verwiesen auf Rz. 121 ff.

dd) Besondere Kenntnisse und Nutzungen

24 Wenn die Gesellschaft darauf angewiesen ist, besondere Kenntnisse eines Gesellschafters zu erlangen oder von diesem bestimmte Gegenstände oder Rechte (z.B. gewerbliche Schutzrechte, die der Gesellschafter hält) zur Nutzung zu erhalten, bedarf es der Klärung, ob diese Kenntnisse und Nutzungen aufgrund flankierender Verträge zur Verfügung gestellt werden, ob sie auf Dauer oder zeitlich beschränkt zur Verfügung gestellt werden und wie sie ggf. vergütet werden.

ee) Außenwirkung des Engagements eines Gesellschafters

25 Ein in Aussicht genommener Gesellschafter kann sich entweder offen, d.h. für Dritte erkennbar an der Gesellschaft beteiligen (Handelsregistereintrag, Gesellschafterlisten!), oder er kann, wenn er dies nicht wünscht, sein Engagement auch nach außen verbergen.

Dann kommt die Begründung reiner Innengesellschaften in Betracht, wenn nach außen nur eine Person als Unternehmensinhaber auftreten soll, oder die Begründung von Treuhandverhältnissen, wenn ein Dritter „vorgeschoben" wird. Bei der Begründung von Treuhandverhältnissen sind zusätzliche Verträge zu gestalten, die sog. Treuhandverträge.

ff) Personenbezug des Engagements

26 Zu berücksichtigen ist, ob die Gesellschaft auf die persönliche Zusammensetzung ihrer Gesellschafter zugeschnitten sein muss. Diese Frage spielt eine Rolle, wenn es darum geht, ob Beteiligungen frei übertragbar oder frei vererblich gestaltet werden müssen. Zu berücksichtigen ist auch, ob ein Familienbezug bezüglich der Beteiligung bestehen soll, d.h. ob sicherzustellen ist, dass die Beteiligung stets bei bestimmten Familienmitgliedern verbleibt.

3. Gesellschaftsform

Die Wahl der richtigen Rechtsform für ein Unternehmen hängt von folgenden Aspekten ab: 27

- Zivilrecht, insbesondere Haftungsrecht,
- Arbeitsrecht, insbesondere Mitbestimmungsrecht,
- Steuerrecht.

a) Zivilrechtliche Aspekte

aa) Haftung

Der bei weitem wichtigste Aspekt bei der Wahl der richtigen Unternehmensform dürfte nach wie vor der Aspekt der Haftung sein. Einzelunternehmer, Gesellschafter einer BGB-Gesellschaft, einer oHG, einer Partnerschaftsgesellschaft (zu den Besonderheiten der PartGmbH siehe unten) und die Komplementäre einer KG haften mit ihrem gesamten Privatvermögen für die Geschäfts- bzw. Gesellschaftsverbindlichkeiten, soweit nicht einzelvertraglich eine **Haftungsbeschränkung** vereinbart wird (letzteres ist somit nur bei vertraglich begründeten Verbindlichkeiten, nicht etwa bei gesetzlichen Haftungstatbeständen möglich; das Erfordernis einer individuellen Haftungsbegrenzung gilt nunmehr auch bei der GbR; vgl. zur Unzulässigkeit der „GbRmbH" BGH ZIP 1999, 1755. Kommanditisten einer KG haften zwar persönlich, der Höhe nach aber beschränkt. Besonderheiten bestehen bei Partnerschaftsgesellschaften, wenn nur einzelne Partner mit der Auftragsbearbeitung befasst waren, vgl. § 8 Abs. 2 PartGG). Demgegenüber haften die Gesellschafter einer Kapitalgesellschaft (GmbH, AG, Societas Europaea bzw. SE) im Grundsatz nicht persönlich, das heißt mit ihrem Privatvermögen, für die Gesellschaftsverbindlichkeiten. Den Gläubigern dieser Kapitalgesellschaften haftet also nur das Gesellschaftsvermögen (§ 13 Abs. 2 GmbHG, § 1 AktG, § 1 Abs. 2 Satz 2 SE-VO). Bei der Partnerschaftsgesellschaft gibt es seit dem 19.7.2013 die PartGmbB, bei der gem. § 8 Abs. 4 Satz 1 PartGG eine Haftung gegenüber den Gläubigern für Schäden, die aus fehlerhafter Berufsausübung entstehen, auf das Gesellschaftsvermögen beschränkt ist. Dies setzt jedoch voraus, dass Rechtsanwälte oder Patentanwälte eine Berufshaftpflichtversicherung mit 2,5 Mio. Euro abgeschlossen haben. Bei Wirtschaftsprüfern und Steuerberatern reicht eine Versicherungssumme von 1 Mio. Euro. Wichtig zu beachten ist, dass die persönliche Haftung der Partner für sonstige Verbindlichkeiten unberührt bleibt. Dies betrifft insbesondere die Büromiete oder den Lohn für Angestellte. 28

Bei der Frage der Haftungsbeschränkung handelt es sich vorrangig um ein Problem der Risikominderung im üblichen Geschäftsverkehr mit Dritten. Demgegenüber werden Finanzierungsgeber (insbesondere Banken, aber auch Großlieferanten usw.) regelmäßig die Übernahme einer zusätzlichen persönlichen Haftung durch die Gesellschafter der GmbH 29 bzw. GmbH & Co. KG bzw. AG bzw. SE fordern. Diese Haftungsübernahme ist jedoch für den Gesellschafter der Kapitalgesellschaft der Höhe und der Art nach kontrollierbar und daher zumutbar.

Im Grundsatz sind somit die Kapitalgesellschaften nach wie vor zur Haftungsbeschränkung geeignet. Von besonderer Bedeutung waren jedoch in jüngster Zeit Fallgestaltungen, in denen eine persönliche Haftung des Geschäftsführers bzw. der Gesellschafter bejaht wurde. Diese Fallgestaltungen sollen nachfolgend kurz dargestellt werden:

(1) Haftungsdurchgriff

30 Die Rechtsprechung vertritt grundsätzlich die Auffassung, dass über die Haftungsgrenzen der juristischen Person nicht ohne weiteres hinweggegangen werden darf, beispielsweise mit dem Ziel, die Gesellschafter in Anspruch zu nehmen. Für den Durchgriff besteht aber nach Auffassung der Gerichte eine Notwendigkeit, wenn der tatsächliche Ablauf der Geschehnisse dies erzwingt (siehe beispielhaft die Rechtsprechungsanalyse: v. *Arnim* NZG 2000, 1001 [1002]). Solche Ausnahmefälle sind insbesondere die Unterkapitalisierung, die Vermögensvermischung sowie der existenzvernichtende Eingriff.

Zu diesen Fällen ist im Einzelnen auszuführen:

Eine **Unterkapitalisierung** wird angenommen, wenn die Gesellschafter der Gesellschaft in Relation zu den geplanten Geschäften völlig unzureichende Mittel überlassen und folglich ein Insolvenzrisiko entsteht, welches deutlich über dem üblichen Geschäftsrisiko liegt. Es ist dabei aber umstritten, inwieweit eine materielle Unterkapitalisierung einen Haftungsdurchgriff erlaubt. Die Gerichte haben bisher ein spezielles Rechtsinstitut der Haftung des Gesellschafters wegen materieller Unterkapitalisierung der Kapitalgesellschaft nicht angenommen (BGHZ 176, 204 Rz. 17 ff. = NJW 2008, 2437) und stattdessen solche Fälle als vorsätzliche sittenwidrige Schädigung der Gläubiger gemäß § 826 BGB definiert. Auch dies führt freilich dann zu einer Entschädigungspflicht der Gesellschafter, setzt aber nicht nur Vorsatz, sondern auch Schädigungsabsicht voraus.

Eine **Vermögensvermischung** liegt vor, wenn Gesellschaftsvermögen und das sonstige Vermögen der Gesellschafter vermischt werden und folglich eine Vermögenstrennung nicht mehr möglich ist. Diese Vermögenstrennung ist aber eine grundlegende Notwendigkeit, um die Haftung auf das Gesellschaftsvermögen zu begrenzen. Ein solcher Fall der Vermögensvermischung wird regelmäßig angenommen, wenn die Buchführung unklar oder undurchsichtig ist, oder durch eine Verschleierung in ähnlicher Weise nicht mehr klar zwischen Gesellschafts- und Gesellschaftervermögen unterschieden werden kann (BGHZ 125, 366 [368] = NJW 1994, 1801 [1802]; BGHZ 165, 85 Rz. 14 = NJW 2006, 1344).

II. Rechtliches Konzept

Die Haftung der Gesellschafter für den **existenzvernichtenden Eingriff** wird seit dem Urteil des BGH vom 16.7.2007 (– II ZR 3/04, „Trihotel"-Entscheidung, BGHZ 173, 246 = MDR 2007, 1266) dogmatisch anders begründet. Die Haftung begründet sich seitdem mit dem Missbrauch des im Gläubigerinteresse gebundenen Gesellschaftsvermögens und nicht mehr mit dem Missbrauch der Rechtsform. Die Haftung für die Existenzvernichtung ist folglich ein Unterfall der vorsätzlichen sittenwidrigen Schädigung i.S.d. § 826 BGB und eben gerade keine eigenständige Haftungsfigur mehr. Ein derartiger Fall wird beispielsweise angenommen, wenn die Gesellschafter den Gläubigern der Gesellschaft das Gesellschaftsvermögen planmäßig entziehen.

31

Hinzuweisen ist darauf, dass diese Arten der Haftungsdurchgriffe bei den einzelnen Formen der Kapitalgesellschaften unterschiedlich angewandt werden und auch unterschiedliche Voraussetzungen haben. Gemeinsam ist diesen Grundfällen aber, dass sie nur in Fällen mit **erheblicher Schädigungsabsicht** angenommen werden, wobei hierfür ein objektivierter Maßstab angelegt wird. Im Zweifelsfall sollte daher immer kundiger Rechtsrat eingeholt werden.

(2) Haftung in der Gründungsphase

Eine GmbH bzw. AG als juristische Person entsteht erst mit Eintragung in das Handelsregister. Um den Gläubigern die erstmalige Aufbringung bzw. spätere Erhaltung des Grund- bzw. Stammkapitals zu gewähren, bestehen strenge **Kapitalaufbringungs- bzw. -erhaltungsvorschriften**. Eine Verletzung dieser Pflichten führt in der Regel dazu, dass die versprochenen Einlageleistungen erneut erbracht bzw. zurückgewährt werden müssen, wobei regelmäßig auch die übrigen Mitgesellschafter im Wege der Ausfallhaftung geradestehen müssen (siehe etwa §§ 24, 31 Abs. 3 GmbHG).

32

Haftungsrisiken drohen weiter, wenn die Geschäftstätigkeit vor der Eintragung in das Handelsregister aufgenommen wird. Zwar lehnt die Rechtsprechung ein Vorbelastungsverbot ab und bejaht einen unmittelbaren Übergang aller Rechte und Pflichten der Vor-GmbH auf die GmbH, jedoch hat der BGH als Korrektiv hierzu in entsprechender Anwendung von § 9 GmbHG eine **allgemeine Differenzhaftung** bejaht. Danach haften alle Gesellschafter persönlich für die Differenz zwischen dem bei Eintragung tatsächlich vorhandenen Kapital und dem in der Satzung versprochenen Stammkapital. Diese Haftung ist nicht auf das Stammkapital beschränkt, sondern erfasst darüber hinaus auch etwa eingetretene Verluste in unbegrenzter Höhe. Vor einer Aufnahme der Geschäftstätigkeit vor Eintragung der Gesellschaft im Handelsregister oder gar vor Abschluss der notariellen Urkunde kann daher nur gewarnt werden. Bei der KG haftet der Kommanditist erst ab Eintragung der Gesellschaft im Handelsregister beschränkt (entsprechend seiner Hafteinlage). Stimmt der Kommanditist dem Geschäftsbeginn der KG vor Eintragung in das Handelsregister zu, haftet er für die bis zur Eintragung begründeten Verbindlichkeiten unbeschränkt (§ 176 Abs. 1 HGB).

Weiter haften die „Handelnden" (regelmäßig die Geschäftsführer) gemäß § 11 Abs. 2 GmbHG persönlich für die vor Eintragung der Gesellschaft in deren Namen geschlossenen Geschäfte (siehe für die AG § 41 Abs. 1 AktG). Diese Handelndenhaftung erlischt zwar regelmäßig mit Eintragung, besteht jedoch fort, wenn eine Eintragung nicht mehr erfolgt. Die Handelndenhaftung besteht nicht, wenn der Gründungsstatus der Gesellschaft („i.G.") offengelegt wird.

Kann im Einzelfall mit der Aufnahme der Geschäftstätigkeit nicht bis zur Eintragung zugewartet werden, lassen sich vorstehende Haftungsprobleme durch Erwerb einer **Vorratsgesellschaft** vermeiden. Hierbei ist jedoch unbedingt darauf zu achten, dass vor Aufnahme der Geschäftstätigkeit die Aktivierung der Vorratsgesellschaft gegenüber dem Registergericht in der erforderlichen Form offengelegt wird. Versäumnisse führen hier zu einer Differenzhaftung wie bei der Neugründung einer Gesellschaft.

33 Einstweilen frei.

34 Einen in der Praxis häufig anzutreffenden Fall einer nicht ordnungsgemäßen Einlageerbringung stellen die so genannten **verdeckten Sacheinlagen** dar. Soll – entgegen der Regelung im Gründungsvertrag – in engem sachlichem und zeitlichem Zusammenhang mit der Gründung die geleistete Bareinlage an einen der Gesellschafter zurückfließen und an ihrer Stelle eine Sacheinlage erbracht werden, so kann die Bareinlageverpflichtung teilweise oder im Extremfall sogar vollumfänglich fortbestehen (s. § 19 Abs. 4 S. 2, 3, 5 GmbHG) da hierdurch die Prüfung der Werthaltigkeit durch das Registergericht umgangen wird.

35 Besondere Bedeutung hat die Problematik der „verdeckten Sacheinlage" schließlich auch bei **Kapitalerhöhungen**, da hierbei oft eine Verrechnung mit bereits bestehenden Forderungen der Gesellschafter gegen die Gesellschaft (sogenannten Altforderungen) erfolgt. Auch insoweit ist mittlerweile klargestellt, dass derartige Kapitalerhöhungen nur im Wege der Sacheinlage erfolgen können, soweit es sich nicht um den Ausnahmefall der Kapitalerhöhung im Wege des „Schütt-aus-hol-zurück-Verfahrens" handelt (diese Form der Kapitalerhöhung kann nunmehr unter den erleichterten Voraussetzungen der Kapitalerhöhung aus Gesellschaftsmitteln erfolgen, vgl. BGH, DStR 1997, 1254). Generell gilt, dass unter Haftungsgesichtspunkten eine Barkapitalerhöhung die aus Sicht der Gesellschafter sicherste Kapitalerhöhungsvariante ist.

Vorstehende Problemfelder zeigen, dass auch bei einer Kapitalgesellschaft eine persönliche Haftung über den Betrag der übernommenen Einlage hinaus entstehen kann. Jedoch lassen sich die vorgenannten Probleme regelmäßig durch eine sachgerechte Vertragsgestaltung und entsprechende Handlungsempfehlungen an die Beteiligten vermeiden.

(3) Haftung des GmbH-Geschäftsführers

Die Rechtsprechung der letzten Jahre weist die Tendenz auf, die **Haftung des GmbH-Geschäftsführers** zu verschärfen. Von besonderer Bedeutung sind dabei die vom Geschäftsführer dringend zu beachtenden strafrechtlich sanktionierten Geschäftsführerpflichten, wie insbesondere die Nichterfüllung der Insolvenzantragspflicht (§ 15a InsO), das Nichtabführen von Sozialversicherungsbeiträgen (§ 266a StGB), die Abgabe falscher Versicherungen bei Gründung oder Kapitalerhöhung (§ 82 GmbHG) oder die Verletzung der Verlustanzeigepflicht (§ 84 GmbHG). Darüber hinaus bestehen zahlreiche Geschäftsführerpflichten, deren Verletzung zu einer Schadensersatzhaftung des Geschäftsführers führen. Jedem GmbH-Geschäftsführer ist dringend anzuraten, sich über die ihm obliegenden Pflichten zu informieren. Viele Kanzleien verfügen zu diesem Zweck über vorgefertigte Informationsbroschüren. Bei Geschäftsführerhandeln außerhalb der gewöhnlichen Geschäftstätigkeit ist dem Geschäftsführer in der Regel die Einholung eines zustimmenden Gesellschafterbeschlusses anzuraten, um Haftungsgefahren zu vermeiden.

bb) Übertragbarkeit und Vererblichkeit der Gesellschafterstellung

Hinsichtlich der **Übertragbarkeit und Vererblichkeit** der Gesellschaftsanteile weisen **Personen- und Kapitalgesellschaften strukturelle Unterschiede** auf. Bei den **Kapitalgesellschaften** sind die Anteile (Geschäftsanteile bzw. Aktien) grundsätzlich frei übertragbar, soweit nicht durch die Satzung Einschränkungen erfolgen. Die Übertragung ist – auch wenn eine Zustimmung anderer Gesellschafter bzw. der Gesellschafter erforderlich sein sollte – ein Rechtsgeschäft, das ausschließlich zwischen Veräußerer und Erwerber getätigt wird und Gesellschaft bzw. Gesellschafter nicht tangiert. Demgegenüber ist der Gesellschafterwechsel bei einer **Personengesellschaft** ein „Grundlagengeschäft", das nur mit Zustimmung aller übrigen Gesellschafter erfolgen kann und auch die Ebene der Gesellschaft, insbesondere die Rechnungslegung, berührt (demgegenüber wird die Bilanz der GmbH durch einen Gesellschafterwechsel nicht betroffen).

Je nach Interessenlage der Parteien kann jedoch die eine Rechtsform an die andere angenähert werden. So kann zum einen im Rahmen der GmbH-Satzung vereinbart werden, dass Verfügungen über den Anteil nur mit Zustimmung der Gesellschaft bzw. der Gesellschafter bzw. der Mehrheit der Gesellschafter zulässig sein sollen; umgekehrt können die Anteile an einer Personengesellschaft durch Vertrag frei veräußerlich gestaltet werden. Insbesondere bei einer Familien-GmbH werden solche **Vinkulierungen** regelmäßig in die Satzung aufgenommen.

Die **Vererblichkeit** von Anteilen an einer **Kapitalgesellschaft** kann nicht ausgeschlossen werden. Soweit das Eindringen von Dritten bzw. Erben in die Gesellschaft vermieden werden soll, sind für den Todesfall Einziehungsmöglichkeiten oder Abtretungsverpflichtungen vorzusehen. Bei Familiengesellschaften wird dies regelmäßig der Fall sein. Für diesen Fall kommt der Frage der Abfindung eine entscheidende Bedeutung zu. Bei **Personengesellschaften** führt der Tod eines der Gesellschafter (Ausnahme: Kommanditist: § 177 HGB) nach der gesetzlichen Regelung des § 131 Abs. 3 Nr. 1 HGB nicht zur Auflösung der Gesellschaft, sondern zum Ausscheiden des betreffenden Gesellschafters, wenn vertraglich nichts anderes vereinbart ist. Zu den Regelungsmöglichkeiten wird auf Rz. 186 ff. verwiesen.

cc) Selbstorganschaft/Drittorganschaft

39 Bei **Personengesellschaften** besteht der **Grundsatz der Selbstorganschaft**, wonach nur Gesellschafter zu Geschäftsführern mit organschaftlicher Vertretungsmacht bestellt werden können. Dritten kann nur eine rechtsgeschäftliche Vollmacht erteilt werden, insbesondere etwa Prokura. Inhaltlich steht diese Vollmacht jedoch hinter der organschaftlichen Vertretungsmacht zurück, zumal der Grundsatz gilt, dass stets auch eine organschaftliche Vertretung der Gesellschaft möglich sein muss.

Demgegenüber bieten die **Kapitalgesellschaften** den Vorteil, auch Nichtgesellschafter zu Geschäftsführern bzw. Vorstandsmitgliedern bestellen zu können und so das Know-how dieser Personen nutzen zu können.

dd) Firma

40 Da das Firmenrecht sowohl bei Personen- als auch bei Kapitalgesellschaften entscheidend liberalisiert wurde, bildet die Firmenwahl kein entscheidendes Kriterium für die Wahl zwischen Personen- und Kapitalgesellschaft.

ee) Handwerks-GmbH

41 Nach der Regelung in §§ 1, 7 HO (Handwerksordnung) ist der selbständige Betrieb eines Handwerks nur den in der Handwerksrolle eingetragenen natürlichen und juristischen Personen sowie Personengesellschaften gestattet. Die Errichtung einer GmbH bietet die Möglichkeit, das Handwerk durch Anstellung eines Betriebsleiters, der die Meisterprüfung bestanden hat, ausüben zu können, ohne dass dieser Geschäftsführer oder Gesellschafter werden müsste. Der nach Abzug des Geschäftsführergehalts verbleibende Gewinn steht somit den Gesellschaftern zu, ohne dass diese die erforderliche Qualifikation zur selbständigen Ausübung des Handwerks hätten. Bei der Wahl einer Personengesellschaft ist dagegen derjenige, der die erforderliche Qualifikation hat, als Gesellschafter unmittelbar am Unternehmen beteiligt und mitspracheberechtigt. Aus diesen Gründen wird in solchen Fällen oftmals eine GmbH errichtet.

ff) Zulässigkeit von Einmann-Gesellschaften

Die Gründung von Einmann-Gesellschaften ist vorteilhaft, da hierdurch eine Haftungsbeschränkung auf das Gesellschaftsvermögen erreicht werden kann. **Kapitalgesellschaften** können durch einen Gründer errichtet werden. Bei **Personengesellschaften** scheidet diese Möglichkeit aus, da ein Gesellschaftsvertrag denknotwendig zwei Gesellschafter voraussetzt. Eine **Ausnahme** bildet jedoch die **Einmann-GmbH & Co. KG oder Einmann-AG & Co. KG**, bei der der alleinige Gründer der GmbH oder der einzige Aktionär der AG zugleich alleiniger Kommanditist der zusammen mit der GmbH bzw. AG gegründeten KG ist. Hierdurch lässt sich ebenfalls eine vermögensmäßige Absonderung des Gesellschaftsvermögens vom Privatvermögen erreichen. 42

gg) Rechnungslegung und Publizität

Für Kapitalgesellschaften gelten strenge Vorschriften für die Aufstellung, größenabhängige Prüfung und Publizierung des Jahresabschlusses (samt Anhang und Lagebericht; vgl. §§ 264 ff., §§ 316 ff., §§ 325 ff. HGB). Die offenzulegenden Unterlagen sind beim Bundesanzeiger elektronisch zur Veröffentlichung einzureichen. Es wird jede Verletzung mit einem Ordnungsgeld von mindestens 2500 Euro und höchstens 25 000 Euro geahndet. Das Ordnungsgeldverfahren wird von Amts wegen durch das Bundesamt für Justiz vorgenommen. 43

Personengesellschaften, bei denen nicht wenigstens ein persönlich haftender Gesellschafter eine natürliche Person oder eine Personenhandelsgesellschaft mit einer natürlichen Person als persönlich haftender Gesellschafter ist, werden wie Kapitalgesellschaften behandelt (§ 264a HGB). Hierunter fallen insbesondere GmbH & Co. KG, aber auch Stiftungen & Co. oder Genossenschaften & Co.

Demgegenüber verbleibt es bei Einzelkaufleuten und sonstigen Personengesellschaften bei der Anwendung der allgemeinen Vorschriften des HGB. Eine Prüfungs- oder Publizitätspflicht besteht nicht.

b) Arbeits- und mitbestimmungsrechtliche Aspekte

aa) Sozialversicherungspflicht und Altersversorgung

Kapitalgesellschaften bieten die Möglichkeit, den Geschäftsführern durch entsprechende kautelarjuristische Maßnahmen den Zugang in die gesetzliche Sozialversicherung zu ermöglichen. Die für eine Personengesellschaft tätigen Gesellschafter-Geschäftsführer haben in jedem Fall Arbeitgeberfunktionen inne. Bei GmbH-Geschäftsführern wird die Frage der Sozialversicherungspflicht dagegen anhand einer Vielzahl von Indizien entschieden (vgl. hierzu etwa *Winkler*, DStR 1997, 289; zur arbeitsrechtlichen Stellung des Geschäftsführers vergleiche grundlegend BAG, NZA 1999, 839 und 1999, 987). Maßgebliche Kriterien sind insbesondere Höhe der Beteiligung, Sperrminorität, Beherrschung der Gesellschaft, Be- 44 freiung von § 181 BGB, Know-How-Überlegenheit des Geschäftsführers, Eingliederung in die Arbeitsorganisation, Tätigkeit nach Weisung, Entstehung der Gesellschaft (Umwandlung oder Neugründung), Vorliegen einer Familiengesellschaft und Vorliegen eines Unternehmerrisikos. Im Einzelfall lässt sich durch eine sachgerechte Gestaltung auch Gesellschafter-Geschäftsführern in hohem Alter noch der Zugang zur gesetzlichen Sozialversicherung eröffnen.

Hinzuweisen ist darauf, dass die Frage der Sozialversicherungspflicht für die Renten-, Arbeitslosen-, Unfall- und Krankenversicherung einheitlich zu beurteilen ist, wobei jedoch bei der Krankenversicherung zusätzlich die Nicht-überschreitung bestimmter Einkunftsgrenzen vorausgesetzt wird. Weiter besteht die Möglichkeit, gemäß § 15 Abs. 1 SGB I eine verbindliche Auskunft über die Frage der sozialversicherungsrechtlichen Beurteilung einzuholen, wodurch diese Frage zuverlässig im Vorfeld abgeklärt werden kann.

Hinzu kommt, dass nur bei Kapitalgesellschaften die Bildung von Pensionsrückstellungen mit steuerlicher Wirkung möglich ist.

bb) Mitbestimmung

45 Gemäß § 1 Abs. 1 BetrVG werden in Betrieben mit in der Regel mindestens fünf ständigen wahlberechtigten Arbeitnehmern, von denen drei wählbar sind, Betriebsräte gewählt. Sonstige mitbestimmungsrechtliche Überlegungen, insbesondere die Frage der Beteiligung von Arbeitnehmervertretern in Leitungs- bzw. Kontrollorganen (Aufsichtsrat, Vorstand bzw. Geschäftsführung), können für mittelständische Unternehmen in der Regel vernachlässigt werden.

c) Steuerliche Aspekte

46 Eine detaillierte Behandlung der steuerlichen Aspekte der einzelnen Gesellschafts- bzw. Unternehmensformen kann an dieser Stelle nicht erfolgen, zumal die steuerliche Behandlung einem steten Wandel unterworfen ist. Grundsätzlich lassen sich jedoch zwei allgemeine Empfehlungen formulieren:

– Vor einer Überbetonung der steuerlichen Aspekte ist zu warnen. Zwar wird das wirtschaftliche Ergebnis wesentlich durch steuerliche Maßgaben mitbeeinflusst, jedoch stellen diese nur einen Faktor neben zahlreichen anderen Faktoren zivilrechtlicher Art dar und können im Einzelfall diesen gegenüber nachrangig sein (insbesondere etwa wegen drohender Haftungsgefahren).

– Bei der Auswahl zwischen mehreren Unternehmensformen sollte für steuerliche Zwecke ein Belastungsvergleich im Einzelfall durch einen Steuerberater bzw. Wirtschaftsprüfer angestellt werden. Auch dessen Ergebnis ist jedoch nur mit Einschränkungen als verlässliche Entscheidungshilfe zu verwenden, da die steuerliche Behandlung stetigen

Änderungen unterworfen ist und im Übrigen nicht nur rechtsform-, sondern auch größenabhängig ist und die Größe des Unternehmens sich insbesondere bei Gründung nicht zuverlässig abschätzen lässt.

4. Nutzung vorhandener Unternehmen oder Gesellschaften eines Gesellschafters

Wenn einer der potentiellen Gesellschafter selbst in dem Bereich des Unternehmensgegenstands der zu gründenden Gesellschaft tätig ist (als Alleininhaber eines Unternehmens, als Alleingesellschafter oder als Mitgesellschafter), ist zu entscheiden, ob das Unternehmen oder die Beteiligung bei der Gründung der neuen Gesellschaft „verwendet" werden sollen. 47

Dazu sind folgende Ermittlungen anzustellen:

Unternehmen oder Beteiligung eines Gesellschafters vorhanden?

Nutzbarkeit des Unternehmens oder der Beteiligung?

Unbeschränkt nutzbar ist ein vorhandenes Unternehmen oder eine vorhandene Beteiligung grds., wenn das vorhandene Unternehmen exakt den Unternehmensgegenstand des künftig gemeinsam zu betreibenden Unternehmens abdeckt. Weitere Voraussetzung für die unbeschränkte Nutzbarkeit ist freilich, dass der betreffende Gesellschafter mit der Gründung der neuen Gesellschaft selbst auf dem Bereich des Unternehmensgegenstands nicht mehr tätig werden will. Wenn der potentielle Gesellschafter nicht Alleininhaber oder alleiniger Gesellschafter ist, ist zusätzlich erforderlich, dass dessen bisheriger Partner bereit ist, aus dem Unternehmen auszuscheiden, indem er z.B. seine Beteiligung abtritt. 48

Eingeschränkte Nutzbarkeit besteht, wenn der Unternehmensgegenstand des Unternehmens, das von einem Gesellschafter betrieben wird oder an dem dieser beteiligt ist, umfassender ist als der Unternehmensgegenstand, der mit der neugegründeten Gesellschaft betrieben werden soll, aber eine Abspaltung dieses Unternehmensteils vom Restunternehmen möglich ist. 49

In diesem Fall ist die Nutzung sinnvoll, wenn der Gesellschafter auf dem abgespaltenen Teil nur mehr im Rahmen der neugegründeten Gesellschaft tätig werden will, während er auf dem verbleibenden Bestandteil wie bisher tätig werden will.

a) Sinnhaftigkeit der Nutzung

Die Nutzung eines vorhandenen Unternehmens oder Unternehmensbestandteils oder Unternehmensteils muss durch positive Gründe gerechtfertigt werden; negative Umstände dürfen ihrer Nutzung nicht entgegenstehen. 50

(1) Positive Gründe für die Nutzung eines Unternehmens bestehen,
- wenn das Unternehmen am Markt eingeführt ist,
- wenn eine nutzbare sachliche und personelle Ausstattung besteht oder
- wenn nutzbare steuerliche Verlustvorträge dieses Unternehmens oder Unternehmensteils vorliegen.

Dazu sind eingehende betriebswirtschaftliche und steuerliche Überlegungen erforderlich.

Insbesondere ist zu überprüfen, ob die bisherige Marktstellung als positiv zu bewerten ist, ob die sachliche und personelle Ausstattung eine Chance oder Risiko ist (Risiko z.B. bei personeller Überbesetzung, bei veraltetem Inventar und dergleichen).

In steuerlicher Hinsicht ist zu überprüfen, ob evtl. Verlustvorträge für die neue Gesellschaft nutzbar sind.

In betriebswirtschaftlicher Hinsicht ist weiter zu überprüfen, wie die von einem Gesellschafter einzubringende Beteiligung oder ein einzubringendes Unternehmen bewertet wird.

(2) Gegen eine Verwendung spricht ein Haftungsrisiko für die weiteren Gesellschafter, wenn das Haftungsrisiko nicht beschränkbar ist.

b) Umstrukturierung

51 Wenn ein vorhandenes Unternehmen oder eine vorhandene Beteiligung für die zu errichtende Gesellschaft sinnvoll genutzt werden kann, ist zu prüfen, ob und wie dieses Unternehmen oder diese Beteiligung rechtlich umstrukturiert werden muss.

aa) Rechtsformänderungen

52 Zu berücksichtigen ist z.B. eine Umwandlung eines einzelkaufmännischen Unternehmens in eine GmbH vor dem Beitritt eines weiteren Gesellschafters und die Abspaltung von Unternehmensteilen durch die Neugründung von Kapitalgesellschaften im Rahmen des Umwandlungsrechts.

bb) Beitritt der weiteren Gesellschafter

53 Zu prüfen ist, wie sich der Beitritt der weiteren Gesellschafter vollzieht, z.B. bei Kapitalgesellschaften durch Anteilsabtretung oder durch Kapitalerhöhung mit Übernahme des erhöhten Stammkapitals – bei Beitritt zu einzelkaufmännischen Unternehmen durch Begründung einer oHG oder einer KG mit oder ohne Haftungsausschluss nach § 28 HGB.

Die bei Nutzung vorhandener Unternehmen oder Gesellschaften auftretenden Probleme können hier i.Ü. nicht umfassend dargestellt werden. Insoweit wird verwiesen auf die Literatur zum Umwandlungsrecht, z.B.

auf *Widmann/Mayer*, Umwandlungsrecht; *Dehmer*, Umwandlungsrecht; *Lutter*, Umwandlungsgesetz.

III. Betriebswirtschaftliche und steuerliche Prüfung des Konzepts

1. Prüfungsumfang

Der Prüfungsumfang ergibt sich insbesondere aus dem entwickelten rechtlichen Konzept und den dort aufgeworfenen Fragen, die als betriebswirtschaftlich und steuerrechtlich näher zu vertiefend erkannt werden. Speziell betriebswirtschaftlich zu vertiefen sind in der Regel die Punkte der folgenden 54

a) Betriebswirtschaftliche Checkliste

- Die erforderliche Bar- und Sachkapitalausstattung der zu gründenden Gesellschaft,
- Fähigkeit der in Aussicht genommenen Gesellschafter, sich in der erforderlichen Weise durch Bar- oder Sachkapital an der Gesellschaft zu beteiligen,
- Bewertung der Leistungen der Gesellschafter, die diese in die Gesellschaft einbringen zur Berechnung der Beteiligungsquote,
- fachliche Eignung des vorgesehenen internen oder externen Geschäftsführers,
- Festlegung des erforderlichen Know-hows, das in die Gesellschaft eingebracht werden muss, und die Organisation der Einbringung,
- Festlegung der erforderlichen Nutzungsverhältnisse bei Gegenständen, auf deren Nutzung die Gesellschaft angewiesen ist,
- Festlegung der Vergütung für Geschäftsführer und von Nutzungsentgelten.

Steuerlich zu prüfen sind die Punkte der folgenden 55

b) Steuerliche Checkliste

- Wahl der Gesellschaftsform, speziell wegen der Auswirkungen auf die Gewerbeertragsteuer und Gewerbekapitalsteuer,
- steuerliche Auswirkung des Beitritts des jeweiligen Gesellschafters; speziell sind folgende Fragen zu prüfen:
- Liegt bei einem Gesellschafter, der bereits anderweitig unternehmerisch tätig ist und sich z.B. an einer neu zu errichtenden GmbH beteiligt, wegen einer steuerlichen „Wettbewerbstätigkeit" eine verdeckte Gewinnausschüttung vor?

– Können von einem Gesellschafter bereits betrieblich genutzte Gegenstände, Betriebe oder Betriebsteile unter Vermeidung der Aufdeckung von stillen Reserven zu Buchwerten eingebracht werden? Welche umsatzsteuerrechtlichen Folgen hat speziell die Einbringung von Vermögen in die zu gründende Gesellschaft gegen Gewährung von Gesellschaftsanteilen; droht ein Verlust von Vorsteuerabzug durch die Einbringung?
– Vorgaben für die inhaltliche Gestaltung der zu entwickelnden Gesellschaftsverträge, z.B. Öffnungsklausel für Wettbewerbstätigkeiten oder „Steuerklausel" zu verdeckten Gewinnausschüttungen bei der GmbH;
– steuerliche Vorgaben für Verträge, die die Gesellschaftsverträge ergänzen, z.B. für den Anstellungsvertrag des Geschäftsführers, den Nutzungsüberlassungsvertrag und für den Vertrag, durch den Know-how der Gesellschaft zur Verfügung gebracht wird, speziell zur Vermeidung von verdeckten Gewinnausschüttungen.

2. Organisation der Überprüfung

a) Interne oder externe Konzeptprüfung

56 Festzulegen ist, ob durch den rechtlichen Berater zugleich die betriebswirtschaftliche und die steuerliche Überprüfung des Konzepts stattfinden soll, indem er entweder dieses bei geeigneter fachlicher Eignung selbst prüft oder durch fachlich geeignete Partner oder Angestellte prüfen lässt (interne Konzeptüberprüfung) oder indem die Überprüfung an Dritte vergeben wird (externe Konzeptüberprüfung).

Eine interne Konzeptüberprüfung ist nur möglich, wenn

– die fachliche Kompetenz vorhanden ist und
– der den Auftrag gebende Gesellschafter oder Gesellschafterkreis mit der internen Konzeptüberprüfung einverstanden ist.

Derjenige, der das rechtliche Vorkonzept entwickelt, sollte einen Entscheidungsvorschlag über eine interne oder externe Konzeptüberprüfung formulieren. Wenn eine externe Konzeptüberprüfung stattfinden soll, kann ein externer Prüfer vorgeschlagen werden oder die Entscheidung in das Ermessen des Auftraggebers gelegt werden.

Die Entscheidung über die interne oder externe Überprüfung trifft der auftraggebende Gesellschafter oder Gesellschafterkreis.

b) Herbeiführung der Prüfung

aa) Zuständigkeit

57 Bei einer internen Konzeptüberprüfung ist die Konzeptüberprüfung selbst herbeizuführen, bei einer externen Konzeptüberprüfung ist mit dem Auftraggeber zu klären, ob der Auftraggeber den Überprüfungsauftrag selbst

erteilt oder ob der rechtliche Berater im Namen und im Auftrag des Auftraggebers den Prüfungsauftrag an den Externen vergibt.

bb) Formulierung

Klärungsbedürftig ist auch, wer den Prüfungsauftrag formuliert. In jedem Fall sollte das rechtliche Vorkonzept mit zur Verfügung gestellt werden und sollten die dort als näher zu vertiefenden Punkte in den Prüfungsauftrag einbezogen werden. Weiter zu vertiefende Punkte können durch die Auftraggeber eingefügt werden. 58

c) Durchführung der Prüfung

Die Prüfung schließt ab mit dem Prüfungsergebnis. Es ist dafür Sorge zu tragen, dass das Prüfungsergebnis an den rechtlichen Berater weitergeleitet wird. 59

d) Rezeption des Prüfungsergebnisses

Anhand des Prüfungsergebnisses ist das rechtliche Vorkonzept entweder zu verifizieren oder weiterzuentwickeln. 60

IV. Schlusskonzept

Ein endgültiges Konzept ist zu erstellen, das die Grundlage für die einzelnen Gesellschaftsverträge und die damit verbundenen Verträge bildet. 61

Dieses kann ggf. zur nochmaligen betriebswirtschaftlichen oder steuerlichen Überprüfung dem jeweiligen Prüfer vorgelegt oder wenigstens zur Kenntnisnahme übersandt werden.

2 Allgemeine Gestaltungsfragen für alle Gesellschaftsverträge

	Rz.
I. Form des Gesellschaftsvertrags	62
1. Rechtliches Formerfordernis	62
a) Notarielle Beurkundung bei Gründung einer GmbH und einer Aktiengesellschaft sowie einer SE	62
b) Notarielle Beurkundung von Umwandlungen	63
c) Schriftform bei der Partnerschaft	64
d) Reduziertes Schriftformerfordernis bei der EWIV	65
e) Grundsätzlich Formfreiheit bei sonstigen Gesellschaftsverträgen	66
f) Formbedürftigkeit in Einzelfällen	67
aa) Grundbesitz im Gesellschaftsvermögen	68
bb) Doppelgesellschaften	69
cc) Auswirkung	70
2. Urkundliche Gestaltung	71
II. Beteiligungsfähigkeit in- und ausländischer Gesellschafter und Gesellschaften	72
1. Beteiligungsfähigkeit inländischer Gesellschaften	72
a) GbR	72
b) oHG, KG	73
c) GmbH	74
2. Ausländische natürliche Personen	75
3. Ausländische Gesellschaften	76
III. Basischeckliste und Aufbauschema für Gesellschaftsverträge	78
IV. Kommentierung der Basischeckliste	79
1. Vertragliche Grundlagen	80
a) Bezeichnung	80
aa) Vorbemerkungen	80
(1) Innengesellschaften	80
(2) Außengesellschaften	81
bb) Grundsätze	84
cc) Formulierungsbeispiele	86
b) Namensrechte (entfällt bei reinen Sachbezeichnungen)	87
aa) Vorbemerkungen	87
bb) Interessenlage	88
cc) Formulierungsbeispiele	89
c) Sitz	91
aa) Vorbemerkung	91
bb) Grundsätze	92
cc) Vorgreiflichkeit	93
d) Gesellschaftszweck/Unternehmensgegenstand	94
aa) Vorbemerkungen	94
bb) Bedeutung	95
(1) Schwerpunkt der Tätigkeit	95
(2) Kompetenz von Gesellschaftsorganen	96
(3) Formbedürftigkeit des Gesellschaftsvertrags	97
cc) Formulierungsbeispiele	98
e) Gesellschafter, Beteiligungsverhältnisse	100
aa) Vorbemerkungen	100
(1) Namen der Gesellschafter	100
(2) Beteiligungsquote	102
f) Besondere Anforderungen an Gesellschafter	103
aa) Beteiligungsfähigkeit in- und ausländischer Gesellschafter	103
bb) Gesellschaftsvertragliche Beschränkungen	104
cc) Formulierungsbeispiele	105
g) Gesellschafterstämme/Gesellschaftergruppen	107
aa) Vorbemerkungen	107
bb) Formulierungsbeispiele	109
h) Dauer der Gesellschaft	110
aa) Vorbemerkungen	110
(1) Bedeutung	110
(2) Gestaltung	111
bb) Formulierungsbeispiele	112
i) Geschäftsjahr	114
aa) Vorbemerkungen	114
bb) Formulierungsbeispiele	115
j) Kapital der Gesellschaft, Einlagen der Gesellschafter	117
aa) Definition	117
(1) Beiträge	118
(2) Einlagen	119
bb) Gestaltung	120
k) Dienstleistungs- und Nutzungsüberlassungspflichten	121
aa) Abgrenzung gesellschaftsvertraglicher Pflichten von Leistungspflichten aufgrund zusätzlicher Abreden	121

	Rz.
bb) Gestaltung	122
2. Innere Ordnung der Gesellschaft	123
a) Geschäftsführung	123
aa) Abgrenzung Geschäftsführungsbefugnis – Vertretungsmacht	123
bb) Kein Recht zur Zwecküberschreitung und zu Grundlagenänderungen	124
cc) Selbst- und Fremdorganschaft	125
b) Buchführung, Bilanzierung	127
aa) Gesetzliche Regelung	127
bb) Gesellschaftsvertragliche Regelung	128
c) Kontrollrechte der Gesellschafter	129
aa) Gesetzliche Regelung	129
bb) Gesellschaftsvertraglich mögliche Ergänzungen	130
(1) Beiziehung von Dritten	130
(2) Missbrauchsgefahr	131
d) Gesellschafterversammlung, Stimmrecht, Einwendungsrechte	132
aa) Gesellschafterversammlung als Entscheidungsforum	132
bb) Nähere Gestaltung	134
e) Ergebnisverwendung	136
aa) Verluste	136
(1) Keine Verlustteilnahme bei Kapitalgesellschaften	136
(2) Verlustteilnahme bei Personenhandelsgesellschaften, GbR und stiller Gesellschaft	137
bb) Gewinne	138
f) Wettbewerbsfragen	140
aa) Erforderlichkeit einer Regelung	140
bb) Interessenlage	141
cc) Abgrenzung zu arbeitsvertraglichen Wettbewerbsregelungen	142
dd) Gesetzliche Regelungen des Wettbewerbsverbots	144
(1) Grundsatz	144
(2) GbR	145
(3) oHG	146
(4) KG	148
(5) GmbH	149
(6) AG	152
(7) Weitere Gesellschaften	153

	Rz.
ee) Verhältnis zum Kartellverbot	154
ff) Steuerliche Gefahren im Zusammenhang mit dem Wettbewerbsverbot	155
gg) Regelungsmöglichkeiten und Regelungsgrenzen	157
hh) Grenzen der Regelungsbefugnis, insbesondere Mandanten- und Branchenschutzklauseln	158
3. Außenverhältnisse der Gesellschaft	159
a) Vertretung der Gesellschaft oder der Gesellschafter	159
aa) Definition	159
bb) Fremd-/Selbstorganschaft	160
cc) Vertragliche Regelung	161
dd) Gestaltung, Adressaten der Vertretungsmacht	162
ee) Verleihung der Vertretungsmacht, Umfang, Registrierung, Legitimationsurkunde	163
(1) Umfang	164
(2) Registrierung	165
(3) Legitimationsurkunde	166
b) Haftungsbeschränkung	167
4. Strukturänderungen der Gesellschaft	168
a) Aufnahme weiterer Gesellschafter/Gesellschafterwechsel	168
aa) Kapitalgesellschaften	168
(1) GmbH	168
(2) AG	169
bb) Personengesellschaften	170
b) Kündigung eines Gesellschafters	171
aa) Definition	171
bb) Zulässigkeit	172
cc) Form	173
dd) Wirkung	174
ee) Gestaltung	175
(1) Kündbarkeit	175
(2) Adressat der Kündigung	176
(3) Form der Kündigung	177
(4) Zeitpunkt der Wirksamkeit der Kündigung	178
(5) Folgekündigung	179
c) Ausschließung von Gesellschaftern	180
aa) Vorbemerkungen, Tatbestände	180
bb) Gestaltungsrecht der weiteren Gesellschafter	184

	Rz.		Rz.
cc) Regelungsbedarf	185	gg) Zusammenhang der Abfindungsregelung mit Kapitalkonten	215
d) Tod eines Gesellschafters	186		
aa) Vorbemerkungen	187		
bb) Gestaltungsüberlegungen	189	hh) Erb- und familienrechtliche Auswirkungen von Abfindungsklauseln	216
(1) Bei Personengesellschaften	194		
(2) Bei der GmbH und der AG	197	g) Weitere Ansprüche des ausscheidenden Gesellschafters	219
cc) Testamentsvollstreckung	198	aa) Rückgewähr von Gegenständen, die ein Gesellschafter der Gesellschaft zur Nutzung überlassen hat	220
(1) Personengesellschaften	199		
(2) Kapitalgesellschaften	201		
e) Automatisches Ausscheiden	201a		
f) Abfindung	202		
aa) Erforderlichkeit einer Abfindungsregelung	202	bb) Befreiung von Schulden bzw. Sicherheitsleistung	221
bb) Interessenlage	204	cc) Gestaltungsüberlegungen	222
(1) Interesse der Gesellschaft bzw. der Mitgesellschafter bzw. eintrittswilliger Dritter	205	(1) Rückgewähr von Gegenständen, die zur Nutzung überlassen wurden	222
(2) Interessenlage des Gesellschafters bzw. sonstiger Dritter	206	(2) Befreiung von Schulden bzw. Sicherheitsleistung	223
(3) Abfindungsklausel zur Streitverhütung	207	h) Nebenansprüche beim Ausscheiden	224
(4) Differenzierungsmöglichkeiten	208	aa) Vertraulichkeit	224
(5) Möglichkeiten	209	bb) Herausgabe von Unterlagen	225
cc) Beurteilung von Abfindungsklauseln durch die Rechtsprechung	210	5. Allgemeine Bestimmungen	226
		a) Sonstige Bestimmungen	226
dd) Rechtsfolgen	211	aa) Vollständigkeitsklausel	226
ee) Differenzierungskriterien	212	bb) Vertragsänderungen	227
ff) Insbesondere: Abfindung nach dem „Stuttgarter Verfahren"	213	b) Teilnichtigkeit	228

I. Form des Gesellschaftsvertrags

1. Rechtliches Formerfordernis

a) Notarielle Beurkundung bei Gründung einer GmbH und einer Aktiengesellschaft sowie einer SE

62 Nach § 2 Abs. 1 Satz 1 GmbHG bedarf der Gesellschaftsvertrag einer GmbH notarieller Form, d.h. er muss notariell beurkundet werden. Dies gilt nach § 23 Abs. 1 Satz 1 AktG auch für die Aktiengesellschaft, sowie für eine SE (Art 5 SE-VO) deren Satzung durch notarielle Beurkundung festgestellt werden muss.

b) Notarielle Beurkundung von Umwandlungen

Darüber hinaus bedürfen sämtliche Umwandlungen nach dem Umwandlungsgesetz der notariellen Beurkundung, auch wenn dadurch Gesellschaftsformen begründet werden, die normalerweise in nicht notariell beurkundeter Form errichtet werden könnten (z.B. Umwandlung einer GmbH in eine oHG, siehe dazu § 193 Abs. 3 UmwG). 63

c) Schriftform bei der Partnerschaft

Partnerschaften können nach § 3 Abs. 1 PartGG nur schriftlich geschlossen werden, wobei Schriftform im Sinne des § 126 BGB gilt; d.h. der Gesellschaftsvertrag muss durch alle Gesellschafter eigenhändig unterschrieben werden. Nach h.M. ist die Einhaltung der Schriftform Wirksamkeitsvoraussetzung und hat nicht nur Bedeutung für die Registrierung und deklaratorische Bedeutung für den Fall, dass eine Registrierung trotz Verletzung des Schriftformerfordernisses erfolgt. 64

d) Reduziertes Schriftformerfordernis bei der EWIV

Der Gesellschaftsvertrag der EWIV muss beim Handelsregister hinterlegt werden (Art. 7 EWIV-VO). Daraus ergibt sich, dass er in hinterlegbarer Form fixiert werden muss, also textlich niederzulegen ist, ohne dass die Schriftform des § 126 HGB eingehalten werden müsste. Die Unterzeichnung des Vertrags durch die Gesellschafter ist deshalb nicht vorgeschrieben. 65

e) Grundsätzlich Formfreiheit bei sonstigen Gesellschaftsverträgen

Sonstige Gesellschaftsverträge können grundsätzlich formlos begründet werden, so die GbR, die oHG und die KG sowie die stille Gesellschaft. 66

f) Formbedürftigkeit in Einzelfällen

In Einzelfällen kann sich aber trotz des Grundsatzes der Formlosigkeit die Notwendigkeit zur notariellen Beurkundung ergeben. Voraussetzung dafür ist, dass in dem Gesellschaftsvertrag Pflichten der Gesellschaft oder der Gesellschafter begründet werden, die wirksam nur in notariell beurkundeter Form begründet werden können, z.B. die Verpflichtung zur Übereignung von Grundbesitz oder die Verpflichtung, GmbH-Beteiligungen zu übertragen (siehe dazu § 311b BGB und § 15 Abs. 3, Abs. 4 GmbHG). 67

aa) Grundbesitz im Gesellschaftsvermögen

Es ist zu berücksichtigen, dass eine Verpflichtung zur Übereignung von Grundbesitz auch bei grundbesitzenden Gesellschaften besteht, wenn bezüglich der Auseinandersetzung des Gesellschaftsvermögens, z.B. bei Li- 68 quidation oder beim Ausscheiden eines Gesellschafters, Grundsätze vereinbart werden, die von den gesetzlichen Grundsätzen abweichen; z.B. das Recht eines Gesellschafters vereinbart wird, den Grundbesitz zu übernehmen, oder ihm auch nur ein Vorkaufsrecht eingeräumt wird. Solche Abreden führen zur Beurkundungsbedürftigkeit des genannten Gesellschaftsvertrags.

bb) Doppelgesellschaften

69 Bei Doppelgesellschaften (GmbH & Co. KG und Betriebsaufspaltung) ist zu berücksichtigen: Die Verzahnung der Gesellschaftsbeteiligungen kann erfordern, dass auch im KG-Vertrag oder im GbR-Vertrag Pflichten zur Veräußerung oder zum Erwerb der Geschäftsanteile der GmbH begründet werden (siehe dazu unten Rz. 469 ff. u. Rz. 555) oder zumindest Vorkaufs- oder Ankaufsrechte zugunsten der Mitgesellschafter begründet werden, die sich nicht nur auf den Kommanditanteil, sondern auch auf den Geschäftsanteil bei der GmbH beziehen. Dies führt zur Beurkundungsbedürftigkeit auch des KG-Vertrags bei der GmbH & Co. KG oder des GbR-Vertrags bei der Betriebsaufspaltung.

cc) Auswirkung

70 Wenn einzelne Bestandteile eines Gesellschaftsvertrags zur Beurkundungsbedürftigkeit führen, darf sich die Beurkundung nicht nur auf den beurkundungsbedürftigen Teil beschränken, sondern muss den gesamten Gesellschaftsvertrag umfassen.

2. Urkundliche Gestaltung

71 Unter „urkundlicher Gestaltung" werden hier nicht rechtlich vorgegebene formelle Gestaltungsgrundsätze verstanden.

Bei der Gestaltung der Urkunde ist insbesondere zu berücksichtigen, dass das Vertragswerk häufig in mehrere Einzelurkunden aufgespalten werden kann und dass auch eine einheitliche Urkunde aus einem Vorspann, dem sog. Urkundenmantel und dem Hauptteil sowie diversen Anlagen bestehen kann.

Speziell bei Kapitalgesellschaften wird die Satzung urkundstechnisch vom Urkundenmantel getrennt, damit bei späteren Satzungsänderungen nur der neue Satzungswortlaut nach § 54 Abs. 1 Satz 2 GmbHG und der entsprechenden Regelungen im Aktienrecht vorgelegt werden muss. Dies empfiehlt sich auch bei der Begründung von sonstigen Gesellschaftsvertragsverhältnissen.

Verträge, die zur Durchführung von Einlageverpflichtungen abgeschlossen werden, sollten ebenfalls urkundsmäßig getrennt werden oder bei Urkundeneinheit in einer Anlage niedergelegt werden, um zu einem späteren Zeitpunkt die „Statuten in der Gesellschaft" vom Beiwerk getrennt zu haben.

II. Beteiligungsfähigkeit in- und ausländischer Gesellschafter und Gesellschaften

1. Beteiligungsfähigkeit inländischer Gesellschaften

a) GbR

Gesellschafter einer GbR kann von Gesetzes wegen grundsätzlich jede inländische natürliche oder juristische Person sein, ebenso die Personenhandelsgesellschaften (oHG und KG) und eine GbR selbst. Ehegatten, die im Güterstand der Gütergemeinschaft leben, können nur dann ohne Bildung von Vorbehaltsgut (für den Gesellschaftsanteil zumindest von einem von ihnen) Gesellschafter einer GbR sein, wenn an der GbR weitere Personen als die Ehegatten beteiligt sind. Mitglieder einer Erbengemeinschaft können sich als Gesamtberechtigte der Erbengemeinschaft nicht an einer neu zu errichtenden GbR beteiligen. 72

b) oHG, KG

Die Ausführungen für die GbR gelten mit folgender Maßnahme entsprechend: Es ist nicht geklärt, ob eine GbR Gesellschafterin einer oHG oder persönlich haftende Gesellschafterin einer KG oder Kommanditist sein kann. Sie kann in jedem Fall Kommanditistin einer KG sein. 73

c) GmbH

Gesellschafter einer GmbH können inländische natürliche oder juristische Personen und Personenhandelsgesellschaften sein. Ehegatten, die im Güterstand der Gütergemeinschaft leben, können die einzigen Gesellschafter einer GmbH sein. Eine GbR kann sich (ohne Beitritt weiterer Gesellschafter) an einer GmbH beteiligen; eine vertragliche Haftungsbeschränkung (z.B. der Form, dass der GbR-Gesellschafter hierfür nur mit seinem Anteil am Gesamthandsvermögen oder quotal haftet) kann bzgl. gesetzlicher Einlageverpflichtungen nicht vereinbart werden. In der Gesellschafterliste ist die GbR zu führen; zur besseren Kennzeichnung können die Gesellschafter der GbR mit angegeben werden. 74

2. Ausländische natürliche Personen

Ausländische natürliche Personen können uneingeschränkt Gesellschafter einer GbR, einer oHG, einer KG oder einer GmbH sein. 75

3. Ausländische Gesellschaften

76 Für die Beteiligung ausländischer Gesellschaften an GbR, oHG, KG oder GmbH gilt:

Alle Gesellschaften müssen folgende Voraussetzungen erfüllen:

- Eine deutsche Gesellschaft, die ihrer Struktur nach der ausländischen Gesellschaft entspricht, muss sich an der deutschen Gesellschaft beteiligen können.
- Nach den Feststellungen oben ist dies für die Beteiligung an einer GbR und einer GmbH unproblematisch. An einer oHG und einer KG als persönlich haftender Gesellschafter kann sich wegen fehlender Beteiligungsfähigkeit inländischer GbR keine ausländische Gesellschaft beteiligen, die ihrer Struktur nach inländischen GbR entspricht.
- Das ausländische Recht darf der Gesellschaft nicht die Beteiligung an einer ausländischen Gesellschaft verbieten, die der entsprechenden deutschen Gesellschaftsform entspricht.

77 Für ausländische juristische Personen gilt darüber hinaus:

Die Rechtsfähigkeit der Gesellschaft muss nicht formell für das Inland anerkannt sein (BGHZ 53, 183). Sie muss nur nach dem Recht, wo sie ihren effektiven Verwaltungssitz hat, wirksam gegründet worden und nach dem Recht dieses Staats rechtsfähig sein (BayObLGZ 1986, 61). Unabhängig davon ist ohne weitere Voraussetzungen die Rechtsfähigkeit von Kapitalgesellschaften anzuerkennen, die nach dem Recht eines EU-Staats oder nach dem Recht eines Staats der USA wirksam errichtet wurden.

III. Basischeckliste und Aufbauschema für Gesellschaftsverträge

78 **1. Vertragliche Grundlagen**

    a) Bezeichnung

    b) Namensrechte

    c) Sitz

    d) Gesellschaftszweck, Unternehmensgegenstand

    e) Gesellschafter, Beteiligungsverhältnisse

    f) Besondere Anforderungen an Gesellschafter

    g) Gesellschafterstämme/Gesellschaftergruppen

    h) Dauer der Gesellschaft

    i) Geschäftsjahr

    j) Kapital der Gesellschaft, Einlagen der Gesellschafter

    k) Dienstleistungs- und Nutzungsüberlassungspflichten

2. Innere Ordnung der Gesellschaft
  a) Geschäftsführung
  b) Buchführung, Bilanzierung
  c) Kontrollrechte der Gesellschafter
  d) Gesellschafterversammlung, Stimmrecht, Einwendungsrechte
  e) Ergebnisverwendung
  f) Wettbewerbsfragen

3. Außenverhältnisse der Gesellschaft
  a) Vertretung der Gesellschaft oder der Gesellschafter
  b) Haftungsbeschränkung

4. Strukturänderungen der Gesellschaft
  a) Aufnahme weiterer Gesellschafter/Gesellschafterwechsel
  b) Kündigung eines Gesellschafters
  c) Ausschließung von Gesellschaftern
  d) Tod eines Gesellschafters
  e) Abfindung
  f) Weitere Ansprüche des ausscheidenden Gesellschafters
  g) Nebenansprüche beim Ausscheiden

5. Allgemeine Bestimmungen
  a) Sonstige Bestimmungen
  b) Teilnichtigkeit

IV. Kommentierung der Basischeckliste

Bei der Realisierung von Gesellschaftsverträgen anhand der Basischeckliste ist folgendes zu berücksichtigen: Bei den Personengesellschaften und der GmbH gilt der Grundsatz, dass der Gesellschaftsvertrag die Satzung inhaltlich frei gestaltet werden kann, solange nicht gegen zwingendes Recht verstoßen wird. Bei der AG gilt umgekehrt der Grundsatz, dass vom Gesetz in der Satzung nur abgewichen werden kann, wenn das Gesetz selbst es zulässt (s. § 23 Abs. 5 AktG).

79

1. Vertragliche Grundlagen

a) Bezeichnung

aa) Vorbemerkungen

(1) Innengesellschaften

80   Die Notwendigkeit, eine Bezeichnung zu wählen, entfällt bei Innengesellschaften.

(2) Außengesellschaften

81   **Handelsgesellschaften**, und zwar sowohl Personenhandelsgesellschaften (oHG, KG einschließlich GmbH & Co. KG, AG & Co. KG und GmbH & Co. oHG bzw. AG & Co. oHG) als auch Kapitalgesellschaften (GmbH und Aktiengesellschaft) müssen zur Kennzeichnung im Rechtsverkehr eine sogenannte „Firma" führen (siehe dazu § 105 HGB, 23 Abs. 3 Nr. 1 AktG, § 3 Abs. 1 Nr. 1 GmbHG).

Sie führen unter dieser Bezeichnung aktive Prozesse und werden unter ihrer Firma verklagt (siehe dazu § 124 Abs. 1 HGB, § 1 Abs. 1 AktG und § 13 Abs. 1 GmbHG). Gegen eine **Kapitalgesellschaft** gerichtete Titel wirken in keinem Fall gegen die Gesellschafter (siehe dazu § 13 Abs. 2 GmbHG und § 1 Abs. 1 Satz 2 AktG). Obwohl bei **Personenhandelsgesellschaften** sowohl das Gesellschaftsvermögen als auch wegen § 128 HGB die Gesellschafter (der Kommanditist aber nur begrenzt) haften, muss sowohl ein Titel vorliegen, der gegen die Gesellschaft, als auch ein Titel, der gegen den Gesellschafter gerichtet ist, wenn sowohl in das Gesamthandsvermögen der Personenhandelsgesellschaft als auch in das persönliche Vermögen der Gesellschafter vollstreckt werden soll (siehe dazu § 124 Abs. 2 HGB). Die Firma wird von den Handelsgesellschaften auch im Grundbuchverkehr geführt (siehe dazu § 124 Abs. 1 HGB, § 13 Abs. 1 GmbHG).

82   Für **GbR**, die als Außengesellschaften geführt werden, gilt nach Anerkennung derer Rechtsfähigkeit grundsätzlich dasselbe.

Bei Grundbucheintragungen müssen ergänzend sämtliche Gesellschafter namentlich vermerkt werden (§ 47 Abs. 2 GBO).

83   **Partnerschaftsgesellschaften** gilt nach § 2 und § 3 PartGG: Die Führung eines Namens der Partnerschaft ist erforderlich. Er ist nach § 2 PartGG zu bilden (mindestens Name eines Partners, Berufsbezeichnung aller in der Partnerschaft vertretenen Berufe, Zusatz „und Partner" oder „Partnerschaft").

bb) Grundsätze

Für **Handelsgesellschaften** enthält sowohl das HGB Bestimmungen darüber, welche Bezeichnungen gewählt werden dürfen, als auch das GmbHG und das AktG. Allgemein gilt

84

– das Gebot ausreichender Spezifizierung der Gesellschaft; d.h., die Firma muss zur Kennzeichnung geeignet sein und Unterscheidungskraft besitzen (§ 18 Abs. 1 HGB), und

– das Täuschungsverbot (§ 18 Abs. 2 HGB), wonach über wesentliche geschäftliche Verhältnisse keine irreführenden Angaben gemacht werden dürfen.

Weiter muss ein Hinweis auf die Rechtsform enthalten sein (§ 19 HGB, bzw. § 4 AktG, § 4 GmbHG).

Für **Gesellschaften des bürgerlichen Rechts** enthalten die §§ 705 ff. BGB keine Bestimmungen. Literatur und Rechtsprechung haben aber Regeln entwickelt, die bei der Namensfindung zu beachten sind. Hierzu wird verwiesen auf den Abschnitt über die GbR.

85

Für **Partnerschaftsgesellschaften** gilt § 2 PartGG.

cc) Formulierungsbeispiele

Rechtsformspezifisch; siehe bei den einzelnen Gesellschaftsverträgen.

86

b) Namensrechte (entfällt bei reinen Sachbezeichnungen)

aa) Vorbemerkungen

§ 12 BGB lässt nur den berechtigten Gebrauch des Namens eines anderen zu. Dies ist zu berücksichtigen, wenn in der Bezeichnung der Gesellschaft der Name eines oder mehrerer Gesellschafter geführt wird. Das Recht zum Gebrauch des Namens eines Gesellschafters folgt während seiner Zugehörigkeit zur Gesellschaft seinem Beitritt. Nach dem Ausscheiden des namengebundenen Gesellschafters darf nach §§ 22 Abs. 1 und 24 Abs. 2 HGB bei **Handelsgesellschaften** der Name von der Gesellschaft nur dann weitergeführt werden, wenn der ausscheidende Gesellschafter oder sein Erbe damit einverstanden ist. Diese Bestimmungen gelten entsprechend bei **Partnerschaften** (§ 2 Abs. 2 PartGG).

87

Da §§ 22 Abs. 1, 24 Abs. 2 HGB nur den allgemein gültigen § 12 BGB konkretisieren, gilt dies auch für die **GbR** und die **Kapitalgesellschaften**.

bb) Interessenlage

In der Regel hat die Gesellschaft ein erhebliches Interesse daran, ihre bisherige Bezeichnung weiterzuführen, auch wenn der namensgebende Gesellschafter aus der Gesellschaft ausgeschieden ist. Wenn ein Gesellschafter aus der Gesellschaft von Todes wegen ausscheidet, stört ihn der

88

Weitergebrauch seines Namens durch die Gesellschaft in der Regel nicht. Anders dagegen, wenn er zu Lebzeiten aus der Gesellschaft ausscheidet und sich auf dem Bereich des Unternehmensgegenstands selbst beruflich betätigen will: Dann soll sein Name kennzeichnend für ihn und unterscheidend gegenüber Dritten wirken, auch gegenüber seiner „alten" Gesellschaft. Die kollidierenden Interessen von Gesellschaft und Gesellschaftern beim Ausscheiden sollten bereits beim Abschluss des Gesellschaftsvertrags eindeutig geregelt werden.

cc) Formulierungsbeispiele

89 Namensfortführungsrechte nur beim Tod

Die namensgebenden Gesellschafter stimmen der Aufnahme ihrer Namen in die Bezeichnung der Gesellschaft zu. Verstirbt ein namensgebender Gesellschafter, kann sein Name weiterhin in der Bezeichnung geführt werden. Scheidet er sonst aus der Gesellschaft aus, darf sein Name nur mit seiner Zustimmung in der Bezeichnung fortgeführt werden.

90 Allgemeines Namensfortführungsrecht

Die namensgebenden Gesellschafter stimmen der Aufnahme ihrer Namen in die Bezeichnung der Gesellschaft zu. Die Gesellschaft ist befugt, die Namen in ihrer Bezeichnung fortzuführen, wenn ein Gesellschafter aus der Gesellschaft ausscheidet, gleich aus welchem Grund.

c) Sitz

aa) Vorbemerkung

91 Nach § 106 Abs. 1 HGB müssen **Personenhandelsgesellschaften** einen Sitz haben. Dies gilt auch für die GmbH (siehe dazu § 3 Abs. 1 Nr. 1 GmbHG) und die Aktiengesellschaft (siehe dazu § 5 Abs. 1 AktG). Eine GbR muss nicht notwendig einen Sitz haben – eine Regelung entsprechend § 106 Abs. 2 Nr. 2 HGB existiert für die GbR nicht.

bb) Grundsätze

92 Der Sitz einer Handelsgesellschaft kann **beliebig im Inland** gewählt werden. Sitz und Ort der inländischen Geschäftsanschrift (§ 37 Abs. 3 AktG, § 8 Abs. 4 GmbHG, §§ 106 Abs. 2, 162 Abs. 1 HGB) können differieren. Wobei dies für Personenhandelsgesellschaften noch umstritten ist.

cc) Vorgreiflichkeit

93 Die Wahl des Sitzes der Gesellschaft ist vorgreiflich für:
– die Eintragung in das Handelsregister: Personenhandels- und Kapitalgesellschaften sind bei dem Gericht, in dessen Bezirk sie ihren Sitz haben, zur Eintragung ins Handelsregister anzumelden (siehe dazu § 106

Abs. 1 Satz 1 HGB, § 7 Abs. 1 GmbHG, § 14 AktG in Verbindung mit § 36 Abs. 1 AktG);

- den Ort, an dem die Gesellschafterversammlung oder Hauptversammlung stattzufinden hat, wenn nichts anderes bestimmt ist oder alle Gesellschafter damit einverstanden sind (siehe dazu § 121 Abs. 5 Satz 1 AktG sowie Rz. 233, 400);

- den allgemeinen Gerichtsstand der Personenhandels- und Kapitalgesellschaften (siehe dazu § 17 Abs. 1 Satz 1, Abs. 3 ZPO).

d) Gesellschaftszweck/Unternehmensgegenstand

aa) Vorbemerkungen

Ein von den Gesellschaftern gemeinsam verfolgter Zweck ist konstituierend dafür, dass überhaupt eine Gesellschaft vorliegt. Der Unternehmensgegenstand gibt den Geschäfts- oder Tätigkeitsbereich an, auf dem der Zweck verfolgt wird. Jede Gesellschaft kann grds., soweit gesetzliche Verbote dem nicht entgegenstehen, auf beliebigen Geschäftsfeldern tätig werden. Dies gilt jetzt grds. auch für oHG und KG, die z.B. allein zu dem Zweck errichtet werden können, eigenes Vermögen zu verwalten (s. § 105 Abs. 2 HGB). Wenn oHG und KG aber kein Handelsgewerbe nach § 1 Abs. 2 HGB betreiben, ist für ihr Entstehen die Eintragung im Handelsregister konstitutiv.

94

bb) Bedeutung

(1) Schwerpunkt der Tätigkeit

Der im Gesellschaftsvertrag festgelegte Unternehmensgegenstand gibt den vorgesehenen Schwerpunkt der Tätigkeit der Gesellschaft wieder. Er hat aber keine abschließende Wirkung in dem Sinne, dass Tätigkeiten außerhalb des Unternehmensgegenstandes nicht verfolgt werden dürften.

95

(2) Kompetenz von Gesellschaftsorganen

Im Verhältnis zwischen der Gesellschafterversammlung und der Geschäftsführung indiziert die Tätigkeit im Bereich des Unternehmensgegenstands die Kompetenz der Geschäftsführung, während Tätigkeiten außerhalb des Unternehmensgegenstands die Zuständigkeit der Gesellschafterversammlung indizieren (siehe auch unten bei der Geschäftsführung Rz. 123 ff.).

96

(3) Formbedürftigkeit des Gesellschaftsvertrags

Der Unternehmensgegenstand ist bei immobilienverwaltenden Personengesellschaften für die Formbedürftigkeit des Gesellschaftsvertrags entscheidend: Ist Unternehmensgegenstand das Halten und Verwalten

97

eines **bestimmten Grundstücks**, bedarf bereits aus diesem Grund der Gesellschaftsvertrag wegen § 311b BGB der **notariellen Beurkundung;** sonst nicht, wenn im Gesellschaftsvertrag nicht weitere Verpflichtungen zur Veräußerung oder zum Erwerb von Grundbesitz eingegangen werden.

Bei beteiligungsverwaltenden Gesellschaften, die auf den Erwerb, das Halten und Verwalten von **Anteilen** einer **bestimmten GmbH** (mit)gerichtet sind, gilt dies entsprechend wegen § 15 GmbHG.

Dies bedeutet zugleich, dass bei allgemein auf Erwerb, Halten und Verwalten von nicht näher spezifizierten Immobilien oder Beteiligungen keine Beurkundungsbedürftigkeit aus diesem Grund besteht.

cc) Formulierungsbeispiele

98 **Grundstücksverwaltende Gesellschaft**

Gegenstand des Unternehmens ist das Halten und Verwalten von Grundbesitz, insbesondere der Anwesen Moritzstr. 19 und Ludwigstr. 15 in Ingolstadt.

99 **Gewerblich tätige Gesellschaft**

Gegenstand des Unternehmens ist der Betrieb des Malerhandwerks sowie eines Einzelhandelsgeschäfts für Farben, Lacke und Malerzubehör.

e) Gesellschafter, Beteiligungsverhältnisse

aa) Vorbemerkungen

(1) Namen der Gesellschafter

100 Bei der **Gründung von Personenhandelsgesellschaften und GbR** müssen die Namen der Gesellschafter nicht zwingend in das Gründungsstatut aufgenommen werden. Sie ergeben sich in der Regel bereits aus der Präambel, der Einleitung oder dem „Urkundenmantel". Es ist aber sinnvoll, die Namen der Gesellschafter nochmals in den Gesellschaftsvertrag wegen des Beteiligungsverhältnisses aufzunehmen. Bei späterem Gesellschaftswechsel sollten zur Klarstellung die Gesellschafternamen und Beteiligungsquoten fortgeschrieben werden.

101 Bei der **GmbH** müssen die Gründungsgesellschafter **namentlich** bei Errichtung der Gesellschaft in die Satzung der Gesellschaft **aufgenommen** werden. Bei der GmbH, wo die Gründungsgesellschafter in der Satzung aufgenommen werden müssen, können die Angaben über die Gründungsgesellschafter in der Satzung erst entfallen, wenn sämtliche Einlagen, die von den Gründungsgesellschaftern übernommen wurden, in voller Höhe geleistet sind. Bei der **Aktiengesellschaft** müssen die Gründer **nicht** in die Satzung aufgenommen werden; es reicht aus, wenn sie in die Urkunde aufgenommen werden, durch die die Satzung festgestellt wird (siehe dazu § 23 Abs. 2 AktG). Bei späteren Gesellschafterwechseln

ergibt sich damit keine Notwendigkeit zur Änderung. Bei **Partnerschaftsgesellschaften** sind Name und Vorname eines jeden Partners in den Vertrag aufzunehmen (§ 3 Abs. 2 Nr. 2 PartGG).

(2) Beteiligungsquote

Die Beteiligungsquote gibt zunächst das **Gewicht** des Gesellschafters bei der Willensbildung der Gesellschaft im Vergleich zu anderen Gesellschaftern, sein so genanntes „Stimmrecht", wieder. Weiterhin beschreibt sie seinen **Anspruch auf Teilhabe** am Ergebnis der Gesellschaft, d.h. seinen Gewinnanteil (wenn er auch am Verlust der Gesellschaft beteiligt ist, auch seinen Verlustanteil) und bei der Liquidation der Gesellschaft seinen Anteil am Liquidationsguthaben. In der Praxis entsprechen sich der Umfang des Stimmrechts mit dem vermögensmäßigen Recht, am Ergebnis der Gesellschaft teilzunehmen, häufig. Zwingend ist dies aber nicht. So sind bei Personenhandelsgesellschaften und der GmbH Mehrfach-Stimmrechte zulässig. Unzulässig sind Mehrstimmrechte bei der Aktiengesellschaft, siehe dazu § 12 Abs. 2 AktG (§ 12 Abs. 2 Satz 2 AktG a.F., der bisher eingeschränkt Ausnahmen zuließ, wurde durch das KonTraG aufgehoben; für Gesellschaften, bei denen bisher Mehrstimmrechte existierten, fallen diese spätestens am 1.6.2003 weg; s. dazu § 5 EGAktG). Stimmrechtslose Beteiligungen sind bei Personengesellschaften und GmbH ohne weiteres möglich, bei AG nur als sog. Vorzugsaktien (s. § 12 Abs. 1 Satz 2, §§ 139 ff. AktG).

102

Deshalb ist es sinnvoll, klarzustellen, ob eine einheitliche Beteiligungsquote bezüglich des Stimmrechts und des Vermögensrechts besteht oder ob diese differieren, und darüber hinaus, ob evtl. Vorzugsrechte auf die Person eines bestimmten Gesellschafters zugeschnitten (damit beim Gesellschafterwechsel für seinen Nachfolger nicht weiter gelten) oder stets mit dem Anteil verbunden sind (d.h. bei einem Gesellschafterwechsel auch für den Nachfolger dann weiter gelten).

f) Besondere Anforderungen an Gesellschafter

aa) Beteiligungsfähigkeit in- und ausländischer Gesellschafter

Siehe bei Rz. 72 ff.

103

bb) Gesellschaftsvertragliche Beschränkungen

In dem Gesellschaftsvertrag können an die Beteiligungsfähigkeit von Gesellschaftern besondere Anforderungen gestellt werden. Z.T. ist dies gesetzlich vorgeschrieben. Erforderlich bzw. sinnvoll ist dies in folgenden Fällen:

104

- Bei **Freiberufler-Gesellschaften** dürfen nur Berufsträger des entsprechenden freien Berufs Gesellschafter sein; diese Einschränkung ist in der Regel berufsrechtlich geboten und steuerlich sinnvoll, da bei Beteiligung von Nichtberufsträgern an freiberuflichen GbR sonst alle Einkünfte als gewerbliche Einkünfte qualifiziert werden;
- bei **Familiengesellschaften**, um familienfremde „Außenstehende" von der Gesellschaft fernzuhalten.

Bei der konkreten Gestaltung muss darauf geachtet werden, dass nicht nur der erstmalige Beitritt von Gesellschaftern, die die persönliche Qualifikation nicht erfüllen, vermieden wird. Es muss Vorsorge getroffen werden, dass die Beteiligung nicht später rechtsgeschäftlich oder von Todes wegen auf Personen übergeht, die nicht zum vorgesehenen Gesellschaftskreis gehören. In diesem Fall – soweit möglich – ist entweder das automatische Ausscheiden des Nachfolgers aus der Gesellschaft vorzusehen oder zumindest ein Recht zum Ausschluss für die verbleibenden Gesellschafter.

Die rechtstechnische Realisierung des Ausscheidens oder der Ausschließung hängt von der Rechtsform der Gesellschaft ab und wird bei den einzelnen Gesellschaften näher dargestellt.

cc) Formulierungsbeispiele

105 Freiberufler-Gesellschaft

Gesellschafter kann nur sein, wer ein medizinisches Hochschulstudium abgeschlossen hat und als Arzt auf dem Fachgebiet der Gynäkologie approbiert ist und sich in Ingolstadt als freiberuflicher Gynäkologe mit Kassenzulassung niederlassen darf. Verliert ein Gesellschafter diese Qualifikation oder geht die Beteiligung auf Personen über, die diese Qualifikation nicht erfüllen, (… rechtsformspezifische Folge …). Für das Ausscheiden gelten die allgemeinen Bestimmungen dieses Gesellschaftsvertrags.

106 Familien-Gesellschaft

Gesellschafter können Franz und Luise Müller und deren gemeinschaftliche Abkömmlinge sein. Beim Tod eines Gesellschafters, der Abkömmling von Franz und Luise Müller ist, kann (vorübergehend) Gesellschafter auch dessen Ehegatte werden; beim Tod eines solchen Ehegatten oder dessen Wiederverehelichung muss die Beteiligung aber ausschließlich an einen Abkömmling von Franz und Luise Müller fallen. Sonst sind die weiteren Gesellschafter dazu berechtigt, den Ehegatten bzw. dessen Rechtsnachfolger aus der Gesellschaft auszuschließen (Ermächtigung für einen ausschließenden Beschluss …; Rechtsformspezifische Durchsetzungsregeln …).

g) Gesellschafterstämme/Gesellschaftergruppen

aa) Vorbemerkungen

In vielen Fällen ist das **Stimmgewicht** zwischen einzelnen Gruppen von Gesellschaftern oder einzelnen Gesellschaftern sorgfältig **austariert**. Das Übergewicht einzelner Gesellschafter oder von Gruppen soll vermieden werden; Mindesteinflussrechte und Sperr-Rechte sollen gewährleistet werden. Die Bildung von Gesellschaftergruppen oder Gesellschafterstämmen kann darüber hinaus sinnvoll sein, um Voraustatbestände für Sonderrechte (z.B. Benennungsrecht für jede Gesellschaftergruppe bezüglich eines Geschäftsführers) zu schaffen.

Das „abgestimmte Verhalten" innerhalb der jeweiligen Gruppe ist nicht Regelungsgegenstand des Gesellschaftsvertrags. Dieses abgestimmte Verhalten kann ggf. durch die Mitglieder der Gesellschaftergruppe gesondert (durch Stimmbindungs- und Poolverträge) gesichert werden.

Der Gesellschaftsvertrag muss gewährleisten, dass das Stimmgewicht nicht durch unvorhergesehene Umstände nach Abschluss des Gesellschaftsvertrags verändert wird. Eine solche Veränderung des Stimmgewichts kann sich insbesondere in folgenden Fällen ergeben:

- Wenn ein Gesellschafter einer Personenhandelsgesellschaft zwangsweise aus der Gesellschaft ausscheidet, wächst sein Anteil grundsätzlich allen Gesellschaftern an, auch den Gesellschaftern der anderen Gruppe, die dadurch ein Übergewicht erhalten können.

- Eine vergleichbare Folge tritt bei Einziehung eines GmbH-Anteils wegen der Vernichtung der damit verbundenen Rechte ein bzw. bei Einziehung von Aktien, wodurch das Kapital der AG herabgesetzt wird (s. §§ 237 ff. AktG).

- Entsprechende Probleme ergeben sich, wenn bei Veräußerung von Anteilen alle weiteren Gesellschafter (nicht nur die des entsprechenden Stamms/der entsprechenden Gruppe) ankaufs- oder vorkaufsberechtigt sind.

Wenn dies vermieden werden soll, muss im Gesellschaftsvertrag geregelt werden, dass sich solche Umstände nur auf die verbleibenden Mitglieder der Gruppe auswirken. Die Durchsetzung dieses Grundsatzes ist rechtsformspezifisch; schwierig ist die Realisierung bei der AG.

bb) Formulierungsbeispiele

Die Gesellschafter Hans und Beate Müller und deren Sohn Hans Müller jun. sowie deren Rechtsnachfolger bilden die Gesellschaftergruppe „Müller". Die Gesellschafter Franz und Maria Meier und deren Rechtsnachfolger bilden die Gesellschaftergruppen „Meier".

Zur rechtsformspezifischen Realisierung des Gruppenprinzips siehe bei den einzelnen Gesellschaftsverträgen.

h) Dauer der Gesellschaft

aa) Vorbemerkungen

(1) Bedeutung

§ 723 BGB, § 3 Abs. 2 GmbHG und § 262 Abs. 1 Nr. 1 AktG gehen davon aus, dass Gesellschaften mangels abweichender Vereinbarungen auf unbestimmte Zeit eingegangen sind, ermöglichen aber auch die Eingehung für eine „bestimmte Zeit". Durch die Entscheidung für eine **Zeit-** oder eine **Dauergesellschaft** wird die Struktur der Gesellschaft entscheidend geprägt. So differieren bei Personengesellschaften die Kündigungsmöglichkeiten der Gesellschafter: Bei Zeitgesellschaften hat der Gesellschafter vor Ablauf der Zeit grundsätzlich nur ein außerordentliches Kündigungsrecht, bei Dauergesellschaften ein unentziehbares ordentliches Kündigungsrecht. Die Liquidation der Gesellschaft wird bei der Zeitgesellschaft zum absehbaren und erwünschten Ereignis, während sie bei Dauergesellschaften in unbestimmte Ferne gerückt ist.

(2) Gestaltung

Deshalb bedarf es im Gesellschaftsvertrag hierzu eindeutiger Abreden. In der Praxis werden Abreden über die Durchführung bestimmter Projekte als Zeitgesellschaften geschlossen, sonstige Gesellschaften werden als Dauergesellschaften vereinbart.

bb) Formulierungsbeispiele

Arbeitsgemeinschaft/Projektgesellschaft

Die Gesellschaft wird zeitlich befristet geschlossen, bis das Bauprojekt „Sanierung Ludwigstr. 23 in Ingolstadt" durch die Gesellschaft durchgeführt und sämtliche hierzu erforderlichen Arbeiten, einschließlich Gewährleistungsarbeiten, abgeschlossen sind.

Sonstige Gesellschaften

Die Gesellschaft wird auf unbestimmte Dauer geschlossen.

i) Geschäftsjahr

aa) Vorbemerkungen

Personenhandels- und Kapitalgesellschaften unterliegen der **Buchführungs- und Bilanzierungspflicht** nach §§ 238 ff. HGB, die auf das Geschäftsjahr der Gesellschaft bezogen ist (§ 242 HGB).

Für die GbR gilt:

Nach § 721 Abs. 2 BGB ist nur bei Dauergesellschaften ein **Rechnungsabschluss** und eine **Gewinnverteilung** am Schluss eines jeden Geschäftsjahres vorgesehen, nicht für Zeitgesellschaften. In der Praxis wird auch bei Zeitgesellschaften zur Kontrolle der finanziellen Situation ein Rechnungsabschluss nicht erst nach Auflösung der Gesellschaft vorgesehen, sondern in periodischen Zeitabständen, d.h. zum Schluss eines jeden Geschäftsjahres.

Damit die Periode unstreitig ist, zu der der Rechnungsabschluss aufgestellt und ggf. die Gewinnverteilung vorgenommen werden muss, ist die Festlegung eines Geschäftsjahres sinnvoll. Bei Gesellschaften, die steuerlich bilanzieren, ist Geschäftsjahr grundsätzlich das Kalenderjahr. Abweichende Geschäftsjahre sind bei Gründung der Gesellschaft ohne Zustimmung des Finanzamts, anschließend nur mit Zustimmung des Finanzamts möglich.

bb) Formulierungsbeispiele

Geschäftsjahr entspricht Kalenderjahr 115

Geschäftsjahr ist das Kalenderjahr. Das 1. Geschäftsjahr ist ein Rumpfgeschäftsjahr. Es endet am 31.12. des Kalenderjahres, in dem die Gesellschaft gegründet wird.

Vom Kalenderjahr abweichendes Geschäftsjahr 116

Das Geschäftsjahr der Gesellschaft beginnt am 1. 4. eines Kalenderjahres und endet mit Ablauf des 31.3. des folgenden Kalenderjahres. Das erste Geschäftsjahr beginnt mit Gründung der Gesellschaft und endet am 31.3. ...

j) Kapital der Gesellschaft, Einlagen der Gesellschafter

aa) Definition

Einlagen sind besondere „Kapital"-Beiträge der Gesellschafter. 117

(1) Beiträge

Beiträge sind auf dem Gesellschaftsvertrag bestehende vermögenswerte 118
Leistungen aller Art, die der Gesellschafter in Erfüllung seiner Zweckförderungspflicht der Gesellschaft gegenüber zu erbringen hat.

(2) Einlagen

Einlagen sind **spezielle Beiträge**. Sie sind dadurch gekennzeichnet, dass 119
sie in das Vermögen der Gesellschaft eingehen und dieses mehren:

– Bei Personenhandelsgesellschaften gehen sie über in das Gesamthandsvermögen.

– Bei Kapitalgesellschaften gehen sie über in das Vermögen der Gesellschaft. Sie können in Form von Bar- oder Sacheinlagen oder gemischt erbracht werden. Andere Beiträge sind: auf dem Gesellschaftsvertrag (siehe dazu unten Rz. 121 ff.) beruhende Nutzungs- oder Kenntnisüberlassungen, Dienstleistungen und dergleichen. Trotz der Zweckförderungsverpflichtung der Gesellschafter ist es bei Personenhandelsgesellschaften nicht erforderlich, dass diese vermögensmehrende Einlagen in das Gesellschaftsvermögen erbringen; anders dagegen bei Kapitalgesellschaften.

bb) Gestaltung

120 Zur Begrenzung der Förderungspflicht des Gesellschafters und wegen § 707 BGB ist es auch bei Personengesellschaften sinnvoll, die von den Gesellschaftern der Gesellschaft gegenüber geschuldeten Einlagen und sonstigen Beiträge im Gesellschaftsvertrag zu verankern. Bei Kapitalgesellschaften müssen das (Stamm- oder Grund-)Kapital, das bestimmte Mindestsummen aufweisen muss (GmbH, falls nicht UG [haftungsbeschränkt]: 25 000 Euro, AG: 50 000 Euro), und die Einlagen in die Satzung (GmbH, siehe § 3 Abs. 1 Nr. 4 GmbHG, § 5 GmbHG) bzw. die Satzungsfeststellungsurkunde bei der AktG (§ 23 Abs. 2 AktG) aufgenommen werden.

k) Dienstleistungs- und Nutzungsüberlassungspflichten

aa) Abgrenzung gesellschaftsvertraglicher Pflichten von Leistungspflichten aufgrund zusätzlicher Abreden

121 Es ist zu berücksichtigen: Speziell bei Dienstleistungen (und Nutzungsüberlassungen) kann eine Pflicht des Gesellschafters dazu nicht nur auf gesellschaftsvertraglicher Basis begründet werden, sondern auch durch **ergänzende schuldrechtliche Verträge** zwischen der Gesellschaft und den Gesellschaftern. In einem Fall handelt es sich dann bei der (Nutzungsüberlassungs- oder der Dienstleistungs-)Pflicht um eine aus dem Gesellschaftsvertrag entspringende Pflicht, im anderen Fall um eine Pflicht, die sich aus einem vom Gesellschaftsvertrag getrennten Vertrag ergibt.

Die Unterscheidung hat Auswirkungen z.B. auf die Folgen von Pflichtverletzungen: Eine Verletzung von **gesellschaftsvertraglichen Pflichten** kann Grund zum Ausschluss eines Gesellschafters aus der Gesellschaft sein. Die Verletzung von **schuldrechtlich begründeten Verträgen** kann grundsätzlich nur dazu berechtigen, dass der das Gesellschaftsverhältnis ergänzende schuldrechtliche Vertrag gekündigt wird oder dass sonstige Ansprüche wegen Nicht- oder Schlechtleistung erhoben werden. Auswirkungen bestehen auch bei der Qualifikation von Gegenleistungen, die der Gesellschafter für seine (Dienstleistungs- oder Nutzungsüberlassungs-)Pflicht zu erhalten hat. Gegenleistungspflichten aufgrund schuldrechtlicher Abreden sind gewinnunabhängig zu erfüllen, stellen für die Gesellschaft handelsrechtlich Aufwand dar und mindern somit den Gewinn der Gesellschaft; Gegenleistungsansprüche auf gesellschaftsrechtlicher Basis führen nicht zum handelsrechtlichen Aufwand der Gesellschaft, sondern begründen einen (gewinnabhängigen) Vorab-Anspruch auf den von der Gesellschaft erzielten Gewinn.

bb) Gestaltung

Deshalb bedarf es der Entscheidung darüber, ob Leistungen, die ein Gesellschafter an die Gesellschaft erbringen soll, aufgrund des Gesellschaftsvertrags oder aufgrund ergänzend zu treffender schuldrechtlicher Abreden zu erbringen sind. 122

Zwingend in den Gesellschaftsvertrag aufgenommen werden müssen nur Leistungen, die auf gesellschaftsvertraglicher Basis erbracht werden. Diese Leistungen sind dann ihrem Umfang nach näher zu spezifizieren. Bei Dienstleistungspflichten gehören auch die Tage der Lohnfortzahlung, des Urlaubs, von Altersgrenzen u.a. mitgeregelt.

Wenn von vornherein weitere Verpflichtungen von Gesellschaftern aufgrund von ergänzenden Verträgen vorgesehen sind, sollte klargestellt werden, dass diese Leistungen nicht nach dem Gesellschaftsvertrag geschuldet werden.

2. Innere Ordnung der Gesellschaft

a) Geschäftsführung

aa) Abgrenzung Geschäftsführungsbefugnis – Vertretungsmacht

Das Recht zur Geschäftsführung bezeichnet die **Kompetenz im Innenverhältnis**, d.h. gegenüber den Mitgesellschaftern und innerhalb der Grundlagen der Gesellschaft, die für die Gesellschaft erforderlichen **Entscheidungen zu treffen**. Anders dagegen das Recht zur Vertretung, wodurch die Befugnis bezeichnet wird, im Verhältnis zu Dritten wirksame Verträge abzuschließen. Diese strikte Trennung zwischen Geschäftsführungsbefugnis und Vertretungsmacht durchzieht das gesamte Gesellschaftsrecht (auch wenn bei der GbR nach § 714 BGB „im Zweifel" eine Kongruenz zwischen Geschäftsführungsbefugnis und Vertretungsmacht besteht). 123

bb) Kein Recht zur Zwecküberschreitung und zu Grundlagenänderungen

Geschäftsführungsmaßnahmen liegen nur dann vor, wenn sie den Zweck der Gesellschaft zu realisieren bestimmt sind. Deshalb werden folgende Maßnahmen von der Geschäftsführungsbefugnis in keinem Fall erfasst: Eingehung gesellschaftsfremder Geschäfte im Einzelfall und Änderung der Grundlagen der Gesellschaft, z.B. Änderungen des Gesellschafterbestands oder des Gesellschaftsvertrags, sowie sonstige Grundlagengeschäfte, z.B. die Bilanzfeststellung. 124

cc) Selbst- und Fremdorganschaft

125 Das **Personengesellschaftsrecht** wird geprägt durch den Grundsatz der Selbstorganschaft. D.h. Dritten, die nicht Gesellschafter sind, kann die Befugnis zur Führung der Geschäfte nicht dergestalt übertragen werden, dass die Gesellschafter von der Geschäftsführung ausgeschlossen werden. Zumindest ein jederzeitiges Eintrittsrecht der Gesellschafter in die Geschäftsführung muss bleiben. Der Grundsatz der Selbstorganschaft führt auch dazu, dass ein mit der Führung der Geschäfte beauftragter Dritter aus wichtigem Grund durch einfachen Mehrheitsbeschluss abberufen werden kann.

126 Bei **Kapitalgesellschaften** können Nichtgesellschafter Organe der Gesellschaft sein, sog. Fremdorganschaft, siehe dazu § 6 Abs. 3 Satz 1 GmbHG.

Wenn die Rechtsform einer Personenhandelsgesellschaft gewünscht ist, aber auch die Fremdorganschaft, kann eine Kapitalgesellschaft Gesellschafter einer oHG oder KG werden. Der Geschäftsführer dieses vertretungsberechtigten persönlich haftenden Gesellschafters übernimmt dann die Geschäftsführung der Personengesellschaft (GmbH & Co. oHG und GmbH & Co. KG). Fremdorganschaftsähnliche Ergebnisse lassen sich durch Geschäftsbesorgungsverträge zwischen Personenhandelsgesellschaften und Dritten erzielen.

b) Buchführung, Bilanzierung

aa) Gesetzliche Regelung

127 Die Buchführungs- und Bilanzierungsvorschriften der §§ 238 ff. HGB gelten für (Kaufleute und) Personenhandels- und Kapitalgesellschaften, nicht für die GbR.

Eine gesetzliche Pflicht zur Buchführung und Bilanzierung besteht deshalb bei der GbR nur, wenn sie von § 141 AO (Abgabenordnung) angeordnet wird. Sonst besteht nur die eingeschränkte Pflicht des Geschäftsführers zur Auskunft und – nach Beendigung des Geschäfts – zur Rechnungslegung nach §§ 713, 666, 259 BGB gegenüber der Gesamtheit der Gesellschafter.

bb) Gesellschaftsvertragliche Regelung

128 Bei Personenhandels- und Kapitalgesellschaften kann von den Bilanzierungs- und Buchführungsbestimmungen des Gesetzes in der Regel nicht abgewichen werden. Gesellschaftsrechtliche Regelungen sind deshalb allenfalls sinnvoll, um gesetzliche Spielräume zu nutzen oder einzugrenzen (siehe dazu bei den einzelnen Gesellschaftsformen).

Auch bei der GbR ist in der Praxis eine jährliche Übersicht über die wirtschaftliche Situation der Gesellschaft erforderlich, um über den Stand der Geschäfte informiert zu sein, den Geschäftsführer kontrollieren zu können und die erforderlichen Daten für die meist jährlich gewünschte Gewinnverwendung zu erhalten.

Nur in einfachen Fällen wird eine Einnahmen-Überschussrechnung reichen, z.B. bei rein grundstücksverwaltenden Gesellschaften mit einem überschaubaren Kreis von Objekten und Gesellschaftern. In den anderen Fällen ist die Buchführung und Bilanzierung entsprechend kaufmännischen Grundsätzen gesellschaftsvertraglich vorzusehen.

c) Kontrollrechte der Gesellschafter

aa) Gesetzliche Regelung

Rechtsform-(und bei der KG gesellschafter-)spezifisch gewähren § 716 BGB, § 118 HGB, § 166 HGB; § 51a GmbHG und § 131 AktG Auskunfts- und Kontrollrechte, die grds. zum Kernbestandteil der Rechte des Gesellschafters gehören und deshalb grds. auch unentziehbar sind. **129**

bb) Gesellschaftsvertraglich mögliche Ergänzungen

(1) Beiziehung von Dritten

Für den Gesellschafter ist die Beiziehung eines sachverständigen Beraters ggf. von Bedeutung. Dieses Interesse kollidiert mit dem Interesse der Gesellschaft, dass Gesellschaftsinterna nur einem beschränkten Kreis von Personen zugänglich sein sollen. Deshalb ist bei personenbezogenen Gesellschaften folgender Kompromiss sinnvoll: Dem Gesellschafter wird das Recht zugestanden, sich bei Einsichtnahmen und Auskünften von Sachverständigen begleiten oder dieses Recht von vornherein durch den Sachverständigen ausüben zu lassen. Der Sachverständige muss aber ein zur berufsmäßigen Verschwiegenheit verpflichteter Angehöriger der rechts- oder steuerberatenden Berufe sein. **130**

(2) Missbrauchsgefahr

Ein Gesellschafter muss nach dem Gesetz grundsätzlich kein berechtigtes Interesse an einer Einsichtnahme oder einem Auskunftsrecht geltend machen. Für die Gesellschaft besteht dadurch das Risiko, dass dieses Recht unter Umständen zu gesellschaftsfremden Zwecken (z.B. Informationen an Wettbewerber) verwendet werden kann. § 51a Abs. 2 GmbHG enthält dazu eine auch für den Gesellschaftsvertrag der GbR, der oHG und KG umsetzbare Regelung, wonach Auskünfte und Einsichten verweigert werden dürfen, wenn die Gefahr der Verwendung zu gesellschaftsfremden Zwecken besteht. Für die AG enthält § 131 Abs. 3 AktG eine abschließende Regelung, unter welchen Voraussetzungen der Vorstand Auskünfte auf Fragen in der Hauptversammlung verweigern kann. **131**

d) **Gesellschafterversammlung, Stimmrecht, Einwendungsrechte**

aa) **Gesellschafterversammlung als Entscheidungsforum**

132 Für **GmbH und AG** ist geregelt, dass die Willensbildung unter den Gesellschaftern in einer Gesellschafterversammlung erfolgt (siehe § 48 Abs. 1 GmbHG mit Ausnahmeregelung in Abs. 2 und § 118 Abs. 1 AktG), die bei Aktiengesellschaften Hauptversammlung genannt wird.

Es regelt aber weder das HGB für **Personenhandelsgesellschaften** noch das BGB für die **GbR**, wie die Willensbildung unter den Gesellschaftern organisiert wird, wenn für Entscheidungen die Gesamtheit der Gesellschafter zuständig ist. Entscheidungen können danach von Gesetzes wegen grundsätzlich auf beliebige Weise getroffen werden. Ein fester und im Gesellschaftsvertrag verankerter **Verfahrensmodus für die Willensbildung** dient aber zugleich der Qualität der Entscheidung, der Ausübung von Gesellschafterrechten und der Rechtssicherheit. Die betroffenen Gesellschafter können dann Entscheidungen informiert treffen und ihre Kenntnisse und Erfahrungen besser in die Willensbildung der Gesellschaft einbringen. Zugleich steht fest, unter welchen Bedingungen Entscheidungen der Gesellschafter gelten. Bewährt hat sich dabei das Instrument der Gesellschafterversammlung, die grundsätzlich abzuhalten ist, damit Entscheidungen wirksam getroffen werden.

133 Nur GmbHG und AktG sehen regelmäßige Gesellschafter- bzw. Hauptversammlungen vor; für die anderen Gesellschaften sind nur Ad-hoc-Entscheidungen vorgesehen. Je nach Umfang der geschäftlichen Tätigkeit der Gesellschaft werden aber allgemein regelmäßige Gesellschafterversammlungen sinnvoll sein, mindestens einmal jährlich, um die Rechnungslegung des geschäftsführenden Gesellschafters entgegenzunehmen und zu billigen. Bei der Aktiengesellschaft kann eine verbindliche Aktionärsentscheidung nur in einer Hauptversammlung getroffen werden, auch wenn Einberufungs- und Durchführungsbestimmungen ggf. verzichtbar sind (s. §§ 118 Abs. 1, 121 Abs. 6 AktG).

bb) **Nähere Gestaltung**

134 Zu entscheiden ist bei der Gesellschaftsvertragsgestaltung von **Personengesellschaften** und **GmbH**, wer zur Einberufung zuständig ist und ob **Formen und Fristen** bei der Einberufung eingehalten werden müssen. Dabei sind ggfs. rechtsformspezifische Mindestanforderungen zu berücksichtigen. Wichtig ist es auch zu bestimmen, mit welchen **Mehrheiten** Entscheidungen getroffen werden müssen. Die Mehrheitserfordernisse können dabei je nach Qualität des Beschlusses differieren. Gesetzliche Vorgaben, z.B. bei Satzungsänderungen von Kapitalgesellschaften, sind zu berücksichtigen.

Klärungsbedürftig ist insbesondere auch, welches **Stimmgewicht** die einzelnen Gesellschafter innerhalb der Gesellschafterversammlung haben.

Zum „Stimmrecht" und der „Beteiligungsquote" siehe schon oben bei Rz. 102.

Das Gesetz sieht nur bei der Aktiengesellschaft und satzungsändernden Beschlüssen der GmbH vor, dass der Akt der Willensbildung näher **dokumentiert** wird. Da dies der Rechtsklarheit dient, ist die Protokollierung jeglicher Beschlussfassung aber unbedingt gesellschaftsvertraglich vorzusehen.

Weil der Inhalt des Protokolls gerügt werden kann (z.B. kann das Argument vorgebracht werden, dass der Inhalt eines gefassten Beschlusses falsch protokolliert worden ist) und weil gegen die Wirksamkeit eines gefassten Beschlusses darüber hinaus Einwendungen vorgebracht werden können, ist vorzusehen, dass solche **Rügen und Anfechtungen nur zeitlich eingeschränkt** vorgebracht werden können. Ein zeitlich unbeschränktes Rügerecht und Anfechtungsrecht stünde der Rechtsklarheit unter den Gesellschaftern entgegen. Der zeitliche Rahmen ist im Gesellschaftsvertrag zu bestimmen. Die Frist darf dabei nicht kürzer bemessen werden als die Ein-Monats-Frist nach § 264 Abs. 1 AktG. Dabei ist darauf zu achten, dass die Monatsfrist gegenüber Gesellschaftern, die bei der Beschlussfassung nicht anwesend waren, nicht beginnen darf, bevor den Gesellschaftern nicht der Inhalt des Beschlusses zugegangen ist.

Bei der AG regelt das Gesetz umfassend und grds. zwingend die Modalitäten der Einberufung der Hauptversammlung, ihres Ablaufs und ihrer Dokumentation. Das Gesetz ermöglicht folgende Satzungsgestaltungen: 135

Die Teilnahme an der Hauptversammlung oder die Stimmrechtsausübung kann von der vorherigen Anmeldung oder dem Nachweis des Anteilsbesitzes abhängig gemacht werden (§ 123 Abs. 2–4 AktG). Eine Geschäftsordnung mit gesetzesergänzenden Regeln für Vorbereitung und Durchführung der Hauptversammlung nach § 129 Abs. 1 AktG kann schon in der Satzung mit aufgenommen werden.

e) Ergebnisverwendung

aa) Verluste

(1) Keine Verlustteilnahme bei Kapitalgesellschaften

Gesellschafter an Kapitalgesellschaften nehmen an Verlusten nicht in dem Sinne teil, dass sie diese auszugleichen hätten. Die Auswirkung von Verlusten ist im Übrigen unter Rz. 430 und 592 ff. näher dargestellt. Gesellschaftsvertragliche Gestaltungen sind insoweit nicht möglich. 136

(2) Verlustteilnahme bei Personenhandelsgesellschaften, GbR und stiller Gesellschaft

137 – Unbeschränkte Verlustteilnahme des Gesellschafters der oHG, des persönlich haftenden Gesellschafters der KG und der Gesellschafter der GbR,

– Eingeschränkte Verlustteilnahme des Kommanditisten,

– vom Gesellschaftsvertrag abhängige Verlustteilnahme des stillen Gesellschafters.

Bei der Behandlung von Verlusten ist zu differenzieren zwischen der rein rechnerischen „Zurechnung eines Verlusts" auf die einzelnen Gesellschafter und der Pflicht, Fehlbeträge zu tragen, d.h. zur Verlustdeckung Einlagen in das Gesellschaftsvermögen (bzw. beim stillen Gesellschafter in das Vermögen des Betreibers des Handelsgeschäfts) zu leisten. Die rein rechnerische Zurechnung von Verlusten auf einzelne Gesellschafter muss stets erfolgen. Zur bilanziellen Erfassung, z.B. über Verlustvortragskonten, die für jeden Gesellschafter geführt werden, siehe bei Rz. 262.

Bezüglich der Pflicht, „Fehlbeträge zu tragen", gilt nach § 707 BGB, der über § 105 Abs. 2 und § 161 Abs. 2 HGB grundsätzlich auch für oHG und für die KG gilt, dass der Gesellschafter während des werbenden Stadiums der Gesellschaft nicht „zur Ergänzung der durch Verlust verminderten Einlage" verpflichtet sein soll. Diese Verpflichtung besteht vielmehr erst nach Auflösung der Gesellschaft nach § 721 Abs. 1, § 735 BGB. Gesellschaftsvertragliche Regelungen sind insoweit möglich. Siehe im Übrigen bei den einzelnen Gesellschaftsverträgen.

Bei Partnerschaftsgesellschaften gelten zunächst die Grundsätze der oHG, ergänzt um § 8 Abs. 2, 3 PartGG.

bb) Gewinne

138 Soweit im Geschäftsjahr Gewinne erzielt werden, können bereits nach dem Gesetz Gewinnverwendungsregeln bestehen, die insbesondere zu einem Verbot der Gewinnausschüttung führen. Solche bestehen insbesondere bei Kapitalgesellschaften bei Verlusten in den vorangegangenen Geschäftsjahren (siehe Rz. 430) und beim Kommanditisten, wenn durch ihm zugerechnete Verluste aus vorangegangenen Geschäftsjahren sein Kapital unter den bedungenen „Einlagebetrag" herabgemindert ist oder durch die Auszahlung unter diesen Betrag herabgemindert würde (§ 169 Abs. 1 Satz 2 und § 172 Abs. 4 HGB).

139 Im Übrigen gibt es, soweit die Gewinnverwendung nicht gesetzlich vorherbestimmt ist (z.B. Pflicht zur Schaffung der gesetzlichen Rücklage nach § 150 AktG bei der AG und nach § 5a Abs. 3 GmbHG bei der UG -haftungsbeschränkt-), grundsätzlich drei Möglichkeiten, den erzielten Gewinn zu verwenden:

– Ausschüttung an die Gesellschafter,

– Vortrag auf das neue Geschäftsjahr, in dem der Gewinn dann wieder automatisch zur neuen Disposition steht, oder

– Einstellung in Rücklagen, die den Gewinn der automatischen Disposition in den Folgejahren entziehen und dazu führen, dass Rücklagen nur durch einen besonderen Beschluss der Gesellschaftsversammlung wieder aufgelöst werden können. Für Aktiengesellschaften gelten Sonderbestimmungen (s. z.B. § 58 AktG).

Siehe im Übrigen zur Vertragsgestaltung bei den einzelnen Gesellschaftsverträgen Rz. 259 ff., 350, 431.

f) Wettbewerbsfragen

aa) Erforderlichkeit einer Regelung

Die Regelung von wettbewerbsrechtlichen Fragen, insbesondere die Verankerung bzw. Befreiung von Wettbewerbsverboten, hat Anfang der 90er Jahre – insbesondere aufgrund steuerlicher Probleme bei Kapitalgesellschaften – an Bedeutung gewonnen. Während früher die Vereinbarung von nachvertraglichen Wettbewerbsverboten im Mittelpunkt des Interesses stand, war nunmehr das Wettbewerbsverbot bei Gesellschaften mit beschränkter Haftung und hieraus etwa folgende verdeckte Gewinnausschüttungen zum steuerlichen wie wirtschaftlichen Dauerbrenner geworden. Die steuerliche Problematik wurde zwischenzeitlich entschärft. Gleichwohl sollten wettbewerbsrechtliche Aspekte bei allen Gesellschaften geregelt werden.

140

bb) Interessenlage

Begriffsnotwendiges Merkmal einer Gesellschaft ist der Zusammenschluss zur Förderung eines gemeinsamen Zwecks. Jeglicher Wettbewerb ist daher aus Sicht der **Gesellschaft** potentiell schädlich. Zudem möchte der **Gesellschafter** in seiner wirtschaftlichen Bewegungsfreiheit möglichst wenig eingeschränkt sein.

141

Wettbewerbsrechtliche Fragen berühren aber auch weitere **Dritte**, insbesondere Konkurrenzunternehmen oder die **Öffentlichkeit** (etwa in Fällen mit kartellrechtlicher Relevanz) oder schließlich den **Fiskus** aufgrund der steuerlichen Implikationen (verdeckte Gewinnausschüttungen bei GmbH). Diese angedeuteten Probleme lassen eine einvernehmliche und möglichst präzise Regelung der wettbewerbsrechtlichen Fragestellungen mit Interesse von Gesellschaft und Gesellschafter wünschenswert erscheinen.

Regelungsbedarf kann hierbei sowohl dem Grunde nach als auch bezüglich der Rechtsfolgen auftreten.

cc) Abgrenzung zu arbeitsvertraglichen Wettbewerbsregelungen

142 Die Gesellschafter einer **Personengesellschaft** werden – soweit sie aktiv in der Geschäftsführung bzw. Vertretung der Gesellschaft mitwirken – aufgrund ihrer Gesellschafterstellung für diese tätig, nicht jedoch aufgrund eines als Arbeitsverhältnis zu qualifizierenden Vertrages. Die arbeitsrechtlichen Schutzvorschriften, insbesondere die §§ 74 ff. HGB, finden daher keine Anwendung.

143 Bei **Kapitalgesellschaften** galt früher der Grundsatz, dass deren Geschäftsführer bzw. Vorstandsmitglieder als deren Organe tätig werden und daher als Arbeitgeber zu behandeln sind. Hiervon ist das BAG (NZA 1999, 839 und NZA 1999, 987) abgewichen und hat festgestellt, dass das Dienstverhältnis eines GmbH-Geschäftsführers im Einzelfall auch ein Arbeitsverhältnis sein kann. Die Qualifizierung hängt von den Umständen des Einzelfalles ab. Ob – bei Vorliegen eines Arbeitsverhältnisses – auch die arbeitsrechtlichen Wettbewerbsregeln anwendbar sind, wurde offen gelassen. Vorsorglich sollte auch diesen Bestimmungen Rechnung getragen werden. Für den Bereich der AG ist weiterhin davon auszugehen, dass die Anwendung der arbeitsrechtlichen Schutzvorschriften auf die Vorstandsmitglieder regelmäßig ausgeschlossen ist.

dd) Gesetzliche Regelungen des Wettbewerbsverbots

(1) Grundsatz

144 Es entspricht der einhelligen Meinung, dass ein etwaiges Wettbewerbsverbot letztlich eine Konkretisierung der **allgemeinen Treuepflicht** ist und deshalb jeden Gesellschafter treffen kann, also auch einen Kommanditisten, GmbH-Gesellschafter oder stillen Gesellschafter. Vor diesem Hintergrund sind die gesetzlichen Ausprägungen nur Konkretisierungen der allgemeinen Treuepflicht.

(2) GbR

145 Eine gesetzliche Regelung fehlt; ein etwaiges Wettbewerbsverbot muss daher im Einzelfall aus der Treuepflicht abgeleitet werden bzw. durch Vertrag begründet werden.

(3) oHG

146 § 112 HGB statuiert ein Wettbewerbsverbot für sämtliche Gesellschafter (auch nichtgeschäftsführungsberechtigte Gesellschafter), das jedoch mit dem Ausscheiden aus der Gesellschaft oder deren Auflösung endet (streitig ist, ob dies auch dann gilt, wenn der Gesellschafter gerade wegen Verstoßes gegen das Wettbewerbsverbot ausgeschlossen wurde). Insoweit besteht vertraglicher Regelungsbedarf.

§ 112 HGB umfasst sowohl die eigene Tätigkeit im Handelszweig der Gesellschaft als auch die Beteiligung als persönlich haftender Gesellschafter an einer gleichartigen Gesellschaft (hier ist der Zweck der Gesellschaft von Bedeutung).

Die **Rechtsfolgen** eines Verstoßes gegen das Wettbewerbsverbot sind nach dem Gesetz folgende: 147
- Die Gesellschaft kann nach allgemeinen Grundsätzen Unterlassung des Wettbewerbs verlangen.
- Gemäß § 113 Abs. 1 HGB kann die Gesellschaft Schadensersatz fordern oder statt dessen verlangen, dass die für Rechnung des Gesellschafters abgeschlossenen Geschäfte als für Rechnung der Gesellschaft eingegangen gelten und die Vergütungsansprüche an die Gesellschaft abgetreten werden.
- Darüber hinaus kann der Verstoß Voraustatbestand für die Entziehung der Geschäftsführung, für die Entziehung der Vertretungsbefugnis und für die Ausschließung aus der Gesellschaft sein (§§ 117, 127, 140, 133 HGB).

(4) KG

Für den **Komplementär** gelten die zur oHG (siehe oben) geschilderten Grundsätze. Für den **Kommanditisten** besteht dagegen nach § 165 HGB kein gesetzliches Wettbewerbsverbot. Jedoch kann sich dies als Konkretisierung der allgemeinen Treuepflicht ergeben, insbesondere bei Beherrschung der Gesellschaft durch den Kommanditisten (vgl. statt aller BGHZ 89, 162). Insoweit besteht gegebenenfalls vertraglicher Regelungsbedarf. 148

(5) GmbH

Nach der h.M. (vgl. *Lutter/Hommelhoff*, GmbHG, Anh. zu § 6 Rz. 20 ff.) ist der **Geschäftsführer** einer GmbH bereits aufgrund seiner Organstellung einem gesetzlichen Wettbewerbsverbot – auch ohne ausdrückliche Abrede in der Satzung oder im Geschäftsführervertrag – unterworfen. Das Wettbewerbsverbot beginnt mit der Übernahme des Amts als Geschäftsführer und endet mit der Amtsniederlegung. 149

Aufgrund der Ableitung des Wettbewerbsverbots aus der Treuepflicht kann auch ein **bloßer Gesellschafter** im Einzelfall einem Wettbewerbsverbot unterliegen. Einzelheiten hierzu sind streitig, insbesondere bezüglich der dogmatischen Herleitung (vgl. *Lutter/Hommelhoff*, GmbHG, § 14 Rz. 23).

Insbesondere aufgrund der steuerlichen Gefahren (vgl. hierzu nachfolgend Rz. 155) bedürfen diese Fragestellungen bei der GmbH einer adäquaten vertraglichen Gestaltung im Einzelfall. Bezüglich der Voraussetzun- 150 gen für eine zivilrechtliche wirksame **Befreiung** erachtet die h.M. die Aufnahme einer „**Öffnungsklausel**" in die Satzung für ausreichend. Diese könnte etwa lauten:

„Die Gesellschafterversammlung kann den bzw. die Geschäftsführer und/oder einzelne Gesellschafter von einem vertraglichen bzw. gesetzlichen Wettbewerbsverbot befreien. Dieser Beschluss bedarf der einfachen Mehrheit der abgegebenen Stimmen. In diesem Beschluss müssen die näheren Einzelheiten über den sachlichen, zeitlichen und räumlichen Umfang der Befreiung und über ein für die Befreiung zu leistendes Entgelt geregelt werden."

Die ausdrückliche Befreiung vom Wettbewerbsverbot in der Satzung selbst ist demgegenüber nicht erforderlich. Eine solche „Öffnungsklausel" sollte daher vorsorglich in jeden GmbH-Vertrag aufgenommen werden.

151 Als **Rechtsfolgen** bei einem Verstoß gegen ein Wettbewerbsverbot kommen in Betracht:

– Unterlassungsanspruch der Gesellschaft,
– Schadensersatzansprüche der Gesellschaft (§ 113 HGB analog bzw. § 88 Abs. 2 AktG),
– Eintrittsrecht (analog den vorgenannten Bestimmungen),
– Vorteilsherausgabe entsprechend §§ 675, 667 BGB oder §§ 687 Abs. 2, 681, 667 BGB,
– Abberufung des Geschäftsführers aus wichtigem Grunde nach § 38 Abs. 2 GmbHG und/oder Kündigung des Anstellungsvertrages,
– u.U. Einziehung des Anteils nach § 34 GmbHG,
– verdeckte Gewinnausschüttung (vgl. hierzu nachfolgend Rz. 155 f.).

(6) AG

152 § 88 AktG konstituiert ein Wettbewerbsverbot zu Lasten der Vorstandsmitglieder für deren Amtsdauer.

Vertragliche Regelungen sind hier insbesondere bezüglich der Zeit nach dem Ausscheiden des Vorstandsmitglieds möglich und sinnvoll. Die Beschränkungen der §§ 74 ff. HGB gelten – wie bei der GmbH – nicht analog (aufgrund der Unternehmerfunktion der Vorstandsmitglieder).

Zu den Rechtsfolgen vergleiche *Hüffer*, AktG, § 88 Rz. 6 ff. Als Rechtsfolge kommt insbesondere ein Schadensersatzanspruch der AG gem. § 88 Abs. 2 Satz 1 AktG in Betracht, wobei sich Vorstandsmitglieder gem. § 93 Abs. 2 Satz 2 AktG analog exkulpieren können. Die AG muss den Eintritt des Schadens und seine Höhe beweisen. Ferner gewährt § 88 AktG der AG alternativ zum Schadensersatzanspruch ein sog. Eintrittsrecht, d.h. die Befugnis, den aus verbotener Tätigkeit ihrer Vorstandsmitglieder erzielten Geschäftsgewinn an sich zu ziehen. Allerdings wird insoweit vorausgesetzt, dass die AG die Tätigkeit, aus der ihr Vorstandsmitglied Gewinn bezog, selbst hätte ausüben dürfen. Hätte sie auch ihrerseits gegen ein gesetzliches Verbot verstoßen, so kann sie den Gewinn nicht an sich ziehen (näher *Hüffer*, AktG, § 88 Rz. 7).

(7) Weitere Gesellschaften

Aufgrund der Herleitung des Wettbewerbsverbots aus der Treuepflicht kommt ein solches auch bei sonstigen Gesellschaftsformen in Betracht. Auch insoweit besteht ggf. vertraglicher Regelungsbedarf. 153

ee) Verhältnis zum Kartellverbot

Mit der gesetzlichen oder vertraglichen Vereinbarung eines Wettbewerbsverbots wird Wettbewerb ausgeschlossen bzw. eingeschränkt. Demgegenüber verbietet § 1 GWB wettbewerbsbeeinträchtigende Abreden zwischen Unternehmen. Die Rechtsprechung (BGHZ 38, 306 [312]; 70, 331 [334]) differenziert hier danach, ob das Wettbewerbsverbot nur als notwendiger Bestandteil des Gesellschaftsvertrages den Gesellschafter zur Erbringung der versprochenen Leistungen anhalten soll und insoweit „kartellrechtsimmun" ist oder ob der Gesellschafter im Wesentlichen nur kapitalistisch beteiligt ist, insbesondere von Geschäftsführung und Vertretung ausgeschlossen ist oder tatsächlich nicht daran teilnimmt. Im zuletzt genannten Fall könnte unter den Voraussetzungen des § 1 GWB das Wettbewerbsverbot nichtig sein. 154

Auch insoweit hat eine ausführliche vertragliche Regelung Bedeutung, um die erforderliche Marktabgrenzung und damit eine Wettbewerbsbeeinträchtigung im Sinne des § 1 GWB zu vermeiden.

ff) Steuerliche Gefahren im Zusammenhang mit dem Wettbewerbsverbot

Die Rechtsprechung des BFH und hieran anknüpfend die Finanzverwaltung haben in der Vergangenheit verdeckte Gewinnausschüttungen angenommen, wenn ohne zivilrechtlich wirksame Befreiung vom Wettbewerbsverbot ein beherrschender Gesellschafter in Wettbewerb zur GmbH getreten ist und ein Ausgleich für die zu Lasten der GmbH abgeschlossenen Geschäfte nicht vertraglich vorgesehen war bzw. tatsächlich stattgefunden hat (vgl. hierzu statt aller BMF BStBl. I 1992, 137; I 1993, 24; I 1993, 556). 155

Probleme ergeben sich also, wenn

– das Wettbewerbsverbot besteht und nicht zivilrechtlich wirksam abbedungen wurde (zur Abbedingung genügt nach Auffassung der Finanzverwaltung eine sog. Öffnungsklausel in der Satzung und ein hierauf beruhender schlichter Gesellschafterbeschluss);

- es sich um einen einflussreichen Gesellschafter handelt oder unabhängig davon das Wettbewerbsverbot für alle Gesellschafter in der Satzung festgelegt ist und
- der Gesellschafter dagegen verstößt und die Gesellschaft keinen Ausgleich nach § 113 HGB verlangt oder
- der Gesellschafter speziell oder generell ohne marktgerechte Gegenleistung Befreiung vom Wettbewerbsverbot erhält.

156 Als vertragsrechtliche **Maßnahmen zur Vermeidung** von verdeckten Gewinnausschüttungen kommen demnach insbesondere in Betracht (vgl. hierzu etwa *Pelker/Wüst*, DStR 1992, 1709; *Vossius*, DStR 1992, 1567 mit weiteren Nachweisen):
- möglichst **enge Abgrenzung** der Geschäftsbereiche in sachlicher, örtlicher und zeitlicher Sicht, um die Entstehung eines Wettbewerbsverhältnisses zu vermeiden,
- Aufnahme von **Öffnungsklauseln** in die Satzung,
- wettbewerbszulassende Beschlüsse durch die Gesellschafterversammlung, wobei die Einzelheiten im Beschluss zu regeln sind.

Die vorstehend skizzierte Rechtslage führte zu zahlreichen Unsicherheiten in der Praxis. Mit der neueren Rechtsprechung (BFH DStR 1995, 1873; DStR 1996, 337; DStR 1996, 1769; DStR 1997, 323) ist der BFH von den bislang praktizierten Grundsätzen teilweise abgewichen und hat die Bedeutung der sogenannten Geschäftschancenlehre betont. Demnach genügt es für die Annahme einer verdeckten Gewinnausschüttung nicht, dass GmbH und Gesellschafter auf demselben Markt tätig werden. Entscheidend ist, dass entweder der Gesellschafter Geschäftschancen der GmbH an sich zieht, ohne ein angemessenes Entgelt zu zahlen, oder dass er die Gesellschaft veranlasst, zivilrechtliche Ansprüche ihm gegenüber nicht geltend zu machen. Die Zuordnung der Geschäftschancen hat nach materiellen Kriterien zu erfolgen. Ein Gebot der klaren Aufgabenabgrenzung besteht nicht. Getroffene Vereinbarungen können jedoch Indizien für eine Zuordnung der Geschäftschancen begründen. Hiermit hatte der BFH die „Freiheit des Wettbewerbs" auch im Verhältnis zwischen GmbH und ihren Gesellschaftern anerkannt. Die Kriterien für die steuerliche Begründung und Zurechnung der Geschäftschancen sind jedoch nicht vollends geklärt worden. Die oben genannten Abgrenzungskriterien behalten daher ihre praktische Relevanz, auch wenn auf sie nicht mehr ausschließlich abzustellen ist (vgl. zu den Auswirkungen der Rechtsprechungsänderung etwa *Gosch*, DStR 1995, 1863; *Wassermeyer*, DStR 1997, 681).

gg) Regelungsmöglichkeiten und Regelungsgrenzen

157 Je nach Interessenlage kann im Einzelfall die Befreiung von einem gesetzlichen Verbot angezeigt sein wie umgekehrt die vertragliche Konsti-

tuierung eines solchen. Auf folgende Differenzierungsmöglichkeiten sei hingewiesen:

- Ausschluss bzw. Beschränkung **„dem Grunde nach"**. In zahlreichen Fällen kann durch eine entsprechend enge Fassung des Unternehmerzwecks (z.B. auch sog. **Objektgesellschaften**) die Entstehung eines Wettbewerbsverhältnisses von vornherein vermieden werden.
- Gleiches gilt für Beschränkungen in **sachlicher, zeitlicher oder räumlicher** Hinsicht. Bezüglich der zeitlichen Komponente ist darauf zu achten, dass grundsätzlich ein Wettbewerbsverbot nur während der Zugehörigkeit zur Gesellschaft besteht. Nachvertragliche Beschränkungen müssen daher explizit vereinbart werden.
- Differenzierungen bieten sich auch bezüglich der **Rechtsfolgen** an (Ausschluss bzw. Beschränkung einzelner Ansprüche).

hh) Grenzen der Regelungsbefugnis, insbesondere Mandanten- und Branchenschutzklauseln

Die vertragliche Konstituierung von Wettbewerbsverboten findet ihre Grenze in den allgemeinen Regelungen der §§ 138, 242, 826 BGB und Art. 12, 14 GG. Auch vor diesem Hintergrund sollte eine möglichst enge Umfassung des Wettbewerbsverbots erfolgen.

Nachvertragliche Wettbewerbsverbote müssen dem Schutz der Gesellschaft dienen und dürfen nach Ort, Zeit (regelmäßig höchstens zwei Jahre) und Gegenstand die Berufsausübung und wirtschaftlichen Betätigung des Gesellschafters nicht unbillig erschweren, wobei auf den Zeitpunkt des Ausscheidens (nicht des Vertragsschlusses) abgestellt wird. Sog. Mandantenschutzklauseln, wonach dem ausscheidenden Gesellschafter untersagt wird, Mandate von Auftraggebern zu betreuen, die zur Klientel der Gesellschaft gehört haben, sind demnach grundsätzlich zulässig. Bedenklich sind dagegen Klauseln, die einem ausscheidenden Gesellschafter letztlich die Ausübung des Berufes untersagen (sog. Branchenschutzklauseln). Die Einzelheiten sind streitig, insbesondere ob bei Vereinbarung einer Karenzentschädigung und einer zeitlichen Befristung Ausnahmen möglich sind.

3. Außenverhältnisse der Gesellschaft

a) Vertretung der Gesellschaft oder der Gesellschafter

aa) Definition

Das Recht zur Vertretung bezeichnet die Kompetenz gegenüber Dritten (bei Personengesellschaften mit Wirkung für die sämtlichen Gesellschafter, bei Kapitalgesellschaften mit Wirkung für und gegen diese), Verträge zu schließen und rechtsgeschäftliche Verbindlichkeiten zu begründen. Sie unterscheidet sich von der Geschäftsführungsbefugnis, die im Verhältnis zu den Gesellschaftern die Aussage trifft, ob Geschäfte vorgenommen werden dürfen (siehe im Übrigen Rz. 123).

bb) Fremd-/Selbstorganschaft

160 Diese Unterscheidung (siehe Rz. 125 f.) spielt auch bei der Vertretung eine Rolle. Für **Kapitalgesellschaften** ist die Fremdorganschaft, d.h. für organschaftliche Vertretung durch Nichtgesellschafter, zugelassen. Bei **Personengesellschaften** besteht der Grundsatz der Selbstorganschaft, was für die Vertretung bedeutet: Dritte können zwar rechtsgeschäftlich Vollmacht (einschl. Prokura bei Personenhandelsgesellschaften) zur Vertretung der Personengesellschaft erhalten. Die Gesamtheit der – bei der KG persönlich haftenden – Gesellschafter darf aber von der eigenen organschaftlichen Vertretung nicht ausgeschlossen werden.

cc) Vertragliche Regelung

161 Ein geschäftsführender und vertretungsberechtigter Gesellschafter (bei Kapitalhandelsgesellschaften auch Dritter) kann im Außenverhältnis eine weitere Vertretungsmacht besitzen, als er nach dem Gesellschaftsvertrag gegenüber den (Mit-)Gesellschaftern aus eigener Kompetenz entscheiden darf. Zur Legitimation gegenüber den (Mit-)Gesellschaftern, nicht aber gegenüber dem dritten Vertragspartner bedarf er dann eines zustimmenden Beschlusses der Gesellschafterversammlung.

dd) Gestaltung, Adressaten der Vertretungsmacht

162 Zu klären ist, wer Vertretungsmacht erhalten soll und, wenn mehrere Personen Vertretungsmacht erhalten, ob die vertretungsberechtigten Personen jeweils einzeln zur Vertretung befugt sind oder ob sie die Vertretungsmacht nur gemeinsam ausüben können. Bei gemeinsamer Vertretungsmacht ist weiter zu klären, in welchen Konstellationen (alle vertretungsberechtigten Personen gemeinsam, zwei gemeinsam?) sie diese Befugnis ausüben können. Es ist darauf zu achten, dass die Gesellschaft stets handlungsfähig bleibt, auch wenn ein Vertretungsberechtiger z.B. verreist oder erkrankt ist. Deshalb sollten mindestens zwei Personen organschaftliche Vertretungsmacht haben.

ee) Verleihung der Vertretungsmacht, Umfang, Registrierung, Legitimationsurkunde

163 Bei Personenhandelsgesellschaften und Kapitalgesellschaften wird die Verleihung der Vertretungsmacht seit jeher als organschaftlicher Akt verstanden, bei der GbR gilt dies seit der „Teilrechtsfähigkeitsrechtsprechung" entsprechend. Im Einzelnen hat dies folgende Auswirkungen:

(1) Umfang

Der Umfang der Vertretungsmacht ist standardisiert und nicht beliebig mit Wirkung gegenüber Dritten beschränkbar. Siehe im Übrigen bei den einzelnen Gesellschaftsformen Rz. 268 ff., 324, 352, 386, 420 f., 526.

164

(2) Registrierung

Die organschaftliche Vertretungsmacht und evtl. (soweit zulässig) Beschränkungen bei Personenhandels- und Kapitalgesellschaften werden im Handelsregister eingetragen; der Gutglaubensschutz des § 15 HGB nimmt daran teil.

165

Eine solche Registrierung ist bei der GbR nicht möglich. Vertrauensschutz erfolgt nach den Grundsätzen über Duldungs- und Anscheinsvollmachten, in Grundstücksangelegenheiten darüber hinaus nach § 899a BGB.

(3) Legitimationsurkunde

Bei Personen- und Kapitalgesellschaften erfolgt der Legitimationsnachweis durch die Handelsregistereintragung. Da dies bei der GbR nicht möglich ist, muss sich hier der Vertretungsberechtigte durch das Original oder eine Ausfertigung des Gesellschaftsvertrags legitimieren oder über gesondert zu erteilende Vollmachtsurkunden (siehe im Übrigen Rz. 271 f.).

166

b) Haftungsbeschränkung

Bei Personenhandels- und Kapitalgesellschaften ergibt sich der Umfang der Haftung aus der Art der Gesellschaftsbeteiligung.

167

- **Gesellschafter von Kapitalgesellschaften** haften für Verbindlichkeiten der Gesellschaft nicht, ohne dass dazu gesellschaftsvertragliche Gestaltungen erforderlich wären (§ 1 Abs. 1 Satz 2 AktG, § 13 Abs. 2 GmbHG).
- **Gesellschafter von oHG und persönliche haftende Gesellschafter von KG** haften nach § 128 HGB persönlich und gesellschaftsvertraglich unbeschränkbar. Dies gilt entsprechend für alle Gesellschafter einer **GbR**. Nur im Innenverhältnis unter den Gesellschaftern kann verabredet werden, dass einzelne Gesellschafter von den weiteren Gesellschaftern von der Haftung freigestellt werden.
- Zur beschränkten persönlichen **Haftung des Kommanditisten** und zu erforderlichen und sinnvollen vertraglichen Abreden insbesondere beim Beitritt des Kommanditisten und bei der Gewinnverwendung siehe bei der KG Rz. 344 ff.
- Bei **PartG** haften grds. alle Partner; bei fehlerhafter Berufsausübung haften dafür nur die befassten Partner, § 8 Abs. 1, 2 PartGG.

4. Strukturänderungen der Gesellschaft

a) Aufnahme weiterer Gesellschafter/Gesellschafterwechsel

aa) Kapitalgesellschaften

(1) GmbH

168 Bei unverändertem Kapital der Gesellschaft können weitere Gesellschafter bei der GmbH nur aufgenommen werden, indem die bisherigen **Geschäftsanteile** eines oder mehrerer Altgesellschafter **veräußert** werden. Wenn ein Altgesellschafter mehrere Anteile hält, kann er einzelne davon an den neuen Gesellschafter veräußern. Eine Zustimmung durch die Gesellschaft – vertreten durch den Geschäftsführer – ist nicht erforderlich. Wenn die Satzung nichts anderes regelt, ist der (ungeteilte) Geschäftsanteil frei veräußerlich. Wenn ein Gesellschafter nur einen Anteil hält und sich von seiner Beteiligung nur teilweise trennen will, müssen Teile seines Anteils abgespalten und daraus ein neuer Geschäftsanteil gebildet werden. Dafür gilt, dass sowohl der neu entstehende als auch der alte Anteil mindestens 1 Euro betragen und auf volle Euro lauten müssen (siehe § 5 Abs. 2 GmbHG). Darüber hinaus ist für die Teilung nach h.M. nach § 46 Nr. 4 GmbHG die Zustimmung der Gesellschafterversammlung erforderlich.

(2) AG

169 Bei der AG ist eine Teilung von Aktien nicht möglich (§ 8 Abs. 5 AktG); wegen der Stückelung des Kapitals in eine Vielzahl von Aktien bereits bei Gründung ergeben sich in der Praxis daraus allerdings in der Regel keine Probleme.

Zur Vermeidung der Teilungsproblematik sollten Aktien zu möglichst niedrigen Nennwerten ausgegeben werden (nach § 8 Abs. 2 AktG mindestens 1 Euro bzw. Stückaktien zu einem rechnerischen Anteil, der 1 Euro entspricht, § 8 Abs. 3 S. 3 AktG). Aktien sind grds. frei übertragbar. Namensaktien können durch die Satzung vinkuliert werden; die erforderliche Zustimmung wird dann durch den Vorstand erteilt (§ 68 Abs. 2 AktG).

Eine Aufnahme zusätzlicher Gesellschafter ist bei Kapitalgesellschaften darüber hinaus möglich, wenn das Kapital erhöht wird.

Ein Gesellschafterwechsel vollzieht sich bei **Kapitalgesellschaften** durch **Anteilsabtretung**. Geschäftsanteile der GmbH sind grundsätzlich ohne Zustimmung der GmbH und der weiteren Gesellschafter abtretbar; Beschränkungen können in der Satzung für die Anteile an der GmbH vereinbart werden. Siehe im Übrigen bei Rz. 435 ff.

bb) Personengesellschaften

Der rechtsgeschäftliche Beitritt eines weiteren Gesellschafters oder der Gesellschaftswechsel durch **Abtretung der Beteiligung** (ganz oder geteilt) ist bei Personenhandelsgesellschaften, PartG und der GbR Grundlagengeschäft der Gesellschaft. Deshalb ist eine Änderung des Gesellschaftsvertrags erforderlich, die grundsätzlich nur mit Zustimmung aller Gesellschafter zulässig ist. Gesellschaftsvertraglich kann abweichend davon geregelt werden, dass über die Aufnahme weiterer Gesellschafter durch Beschluss (mit dort zu regelnder Mehrheit) entschieden wird. Im Gesellschaftsvertrag kann auch vorgesehen werden, dass einem einzelnen Gesellschafter (oder sogar einem gesellschaftsfremden Dritten) die alleinige Kompetenz eingeräumt wird, Beitrittsverträge mit weiteren Beitrittswilligen für die bisherigen Gesellschafter zu schließen. Die Kompetenz wird demjenigen, der über die Aufnahme entscheiden darf, eingeräumt, indem ihm eine entsprechende Vollmacht erteilt wird. 170

b) Kündigung eines Gesellschafters

aa) Definition

Das Gestaltungsrecht eines Gesellschafters, sich von der Gesellschaft zu lösen, wird als Kündigung bezeichnet. Man unterscheidet zwischen der **ordentlichen** Kündigung, die keiner weiteren Gründe bedarf, und der **außerordentlichen Kündigung** aus wichtigem Grund. 171

bb) Zulässigkeit

Für **Kapitalgesellschaften** ist die Kündigung nicht im Gesetz erwähnt. Ein Kündigungsrecht kann in der **GmbH** aber satzungsmäßig verankert werden. Darüber hinaus wird in Ausnahmefällen ein Recht zur außerordentlichen Kündigung ohne satzungsmäßige Grundlage zugestanden. Bei der **AG** ist umstritten, ob eine Kündigung eines Aktionärs nach § 262 Abs. 1 Nr. 1 AktG als Zeitpunkt in der Satzung verankert werden kann, zu der sie aufgelöst wird. Wenn dem Aktionär nicht die Liquidation der AG, sondern nur die Lösung von der Aktionärsposition gestattet werden soll, kann die Kündigung durch die Satzung zum Voraustatbestand für eine (hier angeordnete) Aktieneinziehung erklärt werden (§ 237 Abs. 1 Satz 2 AktG). Bei den **Personenhandelsgesellschaften, PartG** und der **GbR** sind außerordentliche Kündigungen stets zulässig, ohne dass Fristen eingehalten werden müssen; außerordentliche Kündigungen können auch gesellschaftsvertraglich nicht ausgeschlossen werden (siehe dazu § 723 Abs. 3 BGB). Die Zulässigkeit ordentlicher Kündigungen hängt davon ab, ob die Gesellschaft von bestimmter oder unbestimmter Dauer ist, und von der gesellschaftsvertraglichen Gestaltung (siehe dazu unten jeweils bei den einzelnen Gesellschaftsformen, Rz. 278 ff., 440). 172

cc) Form

173 Kündigungserklärungen müssen, wenn nichts anderes geregelt ist, allen Mitgesellschaftern gegenüber abgegeben werden. Sie sind **formlos** möglich.

dd) Wirkung

174 Eine Kündigung bewirkt, wenn nichts anderes bestimmt ist, bei **Personengesellschaften** die **Auflösung** der Gesellschaft (siehe dazu § 736 BGB). Abweichende gesellschaftsvertragliche Regelungen sind sinnvoll und in weitem Umfang zulässig. Insbesondere kann statt der Liquidation bestimmt werden, dass der kündigende Gesellschafter aus der Gesellschaft ausscheidet. Bei Personengesellschaften hat dies zur Folge, dass sein Anteil den bisherigen Gesellschaftern zuwächst, die dem ausscheidenden Gesellschafter ein Abfindungsguthaben bezahlen müssen (§ 738 BGB).

Bei der **GmbH** ist die Kündigungsfolge in der entsprechenden Klausel mit zu verankern. Möglich ist auch hier die Liquidation; alternativ kann auch die Einziehung des Anteils vorgesehen werden oder die zwangsweise Abtretung des Anteils an die GmbH, die weiteren Gesellschafter oder übernahmebereite Dritte.

Wenn man bei der AG die Kündigung als Zeitpunkt ansieht, der im Rahmen des § 262 Abs. 1 Nr. 1 AktG verankert werden kann, hat dies die Liquidation der Gesellschaft zur Folge. Wenn die Kündigung Voraustatbestand für eine (angeordnete) Zwangseinziehung ist, bewirkt dies die Einziehung durch Kapitalherabsetzung.

ee) Gestaltung

(1) Kündbarkeit

175 Die Kündigung des Gesellschaftsverhältnisses berührt im schlimmsten Fall den Bestand der Gesellschaft, wenn die Folge die Liquidation ist oder ein Gesellschafter kündigt, dessen Verbleib in der Gesellschaft für die Mitgesellschafter unverzichtbar ist. Selbst wenn der Bestand der Gesellschaft nicht berührt wird, sind die weiteren Gesellschafter bei Personengesellschaften aber stets insofern wirtschaftlich betroffen, als sie liquide Mittel aufbringen müssen, um dem ausscheidenden Gesellschafter sein Abfindungsguthaben zu zahlen. Bei Kündigung der GmbH ist diese betroffen, wenn die Einziehung vorgesehen ist und das Einziehungsentgelt durch die GmbH aus dem freien Gesellschaftsvermögen aufzubringen ist. Wenn die Zwangsabtretung als Folge vorgesehen ist, müssen sich die weiteren Gesellschafter entweder einen zur Übernahme bereiten neuen Gesellschafter suchen oder den Anteil selbst übernehmen und das Entgelt dafür aufbringen. Deshalb sollte bei GmbH überlegt werden, ob nicht die ordentliche Kündigung ausgeschlossen bleibt. Dann muss in der Satzung dazu überhaupt nichts geregelt werden, da dies dem gesetzli-

chen Regelfall entspricht. Bei Aktiengesellschaften führt eine im o.a. Sinne zugelassene Kündigung entweder zur Liquidation oder zur Kapitalherabsetzung, also zum Bestandsverlust oder zur Herabsetzung der Wirtschaftskraft. Deshalb sollten Kündigungen bei der AG nur zurückhaltend zugelassen werden. Bei Personengesellschaften kann dieses Gestaltungsrecht bei Gesellschaften, die auf unbestimmte Dauer geschlossen sind, nicht ausgeschlossen werden (§ 723 Abs. 3 BGB). Zulässig ist aber die Beschränkung des jederzeitigen Kündigungsrechts, das das Gesetz nach § 723 Abs. 1 Satz 1 BGB vorsehen würde, durch die Vereinbarung einer Mindestdauer, während derer die Gesellschaft nicht ordentlich gekündigt werden kann, und durch die Vereinbarung von Kündigungsfristen, die eingehalten werden müssen. Siehe dazu die Ausführungen bei den einzelnen Gesellschaftsformen, z.B. Rz. 278 ff.

Allgemein ist bei Gesellschaften, die auf die Mitarbeit von Gesellschaftern angewiesen sind, zu berücksichtigen, dass gegen ihren Willen Gesellschafter, die eine Gesellschaft verlassen wollen, zumindest nicht zu einer guten Arbeit angehalten werden können.

Deshalb sollte einem Gesellschafter die „Lösung" auch nicht zu schwer gemacht werden.

(2) Adressat der Kündigung

Nur in Gesellschaften mit einem kleinen Gesellschafterkreis ist die Kündigung gegenüber sämtlichen Mitgesellschaftern praktikabel. In allen anderen Fällen sollte geregelt werden, dass die Kündigung gegenüber einem oder mehreren Gesellschaftern ausreichend ist; bei Kapitalgesellschaften statt dessen gegenüber der Gesellschaft, vertreten durch den Geschäftsführer. Wegen der negativen Folgen, die eine Kündigung für die Mitgesellschafter hat, muss der Adressat der Kündigung verpflichtet werden, alle Betroffenen unverzüglich zu verständigen.

(3) Form der Kündigung

Grundsätzlich wäre eine Kündigung formlos möglich. Dies widerspricht der **Rechtsklarheit**. Deshalb sollte zumindest Schriftlichkeit vorgesehen werden, zum Nachweis des Zugangs am besten durch eingeschriebenen Brief mit Rückschein.

(4) Zeitpunkt der Wirksamkeit der Kündigung

Da dem ausscheidenden Gesellschafter eine Abfindung zusteht, die anhand der wirtschaftlichen Daten der Gesellschaft zu bemessen ist (siehe dazu noch Rz. 289 ff.), sollte vermieden werden, dass diese Daten, die ohnehin am Schluss eines Geschäftsjahres im Rahmen der Rechnungslegung zu erheben sind, durch eine zusätzliche Bilanz erhoben werden. Deshalb ist vorzusehen, dass eine ordentliche Kündigung nur zum Schluss eines Geschäftsjahres möglich ist. Es kann bei Personengesellschaften und GmbH, nicht aber bei AG vorgesehen werden, dass für die Zeit zwischen dem Ausspruch und dem Wirksamwerden der Kündigung mit Ausnahme des Gewinnbezugsrechts die sonstigen Gesellschafterrechte ruhen.

(5) Folgekündigung

179 Im Einzelfall kann der kündigende Gesellschafter so wichtig für den Fortbestand der Gesellschaft sein oder seine Abfindung die Liquidität der weiteren Gesellschafter oder der Gesellschaft so stark beschränken, dass die weiteren Gesellschafter keine Fortsetzung wünschen, obwohl diese grds. gesellschaftsvertraglich vorgesehen wäre. In diesem Fall sollte den verbleibenden Gesellschaftern das Recht eingeräumt werden, die Liquidation der Gesellschaft zu beschließen, an der der kündigende Gesellschafter dann noch mit teilnimmt. Dieses Verfahren ist auch bei der AG möglich, wenn festgelegt wird, dass eine Kündigung nur zur angeordneten Zwangseinziehung führt, wenn (innerhalb festzulegender Fristen) keine Folgekündigung erfolgt, die nach § 262 Abs. 1 Satz 1 AktG die Liquidation der Gesellschaft zur Folge hat.

c) Ausschließung von Gesellschaftern

aa) Vorbemerkungen, Tatbestände

180 Das Gesetz gefährdet den Bestand von **GbR**, indem es die Auflösung der Gesellschaft bei der Pfändung eines Gesellschaftsanteils durch den Gläubiger eines Gesellschafters und dessen Kündigung (§ 725 BGB) vorsieht, weiter bei der Eröffnung des Insolvenzverfahrens über das Vermögen eines Gesellschafters (§ 728 BGB) und beim Tod eines Gesellschafters (§ 727 BGB); bei oHG und KG führen diese Umstände nicht zur Liquidation (§ 131 Abs. 3 HGB). Zugleich sieht es vor, dass abweichend davon gesellschaftsvertraglich geregelt werden kann, dass nur der betroffene Gesellschafter aus der Gesellschaft ausgeschlossen wird, die im Übrigen unter den weiteren Gesellschaftern fortbesteht (§ 736 BGB).

Diese Regel ist, obwohl dort im Gesetz nicht vorgesehen, auch bei der GmbH sinnvoll und deshalb in der Satzung zu verankern, um Diskussionen über den künftigen Gesellschaftskurs mit dem Insolvenzverwalter zu vermeiden und um die Anteilsversteigerung durch den Pfandgläubiger zu verhindern.

181 Das Gesetz sieht bei der **GbR** in §§ 737, 723 Abs. 1 Satz 2 BGB weiter vor, dass die verbleibenden Gesellschafter einen Mitgesellschafter aus der Gesellschaft aus wichtigem Grund ausschließen können, und definiert (nicht abschließend) den wichtigen Grund dahin, dass ein solcher insbesondere vorliegt, wenn ein Gesellschafter eine ihm nach dem Gesellschaftsvertrag obliegende wesentliche Verpflichtung vorsätzlich oder aus grober Fahrlässigkeit verletzt oder wenn die Erfüllung einer solchen Verpflichtung unmöglich wird.

Diese Regelung sollte auch bei der **oHG**, der **PartG** und **KG** abweichend von der dort vorgesehenen gerichtlichen Entscheidung in diesem Fall vorgesehen werden (siehe §§ 140, 133 HGB, § 9 Abs. 1 PartGG) und bei der **GmbH** sowie der **AG**, wenn die Gesellschaften nicht rein kapitalistisch strukturiert sind.

Auch in anderen Fällen müssen die Mitgesellschafter ein Recht zur Entscheidung haben, ob sie einen Gesellschafter nicht aus der Gesellschaft ausschließen wollen: bei tätigen Gesellschaftern, wenn diese berufsunfähig werden oder lange erkrankt sind und eine Berufsunfähigkeit droht, vorausgesetzt, die Gesellschaft ist auf die Tätigkeit angewiesen.

bb) Gestaltungsrecht der weiteren Gesellschafter

Das Ausscheiden eines Gesellschafters führt bei **Personengesellschaften** dazu, dass dem Gesellschafter ein Abfindungsguthaben nach § 738 BGB zu bezahlen ist; bei der **GmbH** besteht bei Einziehungen ein Abfindungsanspruch gegenüber der Gesellschaft, bei Zwangsabtretungen an die übrigen Gesellschafter diesen gegenüber. Bei der **AG** wird nicht nur ein Zahlungsanspruch des Aktionärs begründet, dessen Aktien eingezogen werden (§ 237 Abs. 1 Satz 3 AktG), sondern zwingend das Grundkapital der AG herabgesetzt (§ 239 AktG). In jedem Fall berührt das Ausscheiden damit finanzielle Interessen der Mitgesellschafter oder der Gesellschaft. Deshalb sollte das automatische Ausscheiden eines Gesellschafters (wie es etwa bei § 9 Abs. 2 PartGG vorgesehen ist, s.u.) vermieden werden; stattdessen ist ein Gestaltungsrecht der Mitgesellschafter vorzusehen, über das Ausscheiden gesondert abzustimmen. Dies ermöglicht flexible Regelungen.

cc) Regelungsbedarf

Regelungsbedürftig ist das Verfahren, in dem der Gestaltungsakt gefasst wird: Das Gesetz sähe bei Personengesellschaften und GmbH eine **Erklärung** aller weiteren Gesellschafter gegenüber dem auszuschließenden Gesellschafter vor. Vorher müsste dem betreffenden Gesellschafter **rechtliches Gehör** gewährt werden. Vorzugswürdig ist eine Ausschlussentscheidung, die in einer Gesellschafterversammlung getroffen wird. Zu dieser Gesellschafterversammlung muss der betreffende Gesellschafter geladen werden. Er ist daran teilnahme-, aber nicht stimmberechtigt. Das Einstimmigkeitserfordernis kann abgeändert werden durch eine Mehrheitsentscheidung, wobei zu entscheiden ist, mit welcher Mehrheit der Beschluss gefasst werden soll.

Regelungsbedürftig ist bei GmbH auch die Folge der Ausschließungsentscheidung, siehe dazu Rz. 441 ff., zur AG Rz. 540. Die AG, bei denen die Aktieneinziehung nicht zwingend in den o.a. Fällen angeordnet, sondern im Interesse einer flexiblen Handhabung gestattet ist (§ 237 Abs. 1 Satz 2, 2. Alt. AktG), hat die Entscheidung in einer Hauptversammlung zu erfolgen (§ 237 Abs. 4 AktG). Der betroffene Aktionär ist stimmberechtigt. Die Satzung kann die vom Gesetz vorgesehene einfache Stimmenmehrheit erhöhen und weitere Erfordernisse bestimmen.

d) Tod eines Gesellschafters

186 (Entfällt, wenn Gesellschafter nur juristische Personen oder Personenhandelsgesellschaften sind.)

aa) Vorbemerkungen

187 Das Gesetz sieht beim Tod eines Gesellschafters einer **GbR** grundsätzlich die Auflösung der Gesellschaft vor (§ 727 Abs. 1, 1. Hs. BGB) mit der Folge, dass der Erbe bzw. die Erben an der Liquidationsgesellschaft beteiligt sind. Beim Tod eines oHG-Gesellschafters oder des persönlich haftenden Gesellschafters einer KG ist sein Ausscheiden vorgesehen (§ 131 Abs. 3 Nr. 1 HGB), ebenso beim Tod des Partners einer PartG (§§ 9 Abs. 1, 4 Satz 1 PartGG, § 131 Abs. 3 Satz 1 HGB) mit der Folge, dass das Abfindungsguthaben seinen Erben zusteht. Das Gesetz gestattet bei oHG und KG, bei PartG nach § 9 Abs. 4 Satz 2 PartGG nur eingeschränkt jeweils eine abweichende gesellschaftsvertragliche Gestaltung.

Zu berücksichtigen ist dabei immer das Zusammenspiel zwischen dem Gesellschafts- und dem Erbrecht.

188 Für den **Kommanditisten** ist die Vererblichkeit der Beteiligung vorgesehen (§ 177 HGB), ebenso für den Gesellschafter der **GmbH** (§ 15 Abs. 1 GmbHG). Eine Beschränkung der Vererblichkeit der Kommanditbeteiligung kann ohne weiteres gesellschaftsvertraglich vorgesehen werden. Bei der GmbH ist der „Umweg" über eine zu beschließende Einziehung oder Zwangsabtretung bei beschränkter Vererblichkeit vorzusehen (siehe bei der GmbH Rz. 445). Das Aktienrecht setzt die Vererblichkeit der Aktie voraus. Durch die Satzung kann der Tod eines Aktionärs aber als Zeitpunkt (der Liquidation) i.S. des § 262 Abs. 1 Nr. 1 AktG und als Voraustatbestand für eine gestattete oder angeordnete Zwangseinziehung i.S. des § 237 AktG bestimmt werden.

bb) Gestaltungsüberlegungen

189 Die Gestaltung sollte von folgenden Überlegungen ausgehen:

1. Vorab ist zu entscheiden, ob der Tod automatisch zur Liquidation der Gesellschaft führen soll. In der Regel wird dies nicht gewünscht sein. Allenfalls kann den verbleibenden Gesellschaftern das Recht zugestanden werden, die Gesellschaft zu liquidieren.

190 **2.** Wenn die Fortführung der Gesellschaft beim Tod vorgesehen wird, muss entschieden werden, ob und in welchem Umfang die Beteiligung des verstorbenen Gesellschafters auf Nachfolger übergehen kann und

wer Nachfolger sein kann. Bei Partnerschaftsgesellschaften ist § 9 Abs. 4 Satz 2 PartGG zu berücksichtigen.

a) Möglich ist es zu regeln, dass die Beteiligung uneingeschränkt vererblich ist und damit auf den oder die Erben übergeht. Zu berücksichtigen ist, dass bei Personengesellschaften bei einer Mehrheit von Erben nicht die Erbengemeinschaft erben wird, sondern die Mitglieder der Erbengemeinschaft entsprechend ihrer Erbquote unmittelbar in die Gesellschafterstellung nachrücken (Sondererbfolge, siehe dazu § 139 Abs. 1 HGB). 191

b) Gestaltbar ist auch, dass die Erben entweder automatisch aus der Gesellschaft ausscheiden (nur bei der Personengesellschaft möglich und bei der AG bei angeordneter Zwangseinziehung) oder durch die verbleibenden Gesellschafter (durch Gestaltungsakt) ausgeschlossen werden können. Den ausscheidenden oder ausgeschlossenen Erben steht ein Abfindungsanspruch zu (siehe dazu Rz. 289 ff., 202 ff.). 192

Die Beteiligung des verstorbenen Gesellschafters wächst bei **Personengesellschaften** den weiteren Gesellschaftern entsprechend ihrer Beteiligung am Gesellschaftsvermögen an (§ 738 Abs. 1 Satz 1 BGB). Bei der **GmbH** führt die Einziehung zur Vernichtung des Geschäftsanteils, die Zwangsabtretung zur Übertragung an die weiteren Gesellschafter oder übernahmebereite Dritte (siehe im Übrigen bei der GmbH Rz. 441 ff.). Bei Familiengesellschaften oder Gesellschaftergruppen ist eine stamm- oder gruppenbezogene Regelung sinnvoll (siehe dazu schon oben Rz. 107 ff.). Bei der AG führt die Einziehung zur Vernichtung der Aktie und zur Kapitalherabsetzung.

c) Es kann auch vorgesehen werden, dass beim Tod nur bestimmte Personen nachfolgeberechtigt sind; diese Nachfolger können entweder der Person nach benannt werden, oder es können Kriterien für die Nachfolgeberechtigung (z.B. Abkömmling eines Gesellschafters, der ein Studium des Ingenieurwesens der Fachrichtung Maschinenbau erfolgreich abgeschlossen hat) angegeben werden. Nur solche qualifizierte Nachfolgeklauseln dürfen bei PartG vereinbart werden, wenn die Beteiligung vererblich gestellt werden soll (§ 9 Abs. 4 Satz 2 PartGG) Eine solche „qualifizierte Nachfolgeklausel" hätte zur Auswirkung: 193

(1) Bei Personengesellschaften

In diesem Fall vollzieht sich bei Personengesellschaften der Übergang der Beteiligung mit dem Tod automatisch, wenn der bezeichnete Nachfolger oder ein Nachfolger, der die Kriterien erfüllt, zumindest Miterbe des versterbenden Gesellschafters wird. In diesem Fall geht die Beteiligung unmittelbar auf den betreffenden Nachfolger über. Im Verhältnis zu den Miterben reduziert sich wegen dieses alleinigen Übergangs der Gesellschaftsbeteiligung sein Anspruch auf den restlichen Nachlass; wenn er 194 mehr erhalten hat, als seiner Nachlassbeteiligung entspricht, muss er eine Ausgleichszahlung an den Mitgesellschafter erbringen.

Vorsorge ist dann aber noch für den Fall zu treffen, dass der verstorbene Gesellschafter keine wirksame letztwillige Verfügung hinterlässt, durch die der zur Nachfolge berechtigte Gesellschafter zumindest Miterbe wird. In diesem Fall kann ihm der Gesellschaftsvertrag hilfsweise ein Eintrittsrecht geben. Für die verbleibenden Gesellschafter bedeutet ein solches Eintrittsrecht:

– Verhältnis zu den Erben des verstorbenen Gesellschafters

195 Da diese aus der Gesellschaft ausgeschlossen werden, steht ihnen ein Abfindungsanspruch nach § 738 BGB zu. Der Abfindungsanspruch steht grundsätzlich den Erben zu. Nur durch eine formwirksame Schenkung (d.h. notariell beurkundetes Schenkungsversprechen gemäß § 518 BGB) zu Lebzeiten des verstorbenen Gesellschafters oder durch Vermächtnis des verstorbenen Gesellschafters kann dieses Abfindungsguthaben dem Nachfolger übertragen werden.

– Verhältnis zum Eintrittsberechtigten

196 Der Eintrittsberechtigte hat nur ein Recht, aber keine Pflicht zum Eintritt. Übt er sein Eintrittsrecht aus, stehen ihm sämtliche Rechte und Pflichten aus der Gesellschaftsbeteiligung des verstorbenen Gesellschafters zu. Insbesondere hat er vereinbarte Einlagen zu erbringen. Die bisherige Einlageleistung des verstorbenen Gesellschafters kann ihm nur dann zugerechnet werden, wenn der Abfindungsanspruch ihm durch eine formwirksame Schenkung oder durch Vermächtnisanspruch zugewendet wird. Sonst hat er die Einlage nochmals zu erbringen.

(2) Bei der GmbH und der AG

197 Bei der **GmbH** und der **AG** vollzieht sich der Eintritt auch dann nicht automatisch, wenn der „berufene Nachfolger" nur Miterbe wird. Er muss von seinen Miterben die Beteiligung bei der Erbauseinandersetzung zu seiner alleinigen Berechtigung, bei GmbH unter Berücksichtigung des § 15 GmbHG erwerben. Dies gilt auch, wenn er überhaupt nicht Erbe wird. Wenn die Miterben oder Erben den Anteil nicht freiwillig veräußern, muss ihn bei GmbH die Gesellschaft (bei entsprechender Ermächtigung in der Satzung) einziehen und dann an den „berufenen Nachfolger" neu ausgeben oder die Zwangsabtretung an den berufenen Nachfolger beschließen. Das Einziehungsentgelt des Abfindungsguthabens steht dann den (Mit-)Erben zu. Bei AG könnte der Eintritt des berufenen Nachfolgers nur durch eine Kapitalerhöhung erfolgen, die einer vorangehenden Kapitalherabsetzung zur Einziehung nachfolgt, wobei das Bezugsrechtsproblem der weiteren Gesellschafter zu lösen ist.

cc) Testamentsvollstreckung

Durch die Anordnung einer Verwaltungs-Testamentsvollstreckung wird die Verwaltungsbefugnis dem Erben grundsätzlich entzogen und auf den Testamentsvollstrecker verlagert. Die Zulässigkeit der Testamentsvollstreckung bei Gesellschaftsbeteiligungen gehört zu den umstrittensten Fragen im Schnittfeld zwischen dem Gesellschafts- und dem Erbrecht. 198

(1) Personengesellschaften

Bei Personengesellschaften ist gesichert: Die **Außenseite** der vererbten Beteiligung unterliegt grundsätzlich ohne Zustimmung der Mitgesellschafter der Testamentsvollstreckung. Von der Verwaltungsbefugnis erfasst werden deshalb Auseinandersetzungsguthaben, Gewinnansprüche und die Verfügung über die Beteiligung. Darüber hinaus wird durch die Anordnung der Testamentsvollstreckung die Beteiligung dem Zugriff der Eigengläubiger des Erben entzogen. Wenn die Mitgesellschafter ein Mitwirkungsrecht Dritter auch bezüglich der „Außenseite der Beteiligung" nicht hinnehmen wollen, müssen sie im Gesellschaftsvertrag ein Ausschlussrecht zu Lasten eines Nachfolgeerben anordnen, wenn die Testamentsvollstreckung bezüglich der Beteiligung angeordnet ist. 199

Bezüglich der „**Innenseite** der Beteiligung", d.h. bezüglich der Ausübung der gesellschaftsrechtlichen Mitgliedschafts- und Mitwirkungsrechte, fehlt umfassende Rechtsprechung. Nach herrschender Meinung erfasst die Befugnis des Testamentsvollstreckers die Innenseite der Beteiligung nicht; und zwar unabhängig davon, ob dies im Gesellschaftsvertrag zugelassen ist oder nicht. Ersatzkonstruktionen (der Testamentsvollstrecker handelt für den Nachfolger-Erben aufgrund Vollmacht oder übernimmt die Beteiligung treuhänderisch für den Nachfolger) müssen im Gesellschaftsvertrag oder nach dem Erbfall durch Zustimmung der Mitgesellschafter ausdrücklich zugelassen werden. 200

(2) Kapitalgesellschaften

Bei GmbH ist die Testamentsvollstreckung grds. zulässig, wenn sie nicht im Gesellschaftsvertrag ausgeschlossen ist, und umfasst dann auch die Innenseite der Beteiligung. Uneingeschränkt zulässig ist die Testamentsvollstreckung bei der AG. 201

e) Automatisches Ausscheiden

Bei GbR, oHG, KG und Kapitalgesellschaften sieht das Gesetz kein automatisches Ausscheiden eines Gesellschafters beim Eintritt best. Umstände ohne zusätzlichen Gestaltungsakt vor; gesellschaftsvertraglich sollte dies auch nicht vorgesehen werden (s.o. Rz. 184). Bei PartG sieht § 8 Abs. 2 PartGG zwingend das Ausscheiden eines Partners vor, wenn dieser erforderliche berufliche Zulassungen verliert. 201a

f) Abfindung

aa) Erforderlichkeit einer Abfindungsregelung

202 Eine Abfindungsregelung gehört, wenn schon nicht zum gesetzlich zwingend vorgeschriebenen oder jedenfalls gesetzlich geregelten, so doch zum wirtschaftlich unentbehrlichen Inhalt eines jeden Gesellschaftsvertrages. Für das Recht der **Personengesellschaften** folgt dies daraus, dass ansonsten § 738 Abs. 1 BGB gilt. Danach ist grundsätzlich der „wirkliche Wert" des Unternehmens, also insbesondere einschließlich aller stiller Reserven und des good will maßgeblich, mithin der Wert, der sich bei einem Verkauf des lebensfähigen Unternehmens als Einheit ergeben würde (BGH NJW 1974, 312). Schon um die hieraus folgenden Bewertungsprobleme und Streitpotentiale auszuschließen, ist eine Abfindungsregelung unabdingbar. § 738 BGB gilt mangels anderweitiger Regelung für die Handelsgesellschaften entsprechend.

203 Im Recht der **Kapitalgesellschaften** fehlt eine allgemein gültige Regelung der Abfindung. Da bei der GmbH zahlreiche Fälle eines Ausscheidens denkbar sind – und nicht zuletzt, um die vorgenannten Bewertungsprobleme zu vermeiden –, ist auch hier eine Abfindungsregelung unentbehrlich. Bei der AG scheidet der Aktionär durch eine angeordnete oder gestattete Zwangseinziehung aus. Satzungsbestimmungen für das Abfindungsentgelt können in die Satzung aufgenommen werden.

bb) Interessenlage

204 Bei der inhaltlichen Ausgestaltung von Abfindungsklauseln sind gegenläufige Interessen gegeneinander abzuwägen.

(1) Interesse der Gesellschaft bzw. der Mitgesellschafter bzw. eintrittswilliger Dritter

205 Bei einer großzügigen Bemessung von Abfindungsansprüchen wird die Liquidität der Gesellschaft unter Umständen strapaziert. Aus Sicht der Gesellschaft ist regelmäßig eine Beschränkung der Abfindungsansprüche wünschenswert.

(2) Interessenlage des Gesellschafters bzw. sonstiger Dritter

206 Abfindungsansprüche kommen unmittelbar dem jeweiligen Gesellschafter zugute, dem daher an einer großzügigen Bemessung gelegen sein wird.

Darüber hinaus werden jedoch auch die Interessen sonstiger Dritter (insbesondere Gläubiger sowie zugewinn- und/oder pflichtteilsberechtigte Personen – vgl. auch hierzu unten Rz. 216 ff.) betroffen. Auch diese Personen sind an einer großzügigen Bemessung interessiert, wobei hier jedoch mitunter auch der Gesellschafter eine Kürzung von deren Ansprüchen hinzunehmen bereit ist bzw. diese sogar wünscht (vgl. etwa den Ausschluss der Abfindung zum Nachteil etwaiger Pflichtteilsberechtigter).

(3) Abfindungsklausel zur Streitverhütung

Aufgrund der Unwägbarkeiten der gesetzlichen Regelung, insbesondere der Rechtsprechung zu § 738 BGB, wonach auf den wahren Wert der Beteiligung abzustellen ist, kommt den Abfindungsklauseln daher eine wesentliche Funktion zu, nämlich Streit über Grund und Höhe der Abfindung zu vermeiden. Gerade dieser Aspekt sollte gebührend berücksichtigt werden. 207

(4) Differenzierungsmöglichkeiten

Die Gemengelage an Interessen – wie vorstehend umrissen – legt nahe, dass bei Abfindungsklauseln stärker als bisher eine Differenzierung vorgenommen werden sollte (vgl. auch hierzu unten Rz. 212). 208

(5) Möglichkeiten

Unbeschadet der unbegrenzbaren Vielzahl an möglichen Abfindungsklauseln lassen sich diese grundsätzlich auf zwei mögliche Abfindungsmaßstäbe beschränken. 209

– Abfindung nach dem **Vermögenswert**

   Maßstab für die zu zahlende Abfindung ist hiernach das in der Gesellschaft gebundene Vermögen, wobei weiter Maßstäbe für dessen Bewertung festzusetzen sind. Möglich ist, etwa auf den Verkehrswert, den Buchwert, den steuerlichen Wert des Betriebsvermögens nach dem BewG abzustellen, wobei zusätzlich abweichende Bewertungsmodalitäten für einzelne Gegenstände (insbesondere Grundbesitz – hierfür wird häufig an den erbschafts- bzw. schenkungsteuerlichen Wert nach den Vorschriften des BewG abgestellt) vorgeschrieben werden können.

– Abfindung nach dem **Ertragswert**

   Maßstab für die Abfindung ist hiernach der durch die Gesellschaft nachhaltig zu erzielende und näher zu definierende Ertrag (z.B. Nettoumsatz, Gewinn nach ESt, GewSt etc.).

Alle denkbaren Abfindungsmaßstäbe sind letztlich ein Resultat aus diesen beiden grundsätzlichen Möglichkeiten. Die Frage, welcher Maßstab der „richtige" ist, kann nur im Einzelfall und insbesondere unter Berücksichtigung des konkreten Unternehmens bzw. der Gesellschaft entschieden werden.

cc) Beurteilung von Abfindungsklauseln durch die Rechtsprechung

Grundsatz:

210 Die Rechtsprechung hält auf der Grundlage der Vertragsfreiheit Abfindungsklauseln grundsätzlich für zulässig (vgl. etwa BGH, NJW 1979, 104).

Ausnahmefälle:

§ 138 BGB, 723 Abs. 3 BGB, 113 Abs. 3 HGB.

In Ausnahmefällen können sich jedoch Bedenken ergeben aus § 138 BGB sowie aus § 723 Abs. 3 BGB und § 133 Abs. 3 HGB. Die methodische Herleitung ist von untergeordneter Bedeutung. Exemplarisch seien folgende wichtige **Fallgruppen** genannt:

– **Buchwertklauseln** sind nach der ständigen Rechtsprechung im Grundsatz zulässig (vgl. BGH DB 1989, 1399). Eine Abfindung unterhalb des buchmäßigen Kapitalanteils stellt dagegen grundsätzlich eine sittenwidrige Benachteiligung des ausscheidenden Gesellschafters dar, auch wenn dieser aus wichtigem Grund ausgeschlossen wurde. Eine Abfindung unterhalb des Buchwerts ist daher nur für Gesellschafter zulässig, die der Gesellschaft ohne Einlage beigetreten sind oder ihren Anteil durch Schenkung oder auf erbrechtlichem Weg erhalten haben („Gesellschafter minderen Rechts").

– Eine Abfindungsklausel ist wegen **Gläubigerbenachteiligung** nichtig, wenn sie **nur** für den Fall eines Gläubigerzugriffs (Insolvenz, Zwangsvollstreckung) eine Einschränkung der Abfindung oder gar einen Ausschluss enthält.

– Bei einer **Ausschlussmöglichkeit ohne wichtigem Grund** ist besondere Vorsicht geboten. Der BGH NJW 1979, 104 verlangt für diesen Fall die Zubilligung einer „angemessenen" Entschädigung an den Ausscheidenden, da ansonsten die Gefahr einer willkürlichen Hinauskündigung besteht.

– Bei einem **erheblichen Missverhältnis** zwischen dem vereinbarten Abfindungs- und dem tatsächlichen Anteilswert soll dem Gesellschafter das Festhalten an dieser Regelung nicht mehr zumutbar sein (BGH DB 1993, 1616; vgl. zur Rechtsfolge auch nachfolgend Rz. 211).

– Die **Auszahlungsmodalitäten** haben ebenfalls Einfluss auf die Beurteilung der Rechtmäßigkeit der Abfindungsregelung. Ein Auszahlungszeitraum von bis zu 5 Jahren wird in der Regel zulässig sein, ebenso ein Zeitraum bis zu 10 Jahren im Einzelfall, ein längerer Zeitraum bedarf einer besonderen Rechtfertigung, wobei jedoch nach der Rechtsprechung (vgl. nachfolgend Rz. 211) eine ergänzende Vertragsauslegung greift. Dies gilt jedenfalls für die Fälle, in denen ein grobes Missverhältnis zwischen Abfindungs- und Verkehrswert des Anteils erst nachträglich eingetreten ist.

dd) Rechtsfolgen

In seiner Rechtsprechung geht der BGH (BGHZ 116, 359 ff.; NJW 1993, 2101) davon aus, dass bei einem **nachträglichen** groben Missverhältnis zwischen Abfindungs- und Verkehrswert die Abfindungsklausel nicht unwirksam, sondern unter Berücksichtigung der Grundsätze von Treu und Glauben (§ 242 BGB) den geänderten Verhältnissen anzupassen sei (bei einem **ursprünglichen** erheblichen Missverhältnis ist dagegen wohl weiterhin von einer vollständigen Nichtigkeit – sowohl für Kapital- als auch Personengesellschaften, vgl. *Kort*, DStR 1995, 1963 ff. – auszugehen).

211

Für die **Vertragsgestaltung** bedeutet dies, dass mit einer ursprünglich wirksamen Klausel die Gefahr der Nichtigkeit gebannt ist. Unabhängig davon sollten jedoch auch die zukünftigen Veränderungen des Werts des Anteils berücksichtigt werden, da die Rechtsprechung, wonach die Abfindungsklausel gemäß § 242 BGB anzupassen sei, ebenfalls zu Unsicherheiten führt und damit die Schlichtungsfunktion der Abfindungsregelung nicht mehr gewahrt ist.

ee) Differenzierungskriterien

Für eine am Einzelfall orientierte Vertragsgestaltung kommen danach insbesondere folgende Differenzierungskriterien in Betracht (wobei diese auch zum Teil von der neueren Rechtsprechung als Kriterien für die Wirksamkeit der Abfindungsregelung angesehen werden – vgl. BGHZ 116, 359 und NJW 1993, 2101):

212

– **Art der Gesellschaft, insbesondere des Unternehmensgegenstands**

  Beispiel:

  Beim Ausscheiden aus einer „Dienstleistungs-GmbH" (z.B. Freiberufler, wie Steuerberater, Wirtschaftsprüfer, Rechtsanwälte) wird regelmäßig eine Abfindung nach dem Ertragswert vorzusehen sein, da der Substanzwert hier nur eine untergeordnete Bedeutung besitzt.

– **Grund des Ausscheidens**

  Zu beachten ist jedoch: keine Gläubigerbenachteiligung, kein freies „Hinauskündigungsrecht".

– **Person des ausscheidenden Gesellschafters, Dauer der Mitgliedschaft und Anteil des Gesellschafters am Aufbau des Unternehmens**

  Eine solche persönliche Differenzierung zwischen den Gesellschaftern wird vielfach der Interessenlage entsprechen und wird auch vom BGH als Beurteilungskriterium für die Wirksamkeit angesehen.

– **„Alter" der Gesellschaft**

  Eine ursprünglich wirksame Abfindungsregelung kann nach der neueren Rechtsprechung zwar nicht unwirksam, jedoch unanwendbar werden. Die hieraus folgenden Unwägbarkeiten lassen sich durch eine

Differenzierung vermeiden, wonach die Abfindung an das Alter der Gesellschaft geknüpft wird. Zum Beispiel wäre denkbar, dem Ertragswert mit zunehmender Dauer eine stärkere Gewichtung beizumessen.

– **Auszahlungsmodalitäten**

Insbesondere Zulässigkeit von Abfindungsraten, Wertsicherung bzw. Verzinsung dieser einzelnen Raten.

ff) Insbesondere: Abfindung nach dem „Stuttgarter Verfahren"

213 In zahlreichen Gesellschaftsverträgen ist vorgesehen, dass eine Abfindung nach dem sog. Stuttgarter Verfahren erfolgen soll. Hierbei handelt es sich um ein **Bewertungsverfahren**, anhand dessen die Finanzverwaltung früher den Wert von nicht börsennotierten Aktien und Anteilen an Kapitalgesellschaften ermittelt, soweit dieser sich nicht aus Verkäufen ableiten lässt. In diesen Wert gehen sowohl der **Vermögenswert** als auch der **Ertragswert** ein. Im Einzelnen ist die Ermittlung in den früher geltenden Erbschaftsteuerrichtlinien geregelt (vgl. Abschn. 96 ff. ErbStR a.F.).

Die Beliebtheit dieses Abfindungsmodus beruht wohl auf der Tatsache, dass sowohl Vermögens- als auch Ertragsfaktoren berücksichtigt werden und die Ermittlung für einen versierten Fachmann vergleichsweise einfach durchzuführen ist.

214 Gleichwohl seien gegenüber diesem Verfahren folgende **kritische Punkte** angemerkt:

– Bei der Verweisung auf das „Stuttgarter Verfahren" handelt es sich um eine Verweisung auf nicht mehr geltende, früher in verschiedenen Versionen geltende Verwaltungsrichtlinien. Mangels anderweitiger Regelung ist das „Stuttgarter Verfahren" in seiner letztgültigen Fassung maßgeblich. Mangels weiterer Geltung im Erbschaftsteuerrecht wird die früher vorhandene Kenntnis der Berater und damit auch die Zuverlässigkeit der Anwendung des Verfahrens abnehmen.

– Vor einer formelhaften Verwendung des „Stuttgarter Verfahrens" ist auch deshalb zu warnen, weil diese Methode für die Beteiligten **keine griffigen Vorstellungen** über die Höhe der tatsächlich zu zahlenden Abfindung bietet.

– Die Kombination bzw. Gewichtung von Vermögens- und Ertragsfaktoren durch das „Stuttgarter Verfahren" wird der **Interessenlage der Beteiligten** wohl auch nur zufällig gerecht. Insbesondere wird die **Art des Unternehmens** vernachlässigt. Als Beispiel sei wiederum eine Dienstleistungs-GmbH genannt. Als Ausgangspunkt für eine Abfindung kommt hier wohl nur ein Ertragswert (etwa ein bestimmter Prozentsatz des jährlichen Umsatzes) in Betracht, ggf. ergänzt um einen Teilwert der in jüngster Zeit angeschafften Gegenstände des Anlagevermögens.

– In Anbetracht der nunmehr von der ganz überwiegenden Meinung praktizierten **Grundsätze für die Unternehmensbewertung** erscheint eine vorrangige, wenn nicht ausschließliche Berücksichtigung des Ertragswerts vorzugswürdig.

gg) Zusammenhang der Abfindungsregelung mit Kapitalkonten

Bei Personengesellschaften ist für die Vertragsgestaltung wichtig, den Zusammenhang der Abfindungsregelung mit der Kontenführung zu regeln (vergleiche hierzu auch unten Rz. 320). Es ist zum einen klarzustellen, ob bzw. welche Kapitalkonten mit der Abfindung abgegolten sein sollen. Zum anderen ist durch eine entsprechende Gestaltung der Kontenführung sicherzustellen, dass ein materiell zufriedenstellendes Ergebnis erreicht wird. 215

hh) Erb- und familienrechtliche Auswirkungen von Abfindungsklauseln

Nicht hinreichende Beachtung finden regelmäßig die erb- und familienrechtlichen Aspekte der Abfindungsregelung (vgl. hierzu insbesondere *Reimann*, DNotZ 1992, 481 ff.). 216

In **familienrechtlicher Hinsicht** ist umstritten, ob eine Einschränkung der Abfindung unter den Verkehrswert den Zugewinnausgleichsanspruch entsprechend kürzt. Legt man für die Berechnung des Zugewinnausgleichs den Abfindungsbetrag zugrunde und liegt dieser unter dem wahren Wert des Unternehmens, so ist der ausgleichsberechtigte Ehegatte benachteiligt. Er erhält nur einen Betrag, der unter dem tatsächlichen Wert des Unternehmens liegt, insbesondere wenn das Unternehmen fortgeführt wird. Da nach der derzeitigen Rechtslage eine zugewinnausgleichsrechtliche Relevanz einer Abfindungseinschränkung sehr fraglich ist (vgl. etwa Palandt/*Diederichsen*, Rz. 10 zu § 1376 BGB), ist vor einer erheblichen Einschränkung des Abfindungsanspruchs im Interesse des Gesellschafters zu warnen. Er liefe sonst Gefahr, den Zugewinnausgleich aus dem vollen Wert des Unternehmens bezahlen zu müssen, ohne seinerseits die Möglichkeit zu haben, durch eine Kündigung den entsprechenden Wert realisieren zu können. In der höchstrichterlichen Rechtsprechung sind diese Fragen noch nicht bis ins Detail geklärt (vgl. *Reimann*, DNotZ 1992, 482).

Zur **Vermeidung** dieser Probleme ist daher eine **ehevertragliche Regelung** in Erwägung zu ziehen wie etwa die Vereinbarung von Gütertrennung oder die Modifizierung der Zugewinngemeinschaft wie etwa durch Herausnahme der Vermögensbeteiligung (vgl. hierzu jedoch einschränkend *N. Mayer*, DStR 1993, 991).

In **erbrechtlicher Hinsicht** tauchen nur dann keine Probleme auf, wenn alle gesetzlichen Erben gesellschaftsrechtlich und erbrechtlich zur Nachfolge berufen sind oder aber – wenn die Gesellschaft von den verbleibenden Gesellschaftern fortgesetzt wird – die Abfindung zum Verkehrswert 217 der Beteiligung erfolgt. Probleme tauchen dagegen insbesondere auf, wenn (vgl. hierzu statt aller *Reimann*, DNotZ 1992, 484):

- einzelne gesetzliche Erben erbrechtlich übergangen worden sind und ihnen daher Pflichtteilsansprüche zustehen (ist für diese der vertragliche Abfindungswert maßgeblich?),
- mehrere Personen zu Erben eingesetzt sind, jedoch aufgrund einer qualifizierten Nachfolgeklausel nur einer die Nachfolge in die Gesellschaftsbeteiligung antreten kann (wonach berechnen sich die erbrechtlichen Ausgleichsansprüche?),
- lt. Gesellschaftsvertrag beim Tod eines Gesellschafters die Gesellschaft unter den übrigen Gesellschaftern fortgesetzt wird und die Erben des Verstorbenen nur eine Abfindung erhalten.

Die hier auftauchenden Fragen sind in der Rechtsprechung noch nicht geklärt.

218 Für die **Vertragsgestaltung** wichtig erscheinen **zwei Punkte:**

- Ein allseitiger **Ausschluss jeglicher Abfindungsansprüche beim Tod eines Gesellschafters** ist nach Teilen der Literatur (höchstrichterliche Rechtsprechung fehlt insoweit) jedenfalls dann „pflichtteilsfest", wenn die Gesellschafter annähernd gleichaltrig sind. In solchen Fällen soll ein sog. **aleatorisches Rechtsgeschäft** vorliegen, da jeder Gesellschafter die Chance hat, den Anteil der anderen Gesellschafter unentgeltlich ohne Abfindungsansprüche zu erwerben und somit eine pflichtteilsauslösende Schenkung gar nicht vorliegen soll (und auch keine Schenkung auf den Todesfall im Sinne des § 2301 BGB).
- Der Gesellschaftsvertrag sollte ggf. durch **erbrechtliche Maßnahmen** (insbesondere partielle Pflichtteilsverzichte, Erbverzichte, Ausgleichsvereinbarungen) abgesichert werden.

g) Weitere Ansprüche des ausscheidenden Gesellschafters

219 Zu berücksichtigen sind neben der Abfindung die weiteren Ansprüche des Gesellschafters gegenüber der Gesellschaft. Diese sind:

aa) Rückgewähr von Gegenständen, die ein Gesellschafter der Gesellschaft zur Nutzung überlassen hat

220 Dabei ist zu berücksichtigen: Dieser Rückgewährsanspruch besteht nach dem Gesetz nur bei **Personengesellschaften** und bezieht sich nach § 738 Abs. 1 Satz 2 BGB nur auf solche Nutzungsüberlassungen, die ihre Grundlage im Gesellschaftsvertrag haben. Daneben kann ein Gesellschafter auch aufgrund gesonderter vertraglicher Abreden, z.B. aufgrund Mietvertrags oder Pachtvertrags, Gegenstände zur Nutzung überlassen haben. Auf solche Nutzungsüberlassungsverhältnisse bezieht sich § 738 BGB nicht. Das Schicksal von solchen Nutzungsüberlassungsverträgen beim

Ausscheiden des Gesellschafters aus der Gesellschaft ergibt sich aus dem jeweiligen Nutzungsüberlassungsvertrag. Bei der Gestaltung des Nutzungsüberlassungsvertrags muss entschieden werden, ob der ausscheidende Gesellschafter ein Recht zur Kündigung des Nutzungsüberlassungsvertrags erhält.

bb) Befreiung von Schulden bzw. Sicherheitsleistung

Trotz der Begrenzung der Nachhaftung in § 736 Abs. 2 BGB und § 159 HGB haftet bei **Personengesellschaften** der ausgeschiedene Gesellschafter grundsätzlich für die während seiner Zugehörigkeit zur Gesellschaft begründeten Verbindlichkeiten fort. Das Gesetz sieht vor, dass der Gesellschafter Befreiung von den Verbindlichkeiten verlangen kann; bei noch nicht fälligen Forderungen hat er Anspruch auf Sicherheitsleistung, wobei die Sicherheitsleistung nach § 232 ff. BGB zu erfolgen hat.

cc) Gestaltungsüberlegungen

(1) Rückgewähr von Gegenständen, die zur Nutzung überlassen wurden

Zu berücksichtigen ist, dass die Gesellschaft ggf. auf die Gegenstände, die ihr der ausscheidende Gesellschafter zur Nutzung überlassen hat, angewiesen sein kann, um ihren Geschäftsbetrieb fortführen zu können. Nach der Rechtsprechung können sich in solchen Fällen bereits aus Treu und Glauben Verpflichtungen ergeben, den Gegenstand weiterhin (allerdings dann nur gegen Entgelt) zur Nutzung zu überlassen. Um Streitigkeiten, ob eine weiterbestehende Nutzungsüberlassungspflicht besteht, zu vermeiden, kann gesellschaftsvertraglich vorgesehen werden, dass die Gesellschaft zur weiteren Nutzung berechtigt sein soll oder gegebenenfalls zum Ankauf.

Vereinbart werden müssen in diesem Fall entweder Anmietrechte oder Ankaufsrechte. Bei der Vereinbarung von Ankaufsrechten ist, wenn sie sich auf Immobilien beziehen, zu berücksichtigen, dass nicht nur das Ankaufsrecht wegen § 311b BGB notariell beurkundet werden muss, sondern diese Abrede, wenn sie Bestandteil des Gesellschaftsvertrags ist, zur Beurkundungsbedürftigkeit des gesamten Gesellschaftsvertrags führt.

(2) Befreiung von Schulden bzw. Sicherheitsleistung

Nicht näher regelungsbedürftig ist die Befreiung von fälligen Verbindlichkeiten. Bezüglich noch nicht fälliger Verbindlichkeiten stellt das Gesetz das Interesse des ausscheidenden Gesellschafters stark in den Vordergrund. Die Liquidität der weiteren Gesellschafter kann durch die Notwendigkeit zur Sicherheitsleistung allerdings ggf. übermäßig beansprucht werden. Eine Sicherheitsleistung ist dann entbehrlich, wenn der Gläubiger der Schuldentlassung des ausscheidenden Gesellschafters zustimmt. Dies wird in der Regel aber nur bei Bankverbindlichkeiten möglich sein. Im Gesellschaftsvertrag sollte vorgesehen werden, dass dies versucht wird. Im Gesellschaftsvertrag kann die Notwendigkeit zur Sicherheitsleistung im Übrigen auch abbedungen werden.

h) Nebenansprüche beim Ausscheiden

aa) Vertraulichkeit

224 Da die Gesellschaft auch nach dem Ausscheiden eines Gesellschafters daran interessiert ist, dass ihre Angelegenheiten nicht „nach außen" getragen werden, unabhängig davon, ob es sich um „Betriebsgeheimnisse" im engeren Sinne handelt, ist vorzusehen, dass der Ausgeschiedene auch nach seinem Ausscheiden in Angelegenheiten der Gesellschaft zur Verschwiegenheit verpflichtet ist.

bb) Herausgabe von Unterlagen

225 Damit der Ausscheidende keine dokumentierten Kenntnisse von Angelegenheiten der Gesellschaft zurückbehält, ist die Herausgabe aller betrieblichen Unterlagen einschließlich davon gefertigter Ablichtungen und Abschriften vorzusehen.

5. Allgemeine Bestimmungen

a) Sonstige Bestimmungen

aa) Vollständigkeitsklausel

226 Zur Vermeidung von Streit darüber, ob noch „Seitenabreden" zum Gesellschaftsvertrag bestehen, ist zu klären, dass weitere Absprachen nicht existieren, oder auf diese abschließend zu verweisen.

bb) Vertragsänderungen

227 Bei **Personengesellschaften** sind diese Grundlagengeschäfte von der Zustimmung aller Gesellschafter abhängig. Mehrheitsbeschlüsse können den Gesellschaftsvertrag nur ändern, wenn dies ausdrücklich zugelassen ist. Zur Rechtssicherheit sollte klargestellt werden, dass Gesellschaftsvertragsänderungen schriftlich dokumentiert sein müssen, um Wirksamkeit zu erlangen.

Bei der **GmbH** muss eine Satzungsänderung in notariell beurkundeter Form mit einer Mehrheit von mindesten 75 % der abgegebenen Stimmen beschlossen werden. Höhere Quoten kann die Satzung vorsehen. Bei AG ist für Satzungsänderungen erforderlich:
– **die einfache Stimmenmehrheit** (§ 133 Abs. 1 AktG) der vertretenen Stimmen und zusätzlich
– **eine Kapitalmehrheit** des vertretenen Grundkapitals (grds. ¾ des vertretenen Grundkapitals).

Die Kapitalmehrheit, die nach dem Gesetz ¾ des vertretenen Grundkapitals beträgt, kann durch die Satzung wie folgt geändert werden:
- Grds. können geringere oder höhere Kapitalmehrheiten in der Satzung festgelegt werden;
- für folgende Beschlüsse können aber nur höhere Mehrheiten festgelegt werden: Änderungen des Unternehmungsgegenstands; reguläre Kapitalerhöhung, wenn stimmrechtslose Vorzugsaktien ausgegeben werden; Bezugsrechtsausschluss; bedingte Kapitalerhöhung; genehmigtes Kapital; Kapitalherabsetzung.

b) Teilnichtigkeit

Damit sich die Nichtigkeit einzelner Gesellschaftsvertragsbestimmungen nicht auf den ganzen Gesellschaftsvertrag auswirkt, wird allgemein empfohlen, abweichend von § 139 BGB zu bestimmen, dass die Teilnichtigkeit sich in keinem Fall auf den gesamten Vertrag auswirkt.

Dabei wird m.E. übersehen, dass § 139 BGB eine flexible Regelung enthält und die Nichtigkeit selbst des ganzen Vertrags sich nach der Lehre über „faktische Gesellschaftsverhältnisse" nur dahin gehend auswirkt, dass den Gesellschaftern ein Kündigungsrecht eingeräumt wird.

3 Gestaltungsfragen bei einzelnen Gesellschaftsverträgen

	Rz.
I. Gesellschaft des bürgerlichen Rechts	229
1. Vertragliche Grundlagen	229
a) Bezeichnung	229
aa) Innengesellschaften	229
bb) Außengesellschaften	230
cc) Formulierungsbeispiele	231
(1) Grundstücksverwaltende Gesellschaft mit Sachbezeichnung	231
(2) Gewerblich tätige Gesellschaft mit gemischter Sach- und Namensbezeichnung	231a
b) Namensrechte	232
c) Sitz	233
aa) Vorbemerkungen	233
bb) Formulierungsbeispiele	234
d) Gesellschaftszweck/Unternehmensgegenstand	235
e) Gesellschafter, Beteiligungsverhältnis	236
aa) Vorbemerkungen	236
bb) Formulierungsbeispiele	237
f) Besondere Anforderungen an Gesellschafter	238
g) Gesellschafterstämme/Gesellschaftergruppen	239
aa) Vorbemerkungen	239
bb) Formulierungsbeispiel	240
h) Dauer der Gesellschaft	241
i) Geschäftsjahr	242
j) Kapital der Gesellschaft, Einlagen der Gesellschafter	243
k) Dienstleistungs- und Nutzungsüberlassungspflichten	244
2. Innere Ordnung der Gesellschaft	247
a) Geschäftsführung	247
aa) Vorbemerkungen	247
bb) Gestaltung	248
(1) Geschäftsleitung durch Nichtgesellschafter trotz Selbstorganschaft	249
(2) Geschäftsführung durch einzelne Gesellschafter	250
cc) Formulierungsbeispiele	251
(1) Gesellschaft mit gesellschaftsfremdem Geschäftsleiter	251
(2) Gesellschafterinterne Geschäftsführung	252
(3) Geschäftsführung bei Freiberufler-GbR	252a
b) Buchführung, Bilanzierung	253
aa) Vorbemerkungen	253
bb) Formulierungsbeispiele	254
c) Kontrollrechte der Gesellschafter	255
aa) Vorbemerkungen	255
bb) Formulierungsbeispiel	256
d) Gesellschafterversammlung, Stimmrecht, Einwendungsrechte	257
aa) Vorbemerkungen	257
bb) Formulierungsbeispiel	258
e) Ergebnisverwendung	259
aa) Vorbemerkungen	259
(1) Verweisung	259
(2) Gesetzliche Regelung	260
bb) Vertragsgestaltung	261
(1) Rücklagenbildung durch Gewinnthesaurierung	261
(2) Bewältigung von Verlusten	262
cc) Formulierungsbeispiel	263
f) Wettbewerbsfragen	264
aa) Vorbemerkungen	264
bb) Gestaltung	265
cc) Formulierungsbeispiele	266
3. Außenverhältnisse der Gesellschaft (Vertretung, Haftungsbeschränkung)	268
a) Verweisung	268
b) Gesetzliche Regelung	269
aa) Umfang der Vertretungsmacht außerhalb des Grundbuchverkehrs	270
bb) Legitimationsnachweis	271
cc) Vertretung im Grundbuchverkehr, Nachweis	272
c) Formulierungsbeispiele	273
aa) Vertretungsmacht ohne Haftungsauftrag	273
bb) Vertretungsmacht einer GbR mit Haftungsbegrenzungsauftrag	274
4. Strukturänderungen der Gesellschaft	275
a) Aufnahme weiterer Gesellschafter/Gesellschafterwechsel	275
aa) Vorbemerkung	275
bb) Gestaltung	276
cc) Formulierungsbeispiele	277
b) Kündigung eines Gesellschafters	278

	Rz.		Rz.
aa) Vorbemerkung	278	17. Tod eines Gesellschafters	326
bb) Gesetzliche Regelung und Regelbarkeit	279	18. Abfindung	327
cc) Formulierungsbeispiele	280	**III. Partnerschaftsgesellschaft**	328
c) Ausschließung von Gesellschaftern	282	1. Vor- und Nachteile der Partnerschaft	329
aa) Vorbemerkung	282	2. Rechte und Pflichten der Gesellschafter	330
bb) Formulierungsbeispiel	283		
d) Tod eines Gesellschafters	284	**IV. EWIV (Europäische wirtschaftliche Interessenvereinigung)**	331
aa) Vorbemerkung	284	1. Vorbemerkungen	331
bb) Gestaltung	285	2. Vertragliche Grundlage	332
cc) Formulierungsbeispiele	286	3. Rechte und Pflichten	333
e) Abfindung	289	4. Geschäftsführung und Vertretung	334
aa) Vorbemerkung	289		
bb) Gestaltung	290	**V. Kommanditgesellschaft**	335
cc) Formulierungsbeispiele	291	1. Gesellschaftszweck	335
f) Anmietungs- und Ankaufsrecht, weitere Ansprüche beim Ausscheiden	293	2. Firma, Sitz, inländische Geschäftsanschrift	336
g) Sonstige Bestimmungen	294	3. Geschäftsführung und Widerspruchsrecht der Kommanditisten	338
II. Offene Handelsgesellschaft	295	4. Stimmrecht-Gesellschafterbeschlüsse	340
1. Vertragliche Grundlagen, Vorbemerkungen	295	5. Informationsrecht	341
2. Zweck: Betrieb eines Gewerbes bzw. vermögensverwaltende Tätigkeit	296	6. Vertragliche Änderungen der Kontrollrechte der Kommanditisten	342
3. Firma	298	7. Wettbewerbsverbot	343
4. Sitz der Gesellschaft, inländische Geschäftsanschrift	301	8. Haftung der Kommanditisten	344
5. Gegenstand des Unternehmens	302	a) Vorbemerkung	344
6. Rechte und Pflichten der Gesellschafter, insbesondere Stimmrecht	303	aa) Pflichteinlage	345
a) Vorbemerkung	303	bb) Haftsumme	346
b) Gestaltung	304	b) Gestaltung	347
7. Informationsrecht	308	aa) Wiederaufleben der Haftung bei Rückzahlung der Haftsumme	348
8. Wettbewerbsverbot	309	bb) Haftung vor Eintragung	349
9. Grundsatz der rechtlichen Selbständigkeit	310	9. Gewinn und Verlust	350
10. Beitragsleistung	311	10. Entnahmen, Buchführung und Bilanzierung	351
a) Gegenstand der „Beiträge", Umfang und Bewertung	311	11. Vertretung der Gesellschaft nach außen	352
b) Leistungsstörungen bei der Einlageerbringung	315	12. Strukturänderungen der Gesellschaft	353
11. Kapitalanteil und Gesellschafterkonten	318	a) Vorbemerkung	353
a) Gesetzliche Regelung	318	b) Gestaltung	354
b) Gestaltung	319	aa) (Isolierter) Beitritt bzw. Ausscheiden eines Gesellschafters	354
12. Entnahmen	321		
13. Buchführung und Bilanzierung, Jahresabschluss	322	bb) Gesellschafterwechsel – Übertragung eines Kommanditanteils unter Lebenden	356
14. Geschäftsführung	323		
15. Vertretung	324		
16. Verfügung über den Gesellschaftsanteil	325		

	Rz.
cc) Umwandlung der Gesellschafterstellung (Komplementär in Kommanditist bzw. umgekehrt)	358
dd) Schenkungen, insbesondere im Rahmen einer vorweggenommenen Erbfolge	359
13. Beendigung der Gesellschaft	361
VI. Stille Gesellschaft, Unterbeteiligung	362
1. Stille Gesellschaft	362
a) Gesetzliche Regelung	362
b) Gestaltung	365
aa) Anwendungsbereich	365
bb) Rechte und Pflichten der Gesellschafter	367
(1) Leistung der Einlage	367
(2) Gewinn- und Verlustbeteiligung	368
(3) Kontroll- und Überwachungsrechte	370
(4) Haftung	371
cc) Innere Organisation	372
dd) Vertretung der Gesellschaft nach außen	373
ee) Strukturänderungen der Gesellschaft	374
ff) Beendigung der Gesellschaft	376
(1) Auflösung	376
(2) Auseinandersetzung	377
2. Unterbeteiligung	380
a) Begriff, Formen, Vor- und Nachteile	380
b) Rechte und Pflichten der Gesellschafter	383
c) Geschäftsführung und Vertretung	386
d) Kontroll- und Informationsrechte	387
e) Wechsel des Unterbeteiligten	388
f) Beendigung der Gesellschaft, Auseinandersetzung	389
g) Sonstige Auflösungsgründe	390
h) Auseinandersetzung, Vermögensbeteiligung	391
i) Allgemeine Bestimmungen	394
VII. GmbH/UG (haftungsbeschränkt)	394a
1. Vorbemerkungen	394a
2. Vertragliche Grundlagen	395
a) Firma	395
aa) Vorbemerkung	395
bb) Grundsätze	396
cc) Formulierungsbeispiele	397

	Rz.
b) Namensrechte	398
aa) Vorbemerkung	398
bb) Formulierungsbeispiel	399
c) Sitz, inländische Geschäftsanschrift	400
aa) Vorbemerkung	400
bb) Formulierungsbeispiel	401
d) Unternehmensgegenstand	402
aa) Vorbemerkung	402
bb) Verweisung	403
e) Stammkapital	404
aa) Vorbemerkung	404
bb) Formulierungsbeispiel	406
f) Gesellschafter, Einlagen	407
aa) Gesetzliche Regelung	407
bb) Formulierungsbeispiel	408
g) Bareinlage oder Sacheinlage	409
aa) Vorbemerkung	409
bb) Bareinlage	410
cc) Sacheinlage	411
dd) Mischeinlagen	412
ee) Fälligkeit der Einlageverpflichtung	413
h) Gesellschafterstämme, Gesellschaftergruppen	414
aa) Vorbemerkung	414
bb) Formulierungsbeispiel	415
3. Evtl. gruppenbezogene Sonderrechte	416
a) Dauer der Gesellschaft	416
b) Geschäftsjahr	417
c) Dienstleistungs- und Nutzungsüberlassungspflichten	418
4. Innere Ordnung und Außenverhältnisse der Gesellschaft	419
a) Geschäftsführung und Vertretung	419
aa) Vorbemerkung	419
(1) Vertretung	420
(2) Geschäftsführung	422
bb) Formulierungsbeispiel	423
b) Buchführung, Bilanzierung	425
aa) Vorbemerkung	425
bb) Formulierungsbeispiel	426
c) Kontrollrechte der Gesellschafter	427
d) Gesellschafterversammlung, Stimmrechte, Einwendungsrechte	428
aa) Verweisung	428
bb) Formulierungsbeispiel	429
e) Ergebnisverwendung	430
aa) Vorbemerkung	430
(1) Verluste	430
(2) Gewinne	431
bb) Formulierungsbeispiel	432

	Rz.		Rz.
f) Wettbewerb	433	cc) Eingeschränkte Veräußerlichkeit gewünscht	468
aa) Vorbemerkung	433	dd) Ankaufs- und Vorkaufsrechte	469
bb) Formulierungsbeispiel	434	c) Formulierungsbeispiele	470
5. Strukturänderungen der Gesellschaft	435	aa) Sonst freie Veräußerlichkeit des Geschäftsanteils und der Beteiligung	470
a) Verfügung über Geschäftsanteile	435	bb) Sonst bestehendes Vorkaufsrecht bei der Veräußerung des Geschäftsanteils/der Beteiligung	472
aa) Vorbemerkung	435		
bb) Gestaltung	436		
cc) Formulierungsbeispiele	438		
b) Kündigung durch den Gesellschafter	440		
c) Ausschließung von Gesellschaftern	441	cc) Anbietungspflicht mit Ankaufsrecht	474
aa) Vorbemerkungen	441	d) Ergänzung der Bestimmungen beim Tod des Gesellschafters	475
bb) Gestaltung	442	aa) Bei sonst freier Vererblichkeit	475
cc) Formulierungsbeispiel	444	bb) Qualifizierte Nachfolgeregelung	476
d) Tod des Gesellschafters	445	(1) Qualifizierte Nachfolgeregelung bei der GmbH	477
e) Abfindung	446		
6. Allgemeine Bestimmungen	447		
VIII. GmbH & Co. KG	448		
1. Vorbemerkung und Erscheinungsformen	448	(2) Regelung des Scheiterns	478
a) Vorbemerkung	448	e) Ergänzung der Bestimmungen beim Zwangsausscheiden	479
b) Erscheinungsformen	449		
aa) Typische GmbH & Co. KG	449	IX. AG, insbesondere kleine AG	480
bb) Beteiligungsidentische GmbH & Co. KG	450	1. Allgemeine Vorbemerkungen	480
cc) Einheits-GmbH & Co. KG	451	a) Grundlagen, SE als Gestaltungsalternative	480
dd) Publikums-GmbH & Co. KG	452	b) „Kleine AG"	481
2. Gestaltungsfragen außerhalb der „Verzahnungsproblematik"	453	c) Gründe für die AG	482
a) Firmierung bei GmbH und bei KG	454	d) Personalistische, insb. Familien-AG	484
aa) Vorbemerkung	454	aa) Personalisierung durch satzungs- und schuldrechtliche Abreden	484
bb) Formulierungsbeispiele	455	bb) Beispiele	485
b) Unternehmensgegenstand	456	cc) Sicherung des Fortbestands der schuldrechtlichen Abreden bei Einzelrechtsnachfolge	486
aa) Vorbemerkung	456		
bb) Formulierungsbeispiele	457		
c) Befreiung von § 181 BGB	458		
aa) Vorbemerkung	458	dd) Vinkulierte Namensaktien	486a
bb) Gestaltungsgrundsätze	459	ee) Formulierungsbeispiele	487
cc) Formulierungsbeispiele	460	(1) Ankaufsrecht	487
dd) Handelsregisteranmeldung und -eintragung	462	(2) Vertragsstrafe	488
3. Verzahnung der Beteiligungen bei der GmbH und der KG	463	(3) Vinkulierte Namensaktien	488a
a) Identitätsgrundsatz	465	e) Vorbemerkungen zur folgenden Checkliste	489
b) Ergänzung der Bestimmungen betr. die Verfügung über Geschäftsanteile/Beteiligungen	466	2. Vertragliche Grundlagen	490
aa) Vorbemerkung	466	a) Firma	490
bb) Freie Veräußerlichkeit der Beteiligungen gewünscht	467	aa) Verweisung	490
		bb) Rechtsnatur	491

	Rz.		Rz.
b) Namensrechte	492	(a) Entsendungsrecht in den Aufsichtsrat	521
aa) Verweisung	492		
bb) Rechtsnatur	493		
c) Sitz; inländische Geschäftsanschrift	494	(b) Vinkulierung mit Gruppierung	521
aa) Verweisung	494	(c) Sonstige Übertragungen	521
bb) Rechtsnatur	495		
d) Unternehmensgegenstand	496	l) Dauer der Gesellschaft	522
aa) Verweisung	496	m) Geschäftsjahr	523
bb) Aktienrechtliche Besonderheiten	497	n) Dienstleistungs- und Nutzungsüberlassungsverpflichtungen	524
cc) Formulierungsbeispiel	499		
dd) Rechtsnatur	500	3. Ordnung der Außenverhältnisse der Gesellschaft	525
e) Grundkapital	501	a) Geschäftsführung und Vertretung	525
aa) Verweisung, Vorbemerkungen	501		
bb) Rechtsnatur	502	aa) Vorbemerkungen	525
f) Einteilung des Grundkapitals	503	bb) Vertretung	526
aa) Vorbemerkungen	503	cc) Geschäftsführung	527
bb) Nennbetragsaktien	504	dd) Formulierungsbeispiele	528
cc) Stückaktien	506	b) Buchführung, Bilanzierung	530
dd) Formulierungsbeispiele	506	c) Kontrollorgan Aufsichtsrat	531
(1) Nennbetragsaktien	506	aa) Grundlagen	531
(2) Stückaktien	506	bb) Satzungsbestimmungen	532
ee) Rechtsnatur	507	cc) Formulierungsbeispiel zum Aufsichtsrat	533
g) Inhaber- oder Namensaktien	508		
aa) Grundsätzliches Wahlrecht	508	dd) Kontrolle durch die Gesellschafter	534
bb) Unterschiede zwischen Namens- und Inhaberaktien	509	d) Hauptversammlung, Stimmrechte, Einwendungsrechte	535
		aa) Grundlagen, Verweisung	535
cc) Formulierungsbeispiele	510	bb) Formulierungsbeispiel (nicht börsennotierte Gesellschaft)	536
h) Gesellschafter, Einlagen	511		
aa) Gesetzliche Regelung	511	e) Ergebnisverwendung	537
bb) Formulierungsbeispiele	512	aa) Verweisung	537
i) Bareinlagen, Sacheinlagen, Sachübernahmen	513	bb) Formulierungsbeispiel	538
		4. Strukturänderungen der Gesellschaft	539
aa) Vorbemerkungen	513	a) Verfügungen über Aktien	539
bb) Formulierungsbeispiel	514	b) Ausschließung von Gesellschaftern	540
j) Fälligkeit der Einlageverpflichtungen	515		
aa) Vorbemerkungen	515	c) Tod eines Gesellschafters	541
bb) Satzungsgestaltung	516	d) Abfindung	542
cc) Formulierungsbeispiele	517	e) Sonstige Bestimmungen	543
k) Gesellschafterstämme/Gesellschaftergruppen	518	**X. Europäische Aktiengesellschaft (Societas Europea – SE)**	544
aa) Vorbemerkungen, Verweisung	518	1. Rechtliche Grundlagen	544
bb) Formulierungsbeispiel	519	2. Gründe für eine SE	545
cc) Eingeschränkte satzungsmäßige Gestaltungsmöglichkeiten	520	a) Schaffung einer einheitlichen Konzernstruktur	546
		b) Vereinfachte Sitzverlegung	547
(1) Einfluss auf die Organbesetzung	520	c) Möglichkeit der grenzüberschreitenden Verschmelzung	548
(2) Formulierungsbeispiele	521	d) Europa-AG als europäische Marke	549

	Rz.		Rz.
3. Gründungsformen	550	aa) Echte Betriebsaufspaltung	563
a) Verschmelzung	551	bb) Unechte Betriebsaufspaltung	564
b) Holding SE	552		
c) Tochter-SE	553	cc) Umgekehrte Betriebsaufspaltung	565
d) Umwandlung	554		
4. Organisationsformen	555	dd) Kapitalistische Betriebsaufspaltung	566
a) Monistische Struktur	556		
b) Dualistische Struktur	557	ee) Mitunternehmerische Betriebsaufspaltung	567
5. Arbeitnehmerbeteiligung	558		
6. Buchführung, Bilanzierung, Steuern, Insolvenz	559	2. Gestaltungsgrundsätze	568
		a) Nutzungsüberlassungsvertrag	568
XI. Betriebsaufspaltung	560	aa) Höhe des Nutzungsentgelts	569
1. Vorbemerkung und Erscheinungsformen	560		
a) Vorbemerkung	560	bb) Vertragsdauer	570
b) Erscheinungsformen	563	b) Verzahnung der Gesellschaftsverträge	571

I. Gesellschaft des bürgerlichen Rechts

1. Vertragliche Grundlagen

a) Bezeichnung

aa) Innengesellschaften

Es ist keine Bezeichnung notwendig. 229

bb) Außengesellschaften

1. Zur grundsätzlichen Möglichkeit, im Rechtsverkehr nach außen unter einer einheitlichen Bezeichnung aufzutreten, und zu den Beschränkungen bei der Prozessführung und im Grundbuchverkehr siehe Rz. 82. 230

2. Der Name darf nicht den Eindruck einer Personenhandelsgesellschaft oder Partnerschaftsgesellschaft erwecken. Unrichtige Rechtsformzusätze wie oHG, KG o.ä. sind zu vermeiden, ebenso spezifisch kaufmännische Abkürzungen wie Co. und Cie.

In der Praxis hat sich die Bezeichnung „Gemeinschaft" in Verbindung mit dem Namen eines Gesellschafters oder einer schlagwortartigen Kennzeichnung des Unternehmensgegenstands herausgebildet; wenn eine Bezeichnung gewählt wird, die so auch von einer Personenhandelsgesellschaft geführt werden könnte, der Rechtsformzusatz GdbR oder GbR. Nach aktueller Rechtsprechung darf bei der GbR kein Rechtsformzusatz geführt werden, der auf eine (ohnehin gesellschaftsvertraglich nicht wirksam zu vereinbarende, s.u.) Haftungsbeschränkung hinweist, also z.B. nicht „mbH".

cc) Formulierungsbeispiele

(1) Grundstücksverwaltende Gesellschaft mit Sachbezeichnung

231 Die Gesellschaft führt die Bezeichnung „Grundstücksgemeinschaft Ludwigstr. 28".

(2) Gewerblich tätige Gesellschaft mit gemischter Sach- und Namensbezeichnung

231a Die Gesellschaft führt die Bezeichnung Meier + Müller, Farbengeschäft und Malerei, GbR.

b) Namensrechte

232 Siehe einschl. Formulierungsbeispiele bei Rz. 87 ff.

c) Sitz

aa) Vorbemerkungen

233 Eine Gesellschaft des bürgerlichen Rechts muss nicht notwendig einen Sitz haben (siehe oben Rz. 91 ff.). Die Begründung eines Firmensitzes kann im Hinblick auf § 11 Abgabenordnung aber sinnvoll sein. Die Begründung eines Firmensitzes ist auch insofern sinnvoll, als der Firmensitz als der Ort gewählt werden kann, an dem Gesellschafterversammlungen regelmäßig abzuhalten sind. In der Praxis wird als Sitz sinnvollerweise der Ort gewählt, von dem aus (durch die Geschäftsführung) die Verwaltungshandlungen vorgenommen werden, und der Ort, wo die Gesellschaftsunterlagen verwahrt werden. Bei immobilienverwaltenden Gesellschaften bürgerlichen Rechts wird häufig als Firmensitz auch der Ort der Belegenheit der Immobilie gewählt.

bb) Formulierungsbeispiele

234 **Fester Sitz**

Die Gesellschaft hat ihren Sitz in München.

Variabler Sitz

Die Gesellschaft hat ihren Sitz jeweils an dem Ort, an dem der dienstälteste geschäftsführende Gesellschafter wohnt oder, wenn er seine geschäftsführende Tätigkeit für die Gesellschaft von einer beruflichen Niederlassung ausübt, am Ort seiner beruflichen Niederlassung.

d) Gesellschaftszweck/Unternehmensgegenstand

Vorbemerkungen 235

Mit der GbR können beliebige Zwecke verfolgt werden. Sie kann, soweit gesetzliche Verbote dem nicht entgegenstehen, auf beliebigen Geschäftsfeldern tätig werden. Soweit die Gesellschaft gewerblich tätig ist, ist zu berücksichtigen, dass die Gesellschaft nur solange GbR ist, bis das Handelsgeschäft einen vollkaufmännischen Umfang annimmt. Dann mutiert die GbR automatisch zur oHG, unabhängig von jeder Handelsregistereintragung. Auch eine gewerblich tätige Gesellschaft, deren Handelsgeschäft keinen vollkaufmännischen Umfang aufweist, kann durch freiwillige Eintragung in das Handelsregister oHG (oder KG) werden. Dies gilt auch für rein vermögensverwaltende (deshalb nicht gewerbliche) Gesellschaften.

Im Übrigen wird auch wegen Formulierungsbeispielen verwiesen auf Rz. 94 ff.

e) Gesellschafter, Beteiligungsverhältnis

aa) Vorbemerkungen

Siehe Rz. 100 ff. 236

bb) Formulierungsbeispiele

Stimmrecht und wirtschaftliche Beteiligung entsprechen sich 237

An der Gesellschaft sind derzeit beteiligt:

Max Meier zu 60 % und Hans Müller zu 40 %.

Die Beteiligungsquote ist entscheidend für das Stimmrecht in der Gesellschafterversammlung, die Teilnahme am Gewinn und Verlust und an einem evtl. Liquidationserlös, soweit im Folgenden nicht ausdrücklich etwas anderes bestimmt wird.

Nicht vererbliches Sonderstimmrecht eines Gesellschafters

Am Gewinn und Verlust der Gesellschaft und einem evtl. Liquidationserlös nehmen Max Meier zu 60 % und Hans Müller zu 40 % teil. Solange Hans Müller lebt und Gesellschafter ist, steht diesem abweichend davon neben Max Meier 50 % der Stimmen zu. Scheidet Hans Müller aus der Gesellschaft aus oder verstirbt er, ist mit dem derzeit von ihm gehaltenen Anteil ein Stimmrecht von 40 %, mit dem von Herrn Max Meier ein Stimmrecht von 60 % verbunden.

f) Besondere Anforderungen an Gesellschafter

238 Vorweg siehe dazu Rz. 103 ff.

Formulierungsbeispiel:

Freiberufler-GbR mit automatischem Ausscheiden

Vorwegtatbestand siehe Rz. 105.

Verliert ein Gesellschafter diese Qualifikation oder geht die Beteiligung auf Personen über, die diese Qualifikation nicht erfüllen, scheidet der betreffende Gesellschafter aus der Gesellschaft aus (automatisches Ausscheiden). Für das Ausscheiden gelten die allgemeinen Bestimmungen dieses Gesellschaftsvertrags.

Familien-GbR mit Ermächtigung zum Ausschluss

Vorwegtatbestand siehe Rz. 106.

Sonst sind die weiteren Gesellschafter dazu berechtigt, den Ehegatten bzw. dessen Rechtsnachfolger aus der Gesellschaft auszuschließen (Ermächtigung für einen ausschließenden Beschluss).

g) Gesellschafterstämme/Gesellschaftergruppen

aa) Vorbemerkungen

239 Siehe zunächst Rz. 107 ff.

Der Gesellschaftsvertrag muss gewährleisten, dass das Stimmgewicht nicht durch unvorhersehbare Umstände nach Abschluss des Gesellschaftsvertrags verändert wird. Eine solche Veränderung des Stimmgewichts kann sich insbesondere ergeben, wenn ein Gesellschafter, der einer Gesellschaftergruppe angehört, zwangsweise aus der Gesellschaft ausscheidet. Sein Anteil wächst nämlich bei der GbR dann grundsätzlich allen Gesellschaftern an, auch den Gesellschaftern der anderen Gruppe, die durch solche Umstände plötzlich ein Übergewicht erhalten können. Wenn dies vermieden werden soll, muss im Gesellschaftsvertrag geregelt werden, dass Anwachsungen von Beteiligungen nur innerhalb der verbleibenden Mitglieder der Gruppe erfolgen.

bb) Formulierungsbeispiel

240 1. Die Gesellschafter Hans und Beate Müller und deren Sohn Hans Müller jun. sowie deren Rechtsnachfolger bilden die Gesellschaftergruppe „Müller". Die Gesellschafter Franz und Maria Meier und deren Rechtsnachfolger bilden die Gesellschaftergruppe „Meier". Scheidet ein Gesellschafter einer Gesellschaftergruppe aus der Gesellschaft aus, wächst sein Anteil am Gesellschaftsvermögen ausschließlich den Gesellschaftern der Gruppe an, der er angehörte, mehreren im Verhältnis von deren Beteiligung. Sollte diese Folge nicht alleine aufgrund dieser Regelung eintreten, sind alle Gesellschafter

I. Gesellschaft des bürgerlichen Rechts

verpflichtet, unverzüglich an Abtretungen mitzuwirken, die diese Rechtsfolge herbeiführen.

2. Soweit nach dem Gesellschaftsvertrag Gesellschafter Ankaufs- oder Vorkaufsrechte auf die Beteiligung anderer Gesellschafter haben, sind zum Ankauf bzw. Verkauf nur die Gesellschafter der Gruppe entsprechend ihrer Beteiligung berechtigt, die derselben Gesellschaftergruppe angehören wie der mit dem Ankaufs- bzw. Vorkaufsrecht beschwerte Gesellschafter.

3. Die Gesellschafter einer jeden Gruppe sind berechtigt, einen Gesellschafter ihrer Gruppe als vertretungsberechtigten Geschäftsführer der Gesellschaft zu bestimmen.

h) Dauer der Gesellschaft

Es wird verwiesen auf Rz. 110 ff. einschließlich Formulierungsbeispiele. 241

i) Geschäftsjahr

Es wird verwiesen auf Rz. 114 ff. einschließlich Formulierungsbeispiele. 242

j) Kapital der Gesellschaft, Einlagen der Gesellschafter

Zur Definition der Begriffe wird verwiesen auf Rz. 117 ff. 243

Formulierungsbeispiele:

Grundstücksverwaltende GbR

1. Die Gesellschafter erbringen als Einlage das ihnen bisher je zur Hälfte gehörende lastenfreie Grundstück der Gemarkung Ingolstadt, Fl.Nr. 2130 (Anwesen Ludwigstr. 12), das außerhalb der Urkunde in das Gesamthandsvermögen der Gesellschaft überführt wird. Die Übereignung hat unverzüglich zu erfolgen.

2. Darüber hinaus haben die Gesellschafter der Gesellschaft die Mittel zur Verfügung zu stellen, die zur Sanierung des Objekts nach dem Stand der Sanierungsplanung vom 24.8.2013 (Pläne der Architekten Behnisch & Partner, Stuttgart) erforderlich werden. Sie haben die Mittel der Gesellschaft so rechtzeitig zur Verfügung zu stellen, dass die Gesellschaft ihre Zahlungsverpflichtungen gegenüber den am Bau beteiligten Unternehmen erfüllen kann.

3. Wenn ein Gesellschafter zur Aufbringung seines Kapitals Fremdmittel beansprucht, hat die Gesellschaft einer Beleihung des Grundstücks Fl.Nr. 2130 der Gemarkung Ingolstadt zu diesem Zweck zuzustimmen. Wenn mehrere Gesellschafter Fremdmittel aufnehmen, erhalten die entsprechenden Sicherungsgrundschulden untereinander Gleichrang.

Freiberufler-GbR

Dr. Max Meier bringt das von ihm bisher allein betriebene Architekturbüro mit Wirkung zum 31.12.2013 mit allen Aktiva und Passiva ein. Franz Hauke erbringt eine Geldeinlage in einer Höhe von 150 000 Euro, die am 1.1.2014 auf ein auf den Namen der Gesellschaft lautendes Konto einzubezahlen ist.

k) Dienstleistungs- und Nutzungsüberlassungspflichten

244 Zur Abgrenzung gesellschaftsvertraglicher Pflichten von Leistungspflichtigen aufgrund gesonderter Abreden und zu allg. Gestaltungsgrundsätzen siehe bei Rz. 121 f.

Formulierungsbeispiele:

245 **Arbeitsleistung und Nutzungsüberlassung außerhalb des Gesellschaftsvertrags**

1. Mit dem geschäftsführenden Gesellschafter wird ein Arbeitsvertrag außerhalb dieses Gesellschaftsvertrags geschlossen. Urlaub, Entgeltfortzahlung im Krankheitsfall, Aufwendungsersatz und Altersgrenze sowie Ruhegeld sind dort geregelt.

2. Von dem Gesellschafter Max Müller wird sein Betriebsgrundstück „Augraben 8" angepachtet. Auch diesbezüglich wird ein gesonderter Pachtvertrag geschlossen.

3. Die Vergütung der Dienstleistung und der Pachtzins stellen gesellschaftsintern Aufwand dar.

246 **Arbeitsleistung und Nutzungsüberlassung als gesellschaftsvertragliche Pflicht**

1. Hans Meier ist verpflichtet, der Gesellschaft als geschäftsführender und vertretungsberechtigter Gesellschafter seine ganze Arbeitskraft zu widmen. Ihm stehen jährlich 26 Arbeitstage Urlaub zu, die nach betrieblichen Erfordernissen zu nehmen sind (evtl. Übertragungs- und Abgeltungsregelung).

Als Vergütung erhält Hans Meier einen Gewinn – vorab von monatlich 3000 Euro –, den er am Ende eines Kalendermonats entnehmen kann. Für die Abführung darauf geschuldeter Steuern ist er selbst verantwortlich. Bei Krankheit bis zu 2 Monaten wird der Gewinn – vorab – weiterbezahlt; dann ruht er bis zur Wiederaufnahme der Tätigkeit.

Für die Zeit im Abschluss an den 2-Monats-Zeitraum bis zu 6 Monaten nach Beginn der Erkrankung schließt die Gesellschaft für den geschäftsführenden Gesellschafter eine Krankentagegeldversicherung mit täglich 100 Euro ab und trägt die dafür anfallenden Prämien.

Die Gesellschaft ersetzt dem Gesellschafter Meier die Kosten für eine angemessene Kranken- und Lebensversicherung bis zum Höchstbetrag des Arbeitgeberbeitrags für die gesetzliche Kranken- und Rentenversicherung eines Arbeitslohnes mit einem Gehalt von 3000 Euro monatlich.

I. Gesellschaft des bürgerlichen Rechts

Ist der geschäftsführende Gesellschafter länger als 6 Monate am Stück oder innerhalb eines 2-Jahres-Zeitraums länger als 8 Monate krank, hat er ein ärztliches Zeugnis über die voraussichtliche Wiederherstellung seiner uneingeschränkten Arbeitsfähigkeit innerhalb von weiteren 2 Monaten beizubringen.

Ist dieses Zeugnis negativ oder erweist es sich als unrichtig, kann dem Gesellschafter die geschäftsführende Funktion mit einer Frist von 2 Wochen gekündigt werden. Dann enden alle mit der Dienstleistung verbundenen Rechte und Pflichten unabhängig von weiterem Verbleib in der Funktion des – einfachen – Gesellschafters.

Beim Tod des geschäftsführenden Gesellschafters wird seiner Witwe oder ersatzweise seinen evtl. minderjährigen Kindern der gewinnabhängige Betrag von 3000 Euro für den Todesmonat und die weiteren Monate fortgezahlt.

2. Max Müller überlässt der Gesellschaft das in seinem Eigentum stehende Betriebsgrundstück „Augraben 8" auf unbestimmte Dauer zur Nutzung und erhält dafür einen Gewinn – vorab – von 1500 Euro monatlich, den er monatlich im Voraus entnehmen kann.

Im Übrigen gelten die Bestimmungen des BGB über den Pachtvertrag entsprechend.

2. Innere Ordnung der Gesellschaft

a) Geschäftsführung

aa) Vorbemerkungen

Zur Abgrenzung Geschäftsführungsbefugnis – Vertretungsmacht, zur Zwecküberschreitung, zu Grundlagengeschäften und zum Grundsatz der Selbstorganschaft siehe bei Rz. 123 ff.

247

bb) Gestaltung

Das Gesetz lässt der kautelarjuristischen Gestaltungspraxis weitgehende Freiheit bei der Gestaltung der Geschäftsführung: von der Einzelgeschäftsführungsbefugnis eines einzelnen Gesellschafters bis zur Gesamtgeschäftsführungsbefugnis sämtlicher Gesellschafter.

248

(1) Geschäftsleitung durch Nichtgesellschafter trotz Selbstorganschaft

Bei einer GbR, die zum Zweck der Kapitalanlage einer großen Zahl von Gesellschaftern angeschlossen wird (z.B. geschlossene Immobilienfonds in der Form einer GbR), sollen die täglichen Geschäfte häufig durch einen so genannten „Geschäftsbesorger", der selbst nicht Gesellschafter ist, erledigt werden. Eine vergleichbare Situation besteht, wenn die GbR sich an Franchise-Organisation beteiligt, z.B. einer Hotelkette beitritt und mit dem Franchise-Geber einen Betriebsführungsvertrag abschließt.

249

Wegen des Grundsatzes der Selbstorganschaft (siehe dazu oben Rz. 125 f.) kann der Betriebsführungsvertrag oder Geschäftsbesorgungsvertrag das eigene Recht der Gesellschafter zur Geschäftsführung nicht ausschließen; dies ist im Vertrag klarzustellen. Weiter sollte bereits beim Abschluss des Betriebsführungs- oder Geschäftsbesorgungsvertrags darauf geachtet werden, dass besonders einschneidende Geschäfte der Zustimmung der Gesellschafterversammlung bedürfen.

(2) Geschäftsführung durch einzelne Gesellschafter

250 Bei gewerblich tätigen Gesellschaften oder Gesellschaften von Freiberuflern werden, wenn der Gesellschafterkreis nicht ganz klein ist, die Geschäftsführungsbefugnisse in der Regel auf einzelne Gesellschafter übertragen. Gesellschaftsvertraglich zu regeln ist, ob und inwieweit die ernannten Geschäftsführer einzel- oder gesamtentscheidungsbefugt sind. Zumindest zentrale Entscheidungen sollten der Zustimmung der Gesellschaftergesamtheit vorbehalten werden. Deshalb empfiehlt sich in der Praxis eine Regelung, die § 116 Abs. 1 HGB vergleichbar ist, d.h. die Regelung, dass Geschäfte, die den gewöhnlichen Geschäftsbetrieb übersteigen, die Zustimmung der Gesellschafterversammlung bedürfen. Dabei ist klärungsbedürftig, mit welcher Mehrheit die Gesellschafterversammlung in Fällen entscheidet, die ihr vorbehalten sind. Bei Freiberufler-GbR sollten, wie in der Rechtsform der PartG, „mindere" Gesellschafter nur von der Führung der „sonstigen" Geschäfte ausgeschlossen werden.

cc) Formulierungsbeispiele

(1) Gesellschaft mit gesellschaftsfremdem Geschäftsleiter

251 1. Die Gesellschaft wird mit der Inter-Komforthotel Deutschland GmbH einen Betriebsführungsvertrag schließen, der dieser Gesellschaft das Recht gibt, das im Vermögen der Gesellschaft befindliche Hotel zu betreiben und alle dazu erforderlichen Geschäfte im Namen und für Rechnung der Gesellschaft vorzunehmen. Der Betriebsführungsvertrag wird der Gesellschaft das Recht vorbehalten, dass in den dort vorgesehenen Fällen Maßnahmen nur getroffen werden dürfen, wenn zuvor die Gesellschaft zugestimmt hat.

2. Gesellschaftsintern sind alle Gesellschafter gemeinsam zur Geschäftsführung berechtigt. Über Geschäftsführungsmaßnahmen wird in Gesellschafterversammlungen beschlossen. Insbesondere wird in solchen Angelegenheiten beschlossen, die nach dem Betriebsführungsvertrag der Gesellschafterversammlung vorbehalten sind. Die Gesellschafterversammlung entscheidet auch über den Abschluss, die Kündigung, die sonstige Aufhebung und die Inhaltsänderung des Betriebsführungsvertrags. Geschäftsführungsbeschlüsse werden grundsätzlich mit einer Mehrheit von 75 % der abgegebenen Stimmen gefasst. Über die Kündigung des Betriebsführungsvertrags aus wichtigem Grund entscheidet die Gesellschafterversammlung mit einfacher Mehrheit.

I. Gesellschaft des bürgerlichen Rechts

(2) Gesellschafterinterne Geschäftsführung

1. Die Geschäfte der Gesellschaft werden durch maximal drei Gesellschafter als Geschäftsführer geführt. Diese werden durch die Gesellschafterversammlung gewählt. Die Gesellschafterversammlung entscheidet auch, ob und welchen der Geschäftsführer Einzelvertretungsbefugnis gegeben wird und ob und welche Geschäftsführer zum Widerspruch gegen Geschäftsführungsmaßnahmen anderer Geschäftsführer berechtigt sind. Die o.a. Beschlüsse werden mit einer Mehrheit von 75 % der abgegebenen Stimmen gefasst.

2. Die Befugnis zur Geschäftsführung erstreckt sich nur auf Handlungen, die der gewöhnliche Geschäftsbetrieb mit sich bringt. Zur Vornahme von Handlungen, die darüber hinausgehen, ist ein Gesellschafterbeschluss erforderlich, der mit einer Mehrheit von 75 % der abgegebenen Stimmen gefasst wird.

(3) Geschäftsführung bei Freiberufler-GbR

1. In den freiberuflichen Belangen sind alle Gesellschafter jeweils einzeln berechtigt über die Übernahme von Mandaten für die Gesellschaft mit einem Honorarvolumen von bis zu … und die Beendigung solcher Mandate zu entscheiden, vorausgesetzt, die Übernahme erfolgt zu üblichen Bedingungen und es besteht kein gesteigertes Haftungsrisiko. Im Übrigen entscheidend die Gesellschafter gemeinsam durch (einfache) Mehrheitsentscheidung über freiberufliche Belange.

2. In den sonstigen (nicht freiberuflichen) Belangen sind nur A, B und D geschäftsführungsbefugt. Diese entscheiden mehrheitlich nach der Zahl der Köpfe.

b) Buchführung, Bilanzierung

aa) Vorbemerkungen

Zunächst wird verwiesen auf Rz. 128. Dort wurde herausgearbeitet, dass bei der GbR eine jährliche Information über den wirtschaftlichen Stand sinnvoll ist. Gesellschaftsvertraglich ist in einfachen Fällen eine Einnahme-Überschuss-Rechnung, sonst die Bilanzierung gesellschaftsvertraglich zu vereinbaren.

Sinnvoll ist es dabei, dass das zweigeteilte Zuständigkeitssystem für Kapitalgesellschaften gesellschaftsvertraglich installiert wird: Die Geschäftsführer sind für die Aufstellung verantwortlich; die rechtsverbindliche Feststellung des Jahresabschlusses bleibt der Gesellschafterversammlung vorbehalten.

bb) Formulierungsbeispiele

254 **Einfache Einnahmen-Überschussrechnung**

Die Geschäftsführer der Gesellschaft haben die Einnahmen und Ausgaben der Gesellschaft zeitnah, vollständig und geordnet aufzuzeichnen und innerhalb von drei Monaten nach Abschluss des Geschäftsjahres eine Übersicht über den Überschuss der Einnahmen über die Ausgaben oder umgekehrt zu erstellen.

Buchführung und Bilanzierung

Die Geschäftsführer der Gesellschaft haben Bücher entsprechend den gesetzlichen Bestimmungen, die für die offene Handelsgesellschaft gelten, zu führen, Bilanzen aufzustellen und am Schluss eines Kalenderjahres eine Gewinn- und Verlustrechnung aufzustellen. Die Aufstellung der Bilanz mit Gewinn- und Verlustrechnung muss innerhalb von sechs Monaten nach dem Abschluss eines Kalenderjahres erfolgen. Der Jahresabschluss ist den Gesellschaftern zuzuleiten, die innerhalb von acht Monaten nach Beendigung eines Geschäftsjahres in einer Gesellschafterversammlung den Jahresabschluss feststellen.

c) Kontrollrechte der Gesellschafter

aa) Vorbemerkungen

255 Es wird verwiesen auf Rz. 129 ff.

bb) Formulierungsbeispiel

256 1. Jedem Gesellschafter stehen die gesetzlichen Einsichts- und Auskunftsrechte zu.

2. Jeder Gesellschafter kann dabei einen zur berufsmäßigen Verschwiegenheit verpflichteten Angehörigen der rechts- oder steuerberatenden Berufe beiziehen oder ihn mit der Geltendmachung seiner Rechte und der Ausübung seiner Rechte betrauen.

3. Die Geschäftsführer dürfen unbeschadet des § 716 Abs. 2 BGB die Auskunft und die Einsicht verweigern, wenn zu besorgen ist, dass der Gesellschafter sie zu gesellschaftsfremden Zwecken verwendet und dadurch der Gesellschaft einen nicht unerheblichen Nachteil zufügen will. Die Verweigerung bedarf eines Beschlusses der Gesellschafter.

d) Gesellschafterversammlung, Stimmrecht, Einwendungsrechte

aa) Vorbemerkungen

257 Es wird zunächst verwiesen auf Rz. 132 ff. Dort wurden folgende Gestaltungsvorgaben dargestellt:

Die Gesellschafterversammlung ist als Entscheidungsforum zu installieren.

Näher zu regeln sind folgende Punkte:
- Zuständigkeit für die Einberufung,
- Formen und Fristen,
- Mehrheiten,
- Stimmgewicht der Gesellschafter,
- Protokollierung,
- Zeitliche Beschränkung von
- Protokollrügen,
- Beschlussanfechtungen.

bb) Formulierungsbeispiel

1. Die Willensbildung der Gesellschafter erfolgt grundsätzlich in Gesellschafterversammlungen. Beschlüsse können auch auf andere Weise getroffen werden, wenn sich alle anderen Gesellschafter an der anderweitigen Beschlussfassung beteiligen, ohne die Abhaltung einer Gesellschafterversammlung zu fordern. Gesellschafterversammlungen finden mindestens einmal jährlich zur Feststellung des Jahresabschlusses statt; Gesellschafterversammlungen sind darüber hinaus einzuberufen, wenn sie nach dem Gesetz oder dem Gesellschaftsvertrag erforderlich sind oder wenn sie erforderlich werden, um den Gesellschaftern wichtige Informationen zu erteilen.

2. Das Stimmrecht der Gesellschafter richtet sich nach der Höhe seiner Beteiligung. Jedes Prozent einer Beteiligung nach § ... des Gesellschaftsvertrags gewährt eine Stimme. Wenn nach dem Gesetz oder dem Gesellschaftsvertrag nichts anderes bestimmt ist, werden Beschlüsse mit der einfachen Mehrheit der abgegebenen Stimmen gefasst.

3. Gesellschaftsversammlungen werden von dem dienstältesten geschäftsführenden Gesellschafter einberufen. Die Einberufung erfolgt unter Übersendung einer Tagesordnung mit eingeschriebenem Brief an die der Gesellschaft zuletzt bekannte Adresse des Gesellschafters. Eine Frist von mindestens zwei Wochen ab Absendung der Einladung bis zum Tag der Versammlung (ausschließlich) ist einzuhalten.

4. Jeder Gesellschafter kann aus wichtigem Grund unter Angabe einer Tagesordnung die Einberufung einer Gesellschafterversammlung verlangen. Lehnt der einberufungsberechtigte Geschäftsführer die Einberufung ab, ist der betroffene Gesellschafter selbst zur Einberufung berechtigt.

5. Die Leitung der Versammlung obliegt dem dienstältesten Geschäftsführer, der über die Versammlung Protokoll führt, insbesondere über Abstimmungen und über Beschlüsse, wobei gefasste Beschlüsse besonders festzustellen sind.

6. Jedem Gesellschafter ist unverzüglich das Protokoll der Gesellschafterversammlung zu übersenden.

7. Einwände gegen die Richtigkeit des Protokolls sind zunächst schriftlich gegenüber dem geschäftsführenden Gesellschafter innerhalb einer Frist von einem Monat zu erheben. Wird die Berichtigung des Protokolls abgelehnt oder verstreicht ab dem Zugang des Berichtigungsantrags eine Frist von einem Monat, ohne dass die Berichtigung erfolgt ist, kann der Gesellschafter innerhalb einer Frist von einem weiteren Monat (ab Zugang der Entscheidung, dass keine Berichtigung vorgenommen wird, oder ab Verstreichen der Monatsfrist) Klage beim zuständigen Gericht erheben.

Einwendungen gegen die Wirksamkeit von Beschlüssen können nur innerhalb eines Monats (ab Zugang des Protokolls beim entsprechenden Gesellschafter) durch eine Klage beim zuständigen Gericht erhoben werden.

e) Ergebnisverwendung

aa) Vorbemerkungen

(1) Verweisung

259   Vorab wird verwiesen auf Rz. 136 ff.

(2) Gesetzliche Regelung

260   Das Gesetz sieht bei GbR von längerer Dauer als einem Jahr die Gewinnverteilung am Schluss eines Geschäftsjahres vor (§ 721 Abs. 2 BGB), also die Vollausschüttung des Gewinnes an die Gesellschafter. Anders soll dagegen mit Verlusten umgegangen werden. Der Gesellschafter soll nach § 707 BGB während des werbenden Stadiums der Gesellschaft nicht „zur Ergänzung der durch Verlust verminderten Einlage" verpflichtet sein (§ 707 BGB). Deshalb soll der Verlust erst nach Auflösung der Gesellschaft auf die Gesellschafter nach §§ 721 Abs. 1, 735 BGB verteilt werden. Dabei ist zu berücksichtigen, dass die Verlustverteilung nach § 721 Abs. 1 und § 735 BGB nicht die rein rechnerische Zuweisung eines Verlusts auf die einzelnen Gesellschafter ist (z.B. durch Buchung auf Verlustkonten), sondern Pflicht des Gesellschafters, „Fehlbeträge zu tragen", d.h. also zur Verlustdeckung Einlagen in das Gesellschaftsvermögen zu leisten.

bb) Vertragsgestaltung

(1) Rücklagenbildung durch Gewinnthesaurierung

261   Die Vollausschüttung von Gewinnen verhindert die Bildung von ggf. erforderlichen Reserven. Dennoch sollte die vollständige Thesaurierung von Gewinnen nicht gesellschaftsvertraglich vorgesehen werden. Gesellschafter haben nämlich Gewinne, die erzielt werden, unabhängig von der Ausschüttung zu versteuern. Darüber hinaus besteht bei der Thesaurie-

rung das Risiko, dass der geschäftsführende Gesellschafter (dem eine Tätigkeitsvergütung zusteht) nicht vergütungsberechtigte weitere Gesellschafter „aushungert".

Deshalb ist es sinnvoll, vertraglich zu gestalten, dass

– die Entnahme von Gewinnen zum Zweck der Zahlung der auf die Beteiligung entfallenden Steuern zulässig ist. Damit das Entnahmerecht nicht vom individuellen Steuersatz abhängt, ist vorauszusehen, dass dabei der Höchststeuersatz für jeden Gesellschafter zugrunde gelegt wird.

– Darüber hinausgehende Gewinne sollten bis zu einem Höchstbetrag, über den sich die Gesellschafter einigen müssen, thesauriert werden. Die so zur Auffüllung vorgesehene Rücklage kann sukzessive in mehreren Geschäftsjahren geschaffen werden.

– Darüber hinausgehende Gewinne sollten zur Ausschüttung vorgesehen werden, wenn sich nicht sämtliche Gesellschafter auf eine Thesaurierung einigen.

(2) Bewältigung von Verlusten

Bei Verlusten ist zu differenzieren:

262

– In keinem Fall sind Nachschüsse der Gesellschafter veranlasst, wenn die Verluste rein bilanzieller Art sind, also z.B. durch Abschreibungen entstanden sind.

– Darüber hinausgehende Verluste, denen Ansprüche Dritter gegenüberstehen, fordern keine Nachschüsse, wenn ausreichende liquide Mittel der Gesellschaft zur Verfügung stehen.

– Bei darüber hinausgehenden Verlusten ist zu entscheiden, ob nicht liquides Vermögen liquidiert werden soll, Darlehensverbindlichkeiten begründet werden sollen oder Nachschüsse von Gesellschaftern eingefordert werden sollen. In jedem Fall sollte die Entscheidung, welche Maßnahme ergriffen werden soll, in einer Gesellschafterversammlung gefasst werden. Stimmt die Mehrheit der Gesellschafter für die Aufnahme von Fremdmitteln oder für die Einforderung von Nachschüssen, ergibt sich für den überstimmten Gesellschafter das Problem, dass zu seinen Lasten entweder neue Verbindlichkeiten realisiert werden können oder ein zusätzliches finanzielles Engagement erforderlich ist. Soweit dies bestimmte, von vornherein festzulegende Grenzen überschreitet, sollte dem überstimmten Gesellschafter ein Recht zum Austritt aus der Gesellschaft eingeräumt werden. Wenn die verbleibenden Gesellschafter die Last nicht allein tragen wollen, ist diesen das Recht einzuräumen, die Gesellschaft zu kündigen.

cc) Formulierungsbeispiel

263 Mit der Entscheidung über den Jahresabschluss entscheiden die Gesellschafter über die Ergebnisverwendung nach Maßgabe der folgenden Bestimmungen:

1. Gewinne sind auszuschütten, soweit dies erforderlich ist, den Höchststeuersatz beim Gesellschafter unterstellt, damit der Gesellschafter die auf die Beteiligung entfallenden Steuern und Steuerzuschläge (incl. Kirchensteuer und Solidaritätszuschlag) bezahlen kann.

2. Vom darüber hinausgehenden Gewinn sind 25 % in eine Rücklage einzustellen, bis diese den Betrag in einer Höhe von … Euro erreicht.

3. Darüber hinausgehende Gewinne sind vollständig an die Gesellschafter auszuschütten.

4. Rücklagen werden auf einem Rücklagenkonto verbucht, an dem sämtliche Gesellschafter entsprechend ihrer Beteiligung am Gesellschaftsvermögen beteiligt sind.

Entnimmt ein Gesellschafter mit Zustimmung der Gesellschaft Gewinne nicht, obwohl dies nach den Bestimmungen oben zulässig ist, werden solche stehengelassenen Gewinne auf Guthabenkonten der Gesellschafter verbucht. Solche Guthaben werden mit 2 % über dem jeweiligen Basiszinssatz jährlich verzinst. Die Zinsen stellen im Verhältnis unter den Gesellschaftern Aufwand dar.

5. Verluste werden auf Verlustkonten, die für die Gesellschafter jeweils gebucht werden, verbucht.

6. Tritt bei der Gesellschaft eine Situation ein, dass aufgrund eingetretener Verluste Verbindlichkeiten der Gesellschaft gegenüber Dritten aus liquiden Gesellschaftsmitteln nicht befriedigt werden können, ist von den geschäftsführenden Gesellschaftern unverzüglich eine Gesellschafterversammlung einzuberufen. Diese Gesellschafterversammlung entscheidet darüber, ob Gesellschaftsvermögen veräußert und der Veräußerungserlös zur Tilgung der Verbindlichkeiten verwendet wird oder Fremdverbindlichkeiten aufgenommen werden oder Nachschüsse von den Gesellschaftern im Verhältnis ihrer Beteiligung angefordert werden.

Die Entscheidung erfolgt mit einer Mehrheit von 75 % der Stimmen aller Gesellschafter.

7. Entscheidet die Gesellschafterversammlung, dass Gesellschaftsvermögen veräußert wird, ist diese Entscheidung von sämtlichen Gesellschaftern hinzunehmen. Entscheidet die Gesellschafterversammlung für eine der beiden weiteren Varianten, kann jeder überstimmte Gesellschafter innerhalb einer Frist von einem Monat nach Beschlussfassung die Gesellschaft mit der Folge kündigen, dass er aus der Gesellschaft, die von den übrigen Gesellschaftern ohne Liquidation fortgesetzt wird, ausscheidet. Innerhalb einer Frist von einem weiteren Monat können die verbleibenden Gesellschafter mit einfacher Stimmenmehrheit die Liquidation der Gesellschaft beschließen. Der zunächst

I. Gesellschaft des bürgerlichen Rechts

kündigende Gesellschafter nimmt in diesem Fall an der Liquidation der Gesellschaft teil.

Wird kein Gesellschafterbeschluss nach einer der drei o.a. Varianten getroffen, ist die Gesellschaft aufzulösen.

f) Wettbewerbsfragen
aa) Vorbemerkungen

Allgemein wird verwiesen auf Rz. 140 ff. Das Problem, ob Gesellschafter, insbesondere geschäftsführende Gesellschafter, zu Wettbewerbshandlungen befugt sein sollen, stellt sich vor allem bei Erwerbsgesellschaften, d.h. bei freiberuflich oder gewerblich tätigen Gesellschaften. Aber auch bei immobilienverwaltenden Gesellschaften können sich Interessenkollisionen ergeben, wenn der geschäftsführende Gesellschafter, der die Vermietungen vornimmt, selbst Immobilien am selben Ort und mit derselben Nutzungsmöglichkeit (z.B. Büroräume in der Münchener Innenstadt) besitzt oder diese für Dritte verwaltet. Bei Gesellschaften zur Poolung des Stimmrechts würde die gemeinsame Interessenverfolgung des Stimmrechts ebenfalls konterkariert, wenn ein Gesellschafter neben „gesellschafts- und damit stimmrechtsgebundenen Anteilen" noch freie Anteile hätte.

Das Gesetz kennt keine ausdrückliche Bestimmung, die Wettbewerbshandlungen einschränken und z.B. § 112 HGB entsprechen würde. Allerdings leitet man aus der Treuepflicht des Gesellschafters zumindest bei Erwerbsgesellschaften ein Wettbewerbsverbot für den geschäftsführenden Gesellschafter ab. Ebenfalls aufgrund der Treuepflicht dürfen nichtgeschäftsführende Gesellschafter ihre Informations- und Kontrollrechte in der Gesellschaft nicht zu gesellschaftsfremden Zwecken ausüben. Die Einzelheiten sind aber nicht hinreichend geklärt. Deshalb und um die Regelung den individuellen Verhältnissen anzupassen, empfiehlt sich eine gesellschaftsvertragliche Gestaltung des Komplexes.

Nachvertragliche Wettbewerbsbeschränkungen bestehen grundsätzlich nicht. Ihre vertragliche Begründung wirft die oben Rz. 157 f. bereits aufgeführten Probleme auf.

bb) Gestaltung
– Zusammenhang Unternehmensgegenstand – Wettbewerbsverbot

Ein Wettbewerbsverbot kann nur auf dem Bereich des Unternehmensgegenstands existieren. Eine saubere Abgrenzung des Unternehmensgegenstands der GbR und von anderen Unternehmen, an denen ein Gesellschafter evtl. bereits beteiligt ist, vermeidet deshalb von vornherein Wettbewerbsprobleme.

– **Gesellschaftsspezifische Regelung**

Bei vermögens-, insbesondere immobilienverwaltenden Gesellschaften ist es ausreichend, wenn dem geschäftsführenden Gesellschafter die Verwaltung anderer Immobilien mit demselben Nutzungszweck am selben Ort oder Ortsteil untersagt wird.

Bei Projektgesellschaften, die von gewerblichen Gesellschaftern eingegangen werden, die bei anderen Projekten durchaus miteinander konkurrieren (z.b. Arbeitsgemeinschaften im Bau), ist bei einer sauberen Abgrenzung des Unternehmensgegenstands der Projektgesellschaft mit Beschränkung auf das konkret umschriebene Projekt ein Wettbewerbsverbot zu Lasten sämtlicher Gesellschafter sinnvoll.

– **Öffnungsklausel**

In jedem Fall sollte aber eine Öffnungsklausel vorgesehen werden, wonach die Gesellschafterversammlung durch einen Beschluss einem Gesellschafter eine Wettbewerbstätigkeit gestatten kann. Dem Beschluss der Gesellschafterversammlung sollten auch die näheren Modalitäten (z.b. die Frage der zeitlichen Befristung und die Frage der Entgeltlichkeit) überlassen werden. Regelungsbedürftig ist, mit welcher Mehrheit der Beschluss gefasst werden muss.

cc) Formulierungsbeispiele

266 **Immobilienverwaltende Gesellschaft**

1. Die geschäftsführenden Gesellschafter sind nicht berechtigt, Büro- und Gewerberäume im Bereich der Ingolstädter Altstadt im eigenen Namen oder für Dritte zu verwalten oder solche selbst oder zusammen mit Dritten, mittelbar oder unmittelbar zu erwerben. Klargestellt wird, dass die Verwaltung der im Eigentum des Geschäftsführers Hans Meier stehenden Praxisräume „Am Brückenkopf" von diesem Verbot nicht erfasst wird.

2. Über Befreiungen von diesem Wettbewerbsverbot entscheidet die Gesellschafterversammlung mit einfacher Stimmenmehrheit, wobei dem betroffenen Gesellschafter kein Stimmrecht zusteht. In dem Gesellschafterbeschluss werden die näheren Modalitäten der Befreiung (z.B. zeitliche Befristung oder Entgeltlichkeit) geregelt (Öffnungsklausel).

267 **Erwerbswirtschaftlich tätige Gesellschaft incl. nachvertragliche Abrede**

1. Kein Gesellschafter ist während der Dauer seiner Zugehörigkeit zur Gesellschaft dazu berechtigt, auf dem Bereich des Unternehmensgegenstands im eigenen Namen oder für Dritte mittelbar oder unmittelbar tätig zu werden oder sich an Unternehmen mittelbar oder unmittelbar zu beteiligen, die auf dem Bereich des Unternehmensgegenstands der Gesellschaft tätig werden, wobei auch nur teilweise Überschneidungen ausreichen.

2. Öffnungsklausel (siehe dazu oben beim Beispiel immobilienverwaltende Gesellschaft)

I. Gesellschaft des bürgerlichen Rechts Rz. 271 **Teil 4**

3. Nach dem Ausscheiden des Gesellschafters aus der Gesellschaft darf er während der Dauer von zwei Jahren keine geschäftlichen Beziehungen zu solchen Kunden der Gesellschaft aufnehmen, mit der diese während der letzten beiden Jahre vor dem Ausscheiden des Gesellschafters in geschäftlichen Kontakten standen oder zu denen solche Kontakte zum Zeitpunkt des Ausscheidens und bereits angebahnt wurden (zeitlich beschränkte Kundenschutzklausel).

3. Außenverhältnisse der Gesellschaft (Vertretung, Haftungsbeschränkung)

a) Verweisung

Siehe zunächst bei Rz. 159 ff. 268

b) Gesetzliche Regelung

Das Gesetz geht grundsätzlich von einer Kongruenz zwischen Geschäftsführungs- und Vertretungsbefugnis aus, also zwischen einem Gleichlauf zwischen Innen- und Außenverhältnis, siehe dazu § 714 BGB. 269

Nach der Rechtsprechung des BGH zur „Teilrechtsfähigkeit" der GbR einerseits, der (nur teilweisen) Regelung zur Vertretung der GbR in Grundstücksangelegenheiten andererseits, besteht aktuell nur teilweise Rechtssicherheit gerade auf dem Bereich der Vertretung der GbR. Bei Gesellschaften, die häufig nach außen auftreten, sollte deshalb überlegt werden, ob nicht auf PartG oder oHG als alternative Gesellschaftsformen ausgewichen werden soll. Im Übrigen gilt:

aa) Umfang der Vertretungsmacht außerhalb des Grundbuchverkehrs

Außerhalb des Grundbuchverkehrs wird die Vertretungsmacht jetzt organschaftlich analog §§ 125 ff. HGB zu verstehen sein. D.h. der Umfang ist nach außen nicht wirksam beschränkbar. Möglich sind Gesamtvertretungsregelungen. In jedem Fall sind alle Gesellschafter gemeinschaftlich vertretungsbefugt. 270

bb) Legitimationsnachweis

Da der/die vertretungsberechtigten Gesellschafter (anders als bei Personenhandels- und Kapitalgesellschaften) nicht registriert wird/werden, kann zum Nachweis seiner/ihrer Vertretungsbefugnis nicht auf eine Eintragung in das Handelsregister verwiesen werden. Ob zum Nachweis der Vertretungsmacht eine unterschriebene Gesellschaftsvertragsurkunde im Original oder in Ausfertigung ausreicht ist unklar, da nach (älterer) Rechsprechung § 172 BGB für organschaftliche Vollmachten nicht gilt. 271

cc) Vertretung im Grundbuchverkehr, Nachweis

272 Im Grundbuchverkehr gilt nunmehr die GbR selbst als eintragungsfähig; zur Identifizierung sind allerdings auch die Gesellschafter (GbR, bestehend aus ...) im Grundbuch als Eigentümer oder als Berechtigte eines Rechts einzutragen (§ 47 Abs. 2 Satz 1 GBO). Soweit über das Eigentum oder Recht, das einer GbR zusteht, verfügt wird, ist nach § 47 Abs. 2 Satz 2 die Mitwirkung aller im Grundbuch eingetragenen Gesellschafter erforderlich. Ob und inwieweit hier eine Vertretung (der Gesellschaft/der Gesellschafter) möglich ist und wie sie nachgewiesen werden kann (auch hier stellt sich die Frage der Anwendbarkeit des § 172 BGB) ist für den Rechtsanwender noch nicht zuverlässig genug durch die Rechtsprechung geklärt.

c) Formulierungsbeispiele

aa) Vertretungsmacht ohne Haftungsauftrag

273 1. Zur Vertretung der Gesellschaft sind der oder die geschäftsführenden Gesellschafter befugt. Grundsätzlich sind zwei geschäftsführende Gesellschafter gemeinsam vertretungsbefugt. Die Gesellschafterversammlung entscheidet, ob und welchen der geschäftsführenden Gesellschafter ein Recht zur Einzelvertretung zusteht. Sie entscheidet über die allgemeine oder spezielle Befreiung von § 181 BGB.

2. Sämtliche Gesellschafter sind verpflichtet, in Angelegenheiten der Vertretungsregelung bei notariell beurkundeten Gesellschafterversammlungen mit zu wirken.

3. Den hiermit bestellten ersten geschäftsführenden Gesellschaftern Hans Müller und Franz Meier wird jeweils Einzelvertretungsbefugnis und Befreiung von § 181 BGB erteilt.

4. Im Innenverhältnis werden den geschäftsführenden Gesellschaftern folgende Einschränkungen auferlegt: Franz Meier darf Vertretungshandlungen nur vornehmen, wenn Franz Müller verhindert ist. Verfügungen über Grundbesitz, der im Gesellschaftsvermögen sich befindet, sind nur nach einem vorangehenden Gesellschafterbeschluss zulässig, ebenso der Kauf von Grundbesitz.

bb) Vertretungsmacht einer GbR mit Haftungsbegrenzungsauftrag

274 1. Zur Vertretung der Gesellschaft ist der geschäftsführende Gesellschafter und ist sein Stellvertreter jeweils einzeln und von § 181 BGB befreiten befugt.

2. Zum geschäftsführenden Gesellschafter wird A, zu seinem Stellvertreter B bestellt. Nur im Innenverhältnis wird angeordnet, dass der stellvertretende geschäftsführende Gesellschafter zu Vertretungshandlungen nur berechtigt ist, wenn der geschäftsführende Gesellschafter verhindert ist.

3. Im Übrigen ist die Vertretungsmacht des geschäftsführenden Gesellschafters und seines Stellvertreters im Innenverhältnis dahingehend beschränkt, dass er nur das Gesellschaftsvermögen, nicht aber das Privatvermögen der Gesellschafter verpflichten darf. Der geschäftsführende Gesellschafter und sein Stellvertreter haben deshalb bei Abschluss von Verträgen für die GbR die entsprechende Haftungsbeschränkung vertraglich zu vereinbaren.

4. Strukturänderungen der Gesellschaft

a) Aufnahme weiterer Gesellschafter/Gesellschafterwechsel

aa) Vorbemerkung

Unter Rz. 168 ff. wurde dargestellt, dass der rechtsgeschäftliche Beitritt eines weiteren Gesellschafters ebenso Grundlagengeschäft der Gesellschaft ist wie der Gesellschafterwechsel. Deshalb ist eine solche Maßnahme grundsätzlich nur mit Zustimmung aller Gesellschafter zulässig. Gesellschaftsvertraglich sind abweichende Regelungen zulässig. 275

bb) Gestaltung

Welche Regelung zu wählen ist, hängt von der Gesellschaftsstruktur ab: 276

– Für GbR, die zur Realisierung ihrer Zwecke auf eine gute Zusammenarbeit tätiger Mitgesellschafter angewiesen sind (z.B. GbR von Freiberuflern oder gewerblich tätige GbR), ist die Lösung sinnvoll, dass sämtliche bisherigen Gesellschafter der Aufnahme eines neuen Gesellschafters zustimmen müssen (also die gesetzliche Grundregelung).

– Wenn eine GbR eine nicht geringe Zahl von Gesellschaftern aufweist und eher kapitalistisch strukturiert ist, wird in der Regel gewünscht, dass nicht einzelne Gesellschafter Neuaufnahmen beliebig verweigern können. In diesen Fällen ist es sinnvoll, vorzusehen, dass die Entscheidung über die Neuaufnahme einem Gesellschafter-Beschluss vorbehalten wird. Zu überlegen ist dabei, welche Mehrheit für den Beschluss erforderlich ist. In der Regel werden hier Mehrheiten, die über 50 % der anwesenden Stimmen aller Gesellschafter hinausgehen, gewünscht werden.

– Bei kapitalsammelnden Massengesellschaften, z.B. geschlossenen Immobilienfonds mit Publikumscharakter, besteht ein Interesse aller frühzeitig beigetretenen Gesellschafter an einer schnellen Aufbringung des erforderlichen Kapitalstocks und „Schließung des Fonds". Hier wird in der Regel die Lösung sinnvoll sein, dass der geschäftsführende Gesellschafter oder der Geschäftsbesorger eine Vollmacht erhält, Aufnahmeverträge mit Wirkung für die bisherige Gesellschaft zu schließen, bis das beabsichtigte Gesellschaftskapital aufgebraucht ist. Dabei sollte dem Gesellschafter, der über die Aufnahme entscheidet, auferlegt werden, die Bonität des Beitrittswilligen besonders zu prüfen; anderenfalls kann sich für die Mitgesellschafter die wirtschaftliche

Notwendigkeit ergeben, bei Ausfall eines zahlungsunfähigen Gesellschafters, Nachschüsse zu leisten.

cc) Formulierungsbeispiele

277 **Zustimmung aller bisherigen Gesellschafter (gesetzlicher Regelfall)**

Weitere Gesellschafter können nur dann in die Gesellschaft aufgenommen werden, wenn alle bisherigen Gesellschafter der Aufnahme zustimmen. Dies gilt entsprechend beim Gesellschafterwechsel.

Neuaufnahme bei qualifiziertem Mehrheits-Beschluss

Über die Aufnahme neuer Gesellschafter und den Gesellschafterwechsel entscheidet die Gesellschafterversammlung mit einer Mehrheit von mindestens 75 % aller Stimmen der Gesellschaft.

Übertragung der Aufnahmeentscheidung auf einen Geschäftsbesorger

1. Die Aufnahme neuer Gesellschafter erfolgt, bis das Fondskapital gezeichnet ist, durch Aufnahmeverträge, die der Geschäftsbesorger mit den beitrittswilligen Neugesellschafter im Namen der bisherigen Gesellschafter abschließt. Jeder Gesellschafter erteilt deshalb dem Geschäftsbesorger befreit von § 181 BGB und über seinen Tod hinaus Vollmacht dazu, auch in seinem Namen Aufnahmeverträge mit Beitrittswilligen abzuschließen, bis das Fondskapital gezeichnet ist.

2. Im Innenverhältnis darf der Geschäftsbesorger Aufnahmeverträgen mit Beitrittswilligen nicht zustimmen, wenn diese mehr als 1 % des Fondskapitals zeichnen wollen, und im Übrigen nur dann, wenn er zuvor eine Bonitätsprüfung anhand von Selbstauskünften des Beitrittswilligen vorgenommen hat, wobei die Selbstauskunft den Stand des Vermögens und der Verbindlichkeiten und der Einkünfte des Beitrittswilligen wiedergeben und durch den Steuerberater des Beitrittswilligen bestätigt sein muss.

3. Die Kompetenz zur Entscheidung über Neuaufnahme von Gesellschaftern steht dem Geschäftsbesorger auch nach Fondszeichnung zu, wenn die Neuaufnahme erforderlich ist, um nach dem Austritt oder dem Ausscheiden von bisherigen Gesellschaftern das Fondskapital wieder zu schließen.

b) Kündigung eines Gesellschafters

aa) Vorbemerkung

278 Es wird verwiesen auf Rz. 171 ff.

bb) Gesetzliche Regelung und Regelbarkeit

279 Außerordentliche Kündigungen sind stets zulässig, ohne dass Fristen eingehalten werden müssen; außerordentliche Kündigungen können auch gesellschaftsvertraglich nicht ausgeschlossen werden (siehe dazu § 723 Abs. 3 BGB).

Die Zulässigkeit ordentlicher Kündigungen hängt davon ab, ob die Gesellschaft von bestimmter oder unbestimmter Dauer ist.

Bei Gesellschaften von bestimmter Dauer sieht das Gesetz keine ordentliche Kündigung des Gesellschafters vor; der Gesellschaftsvertrag kann aber auch bei solchen Gesellschaften die Kündigung vorsehen (Gegenargument aus § 723 Abs. 3 BGB).

Bei Gesellschaften von unbestimmter Dauer ist die „jederzeitige Kündigung", außer „zur Unzeit", vorgesehen (§ 723 Abs. 1, 2 BGB); solange kein „Ausschluss" oder „eine Beschränkung" des Kündigungsrechts vereinbart wird, sind vertragliche Regelungen möglich, z.B. Mindestvertragsdauern und Kündigungsfristen (§ 723 Abs. 3 BGB).

cc) Formulierungsbeispiele

Gesellschaft ohne erhöhtes Interesse am gegenwärtigen Gesellschafterbestand

1. Jeder Gesellschafter kann die Gesellschaft mit einer Frist von einem halben Jahr zum Schluss eines Geschäftsjahres kündigen.

2. Die Kündigung erfolgt durch eingeschriebenen Brief mit Rückschein gegenüber dem dienstältesten geschäftsführenden Gesellschafter, der die Kündigung unverzüglich den weiteren Gesellschaftern mitteilt.

3. Die Gesellschaft wird durch die Kündigung nicht aufgelöst. Vielmehr scheidet der kündigende Gesellschafter aus der Gesellschaft aus. Sein Anteil am Gesellschaftsvermögen wächst den verbleibenden Gesellschaftern im Verhältnis von deren Beteiligung an (evtl. Modifikation bei Gesellschafterstämmen). Dies gilt auch bei außerordentlichen Kündigungen der Gesellschaft.

Gesellschaft mit zeitlich beschränktem Interesse am gegenwärtigen Gesellschafterbestand und Folgekündigungsklausel

1. Die Gesellschaft kann ordentlich erstmals zum ... mit einer Frist von mindestens einem Jahr gekündigt werden, danach mit einer Frist von einem halben Jahr zum Ende eines Geschäftsjahres.

2. Siehe oben bei Gesellschaft ohne erhöhtes Interesse am gegenwärtigen Gesellschafterbestand 2.

3. Siehe oben bei Gesellschaft ohne erhöhtes Interesse am gegenwärtigen Gesellschafterbestand 3.

4. Die verbleibenden Gesellschafter können aber innerhalb einer Frist von 3 Monaten nach Zugang der Kündigung mit einer Mehrheit von mindestens 50 % der verbleibenden Gesellschafter beschließen, dass die Gesellschaft abweichend davon liquidiert wird. In diesem Fall nimmt der kündigende Gesellschafter an der Liquidation teil. Die Bestimmungen in diesem Abschnitt gelten auch für die außerordentliche Kündigung des Gesellschaftsverhältnisses.

c) Ausschließung von Gesellschaftern

aa) Vorbemerkung

282   In Rz. 180 ff. wurde dargestellt:

Nach §§ 737, 723 Abs. 1 Satz 2 BGB können die verbleibenden Gesellschafter einen Mitgesellschafter aus der Gesellschaft aus wichtigem Grund ausschließen.

Die Ausschließbarkeit sollte weiter in folgenden Fällen erörtert werden:

- bei Berufsunfähigkeit oder drohender Berufsunfähigkeit eines tätigen Gesellschafters,
- bei Vermögensverfall eines Gesellschafters, insbesondere bei drohender Insolvenz,
- bei Pfändungsmaßnahmen in die Beteiligung.

bb) Formulierungsbeispiel

283   1. Wenn in der Person eines Gesellschafters einer der folgenden Gründe eintritt, sind die weiteren Gesellschafter dazu berechtigt, ihn aus der Gesellschaft auszuschließen. Diese Fälle sind

a) wenn beantragt wird, über das Vermögen eines Gesellschafters ein Insolvenzverfahren zu eröffnen, oder der Antrag gestellt wird, dass der Gesellschafter ein Vermögensverzeichnis abzugeben und dessen Richtigkeit an Eides statt zu versichern hat und der Antrag nicht innerhalb von einem Monat zurückgenommen oder zurückgewiesen wird, es sei den mangels Masse;

b) wenn Pfändungsmaßnahmen in einen Gesellschaftsanteil eingeleitet werden und die Maßnahme nicht innerhalb von einem Monat zurückgenommen oder zurückgewiesen wird;

c) wenn sonst in der Person eines Gesellschafters ein wichtiger Grund vorliegt; insbesondere, wenn ein Gesellschafter eine ihm nach dem Gesellschaftsvertrag obliegende wesentliche Verpflichtung vorsätzlich oder grob fahrlässig verletzt oder wenn die Erfüllung einer solchen Verpflichtung unmöglich wird;

d) bei tätigen Mitgesellschaftern: wenn ein Gesellschafter dauernd berufsunfähig wird oder eine dauernde Berufsunfähigkeit droht; letzteres ist der Fall, wenn ein Gesellschafter länger als 3 Monate am Stück erkrankt oder innerhalb eines Jahreszeitraums länger als insgesamt 4 Monate und keine Bescheinigung eines Arztes vorliegt, dass seine Berufsfähigkeit voraussichtlich innerhalb von weiteren 3 Monaten voll wiederhergestellt sein wird;

e) bei tätigen Mitgesellschaftern: wenn der Gesellschafter die Altersgrenze von 65 Jahren erreicht.

I. Gesellschaft des bürgerlichen Rechts   Rz. 285 **Teil 4**

2. Die Entscheidung über die Ausschließung erfolgt in einer Gesellschafterversammlung, zu der der betroffene Gesellschafter einzuladen und bei der er teilnahmeberechtigt ist. Ihm ist bei dieser Gesellschafterversammlung Gehör zu gewähren. Ein Stimmrecht bei der Gesellschafterversammlung steht ihm nicht zu. Die weiteren Gesellschafter entscheiden über den Ausschluss mit einer Mehrheit von 75 % aller weiteren Stimmen. In den Fällen d) und e) oben kann der tätige Mitgesellschafter seinen Ausschluss verhindern, wenn er auf alle Vorteile aus seiner Tätigkeit für die Gesellschaft wirksam verzichtet.

d) Tod eines Gesellschafters

aa) Vorbemerkung

Das Gesetz sieht beim Tod eines Gesellschafters grundsätzlich die Auflösung der Gesellschaft vor (§ 727 Abs. 1, 1. Hs. BGB) mit der Folge, dass der Erbe bzw. die Erben an der Liquidationsgesellschaft beteiligt sind. Das Gesetz gestattet aber bereits die abweichende gesellschaftsvertragliche Gestaltung. Zu berücksichtigen ist immer das Zusammenspiel zwischen dem Gesellschafts- und dem Erbrecht.   284

Die Gestaltung sollte von den Überlegungen in Rz. 189 ff. ausgehen.

bb) Gestaltung

Bei der Entscheidung über die Gestaltung des Gesellschaftsvertrags sollte die Struktur der Gesellschaft und die Stellung der einzelnen Gesellschafter berücksichtigt werden.   285

– Bei rein kapitalistisch strukturierten Gesellschaften kann der Anteil ohne weiteres vererblich gestellt werden, z.B. bei geschlossenen Immobilienfonds. Wenn trotz der kapitalistischen Struktur ein Familienbezug der Beteiligung besteht, sind die Grundsätze unter Rz. 107 ff. für Familiengesellschaften zu berücksichtigen.

– Bei Gesellschaften, die auf die Mitarbeit von Gesellschaftern angewiesen sind, ist grundsätzlich ein Recht der verbleibenden Gesellschafter zum Ausschluss der Erben eines verstorbenen Gesellschafters sinnvoll, damit diese nicht u.U. die Gesellschaft ohne hinreichend fachlich qualifizierte und persönlich „passende" Mit-Gesellschafter führen müssen.

– Gestaltungen, nach denen die Beteiligung nur auf bestimmte Personen übergehen darf, sollten nur zurückhaltend angewendet werden:

– Bei kapitalistisch strukturierten Gesellschaften sind sie unproblematisch, wenn ein Familienbezug realisiert werden soll.

– Bei Gesellschaften, die auf die Mitarbeit von ihren Gesellschaftern angewiesen sind, sollten sie nur vereinbart werden, wenn derjenige, der nachfolgeberechtigt sein soll, den Mitgesellschaftern bekannt ist und sich auch bereits bei der Mitarbeit in der Gesellschaft bewährt, z.B. als Angestellter.

cc) Formulierungsbeispiele

286 **Uneingeschränkte Vererblichkeit (allgemeine Nachfolgeklausel)**

1. Beim Tod eines Gesellschafters geht dessen Beteiligung mit allen damit verbundenen Rechten und Pflichten auf dessen Erben über.
2. Bei mehreren Erben spaltet sich die Beteiligung auf die Erben entsprechend ihrer Erbquote auf.

287 **Eingeschränkte Vererblichkeit (qualifizierte Nachfolgeklausel)**

1. Beim Tod eines Gesellschafters geht dessen Beteiligung auf seine Erben über, vorausgesetzt, Erben sind ausschließlich Ehegatten oder Abkömmlinge.
2. Bei mehreren Erben, die alle die o.a. Qualifikationen erfüllen, spaltet sich die Beteiligung entsprechend ihrer Erbquote auf. Erfüllt nur ein Erbe die Qualifikation, geht die Beteiligung allein auf ihn über.
3. Erfüllt kein Erbe die Qualifikation, ist für Max Müller sein Sohn Hans und für Franz Meier sein Sohn Franz jun. zum Eintritt in die Gesellschaft zu den Bedingungen seines Vorgängers berechtigt.

Die Erben scheiden in diesem Fall aus der Gesellschaft aus. Das Abfindungsguthaben des ausscheidenden Gesellschafters wird in diesem Fall schon heute aufschiebend bedingt auf den Eintrittsberechtigten unentgeltlich übertragen und heute schon vorsorglich abgetreten (Eintrittsrecht bei Scheitern der qualifizierten Nacherbfolge).

288 **Unvererblichkeit (Fortsetzungsklausel)**

1. Ein Gesellschafter scheidet mit seinem Tod aus der Gesellschaft aus.
2. Die Gesellschaft wird von den verbleibenden Gesellschaftern ohne die Erben des verstorbenen Gesellschafters fortgesetzt.

e) Abfindung

aa) Vorbemerkung

289 Es wird verwiesen auf Rz. 202 ff.

bb) Gestaltung

290 Bei immobilienverwaltenden Gesellschaften des bürgerlichen Rechts kommt als Grundlage für die Ermittlung des Abfindungsguthabens stärker als bei anderen Gesellschaftsformen und stärker als bei gewerblich oder freiberuflich tätigen GbR die Abfindung auf der Basis des Gesellschaftsvermögens in Betracht, d.h. die Zugrundelegung des Werts der Immobilie, die im Gesellschaftsvermögen gehalten wird. Für die Wertermittlung kann das Schiedsgutachten eines amtlichen vereidigten Sachverständigen für die Wertermittlung von Grundbesitz vorgesehen werden.

Im Übrigen empfiehlt sich in der Praxis häufig eine differenzierende Gestaltung der Abfindungshöhe:

– Sie ist möglichst niedrig zu halten, wenn der Gesellschafter aus der Gesellschaft wegen persönlichen Zahlungsverfalls (Insolvenzeröffnung, Pfändung in seine Anteile, Offenbarungseid) ausgeschlossen wird und die Abfindung nicht ihm, sondern seinen Pfändungsgläubigern zugute käme. Zu berücksichtigen ist, dass auch in diesem Fall die Höhe der Abfindung nicht so gering gewählt werden kann, dass sie als unwirksam angesehen würde. Darüber hinaus muss darauf geachtet werden, dass nicht nur Tatbestände, die zur Gläubigerbenachteiligung führen, zur reduzierten Abfindung führen dürfen, sondern zumindest auch die Ausschließung des Gesellschafters aus wichtigem Grund.

– In den übrigen Fällen, insbesondere, wenn ein Gesellschafter bei Berufsunfähigkeit oder wenn dessen Erben aus der Gesellschaft ausgeschlossen werden, empfiehlt sich eine Abfindung in voller Höhe des wahren Werts der Beteiligung, der nach Ertragswertgesichtspunkten zu ermitteln ist.

Damit für die Ermittlung des Abfindungsguthabens keine Zwischenbilanzen erstellt werden müssen, sollte festgelegt werden, dass das Abfindungsguthaben, wenn der Gesellschafter zum Ende eines Geschäftsjahres ausscheidet, zu diesem Zeitpunkt ermittelt wird, sonst zum Ende des Geschäftsjahres, das zu dem Zeitpunkt seines Ausscheidens vorangeht.

Zur Streitvermeidung empfehlen sich in jedem Fall Schiedsgutachtensklauseln, wobei der Schiedsgutachter seiner Qualifikation nach vereidigter Buchprüfer oder Wirtschaftsprüfer sein sollte.

cc) Formulierungsbeispiele

Immobilienverwaltende GbR

1. Beim Ausscheiden erhält der ausscheidende Gesellschafter ein Abfindungsguthaben.

2. Grundlage für die Ermittlung des Abfindungsguthabens ist der Verkehrswert der im Gesellschaftsvermögen gehaltenen Immobilien. Dieser wird, wenn sich die Beteiligten darüber nicht einigen, durch einen amtlich vereidigten Sachverständigen als Schiedsgutachter geschätzt. Einigen sich die Beteiligten auf den Schätzer nicht, benennt diesen die IHK, die für den Sitz der Gesellschaft zuständig ist. Das Gutachten hat die Funktion eines Schiedsgutachtens. Zu berücksichtigen sind auch sonstige Vermögensgegenstände der Gesellschaft, z.B. Bankguthaben auf Rücklagenkonten. Von diesen Aktiva abzuziehen sind Verbindlichkeiten der Gesellschaft.

3. Von dem so zu ermittelnden Substanzwert des Gesellschaftsvermögens erhält der Gesellschafter ⅔ des auf seinen Anteil entfallenden Betrags, wenn er aus der Gesellschaft ausscheidet, weil der Antrag gestellt wird, über sein Vermögen ein Insolvenzverfahren zu eröffnen, oder der Antrag gestellt wurde, dass er ein Vermögensverzeichnis abzugeben und dessen Richtigkeit an Eides statt zu versichern hat oder weil Gläubiger Pfändungsmaßnahmen in seinen Gesellschaftsanteil eingeleitet haben oder weil ein wichtiger Grund bestand.

4. In allen anderen Ausscheidensfällen erhält er den vollen Betrag, der auf seinen Anteil entfällt.

5. Der Wertermittlung zugrunde zu legen sind, wenn der Gesellschafter zum Ende eines Geschäftsjahres ausscheidet, die Verhältnisse zu diesem Zeitpunkt, sonst die Verhältnisse zum Ende des Geschäftsjahres, das seinem Ausscheiden vorangegangen ist.

6. Das Abfindungsguthaben wird in drei gleichen, jährlich aufeinander folgenden Teilbeträgen zur Zahlung fällig. Der 1. Teilbetrag wird ein halbes Jahr, nachdem der Gesellschafter aus der Gesellschaft ausgeschieden ist, zur Zahlung fällig. Folgebeträge werden jeweils ein Jahr zur Zahlung fällig, nachdem der vorangehende Betrag zur Zahlung fällig wurde. Offene Beträge sind bis zu ihrer Fälligkeit jeweils mit 2 % über dem jeweiligen Basiszinssatz zu verzinsen. Die Zinsen werden jeweils mit dem Teilbetrag der Zahlung fällig. Vorzeitige Tilgungen sind zulässig. Sie reduzieren die Verzinsungspflicht.

292 Gewerblich tätige Gesellschaft

1. Siehe 1. bei der immobilienverwaltenden GbR.

2. Grundlage für die Ermittlung des Abfindungsguthabens ist der Anteil des Gesellschafters am Ertragswert der Gesellschaft. Schiedsgutachtensabrede.

3.–6., siehe 3.–6. bei der immobilienverwaltenden GbR.

f) Anmietungs- und Ankaufsrecht, weitere Ansprüche beim Ausscheiden

293 Ankaufs- oder Anmietrecht wegen eines Gegenstands, den der Gesellschafter zur Nutzung zur Verfügung stellte:

Die Gesellschaft übt ihre Tätigkeit in Geschäftsräumen aus, die dem Gesellschafter A gehören. Beim Ausscheiden des Gesellschafters A oder seiner Erben aus der Gesellschaft können die verbleibenden Mitgesellschafter bis zum Zeitpunkt des Ausscheidens, beim Ausscheiden durch Tod bis zu drei Monate nach Kenntnis des Erben von dem ausscheidenden Gesellschafter bzw. dessen Erben nach Wahl der verbleibenden Gesellschafter entweder den Ankauf der nach § 8 WEG verselbständigten Büroeinheit oder der Anmietung auf die Dauer von fünf Jahren mit einer Optionsmöglichkeit für den Mieter auf weitere fünf Jahre nach Ablauf der ersten 5-Jahres-Frist verlangen.

Siehe bei Rz. 219 ff.

g) Sonstige Bestimmungen

Siehe i.Ü. bei Rz. 226 f.

II. Offene Handelsgesellschaft

1. Vertragliche Grundlagen, Vorbemerkungen

Nach § 105 Abs. 1 HGB hat eine oHG folgende Voraussetzungen:
– Gesellschaft im Sinne des § 705 BGB,
– Zweck ist der Betrieb eines Handelsgewerbes,
– gemeinschaftliche Firma,
– keine Haftungsbeschränkung bei Gesellschaftern.

Für die Vertragsgestaltung ist auf folgende Punkte zu achten:

Nach § 105 Abs. 2 HGB kann eine oHG auch begründet werden, wenn
– nur eigenes Vermögen verwaltet wird (Hauptanwendungsfall: GmbH & Co. KG – vgl. dort) oder zwar ein Gewerbe, jedoch kein Handelsgewerbe im Sinne des § 1 Abs. 2 HGB betrieben wird (weil nach Art oder Umfang ein in kaufmännischer Weise eingerichteter Geschäftsbetrieb nicht erforderlich ist).

Weitere Voraussetzung ist in beiden Fällen die Eintragung der Gesellschaft in das Handelsregister.

Mit dieser Regelung wird auch Gesellschaften, die lediglich vermögensverwaltend, also nicht gewerblich, oder lediglich „minderkaufmännisch" (im früheren Sinne) tätig sind, der Zugang zur oHG eröffnet.

2. Zweck: Betrieb eines Gewerbes bzw. vermögensverwaltende Tätigkeit

Als Gesellschaftszweck ist erforderlich
– das Vorliegen eines Handelsgewerbes im Sinne des § 1 Abs. 2 HGB oder
– ein sonstiger Gewerbebetrieb oder
– die Verwaltung eigenen Vermögens.

Welche Variante im konkreten Fall vorliegt, ist insbesondere für die Frage der Wirksamkeit der oHG im Außenverhältnis (§ 123 HGB) von Bedeutung. Beim Vorliegen eines Handelsgewerbes im Sinne des § 1 Abs. 2 HGB entsteht – Zustimmung aller Gesellschafter vorausgesetzt – die Gesellschaft schon mit dem Geschäftsbeginn (ausreichend: Vorbereitungshandlungen). Andernfalls entsteht die oHG erst mit Eintragung im Handelsregister (§ 123 Abs. 2 HGB).

297 Bei **Doppelgesellschaften** (vor allem bei **Betriebsaufspaltungen**) ist problematisch, ob in der bloßen Vermietung bzw. Verpachtung von Betriebsvermögen noch eine gewerbliche Tätigkeit liegt. Nach der wohl h.M. ist das Vorliegen eines Gewerbes zu verneinen. Um die Gewerblichkeit und damit die Rechtsform der oHG zu „bewahren", wurde daher zunächst die Ergänzung bzw. Erweiterung des Unternehmensgegenstands um eine gewerbliche Komponente in Betracht gezogen. Nach der Öffnung der oHG bzw. KG für vermögensverwaltende Gesellschaften spielt diese Problematik nur noch bei nicht eingetragenen Gesellschaften eine Rolle. Diese sollten nunmehr – soweit nur vermögensverwaltende Tätigkeiten ausgeübt werden – durch eine konstitutive Eintragung in die oHG bzw. KG überführt werden. Von Bedeutung ist dies insbesondere für Kommanditgesellschaften, da hierdurch die beschränkte Haftung der Kommanditisten bestehen bleiben soll und bei Vorliegen einer GbR eine unbeschränkte Haftung der vermeintlichen Kommanditisten droht (Einzelheiten sind streitig).

3. Firma

298 Die zunächst geltenden restriktiven Grundsätze des Firmenrechts (§ 19 HGB a.F.) wurden durch das Handelsrechtsreformgesetz beseitigt. Es gilt bezüglich der Firmierung der Grundsatz „in dubio pro libertate". Zu beachten sind jedoch die allgemeinen Grundsätze und Grenzen des Firmenrechts. Danach

– muss die Firma zur Kennzeichnung geeignet sein und Unterscheidungskraft besitzen;

– darf die Firma keine Angaben enthalten, die geeignet sind, über wesentliche geschäftliche Verhältnisse irrezuführen;

– muss die Bezeichnung „offene Handelsgesellschaft" oder eine allgemein verständliche Abkürzung (z.B. oHG) in die Firma aufgenommen werden.

Sind lediglich beschränkt haftende Gesellschafter vorhanden, so muss auf diese Haftungsbeschränkung hingewiesen werden (§ 19 Abs. 2 HGB).

299 **Firmenzusätze** sind notwendig, um die Unterscheidbarkeit von zwei am selben Ort oder in derselben Gemeinde bestehenden und in das Handelsregister eingetragenen Firmen zu gewährleisten (§ 30 Abs. 1 HGB). Im Übrigen sind Firmenzusätze nach den allgemeinen Grundsätzen möglich.

II. Offene Handelsgesellschaft

Eine **Firmenfortführung** kommt namentlich in folgenden Fällen in Betracht: 300

– Erwerb eines Handelsgeschäfts gemäß § 22 HGB (Voraussetzung ist insbesondere, dass die Firma durch den bisherigen Geschäftsinhaber berechtigt geführt wurde und dieser in die Fortführung ausdrücklich einwilligt);
– Firmenfortführung aufgrund eines Nießbrauchs oder Pachtvertrages (§ 22 Abs. 2 HGB);
– beim Umwandlungen und Verschmelzungen gewährt das neue Umwandlungsrecht über die Regelungen im HGB hinausgehende Möglichkeiten der Fortführung einer abgeleiteten Firma (vgl. z.B. §§ 18 Abs. 2, 36 Abs. 1, 125, 200 Abs. 1 UmwG).

Zur Fortführung bei Ein- und Austritt von Gesellschaftern vgl. § 24 HGB.

Für die Vertragsgestaltung wichtig sind die Regelungen in §§ 25, 27, 28 HGB. Danach wird die Firmenfortführung u.U. mit dem Risiko einer Haftung für alle im Betrieb des Geschäfts begründeten Verbindlichkeiten des früheren Inhabers erkauft.

4. Sitz der Gesellschaft, inländische Geschäftsanschrift

Gesetzliche Regelung 301

Der Sitz der Gesellschaft ist der Ort, an dem sich die Geschäftsführung befindet. Er wird demnach durch tatsächliche Umstände bestimmt. Ob wie bei Kapitalgesellschaften der satzungsmäßige Sitz vom Verwaltungssitz differieren kann, ist noch umstritten.

Der Sitz hat vielfache **Bedeutung**, insbesondere für den allgemeinen Gerichtsstand (§ 17 Abs. 1 ZPO), die Zuständigkeit des Registergerichts (§§ 106, 13, 13a, 13b, 13c HGB) und die Zuständigkeit der Industrie- und Handelskammer.

Im **internationalen Privatrecht** wurde das für die Gesellschaft maßgebliche Recht nach den deutschen Kollisionsnormen bis vor einigen Jahren nach dem Sitz der Gesellschaft bestimmt (vgl. etwa die Probleme der Rechtsfähigkeit bei ausländischen Briefkastengesellschaften). Die Sitztheorie hat ihre dominierende Rolle nunmehr als Folge von gemeinschaftsrechtlichen Entwicklungen jedoch eingebüßt. Die Centros-Entscheidung des EuGH (DNotZ 1999, 593, NJW 1999, s. 2027 ff.) ließ die Fortgeltung der Sitztheorie zwar wohl unberührt. (vgl. zur Centros-Entscheidung und zu deren Auswirkungen etwa *Lange*, DNotZ 1999, 599; *Görk*, GmbH-R 1999, 793; *Kindler*, NJW 1999, 1993; *Sandrock*, BB 1999, 1337 m.w.N.). Nach der Entscheidung des EuGH in Rs. 1999-I, 9919 ff. (Überseering) stand jedoch fest, dass die bislang praktizierte Sitztheorie für EU-Staaten im Hinblick auf die in Art. 43, 48 EGV geregelte Niederlassungsfreiheit nicht mehr zu halten war. Der EuGH forderte die Achtung der Rechts- und Parteifähigkeit der Auslandsgesellschaften nach dem Recht ihres Gründungsstaates. Deshalb genügte es auch nicht mehr, Rechts- und Parteifähigkeit nach für (deutsche) GbR oder OHG geltenden Grundsätzen anzuerkennen. Geboten war vielmehr der Wechsel der Kollisionsnorm von der Sitz- zur Gründungstheorie, so dass eine Auslandsgründung nach dem Recht ihres Gründungsstaats im Inland Anerkennung findet (EuGH Slg. 2002-I, 9919, 9974). Das bedeutet, dass deutsches Kollisionsrecht nunmehr auf Sachnormen des Inkorporationsstaats verweist, sofern dieser der EU angehört. Eine EU-Auslandsgründung ist deshalb im Inland rechts- und parteifähig, also z.B. als französische SA oder niederländische BV, nicht aber als GbR oder OHG deutschen Rechts. Allerdings bleiben auch nach Ansicht des EuGH einzelne Beschränkungen der Niederlassungsfreiheit zulässig, jedoch nur soweit zwingende Gründe des Gemeinwohls dies unter bestimmten Umständen gebieten (EuGH Slg. 2002-I, 9919, 9974). Auch im Verhältnis zu den USA gelten die o.a. Grundsätze aufgrund des Freundschaftsvertrags zischen Deutschland und den USA. Die völlige Abkehr von der Sitztheorie ist deshalb nicht erforderlich. Gegenüber Dritt- (d.h. Nicht-EU- und Nicht-US-)Staaten ist ein Übergang von der Sitz- zur Gründungstheorie nicht geboten, weil damit berechtigten Schutzanliegen der Sitztheorie nicht Rechnung getragen würde.

5. Gegenstand des Unternehmens

302 Gestaltung

Der Gegenstand des Unternehmens umschreibt den Tätigkeitsbereich, innerhalb dessen der Zweck der Gesellschaft verwirklicht wird. Als Gegenstand kommt der Betrieb eines Handelsgewerbes, der Betrieb eines sonstigen „schlichten" Gewerbes oder die Verwaltung eigenen Vermögens in Betracht.

Von Bedeutung ist die Festlegung des Gegenstands insbesondere für

– die Geschäftsführung (vgl. § 116 Abs. 1 HGB);
– für den Umfang des Wettbewerbsverbots der Gesellschafter (siehe hierzu Rz. 140 ff.).

Je nach Interessenlage kann daher eine weite oder enge Fassung des Unternehmensgegenstands angezeigt sein.

6. Rechte und Pflichten der Gesellschafter, insbesondere Stimmrecht

a) Vorbemerkung

303 Die Rechte und Pflichten der Gesellschafter werden hier nach solchen **vermögensrechtlicher** Art und solchen **nichtvermögensrechtlicher** Art unterschieden. Zu letzteren gehören insbesondere das Stimmrecht, das Informationsrecht sowie das Wettbewerbsverbot.

b) Gestaltung

Gesellschafterbeschlüsse werden zum einen im Bereich der Geschäftsführung gefasst. Zum anderen dürfte in den meisten Fällen auch ein Bedürfnis bestehen, Gesellschafterbeschlüsse auch für **Änderungen des Gesellschaftsvertrages** zuzulassen. Letzteres muss vertraglich geregelt werden, da ansonsten eine vertragliche Vereinbarung (d.h. unter Beteiligung aller Gesellschafter!) erforderlich ist. Soweit jedoch auch für solche vertragliche Änderungen Mehrheitsbeschlüsse genügen sollen, ist dem **Bestimmtheitsgrundsatz** Rechnung zu tragen, wonach sich aus dem Vertrag ergeben muss, welche Punkte durch Mehrheitsbeschluss abänderbar sein sollen.

304

Soweit demnach eine Beschlussfassung durch die Gesellschafter in Betracht kommt, bedarf es gemäß § 119 Abs. 1 HGB der **Einstimmigkeit**, d.h. der Zustimmung aller Gesellschafter (nicht nur der bei der Versammlung anwesenden!). Aber auch soweit durch den Vertrag Mehrheitsentscheidungen zugelassen sind, ist die Mehrheit gemäß § 119 Abs. 2 HGB im Zweifel nach der Zahl der Gesellschafter zu berechnen. Auch insoweit besteht vertraglicher Regelungsbedarf, da – mit Ausnahme von Familiengesellschaften – ein Stimmrecht entsprechend der kapitalmäßigen Beteiligung regelmäßig sachgerechter erscheint. Zu achten ist darauf, dass bei Meinungsverschiedenheiten unter den Gesellschaftern eine mehrheitliche Willensbildung möglich ist.

305

In bestimmten gesetzlich geregelten Fällen sind einzelne Gesellschafter von der Stimmrechtsausübung ausgeschlossen (z.B. §§ 112 Abs. 2, 113 Abs. 2, 117, 127, 140 Abs. 1 HGB). Daneben steht die h.M. (vgl. statt aller *K. Schmidt*, Gesellschaftsrecht, § 21, II, 2, S. 449 ff. mit weiteren Nachweisen) auf dem Standpunkt, dass ein Ausschluss dann gegeben ist, wenn der Gesellschafter durch die Mitwirkung an Beschlüssen zum „Richter in eigener Sache" würde oder gegen das allgemeine Selbstkontrahierungsverbot verstoßen würde.

Wichtiger als vorgenannte Frage ist, ob einzelne Gesellschafter durch Gesellschaftsvertrag vom Stimmrecht **ausgeschlossen** werden können. Wegen der zentralen Bedeutung des Stimmrechts kommt dies grundsätzlich nicht in Betracht. Eine Ausnahme hat der BGH (NJW 1993, 2100) zugelassen für eine personengleiche GmbH & Co. KG. Diese Entscheidung ist auf eine GmbH & Co. oHG übertragbar. Die Rechtslage für nicht personengleiche Gesellschaften ist offen gelassen worden.

306

In bestimmten Fällen besteht – insbesondere aus dem Gesichtspunkt von Treu und Glauben (§ 242 BGB) – eine Verpflichtung zur Abstimmung in einer bestimmten Richtung. Vertraglicher Gestaltungsbedarf besteht insoweit jedoch nicht.

Zusammenfassend besteht **vertraglicher Regelungsbedarf** insbesondere für folgende Punkte:

307

- Abweichend von der gesetzlichen Regelung in § 119 Abs. 1 HGB ist regelmäßig vorzusehen, dass **Beschlüsse mit Mehrheit** gefasst werden können.
- Weiter sollte (abweichend von § 119 Abs. 2 HGB) insoweit vorgesehen werden, dass sich die Mehrheit nach den **Kapitalanteilen** und nicht nach Köpfen berechnet.
- Sinnvoll mag es sein, auch **Änderungen des Gesellschaftsvertrages** der mehrheitlichen Disposition der Gesellschafterversammlung zu unterstellen. Hierbei ist wegen des Bestimmtheitsgrundsatzes auf eine sorgfältige Formulierung zu achten. Wegen des Minderheitenschutzes werden solche Regelungen im Zweifel restriktiv ausgelegt.
- Unter Umständen können auch Regelungen über die Formalien der Gesellschafterversammlung bzw. der Beschlussfassung vereinbart werden.

7. Informationsrecht

308 Gem. § 118 HGB kann ein Gesellschafter, auch wenn er von der Geschäftsführung ausgeschlossen ist, sich von den Angelegenheiten der Gesellschaft persönlich unterrichten, die Handelsbücher und die Papiere der Gesellschaft einsehen und sich aus ihnen eine Bilanz und einen Jahresabschluss anfertigen.

Vertraglicher Regelungsbedarf besteht hierzu im Regelfall nicht.

8. Wettbewerbsverbot

309 Siehe hierzu Rz. 140 ff.

9. Grundsatz der rechtlichen Selbständigkeit

310 Zwar ist die oHG wie die Gesellschaft bürgerlichen Rechts **Gesamthandsgemeinschaft**, jedoch ist sie gemäß § 124 HGB der juristischen Person angenähert. Sie kann unter ihrer Firma Rechte erwerben und Verbindlichkeiten eingehen, Eigentum und andere dingliche Rechte an Grundstücken erwerben, vor Gericht klagen und verklagt werden. Aufgrund der rechtlichen Selbständigkeit sind insbesondere die zu erbringenden Einlagen in der gehörigen Form (d.h. insbesondere bei Grundstücken und GmbH-Anteilen durch notarielle Beurkundung) auf die Gesellschaft zu übertragen. Die Übertragung entfällt, wenn die Gegenstände der Gesellschaft nur zur Nutzung überlassen werden sollen.

10. Beitragsleistung

Gestaltung

a) Gegenstand der „Beiträge", Umfang und Bewertung

Für die Beitragspflicht gilt gemäß § 105 Abs. 2 HGB die Regelung in §§ 706 ff. BGB. Als Beitrag kann jegliche Art von Vermögenswert vereinbart werden. Zu denken ist insbesondere an die Einbringung von Geld, die Gewährung von Darlehen, die Erbringung von Sacheinlagen, auch Sachgesamtheiten, die Überlassung von immateriellen Wirtschaftsgütern, die Erbringung von Dienstleistungen (dies ist nach § 706 Abs. 3 BGB ausdrücklich zulässig) usw.

311

Bezüglich der **Sacheinlagen** kommt neben einer **Einbringung zu Eigentum** („quoad dominium") eine **Einbringung nur zur Nutzung** („quoad usum") in Frage (die Möglichkeit der Einbringung dem Werte nach – „quoad sortem" – spielt nur eine untergeordnete Rolle). Für die Frage, welche der beiden Möglichkeiten vertraglich vereinbart wird, sollte darauf abgestellt werden, dass der wirtschaftliche Wert der Einlage mit dem hierfür gewährten Kapitalanteil übereinstimmt und auch die Relation zu den Einlagen der anderen Gesellschafter „stimmt". Unter Haftungsgesichtspunkten ist diese Frage dagegen wegen der persönlichen Haftung unbeachtlich. Dagegen hat die Frage u.U. gravierende steuerliche Konsequenzen, da, wenn eine Einbringung zu Eigentum unterbleibt, steuerlich Sonderbetriebsvermögen des Gesellschafters entsteht und daher gesellschaftsvertraglich und erbrechtlich sichergestellt werden muss, dass auch dieses Sonderbetriebsvermögen das rechtliche Schicksal des Gesellschaftsanteils teilt. Andernfalls kann es zu einem Auseinanderfallen und einer Aufdeckung stiller Reserven kommen.

312

Bei der **Einbringung von Dienstleistungen** bereitet die Bewertung Schwierigkeiten. Vorzugswürdig ist es daher, eine feste kapitalmäßige Einlageverpflichtung vorzusehen und einen gesonderten Dienstleistungsvertrag abzuschließen und sodann die hiernach geschuldete Tätigkeitsvergütung mit der Einlageverpflichtung zu verrechnen.

313

Der **Umfang der Beitragspflicht** sollte ausführlich und präzise im Gesellschaftsvertrag geregelt werden. Bezüglich der **Bewertung der Beiträge** herrscht (bis zur Grenze der Sittenwidrigkeit, § 138 BGB) Vertragsfreiheit. Wegen der persönlichen Haftung der Gesellschafter fehlen Kapitalaufbringungs- und -erhaltungsvorschriften, so dass Über- und Unterbewertungen möglich sind. Die zentrale Bedeutung der Bewertung rührt daher, dass üblicherweise nach der Höhe der Kapitalanteile die Rechte und Pflichten der Gesellschafter ausgerichtet werden, insbesondere das Stimmrecht und die Gewinnverteilung. Unter Umständen können auch bewusste Abweichungen vom wirklichen Wert erforderlich sein. Wird z.B. ein Gesellschafter in eine Gesellschaft neu aufgenommen und verfügt die Gesellschaft über erhebliche stille Reserven, so würde die Erfas-

314

sung der Einlage des eintretenden Gesellschafters mit deren vollem Wert dazu führen, dass der neue Gesellschafter auch einen entsprechenden Anteil an den stillen Reserven erhält. Die Einlage sollte daher nur mit dem Teil ihres Wertes angesetzt werden, der dem Verhältnis zwischen dem nominellen und dem wirklichen Wert der Kapitalanteile der bisherigen Gesellschafter entspricht.

Schließlich spielen bei der Bestimmung des Einlagewerts auch steuerliche Überlegungen eine Rolle.

Bei der Erbringung von Sacheinlagen sind – wie bereits erwähnt – die gesetzlichen **Formvorschriften** zu beachten.

b) Leistungsstörungen bei der Einlageerbringung

315 Probleme ergeben sich, wenn einer der Gesellschafter die Einlage nicht bzw. verspätet oder nur mangelhaft erbringt. Es ist nach wie vor streitig, ob die Regelungen der §§ 280 ff., 286 ff. u. 320 ff. BGB auf gesellschaftsrechtliche Verträge anwendbar sind. Angesichts dieser Unsicherheit sollten vertraglich die Rechtsfolgen bei Unmöglichkeit bzw. Verzug der Einlageleistung geregelt werden.

316 Ebenso ist umstritten, ob bei einer mangelhaften Erbringung der Einlage die Regelungen über Austauschverträge (Kauf, Miete, Dienstvertragsrecht usw.) entsprechend anwendbar sind. Auch hier sollte zur Vermeidung der Rechtsunsicherheit eine ausdrückliche Regelung im Gesellschaftsvertrag erfolgen. Möglich wäre etwa, die Gewährleistung ganz auszuschließen, den Ersatz einer mangelhaften Sacheinlage durch eine festgesetzte Geldeinlage oder die Möglichkeit einer Kündigung oder Ausschließung durch die anderen Gesellschafter vorzusehen usw.

317 **Zusammenfassend** sollte im Gesellschaftsvertrag ausführlich geregelt werden:
– der genaue Umfang der Einlagen,
– der Wert der Einlage bzw. der hierfür zu gewährende Kapitalanteil,
– die Rechtsfolgen bei Unmöglichkeit bzw. Verzug oder mangelhafter Einlageleistung.

11. Kapitalanteil und Gesellschafterkonten

a) Gesetzliche Regelung

318 Der **Begriff** und die **Rechtsnatur** des Kapitalanteils sind umstritten (vgl. hierzu etwa Münchener Handbuch des Gesellschaftsrechts, Band I, § 55 Rz. 23 ff.). Zu unterscheiden sind insbesondere:
– der „**Gesellschaftsanteil**" als Inbegriff der mitgliedschaftlichen Rechte
– der „**Vermögensanteil**" als Spiegelbild der vermögensmäßigen Beteiligung an der Gesellschaft

Zwar ist der einzelne Gesellschafter wegen des Gesamthandsprinzips nicht unmittelbar an den einzelnen Gegenständen des Gesellschaftsvermögens beteiligt, jedoch steht ihm wirtschaftlich betrachtet ein entsprechender anteilsmäßiger Wert am gesamten Gesellschaftsvermögen zu.

– der „Kapitalanteil"

Dieser ist eine bloße Rechengröße, die den gegenwärtigen Stand der Beteiligung, und zwar zu dem Buchwert, der in der Bilanz ausgewiesen wird, wiedergibt. Der Kapitalanteil ist somit insbesondere keine Forderung des Gesellschafters gegen die Gesellschaft und auch kein Recht des Gesellschafters, somit auch nicht übertragbar oder pfändbar (str.).

Gesellschafter ohne Gesellschaftsanteil im obigen Sinne sind nicht denkbar. Demgegenüber lässt es die h.M. zu, dass einzelne Gesellschafter keinen Kapitalanteil haben. Sinnvoll ist eine solche Regelung zum einen, wenn der „Geschäftsführer der Gesellschaft" zwar formell Gesellschafter sein soll (Grundsatz der Selbstorganschaft!), jedoch wirtschaftlich nicht an der Gesellschaft beteiligt sein soll und insbesondere sein Ausscheiden bzw. Ausschluss ohne Zahlung einer Abfindung möglich sein soll. Zum anderen findet sich eine solche Regelung häufig bei einer GmbH & Co. KG.

b) Gestaltung

Feste oder variable Kapitalanteile

Mangels abweichender vertraglicher Vereinbarung sind Kapitalanteile veränderlich, ändern sich also durch die Zuschreibung von Einlagen und Gewinne bzw. die Abschreibung von Verlusten und Entnahmen (§ 120 Abs. 2 HGB).

Die Variabilität der Kapitalanteile würde zu einer fortwährenden Änderung der Beteiligungsverhältnisse der Gesellschafter führen. Daher sollte vertraglich ein festes Kapitalkonto I vorgesehen werden, auf dem die Einlage gebucht wird und das sich durch Gewinne, Verluste und Entnahmen nicht verändert und die Beteiligung des Gesellschafters an der Gesellschaft widerspiegelt. Daneben sollte ein Kapitalkonto II geführt werden, auf dem alle sonstigen Geschäftsvorfälle, die die Einlage betreffen, verbucht werden.

Werden alle diese Vorgänge auf einem Kapitalkonto II verbucht, kann aus diesem allein keine Aussage darüber getroffen werden, ob es sich bei dem jeweiligen Stand um eine echte Einlage oder um eine Forderung bzw. Verbindlichkeit des Gesellschafters gegen die Gesellschaft handelt. Um auch diese Forderung bzw. Verbindlichkeit auf schuldrechtlicher Grundlage gesondert zu kennzeichnen, können diese auf einem weiteren Kapitalkonto III gebucht werden.

Ein gesondertes Verlustsonderkonto wird zum Teil als sinnvoll erachtet. Falls es nicht als gesondertes Konto eingeführt wird, sollte geregelt werden, dass etwaige Verluste dem Kapitalkonto II belastet werden, auch soweit sie dessen Betrag übersteigen, und nicht dem Kapitalkonto I.

Eine Verpflichtung zur Bildung von Rücklagen kann gesellschaftsvertraglich vorgesehen werden. Sinnvoll ist dies insbesondere, wenn die Rücklage ungeteilt sein, d.h. allen Gesellschaftern zustehen und somit das in der Gesellschaft gebundene Eigenkapital erhöhen soll, ohne die Beteiligung einzelner Gesellschafter bzw. deren Beteiligungsverhältnis untereinander zu verändern.

Darlehenskonten können zur Abgrenzung gegenüber den Kapitalkonten sinnvoll sein, da es sich hierbei um Verbindlichkeiten auf schuldrechtlicher Ebene und somit um Forderungen bzw. Verbindlichkeiten gegenüber der Gesellschaft handelt.

320 Für die **Vertragsgestaltung** ist wichtig, den Zusammenhang der Kontenführung mit der Abfindungsregelung für den Fall des Ausscheidens zu sehen. Es ist vertraglich klarzustellen, welche Konten mit dem Abfindungsguthaben abgegolten sind und welche unter Umständen gesondert zu vergüten sind. So ist es zum Beispiel regelmäßig gewollt, dass etwaige Darlehen nicht mit der Abfindung abgegolten sein sollen, etwaige Guthaben auf Rücklagenkonten dagegen mit der Abfindung erfasst sein sollen. Weiter kann es sinnvoll sein, einen Saldo auf dem Kapitalkonto II gesondert zur Abfindung auszugleichen und durch eine geeignete Kontenführung sicherzustellen, dass es sich hierbei materiell um eine zusätzliche Forderung bzw. Verbindlichkeit handelt (hierzu sind etwaige Verluste der Gesellschafter auf einem Verlustkonto zu erfassen; Gewinne in den Folgejahren sind vorab dem Verlustvortragskonto gutzuschreiben, bis dieses ausgeglichen ist. Auf dem Kapitalkonto II sind die sonstigen Vorfälle – vorbehaltlich des Rücklagenkontos – zu erfassen. So wird im Ergebnis erreicht, dass der Gesellschafter zusätzlich zur Abfindung etwa stehen gelassene, nicht entnommene Gewinne und zusätzlich erbrachte Einlagen erhält, wie er umgekehrt zur Erstattung zu hoher Entnahmen verpflichtet ist).

12. Entnahmen

321 Unbedingt vertraglich geregelt werden müssen Zulässigkeit und Umfang von Entnahmen.

Soweit Entnahmen über das vertraglich vorgesehene Maß hinaus getätigt werden, ist die Gesellschaft zur Rückforderung berechtigt. Gerade die Zulässigkeit von Entnahmen wird häufig zu Interessenwidersprüchen zwischen Gesellschaft und Gesellschafter führen und bedarf ausführlicher Regelung. Regelmäßig wird sich eine Regelung empfehlen, wonach zumindest alle auf den Gewinnanteil entfallenden Steuern entnommen werden dürfen (andernfalls müssten diese aus dem sonstigen Vermögen der Gesellschafter beglichen werden). Für die geschäftsführenden Gesellschafter sollte weiter eine angemessene Vorabvergütung vorgesehen werden.

Mangels einer vertraglichen Regelung gilt die gesetzliche Regelung in § 122 HGB, die den Bedürfnissen regelmäßig nicht gerecht wird.

13. Buchführung und Bilanzierung, Jahresabschluss

Aufgrund ihrer Kaufmannseigenschaft ist die oHG zur Führung von Handelsbüchern und zur Aufstellung von Bilanzen verpflichtet (vgl. §§ 6 Abs. 1, 238 Abs. 1, 242 HGB). Diese Regelungen sind zwingend und vertraglichen Vereinbarungen nicht zugänglich. 322

Die Aufstellung des Jahresabschlusses ist Aufgabe der geschäftsführenden Gesellschafter, die Feststellung hingegen ist ein Grundlagengeschäft. Hier sollte – um eine Blockade der Gesellschaft zu vermeiden – vertraglich geregelt werden, dass die Feststellung mit Mehrheitsbeschluss erfolgen kann (vor allem bei Publikumsgesellschaften wichtig!).

14. Geschäftsführung

Hierunter ist jedes Handeln zu verstehen, das der gewöhnliche Betrieb des Handelsgewerbes der Gesellschaft mit sich bringt (§ 116 Abs. 1 HGB). Zum gewöhnlichen Betrieb zählen alle Maßnahmen, die weder nach Inhalt und Zweck noch nach Bedeutung und Risiken den aktuellen gewöhnlichen Rahmen des Geschäftsbetriebs der konkreten Gesellschaft überschreiten (BGHZ 76, 162). Ausgegrenzt sind somit zum einen die sog. Grundlagengeschäfte, die die vertraglichen Grundlagen betreffen, und die außergewöhnlichen Geschäfte, die jeweils gemäß § 116 Abs. 2 HGB eines Beschlusses sämtlicher Gesellschafter bedürfen. Grundlagengeschäfte sind solche, die auf die Organisation und Zusammensetzung der Gesellschaft bzw. auf die Rechtsbeziehungen der Gesellschafter untereinander bezogen sind (*Koller* in Koller/Roth/Morck, § 114, Rz. 2). Außergewöhnliche Geschäfte sind solche, die über die Geschäfte des gewöhnlichen Betriebs der konkreten Gesellschaft hinausgehen, z.B. in der Regel Geschäfte besonders großen Umfangs oder zu ganz ungewöhnlichen Risiken oder Bedingungen oder solche, die eine Abweichung von langjähriger Geschäftspolitik bedeuten (vgl. *Koller* in Koller/Roth/ Morck, § 116, Rz. 3). 323

Mangels abweichender vertraglicher Regelung ist jeder Gesellschafter zur Geschäftsführung berechtigt und verpflichtet (§ 114 Abs. 1 HGB).

Vertraglicher Regelungsbedarf kann hier in vielerlei Hinsicht bestehen. Denkbar ist etwa die Begründung einer Einzelgeschäftsführungsbefugnis oder einer gemeinsamen Geschäftsführungsbefugnis (vgl. § 115 HGB), wobei diese Regelungen als Regelung im Innenverhältnis grundsätzlich der Disposition der Beteiligten unterliegen.

Außenstehende Dritte können – trotz des Grundsatzes der Selbstorganschaft – in sehr großem Umfang mit Geschäftsführungsaufgaben betraut werden, soweit eine Kontrolle durch die Gesellschafter vorgesehen ist (vgl. etwa BGH NJW 1982, 1817).

Vertraglicher Regelungsbedarf mag auch für die in § 117 HGB geregelte Entziehung der Geschäftsführungsbefugnis bestehen. Diese kann vertraglich erleichtert oder erschwert werden. Zulässig ist etwa, einen bloßen Beschluss der Gesellschafter für die Entziehung ausreichen zu lassen.

15. Vertretung

Gestaltung

324 Anders als die Geschäftsführungsbefugnis, die nur das Innenverhältnis betrifft, kann die Vertretungsmacht nur im gesetzlich vorgegebenen Rahmen eingeschränkt werden. Möglich sind nach der gesetzlichen Regelung:

- Einzelvertretungsbefugnis (§ 125 Abs. 1 HGB)

  Diese gilt, wenn gesellschaftsvertraglich nichts anderes vereinbart ist.

- Echte Gesamtvertretungsbefugnis (§ 125 Abs. 2 HGB)

  Hiernach bedarf die aktive Vertretung der Mitwirkung von mehreren Gesellschaftern. Hiernach können also einzelnen Gesellschaftern „Fesseln angelegt werden". Für die passive Vertretung genügt demgegenüber die Abgabe der Willenserklärung gegenüber nur einem der Gesellschafter.

- Unechte Gesamtvertretung (§ 125 Abs. 3 HGB)

  Hiernach wird ein Gesellschafter an die Mitwirkung eines Prokuristen gebunden.

Die Bedeutung der sachgerechten Ausgestaltung der Vertretungsmacht wird offensichtlich, wenn man deren Reichweite und Unbeschränkbarkeit beachtet. Nach § 126 HGB erstreckt sich die Vertretungsmacht auf alle gerichtlichen und außergerichtlichen Geschäfte und Rechtshandlungen. Eine Beschränkung des Umfangs ist Dritten gegenüber unwirksam.

Soll vom Grundsatz der Einzelvertretungsmacht abgewichen werden, ist weiter auf eine unverzügliche Eintragung im Handelsregister zu achten, da nur dann diese Einschränkung im Verhältnis zu Dritten wirkt.

Vertraglicher Regelungsbedarf kann bezüglich der Entziehung der Vertretungsmacht bestehen. Die Regelung in § 127 HGB, wonach eine solche Entziehung nur durch eine gerichtliche Entscheidung erfolgen kann, kann vertraglich abbedungen werden. Erleichterungen sind sowohl in formeller als auch in materieller Hinsicht möglich.

16. Verfügung über den Gesellschaftsanteil

Mangels einer vertraglichen Regelung gilt der Grundsatz, dass das Ausscheiden und die Aufnahme neuer Gesellschafter bzw. die unmittelbare Übertragung des Gesellschaftsanteils eines Gesellschafters auf einen neu eintretenden als vertragliche Änderung (Grundlagengeschäft) der Mitwirkung aller vorhandenen Gesellschafter bedarf. 325

Soweit die oHG im konkreten Fall (atypisch) als „Kapitalgesellschaft" organisiert ist, d.h. der Ansammlung von größeren Kapitalbeträgen dient und eine große Zahl von Gesellschaftern aufweist, sollte diese für die Praxis unbefriedigende Rechtslage unbedingt vertraglich abbedungen werden. Sinnvoll wird in diesem Fall regelmäßig sein, die freie Abtretbarkeit der Gesellschaftsanteile vorzusehen.

17. Tod eines Gesellschafters

Siehe hierzu Rz. 284 ff. 326

18. Abfindung

Siehe hierzu Rz. 202 ff. 327

III. Partnerschaftsgesellschaft

Mit dem am 1.7.1995 in Kraft getretenen Partnerschaftsgesellschaftsgesetz (nachfolgend „PartGG") sollte den Angehörigen freier Berufe der Zusammenschluss in einer Rechtsform ermöglicht werden, die der oHG angenähert ist und für die auch – soweit das PartGG keine Regelung enthält – die Regelungen über die oHG Anwendung finden. 328

1. Vor- und Nachteile der Partnerschaft

Im Vergleich zur Sozietät nach BGB bringt die Partnerschaft den Vorteil der Registerfähigkeit mit einer nach außen dokumentierten Vertretungsbefugnis. Weiter haften – wenn nur einzelne Partner mit der Bearbeitung eines Auftrags befasst waren – nur diese für berufliche Fehler neben der Partnerschaft (§ 8 Abs. 2 PartGG). Demgegenüber fallen die Formalien und Kosten der Registrierung nicht ins Gewicht. Jedoch kann die Partnerschaft als solche verklagt werden (anders als die GbR). 329

Gegenüber der GmbH bringt die Partnerschaft die Vorteile einer Personengesellschaft (grundlegend andere steuerliche Behandlung, einfachere Gründung und Handhabung, keine Verpflichtung zur Kapitalaufbringung und Kapitalerhaltung, vereinfachte Rechnungslegung – keine Bilanzierungspflicht, Gewinnermittlung nach § 4 Abs. 3 EStG usw.). Andererseits weist die Partnerschaft gegenüber der GmbH auch Nachteile auf, insbesondere die gegenüber der GmbH weniger weitreichende Haftungsbeschränkung.

Seit dem 19.7.2013 gibt es die PartGmbB, bei der gemäß § 8 Abs. 4 Satz 1 PartGG eine Haftung gegenüber den Gläubigern für Schäden, die aus fehlerhafter Berufsausübung entstehen, auf das Gesellschaftsvermögen beschränkt ist. Dies setzt jedoch voraus, dass Rechtsanwälte oder Patentanwälte eine Berufshaftpflichtversicherung mit 2,5 Mio. Euro abgeschlossen haben. Bei Wirtschaftsprüfern und Steuerberatern reicht eine Versicherungssumme von 1 Mio. Euro. Wichtig zu beachten ist, dass die persönliche Haftung der Partner für sonstige Verbindlichkeiten unberührt bleibt. Dies betrifft insbesondere die Büromiete oder den Lohn für Angestellte. Es bleibt daher abzuwarten, ob die PartG mbH echte Haftungserleichterungen in der Berufspraxis bringen wird.

Im Ergebnis kann die Vorteilhaftigkeit nur im konkreten Fall nach umfassender Abwägung aller einschlägigen Aspekte beurteilt werden.

2. Rechte und Pflichten der Gesellschafter

330 Für die inhaltliche Ausgestaltung des Gesellschaftsvertrages wird auf die Ausführung zur oHG verwiesen. In Abweichung von den Regelungen bzw. Ausführungen zur oHG gelten jedoch folgende Besonderheiten:

– Angehörige können nur natürliche Personen sein, die einen freien Beruf im Sinne des Katalogs des § 1 Abs. 2 PartGG ausüben.

– Der Vertrag hat die in § 3 Abs. 2 PartGG enthaltenen Bestimmungen zu enthalten.

– Berufsrechtliche Regelungen bleiben unberührt (§§ 1 Abs. 3, 6 PartGG).

– Waren nur einzelne Partner mit der Bearbeitung eines Auftrags befasst, so haften nunmehr (§ 8 Abs. 2 PartGG) nur diese für berufliche Fehler neben der Partnerschaft (für sonstige Verbindlichkeiten – z.B. aus Mietverträgen – bleibt die Haftung aller Partner unberührt). Daneben gibt es die PartGmbB, bei der gemäß § 8 Abs. 4 Satz 1 PartGG eine Haftung auf das Gesellschaftsvermögen beschränkt ist.

– Der Tod eines Partners, die Eröffnung des Insolvenzverfahrens, die Kündigung eines Partners bzw. durch Privatgläubiger eines Partners führt – wie bei der oHG nach der Neuregelung in §§ 131 ff. HGB durch das HRefG – nur zum Ausscheiden des Partners aus der Gesellschaft, nicht dagegen zur Auflösung der Gesellschaft. Gleiches gilt für den Verlust der Zulassung zum freien Beruf.

– Eine Vererblichkeit der Beteiligung ist nur bei ausdrücklicher Regelung im Vertrag möglich und im Übrigen nur zugunsten von Dritten, die ihrerseits die erforderliche Qualifikation als Partner besitzen.

– Im Namen ist der Zusatz „und Partner" bzw. „Partnerschaft" aufzunehmen.

IV. EWIV (Europäische wirtschaftliche Interessenvereinigung)

1. Vorbemerkungen

Mit der europäischen wirtschaftlichen Interessenvereinigung (nachfolgend „EWIV") sollte den Unternehmen in Europa eine besondere supranationale Rechtsform zur Kooperation über die jeweiligen Landesgrenzen hinweg zur Verfügung gestellt werden. Rechtsgrundlagen sind die EU-Verordnung Nr. 2137/85 und das hierzu ergangene deutsche Ausführungsgesetz vom 14.4.1988. Die EU-Verordnung beschränkt sich auf Vorgaben bezüglich der Gründung und Struktur der EWIV. Im Übrigen gelten ergänzend bzw. zum Teil auch vorrangig die nationalen Regelungen. Vergleicht man die EWIV mit den sonstigen deutschen Gesellschaftsformen, so kann sie als „oHG mit Fremdgeschäftsführung" umrissen werden (vgl. § 1 EWIV-AusfG). Ihrer Tätigkeit nach hat sich die EWIV auf eine Hilfstätigkeit für die Aktivitäten ihrer Mitglieder zu beschränken. Der Sache nach kann es sich hierbei jedoch um gleichwohl bedeutende Aufgaben handeln. Holdingzwecke dürfen nicht verfolgt werden. 331

2. Vertragliche Grundlage

Zur Gründung einer EWIV bedarf es eines schriftlichen Vertrages, der nach Art. 5 EWIV-VO folgende Angaben zu enthalten hat: 332

- Name der Vereinigung mit dem Zusatz „Europäische wirtschaftliche Interessenvereinigung" bzw. „EWIV",

- Sitz,

- Unternehmensgegenstand,

- für jedes Mitglied Namen, Firma, Rechtsform, Wohnsitz sowie evtl. Nummer und Ort der Registereintragung,

- Dauer der EWIV, falls diese nicht unbestimmt ist.

Der Unternehmensgegenstand hat sich, wie erwähnt, auf die Ausübung von Hilfstätigkeiten zu beschränken.

Im Übrigen können gemäß der EWIV-VO zahlreiche weitere, auch von der Verordnung abweichende Regelungen aufgenommen werden.

Die EWIV bedarf nach Art. 39 Abs. 1 i.V.m. Art. 6 EWIV-VO der Eintragung in das Handelsregister; diese hat konstitutive Wirkung (anders als nach § 123 Abs. 1, 2 HGB).

Der Sitz der EWIV muss in der Gemeinschaft gelegen sein. Ihrem supranationalen Charakter entsprechend kann der Sitz innerhalb der EU über die Grenzen hinweg verlegt werden, ohne dass dies zur Auflösung der EWIV führt; jedoch sind hierbei verfahrensrechtliche Vorgaben einzuhalten.

Der Kreis möglicher Mitglieder ist in Art. 4 Abs. 1 EWIV-VO bewusst weit gefasst. Hiernach können insbesondere auch erwerbswirtschaftlich tätige Gesellschaften bürgerlichen Rechts oder Angehörige freier Berufe Mitglied sein. Insbesondere Angehörige freier Berufe haben bislang die Möglichkeit zur Gründung einer EWIV genutzt.

3. Rechte und Pflichten

333 Für die Ausgestaltung des Gesellschaftsvertrages besteht Vertragsfreiheit, soweit nicht zwingende Vertragsvorschriften der EWIV-VO und des EWIV-AusfG entgegenstehen. Hierzu kann im Wesentlichen auf die Ausführungen zur oHG verwiesen werden.

Für Verbindlichkeiten der Gesellschaft haften nach Art. 24 Abs. 1 EWIV-VO deren Mitglieder unbeschränkt und gesamtschuldnerisch. Anders als bei der oHG muss jedoch die Forderung zunächst gegenüber der EWIV geltend gemacht werden. Für neu eintretende bzw. ausscheidende Mitglieder gelten ähnliche Grundsätze wie bei der oHG.

4. Geschäftsführung und Vertretung

334 Die Geschäftsführer werden durch Beschluss der Mitglieder bestellt, wobei auch Dritte zu Geschäftsführern bestellt werden können. Ähnlich wie bei der oHG haben die Geschäftsführer eine im Interesse des Verkehrsschutzes umfassende Vertretungsbefugnis (Art. 20 Abs. 1 EWIV-VO). Einschränkungen der Vertretungsbefugnis können – mit Ausnahme einer Gesamtvertretung – Dritten nicht entgegengesetzt werden.

V. Kommanditgesellschaft

1. Gesellschaftszweck

335 Siehe hierzu die Ausführungen zur oHG Rz. 296.

2. Firma, Sitz, inländische Geschäftsanschrift

336 Siehe hierzu die Ausführungen zur oHG Rz. 298 ff.

Für die Firmierung einer **GmbH & Co. KG** galten bis zum Inkrafttreten des Handelsrechtsreformgesetzes komplizierte Regelungen, da einerseits in der KG die Firma der GmbH enthalten, andererseits eine Unterscheidbarkeit der Firmen gewährleistet sein musste. Nach der Liberalisierung des Firmenrechts schreibt nunmehr (neben den allgemeinen Grundsätzen) lediglich § 19 Abs. 2 HGB vor, dass die Haftungsbeschränkung in der Firma enthalten sein muss, auch wenn es sich um eine in zulässiger Weise fortgeführte Firma handelt (§§ 21, 22, 24 HGB etc.).

V. Kommanditgesellschaft

Unverändert gilt § 30 HGB, danach müssen sich die Firma von Komplementär-GmbH und KG, wenn sich ihr Sitz am gleichen Ort befindet, unterscheiden. Diese Unterscheidbarkeit lässt sich, wenn – nach bisherigen Grundsätzen – in der Firma der KG auch die Firma der GmbH enthalten sein sollte, wie folgt erreichen: 337

- Der KG-Firma wird neben der GmbH-Firma und dem KG-Gesellschaftszusatz ein dritter Bestandteil beigefügt.
- Zum anderen (und in der Praxis häufiger!) wird die Unterscheidbarkeit dadurch erreicht, dass der GmbH-Firma ein Zusatz (z.B.: „Verwaltungs-", „Geschäftsführungs-", „Betriebs-"GmbH) beigefügt wird, der bei der Firma der KG weggelassen wird.

3. Geschäftsführung und Widerspruchsrecht der Kommanditisten

Gestaltung

Nach der **gesetzlichen Regelung** in § 164 HGB sind die Kommanditisten von der Geschäftsführung ausgeschlossen. 338

Abweichend hiervon kann vertraglich geregelt werden, dass der Kommanditist zur Geschäftsführung befugt sein soll. Werden keine weiteren Regelungen getroffen, gelten bezüglich der Art und des Umfangs der Geschäftsführungsbefugnis die §§ 114–117 HGB. Abweichende Regelungen, insbesondere derart, dass ein Kommanditist nur gemeinsam mit einem Komplementär zur Geschäftsführung berechtigt sein soll, sind zulässig. Wegen der nur beschränkten Kommanditistenhaftung und der unbeschränkten Komplementärhaftung sollte eine Regelung, wonach die Geschäftsführung nur einem Kommanditisten übertragen wird und alle Komplementäre von der Geschäftsführung ausgeschlossen sind, unterbleiben.

In der Praxis häufig verkannt wird das Erfordernis der Zustimmung des Kommanditisten bei außergewöhnlichen Geschäften. § 164 HGB lässt die Regelung in § 116 Abs. 2 HGB (aus der sich das Zustimmungserfordernis ergibt) unberührt. Verstößt der geschäftsführende Gesellschafter hiergegen, überschreitet er seine Geschäftsführungsbefugnis und ist der Gesellschaft unter Umständen schadensersatzpflichtig. Im Übrigen kann ihm die Geschäftsführung nach § 117 HGB entzogen werden. Angesichts des Ziels der Regelung (Schutz des Kommanditisten) besteht jedoch regelmäßig kein vertraglicher Regelungsbedarf, zumal eine Einschränkung unter dem Aspekt des gesetzgeberischen Ziels bedenklich wäre.

Das gesetzliche **Widerspruchsrecht** des Kommanditisten kann vertraglich unproblematisch erweitert werden. Eine Einschränkung ist nur in gewissen Grenzen zulässig (vgl. hierzu *Baumbach/Duden/Hopt*, 7 C zu § 164). 339

Sinnvoll mag es sein, bei mehreren Kommanditisten die Wahrnehmung ihrer Rechte nur durch einen von ihnen bestellten Vertreter zuzulassen oder die Ausübung des Widerspruchsrechts einem gesonderten Gesellschaftsorgan (etwa einem Beirat) zu übertragen.

Änderungen des Gesellschaftsvertrages bedürfen als Grundlagengeschäfte der Zustimmung aller Gesellschafter, also auch der Kommanditisten, soweit nicht innerhalb der hierfür geltenden Grenzen (vgl. hierzu Rz. 304 ff.) Mehrheitsbeschlüsse zur Abänderung des Vertrages zulässig sind.

4. Stimmrecht-Gesellschafterbeschlüsse

340 Mangels spezialgesetzlicher Regelungen gelten hierzu die allgemeinen Regelungen, die bereits bei der oHG erörtert wurden (siehe Rz. 303 ff.).

Mehr noch als bei der oHG erscheinen jedoch bei der KG aufgrund ihrer Struktur (bloße kapitalmäßige Beteiligung der Kommanditisten) folgende **vertragliche Regelungen** als **unabdingbar**:

- Vereinbarung des Mehrheitsprinzips anstelle des gesetzlichen Einstimmigkeitsgrundsatzes,
- Berechnung der Mehrheit nach Kapitalanteilen und nicht – wie es die gesetzliche Regelung vorsieht – nach Köpfen,
- Aufnahme von Regelungen über die Art und Weise der Beschlussfassung sowie über die Zulässigkeit der Stimmabgabe durch Bevollmächtigte etc.,
- Vereinbarung, wonach auch Änderungen des Gesellschaftsvertrages durch Beschluss zulässig sein sollen. Hierbei ist dem Bestimmtheitsgrundsatz durch eine möglichst genaue, ausführliche Auflistung der Vertragsänderungen, die mit Mehrheitsbeschluss möglich sein sollen, Rechnung zu tragen (nicht jedoch bei Publikumsgesellschaften, da dieser Grundsatz hier nicht zur Anwendung gelangen soll – BGHZ 71, 53 ff.).

5. Informationsrecht

341 § 166 HGB regelt das Informations- und Kontrollrecht des Kommanditisten dahin gehend, dass dieser (nur) die Mitteilung des Jahresabschlusses verlangen kann und dessen Richtigkeit unter Einsicht der Bücher und Papiere prüfen darf. Die weiter gehenden Rechte, die nach § 118 HGB einem von der Geschäftsführung ausgeschlossenen oHG-Gesellschafter zustehen, stehen dem Kommanditisten nicht zu, da dieser keiner unbeschränkten persönlichen Haftung ausgesetzt ist, sondern nur den Verlust seiner Einlage riskiert.

Angesichts des evidenten Interessengegensatzes (Informationsbedürfnis des Kommanditisten einerseits versus Geheimhaltungsinteresse der Komplementäre bzw. der Gesellschaft andererseits) besteht vertraglicher Regelungsbedarf.

6. Vertragliche Änderungen der Kontrollrechte der Kommanditisten

Erweiterungen der Kontrollrechte des Kommanditisten sind unbedenklich zulässig. Die Zulässigkeit von **Einschränkungen** bis hin zum Ausschluss des ordentlichen Kontrollrechts gemäß § 166 Abs. 1 HGB wird kontrovers beurteilt. Insoweit scheint Vorsicht bei der Vertragsgestaltung angezeigt, da es sich bei dem Kontrollrecht des Kommanditisten um ein typisches Instrument des Minderheitenschutzes handelt und auch die gesetzliche Regelung in § 51a GmbHG zu berücksichtigen ist, wonach das Auskunfts- und Einsichtsrecht eines Gesellschafters zwingender Natur ist (vgl. § 51a Abs. 3 GmbHG).

342

7. Wettbewerbsverbot

Trotz der Regelung in § 165 HGB, wonach ein gesetzliches Wettbewerbsverbot für die Kommanditisten nicht besteht, kann aus dem Zweck des Wettbewerbsverbots und dem Treuegedanken heraus ausnahmsweise ein solches Wettbewerbsverbot bestehen, wenn diese ihre Arbeitskraft überwiegend der Gesellschaft zur Verfügung stellen und einen maßgeblichen Einfluss auf die Geschäftsleitung besitzen. Insoweit besteht **vertraglicher Regelungsbedarf**. Zu den zu beachtenden Grenzen für die Gestaltungsfreiheit siehe Rz. 140 ff., 157.

343

8. Haftung der Kommanditisten

a) Vorbemerkung

Im Interesse der Kommanditisten aber auch der Gesellschaft sollten die im Zusammenhang mit der Haftsumme bzw. Pflichteinlage stehenden Fragen vertraglich ausführlich geregelt werden. Grundlegend ist hierfür die Unterscheidung zwischen der Pflichteinlage und der Haftsumme.

344

aa) Pflichteinlage

Diese bezeichnet den durch Einbringung in das Gesellschaftsvermögen zu erbringenden Beitrag, also die Geld- oder Sachleistungen, die der Kommanditist der Gesellschaft schuldet (siehe hierzu auch Rz. 311 ff.).

345

bb) Haftsumme

Demgegenüber bezeichnet die Haftsumme den Höchstbetrag, bis zu dem der eingetragene Kommanditist den Gläubigern haftet. Die Haftsumme bestimmt sich nach der Eintragung im Handelsregister (§ 162 HGB).

346

Abgesehen von der betragsmäßigen Beschränkung weicht die Kommanditistenhaftung weder nach Art noch nach Umfang von der Haftung eines persönlich haftenden Gesellschafters nach §§ 128, 129 HGB ab. Für die Frage, ob durch die Leistung der Einlage die Haftung nach § 171 Abs. 1 HGB ausgeschlossen ist, gilt ein objektiver Beurteilungsmaßstab.

Abweichungen zwischen der Pflichteinlage und der Haftsumme sind vertraglich möglich.

b) Gestaltung

347 Bei der **Vertragsgestaltung** sollte auf folgende Punkte geachtet werden:

⇨ – Die begriffliche Unterscheidung zwischen Pflichteinlage und Haftsumme sollte im Gesellschaftsvertrag strikt durchgehalten werden.
– Die Leistung der Pflichteinlage sollte detailliert geregelt werden, einschließlich etwaiger Leistungsstörungen (siehe Rz. 315 ff.). Zu beachten ist insbesondere, dass eine Haftungsbefreiung nur mit dem objektiven Wert der Einlage in Betracht kommt.
– Eine Abweichung zwischen Pflichteinlage und Haftsumme kann in vielen Fällen sinnvoll sein, um zwar im Innenverhältnis die Erbringung der ganzen Leistung an die Gesellschafter zu sichern, jedoch im Außenverhältnis das Risiko einer Haftung (insbesondere aufgrund einer Überbewertung) auszuschließen (Beispiel: Sacheinlage bzw. Sachgründung; Kapitalerhöhung unter Umwandlung vom Fremdkapital in Eigenkapital etc.).
– Gefahren bestehen insbesondere bei einer „gesplitteten Einlage". Soweit die Einlage des Kommanditisten nur zum Teil als formelles Eigenkapital, zum anderen Teil als Darlehen oder als stille Beteiligung gewährt werden soll, ist auf eine eindeutige Abgrenzung zu achten sowie darauf, dass bei der Erbringung der Einlage klargestellt wird, worauf die Einlage erbracht wird (vgl. BGH, NJW 1982, 2253).

aa) Wiederaufleben der Haftung bei Rückzahlung der Haftsumme

348 Nach § 172 Abs. 4 HGB führt eine Rückgewähr der Haftsumme dazu, dass die Haftung des Kommanditisten wieder auflebt. Eine Rückgewähr ist jede Zuwendung an den Kommanditisten, durch die dem Gesellschaftsvermögen Vermögenswerte ohne angemessene Gegenleistung entzogen werden. Diese Regelung ist insbesondere bei der Anteilsveräußerung bzw. der Abfindung von ausgeschiedenen Kommanditisten zu beachten (siehe nachfolgend Rz. 354 ff.).

Bei Gründung der Gesellschaft tauchen Probleme auf, wenn der Kommanditist zugleich weitere Leistungen für die Gesellschaft erbringt (typischer Fall: Tätigkeit als Geschäftsführer). Hierbei sollte zum einen vorgesehen werden, dass der Kommanditist eine Geldeinlage leistet (also nicht die Arbeitsleistung als Sacheinlage erbracht wird) und im Anschluss hieran eine Auszahlung des Gehalts an ihn erfolgt. Bezüglich der Einlagenrückgewähr ist zu unterscheiden (BAG WM 1983, 1909), ob die Tätigkeitsvergütung auf der Grundlage eines Dienstvertrages (dann liegt

V. Kommanditgesellschaft

keine haftungsschädliche Einlagenrückgewähr vor) oder aber – mangels ausdrücklicher dienstvertraglicher Regelung – als Gewinnvoraus bezahlt wird (in diesem Fall liegt eine Einlagenrückgewähr vor). Wegen § 733 Abs. 2 Satz 3 BGB liegt mangels einer ausdrücklichen Regelung im Zweifel nur ein Gewinnvoraus vor. Aus zivilrechtlicher Sicht sollte daher eine Vergütung auf schuldrechtlicher Grundlage bevorzugt werden (freilich mit dem steuerlichen Nachteil, dass die Vergütung mit einem etwaigen Verlust nicht verrechnet werden kann).

bb) Haftung vor Eintragung

Sowohl bei der Neugründung einer KG als auch beim Beitritt eines Gesellschafters als Kommanditist in eine bestehende KG ist die Regelung in § 176 HGB zu beachten. Um eine Haftung des Kommanditisten zu vermeiden, bestehen insbesondere folgende Möglichkeiten: 349

- Bei einer **Neugründung** kommt in Betracht, die Wirksamkeit der Gesellschaft von der Eintragung in das Handelsregister abhängig zu machen und die Zustimmung des Kommanditisten zur vorherigen Geschäftsaufnahme zu verweigern bzw. sie auf die zur Eintragung und zur Vorbereitung der Geschäftsaufnahme erforderlichen Geschäfte zu beschränken.
- Beim **Beitritt in eine bestehende Gesellschaft** sollte der Beitritt unter der aufschiebenden Bedingung der Eintragung in das Handelsregister vereinbart werden und bis zu diesem Zeitpunkt eine atypisch stille Gesellschaft begründet werden.

Haftung des Kommanditisten bei Ausscheiden bzw. Anteilsübertragung (siehe hierzu Rz. 354 ff.).

9. Gewinn und Verlust

Die Regelungen in §§ 167 ff. HGB werden den Intentionen der Beteiligten regelmäßig nicht gerecht. Insoweit sollten ausführliche Regelungen über Gewinn- und Verlustverteilung bzw. Entnahmemöglichkeiten getroffen werden (siehe hierzu Rz. 318 ff., 321). 350

10. Entnahmen, Buchführung und Bilanzierung

Siehe oben Rz. 321 f. 351

11. Vertretung der Gesellschaft nach außen

Hierzu gelten grundsätzlich die Ausführungen zur oHG (siehe Rz. 324). Ergänzend hierzu sieht § 170 HGB vor, dass der Kommanditist nicht zur Vertretung der Gesellschaft ermächtigt ist. Diese Regelung ist zwar zwingend, beinhaltet jedoch nur den Ausschluss von der **organschaftlichen Vertretung**. Zulässig ist demnach eine **rechtsgeschäftliche Voll-** 352

macht nach den Regelungen in §§ 164 ff. BGB bzw. 48 ff. HGB, insbesondere die Erteilung einer Prokura.

12. Strukturänderungen der Gesellschaft

a) Vorbemerkung

353 Für die Praxis von besonderer Bedeutung sind die Änderungen in der Gesellschaftsstruktur, etwa durch Aufnahme bzw. Ausscheiden von Gesellschaftern, Anteilsübertragungen oder Umwandlungen der Gesellschafterstellung.

Diese Fallgestaltungen sollen daher hier kurz erörtert werden:

b) Gestaltung

aa) (Isolierter) Beitritt bzw. Ausscheiden eines Gesellschafters

354 Beim **Beitritt** zu einer KG drohen dem Beitretenden Haftungsgefahren wegen der Regelung in § 176 HGB. Danach haftet der Beitretende für die zwischen seinem Eintritt und dessen Eintragung in das Handelsregister begründeten Verbindlichkeiten wie ein Komplementär, soweit dem Gläubiger die Kommanditistenstellung nicht bekannt war. Diese Haftung sollte im Interesse des Beitretenden dadurch vermieden werden, dass der Beitritt unter der **aufschiebenden Bedingung der Eintragung in das Handelsregister** erfolgt. Andererseits soll der Beitritt regelmäßig (insbesondere um eine eindeutige Abgrenzung für die Gewinn- bzw. Verlustbeteiligung zu erreichen) zu einem bestimmten Zeitpunkt erfolgen. Dieses Ziel lässt sich dadurch erreichen, dass für die Zeit bis zur Eintragung in das Handelsregister eine stille Gesellschaft begründet wird.

355 Beim **Ausscheiden** eines Kommanditisten aus einer KG drohen diesem Haftungsgefahren unter zwei Aspekten. Zum einen ist eine Einlagenrückgewähr im Sinne des § 172 Abs. 4 HGB tunlichst zu vermeiden, da andernfalls die Einlage als nicht geleistet gilt und somit die Haftung wieder auflebt. Die Rechtsprechung definiert den Begriff der Einlagenrückgewähr unter wirtschaftlichen Aspekten und lässt hierunter jede Vermögensmehrung des Kommanditistenvermögens zu Lasten des Gesellschaftsvermögens fallen. Eine Einlagenrückgewähr kommt also nicht nur in dem typischen Fall einer Abfindungszahlung in Betracht. Umgekehrt sieht die Rechtsprechung (BGHZ 39, 319, 331) in der Umwandlung der Kommanditeinlage in ein Darlehen noch keine Einlagenrückgewähr, solange keine Rückzahlung des Darlehens oder Zinszahlungen erfolgen, die nicht aus Gewinnanteilen vorgenommen werden (Begründung: Hierdurch werden dem Gesellschaftsvermögen – noch – keine Vermögenswerte entzogen).

Abhilfe kann geschaffen werden, indem das Anschreiben als Anteilsübertragung an die nächsten Kommanditisten konstruiert wird – dann sind die Grundsätze des „Gesellschafterwechsels" (Rz. 356 f.) anwendbar.

V. Kommanditgesellschaft

Soweit im Einzelfall eine Haftung wegen Einlagenrückgewähr in Betracht kommt, ist weiter die Nachhaftungsregelung in §§ 160 bzw. 15 HGB zu beachten. Diese Haftung lässt sich nur durch eine unverzüglich erfolgende Anmeldung bzw. Eintragung in das Handelsregister begrenzen.

bb) Gesellschafterwechsel – Übertragung eines Kommanditanteils unter Lebenden

Bei der Übertragung einer Kommanditbeteiligung liegen beide vorgenannten Problemstellungen vor. Insbesondere ist nach Auffassung der Rechtsprechung (BGH NJW 1983, 2259) auch die Anteilsabtretung (also nicht nur der isolierte Beitritt) ein Fall des § 176 Abs. 2 HGB. Bei der **Vertragsgestaltung** müssen daher folgende Punkte beachtet werden: 356

- Ausscheiden bzw. Beitritt dürfen nur unter der aufschiebenden Bedingung der Eintragung in das Handelsregister erfolgen. Soweit wirtschaftlich ein früherer Zeitpunkt gewollt ist, lässt sich dieses Ergebnis durch die Vereinbarung eines Treuhandverhältnisses erreichen.
- Eindeutig klargestellt werden muss, dass der Anteil im Wege der Sonderrechtsnachfolge übertragen wird.
- Ein eventueller Kaufpreis für den Anteil darf nur zwischen dem Beitretenden und dem Ausscheidenden bezahlt werden. Insbesondere darf die Ebene der Gesellschaft nicht berührt werden, um eine Einlagenrückgewähr zu vermeiden.
- Auch in der Handelsregisteranmeldung muss klar zum Ausdruck kommen, dass ein Fall der Sonderrechtsnachfolge vorliegt. Im Übrigen muss eine Versicherung abgegeben werden, dass keine Rückzahlungen aus dem Gesellschaftsvermögen erfolgt sind.

Unabhängig von der Haftungsproblematik sollte eine Regelung darüber getroffen werden, welche Konten übertragen werden (wichtig vor allem für etwaige Darlehenskonten). Nach der Rechtsprechung gehen mangels abweichender Vereinbarung die aus der Vergangenheit herrührenden Ansprüche im Zweifel auf den Erwerber über, wenn solche Rechte zum Zeitpunkt des Vertragsabschlusses bereits im Rechenwerk der Gesellschaft ihren Niederschlag gefunden haben. Hierzu gehören auch verbuchte Darlehensguthaben. 357

cc) Umwandlung der Gesellschafterstellung (Komplementär in Kommanditist bzw. umgekehrt)

Eine Minimierung der Haftungsgefahren kommt hier nur bei einem Wechsel des Komplementärs zum Kommanditisten in Betracht. Hierfür gelten gemäß § 160 Abs. 3 HGB die Regelungen für die Nachhaftung entsprechend. Auf eine unverzügliche Anmeldung und Eintragung ist daher zu achten. 358

dd) Schenkungen, insbesondere im Rahmen einer vorweggenommenen Erbfolge

359 Insbesondere bei Familiengesellschaften werden häufig jüngere Familienangehörige stufenweise in das Unternehmen integriert. Eine solche Aufnahme ist auch aus steuerlichen Gründen regelmäßig sinnvoll (Progressionsminderung bei der Einkommensteuer; Ausnutzung der Freibeträge und Progressionsminderung bei der Schenkungsteuer). Neben der Begründung von Unterbeteiligungen (siehe hierzu Rz. 380 ff.) bietet sich auch die Aufnahme als Kommanditist an. Soweit hierzu ein bestehender Kommanditanteil teilweise übertragen werden soll, gelten die Ausführungen zum Gesellschafterwechsel entsprechend.

360 Häufig wird dagegen ein Neueintritt als Kommanditist gewünscht, jedoch soll die zu erbringende Einlage durch Abbuchung vom Konto des Übergebers erfolgen. Für diese häufigen Fallgestaltungen sind folgende Grundsätze zu beachten:

- Nach der h.M. ist aufgrund der Umbuchung ein Vollzug im Sinne des § 518 Abs. 2 BGB gegeben. Eine notarielle Beurkundung ist daher nicht erforderlich (anders ist die Rechtslage nach der Rechtsprechung bei Begründung einer stillen Beteiligung).

- Ist der Schenker als Kommanditist beteiligt und wird somit die Einlage des Beschenkten durch Abbuchung von einem Kommanditistenkonto erbracht, ist für die Frage, ob eine schädliche Einlagenrückgewähr im Sinne des § 172 Abs. 4 HGB vorliegt, darauf abzustellen, ob die Einlage aus gesellschaftsrechtlich ungebundenem Vermögen erfolgt (z.B. Darlehenskonto), also nicht gegen den Grundsatz der Kapitalerhaltung verstößt.

- Ist der Schenker als Komplementär beteiligt und erfolgt die Einlagenerbringung durch Abbuchung von dessen Konto, so soll nach der h.M. auch eine haftungsbefreiende Einlagenleistung möglich sein. Jedoch liegt eine solche nur vor, wenn sie aus ungebundenem Gesellschaftsvermögen erfolgt, also das Konto des Komplementärs einen entsprechenden Guthabenstand aufwies und der Komplementär auch zur Entnahme berechtigt war (BGH BB 1973, 862) oder die Einlage aus dem sonstigen Privatvermögen des Komplementärs erbracht wird.

- In solchen Verträgen über eine vorweggenommene Erbfolge wird üblicherweise ein Rückforderungsrecht für bestimmte Fälle (z.B. Vorversterben, vertragswidrige Verfügung usw.) vereinbart. Solche Rückforderungsrechte hindern nicht den Vollzug der Schenkung im Sinne des § 518 Abs. 2 BGB. Im Übrigen ist nach der Auffassung des BGH (BB 1990, 1507) zwischen den gesellschafts- und schenkungsrechtlichen Beziehungen zu unterscheiden; eine Rückforderung ist demnach auch möglich, wenn nach dem Gesellschaftsvertrag ein Ausschluss aus der Gesellschaft nur aus wichtigem Grund und gegen Abfindung zulässig ist. Die Modalitäten solcher Widerrufsmöglichkeiten sollten in jedem

Fall ausführlich geregelt werden (siehe hierzu etwa *Klumpp*, ZEV 1995, 385).

13. Beendigung der Gesellschaft

Nach § 177 HGB wird beim Tod eines Kommanditisten die Gesellschaft mit den Erben fortgesetzt, soweit nicht der Gesellschaftsvertrag etwas Abweichendes regelt. Mangels abweichender Regelung erhalten mehrere vorhandene Erben jeweils einen Teil des Geschäftsanteils entsprechend ihrer Erbquote im Wege der Sondererbfolge, nicht als Miterbe zur gesamten Hand. 361

VI. Stille Gesellschaft, Unterbeteiligung

1. Stille Gesellschaft

a) Gesetzliche Regelung

Eine stille Gesellschaft liegt nach § 230 HGB vor, wenn sich jemand mit einer Vermögenseinlage in der Form am Handelsgewerbe eines anderen beteiligt, dass die Einlage in das Vermögen des Inhabers des Handelsgeschäfts übergeht. Die stille Gesellschaft ist somit eine reine **Innengesellschaft**, die nach außen nicht in Erscheinung tritt und bei der ein Gesamthandsvermögen nicht vorhanden ist. Stiller Gesellschafter kann jede natürliche oder juristische Person sein, auch eine Gesellschaft. Der Inhaber des Handelsgewerbes muss Kaufmann sein. Die Einlage kann in jedem übertragbaren Vermögensgegenstand, auch in der Leistung von Diensten oder der Zurverfügungstellung von Wissen oder Nutzungsrechten bestehen. Voraussetzung für eine stille Gesellschaft ist eine Beteiligung am Gewinn (§ 231 HGB). 362

Zusätzlich zu den in § 230 HGB genannten Voraussetzungen muss insbesondere ein **Gesellschaftsvertrag** vorliegen. In **Abgrenzung** zu den „**partiarischen Rechtsverhältnissen**", bei denen ebenfalls eine Gewinnbeteiligung vereinbart sein kann, muss somit ein gemeinsamer Zweck verfolgt werden. Die Abgrenzung erfolgt primär nach den folgenden Kriterien, die daher bei der Vertragsgestaltung – um eine eindeutige Zuordnung zu ermöglichen – gebührend zu berücksichtigen sind: 363

– eine Beteiligung am Verlust ist nur bei einer Gesellschaft möglich,

– ohne Erbringung einer Einlage scheidet eine stille Gesellschaft aus,

– die Vereinbarung von Kontroll- und Mitwirkungsrechten spricht für eine stille Gesellschaft.

Letztlich bestimmt das von den Parteien wirtschaftlich Gewollte und nicht vorrangig die Bezeichnung die juristische Zuordnung.

364 Die Unterscheidung zwischen der atypischen stillen Gesellschaft und der typisch stillen Gesellschaft ist in zivilrechtlicher Sicht von untergeordneter Bedeutung. Ihr kommt jedoch – ebenso wie die Abgrenzung zu den partiarischen Rechtsverhältnissen – in steuerlicher Hinsicht wichtige Bedeutung zu. Eine eingehende vertragliche Regelung bzw. Zuordnung des Vertragsverhältnisses ist daher unabdingbar.

b) Gestaltung

aa) Anwendungsbereich

365 Die stille Gesellschaft bietet den **Vorteil**, dass die Beteiligung des Stillen nicht offengelegt wird (insbesondere nicht in das Handelsregister eingetragen wird) und der stille Gesellschafter – obwohl eine echte Gesellschaft mit Gewinnbeteiligung vorliegt – nur beschränkt mit seiner Einlage haftet. Im Übrigen ist sie nicht formbedürftig. Für den stillen Gesellschafter **nachteilig** kann sein, dass er – vorbehaltlich einer vertraglichen Regelung – keine Mitspracherechte erlangt und grundsätzlich auch keine dingliche Absicherung für seine Einlage erhält.

Besondere Bedeutung hat die stille Gesellschaft für die **Beteiligung von Angehörigen am Unternehmen**, insbesondere durch Schenkungen im Wege der vorweggenommenen Erbfolge. Diese Gestaltungen sind regelmäßig steuerlich sinnvoll (Verminderung der Steuerbelastung durch Übertragung einer Einkunftsquelle auf die Kinder – Progressionsminderung!; Ausnutzung der schenkungssteuerlichen Freibeträge) und werden grundsätzlich auch steuerlich anerkannt, auch wenn sie durch Umbuchungen erfolgen.

366 Jedoch sind hier die **Voraussetzungen für die zivilrechtliche Wirksamkeit** zu beachten. Hierbei sind drei Fragen zu unterscheiden:

– Das **Schenkungsversprechen** bedarf der **notariellen Beurkundung** (§ 518 BGB). Da eine Heilung eines unwirksamen Versprechens durch Vollzug (§ 518 Abs. 2 BGB) umstritten ist, sollte in jedem Fall eine notarielle Beurkundung erfolgen. Anders verhält es sich jedoch, wenn der Schenker nicht Alleininhaber des Unternehmens ist, sondern als Gesellschafter an einer Personengesellschaft beteiligt ist.

– Unabhängig von der Frage, ob die Schenkung rechtlich vorteilhaft ist, ist die Bestellung eines **Ergänzungspflegers** (§ 1909 BGB) für Minderjährige schon deshalb erforderlich, weil das minderjährige Kind von seinen Eltern gemeinschaftlich vertreten wird, also ein Insichgeschäft nach § 181 BGB vorliegt und die Eltern somit an der Vertretung gehindert sind (§§ 1626 Abs. 1, 1629, 1795 Abs. 2 BGB).

– Schließlich ist die **vormundschaftsgerichtliche Genehmigung** nach § 1822 Nr. 3 BGB erforderlich.

bb) Rechte und Pflichten der Gesellschafter

(1) Leistung der Einlage

Art der Einlage, Zeitpunkt und Modalitäten ebenso wie Folgen einer Schlecht- bzw. Nichterfüllung der Einlageleistung sind ausführlich zu regeln. Dies gilt insbesondere, wenn Sacheinlagen erfolgen sollen.

Die Verpflichtung des Inhabers des Handelsgewerbes zur Fortführung des Unternehmens bedarf keiner ausdrücklichen Regelung; sie ergibt sich aus der stillen Gesellschaft als solche.

Zur Sicherung des Rückgewähranspruchs des stillen Gesellschafters bei Auflösung bzw. Kündigung der Gesellschaft kann eine Absicherung vereinbart werden, insbesondere durch Bestellung von Grundpfandrechten am Grundbesitz des Unternehmers.

(2) Gewinn- und Verlustbeteiligung

Die **Beteiligung am Gewinn** ist essentielle Voraussetzung einer stillen Gesellschaft. Hier ist sowohl der Gewinnbegriff als auch die Höhe der Beteiligung ausführlich zu regeln. Ansonsten gilt ein „angemessener Anteil" als vereinbart (vgl. § 231 Abs. 1 HGB). Wegen der Bewertungsspielräume sollte zur Konkretisierung des Gewinns im Interesse des stillen Gesellschafters nicht auf den Handelsbilanzgewinn abgestellt werden, sondern vorrangig auf den Steuerbilanzgewinn. Zusätzlich können Präzisierungen über die Beachtlichkeit einzelner Positionen erfolgen, etwa die Nichtberücksichtigung von Sonderabschreibungen oder sonstigen außergewöhnlichen Gewinnminderungen (bzw. – im Interesse des Gewerbetreibenden – außergewöhnliche Erträgen).

Spätere Änderungen des Gewinns, insbesondere durch Betriebsprüfungen, sollten ebenfalls für beachtlich erklärt werden.

Formulierungsbeispiel:

Der stille Gesellschafter ist mit 10 % am Gewinn und Verlust laut Steuerbilanz beteiligt, wobei jedoch etwaige steuerliche Sonderabschreibungen unberücksichtigt bleiben. Spätere Änderungen, insbesondere durch Betriebsprüfungen, sind zu berücksichtigen.

Die **Beteiligung am Verlust** (die stets zur Annahme einer stillen Gesellschaft führt und ein partiarisches Rechtsverhältnis ausschließt, siehe oben Rz. 363), kann gemäß § 231 Abs. 2 HGB ausgeschlossen werden, z.B. bei Garantie eines Mindestgewinns. Jedoch kann – wie dies auch bei Fehlen einer vertraglichen Regelung der gesetzlichen Bestimmung in § 232 Abs. 2 HGB entspricht – auch vereinbart werden, dass der stille Gesellschafter am Verlust teilnimmt, ohne dass hierdurch eine Nachschusspflicht bzw. Haftung im Außenverhältnis begründet wird. Eine Verlustbeteiligungsklausel, die § 232 Abs. 2 ausgestaltet, könnte etwa lauten (siehe *Baumbach/Duden/Hopt*, 3 A zu § 232):

Formulierungsbeispiel:

Der Stille nimmt im Verhältnis am Verlust uneingeschränkt teil, jedoch unbeschadet seiner nur auf die Einlage beschränkten Haftung nach außen.

Zusätzlich sollte jedoch klargestellt werden, dass auch durch ein hierdurch entstehendes negatives Einlagekonto eine **Nachschusspflicht** des stillen Gesellschafters nicht begründet wird, jedoch etwaige Gewinne dem Einlagekonto bis zum Erreichen der bedungenen Einlage gutzuschreiben sind (vgl. § 232 Abs. 2 HGB).

Im Interesse des stillen Gesellschafters sollte ergänzend geregelt werden, innerhalb welcher Frist nach Ablauf des Geschäftsjahres die Bilanz zu erstellen ist, sowie ein ihm zustehender Gewinnanteil auszuzahlen ist, ebenso wie die Folgen einer verspäteten Bilanzerstellung bzw. Auszahlung.

(3) Kontroll- und Überwachungsrechte

370 Mangels einer vertraglichen Regelung enthält § 233 HGB eine für den Kommanditisten in § 166 HGB entsprechende Regelung. Im Interesse des stillen Gesellschafters können inhaltlich weiter gehende Befugnisse angezeigt sein, insbesondere eine Übernahme der Regelung in § 716 BGB, auf die im Vertrag verwiesen werden kann.

Die Ausgestaltung der Kontrollrechte hat ferner Bedeutung für die Qualifizierung als **atypische stille Gesellschaft**. Je umfangreicher die Beteiligung des stillen Gesellschafters an der Geschäftsführung ist (z.B. durch Zustimmungs- bzw. Widerspruchsrechte usw.), desto eher ist eine atypische stille Gesellschaft zu bejahen. Die stille Gesellschaft kann hierdurch einer KG angenähert werden. Um den atypischen Charakter zu unterstreichen, sollte auch hierauf Bezug genommen werden:

Formulierungsbeispiel:

Für die Überwachungs- und Kontrollrechte des stillen Gesellschafters gelten die Vorschriften für den Kommanditisten entsprechend.

(4) Haftung

371 Eine Haftung des stillen Gesellschafters im Außenverhältnis ist – soweit nicht Rechtscheingrundsätze eingreifen – ausgeschlossen. Die Haftung beschränkt sich auf die Leistung der Einlage. Vertragliche Regelungen sind nicht angezeigt.

cc) Innere Organisation

372 Siehe oben Rz. 367 ff.

dd) Vertretung der Gesellschaft nach außen

Die stille Gesellschaft als bloße Innengesellschaft tritt nach außen nicht in Erscheinung. Im Rechtsverkehr tritt nur der Gewerbetreibende auf. Vertretungsprobleme bestehen daher nicht.

373

ee) Strukturänderungen der Gesellschaft

Der Tod des Unternehmers löst im Zweifel die stille Gesellschaft auf (§ 727 Abs. 1 BGB) – anders dagegen die Regelung für den Tod des stillen Gesellschafters (§ 234 Abs. 2 HGB). Je nach Interessenlage können abweichende Regelungen angezeigt sein. Sinnvoll dürfte es regelmäßig sein, beim Tod des Unternehmers die Gesellschaft zunächst fortbestehen zu lassen, jedoch dem stillen Gesellschafter ein Kündigungsrecht einzuräumen. Ebenso mag für den Tod des stillen Gesellschafters eine Kündigungsmöglichkeit für den Unternehmer sinnvoll sein, um etwaige Probleme mit den Erben zu vermeiden.

374

Formulierungsbeispiel:

1. Die Gesellschaft beginnt am 1.1. ... und endet am 31.12. ... Die Gesellschaft verlängert sich jeweils um fünf Jahre, wenn sie nicht von einem der beiden Beteiligten mit einer Frist von drei Monaten gekündigt wird.

375

2. Beim Tod von Herrn K. (Kaufmann) kann der stille Gesellschafter die Gesellschaft mit einer Frist von drei Monaten zum Ende des nächsten Kalenderjahres kündigen. Beim Tode des stillen Gesellschafters wird die Gesellschaft mit den Erben fortgesetzt. Jedoch kann Herr K. (Kaufmann) die Gesellschaft mit einer Frist von drei Monaten zum Ende des Kalenderjahres kündigen.

3. Die Kündigung aus wichtigem Grunde bleibt von vorstehenden Vorschriften unberührt.

ff) Beendigung der Gesellschaft

(1) Auflösung

Als **Auflösungsgründe** kommen insbesondere die Kündigung sowie der Tod des Unternehmers in Betracht; weitere Auflösungsgründe sind: Ablauf der vereinbarten Zeit, Erreichen des vereinbarten Zwecks, Insolvenz des Inhabers (§ 236 HGB) oder des stillen Gesellschafters (§ 728 BGB).

376

Bezüglich der Kündigungsmöglichkeit sind die Regelungen in §§ 132, 134, 135 HGB, § 723 BGB zu beachten. Die außerordentliche Kündigung kann wegen § 723 Abs. 3 BGB nicht ausgeschlossen werden.

Zulässigkeit bzw. Ausschluss von Kündigungsmöglichkeiten spielen eine erhebliche Rolle und sollten je nach Interessenlage ausdrücklich geregelt werden.

(2) Auseinandersetzung

377 Bei Auflösung der Gesellschaft sollte die Auseinandersetzung ausführlich geregelt werden, insbesondere die folgenden Punkte:
- Welchen Betrag erhält der stille Gesellschafter?
- Insbesondere: Ist er auch an den schwebenden Geschäften beteiligt?

Das „Guthaben", das gemäß § 235 Abs. 1 HGB dem stillen Gesellschafter zu erstatten ist, berechnet sich aus dem Wert der Einlage zu dem Bilanzstichtag, der der Auflösung vorangeht, vermehrt um den bis zum Ausscheiden angefallenen Gewinn bzw. vermindert um einen anteiligen Verlust. Jedoch sind – unter Umständen differenziert nach dem Auflösungsgrund – abweichende Regelungen möglich. Im Regelfall dürfte jedoch die genannte Berechnungsmethode den Interessen entsprechen. Die Höhe bzw. Art der Ermittlung des Guthabens hat wesentliche Bedeutung für die Qualifizierung als „atypische" stille Gesellschaft, da bei einer Beteiligung am Substanzwert regelmäßig eine solche angenommen wird.

An den zur Zeit der Auflösung schwebenden Geschäften ist der stille Gesellschafter nach § 235 Abs. 2 HGB beteiligt. Dies führt dazu, dass unter Umständen über Jahre hinweg das endgültige Endguthaben des stillen Gesellschafters noch nicht feststeht. Soweit die gesetzliche Regelung gelten soll, sollte – abweichend von der gesetzlichen Regelung – vereinbart werden, dass das Kontrollrecht des stillen Gesellschafters über den Zeitpunkt der Auflösung hinaus fortbesteht (andernfalls gilt nur das Recht aus § 810 BGB). Soll der stille Gesellschafter nicht an den schwebenden Geschäften beteiligt sein, fallen dagegen Auflösung und Beendigung der stillen Gesellschaft zeitlich zusammen.

Für die Vertragsgestaltung mag es sinnvoll sein, bezüglich der Beteiligung an schwebenden Geschäften, sowie der Höhe und der Art der Ermittlung des Guthabens nach dem Auflösungsgrund zu differenzieren.

Probleme entstehen im Zusammenhang mit Sacheinlagen. In solchen Fällen sollte ausdrücklich geregelt werden, inwieweit etwa geleistete Dienste zu vergüten sind oder Sacheinlagen zurück zu gewähren sind (andernfalls besteht nach § 235 Abs. 1 HGB nur eine Vergütungspflicht in Geld).

Formulierungsbeispiel:

378 **Auflösung einer typisch stillen Gesellschaft**

1. Bei Auflösung der stillen Gesellschaft ist auf den Tag der Auflösung einer Steuerbilanz zu erstellen. Der stille Gesellschafter erhält seine Einlage sowie den ihm aufgrund der Bilanz zustehenden Anteil am Gewinn (bzw. abzüglich des von ihm zu tragenden Verlusts).

2. Über die Gewinn- bzw. Verlustbeteiligung gemäß der zu erstellenden Bilanz hinaus ist der stille Gesellschafter an den schwebenden Geschäften – abweichend von § 235 Abs. 2 HGB – nicht beteiligt.

VI. Stille Gesellschaft, Unterbeteiligung

3. Die Kosten der Bilanzerstellung trägt der Kaufmann K.

4. Der sich ergebende Betrag ist spätestens sechs Monate nach der Auflösung an den stillen Gesellschafter ohne Zulage von Zinsen zu zahlen. Ab diesem Zeitpunkt ist der ausstehende Betrag mit 8 % jährlich zu verzinsen. Die Zinsen sind vierteljährlich zu entrichten.

5. Bei Kündigung der stillen Gesellschaft aus wichtigem Grund ist das Auseinandersetzungsguthaben sofort zur Zahlung fällig und ab dem Tag der Auflösung mit 8 % jährlich zu verzinsen.

Formulierungsbeispiel:
Atypisch stille Gesellschaft

1. Bei Auflösung der Gesellschaft findet eine Auseinandersetzung statt. Hierzu ist auf den Tag der Auflösung eine Steuerbilanz zu erstellen, deren Kosten der Kaufmann K. trägt. Der stille Gesellschafter hat Anspruch auf 20 % des Reinvermögens der Gesellschaft und auf 20 % des Geschäftswerts.

2. In der Bilanz ist das Betriebsvermögen mit den steuerlichen Teilwerten anzusetzen, etwaiger Grundbesitz ist mit dem erbschaft- bzw. schenkungsteuerlichen Wert anzusetzen. Abzusetzen sind die Verbindlichkeiten, jedoch ohne Berücksichtigung der Einlage des stillen Gesellschafters.

3. Der Geschäftswert ist nach den vom Institut der Wirtschaftsprüfer anerkannten Grundsätzen für die Bewertung von Unternehmen zu ermitteln.

4. Beteiligung an schwebenden Geschäften ...

5. Vorstehende Positionen (Vermögens- und Geschäftswert) werden durch einen Wirtschaftsprüfer als Schiedsgutachter ermittelt. Einigen sich die Beteiligten nicht auf eine Person als Schiedsgutachter, ist dieser vom Präsidenten der zuständigen IHK zu bestimmen. Die Kosten des Gutachtens tragen beide Beteiligten je zur Hälfte.

6. Weitere Regelungen bezüglich Fälligkeit, Verzinsung, Sicherheitsleistung usw.

2. Unterbeteiligung

a) Begriff, Formen, Vor- und Nachteile

Als Unterbeteiligung bezeichnet man allgemein die Beteiligung an einer Beteiligung. Dabei kann die Beteiligung an einem Gesellschaftsanteil (an einer Personengesellschaft, an einer stillen Gesellschaft oder an einer Kapitalgesellschaft) oder an einem Recht (z.B. Darlehen) bestehen. Der maßgebliche **Unterschied** zur stillen Gesellschaft ist demnach der **Gegenstand der Beteiligung** (und die Person des Vertragspartners). Bei der Unterbeteiligung ist eine Beteiligung als solche Gegenstand der Beteiligung, bei der stillen Gesellschaft besteht eine Beteiligung am Unternehmen als solchem.

Aufgrund ihrer wirtschaftlichen Bedeutung werden nachfolgend nur die Beteiligungen an Gesellschaftsanteilen erörtert.

381 Wie bei der stillen Gesellschaft werden häufig **zwei Formen** unterschieden: Die **typische Unterbeteiligung** entspricht weitgehend der Ausgestaltung einer typischen stillen Gesellschaft. Eine **atypische Unterbeteiligung** liegt vor, wenn hiervon in wesentlichen Punkten abgewichen wird, insbesondere wenn der Unterbeteiligte erheblichen Einfluss auf das Schicksal der Beteiligung hat oder so gestellt wird, als sei er Mitinhaber des Anteils an der Hauptgesellschaft. Die Unterscheidung ist für die zivilrechtliche Beurteilung sekundär, jedoch für die steuerliche Einordnung von entscheidender Bedeutung, da eine atypische Unterbeteiligung – wie eine atypische stille Gesellschaft – als Mitunternehmerschaft behandelt wird.

382 Die **Vor- und Nachteile** der Unterbeteiligung entsprechen denen der stillen Gesellschaft (siehe hierzu bereits Rz. 365). Sie ist insbesondere ein Surrogat für den oftmals nicht möglichen oder nicht erwünschten unmittelbaren Eintritt in die Hauptgesellschaft. Sie wird nicht publik, bedarf grundsätzlich keiner Form (Ausnahme: Verträge mit Minderjährigen) und ist in vielen Fällen aus steuerlichen Gründen (Verlagerung von Einkunftsquellen; Ausnutzung der schenkungssteuerlichen Freibeträge sinnvoll. Die Nachteile liegen auf der Seite des Unterbeteiligten. Dieser ist nicht unmittelbar Inhaber des Gesellschaftsanteils.

Wie erwähnt werden Unterbeteiligungen oft begründet, um minderjährige Kinder am Unternehmen zu beteiligen. Die hierbei auftauchenden Form- bzw. Genehmigungsprobleme sind bereits bei der stillen Gesellschaft erörtert worden (siehe Rz. 366). Aus Sicherheitsgründen und um die steuerliche Anerkennung nicht zu gefährden, sind folgende **Voraussetzungen** einzuhalten:

– notarielle Beurkundung,
– Bestellung eines Ergänzungspflegers gem. § 1909 BGB,
– vormundschaftsgerichtliche Genehmigung (bei der Unterbeteiligung an GmbH-Anteilen ist diese jedoch nur ausnahmsweise erforderlich).

b) Rechte und Pflichten der Gesellschafter

383 Ihrer Rechtsnatur nach ist Unterbeteiligung eine Innengesellschaft nach BGB (§§ 705 ff.), auch wenn die Hauptbeteiligung bzw. die Hauptgesellschaft eine Handelsgesellschaft ist. Ergänzend werden jedoch im Einzelfall auch Vorschriften über die stille Gesellschaft bzw. KG angewendet. Insoweit sollte vertraglich Klarheit geschaffen werden.

Unmittelbare Rechtsbeziehungen zur Hauptgesellschaft bestehen nur, wenn hierüber Vereinbarungen mit der Hauptgesellschaft getroffen werden. Ansonsten ist die Unterbeteiligung ein selbständiges Rechtsverhältnis.

384 Für die Ausgestaltung der rechtlichen Beziehungen im Einzelnen ist auf die Ausführungen zu stillen Gesellschaft zu verweisen. Stichpunktartig lassen sich die **regelungsbedürftigen Punkte** wie folgt zusammenfassen:

- **„Dominanz" der Hauptbeteiligung:** Es sollte klargestellt werden, dass dem Unterbeteiligten die Verhältnisse der Hauptbeteiligung und die hieraus folgenden Beschränkungen für die Unterbeteiligung bekannt sind und bei Auslegung des Unterbeteiligungsvertrages die Rechtsverhältnisse der Hauptgesellschaft zu respektieren sind.
- **Beginn und Ende** der Unterbeteiligung sollten ausführlich geregelt werden, insbesondere etwaige (ordentliche bzw. außerordentliche) **Kündigungsmöglichkeiten, Rechtsfolgen des Todes** des Haupt- bzw. Unterbeteiligten.
- **Leistung der Einlage:** Art und Umfang, Zeitpunkt, verspätete, mangelhafte bzw. Nichterfüllung der Einlageleistung sind ausführlich zu regeln.
- **Gewinn- und Verlustbeteiligung** sind präzise zu regeln (andernfalls gilt gemäß § 231 Abs. 1 HGB ein angemessener Gewinn als vereinbart). Die Beteiligung am Verlust kann wie bei der stillen Gesellschaft ausgeschlossen werden. Bei einer Verlustbeteiligung sollte klargestellt werden, ob eine Nachschusspflicht besteht. Eine solche besteht nur bei ausdrücklicher Vereinbarung, jedoch sind gemäß § 232 Abs. 2 HGB künftige Gewinne bis zur Auffüllung der Einlage zur Abdeckung entstandener Verluste zu verwenden.

Formulierungsbeispiel:

385 Der Unterbeteiligte ist mit 10 % am Gewinn bzw. Verlust des Hauptbeteiligten beteiligt. Soweit die Einlage durch Verluste aufgezehrt ist, trägt etwaige Verluste allein der Hauptbeteiligte. Zu Nachschüssen ist der Unterbeteiligte in keinem Fall verpflichtet. Ein negatives Kapitalkonto kann sich somit für ihn nicht ergeben. Einen etwaigen Gewinnanteil kann der Unterbeteiligte innerhalb einer Frist von ... Monaten nach Bilanzerstellung durch die Hauptgesellschaft verlangen, vorausgesetzt, der Hauptbeteiligte selbst kann den Gewinn entnehmen. Ist dieser an der Entnahme gehindert, sind die auf den Unterbeteiligten entfallenden Beträge auszuzahlen, sobald dies möglich ist.

Die Fragen der **Entnahmemöglichkeit** sollten geregelt werden, wobei im Interesse des Hauptbeteiligten eine Abstimmung mit der Hauptbeteiligung anzuraten sein wird, wohingegen der Unterbeteiligte an einer ungehinderten Entnahme interessiert sein wird.

c) Geschäftsführung und Vertretung

386 Eine Vertretung scheidet bei der Unterbeteiligung als Innengesellschaft aus. Bezüglich der Geschäftsführung hat der Hauptbeteiligte die Interessen des Unterbeteiligten zu wahren, insbesondere durch Stimmabgabe in

der Gesellschafterversammlung der Hauptgesellschaft. Einschränkungen können angezeigt sein.

Formulierungsbeispiel:

Der Hauptbeteiligte hat auf die Interessen des Unterbeteiligten Rücksicht zu nehmen. Folgende Maßnahmen dürfen nur nach vorheriger Rücksprache bzw. Zustimmung des Unterbeteiligten getroffen werden: ...

d) Kontroll- und Informationsrechte

387 Informationsrechte stehen dem Unterbeteiligten in entsprechender Anwendung von § 233 Abs. 1 HGB zu. Einsichtnahme in die Bilanz der Hauptgesellschaft oder Informationen über interne Angelegenheiten können jedoch nicht verlangt werden, soweit nicht die Hauptgesellschaft hiermit einverstanden ist.

Formulierungsbeispiel:

Nach Bilanzaufstellung hat der Hauptbeteiligte dem Unterbeteiligten unverzüglich Rechenschaft über den Stand der Hauptbeteiligung zu geben, insbesondere Gewinnanteil und Stand des Kapitalkontos. Einsicht in die Bilanz der Hauptgesellschaft und deren Bücher kann nicht verlangt werden, soweit nicht die Hauptgesellschaft hiermit einverstanden ist.

e) Wechsel des Unterbeteiligten

388 Je nach Ausgestaltung des Gesellschaftsvertrages und nach Interessenlage kann es angezeigt sein, die Übertragbarkeit der Unterbeteiligung zuzulassen bzw. auszuschließen. Im **Grundsatz** ist hierzu festzuhalten: Je intensiver die Einflussmöglichkeiten des Unterbeteiligten (vor allem bei einer atypischen Unterbeteiligung) und je wichtiger hiermit die persönlichen Beziehungen sind, desto eher wird der Ausschluss der Übertragbarkeit zu vereinbaren sein. Dem Unterbeteiligten ist gegebenenfalls ein großzügiges Kündigungsrecht einzuräumen. Steht umgekehrt die kapitalmäßige Beteiligung im Vordergrund, mag eine Übertragbarkeit durchaus plausibel sein, jedoch verbunden mit einer weitreichenden Kündigungsmöglichkeit für den Hauptbeteiligten.

f) Beendigung der Gesellschaft, Auseinandersetzung

389 Vgl. hierzu und zur Möglichkeit der Kündigung bereits Rz. 376 ff. Klargestellt werden sollte, ob (entsprechend der h.M.) bei einer auf unbestimmte Zeit errichteten Gesellschaft die einschränkende Bestimmung des § 132 HGB in Verbindung mit § 235 Abs. 1 HGB gilt (dies wird regelmäßig gewollt sein) oder ob gemäß § 723 BGB jederzeit eine Kündigung erfolgen kann. Soll der Hauptbeteiligte bei Kündigung der Unterbeteiligung verpflichtet sein, auch die Hauptbeteiligung aufzulösen (was re-

gelmäßig nicht gewollt sein dürfte), so müsste dies vertraglich vereinbart werden.

g) Sonstige Auflösungsgründe

Als weitere Auflösungsgründe kommt das Erlöschen der Hauptbeteiligung in Betracht (726 BGB), insbesondere durch Übertragung der Hauptbeteiligung sowie der Tod des Hauptbeteiligten (anders dagegen der Tod des Unterbeteiligten, § 234 Abs. 2 HGB). 390

h) Auseinandersetzung, Vermögensbeteiligung

In allen vorgenannten Fällen der Beendigung muss geregelt werden, in welchem Umfang bzw. unter welchen Bedingungen der Unterbeteiligte seine Einlage zurück erhält. Nach der h.M. gilt § 235 HGB entsprechend, das heißt dem Unterbeteiligten steht nur ein schuldrechtlicher Anspruch auf eine Geldzahlung zu. Es findet also keine Liquidation gemäß §§ 730 ff. BGB statt. Bei der typischen Unterbeteiligung erhält der Unterbeteiligte nur seine Einlage zuzüglich etwaiger Gewinne und abzüglich etwaiger Verluste. Bei der atypischen Unterbeteiligung ist er dagegen auch am Wertzuwachs der Beteiligung, insbesondere den stillen Reserven beteiligt. 391

Formulierungsbeispiel:

Typische Unterbeteiligung

Bei Beendigung der Unterbeteiligung – gleich aus welchem Grund – erhält der Unterbeteiligte nur den Betrag seiner Einlage zuzüglich gutgeschriebener anteiliger Gewinne und abzüglich etwa angefallener Verluste. Der Betrag ist innerhalb von ... Monaten nach Beendigung ohne Zulage von Zinsen zu zahlen. 392

Atypische Unterbeteiligung

Bei Beendigung der Unterbeteiligung – gleich aus welchem Grund – erhält der Unterbeteiligte seine Einlage zuzüglich etwaiger Gewinne und abzüglich etwa entstandener Verluste. Weiter erhält der Unterbeteiligte den auf ihn entfallenden anteiligen Unternehmenswert. Dieser setzt sich aus den anteiligen stillen Reserven zuzüglich des Geschäftswerts zusammen. Stille Reserven und Geschäftswert sind wie folgt zu ermitteln: ... 393

i) Allgemeine Bestimmungen

Hier sind ggf. Wettbewerbsverbote bzw. eine salvatorische Klausel zu vereinbaren. Schließlich sollte auf die §§ 705 ff. BGB und (typische Unterbeteiligung) §§ 230 ff. HGB bzw. (atypische Unterbeteiligung) §§ 161 ff. HGB als ergänzend anwendbare Bestimmungen verwiesen werden. 394

VII. GmbH/UG (haftungsbeschränkt)

1. Vorbemerkungen

394a Da in der Praxis das Bedürfnis von Gesellschaftern bestand, nur haftungsbeschränkt tätig zu werden, ohne das Mindeststammkapital von 25 000 Euro nach § 5a GmbHG aufzubringen, der Gesetzgeber aber die entsprechenden Gesellschafter nicht in ausländische Rechtsformen, die dies ermöglichten, treiben wollte, ermöglicht er jetzt die Errichtung einer Unternehmergesellschaft/UG (haftungsbeschränkt). Diese stellt eine GmbH mit einer Kapitalausstattung dar, die niedriger ist als das Mindeststammkapital nach § 5a GmbHG – mindestens 1 Euro. Zugleich wurde eine kostenrechtliche Privilegierung vorgesehen, wenn die GmbH-Errichtung nach einem Musterprotokoll (Anlage zu § 2 Abs. 1a GmbHG) vorgenommen wird. Dies führt in der Praxis dazu, dass UG (haftungsbeschränkt) fast ausschließlich unter Verwendung der Musterprotokolle errichtet werden, auch wenn dies gesetzlich nicht vorgeschrieben ist.

2. Vertragliche Grundlagen

a) Firma

aa) Vorbemerkung

395 Als juristische Person mit eigenen Rechten und Pflichten führt die GmbH zu ihrer Kennzeichnung eine Firma. Die Firma ist nach § 3 Abs. 1 Satz 1 GmbHG zwingend Bestandteil der Satzung der GmbH, auch der Mustersatzung, die für UG-Gründungen verwendet wird.

bb) Grundsätze

396 Nach § 4 GmbHG muss die Firma in jedem Fall den Zusatz „mbH" oder „mit beschränkter Haftung" enthalten. Bei UG ist der Rechtsformzusatz Unternehmergesellschaft (haftungsbeschränkt) oder UG (haftungsbeschränkt) zu führen.

Im Übrigen wurde das Firmenrecht auch bei der GmbH entscheidend liberalisiert. Nachdem neben dem erforderlichen Rechtsformzusatz nur noch die Anforderungen des § 18 HGB und des § 19 HGB erfüllt werden müssen, können statt den „etablierten" Firmenformen

– Namensfirma,

– Sachfirma und

– gemischte Namens- und Sachfirma

– auch reine Phantasiebezeichnungen für die Firma gewählt oder mit Namens- und Sachbezeichnungen gekoppelt werden.

Da unverändert das Täuschungsverbot und das Individualisierungsgebot gelten, ist zu beachten:

- Die Namensfirma muss den Namen mindestens eines Gesellschafters oder mehrerer Gesellschafter enthalten. Ausreichend ist die Aufnahme des Familiennamens des namengebundenen Gesellschafters. Nichtgesellschafter dürfen in die Firma nicht aufgenommen werden (Auswegslösung: namensgebender Gesellschafter übernimmt bei der Gründung der GmbH einen Mini-Geschäftsanteil von 1 Euro, den er nach Eintragung der GmbH im Handelsregister an die weiteren Gesellschafter abtritt).
- Bei einer Sachfirma muss die Firma vom Unternehmensgegenstand entlehnt sein. Das Täuschungsverbot des § 18 Abs. 2 HGB gilt. Speziell bei Sachfirmen ist auf eine ausreichende Individualisierung und Unterscheidung gegenüber anderen Unternehmen zu achten.
- Mischfirmen enthalten den Namen mindestens eines Gesellschafters und einen nichttäuschenden Hinweis auf den Unternehmensgegenstand.

Wenn Gegenstand des Unternehmens die Fortführung eines erworbenen Unternehmens nach § 22 HGB ist, kann auch die bisherige Firma (z.B. einer oHG) beibehalten werden. Der Zusatz „mit beschränkter Haftung" oder „mbH" muss aber in jedem Fall aufgenommen werden. Ein alter, nicht mehr richtiger Rechtsformzusatz ist zu streichen.

In Einzelfällen können Doppelfirmen gebildet werden, siehe dazu *Emmerich* in Scholz, GmbHG, § 4 Rz. 48.

Im Übrigen gelten die Firmierungsgrundsätze des § 18 HGB. Siehe dazu oben Rz. 84 f.

cc) Formulierungsbeispiele

Namensfirma

Die Firma der Gesellschaft lautet AFG Müller GmbH.

Sachfirma

Die Firma der Gesellschaft lautet AFG Kfz-Vertriebs GmbH.

Mischfirma

Die Firma der Gesellschaft lautet Müller Kfz-Vertriebs GmbH.

Phantasiefirma

Die Firma der Gesellschaft lautet AFG-GmbH.

UG

Die Firma der Gesellschaft lautet (s.o.) UG (haftungsbeschränkt)

b) Namensrechte

aa) Vorbemerkung

398 Es wird zunächst verwiesen auf Rz. 87 ff.

Speziell bei einer GmbH, die den Namen eines Gesellschafters führt, ergibt sich für den namengebenden Gesellschafter das Problem, dass die GmbH ihrerseits wieder Gesellschaften gründen und dabei den Namen ihres Gründungsgesellschafters „multiplizieren" kann.

Klärungsbedürftig ist, ob auch eine solche „Multiplikation" durch die Gesellschaft ohne weiteres zulässig ist oder nur mit Zustimmung des namengebenden Gesellschafters oder seiner Erben.

Diese Regelung muss nicht in die Satzung der Gesellschaft aufgenommen werden, sondern kann in den sog. „Mantel" Eingang finden.

bb) Formulierungsbeispiel

399 Der namensgebende Gesellschafter Max Müller ist damit einverstanden, dass sein Name in der Firma der Gesellschaft fortgeführt wird, auch wenn er aus der Gesellschaft ausgeschieden ist, gleichgültig, ob zu seinen Lebzeiten oder durch seinen Tod. Bei Beteiligung der GmbH an weiteren Gesellschaften darf der Name des Gründungsgesellschafters mit/ohne seine bzw. seiner Erben Zustimmung verwendet werden.

c) Sitz, inländische Geschäftsanschrift

aa) Vorbemerkung

400 Die GmbH muss nach § 3 Abs. 1 GmbHG zwingend einen Sitz haben. Es kann frei jeder Ort im Inland gewählt werden. Dieser Sitz muss auch in die Satzung der Gesellschaft aufgenommen werden.

Die inländische Geschäftsanschrift ist zwar zum Handelsregister anzumelden, aber nicht zwingender oder sinnvoller Bestandteil des Gesellschaftsvertrags.

bb) Formulierungsbeispiel

401 Siehe Rz. 234 (bei der GbR); zulässig ist aber nur ein fester Firmensitz.

d) Unternehmensgegenstand

aa) Vorbemerkung

402 Der Gegenstand des Unternehmens ist zwingender Bestandteil der Satzung der GmbH (§ 3 Abs. 1 Nr. 2 GmbHG).

bb) Verweisung

Siehe im Übrigen Rz. 94 ff. einschließlich Formulierungsbeispielen. **403**

e) Stammkapital

aa) Vorbemerkung

Die GmbH muss als juristische Person mit einem Mindestkapital ausgestattet werden. Dieses Kapital wird als so genanntes „Stammkapital" bezeichnet. Es muss mindestens 25 000 Euro betragen (§ 5 Abs. 1 GmbHG). Bei der UG (haftungsbeschränkt) beträgt es mindestens 1 Euro. Das Stammkapital muss in die Satzung aufgenommen werden (§ 3 Abs. 1 Nr. 3 GmbHG). Die Stammkapitalziffer ist bei Kapitalerhöhungen oder -herabsetzungen satzungsgemäß fortzuschreiben. **404**

Die Stammkapitalziffer hat folgende Bedeutung: **405**

1. Bei der Kapitalaufbringung: Dieses Kapital muss der Gesellschaft zum Zeitpunkt der Eintragung in das Handelsregister zur Verfügung stehen. Ist dieses Kapital reduziert (z.B. durch Verluste vor Eintragung aufgebracht), haften die Gründungsgesellschafter bis zur Höhe des Stammkapitals (so genannte Differenzhaftung).

2. Bei der Kapitalerhaltung: Das zur Erhaltung des Stammkapitals erforderliche Vermögen der Gesellschaft darf von der Gesellschaft nicht ausbezahlt werden (§ 30 GmbHG). Bei einer so genannten Unterkapitalisierung dürfen Gewinne der Gesellschaft an die Gesellschafter nicht ausgeschüttet werden, bis das Stammkapital wieder erreicht ist.

3. Der Erwerb eigener Anteile ist nur möglich, soweit das Entgelt für den Erwerb des eigenen Anteils aus dem Vermögen geleistet werden kann, das den Betrag des Stammkapitals übersteigt.

4. Bei Verlust der Hälfte des Stammkapitals muss eine Gesellschafterversammlung nach § 49 Abs. 3 GmbHG einberufen werden.

bb) Formulierungsbeispiel

Das Stammkapital der Gesellschaft beträgt 25 000 Euro. **406**

f) Gesellschafter, Einlagen

aa) Gesetzliche Regelung

Nach § 3 Abs. 1 Nr. 4 GmbHG muss in die Satzung „der Betrag der von jedem Gesellschafter auf das Stammkapital zu leistenden Einlage", die so genannte Stammeinlage, aufgenommen werden. **407**

Dies bedeutet, dass die Namen der Gründungsgesellschafter in die Satzung aufgenommen werden müssen und dass der Anteil des Gesellschafters, den er an dem Stammkapital übernimmt, in einem Euro-Betrag, der mindestens 50 Euro betragen muss und durch 10 teilbar sein muss, festgelegt werden muss (siehe dazu § 5 Abs. 1 GmbHG; § 5 Abs. 3 Satz 2 GmbHG).

Das Verhältnis der Stammeinlagen, die auch als Geschäftsanteile bezeichnet werden, ist entscheidend für die Gewinnverteilung (siehe dazu § 29 Abs. 3 GmbHG), für das Stimmrecht (siehe dazu § 47 Abs. 2 GmbHG) und bei Liquidation der Gesellschaft für den Anteil am Liquidationserlös (siehe dazu § 72 Abs. 2 S. 1 GmbHG).

Die Namen der Gründungsgesellschafter und der Betrag der bei Gründung der Gesellschaft übernommenen Stammeinlagen müssen in der Satzung der Gesellschaft aufrechterhalten werden, bis die Einlagen vollständig geleistet sind. Da bei der GmbH, anders als bei der Aktiengesellschaft, Kapitalerhöhungen auch möglich sind, bevor die bisher bestehenden Einlagen geleistet sind, kann sich die Notwendigkeit ergeben, auch bei Kapitalerhöhungen noch klarzustellen, wer die Einlagen auf das ursprüngliche Stammkapital übernommen hat. Wenn die GmbH mit einem Grundkapital in DM gegründet wurde, nunmehr das Kapital aber umgestellt wurde auf Euro, lauten die „Gründungsangaben" noch auf DM.

Erst wenn die Stammeinlagen in voller Höhe geleistet sind, kann in der Satzung der Gesellschaft der Hinweis auf die Gründungsgesellschafter und ihrer Stammeinlagen entfallen.

bb) Formulierungsbeispiel

408   Das Stammkapital der Gesellschaft beträgt 50 000 Euro.

Auf das bei der Gründung der Gesellschaft bestehende Stammkapital von 50 000 Euro haben übernommen:

Max Meier eine Stammeinlage von 26 000 Euro und Hans Müller eine Stammeinlage von 24 000 Euro.

g) Bareinlage oder Sacheinlage

aa) Vorbemerkung

409   Das GmbHG ermöglicht, dass die Einlagen bar oder im Wege der Sacheinlage geleistet werden; UG (haftungsbeschränkt) können nur mit Bareinlagen gegründet werden.

bb) Bareinlage

410   Wenn die Satzung nichts Näheres aussagt, ist eine Bareinlage geschuldet (siehe dazu § 5 Abs. 4 GmbHG). In diesem Fall kann die Satzung ausdrücklich bestimmen, dass Bareinlagen geschuldet sind oder sich jeglicher Aussage über die Natur der geschuldeten Einlage enthalten.

cc) Sacheinlage

Wenn Sacheinlagen geleistet werden sollen, ist § 5 Abs. 4 GmbHG zu berücksichtigen. Danach ist der Gegenstand der Sacheinlage und der Betrag der Stammeinlage, auf den sich die Sacheinlage bezieht, in der Satzung der Gesellschaft festzusetzen. Bei UG (haftungsbeschränkt) dürfen keine Sacheinlagen erbracht werden (§ 5 Abs. 2 Satz 2 GmbHG). 411

Formulierungsbeispiel:

Der Gesellschafter Hans Müller erbringt seine Einlageverpflichtung bezüglich der gesamten von ihm übernommenen Stammeinlage von 18 000 Euro dadurch, dass er den in seinem Eigentum stehenden PKW Mercedes Benz T 280 mit dem Kennzeichen ... der Gesellschaft übereignet. Der den Betrag der Stammeinlage von 18 000 Euro übersteigende Betrag des Werts des PKW ist in die Verbindlichkeiten der Gesellschaft einzustellen.

dd) Mischeinlagen

Es können auch so genannte Mischeinlagen erbracht werden, d.h. es werden zur teilweisen Deckung der Einlageverpflichtung Sacheinlagen erbracht und wegen des Fehlbetrags Bareinlagen erbracht. Bei der UG (haftungsbeschränkt) dürfen auch keine Mischeinlagen erbracht werden. 412

Formulierungsbeispiel:

Zur Erfüllung eines Teilbetrags von 12 000 Euro der Einlageverpflichtung von 18 000 Euro übereignet der Gesellschafter Hans Müller den in seinem Eigentum stehenden PKW ... der Gesellschaft. Ein etwa darüber hinausgehender Wert wird als Verbindlichkeit der Gesellschaft gegenüber dem Gesellschafter verbucht. Der Restbetrag der Stammeinlageverpflichtung von 6000 Euro wird in bar erbracht.

ee) Fälligkeit der Einlageverpflichtung

Sacheinlagen müssen vor Eintragung der Gesellschaft in voller Höhe erbracht sein (siehe dazu § 7 Abs. 3 GmbHG). 413

Auf Bareinlagen muss mindestens ¼ einbezahlt werden, insgesamt mindestens 12 500 Euro. Wenn die Satzung keine weiteren Bestimmungen enthält, obliegt die Einforderung weiterer Zahlungen der Beschlussfassung durch die Gesellschafterversammlung nach § 46 Nr. 2 GmbHG und der Geltendmachung dieses Beschlusses durch den Geschäftsführer der Gesellschaft gegenüber dem Gesellschafter. Bei einer Ein-Mann-GmbH muss entweder der gesamte Betrag von 25 000 Euro einbezahlt werden oder wegen des 12 500 Euro übersteigenden Betrags Sicherheit geleistet werden.

Die Satzung kann eine höhere, nicht aber eine niedrigere Einzahlung satzungsmäßig vorsehen. Bei UG (haftungsbeschränkt) müssen die Bareinlagen in voller Höhe vor Eintragung aufgebracht werden (§ 5a Abs. 2 Satz 1 GmbHG).

Formulierungsbeispiel:

Die Einlagen sind in voller Höhe sofort zu leisten.

h) Gesellschafterstämme, Gesellschaftergruppen

aa) Vorbemerkung

414 Zur Frage der Gesellschafterstämme und -gruppen siehe oben Rz. 107 ff.

bb) Formulierungsbeispiel

415 1. Die Gesellschafter Hans und Beate Müller und deren Sohn Hans Müller jun. sowie deren Rechtsnachfolger bilden die Gesellschaftergruppen „Müller". Die Gesellschafter Franz und Maria Meier und deren Rechtsnachfolger bilden die Gesellschaftergruppe „Meier".

2. Soweit nach dem Gesetz oder dieser Satzung der Gesellschafter einer Gesellschaftergruppe ausscheidet, wirken sich die Folgen, die für sein Ausscheiden nach diesem Gesellschaftsvertrag vereinbart sind oder die nach dem Gesetz gelten, nur zugunsten seiner Gesellschaftergruppe aus.

So ist z.B. bei Veräußerung seines Geschäftsanteils nur seine Gesellschaftergruppe nach § ... der Satzung ankaufsberechtigt und sind, wenn er aus der Gesellschaft ausgeschlossen wird, die Gesellschafter seiner Gesellschaftergruppe vorrangig zum Erwerb berechtigt. Soweit diese Folgen nicht kraft Gesetzes oder aufgrund dieser Satzung eintreten, sind die Gesellschafter dazu verpflichtet, dieses Ergebnis herbeizuführen.

3. Evtl. gruppenbezogene Sonderrechte

a) Dauer der Gesellschaft

416 § 3 Abs. 2 GmbHG geht von der unbestimmten Dauer der Gesellschaft aus. Nur bei einer Befristung der Gesellschaftsdauer muss dies in die Satzung aufgenommen werden. Sonst gilt eine unbestimmte Gesellschaftsdauer als vereinbart (siehe dazu § 3 Abs. 2 GmbHG).

Siehe im Übrigen oben Rz. 110 ff. dort auch Formulierungsvorschläge.

b) Geschäftsjahr

417 § 29 Abs. 1 GmbHG stellt ab auf einen „Jahresüberschuss" und setzt damit ein Geschäftsjahr der Gesellschaft voraus. Da die GmbH unabhängig von ihrem Geschäftsgegenstand Handelsgesellschaft im Sinne des § 13 Abs. 3 GmbHG ist, besteht damit auch die auf das Geschäftsjahr bezogene Buchführungs- und Bilanzierungsverpflichtung nach § 6 Abs. 1 GmbHG in Verbindung mit § 242 ff. HGB. Im Übrigen kann bei Gründung der Gesellschaft das Geschäftsjahr beliebig gewählt werden.

Formulierungsbeispiele siehe oben Rz. 115 ff.

c) Dienstleistungs- und Nutzungsüberlassungspflichten

Diese werden bei der GmbH durch gesonderte Verträge begründet. Zur Vermeidung sog. „verdeckter Gewinnausschüttungen" sind Verträge mit Gesellschaftern schriftlich abzufassen und müssen einem „Fremdvergleich", gerade bei der Vergütung, standhalten. 418

4. Innere Ordnung und Außenverhältnisse der Gesellschaft

a) Geschäftsführung und Vertretung

aa) Vorbemerkung

Siehe zunächst Rz. 123 ff. 419

Die Bestimmungen über die Geschäftsführung und die Vertretung (siehe Rz. 123 ff., 159 ff.) werden in der Satzung der GmbH in der Regel in einen einheitlichen Paragraphen oder Abschnitt aufgenommen.

(1) Vertretung

Dabei werden die sog. **„Allgemeinen Bestimmungen"** über die Vertretung der Gesellschaft in die **Satzung** aufgenommen und dann auch in das Handelsregister eingetragen. Dazu gehören 420

- die Zahl der Geschäftsführer (in der Regel „einer oder mehrere"),
- die Vertretungsbefugnis, wenn nur ein Geschäftsführer bestellt ist („… ist dieser einzelvertretungsbefugt"),
- die Vertretungsbefugnis, wenn mehrere Geschäftsführer bestellt sind (z.B. „zwei gemeinsam"),
- die Ermächtigungsgrundlage für die Erteilung der Einzelvertretungsbefugnis bei genereller Gesamtvertretung (nicht im Register einzutragen),
- die Ermächtigungsgrundlage für die Befreiung des Verbots vom „Selbstkontraktieren" nach § 181 BGB (nicht im Register einzutragen).

Da das GmbHG bei Liquidationen der Gesellschaft für die Liquidatoren andere Vertretungsregeln vorsieht (§ 68 Abs. 1 Satz 2 GmbHG) und die Gerichte die Vertretungsregeln über werbende Gesellschaften nicht automatisch auf Liquidationsgesellschaften erstrecken, sollte die Erstreckung in der Satzung vorgenommen werden.

In dem **„Urkundenmantel"** erfolgt ergänzend 421

- die konkrete Bestellung der ersten Geschäftsführer der Gesellschaft (durch Gesellschafterbeschluss oder rechtsgeschäftlich),

– die Festlegung der konkreten Vertretungsbefugnis einschließlich der Entscheidung über
– eine evtl. generell zu erteilende Einzelvertretungsbefugnis,
– die generelle Befreiung von § 181 BGB.

(2) Geschäftsführung

422 Bei der Geschäftsführung ist der Geschäftsführer der GmbH anders als der Vorstand der AktG weisungsabhängig (§ 37 Abs. 1 GmbHG). Er hat schon aufgrund Gesetzes die Beschränkungen einzuhalten, die ihm auferlegt werden

– im Gesellschaftsvertrag,
– in seinem Anstellungsvertrag,
– in Geschäftsführungsordnungen und
– durch Gesellschafterbeschlüsse.

Z.T. wird dies nochmals deklaratorisch in der Satzung verankert. Erforderlich ist dies nicht.

Da die Satzung auf Dauer angelegt sein sollte und von Regelungen entlastet werden sollte, die nach den jeweiligen wirtschaftlichen Gegebenheiten zu entscheiden sind, sollte vermieden werden, dass Kataloge sog. „zustimmungspflichtiger Geschäfte" (für deren Durchführung der Geschäftsführer vorab einen ermächtigenden Gesellschafterbeschluss benötigt) in die Satzung aufgenommen werden, da diese nach aller Erfahrung häufig geändert werden. Statt dessen sollte der „Katalog" in den Anstellungsvertrag oder in eine Geschäftsführungsordnung aufgenommen werden.

bb) Formulierungsbeispiele

Satzungsmäßige allgemeine Bestimmung über die Geschäftsführung und Vertretung

423 1. Die Gesellschaft hat einen oder mehrere Geschäftsführer.

2. Ist nur ein Geschäftsführer bestellt, ist dieser einzelvertretungsbefugt. Sind mehrere Geschäftsführer bestellt, vertreten jeweils zwei Geschäftsführer in Gemeinschaft oder ein Geschäftsführer in Gemeinschaft mit einem Prokuristen die Gesellschaft.

3. Die Gesellschafterversammlung kann auch bei Vorhandensein mehrerer Geschäftsführer einem, mehreren oder allen die Einzelvertretungsbefugnis erteilen und einen, mehrere oder alle Geschäftsführer von den Beschränkungen des § 181 BGB befreien.

4. Im Innenverhältnis haben die Geschäftsführer die Beschränkungen zu beachten, die ihnen im Gesellschaftsvertrag, im Anstellungsvertrag oder durch Gesellschafterbeschlüsse, insbesondere durch Geschäftsführungsordnungen

und beschlossene Kataloge von „zustimmungspflichtigen Geschäften", auferlegt werden.

5. Bei Liquidation der Gesellschaft gelten Abs. 1 bis 4 entsprechend für die Liquidatoren.

Konkreter Bestellungsakt und Festlegung der konkreten Vertretungsbefugnis (im Urkundenmantel)

Zu ersten Geschäftsführern der Gesellschaft werden bestellt: 424

a) Hans Müller, Kaufmann aus Frankfurt, und

b) Gerd Meier, Dipl.-Ing. aus München.

Hans Müller ist stets einzelvertretungsbefugt und von den Beschränkungen des § 181 BGB befreit. Gerd Meier vertritt die Gesellschaft in Gemeinschaft mit einem weiteren Geschäftsführer oder in Gemeinschaft mit einem Prokuristen.

b) Buchführung, Bilanzierung

aa) Vorbemerkung

Siehe zunächst Rz. 127 f. 425

Bei GmbH und Aktiengesellschaften muss die Buchführung und Bilanz um einen Anhang nach § 264 HGB erweitert und ergänzend dazu ein Lagebericht aufgestellt werden (siehe dazu § 289 HGB). Beim Umfang der gesetzlichen Anforderungen und den zeitlichen Vorgaben differiert das Gesetz nach den Größenklassen des § 267 HGB (unterschieden wird danach zwischen kleinen, mittelgroßen und großen Kapitalgesellschaften). Von den größenabhängigen Erleichterungen kann, muss aber nicht Gebrauch gemacht werden.

Spielräume für satzungsmäßige Bestimmungen bei der Buchführung und Bilanzierung existieren nur insofern, als die gesetzlichen Anforderungen verschärft werden können (z.B. die Fristen für die Aufstellung verkürzt werden können) und Vorgaben über die Nutzung größenabhängiger Erleichterungen gemacht werden können.

bb) Formulierungsbeispiel

Die Geschäftsführer der Gesellschaft haben den Jahresabschluss mit Anhang 426 und einen Lagebericht nach Maßgabe der gesetzlichen Bestimmungen und innerhalb der gesetzlichen Fristen aufzustellen. Von größenabhängigen Erleichterungen ist Gebrauch zu machen.

c) Kontrollrechte der Gesellschafter

Unter Rz. 129 ff. wurde dargestellt, dass die gesetzliche Regelung in § 51a 427 GmbHG grundsätzlich adäquat ist und die dort verankerten Auskunfts-

und Einsichtsrechte auch unentziehbar sind (siehe dazu § 51a Abs. 3 GmbHG).

Klargestellt werden kann allenfalls, dass sich der Gesellschafter bei Einsichtnahmen und Auskunftsverlangen nur von berufsmäßigen Verschwiegenheit verpflichteten Angehörigen der rechts- oder steuerberatenden Berufe begleiten oder vertreten lassen kann.

Formulierungsvorschlag siehe Rz. 256.

d) Gesellschafterversammlung, Stimmrechte, Einwendungsrechte

aa) Verweisung

428 Zur Frage der Gesellschafterversammlung, Stimmrechten und Einwendungsrechten siehe Rz. 132 ff.

bb) Formulierungsbeispiel

429 1. Beschlüsse der Gesellschaft werden in Versammlungen oder auf sonstige Weise gefasst, wenn sämtliche Gesellschafter mit der zu treffenden Bestimmung oder mit der anderweitigen Stimmabgabe sich einverstanden erklären.

2. Gesellschafterversammlungen finden mindestens einmal jährlich zur Feststellung des Jahresabschlusses statt. Gesellschafterversammlungen sind darüber hinaus einzuberufen, wenn sie nach dem Gesetz oder der Satzung erforderlich sind. § 50 GmbHG bleibt davon unberührt.

3. Beschlüsse werden grundsätzlich, wenn nach der Satzung oder dem Gesetz nicht etwas anderes bestimmt ist, mit der Mehrheit der abgegebenen Stimmen gefasst. Je 1 Euro eines Geschäftsanteils gewähren eine Stimme.

4. Gesellschafterversammlungen werden von den Geschäftsführern in vertretungsberechtigter Zahl einberufen. Die Einberufung erfolgt unter Übersendung einer Tagesordnung an die der Gesellschaft zuletzt bekannte Adresse des Gesellschafters. Eine Frist von mindestens zwei Wochen ab Absendung der Einladung bis zum Tag der Versammlung (ausschließlich) ist einzuhalten.

5. Die Leitung der Versammlung obliegt dem dienstältesten Geschäftsführer, der über die Versammlung Protokoll führt, insbesondere über Abstimmungen und Beschlüsse, wobei gefasste Beschlüsse gesondert festzustellen sind.

6. Jedem Gesellschafter ist unverzüglich das Protokoll der Gesellschafterversammlung zu übersenden.

7 Einwände gegen die Richtigkeit des Protokolls sind zunächst schriftlich gegenüber dem protokollführenden Geschäftsführer innerhalb einer Frist von einem Monat zu erheben. Wird die Berichtigung des Protokolls abgelehnt oder verstreicht ab dem Zugang des Berichtigungsantrags die Monatsfrist, ohne dass die Berichtigung erfolgt ist, kann der Gesellschafter innerhalb einer Frist von einem weiteren Monate Klage beim zuständigen Gericht erheben.

8. Einwendungen gegen die Wirksamkeit von Beschlüssen können nur innerhalb eines Monats (ab Zugang des Protokolls beim klagenden Gesellschafter) durch Klage beim zuständigen Gericht erhoben werden.

e) Ergebnisverwendung

aa) Vorbemerkung

(1) Verluste

Gesellschafter der GmbH nehmen nicht an einem Verlust der Gesellschaft teil. Im Übrigen wird zunächst verwiesen auf oben Rz. 136. 430

Ein Verlust bei der GmbH bewirkt:

– Bei Verlusten, die zum Verlust der Hälfte des Stammkapitals führen, ist unverzüglich eine Gesellschafterversammlung einzuberufen (§ 49 Abs. 3 GmbHG).
– In der Bilanz des Folgejahres ist ein Verlustvortrag auszuweisen (§ 29 Abs. 1 Satz 1 GmbHG).

Ein Verlust wirkt sich auf Gewinnbezugsrechte der Folgejahre wie folgt aus:

– Wenn ein Unterbilanz entsteht, d.h. die Stammkapitalziffer unterschritten wird, dürfen keine „Rückzahlungen" erfolgen, d.h. auch bis zur Aufholung der Stammkapitalziffer keine Gewinnausschüttungen erfolgen (§§ 30 bis 32 GmbHG).
– Der Verlust reduziert im Übrigen den Gewinnteilhabeanspruch nach § 29 Abs. 1 Satz 1 GmbHG.

(2) Gewinne

Das Gesetz geht von der Vollausschüttung aus, ermöglicht aber mit einfacher Mehrheit folgende abweichende Gewinnverwendungsbeschlüsse: 431

– die Einstellung in Rücklagen oder
– den Vortrag auf neue Rechnung (siehe dazu § 29 GmbHG).

Abweichende satzungsmäßige Regelungen sind in § 29 GmbHG zugelassen.

Zu berücksichtigen ist auch hier wieder, dass die Gewinnthesaurierung die Kapitalausstattung bei der GmbH stärkt. Umgekehrt ist das Interesse der Gesellschafter an den Früchten zu berücksichtigen.

bb) Formulierungsbeispiel

1. Vom Gewinn der Gesellschaft sind ... % in eine Rücklage einzustellen, bis diese einen Betrag von ... % des Stammkapitals der Gesellschaft erreicht. 432

2. Über die Verwendung des sonstigen Jahresüberschusses (zuzüglich eines Gewinnvertrags und abzüglich eines Verlustvertrags) entscheidet die Gesellschafterversammlung mit einfacher Mehrheit. Kommt ein Ergebnisverwendungsbeschluss nicht zustande, ist der Jahresüberschuss zuzüglich eines Gewinnvertrags und abzüglich eines Verlustvertrags unbeschadet der Regelung in Abs. 1 an die Gesellschafter auszuschütten.

f) Wettbewerb

aa) Vorbemerkung

433 Siehe vorab oben Rz. 140 ff.

Speziell bei der GmbH wurden in den letzten Jahren eingehende Diskussionen über das Wettbewerbsverbot von Gesellschaftern geführt, nachdem die Finanzverwaltung und die Finanzrechtsprechung beim Verstoß des herrschenden Gesellschafters der GmbH gegen ein Wettbewerbsverbot von einer verdeckten Gewinnausschüttung ausgehen. Der Streit ist durch die jüngste Rechtsprechung des BFH entschärft, wonach auch der herrschende Gesellschafter einer GmbH oder der Einmann-Gesellschafter grundsätzlich berechtigt ist, in Konkurrenz zu seiner GmbH zu treten, solange nur durch die Konkurrenztätigkeit das Stammkapital der GmbH nicht gefährdet wird.

Wenn Gesellschafter abweichend vom Gesetz einem Wettbewerbsverbot unterliegen sollen, bedarf dies der Aufnahme in die Satzung. Dabei ist der Umfang der Wettbewerbsbeschränkung eindeutig klarzulegen.

In jedem Fall sollte eine Öffnungsklausel mitvereinbart werden, wonach Befreiung von etwaigen Wettbewerbsverboten erteilt werden kann.

bb) Formulierungsbeispiel

434 **1.** Weder Gesellschafter noch Geschäftsführer der Gesellschaft sind während ihrer Zugehörigkeit zur Gesellschaft berechtigt, auf dem Bereich des Unternehmensgegenstands der Gesellschaft selbst oder für Dritte tätig zu werden oder sich an Gesellschaften zu beteiligen, die auf dem Bereich des Unternehmensgegenstands der Gesellschaft tätig werden, wobei auch nur teilweise Überschneidungen ausreichen. Ausgeschlossen sind auch mittelbare Tätigkeiten und Beteiligungen (Begründung eines Wettbewerbsverbots).

2. Durch Gesellschafterbeschluss kann von gesetzlichen, vertraglichen oder satzungsmäßigen Wettbewerbsverboten Befreiung erteilt werden, wobei der Beschluss mit der einfachen Mehrheit der abgegebenen Stimmen gefasst wird und die näheren Modalitäten der Befreiung (z.B. Befristung und Entgeltlichkeit) regelt (Öffnungsklausel).

5. Strukturänderungen der Gesellschaft

a) Verfügung über Geschäftsanteile

aa) Vorbemerkung

Unter Rz. 168 wurde bereits dargestellt, dass Geschäftsanteile grundsätzlich frei veräußerlich sind. Dies gilt entsprechend für sonstige Verfügungen über Geschäftsanteile, z.B. für die Verpfändung, die Eingehung von Treuhandverhältnissen und die Einräumung von Unterbeteiligungen. Nur dann, wenn ein Geschäftsanteil nicht ungeteilt, sondern geteilt veräußert wird, ist nach dem Gesetzeswortlaut die Zustimmung der Gesellschafterversammlung erforderlich (§ 46 Nr. 4 GmbHG). 435

Das GmbHG ermöglicht in der Satzung der Gesellschaft weitgehende Abweichungen:

– Die Veräußerlichkeit kann eingeschränkt werden (siehe dazu § 15 Abs. 5 GmbHG).

– Es kann geregelt werden, dass die Teilung keiner Genehmigung bedarf.

bb) Gestaltung

In der Praxis empfiehlt sich die Beibehaltung des Grundsatzes der freien Veräußerlichkeit nur bei der rein kapitalistisch strukturierten GmbH. 436

In anderen Fällen, insbesondere dann, wenn die Gesellschaft auf die tätige Mitarbeit ihrer Gesellschafter angewiesen ist, ist das Interesse der weiteren Gesellschafter zu berücksichtigen, keine neuen Geschäftspartner „aufgedrängt zu erhalten" und evtl. Konkurrenten aus dem Kreis der Gesellschafter fernzuhalten. Deshalb ist eine Einschränkung der Veräußerlichkeit vorzusehen. Andererseits ist das Interesse eines jeden Gesellschafters zu berücksichtigen, sich aus gesellschaftsrechtlichen Verbindungen zu lösen, speziell bei der GmbH, wo er abweichend von Personengesellschaften kein Kündigungsrecht besitzt, wenn es ihm nicht ausdrücklich in der Satzung zugestanden ist.

Eine Berücksichtigung der beiderseitigen Interessen ist möglich, indem entweder 437

– die Beteiligung zwar frei veräußerlich gestellt wird, den weiteren Gesellschaftern aber ein Vorkaufs- oder Ankaufsrecht eingeräumt wird oder

– dem veräußerungswilligen Gesellschafter die vorherige Andienung an die weiteren Gesellschafter zu näher zu bestimmenden Konditionen auferlegt wird und, wenn die weiteren Gesellschafter von ihren Ankaufsmöglichkeiten keinen Gebrauch machen, die Veräußerung ermöglicht wird.

Zu entscheiden ist bei beiden Varianten jeweils über den Preis, zu dem die verbleibenden Gesellschafter den Geschäftsanteil ankaufen können.

Ein Vorkaufsrecht gibt das Recht zum Ankauf exakt zu denselben Konditionen, zu denen ein sonst zum Kauf bereiter Dritter kaufen würde. Dieser Preis kann auch ein über dem realen Wert des Anteils liegender Preis sein, z.b. wenn ein Konkurrent sich in das Unternehmen einkaufen will.

Wenn der Preis nach oben begrenzt sein soll, ist ein Ankaufsrecht empfehlenswerter. Festzulegen ist dann aber, wie der Ankaufspreis ermittelt wird (z.b. wahrer Wert nach dem Ertragswertverfahren oder Wert nach dem sog. Stuttgarter Verfahren oder Buchwert, siehe dazu Rz. 213 ff.

Bei Vorhandensein von Gesellschafterstämmen und Gesellschaftergruppen ist der Gruppenbezug von Ankaufs- und Vorkaufsrechten zu berücksichtigen.

Siehe dazu Rz. 107 ff.

cc) Formulierungsbeispiele

Freie Veräußerlichkeit mit echtem Vorkaufsrecht der weiteren Gesellschafter

438 1. Die Geschäftsanteile sind frei veräußerlich.

2. Bei der Veräußerung steht den verbleibenden Gesellschaftern aber, untereinander im Verhältnis ihrer Beteiligung, ein Vorkaufsrecht nach den Bestimmungen des BGB zu.

Andienungspflicht mit Ankaufsrecht zu bestimmten Bedingungen

439 1. Ein Gesellschafter bedarf zur Verfügung über seinen Geschäftsanteil oder Teile seines Geschäftsanteils der Zustimmung aller übrigen Gesellschafter. Insbesondere ist die Veräußerung, die Verpfändung oder der Abschluss von Treuhandverträgen über Geschäftsanteile zustimmungspflichtig.

2. Ein Gesellschafter bedarf der Zustimmung nach Abs. 1 nicht, wenn er bei der Veräußerung wie folgt verfährt:

a) Er hat seine Veräußerungsabsicht und den Betrag des Geschäftsanteils oder Teile davon, den er veräußern will, der Gesellschaft und allen weiteren Gesellschaftern schriftlich anzuzeigen. Bis auf den Kaufpreis sind alle Bedingungen für die Veräußerung anzugeben.

b) Jeder Gesellschafter hat das Recht, die angebotene Beteiligung zu erwerben, wenn er seine Erwerbsbereitschaft innerhalb eines Monats durch eingeschriebenen Brief an die Gesellschaft und den Anbietenden erklärt. Für die Berechnung der Frist sind der Zugang der Mitteilung des Anbietenden und der Zugang der Annahmeerklärung bei der Gesellschaft maßgeblich. Dabei steht dem Erwerbsberechtigten das Recht zu, den Geschäftsanteil bzw. den Teil des Anteils zu den angegebenen Bedingungen und zu dem Preis zu erwerben, der nach § ... als Abfindung bei der Einziehung oder Abtretung bezahlt würde.

c) Das Erwerbsrecht kann nur bezüglich der gesamten angebotenen Beteiligung ausgeübt werden. Üben mehrere Gesellschafter das Erwerbsrecht aus, steht ihnen das Erwerbsrecht, wenn sie sich untereinander nicht anderweitig verständigen, (bei Gesellschafterstämmen: unter Berücksichtigung des Stammprinzips nach § ... der Satzung) im Verhältnis ihrer bisherigen Beteiligung zu. Ein unteilbarer Spitzenbetrag steht dem Gesellschafter mit dem höchsten Geschäftsanteil zu. Der Verkauf und die Abtretung der Beteiligung haben innerhalb eines Monats nach Ausübung des Erwerbsrechts zu erfolgen.

d) Wird das Erwerbsrecht nicht durch die vorrangig berechtigten Gesellschafter ausgeübt oder wirkt ein Erwerbsberechtigter bei der Abtretung nicht fristgemäß mit, kann die Gesellschafterversammlung beschließen, dass die Gesellschaft selbst oder ein von ihr benannter Dritter zum Erwerb berechtigt ist. Dieser Beschluss muss innerhalb eines Monats nach Ablauf der o.a. Monatsfrist gefasst werden. Im Übrigen gelten die vorstehenden Bestimmungen entsprechend.

e) Wurde die Beteiligung nicht gemäß den vorstehenden Bestimmungen übernommen, kann der Gesellschafter die Beteiligung innerhalb einer Frist von weiteren sechs Monaten ohne Zustimmung der übrigen Gesellschafter zu den Bedingungen nach Abschnitt 3 a) veräußern.

b) Kündigung durch den Gesellschafter

Die Kündigung durch den Gesellschafter ist im GmbHG nicht verankert und wegen der Veräußerlichkeit der Geschäftsanteile (siehe dazu Rz. 168) grundsätzlich auch nicht erforderlich. Siehe im Übrigen Rz. 171 ff.

c) Ausschließung von Gesellschaftern

aa) Vorbemerkungen

Unter Rz. 185 wurde dargestellt, dass es den Mitgesellschaftern ermöglicht werden sollte, sich von einem Gesellschafter zu trennen, wenn

– Pfändungsmaßnahmen in dessen Geschäftsanteil(e) erfolgen,
– der Gesellschafter in Zahlungsverfall gerät, insbesondere über sein Vermögen ein Insolvenzverfahren eröffnet wird oder er den sog. „Offenbarungseid" zu leisten hat,
– beim tätigen Gesellschafter, wenn dieser berufsunfähig wird oder Berufsunfähigkeit droht,
– ggf. beim Tod des Gesellschafters (siehe dazu auch Rz. 445),
– oder wenn sonst ein wichtiger Grund besteht.

Rechtstechnisch erfolgt die Ausschließung durch
- die Einziehung des Anteils des betroffenen Gesellschafters oder
- die zwangsweise Abtretung des Anteils an die Gesellschaft, Mitgesellschafter oder übernahmebereiter Dritte.

Sowohl Einziehungen (siehe dazu § 31 Abs. 1, 2 GmbHG) als auch Zwangsabtretungen bedürfen der satzungsmäßigen Verankerung.

Folge der Einziehung eines Anteils ist, dass der betreffende Geschäftsanteil vernichtet wird. D.h. die Einziehung führt dazu, dass das Stammkapital und die Summe der Geschäftsanteile differieren.

bb) Gestaltung

442 Die Einziehung ist (ebenso wie die Zwangsabtretung des Anteils an die Gesellschaft selbst) nicht zulässig, wenn auf den Geschäftsanteil noch Einlagen offen sind oder wenn die Gesellschaft die Abfindung nicht aus dem freien Gesellschaftsvermögen (d.h. dem Vermögen, das zur Erhaltung des Stammkapitals nicht erforderlich ist) bezahlen kann (siehe dazu §§ 34 Abs. 3, 33 Abs. 1, und 30 Abs. 1 GmbHG).

Damit auch in diesen Fällen eine Ausschließung nicht scheitert, sollte alternativ zur Einziehung die Zwangsabtretung an die Gesellschaft, die Zwangsabtretung an die weiteren Gesellschafter und an Dritte vorgesehen werden.

Die Entscheidung über die konkrete Maßnahme sollte in der betreffenden Gesellschafterversammlung gefällt und dieser offen gelassen werden. Bei Gesellschaften mit Gesellschafterstämmen oder Gruppenbezug ist dies zu berücksichtigen (siehe dazu Rz. 107 ff.).

443 Dem Gesellschafter, der eine Einziehungsentscheidung oder die Zwangsabtretung zu dulden hat, muss eine Abfindung bezahlt werden. Schuldner der Abfindung ist:
- bei Einziehungen und Zwangsabtretungen an die Gesellschaft die Gesellschaft,
- bei Zwangsabtretungen an die weiteren Gesellschafter oder Dritte der Erwerber des Geschäftsanteils.

Festzulegen ist in jedem Fall auch die Höhe des Abfindungsguthabens, wobei hierzu verwiesen wird auf Rz. 202 ff.

Zulässig ist eine unterschiedliche Abfindungsregelung für verschiedene Ausschließungsfälle, wobei abfindungsreduzierende Regelungen, die nur zu Lasten von Pfandgläubigern getroffen werden, unwirksam sind (zumindest für den Fall der Ausschließung aus wichtigem Grund muss deshalb die reduzierte Abfindung ebenfalls vorgesehen werden).

cc) Formulierungsbeispiel

1. Die Einziehung eines Geschäftsanteils ist mit Zustimmung des betroffenen Gesellschafters jederzeit zulässig, sofern der Anteil in voller Höhe einbezahlt ist und die Abfindung aus dem freien Gesellschaftsvermögen erbracht werden kann.

2. Die Einziehung ist in den folgenden Fällen auch gegen den Willen des betroffenen Gesellschafters zulässig:

– beim Tod eines Gesellschafters;

– wenn der Antrag gestellt wird, über das Vermögen eines Gesellschafters ein Insolvenzverfahren zu eröffnen, oder der Antrag, dass der Gesellschafter ein Vermögensverzeichnis und eine eidesstattliche Versicherung abzugeben hat und dieser Antrag nicht innerhalb eines Monats zurückgenommen oder zurückgewiesen wird, es sei denn, mangels Masse;

– wenn die Zwangsvollstreckung in einen Geschäftsanteil betrieben wird und die Abwendung der Vollstreckung nicht innerhalb eines Monats gelingt oder

– wenn sonst ein ähnlich wichtiger Grund vorliegt.

3. In einer Gesellschafterversammlung, bei der der betroffene Gesellschafter nicht stimmberechtigt ist, kann wahlweise statt der Einziehung oder für den Fall, dass diese scheitert, verlangt werden, dass der Geschäftsanteil an die Gesellschaft, die übrigen Gesellschafter oder einen übernahmebereiten Dritten übertragen wird.

4. Bevor der Geschäftsanteil Dritten angeboten werden kann, sind vorrangig die weiteren Gesellschafter (bei Gesellschafterstämmen: unter Berücksichtigung des Stammprinzips nach § ... der Satzung) im Verhältnis ihrer Anteile zur Übernahme berechtigt. Macht ein Gesellschafter von seinem Übernahmerecht keinen Gebrauch, wächst es (bei Gesellschaftsstämmen: unter Berücksichtigung des Stammprinzips nach § ... der Satzung) den weiteren Gesellschaftern im Verhältnis ihrer Beteiligung zu.

d) Tod des Gesellschafters

§ 15 Abs. 1 GmbHG geht von der freien Vererblichkeit von Geschäftsanteilen aus.

Einschränkungen können grundsätzlich in der Satzung nicht verankert werden (siehe dazu Gegenschluss zu § 15 Abs. GmbHG).

Allerdings hindert der Grundsatz der freien Vererblichkeit des Geschäftsanteils eine satzungsmäßige Gestaltung nicht, wonach beim Tod eines Gesellschafters die Einziehung des Anteils beschlossen werden kann oder Zwangsabtretungen beschlossen werden können (siehe dazu schon Rz. 441 ff.).

In diesem Fall ist der Tod eines Gesellschafters Voraussetzung, um eine Einziehungs- oder Zwangsabtretungsentscheidung in die entsprechende Klausel aufzunehmen (siehe dazu Rz. 441).

Erwägenswert ist eine solche Regelung stets bei Gesellschaften, die auf die tätige Mitwirkung ihrer Gesellschafter oder einzelne ihrer Gesellschafter angewiesen sind.

e) Abfindung

446 Siehe dazu bei Rz. 202 ff.

6. Allgemeine Bestimmungen

447 Siehe dazu bei Rz. 226 f.

Ergänzend ist bei der GmbH noch eine satzungsmäßige Bestimmung über die **Gründungskosten** erforderlich.

Wenn die Kosten der Gründung der Gesellschaft der GmbH aufgebürdet werden sollen und nicht von den eigentlichen Kostenschuldnern, nämlich den Gründungsgesellschaftern getragen werden sollen, bedarf dies entsprechend § 26 Abs. 2 AktG der satzungsmäßigen Bestimmung.

Aufzunehmen sind dabei die Art der von der Gesellschaft zu übernehmenden Gründungskosten und die Gesamthöhe der von der GmbH zu übernehmenden Kosten.

Formulierungsbeispiel:

Die Kosten der notariellen Beurkundung der Gründungsurkunde einschließlich evtl. Nachträge, die Kosten der Anmeldung zum Handelsregister und die Kosten des Vollzugs beim Handelsregister einschließlich der Veröffentlichungskosten trägt die Gesellschaft bis zu einem Gesamtbetrag in einer Höhe von 2500 Euro.

VIII. GmbH & Co. KG

1. Vorbemerkung und Erscheinungsformen

a) Vorbemerkung

448 Eine KG muss nach § 161 KGB mindestens einen persönlich haftenden Gesellschafter haben (§ 161 Abs. 1 HGB). Dabei muss es sich nicht um eine natürliche Person oder eine Personengesellschaft handeln. Persönlich haftender Gesellschafter kann auch eine Kapitalgesellschaft sein (anerkannt seit RGZ 105, 101 ff.). Diese zugelassene **Typenvermischung** zwischen Personen- und Kapitalgesellschaften ermöglicht es, zivilrechtliche Vorteile der Kapitalgesellschaft (Haftungsbegrenzung) mit den steuerlichen Vorteilen der Personengesellschaft Versteuerung der Gewinne

durch die Gesellschafter zu kombinieren, weswegen die GmbH & Co. KG eine weit verbreitete Unternehmensform darstellt.

Gegenüber den oben dargestellten Gesellschaftsformen unterscheidet sie sich unabhängig von der näheren Ausgestaltung dadurch, dass rechtlich zwei Gesellschaften vorliegen, die GmbH einerseits und die KG andererseits. Deshalb sind auch **zwei Vertragsverhältnisse** zu konzipieren und vor allem aufeinander abzustimmen.

b) Erscheinungsformen

aa) Typische GmbH & Co. KG

Typischerweise ist die GmbH der einzige persönlich haftende Gesellschafter der KG. Weitere natürliche Personen sind an der KG als Kommanditisten beteiligt. Gesellschaftszweck der GmbH ist die Übernahme der Stellung eines persönlich haftenden Gesellschafters in der KG.

449

Als Einmann-GmbH & Co. KG wird diese Gestaltung bezeichnet, wenn der einzige Gesellschafter zugleich einziger Kommanditist der KG ist.

bb) Beteiligungsidentische GmbH & Co. KG

In der Regel sollen die GmbH und die KG insoweit „beteiligungsidentisch" sein, dass dieselben Personen Kommanditisten der KG und Gesellschafter der GmbH sind und sich die Beteiligungsquoten an diesen Gesellschaften entsprechen. Die Kunst der Vertragsgestaltung besteht darin, dass diese Identität nicht nur bei der Gründung hergestellt, sondern auch während der Dauer des Bestands der Gesellschaften gewährleistet wird. Die Ausführungen unter Rz. 463 ff. befassen sich deshalb mit den „Verzahnungsproblemen" beim Gesellschafterbestand in der KG und der GmbH.

450

cc) Einheits-GmbH & Co. KG

Die Notwendigkeit, die Gesellschaftsverträge miteinander zu verzahnen, entfällt bei der sog. „Einheits"-GmbH & Co. KG, da bei einer so gestalteten GmbH & Co. KG die Anteile an der GmbH von der KG selbst gehalten werden. Dies erfolgt, indem die Gesellschafter der GmbH, die zugleich Kommanditisten sind, ihre bei Gründung der GmbH persönlich übernommenen Anteile an der GmbH später an die KG abtreten.

451

Da die Einheits-GmbH & Co. KG aus der Warte des Vertragsgestalters unproblematisch ist und sich die Probleme mit dieser Gesellschaftsform auf die Fragen der Willensbildung innerhalb der Gesellschaft und auf die Fragen der Notwendigkeit der Kapitalaufbringung und der Kapitalerhaltung beziehen, wird die Einheits-GmbH & Co. KG hier nicht näher vertieft. Es wird verwiesen auf *Binz*, Die GmbH & Co., 1992, S. 275 ff. und *Sommer*, Die Gesellschaftsverträge der GmbH & Co. KG, 1992, S. 38 f.;

Brönner/Deux/Wagner, Die GmbH & Co. KG, Rz. 21 ff.; *v. Gerkan*, in: Röhricht/von Westphalen, HGB, Rz. 41 ff. zu § 161 HGB, m.w.N.

dd) Publikums-GmbH & Co. KG

452 Von einer Publikums-GmbH & Co. KG spricht man, wenn sich ein großer Kreis von sonst untereinander nicht verbundenen Kommanditisten rein kapitalistisch an der Kommanditgesellschaft beteiligt, indem er einer bereits gegründeten Gesellschaft mit einem für ihn nicht zur näheren Diskussion stehenden Gesellschaftsvertrag beitritt, während die sog. Initiatoren der Gesellschaft allein an der Komplementär-GmbH beteiligt sind und darüber die Geschicke der Gesellschaft lenken. Der Gesellschaftsvertrag solcher Publikums-GmbH & Co. KG ist in der Regel darauf gerichtet, die Einfluss- und Kontrollrechte der Kommanditisten möglich gering zu halten. Durch die Rechtsprechung wurden besondere Schutzbestimmungen für die Kommanditisten entwickelt. Im Übrigen wird wegen des Gesellschafts-Vertrags der Publikums-GmbH & Co. KG verwiesen auf *Binz*, Die GmbH & Co. KG S. 285 ff.; *von Gerkan*, in Röhricht/von Westphalen, HGB, Rz. 92 ff. zu § 161 HGB, m.w.N.

2. Gestaltungsfragen außerhalb der „Verzahnungsproblematik"

453 Zwar ist bei der typischen und beteiligungsidentischen GmbH & Co. KG besonders darauf zu achten, dass die Gesellschaftsverträge so „verzahnt" werden, dass die Beteiligungsidentität auch nach Gründung der Gesellschaft stets aufrechterhalten wird.

Daneben sind aber auch zumindest folgende weitere Vertragsbestandteile aufeinander abzustimmen:

– die Firmen und
– der Unternehmensgegenstand der jeweiligen Gesellschaften sowie
– Fragen des Selbstkontrahierungsverbots.

a) Firmierung bei GmbH und bei KG

aa) Vorbemerkung

454 Zu berücksichtigen sind bei der GmbH und bei der KG jeweils die rechtsformabhängigen Firmierungsgrundsätze (siehe dazu oben). Wenn die Gesellschaften am selben Ort ihren Sitz haben, ist das Unterscheidungsgebot nach § 30 HGB zu berücksichtigen, darüber hinaus auch das Gebot zur Kennzeichnung der Haftungsbeschränkung nach § 19 Abs. 5 HGB. D.h. die Kommanditgesellschaft muss den Rechtsformzusatz „GmbH & Co." oder „GmbH & Co. KG" führen. Weil die Firma der KG nicht mehr die Firmen der GmbH enthalten muss, löst entweder eine ganz andere Firmierung von GmbH und KG das Unterscheidbarkeitsmerkmal oder bei gleicher Firmierung die Führung unterschiedlicher Zusätze.

Bei Gesellschaften mit Sitz am selben Ort wird das Unterscheidungsgebot in der Praxis dadurch bewältigt, dass der Firma der GmbH Zusätze angefügt werden, wie „Beteiligungs"-, „Verwaltungs-" oder „Betriebs-", die bei der Firma der KG dann zur Herstellung der Unterscheidbarkeit (berechtigt) weggelassen werden.

bb) Formulierungsbeispiele

Firma der GmbH

Die Gesellschaft führt die Firma Müller Express-Reinigung Beteiligungs-GmbH. 455

Alternativ:

Die Gesellschaft führt die Fa. Müller Holding GmbH.

Firma der KG

Die Gesellschaft führt die Firma Müller Express-Reinigung GmbH & Co. KG.

Alternativ:

Die Gesellschaft führt die Fa. Express-Reinigungs GmbH & Co. KG.

b) Unternehmensgegenstand

aa) Vorbemerkung

Gegenstand der Kommanditgesellschaft ist der Betrieb eines Handelsgewerbes, während die GmbH in der Regel selbst kein Handelsgewerbe führt, sondern sich meist darauf beschränkt, sich an der Kommanditgesellschaft als persönlich haftender Gesellschafter zu beteiligen und deren Geschäfte zu führen (zwingend ist dies aber nicht). Grundsätzlich kann die GmbH auch eigengewerblich tätig werden; wenn sie auf dem Bereich des Unternehmensgegenstands der KG auch selbst gewerblich tätig werden will, ist allerdings das Wettbewerbsverbot des § 112 HGB zu berücksichtigen. 456

Umstritten ist, ob bei einer GmbH, die nur die Beteiligung und Geschäftsführung übernimmt, der Unternehmensgegenstand der KG, an der sich die GmbH beteiligt, auch im Unternehmensgegenstand der GmbH wiedergegeben werden muss. Zur Sicherheit sollte dies in den Gesellschaftsvertrag der GmbH aufgenommen werden.

bb) Formulierungsbeispiele

Unternehmensgegenstand bei der KG

Gegenstand des Unternehmens ist der Betrieb von Expressreinigungen. 457

Unternehmensgegenstand bei der GmbH

Gegenstand des Unternehmens ist die Übernahme der Stellung eines persönlich haftenden Gesellschafters in der Müller Express-Reinigung GmbH & Co. KG, die auf den Betrieb von Expressreinigungen gerichtet ist.

c) Befreiung von § 181 BGB

aa) Vorbemerkung

458 Vom Selbstkontrahierungsverbot werden bei einer GmbH & Co. KG folgende Geschäfte erfasst:

- Geschäfte zwischen der KG und ihrer Komplementär GmbH, die durch die Komplementär-GmbH vertreten wird,
- Geschäfte zwischen dem Geschäftsführer der GmbH und der GmbH,
- Geschäfte zwischen dem Geschäftsführer der GmbH und der KG.

bb) Gestaltungsgrundsätze

459 Da sonst Verträge zwischen der GmbH und der KG nicht abgeschlossen werden können, ist in jedem Fall sowohl im Vertrag der GmbH die Befreiung für die Geschäfte mit der KG als auch im Vertrag der KG die Befreiung für Geschäfte mit der GmbH vorzusehen, zumindest als Ermächtigungsgrundlage für einen befreienden Gesellschafterbeschluss.

Wenn dem Geschäftsführer der GmbH darüber hinaus generell gestattet werden soll, sowohl im eigenen Namen, als auch im Namen der GmbH als auch im Namen der KG aufzutreten, ist Folgendes veranlasst:

Im Gesellschaftsvertrag der KG müssen die GmbH und deren Geschäftsführer von den Beschränkungen des § 181 BGB befreit werden.

Im Vertrag der GmbH muss der Geschäftsführer von den Beschränkungen des § 181 befreit werden.

Ob eine so weiter gehende generelle Befreiung erteilt wird, ist für den Einzelfall zu entscheiden, empfiehlt sich aber jedenfalls für die Einmann-GmbH & Co. KG.

cc) Formulierungsbeispiele

Nur Befreiung, soweit Geschäfte zwischen der GmbH und der KG abzuschließen sind

460 **Gesellschaftsvertrag der KG**

Der persönlich haftende Gesellschafter (GmbH) und seine Geschäftsführer sind für Geschäfte der GmbH mit der Gesellschaft von den Beschränkungen des § 181 BGB befreit.

Satzung der GmbH

Die Geschäftsführer der Gesellschaft (GmbH) sind in jedem Fall befugt, die Gesellschaft (GmbH) bei Geschäften mit der Kommanditgesellschaft, an der sie (GmbH) als persönlich haftender Gesellschafter beteiligt ist, unter Befreiung von den Beschränkungen des § 181 BGB abzuschließen.

Ergänzung bei genereller Befreiung

Gesellschaftsvertrag der KG 461

Auch die Geschäftsführer des Komplementärs sind für eigene Geschäfte mit der Gesellschaft von den Beschränkungen des § 181 BGB befreit und für Geschäfte zwischen der Gesellschaft und Dritten, wenn sie auch für den Dritten auftreten.

Satzung der GmbH

Die Geschäftsführer der Gesellschaft sind auch für eigene Geschäfte mit der GmbH von den Beschränkungen des § 181 BGB befreit und für Geschäfte zwischen der GmbH und Dritten, wenn sie auch für den Dritten auftreten.

dd) Handelsregisteranmeldung und -eintragung

Bei der GmbH ist mit der Vertretungsbefugnis des Geschäftsführers dessen Befreiung von § 181 BGB anzumelden und einzutragen. Bei der KG ist im Rahmen von deren Vertretungsverhältnis ebenfalls anzumelden und einzutragen, dass die GmbH selbst von § 181 BGB befreit ist. Nach neuerer Ansicht ist es auch eintragungsfähig, dass der jeweilige Geschäftsführer der GmbH nicht von der Vertretung ausgeschlossen ist, wenn er eigene Geschäfte mit der KG vornimmt. Voraussetzung dafür ist, dass die Befugnis dem jeweiligen Geschäftsführer der GmbH (abstrakt) zusteht. 462

3. Verzahnung der Beteiligungen bei der GmbH und der KG

Bei der Vertragsgestaltung der beiden erforderlichen Gesellschaftsverträge (GmbH-Vertrag und KG-Vertrag) ist auf die Sicherung der Beteiligungsidentität auch nach Gründung der Gesellschaft zu achten. Die Beteiligungsidentität wird insbesondere durch folgende Umstände gefährdet: 463

– Beteiligungsveräußerung,

– Tod eines Gesellschafters,

– Ausschließung oder sonstiges Ausscheiden eines Gesellschafters.

Nur bei der Einmann-GmbH & Co. KG, bei der dieselbe natürliche Person einziger Gesellschafter der GmbH und einziger Kommanditist ist, kann ggf. darauf verzichtet werden, die Beteiligungsidentität besonders zu sichern, da sie bei der Einmann-GmbH & Co. KG durch den Gesell- 464 schafter nach Vertragsabschluss ohne weiteres selbst wie folgt hergestellt werden kann:

- bei der Beteiligungsveräußerung dadurch, dass nicht nur der GmbH-, sondern auch der Kommanditanteil abgetreten wird,
- bei seinem Tod, indem er sowohl den nach dem Gesetz frei vererblichen KG-Anteil als auch die nach dem Gesetz frei vererbliche Beteiligung an der GmbH an dieselbe Person vererbt.

Ausschließungsprobleme oder sonstige Ausscheidensprobleme spielen hier keine Rolle.

Bei den sonstigen Unternehmen, die aus mehreren Gesellschaftern der GmbH und mehreren Kommanditisten bestehen, sind besondere Vertragskautelen zur Sicherung der Beteiligungsidentität in die Gesellschaftsverträge aufzunehmen.

a) Identitätsgrundsatz

465 In die Satzung der Komplementär-GmbH und den Gesellschaftsvertrag der KG kann eine Bestimmung aufgenommen werden, dass identische Beteiligungsverhältnisse bei der GmbH und bei der KG bestehen sollen. Dieser Grundsatz kann für die Auslegung einzelner Satzungsbestimmungen von Bedeutung sein.

Formulierungsbeispiel für beide Gesellschaftsverträge:

An der ... GmbH sind dieselben Personen beteiligt, die auch die Kommanditisten der ... KG sind, deren einziger persönlich haftender Gesellschafter die KG ist.

Das Verhältnis der Geschäftsanteile der Gesellschafter entspricht bei Gründung der GmbH dem Verhältnis der Hafteinlagen der Gesellschafter als Kommanditisten an der KG, an der sich die GmbH als persönlich haftende Gesellschafterin beteiligt. Diese „Beteiligungsidentität" soll auch nach Gründung der Gesellschaften gewahrt bleiben. Soweit nach der Satzung der GmbH den Gesellschaftern Ankaufs- oder Vorkaufsrechte zustehen oder Gesellschafter aus der Gesellschaft ausgeschlossen oder deren Geschäftsanteil eingezogen werden können, ist zu berücksichtigen, dass durch Ankaufs- oder Vorkaufsrechte, Einziehungen oder Zwangsabtretungen der Grundsatz der Beteiligungsidentität gewahrt bleiben muss. Dies gilt umgekehrt bei der KG bei Veräußerung, beim Tod eines Gesellschafters oder wenn dieser aus der Gesellschaft ausgeschlossen wird oder sonst ausscheidet. Die Gesellschafter sind verpflichtet, die Beteiligungsidentität herzustellen, wenn diese nicht automatisch eintritt.

b) Ergänzung der Bestimmungen betr. die Verfügung über Geschäftsanteile/Beteiligungen

aa) Vorbemerkung

Oben wurde dargestellt, dass in vielen Satzungen die nach § 15 Abs. 1 GmbH grundsätzlich verankerte freie Abtretbarkeit des Geschäftsanteils beschränkt wird (siehe dazu § 15 Abs. 5 GmbHG). Für den Kommanditanteil gilt schon von Gesetzes wegen, dass er – vorbehaltlich einer abweichenden gesellschaftsvertraglichen Regelung – nur mit Zustimmung aller Mitgesellschafter veräußert werden kann. Diese Bestimmungen sind in jedem Fall zu harmonisieren. 466

bb) Freie Veräußerlichkeit der Beteiligungen gewünscht

Wenn die Gesellschafter der GmbH grundsätzlich die freie Verfügbarkeit über die Geschäftsanteile wünschen, ist bei der KG die freie Abtretbarkeit gesellschaftsvertraglich vorzusehen, im Übrigen aber jeweils zu bestimmen, dass 467

– bei der GmbH Verfügungen über Geschäftsanteile nur zulässig sind, wenn gleichzeitig an denselben Erwerber im selben Verhältnis der Kommanditanteil übertragen wird; nur unter dieser Bedingungen darf bei teilweisen Veräußerungen des Geschäftsanteils die Zustimmung zur Geschäftsanteilsveräußerung erteilt werden;

– bei der KG der Kommanditanteil nur zusammen mit dem GmbH-Anteil im selben Verhältnis veräußert werden kann.

cc) Eingeschränkte Veräußerlichkeit gewünscht

Die Veräußerungsbeschränkung muss in der GmbH-Satzung verankert werden. Zugleich ist im Gesellschaftsvertrag der KG die eingeschränkte Veräußerlichkeit unter denselben Voraussetzungen zu verankern. Darüber hinaus ist die anteilsidentitätswahrende Bestimmung nach bb) in beide Gesellschaftsverträge aufzunehmen. 468

dd) Ankaufs- und Vorkaufsrechte

Wenn im Zusammenhang mit der Verfügung über Beteiligungen Ankaufs- oder Vorkaufsrechte der weiteren Gesellschafter vereinbart sind, ist das Ankaufs- oder Vorkaufsrecht identisch für den Geschäftsanteil der GmbH und die Kommanditbeteiligung zu begründen und zugleich zu bestimmen, dass es bezüglich des GmbH-Geschäftsanteils und der Kommanditbeteiligung nur einheitlich ausgeübt werden kann. 469

c) Formulierungsbeispiele

aa) Sonst freie Veräußerlichkeit des Geschäftsanteils und der Beteiligung

Satzung der GmbH

1. Ein Gesellschafter kann über seinen Geschäftsanteil grundsätzlich frei verfügen, insbesondere diesen frei veräußern, allerdings nur, wenn er gleichzeitig an denselben Erwerber im gleichen Verhältnis seinen Kommanditanteil an der Kommanditgesellschaft veräußert.
2. Bei teilweisen Veräußerungen des Geschäftsanteils ist nur unter dieser Bedingung die Zustimmung nach § 46 GmbHG zur Anteilsteilung zu erteilen.

Gesellschaftsvertrag der KG

Ein Kommanditist kann über seinen Kommanditanteil grds. frei verfügen, allerdings nur, wenn er an denselben Erwerber im selben Anteilsverhältnis den Geschäftsanteil an der GmbH veräußert.

bb) Sonst bestehendes Vorkaufsrecht bei der Veräußerung des Geschäftsanteils/der Beteiligung

Satzung der GmbH

1. Veräußert ein Gesellschafter seinen Geschäftsanteil, steht den weiteren Gesellschaftern im Verhältnis von deren Beteiligung das Vorkaufsrecht an dem Geschäftsanteil und dem Kommanditanteil zu. Veräußert ein Gesellschafter mit seinem Geschäftsanteil nicht zugleich oder nicht zugleich vollständig seinen Kommanditanteil, steht den weiteren Gesellschaftern im Verhältnis von deren Beteiligung ein Ankaufsrecht auch an dem Kommanditanteil zu folgendem Ankaufspreis zu: … Preisbestimmung.
2. Die vorkaufs- bzw. ankaufsberechtigten weiteren Gesellschafter sind nur zur einheitlichen Ausübung des Vorkaufsrechts bzw. des Vorkaufs- und Ankaufsrechts bezüglich der GmbH- und der KG-Beteiligung berechtigt.

Gesellschaftsvertrag der KG

1. Veräußert ein Gesellschafter seinen Kommanditanteil, steht den weiteren Gesellschaftern im Verhältnis von deren Beteiligung das Vorkaufsrecht an dem KG-Anteil und dem GmbH-Geschäftsanteil zu. Veräußert … (wie GmbH-Satzung).
2. Siehe 1.

cc) Anbietungspflicht mit Ankaufsrecht

Siehe dazu Grundformulierung nach Rz. 444. Folgende Ergänzung ist bei der GmbH veranlasst:

Dabei ist den weiteren Gesellschaftern nicht nur die Beteiligung des veräußerungswilligen Gesellschafters an der GmbH, sondern auch seine Beteiligung als Kommanditist an der KG zum Kauf anzubieten, bei Teilveräußerungen eine Teilbeteiligung in derselben prozentualen Höhe wie die GmbH-Beteiligung.

Die weiteren Gesellschafter sind zur einheitlichen Ausübung des Ankaufsrechts bezüglich der GmbH- und der KG-Beteiligung berechtigt.

In den Gesellschaftsvertrag der KG ist eine Klausel entsprechend Rz. 444 aufzunehmen und mit den o.g. Ergänzungen zu versehen.

d) Ergänzung der Bestimmungen beim Tod des Gesellschafters

aa) Bei sonst freier Vererblichkeit

Probleme entstehen, wenn sowohl nach dem Gesellschaftsvertrag der KG als auch nach dem Gesellschaftsvertrag der GmbH die Beteiligung frei vererblich ist, durch letztwillige Verfügung die Beteiligungen aber verschiedenen Personen „zugewendet" werden. Die Beteiligungsidentität wird hier gewahrt, wenn für diesen Fall bei der KG die Ausschließung aus der Gesellschaft angeordnet wird (Folge: verhältnismäßige Anwachsung an Mitgesellschafter) und bei der GmbH parallel dazu die Einziehung des Anteils, die Zwangsabtretung an die Gesellschaft selbst oder die Zwangsabtretung an die Mitgesellschafter im Verhältnis von deren Beteiligung vorgesehen wird.   475

bb) Qualifizierte Nachfolgeregelung

Wenn eine qualifizierte Nachfolgeregelung (nur eine bestimmte Person kann Nachfolger beim Tod werden oder eine Person, die bestimmte Kriterien erfüllt) vorgesehen wird, ist zu berücksichtigen, dass diese bei der KG grds. vorgesehen werden kann, aber voraussetzt, dass der vorgesehene Nachfolger zumindest Miterbe wird. Eine Regelung ist deshalb auch für den Fall zu finden, wenn die Nacherbfolgeregelung bei der KG fehlschlägt, weil der Nachfolger nicht zumindest Miterbe wird.   476

(1) Qualifizierte Nachfolgeregelung bei der GmbH

Damit nur der vorgesehene Nachfolger Gesellschafter der GmbH wird, ist vorzusehen, dass die Vererbung an andere Personen als den „qualifizierten Nachfolger" bei der GmbH sanktioniert wird. Diese Sanktion muss darin bestehen, dass eine Zwangsabtretung an den zugelassenen Nachfolger angeordnet wird. Einziehungen oder Zwangsabtretungen an die Mitgesellschafter wären nicht hilfreich, da diese ohne zusätzliche Maßnahmen (Wiederausgabe des Geschäftsanteils an den zugelassenen Nachfolger oder erneute Abtretung an den zugelassenen Nachfolger) bei der GmbH keine Beteiligungsidentität herstellen würden. Problematisch bleibt selbst bei einer solchen Klausel, dass der begünstigte Nachfolger einer solchen Zwangsabtretungsregelung dann das Abfindungsentgelt aufzubringen hat.   477

(2) Regelung des Scheiterns

478 Wenn der vorgesehene Nachfolger weder bei der KG Gesellschafter wird, z.b. weil er noch nicht einmal Miterbe geworden ist, noch bei der GmbH, kann die Beteiligungsidentität auf zwei verschiedene Weisen hergestellt werden:

– Wenn die Gesellschaft nur unter den bisherigen Gesellschaftern festgesetzt werden soll, bei der KG dadurch, dass der Erbe in diesem Fall automatisch aus der Gesellschaft ausscheidet, und bei der GmbH dadurch, dass die Einziehung des Geschäftsanteils, die Zwangsabtretung an die Gesellschaft oder die weiteren Gesellschafter im Verhältnis von deren Beteiligung vorgesehen wird.

– Oder, wenn die Beteiligungsidentität unter Einbeziehung des „vorgesehenen Nachfolgers" vorgesehen werden soll, dadurch, dass dem vorgesehenen Nachfolger ein Eintrittsrecht in die KG gegeben wird und die Zwangsabtretung des Geschäftsanteils bei der GmbH an den Nachfolger ermöglicht und durchgeführt wird.

e) Ergänzung der Bestimmungen beim Zwangsausscheiden

479 Die Beteiligungsidentität kann bei der Ausschließung eines Gesellschafters einfach wie folgt hergestellt werden:

Im GmbH-Vertrag ist zu verankern:

Bei der Ausschließung aus der KG kann der Anteil eingezogen werden oder ein Beschluss gefasst werden, dass er an die Gesellschaft oder die Mitgesellschafter zwangsabgetreten werden muss.

Bei der KG ist vorzusehen:

Beim zwangsweisen Ausscheiden aus der GmbH wird der Gesellschafter auch als Kommanditist ausgeschlossen.

IX. AG, insbesondere kleine AG

1. Allgemeine Vorbemerkungen

a) Grundlagen, SE als Gestaltungsalternative

480 Die AG stellt wie die GmbH eine juristische Person dar (§ 1 Abs. 1 AktG). Anders als bei der GmbH gilt aber nicht der Grundsatz der weitestgehenden Dispositivität des Rechts durch die privatautonome Gesellschaftsvertragsgestaltung. Statt dessen gilt der Grundsatz der Gesetzesstrenge der Satzung (§ 23 Abs. 5 AktG). Nur dort, wo das Gesetz selbst Abweichungen zulässt, sind solche möglich. Auch Ergänzungen sind nur möglich, wo das AktG selbst keine abschließende Regelung enthält. (Auch) in den Fällen, in denen eine kapitalistische Kapitalgesellschaft (mit Chance auf eine Börsenzulassung) errichtet werden soll, das AktG aber erwünschte Satzungsregelungen nicht zulässt, sollte geprüft werden,

IX. AG, insbesondere kleine AG

ob nicht alternativ eine SE (basierend auf der SE-VO und dem Ausführungsgesetz dazu) errichtet wird; diese lässt vor allem im Bereich der „inneren Organisation" der Gesellschaft einen größeren Handlungsspielraum zu. Siehe im Übrigen Rz. 544 ff. u. Spezialschrifttum zur SE.

b) „Kleine AG"

Der Grundsatz der Gesetzesstrenge gilt auch für „kleine AG"; bei ihr handelt es sich nicht um eine Rechtsform der AG, die neben eine „große AG" treten würde. Vielmehr beseitigte das Gesetz zur Deregulierung des Aktienrechts vom 2.8.1994 etliche Hemmnisse, die bis dahin einer stärkeren Verbreitung der AG entgegengestanden hatten. Dazu gehören Gesetzesänderungen, 481

– die unabhängig vom Aktionärskreis und der Aktionärsstruktur gelten, z.B. die Ermöglichung der Einmann-AG-Gründung (§ 2 AktG), und

– solche, die nur für nicht börsennotierte AG gelten, z.B. die Möglichkeit Hauptversammlungen ohne Beschlüsse mit satzungsändernder Mehrheit durch den Aufsichtsratsvorsitzenden protokollieren zu lassen (§ 130 Abs. 1 Satz 3 AktG), sowie

– solche, die von Betriebsgrößen abhängen, z.B. Möglichkeit nur einen Vorstand bei einem Grundkapital bis zu 3 Mio. Euro (§ 76 Abs. 2 AktG) zu bestellen, und

– solche, die vom Aktionärskreis abhängen, z.B. Möglichkeit der Einberufung der Hauptversammlung durch eingeschriebenen Brief bei namentlich bekannten Aktionären (§ 121 Abs. 4 Satz 2 AktG).

c) Gründe für die AG

Durch diese Liberalisierung des Aktienrechts, vor allem durch die Möglichkeit, einen Aufsichtsrat nur durch Vertreter der Anteilseigner zu besetzen, wenn die AG weniger als 500 Arbeitnehmer beschäftigt (§ 76 Abs. 6 BetrVG 1952), und durch die verstärkte Kapitalmarktakzeptanz von Börsenneulingen erlebt die AG in den letzten Jahren einen erheblichen Aufschwung, vor allem bei Neugründungen. Aber auch Mittelstandsunternehmen, die bisher als GmbH oder GmbH & Co. KG geführt wurden, wechseln häufiger als früher in die Rechtsform der AG oder denken zunehmend über einen Rechtsformwechsel nach. 482

Gründe für einen Wechsel von der GmbH oder GmbH & Co. KG in die AG sind: 483

– höheres Ansehen der AG am Markt; dieser Aspekt wird mit zunehmender Verbreitung der AG aber an Gewicht verlieren;

– bessere Akzeptanz im internationalen Rechtsverkehr;

– bessere Rechtsform für das Spitzenmanagement aufgrund höherer Unabhängigkeit des Vorstands;

- bessere Möglichkeiten zur Mitarbeiterbeteiligung; dieser Gesichtspunkt spielt vor allem bei Unternehmen eine Rolle, die ihre Mitarbeiter in Branchen mit Arbeitskräftemangel beschäftigen und solche nur durch „Mitarbeiterbeteiligungsmodelle" gewinnen können;
- Möglichkeit zur Kapitalaufnahme an der Börse;
- Vorbereitung auf den späteren Börsengang durch Hineinwachsen in die Rechtsform der AG.

d) Personalistische, insb. Familien-AG

aa) Personalisierung durch satzungs- und schuldrechtliche Abreden

484 Vor allem Gesellschaften, die noch nicht börsennotiert sind, weisen entweder bisher (in der Rechtsform GmbH oder GmbH & Co. KG) eine personalistische Struktur auf und wollen diese (bis zu einem Börsengang) auch beibehalten oder (bei Neugründungen in der Rechtsform der AG) wollen diese zunächst auch im „Rechtskleid AG" aufweisen. Hier erweist sich der Grundsatz der „Gesetzesstrenge der AG" als – eingeschränkt überwendbares – Problem: Das Recht der AG ist grundsätzlich kapitalistisch. Überlegungen, der Satzung eine personalistische Struktur zu verleihen, scheitern häufig am AktG: z.B. sind Mehrfach- oder Vorzugsstimmrechte nicht möglich, sind die Anteile frei vererblich, können Vorzugsrechte auf Geschäftsführung, d.h. Vorstandstätigkeit nicht in der Satzung begründet werden. Neben die Bestimmungen der Satzung können aber schuldrechtliche Abreden der Gesellschafter treten, die den personalen Bezug auch bei der AG herstellen.

bb) Beispiele

485 Zu den entsprechenden Maßnahmen der „Personalisierungen" gehören:
- Stimmen- oder Aktienpooling,
- Stimmrechtslose Vorzugsaktien,
- Entsendungsrechte in den Aufsichtsrat.

cc) Sicherung des Fortbestands der schuldrechtlichen Abreden bei Einzelrechtsnachfolge

486 Dabei ist wichtig:

Die rein schuldrechtlichen Abreden unter Gesellschaftern wirken zwar gegenüber Gesamtrechtsnachfolgern (z.B. Erben) automatisch, nicht aber gegenüber Einzelrechtsnachfolgern (z.B. Aktienkäufern).

Der Eintritt des Einzelrechtsnachfolgers muss deshalb – ebenfalls auf schuldrechtlicher Basis – sichergestellt werden, z.B. indem bei Einzelrechtsnachfolge den Mitgesellschaftern ein Ankaufsrecht zu Vorzugsbedingungen eingeräumt wird, wenn der Erwerber nicht in die schuldrechtlichen Gesellschafterabreden eintritt, oder indem die Einzelrechtsnachfolge ohne Eintritt durch Vertragsstrafen sanktioniert wird.

dd) Vinkulierte Namensaktien

Namensaktien können vinkuliert werden; d.h. die Übertragung kann von der Zustimmung des Gesellschaftsvorstands abhängig gemacht werden (§ 68 Abs. 1 Satz 1 AktG). Die Satzung kann Vorgaben für die Zustimmung machen (§ 68 Abs. 1 Satz 4 AktG). Hier kann der Eintritt in die schuldrechtlichen Abreden zur Bedingung erklärt werden. 486a

ee) Formulierungsbeispiele
Sicherung des Beibehalts der schuldrechtlichen Abrede durch

(1) Ankaufsrecht

Jeder Aktionär räumt den an der o.a. Abrede mitbeteiligten weiteren Aktionären und deren Einzelrechtsnachfolgern, die in die Abrede eintreten, ein Recht zum Ankauf seiner Aktien zum Nominalwert des Anteils, maximal zum anteiligen Buchwert ein, wenn er über den Anteil ohne Eintritt des Erwerber in diese Abreden verfügt, insbesondere diesen veräußert. Mehreren Berechtigten steht das Recht entsprechend den Bedingungen des gesetzlichen Vorkaufsrechts zu. Auch sonst gelten für das Ankaufsrecht mit Ausnahme des Preises die Bedingungen des BGB für das Vorkaufsrecht. 487

(2) Vertragsstrafe

Verfügt ein Aktionär über den Anteil ohne Eintritt des Erwerbers in diese o.a. Abreden, hat er den weiteren Aktionären eine Vertragsstrafe in Höhe des Werts seines Anteils, über den er so verfügt, zu bezahlen. 488

(3) Vinkulierte Namensaktien

Die Aktien lauten auf den Namen. Ihre Übertragung bedarf der Zustimmung der Gesellschaft. Die Zustimmung darf nur verweigert werden, wenn der Erwerber nicht in den „Poolvertrag der Gesellschafter vom …" eintritt. 488a

e) Vorbemerkungen zur folgenden Checkliste

Die Vertragsbestimmungen der folgenden Checkliste sind z.T. solche, die Satzungsbestandteil sein müssen oder können, z.T. solche, die die Satzung auf schuldrechtlicher Ebene unter den Gesellschaftern ergänzen. Diese Rechtsqualität ist jeweils angegeben. 489

2. Vertragliche Grundlagen

a) Firma

aa) Verweisung

490　Hierzu wird verwiesen auf die Ausführungen zum GmbH-Recht. Personen-, Sach-, Phantasie- und Mischformen sind nunmehr auch bei der AG möglich. Als erforderlicher Rechtsformzusatz ist zulässig „Aktiengesellschaft", „AG" und sonstige verständliche Abkürzungen.

bb) Rechtsnatur

491　Die Firma ist zwingender Satzungsbestandteil (§ 23 Abs. 3 Nr. 1 AktG).

b) Namensrechte

aa) Verweisung

492　Siehe dazu die Ausführungen zum GmbH-Recht.

bb) Rechtsnatur

493　Abreden über Namens(fort)führungsrechte sind solche zwischen der AG und dem namensgebenden Aktionär. Sie sind nicht Bestandteil der Satzung, sondern eine gesonderte schuldrechtliche Abrede zwischen Gesellschaft (AG) und dem Aktionär, die in die Gründungsurkunde aufgenommen wird.

c) Sitz; inländische Geschäftsanschrift

aa) Verweisung

494　Siehe dazu die Ausführungen zum GmbH-Recht. Wie bei der GmbH kann als Sitz ein beliebiger Ort im Inland gewählt werden.

bb) Rechtsnatur

495　Die Bestimmung über den Sitz, nicht die inländische Geschäftsanschrift, ist zwingender Satzungsbestandteil (siehe dazu § 23 Abs. 3 Nr. 1 AktG).

d) Unternehmensgegenstand

aa) Verweisung

496　Hierzu wird grundsätzlich verwiesen auf das GmbH-Recht.

bb) Aktienrechtliche Besonderheiten

Bei Industrie- und Handelsunternehmen ist die Art der Erzeugnisse und Waren, die hergestellt und gehandelt werden sollen, näher anzugeben. Allgemeine Umschreibungen wie z.B. „Handel von Waren aller Art und Erbringen von Dienstleistungen aller Art" sind nicht zulässig (siehe dazu § 23 Abs. 3 Nr. 2 AktG). 497

Darüber hinaus war früher folgende aktienrechtliche Besonderheit zu berücksichtigen: Verträge, die die Gesellschaft innerhalb der ersten zwei Jahre seit Eintragung in das Handelsregister über den Erwerb von Vermögensgegenständen abschließt, bedürfen der Beachtung so genannter „Nachgründungsvorschriften" nach § 52 AktG, wenn die Vergütung den zehnten Teil des Grundkapitals übersteigt oder der Vertrag mit den Gründern geschlossen wird. Dies wird bei einem nicht allzu hohen Grundkapital recht häufig der Fall sein. Der Einhaltung der aufwendigen Nachgründungsvorschriften bedurfte es allerdings nicht, wenn der Erwerb der Vermögensgegenstände den Gegenstand des Unternehmens bildete (siehe dazu § 52 Abs. 9 AktG). Seit dem 1.1.2000 stellt § 52 Abs. 9 AktG klar, dass laufende Geschäfte der Gesellschaft nicht der Nachgründung unterliegen. Sie müssen nicht wieder in die Satzung aufgenommen werden. 498

cc) Formulierungsbeispiel

Gegenstand des Unternehmens ist die Erbringung von Ingenieurdienstleistungen. 499

dd) Rechtsnatur

Der Unternehmensgegenstand ist zwingender Satzungsbestandteil. 500

e) Grundkapital

aa) Verweisung, Vorbemerkungen

Siehe dazu zunächst die Ausführungen zur GmbH beim „Stammkapital". Die satzungsmäßige Kapitalausstattung wird bei der AG Grundkapital genannt. Das Mindestgrundkapital beträgt 50 000 Euro. Die Bedeutung bei der Kapitalerhaltung und beim Verlust des Grundkapitals entspricht der bei der GmbH, siehe dazu § 57 Abs. 1 und § 92 Abs. 1 AktG. 501

bb) Rechtsnatur

Die Bestimmung über das Grundkapital ist zwingend Satzungsbestimmung (siehe dazu § 23 Abs. 3 Nr. 3 AktG). 502

f) Einteilung des Grundkapitals

aa) Vorbemerkungen

503 Das Grundkapital kann eingeteilt werden in Nennbetragsaktien oder in (nennbetragsfreie) Stückaktien. Ein Nebenher von Nennbetrags- und Stückaktien ist nicht möglich.

bb) Nennbetragsaktien

504 Nennbetragsaktien müssen auf mindestens 1 Euro oder ein mehrfaches, mindestens aber immer auf volle Euro lauten (siehe dazu § 8 Abs. 2 AktG).

cc) Stückaktien

505 Auch bei Stückaktien darf der auf die einzelne Aktie entfallende rechnerische Anteil den Betrag des Grundkapitals 1 Euro nicht unterschreiten. Er kann auf ein mehrfaches, aber immer nur auf volle Euro lauten.

dd) Formulierungsbeispiele

(1) Nennbetragsaktien

506 Das Grundkapital der Gesellschaft von 50 000 Euro ist eingeteilt in 50 000 Aktien, die jeweils auf den Nennbetrag von 1 Euro lauten.

(2) Stückaktien

Das Grundkapital der Gesellschaft in einer Höhe von 50 000 Euro ist eingeteilt in 50 000 nennbetragsfreie Stückaktien.

ee) Rechtsnatur

507 Die Bestimmungen über die Zerlegung des Grundkapitals sind zwingend Satzungsbestimmungen (siehe dazu § 23 Abs. 2 Nr. 4 AktG).

g) Inhaber- oder Namensaktien

aa) Grundsätzliches Wahlrecht

508 Aktien können entweder auf den Inhaber oder auf den Namen lauten (siehe dazu § 10 Abs. 1 AktG). Nur dann, wenn die Aktien vor der vollen Einzahlung ausgegeben werden, müssen sie auf den Namen lauten. Wenn die Aktien endgültig auf den Inhaber lauten sollen, aber schon vor der vollen Einlageleistung eine Verbriefung erfolgen soll, werden so genannte (auf den Namen lautende) Zwischenscheine (§§ 8 Abs. 6, 10 Abs. 3 AktG) ausgegeben.

bb) Unterschiede zwischen Namens- und Inhaberaktien

– Registrierung bei der Gesellschaft

Nur Namensaktien werden in ein Aktienbuch der Gesellschaft eingetragen, das bei der Ausgabe von Namensaktien zwingend zu führen ist. Einzutragen sind neben aktienspezifischen Angaben Name, Wohnort und Geburtsdatum. Dieses Namensbuch hat folgende Funktion: Im Verhältnis zur Gesellschaft gilt als Aktionär nur, wer im Aktienbuch eingetragen ist (siehe dazu § 67 Abs. 2 AktG). Nach § 67 Abs. 6 AktG kann der Aktionär Auskunft zu seinen Daten verlangen.

– Übertragungsakte

Sowohl Namens- als auch Inhaberaktien können durch Abtretung der Anteile nach §§ 398 und 413 BGB abgetreten werden. Wenn keine Aktienurkunden ausgegeben werden, ist dies die einzige zulässige Form der Anteilsabtretung. Falls die Aktien verkörpert sind, gilt (außer bei Depotverwahrung): Bei Inhaberaktien ist die Übertragung durch Übereignung der Urkunde nach §§ 929 ff. BGB möglich.

Bei Namensaktien ist die Übertragung durch Indossament nach § 69 Abs. 1 AktG in Verbindung mit Art. 12, 13 und 16 Wechselgesetz und Übereignung der Aktienurkunde möglich.

– Vinkulierung

Nur bei Namensaktien kann die Übertragung an die Zustimmung der Gesellschaft durch Satzung gebunden werden. Zuständig ist dafür nach § 68 Abs. 2 Abs. 6 AktG der Vorstand. Durch die Satzung kann geregelt werden, dass die Zustimmung des Vorstands von einem Beschluss des Aufsichtsrats oder der Hauptversammlung abhängt. Wegen der personalistischen Struktur der kleinen AG werden dort in der Regel vinkulierte Namensaktien ausgegeben.

Bei Inhaberaktien ist eine solche Vinkulierung nicht möglich. Sie sind kraft Rechts völlig frei übertragbar.

cc) Formulierungsbeispiele

Inhaberaktien

Die Aktien lauten auf den Inhaber ... .

Namensaktien

Die Aktien lauten auf den Namen ... .

Ergänzung bei Vinkulierung von Namensaktien

Die Übertragung der Aktien bedarf der Zustimmung durch die Gesellschaft. Ggf. Ergänzung: Über die Erteilung der Zustimmung beschließt der Aufsichtsrat/Alternative: die Hauptversammlung.

h) Gesellschafter, Einlagen

aa) Gesetzliche Regelung

511 Nach § 23 Abs. 2 Nr. 1, 2 und 3 AktG reicht es bei der AG anders als bei der GmbH aus, dass die ersten Aktionäre der AG, die so genannten Gründer, unter Angabe über deren Beteiligung, nämlich

- bei Nennbetragsaktien des Nennbetrages
- bei Stückaktien der Zahl
- des Ausgabebetrages
- bei verschiedenen Gattungen der Angabe der Gattung

in die Urkunde über die Errichtung der AG aufgenommen werden; die Bestimmungen sind aber nicht Bestandteil der Satzung nach § 23 Abs. 3 AktG, sondern Bestandteil des so genannten „Mantels".

Entsteht die Aktiengesellschaft im Rahmen einer formwechselnden Umwandlung (§§ 190 ff. UmwG), müssen die entsprechenden Angaben in dem Umwandlungsbeschluss enthalten sein.

bb) Formulierungsbeispiele

512 1. An der Gründung der Gesellschaft beteiligen sich als Gründer Max Meier und Hans Müller. Max Meier übernimmt 30 000 und Hans Müller übernimmt 20 000 nennwertlose Namens-Stückaktien mit je einem rechnerischen Anteil von 1/50 000 des Grundkapitals der Gesellschaft von 50 000 Euro, die zum Betrag von 2 Euro je nennwertlose Namens-Stückaktie ausgegeben werden.

2. Auf das Grundkapital der Gesellschaft zahlt A 15 000 Euro auf den rechnerischen Nennbetrag von 30 000 Euro und das gesamte Aufgeld von 30 000 Euro, B 10 000 Euro auf den rechnerischen Nennbetrag von 20 000 Euro und das gesamte Aufgeld von 20 000 Euro.

3. Insgesamt werden also auf das Grundkapital von 50 000 Euro 25 000 Euro einbezahlt und das gesamte Aufgeld von 50 000 Euro, bzw. auf jede Aktie 0,5 Euro auf das Grundkapital und 1 Euro Aufgeld.

i) Bareinlagen, Sacheinlagen, Sachübernahmen

aa) Vorbemerkungen

513 Siehe zunächst bei der GmbH, Rz. 409 ff. Wie bei der GmbH ist gesetzlicher Regelfall der AG die bare Einlagenerbringung. Sacheinlagen und (hier gliedert das Aktienrecht weiter auf) Sachübernahmen sind wie bei der GmbH zulässig, bedürfen aber ebenfalls einer satzungsmäßigen Grundlage, wobei in der Satzung festgelegt werden müssen der Gegenstand der Sacheinlage oder Sachübernahme, die Person, von der die Gesellschaft den Gegenstand erwirbt und den Nennbetrag der bei der Sacheinlage zu gewährenden Aktien oder bei der Sachübernahme zu gewährenden Vergütung.

bb) Formulierungsbeispiel

Der Gesellschafter Hans Müller erbringt im Wege der Sacheinlage den im seinem Eigentum stehenden PKW Mercedes Benz T 300 mit dem Kennzeichen ..., der der Gesellschaft übereignet wird; der Nennbetrag der für die Sacheinlage zu gewährenden Aktien beträgt 20 000 Euro. Der den Nennbetrag der Stammeinlage von 20 000 Euro übersteigende Betrag des Werts des PKW ist in die Verbindlichkeiten der Gesellschaft einzustellen.

j) Fälligkeit der Einlageverpflichtungen

aa) Vorbemerkungen

Wie bei der GmbH gilt grundsätzlich, dass Sacheinlagen spätestens bei Eingang der Anmeldung beim Registergericht vollständig geleistet sein müssen (siehe dazu § 36a Abs. 2 Satz 1 AktG). Hierzu besteht aber noch die Sonderbestimmung des § 36a Abs. 2 Satz 2 AktG wonach dann, wenn die Sacheinlage in die Verpflichtung besteht, einen Vermögensgegenstand auf die Gesellschaft zu übertragen, diese Leistung innerhalb von fünf Jahren nach Eintragung der Gesellschaft in das Handelsregister bewirkt sein muss.

Daraus wird zum Teil gefolgert, dass bei der Übertragung von Vermögensgegenständen auf die Gesellschaft die Leistung auf die Dauer von 5 Jahren nach Eintragung der Gesellschaft in das Handelsregister aufgeschoben werden kann (siehe zum Streitstand *Hüffer* AktG, Rz. 4 zu § 36a und *Hoffmann-Becking* in Münch. Hdb. AG, § 4 Rz. 26).

Bei Bareinlagen muss mindestens ¼ des Nennbetrags einbezahlt sein und bei Ausgabe von Aktien zum Aufgeld auch das vollständige Aufgeld.

bb) Satzungsgestaltung

Wegen der Einlagefälligkeit existiert folgender Raum für satzungsmäßige Gestaltungen:

- Wenn bei Bareinlagen mehr als ¼ des Nennbetrags einbezahlt werden soll, kann dies in der Satzung verankert werden.
- Wenn die Aktien nicht in voller Höhe des Nennbetrags einzuzahlen sind, obliegt die Einforderung der ausstehenden Einlagen dem Vorstand nach § 76 ff. AktG. Die Entscheidung über die Einforderung kann zuvor nicht auf andere (z.B. den Aufsichtsrat oder die Hauptversammlung) verlagert werden. Nach § 111 Abs. 4 Satz 2 AktG kann aber die Satzung die Einforderung von der vorherigen Zustimmung des Aufsichtsrats abhängig machen. (Weiter kann der Aufsichtsrat selbst eine Geschäftsordnung für den Vorstand im Sinn des § 82 Abs. 2 AktG und § 111 Abs. 4 Satz 2 AktG erlassen und dabei bestimmen, dass die Einforderung weiterer Zahlungen auf die Einlage seiner Zustimmung bedarf.)

cc) **Formulierungsbeispiele**

517 *Alternative 1:* Einlagen sind sofort in voller Höhe zu leisten.

Die Einlagen sind sofort in voller Höhe zu leisten.

Alternative 2: Einforderung ausstehender Einlagen bedarf der Zustimmung durch den Aufsichtsrat der Hauptversammlung.

Auf die Aktien ist jeweils ¼ des (bei nennwertlosen Aktien: rechnerischen) Nennbetrags sofort zu leisten. Die spätere Einforderung ausstehender Einzahlungen bedarf eines vorherigen zustimmenden Aufsichtsratsbeschlusses.

k) **Gesellschafterstämme/Gesellschaftergruppen**

aa) **Vorbemerkungen, Verweisung**

518 Siehe dazu Rz. 107 ff.

Da das Aktienrecht Gesellschafterstämme und Gesellschaftergruppen sowie die stamm- oder gruppenbezogene Ausübung von Rechten nicht kennt, können diesbezügliche Abreden nur eingeschränkt in die Satzung der Aktiengesellschaft aufgenommen werden. Sie können aber durch Strukturierung des Aktionärskreises oder im Rahmen ergänzender schuldrechtlicher Abreden verabredet werden.

– Die Gesellschafterstamm- oder Gesellschaftergruppenbildung ist im Rahmen der Strukturierung des Aktionärskreises dadurch möglich, dass die Angehörigen des jeweiligen Stamms bzw. der jeweiligen Gruppe des jeweiligen Stammes die Aktien nicht jeweils individuell zeichnen, sondern als Bruchteilsberechtigte oder als Gesellschafter einer Gesellschaft des bürgerlichen Rechts. Beide Beteiligungsformen sind bei Aktiengesellschaften möglich (siehe dazu § 69 AktG). Vor allem aber Einziehungen zu Lasten einer Gruppe drohen trotz solcher strukturierender Maßnahmen das Stimmgewicht zwischen den einzelnen Gruppen zu stören. Deshalb empfiehlt es sich, solche strukturierende Maßnahmen durch schuldrechtliche Abreden zu ergänzen.

– Zu schuldrechtlichen Abreden: siehe oben bei Rz. 484 ff.

bb) **Formulierungsbeispiel**

519 1. Die Gesellschafter Hans und Beate Müller und deren Sohn Hans Müller jun., die 30 000 nennwertlose Namensaktien bei Gründung der Gesellschaft als Gesellschafter des bürgerlichen Rechts übernehmen und deren Rechtsnachfolger bilden die Gesellschaftergruppe „Müller". Die Gesellschafter Franz und Maria Meier und deren Rechtsnachfolger, die bei Gründung der Gesellschaft 20 000 nennwertlose Namensaktien übernehmen, bilden die Gesellschaftergruppe „Meier".

2. Soweit nach dem Gesetz oder der Satzung Umstände eintreten, die dazu führen, dass sich das Gewicht der Gruppen Müller und Meier anders entwickelt als 3:2, sind die Beteiligten verpflichtet, bei Maßnahmen mitzuwir-

ken, die dieses Gewicht wieder herstellen. Einigen sich die Beteiligten nicht darüber, welche konkrete Maßnahme zur Herbeiführung des Stimmgewichts ergriffen werden soll und zu welchen Bedingungen dies erfolgen soll, entscheidet hierüber ein von beiden Beteiligten übereinstimmend zu benennender Angehöriger der rechts- und steuerberatenden Berufe (Notar, Rechtsanwalt, Steuerberater, Wirtschaftsprüfer) als Schiedsgutachter; die Kosten des Schiedsgutachtens tragen die Gruppen Müller und Meier im Verhältnis 3 : 2.

Wichtig: Die entsprechende Klausel kann nicht in die Satzung, sondern nur in den Mantel als schuldrechtliche Abrede unter den Gründungsaktionären aufgenommen werden.

cc) Eingeschränkte satzungsmäßige Gestaltungsmöglichkeiten

(1) Einfluss auf die Organbesetzung

– Entsendungsrechte in den Aufsichtsrat können eingeschränkt durch die Satzung begründet werden: Maximal können Entsendungsrechte für insgesamt höchstens ⅓ der Aufsichtsratsmitglieder der Aktionäre eingeräumt werden. Das Recht kann Aktionären persönlich eingeräumt werden. Das entsprechende Recht fällt dann mit dem Tod des entsprechenden Aktionärs weg, ebenso, wenn der Betreffende nicht mehr Aktionär ist. Alternativ kann das Recht auch an die Inhaberschaft einer bestimmten Aktie oder bestimmter Aktien geknüpft werden, vorausgesetzt, es handelt sich um eine vinkulierte Namensaktie (siehe dazu § 101 Abs. 2 AktG). 520

– Anders als bei der GmbH können weder Einzelaktionären noch Aktionärsgruppen noch Inhabern bestimmter Aktien Rechte eingeräumt werden, Vorstandsmitglieder zu ernennen. Der Vorstand wird zwingend durch den Aufsichtsrat berufen.

– Bei vinkulierten Namensaktien kann bestimmt werden, dass Übertragungen innerhalb eines Stammes einer Gruppe keiner Zustimmung bedürfen und festgelegt wird, dass bei Übertragung an andere Personen die Zustimmung verweigert werden kann (nicht dagegen: muss).

(2) Formulierungsbeispiele

(a) Entsendungsrecht in den Aufsichtsrat

Der jeweilige Inhaber der Aktien Nummer 1– 30 000, vorausgesetzt, er hält sämtliche dieser Aktien, deren Übertragung an die Zustimmung der Gesellschaft geknüpft ist, ist berechtigt, in den dreiköpfigen Aufsichtsrat der Gesellschaft ein Mitglied zu entsenden. 521

(b) Vinkulierung mit Gruppierung

Übertragungen innerhalb einer Gesellschaftsgruppe bedürfen keiner Zustimmung.

(c) Sonstige Übertragungen

Sonstige Übertragungen der Namensaktien bedürfen der Zustimmung der Gesellschaft.

l) Dauer der Gesellschaft

522 Wie bei der GmbH (siehe dazu Rz. 416) geht das Aktienrecht von einer unbestimmten Dauer der Gesellschaft aus; eine Befristung bedarf einer satzungsmäßigen Grundlage (siehe dazu § 262 Abs. 1 Nr. 1 AktG).

m) Geschäftsjahr

523 Wie bei der GmbH setzt das Aktienrecht ein Geschäftsjahr voraus (siehe dazu z.B. § 120 Abs. 1 AktG). Mangels abweichender Bestimmungen muss davon ausgegangen werden, dass ohne satzungsmäßige Grundlage das Geschäftsjahr identisch ist mit dem Kalenderjahr, dass das Geschäftsjahr aber in der Satzung beliebig gewählt werden kann.

n) Dienstleistungs- und Nutzungsüberlassungsverpflichtungen

524 Siehe dazu zum GmbH-Recht, Rz. 418.

3. Ordnung der Außenverhältnisse der Gesellschaft

a) Geschäftsführung und Vertretung

aa) Vorbemerkungen

525 Geschäftsführung und Vertretung obliegen bei der AG grundsätzlich dem Vorstand der Aktiengesellschaft, dessen rechtliche Position, verglichen mit dem Geschäftsführer einer GmbH (siehe dazu Rz. 419 ff.), stärker ist. Der Aufsichtsrat hat dagegen im Wesentlichen eine Kontrollfunktion.

Der wesentliche Unterschied zwischen der Stellung des Geschäftsführers der GmbH und des Vorstands der AG bei der Geschäftsführung ist der folgende:

Der Vorstand leitet die Gesellschaft unter eigener Verantwortung. Dies bedeutet unter anderem, dass weder der Aufsichtsrat dem Vorstand Einzelweisungen geben kann noch die Hauptversammlung zu Weisungen gegenüber dem Vorstand befugt ist. Dies bedeutet weiter, dass der Vorstand nur aus wichtigem Grund abberufen werden kann. Dem korrespondiert, dass er längstens auf die Dauer von 5 Jahren bestellt werden kann.

bb) Vertretung

526 Nach § 78 AktG obliegt die Vertretung der Gesellschaft allein dem Vorstand. Nur gegenüber Vorstandsmitgliedern vertritt der Aufsichtsrat die Gesellschaft (siehe dazu § 112 AktG).

Wie bei der GmbH werden „die allgemeinen Bestimmungen über die Vertretung" in die Satzung der Gesellschaft aufgenommen und in das Handelsregister eingetragen. Im Übrigen wird verwiesen auf Rz. 423.

Hierzu wird aber noch Folgendes angemerkt:

Nachdem nach § 112 AktG Vorstandsmitgliedern gegenüber der Aufsichtsrat zwingend die Gesellschaft vertritt, kann einem Vorstand die Befreiung von § 181 BGB insoweit nicht erteilt werden, als es um Rechtsgeschäfte zwischen dem Vorstand selbst und der Gesellschaft geht. Insoweit kann auch die Satzung keine Ermächtigung zur Befreiung von § 181 BGB vorsehen.

Da die Bestellung des ersten Vorstands der AG nicht durch den/die Gründer erfolgt, sondern durch den ersten Aufsichtsrat, werden die entsprechenden Bestellungsmaßnahmen und die Maßnahmen betreffend der Festlegung der konkreten Vertretungsbefugnis nicht zwingend in dem Urkundenmantel aufgenommen, sondern in der Gründungsurkunde nur dann, wenn bei der Gründung auch der Aufsichtsrat mit zugegen ist und dabei den Beschluss über die Gründung des ersten Vorstands fasst, sonst in einem gesonderten Aufsichtsratsprotokoll.

cc) Geschäftsführung

Nach § 82 Abs. 2 AktG unterliegt der Vorstand bei Geschäftsführungsmaßnahmen Beschränkungen

– durch das Gesetz,

– durch die Satzung, soweit durch das Gesetz zugelassen,

– durch den Aufsichtsrat, soweit durch das Gesetz zugelassen, und

– durch die Hauptversammlung, soweit durch das Gesetz zugelassen, und

– durch Geschäftsordnungen des Vorstands und des Aufsichtsrats.

Insbesondere kann durch die Satzung nicht eine beliebige Beschränkung der Geschäftsführungsbefugnis vorgenommen werden, sondern nur eine solche, die eine gesetzliche Grundlage hat.

Durch die Satzung kann dem Aufsichtsrat der Erlass einer Geschäftsordnung für den Vorstand übertragen werden. Die Satzung selbst oder der Aufsichtsrat kraft eigener Entscheidung kann aber bestimmen, dass bestimmte Arten von Geschäften nur mit Zustimmung des Aufsichtsrats vorgenommen werden dürfen.

dd) Formulierungsbeispiele

528 Satzungsmäßige allgemeine Bestimmung über die Geschäftsführung und Vertretung

1. Die Gesellschaft hat ein oder mehrere Vorstandsmitglieder.
2. Ist nur ein Vorstandsmitglied bestellt, ist dieses einzelvertretungsbefugt. Sind mehrere Vorstandsmitglieder bestellt, vertreten jeweils zwei Vorstandsmitglieder in Gemeinschaft oder ein Vorstandsmitglied in Gemeinschaft mit einem Prokuristen die Gesellschaft.
3. Der Aufsichtsrat kann auch bei Vorhandensein mehrerer Vorstandsmitglieder einem, mehreren oder allen Einzelvertretungsbefugnis erteilen und einen, mehrere oder alle Vorstandsmitglieder insoweit von den Beschränkungen des § 181 BGB befreien, als es um Rechtsgeschäfte zwischen der Aktiengesellschaft und Dritten geht.
4. Im Innenverhältnis haben die Vorstandsmitglieder die Beschränkungen zu beachten, die ihnen das Gesetz auferlegt oder im Rahmen des Gesetzes die Satzung, der Aufsichtsrat, die Hauptversammlung und die Geschäftsführung des Vorstands und Aufsichtsrats für die Geschäftsführungsbefugnis getroffen haben.

Konkreter Bestellungsakt und Festlegung der Vertretungsbefugnis (im Urkundenmantel bei anwesenden Aufsichtsratsmitgliedern)

529 Die ersten Mitglieder des Aufsichtsrats, die jeweils ihre Wahl annahmen, traten zu einer Sitzung zusammen und beschlossen was folgt:

(...)

Zum ersten Vorstand der Gesellschaft werden auf die Dauer von 5 Jahren bestellt: Hans Müller, Kaufmann aus Frankfurt und Gerd Meier, Dipl.-Ingenieur aus München.

Hans Müller ist stets einzelvertretungsbefugt und insoweit von den Beschränkungen des § 181 BGB befreit, als er befugt ist, sowohl die Gesellschaft als auch Dritte zu vertreten.

Gerd Meier vertritt die Gesellschaft in Gemeinschaft mit einem weiteren Vorstand oder in Gemeinschaft mit einem weiteren Prokuristen.

b) Buchführung, Bilanzierung

530 Siehe dazu die Ausführungen bei der GmbH, Rz. 425 ff.

Zwischenzeitlich differenziert das Gesetz bzgl. Buchführungs- und Bilanzierungsvorschriften, sowie der Prüfung des Jahresabschlusses nicht mehr zwischen GmbH und AG; auch bei der AG, die kleine Gesellschaft i.S. von § 267 Abs. 1 HGB ist, ist keine Prüfung des Jahresabschlusses durch einen vBP/WP kraft Gesetzes erforderlich. Der Aufsichtsrat sollte wegen seiner eigenen Verantwortlichkeit aber i.d.R. auf einer Prüfung bestehen; diese kann auch in der Satzung vorgesehen werden.

Formulierungsbeispiel:
Auch wenn die Gesellschaft eine „kleine" i.S. des HGB ist, ist der Jahresabschluss durch einen vBP oder WP zu prüfen.

c) Kontrollorgan Aufsichtsrat

aa) Grundlagen

Die Aktiengesellschaft hat als zwingendes weiteres Organ neben Vorstand und Hauptversammlung den Aufsichtsrat. Die kleine AG erhielt unter anderem deshalb den starken Aufschwung, weil der Aufsichtsrat ausschließlich aus Mitgliedern der Aktionäre bestehen kann, wenn die Bedingungen des § 92 AktG vorliegen. 531

Zu Entsendungsrechten in den Aufsichtsrat siehe oben bei Rz. 520 f.

Die Aufgaben des Aufsichtsrats ergeben sich unmittelbar aus dem Gesetz und bestehen in der Überwachung der Geschäftsführung.

Die Zahl der Aufsichtsratsmitglieder beträgt mindestens drei (§ 95 Satz 1 AktG).

bb) Satzungsbestimmungen

Durch die Satzung können folgende Bestimmungen betreffend den Aufsichtsrat getroffen werden: 532

- Die Zahl der Aufsichtsratsmitglieder kann erhöht werden, muss in jedem Fall aber durch 3 teilbar sein und kann höchstens 9,15 oder 21 (Grundkapital bis 1,5 Mio. Euro bis 10 Mio. Euro, über 10 Mio. Euro) betragen.

- Die Satzung kann die Mehrheit, mit der Aufsichtsratsmitglieder vor Ablauf ihrer Amtszeit abberufen werden können (anders als nach der insoweit dispositiven Regelung von 75 % der abgegebenen Stimmen) festlegen und weitere Erfordernisse bestimmen (siehe dazu § 103 Abs. 1 Satz 3 AktG).

- Die Beschlussfähigkeit kann, soweit zwingende gesetzliche Bestimmungen dem nicht entgegenstehen, durch die Satzung bestimmt werden (siehe dazu § 108 Abs. 2 Satz 1 AktG).

- Schon die Satzung kann bestimmen, dass bestimmte Arten von Geschäften der Zustimmung durch den Aufsichtsrat bedürfen. Dies ist nicht empfehlenswert, weil Änderungen des Katalogs, wenn er in der Satzung enthalten ist, der Satzungsänderung bedürfen.

- Die Vergütung der Aufsichtsratsmitglieder kann in der Satzung festgelegt werden, auch dies empfiehlt sich wegen der eventuell erforderlichen Notwendigkeit von Satzungsänderungen zur Vergütungsänderung nicht.

– Dem Aufsichtsrat kann die Befugnis eingeräumt werden, Satzungsänderungen, die die Fassung der Satzung betreffen, zu beschließen (§ 179 Abs. 1 Satz 2 AktG).

cc) Formulierungsbeispiel zum Aufsichtsrat

1. Der Aufsichtsrat besteht aus drei Personen.

2. Soweit die Hauptversammlung nicht bei der Wahl für einzelne oder von ihr zu wählende Aufsichtsratsmitglieder oder für den Gesamtaufsichtsrat einen kürzeren Zeitraum beschließen, werden die Aufsichtsratsmitglieder längstens für die Zeit bis zur Beendigung der Hauptversammlung gewählt, die über die Entlastung für das vierte Geschäftsjahr nach dem Beginn der Amtszeit beschließt. Dabei wird das Geschäftsjahr, in dem die Amtszeit beginnt, nicht mitgerechnet. Eine Wiederwahl ist möglich. Die Wahl des Nachfolgers eines vor Ablauf seiner Amtszeit ausgeschiedenen Mitglieds erfolgt nur für die Restamtszeit des ausgeschiedenen Mitglieds.

3. Gleichzeitig mit der Wahl der ordentlichen Aufsichtsratsmitglieder können für ein oder mehrere bestimmte Aufsichtsratsmitglieder Ersatzmitglieder gewählt werden. Sie werden nach der bei der Wahl festzulegenden Reihenfolge Mitglieder des Aufsichtsrats, wenn Aufsichtsratsmitglieder, als deren Ersatzmitglieder sie gewählt wurden, vor Ablauf ihrer Amtszeit aus dem Aufsichtsrat ausscheiden. Sie sind Ersatzmitglieder für die Dauer der restlichen Amtszeit des ausscheidenden ordentlichen Mitglieds an dessen Stelle.

4. Der Aufsichtsrat wählt seiner ersten Sitzung nach seiner Wahl aus seiner Mitte einen Vorsitzenden und einen Stellvertreter. Die Wahl erfolgt für die Amtszeit des Gewählten.

5. Scheiden der Vorsitzende oder seine Stellvertreter vorzeitig aus dem Amt aus, hat der Aufsichtsrat unverzüglich eine neue Wahl für die restliche Amtszeit des Ausgeschiedenen vorzunehmen.

6. Der Aufsichtsrat muss mindestens 2 Sitzungen im Kalenderhalbjahr abhalten; § 111 Abs. 3 Satz 2 AktG bleibt unberührt. Die Einberufung erfolgt durch den Vorsitzenden, im Fall seiner Verhinderung durch seinen Stellvertreter mündlich, fernmündlich, schriftlich, per Telefax oder telegraphisch oder per E-Mail. Beschlüsse bedürfen der Mehrheit der Mitglieder des Aufsichtsrats. Außerhalb von Sitzungen sind schriftliche, telegraphische, fernmündliche Beschlussfassungen oder Beschlussfassungen per Telefax oder per E-Mail zulässig, wenn kein Mitglied diesem Verfahren innerhalb einer vom Vorsitzenden zum bestimmenden angemessenen Frist widerspricht. Über die Sitzungen des Aufsichtsrats ist eine Niederschrift anzufertigen, die von dem Vorsitzenden der Sitzung zu unterzeichnen ist. Bei Beschlussfassungen außerhalb von Sitzungen ist die Niederschrift vom Vorsitzenden des Aufsichtsrats zu unterzeichnen und unverzüglich allen Mitgliedern zuzuleiten.

7. Jedes Mitglied des Aufsichtsrats erhält nach Abschluss eines Geschäftsjahres eine angemessene Vergütung, die durch Beschluss der Hauptversammlung festgelegt wird. Die Gesellschaft erstattet den Aufsichtsratsmitgliedern ihre Auslagen. Die Umsatzsteuer wird von der Gesellschaft erstattet, soweit die Mitglieder des Aufsichtsrats berechtigt sind, die Umsatzsteuer der Gesellschaft gesondert in Rechnung zu stellen und dieses Recht ausüben.

8. Der Aufsichtsrat kann sich im Rahmen der gesetzlichen Vorschriften und der Bestimmungen dieser Satzung eine Geschäftsordnung geben.

9. Der Aufsichtsrat ist befugt, Änderungen der Satzung, die nur deren Fassung betreffen, zu beschließen.

dd) Kontrolle durch die Gesellschafter

Siehe unten bei der Hauptversammlung Rz. 535 f. 534

d) Hauptversammlung, Stimmrechte, Einwendungsrechte

aa) Grundlagen, Verweisung

(1) Das Aktienrecht enthält die Bestimmungen über die Hauptversammlung in den §§ 118 ff. AktG. Dabei ist zu berücksichtigen: 535

(2) Auch bei einer so genannten „kleinen AG" können wirksame Beschlüsse nur in einer Versammlung und nicht auf sonstige Weise, d.h. z.B. auch nicht im Umlaufverfahren, gefasst werden.

(3) Die Satzung kann gesetzliche Bestimmungen insoweit abändern bzw. ergänzen, als

– festgelegt werden kann, dass die Hauptversammlung an einem anderen Ort als dem Sitz der Gesellschaft stattfindet oder zumindest stattfinden kann (siehe dazu § 121 Abs. 5 Satz 1 AktG), und

– die Satzung die Teilnahme an der Hauptversammlung oder die Ausübung des Stimmrechts von der vorherigen Anmeldung zur Hauptversammlung abhängig machen kann (siehe dazu § 123 Abs. 2 AktG). Dies hat nach § 123 Abs. 2 AktG Auswirkungen auf die Berechnung der Einberufungsfristen.

(4) Bei Inhaberaktien kann die Satzung bestimmen, wie die Berechtigung zur Teilnahme nachzuweisen ist (§ 123 Abs. 3 AktG).

(5) Die Satzung kann vorsehen oder den Vorstand ermächtigen, vorzusehen, dass Aktionäre online an der HV teilnehmen und ihr Stimmrecht schriftlich oder elektronisch ausüben (§ 118 Abs. 1 Satz 2, Abs. 2 AktG).

(6) Die Kontrollrechte der Gesellschafter werden in der Hauptversammlung durch die Auskunftsansprüche nach § 131 AktG realisiert; ein Recht, die Einberufung einer Hauptversammlung zu verlangen, setzt grundsätzlich eine Beteiligung von mindestens 5 % des Grundkapitals voraus. Durch die Satzung kann das Recht, die Einberufung einer Hauptversammlung zu verlangen, an einen geringeren Anteil am Grundkapital geknüpft werden (siehe dazu § 122 Abs. 1 Satz 2 AktG).

bb) **Formulierungsbeispiel (nicht börsennotierte Gesellschaft)**

536 1. Die ordentliche Hauptversammlung findet innerhalb der ersten acht Monate nach Ablauf des Geschäftsjahres statt. Hauptversammlungen finden am Sitz der Gesellschaft oder in ... (Ort der Hauptversammlung) statt.

2. Die Hauptversammlung wird durch den Vorstand oder in den gesetzlich vorgeschriebenen Fällen durch den Aufsichtsrat einberufen.

3. Ohne Wahrung der gesetzlichen und satzungsmäßigen Einberufungsvorschriften kann eine Hauptversammlung abgehalten werden, wenn alle Aktionäre erschienen oder vertreten sind und kein Aktionär der Beschlussfassung widerspricht.

4. Jeder Aktie mit einem Nennwert von 1 Euro gewährt eine Stimme.

5. Den Vorsitz der Hauptversammlung führt der Vorsitzende des Aufsichtsrats, im Fall seiner Verhinderung sein Stellvertreter oder ein anderes durch den Aufsichtsrat zu bestimmendes Aufsichtsratsmitglied. Ist keiner von diesen erschienen oder zur Leitung der Versammlung bereit, eröffnet der an Lebensjahren älteste Aktionär die Versammlung und lässt von ihr einen Vorsitzenden wählen. Der Vorsitzende leitet die Verhandlungen, bestimmt die Reihenfolge, in der die Gegenstände der Tagesordnung behandelt werden und entscheidet über die Form der Abstimmung.

6. Die Hauptversammlung ist beschlussfähig, wenn mehr als 75 % des gesamten stimmberechtigten Grundkapitals vertreten sind. Erweist sich eine Hauptversammlung als nicht beschlussfähig, so ist eine neu einberufene Hauptversammlung, die innerhalb der nächsten sechs Wochen stattfindet, hinsichtlich der Gegenstände, die auf der Tagesordnung der beschlussunfähigen Hauptversammlung standen, ohne Rücksicht auf die Höhe des dann vertretenen Grundkapitals beschlussfähig, wenn in der Einberufung hierauf hingewiesen wurde.

7. Beschlüsse der Hauptversammlung werden, soweit diese Satzung oder das Gesetz nicht höhere Mehrheiten vorschreiben, mit der einfachen Mehrheit der abgegebenen Stimmen gefasst.

8. Über die Verhandlung ist eine Niederschrift zu fertigen, die vom Vorsitzenden des Aufsichtsrats zu unterzeichnen ist. Werden Beschlüsse gefasst, für die das Gesetz eine Mehrheit von mindestens 75 % des bei der Beschlussfassung vertretenen Grundkapitals vorschreibt, so ist über die Verhandlung ein notarielles Protokoll aufzunehmen.

e) **Ergebnisverwendung**

aa) **Verweisung**

537 Siehe zunächst Rz. 430 ff. bei der GmbH.

Nach dem Recht der AG haben Vorstand und Aufsichtsrat grundsätzlich die Möglichkeit, max. die Hälfte des Jahresüberschusses in andere Gewinnrücklagen einzustellen. Dies bedeutet, dass, wenn die Verwaltung von dieser Befugnis Gebrauch macht, der entsprechende Anteil des Jahresüberschusses der Disposition durch die Hauptversammlung entzogen ist.

Bei einer „kleinen AG" soll der Verwaltung häufig eine so starke Befugnis nicht eingeräumt werden, sondern insoweit die Kompetenz der Hauptversammlung stärker sein. Die Beschneidung der Befugnisse der Verwaltung ist nach § 58 Abs. 2 AktG zulässig, setzt aber eine satzungsmäßige Grundlage voraus.

bb) Formulierungsbeispiel

1. Stellen Vorstand und Aufsichtsrat den Jahresabschluss fest, sind sie nicht dazu ermächtigt, einen Teil des Jahresabschlusses in andere Gewinnrücklagen einzustellen. Die Entscheidung über die Bildung anderer Gewinnrücklagen bleibt allein der Hauptversammlung vorbehalten.

2. Stellt die Hauptversammlung den Jahresabschluss fest, so ist ⅕ des Jahresüberschusses solange in andere Gewinnrücklagen einzustellen, wie die anderen Gewinnrücklagen die Hälfte des Grundkapitals nicht übersteigen oder soweit sie nach der Einstellung die Hälfte des Grundkapitals nicht übersteigen würden. Dabei sind Beträge, die in die gesetzliche Rücklage einzustellen sind oder ein Verlustvortrag vorab vom Jahresüberschuss abzuziehen.

3. Die Hauptversammlung beschließt über die Verwendung des Bilanzgewinns. Sie ist hierbei an den festgestellten Jahres-Abschluss gebunden.

538

4. Strukturänderungen der Gesellschaft

a) Verfügungen über Aktien

Grundsätzlich kann über Aktien frei verfügt werden; dies gilt insbesondere für alle Arten von Inhaberaktien und für nicht vinkulierte Namensaktien. Eine Einschränkung gilt nur bei vinkulierten Namensaktien, siehe dazu oben bei Rz. 509.

539

Unabhängig von der Möglichkeit zur Vinkulierung von Namensaktien ist es möglich, außerhalb der Satzung Ankaufs- oder Vorkaufsrechte zu vereinbaren. Solche Ankaufs- oder Vorkaufsrechte können aber nicht auf satzungsmäßiger Grundlage vereinbart werden, sondern lediglich auf schuldrechtlicher Basis, z.B. in der Gründungsurkunde oder in Pool-Abreden außerhalb des Gesellschaftsvertrags.

b) Ausschließung von Gesellschaftern

Siehe dazu vorab Rz. 441 ff. bei der GmbH.

540

Ein Ausschließung von Gesellschaftern ist auf satzungsmäßiger Ebene bei der AG nur durch die zwangsweise Einziehung von Aktien nach §§ 237 ff. AktG zulässig. Die Einziehung der Aktien bedarf der satzungsmäßigen Grundlage (siehe dazu § 237 Abs. 1 Satz 2 AktG). Bei der kleinen AG bieten sich ebenso wie bei der AG als Voraustatbestände, bei denen über eine Zwangsentziehung entschieden werden kann, an die Eröffnung des Insolvenzverfahrens über das Vermögen des Aktionärs – bzw. die Ablehnung der Eröffnung eines solchen Verfahrens mangels Masse und die Abgabe eines Vermögensverzeichnisses mit Versicherung an Eides Statt bezüglich der Richtigkeit –, sowie die Vollstreckung in die Aktien.

Besonderer Überlegung bedarf, ob auch der Tod eines Aktionärs bei der betreffenden kleinen AG Voraustatbestand für eine zugelassenen zwangsweise Einziehung sein soll.

Klärungsbedürftig ist für den Fall der Einziehung das Einziehungsentgelt (siehe dazu noch unten bei Rz. 542 und 202).

c) Tod eines Gesellschafters

541 Beim Tod eines Aktionärs wird dessen Aktie grundsätzlich vererbt. Die Vererbung kann satzungsmäßig nicht ausgeschlossen werden. Der Tod eines Aktionärs kann nur Voraustatbestand für eine Einziehung einer Aktie sein (siehe dazu oben Rz. 197).

d) Abfindung

542 Bei jeder Zwangseinziehung stellt sich die Frage der Abfindung des Aktionärs (siehe dazu Rz. 202).

Formulierungsbeispiel:

1. Die Einziehung von Aktien durch die Gesellschaft ist nach Maßgabe von § 237 AktG zulässig.

2. Eine Zwangseinziehung von Aktien ist der Gesellschaft gestattet, wenn

– über das Vermögen des betroffenen Aktionärs ein Insolvenzverfahren rechtskräftig eröffnet oder die Eröffnung eines solchen Verfahrens rechtskräftig mangels Masse abgelehnt wird oder der Aktionär nach § 807 ZPO ein Vermögensverzeichnis abzugeben und die Richtigkeit an Eides statt zu versichern hat;

– die Aktien ganz oder teilweise von einem Gläubiger des betroffenen Aktionärs gepfändet werden oder in sonstiger Weise in diese vollstreckt wird und die Vollstreckungsmaßnahme nicht innerhalb von drei Monaten, spätestens jedoch bis zum Verwertung der Aktien, aufgehoben wird;

– die Aktien von Todes wegen auf eine oder mehrere Personen übergehen, bei denen es sich nicht um einen anderen Aktionär oder den Ehegatten oder einen Abkömmling des verstorbenen Aktionärs handelt und die Aktien nicht innerhalb von 6 Monaten nach dem Tod des Aktionärs auf eine oder mehrere dieser Personen übertragen werden.

3. Bei Zwangseinziehung ist an den betroffenen Aktionär bzw. seinen Rechtsnachfolger als Einziehungsentgelt ein Betrag zu zahlen, der dem Bilanzwert

(eingezahlte Einlagen zuzüglich offene Rücklagen zuzüglich Jahresüberschuss und Gewinnvortrag und abzüglich Jahresfehlbetrag und Verlustvortrag) der eingezogenen Aktien entspricht. Maßgebend für die Berechnung des Bilanzwerts der eingezogenen Aktien ist die Handelsbilanz des am Tag der Beschlussfassung durch die Hauptversammlung vorangehenden Geschäftsjahres. Stille Reserven jeglicher Art und ein Firmenwert werden nicht berücksichtigt. Die Festsetzung der weiteren Bedingungen der Zwangseinziehung bleibt der Beschlussfassung durch die Hauptversammlung überlassen.

e) Sonstige Bestimmungen

Siehe dazu bei der GmbH Rz. 447. 543

Formulierungsbeispiel:

Die Gesellschaft trägt die mit ihrer Gründung verbundenen Gerichts- und Notarkosten sowie die Kosten der Veröffentlichung bis zu einem Höchstbetrag von 3500 Euro zuzüglich gesetzlicher Umsatzsteuer.

X. Europäische Aktiengesellschaft (Societas Europea – SE)

1. Rechtliche Grundlagen

Die Europäische Aktiengesellschaft (kurz „SE") ist das jüngste Element 544
der zur Verfügung stehenden Gesellschaftsformen. Rechtliche Grundlage der SE bildet die europäische Verordnung (EG) 2157/2001 des Rates vom 8.10.2001 über das Statut der Europäischen Gesellschaft (SE-VO) und das deutsche Gesetz zur Einführung der Europäischen Gesellschaft (SEEG) vom 22.12.2004. Weiter spielt noch die Richtlinie 2001/86/EG des Rates vom 8.10.2001 zur Ergänzung des Statuts der Europäischen Gesellschaft hinsichtlich der Beteiligung der Arbeitnehmer (SE-RL)eine wichtige Rolle, welche in Deutschland durch das Gesetz über die Beteiligung der Arbeitnehmer in einer Europäischen Gesellschaft umgesetzt wurde (SE-Beteiligungsgesetz – SEBG). Die SE bietet Unternehmen, welche in einem Mitgliedstaat der Europäischen Gemeinschaft oder des Europäischen Wirtschaftsraumes (EWR, Island, Liechtenstein, und Norwegen) ansässig sind, die Möglichkeit, tatsächliche und rechtliche Schwierigkeiten zu überwinden, die sich aus der grenzüberschreitenden Tätigkeit bzw. dem Tätigwerden über Tochtergesellschaften in verschiedenen Staaten ergeben. Allerdings existiert aufgrund der Umsetzungsspielräume für nationale Gesetzgeber nicht „die" eine SE, sondern es sind immer auch die Anknüpfungspunkte in das jeweilige nationale (Aktien-)Recht zu beachten.

In Deutschland wurde die SE gut angenommen, es existieren Mitte des Jahres 2013 etwa 250 SE verschiedenster Größe, sowohl mit einem monistischen als auch mit einem dualistischen System.

2. Gründe für eine SE

545 Die Gründe für die Nutzung einer SE sind vielfältig. Hervorzuheben sind folgende Vorteile:

a) Schaffung einer einheitlichen Konzernstruktur

546 Eine SE kann sich in Deutschland beispielsweise ein monistisches System geben. Die SE hat dann statt Aufsichtsrat und Vorstand nur noch einen **Verwaltungsrat**, was konzernweit in ganz Europa genutzt werden kann.

b) Vereinfache Sitzverlegung

547 Eine SE kann ihren Sitz **ohne Auflösung** oder **Neugründung** problemlos in einen anderen Mitgliedstaat verlegen.

c) Möglichkeit der grenzüberschreitenden Verschmelzung

548 Um eine SE zu gründen, ist es möglich, **grenzüberschreitend** Aktiengesellschaften aus verschiedenen EU-Staaten zu **verschmelzen**.

d) Europa-AG als europäische Marke

549 Die Fortführung der Geschäfte in Form einer SE bedeutet im Geschäftsverkehr Internationalität, bringt ein gewisses Prestige mit sich und zeigt Größe und Seriosität.

Die Allianz-SE hat die Umwandlung in die SE beispielsweise damit begründet (siehe hierzu die Begründung der Allianz auf deren website *www.allianz.com* unter Investor Relations, Häufig gestellte Fragen zur Europäischen Aktiengesellschaft), dass eine vollständige Integration der Riunione Adriatica di Sicurtà S.p.A. (RAS) in die Allianz AG rechtlich nur durch die gleichzeitige Umwandlung der Allianz AG in eine SE möglich war. Zudem ist die Allianz der Auffassung, dass die Rechtsform einer SE europaweit zu einem einheitlichen Erscheinungsbild der Allianz beiträgt. Schließlich hebt die Allianz hervor, dass der Aufsichtsrat abweichend von den starren Vorgaben des deutschen Mitbestimmungsgesetzes verkleinert werden kann, was die Effizienz der Aufsichtsratsarbeit nach Auffassung der Allianz steigert. Zudem ist der Aufsichtsrat nach Darstellung der Allianz internationaler besetzt, da auch auf Arbeitnehmerseite Vertreter aus anderen europäischen Ländern im Aufsichtsrat vertreten sind.

3. Gründungsformen

550 Die Gründungsmöglichkeiten für eine SE sind in der SE-VO abschließend beschrieben und beschränkt die Möglichkeit zur Gründung einer

X. Europäische Aktiengesellschaft (Societas Europea – SE)

SE auf die nachfolgenden vier Gründungsformen: Errichtung durch **Verschmelzung**, Gründung einer **Holding-SE**, Gründung einer **Tochter-SE** oder der **Rechtsformwechsel** einer bestehenden Aktiengesellschaft. Gemein ist allen Gründungsformen, dass sie ein grenzüberschreitendes Element voraussetzen: Es müssen Gesellschaften aus mindestens zwei EU- bzw. EWR-Mitgliedstaaten beteiligt sein. Das Grundkapital muss mindestens 120 000 EuroR betragen. In Artikel 10 SE-VO ist bestimmt, dass die SE in jedem Mitgliedstaat wie eine Aktiengesellschaft behandelt wird (auf die obigen Ausführungen zur AG wird verwiesen). Als erforderlicher Rechtsformzusatz ist vorgesehen „SE".

a) Verschmelzung

Bei der Gründung im Rahmen einer Verschmelzung durch Aufnahme oder zur Neugründung müssen Aktiengesellschaften aus **zwei verschiedenen EU-Mitgliedstaaten** bzw. EWR-Staaten beteiligt sein, unabhängig davon, wie lange die jeweilige Aktiengesellschaft (AG) schon existiert, Art. 2 Abs. 1 SE-VO. 551

b) Holding SE

Aktiengesellschaften oder Gesellschaften mit beschränkter Haftung können gemäß Art. 2 Abs. 2 SE-VO eine Holding-SE gründen. Voraussetzung ist, dass von den beteiligten Gründungsgesellschaften mindestens **zwei Gesellschaften** dem Recht **unterschiedlicher EU-Mitgliedstaaten** bzw. EWR-Staaten unterliegen, oder seit mindestens zwei Jahren eine **Tochtergesellschaft** oder eine **Zweigniederlassung** haben, die dem Recht eines anderen EU-Mitgliedstaat bzw. EWR-Staates unterliegt. 552

c) Tochter-SE

Zwei oder mehr Aktiengesellschaften oder Gesellschaften mit beschränkter Haftung können gemäß Art. 2 Abs. 3 SE-VO eine Tochter-SE gründen, sofern sie dem Recht unterschiedlicher EU-Mitgliedstaaten oder EWR-Staaten unterliegen, oder sie, sofern sie dem Recht desselben EU-Mitgliedstaates oder EWR-Staates unterliegen, seit mindestens zwei Jahren eine Tochtergesellschaft oder eine Zweigniederlassung in einem anderen EU-Mitgliedstaat oder EWR-Staat haben. Der Sitz der Tochter-SE muss nicht in dem Land liegen, in dem die Gründer ansässig sind. 553

d) Umwandlung

Eine AG, deren Verwaltung und satzungsmäßiger Sitz im Anwendungsgebiet der SE-VO liegt, kann in eine SE umgewandelt werden, sofern die Gesellschaft seit mindestens zwei Jahren eine Tochtergesellschaft hat, welche dem Recht eines anderen EU-Mitgliedstaates oder EWR-Staates unterliegt, Art. 2 Abs. 4 SE-VO. 554

4. Organisationsformen

555 Die SE verfügt, wie die AG auch, über eine Hauptversammlung der Aktionäre. Daneben erfolgt die Leitung der SE entweder über ein Verwaltungsorgan (monistisches System) oder über ein Aufsichtsorgan und ein Leitungsorgan (dualistisches System).

a) Monistische Struktur

556 Das monistische System, welches an das angelsächsische Board-System angelehnt ist, ist dem deutschen Gesellschaftsrecht bislang fremd. Die Verantwortung für die SE liegt hier bei einem Verwaltungsorgan, welcher sich zur Umsetzung seiner unternehmerischen Leitlinien geschäftsführender Direktoren bedient. Der **Verwaltungsrat** einer monistisch strukturierten SE leitet die Gesellschaft und bestimmt die Grundlinien ihrer Tätigkeit. Zugleich aber überwacht er deren Umsetzung. Er ernennt somit auf unbestimmte Zeit **geschäftsführende Direktoren**, welche er auch jederzeit abberufen kann. Ein Mitglied des Verwaltungsrates kann auch zu einem geschäftsführenden Direktor bestellt werden, solange der Verwaltungsrat mehrheitlich aus Mitgliedern besteht, die nicht zugleich zu Direktoren bestellt sind. Sofern das Grundkapital weniger als 3 Mio. Euro beträgt, reicht es aus, wenn der Verwaltungsrat aus einem Mitglied besteht, welches allerdings nicht gleichzeitig geschäftsführender Direktor sein kann. Die Bestimmung einer abweichenden Anzahl ist per Satzung möglich, bei einem Grundkapital von mehr als 3 Mio. Euro sind mindestens drei Personen im Verwaltungsrat notwendig.

Die **Geschäftsführung** der SE obliegt den geschäftsführenden Direktoren. Diese vertreten die Gesellschaft gerichtlich und außergerichtlich.

b) Dualistische Struktur

557 Bezüglich der Leitung einer dualistisch geprägten SE mit **Aufsichtsorgan** und **Leitungsorgan** bestehen keine Unterschiede zur deutschen AG, daher kann auf die dort getätigten Ausführungen verwiesen werden (siehe oben Rz. 525 ff.).

5. Arbeitnehmerbeteiligung

558 Da eine SE nicht wirksam gegründet werden kann, ohne dass es eine Regelung zur Arbeitnehmerbeteiligung gibt, kommt diesem Thema naturgemäß eine herausragende Bedeutung zu. Arbeitnehmervertreter sehen die Umwandlung in eine SE dabei bisweilen durchaus kritisch. Die aktuellen Gesetze zur SE erhalten zwar den in der Gesellschaft **bereits vorhandenen Stand** bei der **Mitbestimmung**. Dieser Stand wird aber gleichzeitig **fixiert**. Ein Unternehmen mit etwas weniger als 2000 Beschäftigten in Deutschland kann mit der Umwandlung sicherstellen, dass es in Zukunft nicht mehr in die paritätische Mitbestimmung hineinwächst. Große Aktiengesellschaften haben zudem die Möglichkeit, ihren Aufsichtsrat von zwanzig auf zwölf Mitglieder zu verkleinern.

Nach der Entscheidung des Arbeitgebers, die Rechtsform der SE zu wählen, ist ein so genanntes **besonderes Verhandlungsgremium** (BVG) zu bilden. Dieses setzt sich aus Arbeitnehmervertretern aller EU-Länder zusammen, in denen das Unternehmen Betriebe oder Niederlassungen unterhält. Die Wahlverfahren sind in jedem Land anders geregelt und orientieren sich an den Regeln für die Europäischen Betriebsräte.

Zunächst laufen sechsmonatige Verhandlungen zwischen Arbeitgeber und dem BVG mit dem Ziel, die Folgen der Rechtsformänderung inklusive der Mitbestimmung für die betroffenen Arbeitnehmer in einer **Beteiligungsvereinbarung** (§ 21 SEBG, Art. 4 Richtlinie 2001/86/EG) umfassend zu regeln. Denn nationales Mitbestimmungsrecht (z.B. MitbestG, DrittelbG) kommt gemäß § 47 Abs. 1 Nr. 1 SEBG, Art. 13 Abs. 3 lit. a) Richtlinie 2001/86/EG bei der SE nicht zur Anwendung. Die Verhandlungen können auf ein Jahr ausgedehnt werden. Sollte eine Einigung dann immer noch ausstehen, sehen die Gesetze eine so genannte **Auffanglösung** vor (§§ 22 ff., 34 ff. SEBG, Art. 7 Richtlinie 2001/86/EG i.V.m. den Anhängen). Im Kern sieht die Auffanglösung vor, dass die SE dem bisherigen höchsten Mitbestimmungsgrad aller beteiligten Gesellschaften unterfällt, aus welchen die SE entstanden ist.

6. Buchführung, Bilanzierung, Steuern, Insolvenz

Gem. Art. 61 SE-VO unterliegt die SE bzgl. des Jahresabschlusses, des konsolidierten Jahresabschlusses sowie des dazugehörigen Lageberichts bzw. dessen Prüfung und Offenlegung den **nationalen Vorschriften**, siehe dazu folglich die Ausführungen bei der AG, Rz. 530 ff. Gem. Art. 10 SE-VO entspricht die steuerliche Behandlung der SE der nationalen Aktiengesellschaft des jeweiligen Sitzstaates. Auf eine SE mit Sitz in Deutschland sind folglich die deutschen Steuergesetze anwendbar. Auch die Insolvenz einer SE unterfällt dem Recht des Sitzstaates. 559

XI. Betriebsaufspaltung

1. Vorbemerkung und Erscheinungsformen

a) Vorbemerkung

Bei der Allgemeinen Checkliste Rz. 117 ff. u. 121 ff. wurde dargestellt, dass die Gesellschafter einer Gesellschaft die für deren Geschäftsbetrieb erforderlichen Betriebsgrundlagen auf verschiedene Weise zur Verfügung stellen können: dadurch, dass sie dieses Vermögen der Gesellschaft übereignen oder der Gesellschaft die finanziellen Mittel zur Verfügung stellen, dass sie diese Gegenstände zum Eigentum erwerben kann (bei Kapitalgesellschaften zum Eigentum der juristischen Person, bei Personengesellschaften zum Gesamthandseigentum). Die Gesellschafter kön- 560 nen der Gesellschaft Betriebsgrundlagen aber auch zur Nutzung überlassen – auch entgeltlich.

Die letzte Gestaltung kennzeichnet die Betriebsaufspaltung: Von Gesellschaftern einer Gesellschaft werden dieser wesentliche Betriebsgrundlagen – zumindest eine – entgeltlich zur Nutzung zur Verfügung gestellt. Die **Nutzungsüberlassung** erfolgt durch alle Gesellschafter, durch mehrere Gesellschafter oder durch einen Gesellschafter. Voraussetzung für die Annahme einer Betriebsaufspaltung ist, dass die nutzungsüberlassenden Gesellschafter über einen „einheitlichen geschäftlichen Betätigungswillen" die Geschicke des Betriebs- und des Besitzunternehmens leiten können.

Bei den typischen Erscheinungsformen der Betriebsaufspaltung (echte und unechte Betriebsaufspaltung) führt die Qualifikation eines Nutzungsüberlassungsverhältnisses mit den damit verbundenen Gestaltungen dazu, dass das Vermögen des Besitzunternehmens als steuerliches Betriebsvermögen angesehen wird und die Miet- oder Pachtzinsen als gewerbliche Einkünfte der Besitzunternehmer und nicht als Einkünfte aus Vermietung und Verpachtung qualifiziert werden.

561 In **steuerlicher** Hinsicht werden im Zusammenhang mit der Betriebsaufspaltung im Wesentlichen zwei Fragen aufgeworfen:

– Wann liegt eine wesentliche Betriebsgrundlage vor, deren Nutzungsüberlassung Voraussetzung für die Annahme einer Betriebsaufspaltung ist?

– Wann liegt ein einheitlicher geschäftlicher Betätigungswille beim Besitz- und beim Betriebsunternehmen vor?

562 In **zivilrechtlicher** Hinsicht wirft die Betriebsaufspaltung ebenfalls im Wesentlichen zwei Fragen auf:

– Unter welchen Voraussetzungen hat der Gesellschafter die Nutzung des vermieteten/verpachteten Gegenstandes durch den Insolvenzverwalter nach §§ 135 Abs. 3, 4 InsO zu dulden?

– Kann eine Betriebsaufspaltung zur Konzernhaftung führen?

Diese Fragen können hier nicht vertieft werden; stattdessen wird auf das Spezialschrifttum verwiesen, insbesondere wegen der zivilrechtlich aufgeworfenen Fragen auf die Lagerplatz-Entscheidungen des BGH und die GmbH-Konzernentscheidungen des BGH.

b) Erscheinungsformen

aa) Echte Betriebsaufspaltung

563 Von einer echten Betriebsaufspaltung spricht man, wenn die Inhaber eines bestehenden Geschäftsbetriebs (z.B. Einzelkaufmann oder Gesellschafter einer oHG) ihren Geschäftsbetrieb ganz oder teilweise an eine GmbH verpachten, an der sie herrschend beteiligt sind.

XI. Betriebsaufspaltung

bb) Unechte Betriebsaufspaltung

Eine unechte Betriebsaufspaltung liegt vor, wenn nicht ein gesamter bereits existierender Geschäftsbetrieb an eine GmbH verpachtet wird, bei der die Verpächter als Gesellschafter beteiligt sind und dort ihren Willen durchsetzen können, sondern wenn bei Gründung der GmbH oder zu einem späteren Zeitpunkt einzelne wesentliche Betriebsgrundlagen verpachtet werden, die im Eigentum von Gesellschaftern stehen, die ihren Willen auch in der GmbH durchsetzen können.

564

cc) Umgekehrte Betriebsaufspaltung

Bei der umgekehrten Betriebsaufspaltung ist eine Kapitalgesellschaft das Besitzunternehmen, während das Betriebsunternehmen in der Rechtsform einer Personengesellschaft betrieben wird.

565

dd) Kapitalistische Betriebsaufspaltung

Die kapitalistische Betriebsaufspaltung ist dadurch gekennzeichnet, dass eine Kapitalgesellschaft an eine von ihr mehrheitlich beherrschte andere Kapitalgesellschaft wesentliche Betriebsgrundlagen zur Nutzung überlässt.

566

ee) Mitunternehmerische Betriebsaufspaltung

Die mitunternehmerische Betriebsaufspaltung liegt vor, wenn eine natürliche Person oder Personengemeinschaft, die nicht Gesellschafter einer anderen Personengesellschaft ist, aber trotzdem dort ihren Willen durchsetzen kann, an diese wesentliche Betriebsgrundlagen zur Nutzung überlässt.

567

2. Gestaltungsgrundsätze

a) Nutzungsüberlassungsvertrag

Rechtsbeziehungen zwischen dem Besitz- und Betriebsunternehmen werden durch den Vertrag hergestellt, durch den die wesentlichen Betriebsgrundlagen vom Besitzunternehmen dem Betriebsunternehmen entgeltlich zur Nutzung zur Verfügung gestellt werden.

568

aa) Höhe des Nutzungsentgelts

Dabei ist insbesondere bei der Höhe des Entgelts für die Nutzungsüberlassung zu berücksichtigen, dass ein **überhöhtes Entgelt** beim Betriebsunternehmen eine Unternehmenskrise auslösen oder diese verschärfen kann. Deshalb ist der Rechtsberater bei der Konzeption des Nutzungsüberlassungsvertrags auf betriebswirtschaftlichen Sachverstand angewie-

569

sen, der ihm die Vorgaben für die adäquate Höhe des Nutzungsüberlassungsentgelts zur Verfügung stellt.

bb) Vertragsdauer

570 Aufgrund § 135 Abs. 3, 4 InsO kann durch die Vertragsdauer das mögliche Zugriffsrecht des Insolvenzverwalters nicht aktiv gestaltet werden.

Siehe hierzu näher bei der Literatur zur Betriebsaufspaltung.

b) Verzahnung der Gesellschaftsverträge

571 Wenn beim Besitzunternehmen und beim Betriebsunternehmen kein einheitlicher geschäftlicher Betätigungswille mehr besteht, wird das bisher steuerlich als Betriebsvermögen qualifizierte Vermögen des Besitzunternehmens zum steuerlichen Privatvermögen mit dem Risiko der **steuerlichen Realisierung von stillen Reserven**. Da eine solche Realisierung in der Regel nicht gewünscht ist, ist darauf zu achten, dass der einheitliche geschäftliche Betätigungswille nicht nur bei Begründung des Besitz- und des Betriebsunternehmens besteht, sondern auch nach Unternehmensgründung nicht durch spätere Umstände entfällt. Deshalb sind die Beteiligungsverhältnisse beim Besitz- und beim Betriebsunternehmen zu verzahnen.

Auf die oben bei der GmbH & Co. KG hierzu herausgearbeiteten Grundsätze kann deshalb verwiesen werden.

4 Vertragsabschluss

	Rz.		Rz.
I. Formfragen, Vertretung	572	II. Registrierung	573

I. Formfragen, Vertretung

Für die Formfragen und die Vertretungsfragen beim Abschluss von gesellschaftsrechtlichen Verträgen gelten die allgemeinen Grundsätze. Soweit Kapitalgesellschaften betroffen sind, bedürfen die Gesellschaftsverträge sowie alle späteren Änderungen und weitere, die Satzung der Gesellschaft betreffende Änderungen regelmäßig der notariellen Beurkundung und der (konstitutiven, d.h. rechtsbegründend wirkenden) Eintragung in das Handelsregister. Soweit eine notarielle Beurkundung nicht zwingend erforderlich ist, genügen grundsätzlich auch formfrei, z.B. mündlich geschlossene Verträge. Selbstverständlich sollte jedoch in jedem Fall zumindest eine schriftliche Fixierung des Vertrages erfolgen. Auch grundsätzlich formfrei mögliche Verträge sind u.U. aus anderen Gründen beurkundungspflichtig, insbesondere etwa bei der Verpflichtung zur Einbringung von Grundstücken oder GmbH-Anteilen in die Gesellschaft oder bei Eintritt in eine Erwerbs- bzw. Veräußerungsverpflichtung ggf. wegen des Geschäftszusammenhangs auch der Nutzungsüberlassungsvertrag. Die hierbei auftretenden Fragen (insbesondere im Zusammenhang mit Immobilienfonds) sind jedoch noch nicht abschließend geklärt. 572

II. Registrierung

In zahlreichen Fällen sieht das Gesetz eine obligatorische bzw. fakultative Eintragung in Register vor. Der Rechtswirkung nach sind **konstitutive**, d.h. rechtsbegründend wirkende und **deklaratorische**, d.h. rechtsbezeugend wirkende **Eintragungen** zu unterscheiden. Ihrem Ziel nach bezwecken die Eintragungen zum einen den Schutz und die Information des Geschäftsverkehrs, zum anderen den Schutz des Kaufmanns bzw. der Gesellschaft, die auf diesem Wege auch gegenüber Dritten rechtserhebliche Tatsachen publik machen kann und dieses sodann Dritten entgegenhalten kann. Mit der durch das Gericht erfolgenden Überprüfung wird eine präventive Kontrolle im Interesse des Rechtsverkehrs bezweckt. 573

Die Frage der **Eintragungspflicht** bzw. **Eintragungsfähigkeit** kann nur im konkreten Einzelfall beurteilt werden. Für den Betrieb der Kapitalgesellschaften bedürfen sowohl die Gründung als auch spätere rechtserhebliche Tatsachen, insbesondere Änderungen bezüglich der Satzung oder bezüglich der Vertretungsbefugnis der Eintragung in das Handelsregister. Bei Personengesellschaften hängt die Eintragungspflicht bzw. Eintragungsfähigkeit vom konkreten Einzelfall ab. GbR sind nicht eintragungsfähig. Eintragungen in öffentliche Register erfolgen grundsätzlich nur auf Anmeldungen und nur in Ausnahmefällen von Amts wegen. Die Anmeldungen müssen in öffentlich beglaubigter Form erfolgen, d.h. die Anmeldungen müssen notariell beglaubigt werden (vgl. etwa § 12 HGB).

5 Vertragsdurchführung

	Rz.		Rz.
I. Anforderung von Beiträgen, speziell Geltendmachung von Einlagen	574	2. Vorbereitung	594
		3. Durchführung	595
1. Zuständigkeit	574	4. Formulierungsbeispiel Einladungsschreiben	596
2. Verfahren	575		
a) Personengesellschaften	575	**V. Außerordentliche Gesellschafterversammlung und Gesellschafterversammlung auf Verlangen einer Minderheit**	597
b) GmbH	576		
c) Einberufung Gesellschafterversammlung	577		
3. Formulierungsbeispiele	578	1. Außerordentliche Gesellschafterversammlung	597
a) Beschluss der Gesellschafterversammlung	578	a) Erfordernis	597
b) Anforderungsschreiben gegenüber dem Gesellschafter	579	b) Tagesordnung	598
		c) Vorbereitung, Durchführung	599
II. Jahresabschluss und Ergebnisverwendung, Prüfung, Feststellung	580	2. Gesellschafterversammlung auf Minderheitenverlangen	600
1. Zuständigkeit	580	a) Grundsätze	600
2. Frist	582	b) Formulierungsbeispiel Einberufungsverlangen	601
3. Prüfung	583	c) Behandlung durch die Geschäftsführung/den Vorstand	602
4. Verfahren bei Personenhandelsgesellschaften und GmbH	584		
III. Offenlegungspflichten	585	**VI. Krisenszenario: Kündigung eines Gesellschafter-Geschäftsführers**	603
1. Jahresabschlussbezogene Offenlegungspflichten	585	1. Betroffene Rechtsverhältnisse	603
a) Betroffene Gesellschaften	585	a) Bei der GmbH	603
b) Umfang der Offenlegungspflicht	586	b) Bei Personengesellschaften	604
aa) Kleine Gesellschaften	587	2. Gesellschafterversammlung	605
bb) Mittelgroße Kapitalgesellschaften	588	3. Spezielles Durchführungsproblem bei der GmbH	606
cc) Große Gesellschaften	589	4. Gewährung von Gehör	607
dd) Sanktion	590	**VII. Wirtschaftliche Krisenszenarien**	608
2. Gesellschafterliste	591	1. Einfache „Unterbilanz" bei der GmbH	608
a) Keine jährliche Gesellschafterliste	591	a) Feststellung	608
b) Ad-hoc-Einreichung	592	b) Folge	609
IV. Ordentliche Gesellschafterversammlung	593	c) Vermeidung von Folgen	610
1. Gegenstand	593	2. Kapitalverlust von 1/2	611
		3. Insolvenzreife	612

I. Anforderung von Beiträgen, speziell Geltendmachung von Einlagen

1. Zuständigkeit

Zuständig für die Geltendmachung von Beiträgen gegenüber den Gesellschaftern ist die Geschäftsführung. 574

2. Verfahren

a) Personengesellschaften

575 Bei der **GbR** und den **Personenhandelsgesellschaften** kann vor Geltendmachung der Ansprüche gegenüber den Gesellschaftern eine Gesellschafterversammlung, die hierüber beschließt, abgehalten werden, damit die Geschäftsführer diesbezügliche Weisungen der Gesellschafterversammlung einholen. Erforderlich, wie dies bei der GmbH wäre (siehe unten), ist dies aber nicht.

b) GmbH

576 Bei der **GmbH** wird nach dem (dispositiven) Gesetz zunächst eine Gesellschafterversammlung einberufen, die über die Einforderung beschließt (siehe § 46 Nr. 2 GmbHG). Der Geschäftsführer führt dann den Beschluss gegenüber dem Gesellschafter aus. Bei der **Aktiengesellschaft** fordert der Vorstand nach § 63 Abs. 1 AktG ausstehende Einlagen ein. Im Innenverhältnis kann die Einforderung von der Zustimmung des Aufsichtsrat abhängig gemacht werden (§ 111 Abs. 4 Satz 2 AktG), nicht aber von Beschlüssen der Hauptversammlung.

c) Einberufung Gesellschafterversammlung

577 Die Gesellschafterversammlung ist unter Wahrung aller dazu erforderlichen Formalien einzuberufen, wobei ggf. eine außerordentliche Versammlung einzuberufen ist, wenn die Einforderung nicht anlässlich der ordentlichen Hauptversammlung (als weiterer Tagesordnungspunkt) beschlossen wird. S.i.Ü. Rz. 577 ff.

3. Formulierungsbeispiele

a) Beschluss der Gesellschafterversammlung

578 Auf den Geschäftsanteil des Gesellschafters Max Müller in einer Höhe von 20 000 Euro, den dieser bei Gründung der Gesellschaft am 5.12.2012 übernommen hat, wurde bisher nur die Mindesteinlage in einer Höhe von 5000 Euro geleistet. Offen steht noch eine Bareinlage in einer Höhe von 15 000 Euro. Es wird beschlossen, dass nunmehr auch die rückständige Einlageleistung in einer Höhe von 15 000 Euro eingefordert wird. Die Geschäftsführer der Gesellschaft werden angewiesen, die Forderung gegenüber dem Gesellschafter Max Müller geltend zu machen. Bei der Beschlussfassung waren folgende Gesellschafter anwesend: ... Sie repräsentieren 80 000 Euro des gesamten Stammkapitals der Gesellschaft in einer Höhe von 100 000 Euro. Für die Einforderung stimmten die Gesellschafter ..., die 60 000 Euro des Stammkapitals halten. Gegen die Einforderung stimmte der Gesellschafter ..., der 20 000 Euro des Stammkapitals hält. Für den Beschluss stimmten damit 75 % des bei der Beschlussfassung anwesenden Stammkapitals. Der Beschluss, für den nach Gesetz und Satzung die einfache Mehrheit der Anwe-

senden ausreichend ist, wurde somit mit der erforderlichen Mehrheit gefasst.

b) Anforderungsschreiben gegenüber dem Gesellschafter

Müller Meier GmbH

Herrn Max Müller

Betreff: Einforderung rückständiger Einlagen

Sehr geehrter Herr Müller,

auf Ihren Geschäftsanteil in einer Höhe von 20 000 Euro wurde bisher nur die Mindesteinlage in Höhe von 5000 Euro einbezahlt. In der Gesellschafterversammlung vom ..., zu der form- und fristgerecht eingeladen wurde, wurde beschlossen, den rückständigen Betrag von 15 000 Euro, der bar zu bringen ist, einzufordern.

Das Protokoll über die Gesellschafterversammlung mit dem Beschlusswortlaut übersende ich in Anlage zu Ihrer Unterrichtung.

Ich bitte Sie, den rückständigen Einlagebetrag in Höhe von 15 000 Euro umgehend auf das Gesellschaftskonto Nr. ..., bei der ... -Bank einzubezahlen, und zwar unter Angabe des Verwendungszwecks „Einlage auf Geschäftsanteil".

Mit freundlichen Grüßen

Geschäftsführer

II. Jahresabschluss und Ergebnisverwendung, Prüfung, Feststellung

1. Zuständigkeit

Zuständig für die **Erstellung** (juristisch „Aufstellung") des Jahresabschlusses (Bilanz, Gewinn- und Verlustrechnung, ggf. nebst Anhang) und, soweit erforderlich des Lageberichts (siehe § 264 HGB), ist die **Geschäftsführung**. Diese ist, soweit sich ein Vorschlag über die Ergebnisverwendung nicht bereits aus dem erstellten Jahresabschluss ergibt, auch dafür zuständig, einen Vorschlag über die Ergebnisverwendung zu unterbreiten (siehe dazu § 325 HGB).

Zuständig für die **Feststellung** des Jahresabschlusses und für die Fassung des Ergebnisverwendungsbeschlusses ist die **Gesellschafterversammlung**, die hierüber durch Beschluss entscheidet (dies gilt auch bei Personengesellschaften, wenn im Gesellschaftsvertrag nichts Abweichendes bestimmt ist, da die Feststellung des Jahresabschlusses und die Fassung des Ergebnisverwendungsbeschlusses ein Grundlagengeschäft ist).

581 Bei der **AG** stellt der Vorstand den Jahresabschluss (ggf. auch den Lagebericht) auf und erstellt einen Vorschlag betreffend die Verwendung des Bilanzgewinnes und legt diesen, falls prüfungspflichtig, mit dem Prüfbericht des vBP oder WP dem Aufsichtsrat vor, der die Unterlagen prüft (§ 170 Abs. 1 AktG). Bei Billigung durch den Aufsichtsrat entscheiden Vorstand und Aufsichtsrat, ob sie die Feststellung der Hauptversammlung überlassen oder nicht (§ 172 Abs. 1 AktG). Wenn kein entsprechender **Delegationsbeschluss** gefasst wird, ist mit Billigung der Jahresabschluss festgestellt und wird von der ordentlichen Hauptversammlung entgegengenommen. Sonst (Delegationsbeschluss) stellt die Hauptversammlung den Jahresabschluss fest. Zur Beschlussfassung über die Verwendung des Bilanzgewinns s. bei Rz. 537 ff.

2. Frist

582 Zu beachten sind die gesetzlichen und, bei vereinbarter Verkürzung (eine Verlängerung ist nicht möglich), die gesellschaftsvertraglichen Bestimmungen. Das Gesetz ordnet für kleine Kapitalgesellschaften nach dem Bilanzrichtliniengesetz an, dass die Aufstellung des Jahresabschlusses innerhalb von sechs Monaten nach Ablauf des Geschäftsjahres erfolgen muss, vorausgesetzt, dies entspricht einem ordnungsgemäßen Geschäftsgang, bei mittelgroßen und bei großen Kapitalgesellschaften nach dem Bilanzrichtliniengesetz innerhalb von drei Monaten nach Ablauf des Geschäftsjahres (§ 264 Abs. 1 Satz 3, 4 HGB). Die Feststellung des Jahresabschlusses und die Fassung des Ergebnisverwendungsbeschlusses müssen so rechtzeitig erfolgen, dass die Publizitätsvorschriften für Kapitalgesellschaften eingehalten werden können, d.h. bei kleinen Kapitalgesellschaften innerhalb des Bilanzrichtliniengesetzes innerhalb von 12 Monaten nach Ablauf des Geschäftes, bei mittelgroßen und großen Kapitalgesellschaften innerhalb von neun Monaten, bei der AG innerhalb der ersten acht Monate des Geschäftsjahres (§ 175 Abs. 1 Satz 2 AktG).

3. Prüfung

583 Jahresabschluss und Lagebericht von Kapitalgesellschaften sowie von GmbH & Co. KG, die mittelgroß und groß sind, müssen **zwingend** nach den §§ 316 ff. HGB **geprüft** werden, wobei Abschlussprüfer für große Kapitalgesellschaften zwingend Wirtschaftsprüfer und Wirtschaftsprüfungsgesellschaften sein müssen; Abschlussprüfer für mittelgroße Gesellschaften mbH können auch vereidigte Buchprüfer und Buchprüfungsgesellschaften sein.

Die Notwendigkeit einer so genannten „**freiwilligen Prüfung**" kann sich aus dem Gesellschaftsvertrag auch bei kleinen Kapitalgesellschaften und bei Personengesellschaften ergeben, oder aus Gesellschafterbeschlüssen, die dies anordnen.

4. Verfahren bei Personenhandelsgesellschaften und GmbH

1. Schritt:

Erstellung des Jahresabschlusses nebst Lagebericht durch die Geschäftsführung, wobei der Jahresabschluss durch alle Geschäftsführer zu unterzeichnen ist, zugleich Unterbreitung eines Ergebnisverwendungsvorschlages, der in den Jahresabschluss integriert werden kann.

2. Schritt:

Bei Pflichtprüfung oder freiwilliger Prüfung, Prüfung des Jahresabschlusses nebst Lagebericht (die mit einem Prüfungsbericht nach § 321 HGB abgeschlossen wird).

3. Schritt:

Übersendung des Jahresabschlusses nebst Lagebericht und des Vorschlages über die Ergebnisverwendung an die Gesellschafter, bei Prüfung auch Übersendung des Prüfungsberichtes. Zugleich „form- und fristgerechte" Einladung zur ordentlichen Gesellschafterversammlung, die den Jahresabschluss feststellt und den Ergebnisverwendungsbeschluss fasst. Siehe unten bei Rz. 577 ff.

4. Schritt:

Gesellschafterversammlung mit Beschlussfassung über die Feststellung des Jahresabschlusses und die Ergebnisverwendung. Zu beachten: Publizitätspflichten; Siehe dazu Rz. 569 ff.

III. Offenlegungspflichten

1. Jahresabschlussbezogene Offenlegungspflichten

a) Betroffene Gesellschaften

Von der Offenlegung betroffen sind im Hinblick auf den Jahresabschluss nur Kapitalgesellschaften und Personengesellschaften ohne persönlich haftenden Gesellschafter (GmbH & Co. KG oder AG & Co. KG).

b) Umfang der Offenlegungspflicht

Der Umfang der Offenlegungspflicht differiert zwischen kleinen und mittelgroßen und großen Gesellschaften im Sinne des Bilanzrichtlinienegesetzes.

aa) Kleine Gesellschaften

Offenlegungspflichtig sind nur die **gekürzte** (§ 266 Abs. 1 Satz 3 HGB) **Bilanz** und der **Anhang**, nicht auch die „Gewinn- und Verlustrechnung" und der Lagebericht, falls überhaupt erstellt. Offenlegungspflichtig ist weiter das **Jahresergebnis**, sowie eingeschränkt (s. § 325 Abs. 1 Satz 4 HGB) der Vorschlag über die **Ergebnisverwendung** und die Beschlussfassung bezüglich der Ergebnisverwendung.

Die Offenlegung erfolgt dadurch, dass die Unterlagen beim Bundesanzeiger zur Bekanntmachung eingereicht werden.

bb) Mittelgroße Kapitalgesellschaften

588 Offenlegungspflichtig ist der **gesamte Jahresabschluss** mit einer **reduzierten** (§§ 266 Abs. 1 S. 3, 327 HGB) **Bilanz** einschließlich **Anhang** sowie der Lagebericht, eingeschränkt der Vorschlag über die **Ergebnisverwendung** und der Ergebnisverwendungsbeschluss, bei einem geprüften Jahresabschluss einschließlich Bestätigungsvermerk oder dessen Versagung, bei Gesellschaften mit Aufsichtsrat einschließlich **Bericht des Aufsichtsrates**.

Die Unterlagen sind elektronisch beim Bundesanzeiger einzureichen.

cc) Große Gesellschaften

589 Bei großen Kapitalgesellschaften müssen die Unterlagen ohne jegliche Ausnahmen und Kürzungen eingereicht werden.

dd) Sanktion

590 Eine Verletzung der handelsrechtlichen Offenlegungspflicht wird durch das Bundesamt für Justiz durch ein **Ordnungsgeld** (2500 Euro – 25 000 Euro) sanktioniert.

2. Gesellschafterliste

a) Keine jährliche Gesellschafterliste

591 Eine Gesellschafterliste muss bei GmbH beim Handelsregister nicht mehr jährlich eingereicht werden.

b) Ad-hoc-Einreichung

592 Die Liste muss ad hoc eingereicht werden, wenn ein **Gesellschafterwechsel** oder eine **Änderung der Beteiligungsanteile** stattgefunden haben.

Zuständig für die Einreichung sind die Geschäftsführer und der Notar, wenn er an Änderungen mitwirkt (§ 40 Abs. 1, 2 GmbHG).

Es muss eine Liste eingereicht werden, aus der sich Name und Vorname der Gesellschafter, deren Geburtsdatum und Wohnort sowie der Betrag und die laufenden Anteilsnummern der von diesen gehaltenen Geschäftsanteilen ergeben.

IV. Ordentliche Gesellschafterversammlung

1. Gegenstand

Gegenstand der ordentlichen, d.h. regelmäßig im jährlichen Turnus wiederkehrenden Gesellschafterversammlung ist bei GmbH und Personengesellschaften (bei AG entfällt TOP 2, wenn nicht Vorstand und Aufsichtsrat beschlossen haben, die Feststellung des Jahresabschlusses auf die Hauptversammlung zu delegieren, s. § 172 Satz 1 AktG; TOP 1 ist zu erweitern um „Vorlage des Jahresabschlusses, des Lageberichts und des Berichts des Aufsichtsrats") zumindest folgende **Tagesordnung**:

1. Bericht der Geschäftsführung über das abgelaufene Geschäftsjahr einschließlich Erläuterung des Jahresabschlusses und des Vorschlages über die Ergebnisverwendung und über Aussichten und Planungen für das folgende Geschäftsjahr
2. Feststellung des Jahresabschlusses
3. Ergebnisverwendungsbeschluss
4. Beschluss über die Entlastung der Geschäftsführer
5. Evtl. Wahl des Abschlussprüfers.

Diese Tagesordnung kann um beliebige Punkte erweitert werden. Nur in Angelegenheiten, die in der Tagesordnung bekannt gemacht wurden, können grds. wirksame Beschlüsse gefasst werden. Exakte Beschlussvorschläge (z.B. der Verwaltung oder von Gesellschaftern) müssen bei Personengesellschaften und GmbH, anders als bei AG, nicht in die Tagesordnung mit aufgenommen werden.

2. Vorbereitung

○ **Checkliste**

- Festlegung eines Geschäftsführers, der für die Vorbereitung zuständig ist (bei mehreren Geschäftsführern)
- Festlegung des Ortes unter Berücksichtigung des Gesellschaftsvertrages (z.B. Sitz der Gesellschaft)
- Festlegung der Zeit unter Berücksichtigung der gesetzlichen und gesellschaftsvertraglichen Ladungsfristen, dabei Terminkoordination, auch mit Notar, wenn notarielle Protokollierung erforderlich
- Raum-, Personal- und Ausstattungsorganisation
- Festlegung von Teilnehmern außerhalb des Gesellschafterkreises (z.B. leitende Angestellte, die beim Tagesordnungspunkt 1. oben auch Teilreferate halten können)
- Festlegung der Modalitäten der Einberufung unter Berücksichtigung von Gesetz und Gesellschaftsvertrag (z.B. schriftliche Einberufung und/oder Anzeige in Gesellschaftsblättern)

- Zusammenstellung der mit der Einladung zu versendenden Unterlagen
  - Zwingend zu versendende Unterlagen:
  - Jahresabschluss nebst Lagebericht, Vorschlag über die Ergebnisverwendung (bei Prüfung des Jahresabschlusses Prüfbericht, bei Aufsichtsrat: Bericht des Aufsichtsrates)
  - „Freiwillig übersandte Unterlagen"
  - Entwurf des Ladungsschreibens (siehe dazu unten Rz. 580)
  - Versendung des Ladungsschreibens nebst Unterlagen, die an die Gesellschafter versandt werden (mit Empfangsnachweis, wie Einschreiben mit Rückschein).
  - Alternative, wo vom Gesetz oder Gesellschaftsvertrag vorgeschrieben oder zugelassen: Publikation der Einladung und dazugehörender Unterlagen in den Gesellschaftsblättern.

3. Durchführung

595 ➲ **Checkliste**

- Festlegung bzgl. des Protokolls, z.B. Bestimmung und Beiziehung eines Protokollanten oder Übernahme dieser Tätigkeit durch den Versammlungsleiter
- Formalien
  - Wahl des Versammlungsleiters, falls sich dieser nicht aus dem Gesellschaftsvertrag ergibt
  - Gegebenenfalls Prüfung der Legitimation beim Erscheinen von Bevollmächtigten
- Abarbeitung der Tagesordnungspunkte einschließlich Beschlussfassung
- Schließen der Versammlung
- Protokollerstellung
- Protokollversendung (per Einschreiben mit Rückschein).

4. Formulierungsbeispiel Einladungsschreiben

596 Müller Huber GmbH

Gesellschafter

Einladung zur 12. ordentlichen Gesellschafterversammlung

Sehr geehrter Gesellschafter,

in Anlage übersenden wir:

Jahresabschluss der Gesellschaft für das Geschäftsjahr 2012 einschließlich Lagebericht,

Prüfungsbericht des Abschlussprüfers, Bericht des Aufsichtsrates (entfällt jeweils ggf.),

Vorschlag der Geschäftsführung zur Ergebnisverwendung.

Unter Bezugnahme auf diese Anlagen werden Sie hiermit zur ordentlichen Gesellschafterversammlung am 20.5.2013 in die Geschäftsräume der Gesellschaft, Wagnerstraße 12/III., in Ingolstadt, Sitzungssaal, eingeladen.

Die Tagesordnung darf ich Ihnen wie folgt bekannt geben:

1. Berichterstattung der Geschäftsführung über das abgelaufene Geschäftsjahr und Erläuterung des Jahresabschlusses, des Lageberichtes und des Vorschlages über die Ergebnisverwendung, sowie Mitteilung der Aussichten der Gesellschaft,

2. Feststellung des Jahresabschlusses,

3. Beschlussfassung über die Ergebnisverwendung,

4. Entlastung der Geschäftsführung,

5. Sitzverlegung nach München, Änderung von § 2 der Satzung

Es wird darauf hingewiesen, dass Sie sich nach der Satzung der Gesellschaft durch einen zur berufsmäßigen Verschwiegenheit verpflichteten Angehörigen der rechts- oder steuerberatenden Berufe vertreten lassen können, wenn dieser eine schriftliche Vollmacht vorweist, oder sich durch einen solchen begleiten lassen können (ggf. zu modifizieren).

Mit freundlichen Grüßen

Geschäftsführung

V. Außerordentliche Gesellschafterversammlung und Gesellschafterversammlung auf Verlangen einer Minderheit

1. Außerordentliche Gesellschafterversammlung

a) Erfordernis

- Die Notwendigkeit, eine außerordentliche Gesellschafterversammlung abzuhalten, kann sich ergeben
  - aus dem Gesetz, bei der GmbH z.B. bei Verlust der Hälfte des Stammkapitals (§ 49 Abs. 3 GmbHG), oder wenn es im Interesse der Gesellschaft erforderlich scheint (§ 4 Abs. 2 GmbHG)
  - aus der Satzung, z.B. wenn dort bei der GmbH vorgeschrieben ist, dass die Bestellung von Prokuristen eines vorangehenden Beschlusses durch die Gesellschafterversammlung bedarf.

– Darüber hinaus kann die Geschäftsführung, auch wenn sie in der konkreten Angelegenheit selbst entscheiden dürfte, die Entscheidung verlagern auf die Gesellschafterversammlung.

b) Tagesordnung

598 Auch außerordentliche Gesellschafterversammlungen können wirksame Beschlüsse nur fassen, wenn dazu mit einer ausreichend spezifizierten Tagesordnung geladen wurde. Deshalb hat die Festlegung der zu behandelnden Tagesordnungspunkte zentrale Bedeutung.

c) Vorbereitung, Durchführung

599 Im Übrigen ist die außerordentliche Gesellschafterversammlung wie eine ordentliche vorzubereiten und durchzuführen, s. deshalb Rz. 578 f.

2. Gesellschafterversammlung auf Minderheitenverlangen

a) Grundsätze

600 Bei GmbH und AG können Gesellschafter bzw. Aktionäre mit einem „Mindeststimmgewicht" verlangen, dass eine Gesellschafter- bzw. Hauptversammlung abgehalten wird (s. §§ 50 GmbHG, 122 AktG). Bei der GmbH wird vorausgesetzt, dass das Verlangen von Gesellschaftern gestellt wird, die mindestens gemeinsam 10 % des Stammkapitals repräsentieren; bei AG reichen 5 % des Grundkapitals. Die Satzung kann diese Schwelle absenken, aber nicht erhöhen. Zweck und Grund sind durch die Minderheit anzugeben. Das Verlangen muss bei der GmbH dieser gegenüber, vertreten durch die Geschäftsführer, geltend gemacht werden, bei der AG gegenüber dem Vorstand.

b) Formulierungsbeispiel Einberufungsverlangen

601 Hans Müller   München, 3.1.2014

Colors Farbenwerke GmbHz. Hd. der Geschäftsleitung (Alternativ An den Vorstand der Colors Farbenwerke AG)

Verlangen auf Einberufung einer Gesellschafter-(Haupt-)Versammlung

S. g. D. & H.

an der o.g. Gesellschaft bin ich (GmbH mind. 10 %, AG mind. 5 %) zu ... % des Grundkapitals beteiligt. Zum Nachweis meines Anteilsbesitzes verweise ich auf (Nachweis der gehaltenen Beteiligung, z.B. Eintrag im Aktienbuch, Gründungsurkunde, Gesellschaftenteilabtretungsvertrag).

Nach § 50 GmbHG (bzw. § 122 Abs. 1 AktG) verlange ich die Einberufung einer Hauptversammlung mit folgender Tagesordnung:

V. Außerordentliche Gesellschafterversammlung

1. Information der Geschäftsführung (des Vorstandes) an die Gesellschafter (Aktionäre) über

   a) die Geschäftsentwicklung im 4. Quartal 2013, insbesondere über den Absatz folgender Produkte ... und über neu angebahnte und gekündigte Geschäftsbeziehungen bei diesen Produkten.

   b) Überlegungen der Geschäftsleitung, diese Produkte weiter zu vertreiben oder deren Produktion einzustellen oder diesen Unternehmensteil zu veräußern.

2. Nur bei GmbH: Weisungen der Gesellschafterversammlung an die Geschäftsführer, betreffend Produktion und Vertrieb dieser Produkte.

3. Nur (bei AG) Abberufung von Dr. Hans Müller als Aufsichtsratsmitglied: Neuwahl eines Aufsichtsratsmitglieds. Hierzu wird vorgeschlagen, Herrn Hans Maier, Dipl.-Ing., Geschäftsführer der Fa. ..., wohnhaft ..., für die restliche Amtszeit von Dr. Hans Müller zum Aufsichtsratvorsitzenden zu wählen. Der Aufsichtsrat setzt sich nur aus Vertretern der Anteilseigner zusammen. Eine Bindung an Wahlvorschläge besteht nicht.

Mein Verlangen begründe ich wie folgt: Nach einem Bericht im Handelsblatt vom 3.1.2014 ist der Absatz der Produktlinie ... im 4. Quartal 2013 durch Kündigung der Lieferbeziehungen durch den bisherigen Hauptkunden vollständig eingebrochen, wodurch ein Umsatz- und Gewinneinbruch für das Jahr 2013 um mindestens 15 % gegenüber dem Vorjahr und für das Jahr 2014 von mindestens 30 % zu erwarten sei. Die Geschäftsleitung verhandle mit anderen Unternehmen über eine Veräußerung der entsprechenden Produktsparte. Diese Fragen betreffen das Wohl der Gesellschafter i.S. von § 49 GmbHG bzw. § 122 AktG. Dennoch wurde durch die Gesellschafter bisher keine Gesellschafter-(Haupt-)Versammlung einberufen.

c) Behandlung durch die Geschäftsführung/den Vorstand

Der Vorstand hat dem Verlangen, wenn die gesetzlichen Voraussetzungen erfüllt sind (ausreichende Minderheit, Angabe von Zweck = Tagesordnung und Gründen) zu entsprechen und eine Gesellschafter-(Haupt-)Versammlung nach dem o.a. Muster einzuberufen.

Die Geschäftsführung/der Vorstand kann sich dabei darauf beschränken, die **Tagesordnung** (einschließlich evtl. Beschlussvorschläge der Minderheitsaktionäre) **bekannt** zu machen, und klar zu legen, dass die Einberufung auf **Minderheitsverlangen** erfolgt. Eigene Beschlussvorschläge können, müssen aber nicht unterbreitet werden, auch bei der AG nicht (§ 124 Abs. 3 Satz 2 AktG).

VI. Krisenszenario: Kündigung eines Gesellschafter-Geschäftsführers

1. Betroffene Rechtsverhältnisse

a) Bei der GmbH

603
- Stellung als Gesellschafter,
- Organstellung als Geschäftsführer,
- Dienstrechtliches Anstellungsverhältnis als Geschäftsführer.

Alle drei Rechtsverhältnisse sind zu „kündigen", wenn eine völlige Trennung vom bisherigen Gesellschafter-Geschäftsführer gewünscht ist.

b) Bei Personengesellschaften

604
- Wegen des Grundsatzes der Selbstorganschaft reicht grds. die **Kündigung als Gesellschafter**. Mit dem Verlust der Gesellschafterposition ist auch der Verlust der Geschäftsführerposition verbunden.
- Wenn der Geschäftsführer seine Dienste aufgrund eines gesonderten Anstellungsvertrages erbringt, ist auch dieser zu kündigen.

2. Gesellschafterversammlung

605 Einzuberufen ist eine Gesellschafterversammlung, in der über die erforderlichen Maßnahmen beschlossen wird.

Tagesordnung sollte die Kündigung von allen betroffenen Rechtsverhältnissen sein. Siehe im Übrigen zum Ablauf einer Gesellschafterversammlung und zu ihrer Vorbereitung Rz. 578 ff.

Zu der Gesellschafterversammlung ist auch der betroffene **Gesellschafter-Geschäftsführer** zu laden. Bei einer Kündigung aus wichtigem Grund ist er selbst nicht stimmberechtigt, aber anwesenheitsberechtigt.

3. Spezielles Durchführungsproblem bei der GmbH

606 Wenn der betroffene Gesellschafter-Geschäftsführer als Gesellschafter ausgeschlossen werden soll, erfolgt dies rechtstechnisch entweder durch eine **Einziehung** seines Geschäftsanteils bzw. seiner Geschäftsanteile bzw. durch eine **Zwangsabtretung** an die Gesellschafter selbst, die Gesellschaft oder durch **Übernahme** durch Dritte.

Dabei sind gesetzliche und satzungsmäßige Anforderungen zu berücksichtigen.

Die Einziehung von Geschäftsanteilen und Zwangsabtretung an die Gesellschafter selbst ist nur möglich, wenn der Geschäftsanteil voll einbezahlt ist und die Abfindungsleistung aus dem freien Gesellschaftsvermögen möglich ist.

Zwangsabtretungen an Gesellschafter oder zur Übernahme bereite Dritte sind auch möglich, ohne dass diese Voraussetzungen erfüllt sind.

Vorausgesetzt ist aber, dass diese Maßnahmen in der Satzung zugelassen werden.

Deshalb ist vor Einberufung der Gesellschafterversammlung bereits zu prüfen, welche der technischen Maßnahmen verfolgt werden sollen, um das Ausscheiden des Gesellschafters zu bewältigen. Dazu sind die gesetzlichen und satzungsmäßigen Voraussetzungen zu prüfen.

4. Gewährung von Gehör

Dem betroffenen Gesellschafter-Geschäftsführer ist vor der Beschlussfassung Gelegenheit zum Gehör zu gewähren; das Gehör kann auch in der Gesellschafterversammlung gewährt werden.

VII. Wirtschaftliche Krisenszenarien

1. Einfache „Unterbilanz" bei der GmbH

a) Feststellung

Feststellung nach gewöhnlichen Bilanzierungskriterien, d.h. ohne Berücksichtigung von stillen Reserven

b) Folge

Die Folge ist eine **Ausschüttungssperre** hinsichtlich künftiger Gewinne bis zur Wiedererlangung des Stammkapitals nach § 30 ff. GmbHG.

c) Vermeidung von Folgen

- **Freiwillige Leistungen** der Gesellschafter in das Gesellschaftsvermögen,
- bloße **Kapitalherabsetzung**, nur möglich bis zur Mindestkapitalziffer,
- **Verbindung** einer **Kapitalherabsetzung** mit einer gleichzeitigen beschlossenen **Kapitalerhöhung**; in diesem Fall kann zunächst das Kapital auf einen Betrag unterhalb der Mindestkapitalziffer herabgesetzt werden.

Im Übrigen wird hier verwiesen auf Kommentierungen zum GmbHG.

2. Kapitalverlust von 1/2

Bei der GmbH und bei der AG ist eine Gesellschafterversammlung, bzw. Hauptversammlung, einzuberufen, wenn die Hälfte des Stammkapitals bzw. des Grundkapitals verloren ist (§ 49 Abs. 3 GmbHG, § 92 Abs. 1 AktG).

3. Insolvenzreife

612 Voraussetzungen:

- Bei Personenhandelsgesellschaften:

  Zahlungsunfähigkeit oder drohende Zahlungsunfähigkeit nach §§ 17, 18 InsO.

- Bei Kapitalgesellschaften und GmbH & Co. KG:

  Zahlungsunfähigkeit oder drohende Zahlungsunfähigkeit oder Überschuldung (§§ 17, 18, 19 InsO).

- Feststellung der rechtlichen Überschuldung:
  - Zweistufige Überschuldungsprüfung,
  - negative Fortführungsprognose,
  - rechnerische Feststellung der Überschuldung aufgrund eines Überschuldungsstatus, der nicht anhand gewöhnlicher Bilanzkriterien zu erstellen ist, sondern insbesondere Liquidationswerte erfasst.

- Insolvenzantragsverpflichtung:
  - Bei Personenhandelsgesellschaften die zur Vertretung der Gesellschaft (jeder der zur gemeinschaftlichen Vertretung) berechtigten Gesellschafter.
  - Bei Kapitalgesellschaften:

    Jedes Organmitglied (Geschäftsführer, bzw. Vorstand).

- Frist:

  Unverzüglich, spätestens innerhalb von drei Wochen nach Eintritt des Insolvenzgrundes.

# Teil 5
Vertragsgestaltung und Steuern

1 Einführung

	Rz.		Rz.
I. Bedeutung der Steuerfragen bei Austauschverträgen	1	a) Umsatzsteuer	10
		b) Grunderwerbsteuer	11
II. Bedeutung der Steuerfragen bei Gesellschaftsverträgen	6	c) Zölle und Verbrauchsteuern	12
		d) Ertragsteuern	13
III. Internationales Recht	9	2. Steuerfragen in ausländischen Rechtssystemen	14
1. Steuerliches Kollisionsrecht/ anwendbares Recht	9		

Literaturübersicht:
Steuerberaterhandbuch 2013; *Kneip/Jänisch* (Hrsg.), Tax Due Diligence, 2. Aufl. 2010; *Schmitt/Hörtnagel/Stratz*, Umwandlungsgesetz/Umwandlungssteuergesetz, 6. Aufl. 2013; *Lange*, Personengesellschaften im Steuerrecht, 8. Auf. 2012; *Dötsch/Patt/Pung/Möhlenbrock*, Umwandlungssteuerrecht, 7. Aufl. 2012.

I. Bedeutung der Steuerfragen bei Austauschverträgen

Im Rahmen der Vertragsverhandlungen oder besser noch bei der vorzubereitenden Konzeption müssen auch die steuerlichen Konsequenzen eines Vertrages bedacht werden. Hierbei ist zu unterscheiden zwischen der Berücksichtigung von zwangsläufigen Steuerfolgen einerseits und andererseits der **gezielten Planung von Steuerfolgen**. Die steuerlichen Folgen eines Vertrages ergeben sich zwangsläufig, während bei der Planung von Steuerfolgen eine Transaktion so gestaltet wird, dass die steuerlichen Konsequenzen – nach Möglichkeit – für alle Beteiligten günstig sind. Dies ist grundsätzlich ein legitimes Anliegen, da nach ständiger Rechtsprechung der Steuerpflichtige seine Rechtsverhältnisse so gestalten kann, wie sie für ihn steuerlich günstig sind (BFH/NV 1996, 123; BFH BStBl. II 1994, 374). Ihre Grenze findet die Steuergestaltung und Steuerplanung im Missbrauch von Gestaltungsmöglichkeiten (vgl. § 42 AO). 1

Ohne an dieser Stelle auf die umfangreiche Kasuistik und Rechtsprechung einzugehen, ist für den Berater in solchen Situationen die wichtige Kontrollüberlegung, ob die angestrebten vertraglichen Regelungen einem nachvollziehbaren wirtschaftlichen Zweck dienen. Solche Überlegungen sollte man nach Möglichkeit auch im Rahmen seiner Arbeitspapiere und Notizen festhalten. Bei möglichen späteren Schwierigkeiten mit der Finanzverwaltung kann dies dann eine hilfreiche argumentative Unterstützung sein. 2

3 Ein zweiter Punkt sollte bei der Überlegung zum **Missbrauch** von Gestaltungsmöglichkeiten nicht vergessen werden. Nach dem Gesetz liegt ein solcher Missbrauch nur vor, wenn die gewählte Gestaltung einen Steuervorteil gegenüber einer anderen Gestaltung bietet, die den wirtschaftlichen Vorgängen angemessen ist. Sofern also mehrere Wege zur Verfügung stehen, sollten die jeweiligen steuerlichen Belastungen kalkuliert und verglichen werden.

4 Schließlich wird bei vielen hochtrabenden Gestaltungen vergessen, dass diese zu ihrer steuerlichen Anerkennung auch der tatsächlichen Durchführung bedürfen. Die hiermit verbundenen Umstände und Kosten sollten daher auch von Anfang an mitbedacht werden.

5 Selbst wenn man keine besonderen Steuerfolgen mit der geplanten Transaktion beabsichtigt, sollte man doch die entsprechenden Steuerfolgen in jedem Fall bedenken, und solche Folgen ergeben sich immer. Spätere steuerliche Probleme und Diskussionen mit der Finanzverwaltung entstehen oftmals, weil Verträge in steuerlich wichtigen Punkten unklar formuliert sind, ganz schweigen oder keinerlei schriftliche Dokumentation vorliegt, wo sie nötig wäre.

II. Bedeutung der Steuerfragen bei Gesellschaftsverträgen

6 Das gleiche Erfordernis hinsichtlich der steuerrechtlichen Fragen, die bei Austauschverträgen bedacht werden müssen, gilt auch bei Gesellschaftsverträgen. Hierbei sind die steuerrechtlich relevanten Bereiche jedoch noch wesentlich vielfältiger. Dies beginnt zunächst auch wieder in der vorzubereitenden Konzeptionsphase bei der Überlegung, welche Gesellschaftsform gewählt werden soll. Das deutsche Steuerrecht kennt **keine rechtsform-unabhängige Besteuerung von Gesellschaften** gleich welcher Art, sondern es besteht ein grundsätzlicher Systemunterschied zwischen der Besteuerung von Kapitalgesellschaften und Personengesellschaften. Durch den Systemwechsel in der Körperschaftsteuer seit dem Jahre 2001 ist dieses Problem nicht beseitigt. Es sind vielmehr weitere Aspekte hinzugekommen, die bei der Rechtsformwahl bedacht werden sollten. Steuerrechtlich wird auch nicht der Begriff der Personengesellschaft verwandt, sondern der Begriff der Mitunternehmerschaft, der in einigen Teilen weiter ist als die typisch handelsrechtliche Personengesellschaft. Sofern nachfolgend der Begriff „Personengesellschaft" verwandt wird, ist dies im genannten steuerrechtlichen Sinne der Mitunternehmerschaft zu verstehen. Dieser steuerrechtliche Systemunterschied zwischen Kapital- und Personengesellschaften wirft eine Reihe von Fragen und Problemen auf, die im Vorfeld bedacht werden müssen. Je nach Art der Gesellschaft müssen dann entsprechende Regelungen, die sich aus der gewählten Rechtsform ergeben, bei der Abfassung der Gesellschaftsverträge berücksichtigt werden. Schließlich muss insbesondere die Frage der Vermögenszuordnung geprüft werden, da ein Wechsel in späterer Zeit steuerlich oft-

mals erhebliche Probleme verursacht. Gleiches gilt auch für die Beteiligung von Steuerausländern an der zu gründenden oder auch schon bestehenden Gesellschaft. Oftmals sind hier weitere Schritte erforderlich, um eine sinnvolle Struktur herbeizuführen.

Ein weiteres großes Problemfeld ist steuerrechtlich betrachtet die Umstrukturierung von Gesellschaften. Hierbei steht naturgemäß die Frage im Vordergrund, ob eine Umstrukturierung zu Buchwerten möglich ist und welche sonstigen steuerlichen Konsequenzen (z.B. Verlustvortrag) zu bedenken sind. 7

Selbstredend stellt sich auch bei Gesellschaftsverträgen oder besser gesagt bei gesellschaftsrechtlichen Konstruktionen die Frage des Missbrauches von Gestaltungsmöglichkeiten. Eine besondere Ausprägung hiervon ist die Einschaltung von so genannten „Briefkastengesellschaften". Dieses Problem verschärft sich noch, wenn solche Gesellschaften im Ausland oder in so genannten „Niedrigsteuergebieten" ansässig sind. 8

III. Internationales Recht

1. Steuerliches Kollisionsrecht/anwendbares Recht

Zivilrechtlich besteht die Möglichkeit, die Anwendung eines in- oder ausländischen Rechtes zu vereinbaren. Steuerlich ergibt sich die Anwendung des deutschen Steuerrechtes zwingend aus dem jeweiligen Geltungsbereich der einzelnen Steuergesetze ohne Rücksicht auf die Staatsangehörigkeit der Parteien, die Rechtswahlklausel oder teilweise auch ohne Rücksicht auf den Sitz der Parteien. 9

Im Einzelnen gilt Folgendes:

a) Umsatzsteuer

Die deutsche Umsatzsteuer gelangt grundsätzlich zur Anwendung, soweit u.a. der Ort des betreffenden Vorganges im Inland liegt, ein innergemeinschaftlicher Erwerb im Inland oder die Einfuhr in das Inland (einschließlich Zollanschlussgebiete) erfolgt. Bei der Bestimmung des Ortes sind die entsprechenden umsatzsteuerlichen Vorschriften über den Ort der Lieferung bzw. der sonstigen Leistung zu beachten. Hierbei kann auch eine Verlagerung in das Ausland erfolgen, wodurch dann der entsprechende Vorgang in Deutschland nicht umsatzsteuerbar ist. 10

b) Grunderwerbsteuer

Anknüpfungspunkt für die Grunderwerbsteuer ist das **inländische Grundstück**. Dies gilt zum einen für Verträge, die sich unmittelbar auf das Grundstück und zum anderen auf die Übertragung von Anteilen an grundbesitzenden Kapitalgesellschaften beziehen. Bei der Anteilsübertra- 11 gung entsteht Grunderwerbsteuer, sofern unmittelbar oder mittelbar mindestens 95 % (durchgerechnet) der Anteile in der Hand des Erwerbers oder von herrschenden oder abhängigen Personen vereinigt werden. Ein Erwerbsvorgang im Sinne der Grunderwerbsteuer liegt auch vor, wenn ein Rechtsträger unmittelbar oder mittelbar oder teils unmittelbar, teils mittelbar eine wirtschaftliche Beteiligung in Höhe von mindestens 95 % an einer Gesellschaft innehat, zu deren Vermögen ein inländisches Grundstück gehört. Ähnliches gilt bei grundbesitzenden Personengesellschaften, sofern innerhalb von fünf Jahren mindestens 95 % der Anteile auf neue Gesellschafter übergehen. Somit kann Grunderwerbsteuer auch entstehen, wenn die eigentlichen Übertragungsvorgänge sich vollkommen außerhalb der deutschen Rechtsordnung vollziehen.

c) Zölle und Verbrauchsteuern

12 Anknüpfungspunkt der Verbrauchsteuerentstehung ist die **Überführung der Ware** aus einem Steuerlager in den freien Verkehr, soweit dies im Inland ohne Zollausschlussgebiete erfolgt. Das Gleiche gilt, sofern verbrauchsteuerpflichtige Waren in den Bereich der EU eingeführt werden.

Bei Zöllen ist Anknüpfungspunkt die Überführung in den zollrechtlich freien Verkehr. Dies kann sowohl direkt an der Außengrenze der EU erfolgen als auch bei Beförderung oder Lagerung unter Zollausschluss zu einem späteren Zeitpunkt an jedem beliebigen Ort der EU.

Anknüpfungspunkt für die deutsche Einfuhrumsatzsteuer, die zum Bereich der Zölle gehört, ist die Einfuhr in das Inland. Dementsprechend entsteht ausländische Einfuhrumsatzsteuer bei der Einfuhr aus dem Drittlandsgebiet in ein anderes Land der EU.

d) Ertragsteuern

13 Sowohl einkommensteuer- als auch körperschaftsteuerrechtlich ist zwischen der **unbeschränkten und beschränkten Steuerpflicht** zu unterscheiden. Die unbeschränkte Steuerpflicht in Deutschland liegt vor, wenn eine natürliche Person hier ihren Wohnsitz oder ständigen Aufenthalt hat, während die unbeschränkte Körperschaftsteuerpflicht vorliegt, wenn eine Kapitalgesellschaft oder sonstige Körperschaft im Sinne des Gesetzes ihre Geschäftsleitung oder ihren Sitz im Inland hat. Wenn die genannten Voraussetzungen nicht vorliegen, sind natürliche Personen bzw. Körperschaften mit ihren inländischen Einkünften nach Maßgabe der entsprechenden Vorschriften und möglicherweise bestehender Doppelbesteuerungsabkommen im Inland steuerpflichtig. Anknüpfungspunkt der deutschen Ertragsteuern für ausländische Unternehmen ist regelmäßig eine inländische Betriebsstätte oder ein ständiger Vertreter in Deutschland.

Gegenstand der Gewerbesteuer ist jeder Gewerbebetrieb, soweit er im Inland betrieben wird.

2. Steuerfragen in ausländischen Rechtssystemen

Im selben Maße, wie grenzüberschreitende Vorgänge das deutsche Steuerrecht berühren, kann auch ausländisches Steuerrecht anwendbar sein. Sofern beide Regelungskreise sauber gegeneinander abgegrenzt sind, entstehen keine Probleme. Dies ist im Allgemeinen im Bereich der Umsatzsteuer, der Grunderwerbsteuer und der Zölle und Verbrauchsteuern der Fall. Für den Bereich der Umsatzsteuer und der Verbrauchsteuern besteht in der EU eine weit gehende Vereinheitlichung auf der Basis der EU-Richtlinien. Für die Zölle besteht sogar die alleinige Kompetenz der EU. Wesentlich **größere Probleme** ergeben sich bei den **Ertragsteuern**, da im Wesentlichen jeder Staat sein Besteuerungsrecht ausübt, wie oben für Deutschland beschrieben. Soweit eine Person oder Gesellschaft in einem Staate unbeschränkt und in einem anderen beschränkt steuerpflichtig ist, führt dies hinsichtlich der beschränkt steuerpflichtigen Einkünfte zu einer Doppelbesteuerung, da diese nicht nur im Herkunftsstaat, sondern auch im Staat der unbeschränkten Steuerpflicht erfasst werden. Diese Kollision kann sowohl durch eigene innerstaatliche Vorschriften beseitigt werden als auch durch entsprechende internationale Vereinbarungen.

14

Im Steuerrecht ist man im Wesentlichen weltweit zur Vermeidung der Doppelbesteuerung bei den Ertragsteuern den zweiten Weg gegangen, indem die einzelnen Staaten untereinander Abkommen zur Vermeidung der Doppelbesteuerung, kurz **Doppelbesteuerungsabkommen (DBA)** genannt, abgeschlossen haben. Es besteht also kein einheitliches supranationales Recht, sondern es liegen jeweils bilaterale Verträge zugrunde. Diese Verträge sind nach deutschem Recht gemäß § 2 AO vorrangig gegenüber innerstaatlichen deutschen Regelungen. Deutschland hat derzeit mit ca. 93 Staaten Doppelbesteuerungsabkommen auf dem Gebiet der Ertragsteuern abgeschlossen. Hinzu kommen noch Abkommen über Rechts- und Amtshilfe, Sonderabkommen für Luft- und Schifffahrt und einige Abkommen zur Vermeidung der Doppelbesteuerung bei Erbschaftsfällen. Ähnlich ist es in anderen Industriestaaten.

15

Basis für Doppelbesteuerungsabkommen ist vielfach das OECD-Musterabkommen, wobei jedoch jedes Doppelbesteuerungsabkommen seine Besonderheiten aufweist. Diese Besonderheiten ergeben sich zwangsläufig aus den teilweise sehr unterschiedlichen Besteuerungssystemen der vertragsschließenden Parteien, die in den Abkommen ihren Niederschlag finden. Jedes Abkommen stellt daher auch einen Kompromiss zwischen zwei Besteuerungshoheiten dar.

16

Damit ist immer das einschlägige Doppelbesteuerungsabkommen zu prüfen, soweit steuerliche Vorgänge über die Grenze reichen. Des Weiteren sind bei internationalen Verflechtungen auch die verschiedenen **ausländischen Doppelbesteuerungsabkommen** zu **berücksichtigen**, die aus vorgenannten Gründen höchst unterschiedliche Regelungen enthalten können. Dies kann zu unterschiedlichen Resultaten führen, sofern

17

zum Beispiel in einem internationalen Konzern Wahlmöglichkeiten für den Konzernaufbau zur Verfügung stehen. So kann zum Beispiel die Quellensteuer auf Dividenden, Zinsen oder Lizenzgebühren unterschiedlich sein oder sogar ganz entfallen wie innerhalb der EU. Andererseits darf die Zwischenschaltung zusätzlicher ausländischer Gesellschaften zur Erlangung bestimmter Abkommensvorteile nicht missbräuchlich sein (Treaty-shopping), denn dies führt zur Versagung der Vorteile. Es besteht hier eine ähnliche Regelung wie im deutschen Recht die Vorschrift des § 42 AO über den Missbrauch von Gestaltungsmöglichkeiten.

Soweit im Einzelfalle bei grenzüberschreitenden Sachverhalten kein Doppelbesteuerungsabkommen zwischen Deutschland und dem anderen Staat abgeschlossen wurde, sieht das deutsche Steuerrecht für unbeschränkt Steuerpflichtige Möglichkeiten zur Vermeidung der Doppelbesteuerung oder wenigstens zu ihrer Verminderung vor.

18 Bei grenzüberschreitenden Vorgängen ergibt sich im Allgemeinen folgender Prüfungsablauf:

– Welcher andere Staat ist neben Deutschland an dem Vorgang beteiligt?
– Besteht mit diesem Staat ein Doppelbesteuerungsabkommen?
– Wenn ja: Welche Regelungen sieht das Doppelbesteuerungsabkommen vor?
– Wenn nein: Welche Regelungen sieht das deutsche Steuerrecht vor?

2 Vertragsplanung

	Rz.		Rz.
I. Priorität der steuerrechtlichen Aspekte für verschiedene Gestaltungsmöglichkeiten	19	1. Zusage nach Betriebsprüfung	23
		2. Lohnsteuerauskunft/Zollauskunft	24
II. Zusammenarbeit zwischen Rechtsanwälten und Steuerberatern	20	3. Verbindliche Auskunft	25
		IV. Zusammenarbeit mit ausländischen Anwälten und Steuerberatern	28
III. Einholung verbindlicher Auskünfte bei den Finanzbehörden	21		

I. Priorität der steuerrechtlichen Aspekte für verschiedene Gestaltungsmöglichkeiten

Bei vielen vertraglichen Gestaltungen, seien es nun Austausch- oder Gesellschaftsverträge, sind immer die steuerlichen Aspekte zu berücksichtigen, da das gewünschte steuerliche **Ergebnis direkt von der zivilrechtlichen Gestaltung abhängt**. Als Beispiel mag hier der Leasingvertrag gelten. In Abhängigkeit von den Regelungen des Vertrages erfolgt unter steuerlichen Gesichtspunkten die Zurechnung des Wirtschaftsgutes entweder beim Leasinggeber oder beim Leasingnehmer mit den entsprechenden Folgen für die Zuordnung der Abschreibungen und des sonstigen Aufwandes. Als weiteres Beispiel aus dem Gesellschaftsrecht mag die stille Gesellschaft dienen, die je nach Ausgestaltung steuerrechtlich als typisch stille Gesellschaft im Sinne der handelsrechtlichen Regelungen oder aber als atypisch stille Gesellschaft und somit als Mitunternehmerschaft (Personengesellschaft) steuerlich zu qualifizieren ist. Schließlich als Beispiel aus dem Bereich der Kapitalgesellschaft die Frage der Zuordnung nicht ausgeschütteter Gewinne im Zeitpunkt des Gesellschafterwechsels. Steuerrechtlich besteht hier eine klare Zuordnung, während zivilrechtlich abweichende Regelungen möglich sind. 19

II. Zusammenarbeit zwischen Rechtsanwälten und Steuerberatern

Aus den Beispielen des vorstehenden Kapitels ergibt sich auch schon zwangsläufig die Antwort auf die Frage nach einer Zusammenarbeit zwischen Rechtsanwälten und Steuerberatern. Beide Berufsgruppen haben eine unterschiedliche Sicht der Dinge, insbesondere wenn die Beteiligten zu der klassischen Abgrenzung ihrer Tätigkeitsfelder neigen. Dies hat sich in den letzten Jahren vielfach gewandelt, wonach auch Rechtsanwälte steuerliches Verständnis haben und umgekehrt Steuerberater rechtliches Verständnis. Jedoch wird man auch heute nicht umhin kommen, für jeden Bereich den Spezialisten hinzuzuziehen. Dies gilt umso 20 mehr, je komplexer die Vertragswerke sind. Bewährt hat sich eine Zusammenarbeit aller beteiligten Experten von Anfang an, da dann auch gewährleistet ist, dass alle relevanten Fragestellungen bedacht und diskutiert werden. Sofern ein Projekt zunächst nur aus anwaltlicher oder aus steuerrechtlicher Sicht vorbereitet wird und die jeweils andere Expertenseite erst später oder, was besonders misslich ist, erst kurz vor Unterschrift hinzugezogen wird, führt dies zu neuen Diskussionen der beteiligten Parteien und mitunter zu Änderungen der Vertragsentwürfe, die eigentlich notwendig, aber manchmal nicht mehr mit der Gegenseite verhandelbar sind. Hiermit ist oftmals auch ein Zeitverlust verbunden in einem Stadium der Vertragsverhandlungen, in dem keine Verzögerung mehr hingenommen werden kann.

III. Einholung verbindlicher Auskünfte bei den Finanzbehörden

21 Bei der Planung von Austauschverträgen oder Gesellschaftsverträgen ergeben sich nicht selten steuerrechtliche Fragestellungen, bei deren Beantwortung **Unsicherheit** bleibt. Dies kann unterschiedliche Gründe haben. Insbesondere nach einer grundlegenden Gesetzesänderung dauert es eine Zeit, bis offizielle Meinungsäußerungen der Finanzverwaltung in Form von Erlassen oder Schreiben des Bundesministeriums für Finanzen vorliegen oder gar Entscheidungen des Bundesfinanzhofes. Diese Entscheidungen ergehen im Allgemeinen erst viele Jahre nach Umsetzung einer Änderung. Daneben gibt es auch Probleme, die seit langem kontrovers diskutiert wurden, wozu sich aber keine einhellige Meinung insbesondere in der Rechtsprechung gebildet hat. Schließlich entstehen durch die sich wandelnde Wirtschaft und Technik laufend neue Konstellationen, für die dann keine gesicherten (steuer)rechtlichen Beurteilungskriterien zur Verfügung stehen.

Für den Betroffenen ist eine solche Situation sehr misslich, denn bedingt durch das deutsche System der nachlaufenden Betriebsprüfung wirken sich andere Beurteilungen der Finanzbehörden immer erst nach Abschluss der betreffenden Sachverhalte, oftmals viele Jahre später, aus. Steuerliche Fehler sind dann für die Vergangenheit auch nicht mehr rückgängig zu machen. Zur Verdeutlichung mag folgendes Beispiel dienen:

22 Die **Betriebsprüfung** soll im Allgemeinen einen Zeitraum von **drei Kalenderjahren** umfassen. Die Prüfungsanordnung erfolgt erst, soweit für das dritte Prüfungsjahr auch die Steuererklärungen abgegeben sind. Bei Abgabe der Steuererklärungen im jeweiligen Folgejahr bedeutet dies faktisch, dass z.B. für die Kalenderjahre 2009, 2010 und 2011 die Betriebsprüfung frühestens erst gegen Ende 2012 oder Anfang 2013 angeordnet wird. Zwingend ist dies jedoch nicht, da die Anordnung und der Beginn der Betriebsprüfung lediglich bis zum Ende der steuerlichen Verjährungsfrist von vier Jahren erfolgen müssen. Hinzu kommt noch die Anlaufhem-

mung der Festsetzungsverjährung. So kann es durchaus sein, dass z.B. die Verjährungsfrist für 2009 erst spätestens zum Ende 2016 abläuft. Sofern dann Anordnung und Beginn der Prüfung erfolgen, liegt ein Prüfungsbericht erst Ende 2017 vor oder später. Durch die anschließende Auswertung im Veranlagungsverfahren, ein mögliches Rechtsbehelfsverfahren und ein Klageverfahren erster Instanz können noch einmal Jahre ins Land gehen. Die durchschnittliche Verfahrensdauer bei den Finanzgerichten beträgt zwischen zwei und vier Jahren. Die weitere Verzögerung durch eine Revision oder Beschwerde gegen die Nichtzulassung der Revision soll dahingestellt bleiben.

Wenn dann eine Entscheidung gefallen ist, die der ursprünglichen Beurteilung widerspricht, bedeutet dies für viele Jahre der Vergangenheit eine Änderung der steuerlichen Veranlagungen mit den entsprechenden Auswirkungen. Dies zeigt das dringende Bedürfnis nach einer vorherigen verbindlichen Klärung von Zweifelsfragen.

Die gesetzlichen Ansprüche des Steuerpflichtigen in diesem Punkt sind gering. Folgende Möglichkeiten stehen zur Verfügung:

1. Zusage nach Betriebsprüfung

Gesetzlich geregelt ist zum einen die **verbindliche Zusage** nach einer Betriebsprüfung (§§ 204 bis 207 AO). Auf Antrag soll das zuständige Finanzamt verbindlich mitteilen, wie ein Sachverhalt der Vergangenheit, der im Prüfungsbericht dargestellt ist, in Zukunft behandelt werden soll. Es ist notwendig, dass diese Zusage für die zukünftigen geschäftlichen Maßnahmen der Steuerpflichtigen von Bedeutung ist. Die Finanzbehörde kann die Zusage auch mit Wirkung für die Zukunft aufheben oder ändern.

23

Für die vorherige Beurteilung von schwierigen Sachverhalten ist diese gesetzliche Möglichkeit nicht geeignet. Wegen der vorstehend geschilderten großen Zeitabläufe im Zusammenhang mit Betriebsprüfungen stellt sie auch in deren Zusammenhang kein unbedingt geeignetes Mittel dar, um zu einer sicheren Beurteilung zu gelangen.

2. Lohnsteuerauskunft/Zollauskunft

Daneben gibt es im Bereich der Lohnsteuer (§ 42e EStG), des Zolltarifs (Art. 12 Zollkodex) und des Warenursprungs den Anspruch auf verbindliche Auskunft.

24

3. Verbindliche Auskunft

Zum anderen besteht die Möglichkeit, eine **verbindliche Auskunft** gemäß § 89 Abs. 2 AO zu beantragen. Die Voraussetzungen im Einzelnen (Form, Inhalt, Antragsvoraussetzungen und Reichweite der verbindlichen Auskunft) sind gemäß § 89 Abs. 2 AO in der StAuskV geregelt. Die

25

verbindliche Auskunft ist gemäß § 89 Abs. 3 Satz 1 AO **gebührenpflichtig**.

26 Auf alle Einzelheiten, die hierbei zu beachten sind, soll nicht eingegangen werden. Wichtige Voraussetzung ist, dass der Auskunftsantrag vor Verwirklichung des betreffenden Sachverhaltes erfolgt. Der Antrag selbst muss eine umfassende und abgeschlossene Darstellung des geplanten Sachverhaltes enthalten. Unvollständige Darstellungen, Alternativen oder lediglich Annahmen oder Verweise auf andere Dokumente führen schon aus formalen Gründen zur Ablehnung. Des Weiteren muss eine ausführliche Darlegung des Rechtsproblems mit eingehender Begründung des eigenen Rechtsstandpunktes erfolgen, die dann in die Formulierung konkreter Rechtsfragen mündet. Lediglich die globale Frage nach der Rechtslage ist nicht ausreichend. Bei so genannten Steuersparmodellen, Fragen des Gestaltungsmissbrauches, also Fragen, bei denen nach Ansicht der Finanzverwaltung ein Steuervorteil im Vordergrund steht, werden keine verbindlichen Auskünfte erteilt. Ebenso kann die Finanzverwaltung eine Auskunft ablehnen, wenn zu der Frage eine gesetzliche Regelung, eine höchstrichterliche Entscheidung oder ein Verwaltungserlass in absehbarer Zeit zu erwarten ist.

27 Der Antrag auf Erteilung einer verbindlichen Auskunft ist daher auch nicht in jedem Falle ein Mittel, um Planungssicherheit zu gewinnen. In umstrittenen Fragen wird die Finanzverwaltung im Allgemeinen keine Auskunft erteilen. Schwierig ist auch der Auskunftsantrag, wenn verschiedene Lösungsvarianten zur Verfügung stehen. Hier hilft es oftmals nur, vor dem Antrag mit dem zuständigen Finanzamt die Angelegenheit informell zu erörtern, um dann erst den formellen Antrag auf Erteilung einer verbindlichen Auskunft zu stellen. Eine Verpflichtung zu diesen informellen Auskünften besteht selbstverständlich für die Finanzverwaltung nicht. Die Handhabung wird daher von den persönlichen Umständen des Einzelfalles abhängen. Schließlich ist, fast als wichtigster Umstand, der Zeitfaktor zu bedenken. Gerade in schwierigen Fragen wird sowohl auf der Beraterseite Zeit für die Vorbereitung der Anfrage benötigt als auch bei der Finanzverwaltung zur Beantwortung. Allgemein gültige Aussagen hierzu sind nicht möglich. Die Finanzverwaltung benötigt jedoch schon bei kleineren Anfragen, z.B. im Rahmen der Lohnsteueranrufungsauskunft, im Allgemeinen ein bis zwei Monate. Bei komplexen Fragestellungen kann dies gut und gerne drei bis sechs Monate bedeuten.

Es gibt somit Instrumente zur Minimierung des steuerlichen Beurteilungsrisikos, ihre Anwendung und Effizienz hängen jedoch sehr stark von den Umständen des Einzelfalles ab.

IV. Zusammenarbeit mit ausländischen Anwälten und Steuerberatern

Sobald bei Gesellschaftsverträgen oder Austauschverträgen in irgendeiner Form eine Auslandsberührung vorliegt, muss sich zwangsläufig die Frage stellen, ob man Rechtsanwälte und Steuerberater der jeweiligen ausländischen Rechtsordnung zu Rate ziehen soll.

Für den Bereich des Steuerrechtes kann diese Frage fast immer bejaht werden, da anders als im Zivilrecht keine Rechtswahl möglich oder durch Kollisionsnormen eine bestimmte Rechtsordnung anwendbar ist. Steuerrechtlich sind bei Auslandsbeziehungen grundsätzlich beide Rechtsordnungen involviert. Zur Lösung von Kollisionen dienen dann Doppelbesteuerungsabkommen, soweit diese zwischen den beiden betreffenden Staaten bestehen (siehe oben Rz. 15 ff.).

Hierdurch werden dann immer noch nicht die Fragen beantwortet nach den Auswirkungen des jeweiligen Sachverhaltes im betreffenden ausländischen Steuerrecht. Oftmals bestehen erhebliche Unterschiede, wonach eine Gestaltung aus deutscher Sicht zulässig und steuerrechtlich vernünftig ist, aber aus der Sicht der ausländischen Steuerrechtsordnung nicht möglich oder steuerlich unvernünftig ist.

3 Austauschverträge

	Rz.		Rz.
I. Formfragen	30	d) Ertragsteuern	57
II. Vertragssprache	32	IV. Einzelprobleme	61
III. Steuercheckliste und Kommentar	33	1. Rückbeziehung	61
		2. Haftungsfragen	63
1. Checkliste Austauschverträge	33	3. Steuerklauseln	64
2. Kommentar Checkliste Austauschverträge	34	a) Umsatzsteuer	66
		b) Grunderwerbsteuer/Verkehrsteuern	67
a) Umsatzsteuer	34	c) Zölle und Verbrauchsteuern	68
aa) Ausgangsumsatz	35	d) Ertragsteuern	69
bb) Vorsteuerabzug	41	V. Durchführung	71
cc) Steuerentstehung	45	1. Steuererklärungs- und Meldepflichten/Fristen	71
dd) Abtretung „Vorsteuerguthaben"	47	a) Umsatzsteuer	72
b) Grunderwerbsteuer/Verkehrsteuern	49	b) Grunderwerbsteuer	75
aa) Steuergegenstand	50	c) Zölle und Verbrauchsteuern	76
bb) Bemessungsgrundlage	52	d) Ertragsteuern	78
cc) Steuerschuldner	53	2. Besondere Meldepflichten	79
c) Zölle und Verbrauchsteuern	54	3. Einbehaltungspflichten	80
aa) Verbrauchsteuern	55	a) Umsatzsteuer	80
bb) Zölle und Einfuhrumsatzsteuer	56	b) Ertragsteuern	81

I. Formfragen

30 Grundsätzlich kennt das Steuerrecht keine eigenen Vorschriften über besondere Formen für Verträge. Vor dem Hintergrund der wirtschaftlichen Betrachtungsweise geht das Steuerrecht sogar noch einen Schritt weiter und erkennt gemäß § 41 Abs. 1 Satz 1 AO auch grundsätzlich formunwirksame Rechtsgeschäfte an, soweit und solange die Beteiligten das wirtschaftliche Ergebnis gleichwohl eintreten und bestehen lassen. Diese Grundsätze sind jedoch durch Rechtsprechung und Finanzverwaltung in vielen Bereichen eingeschränkt worden. Man denke nur an Verträge zwischen nahen Angehörigen. Gleiches gilt für Verträge zwischen einem Gesellschafter und seiner Gesellschaft.

31 Grundsätzlich ist daher aus steuerrechtlicher Sicht zu empfehlen, **dieselben Formen** zu beachten, die auch nach den **zivilrechtlichen Vorschriften** notwendig sind. Soweit aus zivilrechtlicher Sicht keine Schriftformerfordernisse bestehen, ist dies aus steuerrechtlicher Sicht trotzdem erforderlich bei Verträgen zwischen nahen Angehörigen und einem Gesellschafter bzw. Gesellschaftern und der Gesellschaft. Selbstverständlich müssen hierbei auch die allgemeinen Erfordernisse der Vertretungsbefugnis und Vertretungsmacht beachtet werden.

Darüber hinaus empfiehlt sich auch in sonstigen Fällen aus steuerrechtlicher Sicht **zumindest** eine **schriftliche Dokumentation** der Vorgänge.

II. Vertragssprache

Die Amtssprache der deutschen Finanzbehörden ist gemäß § 87 Abs. 1 AO Deutsch. Hiernach können die Finanzbehörden verlangen, dass nicht nur Anträge, Anfragen und sonstige Schreiben in deutscher Sprache erfolgen, sondern dass auch Verträge, Urkunden, sonstige Schriftstücke, etc. in deutscher Übersetzung vorgelegt werden. In begründeten Fällen kann auch die Vorlage einer beglaubigten Übersetzung verlangt werden.

32

Man sollte daher unter diesem Aspekt überlegen, ob wichtige Verträge möglicherweise von Anfang an zweisprachig konzipiert werden. Bei unwesentlichen Vereinbarungen oder auch weniger umfangreichen Verträgen wird dies in der Praxis nicht erforderlich sein, da dann entsprechende Erläuterungen des Beraters gegenüber den Finanzbehörden ausreichen und auch manche Beamte der Finanzverwaltung, insbesondere aus dem Bereich der Betriebsprüfung, in der Lage sind, zumindest englische Vertragsdokumente nachvollziehen zu können. Bei umfangreicheren Verträgen jedoch, die möglicherweise umfangreiche steuerrechtliche Folgen auslösen, stellt sich relativ rasch die Notwendigkeit einer deutschen Übersetzung.

III. Steuercheckliste und Kommentar

1. Checkliste Austauschverträge

⇨ **a) Umsatzsteuer**

33

    aa) Ausgangsumsatz

        – Steuerbarer Umsatz

        – Unternehmer

        – Steuerbefreiungen/Option

        – Steuersatz

        – Bemessungsgrundlage

        – Reverse-Charge-Verfahren

    bb) Vorsteuerabzug

        – Grundsatz

        – Belegnachweis

        – Vorsteuerberichtigung

    cc) Steuerentstehung

    dd) Abtretung „Vorsteuerguthaben"

b) Grunderwerbsteuer/Verkehrsteuern

    aa) Steuergegenstand

    bb) Bemessungsgrundlage

cc) Steuerschuldner

c) Zölle und Verbrauchsteuern

aa) Verbrauchsteuern

bb) Zölle und Einfuhrumsatzsteuer

d) Ertragsteuern

2. Kommentar Checkliste Austauschverträge

a) Umsatzsteuer

34 Die wichtigste Frage im Rahmen von Austauschverträgen ist sicherlich diejenige, ob der Vorgang der Umsatzsteuer unterliegt. Es ist immer wieder erstaunlich, wie häufig hier (auch von Notaren) Fehler begangen werden.

Schon im Hinblick auf die zivilrechtliche Situation bedarf diese Frage der Beachtung, denn ohne gesonderte Regelung ist der vereinbarte Preis immer der **Bruttopreis einschließlich möglicher Umsatzsteuer** (BGH NJW 1988, 2042). Die zivilrechtlichen Grundsätze gelten auch im Bereich des Umsatzsteuerrechts (*Wagner* in Sölch/Ringleb/List, UStG, § 14 Rz. 19). Misslich wird dieser Umstand insbesondere für den Leistenden, da er aus der erhaltenen Bruttovergütung die Umsatzsteuer herausrechnen und an das Finanzamt abführen muss. Andererseits scheitert ein Vorsteuerabzug beim Leistungsempfänger schon an einem Dokument (Rechnung) ohne Steuerausweis.

Die Klärung der umsatzsteuerlichen Konsequenzen einer Transaktion kann im Einzelfalle eine Fülle von Rechtsproblemen aufwerfen. Es würde den Rahmen dieser Darstellung sprengen, wenn nachfolgend alle solche möglichen Punkte dargestellt würden. Es kann daher nur auf die wesentlichen Fragen eingegangen werden.

aa) Ausgangsumsatz

35 Grundsätzlich ergibt sich folgender Prüfungsaufbau:

– Steuerbarer Umsatz

36 Der Umsatzsteuer unterliegen gemäß **§ 1 UStG** (steuerbare Umsätze) u.a. Lieferungen und sonstigen Leistungen, die ein Unternehmer im Inland gegen Entgelt im Rahmen seines Unternehmens ausführt. Die Einfuhr von Gegenständen aus dem Drittlandsgebiet in das Inland oder der innergemeinschaftliche Erwerb im Inland gegen Entgelt sind dem gleichgestellt. Ausgenommen von der Umsatzsteuer ist gemäß § 1 Abs. 1a UStG die Geschäftsveräußerung im Ganzen. Eine Geschäftsveräußerung im Ganzen liegt vor, wenn die wesentlichen Grundlagen eines Unternehmens oder eines gesondert geführten Betriebs an einen Unternehmer für dessen Unternehmen übertragen werden, wobei die unternehmerische

III. Steuercheckliste und Kommentar

Tätigkeit des Erwerbers auch erst mit dem Erwerb des Unternehmens oder des gesondert geführten Betriebs beginnen kann. Entscheidend ist, dass die übertragenen Gegenstände ein hinreichendes Ganzes bilden, um dem Erwerber die Fortsetzung einer bisher durch den Veräußerer ausgeübten unternehmerischen Tätigkeit zu ermöglichen und der Erwerber dies auch tatsächlich tut (1.5 Abs. 1 UStAE).

– Unternehmer

Zentraler Punkt der Umsatzsteuer ist die Person des Unternehmers. Nur wer Unternehmer im Sinne des Umsatzsteuerrechtes ist, muss einerseits Umsatzsteuer berechnen und kann andererseits gezahlte Umsatzsteuer als Vorsteuer (s.u.) geltend machen. Privatpersonen scheiden somit aus. Unternehmer ist danach, wer eine **gewerbliche oder berufliche Tätigkeit selbständig ausübt**. Problematisch wird diese Frage immer bei Verträgen mit staatlichen Einrichtungen oder ähnlichen Organisationen und bei Beteiligungs- oder Holdinggesellschaften. Juristische Personen des öffentlichen Rechts sind grundsätzlich nur im Rahmen ihrer Betriebe gewerblicher Art und ihrer land- und forstwirtschaftlichen Betriebe gewerblich oder beruflich tätig (§ 2 Abs. 3 Satz 1 UStG). Holdinggesellschaften, die sich auf das bloße Halten und Verwalten von Beteiligungen beschränken sind keine Unternehmer im Sinne des Umsatzsteuerrechts (2.3 Abs. 2, 3 UStAE). Dies ist anders, wenn Holdinggesellschaften auch Dienstleistungen ausführen.

– Steuerbefreiungen/Option

Eine Reihe von steuerbaren Umsätzen ist steuerfrei. Die bekanntesten sind Ausfuhrlieferungen beziehungsweise innergemeinschaftliche Lieferungen in andere EU-Länder, Grundstücksveräußerungen, Leistungen aus Versicherungsverträgen, Vermietung und Verpachtung von Grundstücken.

Auf einige dieser Steuerbefreiungen, zum Beispiel Grundstücksumsätze, Vermietung und Verpachtung von Grundstücken, kann verzichtet werden (Option zur Umsatzsteuer). Durch den Verzicht auf die Steuerbefreiung wird ein zunächst steuerbarer und steuerfreier Umsatz nunmehr der Umsatzsteuer unterworfen. Bekannt ist dies vor allem aus dem Bereich der **Vermietung von Grundstücken**. Ein solcher Verzicht auf die Steuerfreiheit erfolgt meistens im Hinblick auf den leistenden Vertragspartner, da dieser wiederum gezahlte Umsatzsteuer (Vorsteuer) nur gegenüber dem Finanzamt als Vorsteuer geltend machen kann, wenn für ihn u.a. der hieraus resultierende Ausgangsumsatz seinerseits der Umsatzsteuer unterliegt. Die Option zur Umsatzsteuer im Bereich der Grundstücksvermietung ist mehrfach geändert und eingeschränkt worden. Teilweise bestehen auch Übergangsfristen. In diesem Zusammenhang ist auch die Frage der nachträglichen Vorsteuerberichtigung zu bedenken (siehe unten Rz. 44). Eine Änderung der Option ist nach neuerer Auffassung nur bis zur formellen Bestandskraft der Jahressteuerfestsetzung möglich (9.1 Abs. 3 UStAE).

– **Steuersatz**

39 Die Frage, ob der normale Steuersatz von zurzeit 19 % oder der ermäßigte von zurzeit 7 % zur Anwendung gelangt, dürfte im Allgemeinen unproblematisch sein.

– **Bemessungsgrundlage**

40 Die Bemessungsgrundlage für die Steuer ist das **Entgelt**. Hierzu gehört nach dem Gesetz alles, was der Leistungsempfänger aufwendet, um die Leistung zu erhalten, jedoch abzüglich der Umsatzsteuer. Zum Entgelt gehören auch Aufwendungen Dritter. Diese Zahlungen von dritter Seite dürften im Allgemeinen bei Austauschverträgen zwischen Unternehmen nicht relevant sein. Sobald jedoch eine weitere Partei beteiligt ist, sind deren Beiträge in dieser Hinsicht zu prüfen. Praktisch schwierig zu beantworten ist die Frage, wenn das Entgelt aus Geldzahlung und Gegenleistung besteht und möglicherweise noch eine Aufteilung auf steuerfreie und nichtsteuerfreie Umsätze vorzunehmen ist.

– **Reverse-Charge-Verfahren**

40a Eine Ausnahme von dem Grundsatz, wonach der Leistende die Umsatzsteuer schuldet, ist das so genannte Reverse-Charge-Verfahren gemäß § 13b UStG. Das Verfahren hat den **Zweck Steuerausfälle zu verhindern**, die vor allem dann auftreten könnten, wenn bestimmte Leistungen von Unternehmern durch den Fiskus nicht vollständig erfasst werden können. Ein Fall der Steuerschuldnerschaft des Leistungsempfängers liegt u.a. vor, wenn Werklieferungen und sonstige Leistungen eines im Ausland ansässigen Unternehmers an einen inländischen Unternehmer erbracht werden. Der Leistende darf dann die Umsatzsteuer in der Rechnung nicht gesondert ausweisen, sonst ist auch er Steuerschuldner (siehe auch Rz. 80). Gleiches gilt z.B. auch für Umsätze, die dem Grunderwerbsteuergesetz unterliegen, Werklieferungen bei Bauwerken, Übertragungen im Rahmen des Emissionshandels etc., um nur einige zu nennen.

bb) Vorsteuerabzug

41 Während sich für die leistende Partei die Frage nach der Abführung der Umsatzsteuer an das Finanzamt aus der Gegenleistung (im Allg.: Geldleistung) stellt, ist für die Vertragspartei der Gegenleistung (im Allg.: die zahlende Partei) die Frage nach der Abzugsfähigkeit der gezahlten Umsatzsteuer als Vorsteuer der entscheidende Punkt.

– **Grundsatz**

42 Ein Unternehmer (siehe oben Rz. 37) kann Vorsteuerbeträge abziehen, die in Rechnungen gesondert ausgewiesen sind bei Lieferungen oder sonstigen Leistungen, die von anderen Unternehmern für sein Unternehmen ausgeführt worden sind. Ein Vorsteuerabzug ist ausgeschlossen u.a. bei Lieferungen oder sonstigen Leistungen, die ihrerseits zur Ausführung von nicht steuerbaren oder steuerfreien Umsätzen mit Ausnahme von

Ausfuhrlieferungen oder innergemeinschaftlichen Lieferungen verwendet werden. Es ist daher immer zu fragen, für welche Ausgangsumsätze seinerseits der erwerbende Unternehmer die erhaltene Lieferung oder Leistung verwenden will. So **scheitert** der Vorsteuerabzug **bei Holdinggesellschaften** im Regelfall daran, dass diese außer der Beteiligungsverwaltung keine Tätigkeit entwickeln. Die Verwaltung von Beteiligungen jedoch unterliegt nicht der Umsatzsteuer, soweit nicht in die Tätigkeit der Beteiligungsgesellschaften eingegriffen wird. Vergleichbar ist die Situation bei der Umsatzsteuer aus Aufwendungen eines Unternehmers, soweit sie auf den Bereich des Haltens und der Verwaltung von Beteiligungen entfällt und nicht auf die eigentliche gewerbliche Tätigkeit.

– Belegnachweis

Als weitere materielle Voraussetzung ist der Belegnachweis durch eine **Rechnung** erforderlich, wobei gemäß § 14 Abs. 1 UStG jedes Dokument, mit dem über eine Lieferung oder sonstige Leistung abgerechnet wird, als Rechnung anzusehen ist, gleichgültig, wie dieses Dokument im Geschäftsverkehr bezeichnet wird. Daher ist auch ein Vertrag, sofern er die erforderlichen Angaben enthält, eine Rechnung im Sinne des Umsatzsteuergesetzes.

Eine Rechnung im Sinne des Umsatzsteuergesetzes muss gemäß § 14 Abs. 4 UStG folgende Angaben enthalten:

– Name und Anschrift des leistenden Unternehmers,
– Name und Anschrift des Leistungsempfängers,
– die dem leistenden Unternehmer erteilte Steuernummer oder Umsatzsteuer-Identifikationsnummer,
– das Ausstellungsdatum,
– eine fortlaufende Nummer mit einer oder mehreren Zahlenreihen, die zur Identifizierung der Rechnung vom Rechnungsaussteller einmalig vergeben wird (Rechnungsnummer),
– Menge und handelsübliche Bezeichnung des Gegenstandes der Lieferung oder Art und Umfang der sonstigen Leistung,
– Zeitpunkt der Lieferung oder der sonstigen Leistung,
– das nach Steuersätzen und einzelnen Steuerbefreiungen aufgeschlüsselte Entgelt für die Lieferung oder sonstige Leistung,
– den anzuwendenden Steuersatz,
– den auf das Entgelt entfallenden Steuerbetrag oder im Falle einer Steuerbefreiung einen Hinweis auf die Steuerbefreiung sowie
– in den Fällen der Ausstellung der Rechnung durch den Leistungsempfänger oder durch einen von ihm beauftragten Dritten die Angabe „Gutschrift".

Für den Fall der Steuerschuldnerschaft des Leistungsempfängers gemäß § 13b Abs. 5 UStG (Reverse-Charge-Verfahren) muss die Rechnung die Angabe „Steuerschuldnerschaft des Leistungsempfängers" enthalten (§ 14a Abs. 5 UStG). Für diese Angaben muss keine gesonderte Rechnung gestellt werden, wenn sich diese bereits alle aus dem Vertragstext ergeben, der dann als Rechnung im Sinne des Gesetzes gilt.

– **Vorsteuerberichtigung**

44 Grundsätzlich richtet sich die Frage der Abzugsfähigkeit der Umsatzsteuer als Vorsteuer nach der Verwendungsabsicht der Lieferung bzw. Leistung. Soweit sich ab der tatsächlichen Verwendung in den folgenden fünf Jahren bzw. bei Grundstücken und Gebäuden innerhalb von zehn Jahren diese ändert, ist auch der Vorsteuerabzug für die Anschaffungen und für möglichen nachträglichen Aufwand pro rata zu berichtigen und entsprechend an das Finanzamt zurückzuzahlen. Gleiches gilt, sofern Wirtschaftsgüter vor Ablauf der genannten Zeiträume veräußert werden und dieser Vorgang nicht der Umsatzsteuer unterliegt. Naturgemäß wird diese Frage in der Praxis relevant bei **Immobilienvorgängen** aufgrund der hohen Investitionskosten und des **langen Berichtigungszeitraumes**.

Zu bedenken ist diese Frage auch bei der Auflösung eines Unternehmens, da dann insbesondere bei Grundstücken und Gebäuden überprüft werden muss, wie der frühere Erwerb umsatzsteuerrechtlich vorgenommen wurde. Das gleiche Problem ergibt sich bei der Verwertung durch den Insolvenzverwalter, dem oftmals die Vorgänge aus der Vergangenheit nicht bekannt sind.

cc) Steuerentstehung

45 Als wichtiger Punkt bei der Liquiditätsplanung und insbesondere bei der Zahlung der Gegenleistung in Raten ist die Steuerentstehung zu bedenken.

Einerseits entsteht bei dem leistenden Unternehmer die Steuer auf den Ausgangsumsatz mit Ablauf des Voranmeldungszeitraumes, in dem die Lieferung oder Leistung ausgeführt worden ist. Bei normal bilanzierenden Unternehmen ist daher die Frage der Zahlung durch den Vertragspartner nicht relevant für die Steuerentstehung ebenso wenig wie der Zeitpunkt der Rechnungslegung. Die Umsatzsteuer ist somit ohne Rücksicht auf Rechnungslegung und tatsächliche Zahlungen anzumelden und abzuführen. Lediglich, soweit der betreffende Vertragspartner die Steuer nach vereinnahmten Umsätzen berechnen darf, ist der Zeitpunkt der Zahlung entscheidend. Dies ist jedoch die Ausnahme. Soweit vor Ausführung der Leistung eine Zahlung erfolgt, entsteht die Steuer mit Ablauf des Voranmeldungszeitraumes, in dem die Zahlung vereinnahmt worden ist.

46 Anderseits ist für die zahlende Partei ein **Vorsteuerabzug** erst möglich, wenn der **Belegnachweis** (Rechnung) vorliegt und die Lieferung oder

sonstige Leistung ausgeführt worden ist. Soweit Vorauszahlungen vor Ausführung erfolgen, ist der Vorsteuerabzug möglich, wenn der Belegnachweis vorliegt und die Zahlung geleistet ist. Lediglich eine sog. Vorschussrechnung mit Umsatzsteuerausweis ohne Zahlung berechtigt daher nicht zum Vorsteuerabzug, obwohl dies in der Praxis immer wieder zu beobachten ist.

Die leistende Partei muss somit unter Umständen schon die Umsatzsteuer an das Finanzamt anmelden und abführen, obwohl noch kein Geld geflossen ist. Bei einer zahlenden Partei kann ebenfalls ein **Liquiditätsproblem** entstehen, sofern sie zahlen muss, bevor ein Belegnachweis vorliegt oder bevor die gezahlte Umsatzsteuer vom Finanzamt als Vorsteuer anerkannt wird.

dd) Abtretung „Vorsteuerguthaben"

Wegen der vorgenannten Probleme ist daher insbesondere bei hohen Umsatzsteuerbeträgen die Möglichkeit zu bedenken, die Zahlung des Umsatzsteuerbetrages durch den zahlenden Vertragspartner zu ersetzen durch eine entsprechende **Abtretung seiner Steuervergütungsansprüche** gegenüber dem Finanzamt. Der leistende Vertragspartner ersetzt dann seinerseits die Zahlung der Umsatzsteuer an das Finanzamt (teilweise) durch die Weitergabe der Abtretung der genannten Steuervergütungsansprüche. Es erfolgt dann lediglich zwischen den Finanzbehörden eine entsprechende Umbuchung des Betrages. Im Hinblick auf die Liquiditätsschonung der beteiligten Vertragsparteien ist dies grundsätzlich ein sinnvolles Vorgehen, zumindest theoretisch. 47

In der Praxis jedoch führt ein solches Verfahren immer wieder zu erheblichen Problemen und Auseinandersetzungen zwischen den Beteiligten und schlägt meistens fehl, da die grundlegenden Mechanismen der Umsatzsteuer nicht bedacht werden.

Der wichtigste Punkt in diesem Zusammenhang ist die **Abtretung eines möglichen Steuerguthabens**. Oftmals wird versucht, isoliert den Vorsteuerbetrag aus dem betreffenden Vertrag abzutreten, was jedoch umsatzsteuerrechtlich nicht möglich ist. Die anrechenbaren Vorsteuern eines Unternehmers fließen nur als Kalkulationsposten in die betreffende Umsatzsteuervoranmeldung ein, ebenso wie die von ihm selbst abzuführende Umsatzsteuer aus seinen Ausgangsumsätzen und Vorsteuer aus anderen Aufwendungen. Der Saldo zwischen der Vorsteuer aus Eingangsumsätzen und der Umsatzsteuer aus Ausgangsumsätzen ist dann entweder an das Finanzamt zu zahlen oder wird von diesem erstattet. Lediglich dieser Guthabensaldo kann abgetreten werden. Bei einem laufenden Unternehmen mit voller Geschäftstätigkeit wird dieser Saldo selten (praktisch nie) mit dem Umsatzsteuerbetrag aus dem betreffenden Vertrag übereinstimmen. Es bedarf daher der genauen Prüfung, ob ein Steuerguthaben besteht, das abtretbar ist. 48

Des Weiteren müssen die jeweiligen **Zeitpunkte** der Steuerentstehung und des Vorsteuerabzuges **synchronisiert werden**. Ein Steuervergütungsanspruch kann zwar abgetreten werden, wenn er noch nicht entstanden ist, die Abtretung wird aber nur wirksam, wenn sie dem zuständigen Finanzamt nach Entstehung des Anspruchs angezeigt wird. Des Weiteren wird das Finanzamt, das die Abtretungserklärung zahlungshalber erhält, nachprüfen, ob ein solcher Steuervergütungsanspruch vorhanden ist. Dies erfolgt regelmäßig, wenn der Vertragspartner die entsprechende Umsatzsteuervoranmeldung seinem Finanzamt vorlegt.

(Haftung siehe Rz. 63)

b) Grunderwerbsteuer/Verkehrsteuern

49 Die sonstigen Verkehrsteuern, wie zum Beispiel Versicherungs-, Feuerschutz-, Kfz- und Lotteriesteuer, dürften im vorliegenden Zusammenhang keine praktische Rolle spielen.

Wichtig bleibt jedoch die Grunderwerbsteuer. In der Vergangenheit wurde diesem Thema oftmals keine Beachtung geschenkt. Durch den Steuersatz, der seit der Befugnis der Länder zur Bestimmung des Steuersatzes nach Art. 105 Abs. 2a Satz 2 GG von 3,5 % bis 5 % reicht, und die Änderung im Bereich der Bewertung haben sich mögliche Steuerlasten hieraus erheblich erhöht. Gleichzeitig sind die Rechtsfragen in diesem Bereich auch komplizierter geworden. Somit bedarf die Grunderwerbsteuer immer erhöhter Aufmerksamkeit.

aa) Steuergegenstand

50 Steuergegenstand der Grunderwerbsteuer ist grundsätzlich der **Rechtsträgerwechsel eines inländischen Grundstückes**. Hiervon ausgehend ist die Betrachtungsweise des Grunderwerbsteuerrechtes grundsätzlich an den zivilrechtlichen Wertungen ausgerichtet. Dies ist wichtig für das Verständnis und die Auslegung der Tatbestandsmerkmale, die oftmals mit den Begriffen des bürgerlichen Rechtes übereinstimmen.

Anderseits finden sich Anklänge an eine wirtschaftliche Betrachtungsweise, indem auch Vorgänge der Steuer unterliegen ohne Rechtsträgerwechsel im Sinne des bürgerlichen Rechtes. So unterliegt der Übergang der Verwertungsbefugnis an einem Grundstück ohne dessen Übereignung der Steuer und die Übertragung von mindestens 95 % der Anteile einer grundbesitzenden Kapitalgesellschaft bzw. die Vereinigung von mindestens 95 % der Anteile einer solchen Gesellschaft in einer Hand der Steuer. An die steuerpflichtige Einräumung der Verwertungsbefugnis ist insbesondere bei Verträgen im Immobilienbereich über die Projektentwicklung und eigenständige Vermarktung durch den Vertragspartner zu denken ebenso wie bei Treuhandverträgen über Grundstückseigentum. Treuhandverträge über Grundstücke sind im Allgemeinen unter dem Aspekt der Grunderwerbsteuer nachteilig, da im Rahmen der Begründung und Abwicklung der Treuhand mindestens einmal zusätzlich Grunderwerbsteuer entsteht verglichen mit einem direkten Erwerb.

Bei der Übertragung von Gesellschaftsanteilen ist immer zu prüfen, ob (durchgerechnet) unmittelbar oder mittelbar mindestens 95 % Anteile übertragen werden oder unmittelbar oder mittelbar mindestens 95 % Anteile in der Hand eines Gesellschafters oder in der Hand von herrschenden und abhängigen Unternehmen oder Personen vereinigt werden. Die Vermeidung der Grunderwerbsteuer hierbei ist oft das Motiv für die geringe gesellschaftsrechtliche Beteiligung einer anderen Person.

Zur **Vermeidung** der **Grunderwerbsteuer** werden oft **Personengesellschaften** anstelle von Kapitalgesellschaften genutzt, da hierbei der Wechsel der Gesellschafter keine Grunderwerbsteuer auslöst, denn unter zivilrechtlicher Sicht ist die Personengesellschaft als Gesamthand Rechtsträger des Grundstückes. Dieser Rechtsträger ändert sich bei einem Wechsel der Gesellschafter nicht. Der unmittelbare oder mittelbare Übergang von mindestens 95 % der Anteile an einer Personengesellschaft innerhalb von fünf Jahren gilt jedoch als Übereignung des Grundstückes an eine neue Personengesellschaft. Naturgemäß besteht hier eine Reihe von Einzelproblemen. 51

bb) Bemessungsgrundlage

Die **Bemessungsgrundlage** für die Grunderwerbsteuer ist grundsätzlich die **Gegenleistung**. Soweit eine solche nicht vorhanden oder nicht zu ermitteln ist und bei Umwandlungsvorgängen sowie in den Fällen der Übertragung von 95 % der Anteile an Personen- oder Kapitalgesellschaften, ist Bemessungsgrundlage der Grundbesitzwert gemäß § 138 Abs. 2 oder 3 BewG. Für unbebaute Grundstücke richtet sich dieser regelmäßig nach der Fläche und den um 20 Prozent ermäßigten Bodenrichtwert, § 145 Abs. 3 BewG. Der Grundbesitzwert bebauter Grundstücke richtet sich nach dem Ertragswert. 52

Zur Gegenleistung gehören neben dem Kaufpreis oder, im Falle des Tausches, dem Wert der Tauschgegenstände auch Leistungen, die der Erwerber zusätzlich übernommen hat, ebenso wie die Übernahme der Grundpfandrechte. Soweit ein einheitlicher Preis für ein Grundstück und für andere Gegenstände gezahlt wird, die zivilrechtlich oder steuerrechtlich nicht zu dem Grundstück gehören, muss die Gegenleistung aufgeteilt werden.

cc) Steuerschuldner

Schuldner der Grunderwerbsteuer sind nach dem Gesetz regelmäßig die Personen, die an dem Erwerbsvorgang als Vertragspartner beteiligt sind. Dies gilt auch, wenn im Vertrag zivilrechtlich im Innenverhältnis eine andere Übernahme der Steuerlasten vereinbart wird. 53

c) Zölle und Verbrauchsteuern

54 Während im Bereich der Steuern im Allgemeinen (noch) der Blick auf das deutsche Recht ausreichend ist, was im Bereich der Umsatzsteuer auch nur noch eingeschränkt gilt, ist im Bereich der **Zölle fast ausschließlich EU-Recht** zu beachten. Die deutschen Verbrauchsteuergesetze beruhen im Wesentlichen auf EU-Richtlinien. Auf die Einfuhrumsatzsteuer als Teil der Umsatzsteuer finden die EU-Vorschriften über Zölle ebenfalls Anwendung.

aa) Verbrauchsteuern

55 Unter Verbrauchsteuern versteht man u.a. Branntwein-, Energie-, Strom-, Kaffee-, und Tabaksteuer. Diese dürften im hier betreffenden Rahmen nur eine geringe Rolle spielen. Sofern diese Regelungsbereiche jedoch berührt sind, muss insbesondere auf die Einhaltung der entsprechenden Formalitäten und besonderen Voraussetzungen und Erlaubnisse geachtet werden. Schon geringe Verletzungen der betreffenden Vorschriften führen zu einer Steuerentstehung und damit zu nicht unerheblichen finanziellen Belastungen im Einzelfalle, die vorher nicht kalkuliert worden sind.

bb) Zölle und Einfuhrumsatzsteuer

56 Grundlage für Zölle und Einfuhrumsatzsteuer ist der **Zollkodex der EU**. Hier finden sich alle wesentlichen Vorschriften. Daneben bestehen selbstverständlich noch eine Reihe von weiteren EU-Richtlinien und anderen Verordnungen über die Festsetzung von Zolltarifen, Zollbefreiungen, Zollkontingenten, Ein- und Ausfuhrverboten.

Die Frage nach Zöllen und Einfuhrumsatzsteuern wird immer relevant, sobald eine Warenlieferung aus einem Drittland in ein Land der EU erfolgt. Das gesamte Gebiet der EU wird mit einigen Ausnahmen als einheitliches Zollgebiet behandelt. Die zeitliche Entstehung von Zöllen und Einfuhrumsatzsteuer kann beeinflusst werden durch eine Zwischenlagerung in einem Zolllager. Solange sich die Ware dort befindet oder unter Zollausschluss transportiert wird, entstehen weder Zölle noch Einfuhrumsatzsteuern unabhängig vom Ort, an dem sich die Ware tatsächlich befindet. Gleiches gilt für die Lagerung im Freihafen.

Ähnlich wie bei den Verbrauchsteuern ist auch bei Zöllen und Einfuhrumsatzsteuern die Einhaltung der zollrechtlichen Formalitäten und Fristen genauestens zu beachten, da schon geringe Verletzungen zu einer ungewollten Entstehung der Abgaben oder Versagung von Abgabenbefreiungen führen. Die Möglichkeiten einer nachträglichen Korrektur sind nach EU-Recht äußerst beschränkt. Deutsches Abgabenrecht und insbesondere die deutschen Erlassvorschriften finden neben den EU-Vorschriften nur eingeschränkt Anwendung.

Der Vollständigkeit halber sei noch auf mögliche Einfuhr- und Ausfuhrverbote nach dem **Außenwirtschaftsgesetz** (AWG) hingewiesen. Grundlage für die Qualifizierung der Waren bildet die zollrechtliche Einreihung. Insbesondere Verstöße gegen Ausfuhrverbote und -beschränkungen führen zu erheblichen strafrechtlichen Sanktionen.

d) Ertragsteuern

Im Rahmen von Austauschverträgen stellt sich im Punkte der Ertragsteuern, also Einkommen- oder Körperschaftsteuer und teilweise Gewerbesteuer, beim Veräußerer als leistender Vertragspartei die Frage nach dem Gewinn und seiner Besteuerung, während sich beim Erwerber die Frage nach den Anschaffungskosten und ihrer steuerlichen Behandlung stellt. 57

Beim Veräußerer kann sich dann die Frage anschließen nach einer möglichen Vermeidung von Steuerlasten auf den entstandenen Gewinn. Diese Frage stellt sich nicht so sehr bei üblichen Umsatzgeschäften eines Unternehmens, sondern vielmehr, wenn größere Teile des Anlagevermögens, Betriebsteile, Grundstücke, Anteile an Kapitalgesellschaften oder Unternehmen insgesamt veräußert werden. Bei der Unternehmensveräußerung steht für natürliche Personen unter bestimmten Voraussetzungen ein ermäßigter Steuersatz (56 % des durchschnittlichen Steuersatzes, mindestens jedoch 14 %) zur Verfügung. Möglich ist auch eine Besteuerung nach der 1/5-Regelung gemäß § 34 Abs. 1 EStG. Der Gewinn aus der Veräußerung von Anteilen an Kapitalgesellschaften wird bei natürlichen Personen bei einer wesentlichen Beteiligung (ab 1 %) nur zu 60 % besteuert. Bei Beteiligungen unter 1 % unterliegt die Anteilsveräußerung der Abgeltungssteuer. Mit Einführung der Abgeltungssteuer ist die Steuerfreiheit von Veräußerungserlösen nach einer einjährigen Haltefrist nicht mehr gegeben. Soweit Anteile an Kapitalgesellschaften durch Kapitalgesellschaften als deren Gesellschafter veräußert werden, ist der Gewinn hieraus für diese zu 95 % steuerfrei (§ 8b Abs. 2, 3 KStG).

Weiter ist zu denken an die **Übertragung** der aufgedeckten **stillen Reserven** (Gewinn) auf andere Wirtschaftsgüter beziehungsweise im Rahmen der Anschaffung von Wirtschaftsgütern gemäß § 6b EStG. Grundsätzlich ist die Übertragung von Gewinnen aus der Veräußerung von Grundstücken und Gebäuden sowie Aufwuchs möglich auf die Anschaffung gleicher oder teilweise auch anderer als der genannten Wirtschaftsgüter. Daneben sind noch eine Reihe weiterer Voraussetzungen zu beachten. Wichtig ist in jedem Falle die Frist von vier Jahren bzw. bei Gebäuden unter bestimmter Voraussetzung die Frist von sechs Jahren, bis zu deren Ende die neue Investition vorgenommen sein muss. Andernfalls ist die Rücklage gewinnerhöhend aufzulösen. Zusätzlich ist für jedes volle Wirtschaftsjahr, in dem die Rücklage bestanden hat, und das Wirtschaftsjahr der Auflösung der Rücklage der Gewinn um 6 % des aufgelösten Rücklagebetrages zu erhöhen. Auf diese Weise soll der Zinsvorteil der Steuerstundung abgeschöpft werden. Die Auflösung der Rücklagen und eine mögliche Verzinsung führen im Ergebnis jedoch nur zu einer steuer- 58 lichen Belastung, wenn im Jahre der Auflösung und Versteuerung keine Verlustsituation oder Verlustvorträge bestehen, die mögliche Gewinne kompensieren.

59 Ein **Folgeproblem** aus der Veräußerung ist die Frage, **wem Erträge** des veräußerten Wirtschaftsgutes **zustehen**. Diese Frage stellt sich in der Praxis bei der Übertragung von Anteilen an Kapitalgesellschaften. Man findet in entsprechenden Verträgen immer wieder Abreden über die Zurechnung von Gewinnen und Verlusten beim Veräußerer bis zu einem gewissen Stichtag und ab diesem dann beim Käufer. Ob und welche Auswirkungen solche Klauseln zivilrechtlich haben, kann dahinstehen. Steuerrechtlich bleibt nur die Frage, wem Gewinnausschüttungen zustehen, die nach Übergang der Anteile erfolgen. Gemäß § 20 Abs. 2a EStG stehen die Gewinnausschüttungen demjenigen zu, dem zum Zeitpunkt des Gewinnverteilungsbeschlusses die Anteile gemäß § 39 AO zuzurechnen sind. Dies ist im Allgemeinen der Eigentümer. Das folgt auch unmittelbar aus der zivilrechtlichen Rechtslage, wonach ein Gewinnbezugsrecht immer unselbständiger Bestandteil des Gesellschaftsanteiles ist und erst durch einen Gewinnverteilungsbeschluss zu einem selbständigen Vermögensgegenstand wird, über den dann auch selbständig verfügt werden kann. Die Frage der Zurechnung hatte in der Vergangenheit Auswirkung auf die Berechtigung zur Anrechnung des Steuerguthabens, das regelmäßig mit einer Gewinnausschüttung verbunden ist. Durch die Änderung des Körperschaftsteuersystems und die damit verbundene Abschaffung des Anrechnungsguthabens ist dieses Problem für die Zukunft entfallen. Es kann jedoch weiterhin Bedeutung haben, sofern anlässlich einer Veräußerung versteuerte Rücklagen ausgeschüttet werden sollen, da für die Anpassung des alten Rechtes an das neue hinsichtlich der Kapitalgliederung lange Übergangsfristen bestehen.

Sofern zivilrechtlich eine andere Verteilung der Gewinnausschüttung vereinbart ist, was durchaus möglich ist, ergeben sich eine Reihe von Problemen, die teilweise noch nicht abschließend gelöst sind. Soweit der neue Gesellschafter an den alten zusätzliche Zahlungen leistet, sind diese aus steuerrechtlicher Sicht zusätzliche Kosten für den Erwerb der Anteile. Es erfolgt keineswegs eine Verlagerung der Dividendeneinkünfte auf den Veräußerer. Das gilt selbstverständlich auch für das steuerliche Anrechnungsguthaben, soweit dies zukünftig noch eine Rolle spielt.

60 Für den Käufer stellt sich aus ertragsteuerlicher Sicht die Frage nach den **Anschaffungskosten** und ihrer **steuerlichen Behandlung**. Er hat im Allgemeinen ein Interesse daran, den Kaufpreis möglichst schnell in Form von Abschreibungen gewinnmindernd einzusetzen. Sofern die erworbenen Wirtschaftsgüter der Abnutzung unterliegen, ist dies allenfalls eine Frage der Nutzungsdauer. Schwierig wird es bei nichtabnutzbaren Wirtschaftsgütern, wie zum Beispiel Anteile an Kapitalgesellschaften und bestimmte immaterielle Wirtschaftsgüter. So ist zum Beispiel bei Patenten, Warenzeichen und Urheberrechten die Frage der Abnutzung und Nutzungsdauer nicht abschließend geklärt. Bei Gesellschaftsanteilen ist in jedem Falle eine planmäßige Abschreibung nicht möglich. Aus dieser Überlegung resultierten in der Vergangenheit diverse Modelle zur Umstrukturierung nach Erwerb (zum Beispiel Roll-over-Modell), um nicht abschreibungsfähige Wirtschaftsgüter in abschreibungsfähige Wirtschaftsgüter umzuwandeln. Die steuerlichen Fragen in diesem Zusammenhang werden im Kapitel „Umstrukturierung" bei den gesellschaftsrechtlichen Verträgen behandelt (siehe unten Rz. 191 ff.).

IV. Einzelprobleme

1. Rückbeziehung

Beim Abschluss von Verträgen stellt sich oftmals die Frage, ob eine Rückbeziehung auf einen vorhergehenden Zeitpunkt steuerlich möglich ist. **Wirtschaftlich** gesehen sind solche Vereinbarungen sicherlich **zulässig**. 61

Steuerlich gilt zunächst die Grundregel des § 38 AO, nachdem Ansprüche aus dem Steuerschuldverhältnis entstehen, sobald der Tatbestand verwirklicht ist, an den das Gesetz die Steuerpflicht knüpft. Aus steuerrechtlicher Sicht ist somit die Verwirklichung des betreffenden Steuertatbestandes entscheidend. Dies kann jedoch durch Parteivereinbarung nicht auf einen vorhergehenden Zeitpunkt zurückbezogen werden. Somit hat eine vertragliche Rückbeziehung steuerrechtlich keine Wirkung.

Als zulässig wird es angesehen, wenn sich die Rückwirkung auf eine kurze Zeit erstreckt, lediglich der technischen Vereinfachung dient und in der Zwischenzeit keine steuerlich relevanten Veränderungen erfolgt sind. So wäre es zum Beispiel möglich, bei der Veräußerung eines Einzelunternehmens oder der Auflösung einer Personengesellschaft in den ersten Wochen des Jahres die Bilanz zum Schluss des vorhergehenden Kalenderjahres zugrunde zu legen.

Eine weitere Ausnahme vom Verbot der Rückbeziehung findet sich im Umwandlungssteuerrecht, wo entsprechend den handelsrechtlichen Vorschriften ausdrücklich eine Rückbeziehung von acht Monaten möglich ist.

Von der vorgenannten vertraglichen Rückbeziehung sind nachträgliche Ereignisse zu unterscheiden, die Wirkung für die Vergangenheit haben. Diese führen dann zu einer nachträglichen Änderung der entsprechenden Veranlagungen der Vorjahre. Gleiches gilt, wenn steuerliche Wahlrechte auch noch nachträglich ausgeübt oder geändert werden können. 62

Schließlich ist eine Rückwirkung in einigen Fällen möglich, soweit zivilrechtlich Rechtshandlungen zurückwirken (ex tunc).

2. Haftungsfragen

63 Die Haftung für Steuerschulden eines anderen kann sowohl auf allgemeinen zivilrechtlichen Haftungstatbeständen beruhen, als auch auf speziellen steuerrechtlichen.

An allgemeinen zivilrechtlichen Haftungstatbeständen sind zu nennen z.B. §§ 25, 128, 161 HGB, §§ 421, 427 BGB, Konzernhaftung und eigenkapitalersetzende Leistungen.

Aus dem speziellen steuerrechtlichen Bereich sind in diesem Zusammenhang die Haftung gemäß § 75 AO für **Betriebsteuern bei Übernahme eines gesamten Unternehmens** oder eines Teilbetriebes zu erwähnen. Hiernach haftet der Übernehmer für Betriebssteuern (Gewerbe-, Lohn- und Umsatzsteuer), die seit dem Beginn des letzten Kalenderjahres, das vor der Übereignung lag, entstanden sind und bis zum Ablauf von einem Jahr nach Anmeldung des Betriebes festgesetzt oder angemeldet werden. Somit sind auch bei einem Asset Deal Fragen der Steuerhaftung zu bedenken. Wichtig ist in diesem Zusammenhang die alsbaldige Anzeige der Übernahme an das zuständige Finanzamt, um die vorgenannte Frist von einem Jahr, während die Steuern festgesetzt oder angemeldet werden müssen, in Lauf zu setzen. Des Weiteren haften Gegenstände für Betriebsteuern, die von einem wesentlich beteiligten Gesellschafter seiner Gesellschaft zur Nutzung überlassen werden.

Im **Umsatzsteuerrecht** kann eine Haftung auch durch Abtretung (siehe Rz. 48), Verpfändung oder Pfändung entstehen. Soweit der leistende Unternehmer den Anspruch auf die Gegenleistung für einen steuerpflichtigen Umsatz an einen anderen Unternehmer abgetreten hat, haftet dieser grundsätzlich unter den Voraussetzungen des § 13c UStG auch für die in der Forderung enthaltene Umsatzsteuer. Schließlich unterliegen verbrauchsteuer- und zollpflichtige Waren ohne Rücksicht auf Rechte Dritter der Sachhaftung. Die Waren können verwertet werden zur Deckung der entstandenen Zölle und Verbrauchsteuern.

3. Steuerklauseln

64 Steuerklauseln im Rahmen von Austauschverträgen sind Vereinbarungen über steuerliche Risiken aus der Transaktion selbst oder auch, etwa beim Unternehmenskauf, aus dem Vertragsgegenstand. Sie sind daher in ihrer Aufgabe vergleichbar mit Gewährleistungsvereinbarungen. Hierdurch soll im Wesentlichen eine Regelung geschaffen werden, sofern in späterer Zeit der Vorgang aufgrund einer steuerlichen Betriebsprüfung oder sonstigen Überprüfung durch die Finanzbehörden eine andere Beurteilung erfährt, als von den Parteien beabsichtigt. Da im Allgemeinen die Überprüfung durch die Finanzbehörden erst im Nachhinein und oft auch viele Jahre später erfolgt, besteht grundsätzlich immer ein steuerliches Risiko. Dies gilt umso mehr, wenn bestimmte Probleme aufgrund unklarer Rechtslage steuerrechtlich nicht abschließend geklärt werden können. Wie bereits oben (Rz. 25 ff.) dargestellt, ist eine verbindliche Aus-

kunft der zuständigen Finanzbehörden oftmals nicht möglich, weil nicht genügend Zeit zur Verfügung steht oder weil es sich um abgeschlossene Vorgänge der Vergangenheit handelt (um nur einige Gründe zu nennen). Steuerklauseln sind daher zwangsläufig in jedem umfangreicheren Austauschvertrag und insbesondere bei Unternehmenskaufverträgen zu berücksichtigen.

Hierbei müssen einige grundsätzliche steuerliche Mechanismen beachtet werden.

Steuerliche Konsequenzen treffen immer denjenigen, der nach den einschlägigen Vorschriften als Steuerpflichtiger gilt. Andere Personen können demgegenüber als Haftungsschuldner in Anspruch genommen werden, sofern die Voraussetzungen vorliegen.

Die Übernahmeverpflichtung aufgrund vertraglicher Vereinbarung für bestimmte Steuerzahlungen ändert hingegen nicht die Stellung des jeweiligen Steuerschuldners. Dementsprechend muss auch berücksichtigt werden, welche Auswirkungen sich für den Steuerschuldner aus einer zusätzlichen Zahlung aufgrund einer Steuerklausel ergeben. 65

Allgemein ist eine Formulierung von Steuerklauseln nicht möglich. Ihr Inhalt richtet sich vielmehr jeweils nach dem Vertragsgegenstand, den Beteiligten und den möglichen steuerlichen Risiken. Grundsätzlich wird man folgende Hinweise geben können:

a) Umsatzsteuer

Bei der Umsatzsteuer ist bei manchen Vorgängen nicht mit hinreichender Sicherheit zu klären, ob der Vorgang als steuerbar und steuerpflichtig der Umsatzsteuer unterliegt. Im Hinblick auf das zivilrechtliche Verständnis eines Bruttopreises sollte daher bei angenommener Steuerfreiheit der Transaktion ausdrücklich der vereinbarte Preis als Nettopreis bezeichnet werden. Zusätzlich sollte dann für den Fall einer späteren Steuerpflicht des Vorganges die zusätzliche Zahlung der Steuer einschließlich einer ordnungsgemäßen Rechnungslegung zum Zwecke des Vorsteuerabzuges vereinbart werden. Für vorsteuerabzugsberechtigte Vertragspartner hat dann eine nachträgliche Umsatzsteuerzahlung keine Auswirkungen. 66

b) Grunderwerbsteuer/Verkehrsteuern

In diesen Bereichen dürften nachträgliche steuerliche Probleme selten sein. Ansonsten empfiehlt sich eine Vereinbarung ähnlich der Umsatzsteuer. 67

c) Zölle und Verbrauchsteuern

68 Bei ordnungsgemäßer Handhabung dürften Probleme bei Verbrauchsteuern nicht entstehen, bei den Zöllen hingegen könnten sich aus nachträglicher Beurteilung Änderungen ergeben. Für solche Fälle könnte durch eine entsprechende Klausel bezüglich der Übernahme der zusätzlichen Kosten Vorsorge getroffen werden, sofern der Vertragspartner hierzu bereit ist.

d) Ertragsteuern

69 Steuerliche Probleme können sich im Wesentlichen unter zwei Aspekten ergeben. Zum einen können sich die steuerlichen Auswirkungen bei den jeweiligen Vertragspartnern der Transaktion später anders darstellen als ursprünglich geplant oder vorhersehbar. Nach allgemeiner Meinung sind **Irrtümer über die steuerlichen Konsequenzen kein Anfechtungsgrund**. Eine mögliche Klausel hierüber führt daher nur zur Rückabwicklung eines Vertrages, nicht jedoch zu seiner rückwirkenden Unwirksamkeit. Steuerrechtlich liegt daher eine zweite Transaktion vor, die die Wirkungen der Ersten nicht beseitigt.

70 Zum anderen können steuerliche Risiken aus dem Bereich des Vertragsgegenstandes entstehen. Insbesondere, wenn es sich hierbei um Unternehmen oder Gesellschaften handelt, können durch spätere Betriebsprüfungen Steuernachzahlungen entstehen. Soweit in solchen Fällen der Vertragspartner zur Übernahme dieser Steuerlasten verpflichtet ist, sind diese im Allgemeinen als steuerpflichtige Einnahmen zu behandeln, wobei jedoch Einzelheiten streitig sind. Bei der Übernahme eines Einzelunternehmens oder Anteilen an einer Personengesellschaft ist die nachträgliche Steuerzahlung durch den Vertragspartner als Minderung der Anschaffungskosten zu betrachten. Sofern es sich um Steuern einer Kapitalgesellschaft handelt, gilt das Gleiche, sofern die Zahlung an den Vertragspartner und neuen Gesellschafter direkt erfolgt. Bei einer Zahlung in die Gesellschaft, deren Anteile übertragen wurden, stellt dies für die Gesellschaft im Allgemeinen eine steuerpflichtige Einnahme dar.

V. Durchführung

1. Steuererklärungs- und Meldepflichten/Fristen

71 Es bestehen nur wenige zusätzliche Meldepflichten, die unmittelbar nach Abschluss einer Transaktion zu beachten sind. Üblicherweise sind die Ergebnisse von Austauschverträgen im Rahmen der allgemeinen Steuererklärungspflichten zu erfassen. Diese sollte man jedoch im Wesentlichen in die Vertragsplanung und spätere Durchführung einbeziehen.

a) Umsatzsteuer

Soweit eine Transaktion der Umsatzsteuer unterliegt und möglicherweise das Recht zum Vorsteuerabzug besteht, ergeben sich bei dieser Steuerart zeitlich unmittelbare Folgen aus einem Vertrag.

– Fristen

Die Umsatzsteuererklärung für das abgelaufene Kalenderjahr ist bis zum 31.5. bzw. 31.12. des Folgejahres beim zuständigen Finanzamt einzureichen.

Darüber hinaus sind jedoch während des Jahres Umsatzsteuervoranmeldungen abzugeben, in denen laufend alle umsatzsteuerpflichtigen Vorgänge und abzugsfähigen Vorsteuern erfasst werden. Im Allgemeinen ist daher die Steuererklärung im Folgejahr nur eine Zusammenfassung der Umsatzsteuervoranmeldungen.

Diese Voranmeldungen sind je nach der Höhe der Steuerschuld des vorangegangenen Kalenderjahres für **jeden Monat oder für jedes Kalendervierteljahr** abzugeben. Die Abgabe hat bis zum zehnten Tag des Folgemonats zu erfolgen. Diese Frist kann um einen Monat verlängert werden, wobei für die Verlängerung der Abgabefristen bei monatlichen Voranmeldungszeiträumen eine Sondervorauszahlung an das Finanzamt zu leisten ist.

Gleichzeitig mit Abgabe der Voranmeldung ist auch die errechnete Steuerschuld an das Finanzamt zu leisten. Soweit aus der Voranmeldung ein Guthaben resultiert, wird dies erstattet, sobald das Finanzamt der Umsatzsteuervoranmeldung zugestimmt hat. Insbesondere bei größeren Guthaben erfolgt oftmals eine Umsatzsteuer-Sonderprüfung, bevor dem Guthaben zugestimmt wird.

– Erfassungszeitpunkt

Im Zusammenhang mit der Abgabe von Umsatzsteuervoranmeldungen bzw. -erklärungen ist der Zeitpunkt zu beachten, zu dem die einzelnen Umsätze und die Vorsteuern erfasst werden müssen. Sobald eine Lieferung oder Leistung (Umsatz) ausgeführt worden ist, entsteht die Umsatzsteuer hierauf. Die Steuer ist dann im gleichen Voranmeldungszeitraum ihrer Entstehung in der Umsatzsteuervoranmeldung zu berücksichtigen. Gleiches gilt, soweit eine vertraglich vereinbarte **echte Teilleistung** ausgeführt wurde. Solche Teilleistungen liegen jedoch nicht vor, wenn lediglich Teile einer wirtschaftlich nicht teilbaren Leistung erbracht worden sind. Diese Frage hat besondere Relevanz bei Bauvorhaben oder der Lieferung von Anlagen oder größeren Maschinen. Bei einem Bauwerk zum Beispiel entsteht die Umsatzsteuer für die gesamte Bauleistung erst im Zeitpunkt der Abnahme, auch wenn sich die Leistung selbst über mehrere Jahre erstreckt. Wenn die Umsatzsteuersätze während der Dauer der Leistungserbringung erhöht werden, ist dann auf die gesamte Leistung der Umsatzsteuersatz anzuwenden, der bei Steuerentstehung gilt. Gegebenenfalls ist die Umsatzsteuer auf Vorauszahlungen nachzuberechnen.

Die Vorsteuer ihrerseits kann erst in die Umsatzsteuervoranmeldung eingestellt werden, wenn eine entsprechende Rechnung oder ein sonstiges Dokument mit Steuerausweis vorliegt und die Leistung/Lieferung ausgeführt oder bei Rechnung vor Leistungserbringung die Zahlung selbst geleistet worden ist.

b) Grunderwerbsteuer

75 Nach den Vorschriften des Grunderwerbsteuergesetzes sind nicht nur die beteiligten Parteien als Steuerschuldner, sondern darüber hinaus auch **Gerichte, Behörden und Notare** zur **Anzeige** an das zuständige Finanzamt verpflichtet, soweit die entsprechenden Rechtsvorgänge ein Grundstück betreffen. Bevor diese Meldung nicht erfolgt ist, dürfen Gerichte, Behörden oder Notare die entsprechenden Urkunden, die einen anzeigepflichtigen Vorgang betreffen, den Beteiligten nicht aushändigen.

Im Bereich der Grunderwerbsteuer erhalten die zuständigen **Finanzbehörden** somit **unmittelbar Kenntnis** von einem möglichen steuerpflichtigen Vorgang und können tätig werden. Darüber hinaus ist die Grundbucheintragung der Rechtsänderung an einem Grundstück abhängig von der so genannten Unbedenklichkeitsbescheinigung des Finanzamtes. Diese wird nur erteilt, soweit die Grunderwerbsteuer gezahlt, gestundet, sichergestellt ist oder Steuerfreiheit vorliegt. Insbesondere im Rahmen der Rückabwicklung von grunderwerbsteuerlichen Vorgängen sind Meldepflichten zu beachten. Eine Vermeidung der Grunderwerbsteuer ist dann nur möglich, wenn dem Finanzamt zuvor der grunderwerbsteuerliche Vorgang innerhalb einer zwei Wochen Frist angezeigt worden ist.

c) Zölle und Verbrauchsteuern

76 Bei der Einfuhr von Gegenständen in das Gebiet der EU ist vor Überführung in den freien Verkehr die entsprechende Gestellung und Zollanmeldung vorzunehmen. Erst wenn von den Zollbehörden die Zollanmeldung angenommen und die Ware freigegeben worden ist, kann über sie frei verfügt werden.

Mit Annahme der Zollanmeldung entsteht im Regelfalle auch die Zollschuld selbst. Die entsprechende Zahlungsfrist beträgt maximal 10 Tage.

77 Anstelle des vorgenannten können die Zollbehörden auch Erleichterungen für Unternehmen gewähren, die laufend Einfuhrabfertigungen vornehmen. Hierdurch wird das Anmeldeverfahren vereinfacht und die Zollerhebung zusammengefasst. Die entsprechenden Anmeldungen sind dann am Ende des Monats für alle Einfuhren des abgelaufenen vorzunehmen (vereinfachte Anmeldung). Der Zahlungsbetrag ist in der Anmeldung selbst zu berechnen. Für die **Zahlung** kann eine **Frist von maximal**

30 **Tagen** bewilligt werden. Die Gestellung der Ware selbst kann durch das Anschreibeverfahren ersetzt werden. Hierbei werden die Waren nicht mehr körperlich vorgeführt, sondern sie verbleiben im Betrieb des Unternehmens. Die Veränderung des zollrechtlichen Status wird lediglich in der Buchführung nachvollzogen.

Für die Bewilligung der vorgenannten Erleichterungen ist regelmäßig eine Sicherheit zu stellen.

Der vorgenannte Ablauf gilt analog auch für Verbrauchsteuern.

d) Ertragsteuern

Soweit Transaktionen Auswirkungen auf den steuerpflichtigen Gewinn bzw. das steuerpflichtige Einkommen eines der Beteiligten haben, wird dies im Rahmen der jeweiligen Steuererklärungen, die nach Ablauf des Kalenderjahres/Geschäftsjahres abzugeben sind, erfasst. 78

Daneben kann das Finanzamt in regelmäßigen Abständen Auskünfte anfordern zur Bemessung der Steuervorauszahlungen. Auf diesem Wege können dann Veräußerungsgewinne den Finanzbehörden auch zeitnah bekannt werden.

2. Besondere Meldepflichten

Bei der Übertragung von Anteilen an einer Kapitalgesellschaft bzw. bei deren Gründung, Kapitalerhöhung/Herabsetzung, Umwandlung oder Auflösung hat der beurkundende Notar eine beglaubigte Abschrift an das zuständige Finanzamt zu übersenden. Vorher darf der Notar den Beteiligten die Urkunde, Ausfertigung oder beglaubigte Abschrift der Urkunde, nicht aushändigen. Soweit die Gesellschaft, deren Anteile übertragen werden, Grundbesitz hält, trifft den Notar die gleiche Pflicht. Diese Meldung des Notars führt dann im Regelfall zu entsprechenden Nachfragen der Finanzbehörden und somit auch zur zeitnahen Erfassung möglicher steuerlicher Gewinne oder der Grunderwerbsteuer. 79

Soweit ein Vertrag die Übertragung eines Gewerbebetriebes/Unternehmens zum Gegenstand hat, ist der Erwerber verpflichtet, den entsprechenden Beginn seiner Tätigkeit dem Finanzamt anzuzeigen.

Des Weiteren besteht die Verpflichtung, die Gründung oder den Erwerb von Betrieben im Ausland oder der Beteiligung an einer ausländischen Personengesellschaft den Finanzbehörden mitzuteilen. Dies erfolgt zu dem Termin, zu dem auch die Steuererklärungen einzureichen sind.

3. Einbehaltungspflichten

a) Umsatzsteuer

Bei Werklieferungen und sonstigen Leistungen eines im Ausland ansässigen Unternehmens, Lieferung sicherungsübereigneter Gegenstände au- 80 ßerhalb des Insolvenzverfahrens, Umsätze nach dem Grunderwerbsteuergesetz, Werklieferungen und sonstigen Leistungen im Zusammenhang mit Bauten und der Lieferung von Gas und Elektrizität von ausländischen Unternehmen schuldet der Leistungsempfänger, wenn er Unternehmer ist, unter bestimmten Voraussetzungen die Umsatzsteuer an Stelle des Leistenden und hat diese an das Finanzamt abzuführen (Reverse-Charge-Verfahren). Der Leistungsempfänger zahlt an den Leistungserbringer nur den vereinbarten Nettopreis (vgl. Rz. 40a). Sofern der Leistungsempfänger diese Verpflichtung nicht einhält, bedarf es keiner Rechtsgrundlage für seine Haftung, da er selbst Steuerschuldner ist. Dies ist eine Abweichung vom allgemeinen System, wonach der Leistungserbringer Steuerschuldner ist. Diese geänderte Steuerschuldnerschaft ist mehr als eine Verpflichtung zur Einbehaltung der Steuer, da die Verletzung von Einbehaltungspflichten nur zu einer Haftung des Verpflichteten führt. Die Haftung unterliegt anderen Voraussetzungen und ist in jedem Fall akzessorisch gegenüber dem Steueranspruch.

b) Ertragsteuern

81 Grundsätzlich ist jeder Vertragspartner für seine einkommen- oder körperschaftsteuerlichen Erklärungs- und Zahlungspflichten selbst verantwortlich. Es bestehen jedoch einige Ausnahmen, wonach der Zahlende für seinen Vertragspartner auch Einkommen- oder Körperschaftsteuer einzubehalten hat. Aus anderen Bereichen ist dies allgemein bekannt bezüglich der Lohnsteuer und der Kapitalertragsteuer.

Ähnliche Regelungen finden sich für die Zahlung der Vergütung an beschränkt steuerpflichtige Mitglieder eines Aufsichts-, Verwaltungs- oder Beirats oder Ähnliches und bei Zahlungen an beschränkt steuerpflichtige Künstler, Sportler, Journalisten oder ähnliche.

Die **gleiche Abzugsverpflichtung** besteht auch bei der Zahlung von Vergütungen für die Nutzung **beweglicher Sachen oder Rechte**. Somit ist insbesondere bei Lizenzzahlungen ein Steuerabzug vorzunehmen. Hierbei sind jedoch mögliche Sonderregelungen aufgrund von Doppelbesteuerungsabkommen zu beachten. Aufgrund der Sonderregelungen ist eine entsprechende Reduzierung oder Befreiung möglich. Da dieser Punkt oftmals erhebliche finanzielle Auswirkungen hat, sollte die Reduzierung im Vorhinein geprüft und beantragt werden.

Eine weitere Verpflichtung zum Steuerabzug besteht bei der Erbringung von Bauleistungen im Inland, wobei jedoch eine Freistellung durch Bescheinigung des zuständigen Finanzamtes möglich ist.

Bei einer Verletzung der Einbehaltungspflicht haftet grundsätzlich der inländische Vertragspartner für die einzubehaltenden Steuern.

4 Gesellschaftsrechtliche Verträge

	Rz.		Rz.

I. Planung 82
1. Steuerrechtlicher Systemunterschied 83
   a) Mitunternehmerschaft 84
   b) Körperschaften 88
   c) Ausländische Gesellschafts-
      formen 89
   d) Steuerrechtliche Konse-
      quenzen 90
   e) Gesetzesänderungen 94
   f) Belastungsvergleich 97
2. Wahl der Gesellschaftsform 100
   a) Checkliste Gesellschaftsform . 101
   b) Kommentar Checkliste Ge-
      sellschaftsform Personen-
      gesellschaft 102
      aa) Gewinn- und Verlust-
          ausgleich 102
      bb) Entnahmen 103
      cc) Gesellschaftervergütun-
          gen/Pensionsrückstel-
          lungen 104
      dd) Verdeckte Gewinnaus-
          schüttungen 105
      ee) Zeitpunkt der Ergebnis-
          zurechnung 106
      ff) Beteiligung ausländischer
          Gesellschafter 107
      gg) Finanzierung 108
      hh) Umfang Betriebsvermö-
          gen/Transfer/Nutzungs-
          überlassung 109
      ii) Gewinn-/Verlust-
          zurechnung 111
      jj) Grunderwerbsteuer 112
      kk) Erbschaftsteuer 113
      ll) Gewerbesteuer 114
      mm) Behandlung der Anschaf-
          fungskosten 115
      nn) Steuerrechtliche Haftung . 116
   c) Kommentar Checkliste Ge-
      sellschaftsform Kapital-
      gesellschaft 117
      aa) Gewinn-/Verlustausgleich . 117
      bb) Entnahme 118
      cc) Gesellschaftervergütun-
          gen/Pensionsrückstellung . 119
      dd) Verdeckte Gewinnaus-
          schüttungen 120
      ee) Zeitpunkt der Ergebnis-
          zurechnung 122
      ff) Beteiligung ausländischer
          Gesellschafter 123
      gg) Finanzierung 124
      hh) Umfang Betriebsver-
          mögen/Transfer/Nut-
          zungsüberlassung 125
      ii) Steueranrechnung 126
      jj) Grunderwerbsteuer 127
      kk) Erbschaftsteuer 128
      ll) Gewerbesteuer 129
      mm) Behandlung der Anschaf-
          fungskosten 130
      nn) Steuerrechtliche Haftung . 131

II. Gründung 132
1. Checkliste Gesellschaftsvertrag . 133
2. Kommentar Checkliste Gesellschaftsvertrag 135
   a) Personengesellschaft 135
      aa) Kapitalkonten/sonstige
          Gesellschafterkonten 135
      bb) Gewinnermittlung/Gesell-
          schaftervergütungen 136
      cc) Gewinn-/Verlust-
          zurechnung 138
      dd) Regelstatut KG 139
      ee) Sacheinlagen 140
      ff) Sonderbetriebsvermögen .. 142
      gg) Geschäftsjahr 143
      hh) Gründungskosten 145
      ii) Beginn der steuerlichen
          Existenz 146
   b) Kapitalgesellschaft 147
      aa) Wettbewerbsverbot 147
      bb) Sacheinlagen 148
      cc) vGA-Klausel 149
      dd) Dienstleistungsverpflicht-
          ungen/Gesellschafter-
          vergütungen 150
      ee) Gewinnermittlung, Unter-
          schied Handelsbilanz/
          Steuerbilanz 151
      ff) Gewinnverteilung 152
      gg) Geschäftsjahr 153
      hh) Gründungskosten 154
      ii) Beginn der steuerlichen
          Existenz 155

III. Durchführung 156
1. Allgemeine Meldepflichten 156
   a) Anmeldung 156
   b) Umsatzsteuer 158
   c) Verkehrsteuern 159
   d) Ertragsteuern (Gewerbe-, Ein-
      kommen-, Körperschaftsteuer) 160
   e) Lohnsteuer/Sozial-
      versicherung 162
   f) Verbrauchsteuern/Zölle 163

	Rz.		Rz.
g) Kapitalertragsteuer	164	3. Weitere Umwandlungs-	
2. Verträge der laufenden Ge-		möglichkeiten	183
schäftstätigkeit	165	a) Tausch/Einzelrechts-	
IV. Umstrukturierung	166	übertragung	184
1. Gesellschafterwechsel	167	b) Realteilung	186
a) Personengesellschaft	167	c) Anwachsung	187
b) Kapitalgesellschaft	170	d) Betriebsaufspaltung	189
2. Umwandlungen	172	4. Steuerrechtlich motivierte	
a) Gesamtrechtsnachfolge	173	Umwandlungen	191
aa) Verschmelzung	173	**V. Beendigung**	194
bb) Spaltung	176	1. Personengesellschaft	195
cc) Formwechsel	179	a) Veräußerung	195
b) Einzelrechtsnachfolge	180	b) Liquidation	196
aa) Einbringung/Sacheinlage	180	2. Kapitalgesellschaft	197
bb) Verdeckte Sacheinlage	182	a) Veräußerung	197
cc) Anteilstausch	182a	b) Liquidation	198

I. Planung

82 Vor der Gründung einer Gesellschaft erfolgen zwangsläufig die Überlegungen zur zweckmäßigen Gesellschaftsform, die neben anderen Aspekten in erheblichem Maße auch von den steuerlichen Konsequenzen bestimmt werden. Im deutschen Steuerrecht besteht derzeit keine Möglichkeit der rechtsformunabhängigen oder rechtsformneutralen Besteuerung von Gesellschaften. Die Rechtsform der Gesellschaft hat direkte Konsequenzen für die Frage ihrer Besteuerung. Des Weiteren sind in Abhängigkeit von der Gesellschaftsform auch bestimmte weitere Fragen in der Ausgestaltung des Gesellschaftsvertrages und der Beziehung der Gesellschafter zu ihrer Gesellschaft zu klären. Schließlich ist die **Gründung** der Gesellschaft – in welcher Rechtsform auch immer – ihr **steuerlicher Beginn**, was bei der zeitlichen Ablaufplanung zu beachten ist. Zwischen dem Zeitraum vor Gründung und nachher besteht keine rechtliche und steuerrechtliche Verbindung.

1. Steuerrechtlicher Systemunterschied

83 Im deutschen Steuerrecht besteht ein grundsätzlicher steuerrechtlicher Unterschied zwischen Mitunternehmerschaften und Körperschaften.

a) Mitunternehmerschaft

84 Der Begriff **Mitunternehmerschaft** ist im Wesentlichen **deckungsgleich** mit der Bezeichnung **Personengesellschaft**. Er umfasst alle Personengesellschaften, angefangen bei der einfachen Gesellschaft bürgerlichen Rechts bis hin zu den Personenhandelsgesellschaften. Hinzu kommt die stille Gesellschaft, die handelsrechtlich keine Gesellschaft darstellt, aber steuerrechtlich bei bestimmten atypischen Ausgestaltungen als Mitun-

ternehmerschaft und somit Gesellschaft im Sinne des Steuerrechts anerkannt ist.

Das Steuerrecht hat als eigene Abgrenzungskriterien **Mitunternehmerrisiko** und **Mitunternehmerinitiative** entwickelt, um eine Personengesellschaft/Mitunternehmerschaft zu qualifizieren. Folglich wird auch steuerrechtlich für den Gesellschafter die Terminologie „Mitunternehmer" verwandt. „Mitunternehmer" ist, wer aufgrund eines zivilrechtlichen Gesellschaftsverhältnisses zusammen mit anderen Mitunternehmern (Mitunternehmer-)Initiative entfalten kann und (Mitunternehmer-)Risiko trägt (BFH BStBl. II 1993, 616). Beide Merkmale müssen gemeinsam vorliegen, können aber im Einzelfall mehr oder weniger ausgeprägt sein, so dass ein geringeres Risiko durch eine ausgeprägtere Unternehmerinitiative kompensiert wird oder umgekehrt. Beide Merkmale müssen hierbei auf einem Gesellschaftsvertrag beruhen. Sie dürfen nicht nur auf einzelne Schuldverhältnisse als gegenseitige Austauschverträge zurückzuführen sein (BFH BStBl. II 1994, 282).

85

Mitunternehmerinitiative bedeutet in diesem Zusammenhang die **gesellschaftsrechtliche Teilhabe an den unternehmerischen Entscheidungen**, wie sie im Allgemeinen Geschäftsführern und leitenden Angestellten obliegt. Ausreichend ist jedoch bereits die Ausübung von Stimm-, Kontroll- und Widerspruchsrechten, ähnlich den Rechten eines Kommanditisten gemäß §§ 164, 166 HGB oder den Kontrollrechten eines Gesellschafters gemäß § 716 Abs. 1 BGB. Da bereits eine kommanditistenähnliche Stellung für die Erfüllung des Kriteriums Mitunternehmerinitiative ausreichend ist, sind Kommanditisten im Allgemeinen als Mitunternehmer anzusehen.

Mitunternehmerrisiko bezeichnet grundsätzlich die **gesellschaftsrechtliche Teilhabe am Gewinn und Verlust** des laufenden Geschäftes sowie an den **stillen Reserven** bei Auflösung der Mitunternehmerschaft oder bei Austritt aus dieser. Eine Gewinnerzielungsabsicht ist für die Frage nach einer Mitunternehmerschaft kein Kriterium. Diese Frage tritt vielmehr schon vorher auf bei der Entscheidung, ob eine steuerlich relevante Tätigkeit vorliegt oder lediglich Liebhaberei. Als Liebhaberei bezeichnet man Tätigkeiten, die dauerhaft aufgrund der Art der Tätigkeit oder auch der vorhersehbaren Einnahmen und Ausgaben keinerlei Überschuss aufweisen. Bekannt ist dieses Problem auch unter den Stichworten „Abschreibungsgesellschaft" und „Verlustzuweisungsgesellschaft". Diese Gesellschaften erzielen von der Art ihrer Konstruktion, z.B. durch überhöhte Kreditaufnahme und geringe Erträge, dauerhaft keine steuerpflichtigen Überschüsse. Der Zweck besteht lediglich darin, aus Gründen der Steuerersparnis für ihre Gesellschafter Verluste zu kreieren. Die Gewinne sollen dann im steuerfreien Bereich entstehen.

86

Grundsätzlich kann man festhalten, dass gesellschaftsrechtliche Verträge, die für ihre Mitglieder wenigstens das **Regelstatut eines Kommanditisten** einer KG bestimmen, als Mitunternehmerschaften anzusehen

87

sind. Daher erfüllen im Allgemeinen die Personengesellschaften nach deutschem Recht diese Kriterien. Darüber hinaus werden auch andere Verbindungen, wie das Beispiel der stillen Gesellschaft zeigt, als Mitunternehmerschaften anerkannt, wenn sie atypisch im Verhältnis zum handelsrechtlichen Leitbild ausgestaltet sind und für ihre Mitglieder eine Teilhabe an den Unternehmensentscheidungen und über Gewinn und Verlust hinaus an den stillen Reserven vorsehen. Gleiches gilt umgekehrt auch für klassische Personengesellschaften, die durch eine atypische Ausgestaltung für einzelne ihrer Mitglieder kein Unternehmerrisiko oder keine Unternehmerinitiative vorsehen können. Steuerrechtlich betrachtet liegt dann keine Mitunternehmerschaft vor. Im Allgemeinen erzielen dann die Beteiligten, die nicht als Mitunternehmer zu qualifizieren sind, Einkünfte aus Kapitalvermögen.

Im steuerrechtlichen Bereich meint daher die Bezeichnung „Personengesellschaft" nicht nur die Personenhandelsgesellschaft, sondern **auch alle Mitunternehmerschaften** im vorstehend geschilderten Umfang.

b) Körperschaften

88 Der Begriff „Körperschaften" umfasst zunächst die **Kapitalgesellschaften** des deutschen Rechts, daneben die Genossenschaften, Versicherungsvereine auf Gegenseitigkeit und sonstigen juristischen Personen des privaten Rechts, womit im Wesentlichen die Vereine des BGB gemeint sind. Daneben werden auch nicht-rechtsfähige Vereine, Anstalten, Stiftungen, Zweckvermögen des privaten Rechts und die Betriebe gewerblicher Art von juristischen Personen des öffentlichen Rechts als Körperschaften erfasst. Soweit vorstehende Gesellschaften gemeint sind, wird vereinfachend von Kapitalgesellschaften oder Körperschaften gesprochen.

c) Ausländische Gesellschaftsformen

89 Bei Gesellschaften ausländischen Rechts erfolgt die Klassifizierung als Mitunternehmerschaft oder Körperschaft im Wege eines Rechtstypenvergleichs entsprechend den **Kriterien der Mitunternehmerschaft** bzw. dem **Leitbild** einer **deutschen Körperschaft**. Hauptabgrenzungskriterien sind die Geschäftsführung, Haftung, Übertragbarkeit der Anteile, Gewinnzuteilung, Kapitalaufbringung, sowie die Gewinnverteilung. Entsprechend erfolgt dann, wie bei deutschen Gesellschaften, die steuerrechtliche Behandlung als Mitunternehmerschaft oder als Körperschaft. Sofern eine ausländische Personenverbindung weder den Kriterien einer Mitunternehmerschaft noch dem Leitbild einer Körperschaft entspricht, liegt zumindest aus steuerrechtlicher Sicht keine Gesellschaft vor. Übrig bleiben dann in solchen Fällen lediglich schuldrechtliche Verbindungen, die aus steuerrechtlicher Sicht wie Austauschverträge zu behandeln sind.

Die Klassifizierung einer ausländischen Gesellschaftsform zum Zwecke der deutschen Besteuerung erfolgt somit unabhängig von ihrer steuerrechtlichen Klassifizierung im Sitzland. Dies ist auch in anderen Steuerrechtsordnungen üblich. Eine Gesellschaft kann daher in Deutschland als Personengesellschaft behandelt werden, obwohl sie nach dem Recht ihres Sitz- oder Gründungsstaates als Kapitalgesellschaft behandelt wird oder umgekehrt. Gleiches kann im Übrigen auch bei deutschen Personen- oder Kapitalgesellschaften erfolgen, die dann im Ausland steuerrechtlich entgegengesetzt klassifiziert werden. In solchen Fällen spricht man von **hybriden Gesellschaften**. Ihr Einsatz kann unter Finanzierungsaspekten erwünscht sein und daher auch gezielt herbeigeführt werden.

d) Steuerrechtliche Konsequenzen

Die Unterscheidung zwischen Mitunternehmerschaft und Körperschaft hat erhebliche steuerrechtliche Konsequenzen. Die Mitunternehmerschaft ist steuerrechtlich transparent. Sie ist lediglich Objekt der gemeinsamen Einkünfteerzielung, während die Zurechnung der Einkünfte direkt bei ihren Gesellschaftern erfolgt und dort der Besteuerung unterliegt entsprechend den steuerlichen Regelungen, die für die betreffende Person gelten. Die jeweiligen Mitunternehmer (Gesellschafter) sind Steuersubjekt. Eine **Ausnahme** bildet hier die **Gewerbesteuer**, die als Objektsteuer die Gesellschaft trifft und nicht die Gesellschafter. Im Gegensatz hierzu steht die zivilrechtliche Lage, wo auch die Personengesellschaft partiell eine eigene Rechtsfähigkeit besitzt, jedoch keine juristische Person ist. 90

Die Körperschaft hingegen wird auch steuerrechtlich als eigenständige Person anerkannt. Sie entfaltet gegenüber dem Gesellschafter steuerrechtlich Abschirmwirkung, da das Vermögen und die Erträge der Körperschaft zugerechnet werden und sie selbst Steuersubjekt ist.

Die wesentlichen praktischen **Konsequenzen** aus diesem Systemunterschied zeigen sich in der **Gewinn- und Verlustzurechnung**. Bei einer Mitunternehmerschaft werden Gewinne oder Verluste direkt den einzelnen Gesellschaftern zugerechnet und dort im Rahmen der Besteuerung des Gesellschafters berücksichtigt. Bei der Körperschaft hingegen verbleiben Gewinn oder Verlust bei dieser selbst und sind Grundlage für deren eigene Besteuerung. Ein Transfer der Gewinne ist nur möglich durch eine entsprechende Gewinnausschüttung an die Gesellschafter. Verluste können auf diesem Wege selbstverständlich nicht an die Gesellschafter übertragen werden. Hierzu bedarf es dann einer Organschaft. 91

Durch diese unterschiedliche Zurechnung der Ergebnisse bei den Gesellschaftern ergeben sich auch Unterschiede in der Besteuerung, denn bei der Körperschaft erfolgt grundsätzlich die Besteuerung auf zwei Ebenen – zunächst bei der Gesellschaft und anschließend im Falle einer Gewinnausschüttung beim Gesellschafter –, während bei der Mitunternehmerschaft direkt die Zurechnung zum Gesellschafter erfolgt. Diese Zweistufigkeit der Besteuerung führt eigentlich auch zu einer **doppelten Besteuerung**, die jedoch früher durch das Anrechnungsverfahren, bei dem die gezahlte Körperschaftsteuer auf die Steuerschuld des Gesellschafters angerechnet wurde, vermieden wurde (zum neuen Recht siehe unten Rz. 92). Das Anrechnungsverfahren zur Vermeidung der Doppelbesteuerung bei Körperschaften war nur für inländische Gesellschafter möglich, sofern nicht im Einzelfall das Doppelbesteuerungsabkommen hiervon Ausnahmen vorsah. Im Allgemeinen verbleibt es bei einer doppelten Besteuerung, da die Gesellschaft zunächst im Land ihres steuerrechtlichen Sitzes ihren Gewinn versteuert und anschließend der Gesellschafter, der in einem anderen Land ansässig ist, dort die erhaltene Gewinnausschüttung als eigenes Einkommen versteuert. Oftmals werden im Falle von Gewinnausschüttungen im Lande der Gesellschaft zusätzlich Abzugsteuern (Quellensteuern) erhoben, die im Allgemeinen nach den Regelungen der Doppelbesteuerungsabkommen für den Gesellschafter jedoch bei seiner eigenen Besteuerung anrechenbar sind.

Ein ähnliches Problem zeigte sich auch bei **steuerfreien Einnahmen** der Körperschaft, denn diese sind im Falle von Gewinnausschüttungen an den Gesellschafter von diesem zu versteuern. Bei Mitunternehmerschaften ergeben sich diese Probleme nicht.

92 Durch die grundlegende Änderung im Körperschaftsteuerrecht ist **seit dem Jahr 2001** das bisherige **Anrechnungsverfahren entfallen**. Es erfolgt eine unabhängige Besteuerung einerseits der Kapitalgesellschaft und andererseits ihrer Gesellschafter. Gemildert wird dies durch den Körperschaftsteuersatz und das sog. Teileinkünfteverfahren und die Abgeltungssteuer. Die Gewinne einer Kapitalgesellschaft werden unabhängig von der Ausschüttung oder Thesaurierung mit 15 % Körperschaftsteuer belastet. Soweit eine natürliche Person eine Gewinnausschüttung erhält, unterliegt diese grundsätzlich der Abgeltungssteuer in Höhe von 25 % zuzüglich Solidaritätszuschlag und ggf Kirchensteuer. Die Einkommensteuer auf diese Einkünfte ist damit abgegolten, so dass die Einkünfte auch nicht die Progression des Einkommensteuertarifs erhöhen. Gewinnausschüttungen an Kapitalgesellschaften wiederum sind bei diesen zu 95 % steuerfrei.

93 Eine weitere wesentliche Konsequenz aus der Unterscheidung ist die **Abschirmwirkung**, da diese nur bei einer Körperschaft gegeben ist. Wie zivilrechtlich im Allgemeinen auch, werden **alle Vermögensgegenstände** und Schulden, die **im Eigentum** der Körperschaft stehen, dieser auch **zugerechnet**. Bei einer Mitunternehmerschaft wird zwar grundsätzlich das Vermögen dieser Mitunternehmerschaft steuerrechtlich gesondert erfasst, es ist jedoch anteilig den Mitunternehmern zuzurechnen. Aber auch bestimmte Vermögensgegenstände und Schulden, die im Alleineigentum eines Gesellschafters stehen, werden steuerrechtlich dem Bereich der Mitunternehmerschaft zugerechnet. Weitere Unterscheidungen ergeben sich grundsätzlich auch bei schuldrechtlichen Austauschverträgen zwischen dem Gesellschafter und seiner Gesellschaft.

Dieser grundsätzliche Systemunterschied des deutschen Steuerrechts in Abhängigkeit von der steuerrechtlichen Qualifizierung der Gesellschaft

I. Planung

führt zu unterschiedlichen steuerlichen Konsequenzen. Er ist daher Ausgangspunkt der Überlegungen zur Rechtsformwahl.

e) Gesetzesänderungen

Einstweilen frei.

Aufbauend auf die zum Veranlagungszeitraum 2001 durchgeführte Systemumstellung der Körperschaftssteuer **vom Anrechnungsverfahren zur Definitiv-Besteuerung** auf der Ebene der Körperschaft, wurde zum Veranlagungszeitraum 2008 durch das **Unternehmenssteuerreformgesetz** der Körperschaftssteuersatz von 25 % auf 15 % gesenkt und die Gewerbesteuermesszahl von 5 % auf 3,5 % reduziert. Im Gegenzug ist die Gewerbesteuer nicht mehr als Betriebsausgabe abzugsfähig. Des Weiteren wurde zum Veranlagungszeitraum 2009 die Abgeltungssteuer für Einkünfte aus Kapitalvermögen, die nicht zu den anderen Einkunftsarten gehören, und für die übrigen das Teileinkünfteverfahren, wonach 60 % der Einkünfte steuerpflichtig sind, eingeführt. Folglich werden die Gewinne der Körperschaft zunächst definitiv mit 15 % besteuert, unabhängig von einer Gewinnausschüttung. Die anschließende Besteuerung der Dividende erfolgt dann mit einem Steuersatz von 25 % bei Ausschüttung an den Anteilseigner, sofern dieser eine natürliche Person ist. Fallen die Einkünfte im betrieblichen Bereich des Gesellschafters an, gilt dann das Teileinkünfteverfahren, so dass 40 % der Dividendeneinnahmen steuerfrei sind. Sofern der Anteilseigner seinerseits eine Körperschaft ist, erfolgt fast systemgerecht eine Steuerfreistellung zu 95 % (§ 8b Abs. 1, 5 KStG) der Gewinnausschüttungen einer Tochtergesellschaft, denn die Besteuerung soll abschließend beim Gesellschafter erfolgen.

Im Bereich der **Personengesellschaften** wurde der bisherige Gewerbesteuernachteil, der sich oftmals im Rechtsformvergleich zeigte (siehe nächstes Kapitel), durch die pauschalierte Anrechnung der Gewerbesteuer auf die Einkommensteuer gemildert. Um das mit der Unternehmenssteuerreform zum Veranlagungszeitraum 2008 eingeführte Verbot des Abzugs der Gewerbesteuer als Betriebsausgabe zu kompensieren, wurde der Anrechnungsfaktor von 1,8 auf 3,8 angehoben. Bei einem Spitzensteuersatz von 45 % und einem Hebesatz von 400 % wird somit eine fast vollständige Entlastung von der Gewerbesteuer erreicht. Des Weiteren wurde die Steuerermäßigung auf den Höchstbetrag der tatsächlich zu zahlenden Gewerbesteuer beschränkt und der ursprüngliche Staffeltarif zwischen 1 % und 5 % der Gewerbesteuer für Einzelgewerbetreibende und Personengesellschaften wich einer für Personen- und Kapitalgesellschaften einheitlichen Steuermesszahl von 3,5 %.

f) Belastungsvergleich

Ein Belastungsvergleich muss immer von der **konkreten Situation** ausgehen und hierzu die präferierte Variante darstellen. Je nach Sachverhaltsgestaltung kann dann eine Vielzahl von Variablen in diesen Vergleich einfließen. Es ist daher nicht möglich, ein allgemein gültiges Schema zu entwickeln. Ebenso würde eine Darstellung aller wesentlichen Variablen auch den Rahmen sprengen.

98 Nachfolgend soll lediglich als **Beispiel** ein häufiger Fall aus der Betreuung kleinerer mittelständischer Unternehmen dargestellt werden. Von diesen Mandanten wird oftmals unter dem Motiv der Gewerbesteuerersparnis die Frage nach der Umwandlung in eine GmbH gestellt. Die nachfolgende (vereinfachte) Planrechnung unterstellt einen Jahresgewinn vor Steuern von 330 000 Euro. Bisher wird die Tätigkeit durch eine Personengesellschaft mit zwei Gesellschaftern ausgeübt, während zukünftig dies durch eine GmbH erfolgen soll mit zwei Gesellschafter-Geschäftsführern, die je ein Jahresgehalt von 60 000 Euro erhalten sollen. Weitere Einkünfte der Gesellschafter außerhalb der Gesellschaft werden nicht angenommen. Solidaritätszuschlag und Kirchensteuer bleiben aus Vereinfachungsgründen unberücksichtigt.

Bei den vorgenannten Annahmen ergibt sich für den einzelnen Gesellschafter folgende Berechnung:

99

	GbR	GmbH
Gesellschaft		
Vorl. Gewinn	330 000	330 000
Geschäftsführer-Gehälter		– 120 000
Gewinn vor GewSt	330 000	210 000
Freibetrag	24 500	5 000
Bemessungsgrundlage GewSt	305 500	205 000
GewSt (400 %)	– 42 770	– 28 700
Gewinn nach GewSt	287 230	181 300
KSt 15 %		– 31 500
Gewinn	330 000 : 2	149 800 : 2
Gesellschafter		
Gewinnzurechnung/-ausschüttung	165 000	74 900
Geschäftsführer-Gehalt		60 000
Frei-/Pauschbeträge		– 1 602
		– 1 000
Bemessungsgrundlage ESt	165 000	73 298
		59 000
ESt (25,0 %) (Abgeltungssteuer)		– 18 324
ESt (45,0 %)	– 74 250	– 26 550
Steuerermäßigung GewSt anteilig	20 315	
Einkommen netto (durchgerechnet)	89 680	90 026

Dies zeigt in der Tendenz keinen Vorteil für eine der beiden Rechtsformen, jedoch bei anderen Relationen zwischen Gewinn und Gehalt und insbesondere bei Gewerbesteuerhebesätzen über 400 % können sich Vorteile für die Körperschaft ergeben.

2. Wahl der Gesellschaftsform

Bei der Wahl der jeweils angemessenen Form der Gesellschaft ist eine Vielzahl von Aspekten zu berücksichtigen. Neben den gesellschaftsrechtlichen Unterschieden sind die Aspekte der Mitbestimmung, der Bilanzierung und Prüfung, des ehelichen Güterrechtes, der Haftung u.v.m. zu bedenken. Nachfolgend sollen die wesentlichen Punkte dargestellt werden, die aus steuerrechtlicher Sicht bei der Wahl der zutreffenden Gesellschaftsform bedacht werden sollten.

a) Checkliste Gesellschaftsform

⇨ aa) Gewinn-/Verlustausgleich

bb) Entnahmen

cc) Gesellschaftervergütungen/Pensionsrückstellung

dd) Verdeckte Gewinnausschüttungen

ee) Zeitpunkt der Ergebniszurechnung

ff) Beteiligung ausländischer Gesellschafter

gg) Finanzierung

hh) Umfang Betriebsvermögen/Transfer/Nutzungsüberlassung

ii) Steueranrechnung

jj) Grunderwerbsteuer

kk) Erbschaftsteuer

ll) Gewerbesteuer

mm) Behandlung Anschaffungskosten

nn) Steuerrechtliche Haftung

b) Kommentar Checkliste Gesellschaftsform Personengesellschaft

aa) Gewinn- und Verlustausgleich

Bei der Personengesellschaft erfolgt die steuerrechtliche Zurechnung des Ergebnisses bei den Gesellschaftern nach eigenen Vorschriften über die steuerrechtliche Gewinnermittlung unabhängig von der Bilanzierung bei der Gesellschaft selbst. Die Zurechnung ist bei der Einkommen-/Körperschaftsteuer des betreffenden Gesellschafters direkt und unmittelbar im selben Geschäftsjahr entsprechend der Beteiligungsquote. Dies gilt selbstverständlich **auch für ausgeschiedene Gesellschafter** letztmalig **auf den Stichtag ihres Ausscheidens**.

bb) Entnahmen

103 Bei der Entnahme von Vermögensgegenständen aus der Gesellschaft ist zwischen Geld-/Kontoguthaben und anderen Vermögensgegenständen zu unterscheiden. Die Entnahme von Liquidität ist jederzeit möglich, ohne dass hieraus steuerliche Folgen entstehen, da hierin **keine stillen Reserven** vorhanden sind. Es ist daher jederzeit möglich, die Liquidität der Gesellschaft für andere Zwecke zu nutzen, soweit nicht Regelungen des jeweiligen Gesellschaftsvertrages dem entgegenstehen. Im Gegensatz hierzu enthalten andere Wirtschaftsgüter im Allgemeinen stille Reserven, da der aktuelle Buchwert niedriger ist als der Teilwert oder Verkehrswert. Eine Entnahme führt daher immer zur Aufdeckung dieser stillen Reserven, die als zusätzlicher Gewinn dem Jahresergebnis hinzugerechnet und versteuert werden.

Für die Entnahme von Verbindlichkeiten dürfte grundsätzlich das Gleiche gelten wie für Geld, wobei im Einzelfall das weitere Schicksal der Darlehenszinsen als Betriebsausgaben zu klären ist.

Hiervon ist die Entnahme des **Jahresgewinnes** zu unterscheiden, da sich dessen Umfang nach dem **handelsrechtlichen Ergebnis** des jeweiligen Geschäftsjahres bemisst.

cc) Gesellschaftervergütungen/Pensionsrückstellungen

104 Steuerrechtlich werden **Vergütungen** an den Gesellschafter, z.B. aus Dienstleistungen, Geschäftsführertätigkeit, Darlehensüberlassung etc., als **Gewinnvorab** angesehen, die demgemäß steuerrechtlich keine Betriebsausgaben darstellen, sondern Teil des Gewinnanteiles des betreffenden Gesellschafters. Gleiches gilt für die Bildung von Pensionsrückstellungen aufgrund von Pensionszusagen an tätige Gesellschafter. Gesellschaftsverträge sollten daher immer eine Regelung enthalten, wonach solche Vergütungen handelsrechtlich im Gegensatz zur steuerrechtlichen Handhabung als Aufwand zu behandeln sind.

dd) Verdeckte Gewinnausschüttungen

105 Unter dem früheren Körperschaftsteuersystem führten verdeckte Gewinnausschüttungen bei Kapitalgesellschaften je nach Konstellation zu gravierenden steuerlichen Nachteilen. Die Gefahr der verdeckten Gewinnausschüttungen und der hieraus resultierenden Konsequenzen besteht bei Personengesellschaften nicht. Auch bei Personengesellschaften führen gesellschaftsfremde Aufwendungen selbstverständlich nicht zu steuerrechtlich abzugsfähigen Betriebsausgaben. Diese Aufwendungen werden als private Entnahmen behandelt. Da unter dem jetzigen Körperschaftsteuersystem keine Ausschüttungsbelastung mehr herzustellen ist bei einer verdeckten Gewinnausschüttung, auch wenn kein ausschüttungsfähiges Kapital zur Verfügung steht, sind die Folgen ähnlich wie bei einer Personengesellschaft. Im Ergebnis wird lediglich der Gewinn erhöht. Diese Gewinnerhöhung und die hieraus resultierende Mehrsteuer trifft im Falle einer Personengesellschaft durch die direkte Zurechnung den jeweils begünstigten Gesellschafter. Bei einer Kapitalgesellschaft trägt diese allein die steuerlichen Konsequenzen. Das Problem der verdeckten Gewinnausschüttungen sollte **insbesondere** bei **Familiengesellschaften** und inhabergeleiteten Gesellschaften bedacht werden, da sich hier die **Gefahr gesellschaftsfremder Aufwendungen** naturgemäß zeigt.

ee) Zeitpunkt der Ergebniszurechnung

Die Zurechnung des Ergebnisses (Gewinn oder Verlust) erfolgt beim Gesellschafter im gleichen Veranlagungszeitraum wie die Ermittlung bei der Gesellschaft selbst. Eine Phasenverschiebung zwischen der Entstehung des Gewinns bei der Gesellschaft und der steuerlichen Erfassung beim Gesellschafter ist dadurch von vornherein nicht möglich. 106

ff) Beteiligung ausländischer Gesellschafter

Ausländische Gesellschafter einer deutschen Personengesellschaft werden mit ihrem Gewinnanteil in Deutschland besteuert. Aus deutscher Sicht gilt die Beteiligung an einer Personengesellschaft als **Betriebsstätte in Deutschland**. Dem folgen auch die Doppelbesteuerungsabkommen zwischen Deutschland und anderen Staaten, da im Allgemeinen Personengesellschaften nicht abkommensberechtigt sind und steuerrechtlich als transparent angesehen werden. Soweit dies nicht der Fall ist, sind in den meisten Fällen entsprechende Sonderregelungen in den betreffenden Doppelbesteuerungsabkommen vereinbart. 107

Nach dem allgemeinen Muster der OECD für Doppelbesteuerungsabkommen bedeutet diese Behandlung für einen ausländischen Gesellschafter, dass sein Gewinnanteil in Deutschland besteuert wird und in seinem Sitzland im Allgemeinen steuerfrei ist, wobei eine **direkte Steuerbefreiung** in Betracht kommt oder aber eine indirekte durch Anrechnung der deutschen Steuer. Möglich ist in vielen Fällen jedoch trotzdem eine Berücksichtigung im Rahmen des Progressionsvorbehaltes.

gg) Finanzierung

Die Unterscheidung, ob der Geschäftsbetrieb der Gesellschaft durch **(Stamm-)Kapital oder Gesellschafterdarlehen** finanziert werden soll, ist aus **steuerrechtlicher Sicht** bei der Personengesellschaft **irrelevant**. Alle Kapitalüberlassungen des oder der Gesellschafter(s) an die Personengesellschaft werden steuerrechtlich als Eigenkapital angesehen. (Zinsen siehe oben „Gesellschaftervergütung" Rz. 104). 108

hh) Umfang Betriebsvermögen/Transfer/Nutzungsüberlassung

109 Neben den handelsrechtlichen Kategorien des Betriebsvermögens, das das gesamthänderische Eigentum aller Gesellschafter ist, kennt das Steuerrecht noch die Kategorie des **Sonderbetriebsvermögens**. Sofern ein Gesellschafter Vermögensgegenstände seiner Gesellschaft lediglich zur Nutzung überlässt und nicht in das gesamthänderische Eigentum aller Gesellschafter überführt, wird dies als Teil des steuerlichen Betriebsvermögens der Personengesellschaft angesehen. Gleiches gilt für andere Vermögensgegenstände, die der Beteiligung des Gesellschafters an der Personengesellschaft lediglich dienen oder die Beteiligung verstärken, ohne dass diese Vermögensgegenstände der Gesellschaft zur Nutzung überlassen werden.

Dies bedeutet weiterhin, dass Vermögensgegenstände des Privatvermögens durch eine solche Nutzungsüberlassung zwangsweise betriebliches Vermögen werden und damit steuerlich verstrickt.

Wenn solche Vermögensgegenstände nicht mehr zur Nutzung überlassen werden oder der Beteiligung dienen, gelten sie als entnommen mit der oben beschriebenen Folge der Aufdeckung und Besteuerung der stillen Reserven. Gleiches gilt im Falle der Veräußerung des Anteils an der Personengesellschaft, weil dann ebenfalls bezüglich dieser Vermögensgegenstände des Sonderbetriebsvermögens eine Entnahme aus dem Betriebsvermögen vorliegt, sofern sie nicht mitveräußert werden. Letztlich ist ein Gewinn aus der Veräußerung solchen Betriebsvermögens Teil des Gewinnanteils des betreffenden Gesellschafters in gleicher Weise wie eine mögliche Gesellschaftervergütung (siehe oben).

110 Grundsätzlich ist es gemäß § 6 Abs. 5 EStG möglich, Wirtschaftsgüter von einem Betriebsvermögen in ein anderes Betriebsvermögen desselben Steuerpflichtigen zu überführen ebenso wie in ein Sonderbetriebsvermögen bei einer Mitunternehmerschaft oder umgekehrt oder zwischen zwei verschiedenen Sonderbetriebsvermögen derselben Person erfolgsneutral zu übertragen. Gleiches ist möglich bei Einlage gegen Gewährung von Gesellschaftsrechten in eine Mitunternehmerschaft. Soweit das übertragene Wirtschaftsgut innerhalb einer Sperrfrist von drei Jahren nach Abgabe der Steuererklärung veräußert wird oder innerhalb von sieben Jahren nach der Übertragung des Wirtschaftsgutes ein Anteil einer Körperschaft an dem Wirtschaftsgut begründet wird oder sich erhöht, ist rückwirkend auf den Zeitpunkt der Übertragung der Teilwert anzusetzen. Hierdurch erfolgt dann nachträglich die Aufdeckung stiller Reserven und deren Versteuerung zum Übertragungszeitpunkt. Durch diese rückwirkende Änderung entstehen auch Zinsen auf die entsprechende Steuererhöhung. (siehe unten Rz. 185).

I. Planung   Rz. 113   Teil 5

ii) Gewinn-/Verlustzurechnung

Eine Personengesellschaft ist steuerlich transparent, d.h. die Gewinne   111
und Verluste fallen direkt bei den jeweiligen Gesellschaftern an. Folglich
zahlt eine Personengesellschaft selbst keine Einkommen- oder Körperschaftsteuer. Insoweit ist eine Doppelbesteuerung ausgeschlossen. Anders ist dies bei der Gewerbesteuer. Sofern der Gesellschafter selbst als natürliche Person gewerbetreibend oder eine Kapitalgesellschaft ist, erfolgt bei der **Gewerbesteuer** keine unmittelbare Gewinn- und Verlustzurechnung. Gewerbesteuerrechtlich werden die Gesellschaften und ihre Gesellschafter getrennt behandelt. Es bedarf dann einer **Organschaft**. Hierfür sind die finanzielle Eingliederung und der Abschluss eines Gewinnabführungsvertrages wie bei der Körperschaftsteuer erforderlich.

jj) Grunderwerbsteuer

Bei der Grunderwerbsteuer bietet eine **Personengesellschaft** erhebliche   112
Vorteile, da bei der Überführung eines Grundstückes aus dem Vermögen eines Gesellschafters in das Gesamthandsvermögen der Gesellschaft nur anteilig die Grunderwerbsteuer entsteht entsprechend der Beteiligungsquote des einbringenden Gesellschafters. Sofern lediglich eine Nutzung durch die Gesellschaft erfolgt und somit eine Einbringung nur in das Sonderbetriebsvermögen, entsteht keine Grunderwerbsteuer. Letztlich fällt bei einem Gesellschafterwechsel unter bestimmten Voraussetzungen ebenfalls keine Grunderwerbsteuer an, auch wenn die Bestimmungen hierzu verschärft wurden (siehe oben Rz. 49).

kk) Erbschaftsteuer

Bei der Erbschaftsteuer, die für Familiengesellschaften von erheblicher   113
Bedeutung ist, wurden früher als Bemessungsgrundlage beim Übergang einer Personengesellschaft oder eines Anteiles hieran nur die Steuerbilanzwerte des Betriebsvermögens zugrunde gelegt. Die **Ertragsaussichten** der Gesellschaft und die Erhöhung des Wertes hierdurch fanden im Gegensatz zur Kapitalgesellschaft **keine Berücksichtigung**. Hinzu kam ein Freibetrag von 225 000 Euro, ein Bewertungsabschlag von 35 % und grundsätzlich die Anwendung der niedrigsten Steuerklasse unabhängig vom Verwandtschaftsgrad. Voraussetzung für die Begünstigung war jedoch die Fortführung des Unternehmens durch den Erben für fünf Jahre.

Durch die Erbschaftsteuerreform 2009 werden sämtliche Vermögensarten realitätsnah bewertet. Die Unternehmensbewertung ist nicht mehr abhängig von der Rechtsform der Gesellschaft und erfolgt als Gesamtbewertung nach der Ertragswertmethode oder einer anderen anerkannten Methode (§ 11 Abs. 2 BewG) mit dem Ziel, den gemeinen Wert widerzuspiegeln. Für Betriebsvermögen gibt es Begünstigungen gemäß §§ 13a, 13b ErbStG, die unter bestimmten Voraussetzungen zu einem Verschonungsabschlag von 85 % oder 100 % führen. Soweit das Vermögen nicht dem Verschonungsabschlag unterliegt, steht dem Steuerpflichtigen der Steuerklasse II und III ein Entlastungsbetrag zu.

ll) Gewerbesteuer

114 Im Gegensatz zur allgemeinen ertragsteuerlichen Behandlung einer Beteiligung an einer Personengesellschaft wird für die Zwecke der Gewerbesteuer die Gesellschaft oder präziser ausgedrückt der Gewerbebetrieb als Steuersubjekt selbst betrachtet. Bei der Gewerbesteuer besteht daher keine Transparenz. Insoweit besteht dann kein Unterschied zu einer Kapitalgesellschaft.

Unterschiede bestehen jedoch in der Höhe der Besteuerung, da bei einer Personengesellschaft ein Freibetrag von 24 500 Euro gewährt wird, gegenüber 5000 Euro bei einer Kapitalgesellschaft. Die Steuermesszahl beträgt für Personen- und Kapitalgesellschaften einheitlich 3,5 %. Als weiterer Unterschied kommt die **pauschalierte Anrechnung** der Gewerbesteuer in **Höhe des 3,8-fachen des Gewerbesteuermessbetrages** auf die Einkommensteuer des Gesellschafters beziehungsweise bei mehreren Gesellschaftern jeweils anteilig hinzu. Die Erhöhung der Anrechnung vom 1,8-fachen auf den 3,8-fachen des Gewerbesteuermessbetrages im Rahmen der Unternehmensteuerreform 2008 soll die Nichtabziehbarkeit der Gewerbesteuer als Betriebsausgabe kompensieren. Durch diese Begünstigung soll der Nachteil ausgeglichen werden, dass Tätigkeitsvergütungen etc. steuerrechtlich nicht als Betriebsausgaben gelten. Ob dies dann im Einzelfall auch so zutrifft, kann generell nicht gesagt werden. Allein die angebliche Gewerbesteuerersparnis durch die Abzugsfähigkeit der Geschäftsführervergütung rechtfertigt im Allgemeinen keine Umwandlung eines Einzelunternehmens in eine Kapitalgesellschaft. Es empfiehlt sich daher bei Bedarf immer eine steuerliche Vergleichsrechnung unter Berücksichtigung auch aller zusätzlichen Kosten (siehe oben Rz. 97 ff.)

Wegen der Gewerbesteuer bei Veräußerung von Mitunternehmeranteilen wird auf Rz. 195 verwiesen.

mm) Behandlung der Anschaffungskosten

115 Aus steuerrechtlicher Sicht gelten die Anschaffungskosten für eine Beteiligung an einer Personengesellschaft als **anteilige Anschaffungskosten aller Wirtschaftsgüter** der Personengesellschaft. Sofern über den Nominalbetrag des Kapitalkontos, das den Saldo der Buchwerte zeigt, hinaus ein Kaufpreis gezahlt wird, werden zunächst die Buchwerte der übergegangenen Wirtschaftsgüter aufgestockt bis zu ihren Teilwerten und ein verbleibender Restbetrag als Geschäftswert (Good Will) angesetzt. Die technische Darstellung erfolgt in einer steuerrechtlichen Ergänzungsbilanz. Diese aufgestockten Buchwerte (Step Up) bilden dann die Basis für die Bemessung der zukünftigen Abschreibungen. Somit ist im Ergebnis der Kaufpreis für die Beteiligung im Wege über die Abschreibungen steuerlich als Betriebsausgabe für den Erwerber abzugsfähig.

nn) Steuerrechtliche Haftung

Die steuerrechtliche Haftung richtet sich zunächst einmal nach den handels- und zivilrechtlichen Haftungsvorschriften. Aus diesem Grunde besteht daher bei einem persönlich haftenden Gesellschafter grundsätzlich ein größeres Haftungsrisiko für Steuerschulden der Gesellschaft als für den Gesellschafter einer Kapitalgesellschaft. Aus steuerrechtlicher Sicht ergibt sich eine zusätzliche Haftungsgrundlage für Steuern des Unternehmens, abgesehen von den Fällen der Haftung wegen Pflichtverletzung und Steuerhinterziehung, bei der Überlassung von Gegenständen (Sonderbetriebsvermögen) an die Gesellschaft bei einer wesentlichen Beteiligung. Gleiches gilt auch im Falle einer wesentlichen Beteiligung an einer Kapitalgesellschaft.

116

Im Falle einer **Betriebsübernahme** und somit nicht bei der Übernahme von Gesellschaftsanteilen **haftet der Erwerber** für Betriebsteuern eines bestimmten Zeitraumes. (siehe oben Rz. 63).

c) Kommentar Checkliste Gesellschaftsform Kapitalgesellschaft

aa) Gewinn-/Verlustausgleich

Sofern das Ergebnis einer Kapitalgesellschaft dem Gesellschafter zugerechnet werden soll, ist der Abschluss eines Ergebnisabführungsvertrages auf fünf Jahre erforderlich. Voraussetzung ist weiter, dass die **Beteiligung von Beginn** des Geschäftsjahres an **gehalten** wird. Daher erfolgen viele Anteilsübertragungen zum Ende des Geschäftsjahres der Gesellschaft, da dann das Ergebnis des folgenden Jahres dem neuen Gesellschafter zugerechnet werden kann. Der Abschluss des Ergebnisabführungsvertrages und der Eintritt seiner Wirksamkeit können anschließend erfolgen. Dies entspricht der Rechtslage bei der Gewerbesteuer.

117

Der Abschluss von **Ergebnisabführungsverträgen mit mehreren Gesellschaftern** ist nicht möglich, da steuerrechtlich eine **Mehrmütterorganschaft** nicht zulässig ist.

Sofern kein Ergebnisabführungsvertrag besteht, wird lediglich der Gewinn im Falle seiner Ausschüttung beim Gesellschafter erfasst.

bb) Entnahme

Im Gegensatz zur Personengesellschaft ist bei einer Kapitalgesellschaft die Entnahme von Vermögensgegenständen, gleich welcher Art, nur gegen eine angemessene Vergütung möglich. Ansonsten würde die Entnahme als verdeckte Gewinnausschüttung qualifiziert. Überschüssige Liquidität aus einer Kapitalgesellschaft kann nur im Wege des Darlehens zeitweise an den Gesellschafter zurückfließen. Eine endgültige Rückzahlung kann nur bei Rücklagen im Wege der Gewinnausschüttung mit den entsprechenden steuerlichen Konsequenzen erfolgen oder bei Stammkapital im Wege einer Kapitalherabsetzung.

118

cc) Gesellschaftervergütungen/Pensionsrückstellung

119 Im Gegensatz zur Personengesellschaft sind bei der **Kapitalgesellschaft Vergütungen** an Gesellschafter als Betriebsausgaben **steuerlich abzugsfähig**. Beim Gesellschafter selbst sind sie nicht als Gewinnausschüttung zu behandeln, sondern bei einer Kapitalgesellschaft als Teil des gewerblichen Umsatzes und bei einer natürlichen Person entsprechend der jeweiligen steuerlichen Qualifikation als Einkünfte aus nichtselbständiger Arbeit, selbständiger Arbeit, Vermietung etc. Das Problem ist hierbei jedoch, auf die Angemessenheit zu achten, da ansonsten der nicht angemessene Teil der Vergütung als verdeckte Gewinnausschüttung qualifiziert wird. Dies führt dann zu einer entsprechenden Gewinnerhöhung mit den daraus resultierenden steuerlichen Folgen.

Im Gegensatz zur Personengesellschaft sind **Pensionsrückstellungen** aufgrund von Pensionszusagen für tätige Gesellschafter steuerrechtlich möglich.

dd) Verdeckte Gewinnausschüttungen

120 Im Gegensatz zu Personengesellschaften besteht bei Kapitalgesellschaften immer die Gefahr von verdeckten Gewinnausschüttungen. Dies gilt umso mehr, sofern natürliche Personen als Gesellschafter wesentlich beteiligt und in der Gesellschaft tätig sind. Die gleiche Gefahr besteht bei grenzüberschreitenden Verrechnungspreisen innerhalb von Unternehmensgruppen. Naturgemäß bilden diese Bereiche dann auch Schwerpunkte der steuerlichen Betriebsprüfung. Seit der Änderung des Körperschaftsteuerrechtes durch das StSenkG zum Veranlagungszeitraum 2001 führen verdeckte Gewinnausschüttungen lediglich zu einer Gewinnerhöhung und den entsprechenden steuerlichen Konsequenzen hieraus, jedoch nicht mehr zur Herstellung einer Ausschüttungsbelastung. Gerade in einer Verlustsituation der Gesellschaft war diese Ausschüttungsbelastung, die zu einer entsprechenden Steuererhöhung führen konnte mangels versteuerter Rücklagen, besonders misslich, während die Gewinnerhöhung oft durch Verlustvorträge kompensiert wurde.

Das Problem der verdeckten Gewinnausschüttung stellt sich auch, wenn die **Kapitalgesellschaft langfristig keinen Gewinn erwirtschaftet** bzw. nach der Art ihres Geschäfts und ihrer Organisation keine Gewinnerwartung besteht (Non-profit-Gesellschaft). Dieses Problem entsteht im Allgemeinen bei Servicegesellschaften innerhalb von Konzernen, Abwicklungsgesellschaften für Joint Venture, Freiberufler-Gesellschaften oder Projektgesellschaften im öffentlich-rechtlichen Bereich. Sofern die Gesellschaft keinen Gewinn, der einer angemessenen Eigenkapitalverzinsung entspricht, erwirtschaftet, wird von den Finanzbehörden angenommen, dass die Vergütungen der Gesellschafter an ihre Gesellschaft für die Dienstleistungen zu niedrig bemessen sind. Die Differenz zu einer angemessenen Vergütung der Dienstleistung wird dann als verdeckte Gewinnausschüttung qualifiziert.

I. Planung

Des Weiteren müssen bei einer Kapitalgesellschaft schon aus steuerrechtlichen Gründen alle zivil- und gesellschaftsrechtlichen Erfordernisse und Formvorschriften beachtet werden, da ansonsten insbesondere im Verhältnis des Gesellschafters zu seiner Gesellschaft bei einer Verletzung von Formvorschriften die darauf beruhenden Zahlungen als verdeckte Gewinnausschüttungen angesehen werden. Ein Beispiel hierfür ist der Abschluss des Anstellungsvertrages mit einem herrschenden Gesellschafter-Geschäftsführer. Zuständig hierfür ist die Gesellschafterversammlung und nicht die Geschäftsleitung. Sofern dies nicht beachtet wird, wird der Vertrag steuerrechtlich nicht anerkannt.

121

Schließlich ist vor allem bei überhöhten Tätigkeitsvergütungen an nahe Angehörige eines Gesellschafters einer Kapitalgesellschaft zu beachten, dass diese insoweit erbschafts- und schenkungssteuerliche Folgen haben können. Welche Folgen das konkret sind, ist umstritten. Die Finanzverwaltung nimmt eine gemischte Schenkung der Gesellschaft an den Erwerber an, mit der Folge dass der Erwerber der Steuerklasse III mit einem Freibetrag von lediglich 20 000 Euro und einem Steuersatz von anfangs 30 % unterliegt (2.6 Ländererlass v. 14.3.2012, BStBl. I 2012, 331). Nach neuer Rechtsprechung des BFH (Urt. v. 30.1.2013, Az.: II R 6/12) kann allenfalls eine gemischte Schenkung des Gesellschafters an den Erwerber vorliegen (siehe auch Rz. 149).

ee) Zeitpunkt der Ergebniszurechnung

Im Gegensatz zur Personengesellschaft ist bei einer Kapitalgesellschaft der Zeitpunkt des **Gewinnzuflusses** beim Gesellschafter grundsätzlich **bestimmbar**. Im Allgemeinen erfolgt die Zurechnung des Gewinns nur, sofern eine entsprechende Gewinnausschüttung nach den handelsrechtlichen Regeln erfolgt. Sofern der Gesellschafter seine Beteiligung im Privatvermögen hält, erfolgt die Besteuerung im Zeitpunkt des effektiven Zuflusses, während bei einer Beteiligung im Betriebsvermögen im Zeitpunkt des Gewinnausschüttungsbeschlusses eine Aktivierung erfolgt.

122

Darüber hinaus besteht innerhalb von Konzernen bei 100 %-igen Beteiligungen an Tochtergesellschaften die handelsrechtliche Verpflichtung zur phasengleichen Aktivierung der Gewinnausschüttung. Voraussetzung hierfür ist darüber hinaus die Deckungsgleichheit der Geschäftsjahre und die Feststellung des Jahresabschlusses der Tochtergesellschaft vor Aufstellung oder Prüfung des Jahresabschlusses bei der betreffenden Muttergesellschaft. Dann muss der Gewinnausschüttungsanspruch für den Gewinn des Vorjahres auch im Abschluss des Vorjahres der Muttergesellschaft erfasst werden. Steuerrechtlich steht der handelsrechtlichen **phasengleichen Aktivierungspflicht** ein Aktivierungsverbot gegenüber. Eine phasengleiche Aktivierung kommt grundsätzlich nur dann in Betracht, wenn der Gewinnverwendungsbeschluss der Tochtergesellschaft bereits am Bilanzstichtag der Muttergesellschaft vorliegt. Aufgrund der unterschiedlichen Bilanzierungsvorschriften und den damit einhergehenden Abweichungen in der Steuer- und der Handelsbilanz ist daher in der Handelsbilanz eine Rückstellung für latente Steuern zu bilden.

ff) Beteiligung ausländischer Gesellschafter

123 Die Beteiligung eines ausländischen Gesellschafters an einer deutschen Kapitalgesellschaft gilt nicht als Betriebsstätte in Deutschland. Sofern eine Gewinnausschüttung erfolgt, stellt sich nach dem jeweiligen Doppelbesteuerungsabkommen oder, sofern ein solches nicht vorhanden ist, nach deutschem Steuerrecht die Frage einer möglichen Quellensteuer auf die Gewinnausschüttung. Die Quellensteuer ist die eigene Steuer des Gesellschafters auf die Gewinnausschüttung. Anschließend erfolgt die Besteuerung der Dividende in seinem Sitzstaat nach den dortigen inländischen Vorschriften. Hierbei wird in aller Regel die Quellensteuer berücksichtigt in ähnlicher Weise wie die deutsche Steuer eines ausländischen Gesellschafters bei der Beteiligung an einer inländischen Personengesellschaft. Soweit der ausländische Gesellschafter seinerseits eine Kapitalgesellschaft ist mit einer bestimmten Beteiligungsquote an der deutschen Kapitalgesellschaft (im Allgemeinen 25 %), erfolgt meistens eine Begünstigung bei der Quellensteuer (sog. **Schachtelprivileg**). Nach dem Körperschaftsteuerrecht wird die partielle Doppelbesteuerung durch den Steuersatz von 15 % gemildert. Es ist zu unterscheiden, ob der Gesellschafter EU-Ausländer ist oder in einem Drittland ansässig ist. Auf Grund der Mutter-Tochter-Richtlinie sind innerhalb der EU Dividenden ab einer Mindestbeteiligungsquote von 10 % quellensteuerbefreit. Eine Vermeidung der Doppelbesteuerung erfolgt durch Freistellung. Letztendlich bedarf es, insbesondere bei Drittland-Gesellschaftern, zur genauen Quantifizierung einer entsprechenden Modellrechnung unter Berücksichtigung der Steuerfolgen in Deutschland und im Sitzstaat des Gesellschafters.

gg) Finanzierung

124 Im Gegensatz zu Personengesellschaften stellt sich bei einer Kapitalgesellschaft die Frage der Finanzierung des laufenden Geschäftsbetriebes. Dies kann zum einen durch **Stammkapital** und zum anderen durch **Fremdkapital/Gesellschafterdarlehen** erfolgen. Durch das Unternehmensteuerreformgesetz 2008 wurde § 8a KStG a.F. aufgehoben und durch die Vorschrift des § 4h EStG i.V.m. § 8a KStG n.F. ersetzt. Danach gilt die so genannte Zinsschranke, wonach Zinsaufwendungen grundsätzlich nur noch bis zu 30 % des Gewinns bzw. des steuerlichen EBITDA abzugsfähig sind. Während § 8a KStG a.F. lediglich die Abziehbarkeit von Vergütungszahlungen für Zinsen an Anteilseigner erfasste, ist von der Zinsschranke jegliche Art der Fremdfinanzierung erfasst, insbesondere auch die Bankenfinanzierung. Die Einzelheiten der Relation zwischen Eigen- und Fremdkapital sollen hier nicht weiter erörtert werden. Dies bedarf der Überprüfung im Einzelfalle. Im Ergebnis besteht jedoch aufgrund dieses Problems in

einem wesentlichen Umfange die Notwendigkeit, die Geschäftstätigkeit der Gesellschaft und insbesondere ihre Anlaufverluste durch Eigenkapital zu finanzieren. Dies muss nicht zwangsläufig Stammkapital sein, sondern kann auch durch Einzahlungen in die Kapitalrücklage dargestellt werden. Denkbar sind selbstverständlich zinslose Darlehen.

hh) Umfang Betriebsvermögen/Transfer/Nutzungsüberlassung

Im Gegensatz zur Personengesellschaft besteht bei der **Kapitalgesellschaft nicht** zusätzlich die Kategorie des **Sonderbetriebsvermögens**. Alle Vermögensgegenstände, die der Beteiligung des Gesellschafters an der Kapitalgesellschaft dienen oder seine Beteiligung verstärken, verbleiben damit in ihrer bisherigen steuerrechtlichen Zuordnung. Sie werden nicht Sonderbetriebsvermögen der Gesellschaft. Etwas anders ist die Frage bei der Nutzungsüberlassung zu beantworten. Sofern der Gesellschafter einen Vermögensgegenstand seiner Gesellschaft zur Nutzung überlässt, der betriebsnotwendig ist, und der Gesellschafter an der Gesellschaft als herrschender Gesellschafter beteiligt ist, entsteht dadurch eine Betriebsaufspaltung (siehe unten Rz. 189 f. „Betriebsaufspaltung"). Auf diese Weise entsteht ein Gewerbebetrieb, in dem dieser Gegenstand, der der Gesellschaft zur Nutzung überlassen ist, steuerrechtlich verstrickt wird und die Einkünfte aus der Nutzungsüberlassung als gewerblich erfasst werden. Oftmals entstehen durch solche Nutzungsüberlassungen (unechte) Betriebsaufspaltungen, deren Folgen im Vorhinein nicht bedacht werden und auch nicht gewollt waren.

Ein Transfer zwischen dem Vermögen der Kapitalgesellschaft und dem Vermögen anderer Kapitalgesellschaften bzw. dem Vermögen des Gesellschafters ist grundsätzlich nur durch ein Verkehrsgeschäft möglich, denn Vermögenssphären sind rechtlich selbständig. Jeder Transfer ohne angemessene Gegenleistung stellt eine verdeckte Gewinnausschüttung dar.

ii) Steueranrechnung

Im Gegensatz zur Personengesellschaft stellt sich bei der Kapitalgesellschaft die Frage der Anrechnung der Steuer, die bereits von der Kapitalgesellschaft auf ihre Gewinne gezahlt wurde. Sofern eine Steueranrechnung nicht möglich ist, liegt insoweit eine Doppelbesteuerung vor.

Im Inland wird die Doppelbesteuerung zum einen durch den Körperschaftsteuersatz von 15 % bei der Gesellschaft und zum anderen durch das Teileinkünfteverfahren bzw. die Abgeltungssteuer auf der Ebene des Gesellschafters (natürliche Person) weitgehend vermieden. Nach dem Teileinkünfteverfahren werden Gewinnausschüttungen für die Ermittlung der einkommensteuerpflichtigen Bemessungsgrundlage nur zu 60 % angesetzt, soweit sie dem Betriebsvermögen zuzuordnen sind. Gewinnausschüttungen in das Privatvermögen unterliegen der Abgeltungssteuer. Gewinnausschüttungen an Kapitalgesellschaften als Gesellschafter sind fast konsequenterweise zu 95 % steuerfrei, ebenso wie die Veräußerungsgewinne aus Anteilen an Kapitalgesellschaften, da entsprechende Gewinne bereits vorher der Körperschaftsteuer unterlegen haben und bei ihrer Ausschüttung an den Gesellschafter als natürliche Person dort der Besteuerung nach dem Teileinkünfteprinzip bzw. der Abgeltungssteuer unterliegen. Auf diese Weise wird die Steuerlast innerhalb von Unternehmensgruppen erheblich reduziert.

Gewerbesteuerrechtlich gilt bei der Kapitalgesellschaft das Gleiche, wie oben für die Personengesellschaft dargestellt. Eine Doppelbesteuerung wird vermieden, da jeder Gewerbebetrieb nur mit seinem Betrieb allein der Gewerbesteuer unterliegt.

jj) Grunderwerbsteuer

127 Die Grunderwerbsteuerbelastung bei Nutzung einer Kapitalgesellschaft ist grundsätzlich höher und weniger flexibel als bei einer Personengesellschaft.

Bei der Übertragung eines Grundstücks auf die Kapitalgesellschaft entsteht **in voller Höhe Grunderwerbsteuer**, da dieser Übergang als Rechtsträgerwechsel angesehen wird im Gegensatz zur Übertragung bei einer Personengesellschaft. Dort erfolgt allenfalls ein partieller Rechtsträgerwechsel, der nur zu einer teilweisen Steuerentstehung führt.

Bei der Übertragung von mindestens (unmittelbar oder mittelbar) 95 % der Anteile an einer Kapitalgesellschaft oder bei einer Vereinigung von unmittelbar und mittelbar mindestens 95 % der Anteile entsteht Grunderwerbsteuer, sofern die Gesellschaft Eigentümer eines inländischen Grundstücks ist. Bei einer grundbesitzenden Personengesellschaft entsteht Grunderwerbsteuer, sofern innerhalb von fünf Jahren mindestens 95 % der Beteiligung den Gesellschafter wechselt.

kk) Erbschaftsteuer

128 Bemessungsgrundlage der Erbschaftsteuer ist der **Wert des Gesellschaftsanteils**. Seit 2009 ist die Bewertung des Betriebsvermögens neu geregelt worden mit dem Bewertungsziel des Verkehrswertes. Die Bewertung ist rechtformunabhängig, d.h. Kapitalgesellschaften und Personengesellschaften werden nach den gleichen Grundsätzen bewertet. Bei börsennotierten Aktien wird grundsätzlich der am Stichtag niedrigste Wert der Aktie angesetzt. Andernfalls muss der gemeine Wert der Anteile bestimmt werden. Soweit Verkäufe unter fremden Dritten der Anteile weniger als ein Jahr zurückliegen, wird der Wert anhand der Verkaufspreise abgeleitet. Sollte dies nicht möglich sein, erfolgt die Bewertung nach einer anerkannten, auch im gewöhnlichen Geschäftsverkehr für nichtsteuerliche Zwecke üblichen Methode unter Berücksichtigung der Ertragsaussichten (§§ 11 Abs. 2, 109 BewG). Als Indiz für den Wert gelten auch Verkaufspreise aus Anteilsverkäufen innerhalb eines Jahres nach dem Stichtag.

II. Gründung

ll) Gewerbesteuer

Bezüglich der Ergebnisermittlung und Zurechnung ergeben sich bei der Gewerbesteuer keine Unterschiede zur Personengesellschaft mit Ausnahme der Vergütung an Gesellschafter. Nachteilig ist jedoch der geringere Freibetrag. Die Gewerbesteuermesszahl beträgt seit der Unternehmenssteuerreform 2008 sowohl für Kapitalgesellschaften als auch Personengesellschaften 3,5 %. Des Weiteren fehlt die Möglichkeit der pauschalierten Gewerbesteueranrechnung auf die Steuer des Gesellschafters, wie dies bei Beteiligung an einer Personengesellschaft möglich ist. Im Ergebnis hilft jedoch auch hier nur eine steuerliche Vergleichsrechnung.

129

mm) Behandlung der Anschaffungskosten

Die Beteiligung an einer Kapitalgesellschaft ist einer planmäßigen Abschreibung für steuerliche Zwecke nicht zugänglich. Daher können die Anschaffungskosten für die Beteiligung an einer Kapitalgesellschaft steuerrechtlich nicht im Wege der Abschreibung als Betriebsausgaben geltend gemacht werden. Im Gegensatz zur Personengesellschaft gilt die Beteiligung nicht als anteiliger Erwerb der Vermögensgegenstände der Gesellschaft. Um also einen ähnlichen Effekt wie bei der Personengesellschaft zu erreichen, bedarf es daher weiterer Schritte, um Anteile in abschreibungsfähige Wirtschaftsgüter umzuwandeln. Näheres hierzu wird in Rz. 191 beschrieben.

130

nn) Steuerrechtliche Haftung

Grundsätzlich besteht bei der steuerrechtlichen Haftung kein Unterschied zu einer Personengesellschaft, abgesehen von dem Haftungsrisiko eines persönlich haftenden Gesellschafters. Bei den allgemeinen Haftungsgrundlagen ist natürlich auch an die Frage der Konzernhaftung zu denken. Die spezielle Haftung für rückständige Steuern bei Betriebsübernahme trifft beim Erwerb von Gesellschaftsanteilen nur die Gesellschaft und nicht den Erwerber, so dass insoweit ein Unterschied zur Personengesellschaft besteht.

131

II. Gründung

Wenn unter Berücksichtigung aller notwendigen Aspekte die Entscheidung für die zweckmäßige Gesellschaftsform gefallen ist, kann deren Gründung erfolgen. Dies ist für die Kapitalgesellschaft entscheidend, da zu ihrem Beginn der notarielle Abschluss des Gesellschaftsvertrages erforderlich ist. Ebenso wie im Gesellschaftsrecht erfolgt auch im Steuerrecht eine Zurechnung der Tätigkeit und des Vermögens der Gründungsgesellschaft an die spätere Kapitalgesellschaft, die erst durch Handelsregistereintragung entsteht. Eine solche Zurechnung erfolgt jedoch nicht für die Zeit vor der notariellen Gründung (Vor-Gründungsgesellschaft).

132

Nachfolgend werden die **steuerrechtlichen Gesichtspunkte** dargestellt, die bei der Gründung der Gesellschaft und der **Konzeption des Gesellschaftsvertrags** bedacht werden sollten. Der bereits beschriebene Systemunterschied zwischen den Gesellschaftsformen zeigt sich auch hier wieder.

1. Checkliste Gesellschaftsvertrag

133 ⮕ a) **Personengesellschaft**

aa) Definition Kapitalkonten, sonstige Gesellschafterkonten

bb) Gewinnermittlung, Unterschied Handelsbilanz/Steuerbilanz

cc) Gewinn-/Verlustzurechnung

dd) Regelstatut KG

ee) Sacheinlagen

ff) Sonderbetriebsvermögen

gg) Geschäftsjahr

hh) Gründungskosten

ii) Beginn der steuerrechtlichen Existenz

134 b) **Kapitalgesellschaft**

aa) Wettbewerbsverbot

bb) Sacheinlagen

cc) vGA-Klausel

dd) Dienstleistungspflichten/Gesellschaftervergütung

ee) Gewinnermittlung, Unterschied Handelsbilanz/Steuerbilanz

ff) Gewinnverteilung

gg) Geschäftsjahr

hh) Gründungskosten

ii) Beginn der steuerrechtlichen Existenz

2. Kommentar Checkliste Gesellschaftsvertrag

a) **Personengesellschaft**

aa) **Kapitalkonten/sonstige Gesellschafterkonten**

135 Aus gesellschaftsrechtlicher Sicht ist zwischen Kapitalkonten und sonstigen Konten der Gesellschafter zu unterscheiden, sofern die Gesellschafter ihrer Personengesellschaft sowohl Eigenkapital als auch Fremdkapital überlassen. Aus steuerrechtlicher Sicht ist diese Unterscheidung für die Frage des Verlustausgleiches und seiner Beschränkung gemäß § 15a EStG ebenfalls von Relevanz, obwohl sonst keine Unterscheidung erfolgt zwi-

schen Eigen- und Fremdkapital, welches vom Gesellschafter überlassen wird. Nach gesellschaftsrechtlichen Vorschriften werden einem beschränkt haftenden Gesellschafter auch Verluste zugerechnet, die sein Kapitalkonto übersteigen. Steuerrechtlich wird dies ebenfalls anerkannt, jedoch erfolgt hieraus eine Einschränkung des Verlustausgleiches. Verluste, die das Kapitalkonto übersteigen, werden lediglich im Rahmen der Einkünfte aus der Beteiligung gesondert vorgetragen und können mit späteren Gewinnen hieraus verrechnet werden. Ein **Ausgleich mit anderen Einkünften** des Gesellschafters ist **insoweit nicht möglich**. Maßstab für den Umfang des Kapitalkontos im Sinne des § 15a EStG sind alle gesamthänderisch gebundenen Einlagen, die Eigenkapitalcharakter tragen. Neben dem Festkapital aufgrund des Gesellschaftsvertrages ist es im Wesentlichen ein gesellschaftsvertraglich bestimmtes Rücklagenkonto. Aus steuerrechtlicher Sicht hat sich daher die Unterscheidung in Festkapitalkonten, Rücklagenkonten und zumindest einem Verrechnungs- oder Privatkonto bewährt. Letztgenanntes Konto wird dann für den Verrechnungsverkehr zwischen der Gesellschaft und ihrem Gesellschafter benutzt. Handelsrechtlich hat dieses dann Fremdkapitalcharakter, während es steuerrechtlich grundsätzlich als Eigenkapital angesehen wird nicht jedoch als Kapitalkonto im Sinne des § 15a EStG.

bb) Gewinnermittlung/Gesellschaftervergütungen

Durch den grundsätzlichen Unterschied zwischen der handelsrechtlichen und der steuerrechtlichen Qualifizierung von Gesellschaftervergütungen erfordert dies Regelungen im Gesellschaftsvertrag. Insbesondere bei mittelständischen Gesellschaften ist vielfach die Praxis vertreten, wonach die Handelsbilanz gleich der Steuerbilanz sein soll. Es wird lediglich eine so genannte Einheitsbilanz aufgestellt. Hinsichtlich der Gesellschaftervergütungen für Tätigkeit, Kapitalüberlassung etc. müssen Regelungen vorgesehen werden, wonach diese **Vergütungen** handelsrechtlich als **Aufwand** zu behandeln sind unabhängig von der anderen steuerrechtlichen Qualifizierung. Hierdurch ergibt sich dann zwangsläufig eine Differenz zwischen Handelsbilanz und Steuerbilanz. Mit der Reform des Bilanzrechts durch das BilMoG sind die Möglichkeiten einer Differenz zwischen Handels- und Steuerbilanz erweitert worden, insbesondere aufgrund des Wegfalls der formellen Maßgeblichkeit. Nun können steuerliche Wahlrechte unabhängig von der Handelsbilanz ausgeübt werden. Darüber hinaus sieht das Steuerbilanzrecht diverse Abweichungen von den handelsrechtlichen Vorschriften vor, die zu einem Unterschied der Steuer- von der Handelsbilanz führen. Beispielsweise bestehen für Pensionsrückstellungen handelsrechtlich und steuerrechtlich unterschiedliche Bewertungen, die abweichen können. Vor diesem Hintergrund ist eine Einheitsbilanz nur noch eingeschränkt möglich.

Grundsätzlich ist daher festzulegen, ob die Handelsbilanz unter Berücksichtigung von steuerrechtlichen Prämissen aufgestellt werden soll oder nicht. Sofern die Bilanz streng nach handelsrechtlichen Grundsätzen aufgestellt wird, ist zu steuerlichen Zwecken lediglich eine Überleitungsrechnung dem Finanzamt einzureichen. Eine gesonderte Steuerbilanz fordert das Gesetz nicht (vgl. § 60 EStDV). Sofern keine Regelungen im Gesellschaftsvertrag enthalten sind, gilt für die Aufstellung der Bilanz das Handelsrecht. Je nach den Umständen können dann erhebliche Abweichungen zwischen dem handelsrechtlichen Gewinn und der steuerlichen Bemessungsgrundlage entstehen. Dies kann für die Gesellschafter, insbesondere wenn es sich um natürliche (Privat-)Personen handelt zu einem erheblichen finanziellen Problem führen. Handelsrechtlich kann z.B. ein Verlust oder lediglich ein geringer Gewinn entstehen, während steuerrechtlich ein wesentlich höherer Gewinn ermittelt wird zum Beispiel durch die **unterschiedliche Behandlung von Aufwandsrückstellungen**, der **Abzinsung** von Rückstellungen und der Verpflichtung zur **Wertaufholung** nach vorhergehenden Wertberichtigungen. Die Gesellschafter werden dann aufgrund dieses Gewinns zu Steuerzahlungen herangezogen, während sie andererseits aufgrund des handelsrechtlichen Ergebnisses keine oder nur geringe Entnahmen tätigen dürfen, sofern nicht auf ihrem Verrechnungskonto ein Guthaben aus Vorjahren besteht. Ein gleiches Problem kann entstehen, wenn durch Entnahmen der Vergangenheit die Hafteinlage nicht mehr vorhanden ist und erst durch Gewinne aufgefüllt werden muss, während steuerrechtlich keine Verlustvorträge in gleicher Höhe mehr zur Verfügung stehen. Der Gesellschaftsvertrag sollte daher, sofern dies mit Rücksicht auf die beteiligten Gesellschafter notwendig ist, entsprechende Entnahmeregelungen zum Zwecke der Steuerzahlung enthalten. Wenn jedoch handelsrechtlich grundsätzlich keine Entnahme mehr möglich ist, ohne dass die Haftung wieder auflebt, bleibt wohl nur die Darlehensgewährung.

cc) Gewinn-/Verlustzurechnung

138 Es sollte grundsätzlich eine Regelung vorhanden sein, nach welchen **Quoten** den Gesellschaftern der Gewinn oder Verlust zugerechnet werden soll. Maßstab hierfür sind im Allgemeinen die Beteiligungsverhältnisse nach dem Gesellschaftsvertrag bzw. die Kapitalverhältnisse. Möglich ist jedoch auch, die konkrete Verteilung des Jahresergebnisses einem Beschluss der Gesellschafter vorzubehalten. Steuerrechtlich dürfte dies im Allgemeinen anzuerkennen sein, soweit vernünftige nachvollziehbare Gründe bei einer bestimmten Verteilung vorliegen und nicht andere Vorgänge hierdurch verdeckt werden. **Bedenklich** wäre z.B. eine **verdeckte Zahlung** von **Veräußerungserlösen** auf diese Weise.

dd) Regelstatut KG

139 Wie schon an anderer Stelle ausgeführt, muss einem Gesellschafter eine Stellung zukommen, die dem **Regelstatut** eines **Kommanditisten** entspricht. Sofern dies nicht der Fall ist, wird dieser Gesellschafter steuerrechtlich nicht als Mitunternehmer (Gesellschafter) angesehen. Die Leis-

tungsbeziehungen zu ihm wären dann als Austauschvertrag wie zum Beispiel Darlehensüberlassung, typisch stille Gesellschaft o.Ä. zu qualifizieren.

ee) Sacheinlagen

Sofern von einem oder mehreren Gesellschaftern Sacheinlagen erbracht werden sollen, können hierdurch nicht so sehr bei der Gesellschaft als vielmehr beim Gesellschafter Probleme entstehen. Zu bedenken ist insbesondere die Grunderwerbsteuer bei **Grundstücken als Einlageobjekt** und mögliche **ertragsteuerliche Auswirkungen** beim Gesellschafter, sofern der Gegenstand aus einem anderen Betriebsvermögen überführt wird. Es ist dann immer zu prüfen, ob die Sacheinlage zu Buchwerten erfolgen kann oder ob die Übertragung eine Entnahme darstellt mit der Aufdeckung und Versteuerung möglicher stiller Reserven (näheres hierzu Rz. 180 ff.). Als Alternative ist auch eine Nutzungsüberlassung möglich, die jedoch beim überlassenden Gesellschafter zu Sonderbetriebsvermögen führt. 140

Soweit Gegenstand der **Sacheinlage ein gesamter Betrieb** ist, entsteht gemäß § 1 Abs. 1a UStG keine Umsatzsteuer. Werden jedoch einzelne Wirtschaftsgüter von einem Unternehmer als Sacheinlage eingebracht gegen Gewährung von Anteilen, so ist dies auch aus umsatzsteuerrechtlicher Sicht ein Tauschgeschäft, das nach den allgemeinen Regeln der Umsatzsteuer unterliegt. In Abhängigkeit vom Gegenstand der Sacheinlage könnten dann teilweise Steuerbefreiungen, zum Beispiel für Gesellschaftsanteile, einschlägig sein. 141

ff) Sonderbetriebsvermögen

Die Tätigkeitsvergütungen an Gesellschafter und die Vergütung für Nutzungsüberlassungen stellen bei diesen Sonderbetriebseinnahmen dar, die steuerrechtlich zusammen mit dem Ergebnis der Gesellschaft selbst der Gewerbesteuer unterliegen. Es stellt sich daher grundsätzlich die Frage, ob die hieraus resultierenden Gewerbesteuerbelastungen oder -entlastungen der Gesellschaft zugute kommen oder aber im Rahmen der Ergebnisverteilung dem jeweiligen Gesellschafter zugerechnet werden sollen. Diese Frage stellt sich auch, sofern der betreffende Gesellschafter aus der Anschaffung seine Beteiligungsmehrwerte in einer Ergänzungsbilanz erfasst und hieraus zusätzlichen Abschreibungsaufwand erhält. 142

gg) Geschäftsjahr

Bei der Gründung der Gesellschaft sind die Gesellschafter frei, ohne Genehmigung der Finanzbehörden das Geschäftsjahr zu bestimmen. Eine **spätere Umstellung** des Geschäftsjahres ist hingegen nur mit **Zustimmung** des zuständigen Finanzamtes möglich. Es müssen hierfür dann besondere Gründe vorliegen. 143

144 Ein vom Kalenderjahr abweichendes Geschäftsjahr führt auch zu einer entsprechenden Verschiebung der steuerlichen Erklärungspflichten, da bei einem Ende des Geschäftsjahres in einem laufenden Kalenderjahr das Ergebnis als in diesem Kalenderjahr bezogen gilt, während hingegen die gleichen Fristen zur Abgabe der Steuererklärung bestehen, als sei das Geschäftsjahr erst am 31.12. beendet worden. Insbesondere in der Gründungsphase können sich hierdurch erhebliche Zeitgewinne ergeben. Ob hierdurch auch Steuerstundungseffekte entstehen, hängt von den Umständen des Einzelfalles ab. Im Allgemeinen werden die Finanzbehörden durch die Festsetzung von Vorauszahlungen versuchen, gegenzusteuern. Auf die Dauer gesehen, dürften solche Stundungseffekte dann abnehmen.

Vorgenanntes gilt für alle Ertragsteuerarten, während bei der Umsatzsteuer zwingend eine Abgrenzung auf das Ende des Kalenderjahres vorzunehmen ist. Für Zwecke der Umsatzsteuer und der Umsatzsteuererklärung ist immer auf das Kalenderjahr abzustellen. Insoweit entsteht durch ein abweichendes Geschäftsjahr zusätzlicher Aufwand.

hh) Gründungskosten

145 Die Aufwendungen für die Gründung der Personengesellschaft sind **unmittelbar** bei dieser als Betriebsausgaben **abzugsfähig**. Die Umsatzsteuer aus den Gründungskosten ist als Vorsteuer erstattungsfähig, sofern die betreffende Leistung an die Gründungsgesellschaft erbracht wird und die Rechnung auf sie lautet und nicht auf einzelne Gesellschafter.

ii) Beginn der steuerlichen Existenz

146 Die Frage, ab wann die Gesellschaft steuerrechtlich anerkannt wird, hat insbesondere Konsequenzen für die Einkommen-, Gewerbe- und Umsatzsteuer. Die Personengesellschaft wird gewerbesteuerpflichtig, sobald sie einen Gewerbebetrieb unterhält. Dies ist der **Beginn der nach außen erkennbaren Tätigkeit**, wobei **auch Vorbereitungshandlungen** erfasst werden. Einkommensteuerrechtlich für die Frage der einheitlichen und gesonderten Feststellung des Gewinns oder Verlustes wird dieser Zeitpunkt schon vorverlagert, so dass auch Vorbereitungskosten als Betriebsausgaben anerkannt werden. Bei der Umsatzsteuer ist die Situation ähnlich wie bei der Gewerbesteuer, so dass bereits gezahlte Umsatzsteuer aus den Vorbereitungskosten als Vorsteuer abzugsfähig ist. Selbstverständlich müssen zusätzlich die übrigen Voraussetzungen, wie zum Beispiel Belegnachweise, vorliegen.

b) Kapitalgesellschaft

aa) Wettbewerbsverbot

Grundsätzlich darf ein Gesellschafter zu seiner Gesellschaft nicht in Wettbewerb treten. Sofern dies doch der Fall ist, hat die Gesellschaft Anspruch auf einen entsprechenden **Schadensersatz**. Wenn ein solcher Anspruch nicht geltend gemacht wird, ist dies steuerrechtlich als verdeckte Gewinnausschüttung an den betreffenden Gesellschafter zu qualifizieren. Grundsätzlich gilt dies unabhängig davon, ob der Gesellschafter seinerseits eine natürliche oder eine juristische Person ist. In der Praxis hat die Frage des Wettbewerbsverbotes im Rahmen von Konzernen keine Bedeutung. Die steuerlichen Konsequenzen beschränken sich vielmehr auf natürliche Personen als Gesellschafter. Die steuerrechtliche Rechtsprechung hierzu ist äußerst umfangreich und einschneidend in ihren Konsequenzen, wobei jedoch eine gewisse Beruhigung zu verzeichnen ist. 147

Diesem ganzen Problemkreis kann bei der Gesellschaftsgründung begegnet werden, sofern von Anfang an eine **unentgeltliche Befreiung** des oder der Gesellschafter **vom Wettbewerbsverbot** vereinbart wird. Möglich ist auch eine entsprechende Kompetenzzuweisung an die Gesellschafterversammlung, im Einzelfalle Regelungen zu treffen.

bb) Sacheinlagen

Aus steuerrechtlicher Sicht gilt dasselbe wie bei der Personengesellschaft. 148

cc) vGA-Klausel

Kapitalgesellschaften haben im Rahmen von steuerlichen Betriebsprüfungen mit an Sicherheit angrenzender Wahrscheinlichkeit mit dem Problem der verdeckten Gewinnausschüttung (vGA) zu kämpfen. Unter diesem Gesichtspunkt könnte man überlegen, eine entsprechende **Klausel** mit dem **Anspruch auf Rückgewähr** dieser vGA in den Gesellschaftsvertrag aufzunehmen. Aus steuerrechtlicher Sicht ist dies nicht notwendig, da steuerrechtlich eine vGA nicht rückgängig gemacht werden kann. Eine Rückzahlung des begünstigten Gesellschafters stellt eine Einlage dar. Keinesfalls wird die frühere vGA mit steuerlicher Wirkung rückgängig gemacht. Im Hinblick auf verdeckte Gewinnausschüttungen an nahe Angehörige, die als der Schenkungssteuer unterliegend eingeordnet werden, kann eine vGA-Klausel dennoch sinnvoll sein, um die Belastung der Schenkungssteuer zu vermeiden (siehe dazu Rz. 121). 149

dd) Dienstleistungsverpflichtungen/Gesellschaftervergütungen

Sofern die Gesellschafter für ihre Gesellschaft in irgendeiner Form tätig werden sollen, muss im Vorhinein geregelt werden, ob dies auf gesellschaftsrechtlicher oder schuldrechtlicher Grundlage erfolgt. Sofern die 150

Gesellschafter auf schuldrechtlicher Grundlage handeln und hierfür eine Vergütung erhalten sollen, müssen im Vorhinein die entsprechenden Verträge (z.B. Dienstvertrag, Mietvertrag, Darlehensvertrag etc.) in schriftlicher Form vorliegen. Selbstverständlich müssen diese Verträge einem **Drittvergleich** standhalten.

ee) Gewinnermittlung, Unterschied Handelsbilanz/Steuerbilanz

151 Mit der Reform des Bilanzrechts durch das BilMoG und die damit einhergehenden weiteren Abweichungen zwischen der Steuer- und der Handelsbilanz (siehe dazu Rz. 136) ist die Aufstellung einer Einheitsbilanz nur noch eingeschränkt möglich. Dies erfordert umso mehr entsprechende Regelungen im Gesellschaftsvertrag. Nur die handelsrechtliche Bilanz ist der Maßstab für mögliche Gewinnausschüttungen. Jedoch sind diese auch nur Bemessungsgrundlage für die Besteuerung des Gesellschafters, so dass sich das oben bei der Personengesellschaft beschriebene Problem der Ergebnisabweichung zwischen Handels- und Steuerbilanz für den Gesellschafter nicht stellt.

ff) Gewinnverteilung

152 Üblicherweise erfolgt bei einer Kapitalgesellschaft die Gewinnverteilung nach den **Beteiligungsverhältnissen**. Denkbar und zulässig ist jedoch auch eine abweichende Regelung. Es gilt grundsätzlich dasselbe wie bei der Personengesellschaft (siehe oben Rz. 138).

gg) Geschäftsjahr

153 Hier gilt dasselbe wie bei der Personengesellschaft (siehe oben Rz. 143 f.).

hh) Gründungskosten

154 Die Kosten der Gründung einer Kapitalgesellschaft sind zivilrechtlich von den Gesellschaftern zu tragen. Eine **Abwälzung** auf die Gesellschaft selbst ist jedoch **zulässig**, wenn dies in der Satzung verbindlich festgelegt ist. Aus steuerrechtlicher Sicht ist diese Satzungsbestimmung ebenfalls notwendig und die Angabe einer betragsmäßigen Obergrenze, bis zu der die Gründungskosten von der Gesellschaft getragen werden. Fehlt diese betragsmäßige Angabe in der Satzungsklausel, so soll die Übernahme der Gründungskosten insgesamt als verdeckte Gewinnausschüttung qualifiziert werden (OFD Karlsruhe BB 1999, 300; BFH BStBl. II 1990, 89).

ii) Beginn der steuerlichen Existenz

155 Analog der gesellschaftsrechtlichen Rechtslage wird die Kapitalgesellschaft steuerrechtlich anerkannt, sobald ihre Gründung durch Abschluss des notariellen Gesellschaftsvertrages erfolgt ist. Die Tätigkeit

der dadurch entstandenen Gründungsgesellschaft wird steuerrechtlich unmittelbar als Tätigkeit der später eingetragenen Kapitalgesellschaft anerkannt. Dies hat Konsequenzen für die Zurechnung möglicher Erträge hieraus und für die Berechtigung, Vorsteuer aus Vorbereitungskosten gegenüber dem Finanzamt geltend machen zu können. Vor der notariellen Gründung besteht allenfalls eine Personengesellschaft, die jedoch entsprechend den allgemeinen Regeln steuerrechtlich zu behandeln ist. Zwischen dieser **Vorgründungsgesellschaft** und der späteren **Gründungsgesellschaft** besteht **steuerrechtlich keine Verbindung**. Daher können weder Aufwendungen noch Erträge aus der Vorgründungszeit der späteren Gesellschaft zugerechnet werden, noch ist die spätere Gesellschaft berechtigt, Umsatzsteuer aus der Vorgründungszeit als Vorsteuer geltend zu machen. Im Übrigen würde dies auch an einem ordnungsgemäßen Belegnachweis (Rechnung) scheitern.

III. Durchführung

1. Allgemeine Meldepflichten

a) Anmeldung

Sofern eine Kapitalgesellschaft neu gegründet wird und anschließend ihre Tätigkeit aufnimmt, ist sie gemäß § 137 AO verpflichtet, dies dem zuständigen Finanzamt und der zuständigen Gemeindeverwaltung anzuzeigen. Personengesellschaften sind nicht verpflichtet, ihre Gründung anzuzeigen, aber die Aufnahme ihrer Erwerbstätigkeit gegenüber der zuständigen Gemeindeverwaltung, die dann ihrerseits das zuständige Finanzamt unterrichtet. Die Mitteilungen sind innerhalb eines Monats seit dem meldepflichtigen Ereignis vorzunehmen. 156

Sofern Steuerinländer, also natürliche Personen mit Wohnsitz oder gewöhnlichem Aufenthalt im Inland oder Kapitalgesellschaften mit Geschäftsleitung oder Sitz im Inland, im Ausland eine Betriebsstätte begründen oder erwerben oder die Beteiligung an einer ausländischen Personengesellschaft, sind sie verpflichtet, spätestens bei der nächsten Einkommen- oder Körperschaftsteuererklärung oder Erklärung zur gesonderten Gewinnfeststellung diese **Beteiligung dem Finanzamt anzuzeigen**. 157

Schließlich besteht gemäß § 138 Abs. 2 Nr. 3 AO für Steuerinländer die Verpflichtung, den Erwerb von Beteiligungen an einer Kapitalgesellschaft im Rahmen der nächsten Steuererklärung anzuzeigen, sofern die Beteiligung unmittelbar mindestens 10 % und mittelbar mindestens 25 % des Kapitals oder Vermögens oder die Summe der Anschaffungskosten mehr als 150 000 Euro beträgt.

b) Umsatzsteuer

158 Nach Aufnahme ihrer Tätigkeit hat die Gesellschaft in Abhängigkeit von der zu zahlenden Umsatzsteuer monatlich oder quartalsweise Umsatzsteuervoranmeldungen abzugeben und die hieraus entstehende Steuerschuld an das Finanzamt abzuführen. Lediglich bei kleineren Unternehmen mit einer Umsatzsteuerschuld von nicht mehr als 1000 Euro p.a. kann das Finanzamt auf die Voranmeldungen verzichten. Die Jahreserklärung zur Umsatzsteuer ist bis zur allgemeinen Steuererklärungsfrist abzugeben.

c) Verkehrsteuern

159 Spezielle Verkehrsteuern für die Übertragungen von Gesellschaftsanteilen oder die Gründung von Gesellschaften existieren nicht (mehr). Möglicherweise kann jedoch Grunderwerbsteuer anfallen, sofern Grundstücke übertragen werden. Gleiches gilt für die Übertragung von Anteilen an grundbesitzenden Gesellschaften.

d) Ertragsteuern (Gewerbe-, Einkommen-, Körperschaftsteuer)

160 Im Rahmen der steuerlichen Erfassung (siehe oben Anmeldung) fragt das Finanzamt auch nach dem **voraussichtlichen Gewinn** des ersten Geschäftsjahres, um entsprechende Vorauszahlungen festsetzen zu können. Möglicherweise erfolgen solche Anfragen auch kurz nach Ende des ersten Geschäftsjahres aus dem gleichen Zweck. Die Finanzbehörden können bis zum Ablauf des auf den jeweiligen Veranlagungszeitraum (Kalenderjahr) folgenden 15. Monat noch Vorauszahlungen festsetzen und anfordern.

161 Auf der Basis der handelsrechtlichen Jahresabschlüsse ist der steuerrechtliche Jahresgewinn zu ermitteln. Eine spezielle Steuerbilanz braucht hierfür nicht erstellt zu werden, da gemäß § 60 EStDV eine Überleitungsrechnung, in der die Abweichungen des handelsrechtlichen Jahresabschlusses gegenüber den steuerrechtlichen Vorschriften festgehalten werden, ausreichend ist. Der handelsrechtliche Jahresabschluss und ein möglicherweise vorhandener Bericht über die Prüfung des Jahresabschlusses sind dem Finanzamt zusammen mit den Steuererklärungen einzureichen. Im Allgemeinen sind die Steuererklärungen bis zum 31.5. des nächsten Kalenderjahres, das auf den Abschlussstichtag folgt, dem Finanzamt einzureichen. Bei Fertigung durch einen Steuerberater besteht eine allgemeine Fristverlängerung bis zum 31.12. Darüber hinaus sind dann in Einzelfällen Fristverlängerungen möglich, die jedoch im Allgemeinen nicht über den 28.2. des übernächsten Jahres hinausgehen sollen.

III. Durchführung

e) Lohnsteuer/Sozialversicherung

Sobald Mitarbeiter gegen Vergütung beschäftigt werden, sind hierfür entsprechende Anmeldungen gegenüber der Sozialversicherung vorzunehmen. Die Beträge für Lohnsteuer und Sozialversicherung sind dann jeweils zu errechnen, anzumelden und abzuführen. 162

f) Verbrauchsteuern/Zölle

Soweit die Gesellschaft nach Aufnahme ihrer Tätigkeit mit verbrauchsteuerpflichtigen Waren (z.B. Mineralöl, Alkohol, Zigaretten) handelt oder zur Abwicklung ihrer Tätigkeit ein Zolllager benötigt, sind entsprechende **Anmeldungen** beim zuständigen Hauptzollamt erforderlich. 163

g) Kapitalertragsteuer

Wenn an die Gesellschafter einer Kapitalgesellschaft Gewinnausschüttungen erfolgen, hat die Gesellschaft die Kapitalertragsteuer hieraus einzubehalten, anzumelden und an ihr Finanzamt abzuführen. Das Verfahren ist ähnlich der Lohnsteuer. Gegenüber inländischen Gesellschaftern beträgt die Kapitalertragsteuer **25 %** der gesamten Gewinnausschüttung also einschließlich des steuerfreien Anteiles. Die Kapitalertragsteuer hat gemäß § 43 Abs. 5 Satz 1 EStG grundsätzlich abgeltende Wirkung. Insoweit findet das **Teileinkünfteverfahren keine Anwendung**. Es ist jedoch möglich die Veranlagung zu beantragen und somit im Rahmen des Teileinkünfteverfahrens einen Werbungskostenabzug von 60 % geltend zu machen. Gegenüber ausländischen Gesellschaftern gilt grundsätzlich auch die Abgeltungswirkung der Kapitalertragsteuer gemäß § 50 Abs. 2 Satz 1 EStG. Soweit der Gesellschafter seinerseits eine Kapitalgesellschaft im EU-Gebiet ist, entfällt nach der Mutter-Tochter-Richtlinie die Kapitalertragsteuer. 164

2. Verträge der laufenden Geschäftstätigkeit

Für die Verträge der laufenden Geschäftstätigkeit der Gesellschaft wird auf Rz. 30 ff. verwiesen. 165

Da fast alle Verträge der laufenden Geschäftstätigkeit in irgendeiner Form Auswirkungen auf das Ergebnis und damit auf die steuerrechtliche Situation der Gesellschaft haben, muss das Rechnungswesen auch über alle entsprechenden Vorgänge informiert werden. Dies gilt umso mehr, wenn sich relevante Daten direkt aus den Verträgen ergeben und nicht zusätzlich noch Belege oder Rechnungen gefertigt werden. Dies wird oftmals von Mitarbeitern anderer Abteilungen übersehen.

IV. Umstrukturierung

166 Strukturänderungen einer Gesellschaft können sich sowohl auf der Ebene der Gesellschaft als auch auf der Ebene der Gesellschafter ergeben. Lediglich im ersten Falle spricht man allgemein von einer Umstrukturierung. Nachfolgend sollen jedoch beide Gesichtspunkte steuerrechtlich betrachtet werden.

1. Gesellschafterwechsel

a) Personengesellschaft

167 Steuerrechtlich ist zu unterscheiden zwischen den **verschiedenen Möglichkeiten** des Gesellschafterwechsels.

Zunächst besteht die Möglichkeit, dass ein neu hinzutretender Gesellschafter den Anteil und damit das **Kapitalkonto** eines ausscheidenden Gesellschafters **übernimmt**. Dieser Vorgang ist vergleichbar in seinem Ablauf und seinen Auswirkungen dem Gesellschafterwechsel bei einer Kapitalgesellschaft. Der ausscheidende Gesellschafter erhält vom neu hinzutretenden eine Zahlung für seinen Gesellschaftsanteil. Den Gewinn hieraus muss der ausscheidende Gesellschafter versteuern. Der neue Gesellschafter kann dann den Mehrpreis, der die Summe der Buchwerte und damit den Betrag des Kapitalkontos übersteigt, im Wege einer Ergänzungsbilanz auf die anteiligen Wirtschaftsgüter, die seinen Gesellschaftsanteil widerspiegeln, verteilen. Das Ergebnis der Ergänzungsbilanz des neu hinzutretenden Gesellschafters wird dann steuerrechtlich bei Ermittlung seines Jahresgewinnes berücksichtigt. Auf diese Weise erfolgt zumindest teilweise eine Verrechnung der Anschaffungskosten, nämlich soweit sie auf abschreibungsfähige Wirtschaftsgüter entfallen, mit laufenden Gewinnen.

In gleicher Weise ist auch eine Übernahme des Anteils des ausscheidenden Gesellschafters durch die verbleibenden Gesellschafter möglich.

168 Der **Eintritt** eines neuen Gesellschafters ist **auf zwei Wegen denkbar**. Zum einen im Wege einer „Kapitalerhöhung", indem der neu hinzutretende Gesellschafter eine Einlage in bar oder in Sachwerten vornimmt, die seinem zukünftigen Anteil an den Verkehrswerten (oder steuerrechtlich ausgedrückt an den Teilwerten) entspricht. Erst hierdurch erfolgt eine Mittelzuführung in das Gesellschaftsvermögen. Soweit die Zahlung (Einlage) des neuen Gesellschafters die vorhandenen Buchwerte im Zeitpunkt des Beitrittes übersteigt, wird die Differenz in seiner Ergänzungsbilanz auf die anteilig übernommenen Wirtschaftsgüter verteilt, mit denselben Konsequenzen wie vorstehend beim Gesellschafterwechsel beschrieben. Aus steuerrechtlicher Sicht wird der Eintritt eines neuen Gesellschafters als Einbringung gem. § 24 Umwandlungssteuergesetz der bisherigen Personengesellschaft in eine neue gewertet. Die bisherigen Gesellschafter haben dadurch die Möglichkeit, steuerlich die Buchwerte der anteilig auf sie entfallenden Wirtschaftsgüter auf die Teilwerte aufzustocken. Dies führt selbstverständlich zur Aufdeckung und Versteuerung der stillen Reserven, wobei zukünftig höhere Abschreibungen entstehen. Zu den Zeiten, als ein Veräußerungsgewinn, und hierzu gehörte auch ein Gewinn aus der Aufstockung, dem ermäßigten Steuersatz unterlag, war eine solche Vorgehensweise durchaus sinnvoll. Heute wird vielleicht aus optischen Gründen diese Wertaufstockung gewünscht.

Als Alternative kann der Beitritt eines neuen Gesellschafters auch erfolgen durch die anteilige Übernahme von den bisherigen Gesellschaftern. Die Abwicklung und die Konsequenzen sind dann die gleichen, wie bereits beim Gesellschafterwechsel beschrieben. Bei dieser Verfahrensweise des Gesellschafterbeitritts werden der Gesellschaft selbst keine Mittel zugeführt.

In jedem Falle ist bei einem Gesellschafterwechsel **ein Abschluss** zu erstellen, da dem ausscheidenden Gesellschafter bis zum Zeitpunkt seines Ausscheidens steuerrechtlich die Gewinne und Verluste zugerechnet werden. Unter diesem Gesichtspunkt kann es sinnvoll sein, den Gesellschafterwechsel zum gleichen Zeitpunkt vorzunehmen, auf den auch der Jahresabschluss aufgestellt wird. Bei kleineren Gesellschaften und einem geringen Geschäftsumfang wird die Finanzverwaltung möglicherweise auf einen Zwischenabschluss verzichten, soweit eine zeitanteilige Verrechnung des Jahresergebnisses auf den ausscheidenden und den neuhinzutretenden Gesellschafter möglich ist.

b) Kapitalgesellschaft

Bei der Kapitalgesellschaft erfolgt der Gesellschafterwechsel außerhalb der Gesellschaft durch **notarielle Übertragung** eines vorhandenen Gesellschaftsanteils, wobei der Gesellschaft selbst keine Mittel zufließen. Ein Mittelzufluss an die Gesellschaft erfolgt nur bei einer Kapitalerhöhung und der anschließenden Übernahme des oder der neuen Anteil(s)/(e) durch vorhandene oder neu hinzutretende Gesellschafter.

Bei der Übertragung der Anteile an einer Kapitalgesellschaft ist aus steuerrechtlicher Sicht die Frage der Zurechnung nichtausgeschütteter Gewinne zu bedenken. Steuerrechtlich ist gemäß § 20 Abs. 5 EStG eine Gewinnausschüttung dem jeweiligen Anteilseigner zuzurechnen. Dieser ist nach der genannten Vorschrift derjenige, dem die Anteile im Zeitpunkt des Gewinnverteilungsbeschlusses zuzurechnen sind. Entsprechend erfolgt auch die Zurechnung eines möglicherweise vorhandenen Anrechnungsguthabens aus der Kapitalertragsteuer bzw. der Körperschaftsteuer der Gesellschaft, sofern letzteres nach dem Systemwechsel während einer Übergangsfrist noch relevant ist.

Sofern also der ausscheidende Gesellschafter noch eine Gewinnausschüttung erhalten soll, muss der entsprechende Gewinnverteilungsbeschluss vor Anteilsübertragung gefasst werden. Die Zahlung kann dann später erfolgen. Oftmals werden in Anteilsabtretungsverträgen Regelungen getroffen, wonach dem übertragenden Gesellschafter noch ein Teil des nicht ausgeschütteten Gewinns zustehen soll. Soweit hierüber kein Gewinnverteilungsbeschluss vorliegt, stellt die entsprechende Zahlung des neuen Gesellschafters an den alten Gesellschafter lediglich eine zusätzliche Kaufpreiszahlung dar. Das steuerliche Anrechnungsguthaben kann auf diese Weise nicht übertragen werden.

Im Ergebnis entspricht diese **steuerrechtliche Handhabung** auch der **gesellschaftsrechtlichen Sicht**, wonach Gewinnansprüche immer unselbständiger Teil des Gesellschaftsanteils sind, sofern nicht durch einen Gewinnverteilungsbeschluss selbständige Rechte begründet worden sind.

171 Wenn aus zeitlichen Gründen eine Gewinnausschüttung auf der Grundlage eines Jahresabschlusses nicht abgewartet werden kann, sollte eine Vorabausschüttung überlegt werden. Problematisch hieran ist die möglichst genaue Ermittlung des voraussichtlichen Jahresergebnisses. Soweit dieses zu hoch geschätzt wird oder aber in dieser Höhe kein Kapital zur Verfügung steht, muss ggf. eine Rückzahlung gemäß §§ 30, 31 GmbHG erfolgen.

2. Umwandlungen

172 Zu den Umwandlungen zählen zunächst die Übertragungen im Wege der Gesamtrechtsnachfolge gemäß den Vorschriften des handelsrechtlichen Umwandlungsgesetzes. Handelsrechtlich steht eine breite Palette von Möglichkeiten der Verschmelzung, Spaltung, Ausgliederung und des Formwechsels im Wege der Gesamtrechtsnachfolge zur Verfügung. Diese Möglichkeiten werden aus steuerrechtlicher Sicht vom Umwandlungsteuergesetz nur teilweise aufgegriffen, während darüber hinaus steuerrechtlich auch Vermögensübertragungen im Wege der Einzelrechtsnachfolge erfasst werden. Steuerrechtlich regelt das Umwandlungsteuergesetz die Frage, unter welchen Voraussetzungen eine **Umwandlung zu Buchwerten oder zu Teilwerten** möglich ist. Als weitere Konsequenz hieraus entstehen dann steuerpflichtige Gewinne oder nicht. Weiter wird geregelt, wie nach Umwandlung Abschreibungen, steuerliche Haltefristen, steuerliche Verlustvorträge etc. zu behandeln sind. Schließlich ist bei Vorgängen, auf die das Umwandlungsteuergesetz Anwendung findet, eine Rückwirkung zulässig auf einen Zeitpunkt, der maximal acht Monate vor der Anmeldung zum Handelsregister oder dem Abschluss des maßgeblichen Vertrags liegt, sofern keine Handelsregistereintragung notwendig ist. Neue Umwandlungstatbestände neben den vorhandenen Möglichkeiten der Gesamtrechtsnachfolge werden durch die steuerrechtlichen Vorschriften nicht kreiert.

172a Seit dem Gesetz über steuerliche Begleitmaßnahmen zur Einführung der Europäischen Gesellschaft (SEStEG) sind die Umwandlungsmöglichkeiten nicht mehr auf Vorgänge und beteiligte Unternehmen innerhalb

Deutschlands beschränkt. Nun ist auch eine Umstrukturierung innerhalb der EU möglich. Handelsrechtliche Grundlage dafür bildet die Europäische Aktiengesellschaft (SE) aufgrund der EU-Richtlinien und deren Umsetzung in deutsches Recht. Durch das SEStEG wurden insbesondere die Vorschriften der Sacheinlage und des Anteiltauschs des UmwStG derart geändert, dass eine Einbringung zu Buchwerten auch bei Steuerausländern aus dem EU-/EWR-Bereich möglich ist. Als übernehmende Gesellschaften sind nunmehr alle inländischen oder ausländischen im EU-/EWR-Bereich ansässigen Kapitalgesellschaften und Genossenschaften zugelassen. Die Neuregelungen stehen unter der Prämisse, dass die Gefährdung deutschen Steueraufkommens ausgeschlossen wird. Die SE kann aufgrund ihrer einheitlichen Struktur Umstrukturierungsmaßnahmen innerhalb der Europäischen Union erleichtern. Die Grundsätze der SE sind in der SE-VO geregelt. Es finden darüber hinaus die jeweils nationalen Vorschriften der AG Anwendung, insbesondere wird eine SE mit Sitz in Deutschland steuerrechtlich grundsätzlich wie eine AG behandelt (Art. 10 SE-VO). Eine SE kann auf vier verschiedene Arten entstehen: Verschmelzung von bestehenden Gesellschaften zu einer SE, Gründung einer Holding-SE, Gründung einer gemeinsamen Tochtergesellschaft oder Umwandlung einer nationalen Aktiengesellschaft. Die SE hat gegenüber der Aktiengesellschaft gerade bei grenzüberschreitenden Sachverhalten Vorteile, insbesondere kann sie ihren Sitz unter Wahrung ihrer Identität in einen anderen EU-Mitgliedsstaat verlegen, ohne dass eine Auflösung und Neugründung erforderlich wäre.

a) Gesamtrechtsnachfolge

aa) Verschmelzung

Die Verschmelzung zwischen Kapitalgesellschaften untereinander und auch zwischen Personengesellschaften untereinander werden vom Umwandlungsteuergesetz ebenfalls nachvollzogen. Es ist eine Verschmelzung zu Buchwerten möglich, so dass stille Reserven nicht aufgedeckt und versteuert werden müssen. Es besteht jedoch die Möglichkeit, Teil- oder Zwischenwerte anzusetzen, wodurch dann Gewinne entstehen. Bei der Verschmelzung von Personengesellschaften ist die Ausübung des Wertansatzes für jeden der beteiligten Gesellschafter unabhängig von den anderen möglich. Die Darstellung erfolgt dann, wie bereits schon bei der Veräußerung beschrieben, durch Ergänzungsbilanzen. Da die Frage der Wertaufstockung und der Ergebnisse der Ergänzungsbilanzen erhebliche Konsequenzen haben kann für die Beteiligten, sollte dies im Verschmelzungsvertrag geregelt werden. Eine grenzüberschreitende Verschmelzung von Kapitalgesellschaften ist im Umwandlungsgesetz auf Grund einer EU-Richtlinie seit dem 19.4.2007 ausdrücklich geregelt und unter den Voraussetzungen von §§ 122a ff. UmwG möglich.

Problematischer wird die Frage der Verschmelzung bei der Beteiligung von Gesellschaften unterschiedlicher Rechtsform.

174 Bei der Verschmelzung einer Kapitalgesellschaft auf eine Personengesellschaft besteht zwar die vorstehend beschriebene Bewertungsmöglichkeit für die übergehenden Wirtschaftsgüter, aber die Verschmelzung führt zu einer Ausschüttung der Rücklagen der Kapitalgesellschaft an die Gesellschafter. Hierdurch entstehen dann bei den Beteiligten zusätzliche Einkünfte. Ein bestehender Verlustvortrag bei der Kapitalgesellschaft geht unter.

175 Die Verschmelzung einer Personengesellschaft auf eine Kapitalgesellschaft wird steuerrechtlich als Einbringung gemäß § 20 UmwStG behandelt und folgt daher **denselben Regeln wie die Übertragung durch Einzelrechtsnachfolge**. Grundsätzlich besteht auch die Bewertungsmöglichkeit, wie vorstehend beschrieben. Die Ausübung erfolgt jedoch zwingend durch die aufnehmende Kapitalgesellschaft. Aus dieser Bewertung ergibt sich dann auch für die Gesellschafter der übertragenden Personengesellschaft ein möglicher Verschmelzungsgewinn. Daher sollten die Parteien im Verschmelzungsvertrag eindeutig regeln, wie die aufnehmende Kapitalgesellschaft die Bewertung ausüben soll. Soweit Steuerausländer an diesem Vorgang beteiligt sind, müssen möglicherweise zwingend Teilwerte angesetzt werden. Dies bedarf der Untersuchung im Einzelfalle. Die Frage eines Verlustvortrages stellt sich steuerrechtlich bei dieser Variante nicht, da bei einer Personengesellschaft der jeweilige Verlustvortrag in jedem Veranlagungszeitraum bei dem betreffenden Gesellschafter selbst festgestellt wird.

Soweit Grundstücke durch diese Vorgänge betroffen sind, ist in allen Fällen an die Grunderwerbsteuer zu denken.

bb) Spaltung

176 Handelsrechtlich kann die Spaltung durch Aufspaltung, Abspaltung oder Ausgliederung erfolgen. Dies unterliegt hinsichtlich des jeweils übertragenen Vermögens keinen Beschränkungen. Anders hingegen bei der steuerrechtlichen Regelung, wonach das übertragene Vermögen als Teilbetrieb zu qualifizieren sein muss. Die Ausgliederung von einzelnen Wirtschaftsgütern, die zusammen nicht als Teilbetrieb zu qualifizieren sind, ist durch das Umwandlungssteuergesetz nicht erfasst. In solchen Fällen besteht kein Bewertungswahlrecht; es sind dann zwingend die Teilwerte anzusetzen, wodurch mögliche stille Reserven aufgedeckt und versteuert werden.

177 Die Auf- oder Abspaltung einer Kapitalgesellschaft auf eine andere Kapitalgesellschaft erfolgt steuerrechtlich nach denselben Regeln wie die vorstehend geschilderte Verschmelzung. Bei der Abspaltung muss auch das verbleibende Vermögen noch einen Teilbetrieb bilden. Steuerrechtlich wird auch ein Mitunternehmeranteil oder die Beteiligung an einer Kapitalgesellschaft, die das gesamte Nennkapital umfasst, als Teilbetrieb qualifiziert.

IV. Umstrukturierung

Die Auf- oder Abspaltung einer Kapitalgesellschaft auf eine Personengesellschaft folgt steuerrechtlich den gleichen Grundsätzen wie die Verschmelzung einer Kapitalgesellschaft auf eine Personengesellschaft.

Die **Spaltung einer Personengesellschaft** hingegen ist **steuerrechtlich nicht geregelt**. Es werden hier die Grundsätze zur Realteilung angewandt, die auch bei der Realteilung einer Personengesellschaft durch Einzelrechtsnachfolge zur Anwendung gelangen (siehe unten Rz. 186). Auf diesem Wege ist auch eine Buchwertfortführung und somit eine Vermeidung der Aufdeckung der stillen Reserven möglich, soweit die spätere Besteuerung dieser stillen Reserven gewährleistet ist. Soweit Steuerinländer beteiligt sind, ist dies grundsätzlich der Fall, während dies bei Steuerausländern im Einzelfalle dann der Prüfung bedarf. Wie in den anderen Fällen auch, sollte zwischen den Beteiligten geregelt werden, wie zukünftig die Wertansätze gewählt werden, da dies zu Steuerlasten führen kann. Soweit unter den Gesellschaftern zum Ausgleich unterschiedlich zugeteilter stiller Reserven Zahlungen (Spitzenausgleich) erfolgen, führt dies beim Empfänger zu steuerpflichtigen Einnahmen und beim Zahlenden zu Anschaffungskosten, die in einer Ergänzungsbilanz zu berücksichtigen sind. Die Möglichkeit der Buchwertfortführung wird hierdurch nicht beeinträchtigt. Auch einzelne Wirtschaftsgüter können im Rahmen der Realteilung steuerfrei übertragen werden. Soweit Grundstücke übertragen werden, fällt möglicherweise Grunderwerbsteuer an.

cc) Formwechsel

Im Gegensatz zur handelsrechtlichen Regelung, wonach auch der Formwechsel einer Personengesellschaft in eine Kapitalgesellschaft und umgekehrt als bloßer Rechtsformwechsel angesehen wird ohne Rechtsträgerwechsel, geht die steuerrechtliche Qualifizierung von einem Rechtsträgerwechsel aus. Dem entsprechend wird der Formwechsel einer Kapitalgesellschaft in eine Personengesellschaft steuerrechtlich wie eine Verschmelzung behandelt mit all seinen Konsequenzen. Als weitere Folge hat die Finanzverwaltung lange Zeit die Ansicht vertreten, soweit Grundstücke vorhanden seien, entstehe bei einem Formwechsel auch Grunderwerbsteuer. Dies steht jedoch in eindeutigem Widerspruch zu den zivilrechtlichen Regelungen. Zwischenzeitlich ist diese Streitfrage im Sinne der zivilrechtlichen Regelung durch die Rechtsprechung geklärt.

Umgekehrt wird der Formwechsel einer Personengesellschaft in eine Kapitalgesellschaft als Einbringung gem. § 20 UmwStG behandelt.

b) Einzelrechtsnachfolge

aa) Einbringung/Sacheinlage

Neben den vorstehend geschilderten Möglichkeiten der handelsrechtlichen Gesamtrechtsnachfolge und ihrer steuerrechtlichen Regelung besteht auch bei Vorgängen der Einzelrechtsnachfolge die Möglichkeit des **Bewertungswahlrechtes** und somit grundsätzlich der Buchwertfortführung. Steuerrechtlich wird dieser Vorgang als Einbringung bezeichnet. Gegenstand der Einbringung muss ein Betrieb oder Teilbetrieb oder ein Mitunternehmeranteil sein. Von diesem Betrieb oder Teilbetrieb müssen alle betriebsnotwendigen Teile übergehen. Möglich ist die begünstigte Einbringung auch, soweit Anteile an einer Kapitalgesellschaft eingebracht werden, wenn anschließend die übernehmende Kapitalgesellschaft unmittelbar über die Mehrheit der Stimmrechte an der Gesellschaft verfügt, deren Anteile eingebracht werden. Als Gegenleistung muss der Einbringende neue Anteile der übernehmenden Gesellschaft erhalten. **Hauptanwendungsbereich** der Einbringung ist somit die **Sacheinlage** nach den gesellschaftsrechtlichen Vorschriften. Neben der Gewährung von Anteilen ist jedoch auch die Einräumung von Gesellschafterdarlehen möglich.

181 Soweit die Erfordernisse eingehalten werden, hat die übernehmende Kapitalgesellschaft gemäß § 20 UmwStG das Wahlrecht, die übernommenen Wirtschaftsgüter mit Buch-, Zwischen- oder Teilwerten anzusetzen mit den entsprechenden steuerlichen Folgen für den Übertragenden. Die gewählten Wertansätze haben dann Konsequenzen bei der Frage der zukünftigen Abschreibungen, steuerlichen Haltefristen und der Aufdeckung stiller Reserven. Des Weiteren ist die Rückbeziehung auf einen Zeitpunkt möglich, der höchstens acht Monate vor der Anmeldung zur Eintragung in das Handelsregister bei handelsrechtlichen Einbringungen bzw. vor dem Tag des Abschlusses des Einbringungsvertrages bei Einzelrechtsnachfolge liegt. Somit sollte auch dieser Punkt zwischen den Beteiligten eindeutig geregelt werden.

In gleicher Weise ist gemäß § 24 UmwStG auch eine Einbringung von einer Personengesellschaft in eine andere Personengesellschaft möglich.

Bezüglich der Umsatzsteuer und der Grunderwerbsteuer gilt das zur Gesamtrechtsnachfolge Gesagte analog.

bb) Verdeckte Sacheinlage

182 Sofern bei einer Übertragung von Wirtschaftsgütern zu Buchwerten die Erfordernisse gemäß § 20 UmwStG nicht eingehalten werden, ob bewusst oder unbewusst, spricht man von einer verdeckten Sacheinlage. Es besteht dann **kein Bewertungswahlrecht** und auch nicht die Möglichkeit einer steuerlichen Rückbeziehung, um nur die wichtigsten Unterschiede zu nennen. Als Konsequenz einer verdeckten Sacheinlage erfolgt immer die Aufdeckung und Versteuerung der stillen Reserven. Steuerrechtlich wird die verdeckte Sacheinlage als Gewinnrealisierung durch Tausch oder Veräußerung qualifiziert.

cc) Anteilstausch

Bei einem Anteilstausch bringt der Einbringende die ihm zurechenbaren Anteile an einer Kapitalgesellschaft isoliert in eine andere Kapitalgesellschaft ein und erhält als Gegenleistung neue Anteile an der übernehmenden Gesellschaft. Gemäß § 21 UmwStG können im Rahmen eines Anteilstausches auf Antrag die Buchwerte angesetzt werden, soweit die übernehmende Gesellschaft nach dem Anteilstausch unmittelbar die Mehrheit der Stimmrechte an der erworbenen Gesellschaft besitzt. Man spricht insoweit von einem qualifizierten Anteilstausch. Andernfalls liegt ein einfacher Anteilstausch vor, der aufgrund der Bewertung der Anteile nach dem gemeinen Wert die Aufdeckung etwaiger stiller Reserven zur Folge hat. 182a

3. Weitere Umwandlungsmöglichkeiten

Neben den vorstehend geschilderten Möglichkeiten des Umwandlungsteuergesetzes bestehen noch einige weitere. 183

a) Tausch/Einzelrechtsübertragung

Gemäß § 6 Abs. 6 EStG führt der Tausch eines Wirtschaftsguts grundsätzlich zu einer Gewinnrealisierung. Nur in den Fällen des Umwandlungssteuergesetzes ist ein Tausch möglich, ohne stille Reserven aufzudecken (siehe Rz. 182a). 184

Gemäß § 6 Abs. 5 EStG ist die Überführung von Wirtschaftsgütern aus einem Betriebsvermögen in das Gesamthandsvermögen und umgekehrt, aus dem Gesamthandsvermögen in das Sonderbetriebsvermögen derselben Mitunternehmerschaft und umgekehrt und zwischen verschiedenen Sonderbetriebsvermögen verschiedener Mitunternehmer derselben Mitunternehmerschaft möglich. Hierzu bestehen jedoch einige Einschränkungen, um der steuerfreien Entstrickung durch Einschaltung von Objektgesellschaften entgegenzuwirken. Die Voraussetzungen und Folgen für eine Übertragung sind daher jeweils im Detail zu prüfen. (siehe auch oben Rz. 110). 185

b) Realteilung

Wie bereits schon erwähnt, besteht steuerrechtlich für die Spaltung einer Personengesellschaft keine Regelung. Es finden hier die Grundsätze der Realteilung Anwendung. Diese Realteilung kann zum einen durch die Spaltung nach dem Umwandlungsgesetz erfolgen oder zum anderen durch Einzelrechtsnachfolge. Es ist dann ein Beschluss der Gesellschafter der Personengesellschaft notwendig, wonach die Gesellschaft ohne Liquidation beendet werden soll und die Wirtschaftsgüter auf die beteiligten Gesellschafter übergehen. Der Übergang selbst erfolgt nach den jeweiligen zivilrechtlichen Regeln für die Einzelrechtsnachfolge. Zivil- 186 rechtliche Probleme bereitet dies naturgemäß in den Fällen, in denen **außenstehende Vertragspartner** zustimmen müssen, wie z.B. bei zweiseitigen Verträgen und Verbindlichkeiten. Die ursprünglich durch die Kodifizierung der Realteilung in § 16 Abs. 3 Satz 2 EStG erfolgte Einschränkung gegenüber der bisherigen Übung, wonach eine Realteilung nur noch möglich war, soweit Teilbetriebe, Mitunternehmeranteile oder 100 % ige Beteiligungen an Kapitalgesellschaften zugeteilt wurden, ist durch das UntStFG wieder aufgehoben worden. Es ist auch möglich, einen Spitzenausgleich zwischen den Gesellschaftern durch eine inkongruente Aufteilung des Gesellschaftsvermögens, insbesondere durch eine abweichende Zuordnung von liquiden Mitteln und Verbindlichkeiten zu vermeiden. Wird ein Spitzenausgleich gezahlt, liegt insoweit ein nicht nach §§ 16 und 34 EStG begünstigter Veräußerungsgewinn vor, der daher nach den allgemeinen Regeln als Anschaffungskosten auf der einen Seite bzw. Veräußerungserlös auf der anderen Seite zu behandeln ist.

c) Anwachsung

187 Die Anwachsung gemäß §§ 738 BGB, 105 Abs. 3, 161 Abs. 2 HGB ist lediglich im untechnischen Sinne eine Umwandlung, da rechtlich einem Gesamthänder die übrigen Teile des Vermögens anwachsen, an denen er vorher nur gesamthänderisch mit den anderen Gesellschaftern beteiligt war. Genutzt wird dieser Weg zum Beispiel, um das Vermögen einer GmbH & Co. KG auf deren Komplementär GmbH zu übertragen, indem alle Kommanditisten aus der KG ausscheiden. In umgekehrter Weise kann auch die Komplementärin, die oftmals nicht am Gewinn und Verlust und Vermögen der Gesellschaft beteiligt ist, ausscheiden und das Vermögen wächst dem verbleibenden Kommanditisten an. Sofern dies eine GmbH ist, erfolgt so der Übergang auf eine GmbH. In gleicher Weise kann bei einer Personengesellschaft die Übertragung des Vermögens auf einen verbleibenden Gesellschafter erfolgen. Oftmals werden diese Möglichkeiten als Akquisitionsvehikel genutzt. Zivilrechtlich handelt es sich bei der Anwachsung um eine Gesamtrechtsnachfolge.

188 Steuerrechtlich bestehen hierfür keine besonderen Vorschriften. Dementsprechend ist die steuerrechtliche Behandlung zum Beispiel des vorgenannten Anwachsungsmodells bei der GmbH & Co. KG umstritten. Nach Ansicht der Finanzverwaltung zwingt dieses Modell zur Aufdeckung aller stillen Reserven einschließlich eines Geschäfts- oder Firmenwertes. Insbesondere ist § 20 UmwStG nicht anwendbar. Sofern eine Abfindung für die ausscheidenden Gesellschafter gezahlt wird, entsteht ein Veräußerungsgewinn oder -verlust in Höhe der Differenz zum jeweiligen Kapitalkonto. In der Literatur werden hierzu abweichende Ansichten vertreten, wonach keine zwingende Aufdeckung der stillen Reserven erforderlich sei. Möglich wäre nach Ansicht der Finanzverwaltung auch eine Gewinnrealisierung, sofern die weichenden Kommanditisten Anteile an der Komplementär-GmbH als Abfindung erhalten.

d) Betriebsaufspaltung

Die Betriebsaufspaltung ist lediglich die steuerrechtliche Bewertung eines Zustandes, der als **Doppelunternehmen** bezeichnet werden kann. Ein Unternehmen, klassischerweise eine Personengesellschaft oder eine einzelne Person, hält die wesentlichen Betriebsgrundlagen und verpachtet diese an die Betriebsgesellschaft, klassischerweise eine Kapitalgesellschaft. Sofern zwischen beiden Unternehmen eine **personelle und sachliche Verflechtung** vorliegt, wird auch das Besitzunternehmen als gewerblich qualifiziert, obwohl es lediglich eine Verpachtung ausübt, die ohne die personelle und sachliche Verflechtung als reine Vermögensverwaltung zu qualifizieren wäre.

189

Diesen Zustand der Aufspaltung eines ursprünglich einheitlichen Betriebes auf zwei Unternehmen kann man gewollt herbeiführen. Meistens war eine Personengesellschaft als Besitzgesellschaft bereits vorhanden, während später die Betriebskapitalgesellschaft gegründet wurde. Die Übertragung des Betriebsvermögens, im Wesentlichen des Umlaufvermögens, erfolgt dann zu Buchwerten, obwohl die Voraussetzungen nach dem Umwandlungsteuergesetz nicht vorlagen. Nach den Änderungen des Steuerrechts zum 1.1.1999 ist dies nicht mehr möglich, da in solchen Fällen zwingend eine Aufdeckung der stillen Reserven mit den entsprechenden steuerlichen Konsequenzen und ein Ansatz zum Teilwert erfolgt. Möglich ist noch die Realteilung in zwei Personengesellschaften.

Wichtig bleibt eine Betriebsaufspaltung dennoch unter dem Gesichtspunkt der so genannten **unechten Betriebsaufspaltung**. Der häufigste Fall ist die Verpachtung von wesentlichen Betriebsgrundlagen, zum Beispiel Grundstücke, Gebäude, Maschinen, durch einen herrschenden Gesellschafter an seine Kapitalgesellschaft. Soweit zwischen dem verpachtenden Gesellschafter oder der verpachtenden Personengesellschaft und der Betriebskapitalgesellschaft bereits eine personelle Verflechtung besteht aufgrund der Beteiligungsverhältnisse und durch die Verpachtung von wesentlichen Betriebsgrundlagen dann auch eine sachliche Verflechtung entsteht, ist die Verpachtungstätigkeit als gewerblich zu qualifizieren, obwohl dies möglicherweise von den Beteiligten nicht beabsichtigt war. Durch die gewerbliche Qualifizierung wird der Gewinn aus der Verpachtung gewerbesteuerpflichtig, und ein möglicher späterer Erlös aus der Veräußerung der Wirtschaftsgüter ist ebenfalls zu versteuern. Bei Gewinnen aus der Veräußerung von Gegenständen des privaten Vermögens besteht eine solche Steuerpflicht lediglich bei so genannten privaten Veräußerungsgeschäften und wesentlichen Beteiligungen.

190

4. Steuerrechtlich motivierte Umwandlungen

Die vorstehend beschriebenen Umwandlungsmöglichkeiten werden zum einen genutzt, um Beteiligungsstrukturen zu bereinigen und für neue wirtschaftliche Aufgaben die zutreffende Rechts- und Organisationsform zu erhalten. Gleichzeitig kann zum anderen mit solchen Umstrukturie-

191

rungen auch ein steuerlicher Effekt erzielt werden, der insbesondere nach Akquisitionen gezielt zur Finanzierung eingesetzt wird. Die mögliche Einbindung eines neu erworbenen Unternehmens ist auch aus diesem Grunde nicht nur unter gesellschaftsrechtlichen und organisatorischen Aspekten zu prüfen.

Ausgangspunkt der Überlegungen ist der bereits beschriebene steuerrechtliche Systemunterschied zwischen Personen- und Kapitalgesellschaften und der hieraus resultierenden Behandlung der Anschaffungskosten (siehe oben Rz. 83 ff.). Der Beteiligungsansatz für erworbene Anteile an einer Kapitalgesellschaft unterliegt keiner planmäßigen Abschreibung. Im Falle eines dauernden Wertverlustes ist allenfalls eine Teilwertabschreibung möglich, sofern nicht der Gewinn aus einer Veräußerung der Anteile steuerfrei ist. Die Beteiligung an einer Personengesellschaft wird steuerrechtlich nicht anerkannt. Sie wird **direkt als Beteiligung** an dem gesamthänderisch gebundenen Vermögen der Personengesellschaft **angesehen**. Dieses unterliegt wie üblich nach den allgemeinen Vorschriften der Abschreibung. Diese Auswirkungen sind für den Erwerber je nach Gesellschaftsform ungünstig. Aus seiner steuerrechtlichen Sicht ist er nur am Erwerb von Personengesellschaften interessiert, was jedoch nicht immer möglich sein dürfte.

192, 193 Einstweilen frei.

V. Beendigung

194 Neben den nachfolgend geschilderten klassischen Möglichkeiten der Veräußerung oder Aufgabe einer Gesellschaft besteht die Möglichkeit, diese auch durch Verschmelzung auf eine andere zu beenden. Dies ist schon an anderer Stelle behandelt. Auch die Insolvenz kann man unter diesem Gesichtspunkt betrachten, was hier jedoch nicht vertieft werden soll.

1. Personengesellschaft

a) Veräußerung

195 Sofern der Geschäftsbetrieb der Personengesellschaft insgesamt veräußert wird bzw. die Beteiligung an einer Personengesellschaft, gilt dies als Betriebsveräußerung im Ganzen. Soweit der Erlös hieraus das Kapitalkonto des Gesellschafters übersteigt, ist ein steuerpflichtiger Gewinn entstanden. Auf Antrag erfolgt eine ermäßigte Besteuerung für Gewinne bis 5 Mio. Euro, mindestens jedoch mit 14 %, einmal im Leben des Steuerpflichtigen, sofern er das 55. Lebensjahr vollendet hat oder dauernd berufsunfähig ist. Alternativ ist auch die Versteuerung nach der 1/5-Regelung gemäß § 34 EStG möglich.

Umsatzsteuerrechtlich handelt es sich, soweit ein Unternehmen bzw. ein Teilbetrieb eines Unternehmens an einen anderen Unternehmer im

V. Beendigung

Ganzen unentgeltlich oder entgeltlich übereignet oder in eine Gesellschaft eingebracht wird um eine Geschäftsveräußerung im Ganzen, die gemäß § 1 Abs. 1a UStG nicht umsatzsteuerbar ist.

Bei der **Gewerbesteuer** ist danach zu differenzieren, ob der veräußernde Gesellschafter eine unmittelbar beteiligte natürliche Person ist oder seinerseits eine Mitunternehmerschaft bzw. Kapitalgesellschaft. Soweit der Veräußerungsgewinn nicht auf eine natürliche Person als unmittelbar beteiligtem Mitunternehmer entfällt, gehört der Gewinn aus der Veräußerung ebenfalls zum gewerbesteuerpflichtigen Gewerbeertrag (§ 7 Satz 2 GewStG). Diese Regelung bedeutet nicht nur eine Steuerpflicht gegenüber dem früheren Zustand, sondern auch erhebliche Abwicklungsprobleme bei der Veräußerung, denn die Gewerbesteuerlast trifft die veräußernde Gesellschaft und nicht den veräußernden Gesellschafter. Dementsprechend müssen diese gewerbesteuerlichen Auswirkungen im Rahmen der Veräußerung nicht nur zwischen den Parteien, sondern auch zwischen den weiteren Mitunternehmern, sofern solche vorhanden sind, berücksichtigt werden. Hierzu sind entsprechende Vereinbarungen notwendig, sofern nicht der Gesellschaftsvertrag für solche Zwecke eine entsprechende Regelung enthält. Neben der Verteilung der Belastung, die entsprechend dem Veräußerungsgewinn auf den veräußernden Gesellschafter möglich ist, muss andererseits auch die Entlastungswirkung durch die Gewerbesteueranrechnung, sofern eine solche möglich ist, berücksichtigt werden. Im Gegensatz zur Gewerbesteuerbelastung, die entsprechend der Verursachung abweichend vom Gewinnverteilungsschlüssel auf die Gesellschafter verteilt werden kann, wird die Entlastung aus dem Gewerbesteuermessbetrag ermittelt, der wiederum zwingend nach dem Beteiligungsverhältnis auf die Gesellschafter verteilt wird. Hierdurch erhalten Mitunternehmer, die nicht veräußern, eine Entlastungswirkung, während beim veräußernden Mitunternehmer die Entlastungswirkung nicht seinem Anteil an der Gewerbesteuerbelastung entspricht. Dies kann man im Ergebnis durch Einlageverpflichtungen bzw. Ausgleichszahlungen unter den beteiligten Gesellschaftern auszugleichen versuchen.

b) Liquidation

Soweit der Betrieb nicht insgesamt veräußert wird, sondern die Wirtschaftsgüter einzeln im Sinne einer Liquidation, ist dies steuerrechtlich als Betriebsaufgabe zu qualifizieren. Die ertragsteuerlichen Konsequenzen sind die gleichen wie bei Betriebsveräußerung im Ganzen.

Im Gegensatz zur Veräußerung des Gesamtbetriebs ist bei der Liquidation auf die Veräußerung oder auch Entnahme der einzelnen Wirtschaftsgüter nach den allgemeinen Vorschriften Umsatzsteuer zu berechnen, sofern keine Steuerbefreiungen anwendbar sind.

2. Kapitalgesellschaft

a) Veräußerung

197 Die Veräußerung von Anteilen an einer Kapitalgesellschaft ist seit Einführung der Abgeltungssteuer immer ertragsteuerpflichtig. Soweit der Erlös die Anschaffungskosten für die Anteile übersteigt, entsteht ein steuerpflichtiger Gewinn. Dieser unterliegt aufgrund des Teileinkünfteverfahrens nur einer ermäßigten Besteuerung, soweit diese Anteile zum Betriebsvermögen einer Personengesellschaft gehören oder zum Privatvermögen und mindestens 1 % des Stammkapitals betragen. Gleichzeitig sind jedoch die Anschaffungs- und Veräußerungskosten nur zu 40 % abzugsfähig. Dies gilt ebenfalls für Verluste aus der Veräußerung der Anteile. Liegt die Beteiligung im Privatvermögen unter 1 %, ist der Veräußerungsgewinn mit der Abgeltungssteuer zu 25 % zzgl. Solidaritätszuschlag und eventuell Kirchensteuer zu versteuern.

Die Veräußerung der Anteile ist zwar umsatzsteuerbar, es besteht jedoch eine Steuerbefreiung, auf die verzichtet werden kann (**Option**). Dies kann manchmal sinnvoll sein, um den Vorsteuerabzug aus den mit der Veräußerung oder Anschaffung zusammenhängenden Kosten zu ermöglichen.

b) Liquidation

198 Die Beendigung einer Gesellschaft kann auch durch eine Liquidation erfolgen, wonach alle Wirtschaftsgüter veräußert und alle Verbindlichkeiten bereinigt werden und am Ende das verbleibende Vermögen an die Gesellschafter ausgekehrt wird. Soweit diese Vermögensauskehrung eine Gewinnausschüttung darstellt, erzielt der Gesellschafter steuerpflichtige Erträge. Soweit Stammkapital und Kapitalrücklagen (Einlage) zurückgezahlt werden, ist dies für den nicht wesentlich beteiligten Gesellschafter mit einem Anteil von weniger als 1 % am Stammkapital steuerrechtlich ohne Konsequenz. Für die wesentlich beteiligten und gewerblichen Gesellschafter treten dieselben steuerrechtlichen Konsequenzen ein, wie vorstehend für die Veräußerung beschrieben.

199 Handelsrechtlich führt der **Liquidationsbeschluss zur Änderung des Wirtschaftsjahres**, in dem das letzte aktive Wirtschaftsjahr zum Zeitpunkt der Liquidationseröffnung endet und das erste Wirtschaftsjahr der Liquidationsgesellschaft zu diesem Zeitpunkt beginnt. Es kann also ein abweichendes Wirtschaftsjahr entstehen. Um unnötige Abschlussarbeiten und mögliche Prüfungen zu vermeiden, sollte man den Liquidationseröffnungszeitpunkt auf den Beginn des nächsten Wirtschaftsjahres legen, soweit dies möglich ist.

Durch die Liquidation ändern sich auch die Steuererklärungspflichten. Die Gewerbe- und Körperschaftsteuererklärung ist im Allgemeinen jeweils nur noch für einen Zeitraum von zusammen drei Jahren abzugeben, während die Umsatzsteuer weiterhin jährlich zu erklären ist. Der Beginn der Liquidation ist auch das Ende der Organschaft.

5 Steuerrechtliches Vertrags-Controlling

	Rz.		Rz.
I. Begriff	200	IV. Erklärungs- und Meldepflichten	204
II. Steuerplanung	201	V. Verbesserung von Checklisten	205
III. Dokumentation	202		

I. Begriff

Der Begriff des Controllings stammt aus der Betriebswirtschaft und bezeichnet dort alle Maßnahmen, um insbesondere die kaufmännische Planung mit der späteren Realität zu vergleichen und nach Möglichkeit die Ursachen für eine Abweichung der Realität von den geplanten und erwarteten Ergebnissen zu ermitteln. Dieser Ansatz ist auf die Planung und spätere Überprüfung der steuerrechtlichen Auswirkungen von Austausch- und Gesellschaftsverträgen schwer zu übertragen, insbesondere sofern es sich nur um die steuerlichen Auswirkungen handelt. Mit jeder Planung sind bestimmte steuerliche Wirkungen verbunden, die aufgrund der steuerrechtlichen Vorschriften beurteilt werden können. Das Ergebnis ergibt sich dann gewissermaßen zwangsläufig. Möglicherweise und mitunter gar nicht so selten vertreten die Finanzbehörden zu bestimmten Vorgängen eine andere Ansicht als der Steuerpflichtige. Oftmals wird dies erst in einer Betriebsprüfung für die Beteiligten bekannt. Erst wenn ein solcher Fall vorliegt, kennt man die Abweichung der Realität vom Plan und meistens auch die Ursache hierfür, nämlich die gegenteilige Ansicht der Finanzverwaltung. Anschließen können sich nur Überlegungen, wie dieses Problem für die Zukunft vermieden werden kann, sofern die gleichen oder ähnlichen Gestaltungen oder Vorgänge weiterhin vorliegen. Dies aber ist die Aufgabe jedes Beraters und insbesondere des steuerrechtlichen Beraters für seine Mandantschaft.

200

II. Steuerplanung

Steuerrechtlich betrachtet kommt der Planung zukünftiger Vorgänge und der Auswirkung von Gesetzes- und Sachverhaltsänderungen eine wesentlich größere Bedeutung zu. Unter diesem Blickwinkel findet insbesondere in jedem Unternehmen laufend ein steuerrechtliches Controlling statt. Es ist die Aufgabe des steuerrechtlichen Beraters oder in größeren Unternehmen der Steuerabteilung, die Sachverhalte in ihrer vielfältigen Art, die sich aus Austausch- oder Gesellschaftsverträgen ergeben können, zu beurteilen und über andere Lösungsmöglichkeiten nachzudenken, die steuerlich betrachtet zu günstigeren Ergebnissen führen. Das Gleiche gilt auch bei beabsichtigten Gesetzesänderungen. Hier sollten so früh wie möglich die Auswirkungen analysiert und über Reaktionen

201

nachgedacht werden, sofern denn ein Gegensteuern rechtlich und tatsächlich möglich ist.

Diese vorausschauende Planung wird neben dem Tagesgeschäft oftmals vernachlässigt, sei es, dass das Unternehmen nicht durch einen ständigen Berater betreut wird, der alle wesentlichen Vorgänge kennt und nach Möglichkeit an ihnen beteiligt ist, oder dass die eigene Steuerabteilung nicht ausreichend ausgestattet ist oder informiert wird. Oftmals werden die externen oder internen Berater erst hinzugezogen, wenn bereits Probleme aufgetreten sind.

III. Dokumentation

202 Zu einem steuerrechtlichen Controlling oder einer steuerrechtlichen Beurteilung gehört auch eine **ausreichende Dokumentation** der Vorgänge durch Aufbewahrung der notwendigen Unterlagen.

Zum einen ergeben sich aus dem Gesetz bereits entsprechende Anforderungen. Unabhängig von den handelsrechtlichen Vorschriften sind gemäß § 147 AO Bücher und Aufzeichnungen, Inventare, Jahresabschlüsse, Lageberichte, die Eröffnungsbilanz sowie die hierzu erforderlichen Arbeitsanweisungen und Organisationsunterlagen und Buchungsbelege für zehn Jahre aufzubewahren und die empfangenen Handels- oder Geschäftsbriefe, die Kopien der abgesandten Handels- oder Geschäftsbriefe und sonstigen Unterlagen mit steuerlicher Bedeutung für sechs Jahre. Daneben sind insbesondere die Dokumentationspflichten für Auslandsbeziehungen zu bedenken, die einen erheblichen Umfang erreichen können.

203 Die **Aufbewahrungsfristen** laufen nicht ab, soweit und solange die Unterlagen noch steuerrechtliche Bedeutung haben, weil die Festsetzungsfrist nicht abgelaufen ist. Die Aufbewahrungsfrist beginnt mit dem Schluss des Kalenderjahres, in dem die letzte Eintragung in die Bücher gemacht, das Inventar, die Öffnungsbilanz, der Jahresabschluss oder der Lagebericht aufgestellt, die Briefe empfangen oder abgesandt oder der Buchungsbeleg entstanden ist. Im Ergebnis erfolgt die Fristberechnung wie die Berechnung der steuerrechtlichen Festsetzungsverjährung. Der Verjährungsbeginn ist immer erst einheitlich am Jahresende. Durch lang andauernde Betriebsprüfungen oder auch sich anschließende langwierige Rechtsstreite mit der Finanzverwaltung können sich die Aufbewahrungsfristen ganz erheblich verlängern.

Daneben empfiehlt sich aber auch, zu wichtigen Vorgängen die weiteren Unterlagen und Arbeitspapiere, wie zum Beispiel interne Vermerke über steuerrechtliche Probleme, Besprechungsvermerke und Ähnliches, aufzubewahren. Oftmals ist es bei späteren Streitigkeiten mit der Finanzverwaltung hilfreich oder entscheidend, den Ablauf und Hintergrund mancher Vorgänge darstellen zu können. So wird zum Beispiel in der Betriebsprüfung oftmals nach der Vorlage von Reise- und Besuchsberichten gefragt, um den Zweck von Reisen darstellen zu können oder nach der Vorlage von Protokollen des Vorstands oder der Geschäftsleitung zur besseren Beurteilung betrieblicher Vorgänge. Zu den wichtigen Unterlagen gehören auch Aufstellungen über die Organisation des Unternehmens bzw. der Unternehmensgruppe und ihre Veränderung.

Schließlich ist hierbei auch an die entsprechende elektronische Aufbereitung der Daten zu denken, da diese nunmehr von der Betriebsprüfung durch direkten Datenzugriff genutzt werden können. Da sich dieser Datenzugriff jedoch nur auf bestimmte Bereiche beziehen darf, müssen schon bei der Organisation der Datenverarbeitung andere Bereiche abgegrenzt werden.

IV. Erklärungs- und Meldepflichten

Zu einem steuerrechtlichen Controlling im Sinne der Abwicklung und Nachverfolgung bestimmter Maßnahmen gehört auch die Feststellung der Erklärungs- und Meldepflichten. 204

Wie bereits dargestellt, ergeben sich aus steuerrechtlicher Sicht eine Vielzahl von Steuererklärungs-, Steueranmeldungs- und Steuervoranmeldungspflichten. Verbunden hiermit ist oftmals die Verpflichtung zur Einbehaltung von Zahlungsbeträgen und deren Weiterleitung an die Finanzbehörden, wie z.B. bei der Lohnsteuer, der Kapitalertragsteuer und in manchen Fällen bei der Umsatzsteuer. Nicht zu vergessen sind die regelmäßigen Termine für die diversen Steuervorauszahlungen.

Alle diese Pflichten müssen erfasst und frühzeitig überwacht werden hinsichtlich ihrer fristgerechten Erledigung und Berücksichtigung für andere Bereiche wie zum Beispiel die Liquiditätsplanung.

V. Verbesserung von Checklisten

Schließlich gehört hierhin die Überlegung, die Checklisten aufgrund konkreter Projekterfahrungen laufend anzupassen. Eigentlich ist dies eine Selbstverständlichkeit, die jeder Berater auch ohne Checkliste laufend vornimmt. Mit jedem neuen Projekt, mit jedem Streitfall, sei es mit einem Vertragspartner, Gesellschafter oder der Finanzverwaltung, sammelt man neue Erfahrungen, die man anschließend weiterverwertet. 205

Teil 6
Vertragsenglisch

	Rz.
I. Einleitung	1
II. Grundlagen	5
1. Case Law und Codified Law	5
a) Rechtsprechung und Gesetz	5
b) Spielraum der Interpretation	6
c) Consideration	10
d) Abstraktionsprinzip	11
2. Verhandlungen mit Briten	12
3. Allgemeine Grundsätze der Vertragsgestaltung auf Englisch	15
a) Vermeidung von allgemeinen Undeutlichkeiten	15
b) Begriff und rechtliche Anknüpfung	19
c) Punkt und Komma	21
4. Groß- und Kleinschreibung	22
a) Definitionen	23
b) Weitere Ausnahmen	25
5. Normalschrift, Kursives und Fettdruck	27
III. Aufbau englischsprachiger Verträge	28
IV. Einzelne Begriffe	33
1. Verpflichtung und Berechtigung	33
2. Ermessen	35
3. Bemühen	36
4. Zustimmungsvorbehalte	38
5. Regelungen im Kontext der Verträge	39
6. Bedingung, Ausnahme, Vermutung, negative Formulierung und Beweislastverschiebung	42
a) Vermutungsregeln	43
b) Bedingungen	44
c) Ausnahmen	49
d) Negative Formulierungen	50
V. Einzelne Formulierungen in der Vertragsgestaltung	51
1. Leistungszeit	51
a) Effective Date, Signing und Closing	51
b) Prompt and without undue delay vs. Time of Essence	52
c) Klarheit der Fristbestimmung	53
2. Erfüllungsort – Ship and Deliver	56
3. Representation, Warranties and Guarantees	57
a) Representation	58
b) Warranty	59
c) Guarantee	61
4. Liability, Damages and Indemnification	62
a) Liability	63
b) Damages	64
c) Indemnification	66
5. Corporate Guarantee, Recourse and Joint Debtors	67
6. Termination	69
7. Zustellung und Empfang	71
8. Schlussbestimmungen	72

Literaturübersicht:

Aden, Law Made in Germany, ZRP 2012, 50; *Armbrüster*, Fremdsprachen in Gerichtsverfahren, NJW 2011, 812; *Barnard*, The ECJ as a common law court, NZA-Beilage 2011, 122; *Brödermann*, Risikomanagement in der internationalen Vertragsgestaltung, NJW 2012, 971; *Daignault*, Drafting International Agreements in English, 2. Aufl. 2009; *Döser*, Einführung in die Gestaltung internationaler Wirtschaftsverträge, JuS 2000, 246; 456; 663; 773; 1076; 1178; JuS 2001, 40; *Elfring*, Legal Due Dilegence Reports, JuS-Beilage 2007, 3; *Glass*, Englische Rechtssprache, 1982; *Ferrari/Kieninger/Mankowski et al* (Hrsg.), Internationales Vertragsrecht, 2. Aufl. 2011; *Frischen*, Die 44. Novelle – Kaiser Justinians Ordnung des Notariats, DNotZ 1992, 403; *Grabitz/Hilf* (Hrsg.), Das Recht der Europäischen Union, 40. Aufl. 2009; *Henry/Pike*, English law and legal language: Introduction, 2006; *Heussen*, Letter of Intent, 2. Aufl. 2014; *Hoffmann-Becking* (Hrsg.), Beck'sches Formularbuch Bürgerliches, Handels- und Wirtschaftsrecht, 10. Aufl. 2010; *Hök*, Zur Sprachregelung in FIDIC Verträgen, ZfBR 2005, 332; *Jauernig*, BGB, 14. Aufl. 2011; *Kösters*, Letter of Intent – Erscheinungsformen und Gestaltungshinweise, NZG

1999, 623; *Kötz*, Deutsches Recht und Common Law im Wettbewerb, AnwBl 2010, 1; *Linhart*, Englische Rechtssprache, 2. Aufl. 2012; *Maier-Reimer*, Vertragssprache und anwendbares Recht, NJW 2010, 2545; *Manor* (Hrsg.), Law and Interpretation, 1997; *Miethaner*, AGB oder Individualvereinbarung – die gesetzliche Schlüsselstelle „im Einzelnen ausgehandelt", NJW 2010, 3121; *Nordmeier*, Zur Auslegung von Versicherungsverträgen nach englischem Recht, VersR 2012, 143; *Pischel*, Vertragsenglisch, 2013; *Radbruch*, Der Geist des englischen Rechts, 3. Aufl. 1956; *Schrey/Kugler*, IT-Agreements, 2011; *Schumann*, Das deutsche Wirtschaftsrecht im Wettbewerb der Sprachen, ZRP 2007, 160; *Spehl/Schilling*, Der Nomination Letter, BB 2013, 202; *Stein*, Die rechtswissenschaftliche Arbeit, 2000; *Säcker/Rixecker* (Hrsg.), Münchener Kommentar zum BGB, Bd. 1, 6. Aufl. (2012); *Triebel/Balthasar*, Auslegung englischer Vertragstexte unter deutschem Vertragsstatut, NJW 2004, 2189; *Uffmann*, Vertragsgerechtigkeit als Leitbild der Inhaltskontrolle, NJW 2012, 2225; *Vranes*, Lex Superior, Lex Specialis, Lex Posterior – Zur Rechtsnatur der „Konfliktlösungsregeln", ZaöRV 2005, 391; *Walz* (Hrsg.), Beck'sches Formularbuch Zivil- und Unternehmensrecht, Deutsch-Englisch, 2. Aufl. 2010; *v. Westphalen*, Der angebliche „Standortnachteil" des deutschen Rechts aufgrund des AGB-Rechts, BB 2013, 67; *Wurmnest*, Internationale Zuständigkeit und anwendbares Recht bei grenzüberschreitenden Kartelldelikten, EuZW 2012, 933.

Webseiten (alle klein geschrieben): anwalt.us; dailywritingtips.com; dict.cc; english-for-students.com; englisch-hilfen.de; gesetze-im-internet.de/Teilliste_translations.html; ldoceonline.com; leo.org; linguee.de; wordnet.princeton.edu.

I. Einleitung

Englisch hat nicht nur für Geschäfts- und Vertragsbeziehungen zu Unternehmen in englischsprachigen Ländern Relevanz; diese Weltsprache findet regelmäßig auch zwischen Unternehmen Anwendung, die keine gemeinsame muttersprachliche Basis besitzen (vgl. die hier denkbaren Konstellationen bei *Triebel/Balthasar*, NJW 2004, 2189). Neben in Deutschland ansässigen Töchtern internationaler Konzerne schließen darüber hinaus auch Unternehmen mit Hauptsitz in der Bundesrepublik untereinander häufig in Englisch abgefasste Verträge ab, wenn Englisch auch hier die **Arbeitssprache** ist oder Dritte, die nicht deutsch sprechen, Teil des Vertragsgeflechts werden sollen. Aufgrund dieser überragenden Bedeutung des Englischen ist es erforderlich, grundlegende Regeln der **Vertragsgestaltung** und **Vertragsformulierung dieses Sprach- und Rechtskreises** zu verstehen, um einerseits vor möglichen Gefahren für das eigene Unternehmen oder den Mandanten geschützt zu sein, andererseits deren Interessen möglichst umfassend durchzusetzen. Dazu müssen die Parteien ihre jeweiligen Rechte und Pflichte kennen, was neben einem Wissen um einschlägige Wortbedeutungen auch voraussetzt, dass diese Begriffe klar und eindeutig formuliert sind und im Kontext des Gesamtvertrags und der anwendbaren Rechtsordnung bestehen. Dies erfordert für Verträge auf Englisch die Kenntnis einschlägiger Grundregeln, um die Interessen der eigenen Seite effektiv zu kodifizieren, Risiken zu erkennen und sich des Umfangs eingegangener Verpflichtungen bewusst zu werden.

2 Während bei Vertragsparteien mit derselben Muttersprache die Trennung von Positionen und Interessen bereits ausreichend Klärungsbedarf entstehen lässt und eine Berücksichtigung widerstreitender Interessen hinreichend Verhandlungsbedarf erzeugt, kommt bei Vertragsverhandlungen und deren -gestaltung auf Englisch für Deutsche die **Sprachbarriere** hinzu, im transnationalen Kontext darüber hinaus die **zeitliche** und **räumliche Distanz** (allg. dazu Teil 1, Rz. 13a, 14 ff., 22). Dies ist umso prekärer, wenn keine beider Parteien Englisch als Muttersprache beherrscht, da Missverständnisse hier leicht möglich sind (*Döser*, JuS 2000, 246 [247]; Teil 1; Rz. 5; Teil 2, Rz. 211 ff.). Entsprechende Undeutlichkeiten können die Vertragsgestaltung erschweren und der reibungslosen Durchführung einer Vereinbarung erhebliche Hürden setzen. Dies gilt insbesondere, wenn der Wortlaut undeutlich, der Partner weit entfernt und die Rechtsordnung unbekannt ist, weil alle diese Faktoren insgesamt die Verhandlung, Einigung, Durchführung, gerichtliche Durchsetzung und Vollstreckung eines Vertrags erschweren.

3 Ein Blick von außen schärft das Bewusstsein für das eigene Verhalten (oder, wie *Lichtenberg*, Aphorismen, S. 92 meint: „Ich bin eigentlich nach England gegangen, um Deutsch zu lernen."): So sind viele im angelsächsischen Rechtskreis genutzte Mittel der Vertragsgestaltung im Deutschen ebenfalls sinnvoll (wie hier auch *Schrey/Kugler*, S. 7), vermeiden Missverständnisse und damit potentielle Konflikte zwischen den Parteien. Denn englischsprachige Vereinbarungen sind deutlich **ausgefeilter** und **genauer** als vergleichbare Verträge auf Deutsch (*Kötz*, AnwBl. 2010, 1 [2]). Geringere Vorgaben durch Gesetz und Rechtsprechung eröffnen in Englisch geprägten Rechtsordnungen häufig größere Spielräume bei der Vertragsgestaltung und machen detaillierte Regelungen möglich, aber auch erforderlich. Auch deshalb sind etwa in der deutschen Rechtstradition deutlich weniger Punkte zwischen Vertragsparteien klärungsbedürftig als bei einem stark auf Rechtsprechung basierenden System des *Case Law* (so auch *Schrey/Kugler*, S. 6 f.; *Heussen*, Teil 1, Rz. 5, 9 f.). Was beispielsweise im deutschen Recht nach § 17 Abs. 2 AktG vermutet und durch §§ 15–19 AktG konkretisiert wird (ebenso etwa im Kartellrecht; vgl. etwa Art. 1 Nr. 2 VO 330/2010, ABl. EG 2010, L 102/1), muss ein nicht deutschem Recht unterstellter Vertrag für die gesellschaftsrechtlichen Verbindungen von Unternehmen zueinander und deren Beherrschung definieren. Auch dies erklärt, dass etwa Verträge nach US-Recht deutlich umfangreicher als etwa Vereinbarungen auf Basis des BGB sind.

4 Schließlich kommen **Unterschiede** der Sprachsysteme und deren **Ursprünge** hinzu. Englisch als Sprache besitzt sowohl lateinische, normannische wie germanische Wurzeln, wohingegen sich das Deutsche zu wesentlich geringerem Maß aus dem Lateinischen speist. Als Folge davon besitzt das Englische eine deutlich größere Anzahl an Worten. Eine für die Literatur willkommene Undeutlichkeit der deutschen Sprache lässt sich im Englischen durch Nutzung konkreter Begrifflichkeit stark reduzieren. Dieser Umstand allerdings gibt dem Unkundigen auch mehr

Raum für die Verwendung von in der Situation unzutreffenden Formulierungen. Für Vertragsverhandlungen kann dies negative Folgen haben: denn bedient sich ein Deutscher des Englischen als Verhandlungs- und Vertragssprache, so übernimmt er nach deutschem Verständnis auch das damit verbundene **Sprachrisiko** (MüKo BGB/*Wurmnest*, § 307 Rz. 236 m.w.N.; für die Praxis *Kochinke*, Teil 9.1, Rz. 60), ohne dass damit für sich genommen eine Rechtswahl verbunden ist (vgl. nur MüKo BGB/ *Spellenberg*, VO 593/2008, Rz. 36 m.w.N.; allerdings kann nach OLG Brandenburg [NJW-RR 2012, 535] eine konkludente Rechtswahl nach Art. 27 Abs. 1 EGBGB, Art. 3 Abs. 1 EVÜ; vgl. Art. 3 Abs. 1 Rom-I VO vorliegen, wenn beide Parteien ihren Sitz in einem Staat haben und auf die Rechtsordnung dieses Staates im Vertrag Bezug nehmen). Darüber hinaus werden allgemeine Geschäftsbedingungen ausschließlich auf Englisch selbst im unternehmerischen Verkehr nach deutscher Rechtsprechung nur dann unstrittig wirksam einbezogen, wenn die Parteien in dieser Sprache verhandelt haben (OLG Hamm, IPrax 1991, 324; OLG Köln, VersR 1999, 639 [641]; BGH, NJW 1995, 190; MüKo BGB/*Wurmnest*, § 307 Rz. 236; für eine allgemeine Einbeziehung unabhängig von der Verhandlungssprache hingegen OLG Koblenz, IPrax 1994, 46 [48]).

II. Grundlagen

1. Case Law und Codified Law

a) Rechtsprechung und Gesetz

Das von der angelsächsischen Rechtstradition geprägte *Common Law* (vgl. hierzu die Literaturhinweise bei *Linhart*, S. 208) wird häufig dem *Civil Law*, das insbesondere in Kontinentaleuropa vorherrscht, gegenüber gestellt. Während das **Civil Law** erheblich auf **kodifiziertem Recht** fußt, betont das **Common Law** die Bedeutung von **Gerichtsentscheidungen**, Präzedenzfällen und daraus abgeleiteter Tradition von Rechtsprechung (vgl. zum Einfluss der Rechtstradition Kontinentaleuropas auf Verträge *Döser*, JuS 2000, 246 [247 f.]; zum Umfang *Radbruch*, S. 33 ff.; s.a. *Linhart*, S. 1 ff., 13 ff.). Dieser Gegensatz zwischen beiden Rechtssystemen besteht allerdings nicht durchgängig: So kennt auch das *Common Law* geschriebene Gesetze (Wasserfälle des Gesetzesrechts [*Radbruch*, S. 30]; so viele sogar, dass die Britische Regierung eine Website eingerichtet hat, die Vorschläge zur Abschaffung von Gesetzen und Vermeidung von Überregulierung entgegen nimmt; vgl. *http://www.redtapechallenge.cabinet office.gov.uk/home/index*), je nach Form, Verfahren, Verfasser und Rechtsordnung als *Statutes*, *Acts, Encactments, Laws* oder *Bills* bezeichnet (siehe die Unterscheidung zwischen *the Law* als das [objektive Recht] und *Right* als subjektiver Anspruch bei *Radbruch*, S. 22 und *Law* [Rechtswissenschaft], *the Law* als das Recht und *a Law* als ein Gesetz bei *Henry/Pike*, S. 20. *The Rule of Law* ist das Rechtsstaatsprinzip, *a rule of law* eine Rechtsregel [*Henry/Pike*, S. 13]). Auch das *Civil Law* kommt ohne wesentliche Entscheidungen einzelner Gerichte, insbesondere der obersten nationalen Gerichte und für die Mitgliedsstaaten der Europäischen Union der Gemeinschaftsgerichte, nicht aus (eine hier nicht vertiefte Frage ist, in wieweit es sich bei den Gemeinschaftsgerichten um ein Gericht handelt, das nach Grundsätzen des *Civil* oder des *Common Law* agiert; für letzteres *Barnard*, NZA-Beilage 2011, 122 [125]).

b) Spielraum der Interpretation

6 Ein für die Vertragsgestaltung wesentlicher Unterschied beider Rechtsordnungen liegt jedoch in der Auslegungstradition von Gesetzen (vgl. *Manor*; *Radbruch*, S. 22 ff., 33 ff.) und damit auch von Verträgen. Die Idee der Auslegung offener Rechtsbegriffe ist in Kontinentaleuropa stark verankert. Anders als die Vorstellung eines Gerichts als „Subsumtionsmaschine", das lediglich Tatbestand und Normen so kombiniert, dass automatisch nur ein einziges, zutreffendes Ergebnis ausgeworfen werden kann, geht das *Civil Law* davon aus, dass der Sinn **ausfüllungsbedürftiger Klauseln** (in Gesetz und Vertrag) durch **Auslegung** zu ermitteln ist (zum Verständnis des Englischen Rechts und der danach bestehenden Aufgaben des Richters *Radbruch*, S. 33 ff., insbes. S. 35 ff.: Ein Urteil wird dabei als *judgment* oder *judgement* bezeichnet, eine gerichtliche Entscheidung als *decision*. Der Begriff der *decision* ist damit weiter als der von *judg(e)ment*. Die Entscheidung(sbefugnis) des Einzelnen als Individuum im Rahmen einer Bewertung wird immer als *judgement* bezeichnet, nie als *judgment*, das nur die gerichtliche Feststellung betrifft). Aus einer Bandbreite möglicher Entscheidungen trifft das Gericht im Streitfall nach Auslegung von Gesetz und Vertrag im Lichte mittelbarer Drittwirkung der Grundrechte (vgl. etwa BVerfG, NJW 1958, 257; NJW 1987, 827) eine dem Gericht als angemessen erscheinende Entscheidung (zu §§ 133, 157 BGB als Einfallstor *Döser*, JuS 2000, 246 (248); grdl. zu Umfang und Grenzen *Uffmann*, NJW 2012, 2225 (insbes. 2228 ff.); zum Begriff der auch dem Englischen Recht vertrauten *equitable solution*, die dem *Common Law* durchaus entgegen stehen kann vgl. *Radbruch*, S. 23, 31 ff.; zu den Ursprüngen der Billigkeit siehe *Aristoteles*, Nikomachische Ethik in der Übersetzung von Eugen Rolfes, 1921, Band 5; 14. Kapitel (*www.textlog.de/33484.html*)). Der Richter wird so zu einem eigenständigen Interpreten des Gesetzes und besitzt die Aufgabe und Befugnis zur **schöpferischen Rechtsfindung und Rechtsfortbildung** (BVerfG NJW 2012, 669, Rz. 44; siehe im Gegensatz dazu das Englische Recht, wonach das *Case Law* davon ausgeht, die richterliche Tätigkeit bestehe gerade nicht in der schöpferischen Rechtserzeugung, *Radbruch*, S. 35, 39 und den rechtsphilosophischen Ansätzen hierzu ibid, S. 8 ff., 40 ff., 50 ff.). Dabei steht das Rechtsstaatsprinzip einer Auslegung von gesetzlichen Regelungen nicht entgegen, sondern setzt ihr lediglich Grenzen (BVerfG, NJW 2012, 669, Rz. 44).

7 Gleiches gilt prinzipiell auch für die **Auslegung von Verträgen**, die ebenfalls häufig doppeldeutig oder offen formuliert und deshalb im Streitfall

von Richtern auszulegen sind. Gerichte besitzen hier einen weiteren Interpretationsspielraum als bei der Auslegung von Gesetzen, da das Gebot der Trennung von Legislative und Judikative (BVerfG NJW 2012, 669, Rz. 45) in diesem Fall nicht in gleichem Umfang wie bei einer unmittelbaren Auslegung von Normen zum Tragen kommt: denn die Parteien – und nicht der demokratisch legitimierte Gesetzgeber – haben Regelungen geschaffen, denen sie sich im Rahmen der Gesetze unterwerfen wollen. Folglich muss die Rechtsprechung bei ihrer Interpretation von Klauseln einer Vereinbarung nicht auf die Kompetenzen der Legislative Rücksicht nehmen. Vielmehr spielt der Gesetzgeber bei der Auslegung gewillkürter Vertragsklauseln nur eine mittelbare Rolle, indem er die Rahmenbedingungen setzt, innerhalb derer die Parteien ihre Vertragsfreiheit verwirklichen (können). Anders als Gesetze, die generell-abstrakte Regelungen treffen und bei denen eine Interpretation naturgemäß offener Klauseln nach dem *Civil Law* unvermeidlich ist (im Gegensatz zu Gesetzen des Englischen Rechts und der dortigen Rechtstradition, vgl. *Radbruch*, S. 28), können und sollten die Parteien in einem Vertrag den Umfang ihrer Rechte und Pflichten möglichst exakt festlegen, geht es doch hier um den jeweils konkret-individuellen Einzelfall der Beziehung von Personen in einem bestimmten Sachverhalt. Ziel guter Vertragsgestaltung ist danach, den Auslegungs- und damit Entscheidungsspielraum des Gerichts durch rechtsbeständige und eindeutige Klauseln möglichst zu verengen.

Mag auch in der kontinentaleuropäischen Rechtstradition zunächst einmal der objektive Empfängerhorizont für die Interpretation (vgl. dazu allgemein *Stein*, S. 12 f.; für deutsche Verträge MüKo BGB/*Busche*, § 133 Rz. 7; zur ständigen Rechtsprechung vgl. z.B. BGH, NVwZ 2011, 581 (Rz. 18) m.w.N.; für englische Verträge ausf. *Nordmeier*, VersR 2012, 143) maßgeblich sein, so berücksichtigt das *Civil Law* im Rahmen der Auslegung von Vereinbarungen auch Aspekte von Treu und Glauben, so dass der reine **Wortlaut** zwar eine wesentliche, aber keine ausschließliche Bedeutung besitzt (*Triebel/Balthasar*, NJW 2004, 2189 [2192 f.]; *Heussen*, Teil 2, Rz. 228). Soweit deutsches Rechts anwendbar ist, kommen diese Grundsätze – insbesondere auch §§ 133, 157 BGB – bei Verträgen, die in Englisch abgefasst sind, ebenfalls zur Anwendung (*Armbrüster*, NJW 2011, 812 [815]); im Zweifel – und damit auf Basis der teleologischen Auslegung – ist danach der Interpretation der Vorzug zu geben, die nicht zu einer Nichtigkeit des Rechtsgeschäfts führt (BGH vom 17.3.2012 – I ZR 93/09). Vgl. zu den beschränkten Interpretationsformen *Daigneault*, S. 31 ff.; siehe jedoch zu *implied terms* und der damit zusammenhängenden ergänzenden Vertragsauslegung *Nordmeier*, VersR 2012, 143 (145)). Nach deutschem Verständnis ist danach nicht beim Wörtlichen stehenzubleiben. Eine § 157 BGB entsprechende Regelung, wonach Verträge so auszulegen sind, wie Treu und Glauben mit Rücksicht auf die Verkehrssitte es erfordern, kennt das *Common Law* allerdings nur in sehr schwachem Maß (vgl. hierzu *Daigneault*, S. 33; *Kochinke*, Teil 9.1, Rz. 116; *Kötz*, AnwBl. 2010, 1 [3]). Es berücksichtigt für die Interpretation eines

Begriffes regelmäßig nur die wörtliche Bedeutung (*Döser*, JuS 2000, 246 [249]; *Kötz*, AnwBl. 2010, 1 [4]), bleibt also insoweit bei der grammatischen Auslegung stehen. Aufgrund dieser *Plain Meaning Rule* (vgl. *Triebel/Balthasar*, NJW 2004, 2189 [2194]) arbeiten Verträge in vom *Common Law* geprägten Ländern sehr viel stärker mit genauen Definitionen und detaillierten Vorschriften, die sich nach der deutschen Rechtsordnung selbstverständlich aus Sinn und Zweck einer Regelung ergeben (gleiches gilt für Gesetze dieses Rechtskreises, vgl. *Radbruch*, S. 28). So zieht die Formulierung *including* (oder *in particular*) in englischen Verträgen stets die Worte *but not limited to* (aber nicht darauf beschränkt) nach sich. Denn nach den Vermutungsregelungen des *Common Law* verdrängen speziellere Regelungen im Zweifel allgemeine Klauseln. Haben die Parteien im Vertrag nichts Gegenteiliges vereinbart und folgt einem *including* (oder einem *in particular*) damit nicht eine Erweiterung, besteht die Gefahr, dass die Parteien die spezielleren, nicht aber die allgemeinen Punkte im Vertrag durch diese Klausel regeln wollten (*Daigneault*, S. 33; *Nordmeier*, VersR 2012, 143 [148 m.w.N. d. Rspr.]). Deutsche Gerichte hingegen lesen in ein *insbesondere* eines Vertrags jedoch stets eine beispielhafte Erwähnung hinein, die das allgemein hiervon Erfasste gerade nicht ausschließen soll.

9 Auch in der **Einführung** eines englischen Vertrags (*recitals*) gemachte **Aussagen zu den Parteien** bleiben – soweit nicht abermals ausdrücklich etwas anderes im Vertrag vereinbart – bei der Interpretation von Rechten und Pflichten nach dem Verständnis des *Common Law* unberücksichtigt (*Daigneault*, S. 61; eine Wirkung – wie im Deutschen – den darin enthaltenen Inhalten gleichwohl nicht absprechend *Döser*, JuS 2000, 456). Die Institute des Wegfalls der Vertrags- resp. Geschäftsgrundlage (§ 313 BGB; vgl. hierzu zuletzt OLG Saarbrücken, NJW 2012, 3731 (3732 f.)) und der höheren Gewalt, also von keiner der Parteien zu vertretender Umstände, die der Vertragserfüllung einer Seite im Wege stehen, sind im *Case Law* ebenfalls nicht stark ausgeprägt. Dies erklärt umfangreiche Klauseln zu *Force Majeure* in *Common Law* unterstellten Verträgen (*Daigneault*, S. 77 f.).

c) Consideration

10 Nach dem Verständnis des *Common Law* fußt ein Vertrag (*Agreement/Contract*) auf dem Prinzip der *consideration*, das nur unzureichend mit **Gegenleistung** zu übersetzen ist (*Glass*, S. 25; eine Übersetzung ganz ablehnend *Linhart*, S. 68). Bei einer *consideration* müssen beide Parteien berechtigt sein, Leistungen aus einem Vertrag oder zumindest auf seiner Basis zu erhalten (*Döser*, JuS 2000, 246 [251]; Teil 9.1, Rz. 57). Fehlt es hieran, so liegt lediglich ein *arrangement* vor, aus dem sich üblicherweise keine gerichtlich durchsetzbaren Ansprüche ableiten lassen (*Glass*, S. 25; *Kösters*, NZG 1999, 623; Teil 9.1, Rz. 75; *Schrey/Kugler*, S. 1). Dies ist erheblich, wenn der nach deutschem Verständnis geschlossene Vertrag nicht deutschem Recht unterstellt ist: dann können sich bei der

Durchsetzung aus deutscher Sicht verbindlicher Vereinbarungen erhebliche Probleme ergeben (*Kösters*, NZG 1999, 623; zur Frage, in wieweit die Wahl der Sprache eine indizielle Bedeutung für die Rechtswahl hat, vgl. *Armbrüster*, NJW 2011, 812 [815]).

d) Abstraktionsprinzip

Für die Frage der Sicherung der Leistung ist wesentlich, dass das *Common Law* nicht zwischen schuldrechtlichem Verpflichtungs- und dinglichem Verfügungsgeschäft trennt (*Döser*, JuS 2000, 246 [252]; *Linhart*, S. 68). Als Folge hiervon findet ein **Eigentumsübergang** regelmäßig bereits **durch Vertrag** statt. Aber auch das deutsche internationale Privatrecht, das das Verhältnis einzelner Rechtsordnungen verschiedener Staaten oder Gebiete zu einander regelt, kennt den Grundsatz der *lex rei sitae*. Nach diesem Prinzip beurteilt die sachenrechtliche Anknüpfung diejenige Rechtsordnung, die auf den Belegungsort der Sache Anwendung findet. Die Wahl deutschen Rechts in einer Vereinbarung mit Eigentumsvorbehaltsklausel kann also leer laufen, wenn der Gegenstand Deutschland verlassen hat (*Döser*, JuS 2000, 246 [252]). Deshalb ist in diesem Fall die sachenrechtliche Behandlung des Vertragsgegenstandes in der ausländischen Rechtsordnung zu prüfen, in dessen Territorium der Gegenstand verbracht wird, will der deutsche Partner seine Rechte möglichst weitreichend schützen. Andernfalls helfen nur andere Sicherungsinstrumente wie etwa Vorauskasse oder ein *Letter of Credit* (Akkreditiv).

2. Verhandlungen mit Briten

Neben der Sprachbarriere, Rechtsordnung sowie bei Wahl einer Rechtsordnung und davon abweichender Sprache mögliche unterschiedliche Begrifflichkeiten sind daneben **kulturelle Unterschiede** zu berücksichtigen, denn Verhandeln als soziales Ritual (*Heussen*, Teil 1, Rz. 18 ff.; Teil 2, Rz. 381a) wird naturgemäß vom Hintergrund der hieran Beteiligten beeinflusst. Kraft der Interdependenz von Recht und Gesellschaft hilft es für die grenzüberschreitende Vertragsgestaltung, die gesellschaftlichen Vorstellungen und gesetzlichen Vorschriften innerhalb eines Landes zu verstehen, um eine Vereinbarung ungeachtet aller Widrigkeiten in Bezug auf Sprache, Sozialisierung, Rahmenbedingungen und damit potentiellen Feldern für Missverständnisse sozial adäquat und rechtlich bindend zu verhandeln, abzufassen, zu leben und durchzusetzen. Um hier Fallstricke zu vermeiden, sollte sich der deutsche Partner der teilweise divergierenden kulturellen Vorverständnisse der einzelnen Länder respektive Rechtsordnungen zumindest in Ansätzen bewusst sein (*Kochinke*, Teil 9.1, Rz. 10 ff., 140, 144 ff.; allg. *Heussen* Teil 1, Rz. 5, 71; ausführlich hierzu für andere Gesellschaften: *Schwarz*, Teil 9.2 [Russland]; *Pattloch*, Teil 9.3 [China]; *Tanaka*, Teil 9.4 [Japan]; *Curschmann*, Teil 9.5 [Brasilien]; *Keki*, Teil 9.6 [Türkei]; *Luthra*, Teil 9.7 [Indien]).

13 Es entspricht dem britischen Wesen, sich stets **höflich** zu verhalten. Die Deutschen hingegen gelten in Großbritannien als *very direct*, was nichts anderes als – natürlich höflich formuliert – unhöflich bedeutet. Im Gegensatz dazu entschuldigen sich Briten gern, womit die Angelegenheit dann aber auch im Regelfall erledigt ist. Ein Insistieren auf einen bestimmten, von der anderen Seite gemachten Fehler wird als unhöflich empfunden und kann zu – dem insoweit stärksten Wort der Missbilligung – *irritation* führen. So dient die Aussage *I see your point* nur vermeintlich dazu, Verständnis zu zeigen, deutet aber tatsächlich Unverständnis über die vorgebrachte Position an. Noch drastischer – und in der Tat unhöflich – ist der Satz *I hear what you are saying* oder – schlimmer noch – *I hear you talking*. Freundlich erfolgt die Formulierung einer Ablehnung. Dies geschieht nicht durch ein einfaches *no*, das in Großbritannien als unhöflich empfunden wird, sondern durch Formulierungen wie etwa *not at the moment* oder *I am afraid we cannot (...)*. Auch vermeiden Briten, von *problem* zu sprechen, es sei denn, es wird in *no problem* verwendet. Alternativ kommen Worte wie *issue, concern, challenge* oder *difficulties* in Betracht. Schließlich sind von Briten gewählte Formulierungen wie *you might want to consider* (*zu bedenken ist möglicherweise*), die Deutsche als lediglich unverbindliche Anregung begreifen, als konkrete Erwartungshaltung zu verstehen, weil auch Kritik gern weich formuliert wird.

14 Diese wenigen Aspekte sollten nicht zur Ansicht verleiten, denkbare Situationen mit Bewohnern der Insel wären abschließend und Verhaltenskodizes mit Personen anderer Kulturkreise damit ebenfalls behandelt; vielmehr sind die USA (vgl. ausf. *Kochinke*, Teil 9.1) und Großbritannien vom rechtlichen Verständnis über Aufgaben und Bindung eines Vertrags wie vom kulturellen Grundkonsens Deutschland wesentlich näher als andere Staaten (vgl. die Beiträge im Handbuch zu anderen Kulturen und Rechtsordnungen in Teil 9). Zudem können sprachliche Barrieren mit englischsprechenden Muttersprachlern ausschließlich auf Seiten des deutschen Verhandlungspartners auftreten, während in anderen sprachlichen Kulturkreisen bei Verhandlungen auf Englisch mit linguistischen Problemen auch der Gegenseite gerechnet werden muss. Dies kann in der Praxis erhebliche Schwierigkeiten aufwerfen, wenn die Partner eine bindende Vereinbarung tatsächlich unterschiedlichen Verständnisses abgeschlossen haben: Mag auch der Wortlaut eindeutig und damit für eine Partei durchsetzbar sein, ist den Parteien regelmäßig nicht mit einer konfrontativen Entwicklung bei Durchführung des Vertrags gedient. Unabhängig von dem Rechtsbindungswillen des Partners und der Durchsetzbarkeit nach der anwendbaren Rechtsordnung erleichtert dies naturgemäß ein gemeinsames Verständnis des Gewollten nicht. Hier hilft eine **Übersetzung in die Landessprache** des anderen Teils, wobei allerdings im Vertrag festzustellen ist, dass ausschließlich die englische Version der Vereinbarung maßgeblich sein soll, um weitere Missverständnisse auf Basis unterschiedlicher Vertragssprachen zu vermeiden.

3. Allgemeine Grundsätze der Vertragsgestaltung auf Englisch

a) Vermeidung von allgemeinen Undeutlichkeiten

Nur eine **Einheitlichkeit der Begriffe st**ellt sicher, dass ein Regelungspunkt auch identische Bedeutung besitzt. Dies gilt für eine Vertragsgestaltung im Deutschen (*Heussen*, Teil 2, Rz. 298) wie im Englischen (*Daigneault*, S. 32) und setzt zum einen voraus, auf Doppeldeutigkeiten zu verzichten, zum anderen, ein- und denselben Sachverhalt stets auch identisch zu bezeichnen. Andernfalls besteht bei der (wörtlichen) Auslegung der Begriffe die Gefahr, dass ihnen jeweils unterschiedliche Bedeutungen beigemessen werden, was der ursprünglichen Zielsetzung der Parteien nicht gerecht werden kann (*Daigneault*, S. 32; *Heussen*, Teil 2, Rz. 298). Da Ausgangspunkt des Auslegungskanons im Deutschen ebenfalls die grammatische Interpretation ist, sollte auch bei deutschen Verträgen Sorgfalt auf diesen Punkt gelegt werden.

15

Days z.B. können Arbeits- oder Kalendertage bezeichnen, was für eine Fristberechnung erheblich ist. Darüber hinaus können sie auch als ein Zeitraum von 24 Stunden zu verstehen sein (*Daigneault*, S. 41). Besser ist in diesem Fall, von *calendar days* oder *working/business days* zu sprechen (so auch *Daigneault*, S. 41) und bei unterschiedlichen Ländern, in denen die Vertragspartner ansässig sind, festzulegen, wann Feiertage vorliegen, so genannte *Bank Holidays* (auch bezeichnet als: *days on which banks are closed*). Zur Vereinfachung kann auch hier auf *days* im Hauptteil des Vertrags Bezug genommen werden, wenn eine Klausel zur Interpretation im und für den Vertrag festschreibt, was konkret unter *Days* zu verstehen ist. Ebenfalls festgelegt sollte sein, wann eine entsprechende **Frist** beginnt resp. abläuft. Unglücklich ist, in einem auf Englisch abgefassten Vertrag ein Datum als *5.9.2013* zu bezeichnen (*Daigneault*, S. 25), denn danach lässt sich der Termin nicht eindeutig bestimmen: dies kann für Briten der 5. September 2013 oder für US-Amerikaner der 9. Mai 2013 bedeuten. Besser ist in diesem Zusammenhang, in US-amerikanischen Verträgen z.B. von *September 5, 2013* und in britischen Verträgen von *5 September 2013* zu sprechen. *Year* sollte dahingehend differenziert werden, ob es sich um das Kalender- oder Vertragsjahr handelt. In übrigen Fällen längerer Fristen mag mitunter empfehlenswert sein, auf Kalendermonate (und abermals den Beginn und das Ende entsprechender Fristen) abzustellen.

16

Ebenfalls undeutlich ist der Begriff *ask*, das bitten oder fragen bedeuten kann. Hier ist besser, in Verträgen von *request* bzw. *inquire* zu sprechen. *Term* kann die Laufzeit oder die vertraglichen Bedingungen bedeuten (besser: *duration* resp. *provision*) (*Daigneault*, S. 26). *To execute* kann den Akt der Vertragsunterzeichnung wie der Vertragserfüllung bezeichnen. Sinnvoller ist hier, *sign* oder *perform* zu verwenden (*Daigneault*, S. 26). Auch bei dem Wort *or* können Gefahren drohen, wenn die Parteien sicherstellen wollen, dass eine Regelung sowohl auf einzelne wie kollektive Sachverhalte anwendbar ist. So legt die Formulierung *pets or chil-*

17

dren are not allowed on the premise nahe, dass entweder Haustiere oder Kinder keinen Zutritt zu einem Gelände erhalten, ein Kind mit beispielsweise einem Hund hingegen schon (vgl. *Daigneault*, S. 26). Diese Auslegung ist angesichts der beschränkten Interpretationsansätze, die auf *Case Law* gestützte Gerichte anwenden, nicht ausgeschlossen, mag auch nach Sinn und Zweck (und damit der nach deutscher Rechtstradition verfolgten teleologischen Auslegung [*Stein*, S. 12 f.]) völlig klar sein, dass erst recht beide keinen Zutritt haben sollen. Möchte man sicherstellen, dass Sachverhalte sowohl einzeln wie zusammen derselben Regelung unterfallen, so ist es besser, von *and/or* zu sprechen.

18 Vorsicht ist auch bei dem Begriff *will* geboten. Dies kann sowohl Ausdruck zukünftigen wie nach dem Vertrag gebotenen Verhaltens sein. Sinnvollerweise spricht man deshalb bei klaren, im Vertrag niedergelegten Verpflichtungen von *shall* (siehe ausf. Rz. 34). Zur Undeutlichkeit können schließlich Füllworte (siehe ausführliche Darstellung bei *Daigneault*, S. 27) führen wie z.B. *aforementioned, hereto*, (vorgenannte, hiermit, hierzu) etc. Unklar ist hier das Objekt, auf das sich diese Worte jeweils beziehen (eine Ausnahme kann nur dort in Betracht kommen, wo eine Handlung mit Unterzeichnung des Vertrags als abgeschlossen gilt, da – wie ausgeführt – dem *Case Law* die Trennung in ein schuldrechtliches Verpflichtungs- und ein dingliches Verfügungsgeschäft fremd ist und auch im deutschen Recht beides etwa bei der Einräumung von Nutzungsrechten zusammenfallen kann. In einem solchen Fall dient *hereby* der (nicht zwingenden) Klarstellung einer durch den Vertrag vollzogenen Handlung (vgl. *Döser*, JuS 2000, 869 [870]; *Schrey/Kugler*, S. 5)). Ebenfalls zu vermeiden sind *False Friends*, also Worte, die scheinbar eine gleich klingende Entsprechung im Deutschen haben, tatsächlich jedoch unterschiedliche Begriffe bezeichnen (vgl. für eine Auflistung *www.englisch-hilfen. de/en/words/false_friends.htm*).

b) Begriff und rechtliche Anknüpfung

19 Neben einer klaren Begrifflichkeit ist festzustellen, welcher **Rechtsordnung** dieser Begriff unterstellt und – zumindest bei Wahl deutschen Rechts – wie er **interpretiert** wird. Denn mit der Wahl der Sprache einer Vereinbarung ist nur die Frage des Sprachrisikos, nichts jedoch bezüglich der auf einen Vertrag anwendbaren Rechtsordnung entschieden (vgl. nur MüKo BGB/*Spellenberg*, Art. 12 VO 593/2008, Rz. 36 m.w.N.). Um nicht den Grundsätzen des Internationalen Privatrechts ausgesetzt zu sein, tun die Parteien gut daran, die anwendbare Rechtsordnung ausdrücklich und genau festzulegen: denn sowohl Großbritannien wie die USA besitzen interlokales Recht, so dass ein identischer Begriff nicht notwendig dasselbe innerhalb eines Hoheitsgebietes bedeuten muss (*Aden*, ZPR 2012, 50 [51]; *Daigneault*, S. 25; *Kochinke*, Teil 9.1, Rz. 22; *Triebel/Balthasar*, NJW 2004, 2189 [2194]). Auch ist im deutschen Rechtskreis zu beachten, dass das UN-Kaufrecht Teil des deutschen Rechts ist; wollen die Parteien

II. Grundlagen

hierauf verzichten, müssen sie es bei Wahl deutschen Rechts ausdrücklich ausschließen.

Mitunter finden sich in Verträgen Klauseln, die das am **Gerichtsstand des Beklagten anwendbare Recht** als für die jeweilige Auseinandersetzung maßgeblich festlegen. Auch wenn dies einen Ausgleich widerstreitender Interessen und eine vermeintlich einfache Lösung eines Konfliktes bei den Verhandlungen darstellen kann, ist angesichts der damit verbundenen Unsicherheit von einer entsprechenden Vereinbarung abzuraten. Denn der Vertrag ist damit je nachdem, wer Kläger ist, unterschiedlichem Gerichtsstand und Vertragsstatut unterstellt. Insbesondere materielle Fragen von Gegenforderungen, Zurückbehaltungsrechten sowie prozessuale Themen der Widerklage und Vollstreckung werfen in einem solchen Fall zwangsläufig Probleme in der Um- und Durchsetzung des Vertrags auf (*Döser*, JuS 2000, 663 [664 f.]).

19a

Haben sich die Parteien terminologisch auf einen Begriff und eine Rechtsordnung geeinigt, so verbleibt zumindest bei der Wahl deutschen Rechts eine Unsicherheit: denn der gewählte Begriff kann bereits im *Common Law* unterschiedliche Bedeutungen haben, jedenfalls jedoch eine andere Bedeutung als im deutschem Recht (*Heussen*, Teil 1, Rz. 5; MüKo BGB/*Spellenberg*, Art. 12 VO 593/2008, Rz. 36; *Triebel/Balthasar*, NJW 2004, 2189). So kommt es zu **Undeutlichkeiten**, wenn etwa die Inhalte der Begriffe im deutschen Recht von denen des englischen Rechts abweichen (vgl. Beispiele bei *Triebel/Balthasar*, NJW 2004, 2189; s.a. *Maier-Riemer*, NJW 2010, 254 und BGH, NJW 1987, 591). Dies ist beispielsweise denkbar bei Verwendung des Begriffs *trust*, der nach deutschem Verständnis eine *Treuhand* bezeichnen, im englischen Recht jedoch als Stiftung ganz anders aufzufassen sein kann (MüKo BGB/*Spellenberg*, Art. 12 VO 593/2008, Rz. 36). Im amerikanischen Englisch schließlich kann es *Kartell* bedeuten. Auch ist der *notary* nicht der Notar (*Döser*, JuS 2000, 246 [252]; zur Rolle des *notary public Kochinke*, Teil 9.1, Rz. 111). Ebenfalls problematisch ist die Bezeichnung einer Vereinbarung als *arrangement*, was nach deutschem Recht eine übereinstimmende Vorgehensweise kraft bindenden Vertrags darstellen kann, im *Case Law* hingegen eine Vereinbarung, aus der die Parteien regelmäßig keine Leistung zu begehren vermögen (*Glass*, S. 25; *Kochinke*, Teil 9.1, Rz. 75; *Kösters*, NZG 1999, 623; *Schrey/Kugler*, S. 1). Auch die *consideration* (zur schwierigen Übersetzung als Gegenleistung *Glass*, S. 25; eine Übersetzung ganz ablehnend *Linhart*, S. 68) birgt die Gefahr unterschiedlichen Verständnisses und damit potentiell konfliktträchtiger Situationen. Gleiches gilt für die bereits im angelsächsischen Raum nicht immer trennscharfen Begriffe der *representation*, *warranty* und *guaranty* (vgl. zur Differenzierung und mitunter mangelnden Trennung *Daigneault*, S. 88 f., die als Zusicherung, Gewährleistung, Garantie zu verstehen sein können, aber auch als reine Gewährleistung), bei der eine nach deutschem Verständnis bestehende Gewährleistung der *guaranty* entsprechen kann, die dann aber in ihrer deutschen Übersetzung eine Ga-

19b

rantie und damit regelmäßig ein deutlich über die Gewährleistung hinausgehendes Recht zu begründen vermag.

20 Bei Wahl deutschen materiellen Rechts ist nach §§ 133, 157 BGB zu ermitteln, welche **Bedeutung** die Parteien dem englischen Terminus geben wollten (MüKo BGB/*Spellenberg*, Art. 12 VO 593/2008, Rz. 36). Kann danach bei zwei Parteien, die beide nicht in einem Staat des *Common Law* ansässig sind, der deutsche Begriff maßgeblich sein, so mag bei Sitz eines Partners im angelsächsischen Rechtskreis die Entscheidung anders zu treffen sein (vgl. BGH, NJW 1978, 591; zu den interpretatorischen Ansätzen vgl. ausf. *Triebel/Balthasar*, NJW 2004, 2189 [2192 ff.]), wohingegen bei einer Anknüpfung ausschließlich an die Bundesrepublik die deutsche Begrifflichkeit und Rechtstradition anzuwenden sein wird (so *Triebel/Balthasar*, NJW 2004, 2189 [2195]). Um derartige, aus den unterschiedlichen Rechtstraditionen resultierenden Undeutlichkeiten zu entgehen, ist ein interpretatorischer Hinweis oder eine Übersetzung des englischen Begriffs sinnvoll: So kommt in Betracht, jeweils die deutsche Übersetzung eines englischen Begriffs kursiv und in Klammern hinter das englische Wort zu setzen (*Elfring*, JuS-Beilage 2007, 3 [4]; *Maier-Reimer*, NJW 2010, 2545 [2549 f.]; *Triebel/Balthasar*, NJW 2004, 2189 [2196]). So etwa durch *warranty („Gewährleistung")* (*Maier-Reimer*, NJW 2010, 2545 [2549 f.]). Ein entsprechender **Klammerzusatz** erhöht jedoch nicht unbedingt die Lesbarkeit (*Walz*, Vorwort zur 1. Auflage). Auch kann ein entsprechendes Vorgehen zu Irritationen der nicht Deutsch sprechenden Vertragspartei führen, wenn sie über den Vertrag verteilt mit deutschen Begriffen konfrontiert ist, deren Bedeutung sie nicht kennt. Entsprechende Nachfragen lassen sich verringern, wenn die Parteien eine allgemeine Definition der Begriffe – etwa als Teil der Rechtswahl – in den Vertrag aufnehmen:

If the English legal meaning or interpretation differs from the German legal meaning or interpretation, the German legal meaning and interpretation shall prevail („Soweit die englische Bedeutung oder Interpretation eines Begriffs von denen des Deutschen abweicht, ist die deutsche Begrifflichkeit und Interpretation maßgeblich". Ähnlich von der Formulierung auch *Triebel/Balthasar*, NJW 2004, 2189 [2196]).

c) Punkt und Komma

21 Die Interpunktion im Englischen, insbesondere bei Fragen der Komma-Setzung, ist extrem kompliziert und weist zahlreiche Ausnahmen auf, die Nichtmuttersprachler kaum durchdringen können (vgl. ausführl. *Truss*, Eats, Shoots & Leaves – The Zero Tolerance Approach to Punctuation, 2003). Für die Kommasetzung im Englischen gilt deshalb als Grundsatz: *When in doubt, do without*. Hierbei ist jedoch stets zu prüfen, ob ein (weggelassenes) Komma den Sinn entstellt. Trivial mag der Unterschied zwischen Punkt und Komma scheinen, doch können hier Welten liegen: So sind im Englischen *2,000 £* zweitausend Pfund, *2.000 £* hin-

gegen zwei Pfund mit einer Genauigkeit von drei Stellen hinter dem Komma, was den einen Vertragspartner freuen, den anderen hingegen ärgern kann. Auch sollte – wie im Deutschen – klargestellt sein, welche Währung tatsächlich gemeint ist, da etwa Pesos, Kronen, Dollar und Pfund bekanntlich in mehr als jeweils einem Land Zahlungsmittel sind – allerdings mit unterschiedlichen Werten. Wer *billion* und Billion gleichsetzt, hat sich um den Faktor 1000 und damit mehr als nur ein bisschen vertan.

4. Groß- und Kleinschreibung

Von wenigen Ausnahmen abgesehen werden bekanntermaßen Worte im Englischen klein geschrieben, soweit sie nicht am Anfang eines Abschnittes oder nach einem Punkt stehen. Nachfolgende Ausnahmen sind jedoch bei der Vertragsgestaltung im Englischen zu berücksichtigen. 22

a) Definitionen

Weil der wörtliche Sinn eines Begriffes in englischen Vereinbarungen essentielle Bedeutung hat, finden sich insbesondere in US-amerikanischen Verträgen zahlreiche Definitionen, die dem eigentlichen Haupttext vorangestellt sind. Darüber hinaus definieren die Vertragsparteien regelmäßig weitere, sich im Kontext der Vereinbarung ergebende Begriffe innerhalb des Flusstextes, die mitunter zusätzlich unterstrichen werden. Dies erfordert, von einer Stelle des Vertrags an eine andere zu springen, um den vollen Sinn der jeweiligen Regelung zu erfassen. Ein großer Anfangsbuchstabe oder – die Lesbarkeit nicht fördernd – völlige Großbuchstaben machen einen definierten Begriff kenntlich (*Kochinke*, Teil 9.1, Rz. 55 f. Da das Deutsche Nomen und Namen ohnehin groß schreibt, bietet sich in auf Deutsch abgefassten Verträgen an, einmal definierte Begriffe *kursiv*, in Kapitälchen oder – abermals auf Kosten der Lesbarkeit – durchgängig groß zu schreiben). Die Formulierung von Definitionen erfordert große Sorgfalt, da hierin gemachte Fehler damit eine „Hebelwirkung" für den gesamten Vertrag besitzen (*Döser*, JuS 2000, 456 [457]) und zu Divergenzen innerhalb des Vertrags führen können (*Heussen*, Teil 2, Rz. 299a). 23

Eine Definition beginnt in englischen Verträgen regelmäßig mit *means* oder *shall mean*, gefolgt von einer Aufzählung hierunter fallender und ggf. nicht erfasster Elemente, teilweise beschrieben durch *including without limitation* und *but excluding* (*Daigneault*, S. 64) und mitunter auch in der Klausel selbst enthaltenen weiteren Definitionen. Stößt man im Vertrag auf Worte mit Großbuchstaben, ist die jeweilige Definition zu suchen und wie bei einer Gleichung bei dem entsprechenden Begriff einzusetzen, um ein vollständiges Verständnis davon zu erhalten, worum es sich bei dem verwendeten Terminus konkret handelt. 24

b) Weitere Ausnahmen

25 Ebenfalls groß geschrieben werden in Verträgen auf Englisch **Wochentage** und **Monate**. Gleiches gilt für **Namen** von Personen und Ländern – letztere auch in Verwendung als Adjektive. Auch manche **Abkürzungen**, so für Unternehmen (*Ltd.* und *Inc.*), **Nummern** (*No.*) und **Akronyme** mit bis zu 5 Buchstaben (z.B.: *EFSF*) werden groß geschrieben. Schließlich stellen US-amerikanische Verträge **Haftungs- und Gewährleistungsausschlüsse** resp. deren Beschränkungen regelmäßig durchgängig in Großbuchstaben dar, um durch die so erzeugte Transparenz- und Warnfunktion ihre Wirksamkeit insoweit nicht zu gefährden.

26 Die Groß- und Kleinschreibung in **Überschriften** folgt nur beschränkt einheitlichen Regeln (*Daigneault*, S. 116). Einigkeit besteht darin, das erste Wort immer mit einem großen Buchstaben zu beginnen. Alle weiteren wichtigen Wörter werden ebenfalls mit einem großen Anfangsbuchstaben versehen. Hierbei handelt es sich regelmäßig um alle Substantive und nach Geschmack auch Adjektive und Adverbien, wenn diese nach Meinung der Parteien wichtig sind. Klein geschrieben werden hingegen regelmäßig Worte wie etwa *is, are, by* und *of*. Ausdrücklich im Vertrag enthaltene Interpretationshinweise sehen im Übrigen häufig vor, dass Überschriften entgegen der allgemeinen Regel (*Döser*, JuS 2000, 456 [457]) nicht zur Auslegung des Vertragsinhalts heranzuziehen sind, so dass es in diesem Fall auf eine Groß- und Kleinschreibung von Überschriften nicht ankommt. Eine entsprechende Eingrenzung lautet dann zum Beispiel: *The section headings used in this Agreement are inserted for convenience and identification only and are not to be used in any manner to interpret this Agreement* (die in dieser Vereinbarung verwendeten Überschriften dienen nur der Erleichterung und dem Auffinden, sind allerdings bei Auslegung dieses Vertrags unberücksichtigt zu lassen).

5. Normalschrift, Kursives und Fettdruck

27 Verträge auf Englisch sind in Normalschrift abgefasst. Fettdruck (*bold type*) kommt bei Überschriften und der erstmaligen Definition eines Wortes in Klammern wie teilweise bei Gewährleistungs- und Haftungsausschlüssen in Betracht. Worte aus anderen Sprachen als dem Englischen werden in Verträgen kursiv (*in italics*) geschrieben, so etwa für *mutatis mutandis* (gilt entsprechend) oder *in toto/in parte* (ganz/teilweise).

III. Aufbau englischsprachiger Verträge

28 Die in diesem Handbuch vorgestellte Struktur sinnvoller Gestaltung von Austauschverträgen weicht von der üblicherweise in Großbritannien und insbesondere den USA verwendeten Gliederung ab. Hier hat sich

nachfolgende Gliederung von Verträgen durchgesetzt (vgl. *Daigneault*, S. 58 ff., *Kochinke*, Teil 9.1, Rz. 37 ff.; *Schrey/Kugler*, S. 9 ff.):

➔ – Opening Provisions 29
  – Date of Agreement
  – Name of Parties
  – Background („Whereas")
  – Context Recitals
  – Purpose Recitals
  – Simultaneous Transactions Recitals
 – [Linking Provision – kann auch entfallen
  – Überleitung zum Hauptteil; meist ein Satz (*Now, therefore, it is hereby agreed:*)]
 – Operative Provisions
  – Definitions
  – Primary Provisions
   – Effective Date
   – Commercial Provisions (Product and Payment)
  – Secondary Provisions
   – Representations and Warranties
   – Indemnification and Liability
   – Duration and Termination
  – Tertiary Provisions
   – Notices
   – Written Form
   – Waiver
   – No Election of Remedies
   – Severability
   – Relationship of the Parties
   – Cost and Expenses
   – Force Majeure
   – Counterparts
   – Benefits and Burdens
   – Interpretation
   – Choice of Law and Venue/Arbitration

- Schedules
  - Annexes and Appendices
- Exhibits

30 Ein Vergleich zwischen dem deutschen und dem angelsächsischen Schema zeigt, dass die *Opening Provisions* im Wesentlichen den vertraglichen Grundlagen entsprechen. Ein erheblicher Unterschied besteht jedoch, wie oben ausgeführt, in der Interpretation der darin enthaltenen Klauseln: während die *Vertraglichen Grundlagen* im deutschen Recht in den Vertrag einbezogen sind und deshalb als Teil von ihm für die Interpretation des Vertragsinhalts dienen können, dienen die *Opening Provisions* im *Common Law* lediglich der allgemeinen Vorrede und sind – soweit nicht ausdrücklich etwas anderes im Vertrag niedergelegt ist – nicht bei der Beurteilung der Rechte und Pflichten, von konkludenten Gewährleistungen sowie der Auslegung des Vertrags allgemein heranzuziehen (*Daigneault*, S. 61). *Opening Provisions* können sich differenzieren in die Hintergründe (*context recitals*), also etwa zur Historie der Parteien und des Vertragsschlusses, den von den Parteien mit dem Vertragsschluss verfolgten Zweck (*purpose recitals*) und die gleichzeitig mit dem Vertragsschluss eventuell ebenfalls unterzeichneten Dokumente oder von den Parteien vorzunehmenden Handlungen (*simultaneous transactions recitals*) (siehe im Einzelnen hierzu *Schrey/Kugler*, S. 11 f.).

31 Die *Operative Provisions* beginnen mit den Definitionen und ziehen den einklagbaren Inhalt der Leistung (*Primary Provisions*) und Sicherung der Leistung (*Secondary and Tertiary Provisions*) zusammen. *Secondary Provisions* finden sich im Sechserraster teilweise auch in Regelungen zur Durchführung des Vertrags. *Tertiary Provisions* schließlich sind nach dem deutschen Schema überwiegend als Schlussbestimmungen zu begreifen. Die *Schedules* – auch als *Annexes* oder *Appendices* bezeichnet – entsprechen den deutschen Anlagen. Im Gegensatz hierzu handelt es sich bei einem *Exhibit* um ein Dokument, auf das im Vertrag Bezug genommen wird, das aber aufgrund seiner Komplexität oder Größe nicht Teil des Vertrags wird (*Daigneault*, in der Erstauflage 2005, S. 89) – etwa eine mit Dritten von einer Partei geschlossene Vereinbarung, die im Zusammenhang mit dem nun abgefassten Vertrag steht. *Annexes* oder *Appendices* sind verbindlicher Teil des Vertragsganzen, so dass ihr Inhalt genau zu prüfen ist, um Widersprüche zum Haupttext zu vermeiden (*Kochinke*, Teil 9.1, Rz. 39).

32 Gleichwohl bietet sich das für Austauschverträge entwickelte **Sechserraster** an, wenn Vereinbarungen von der deutschen Seite abgefasst oder Vertragsentwürfe eines Partners verhandelt werden. Vertrautes Vertragsdesign hilft bei Verhandlungen (vgl. ausführlich Teil 2, Rz. 1 ff.). Bei Vertragsentwürfen der anderen Seite, die nicht dem Sechserraster entsprechen, dient diese Gliederung als Checkliste, um festzustellen, ob alles, was zu regeln ist, auch in einer Vereinbarung enthalten ist. Welchem

Schema man auch für die konkrete Vertragsgestaltung folgen mag: wichtig ist, es einheitlich anzuwenden und zu wissen, welchen der regelungsbedürftigen Punkte man bereits angesprochen hat, damit die einzelnen vertraglichen Regelungen im Kontext des Gesamtvertrags bestehen, Undeutlichkeiten vermeiden und ein einheitliches Ganzes ergeben. Denn nur wenn die Parteien verstanden haben, wozu sie sich verpflichten, können sie diese Pflichten auch einhalten und nur wenn Einigkeit auch in der Durchführung des Vertrags kraft eindeutiger Regelungen besteht, werden die Parteien auch ihre Ziele erreichen.

IV. Einzelne Begriffe

1. Verpflichtung und Berechtigung

Shall bezeichnet eine zwingende, bindende Verpflichtung zur Handlung und ist als *muss* zu übersetzen. Um eine eindeutige Leistungsverpflichtung zu verdeutlichen, kommt zusätzlich der Begriff *absolute obligation* in Betracht. Die Negation *shall not* bedeutet *darf nicht* im Sinne einer fehlenden Berechtigung. *Shall* ist deutlicher als *will*. Letzteres kann auch zukünftiges Verhalten bedeuten, so dass zur Vermeidung von Unklarheiten bei einer Verpflichtung *shall* Verwendung finden sollte (*Daigneault*, S. 22, der darüber hinaus als vorzugswürdig ansieht, statt beider *agrees to/is obligated to* zu verwenden). Auf jeden Fall sind nicht beide Formen in einem Dokument synonym zu verwenden (*Daigneault*, S. 22). Umgangssprachlich kann sich eine Verpflichtung auch aus dem Wort *must* ergeben. Dieses Verb ist jedoch in Verträgen – ebenso wie *can* oder *cannot* und das Verbot eines *must not* – zu vermeiden (*Daigneault*, S. 23; einschränkend *Maier-Reimer*, NJW 2010, 2545 [2547] und *Schrey/Kugler*, S. 3). *Should* (sollte) ist als Formulierung für eine Verpflichtung verwirrend, da es dem deutschen Konjunktiv entspricht, damit auch als Irrealis aufgefasst werden und folglich nicht zu Leistendes erfassen kann. Wenn überhaupt, so ist die Verwendung von *should* deshalb nur dann zu empfehlen, wenn der Eintritt der Verpflichtung von einer aufschiebenden Bedingung abhängt (*Should these conditions be fullfilled, Seller shall ...*). Besser ist jedoch auch hier, auf *should* zu verzichten und zu schreiben: *If these conditions are fulfilled, Seller shall ...*

May ist als *kann* und damit der Entscheidung einer Vertragspartei unterliegende Regelung zu verstehen. *May not* bedeutet jedoch nicht „kann nicht", sondern „darf nicht" im Sinne einer fehlenden Berechtigung, aber auch einer fehlenden Verpflichtung. *No party shall deliver* bedeutet danach, dass keine Partei berechtigt ist, etwas zu liefern, *no party may deliver*, dass sie weder verpflichtet noch berechtigt ist, eine Leistung vorzunehmen (vgl. *Daigneault*, S. 23; *Maier-Reimer*, NJW 2010, 2545 [2547]). Aufgrund der Wortbedeutung von *shall* ist der Satz *Seller shall receive the payment* unzutreffend, da es nach dem Verständnis des Common Law prinzipiell keine Pflicht gibt, einen Vorteil zu erhalten – *shall* ist nicht *soll*. Zutreffend ist deshalb zu schreiben *Seller is entitled to receive payment (Daigneault,* S. 23). Ebenfalls unpassend ist, von *shall be obliged* zu sprechen, da dies die Verpflichtung zu einer Pflicht statuiert und damit gleichermaßen pleonastisch wie sinnlos ist (*Schrey/Kugler*, S. 4).

2. Ermessen

35 Ein Ermessen des Berechtigten bezeichnet *discretion*, das regelmäßig im Zusammenhang mit *may* Verwendung findet, da es ein Recht und keine Verpflichtung begründet. Bei entsprechenden Einschränkungen einer bindenden Verpflichtung des anderen Vertragspartners ist Zurückhaltung angezeigt, soll ein Vertrag nicht zur Aufweichung bindender Verpflichtungen führen und einer langwierigen Diskussion, ob eine Entscheidung *reasonable* = „angemessen" war, wenn die Parteien eine entsprechende Einschränkung des Ermessens überhaupt aufgenommen haben. Regelungen zum Ermessen empfehlen sich nur dann, wenn es um weitergehende, bislang nach dem Vertrag einer Partei nicht zustehende Rechte geht – etwa die Einschaltung Dritter für die Erfüllung vertraglicher Pflichten einer Partei und einen Zustimmungsvorbehalt der anderen Partei hierzu. Alternative Begriffe sind *elect* oder *judgement*. Diese Berechtigung lässt sich jeweils durch Formulierungen einschränken oder ausweiten. So etwa durch:

- ... *in its sole and free discretion* („in eigenem und freiem Ermessen")
- ... *to be exercised in good faith* („nach Treu und Glauben" – also billig – „ausgeübt")
- ... *in its reasonable* (allerdings ist angesichts des offenen Begriffs festzustellen, welches Verhalten angemessen ist, wollen die Parteien größere Rechtssicherheit erreichen; vgl. *Maier-Reimer*, NJW 2010, 2545 [2548]) *discretion* („im billigen Ermessen" [wie § 315 Abs. 1 BGB beim Leistungsbestimmungsrecht einer Partei vermutet])
- ... *in its discretion, not to be withheld unreasonably* („in seinem Ermessen, das nicht unbillig verweigert werden darf")
- *If Purchaser so (freely) elects, ...* („falls der Käufer [frei] wählt")
- ... *in its sound business judgement* („nach seiner vernünftigen unternehmerischen Entscheidung")
- ... *in its free judgement* („in seiner freien Entscheidung")

3. Bemühen

36 Eine Aufweichung von Verpflichtungen erfolgt daneben durch Formulierungen eines Bemühens, die *endeavours* (brit.) oder *efforts* (US-amerik.)

beinhalten. Sie begründen nicht die Pflicht einer Partei, einen Erfolg herbeizuführen, sondern nur das Bemühen darum. Sinnvoll sind derartige weiche Pflichten, wenn es um den Eintritt eines Erfolges geht, der **außerhalb der Einflusssphäre** der Vertragspartei steht, sie also den Zustand selbst nicht herbeiführen kann, aber ohne eine entsprechende Einschränkung hierzu verpflichtet wäre. Dies gilt etwa, wenn Handlungen Dritter erforderlich sind, um das vom Vertrag verfolgte Ziel eintreten zu lassen. Entsprechende Formulierungen können dann lauten: *Seller shall use best endeavours/efforts to (...)/Seller shall use ([all] commercially) reasonable/acceptable endeavours/efforts to (...)*.

Best endeavours als Verpflichtung erfordert dabei ein größeres Bemühen als *reasonable endeavours*. Erstere erfassen auch wirtschaftlich nicht sinnvolle Maßnahmen, die der Verpflichtete zu unternehmen hat, um den angestrebten Zustand eintreten zu lassen. Sie beinhalten danach regelmäßig die Pflicht, alles in der Macht des Verpflichteten Stehende zu unternehmen, um den Erfolg eintreten zu lassen (*Daigneault*, S. 44). Dies kann im US-Recht bis an den Rand der Insolvenz des Verpflichteten gehen (*Maier-Reimer*, NJW 2010, 2545 [2547]). Die Formulierung *reasonable endeavours* hingegen beschreibt die Verpflichtung zu verhältnismäßigen, also wirtschaftlich sinnvollen Maßnahmen (*Daigneault*, S. 44). Um die Pflicht, sich um den Erfolg zu bemühen, zu konkretisieren, kann eine entsprechende Klausel darüber hinaus den Umfang der Mitwirkungspflichten genauer bezeichnen – so etwa die Herausgabe oder Ausfertigung bestimmter Unterlagen. 37

4. Zustimmungsvorbehalte

Zustimmungsvorbehalte geben einem Vertragspartner – ebenso wie im Bereich von Optionsrechten (siehe dazu LG München, ZUM 2009, 294) – regelmäßig eine starke Position, die Abwicklung einer Vereinbarung eigenverantwortlich und damit vor allem einseitig zu gestalten. Regelmäßig wird in diesem Zusammenhang eine vor entsprechenden Handlungen liegende Zustimmung vorausgesetzt (*pre-approval*). Zustimmungsvorgehalte haben damit üblicherweise den Charakter einer aufschiebenden Bedingung, denn die im Vertrag genannten Rechtsfolgen treten erst mit Zustimmung ein. Wie bei allen Erklärungen sollte hierfür **Schriftform** Voraussetzung sein (*in writing*), wobei die Parteien – wie bei allen Schriftformklauseln – sinnvollerweise im Vertrag festlegen, ob es sich hierbei um eine Wirksamkeitsvoraussetzung oder Beweisregel handelt. Aufgrund der starken Machtposition, die *approval rights* einer Partei vermitteln, sind entsprechende Zustimmungsvorbehalte möglichst nicht in Verträgen zu Lasten der eigenen Seite aufzunehmen. Wenn sie sich nicht vermeiden lassen, sollten sie auf Situationen beschränkt sein, in denen es um zusätzliche, über die im Vertrag bisher gewährten Rechte hinausgeht, die eines *approval* bedürfen; so etwa nach dem Vertrag eigentlich ausgeschlossene Abtretungsrechte, die Einschaltung eines Dritten für die Vertragserfüllung oder Veränderungen der einer Partei oblie- 38 genden Hauptleistung. Zustimmungsvorbehalte lassen sich konkretisieren, so etwa durch die Formulierungen:

⇨ – *... not to be withheld unreasonably*
– *... to be given without undue delay*
– *... to be given provided the following conditions are met*

5. Regelungen im Kontext der Verträge

39 Auch wenn das *Case Law* nicht an die systematischen Auslegung anknüpft, so können die Parteien bereits bei der wörtlichen Interpretation ein **Hierarchieverhältnis** zwischen einzelnen Regelungen innerhalb der Vereinbarung bestimmen. Einzelne Formulierungen statuieren dabei einen Vorrang gegenüber anderen Vertragsteilen, kommen also stets zur Anwendung und verdrängen andere Regelungen. Andere Formulierungen hingegen sehen eine Nachrangigkeit vor und kommen im Fall von Widersprüchen innerhalb der Vereinbarung nicht zur Anwendung.

40 Kleine Worte können so das Vertragsganze enorm beeinflussen. Zu den Vorrangregelungen gehören:

⇨ – *Notwithstanding (...)*,
– *irrespective of (...)*,
– *regardless of (...)*,
– *(...) shall remain unaffected*
– *nothing shall be construed/interpreted as (...)*.

Vorstehende Formulierungen sind mit *ungeachtet, abweichend von, unabhängig von* oder *ohne Rücksicht auf* zu übersetzen. Der jeweilige Umfang des Vorrangs richtet sich dabei nach der konkreten Regelung, den diese Formulierung jeweils begleitet.

41 Andere Begriffe kommen nur subsidiär zum Tragen und legen so eine **Nachrangigkeit** fest. Hierzu zählen die Formulierungen:

⇨ – *without prejudice to (...)*
– *subject to (...)*
– *except where stated otherwise in this agreement.*

Die jeweils betroffenen Regelungen kommen damit zum Tragen, soweit keine gegenteiligen (Vertrags-)klauseln bestehen und sind „nach Maßgabe von/soweit nicht" zu übersetzen. Unklar kann mitunter bei der Formulierung *subject to* sein, ob es sich dabei um eine aufschiebende Bedingung handelt oder aber nur eine Nachrangigkeit feststellt (vgl. *Maier-Reimer*, NJW 2010, 2545 [2549]). Dies lässt sich im Fall einer auflösenden Bedingung durch weitergehende Formulierungen, wie etwa *upon fulfill-*

IV. Einzelne Begriffe

ment this condition, Purchaser's future obligations shall cease to exist (der Eintritt dieser Bedingung führt zum Erlöschen zukünftiger Verpflichtungen des Käufers) klarstellen.

6. Bedingung, Ausnahme, Vermutung, negative Formulierung und Beweislastverschiebung

Anders als in der Deutschland sind die Anwälte aus dem Rechtskreis des *Case Law* regelmäßig erheblich stärker für das Thema **Beweislast** bei der Vertragsgestaltung sensibilisiert und widmen entsprechenden Fragen, die jenseits der klassischen Beweismittel im Zivilprozess liegen, bereits in der Ausbildung größere Aufmerksamkeit (*Kochinke*, Teil 9.1, Rz. 17). Für deutsche Berater lässt sich hier viel insbesondere von der US-amerikanischen Vertragsgestaltung lernen. Beweislastrelevant sind in einer Vereinbarung enthaltene Bedingungen, Ausnahmen, Vermutungen und negativen Formulierungen. 42

a) Vermutungsregeln

Leicht zu erkennen, damit aber auch schwer zu verhandeln ist eine vertraglich angelegte **Vermutung** (*deemed*), die eine Beweislastverschiebung herbeiführt. Gänzlich ausgeschlossen ist der **Gegenbeweis**, wenn etwas unwiderleglich vermutet wird (*deemed irrefutably*). 43

b) Bedingungen

Rechtsnormen lassen sich zu Konditionalsätzen umformulieren, die tatbestandliche Voraussetzungen („wenn") und Rechtsfolgen („dann") abbilden. Da vertragliche Klauseln gewillkürte Gesetze sind, ist es im Rahmen der Vertragsgestaltung sinnvoll, ebenfalls mit entsprechenden Konditionalsätzen zu operieren, um die Rechte und Pflichten der Parteien sowie deren Folgen klarer zu machen. Diese Voraussetzungen und Rechtsfolgen eines Tatbestandes können sich innerhalb einer Klausel weiter ausdifferenzieren (*Daigneault*, S. 36 ff.; insbes. S. 39): 44

➲ – *When* – Vorliegen einer bestimmten Situation – der Fall als Voraussetzung

– *if* – Eintritt eines bestimmten Ereignisses – die Bedingung als Voraussetzung

– *then* – die allgemeine Rechtsfolge

– *except* – die Ausnahme von der Rechtsfolge

Bedingungen (*conditions*) dienen dazu, andernfalls uneingeschränkt bestehenden Verpflichtungen unter einen Vorbehalt zu stellen. Sie gliedern sich in die aufschiebende Bedingung (*condition precedent/contingent condition*) und die auflösende Bedingung (*resolutive condition/dissolving condition*). Mag auch nicht primäres Ziel von Bedingungen sein, eine Be- 45 weislastverschiebung herbeizuführen, so haben sie doch eine entsprechende Wirkung. Denn je nach ihrer Ausgestaltung führen sie zum Aufleben oder Entfallen der Verpflichtung einer Seite. Hierbei ist zu beachten, dass das angloamerikanische Recht keine § 162 BGB entsprechende Regelung zur treuwidrigen Verhinderung (oder Herbeiführung) eines Bedingungseintritts kennt und deshalb eine spezielle Verpflichtung nebst entsprechender Schadenersatzansprüche aufzunehmen ist.

46 Die *condition precedent* erfordert das Vorliegen gewisser Voraussetzungen, um eine unmittelbare Berechtigung einer Seite auszulösen. Derjenige, der sich auf seine Berechtigung beruft, muss den Eintritt der Voraussetzungen beweisen. Üblich sind entsprechende **aufschiebende Bedingungen**, wenn es um behördliche Zustimmungen geht, ohne die ein Vertrag nicht durchgeführt werden kann; so etwa in Fällen des Wirtschaftsaufsichts- und Wirtschaftslenkungsrechts im Polizei- und Ordnungsrecht im weiteren Sinn, z.B. bezüglicher baubehördlicher Nutzungsänderungen und damit zusammenhängenden Genehmigungen oder kartellrechtlicher Vollzugsverbote einer Fusion vor Freigabe.

47 Die **auflösende Bedingung** wird häufig als *condition subsequent* bezeichnet. Tatsächlich handelt es sich bei der *condition subsequent* um eine nach der geplanten Transaktion eintretende Bedingung (*Maier-Reimer*, NJW 2010, 2545 [2549]) und kann damit eine aufschiebende oder auflösende Bedingung darstellen. Möchte man hingegen ausdrücken, dass eine Pflicht entfällt, wenn und soweit die Bedingung eintritt, so ist von der *resolutive* oder *dissolving-condition* zu sprechen und zur Sicherheit der deutsche Terminus in Klammern zu setzen oder die Folgen des Nicht-Eintritts klar zu umschreiben (*Maier-Reimer*, NJW 2010, 2545 [2549]). Eine auflösende Bedingung ist von der Partei zu beweisen, die sich auf den Wegfall ihrer Verpflichtungen beruft.

48 Eine ähnliche Wirkung wie *conditions* besitzen Formulierungen wie *provided that/under the proviso ...*, die Regelungen dem Vorbehalt bestimmter, in der jeweiligen Klausel genannter Voraussetzungen unterwerfen, unter der eine Verpflichtung entsteht oder untergeht und die damit je nach Inhalt des weiteren Satzes den Charakter aufschiebender oder auflösender Bedingungen haben können. Bei *subject to* ist, wie oben dargestellt, deutlich zu machen, ob das Nachfolgende als aufschiebende Bedingung ausgestaltet ist oder lediglich die Nachrangigkeit des folgenden Passus deutlich machen soll (vgl. *Maier-Reimer*, NJW 2010, 2545 [2549]).

c) Ausnahmen

49 Dieselbe Wirkung wie die einer Beweislastverschiebung oder der Aufnahme einer Bedingung lässt sich auch mit der Verwendung von Ausnahmen (*exceptions*) erreichen. *exception* und *exemption* ist nicht dasselbe. Der Unterschied liegt darin, dass *exceptions* Ausnahmen sind, die nicht in ei-

ner Aufzählung enthalten sind, *exemptions* hingegen Ausnahmen, die ursprünglich in einer Aufzählung enthalten sind, aber mit der *exemption* ausgenommen werden.

d) Negative Formulierungen

Ähnliche Ergebnisse im Hinblick auf eine Beweislastverschiebung können im Ergebnis schließlich mit negativen Formulierungen in Verträgen – ggf. in Kombination mit Bedingungen – erzielt werden. Als Grundsatz gilt – im Deutschen wie im Englischen –, dass positive Formulierungen freundlicher, einfacher zu verstehen und häufig kürzer sind als negative Begrifflichkeiten. *No, not, none* und negative Verben wie *cancel, deny, fail, terminate* oder entsprechende Adverbien und Adjektive wie *void, except, other than* sind danach im Grundsatz zu vermeiden (*Daigneault*, S. 19). Negative Formulierungen kommen jedoch in Betracht, wenn die **Umkehr der Beweislast** gewünscht wird. Auch im *Common Law* gilt prinzipiell: „Wer behauptet, muss beweisen." Danach obliegt demjenigen, der sich auf eine Verpflichtung der anderen Seite und damit korrespondierend seine Berechtigung beruft, der Beweis, dass die Voraussetzungen für das Vorliegen dieser Verpflichtung des anderen Vertragsteils und seiner eigenen Berechtigung erfüllt sind. Es kommt deshalb maßgeblich darauf an, wer etwas beweisen muss, denn Recht haben alleine reicht nicht. Durch geschickte Formulierung einer Bedingung nebst negativer Formulierung lässt sich so die Beweislast auf die andere Vertragspartei überwälzen. Durch den negativ gefassten Wortlaut wird so eine aufschiebende zu einer auflösenden Bedingung. Die Formulierung *Seller shall indemnify and hold harmless Purchaser from any and all claims raised by third parties if the following conditions are met: (...)* bedeutet danach, dass *Purchaser* das Vorliegen sämtlicher Voraussetzungen nachweisen muss, um von *Seller* freigestellt zu werden. Will *Purchaser* nun eine Umkehr der Beweislast mit der Folge erreichen, dass *Seller* die Voraussetzungen für ein Entfallen der Freistellung nachzuweisen hat, so kann folgende Formulierung gewählt werden: *Seller shall indemnify and hold harmless Purchaser from any and all claims raised by third parties unless the following conditions are met: (...).*

V. Einzelne Formulierungen in der Vertragsgestaltung

1. Leistungszeit

a) Effective Date, Signing und Closing

Verträge trennen zwischen *Effective Date*, *Signing* und *Closing*. Diese Daten können, müssen aber nicht zusammenfallen. Das *Effective Date* (mit Großbuchstaben, da es in einem Vertrag zu definieren ist) bezeichnet das Datum des **In-Kraft-Tretens** eines Vertrags. *Signing* ist der Akt und Tag der **Unterzeichnung**, *Closing* der **Vollzug** eines Vertrags. Sieht der Vertrag etwa aufschiebende Bedingungen vor – so z.b. die Zustimmung Dritter zur Übertragung, Finanzierungsvorbehalte oder behördliche Genehmigungen –, fallen *Signing* (Tag der Unterzeichnung) und *Closing* (mit Eintritt der aufschiebenden Bedingung – *condition precedent*) auseinander. Soll etwa ein Vertrag rückwirkend in Kraft treten, sind die Daten von *Signing* und *Effective Date* unterschiedlich.

b) Prompt and without undue delay vs. Time of Essence

52 Bestimmte **Reaktionszeiten** lassen sich mit *prompt(ly)* oder *without (undue) delay* umschreiben. *Promptly* ist für den Verpflichteten schärfer als *without undue delay*, auch wenn die Trennung in der Praxis meist nicht völlig klar zu ziehen ist (*Maier-Reimer*, NJW 2010, 2545 [2548]). Ersteres verpflichtet zu unverzüglichem Handeln, mithin also ohne schuldhaftes Zögern, während *without undue delay* ohne unangemessenes Zögern bedeutet. Im ersten Fall ist regelmäßig sofort zu reagieren, im zweiten Fall kann der Verpflichtete mit einer gewissen Verzögerung handeln, wenn anerkennenswerte Gründe vorliegen, die nicht notwendig schuldausschließend (anders als für *promptly* erforderlich) sein müssen. Die Formulierung *undue* weicht dabei die Zeit, innerhalb derer reagiert werden muss, auf. Das Gegenstück zu relativ großzügigen Fristen stellt die Formulierung *time (of performance) is of essence* dar, die den Charakter eines Fixgeschäfts beschreibt (*Daigneault*, S. 98).

c) Klarheit der Fristbestimmung

53 Neben einer Differenzierung in *Working/Business/Calendar Days* und deren jeweilige territoriale Geltung sind für die Fristberechnung ihr Beginn und Ende erheblich, um etwa einen Verzug festzustellen.

Hierzu kommen folgende Formulierungen (vgl. *Daigneault*, S. 41) in Betracht:

➲ – *To/from and including/excluding*
  – *On or before/after*
  – *From ... to ... both days included/excluded*
  – *... to commence on ... to expire on*
  – *not less than/at least/within 30 days after such event has occurred*

54 Bei festen Zeitabständen spricht man von *to last* (z.B. der Laufzeit eines Films – *the film lasted two hours*). *To take* hingegen bezeichnet ein Ereignis, das in seiner Laufzeit fest, in seinem Beginn und Ende aber von externen Faktoren abhängig ist – etwa eine Flugreise. *By* findet Verwendung für etwas, das noch nicht eingetreten, aber bis zu einem Zeitpunkt zu bewirken ist. Es beinhaltet für die Fristberechnung das jeweils genannte Datum. Erst nach dessen Ablauf ist die Frist verstrichen. Ein Sy-

nonym ist *no later than*. Bei *before* hingegen wird das angegebene Datum selbst nicht mehr für die Fristberechnung hinzugerechnet. *Until* hingegen beschreibt einen Zustand, der bis zum Eintritt eines bestimmten Ereignisses anhält und dann endet, mithin einen Fristablauf (*Henry/Pike*, S. 15); ein Synonym ist *up to*. Hier kommt es zur Sicherheit auf eine Klarstellung an, ob das Datum selbst noch Teil der Frist ist.

For charakterisiert einen hinsichtlich seines Anfangs- und Endpunkts abgeschlossenen Zeitraum eines Ereignisses oder Zustandes: *Seller has been in material breach for ten months* (was jetzt beendet ist). *Since* hingegen findet Anwendung auf einen Umstand, der seit einem bestimmten Zeitpunkt besteht, aber noch nicht abgeschlossen ist: *Seller has been in material breach since ten months* (was immer noch andauert). *In* bezeichnet (auch) einen Zeitpunkt oder das Ende eines bestimmten Zeitraums. Im Gegensatz hierzu setzt *after* den Beginn eines Zeitraums nach Eintritt eines bestimmten Ereignisses oder Datums. 55

2. Erfüllungsort – Ship and Deliver

Nach dem deutschen Verständnis legt die Formulierung *ship* („versenden" und „abschicken") eine Schickschuld nahe. Im Gegensatz dazu bedeutet *to deliver* eine Lieferung, mithin eine Bringschuld. Beide Erfüllungsorte entsprechen nicht der Vermutung deutschen Rechtes nach § 269 Abs. 1 BGB, wonach im Zweifel eine Holschuld vereinbart ist. Bereits nach deutschem Verständnis ist für die Wahl des Erfüllungsortes damit nicht ausreichend, lediglich den Ablieferungsort vertraglich zu bestimmen (*Jauernig/Stadler*, § 269 Rz. 5). Zur Klarstellung ist deshalb auch in auf Englisch abgefassten Verträgen empfehlenswert, bei Waren als Leistungsgegenstand stets auf die zum Zeitpunkt des Vertragsschlusses gültigen *Incoterms* zu verweisen (vgl. hierfür www.icc-deutschland.de/icc-regeln-und-richtlinien/icc-incotermsR.html) und andernfalls klarzustellen, dass die gesetzliche Vermutungsregel des deutschen Rechtes (nicht) eingreift. Darüber hinaus ist zu beachten, dass nach überwiegender Meinung (so auch unter Darstellung des Meinungsstreites OLG München, NJW-RR 2010, 139) eine vertragliche Bestimmung des (materiellen) Leistungsortes nicht zugleich die (prozessuale) Wahl des zuständigen Gerichts begründet, so dass unabhängig von einer klaren Festlegung des Leistungsortes auch der Gerichtsstand (*venue*) ausdrücklich zu vereinbaren ist (vgl. aber zuletzt BGH, Urt. v. 7.11.2012 – VIII ZR 108/12, wonach die deutschen Gerichte international zuständig für Schadensersatzansprüche aus einem internationalen Warenkauf sind, wenn die Parteien durch den von ihnen verwendeten Incoterm „DDP" („geliefert verzollt") einen deutschen Erfüllungsort vereinbart haben). 56

3. Representation, Warranties and Guarantees

Representations, warranties and guarantees beschreiben sekundäre Leistungsansprüche, die für den Fall der Nichteinhaltung durch eine Partei 57 die andere Partei zu Schadenersatz berechtigen. Sie finden sich regelmäßig zusammen in einem Abschnitt.

a) Representation

58 Insbesondere in den USA fehlen dem deutschen Handelsregister entsprechende Bücher (vgl. zum Umfang der Dokumentation der im Companies' House niedergelegten Vertragsunterlagen in England OLG Hamm, NJW 2011, 396; zur Situation unter US-Recht *Döser*, JuS 2000, 246 (252)); außer einem *Certificate of Good Standing* gibt es in den USA keine Nachweise zur Existenz eines Unternehmens (*Döser*, JuS 2000, 246 [252]). Auch reichen die Vollmachten der natürlichen Personen regelmäßig nicht über die üblichen, den Unternehmensgegenstand betreffende Handlungen hinaus und unbeschränkte Vollmachten sind selten, da meist der Verwaltungsrat (*board of directors*) zustimmen muss (*Döser*, JuS 2000, 246 [253]). Deshalb enthalten US-amerikanische Verträge regelmäßig die *representations*, dass die den Vertrag abschließende juristische Person wirksam errichtet wurde und besteht, sich in guter finanzieller Ausstattung befindet, die eingegangenen Verpflichtungen auch zu erfüllen, dass die Unterzeichnenden vertretungsberechtigt sind und dass keine Rechte Dritter einem Vertragsschluss entgegenstehen.

b) Warranty

59 Neben *representations* kommen gesonderte **Gewährleistungsregelungen** (*warranties*) in Betracht, wie etwa, dass der Vertragsgegenstand zur vertragsgemäßen Nutzung geeignet ist, der Verfügende Eigentümer ist (*Rightful Owner*) und keine Rechte Dritter der Verfügung über den Vertragsgegenstand entgegen stehen (*no third party's rights or liens*). Auch kennt das US-amerikanische Recht die *implied warranty*, mithin in Abweichung der *plain meaning rule* eine konkludente Gewährleistung, die sich aus zwingendem US-Recht ergeben kann, das der deutsche Vertragspartner aber möglicherweise nicht kennt, weil es über die nach deutschem Recht bekannten Rechs- und Sachmängel der §§ 434, 435 BGB hinausgehen und die vertraglich vereinbarte Beschaffenheit konkludent erweitern kann (deutlich zurückhaltender zur Frage von *implied terms* das englische Recht; vgl. *Kötz*, AnwBl. 2010, 1 [4]; die *implied warranty* als allgemeine Gewährleistung des vertragsgemäßen Gebrauchs gegenüber der *express warranty* als Garantie interpretierend *Döser*, JuS 2000, 456 [457]. Zu entsprechenden *warranties* siehe *Kochinke*, Teil 9.1, Rz. 41).

60 Einschränkungen der Haftung für Verletzung der *warranty* sind insbesondere im US-amerikanischen Recht häufig anzutreffen (*Kochinke*, Teil 9.1, Rz. 41), da die engen Grenzen deutschen Rechts der Allgemeinen Geschäftsbedingungen hier nicht greifen. Dies gilt sowohl dem Grunde wie der Höhe nach. Hier können Worte wie *to the best of Seller's knowledge* oder der Ausschluss von konkludenten Gewährleistungen (*implied war-*

V. Einzelne Formulierungen in der Vertragsgestaltung Rz. 63 Teil 6

ranties) aufgenommen werden. Bei *knowledge* kann in *actual* und *imputed knowledge* differenziert werden: „Wissen" und „Wissen-Müssen". Wesentlich ist im Zusammenhang einer Wissenszurechnung ebenfalls, auf wessen Wissen konkret abzustellen ist (*Maier-Reimer*, NJW 2010, 2545 [2548]).

c) Guarantee

Teilweise werden *warranties* auch synonym mit *representations* verwendet, wohingegen die Gewährleistung als *guarantee* bezeichnet wird (*Daigneault*, S. 88 f.), die wiederum nach deutschem Verständnis eine Garantie bezeichnet. Auch hier ist also eine Klarstellung sinnvoll, was konkret gemeint ist, wenn der Vertrag deutschem Recht unterstellt ist. Vorsicht ist bei selbständigen Garantieversprechen (*independent guarantee promises*) geboten, da diese eine eigenständige Garantie begründen. Hierbei kann es sich um eine Patronatserklärung oder eine Bürgschaft handeln, oder aber um Erklärungen im Zusammenhang mit dem Vertragsgegenstand – also eine Garantieerklärung zu Eigenschaften etwa einer Kaufsache. 61

4. Liability, Damages and Indemnification

Liability bezeichnet die Haftung eines Schuldners für *damage*, mithin einen Schaden, der zu *damages*, einem Schadensersatz führt und ggf. bezüglich Ansprüchen Dritter im Rahmen einer Freistellungsklausel (*indemnification*) berücksichtigungsfähig ist. In einem Vertrag sind deshalb die **Voraussetzungen der Haftung** – Erforderlichkeit eines Verschuldens und wenn ja, in welchem Umfang oder Begründung einer verschuldensunabhängigen Haftung – festzulegen. Im Anschluss daran ist der Umfang der Haftung zu definieren, etwa ein völliger Ausschluss für bestimmte Schäden, eine Beschränkung auf bestimmte Schäden dem Grunde und der Höhe nach. Wie im deutschen Recht lässt sich hier weiter nach dem Grad des Verschuldens und daraus resultierender Schäden differenzieren. Kommt deutsches Recht zur Anwendung, sind hierbei stets die Grenzen der §§ 305 ff. BGB (vgl. nur z.B.: BGH, NJW-RR 2005, 1496; NJW-RR 2006, 267) zu beachten. 62

a) Liability

Die **verschuldensabhängige Haftung** (*fault based liability*) differenziert sich in *intention* (Vorsatz) und (*ordinary*) *negligence* (Fahrlässigkeit). Im Rahmen der **Fahrlässigkeit** kann – wie im Deutschen – weiter unterschieden werden in die grobe Fahrlässigkeit (*gross negligence*) und die leichte Fahrlässigkeit (*slight negligence*). Bewusste Fahrlässigkeit bezeichnet man als *reckless, wanton* oder *wilful negligence*. Allerdings haben die deutschen Begriffe jeweils kraft unterschiedlichen Verständnisses der Sorgfaltsmaßstäbe keine identischen Folgen mit denen des Eng- 63 lischen Rechts (*Maier-Reimer*, NJW 2010, 2545 [2548]), so dass es auch hier darauf ankommt, welche Rechtsordnung zur Interpretation der Begriffe berufen ist. Darüber hinaus kommt in Betracht, den Grad der dem Vertragspartner obliegenden Vorsicht weiter zu seinen Lasten erhöhen, so etwa mit der Formulierung wie *with all due care and diligence*. Eine Einschränkung des Haftungsmaßstabes lässt sich abermals durch die Aufnahme von *to the best of Seller's knowledge* erreichen. Vorsicht ist geboten bei *strict liability*, da es hier auf den Grad der Vorwerfbarkeit nicht ankommt; vielmehr handelt es sich hierbei um eine verschuldensunabhängige Haftung.

b) Damages

64 Im Rahmen eines Schadensersatzanspruchs lassen sich tatsächlich ein entstandener Schaden, ein pauschalierter Schadensersatzanspruch und ein im Deutschen unbekannter Straf-Schadensersatz nach US-Recht unterscheiden, der regelmäßig nur von Gerichten verhängt werden kann. Als tatsächlich entstandene **Schäden**, die einen Schadensersatzanspruch auslösen, werden *damages incurred* respektive *compensatory damages* bezeichnet. Hier sind weitere Abstufungen möglich, die den Umfang eines Schadensersatzanspruches konkretisieren. *Direct damages* erfassen unmittelbare aus der Handlung oder dem Unterlassen resultierende Schäden. *Consequential damages* sind Mangelfolgeschäden, *indirect damages* mittelbare Schäden wie etwa ein *loss of profit*. *Incidental damages* decken atypische, aber äquivalent-kausale Schadensverläufe ab. Als **pauschalierter Schadensersatzanspruch**, der eine generelle Haftung des Verpflichteten auslöst, ohne dass es auf die Höhe des konkreten Schadens ankäme, werden *damages at large* bezeichnet. Bei dieser Formulierung ist also besondere Vorsicht angezeigt, soweit sie die eigene Partei treffen. *Liquidated damages* stellen einen ebenfalls pauschalierten Schadensersatzanspruch dar, der aber auf die voraussichtliche oder wirtschaftlich vertretbare Schätzung der Schadenshöhe bei Eintritt eines bestimmten Ereignisses abstellt (*Daigneault*, S. 83). Soweit entsprechende Klauseln den Charakter einer **Vertragsstrafe** besitzen, die eine Partei abschrecken soll, sich bestimmten aus dem Vertrag stammenden Verpflichtungen zu entziehen, sind sie nach dem *Common Law* regelmäßig nicht durchsetzbar (*Daigneault*, S. 83; *Kochinke*, Teil 9.1, Rz. 76).

65 Bei der Haftung ist daran zu denken, diese zu **begrenzen**, so zum Beispiel auf angemessene Kosten der Rechtsverteidigung (*reasonable legal costs*), was insbesondere bei den regelmäßig hohen Anwaltshonoraren in den USA geboten erscheint, unterliegt der Vertrag deutschem Recht. Auch kann im Zusammenhang mit *liability* und *damages* über Haftungshöchstsummenbegrenzungen (*caps*) nachgedacht werden. Zusätzlich ist zu überlegen, einzelne Schadensformen auszuschließen (z.B. *no indirect or consequential damages*). Die Wirksamkeit der einzelnen Haftungsregelungen ist jeweils zu prüfen; nach US-Recht jedenfalls sind ent-

sprechende Klauseln häufig zur Klarheit und Wirksamkeit (*Kochinke*, Teil 9.1, Rz. 56) durchgängig in Großbuchstaben abgefasst.

c) Indemnification

Durch die Lieferung oder Leistung eines Vertragspartners kann es bei Dritten zu Schäden kommen, sei es, weil die andere Vertragspartei mit diesen Dritten in vertraglichen Beziehungen steht oder weil sich ein Anspruch kraft Gesetzes – etwa aus Delikt (*tort*) oder etwa in Deutschland aus dem Produkthaftungsgesetz – ergibt. Um hier Sicherheit für den einen Gegenstand erwerbenden Vertragspartner zumindest im Innenverhältnis zu schaffen, enthalten Vereinbarungen häufig eine *indemnification* (**Freistellung**). Vielfach und ein wenig verschleiernd werden diese Freistellungen auch als *third party rights* bezeichnet. Hierbei handelt es sich um in Verträgen angelegte Verpflichtungen einer Vertragspartei, bestimmte Personen in der Sphäre des anderen Vertragspartners intern von Ansprüchen freizustellen, die Dritte wegen einer Verletzung gegen den Vertragspartner erheben. Regelmäßig erfolgen entsprechende Freistellungen im Zusammenhang mit der Verletzung von *provisions of warranty*, *guarantees* oder *representations*. *Indemnifications* sind damit Möglichkeiten, die eigene Haftung gegenüber Dritten für gewisse Umstände im Innenverhältnis auf den Vertragspartner zu verlagern und ein Verfahren festzulegen, in dem ein Vertragspartner andernfalls bestehende Schadensersatzansprüche gegenüber der anderen Vertragspartei geltend machen kann.

66

5. Corporate Guarantee, Recourse and Joint Debtors

Von den im Rahmen der *representations*, *warranties* und *guarantees* abgegebenen Erklärungen sind insbesondere in der Kredit- und Finanzwirtschaft vorkommende Sicherungsinstrumente zu unterscheiden. Für den Fall des Zahlungsausfalls (*default*) eines Schuldners hat der Gläubiger (*creditor*) möglicherweise vorgesorgt durch **Sicherheiten**, die für die Schuld gestellt werden (*collateral/security*), die Form der Sicherheit (z.B. *mortgage*, *surety*, *comfort letter*, *corporate guarantee*) und die Rückgriffsrechte des Gläubigers auf die Sicherheiten (*recourse*). Hinzu kommt die Frage der Mehrheit von Schuldnern und das Wahlrecht des Gläubigers, etwa bei der Gesamtschuld (*joint [and several] debt*). Hier ist der Gläubiger bei Vereinbarung deutschen Rechts gemäß § 426 Abs. 1 BGB berechtigt, einen der Gesamtschuldner (*joint [and several] debtor(s)*) auf den vollen Betrag in Anspruch zu nehmen, falls es zum *default event* kommt. Ebenfalls der Sicherung des Gläubigers dient eine unabhängige, von Dritten abgegebene Patronatserklärung (*independent [corporate] guarantee/letter of comfort*), aus der der Gläubiger gegen den Patron vorgehen kann. Gleiches gilt für eine Bürgschaft (*suretyship* im Bankverkehr häufig auch: *guarantee* [vgl. *Walz*, Vorwort zur 1. Auflage]), die regelmäßig auf erstes Anfordern (*on first demand*) ausgestellt wird, auch

67

wenn das Sicherungsinstrument der Bürgschaft im *Common Law* nicht so verbreitet wie etwa im deutschen Recht ist.

68 Hinsichtlich des Umfangs von Rückgriffsrechten (*recourse*) eines Gläubigers in Sicherheiten (*collateral/security*) ist zu unterscheiden:

➔ – *Non-recourse*: ohne Rückgriffsrechte auf etwaige Sicherheiten
  – *Limited recourse*: Beschränkung auf eine bestimmte Sicherheit – etwa die Eigenkapitaleinlage eines Gesellschafters
  – *Full-recourse*: volle Haftung des Schuldners mit seinem gesamten Vermögen

All dies kann Inhalt eines *security and accommodation agreement* sein. *Consideration* ist hier die Einräumung von Sicherheiten durch den Schuldner, um den Gläubiger im Gegenzug zur Gewährung eines Kredits zu bewegen.

6. Termination

69 Das *Common Law* kennt wie das deutsche Recht prinzipiell Abmahnung und Fristsetzung als Voraussetzung **außerordentlicher Kündigung**, im englischen als *cure period* bezeichnet. Sie gibt der einen Partei Gelegenheit, eine von der anderen Partei nach bestimmten Formalia gerügte Vertragsverletzung innerhalb einer festgelegten Frist zu heilen. Erst nach fruchtlosem Ablauf dieser Frist hat der andere Partner das Recht, weitere Maßnahmen – regelmäßig die außerordentliche Kündigung, mitunter auch die Möglichkeit der Selbstvornahme – zu ergreifen. Auch eine beispielhafte Erwähnung der Gründe für eine außerordentliche Kündigung ist in Verträgen nach dem *Common Law* häufig zu finden.

70 Begriffe für eine außerordentliche Kündigung sind:

➔ – *Termination without notice*
  – *Termination for cause*
  – *Termination with good cause*
  – *Termination with immediate effect*

Liegen die Voraussetzungen für eine außerordentliche Kündigung nicht vor, ist der Vertragspartner, soweit vertraglich vereinbart, auf die **ordentliche Kündigung** (*termination with notice/termination for convenience*) angewiesen, zu deren Wirksamkeit es abermals auf Formalia – wie etwa bestimmte Formen, Fristen und Zugangsregelungen – ankommen kann.

7. Zustellung und Empfang

Das US-Recht kennt **keine** dem deutschen entsprechenden **Zugangsregelungen** oder **-fiktionen** (*Döser*, JuS 2000, 663 [664 f.]). Insbesondere um Fristen in Lauf zu setzen, aber auch für sonstige Mitteilungen an die andere Vertragspartei, sollte der Vertrag Fragen des Zugangs von Erklärungen regeln. In US-amerikanischen Verträgen finden sich hier häufig absurd **kurze Fristen**, die auf eine Zustellung innerhalb der USA zugeschnitten sind. Da auch der US-amerikanische Vertragsteil von einer entsprechend kurzen Frist betroffen sein kann, ist dieser Punkt erfahrungsgemäß gut zu verhandeln. Alternativ ist an eine Versendung per Fax mit anschließender Bestätigung zu denken, die jedoch dann nicht weiterhilft, wenn der Empfänger den Erhalt nicht bestätigt, so dass im Krisenfall die postalische Versendung mit Zustellungsnachweis vorzuziehen ist. Auch ist zu festzulegen, in welcher Sprache Erklärungen abzugeben sind: denn die bloße Verwendung einer Sprache, in der verhandelt wurde, ist hierfür zumindest dann, wenn der Vertrag deutschem Recht unterstellt ist, nicht ausreichend (MüKo BGB/*Spellenberg*, VO [EG] 593/2008, Rz. 67 ff.). Vielmehr begründet nach deutschem Verständnis weder Englisch als Weltsprache noch eine Verhandlung auf Englisch die Obliegenheit einer Partei, Erklärungen auch in dieser Sprache in Empfang zu nehmen (MüKo BGB/*Spellenberg*, VO [EG] 593/2008, Rz. 66 f.).

8. Schlussbestimmungen

Schlussbestimmungen englischer Verträge (*tertiary provisions/boilerplate*) enthalten z.B. Regelungen der Schriftform, zur höheren Gewalt, der Wirkung eines Verzichts, eine salvatorische Klausel, das Verhältnis der Parteien unter einander, zur Abtretung, zur Kostentragung und der Interpretation des Vertrags, von Gerichtsstand und Rechtswahl sowie der bereits angesprochenen Klausel zum Zugang von Mitteilung. Im klassischen Sechserraster deutscher Vertragsgestaltung sind Teile dieser Regelungen (etwa zur Abtretbarkeit oder zu höherer Gewalt) im Rahmen der Sicherung der Leistung zu behandeln, der überwiegende Teil ebenfalls in den Schlussbestimmungen. Auch wenn die häufig für *tertiary provisions* ebenfalls verwendete Formulierung *miscellaneous* (Verschiedenes) nahelegt, dass unter diesem Abschnitt keine relevanten Regelungen zu finden sind, enthalten sie wesentliche Bestimmungen – etwa zur Rechtswahl und dem zuständigen Gericht. Die Parteien sollten diesem Teil des Vertrags inklusive seiner Anlagen mithin dieselbe Aufmerksamkeit widmen wie der restlichen Vereinbarung, um Klarheit der eingegangenen Verpflichtungen und der auf sie anwendbaren gesetzlichen Regelungen zu erhalten. Denn einhalten können die Parteien Verträge nur, wenn sie auch für diesen Teil der Vereinbarung verstanden haben, worauf sie sich eingelassen haben.

Teil 7
Außergerichtliche Konfliktbeilegung
Institutionen und Verfahren im In- und Ausland

	Rz.
I. Wesen und Bedeutung von Außergerichtlicher Konfliktbeilegung (AKB)	1
1. Konfliktentscheidungen durch Dritte (heteronome Konfliktbeilegung)	2
2. Konfliktlösungen durch die Parteien (autonome Konfliktbeilegung)	3
3. Obligatorische Streitschlichtung	7
II. Entwicklung der Institutionen der Außergerichtlichen Konfliktbeilegung	12
1. Entwicklung in der Bundesrepublik Deutschland	12
2. Entwicklung in den USA und anderen Ländern	23
III. Die Bedeutung von AKB beim Konfliktmanagement von Verträgen	30
1. Die Stufen des Konfliktmanagements bei Verträgen	30
2. Vorteile von AKB	35
a) Interessengerechte Lösungen	36
b) Erhaltung guter Geschäftsbeziehungen	38
c) Ersparnis von Zeit	39
d) Ersparnis von Kosten	40
e) Planungssicherheit	42
f) Kontrolle über den Verhandlungsprozess	43
g) Diskretion/Ausschluss der Öffentlichkeit	44
h) Besondere Sachkunde	45
i) Informelle (nichtförmliche) Verfahrensweise	46
3. Ungeeignete Fälle	47

	Rz.
IV. Systematische Darstellung einzelner Verfahren der AKB	48
1. Verhandlung	50
2. Moderation	51
3. Mediation/Vermittlung	52
a) Prinzipien des Mediationsverfahrens	53
aa) Vertraulichkeit	53
bb) Freiwilligkeit	54
cc) Eigenverantwortlichkeit	55
dd) Einvernehmliche Beilegung des Konflikts	56
b) Aufgaben und Pflichten des Mediators	57
aa) Unabhängigkeit (Unparteilichkeit)	57
bb) Neutralität	58
cc) Offenbarungspflichten	59
dd) Prüfungspflichten	60
ee) Klärung der Abschlussvereinbarung	61
ff) Verschwiegenheit	62
gg) Pflicht des Mediators zu Aus- und Fortbildung (§§ 5, 6 MedG)	63
4. Schlichtung	64
5. Neutraler Experte	65
6. Schiedsgutachten/Schiedsrichter	66
7. Schiedsschlichtung (Med/Arb oder Arb/Med)	67
8. Spezielle Schiedsverfahren (Tailored Arbitration)	68
9. Michigan Mediation	69
10. Last-Offer-Arbitration	70
11. High-Low-Arbitration	71
12. Miniverfahren (Mini-Trial)	72
13. Adjudikation	73

I. Wesen und Bedeutung von Außergerichtlicher Konfliktbeilegung (AKB)

Während vor allem die US-Praxis unter ADR alle Verfahren versteht, in 1 denen das Verfahren **nicht vor einem öffentlichen Gericht** (wohl aber vor Schiedsgerichten) stattfindet, wird nachfolgend zwischen Verfahren der **außergerichtlichen** Konfliktbeilegung (autonome Konfliktlösung) und **gerichtlichen** Verfahren (heteronome Konfliktlösung) unterschieden. Außergerichtlich ist nicht-gerichtlich, eben auch nicht-schiedsgerichtlich. Entscheidend scheint mir zu sein, ob der Konflikt durch die Parteien gelöst oder durch Dritte **entschieden** wird. Nachfolgend wird also der Begriff Außergerichtliche Konfliktbeilegung (AKB) ausschließlich für die Konfliktlösung durch die Konfliktparteien (autonome Konfliktlösung) verwendet.

Stellt man auf das **Wesen der Konfliktbeilegung** ab, so lassen sich zwei charakteristische Verfahrensweisen unterscheiden:

1. Konfliktentscheidungen durch Dritte (heteronome Konfliktbeilegung)

2   Hierbei handelt es sich um diejenigen Verfahren, bei denen ein **Dritter** die Macht hat, den Streit verbindlich zu entscheiden. Dabei geht es im Wesentlichen um **rechtsgestützte** Verfahren, so beispielsweise um Entscheidungen von öffentlichen oder Schiedsgerichten, Schiedsgutachtern oder um andere Verfahren, bei denen eine neutrale Person das Recht hat, einen Streit verbindlich zu entscheiden. Hierzu sind auch solche Verfahren zu zählen, bei denen zwar die Entscheidung eines Dritten zunächst nicht verbindlich ist, dies aber nach einer bestimmten Zeit wird, wenn die Parteien nicht die vorgesehenen Maßnahmen ergreifen (vgl hierzu *Breidenbach*, Mediation, 19).

2. Konfliktlösungen durch die Parteien (autonome Konfliktbeilegung)

3   Das Kernstück der Methoden von AKB sind die autonomen Konfliktlösungsverfahren. Hierbei handelt es sich, wenn man auf den Konfliktbehandlungsmechanismus abstellt, wirklich um alternative Verfahren gegenüber der Konfliktbehandlung durch gerichtliche Entscheidung. Wesen der autonomen Konfliktbeilegung ist es, dass das Ergebnis **einvernehmlich** von den Parteien erzielt wird. Das heißt, dass ein Konflikt nur durch Ergebnisse beendet wird, die auf der Mitwirkung und dem Einverständnis der beteiligten Parteien beruhen. Diese Art der Konfliktbeilegung unterscheidet sich daher in folgenden Punkten wesentlich von der heteronomen Konfliktbeilegung:

– Die Lösung des Konflikts orientiert sich an den **Interessen** der Parteien, **nicht** an der Frage, wer **Recht** hat.

– Der Fokus der Problembehandlung ist auf die **Zukunft** gerichtet und versucht, das Problem zu **lösen**. Im heteronomen Verfahren wird dagegen im Regelfall die Vergangenheit analysiert und versucht, im Wege der Entscheidung den Konflikt zu beenden.

Demgemäß ist die autonome Konfliktbeilegung ein Verfahren, bei dem die **Parteien selbst die Verantwortung für das Ergebnis behalten**, während die heteronome Konfliktbeilegung die Verantwortung an eine andere Instanz (Richter, Gutachter) delegiert.

I. Wesen und Bedeutung von Außergerichtlicher Konfliktbeilegung   Rz. 6   **Teil 7**

Zwangsläufig ergibt sich daraus, dass autonome Konfliktlösungen wesentlich besser geeignet sind, Konflikte zu lösen, bei denen die Parteien darauf angewiesen sind, dass ihre Beziehungen intakt bleiben. Ist das Vertrauen zwischen den Parteien allerdings so gravierend gestört, dass eine kooperative Abwicklung des Vertrags nicht mehr möglich ist, dann haben die heteronomen Entscheidungsmechanismen durchaus ihre Bedeutung.   4

Klassische Beispiele autonomer Konfliktlösung sind das Verhandeln und die Mediation. Bei einer **Verhandlung** (vgl. unten Rz. 50) versuchen die Parteien allein den Weg zur Lösung zu finden. Bei der **Mediation** (vgl. unten Rz. 52) ziehen sie zu ihrer Verhandlung einen neutralen Dritten ohne Entscheidungsgewalt (Mediator) als „Verhandlungshelfer" hinzu. Mediation ist also, einfach gesagt, nichts anderes als eine Verhandlung, die von einem Dritten unterstützt wird (*Goldberg/Sander/Rogers*, Dispute Resolution, 1992, S. 103).   5

Durch die Bestimmung des § 278 Abs. 1 ZPO hat der Gesetzgeber auch für den (heteronomen) Zivilprozess das **Primat der gütlichen Einigung** postuliert und das Gericht verpflichtet, in jeder Lage des Verfahrens eine gütliche Einigung anzustreben. So geht im Regelfall jedem streitigen Prozess eine Güteverhandlung voraus (§ 278 Abs. 2 ZPO).   6

Durch das Mediationsgesetz (Gesetz zur Förderung der Mediation und anderer Verfahren der außergerichtlichen Konfliktbeilegung, BGBl. 2012 I, 1577–1582) wurde der Anreiz zur Durchführung von Mediation während eines Gerichtsverfahrens – also die Durchführung eines autonomen im Rahmen eines heteronomen Verfahrens -erheblich verstärkt. In der Klageschrift soll angegeben werden, ob der Klageerhebung der Versuch einer Mediation oder eines anderen Verfahrens der außergerichtlichen Konfliktbeilegung voraus gegangen ist, sowie eine Äußerung dazu, ob einem solchen Verfahren Gründe entgegenstehen (§ 253 Abs. 3 ZPO).

Das Gericht kann den Parteien eine **Mediation** (§ 278a ZPO) oder ein anderes Verfahren der außergerichtlichen Konfliktbeilegung **vorschlagen**. Entscheiden sich die Parteien zur Durchführung eines dieser Verfahren, ordnet das Gericht das Ruhen des Verfahrens an. Das Gericht kann aber auch die Parteien für die Güteverhandlung sowie für weitere Güteversuche an einen **Güterichter** als beauftragten oder ersuchten – nicht entscheidungsbefugten – Richter verweisen (§ 278 Abs. 5 Satz 1 ZPO); diese Verweisung steht im Ermessen des Gerichts (*Greger/Unberath*, 4. Abschn. Rz. 122), sie kann auch ohne Zustimmung der Parteien erfolgen, selbst, wenn eine Partei widerspricht (ArbG Hannover, Beschl. v. 1.2.2013, ZKM 2013, 130; *Foerste* in Musielak, ZPO, § 278 Rz. 14, zurückhaltend *Greger/Unberath*, 4. Abschn. Rz. 122; nur mit Zustimmung der Parteien: Begründung Entw. BReg MedG zu Art. 2 Nr. 5, S. 21). Dem Güterichter stehen alle Verfahren der einvernehmlichen Konfliktbeilegung – also nicht nur die Mediation – offen (§ 278 Abs. 5 S. 2 ZPO)

Die vorstehend genannten Bestimmungen der ZPO gelten über entsprechende Verweisungen
auch für die Arbeits-, Verwaltungs-, Sozial- und Finanzgerichtsverfahren. Kurz gesagt: Die autonome Konfliktlösung ist in allen Gerichtszweigen Deutschlands angekommen.

3. Obligatorische Streitschlichtung

7 Grundsätzlich richtig ist der mit Einführung des § 15a EGZPO verfolgte Ansatz der **obligatorischen Streitschlichtung**. Mit dem am 1.1.2000 in Kraft getretenen § 15a EGZPO ermächtigte der Bundesgesetzgeber die Landesgesetzgeber, bei bestimmten zivilrechtlichen Streitigkeiten die Erhebung einer Klage davon abhängig zu machen, dass ein vorprozessualer Schlichtungsversuch gescheitert ist. Dabei geht es um folgende Konflikte:

- Vermögensrechtliche Streitigkeiten bis zu 750 Euro,
- Streitigkeiten aus dem Nachbarrecht nach den §§ 906, 910, 911, 923 des BGB und landesgesetzlichen Vorschriften im Sinne des Artikels 124 des EGBGB,
- Ansprüche wegen Verletzung der persönlichen Ehre und
- Ansprüche nach Abschnitt 3 des Allgemeinen Gleichbehandlungsgesetzes (hinzugefügt mit Gesetz zur Umsetzung der europäischen Richtlinie zur Verwirklichung des Grundsatzes der Gleichbehandlung vom 14.8.2006, BGBl. I S. 866)

8 Folgende Bundesländer haben bisher von der Möglichkeit zur Einführung der obligatorischen Streitschlichtung Gebrauch gemacht:

Baden-Württemberg (Gesetzliche Grundlage: SchlG v. 28.6.2000, GBl 2000, 470; ersatzlos **aufgehoben** durch das Gesetz zur Aufhebung des Schlichtungsgesetzes vom 16.4.2013, GBl 2013, 53), **Bayern** (Gesetzliche Grundlage: BaySchlG v. 25.4.2000, GVBl 268, zuletzt geändert durch Gesetz v. 20.12.2011, BayGVBl 2011, 713; Erläuterungen und Schlichtungseinrichtungen: *http://www.verwaltung.bayern.de/egov-portlets/xview/Anlage/1819687/Schlichtenistbesseralsprozessieren.pdf*), **Brandenburg** (Gesetzliche Grundlage: BbgSchlG v. 5.10.2000, GVBl I 2000, 134, zuletzt geändert durch Art 2 Gesetz v. 18.12.2006, GVBl I 2006, 186; Erläuterungen und Schlichtungseinrichtungen: *http://www.mdj.brandenburg.de/sixcms/detail.php/lbm1.c.278687.de*); **Hessen** (Gesetz v. 6.2.2001, GVBl I 2001, 98, verlängert bis 31.12.2015 durch Gesetz v. 22.11.2010, GBVl I 2010, 403; **Mecklenburg-Vorpommern** (Gesetzliche Grundlage: Schiedsstellen- und Schlichtungsgesetz – SchStG M-V v. 13.9.1990 in der Fassung vom 1.7.2010, GVOBl. 2010, 329; Schlichtungseinrichtungen: *http://www.regierung-mv.de/cms2/Regierungsportal_prod/Regierungsportal/de/jm/Themen/Schlichtung_und_Mediation/Aussergerichtliche_Schlichtungseinrichtungen/index.jsp*); **Niedersachsen** (Gesetzliche Grundlage:

I. Wesen und Bedeutung von Außergerichtlicher Konfliktbeilegung Rz. 8 Teil 7

Niedersächsisches Schlichtungsgesetz – NSchlG v. 17.12.2009 (Nds. GVBl. Nr. 28/2009, S. 482); Erläuterungen und Schlichtungseinrichtungen: *http://www.mj.niedersachsen.de/portal/live.php?navigation_id=37 86&article_id=10686&_psmand=13)*; **Nordrhein-Westfalen** (Gesetzliche Grundlage: JustizG NRW v 26.1.2010, GVBl NRW 2010, 30; Schlichtungseinrichtungen: *http://www.streitschlichtung.nrw.de/streit/streitsuch. php*); **Rheinland-Pfalz** (Gesetzliche Grundlage: LSchlG v. 10.9.2008, GVBl 2008, 204; Schlichtungseinrichtungen: *http://www.mjv.rlp.de/Ministeri um/Schlichtungseinrichtungen*); **Saarland** (Gesetzliche Grundlage: LSchlG v. 21.2.2001, ABl I 2001, 532, zuletzt verlängert durch Art 12 Gesetz v. 26.10.2010, ABl I 2010, 1406 bis 31.12.2020; Schlichtungseinrichtungen: *http://www.saarland.de/8622.htm*); **Sachsen-Anhalt** (*http://www.sachsen-anhalt.de/index.php?id=streitschlichtung*) und **Schleswig-Holstein** (Gesetzliche Grundlage und Schlichtungseinrichtungen: *http://www.schles wig-holstein.de/MJKE/DE/Justiz/DasIstIhrRecht/SchlichtenStattRichten/ schlichtenStattRichten.html*).

In Brandenburg, Hessen, Nordrhein-Westfalen, Saarland, Sachsen-Anhalt und Schleswig-Holstein wurden die Schiedsämter mit dem Güteverfahren betraut. Hier sind ehrenamtliche Schlichter tätig. Daneben kommen auch andere Personen (z.B. Notare, Anwälte) als Gütestellen in Betracht. In Bayern werden in erster Linie Notare und Rechtsanwälte als Schlichter tätig (vgl. Gruber, § 15a EGZPO Rz. 35–36).

Kein Ausführungsgesetz zu § 15a EGZPO haben erlassen:

Bremen (Schlichtungseinrichtungen: *http://web2.cylex.de/stadtplan/ stadtplan-28-bremen-schlichtung.html*); **Berlin** (Schlichtungseinrichtung: *http://www.berlin.de/sen/justiz/presse/archiv/20110624.1345.349 126.html*); **Hamburg**, das aber mit der ÖRA eine langerprobte Schlichtungsstelle anbietet (*http://www.hamburg.de streitschlichtung/*); **Sachsen** (Schlichtungseinrichtungen: *http://www.lexsoft.de/cgi-bin/lexsoft/justiz portal_nrw.cgi?xid=171362,1*); **Thüringen** (Schlichtungseinrichtungen: *http://www.thueringen.de/th4/justiz/LL/konsensualekonfliktloesung/ streitschlichtung/anlaufstellen/*).

Inzwischen gelten die Schlichtungsgesetze der Länder nach anfänglicher Befristung zur Erprobung ohne zeitliche Begrenzung – mit Ausnahme von Hessen (befristet bis 2015) und Saarland (bis 2020). Einige Länder haben das Verfolgen von Zahlungsansprüchen aus dem Katalog der schlichtungspflichtigen Klagen herausgenommen (z.B.: Hessen, Niedersachsen, Nordrhein-Westfalen, Mecklenburg-Vorpommern, Sachsen-Anhalt und Schleswig-Holstein). Grund hierfür ist die häufige Umgehung der Schlichtungspflicht bei Zahlungsansprüchen durch die „Flucht ins Mahnverfahren".

Verschiedene Länder haben den ursprünglichen Katalog der schlichtungspflichtigen Ansprüche erweitert um die 2006 dem § 15a EGZPO hinzugefügten Ansprüche nach Abschnitt 3 des Allgemeinen Gleichbehandlungsgesetzes (so z.B. Bayern und Nordrhein-Westfalen – Art. 1 Nr. 4BaySchlG, § 10 Abs. 1 Nr. 3GüSchlG NRW).

9 Dadurch, dass der Landesgesetzgeber die vermögensrechtlichen Streitigkeiten zunehmend aus dem Katalog der schlichtungspflichtigen Sachverhalte entfernt und somit die Schlichtung vor allem auf nachbarschaftliche Streitigkeiten und Ehrverletzungen konzentriert hat, ist er den falschen Weg gegangen. Übrig geblieben sind im Wesentlichen die „Hard-Core Disputes" des **Nachbarschaftsrechts** und der **Ehrverletzungen.**

Glasl (S. 233 ff.) hat ein vielbeachtetes Phasenmodell der Eskalation aufgestellt, das nachstehend verkürzt wiedergegeben wird:

1. **Verhärtung:** Bewusstsein der bestehenden Spannung erzeugt Verkrampfung
2. **Debatte:** Polarisation im Denken, Fühlen und Wollen; Schwarz-Weiß-Denken
3. **Taten:** Strategie der vollendeten Tatsachen; Diskrepanz verbales – non-verbales Verhalten; „Reden hilft nichts mehr"
4. **Images/Koalitionen:** einander in negative Rollen manövrieren und bekämpfen; Werben um Anhänger
5. **Gesichtsverlust:** öffentlich und direkt: Gesichtsangriffe; Verteufelung der anderen Seite
6. **Drohstrategien:** Akzeleration durch Ultima; Stress
7. **Begrenzte Vernichtungsschläge:** Umkehren der Werte ins Gegenteil: relativ kleinerer eigener Schaden = Gewinn
8. **Zersplitterung**: Paralysieren und Desintegrieren des feindlichen Systems
9. **Gemeinsam in den Abgrund**: totale Konfrontation; Vernichtung zum Preis der Selbstvernichtung; Hauptsachen, der Feind geht (auch) zugrunde.

Das Modell beruht auf der aus Erfahrung gut nachvollziehbaren Annahme, dass die Eigendynamik des Konfliktes dazu führt, sich weiter in den Konflikt abtreiben zu lassen. Kurz gesagt: Der Konflikt nährt den Konflikt. Diese Dynamik führt nach *Glasl* zum „archetypischen Gang des Menschen in die Bereiche der Unterwelt" (S. 233). Gleichzeitig wird auch klar, dass ein Streit mit zunehmender Eskalation immer weniger mit „friedlichen" Mitteln gelöst werden kann, sondern zu Gewalt tendiert, mindestens aber zu einer gerichtlichen Entscheidung (vgl. dazu den Fall Rock am See in *Ponschab/Schweizer,* Kooperation statt Konfrontation, S. 17 ff.) Ehrverletzung und Nachbarschaftsstreit sind, wenn sie die obligatorische Schlichtung passieren (müssen), meist in einem Eskalationsbereich von Stufe 5 aufwärts. **Glasl** rechnet die Stufen 4 bis 6 dem Bereich win-lose, die Stufen 7 bis 9 dem Bereich lose-lose (auch bezeichnet als „Kamikaze-Verhalten", vgl. *Ponschab/Schweizer,* Kooperation statt Konfrontation, S. 101) zu. Da sich die vorstehend genannten Fälle überwiegend im oberen Bereich von win-lose, sehr oft aber bereits im Bereich lose-lose befinden, sind sie zu einem großen Teil nicht schlichtbar (ähnlich *Trenczek,* S. 3, der darauf hinweist, dass Nachbarschaftsstreitigkei-

I. Wesen und Bedeutung von Außergerichtlicher Konfliktbeilegung Rz. 10 Teil 7

ten aufgrund der besonderen Konfliktdynamik und emotionalen Verwicklung der Parteien mit zu den schwierigsten Konflikten gehören.

Dementsprechend fallen die Ergebnisse der obligatorischen Schlichtung enttäuschend aus (*Greger*, Abschlussbericht zum Forschungsprojekt „Außergerichtliche Streitbeilegung in Bayern", Mai 2004). Hinzu kommt, dass die obligatorische Schlichtung vor allem Kleinfälle betrifft, was zu einer zusätzlichen Abwertung als „Kleinvieh" führt. *Trenczek* (S. 3) sieht die mangelnde Akzeptanz ebenso in der „Begrenzung und Abwertung der informellen Konfliktschlichtung als Regelungsinstrument von Bagatellfällen und der damit vielfach einhergehenden methodischen Armut der Konfliktschlichtung" und in dem – mit Blick auf die in vielen Ländern eingesetzten Schiedsleute – methodisch eher schlichten Schlichtungsverfahren, das den Interessen und Bedürfnissen der Streitparteien nicht entspricht *(Trenczek, S. 1)*.

Die in § 15a EGZPO konzipierte Streitschlichtung ist also im Ansatz verfehlt, weil sie sich auf die kleinen, höchst schwierigen Konflikte beschränkt, während die leichter zu schlichtenden vermögensrechtlichen Streitigkeiten im Wesentlichen außen vor bleiben.

Wenn der Gesetzgeber Regelungen schaffen möchte, die zu einer wirklichen Steigerung der außergerichtlichen Konfliktlösung führen, sollte er sich an der pragmatischen Regelung in den **englischen Civil Procedure Rules** (Zivilprozessordnung) orientieren. Dort heißt es: 10

„Factors to be taken into account in deciding the amount of costs

44.5 (3) The court must also have regard to

    a) the conduct of all the parties, including in particular –

    (ii) the efforts made, if any, before and during the proceedings in order to

    try to resolve the dispute"

Lord Woolfs Bericht „Access to Justice" hatte im Jahr 1996 zur Änderung der Be stimmungen der Zivilprozessordnung geführt, wonach der Gerichtsstreit das letzte Mittel des Umgangs mit Streitfällen sein soll und Gerichte daher die Streitparteien ermutigen sollten, nach anderen Wegen zur Lösung ihrer Streitigkeiten zu suchen. Das Gericht kann auf Grund der genannten Bestimmung bei der Kostenentscheidung berücksichtigen, inwieweit der Kläger sich ernsthaft vor Klageerhebung bemüht hat, den Fall außergerichtlich zu regeln. Ein Aufsehen erregender Fall war das Verfahren *Dunnett* gegen *Railtrack. Mrs. Dunnett* verlangte Schadensersatz für ihre Pferde, die auf dem Bahngleis von einem Zug erfasst und getötet wurden. Sie verlor den Prozess in zwei Instanzen, als bahnbrechend gilt jedoch die Kostenentscheidung, die *Railtrack* zur Übernahme der Kosten verurteilte, weil es die Durchführung der von der Klägerin vorgeschlagenen Mediation abgelehnt hatte. Der Richter, *Lord Justice Brook*, begründete seine Entscheidung unter anderem mit dem Satz:

„Skilled mediators are now able to achieve results satisfactory to both parties in many cases which are beyond the powers of lawyers and the courts to achieve ..."

Dieser und andere Fälle haben zu einem sprungartigen Anstieg der außergerichtlichen Konfliktlösung geführt. Mit der sogenannten *Lord Woolf –* Reform ging auch eine Veränderung der Konfliktkultur im Land einher: Wurden vor 10 Jahren noch 200 000 Rechtsfälle beim Queen's Court anhängig gemacht, sind es aktuell gerade noch zirka 20 000 pro Jahr. Diese dramatische Verringerung der Prozesslast ist aber nicht alleine auf die zunehmende Verbreitung von Mediation zurückzuführen, sondern auch darauf, dass Anwälte heute vermehrt in direkten Verhandlungen versuchen, Streitfälle außergerichtlich zu erledigen.

Dieser Weg, den Großbritannien erfolgreich gegangen ist, scheint wesentlich erfolgversprechender zu sein als der kleinkariert wirkende Versuch des deutschen Gesetzgebers mit der Öffnungsklausel des § 15a EGZPO.

11 Die gegen eine obligatorische Streitschlichtung geäußerten Bedenken der **unzulässigen Einschränkung der Rechtsweggarantie** hat das Bundesverfassungsgericht nicht nur ausgeräumt, sondern darüber hinaus die vorgelagerte Streitschlichtung als vorzugswürdig gegenüber einer gerichtlichen Entscheidung bezeichnet. In seinem Beschluss vom 14.2.2007 – 1 BvR 1351/01 NJW-RR 2007, 1073, hat das BVerfG zur Verfassungsmäßigkeit der obligatorischen Streitschlichtung ausgeführt:

„Der Gesetzgeber ist nicht gehalten, nur kontradiktorische Verfahren vorzusehen. Er kann auch Anreize für eine einverständliche Streitbewältigung schaffen, etwa um die Konfliktlösung zu beschleunigen, den Rechtsfrieden zu fördern oder die staatlichen Gerichte zu entlasten. Ergänzend muss allerdings der Weg zu einer Streitentscheidung durch die staatlichen Gerichte eröffnet bleiben ...

Im Erfolgsfalle führt die außergerichtliche Streitschlichtung dazu, dass eine Inanspruchnahme der staatlichen Gerichte wegen der schon erreichten Einigung entfällt, so dass die Streitschlichtung für die Betroffenen kostengünstiger und vielfach wohl auch schneller erfolgen kann als eine gerichtliche Auseinandersetzung. Führt sie zu Lösungen, die in der Rechtsordnung so nicht vorgesehen sind, die von den Betroffenen aber – wie ihr Konsens zeigt – als gerecht empfunden werden, dann deutet auch dies auf eine befriedende Bewältigung des Konflikts hin. Eine zunächst streitige Problemlage durch eine einverständliche Lösung zu bewältigen, ist auch in einem Rechtsstaat grundsätzlich vorzugswürdig gegenüber einer richterlichen Streitentscheidung ..."

II. Entwicklung der Institutionen der Außergerichtlichen Konfliktbeilegung

1. Entwicklung in der Bundesrepublik Deutschland

12 Seit Ende der 60er Jahre finden wir in der Bundesrepublik eine fast unübersehbare Zahl von **Schieds- und Schlichtungsstellen**, die überwiegend von Berufsorganisationen, Handwerks- und Gewerbeverbänden einge-

II. Entwicklung der Institutionen

richtet wurden. So gibt es beispielsweise **Kammereinrichtungen** der Industrie- und Handels-, Handwerks-, Architekten-, Rechtsanwalts-, Ärzte- und Zahnärztekammern, **Schlichtungsstellen der handwerklichen Verbände** wie die des Bau-, Kfz-, des Radio- und Fernsehtechnikerhandwerks, oder **gewerblicher Institutionen** wie die des Textilreinigungs- und Schuh-, Bestatter-, Bergungs- und Abschlepp- und des Kreditgewerbes sowie der Bausparkassen, Versicherungen (mit einer besonderen Schlichtungsstelle für Private Krankenversicherungen), Anbietern von Telekommunikation, des Gebrauchtwagenhandels, für den öffentlichen Personennahverkehr usw. (vgl. hierzu die Aufzählung der Schlichtungsstellen und der Verfahren bei *Greger/von Münchhausen*, S. 130 ff., S. 245 ff.) Sinn dieser Schlichtungsstellen ist es vor allem, den Beschwerden unzufriedener Kunden über die Produkte oder Dienstleistungen von Mitgliedern des jeweiligen Berufs- oder Gewerbezweiges abzuhelfen. Diese Schlichtungsstellen erfüllen die Aufgabe der **berufsständischen Selbstklärung**.

Als besondere Institution ist die Öffentliche Rechtsauskunfts- und Vergleichsstelle (ÖRA) in Hamburg zu nennen (vgl. dazu *Hartges*, Außergerichtliche Konfliktlösung in Deutschland – Modell ÖRA, 2003, S. 52 ff.; weitere Informationen unter *www.oera.hamburg.de*).

Daneben gibt es in einigen Bundesländern die 170jährige Tradition des **Schiedsmannamtes** (so in Berlin, Hessen, Niedersachsen, Nordrhein-Westfalen, Rheinland-Pfalz, Saarland, Schleswig-Holstein, näher hierzu *Siegel*, S. 55 ff.), bei der Laien ehrenamtlich als Schlichter tätig werden. In Sachsen wurde die Tradition des Friedensrichters neu besetzt. Schiedsleute verlieren wegen der Einrichtung von Schlichtungsstellen mit professionell ausgebildeten Konfliktvermittlern, so beispielsweise durch die überwiegend mit Rechtsanwälten oder Notaren besetzten Gütestellen allerdings immer mehr an Bedeutung (vgl. *Greger/Unberath*, Teil 3, Rz. 8 ff.); die durch das MedG kodifizierte Tätigkeit von Güterichtern dürfte diese Tendenz noch verstärken.

Als Folge der Einführung der obligatorischen Streitschlichtung (siehe oben Rz. 7) wurden in verschiedenen Bundesländern **Gütestellen** eingerichtet (vgl. hierzu die Aufzählung bei *Greger*, Die von der Landesjustizverwaltung anerkannten Gütestellen, S. 1478 ff.), die zum einen die unter § 15a EGZPO fallenden Streitigkeiten schlichten, andererseits aber auch in anderen Sachen (insbesondere vermögensrechtlichen Streitigkeiten ohne Wertbegrenzung) vollstreckbare Einigungen gemäß §§ 794 Abs. 1 Ziff. 1, 797a Abs. 1 ZPO beurkunden können (vgl. *Greger*, Die von der Landesjustizverwaltung anerkannten Gütestellen, S. 1478 ff.)

Trotz dieser Ansätze zu einer außergerichtlichen Konfliktbeilegung ist es den verschiedenen Institutionen bisher nicht gelungen, die Gerichte wesentlich zu entlasten. Die Inanspruchnahme der Schlichtungsstellen bei verschiedenen Amtsgerichten in Bayern hatte trotz intensiver Öffentlichkeitsarbeit des Bayerischen Justizministeriums keinen befriedigenden Erfolg gezeigt (vgl. *Greger*, Abschlussbericht, S. 97 ff.). Im Vordergrund der Bedeutung von AKB steht aber ohnehin nicht die Entlastung der Justiz sondern die **Qualität des Lösungsweges**. Gegenwärtig findet eine Entlastung der (Zivil-)Justiz durch den Rückgang der Eingangszahlen praktisch von selber statt:

Neueingänge bei Zivilgerichten in Deutschland (Zahlen in Mio. und gerundet)		
Jahr	Amtsgerichte	Landgerichte
1995	1,750	0,419
2000	1,680	0,416
2005	1,400	0.424
2011	1,190	0,372

Quelle: Bundesamt der Justiz, Geschäftsentwicklung Zivilsachen (ohne Familiensachen)

Eine Verstärkung der Mediation könnte vielleicht auf Dauer einige tausende Fälle „abfangen", aber dies würde angesichts der Höhe der Eingänge nicht so deutlich ins Gewicht fallen.

16 Die Zukunft der Mediation in Deutschland, vor allem im Bereich der Wirtschaftsmediation, wird wohl vor allem davon abhängen, in welchem Umfang **Mediationsklauseln** Eingang in Verträge finden (vgl. dazu die Formulierungen für Ad-hoc-Mediationen bei *Greger/Unberath*, Teil 3 Rz. 29, *Risse*, S. 109, *Duve/Eidenmüller/Hacke*, S. 403). Besonders auffällig ist, dass das Angebot an institutionellen Schiedsklauseln, mit denen die Parteien die Anwendung der Mediationsordnung einer bestimmten Mediationsorganisation vereinbaren, erheblich zugenommen hat.

Solche Mediationsordnungen sind in **Deutschland** z.B. die Mediations- und andere Konfliktschlichtungsordnungen der Deutschen Institution für Schiedsgerichtsbarkeit e.V. (DIS) – *http://www.dis-arb.de/de/16/regeln/uebersicht-id0*; spezifisch für das Bauwesen die Streitlösungsordnung Bau der Deutschen Gesellschaft für Baurecht e.V./Deutscher Beton- und Bautechnik-Verein in der Fassung ab 1.7.2013 – *http://dg-baurecht.de/fileadmin/user_upload/downloads/SL_Bau_1_Juli2013.pdf*, die ebenfalls verschiedene Konfliktbeilegungen anbietet und die SO-Bau der Arbeitsgemeinschaft Baurecht im Deutschen Anwaltverein – *http://www.arge-baurecht.de*; für Fälle aus dem IT-Bereich die Schlichtungsordnung der Deutschen Gesellschaft für Recht und Informatik e.V. (*http://www.dgri.de/17/Schlichtungsstelle-IT.htm*); ein von der Organisation administriertes Verfahren für den gesamten Bereich der Wirtschaftsmediation bietet EUCON Europäisches Institut für ConflictManagement e.V. an (in Kraft ab 1.6.2013) – *http://www.gwmk.org/mediation_regelwerk.html*).

17 Die **Familienmediation** (ausführlich dazu *Mähler/Mähler* in Haft/v. Schlieffen, S. 457 ff.) gehört zu den verbreitetsten Anwendungsgebieten der Mediation in Deutschland. Sie gewann vor allem im Zusammen-

II. Entwicklung der Institutionen

hang mit Scheidungsverfahren und Scheidungsfolgen seit Ende der 80er Jahre an Bedeutung. Dies liegt u.a. daran, dass in keinem anderen Rechtsgebiet die persönlichen Beziehungen zwischen den Parteien so eng sind. Derzeit wird annähernd jede dritte in Deutschland geschlossene Ehe wieder geschieden. Davon sind jährlich weit über 100 000 Kinder betroffen, von denen 80 % das zwölfte Lebensjahr noch nicht vollendet haben.

Zur Trennung gehört die Auseinandersetzung des Vermögens im Rahmen von Verhandlungen über Zugewinnausgleich, Verteilung von Rentenanwartschaften, Auseinandersetzung von Hausrat und Lösung der Wohnsituation. Das zweite große Thema ist die Neuorganisation des nach Trennung bzw. Scheidung gescheiterten Lebensplans. In diesem Themenbereich fallen Regelungsgegenstände wie der Umgang und die Sorge für gemeinsame Kinder sowie finanzielle Unterstützungen wie Unterhalt. Eine gelungene Mediation in diesem Bereich kann dazu beitragen, eine tragfähige Zukunftslösung für all diese Bereiche zu finden, auf die gerade auch mit Hilfe von Gerichtsentscheidungen oft nur unzureichende Antworten gefunden werden können. Im familienrechtlichen Verfahren sind die für die Mediation zentralen Vorschriften § 135 FamFG und § 156 FamFG. Beide Vorschriften regeln, dass das Gericht nicht nur auf eine einvernehmliche Einigung der Beteiligten hinwirken soll, vielmehr kann das Gericht anordnen, dass die Beteiligten an einem kostenfreien Informationsgespräch zur Mediation oder einem anderen Verfahren der außergerichtlichen Streitbeilegung teilnehmen.

Das Einsatzgebiet der Mediation im **öffentlichen Bereich** erfasst Auseinandersetzungen im Planungs-, Umwelt- und Bauwesen, etwa bei energie-, abfall- oder verkehrspolitischen Vorhaben (z.B. bei der Standortsuche für Deponien). Die Streitfälle zeichnen sich durch die Beteiligung einer Vielzahl von Parteien mit entgegengesetzten Interessen und die Komplexität der Konfliktthemen und -gegenstände aus. Mediationen im öffentlichen Bereich finden häufig im Vorfeld von gesetzlich vorgeschriebenen Planungs- und Genehmigungsverfahren statt. Ziel sind die Beschleunigung oder Vermeidung von Verwaltungsverfahren und die Erreichung von allseits akzeptierten Lösungen. (vgl. *Ortloff*, Mediation und Verwaltungsprozess, in Haft/Schlieffen, S. 1007 ff.; *Ortloff*, Mediation außerhalb und innerhalb des Verwaltungsprozesses, S. 385 ff.; *Holznagel/Ramsauer*, S. 87; *Quaas/Zuck*, S. 123). 18

Planfeststellungsverfahren (§§ 72 ff. VwVfG) sind typische Beispiele für Mehrparteienkonflikte bzw. Massenverfahren. Sie sind beispielsweise vorgesehen bei Vorhaben wie dem Bau von Bundesstraßen oder Bundesautobahnen nach dem Bundesfernstraßengesetz (FstrG), Deponien nach dem Kreislaufwirtschafts- und Abfallgesetz (KrW-/AbfG), Gewässerausbau oder Deichbau nach dem Wasserhaushaltsgesetz (WHG) sowie Endlagerstätten für radioaktive Abfälle nach dem Atomgesetz (AtG). Einfallstor für die Mediation sind die im Verwaltungsverfahren ohnehin vorgesehenen Elemente der Bürgerbeteiligung, z.B. im Rahmen der Umweltverträglichkeitsprüfung (§ 5 UVPG) oder der Anhörung der Betroffenen (§ 73 VwVfG).

Im Rahmen der **Bauleitplanung**, d.h. bei der Aufstellung oder Änderung von Bebauungs- oder Flächennutzungsplänen nach dem BauGB, gibt es ebenfalls regelmäßig einen großen Kreis an betroffenen Bürgern.

Vielen Großvorhaben ist ein **Raumordnungsverfahren** vorgeschaltet, welches ein der eigentlichen Planungsphase vorgeschaltetes Verfahren zur Beurteilung der Raumverträglichkeit von Einzelvorhaben mit überörtlicher Bedeutung darstellt. Die Öffentlichkeitsbeteiligung ist in derartigen Verfahren in § 15 Abs. 3 ROG vorgesehen.

In manchen öffentlich-rechtlichen Vorschriften ist mittlerweile sogar festgelegt, dass Vermittlungspersonen zur Erörterung und zum Ausgleich der Interessen Beteiligter und Betroffener eingesetzt werden können (z.B. § 4 BauGB, § 5 Satz 2 UVPG, § 13 Abs. 3, Abs. 4 BBodSchG). Dennoch fehlt es, anders als beispielsweise im Schweizer Recht (dort Art. 33b BVwVfG), an einer allgemeinen Vorschrift, die die Verwaltung zum Einsatz mediativer Mittel bzw. Einsatz eines Mediationsverfahrens ermächtigt. Betont werden muss an dieser Stelle allerdings, dass das Mediationsverfahren ein **Verwaltungsverfahren ergänzen, nicht aber ersetzen kann.**

Bekannte Beispiele für Mediationen in Großprojekten sind die Mediationen im Rahmen von Erweiterungsplanungen der Flughäfen Frankfurt/Main (*Schäfer*) und Wien-Schwechat (*Falk/Heintel/Krainer*).

19 In Deutschland steht die Entwicklung der **Wirtschaftsmediation** erst am Anfang. Es wird zwischen Streitigkeiten eines Unternehmens/Teilnehmers am Wirtschaftsverkehr mit einem anderen Unternehmen/Teilnehmer am Wirtschaftsverkehr (**externe Konflikte**) und **innerhalb** des Unternehmens (**interne Konflikte**) unterschieden.

20 Wirtschaftsmediation bei **unternehmensexternen** Streitigkeiten findet vor allem bei Störung von Vertragsverhältnissen Anwendung (vgl. dazu die 3 Studien von PricewaterhouseCoopers/Europa-Universität Viadrina Frankfurt/Oder: Commercial Dispute Resolution [2005], Praxis des Konfliktmanagements deutscher Unternehmen [2007] und Konfliktmanagement – Von den Elementen zum System [2011]). Typische Beispielsfälle sind Dauerschuldverhältnisse und Langzeitprojekte, Leistungsstörungen bei Kauf, Werk-, Werklieferungs- und Dienstleistungsverträgen, Auseinandersetzungen in Versicherungsangelegenheiten, komplexe Bau- und Anlageprojekte, Kreditprobleme etc.

21 **Unternehmensinterne** Streitigkeiten (ausführlich zum Thema *Ponschab/Dendorfer*, Konfliktmanagement im Unternehmen, in Haft/von Schlieffen, S. 589 ff.; *Ponschab/Dendorfer*, Mediation in der Arbeitswelt – eine ökonomisch sinnvolle Perspektive, Mediation und Recht, Beilage 1 zu Heft BB 2/2001) beruhen sehr häufig auf Störungen der Beziehungsebene. Zu diesem Bereich gehören Konflikte auf der **vertikalen Organisationsachse** zwischen Geschäftsführung und Arbeitnehmern (häufig im Zu-

II. Entwicklung der Institutionen

sammenhang mit der Beendigung eines Arbeitsverhältnisses), Konflikte zwischen den Gesellschaftern bzw. Inhabern des Unternehmens und der Unternehmensleitung sowie zwischen der Unternehmensleitung und den einzelnen untergeordneten Abteilungen (Führungskonflikte); auf der **horizontalen Organisationsachse**, also Konflikten im Team, zwischen Abteilungen oder zwischen Mitgliedern der Geschäftsleitung/des Vorstandes; darüber hinaus Konflikte **im Kollektivbereich** (dazu *Lehmann*), also zwischen Geschäftsführung und Betriebsrat, Tarifstreitigkeiten zwischen Arbeitgeberverbänden und Gewerkschaften oder zwischen Unternehmen und Gewerkschaft beim Abschluss von Firmen- oder Haustarifverträgen. Auch in **gesellschaftsrechtlichen Streitigkeiten** findet Mediation häufig Anwendung, sei es zur Beilegung von Streitigkeiten zwischen Gesellschaftern oder zur Regelung des Ausscheidens von Gesellschaftern. Auch nach **Unternehmensfusionen** treten meist zahlreiche Probleme auf, die einer dringenden Lösung bedürfen.

Erhebliche Fortschritte bei der Anwendung von AKB könnte die Einführung von **Konfliktmanagementsystemen** in Unternehmen bringen (näher dazu *Schoen; Aschenbrenner; Duve/Eidenmüller/Hacke*, S. 325 ff.; *Ponschab/Dendorfer*, Konfliktmanagement im Unternehmen, S. 589 ff.). Solche Systeme werden gleichermaßen bei internen (dazu speziell *Ponschab/Dendorfer*, Mediation und Konfliktmanagement, S. 2679 ff.; *Hagel/Steinbrecher*) wie externen Konflikten angewendet, müssen allerdings die signifikanten Unterschiede dieser Problembereiche berücksichtigen. 22

Trotz aller Bemühungen ist die Wirtschaftsmediation in Deutschland noch wenig verbreitet. Woran könnte das liegen?

In der Studie von 2005 (PricewaterhouseCoopers/Europa-Universität Viadrina Frankfurt/Oder, Commercial Dispute Resolution – Konfliktbearbeitungsverfahren im Vergleich, 2005, S. 10) haben die Verfasser zahlreiche Unternehmen gefragt, welche **Vorteile** sie in sechs aufgeführten Verfahrenstypen (Verhandlung, Mediation, Schlichtung, Schiedsgutachten, Schiedsgerichtsverfahren und Gerichtsverfahren) sehen. Die Antwort überraschte sehr, denn sie brachte eine eindeutig gute Bewertung für außergerichtliche Verfahren. Die Verhandlung wurde mit Abstand am besten beurteilt. Ihr folgten die Mediation, die Schlichtung, das Schiedsgutachten, sodann das Schiedsgerichtsverfahren und – man höre und staune – das Gerichtsverfahren als Schlusslicht.

Zusätzlich fragten die Verfasser noch, **wie häufig** Unternehmen die einzelnen Konfliktbearbeitungsinstrumente **in der Praxis einsetzen**. Das Ergebnis der Antworten auf diese Frage ist verwirrend. Trotz positiver Beurteilung der kooperativen Konfliktbearbeitungsinstrumente nannte die Mehrheit der befragten Unternehmen nach der Verhandlung als das zweithäufigst eingesetzte Instrument das Gerichtsverfahren, obwohl die Unternehmen dieses Verfahren im Hinblick auf die Nützlichkeit bei der Konfliktlösung weitgehend und mit differenzierter Begründung ablehnten. 17 Prozent der Unternehmen nutzen sogar ausschließlich diese beiden Verfahrensarten. Schiedsgerichtsverfahren, Schiedsgutachten, Schlichtung und Mediation als außergerichtliche Verfahren mit Drittbeteiligung werden im Vergleich dazu deutlich seltener eingesetzt.

Dieser Umstand zeigt eine **klare Diskrepanz** zwischen der Praxis, beim Scheitern von Verhandlungen sehr oft direkt den Gerichtsweg zu beschreiten und der Tatsache, dass Unternehmen Gerichtsverfahren als insgesamt wenig vorteilhaft einschätzen. Zur Aufklärung dieser widersprechenden Aussage führte PWC 2007 eine Folgestudie durch (PricewaterhouseCoopers/Europa-Universität Viadrina Frankfurt/Oder, Praxis des Konfliktmanagements deutscher Unternehmen), die als Erläuterung im Wesentlichen zu folgenden Ergebnissen führte:

Die spärliche Anwendung außergerichtlicher Konfliktbearbeitungsverfahren (AKB) beruht überwiegend auf **unzureichenden theoretischen Kenntnissen** oder **mangelnden praktischen Erfahrungen** mit alternativen Verfahren. Auch in Unternehmen mit Rechtsabteilungen, die über gesicherte Kenntnisse außergerichtlicher Verfahren verfügen, existiert ein bisher **ungenutztes Wertschöpfungspotential** im Hinblick auf Qualität und Kosten der Konfliktbearbeitung. Neben mangelnden Kenntnissen und Erfahrungen beruht die Zurückhaltung gegenüber der Anwendung von AKB auch in der **Skepsis von Unternehmensleitungen und den Hierarchie-Ebenen** gegenüber den Vorteilen außergerichtlicher Konfliktbearbeitungsverfahren. Der Einsatz von Gerichtsverfahren sinkt offensichtlich proportional zur wachsenden Kenntnis außergerichtlicher Konfliktbearbeitungsverfahren.

Es ergibt sich aus diesen belastbaren Untersuchungen, dass das Wissen und die Praxis über außergerichtliches Konfliktmanagement in den Unternehmen – nur in Unternehmen? – noch viel zu gering ist. Dies führt dazu, dass solche Konfliktbearbeitungsverfahren unzureichend angewendet und dadurch Kosten, Zeit und andere Ressourcen verschwendet werden.

2. Entwicklung in den USA und anderen Ländern

23 Die Praxis der außergerichtlichen Konfliktbeilegung hat in den USA seit den 60er Jahren erheblichen Aufschwung erhalten. Während die Konfliktlösungsmechanismen von ADR (Alternative Dispute Resolution) zunächst zur Lösung lokaler Bürgerrechtskonflikte und zum Interessenausgleich bei Nachbarschaftsstreitigkeiten (Neighbourhood Justice Centers) eingesetzt wurden, ist diese Entwicklung seit Beginn der 80er Jahre tatsächlich zu einem „Alternative Dispute Resolution Movement" (*Goldberg/Sander/Rogers*, S. 6) geworden. Nachdem hohe Kosten, die Dauer von Prozessen, die für Laien schwer verständliche Juristensprache und die Komplexität der zivilprozessualen Verhaltensanforderungen als Zugangsbarrieren identifiziert worden waren, wurde seit den 70er Jahren des 20. Jahrhunderts unter dem Begriff „access to law" versucht, diese durch Streitvermeidung oder alternative Verfahren abzubauen. Dies führ-

te letztlich zur Kodifizierung von AKB. So wurde mit dem Erlass des Civil Justice Reform Act 1990 (28 U.S.C. § 471 et seq. (Supp. IV 1992) eine Grundlage für die vermehrte Anwendung von ADR durch die amerikanischen Gerichte geschaffen. Es folgten AKB-Programme für alle Gerichtsbezirke der USA, so dass die Durchführung von Maßnahmen der AKB heute zum Gerichtsalltag der USA gehören (vorstehende Schilderung ist übernommen von *Birner*, S. 24 ff.).

Der Prozess wird von den Gerichten zunehmend als ultima ratio verstanden. So wird Justice *Sandra Day O' Connor* mit dem Satz zitiert:

„The courts of this country should not be the places where the resolution of disputes begins. They should be the places where disputes end – after all means of resolving disputes have been considered and tried." (zitiert nach *Birner*, S. 23).

Besondere Bedeutung für die Entwicklung von ADR hatte die *Pound-Conference* (vgl. dazu *Birner*, S. 44 ff.) im Jahre 1976 (benannt nach *Roscoe Pound*, der im Jahre 1906 mit einer Rede die Gründe der öffentlichen Unzufriedenheit mit der Justiz dargelegt hatte). Im Jahre 1983 wurde das National Institute for Dispute Resolution (NIDR) gegründet, das die Entwicklung von fairen, effektiven und effizienten Verfahren der Konfliktregelung fördern sollte. NIDR hat schließlich bewirkt, dass inzwischen in 21 Bundesstaaten staatliche Büros für Konfliktbeilegung eingerichtet wurden. Bereits im Jahre 1972 wurde die Society of Professionals in Dispute Resolution (SPIDR) gegründet, um die Interessen von Personen zu vertreten, die die alternative Konfliktbeilegung durchführen und um die Ausbildung und die Professionalität der Mediatoren zu verbessern. 2001 schloss sich *SPIDR* mit der Academy of Family Mediators (AFM) und dem Conflict Resolution Education Network (CREnet) zu einer Organisation, der Association for Conflict Resolution (ACR), zusammen. Diese hat mehr als 6500 Mitglieder. 24

Mediation ist heute in den USA die am weitesten verbreitete Methode von AKB. Die große Bedeutung der Mediation in den USA wurde in einer Studie der Wirtschaftsprüfungsgesellschaft Deloitte & Touche aus dem Jahr 1996 deutlich, an der sich 62 Rechtsabteilungen und 77 Anwaltskanzleien beteiligten. 65 % der Teilnehmer bezeichneten die Mediation als die von ihnen bevorzugte Form der Streitbeilegung, während nur 28 % die Schiedsgerichtsbarkeit nannten (*Duve/Ponschab*, Wann empfehlen sich Mediation, Schlichtung oder Schiedsverfahren in wirtschaftsrechtlichen Streitigkeiten?, S. 263 ff. [265]). In einer Umfrage der American Bar Association äußerten immerhin 52 % der befragten Anwälte, sie bevorzugten die Mediation als Form der Streitbeilegung gegenüber einem Gerichtsverfahren. Aus Präzedenzfällen in den USA lassen sich sogar Haftungsansprüche wegen Fahrlässigkeit gegenüber Anwälten herleiten, wenn diese es unterlassen, den Mandanten auf die Möglichkeit außergerichtlicher Konfliktbeilegung, insbesondere Mediation, hinzuweisen (*Cochran*, Arbitration J 1993, S. 8 ff.). 25

Wie weit sich ADR in den USA etabliert hat, zeigt sich am so genannten **Alternative Dispute Resolution Act** von 1998 (105th Congress H.R. 3528). Alle amerikanischen Bundesgerichte erster Instanz – die Federal District Courts – sind demnach ermächtigt, gerichtseigene ADR-Programme einzuführen. Das Gesetz gibt nur Leitlinien vor. Beispielsweise muss das Verfahren vertraulich, und Dritte, die ein derartiges Projekt leiten, müssen besonders ausgebildet sein.

26 Aufgrund der ständig steigenden Bedeutung von ADR hat sich inzwischen eine „**Wachstumsindustrie** ADR" herausgebildet, die durch verschiedene Institutionen der Außergerichtlichen Konfliktbeilegung repräsentiert wird, so insbesondere

- das International Institute for Conflict Prevention & Resolution (CPR), dem vor allem große Industrieunternehmen und Anwaltskanzleien angehören. Immerhin haben sich etwa 4000 Unternehmen, unter ihnen viele der größten US-Firmen, einseitig verpflichtet, vor Beginn einer gerichtlichen Auseinandersetzung mit einem anderen Unterzeichner-Unternehmen eine außergerichtliche Konfliktbeilegung durchzuführen (International Institute for Conflict Prevention & Resolution, Model ADR Procedures: Mediation Procedure for Business Disputes, revised 1998).

- Auch die 1926 gegründete American Arbitration Association (AAA) bietet nicht nur Arbitration (Schiedsgerichtsbarkeit), sondern auch außergerichtliche Konfliktbeilegungen autonomer Art an. Gegenwärtig sind etwa 10 000 Schiedsrichter und Mediatoren bei der AAA „abrufbar" (vgl. Public Service at the American Arbitration Association, 3/10/04, rev. 4/13/04, S. 7).

27 Die steigende Bedeutung von ADR in den USA zeigt sich auch daran, dass fast alle Law Schools Lehrveranstaltungen zum Thema Dispute Resolution anbieten, während dies 1980 nur bei 25 von 175 Law Schools der Fall war. Anfang der 80er Jahre des 20. Jahrhunderts unterrichten 574 Professoren juristischer Fakultäten auf dem Gebiet der ADR (zitiert nach *Breidenbach*, Mediation, 1995, 28 [29]).

Von 1980 bis 1990 stieg die Zahl der Staaten in den USA mit mindestens einem Dispute Resolution Programm von 18 auf alle 50 Bundesstaaten, insgesamt existieren gegenwärtig ca. 1200 solcher Programme (zitiert nach *Breidenbach*, Mediation, 1995, 12). Auch der Staat greift immer mehr durch die Gesetzgebung in den Gang der Dinge ein, indem er die Anwendung von ADR-Verfahren vor Eintritt in ein Gerichtsverfahren zulässt oder vorschreibt. Im Jahre 1992 regelten in den Einzelstaaten bereits mehr als 2000 Gesetze und Verordnungen den Einsatz von Mediation. So ist es durchaus üblich, dass eine Klage bei Gericht erst dann als zulässig angesehen wird, wenn die Konfliktparteien vorher versucht haben, ihre Auseinandersetzung durch Mediation zu regeln.

II. Entwicklung der Institutionen　　　　　　　　　　　Rz. 29　Teil 7

Besonders interessant ist das Beispiel der Firma Motorola, die Ende der 80er Jahre auf Platz Nr. 60 der Fortune-Liste der größten Unternehmen stand mit einem damaligen Umsatz von 6,7 Mrd. $ und ca. 97 000 Mitarbeitern. Das Unternehmen entschied sich, ein ADR-Programm einzuführen. Die Mitarbeiter der Rechtsabteilung wurden in ADR-Verfahren ausgebildet, außerdem wurde ein entsprechendes Handbuch über Mediation, Schlichtung etc. für den firmeninternen Gebrauch hergestellt. Weiterhin wurde ein vierteljährlicher ADR-Rundbrief versandt und regelmäßige ADR-Trainings durchgeführt. Erfolg dieser Bemühungen war nicht nur, dass die allgemeine Zufriedenheit der Geschäftspartner von Motorola wuchs, sondern auch, dass die Firma ihr Budget für Gerichtsverfahren seit 1984 um 75 % reduzieren konnte (*Weise*, The ADR Program at Motorola, 5 Neg J. 381 [1989]). 　　28

Entsprechend der Entwicklung in den USA gewinnt der Gedanke der außergerichtlichen Konfliktbeilegung auch in den europäischen Ländern erheblich an Bedeutung. 　　29

Besonders stark ist die Verbreitung der Mediation in **Großbritannien**. Verschiedene Organisationen, wie das 1990 mit Unterstützung der britischen Industrie gegründete CEDR (Centre for Dispute Resolution), die British Academy of Experts und IDR Europe Limited, bieten Mediationsdienstleistungen an. CEDR als führende englische ADR-Vereinigung berichtet von rund 6000 Mediationen im Jahre 2012 (*http://www.cedr.co.uk*).

Allein durch die Einführung einer die AKB fördernde gerichtlichen Kostenregelung (oben Rz. 10) hat sich die Zahl der Mediationsverfahren vervielfacht.

Auch auf **europäischer Ebene** finden sich starke Bestrebungen, die außergerichtliche Streitschlichtung zu etablieren. Aufgrund der Mediationsrichtlinie (Richtlinie 2008/52/EG des Europäischen Parlaments und des Rates vom 21.5.2008 über bestimmte Aspekte der Mediation in Zivil- und Handelssachen, L 136/3) hatten die Staaten der EU die Verpflichtung, bis 21.5.2011 die Richtlinie in nationale Rechts- und Verwaltungsvorschriften umzusetzen. Das hat dazu geführt, dass nun in fast allen EU-Staaten Rechtsvorschriften über die Durchführung von Mediation bestehen, gegen säumige Staaten (Zypern, die Tschechische Republik, Spanien, Frankreich, Luxemburg und die Niederlande) hat die EU Ende 2011 Vertragsverletzungsverfahren eingeleitet. Zur weiteren Einführung von AKB in den EU-Staaten hat die EU die Richtlinie über alternative Streitbeilegung in Verbraucherangelegenheiten (Richtlinie 2013//11/EU des Europäischen Parlaments und des Rates vom 21.5.2013 über die alternative Beilegung verbraucherrechtlicher Streitigkeiten und zur Änderung der Verordnung [EG] Nr. 2006/2004 und der Richtlinie 2009/22/EG) erlassen, durch die flächendeckend in der EU Stellen zur außergerichtlichen Streitschlichtung geschaffen werden sollen. Diese sollen Streitigkeiten zwischen Verbrauchern und Unternehmern schlichten, soweit beide in der Europäischen Union ihren Sitz haben (näher hierzu *Hirsch* und *Wagner*).

III. Die Bedeutung von AKB beim Konfliktmanagement von Verträgen

1. Die Stufen des Konfliktmanagements bei Verträgen

30 Das Konfliktmanagement bei Verträgen spielt sich auf **zwei Stufen** ab: Die **erste Stufe** ist die **präventive Konfliktbeilegung**. Diese Konfliktlösung findet beim Verhandeln und Abschluss von Verträgen statt. Verträge sind Regeln für die naturgemäß vorhandenen konkurrierenden Interessen der Vertragspartner. So hat beispielsweise der Lieferant eines Produktes das Interesse, seine Ware zu übergeben, den dafür vorgesehenen Preis zu erhalten und sich dann möglichst bald anderen Aufgaben zuzuwenden. Der Kunde dagegen hat das Interesse, den Lieferanten zu verpflichten, eine einwandfreie Ware zu liefern und dies durch ausführliche Gewährleistungsvorschriften sicherzustellen. Je mehr der Kunde nun auf Festschreibung von Gewährleistung drängt, umso mehr wird seinerseits wiederum der Lieferant darauf bestehen, bestimmte Gewährleistungen gesondert vergütet zu erhalten. Im Rahmen eines Vertrages werden die Parteien dann versuchen, einen angemessen Interessenausgleich zu finden und somit diesen „natürlichen" Interessenkonflikt präventiv, das heißt vor seiner ersten Manifestation, durch bestimmte Regeln zu lösen. Es ist selbstverständlich, dass Menschen unterschiedliche Interessen haben. Entscheidend ist, wie sie damit umgehen und die daraus resultierenden Konflikte lösen.

31 Bei einem Vertragsschluss werden daher Fragen gestellt wie:
– Welche unterschiedlichen Interessen haben die Parteien?
– Welche Konflikte können daraus zu einem späteren Zeitpunkt resultieren?
– Wie kann man diese Konflikte interessengerecht und angemessen (d.h. fair und unter dem Gesichtspunkt der Legitimität) lösen?

Haben die Vertragsparteien die möglichen Konflikte umfassend geregelt **und** halten sich die Parteien auch an die festgelegten Regelungen, so ist eine reibungslose Vertragsabwicklung gesichert.

32 Nach Vertragsabschluss ergeben sich jedoch regelmäßig Konflikte, weil diese nicht vertraglich (präventiv) geregelt sind oder weil eine Partei gegen die festgelegten Regeln verstößt. In diesen Fällen ist eine **aktuelle Konfliktbeilegung**, die **zweite Stufe** des Konfliktmanagements bei Verträgen, erforderlich.

Ein Fall aktueller Konfliktregelung ist gegeben, wenn beispielsweise eine Bierbrauerei die gesamte Logistik für die bei ihr gebrauten Biersorten einem Fuhrunternehmen überträgt und sich zwei Jahre später entschließt, auch Mineralwasser zu produzieren. Wenn nun das Fuhrunternehmen daran interessiert ist, auch dieses Mineralwasser zu vertreiben, dann entsteht ein Konflikt, der bei **Vertragsabschluss noch nicht gesehen** und daher auch **nicht geregelt** wurde. Ebenso liegt ein Fall der zweiten Stufe des Konfliktmanagements vor, wenn ein Lieferant die zugesagten Termine nicht einhält, Gewährleistung nicht erbringt oder ein Gesellschafter das Wettbewerbsverbot verletzt. Hier liegt ein Verstoß gegen die festgelegten vertraglichen Regeln vor.

Wie die Erfahrung zeigt, sind die Methoden von AKB hervorragend dazu geeignet, **aktuelle Konflikte** bei der **Vertragsdurchführung** in den Griff zu bekommen. Erfahrungsgemäß tendiert die Rechtskultur hierzulande zu schnell dazu, solche Streitigkeiten vor Gericht zu bringen. Zwar können auch dort einvernehmliche Lösungen gefunden werden, doch steigt die **Gefahr der Verselbständigung des Konfliktes**, je höher man auf der Leiter der Eskalation steigt. 33

Ein Konflikt durchläuft verschiedene Stufen (dargestellt unter Rz. 9) und gerät regelmäßig dann außer Kontrolle (der Parteien), wenn diese den Weg der autonomen Lösung verlassen und die Lösung einem Dritten, hier: dem Richter, überlassen. Das Gewinnen eines Prozesses bedeutet oft nur, dass man weniger verliert als die andere Seite. 34

2. Vorteile von AKB

Für den Einsatz von AKB beim Konfliktmanagement von Verträgen sprechen demgemäß **verschiedene gewichtige Vorteile** gegenüber der Konfliktentscheidung durch ein Gericht (vgl. hierzu auch *Schmidt/Lapp/Monßen*, S. 35 ff.): 35

a) Interessengerechte Lösungen

Konfliktentscheidungen lassen im Regelfall nur eine Entweder-Oder-Lösung zu; solche Entscheidungen gewähren der einen Seite, was sie der anderen Seite versagen, und führen daher im Regelfall allenfalls (also bestenfalls) zu einem **Nullsummenspiel**. Hierbei gewinnt die eine Partei – wie im Sport – das, was die andere Seite verliert. Wer einen Anspruch hat, setzt sich durch, wer keinen Anspruch hat oder beweisen kann, verliert. Die beteiligten Parteien werden also zu positionellem Denken und Verhalten gezwungen. 36

Die Frage bei einer rechtsgestützten Konfliktbeendigung (also vor allem im Prozess) lautet nicht:

„Welche Lösungen gibt es, damit wir unsere Interessen verwirklichen können?"

sondern:

„Wie kann ich einen Anspruch begründen, der mir das gesetzlich vorgegebene Ergebnis bringt?"

Dieses Verhalten führt zur **„Reduktion von Komplexität"**, die allgemein als besonderer Erfolg juristischer Durchdringung von Sachverhalten gerühmt wird; das Relationsgefüge eines komplexen Zusammenhangs wird durch einen zweiten Zusammenhang mit weniger Relationen konstruiert (vgl. *Luhmann*, Soziale Systeme, 1984, S. 49). Diese „Reduktion von Komplexität" führt zur Herausarbeitung des „entscheidungsrelevanten Sachverhaltes" und dadurch zu einer Entleerung des „Lebenssachverhaltes". Was übrig bleibt, ist ein auf juristische Bedürfnisse reduziertes Skelett wirklicher Begebenheiten und Bedürfnisse.

AKB setzt demgegenüber bei den **Interessen** der Parteien an und hat die Möglichkeit, Lösungen zu finden, die zwar legal, aber vom Recht so gar nicht vorgesehen oder vorgegeben sind.

37 Ein gutes **Beispiel** dafür ist die Mängelgewährleistung beim Kauf. Lassen Sie uns zur Veranschaulichung folgenden Fall bilden (dieses Beispiel verdanke ich in abgewandelter Form *Fritjof Haft*):

Sie besuchen das führende Inneneinrichtungs-Studio Ihrer Stadt und erwerben dort einen Schreibtisch – eine Kreation des berühmten Designers *Romani* – ganz in schwarz. Stolz führen Sie diesen Schreibtisch anderntags Ihrem Partner vor, der wegen dessen Farbe und seiner abstrusen Form völlig entsetzt ist. Da Sie stets auf den Rat Ihres Partners hören, überlegen Sie nun, was Sie tun können.

Bei Sachmängeln haben Sie nach § 437 BGB das Recht auf Nacherfüllung, Rücktritt und Schadensersatz. Da aber kein Sachmangel nach § 434 BGB vorliegt, wenn Ihrem Partner lediglich Form und Farbe des Tisches nicht gefallen, sind Sie rechtlich machtlos und müssten also diesen Schreibtisch – sehr zum Ärger Ihres Partners – behalten. Die Kaufleute, die im Regelfall die Zufriedenheit ihrer Kunden mehr interessiert als die Frage, wer Recht hat, haben sinnigerweise für solche Fälle die Möglichkeit des **Umtausches**, oder, wenn Sie keinen anderen geeigneten Schreibtisch finden, die Möglichkeit des **Gutscheins** entwickelt; der Käufer kann in diesem Fall also für den bezahlten Preis eine andere Ware bei dem Kaufmann erstehen. Durch diese Gewinner/Gewinner-Lösung werden die Interessen beider Parteien gewahrt: Die eine Seite behält ihren Kaufpreis, die andere Seite kann das, was sie nicht behalten will, zurückgeben. An diesem sehr einfachen Beispiel mag klar werden, welche beachtlichen Vorteile außergerichtliche Konfliktbeilegung bietet, die sich auf Interessen stützt.

b) Erhaltung guter Geschäftsbeziehungen

Wenn es den Vertragsparteien möglich ist, beim Auftreten von Konflikten auf die Interessen abzustellen, statt Positionen zu vertreten, ist es im Regelfall auch möglich, Lösungen zu finden, in denen sich beide Parteien wieder finden. Durch solche Lösungen bleiben die langfristigen Beziehungen zwischen den Parteien erhalten, auf die es im Regelfall ankommt. Bei **Entscheidungslösungen**, bei denen es im Regelfall nur Sieger oder Verlierer gibt, leiden dagegen die Beziehungen zwischen den Parteien, sie zerstören oder erschweren die künftige Kooperation.

c) Ersparnis von Zeit

Ein Mediationsverfahren ist, abgesehen von der Verhandlung zwischen den Parteien, im Regelfall das schnellste Konfliktlösungsverfahren. Es kann zügig an ein bis zwei Tagen durchgezogen werden.

Das aus Gerichtsverfahren bekannte Verzögern mündlicher Verhandlungen kann durch Mediationsvereinbarungen und durch die Unterstützung von Organisationen wie der EUCON (EUCON – Europäisches Institut für ConflictManagement e.V. – vgl. das seit 1.6.2012 gültige Regelwerk unter *http://www.gwmk.org/mediation_regelwerk.htm*) vermieden werden.

d) Ersparnis von Kosten

Neben Verhandeln ist die Mediation ein kostengünstiges außergerichtliches Konfliktlösungsinstrument. Insbesondere in den Fällen, in denen die Parteien eine Einigung erzielen, kann eine Konfliktlösung im Rahmen einer Mediation erhebliche Kostenvorteile bringen (zu den Kosten der Mediation im Einzelnen *Greger/Unberath*, Teil 3, Rz. 154 ff.; sehr instruktiv auch die noch auf altem Kostenrecht beruhende Berechnung in *Eidenmüller*, Anhang 1, Vergleich von Verfahrenskosten von Mediation, Schiedsgerichts- und Gerichtsverfahren im Vergleich). Die Kosten der Mediation (ohne Berücksichtigung eingesparter Transaktionskosten, hierzu Rz. 41) sind nach einer Faustregel ab 50 000 Euro progressiv günstiger als ein Gerichtsverfahren (vgl. dazu die Berechnung bei *Risse*, S. 492 ff. und *Schmidt/Lapp/Monßen*, S. 38 ff.) Selbst wenn durch die Mediation im Einzelfall höhere Kosten anfallen, bleibt der materielle Mehrwert einer einvernehmlichen Einigung zu berücksichtigen.

Falls Unternehmen durch die hausinternen Anwälte ihrer Rechtsabteilung vertreten werden, können gerade bei hohen Streitwerten und komplexen Sachverhalten ganz erhebliche Summen eingespart werden. Hinzu kommt die Ersparnis von Gerichtskosten, die im Regelfall über den Kosten eines Mediators liegen – vor allem bei höheren Streitwerten – und in der Ersparnis von Instanzkosten. Das häufig gebrauchte Argument, dass beim Scheitern einer Mediation deren Kosten zusätzlich anfallen, übersieht, dass in diesem Falle zumindest teilweise eine Anrechnung der Anwaltsgebühren erfolgt (RVG Anlage 1, Teil 3, Vorbemerkung 3 [4] und eine Mediation im Schnitt zu 75 % erfolgreich verläuft – also die in diesem Falle eingesparten Kosten bei einer statistischen Bewertung außer Acht gelassen werden. Besondere Kritik verdient, dass sich der Staat von den Kosten einer erfolgreichen Mediation trotz Ersparnis von Kosten der Gerichtsbarkeit freihält bzw. Parteien, die eine Mediation erfolglos versucht haben nicht durch Reduzierung der Gerichtskosten entgegen kommt (sehr kritisch dazu auch *Greger/Unberath*, Einl., Rz. 130 mit Hinweis auf die unterschiedliche Regelung in anderen Staaten). Auch eine staatliche Hilfe für minderbemittelte Parteien, anders als bei der Beratungs- und Prozesskostenhilfe, hat der Gesetzgeber zum Nachteil von Mediationsverfahren nicht vorgesehen. Das beste Argument für die generelle Kostengünstigkeit der Mediation dürfte es aber sein, dass die Rechtsschutzversicherungen fast ohne Ausnahme die Mediation fördern (vgl. dazu die Auswertung der Untersuchung der Stiftung Warentest bei *Sittig/Kuchelmeister*, Mediation und Rechtsschutz der Mediation GmbH fairmitteln &fairfinden; *Greger/Unberath*, Einl. Rz. 130).

41 Unter wirtschaftlichen Gesichtspunkten sind beim Auftreten von Konflikten nicht nur die unmittelbaren Kosten der Verfahrensbeteiligten (also Anwälte, Richter, Mediatoren u.ä.), sondern auch die von den Beteiligten aufgewendete Zeit (z.B. Tätigkeit der Rechtsabteilung, zeitlicher Aufwand der Geschäftsführung, Beteiligung von Unternehmensangehörigen als Zeugen etc.) zu berücksichtigen. Diesen Bereich fasst man unter dem Begriff **Transaktionskosten** zusammen. Hierzu gehören auch die Nachteile, die durch die positionelle Streiterledigung entstehen, so insbesondere die Störung der zukünftigen Geschäftsbeziehungen zwischen den Konfliktparteien (die dann rasch zu Gegnern werden) oder den Parteien, die in diesen Streit involviert werden (z.B. Konzernunternehmen, befreundete Unternehmen, wirtschaftlich abhängige Unternehmen etc.). Die durch den Prozess verursachten Kosten unterliegen in den meisten Unternehmen keinem Controlling. (vgl. zu den Gesamtkosten eines Konflikts *Ditges*, S. 74 ff.). Sehr anschaulich ist auch die Gegenüberstellung der Kosten verschiedener Verfahren durch Beispielsrechnungen auf der EUCON-Homepage (*http://www.gwmk.org/mediation_kostendaempfung.html*).

Verfahrenskostenentwicklung verschiedener Konfliktlösungsverfahren

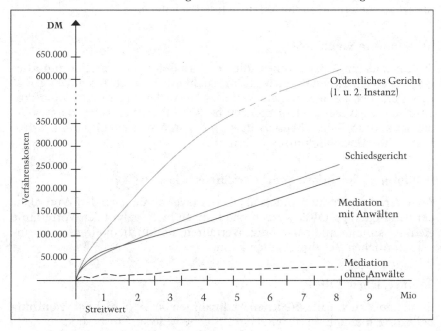

e) Planungssicherheit

Mediation beseitigt die Planungsunsicherheit, da in den überwiegenden Fällen in kurzer Zeit verbindliche Lösungen gefunden und die Kosten für die Parteien überschaubar werden. In der Regel werden die Mediationskosten von den Parteien geteilt. Die Pflicht zur Kostenerstattung besteht also nicht, soweit nichts anderes vereinbart. 42

f) Kontrolle über den Verhandlungsprozess

Im Gerichtsverfahren entscheidet allein der Richter, ob Beweise aufzunehmen sind und wie der Prozess fortläuft. Am Schluss fällt der Richter ein Urteil, auf das die Parteien nur bedingt Einfluss nehmen können. Aufgrund des „Eigenlebens" eines Prozesses können selbst erfahrene Anwälte den Prozess selten steuern. Bei der Mediation dagegen kommt es zu keinen Ergebnissen, die die Parteien nicht akzeptieren können. Sie haben außerdem jederzeit die Möglichkeit, das Verfahren zu beenden. 43

g) Diskretion/Ausschluss der Öffentlichkeit

Besonders wichtig ist für viele Auseinandersetzungen, dass die Öffentlichkeit nicht erfährt, welcher Streit mit welchen Mitteln, Argumenten und zu welchen Kosten geführt und mit welchem Ergebnis von den beteiligten Parteien beigelegt wird. Dies gilt natürlich in besonderem Maße 44 für Unternehmen, denen im Regelfall daran gelegen ist, dass bestimmte Informationen nicht in die Öffentlichkeit gelangen.

h) Besondere Sachkunde

45 Streitbeendigungsmaßnahmen, die der Autonomie der Parteien unterliegen, geben im Regelfall auch die Möglichkeit, fachlich besonders geeignete Personen heranzuziehen. Wenn es beispielsweise um die Konflikte am Bau oder Auseinandersetzungen bei EDV-Projekten geht, kann es für die Schlichtung von erheblichem Vorteil sein, wenn die hier tätige dritte Person über Spezialkenntnisse verfügt.

i) Informelle (nichtförmliche) Verfahrensweise

46 AKB-Verfahren können anders als Gerichtsverfahren nach den Wünschen der Beteiligten gestaltet werden und bringen im Regelfall den Vorteil mit sich, dass man ohne aufwendige Verfahren die Möglichkeiten einer einvernehmlichen Regelung prüfen kann.

3. Ungeeignete Fälle

47 Es gibt aber auch Fälle, in denen Maßnahmen der AKB **nicht als Konfliktbeilegungsmaßnahme geeignet** sind. Solche Fälle sind insbesondere:

– **Zahlungsverweigerung**

Dies ist der Fall, wenn der Schuldner nicht zahlen **will**. Ist es dagegen so, dass der Schuldner nicht zahlen **kann**, dann hilft im Regelfall weder ein förmliches noch ein unförmliches Verfahren, sondern nur der Versuch, den Schuldner wirtschaftlich am Leben zu erhalten.

– **Eilmaßnahmen**

Diese sind (unter Zuhilfenahme der staatlichen Gerichte) immer dann geboten, wenn die Gefahr erheblicher Vermögensverschlechterung oder die Schaffung vollendeter Tatsachen droht, die die eine Seite keinesfalls akzeptieren kann. Hierher gehören beispielsweise eine einstweilige Verfügung, wenn ein Mitbewerber einen erheblichen Wettbewerbsverstoß begeht, oder ein Arrest, wenn die Gefahr besteht, dass der Schuldner sich ins Ausland absetzt.

– **Präzedenzfälle**

Auch dann, wenn es darum geht, in Fällen von grundsätzlicher Bedeutung klare Entscheidungen zu erwirken (z.B. über die Gültigkeit von Allgemeinen Geschäftsbedingungen), sind gerichtliche Entscheidungen angebracht.

– **Ungleiche Machtverteilung**

Wenn die Macht der Parteien ungleich verteilt ist, versucht die stärkere Partei sehr oft, die andere Partei zu knebeln. Hiergegen hilft im Regelfall nur eine gerichtliche Entscheidung.

– **Wunsch nach Öffentlichkeit**

AKB ist ein ungeeignetes Mittel, wenn es einer Partei darauf ankommt, das Verhalten der anderen Partei publik zu machen. Möglicherweise soll so die Öffentlichkeit auf den Streit aufmerksam gemacht oder gar der Ruf der anderen Partei geschädigt werden. Dasselbe gilt auch dann, wenn es einer Partei um Vergeltung oder ähnliche Motive geht.

– **Statusentscheidungen**

Die Entscheidung, ob eine Ehe geschieden, wer der Vater eines Kindes ist, Entmündigungen, Vormundschaften und ähnliche Entscheidungen stehen nicht zur Disposition der Parteien und erfordern eine gerichtliche Entscheidung.

IV. Systematische Darstellung einzelner Verfahren der AKB

Besonders interessant ist in diesem Zusammenhang das von *Frank Sander* 1976 auf der so genannten *Pound Conference* vorgestellte und dann bei mehreren amerikanischen Gerichten in unterschiedlichen Modellen umgesetzte **„Multi-Door-Courthouse"** („mehrtüriges Gerichtsgebäude") – nachfolgend MDC: In einem vorgeschalteten Verfahren untersucht das Gericht die eingehenden Fälle und stellt fest, welches Konfliktlösungs- oder Entscheidungswerkzeug sich zur Behandlung dieser Sache am besten eignet, und weist sie dann der zuständigen Schlichtungs- oder Entscheidungsinstitution zu. Das MDC verweist also den Konflikt an einer dem Gerichtsverfahren vorangestellten Schnittstelle an ein konfliktadäquates Streitbeilegungsmodell. Die Besonderheit des Modells von *Sander* liegt vor allem darin, dass die Konfliktparteien erfahren, dass es für jeden Konflikt verschiedene Möglichkeiten der Streitbehandlung gibt und durch ein „Conflict-Screening" (Konfliktbeurteilung im Hinblick auf die Art des Konfliktes und die daraus resultierende Wahl des geeigneten Konfliktlösungsverfahrens) herausgefunden werden kann, welches dieser Verfahren im jeweiligen Fall (differenziert nach Costs, Speed, Accuracy, Credibility und Workability) geeignet ist.

48

Angeregt durch diese Idee haben sich in den USA zahlreiche verschiedene Streitbehandlungsverfahren entwickelt, so dass das MDC, wenn auch nicht unbedingt in der von *Sander* vorgeschlagenen Form, wegweisend für die Entwicklung und Anwendung verschiedenster AKB-Verfahren geworden ist (näher zum Multi-Door-Courthouse *Sander*, S. 37 ff. und *Birner*; mit Vorschlägen zum Einsatz des MDC bei Arbeitsgerichten *Francken*).

Die Frage, ob das MDC ein Vorbild für Deutschland sein kann, lässt sich nicht eindeutig beantworten. Dagegen spricht, dass das MDC erst beim Gang zu Gericht, also in einem (zu) späten, oft hoch eskalierten, Konfliktstadium angewendet wird. Andererseits zeigt sich, dass Mediation- also ein AKB-Verfahren- sehr erfolgreich auch bei gerichtsanhängigen Verfahren angewendet wird (so berichtet *Fritz, Präsident des VG Frankfurt,* von einer Erfolgsquote von 80 % in seinem Beitrag Gerichtsmediation: Hohe Erfolgsquote, *http://www.frankfurt-main.ihk.de/recht/themen/streitbeilegung/ihk-wirtschaftsforum-special/gerichtsmediation*). Seit Einführung des Güterichters durch das MedG (siehe oben Rz. 6) kann dieser bei Übernahme des Verfahrens alle Methoden der einvernehmlichen Konfliktbeilegung – also nicht nur Mediation – anwenden. Dies bedeutet nichts anderes als ein in das Gerichtsverfahren integriertes Conflict-Screening durch den Güterichter. Vom MDC unterscheidet es sich nur dadurch, dass die Wahl des Verfahrens im Prozess stattfindet, während es nach der Idee von *Frank Sander* vor Eröffnung stattfinden soll.

49 Die meisten Verfahren der AKB wurden, soweit nicht kulturelles Allgemeingut (vgl. für die Mediation *Hehn,* S. 176 ff.), in den USA entwickelt. Nachfolgend werden verschiedene Verfahren dargestellt, die im deutschen Sprachraum Aussicht auf Anwendung haben; dagegen werden andere Verfahren hier außer Acht gelassen, deren Anwendung eher unwahrscheinlich ist (so z.B. die Beauftragung von **privaten Richtern,** die im Auftrage staatlicher Gerichte Fälle entscheiden; dieses Verfahren ist unter dem Stichwort „Rent a Judge" bekannt geworden). Zur besseren Übersicht werden auch **heteronome Konfliktlösungsverfahren** aufgeführt, die nach der unter Rz. 1 gegebenen Definition nicht zum Bereich AKB gehören.

System der Methoden			
Autonom		Heteronom	**Mischformen (hybride Verfahren)**
Parteien allein	Einbeziehung eines Dritten		
Verhandlung	Moderation (Facilitation)	Schiedsgutachten	Schiedsschlichtung (Med/Arb)
	Mediation (Vermittlung/ Schlichtung)	Schiedsrichter	Spezielle Schiedsverfahren (Tailored Arbitration)
	Neutraler Experte		Michigan Mediation
			Last-Offer-Arbitration
			High-Low-Arbitration
			Miniverfahren (Mini-Trial)

IV. Systematische Darstellung einzelner Verfahren der AKB

Bei den Verfahren geht es im Einzelnen um Folgendes:

1. Verhandlung

Dieses Instrument ist aus der täglichen Praxis bekannt. Wir verhandeln ständig, sei es beruflich oder privat. Kein Tag vergeht ohne Verhandlungen. Aber man muss auch genau sehen, dass es Situationen gibt, in denen der Wille oder die Möglichkeit, zu verhandeln, fehlt.

Eine Verhandlungssituation liegt nur dann vor, wenn man die andere Partei zur Erreichung eines gewünschten Zieles braucht. Immer dann, wenn die andere Partei zur Mitwirkung gezwungen werden kann, ist keine Verhandlungssituation gegeben weil es an der Selbstbestimmung fehlt (Näheres zur Verhandlung bei *Fisher/Ury/Patton*; *Haft*, Verhandlung und Mediation; *Ponschab/Schweizer*, Kooperation statt Konfrontation; *Greger/von Münchhausen*, S. 61 ff.; *Rosner/Winheller* – empfehlenswert wegen der Einbeziehung verschiedenster Methoden).

2. Moderation

Unter Moderation wird die Einbeziehung einer dritten Partei in Verhandlungen oder Gespräche verstanden, wobei dieser Dritte selbst nicht Teilnehmer der Verhandlung ist, sondern sich ausschließlich auf den Prozess zwischen den Parteien konzentriert, um sie einem gemeinsamen Ergebnis näher zu bringen.

3. Mediation/Vermittlung

Bei der Mediation handelt es sich um eine Verhandlung zwischen Parteien, die einen **neutralen Dritten** zu ihrer Unterstützung heranziehen. Folglich bleiben die Parteien „Konflikteigentümer", handeln selbstbestimmt und, zumindest was die Einigung anbelangt, freiwillig. Das Verfahren ist nicht förmlich. Der Mediator unterstützt die Parteien auf dem Weg zur einverständlichen Lösung ihrer Konflikte. Er besitzt keine Entscheidungsgewalt, und die Parteien sind nicht verpflichtet, eine Lösung zu akzeptieren. Die Mediation ist im Regelfall vertraulich und unterliegt der beruflichen bzw. vereinbarten Verschwiegenheit. Da der Mediator keine Entscheidungen trifft, hat er die Möglichkeit zum Einzelgespräch mit den Parteien. Die Mediation strebt eine verbindliche Vereinbarung zwischen den Parteien an, die von ihnen persönlich erarbeitet und verantwortet wird. Er kann auch, falls die Parteien dies wünschen, Einigungsvorschläge unterbreiten.

Seit Juli 2013 verfügt Deutschland über ein Mediationsgesetz (wegen der Fundstelle und den zivilprozessualen Auswirkungen des MedG vgl. oben Rz. 6). Dort sind Prinzipien für den Mediator und die Mediation festgelegt. Dabei geht es insbesondere um:

a) Prinzipien des Mediationsverfahrens

aa) Vertraulichkeit

53 § 4 MedG sieht eine Verpflichtung des Mediators zur Verschwiegenheit vor. Für den Erfolg der Mediation ist wesentlich, dass die Gespräche in einer offenen, vertrauensvollen Atmosphäre stattfinden; dies setzt voraus, dass Informationen über Gang und Inhalt der Mediation nicht ohne Einverständnis der Parteien nach außen gelangen.

Die Pflicht bezieht sich auf alles, was dem Mediator in Ausübung seiner Tätigkeit bekannt geworden ist. Allerdings betrifft das gesetzliche Verschwiegenheitsgebot nur den Mediator, nicht die Parteien oder andere Personen, die an der Mediation teilnehmen. Deshalb gehört es zu den Pflichten eines verantwortungsbewussten Mediators, die Parteien auf diesen Umstand hinzuweisen und mit den Parteien Regelungen zu treffen, die auch die Parteien zur Verschwiegenheit verpflichten, vor allem durch Beweismittelverträge zwischen Mediatoren und den Parteien, in denen sich die Parteien verpflichten, den Mediator und die anderen Teilnehmer der Mediation nicht als Zeugen zu benennen (näher dazu *Greger/Unberath*, § 4 Rz. 49 ff.). Literatur und Rechtsprechung halten derartige Klauseln für rechtlich wirksam (BGH NJW RR 2006, 632; *Greger/Unberath*, § 4 Rz. 26; *Wagner*, Prozessverträge, S. 683 ff.; *Eckardt/Dendorfer*, MDR 2001, 786 [790]; *Hofmann*, SchiedsVZ 2011, 148), so dass der Richter eine Person, die einem solchen Verbot unterliegt, im **Zivilprozess** nicht vernehmen darf.

In den einzelnen Prozessarten gelten **unterschiedliche Regeln** für Zeugnisverweigerung und Beweismittelverträge:

Im **Zivilprozess** gilt: Soweit keine Ausnahme von der Verschwiegenheitspflicht besteht und der Mediator von den Parteien hiervon nicht befreit wurde, muss er von seinem Recht zur Aussageverweigerung nach § 383 Abs. 1 Nr. 6 ZPO Gebrauch machen, weil er sich sonst schadensersatzpflichtig nach § 280 Abs. 1 BGB oder sogar strafbar machen kann. Das MedG bestimmt in § 4 selbst drei Ausnahmen vom Zeugnisverweigerungsrecht des Mediators, nämlich, wenn

– zur Umsetzung oder Vollstreckung der Mediationsvereinbarung eine Aussage über deren Inhalt erforderlich ist

– die Offenlegung aus vorrangigen Gründen der öffentlichen Ordnung (ordre public) geboten ist, oder

– es sich um offenkundige oder nicht geheimhaltungsbedürftige Tatsachen handelt.

Darüber hinaus ist der Mediator zur Verteidigung eigener schutzwürdiger Interessen von der Geheimhaltungspflicht befreit (so auch *Greger/Unberath*, § 4 Rz. 20).

Im **Strafverfahren** haben dagegen nicht alle Mediatoren, sondern nur bestimmte Berufsgruppen wie Rechtsanwälte, Steuerberater und Wirtschaftsprüfern ein Zeugnisverweigerungsrecht (§ 53 Abs. 1 Nr. 3 StPO). Diese Regelung ist ein Pendant zu § 203 StGB, der für diese Berufsgruppen die unbefugte Offenbarung von Tatsachen, die sie in Ausübung ihres Berufes erfahren haben, unter Strafe stellt. Beweismittelverträge sind vor Strafgerichten unwirksam.

- **Verwaltungsgerichts- und Sozialgerichtsprozess:** § 98 VwGO und § 118 Abs. 1 SGG verweisen auf die Beweisaufnahmeregeln der ZPO, so dass bei diesen Verfahren ein Zeugnisverweigerungsrecht der Mediatoren wie bei Zivilgerichten besteht. Aufgrund der vor diesen Gerichten geltenden Amtsermittlungspflicht haben Beweismittelverträge zwischen den Parteien und dem Mediator keine Wirkung.
- Wenn der Mediator **von allen Parteien** von der Verschwiegenheitspflicht entbunden ist, entfällt sein Zeugnisverweigerungsrecht, d.h. er muss aussagen (vgl. §§ 385 Abs. 2 ZPO und § 53 Abs. 2 StGB).

bb) Freiwilligkeit

Zum Begriff der Freiwilligkeit weist die Begründung des Entw. BReg MedG zu Art. 1 § 1 (S. 219) darauf hin, dass es gemäß Artikel 3 lit a) Mediations-Richtlinie vom 21.5.2008 (Amtsblatt der EU L 136/3 ff.) mit dem Prinzip der Freiwilligkeit vereinbar ist, wenn die Mediation von einem Gericht **vorgeschlagen oder angeordnet oder gesetzlich vorgeschrieben** wird.

54

Freiwilligkeit in der Mediation bedeutet also letztlich nicht mehr und nicht weniger, als das **Recht, die Mediation jederzeit abzubrechen**. Es schließt gerichtliche oder gesetzliche Zwänge, eine Mediation durchzuführen, nicht aus. Gesetzliche Vorschriften, die eine Mediation vor Durchführung eines Gerichtsverfahrens anordnen, sind also durchaus zulässig und stehen dem Begriff der Freiwilligkeit nicht im Wege.

Die obligatorische Streitschlichtung (Zwangsschlichtung) hat das Bundesverfassungsgericht nicht nur als verfassungsrechtlich zulässig, sondern auch als besonders empfehlenswert beurteilt (s. oben Rz. 11).

cc) Eigenverantwortlichkeit

Ein wesentliches Merkmal der Mediation ist die **Autonomie** der Beteiligten. Die Mediation geht anders als die Rechtsentscheidung auf die höhere Ebene des Interesses und versucht von dort aus Lösungsoptionen zu kreieren, die dann in einer einvernehmlichen Regelung auf der Verhaltensebene umgesetzt werden können. Dies setzt allerdings voraus, dass die Parteien, ggf. mit Unterstützung ihrer Anwälte „auf Augenhöhe" miteinander verhandeln können. Bei ungleichen Machtverhältnissen ist die Mediation daher kein geeignetes Verfahren; stellt der Mediator eine solche Gegebenheit fest, muss er die Mediation abbrechen. Anders als das Gericht kann der Mediator ungleiche Machtverhältnisse nicht aus-

55

gleichen, ohne in die Gefahr zu kommen, seine Neutralitätspflicht zu verletzen.

Oft wünschen die Parteien, dass der Mediator das Problem aus seiner Sicht beurteilen soll, meist unter rechtlichen Gesichtspunkten. Hier muss man verschiedene Stufen unterscheiden:

– Da die Parteien ihre Prozesschancen im Regelfall überoptimistisch sehen, ist es Aufgabe des Mediators, in geeigneten Fällen eine **Prozessrisikoanalyse** (in Einzelgesprächen) durch zu führen. Hierbei klärt jede Partei ihre Prozesschance und stellt sie als BATNA (Best Alternative To Negotiated Agreement) einem möglichen Mediationsergebnis gegenüber.

– Problematischer wird es, wenn der Mediator den Parteien Lösungsmöglichkeiten **vorstellt oder empfiehlt**. Solange der Mediator die Parteien darauf hinweist, welche Regelungsmöglichkeiten ihm aus seiner Praxis bekannt sind, den Parteien aber die Entscheidung darüber überlässt, ob sie solchen Lösungen nähertreten wollen oder nicht, dürfte dies die Eigenverantwortlichkeit der Parteien nicht beeinträchtigen.

– Das Gleiche dürfte gelten, wenn der Mediator auf mögliche Probleme und Risiken der ins Auge gefassten Regelung hinweist (so auch *Greger/Unberath*, § 1 Rz. 14). Nach der Transformation der Mediationsregeln in ein Gesetz (das MedG) ist ohnehin eine evaluative Bewertung des Verhaltens des Mediators durch die Gerichte zu erwarten. Dabei dürfte die Frage eine Rolle spielen, ob der sachkundige Mediator die Parteien auf die möglichen Gefahren von projektierten Lösungen hingewiesen hat.

– Der Bereich der Mediation dürfte aber verlassen sein, wenn der Mediator, auch auf Wunsch der Parteien, den Fall rechtlich bewertet und dann aufgrund seiner „Fachkenntnis" konkrete Lösungen (auch ohne bindende Wirkung) für die Parteien entwickelt; dann bewegt sich das Verfahren in die **Schlichtung**. Dies ist dann rechtlich unbedenklich, wenn der Mediator die Parteien darüber aufklärt und es deren Wunsch ist, die Mediation als Schlichtungsverfahren fortzusetzen.

dd) Einvernehmliche Beilegung des Konflikts

56 Das Ziel der Mediation ist eine Vereinbarung, die den Konfliktgegenstand für alle Beteiligte verbindlich regelt. Den Mediator trifft die Aufgabe, das Ergebnis der Einigung mit den Parteien so zu protokollieren, dass die wesentlichen Elemente (essentialia negotii) schriftlich festgehalten werden. Das Protokoll muss es einem sachkundigen Dritten (insbesondere einem Richter, der zur Durchsetzung der Vereinbarung angerufen wird) ermöglichen, Inhalt und Umfang der Einigung zu erkennen.

Sind die Parteien durch Rechtsanwälte vertreten, werden diese es im Regelfall übernehmen, den Vertrag auszuformulieren. Das ändert aber nichts daran, dass bereits ein wirksamer Vertrag zustande gekommen ist, wenn das Protokoll der Einigung die wesentlichen Teile des Konflikts regelt.

Soweit die Mediatoren keine Rechtsanwälte sind, sollten sie zur Vermeidung einer Haftung und des Verstoßes gegen das Rechtsdienstleistungsgesetz jegliche rechtliche Beratung im Hinblick auf den Inhalt der Vereinbarung vermeiden.

b) Aufgaben und Pflichten des Mediators

aa) Unabhängigkeit (Unparteilichkeit)

Unabhängigkeit bezieht sich auf die Person des Mediators und bedeutet, dass er in keiner beruflichen oder persönlichen Abhängigkeit von einer der Parteien stehen darf (z.B.: persönliche Bekanntschaft mit einer Partei, gemeinsame Zugehörigkeit zu einer Organisation etc.). Das Problem der möglicherweise beeinträchtigten Unabhängigkeit korrespondiert mit der Frage der „heilenden Akzeptanz" (vgl. hierzu: *Ponschab*, Akzeptanz-eine wichtige Rollenerwartung an den Mediator, S. 1). Akzeptanz bedeutet nichts anderes als das Vertrauen in die Fähigkeit eines Menschen, Parteien zu einer einvernehmlichen Konfliktlösung zu bewegen. Dieses kann gerade darin bestehen, dass die Parteien einen Mediator in Kenntnis möglicher formaler Beeinträchtigung für ein Verfahren wählen. Durch diese Wahl zeigen die Parteien an, dass sie die formale nicht als materielle Beeinträchtigung der Unabhängigkeit sehen. Andererseits können die Parteien ihr Vertrauen nur aussprechen, wenn der Mediator sie vorher über mögliche Beeinträchtigungen seiner Unabhängigkeit aufgeklärt hat (siehe nachfolgend cc). 57

Die einzige Beeinträchtigung der Unabhängigkeit, die einen Mediator in einem konkreten Fall ausschließt, ist der Umstand, vor der Mediation in derselben Sache für eine Partei tätig gewesen zu sein (§ 3 Abs. 2 Satz 1 MedG).

bb) Neutralität

Während sich der Begriff der Unabhängigkeit auf die Person des Mediators bezieht, betrifft die Neutralität die Leitung des Verfahrens durch den Mediator. Aus § 2 Abs. 3 MedG ergibt sich, dass der Mediator allen Parteien gleichermaßen verpflichtet ist, dass er die Kommunikation der Parteien zu fördern und in angemessener und fairer Weise in die Mediation einzubinden hat. Diesem Gedanken steht die Führung von Einzelgesprächen nicht entgegen, wenn der Mediator diese Gespräche im allseitigen Einverständnis mit den Parteien führt. 58

cc) Offenbarungspflichten

59 Nach § 3 Abs. 1 MedG hat der Mediator den Parteien alle Umstände offenzulegen, die seine Unabhängigkeit und Neutralität beeinträchtigen können. Er darf bei Vorliegen solcher Umstände nur als Mediator tätig werden, wenn die Parteien dem ausdrücklich zustimmen.

dd) Prüfungspflichten

60 § 2 Abs. 2 MedG verpflichtet den Mediator zur Überprüfung, ob die Parteien Grundsätze und Ablauf des Mediationsverfahrens verstehen und freiwillig an der Mediation teilnehmen.

ee) Klärung der Abschlussvereinbarung

61 – Im Zusammenhang mit der Abschlussvereinbarung muss der Mediator gemäß § 2 Abs. 6 MedG sicher stellen, dass
  – die Parteien die Vereinbarung in Kenntnis der Fakten und Verständnis des Inhalts treffen die Parteien bei Bedarf die Vereinbarung durch externe Berater überprüfen lassen können und
– die Abschlussvereinbarung bei Zustimmung der Parteien dokumentiert wird

ff) Verschwiegenheit

62 Der Mediator und die auf seiner Seite zur Durchführung des Mediationsverfahrens eingebundenen Personen sind zur Verschwiegenheit verpflichtet, soweit gesetzlich nichts anderes geregelt ist (§ 4 MedG), siehe näher oben a) aa).

gg) Pflicht des Mediators zu Aus- und Fortbildung (§§ 5, 6 MedG)

63 Das Gesetz verlangt vom Mediator eine „geeignete Ausbildung", insbesondere Kenntnisse über Grundlagen der Mediation sowie deren Ablauf und Rahmenbedingungen, Verhandlungs- und Kommunikationstechniken, Konfliktkompetenz, Kenntnisse über das Recht der Mediation bzw. in der Mediation sowie praktische Übungen, Rollenspiele und Supervision und regelmäßige Fortbildung.

Als **zertifizierter Mediator** darf sich nur bezeichnen, wer eine Ausbildung zum Mediator abgeschlossen hat, die den Anforderungen der Rechtsverordnung entspricht, die vom BMJ über die Voraussetzungen der Ausbildung und Fortbildung noch zu erlassen ist. Bis zum Inkrafttreten dieser Verordnung ist der Gebrauch des Titels „zertifizierter Mediator" unzulässig.

4. Schlichtung

In der Regel wird von Schlichtung gesprochen, wenn Parteien für die Unterstützung ihrer Verhandlungen einen Dritten hinzuziehen, der keine abschließende Entscheidungsgewalt hat, aber einen rechtlich unverbindlichen Entscheidungsvorschlag unterbreiten soll. Regelmäßig werden die Parteien versuchen, den Schlichter von ihrem Standpunkt zu überzeugen, um auf diese Weise seinen Vorschlag zu beeinflussen. Näher hierzu bei *Greger/von Münchhausen*, S. 124 ff. 64

5. Neutraler Experte

Bei der neutralen Bewertung durch einen Experten können die Parteien einen Fachmann hinzuziehen, dem sie den Fall aus ihrer Sicht vortragen. Der Experte teilt dann aufgrund seiner Erfahrung den Parteien mit, wie er deren Aussichten in diesem Fall sieht. Im Anschluss daran kann der neutrale Experte, falls dies von den Parteien gewünscht wird, mit ihnen über die Möglichkeiten einer Einigung diskutieren. Unter dem Begriff Early Neutral Evaluation werden Verfahren verstanden, in denen ein Dritter den Konflikt unter juristischen Aspekten bewertet. Näher hierzu *Risse*, Wirtschaftsmediation, S. 545 ff. 65

6. Schiedsgutachten/Schiedsrichter

Die Tätigkeit eines Schiedsrichters/Schiedsgutachters ist **Konfliktentscheidung** auf Rechtsbasis. Sie ist eine Tätigkeit, die der der öffentlichen Gerichte ähnlich ist, unterscheidet sich jedoch im Regelfall hiervon durch ein weniger förmliches Verfahren und dadurch, dass die Parteien ihre Schiedsrichter selbst auswählen können. Darüber hinaus vollzieht sich dieses Verfahren außerhalb der Öffentlichkeit, so dass die Verschwiegenheit gewahrt bleibt. Immer, wenn die Parteien dies vereinbaren, kann ein Schiedsspruch ausnahmsweise auch **nicht bindend** sein (zu den Mischformen nachfolgend). Im Gegensatz zum **Schiedsrichter**, der das gesamte rechtliche Problem entscheidet, behandelt ein **Schiedsgutachter** meist nur einen Teil der gesamten Materie, der aber oft für die weitere Lösung zentrale Bedeutung hat. Näher zu dem gesamten Komplex *Greger/von Münchhausen*, S. 179 ff., 194 ff. 66

7. Schiedsschlichtung (Med/Arb oder Arb/Med)

Schiedsschlichtung ist ein Verfahren, bei dem ein zunächst autonomes Verfahren in ein heteronomes übergeht; teilweise wird auch der umgekehrte Weg – Einbau der Mediation in ein Schiedsverfahren – praktiziert. Zunächst wird von einem Dritten eine Mediation mit den Parteien versucht. Ist diese nicht erfolgreich, so geht das Verfahren in ein Schiedsverfahren über. Diese Kombination von Konfliktbehandlung durch Verhandeln und Entscheidung wird allgemein als **hybrides Verfahren** bezeichnet. Ein solch hybrides Verfahren wurde in Form des Güterichter- 67 systems durch das MedG kodifiziert: so kann ein Fall zunächst vor dem Güterichter verhandelt und nach dem Misslingen einer gütlichen Einigung vom Spruchrichter entschieden werden. Es ist, wie beim staatlichen Gericht, auch bei Med/Arb empfehlenswert, dass Mediator und Schiedsrichter verschiedene Personen sind, wodurch deren Funktionen klar getrennt werden. Näher zu diesem Verfahren *Risse*, Wirtschaftsmediation, S. 524 ff.

8. Spezielle Schiedsverfahren (Tailored Arbitration)

68 Die Parteien haben die Möglichkeit, durch Vereinbarung das Schiedsgericht nur über gewisse Fragen entscheiden zu lassen. Sie können also die Entscheidung durch das Schiedsgericht beispielsweise darauf beschränken, dass der Schiedsrichter nur darüber entscheidet, ob eine der beiden Parteien Ersatz leisten muss oder dass das Schiedsgericht nur innerhalb eines von vornherein vorgegebenen Schadensersatzrahmens entscheiden kann.

9. Michigan Mediation

69 Michigan Mediation ist ebenfalls ein hybrides Verfahren. Das von den Parteien gewählte Gremium versucht, eine Einigung der Parteien herbeizuführen. Misslingt dies, schlägt das Gremium einen Vergleich vor (oder fällt einen unverbindlichen Schiedsspruch), wobei jede der beteiligten Parteien das Recht hat, diesen Vorschlag abzulehnen und die Sache bei Gericht weiterzuverfolgen. Unterscheidet sich aber die Entscheidung des öffentlichen Gerichtes nur unwesentlich (weniger als 10 %) von dem Vergleichsvorschlag (unverbindlichem Schiedsspruch), so hat die Partei, die das ordentliche Gericht angerufen hat, alle Kosten zu tragen. Die Kostenverteilung im späteren Verfahren entscheidet sich also allein danach, inwieweit die spätere Entscheidung des öffentlichen Gerichts von der des Schiedsgerichtes abweicht. Näher dazu *Risse*, Wirtschaftsmediation, S. 539 ff.

10. Last-Offer-Arbitration

70 Bei diesem Verfahren delegieren die Parteien die Entscheidungsfindung an den Schiedsrichter, der einen bindenden Schiedsspruch trifft. Dabei ist er aber nicht frei, sondern an die **letzten Angebote** (Last Offer) der Parteien gebunden. Er muss sich für das Angebot entscheiden, das der Rechtslage am ehesten entspricht und dies in einem Schiedsspruch festlegen.

11. High-Low-Arbitration

71 Das Verfahren der High-Low-Arbitration funktioniert ähnlich wie die Last-Offer-Arbitration. Die Parteien schreiben dem Schiedsrichter aber

IV. Systematische Darstellung einzelner Verfahren der AKB

keine Entweder-Oder-Entscheidung vor, sondern einen **Spielraum**, in dessen Grenzen sich der Schiedsspruch bewegen muss. Näher hierzu *Risse*, Wirtschaftsmediation, S. 536 ff.

12. Miniverfahren (Mini-Trial)

Beim Miniverfahren handelt es sich um eine der interessantesten Entwicklungen von ADR, die man auch als Vergleichskonferenz bezeichnet (vergleiche dazu näher *Bühring-Uhle*, a.a.O.; *Breidenbach*, Mediation, 1995, S. 303; *Risse*, Wirtschaftsmediation, S. 541 ff.) Dieses Miniverfahren kann ohne oder mit Hinzuziehung eines Dritten durchgeführt werden. Im Regelfall tragen beide Seiten, üblicherweise deren Anwälte, unter einem vorgegebenen Zeitlimit die Zusammenfassung ihrer Streitpositionen vor. Hierbei sind die entscheidungsbefugten oder entscheidungstragenden Führungskräfte der Parteien anwesend. Wenn beide Parteien ihre Positionen vorgetragen und begründet und gegebenenfalls die Gelegenheit zur Erwiderung gehabt haben, ziehen sich die Führungskräfte beider Seiten – ohne Anwälte – zu einer Beratung zurück, um auf der Grundlage der ihnen dargelegten Streitpositionen interessengerechte Lösungen auszuhandeln. Falls ein neutraler Dritter eingeschaltet ist, nimmt dieser an der Beratung teil und unterstützt die Parteien in der Suche nach einer angemessenen Lösung. Das Entscheidende ist, dass die leitenden Angestellten der beteiligten Unternehmen ständig vor Augen haben, was passiert, wenn sie diesen Fall rechtlich durchfechten (als sog. Beste Alternative zu einer Verhandlungsübereinkunft). Bei einem Gerichtsverfahren entziehen sie sich im Regelfall dieser Konfrontation dadurch, dass sie nicht vor Gericht erscheinen. Darüber hinaus bauen sie im Gespräch mit den eigenen Anwälten, in dem nur die eigene Sichtweise zählt, oft überoptimistische Vorstellungen über ihre Aussichten im Rechtsstreit auf.

13. Adjudikation

Diese bisher vor allem in Großbritannien praktizierte Konfliktbehandlung hat besondere Bedeutung für Bau- und Anlageprojekte und hat große Ähnlichkeit mit dem Schiedsgutachten, allerdings ist bei der Adjudikation die Bindungswirkung eingeschränkt (zur Adjudikation *Greger/von Münchhausen*, S. 179 ff. sowie *Lembcke*, dort erwähnt auch verschiedene Adjudikationsordnungen). Aufgrund von Parteiabreden entscheidet ein Gutachter bei Auftreten von Konflikten. Diese Entscheidung ist mit Vertragsstrafen bewehrt, somit faktisch zunächst verbindlich. Nur zunächst, denn den Parteien ist der spätere Gang zu Gericht nicht verwehrt. Dort kann der Spruch der Adjudikationen wieder aufgehoben werden. Daraus ergibt sich, dass es sich hierbei um ein komplett **heteronomes ggf. zweistufiges Verfahren** handelt, das nicht zu dem Bereich der AKB-Verfahren in dem hier vertretenen Sinne gehört.

In Deutschland hat die Adjudikation bisher noch keine praktische Bedeutung. Weite Kreise der Bauwirtschaft fordern allerdings die (gesetzliche) Einführung der Adjudikation (analog zur Mediation). Da im BJM verfassungsrechtliche Bedenken gegen die Rechtsstaatlichkeit dieses Verfahrens geäußert wurden, hat eine Interessengruppe bei einem ehemaligen Präsidenten des BVerfG ein Gutachten in Auftrag gegeben, das inzwischen vorliegt und die Adjudikation als verfassungsgemäß ansieht (nachzulesen unter *http://www.oberthuer.de/fileadmin/user_upload/ PDFs/Adjudikation-Gutachten-Oberthuer.pdf*).

Teil 8
Verhandeln in Brüssel

1 Einleitung[1]

Literaturübersicht:
Bieber, Die Europäische Union, 2013; *Frenz*, Handbuch Europarecht Bd. 2, Europäisches Kartellrecht, 2006; *Grabitz/Hilf*, Das Recht der Europäischen Union, Loseblatt; *Heilbronner*, Europarecht Bd. 1, Grundlagen und Organe, 2005, sowie Europarecht Bd. 2, Binnenmarkt und Grundfreiheiten, 2006; *Oppermann*, Europarecht, 2009, *Loewenheim/Meessen/Riesenkampff*, Kartellrecht, Kommentar, 2009; *Langen/Bunte*, Kommentar zum deutschen und europäischen Kartellrecht, 2010.

Die Europäische Union (EU) hat in den letzten Jahrzehnten für die Wirtschaft, aber auch für den einzelnen Bürger erheblich an Bedeutung gewonnen. Die große Anzahl von deutschen Gesetzen, die auf Regelungen des EU-Rechts beruhen, illustriert die wichtige und in der Öffentlichkeit inzwischen anerkannte **Rolle der EU** als Gesetzgeber in Europa. Die auf EU-Recht basierenden deutschen Regelungen sind nicht mehr allein dem Wirtschaftsrecht (Arbeitsrecht, Gesellschaftsrecht, Umweltrecht usw.) zuzuordnen, sondern betreffen auch immer mehr das allgemeine Zivilrecht und sogar das Strafrecht. Weniger bekannt, aber von vergleichbarer Tragweite ist die Funktion der Europäischen Kommission als europäische Verwaltungsbehörde. In wichtigen Bereichen, hierzu gehören vor allem das Wettbewerbs- und Kartellrecht einschließlich des Rechts der staatlichen Beihilfen, das internationale Handelsrecht sowie die Verwaltung der verschiedenen Förderprogramme, ist die Kommission mit umfassenden Entscheidungskompetenzen ausgestattet. Die von der Kommission in diesen Bereichen getroffenen Entscheidungen sind zum größten Teil nicht an die Mitgliedstaaten, sondern an private Rechtssubjekte, meistens Unternehmen, gerichtet, die oftmals keinerlei Erfahrung im Umgang mit der Kommission und deren Arbeitsweise haben.

1

Insbesondere im Bereich des **Kartellrechts** ist es nicht nur möglich, sondern sogar erforderlich, bereits im Vorfeld eines sich ankündigenden Verfahrens Kontakt mit der Kommission aufzunehmen. Schon bei dieser ersten Kontaktaufnahme besteht die Möglichkeit, durch geschicktes Verhandlungsverhalten die Kommission zu einer vorteilhaften Entscheidung zu bewegen. Informelle Kontakte, aber auch verfahrensrechtlich festgeschriebene Anhörungen stellen Situationen dar, die dem Aushandeln eines Vertrages gleichen und in denen die Kommission oftmals die Positi-

2

---
[1] Die Autorin möchte Frau Rechtsanwältin Marie-Madeleine Husunu, LL.M. (Canterbury) für ihre Unterstützung und redaktionelle Bearbeitung danken.

on eines an einer ausgewogenen Entscheidung interessierten Vertragspartners einnimmt.

3 Der Umgang mit den zuständigen Kommissionsbeamten und das Auftreten bei der Kommission in derartigen Verwaltungsverfahren unterliegen aufgrund der besonderen Struktur und der spezifischen Zusammensetzung der Behörde **speziellen Spielregeln**. Die Kenntnis dieser Regeln ist unerlässlich für eine effiziente Planung, Vorbereitung und Durchführung der Verhandlungen.

4 Neben einer unmittelbaren Beteiligung in einem Verwaltungsverfahren vor der Kommission ergeben sich verhandlungsähnliche Situationen mit den europäischen Institutionen vor allem im Rahmen der Interessenvertretung in Gesetzgebungsverfahren auf europäischer Ebene. Das sog. „**Lobbying**" ist bei den europäischen Gesetzgebungsorganen, anders als in Deutschland, wo der Begriff manchmal mit einer negativen Konnotation belegt ist, als dringend erforderliche und nützliche Konsultation der betroffenen Kreise anerkannt. In Brüssel ist es eine Selbstverständlichkeit, dass Verbände, aber auch einzelne Unternehmen, häufig vertreten durch Anwälte oder sog. „Public Affairs Consultants", an die Institutionen herantreten, um ihre Sicht bezüglich eines Gesetzesvorhabens zu verdeutlichen. Die auf breiten Konsens angelegte politische Kultur in der EU ermöglicht den von einem Gesetzesvorhaben betroffenen Unternehmen eine nicht zu unterschätzende Einflussnahme, wenn die entsprechenden Verhandlungen mit den Entscheidungsträgern effizient geführt werden. Hierbei sind ebenso wie bei der Teilnahme an einem Verwaltungsverfahren vor der Kommission zahlreiche Besonderheiten zu berücksichtigen.

5 Während der folgende Abschnitt dieses Kapitels zunächst die Besonderheiten der Interessenvertretung und des Verhandelns auf EU-Ebene hervorhebt, beschäftigen sich die daran anschließenden Abschnitte umfassend mit der Planung, Vorbereitung und Durchführung von Verhandlungen in konkreten Situationen. Hierbei wird zunächst in Abschnitt drei, auf Verhandlungen mit der Kommission als Beteiligter an einem von ihr durchgeführten Verwaltungsverfahren eingegangen. Ein Schwerpunkt wird hier auf Verfahren im Rahmen des europäischen Wettbewerbs- und Kartellrechts und dem Recht der staatlichen Beihilfen liegen. Der anschließende, vierte, Abschnitt geht auf die Besonderheiten ein, die bei der aktiven Interessenvertretung im Rahmen von Gesetzgebungsverfahren der EU zu beachten sind. Abschnitt fünf erläutert die Besonderheiten bei Vertragsverhandlungen mit der Kommission.

6 Jeder Abschnitt soll dem Betroffenen eine effiziente Planung, Vorbereitung und Durchführung von Verhandlungen bzw. eines effektiven „Lobbying" ermöglichen und systematisiert anhand von praxisrelevanten Beispielen erläutern.

2 Besonderheiten der Interessenvertretung und des Verhandelns auf EU-Ebene

Die Europäische Union versteht sich nicht als ein neuer Staat, der an die Stelle der bestehenden Staaten tritt. Vielmehr stellt sie ein politisches Gebilde und **Rechtssystem eigener Art** dar, das – unter Beachtung des Subsidiaritätsprinzips und des Verhältnismäßigkeitsgrundsatzes (Art. 5 Abs. 3, 4 EUV) – die nationalen Systeme überlagert und sich in vielen Punkten von ihnen unterscheidet. Dies spiegelt sich auch in der Arbeitsweise der Europäischen Union wider, die von spezifischen Eigenarten geprägt ist.

7

Diese Eigenarten sowie die **Sprachbarriere** können wesentliche Hindernisse für einen effizienten und erfolgreichen Umgang mit der Kommission und den weiteren Institutionen der EU darstellen, wenn sie den Betroffenen unbekannt sind.

8

Die effiziente Planung von Verhandlungen mit den Institutionen erfordert daher eine **frühzeitige Beschäftigung** mit deren Kompetenzen in der konkreten Angelegenheit, um rechtzeitig erfolgversprechende Verhandlungsstrategien entwickeln und die entsprechenden Maßnahmen in die Wege leiten zu können. Obwohl die Früherkennung des Problems eigentlich eine Selbstverständlichkeit sein sollte, ist dies in der Praxis nicht selten problematisch. Denn noch immer spielt das Europarecht und damit auch die Kenntnis der entsprechenden Kompetenzzuweisungen in Rechtsabteilungen der meisten deutschen Unternehmen und Rechtsanwaltskanzleien eine untergeordnete Rolle. Für die Fallstricke und Unwägbarkeiten des nationalen Rechts haben viele Juristen durch jahrelange Ausbildung und Erfahrung einen siebten Sinn entwickelt, für die Feinheiten des Europarechts dagegen existiert ein solches Warnsystem in den seltensten Fällen.

9

Deutlich wird diese **fehlende Sensibilität** von vielen Unternehmen **für Fragen des Europarechts** und die entsprechende Zuständigkeit an der umfangreichen Rechtsprechung des EuGH zu der Frage, ob gemeinschaftsrechtswidrig gewährte staatliche Beihilfen zurückgezahlt werden müssen, obwohl der Empfänger der Beihilfe von der Rechtswidrigkeit nichts gewusst hat (z.B. Land Rheinland-Pfalz gegen Alcan Deutschland, EuZW 1997, 276). Die Entscheidungen des EuGH lassen erkennen, dass eine nicht unerhebliche Anzahl von Unternehmen, denen Beihilfen gewährt werden, nicht überprüfen, ob diese Zuwendungen mit dem EU-Recht vereinbar sind. Der EuGH hat klargestellt, dass eine derartige Unkenntnis des EU-Rechts die Unternehmen nicht von der Pflicht zur Rückzahlung der verzinsten Begünstigung befreit.

10

Beispiele **für negative Auswirkungen** durch die Nichtbeachtung des Europarechts finden sich allerdings nicht nur im Bereich der staatlichen

11

Beihilfen. Auch in anderen Gebieten des Europarechts entstehen Unternehmen durch die Nichtbeachtung des Europarechts und den darin festgelegten Befugnissen der Kommission erhebliche Nachteile. Hingewiesen sei hier beispielsweise auch auf die von der Kommission verhängten Bußgelder bei Kartellverstößen. Andererseits gibt es zahlreiche Förderprogramme, deren Kenntnis und Beanspruchung den Unternehmen zugute kommen kann.

3 Verhandeln mit der Europäischen Kommission in ihrer Funktion als Vollzugsbehörde

	Rz.		Rz.
I. Allgemeines	12	ff) Beteiligung Dritter	75
II. Planung	16	gg) Checkliste: Fusionskontrolle	76
1. Problemidentifizierung	16	d) Exkurs Recht der staatlichen Beihilfen	77
a) Positionsbestimmung	16	aa) Begriff „staatliche Beihilfe"	79
aa) An einzelne Unternehmen gerichtete Kommissionsentscheidungen	16	bb) Anmeldepflicht von staatlichen Beihilfen	82
bb) Beschwerderecht	18	cc) Rolle der betroffenen Unternehmen im Verfahren	85
cc) Problembewusstsein und -identifizierung	19	dd) Checkliste: Beihilfeverfahren	86
b) Exkurs EU-Kartellrecht	21	e) Exkurs Grundfreiheiten	87
aa) Bedeutung des Kartellrechts	21	2. Beauftragung eines Experten	90
bb) Dezentralisierung	26	a) Erfahrung im Umgang mit der Kommission	91
cc) Ermittlungs- und Nachprüfungsbefugnisse der Kommission	30	b) Kontakte zu Unternehmen und Verbänden	94
dd) Anordnungsbefugnisse der Kommission	37	c) Fremdsprachenkenntnisse	95
ee) Reaktionsmöglichkeiten	42	3. Zuständige Abteilung innerhalb der Kommission	96
(1) Kronzeugenprogramm	42	4. Checkliste	102
(2) Vergleichsverfahren	45	**III. Durchführung**	103
(3) Beschwerderecht des Konkurrenten	53	1. Kontaktaufnahme	103
c) Exkurs Fusionskontrolle	61	2. Informelles Vorgespräch	106
aa) Rechtlicher Rahmen	61	a) Besetzung der Delegation	108
bb) Zusammenschluss von gemeinschaftsweiter Bedeutung	65	b) Briefing	109
cc) Erhebliche Behinderung wirksamen Wettbewerbs	68	3. Einleitung des Verfahrens	112
dd) Anmeldeverfahren	70	4. Die offizielle Anhörung	118
ee) Prüfungsverfahren	73	5. Checkliste	121
		IV. Strategiekontrolle	122

I. Allgemeines

In der Vergangenheit nahm die Öffentlichkeit die Kommission vor allem als Vorbereiterin von häufig als bürokratisch und wirklichkeitsfremd empfundenen Gesetzesinitiativen wahr. Insbesondere durch die zahlreichen aufsehenerregenden Entscheidungen im Kartellrecht (so etwa Verfahren gegen VW oder Microsoft, geplante Zusammenschlüsse von Tetra Laval/Sidel, Schneider/Legrand, Bertelsmann/Springer, Ryanair/AirLingus) sowie des internationalen Handelsrechts (wie zuletzt die Diskussion über Antidumping-Zölle auf Solarpaneele aus China) rückt auch die Zuständigkeit der Kommission im Bereich des **Vollzugs von EU-Recht** mehr in den Blickpunkt des öffentlichen Interesses. Die Exekutivbefugnis der Kommission existiert zwar bereits seit Abschluss des EWG-Vertrags im

12

Jahre 1957; mit der zunehmenden Globalisierung und Internationalisierung der Wirtschaft haben die Entscheidungen der Kommission in diesem Bereich aber stark zugenommen. Dies hat zur Folge, dass Unternehmer, aber auch Privatpersonen, ob sie wollen oder nicht, immer häufiger in direkten Kontakt mit der Kommission treten müssen.

13 Die Kommission überwacht nicht nur die Gemeinschaftstreue der Mitgliedstaaten, sie hat auch die Befugnis, bestimmte **Verstöße** von Personen, Organisationen und Unternehmen gegen das Unionsrecht **zu sanktionieren**. Diese Befugnis bezieht sich in erster Linie auf das Kartellrecht. In diesem in der Praxis wohl wichtigsten Bereich wurde der Kommission der Vollzug des EU-Rechts übertragen. Die Entscheidungen der Kommission unterliegen der Kontrolle durch die europäischen Gerichte. Die Zuständigkeit der EU auf dem Gebiet des Kartellrechts ergibt sich aus Art. 101, 102 AEUV. Spezielle Befugnisse sind der Kommission aufgrund von Durchführungsverordnungen (z.B. VO Nr. 1/2003/EG zu Art. 81, 82 EG, Kartellverfahrensordnung) zu den Wettbewerbsvorschriften übertragen. Unter den Oberbegriff des EU-Wettbewerbsrechts fällt neben den klassischen Bereichen des Kartell- und Fusionskontrollrechts auch das Recht der staatlichen Beihilfen. Außerdem weist Art. 17 Abs. 1 EUV der Kommission generell die Aufgabe zu, Verletzungen des EU-Rechts durch Mitgliedstaaten zu verhindern und zu ahnden. Sie ist die „Hüterin der Verträge".

14 Aufgrund der **besonderen Struktur und Zusammensetzung** der Kommission unterscheidet sich das Verhandeln mit der Kommission deutlich von dem Umgang mit deutschen Behörden. Die Kommission ist neben den fest angestellten Verwaltungsbeamten auch mit Mitarbeitern besetzt, die nur vorübergehend für die Kommission tätig sind. Hierzu gehören externe Berater, die auf der Grundlage von zeitlich befristeten Verträgen für sie arbeiten, sowie Beamte, die für einige Jahre von den Behörden der Mitgliedstaaten zur Kommission abgeordnet worden sind. Diese besondere Zusammensetzung macht es zum Teil schwierig, den richtigen und kompetenten Ansprechpartner für eine bestimmte Angelegenheit zu finden. Darüber hinaus ist die Untergliederung der Kommission in Generaldirektionen nach bestimmten Sachgebieten nicht immer übersichtlich. Die Größe der einzelnen Generaldirektionen variiert stark und ihre Zuständigkeiten können sich überschneiden. Die nach der Kommissionskrise im Jahre 1999 berufene *Prodi*-Kommission hatte sich zur Aufgabe gemacht, einige der genannten Probleme zu beheben, und eine Restrukturierung der Kommission eingeleitet, nicht zuletzt um das Handeln der Behörde transparenter und effizienter zu gestalten. Die aktuelle Kommission unter Leitung von Kommissionspräsident *Barroso* versucht diesem eingeschlagenen Weg zu folgen.

15 Darüber hinaus erschweren Berührungsängste, die zum einen in der kulturellen und sprachlichen **Vielfalt der Kommission** (24 offizielle Amtssprachen der EU) und zum anderen in der unbekannten Arbeitsweise be-

gründet liegen, eine effektive Verhandlungsführung. Schon aus diesen Gründen sind eine intensive Vorbereitung und Planung der Kontaktaufnahme mit der Kommission unerlässlich.

II. Planung

1. Problemidentifizierung

a) Positionsbestimmung

aa) An einzelne Unternehmen gerichtete Kommissionsentscheidungen

Verhandlungen mit der Kommission als Vollzugsbehörde sind durch zwei grundverschiedene Ausgangssituationen gekennzeichnet. Die erste Kategorie erfasst Fälle, in denen das betroffene Unternehmen selbst zum Gegenstand eines Verfahrens wird. Die Entscheidung soll unmittelbar an das Unternehmen gerichtet werden. Derartige Fälle der **Direktbetroffenheit** ergeben sich vor allem im Bereich des EU-Kartellrechts, zum Beispiel, wenn die Kommission wettbewerbswidrige Kartellabsprachen untersagt und sanktioniert. Die oben angesprochenen Fälle der Rückforderung von staatlichen Beihilfen sind ebenfalls in diese erste Kategorie einzuordnen, auch wenn die Entscheidung der Kommission über die Rechtswidrigkeit der Beihilfe formal nicht an den Begünstigten selbst, sondern an den gewährenden Mitgliedstaat gerichtet ist. Faktisch allerdings wirkt die Entscheidung der Kommission wie eine Maßnahme, die unmittelbar gegenüber dem Begünstigten ergeht, da der Mitgliedstaat die Subvention vom Begünstigten zurückfordern muss. 16

Ein weiterer Bereich, in dem die EU eigene Untersuchungs- und Sanktionskompetenzen besitzt, ist das **internationale Handelsrecht** mit seinen Schutzmaßnahmen, wie z.B. Antidumping-Zölle. Entscheidungen in diesem Bereich werden zwar i.d.R. in Form von Ratsverordnungen gefällt, betreffen aber genau bestimmte Unternehmen in Drittstaaten (sowie pauschale Länderzölle) außerhalb der EU und damit indirekt die europäischen Importeure, da diese die Zölle an den EU-Außengrenzen leisten müssen. Auch hier ist demnach eine enge Kooperation mit der Kommission zwingend nötig, um Mandanteninteressen gezielt vertreten zu können. 17

bb) Beschwerderecht

Die zweite Kategorie erfasst Situationen, in denen ein privates Rechtssubjekt seine Interessen bei der Kommission mit dem Ziel geltend macht, die Kommission dazu zu bewegen, **gegen einen Dritten vorzugehen**, der die Regeln des EU-Rechts missachtet. Bei dem Dritten kann es sich sowohl um ein privates Rechtssubjekt als auch um einen Mitgliedstaat handeln. Unternehmen, welche die Praxis eines Wettbewerbers als unvereinbar mit dem EU-Recht erachten, erhalten die Möglichkeit, sich 18 mit einer Beschwerde an die Kommission zu wenden, um eine entsprechende an den Wettbewerber gerichtete Entscheidung zu erwirken. Beschwerdemöglichkeiten bestehen auch, wenn ein privates Rechtssubjekt die Praxis oder Regelungen eines Mitgliedstaates für gemeinschaftsrechtswidrig ansieht und sich dadurch benachteiligt fühlt. Im Gegensatz zu Verhandlungssituationen der ersten Kategorie, in denen die Unternehmen auf die Argumente und das Vorgehen der Kommission reagieren müssen, erlauben die Fälle der zweiten Kategorie ein eher offensiveres, gestaltenderes Verhalten.

cc) Problembewusstsein und -identifizierung

19 Die folgende Liste von Rechtsgebieten des Europarechts stellt eine Auswahl der in der Praxis relevantesten Bereiche dar, in denen die Kommission Exekutivbefugnisse ausübt. Der Rechtsberater eines Unternehmens sollte bei Angelegenheiten, die diese Bereiche betreffen, genau überprüfen, ob eine Kontaktaufnahme und darüber hinausgehend Verhandlungen mit der Kommission nützlich oder sogar erforderlich sein könnten.

– Kartellrecht, Art. 101 und Art. 102 AEUV (nebst Durchführungsverordnungen),

– Fusionskontrollrecht, Fusionskontrollverordnung,

– Recht der staatlichen Beihilfe, Art. 107, 108 AEUV,

– Grundfreiheiten,

– Handelsrechtliche Schutzmaßnahmen, z.B. Anti-Dumping-Zölle.

20 Die kurze Darstellung der Rechtsgebiete im Folgenden ist auf das Kartell-, Fusionskontroll- und Beihilfenrecht fokussiert und erhebt keinen Anspruch auf Vollständigkeit, sondern dient lediglich dazu, das Problembewusstsein in diesen besonders relevanten Bereichen zu wecken und bestimmte Situationen aufzuzeigen, in denen die Kontaktaufnahme mit der Kommission nützlich oder sogar erforderlich ist.

b) Exkurs EU-Kartellrecht

aa) Bedeutung des Kartellrechts

21 Das **EU-Kartellrecht** ist das wohl **wichtigste Rechtsgebiet für Unternehmen**, in dem die Kommission eigene Vollzugszuständigkeiten wahrnimmt. Nicht zuletzt aufgrund dieser Vollzugskompetenzen der Kommission ist Brüssel zum Zentrum der europäischen Kartellrechtler geworden. Fast jede große internationale Wirtschaftskanzlei unterhält mittlerweile ein Büro in Brüssel, das in vielen Fällen mit Spezialisten besetzt ist, die sich mit Fragen des europäischen und nationalen Kartellrechts befassen und Kontakte zu den zuständigen Mitarbeitern in der Generaldirektion Wettbewerb der Europäischen Kommission unterhalten.

Die zum Teil auf den Vorschriften des deutschen Gesetzes gegen 22
Wettbewerbsbeschränkungen beruhenden **Wettbewerbsregeln** des Unionsrechts haben sich im Laufe der Zeit durch die Entscheidungspraxis der Kommission und des EuGH zu einem Rechtsgebiet mit eigenem Charakter und **weitem Anwendungsbereich** entwickelt. Unternehmen können weder darauf vertrauen, dass sie beispielsweise aufgrund ihrer geringen Größe nicht unter das EU-Kartellrecht fallen werden, noch, dass eine mit nationalem Kartellrecht eines Mitgliedsstaates zu vereinbarende Praxis automatisch auch den Wettbewerbsvorschriften des AEUV genügt. Insbesondere im Hinblick auf die Abgrenzung zu den nationalen Kartellrechtssystemen ist zu beachten, dass nach der Entscheidungspraxis der Kommission und der Rechtsprechung des EuGH bereits mittelbare und potentielle Beeinträchtigungen des Handels zwischen den Mitgliedstaaten ausreichen, um die Beeinträchtigung des Handels zwischen Mitgliedsstaaten und damit eine Zwischenstaatlichkeit zu bejahen und eine Zuständigkeit der EU auszulösen. Entgegen einer immer noch weitverbreiteten Ansicht betrifft das europäische Kartellrecht daher nicht nur die großen multinationalen Konzerne, sondern in immer größerem Ausmaß auch kleine und mittelgroße Unternehmen, bei denen sich der grenzüberschreitende Charakter der Handelsbeschränkung nicht sofort erschließt. Aber nicht nur die Zwischenstaatlichkeit, sondern auch die anderen Tatbestandsmerkmale des EU-Kartellrechts legt die Kommission extensiv aus und schafft dadurch einen weiten Anwendungsbereich für das Kartellverbot des Art. 101 Abs. 1 AEUV, der zentralen Norm des EU-Kartellrechts. In diesem Ansatz wird die Kommission weitestgehend von der Rechtsprechung des EuGH bestätigt.

Neben dem Kartellverbot ist das in Art. 102 AEUV festgeschriebene 23
Missbrauchsverbot der zweite tragende Pfeiler des EU-Kartellrechts. Im Gegensatz zu Art. 101 AEUV kennt Art 102 AEUV keine Freistellungsmöglichkeit für Verhaltensweisen, die den Tatbestand des Art. 102 AEUV erfüllen.

Diese Struktur des Art. 102 AEUV führt in der Regel dazu, dass markt- 24
beherrschende Unternehmen generell nur dann in Kontakt mit der Kommission kommen, wenn diese eine Untersuchung wegen eines Verstoßes gegen Art. 102 AEUV einleitet. Allerdings kann ein marktbeherrschendes Unternehmen die Kommission **präventiv kontaktieren**, bevor es eine geplante Maßnahme (z.B. Einführung eines bestimmten Vertriebssystems) durchführt. Ein solches Vorgehen könnte angezeigt sein, wenn es sich bei der Maßnahme um eine für das Unternehmen strategisch bedeutsame Entscheidung handelt und daher viel von einer positiven Begutachtung der Kommission abhängt. Absolute Sicherheit kann aber auch die informelle Kontaktaufnahme mit der Kommission nicht bringen. Denn eine verbindliche Entscheidung kann die Kommission hierbei nicht treffen. Wichtige Erkenntnisse im Hinblick auf Aspekte, die die Kommission besonders kritisch sieht, können in diesen informellen Gesprächen aber durchaus gewonnen werden. Verhaltensweisen, die darauf abzielen,

die beherrschende Stellung des Unternehmens gegenüber Dritten durch Maßnahmen zu sichern, die unter normalen Wettbewerbsbedingungen nicht möglich wären, werden von der Kommission sehr kritisch gesehen. Die Bestimmung des sachlich und räumlich relevanten Marktes nimmt die Kommission unter umfangreicher Beteiligung der betroffenen Unternehmen und deren Wettbewerbern vor. Das ermöglicht den Unternehmen, diesen für die Angelegenheit vorentscheidenden Aspekt durch geschickte Verhandlungsführung und Vorlage von aussagekräftigen Informationen zu beeinflussen. Juristische und ökonomische Berater, die sich in diesem Bereich spezialisiert haben, können dabei wertvolle Unterstützung leisten.

25 Für Betroffene, die durch das Verhalten eines marktbeherrschenden Unternehmens einen Nachteil erleiden, ist die Situation anders. Sie können eine **Beschwerde** gemäß Art. 7 Abs. 2 der Verordnung 1/2003 gegen das marktbeherrschende Unternehmen einlegen.

bb) Dezentralisierung

26 Unternehmen sollten auch die Dezentralisierung, d.h. die **Kompetenzverlagerung von der Kommission auf die Mitgliedstaaten**, beachten. Art. 101 AEUV ist in seiner Gesamtheit sowohl von den mitgliedstaatlichen Kartellbehörden als auch von den Gerichten der Mitgliedstaaten unmittelbar anzuwenden. Sofern es sich um einen grenzüberschreitenden Sachverhalt handelt, ist also nicht automatisch nur die Kommission zuständig; es besteht vielmehr eine konkurrierende Zuständigkeit mit den nationalen Kartellbehörden und Gerichten. Die Entscheidungsbefugnis darüber, ob eine Vereinbarung die Voraussetzungen des Art. 101 Abs. 3 AEUV erfüllt oder nicht, steht damit zunächst nicht allein der Kommission zu.

27 Um jedoch sicherzustellen, dass die EU-Wettbewerbsregeln europaweit einheitlich angewandt werden, ist ein „**European Competition Network**" (ECN) errichtet worden, dem alle nationalen Wettbewerbsbehörden und die Kommission angehören. Das Wettbewerbsnetzwerk soll eine enge Zusammenarbeit zwischen seinen Mitgliedern ermöglichen und zugleich dafür sorgen, dass ein Fall jeweils von der Behörde bearbeitet wird, die hierzu am besten geeignet ist. Damit das Wettbewerbsnetz effizient arbeiten kann, werden den nationalen Wettbewerbsbehörden sowie der Kommission verschiedene Kooperations- und Informationspflichten auferlegt, so etwa die Pflicht, einander über die Einleitung von Verfahren sowie anstehende Entscheidungen zu unterrichten. Ein ähnliches Netzwerk besteht auch auf internationaler Ebene.

28 Die **nationalen Gerichte** sind als unabhängige Organe nicht Mitglied des ECN. Jedoch erfordert eine einheitliche Anwendung der EU-Wettbewerbsregeln auch hier eine Zusammenarbeit zwischen nationalem Richter und Kommission. Daher unterstützt die Kommission etwa die Ge-

richte bei Fragen zur Anwendung des EU-Wettbewerbsrechts, indem sie Stellungnahmen übermittelt. Umgekehrt leiten Gerichte Urteile über die Anwendung von Art. 101 und 102 AEUV an die Kommission weiter, damit diese die Anwendung der Wettbewerbsregeln überwachen kann.

Eine einheitliche Anwendung der EU-Wettbewerbsregeln wird zudem dadurch sichergestellt, dass die mitgliedstaatlichen Gerichte Fragen über die Auslegung des Vertrages, d.h. unter anderem über die Auslegung der EU-Wettbewerbsregeln, dem **EuGH** zur Entscheidung im Wege des **Vorabentscheidungsverfahrens** gemäß Art. 267 AEUV vorlegen können respektive unter bestimmten Voraussetzungen: müssen. Voraussetzung dafür ist, dass ein Gerichtsverfahren anhängig ist und das einzelstaatliche Gericht die Beantwortung der konkreten Frage zum Erlass seines Urteils für erforderlich hält. 29

cc) Ermittlungs- und Nachprüfungsbefugnisse der Kommission

Um Verstöße gegen das Kartellverbot oder gegen das Verbot der Ausnutzung einer marktbeherrschenden Stellung zu erkennen, hat die Kommission weitgehende Ermittlungs- und Nachprüfungsbefugnisse (Art. 17 bis 21 VO Nr. 1/2003). 30

Die Kommission kann eine **Untersuchung einzelner Wirtschaftszweige** und einzelner Arten von Vereinbarungen durchführen, und zwar schon dann, wenn der Wettbewerb im Gemeinsamen Markt „möglicherweise" eingeschränkt oder verfälscht ist, unter der Voraussetzung, dass die Entwicklung des Handels zwischen den Mitgliedstaaten, Preisstarrheiten oder andere Umstände dies vermuten lassen (Art. 17 VO Nr. 1/2003), d.h. bei Vorliegen einer konkreten Vermutungsgrundlage. 31

So wurden – auf der Grundlage von Art. 17 der VO Nr. 1/2003 – Untersuchungen in den Wirtschaftszweigen Pharmaindustrie, Retail-Bankgeschäft und Unternehmensversicherung sowie im Erdgas- und Elektrizitätssektor eingeleitet.

Die Kommission kann ferner Unternehmen und Unternehmensvereinigungen zur Erteilung aller erforderlichen **Auskünfte** verpflichten. Diese Befugnis wird ergänzt durch das Recht der Kommission zur **Befragung** von Personen. Dabei beschränkt sich der potentiell zu befragende Personenkreis nicht auf Verfahrensbeteiligte, sondern es genügt, wenn der zu Befragende eventuell über sachdienliche Informationen verfügt. 32

Weiterhin wichtig ist die **Nachprüfungsbefugnis der Kommission**. Diese umfasst die Rechte der Kommission in sog. *Dawn Raids*, alle Räumlichkeiten, Grundstücke und Transportmittel von Unternehmen zu **betreten**, Bücher und sonstige Geschäftsunterlagen zu **prüfen** und zu kopieren, betriebliche Räumlichkeiten, Bücher oder Unterlagen zu **versiegeln**. Des Weiteren kann sie von allen Unternehmensmitgliedern **Erläuterungen** zu Tatsachen oder Unterlagen verlangen und ihre Antworten zu Protokoll 33 nehmen. Da Geschäftsunterlagen, die als Beweismittel für einen Verstoß gegen Art. 101 oder 102 AEUV bedeutsam sein könnten, in der Vergangenheit dem Zugriff der Kommission einfach entzogen wurden, indem sie in **privaten Räumlichkeiten** aufbewahrt wurden, ermächtigt Art. 21 der VO Nr. 1/2003 die Kommission nun auch, diese anderen Räumlichkeiten, Grundstücke und Transportmittel (also auch Kraftfahrzeuge) zu durchsuchen. Jedoch dürfen Nachprüfungen in diesen anderen – privaten – Räumlichkeiten nur angeordnet werden, wenn der „begründete Verdacht" besteht, dass dort Unterlagen zu finden sind, die einen schweren Verstoß gegen das EU-Kartellrecht dokumentieren. Zu beachten ist, dass der Europäische Gerichtshof (Az.: C-550/07) für das EU-Kartellverfahren Unternehmensjuristen das Anwaltsprivileg abgesprochen hat. (Bei Verfahren der Mitgliedsstaaten mag dies anders sein, so erkennen Belgien und die Niederlande den Vertraulichkeitsschutz des Anwaltsprivilegs auch bei Unternehmensjuristen an.) Unternehmen können sich im EU-Kartellverfahren somit nicht auf die Vertraulichkeit der mit der Rechtsabteilung ausgetauschten Dokumente berufen.

34 Die Kommission erlässt Entscheidungen auf der Grundlage des Artikels 21 der VO Nr. 1/2003 nach vorheriger **Anhörung der Wettbewerbsbehörde** des betroffenen Mitgliedstaates. Vollzogen werden darf die Kommissionsentscheidung jedoch erst nach Genehmigung des mitgliedstaatlichen Gerichtes.

35 Befolgen die Unternehmen die Anordnungen der Kommission nicht – etwa durch unrichtige oder irreführende Antworten, Nichtduldung der Nachprüfung oder durch Bruch von Schlössern bzw. Siegeln, die die Kommission zur Beweissicherung angebracht hat – kann die Kommission **Geldbußen** in Höhe von bis zu 1 % des im vorausgegangenen Geschäftsjahr erzielten Gesamtumsatzes aussprechen.

36 In vielen Fällen macht die Kommission von ihren Befugnissen Gebrauch, um klassische **Kartelle**, d.h. Absprachen zwischen unmittelbaren Konkurrenten, zu **zerschlagen**. Unternehmen, zu deren Unternehmenspolitik regelmäßig auch Absprachen mit Konkurrenten gehören, sollten auf die Möglichkeit gefasst sein, Post oder sogar Besuch von der Kommission zu erhalten. Zu beachten ist, dass die Kommission als Geldbuße für materiell-rechtliche Verstöße 10 % des Umsatzes des beteiligten Unternehmens festsetzen kann (vgl. Art. 23 Abs. 2 VO Nr. 1/2003). Nach Art. 23 Abs. 4 VO Nr. 1/2003 können die Mitglieder einer Unternehmensvereinigung subsidiär auch gesamtschuldnerisch haften, falls die Geldbuße innerhalb einer von der Kommission gesetzten Frist durch die Vereinigung nicht geleistet wurde.

dd) Anordnungsbefugnisse der Kommission

37 Zur Durchsetzung der Art. 101 und 102 AEUV hat die Kommission die Befugnis, Anordnungen zur Beendigung der Rechtsverletzung zu treffen.

Sie kann dabei auch Abhilfemaßnahmen struktureller Art anordnen, sofern keine gleichwirksamen verhaltensorientierten Abhilfemaßnahmen bestehen (Art. 7 VO Nr. 1/2003). **Strukturelle Abhilfemaßnahmen** sind solche, durch die in die Eigentumsstruktur des Unternehmens eingegriffen wird. Darunter fällt z.B. die Verpflichtung zur Veräußerung einer wettbewerbswidrig erworbenen Minderheitsbeteiligung an einen Wettbewerber. Im Gegensatz dazu verlangen verhaltensorientierte Abhilfemaßnahmen ein bestimmtes Verhalten von dem Unternehmen, das die Wettbewerbsregeln verletzt hat. Beispiele für diese Kategorie sind die Auferlegung von Informationspflichten gegenüber anderen Unternehmen oder der Kommission sowie die Verpflichtung zu getrennter Buchführung für einen Unternehmensteil. Bei berechtigtem Interesse kann die Kommission auch eine Zuwiderhandlung feststellen, nachdem diese **beendet** ist.

Von Amts wegen kann die Kommission gem. Art. 8 der VO Nr. 1/2003 **einstweilige Maßnahmen** auf der Grundlage einer *prima facie* festgestellten Zuwiderhandlung erlassen, wenn die Gefahr eines ernsten, nicht wieder gutzumachenden Schadens für den Wettbewerb besteht. 38

Hervorzuheben ist, dass die Kommission, anstatt Anordnungen zur Beendigung der Rechtsverletzung zu treffen, **Verpflichtungszusagen** von Unternehmen annehmen kann (Art. 9 VO Nr. 1/2003). Bieten Unternehmen im Rahmen eines Kartellverbotsverfahrens an, Verpflichtungen einzugehen, die geeignet sind, die von der Kommission mitgeteilten, wettbewerbsrechtlichen Bedenken auszuräumen, so kann die Kommission diese Verpflichtungszusagen durch einen Beschluss für bindend erklären. Mit der Verbindlichkeitserklärung der Verpflichtungszusage schließt die Kommission das Verfahren ohne Erlass einer Untersagungsentscheidung ab.

Daraus kann aber nicht geschlossen werden, dass ein Wettbewerbsverstoß tatsächlich vorlag oder noch vorliegt. Vielmehr stellt die Kommission lediglich fest, dass für ein weiteres Tätigwerden kein Anlass mehr besteht. Halten die beteiligten Unternehmen ihre Verpflichtungen nicht ein, haben sich die tatsächlichen Verhältnisse wesentlich geändert oder beruhte die Entscheidung auf unrichtigen, unvollständigen oder irreführenden Angaben, so kann die Kommission das Verfahren jederzeit wieder aufnehmen. Das Nichteinhalten der Zusagen kann von der Kommission ebenfalls bebußt werden. 39

Schließlich kann die Kommission in bestimmten Fällen, trotz des Systems der Legalausnahme, von Amts wegen positiv feststellen, dass Art. 101 und 102 AEUV nicht anwendbar sind. Derartige **Positiventscheidungen** gemäß Art. 10 der VO Nr. 1/2003 sollen indes nur getroffen werden, wenn es das öffentliche Interesse der Gemeinschaft gebietet. Dies ist zum Beispiel der Fall bei neuen Formen von Vereinbarungen oder Verhaltensweisen oder bei Fragen, die von Rechtsprechung und Verwaltungspraxis noch nicht geklärt wurden. Positiventscheidungen sollen die 40 einheitliche Rechtsanwendung gewährleisten und sind dementsprechend auch – wie sämtliche Entscheidungen der Kommission und der Gemeinschaftsgerichte im Kartellrecht aufgrund des Primats von Gemeinschaftsrecht – von den nationalen Kartellbehörden zu beachten.

41 ➔ – Checkliste: Was sollte ein potentieller Adressat einer Kommissionsentscheidung beachten?
– Weite Auslegung der Tatbestandsmerkmale des Art. 101 AEUV durch die Kommission und den EuGH,
– nicht unbedingt von der geringen Größe des Unternehmens auf die Nichtanwendung des EU-Kartellrechts schließen,
– Auswirkungen des EU-Kartellrechts bei Entwurf von Kooperations- und Vertriebsverträgen beachten,
– keine konstitutive Freistellungsentscheidung im Rahmen von Art. 101 Abs. 3 AEUV,
– gesteigerte Verantwortung der Unternehmen,
– Bedeutung von Leitlinien und Bekanntmachungen der Kommission erkennen.

ee) Reaktionsmöglichkeiten

(1) Kronzeugenprogramm

42 Unternehmen, die an klassischen Kartellabsprachen beteiligten sind, bietet die Kommission die Möglichkeit einer Kartellstrafe gänzlich zu entgehen oder die Strafe zu mindern, wenn sich das Unternehmen als **Kronzeuge** an Kommission wendet. Einen vollständigen Erlass der der Strafe bekommt allerdings nur dasjenige Unternehmen, das sich als Erstes an die Kommission wendet. Zudem muss das Unternehmen solche Tatsachen mitteilen, die die Kommission dazu befähigen, eine Nachprüfung durchzuführen. Wurde bereits eine Nachprüfung durchgeführt, muss das Unternehmen solche Beweise liefern, die es der Kommission erlauben, den Kartellverstoß nachzuweisen. Unternehmen, die nicht als Erstes einen solchen Antrag stellen, haben dennoch die Möglichkeit, eine Reduktion ihrer Buße zu erwirken. Hierzu ist es erforderlich, dass die Unternehmen Beweise liefern, die einen signifikanten Mehrwert für das Verfahren der Kommission darstellen. Die Reduktion beträgt in einem solchen Fall für das erste Unternehmen 30–50 %, für das zweite Unternehmen 20–30 % und für jedes weitere Unternehmen bis zu 20 %. Neben dem Liefern von Beweisen, müssen die Unternehmen, die an der Kronzeugenregelung teilnehmen, mit der Kommission uneingeschränkt kooperieren und die Zuwiderhandlung sofort abstellen, soweit dies die Ermittlungen der Kommission nicht beeinträchtigt. Das weitere Verhalten des Kartellanten und Antragstellers ist danach mit der Kommission abzustimmen.

II. Planung

Entscheidet sich das Unternehmen erst dann für eine Teilnahme am Kronzeugenprogramm, wenn bereits eine Nachprüfung stattfindet, ist davon auszugehen, dass auch Wettbewerber einen Kronzeugenantrag erwägen oder bereits eingereicht haben. Es ist dann entscheidend welches (weitere) Unternehmen am schnellsten einen Antrag bei der Kommission einreicht. Hierzu hat die Kommission eine spezielle Faxnummer eingerichtet. Datum und Zeitpunkt des Faxeingangs entscheiden über die Rangfolge des Kronzeugenantrags, der zunächst auch nur als „Marker" mit Eckpunkten der Verletzungshandlung und Dauer des Kartellverstoßes und den hieran Beteiligten gestellt werden kann.

43

Unternehmen, die noch nicht von einer Nachprüfung betroffen sind, müssen beachten, dass das Erstellen eines Kronzeugenantrags weitgehende **Kooperationspflichten** mit sich bringt. Außerdem besteht die Möglichkeit, dass mitgliedstaatliche Wettbewerbsbehörden auf den Kartellverstoß aufmerksam werden. Denn wie dargestellt tauschten sich Kommission und nationalen Kartellbehörden im ECN über angängige Verfahren aus. Außerdem ist zu beachten, dass Unterlagen, die der Kommission übermittelt werden, Eingang in die Akten finden. Die Kommission gibt dazu zwar an, dass jegliche Unterlagen, die im Rahmen eines Kronzeugenantrags eingereicht werden, Teil der Kommissionakte sind und nur für das Kartellverfahren verwendet werden. Gerade im Hinblick auf mögliche auf den Kartellverstoß folgende Schadensersatzklagen, muss dieses Risiko jedoch mitberücksichtigt werden.

44

(2) Vergleichsverfahren

Die Kommission bietet seit 2008 **Vergleichsverfahren** an. Die Bußgeldentscheidung wegen eines Verstoßes gegen Art. 101 AEUV kann danach im Einvernehmen mit den betroffenen Unternehmen ergehen („**Settlement Decision**"). Auf diese Weise sollen Bußgeldverfahren beschleunigt und für die Kommission eine Arbeitserleichterung erreicht werden. Im Gegenzug für ihre Mitarbeit erhalten die beteiligten Unternehmen einen Nachlass auf die Geldbuße von 10 %. Die Reduktion kann mit einem weiteren Nachlass im Rahmen der Kronzeugenregelung kumuliert werden. Die Regeln für das Vergleichsverfahren sind in der Verordnung Nr. 622/2008 und in einer Mitteilung (2008/C 167/01) festgelegt.

45

Bis heute haben Settlements auf Ebene der EU nur geringe **praktische Bedeutung** erlangt, u.a. auch wegen des engen Anwendungsbereichs: Das Vergleichsverfahren wird nur auf Antrag eines beteiligten Unternehmens durchgeführt. Außerdem lässt die Kommission „Settlements" nur in Verfahren gegen Unternehmen zu, die als Konkurrenten durch Absprachen in schwerwiegender Weise gegen das Wettbewerbsrecht verstoßen haben (sog. „Hardcore"-Kartelle). Selbst in diesen Fällen kann die Kommission die Durchführung des Vergleichsverfahrens ablehnen, wenn sie es – hierbei hat sie einen weiten Einschätzungsspielraum – nicht für geeignet hält. Lehnt ein beteiligtes Unternehmen das Vergleichsverfahren ab, fällt

46

die Kommission ihm gegenüber eine Entscheidung im ordentlichen Verfahren. Die anderen Unternehmen, die dem Vergleichsverfahren zugestimmt haben, können dennoch „Settlements" mit der Kommission erreichen („**Hybrid**"-**Verfahren**).

47 Die **Eröffnung des Vergleichsverfahrens** erfolgt, wenn ein beteiligtes Unternehmen binnen einer von der Kommission gesetzten Frist die Durchführung beantragt. Vor diesem formalen Schritt werden die Unternehmen mit der Kommission oft schon besprechen, ob ein „Settlement" in diesem Fall sinnvoll und erfolgversprechend ist.

48 Nach der Verfahrenseröffnung beginnen die „**Settlement Discussions**". Dabei handelt es sich um bilaterale Gespräche zwischen der Kommission und den einzelnen Unternehmen. Der Inhalt dieser Gespräche ist vertraulich. Die betroffenen Unternehmen dürfen sich unter keinen Umständen gegenseitig über den Stand der Gespräche austauschen oder Informationen aus dem Verfahren an Dritte weitergeben. Bei einem Verstoß gegen die Geheimhaltungspflicht kann die Kommission in das ordentliche Verfahren übergehen und ihn als strafschärfenden Faktor bei der Bußgeldberechnung berücksichtigen.

49 Die Gespräche mit der Kommission – regelmäßig in englischer Sprache – verlaufen nach einem festen Schema: Im **ersten Termin** erläutert die Kommission dem Unternehmen ihren Standpunkt. Dabei geht sie sowohl auf den Sachverhalt ein, den sie zu Grunde legt, als auch auf die rechtliche Würdigung. Während und nach diesem Termin wird dem Unternehmen ein beschränkter Einblick in die Beweismittel gewährt, die der Kommission zur Verfügung stehen. Im **zweiten Termin** hat das Unternehmen Gelegenheit zur Verteidigung, kann z.B. mit der Kommission über den Inhalt einzelner Beweisdokumente sprechen. Die erwartete Höhe des Bußgelds und dessen Berechnung ist schließlich Gegenstand des **dritten Termins**. Im Anschluss an die Gespräche gibt das Unternehmen ein **Vergleichsersuchen** ab („**Settlement Submission**"). Darin soll das Unternehmen erklären, dass es

- die Haftbarkeit für den vorgeworfenen Kartellverstoß anerkenne,
- einer Geldbuße bis zu einem anzugebenden Maximalbetrag im Rahmen des Vergleichsverfahrens zustimme,
- über die Beschwerdepunkte hinreichend in Kenntnis gesetzt wurde und hinreichend Gelegenheit zur Stellungnahme hatte,
- nicht beabsichtigt, Akteneinsicht oder eine mündliche Anhörung zu beantragen und
- zustimmt, die Mitteilung der Beschwerdepunkte und die endgültige Entscheidung in der vereinbarten Amtssprache (meist englisch) entgegenzunehmen.

II. Planung

Die Kommission teilt dem Unternehmen dann die **Beschwerdepunkte** 50
mit. Wenn diese dem Inhalt des Vergleichsersuchens entsprechen, bestätigt das Unternehmen die Übereinstimmung und verpflichtet sich, weiterhin das Vergleichsverfahren durchzuführen. Schließlich erlässt die Kommission ihre endgültige Entscheidung.

In diesem Verfahren spiegelt sich der tatsächliche **Weg der Entschei-** 51
dungsfindung nur unzureichend wieder. Die Kommission gibt in der Praxis das Vergleichsersuchen, das formal von den Unternehmen unterbreitet wird, den Unternehmen detailliert vor. Dass die Beschwerdepunkte der Kommission dem Vergleichsersuchen entsprechen, ist folglich keine Überraschung. Insgesamt wird die Rolle der Kommission im Vergleichsverfahren unterschiedlich wahrgenommen. So wird kritisch angemerkt, dass am Ende des Verfahrens in Wahrheit kein Vergleich stehe, weil die Kommission nicht bereit sei, von ihrem Standpunkt wesentlich abzuweichen. Tatsächlich möchte die Kommission unter allen Umständen vermeiden, dass der Eindruck entsteht, der Tatvorwurf und das Bußgeld seien im Vergleichsverfahren frei verhandelbar. Daher eröffnet die Kommission das Vergleichsverfahren auch erst, wenn der Sachverhalt nahezu vollständig ermittelt ist. In dieser Situation gibt es nur noch wenig Anlass, Unternehmen im Wege des Vergleichs entgegen zu kommen. Dennoch: Insbesondere in den bilateralen Gesprächen hat sich die Kommission flexibel gezeigt und war zumindest bereit, sich mit den Argumenten der Unternehmen auseinanderzusetzen. So ergibt sich durchaus die Gelegenheit, über die Aussagekraft und die Interpretation von Beweismitteln zu diskutieren. Die Verteidigung sollte allerdings nicht nur auf die Geldbuße ausgerichtet sein, die am Ende des Verfahrens verhängt wird. Das Settlement kann auch folgende Schadenersatzprozesse negativ beeinflussen, sodass die genaue Formulierung der Begründung nicht unterschätzt werden darf. Umso wichtiger ist es, möglichst frühzeitig den Kontakt zur Kommission zu suchen und die eigene Ansicht darzulegen.

Ob ein Unternehmen dem Vergleichsverfahren zustimmt, sollte gut 52
überlegt sein. Eine **Rückkehr zum ordentlichen Verfahren** ist für Unternehmen bis zur Abgabe des Vergleichsersuchens zwar jederzeit möglich. Jedoch kann dies als strategisch ungünstig erweisen, weil das Unternehmen mit der Zustimmung zum Vergleichsverfahren schon ein erstes Zugeständnis gemacht hat. Auch bei vollständiger Durchführung des Vergleichsverfahrens stehen dem Bußgeld-Nachlass von 10 % Nachteile gegenüber, die den finanziellen Vorteil im Einzelfall überwiegen können. Zwar verliert ein Unternehmen durch das Settlement sein Recht zur Klage gegen die Bußgeldentscheidung nicht. Jedoch wird eine solche Klage nur in seltenen Fällen noch Erfolg haben können. Schließlich hat das Unternehmen im Settlement sowohl den Kartellverstoß eingeräumt als auch der Höhe des Bußgeldes zugestimmt. Insbesondere sind daher die Auswirkungen auf potenzielle Schadenersatzklagen gegen das Unternehmen zu berücksichtigen. Aus unternehmerischer Sicht kann zudem ein länger andauerndes ordentliches Verfahren durchaus vorteilhaft sein. Es

bedarf daher einer sorgfältigen Abwägung, welche Vorgehensweise für das Unternehmen voraussichtlich günstiger ist.

(3) Beschwerderecht des Konkurrenten

53 Die bisherigen Ausführungen zum EU-Kartellrecht beziehen sich auf die Perspektive von Unternehmen, die wettbewerbsbeschränkende Vereinbarungen abschließen und durchführen. Aber auch die **Benachteiligten von** derartigen **Wettbewerbsbeschränkungen** sind nach dem EU-Recht nicht schutzlos. Art. 7 Abs. 2 VO Nr. 1/2003 gewährt neben Mitgliedstaaten auch natürlichen und juristischen Personen das Recht, bei der Kommission Beschwerde gegen eine Verletzung von Art. 101 und 102 AEUV einzulegen, wenn sie ein berechtigtes Interesse an der Verfolgung der behaupteten Verletzung darlegen. Die Kommission legt den Begriff des „berechtigten Interesses" großzügig aus. Personen oder Unternehmen, die darlegen können, dass sie durch die angegriffene Praxis einen wirtschaftlichen Nachteil erleiden, sind antragsberechtigt. Benachteiligt in diesem Sinne kann z.B. ein Verbraucher sein, dem es aufgrund eines zwischen Lieferanten und Einzelhändler vertraglich festgelegten Exportverbots nicht möglich ist, bestimmte Güter in einem anderen Mitgliedstaat zu erwerben. Antragsberechtigt kann auch ein Einzelhändler sein, der sich gegen die Nichtaufnahme in ein selektives Vertriebssystem wendet.

54 Darüber hinaus steht natürlich auch Rechtspersonen, die ein solches berechtigtes Interesse nicht geltend machen können, die Möglichkeit offen, die **Kommission informell** über wettbewerbsbeschränkende Verhaltensweisen auf dem Markt zu **informieren**. Der Informant hat dann zwar nicht die Verfahrensrechte eines Antragstellers. Die Kommission kann jedoch auch aufgrund solcher informellen Hinweise aus eigener Initiative gegen die Wettbewerbsbeschränkungen vorgehen.

Dies geschieht regelmäßig bei bedeutenden Wettbewerbsbeschränkungen, insbesondere klassischen Kartellen. Unternehmen können auf diese Weise, auch ohne den Status eines Verfahrensbeteiligten einzunehmen, ihre wirtschaftlichen Ziele erreichen. Außerdem kommt es vor, dass Unternehmen, die eigentlich gemäß Art. 7 Abs. 2 VO Nr. 1/2003 antragsberechtigt wären, nicht offiziell als Verfahrensbeteiligte auftreten wollen und die Kommission anonym informieren. Dadurch soll vermieden werden, dass die bei der Kommission „angeschwärzten" Unternehmen den Informanten in der Zukunft sanktionieren.

55 Eine Beschwerde bei der Kommission kann grundsätzlich **formlos** erhoben werden. Allerdings ist aus Beweisgründen eine schriftliche Beschwerde ratsam. Die Kommission hat für diesen Zweck das „**Formular C**" entworfen, dessen Verwendung jedoch nicht zwingend ist. Doch ist zu beachten, dass auch eine formlose Beschwerde die Angaben enthalten muss, welche in Formular C verlangt werden. Das Formular C ist verfüg-

bar unter *http://eur-lex.europa.eu/LexUriServ/LexUriServ.do?uri=OJ:L: 2004:123:0018:0024:DE:PDF.*

Der Beschwerdeführer hat **keinen Anspruch auf eine Sachentscheidung** der Kommission. Es steht im Ermessen der Kommission, ein offizielles Verfahren gegen den Beschwerdegegner einzuleiten. Auch die Bedeutung der angegriffenen Wettbewerbsbeschränkung beurteilt die Kommission eigenständig. Für den Beschwerdeführer ist es daher wichtig, nicht nur sein berechtigtes Interesse dazulegen, sondern auch, die besondere Bedeutung der Angelegenheit für das Funktionieren des Gemeinsamen Marktes. 56

Beabsichtigt die Kommission, die Beschwerde nicht weiterzuverfolgen, teilt sie dies dem Beschwerdeführer unter Angabe der Gründe mit und gibt ihm Gelegenheit, innerhalb einer festgesetzten Frist ergänzende Angaben oder Ausführungen vorzulegen. Veranlassen diese Ausführungen die Kommission nicht zu einer Änderung ihres geplanten Vorgehens, **weist** sie die Beschwerde durch Entscheidung **zurück**. 57

Bevor die Kommission eine von den betroffenen Unternehmen angebotene Verpflichtungszusage für bindend erklären oder eine Positiventscheidung über die Feststellung der Nichtanwendbarkeit von Art. 101 oder 102 AEUV auf eine Unternehmensvereinbarung erlassen kann, muss sie im Amtsblatt der EU ihre Absicht veröffentlichen und interessierten Parteien die **Möglichkeit zur Stellungnahme geben**. Art. 27 Abs. 4 VO Nr. 1/2003 sieht vor, dass die Kommission eine Zusammenfassung des Falls sowie den wesentlichen Inhalt der betreffenden Verpflichtungszusage veröffentlicht und „interessierten Dritten" mindestens einen Monat Zeit zur Stellungnahme geben muss. 58

Unter den Begriff des „**interessierten Dritten**" fallen natürliche Personen, Unternehmen und Unternehmensvereinigungen. Die weite Fassung dieser Vorschrift ermöglicht es auch Dritten, die kein berechtigtes Interesse an dem Ausgang des Verfahrens darlegen können, zu der beabsichtigten Entscheidung formal Stellung zu nehmen. Es ist jedoch zu beachten, dass die Veröffentlichung normalerweise erfolgt, wenn die Kommission mit den betroffenen Unternehmen bereits eine informelle Einigung erzielt hat. Eine interessierte Partei sollte sich deshalb so früh wie möglich, d.h. unverzüglich nach Kenntniserlangung von einem Kartell, an die Kommission wenden. Wertvolle und wichtige Informationen wird die Kommission in der Regel in den Entscheidungsprozess einfließen lassen. Besondere Bedeutung erlangen die Stellungnahmen, wenn die Kommission Positiventscheidungen über bestimmte in der Praxis weitverbreitete Vereinbarungen treffen muss. 59

60 ⇨ **Checkliste: Beschwerderecht**
- Besteht ein berechtigtes Interesse?
- Hat die Angelegenheit besondere Bedeutung für das Funktionieren des Gemeinsamen Marktes?
- Soll die Kommission formlos über bestimmte Verhaltensweisen informiert werden?
- Kein berechtigtes Interesse?
- Vorteil der Anonymität nutzen?

c) Exkurs Fusionskontrolle

aa) Rechtlicher Rahmen

61 Anders als das allgemeine Kartellverbot und Missbrauchsverbot ist die Kontrolle von **Unternehmenszusammenschlüssen** nicht im AEUV geregelt. Nachdem der EuGH in seiner Rechtsprechung aber klargestellt hat, dass Fusionen auf der Grundlage von Art. 101 und 102 AEUV überprüft und ggf. verboten werden können, hat der Rat auf Vorschlag der Kommission die Fusionskontrollverordnung Nr. 4046/89 erlassen, die am 1.5.2004 durch die Fusionskontrollverordnung 139/2004 (Verordnung über die Kontrolle von Unternehmenszusammenschlüssen) abgelöst wurde. Danach ist ein Zusammenschluss von gemeinschaftsweiter Bedeutung nach Vertragsschluss, Veröffentlichung des Übernahmeangebots oder Erwerb einer die Kontrolle begründenden Beteiligung **anzumelden** und darf erst vollzogen werden, wenn er aufgrund einer Entscheidung der Kommission für mit dem Gemeinsamen Markt **vereinbar erklärt** worden ist (vgl. Art. 4 Abs. 1 VO 139/2004). Möglich ist eine Anmeldung des Zusammenschlusses jedoch bereits vor Vertragsschluss (vgl. Art. 4 Abs. 1 VO 139/2004).

62 Durch den Vorrang der Fusionskontrollverordnung vor den nationalen Fusionskontrollregelungen braucht ein Unternehmenszusammenschluss von gemeinschaftsweiter Bedeutung nur bei der Kommission angemeldet zu werden.

63 Dieses **One-stop-shop-Prinzip** verhindert, dass EU-weite Fusionen bei zahlreichen nationalen Behörden angemeldet werden müssen und erleichtert so die Planung und Durchführung von grenzüberschreitenden Unternehmenszusammenschlüssen. Die Anmeldung einer Fusion in verschiedenen Staaten ist oftmals kaum mit dem Zeitdruck zu vereinbaren, unter dem Transaktionen durchgeführt werden, da die Kontrolle von Unternehmenszusammenschlüssen nach nationalen Wettbewerbsregeln stark variiert. In manchen Ländern ist eine Anmeldung vor dem Zusammenschluss vorgeschrieben, während nach den Wettbewerbsgesetzen anderer Staaten eine Anmeldung entweder überhaupt nicht oder erst nach Durchführung des Zusammenschlusses erfolgen muss. Kann eine An-

II. Planung

meldung nach der Fusionskontrollverordnung erfolgen, haben die beteiligten Unternehmen die Sicherheit, dass die Fusion im Falle einer Genehmigung in allen Mitgliedstaaten wirksam ist.

Die Anmeldung einer Fusion bei der Kommission erfordert eine gute Vorbereitung und die Durchführung von **Besprechungen** mit Beamten der Kommission, noch **bevor die Anmeldungsunterlagen eingereicht werden**. Die Kommission ermuntert die Unternehmen zu einer frühen Kontaktaufnahme, um wichtige Probleme bereits im Vorfeld zu klären. Schon bei diesen frühen Besprechungen werden entscheidende Weichenstellungen vorgenommen, und es kommt darauf an, die Kommission bereits zu diesem Zeitpunkt von der Notwendigkeit und Ungefährlichkeit der geplanten Transaktion für den Wettbewerb zu überzeugen. 64

bb) Zusammenschluss von gemeinschaftsweiter Bedeutung

Für den Unternehmensjuristen oder Rechtsanwalt ist es zunächst einmal wichtig zu ermitteln, ob die geplante Transaktion ein **Zusammenschluss von gemeinschaftsweiter Bedeutung** ist. Denn nur dann ist eine Anmeldung bei der Kommission erforderlich, die etwaige Anmeldungen bei den mitgliedsstaatlichen Behörden entbehrlich macht. Zusammenschlüsse im Sinne der Fusionskontrollverordnung sind nicht nur Fusionen oder Übernahmen, sondern unter bestimmten Umständen auch die Gründung eines Gemeinschaftsunternehmens (vgl. Art. 3 Abs. 1 b) VO 139/2004). 65

Gemeinschaftsunternehmen (Joint Ventures), die auf Dauer alle Funktionen einer wirtschaftlichen Einheit erfüllen, werden als Zusammenschlüsse im Sinne der Fusionskontrollverordnung verstanden. Die Praxis zeigt, dass diese Ausdehnung der Fusionskontrollverordnung auf Gemeinschaftsunternehmen erhebliche Bedeutung hat. Fast 50 % der Anmeldungen bei der Kommission betreffen die Gründung von Gemeinschaftsunternehmen. Übernimmt ein Unternehmen Gesellschafteranteile eines anderen Unternehmens, handelt es sich nur dann um einen Unternehmenszusammenschluss im Sinne der Fusionskontrollverordnung, wenn die Übernahme mit einem Kontrollerwerb einhergeht. Dies erfordert nicht zwangsläufig den Erwerb der Stimmenmehrheit. Kontrollerwerb kann auch dann vorliegen, wenn bestimmte Rechte mit einer Minderheitsbeteiligung verbunden sind. Dies ist zum Beispiel der Fall, wenn der Minderheitsaktionär mehr als die Hälfte des Vorstands oder des Aufsichtsrats bestimmen kann. 66

Ein Zusammenschluss hat **gemeinschaftsweite Bedeutung**, wenn die in Art. 1 Fusionskontrollverordnung festgelegten **Umsatzschwellenwerte** von den beteiligten Unternehmen erreicht werden. Danach liegt eine gemeinschaftsweite Bedeutung vor, wenn: 67

- alle beteiligten Unternehmen weltweit einen Gesamtumsatz von mehr als 5 Mrd. Euro haben und mindestens zwei der beteiligten Unternehmen einen Gesamtumsatz in der Gemeinschaft von mehr als

250 Mio. Euro erreichen, es sei denn, die betroffenen Unternehmen erzielen jeweils zwei Drittel des Gesamtumsatzes in der Gemeinschaft in ein und demselben Mitgliedstaat, oder

– die beteiligten Unternehmen weltweit einen Gesamtumsatz von mehr als 2,5 Mrd. Euro haben und in mindestens drei der Mitgliedstaaten der Gesamtumsatz der beteiligten Unternehmen jeweils 100 Mio. Euro übersteigt und in jedem dieser (mindestens) drei Mitgliedstaaten der Gesamtumsatz von mindestens zwei beteiligten Unternehmen jeweils mehr als 25 Mio. Euro beträgt und der Gesamtumsatz in der Gemeinschaft von mindestens zwei beteiligten Unternehmen jeweils 100 Mio. Euro übersteigt, es sei denn, jedes der beteiligten Unternehmen erzielt zwei Drittel des Gesamtumsatzes in der Gemeinschaft in ein und demselben Mitgliedstaat.

cc) Erhebliche Behinderung wirksamen Wettbewerbs

68 Unternehmenszusammenschlüsse von gemeinschaftsweiter Bedeutung sind gemäß Art. 2 Abs. 2 Fusionskontrollverordnung zu untersagen, wenn durch sie **wirksamer Wettbewerb** im Gemeinsamen Markt oder in einem wesentlichen Teil desselben **erheblich behindert** würde, insbesondere durch Begründung oder Verstärkung einer beherrschenden Stellung. Während die frühere Verordnung die materiell-rechtliche Prüfung noch allein auf das Kriterium der Marktbeherrschung stützte, stellt der neue Art. 2 nunmehr klar, dass alle wettbewerbsbehindernden Zusammenschlüsse erfasst werden. Die marktbeherrschende Stellung von fusionierenden Unternehmen ist dabei lediglich ein Anhaltspunkt, aber nicht das alleinige Kriterium, um zu beurteilen, ob eine erhebliche Wettbewerbsbehinderung vorliegt und dementsprechend eingegriffen werden muss. Die Kriterien, die die Kommission berücksichtigt, ergeben sich aus Art. 1 b) Fusionskontrollverordnung.

69 Bei der Prüfung, ob eine beherrschende Stellung durch die Fusion begründet oder verstärkt wird, wendet die Kommission **ähnliche Grundsätze an wie in Verfahren nach Art. 102 AEUV**. Die Frage nach den betroffenen sachlich und räumlich relevanten Märkten sowie nach den Marktanteilen der beteiligten Unternehmen auf diesen Märkten ist von entscheidender Bedeutung für den Ausgang des Verfahrens. In diesem Zusammenhang spielen rechtliche und tatsächliche Marktzutrittsschranken eine große Rolle. Existieren diese Schranken nicht oder nur in geringem Ausmaß, kann potentieller Wettbewerb zu einer Disziplinierung des durch die Fusion entstehenden beherrschenden Unternehmens führen. Im Wesentlichen werden die für Art. 102 AEUV entwickelten Marktanteilswerte auch in Verfahren nach der Fusionskontrollverordnung als Richtwerte angewendet.

dd) Anmeldeverfahren

Entscheidend für die **Anmeldung eines Zusammenschlusses** ist, dass diese vor Vollzug geschieht. Hervorzuheben ist, dass die neue Fusionskontrollverordnung eine Anmeldung schon dann ermöglicht, wenn die beteiligten Unternehmen glaubhaft machen, dass sie gewillt sind, einen Vertrag zu schließen, oder im Fall eines Übernahmeangebotes öffentlich ihre Absicht zur Abgabe eines solchen Angebots bekundet haben. Der Vertragsschluss als solcher muss nicht abgewartet werden (Art. 4 Abs. 1 VO 139/2004). Das bedeutet eine erhebliche Zeitersparnis für die Parteien, da sie parallel zu den Vertragsverhandlungen das Vorhaben der Europäischen Kommission zur Prüfung vorlegen können.

Für die Anmeldung ist das „**Formblatt CO**", ein speziell hierfür von der Kommission entworfener Fragebogen, welcher als Anhang zu der Fusionskontrollverordnung veröffentlicht wurde, zu verwenden. Das Formblatt CO erfordert umfangreiche, detaillierte Informationen zur Art des Zusammenschlusses, zu den beteiligten Unternehmen und den betroffenen Märkten. Unter bestimmten Voraussetzungen kann jedoch ein vereinfachtes Formblatt zur Anmeldung verwendet werden (*http://eur-lex.europa.eu/legal-content/DE/TXT/PDF?uri=CELEX:32013R1269*).

Die Zunahme der Zahl der unvollständigen Anmeldungen in den letzten Jahren hat die Kommission dazu veranlasst, **Verhaltensleitlinien** (verfügbar unter *http://ec.europa.eu/comm/competition/mergers/legislation/proceedings.pdf.*) für eine Fusionsanmeldung zu veröffentlichen. Als ein Grund für die gestiegene Anzahl der unvollständigen Anmeldungen wird fehlende oder unzureichende Kontaktaufnahme mit der Kommission vor Einreichung der Anmeldung genannt. Die Kommission rät daher auch in Fällen, die keine besonderen Schwierigkeiten erwarten lassen, frühzeitig informelle Treffen zwischen Kommissionsbeamten und den beteiligten Unternehmen und ihren Beratern durchzuführen. In einfach gelagerten Fällen sollte das Treffen ungefähr zwei Wochen vor der offiziellen Anmeldung stattfinden. In komplizierteren Fällen ist eine längere Vorlaufzeit erforderlich. Darüber hinaus möchte die Kommission drei Tage vor dem ersten Treffen eine schriftliche Zusammenfassung des geplanten Zusammenschlusses vorliegen haben, um das Treffen effizient vorbereiten zu können. Die für Fusionsanmeldungen zuständigen Abteilungen sind in die nach verschiedenen Wirtschaftszweigen (Energie und Umwelt; Information, Kommunikation und Medien; Basisindustrien, Produktion und Landwirtschaft; Transport, Post und andere Dienstleistungen) gegliederten Kartellreferate integriert. Somit ist gewährleistet, dass die Angelegenheit von einem mit den Besonderheiten des Sektors vertrauten Kommissionsbeamten behandelt wird.

ee) Prüfungsverfahren

73 Mit der Anmeldung beginnt das **Vorprüfungsverfahren** (Phase 1), das grundsätzlich innerhalb einer Frist von 25 Arbeitstagen ab Eingang der – vollständigen – Anmeldung abgeschlossen sein muss (vgl. Art. 10 Abs. 1 VO 139/2004). Im Vorprüfungsverfahren untersucht die Kommission, ob ernsthafte Bedenken im Hinblick auf die Vereinbarkeit des Zusammenschlusses mit dem Gemeinsamen Markt bestehen. Kommt die Kommission zu dem Schluss, dass diese Bedenken bestehen, eröffnet sie das **Hauptprüfungsverfahren** (Phase 2). Ist der Zusammenschluss unbedenklich, wird er im Vorprüfungsverfahren genehmigt (vgl. Art. 6 Abs. 1 VO 139/2004). Das Hauptprüfungsverfahren muss grundsätzlich innerhalb von 90 Arbeitstagen durchgeführt werden (vgl. Art. 10 Abs. 3 VO 139/2004).

74 Die Mehrzahl der Anmeldungen wird im Rahmen des Vorprüfungsverfahrens erledigt. Im Jahr 2012 wurden 97 % der Entscheidungen im Vorprüfungsverfahren getroffen. Dabei können schon in diesem frühen Verfahrensstadium Verpflichtungsangebote der beteiligten Unternehmen berücksichtigt werden, mit denen eine gemeinschaftsrechtskonforme Fusion sichergestellt werden soll. Bei Unterbreitung solcher Angebote verlängert sich die Frist in Phase 1 um 10 Arbeitstage (vgl. Art. 10 Abs. 1 VO 139/2004). Darüber hinaus kann die Kommission die Genehmigungsentscheidung von Bedingungen und Auflagen abhängig machen. Dies gibt den beteiligten Unternehmen Handlungsspielraum, wenn die Kommission den Zusammenschluss nicht wie geplant genehmigen will. Häufig beziehen sich die Zusagen auf Verpflichtungen der beteiligten Unternehmen, bestimmte Kapital- oder Betriebsteile zu veräußern oder gewerbliche Schutzrechte Konkurrenten zugänglich zu machen. Im Fall Sony/Mubadala Development/EMI Music Publishing (ABl. 2012/C 196/01 v. 4.7.2012) genehmigte die Kommission den angemeldeten Zusammenschluss, nachdem die Unternehmen zusagten, die Veröffentlichungsrechte aus vier Musikkatalogen sowie die Werke von zwölf zeitgenössischer Künstler zu veräußern. Natürlich können diese Zusageangebote seitens der an dem Zusammenschluss beteiligten Unternehmen auch erst im Laufe des Hauptverfahrens gemacht werden. In diesem Fall verlängert sich die Frist in Phase 2 um 15 Arbeitstage. Überdies kann die Frist in Phase 2 um weitere 20 Arbeitstage verlängert werden, falls die Kommission oder die anmeldenden Unternehmen dies einvernehmlich wünschen (vgl. Art. 10 Abs. 3 VO 139/2004).

ff) Beteiligung Dritter

75 Interessierte Dritte haben ebenfalls Gelegenheit, sich zu dem geplanten Zusammenschluss zu äußern und die Kommission auf Probleme in spezifischen Märkten hinzuweisen. Diese Hinweise werden von der Kommission entgegengenommen und können nicht zu unterschätzende Auswirkungen auf den Ausgang des Verfahrens haben. Gemäß Art. 4 Abs. 3

II. Planung

VO 139/2004 ist die Kommission verpflichtet, nach Eingang einer Anmeldung die Namen der beteiligten Unternehmen sowie die Art des Zusammenschlusses und die betroffenen Wirtschaftssektoren zu veröffentlichen. Im Rahmen dieser Veröffentlichung ruft die Kommission interessierte Dritte auf, unter Beachtung einer bestimmten Frist (meistens zwei Wochen) Stellung zu dem Zusammenschluss zu nehmen. Die Kommission macht jedoch häufig von ihren Befugnissen gemäß Art. 11 VO 139/2004 Gebrauch, Dritte aus eigener Initiative zu kontaktieren, um wichtige Informationen und deren Einschätzung des Zusammenschlusses zu erlangen. Diese Praxis der Kommission erlaubt es Unternehmen, Personen oder Verbänden, die von einem bestimmten Zusammenschluss betroffen sind, ihre Interessen bei der Kommission offensiv zu vertreten.

gg) Checkliste: Fusionskontrolle

- Werden die Schwellenwerte des Art. 1 VO 139/2004 zur Ermittlung der „gemeinschaftsweiten Bedeutung" eines Zusammenschlusses erreicht? 76
- Ist der Tatbestand des Zusammenschlusses im Sinne von Art. 3 VO 139/2004 erfüllt?
- Betroffene Produkt- und geographische Märkte sowie Marktstellung des Unternehmens in diesen Märkten bestimmen.
- Daten für Anmeldung sammeln.
- Möglichst frühe Kontaktaufnahme mit der Kommission im Rahmen informeller Treffen (in jedem Fall vor der Einreichung der förmlichen Anmeldung).
- Wann soll die Anmeldung eingereicht werden? Schon vor dem Vertragsschluss?
- Darauf hinwirken, dass die Anmeldung frühzeitig, bereits im Vorprüfungsverfahren, erledigt wird.
- Kontaktaufnahme mit der Kommission, wenn betroffenes Unternehmen ein interessierter Dritter ist: Möglichkeit offensiver Interessenvertretung.

d) Exkurs Recht der staatlichen Beihilfen

Ein weiterer Bereich des EU-Rechts mit erheblichen Auswirkungen auf 77 eine Vielzahl von Unternehmen ist das Recht der staatlichen Beihilfen. **Subventionen** als Mittel der staatlichen Wirtschaftslenkung sind noch immer ein populäres politisches Instrument in den EU-Mitgliedstaaten. Beihilfen verzerren den Wettbewerb in der Union, da durch sie Unternehmen, die ohne derartige Beihilfen auskommen müssen, diskriminiert werden können. Außerdem widerspricht übermäßige staatliche Einflussnahme der dem EUV zugrundeliegenden liberalen Konzeption, wonach

Produkte dort erzeugt werden sollen, wo die Produktionsbedingungen am günstigsten sind. Der AEUV trägt dieser Situation Rechnung und überträgt der Kommission in seinen Art. 107–109 umfangreiche Kontroll- und Untersagungsbefugnisse im Hinblick auf staatliche Beihilfen, die von den Mitgliedstaaten gewährt werden bzw. in der Zukunft gewährt werden sollen.

78 Gemäß Art. 107 Abs. 1 AEUV sind staatliche Beihilfen, die durch die Begünstigung bestimmter Unternehmen oder Produktionszweige den Wettbewerb verfälschen oder zu verfälschen drohen, grundsätzlich mit dem Binnenmarkt unvereinbar, soweit sie den Handel zwischen den Mitgliedstaaten beeinträchtigen. Ausnahmen von diesem Grundsatz sind in Art. 107 Abs. 2 und 3 AEUV geregelt. Während Art. 107 Abs. 2 AEUV Fallgruppen für Beihilfetatbestände enthält, bei deren Erfüllung eine Ausnahme vom Beihilfeverbot des AEUV zwingend erfolgt, stehen die Ausnahmen gemäß Art. 107 Abs. 3 AEUV im Ermessen der Kommission. Die praktische Relevanz der Beihilferegelungen des AEUV für Unternehmen jeder Größe ergibt sich zum einen aus der sehr weiten Auslegung des Begriffs „staatliche Beihilfe" und zum anderen aus der sehr strengen Entscheidungspraxis und Rechtsprechung zur Rückzahlung von rechtswidrig gewährten Beihilfen.

aa) Begriff „staatliche Beihilfe"

79 Staatliche Beihilfen im Sinne der Art. 107–109 AEUV sind sämtliche Maßnahmen, die einen **Transfer staatlicher Mittel** beinhalten und dadurch Unternehmen einen **wirtschaftlichen Vorteil** gewähren, den sie im Rahmen ihrer üblichen Geschäftstätigkeit nicht hätten. Als wirtschaftliche Vorteile in diesem Sinne werden zum Beispiel verstanden:

– Gewähr nicht zurückzuzahlender Zuwendungen,

– vorteilhafte Zinssätze,

– Bürgschaften oder andere Garantien zu besonders günstigen Bedingungen,

– Kauf von staatlichem Eigentum unter Marktpreis,

– Verkauf von Eigentum an den Staat über Marktpreis,

– gebührenfreier Zugang zu Infrastruktur,

– staatliche Beteiligung an einem Unternehmen, wenn ein Privatinvestor unter den gleichen Umständen eine Beteiligung nicht vornehmen würde,

– Befreiung oder Reduzierung von Sozialabgaben.

80 Die Gewährung eines wirtschaftlichen Vorteils ist jedoch nur dann eine Beihilfe, wenn die Maßnahme selektiven Charakter hat. **Keine Beihilfen** sind **allgemeine Maßnahmen**, die unterschiedslos für sämtliche Unternehmen in allen Wirtschaftszweigen in einem Mitgliedstaat bestimmt

sind (so grds. staatliche Steuermaßnahmen). Allerdings ist auch im Hinblick auf dieses Erfordernis Vorsicht geboten. Die Kommission hat regelmäßig wirtschaftlichen Vorteilen, die auf den ersten Blick als allgemeine Maßnahmen erscheinen, letztlich doch selektiven Charakter zuerkannt. Steuererleichterungen für bestimmte Sektoren oder für Unternehmen in bestimmten Regionen werden grundsätzlich als staatliche Beihilfe angesehen (z.B. die Befreiung energieintensiver Produktionsunternehmen von einer CO_2-Steuer). Dies gilt auch dann, wenn die Form der Begünstigung zwar eindeutig allgemeinen Charakter hat, in der Praxis jedoch nur eine geringe Anzahl von Unternehmen von der Begünstigung profitiert.

Ähnlich wie in Art. 101 Abs. 1 AEUV erfasst auch das Beihilfeverbot des Art. 107 Abs. 1 AEUV nur Maßnahmen, die den Handel zwischen den Mitgliedstaaten beeinträchtigen. Eine Beeinträchtigung ist anzunehmen, wenn der Begünstigte in einem Markt tätig ist, in dem Handel zwischen den Mitgliedstaaten besteht. Die Erfahrungen der Kommission haben jedoch gezeigt, dass Beihilfen, die einen Gesamtbetrag von 200 000 Euro innerhalb von drei Jahren nicht übersteigen, den Handel zwischen den Mitgliedstaaten nicht beeinträchtigen. Daher unterliegen diese sog. „**De-minimis**"-**Beihilfen**, nicht der Anmeldepflicht (Art. 2 Verordnung [EG] Nr. 1998/2006 der Kommission vom 15.12.2006 über die Anwendung der Art. 87 und 88 EG-Vertrag auf „De-minimis"-Beihilfen, veröffentlicht in L 379 v. 28.12.2006, S. 5). Zudem sind bestimmte Arten von Beihilfen durch Verordnung von der Notifizierung freigestellt. 81

bb) Anmeldepflicht von staatlichen Beihilfen

Staatliche Beihilfen, die die oben genannten Kriterien erfüllen, müssen bei der Kommission gemäß Art. 108 Abs. 3 AEUV angemeldet werden und dürfen erst gewährt werden, wenn die Kommission anerkannt hat, dass das Vorhaben nach Art. 107 AEUV mit dem Binnenmarkt vereinbar ist. Die Verordnung Nr. 794/2004 bestimmt dabei genauere Einzelheiten der Anmeldung. 82

Unangemeldete Beihilfen, die unvereinbar sind mit dem Binnenmarkt, sind von den begünstigten Unternehmen verzinst zurückzuzahlen. Die Kommission hat klargestellt, dass sie die Rückforderung von illegalen Beihilfen zur Wiederherstellung der Wettbewerbsgleichheit in strengem Maße betreiben wird. Verschiedene Versuche von Mitgliedstaaten, eine Rückforderung unter Hinweis auf Prinzipien des nationalen Rechts zu vermeiden, sind vor dem EuGH immer wieder gescheitert. Die Jahresfrist in § 48 Abs. 4 des deutschen Verwaltungsverfahrensgesetzes (VwVfG) beispielsweise ist nicht anwendbar bei der Rückforderung von Beihilfen auf der Grundlage von Art. 108 Abs. 2 AEUV. Darüber hinaus kann sich ein Begünstigter nicht auf guten Glauben berufen. Das begünstigte Unternehmen darf sich danach nicht darauf verlassen, dass die staatliche Stelle die Beihilfe korrekt angemeldet hat, sondern muss sich selbst vergewissern, ob die Beihilfe von der Kommission genehmigt worden ist. 83

84 Angesichts des weiten Beihilfebegriffs ist es wenig verwunderlich, dass in der Praxis noch immer einige Beihilfen, sei es aus Unkenntnis oder mit Absicht, nicht bei der Kommission angemeldet werden. Für die begünstigten Unternehmen kann das Unterlassen einer Anmeldung **schwerwiegende Folgen** haben, wenn sie Jahre später die gesamte Beihilfe und die angelaufenen Zinsen zurückbezahlen müssen. Die rechtzeitige Problemidentifizierung und eine Nachfrage bei der Kommission, ob die geplante Beihilfe durch den gewährenden Staat ordnungsgemäß angemeldet und von der Kommission genehmigt worden ist, kann einem Unternehmen daher viele Probleme und hohe Kosten ersparen.

cc) Rolle der betroffenen Unternehmen im Verfahren

85 Welche Möglichkeiten haben Unternehmen, die von einer Beihilferegelung betroffen sind, ihre Interessen im Rahmen von Genehmigungs- und Untersuchungsverfahren in Beihilfesachen bei der Kommission zu vertreten? Grundsätzlich werden die bei der Kommission anhängigen Beihilfeangelegenheiten als bilaterale Verfahren zwischen der Kommission und den Mitgliedstaaten betrachtet mit der Folge, dass selbst die von einer rechtswidrigen Beihilfe begünstigten Unternehmen lediglich als Drittbetroffene am Verfahren beteiligt werden. Das Unternehmen, dem eine Beihilfe gewährt wurde, ist jedoch **Verfahrensbeteiligter**, Art. 1 h) der VO 659/1999 über besondere Vorschriften für die Anwendung von Art. 93 EG-V (ABl. L 83 v. 27.3.1999, S. 1, zuletzt aktualisiert durch VO 734/2013; ABl. L 204 v. 31.7.2013, S. 15) und hat in dieser Eigenschaft ein Recht zur Stellungnahme und zur Information über den Ausgang des Verfahrens (vgl. Art. 20, 6 VO 659/1999). In Art. 20 VO 659/1999 werden die Möglichkeiten eines von einer Beihilfe betroffenen Unternehmens, seine Interessen im Beihilfeverfahren zu vertreten, abschließend aufgezählt. Die Rechte erschöpfen sich in der Möglichkeit, **Stellungnahmen** abzugeben und von der Kommission über den Ausgang des Verfahrens **informiert** zu werden. Ein Recht zur Teilnahme an den Verhandlungen zwischen Kommission und betroffenem Mitgliedstaaten besteht dagegen nicht. Dies gilt auch dann, wenn es in dem Verfahren um die Rechtmäßigkeit einer bereits gewährten Beihilfe geht und das begünstigte Unternehmen befürchten muss, die Beihilfe zurückzahlen zu müssen. Trotz dieser relativ begrenzten formalen Beteiligung in Beihilfeverfahren haben betroffene Unternehmen natürlich die Möglichkeit, die Kommission von ihrem Standpunkt zu überzeugen. Informelle Kontakte sind insbesondere für Unternehmen unerlässlich, die an Konkurrenten ergangene Beihilfen für rechtswidrig halten und deren Rückzahlung erreichen wollen. Die Kommission ist auf derartige Kontakte angewiesen, da sie aufgrund ihrer beschränkten Ressourcen und der vielfältigen Ausgestaltungen von staatlichen Beihilfen kaum in der Lage ist, umfassend unangemeldete Beihilfen in den Mitgliedstaaten zu ermitteln. Beschwerden von durch Beihilfen benachteiligten Wettbewerbern werden daher von der Kommission als wichtige Informationsquelle angesehen. Diese Situation erleichtert

II. Planung

den von staatlichen Beihilfen betroffenen Unternehmen den Zugang zu den zuständigen Sachbearbeitern in der Kommission und schafft eine gute Ausgangsbasis für die Durchsetzung der eigenen Interessen.

dd) Checkliste: Beihilfeverfahren

⇨ – Rechtzeitige Problemidentifizierung: Ist Tatbestand der „staatlichen Beihilfe" erfüllt? 86
– Wurde Zuwendung als Beihilfe angemeldet?
– Ist „De-minimis"-Schwelle (200 000 Euro) überschritten?
– Aufgrund der begrenzten formalen Beteiligung der Unternehmen im Beihilfeverfahren Bedeutung informeller Kontakte zwischen Unternehmen und Kommission erkennen.
– Beschwerdemöglichkeit für das durch eine Beihilfe benachteiligte Unternehmen erkennen.

e) Exkurs Grundfreiheiten

Das **Funktionieren des Binnenmarktes** wird nicht allein durch die Abschaffung von Zöllen innerhalb der Gemeinschaft realisiert. Darüber hinaus ist erforderlich, dass der Handel zwischen den Mitgliedstaaten nicht durch andere staatliche Maßnahmen beeinträchtigt wird, die ähnlich wie Zölle den grenzüberschreitenden Wirtschaftsverkehr hemmen. Zu diesem Zweck wurden die sog. Grundfreiheiten in den EGV aufgenommen und an folgenden Stellen in den AEUV implementiert: 87

– Freiheit des Warenverkehrs (Art. 28–30 AEUV),
– Freiheit des Personenverkehrs (Art. 21, 45 AEUV),
– Niederlassungsfreiheit (Art. 49 AEUV),
– Dienstleistungsfreiheit (Art. 56 AEUV) und
– Freiheit des Kapital- und Zahlungsverkehrs (Art. 64 AEUV).

Nationale Regelungen, die gegen die Grundfreiheiten verstoßen, sind aufgrund des Vorrangs des Rechts der EU unanwendbar. Bürger und Unternehmen können sich unmittelbar auf die Grundfreiheiten berufen und die Unanwendbarkeit der nationalen Regelung auch vor nationalen Gerichten durchsetzen. Die Kommission hat zwar nicht wie im Kartellrecht Vollzugsbefugnisse gegenüber dem einzelnen Bürger oder Unternehmen. Sie ist aber als Hüterin der Verträge für die Überwachung der Einhaltung des EU-Rechts durch die Mitgliedstaaten zuständig. Daraus ergibt sich, dass Unternehmen, die durch eine gegen die Grundfreiheiten verstoßende nationale Maßnahme benachteiligt werden, in der Kommission einen mächtigen und kompetenten Verbündeten im Kampf gegen diese staatliche Maßnahme finden können. Die Kontaktaufnahme mit der Kommission kann in diesen Fällen sehr fruchtbar sein und den Un- 88

89 Die **Grundfreiheiten** werden von der Kommission und dem EuGH **weit ausgelegt**. Gegen die Grundfreiheiten verstoßen im Grundsatz alle staatlichen Maßnahmen, die die grenzüberschreitenden Verkehrsströme behindern. Allerdings ist darauf hinzuweisen, dass der AEUV einige **Ausnahmen** für die Anwendung der Grundfreiheiten enthält. Eine nähere Darstellung der umfangreichen Rechtsprechung zu diesem Bereich würde den Rahmen dieses Kapitels sprengen. Die Rechtsberater von grenzüberschreitend tätigen Unternehmen sollten bedenken, dass staatliche Regelungen möglicherweise nicht mit EU-Recht vereinbar sind. Eine nähere Untersuchung der entsprechenden Rechtsprechung und eine Kontaktaufnahme mit der Kommission und natürlich auch mit den Behörden in den Mitgliedsstaaten kann in solchen Fällen Klarheit bringen.

2. Beauftragung eines Experten

90 Nachdem ein Unternehmen oder dessen Rechtsberater die europarechtlichen Aspekte einer konkreten Angelegenheit identifiziert hat und zu dem Schluss gekommen ist, dass die Kontaktaufnahme mit der Kommission zu einer erfolgreichen Durchsetzung der eigenen Interessen ratsam ist, sollten die Modalitäten einer solchen Kontaktaufnahme eingehend geplant werden. Die erste Frage, die sich im Rahmen dieser Planung stellt, ist, ob man als Unternehmen die Kontaktaufnahme selbst durchführt, d.h. durch einen geeigneten Mitarbeiter, ob man für das gesamte Verfahren einen externen Spezialisten beauftragt oder ob man Teile des Verfahrens selbst und andere Teile durch externe Berater erledigen lässt.

a) Erfahrung im Umgang mit der Kommission

91 In Brüssel sind zahlreiche sogenannte „**Lobbyisten**" und **professionelle Interessenvertreter** tätig. Neben den nationalen und internationalen Wirtschaftsverbänden, in deren Diensten ein Teil der Interessenvertreter steht, gibt es auch zahlreiche unabhängige Lobbyunternehmen, die gegen ein entsprechendes Honorar die Interessen von Einzelfirmen oder aber von Verbänden übernehmen. Zu diesen Kreisen zählen Public Affairs Consultants, Rechtsanwälte und Unternehmensberater. Die Einschaltung eines in Brüssel ansässigen, externen Beraters kann aufgrund dessen Erfahrung im Umgang mit der Arbeitsweise und den Strukturen der Kommission Vorteile bieten. Dabei sollte der Schwerpunkt einer externen Beauftragung grundsätzlich immer auf erfahrene Anwälte gelegt werden, da nur diese die einschlägige Rechtslage und Rechtsprechung kennen oder aber, je nach Bedarf, auf ein fundiertes Wissen über das jeweils anzuwendende Gesetzgebungsverfahren und seine Hauptakteure zurückgreifen können. Public Affairs Consultants können die Arbeit der Anwälte mit guten Kontakten in der Medienlandschaft oder auch dem Europäischen Parlament ergänzen.

Im Bereich des **Wettbewerbsrechts** beispielsweise greifen Unternehmen fast ausschließlich auf Kanzleien zurück, die in Brüssel über ein mit kompetenten und erfahrenen Anwälten besetztes Büro verfügen. Anwälte, die nicht nur das Verfahren bei der Kommission im Detail kennen, sondern auch bereits gute Kontakte zu den Mitarbeitern in der Generaldirektion Wettbewerb aufgebaut haben, können erheblichen Anteil zum Beispiel an einer erfolgreichen Fusionsanmeldung haben. Es ist wenig verwunderlich, dass auch die Kommissionsbeamten gerne mit Anwälten zusammenarbeiten, von denen sie wissen, dass sie die Regeln und Arbeitsabläufe des Kartellrechts genauestens kennen. Ein weiteres Kriterium bei der Auswahl eines geeigneten Beraters ist dessen Erfahrung und Kenntnis des neben dem Europarecht anwendbaren nationalen Rechts. 92

Außerdem sollte bei der Auswahl des richtigen externen Beraters im Spezialfall der **Fusionskontrolle** auf die internationale Aufstellung der Kanzlei geachtet werden. Wie bereits geschildert entscheiden bestimmte Umsatzschwellenwerte, ob sich die zusammenschlusswilligen Unternehmen auf den „One-stop-shop" bei der Kommission berufen können. Sollte dies nicht der Fall sein, gilt es unter Umständen, den Zusammenschluss bei einer Vielzahl von EU-Mitgliedstaaten (aber auch in Drittstaaten in allen Teilen der Welt) anzumelden. Nur eine international gut aufgestellte Kanzlei, sei es durch eigene Büros oder ein bewährtes Kontaktnetz zu Partnerkanzleien in den einschlägigen Ländern, kann eine solch anspruchsvolle Aufgabe koordinieren und zeitgerecht durchführen. 93

b) Kontakte zu Unternehmen und Verbänden

Kenntnisse der sog. „**Brüsseler Szene**" können ebenfalls ein wichtiges Argument für die Einschaltung eines externen Beraters sein. Denn bevor die Kommission eine Entscheidung trifft, kontaktiert sie regelmäßig die betroffenen Wirtschaftskreise – insbesondere europäische Wirtschaftsverbände –, um weitere Informationen zu erlangen und um deren Standpunkt in der anhängigen Angelegenheit zu erfahren. Ein in Brüssel ansässiger Berater, der gute Kontakte zu den europäischen und auch nationalen Wirtschaftsverbänden unterhält, kann leichter und effektiver die Interessen des betroffenen Unternehmens gegenüber diesen Wirtschaftsverbänden vermitteln und ggf. mittelbar die Entscheidung der Kommission beeinflussen. 94

c) Fremdsprachenkenntnisse

Ein weiteres Plus der externen Berater sind deren Fremdsprachenkenntnisse. Insbesondere für mittelständische deutsche Unternehmen, deren Mitarbeiter entweder nicht in der Lage sind, Verhandlungen in einer Fremdsprache zu führen, oder dies nicht gewohnt sind, kann ein fremdsprachenversierter Berater sehr wichtig sein. Zwar haben Unternehmen grundsätzlich die Möglichkeit, Anträge bei der Kommission in der Sprache eines EU-Mitgliedsstaates ihrer Wahl zu stellen. Dies schließt aber 95 nicht aus, dass an dem Verfahren auch Kommissionsbeamte beteiligt sind, die diese Sprache nicht so gut oder überhaupt nicht beherrschen. Die erforderlichen Übersetzungen verzögern das Verfahren und sind insbesondere für eine effektive Verhandlungsführung hinderlich, auch weil bei der Übersetzung Fehler und Missverständnisse auftreten können. Ein sprachgewandter externer Berater kann die Kommunikation dagegen erheblich erleichtern.

Die genannten Aspekte sollten bei einer Entscheidung für oder gegen die Einschaltung eines externen Beraters in Betracht gezogen und sorgfältig gegen die zu erwartenden höheren Kosten abgewogen werden.

3. Zuständige Abteilung innerhalb der Kommission

96 Eine effiziente Interessenvertretung bei der Kommission erfordert die schnelle und genaue Identifizierung der innerhalb der Kommission zuständigen Abteilungen und Beamten. In **wettbewerbsrechtlichen Angelegenheiten** ist diese Bestimmung der Zuständigkeit relativ einfach, da die Befugnisse innerhalb der Generaldirektion Wettbewerb klar verteilt sind.

97 Für Konsultationen mit der Kommission, zum Beispiel im Vorfeld einer offiziellen Fusionsanmeldung, empfiehlt es sich, zunächst die Abteilung zu ermitteln, die für den betreffenden Wirtschaftssektor (Energie und Umwelt; Information, Kommunikation und Medien; Finanzsektor; Basisindustrien, Produktion und Landwirtschaft; Transport, Post und andere Dienstleistungen) zuständig ist. Die von verschiedenen Verlagen sowie im Internet veröffentlichten **Mitarbeiterverzeichnisse** und **Organigramme der Kommission** helfen bei der Ermittlung der zuständigen Abteilung sowie der Telefonnummern der in diesen Abteilungen tätigen Kommissionsbeamten. In der Regel bringt ein Anruf bei der betreffenden Abteilung schnell Klarheit, wer für den geplanten Zusammenschluss zuständig sein wird. Zu beachten ist jedoch, dass die offizielle Anmeldung eines Zusammenschlussvorhabens nicht an den so ermittelten konkreten Kommissionsbeamten, sondern unter Verwendung des „Formulars CO" an die sog. „Kanzlei Fusionskontrolle" der Generaldirektion Wettbewerb (mit eigener Poststelle) zu richten ist.

98 Kartellrechtliche Angelegenheiten, welche unter Umständen unter das Verbot des **Art. 101 AEUV** fallen könnten, sind nach dem Legalausnahmesystem nicht anzumelden. Dennoch können sich Unternehmen weiterhin wie ausgeführt an die Kommission wenden, um bestimmte Fälle zu erörtern oder unverbindliche Auskünfte von der Generaldirektion Wettbewerb zu erhalten. Auch hier ist zunächst die federführende Abteilung zu ermitteln, um den zuständigen Beamten identifizieren zu können. Darüber hinaus existiert für **staatliche Beihilfen** mit der Direktion H eine besondere Abteilung innerhalb der Generaldirektion Wettbewerb. Diese befasst sich ausschließlich mit staatlichen Beihilfen und ist noch einmal nach der Art der Beihilfe (Regionale Beihilfen, Beihilfen für Inves-

titionen in Forschung und Entwicklung sowie Risikokapital) untergliedert.

Bei der Ermittlung der Zuständigkeiten ist zu beachten, dass der federführende Beamte regelmäßig auch **andere Generaldirektionen** und **Abteilungen**, wie zum Beispiel den Juristischen Dienst, mit der Angelegenheit betraut und um Stellungnahme bittet. Die frühzeitige Identifizierung der anderen möglicherweise betroffenen Generaldirektionen und Abteilungen ist ebenfalls von großer Bedeutung, um im weiteren Verfahren auch diese beteiligten Abteilungen ggf. sofort kontaktieren zu können. 99

Bei Beschwerden wegen Verstößen gegen die **Grundfreiheiten** ist die Generaldirektion „Binnenmarkt und Dienstleistungen" die erste Anlaufstelle für die Betroffenen. Die Bestimmung der Zuständigkeiten bei Verstößen gegen die Grundfreiheiten ist häufig schwieriger als in wettbewerbsrechtlichen Angelegenheiten, da die Befugnisse im Hinblick auf die Grundfreiheiten nicht in einer einzigen Generaldirektion gebündelt, sondern über verschiedene Generaldirektionen verteilt sind. In vielen Fällen überschneiden sich die Zuständigkeiten der Generaldirektionen Binnenmarkt und Dienstleistungen; Justiz; Steuern und Zollunion sowie der Generaldirektion Handel mit der Folge, dass mehrere Abteilungen und Kommissionsbeamte für die Bearbeitung einer Beschwerde wegen der Verletzung der Grundfreiheiten zuständig wären. 100

In diesen Situationen ist es wichtig, eine umfassende Liste der potentiell zuständigen Kommissionsbeamten zu erstellen, auf die man später zurückgreifen kann, wenn es darum geht, seinen Standpunkt gegenüber der Kommission zu vertreten. 101

4. Checkliste

➲ – Europarechtliches Problem identifizieren 102

  – Bereiche, in denen häufig europarechtliche Probleme auftauchen:
  – EU-Wettbewerbs- und Kartellrecht (hier noch klären, welche Behörde innerhalb des o.g. ECN zuständig ist),
  – Recht der staatlichen Beihilfen,
  – Verstöße gegen Grundfreiheiten.

– Entscheiden, ob ein externer Berater eingeschaltet werden soll

  – Entscheidungskriterien:
  – Erfahrung und Kenntnisse der Arbeitsweise und Struktur der Kommission,
  – Erfahrung und Spezialkenntnisse im betroffenen Bereich,
  – Kontakte zu Kommissionsbeamten und Verbandsvertretern,

- Fremdsprachenkenntnisse.
- Vorteile einer Einschaltung:
- Schnellere und effektivere Bearbeitung,
- besseres Ergebnis.
- Zuständigkeiten innerhalb der Kommission ermitteln
  - Welche Abteilung/Generaldirektion der Kommission ist federführend?
  - Welche Abteilungen werden beteiligt?
  - Welche Beamten sind in den Abteilungen zuständig für die Angelegenheit?

III. Durchführung

1. Kontaktaufnahme

103 Mit der Ermittlung der zuständigen Abteilungen und Kommissionsbeamten ist die Planungsphase abgeschlossen. Nunmehr geht es darum, Kontakt mit den zuständigen Beamten aufzunehmen und die Voraussetzungen für eine gute Zusammenarbeit zu schaffen. Dabei sollte die **Bedeutung des ersten Kontaktes** für den weiteren Verhandlungsverlauf nicht unterschätzt werden. Ein erfahrener Anwalt oder Berater, der bereits häufig mit den Beamten in anderen Verfahren zusammengearbeitet hat, wird es in der Regel leichter haben, beim ersten Kontakt bereits eine positive Grundstimmung zu erzeugen.

104 Die erste Kontaktaufnahme erfolgt typischerweise durch ein **Telefongespräch**. Kommissionsbeamte sind normalerweise bereit, soweit dies möglich ist, schon am Telefon nähere Details über das weitere Vorgehen zu diskutieren. Eine gute Vorbereitung für dieses erste Telefongespräch ist unerlässlich. Allerdings wird auch durch eine ausführliche Diskussion am Telefon die Angelegenheit in der Regel nicht erschöpfend zu behandeln sein. Ziel des Gesprächs ist es, das Interesse des Kommissionsbeamten zu wecken und ein informelles Treffen zu vereinbaren. Bei diesem Treffen werden dann weitere Details der Angelegenheit diskutiert.

105 Der **optimale Zeitpunkt** für die erste Kontaktaufnahme hängt sehr stark von der Komplexität der konkreten Angelegenheit ab. Insbesondere bei Fusionsanmeldungen muss darauf geachtet werden, dass die erste Kontaktaufnahme so früh wie möglich erfolgt. Die Vorbereitung einer Fusionsanmeldung ist aufgrund der von der Kommission verlangten umfangreichen Informationen extrem zeitraubend. Es sollte keine Zeit durch eine unnötige Verzögerung der Kontaktaufnahme verloren werden.

2. Informelles Vorgespräch

Nachdem die Kommission in einem ersten Telefongespräch in wesentlichen Zügen über die Angelegenheit informiert worden ist, dient das erste Treffen zwischen den zuständigen Kommissionsbeamten und Vertretern des Unternehmens dazu, die Angelegenheit ausführlicher zu besprechen, ggf. erste Dokumente zu übergeben und zu diskutieren. Der Vertreter des Unternehmens kann sich auf diesem Weg einen ersten Eindruck davon verschaffen, wie die Kommission der Angelegenheit gegenüber steht und mit welchen Maßnahmen zu rechnen ist. In der Regel ist die Bereitschaft der Kommission groß, informelle Vorgespräche zu führen. Vor allem im Vorfeld eines offiziellen Verfahrens sieht sie informelle Konsultationen als effektive und nützliche Gelegenheit an, das Verfahren vorzubereiten und bestimmte potentielle Probleme anzusprechen oder sogar auszuräumen. In ihren Verhaltensleitlinien für eine Fusionsanmeldung fordert die Kommission die einen Unternehmenszusammenschluss anstrebenden Unternehmen sogar ausdrücklich auf, Kontakt mit der Kommission aufzunehmen und informelle Treffen durchzuführen, bevor die offizielle Fusionsanmeldung eingereicht wird.

Je nach Bedeutung und Reichweite der Angelegenheit kann es zu diesem Zeitpunkt ebenfalls bereits angezeigt sein, weitere Vorgespräche mit den Vertretern der EU-Mitgliedstaaten in der Sache sowie dem Kabinett des zuständigen Kommissars zu führen.

Aber auch in Angelegenheiten ohne kartellrechtliche Bezugspunkte ist die Kommission grundsätzlich frei, mit Vertretern von Unternehmen Sachverhalte mit Bezug zum EU-Recht zu diskutieren, da sie aufgrund ihrer beschränkten Ressourcen auf Informationen durch den Privatsektor angewiesen ist. Es ist zum Beispiel durchaus üblich, dass Unternehmen, bevor sie sich über die in ihren Augen gemeinschaftsrechtswidrige Praxis eines Mitgliedstaates offiziell beschweren, informelle Gespräche mit der Kommission führen, um zu ermitteln, ob die Kommission diese Auffassung teilt und ggf. Interesse an der Einleitung eines offiziellen Verfahrens hat. Zusammenfassend lässt sich Folgendes anführen:

⇒ – Ersten telefonischen Kontakt zur kurzen Einführung und Festlegung eines informellen Gesprächstermins nutzen,
  – Angelegenheit im ersten Telefongespräch nicht unnötig kompliziert machen und versuchen, Interesse zu wecken,
  – Übergabe von ersten Dokumenten im informellen Gespräch (ggfs. zunächst Vertraulichkeit mit Mandant und Kommission versichern)

a) Besetzung der Delegation

Die Besetzung der Delegation des Unternehmens, die an dem informellen Treffen teilnimmt, hängt entscheidend von dem Charakter der zu diskutierenden Angelegenheit ab. Häufig werden rechtliche und wirtschaftliche Fragestellungen eine wichtige Rolle spielen, so dass die Teilnahme eines **Anwalts** anzuraten ist. Darüber hinaus sollte grundsätzlich ein mit den Strukturen des Unternehmens und den vom Unternehmen bedienten Märkten vertrauter **Mitarbeiter** anwesend sein.

⊃ Die **gewissenhafte Vorbereitung** der informellen Treffen ist von essentieller Bedeutung für den Erfolg des gesamten Vorhabens, da bereits im Laufe dieser ersten Treffen entscheidende Weichenstellungen vorgenommen werden können. Dabei ist selbstverständlich, dass die vom Unternehmen gelieferten Informationen korrekt und sorgfältig recherchiert sein müssen. Basieren bestimmte Informationen auf Vermutungen oder stammen aus unsicherer Quelle, sollte dies den Kommissionsbeamten mitgeteilt werden. Die Kommission wird sich nicht ausschließlich auf die vom Unternehmen gelieferten Informationen stützen, sondern auch andere Informationsquellen, zum Beispiel betroffene Wirtschaftsverbände, andere Unternehmen oder mitgliedstaatliche Institutionen kontaktieren. Eine mühevoll entwickelte vertrauensvolle Zusammenarbeit mit der Kommission wird nachhaltig gestört, wenn sich bei den Recherchen der Kommission herausstellt, dass die von dem Unternehmen mitgeteilten Informationen falsch waren.

b) Briefing

109 Es ist ratsam, der Kommission einige Tage vor dem geplanten Treffen eine **schriftliche Zusammenfassung** der Situation und der Position des Unternehmens zu übermitteln. Dadurch kann ein reibungsloser und effizienter Ablauf des Treffens gewährleistet werden. Ein solches Vorgehen trägt zum Erfolg des Treffens bei. Zum anderen erhält die Kommission auf diese Weise Unterlagen, die ihr die Vorbereitung auf das Treffen erleichtern können.

110 Es kommt häufig vor, dass Unternehmen gezwungen sind, der Kommission **vertrauliche Informationen** mitzuteilen. Das Unternehmen sollte diesbezüglich darauf achten, dass alle vertraulichen Informationen als solche gekennzeichnet werden und die Kommission darauf hingewiesen wird, diese nicht an Dritte weiterzugeben.

111 Während des Treffens selbst sollte ein Teilnehmer der Delegation des Unternehmens **Protokoll** führen. Dadurch wird gewährleistet, dass erörterte Details dokumentiert sind.

3. Einleitung des Verfahrens

112 Nach Abschluss der informellen Treffen sollten die Entscheidungsträger im Unternehmen die Ergebnisse der Diskussionen mit der Kommission **analysieren** und überprüfen, ob die definierten Ziele weiterhin erreichbar

III. Durchführung

sind und ob ggf. die **Strategie angepasst** werden muss. In der Regel gibt die Kommission bereits in den Vorgesprächen deutlich zu erkennen, wie sie zu der Position oder dem Vorhaben des Unternehmens steht. Dies gilt insbesondere für Fusionsanmeldungen. In den Vorgesprächen einer Fusionsanmeldung gibt die Kommission meistens sehr deutlich zu verstehen, im Hinblick auf welche Bereiche des Zusammenschlusses sie Bedenken hat. Das Unternehmen sollte diese Bedenken genauestens analysieren und Lösungsmodelle entwickeln, wie sie der Kommission bezüglich dieser Bedenken entgegenkommen kann (z.B. Lizenzierung einer bestimmten Technologie, Verkauf einer Marke etc.).

In den meisten Fällen wird sich das Unternehmen nach Abschluss der Vorgespräche die Frage stellen, ob ein offizielles Verfahren eingeleitet bzw. eine offizielle Beschwerde eingereicht werden soll oder ob dies nach den Ergebnissen der Gespräche aussichtslos erscheint. 113

Im Falle einer Entscheidung für die **Einleitung eines offiziellen Verfahrens** sind die bereits erwähnten Formalitäten zu beachten. Zum Beispiel muss die **Anmeldung einer Fusion** nach der Fusionskontrollverordnung entweder mit dem „Formblatt CO" oder dem „Vereinfachten Formblatt" erfolgen. Eine Fusionsanmeldung bedarf umfangreicher Vorbereitung und kann erhebliche Zeit und Ressourcen in Anspruch nehmen. Dies ist bei der Zeitplanung unbedingt zu berücksichtigen. Es kann ratsam sein, sich in den informellen Vorgesprächen von der Kommission zusichern zu lassen, dass bestimmte in den oben genannten Formularen verlangte Informationen in der konkreten Angelegenheit nicht mitgeteilt werden müssen. Eine solche Freistellung von bestimmten Mitteilungspflichten kann insbesondere im Hinblick auf Bereiche erreicht werden, in denen die Kommission keine Bedenken hat. 114

Unternehmen, die sich über das **Verhalten von Konkurrenten** bei der Kommission **beschweren** möchten, sollten das von der Kommission vorgeschlagene „Formblatt C" für die offizielle Einleitung des Verfahrens verwenden, obwohl dies nicht zwingend vorgeschrieben ist. Die Verwendung des Formulars erleichtert der Kommission die Behandlung der Beschwerde und gibt auch dem Unternehmen die Sicherheit, dass sämtliche von der Kommission verlangten Informationen auch tatsächlich vorgelegt werden. Dadurch kann im Interesse des Beschwerdeführers eine effiziente Bearbeitung der Beschwerde in der Kommission gewährleistet werden. 115

Für Beschwerden, die das **Verhalten eines Mitgliedstaates** als nicht vereinbar mit dem EU-Recht rügen, gibt es weder zwingende noch fakultative Formvoraussetzungen. Die Beschwerde wird jedoch nur dann erfolgreich sein, wenn der Beschwerdeführer in der Lage ist, seine Beschwerde auf umfangreiches Datenmaterial und Fakten zu stützen. Die bloße Behauptung, der Handel zwischen den Mitgliedstaaten sei durch eine bestimmte staatliche Maßnahme beeinträchtigt, wird die Kommission 116 nicht dazu veranlassen, gegen den betroffenen Mitgliedstaat vorzugehen. Erst wenn diese Aussage mit Zahlen und Fakten belegt werden kann, hat der Beschwerdeführer die Chance, sein Ziel – die Beseitigung dieser staatlichen Maßnahme – zu erreichen.

117 Vor der Einleitung eines Verfahrens bei der Kommission sind erhebliche Vorarbeiten zu leisten. In komplizierten Fällen kann sogar die Einschaltung von Spezialisten, z.B. Ökonomen oder Wirtschaftsprüfern, erforderlich werden, um die für eine erfolgreiche Eingabe bei der Kommission erforderlichen Informationen zu sammeln.

4. Die offizielle Anhörung

118 In kartellrechtlichen Angelegenheiten, bei Fusionsanmeldungen und in Beihilfeverfahren ist die Kommission verpflichtet, offizielle Anhörungen der Beteiligten durchzuführen, um den Anspruch der Beteiligten auf rechtliches Gehör zu wahren.

119 Diese Anhörungen unterliegen im Gegensatz zu den Vorgesprächen gewissen **Formvorschriften**. Die am Verfahren beteiligten Unternehmen können sich beispielsweise nicht allein von ihrem Anwalt vertreten lassen, sondern müssen einen Mitarbeiter mit entsprechenden Vollmachten schicken. Dies soll gewährleisten, dass bei der Anhörung auch tatsächlich die Personen anwesend sind, die mit den Tatsachen sowie den technischen und den ökonomischen Hintergründen der Angelegenheit am besten vertraut sind und befugt sind Entscheidungen für das Unternehmen zu treffen. Auch der Ablauf der Anhörung ist formalisiert und richtet sich nach einer Tagesordnung, die zuvor von den beteiligten Parteien vereinbart und bei der Anhörung strikt eingehalten wird.

120 Der formelle Charakter und die Tatsache, dass neben dem betroffenen Unternehmen auch Vertreter der nationalen Kartellbehörden sowie andere Beteiligte anwesend sind, erschwert Verhandlungen mit der Kommission während der Anhörung. Es ist daher ratsam, die wesentlichen Streitpunkte zwischen dem beteiligten Unternehmen und der Kommission bereits **im Vorfeld** der Anhörung weitestgehend zu klären. Hierbei muss allerdings darauf hingewiesen werden, dass für noch nicht zusammengeschlossene Unternehmen wie für alle anderen auch die Vorschrift des Art. 101 Abs. 1 AEUV gilt. Kartellrechtlich sensible Themenkomplexe sollten daher in den Vorbesprechungen unter den fusionswilligen Unternehmen tunlichst ausgeklammert bleiben.

5. Checkliste

121 – Frühzeitige telefonische Kontaktaufnahme,
– Vereinbarung eines informellen Gesprächstermins,

- Delegation entsprechend dem Gegenstand der Angelegenheit besetzen,
- informelles Vorgespräch sorgfältig vorbereiten,
- schriftliche Darstellung der Angelegenheit fertigen und vor dem Gesprächstermin bei der Kommission einreichen,
- Ergebnisse des Gesprächs protokollieren und der Kommission zuleiten,
- Ergebnisse des Gesprächs kritisch analysieren,
- prüfen, ob ein Verfahren eingeleitet werden soll oder wie ggf. auf drohende Maßnahmen der Kommission reagiert werden kann,
- Formalitäten für Verfahrenseinleitung beachten.

IV. Strategiekontrolle

In der Zeit zwischen Abschluss der Verhandlungsphase und der Kommissionsentscheidung sollten die auf Seiten des Unternehmens am Verfahren beteiligten Personen eine umfassende Strategiekontrolle durchführen und die Frage beantworten, ob das Ziel des Unternehmens zu dem jeweiligen Stand des Verfahrens noch erreicht werden kann. In vielen Fällen lässt sich aus dem Ablauf der Verhandlungen und dem Verhalten der Kommissionsbeamten während dieser Verhandlungen ableiten, wie die Kommission in dem Verfahren entscheiden wird.

Vor diesem Hintergrund sollte die Strategie überprüft und ggf. geändert werden. Gelegentlich können **Last-Minute**-**Zugeständnisse** die Kommission noch zu einer positiven Entscheidung bewegen. Eine andere Option in aussichtslos erscheinenden Verfahrenslagen ist die Rücknahme des gesamten Antrags bzw. die Einstellung des wettbewerbsrechtswidrigen Verhaltens, u.U. verbunden mit weiteren Zusagen. So kann zumindest die mit einer ablehnenden Entscheidung der Kommission verbundene negative PR vermieden werden.

Unabhängig vom Verfahrensgegenstand sollte die Strategiekontrolle berücksichtigen, inwiefern eine negative Entscheidung der Kommission gerichtlich angegriffen werden kann und welche Erfolgsaussichten eine solche **Klage** hat. Dabei ist ebenfalls zu beachten, dass im Fall einer positiven Entscheidung der Kommission mit negativer Drittwirkung andere am Verfahren beteiligte Parteien die Möglichkeit haben, die Entscheidung gerichtlich anzugreifen.

4 Verhandeln mit den europäischen Institutionen im Gesetzgebungsverfahren

	Rz.		Rz.
I. Allgemeines	125	**III. Durchführung**	148
1. Das Gesetzgebungsverfahren	128	1. Kontaktaufnahme mit der Kommission	148
2. Die Kommission im Gesetzgebungsverfahren	131	2. Kontaktaufnahme zu Europäischem Parlament und Parlamentariern	151
3. Der Rat der Europäischen Union	133	a) Besonderheiten bei der Kontaktaufnahme	155
4. Das Europäische Parlament	135	b) Treffen mit einem Parlamentarier	158
a) Selbstverständnis des Parlaments	136	3. Kontakt mit Rat und Mitgliedstaaten	160
b) Organisation	137	4. Zeitfaktor	161
5. Der Wirtschafts- und Sozialausschuss	139	5. Checkliste	164
6. Der Ausschuss der Regionen	140	**IV. Strategiekontrolle**	165
II. Planung	141		
1. Monitoring- und Informationsservice	141		
2. Kontaktaufnahme mit betroffenen Wirtschaftsverbänden, Unternehmen und anderen privaten Organisationen	145		

I. Allgemeines

125 Die sowohl durch die einheitliche Europäische Akte, den Maastrichter Vertrag, den Amsterdamer Vertrag, den Vertrag von Nizza als auch den Vertrag von Lissabon vorgenommenen Integrationsschritte haben die **Gesetzgebungskompetenz** der EU erheblich erweitert. Bereits nach der Schaffung des Binnenmarktes im Jahr 1992 war die Rede davon, dass 50 % der deutschen Wirtschaftsgesetze auf EU-Rechtsakten beruhen. Heute wird man sicher von einer wesentlich höheren Quote ausgehen müssen. Das EU-Recht beeinflusst mittlerweile auch über das Wirtschaftsrecht hinaus die verschiedensten Rechtsbereiche. Ein Beispiel hierfür sind die durch den Amsterdamer Vertrag in das Gemeinschaftsrecht aufgenommenen Kompetenzen der EU im Bereich Justiz und Inneres.

126 Die wachsende Bedeutung der Brüsseler, Luxemburger und Straßburger Institutionen haben nicht nur die Wirtschaft, sondern auch andere gesellschaftliche Interessengruppen, wie z.B. Gewerkschaften, Berufsverbände oder Verbraucherverbände, erkannt und viele haben Vertretungen in Brüssel eingerichtet.

127 Im Gegensatz zu den im vorigen Kapitel beschriebenen Verhandlungen mit der Kommission als Vollzugsbehörde erfordert die Interessenvertretung im Gesetzgebungsverfahren den Umgang und das Verhandeln mit mehreren, sehr unterschiedlich strukturierten Institutionen (Kommis-

I. Allgemeines

sion, Parlament, Rat, nationale Behörden). Ein gut organisiertes Vorgehen und die Beachtung der besonderen Funktionen, Eigenschaften und der Zusammensetzung dieser Institutionen sind für eine erfolgreiche Interessenvertretung unerlässlich. Auf das Verfahren und die Institutionen wird daher im Folgenden zunächst eingegangen.

1. Das Gesetzgebungsverfahren

Der EUV überträgt der Union keine generelle Kompetenz zum Erlass von Rechtsakten. Vielmehr gilt das **Prinzip der begrenzten Einzelermächtigung**. Danach darf die Union nur dann gesetzgeberisch tätig werden, wenn sie durch eine primärrechtliche Regelung ermächtigt wird, eine bestimmte Materie zu regeln (vgl. Art. 5 EUV). Das Verfahren, das bei dem Erlass solcher Rechtsakte zu beachten ist, sowie die Mehrheitserfordernisse im Rat werden durch die jeweils anwendbare Ermächtigungsnorm bestimmt. Die Gesetzgebungsverfahren im AEUV sind das ordentliche Verfahren (Art. 294 AEUV) und daneben die besonderen Verfahren (das Anhörungsverfahren, das Zustimmungsverfahren und das Verfahren der Zusammenarbeit). 128

Im ordentlichen Verfahren kommt ein Rechtsakt nur zustande, wenn sowohl Rat als auch Parlament ihre Zustimmung geben. Wenn sich nach zwei Lesungen in Parlament und Rat keine Einigung zwischen den beiden Organen erzielen lässt, wird ein Vermittlungsausschuss einberufen, der je zur Hälfte aus Mitgliedern des Rates und des Parlaments besteht und die Aufgabe hat, einen konsensfähigen Entwurf zu entwickeln. Findet auch der Vermittlungsausschuss keinen Kompromiss oder lehnt das Parlament oder der Rat den im Vermittlungsausschuss beschlossenen Kompromiss ab, ist der geplante Rechtsakt endgültig gescheitert. 129

Rechtsakte, für die das Verfahren der Zusammenarbeit vorgesehen ist, können unter erschwerten Voraussetzungen vom Rat auch gegen den Willen des Parlaments erlassen werden. Lehnt das Parlament den vom Rat veränderten Kommissionsvorschlag mit absoluter Mehrheit ab, kann der Rat den Rechtsakt nur einstimmig verabschieden. Einstimmigkeit jedoch ist insbesondere bei kontroversen Rechtsakten im Rat schwer zu erreichen, so dass auch im Verfahren der Zusammenarbeit dem Parlament eine nicht zu unterschätzende Bedeutung zukommt.

Da bei Erlass der Rechtsakte je nach Gegenstand der Maßnahme verschiedene Organe und Institutionen beteiligt und unterschiedliche Gesetzgebungsverfahren anwendbar sind, sind Kenntnisse über die Zusammensetzung, Arbeitsweise und Befugnisse der wichtigsten am Gesetzgebungsverfahren beteiligten Organe und Institutionen für eine effektive Interessenvertretung in Brüssel unerlässlich. Die Kommission, der Rat, das Parlament, der Wirtschafts- und Sozialausschuss und der Ausschuss der Regionen sind die Hauptakteure in den Gesetzgebungsverfahren der EU. 130

2. Die Kommission im Gesetzgebungsverfahren

131 Die Kommission hat die Aufgabe, das Funktionieren und die Entwicklung des Gemeinsamen Marktes zu gewährleisten. Die Erreichung dieser Ziele ist nur möglich, wenn die Kommission die Anwendung des Vertrages und des aufgrund des Vertrages erlassenen Sekundärrechts überprüfen kann und diesbezüglich mit Entscheidungsmacht ausgestattet ist. Zugleich ist sie Motor für die Förderung der allgemeinen Interessen der Union (Art. 17 Abs. 1 EUV). Konsequenz dieser Antriebsfunktion ist auch, dass der Kommission im Gesetzgebungsverfahren der Europäischen Union das **Vorschlagsrecht** für neue Vorschriften zusteht (Art. 294 AEUV). Durch Vorlage eines entsprechenden Gesetzesentwurfs wirkt sie am Zustandekommen der Handlungen des Rates und des Europäischen Parlaments mit.

132 Die Kommission hat von dem Initiativrecht in umfassendem Maße Gebrauch gemacht und dadurch den Ruf erworben, Motor der europäischen Integration zu sein. Auch wenn dem Rat und dem Parlament letztendlich die Entscheidungskompetenz über die Annahme der Vorschläge der Kommission zusteht, ist das Vorschlagsrecht der Kommission von immenser Bedeutung für die zukünftige Rechtsentwicklung in der EU. Eine effektive Interessenvertretung im Gesetzgebungsverfahren muss daher bereits vor Verabschiedung eines konkreten Kommissionsvorschlags ansetzen. Die Kommission unterstützt die Beteiligung der interessierten Wirtschaftskreise durch die Veröffentlichung von sog. **Strategiepapieren** (Grünbücher und Weißbücher), welche Kommissionsvorschläge vorbereiten und die betroffenen Kreise aufrufen, Stellungnahmen zu den Plänen der Kommission abzugeben. Erst nach Auswertung der eingegangenen Stellungnahmen präsentiert die Kommission einen endgültigen Vorschlag und übermittelt ihn an den Rat und das Parlament.

3. Der Rat der Europäischen Union

133 Der Rat der Europäischen Union, häufig auch Ministerrat genannt, ist das wichtigste Entscheidungsgremium im Gesetzgebungsverfahren der EU. Er setzt sich zusammen aus Regierungsvertretern der Mitgliedstaaten. Soweit nicht anders vorgesehen, entscheidet der Rat im ordentlichen Gesetzgebungsverfahren mit qualifizierter Mehrheit. Im Zuge fortschreitender Integration wurde das in den ersten Jahrzehnten der Gemeinschaft dominierende Erfordernis der Einstimmigkeit im Rat zugunsten von Mehrheitsentscheidungen zurückgedrängt. Zur Verdeutlichung der doppelten Legitimität der Union ist eine Mehrheit sowohl bezüglich der Mitgliedsstaaten als auch der Bevölkerung der EU erforderlich. Diese Mehrheit ist erreicht, wenn 55 % der Mitgliedstaaten zustimmen, die mindestens 65 % der Bevölkerung in der Union repräsentieren. Um jedoch zu vermeiden, dass drei „große" Mitgliedstaaten einen Ratsbeschluss blockieren können, bedarf es einer Sperrminorität von mindestens vier Mitgliedstaaten. Die Formation des Rates richtet sich nach der

im Einzelfall betroffenen Angelegenheit. Wird z.B. eine Frage der Außenpolitik zur Entscheidung gestellt, wird der Rat der Europäischen Union zum Außenministerrat, der sich aus den Außenministern der Mitgliedstaaten zusammensetzt. Sollen Wirtschaftsfragen abgestimmt werden, bilden die Wirtschaftsminister der Mitgliedstaaten den Rat der Europäischen Union usw.

Im Rat treffen die unterschiedlichen nationalen Interessen der Mitgliedstaaten aufeinander, die in oft zähen Verhandlungen einem Kompromiss zugeführt werden müssen. Vorbereitet werden die Ratssitzungen **vom Ausschuss der Ständigen Vertreter (AStV) der Mitgliedstaaten** in Brüssel. Der AStV sorgt dafür, dass nur die schwierigsten und sensibelsten Angelegenheiten auf Ministerebene ausführlich behandelt werden und der Rat so in der Lage ist, den erheblichen Arbeitsanfall effektiv zu bewältigen. Eine vielversprechende Interessenvertretung auf Ratsebene muss bei den ständigen Vertretungen der Mitgliedstaaten und den nationalen Ministerien ansetzen. Die direkte Kontaktaufnahme mit den entsprechenden Abteilungen und Sachbearbeitern des Rates in Brüssel ist zwar zu Informationszwecken sinnvoll, sie kann jedoch die Berücksichtigung der eigenen Interessen im Entscheidungsprozess nicht garantieren. Dieses Ziel kann hauptsächlich durch Überzeugungsarbeit bei den zuständigen nationalen Ministerien erreicht werden.

4. Das Europäische Parlament

In den Gründungsverträgen der Europäischen Gemeinschaften wurde dem Europäischen Parlament lediglich eine beratende Funktion im Gesetzgebungsverfahren zuerkannt. Dies hat sich, wie am Gesetzgebungsverfahren ersichtlich, im Laufe der Zeit entscheidend geändert. Das frühere Mitentscheidungsverfahren ist seit dem Vertrag von Lissabon das ordentliche Gesetzgebungsverfahren der EU. Danach kann ein Rechtsakt nicht mehr ohne Zustimmung des Europäischen Parlaments verabschiedet werden. Dies hat dazu beigetragen, dass sich das Europäische Parlament neben dem Rat zum wichtigsten Entscheidungsgremium innerhalb der EU entwickelt hat. Für eine effektive Interessenvertretung auf EU-Ebene hat das Europäische Parlament dadurch essentiell an Bedeutung gewonnen. Seit dem Beitritt Kroatiens hat das Europäische Parlament 766 Abgeordnete. Mit der Parlamentswahl 2014 wird die Anzahl der Abgeordneten jedoch auf die in Art. 14 EUV vorgesehene Zahl von 750 Abgeordneten zuzüglich Parlamentspräsident reduziert. Jeder Mitgliedstaat verfügt über mindestens sechs Abgeordnete, um zu gewährleisten, dass auch in bevölkerungsschwächeren Mitgliedstaaten alle politischen Strömungen im Europäischen Parlament vertreten sein können. Die Höchstzahl der Europaabgeordneten pro Mitgliedstaat wurde auf 96 begrenzt.

a) Selbstverständnis des Parlaments

136 Das Europäische Parlament ist nur bedingt mit den nationalen Parlamenten vergleichbar, mit der Folge, dass auch die für die Interessenvertretung auf nationaler Ebene geltenden Regeln nur eingeschränkt übertragen werden können. In den vergangen Jahren hat das Europäische Parlament in zunehmenden Maße versucht, sich als **Gegenpol zum Rat** und teilweise auch zur Kommission zu profilieren. Durch die Besetzung von Themen wie Verbraucherschutz, Umweltschutz und Bürgerrechte setzt sich das Parlament für die Schaffung eines bürgernahen Europas ein. Gleichzeitig versteht sich das Parlament als **Hüter der europäischen Interessen** und verfolgt eine **integrationsfreundliche Politik**. Die Verfolgung dieser Ziele und das Bestreben, mehr Kompetenzen und Mitspracherechte zu erhalten, sind den Parlamentariern oft über Parteigrenzen hinweg gemeinsam. Die Trennung in politische Lager ist im Europäischen Parlament daher nicht so strikt und kategorisch, wie dies von nationalen Parlamenten bekannt ist. Fraktionsübergreifende Initiativen sind an der Tagesordnung, und die bei Abstimmungen zu erreichenden Mehrheiten erfordern häufig wechselnde Koalitionen der Fraktionen. Diese Besonderheiten sind bei der aktiven Interessenvertretung zu beachten und in die Gesamtstrategie mit einzubeziehen.

b) Organisation

137 Die Organisation des Europäischen Parlaments unterscheidet sich dagegen wenig von der nationaler Parlamente. Ein Großteil der parlamentarischen Arbeit findet in den 20 **parlamentarischen Ausschüssen** statt. Bevor ein Gesetzesvorhaben im Plenum des Europäischen Parlaments diskutiert wird, haben die zuständigen Ausschüsse das Vorhaben bereits umfassend analysiert, diskutiert und Vorschläge für Änderungsvorschläge am Gesetzesentwurf im Namen des Parlaments entworfen. Die grundlegenden inhaltlichen Diskussionen der teilweise sehr technischen Vorschriften der EU finden daher größtenteils in den Ausschüssen statt, wo auch die entscheidenden Weichen für das abschließende Votum des Europäischen Parlaments gestellt werden.

138 Es ist deshalb wenig verwunderlich, dass insbesondere die Ausschusssitzungen wichtige Fixpunkte für Interessenvertreter in Brüssel sind. Der vom Ausschuss für ein bestimmtes Gesetzesvorhaben benannte **Rapporteur (Berichterstatter)**, dessen Bericht als Diskussions- und Entscheidungsgrundlage in den Ausschusssitzungen dient und als erstes Sammelbecken von Änderungsvorschlägen fungiert, ist eine Schlüsselfigur im Meinungsbildungsprozess des Europäischen Parlaments und zieht daher die besondere Aufmerksamkeit der Interessenvertreter auf sich.

5. Der Wirtschafts- und Sozialausschuss

Durch den Wirtschafts- und Sozialausschuss wirken die unterschiedlichen wirtschaftlichen und gesellschaftlichen Interessengruppen am Gesetzgebungsverfahren der EU mit. Der Ausschuss nimmt **beratende Funktionen** wahr und hat in einem Großteil der Gesetzgebungsverfahren ein Anhörungsrecht, bevor der Rechtsakt erlassen wird. Die in den Ausschuss entsandten Vertreter sind in drei Gruppen organisiert: Arbeitgeber, Arbeitnehmer und eine Auffanggruppe, die die Vertreter unterschiedlicher Interessengruppen umfasst. Insbesondere durch die sogenannte „Gruppe der verschiedenen Interessen" soll eine umfassende und effektive Repräsentanz der unterschiedlichen gesellschaftlichen, berufsständischen, wirtschaftlichen und kulturellen Gruppen der Gesellschaft im Ausschuss gewährleistet werden. Auch wenn der Ausschuss durch seine praxiserfahrenen Vertreter die Möglichkeiten hat, in kompetenter Weise auf Probleme und Unstimmigkeiten in laufenden Gesetzgebungsverfahren hinzuweisen, ist seine Bedeutung aufgrund der auf Beratung begrenzten Befugnisse beschränkt. Darüber hinaus erschweren die teilweise eklatanten Interessengegensätze innerhalb des Ausschusses nicht selten die Meinungsbildung und die Verabschiedung von klaren Positionen zu den Vorschlägen der Kommission.

139

6. Der Ausschuss der Regionen

Der Ausschuss der Regionen wurde durch den Maastrichter Vertrag ins Leben gerufen mit dem Ziel, auch die lokalen und regionalen Gebietskörperschaften der Mitgliedstaaten am Willensbildungsprozess der EU zu beteiligen und somit letztlich die **Anbindung der regionalen Ebene an den Integrationsprozess** zu garantieren. In der Vergangenheit hat der Ausschuss der Regionen vor allem darauf geachtet, dass das im EUV verankerte Subsidiaritätsprinzip beachtet wird und die EU nur Rechtsakte erlässt, deren Ziele durch Gesetzgebung auf Ebene der Mitgliedstaaten nicht ausreichend erreicht werden können. Die Pflicht, den Ausschuss der Regionen zu konsultieren, erstreckt sich vor allem auf Bereiche, in denen regionale Interessen berührt sind. Hierzu gehören z.B. Fragen der Raumplanung, der Wirtschaftsentwicklung, des Verkehrs und der Städtepolitik. Für den Ausschuss der Regionen gilt das oben für den Wirtschafts- und Sozialausschuss Gesagte entsprechend. Aufgrund der Begrenzung der Befugnis auf Konsultationsrechte verfügt der Ausschuss der Regionen lediglich über eingeschränkte Einflussmöglichkeiten.

140

II. Planung

1. Monitoring- und Informationsservice

Eine der wichtigsten Aufgaben der Interessenvertreter in Brüssel ist die **regelmäßige Beobachtung** der Aktivitäten der Kommission. Bevor ein

141

Gesetzgebungsvorschlag veröffentlicht wird, führt die Kommission in der Regel umfangreiche Konsultationen der betroffenen Wirtschaftskreise durch. Ziel ist es, sich im Rahmen dieser Konsultationen Gehör zu verschaffen und die Kommission zu überzeugen.

142 Informationsquellen in Brüssel:
- Persönliche Kontakte mit Kommissionsbeamten,
- Publikationen der EU (Amtsblätter der EU etc.),
- kommerzielle Informationsblätter, die die Tätigkeit der Kommission aufbereiten und in den Zusammenhang stellen,
- Online-Informationsdienste,
- Kontakte zu anderen Interessenvertretern.

143 Dabei kommt es darauf an, die relevanten Gesetzgebungsvorhaben **frühzeitig** zu erkennen. Das Zeitelement spielt für eine effektive Interessenvertretung eine besondere Rolle. Je früher die Absicht der Kommission erkannt wird, einen bestimmten Gesetzesvorschlag zu entwickeln, desto größer sind die Chancen, diesen Vorschlag zu beeinflussen. Die beste Quelle für derartige Informationen sind zweifellos über lange Zeit entwickelte **persönliche Kontakte** mit Kommissionsbeamten in den Generaldirektionen. Allerdings ist es auch erfahrenen Interessenvertretern auf Grund der Größe der Kommission und der hohen Anzahl von Gesetzesinitiativen kaum möglich, in allen Abteilungen der Kommission über zuverlässige Kontaktpersonen zu verfügen. Es ist daher unausweichlich, die Flut der in Brüssel erscheinenden **Veröffentlichungen**, die Auskunft über die Tätigkeit der Kommission geben, zu sichten und auszuwerten. Zu den besonders wichtigen Publikationen zählen die offiziellen Mitteilungsblätter der EU (Amtsblatt und die sog. „COM DOCS") sowie zahlreiche Informationsschriften, welche die Tätigkeit der Kommission beobachten und aufbereiten (European Report, Agence d' Europe).

144 Darüber hinaus können **Kontakte zu** in Brüssel **ansässigen Verbänden** und anderen Interessenvertretern, u.a. zu Zwecken des Informationsaustausches, sehr nützlich sein. Zahlreiche in Brüssel vertretene Organisationen veranstalten regelmäßig Treffen der unterschiedlichsten Art, um die neuesten Entwicklungen in Brüssel zu diskutieren.

2. Kontaktaufnahme mit betroffenen Wirtschaftsverbänden, Unternehmen und anderen privaten Organisationen

145 Angesichts der großen Anzahl von Unternehmen, professionellen Interessenvertretern und Verbänden, die in Brüssel versuchen, Einfluss auf die von der EU geplanten Rechtsakte zu nehmen, besteht die Gefahr, dass die Meinung und Interessen eines einzelnen Unternehmens in der großen Masse untergehen und keine Berücksichtigung finden. Es kommt daher darauf an, die Position von anderen beteiligten Wirtschaftskreisen

frühzeitig zu ermitteln und ggf. schlagkräftige **Allianzen** zu bilden. Da die Kommission mit ihren Gesetzesvorschlägen eine ausgewogene europäische Lösung anstrebt, bevorzugt sie häufig europäische Wirtschaftsverbände als Gesprächspartner. Ein gutes Netzwerk von Kontakten zu diesen Verbänden, aber auch zu Vertretern von einzelnen Unternehmen, ist daher nicht nur zu Zwecken der Informationsbeschaffung, sondern auch für die Planung und Durchführung einer effektiven Interessenvertretung wichtig.

Ein Unternehmen sollte sich allerdings nicht völlig auf die Aktivitäten der großen Wirtschaftsverbände verlassen. Die **direkte Kontaktaufnahme** mit der Kommission ermöglicht es dem Unternehmen, den eigenen Standpunkt klarer zu präsentieren. Darüber hinaus ist die Kommission trotz der Bevorzugung der europäischen Wirtschaftsverbände bei der Beteiligung im Gesetzgebungsverfahren durchaus an bilateralen Gesprächen mit betroffenen Unternehmen interessiert. Sie sieht in direkten Kontakten mit Unternehmensvertretern den Vorteil, dass diese aufgrund ihrer Erfahrung besser Auskunft über die tatsächliche Praxis auf dem Markt geben können als Verbandsvertreter. 146

Folgende Empfehlungen können demnach ausgesprochen werden: 147

– Intensive Beobachtung der Kommissionstätigkeit,
– regelmäßige Kontakte mit Kommission und anderen Institutionen,
– relevante Gesetzesvorhaben erkennen,
– betroffene Wirtschaftsverbände, Unternehmen und andere Interessenvertreter kontaktieren.

III. Durchführung

1. Kontaktaufnahme mit der Kommission

Bei der Entwicklung von Vorschlägen durch die Kommission sind grundsätzlich mehrere Generaldirektionen beteiligt. Federführend ist in der Regel die **Generaldirektion**, die den engsten sachlichen Bezug zum Thema des Gesetzesvorschlags aufweist. Andere Generaldirektionen werden, je nachdem, inwieweit die geplante Maßnahme ihre Zuständigkeit berührt, entweder eng in die Entwicklung des Vorschlags einbezogen oder nur informiert und zur Stellungnahme aufgefordert. Es ist wichtig, möglichst frühzeitig zu ermitteln, welche Generaldirektionen und vor allem welche Beamten den Vorschlag entwerfen bzw. starken Einfluss auf den Entwurf haben. Ein erfahrener Interessenvertreter wird auf der Grundlage dieser Informationen einschätzen können, welche Generaldirektion und welcher Beamte den Interessen des Unternehmens am ehesten offen gegenüberstehen. In die Herstellung enger Kontakte zu diesem Kommissionsbeamten sollten besondere Bemühungen investiert werden, ohne 148 die Kontakte zu anderen, an der Entwicklung des Vorschlags beteiligten, Generaldirektionen zu vernachlässigen.

149 Es kann nicht häufig genug betont werden, wie wichtig für diese Zwecke die Möglichkeit ist, auf ein funktionierendes **Netzwerk** zurückzugreifen. Denn nur, wenn man die Informationen über geplante Gesetzesinitiativen rechtzeitig erlangt, kann effektiv darauf reagiert werden.

150 Die Vorbereitungsphase für einen Kommissionsvorschlag kann sich insbesondere bei umstrittenen Gesetzesvorhaben über einen längeren Zeitraum hinziehen. Ein Beispiel hierfür ist die oben näher beschriebene Fusionskontrollverordnung, deren erste Entwürfe von der Kommission bereits 1973 vorgeschlagen wurden, die tatsächlich aber erst im Dezember 1989 erlassen werden konnte. In derartigen Fällen ist es wichtig, sich permanent auf den neuesten Stand der Diskussion zu bringen, um nicht von aktuellen Entwicklungen oder einer Änderung der Kommissionsstrategie überrascht zu werden. Hierzu ist der regelmäßige Kontakt und Austausch mit den zuständigen Kommissionsbeamten und interessierten Verbandsvertretern erforderlich.

2. Kontaktaufnahme zu Europäischem Parlament und Parlamentariern

151 Nachdem die Kommission einen Vorschlag vorgelegt hat, tritt das ordentliche Gesetzgebungsverfahren mit der Weiterleitung des Vorschlags an das Europäische Parlament in die zweite Phase ein. Das Europäische Parlament befasst sich mit dem Kommissionsvorschlag und gibt eine **Stellungnahme** in Form eines Berichts hierzu ab. Da seit dem Vertrag von Lissabon das Verfahren der Zustimmung die Regel ist, gibt es mittlerweile kaum noch Gesetzesvorhaben, bei dem die Interessenvertretung sich nicht auch auf die Tätigkeit des Parlaments erstrecken muss. Hierbei gilt es zu beachten:

– Zeitdruck der Parlamentarier berücksichtigen,
– Informationen kurz und übersichtlich halten,
– Mitarbeiter des Parlamentariers umfassend informieren und als Informationsquelle nutzen,
– unabhängige Quelle zur Information des Parlamentariers verwenden.

152 Ähnlich wie in der Vorbereitungsphase eines Kommissionsvorschlages gilt es für den Interessenvertreter, zunächst die **Kontaktpersonen** im Parlament zu identifizieren. Ein beim Parlament eingegangener Vorschlag wird zur Vorbereitung einer Parlamentsentscheidung an den zuständigen Ausschuss abgegeben. Gegebenenfalls fällt der Kommissionsvorschlag in die Zuständigkeitsbereiche mehrerer Ausschüsse. In einem solchen Fall wird ein federführender Ausschuss bestimmt, welcher für den Interessenvertreter der wichtigste Bezugspunkt ist.

III. Durchführung

Die mit dem Gesetzgebungsvorhaben befassten Ausschüsse benennen ihrerseits einen **Berichterstatter**, der den Kommissionsvorschlag prüft und ggf. dem Ausschuss Änderungsvorschläge unterbreitet. Der Berichterstatter und vor allem seine Assistenten, welche die erforderlichen Informationen recherchieren und in den meisten Fällen letztendlich den Bericht fertigen, sind insbesondere in der Anfangsphase die interessantesten Gesprächspartner für Interessenvertreter. Darüber hinaus sollte ein Interessenvertreter darauf achten, gute Kontakte zu den Mitarbeitern des Parlaments zu unterhalten, die wichtige Informationen insbesondere im Hinblick auf Zeitplanung und Geschäftsverteilung liefern können. 153

Es ist darauf hinzuweisen, dass das Europäische Parlament ein **Register** für Lobbyisten eingeführt hat. In dem öffentlich zugänglichen Register wird der Name des Interessenvertreters sowie das vertretene Unternehmen oder die vertretene Organisation aufgeführt. Im Falle einer Registrierung enthält die registrierte Person einen Ausweis, der zum Zugang der Gebäude des Europäischen Parlaments berechtigt. Gleichzeitig verpflichtet sich der Inhaber des Ausweises zur Beachtung eines vom Parlament beschlossenen Verhaltenskodexes. Insbesondere verbietet der Verhaltenskodex das Erschleichen von Information und die entgeltliche Weitergabe von Kopien von Dokumenten, die beim Parlament beschafft worden sind. 154

a) Besonderheiten bei der Kontaktaufnahme

Das Selbstverständnis des Europäischen Parlaments als Vertretung der europäischen Öffentlichkeit bedingt eine **generelle Offenheit** der Parlamentarier sowie ihrer Assistenten gegenüber Vertretern der unterschiedlichsten gesellschaftlichen Interessen. Darüber hinaus sind die Mitglieder des Parlaments in größerem Maße als die Kommission auf wertvolle externe Informationen angewiesen. Die Europaparlamentarier sind durch vielfältige Aktivitäten in Ausschüssen, Fraktionssitzungen, Plenarsitzungen sowie Terminen in ihren Heimatländern und Reisen zwischen den beiden Sitzen des Parlaments Brüssel und Straßburg sowie in ihren Wahlkreis extremem Zeitdruck ausgesetzt. Gleichzeitig stehen den Parlamentariern im Vergleich zu den großzügigen Reisekostenerstattungen keine umfangreichen Budgets für die Beschäftigung von Assistenten zur Verfügung, mit der Folge, dass aus Zeitmangel weder die Parlamentarier selbst noch die Assistenten in der Lage sind, alle relevanten Informationen für die teilweise äußerst komplexen und spezifischen Gesetzgebungsverfahren selbst zu besorgen und auszuwerten. Gut aufbereitete Informationen können viele Türen öffnen. 155

Kulturelle und parteipolitisch bedingte Eigenheiten sind zu bedenken, bevor entschieden wird, an welche Parlamentarier herangetreten werden soll. 156

Diese haben wesentliche Auswirkungen auf die Verhandlungssituation. Erheblich stärker als bei der Kommission hängt die Zugänglichkeit eines Parlamentariers für bestimmte Interessen sehr stark von der parteipolitischen Ausrichtung und der Herkunft dieses Abgeordneten ab. Es liegt auf der Hand, dass die Vertreter von Arbeitnehmerinteressen beispielsweise eher bei einem sozialistischen Abgeordneten Gehör finden werden als bei einem Liberalen. Ebenso sind Parlamentarier eher an der Auffassung von Unternehmen interessiert, die ihren Sitz im eigenen Wahlkreis oder zumindest im eigenen Land haben.

157 Entscheidend aber ist es, mit denjenigen Parlamentariern in Kontakt zu kommen, die Einfluss im Parlament haben. Hierbei spielen natürlich die Mehrheitsverhältnisse eine zentrale Rolle, aber auch die Persönlichkeit, Erfahrung und Reputation eines Abgeordneten dürfen im Europäischen Parlament, in dem es keine so festgefügten Fraktionsstrukturen gibt, wie dies in vielen nationalen Parlamenten der Fall ist, nicht unterschätzt werden. Die Berichterstatter in den mit der konkreten Angelegenheit befassten Ausschüssen wurden bereits als wichtiger Ansprechpartner genannt. Darüber hinaus sind die **Ausschussvorsitzenden**, die in den großen Fraktionen als Spezialisten in bestimmten Bereichen geltenden Abgeordneten sowie andere als **Meinungsführer** profilierte Parlamentarier die geeigneten Ansprechpartner.

b) Treffen mit einem Parlamentarier

158 Ist es einmal gelungen, ein Treffen mit einem Parlamentarier zu vereinbaren, sollte die knappe Zeit des Abgeordneten effizient genutzt werden. Hierzu gehört, dass der Parlamentarier vor dem Treffen ein nicht zu umfangreiches **Positionspapier** erhält, in dem kurz die Auffassung des vertretenen Unternehmens bzw. Verbandes dargestellt und begründet wird. Auch wenn der Abgeordnete in vielen Fällen nicht die Zeit haben wird, das Positionspapier vor dem Treffen zu lesen, versetzt das Papier ihn in die Lage, sich zu einem späteren Zeitpunkt den Standpunkt des betroffenen Unternehmens zu vergegenwärtigen. Der Interessenvertreter sollte aber darauf vorbereitet sein, im Termin die Angelegenheit vorzutragen und stichhaltige Argumente für die eigene Position zu präsentieren. Parlamentarier sind vor allem an einer Einschätzung von Fachleuten zu den Auswirkungen der geplanten Gesetzesmaßnahme interessiert. In vielen Fällen wollen sie auch wissen, ob und welche Auswirkungen die Maßnahme nach der Einschätzung des Interessenvertreters auf den Wahlkreis des Abgeordneten hat. Entsprechende Informationen muss sich der Interessenvertreter vor dem Gespräch besorgen und eine klare Argumentationslinie hierzu entwickeln.

159 Wenn bestimmte Vorschriften eines Kommissionsvorschlags für den Interessenvertreter von besonderer Bedeutung sind, kann es nützlich sein, eine **eigene Version** dieser Vorschriften zu entwickeln und als Diskussionsgrundlage bei dem Treffen zu benutzen. Auf diese Weise kann ge-

III. Durchführung

währleistet werden, dass die Diskussion mit dem Parlamentarier nicht im luftleeren Raum, sondern auf der Basis klarer Vorgaben geführt wird. Dies kann die Effizienz des Treffens erheblich steigern.

3. Kontakt mit Rat und Mitgliedstaaten

Nachdem das Parlament eine Stellungnahme zum Kommissionsvorschlag entwickelt hat, wird der Rat mit der Angelegenheit befasst. Gute Kontakte zu Mitarbeitern des Rates können insbesondere im Hinblick auf organisatorische Fragen sehr nützlich sein. Da der Rat sich jedoch aus den nationalen Ministern zusammensetzt, ist es sehr wichtig, Kontakte zu den zuständigen **nationalen Ministerien** und **hohen Verwaltungsbeamten** aufzubauen und zu unterhalten. Für den Interessenvertreter in Brüssel sind darüber hinaus die Sitzungen des **Ausschusses der Ständigen Vertreter der Mitgliedstaaten** wichtig. In diesen Ausschüssen werden die Ratsentscheidungen von den in Brüssel residierenden ständigen Vertretern der Mitgliedstaaten vorbereitet. Es sollte allerdings nicht verkannt werden, dass die abschließenden Entscheidungen über das Abstimmungsverhalten eines Mitgliedstaates im Rat in den nationalen Ministerien und Regierungen gefällt werden, so dass auch ein Großteil der Interessenvertretung beim Rat nicht in Brüssel, sondern in den Mitgliedstaaten erfolgen muss. Diese Interessenvertretung in den Mitgliedstaaten muss mit der Arbeit des Brüsseler Interessenvertreters Hand in Hand gehen, damit widersprüchliches Auftreten verhindert wird. 160

4. Zeitfaktor

Ein Gesetzgebungsverfahren kann, insbesondere wenn es sich um ein Mitentscheidungsverfahren handelt, wie ausgeführt eine sehr langwierige Angelegenheit sein. Im Laufe des Verfahrens wird es längere Perioden geben, in denen sich scheinbar nichts bewegt und keinerlei Fortschritte erreicht werden. Während dieser Phasen des – scheinbaren – Stillstands muss der Interessenvertreter die Grundlage für eine effiziente Interessenvertretung schaffen. Wenn das Verfahren in die entscheidende Phase eintritt und der entsprechende Vorschlag bereits im Plenum des Parlaments sowie im Rat verhandelt wird, ist es in der Regel zu spät für eine Einflussnahme. 161

Darüber hinaus ist zu beachten, dass in Phasen des scheinbaren Stillstands eines Gesetzgebungsverfahrens häufig **hinter den Kulissen** an dem Vorschlag weiter gefeilt wird. Es finden inoffizielle Gespräche zwischen Kommissionsbeamten und Parlamentariern statt, und auch auf Mitgliedstaatsebene wird weiterhin am Meinungsbild gearbeitet. Die guten Kontakte eines Interessenvertreters zu Kommissionsbeamten und Abgeordneten können den Informationsfluss über diese im Hintergrund ablaufenden Verhandlungen erleichtern und ein schnelles Reagieren auf mögliche neue Entwicklungen gewährleisten. 162

163 Gleichzeitig muss der Interessenvertreter die verschiedenen **anderen betroffenen Interessengruppen**, z.B. Wirtschaftsverbände, Verbraucherverbände, Umweltschützer etc. entweder selbst kontaktieren oder zumindest deren Tätigkeit beobachten. Dabei darf die Aufmerksamkeit nicht nur auf solche Organisationen gerichtet werden, die ähnliche Interessen verfolgen. Besonders wichtig ist es vielmehr, die Aktivitäten der Gruppierungen im Auge zu behalten, die gegensätzliche Interessen vertreten, da der Interessenvertreter im Laufe des Gesetzgebungsverfahrens zwangsläufig mit den von diesen Gruppen vorgebrachten Argumenten und Informationen konfrontiert wird.

5. Checkliste

164 – Zuständige Abteilungen und Beamte in der Kommission ermitteln,

– Bemühungen auf Beamte konzentrieren, die vertretenen Interessen vermutlich offen gegenüberstehen,

– regelmäßige Kontakte zu den zuständigen Beamten während gesamter Zeit des Gesetzgebungsverfahrens pflegen,

– zuständige Ausschüsse des Europäischen Parlaments sowie Parlamentarier ermitteln,

– Bedeutung der Parlamentarier in Partei, Ausschuss und Fraktion ermitteln,

– feststellen, auf welche Wahlkreise Gesetzesvorhaben besondere Auswirkungen haben könnten,

– unter Berücksichtigung der vorgenannten Kriterien die zu kontaktierenden Parlamentarier ermitteln,

– Kontakte zu Assistenten der zuständigen Parlamentariern herstellen,

– Positionspapier erstellen und den Parlamentariern übergeben,

– weitere Treffen mit Parlamentariern durchführen,

– die Rolle des Rates beachten und Ministerialvertreter der Mitgliedstaaten in deren Heimatländer sowie in den jeweiligen Ständigen Vertretungen in Brüssel kontaktieren,

– Verlauf des Gesetzgebungsverfahrens genau verfolgen und auch in Perioden des – scheinbaren – Stillstands aktiv bleiben.

IV. Strategiekontrolle

165 Im Laufe eines Gesetzgebungsvorhabens wird ein Interessenvertreter zahllose Gespräche mit Kommissionsbeamten und Mitgliedern des Europäischen Parlaments führen. Es ist unerlässlich, im Laufe dieses Prozes-

IV. Strategiekontrolle

ses immer wieder die der Interessenvertretung zugrundeliegende Strategie zu überprüfen. Ähnlich wie bei den Verhandlungen mit der Kommission als Vollzugsbehörde sind die Reaktionen der Kommissionsbeamten und Europaparlamentarier genauestens zu analysieren und danach ist zu prüfen, ob das mit der Strategie verfolgte Ziel nach realistischer Einschätzung erreicht werden kann. Sollte dies nicht der Fall sein, ist eine Anpassung der Strategie unerlässlich.

5 Verträge mit den europäischen Institutionen

166 Wie viele andere öffentliche Einrichtungen auch, vergeben die europäischen Institutionen, insbesondere die Kommission, in nicht unerheblichem Maße **öffentliche Aufträge an Privatunternehmen**. Bedingt durch ihre im Vergleich zu den zu bewältigenden Aufgaben geringe personelle Ausstattung muss die Kommission häufig auf die Erfahrung und Kenntnisse externer Berater zurückgreifen. Daher vergibt die Kommission regelmäßig Aufträge zur Erstellung von Studien, Gutachten und Untersuchungen zu den unterschiedlichsten Themenbereichen. Da es sich hierbei meistens um EU-weite Studien handelt, bevorzugt die Kommission Vertragspartner, die nicht nur in einem Mitgliedstaat operieren, sondern über Zweigstellen in mehreren EU-Mitgliedstaaten verfügen.

167 Darüber hinaus verwaltet die Kommission zahlreiche, zur Erreichung bestimmter politischer Ziele eingerichtete **Förderprogramme**, in deren Rahmen ebenfalls Aufträge der verschiedensten Art an Privatunternehmen vergeben werden. Dies umfasst die sog. Instrumente für Heranführungshilfe sowie zahlreiche Forschungsförderungsmaßnahmen.

168 In den meisten Fällen vergibt die Kommission Aufträge nach der Durchführung eines öffentlichen **Ausschreibungsverfahrens**. Aufgrund entsprechender EU-Vorschriften können lediglich kleinere Aufträge ohne Ausschreibungsverfahren durchgeführt werden.

169 Das Ausschreibungsverfahren führt dazu, dass bei der Vergabe von Aufträgen durch die Kommission in vielen Fällen der Raum für Verhandlungen äußerst beschränkt ist. Vielfach hat die Kommission in der Ausschreibung bereits sehr genau beschrieben, welche Leistungen der Auftrag umfasst und auch welches Budget dafür zur Verfügung steht. Es geht also vielfach nur darum auszuwählen, welcher Bewerber am besten für die Übernahme des Auftrags geeignet ist. Dies gilt insbesondere im Hinblick auf die im Rahmen von Förderprogrammen vergebenen Aufträge. Bei der Vergabe von Aufträgen im Rahmen der alltäglichen Aufgabenerfüllung der Kommission bestehen in der Regel mehr Möglichkeiten zu Verhandlungen. In allen Fällen, in denen mehr Verhandlungsraum besteht, sind die Eigenheiten der Kommission als europäische Behörde zu berücksichtigen. Dabei ist es besonders wichtig, sich auf die Sprache, Kultur und Herkunft der zuständigen Beamten der Kommission einzustellen. Ebenfalls unbestritten ist, dass gute Kontakte zu den zuständigen Beamten der Kommission auch bei der Auftragsvergabe behilflich sein können. Im Vorfeld eines Ausschreibungsverfahrens sind daher ähnliche Überlegungen anzustellen, wie bereits in den vorigen Kapiteln beschrieben. Letztendlich wird es jedoch nur in den seltensten Fällen zu umfangreichen Vertragsverhandlungen kommen.

6 Schlussfolgerungen

Die EU hat nicht nur auf dem Gebiet der Rechtsetzung umfangreiche Kompetenzen, sondern durch die Kommission auch beim Vollzug europäischer Rechtsakte. In beiden Bereichen ergeben sich Kontakte zwischen Privatpersonen – meistens Vertretern von Unternehmen – und Vertretern der Institutionen. Diese Kontakte haben, obwohl es nicht um den Austausch von Leistungen im wirtschaftlichen Sinn geht, häufig verhandlungsähnlichen Charakter. In Angelegenheiten, die in die Vollzugszuständigkeit der Kommission fallen, entscheidet die Kommission, ob bestimmte Verhaltensweisen von Unternehmen, Privatpersonen oder eines EU-Mitgliedstaates mit EU-Recht vereinbar sind. Hierbei kommt es darauf an, die Kommission in Verhandlungen von der eigenen Position zu überzeugen und gegebenenfalls im Verhandlungswege schrittweise sich den Vorstellungen der Kommission anzunähern.

Bei Gesetzgebungsverfahren geht es darum, bestimmten wirtschaftlichen Interessen Gehör zu verschaffen und Entscheidungsträgern in Verhandlungen klar zu machen, dass es sich um berechtigte, für die Allgemeinheit bedeutende Interessen handelt, die Berücksichtigung im Gesetzesentwurf finden müssen.

Die verhandlungsähnlichen Situationen sind geprägt von Besonderheiten, die sich aus Struktur, Zusammensetzung und Ausrichtung der europäischen Institutionen ergeben. Im Laufe der Zeit haben sich daher Spielregeln für den Umgang mit den Brüsseler Behörden entwickelt, deren Kenntnis für erfolgreiches Verhandeln unerlässlich ist und die sich wesentlich von den Spielregeln für den Umgang mit nationalen Behörden und Entscheidungsträgern unterscheiden.

Allen diesen Tätigkeitsbereichen gemein ist die generell höhere Komplexität im Vergleich mit entsprechenden Handlungen auf Nationalstaatenebene, bedingt durch eine Vielzahl von Interaktionen zwischen Entscheidungsträgern, Interessenvertretern und Vollzugsverwaltungen. Verbunden mit dieser Grundkonstellation macht schon der genuine Charakter des EU-Rechts die Konsultation eines erfahrenen Fachmanns unerlässlich.

7 Überblick

	Rz.		Rz.
I. Die Institutionen der EU	173	III. Europäisches Parlament: Ausschüsse	176
II. Europäische Kommission: Untergeordnete Dienste	174	IV. Ordentliches Gesetzgebungsverfahren, Art. 294 AEUV	177

I. Die Institutionen der EU

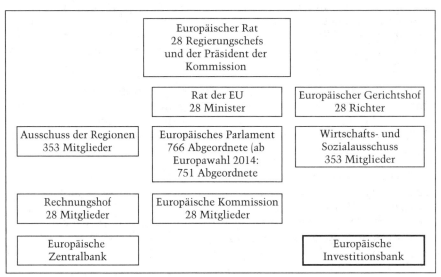

Stand: Juli 2013

II. Europäische Kommission: Untergeordnete Dienste

173 **Generaldirektionen**

- Beschäftigung, Soziales und Integration (EMPL)
- Bildung und Kultur (EAC)
- Binnenmarkt und Dienstleistungen (MARKT)
- Datenverarbeitung (DIGIT)
- Dienst für außenpolitische Instrumente (FPI)
- Dolmetschen (SCIC)
- Energie (ENER)
- Erweiterung (ELARG)

- EuropeAid – Entwicklung und Zusammenarbeit (DEVCO)
- Eurostat (ESTAT)
- Forschung und Innovation (RTD)
- Gemeinsame Forschungsstelle (JRC)
- Generalsekretariat (SG)
- Gesundheit und Verbraucher (SANCO)
- Handel (TRADE)
- Haushalt (BUDG)
- Humanitäre Hilfe (ECHO)
- Humanressourcen und Sicherheit (HR)
- Inneres (HOME)
- Justiz (JUST)
- Klimapolitik (CLIMA)
- Kommunikation (COMM)
- Kommunikationsnetze, Inhalte und Technologien (CNECT)
- Landwirtschaft und ländliche Entwicklung (AGRI)
- Maritime Angelegenheiten und Fischerei (MARE)
- Mobilität und Verkehr (MOVE)
- Regionalpolitik (REGIO)
- Steuern und Zollunion (TAXUD)
- Übersetzung (DGT)
- Umwelt (ENV)
- Unternehmen und Industrie (ENTR)
- Wettbewerb (COMP)
- Wirtschaft und Finanzen (ECFIN)

Dienststellen 174

- Amt für die Feststellung und Abwicklung individueller Ansprüche (PMO)
- Amt für Veröffentlichungen (OP)
- Beratergremium für europäische Politik (BEPA)
- Datenschutzbeauftragter der Europäischen Kommission
- Europäisches Amt für Betrugsbekämpfung (OLAF)
- Gebäude, Anlagen und Logistik – Brüssel (OIB)
- Gebäude, Anlagen und Logistik – Luxemburg (OIL)

- Historische Archive
- Interner Auditdienst (IAS)
- Juristischer Dienst (SJ)
- Zentralbibliothek

III. Europäisches Parlament: Ausschüsse

175
- Auswärtige Angelegenheiten (AFET)
  - Unterausschuss Menschenrechte (DROI)
  - Unterausschuss Sicherheit und Verteidigung (SEDE)
- Entwicklung (DEVE)
- Internationaler Handel (INTA)
- Haushalt (BUDG)
- Haushaltskontrolle (CONT)
- Wirtschaft und Währung (ECON)
- Beschäftigung und soziale Angelegenheiten (EMPL)
- Umweltfragen, öffentliche Gesundheit und Lebensmittelsicherheit (ENVI)
- Industrie, Forschung und Energie (ITRE)
- Binnenmarkt und Verbraucherschutz (IMCO)
- Verkehr und Fremdenverkehr (TRAN)
- Regionale Entwicklung (REGI)
- Landwirtschaft und ländliche Entwicklung (AGRI)
- Fischerei (PECH)
- Kultur und Bildung (CULT)
- Recht (JURI)
- Bürgerliche Freiheiten, Justiz und Inneres (LIBE)
- Konstitutionelle Fragen (AFCO)
- Rechte der Frau und Gleichstellung der Geschlechter (FEMM)
- Petitionen (PETI)

IV. Ordentliches Gesetzgebungsverfahren, Art. 294 AEUV

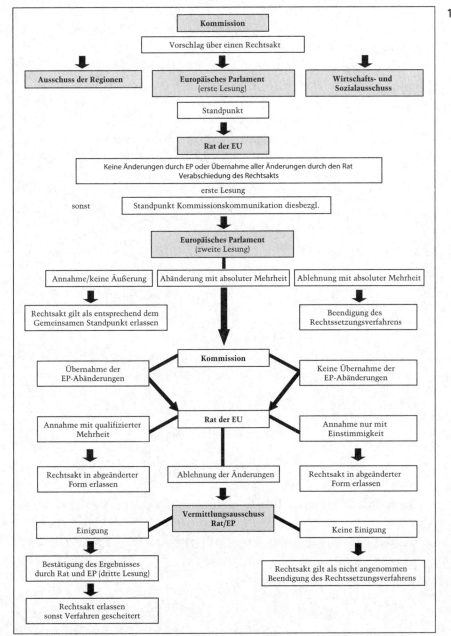

Teil 9
Verhandeln im Ausland

9.1
Verhandeln in den USA

1 Einführung: A Deal is Not a Deal

Literaturübersicht:
Fisher/Ertel/Fisher, Getting Ready to Negotiate, 1995; *Nichols*, Nichols Cyclopedia of Legal Forms Annotated, 2010; *Schlegel/Schlegel*, Managerwissen kompakt: USA, 2005; *Smyser*, How Germans Negotiate, 2003; *Brostoff/Sinsheimer*, United States Legal Language and Culture: An Introduction to the U.S. Common Law System, 2013; *Bugg*, Contracts in English, 2. Aufl., 2013; *Daigneault*, Drafting International Agreements in Legal English, 2. Aufl., 2009; *Fisher/Ertel/Fisher*, Getting Ready to Negotiate, 1995; *Henry/Pike*, English law and legal language: Introduction, 2006; *Paez-Maletz*, Der Schutz des Vertrauens auf das Zustandekommen von Verträgen im U.S.-amerikanischen Recht, 1992; *Pischel*, Vertragsenglisch für Management und Berater, 2013; *Rezori*, Die Ausführlichkeit U.S.-amerikanischer Vertragsgestaltung im Vergleich zu Deutschland, 2004.

Vertragsverhandlungen in den Vereinigten Staaten stellen oft einen **freundlich**, doch **bitter ausgetragenen Kampf** dar. Der Handschlag als Vertragsabschluss ist nicht nur gefährlich, sondern bedeutet in der Regel höchstens den Anfang der Vertragsgestaltung. 1

Bei allen bedeutenden Vertragsbeziehungen werden von Beginn an die **Rechtsanwälte** eingeschaltet. Sie sollen beurteilen, was überhaupt zulässig ist, welche Möglichkeiten das Recht den Mandanten eröffnet, welche anderen Vertragsbeziehungen durch die neue Beziehung berührt oder gar verletzt werden können. Vor allem müssen sie jedoch eine rechtliche Struktur und Lösung für die angestrebte wirtschaftliche Beziehung der Vertragsparteien entwickeln. Das erledigen sie durch ihre Teilnahme an den Verhandlungen kostengünstiger und schneller, wobei sie dort zusätzlich noch vor Fehlern und unnötigen Zugeständnissen schützen. 2

Nicht nur aufgrund der Eigenheiten der uneinheitlichen Rechtssysteme in 50 Staaten und weiteren Rechtskreisen der USA ist immer mit Überraschungen zu rechnen. Deshalb haben Amerikaner gelernt, jeweils einen Rechtsanwalt zur Vertretung der eigenen Interessen beizuziehen. Sie verlassen sich nie darauf, dass ein Anwalt im Auftrag beider Seiten lediglich einen ausgehandelten Deal schriftlich dokumentiert.

Gelegentlich gibt es aber auch in den USA Situationen, in denen Unternehmer zunächst einen Vertrag vereinbaren und anschließend Anwälte 3 einschalten, um den Vertrag schriftlich niederlegen zu lassen. Wenn der Vertrag bedeutsame wirtschaftliche Auswirkungen besitzt, stellt sich spätestens beim Auftrag zur schriftlichen Fixierung heraus, dass die Vertragsverhandlungen eigentlich erst ab diesem Zeitpunkt beginnen. Selbst wirtschaftliche und operative Aspekte im Umfeld des US-Rechts sind beim **Vertrags-Handshake** unbekannt oder nicht abschließend durchdacht. Der Prozess der Vertragsdokumentation soll bezwecken, alle erkennbaren Möglichkeiten und Eventualitäten vorherzusehen und auszuformulieren, nicht bedachte Punkte und Geschäftsoptionen zu erörtern, Fallstricke auszuschließen sowie weiterführende Tangenten nachzuverhandeln. Diese Ausformulierungen samt notwendigen Abklärungen können tage- und wochenlang dauern. Wichtig ist nach neuerer Rechtsprechung, dass die bindende Vereinbarung erst mit der Unterzeichnung der Vertragsschrift zustande kommen soll. Diesen Vorbehalt muss jede Seite deutlich mitteilen.

4 Die Anwälte beider Vertragsseiten nehmen auf die bereits ausgehandelten Eckdaten Rücksicht und sind daran meist selbst dann gebunden, wenn sie sie als nachteilig erachten. Oft werden beispielsweise Anteilsverhältnisse versprochen oder leichthin – vielleicht unbewusst – durch die Wortwahl „**We are Partners.**" verschenkt. Beim Nachdenken über die Folgen dieser Wortwahl, die als 50/50-Gemeinschaftsunternehmen verstanden werden kann, stellt sich heraus, dass eine solche Quotelung – oder gar eine gemeinsame Firma – unbeabsichtigt oder unpraktisch ist: Sollen Anreize amerikanischer Art geschaffen werden, die dem Europäer einleuchten, mit denen er jedoch nicht bei den ersten Verhandlungen vertraut war, fragt es sich, ob man von den implizit oder explizit zugesagten Anteilen, z.B. 50/50, noch abrücken kann, um sie beispielsweise durch eine erfolgsabhängige oder zeitlich gestaffelte Anteilszusage zu ersetzen. Eine solche Zusage hätte der amerikanische Geschäftspartner als realistisches Ergebnis erwartet, selbst wenn er anfangs 50/50 verlangte. Von der überhasteten Selbstbindung kann man sich später kaum befreien.

5 Oft bemerkt man erst im Formulierungsstadium den **Einfluss Dritter** – Begünstigter, anderer Vertragsparteien, betroffener Konkurrenten, Schlüsselpersonal, Treuhänder, Versicherer, Banken, Aufsichtsbehörden – auf die Vertragsbeziehung. Dieser Einfluss kann das erste Konzept zunichte machen oder zumindest dessen Vorteilhaftigkeit reduzieren.

Auch dann beginnt die Verhandlungsphase neu, obschon aus kaufmännischer Sicht bereits die alsbaldige Unterzeichnung der Papiere und dann der Eintritt in das Stadium der Vertragsdurchführung drängt.

6 Aus solchen und in jedem Einzelfall neu zu erkennenden Gründen entwickelt sich der praktische Rat, einen **Deal nicht als Deal** anzusehen, bis er unterzeichnet ist. Selbst wenn die Parteien nach wochenlangen Detailverhandlungen zwischen den Anwälten und der Fertigstellung aller Unterlagen zum Unterzeichnen anreisen, bedeutet dies oft, dass sie wei-

tere Zeit für Verhandlungen einplanen müssen. Kurz vor dem Unterzeichnen drängen immer noch neue Wünsche oder Vorstellungen auf die Parteien zu, und jede Partei kann den Vertragsschluss verweigern, solange keine Tinte beim sog. *Closing* geflossen ist.

Das *Closing* als krönender Abschluss der Verhandlungs- und Formulierungsphase steht als letzte Hürde vor der Aufnahme des Geschäfts, dem eigentlichen Ziel der Verhandlungen. In manchen Konstellationen bedeutet es allerdings nur den Start von umfangreichen Genehmigungsverfahren, beispielsweise für die Export-, Auslandsinvestoren- oder Kartellkontrolle. Der bisweilen lange und beschwerliche Weg dorthin wird nachfolgend anhand der Gliederung in Vertragsplanung, Vertragsdesign und Vertragsverhandlung erörtert. Im Anschluss werden die Vertragsdurchführung und das Vertragscontrolling aus der Sicht der amerikanischen Vertragspraxis erläutert.

7

2 Vertragsmanagement

	Rz.
I. Vertragsplanung	8
1. Bestehende Verträge als Hindernis	9
2. Überlegungen zur fremden Wirtschaftskultur	10
3. Einschaltung des US-Korrespondenzanwalts	15
4. Informationsbeschaffung	19
5. Vorvertragliche Haftungsrisiken und Präventivmaßnahmen	23
a) Geheimhaltung	24
b) Geistiges Eigentum	26
c) Verwertungsverbote	28
d) Planung für Fehlschlag – Default	30
e) Vorbereitende Sicherung von Rechten	32
f) Klarstellung des Leistungserbringers	35
II. Vertragsdesign	37
1. Struktur	38
2. Bezeichnung der Vertragsparteien	43
3. Schriftform – Statute of Frauds	47
4. Beglaubigung, Beurkundung, Besiegelung, Beeidigung	51
5. Erläuterungen (Defined Terms), Großschrift	55
6. Unverzichtbar: Das Synallagma mit Leistungsaustausch	57
7. Terminologie	58
8. Klarheit der Vertragssprache	59
9. Probleme bei Abbruch der Verhandlungen	62
a) Szenario: Vertrag schriftlich vereinbart und unterzeichnet	63
b) Szenario: Ergebnisse schriftlich festgehalten, doch nicht in einem Text	64
c) Szenario: Kein schriftlicher Vertrag, keine gegenseitigen Verpflichtungen vereinbart	68
10. Wirkung von Vorvertragsvereinbarungen	69
a) Merger Clause – Saubere Entsorgung	70
b) Bestätigung des Abbruches	72
c) Verhandlungspause	73

	Rz.
III. Vertragsverhandlung	74
1. Inhaltliche Voraussetzungen	74
a) Bargaining	74
b) Gegenleistung	75
c) Keine Vertragsstrafe	76
2. Verhandlungsthemen	78
3. Vergleichsverhandlungen	80
4. Vertragsänderung	81
5. Abschluss der Verhandlungen: Closing	82
6. Rolle des Rechtsanwalts	85
7. Kosten des Rechtsanwalts	89
8. Psychologische Faktoren	96
9. Verhandlungsorganisation	100
IV. Vertragsdurchführung	105
1. Unterzeichnung	106
2. Vertragserfüllung (hart am Wortlaut)	112
3. Vertrag in der Krise	117
a) Auslöser für Krise (schweigsam, dann bockig)	117
b) Krisenvorbeugung durch Vertragsaktualisierung	120
c) Lethargie	123
4. Vertrags- und Deliktsrecht	124
5. Schiedsklausel verleiht Zuversicht	125
6. Öffentlichkeitsarbeit	126
7. Gelassenheit bei Drohszenario	127
8. Stillhalteabkommen zur Deeskalation	136
9. Diverse Reibungspunkte und Gelegenheiten	137
a) Firmierung	138
b) Ausstattung nach deutschem Geschmack	139
c) Ich liebe Las Vegas	140
d) Staatsangehörigkeit	141
e) Durchgriffshaftung	142
f) Business Plan	143
g) Sprachprobleme	144
h) Titel statt Geld	145
V. Vertragscontrolling	146
1. Vertragsdokumentation	147
2. Kontrolle der Vertragsdurchführung	148
3. Verbraucherverträge	149

I. Vertragsplanung

In Teil 1 dieses Werks wird die Vertragsplanung erörtert. Die genannten Faktoren sind auch auf die Praxis in den Vereinigten Staaten übertragbar. Zu den Besonderheiten der amerikanischen Vertragsplanung gehören folgende Merkmale:

1. Bestehende Verträge als Hindernis

Ein neuer Vertrag kann sich auf bestehende eigene Vertragsverhältnisse auswirken oder auch Vertragsverhältnisse der anderen Seite beeinflussen. Aus diesem Grund ist zu berücksichtigen, ob die Aufnahme von Verhandlungen einen unzulässigen Eingriff zu Lasten Dritter in bestehende Vertragsverhältnisse, *Tortious Interference in Contractual Relations*, bedeuten kann. Dies hat nicht nur einen Vertragsbruch zufolge, sondern kann sich auch nachteilig auf einen erwarteten geschäftlichen Erfolg auswirken. Die Rechtsfolge wäre ein Schadensersatzanspruch des Dritten. Je nach der Art und Intensität des Eingriffs kann aus dem Verhalten der vertragsverhandelnden Parteien sogar ein Strafschadensersatzanspruch, *Punitive Damages*, resultieren.

Beispiel:

D aus Deutschland schließt Vertrag mit U1 aus den USA zur Verwaltung von Ds Daten in den USA. U1 schließt Untervertrag mit der US-Firma U2 zur Verwaltung eines Teils der Daten. D kündigt Vertrag mit U1 und möchte U2 mit der Verwaltung aller Daten beauftragen. Bereits die Aufnahme der Verhandlungen zwischen D und U2 kann eine deliktische Gefährdung der Vertragsinteressen von U1 aus dem Vertrag mit U2 bedeuten. Der Schadensersatzanspruch von U1 aus Tortious Interference richtet sich gegen D; zudem kann ein Anspruch wegen Vertragsverletzung von U1 gegen U2 bestehen.

Dieselben Gedanken wendet das Recht zahlreicher US-Staaten auf ungerechtfertigte Einwirkungen auf Geschäftserwartungen Dritter an. Wenn zwei Unternehmen Verhandlungen führen, kann ein Dritter mit einer aus seiner Sicht besseren Offerte ein Schadensersatzrisiko eingehen, wenn er die Verhandlungen der anderen zum Scheitern bringt!

2. Überlegungen zur fremden Wirtschaftskultur

Unter deutsch-amerikanischen Wirtschaftsberatern, Kammerexperten und Juristen wird allgemein kritisiert, dass Deutsche mit derselben Naivität zu Vertragsverhandlungen in die USA reisen, die sie Amerikanern bei Verhandlungen in Deutschland vorwerfen – mit dem kleinen Unterschied, dass die Deutschen glauben, ihnen seien die USA aus Film, Fernsehen und Urlaub vertraut. Diese grobe Generalisierung enthält einen wahren Kern.

Die USA sind **anders**: Das Geschäft wird anders angegangen als in Deutschland, Erfolge in Deutschland und dem Rest der Welt lassen sich nicht ohne weiteres auf die USA übertragen, und die US-Wirtschaftskultur verlangt ein anderes Auftreten als die Medien im Ausland porträtieren.

12 Hinter der Freundlichkeit und dem lockeren Auftreten der Amerikaner steckt eine unvermutete **Härte**, eine Kampfeinstellung zum Erreichen anfangs noch vager Geschäfts- und Vertragsziele, die einen anderen Eindruck vom US-Unternehmer vermittelt als die meist gut vorbereitete deutsche Seite erwartet. Der Deutsche ist sich seiner Ziele dank akribischer Vorbereitung bewusst. Der Amerikaner bringt hingegen **Flexibilität** zum Verhandlungstisch und nimmt sich das Recht, insbesondere bei nicht von ihm initiierten Gesprächen unvorbereitet zu erscheinen. Er genießt vielleicht Heimvorteil und Sprachvorteil, braucht sich nicht festzulegen, wartet ab und stellt sein fachliches Licht unter den Scheffel, wodurch er bei seinem deutschen Gegenüber die Fehlvorstellung hervorruft, ihn leiteten nur Gott, Sport und Vaterland.

13 Während der Deutsche sich wundert, dass die logische Darstellung eines überzeugenden Geschäftsplanes nicht gleich zu einem Abschluss und der Auftragserteilung – für das Projekt selbst oder für die Ausformulierung eines schriftlichen Vertrags – führt und ungeduldig wird, gelingt es dem Amerikaner durch eine freundliche und flexible Einstellung, ein gewisses Interesse anzuzeigen, wenn diese und jene kleinen Bedingungen vereinbart werden können. Diese entpuppen sich später als Grundstein für eine sich zwar im Rahmen der Ausformulierung haltende, aber letztlich inhaltlich ganz erhebliche Abweichung vom Ziel der deutschen Seite. Der Deutsche mag beim Grillen zwischen Bill und Heinz den Handshake als Deal angesehen haben – für Bill war dies jedoch nur ein Vorspiel. Er weiß nämlich, bis zum *Closing* werden er und sein Anwalt die Einzelheiten des Deals natürlich Bills Vorstellungen entsprechend ausformuliert haben. Heinz wird sich so an den Handshake gebunden fühlen, dass er auch die dickste Kröte schluckt.

Dass Heinz in seiner Freude über den Deal noch meinte: „*We are Partners, Bill.*" und damit einverstanden war, dass Bills Anwalt gleich mit dem schriftlichen Vertrag beginnt, wird Bill zum Anlass nehmen, seinem Anwalt eine Anteilsverteilung von 50/50 vorzuschreiben. Vielleicht strebt Bill gar eine Gesellschaftsform an, etwa eine Limited Liability Company, LLC, die sich Heinz ohnehin nicht erschließt und ihm als Mann vor Ort Vorteile gewährt. Als Sahnehäubchen lässt sich Bill vom eigenen Anwalt noch Vetorechte formulieren, die ihm logisch erscheinen.

14 Heinz hätte sich im Rahmen der Vertragsplanung auf die Wirtschaftskultur in den USA einstellen sollen. Neben der Kontaktaufnahme zu Handelskammern – deutschen in den USA sowie amerikanischen in Deutschland – empfehlen sich zur **Vorbereitung** das Gespräch mit dem deutsch-amerikanischen Anwalt, der mit diesen Verhandlungen und ih-

ren Folgen bei der Vertragsabwicklung vertraut ist, sowie die Lektüre aufschlussreicher Bücher wie:

W.R. Smyser, How Germans Negotiate: *Smyser* deckt die unterschiedlichen Denkweisen und Strategien von Deutschen und Amerikanern auf. Der deutsche Leser erfährt so, wie seine vom Verfasser bewunderten Stärken in Amerika zu Schwächen werden.

Schlegel/Schlegel, Managerwissen kompakt USA: Schon nebensächliche Abweichungen vom Geschäftsstandard, beispielsweise der üblichen Uniform, dunkler Anzug/weißes Hemd, oder Tischthemen wie Religion und Politik, geben der amerikanischen Verhandlungspartei die innere Oberhand und nehmen der deutschen die Glaubwürdigkeit.

Fisher/Ertel, Getting Ready to Negotiate: Ein praktischer Leitfaden mit sieben Prinzipien der Vertragsverhandlung, von *Options* bis *Commitment*, leitet von der geplanten Vorbereitung zum Eintritt in Verhandlungen über.

Beim Entwurf des Verhandlungsmandats ist zu beachten, dass der amerikanische Part Strategievermerke und Checklisten im Streitfall einsehen kann. Wie auch alle anderen Unterlagen im Verhandlungs- und Durchführungsstadium gelten diese Schriftstücke, ebenso wie E-Mails, Textnachrichten, Gesprächsnotizen oder Checklisten, als Unterlagen, die jede Partei in einem Prozess von der anderen Seite herausverlangen kann. Die **Discovery**, das in Deutschland verpönte Ausforschungsbeweisverfahren, lässt es zu. Das Unterdrücken oder Vernichten vorhandener Papiere führt zu schwersten Sanktionen. Der Verzicht auf das Anfertigen von Schriftstücken – gleich ob auf Papier oder Speichermedien – ist hingegen legal. Daher empfiehlt sich schon bei Verhandlungen bei Rückfragen in die Zentrale ein **Anruf**, während eine SMS oder E-Mail spätere Risiken bedeutet. Dasselbe gilt für eine mündliche statt einer schriftlichen Berichterstattung oder Protokollierung.

3. Einschaltung des US-Korrespondenzanwalts

„Die 20 000 $ Anwaltsgebühr waren mein Lehrgeld.", hört man häufig, wenn der deutsche Mandant zum Anwalt mit deutschem und amerikanischem Hintergrund kommt, nachdem diese Gebühr bei einem nur in einem Rechtssystem geschulten Rechtsanwalt verschwendet wurde. Juristen mit Ausbildung und Erfahrung in beiden Rechtssystemen finden sich heute in vielen amerikanischen Regionen.

Diese Mandanten haben beim **rein amerikanisch**-geschulten Anwalt die Erfahrung gemacht, dass man sich zwar gut vertreten fühlt, aber aneinander vorbei geredet hat: Derselbe Begriff kann im deutschen Recht für ein ganz anderes Konzept als in den USA stehen, selbst der Begriff *Law*, genauso wie „Besitz" in Deutschland und Österreich unterschiedlich verstanden wird. Die Rechtsfolgen können unterschiedlich ausfallen, ohne dass man sich dessen bewusst war. Ein solcher Anwalt rechnet nicht damit, dass der deutsche Mandant keine Vorstellung davon besitzt, dass die USA über 50 Rechtssysteme beherbergen: das Recht des Bundes und der 50 Staaten, des Bezirks der Hauptstadt Washington als District of Columbia, sowie von Puerto Rico, Guam, den Virgin Islands, Amerikanisch-Samoa und den Nördlichen Marianen. Auch weiß er nicht, dass der auf das amerikanische Recht rudimentär vorbereitete deutsche Anwalt des Mandanten glaubt, einzig das Bundesrecht regle Vertragsverhältnisse und der Uniform Commercial Code gelte einheitlich.

17 Vielleicht hat der **deutsche** Anwalt des Mandanten mit Mustern amerikanischer Verträge gearbeitet, die im Internet leicht zu finden sind, ohne die Auswirkungen des Deliktsrechts, die im Vertragsrecht stets zu berücksichtigen sind, zu kennen. Er kann zudem nicht beurteilen, wie sich bestimmte Erklärungen in der Korrespondenz, selbst in einer E-Mail, auf die fremdenfeindlichen Geschworenen im amerikanischen Zivilprozess auswirken können. Und vielleicht weiß er ebenfalls nicht, dass von Anfang an dem Beweisrecht erhöhte Aufmerksamkeit zu widmen ist, welches lediglich ein paar Zeilen im deutschen Recht, hingegen ein Sechstel der amerikanischen bundesweiten Anwaltsprüfung ausmacht.

In derselben Lage befindet sich auch der Mandant, der auf Empfehlung seines deutschen Steuerberaters oder eines Zeitungsartikels überzeugt war, in den USA komme als Gesellschaftsform nur die LLC in Frage. Kann er wirklich beurteilen, ob diese Wahl für ihn günstig ist? Der Rechtsanwalt in den USA nimmt den Gründungsauftrag jedenfalls gern entgegen, denn die LLC ist viel teurer als die Corporation und sichert ihm langfristig ein aufwendiges Geschäft, das er nach dem Zeitaufwand abrechnen darf. Kann der amerikanische Anwalt dem deutschen Mandanten ohne Kenntnis der Einstellungen dessen Steuerberaters aus deutscher Sicht von dieser Struktur abraten? Kann er ihn überzeugen, ohne mit dem deutschen Gesellschaftsrecht vertraut zu sein, und eine passende Lösung anbieten? Weiß er, dass dem deutschen Mandanten vielleicht gar nicht bewusst war, dass die Corporation das in den USA übliche, kostengünstige, landesweit bekannte und Unternehmern in Fleisch und Blut übergegangene gesellschaftsrechtliche Instrument darstellt? Kann er nachvollziehen, warum der deutsche Mandant mit der LLC eine Gesellschaftsform verlangt, die von Staat zu Staat unterschiedlich ausgeformt ist und überall Fragen aufwirft?

18 Bei diesen Fragen sollte der Rechtsanwalt schon im **Planungsstadium** helfen. Der deutsche Mandant erhält dabei schnell den Eindruck, dass der amerikanische Anwalt oft die Verfahrensherrschaft übernimmt. Das entspricht sicherlich auch dem Klagen des amerikanischen Vertragspartners über den Einfluss der Juristen auf die Geschäftswelt. Diesem Klagen darf sich der deutsche Mandant getrost anschließen; nur kann er es sich im Gegensatz zum amerikanischen Part, der immerhin in vertrauter Rechtsumgebung verhandelt, nicht leisten, an diesem Umstand etwas zu ändern.

4. Informationsbeschaffung

Die Beschaffung von geschäftlichen **Informationen über den zukünftigen Verhandlungspartner** ist unerlässlich. In den USA werden Kenntnisse nicht nur über das Unternehmen, sondern auch über die beteiligten Personen erwartet. Die Who's Who-Bände und *www.marquiswhoswho.com* erteilen Auskunft über Personen des öffentlichen Lebens, der Geschäfts- und Finanzwelt, aus Kunst, Wissenschaft, Gesundheitswesen und mehr, *Martindale-Hubbell* und *www.lawyer.com* über Juristen. Auf Background-Checks spezialisierte Datenbanken wie *www.icioffshore.com* oder Detekteien fördern detaillierte, nach Maßstäben deutschen Datenschutzrechts kaum vorstellbare Informationen zutage.

Doch ist auch an vorbereitende Informationen über das **Vertragssubjekt** zu denken. Mit Vertrags-Software oder Musterwerken kann man sich leicht Vorstellungen über die Erwartungen der amerikanischen Seite verschaffen. Juristische Fachbücher sind der Allgemeinheit jedoch außer in Bibliotheken und Gerichten nur schwer zugänglich; Fachbuchhandlungen gibt es kaum. Andererseits kann schon während eines ersten USA-Besuchs oder auch über Internet-Quellen aus einer Reihe populärer Werke vorbereitendes Do It Yourself- oder Dummies-Material beschafft werden.

Solche Software und Bücher sind insbesondere zu empfehlen, weil sie auch auf die Gespräche mit dem eigenen Rechtsanwalt vorbereiten, indem sie auf praktische Weise den Sprachgebrauch des amerikanischen Geschäftsrechts oder anderer Rechtszweige vermitteln. Abzuraten ist jedoch von ihrer Verwendung über die Informationsvorbereitung hinaus, wenn man nicht dem Anwalt zusätzliche Arbeit verschaffen will.

Mandanten mit **gesellschaftsrechtlichen Zielen** in den USA, wie der Gründung einer Tochterfirma oder eines Gemeinschaftsunternehmens oder der Einrichtung eines Vertriebssitzes, empfiehlt sich vor allem Software zum Erstellen aller Gründungs- und Wartungsdokumente einer Standard-Gesellschaftsform, nämlich der im ganzen Lande bekannten und verwendeten *Corporation*. Wer einmal die notwendigen Dokumente übungsweise erstellt hat, erhält eine Vorstellung davon, was jede *Corporation* für ihre Gründung erfordert und welche Aufgaben periodisch zu wiederholen sind. Mit diesem Wissen tritt man nahezu ebenbürtig dem amerikanischen Verhandlungspartner gegenüber.

Die Bundesgesetze in den USA sind heute über das Internet leicht zugänglich. Ihr Studium bleibt allerdings im besten Fall nutzlos, im schlimmsten Fall irreführend. Vielleicht werden sogar Modellgesetze oder das *Restatement of the Law of Contracts* als gesetzesgleich verbindlich angesehen. Dass **Gesetze** nicht im Buchladen um die Ecke erhältlich sind, hat seinen Grund darin, dass zum einen die Gesetze von Staat zu Staat, in manchen Bereichen auch von Kreis zu Kreis und Ort zu Ort unterschiedlich sind und zum anderen die Gesetze nur Teilbereiche des Rechts abdecken.

Recht ist aufgeteilt in *Law* und *Equity* und basiert – vereinfacht ausgedrückt – auf Gesetzen, Verordnungen sowie Fallrecht. Rechtssicherheit und -vorhersehbarkeit lässt sich in Deutschland finden, während in den USA gilt: *„Keep your fingers crossed."* Für die Gerechtigkeit sind in Deutschland geschulte Richter zuständig, in den USA spielen die Laien der Jury die Hauptrolle.

5. Vorvertragliche Haftungsrisiken und Präventivmaßnahmen

23 Vertragsverhandlungen können nicht nur Dritte gefährden und eine Haftungslawine auslösen, sie können auch eigene Rechte gefährden. Im Rahmen der Vertragsplanung ist stets zu prüfen, ob diese Gefahr besteht.

a) Geheimhaltung

24 Werden beispielsweise Geschäftsgeheimnisse preisgegeben? Das US-Recht bietet Vorkehrungen, die weiter reichen als der deutsche Geschäftsgeheimnisschutz. Das *Trade Secret*-Recht stellt eines von vier Beinen des Rechts des geistigen Eigentums dar. Alles, was als geheim bezeichnet ist und so behandelt wird, indem es Dritten nicht ohne Schutzvereinbarung offen gelegt wird, fällt in dessen Schutzbereich. Zu den Rechtsfolgen einer Verletzung gehört ein Schadensersatzanspruch sowie vor allem das Recht auf einstweilige und dauerhafte Schutzverfügungen nach dem *Equity*-Recht.

25 ⇨ Aus diesem Grunde ist als flankierende Maßnahme für Verhandlungen der Abschluss von *Confidentiality Agreements*, auch *Non-Disclosure Agreements, NDAs*, genannt, anzustreben. Die Kennzeichnung vertraulicher Unterlagen als solche ist vorzubereiten, beispielsweise mit dem Hinweis: *„Confidential and Proprietary Information of D GmbH – Do Not Disclose Without Prior Written Permission."*. Ein entsprechender Hinweis sollte auch in elektronische Schriften eingefügt werden, so in Quellkode für Softwareprogramme, in E-Mails und in Text- oder Tabellendateien.

So kann trotz **preisdotierter** Ausschreibung **eine internationale Organisation** keinen Wissenschaftler dazu bringen, eine erfolgreiche Verfahrenstechnik nachzuentwickeln, die ein kleines amerikanisches Unternehmen zum einzigen Anbieter macht. Das Unternehmen schließt seit Jahrzehnten strenge *NDAs* mit Kunden ab, hat nie seine Technik zum Patent angemeldet und damit zur Nachahmung veröffentlicht, und genießt deshalb einen Schutz, der die Laufzeit eines Patents weit übersteigt und noch Jahrzehnte gelten kann.

b) Geistiges Eigentum

26 Dass eingetragenes geistiges Eigentum als solches gekennzeichnet wird, versteht sich von selbst, zum Beispiel: *„Copyright 2014 D GmbH"*. Der

I. Vertragsplanung

Schutz geistigen Eigentums wirkt zumeist territorial. Wie behandelt man jedoch eine **Marke**, die zwar in der EU, nicht aber in den USA eingetragen ist? Wenn die Eintragung in den USA noch nicht beabsichtigt ist, ist zunächst an die Behandlung als *Trade Secret* zu denken. Dann darf es noch nicht ohne Schutzvereinbarung Dritten eröffnet worden sein, um als Geheimnis zu gelten. Anderenfalls ist zu planen, wie dieser Schutz ausgestaltet werden kann, beispielsweise durch eine gegenseitige Verbotserklärung gegen die Verwendung geistiger Eigentumsrechte ohne ausdrücklichen Gestattungsvertrag.

Selbst bei **nichteingetragenen Kennzeichen**, die im geschäftlichen Verkehr mit den USA oder innerhalb der USA als Wort- oder Bildmarke eingesetzt werden, kann nach US-Recht bereits Schutz bestehen. Das amerikanische Recht schützt Marken nämlich bundesrechtlich durch eine Eintragung, nach einzelstaatlichem Recht durch weitere Eintragungen und nach dem *Common Law* eben auch in nicht eingetragener Form. 27

c) Verwertungsverbote

Häufig werden Verwertungsverbote mit Geheimhaltungsverträgen verbunden. Geschäftliche Kontakte, Geschäftspläne, Personalbeziehungen oder sonstige als geschäftlich wertvoll bezeichnete Informationen, die keine Geschäftsgeheimnisse darstellen, sollen von der Gegenseite nicht verwertet werden dürfen. Deshalb ist die Verwendung von Informationen über Dritte, die während Vertragsverhandlungen offenbart werden, zum Aufbau von Vertragsbeziehungen zu jenen untersagt, gerade wenn aus diesen Verhandlungen kein Vertrag resultiert. Solche Verbote können auch ein Wettbewerbsverbot umfassen, durch das sich die offenbarende Partei vor einem neuen Konkurrenten für den Fall schützen will, dass kein gemeinsamer Vertrag zustande kommt. 28

Wirtschaftlich sind solche Verbote einerseits verständlich: Wenn jemand erfährt, dass ein Dritter ein besserer Vertragspartner für ihn wäre, würde dieser die laufenden Verhandlungen beenden und sich dem Dritten zuwenden. Wenn jemandem das Geschäftsmodell oder der Markt des Gegenübers gefällt, möchte er vielleicht gleichermaßen tätig werden. Andererseits stellen diese Verbote aber auch eine **Knebelung** dar, die meist rechtlich zulässig formuliert und gerichtlich durchgesetzt werden kann.

⇨ Deshalb ist im Rahmen der Vertragsplanung zu prüfen, ob eigene Verwertungsverbote gewünscht und fremde akzeptiert werden sollen. Beim Wettbewerbsverbot ist grundsätzlich immer zu prüfen, ob eine Kartellabsprache getroffen wird – das US-Recht ist in diesem Punkt strenger als das deutsche.

Bei diesem Fragenkomplex ist auch an neue Medien zu denken. Wem gehören beispielsweise die **Follower**, die ein Werbeunternehmen für den Auftraggeber bei Twitter oder Facebook gewinnt? Wenn sie während der Vertragslaufzeit allein an den Auftraggeber gebunden sein sollen, darf das

Werbeunternehmen sie dann danach mit den Angeboten der Konkurrenz bedienen?

29 Auch das **Abwerbeverbot** ist in diesem Zusammenhang zu erwägen. Im Allgemeinen ist es in den USA zulässig, obwohl die Rechtsprechung auch das Mobilitätsrecht des Personals schützt. Zudem kann Personal durch ein zu seiner Wirksamkeit nicht von einer Karenzentschädigung abhängiges, nachvertragliches Wettbewerbsverbot vom Wechsel zum Verhandlungspartner abgehalten werden, solange das Verbot vor allem in seinen geografischen und zeitlichen Merkmalen angemessen bleibt.

d) Planung für Fehlschlag – Default

30 Auch für den Fall einer Leistungsstörung muss geplant werden. Im deutschen Recht führt eine Leistungsverweigerung nach Vertragsschluss in der Regel zu einem Erfüllungsanspruch. In den USA ist der **Erfüllungsanspruch** indes die **Ausnahme** und der **Schadensersatzanspruch die Regel**. Hilft der Schadensersatzanspruch weiter, wenn die vertragliche Leistung, das Ziel der Vertragsplanung und -verhandlung, unerreichbar bleibt?

31 Insbesondere bei **Exklusivbindungen** ist diese Frage bedeutsam, damit die geschuldeten Leistungen an anderer Stelle eingeholt oder die eigenen Produkte und Marken einem Dritten zum Vertrieb überlassen werden können, wenn der Primärpartner ausfällt. Ein solches Szenario ist in den USA keine Seltenheit, zumal die Insolvenz ein gängiges Instrument der Finanzplanung darstellt.

e) Vorbereitende Sicherung von Rechten

32 Nach der Entscheidung zum Schritt in die USA ist es im Rahmen der Vertragsplanung schließlich sinnvoll, **gewünschte Namen** und **geistige Eigentumsrechte** zu **reservieren**, bevor sie der Gegenseite in den folgenden Verhandlungen offenbart werden.

33 Gesellschaftsrechtlich lassen sich **Firmennamen** schon vor der Anmeldung eines noch zu gründenden Unternehmens in einem amerikanischen Handelsregister eintragen. Das Markenrecht gestattet die Anmeldung von **Marken** vor der Verwendung im US-Markt. Auch ein **Urheberrecht** kann vorab gesichert werden. Beispielsweise werden vor Vertragsverhandlungen über Filmdrehbücher Synopsen oder über Software der Quellkode im Auszug angemeldet, ohne den gesamten Inhalt offen zu legen. Patente werden immer angemeldet, bevor über sie verhandelt wird.

34 Die Anmeldung entsprechender **Domainnamen** versteht sich heute von selbst. Die US-Domain setzt einen US-Bezug voraus, den der US-Anwalt durch einen treuhänderischen Eintrag herstellen kann, wenn die Mandantschaft ihn noch nicht selbst besitzt.

f) Klarstellung des Leistungserbringers

Bei transatlantischen Verträgen insbesondere über die Erbringung von Dienstleistungen kann die deutsche Seite nicht immer feststellen, wer die in den USA geforderte Vertragsleistung eigentlich erbringt. Häufig werden Verträge vereinbart, die die Mitwirkung von *Outsourcern* nicht offen legen. Die deutsche Seite vertraut darauf, dass sie mit einem Primärleistungserbringer kontrahiert, während die amerikanische Seite davon ausgeht, dass sie als *General Contractor* fungiert: Die Leistungserfüllung wird an *Subcontractors* ausgelagert. Was im Bauwesen oder der Luftfahrttechnik normal ist, überrascht im Dienstleistungsbereich, wenn die höchstpersönliche Leistung unausgesprochen erwartet wird.

⇨ Sowohl für die Vertragsverhandlungen als auch das Vertragsdesign ist daher zu empfehlen, die von den Vertragsparteien selbst erbrachten Leistungen zu erfragen und zu beschreiben sowie den Umfang des zulässigen *Outsourcing* und die *Subcontractors* zu definieren.

Dabei ist an den Fall der **Leistungsstörung** zu denken, die vom Primärleister ausgeht: Darf der Leistungsempfänger in diesem Fall direkt mit dem *Outsourcer* kontrahieren? Oder steht diesem Wunsch ein Verwertungsverbot für offengelegte Geschäftsbeziehungen entgegen? Würde man sich im Fall der Notwendigkeit einer direkten Vertragsbeziehung mit dem *Outsourcer* dem deliktsrechtlichen Haftungsanspruch aus *Tortious Interference in contractual Relations* aussetzen?

II. Vertragsdesign

Den amerikanischen Vertrag kennzeichnet, dass er kaum auf das geschriebene Recht zurückgreift, das im deutschen Vertrag gemeinhin alles regelt, was im Vertrag nicht ausdrücklich oder wirksam vereinbart ist. Vielmehr setzt der Vertrag das vom Recht Gebotene aus geschriebenem Recht, **Fallrecht**, *Law* und *Equity* um und setzt es in einen Rahmen, der vor Gericht, und dort insbesondere vor der unberechenbaren Laiengruppe der Geschworenen, standhalten soll. Diese Umsetzung nutzt die Grenzen der Vertragsfreiheit und definiert alles, was nach Kenntnis der Parteien, Anwälte und weiterer Berater zum Zeitpunkt des Vertragsschlusses vorhersehbar ist und definiert werden kann. Auf das geltende Recht als Lückenfüller will und kann sich niemand verlassen – anders als bei der höheren Regelungsdichte im deutschen Recht – (oben Teil 6, Rz. 19), und den Laien in der Jury will man die Lückenfüllung und Auslegung schon gar nicht überlassen.

1. Struktur

Die äußere Struktur hat auch das Vertragsdesign in anderen Ländern beeinflusst. Nach Kopf, Präambel und Formel für die Gegenseitigkeit des

Vertrages im Sinne des *Consideration*-Prinzips beginnen heute viele Verträge mit einem **Definitionsparagraphen**, dem die Kernbestimmungen des Vertrages folgen. Im Anschluss daran finden sich die allgemeinen Regelungen, die in Deutschland als AGB und in den Vereinigten Staaten gemeinhin als *Boilerplate* bekannt sind. Zum Schluss folgen die Erklärung über die Bezeugung der Vertragsunterzeichnung sowie die Unterschriften der Parteien.

39 **Anlagen** können Vertragsbestandteil werden, wenn sie im Vertragstext mit einer magischen Formel in den Vertrag integriert werden wie: *"... Schedule A incorporated into this Agreement by reference ..."*. Der Inhalt der Anlagen gilt dann als ebenso verbindlich wie der Vertragstext selbst. Fallstricke zeigen sich, wenn Erklärungen in Anlagen in Widerspruch zu Erklärungen des Vertragshaupttextes stehen.

40 Jede verpflichtende, etwas zusichernde Erklärung im Vertrag wird als *Express Warranty* verstanden und ist bindend. Das gilt beispielsweise auch für eine Werbebroschüre, die als Anlage in einen Vertrag einbezogen wird.

41 Zusätzlich zu den *Express Warranties* sind auch bestimmte, nicht ausdrücklich niedergelegte Erklärungen, die *Implied Warranties*, bindend. Sie stellen für die deutsche Vertragspartei etwas Vertrautes dar, nämlich die Einbindung zwingenden Rechts ohne schriftlichen Hinweis. Gleichzeitig stellen *Implied Warranties* für sie ein Risiko dar, wenn ihr die Kenntnis dieses zwingenden Rechts fehlt. Glücklicherweise beschränken sich die *Implied Warranties* – ohne hier auf die Regeln jedes einzelnen amerikanischen Rechtssystems einzugehen – meist auf folgende Aspekte:

1) *Implied warranty of merchantability,*

2) *Implied warranty of fitness for a particular purpose,*

3) *Implied warranty of title,*

4) *Implied warranty against infringement* und

5) *Implied warranty of quiet enjoyment.*

42 Außerdem ist zu beachten, dass **Ausnahmen** von der zwingenden Natur der *Implied Warranties* bestehen, ihnen mithin vertragliche Grenzen gesetzt werden dürfen. Materiell-rechtlich gilt, dass der Ausschluss solcher Rechte viel weiter gehen kann als im deutschen Recht. In der Struktur des Vertrages finden sich solche Regelungen üblicherweise im Abschnitt *Limited Warranties.*

Die Struktur des Vertrages ist in den USA im Allgemeinen frei.

2. Bezeichnung der Vertragsparteien

Besonderes Augenmerk bei der Vertragsgestaltung sollte auf die **genaue** Bezeichnung der Vertragsparteien gelegt werden. Als Vertragspartner sind ausschließlich die Parteien aufzuführen, zwischen denen der konkrete Vertrag geschlossen wird.

Nicht vom Begriff der Vertragspartei erfasst sind hingegen Drittbegünstigte, *Beneficiaries*. Sollte der Vertrag Dritte begünstigen, so ist im Vertrag zum Ausdruck zu bringen, wer die Drittbegünstigten sind und in welchem Umfang ihnen materiell-rechtlich Begünstigungen aus dem Vertrag zukommen sollen.

▷ Auch ihre Stellung bei einer **Leistungsstörung** zwischen den Primärbeteiligten ist zu klären, damit sie die Vertragsabwicklung in diesem Fall nicht behindern oder einen eigenen Anspruch aufgrund einer deliktsrechtlichen Haftung wegen eines behaupteten rechtswidrigen Eingriffs in ihre Vertrags- oder Gewinnerwartungen geltend machen. Wenn die Primärbeteiligten einen Vertrag ändern oder aufheben, ist die Geltendmachung solcher Ansprüche von Dritten nicht ungewöhnlich. Begünstigte sollten daher in Kündigungsklauseln berücksichtigt werden – am besten so, dass ihre Mitwirkung bei einer Kündigung weder erforderlich noch zulässig ist, sondern dieser Schritt der Vertragsparteien bedingungslos auch für sie wirkt.

Sollen Konzerngesellschaften, *Subsidiaries*, und verbundene Unternehmen, *Affiliates*, vertraglich berücksichtigt werden, sind sie in einer Anlage des Vertrags zu bezeichnen. Abzuraten ist von dem pauschalen Verweis auf *„Subsidiaries and Affiliates"* bei der Parteienbezeichnung im Kopf des Vertrages. Die Art der Vertragsbeteiligung solcher Dritten sollte mit den konkreten Rechten und Pflichten im Vertrag erklärt sein.

In der neueren Rechtsprechung zur Schiedsgerichtsbarkeit, Arbitration, nehmen Drittbegünstigte und -verpflichtete einer vertraglichen Schiedsklausel eine wichtige Stellung ein. Um teuren Prozessen über die Aktiv- und Passivlegitimation Dritter in Schiedsverfahren vorzubeugen, empfehlen sich ausdrückliche Erklärungen über die Absichten der Vertragsparteien in der *Arbitration Clause*.

3. Schriftform – Statute of Frauds

Für bestimmte Verträge sehen nahezu alle US-Rechtssysteme Schriftform vor, ohne die diese Verträge nicht durchsetzbar sind.

Vereinfacht zusammengefasst fallen fünf Vertragstypen unter den Regelungsbereich der Formvorschriften, des *Statute of Frauds*:

1. *Executor – Administrator*: Verträge über die Annahme des Amtes eines Testamentsvollstreckers bzw. Nachlassverwalters,

2. *Suretyship*: Bürgschaftsverträge,

3. *Marriage*: Heirats- oder Eheverträge,

4. *Land Contract*: Grundstückskaufverträge sowie

5. *One Year*: Verträge, deren Leistungspflichten nicht innerhalb eines Jahres nach Vertragsunterzeichnung zu erfüllen sind.

49 Darüber hinaus verlangt der *Uniform Commercial Code*, der wesentliche Teile des Rechts des Geschäftsverkehrs, *Commercial Transactions*, regelt, die Schriftform mitunter für Kaufverträge, die Waren mit einem Wert von mindestens 500 $ zum Gegenstand haben (§ 2-201). Der *UCC* ist in den meisten Staaten mit gewissen Anpassungen ins jeweilige Recht umgesetzt worden.

50 Da der *UCC* lediglich ein **Modellgesetz** ist, entscheidet jeder Bundesstaat selbst, inwieweit er die Vorgaben des *UCC* übernimmt und umsetzt. Der *District of Columbia* hat die Regelung des § 2-201 des *UCC* in § 28:2-201(1) des *D.C. Code* umgesetzt:

> Except as otherwise provided in this section a contract for the sale of goods for the price of $ 500 or more is not enforceable by way of action or defense unless there is some writing sufficient to indicate that a contract for sale has been made between the parties and signed by the party against whom enforcement is sought or by his authorized agent or broker. A writing is not insufficient because it omits or incorrectly states a term agreed upon but the contract is not enforceable under this paragraph beyond the quantity of goods shown in such writing.

Zudem findet sich in § 28-3502 des *D.C. Code* eine Formvorschrift, die die oben genannten Vertragstypen beinhaltet:

> An action may not be brought to charge an executor or administrator upon a special promise to answer damages out of his own estate, or to charge the defendant upon a special promise to answer for the debt, default, or miscarriage of another person, or to charge a person upon an agreement made upon consideration of marriage, or upon a contract or sale of real estate, of any interest in or concerning it, or upon an agreement that is not to be performed within one year from the making thereof, unless the agreement upon which the action is brought, or a memorandum or note thereof, is in writing, which need not state the consideration and signed by the party to be charged therewith or a person authorized by him.

4. Beglaubigung, Beurkundung, Besiegelung, Beeidigung

51 Grundsätzlich sind Verträge **beglaubigungs- und beurkundungsfrei**. Insbesondere bei Grundstücksgeschäften, Vollmachten, Erbschaftsangelegenheiten sowie gesellschaftsrechtlichen Vereinbarungen ist allerdings zu prüfen, ob das jeweils anwendbare einzelstaatliche Recht eine **Ausnahme** vorschreibt.

Zum Beispiel sind *Deeds* als Übertragungsurkunden für Grundbesitz und *Share/Stock Certificates* als Aktien oder Teilhabernachweise an Gesellschaften schriftformgebunden. Zudem setzen *Deeds* in der Regel die Unterzeichnung und Beglaubigung, Aktienurkunden die Unterschrift der in

II. Vertragsdesign

den Statuten bestimmten Geschäftsführungsmitglieder sowie ein Prägesiegel der Gesellschaft voraus.

In manchen Staaten kommt der Aufbringung eines Siegels oder des Wortes „*Seal*" rechtsverändernde Wirkung zu, insbesondere in der Verbindung mit einem bestätigenden Zusatz. Dann kann beispielsweise das Zeichen (*Seal*) Verjährungsfristen von zwei Jahren auf mehr als ein Jahrzehnt verlängern. 52

Im gesellschaftsrechtlichen Bereich wird das Siegel, das jede *Corporation* besitzt, auf bestimmte amtliche Unterlagen gesetzt. Vertragliche Dokumente können eine Besiegelung ebenfalls nach einzelstaatlichen Vorschriften oder auch den internen Statuten der Gesellschaft erforderlich machen. Damit Formfehler, für die eine Partei verantwortlich wäre, die andere Partei nicht schädigen, erklären die Parteien in der Generalklausel eines Vertrages üblicherweise, dass sie die auf sie zutreffenden materiellen und formellen Erfordernisse für den Vertragsschluss erfüllt haben. Erweist sich diese Zusicherung, die eine *Express Warranty* darstellt, als unrichtig, kommt der anderen Vertragspartei ein Entschädigungsanspruch zu.

Unter **Eid** werden vertragliche Erklärungen in der Regel nicht gestellt, doch ist der Eid in den USA ein so häufig verwendetes Mittel, dass kurz darauf einzugehen ist. Der Zusatz „*Under Penalty of Perjury*" befindet sich auf nahezu jedem amtlichen Formular. Solche Formulare können auch als Vertragsanlagen verwendet werden, beispielsweise ein Steuer- oder Investitionsmeldeformular oder kapitalmarktrechtlich relevante Erklärungen nach dem *Sarbanes-Oxley Act*. Dasselbe gilt für ausdrücklich als eidliche Erklärungen, Affidavits, bezeichnete Dokumente, die vor einer beglaubigenden Hilfskraft, einem *Notary Public*, unterzeichnet werden. 53

In Unkenntnis der intensiven Verfolgung von Meineiden in den USA unterschätzen Nicht-Amerikaner häufig die strafrechtliche Dimension dieser Eide. Indes stellen Meineide keineswegs nur ein Kavaliersdelikt dar, zumal Falschaussagen und falsche eidliche Erklärungen der Staatsanwaltschaft zu schnellen und leicht erzielbaren Siegen mit erheblichen Haftstrafen verhelfen.

Im selben Zusammenhang ist zu beachten, dass Schutzbehauptungen im US-Recht unzulässig sind und als Falschaussagen verfolgt werden.

Dass strafrechtlich relevantes Fehlverhalten haftungsauslösende Parallelen im Zivilrecht besitzt, versteht sich von selbst. Erklärungen und Versicherungen, *Representations and Warranties*, stellen im Vertrag und im Alltag verbindliche zivil- und strafrechtliche Tatbestände dar, an die sowohl Gegenleistungen als auch Rechtsfolgen im Fall eines Verstoßes geknüpft werden. Das gilt zudem, wenn sie nicht ausdrücklich als Vertragsmerkmale bezeichnet sind. *Representations and Warranties* sind mithin nicht lediglich einfache Erklärungen, sondern Rechtspflichten be- 54 schreibende **Haftungsgrundlagen**, die inhaltlich gründlich studiert werden müssen. Oft wird ihre Bedeutung von Vertragsparteien unterschätzt, weil sie nicht immer unter Überschriften wie *Obligations*, *Duties*, *Requirements* oder *Liabilities* aufgeführt werden.

5. Erläuterungen (Defined Terms), Großschrift

55 Die Einfügung eines Definitionsparagraphen in den Vertrag ist Geschmackssache. Mancher Vertrag liest sich leichter, wenn bestimmte Begriffe dort definiert werden, wo sie zum ersten Mal benutzt werden.

Der Begriff *Defined Terms* steht außerhalb des Definitionsparagraphen für die später auftretenden Begriffe, beispielsweise „*This Agreement*" für die Beschreibung des Vertrages im Vertragskopf selbst. In der üblichen Praxis werden *Defined Terms* groß geschrieben. Aus diesem Grund ist es möglich, dass „*Parties*" and „*parties*" nebeneinander stehen: Die *Parties* sind die Vertragsparteien, die im Kopf so definiert wurden: „D GmbH (*hereafter* „Germania") and USA Corporation (*hereafter* „USAC"), (*hereafter, in the aggregate, the* „*Parties*")". Die kleingeschriebenen *parties* können unbezeichnete Dritte sein.

56 Der Verwendung der **Großschrift** kommt im amerikanischen Vertrag gelegentlich, aber nicht an allen Stellen eine besondere Bedeutung zu. Für Verbraucherverträge schreibt ein Bundesgesetz – obwohl der Bund für das Vertragsrecht kaum Zuständigkeiten besitzt – die Hervorhebung bestimmter Vertragsbestimmungen vor, die Verbraucher benachteiligen können. Da zahlreiche Verbraucherschutzbestimmungen der USA in größerem Umfang als im deutschen Recht dispositiv sind, finden sich in nahezu jedem Verbrauchervertrag ein oder mehrere Abschnitte mit Großschrift oder Fettdruck.

Diese Praxis nach dem *Magnussen-Moss-Warranty-Act* hat sich so durchgesetzt, dass sie auch in anderen Verträgen bei Haftungsausschlüssen und Gewährleistungseinschränkungen zum Einsatz kommt. Wichtig ist, Großschrift und Fettdruck allein auf die notwendigen Elemente des Vertrages zu beschränken, weil andernfalls das Ziel der gesetzlich vorgeschriebenen Hervorhebung verfehlt wird.

Ansonsten findet sich die Großschrift als Gliederungshilfe in den Kopf- („*THIS AGREEMENT MADE*") und Bezeugungsabschnitten („*IN WITNESS WHEREOF*"), der Präambel („*WHEREAS*") sowie am Beginn der Synallagmaerklärung („*NOW, THEREFORE*").

6. Unverzichtbar: Das Synallagma mit Leistungsaustausch

57 Während die Gegenseitigkeit der Natur eines Vertrages materiell unverzichtbar ist, ist umstritten, ob die Erklärung des Synallagmas durch den Austausch von Leistungen notwendig ist. Der Streit sollte jedoch auf Akademiker beschränkt sein. Stellt sich nämlich heraus, dass der Vertrag

II. Vertragsdesign

de facto keinen Leistungsaustausch beinhaltet, ist er nicht das Papier wert, auf dem er geschrieben ist. Daher ist es absolut üblich, die Erklärung über einen vereinbarten, angemessenen und erfolgten Leistungsaustausch zum Zeitpunkt des Vertragsschlusses in den Vertrag aufzunehmen.

Der Wortlaut ist nach regionalem Recht und nach Geschmack variabel.

Beispiel:
„NOW, THEREFORE, in consideration of the mutual agreements set forth below, and other good and valuable consideration, the receipt and sufficiency of which is hereby acknowledged, it is agreed by and between D GmbH and U Corporation that their business relationship as of the Effective Date of this Agreement will be structured as follows:"

7. Terminologie

Zur Nomenklatur der Vertragsstrukur folgendes Schema: 58

Deutsch	Amerikanisch
Vertrag	Contract, Agreement, Understanding, Accord, Pact
Anlage	Attachment, Exhibit, Schedule, Addendum
Abschnitt	Paragraph
Paragraf	Section
Absatz	Subsection (doch in sonstigen Texten: Paragraph)
Satz	Sentence
Überschrift	Title
Unterüberschrift	Subtitle
Paraphe	Initials
Unterschrift	Signature
Vorbemerkungen	Recitals

8. Klarheit der Vertragssprache

Vertragsklarheit ist eines der **wichtigsten Ziele** im Vertragsdesign und wird wesentlich von der Verhandlungsklarheit beeinflusst. Gerade im deutsch-amerikanischen Verkehr bemerkt man, dass deutsche Parteien den Kopf angesichts amerikanischer Verträge schütteln und diese resigniert hinnehmen, ohne sie verstanden zu haben. Das dient weder einer vertragstreuen Vertragsdurchführung noch einer Durchsetzung der vertraglichen Ansprüche, insbesondere wenn ein Streit unvermeidbar ist. 59

Gerade der komplexe Vertrag muss so verständlich gestaltet sein, dass jede Seite versteht, was für sie und die Gegenseite gilt – was man leisten muss und was man erwarten darf. Weder die Vertragspartei noch ihre Berater sollen bei oder nach dem Vertragsschluss über die Bedeutung von Vertragsklauseln spekulieren müssen.

Bei den Mindestanforderungen an einen klaren Vertrag ist neben der vollständigen Parteienbezeichnung auf die richtige Hilfsverbenwahl – so etwa *shall, may, may not,* – und die strikte Vermeidung des Passivs zu achten. Wer selbst formuliert, sollte die englischen Fachbegriffe im Kontext des anwendbaren Rechts kennen und darf sich nicht auf Wörterbücher verlassen. Die Lektüre von *Pischel*, Vertragsenglisch, Teil 6 in diesem Werk, ist selbst Doppel-Muttersprachlern zu empfehlen, um die transatlantisch typischen Fehler zu vermeiden.

Nicht selten ist zu beobachten, dass deutsche Vertragsparteien der Aussage von Vertretern in den USA vertrauen, dass ein Vertragsentwurf den Vorgaben und Wünschen entspricht, doch später das Gegenteil feststellen: Wichtige Regelungen fehlen, andere sind widersprüchlich oder unklar formuliert, und in essentiellen Bereichen sind der Gegenseite – oder schlimmer noch: dem Vertreter – Rechte eingeräumt, die diesen nicht zugedacht sein sollten.

60 ⇨ Damit Klarheit in der Vertragsabfassung und im Verständnis der gegenseitigen Rechte und Pflichten besteht, ist den Geschäftsherren zu empfehlen, selbst jeden Satz und jedes Wort im Haupttext und allen Anlagen zu **hinterfragen**. Der Amerikaner bezeichnet sich selbst gern als dumm – der Deutsche darf es ihm gleich tun.

Die Fragen können an die Gegenseite gerichtet werden, an den Anwalt, an sonstige Beteiligte wie beispielsweise den *Escrow Agent*, der Dokumente gegen Geld Zug um Zug treuhänderisch aushändigen soll, und erst recht an die für die Vertragsdurchführung vorgesehenen Personen. Deshalb ist es durchaus akzeptabel, den Buchhalter und Datenverwaltungstechniker zu den Verhandlungen hinzuzuziehen oder den Banker oder Versicherungsmakler zur Stellungnahme über die beabsichtigte Abwicklung aufzufordern.

61 Damit eine vertragliche Verpflichtung als rechtlich wirksam, zulässig und durchführbar bestätigt wird, ist bei vielen Verträgen die Einholung einer *Counsel Opinion* von einem weiteren Rechtsanwalt erforderlich. Die zweite, unabhängige und rechtlich verbindliche Einschätzung ist oft auch dann sinnvoll, wenn der Vertrag sie nicht voraussetzt. Beispielsweise empfiehlt sich für Aufsichtsräte einer amerikanischen *Corporation* in der Regel eine Second Opinion, wenn ihre Zustimmung zu einem für das Unternehmen wesentlichen Vertrag erforderlich ist, denn in ihrer Eigenschaft als *Directors* sind sie zu einer unabhängigen Bewertung verpflichtet.

II. Vertragsdesign

Der wünschenswerte Nebeneffekt einer rechtzeitig eingeholten zweiten Meinung ist, dass die bei einer unabhängigen Prüfung entdeckten etwaigen Unklarheiten noch korrigiert werden können und somit dem Vertrag und seinem Verständnis durch die Beteiligten zu weiterer Klarheit verschaffen.

9. Probleme bei Abbruch der Verhandlungen

Vor der Aufnahme von Vertragsverhandlungen sollte konzeptionell klar sein, was bei einem Fehlschlag der Verhandlungen gilt. Folgende Konstellationen drängen sich auf:

a) Szenario: Vertrag schriftlich vereinbart und unterzeichnet

Sind vor dem *Closing* abgegebene Erklärungen mit dem Vertragsschluss erloschen oder gänzlich in den Vertrag aufgegangen? Mit einer *Merger-Klausel* hängen sie nicht mehr als Damoklesschwert über den Parteien.

Beispiel:

„Entire Agreement: This Agreement constitutes the entire agreement and understanding among the Parties hereto with respect to the subject matter hereof and supersedes all prior written and oral agreements, arrangements and discussions with respect thereto. No course of conduct, course of dealing, course of performance or trade usage, shall be used to supplement or modify any terms or conditions of this Agreement."

b) Szenario: Ergebnisse schriftlich festgehalten, doch nicht in einem Text

Durch gegenseitige Erklärungen in E-Mails, Telefaxen, Briefen kann bereits ein Vertragsverhältnis ins Leben gerufen worden sein. Das amerikanische Recht setzt in der Regel nicht voraus, dass die gegenseitigen Rechte und Pflichten in **einem** Dokument festgelegt sind. *Representations and Warranties* und daraus folgende Rechtspflichten können sich vielmehr aus zahlreichen Schriften ergeben und dadurch ein durchsetzbares Ganzes bilden.

Gleiches gilt für die **Bezeichnung**. Selbst wenn ein Dokument als *Letter Agreement*, *Letter of Intent* oder *Memorandum of Understanding* betitelt wird und nicht wie ein Vertrag aussieht, kann es Vertragswirkungen entfalten.

Maßgeblich für die Entfaltung von Vertragswirkungen ist damit allein, dass die Vertragsparteien bei Erstellung des Dokuments oder der Dokumente mit **Rechtsbindungswillen** gehandelt haben. Zur Feststellung eines derartigen Willens stellen amerikanische Gerichte auf den Inhalt der erstellten Dokumente sowie auf das Verhalten der Parteien ab. So wird zunächst geprüft, ob der Wortlaut der getroffenen Vereinbarung einen

Rechtsbindungswillen der Parteien erkennen lässt. Weiterhin setzt die Annahme von Vertragswirkungen regelmäßig voraus, dass keine offene im Sinne einer unbestimmten Formulierung vorliegt, kein *Open Term*, sondern dass die Parteien die wesentlichen Vertragsbedingungen verhandelt und in dem betreffenden Dokument festgehalten haben. Zudem kann aus der teilweisen Ausführung bereits festgelegter Vereinbarungen geschlossen werden, dass sich die Parteien an die bisher getroffene Vereinbarung gebunden fühlen. Die amerikanischen Gerichte ziehen außerdem in Betracht, ob die Unterzeichnung eines offiziellen Vertragsdokuments für die konkrete Vereinbarung üblich ist.

67 Selbst wenn sich die Parteien in den erstellten Dokumenten noch nicht über sämtliche Vertragsbedingungen geeinigt haben, bedeutet dies nicht, dass aus den bisher getroffenen Vereinbarungen keine weiteren Rechtspflichten abgeleitet werden können. Vielmehr kann in diesem Fall eine gegenseitige Verpflichtung zu **weiteren Verhandlungen** *„In good Faith"* bestehen, um die festgelegten Rahmenbedingungen inhaltlich auszufüllen und vertraglich bindend festzusetzen.

Um nicht vorschnell an einen Vertrag gebunden zu sein, der sich allein aus ausgetauschter Korrespondenz ableitet, ist die schriftliche Erklärung der Parteien empfehlenswert, dass erst ein schriftliches, von den Geschäftsherren unterzeichnetes Vertragsdokument rechtlich bindend sein soll.

c) Szenario: Kein schriftlicher Vertrag, keine gegenseitigen Verpflichtungen vereinbart

68 Sind Leistungen im Vertrauen auf Gegenleistungen erbracht worden? Unter verschiedenen Rechtstheorien wie *Reliance* und *Quantum Meruit* kann eine vertragsgleiche Rechtsbeziehung bestehen. Die Verletzung von Rechtspflichten aus dieser Rechtsbeziehung kann haftungsauslösend wirken.

10. Wirkung von Vorvertragsvereinbarungen

69 Als Folge gründlicher Vorbereitungen wurden Geheimnisschutz und Verwertungsverbote vereinbart. Gelten sie weiter? Sind sie automatisch nach darin vereinbarten Laufzeitbestimmungen oder anderen Bedingungen ausgelaufen und erloschen?

a) Merger Clause – Saubere Entsorgung

70 Gleich ob ein Vertrag erkennbar und gewollt oder latent oder gar nicht zustande gekommen ist, gilt: Alles, was in Verhandlungen erklärt wurde, wird **weiterhin als erklärt angesehen**. Erklärungen bergen die Gefahr von Rechtsfolgen – wenn nicht nach Vertragsrecht, dann nach Vertragsanalogien oder dem zivilen Deliktsrecht. Während erstere in der Regel auf ein-

II. Vertragsdesign

fache Schadensersatz- und gelegentlich Unterlassungsansprüche beschränkt sind, besteht bei letzterem sogar die Gefahr des behaupteten Strafschadensersatzanspruches.

In einem gut formulierten, abgeschlossenen Vertrag beseitigt die *Merger Clause* diese Gefahr. Alles, was vor dem *Closing*, der Unterzeichnung eines wirksamen Vertrages geschah und gesagt wurde, ist damit entweder in den Vertrag aufgegangen oder rechtlich undurchsetzbar geworden. Was nicht vereinbart wurde, kann auch nicht in Zukunft zu Ansprüchen führen.

> Die *Merger Clause* gehört zwar zum *Boilerplate*, den Standardformulierungen, doch ist **Vorsicht** angesagt. Sie darf einerseits nicht überraschend weitere Vertragsverhältnisse zerstören, die beibehalten werden sollen. Ein Inventar der vorhandenen Verträge mit derselben Partei sollte mithin bei der Vertragsverhandlung, spätestens der Formulierung, vorhanden sein.
>
> Die *Merger Clause* soll andererseits keine verzichtbaren Vorvertragsverhältnisse überleben lassen, vor allem wenn der Vertrag durchgeführt und beendet ist. Dann entfällt in der Regel der Anlass für den vorvertraglich vereinbarten Schutz, beispielsweise dem Verbot der Zusammenarbeit mit Dritten.

Überlebende Verbote aus Vorvertragsbeziehungen können sich beim fehlschlagenden Vertrag als verhängnisvoll erweisen. Selbst wenn es gelingt, die Vertragsbeziehung aufzulösen, kann ein vorvertragliches Wettbewerbsverbot, ein *Non-Disclosure Agreement* oder ein Verwertungsverbot mit längerer Laufzeit als der Hauptvertrag den Leistungsberechtigten davon abhalten, mit Dritten eine Ersatzlösung für die Leistungserbringung zu verhandeln. Mit Kulanz ist selten zu rechnen – die Fußangel wird in der Regel aggressiv eingesetzt. Daraus resultiert das Risiko einer Schadensersatzpflicht bei einer Verletzung solcher Bestimmungen oder eines Druckmittels beim Versuch, sich mit einem Buyout aus der Knebelung freizukaufen.

Die einfache *Merger Clause*, auch als *Integration Clause* bezeichnet, passt deshalb nicht zu jeder Geschäftsbeziehung. Das folgende Beispiel soll bei einem relativ einfachen Dauerleistungsverhältnis den Untergang bestehender und zukünftiger Bestellungen, Auftragsbestätigungen, konkurrierender allgemeiner Geschäftsbedingungen, einer einseitigen unentgeltlichen Aufbewahrungspflicht und eines bestehendenden Geheimhaltungsvertrages, teilweise mit laufenden, teilweise mit erwarteten Durchführungsbestimmungen bei der Vereinbarung eines neuen Vertragsprojekts vermeiden. Die Parteien konnten sich nicht darauf einigen, ihre Standarddokumentation an den neuen Vertrag anzupassen, und hielten eine Regelung über die Fortgeltung bestehender Werke sowie die Wirkung zukünftiger Dokumente in einer um Auslegungsregelungen ergänzten *Merger Clause* für praktikabler. Durch eine Rangordnung der

Dokumente bleibt der neue Vertrag immer der Trumpf; die Verhandlungsergebnisse münden restlos ohne eigenen fortwährenden Beweiswert in das *Agreement* ein; und Rechte und Pflichten aus den anderen notwendigen Dokumenten gelten nur bei Vereinbarkeit mit ranghöheren Dokumenten.

Beispiel:

The Parties intend this Agreement to be a final and complete expression of their agreement and understanding with respect to its subject matter. The terms of this Agreement are contractual, and may not be modified except by an agreement in writing. In recognition of the potential for a battle of the forms arising from the existence of this Agreement, purchase orders, standard terms and conditions, quotations, source control drawings, terms of audit, or similar documents used by the Parties in their normal course of business, the Parties represent and warrant that contrary to the order of precedence established in their purchase orders and standard terms, this Agreement shall take precedence over such other documents even if such other documents have been presented, used, accepted or executed after the Effective Date.

Therefore, in the event that a mediator, arbitrator or court should consider this Agreement as well as the Parties' own terms to govern the relationship of the Parties, any construction or interpretation of the documents shall resolve any conflict in favor of the terms of (i) first this Agreement, and (ii) next U Corp.'s Standard Conditions of Sale, and (iii) then D GmbH's General Commercial Terms and Conditions. Without limiting the foregoing and for purposes of illustration only, sections 1, 7, 21, 30 and 41 of D GmbH's General Commercial Terms and Conditions contain provisions in clear conflict with the terms of this Agreement, which conflict the Parties resolve in favor of the terms of this Agreement. Without limiting the foregoing and for purposes of illustration only, sections 6, 9, 12, 19, 20, 23, 27 and 31 and Part 2 of D GmbH's General Commercial Terms and Conditions contain provisions clearly compatible with this Agreement and U Corp.'s Standard Conditions of Sale. This Agreement shall not supersede the Mutual Non-Disclosure Agreement with an effective date of January 5, 2014 in effect between the Parties.

b) Bestätigung des Abbruches

72 In allen anderen Konstellationen, auch bei einer langen Verhandlungspause, sollte der erfolglose Abschluss der Verhandlungen mit einem **schriftlichen Vertrag** über eben diesen Ausgang dokumentiert werden. Die Bezeichnung des Vertrages ist einerlei. Wichtig ist nur, dass die Beendigung der Verhandlungen sowie der beiderseitige Verzicht auf alle gegenseitigen Ansprüche bestätigt und vereinbart werden. Die Schlüsselbegriffe lauten mithin *Termination*, *Settlement* sowie *Release*.

c) Verhandlungspause

73 Besteht nach einer Verhandlungspause noch Aussicht auf die Wiederaufnahme von Verhandlungen, sollte festgehalten und gegenbestätigt werden, dass noch kein Vertrag ins Leben gerufen wurde und keine vertragsgleichen Pflichten gelten. Dabei ist auch die Verlängerung der Laufzeit

von Vorvertragsabsprachen, soweit sie zeitlich begrenzt sind, zu beachten.

III. Vertragsverhandlung

1. Inhaltliche Voraussetzungen

a) Bargaining

Das *Bargaining* ist eine wesentliche Wirksamkeitsvoraussetzung für den amerikanischen Vertrag. Zunächst bedeutet dies, dass beiden Vertragsparteien überhaupt ein Spielraum zu Verhandlungen gelassen sein muss. Als Umkehrschluss ergibt sich daraus, dass der Verhandlungsbeginn nicht mit dem Vorlegen eines vollständigen schriftlichen Vertrages beginnen sollte, der der Gegenseite aufgezwungen wird – selbst und gerade wenn man die wirtschaftliche oder kaufmännische Oberhand besitzt.

Im **Massengeschäft**, beispielsweise beim Verkauf von Produkten an den Verbraucher, lässt sich dieser Rechtsgrundsatz schwer umsetzen. Ein standardisierter, mit einer CD abgepackter Lizenzvertrag beispielsweise sollte daher wenigstens in den kritischen Punkten des Verbraucherschutzes dem Kunden eine Gelegenheit zur Zustimmung oder Ablehnung einräumen oder die Wahl besonderer Leistungen wie eines Wartungsdienstes ermöglichen. Manche Verträge für das Massengeschäft erwähnen die Leistungs-/Gegenleistungsabwägung sogar ausdrücklich, indem sie etwa besagen: In Anbetracht der von uns freiwillig erbrachten Leistung X verzichtet Kunde auf das Recht Y. Das Element des *Bargaining* wird so impliziert. Hinter solchen Formulierungen steckt jedoch mehr Wunschdenken als gesicherte Rechtsprechung.

Bei anderen Vertragskonstellationen haben die Beteiligten oft auch bestimmte Vorgaben, von denen sie nicht abrücken können und die sie der Gegenseite aufzwingen müssen. Der Hinweis „Unser Steuerberater verlangt Gesellschaftsform A." nimmt der Gegenseite die Gelegenheit zum *Bargaining*. Doch lässt sich diese Forderung anders verpacken, indem sie mit einem Geben und Nehmen verbunden wird: „We understand your tax counsel requires B, and we will give you B if you give us A.". Im Ergebnis ist eine solche Formulierung ebenso in Deutschland sowie in jedemanderem Land denkbar. Sie ist aber nach US-Recht insofern bedeutsam, als der Vertrag vor dem Hintergrund des rechtlichen *Bargaining*-Erfordernisses ohne jenes angreifbar wäre.

b) Gegenleistung

Ein Vertrag des Inhalts „A gibt X an B." wäre mangels Gegenleistung, *Consideration*, kein Vertrag. Selbst wenn die Parteien eine einseitige Leistungsverpflichtung anstreben, müssen sie in den Verhandlungen Leistung und Gegenleistung als Vertragsinhalt entwickeln.

c) Keine Vertragsstrafe

76 Die Vertragsstrafe zur Leistungserzwingung oder Verzugsvergütung ist in den USA ebenso wie in Deutschland bekannt, doch gilt ein erheblicher Unterschied. Sie darf **niemals als Strafe bezeichnet** werden. Eine Strafe ist zivilrechtlich unwirksam und dem Strafrecht vorbehalten, selbst wenn angesichts des Begriffes *„Punitive Damages"* für Strafschadensersatz der entgegengesetzte Eindruck entsteht.

> In Verhandlungen und in der Vertragsdokumentation ist daher nur der Begriff *„Liquidated Damages"* zu verwenden. Er steht konzeptionell für den bei Vertragsschluss von den Parteien für den Fall einer Vertragsverletzung als angemessen angesehenen Schadensersatz, ohne strafendes Druckmittel zu sein. Wie schon bei der obigen Erörterung des *Bargaining*-Merkmals erkennbar, soll keine Partei dem Druck der anderen ausgesetzt werden, sondern frei entscheiden können.

Begriffe wie *„Penalty"* und *„Pressure"* sollten deshalb weder in den Verhandlungen noch in eigenen Strategieunterlagen oder der Korrespondenz mit befreundeten Parteien auftauchen, ebenso wenig vor oder nach den Verhandlungen. Die Verwendung dieser Begriffe suggeriert, illegal Vorteile erzwingen zu wollen, und kann die Laiengeschworenen im Zivilprozess gegenüber derjenigen Partei voreinnehmen, die sich solcher Begriffe bedient.

Da im Streitfall das Ausforschungsbeweisverfahren, *Discovery*, auch die Offenlegung interner Korrespondenz, z.B. E-Mails im Rahmen der sogenannten *E-Discovery*, erzwingt, sollten auch interne Nachrichten keine solchen Begriffe enthalten. Bei Übersetzungen deutscher Texte sollte der Jurist sicherstellen, dass Vertragsstrafe nicht als *Penalty*, sondern als *Liquidated Damages* bezeichnet wird – trotz der dogmatischen Unterschiede.

77 > In diesem Zusammenhang sei darauf verwiesen, dass trotz einer Merger-Klausel die Verhandlungsunterlagen nebst sämtlicher Korrespondenz in ein strittiges Verfahren eingeführt werden können. Das Ausforschungsbeweisverfahren unmittelbar nach der Klageerhebung, die *Discovery*, berechtigt die Parteien zur Einsichtnahme in alle auch nur halbwegs verfahrensrelevanten Unterlagen der Gegenseite. Wird dann der Begriff Vertragsstrafe in einem deutschen Dokument mit *„Contract Penalty"* übersetzt oder wird der im maltesischen Englisch für ein bestimmtes Schema, Konzept oder System übliche Begriff *„Scheme"*, der im Amerikanischen auf schlimmste Machenschaften hindeutet, in einer E-Mail aufgedeckt, nützt die Erklärung nichts, dass man mit amerikanischem Fachenglisch nicht vertraut gewesen sei.

III. Vertragsverhandlung

So wie das amerikanische Gericht das ausländische Unternehmen der amerikanischen Gerichtsbarkeit unterwirft, weil es – in der verfahrensrechtlichen Sprache der Gerichte – die Vorteile des amerikanischen Systems genutzt hat, bindet es das Unternehmen gleichermaßen an seine Wortwahl, selbst an die eines Übersetzers. So abstrus diese Fälle erscheinen mögen, sie gehören zur alltäglichen Realität. Deutsche Unternehmen haben sie in Verhandlungen und vor Gericht schon Kopf und Kragen gekostet.

2. Verhandlungsthemen

Die Rechtskultur in den USA unterscheidet sich auch in anderen Bereichen von der in Kontinentaleuropa. Daraus leitet sich die Empfehlung ab, gewisse **Themen** von den Verhandlungen **auszuklammern**, die sich als typisch deutsch oder europäisch erweisen. Wenn man in Verhandlungen ein Problem aufwirft, das in den USA gar keines oder ein leicht zu lösendes ist, gibt man dem amerikanischen Gegenüber eine unnötige Gelegenheit, den Verzicht auf ein nichtexistierendes Recht als eine Leistung darzustellen, für den dieser einen angemessenen Ausgleich verlangen wird.

Beispiele:

Als solches Scheinproblem lässt sich beispielsweise anführen, dass in den meisten Rechtskreisen der USA kein Ausgleichsanspruch für Handelsvertreter existiert. Zudem werden Gewährleistungsrechte üblicherweise auf ein Minimum reduziert, wobei das Minimum ohnehin fast immer lückenhafter oder niedriger ausfällt als in der EU. Ein Verzicht auf Phantomrechte gewährt keinerlei Anspruch auf eine Gegenleistung. Das Risiko der Produkthaftung in den USA wird aus deutscher Sicht vielfach überschätzt, während es für den Amerikaner lediglich einen von vielen versicherungstechnisch, vertragsrechtlich und gesellschaftsrechtlich lösbaren Faktoren der Geschäftstätigkeit bedeutet.

Spricht der Deutsche Phantomprobleme in Verhandlungen überhaupt oder mit unpassendem Gewicht an, fragt sich der Amerikaner auch, ob er mit einem erfahrenen Unternehmer oder mit einem gesetzesscheuen Greenhorn verhandelt. Den Realitäten des amerikanischen Marktes und seines Rechts, das nach den Erklärungen seiner Politiker weltweit führend ist, sollte man ins Auge sehen, anstatt zu versuchen, das Recht feige zu umgehen, denkt er.

In diese Rubrik fallen auch **Zugeständnisse**, zu denen man freiwillig bereit ist. Erfahrungsberichte zeigen, dass deutsche Vertragsparteien in den USA oft zu früh die Karten auf den Tisch legen, ohne dass sie für ihre verfrühten Zugeständnisse eine angemessene Gegenleistung erhalten. Dem amerikanischen Part einen Bonus zu schenken, weil die Verhandlungen so angenehm verliefen, darf nicht geschehen. Geschenke erwartet niemand – gleich ob es mehr Unternehmensanteile oder um einige Prozent günstigere Einkaufsbedingungen sind. Doch lassen sich deutsche Verhandlungsführer erstaunlich oft dazu hinreißen. Bis zum *Closing* sollte man noch viele Karten in der Hand haben und auch wissen, welche Wünsche für den Fall späterer Nachverhandlungen geäußert werden können. Bis ein Vertrag unterzeichnet ist, werden meist noch viele Forderungen oder „Klarstellungen" nachverhandelt. Ist alles Pulver bereits verschossen, wird der gute *Deal* zum Desaster.

3. Vergleichsverhandlungen

80 Vergleichsverhandlungen folgen meist als Reaktion auf behauptete Vertragsverletzungen. Diese Verhandlungen stehen unter dem besonderen Schutz einer **Beweisregel**, die die Verwertung von Verhandlungserklärungen in strittigen Verfahren verbietet, jedoch mit den nachfolgenden Einschränkungen:

Rule 408. Compromise and Offers to Compromise

(a) Prohibited uses.– Evidence of the following is not admissible on behalf of any party, when offered to prove liability for, invalidity of, or amount of a claim that was disputed as to validity or amount, or to impeach through a prior inconsistent statement or contradiction:

(1) furnishing or offering or promising to furnish – or accepting or offering or promising to accept – a valuable consideration in compromising or attempting to compromise the claim; and

(2) conduct or statements made in compromise negotiations regarding the claim, except when offered in a criminal case and the negotiations related to a claim by a public office or agency in the exercise of regulatory, investigative, or enforcement authority.

(b) Permitted uses.– This rule does not require exclusion if the evidence is offered for purposes not prohibited by subdivision (a). Examples of permissible purposes include proving a witness's bias or prejudice; negating a contention of undue delay; and proving an effort to obstruct a criminal investigation or prosecution.

Der Zweck dieser Regelung besteht darin, die Parteien zur offenen Auseinandersetzung mit dem strittigen Thema zu animieren. Damit sich beide Parteien sowohl über die Anwendbarkeit dieser Regel, als auch über die Rechtsnatur der Verhandlungen im Klaren sind, wird vor, bei sowie nach den Verhandlungen erklärt, welcher Art diese Verhandlungen sind und unter welchen Schutz sie fallen. Der Schriftverkehr erhält die Überschrift *„For Settlement Purposes under FRE 408 Only"* oder einen vergleichbaren Vorbehalt.

4. Vertragsänderung

81 Vertragsänderungen sind die Folge von Vertragsverhandlungen. Zu Verhandlungen kann keine Partei gezwungen werden. Soweit ein Vertrag bestimmt, dass sich die Parteien zu Verhandlungen verpflichten, bedeutet dies lediglich, dass sie die Teilnahme versprechen, nicht jedoch die Zustimmung zu bestimmten Lösungen. Um eine solche Bestimmung mit Leben zu füllen, kann die die Verhandlungen fordernde Partei die Gegenseite lediglich zu Verhandlungen **einladen**. Weitere Druckmittel sind, so-

fern überhaupt zulässig, nicht sinnvoll. Indes besitzt die fruchtlose Einladung einen gewissen Wert im strittigen Verfahren, weil die einladende Partei ihre *Good Faith*-Einstellung unter Beweis gestellt hat.

Ansonsten gilt für Vertragsänderungen ebenfalls, dass Leistungen und Gegenleistungen auszutauschen sind, ein *Bargaining* erforderlich ist, und der Änderungsvertrag ein *Meeting of the Minds* dokumentieren muss.

5. Abschluss der Verhandlungen: Closing

Das *Closing* in seiner einfachsten Form ist lediglich die gemeinsame Unterzeichnung des Vertrags. Der Vertrag kann in Duplikaten unterzeichnet werden, gleich ob sich die Parteien physisch zusammengefunden haben oder nicht. — 82

⇨ Wichtig ist, dass der Vertrag von den Parteien selbst oder ihren bevollmächtigten Vertretern unterzeichnet wird. Eine Vollmachtsvorlage oder Vollmachtseinbindung in Verträge ist selten, doch ist folgende übliche Vertragsbestimmung zu beachten, die in minimaler, oft weit konkreterer Form das Vorhandensein einer Bevollmächtigung, beispielsweise durch einen Gesellschafterbeschluss, bestätigt:

„Authorized Signatory: Each individual signing this Agreement represents and warrants to all Parties that he has the full authority to do so on behalf of the Party for whom he signs."

Gelegentlich lassen sich Vertragsparteien die besten Vertragsdokumente entwerfen und dann von vertragsunbeteiligten Dritten unterzeichnen, damit sie als Ausländer nicht in Gefahr geraten, in den USA verklagt zu werden. Das ist fatal und führt nur zu unnötigen Problemen. Wenn es vorher keine persönliche Haftung gab, wird sie nun relevant – mit dem „Bonus" einer Haftung für Strafschadensersatz.

In manchen Fällen bedeutet das Closing ein viel umfangreicheres Procedere, insbesondere wenn mit ihm der eigentliche Leistungsaustausch verbunden wird: Aktien gegen Geld, Shopping Center gegen Gesellschaftsbeteiligung oder auch nur Grundeigentumserwerb gegen geliehenes Geld. Für den letzten Fall kann man eine Stunde und 50 Unterschriften auf Dokumenten, die aus zivil- und öffentlich-rechtlichen Gründen den Vertrag und Leistungsaustausch begleiten müssen, einkalkulieren. — 83

In anderen Fällen kann man mit einem Nachmittag oder gar mehreren Tagen rechnen, bis jedes i-Tüpfelchen am rechten Platz ist: *„Dotting the I's and Crossing the T's."* wird dieses Phänomen hier genannt und kann nicht auf die leichte Schulter genommen werden. In der Praxis wird bei umfangreichen Verträgen oder bedeutenden Konsequenzen bis zum letzten T oder I weitergefeilscht, verändert und nachgebessert. Externer Zeitdruck darf nicht bestehen. Man muss im Kopf behalten, dass in dieser Phase wertvolle Errungenschaften im Stress des *Closing* wieder verloren — 84 gehen können, aber auch noch viel gewonnen werden kann. Wenn ein unvermeidbarer externer Zeitdruck besteht, ist es oft besser, mit einer schriftlichen Vereinbarung den *Closing*-Termin zu verschieben als auf neue, im Gesamtgefüge unverständliche oder in der Hektik nicht abschließend zu beurteilende Forderungen einzugehen. Alternativ greift die Notbremse: „So oder gar nicht!" – doch nur, wenn das So vorher allen wirklich klar war.

Um Missverständnissen vorzubeugen: *Execution* und *Closing* sind nicht synonym. Oft fallen sie zusammen, weil die Vertragsunterzeichnung gleichzeitig mit dem Leistungsaustausch erfolgt. Seit Jahrhunderten fallen jedoch beispielsweise im Immobilienrecht Unterzeichnung und *Closing* auseinander: Nach der *Execution* erfüllen beide Seiten Bedingungen oder bereiten ihre Erfüllung vor. Beim vertragsvereinbarten *Closing* treten sie erneut, diesmal zum Leistungsaustausch, zusammen.

6. Rolle des Rechtsanwalts

85 Dass ein amerikanischer Rechtsanwalt einzuschalten ist, sollte nach der bisherigen Erörterung klar sein. Wie bedeutsam die Rolle in den Verhandlungen und zur Vermeidung von Haftungsfällen aufgrund nachvertraglicher Risiken sein kann, zeigt am Eindrucksvollsten das **Anwaltsgeheimnis**. *Attorney-Client*-Korrespondenz und *Attorney Work Product* gehören zum inneren Sanctum des amerikanischen Prozessrechts.

86 Nach den Regeln der *Discovery* unterliegt alles, aber auch wirklich alles, bis auf das, was Anwalt und Mandant erörtern und was der Anwalt für seinen Mandanten erstellt, im Streitfall der Pflicht zur Offenlegung an die Gegenseite oder an Dritte, die Ansprüche behaupten. Selbst gesetzlicher Datenschutz und Staatsgeheimnisse werden von amerikanischen Gerichten nur mit größter Zurückhaltung beachtet.

⟳ Aus diesem Grunde empfiehlt es sich, in die gesamte strategische Planung und Durchführung der Verhandlungen den Anwalt einzubeziehen. Manche Mandanten mit schmerzhaften Erfahrungen in den USA gehen so weit, dass sie vorsichtshalber in jedes USA-bezogene Dokument, gleich ob E-Mail oder Brief, Angebot oder Annahme, den Vermerk *„Confidential! Attorney Client Correspondence."* eintragen und es dem Anwalt als Empfänger oder in Kopie zusenden.

In der Praxis spielt der Anwalt bei Verhandlungen eine so bedeutende Rolle, dass sie dem deutschen Mandanten gelegentlich unheimlich wird – von den Kosten ganz abgesehen. Dominieren sollte der Anwalt nicht.

87 Jedoch bilden die Anwälte die **Schnittstelle** des Informations- und Verhandlungsflusses zwischen den Verhandlungsparteien. Gelegentlich leiten sie die Aufnahme der Verhandlungen ein. Beispielsweise ist im transatlantischen Verkehr zu beobachten, dass bei verfahrenen Vertragsverhältnissen die Vertragsparteien jegliche Verhandlungen verweigern

und ihr Schicksal unweigerlich in die Richtung der Laiengeschworenen laufen lassen. Wenn die Anwälte auf *Transactions*, nicht *Litigation*, also Prozessführung, ausgerichtet sind, sollten sie ein Interesse an einer Kursänderung zeigen und ihr Geschick dafür einsetzen, die Beteiligten an den Verhandlungstisch zu bringen. Ebenfalls kann es bei der Verschmelzung von Unternehmen schnell zu kartell- und börsenrechtlichen Fehlern kommen, so dass die Unternehmensleiter kaum das Risiko direkter Gespräche ohne anwaltlichen Beistand eingehen.

Was für große konzernbewegende Verhandlungen gilt, bei denen in einer oder mehreren Kanzleien die kartell-, kapitalmarkt- oder ausfuhrkontrollrechtlich bedeutsamen Daten aus allen Ecken und Enden der Welt zusammenlaufen, bevor sie rechtlich gefiltert der Gegenseite oder Aufsichtsinstanzen vorgelegt werden, trifft nach demselben Prinzip – wenn auch mit weniger Aufwand – ebenfalls auf alltägliche Verhandlungen zu.

Wenn in den Vereinigten Staaten die Gegenseite nicht von Anfang an einen Anwalt an den Verhandlungen beteiligt und ihm die Koordination überträgt, zieht er sicherlich zumindest im Hintergrund die Fäden.

Unter all den anwaltlichen Aufgaben beim Vertragsmanagement spielt die Vertragsdokumentation oft letztlich eine untergeordnete Rolle. Die gesamte Tätigkeit läuft zwar auf sie hinaus. Jedoch erweisen sich die Sammlung der dokumentationserheblichen Informationen und insbesondere die **Feststellung des übereinstimmenden Willens** der Vertragsparteien als die Hauptaufgabe. Ist die Übereinstimmung in jedem noch so kleinen Punkt ermittelt, ist die Formulierung für die Anwälte der Parteien großenteils Routine. Klarheit im Verhandlungsergebnis führt zur Klarheit im Vertragstext.

Bei der Formulierung der Übereinstimmung, des *Meeting of the Minds*, ohne die kein Vertrag entstehen kann, gelangen allerdings regelmäßig scheinbar kleine, aber meist doch entscheidende Punkte ans Tageslicht und führen zu weiteren Verhandlungen. In Austausch- und Gesellschaftsverträgen sind es immer wieder die letzten zehn Prozent auf dem Weg zur Vertragsunterzeichnung, die 90 Prozent des Aufwandes ausmachen.

So unscheinbar diese letzten zehn Prozent sein mögen – man will ihre Auslegung oder Lückenfüllung keinesfalls den Laien der Jury überlassen, die im Streitfall dafür zuständig werden können. Dabei darf der deutsche Mandant seinem Anwalt vertrauen, wenn dieser die möglichen Entscheidungen der Jury skizziert und empfiehlt, in diesem oder jenem Punkt noch die Verständigung mit der Gegenseite anzustreben.

7. Kosten des Rechtsanwalts

Kartellrechtlich sind amerikanischen Rechtsanwälten gesetzliche oder verbandsweite Gebührenkataloge verboten. Die übliche Vergütung bemisst sich nach dem **Zeitaufwand** und dem **Stundensatz**.

Der Stundensatz wird vereinbart. Der Aufwand lässt sich hingegen kaum vereinbaren, weil er nur selten geschätzt werden kann. Jedoch spricht nichts dagegen, Phasenschätzungen zu versuchen und als Leitlinien für den Aufwand zu betrachten. Wenn Schätzungen verbindlich gemacht werden sollen, ist allerdings zu befürchten, dass sie höher als durchschnittlich ausfallen, denn jeder Anwalt weiß, dass sich zwangsläufig Überraschungen ergeben.

Eine kleine Firmenübernahme, auch durch ein Großunternehmen, das den Anwälten sämtliche Aufgaben überträgt, kann dann einmal 20 000 $, ein anderes Mal 80 000 $ kosten, während die Kosten für eine andere Akquisition plötzlich viel höher liegen, weil beispielsweise schriftliche Vereinbarungen vor der Auftragserteilung ohne USA-Erfahrung verfasst wurden und anschließend mühsam nachverhandelt werden müssen, oder auch nur, weil sich herausstellt, dass in der konkreten Konstellation die Genehmigung verschiedener staatlicher Stellen für die Ausfuhr von unerwartet deren Kontrolle unterliegenden Technologien erforderlich ist.

90 Die **Bandbreite der Stundensätze** ist in den Vereinigten Staaten enorm und sagt in der Regel wenig über die Qualität der Arbeit aus. Vielmehr reflektieren sie die Gemeinkosten der Kanzlei sowie die Selbsteinschätzung der Anwälte im Markt, in dem sie tätig sind: örtlich, regional, landesweit oder international. Zudem spiegeln sie die Erfahrung des Anwalts wider. Je mehr Erfahrung, desto höher die Sätze.

Dementsprechend unterscheiden sich auch die Sätze innerhalb einer Kanzlei. Für den angestellten *Associate* mit drei Jahren Erfahrung wird ein geringerer Satz als für den erfahreneren Partner angesetzt. Der Mandant kann im Rahmen der Kostenkontrolle einen gewissen Einfluss auf die kanzleiinterne Aufgabenverteilung nehmen.

91 Dabei unterstützen ihn die **Abrechnungen** der Kanzleien, die durchweg automatisiert jede Leistung und Auslage erfassen und üblicherweise dem Mandanten monatlich oder projektbezogen übermittelt werden. Zur Kostenkontrolle werden von Mandanten teilweise automatisierte Systeme sowie externe Berater und Prüfer eingesetzt.

92 ➲ Bei einer einfachen Kostenkontrolle, welche die meisten deutschen Mandanten wählen und zu diesem Zweck in den USA keine aufwändigen Kontrollsysteme installieren, ist neben der Aufgabenverteilung darauf zu achten, welche **Gemeinkosten** gesondert in Rechnung gestellt werden. Wird das Sekretariat oder der unbezahlte Praktikant den Mandanten in Rechnung gestellt? Bestimmte Mahlzeiten, selbst Einladungen der Mandanten zu einem Dinner mit den Anwälten, finden sich auf Rechnungen, und der bezahlte *Law Clerk* oder *Paralegal* gehört dorthin. Den anteiligen PC-Gebrauch kann man hinterfragen, die Briefmarke, Kopie oder gebrannte CD muss hingegen hingenommen werden.

III. Vertragsverhandlung

Ein Posten, der vorab nur schwer eingeschätzt und auch nachträglich 93
kaum geprüft werden kann, ist die **Datenbanknutzung**. Die juristischen
Datenbanksysteme sind teuer, und selbst wenn eine Kanzlei einen Pauschalvertrag nutzt, finden sich auf den Rechnungen Abfragen, die nicht
von der Pauschale gedeckt sind – auch zum Leidwesen der Kanzlei, die es
vorziehen würde, solche Kosten genauer abzuschätzen.

Auslagen sollten keine Profitcenter darstellen. Das heißt, ein Wort- oder 94
Videoprotokollführer, ein Flug, ein als *War Room* angemieteter Raum,
die Aktenarchivierung oder -vernichtung werden zum ausgelegten Preis
abgerechnet.

Manche Rechtssysteme der USA gestatten den dort zugelassen Anwälten, einige Gemeinkosten als **Aufschlag** zu berechnen, beispielsweise für 95
Telefonanlagen, oder die Kosten bestimmter Anlagen wie Kopiergeräte
umzulegen.

8. Psychologische Faktoren

Auch in den Vereinigten Staaten spielen die psychologischen Faktoren 96
bei dem sozialen Ritual einer Vertragsverhandlung eine bedeutende Rolle. Die im allgemeinen Teil dieses Werkes behandelten Regeln (oben
Teil 2, Rz. 378 ff.) gelten weitestgehend auch für die USA.

Eine Abweichung findet sich bei der Einstellung zu den Verhandlungen 97
sowie zu Wahrheit und Lüge. In den USA hat man die Einstellung, dass
selbst der bitterste Kampf – und Verhandlungen gelten als solcher – **fair**
sein muss. *Good Faith* hat einen hohen Stellenwert. Die Lüge hat da keinen Platz. Wie erwähnt, gelten drastische Sanktionen für das *False Statement*, und Ausnahmen für Schutzbehauptungen gibt es nicht. Andererseits gilt der **Grundsatz des Vergebens**. Wer seine privaten, beruflichen,
politischen oder unternehmerischen Verfehlungen uneingeschränkt bekennt und bereut, dem wird vergeben. Das gilt auch in Verhandlungen.
Den Fehler, die falsche Auffassung oder Auslegung zu bekennen, ist gut;
sie herunterzuspielen oder anderen in die Schuhe schieben zu wollen, ist
unverzeihbar.

Bekennen steht für moralische Stärke – mit solchen Personen mag man
Pferde stehlen. Wegerklären steht für den kleinen Geist, mit dem man
lieber keine Geschäfte eingeht.

Eine weitere psychologische Frage betrifft das **Selbstverständnis der eigenen Besucherrolle**, mit der man an Verhandlungen in den Vereinigten 98
Staaten teilnimmt, und den Respekt vor der Sphäre des amerikanischen
Verhandlungspartners. In der Regel stellen sich die Besucher am besten,
die sich vom Amerikaner in seine Sphäre einführen lassen – gleich wieviel Geduld sie dafür aufbringen müssen, nachdem sie sich schon selbst
in der Planungsphase über jeden örtlichen, regionalen, unternehmerischen, politischen, privaten, organisatorischen und finanziellen Aspekt

unterrichtet haben. Sich einführen zu lassen ist in jedem Fall besser als besserwisserisch zu erscheinen. Das bedeutet auch, dass man divergierende Ansichten über die USA oder ihre Führung nicht verkündet oder gar bekehrend auftritt.

99 Ebenso sollte man es sich nicht leisten, **Empfehlungen** für das Unternehmen der amerikanischen Seite auszusprechen. Aus amerikanischer Sicht schützt jede Seite ihre eigenen Interessen, mischt sich nicht in die Angelegenheiten der anderen Seite ein und konzentriert sich bei Verhandlungen auf die gemeinsame Schnittstelle – zum jeweils eigenen Wohl. Gut gemeinte Ratschläge können leicht den falschen Eindruck erwecken. *„My home is my castle"* gilt auch für den eigenen Betrieb. In den Vertrag kann man bei Bedarf Schulungen aufnehmen, und das ist bei Vertriebsvereinbarungen oder der gemeinsamen Gründung von Unternehmen üblich und oft geboten. Nichts spricht dagegen, auch organisatorische Verbesserungen in diesem Rahmen anzusprechen. Doch muss die erwartete Distanz zur anderen Sphäre gewahrt bleiben.

9. Verhandlungsorganisation

100 Zum allgemeinen Teil (oben Teil 2, Rz. 432 ff.) ist für amerikanische Verhandlungen insbesondere zu ergänzen, dass das **Diskriminierungsverbot** zu oft von ausländischen Parteien aus Unkenntnis verletzt wird. Witze und Komplimente sind besonders schwer in eine fremde Sprache übertragbar und können schnell den Eindruck einer unentschuldbaren Entgleisung hervorrufen.

Drastische Zurückhaltung ist zumindest bei Themen in den Bereichen Herkunft, Religion, Geschlecht, Rasse, Familienstand, Gesundheitszustand und Alter geboten.

101 Dass **Rauchen** verpönt, wo es nicht gar verboten ist, hat sich herumgesprochen. Die amerikanische Partei nimmt jedoch in dieser Beziehung auf Ausländer Rücksicht – und räumt Verhandlungspausen ein, vielleicht unten vor der Tür. Diese Pausen werden im Allgemeinen gut genutzt, und auch Nichtraucher sollten sich solche Chancen nicht entgehen lassen, um sich über die soeben – wahrscheinlich in einer fremden Sprache geführten – Verhandlungen inhaltliche Klarheit zu verschaffen, Notizen auszutauschen oder an Strategien zu feilen.

102 Schließlich ist bei Verhandlungen der **Zeitfaktor** zu bedenken. Unter dem Zeitdruck eines fest gebuchten Rückflugs zu verhandeln, bedeutet einen unschätzbaren Vorteil für den amerikanischen Part. Entweder behält man sich die Möglichkeit der Umbuchung vor, oder man erwähnt eigene zeitliche Grenzen nicht ohne Zwang.

103 Daneben ist der **Zeitzonenfaktor** zu berücksichtigen. Der sechsstündige Zeitunterschied von Berlin nach Washington oder die neun Stunden zwischen Frankfurt und San Diego werden spürbar, selbst wenn man sich

leichter in westlicher als östlicher Richtung anpasst. Jeder sollte aufgrund eigener Erfahrungswerte bei der Terminierung von Verhandlungen auf Energiehochs und -tiefs Rücksicht nehmen, um sich nicht vor Müdigkeit zu rasch bereuten Ergebnissen verleiten zu lassen.

Der Zeitzonenfaktor spielt auch bei der **Terminierung der Vertragsunterzeichnung** eine Rolle. Solange alle Beteiligten in derselben Zeitzone erreichbar sind, lässt sich der notwendige Zeitraum für Verhandlungen und Dokumentation realistisch einschätzen. Manchmal ergeben sich aus unterschiedlichen Zeitzonen Vorteile – der Anwalt in Washington kann weiterarbeiten, wenn die Mandanten in Deutschland nach Verhandlungen erschöpft heimgehen, und zum Frühstück liegt ihnen der neue Entwurf vor. Doch oft ergeben sich Verzögerungen – er kann nicht mehr das Feedback von der Partei in Moskau oder London einholen, und aus drei für die Abstimmung geplanten Tagen werden sechs oder zehn.

Lässt sich die Bearbeitung der Vertragsdokumente durch den Einsatz von **Mustern** beschleunigen? In den USA sind Vertragsmuster unüblicher als in Deutschland, wo sie sogar auf Anwaltslisten im Internet rasch und effizient ausgetauscht werden. Das Standardwerk für Vertragsmuster, *Nichols Cyclopedia of Legal Forms*, bietet in 46 Bänden zahlreiche Klauseln und Anwendungskommentare. Dieses Werk sortiert Muster und Checklisten nach mehr als 230 Themen und wird selten für die Übernahme ganzer Verträge benutzt, sondern vorrangig als Formulierungshilfe für die dominierenden Individualgestaltungen. Andererseits gibt es branchenspezifische Musterverträge und vorgeschriebene Texte, die man verwenden muss. Außerdem enthalten beispielsweise Werke zum Markenrecht Zessionsvereinbarungen, und der Verkehr mit Banken vereinfacht sich, wenn von der jeweiligen Bank vorgegebene Bankbeschlüsse für gesellschaftsrechtliche Verträge verwandt werden.

Bei Verhandlungen ist an die Vorgabe von Musterverträgen und Vertragsmodulen für Drittbeziehungen zur Steigerung der eigenen Effizienz und der Klarheit der Verhandlungsergebnisse zu denken, beispielsweise für den vereinbarten Produkt- oder Dienstleistungsvertrieb oder für wiederkehrende gesellschaftsrechtliche Beschlüsse. Diese Muster werden dem Hauptvertrag als Anlage beigefügt und so verbindlich gemacht. Passende Internet-Suchbegriffe für Muster, Vorlagen und Formulare lauten: *Legal Forms, Sample Contract, Contract Template*.

IV. Vertragsdurchführung

Mit der Unterzeichnung beginnt die Vertragsdurchführung.

1. Unterzeichnung

Als *Execution* bezeichnet, erfolgt die Unterzeichnung des Vertrages beim *Closing*, zu dem sich alle Parteien versammeln, um gemeinsam einen

Satz Dokumente, oft mit Dupli- oder Triplikaten, zu unterzeichnen. Ohne ein förmliches *Closing* oder die persönliche Anwesenheit kann die Unterzeichnung auch auf zirkuliertem Wege mit einem Original oder mit gleichzeitig an verschiedenen Orten befindlichen mehrfachen Ausfertigungen erfolgen.

↻ Die Unterzeichnung erfolgt sinnvollerweise mit einem **blauen** Stift, der bei der meistverwandten Kopiertechnik das Original als solches hervorhebt. Andere Farben als blau und schwarz rufen in den USA einen fragwürdigen Eindruck hervor.

107 Neben den Unterschriften werden gelegentlich als Übung, gelegentlich aufgrund gesetzlicher Bestimmungen Paraphen, die Initials, samt abgekürztem Datum auf jedes Blatt des Vertrages gesetzt. Handschriftlich geänderte Vertragsbestimmungen werden an jeder Stelle von beiden Seiten paraphiert.

108 Die amerikanische **Unterschrift** ist in der Regel gut lesbar und sorgfältig geschrieben. Die deutsche, fließendere Unterschrift vermittelt in den USA einen missverständlichen Eindruck. Zumindest der international unerfahrene Amerikaner fragt sich, ob der Deutsche vielleicht absichtlich nicht seine wahre Unterschrift auf das Blatt setzt – drückt er sich vor der Verantwortung?

Gefaxte Unterschriften werden in der Regel wie Originalunterschriften bewertet. Praktisch ist es, im Vertrag die Verbindlichkeit elektronischer oder digital übermittelter Unterschriften entweder zu bestätigen oder auszuschließen.

109 ↻ Bei Ausfertigungen, die nicht zeitgleich von allen Parteien unterzeichnet werden, ist es sinnvoll, den **Beginn der Vertragslaufzeit** – sofern sie für den Vertrag bedeutsam ist – festzuschreiben. Die sicherste Lösung besteht darin, den Tag als Anfangsdatum zu bestimmen, an dem die letzte erforderliche Unterschrift geleistet wird.

110 ↻ Da sich ein Vertrag oder vertragsgleiche Bindungen und Pflichten nach verschiedenen Rechtsdoktrinen auch ohne Unterschrift und aus mehreren Dokumenten zusammensetzen können, sollte bei **Mehrfachausfertigungen** darauf geachtet werden, dass dieselbe Fassung unterzeichnet wird. Gerade bei elektronischen Dateien können Verwechslungen der Fassung Risiken auslösen.

111 Das *Closing* eines Vertrages mit zahlreichen Dokumenten wird oft mit der Erstellung eines gebundenen Werkes abgeschlossen. Der Binder kann einen beträchtlichen Umfang erreichen. Je ein Exemplar geht an die Vertragsparteien sowie deren Anwälte.

In den meisten Rechtsordnungen der USA ist ein dem deutschen Notar äquivalenter Notar unbekannt. Die Mitwirkung eines *Notary Public*, einem nichtjuristischen Beglaubiger, ist unüblich, wenn nicht aus beson-

IV. Vertragsdurchführung

derem Grund eine Unterschrift beglaubigt werden muss. Die Urkundenrolle gibt es deshalb in den meisten Staaten auch nicht.

2. Vertragserfüllung (hart am Wortlaut)

Immer weiter verbreitet sich die Unsitte, Verträge nur hart am Wortlaut zu erfüllen. Das **Minimum** wird geleistet, bis knapp an die Grenze zur Vertragsverletzung – kein Deut mehr als nach Treu und Glauben oder *In Good Faith* verlangt. Daraus leiten sich folgende Erwägungen ab:

a) Der Vertrag kommt nicht in die Schublade. Er ist die **Leitlinie des Verhaltens** für die Routine und unvorhergesehene Ereignisse, um die eigene Vertragstreue mit Leben zu erfüllen und um die Vertragstreue der Gegenseite zu beobachten und notfalls einzufordern.

b) Mit großzügiger Leistungserfüllung darf man nicht rechnen. Ein Auge zuzudrücken wird nicht belohnt. Hingegen wird eine Belohnung, ein **Bonus** für eine gut erbrachte Leistung oder eine Soll-Übererfüllung erwartet oder berechnet. Auf die Extraleistung folgt die Extrarechnung. Soll man sich genauso verhalten? Oder sollte man sich genauso verhalten, doch Gegenforderungen stellen?

c) **Kulanz**, der Verzicht auf die Geltendmachung von Rechten, darf sich nicht zu einer Übung entwickeln, auf die man auch in Zukunft vertrauen kann: „**No good deed goes unpunished.**", heißt es treffend im Volksmund. Im gut formulierten Vertrag steht, dass kein *Waiver* die zukünftige Geltendmachung gleichartiger Ansprüche präkludiert. Ob man solche Übungen, die rechtlich betrachtet eine Vertragsverletzung darstellen, einen Default, als durch Vertrauensschutz oder durch Bestandsschutz entstanden für akzeptabel hält, spielt dann keine Rolle. Man kann sich nicht zur Entlastung oder als Gegenforderung darauf berufen.

d) Spätestens wenn sich die Vertragserfüllung hart am Vertragswortlaut so entwickelt, dass sie einer notwendigen Zusammenarbeit die Vertrauensgrundlage nimmt, sollte man sich die Frage stellen, ob man mit dem Vertragspartner **weiter zusammenarbeiten** kann. Auf die vagen Gebote von *Fair Dealing* und *Good Faith* kann man nicht pochen. Man kann sie kaum einklagen. Dann ist die Zeit gekommen, die vorliegenden Fakten aus rechtlicher Sicht neu zu betrachten, um vielleicht ein Ende mit Schmerzen zu erzielen, wenn es in der Kosten-Nutzen-Rechnung den Schmerzen ohne Ende vorzuziehen ist. Welche Erfordernisse für eine Kündigung oder andere Korrekturen enthält der Vertrag? Sieht er etwa – selbst für den Fall des Fehlens des Default, der Vertragsverletzung, – das Recht vor, eine Verhandlung auf höchster Ebene anzusetzen? Können die Entscheidungsträger gezwungen werden, an einer solchen Besprechung mit dem Ziel teilzunehmen, das gemeinsame Schiff wieder flott zu bekommen? Wenn das nicht der Fall ist, welche Optionen besitzt man außer dem Appell an die gemeinsame Verantwortung?

3. Vertrag in der Krise

a) Auslöser für Krise (schweigsam, dann bockig)

117 Nicht selten bewegen sich Vertragsbeziehungen, die auf langfristige Zusammenarbeit ausgelegt sind und deren Erfolg vom Kooperationswillen beider Seiten abhängt, in eine **schweigsame**, vielleicht sogar **angstgeprägte Zone**. Gerade im deutsch-amerikanischen Wirtschaftsverkehr kann ein falsches Wort oder eine Geste missverstanden werden. Die eine Seite meint, man sei doch Partner. Die andere meint, jeder müsse das Beste für sich selbst anstreben. Oder der tägliche Witz über den Präsidenten ödet allmählich an. Derselbe falsche Ausdruck oder Ton in der englischen E-Mail, der anfangs lustig erschien oder einfach hingenommen wurde, geht irgendwann auf die Nerven. Im Geschäft oder im Unternehmen stellen sich Veränderungen ein, die der anderen Seite nicht mitgeteilt werden. Man lebt sich auseinander. Dann verläuft sich das energische und positive Gefühl der gemeinsamen Verfolgung wichtiger Ziele.

Hinzu kommt oft die Erkenntnis auf beiden Seiten, dass gewisse **Laxheiten** zu vielleicht alltäglichen und erklärbaren Fehlern geführt haben, die man sich jedoch nicht als Vertragsverletzung vorwerfen lassen will. Daraus erwächst die Gefahr, dass sich die Parteien verschanzen. Transatlantisch werden Besuche eingestellt, weil man befürchtet, im jeweils fremden Land mit einer Klage überfallen zu werden. Der kurzfristig angekündigte Besucher wird aus Angst vor dem Ausspionieren oder der Beweissammlung für eine Klage abgewiesen. Irgendwann läuft nichts mehr so, wie es ursprünglich geplant war.

118 ⊃ Für diese Lage gibt es kein Geheimrezept. Der **Einigungsversuch** außerhalb der vertraglichen Streitbeilegungsvorkehrungen, Dispute Resolution, kann mit einem Treffen von Entscheidungsträgern an einem neutralen Ort angestrebt werden. Die Vertragsparteien können mit einem Standstill-Vertrag vereinbaren, dass sie nicht bei einem Aufenthalt im jeweils anderen Land die Gegenseite mit einer Klagezustellung überfallen werden.

119 Soweit die Bockigkeit als Vorsichtsmaßnahme gegen Zustellungsversuche entsteht, ist zu bedenken, dass in den USA die **Zustellung** einer Klage nicht vom Gericht erfolgt. Private Zustellungsprofis, doch auch der Briefträger stellen die Klage, *Complaint and Summons*, zu. Sie dürfen sie notfalls dem Beklagten vor die Füße oder über den Zaun werfen. Viele deutsche Unternehmer wissen das und fürchten sich daher vor dem USA-Besuch in solchen Risikolagen. Die amerikanische Vertragspartei vermutet, dass das deutsche Prozessrecht genau dasselbe gestattet, und fürchtet sich vor dem Besuch in Deutschland.

Beide vergessen die Haager Übereinkunft, die strenge Regeln für die internationale Zustellung vorsieht – und dass der oberste Bundesgerichtshof der Vereinigten Staaten in Washington, der *Supreme Court*, sie nur

IV. Vertragsdurchführung

als Option bezeichnet, woraus sich wieder ganz andere Probleme ableiten.

b) Krisenvorbeugung durch Vertragsaktualisierung

In vielen Vertragsbeziehungen ist es notwendig, **Anlagen** regelmäßig zu **aktualisieren**. Dieses Erfordernis bringt die Parteien zusammen und kann sich positiv auf die Vermeidung von Risiken auswirken. Preisanpassungen, die im Sinne des *Bargaining*-Konzeptes nicht ohne Rücksicht auf die Interessen der Gegenseite diktiert werden sollten, bieten die Gelegenheit zum Gespräch. Dasselbe gilt für Veränderungen in der Produktpalette bei Lieferverträgen. Selbst Veränderungen im Umfeld des Vertrages, beispielsweise Gesetzesänderungen oder neue Verordnungen, können Anlass zur gemeinsamen Bewertung der Entwicklung der Vertragsbeziehung und ihrer Fortführung geben.

Wie eine gesunde Ehe, die darauf angewiesen ist, dass die Partner miteinander sprechen, ist auch die Vertragsdurchführung, gerade mit Amerikanern, darauf angewiesen, dass man nicht nur automatisch gewisse Erwartungen erfüllt, sondern periodisch die **Beziehung gemeinsam beleuchtet** – ohne Jammern und Belehrungen. Von der deutschen Vertragspartei wird emotional erwartet, dass sie fast roboterhaft funktioniert – Leistungspflichten erfüllt, Produkte liefert, Kaufpreise zahlt, pünktlich Bericht erstattet und auf Korrespondenz antwortet. Die deutsche Seite sollte von der amerikanischen Seite nicht dieselbe Einstellung erwarten; das führt zur Enttäuschung. Personal ändert sich laufend und muss immer wieder neu angelernt werden. Schon der Vertrag schreibt keine festen, verzugsbegründenden Fristen vor, wenn dort nicht für bestimmte Pflichten *„Time is of the Essence"* steht. Eine gewisse Laxheit würden Amerikaner nicht bestreiten – jedenfalls nicht im Vergleich zu deutschen Unternehmen. Ihre lockere Art ist oft auch das, was dem Deutschen anfangs so gefallen hat. Man muss später auch damit leben können. Andererseits muss der Deutsche nicht immer das Bild bestätigen, das den Amerikaner beeindruckte: die zuverlässige, unemotionale Robotik.

Selbst wenn die Spannung der Vertragsanbahnung verflogen ist und die Vertragserfüllung in geordneten Bahnen verläuft, darf sie nicht in gelangweilte Routine verfallen. An der fortlaufenden Arbeitsbeziehung muss man feilen, selbst wenn es „nichts zu tun" gibt. Die **Vertragsaktualisierung** bietet oft einen geeigneten Anlass.

Wohl alle Anwälte können ein Lied von der Prüfung alter Verträge singen. Wie selten entspricht er noch der Realität der Vertragsdurchführung! Wie oft stellt sich heraus, dass Ansprüche, an die der Mandant glaubt, im ursprünglichen Vertrag gar nicht aufgeführt sind. Sie entwickeln sich aus dem gemeinsamen Verständnis der Vertragsbeziehungen, doch ohne Dokumentation. Der Gebietsschutz ist aufgrund praktischer Erwägungen verändert worden, weil der Hersteller dem Vertrieb unter die Arme greifen sollte. Beziehungen zu Dritten wie *Outsourcern* haben sich entwickelt, woraus direkte, nach dem Vertragswortlaut verbotene Beziehungen wuchsen. Neue Produkte werden als unter Exklusivrechte fallend reklamiert oder bestritten. Parteien machen geistige Eigentumsrechte geltend, von denen beim Vertragsschluss nicht einmal die Rede sein konnte, weil sie noch nicht existierten. Oder der Gesetzgeber hat dem gemeinsamen Plan die rechtliche Grundlage entzogen.

Aufgrund von Erfahrungen mit dem Vertrag und seiner Durchführung, wegen eingetretener faktischer Veränderungen oder vielleicht zur Berücksichtigung neuer Parteien empfiehlt es sich, bestehende Verträge neu zu gestalten. Dann kann der Vertrag, bei dessen Entstehung seine Durchführung nur ein Wunschbild sein konnte, klarer gefasst werden. Das Risiko im Streitfall kann durch eine Entschlackung vermindert werden.

c) Lethargie

123 In der Praxis zeigt sich eine aufkommende Vertragslethargie oft als Ursprung einer später verhängnisvollen Kluft. Gerade bei einem guten Verlauf der gemeinsamen Beziehung sollte man einer Lethargie vorbeugen, die angesichts der geografischen Distanz leicht eintritt. Enthusiasmus für neue Pläne und erweiterte Beziehungen aufgrund des gediehenen Vertrauensverhältnisses wird von der amerikanischen Seite oft erwartet. Schließlich ist es leichter, eine gesunde Vertragsbeziehung auszubauen als mit unbekannten Dritten neu zu verhandeln. Selbst wenn die Beziehung mit Dritten vorzuziehen ist, kann die Empfehlung vom Vertragspartner behilflich sein: „*U Corporation vouches for us.*". Die amerikanische Seite als Referenz zu verwenden, vermeidet bei ihr den unguten Verdacht, die deutsche Seite könnte hinter ihrem Rücken weitere Ziele mit anderen verfolgen, oder man habe ihr den Weg in die USA geebnet, und nun entziehe sie das Vertrauen.

4. Vertrags- und Deliktsrecht

124 Vertragstreues Verhalten bedeutet in den Vereinigten Staaten nicht nur den Vertrag zu erfüllen, sondern auch das im Vertragsumfeld anwendbare Deliktsrecht, Torts, im Verhältnis zum Vertragspartner und Dritten im Auge zu behalten. Vom betrügerischen Kaufanreiz, *Fraudulent Inducement*, bei *Mergers & Acquisitions* über die Rufschädigung bis zum Eingriff in eigene Geschäftserwartungen und diejenigen Dritter reicht die Palette der Torts, die sich rascher und fantasievoller als das Vertragsrecht weiterentwickelt und auf Rechtsfolgenseite neben Schadensersatz den gefürchteten Strafschadensersatz, *Punitive Damages*, umfasst.

Torts stellen auch das Schlachtfeld desjenigen Anwaltssegments dar, das mit Werbung und Erfolgshonorarvereinbarungen ohne Kostenrisiko für Kläger Mandate anlockt. *Torts*-Risiken lassen sich viel schlechter als Ver-

IV. Vertragsdurchführung

tragsrisiken einschätzen, doch muss man das Bewusstsein für diese Risiken zumindest im Hinterkopf behalten.

5. Schiedsklausel verleiht Zuversicht

Wenn Schiedsverfahren in den Vereinigten Staaten schon nicht vor langen, umständlichen und teuren Verfahren sowie Ausforschungsbeweisverfahren schützen, so bieten sie doch die Vorteile des nichtöffentlichen Verfahrens, sowie des Ausschlusses der emotionalen Laienbeurteilung von Ansprüchen durch eine Jury. Die Rechtsprechung legt Schiedsklauseln weit aus, sodass sie auch auf vertragsverbundene Ansprüche nach Deliktsrecht und auf Ansprüche für und gegen verbundene Personen und betroffene Dritte anwendbar sein können. Damit bieten sie auch der Geschäftsführung einen Schutz, selbst wenn der Vertrag nur für die ihn schließenden Unternehmen gilt.

Mit einer Schiedsklausel ist eine Vertragspartei deshalb nicht allen Schattenseiten des US-Rechts ausgesetzt. In diesem Zusammenhang ist auch mit dem Märchen aufzuräumen, wegen zivilrechtlicher Ansprüche könne man bei der Einreise in die USA festgenommen oder das Visum könne widerrufen werden. Die Einwanderungsbehörden dienen nicht als verlängerter Arm von Zivilklägern. Wahr ist hingegen, dass eine Klagezustellung an den einreisenden Besucher möglich ist.

6. Öffentlichkeitsarbeit

Chancen und Risiken leiten sich oft aus der im Vertragsumfeld sinnvollen Öffentlichkeitsarbeit ab. Einseitige Stellungnahmen können Verstimmung auslösen oder selbst zu Schadensersatzansprüchen führen, wenn der Vertrag anders als vereinbart charakterisiert oder ein Geschäftsgeheimnis, *Trade Secret*, offengelegt wird. Die Abstimmung der Beteiligten bei PR-Maßnahmen vermeidet überraschende Auswirkungen von öffentlichen Stellungnahmen. Während sich Vertragsparteien ohne Abstimmung verraten fühlen können, ist bei börsennotierten Unternehmen auch die Gefahr zu bedenken, dass Anleger, manchmal als Sammelkläger, Schadensersatz geltend machen.

7. Gelassenheit bei Drohszenario

Oft wird der amerikanische Anwalt eingeschaltet – vielleicht sogar nach einem Anwaltswechsel –, damit er in bestehenden Vertragsbeziehungen der amerikanischen Seite Druck macht. Diese hinkt ihrer Pflichtenerfüllung hinterher und schafft keine Abhilfe.

Der Amerikaner sieht das anders und kann sich mehr herausnehmen. Er hat die eigene Jury als moralischen Rückhalt. Er rechnet damit, dass der Ausländer per se schlechter vor der Jury aussieht, den unglaubwürdigeren Zeugen abgibt, und sich vor ihr um Kopf und Kragen redet. Vielleicht provoziert er gar, damit der Ausländer Fehler macht, die der Amerikaner rechtlich ausschlachten kann. Der Deutsche bewegt sich auf fremdem Boden oder sogar auf Glatteis. Unterläuft ihm ein Fehler, liefert er selbst den Klagegrund.

128 ⮕ In dieser Situation wird die in Deutschland beim notleidenden Vertrag gängige oder erforderliche **Fristsetzung und Klagandrohung** leicht zum Verhängnis. Zu viele vom deutschen Recht abweichende, unvermutete Rechtsfolgen von Drohungen sind denkbar. Ein einfacher Verzug mag nach amerikanischem Recht ohne eine *Time is of the Essence*-Formulierung ohnehin nicht zur Klage berechtigen, und eine Klage führt in der Regel nicht zur Erzwingung einer Leistung, sondern lediglich zum Schadensersatz.

129 Die Fristsetzung und Klagandrohung kann von der Gegenseite als *Anticipatory Repudiation* ausgelegt werden – als Vertragsbruch in der Form einer bevorstehenden Leistungsverweigerung, der ihr unerwartet Gegenforderungen einräumt und die Verzugserklärung auf den Kopf stellt. Selbst wenn die Behauptung der *Anticipatory Repudiation* oft missbräuchlich ist, stellen sich zusätzliche Probleme, die zu bewältigen und nicht einfach mit dem Hinweis auf einen Missbrauch abgetan sind. Daher sind die Folgen des notleidenden Vertrags nur mit anwaltlichem Beistand zu planen und durchzuführen.

130 Abgesehen davon kann eine Fristsetzung mit Klageandrohung, die vom Anwalt oder einer Inkassostelle ausgeht, den Absender nach **Verbraucherschutzgesetzen** einer Haftung aussetzen.

131 Druck wird nicht als *Pressure*, sondern als *Threat* gesehen. Ein *Threat* ist Kriminellen vorbehalten. Solche Worte nimmt man nicht in den Mund, erst recht nicht in eine E-Mail – auch nicht in eine E-Mail an Dritte, denn im Streitfall kann deren Mailbox genauso wie die eigene in ein Ausforschungsbeweisverfahren einbezogen werden. Die Verfolgung eigener Rechte, *„Pursuing the legal means available to us"*, hingegen gilt als unbedenkliche Formulierung.

132 Dazu eignet sich beispielsweise die *Notice of Arbitration*, der Ankündigung einer Einreichung eines Schiedsantrages, die der vertraglichen Gegenseite vor der Kontaktaufnahme mit der Schiedsstelle zugestellt wird.

133 Manchmal wird eine Klageschrift erarbeitet. Sie ist im Sinne des verfahrensrechtlich vorgeschriebenen *Notice Pleading* kürzer und weniger aussagekräftig als eine deutsche Klageschrift – doch mindestens mit vergleichbarem Aufwand und Kosten vorbereitet. Sie wird der Gegenseite mit der Aufforderung gesandt, sie als *opportunity to settle our differences amicably* zu verstehen, bevor sie bei Gericht eingereicht wird. In anderen Fällen wird die Klage bei Gericht erhoben, dann der Gegenseite mit entsprechendem vermittelnden Schreiben gesandt, ohne die in der Parteiverantwortung liegende Zustellung sofort zu betreiben.

IV. Vertragsdurchführung

Gelegentlich wird im Schreiben an die deutsche Partei die erfolgte Klageerhebung so ausgedrückt, dass sich der deutschen Seite der Sinn verschließt, vor allem, wenn keine Klageschrift anliegt. „*We instituted legal action*" bedeutet, dass die Klage bereits eingereicht ist.

⇨ Selbst wenn die **Klage eingereicht ist**, bedeutet das nicht, dass eine sofortige Reaktion im Verfahren erforderlich ist. Der eigene Anwalt sollte die Klageschrift einholen, was bei vielen Gerichten über besondere Datenbanken möglich ist. Fristen beginnen ohnehin erst mit der Zustellung zu laufen. Der deutsche Anwalt sollte mit der für die Zustellung nach der Haager Übereinkunft zuständigen Stelle Kontakt aufnehmen, um ggf. vor der Zustellungsentscheidung dieses Gerichts Mängel zu monieren und den Zustellungsantrag vielleicht sogar abweisen zu lassen. 134

⇨ Das **Anschreiben** sollte im Hinblick auf alle Optionen gründlich analysiert werden. Besteht noch Aussicht auf Verhandlungen? Handelt es sich um einen Bluff oder eine ernstzunehmende Gefahr oder Gelegenheit, das Vertragsverhältnis zu retten oder einvernehmlich zu annehmbaren Bedingungen aufzuheben? Stammt es vom Anwalt und soll es als Zeichen für den beabsichtigten Abbruch direkter Kommunikation verstanden werden? Oder sandte es die Vertragspartei, um eine ernstzunehmende Krise zu signalisieren, die jedoch bei gutem Willen, *In good Faith*, als Chance zur Einigung im direkten Gespräch überwunden werden kann? 135

Sprachlich ist anzumerken, dass sicherlich keine *Chance* im amerikanischen Sinne gemeint sein kann. *Chance* gehört wie *Luck* zum Glücksspiel. Im Vertragsbereich geht es um *Opportunity* und *Good* Fortune.

8. Stillhalteabkommen zur Deeskalation

Ein *Standstill Agreement* empfiehlt sich, wenn Vertragsparteien das Kriegsbeil ausgegraben haben und doch die Absicht besteht, noch einmal außerhalb des gerichtlichen oder schiedsgerichtlichen Verfahrens über eine Streitbeilegung zu verhandeln. Wenn der Vertrag das Schiedsverfahren vorsieht, ist es auch noch nach der Mitteilung der beabsichtigten Einreichung und einem Einigungsversuch möglich. 136

Der Zweck des *Standstill Agreement* besteht darin, die Grundregeln für die Verhandlungen klarzustellen. Dazu gehört die Festlegung der Stillhaltefrist, der Nichtverzicht auf Rechte und Ansprüche sowie Einreden und Einwendungen, die Wirkung der Zeitverstreichung auf Verjährungs- und ähnliche Fristen wie nach dem *Laches*-Grundsatz des amerikanischen Rechts, der Verzicht auf die Einreichung von Klagen oder Schiedsanträgen, die Festlegung des Verhandlungsortes und die Teilung der am Verhandlungsort entstehenden Kosten. Wichtig ist auch die Berücksichtigung der Beweisregel *Rule 408 FRE* (oben Rz. 80), nach der die Aussagen im Rahmen der Vergleichsverhandlungen nicht als Beweise in etwaige

Verfahren eingebracht werden dürfen, sofern sie nicht aufgrund anderer Bestimmungen verwertbar sind. Natürlich ist auch an eine Geheimhaltungsverpflichtung und Rechtswahl- und Gerichtsstandsklausel für das Stillhalteabkommen zu denken, die wie andere übliche Vertragsbestimmungen auch in diesem Vertrag nicht fehlen dürfen.

Über Dritte, die verbundene oder vergleichbare Ansprüche behaupten, doch dem Standstill Agreement nicht beitreten und dem Einigungsversuch fern bleiben, muss man sich natürlich Gedanken machen, doch sollten sie das Handeln der Primärparteien nicht blockieren.

9. Diverse Reibungspunkte und Gelegenheiten

137 Aus der Erfahrung mit der Verhandlung von transatlantischen Verträgen, ihrer Durchführung und ihrer Aufhebung gewinnt man Erkenntnisse, die weder pauschal zu Empfehlungen geeignet sind noch thematisch eingeordnet werden können. Oft sind es die **kleinen Dinge**, die zu Reibungspunkten führen, Missverständnisse oder Missstimmung bei Verhandlungen hervorrufen oder bei der Vertragsdurchführung Probleme aufwerfen. Aus diesem Grunde folgen nun unsystematisch und anekdotisch einige dieser kleinen Steine, die manchmal zum Stolpern führen und gelegentlich zu Lawinen werden.

a) Firmierung

138 Die Firmierung wird meist im *Shareholder Agreement* vereinbart, das bei gemeinsam gehaltenen Gesellschaften bei gleichzeitiger Festlegung unterschiedlicher gesellschaftsrechtlicher Rechte und Pflichten zusätzlich zu den normalen Gesellschaftsgründungsdokumenten (bei der *Corporation*: *Articles of Incorporation, Offer to purchase Shares, Bylaws, Minutes of the Initial Meeting, Specimen Share Certificate*) erforderlich ist.

⟳ Hier fragt sich, ob die Verwendung des deutschen Firmennamens mit dem **Zusatz** USA angezeigt ist. Der Zusatz macht die US-Gesellschaft als verbundene Firma eines ausländischen Unternehmens erkennbar. Wenn die Ausländereigenschaft, beispielsweise die deutsche Qualität, ausschlaggebend für den Erfolg in den USA ist, ist der Zusatz sinnvoll. Wenn die Gefahr überwiegt, dass aufgrund politischer oder sonstiger Entwicklungen oder der in den USA vorherrschenden Betonung des von der Regierung geförderten *Buy American*-Gedanken ein Auslandsbezug nachteilig wirken kann, sollte auf den Zusatz verzichtet werden.

b) Ausstattung nach deutschem Geschmack

139 Selbst simple Vorschläge können zu langen Verhandlungen führen. Ein deutscher Hersteller wollte den US-Vertrieb im Gemeinschaftsunterneh-

IV. Vertragsdurchführung Rz. 141 Teil 9.1

men mit Mercedes-Fahrzeugen ausstatten, weil die deutsche Kundschaft dies erwarte, und dies im Vertrag zur Pflicht machen. Der amerikanische Vertrieb weigerte sich mit Händen und Füßen – die Marke würden die US-Kunden falsch auffassen. Hingegen würden Chrysler-Wagen den bodenständigen Eindruck hervorrufen, auf den die konkreten Abnehmer Wert legen.

Vergleichbares gilt auch für Büroausstattungen, die in Deutschland und den USA so unterschiedlich sind. Daran dürfen Verhandlungen nicht scheitern. In diesen Punkten sollte die deutsche der amerikanischen Seite einen Vorsprung bei der Marktbeurteilung nicht absprechen. Je nach Produkt oder Leistung kann der Amerikaner sehr wohl nachvollziehen, dass das deutsche oder europäische Image ausschlaggebend für den US-Erfolg wird.

c) Ich liebe Las Vegas

Während Amerikaner den Enthusiasmus von Ausländern für die USA schätzen, erscheint ihnen die undifferenzierte Anhimmelung verdächtig. Regionale Unterschiede spielen eine bedeutende Rolle. Wenn der Deutsche Las Vegas als Ideal, als die amerikanischste aller amerikanischen Städte preist und der Amerikaner sie als Sodom & Gomorrha, eine wenig solide, vertrauensunwürdige Stadt betrachtet, warum sollte er den Deutschen mit seiner Las-Vegas-Liebe anders einschätzen? 140

Wenn man nicht alle Regionen der USA über einen Kamm schert, merkt man, dass im Mittleren Westen anders verhandelt wird als an der Ostküste, im Süden anders als an der Pazifikküste. Eine Vertrauensbasis aufzubauen ist in der einen Region wichtiger als die Aussicht auf ein gemeinsames ruhmträchtiges Projekt, das in anderen Regionen eine bedeutendere Rolle spielen mag.

➲ Das Gefühl für solche Unterschiede im Verhalten, in der Arbeitseinstellung, im Markt und im Recht entwickelt sich nicht über Nacht. Bereits die Fähigkeit, sich für die Verschiedenartigkeit der Regionen zu interessieren, nach ihnen zu fragen, wird vom Amerikaner honoriert. Wer regelmäßig mit den USA geschäftlich zu tun hat, sollte sich durch die Lektüre des Wall Street Journal in die regionalen Eigenheiten der USA einlesen.

d) Staatsangehörigkeit

Manche Investoren verhandeln in den Vereinigten Staaten unter der falschen Annahme, sie seien aus Staatsangehörigkeitsgründen gezwungen, ihr Geschäft nur unter Beteiligung von Amerikanern aufzunehmen. Ohne auf die Details des komplexen Einwanderungsrechts einzugehen, sollten folgende Grundregeln beachtet werden: 141

1. Ausländer dürfen Gesellschaften ohne US-Beteiligung gründen und unterhalten.
2. Sie dürfen im Aufsichtsrat und im Management einer US-Gesellschaft sitzen.
3. Sie dürfen Ausschüttungen und Dividenden der Gesellschaft annehmen.
4. Ausländer benötigen einen besonderen Visumsstatus, wenn sie Arbeitsverträge, auch mit der eigenen Gesellschaft, eingehen. Andererseits können sie unvergütet alle Funktionen der *Officers*/Management und der *Directors*/Aufsichtsrat innehaben.
5. Manche Wirtschaftszweige stehen ausländischen Investoren nicht offen. Dabei handelt es sich um keine einwanderungsrechtliche Frage, sondern um eine der nationalen Sicherheitspolitik der USA.
6. Ausländische Investitionen in den USA sind meldepflichtig, wenn sie einen bestimmten, jährlich angepassten Umfang erreichen oder bestimmte Wirtschaftszweige betreffen. Das bedeutet jedoch keine grundsätzliche Einschränkung der Investitionsfreiheit.

Insgesamt besagen diese Regeln, dass der deutsche Unternehmer sich der amerikanischen Vertragspartei nicht aus visums- oder einwanderungsrechtlichen Erwägungen ausgeliefert betrachten sollte.

e) Durchgriffshaftung

142 Der Grundsatz des „*Piercing the Corporate Veil*" wirkt sich als erwägenswerte Komponente der Gestaltung der gegenseitigen Rechte und Pflichten zwischen deutschen und amerikanischen Unternehmen aus. Nach diesen Durchgriffshaftungsgrundsätzen erübrigt sich oft ein Kampf um die Kontrolle des deutschen Unternehmens über eine amerikanische Beteiligung, erst recht eine Mehrheitsbeteiligung.

Eine zu starke Kontrolle, insbesondere eine Weisungsabhängigkeit der Beteiligung von der Mutter, dem Alleininhaber oder einer Konzernzentrale ist ein deutliches Indiz für eine Durchgriffshaftung. Eine starke Unabhängigkeit der US-Beteiligung von ihren Eigentümern bildet den Gegenpol im Spektrum der Erwägungen, die in die Abwägung der Kriterien für ein Durchgriffshaftungsrisiko einfließen.

f) Business Plan

143 Ein *Business Plan* ist oft ein Beweis gründlicher Vorbereitung für ein gemeinsames deutsch-amerikanisches Unterfangen. Gelegentlich verhandeln deutsche und amerikanische Parteien über die Einzelheiten des Geschäftsplanes, ohne sich an den rechtlichen Aspekten zu orientieren. Die sich daraus ergebenden Probleme lassen sich nicht pauschalisieren und stellen sich in jeder Situation anders dar.

IV. Vertragsdurchführung

Ein wesentlicher Fehler ist immer wieder, dass sich die Parteien über die gesellschaftsrechtlichen und steuerlichen Grundlagen ihrer Planung nicht im Klaren waren. Auf der deutschen Seite wird vielleicht nicht beachtet, dass steuerliche Konsequenzen auf Bundes-, Einzelstaats-, Kreis- und Stadtebene, sowie zahlreiche Sondersteuern, Gebühren, Abgaben und erwartete Wahlkampfgelder das Ergebnis beeinflussen. Die amerikanische Seite hat vielleicht nicht bedacht, dass Staaten, Kreise und Gemeinden Investitionsanreize bieten, die teilweise Ausländer besser stellen.

Die gesellschaftsrechtlichen Optionen mit ihrer Vielfalt von Gesellschaftsformen und innerhalb dieser der weitgehenden Gestaltungsfreiheit sollten schon bei Beginn der *Business Plan*-Entwicklung im Groben verstanden sein. Über Vetorechte, Vorrechte, gestaffelte Anteilszuwendungen oder andere Incentives lässt sich besser verhandeln, wenn man die zulässigen Alternativen kennt.

Die Kosten mancher Investition, die bei anwaltlicher Beteiligung schon im Planungsstadium Honorare von 20 000 $ auslösen würde, steigen auf ein Vielfaches, wenn Nachverhandlungen notwendig werden. Der rechtliche Rahmen wird oft um die ausgehandelten Verhandlungsergebnisse herum gemauert, nicht immer ohne schmerzhafte Zugeständnisse. Im Rahmen der rechtlichen Möglichkeiten das wirtschaftliche Ideal frei auszuverhandeln, nachdem die rechtlichen Eckdaten verstanden wurden, ist der schnellere und kostengünstigere Weg, selbst wenn er für den Anwalt weniger spannend und honorarträchtig ist.

g) Sprachprobleme

Amerikanische Verhandlungspartner fühlen sich vor den Kopf gestoßen, wenn die deutsche Seite mitten in englischsprachigen Verhandlungen **deutsche Begriffe**, beispielsweise Mitbestimmung, Impressum oder Arbeitgeberverband, verwendet und zum Thema macht.

Zum einen gilt der genannte Grundsatz (siehe oben Rz. 78), dass man keine Punkte thematisieren sollte, die im amerikanischen Recht bedeutungslos sind, weil der scheinbare amerikanische Verzicht auf Scheinrechte zu unnötigen Zugeständnissen führen kann. Zum anderen deutet das Umschalten auf eine andere Sprache auf eine mangelnde, möglicherweise bedenkliche Vorbereitung hin. Dies gilt insbesondere, wenn das angesprochene Thema nur schwer zu erklären ist – vielleicht gerade, weil es für die amerikanische Seite kein Thema sein kann, weil das Konzept in den USA unbekannt ist.

⇨ Wenn in Verhandlungen diese Situation eintritt, greifen zwei Faustregeln. Entweder spricht man das Thema zunächst mit einer Person auf der eigenen Seite an oder man verzichtet auf die Erörterung. Gerade wenn man das Business English beherrscht, sollte man seinen Fähigkeiten vertrauen und im Zweifel davon ausgehen, dass das Thema, für das der englische Begriff nicht auf der Zunge liegt, wohl gar nicht nach Amerika passt. Später kann man diese vorsichtige Abwägung noch von eigenen Vertrauenspersonen nachprüfen lassen.

h) Titel statt Geld

145 In der amerikanischen Gesellschaft gibt es zahlreiche **Ämter**. Ihre Vergabe orientiert sich primär an den Verantwortlichkeiten, die mit dem Amt verbunden sind. Regelmäßig erweisen sich die mit den Ämtern verbundenen **Titel** sowie unternehmerisch bedeutsame, doch gesellschaftsrechtlich irrelevante Titel als Belohnungen von vergütungsgleichem Wert.

In den meisten Staaten gibt es in der *Corporation* die *Officers* mit den Bezeichnungen *President, Treasurer* und *Secretary* wie wahlweise auch *Vice President, Assistant Treasurer* und *Assistant Secretary*. Zudem gibt es den Aufsichtsrat, das *Board of Directors*, in dem die Titel *Chairman* und *Vice Chairman* vergeben werden können. Außerdem lassen sich mit etwas Phantasie auch Ausschussämter einrichten, die sich mit Titeln wie *Committee Chairman* verbinden lassen.

Aus der *Chief*-Serie sind *CEO, CFO* und *CIO* mittlerweile wohl weltweit bekannt. In manchen Staaten gelten diese Titel als Alternative zu den *Officer*-Bezeichnungen, in anderen bilden sie billigen Schmuck oder Aufwertungen des *Self Image*. Die Zahl der *Chief*-Titel wird laufend ergänzt.

▷ Mit der Verleihung solcher Titel lässt sich Status und Bedeutung im gemeinsamen Unternehmen verleihen. Manchmal können sie auch Geld sparen, was gerade bei neuen Unternehmen bedeutsam sein kann. Natürlich gelten diese Erwägungen nicht bei gestandenen börsennotierten Unternehmen, selbst wenn auch dort auf den richtigen Titel mehr Wert gelegt wird als man in der scheinbar klassenlosen Gesellschaft der USA vermutet.

Diese Erwägungen sollten im Verhandlungsarsenal zur Vertragserrichtung und -durchführung nicht unberücksichtigt bleiben.

V. Vertragscontrolling

146 Im allgemeinen Teil dieses Werks wird das Vertragscontrolling bereits mit amerikanischen Praktiken vorgestellt (oben Teil 2, Rz. 692). Zu unterstreichen ist die besondere Gefahr, die die Vernichtung von **Unterlagen** bei einem begonnenen oder erwarteten Streit auslöst. Sowohl materielle als auch prozessuale Bestimmungen sehen drastische Sanktionen für die rechtswidrige Vernichtung von Unterlagen als Beweisvereitelung vor. Unterlagen sind dabei als weitgefasster Begriff zu verstehen.

V. Vertragscontrolling

Der **Abgleich** von Ziel und Ergebnis sollte im *Controlling* eine Konstante in der Vertragsdurchführung sein und nicht nur bei der Beendigung oder dem Auslaufen des Vertrages erfolgen. Besonderes Augenmerk ist dabei auf Entwicklungen zu werfen, die in den Vereinigten Staaten unerwartet verliefen und als Erfahrungswerte für die Planung anderer Vertragsvorhaben gelten können.

Schließlich ist die Controlling-Einstellung bei **Verbraucherverträgen** derart, dass diese bei einseitiger Beendigung eher abgeschrieben als rechtlich eingefordert werden: Kunden geben die Vertragsbeziehung auf, zahlen nicht oder ziehen um: Ohne Meldepflicht sind sie nur schwer zu finden; zahlen können sie wohl auch nicht; also verzichtet man auf großen Aufwand.

1. Vertragsdokumentation

Dem Vertragscontrolling in Form der Vertragsdokumentation wird in den Vereinigten Staaten große Aufmerksamkeit gewidmet. Dies ist damit zu begründen, dass sowohl materielle als auch prozessuale Bestimmungen **drastische Sanktionen** für die rechtswidrige **Vernichtung**, den unerklärbaren Verlust oder die Beschädigung von Unterlagen vorsehen. Diese können unter anderem darin bestehen, dass sowohl der Partei, die die relevanten Unterlagen in den Prozess nicht einbringen kann, als auch ihrem Anwalt die aus diesem Fehlverhalten entstandenen Kosten einschließlich der Gerichts- und Anwaltskosten auferlegt werden, dass die Jury aus der Nichtvorlage der entsprechenden Dokumente schließen darf, dass sie den vom Gegner behaupteten Inhalt haben oder dass insofern ein Säumnisurteil ergeht, vgl. hierzu *Rule 37 Federal Rules of Civil Procedure*.

⟶ Schriftstücke spielen bei der Präsentation des Streitfalles eine wichtige Rolle, da ihnen eine erhebliche Beweiskraft zukommt, selbst wenn der Zeugenbeweis Vorrang genießt. Erhält der amerikanische Anwalt Kenntnis davon, dass ein Streit begonnen hat oder erwartet wird, so weist er mit einem *Litigation Hold Letter* seinen Mandanten umgehend darauf hin, dass er verpflichtet ist, potentiell relevante Unterlagen aufzubewahren und ihn über die Sanktionen im Falle der Nichtbefolgung aufklären. Der Begriff der Unterlagen ist dabei weit gefasst und erfasst neben Verträgen auch Notizen, E-Mails und sonstige Korrespondenz, auch mit Dritten.

Mit dem anwaltlichen *Litigation Hold Letter* endet zumindest vorübergehend eine andere Aufgabe des Vertragscontrolling, die Aktenvernichtung nach Ablauf der Aufbewahrungsfristen. Ab Vertragsschluss sollte jede Vertragspartei ein System zur Aufbewahrung und Vernichtung von Unterlagen anwenden. Die Vorgaben dazu ergeben sich aus Gesetz, Buchhaltungspflichten und Unternehmenspraxis. Soweit die Unternehmenspraxis, *Company Policy*, bei Beziehungen zu den USA flexibel sein darf, ist zu erwägen, möglichst wenig schriftlich, auch in elektronischer Form, niederzulegen und aufzubewahren. Diese Unternehmenspraxis sollte sich auch an verbundene Gesellschaften richten und über entsprechend formulierte *Non-Disclosure Agreements* oder andere Verträge Dritte, beispielsweise vertragseingebundene Lieferanten und Berater, einbeziehen. Was im Rahmen der gesetzlichen und sonstigen Vorgaben vernichtet worden ist, kann im Ausforschungsbeweisverfahren, Discovery, des amerikanischen Prozesses einer Prozesspartei nicht als Umgehung der *Discovery*-Pflichten entgegengehalten werden. *Die Company Policy* und der Nachweis ihrer Befolgung bei der Unterlagenvernichtung kann im Prozess auf Antrag der Gegenseite herausverlangt werden. Entspricht die Vernichtung den Vorgaben der internen Richtlinien, kann aus ihr kein Strick gedreht werden. Wenn die Richtlinien des Unternehmens über die Aufbewahrung und Vernichtung von Unterlagen hingegen missachtet wurden oder Unterlagen nach der Kenntnis vom Rechtsstreit vor einem US-Gericht oder Schiedstribunal gefährdet oder vernichtet werden, drohen drastische Sanktionen nach *Rule 37 der Federal Rules of Civil Procedure, Failure to Make Disclosures or to Cooperate in Discovery; Sanctions,* oder dem vergleichbaren Verfahrensrecht des einzelstaatlichen Gerichts oder Schiedsforums.

2. Kontrolle der Vertragsdurchführung

148 Ein weiteres wichtiges Element des Vertragscontrollings liegt in der konstanten **Abgleichung** von **Ziel und Ergebnis** bereits im Rahmen der Vertragsdurchführung und nicht erst bei der Beendigung oder dem Auslaufen des Vertrags. Hierdurch wird ermöglicht, die Erfüllung des Vertrags stetig zu überwachen, Maßnahmen im Falle der Nicht- oder Schlechterfüllung zu ergreifen und den Vertrag ggf. rechtzeitig zu beenden. Insbesondere in Fällen, in denen sich der Vertrag als zumindest teilweise nicht wie vereinbart durchführbar herausstellt oder sich sonstige Leistungshindernisse ergeben, kann so frühzeitig mit dem Vertragspartner verhandelt, der Vertrag ggf. aktualisiert oder neu gestaltet werden, um hierdurch etwaigen Krisen bei der Ausführung des Vertrags vorzubeugen.

Eine stetige Kontrolle der Vertragsdurchführung ermöglicht es außerdem, unerwartete Entwicklungen in den Vereinigten Staaten frühzeitig zu erfassen und sie als Erfahrungswerte für die Planung anderer Vertragsvorhaben zu berücksichtigen. Positive und negative Abweichungen und Erfahrungen sollten auch mit dem amerikanischen Anwalt abgeglichen werden, der für das Unerwartete und Überraschende aus seiner Erfahrung Hinweise beisteuern kann. Hierdurch kann aus den bereits bestehenden Vertragsverhältnissen frühzeitig optimaler Nutzen für die Schaffung neuer Vertragsbeziehungen geschöpft werden.

3. Verbraucherverträge

Besonderheiten im Bereich des Vertragscontrollings können sich bei Verbraucherverträgen ergeben. Hier weicht das Marktgebaren in den Vereinigten Staaten von dem in Deutschland erheblich ab. Während die Erwartungen des deutschen Verbrauchers dahin gehen, ein Dauerschuldverhältnis durch die Ausübung eines fristgerechten Kündigungsrechts zu beenden, hat der amerikanische Verbraucher eine andere Einstellung. 149

Er erwartet, dass das Vertragsverhältnis durch das **bloße Einstellen der vereinbarten Zahlungen** beendet wird. Weitere Rechtsfolgen ergeben sich in der Praxis hieraus regelmäßig nicht. Für eine Leistung des Arztes wird die Vergütung wahrscheinlich eingeklagt, auf die unbezahlte Zeitschriftenlieferung hingegen erfolgt lediglich die Lieferungseinstellung.

Der **Unternehmer** verschwendet keine Energien auf kleine Umsätze, die sich kaum zu angemessenen Kosten eintreiben lassen, und wendet sich neuen Kunden zu. Die Möglichkeit, ein kostengünstiges Mahnverfahren durchzuführen, gibt es in den Vereinigten Staaten nicht. **Abweichungen** von diesem Verhalten zeigen sich eher bei Verträgen mit vereinbarter Mindestlaufzeit für Leistungen wie z.B. Mobiltelefon- oder Versicherungsverträgen, wenn industrie- oder produktspezifisch teure Vorleistungen des Anbieters mit entsprechender Rentabilitätserwartung erbracht wurden. 150

Als Gegenpol zur Furcht vor Verbrauchersammelklagen und Produkthaftungsforderungen bietet das amerikanische Recht sowie die Marktusancen **Vorteile bei den Gewährleistungspflichten** von Hersteller und Vertrieb. Sechs Monate Garantie klingen für den amerikanischen Verbraucher bei vielen Produkten großzügig. Ebenso wird auch bei Softwarelizenzen nicht erwartet, dass der Quellkode für Systemanpassungen zur Verfügung gestellt werden muss. Der Verbraucher gilt als mündig und ist mehr auf sich gestellt als in Deutschland: „Buyer beware – *Caveat Emptor!*" Das andere rechtliche Umfeld wirkt sich mithin auch auf das Vertragscontrolling aus. 151

3 Anhang

Standstill Agreement

152 This Standstill Agreement (the „Agreement") is entered into effective as of February 29, 2014 („Effective Date"), by and among USA Corporation („USAC") and D GmbH („DG"), collectively the „Parties".

WHEREAS, certain disputes exist between USAC and DG arising out of, and relating to, a certain USA-D Service Contract dated as of March 15, 2013, and other agreements and understandings between them (collectively the „Contracts").

WHEREAS, DG and USAC have concluded that it is in their mutual interests to suspend temporarily the pursuit of their respective claims, counterclaims, defenses and disputes against and with each other arising out of, or relating to, the Contracts and to defer any litigation or arbitration of their respective claims, counterclaims and disputes (the „Disputes") so that the Parties may negotiate in good faith to reach a compromise settlement or other mutually acceptable resolution of the Disputes without recourse to arbitration or litigation.

NOW, THEREFORE, for good and valuable consideration, the sufficiency and receipt of which is hereby acknowledged, the Parties agree as follows:

1. Standstill Period.

The „Standstill Period" as used hereafter shall mean the period beginning March 1, 2014 and running through and including March 31, 2014.

2. Tolling of Limitations Periods.

Each and every limitations period, whether statutory, contractual, equitable or otherwise applicable to any Disputes, actions, or causes of action which the Parties may have against each other are hereby tolled and suspended through the end of the Standstill Period. In subsequently prosecuting and/or defending against any of the Disputes in any ensuing litigation, arbitration or other proceeding, neither Party shall plead, rely upon or assert any time related defenses based upon any computation of time that includes the Standstill Period. Both Parties agree that in asserting any such time related defenses, the Standstill Period shall not be relied upon by either Party.

3. Standstill of Pursuit of Disputes.

During the Standstill Period, neither Party will initiate, commence or continue any arbitration or litigation of any kind as between the Parties hereto.

4. Termination of Standstill Period.

The Standstill Period shall expire automatically, without the communication or delivery of any notice of any type by or to either Party, at 12:01 A.M., Eastern Time, on April 1, 2014, unless both Parties shall agree to extend, modify or amend this Agreement in a writing signed by both Parties or their attorneys on or before such date.

5. Tolling of Notices.

All notices, including without limitation, any notice of breach, default, exercise of options or remedies, and/or termination of the Contracts, shall be tolled and suspended during the Standstill Period, but shall be automatically reinstated with full force and effect and without any further notice or service of any kind as of 12:01

A.M., Eastern Time, April 1, 2014, unless both Parties shall otherwise agree in a writing signed by both Parties or their attorneys on or before such date.

6. Settlement Meeting.

The Parties agree to meet in Sliema, Malta on March 15 and 16, 2014 and to negotiate in good faith in an attempt to compromise, settle or otherwise resolve their Disputes (the „Settlement Meeting"). The Parties shall share equally the joint costs incurred in connection with the Settlement Meeting, but each Party shall bear its own separate individual costs incurred.

7. No Service of Process.

During the Standstill Period, neither Party shall serve nor cause anyone else to serve, the other Party with any process, service, notice or other document attempting to further or commence any arbitration, litigation, mediation or any other proceeding between the Parties. Both Parties agree that any attempt at such service shall be, to the fullest extent permissible under law, null, void and without force and effect, and neither Party shall acknowledge, rely upon, or seek to admit any such attempted service as valid, effective or admissible in any subsequent proceeding except to challenge or void such service. Similarly, neither Party shall contend that the other parties' presence in Malta for the Settlement Meeting establishes, or is in any way indicative of a finding of, jurisdiction over the other Party in any formal legal proceeding in Malta.

8. Evidentiary Inadmissibility of Settlement Meeting Discussions.

All discussions and communications at the Settlement Meeting shall constitute discussions solely in furtherance of compromise or settlement under Rule 408 of the Federal Rules of Evidence of the United States and similar state and arbitral rules, which shall not be admissible by either Party as against the other in any subsequent arbitration, litigation or proceeding.

9. Confidentiality.

Both Parties shall keep all discussions and communications in the Settlement Meeting in strict confidence and, absent prior written authorization to do so by the other Party, agree to disclose such discussions and communications only upon a valid subpoena or notice of deposition or other similar process. Each Party shall give the other Party notice of receipt of such subpoena, notice of deposition or other similar process within two business days of receipt.

10. Authorized Signatory.

Each individual signing this Agreement represents and warrants to all Parties that he has the full authority to do so on behalf of the Party for whom he signs.

11. Entire Agreement.

This Agreement is the final expression of, and contains the entire agreement between, the Parties relating to the Settlement Meeting and the Standstill Period. It may may not be amended, changed, modified or supplemented, in whole or in part, except by a writing signed by all the Parties to hereto.

12. Counterparts.

This Agreement may be executed substantially simultaneously in two or more counterparts each of which shall be deemed an original but all of which together shall constitute one and the same document.

13. Governing Law.

This Agreement and any disputes arising out of or relating to it shall be governed by, and construed and enforced in accordance with, the substantive laws of the District of Columbia, without regard to its choice of law principles. Any disputes arising under this Agreement shall be submitted to JAMS in Washington, D.C., under its commercial arbitration rules.

IN WITNESS WHEREOF, the Parties hereto have caused this Agreement to be duly executed by their respective officers, as of the Effective Date.

USA Corporation   D GmbH
By: _____   By:_____
(SEAL)

Sworn to before me this ____ day   Sworn to before me this ____ day
of _____ 2014.   of _____ 2014.

_____   _____

Notary Public

9.2 Verhandeln in Russland

1 Einführung – Der ferne Nachbar

	Rz.		Rz.
I. Auf der Suche nach der russischen Seele	1	1. Ein Land auf der Suche nach den passenden Rahmenbedingungen	5
1. Mythos und Realität	2	2. Das sozialistische Erbe lebt fort	6
2. Verhältnis von Russen zu Deutschen	3	3. Die turbulenten Jahre der Perestrojka und ihre rechtlichen Folgen	7
3. Zentrale und Provinz	4	4. Die Ära Putin	8
II. Zwischen Staatsmonopolkapitalismus und kontinentaleuropäischem Recht	5		

I. Auf der Suche nach der russischen Seele

> Du, ungewöhnlich selbst in Träumen,
> Ich will nicht rühren an dein Kleid.
> Du schlummerst, Russland, im Geheimen,
> in meinem Traum in Ewigkeit.
>
> *Alexander Blok*, 1. Strophe aus dem Gedicht „Rus", 24.9.1906

Wenn ich mit Mandanten oder Kollegen über Russland spreche, mache ich oft einen einfachen Test, der immer wieder zu verblüffenden Ergebnissen führt. „Wie lange dauert der Flug von Berlin nach Moskau?" lautet dann meine überraschende Frage. Bei den Gesprächspartnern, die noch nicht in Russland waren, schwankt dann die Antwort zwischen vier und fünf Stunden. Dabei sind es nur etwas mehr als zwei. Nicht mehr als nach Paris oder London von den beliebten Feriengebieten unserer Landsleute in Spanien oder auf den Kanaren ganz zu schweigen. Wenn das Maß der Abweichung von der richtigen Antwort etwas aussagt, so ist dies die „gefühlte" Entfernung, die wir oft noch bei Russland spüren. Eine für unser Ohr sehr fremd klingende Sprache mit einer für uns nicht entzifferbaren Schrift. Über 70 Jahre Sozialismus, zwei Weltkriege und mehr als ein halbes Jahrhundert Kalter Krieg haben dieses Land, seine Kultur und vor allem seine Menschen weiter von uns entrückt, als die reine Flugzeit dies ausdrückt. Nichtsdestotrotz ist Deutschland heute der wichtigste Handelspartner Russlands und die vielfältigen Verflechtungen unserer Volkswirtschaften, nicht zuletzt in Bereichen, die in die Grundfesten der Daseinsvorsorge jedes Einzelnen eingreifen, lassen eine weitere Integration und größeren Austausch erwarten. Dies gilt besonders im Energiebereich, wo etwa ein Drittel der deutschen Gasimporte aus russischen Quellen stammen. Die Beschäftigung mit den Besonderheiten Russlands und der von Russland im Rahmen der Sowjetunion dominierten Anrainerstaaten wird daher immer wichtiger.

1. Mythos und Realität

2   Unser Russlandbild ist noch immer geprägt von den Beschreibungen der großen russischen Schriftsteller. In ihren eindringlichen Romanen haben sie die Weite der russischen Landschaft, die langen klirrend kalten Winter, die Pracht des Zarenhofes, die Trostlosigkeit der Provinz, den Hang der Männer zum Spiel und zur Ausschweifung, und die schwierige Lage der Intellektuellen sowie deren Neigung zu Depressionen in unserem Bewusstsein verewigt. Gepaart mit den vom Sozialismus geprägten Bildern des werktätigen Übermenschen, Landarbeiters, Konstrukteurs und Kosmonauten (wie die Astronauten in der DDR und Sowjetunion bezeichnet wurden) ergibt sich ein buntes Mosaik von Klischees, die in Verhandlungen in Russland ihren Realitätstest nicht immer (aber manchmal) bestehen. Der Vorteil dieser Mythenbildung ist sicherlich, dass man nicht mit der Einstellung nach Russland fährt, alles zu kennen und zu wissen, sondern mit der vorsichtigen Neugier und dem Misstrauen ausgestattet ist, die einen vor manchem Fehler zu bewahren helfen.

2. Verhältnis von Russen zu Deutschen

3   In meinen ersten Reisen nach Russland hatte ich mich immer gewundert, dass es trotz der Millionen von Opfern, die der zweite Weltkrieg von Russland gefordert hat (Schätzungen gehen von über 25 Mio. Opfern auf russischer Seite aus – die Opfer *Stalins* nicht mitgerechnet) – keine Feindseligkeit gegenüber den Deutschen als Volk besteht. Der Grund hierfür liegt in der sowjetischen Nachkriegspropaganda, die nicht die Deutschen zum Klassenfeind erkoren, sondern sich ganz auf die „Faschisten" eingeschossen hatte. Zwar war in der Zeit des kalten Krieges der Begriff des „Faschisten" oft für Deutsche gebraucht worden, aber zumindest wurde hierdurch der Volkszorn nicht auf die Deutschen als Nation gelenkt, sondern nur auf ein dort herrschendes (und untergegangenes) politisches Phänomen. So blieb das emotionale Verhältnis zwischen Russen und Deutschen von russischer Seite her erstaunlich spannungsfrei und war eher geprägt von den großen historischen Gemeinsamkeiten als von den Grausamkeiten des Krieges. Im Ergebnis kann man in Russland auf einem emotional unbelasteten Verhältnis aufbauen und muss nicht erst das Büßergewand überstreifen, bevor man über Geschäfte reden kann. Ein nicht unwichtiges psychologisches Detail, das es zu nutzen gilt.

3. Zentrale und Provinz

4   „40 Grad ist keine Kälte, 40 Prozent kein Vodka – und Moskau ist nicht Russland." sagt der Volksmund. Seit seiner Gründung um das Jahr 1147 herum entwickelte sich Moskau sehr schnell zur unangefochtenen poli-

tischen, strategischen und wirtschaftlichen Zentrale des immer größer werdenden russischen Reiches und später der Sowjetunion. Zar *Peter der Große* versuchte zwar, die am Reißbrett geplante und mit unermesslichem Reichtum und Aufwand errichtete Stadt St. Petersburg als neues Zentrum zu etablieren, aber seit der Oktoberrevolution darf auch dieser Versuch als endgültig gescheitert angesehen werden. Moskau als Zentrale der früheren Sowjetunion und heute Russlands hat von seiner außerordentlichen Stellung nichts eingebüßt. Jeder Rubel, der im riesigen Reich erarbeitet wird, läuft unweigerlich durch Moskau. Dies war auch der russischen Zentralbank klar, als sie Mitte der 1990-iger Jahre den neuen 1000-Rubel-Schein einführte. Dieser wurde gar nicht erst in Moskau, sondern zunächst nur in den entferntesten Provinzen ausgegeben, wohl wissend, dass das Geld binnen Tagen die Hauptstadt von alleine erreichen würde.

Durch den Zusammenbruch der Sowjetunion wurden die Disparitäten zwischen Moskau und den Provinzen noch einmal dramatisch verstärkt. Die Mehrzahl der russischen Städte war im Rahmen der Planwirtschaft entlang einer militärischen und strategischen Wertschöpfungskette mit eindimensionaler Wirtschaftsstruktur aufgebaut. Dies führte dazu, dass ungeachtet ihrer Größe nach dem Zusammenbruch der Sowjetunion diese Städte oft nicht allein überlebensfähig waren. Zu sehr hingen sie von der koordinierenden Kraft und dem Kontakt- und Wissensvorsprung der Moskauer Ministerien und Unternehmenszentralen ab, die im Zuge der Privatisierung in die Hände weniger entschlossener Oligarchen geriet.

Erst nach der verheerenden Finanzkrise im Jahre 1998 konnten sich die sog. „Regionen" langsam aus dem Knebelgriff der Zentrale etwas lösen. Die dramatische Abwertung des Rubels führte dazu, dass die Produkte der russischen Hersteller plötzlich trotz minderer Qualität wieder über den Preis wettbewerbsfähig wurden und der baldige Anstieg des Ölpreises führte zu erhöhten Investitionen in den Regionen und ihrer Infrastruktur und damit einem Anspringen der Wirtschaft und Sanierung der maroden Staatsfinanzen. Die jüngsten Verfassungsreformen haben der kurzen politischen Blüte der Regionen jedoch ein Ende gesetzt und diese wieder klar in die zentralistische und autokratische Staatsbürokratie eingegliedert. Wirtschaftlich haben sich aber viele Städte in den Provinzen sehr positiv entwickelt und gelten heute durchaus als attraktive Alternativstandorte zu Moskau und dem Moskauer Gebiet.

II. Zwischen Staatsmonopolkapitalismus und kontinentaleuropäischem Recht

1. Ein Land auf der Suche nach den passenden Rahmenbedingungen

Russland hat in den vergangenen fünfzehn Jahren eine bemerkenswerte Entwicklung bei dem Aufbau rechtlicher und steuerlicher Rahmenbedingungen hinter sich gebracht. Dabei ist zu berücksichtigen, dass das Land

– anders als die Staaten der Sowjetunion, denen die EU-Mitgliedschaft in Aussicht gestellt und gewährt wurde – auf kein gefestigtes rechtliches Rahmenwerk zurückgreifen konnte. Gerade wegen der Bemühungen der EU um die kleineren Staaten fühlten sich viele Russen politisch immer etwas in einer Außenseiterrolle. Nicht zuletzt dieser Umstand hat den Bestrebungen, einen „eigenen russischen Weg" zu gehen immer wieder Auftrieb gegeben hat. In der Praxis lavierte Russland bei der Entwicklung und Umgestaltung seines Rechts- und Wirtschaftssystems somit zwischen den Vorschlägen unterschiedlicher Beratungskommissionen hin und her, die teilweise von den USA, der EU oder einzelnen Staaten finanziert wurden. Das Ergebnis ist ein uneinheitliches Rechtssystem, dass sich im Bereich des Zivilrechtes mit dem Bürgerlichen Gesetzbuch von 1994 (Teil I), 1996 (Teil II) und 2002 (Teil III) fest auf dem Boden des kontinentaleuropäischen Rechtes bewegt, im Bereich des Gesellschaftsrechtes jedoch bereits eine Mischung des zweistufigen Modells (bestehend aus Vorstand und Aufsichtsrat) mit dem angelsächsischen einstufigen Board-System bereithält. Es ist daher im Einzelfall schwer zu sagen, welchem Rechtssystem Russland am nächsten steht, obwohl einem die Kenntnis kontinentaleuropäischer Rechts- und Regelungsprinzipien – insbesondere im Zivilrecht – ein gutes Judiz für die Parallelwertung im russischen Recht liefert.

2. Das sozialistische Erbe lebt fort

6   Es ist für das Verständnis russischer Regelungsmechanismen im Rechts- und Wirtschaftsbereich wichtig zu verstehen, dass es in Russland **keine „Wende"** gab. Die Entwicklung von einem System des Staatsmonopolkapitalismus zur freien Marktwirtschaft erfolgte – anders als in der DDR – nicht durch einen von außen moderierten und gesteuerten Prozess, der auch durch entsprechende finanzielle Sicherungen in seinen schmerzlichen Auswirkungen gedämpft wurde. In Russland erfolgte die Entwicklung dynamisch aus dem alten System heraus, ohne einen „Bruch". Besonders in den 1990-iger Jahren, aber in manchen Bereichen auch bis heute, lebten und leben planwirtschaftliche Regelungsmodelle und marktwirtschaftliche Konzepte nebeneinander. Das oft beschleichende Gefühl, dass das System insgesamt nicht stimmig ist, täuscht daher nicht. Zu verschieden sind die Welten, die sich im Alltag hier friedlich vereinen sollen. Ein typisches Beispiel für das Weiterleben des sozialistischen Gedankengutes ist das Verhältnis zum Privateigentum an Grund und Boden, das immer noch nicht unbestritten und überall möglich und zugelassen ist. Es wird ersetzt durch langfristige Nutzungs- und Pachtrechte, das Auseinanderfallen von Eigentum an Grund- und Boden und den aufstehenden Gebäuden und anderen Konstruktionen, die für einen deutschen oder internationalen Investor oft eigenartig anmuten. Nach der geplanten Reform des russischen Zivilrechts ist jedoch vorgesehen, dass das Grundstück und das darauf stehende Gebäude zukünftig zu einem einheitlichen Rechtsobjekt werden.

3. Die turbulenten Jahre der Perestrojka und ihre rechtlichen Folgen

Kein Umbruch ohne Brüche. Die sog. *Perestrojka* (Umgestaltung) kulminierte in zwei großen Privatisierungswellen (1992/1994 Voucherprivatisierung, 1994/1996 Geldprivatisierung), die zu erheblichen Veränderungen und einigen Verwerfungen in der wirtschaftlichen Landschaft Russlands führten. An die Stelle eines unbeweglichen Planungsapparats und der Ministerien als Spitzenbehörden der jeweiligen Unternehmen eines Industriezweiges traten mobile, junge und aggressive Industrie- und Finanzkomplexe, die sich in der Hand weniger einflussreicher Industriemagnaten (Oligarchen) befanden und teilweise noch befinden. Die Entwicklung eines gesunden und starken industriellen Mittelstandes ist unter diesen Umständen nur sehr schwer möglich. Zu stark sind die industriepolitischen Interessen der großen finanz-industriellen Gruppen und zu eng die Verflechtung zwischen wirtschaftlicher und politischer Macht.

4. Die Ära Putin

Seit 2000 lenkt Präsident *Wladimir Putin* die Geschicke Russlands, sei es als Präsident in den Jahren 2000 bis 2008 oder als Premierminister in den vier folgenden Jahren, in denen die Verfassung die Weiterführung des Präsidentenamtes verbot. Die mit *Dmitry Medwedev* abgestimmte „Rochade" der Ämter, die zur erneuten Präsidentschaft *Putins* im Jahre 2012 geführt hat, wurde zwar von der Masse der Russen abgelehnt, was aber die Macht *Putins* nicht sichtlich beschränkt hat. *Putin* führt Russland im Stil eines russischen Generaldirektors mit einem klaren „Top-Down-Approach" und unter nicht unbedenklicher Gleichschaltung ehemals unabhängiger Institutionen (z.B. der Föderationsrat). Trotz zahlreicher Bekenntnisse ist es weder *Putin* noch *Medwedew* gelungen, die endemische Korruption in russischen Behörden und Staatsunternehmen zurückzudrängen, was kein gutes Licht auf die Führung wirft. Auf der positiven Seite zu verbuchen ist aber eine seit *Putins* Antritt stetig gestärkte wirtschaftliche Basis des Landes (im Wesentlichen getragen durch die rasant gestiegenen Energiepreise seit Beginn des Jahrtausends) und ein Wiedererstarken des vorher vollkommen zerrütteten öffentlichen Sektors. *Putin* hat Lehren aus den 1990iger Jahren gezogen, als Russland trotz einer sich schnell entwickelnden, aber chaotischen Demokratie bei Investoren und westlichen Politikern gegenüber dem autokratischen und monolithisch wirkenden China mehr und mehr ins Hintertreffen geraten ist. Sein Schluss für Russland ist, dass eine stabile **Autokratie** für das große Land die vorzugswürdige Staatsform ist. Ob dies tatsächlich richtig ist, wird die Zukunft entscheiden.

▷ In den Datenräumen, die bei der sog. Due Diligence-Prüfung im Rahmen von Unternehmenskäufen erstellt werden, schlägt sich diese Zeit in einer großen Rechtsunsicherheit nieder, die durch die beratenden Anwälte behutsam und mit dem notwendigen Gespür für rechtliche und politische Risiken zu bewerten ist. Nach dem strengen Wortlaut des Gesetzes ist wohl kaum eine der großen Privatisierungen erfolgt. Aus eigener Erfahrung kann ich sagen, dass dies wegen einer Vielzahl sich widersprechender Rechtsakte zu der damaligen Zeit auch bei gutem Willen oft nicht möglich gewesen ist. Fälle wie die Privatisierung des Ölkonzerns Yukos, der ja in den letzten Jahren auch in der westlichen Presse eingehend behandelt wurde, erinnern den in russischen Dingen bewanderten Juristen daher eher an den typischen Privatisierungsfall, als ein besonders ungewöhnliches Einzelereignis. Die Tatsache aber, dass gerade dieser Fall zu Gefängnisstrafen, Verbannung und Quasi-Enteignung der Handelnden geführt hat, zeigt dass es unterschiedliche Formen von Rechtssicherheit im Unrecht gibt. Diese feinen Abstufungen von Risiken aber zu verstehen und zu bewerten, ist eine Gabe, die nur wenigen sehr erfahrenen Wirtschaftsanwälten in Russland gegeben ist. Für den Investor stellt sich somit oft ein nicht unerhebliches Restrisiko bei seinen Investitionen ein, das in Zeiten hoher Wachstumsraten des Marktes gerne übersehen wird.

2 Vertragsmanagement

	Rz.
I. Vertragsplanung	9
1. Einschaltung des russischen Korrespondenzanwalts	9
a) Von Advokaten und Juristen	10
b) Internationale Kanzleien	14
c) Russische Kanzleien	18
2. Informationsbeschaffung	19
a) Zugang zu öffentlichen Registern	19
b) Umfang und Qualität der erhältlichen Informationen	20
c) Schutz des öffentlichen Glaubens in staatliche Register	23
3. Vorvertragliche Haftungsrisiken und Präventivmaßnahmen	24
a) Geheimhaltung	24
b) Geistiges Eigentum	26
II. Vertragsdesign	30
1. Struktur – Form over Function	30
a) Die Wichtigkeit der geschriebenen Vereinbarung	31
b) Die Bedeutung der Vertragsform	32
2. Schriftform	33
a) Gesetzliche Schriftform	33
b) Gewillkürte Schriftform	34
3. Vertretungsrecht	35
a) Gesetzliche Vertreter von juristischen Personen und Vertretungsnachweis	35
b) Originäre Vertretungsmacht	38
c) Stellvertretung, Vertreter ohne Vertretungsmacht, Anscheinsvollmacht	40
d) Zustimmung von Aufsichtsorganen, gesetzliche Organvorbehalte	41
e) Zustimmung von Behörden	43
f) Beurkundungs- und registrierungspflichtige Geschäfte	45
4. Vertragsaufbau	47
5. Zwingendes Recht als Beschränkung der Parteiautonomie	48
a) Was nicht ausdrücklich erlaubt ist, erscheint (zunächst) erst einmal verboten	48
b) Russisches Devisenrecht	49
6. Vertragstypenzwang, Gemischte Verträge, Atypische Verträge	50
a) Im russischen ZGB geregelte Vertragstypen	50
b) Behandlung von gemischten Verträgen und Verträgen sui generis	51
7. Wirkung von Vorvertragsvereinbarungen	52
III. Vertragsverhandlung	53
1. Inhaltliche Voraussetzungen	53
a) Verhandlungssprache	53
b) Dolmetscherdienste	54
c) Zeitansatz	55
2. Gesprächsthemen	56
a) Klare Strukturierung der zu besprechenden Themen	57
b) Abgrenzung von Geschäftsthemen und juristischen Themen	60
c) Verhandlungsprotokoll, Term Sheet	61
3. Vertragsänderung	63
a) Inhaltliche Einigung	64
b) Vertragliche Fassung der Vertragsänderungen	65
c) Rückwirkung von Änderungen	66
4. Abschluss der Verhandlungen (Closing)	68
5. Rolle des Rechtsanwalts	69
6. Kosten des Rechtsanwalts	70
7. Psychologische Faktoren	71
8. Mittelsmänner, Vermittler und andere Gestalten	76
IV. Vertragsdurchführung	81
1. Unterzeichnung	81
2. Vertragserfüllung	82
3. Vertrag in der Krise	84
4. Vertrags- und Deliktsrecht	89
5. Schiedsklausel	90
a) Übliche Schiedsklauseln und Schiedsgerichte	91
b) Vollstreckung von Schiedsurteilen in Russland	92
V. Vertragscontrolling	93
1. Besondere Bedeutung im Rechtsverkehr mit Russland	93
2. Vertragscontrolling beginnt beim richtigen Vertragsdokument	94
3. Nach dem Closing geht die Arbeit erst richtig los	95
4. Risiken erkennen und richtig adressieren	96
5. Zentrales Archiv als Controlling-Tool	97

I. Vertragsplanung

1. Einschaltung des russischen Korrespondenzanwalts

9   Für den deutschen Rechtsanwalt, der seinen Mandanten bei Investitionen in Russland berät, ist die **Auswahl** des Korrespondenzanwaltes von **entscheidender Bedeutung**. Anders als in anderen Ländern, führt die hohe Sprachbarriere (mit fremder Schrift) dazu, dass man in Zweifelsfällen die Quellen für den erteilten Rechtsrat nicht selbständig überprüfen kann. Auch bei persönlicher Anwesenheit vor Ort wird man immer nur den Teil der Konversation bewerten können, der durch einen Dolmetscher übersetzt wird. Während die Suche nach qualifizierten englisch oder deutsch sprechenden Rechtsanwälten in Moskau und St. Petersburg noch relativ einfach ist, gestaltet sich dies in den abgelegeneren Regionen zusehends schwieriger.

a) Von Advokaten und Juristen

10   Die Rechtspflege war in der Zeit der Sowjetunion in zwei Bereiche aufgeteilt. Die **Advokaten** waren ausgebildete Juristen, die nach einer der deutschen Referendarzeit ähnelnden praktischen Ausbildung (der sog. Stage) als Rechtsanwalt bei einer der Rechtsanwaltskammern (Kollegien) zugelassen wurden.

11   Der Gegenstand der Tätigkeit eines **Advokaten** war typischerweise die Beratung in familienrechtlichen und strafrechtlichen Angelegenheiten. Hierbei gestaltete sich der familienrechtliche Teil vergleichsweise einfach, da das staatliche Fürsorgesystem im Fall der Scheidung keine komplexen Anwartschaftssachverhalte aufarbeiten musste. Meist ging es nur um die Teilung der gemeinschaftlichen Wohnung und Zusprache des Sorgerechts für gemeinsame Kinder. Im strafrechtlichen Bereich war die Rollenverteilung zwischen dem Staatsanwalt und dem Rechtsanwalt als (Pflicht-)Verteidiger oft eine mehr formale als inhaltliche. Grund hierfür war die Nähe der Anwaltskammern zu staatlichen Stellen und die Tatsache, dass die Zulassung als Advokat ein Privileg war, dass man nicht durch eine zu aggressive Verteidigung (insbesondere bei politischen Prozessen) aufs Spiel setzen wollte. Insgesamt ist daher zu konstatieren, dass die Advokaten nach dem Zusammenbruch der Sowjetunion meist nicht in der Lage waren, im Rahmen von zivilrechtlichen oder wirtschaftsrechtlichen Fragestellungen qualifizierte Hilfe zu leisten.

12   Der **Jurist** war traditionell nur unternehmensintern eingesetzt und vergleichbar mit einem Mitglied der Rechtsabteilung eines Unternehmens. Er verfügte sicherlich über größeren Einblick in die wirtschaftlichen Zusammenhänge. Allerdings bedingte das System der Planwirtschaft, dass es so gut wie keine streitigen Verfahren zwischen Unternehmen gab. Soweit Unstimmigkeiten auftraten, wurden diese üblicherweise vor einer Schiedsstelle oder einem Schiedsgericht einvernehmlich geregelt. Dort

wurde dafür Sorge getragen, dass der Partei der Zuspruch gegeben wurde, die für die Planerfüllung wichtiger war. Das Ansehen der Juristen im Unternehmen war relativ gering, was dazu führte, dass die Entfaltungsmöglichkeiten und Aufstiegschancen eines Juristen auch nur sehr begrenzt waren.

Die Rechtsberatung und das Auftreten vor Gericht waren bislang in Russland nicht ausschließlich den Anwälten vorbehalten. Ein **Rechtsberatungsverbot** für Personen, die nicht Rechtsanwälte oder Rechtsbeistände sind, besteht nach wie vor nicht. In Russland tätige ausländische Anwälte müssen sich allerdings in ein Register beim Justizministerium eintragen lassen und dürfen nur in ihrem jeweiligen ausländischen und im internationalen Recht beraten. 13

b) Internationale Kanzleien

Sowohl Juristen (mit einer Lizenz) wie auch Advokaten dürfen heute rechtsberatend tätig sein. Während sich die fachliche Ausrichtung des Advokaten und Juristen erst in den letzten Jahren hin zu stärker wirtschaftsrechtlich tätigen Advokaten entwickelt, wird die internationale wirtschaftsrechtliche Beratung heute fast ausschließlich von **Rechtsanwälten** betrieben, die ihre Ausbildung nach der Hochschule in den letzten 15 Jahren in eine der internationalen Anwalts- oder Wirtschaftsprüfungskanzleien erhalten haben. Diese Personen sind meistens sehr praxisnah ausgebildet, sprechen oft vorzüglich Fremdsprachen und sind nicht selten in jungen Jahren bereits sehr gut auf die täglichen wirtschaftsrechtlichen Fragen hin gedrillt. Die Qualität der weiteren juristischen Leistung ist aber unmittelbar von der Qualität der Kanzlei abhängig, in welcher die jungen russischen Anwälte in den ersten Berufsjahren tätig waren. 14

➡ Von daher lässt sich oft ein großes **Qualitätsgefälle** feststellen zwischen internationalen Kanzleien (deren Qualität den Leistungen in anderen Ländern in nichts nachstehen) und kleineren lokal geprägten Kanzleien, die oft die Bedürfnisse eines ausländischen Investors nicht verstehen oder gar antizipieren können. Hiervon gibt es selbstverständlich Ausnahmen, aber ohne ausdrückliche Empfehlung eines Kenners des Anwaltsmarktes sollte man die rein russischen Kanzleien erst nach eingehender persönlicher Prüfung für wichtige Fragen mandatieren. 15

In den letzten 15 Jahren hat sich die Zahl der internationalen Kanzleien insgesamt positiv entwickelt. Während Anfang der 90er Jahre nur eine Handvoll ausländischer Anwälte in Russland beratend tätig waren, sind es heute mehrere Hundert. Ein Blick auf die Liste der in Russland vertretenen Kanzleien zeigt, dass die angelsächsischen Kanzleien in den letzten Jahren erheblich an Gewicht gewonnen haben, während die deut- 16 schen Kanzleien in ihrer Bedeutung etwas stagnieren, aber durchaus noch eine ernstzunehmende Rolle spielen.

17 ⮕ Die in Moskau gezahlten **Anwaltshonorare** sind weltweit in der höchsten Kategorie und liegen zwischen London und New York. Ein Stundensatz von 800 $ und mehr bei einer Topkanzlei für eine Partnerstunde ist eher die Regel als die Ausnahme. Da aber weniger die Partner- als die große Zahl der Associate-Stunden unter dem Strich die Rechnung in die Höhe treiben, ist bei der Auswahl der Kanzlei sehr genau darauf zu achten, wie die interne Struktur ist. Vielfach sind internationale Kanzleien mit Partnern in Moskau vertreten, die gar kein oder nur sehr schlecht russisch können. Dies macht es ihnen unmöglich, selbst die Leistung ihrer juristischen Mitarbeiter umfassend zu überprüfen. Dadurch wird der Mittelbau von erfahreneren juristischen Mitarbeitern, die exzellent Englisch oder Deutsch sprechen, zum kritischen Erfolgsfaktor. Der Mehrwert des Partners ist in diesen Fällen jedoch begrenzt. Umgekehrt gibt es einige wenige Partner, die ausgezeichnet russisch sprechen und damit zu einer wertvollen Ressource und Brücke – insbesondere bei schwierigen Vertragsverhandlungen – werden. Es ist nicht überraschend, dass diese Personen extrem gesucht und begehrt und damit auch besonders teuer sind.

c) Russische Kanzleien

18 Neben den internationalen Kanzleien und WP-Gesellschaften (die in Russland auch teilweise Rechtsberatung anbieten) haben sich in den letzten Jahren mehr und mehr auch russische Großkanzleien etabliert. In einer im Jahre 2012 vom amerikanischen Magazin „The Lawyer" und dem russischen Magazin „Legal Inside" gemeinsam durchgeführten Umfrage bei russischen Rechtsabteilungen ergab sich, dass unter den zehn am meisten genannten Kanzleien die ersten beiden Plätze von russischen Großkanzleien belegt wurden, wenn auch acht der zehn meistgenannten Kanzleien internationale Kanzleien waren. Abseits der russischen Spitzenkanzleien, von denen es nur eine gute Handvoll gibt, sind russische Kanzleien oft noch sehr patriarchalisch strukturiert, was die tägliche Zusammenarbeit erheblich erschweren kann. Manche fahren auch einen sehr „russischen" Ansatz. Dies macht sich in der Vergütungsstruktur (Erfolgshonorare, Pauschalabrechnung) bemerkbar, der meist geringeren Sensibilität für Interessenkonflikte und hin und wieder leider auch in einem laxen Umgang mit dem Anwaltsgeheimnis und dem anwaltlichen Ehrenkodex. Daher ist bei diesen Kanzleien jeweils im Einzelfall nach sehr genauer Recherche und Prüfung zu entscheiden, für welche Fragen sie sinnvoller Weise eingeschaltet werden können. Erfahrungsgemäß sind die rein russischen Kanzleien oft stärker in schwierigen Prozess- oder Vollstreckungsangelegenheiten sowie im Einzelfall bei Streitigkeiten mit Staatsorganen, da sich hier die internationalen Kanzleien nicht

so sehr in den „Nahkampf" begeben, wie das für die Sache manchmal erforderlich wäre.

2. Informationsbeschaffung

a) Zugang zu öffentlichen Registern

Der Zugang zu öffentlichen Registern gestaltet sich in der Regel relativ unproblematisch. Es besteht jedoch kein Schutz des öffentlichen Glaubens in die Richtigkeit des Registers, sondern nur eine **Richtigkeitsvermutung**, die jedoch widerleglich ist.

b) Umfang und Qualität der erhältlichen Informationen

Das **Einheitliche Staatliche Register Juristischer Personen**, in welchem alle juristischen Personen einzutragen sind, wird durch die Staatliche Steuerbehörde geführt. Der Auszug aus dem Einheitlichen Staatlichen Register enthält seit neuerem auch Informationen zur Vertretungsregelung der juristischen Person, so dass für diesen wichtigen Bereich nicht mehr allein auf interne gesellschaftsrechtliche Dokumente (die Satzung und das Protokoll zur Ernennung des jeweiligen Geschäftsführers) zurückgegriffen werden muss. Bis auf einige wenige persönliche Informationen (z.B. Passdaten, Wohnort) sind jedoch alle im Einheitlichen Staatlichen Register eingetragenen Informationen frei – auch per elektronischem Zugang – zugänglich (weitere Informationen: www.nalog.ru).

Die Registrierung von **Immobilienrechten** erfolgt bei den entsprechenden Behörden des Russischen Justizministeriums, z.B. in Moskau beim Moskauer Komitee für die staatliche Registrierung von Immobilienobjekten und Immobiliengeschäften (www.to50.rosreestr.ru). Grundsätzlich kann jeder Einsicht in die Akten nehmen, allerdings ist das Auskunftsrecht hinsichtlich einzelner Informationen (z.B. Inhalte der rechtbegründenden Dokumente) nur einem eingeschränkten Personenkreis zugänglich.

Die **Aktienregister**, in welchen die Aktionäre einer Gesellschaft eingetragen sind, dürfen nur von dafür speziell lizenzierten Gesellschaften (Registratoren) oder bei kleineren Aktiengesellschaften von der Gesellschaft selbst geführt werden. Die Einsicht fremder Dritter in das Aktienregister ist nicht möglich. Einsichtsrechte sind auf Aktionäre beschränkt, die über mehr als 1 % der Stimmberechtigten verfügen.

c) Schutz des öffentlichen Glaubens in staatliche Register

Die staatlichen Register genießen **keinen öffentlichen Glauben** wie das Handelsregister oder das Grundbuch in Deutschland. Sie tragen nur die Vermutung der Richtigkeit in sich, die jedoch im Einzelfall widerlegbar ist. Gerade bei komplizierten Eigentumsketten bleibt es daher erforderlich, sich über alle Erwerbsvorgänge die gesamte Dokumentation vorlegen zu lassen, will man spätere böse Überraschungen ausschließen.

3. Vorvertragliche Haftungsrisiken und Präventivmaßnahmen

a) Geheimhaltung

24 „In Russland gibt es keine Geheimnisse – es sei denn, keinen interessiert es." Diesen Satz, den mir einmal ein russischer Freund gesagt hat, ist mir immer präsent, wenn es um das Thema Geheimhaltungsvereinbarungen in Russland geht. Gesetzlich sind sowohl die Banken wie auch Anwälte zur Wahrung des Bank- bzw. Anwaltsgeheimnisses verpflichtet und auch die übrigen gesetzlichen Regeln weichen nicht auffällig von uns bekannten Standards ab. In der **Praxis** erlebt man leider häufiger, dass es mit diesem Geheimnisschutz nicht sehr weit her ist. Daher ist der beste Schutz von geheimen Informationen zunächst die Kontrolle darüber, wer überhaupt Zugang zu geheimen Informationen erlangt. Dieser tatsächliche Schutz wird von vielen Mandanten im guten Glauben auf einen Schutz im Nachhinein durch das Recht viel zu sehr vernachlässigt. Dies gilt weltweit, aber in besonderem Maße für Russland. Es sollte immer berücksichtigt werden, dass das Land eine jahrzehntelange Tradition des Ausspionierens von Geheimnissen hinter sich hat, in der ungezählte Heere von Offizieren dafür ausgebildet wurden, physische oder elektronische Zugangsbarrieren zu überwinden, um an geheime Informationen zu gelangen. An technischem und intellektuellem Know-how zum Bruch vertraulicher Informationen fehlt es daher in diesem Land nicht.

25 ➡ Der Abschluss von **Geheimhaltungsvereinbarungen** ist im internationalen Verkehr mit russischen Unternehmen daher sehr empfehlenswert und üblich. Durch die Geheimhaltungsvereinbarung wird den Vertragsparteien bewusst gemacht, dass die ausgetauschten Informationen vertraulich sind. Insbesondere durch die Vereinbarung einer Kennzeichnung vertraulicher Informationen kommt es seltener zu Missverständnissen darüber, wer zu solchen Informationen Zugang erhalten darf (und wer nicht). Soweit man Verstöße gegen die Geheimhaltungsvereinbarung mit einer Vertragsstrafe sanktioniert, hat man ein relativ einfaches Mittel, im Falle eines Verstoßes ohne Nachweis eines konkreten Schadens die Vertragsstrafe geltend zu machen. Bei einer Vereinbarung einer Schiedsklausel ist das Urteil des Schiedsgerichts über die Bestimmungen des New Yorker Übereinkommens auch im (nicht-russischen) Ausland vollstreckbar (z.B. in Auslandskonten oder Beteiligungen), was der Vereinbarung noch etwas mehr Schärfe verleihen kann.

b) Geistiges Eigentum

26 Russland ist Mitglied in den **wesentlichen internationalen Verträgen**, die den Schutz des geistigen Eigentums betreffen, insbesondere der WIPO,

des Welturheberrechtsübereinkommens (WUA), der Pariser Verbandsübereinkunft (PVÜ), des Patentzusammenarbeitsvertrages (PCT), der beiden Madrider Markenabkommen, des Nizzaer Klassifikationsabkommens, des Klassifikationsabkommens von Locarno und des Genfer Markenrechtsvertrages.

Wegen laxer Anwendung der bestehenden gesetzlichen Bestimmungen, insbesondere hinsichtlich von CD- und DVD-Raubkopien sowie Online-Piraterie steht Russland aber nach wie vor auf der sog. Priority Watch List des Büros der amerikanischen Handelsvertretung und nimmt gemeinsam mit China sogar einen Spitzenplatz hierauf ein (vgl. 2013 Special 301 Report des US Office of the Trade Representatives). Das US Office of Trade Representatives hat zwar einen Rückgang in der Softwarepiraterie beobachtet, gleichzeitig aber auch seit dem Jahr 2011 einen Rückgang in den Vollstreckungsaktivitäten russischer Behörden bei Verletzungen geistigen Eigentums angemerkt. 27

Der Patentschutz beträgt 20 Jahre ab dem Eingang der Anmeldung zum Patent, der Geschmacksmusterschutz beträgt 10 Jahre und der Gebrauchsmusterschutz fünf Jahre. Darüber hinaus besteht ein Schutz von Waren- und Dienstleistungszeichen, das nunmehr auch die Möglichkeit vorsieht, allgemein bekannte Warenzeichen ohne Schutzrecht in Russland auf Antrag für berühmt zu erklären. Hierdurch werden sie gleichfalls schutzfähig. Das Urheberrecht besteht für die ganze Lebensdauer des Werkschöpfers und darüber hinaus für 70 Jahre nach seinem Tod. 28

Der Föderale Dienst für geistiges Eigentum, Patente und Handelsmarken (kurz: *Rospatent*) ist für die Schutzrechtsanmeldung, -erteilung und -eintragung zuständig (*www.fips.ru*). Die Registrierung einer Lizenz bei *Rospatent* ist für ihre Wirkung in Russland Wirksamkeitsvoraussetzung. 29

II. Vertragsdesign

1. Struktur – Form over Function

Russland kann seine Wurzeln in der Tradition der Planwirtschaft nicht verleugnen. Die Aufstellung, Erfüllung und Überwachung eines volkswirtschaftlichen **Planes** war ein hochkomplexes administratives Gebilde, das alle Lebensbereiche durchdrang. Die Nichterfüllung des Plans konnte zu erheblichen Fehlallokationen führen und wurde daher strikt geahndet. Die Erfüllung musste folglich durch eine klare Verantwortungshierarchie überwacht werden. Freie Entscheidungen des Einzelnen waren in diesem System nicht vorgesehen. Das reale Leben spielte sich hinter den Kulissen des Plans (über Warteschlangen, Schwarzmärkte, Vetternwirtschaft und Korruption) ab. Aus dieser Tradition stammt das Bedürfnis russischer Vertragspartner, alle Verfahrensschritte bis ins Detail vorzuschreiben und auch kleinere Entscheidungen bis zur Stufe der Geschäftsleitung (dem Generaldirektor) zu eskalieren. Dieses Verhalten findet seinen Nie- 30 derschlag beim Ablauf von Vertragsverhandlungen und dem Erstellen der Vertragsdokumentation.

a) Die Wichtigkeit der geschriebenen Vereinbarung

31   Der **Vertrag** ist in der Regel das zentrale Dokument einer Vereinbarung mit einem unbekannten (neuen) Vertragspartner. Solange er nicht unterzeichnet ist, fühlt sich der russische Vertragspartner nicht an eine mündliche Vereinbarung gebunden. Daneben ist jedoch zu konstatieren, dass viele russische Unternehmen und Unternehmer über Jahre in „vertragsfreien" Verhältnissen leben, die mit sehr vertrauten Parteien eingegangen werden. Solche Verhältnisse sind aus der Situation der Planwirtschaft oder des Umbruchs geboren und hatten das Ziel, sich der Überregulierung des Staates zu entziehen. So blühen in Russland nach wie vor jede Art von „Treuhandvereinbarungen", **„Gentlemen Agreements"**, „Provisionsvereinbarungen", deren Gegenstand in der Regel nicht einklagbar ist, sondern nur durch das gleichzeitige Wohlverhalten der anderen Partei seine Festigkeit erfährt. Die hinter diesen Verhältnissen stehenden Grundlagen sind aber entweder die persönliche oder wirtschaftliche Abhängigkeit eines Vertragspartners von dem anderen, ein langjähriges Vertrauens- und Näheverhältnis, oder gemeinsame übergeordnete Ziele.

➲   Aus diesem Grund kann von Vereinbarungen dieser Art nur gewarnt werden. Interessengegensätze, die anders einer vertraglichen Klärung zugänglich wären, werden hierdurch zeitweise überspielt, Interessenkonflikte eines Vertragspartners werden gefördert und durch die Intransparenz der Verhältnisse sind Konfliktsituationen nur sehr schwer zu handhaben, da immer das gesamte „Verhältnis" auf dem Prüfstand steht. Eine Durchsetzung der Ansprüche ist in aller Regel unmöglich, im Gegenteil, bei Streit werden die klagenden Parteien oft von der anderen Partei erpresst oder in anderer Weise zum Schweigen genötigt.

b) Die Bedeutung der Vertragsform

32   Im internationalen Rechtsverkehr übliche Formen von Verträgen stoßen in Russland vielfach noch auf Misstrauen. Bevorzugt wird der Vertrag in Form einer **Urkunde**, die die Vertragsparteien genau bezeichnet, den Vertragsgegenstand erläutert und die *essentialia negotii* klar wiedergibt. Obwohl das russische Zivilrecht (das im Wesentlichen auf dem niederländischen Zivilrecht aufbaut) hinsichtlich des Vertragsschlusses auch weniger formstrenge Urkunden zulässt, sind sog. Letter Agreements, also das Festlegen der Vertragsbedingungen in Briefform, der gegengezeichnet wird, unüblich und können in bestimmten Fällen die Unwirksamkeit des Geschäftes zur Folge haben.

II. Vertragsdesign

2. Schriftform

a) Gesetzliche Schriftform

Geschäfte zwischen juristischen Personen sind grundsätzlich schriftlich abzuschließen (Artikel 161 Abs. 1 Ziff. 1) RusZGB). Geschäfte zwischen natürlichen Personen sind schriftlich abzuschließen, wenn der Wert des Geschäfts den Betrag von zehn minimalen gesetzlichen Monatslöhnen (ein minimaler gesetzlicher Monatslohn beträgt seit 1.1.2013 5205 RUB) übersteigt (Artikel 161 Abs. 1 Ziffer 2) RusZGB). Soweit die gesetzliche Schriftform nicht eingehalten worden ist, ist es der Partei, die sich auf die Wirksamkeit des Vertrages beruft, versagt, Zeugenaussagen für den Vertragsschluss anzuführen. Schriftliche Nachweise über den Vertragsschluss sind jedoch nach wie vor zulässig. Anders ist dies bei sog. „Außenhandelsgeschäften": Diese Geschäfte zwischen russischen und ausländischen Personen sind bei Nichtbeachtung der gesetzlichen Schriftform unwirksam (Artikel 162 Abs. 3 RusZGB). Nicht erforderlich ist, dass beide Parteien auf einer Urkunde unterzeichnen. Für die Beobachtung der gesetzlichen Schriftform reicht vielmehr aus, dass die entsprechenden Willenserklärungen in schriftlicher Form ausgetauscht werden, sei es im Original oder per Telefax, telegraphisch in elektronischer oder sonstiger Form, soweit sich zuverlässig feststellen lässt, dass die Urkunde von der Vertragspartei stammt (Artikel 434 Abs. 2 RusZGB). 33

b) Gewillkürte Schriftform

Wegen der niedrigen Schwelle für das Erfordernis der gesetzliche Schriftform, spielt eine davon abweichende gewillkürte Schriftform (anders als im deutschen Recht) keine Rolle, soweit die gewillkürte Schriftform nicht eine höhere Anforderung an die Form stellt (z.B. notarielle Form), was gesetzlich zulässig ist (Art. 434 Abs. 1 Satz 2 RusZGB). 34

3. Vertretungsrecht

a) Gesetzliche Vertreter von juristischen Personen und Vertretungsnachweis

Gesetzlicher Vertreter russischer Kapitalgesellschaften ist das sog. **Einzelexekutivorgan**, der Generaldirektor. Soweit die Gesellschaft daneben über ein kollektives Exekutivorgan verfügt (*Pravlenie*, Vorstand), können Mitglieder dieses Organs die Gesellschaft nur vertreten, wenn dies durch die Satzung vorgeschrieben, durch die Aktionärs- oder Gesellschafterversammlung beschlossen wurde, oder in einer Vollmacht des Generaldirektors festgelegt ist. 35

Die **Vertretungsmacht** des Generaldirektors wird durch die Vorlage der Satzung sowie des Protokolls über die Gesellschafterversammlung nachgewiesen, auf der der Generaldirektor ernannt worden ist. Der Generaldirektor ist anders als früher nunmehr auch im Einheitlichen Staatlichen 36

Register eingetragen. Einen Gutglaubensschutz gegen Veränderungen nach der Versammlung in der der Generaldirektor ernannt worden ist, besteht nicht.

37 ⟶ Wichtig ist zu beachten, dass Rechtsgeschäfte juristischer Personen durch Urteil für **nichtig** erklärt werden können, wenn diese nicht von den Tätigkeitszielen in den Gründungsdokumenten der Gesellschaft gedeckt sind oder wenn eine entsprechende Genehmigung zur Vornahme dieser Geschäfte fehlt (Art. 173 RusZGB). Allerdings wird der Rechtsverkehr dadurch geschützt, dass in solchen Fällen nachzuweisen ist, dass die andere Vertragspartei positive Kenntnis von diesem Umstand hatte oder den Umstand hätte kennen müssen.

b) Originäre Vertretungsmacht

38 Der Generaldirektor vertritt die Gesellschaft grundsätzlich in allen Angelegenheiten alleine. Eine Gesamtgeschäftsführung ist unüblich.

39 Bei Verträgen, die „finanzwirksam" sind, also wohl solchen, die zu unmittelbaren Zahlungsverpflichtungen der Gesellschaft führen, sieht das neue „Gesetz über die Buchhaltung" vom 6.12.2011 N 402-FZ nun nicht mehr vor, dass diese Verträge nur gültig sind, wenn sie die Unterschrift des **Hauptbuchhalters** tragen. Vielmehr wird nunmehr auf die Zeichnungsberechtigung verwiesen, die jeweils durch die Geschäftsführung festgelegt worden ist. Vor Inkrafttreten des neuen Gesetzes am 1.1.2013 wurden zur Sicherheit alle Verträge regelmäßig vom Generaldirektor und dem Hauptbuchhalter unterzeichnet.

c) Stellvertretung, Vertreter ohne Vertretungsmacht, Anscheinsvollmacht

40 Die vertragliche Stellvertretung bedarf zu ihrer Wirksamkeit einer **schriftlichen Vollmacht** (Art. 185 Ziff. 1 ZGB). Die Wirksamkeit einer Vollmacht ist gesetzlich auf **drei Jahre** begrenzt. Daher ist das Ausstellungsdatum der Vollmacht ein wesentlicher Bestandteil der Vollmacht, ohne dass diese nicht wirksam ist. Die Vollmacht bedarf grundsätzlich – anders als im deutschen Recht – der Form des Geschäftes, zu welchem sie ermächtigt. Eine Vollmacht kann im Außenverhältnis beschränkt werden. Der Vertreter darf keine Geschäfte mit sich selbst abschließen und kann von dieser Beschränkung – anders als nach deutschem Recht – auch nicht vertraglich befreit werden. Handelt ein Vertreter ohne Vertretungsmacht, so kann dessen Handlung durch den, in dessen Namen das Geschäft abgeschlossen wurde, nachträglich genehmigt werden (Art. 183 RusZGB). Wird die Genehmigung nicht erteilt, haftet der Vertreter persönlich auf Erfüllung.

d) Zustimmung von Aufsichtsorganen, gesetzliche Organvorbehalte

Das russische Aktiengesetz und das GmbH-Gesetz sehen **Organvorbehalte** vor, wenn der Wert eines Geschäftes 25 % des Aktivvermögens der Gesellschaft überschreitet. Bei der russischen GmbH ist in diesem Fall die Zustimmung der Gesellschafterversammlung einzuholen. Bei der Aktiengesellschaft ist dann die einstimmige Zustimmung des Direktorenrates (bzw. Aufsichtsrates) erforderlich. Übersteigt der Geschäftswert eines Geschäftes bei der Aktiengesellschaft 50 % des Aktivvermögens, ist die Zustimmung der Gesellschafterversammlung mit einer Mehrheit von 75 % erforderlich. Geschäfte, die unter Verstoß dieser Zustimmungsvorbehalte abgeschlossen worden sind, sind anfechtbar und lösen eine Schadensersatzpflicht des Generaldirektors aus.

41

Weitere Zustimmungsvorbehalte bestehen bei Geschäften mit sog. „**interessierten Personen**". Interessierte Personen sind Personen, bei denen ein Interessenkonflikt besteht oder bestehen kann. Ein solcher Interessenkonflikt wird unwiderleglich vermutet, wenn eine in der Gesellschaft ein Amt bekleidende Person (z.B. ein Mitglied des Direktionsrates oder der Geschäftsführung) oder eine Person (oder ihre Angehörige) oder die mit ihr verbundenen Personen mehr als 20 % der Stimmrechte an der Gesellschaft hält, zugleich Vertragspartner oder Vertreter des Vertragspartners ist oder eine Beteiligung von mehr als 20 % an diesem Vertragspartner hält oder Mitglied eines Organs des Vertragspartners ist.

42

Geschäfte mit interessierten Personen unterliegen dem Zustimmungsvorbehalt des Direktorenrates (Aufsichtsrates) oder Aktionärsversammlung, die hierüber mit einfacher Mehrheit entscheiden. Die „interessierte Person" hat hierbei kein Stimmrecht.

e) Zustimmung von Behörden

Der Erwerb von Geschäftsanteilen oder Aktien unterliegt der vorherigen Zustimmung der russischen Kartellbehörden, wenn der Bilanzwert der Aktiva des Erwerbers (seines Konzerns) und der Zielgesellschaft (ihres Konzerns) den Betrag von 7 Mrd. RUB oder ihr Gesamtumsatz in dem letzten Kalenderjahr den Betrag von 10 Mrd. RUB übersteigt und dabei der Bilanzwert der Aktiva der Zielgesellschaft (ihres Konzerns) den Betrag von 250 Mio. RUB übersteigt. Soweit die genannten **Schwellenwerte** überschritten werden, unterliegt auch der Asset Deal der Fusionskontrolle, wenn der Bilanzwert der zu erwerbenden Vermögenswerte 20 % des Gesamtbilanzwertes der Kernaktiva des Veräußerers übersteigt. Unabhängig von den genannten Schwellenwerten ist eine vorherige Genehmigung einzuholen, wenn der Erwerber oder die Zielgesellschaft in ein **Sonderregister** der Personen eingetragen ist, die einen Marktanteil von über 35 % für ein bestimmtes Marktsegment innehat. In Fällen, in welchen die oben genannten Schwellenwerte nicht erreicht werden, aber der relevante Umsatz mehr als 400 Mio. RUB beträgt sowie in sonstigen aus-

43

drücklich aufgeführten Fällen, reicht eine nachträgliche Anzeige des Erwerbs binnen 45 Tagen aus.

44 Insbesondere grenzüberschreitende Geschäfte oder in anderer Währung als Rubel lautende Geschäfte unterliegen der **Devisenkontrolle** und damit einem engen Korsett an Meldungen und Genehmigungen. Das Devisenrecht ist eines der zentralen Problemfelder im internationalen Warenverkehr mit Russland. Russland löst sich erst langsam aus dem Regime der Zwangsdevisenbewirtschaftung. Im Zuge des Beitritts Russlands zur WTO, der am 22.8.2012 vollzogen wurde, wurden die restriktiven Bestimmungen des Devisenrechtes signifikant erleichtert. Allerdings bestehen für russische Deviseninländer umfassende Pflichten, ihre im Ausland gehaltenen Konten in Russland bei der zuständigen Behörde anzuzeigen. Ein Verstoß gegen diese Verpflichtung kann mit der Konfiszierung des unangemeldeten ausländischen Devisenvermögens geahndet werden. Die Ahndung von Devisenverstößen, die in Russland zahlreich auftreten, ist uneinheitlich, was zu großer Rechtsunsicherheit in diesem Bereich führt.

➲ Wichtig für die Verhandlungen mit russischen Geschäftspartnern ist es, sich Klarheit über die jeweils geltenden Regelungen zu verschaffen, da diese einen erheblichen Einfluss auf die Möglichkeit der Vertragserfüllung von russischer Seite haben. Die Unfähigkeit des russischen Partners, Zahlungen in Übereinstimmung mit dem geltenden russischen Devisenrecht zu erfüllen, ist vielfach der Grund (und manchmal nur der Vorwand) für erhebliche Störungen im Vertragsverhältnis mit deutschen und internationalen Vertragspartnern.

f) Beurkundungs- und registrierungspflichtige Geschäfte

45 In Russland sind solche Geschäfte beurkundungspflichtig, die **gesetzlich ausdrücklich** als solche bezeichnet werden. Dies ist z.B. für den Ehevertrag oder die Abfassung eines Testaments der Fall. Im wirtschaftsrechtlichen Bereich spielt die Beurkundung seit jüngerem eine wichtigere Rolle: Während der Erwerb von Eigentum an Grund und Boden sowie von Gebäuden noch nicht der notariellen Beurkundung unterliegt, wurde die Verpflichtung zur notariellen Beurkundung nunmehr für den Erwerb von Geschäftsanteilen einer russischen Gesellschaft mit beschränkter Haftung (OOO) sowie für die Bestellung eines Pfandrechtes eingeführt. Darüber hinaus sind zur Vollendung des Rechtsübergangs entsprechende Änderungen in den Gründungsunterlagen der Gesellschaft zusätzlich in das staatliche Register der juristischen Personen einzutragen.

46 Der Erwerb von **Aktien** unterliegt nach wie vor der einfachen Schriftform ist jedoch in bestimmten gesetzlich vorgesehenen Fällen beim Föderalen Dienst über Finanzmärkte anzuzeigen.

4. Vertragsaufbau

Russische Verträge folgen eher dem kontinental-europäischen Ansatz als dem angelsächsischen. Daher sind solche Verträge in aller Regel kurz und übersichtlich. Sie haben keine langen Definitionskataloge, sondern orientieren sich in ihrer Diktion an den Begriffen des Zivilgesetzbuches oder der sonstigen einschlägigen gesetzlichen Regelung. Viele Regelungen (z.B. ausdifferenzierte Schadensersatzregelungen) werden oft nicht aufgenommen. Man vertraut hier darauf, dass die gesetzlichen Regelungen für einen angemessenen Interessenausgleich sorgen.

➲ Von ausländischen in Russland ansässigen Kanzleien entworfene Verträge, folgen in der Regel einer Mischung aus dem im Stammhaus gängigen Vertragsaufbau und dem russischen Vertragsaufbau. Hier kann man daher bei englisch geprägten Kanzleien in Russland seitenlange Definitionskataloge studieren, die – besonders in ihrer russischen Übersetzung – nicht selten in einem Sprachsalat enden, da sich für viele der verwandten Begriffe in der russischen Rechtsdiktion kein oder nur ein adäquater Gegenbegriff ergibt. Vielfach versuchen sich die Autoren solcher Verträge dadurch zu retten, das die jeweils in der Ausgangssprache des Originaldokuments verwandte Sprache (also in der Regel Englisch) im Fall von Widersprüchen Vorrang hat. Selbst wenn dies grundsätzlich zulässig ist, so hilft dies doch nicht, wenn der Vertrag irgendwann einmal vor einem russischen Gericht landet, das – natürlich – nur die russische Fassung studieren und danach seine Schlüsse ziehen wird. Vor diesen Sprachmonstern kann daher in Russland nur gewarnt werden.

Bewährt hat sich aber durchaus, die oft bis zur Lückenhaftigkeit kurzen russischen Verträge mit Bestimmungen anzureichern, die im internationalen Rechtsverkehr üblich geworden sind. Auch empfiehlt es sich (hier eher dem angelsächsischen Muster folgend), Dinge in den Vertrag zu schreiben, die sich in Russland (oder auch bei uns) aus dem Gesetz ergeben. Vielfach sind nämlich die jeweiligen gesetzlichen Auffangregelungen anders, als sich dies der ausländische Vertragspartner intuitiv auf Basis seines Rechtssystems wertend vorstellt. Hier ist es oft sehr klärend, wenn alle wesentlichen Vertragssituationen, die (vor allem) formellen Anspruchsvoraussetzungen und sich daraus ergebenden Ansprüche im Vertrag klar und verständlich abgebildet sind.

5. Zwingendes Recht als Beschränkung der Parteiautonomie

a) Was nicht ausdrücklich erlaubt ist, erscheint (zunächst) erst einmal verboten

Im russischen Recht gilt seit Einführung des Russischen Zivilgesetzbuches der Grundsatz der **Privatautonomie** (Art. 305 RusZGB). Da der Grundsatz der Privatautonomie dem sowjetischen Zivilrecht nicht bekannt war, ist der Umgang mit der Privatautonomie auch im Russischen

Recht **nicht** ganz **spannungsfrei**. So gibt es eine große Zahl an zwingenden Vorschriften, die vertraglich nicht abgedungen werden können. Das ZGB regelt durch eindeutige Formulierung des Gesetzestextes, ob eine Norm zwingendes oder nachgiebiges Recht enthält. Ist eine Vorschrift abdingbar, wird immer eine entsprechende Formulierung vorhanden sein. Fehlt diese, ist von der Unabdingbarkeit der Vorschrift auszugehen. Diese Rechtspraxis ist genau umgekehrt zu der Praxis des deutschen Rechtes, wo in der Regel zwingende Normen ausdrücklich gekennzeichnet sind.

⊃ Daher ist bei der Prüfung von russischen Verträgen eine genaue Prüfung der jeweiligen Vertragstypologie erforderlich, da die Tendenz, eine Bestimmung wegen Verstoßes gegen zwingendes Recht als unwirksam zu erachten viel häufiger zu beobachten ist, als in Deutschland. Gerade bei gemischten Verträgen oder Verträgen sui generis führt dies zu sehr schwierigen Wertungen und nicht selten erheblicher Rechtsunsicherheit.

b) Russisches Devisenrecht

49 Eine der Hauptfallen der Geschäftstätigkeit in Russland waren die vielfältigen und unübersichtlichen (und sich ständig ändernden) Vorschriften des russischen Devisenrechts. Seit der Zeit der russischen Revolution war die Sowjetunion und später Russland bekannt als Land mit einer äußerst strengen **Zwangsbewirtschaftung** seiner Devisenvorräte. Die Ein- und Ausfuhr von Devisen wurde minutiös reguliert. Zum 1.1.2007 traten jedoch wesentliche Beschränkungen zur Regulierung des Kapitalflusses nach dem Devisengesetz außer Kraft. Nach wie vor besteht die Verpflichtung für russische Deviseninländer Deviseneinkünfte aus Exportgeschäften zu repatriieren sowie die Verpflichtung, im Ausland eröffnete Konten der russischen Steuerbehörde mitzuteilen. Anstelle der strikten Reglementierung ist nunmehr jedoch die Notifizierung von Devisengeschäften durch einen sogenannten „Geschäftspass" getreten, die durch die Zentralbank Russlands jeweils geregelt wird.

6. Vertragstypenzwang, Gemischte Verträge, Atypische Verträge

a) Im russischen ZGB geregelte Vertragstypen

50 Das russische Zivilrecht wurde Mitte der 90er Jahre konzipiert und ist nach kontinentaleuropäischem Muster aufgebaut. Daher sind bereits Vertragstypen (wie z.B. das Franchising) enthalten, die im deutschen Recht nicht kodifiziert sind. Wegen den engeren Grenzen, die der Parteiautonomie im russischen Recht gezogen werden, ist auch der **Vertragstypenzwang** höher, als dies im deutschen Recht der Fall ist. Ausdrücklich geregelt sind u.a. die folgenden Vertragstypen: Kauf (einschließlich Energieversorgung, Immobilienkauf und Unternehmenskauf), Tausch, Schenkung, Rente und Unterhalt auf Lebenszeit mit Versorgung, Miete

und Pacht, Miete von Wohnräumen, Leasing, Leihe, Werkvertrag, Ausführungen von Arbeiten im Bereich wissenschaftlicher Forschung, Konstruktions- und Versuchstätigkeit und Technologie, Dienstleistungsvertrag, Beförderung, Spedition, Darlehen und Kredit, Finanzierung durch Abtretung von Geldforderung (Factoring), Bankeinlagenvertrag, Verwahrungsvertrag, Verwahrung, Versicherung, Auftrag, Geschäftsführung ohne Auftrag, Kommissionsgeschäft, Agenturgeschäft, Treuhänderschaft, Franchising, Auslobung, Öffentliche Ausschreibung, Spiel- und Wettveranstaltungen.

b) Behandlung von gemischten Verträgen und Verträgen sui generis

Gemischte Verträge und Verträge eigener Art (sui generis) sind nach russischem Recht schwerer zu greifen, als dies in Deutschland der Fall ist, wo es seit mehr als einem Jahrhundert umfassende Literatur zur dogmatischen Einordnung solcher Verträge gibt. Russland kann hier nur auf ein Jahrzehnt eigener Erfahrungen mit diesen Sachverhalten und unterschiedlichste ausländische Erfahrungen zurückblicken. Daher führen diese Verträge zu wesentlich höherer Rechtsunsicherheit und erfordern eine sehr sorgfältige Prüfung hinsichtlich möglicher Verstöße gegen Vorschriften zwingenden russischen Rechts. 51

7. Wirkung von Vorvertragsvereinbarungen

Durch den Vorvertrag verpflichten sich die Parteien, in Zukunft einen Vertrag über die Übertragung von Vermögen, die Ausführung von Arbeiten oder die Erbringung von Dienstleistungen (Hauptvertrag) zu den Bedingungen abzuschließen, die im Vorvertrag bestimmt sind (Art. 429 RusZGB). Der Vorvertrag bedarf der für den Hauptvertrag vorgesehenen Form. Im Vorvertrag ist die Frist anzugeben, in welcher sich die Parteien zum Abschluss des Hauptvertrages verpflichten. Ist keine Frist angegeben, so gilt eine Frist von einem Jahr nach Abschluss des Vorvertrages. Soweit innerhalb der Frist keine der Parteien ein Angebot auf Abschluss des Hauptvertrages an die andere Partei richtet, erlöschen die Verpflichtungen der Parteien zum Abschluss des Hauptvertrages mit dem Ablauf der vorgesehenen Frist. 52

III. Vertragsverhandlung

1. Inhaltliche Voraussetzungen

a) Verhandlungssprache

In den großen Städten wie Moskau und St. Petersburg ist **Englisch** die übliche Verhandlungssprache für den internationalen Verkehr. Deutsch ist wegen des starken Austausches (auch in Zeiten der Sowjetunion über die DDR) auch recht häufig anzutreffen. Die russischen Verhandlungspart- 53 ner verfügen in der Regel über Englischkenntnisse, die eine einfache Konversation ermöglichen sowie über das in ihrem Industriebereich übliche Fachvokabular. Höchste Vorsicht ist jedoch bei allen juristischen Fachbegriffen – auch einfacher Natur – geboten. Zum einen ist nicht davon auszugehen, dass der Vertragspartner wirklich die rechtliche Tragweite von Begriffen im Englischen oder Deutschen erkennt, zum anderen denkt der russische Gesprächspartner in der Terminologie russischen Rechtes, so dass auch richtig „gemeinte" Begriffe falsche Konzepte vermitteln können. So ist das Konzept des „Eigentums" in einem Land mit sozialistischen Wurzeln nicht immer als Eigentum im deutschrechtlichen Sinne zu verstehen. Es kann, insbesondere bei Grundstücken auch lediglich „Nutzungsrecht" oder „Besitz" bedeuten. Und das „Nutzungsrecht" selbst kann rechtlich eine Miete, eine unentgeltliche Nutzungsüberlassung, eine Dienstbarkeit oder ein Leasingverhältnis sein.

⇒ Aus diesem Grund ist es unerlässlich, präzise nachzufragen und zu verstehen, was sich hinter einem Begriff verbirgt, den der Vertragspartner verwendet. Oft haben die verhandelnden Geschäftsführer keinen juristischen Hintergrund. In diesem Fall ist es sinnvoll, zu bestimmten Fragen den jeweiligen Unternehmensjuristen hinzuzuziehen, um Sachverhalte aufzuklären.

b) Dolmetscherdienste

54 Dolmetscher sind in Russland – wie auch in anderen Ländern – einer der größten **Risikofaktoren** für jede Vertragsverhandlung. Als Personen, die einen sprachlichen und selten juristischen Hintergrund haben, stehen sie hinsichtlich der Wahl der richtigen Begriffe oft vor den gleichen Schwierigkeiten, wie der weniger sprachlich versierte Gesprächspartner. Allerdings sind sie gefährlicher, da sie durch ihre sonstige Perfektion in Diktion und Aussprache dem Zuhörer manchmal vorspiegeln, dass sie alles – auch inhaltlich – verstanden hätten. Somit entsteht bei den Gesprächspartnern ein Einigungsmangel, den sie selbst oft erst viel später – manchmal im Streit – aufklären können. Für Verhandlungen unter Einschaltung von Dolmetschern sind daher einige Grundregeln zu beachten:

⇒ – Machen Sie mit dem Dolmetscher ein kurzes Vorgespräch, in welchem Sie sein Hintergrundwissen zu dem jeweiligen Industriebereich und seine rechtliche Vorbildung prüfen. Hier erhalten Sie einen ersten Eindruck mit welchem Qualitätslevel Sie es zu tun haben.

– Lassen Sie den Dolmetscher konsekutiv übersetzen. Achten Sie darauf, dass er jeden Satz einzeln übersetzt und nicht ganze Textblöcke. Andernfalls merken Sie nicht, wenn der Dolmetscher aus Nachlässigkeit oder Müdigkeit wichtige Dinge auslässt. Sprechen Sie selbst in kurzen klaren Hauptsätzen, vermeiden Sie Jargon, auch wenn dies in ihrer Branche üblich ist.

- Lassen Sie sich niemals die Gesprächsführung aus der Hand nehmen. Der Dolmetscher ist ein Sprachwerkzeug, eine Verlängerung Ihrer Zunge. Er hat keinesfalls eigenständig Antworten auf Fragen zu geben oder Ihnen etwas zu erklären. Dies ist Sache Ihres Gesprächspartners. Es ist eine besondere Unart von schlechten Dolmetschern die Verhandlungsführung an sich zu ziehen und ihre Übersetzungen mit Kommentaren zu schmücken. Auf solche Dienste sollten Sie umgehend verzichten.

- Versuchen Sie die Verhandlungen so zu organisieren, dass der Dolmetscher in seine Muttersprache übersetzt. Da ist es einfacher für ihn schwierige Sachverhalte zu umschreiben. Benutzen Sie daher, wenn möglich, zwei Dolmetscher.

- Gönnen Sie dem Dolmetscher ausreichend lange Pausen. Dolmetschen ist geistige Schwerstarbeit. Bereits nach 15–20 Minuten erkennen Sie bei durchschnittlichen Dolmetschern einen spürbaren Konzentrations- und Leistungsabfall.

c) Zeitansatz

Verhandlungen im Ausland dauern länger. Versuchen Sie daher Ihr Verhandlungsprogramm auf die unbedingt notwendigen Punkte zu beschränken, und bringen Sie diese am Anfang, wenn alle Gesprächspartner aufmerksam sind. Soweit die Verhandlungen gedolmetscht werden, müssen Sie mehr als die doppelte Zeit einplanen. Es empfiehlt sich, den Zeitrahmen für Gespräche vorher abzustimmen, damit sich alle Verhandlungspartner darauf einstellen können. Planen Sie ausreichend Pausen für die Erledigung kurzer Telefonate etc. ein. Bestehen Sie jedoch während der Verhandlung darauf, dass keiner der Teilnehmer telefoniert. Letzteres ist eine besonders beliebte Unart in Russland, die bei Verhandlungen jede Konzentration zerstört. 55

2. Gesprächsthemen

Gerade in Regionen, die nicht im Zentrum des Investorenstroms liegen, hat der Besuch eines ausländischen Gastes noch ein wenig von einem Staatsbesuch. Entsprechend sollte man auch den Rahmen der Einführung in das Verhandlungsthema diesen Erwartungen anpassen, bevor man zum eigentlich Geschäftlichen übergeht. Ein Lob z.B. über den neuen Flughafen, oder das Hotel oder eine sonstige Kleinigkeit, die auf dem Weg zu dem Treffen aufgefallen ist, wird gern gehört und schafft eine positive Gesprächsatmosphäre. Auch eine herzlich ausgesprochene Gegeneinladung nach Deutschland ist oft ein Gebot der Höflichkeit. Wenn Russen auch selbst ihr politisches System und ihre Regierung im Gespräch oft brandmarken und kritisieren, wird es nicht geschätzt, wenn der Gast sich eine Meinung zur in Russland herrschenden „Autokratie" oder dem „undemokratischen System" anmaßt. Die Grundstimmung in Russland ist na- 56 tional und man ist – bei aller Kritik – auf das bisher Erreichte Stolz und verbittet sich vor allem bevormundende Kritik von außen.

a) Klare Strukturierung der zu besprechenden Themen

57 Die eigentlichen Verhandlungen sollten von dem geschäftlich Notwendigen (und damit für den Verhandlungspartner greifbaren Gegenständen) zu den etwas abstrakteren Themen gehen. Schlechte Verhandlungsführer stellen immer nur die Risiken eines Geschäftes heraus, bevor sie die Chancen gelobt haben.

58 ⟳ Eine fünfspaltige **Tabelle** hat sich für Verhandlungen bewährt. Die erste Spalte listet die zu besprechenden Themen nach Priorität auf. Die zweite Spalte die eigenen Verhandlungsziele/-positionen. In die dritte Spalte sollten die Vorstellungen und Argumente des Vertragspartners aufgenommen werden. In die vierte Spalte Kompromisslösungen und in die fünfte die nächsten Schritte und verantwortlichen Personen für die Umsetzung.

Dieses einfache Hilfsmittel erlaubt es, die eigene Liste konsequent abzuarbeiten, auch wenn der Verhandlungspartner zu den „Themenspringern" gehört.

59 Am **Ende** der Verhandlungen ist es entscheidend zu wiederholen, worüber Einigung erzielt wurde, welche Punkte offen sind, wie diese einer Lösung zugeführt werden können und wer für die nächsten Schritte verantwortlich ist.

b) Abgrenzung von Geschäftsthemen und juristischen Themen

60 Inhaltlich sollten die **Geschäftsthemen** im Vordergrund stehen und die juristische Feinarbeit den Rechtsanwälten überlassen werden. Wenn kein Rechtsanwalt an dem Gespräch teilnimmt, ist es wichtig, den für die Erstellung des Vertrages erheblichen Sachverhalt vollständig aufzuklären, da Rückfragen nach Ende der Verhandlungen zu unnötigen Verzögerungen führen.

c) Verhandlungsprotokoll, Term Sheet

61 Die Erstellung eines **Verhandlungsprotokolls** ist bei internationalen Verhandlungen in Russland durchaus üblich. Wie immer gilt auch hier, dass es vorteilhaft ist, das Erstellen dieses Protokolls zu übernehmen, da man so die Kontrolle über den Aufbau und die Gewichtung der einzelnen Aspekte behält. Eine häufig verbreitete Unart ist es, zwischen den Verhandlungen und der Erstellung und Versendung des Protokolls mehrere Tage oder gar Wochen vergehen zu lassen. Dadurch wird die Erinnerung der Teilnehmer unklar und die Abstimmung des Protokolls wird zu einer lästigen Übung.

III. Vertragsverhandlung

Im Unterschied zum Protokoll, das lediglich den Stand der Verhandlungen wiederspiegeln soll, geht das *Term Sheet* weiter. Das *Term Sheet* orientiert sich bereits am Aufbau des endgültigen Vertrages und gliedert die einzelnen Punkte nach rechtlichen Gesichtspunkten. Zur Klarstellung sollte das Term Sheet daher dokumentieren, welche Form von Verbindlichkeit die Parteien diesem Dokument zuweisen. Üblich ist, dass ein *Term Sheet* nicht bindend ist, soweit dies nicht ausdrücklich vereinbart ist. Die Geheimhaltungsklauseln und – soweit vereinbart – die Exklusivität, sowie anwendbares Recht und Gerichtsstandvereinbarungen sind in der Regel bindend.

3. Vertragsänderung

Vertragsänderungen sind ein üblicher Vorgang in Russland. Sie zeitnah und ordnungsgemäß zu dokumentieren, ist besonders wichtig soweit es sich um Tatbestände handelt, die der Devisenkontrolle unterliegen, da hier Störungen im Austauschverhältnis von Leistung und Gegenleistung schnell zu Devisenverstößen und damit empfindlichen Sanktionen und Strafen führen können.

a) Inhaltliche Einigung

Nicht selten sieht man, dass Vertragsänderungen mit wenig Sorgfalt und Bedacht vereinbart und dokumentiert werden. Insbesondere bei lange laufenden Verträgen oder komplexen Austauschbeziehungen (z.B. Anlagenbauverträge) ist es ratsam, Änderungen immer mit Rücksicht auf alle möglichen Auswirkungen auf das Vertragsverhältnis zu vereinbaren. Die Vertragsdokumentation sollte dies widerspiegeln und insbesondere klarstellen, welche Regelung Vorrang hat.

b) Vertragliche Fassung der Vertragsänderungen

Üblicherweise werden Vertragsänderungen in Russland als „Änderungen und Ergänzungen zum Vertrag vom ... Nr. ..." bezeichnet. Die jeweiligen Änderungen sind **laufend durchnummeriert**. Eine Neufassung des Vertrages, wie es im angelsächsischen Bereich oft bevorzugt wird (*Restatement*), ist in Russland entbehrlich. Hilfreich ist jedoch der klarstellende Verweis, dass die Änderungen und Ergänzungen den Vertrag im Übrigen unberührt lassen.

c) Rückwirkung von Änderungen

Immer wieder wird man in der Praxis mit Situationen konfrontiert, in denen die Parteien die Änderung rückwirkend zu einem bestimmten Zeitpunkt vereinbaren möchten. Hinsichtlich der Wirkung solcher Rückwirkungsklauseln ist zu unterscheiden: Eine wirtschaftliche Rückwirkung ist durchaus möglich, soweit diese ausdrücklich vereinbart wird. Sie lässt im Verhältnis der Parteien die wirtschaftlichen Folgen des Vertrages so eintreten, als wenn der Vertrag oder die Änderung bereits zu dem jeweiligen früheren Zeitpunkt in Kraft getreten wäre. Eine vertragliche Rückwirkungsklausel verändert allerdings nicht den Zeitpunkt der Entstehung des Rechtes, weshalb solche Klauseln einen einmal eingetretenen **Rechtszustand** (z.B. die Übertragung eines Rechtes) nicht rückwirkend, sondern nur **für die Zukunft** beseitigen können. Dies ist ein wichtiger Aspekt, wenn es um steuerliche Beurteilungen, devisenrechtliche-, registerrechtliche Fragen oder insolvenzrechtliche Themen geht.

67 Dringend abzuraten ist von der nicht selten anzutreffenden Praxis, Vertragsänderungen zurückzudatieren. Das **Rückdatieren** öffnet vielfachen möglichen Rechtsverstößen Tür und Tor, sei es der Steuerhinterziehung, Devisenverstößen oder dem Betrug. Das Rückdatieren setzt einen falschen Rechtsschein ist aber inhaltlich nicht geeignet, eine andere Wirkung als die Rückwirkung zu entfalten. Bei Verhandlungen in Russland muss man aber darauf vorbereitet sein, dass eine Rückdatierung von Verträgen als „Lösung" vorgeschlagen wird und man sollte darauf vorbereitet sein, angemessen – wenn auch ablehnend – darauf zu reagieren.

4. Abschluss der Verhandlungen (Closing)

68 Im erfolgreichen Abschluss von Verhandlungen unterscheidet sich die Praxis in Russland nicht von anderen Rechtsordnungen. Wie bei allen internationalen Transaktionen ist ein besonderes Augenmerk darauf zu richten, dass alle in den unterschiedlichen Vertragsstaaten erforderlichen Genehmigungen und Anmeldungen in der gebotenen Form rechtzeitig erfolgt sind. Es ist für einen zügigen Abschluss der Verhandlungen rechtzeitig an die Vorbereitung aller erforderlichen Vollmachten, Vertretungsnachweise und Registerauszüge zu denken, da nach Inkrafttreten des Vertrages oft sehr kurze Anmeldungsfristen laufen, bei denen neben dem Vertrag auch die genannten Dokumente in beglaubigter und apostillierter Form vorzulegen sind. Erfahrungsgemäß führt eine verspätete Veranlassung dieser Unterlagen zu unnötiger Hektik bei der Vorbereitung der Unterzeichnung und sind daher ein Quell weiterer Fehler und Verzögerung bei der Umsetzung. In der Praxis hat sich die Erstellung und Abarbeitung einer *Closing* Check Liste bewährt. Diese wird von den Parteien gemeinsam erarbeitet, sobald der Abschluss der Verhandlungen naht. Sie soll klar vollständig und mit eindeutiger Zuordnung von Fristen und Verantwortlichkeiten versehen sein. Diese Liste ist bis zur Unterzeichnung und ggf. bis zur Erfüllung aller aufschiebenden Bedingungen und aller nachfolgenden Anzeigepflichten akribisch abzuarbeiten. In der Praxis bewähren sich wöchentliche, und kurz vor dem *Closing* tägliche Telefonkonferenzen, in welchen genau besprochen wird, was noch fehlt und warum.

5. Rolle des Rechtsanwalts

Bei der Vorbereitung und dem Abschluss von Verhandlungen in Russland decken die eingeschalteten Rechtsanwälte üblicherweise eine wesentlich breitere Leistungspalette ab, als dies im nationalen Bereich üblich ist. Die Leistungen reichen von der Erstellung der Verträge und deren Übersetzung in zweisprachige Fassungen, über die Verhandlungen (in welchen sie vielfach auch in der Doppelrolle als Dolmetscher und Berater fungieren) bis zur Vorbereitung der Anlagen. Selbstverständlich fällt es den Rechtsanwälten auch zu, die Anlagenapparate zu den Verträgen zu erstellen und die dafür notwendigen Informationen rechtlicher Art einzuholen und aufzubereiten. Letztlich ist ein erfahrener Rechtsanwalt für den Investor auch eine kulturelle Brücke, der wichtige Hinweise und Einschätzungen zu dem Vertragspartner, dessen Umfeld oder Verhalten geben kann. 69

6. Kosten des Rechtsanwalts

Die Rolle der Rechtsanwälte in Russland ist breiter gefasst, als in einer rein nationalen Transaktion. Entsprechend ist das zeitliche Engagement der eingeschalteten Kanzlei wesentlich größer als bei gleichartigen nationalen Transaktionen. Einzelanwälte oder kleine Kanzleien sind in der hochwertigen Transaktionsberatung von grenzüberschreitenden Geschäften mit Russland in der Regel überfordert. Dies ist die Spielwiese der Großkanzleien, die über den entsprechenden gut ausgebildeten Personalapparat verfügen, um auch komplexeste Transaktionen professionell und schnell abzuwickeln. 70

Es ist daher üblich, dass selbst bei kleineren Transaktionsvolumina Teams von 2–3 Anwälten involviert sind. Hierbei sind die jüngeren russischen Associates in der Regel mit der Aufbereitung der Anlagen, Prüfung der Übersetzung und Vorbereitung der Anmeldung beschäftigt. Die erfahreneren Associates kümmern sich um die jeweilige Anpassung der Verträge an den jeweiligen Verhandlungsstand, während es oft den Partnern oder Senior Associates vorbehalten ist, an den Verhandlungen teilzunehmen und die endgültige Struktur festzulegen. Es wird nicht erstaunen, dass diese Leistungen zu **hohen Anwaltshonoraren** führen. Russland ist im anwaltlichen Bereich darüber hinaus ein Hochpreisland, da die Talente noch dünn gesät sind und die angelsächsischen Kanzleien das Preisniveau am Londoner und New Yorker Markt ausrichten. Von daher erstaunt es nicht, dass so mancher Mittelständler, aber auch Großunternehmen über die monatlichen Rechnungen aus Moskau und St. Petersburg stöhnen.

Gezahlt wird in der Regel am Ende aber doch, da jeder weiß, dass man als Investor ohne wasserdichte Dokumentation und optimale Beratung schnell große Überraschungen erlebt.

7. Psychologische Faktoren

71 Es ist wichtig, sich vor Verhandlungen klar zu machen, wie der klassische Aufbau eines russischen Industrieunternehmens aussieht. Die dominierende Person ist nach wie vor der **Generaldirektor**, der die Alleinverantwortung für das operative Geschäft trägt. Verantwortung wird in Russland nicht delegiert, sondern in Form eines Micro Managements zum Generaldirektor geschleust, der dann eine Entscheidung zu treffen hat. Die führt zu erheblichen Ineffizienzen, die es zu bedenken und berücksichtigen gilt.

72 Die wichtigste Person nach dem Generaldirektor ist der sog. **Hauptbuchhalter**. Dies ist meistens eine Frau, die die eigentlichen Finanz- und Rechnungsströme des Unternehmens kennt und nachhält. Hier laufen alle kritischen Informationen zusammen und werden aufbereitet. Obwohl die Hauptbuchhalter selten eine extrovertierte Art an den Tag legen, wird sich ein Generaldirektor im Tagesgeschäft immer bei seinem Hauptbuchhalter rückversichern. Der Hauptbuchhalter ist auch eine besonders enge Vertrauensperson des Generaldirektors, weil er/sie um alle Schwachstellen im Unternehmen weiß.

73 Neben dem Hauptbuchhalter sind die weiteren **Abteilungsleiter** in den Entscheidungsprozess eingebunden, insbesondere Leiter der Produktion, Leiter des Vertriebs und der Leiter der Rechtsabteilung. Diese Personen sitzen oft beratend bei den Verhandlungen, spielen aber bei der Entscheidungsfindung oft nur eine untergeordnete Rolle. Nach wie vor wird das persönliche Treffen einer Telefonkonferenz vorgezogen. Teilweise wirkt hier die Besorgnis der Russen um die Vertraulichkeit des telefonisch übermittelten Wortes noch prägend.

74 ⮕ Russen sind in Verhandlungen regelmäßig weniger inspiriert und positiv als man dies etwa von Amerikanern gewohnt ist. Was im Englischen „great" oder „splendid" oder „jolly good" ist, ist im Russischen *„normalno"*. Hiervon darf man sich nicht aus dem Konzept bringen lassen. Floskeln und große Worthülsen (außer bei Trinksprüchen) kommen in Russland selten an, zumal diese Aphorismen in der Übersetzung zu verdrehten Bildern entarten und damit mehr stören als die Verhandlungen fördern.

75 ⮕ Vor Ironie – ein in Deutschland nicht unbeliebtes Rhetorikmittel in engagierteren Diskussionen – ist in Russland abzuraten. Der eigentlich intendierte Sinn wird nicht verstanden und damit entstehen unnötige Verwirrungen und Irritationen. Russen mögen Deutsche, da sie überzeugt sind, dass Deutsche wenig reden und dafür handeln, pünktlich sind und immer das tun, was sie versprechen. Wem es gelingt, dieses positive Grundbild durch konstantes Verhalten zu bestätigen, der stärkt sein Ansehen und seine Autorität erheblich und wird so auch schwierige Verhandlungssituationen mit einem klaren und ehrlichen Wort meistern.

III. Vertragsverhandlung   Rz. 77 Teil **9.2**

8. Mittelsmänner, Vermittler und andere Gestalten

Ein Blick auf den Transparency International Corruption Perception Index zeigt, wie es um die Korruption im Lande bestellt ist. Russland belegt im Jahre 2013 den 127. Platz und befindet sich damit im letzten Drittel der Liste von 177 gerateten Nationen. Im Transparency International Bribe Payer Index (2011) liegt Russland sogar auf dem letzten Platz. Es wäre daher naiv zu glauben, dass einem nicht von Zeit zu Zeit **unseriöse Angebote** gemacht würden. 76

Der umsichtige und gesetzestreue Geschäftsmann muss in jedem Fall sicherstellen, dass solche Verhaltensweisen unterlassen und (bei Erlangen von Kenntnis hiervon) im Unternehmen unterbunden werden, die nicht nur in Deutschland, sondern auch in Russland (und anderen Ländern) strafrechtliche Tatbestände verwirklichen können. **Besondere Aufmerksamkeit** ist daher den folgenden Bestimmungen zu widmen: 77

- Der Begriff des „Amtsträgers" wird durch § 11 Abs. I Nr. 2 und 4 StGB sowie durch die Durchführungsverordnung zum EU-Bestechungsgesetz und zum Gesetz zur Bekämpfung Internationaler Bestechung auch auf ausländische Amtsträger erweitert. Taten von Amtsträgern und für den öffentlichen Dienst besonders Verpflichteten können auch strafbar sein, wenn sie im Ausland begangen werden. Die Unterstützung Dritter im Wissen um die Umstände der Tat kann eine strafbare Beihilfe darstellen. Amtsträger gleichgestellt können auch Geschäftsführer oder Vorstände von Unternehmen sein, die im Wesentlichen in staatlicher Hand sind (z.B. Energieversorgungsunternehmen, nicht privatisierte Unternehmen).

- Die Tatbestände der Bestechlichkeit und Bestechung im geschäftlichen Verkehr gelten seit 2002 auch für Handlungen im ausländischen Wettbewerb (§ 299 Abs. 3 StGB).

- Die individuellen Bußgelder nach dem OWiG für Verstöße gegen die Aufsichtspflicht durch Leitungspersonen sind durch die jüngsten Änderungen des OWiG von 1 Mio. Euro auf 10 Mio. Euro (in Fall der fahrlässigen Begehung auf 5 Mio. Euro heraufgesetzt worden). Daneben kann das Unternehmen bußgeldpflichtig werden und das durch die Bestechung Erlangte kann nach OWiG abgeschöpft werden.

- Die Angestelltenbestechung ist in Russland strafbar und wird mit Freiheitsstrafe bis zu zwei Jahren geahndet (Art. 204 RusStGB). Bestechlichkeit und Bestechung von Amtsträgern ist in Russland gleichfalls strafbar und wird mit Freiheitsstrafe bis zu fünfzehn Jahren geahndet (Art. 290, 291 RusStGB). Daneben stehen Geldstrafen bis zur Höhe des 100-fachen der bezahlten Bestechungsgelder.

- Im Zuge von Russlands Beitritt zur OECD Anti-Bribery Convention, ist der Tatbestand der Bestechung – wie mittlerweile international üblich – im russischen Strafrecht auch auf ausländische Amtsträger erweitert worden.

- Gleichfalls haften in Russland Unternehmen für Bestechungen, die durch Leitungspersonen oder in ihrem Interesse gezahlt worden sind, mit bis zum 100-fachen der bezahlten Bestechungsgelder, und die durch die Bestechung erlangten Gewinne können konfisziert werden.

78 Über § 4 Abs. 5 Nr. 10 EStG sind die deutschen **Finanzbehörden** angehalten, Sachverhalte, die den Verdacht einer Straftat oder Ordnungswidrigkeit im Zusammenhang mit der Zuwendung von Vorteilen und damit in Zusammenhang stehenden Aufwendungen begründen, der Staatsanwaltschaft mitzuteilen. Über diese Vorschrift kann aus einer Betriebsprüfung sehr schnell ein Strafverfahren werden, wenn Zahlungen für dubiose Zwecke nicht vernünftig dargelegt und dokumentiert werden können.

79 Der Wettbewerb schläft nicht und unzufriedene Mitarbeiter gibt es allenthalben. Viele Bestechungsdelikte kommen durch Anzeigen von **benachteiligten Mitbewerbern** oder durch Mitarbeiter an die Öffentlichkeit (sog. **Whistleblower**). Die Ausrede – das macht in Russland ja jeder – zählt vor Gericht nicht, auch wenn es sich um ein der Sachverhalte in Ländern handelt, die als anfällig für Korruption bekannt sind. Korruption ist seit vielen Jahren auch im exportorientierten Deutschland kein „Kavaliersdelikt" mehr, sondern hat sich zu einem unnachgiebig und konsequent verfolgten Straftatbestand entwickelt. Die Tätigkeit in Russland bedarf vor diesem Hintergrund besonderer Sorgfalt und Aufmerksamkeit.

80 ⮕ Soweit in Geschäftsbeziehungen Risikobereiche bestehen, in welchen man mangels Marktkenntnis, Ressourcen oder Nähe zum Markt diese Risiken nicht kontrollieren kann, ist zu überlegen, ob man solche Bereiche komplett auf fremde Dritte **auslagert**. Hierbei ist aber wichtig, den jeweiligen Vertragspartner einer detaillierten Compliance Due Diligence zu unterziehen, um auszuschließen, dass das eigene Unternehmen durch Einschalten eines unseriös arbeitenden Dritten infiziert wird. Eine Auslagerung darf keinesfalls in der Art erfolgen, dass man sich wissentlich dieses Dritten bedient, um Bestechungshandlungen vorzunehmen (oder diese billigend in Kauf nimmt). Dies ist nicht nur nach deutschem, sondern auch nach russischem Recht strafbar und wurde auch in jüngster Zeit mehrfach geahndet. Die richtige Planung und Durchführung einer Compliance Due Diligence hat sich mittlerweile zu einem eigenen Spezialbereich für Rechtsanwälte entwickelt, so dass auch hier im Einzelfall kundiger Rechtsrat gerade auch im Hinblick auf die Behandlung von Hochrisikomärkten wie Russland verfügbar ist.

IV. Vertragsdurchführung

1. Unterzeichnung

Verträge wurden wegen ihrer finanziellen Auswirkungen in Russland regelmäßig von zwei Personen, dem Generaldirektor und dem Hauptbuchhalter unterzeichnet. Seit Inkrafttreten des neuen Gesetzes „Über die Buchhaltung" zum 1.1.2013 obliegt die Regelung der Zeichnungsbefugnis der Geschäftsführung. Es ist aber zu erwarten, dass sich die traditionelle Form der Unterzeichnung noch eine Weile erhält.

81

2. Vertragserfüllung

Russen gelten in der Regel als **sehr vertragstreu**. Diese Regel steht allerdings unter der beachtlichen Einschränkung, dass keine Umstände höherer Gewalt wie Finanzkrisen, Hyperinflation, Bankenkonkurse und der Zusammenbruch ganzer Staatssysteme vorliegen, die in den 1990iger Jahren und den ersten Jahren des neuen Jahrtausends eher die Regel als die Ausnahme waren. Seit der Stabilisierung des Ölpreises oberhalb von 100 $ pro Barrel haben die russische Wirtschaft und der Staat wieder an Finanzkraft gewonnen und gelten heute international wieder als gute und zuverlässige Schuldner.

82

➲ Im gleichen Maße, wie bei der Erstellung von Verträgen in Russland die formalen Aspekte eine erhebliche Bedeutung haben, wird auch die Vertragserfüllung entlang des **Wortlauts** des Vertrages ausgelegt. Auf eine klare, verständliche Sprache und vollständige Regelung aller möglichen Sachverhaltskonstellationen ist dabei zu achten. Soweit der Vertrag zweisprachig abgefasst ist, muss darauf geachtet werden, dass die maßgebliche Sprache vereinbart wird und (dennoch) die Übersetzung hochwertig und präzise die geschäftlichen und rechtlichen Einigungen in beiden Sprachen widerspiegelt.

83

3. Vertrag in der Krise

Vertragskrisen sind zu unterscheiden von Krisen der geschäftlichen Beziehungen. Dennoch stehen beide in engem Zusammenhang und ein schlechter Vertrag (eine Vertragskrise von Anfang an) wird erst virulent, wenn die Parteien bei geschäftlichen Streitigkeiten den Vertrag zur Hand nehmen.

84

Typische **Vertragskrisen** können aber auch bei guten Verträgen entstehen, wenn sich rechtliche Rahmenbedingungen oder faktische Umstände in der Sphäre der Vertragspartner ändern. In diesen Fällen spiegelt der Vertrag nicht mehr die wesentlichen Geschäftsgrundlagen wider und ist anzupassen. Dies ist im Verhältnis zu Russland recht häufig der Fall, da das Rechtssystem – obwohl mittlerweile schon etwas gefestigt – nach wie vor im Wandel ist.

85

86 **Änderungen** in den **rechtlichen Rahmenbedingungen** werden vom russischen Vertragspartner oft als Force Majeure betrachtet, während deutsche Verhandlungspartner hier auf die adäquate Zuordnung der jeweiligen Risikosphäre pochen. So waren in der Vergangenheit insbesondere in devisenrechtlichen Fragen Zahlungen zu den angegebenen Zeitpunkten oder in der angegebenen Form nicht selten nach russischem Recht nur unter Verstoß gegen geltendes Devisenrecht zu bewerkstelligen. Hierauf wollte sich der russische Partner oft nicht einlassen. Manchmal wird jedoch auch der (angebliche) Verstoß gegen rechtliche Landesvorschriften als Vorwand genutzt, um zu kaschieren, dass eine ordnungsgemäße Prüfung des Vertrages dahingehend, ob dieser überhaupt rechtlich erfüllbar ist, durch den russischen Partner gar nicht oder nicht mit hinreichender Sorgfalt erfolgt ist.

87 ➲ Die **Vermeidung von Krisen** setzt daher bereits bei der vorausschauenden Planung des Vertrages ein. Hier sollte auch der deutsche Vertragspartner in eigenem Interesse sicherstellen, dass sein russischer Partner die übernommenen Verpflichtungen tatsächlich unter Einhaltung der russischen Gesetze erfüllen kann. Eine Gegenprüfung des Vertrages durch einen im russischen Recht bewanderten Rechtsanwalt empfiehlt sich aus dieser Überlegung heraus auch für einen Vertrag, der deutschem Recht untersteht. Denn die Rechtswahl kann zwingendes russisches Recht (z.B. devisenrechtliche oder ausfuhrrechtliche Vorschriften) nicht abbedingen.

Weiter sollte der Vertrag Bestimmungen enthalten, die über die normalerweise verwandte salvatorische Klausel hinausgehen, zumindest soweit es Vorgänge betrifft, die bereits absehbar sind. Hier sollten erhöhte Informationspflichten des russischen Partners aufgenommen werden, über rechtliche Änderungen (z.B. Änderungen devisenrechtlicher oder steuerrechtlicher Vorschriften) mit angemessener Frist zu informieren. Im Gegenzug kann dann ein Einigungsverfahren zur Findung eines neuen Zahlungsmodus für solche Fälle in den Vertrag aufgenommen werden. Die Praxis der 1990iger Jahre zeigt, dass keine noch so restriktive devisenrechtliche Bestimmung in der Lage war, den Devisenabfluss von Russland ins Ausland auf Dauer zu verhindern. Allerdings bedarf es manchmal erheblicher Anstrengungen beider Seiten, um gerade bei länger laufenden Vertragsverhältnissen vor dem Hintergrund sich verändernder Rahmenbedingungen Vertragsmechanismen vorzusehen, um wenn nötig ein neues Gleichgewicht in die vertraglichen Verpflichtungen zu bringen.

88 ➲ Während der **Laufzeit des Vertrages** können Vertragskrisen am besten durch ein Vertragsmonitoring vermieden oder rechtzeitig erkannt werden. Ein Vertragsmonitoring prüft daher in regelmäßigen Abständen, ob der Vertrag noch die tatsächlichen Lebensverhältnisse widerspiegelt und ob dieser in der Form erfüllt wird, wie dies vertraglich vorgesehen ist. Stellen sich hier Diskrepanzen heraus ist, es zu emp-

IV. Vertragsdurchführung

fehlen, den Vertrag unverzüglich anzupassen, bevor dieser sich so weit von der Realität entfernt, dass eine Anpassung zu komplizierten Neuverhandlungen führt.

Eine Vertragskrise wird akut, wenn die Parteien ihre rechtlichen Beziehungen nicht mehr auf der Grundlage des Vertrages alleine lösen können. Dieser Fall verlangt entschlossenes Handeln und klare Kommunikation. Dabei zeigt die Erfahrung, dass es oft schwerer ist, einen in die Krise geratenen Vertrag wieder auf die Spur zu bringen, als einen neuen zu verhandeln. Letztlich muss man nämlich zwei Dinge prüfen: (1) Was haben die Parteien ursprünglich vereinbart? und (2) Was wird von den Parteien tatsächlich gelebt? Erst wenn diese Abweichungen und sich daraus ergebenden Probleme klar herausgearbeitet und dokumentiert sind, kann man eine Lösung durch den Vorschlag von Vertragsergänzungen in Angriff nehmen. Auf die Vorbereitung von Verhandlungen über krisenbehaftete Verträge ist daher besondere Sorgfalt und Aufmerksamkeit zu verwenden. In der Praxis ist leider oft zu beobachten, dass Vertragsparteien diese Fleißarbeit scheuen und stattdessen versuchen, durch Schuldzuweisungen die Verantwortung an der Vertragskrise einer Vertragspartei zuzuschieben. Dies löst in der Regel nur eine Blockade aus, die einer Korrektur der entstandenen Probleme selten dient.

4. Vertrags- und Deliktsrecht

Anders als beispielsweise in den Vereinigten Staaten spielt das Deliktsrecht im Bereich der Vertragsplanung und des Vertragsmanagements in Russland eine **untergeordnete Rolle**. Weder winken dem Kläger lukrative Übergewinne durch *Punitive Damages* (Strafschadensersatz), noch ist das System der *Class Actions* (der Sammelklagen von Geschädigten), bereits entwickelt. Zuletzt entspricht auch das Gerichtssystem eher dem kontinentaleuropäischen Muster, so dass die Beweisführung für den Kläger mangels *Document Production* und der anwaltlichen Verhörung gegnerischer Zeugen auf das beschränkt ist, was dieser selbst an Beweisunterlagen vorlegen kann oder das Gericht als beweiserhebliche Tatsache ansieht. Das macht es empfehlenswert, vertragliche Schadensersatzansprüche oder Vertragsstrafen besonders sorgfältig und klar zu formulieren, will man diese gerichtsfest machen.

5. Schiedsklausel

Die Schiedsgerichtsbarkeit war in Russland seit jeher ein **verbreitetes Mittel** zur Schlichtung von Konflikten. In der Zeit der Planwirtschaft wurden inner-sowjetische Unternehmenskonflikte überwiegend durch Schiedsgerichte entschieden, die allerdings weniger ein streitiges Verfahren durchführten, als vielmehr einen Ausgleich zur bestmöglichen Planerfüllung suchten. Im internationalen Bereich werden daher die internationalen Schiedsgerichte seit jeher ernst genommen. Eines der ältesten internationalen Handelsschiedsgerichte ist das Internationale Handelsschiedsgericht bei der Handels- und Industriekammer der Russischen Föderation in Moskau (kurz MKAS), das als Rechtsnachfolger der Außenhandels-Arbitragekommission seit 1932 existiert und sich auch in der Zeit der Sowjetunion mit einer beachtlichen Zahl internationaler Streitigkeiten beschäftigt hat.

a) Übliche Schiedsklauseln und Schiedsgerichte

91 Was für institutionelle Schiedsgerichte im Allgemeinen gilt, gilt für russische Schiedsgerichte im Besonderen. Ein Schiedsgericht ist so gut wie seine Verwaltung effizient und nutzerfreundlich ist. Schiedsrichterlisten sollten offen sein, so dass in komplexen Fällen, die besondere Fachkenntnisse erfordern, die Parteien auch Personen benennen können, die nicht auf der Empfehlungsliste des Schiedsgerichts stehen. Auch ein Blick in die Liste der empfohlenen Schiedsrichter ist oft aufschlussreich und ein Hinweis auf die Internationalität des jeweiligen Gerichtes. Finden sich also viele international ausgebildete und ausländische Schiedsrichter in der Liste, ist dies ein Hinweis dafür, dass es sich um ein international aufgeschlossenes Schiedsgericht handelt. Das Schiedsgericht sollte eine Qualitätskontrolle seiner Arbeit (bzw. der Arbeit der Schiedsrichter) sicherstellen, so dass dort gefällte Urteile auch zu vollstreckungsfähigen Titeln in den jeweiligen Vollstreckungsorten führen. Da Schiedsurteile i.d.R. keiner Berufung offen stehen, ist es noch wichtiger als in normalen gerichtlichen Verfahren, ein rechtlich und handwerklich einwandfreies Urteil zu erhalten. Zuletzt müssen die Schiedsrichter und das Schiedsgericht unabhängig sein, wirtschaftlich, politisch und fachlich.

Es ist nicht Aufgabe dieser Abhandlung ein Urteil über einzelne Schiedsgerichte zu fällen. Daher werden die aus meiner Sicht wichtigen Entscheidungskriterien lediglich abstrakt dargestellt. Im internationalen Rechtsverkehr mit Russland fällt es auf, dass oft das Schiedsgerichtsinstitut der Stockholmer Handelskammer als Schiedsgericht vorgeschlagen wird. Dies hat traditionelle Gründe, die im speziellen politischen Verhältnis zwischen Schweden und der Sowjetunion während der Zeit des kalten Krieges liegen. In jüngerer Zeit hat sich auch das Internationale Schiedsgericht bei der Wirtschaftskammer Österreich in Wien als beliebtes Forum etabliert. Das Londoner Schiedsgericht für internationale Schiedsgerichtsbarkeit (LCIA) ist insbesondere durch die EBRD im Verhältnis zu Russland häufig frequentiert, da die EBRD in der Regel dieses Schiedsgericht in ihren Verträgen empfiehlt. In Streitigkeiten mit deutschen Unternehmen ist darüber hinaus die Deutsche Institution für Schiedsgerichtsbarkeit e.V. (DIS) hervorzuheben. Die jeweiligen Verfahrensordnungen und empfohlenen Schiedsgerichtsklauseln finden sich – oft auch in Russisch – auf den Webseiten der jeweiligen Schiedsgerichte. Einige wichtige sind untenstehend mit den jeweiligen Webseiten aufgeführt:

Arbitration Institute of the Stockholm Chamber of Commerce – *http://www.jurisint.org/en/ctr/17.html*

Vienna International Arbitral Center – *http://www.viac.eu/de/schiedsverfahren/empfohlene-schiedsklauseln*

The London Court of International Arbitration – *http://www.lcia.org/Dispute_Resolution_Services/LCIA_Recommended_Clauses.aspx*

Deutsche Institution für Schiedsgerichtsbarkeit – *http://www.dis-arb.de/de/17/klauseln/uebersicht-id0*.

b) Vollstreckung von Schiedsurteilen in Russland

Russland ist Unterzeichnerstaat der New Yorker Übereinkommen vom 10.6.1958 über die Anerkennung und Vollstreckung ausländischer Schiedssprüche wie auch des Europäischen Übereinkommens vom 21.4.1961 über die internationale Handelsschiedsgerichtsbarkeit. Damit sind ausländische Schiedssprüche in Russland vollstreckbar. Die Vollstreckung erfolgt durch die erstinstanzlichen Gerichte der allgemeinen Gerichtsbarkeit als Vollstreckungsgericht. Das Vollstreckungsgericht prüft, ob die Voraussetzungen für die Vollstreckung nach der New Yorker Konvention vorliegen und erteilt einen vollstreckungsfähigen Titel. Bei den Vollstreckungsgerichten ist gerade in den russischen Regionen nicht immer davon auszugehen, dass das Verfahren nach der New Yorker Konvention bekannt ist. Nicht selten passiert es daher, dass das Vollstreckungsgericht zusätzlich (und unberechtigter Weise) prüft, ob die Urteilsgründe Verstöße gegen zwingendes russisches Recht beinhalten. Daher ist es in vielen dieser Vollstreckungsfälle erforderlich, durch eine Überprüfung der Entscheidung der ersten Instanz in den höheren Instanzen für die notwendige Sachkompetenz und Objektivität zu sorgen.

V. Vertragscontrolling

1. Besondere Bedeutung im Rechtsverkehr mit Russland

Dem Vertragscontrolling ist gerade im internationalen Wirtschafts- und Rechtsverkehr ein besonderes Augenmerk zu widmen. Dies gilt im Besonderen für Russland und die anderen Nachfolgestaaten der Sowjetunion. In Russland herrscht der bereits weiter oben beschriebene Ansatz von „**Form over Function**" vor, bei dem einem geschriebenen Dokument oft mehr Bedeutung beigemessen wird als dem gelebten bzw. wirtschaftlichen Lebenssachverhalt. Deshalb ist die genaue Dokumentation des „gelebten" Vertrages und das Nachhalten der Erfüllung (oder Nichterfüllung) seiner einzelnen Bestimmungen von besonderer Wichtigkeit.

2. Vertragscontrolling beginnt beim richtigen Vertragsdokument

94 In der Praxis erlebt man oft, dass der unterzeichnete Vertrag im Schreibtisch oder Safe einer Stabsabteilung verschwindet und erst dann wieder zum Vorschein kommt, wenn der Streit zwischen den Parteien schon in vollem Gange ist. Diesem Fehler kann dadurch entgegengewirkt werden, dass die jeweiligen Controllinginstrumente für den Vertrag bereits bei Entwurf des Vertrages in dem Dokument verankert werden. Gut bewährt hat sich das Verwenden von umfangreichen **Anlagen**, die in den unterschiedlichen Lebenszyklen des Vertrages zu verwenden sind. So sollten bei einem komplexen Anlagenbauvertrag für die unterschiedlichen Bauabschnitte die Zeitpläne und Teilabnahmeprotokolle in die Anlage beigefügt werden. Auch die Vorgabe genauer Muster für Reklamationen oder Mängelrügen mit einem bereits festgelegten Verteiler erleichtern das spätere Controlling dieser Aspekte erheblich.

3. Nach dem Closing geht die Arbeit erst richtig los

95 Die Erfüllung der einzelnen Haupt- und Nebenpflichten des Vertrages erfolgt oft weit weg vom Sitz des Vertragsautors (z.B. in der deutschen Rechtsabteilung), und die einzelnen Erfüllungsleistungen werden nicht selten von Personen erbracht, die der Vertragssprache überhaupt nicht mächtig sind (z.B. der Bauleiter vor Ort bei einem Anlagenbauvertrag). Daher besteht ein zusätzlicher wichtiger Aspekt des Vertragscontrollings darin zunächst sicherzustellen, dass die für die Vertragserfüllung kritischen Personen **klare Instruktionen** hinsichtlich ihrer Verpflichtungen aus dem Vertrag erhalten. Diese beinhalten auch eine eindeutige Vorgabe der einzuhaltenden Berichtswege bei Problemen, Mängeln, Unfällen etc. Oft wird es erforderlich sein, aus dem Vertrag eine Checkliste zu erstellen, die alle zu erbringenden Leistungen mit Erfüllungsfrist und Verantwortlichkeit genau dokumentieren und ggf. in die am Ort der Erfüllung übliche Geschäftssprache zu übersetzen.

Weiterhin sollen alle erfüllungsrelevanten Tätigkeiten nach den vorgeschriebenen oder festgelegten Mustern dokumentiert und in geordneter Weise an die Stelle zurückgemeldet werden, bei der das Vertragscontrolling erfolgt.

⟴ Obwohl dies mit (relativ) hohem Aufwand verbunden ist, hat sich hier das Führen von **Spiegelakten** und eine gewisse Dopplung der Verantwortlichkeiten gut bewährt. Hierbei werden die jeweiligen Erfüllungsdokumente nicht nur an dem Ort gesammelt, an welchem die Erfüllung tatsächlich erfolgt (z.B. bei der Tochtergesellschaft in Omsk, die das Projektmanagement für den Bau einer Anlage betreut), sondern Kopien von allen wesentlichen Dokumenten werden automatisch bei der Rechtsabteilung in Deutschland abgelegt, die so die lückenlose Dokumentation aller Leistungen (parallel) nachhält. Der Vorteil dieses Systems liegt in einem Vier-Augen-Prinzip, in welchem die Zentrale in Deutschland frühzeitig eingreifen kann, wenn sich aus ihrer Sicht Unklarheiten ergeben. Hierdurch wird viel Zeit gewonnen, um Probleme bereits in der Entstehungsphase zu erkennen und einer Lösung zuzuführen.

4. Risiken erkennen und richtig adressieren

Soweit nach Abschluss der Vertragsverhandlungen Risiken verbleiben, die keiner vernünftigen Regelung im Vertrag zugeführt wurden (z.B. Währungsrisiken, Risiken bei Betriebsausfall wegen Streiks oder sonstigen Ereignissen), ist unmittelbar nach Abschluss zu prüfen, ob solche Risiken durch Abschluss entsprechender Versicherungen gedeckt werden können. Ist dies nicht möglich, sollte ein Memorandum darüber vorbereitet werden, welche Risiken möglich sind, mit welcher Wahrscheinlichkeit solche Risiken entstehen werden und welche ersten Anzeichen das Entstehen des Risikos andeuten. Anhand dieser Analyse ist ein klarer Handlungsplan zu entwickeln, der festlegt, was durch wen im Fall der definierten ersten Anzeichen zu unternehmen ist. Hierbei sind die verantwortlichen Personen genau zu bezeichnen. Eine Kopie dieser Kommunikation ist wiederum der für das Vertragscontrolling zuständigen Stelle (z.B. der deutschen Rechtsabteilung) zuzuleiten.

96

5. Zentrales Archiv als Controlling-Tool

Gerade bei lang laufenden und komplexen Verträgen ist es wichtig, ein **Vertrags- und Dokumentenarchiv** zu bestimmen, in welches Kopien aller Vertragsdokumentationen automatisch gesandt werden. Nicht selten wechseln die Ansprechpartner oder ganze Projektteams während eines langfristigen Vertrages mehrfach. Für diesen Fall ist es dringend erforderlich, eine lückenlose Einarbeitung in die Dokumentation zu ermöglichen. Im Bereich von Transaktionen wird bereits vielfach mit sog. „elektronischen Datenräumen" gearbeitet. Über ein Passwort hat dann der Nutzer Zugriff auf alle (oder Teile) der Projektdokumentation, die für seinen Projektabschnitt relevant sind. Durch die Einführung bestimmter Zugriffshierarchien kann zentral gesteuert werden, wie tief der Einblick der einzelnen Nutzer in die Gesamtdokumentation ist. Ein vergleichbares System kann auch bei langfristigen Verträgen als geeignetes Steuerungs- und Controllinginstrument eingerichtet werden.

97

Die **Fristenverwaltung** von komplexen Verträgen sollte zentralisiert verwaltet werden. Hierzu ist es erforderlich, dass nicht nur der Vertrag dahingehend analysiert und verarbeitet werden muss, welche vertraglichen Fristen einzuhalten sind. Auch die jeweiligen örtlich üblichen Fristen (z.B. Rügefristen, Klagefristen etc.) sind gegebenenfalls zu berücksichtigen, soweit diese für die Geltendmachung von Ansprüchen von Bedeutung sind. Hier ist nach Vertragsabschluss ein nachbereitendes Gespräch mit einem örtlich zugelassenen Rechtsanwalt über die jeweiligen örtlich

98

geltenden Fristenregelungen sicherlich empfehlenswert. Gutes Vertragscontrolling ist der beste und billigste Weg um teure Rechtsstreitigkeiten zu vermeiden. In Russland hat dies bereits *Lenin* gewusst, dessen Satz „Vertrauen ist gut, Kontrolle ist besser." uns allen insoweit zu denken geben sollte.

3 Anhang

	Rz.		Rz.
I. Registrierungsbehörden	99	III. Sonstige nützliche Adressen	101
II. Ausländische und russische Wirtschaftsverbände	100	IV. Internetadressen	102

I. Registrierungsbehörden

Moskauer Komitee für die Staatliche Registrierung von Immobilienobjekten und Immobiliengeschäften (Grundbuch) Ul. Bolshaja Tulskaja, 15 115191 Moskau Russische Föderation *www.to77.rosreestr.ru*   **99**

Föderaler Steuerdienst der Russischen Föderation (Einheitliches Staatliches Register für juristische Personen und Unternehmer) Ul. Neglinnaja, 23 127381 Moskau Russische Föderation *www.nalog.ru*

Föderaler Anti-Monopoldienst (Anmeldung von Unternehmenszusammenschlüssen) Ul. Zadowaja-Kudrinskaja, 11 123995 Moskau Russische Föderation *www.fas.gov.ru*

Justizministerium (Registrierung von Anwaltskanzleien) Ul. Zhitnaja, 14 119991 Moskau Russische Föderation *www.minjust.ru*

Zentralbank Russlands (Registrierung von Banken) Ul. Neglinnaya, 12 107016 Moskau Russische Föderation *www.cbr.ru*

Föderaler Wertpapiermarktdienst (Registrierung von Wertpapieren) Leninsky Prospekt, 119991 Moskau Russische Föderation Tel.: 007 (495) 935 8790 *www.old.ffms.ru*

II. Ausländische und russische Wirtschaftsverbände

Deutsch-russische Auslandskammer in der Russischen Föderation: 1. Kasatschi pereulok, 7 109017 Moskau Russische Föderation Tel.: 007 (495) 234 49 50 Fax: 007 (495) 234 49 51 *www.vdw.ru*   **100**

Association of European Businesses in the Russian Federation: Ul. Krasnoproletarskaja 16 127473 Moskau Russische Föderation *www.aebrus.ru* E-Mail: info@aebrus.ru

American Chamber of Commerce: Ul. Dolgorukovskaya 7, floor 14 127006 Moskau Russische Föderation Tel.: 007 (495) 961 2141 Fax: 007 (495) 961 2142 *www.amcham.ru*

Russischer Industrie- und Unternehmerverband: Ul. Novyj Arbat 21 119992 Moskau Russische Föderation *www.rspp.ru*

Handels- und Industriekammer Moskau (TPP): Ul. Scharikopodschipnikovskaja 38 115088 Moskau Russische Föderation Tel.: 007 (499) 132 02 29 Fax: 007 (499) 132 02 29, (499) 132 74 19 *www.tpprf.ru*

III. Sonstige nützliche Adressen

101 **Botschaft der Russischen Föderation**, Unter den Linden 63–65, D-10117 Berlin, Tel.: 0049 (30) 229-11-10, 229-11-29, Fax: 0049 (30) 229-93-97, *www.russische-botschaft.de*, E-Mail: info@russische-botschaft.de

Deutsche Botschaft in Moskau, ul. Mosfilmosvskaya, 56, 119285 Moskau, Russische Föderation Tel.: 007 (495) 937 95 00, Fax: 007 (499) 938 23 54, *www.moskau.diplo.de*, E-Mail: germanmo@aha.ru

Institut für Ostrecht München e.V., Landshuter Straße 4, D-93047 Regensburg, Tel.: (0941) 943 54 50, Fax: (0941) 943 54 65, *www.ostrecht.de*, E-Mail: info@ostrecht.de

IV. Internetadressen

102

http://berlin.rusembassy.org/index.html	Russische Botschaft in Deutschland, Informationen zu Visumbestimmungen für die Einreise nach Russland
www.bfai.de	Publikationenliste zu russischen Rechtsthemen zum Download
www.dis-arb.de	Deutsches Institut für Schiedsgerichtswesen e.V.
www.eng.menu.ru	Restaurantempfehlungen für Moskau (auf Englisch)
www.garant.ru	Zugang zu einer der bekanntesten russischen Rechtsdatenbanken mit Zugang zu neuen Rechtsakten (nur Russisch)
www.government.gov.ru	Website der Regierung der Russischen Föderation mit Links zu den wesentlichen Ministerien und einer interaktiven Datenbank zu Gesetzesakten
www.kommersant.com	Maßgebliche russische Wirtschaftszeitung in englischer Ausgabe
www.lcia-arbitration.com	Londoner Schiedsgericht für internationale Schiedsgerichtsbarkeit (LCIA)
www.mos.ru	Offizielle Informationsseite der Stadt Moskau (in Russisch) mit vielfachen Informationen zu Moskauer Stadteinrichtungen, Gesetzgebungsakten und Statistiken
www.moscowcity.com	Informationsseite zu Moskauer Hotels, Visumbestimmungen und anderen Attraktionen
www.moskau.diplo.de	Deutsche Botschaft in Moskau

IV. Internetadressen

www.nalog.ru	Ministerium für Steuern und Abgaben Russlands mit englischer Version und Informationen über die Registrierung von Unternehmen im Einheitlichen Staatlichen Register
www.rg.ru	„Rossijskaja Gaseta" – alle föderalen Gesetze und andere Rechtsakte in Russisch
www.sccinstitute.com	Schiedsgerichtsinstitut der Stockholmer Handelskammer
www.tpprf.ru *http://eng.tpprf.ru/ru/main/icac*	Internationales Handelsschiedsgereicht bei der Handels- und Industriekammer der russischen Föderation in Moskau (MKAS)
www.vdw.de	**AHK Russland**

9.3 Verhandeln in China

	Rz.		Rz.
I. Kulturelle Besonderheiten	1	e) Assistenten und Kontaktpersonen	51
1. Gesellschaftspolitische Rahmenbedingungen in China	1	f) Dolmetscher	53
a) Die Stellung des Individuums in der chinesischen Gesellschaft	2	g) Rechtsanwälte	59
		3. Ziele von Vertragsverhandlungen	61
b) Konfuzianismus und Herrschaft des Rechts	5	a) Rechtlich und verhandlungstechnisch realistische Zielsetzung	62
c) Inländer und Ausländer	8	b) Einplanen von Rückzugsräumen und sog. Dealbreaker	66
d) Die Betonung der hierarchischen Stellung in der Gesellschaft	9	c) Flexibilität	68
2. Streben nach Harmonie	12	4. Logistik und Zeitplanung	70
3. Das chinesische Verständnis vom Vertrag	15	**III. Vertragsplanung**	71
4. Guanxi (Beziehungen)	17	1. Faktoren der Vertragsplanung	72
a) Beziehungsnetzwerke als Ordnungsprinzip der chinesischen Gesellschaft	18	a) Erfahrung des Vertragspartners	72
		b) Eigene Verhandlungsposition	73
b) Das „Gehen durch die Hintertür"	23	c) Konkurrenz	74
c) Der Inhalt von Guanxi	24	d) Einfluss der Behörden	75
d) Guanxi und Vertragsverhandlungen	27	2. Typische Stufen bis zum Vertragsschluss	76
5. Gesicht (Mianzi) und Vertragsverhandlungen	28	a) Kontaktaufnahme	77
		b) Letter of Intent	78
a) Die Bedeutung von Mianzi	29	c) Behördliche Erfordernisse	79
b) Gesicht wahren	33	d) Vertragsschluss	81
c) Gesicht verlieren	34	**IV. Vertragsdesign**	82
d) Gesicht gewinnen	35	1. Musterverträge	83
e) Gesicht nehmen	36	2. Drafting Prozess	84
f) Gesicht geben	37	3. Rechtliche Besonderheiten	85
6. Nationalbewusstsein und Verhandlungsstil	38	a) Schiedsklauseln	86
		b) Rechtswahl	88
II. Vertragsvorbereitungen	40	c) Behördliche Genehmigungen	89
1. Verhandlungs- und Vertragspartner	41	d) Erfüllung von Forderungen	90
a) Der richtige Verhandlungspartner	41	e) Beweis des Zugangs von Erklärungen	91
b) Risiko des falschen Verhandlungspartners	42	f) Vertragsstrafe und Schadensersatz	92
		g) Der Staat als Vertragspartner	93
c) Überprüfen des Vertragspartners	43	h) Erfüllbarkeit eigener Zusagen	94
d) Weitere Verhandlungspartner	45	i) Geheimhaltungsvereinbarungen	95
2. Das eigene Team	46	**V. Vertragsverhandlungen**	96
a) Psychologisches Verhandlungsgleichgewicht	47	1. Schematischer Verhandlungsverlauf	96
b) Rollenverteilung	48	2. Technischer Ablauf	97
c) Hierarchie der Teammitglieder	49	a) Verhandlungsort; Pünktlichkeit	97
d) Fachleute	50	b) Eintreten, Begrüßen, Austausch von Visitenkarten, Sitzordnung	98

	Rz.		Rz.
c) Aufwärmphase	101	ee) Plötzlicher Zeitdruck	133
d) Verhandlungsphase	102	ff) Nachverhandlungen bei	
e) Abschluss der Verhandlung	108	Unterschriftszeremonien	134
3. Technische Besonderheiten	109	gg) Nachforderungen	135
a) Witze und Humor	109	c) Lesen des Verhandlungs-	
b) Lachen	110	verlaufs	136
c) Frauen im Verhandlungsteam	111	aa) Verärgerung	137
d) Gestik und Körpersprache	112	bb) Schweigen	138
e) Einsatz von Dolmetschern	113	cc) Äußern von Befürchtun-	
f) Kommunikation von Reise-		gen als Argument	139
daten	114	dd) „Nein" erkennen –	
g) Geschenke	115	„Nein" sagen	140
h) Abendessen – Karaoke	116	ee) Verzögerungen erkennen,	
i) Bankette	117	vermeiden oder erzeugen	141
4. Taktik und Strategie	118	**VI. Vertragsdurchführung**	145
a) Eigene Taktik	119	1. Der geschriebene Vertrag und	
aa) Zugeständnisse	119	seine Durchführung	145
bb) Preise und Konditionen	120	a) Beobachtung des Partners	146
cc) Ausloten kritischer		b) Vorgeschobene Hinderungs-	
Punkte	121	gründe	149
dd) Herrschaft über Vertrags-		2. Streit über Vertragserfüllung	151
text	122	a) Außergerichtliche und ge-	
ee) Bewertung von Angaben	123	richtliche Auseinanderset-	
ff) Sensible Fragen	124	zung	151
gg) Appell an Vertragstreue	125	b) Typische Konfliktkonstel-	
hh) Inakzeptable Forderungen	126	lationen	154
ii) Patt-Situationen	127	aa) Landnutzungsrechte/	
jj) Einsatz der Hierarchie	128	erforderliche Lizenzen	154
b) Chinesischer Verhandlungsstil		bb) Zahlungsmoral	155
und chinesische Verhand-		cc) Forderungsabschläge am	
lungstaktik	129	Laufzeitende	156
aa) Kommunikation außer-		3. Vertragsanpassung	157
halb der offiziellen Ver-		4. Kündigung und/oder Beendigung	
handlungen	129	des Vertrages	158
bb) Mangelnde Schriftlichkeit		5. Gerichtliche Hilfe	160
des Verfahrens	130	**VII. Vertragscontrolling**	162
cc) Geduld, Geduld, Geduld	131		
dd) Wutausbrüche	132		

Literaturübersicht:

Doing Business in China, Edited by Freshfields, 2000 (Loseblatt); The Life and death of a Joint Venture in China, Editors *Butler/Lewis/Balch*, 2nd edition 1995; *Seligman*, Chinese Business Etiquette, 1999; *Sun Tsu*, The Art of War, verschiedene Ausgaben in Englisch und Deutsch; *Weggel*, Die Asiaten, 2. Aufl. 1990; Harvard Business Manager, China, 2005; *Strittmatter*, Gebrauchsanweisung für China, 2. Aufl. 2005.

I. Kulturelle Besonderheiten

1. Gesellschaftspolitische Rahmenbedingungen in China

1 Vertragsverhandlungen sind in besonderem Maße von der wirtschaftlichen Stärke und dem kulturellen Hintergrund der Verhandlungspartner

bestimmt. Verhandlungen machen unterschiedliche kulturelle Hintergründe besonders spürbar. Der von *Samuel Huntington* beschriebene „Clash of Cultures" ist nicht nur auf der Bühne der Weltpolitik zu finden, sondern auch bei ganz alltäglichen Rechtsgeschäften zwischen Geschäftsleuten aus verschiedenen Ländern. Das Selbstverständnis und das Verständnis von Rolle und Funktion eines Vertrages haben sich auch in der Volksrepublik China in dem letzten Jahrzehnt erheblich fortentwickelt. Der enorme Anstieg von Vertragsstreitigkeiten vor den chinesischen Volksgerichten zeigt, dass Verträge mittlerweile zu einem selbstverständlichen und wichtigen Bestandteil der chinesischen Gesellschaft geworden sind. Das höchste Volksgericht hat insbesondere weite Auslegungsanleitungen zum chinesischen Vertragsrecht erlassen. Aber auch im Arbeitsvertragsrecht zeigt sich eine sehr schnelle Rechtsentwicklung, welche einen gesellschaftspolitischen Wandel in China wiederspiegelt.

a) Die Stellung des Individuums in der chinesischen Gesellschaft

Während in der westlichen Kultur das Individuum im Mittelpunkt der Betrachtungen der Gesellschaft steht, ist das Individuum aus chinesischer Sicht – wie auch aus Sicht der meisten anderen asiatischen Völker – im Kontext eines größeren Zusammenhangs zu sehen. Nicht der Einzelne ist im Ergebnis entscheidend, sondern die **Gruppe**, zu welcher er gehört. Verträge stellen keine Einzelleistung dar, sondern sind das Ergebnis eines wohl abgestimmten Prozesses, welcher alle Interessen der übergeordneten Gruppenmitglieder als auch der Gruppe insgesamt berücksichtigt.

Ein weiterer essenzieller Bestandteil der chinesischen Kultur ist das grundsätzliche Streben nach äußerer Harmonie. Verträge sind somit das Produkt eines harmonischen Verständnisses zwischen den Parteien. Sie werden als Teil der Beziehung gesehen, nicht als reiner Streitregelungsmechanismus.

Dieser Unterschied wird besonders spürbar, wenn Zusagen gemacht oder eine Entscheidung mit Richtungscharakter getroffen werden muss. Während es in der westlichen Geschäftswelt Aufgabe von einzelnen Führungspersonen ist, zu entscheiden und die Entscheidung zu verantworten, steht dies im Gegensatz zum grundlegenden Ansatz chinesischer Unternehmensführung und Entscheidungsfindung. Die chinesische Methode bevorzugt, möglichst im Vorfeld die Notwendigkeit einer **Entscheidung** vorauszusehen und vor offizieller Verkündung der Entscheidung diese **intern mit allen Betroffenen abzustimmen**. Dieses Phänomen bewirkt, dass der chinesische Vertragspartner einer nicht vorbereiteten Entscheidung eher ausweichen wird bzw. Öffnungsklauseln vereinbart oder Zusagen und Entscheidungen unter einen Vorbehalt stellt.

Die starke Betonung der Gruppe hatte ihre gesellschaftspolitischen Wurzeln bis in die Neunzigerjahre vor allem in der Organisation des täglichen Lebens jedes einzelnen Chinesen in sog. Einheiten, chin. **Danwei**. Die eigene *Danwei* bestimmte das gesamte berufliche und private Leben eines jeden chinesischen Bürgers. Über alltägliche Entscheidungen wie Wohnortwahl, Reisen ins In- oder Ausland bis hin zu höchst privaten Dingen wie Familienplanung oder berufliche Tätigkeiten bestimmte die *Danwei* unter Beiziehen der entsprechenden Parteikader sämtliche Entscheidungen eines jeden Bürgers.

Dieses System hat sich vor allem in der letzten Dekade sehr stark gewandelt. Während es immer noch ein hohes Maß an Fremdbestimmung durch Interessengruppen gibt, sind die relevanten staatlichen Stellen heute häufig einen staatseigenes Unternehmen oder eine lokale Regierungseinheit, welche ihre eigenen Partikularinteressen vertritt.

b) Konfuzianismus und Herrschaft des Rechts

5   Philosophisch geht der Bezug jeden Handelns auf die Gesamtheit auf die Lehre von *Konfuzius* zurück. Der Konfuzianismus kann in seinem Einfluss auf die chinesische Gesellschaft nicht unterschätzt werden. Nach der Lehre des *Konfuzius* ist der Überlegene bescheiden, großzügig, bereit zu Kompromissen und Versöhnung im Vorzug gegenüber Konfrontation, versucht nicht, seine eigene Leistungen herauszustellen, ist angetrieben von einem inneren Pflichtbewusstsein, höflich und gastfreundlich zu Gästen, immer kontrolliert, ehrlich und zuverlässig. Der Gehorsam gegenüber den Autoritäten und das Wahren öffentlicher Ehrerbietung und Harmonie selbst im Widerspruch zur Wahrheit oder dem eigenen Gerechtigkeitsgefühl beispielsweise sind typische Charaktereigenschaften, welche in China durchweg als positiv angesehen werden. Die Betonung von Pflicht und harmoniebetonten Über-/Unterordnungsverhältnissen befördert ein stark hierarchisch strukturiertes Gesellschaftssystem. In einem solchen System sind Seniorität und die Stellung innerhalb des Gesellschaftssystems weitaus wichtiger als individuelles Leistungsvermögen oder intellektuelle Überlegenheit des Einzelnen. Dieses Konzept begründet eine Gesellschaft nicht auf der Basis von Rechtssätzen oder Leistungsprinzipien, sondern allein auf einem ethischen Grundprinzip. Dem *Li*, der Moral, ist der Vorzug zu geben vor dem *Fa*, dem Recht, welches in China ursprünglich vor allem als Strafrecht begriffen wurde.

6   Der Konfuzianismus steht historisch im Widerstreit zu den **Legalisten**. Diese betonten die abschreckende und strafende Wirkung des Rechts und sprachen jeglichem moralischen Anspruch als gesellschaftspolitisch ordnendes Element seine Wirksamkeit ab. Der Vorzug von *Li* gegenüber *Fa* erklärt auch die bis noch vor kurzem grundsätzlich negative Sichtweise des Rechts in der chinesischen Gesellschaft. Recht war vor allem Strafrecht und bedeutete im Ergebnis die am wenigste vorzugswürdige Lösung von Konflikten.

I. Kulturelle Besonderheiten

Mit zunehmender Öffnung des chinesischen Marktes und immer komplexeren Geschäftsvorgängen hat sich dieses **Bild vom Recht** zunehmend **gewandelt**. Der Gang vor Gericht wird als eine akzeptable Option wahrgenommen. Das geschriebene Recht wird in China vermehrt auch als eine neue Möglichkeit herangezogen werden, gegenüber korrupten Beamten und übergeordneten Stellen Druck auszuüben. Auch wenn die unumschränkte „Herrschaft des Rechts" in China bislang leider noch keineswegs Wirklichkeit geworden ist, entwickelt sich dieses Konzept in den Augen der chinesischen Bürger zu einem grundsätzlich mehr und mehr positiv belegten Begriff und wird verbunden mit einer zunehmenden Demokratisierung und Achtung der individuellen Rechte. In ethischer Hinsicht bildet weiterhin der Konfuzianismus die Basis der chinesischen Gesellschaft.

c) Inländer und Ausländer

Auch nach dem Beitritt zur WTO am 11.12.2001 wird noch heute in der Praxis in China bei vielen Sachverhalten unausgesprochen gedanklich zwischen In- und Ausländern getrennt. Obwohl die WTO mit ihren internationalen Konventionen den zentralen Gedanken der Inländerbehandlung zur Grundlage hat scheinen kulturell bedingt Ausländer einer abweichenden Behandlung zu bedürfen, denn sie sind – immer noch – nach der Wahrnehmung chinesische Vertragspartner wohlhabender, wirtschaftlich stärker und verstehen das chinesische Gesellschaftssystem und die chinesische Sprache (immer noch) nicht. In den Köpfen der chinesischen Vertragspartner ist die **gedankliche Trennung** in aller Regel ebenfalls noch immer präsent. Es ist wichtig, die vielfältigen Auswirkungen (z.B. bei Devisenzahlungen ins Ausland, Kapitalanforderungen bei Gesellschaftsgründungen usw.) einer solchen Trennung bei den Vertragsverhandlungen zu berücksichtigen.

Dennoch bahnt sich hier ein Wandel an. Mit der Finanzkrise hat eine grundlegende neue Sichtweise der chinesischen Elite auf das Ausland angefangen. Die westliche Überlegenheit und die Führungsrolle der vereinigten Staaten von Amerika wird nunmehr grundsätzlich offen angezweifelt. Nicht zuletzt durch einen starken militärischen Aufrüstungsprozess und einem zunehmenden Nationalismus in China wächst das Selbstvertrauen, eigene Grundsätze und Verfahren uniform für ihn wie für Ausländer anzuwenden. So steht in Kürze eine Anpassung der vertraglichen besonderen Bestimmungen für Ausländer im chinesischen Investitionsrecht durch das chinesische Handelsministerium bevor. Es ist zu erwarten, dass mit steigender wirtschaftlicher Macht die Anwendung eigener Rechtsgrundsätze nach chinesischem Verständnis zunehmend offensiv durchgesetzt und gefordert wird. Diese Tendenz wird eine Ungleichbehandlung zwischen in und Ausländer beseitigen, aber ausländische Vertragspartner auch vor die Herausforderung stellen, sich auf neue Hybridformen und Rechtsgrundsätze, wie sie im Westen nicht bekannt sind, einzustellen.

d) Die Betonung der hierarchischen Stellung in der Gesellschaft

9   Das Zustandekommen eines Vertrages und seine Durchführung hängen in China stark von der hierarchischen Stellung der jeweiligen Vertragspartner ab. Die chinesische Gesellschaft, obwohl oberflächlich betrachtet nicht sofort erkennbar, hat ein **ausgeprägtes Hierarchiebewusstsein**. So wird sehr darauf geachtet, nur mit Partnern auf vergleichbarer Hierarchiestufe zu verhandeln und Verträge nur mit den „richtigen" Vertragspartnern abzuschließen. Vertragsanfragen beispielsweise von aus chinesischer Sicht uninteressanten Unternehmen werden so gar nicht erst beantwortet. Eigene Vertragsverletzungen werden nur gegenüber wichtigen und starken Vertragspartnern ernsthaft adressiert. Zugeständnisse werden eher starken als schwächeren Vertragspartnern gegenüber eingeräumt. Auch wenn dies im Grundsatz auch auf westliche Kulturkreise zutrifft, ist in China die Tendenz zu selektivem Verhalten und Verhandeln noch ausgeprägter.

Das Betonen von gesellschaftlichen Hierarchiestufen kann teilweise auf den Einfluss des Konfuzianismus zurückgeführt werden. Nach der Lehre des *Konfuzius* genießen gewisse gesellschaftliche Gruppierungen wie Gelehrte besondere Achtung und damit besonderen Einfluss, andere Gruppierungen hingegen wie z.B. Kaufleute sind verachtenswert und bestenfalls ein notwendiges Übel. In der modernen chinesischen Gesellschaft hat sich dieses Bild vom Kaufmann zwar gewandelt, jedoch besteht ein sehr starkes Bewusstsein bezüglich der jeweiligen gesellschaftlichen Stellung, der Macht und der Wichtigkeit des Vertragspartners.

10 ➲ Abhängig von der eigenen Reputation und dem Durchsetzungsvermögen finden Vertragspartner **unterschiedliche Verhandlungsstile** vor. Während große internationale Unternehmen bis vor kurzem noch mit Respekt und Vorsicht adressiert wurden, fanden sich seit dem WTO Beitritt mittlere und kleinere Unternehmen zunehmend einem wesentlich aggressiver und selbstsicherer agierenden chinesischen Verhandlungspartner gegenüber. Es ist deshalb nicht ratsam, sich selbst in Verhandlungen in China zu bescheiden darzustellen – eine übermäßige Bescheidenheit wirkt sich im Ergebnis für Verhandlungen oft nachteilig aus.

11 ➲ Umgekehrt sind Darstellungen des chinesischen Verhandlungspartners über die eigene Stellung im Markt bisweilen mit gesunder Skepsis zu betrachten. Ausländische Verhandlungspartner müssen sich darauf einstellen, dass die **Selbstwahrnehmung** und **Selbstdarstellung chinesischer Vertragspartner** manchmal deutlich von der tatsächlichen Position abweicht. Dies ist auf die Notwendigkeit in China zurückzuführen, nach außen hin niemals eigene Schwächen einzugestehen und einen möglichst potenten und durchsetzungsfähigen Eindruck zu erwecken. Auch sind umgekehrt Schmeicheleien des Vertragspartners und eine sich als schwach und hilfsbedürftig ausgebende Selbstdarstellung des chinesischen Vertragspartners mehr

Teil der Etikette und gehören zum üblichen taktischen Repertoire. Man sollte sich nie darüber täuschen, dass sich die chinesische Seite sehr wohl ihrer eigenen Stärken bewusst ist.

Das richtige Erkennen der chinesischen Hierarchie ist für Ausländer bisweilen nicht einfach. Es ist nicht selten, dass der Präsident oder Vorstandsvorsitzende einer chinesischen Gesellschaft formal die höchste Stellung innehat, alle Entscheidungen aber tatsächlich durch den General Manager getroffen werden, welcher über gute Beziehungen zur Partei oder in die Industrie verfügt. Solche Konstellationen müssen für Verhandlungen erkannt und berücksichtigt werden. Das eigene Verhalten darf zudem auch bei Wissen um die wahren Machtverhältnisse nach außen niemals die formale Etikette verletzen.

2. Streben nach Harmonie

Auf dem Hintergrund des konfuzianischen Gesellschaftsbildes wird auch die besondere Bedeutung der Etikette erklärlich. Das chinesische Konzept der Höflichkeit (**Limao**) ist ein ausgesprochenes wichtiges Hilfsmittel, um Vertrauen zu gewinnen und Verhandlungsbereitschaft zu erzeugen. Gesten und Rituale werden zu wichtigen Brückenfunktionen, welche Gesicht wahren und verleihen, bei Fehlverhalten aber auch Gesicht nehmen können. 12

Harmonie auf der Oberfläche, gleichgültig wie stark die Interessengegensätze sein mögen, kennzeichnen nach *Konfuzius* den überlegenen Mann. Das aktive Austauschen von Gedanken kann dazu führen, dass die Harmonie gestört wird. Besteht ein Hierarchieverhältnis, ist es besser, die Harmonie nicht zu stören und Gesichtsverlust durch Schweigen zu vermeiden. Dies gilt auch gegenüber fremden und ausländischen Verhandlungspartnern.

Schweigen in Verhandlungen mit Chinesen kann deshalb keinesfalls als Zustimmung ausgelegt werden. Passivität verhindert, dass delikate Situationen ausgelöst werden. Ablehnung, negative Gefühle, Kritik und Ähnliches werden auf subtilere Art und Weise dem Gegenüber vermittelt. Hierfür sind auch zwischengeschaltete Vermittler und dritte Personen von Bedeutung. Unangenehme Nachrichten können über diese ohne Gesichtsverlust übermittelt werden. Verhandlungen hinter den Kulissen verhindern, dass ein nicht wieder gutzumachender Gesichtsverlust auf offizieller Bühne verursacht wird. Das Einschalten von Dritten erlaubt überdies ein Taktieren und vertragstechnische Finten zur Verwirrung des Gegenübers. 13

Diese Grundhaltung bedeutet nicht, dass in Verhandlungen nicht ein zum Teil äußerst **aggressiver Stil** an den Tag gelegt wird. Tatsächlich ist dieser jedoch nur ein taktisches Mittel, um die Gegenseite in eine defensive Position zu bewegen, ihr Zugeständnisse abzuringen oder von pro- 14 blematischen Punkten abzulenken. In aller Regel wird die aggressive Rolle nicht durch den Verhandlungsführer ausgefüllt, sondern durch eine Hilfsperson, welche unproblematisch später aus dem Verhandlungsteam entfernt werden kann, sollte der Konflikt eskalieren.

3. Das chinesische Verständnis vom Vertrag

15 Die Rolle von Verträgen im chinesischen Kulturkreis ist gekennzeichnet von einem Verständnis des Vertrages als **Beginn** oder **Fortführung einer Beziehung**. Verträge sind Ausdruck eines Vertrauensvorschusses und setzen ein gegenseitiges Eingehen aufeinander über einen längeren Zeitraum hinweg voraus. Anders als das westliche Verständnis wird somit das Vertrauen nicht durch Erfüllung der eingegangenen Verpflichtungen erworben, sondern durch ein an den Interessen des Vertragspartners orientiertes Wohlverhalten, welches spätere Vertragsanpassungen und zuweilen sogar Verzicht auf eigene Rechte und Ansprüche beinhalten kann.

16 Das Verständnis des Vertrages als eine sich fortentwickelnde und immer intensivere Beziehung führt dazu, dass Beharren auf eigenen Ansprüchen zum Nachteil des Vertragspartners zum **Bruch** und der **Beendigung einer Beziehung** führen kann. Insbesondere bei streitiger Durchsetzung der eigenen Ansprüche wird in einem solchen Fall das Verhältnis zwischen den Parteien und zumeist auch die Kommunikation vollständig beendet. Mit Beendigung der Beziehung ist auch die Wahrung von Förmlichkeiten und Höflichkeiten nicht mehr erforderlich. Alle Mittel sind in diesem Fall prinzipiell gerechtfertigt, um die eigene Position durchzusetzen. Nicht selten erleben westliche Geschäftspartner ein äußerst aggressives und teils nicht gesetzeskonformes Verhalten, wenn dieser Bruch vollzogen wird. Die Durchsetzbarkeit der eigenen Ansprüche aus dem Vertrag bedarf auch unter diesem Gesichtspunkt besonderer Berücksichtigung bei der Formulierung des Vertrages.

4. Guanxi (Beziehungen)

17 Die Bedeutung von Beziehungen – chin. *Guanxi* – in China kann kaum unterschätzt werden. Beziehungen sind Ausdruck der persönlichen Handlungsfähigkeit und Machtfülle. Sie bilden den Inhalt und die wichtigste Voraussetzung für gesellschaftlichen und beruflichen Erfolg eines jeden Chinesen.

a) Beziehungsnetzwerke als Ordnungsprinzip der chinesischen Gesellschaft

18 Das Verständnis von sich selbst als **Teil eines individuellen Beziehungsnetzwerks** prägt das Verhalten und die ethische Grundhaltung von Chinesen gegenüber unbekannten Dritten. Die Schwierigkeiten des täglichen Lebens in China erfordern praktisch ein Netzwerk, auf welches je nach Bedarf zurückgegriffen werden kann. Mögen zwar rechtliche Vor-

I. Kulturelle Besonderheiten Rz. 22 Teil 9.3

schriften einen Anspruch geben, garantiert dies in der Praxis keinesfalls, diesen Anspruch tatsächlich durchsetzen zu können und beispielsweise den (unter Umständen durch den Vertragspartner angestachelten) passiven Widerstand durch eine Behörde zu überwinden. Typische Situationen, bei denen *Guanxi* zum Zuge kommen, können eine Genehmigung eines Vertrages, eine Ausreisegenehmigung oder ein Nummernschild für das neue Auto sein. Bestehen Beziehungen, können Schwierigkeiten schon im Vorfeld vermieden werden oder nachträglich ohne Aufsehen aus dem Weg geräumt werden.

Personen, die **außerhalb** des eigenen Bekannten- und Freundeskreis stehen, können zumeist mit keinerlei altruistischer Hilfestellung rechnen. Ein Beispiel für dieses unterschiedliche Verhalten gegenüber Dritten ist ein Verkehrsunfall in China mit Personenschäden. Liegt nach einem Unfall eine Person verletzt am Boden, sieht zumeist eine große Menge von Menschen teilnahmslos zu, ohne einzugreifen. Die Passivität erklärt sich durch die chinesische Auffassung von Schicksal und Beziehungen von Menschen zueinander. Besteht keine Beziehung zu dem Dritten, besteht auch keinerlei Veranlassung, in das Leben und Schicksal eines anderen einzugreifen und damit Verantwortung auf sich zu nehmen. 19

Beziehungen entstehen durch den gemeinsamen Arbeitsplatz, eine gemeinsame Zeit im Kindergarten, die gleiche Schule oder Universität, durch Verwandtschaft, gemeinsame Freunde usw. Personen außerhalb dieser Kreise werden nur dann in bestehenden Beziehungsnetzwerken eingebunden, sofern sie entweder direkt benötigt werden, in Zukunft nützlich sein könnten oder durch ein Mitglied des Netzwerks neu eingeführt werden. 20

➲ Viele Chinesen tendieren bis heute dazu anzunehmen, dass eine solche Ordnung einer Gesellschaft nach Beziehungsnetzwerken auch im Ausland gelte. So kann es passieren, dass chinesische Geschäftspartner nach ungewöhnlich reibungslosen und erfolgreichen Vertragsverhandlungen auf den ausländischen Verhandlungspartner zukommen und mehr oder minder direkt den persönlichen Einsatz für ein Visum für die Tochter, einen Verwandten oder einen Freund nach Europa als Gegenleistung für den schnellen Erfolg der Vertragsverhandlungen verlangen. Ohne die Schwierigkeiten eines vor allem auf Rechtsvorschriften aufgebauten Gesellschaftssystems zu bedenken, geht die chinesische Seite in solchen Fällen davon aus, dass das Beziehungsnetzwerk des ausländischen Partners auch im Ausland ausreicht, den eingeforderten Gefallen zu erfüllen. 21

Die grundsätzliche Bedeutung von Beziehungen zusammen mit dem Verständnis von Verträgen als Beginn oder Fortsetzung einer Beziehung sind auch der hauptsächliche Grund, warum zwischen Chinesen die Präferenz besteht, **Verträge mit Freunden** zu schließen. Hierdurch können bestehende Verbindungen leichter genutzt werden. Dies steht im Gegen- 22 satz zu westlichen Kulturkreisen, in welchen nach Möglichkeit Geschäfte unter Freunden vermieden werden.

b) Das „Gehen durch die Hintertür"

23 Werden Beziehungen zu illegalen Zwecken eingesetzt, beispielsweise zum Erhalt einer illegalen Enteignung von Landnutzungsrechten, spricht man in China anschaulich vom „Gehen durch die Hintertür" (*Zou Houmen*). Dieser Begriff steht für Korruption, Rechtsbruch und verwerfliches Verhalten. Auch wenn gerade die jüngste offizielle politische Linie unter dem neuen Präsidenten *Xi Jinping* ein hartes und unnachgiebiges Vorgehen gegen den Missbrauch von Beziehungen propagiert, ist es bislang nicht gelungen, die Geißel der Korruption in China effektiv einzudämmen.

c) Der Inhalt von Guanxi

24 Beziehungen sind dadurch gekennzeichnet, dass sie **gegenseitig** sind. Sie stellen ein Netzwerk dar, in welchem Dinge, welche in China üblicherweise nur sehr schwierig zu bewerkstelligen sind, schnell und unkompliziert gelöst werden. Beziehungen bilden ein Sicherheitsnetz im Falle von Konflikten, bieten gegenseitigen Schutz und bedeuten gegenseitige Verpflichtungen. Beziehungen kann man knüpfen, ausbauen und einsetzen, man kann sie aber auch über Gebühr beanspruchen und hierdurch erschöpfen. Einmal etablierte Beziehungen bleiben auch dann bestehen, wenn über Jahre hinweg der Kontakt nicht gepflegt wurde. Bei Bedarf leben sie einfach wieder auf. Sie sind damit auch erneuerbar.

25 ➲ Beziehungen in China bestehen niemals allein auf **privater** oder **beruflicher Ebene**. Beide Sphären werden miteinander **vermischt**. Dies führt auch zu Fragen, die in westlichen Augen als indiskret empfunden werden, wie z.B. der Frage nach der Höhe des Gehalts. Die Art und Weise und die Geschwindigkeit, mit der ein Gefallen mit Verweis auf die Beziehungen eingefordert wird, ist häufig zu direkt und plötzlich für westliche Verhandlungspartner. Während im Westen ein solches Verhalten als moralisch verwerflich angesehen werden könnte, ist diese Vorgehensweise aus chinesischer Sicht ein durchaus übliches Mittel. Es empfiehlt sich in solchen Fällen, höflich und geduldig, aber dennoch eindeutig die unterschiedlichen Gepflogenheiten zu erklären.

26 Beim Einsatz oder der Inanspruchnahme von Beziehungen muss berücksichtigt werden, dass jede Leistung zu irgendeinem Zeitpunkt in der Zukunft eine **Gegenleistung** voraussetzt. Die Ausgeglichenheit von Leistung und Gegenleistung innerhalb bestehender Beziehungen wird von chinesischer Seite aus ausgesprochen akribisch verfolgt und nahezu buchhalterisch gegeneinander aufgewogen. Damit wird aus chinesischer Sicht sichergestellt, dass weiterhin eine harmonische Beziehung zwi-

schen den Beteiligten garantiert ist. Hierbei wird zuweilen sehr direkt der Gegenseite angezeigt, ob ihre Leistung als ausreichend angesehen wird. Zuweilen wird auch versucht, eine – nicht geforderte – Leistung aufzudrängen, um ein „Haben"-Gutachten zu erzeugen oder eine bestehende Schuld schnell und mit einer selbst ausgewählten Gegenleistung zu tilgen.

d) Guanxi und Vertragsverhandlungen

Es ist ein großer Fehler, bestehende Beziehungsnetzwerke zu missachten oder zu ignorieren. Chinesische Vertragspartner greifen in fast allen Fällen auf ihr Beziehungsnetzwerk zurück, um gegen sie gerichtete Ansprüche abzuwehren. Dies kann besonders bei Involvierung staatlicher Stellen nachteilhaft sein. Für Vertragsverhandlungen bedeutet dies, dass sowohl die Art und Weise der Verhandlungen als auch die Auswahl und der Umgang mit dem Vertragspartner durch die bestehenden Beziehungsnetzwerke beeinflusst wird. 27

- Der mögliche Einfluss von *Guanxi* verleitet manchen westlichen Vertragspartner zu der Annahme, dass Verträge in China nicht das Papier wert seien, auf dem sie stehen. Diese Ansicht ist nicht zutreffend. Die tatsächliche Durchsetzung vertraglicher Ansprüche in China steht in der Tat unter stärkerem Vorbehalt als in anderen Jurisdiktionen. Auf der anderen Seite ist in China im Streitfall aber auch nur das durchsetzbar, was vertraglich festgehalten wurde. Was nicht geschrieben steht, kann auch nicht verlangt werden. Verzichtet man somit auf einen schriftlichen Vertrag, fehlt es im Konfliktfall an Verhandlungsmasse und Argumenten für die eigene Position. Noch wichtiger ist die Tatsache, dass Beweise für eigene Behauptungen nicht erbracht werden können. Schließlich ist bei Verträgen generell darauf hinzuweisen, dass diese vor allem für die schlechten Zeiten zwischen den Parteien gemacht werden: Sind sich beide Seiten einig, kommt es zu keinen Schwierigkeiten bei der Durchführung der gegenseitigen Vereinbarung. Es ist deshalb auch in China nicht ausreichend, sich alleine auf Beziehungen zu verlassen.

- Zuweilen ist es erforderlich bzw. hilfreich, einen Vertragspartner nach bestehenden Beziehungsnetzwerken auszusuchen. Sofern keine eigene Beziehungen für ein zu lösendes Problem bestehen, können dann die Beziehungsnetzwerke des Partners eingesetzt werden. Nicht zuletzt aus diesem Grund hat das gezielte Befreunden wichtiger und hochrangiger Personen in China einen sehr hohen Stellenwert.

5. Gesicht (Mianzi) und Vertragsverhandlungen

Das Konzept des Gesichts ist in der chinesischen Gesellschaft in seinen Auswirkungen und Spielweisen wesentlich vielfältiger und weitergehend 28 als in westlichen Kulturkreisen. Es beruht auf der konfuzianischen Prägung der chinesischen Gesellschaft.

a) Die Bedeutung von Mianzi

29 Das Konzept des „Gesichts" ist ein tragendes Element der chinesischen Gesellschaft. Das **Gesicht** entspricht im Wesentlichen dem Gedanken des Respekts, welcher einem erwiesen wird. Es drückt das Ansehen und die gesellschaftliche Anerkennung der eigenen Person aus. Wird im Westen der Gedanke des gegenseitigen Respekts grundsätzlich ähnlich verstanden, ist seine Wahrung und Erweisung für chinesische Verhandlungspartner dennoch um ein vielfaches wichtiger und ernster. Dem individuellen Erfolg im Westen als höchstes Ziel steht das Gewinnen des Gesichts im Osten als spiegelbildlicher Wert gegenüber.

⇨ Nicht nur Individuen, sondern auch **juristische Personen** und **staatliche Organe** können „Gesicht" besitzen. Die Ehre des chinesischen Staates und der chinesischen kommunistischen Partei beispielsweise wird sehr hoch angesiedelt. Folglich empfiehlt es sich, sensible politische Fragen wie die Stellung Tibets usw. nicht in Gegenwart politischer Beamter z.B. bei einem Bankett zu diskutieren. Auch wenn der einzelne Beamte vielleicht eine unabhängige eigene Meinung haben mag, muss jegliche Kritik am chinesischen Staat im Beispielsfall als Angriff auf den chinesischen Staat verstanden werden, welcher den Beamten zur Verteidigung zwingt und somit wegen der Störung der Harmonie zu einem Gesichtsverlust auf beiden Seiten führt.

30 Das berufliche Streben eines jeden einzelnen chinesischen Mitbürgers wird zu einem großen Teil davon bestimmt, **Gesicht zu erwerben**. Dies führt in Einzelfällen zu ruinösem Ausgabeverhalten oder einer Selbstdarstellung, welche in westlichen Augen als Angeberei oder Protzerei verstanden wird.

Chinesen sind ausgesprochen sensibel und empfindlich, wenn es um gesichtsrelevante Vorgänge geht. Die stets gegenwärtige Notwendigkeit, das Gesicht zu wahren, führt dazu, dass ein Gegenüber nie ohne Not nach außen hin für die Öffentlichkeit ersichtlich bloßgestellt wird und ein aggressives Auftreten nach Möglichkeit vermieden wird. Es ist gute chinesische Übung, Verhandlungen nach außen hin immer als den Sieg aller darzustellen. Überlegenheit wird nach Möglichkeit nicht offen nach außen hin demonstriert.

31 Dies bedeutet nicht, dass ein chinesischer Vertragspartner nicht mit aller Härte und Entschlossenheit versuchen wird, seine Verhandlungsposition durchzusetzen und seine Stärken voll auszuspielen. Es wird aber vermieden, hierdurch den Anschein der Harmonie zu zerstören. Dieser Gedanke findet seinen Ausdruck in dem häufig in China zu hörenden Appell, man wolle miteinander „Freund" (chin. **Pengyou**) sein. Freundschaft ist der Ausdruck von gegenseitigem Respekt. Sie verhindert, dass Konflikte auf

Kosten des Gesichts eines der Beteiligten offensiv ausgetragen werden. In Vertragsverhandlungen ist es deshalb ein wohlverstandenes und geschätztes Element der Beruhigung, wenn man an entscheidender Stelle auf das Ziel einer gegenseitigen Freundschaft verweist.

Die Konfliktbereitschaft im Falle der **Verletzung** des eigenen Gesichts ist auf chinesischer Seite ausgesprochen hoch. Die Vehemenz, mit welcher Chinesen auf gesichtsrelevante Vorgänge reagieren können, überrascht westliche Vertragspartner häufig. Nur wenn man sich klarmacht, dass das Gesicht Korrelat des Respekts des Einzelnen in seiner Stellung in der Gesellschaft ist, versteht man die Bedeutung dieses Konzepts. 32

Das Gesicht kann man wahren, verleihen, gewinnen, verlieren und nehmen.

b) Gesicht wahren

Als Grundregel sollten westliche Verhandlungspartner darauf achten, weniger direkt, dominierend und aggressiv nach außen hin zu agieren, um einen eigenen Gesichtsverlust zu vermeiden. Das gesichtswahrende Verhalten ist typischerweise indirekt, ausweichend, beschwichtigend und kompromissbereit. Das Gesicht wahren gilt nicht nur auf politischer oder offizieller Ebene. Es gilt in allen Aspekten des Lebens. Kleine Unachtsamkeiten können schnell dazu führen, dass durchaus ungewollt eine Krise ausgelöst wird. 33

c) Gesicht verlieren

Das eigene Gesicht kann man vor allem durch ein die Harmonie störendes Verhalten oder durch eine Niederlage verlieren. Hierzu zählt, ein „Nein" hinnehmen zu müssen oder in einer öffentlichen Auseinandersetzung zu unterliegen. Auch öffentliches kritisiert werden führt zu Gesichtsverlust. Diese Angst vor **Kritik** und einem mit ihr verbundenen Gesichtsverlust verhindert in China so häufig, dass offensichtliche eigene Fehler eingestanden werden oder Tatsachen wie ein Ausbruch einer die Öffentlichkeit bedrohenden Infektionskrankheit überhaupt berichtet werden. Viele Versuche der Vertuschung und Verschleierung von Fehlverhalten und öffentlichen Gefahren sind auf das Bemühen zurückzuführen, unter keinen Umständen das eigene Gesicht hierdurch zu verlieren. 34

Betrunkenheit oder **Unbeherrschtheit** in der Öffentlichkeit führt ebenso wie schlechte Kleidung oder schlechte Manieren zu Gesichtsverlust. Auch **entlassen werden** ist ein Gesichtsverlust, dem zumeist versucht wird, durch eine eigene Kündigung zuvorzukommen. Üblicherweise wird ein Arbeitgeber in China deshalb versuchen, schon im Vorfeld eine Trennung anzudeuten, so dass sich die Gegenseite hierauf einstellen und rechtzeitig selbst die Trennung vollziehen kann.

Das **Nichteinhalten von Zusagen** oder das **Ändern der** zuvor geäußerten **eigenen Meinung** haben ebenfalls einen Gesichtsverlust zur Folge. Letzteres führt zu der Widerwilligkeit chinesischer Verhandlungspartner, zu schwierigen Fragen eine klare (und damit zumeist zwingend auch angreifbare) Haltung zu beziehen. Politisch führt dies ebenfalls häufig dazu, dass als fehlerhaft erkannte strategische Linien weiterverfolgt werden müssen, da anderenfalls ein Gesichtsverlust der politischen Führung droht. Ein „chinesischer" Ausweg aus einer solchen Situation besteht zumeist im Erfinden von (zumeist unwahren) Tatsachen oder Geschichten, welche einen Wechsel der Strategie rechtfertigen, oder aber das Beschuldigen eines bestenfalls unbeteiligten Sündenbocks.

d) Gesicht gewinnen

35 Gesicht kann man vor allem durch sichtbaren Erfolg und Macht, z.B. durch einen Aufstieg in der Hierarchie, finanzielle Verbesserungen usw., gewinnen. Aber auch das Lob eines Höhergestellten oder Großzügigkeit gegenüber Dritten zählt hierzu. Alles, was die eigene Reputation direkt oder indirekt (beispielsweise durch den Erfolg des eigenen Mitarbeiters) steigert, führt zu einem Gesichtsgewinn.

e) Gesicht nehmen

36 Das Gesicht nimmt man z.B. durch zu **aggressives** und **offensives Verhalten**. Ein direktes oder abruptes „Nein" auf eine Anfrage hin, das Forcieren eines „Nein" der Gegenseite, Unterbrechen des Gesprächspartners, Zwang zur Übernahme von Verantwortung, öffentliche Kritik, despektierliche Anreden oder zu übermäßiges Loben eines anderen Mitarbeiters führt zum Gesichtsverlust. Das Gesicht nehmen kann man auch durch Unachtsamkeit: Ein klassisches Beispiel ist zu vergessen, die bei den Vertragsverhandlungen involvierte Beamten mit zum Abschlussbankett einzuladen.

Während die westliche Grundhaltung tendenziell großzügiger über die Persönlichkeit betreffende Angriffe hinwegsieht, ist dies in China keineswegs der Fall. Jede Art von Gesichtsverlust wird als schwerer Eingriff in die persönliche Sphäre des Einzelnen begriffen. Im günstigsten Fall führt dies zu mangelnder Kooperation, im ungünstigsten zur Vergeltung und teilweise lebenslanger Feindschaft. Verursacht man einen Gesichtsverlust, kann dies vergeben, aber nie vergessen werden.

> ⊃ Man sollte es gleich in welchen Umständen auch immer vermeiden, das Gesicht eines anderen zu nehmen. Kommt es zum Konflikt, sollte man als Grundregel weiterhin formell höflich, aber inhaltlich bestimmt bleiben. Passive Aggressionen sind hierbei ein durchaus übliches und von Chinesen zur Meisterschaft entwickeltes Verhalten.

I. Kulturelle Besonderheiten   Rz. 39   Teil **9.3**

f) Gesicht geben

Die Sicht kann man nicht nur wahren, verlieren oder nehmen, sondern auch geben. Dies kann geschehen beispielsweise durch teure Geschenke, Bedienen beim Essen, die konsequente Anrede mit einem akademischen Titel, schmeichelndes Herabsetzen der eigenen Person gegenüber dem Gesprächspartner, durch einen Besuch als wichtige offizielle Persönlichkeit bei einem Bankett usw. Gesicht geben kann man auch durch ein Akzeptieren der Einführung eines Dritten über ein Mitglied des eigenen Beziehungsnetzwerks: Hierdurch hat der Einführende einen Gefallen erweisen können und den Wert seines Beziehungsnetzwerks bewiesen. Man vergrößert damit seine Reputation und gibt ihm Gesicht.   37

6. Nationalbewusstsein und Verhandlungsstil

Chinesen haben ein sehr gesundes Selbstbewusstsein. Die eigene Kultur und die kulturellen Errungenschaften des *Han*-Volkes werden naturgemäß als das größte und beste weltweit wahrgenommen. Chinesen zeigen sich gleichzeitig gegenüber Ausländern in aller Regel zuvorkommend, freundlich und anerkennend. Dies kann in Schmeicheleien seinen Ausdruck finden. Hiervon sollte man sich nicht täuschen lassen.   38

Chinesen unterscheiden sehr genau zwischen Landsleuten und Ausländern. Nicht alle Ausländer sind hierbei gleich angesehen: Afrikanische Staaten und ihre Mitbürger können es im Einzelfall schwerer haben, in China als gleichwertige Partner angesehen zu werden, selbst wenn die wirtschaftlichen Beziehungen zwischen den afrikanischen Staaten und China in den letzten Jahren gewachsen sind. Dies ist grundsätzlich anders bei den westlichen Industrienationen. Der einzelne Ausländer genießt derzeit in der Regel noch einen hohen Status, da er den Erfolg und die Stärke der jeweiligen Nation repräsentiert. Als Kehrseite derselben Medaille gibt es in China aber auch einen starken Vorbehalt gegenüber Ausländern, der teilweise geschichtlich auf die „ungleichen Verträge" und die ausländischen Invasionen zurückzuführen ist, teilweise rein emotional und im Einzelfall sogar nach westlichem Verständnis nahezu rassistisch begründet ist. Es findet sich in China häufig eine Ambivalenz zwischen freundlicher Bewunderung und Xenophobie.

➲ Beim Auftreten in China ist es schon aus Gründen der Selbstbehauptung und Selbstdarstellung notwendig, ein gesundes **Selbstvertrauen** und **Selbstbewusstsein** hinsichtlich der eigenen Kultur an den Tag zu legen. Der einzelne Chinese ist sich zunehmend der Größe seines Volkes und dem rasanten Aufstieg der letzten Jahrzehnte seiner Nation bewusst. Dies wird auch vermehrt und immer stärker nach außen kommuniziert und durch die chinesische Regierung in den letzten Jahren verstärkt politisch nach innen und außen kommuniziert. China hat mit der Finanzkrise seine Sichtweise auf die amerikanische und westliche Führungsrolle radikal geändert. Der frühere Lehrmeister wird nunmehr nur noch militärisch als überlegen wahr-   39 genommen. Im Übrigen aber hat die Krise aus chinesischer Sicht gezeigt, dass die westlichen Lehrmeister es nicht besser können und ein eigenständiger chinesischer Weg politisch und ökonomisch angezeigt ist. Dies hat auch Einfluss auf den Verhandlungsstil vieler chinesischer Vertragspartner. Verhandlungen auf Augenhöhe sind das neue Schlagwort, das nicht nur politische Verhandlungen prägt. Die neue chinesische Eigenständigkeit erfordert umgekehrt von westlichen Partnern, diese Haltung ernst zu nehmen, aber gleichzeitig den Blick auf die eigenen Stärken nicht zu verlieren und dementsprechend zu (ver)handeln.

II. Vertragsvorbereitungen

40 Für effektive und zielführende Vertragsverhandlungen ist es immer von Vorteil, gut vorbereitet zu sein. Dies gilt in besonderem Maße für Verhandlungen in China.

Chinesische Vertragspartner bereiten Vertragsverhandlungen regelmäßig akribisch und mit intensiver interner Vorabstimmung vor. Diese Gewohnheit ist auf die unterschiedliche gesellschaftliche Einbettung des chinesischen Vertragspartners zurückzuführen. Dieser muss nicht nur auf die Interessen seiner eigenen Gesellschaft oder Einheit, sondern auch auf diejenigen politischer Kreise und bestehender Beziehungsnetzwerke Rücksicht nehmen. Die eigentlichen Vertragsverhandlungen orientieren sich als Folge dessen häufig sehr eng ausschließlich an den vorbereiteten Eckpunkten und Zielen. Dies bedeutet nicht, dass Verhandlungen nicht auch dynamisch verlaufen und mit unvorhergesehenen Ergebnissen enden können. Es ist aber in aller Regel nicht zu erwarten, dass spontan in den Verhandlungen Einigungen über Punkte erzielt werden können, welche nicht im Vorhinein durch die chinesische Seite gründlich abgewogen wurden.

↪ Umso wichtiger ist es, seinerseits die Vorbereitungen für Vertragsverhandlungen **äußerst gründlich** und **akribisch** zu betreiben. Neben grundsätzlichen Fragen wie dem Inhalt, den rechtlichen Rahmenbedingungen und den Eckpunkten des Vertrages zählen dazu auch rein praktische Problemstellungen. Logistische oder verwaltungstechnische Fragen haben in China durch die Größe des Landes und die Komplexität der Verwaltung einen besonderen Stellenwert.

1. Verhandlungs- und Vertragspartner

a) Der richtige Verhandlungspartner

41 Obwohl der richtige Verhandlungspartner auf den ersten Blick als eine leicht zu lösende Frage erscheint – schließlich werden konkrete Verhandlungen erst begonnen, sobald ein geeigneter Vertragspartner identifiziert

worden ist – ist dies bei Verhandlungen in China zuweilen problematisch.

Die **Identität** des Gegenübers in China ist keineswegs immer zweifelsfrei geklärt. Unter Chinesen selbst wird die Offenlegung der eigenen Identität grundsätzlich wesentlich zurückhaltender gehandhabt, als dies in westlichen Kulturkreisen üblich ist. Sei es am Telefon oder bei ersten geschäftlichen Kontakten, der Vor- und Nachname wird fast niemals auf Anhieb mitgeteilt. Üblich ist das Nennen des Nachnamens, welcher angesichts Millionen gleichlautender Nachnamen in China für sich allein genommen keine Identifizierung erlaubt. Muss zu einem späteren Zeitpunkt der jeweilige Handelnde identifiziert werden, beispielsweise um den Zugang einer Erklärung zu beweisen, stellt sich dies ohne weitere Anhaltspunkte ausgesprochen schwierig dar. Man sollte aus diesem Grund immer sicherstellen, dass der jeweilige Handelnde und seine Stellung in Bezug auf den Vertragspartner einem selbst genau bekannt ist. Dies schließt die Mühe ein, sich chinesische Namen einzuprägen.

b) Risiko des falschen Verhandlungspartners

Westliche Verhandlungspartner unterschätzen häufig die Problematik sicherzustellen, dass der jeweilige Gesprächspartner tatsächlich diejenige Person ist, mit welcher für erfolgreiche Vertragsverhandlungen gesprochen werden muss. Wird nicht von Anfang an sichergestellt, dass die **tatsächlichen Entscheidungsträger** am Verhandlungstisch sitzen, kann es passieren, dass nach langwierigen Verhandlungen plötzlich ein vollständig neuer Gesprächspartner oder gar ein neues Team präsentiert wird. Bisher gewonnene Verhandlungsergebnisse stehen zumeist damit wieder zur Disposition und der Verhandlungsprozess beginnt von vorne.

42

Ein weiteres Risiko ist die mangelnde Berechtigung des Vertragspartners, die zugesagten eigenen Leistungen unter Berücksichtigung seines Anstellungsverhältnisses oder öffentlich-rechtlicher Vorschriften erbringen zu dürfen. Universitätsprofessoren und der Umfang ihrer Handlungsfähigkeit stellen hier eine besondere Herausforderung dar. Ein anderes „klassisches" Beispiel sind Vertreter von Industriezonen oder speziellen Development Zones, welche aufgrund eines intensiven Wettbewerbs zwischen den Regionen in China um Auslandsinvestitionen Zusagen machen, zu welchen sie nicht berechtigt sind.

Es kann auch passieren, dass die Verhandlungen mit einer chinesischen Gesellschaft als Teil einer großen chinesischen Unternehmensgruppe geführt werden. Häufig teilen die Gesellschaften solcher Unternehmensgruppen die Belegschaft und das Betriebsgelände mit anderen Gesellschaften der Gruppe. Sollen Entscheidungen getroffen werden, welche den Einsatz von Ressourcen (wie z.B. Land für einen Betrieb) betreffen, müssen oft weitere Entscheidungsträger berücksichtigt werden, welche u.U. in Konkurrenz zum gegenwärtigen Verhandlungspartner stehen.

↪ Zum Teil wird dieser Umstand von chinesischen Geschäftspartnern auch bewusst eingesetzt, um die Gegenseite zu weiteren Zugeständnissen zu zwingen. Insbesondere bei offensichtlichem Zeitdruck für einen Vertragsabschluss kann sich dieser Umstand fatal auf die inhaltliche Gestaltung eines Vertrages auswirken.

c) Überprüfen des Vertragspartners

43 Als Konsequenz dieser Problematik muss für Verhandlungen in China genauer als sonst im Vorfeld sichergestellt werden, dass die Person beziehungsweise die Personen, mit denen gesprochen wird, zu einem Vertragsschluss rechtlich und tatsächlich in der Lage sind und den notwendigen Rückhalt und die gesellschaftliche Stellung auf chinesischer Seite besitzen. Weiter muss sichergestellt sein, dass der letztendliche Vertragspartner (d.h. diejenige Gesellschaft oder Person, mit welcher der Vertrag letztendlich geschlossen wird) für die eigene Zielsetzung des Vertrages geeignet ist.

44 **Informationen** zum Hintergrund des Vertragspartners sind teilweise nur mit erheblichem Aufwand zu gewinnen. Die Frage nach der Business License wird von Partnern selten als Vertrauensbeweis aufgenommen und sollte deshalb eher vermieden werden. Grundsätzlich kann immer ein Blick in die örtliche Registratur bei der Administration of Industry and Commerce (vergleichbar dem deutschen Handelsregister) getätigt werden. Mit dieser Maßnahme kann sichergestellt werden, dass der nach chinesischem Recht für die Vertretung der Gesellschaft ermächtigte Legal Representative (seit 2005 mit der Reform des Gesellschaftsgesetzes können unter gewissen Voraussetzungen vertraglich auch andere Personen als gesetzliche Vertreter bestimmt werden) identifiziert werden kann. Weiterhin kann auch der erlaubte Geschäftsumfang des Vertragspartners überprüft werden. Schließlich können wesentliche Gesellschafter und assoziierte Unternehmen erkannt werden.

↪ Bestehen ernsthafte Zweifel z.B. an einer wirksamen Gründung – es ist in China nicht selten anzutreffen, dass nicht registrierte Unternehmen im Rechtsverkehr illegal auftreten – oder am Vorliegen weiterer für die Vertragsziele notwendiger Voraussetzungen wie z.B. Außenhandelsrechten oder Lizenzen für gewisse Industriebereiche, sollte dem chinesischen Partner gegenüber darauf bestanden werden, entsprechende **Nachweise** vorgelegt zu bekommen.

Kommt es wesentlich auf die politischen und tatsächlichen Beziehungen eines Vertragspartners an, müssen unter Umständen auch professionelle Detekteien und Berater herangezogen werden, um Angaben der Gegenseite zu verifizieren.

d) Weitere Verhandlungspartner

Je nach Einzelfall müssen nicht nur die direkt vom Vertrag betroffenen Parteien an den Verhandlungen teilnehmen. Vielfach empfiehlt es sich, involvierte **Behörden**, Entscheidungsträger wie **Parteimitglieder** (z.B. Bürgermeister, Mitglieder der Provinzregierung oder lokalen Regierungsstellen) sowie Vertreter von Gesellschaften übergeordneter Konzernmitglieder von Anfang an direkt in die Verhandlungen mit einzubeziehen. Konsequenterweise sind größere Verhandlungen zu größeren Projekten in China im Regelfall wesentlich komplexer und langwieriger.

2. Das eigene Team

Von besonderer Bedeutung in China ist die Zusammenstellung des eigenen Teams für die Vertragsverhandlungen.

a) Psychologisches Verhandlungsgleichgewicht

Es ist psychologisch grundsätzlich von Nachteil, alleine einem Team von chinesischen Verhandlungspartnern gegenüber zu sitzen. Eine nominelle **Zahlengleichheit** führt auch bezüglich der innerlichen Einstellung der verhandelnden Parteien zu einem Verhandlungsgleichgewicht. Es kann sich deshalb im Einzelfall anbieten, nicht direkt involvierte Personen als Mitglieder des eigenen Verhandlungsteams am Verhandlungstisch zu platzieren. Entscheidend ist hier allein, dass nach außen der Anschein einer Parität erweckt wird.

b) Rollenverteilung

Für die Verhandlungsführung und die inhaltlichen Fragen ist von entscheidender Bedeutung, gut vorbereitete und klar instruierte Mitglieder im Team zu haben. Die Rolle jedes einzelnen Teammitgliedes muss eindeutig und unmissverständlich definiert werden. Während der Verhandlungen darf es zu keinem Rollenwechsel und vor allem zu keinen Widersprüchen innerhalb des Teams kommen. Es empfiehlt sich, eine Person als Sprecher und hauptsächlichen Kommunikationskanal festzulegen. Kommt es zu Unstimmigkeiten im eigenen Team, ist es besser und durchaus üblich, eine Verhandlungspause anzuberaumen, um die eigene Position festzulegen, bevor die Gespräche weitergeführt werden. Anderenfalls werden sichtbare Unstimmigkeiten der eigenen Seite hemmungslos in den Verhandlungen durch den Verhandlungspartner ausgenutzt und die Autorität des Verhandlungsführers untergraben, was letztendlich einem Gesichtsverlust gleichkommt.

Die Rollenverteilung hat auch Einfluss darauf, wer nach der Tagesordnung zu welchen Punkten spricht oder verhandelt. Es wird genau beobachtet, wie sich einzelne Teammitglieder in der Verhandlung verhalten und wie geschickt sie agieren. Es sollte deshalb auch hier im Vorfeld sichergestellt werden, dass die oder der jeweils einzelne Vortragende versiert und ruhig agiert und den Gesamteindruck einer geschlossenen und abgestimmten Verhandlungslinie unterstreicht.

c) Hierarchie der Teammitglieder

49 Obwohl es widersprüchlich erscheinen mag, dass in einer nach außen hin kommunistisch und damit egalitär geprägten Gesellschaft die Machtstellung eines Individuums besondere Bedeutung hat, spielt das Individuum und seine **hierarchische Stellung** am Verhandlungstisch in der Praxis eine sehr wichtige Rolle. Die Hierarchie im eigenen Team wird nach außen nicht betont, ist aber zu jedem Zeitpunkt für alle Beteiligten ersichtlich. Kritik und Vorstöße werden gegenüber dem hierarchisch höheren Teammitglied während Verhandlungen niemals geäußert. Passiert dies auf der Gegenseite, ruft es zumeist Erstaunen bei der chinesischen Seite hervor.

⮕ Die genaue Kenntnis der **Hierarchiestufen** auf **chinesischer Seite** ermöglicht es, die Ernsthaftigkeit der Verhandlungsabsicht zu erkennen. Wird für Verkaufsverhandlungen eines Unternehmens in Deutschland z.B. eine chinesische Delegation entsandt, welche lediglich aus dem Fabrikdirektor und einigen Fachangestellten besteht, wird damit signalisiert, dass die Wichtigkeit dieser Verhandlungen aus verschiedenen Gründen von chinesischer Seite aus nicht als sehr hoch eingestuft wird bzw. noch einige Fachfragen im Vorfeld zu klären sind, bevor es wirklich zur Verhandlung unter Entscheidungsträgern kommt. Umgekehrt muss von ausländischer Seite darauf geachtet werden, dass die Hierarchiestufen der Verhandlungspartner sich in etwa entsprechen. Es stellt einen schwer wieder gutzumachenden Gesichtsverlust dar, den Vorstandsvorsitzenden einer chinesischen Gesellschaft in den Verhandlungen mit einem Abteilungsleiter anstelle eines Mitglieds eines Vorstands zu konfrontieren.

Umgekehrt muss im Einzelfall darauf geachtet werden, nicht zu früh hochgestellte Persönlichkeiten des eigenen Unternehmens auftreten zu lassen. Nach chinesischem Verständnis eröffnet jeder **Besuch des ranghöchsten Mitglieds** des Vertragspartners die Möglichkeit eines größeren Zugeständnisses als Gastgeschenk. Zusätzlich können durch den gezielten Einsatz der eigenen Hierarchiestufen Verhandlungsengpässe überwunden und eigene Zugeständnisse schrittweise angeboten und als besonders wertvoll verkauft werden.

d) Fachleute

50 Es muss durch die Auswahl der Teammitglieder gewährleistet sein, dass die für die Vertragsverhandlungen notwendige **Expertise** sichergestellt ist. Nicht selten besitzen chinesische Verhandlungspartner in technischen Fragen auch heute noch nicht ausreichend das erforderliche Fach-

wissen, um die Sinnhaftigkeit von Vertragsverhandlungen im Einzelfall immer richtig bewerten zu können. Gerade im hochtechnologischen Bereich darf nicht automatisch vorausgesetzt werden, dass die Experten beispielsweise eines Staatsunternehmens aus der Provinz genauso gut die Anforderungen einer Hochtechnologie einschätzen können wie Ingenieure des eigenen Unternehmens. In einem solchen Fall ist ein Abgleich zwischen den Parteien unbedingt erforderlich, um einen gleichen Informationsstand für beide Seiten herzustellen und zu verhindern, dass es wegen bedeutender Unterschiede im Verständnis über den Vertragsgegenstand nachträglich zu Konflikten und nicht eingeplanten Nachforderungen zu Hilfeleistungen und weiteren (u.U. kostspieligen) Handlungen durch den Vertragspartner kommt.

Dieser Umstand muss auch mit Blick auf die Wahrung des Gesichts aller Seiten sehr genau berücksichtigt werden. Durch das Einschließen von Fachleuten in beiden Verhandlungsteams kann vermieden werden, dass entscheidende Sachfragen missverstanden werden. Kontroverse Diskussionen können dann auch in einzelnen Arbeitsgruppen ausgetragen werden, welche durch die Fachleute geleitet werden. Dies verhindert, dass die entscheidenden Verhandlungsführer zu einer frühzeitigen Festlegung und inhaltlichen Position gezwungen werden, die später nicht mehr ohne Gesichtsverlust aufgegeben werden kann.

e) Assistenten und Kontaktpersonen

Die übliche umfangreiche Kommunikation außerhalb der offiziellen Verhandlungen, bei Abendessen oder am Telefon führt dazu, dass neben den offiziellen Verhandlungen auch der Kommunikationsfluss außerhalb des Verhandlungsraums zwischen den Parteien sichergestellt werden muss.

➨ Hierfür sollte ein Mitglied des eigenen Teams bestimmt und der chinesischen Seite angezeigt werden. Es ist ausgesprochen nachteilig, mehrere Personen gegenüber der chinesischen Seite als **Ansprechpartner** agieren zu lassen. Widersprüche sind damit kaum zu vermeiden. Diese werden schonungslos durch die chinesische Seite ausgenutzt und dem Verhandlungspartner zusätzlich vorgeworfen.

Die Kontaktperson sollte bestenfalls kommunikativ ausgesprochen begabt und flexibel sein. Chinesisch-Kenntnisse sind von Vorteil. Hinsichtlich der Frequenz und Häufigkeit der Kontaktaufnahmen muss sich darauf eingestellt werden, dass ein ständiges Hin-und-her-Telefonieren mit häufigen Positionswechseln durchaus üblich ist. Relevante Punkte werden nicht strukturiert und nacheinander abgehandelt, sondern immer wieder neu angesprochen und hin und her diskutiert. Der Vorteil dieser Methode liegt darin, dass bei Erfolg dieser „Vorverhandlungen" eine Konzentration auf die wesentlichen Punkte während den offiziellen eigentlichen Verhandlungen ermöglicht wird. Gleichzeitig können Verhandlungsspielräume ohne Gefahr eines Gesichtsverlusts auf beiden Seiten ausgelotet werden.

52 Zwischengeschaltete Personen werden auch verwendet, um **sensible** oder **unangenehme Informationen** zu erhalten oder weiterzugeben. Auch das Streuen gezielter Missinformationen, das Starten eines Versuchsballons, Hinhaltetaktiken und ähnliches werden in China regelmäßig durch Assistenten als Kontaktpersonen und zwischengeschaltete Dritte ausgeübt.

f) Dolmetscher

53 Eine ausgesprochen wichtige Hilfsperson ist der Dolmetscher. Viele Verhandlungen scheitern oder verlaufen ungünstig, weil die Kommunikation zwischen den Parteien an mangelnden sprachlichen Fähigkeiten der Parteien, nicht ausreichend feinfühliger Interpretation des Gesagten („Lesen zwischen den Zeilen") oder Überinterpretation der Aussagen der Gegenseite (die „sichere" Zusage) negativ beeinflusst wird.

54 Dolmetscher müssen die entsprechenden Fähigkeiten besitzen, entsprechende Fachfragen sachgerecht übersetzen zu können. Aus diesem Grund ist es besonders wichtig, schon im Vorfeld geeignete Übersetzer zu identifizieren. Aus praktischen Gründen ist es durchaus häufig anzutreffen, dass ein Teammitglied einer der beiden Parteien die Rolle des Dolmetschers übernimmt. Dies kann funktionieren, bedeutet aber für das andere Team u.U. einen entscheidenden strategischen Nachteil, wenn kontroverse Positionen diskutiert werden. Gleichzeitig führt die körperliche Belastung des Übersetzens häufig zu einem Verlust der Einsatzmöglichkeit des übersetzenden Teammitglieds auf fachlicher Ebene. Sofern möglich, sollte deshalb nach Möglichkeit immer ein **eigener Dolmetscher ohne weitere Teamfunktion** die Verhandlungen begleiten.

55 Der Dolmetscher sollte **im Vorfeld** zu den Themen und möglichen Schwierigkeiten in den konkreten Verhandlungen **eingewiesen** werden. Seine genaue Kenntnis von der Funktion des jeweiligen Gesprächspartners ermöglicht es ihm, Äußerungen auf der Gegenseite korrekt zu interpretieren. Schließlich kann ein besonders wertvoller Dolmetscher in der Lage sein, auch die non-verbale Kommunikation der chinesischen Seite dem eigenen Team mitzuteilen.

56 ⟳ Ist der Dolmetscher nicht Mitglied des eigenen Teams und dem eigenen Unternehmen zugehörig, muss ganz besondere Vorsicht auf **Geheimhaltung** gelegt werden. Es ist ein weit verbreiteter, äußerst nachteilig wirkender Fehler, die eigene inhaltliche Position und Taktik auf dem Weg zum Verhandlungsort in China in Gegenwart des Dolmetschers der chinesischen Seite oder des Fahrers zu diskutieren. Auch die anschließende Bewertung einer abgeschlossenen Verhandlungsrunde sollte niemals in Gegenwart des Dolmetschers oder Fahrers der chinesischen Seite erfolgen.

57 Von besonderem Vorteil kann es seinerseits für die ausländische Seite sein, wenn einzelne Teammitglieder des Chinesischen mächtig sind, dies

II. Vertragsvorbereitungen

aber nicht sofort offenbaren. Sofern die chinesische Seite sich nicht danach erkundigt, ist das Nicht-Offenbaren eine zulässige List. Umgekehrt muss man sich stets darauf einrichten, dass die Gegenseite ebenfalls ein des Deutschen mächtiges Mitglied im Team hat.

Dolmetscher können über verschiedene Institute stundenweise, tageweise oder auch über längere Zeiträume hinweg gemietet werden. Die Verlässlichkeit und vertrauliche Behandlung von Informationen ist durch diese Personen nicht zu gewährleisten. Auch die Qualität des jeweiligen Übersetzers schwankt erfahrungsgemäß stark, da es sich zumeist um Studenten der Universität handelt, die sich mit derartigen Tätigkeiten ein Zubrot verdienen.

g) Rechtsanwälte

Die Komplexität der chinesischen Rechtsordnung erfordert im Regelfall einen Rechtsbeistand in Vertragsverhandlungen. Die Begleitung durch den eigenen Rechtsanwalt in den Verhandlungen wurde früher äußerst kritisch und als Misstrauensvotum gesehen. Mittlerweile hat sich das Ansehen der Anwaltschaft gebessert. Die Begleitung westlicher Verhandlungspartner durch einen Rechtsbeistand kann deshalb im Regelfall als unproblematisch angesehen werden. Auch für die chinesische Seite ist die Funktion des Anwalts bei komplexen Transaktionen selbsterklärend und wird zunehmend auch durch eigene interne Anwälte und Justitiare großer Unternehmen ausgefüllt.

▷ Die Qualität des chinesischen **Anwalts der Gegenseite** muss hierbei im Vorfeld untersucht werden. Mangelnde juristische Ausbildung, hoher Arbeitsdruck und weitere Faktoren vermitteln ein uneinheitliches Bild von der Befähigung chinesischer Rechtsanwälte, komplexe Vertragsverhandlungen effizient und kompetent begleiten zu können. Bei Inkompetenz kann dies zu Fehlauskünften und in der Folge zu Komplikationen in den Verhandlungen führen. Falschaussagen können dann nicht ohne Gesichtsverlust korrigiert werden. Es empfiehlt sich in solchen Fällen, die Vertragsvorbereitungen durch die Anwälte beider Seiten vorab intensiv diskutieren zu lassen und erst nach Vorliegen gemeinsam erarbeiteter Vorschläge einzelne Verhandlungsrunden abzuhalten.

3. Ziele von Vertragsverhandlungen

Ist der Verhandlungspartner eindeutig identifiziert und das eigene Team ausgewählt, müssen die eigenen Verhandlungspositionen und -ziele im Vorfeld festgelegt werden. Zuweilen bewirken fehlende Landeskenntnisse oder falsche Einschätzungen des Vertragspartners, dass die eigenen Forderungen tatsächlich nicht realisierbar sind. Bei gründlicher Vorbereitung sollte es indes möglich sein, diese Fehler zu vermeiden.

⇒ Die eigenen **Ziele** müssen in China **besonders hartnäckig** verfolgt werden. Zu große Flexibilität und Bereitschaft zum schnellen Einlenken wird durch die chinesische Seite stets erkannt und hemmungslos ausgenutzt. Umgekehrt ist es gute chinesische Übung, die eigene Position nur sehr widerstrebend und unter ständigem Einfordern von Zugeständnissen der Gegenseite aufzugeben. Der eigene Verhandlungsstil in China sollte sich danach ausrichten und geduldig und mit Zähigkeit die eigene Position immer und immer wieder wiederholen sowie für jedes Zugeständnis an geeigneter Stelle auch ein Nachgeben der chinesischen Seite zu fordern. Obwohl ein ständiges Wiederholen der eigenen Position nach westlichem Verständnis als Unhöflichkeit verstanden würde, weil es ein Nichtverstehen des Vertragspartners bedeuten oder als ein Belehren verstanden werden könnte, ist dies in China nicht der Fall. Nur diejenigen Punkte, welche immer wieder wiederholt werden, werden von der chinesischen Seite auch als tatsächlich für die Gegenseite entscheidend und wichtig wahrgenommen.

a) Rechtlich und verhandlungstechnisch realistische Zielsetzung

62 Generell muss schon zu Beginn der Verhandlungen geklärt werden, ob die eigenen Vorstellungen **rechtlich machbar** und **praktisch durchsetzbar** sind. Die Überprüfung der Rechtslage und rechtlichen Risiken im Vorfeld der Verhandlungen stellt unabdingbare Voraussetzung für einen Erfolg der Vertragsverhandlungen dar. Zugangsbeschränkungen zu gewissen Industrien, Sicherheitsstandards, Beschränkungen bei der Nutzung von Land, steuerrechtliche Implikationen und der Schutz geistigen Eigentums stellen einen Teil der wichtigen Aspekte dar, welche im Vorfeld eines Vertrages beleuchtet werden müssen. Die chinesische Seite ist hierbei zumeist der Auffassung, dass es grundsätzlich Aufgabe der jeweiligen Partei ist, sich zu informieren. Hilfestellungen und Informationen werden jedoch auf Anfrage gewährt.

63 Bei der Überprüfung der Vertragsziele muss auch kritisch geprüft werden, inwieweit realistisch Versprechungen und **Zusagen der chinesischen Seite** zu halten sind. Ein klassisches Beispiel hierfür ist die Zusage einer ausreichenden Versorgung mit Energie für Produktionsunternehmen. Einschlägige Zusagen können in gewissen Landesteilen auch in jüngster Vergangenheit immer noch häufig nicht gehalten werden. Das chinesische Verständnis in solchen Fragen ist es jedoch, dass niemand mit Sicherheit voraussehen kann, ob der momentane Zustand auch in Zukunft andauern wird. Zusagen werden deshalb (regelmäßig in sanktionsloser Form) gegeben, ohne dass dies aus chinesischer Sicht als vertragsschädigendes Verhalten eingestuft wird. Weitere typische Beispiele ist die Frage nach bestehenden Landnutzungsrechten oder der Erteilung behördlicher Genehmigungen. Weiterhin sind auch Angaben zum Marktumfeld und der eigenen Stellung im Markt regelmäßig kritisch zu prüfen.

➲ Ein typischer Einwand gegenüber Forderungen des ausländischen Verhandlungspartners ist die Behauptung, die Forderung sei **rechtlich nicht zulässig**. Die Standardformulierung verweist auf „relevante staatliche Vorschriften und Gesetze", ohne diese näher zu spezifizieren. Es ist immer möglich, höflich auf Vorlage solcher Vorschriften zu bestehen. Rechtliche Einwände können noch schneller ausgeräumt werden, wenn im eigenen Team ein im chinesischen Recht bewanderter Rechtsanwalt vorhanden ist. 64

Verhandlungen haben auch in China mit einem **Geben und Nehmen** zu tun. Entscheidend ist, dass man bewusst an den entscheidenden Stellen nachgibt und dafür auch ein gleichwertiges Zugeständnis von der Gegenseite erhält. Realistische Zielsetzungen können hierbei bei ernsthaftem Interesse beider Seiten an einem Vertragsschluss im Ergebnis immer verwirklicht werden. 65

b) Einplanen von Rückzugsräumen und sog. Dealbreaker

Schon im Vorfeld der Verhandlungen sollte ausländische Verhandlungspartner sich darüber Gedanken machen, zu welchen **Zugeständnissen** sie bereit sind bzw. welche Zugeständnisse gegen Kompensation gemacht werden können. Es ist schon aus Gründen der Wahrung des Gesichts für einen erfolgreichen Verhandlungsverlauf unabdingbar, dass jede Seite Zugeständnisse macht. Umso wichtiger ist es, bewusst Rückzugsräume in die eigene Strategie einzubauen und Formulierungsvorschläge entsprechend zu gestalten. 66

Chinesen sind Meister des Insistierens und der hartnäckigen Verhandlung. Immer wieder werden die gleichen Punkte wiederholt und in modifizierter Form verschiedene Argumente für den gleichen Punkt vorgebracht. Es ist eine Frage des persönlichen Verhandlungsgeschicks, inwieweit Forderungen der Gegenseite zurückgewiesen oder insoweit modifiziert werden können, dass sie akzeptabel sind. Eine Verhandlungssituation, in welcher beide Parteien sich in einem Patt befinden, kann auch grundsätzliche Interessengegensätze indizieren. Es kann sich bei Zurückweisung eigener Forderungen auch um ein Ansinnen handeln, welches von chinesischer Seite aus als Ausdruck eines Misstrauens verstanden wird, so z.B. bei der Sicherung von eigenen vertraglichen Ansprüchen durch Klauseln mit Strafbewehrung.

➲ Es empfiehlt sich nicht, **grundlegende Forderungen**, welche Voraussetzungen für ein Verwirklichen der strategischen eigenen Ziele sind, aufzugeben. Vielmehr sollten die Vertragsverhandlungen bei einem andauernden Patt in solchen Punkten unterbrochen oder vollständig abgebrochen werden. Die Frage, wann es in den Verhandlungen zu einem solchen Stadium gekommen ist, lässt sich nur im konkreten Einzelfall beantworten. Als Leitlinie mag gelten, dass Forderungen, welche die eigene vertragliche Position grundlegend sichern oder für 67 die Verwirklichung des Vertragsinhalts unabdingbar sind, nicht aufgegeben werden dürfen.

c) Flexibilität

68 Gute Verträge zeichnen sich aus chinesischer Sicht durch ein hohes Maß an **offenen Formulierungen** aus, welche unterschiedliche Deutungsmöglichkeiten zulassen. Dies ermöglicht ein Maximum an Flexibilität bei der Änderung von Umständen in Zukunft oder zwischenzeitlichen Änderungen der eigenen Ziele des chinesischen Vertragspartners. Dem steht der Gedanke der Rechtssicherheit nach westlichem Verständnis gegenüber, welcher klare und eindeutige Regelungen bevorzugt. Vertragsverhandlungen müssen an beiden Extremen orientiert durch geschickte Formulierung gangbare Kompromisse ermöglichen.

Ist die Formulierung eines Vertrages **einerseits klar** und dennoch **andererseits ausreichend flexibel**, wirkt sich dies zumeist vorteilhaft auf die weitere Zusammenarbeit aus. Anderenfalls ist bei einer Änderung der Interessen und Ziele des chinesischen Vertragspartners zumeist unweigerlich mit einem Bruch der Beziehung zu rechnen. Warnzeichen hierfür sind Ausgliederungen oder Neugründungen von Gesellschaften durch einen chinesischen Vertragspartner im Joint Venture, immer häufiger auftretende Verzögerungen bei Auftragsfertigungen, mangelnde Kommunikation zwischen den Vertragsparteien oder Nichtzahlung trotz mehrmaliger Mahnung.

69 ➲ Mit Blick auf mögliche Interessenkonflikte, welche sich erst im Laufe der Zeit ergeben können, sind deshalb neben adäquaten **Streitregelungsmechanismen** im Vertrag angemessene **Lösungsmöglichkeiten** schon im Stadium der Vertragsverhandlungen zu bedenken. Die Verhandlung entsprechender Klauseln erfordert großes Geschick und muss inhaltlich vernünftig und für beide Seiten nachvollziehbar begründet werden.

4. Logistik und Zeitplanung

70 Ausländische Verhandlungspartner unterschätzen häufig die **wesentlich erhöhten Anforderungen** an die Logistik und Zeitplanung für Vertragsverhandlungen in China.

Die Verkehrsverhältnisse in den chinesischen Städten, mangelnde Anbindung von Orten außerhalb der Ballungszentren, ausgebuchte Flüge, schlechte Straßenverhältnisse usw. machen Verhandlungen in China körperlich anstrengend, zeitraubend und planungsbedürftig. Aber auch die chinesische Art und Weise der Verhandlung erfordert längere Zeithorizonte, als sie einem westlichen Manager bisweilen lieb sein mögen.

Ein kurzes Einfliegen über das Wochenende zu erstmaligen Verhandlungen mit anschließender Unterschrift ist illusionär und im Ergebnis eine

Verschwendung von Ressourcen und Zeit. Bevor Verträge unterschrieben werden können, müssen sich nach chinesischem Verständnis beide Seiten gründlich kennenlernen, ihre Positionen abtasten und Vertrauen zueinander fassen. Da Entscheidungen regelmäßig nicht in einer einzigen Hand liegen, ist ein überstürztes Vorgehen rein tatsächlich unmöglich. Vertragsverhandlungen in China benötigen deshalb in aller Regel wesentlich mehr Zeit als vorgesehen. Mehr Reisen als gedacht, mehr Schwierigkeiten als vorausgesehen, mehr Unwägbarkeiten als kalkuliert gehören zu typischen Faktoren, welche den Zeitrahmen für Verhandlungen in China kennzeichnen.

Genügend Zeit muss außerdem eingeplant werden für Abendessen und **soziale Veranstaltungen**. Vertragsverhandlungen bestehen aus chinesischer Sicht nicht in einem reinen Abtasten auf geschäftlicher Ebene, sondern sind gekennzeichnet durch die Idee einer Anknüpfung einer Beziehung. Das gemeinsame Abendessen mit anschließendem Gesang in der *Karaoke*-Bar ist deshalb genauso wichtig für einen Verhandlungserfolg wie die tatsächliche Verhandlung selbst. Hierbei erweist sich die chinesische Seite regelmäßig als ausgesprochen großzügiger und umsichtiger Gastgeber, welcher auch bei mangelnden gesanglichen Fähigkeiten höflichen Applaus spendet und in jeder Hinsicht versucht, auf die Bedürfnisse des Gasts einzugehen. Umgekehrt wird das gleiche erwartet bei einem Besuch einer chinesischen Delegation im Ausland.

III. Vertragsplanung

Struktur und Inhalt der Vertragsplanung sind abhängig von der Erfahrung des jeweiligen Vertragspartners. Aber auch die eigene Verhandlungsposition und -stärke, mögliche Konkurrenz und tatsächliche Hindernisse wie Behördengenehmigungen beeinflussen die Vertragsplanung.

1. Faktoren der Vertragsplanung

a) Erfahrung des Vertragspartners

Ist der ins Auge gefasste Partner beispielsweise für ein Joint Venture schon anderweitig mit anderen ausländischen Unternehmen in Kontakt gekommen oder gar in vertraglichen Bindungen, können auch in China komplexere Vertragswerke und Regelungen bei Einigkeit unproblematisch vereinbart werden. Handelt es sich jedoch auf chinesischer Seite um einen erstmaligen Kontakt mit ausländischen Verhandlungspartnern, besteht bisweilen ein tiefes Misstrauen gegen Klauseln, welche der chinesischen Seite nicht aus inländischen Verträgen bekannt sind. Mit der zunehmenden Internationalisierung des chinesischen Wirtschaftslebens mag ein Mangel an Erfahrung seltener geworden sein. Dennoch ist diese Frage mit Blick auf die Größe des Landes vor allem im westlichen Teil nach wie vor aktuell.

b) Eigene Verhandlungsposition

73 Auch die eigene tatsächliche Verhandlungsposition und Stärke beeinflussen die konkrete Vertragsplanung. Ist man ein wichtiger Technologiegeber oder Hauptauftraggeber oder besteht eine anderweitig dominante Position für die Verhandlungen, ermöglicht dies eine wesentlich bessere und umfassendere Absicherung der eigenen Interessen.

Verhandlungen spiegeln immer die Stärke beider Parteien wieder. Das Erfordernis, die Gegenseite das Gesicht wahren zu lassen, verhindert zwar, dass offene Knebelungen oder übermäßig einseitig benachteiligende Verträge direkt durchgesetzt werden können. Dennoch wird insbesondere die chinesische Seite bei einem eigenen Verhandlungsübergewicht die eigene Position bis an das Maximum der Grenzen der rechtlichen (und moralischen) Zulässigkeit festschreiben.

c) Konkurrenz

74 Die chinesische Seite bevorzugt immer die Auswahl zwischen verschiedenen potentiellen Partnern. Schon beim Beginn von Vertragsverhandlungen bis hin zum Abschluss tendieren chinesische Verhandlungspartner zu einem offen nach außen kommunizierten „Beauty Contest". Zuweilen wird auch versucht, Angebote verschiedener Konkurrenten gegeneinander auszuspielen oder die Existenz eines weiteren möglichen Konkurrenten vorzutäuschen.

d) Einfluss der Behörden

75 Schließlich können auch behördliche Genehmigungserfordernisse bewirken, dass die Planung des Vertrages erheblich beeinflusst wird. Joint Ventures in „sensiblen" Industriebereichen wie dem Autobau, der pharmazeutischen Industrie usw. werden regelmäßig intensiv auch von externen Vorstellungen der Genehmigungsbehörden geprägt.

2. Typische Stufen bis zum Vertragsschluss

76 Der Weg zum Vertragsschluss in China verläuft typischerweise in mehreren Stufen.

a) Kontaktaufnahme

77 Die richtige Art der Kontaktaufnahme mit potentiellen Vertragspartnern kann den Weg zu einem Vertrag in China deutlich beschleunigen. Chinesen sind vorsichtige Menschen. Vertrauen wird nicht leicht geschenkt und kann schon durch kleine Missverständnisse wieder verloren gehen. Wird ein erster Kontakt durch ein Mitglied des eigenen Beziehungsnetzwerks hergestellt, gibt es einen Vertrauensvorschuss, der auf der Beziehung des potentiellen Vertragspartners zu der einführenden Seite beruht.

⇒ Im Zuge des ersten Kennenlernens sollte man nicht zögern, umfangreiche **Informationen** über das chinesische Unternehmen anzufordern und auch selbst die Gegenseite umfassend über das eigene Unternehmen zu informieren. Je klarer und verständlicher die eigene Identität und die eigenen Ziele kommuniziert werden, desto schneller kann eine mögliche Basis für eine Zusammenarbeit ermittelt werden. Besonders hilfreich sind hierbei Material, Werbebroschüren und/oder Internetseiten auf Chinesisch.

⇒ Bei einer ersten Kontaktaufnahme ist es ratsam, eine **feste Kontaktperson** zu bestimmen, welche gegenüber der chinesischen Seite für den weiteren Informationsaustausch und die eventuelle Vereinbarung eines ersten Treffens zur Verfügung steht.

b) Letter of Intent

Kommen die Parteien sich näher, wird häufig von chinesischer Seite aus vor Abschluss eines endgültigen Vertrages die Unterzeichnung eines sogenannten Letter of Intent vorgeschlagen. Der Letter of Intent ist ein aus dem anglo-amerikanischen Rechtskreis stammendes Rechtsgebilde. Er wird in China in großem Umfang eingesetzt. Seine rechtliche Bindungswirkung hängt von der Formulierung und den Umständen des Einzelfalls ab. In manchen Fällen bleibt es nach langwierigen Verhandlungen beim bloßen Abschluss eines Letter of Intent, ohne dass noch ein anschließender Vertrag geschlossen wird. Zuweilen wird er in jüngster Zeit auch durch ein sog. Term Sheet, eine tabellarische Auflistung der wesentlichen Vertragsinhalte und -ziele, ersetzt.

Nach chinesischem Verständnis sind die wesentlichen Punkte und inhaltlichen Positionen, welche in einem Letter of Intent dargelegt sind, **bindend** und können nur bei erheblicher Änderung der Umstände und zumeist nur unter weiteren Zugeständnissen geändert werden. Dies führt dazu, dass die Verhandlungen und inhaltliche Gestaltung eines Letter of Intent mit der gleichen Sorgfalt und Intensität betrieben werden muss wie die eigentlichen Vertragsverhandlungen.

Gerade bei Verhandlungen für eine langfristige Zusammenarbeit ist es häufig nicht möglich, einen direkten Vertragsabschluss ohne Letter of Intent zu erzielen. Hintergrund aus kultureller Sicht ist das Bedürfnis der chinesischen Seite, keine formal nach außen hin endgültigen Zugeständnisse zu machen, bevor nicht ein vollständiges Vertrauen zwischen beiden Seiten vorliegt. Der Letter of Intent ist gleichzeitig ein nützliches Instrument, um die allgemeinen Rahmenbedingungen einer Zusammenarbeit im Vorfeld zu klären. Die chinesischen Behörden erklären sich auch zuweilen erst auf der Grundlage eines Letter of Intent bereit, eigene inhaltliche Positionen zu kommunizieren und z.B. eine vorläufige Zustimmung zu einem geplanten Projekt zu signalisieren.

c) Behördliche Erfordernisse

79 Sofern ein Joint Venture gegründet werden soll, sind überdies weitere Verfahrensschritte zu beachten, welche schon im Vorfeld die Zusammenarbeit der prospektiven Vertragspartner erfordert. Gemeint sind der **Projektvorschlag** (Project Proposal) und die **Durchführbarkeitsstudie** (Feasibility Study). Diese Dokumente enthalten Angaben zum geplanten Umfang des Projekts, den Vertragszielen, den einzusetzenden Ressourcen, der zur Anwendung gelangenden Technologie usw. Erst nach Genehmigung dieser Dokumente durch die Behörde kann nach chinesischem Recht ein bindender Vertrag für ein neues Joint Venture geschlossen werden.

80 Bestehen Genehmigungs- oder Registrierungserfordernisse bei den chinesischen Behörden, muss überdies die **inhaltliche Einmischung** der Behörden bedacht und mit einkalkuliert werden. Dabei überschreitet die Behörde in der Praxis häufig ihre Befugnisse und stellt Forderungen ohne gesetzliche Grundlage. In einem solchen Fall ist besonderes Verhandlungsgeschick und Vorsicht erforderlich. Zumeist besteht ein gewisser Verhandlungsspielraum, welcher durch geeignete Verhandlungspartner bei den Behörden (in aller Regel der chinesische Partner) ausgenutzt werden muss.

d) Vertragsschluss

81 Der Vertragsschluss geschieht in aller Regel schriftlich. Eine Besonderheit hinsichtlich der Unterschrift in China ist die rechtliche Bedeutung des Siegels (*Chop*). Traditionell wurden in China alle Verträge und offiziellen Dokumente allein durch Anbringen eines Siegels geschlossen. Nach § 10 Vertragsgesetz aus dem Jahr 1999 führt das Anbringen eines Siegels zu einem rechtlich verbindlichen Vertrag. Auch wenn nach dem Vertragsgesetz die Unterschrift einer natürlichen Person mittlerweile dem Siegel gleichgestellt ist, muss in der Praxis nach dem Empfinden der chinesischen Behörden und auch der chinesischen Vertragspartner immer ein Siegel angebracht werden. Die chinesischen Behörden gehen zum Teil noch weiter und verlangen selbst auf Urkunden aus dem Ausland das Anbringen eines Firmenstempels, bevor solche Dokumente als rechtsverbindlich anerkannt werden. Diese Grundhaltung führt in Einzelfällen zu erheblichem Diskussions- und Erklärungsbedarf.

› Wegen der Homophonie der chinesischen Nachnamen sollte man sich auch selbst nie darauf verlassen, dass eine bloße Unterschrift des Vertragspartners ausreicht, und auf das zusätzliche Anbringen des Siegels des Vertragspartners bestehen. Hierbei gibt es verschiedene Arten von Siegeln. Entscheidend für die wirksame rechtliche Bindung von Unternehmen ist das sog. **Unternehmenssiegel**, welches bei der Gründung für jedes Unternehmen von den Behörden genehmigt und erstellt wird. Bei längeren Verträgen ist es schließlich durchaus üblich, jede einzelne Vertragsseite zu parafieren.

IV. Vertragsdesign

Das konkrete Design eines Vertrages wird zum einen von den rechtlich zulässigen Möglichkeiten bestimmt. Die Formulierung ist andererseits Gegenstand der Vertragsverhandlungen. Hierbei stoßen häufig westliche und östliche Stile der Strukturierung von Vertragstexten aufeinander. Chinesische Verträge sind gekennzeichnet durch punktuelle Regelungen, während westliche Verträge dazu neigen, umfassend und im Detail die Rechte und Pflichten beider Seiten zu regeln. In der Vergangenheit wurde dies von chinesischer Seite häufig als Förmelei und unnötige Verkomplizierung abgelehnt. Mit zunehmender Komplexität der Geschäftsvorgänge und Internationalisierung gewisser Industrie- und Handelsbereiche setzt sich immer mehr die umfassende vertragliche Regelung durch. Dies macht komplexe und zeitraubende Verhandlungen notwendig.

➲ Es empfiehlt sich, Verträge in China ausführlicher zu halten. Vertraglich festgeschriebene Verpflichtungen können im Streitfall leichter bewiesen werden. Zum Teil gibt wegen der grundsätzlich auch in China herrschenden Vertragsfreiheit erst der Vertrag selbst einen Anspruch. Weiterhin sind existierende gesetzliche Regelungen in vielen Punkten zu schwammig und lückenhaft. Ein Verweis auf die gesetzliche Regelung geht damit häufig ins Leere.

1. Musterverträge

Von chinesischer Seite aus werden in aller Regel Musterverträge bevorzugt. Diese Musterverträge werden von staatlichen Behörden und Ministerien erstellt. Geschichtlich hat die Präferenz chinesischer Verhandlungspartner für eigene Musterverträge mit dem tiefen Misstrauen gegenüber dem Ausland zu tun. Musterverträge sollen gegen überraschende Klausel schützen und standardmäßig die Anwendung chinesischen Rechts sichern.

Tatsächlich sind Musterverträge im Einzelfall ein taugliches Hilfsmittel. Sie können als Checkliste und Basis für Vertragsverhandlungen dienen. Die Modifikation der in den Musterverträgen vorgesehenen Regelungen ist auch nach chinesischem Recht grundsätzlich möglich. In Einzelfällen und je nach Örtlichkeit kann es jedoch vorkommen, dass die Behörde Modifikationen verweigert oder gar „Verbesserungsvorschläge" verlangt.

2. Drafting Prozess

Das tatsächliche Entwerfen des Vertragswortlauts ist von entscheidender Bedeutung für die Güte des Vertrags. Nach Möglichkeit sollte die **Formu-**

lierungshoheit keinesfalls aus der Hand gegeben werden. Die Herrschaft über das Drafting des Vertrages verhindert, dass beispielsweise in der Praxis häufig auftretende nachteilige oder nicht abgesprochene Änderungen am Vertragstext durch die chinesische Seite einseitig vorgenommen und durch die eigene Seite übersehen werden oder schon abgesprochene Punkte erneut geändert werden. Gleichzeitig können bei Kontrolle über die Formulierung die eigenen Vorstellungen leichter kommuniziert und verwirklicht werden.

↪ Üblicherweise werden Vertragsentwürfe in elektronischer Form schon im Vorfeld ausgetauscht. Man sollte sich hierbei nicht von bewusst hektischem Verlangen der chinesischen Seite nach schnellstmöglicher Rückgabe unter Druck setzen lassen. Die Zusendung von nicht änderbaren Dateien wie PDF-Dokumenten kann im Einzelfall bei auffallend negativen Änderungsverhalten des Vertragspartners beim Austausch der Dokumente die Herrschaft über das Drafting sichern, muss aber mit Augenmaß eingesetzt werden. Vielfach werden Word-Dokumente so häufig und verwirrend geändert, dass die Verhandlungen hierdurch nicht befördert, sondern behindert werden. Auch führen immer wiederkehrende, gleichlautende Änderungsvorschläge der chinesischen Seite zu der Notwendigkeit, bei jeder Runde die ausgetauschten Vertragsentwürfe sehr gründlich überprüfen zu müssen.

Verhandlungen verlaufen bisweilen zeitlich in einem sehr engen Rahmen. Es ist durchaus üblich und weit verbreitet, dass zentrale Änderungen der chinesischen Seite am Vorabend der Verhandlungen vor Ort dem ausländischen Vertragspartner übergeben werden. Dies erfordert ein schnellstmögliches Reagieren, sofern ein schneller Abschluss zwingend ist. Es ist von großem Vorteil, in solchen Fällen über vor Ort verfügbare eigene Laptops, Drucker und einen Internetzugang zu verfügen.

Üblicherweise wird über den Wortlaut von Verträgen Wort für Wort diskutiert und teilweise langatmig gestritten. Ein geduldiges Auseinandersetzen mit den Vorschlägen der Gegenseite, das ständige Wiederholen und Erklären der eigenen Position sowie der Hinweis auf nicht verhandelbare Inhalte (die sollte vorsichtig und mit Bedacht geschehen) können helfen, nach und nach konsensfähige Formulierungen zu finden.

3. Rechtliche Besonderheiten

85 Mit Blick auf das besondere rechtliche Umfeld in China empfiehlt es sich, gewisse Klauseln und Regelungen zu vereinbaren.

a) Schiedsklauseln

86 Deutsche Urteile sind in China nicht vollstreckbar und umgekehrt (umgekehrt haben einzelne Gerichte in Einzelfällen eine Vollstreckung eines

chinesischen Urteils in Deutschland zugelassen; dies ist jedoch immer noch die absolute Ausnahme). Dies bedeutet, dass die Vereinbarung eines deutschen Gerichtsstands nur dann ein taugliches Mittel einer Sicherung der eigenen Ansprüche ist, soweit Vermögen des chinesischen Vertragspartners in Deutschland belegen ist, in welches vollstreckt werden kann. Die VR China ist jedoch dem New Yorker Übereinkommen von 1957 über die Vollstreckung von Schiedsurteilen beigetreten. Schiedsurteile aus dem Ausland können damit in China **wirksam vollstreckt** werden. Die Praxis zeigt hierzu eine insgesamt positive Tendenz.

Zumeist wird bei einer Vereinbarung eines Schiedsgerichts in China die CIETAC in Peking vorgeschlagen. Auf der Liste der zur Verfügung stehenden Schiedsrichter von CIETAC stehen auch ausländische Anwälte. Als Verfahrenssprache steht Englisch zur Verfügung. Bei Vereinbarung der englischen Sprache als Verfahrenssprache kann es passieren, dass tatsächlich Chinesisch verwendet wird. Aus diesem Grund kann es sich bei sehr wichtigen Verträgen empfehlen, ein **Schiedsgericht außerhalb Chinas** zu vereinbaren. Üblich und auch in China akzeptabel sind die Schiedsgerichte in Hong Kong, Singapur, Stockholm, Paris, Hamburg und Zürich. 87

b) Rechtswahl

Weiter sollte immer erwogen werden, eine Rechtswahl **ausländischen Rechts** zu vereinbaren. Nach § 126 Vertragsgesetz ist diese Rechtswahl grundsätzlich bei jeder Art von Vertrag mit Auslandsberührung möglich. Eine Rechtswahl kann wie in anderen Rechtsordnungen auch allerdings nicht zwingend anwendbares nationales Recht (z.B. Schutzvorschriften für Arbeitnehmer) umgehen. Auch darf ein gewisses „Heimwärtsstreben" der chinesischen Gerichte nicht unterschätzt werden. 88

c) Behördliche Genehmigungen

Da in China behördliche Genehmigungen eine besondere Rolle spielen, sollte im Vorfeld der Vertragsverhandlungen in Erfahrung gebracht werden, inwieweit solche Genehmigungen erforderlich sind. Bei Fragen des Technologietransfers und ähnlichen vertraglichen Vereinbarungen, bei welchen behördlicher Einfluss möglich und wahrscheinlich ist, muss dies bei der Formulierung des Vertrages u.U. als **Bedingung** für die Wirksamkeit des Vertrages berücksichtigt werden. 89

d) Erfüllung von Forderungen

Hinsichtlich der inhaltlichen Gestaltung von Verträgen muss beachtet werden, dass es in China weit verbreitet und üblich ist, bestehende Zahlungsverpflichtungen wie z.B. laufende Lizenzgebühren gegen Auslaufen des Vertrages hin anzuzweifeln bzw. zu ignorieren. Zur Sicherung der eigenen Ansprüche empfiehlt es sich, immer eine möglichst frühzeitige 90

Kapitalisierung zu verhandeln. Gleichzeitig sollte bei den preislichen Vorstellungen ausländischer Lizenzgeber und Vertragspartner ein ausreichender Spielraum für Nachverhandlungen und nachträgliche Preisnachlässe einkalkuliert werden.

e) Beweis des Zugangs von Erklärungen

91 Kommt es bei der Durchführung eines Vertrages zu schwerwiegenden Konflikten, muss bisweilen auch die Kündigung eines Vertrages in Betracht gezogen werden. Die Zustellungsart und der Zustellungsadressat von rechtlich bindenden Erklärungen sollte u.a. aus diesem Grund im Vertrag geregelt werden. Damit kann vermieden werden, dass Zugang von aus dem Ausland kommenden Erklärungen bestritten wird.

f) Vertragsstrafe und Schadensersatz

92 Es ist in China weit verbreitet, Vertragsstrafen zu vereinbaren. Die rechtliche Einstufung einer Vertragsstrafe hängt vom konkreten Vertrag ab. Zumeist handelt es sich um einen vertraglich vereinbarten pauschalierten Schadensersatz. Zur Sicherheit sollte je nach Interessenlage die Formulierung im Vertrag vorsehen, dass durch den pauschalierten Schadensersatz keine Obergrenze für Schadensersatz vereinbart wurde beziehungsweise die Geltendmachung weiterer Schadensersatzansprüche nicht ausgeschlossen ist. Zusätzlich sieht auch das Vertragsgesetz der VR China die Möglichkeit einer Herab- oder Heraufsetzung eines pauschalierten Schadensersatzes bei Abweichungen von mehr als 30 % vom tatsächlichen Schadensumfang vor.

Die tatsächliche Durchsetzung eines Anspruchs auf Vertragsstrafe muss ebenfalls berücksichtigt werden. Eine direkte Vollstreckbarkeit ohne Gerichtsverfahren ist grundsätzlich nur bei notarieller Beurkundung des Vertragsstrafeversprechens gewährleistet.

g) Der Staat als Vertragspartner

93 Besondere **Vorsicht** walten muss ebenfalls bei Verträgen, bei welchen auch der chinesische Staat beziehungsweise chinesische Behörden direkt oder indirekt Vertragspartner sind. Einer streitigen Durchsetzung der eigenen Ansprüche können hier die besonderen Interessen von Partei und Staat entgegenstehen. Hierzu zählen auch Verträge mit den chinesischen Streitkräften und deren Institutionen.

h) Erfüllbarkeit eigener Zusagen

94 Das Beschaffen von Visa für z.B. in Deutschland zu trainierende chinesische Mitarbeiter des Vertragspartners kann erhebliche Schwierigkeiten bereiten. Diese Schwierigkeiten bei der Ausreise chinesischer Staatsbürger aus dem eigenen Land und Einreise in die Europäische Union haben

V. Vertragsverhandlungen

Auswirkungen auf die zugesagte Zeitplanung und Möglichkeit der Organisation eines entsprechenden Trainings in Deutschland bzw. Europa. Die vertragliche Formulierung sollte entsprechend eigene Verpflichtungen zur Assistenz in solchen Fragen eher zurückhaltend regeln.

i) Geheimhaltungsvereinbarungen

Das Verlangen nach vor- und nachvertraglichen Geheimhaltungsvereinbarungen wurde in der Vergangenheit häufig als nicht notwendig erachtet. Es kann aber sowohl beim Scheitern von Verhandlungen (und unter Umständen folgenden Verhandlungen des ehemals avisierten Partners mit Konkurrenten) oder nach Auflösung einer Geschäftsbeziehung von besonderer Wichtigkeit sein, Ansprüche gegen den ehemaligen Partner bei Verletzung der Vertraulichkeit begründen zu können. Hier sind besonders formulierte, auf das chinesische Umfeld abgestimmte Vertragsklauseln erforderlich. Diese sollten unbedingt auch Regelungen zur Beweislast enthalten und durch praktische Sicherungsmaßnahmen im eigenen Unternehmen unterstützt werden.

V. Vertragsverhandlungen

1. Schematischer Verhandlungsverlauf

Vertragsverhandlungen in China verlaufen in aller Regel nach einem festen Schema. Westliche Verhandlungspartner sind bisweilen irritiert über den **starren Rhythmus** der Verhandlungen. Dieser Rhythmus kann aus chinesischer Sicht nur ausnahmsweise geändert werden. Ein Beispiel hierfür sind die festen Essenszeiten in China. Chinesische Verhandlungspartner reagieren gereizt, wenn Verhandlungen über die üblichen Essenszeiten hinaus andauern (11:30 Uhr bis 12:30 Uhr Beginn der Mittagsruhe, 17.30 Uhr bis 18.30 Uhr Abendessen). In Einzelfällen kann dieser Umstand auch als taktisches Druckmittel verwendet werden.

Die **Vorbereitung** der Vertragsverhandlungen erfordert in der Regel Zeit. Zumeist tauschen hierfür feste Ansprechpartner auf beiden Seiten gegenseitig Informationen aus. Die chinesische Seite bevorzugt in aller Regel, möglichst detaillierte Auskunft über die anreisenden Personen und die Gesprächsthemen zu erfahren, um Überraschungen zu vermeiden. Weiterhin kann hierdurch sichergestellt werden, dass für die jeweiligen Gäste adäquate gleichrangige chinesische Gesprächspartner zur Verfügung stehen.

⮕ Bei **Terminvereinbarungen** kann auch die Besonderheit des **Gesicht wahrens** eine Rolle spielen. Bisweilen wird die chinesische Seite sich einem Wunsch nach einem festen Termin für ein Gespräch verweigern. Dies ist besonders bei geplanten Terminen mit hochrangigen Regierungsmitgliedern der Fall. Oft ist es unmöglich, eine feste und verbindliche Zusage eines Termins bis zur eigenen Anreise zu erhalten. Der Grund hierfür ist, dass eine chinesische Führungspersönlichkeit ihre Flexibilität einbüßt, wenn sie schon lange im Vorhinein sich terminlich festlegt. Bittet später eine noch höher gestellte Personen um einen Gesprächstermin, wäre ein Gesichtsverlust auf irgendeiner Seite unvermeidlich. Die chinesische Seite empfindet die zukünftige Entwicklung oft als viel zu unsicher, um feste Zusagen machen zu können. Hinzukommt ein nützlicher psychologischer Aspekt bei Zustandekommens eines Gesprächs: Der Gesprächspartner verspürt ein Gefühl der Dankbarkeit. Es wird durch die Unsicherheit ein Moment der Spannung und Wichtigkeit erzeugt, welches bei Zustandekommen des Treffens wie eine Belohnung des um das Treffen Ersuchenden wirkt.

2. Technischer Ablauf

a) Verhandlungsort; Pünktlichkeit

97 Verhandlungen werden zumeist in einem besonders hierfür vorgesehenen Raum abgehalten. Dieser muss sich nicht notwendigerweise am Sitz oder Arbeitsort des chinesischen Verhandlungspartners befinden.

> ⊃ Es ist ausgesprochen wichtig, **pünktlich** am vereinbarten Ort zu erscheinen. Weder ein zu frühes noch ein zu spätes Auftauchen ist akzeptabel; im Notfall sollte man früher eintreffen und in der Nähe des Verhandlungsorts warten. Da bisweilen das Auffinden der Örtlichkeiten in China schwierig sein kann, muss sichergestellt sein, dass Handy-Nummern von Kontaktpersonen, welche den Weg kennen, vorhanden und die entsprechende Personen auch erreichbar sind.

b) Eintreten, Begrüßen, Austausch von Visitenkarten, Sitzordnung

98 Das chinesische Bewusstsein von Hierarchien erfordert es, dass schon beim Eintreten in den Verhandlungsraum die Reihenfolge der eintretenden Personen sich an der eigenen **Teamhierarchie** orientiert. Dies hat ganz praktische Gründe: Der zuerst Eintretende ist der Ranghöchste und wird vom Ranghöchsten auf chinesischer Seite begrüßt. An zweiter Stelle folgt Nummer zwei, an dritter Stelle Nummer drei und so weiter. Eine Ausnahme bildet der Dolmetscher, der häufig leicht versetzt hinter dem Verhandlungsleiter eintritt. Hält man sich nicht an diese Reihenfolge, kann es beim erstmaligen Kennenlernen leicht zu Verwirrung und Unsicherheiten auf chinesischer Seite kommen.

99 Beim erstmaligen Begrüßen werden regelmäßig kurz die Hände geschüttelt und die eigene Visitenkarte mit beiden Händen überreicht. **Visitenkarten** sind in China ausgesprochen wichtig und von jedermann erhältlich. Sie nicht mehr vorrätig zu haben, ist negativ und verhindert eine reibungslose Kommunikation. Sollten Visitenkarten fehlen, sollte man sich glaubhaft und freundlich entschuldigen und versprechen, diese

nachträglich zu übermitteln. Bestenfalls enthält die eigene Visitenkarte auch eine Transkription des eigenen Namens und der eigenen Firma in chinesischen Schriftzeichen. Üblich sind doppelseitig bedruckte Karten. Chinesische Verhandlungspartner gehen sehr schnell dazu über, den chinesischen Namen des Verhandlungspartners an Stelle seines englischen Namens zu verwenden, insbesondere dann, wenn schon ein gewisses Vertrauen gefasst wurde und die Verhandlungen sich positiv entwickeln oder der ausländische Verhandlungspartner Chinesisch spricht.

Das ranghöchsten Mitglied der chinesischen Seite wird seine Visitenkarte regelmäßig nur dem Ranghöchsten und seinem Stellvertreter überreichen; die übrigen Beteiligten können ihre Karte überreichen, erhalten im Regelfall aber ihrerseits keine zurück. Rangniedrigere Mitglieder der chinesischen Seite hingegen werden ihre Visitenkarten allen Mitgliedern des eigenen Verhandlungsteams überreichen.

Visitenkarten sollten mit beiden Händen in Empfang genommen werden. Man studiert sie aufmerksam und etwas länger als im Westen üblich und steckt sie nicht gleich ein, sondern legt sie am eigenen Platz gut sichtbar und in der Reihenfolge der Hierarchie hin. Der Sinn dieser Übung besteht darin, sich die Funktion und den Namen des Gegenübers klar zu machen.

Die **Sitzordnung** am Verhandlungstisch ist regelmäßig nur hinsichtlich der führenden Mitglieder beider Verhandlungsteams festgelegt. Sie nehmen in der Mitte einander gegenübersitzend Platz. Rechts oder links davon kann der Dolmetscher platziert werden. Nummer zwei des jeweiligen Teams sitzt auf der anderen Seite des ranghöchsten Mitglieds. Die übrigen Mitglieder können sich frei verteilen und werden zumeist ihrem jeweiligen Pendant der Gegenseite gegenübergesetzt. Handelt es sich um ein offizielles und formales Meeting, sitzen die rangniedrigsten Mitglieder immer an den Außenenden des Verhandlungstisches. Ist kein Verhandlungstisch vorhanden, werden die einzelnen Teammitglieder durch ihren jeweiligen chinesischen Counterpart zu den vorgesehenen Sesseln geleitet. Der Ranghöchste wird zur Rechten des ranghöchsten chinesischen Teammitglieds mit Blick auf den Ausgang gesetzt.

c) Aufwärmphase

Zu Beginn der Verhandlung sollte man nicht mit der Türe ins Haus fallen. Die übliche harmlose Konversation über die Bequemlichkeit der Anreise, das Wetter, ehemalige eigene Besuche im Ausland und so weiter ist dazu gedacht, die Atmosphäre zu entspannen und ein angenehmes Gesprächsklima zu schaffen. Hierbei wird es einem nicht übel genommen, wenn in der Aufwärmphase die Originalität des harmlosen Plauschs sich auf Kommentare zum Wetter beschränkt. Auch hier sollte geduldig abgewartet werden, bis die chinesische Seite zum Eintritt in die tatsächliche Verhandlung bereit ist. Grundsätzlich gilt, dass die Verhandlungen etwas langsamer und weniger spontan verlaufen, als dies unter westlichen Verhandlungspartnern der Fall wäre.

d) Verhandlungsphase

102 Auf die Aufwärmphase folgt die eigentliche Verhandlungsphase. Diese gestaltet sich als eine Art **strukturierter Dialog**. Gewöhnlicherweise wird der chinesische Gastgeber die Gäste willkommen heißen und sich selbst und seine Teammitglieder mit Namen und Funktion vorstellen. Sind Personen anwesend, welche nicht vorgestellt und namentlich benannt werden, handelt es sich zumeist um Personen, die aus chinesischer Sicht nicht für erwähnenswert gehalten werden; dies können Praktikanten und Hilfskräfte sein. Die namentliche Vorstellung und Erläuterung der jeweiligen Funktion der Gäste wird im Anschluss von der Gegenseite erwartet.

103 ⮕ Die nunmehr folgenden Erklärungen zum Inhalt der Verhandlungen finden in einem Austausch von Position und Gegenposition statt. In sehr formellen Verhandlungen kommt hierbei der Agenda eine wesentliche Rolle zu. Nicht auf der Agenda befindliche Themen können in aller Regel nicht abschlussreif verhandelt werden. Neu aufgeworfene Themenbereiche verunsichern die Gegenseite, welche ein Eingehen auf eine taktische List befürchtet. In Unternehmenskreisen ist diese Regel jedoch wesentlich abgemindert. Die Agenda dient hier der Strukturierung, Zeit- und Personalplanung sowie Vorbereitung. Dennoch sollten westliche Verhandlungsführer Zeit darauf verwenden, das Agenda-Setting zu steuern, da hiermit auch ein Beschleunigen der Verhandlung oder Auslassen nicht regelungsfähiger Inhalte erreicht werden kann.

Während des Austauschs ist es äußerst wichtig zu beherzigen, den jeweiligen Redner **nicht zu unterbrechen** und ausreden zu lassen. Es ist akzeptabel, inhaltliche Fehlinformationen kurzerhand zu korrigieren; dies darf jedoch nicht darin münden, den Dialog wieder an sich zu reißen. Auch wenn sich zuweilen die chinesische Vertragspartner (bewusst) selbst nicht an diese Regel halten, um den Gegenüber von kritischen Punkten abzubringen oder von der eigenen Ansicht zu überzeugen, sollte man sich nach Möglichkeit an diese Grundregel halten, um einen Gesichtsverlust zu vermeiden.

104 Zu Beginn des strukturierten Dialogs ist es möglich, entweder einen etwas längeren einführenden Vortrag zu halten, bei dem alle relevanten Punkte erwähnt werden, oder abschnittsweise die Gesprächsthemen in kleinere Einheiten aufzuspalten und nacheinander Punkt für Punkt miteinander zu diskutieren. Es ist eine chinesische Besonderheit, dass zu allen erwähnten Punkten auf die eine oder andere Weise reagiert wird. Einzelne Aussagen mögen hierbei lediglich verbale Umschreibung einer

V. Vertragsverhandlungen

fehlenden Antwort sein, sind aber aus Höflichkeitsgesichtspunkten heraus notwendig. Es empfiehlt sich, dies ebenfalls tun.

⊃ Man sollte **vermeiden**, einen Sprecher in irgendeiner Form öffentlich **bloßzustellen**. Auch wenn falsche Informationen übermittelt werden oder ein unberechtigter Vorwurf gemacht wird, sollte man ruhig und bestimmt und nach Möglichkeit mit Aufzeigen eines gesichtwahrenden Auswegs aus der Situation die Grenzen aufzeigen. Provoziert man bewusst einen Gesichtsverlust auf der Gegenseite, kann dies langfristig sehr nachteilige Folgen haben. Diese übersteigen zumeist den Vorteil eines kurzfristigen Punktsieges deutlich. Müssen äußerst kritische und konträre Punkte angesprochen werden, sollte erwogen werden, dies nicht mündlich, sondern in einer schriftlichen Stellungnahme anschließend oder vor dem Treffen zu tun. Damit muss die Gegenseite ihre direkte Reaktion nicht zeigen und kann sich angemessen auf die Diskussion vorbereiten. 105

⊃ Es ist wichtig, selbst ein ausführliches **Protokoll** über die gemachten Aussagen zu führen und die Aufzeichnungen der Gegenseite, sofern sie Grundlage für weitere Verhandlungen bilden sollen, gründlich zu prüfen. Unstimmigkeiten müssen sofort angesprochen werden. Sehr häufig wird versucht, eigene Aufzeichnungen an späterer Stelle der Verhandlungen heranzuziehen, um der Gegenseite widersprüchliches Verhalten vorzuwerfen. In einer solchen Situation ist es vorteilhaft, wenn man eigene Aufzeichnungen vorlegen kann. Gemeinsame Protokolle sind in diesem Punkt besonders wertvoll, da sie zudem ein Nachverfolgen („Follow-up") und eine Kontrolle der versprochenen Aktionen zwischen den Parteien ermöglichen bzw. weitere Aktionen und Verhandlungsrunden erzwingen. Allerdings erfordern diese einen zusätzlichen Zeitaufwand und können auch als Taktik der Verhandlungsverschleppung begriffen werden. 106

Die chinesische Seite bevorzugt immer noch zumeist ein **Reagieren** an Stelle eines aktiven Unterbreitens eigener Vorschläge. Der Vorteil dieser Vorgehensweise liegt darin, dass man die Ziele des Verhandlungspartners identifizieren kann, bevor er seinerseits die Ziele und Standpunkte der chinesischen Seite zur Kenntnis nehmen konnte. Werden Themen diskutiert, bei denen die chinesische Seite sich über ihre eigene Position nicht sicher ist, kann man hiermit auch Unsicherheiten oder Unwissenheit überspielen. 107

e) Abschluss der Verhandlung

Zu Ende einer Verhandlungsrunde ist es wichtig, die wesentlichen **Ergebnisse** kurz **zusammenzufassen**. Dies verhindert späteren Streit über das erzielte Verhandlungsergebnis. Das Ergebnis sollte anschließend noch einmal schriftlich bestätigt werden. Formal wird die Verhandlung zumeist mit einem Kommentar des Gastgebers beendet, dass die Gäste et- 108 was müde sein müssten oder dass man schon viel Zeit des Gastgebers in Anspruch genommen habe und dass die gemeinsame Zeit miteinander als produktiv und zielführend empfunden worden sei. Schließt sich kein gemeinsames Essen an die Verhandlung an, werden die Gäste von der Hilfsperson des chinesischen Verhandlungsteams oder, wenn eine besondere Ehre erwiesen werden soll, durch den Verhandlungsführer selbst zum Auto (oder zum Aufzug als Sinnbild des Tors des eigenen Heims) gebracht und verabschiedet.

3. Technische Besonderheiten

a) Witze und Humor

109 Humor ist eine sehr länderspezifische Angelegenheit. Zumeist gründet er auf Sprachspielen, welche nur mit ausreichender Kenntnis der Landessprache wirklich verständlich sind. Noch komplizierter wird es, wenn Sprichwörter oder Ausdrücke der Umgangssprache (Slang) verwendet werden. Eine zu bildhafte Sprache und zu häufiges Zurückgreifen auf Witz und Humor sollte deshalb unter allen Umständen **vermieden** werden. Es ist eine andere Sache, während einer Verhandlungspause humorvolle oder als Witz gemeinte Bemerkungen auszutauschen; in Verhandlungen selbst ist die Situation regelmäßig wesentlich angespannter. Für die Gegenseite unverständlicher Humor führt zu Unsicherheiten, wie die Aussage der Gegenseite tatsächlich zu verstehen ist.

b) Lachen

110 Zu heftige Gemütsäußerungen sollten bei Verhandlungen mit Chinesen immer vermieden werden. Dies verhindert einen potentiellen Gesichtsverlust auf der Gegenseite. Eine Besonderheit ist hierbei das Lachen. Ausländer empfinden es bisweilen als äußerst irritierend, dass auf konkrete Vorwürfe oder eigene kleine Missgeschicke hin chinesische Geschäftspartner anfangen zu lachen. Dieses Lachen ist jedoch nicht als Ausdruck von Heiterkeit zu verstehen, sondern soll über eine peinliche Situation hinweghelfen.

c) Frauen im Verhandlungsteam

111 In einer kommunistisch geprägten Gesellschaft ist die Rolle der Frau traditionell gleichberechtigt. Höflichkeiten zwischen Mann und Frau werden deshalb grundsätzlich unter Chinesen anders als im Westen nicht in der gleichen Intensität ausgetauscht; sie werden jedoch in der Regel von Seiten der Frauen geschätzt, wenn sie in nicht übertriebener Weise erwiesen werden.

Anhand des Nachnamens beziehungsweise des Verhaltens von Personen in der Öffentlichkeit kann die Beziehung eines Ehepaars selten erkannt werden. Traditionell wird in der Öffentlichkeit die eigene Beziehung

V. Vertragsverhandlungen

nicht demonstriert und sich für westliche Augen zuweilen teilnahmslos zueinander verhalten. Generell ist bei Äußerungen über Dritte Vorsicht angebracht, sofern nicht die Beziehung aller Anwesenden eindeutig bekannt ist.

Frauen können eine nicht zu unterschätzende Rolle in Vertragsverhandlungen spielen. Ausländer sollten sehr vorsichtig sein, den bewussten Einsatz bei Vertragsverhandlungen nicht zu unterschätzen. Teilweise erwarten auch chinesische Geschäftspartner, bei einem Besuch des Landes des Vertragspartners entsprechend unterhalten zu werden.

d) Gestik und Körpersprache

Eine Besonderheit des chinesischen Miteinanders ist die **geringere körperliche Distanz** zwischen Mitmenschen. Dies führt zuweilen dazu, dass westliche Verhandlungspartner das Gefühl haben, die andere Seite rücke ihr buchstäblich auf die Pelle. 112

Körperliche Berührungen wie Schulterklopfen, kräftige Umarmungen, Wangenküsse usw. sind in China **unüblich**. Selbst das Händeschütteln ist eine nur beim ersten Kennenlernen übliche Geste. Trifft man sich erneut wieder, so reicht ein freundliches „Guten Tag" mit einem Lächeln.

Eine häufig anzutreffende Geste ist ein immer wiederkehrendes **Nicken** des chinesischen Partners während der Verhandlung. Dieses Nicken bedeutet nicht Zustimmung. Tatsächlich soll es signalisieren, dass die andere Seite zuhört und verstanden hat, was vorgetragen wird.

→ Die **eigene Gestik** sollte **sparsam** und mit nicht zu vielen Handbewegungen versehen sein. Beherrschung der Körpersprache ist ein typisch chinesisches Zeichen für einen offiziellen Anlass. Diese Gewohnheit hat das Bild der westlichen Öffentlichkeit von steifen chinesischen Politikern befördert. Tatsächlich soll sie verhindern, dass Gesten als aggressiv und herausfordernd empfunden werden. Sofern eine Person herbeigewinkt werden soll, reicht es aus, den Arm gerade auszustrecken und nur mit der Hand selbst von oben nach unten zu winken. Stärkere Armbewegungen können im Einzelfall als aggressiv empfunden werden.

e) Einsatz von Dolmetschern

Bei Verhandlungen mit Dolmetschern ist besondere Rücksicht auf die Geschwindigkeit und Schwierigkeit der eigenen Darstellung zu legen. Die Übersetzung erfordert Konzentration und verlangsamt den Verhandlungsprozess erheblich. Sind mehrere Dolmetscher für beide Seiten vorhanden, übersetzt der eigene Dolmetscher die Bemerkung der eigenen Seite und umgekehrt. 113

Beim Einsatz eines Dolmetschers muss die **direkte Konversation** trotzdem mit dem tatsächlichen Gesprächspartner geführt werden. Dies erfordert zuweilen zu Beginn ein wenig Übung. Kommt es zu Missverständnissen oder Übersetzungsschwierigkeiten, sollte die eigene Aussage ruhig wiederholt und erläutert werden; dem natürlichen Drang, lauter zu werden, um das Gesagte deutlich zu machen, sollte nicht nachgegeben werden.

➲ Ein besonderes Problem kann entstehen, wenn in schwierigen Situationen die chinesische Seite versucht, den eigenen Dolmetscher auf ihre Seite zu ziehen. Dies kann bei Dolmetschern chinesischer Abstammung vorkommen. Hierbei appelliert die chinesische Seite an die patriotischen Gefühle und übt bisweilen erheblichen Druck aus. Im internen Gesprächen mit dem Dolmetscher muss in solchen Fällen klargemacht werden, dass es sich bei den Verhandlungen nicht um eine Länderspiel im Fußball, sondern um wirtschaftliche Interessen zweier Unternehmen beziehungsweise Organisationen handelt. Die Loyalität gehört hierbei dem eigenen Arbeitgeber.

f) Kommunikation von Reisedaten

114 Die eigene Anreise zum Verhandlungsort in China kostet zumeist erheblich mehr Zeit, als von westlichen Verhandlungspartnern in der Regel einkalkuliert wird. Auch die körperlichen Belastungen bei Reisen über Land dürfen nicht unterschätzt werden. Hinzukommt bei Anreise per Flugzeug und direkt anschließender Verhandlungen der Jet Lag.

➲ Das Timing einer Verhandlung muss deshalb auf die eigene körperliche Belastungsgrenze, die örtlichen Gegebenheiten und den zur Verfügung stehenden Zeitraum für die Verhandlungen abgestimmt werden. Soweit möglich, sollte das geplante Abreisedatum der Gegenseite nicht kommuniziert werden. Dies gilt besonders, falls die Verhandlungen unter dem Druck eines Abschlusszwangs stehen. Die chinesische Seite nutzt in aller Regel entsprechende Informationen hemmungslos aus, um bis zur letzten Minute Zugeständnisse von der Gegenseite zu erzwingen. Ein typisches Beispiel hierfür ist der überstürzte Vertragsabschluss am Flughafen kurz vor der Abreise, der wegen der Verzweiflung des westlichen Vertragspartners, wenigstens mit irgendetwas in den Händen nach Hause zu kommen, abgeschlossen wird. Es ist in solchen Fällen verhandlungsstrategisch immer besser, ohne Vertrag abzureisen, um bei der nächsten Verhandlungsrunde seinerseits nun Druck auf die chinesische Seite ausüben zu können, über die vorgeschlagenen Zugeständnisse hinaus noch weitere zu machen.

g) Geschenke

115 Geschenke sind ein wichtiger Teil der Etikette und des Höflichkeitsrituals zwischen Geschäftspartnern. Geschenke können weiter eingesetzt werden, um Verpflichtungen zu begründen, Schulden aus einem beste-

henden Beziehungsnetzwerke zu begleichen oder dazu dienen, Anfragen um einen Gefallen durch den Schenkenden vorzubereiten. Wie auch im Westen können Geschenke schnell in den Geruch der Korruption kommen. Es ist deshalb wichtig, je nach Gegebenheit ein angemessenes Geschenk auszusuchen. Für Vertragsverhandlungen empfehlen sich Geschenke erst bei den üblichen Vertragsunterzeichnungszeremonien.

⬭ Der sicherste Weg, sich vor dem Vorwurf der **Korruption** zu schützen, ist die Übergabe eines einzigen Geschenkes für die gesamte Gruppe beziehungsweise das Unternehmen des Vertragspartners. Gute Geschenke sind Kunstwerke bzw. handwerkliche Gegenstände, kleine elektronische Geräte, Figuren, Porzellan, Obstkörbe (aber auch hier mit Einschränkungen), hochwertiger Alkohol und Schokolade. Nicht geschenkt werden dürfen grüne Hüte (Zeichen für den Ehebetrug in China), Scheren, Uhren (Synonym für den Tod). Geschenke sollten nicht in Weiß als Farbe der Trauer, sondern bestenfalls in Rot verpackt werden.

Beim Überreichen des Geschenks konnte es vor allem in der Vergangenheit passieren, dass die chinesische Seite zu Anfang die Annahme verweigert. Es ist ein wohlverstandenes Spiel der Höflichkeit, auf der Annahme zu bestehen und selbst seinerseits Geschenke anfänglich abzulehnen, um nach mehrmaligem Insistieren des Schenkenden sie schließlich anzunehmen. Diese Rituale sind indes immer seltener zu beobachten.

Geschenke werden nicht an Ort und Stelle ausgepackt, sondern im Regelfall mit nach Hause genommen. Damit wird vermieden, dass ein Gesichtsverlust durch Schenken des falschen oder eines zu teuren Gegenstandes (Verpflichtung zur Gegenleistung in der Zukunft!) nach außen sichtbar würde. Sofern es sich allerdings um ein landestypisches Geschenk handelt, ist es in jüngster Zeit vermehrt üblich, dieses auch direkt auf Banketten oder bei öffentlichen Anlässen auszupacken. Geschenke werden immer mit beiden Händen überreicht.

h) Abendessen – Karaoke

Das gemeinsame Abendessen nach Abschluss eines Verhandlungstages gehört zu den üblichen Rahmenveranstaltungen für Verhandlungen in China. Regelmäßig beginnt das Abendessen pünktlich gegen 18.30 Uhr und dauert circa zwei Stunden bis 20.30 Uhr. Der Ehrengast wird mit Blick auf die Türe gesetzt mit dem Gastgeber zu seiner Linken. Das zweite ranghöchste Mitglied des ausländischen Verhandlungsteams wird gegenüber positioniert mit der entsprechenden Nummer zwei des chinesischen Verhandlungsteams an seiner Seite und so weiter. Die einzelnen Speisen werden auf eine runde, drehbare Platte gestellt und zuerst dem ranghöchsten Mitglied der ausländischen Delegation angeboten. Sofern der chinesische Gastgeber dem ausländischen Gast eine Ehre erweisen möchte, wird er mit speziellen Vorlegestäbchen dem Gast selbst servieren. Diese Geste sollte als Gast nicht erwidert werden. Die anderen Gäste greifen erst dann zu den einzelnen Gerichten, wenn der Hauptgast zuerst davon gekostet hat.

Die chinesische Menü-Reihenfolge besteht üblicherweise aus einigen kalten Appetithäppchen wie Erdnüssen, Gurken in Essig usw. Anschließend werden verschiedene Gerichte mit verschiedenen Fleischsorten sowie Fisch mit einer Suppe gereicht. Die einzelnen Gerichte werden von allen gemeinsam geteilt. Abschließend folgt zumeist eine Platte mit geschnittenen Früchten. Als alkoholische Getränke werden hierzu im Süden zumeist Rotwein, im Norden eher *Baijiu* (eine Art Schnaps) gereicht.

⇨ Während von den zusätzlich gereichten Softdrinks alleine getrunken werden kann, sollte das alkoholische Hauptgetränk immer gemeinsam mit anderen getrunken werden. Üblicherweise toastet der Gastgeber dem Hauptgast einmal zu. Dies wird ein wenig später durch den Hauptgast erwidert. Anschließend prosten die Mitglieder der chinesischen Delegation nacheinander zuerst dem ranghöchsten und dann den jeweils rangniedrigeren Mitgliedern der Gegenseite einmal zu. Als Grundregel kann gelten, dass nach Möglichkeit niemals alleine getrunken werden sollte. Es muss darauf geachtet werden, keinesfalls betrunken zu erscheinen. In ländlichen Gegenden ist es durchaus üblich, in Trinkwettbewerbe überzugehen. Es ist kein Problem, darauf zu verweisen, Nichtalkoholiker zu sein oder übermäßiges Zutoasten mit dem Hinweis auf noch ein weiteres wichtiges Meeting am Abend oder nächsten Tag abzulehnen. Bei Banketten ist es nach einer Weile auch üblich, aufzustehen und die anderen Tische aufzusuchen, um zuzuprosten.

Nach Ende des Essens wird nicht am Tisch verweilt, sondern das Restaurant verlassen und ggf. der Abend bei *Karaoke* oder in einer Bar fortgesetzt. Es kann schwirig sein, in chinesischen Restaurants nach 22.00 Uhr noch etwas zu Essen zu bekommen. Zur in China äußerst populären *Karaoke* (wörtlich: „leeres Orchester", d.h. Singen mit Mikrophon vor großen Videoschirmen mit Musikunterlegung) wird der ausländische Gast gerne eingeladen. Eine vergleichbare Unterhaltung wird auch heute noch häufig umgekehrt erwartet, wenn ein chinesisches Team in Deutschland zu Gast ist.

i) Bankette

117 Bankette folgen einer eigenen Etikette und werden üblicherweise zum Feiern von Vertragsabschlüssen veranstaltet. Auch Bankette finden jeweils nur für einen Zeitraum von zwei bis drei Stunden abends statt. Sie erfordern eine ausgesprochen gründliche Vorbereitung hinsichtlich der einzuladenden **Gäste** und ihrer **Sitzordnung**.

Das chinesische Bedürfnis, die Hierarchien der Gäste und das Gesicht aller Gäste zu wahren, erfordert es, dass am **Haupttisch** nur die ranghöchsten Mitglieder platziert werden dürfen. Keinesfalls sollte diese Regel gebrochen werden, da sie andernfalls auf chinesischer Seite erhebliche Komplikationen auslöst. Eventuelle Verständigungsschwierigkeiten der Tischpartner sind in Kauf zu nehmen. Umgekehrt muss darauf geachtet werden, dass schon bei den Einladungen nicht zwei im Rang ungefähr gleich hohe Mitglieder verschiedener Regierungsorganisationen eingeladen werden. Da nur ein Ehrenplatz existiert, würde diese Übung unweigerlich im Gesichtsverlust eines der beiden Gäste enden.

Für **Reden** auf Banketten gilt, dass kurze und harmlose Ansprachen individuellen Auftritten vorgezogen werden. Bankette sind nicht der Ort für Kritik oder Visionen, sondern eine Gelegenheit zur Bekräftigung der gegenseitigen Freundschaft. Auf Banketten ist es durchaus üblich, dass der Redner nach Beendigung seiner Ansprache zusammen mit dem Publikum klatscht. Dies soll nicht bedeuten, dass sich der Redner selbst applaudiert, sondern ist als eine reine Höflichkeitsgeste und Respekt gegenüber dem Publikum zu verstehen.

Bei offiziellen Zeremonien mit Unterschriften sollte schließlich darauf geachtet werden, passende Geschenke für alle Teilnehmer am Bankett vorzubereiten.

4. Taktik und Strategie

Es gibt viele Autoren im Westen, die berühmte Traktate wie *Sun Tsus* „Kunst des Krieges" oder traditionelle chinesische Strategeme ausführlich besprechen und schildern. Die Kenntnis dieser Werke ist sicherlich von Nutzen. Der durchschnittliche chinesische Verhandlungspartner ist jedoch im seltensten Fall selbst in diesen bewandert und wendet bewusst Strategien nach Lehrbuchformat an.

Vielmehr sind chinesische Verhandlungspartner durch einen starken **Pragmatismus** gepaart mit Streben nach Dominanz und Erfolg gekennzeichnet. Drohen, Schmeicheln, Verschweigen von wichtigen Informationen, Vorspiegeln einer Fassade und Ähnliches gehören zum typischen Repertoire bei Vertragsverhandlungen und zählen zu erlaubten Listen. Mit gesundem Menschenverstand und ausreichender Sachkenntnis zu den rechtlichen und tatsächlichen Rahmenbedingungen können versuchte Manipulationen schnell erkannt und neutralisiert werden.

Im Ergebnis gilt auch in China der Satz, dass die besten Verträge diejenigen sind, von denen beide Seiten etwas haben. **Fairness** wird in Asien jedoch teils anders definiert als in westlichen Kulturkreis. Solange es der äußere Anschein erlaubt, können Regeln sehr flexibel und kreativ auch zum Nachteil des Vertragspartners angewendet werden. Ist die eigene Position betroffen, kann in derselben Frage das Verhalten plötzlich ausgesprochen bürokratisch und engstirnig werden.

a) Eigene Taktik

aa) Zugeständnisse

119 Zugeständnisse sollten keinesfalls zu schnell gemacht werden. Zu Beginn der Verhandlung können unproblematische kleinere Zugeständnisse offeriert werden, um die Stimmung aufzuhellen und den Verhandlungsverlauf positiv zu beeinflussen. Jedes Zugeständnis setzt ein **quid pro quo** voraus. Hierbei sollte man versuchen, möglichst geschickt gleichwertige Zugeständnisse von der chinesischen Seite mit den eigenen Zugeständnissen zu verbinden, um nicht mit dem Hinweis auf ein Nachgeben bei prinzipiell weniger wichtigen Punkten abgespeist zu werden.

bb) Preise und Konditionen

120 Besondere **Vorsicht** geboten ist bei der Nennung von Preisen und Konditionen. Der anfänglich genannte Betrag stellt regelmäßig die Höchstgrenze dar und kann nur noch selten nach oben oder unten verschoben werden. Weiter steht dazu eine Verpflichtung, bei einem Gegenvorschlag der chinesischen Seite zu einem Kompromiss irgendwo in der Mitte zu gelangen. Soll vermieden werden, dass in einem zu frühen Stadium konkrete Zahlen genannt werden, sollte man sich auf die Nennung konkreter Zahlen eher verzichten.

cc) Ausloten kritischer Punkte

121 Kritische Punkte oder Zusagen auf konkrete Forderungen hin sollten zur Vermeidung von Gesichtsverlust im Vorfeld durch **Hilfspersonen** des Verhandlungsteams an die Gegenseite übermittelt werden. Einerseits können hierdurch Versuchsballons erprobt werden. Andererseits kann auch eine vollständig ablehnende Haltung der chinesischen Seite frühzeitig ermittelt werden. Man darf sich jedoch nicht vollständig auf dieses Mittel verlassen; einseitig vorteilhafte Forderungen werden naturgemäß anfänglich zurückgewiesen. Die Art und Weise der Zurückweisung kann allerdings erkennen lassen, ob ein Insistieren Erfolg haben kann oder nicht.

Muss in Verhandlungen ausgelotet werden, inwieweit die chinesische Seite auf gewisse Forderungen einzugehen bereit ist, kann auch das Spiel „guter Polizist – böser Polizist" gespielt werden. Provokationen von der eigenen Seite müssen gut vorbereitet werden und dürfen sich nicht gegen die falsche Person im chinesischen Team richten.

dd) Herrschaft über Vertragstext

122 Wie schon bei Fragen des Vertragsdesigns angesprochen, ist es ausgesprochen wichtig, die eigenen Vertragsentwürfe zu verwenden. Der chinesischen Seite kann Gesicht gegeben werden durch ein Akzeptieren verschiedener Änderungsvorschläge. Gleichzeitig ist die Herrschaft über die Formulierung des Vertrages gesichert.

ee) Bewertung von Angaben

Angaben wie Marktstudien, eigene Produktionskapazitäten, Qualität etc. von chinesischer Seite sind in vielen Fällen **nicht vollständig zutreffend**. Auch hier zählt, dass die Fassade wichtiger ist als der tatsächliche Zustand. Man sollte solche Punkte nicht zu direkt und aggressiv ansprechen, sondern sie bei allen Aussagen des chinesischen Verhandlungspartners im Hinterkopf behalten und sich selbst ein realistisches Bild von der tatsächlichen Lage machen.

123

ff) Sensible Fragen

Sofern sensible Fragen (z.B. die Anstellung eines Expats mit einem wesentlich höheren Gehalt als seine gleichgestellten chinesischen Kollegen) diskutiert werden sollen, welche nicht durch Dritte übermittelt werden können, bietet sich ein **Vier-Augen-Gespräch** mit dem Verhandlungsführer der Gegenseite an. Dieses sollte diskret und bei Notwendigkeit unter Einschaltung eines vertrauenswürdigen Dolmetschers arrangiert werden. Vier-Augen-Gespräche setzen den chinesischen Verhandlungspartner enorm unter Druck, da sie auf vertrauliche Zusagen zielen, welche nicht innerhalb des chinesischen Verhandlungsteams miteinander abgesprochen worden sind. Dieses Mittel sollte deshalb mit Bedacht und nur sehr vorsichtig eingesetzt werden.

124

gg) Appell an Vertragstreue

Häufig wird von chinesischer Seite aus geltend gemacht, dass der ausländische Verhandlungspartner so groß und wirtschaftlich mächtig sei, dass er gewisse Bedingungen doch leicht akzeptieren könne. Dieses Argument ist keine Einbahnstraße. Man kann leicht die chinesische Seite darauf hinweisen, dass angesichts der Versprechungen, immer pünktlich zu zahlen, die Vereinbarung von Verzugszinsen doch überhaupt kein Problem darstellen könne. Die jüngste Vertragspraxis zeigt hierbei, dass im Westen übliche Klauseln in aller Regel auch in Verträgen mit chinesischen Partnern meist erfolgreich verhandelt werden können. Hier kommt es auf den Einzelfall an, inwieweit Anpassungen angezeigt sind.

125

hh) Inakzeptable Forderungen

Soweit inakzeptable Forderungen der Gegenseite gestellt wurden, empfiehlt es sich, **Alternativen** und **Gegenvorschläge** zu formulieren. Hierbei sollte man nicht jedes Einverständnis sofort für bare Münze nehmen. Am Ende des Tages entscheidet erst die fertig verhandelte Vertragsversion über die tatsächlichen Zugeständnisse der chinesischen Seite. Flexibilität und Übersicht kann verhindern, dass man Opfer einer Salami-Taktik der Gegenseite wird, indem man zu immer neuen Alternativen und Zugeständnissen gezwungen wird.

126

ii) Patt-Situationen

127 Patt-Situationen müssen vorsichtig analysiert werden. Keinesfalls dürfen die grundlegenden Vertragsziele preisgegeben werden. Es ist immer besser, keinen Vertrag als einen schlechten Vertrag zu haben, der in Zukunft noch mehr Probleme und Kosten verursachen wird. An einer Pattsituation kann man auch erkennen, wie groß das Interesse der Gegenseite an einem Vertrag ist. Durch ein **spürbares Zugeständnis** können Widerstände aus dem Weg geräumt werden. Ein solches Zugeständnis sollte nur einmal erfolgen. Folgt keine Reaktion von der Gegenseite, ist es besser, abzuwarten und über andere Kanäle in Erfahrung zu bringen, wo das Hemmnis liegt und ob es beseitigt werden kann.

jj) Einsatz der Hierarchie

128 Hierarchiestufen müssen mit Bedacht eingesetzt werden. Sofern möglich, sollte nicht bei jedem Besuch der jeweils ranghöchste Vertreter einer Gesellschaft anreisen. Die chinesische Seite erwartet in solchen Fällen auch heute noch regelmäßig Zugeständnisse als eine Art Gastgeschenk bzw. als Ausdruck des Bemühens um eine Etablierung der Beziehung. Diese Erwartungshaltung erklärt auch, warum chinesische Delegationen ihrerseits eher selten mit dem ranghöchsten Vertreter den Vertragspartner im Ausland besuchen. Diese Besonderheit hat auch Auswirkungen auf die Teammitglieder des eigenen Verhandlungsteams. Bei Verhandlungen zwischen kleineren Unternehmen ist diese Regel naturgemäß nicht gleichermaßen verbindlich; hier entscheidet vor allem die Machbarkeit über das Verhandlungsteam.

> ⊃ Eigene Hierarchiestufen können auch für die Verhandlungen gewinnbringend eingesetzt werden. So kann bei Forderungen der Gegenseite darauf verwiesen werden, dass eine Entscheidung durch die Anwesenden nicht getroffen werden könne. Hierdurch kann Zeit gewonnen und bei einem anschließenden späteren Besuch durch die höher gestellte Persönlichkeit eine letztendliche Zusage als besonderes Zugeständnis an die Gegenseite verkauft werden. Wichtig ist, nicht im Vorfeld Zusagen zu machen, die im Folgenden von höherer Stelle abgelehnt werden oder vorab Forderungen abzulehnen, die dann im Nachhinein durch die ranghöheren Stellen bewilligt werden. Chinesische Verhandlungspartner nutzen Widersprüche im anderen Team offensiv aus und versuchen, hieraus maximalen Profit zu schlagen.

b) Chinesischer Verhandlungsstil und chinesische Verhandlungstaktik

aa) Kommunikation außerhalb der offiziellen Verhandlungen

129 Ein wesentliches Element von Vertragsverhandlungen in China ist die Kommunikation zwischen beiden Parteien außerhalb des Verhandlungsraums beziehungsweise zwischen den Verhandlungsrunden. Meist findet schätzungsweise **über die Hälfte** der inhaltlichen Vorschläge und das Ab-

gleichen der inhaltlichen Positionen über Handy und Telefon oder anderweitig außerhalb der offiziellen Verhandlungsrunden (z.B. abends) statt. Diese Besonderheit macht die Dokumentation von Vorschlägen der Gegenseite und die Verbindlichkeit von mündlichen Zusagen problematisch.

Der Vorteil dieses Verhandlungsstils ist für die chinesische Seite offensichtlich: Ein „Nein" und damit ein Gesichtsverlust kann vermieden werden, indem inhaltlich kritische Punkte im Vorfeld oder außerhalb der offiziellen Verhandlungen am Telefon angesprochen werden, um in Erfahrung zu bringen, ob die eigenen Vorstellungen realisierbar sind oder nicht. Gleichzeitig können „Versuchsballons" gestartet werden oder verwirrende Informationen an die Gegenseite geleitet werden, um an der Reaktion dann die eigene weitere Strategie auszurichten. Dieser Verhandlungsstil führt im Ergebnis dazu, dass der Verlauf der inoffiziellen Verhandlungen bisweilen äußerst erratisch und sprunghaft erfolgt und häufig aktiv zum Einsatz taktischer Mittel durch beiden Seiten genutzt wird.

bb) Mangelnde Schriftlichkeit des Verfahrens

Tatsächlich können solchermaßen geführte Verhandlungen im Ergebnis aus westlicher Sicht nur **Vorbereitungen** eines schriftlichen Vertrages sein. Es ist selten möglich, chinesische Verhandlungspartner zu ausführlichen schriftlichen Stellungnahmen beispielsweise per E-Mail im Vorfeld von Verhandlungen zu bringen. Schriftliche Niederlegung der eigenen Vorstellungen führt zu einer mangelnden Flexibilität, welche dem grundsätzlichen Verhandlungsstil chinesischer Verhandlungspartner widerspricht. Kommt es zu schriftlichen Niederlegungen, spiegeln diese zumeist nicht das mündlich Besprochene wieder. Es ist eine durchaus weit verbreitete Übung, die eigene Position immer wieder erneut in den Vorschlägen zu formulieren, um über eine Art Zermürbung den Gegner zum Einlenken zu bewegen.

cc) Geduld, Geduld, Geduld

Die chinesische Art ist es, geduldig zu verhandeln und immer wieder zu testen, ob auf die eigenen Vorschläge nicht doch noch eingegangen wird. Umgekehrt folgt daraus, dass die eigene Zielsetzung und die grundlegenden Eckpunkte für einen Vertrag im Voraus für die westliche Seite so klargestellt werden müssen, dass die möglichen Zugeständnisse bestimmbar und kalkulierbar sind. Man sollte selbst ebenfalls immer wieder die eigenen Vorschläge und Argumente wiederholen und in verschiedener Form vortragen.

dd) Wutausbrüche

132 Ein beliebtes Mittel der chinesischen Seite ist das Demonstrieren von Wut in der Verhandlung. Anbrüllen, Provozieren und zynische Bemerkungen sind hierfür Beispiele. Dieses Verhalten dient in der Regel als Ablenkungsmanöver und weist auf Schwachstellen oder Ziele der chinesischen Seite hin. Die wichtigste Grundregel ist es, derartige Provokationen **ruhig** und **selbstbewusst zurückzuweisen.** Insgesamt ist es sehr wichtig, Eskalationen zu vermeiden und gleichzeitig auch eine konstruktive Konfliktbereitschaft zur Verteidigung der eigenen Position zu demonstrieren. Chinesische Verhandlungspartner schätzen nicht Schwäche.

ee) Plötzlicher Zeitdruck

133 Bisweilen wird von chinesischer Seite ein erheblicher Zeitdruck entfacht. Plötzlich werden Vorschläge der Gegenseite dringend erwartet, wurden Materialien oder Angaben nicht vollständig und richtig übermittelt und sind sämtliche Verzögerungen von der Gegenseite zu vertreten. Gerade wenn ein erheblicher Druck entfaltet wird, ist es besonders wichtig, dem nicht nachzugeben. Neben **Verhandlungstaktik** können interne Gründe auf chinesischer Seite dafür sprechen, dass nun plötzlich das Tempo erhöht werden soll. Dies kann auch zum eigenen Vorteil genutzt werden. Vordergründig sollte man deshalb auf das Verlangen auf schnelleres Vorgehen eingehen, aber in guter chinesischer Tradition passiv bleiben und erst zu gegebener Zeit auf die Forderungen eingehen. Etwas anderes gilt selbstverständlich, soweit auch von westlicher Seite aus ein schneller Abschluss gewünscht ist oder das Drängen sachlich gerechtfertigt ist.

ff) Nachverhandlungen bei Unterschriftszeremonien

134 Häufig werden noch bei Banketten anlässlich der Feier der Unterschriften unter ein Vertragswerk von der chinesischen Seite in letzter Minute Nachforderungen vorgebracht. Es handelt sich hierbei um ein absolut übliches Verhalten. Die Situation, in welcher sich beide Seiten befinden, erzwingt es normalerweise, dass noch einmal Zugeständnisse gemacht werden. Gleichzeitig kann hierdurch das Gesicht des chinesischen Verhandlungspartners und des anwesenden ranghöchsten Vertreters der chinesischen Seite (Gastgeschenk!) noch einmal gesteigert werden. Aus westlicher Sicht stellt dies eine unfaire und manipulative Verhaltensweise dar. Gelöst werden kann ein solcher Konflikt durch Einkalkulieren eines ausreichenden Spielraums während der Verhandlungen und den Abschluss eines sog. **Side Letter** auf der Unterzeichnungszeremonie.

gg) Nachforderungen

Auch nach der Unterschrift unter die Verträge ist es nicht selten, dass im Laufe der Vertragsdurchführung Nachforderungen gestellt werden, welche vertraglich nicht vorgesehen sind. Nicht auf alle Nachforderungen muss eingegangen werden. Erkennt man aber, dass die neuen Forderungen essentiell für den chinesischen Vertragspartner sind, ist ein zumindest **formales Eingehen** hierauf unausweichlich, um die weitere Vertragsdurchführung zu retten. Hierbei kommt es auf das Geschick beim Vertragsmanagement an. Umgekehrt kann ein solcher Anlass genutzt werden, um seinerseits nachteilige Bedingungen neu zu verhandeln. Hierbei kann die ursprünglich verhandelte Basis allerdings im Regelfall nicht ohne weiteres verlassen werden. Es ist aber möglich, auch neue, bislang nicht im Vertrag geregelte Sachverhalte aufzunehmen. Dies ist konsistent mit dem chinesischen Verständnis vom Vertrag als eine Basis für eine sich immer weiter fortentwickelnde Beziehung zwischen den Parteien.

c) Lesen des Verhandlungsverlaufs

Bisweilen fällt es westlichen Verhandlungspartnern schwer, den tatsächlichen Stand der Vertragsverhandlungen einzuschätzen. Dies ist insbesondere der Fall bei Fehlen von Zusagen oder dem Vorbringen immer weiterer Forderungen. Es gibt einige typische Situationen, welche Hinweise auf die Reaktion der Gegenseite oder den Verhandlungsverlauf geben:

aa) Verärgerung

Ein klares Zeichen für Verärgerung ist das Einziehen von Luft durch die Zähne. Sofern dies nicht als lediglich taktisches Mittel gebraucht wird, sollte die Überraschung beziehungsweise Verärgerung der anderen Seite mit **Vorsicht** behandelt werden. Häufig ist es besser, den vorgebrachten Punkt auf sich beruhen zu lassen und erst nach einer Weile wieder darauf zu sprechen zu kommen.

bb) Schweigen

Schweigen ist eine **äußerst wichtige Form der Kommunikation** in China. Anders als westliche Verhandlungspartner fühlen sich chinesische Verhandlungspartner auch bei längerem Schweigen nicht unwohl. So kann es geschehen, dass sich Parteien über Minuten hinweg schweigend gegenübersitzen. Dies ist nicht als Zeichen der Missachtung oder Feindseligkeit zu interpretieren. Vielmehr kann es eine Denkpause, Höflichkeit gegenüber der anderen Seite (das Gesagte wird genau bedacht), Ausdruck einer eher ablehnenden Haltung oder ein Versuch sein, die Gegenseite zur Herausgabe von noch mehr Informationen zu bewegen oder aber Zeit für die eigene Reaktion zu gewinnen.

cc) Äußern von Befürchtungen als Argument

139 Chinesische Verhandlungs- und Vertragspartner sind in der Regel ausgesprochen misstrauisch. Werden Befürchtungen geäußert, der westliche Vertragspartner könne u.U. den Vertrag brechen und müsse deshalb sich auf gewisse Sicherheiten der chinesischen Seite einlassen, sind diese Spiegelbild der Realität der Durchführung von Verträgen in China. Solche Befürchtungen können aber auch **Indizien** sein, was die chinesische Gegenseite unter Umständen selbst als Möglichkeit für einen Vertragsbruch erwägen würde, wenn sie sich in der Lage hierzu sieht.

dd) „Nein" erkennen – „Nein" sagen

140 Ein „Nein" auf eine Bitte oder einen Vorschlag hin zu erhalten, bedeutet regelmäßig einen Gesichtsverlust. Aus diesem Grund hat die chinesische Kultur eine Vielzahl von Verhaltensweisen entwickelt, welche **„Nein" bedeuten, ohne dies auszusprechen**. Typisch sind Aussagen, dass es schwierig werden könnte, dass man den Vorschlag gründlich überlegen werde, dass es zurzeit ungünstig sei (dies deutet häufig auf Einwände involvierter Dritter hin) oder dass weitere Diskussionen notwendig seien. Manchmal werden auch Dritte als Sündenbock angeführt, dass ein Vorschlag nicht realisierbar sei. Schließlich kann auch eine eindeutige Lüge angeführt werden, um ein ausgesprochenes „Nein" zu vermeiden. Ausländische Verhandlungspartner sollten bei Verhandlungen mit Chinesen nach Möglichkeit diese Art des Nein-Sagens übernehmen.

ee) Verzögerungen erkennen, vermeiden oder erzeugen

141 Typischerweise wird die chinesische Seite bislang nicht erwähnte Punkte und Probleme vorbringen, um die Vertragsverhandlungen zu verzögern. Hierzu zählen beispielsweise das Verlangen nach einem noch stärkeren Technologietransfer, Vorabzahlungen, Zugeständnissen bei Preisen, Lieferverpflichtungen und so weiter.

142 Absichtliche Verzögerungen werden häufig mit einem **Verweis auf fehlende Dokumente** und Angaben der Gegenseite begründet. Man sollte stets Nachweise zum Zugang bereits übergebener Dokumenten aufbewahren und im Bedarfsfall vorlegen können. Zumeist wird daraufhin von chinesischer Seite aus nichts mehr erwidert. Daraus kann abgelesen werden, dass dieses Manöver nur zur Verzögerung der Verhandlungen eingesetzt wurde.

143 Ein beliebtes Spiel zur Verzögerung ist auch das **Austauschen des eigenen Verhandlungsteams**. In einer ersten Runde werden sämtliche Informationen und Vorschläge des westlichen Gegenübers in Erfahrung gebracht. Zumeist wird dann unter der Begründung, nachdem die Ziele des potentiellen Vertragspartners klar seien, müsste der „richtige" Ansprechpartner hinzugezogen werden, in neuen Verhandlungsrunden das bislang erzielte Ergebnis zumeist zum Nachteil des westlichen Vertragspartners neu verhandelt. Dies kann leicht vermieden werden durch entsprechende Vorbereitungen. Eine ähnliche Situation tritt ein, wenn Verhandlungen beispielsweise mit Development Zones geführt wurden, und diese nun durch die wahren Entscheidungsträger bestätigt werden müssen. Auch hier ist der Wechsel des eigentlich zur Entscheidung Befugten durch gründliche Vorrecherchen vermeidbar.

> Es ist sehr schwer, die chinesische Seite tatsächlich zur **Eile** zu drängen. Wegen der internen Abstimmungsprozesse und des generellen Widerwillens der chinesischen Seite gegen vorschnelle Entscheidungen kann eine Beschleunigung durch eigenen Druck zumeist nur entfaltet werden, wenn Fristen bestehen oder die chinesische Seite selbst gegen Konkurrenz zum Zug kommen möchte. In einer solchen Verhandlungssituation kann es möglich sein, wesentlich mehr Zugeständnisse zu erhalten, als die chinesische Seite ursprünglich bereit war zu machen. Hierbei muss im Hinterkopf behalten werden, dass Nachverhandlungen in dem Moment einsetzen werden, indem sie zum ersten Mal ohne Nachteil für die chinesische Seite möglich sind.

VI. Vertragsdurchführung

1. Der geschriebene Vertrag und seine Durchführung

Chinesische Vertragspartner tendieren dazu, vertragliche Regelungen weitestgehend zu den eigenen Gunsten auszulegen oder vertragliche Lücken auszunutzen. Sieht der Vertrag selbst klare Regelungen der Rechten und Pflichten der Parteien vor, kann dieses Verhalten im Regelfall verhindert werden.

a) Beobachtung des Partners

Generell sollte der Vertragspartner in China niemals längere Zeit ohne Beobachtung gelassen werden. Eine vertragliche Beziehung ist besonders in China nur so gut wie ihre ständige Pflege. Dazu gehört, dass man sich in regelmäßigen Abständen über die geschäftliche Entwicklung und die Pläne des chinesischen Vertragspartners informiert.

> **Warnzeichen** für Schwierigkeiten bei der Vertragserfüllung wie nachlassende Kommunikation mit dem Vertragspartner, wiederholte Ankündigung ohne Erfüllung, vorgeschobenen Problemen beziehungsweise nachgeschobenen Mängelrügen sollte unverzüglich nachgegangen werden. Anders als in rein deutschen Rechtsbeziehungen muss besonders viel **Druck** entfaltet werden, um eine Lösung der Schwierigkeiten herbeizuführen. Dieser Druck kann über den ständi-

148 ▷ Kommt es trotz länger anhaltenden Drucks zu keiner Veränderung, liegen **schwerwiegendere Probleme** vor. In einem solchen Falle sollte schnellstmöglich auf Rechtsanwälte bzw. auf Beziehungsnetzwerke mit Einfluss zurückgegriffen werden. Sofern verfügbar, sind staatliche und regierungsnahe Organisationen im Konfliktfall besonders effektiv, wenn es darum geht, vertragliche Zusagen durchzusetzen. Im Falle des Bestehens eines eigenen Netzwerks zu entsprechenden Stellen können diese Beziehungen äußerst wertvoll sein.

b) Vorgeschobene Hinderungsgründe

149 Vorgeschobene Gründe für die Nichtdurchführbarkeit von vertraglichen Verpflichtungen sind häufig die Behauptung der **Einflussnahme staatlicher Stellen** und die Erfüllung rechtlicher Vorschriften und Anforderungen. Ein guter Vertrag sollte die üblichen Argumente für eine Verzögerung der Erfüllung der eigenen Verpflichtung voraussehen und Gegenmaßnahmen vorsehen, z.B. Verzugszinsen, Vertragsstrafen, Garantien durch Dritte und die Verantwortung der chinesischen Seite, alle erforderlichen Genehmigungen und behördlichen Registrierungen zeitgerecht und in eigener Verantwortung durchzuführen.

150 ▷ Verpflichtungen können nur dann eingefordert werden, wenn die **eigene Vertragstreue** gewährleistet ist. Es ist besonders wichtig, die eigene Erfüllung der Vertragspflichten genau zu dokumentieren. Häufig wird bei späteren Konflikten bei der Durchführung eines Vertrages von der Gegenseite eine Behauptung aufgestellt, man selbst habe zu spät geliefert, das Training sei unvollständig gewesen und so weiter. Kann belegt werden, dass die zu späte Lieferung auf zu späte Vorauszahlung zurückzuführen war bzw. das Training an der mangelnden Kompetenz des entsandten chinesischen Mitarbeiters scheiterte, können Diskussionen abgekürzt werden und Vorwände, welche lediglich dazu dienen sollen, der chinesischen Seite Zeit und Spielraum zu verschaffen, effektiv entkräftet werden.

2. Streit über Vertragserfüllung

a) Außergerichtliche und gerichtliche Auseinandersetzung

151 Ein Streit über die ordnungsgemäße Erfüllung der vertraglichen Verpflichtungen entsteht selten wegen tatsächlicher Ungenauigkeit der Formulierung des Vertrages. Zumeist werden Formulierungen nur vorgeschoben, um eigenen Verpflichtungen aus dem Wege zu gehen. Manchmal wird auch offen die Einräumung eines erneuten Nachlasses gefordert. Im Ergebnis führen Verhandlungen regelmäßig dazu, dass **eigene**

VI. Vertragsdurchführung

festgeschriebene **Ansprüche** nur **teilweise erfüllt** werden. Realistischer Weise muss dies schon bei der Vertragsplanung berücksichtigt werden.

Eskalationen sollten vorsichtig und gezielt eingesetzt werden. Zumeist kann durch eine Verschärfung eines Konflikts zwar eine Lösung erzwungen werden. Die vollständige Einforderung der geschuldeten Gegenleistung ist zumeist jedoch schon aus Gesichtsgründen nicht möglich. 152

➲ **Schiedsgerichtsklauseln** in Verträgen ermöglichen eine gesichtswahrende Lösung von Konflikten. Sofern ein Vorgehen vor den Gerichten notwendig ist, sollte unbedingt an die Möglichkeit gedacht werden, **Bankkonten** der chinesischen Seite **einfrieren** zu lassen. Regelmäßig führt dies dazu, dass Zahlungsverpflichtungen schnellstmöglich erfüllt werden. Es muss davor gewarnt werden, zu schnell auf Streitregelungsmechanismen wie Schiedsgerichte und Gerichte zu vertrauen. Ein gerichtliches Vorgehen bedeutet immer einen nach außen demonstrierten Bruch und eine endgültige Beendigung einer Beziehung zum Vertragspartner. 153

b) Typische Konfliktkonstellationen

aa) Landnutzungsrechte/erforderliche Lizenzen

Häufig ist in China ein Vertrag, welcher sog. Landnutzungsrechte betrifft, mit bei Vertragsschluss nicht vorgesehenen Problemen belastet. Landnutzungsrechte in China müssen vom Staat gegen Zahlung von Gebühren erworben werden und setzen einen Genehmigungsakt der zuständigen Behörden für die konkret vorgesehene Nutzung des Landes voraus. Gewisse Landflächen können nicht für industrielle Zwecke verwendet werden. Sofern eine Ausnahme hiervon gemacht werden soll, ist eine Umwandlung des Landnutzungsrechts zur Nutzung für industrielle Zwecke erforderlich. Weitere gibt es Landnutzungsrechte, welche nicht übertragbar sind. 154

In der Praxis hat sich durch Bodenspekulationen und behördliche Korruption die häufig vorkommende Problematik ergeben, dass die Nutzung von Land zugesagt wird, obwohl das Landnutzungsrecht in der für die Durchführung des Vertrages erforderlichen Art und Weise, im Umfang oder bezüglich der Inhaberschaft der Rechte für den Vertrag nicht zur Verfügung steht.

➲ Obwohl schuldrechtlich verbindliche Zusagen bestehen, führt dies in der Praxis häufig zu einem erheblichen Haftungsrisiko und kann auch einen Kündigungsgrund je nach Vereinbarung des jeweiligen Vertrages bedeuten. Es sollte deshalb darüber nachgedacht werden, im Falle eines restlichen Zweifels an der rechtlichen Bestandskraft von Landnutzungsrechten eine **auflösende Bedingung** in Verträgen vorzusehen.

Auch in anderen Bereichen werden häufig Verhandlungen zu einem Joint Venture verfolgt, ohne dass die chinesische Seite alle erforderlichen Voraussetzungen mitbringt. Im Automobilbereich sind beispielsweise für sogenannte Special Purpose Vehicle bestimmte Lizenzen erforderlich. Fehlen diese, kann trotz einer fertig verhandelten Satzung für ein Joint Venture dieses nicht verwirklicht werden. Es müssen deshalb vor Beginn der Verhandlung ausreichende eigene Nachforschungen zur rechtlichen Machbarkeit und den Voraussetzungen unternommen werden.

bb) Zahlungsmoral

155 Ungeachtet der grundsätzlichen Bereitschaft der meisten chinesischen Vertragspartner, eingegangene Verpflichtungen auch zu erfüllen, gehören **Zahlungsverzögerungen** mit Zeitraum von bis zu einem Jahr und darüber hinaus auch heute noch zum durchaus üblichen Geschäftsgebaren in China. Mangelnde Liquidität vieler chinesischer Unternehmen zwingt diese dazu, die Erfüllung von Zahlungsverpflichtungen bisweilen erheblich aufzuschieben. Auch dies muss bei vertraglichen Zusagen durch den chinesischen Vertragspartner im Vorfeld berücksichtigt werden. Ist Liquidität und rechtzeitige Zahlung von ausschlaggebender Bedeutung, sollten entsprechende Garantien durch Banken, verbundene Unternehmen in Form von harten Patronatserklärungen, Letter of Credit usw. vereinbart werden. Weiter muss sichergestellt sein, dass bei Zahlungsverpflichtungen in Devisen ins Ausland oder umgekehrt bei Zahlungen nach China hinein (beispielsweise zur Erfüllung einer Einlageverpflichtung oder bei einem Darlehen) die einschlägigen rechtlichen Vorschriften beachtet wurden.

cc) Forderungsabschläge am Laufzeitende

156 Ein gängiges Problem in China sind auch Forderungen nach weiteren Abschlägen bei Lizenzzahlungen am Ende der Laufzeit von Verträgen. Auch bei einem guten Verhältnis zum chinesischen Vertragspartner muss hiermit gerechnet werden. Das Verlangen nach Abschlägen steht im Zusammenhang mit der weiteren Einräumung eines Vertrauensvorschusses, welcher durch die Fortsetzung der geschäftlichen Beziehungen belohnt wird. Diese Einstellung steht im Widerspruch zur westlichen Auffassung, das Vertrauen durch Erfüllung von Verträgen gewonnen werden muss. Auch hier gilt, dass eine entsprechende vertragliche Gestaltung diesen Umständen Rechnung tragen muss.

3. Vertragsanpassung

157 Die vielfach angesprochene Notwendigkeit, geschlossene Verträge nachzuverhandeln und anzupassen, ermöglicht positiv gesehen eine Flexibilität bei der Vertragserfüllung für beide Seiten. Tatsächlich schafft dieses

VI. Vertragsdurchführung

Verhalten der chinesischen Seite jedoch häufig mehr **Unsicherheiten**, als es Vorteile bringt. Sofern Verträge **genau formuliert** worden sind und genaue Definitionen für im Vertrag verwendete Begriffe enthalten, fallen die Nachverhandlungen wesentlich leichter aus. Zugeständnisse können an anderer Stelle eingefordert werden. Weiter sollte darauf geachtet werden, dass sämtliche Anpassungen **schriftlich dokumentiert** und vorgenommen werden.

4. Kündigung und/oder Beendigung des Vertrages

Für vertragliche Beziehungen, welche über einen längeren Zeitraum andauern, müssen genaue und klare **Kündigungsbestimmungen** vereinbart werden. Dies ist besonders wichtig, um im Falle einer Zuspitzung eines Konflikts ein Druckmittel zu haben, welches rechtlich eindeutig und nicht angreifbar ist. Gesetzliche Kündigungsrechte und ihre Voraussetzungen sind teils ungenau formuliert. Dies führt dazu, dass im Streitfall vor Gericht bei Verlassen auf gesetzliche Kündigungstatbestände ein erhebliches Risiko hinsichtlich der Wirksamkeit einer Kündigung besteht. Durch ein entsprechendes vertragliches Kündigungsrecht kann diesem Risiko vorgebeugt werden.

Soweit **Markenrechte**, Know-how, Ermittlungsergebnisse und ähnliches durch die vertragliche Zusammenarbeit entstehen oder in die vertragliche Beziehung eingebracht werden, sollte der Vertrag selbst eine klare Regelung treffen, wem die Rechte während und nach Beendigung des Vertrages zustehen. Dies schließt eventuelle fortbestehende Nutzungsrechte und Entschädigungen mit ein. Weiter sollten Fristen und Mitwirkungspflichten für sämtliche nachvertraglichen Pflichten festgelegt werden.

5. Gerichtliche Hilfe

Gerichtliche Hilfe wird in China zunehmend in Anspruch genommen. Deutsche Urteile sind indes in China nicht vollstreckbar und umgekehrt. In der Praxis werden deshalb zumeist Schiedsklauseln vereinbart. Auf diese kann verzichtet werden, wenn vollstreckbares Vermögen des Vertragspartners im eigenen Inland vorliegt.

➲ Bei Klagen durch ausländische Rechtsinhaber und Anspruchsteller hängen die Erfolgsaussichten neben der Rechtslage unter anderem wesentlich vom **Forum** ab, bei welchem die Klage eingereicht wird. Außerhalb der Ballungszentren besteht teilweise auch heute noch ein Protektionismus gegenüber ausländischen Klägern. Häufig werden Beziehungen eingesetzt und teilweise sogar politisch interveniert, um Klagen vor Gericht gar nicht erst zuzulassen bzw. diese im Sande verlaufen zu lassen oder ergangene Urteile nicht zu vollstrecken. Ist der Staat in irgendeiner Form als Beklagter involviert, müssen die Erfolgsaussichten einer Klage vor Gericht sehr ernsthaft geprüft werden. Dennoch zeigen die Trends in jüngster Zeit auf eine verstärkte Nutzung des chinesischen Rechtssystems durch ausländische Parteien, zum Teil sogar mit großem Erfolg.

VII. Vertragscontrolling

162 Es ist ein typisches Phänomen von Vertragsbeziehungen auch in China, dass sich im Laufe einer längeren Zusammenarbeit mittelfristig **neue Interessenkonflikte** zwischen den Parteien ergeben. Wächst der chinesische Partner im heimischen Markt sehr schnell, will er in neue Geschäftszweige expandieren oder neues Personal einstellen, anstatt den Gewinn zu maximieren, ergibt sich ein bei den anfänglichen Vertragsverhandlungen nicht vorhersehbares neues Konfliktpotenzial. Entscheidend ist in solchen Fällen ein erfolgreiches Vertragsmanagement, um solche Krisen zu meistern.

163 Das Controlling eines Vertrages mit Chinesen hat sehr viel mit **Übersicht über den chinesischen Markt** zu tun. Ist man aktiv selbst vor Ort tätig, fällt es wesentlich leichter, die Durchführung der Verträge zu überwachen, lokale Mitarbeiter vor Ort mit dem Controlling zu beauftragen und Veränderungen beim Vertragspartner sofort zu registrieren.

164 Im Wesentlichen gilt die Maxime „**Aus den Augen, aus dem Sinn**" für die Beachtung der vertraglichen Verpflichtungen. Die chinesische Art und Weise der Geschäftsführung ist stark gegenwartsbezogen. Die dringendsten Probleme, welche mit dem größten Nachdruck von außen an einen herangetragen werden, werden regelmäßig vorrangig behandelt. Wird kein Druck ausgeübt, bedeutet dies, dass die Angelegenheit für den Vertragspartner nicht wichtig ist.

165 ⇨ Ein aktives Vertragsmanagement setzt deshalb ein **aktives Fortsetzen** der Beziehung zum chinesischen Vertragspartner voraus. Optimalerweise sind hierzu Mitarbeiter vor Ort vorhanden. Ist dies nicht möglich oder ist das Vertragscontrolling am ausländischen Sitz der Gesellschaft zentriert, muss stärker noch als für andere Länder die Erfüllung der vertraglichen Verpflichtungen verfolgt werden.

166 In der Tat sind die meisten chinesischen Vertragspartner auf eine einmal gegebene Zusage hin sehr bemüht, ihre Verpflichtungen auch zu erfüllen. Anders als in anderen Ländern ist die wirtschaftliche Entwicklung in China jedoch ausgesprochen dynamisch und der Konkurrenzdruck sehr hoch. Im Laufe der rasanten Entwicklungen vor Ort kann es somit auch schnell zu Schwierigkeiten auch mit langjährigen Vertragspartnern kommen, welche dann andererseits mit dem richtigen Verhandlungsstil zumeist erfolgreich gelöst werden können.

9.4
Verhandeln in Japan

	Rz.		Rz.
I. Einführung	1	d) Nützliche Homepages	48
II. Japanische Rechtskultur	4	2. Vertragsdesign	49
1. Religion	5	a) Allgemeine Bemerkungen	49
2. Geschichte	9	b) Anwendbares Recht	52
a) Taihō-ritsuryō-Kodex	10	c) Gerichtsstand	53
b) Zeit der Shogunats-Regierung	11	d) Schiedsklauseln	55
c) Meiji-Restauration	13	3. Vertragsverhandlungen	56
d) Nachkriegszeit	19	4. Vertragsabschluss	58
3. Beispiele für Besonderheiten der japanischen Rechtskultur	21	a) Juristische Aspekte	59
		aa) Angebot	60
4. Einflüsse der Rechtskultur auf die Unternehmenskultur	28	bb) Annahme	61
		cc) Vertretungsberechtigte je nach Rechtsform	62
III. Vertragspraxis in Japan	34	b) Praktische Aspekte	65
1. Vertragsplanung	34	5. Vertragsdurchführung	66
a) Allgemeines	34	6. Vertragsbeendigung	67
b) Juristen in Japan	37	7. Streitigkeiten hinsichtlich der Vertragsauslegung	69
aa) Volljurist – Bengoshi	37	a) Allgemeines	69
bb) Nicht-Volljuristen	39	b) Die Rolle des Rechtsanwalts	70
(1) Juraschreiber (Shihō Shoshi)	41	c) Klage	71
(2) Verwaltungsschreiber (Gyōsei Shoshi)	42	d) Alternative Streitbeilegung	74
cc) Berater für ausländisches Recht (Gaikoku Hō Jimu Bengoshi, sog. GJB)	43	aa) Schlichtungsverfahren (Chōtei)	74
		bb) Schiedsverfahren (Chūsai)	76
dd) Notar (Kōshōnin)	44	8. Vertragscontrolling	77
c) Auswahl von geeigneten Anwälten in Japan	45	IV. Schlussbemerkung	79

Literaturübersicht:

Literatur zum japanischen Recht: *Baum/Bälz,* Japanisches Handels- und Wirtschaftsrecht Heymanns 2011; *Baum/Their/Nottage/Rheuben,* Japanese Business Law in Western Languages – an annotated Bibliography, William Hein, London 2013; *Eubel* (Hrsg.), Das japanische Rechtssystem, Metzner Verlag 1979; *Haley,* The spirit of Japanese Law, University of Georgia Press, 2006; *Kawai,* Minpō Gairon 1–5, von 2005 bis 2010 (Japanisch); *Leser/Isomura* (Hrsg.): Wege zum japanischen Recht. Festschrift für Zentaro Kitagawa zum 60. Geburtstag am 5.4.1992; Verlag Duncker & Humblot, Berlin 1992; *Marutschke,* Einführung in das Japanische Recht (Schriftenreihe der Juristischen Schulung), C.H. Beck 2. Aufl. 2009; *Menkhaus* (Hrsg.): Das Japanische im japanischen Recht München, Iudicium Verlag, 1994; *Milhaupt/West,* Japanese Legal System: Cases, Codes And Commentary, Foundation Press; *Oda Hiroshi,* Japanese Law, Oxford University Press, 2012; *Pitz/Kawada/Schwab,* Patent Litigation in Germany, Japan and the United States, C.H. Beck 2014 (angekündigt); *Rahn,* Rechtsdenken und Rechtsauffassung in Japan, C.H. Beck 1990; *Riesenhuber/Bälz/Takayama,* Funktionen des Vertrages – Deutsch – japanische Perspektiven (Tagungsband), Nomos 2013; *Uchida,* Minpō I/Sōsoku, Bukkensōron, 2008 (Japanisch); *Uchida,* Minpō II/Saikenkakuron, 2011 (Japanisch); *Uchida,* Minpō III/Saikensōron, Tanpobukken, 2005 (Japanisch); *Uchida,*

Minpō IV/Shinzokusōzoku, 2004 (Japanisch); *Egashira*, Kabushikaishahō, 2009 (Japanisch); *Sugeno*, Rōdōhō, 2010 (Japanisch) *Yamanaka*, Geschichte und Gegenwart der japanischen Strafrechtswissenschaft, de Gruyter, 2012.

Literatur zu Businessverhalten: *Lee*, Interkulturelles Asien Management: Japan-Korea, ein Ratgeber aus der Praxis für die Praxis, Experte Verlag, 2. Auflage 2010; *Rothlauf*, Interkulturelles Management – mit Beispielen aus Vietnam, China, Russland, Japan, und den Golfstaaten, Oldenbourg, 4. Auflage 2012; *Yamamoto*, Kūki no kenkyū, 1983 (Japanisch)

Literatur zur Rechtskulturgeschichte: *Amt für Kunst und Kultur*, Jahrbuch für Religion 2010 (Japanisch); *Shiba*, Miurahantō-ki, 1997 (Japanisch); *Davies/Ikeno*, Understanding Contemporary Japanese Culture, Tuttle, 2002; *Foote, Daniel*, Law in Japan: a Turning Point, University of Washington Press, 2008; *Tanaka*, Rechtstransfer und globaler Wettbewerb zwischen Rechtssystemen *in: Harald Baum/Moritz Bälz/Karl Riesenhuber (Hrsg.)*, Tagungsband Symposium anlässlich des Jubiläums der 150jährigen Freundschaft zwischen Deutschland und Japan „Rechtstransfer in Japan und Deutschland", Carl Heymanns Verlag, Köln 2013, S. 167–175; *Ramseyer/Nakazato*, Japanese Law: An Economic Approach, University of Chicago Press, 2000; *West*, Law in Everyday Japan, University of Chicago Press, 2005.

I. Einführung

1 Westliche Unternehmen, die geschäftlich mit japanischen Unternehmen zu tun haben, begegnen ab und zu Situationen bzw. Reaktionen seitens ihrer japanischen Partner, die – aus der europäischen Perspektive heraus – schwer zu deuten bzw. nachzuvollziehen sind.

2 So hat sich sicher schon mancher westlicher Geschäftsmann gefragt, weshalb

– sich Vertragsverhandlungen mit japanischen Geschäftspartnern oft lange hinziehen,

– nicht nur die für die Entscheidung Verantwortlichen sondern eine ganze Reihe weiterer Personen in die Verhandlungen/Korrespondenz mit einbezogen wird,

– viele Besprechungsteilnehmer nur schweigend zuhören,

– japanische Verträge meist – nach westlichem Maßstab – extrem kurz ausfallen, etc.

Häufig wird ferner darauf hingewiesen, dass japanische Unternehmen eine Abneigung gegen die Austragung von Streitigkeiten vor Gericht hegen. Ist dies tatsächlich der Fall? Und stimmt es, dass ein japanisches Unternehmen eine eigene geschlossene Gesellschaft bildet, die nicht sehr integrationsfreudig ist?

3 Diese und viele andere Fragen stellen sich dem westlichen Geschäftsmann, wenn er zum ersten Mal in Kontakt mit japanischen Unternehmen kommt. Bezogen auf die Vertragsverhandlungen und das Vertragsmanagement gilt es also einige Dinge zu beachten, die sich dem

„Westler" vielleicht nicht unbedingt von selbst erschließen. Für das Verständnis der japanischen Unternehmenskultur ist es wichtig, die japanische Rechtskultur zu verstehen, die wiederum auf den japanischen Weltanschauungen beruht.

II. Japanische Rechtskultur

Beim Vergleich von Rechtskulturen ist zunächst zu klären, welche Faktoren eine Rechtskultur beeinflussen. Die weltanschaulichen Überzeugungen der Japaner sind im Wesentlichen geprägt durch Religion(en) und Geschichte. 4

1. Religion

Die Statistiken des Kulturamts (*Bunkachō*) mögen den westlichen Betrachter zunächst verwirren. Sie weisen für Japan insgesamt ca. 207 Mio. Gläubige aus, bei einer Gesamtbevölkerung von 128 Mio. (Stand: 31.12.2009). So sind laut Statistik ca. 83 % bzw. 106 Mio. der Japaner **Shintoisten** und ca. 70 % bzw. 90 Mio. **Buddhisten** (*http://www.bunka.go.jp/shukyouhoujin/nenkan/pdf/h22nenkan.pdf*). Die Zahlen veranschaulichen, dass viele Japaner zwei Religionen praktizieren, oder – anders ausgedrückt – keine Religion im strengen westlichen (oder monotheistischen) Sinne haben. Dies zeigt sich auch im Alltag: Viele Japaner besuchen an Neujahr shintoistische Schreine, heiraten nach shintoistischem bzw. in letzter Zeit häufig nach christlichem Zeremoniell und werden meist nach buddhistischen Riten bestattet. Weihnachten und St. Valentine's Day werden auch landesweit gefeiert. 5

Der **Shintoismus** existiert nur in Japan und ist im Gegensatz zum Christentum ein polytheistischer Glaube. Er zählt 8 Mio. – teilweise furchteinflößende – Götter, verfügt aber nicht über einen Kanon bzw. Weltanschauungskodex mit konkreten Geboten oder Verboten wie etwa die Bibel oder der Koran. Somit existiert im Shintoismus das monotheistische Konzept der „absoluten Gerechtigkeit" nicht. Da es in Japan viele buddhistische Richtungen gibt, ist es nicht einfach, ein Gesamtbild des Buddhismus in Japan zu vermitteln. Der Großteil der buddhistischen Richtungen lässt sich jedoch dem **Mahayana-Buddhismus** zuordnen und verfügt nicht über (monotheistische) Kodizes über Ge- und Verbote. In dieser Beziehung besteht eine Ähnlichkeit zum Shintoismus. Die Tatsache, dass der Gedanke einer absoluten Gerechtigkeit, wie man sie in den monotheistischen Religionen kennt, in Japan nur schwach ausgeprägt ist, mag mit dazu beigetragen haben, dass man flexibel auf die grundlegenden Umwälzungen der Rechtssysteme nach der Meiji-Restauration und dem zweiten Weltkrieg reagierte. 6

Diesen Mangel an einem Weltanschauungskodex glich der **Konfuzianismus** (s. auch *Tanaka*, „Konfuzianismus und japanisches Recht", 7

JAPANMARKT, Deutsche Industrie- und Handelskammer in Japan, Ausgabe September 2009) aus, der als höchste Wissenschaft und Bildung der Samurai galt, die zwischen dem 12. und dem 19. Jahrhundert die Macht innehatten. Der Konfuzianismus übte und übt einen großen Einfluss auf die Wertvorstellungen der ostasiatischen Länder aus. Er gelangte aus China nach Japan und hat auch die Rechtskultur erheblich beeinflusst. Der monotheistische Charakter des Christentums wurde als Gefahr für das konfuzianistisch geprägte feudalistische System angesehen, das durch eine hierarchische bzw. vertikal aufgebaute Strukturierung der menschlichen Gesellschaft gekennzeichnet ist und blinden Gehorsam gegenüber dem Herrscher und Erfüllung der Pflichten gegenüber den Eltern fordert. Aus dem Shintoismus/Konfuzianismus leitet sich der (kritiklose) Respekt und die bedingungslose Unterwerfung unter die Autorität ab, sei es die Natur oder die Obrigkeit (Vorgesetzte).

8 Diese Denkweise ist mit dem westlichen Verständnis von Demokratie etc., die den Gedanken der absoluten Gerechtigkeit und einen aufgeklärten Menschen voraussetzt, nur schwer vereinbar.

2. Geschichte

9 Neben der Religion wird die Rechtskultur auch durch die historische Entwicklung entscheidend beeinflusst.

a) Taihō-ritsuryō-Kodex

10 Das erste grundlegende Rechtssystem in Japan war der *Taihō-ritsuryō-Kodex* von 701. „*Ritsu*" steht für Strafgesetz, „*Ryō*" für Verwaltungsrecht. Ein Zivilgesetz gab es nicht, da Grund und Bürger Staatseigentum waren. Der Begriff des Privatrechts, welches unerlässlicher Bestandteil des westlichen Zivilgesetzes ist, war ebenfalls nicht bekannt; nicht einmal das Wort „Recht"(*Kenri*).

b) Zeit der Shogunats-Regierung

11 Später wurden zunehmend Ausnahmen vom Prinzip des Staatseigentums gemacht – privilegierte Adlige und Tempel wurde der Privatbesitz von Grundstück zugestanden (*Shōen*). Im 12. Jh. entwickelte sich die Bewässerungstechnik, und die Reisfelder insbesondere in der flachen und ausgedehnten Kanto-Ebene (Tokyo und Umgebung) wurden größer. Gleichzeitig stieg die Unzufriedenheit der Bauern, da sie zwar Land urbar machten, es ihnen aber nicht möglich war, an Land Eigentum zu halten. Viele Bauern mussten den Mächtigen das von ihnen selbst erschlossene Land schenken; sie ließen sich als Verwalter einsetzen und dienten mehrerer Jahre unentgeltlich als Privatsoldaten. Streitigkeiten um Grund und Grenzen wurden häufig mit Gewalt gelöst, da es auch kein Privatrecht und kein Erbrecht gab. Die Bauern bewaffneten sich, um die von ihnen *de facto* besetzten Felder zu schützen und schlossen sich zu militäri-

schen Cliquen zusammen – die Geburtsstunde der Samurai. Diese bewaffneten Bauern in Kanto errichteten schließlich in Kamakura (*Kamakura* bedeutet „Sichellager" – ein bäuerlicher Name mit etwas militärischem Flair) eine *de facto* Regierung, die das Privateigentum anerkannte und ein Zivilgericht (*Monchūjo*) gründete, das Grundstreitigkeiten löste. Der Kristallisationskern der Rebellion, *Minamoto no Yoritomo* (*Yoritomo* enstammt der mächtigen Samurai-Familie *Minamoto*. Sein Vater unterlag im Machtkampf, wurde hingerichtet und sein Erbfolger *Yoritomo* auf die Halbinsel Izu verbannt.), eroberte mit seiner kriegserfahrenen alliierten Kanto-Armee, die damalige kaiserliche Hauptstadt Kyoto. *Yoritomo* erkannte die traditionelle Kyoto-Regierung an und erhielt dafür vom Kaiser die „Generalvollmacht" über die Regierung ganz Japans (nicht nur Kanto) – das *Shōgunats*-System. Diese doppelte Herrschaftsstruktur mit dem Kaiser als formalem und dem Shogun als tatsächlichem Herrscher existierte mit nur wenigen Unterbrechungen fast 700 Jahre bis zum Ende des Feudalismus und der Rückgabe der Regierungsgewalt an den Kaiser im Jahr 1867. Mit der Stabilisierung des *bakufu(Shogunats)*-Systems wandelte sich die Bedeutung der *Samurai* von bewaffneten Bauern zu einer Ritterklasse, der herrschenden Klasse im feudalistischen Japan.

Angesichts der Tatsache, dass der Konfuzianismus sieben Jahrhunderte lang als höchste Kultur der herrschenden Ritterklasse galt, ist es nicht verwunderlich, dass er auch die japanische Rechtskultur nachträglich geprägt hat. So ist ist hier eine weitere Wurzel des blinden Gehorsams gegenüber Vorgesetzten und der Betonung der vertikalen Beziehungen zu finden.

c) Meiji-Restauration

Mit der **Meiji**-Restauration (1867) endete die seit 1603 andauernde Feudalherrschaft durch das *Tokugawa Shogunat*. Bis dahin hatte das *Tokugawa Shogunat* über die zahlreichen lokalen Militärregierungen, die sogenannten *Han* (Lehen), regiert. Das *Tokugawa Shogunat* wurde schließlich von Samurai aus Westjapan gestürzt, die der *Tokugawa*-Familie, einer der mächtigsten Kriegsfürstenfamilien in der Zeit der streitenden Reiche im 16. Jahrhundert, nicht nahe standen und den niederen Samurai-Rängen angehörten. In diesem Sinne wies der Umsturz zwar Aspekte eines Machtkampfs innerhalb der herrschenden Klasse der Samurai auf, die Sieger strebten jedoch kein neues Shogunat an, sondern schafften das feudalistische System der Ständeherrschaft der Samurai ab. Folglich handelte es sich nicht um eine Revolution in dem Sinne, dass das Volk den Herrschern die Macht entriss, sondern um eine Revolution im Sinne einer grundlegenden Strukturveränderung des Jahrhunderte lang vom Shogun regierten Feudalstaats.

Wesentlicher Antrieb der *Meiji*-Restauration war die Befürchtung, dass Japan zur **Kolonie** der westlichen Mächte werden könnte. Die Machtzunahme der westlichen Staaten infolge der industriellen Revolution seit den 1760er Jahren löste einen Wettlauf um Kolonien in Asien aus. Insbesondere die Niederlage Chinas im Opiumkrieg (1840) sowie der demütigende Vertrag von Nanking (1842) versetzten Japan in Furcht, da man bis dahin China als führenden Kultur- und Militärstaat der Welt angesehen hatte. Entsprechend galt die höchste Priorität der neuen Meiji-Regierung der raschen Industrialisierung sowie dem Aufbau eines neuen zentralistischen Staates samt eines starken Militärs, das dem Westen Paroli bieten könnte.

15   Japan begann, eine Reihe westlicher Systeme zu importieren, einschließlich der Rechtssysteme. Die neue *Meiji*-Regierung gab die frühere Isolationspolitik auf, öffnete das Land und schloss **Handelsverträge** mit den westlichen Staaten.

Es waren aber gerade diese Handelsverträge, die der neuen Regierung starke Probleme bereiteten, da es **ungleiche Verträge** waren, die Japan keine Zollfreiheit zubilligten und den westlichen Vertragspartnerstaaten Extraterritorialität garantierten. Aus der Sicht der westlichen Staaten gab es jedoch ausreichend Gründe, Japan nur als „halb-souveränen" Staat zu behandeln, da besonders das Justizwesen unzulänglich war. Die Rückständigkeit des Rechtssystems verursachte diverse Probleme. Das größte Problem bei Strafsachen war das völlige Fehlen einer Gewaltenteilung. Da die Verwaltungsbeamten eine Doppelfunktion als Staatsanwalt und Richter ausübten, war es schwierig, vorgefertigte Urteile des Richters zu vermeiden.

16   Im Bereich der Zivilsachen stellte das **Fehlen eines Zivilrechtssystems** ein großes Hindernis für ausländische Investoren dar. Der Begriff des Privatrechts existierte nicht, folglich gab es auch kein bürgerliches Gesetzbuch. Zivilprozesse wurden „gnädigerweise" von der „Obrigkeit" entschieden. Der Gerichtshof aus der Edozeit, der heute noch in der Stadt Takayama zu finden ist, zeigt, dass Kläger und Beklagter wie Verbrecher auf dem Boden knien mussten.

17   Um eine Revision der ungleichen Verträge herbeizuführen, bemühte sich die *Meiji*-Regierung mit vereinten Kräften, dem Ausland gegenüber den Eindruck zu vermitteln, Japan sei modernisiert. Auch zu diesem Zweck wurden westliche Rechtssysteme (Zivil-, Straf- und Handelsrecht) importiert, im staatlichen Gästehaus *Rokumeikan* Bälle veranstaltet (diese Phase wurde daher auch *Rokumeikan*-Ära genannt) etc. (Die ungleichen Verträge wurden letztendlich nicht dank der „Schein-Verwestlichung" wie die Tanzveranstaltungen revidiert, sondern aufgrund des Sieges Japans im russisch-japanischen Krieg 1905, der durch den Mord an Russen in der Mandschurei und die Versenkung der Russischen Flotte im Japanischen Meer Japans Militärmacht unter Beweis stellte. Die Niederlage gegen Japan war einer der Gründe für die anschließende Russische Revolution.). Die Grundstruktur des heutigen japanischen Rechtssystems entstand in dieser Zeit. Als Japan den Begriff „Recht" am Ende 19. Jahrhunderts aus Europa importierte, musste man das Wort *Kenri* neu erfinden,

II. Japanische Rechtskultur

da ein solcher Begriff fremd war. In der Phase des Imports ausländischen Rechts nach Japan lag der Fokus auf dem damals zentralistisch geprägten deutschen Recht mit einigen Ausnahmen (z.B. war das französische Recht Vorbild für das dingliche Recht, daher kennt das japanische Recht kein Abstraktionsprinzip).

Starker Widerstand beim Rechtstransfer – Beispiel Familienrecht: Da die westlichen Rechtssysteme sehr rasch importiert wurden, kam es zu zahlreichen Friktionen mit der typisch japanischen Rechtskultur. Das 1890 erlassene erste Zivilgesetz basierte auf dem französischen *Napoleon*-Kodex und setzte daher voraus, dass nach westlichem Muster das Individuum Privatrechte besitzt. Das neue Zivilgesetz stieß auf heftigen Widerstand, da befürchtet wurde, das Privatrecht sei nicht mit der japanischen Kultur vereinbar und könnte gar zum „Untergang der Pietät" in Japan führen. Ein berühmter Verfassungsrechtler, Prof. *Yatsuka Hozumi* von der kaiserlichen Universität Tokyo (er hatte in Deutschland an den Universitäten Heidelberg, Berlin und Leipzig studiert), behauptete, das „Recht" solle nicht für einzelne Personen, sondern für die „Familie" angewendet werden. Die Macht des Familienoberhaupts sei heilig und unverletzlich und somit sei eine Regelung von Rechten und Pflichten, die diese Macht durch Gesetze einschränke, nicht denkbar. Dieses Zivilgesetz trat letztendlich nicht in Kraft. Stattdessen wurde ein neues Zivilgesetzbuch (eine Zusammensetzung aus dem japanischen konfuzianischen Familienoberhauptrecht und dem deutschen Zivilgesetz) aufgestellt und 1898 in Kraft gesetzt. So war das Familienrecht besonders stark vom Konfuzianismus geprägt, darunter z.B. das Prinzip der Alleinerbschaft des ältesten Sohnes oder die beinahe absolute Position des Familienoberhauptes mit seinem Bestimmungsrecht bezüglich der Heirat und des Wohnortes der Familienmitglieder.

d) Nachkriegszeit

Nach dem zweiten Weltkrieg wurde der Rahmen des vom kodifizierten Recht geprägten Kontinentalrechts beibehalten. Es fanden jedoch rasch Rechtskonzepte des Siegers (**amerikanisches Recht**) Eingang in das japanische Recht. Das konfuzianistische Familienrecht wurde umgehend abgeschafft und in ein Recht mit westlich geprägtem individualistischem Inhalt umgewandelt. Sonstige wesentliche Bereiche sind das Wirtschaftsrecht (Handelsrecht, Wertpapierrecht, Antimonopolrecht etc.) und die Verbraucherschutzgesetze (Produkthaftungsrecht etc.). Insbesondere die Einführung der Aktionärsklage (§ 847 ff. Gesellschaftgesetz (Japan)) und der internen Kontrollsysteme wären ohne den Einfluss des amerikanischen Rechts (Derivative Action) nicht denkbar gewesen. Dennoch gab (und gibt es immer noch) erheblichen kulturellen Widerstand gegen die stark marktwirtschaftlich orientierte Gestaltung des Rechts.

Die historische Entwicklung der Rechtssysteme in Japan zeigt, dass diverse Rechtssysteme aus dem Ausland übernommen wurden, wobei man sich stets am Rechtssystem des zum jeweiligen Zeitpunkt stärksten Landes orientierte. In vielen Fällen brachten die Rechtstransfers nach Japan Friktionen mit der eigenen Kultur mit sich. Obwohl in einigen Rechtsgebieten erhebliche Konflikte zu entstehen drohten, wurde das Rechtssystem entweder ohne oder mit umfangreichen Anpassungen (Familien- oder Arbeitsrecht) in Japan eingeführt. Trotz dieser Anpassungen der importierten westlichen Rechtssysteme kam es bei der Anwendung zu vielfältigen Widersprüchen und Reibungen mit der japanischen Rechtskultur, auf die an anderer Stelle noch eingegangen wird.

3. Beispiele für Besonderheiten der japanischen Rechtskultur

21   *Yokonarabi* („Tue, was die anderen tun"): Wie dargestellt, beinhaltet der Shintoismus kein klares weltanschauliches Wertesystem, das jeder für sich als Beurteilungskriterium für Gut und Böse heranziehen kann, wie es z.B. in der Bibel oder im Koran, also in den monotheistischen Religionen, der Fall wäre. Ferner besteht aufgrund der historisch geprägten, hierarchiebewussten, konfuzianistischen Wertvorstellung in Japan die Tendenz, die Entscheidung des Vorgesetzten abzuwarten, anstatt eigene Entscheidungen zu fällen. Liegt keine Entscheidung des Vorgesetzten vor, orientiert man sich an den anderen und geht mit der Masse. Ein japanisches Sprichwort lautet: „Wenn alle gleichzeitig gehen, braucht man keine Angst beim Überqueren einer roten Ampel zu haben."

22   Dies führt häufig dazu, dass in Fällen, in denen eine Fehlentscheidung getroffen wurde, häufig gezögert wird, die rechtlich (also laut individualorientiertem, westlich-konstruiertem Gesetz) verantwortlichen Personen zur Rechenschaft zu ziehen. Zum Beispiel galten Kartelle in Japan lange Zeit als notwendiges Übel. Daher zögerten die japanische Fair Trade Commission und die Staatsanwaltschaft oft, entsprechende Fälle aufzudecken, bis schließlich die USA ein strengeres Vorgehen forderten. Diese Haltung verdeutlicht der Kommentar eines Professors für Strafrecht, der selbst Mitglied der Prüfungskommission zum Staatsexamen war und in einem renommierten Lehrbuch (*Otsuka*, keiho gaisetsu kakuron [Überblick über das Strafrecht Besonderer Teil], 2005, 583) zum Strafgesetz schrieb, dass man bei der Anwendung des Tatbestands der illegalen Absprache vorsichtig vorgehen solle, da in Japan Absprachen gängige Praxis seien, bei Ausschreibungen ohne etwaige Abreden alle teilnehmenden Unternehmen gemeinsam zugrunde gehen könnten und – wenn man den Zuschlag aufgrund eines sehr niedrigen Kostenvoranschlags bekäme – dies dazu führen könnte, dass bei den ausgeschriebenen Projekten schlampig gearbeitet würde, was letztendlich große Schäden verursachen könnte.

23   Der **Mura (Dorf)-Mentalität** folgend tendieren Japaner dazu, sich verstärkt für die Belange *innerhalb* der eigenen Organisation (z.B. Familie, Gesellschaft, Team, Industrieverband, sog. „Mura [Dorf]") zu interessieren, während allgemeine Angelegenheiten *außerhalb* der eigenen Organi-

sation vernachlässigt werden. Im Allgemeinen besteht die Tendenz, dass Entscheidungen innerhalb des „Dorfes" von den Machthabern des „Dorfes" hinter verschlossenen Türen getroffen werden; allgemeine offene Diskussionen werden eher abgelehnt. Deswegen mangelt es vielen Japanern heute noch an der Fähigkeit, mit „Fremden" entspannt und sachlich zu diskutieren. So kommt es z.B. bei Aktionärsversammlungen selten vor, dass ein „normaler" Aktionär das Wort ergreift (zum Kampf der börsennotierten Gesellschaften gegen die Wirtschaftsmafia, siehe: *Tanaka*, JAPANMARKT, Deutsche Industrie- und Handelskammer in Japan, Ausgabe November 2008 bis Ausgabe Februar 2009). Es galt lange Zeit als Ideal, bei Aktionärsversammlungen börsennotierter Unternehmen tatsächlich keine Diskussionen zu führen und die Versammlung nach 15–30 Minuten zu beenden. Die Dorf-Mentalität stellt ein großes Hindernis bei der praktischen Umsetzung der aus dem Westen importierten Grundphilosophie der demokratischen Kontrolle dar, d.h. der Entscheidungsfindung bei wichtigen Fragen durch *offene* Diskussion im höchsten Organ (z.B. Hauptversammlung einer Gesellschaft) von Personen, die sich untereinander nicht unbedingt gut kennen.

So beurteilen und klassifizieren Japaner beispielsweise andere Länder häufig sehr einfach nach dem Kriterium **pro-japanisch** oder **anti-japanisch**, also **Freund** (in andere Worten: „Insider" oder „zur Gruppe gehörig") oder **Feind** („Outsider" oder „nicht zur Gruppe gehörig"), anstelle anhand des Inhalts der einzelnen Diskussionen sachlich zu urteilen, was richtig und was falsch ist. Taiwan z.B. gilt als „Freund" Japans. Die projapanische Haltung Taiwans lässt sich u.a. an den hohen Spenden nach dem Großen Erdbeben in Ostjapan 2011 ablesen; die Hilfe aus Taiwan rangierte an erster Stelle weltweit. Trotz seiner japanfreundlichen Einstellung protestierte Taiwan jedoch gegen die Verstaatlichung der Senkaku-Inseln, einer Inselgruppe, um die sich Japan und China streiten, durch die japanische Regierung, was in den japanischen Medien auf großes Erstaunen und Unverständnis stieß. Auch wenn humanitäre Hilfe und die Territorialfrage völlig unterschiedliche Dinge sind, gab es doch zahlreiche Medienberichte, in denen anstelle einer logischen Analyse die Dorf-Mentalität im Vordergrund stand, nach dem Motto: „Taiwan und Japan sind doch Freunde, warum kritisiert Taiwan uns?" 24

Ähnlich bei einem Interview des staatlichen Senders NHK am 27.9.2012: Hier wurde der ehemalige Vize-Außenminister *Richard Armitage* zum Inselstreit befragt. Gegen Ende des Interviews fragte die irritierte japanische Journalistin plötzlich den ehemaligen Vize-Außenminister, auf wessen Seite er überhaupt stehe. Diese Frage wurde – verständlicherweise – mit der Antwort quittiert, die Frage sei nicht fair. Auch hier erkennt man den japanischen Denkansatz „Freund oder Nicht-Freund", anstelle sich auf eine sachliche Diskussion einzulassen. 25

Wichtig ist es, die Atmosphäre des „Dorfes" richtig einzuschätzen bzw. zu spüren. Schätzt man eine Stimmung richtig ein, kann man sich anpas- 26 sen und vermeidet so, selbst zum Opfer zu werden. „Unsensible" Personen, die dies nicht können, werden „*KY*" (*Kuki Ga Yomenai* = erkennt die Atmosphäre/Stimmung nicht) genannt und tendieren dazu, Schwierigkeiten zu bekommen. Es geht also mehr darum, ob man sich der Gruppe gut anpasst, als ob eine Handlung objektiv richtig ist oder nicht. Ausländer in Japan sind manchmal – verzeihlicher Weise – „*KYs*".

27   *Honne* und *Tatemae*: Ein weiteres Phänomen in Japan ist die Gewohnheit, zwischen der Fassade (*Tatemae*) und den wahren Ansichten (*Honne*) stark zu unterscheiden. In Verträgen im traditionellen Stil kommen die wahren Absichten nur wenig zum Vorschein, die Vertragstexte weisen oft inhaltslose rhetorische Passagen auf. Z.B. bestanden bis vor 15 oder 20 Jahren auch Verträge zwischen Großunternehmen insgesamt meist aus weniger als zehn Paragraphen und enthielten fast ausnahmslos eine Regelung, die besagte, dass „bei Zweifeln bezüglich des Vertrags beide Vertragsparteien sich mit gutem Willen beraten und die Probleme lösen" sollen. Lange war man der Meinung, dass es ausreiche, Probleme – nachdem sie aufgetreten sind – durch Gespräche zwischen den „Machthabern" zu lösen, ohne im Voraus Regeln festzulegen. Es gibt sogar eine Gesellschaftskultur, die es ablehnt, im Vorfeld über mögliche künftige Probleme nachzudenken. In diesem Zusammenhang soll man den Begriff „*Kotodama*" (die Seele der Sprache) auch berücksichtigen: Unheilvolle Dinge sollen nicht offen gesagt werden, da sie sich sonst bewahrheiten könnten. Dies hatte zur Folge, dass Verträge nach westlichem Muster, die genaue Vorgaben für eventuelle Problemsituationen (z.B. Insolvenz der Vertragsparteien oder Tod des Direktors) beinhalten, in Japan lange Zeit fast als Tabu betrachtet wurden. Man möchte also bei der „Heirat" (Vertragseintritt) nicht über eine „Scheidung" (Kündigung bzw. Vertragsende) reden. Im Zuge der zunehmenden internationalen Transaktionen mit Ländern anderer Rechtskulturen nimmt jedoch die Zahl der Japaner, die „allergisch" auf den westlichen Vertragsstil mit seinen vielen „wenn" und „falls" reagieren, ab.

4. Einflüsse der Rechtskultur auf die Unternehmenskultur

28   Wie oben dargestellt, dauerte die Militärherrschaft in Japan vom Ende des 12. bis zum Ende des 19. Jahrhunderts an – insgesamt also fast siebenhundert Jahre. Da die Herrschaftsmacht in den Händen der Samurai (Ritter)-Klasse lag, wurden auch die anderen Klassen stark vom Konfuzianismus beeinflusst, der die Grundlage der Wissenschaft und Bildung der herrschenden Klasse Japans bildete. Im Konfuzianismus liegt der Schwerpunkt auf einem von religiöser Mystik befreiten Rationalismus sowie den „vertikalen" zwischenmenschlichen Beziehungen wie u.a. die kritiklose Treue gegenüber dem Herrscher oder die Erfüllung der Pflichten der Kinder gegenüber ihrem Vater. Diese Gedanken passten zur hierarchie-orientierten militärischen Ordnung des Militärregimes der Samurai.

II. Japanische Rechtskultur Rz. 31 Teil **9.4**

Typisch für eine militärische Organisation ist die Art der **Entscheidungs-** 29
findung. So trifft der in der Hierarchie Untergeordnete keine eigene Entscheidung, sondern wartet auf den Befehl des Übergeordneten. Fehlt ein solcher Befehl, tendiert man dazu, sich so zu verhalten, wie die Andere (s. *„Yokonarabi"*, Rz. 21), statt selbst Entscheidungen zu treffen (Abwesenheit von Geboten oder Verboten wie sie in der Bibel oder im Koran zu finden sind, Rz. 6). Hierzu einige kleine Beispiele:

– Japaner verabscheuen Trinkgelder. Es bereitet dem typischen Japaner 30
  Unbehagen, die Dienstleistung einer anderen Person selbst und sofort monetär bewerten zu müssen.

– Eine typische Form des Marketing in Japan ist es, damit zu werben, dass „alle dieses Produkt kaufen", „das Produkt sich gut verkauft" oder „alle darüber reden". Es wird also suggeriert, dass man zugreifen sollte, weil alle anderen das Produkt auch haben. Auch dies veranschaulicht die typische Eigenschaft der Japaner, eigene Entscheidungen möglichst zu vermeiden (s. *„Yokonarabi"*, Rz. 21).

– Kreisverkehr, wie man ihn in Frankreich, Großbritannien und anderen westlichen Länder häufig antrifft, ist in Japan noch extrem selten. In letzter Zeit ist das Interesse an Verkehrskreiseln in Japan jedoch stark gestiegen, u.a. um Strom für Ampeln zu sparen (nach dem AKW-Unfall von 2011 wurden fast alle AKWs in Japan vorübergehend abgeschaltet). In der Online-Ausgabe der Yomiuri Zeitung vom 23.2.2013 (*http://www.yomiuri.co.jp/homeguide/news/20130223-OYT8T00700.htm*) wurde jedoch als ein „Problem" der Verkehrskreisel angeführt, dass „bei den bisherigen Kreuzungen die Ampel entscheidet, ob man anhalten muss oder fahren darf. Im Kreisverkehr muss jedoch der Fahrer selbst nach den Verkehrsregeln eine Entscheidung treffen".

– Dazu eine berühmte Anekdote, die diesen Charakterzug der Japaner aufs Korn nimmt: Zwei Männer und eine Frau stranden auf einer unbewohnten Insel. Wenn es Italiener sind, werden die Männer um die Frau kämpfen, sind es Franzosen, wird die Frau einen der Männer heiraten und mit dem anderen ein Verhältnis beginnen. Sollten die Gestrandeten Amerikaner sein, so wird die Frau einen der Männer heiraten und sich wieder von ihm scheiden lassen, um danach den anderen Mann zu heiraten. Sind es Japaner, so werden sie um Anweisungen der Firmenzentrale in Tokyo bitten. Und es geht so weiter: sollte es sich um Deutsche handeln, so wird die Frau einen der Männer heiraten und der andere Trauzeuge sein.

Diese Beispiele zeigen, dass Japaner traditionell dazu neigen, Situationen 31
zu meiden, in denen sie in eigener Verantwortung eine Entscheidung fällen müssen. Der in japanischen Unternehmen übliche Entscheidungsprozess des **Ringi** reflektiert eben diese Rechtskultur. Es handelt sich hierbei um ein System, bei dem nicht der gesetzliche bzw. gesellschaftsinterne Entscheidungsberechtigte entscheidet, sondern möglichst viele Personen der Abteilungen, die in irgendeiner Weise von der Entscheidung beein-

flusst werden könnten, um ihre Zustimmung gebeten werden, bevor dann der Entscheidungsberechtigte die „offizielle" Zustimmung gibt. Im Allgemeinen wird diese Umlaufakte von allen Betroffenen nacheinander mit einem rotem Siegel abgestempelt. Diese Aneinanderreihung von roten Stempeln wird mitunter auch als „Lampionkette" bezeichnet. Dies gilt auch für Fälle, in denen die Entscheidung auf der Ebene der Geschäftsführung stattfindet. Auch in diesem Fall müssen wichtige Punkte intern mit vielen Personen (oft auch außerhalb des Boards) besprochen werden. Jedoch trifft das oft nicht auf Unternehmen im Familienbesitz zu, in denen der Besitzer über eine fast diktatorische Macht verfügt. Besonders in traditionellen (auch börsennotierten) Unternehmen ist diese Tendenz jedoch stark ausgeprägt.

32 Folglich erfordert jede Entscheidung extrem viel Zeit, und man muss viel Geduld mitbringen. Andernfalls kann es geschehen, dass Geschäftsverhandlungen platzen, da japanische Unternehmen es oft ablehnen, mit Unternehmen zusammenzuarbeiten, die Druck ausüben und den Entscheidungsbefugten zu einer raschen Entscheidung drängen wollen.

33 Je wichtiger ein Vertrag ist, umso mehr Personen werden in den Entscheidungsprozess eingebunden. Entsprechend kostet es Zeit, bis die gesamte Organisation Vertragsentwürfe und den Status der Vertragsverhandlungen „verdaut" hat. Da auch die Abstimmung von Terminen sich schwieriger gestaltet, je mehr Personen involviert sind, besteht die Gefahr, dass sich Vertragsverhandlungen endlos hinziehen, wenn nicht bei jedem Treffen sofort die Termine für die nächste (und falls möglich auch die übernächste) Verhandlung festgelegt werden. Wichtig ist dabei auch, das Geschäftsjahr des Unternehmens zu beachten. Das Geschäftsjahr der meisten japanischen Unternehmen geht vom 1. April bis zum 31. März des Folgejahres. Entsprechend sind die Unternehmen im März und Juni sehr beschäftigt, denn nach dem Gesellschaftsrecht muss innerhalb von drei Monaten nach Ablauf des Geschäftsjahres eine Hauptversammlung abgehalten werden. In diesen Monaten bleibt nur wenig Zeit für wichtige Verhandlungsgespräche. Je wichtiger die Verhandlungen sind, desto höhere Positionen bekleiden die Verhandlungspartner in den japanischen Unternehmen, und sie sind folglich im März und Juni (bei Unternehmen, deren Geschäftsjahr dem Kalenderjahr entspricht, sind es Dezember und März) anderweitig besonders eingebunden. Angaben zum Geschäftsjahr eines Unternehmens finden sich im Handelsregisterauszug oder auf der Website des betreffenden Unternehmens. Des Weiteren gilt es zu bedenken, dass japanische Unternehmen über Neujahr, in der „Goldenen Woche" Anfang Mai und an *O-bon* (buddhistisches Totengedenken) Mitte August jeweils länger geschlossen sind.

III. Vertragspraxis in Japan

1. Vertragsplanung

a) Allgemeines

Wie bereits im Kapitel zur Rechtskultur erläutert, ist es – insbesondere in traditionellen japanischen Unternehmen – eher selten der Fall, dass die laut Gesetz bzw. Organigramm entscheidungsberechtigte Person ihre Entscheidungskompetenz allein ausübt. In den meisten Fällen wird der Betreffende vor der endgültigen Entscheidung weitere Personen nach ihrer Meinung befragen. Daher sollte ausreichend Zeit für die Abstimmung der Termine und die Verhandlungen eingeplant werden (s. Rz. 31–33). Es ist weiter wichtig zu sondieren, wer alles auf der Seite des japanischen Unternehmens in den Entscheidungsprozess eingebunden ist. Selbst wenn nach außen hin nur ein Ansprechpartner genannt wird, sind im Hintergrund meist mehr Personen involviert. Dies sollte bei der Zeitplanung unbedingt berücksichtigt werden. 34

Je nachdem, welchen Umfang bzw. welche Bedeutung ein Vertrag für das Unternehmen hat, erfolgt die Entscheidung auf unterschiedlichen Ebenen. Handelt es sich um eine Transaktion, die für die Aktiengesellschaft mit traditioneller Innenstruktur wichtig ist, ist eine Genehmigung durch den Direktorenrat *(Torishimariyaku-kai)* nötig. Da laut Gesetz nur mindestens einmal in drei Monaten eine Sitzung vorgeschrieben ist, sollte man sich rechtzeitig nach den entsprechenden Terminen erkundigen, da es sonst zu unerwünschten Verzögerungen bei der Vertragsunterzeichnung kommen kann. 35

Andere Verträge bzw. Transaktionen erfordern – je nach Volumen und Natur – eine Mitteilung an bzw. vorherige Genehmigung durch die zuständigen Behörden. So bedürfen etwa Transaktionen, die das Wettbewerbsrecht oder die nationale Sicherheit betreffen, einer entsprechenden Genehmigung. Gleiches gilt für erforderliche Genehmigungen aufgrund bestimmter historischer Gründe, wie etwa hinsichtlich Einfuhrbeschränkungen auf Lederwaren. 36

b) Juristen in Japan

aa) Volljurist – Bengoshi

Der japanische Rechtsanwalt *(Bengoshi)*, entspricht dem deutschen Rechtsanwalt als **Volljurist**. Als Volljuristen gelten Rechtsanwälte, Richter und Staatsanwälte. Im Vergleich zur Zeit vor der Justizreform, als nur 2 % der Anwärter das Staatsexamen zur Zulassung als Volljuristen bestanden, sind es heute wesentlich mehr; dennoch bleibt ihre Zahl weit hinter der anderer Industrieländer zurück. Der Grund für die geringe Zahl der Juristen insgesamt ist auch vor dem Hintergrund der oben erläuterten Rechtskultur zu sehen. Man spricht in diesem Zusammenhang 37 auch von der sog. „20 %-Justiz", d.h. nur 20 % aller Streitigkeiten werden auf juristischem Wege gelöst, der Rest auf anderem Wege, z.B. über Behörden oder Politiker – oder einfach vergessen.

38 Zur **Gewaltenteilung** in Japan ist zu erwähnen, dass die Exekutive stets sehr stark war. In der Meiji-Zeit wurde in dem Bemühen, eine rasche Modernisierung des Staates zu realisieren, um eine Kolonialisierung durch die westlichen Mächte zu vermeiden, ein zentralistisches Machtsystem eingeführt. Beim Wiederaufbau nach dem Zweiten Weltkrieg legte man ebenfalls ein stark zentralistisches System zugrunde. Wie erwähnt sind die konfuzianistischen Traditionen mit ein Grund dafür, dass Befehle von oben widerstandslos befolgt werden. Dies hat dazu geführt, dass die Ministerien über einen sehr großen Ermessensspielraum verfügen. Der Schwerpunkt liegt auf dem **Interessenausgleich** im Voraus; entsprechend spielt die Judikative, deren Rolle die nachträgliche Hilfe ist, eine geringere Rolle und erhält auch nur beschränkte Mittel aus dem Haushalt. In den 90er Jahren kam es jedoch zum Zusammenbruch dieser quasi-sozialistischen Strukturen und man versuchte zum ersten Mal in der japanischen Geschichte, eine wahre Marktwirtschaft zu etablieren. Im Zuge der Verwaltungsreformen begann man in dieser Zeit, teilweise schmerzhafte Reformen einzuleiten, um den Ermessensspielraum der Regierung abzubauen, die Judikative zu stärken sowie eine Gewaltenteilung im westlichen Sinn, mit einem ausgewogenen Kräfteverhältnis zwischen den drei Gewalten, anzustreben. Vor diesem Hintergrund ist auch die Zahl der Volljuristen angestiegen: anstelle von vormals 500 neu zugelassenen Juristen pro Jahr sind es heute ca. 2000 Volljuristen. Anders als in Deutschland, wo der numerus clausus unter dem Gesichtspunkt der Freiheit der Berufswahl erheblicher grundgesetzlicher Überprüfung unterliegt – wird die durch die Regierung vorgenommene Festlegung der Zahl der Personen, die das Staatsexamen bestehen, kaum in Frage gestellt, obgleich auch die japanische Verfassung eine Bestimmung enthält, die der in Art. 12 GG niedergelegten Garantie einer freien Berufswahl sehr nahe kommt. Zwischen den Kategorien der Volljuristen besteht eine enge Zusammenarbeit. So werden Rechtsanwälte oft Richter und auch junge Richter machen häufig Praktika in Rechtsanwaltskanzleien.

bb) Nicht-Volljuristen

39 Es gibt in Japan noch andere Arten von Juristen, die nicht als Volljuristen gelten. Dazu gehören die sogenannten „**Schreiber**"-Berufe (*Shoshi*). Auch diese Nicht-Volljuristen verfügen über eine staatliche Qualifikation. Die Prüfung an sich ist jedoch sehr viel einfacher als die zum Volljuristen. Entsprechend sind auch die Aufgabenbereiche dieser Juristen stark eingeschränkt. Die Notwendigkeit für diese juristischen Berufe ergab sich auch aus der erwähnten zahlenmäßigen Begrenzung der Volljuristen. Besonders in ländlichen Gebieten fällt diesen Nicht-Volljuristen de facto die Aufgabe zu, den Bedarf an rechtlichen Beratungen durch Volljuristen (*Bengoshi*) zu decken. Ein weiteres Tätigkeitsfeld war die Hilfe bei Behör-

denanträgen, die bis zur Verwaltungsreform häufig so komplex waren, dass die Bürger oft überfordert waren. Zu diesen Nicht-Volljuristen zählen Juraschreiber und Verwaltungsschreiber.

Für diese beiden genannten „Shoshi (Schreiber)"-Qualifikationen existiert kein Pendant in westlichen Ländern. Darum gibt es auch keine offizielle Übersetzung. Der Juraschreiber wird oft mit „Judical Scrivener" übersetzt, der Verwaltungsschreiber mit „Adminstrative Scrivener" und das Verwaltungsschreiberbüro mit „Judicial Office" im Gegensatz zum „Law Office" für die Rechtsanwaltskanzlei (Hōritsu Jimusho). Manchmal bezeichnen sich Verwaltungsschreiber als „Solicitor", wobei diese Qualifikation sich jedoch komplett von den Kompetenzen eines Solicitors in Großbritannien unterscheidet. 40

(1) Juraschreiber (Shihō Shoshi)

Die Befugnisse des Juraschreibers waren in der Vergangenheit hauptsächlich auf die Antragstellung für eine Eintragung ins Immobilien- oder Handelsregister beschränkt. Da es in der Provinz jedoch nur wenige oder keine Volljuristen gab, fungierten die Juraschreiber in diesen Regionen als de facto-Rechtsanwälte. Seit der Gesetzesänderung von 2002 darf der Juraschreiber unter gewissen zusätzlichen Bedingungen seinen Mandanten in Fällen mit einem geringem Streitwert beim Summary Court (Kan-I Saibansho, vergleichbar mit dem Amtsgericht in Deutschland) auch gerichtlich vertreten. Die Zahl der Juraschreiber beläuft sich landesweit auf 20 670 (Stand: 1.4.2012). 41

(2) Verwaltungsschreiber (Gyōsei Shoshi)

Verwaltungsschreiber können Anträge erstellen, die bei den Behörden eingereicht werden, und dürfen Dokumente vorbereiten, die Rechte und Pflichten behandeln. Es ist ihnen nicht erlaubt, gerichtliche Vertretungen zu übernehmen. Man findet z.B. in der Nähe von KfZ-Zulassungsstellen viele Verwaltungsschreiber, die bei der Antragstellung für den Führerschein behilflich sind. Die Zahl der Verwaltungsschreiber beläuft sich landesweit auf ca. 40 000 (Stand: 1.4.2012). 42

cc) Berater für ausländisches Recht (Gaikoku Hō Jimu Bengoshi, sog. GJB)

Neben den o.g. Rechtsanwälten gibt es auch registrierte Berater für ausländisches Recht (Gaikoku Hō Jimu Bengoshi). Im Ausland zugelassene Rechtsanwälte dürfen nur in Fragen beraten, die sich auf das Recht des Landes beziehen, in dem sie die Zulassung erworben haben, und nur, wenn sie als Berater für ausländisches Recht eingetragen sind. Die Registrierung erfolgt nach Prüfung der Dokumente und ist immer noch mit viel Papieraufwand verbunden. Erst nachdem die Registrierung erfolgt ist, darf der betreffende Berater seine Tätigkeit als Foreign Lawyer auf- 43 nehmen. Die Beratung zu Fragen des japanischen Rechts ist untersagt, es sei denn, der Inhalt wurde durch einen japanischen Rechtsanwalt (*Bengoshi*) kontrolliert.

dd) Notar (Kōshōnin)

44 In Bezug auf den Notar existiert ein ähnliches System wie in Deutschland. Der Werdegang und die Funktion eines *Kōshōnin* unterscheiden sich jedoch von dem eines Notars in Deutschland. *Kōshōnin* sind häufig ehemalige Richter oder Staatsanwälte. Inhaltlich unterscheidet sich die Rolle des *Kōshōnin* von der des Notars in Deutschland dahingehend, dass es im japanischen Zivilrecht kein Abstraktionsprinzip wie im deutschen BGB gibt. Folglich spielt der *Kōshōnin* eine geringere Rolle als sein Pendant in Deutschland. Bei offiziellen Identitätsnachweisen für Transaktionen sind häufig auch *Kōshōnin* involviert. Japanische Gerichte und Behörden fordern bei Transaktionen jedoch selten eine Beglaubigung mit Apostille. Daher sind japanische Notare (besonders auf dem Land) manchmal überfordert, wenn ein deutsches Gericht Verhandlungsdokumente mit Apostille verlangt.

c) Auswahl von geeigneten Anwälten in Japan

45 **Fremdsprachenkompetenzen der Anwälte *(Bengoshi)*:** Je komplexer eine Rechtssache ist, desto wichtiger ist das gegenseitige Verständnis zwischen Mandant und Rechtsanwalt. Aufgrund der strengen Examensprüfung müssen die jungen Prüflinge sich intensiv dem Studium der Rechtsfächer widmen, um die Prüfung zu bestehen, fremdsprachliche Kenntnisse spielen keine Rolle. Folglich gibt es in Japan nicht genug Volljuristen, die über gute englische Sprachkenntnisse und umfassende Erfahrungen mit auslandsbezogenen Transaktionen verfügen, was ein großes Problem bei grenzüberschreitenden Transaktionen darstellt. Die Zahl der Rechtsanwälte mit einer japanischen Volljuristzulassung (*Bengoshi*), die auch in deutscher Sprache beraten können, ist ziemlich gering.

Da Japan im Gegensatz zu Deutschland auch heute noch extrem zentralistisch aufgebaut ist, konzentrieren sich die wesentlichen Abteilungen der Unternehmen (besonders die Abteilungen für internationale Rechtsfragen) auf Tokyo. Entsprechend sind auch die wenigen Ausnahmen von Volljuristen mit guten fremd(englisch)sprachlichen Kenntnissen meist in Tokyo angesiedelt. Die Konzentration auf Tokyo mag mit Russland vergleichbar sein, wo auch oft zwischen Moskau und Nicht-Moskau unterschieden wird.

46 **Ausländische Kanzleien in Japan:** Bei den Tokyoter Büros ausländischer Großkanzleien stellt sich das Problem der Sprachkompetenz natürlich nicht. Da ausländische Kanzleien in Japan jedoch i.d.R. nur über eine begrenzte Anzahl von Rechtsanwälten mit einer japanischen Volljurist-

zulassung (*Bengoshi*) verfügen, können sie nicht alle Fachbereiche des Wirtschaftsrechts abdecken. Daher versuchen sie entweder, mit einem kleineren Team viele Bereiche abzudecken oder spezialisieren sich auf bestimmte Rechtsbereiche, wie z.B. das Finanzrecht, welches ein Rechtsgebiet ist, in dem besonders anglo-amerikanische Großkanzleien umfangreiche und tiefgehende Erfahrungen haben.

Ausländische Anwälte mit Bengoshi-Zulassungen: Im Gegensatz zur Foreign Lawyer (*Gaikoku Hō Jimu Bengoshi*, s. Rz. 43)-Zulassung, gibt es nur wenige Ausländer, die die Prüfung zum japanische Volljuristen erfolgreich bestehen. Laut Statistik der Japanischen Föderation der Rechtsanwaltskammern (*Nichibenren*) waren per 13.2.2013 unter den zugelassenen *Bengoshi* 143 von der koreanischen Halbinsel, 8 aus China, 3 aus den USA, 1 aus Großbritannien und 1 aus Vietnam. In den 1970er Jahren, als die Insel Okinawa von den USA an Japan zurückgegeben wurde, erhielten amerikanische Attorneys-at-Law, die damals in Okinawa tätig waren – darunter auch ein deutscher Rechtsanwalt mit amerikanischer Zulassung – als Ausnahmeregelung im Zusammenhang mit der Inselrückgabe eine Sonderzulassung. Danach hat jedoch noch kein Deutscher bis heute die Zulassung zum Rechtsanwalt in Japan (*Bengoshi*) erworben. 47

d) Nützliche Homepages

Justizministerium: *http://www.moj.go.jp/ENGLISH/index.html* (Englisch) 48

JETRO: *http://www.jetro.go.jp/* (Englisch)

Deutsche Industrie- und Handelskammer in Japan: *http://www.japan.ahk.de/* (Deutsch)

Deutsche Botschaft Tokyo: *http://www.japan.diplo.de/Vertretung/japan/de/Startseite.html* (Deutsch)

Der Autor dieses Kapitels verfasst seit Juli 2008 regelmäßig Artikel für die monatliche Zeitschrift der Deutschen Industrie- und Handelskammer in Japan über die jüngsten Entwicklungen im japanischen Gesellschaftsrecht und die Rechtskultur. Mit freundlichem Einverständnis der DIHK können die bereits veröffentlichen Artikel unter der folgenden URL abgerufen werden: *http://www.city-yuwa.com/deutsch/index.html*

2. Vertragsdesign

a) Allgemeine Bemerkungen

Wie angesprochen waren traditionale Verträge in Japan nur ein paar Seiten stark, das galt für lange Zeit auch für Verträge von großen börsennotierten Unternehmen. Darüber hinaus enthielten Verträge teilweise für westliche Unternehmen bedeutungslose Klauseln (z.B. „falls Unklarheiten oder Zweifel auftreten, sollen die Parteien in gutem Glauben gemein- 49 sam nach einer Lösung suchen"). Dies wäre für westliche Juristen selbstverständlich; daher wird ihnen diese Klausel inhaltlos und überflüssig erscheinen. Entsprechende Formulierungen sind aber im Zusammenhang mit der o.g. japanischen Rechtsmentalität zu sehen. Erstens wird wie oben ausgeführt viel Wert darauf gelegt, eine Gemeinschaft zu schaffen, d.h. ein enges gegenseitiges Vertrauen aufzubauen und zu pflegen. Es wird davon ausgegangen, dass sich Probleme lösen lassen, wenn man sich nur gut versteht. Zweitens spielt hier auch der im Kapitel zur Rechtskultur beschriebene *Kotodama*-Gedanke eine Rolle. Da viele Japaner es vermeiden möchten, unerwünschte Situationen explizit zur Sprache zu bringen, zögern sie häufig, Klauseln in den Vertrag aufzunehmen, die sich auf mögliche künftige Schwierigkeiten beziehen. Ein derartiger Wunsch westlicher Vertragspartner wird mitunter als mangelndes Vertrauen ausgelegt. Derartige Themen sollten daher nicht in einem großen Kreis diskutiert oder vertraglich festgehalten werden, sondern nur im kleinen Kreis – möglichst in einer Atmosphäre, die das Zusammengehörigkeitsgefühl stärkt – abgesprochen werden.

50   In letzter Zeit ist jedoch auch in dieser Beziehung eine gewisse **Verwestlichung** festzustellen. Einhergehend mit der steigenden Zahl grenzüberschreitender Transaktionen findet man in letzter Zeit auch in Japan vermehrt vertragliche Regelungen, die sich vorwiegend an amerikanischen Vertragsmustern orientieren, wobei teilweise auch unnötige Bestandteile mit übernommen werden. So ist z.B. gemäß japanischem Recht die für Verträge des angloamerikanischen Rechts geltende „Consideration" nicht erforderlich. Da sie aber nicht schadet und die Hintergrunddarstellung hilfreich ist, findet man sie teilweise auch in japanischem Recht unterstellten grenzüberschreitenden Verträgen. Heutzutage schicken viele Unternehmen Mitarbeiter der Rechtsabteilung zum Studium in die USA, was dazu geführt hat, dass inzwischen auch in Japan längere Vertragsmuster westlichen Stils die Grundlage für die Vertragsverhandlungen bilden.

51   In Bezug auf die Verträge sollte man **Sprachbarrieren** bei den Verhandlungen nicht unterschätzen. Selbst wenn ein englischsprachiger Ansprechpartner im japanischen Unternehmen benannt wurde, müssen in der Regel viele Personen im Unternehmen einem Vertrag de facto zustimmen („*Ringi*" System, siehe Rz. 31), darunter auch meist Personen, die des Englischen nicht mächtig sind. Daher werden intern oft japanische Übersetzungen erstellt, was wiederum zusätzlich Zeit in Anspruch nimmt. Wird diese Übersetzung nicht korrekt vorbereitet (was oft der Fall ist), können sich auch hier Fehler einschleichen, die dann zu unerwarteten Problemen und weiteren Verzögerungen (oder zu einem plötzlichen deal break ohne Angabe von Gründen) führen können.

Ein weiterer Unterschied zu Deutschland ist das seltene Vorhandensein von klassischen **AGB**. Außer in Geschäftsbereichen wie Finanz- und Versicherungswesen, Transport, E-Commerce etc. findet man in Japan selten

AGB. Folglich könnte eine Klausel, die etwa auf die Einkaufsbedingungen des ausländischen Vertragspartners verweist, bei der japanischen Gegenseite Erstaunen auslösen. In Japan gibt es derzeit kein AGB-Gesetz. Im Zuge der derzeitigen BGB-Reform wird jedoch diskutiert, ob ein separates AGB-Gesetz geschaffen oder ein Kapitel entsprechenden Inhalts in das revidierte japanische BGB aufgenommen werden soll.

b) Anwendbares Recht

Die Entscheidung für japanisches oder deutsches Recht ist abhängig von der Verhandlungsstärke der jeweiligen Vertragspartner. Ferner sollte je nach Fall bzw. Rechtsgebiet abgewogen werden, welches Recht zugrunde gelegt wird, da es je nach Bereich viele Ähnlichkeiten, aber auch teilweise große Unterschiede zwischen japanischem und deutschem Recht gibt. Dies zeigt z.B. das **Vertriebsrecht**. In Japan existiert kein strenger Handelsvertreterschutz wie z.B. ein Ausgleichsanspruch nach § 89b HGB. D.h. bei einem Vertrag zwischen einem deutschen Produzenten und einem japanischen Handelsvertreter würde die vorbehaltslose Wahl des deutschen Rechts ein Risiko bedeuten, da damit ein Schutz eingeräumt wird, der nach japanischem Recht nicht existiert. Soweit der Handelsvertreter seinen Sitz außerhalb der EU und des Europäischen Wirtschaftsraums hat, ist es freilich möglich, auch bei Wahl deutschen Rechts den erwähnten Schutz auszuschließen (s. § 89c deutsches HGB). 52

c) Gerichtsstand

Die Entscheidung für den **Gerichtsstand** ist abhängig von der Richtung einer denkbaren Klage im Zusammenhang mit der gegebenen Transaktion. Wenn z.B. die Wahrscheinlichkeit höher ist, dass die japanische Seite verklagt wird und das Vermögen sich in Japan befindet, wäre es naheliegend, Japan als Gerichtsstand zu wählen. Würde man sich in einem solchen Fall für Deutschland als Gerichtsstand entscheiden, müsste das Urteil des deutschen Gerichts in Japan vollstreckt werden. Dies erfordert weitere Verfahren. Darum sollte von Anfang an die Wahrscheinlichkeit einer Klage abgewogen werden. 53

In Japan werden **ausländische Urteile vollstreckt**, wenn sie die folgenden Bedingungen erfüllen: (i) Es muss sich um das Schlussurteil eines ausländischen Gerichts handeln, (ii) das ausländische Gericht muss das Zuständigkeitsrecht besitzen, (iii) der verfahrensrechtliche Schutz des verklagten Prozessverlierers muss gegeben sein, (iv) das Urteil darf nicht gegen den japanischen ordre public verstoßen, und (v) die Reziprozität muss existieren. Sind diese Bedingungen gegeben – wie im Fall zwischen Deutschland und Japan – ist eine Anerkennung und Vollstreckung ausländischer Urteile möglich, erfordert aber Zeit und Geld, besonders wenn der Beklagte versucht zu behaupten, dass das deutsche Urteil z.B. gegen den japanischen ordre public verstoße, und somit der Inhalt des Urteils nochmals geprüft werden muss – eine typische Taktik, um den Kläger im Ausland zu Ausgaben bzw. zu einem Vergleich zu zwingen.

54 Es wäre theoretisch denkbar, **Gerichtstand Tokyo** und **deutsches Recht** zu wählen; jedoch ist eine solche Kombination nicht empfehlenswert. Die Beweiserbringung wäre sehr aufwendig und die Übersetzungskosten erheblich. Für die englische Sprache gibt es zahlreiche Übersetzer, bei anderen Sprachen sind Fachübersetzer für juristische Dokumente (Gesetzestexte, Verträge, Rechtsprechung) zahlenmäßig sehr begrenzt. Auch die gesetzlich vereidigten Übersetzer in Deutschland und Österreich sind mitunter überfordert. So ist es vorgekommen, dass aufgrund eines klaren Übersetzungsfehlers eines gerichtlich vereidigten Übersetzers in Österreich eine Überarbeitung sämtlicher Übersetzungen angeordnet wurde, die dem Kläger enorme Kosten verursachten, da umfangreiche Rechtsprechung ins Japanische übersetzt werden musste. In der Übersetzung des österreichischen Rechtsspruch des Zivilgerichts wurde anstatt „Die Beklagten haben als Gesamtschuldner XY Schilling zu zahlen" übersetzt: „Die Angeklagten sind alle strafbar". Der japanische Richter war entsetzt über das Unwissen des gerichtlich vereidigten Übersetzers in Wien, der nicht einmal den Unterschied zwischen Zivil- und Strafrechtsfällen kenne und ordnete die Überarbeitung der Übersetzungen an. Daher sollten Kosten, Zeit und Risiko von Übersetzungen nicht unterschätzt werden.

d) Schiedsklauseln

55 Entsprechende Klauseln sind nützlich, wenn es um spezielle Geschäftsbereiche (z.B. Baurecht) geht, in denen der durchschnittliche Richter selten fundierte Kenntnisse hat. Schiedsverfahren sind – nicht nur in Japan – allgemein sinnvoll.

Die Anerkennung und Vollstreckung von deutschen Schiedssprüchen in Japan (und umgekehrt) ist möglich, da sowohl Japan als auch Deutschland Unterzeichnerstaaten des New Yorker Übereinkommens von 1958 über die Anerkennung und Vollstreckung ausländischer Schiedssprüche sind.

3. Vertragsverhandlungen

56 Wie beschrieben, sind bei typischen japanischen Gesellschaften mit traditioneller japanischer Rechtskultur viele Personen in den Verhandlungsprozess eingebunden. Sollte bei einem Termin mit einer japanischen Gesellschaft in ihrer Zentrale in Tokyo nur eine einzige Person erscheinen, kann dies oft als Zeichen geringen Interesses der japanischen Seite an dem Projekt aufgefasst werden.

57 Bei Verhandlungen zwischen Angehörigen westlicher Kulturen und traditionell geprägten Japanern kann es leicht zu Missverständnissen kommen. Einige sollen im Folgenden aufgezählt werden:

Visitenkarten: Der Austausch von Visitenkarten vermittelt nicht nur Informationen über Kontaktadresse und Namen, sondern insbesondere auch über die Position einer Person im Unternehmen. Je nach Position muss im Japanischen eine andere Sprachebene gewählt werden, daher ist es wichtig, die Stellung des Gegenübers von Anfang an zu kennen. Das ist auch der Grund dafür, dass gleich zu Anfang die Visitenkarten ausgetauscht werden. Überreicht man keine Karte, könnte dies als Zeichen gewertet werden, dass man nicht an dem Gegenüber interessiert ist oder keinen Respekt hat, da man nicht einmal bereit ist, eine Visitenkarte zu geben. Weiter wäre es ein großer Fehler, mit der Visitenkarte während des Gesprächs herumzuspielen oder eine verknickte Karte zu überreichen. Dies käme einer Beleidigung gleich.

Japaner sind bemüht, zu ihrem Gegenüber Vertrauen aufzubauen und eine enge Gemeinschaft zu schaffen („Dorf-Mentalität", siehe Rz. 23). Daher interessiert man sich neben der Arbeit auch für private Dinge wie Familie, Hobbies etc. Besonders beim ersten Treffen sollte man daher eine **Einladung** zum Essen oder Trinken keinesfalls ausschlagen, sondern versuchen, diese Gelegenheit zu nutzen, um ein Vertrauensverhältnis aufzubauen und sich um ein besseres Kennenlernen zu bemühen. Wenn man gegenseitig das Gefühl gewinnt, man bilde eine Gemeinschaft und sitze im selben Boot, ist man dem Ziel (Vertragsabschluss) einen Schritt näher gekommen. Das gemeinsame Trinken wird im Japanischen als „*Nommunication*" bezeichnet, eine Verschmelzung der Begriffe „*nomu*" (trinken) und *communication*, deren Rolle nicht unterschätzt werden sollte.

4. Vertragsabschluss

Beim Vertragsabschluss muss unterschieden werden zwischen juristischen und praktischen Aspekten des Vertragsabschlusses. 58

a) Juristische Aspekte

Das japanische Rechtssystem im Zusammenhang mit dem Zustandekommen von Verträgen basiert auf dem Bürgerlichen Gesetzbuch Deutschlands Ende des 19. Jahrhunderts. Ein Vertrag kommt zustande, wenn **Angebot und Annahme** der Vertragsparteien übereinstimmen. Voraussetzung für das Zustandekommen eines Vertrags ist i) die objektive Übereinstimmung der Inhalte von Angebot und Annahme sowie ii) der Wille der Vertragsparteien, der auf ein Zustandekommen des Vertrags abzielt. Dies bedeutet konkret, dass ein Kaufvertrag zwischen Verkäufer und Käufer zustande kommt, wenn der Verkäufer das Angebot macht, eine Sache zu verkaufen und der Käufer das Angebot annimmt, indem er zustimmt, die Sache zu kaufen. Das japanische BGB basiert auf dem Konsensualprinzip: demzufolge reichen für das Zustandekommen eines Vertrages entsprechende Willenserklärungen aus. Es genügen mündliche 59

Vereinbarungen. Die Frage, ob ein Vertrag in schriftlicher Form vorliegt, kommt nur im Zusammenhang mit Beweisen zum Tragen.

aa) Angebot

60 Die Willenserklärung des Angebots (= Willenserklärung, die zum Zustandekommen eines Vertrages führt, wenn das Angebot angenommen wird) wird gemäß dem „**Zugangsprinzip**" mit dem Zugang des Angebots bei der anderen Partei wirksam (§ 97 Abs. 1 japanisches BGB). Da die Willenserklärung bis zum Zugang der Benachrichtigung noch nicht wirksam ist, ist es möglich, das Angebot bis zu diesem Zeitpunkt zurückzuziehen. Ein Vertragsangebot mit einer festgelegten Annahmefrist kann während dieser festgelegten Zeit nicht zurückgenommen werden. (§ 521 Abs. 1 japanisches BGB). Der Gesetzestext geht zwar von abwesenden Parteien aus, laut herrschender Meinung ist dies jedoch auch auf Anwesende anwendbar. Bei Vertragsangeboten ohne festgelegte Annahmefrist kann der Anbieter sein Angebot solange nicht zurücknehmen, bis eine für den Zugang der Annahmebenachrichtigung angemessene Zeit vergangen ist (§ 524 japanisches BGB). Folglich verliert das Angebot nach „Ablauf einer angemessenen Zeit" seine bindende Kraft. Verträge zwischen Anwesenden ohne festgelegte Annahmefrist fallen nicht unter § 524 japanisches BGB (Rechtsprechung und herrschende Meinung). Im Fall von Verträgen zwischen anwesenden Kaufleuten wird das Angebot jedoch unwirksam, wenn der Empfänger das Angebot nicht unmittelbar nach Empfang annimmt. (§ 507 japanisches HGB). Prinzipiell ist es jederzeit möglich, Angebote an eine unbestimmte Person zurückzunehmen. Wurde jedoch eine (Annahme)Frist festgelegt, wird davon ausgegangen, dass auf das Widerrufsrecht verzichtet wurde. (§ 530 japanisches BGB).

bb) Annahme

61 Für die Willenserklärung der Annahme gilt im Gegensatz zum Angebot nicht der Zugang, sondern der **Zeitpunkt der Abgabe**. Entsprechend stellt sich das Problem, wie in Fällen zu verfahren ist, in denen die Benachrichtigung über den Widerruf des Angebots nach Abgabe der Annahmebenachrichtigung zugeht. Im japanischen BGB gilt ein Vertrag als zustande gekommen, wenn der Annehmende unverzüglich eine Benachrichtigung über das verspätete Eintreffen der Widerrufsbenachrichtigung an den Anbieter abschickt, während ein Vertrag andererseits nicht zustande kommt, wenn umgekehrt der Annehmende es versäumt hat, eine entsprechende Benachrichtigung über das verspätete Eintreffen zu senden (§ 527 japanisches BGB). Diese Regel findet jedoch keine Anwendung in Fällen, in denen Annahmebenachrichtigungen auf elektronischem Wege versendet werden. (§ 4 Gesetz über Sonderregelungen des japanischen BGB hinsichtlich elektronischer Verbraucherverträge und elektronischer Annahmebenachrichtigungen). Werden Annahmefristen festgelegt, kommt ein Vertrag natürlich nicht zustande, wenn die Annahme

nicht innerhalb der Frist zugeht (§ 521 Abs. 2 japanisches BGB). In diesem Fall erübrigt sich auch der Widerruf durch den Anbieter. In Fällen, in denen ein Angebot ohne festgelegte Annahmefrist seine Verbindlichkeit verliert, kann der Anbieter seine Willenserklärung (Angebot) zurückziehen, die Gültigkeit des Angebots an sich geht jedoch natürlich nicht verloren. Solange der Anbieter das Angebot nicht widerruft, kann die andere Partei (Annehmender) den Vertrag annehmen. Da es seltsam wäre, wenn dieser Zustand ewig andauern würde, gibt es im japanischen BGB zwar keine Regelung wie in § 146 des deutschen BGB, die herrschende Meinung geht jedoch dahin, unter Verweis auf Handelspraktiken und den Grundsatz von Treu und Glauben das Gesetz so auszulegen, dass ein Angebot nach Ablauf einer angemessenen Zeit nicht mehr angenommen werden kann.

cc) Vertretungsberechtigte je nach Rechtsform

Während in Deutschland Kapitalgesellschaften überwiegend in Form von GmbHs existieren, wurde die **YK** (*Yugen Gaisha*, Pendant zur deutschen GmbH) in Japan mit der 1.5.2006 in Kraft getretenen Gesellschaftsrechtsreform abgeschafft. Auch als die Rechtsform der YK noch existierte, wählten viele kleinere Unternehmen die Form der **KK** (*Kabushiki Kaisha*, **Aktiengesellschaft**). Mit anderen Worten überwiegt in Japan – sowohl vor als auch nach der Gesellschaftsrechtsreform – die Rechtsform der *KK*. Die Vertretungsberechtigten einer *KK* variieren seit 1.5.2006 je nach den gesellschaftsinternen Organen der KK. Bis Ende April 2006 waren die Organstrukturen der Gesellschaften fast einheitlich. Die Gesellschaftsreform hat zu einer Vielfalt von möglichen Organstrukturen geführt, und es würde den Rahmen dieser Abhandlung sprengen, im Einzelnen auf alle Formen einzugehen. Grundsätzlich lässt sich festhalten, dass bei einfach strukturierten Gesellschaften meist ein **Direktor** (*Torishmariyaku*) die Vertretungsmacht hat. Gibt es mehrere von der Aktionärsversammlung ernannte Direktoren, so fungieren ein oder mehrere Direktoren als „*Representative Director*", d.h. als vertretungsberechtigter Direktor (*Daihyo Torishimariyaku*). Wenn es mehrere *Daihyo Torishiariyaku* gibt, vertritt jeder einzelne vertretungsberechtigte Direktor die Gesellschaft. Da diese Beschränkungen der Alleinvertretungsmacht (z.B. gemeinsame Vertretung) nicht gegenüber *Bona fide*-Dritten behauptet werden können, existiert in Japan das in Deutschland übliche Vieraugenprinzip nicht. Informationen darüber, wer in einem Unternehmen die Vertretungsmacht hat, können aus dem Handelsregisterauszug entnommen werden. 62

Darüber hinaus sind seit der Gesellschaftsrechtsreform weitere Rechtsformen möglich, z.B. die *GK* (*Godo Kaisha*). Ihre Außenstruktur sowie die beschränkte Haftung ähnelt der einer *KK*, der innere Aufbau eher der einer BGB-Gesellschaft (*Kumiai*). Da diese Art der Rechtsform von ausländischen Investoren nur selten genutzt wird, wird an dieser Stelle auf eine detaillierte Beschreibung verzichtet. 63

64 Zusammenfassend kann man sagen, dass die juristischen Aspekte des Vertragsabschlusses in Japan insgesamt – bis auf einige Ausnahmen wie z.B. die Vertretungsregel) – keinesfalls „exotisch" sind, was angesichts der Tatsache, dass das deutsche BGB Vorbild war, nicht verwunderlich ist.

b) Praktische Aspekte

65 In Bezug auf den Vertragsschluss gibt es in der Praxis keine wesentlichen Unterschiede zum Vertragsabschluss in westlichen Ländern. Der einzige Unterschied zeigt sich in der Signatur. Das **Kimei Natsuin** (gedruckter Name und Siegel) hat in Japan juristisch dieselbe Wirkung wie eine Signatur. Bei einfachen Verträgen des tagtäglichen Geschäfts verwaltet häufig der Mitarbeiter den Stempel seines Vorgesetzten und stempelt im Namen der Gesellschaft die Verträge ab. Diese Praxis hat dazu geführt, dass in Japan häufiger Fälle von Scheinvollmachten auftreten als in westlichen Ländern.

Eine weitere Stempelart, der **Sute-in**, wörtlich „weggeworfenes Siegel", sorgt bei Nicht-Japanern oft für Verwirrung. Dieser Stempel dient von seiner Funktion her als ein Ersatzstempel. Wenn beispielsweise bei Vertragsabschluss in letzter Minute noch etwas am Vertrag geändert werden muss und der Gesellschaftsvertreter nicht anwesend ist, werden die Änderungen mit diesem Stempel zitiert und autorisiert, um den Vertragsabschluss nicht zu verzögern oder die Signing-Zeremonie nicht zu ruinieren. Natürlich ist es dennoch möglich, einen *Sute-in* zu verweigern, da dieser einer Blankovollmacht gleichkommt. Insgesamt ist diese Methode in der japanischen Vertragspraxis jedoch weit verbreitet.

5. Vertragsdurchführung

66 Prinzipiell gibt es bzgl. der Vertragsdurchführung keine japanspezifischen Besonderheiten. Wie erwähnt wird insbesondere **zwischenmenschlichen Beziehungen** in Japan große Bedeutung beigemessen, die Dorf (*Mura*)-Mentalität spielt eine wichtige Rolle. Es wird vor allem großer Wert auf langfristige Beziehungen gelegt. Treten Schwierigkeiten auf, versucht man diese im Hinblick auf langfristige Beziehungen zu lösen. Nehmen wir als Beispiel die Beziehung zwischen einem japanischen Importeur und einem deutschen Hersteller. Tritt ein Problem bei einem Produkt des Herstellers auf, so ist der Hersteller bei einer entsprechenden Klausel im Vertrag zur Entschädigung verpflichtet. Der Begriff des Mangels wird jedoch teilweise unterschiedlich definiert. Die Definition, dass ein Mangel vorliegt, wenn das Produkt nicht die versprochene (oder „allgemein" erwartete) Leistung erbringt, ist weltweit akzeptiert. Japanische Konsumenten setzen jedoch sehr hohe Erwartungen in die Qualität von Produkten und beschweren sich mitunter über Mängel, die in westlichen Augen nicht immer als solche angesehen werden. Wenn sich der Importeur aufgrund der Beschwerde einer seiner Kunden an den Produzenten

wendet, sollte dieser bei einer Entscheidung berücksichtigen, dass eine Ablehnung unter Umständen auch die Entwicklung langfristiger Beziehungen zu dem Importeur behindern könnte.

6. Vertragsbeendigung

Die rechtliche Struktur des japanischen BGB leitet sich zu einem großen Teil vom deutschen BGB ab, daher existiert ein ähnlicher rechtlicher Rahmen. Allerdings geht es in der Praxis wie erläutert oft weniger darum, ob eine individuelle Vertragsverletzung vorliegt, sondern vielmehr darum, ob das gegenseitige **Vertrauen** beeinträchtigt oder gar völlig zerstört wurde. Mit anderen Worten: selbst wenn es eine Vertragsverletzung gab, wird ein Vertrag meist nicht gekündigt, wenn die andere Seite davon ausgeht, dass die Partei, die eine Vertragsverletzung begangen hat, sich um eine Lösung bemüht. Diese Theorie wird besonders bei **dauerhaften Vertragsverhältnissen wie z.B. Mietverträgen angewendet**. Anders als bei einmaligen Verträgen ist laut Rechtsprechung eine Kündigung eines solchen Vertrags nur möglich, wenn das grundlegende Vertrauen verloren gegangen ist (das Prinzip der „Zerstörung des Vertrauensverhältnisses"). Mietet man z.B. Büroräume an und kann aufgrund finanzieller Probleme die Miete kurze Zeit nicht zahlen, würde dies nicht zu einer Beendigung des Vertragsverhältnisses führen, wenn das Vertrauen als solches nicht geschädigt ist. So hat sich in der japanischen Rechtsprechung das Prinzip etabliert, dass auch wenn laut Vertrag bereits eine einmalige Nichtzahlung der Miete zur Vertragsbeendigung führen kann, dies nicht möglich ist, sofern das grundlegende Vertrauen nicht verletzt wurde. Dieses Prinzip hat sich in Japan entwickelt, weil der Mieterschutz ein wichtiges Anliegen war. Anders als in Deutschland werden das Grundstück und das darauf stehende Gebäude als unterschiedliche Immobilien angesehen. Angenommen Grundstückseigentümer X vermietet Y sein Grundstück und Y baut darauf ein Gebäude, das Z mietet. Wenn im Vertrag zwischen X und Y eine einmalige Nichtzahlung der Miete zu einer Vertragskündigung führen würde, würde X Y kündigen, Y müsste das Gebäude abreißen und das Grundstück im Originalzustand zurückgeben. Gleichzeitig würde Y seinen Vertrag mit Z brechen und hätte damit die Kosten für den Abriss des Gebäudes und die Entschädigung von Z zu zahlen. Da Japan ein sehr gebirgsreiches Land ist, in dem sich fast die gesamte Bevölkerung auf den 20 % des Landes drängt, die nicht gebirgig sind, waren Streitigkeiten um Grundstücke in der Vergangenheit häufig. Aus diesem Grund hat sich das obige Prinzip etabliert, um leichtfertige Kündigungen zu vermeiden. Dieses Rechtsprinzip wird auch auf andere dauerhafte Verträge analog angewendet. Um eine plötzliche Kündigung zu vermeiden, sind gute langfristige Beziehungen nötig, daher auch gute zwischenmenschliche Beziehungen.

Ein anderes typisches Beispiel eines dauerhaften Vertrags ist der **Vertriebsvertrag**. In diesem Bereich ist das Recht jedoch nicht soweit ausgebaut und der Schutz der Vertragshändler nur begrenzt gewährleistet.

Wie ausgeführt kennt das japanische Recht keinen Ausgleichsanspruch im Sinne des auf der europäischen Richtlinie basierenden § 89b des deutschen HGB. In Japan hat eine Vertriebsvertragsbeendigung keinen rechtlichen Rahmen wie das Vertriebsrecht in Europa, es gibt selten schriftliche Rahmenverträge. Nur bei einseitigen und unfairen Kündigungen wird das Prinzip der „Zerstörung des Vertrauensverhältnisses" so ausgelegt, dass trotz eines bestehenden Vertrauensverhältnisses eine Kündigung ausgesprochen wurde. In einem solchen Fall werden auch Entschädigungsansprüche anerkannt.

7. Streitigkeiten hinsichtlich der Vertragsauslegung

a) Allgemeines

69   Die allgemein verbreitete Ansicht, dass Vertragsparteien in Japan Streitigkeiten nicht gerne vor Gericht austragen, trifft z.T. auch heute noch zu. Gegenseitiges Vertrauen hat ein größeres Gewicht als in Europa; d.h. im Idealfall versucht man Probleme gemeinsam bei einem Gläschen zu lösen. Besonders in traditionellen Gesellschaften zieht man es vor, vertragliche Probleme im Rahmen der guten Beziehungen zu lösen. Dies ist auch ein Grund dafür, dass in solchen traditionell geprägten Gesellschaften oft nur einfache Verträge existieren. Ausländischen Gesellschaften ist diese Form des Vertrages jedoch nicht zu empfehlen, denn diese intransparente wenn auch flexible Lösung auf Basis der persönlichen Beziehungen funktioniert nur auf der Grundlage einer gemeinsamen Gesellschaftskultur. Bei Verträgen zwischen japanischen und westlichen Parteien dürfte sich dies jedoch schwierig gestalten. Darum sollte bei grenzüberschreitenden Transaktionen ein „unjapanischer" Vertrag nach westlichem Muster gewählt werden.

b) Die Rolle des Rechtsanwalts

70   Die Rolle des Rechtsanwalts unterscheidet sich nicht von der seiner Kollegen in westlichen Ländern. Sind bei den Vertragsverhandlungen auf beiden Seiten Rechtsanwälte anwesend, so ncigen die Verhandlungen dazu, konfrontativ zu werden. Aus standesrechtlichen Gründen ist es wie in Deutschland nicht möglich, dass ein Rechtsanwalt (*Bengoshi*) direkt mit der Gegenseite kommuniziert, wenn der Gegner auch einen Rechtsanwalt einschaltet. Das Einschalten von Rechtsanwälten ist natürlich von Vorteil, wenn eine oder beide Parteien dazu tendieren, sehr emotional zu reagieren. Da in Japan wie oben erläutert zwischenmenschliche Beziehungen einen sehr hohen Stellenwert haben, gibt es normalerweise keine Probleme auch ohne einen westlich – i.S.v. „im Detail" – formulierten Vertrag, solange die Beziehungen gut sind. Wenn das Vertrauensverhältnis jedoch einmal gestört ist, besteht die Gefahr, dass der japanische Partner leicht die Besonnenheit verliert. In einem solchen Fall ist es sinnvoller, die Probleme zwischen den Rechtsanwälten der beiden Parteien lösen zu lassen.

c) Klage

Die mündliche Verhandlung ist öffentlich, d.h. die Parteien sind der Öffentlichkeit ausgesetzt. Die oben beschriebenen kulturellen Gründe und die erläuterte unzureichende juristische Infrastruktur führen häufig dazu, dass sich Verhandlungen in die Länge ziehen. Oft neigen die überlasteten Richter daher dazu, den Parteien einen Vergleich nahezulegen, um lange Gerichtsprozesse zu vermeiden. In der Vergangenheit waren Klagen deshalb nicht sehr verbreitet. Im Zuge der juristischen Reformen wurde die juristische Infrastruktur jedoch ausgebaut. Es wurden Regelungen der Zivilprozessordnung geschaffen, die das Verfahren beschleunigen. Die Bürger haben inzwischen ein gewisses Rechtsbewusstsein entwickelt, so dass in letzter Zeit Streitigkeiten im Zusammenhang mit dem gewerblichen Rechtsschutz, Patenten oder Arbeitsfragen häufiger auch vor Gericht ausgetragen werden. 71

Anders als in Deutschland tragen bei Vertragsauseinandersetzungen beide Seiten jeweils die **Honorarkosten** ihrer Rechtsanwälte, egal welche Partei gewinnt – ein weiterer Grund dafür, dass man versucht, Klagen zu umgehen. Eine Ausnahme ist die unerlaubte Handlung: hier muss die unterlegene Partei einen Teil des Honorars des Rechtsanwalts der Gegenseite tragen. 72

Ein weiterer typisch japanischer Prozess ist der **vorgerichtliche Prozess** (*Naiyo Shōmei Yūbin*, wörtlich übersetzt: Brief mit Inhaltsbestätigung). Dieses Schreiben unterscheidet sich von dem deutschen Einschreiben mit Rückschein dahingehend, dass es als öffentliches Beweismittel eingesetzt werden kann, da genau festgehalten wird, wer an wen zu welchem Zeitpunkt ein Schreiben welchen Inhalts geschickt hat. Insgesamt wird das Schreiben in dreifacher Ausführung erstellt. Der Sender, der Empfänger (Gegenseite) und das Postamt erhalten jeweils ein Exemplar zur Aufbewahrung. Ein Brief mit Inhaltsbestätigung an den Gegenanwalt signalisiert der Gegenseite, dass der Sender bereit ist, einen Konflikt notfalls auch vor Gericht auszutragen. Ist die Gegenseite nicht „kampfwillig", wird allein dieses Schreiben sie zum Einlenken bewegen. Das Versenden eines Briefes mit Inhaltsbestätigung signalisiert die Verschärfung eines Konflikts und gilt damit als Vorstadium vor dem Gang zum Gericht. Dem Brief kommt daher eine große Bedeutung und Wirkung zu, eine Schwierigkeit ergibt sich jedoch für ausländische Gesellschaften, da der Inhalt nur auf Japanisch verfasst sein darf, um seine Beweisfunktion zu erfüllen. 73

Wurde im Vertrag Japan als Gerichtsstand festgelegt, empfiehlt es sich, das Schreiben von einem japanischen Rechtsanwalt schicken zu lassen. Ist Deutschland Gerichtsstand, sollte es ein deutscher Rechtsanwalt sein, denn das Schreiben demonstriert die Bereitschaft zum Kämpfen. Es ist in diesem Sinne auch als Druckmittel sehr wirksam.

d) Alternative Streitbeilegung

aa) Schlichtungsverfahren (Chōtei)

74 In Japan gibt es zahlreiche Sondergesetze zur Schlichtung im Zusammenhang mit Konflikten bei Arbeitsverträgen, Scheidung etc. Die Schlichtung ist jedoch kein bindendes Urteil durch einen Berufsrichter. Daher ist diese Form der Streitbeilegung bei Konflikten zwischen japanischen und nicht-japanischen Gesellschaften nicht zu empfehlen. Hinzu kommt noch die sprachliche Barriere. In der Praxis wird diese Form der Streitbeilegung bei grenzüberschreitenden Streitigkeiten nur selten genutzt.

75 Diese Methode der Schlichtung hat jedoch seit 2011 sprunghaft zugenommen. Nach dem AKW-Unfall in Fukushima im März 2011 hat die Zahl von Zivilstreitigkeiten zwischen dem verantwortlichen Kraftwerksbetreiberunternehmen und einer gewaltigen Zahl von Betroffenen ein bisher nicht gekanntes Ausmaß angenommen, das von den bestehenden Zivilgerichten nicht zu bewältigen ist. In der Folge wurden 2011 **Konfliktlösungszentren für Atomschäden** („KZA") eingerichtet, die eine wichtige Rolle bei der Lösung von Auseinandersetzungen im Zusammenhang mit Entschädigungsforderungen bei Nuklearschäden spielen. Die KZA leisten einen wesentlichen Beitrag zur Herbeiführung von Vergleichen. Der rechtliche Charakter dieser Funktion der KZA, d.h. die Erarbeitung eines Vergleichsvorschlags nach bestimmten Regeln, ist nichts anderes als eine Schlichtung (Näheres zu diesem Thema unter *Tanaka*, JAPANMARKT, Deutsche Industrie- und Handelskammer in Japan, Oktober 2012, *http://www.city-yuwa.com/english/publication/pb_dealings/pdf/germany_47.pdf*; *Tanaka*, JAPANMARKT, Deutsche Industrie- und Handelskammer in Japan Juni 2012, *http://www.city-yuwa.com/english/publication/pb_dealings/pdf/germany_44.pdf*).

bb) Schiedsverfahren (Chūsai)

76 Wie dargestellt (Rz. 55) sind Japan und Deutschland Unterzeichnerstaaten des Abkommens zur Anerkennung und Vollstreckung ausländischer Schiedssprüche (New Yorker Übereinkommen). Die ICC (International Chamber of Commerce) wird in japanischen Verträgen mitunter auch als Schiedsstelle gewählt, dies ist aber mit verhältnismäßig hohen Kosten verbunden. Das Einschalten der *Nihon Shōji Chūsai Kyōkai* (The Japan Commercial Arbitration Association) verursacht geringere Kosten.

Ein Risiko besteht in beiden Fällen, da es nur eine Instanz gibt, das Urteil jedoch – ebenso wie Urteilssprüche staatlicher Gerichte – verbindlich ist. Anders als bei dem Gang über ein staatliches Gericht, ist in den o.g. Fällen ein Verfahren auf Englisch möglich. Der Anruf eines staatlichen Gerichtes in Japan hingegen würde hohe Übersetzungskosten mit sich bringen (vgl. Rz. 54).

8. Vertragscontrolling

Wie oben ausgeführt bevorzugen traditionelle Gesellschaften meist einfache Verträge und legen in der Regel mehr Wert auf langfristige persönliche Beziehungen und ein Vertrauensverhältnis. Juristisch gesehen existiert auch in Japan der Ansatz vom Wegfall der Geschäftsgrundlage, der die Anpassung oder Kündigung des Vertrags ermöglicht (§ 313 deutsches BGB). Eine entsprechende Klausel findet man im japanischen BGB zwar nicht; als eine mögliche Interpretation von Treu und Glauben ist diese Auslegung jedoch anerkannt.

77

Während der traditionelle japanische Vertrag recht wenig festlegt und erwartet wird, dass Inhalte flexibel angepasst werden, zeichnet sich der westliche Vertrag eher dadurch aus, dass man möglichst detailliert formuliert und das einmal gegebene Wort mit dem verabredeten Inhalt einhält. Beim Abschluss eines Vertrages sollte man möglichst viele mögliche Fälle antizipieren und einbeziehen, um zu vermeiden, dass der Vertrag häufig geändert werden muss. Man sollte jeweils abwägen, ob man sich für die japanische Form entscheidet, d.h. wenig festlegt und dabei flexibel für Änderungen bleibt, oder ob man nach westlichem Muster nur bei großen Änderungen eine Anpassung zulässt. Bei grenzüberschreitenden Transaktionen ist der westlichen Form meiner Ansicht nach der Vorzug zu geben: sonst könnte es zu ständigen und unvorhersehbaren Änderungsforderungen seitens der japanischen Gesellschaft kommen, die sich auch schon aufgrund der geographischen Entfernung nicht immer bei einem Gläschen Alkohol lösen lassen. Gewisse Konflikte mit der japanischen Tradition sind sicher kaum vermeidbar, wenn man sich für einen Vertrag nach westlichem Muster entscheidet, aber man sollte versuchen, mit Geduld und im gegenseitigen Bewusstsein, dass es Unterschiede gibt, an dieser Form festzuhalten.

78

IV. Schlussbemerkung

Die obigen Ausführungen sollen dazu dienen, ein Verständnis für die traditionelle Rechtskultur in Japan zu vermitteln. Es sollte jedoch auch erwähnt werden, dass es zunehmend auch „verwestlichte" Unternehmen in Japan gibt, die viele Kontakte zu ausländischen Unternehmen pflegen und keine Probleme mit den westlichen Ansätzen haben. Dennoch sollte man bei Gesprächen mit japanischen Partnern daran denken, dass es kulturelle Unterschiede zwischen Japan und dem von der christlichen Denkweise geprägten Westen gibt. Inwieweit diese Unterschiede zum Tragen kommen, hängt davon ab, ob es sich um eine typisch japanische oder um eine eher westlich orientierte Gesellschaft handelt.

79

9.5
Verhandeln in Brasilien

Literaturübersicht:
Brökelmann/Fuchs/Kammhuber/Thomas, Beruflich in Brasilien, 2005; *Busch*, Wirtschaftsmacht Brasilien, 2011; *Goerdeler*, KulturSchock Brasilien, 5. Aufl. 2012; *Hasenfratz/Albán*, Geschäftskultur Brasilien, 2012; *Overbeck*, Gott ist Brasilianer, 2004; *Paul*, Über den „jeitinho brasileiro" und die Kunst, Jurist zu sein, in: „Summa", Festschrift zum 70. Geburtstag von Dieter Simon, S. 487–503, 2005; *Schneider*, Umfeldprognose zur Markteintrittsentscheidung in Brasilien, 2010; *Tauber*, 25 mal Brasilien, 1991; *Ribeiro*, Ein Brasilianer in Berlin, 1994; *Zweig*, Brasilien: Ein Land der Zukunft, 1941.

1 Einführung

	Rz.		Rz.
I. Erfolgreich in Brasilien	1a	III. Der Einfluss deutscher Einwanderer und Investoren	3
II. Geographische und wirtschaftliche Ausgangslage	2	IV. Kulturelle und gesellschaftliche Kontraste	4

„Ich fuhr von Rio nach São Paulo, nach Campinas, in der Meinung, dem Herzen dieses Landes damit näher zu kommen. Aber als ich zurückgekehrt dann auf die Karte blickte, entdeckte ich, dass ich nur knapp unter die Haut gekommen; zum ersten Mal begann ich die unfassbare Größe dieses Landes zu ahnen, das man eigentlich kaum mehr ein Land nennen sollte, sondern eher einen Erdteil, eine Welt mit Raum für 300, 400, 500 Millionen und einem unermesslichen, noch kaum zum tausendsten Teile ausgenutzten Reichtum unter dieser üppigen und unberührten Erde. Ein Land in rapider und trotz aller werkenden, bauenden, schaffenden, organisierenden Tätigkeit erst beginnenden Entwicklung. Ein Land, dessen Wichtigkeit für die kommenden Generationen auch mit den kühnsten Kombinationen nicht auszudenken ist. Und mit einer erstaunlichen Geschwindigkeit schmolz der europäische Hochmut dahin, den ich höchst überflüssigerweise als Gepäck auf diese Reise mitgenommen. Ich wusste, ich hatte einen Blick in die Zukunft unserer Welt getan." (*Stefan Zweig*, Brasilien, Ein Land der Zukunft, 1981).

Brasiliens Bedeutung als globale Wirtschaftsmacht hat im vergangenen Jahrzehnt stetig zugenommen. Als Mitglied der sog. BRICS-Staaten wandelt sich das Land zusehends von einem Schwellenland zu einem Global Player. Von der Rohstoffgewinnung und -verarbeitung über eine inzwischen in nahezu allen Sektoren „State-of-the-Art"-Industrie bietet der brasilianische Markt alles, was eine Wirtschaftsmacht der ersten Liga haben sollte. 1

Stabile politische Verhältnisse mit einer **berechenbaren Wirtschaftspolitik** machen das Land heute zu einem verlässlichen, weltweit anerkannten Handelspartner. Nach Jahrzehnten exorbitant hoher Inflationsraten und vier Währungsreformen zwischen 1980 und 1994 (vom Cruzeiro zum Cruzado, vom Cruzado zum Novo Cruzado und von diesem wieder zum Cruzeiro und schließlich über den Plano Real zum heute sehr währungsstabilen Real [R$]) hat sich Brasilien von einem Schuldnerstaat zu einem Netto-Gläubiger entwickelt. Politische Reformen entwickeln inzwischen nachhaltige Wirksamkeit. Innerhalb einer Dekade hat sich der Anteil der Bevölkerung, die der Mittelschicht zuzuordnen ist, verdoppelt. Die Belebung des Binnenmarktes ist überall erkennbar.

Die ausländischen Direktinvestitionen haben in den vergangenen zehn Jahren exponentiell zugenommen. Grund dafür ist auch die – trotz der Rückschläge in 2012 und 2013 – insgesamt beachtliche Entwicklung der brasilianischen Wirtschaft und Konjunktur. In Aussicht der Ausrichtung der nächsten Fußballweltmeisterschaft im Jahre 2014 und der Olympischen Sommerspiele 2016 unternimmt die brasilianische Regierung eine besondere Kraftanstrengung bei dem (allerdings längst überfälligen) Ausbau der Infrastruktur. Der Ausbau sowohl des Straßen- wie auch Schienennetzes wird mit Druck vorangetrieben. Ferner hat die Entdeckung eines riesigen Ölvorkommens vor der brasilianischen Küste, *Pre-Sal* genannt, einen besonderen Impuls für alle betroffenen Industrien bewirkt. Neue Hafenanlagen mit verkehrstechnischer Zuwegung werden gebaut.

Die brasilianische Regierung hat ein **Konjunktur- und Wachstumsprogramm** auf den Weg gebracht, das in verschiedensten Bereichen der Industrie für hohe Investitionen sorgt: den *„Plano para Aceleração do Crescimento"* (*PAC*) mit einem Volumen von über 500 Mrd. R$, wobei rund 170 Mrd. R$ in die Förderung der Sozialsysteme und in die Stadtentwicklung samt ihrer Infrastruktur fließen sollen, 59 Mrd. R$ auf den Ausbau von Transport- und Logistikwegen entfallen und rund 275 Mrd. R$ auf die Energieerzeugung (Zahlen per Ende 2010). Dieses Programm hat direkte Auswirkungen auf die Investitionsvorhaben der Unternehmen in der (Petro-)Chemie, dem Tage- und Bergbau, der Zucker-, Alkohol-, Ethanol und Biodieselproduktion mit über 70 neuen Raffinerien in sechs Jahren, in Silos und die Lebensmittelherstellung, der Produktion von Papier und Zellulose, der Holzbe- und -verarbeitung usw. mit ihren jeweiligen Impulsen für die zuliefernde und ausrüstende Industrie. Zu erwähnen ist auch die boomende Automobilindustrie. Nahezu alle großen europäischen, amerikanischen und japanischen Hersteller sind mit eigenen Werken vor Ort vertreten.

Dennoch sollte der Entscheidung, in Brasilien in ein unternehmerisches Engagement zu investieren, unbedingt eine sorgfältige Prüfung der regionalen und landesweiten Marktgegebenheiten und -bedingungen vorangehen. Dabei ist auch die **Standortwahl** von großer Bedeutung. Allein die Anreise aus Deutschland dauert elfeinhalb Stunden von Frankfurt oder München nach São Paulo oder Rio de Janeiro. Eine Weiterreise mit dem Flugzeug in Brasilien kann je nach Ort zwischen zwei und sechs Stunden betragen. Entlang der Küste Brasiliens, von den sich entwickelnden Regionen der Rohstoffgewinnung einmal abgesehen, wachsen die Industriestädte mit ihren Häfen stetig weiter, wobei der Großraum São Paulos und der Rio de Janeiros mit ihrem enormen Potential einen sehr großen Teil der brasilianischen Wirtschaftskraft bereitstellen.

I. Erfolgreich in Brasilien

Jeder **praktisch denkende Kaufmann** weiß, wie wichtig klare Abmachungen – sprich: klare vertragliche Regelungen – für den geschäftlichen Erfolg sind. Er weiß aber auch, dass der Wert ihm zustehender (vertraglicher oder gesetzlicher) Rechte wesentlich davon abhängt, ob sie mit angemessenem Aufwand an Zeit und Kosten durchsetzbar sind. Wenn der Geschäftspartner die freiwillige Erfüllung seiner vertraglichen Pflichten verweigert, oder eine Behörde die beantragte Genehmigung trotz klarer Rechtslage nicht erteilt, muss schneller und effizienter Rechtsschutz zur Hand sein. Aus Deutschland mit seinem im internationalen Vergleich sehr hohen Maß an Rechtssicherheit und seinen meist recht effizienten Gerichten sind wir insofern an hohe Standards gewöhnt.

1a

Ein so hoher Standard ist in Brasilien nicht anzutreffen. Brasilianische Gerichte sind vielfach überlastet und schon deshalb nicht in der Lage, jederzeit effektiven Rechtsschutz zu gewährleisten. Womit aber nicht gesagt sein soll, dass Recht in Brasilien nicht durchsetzbar wäre. Genau das Gegenteil ist der Fall: die brasilianische Rechtsordnung kennt deutlich mehr Rechtsbehelfe als das deutsche Prozessrecht. Indes: gerade diese Vielfalt, ferner die sehr komplexe brasilianische Bürokratie machen es häufig schwierig, zu „seinem Recht zu kommen". Denn gegen (fast) jede Gerichtsentscheidung gibt es in Brasilien ein Rechtsmittel und danach noch einen weiteren Rechtsbehelf mit der Folge, dass brasilianische Rechtsstreitigkeiten eine „gefühlte" Ewigkeit dauern können.

Gute Konfliktvermeidungsstrategien sind folglich in Brasilien von großer Bedeutung **für den wirtschaftlichen Erfolg**. Grundstein dafür sind vor allem klare, in der Praxis gelebte Regeln der vertraglichen Zusammenarbeit. Gute Verträge – die „Hard Facts" – sind in Brasilien also genauso wichtig wie überall sonst auf der Welt. Mindestens ebenso wichtig sind aber die „weichen Faktoren", welche die Chemie zwischen den Vertragspartnern bestimmen und sich unter dem Begriff „Kontaktpflege" zusammenfassen lassen. In Brasilien beginnen Vertragsverhandlungen nicht mit dem Festlegen einer Tagesordnung, sondern mit einem Smalltalk, bei dem die Gesprächspartner sich besser kennenlernen. Und sie enden nicht mit dem Vertragsschluss, sondern dauern während der gesamten sich anschließenden Vertragsdurchführung fort.

In Brasilien sind Kommunikation und Networking also der oft entscheidende Faktor für den Erfolg geschäftlicher Zusammenarbeit. Das gilt auch im Verhältnis zu Behörden, deren Mitwirkung für das Gelingen geschäftlicher Projekte notwendig ist.

II. Geographische und wirtschaftliche Ausgangslage

2   Südamerika ist mit einer Fläche von 17 843 000 km² fast zweimal so groß wie Europa. Größtes Land und wirtschaftliches Schwergewicht ist die Föderative Republik Brasilien mit einem Bruttoinlandsprodukt von 2230 Mrd. $ (2010, Quelle: Internationaler Währungsfonds) und knapp 200 Mio. Einwohnern, von denen schätzungsweise 75 % in den Städten an der Atlantikküste leben. Mit seinen ca. 8 514 000 km² ist Brasilien rund 24 Mal so groß wie Deutschland. Es zählt zu den BRICS-Staaten, denen außergewöhnliche Zukunftschancen prognostiziert werden. Mit seinen anhaltend stabilen Fundamentaldaten, seinem Ressourcenreichtum, guten institutionellen Rahmenbedingungen und einem enormen Binnenmarkt bietet es deutschen Unternehmen interessante Export- und Investitionschancen.

Unter den EU-Mitgliedstaaten ist Deutschland mit Abstand der wichtigste Handelspartner Brasiliens (2012: Importe aus Brasilien: 10,616 Mrd. Euro; Exporte nach Brasilien: 11,688 Mrd. Euro; Quelle: Statistisches Bundesamt). Umgekehrt ist Brasilien viertwichtigster Handelspartner Deutschlands. Die wirtschaftlichen Verflechtungen sind also bedeutend. Sie bewirken, dass deutsche Unternehmen in Brasilien hohes Ansehen genießen und gerne gesehene Geschäftspartner sind.

Dennoch bestehen in Deutschland erhebliche Informationsdefizite über Brasilien. Selbst studierte Deutsche wissen keineswegs immer, dass in Brasilien portugiesisch, nicht aber spanisch gesprochen wird. Eine derartige Blöße sollte man sich gegenüber brasilianischen Gastgebern bei Aufnahme von Vertragsgesprächen nicht geben. Wie stets, ist die landeskundliche Vorbereitung auf Vertragsverhandlungen auch in Brasilien wichtig. Brasilianer vermerken mit Anerkennung und Respekt, wenn der fremde Besucher zumindest einige Wörter der portugiesischen Sprache beherrscht, Landeskenntnisse vorweisen kann oder sich sogar informiert zeigt über die kulturellen und sozialen Unterschiede zwischen dem industrialisierten Südosten und Süden des Landes und dem bis heute von Strukturen aus der Kolonialzeit geprägten Norden und Nordosten.

Wichtigster südamerikanischer Handelspartner Brasiliens ist Argentinien (Fläche: ca. 2 780 000 km²; Einwohnerzahl: knapp 40 Mio.; Bruttoinlandsprodukt 2012: 502 Mrd. $). Beide Länder sind Gründungsmitglieder des südamerikanischen gemeinsamen Marktes MERCOSUR (portugiesisch MERCOSUL), dem als Vollmitglieder außerdem Paraguay (Mitgliedschaft derzeit suspendiert) und Uruguay sowie Venezuela angehören. Assoziierte Mitglieder sind Chile und Bolivien. Ferner bestehen Assoziierungsabkommen mit Ecuador, Kolumbien und Peru.

Brasilien steht aufgrund seiner herausragenden wirtschaftlichen Bedeutung auf dem südamerikanischen Kontinent im Mittelpunkt der nachfolgenden Ausführungen. Allgemein lässt sich aber sagen, dass viele Hinweise und Empfehlungen auch für die anderen südamerikanischen Länder gelten. Ergänzende Informationen können bei den deutschen

Handelskammern in den jeweiligen Ländern erfragt werden. Die wichtigsten Informationen zu Anschriften und Kontaktdaten der deutsch-südamerikanischen Handelskammern sind im Internet unter *www.dihk.de* abrufbar. Gute Quellen sind auch die Außenhandelsinformationen der Germany Trade & Invest GmbH (*www.gtai.de*) sowie die Länderberichte des Lateinamerika Vereins, Hamburg (*www.lateinamerikaverein.de*).

III. Der Einfluss deutscher Einwanderer und Investoren

Schon *Stefan Zweig* wusste, dass Brasilien ein Land mit großem Potential ist: Aus der Einleitung seiner im Jahre 1941 entstandenen, höchst lesenswerten, gelegentlich aber auch idealisierenden und fast pathetisch anmutenden Darstellung von Land und Kultur Brasiliens stammt das Zitat am Anfang dieses Textes.

Seine Vision wurde damals und wird bis heute von vielen deutschen **Einwanderern** geteilt: Gerade im Süden Brasiliens (Bundesstaaten São Paulo, Paraná, Santa Catarina und Rio Grande do Sul) sind die Ausprägungen deutscher Einwanderung besonders sichtbar. Die erste deutsche Siedlung São Leopoldo in der Nähe von Porto Alegre (Rio Grande do Sul) wurde am 25.7.1824 gegründet. Die Forschung sieht die dieser Gründung vorangehende organisierte Einwanderung als erste von insgesamt drei deutschen Einwanderungswellen während des 19. Jahrhunderts („Die deutsche Geschichte Brasiliens", Veröffentlichung der AHK São Paulo). Aber auch im 20. Jahrhundert sind in verschiedenen Zeitabschnitten viele Deutsche nach Brasilien eingewandert, insbesondere während der 30er Jahre. Sie bereicherten und beeinflussten nachhaltig das Kulturangebot, insbesondere in São Paulo. Sie wirkten ferner mit beim Aufbau von Forschungsinstituten und Universitäten. Dazu zählt auch die USP-Universidade de São Paulo. Mehr als 190 Jahre deutschsprachige Einwanderung nach Brasilien hat also vielfältige Spuren hinterlassen. Allein in São Paulo gibt es mehr als 100 deutschsprachige Vereinigungen sowie deutsche Schulen, deutsche Zeitungen und Krankenhäuser. Hinzu kommen Bierstuben und Restaurants mit deutschem Speisenangebot. Zum brasilianischen, in Blumenau (Bundesstaat Santa Catarina) gefeierten „Oktoberfest" kommen jährlich im Durchschnitt mehr als 700 000 Besucher. Das Generalkonsulat in São Paulo, welches seit 1872 besteht, gehört neben dem Generalkonsulat in New York zu den weltweit größten deutschen konsularischen Vertretungen („Willkommen in Brasilien", Veröffentlichung der AHK São Paulo).

Auch bei deutschen **Investoren** hat das Land seit jeher große Anziehungskraft: Mit mehr als 1200 Beteiligungsunternehmen ist Brasilien heute der wichtigste Investitionsstandort der deutschen Wirtschaft in Lateinamerika. Fast alle namhaften deutschen Unternehmen der Automobilindustrie einschließlich deren Zulieferindustrie, der chemischen und elektrotechnischen Industrie, des Maschinen- und Anlagenbaus sowie der Metall verarbeitenden Industrie haben hier Niederlassungen („Von Brasilien überzeugt: Die deutschen Investitionen in Brasilien und ihre Bedeutung für die Industrialisierung des Landes", Veröffentlichung der AHK São Paulo 2004). Der Reichtum seiner natürlichen Ressourcen und die enorme Artenvielfalt seiner Flora und Fauna locken ständig neue Investoren an, insbesondere aus den Bereichen der chemischen Industrie, der Pharmaindustrie und von Unternehmen der Biotechnologie.

IV. Kulturelle und gesellschaftliche Kontraste

4   Der enorme Ressourcenreichtum, die Vielfältigkeit und die Komplexität des Landes spiegeln sich in der brasilianischen Gesellschaft. Die Bevölkerung Brasiliens ist eine Synthese aus europäischen, afrikanischen, amerikanischen und asiatischen Einflüssen. Das Aufeinandertreffen derart unterschiedlicher Kulturen und Wertvorstellungen bleibt nicht folgenlos: Einerseits begegnet der ausländische Besucher kaum Vorbehalten und Fremdenfeindlichkeit. Er wird fast stets mit Höflichkeit, Aufgeschlossenheit, Hilfsbereitschaft und ausgeprägter Gastfreundschaft empfangen. Wer die Augen offen hält, findet überall – im besten Sinne eines „Deja vu" – Eindrücke, die, bunt gemischt und verwoben mit Impressionen anderer Kulturen, an die eigene Heimat erinnern. Andererseits ist Brasilien aber auch ein Land durchaus problematischer gesellschaftlicher Kontraste. Trotz erfolgreicher Sozialpolitik mit schnellem Anwachsen der Mittelschicht im Laufe der vergangenen Jahre (von 34 % der Bevölkerung im Jahre 2004 auf 53 % im Jahre 2010) leben nach wie vor große Teile der Bevölkerung von einem Mindestlohn (*Salário Mínimo*), der trotz der mit Wirkung seit dem 1.1.2014 erfolgten Erhöhung auf 724 R$ (umgerechnet ca. 220 Euro) pro Monat (siehe Internetauftritt des *Ministério do Trabalho e Emprego* unter *www.mte.gov.br*) den Lebensbedarf kaum deckt. Die Konsequenzen zeigen sich in aller Schärfe vor allem in großen Städten wie Rio de Janeiro und São Paulo mit ihrem unverändert beträchtlichen Maß an Armut, Unsicherheit und Gewalttätigkeit. Auch bei der Schul- und Berufsbildung besteht trotz großer Anstrengungen der brasilianischen Regierung und deutlicher Verbesserungen der letzten Jahre weiterhin großer Nachholbedarf.

5   Die nachfolgende Darstellung im Rahmen des Kapitels über die Vertragsplanung befasst sich mit den wesentlichen kulturellen Unterschieden zwischen Brasilianern und Deutschen, die für den täglichen Umgang insbesondere bei Vertragsanbahnung und Verhandlungen von Bedeutung sind. Darauf – und auf die grundsätzlichen Darstellungen in den Teilen 1, 2 und 4 dieses Buches – aufbauend folgen Ausführungen zum Vertragsdesign, der Verhandlung, Vertragsdurchführung und dem Vertragscontrolling unter Berücksichtigung wesentlicher Besonderheiten der brasilianischen Kultur und des brasilianischen Rechtssystems. Die Darstellung beabsichtigt, zum Erfolg von Vertragsverhandlungen mit brasilianischen Partnern beizutragen. Dem Brasilien-unerfahrenen Deutschen sollen die notwendigen Kenntnisse für erfolgreiche Geschäfte vermittelt werden.

Zweck der Darstellung ist also, dazu beizutragen, dass die zwangsläufig bei Vertragsverhandlungen und der Vertragsdurchführung sich ergebenden, auf kulturellen Unterschieden beruhenden Schwierigkeiten frühzeitig erkannt, sachgerecht, zielgerichtet und mit der für Brasilianer besonders wichtigen humorvollen Leichtigkeit gelöst oder im Einzelfall sogar von vorneherein vermieden werden können.

2 Vertragsplanung

	Rz.		Rz.
I. Brasilien und Deutschland: Die kulturellen Unterschiede	6	II. Sprachprobleme	12
1. Die Gegensätze	7	III. Geistiges Eigentum/Markenpiraterie	16
2. Deutsche aus der Sicht der Brasilianer	9	IV. Informationen über den brasilianischen Partner/Dokumentation	17
3. Brasilianer aus der Sicht der Deutschen	10		

I. Brasilien und Deutschland: Die kulturellen Unterschiede

6 „Die Deutschen sind das Gegenteil der Brasilianer, denn die haben meistens nicht die geringste Vorstellung davon, was sie in der nächsten halben Stunde, geschweige denn morgen, tun werden." *(João Ubaldo Ribeiro*, Ein Brasilianer in Berlin, 1994)

1. Die Gegensätze

7 Zwei Länder, aber viele kulturelle Gegensätze: Die Lebenseinstellungen von Brasilianern und Deutschen sind in vielfältiger Hinsicht sehr unterschiedlich. Das gilt ganz besonders für **Umgangsformen, Zeitvorstellungen** und hinsichtlich **planvoller Lebensstrukturen**: Aus der Sicht des Brasilianers legen die meisten Deutschen „eine übertrieben große Gewissheit an den Tag, was dieses so ungewisse Leben angeht – fast so übertrieben wie die Anzahl der Präpositionen in ihrer Sprache" *(João Ubaldo Ribeiro)*. Die sich daraus ergebenden Konsequenzen werden von Brasilien-unerfahrenen Deutschen häufig unterschätzt und erst dann erkannt, wenn es zu einem eklatanten Missverständnis oder – während Verhandlungen bzw. bei der späteren Vertragsdurchführung – zu einer ernsthaften Krise kommt. Sehr rasch sind dann Klagen über die „Unzuverlässigkeit", „Unpünktlichkeit", „mangelnde Seriosität" oder „schlechte Vorbereitung" des brasilianischen Verhandlungs-/Vertragspartners zur Hand, die vor allem eines aufzeigen: die unzureichende Vorbereitung des deutschen Besuchers auf die anstehenden Verhandlungen bzw. die von ihm – nach Vertragsschluss – aus Unkenntnis der brasilianischen Mentalität in den Vertragspartner gesetzten falschen Erwartungen.

Brasilianer sind nicht unzuverlässig oder unpünktlich: das verbietet ihnen schon ihre Höflichkeit. Sie haben nur ein **anderes Zeitverständnis**, dass es zu verstehen gilt, um zu wissen, dass eine Verabredung auf „09.30 Uhr" nicht zwingend bedeuten muss, dass der brasilianische Gesprächspartner sich wirklich pünktlich um 09.30 Uhr einfinden wird. Auch der Umgang mit vertraglich vereinbarten Lieferzeiten ist in Brasilien deutlich großzügiger als in Deutschland (dazu mehr im Abschnitt Das brasilianische Verständnis von Zeit, Rz. 32).

Ebenso verfehlt sind die immer wiederkehrenden Klagen deutscher Besucher über „planlose" oder gar „chaotische" **Verhandlungsvorbereitungen"** ihrer brasilianischen Geschäftspartner. Brasilianer gehen nicht besser oder schlechter vorbereitet in Verhandlungen, als dies bei uns der Fall ist. Sie setzen nur sehr viel mehr auf ihre natürliche Spontaneität, ihre Flexibilität und ihren Optimismus. Deshalb können Brasilianer mit den bei Deutschen so beliebten, von A bis Z geplanten und strukturierten Tagesordnungen wenig anfangen. Und nicht nur das: ihren Verhandlungsstil, der aus deutscher Sicht mitunter sprunghaft und unkoordiniert wirkt, halten die Brasilianer mit guten Gründen für sehr pragmatisch und effizient (dazu mehr im Abschnitt Vertragsverhandlung). 8

⊃ Wichtig ist also die Erkenntnis, dass Vorurteile nicht weiterhelfen, sondern meistens auf einem Missverständnis beruhen. Wie überall sonst auf der Welt gilt auch in Brasilien: Kulturelle Unterschiede sind keine Hürde für die Erzielung eines Verhandlungserfolges. Notwendig ist, die Unterschiede vorab als für den Verhandlungserfolg maßgebliches Kriterium zu begreifen mit dem Erfordernis frühzeitiger Einstellung auf den Verhandlungspartner. Das sehen Brasilianer nicht anders. Wer dazu bereit ist, wird erfahren, wie schnell alle Vorurteile sich in Luft auflösen. Vorurteile, die sich geradezu aufzudrängen scheinen, wenn man sich „die anscheinend so merkwürdigen Sitten Brasiliens anschaut" (*Tauber*, 25 mal Brasilien).

2. Deutsche aus der Sicht der Brasilianer

Brasilianische Verhandlungspartner nehmen Deutsche als disziplinierte und planvolle Menschen wahr. Deutsche werden als **ernsthafte** und stets **sachliche** Vertragspartner geschätzt – Attribute, welche dem Brasilianer imponieren, aber nicht zu eigen sind. Denn „ernst zu sein ist in Brasilien verpönt. Der feierliche Ernst der Franzosen, der sachliche Ernst der Deutschen oder der pragmatische Ernst der Nordamerikaner werden belächelt, sie sind die „typischen Eigenschaften des Nichtbrasilianers" (*Wolf Paul*). Mit einem derart „ernsten" Menschen Verhandlungen zu führen, verunsichert jeden darin nicht geübten Brasilianer: Ernsthaftigkeit ist für ihn untrennbar mit Langeweile und Förmlichkeit verbunden (*„para ser serio tem que ser chato e formal"*). Um die Distanz zu überwinden, versuchen Brasilianer instinktiv, dem deutschen Verhandlungspartner etwas von ihrer brasilianischen Lebensart, insbesondere dem brasilianischen Umgang mit ungezwungener Kommunikation und Lebensfreude zu vermitteln. Geschäftliche Einladungen und gemeinsame Essen, ein Churrasco auf der Fazenda des brasilianischen Gastgebers oder der gemeinsame Besuch einer Sportveranstaltung gehören in Brasilien zum „Ritual" von Geschäftsanbahnungen; sie dienen dazu, das Eis zu brechen und diejenige vertrauliche Gesprächsatmosphäre zu schaffen, die für geschäftlichen Erfolg in Brasilien unabdingbar ist. 9

3. Brasilianer aus der Sicht der Deutschen

10 Umgekehrt gilt: bei uns haben Brasilianer häufig den Ruf **spontaner, lebenslustiger** und möglicherweise **nicht immer zuverlässiger Geschäftspartner**. Mit einer Mischung aus Bewunderung und Misstrauen wird beäugt, wenn bei Vertragsverhandlungen oder bei der Vertragsdurchführung auftretende Komplikationen nicht mit preußischer Disziplin nach den Buchstaben von Gesetz und Vertrag, sondern mit einem brasilianischen „*Jeitinho*" gelöst werden. Suspekt ist dem Deutschen, wenn aus seiner Sicht wichtige und dringliche Entscheidungen von brasilianischer Seite mit nonchalanter Geste auf „morgen", also „*amanhã*" vertagt werden (zum „*Jeitinho*" und zum „*Amanhã*-Syndrom" später mehr).

11 Die Erfahrung zeigt aber, dass das größte Problem gerade in der **Stereotypisierung** und den sich daran anknüpfenden **Vorurteilen** liegt. Sie behindert die Bereitschaft, aufeinander zuzugehen. Nur derjenige, der bereit ist, sich zu öffnen und seine aus Europa mitgebrachten Wertvorstellungen hinter sich zu lassen, wird bei Verhandlungen mit Brasilianern Erfolg haben. Wem das gelingt, dem begegnen Brasilianer sehr aufgeschlossen. Wer die Augen offen hält, wird dieselbe Erfahrung wie schon *Stefan Zweig* machen: „Mit einer erstaunlichen Geschwindigkeit schmolz der europäische Hochmut dahin, den ich höchst überflüssigerweise als Gepäck auf diese Reise mitgenommen."

II. Sprachprobleme

12 In der Einführung wurde bereits erwähnt, dass **Portugiesisch** die brasilianische Landessprache ist. Dennoch wird der Besucher, der auf seine in Portugal erworbenen oder von einem portugiesischen Lehrer vermittelten Sprachkenntnisse vertraut, in Brasilien schnell an Grenzen stoßen. Während das Schrift-Portugiesisch in beiden Ländern weitgehend übereinstimmt, bestehen beim gesprochenen Portugiesisch deutliche Unterschiede. Das ist aber kein allzu großes Problem, da Brasilianer – anders als viele Portugiesen – nicht die Hälfte der Wörter und Sätze verschlucken, sondern sie vollständig aussprechen. Brasilianer sind deshalb generell leichter zu verstehen als Portugiesen.

13 Recht gut gerüstet ist auch derjenige, der mit **spanischen** Sprachkenntnissen nach Brasilien kommt. Brasilianer verstehen spanisch in der Regel gut. Schnell entwickelt sich dann die Kommunikation in einer „*Portuñol*" genannten Mischsprache aus portugiesisch und spanisch. Hilfreich ist auch, dass im Süden des Landes zahlreiche Brasilianer mit durchaus beachtlichen Kenntnissen der deutschen Sprache leben. Meist handelt es sich dabei um Abkömmlinge deutscher Einwanderer.

14 Ein echtes Problem ist hingegen der in Brasilien unverändert stark verbesserungsfähige Stand der **Englischkenntnisse**. Will man mit der Geschäftsleitung eines brasilianischen Unternehmens verhandeln oder mit

Regierungsstellen sprechen, sind gute Kenntnisse der portugiesischen Sprache fast unerlässlich. Das ist allenfalls in den Großstädten São Paulo und Rio de Janeiro anders, wo zumindest auf der Arbeitsebene großer Unternehmen vielfach gutes Englisch gesprochen wird. Sobald man diese Großstädte verlässt, wird die englische Sprache – heute in zunehmendem Maße die lingua franca des internationalen Geschäftslebens – aber zumeist nicht oder nur sehr gebrochen gesprochen und geschrieben. Ernsthafte Vertragsverhandlungen lassen sich so nicht führen. Selbst bei in der Region ansässigen großen, international tätigen Unternehmen kommt durchaus vor, dass es in der Geschäftsleitung kaum und auf Sachbearbeiterebene nur bei wenigen Mitarbeitern akzeptable Englischkenntnisse gibt. Wenn die deutsche Seite dann ebenfalls lediglich auf ihr Schulenglisch zurückgreifen kann, sind Missverständnisse nicht nur vorprogrammiert, sondern zwangsläufig. Erschwerend kommen dann die vorstehend beschriebenen kulturellen Gegensätze hinzu, welche die auf der sprachlichen Ebene bestehenden Verständigungshürden zusätzlich belasten und Misstrauen schüren. Zur Unterstützung beigezogene Übersetzer sind nur dann eine echte Hilfe, wenn sie neben Sprachkenntnissen auch über branchenspezifisches Know-how sowie Rechtskenntnisse und Verständnis für die kulturellen Unterschiede und Erwartungen der Verhandlungspartner verfügen. Derartige Übersetzer gibt es; sie sind aber rar.

⟳ Die Klärung von Missverständnissen, die auf sprachlichen und kulturellen Verständigungsschwierigkeiten beruhen, stellt auch einen großen Teil der Arbeit jedes im deutsch-brasilianischen Wirtschaftsverkehr tätigen Unternehmensberaters und Rechtsanwalts dar. Empfehlenswert ist die frühzeitige Einschaltung von derart **qualifizierten Beratern** schon im Stadium der Vertragsplanung, spätestens aber der Verhandlung. Sie gewährleisten, dass es zu Missverständnissen und sich daraus ableitenden falschen Erwartungen der Vertragspartner gar nicht erst kommt. Geeignete Anwälte und Berater sind in Brasilien – jedenfalls in São Paulo und Rio de Janeiro, aber auch in Curitiba, Porto Alegre und Belo Horizonte – zu finden. Wenn nicht über deutsche Sprachkenntnisse, verfügen sie in der Regel über sehr gute Kenntnisse der englischen Sprache: viele von ihnen sind in den USA ausgebildet oder haben dort einen Teil ihrer Studienzeit verbracht. Entsprechend spezialisierte Berater gibt es mittlerweile aber auch in Deutschland. 15

III. Geistiges Eigentum/Markenpiraterie

Jedem Unternehmer, der in Brasilien investieren will oder plant, seine Produkte nach Brasilien zu exportieren, ist der **frühzeitige Schutz** seiner Marken, seiner Patente und anderen technischen Know-hows sowie seiner urheberrechtlich schutzfähigen geistigen Eigentums dringend zu empfehlen. Das sollte schon vor Aufnahme der ersten Gespräche/vor Verlautbarung der Investitionspläne geschehen. Zuständig für gewerbli- 16 che Schutzrechte ist das brasilianische Patentamt INPI mit Sitz in Rio de Janeiro; dort (und in São Paulo) sind auch die meisten namhaften Patentanwaltskanzleien ansässig.

Denn Markenpiraterie und die Verletzung gewerblicher Schutzrechte sind in Brasilien unverändert weit verbreitet. Viele Unternehmen insbesondere der Textilindustrie, der Kosmetikindustrie und Sportausrüster wissen aus Erfahrung, wie teuer es werden kann, von brasilianischen Markenpiraten Markenrechte zu erwerben.

IV. Informationen über den brasilianischen Partner/ Dokumentation

17 Für Informationen über den zukünftigen Geschäftspartner stehen in Brasilien die international bekannten Auskunfteien, aber auch die Handelskammern, zur Verfügung. Die Qualität der Informationen ist in der Regel gut: im kommunikativen Brasilien werden positive wie negative Geschäftsentwicklungen meist schnell bekannt. Auf diese Weise – oder gezielt durch Gewährsleute – lassen sich meist alle wichtigen Daten beschaffen.

18 Daneben ist im M&A-Geschäft natürlich stets eine eingehende **Due Diligence** über das Zielunternehmen erforderlich. Diese Due Diligence folgt im Wesentlichen den weltweit anerkannten Standards. Besonderes Augenmerk sollte der Investor auf etwaige Steuerverbindlichkeiten sowie arbeitsrechtliche und umweltrechtliche Verpflichtungen des brasilianischen Zielunternehmens legen: dort verbergen sich erfahrungsgemäß die größten Risiken. Empfehlenswert ist auch die eingehende Überprüfung, ob alle Bau- und Betriebsgenehmigungen vorliegen.

3 Vertragsdesign

	Rz.		Rz.
I. Geschriebenes Recht	19	IV. Beglaubigung, Beurkundung, Formerfordernisse	24
II. Rechtswirklichkeit	20		
III. Vertragsstruktur und Vertragssprache	23		

I. Geschriebenes Recht

Das brasilianische Rechtssystem steht in der **römisch-rechtlichen Tradition**. Wie in Deutschland gilt also auch in Brasilien kodifiziertes Recht. Der brasilianische Gesetzgeber hat in den vergangenen 25 Jahren – seit dem Ende der Diktatur – eine Vielzahl sehr moderner, internationalen Standards entsprechenden Gesetzesvorhaben beraten und verabschiedet. Als Beispiele seien genannt die **Verfassung** aus dem Jahre 1988 (deutsche Übersetzung – ausgewählte Abschnitte – in Band 8 der Schriften der Deutsch-Brasilianischen Juristenvereinigung, www.dbjv.de), in welcher die Reformbestrebungen der verfassungsgebenden Versammlung ihren „mustergültigen Ausdruck gefunden haben" (*Wolf Paul*), ferner das **Insolvenzgesetz** (Lei Nº 11.101 vom 9.2.2005) mit seiner auf die Unternehmensrestrukturierung und -sanierung (statt auf Liquidation mit Zerschlagung von Unternehmenswerten) zielenden Konzeption und das neue brasilianische **Zivilgesetzbuch** (Lei Nº 10.406 vom 10.2.2002 – deutsche Übersetzung in Band 47 der Schriften der Deutsch-Brasilianischen Juristenvereinigung, www.dbjv.de): ein „Meisterwerk 20-jähriger Juristenarbeit" (*Wolf Paul*). Mit letzterem wurde das brasilianische **Unternehmensrecht** neu geschrieben (deutsche Übersetzung mit Einführung in Band 31 der Schriften der Deutsch-Brasilianischen Juristenvereinigung [www.dbjv.de]; siehe auch *Curschmann/Jolowicz*, Das neue brasilianische GmbH-Recht, GmbHR 2003, 1185 ff. und *Curschmann*, Länderbericht Brasilien in Süß/Wachter [Hrsg.], Handbuch des Internationalen GmbH-Rechts, 2. Aufl. Zerb Verlag 2011). Das brasilianische **Aktiengesetz** (Lei Nº 6.404 vom 15.12.1976) ist durch Lei Nº 10.303 vom 31.10.2001 mit wichtigen Vorschriften zum Kapitalmarktrecht ergänzt und aktualisiert worden (deutsche Übersetzung mit Einführung bei *Florence*, Das brasilianische Gesellschaftsrecht, 5. Aufl. Nomos Verlag 2012). Besondere Erwähnung verdient ferner das brasilianische Gesetz über die **Schiedsgerichtsbarkeit** (Lei Nº 9.307 vom 23.9.1996), dessen Anwendungsbereich internationale wie nationale Sachverhalte erfasst: Die Vertragsparteien können ihre vermögensrechtlichen Streitigkeiten einem Schiedsgericht unterwerfen, soweit sie die Fähigkeit zum Vertragsschluss besitzen und es sich um disponible Rechte handelt. Brasilien hat mit Wirkung zum 5.9.2002 das New Yorker Übereinkommen von 1958 über die Anerkennung und Vollstreckung ausländischer Schiedssprüche ratifiziert.

Ganz aktuell ist zudem, dass Brasilien jüngst als 79. Vertragsstaat das UN-Übereinkommen über den internationalen Warenkauf – UN-Kaufrecht (CISG) – ratifiziert hat. Das CISG tritt damit auch in Brasilien zum 1. April 2014 in Kraft.

II. Rechtswirklichkeit

20 Die Rechtswirklichkeit sieht etwas **anders** aus. Berühmt ist der Ausspruch *„Aos amigos tudo, aos inimigos a lei."* – „Den Freunden alles, den Feinden das Gesetz." des autoritären brasilianischen Präsidenten *Getulio Vargas* (1883–1954), welches schlagwortartig beleuchtet, was in Brasilien – wenngleich mit inzwischen deutlich abnehmender Tendenz – immer noch gilt: Freundschaft steht über allem, das Gesetz aber ist ein Mittel der Repression. Man respektiert es, aber befolgt es nicht (*„se acata mas não se cumpre"*).

Der in den letzten Jahren zunehmend wahrnehmbare Sinneswandel ist Folge einer Vielzahl von Skandalen in Politik und Wirtschaft, die in den Medien ausführlich dargestellt und erörtert wurden. Entwickelt hat sich daraus ein stetig wachsendes gesellschaftliches Verantwortungsgefühl insbesondere der jungen, zunehmend besser ausgebildeten Generation, vor allem im Süden und Südosten des Landes. Dies bedeutet: Der Gesetzesrespekt und Vertragstreue nehmen zu, je weiter man sich dem Süden Brasiliens nähert.

21 In der brasilianischen Rechtswirklichkeit spielt auch eine wichtige Rolle, dass brasilianische **Gerichte** – ebenfalls mit unterschiedlicher Intensität: im Norden mehr, im Süden weniger – überlastet und deshalb kaum in der Lage sind, die bei ihnen anhängigen Verfahren zeitnah zu verhandeln und zu entscheiden. Der gerichtlichen Durchsetzbarkeit, die nach unserem Verständnis dem durch Gesetz oder Vertrag begründeten Recht erst seinen Sinn verleiht, sind in Brasilien also natürliche Grenzen gesetzt, welche der deutsche Investor vor dem Hintergrund der in Deutschland nach wie vor recht effizienten Justiz nicht oder jedenfalls nicht in diesem Maße kennt.

22 ⬗ Gesetzesrespekt, Vertragstreue und Verlässlichkeit gegebener Zusagen werden in Brasilien statt vor Gerichten ganz maßgeblich von kommunikativen Faktoren bestimmt: Die Qualität der **sozialen Integration** der Vertragspartner spielt eine weitaus wichtigere Rolle als bei uns. Entscheidend für den geschäftlichen Erfolg sind die persönlichen Beziehungen. Das geschriebene Recht von Gesetz und Verträgen sollte stets auch unter diesem Blickwinkel betrachtet werden (mehr dazu im Kapitel Vertragsdurchführung in den Abschnitten über die Macht der persönlichen Beziehungen und den *Jeitinho Brasileiro*)

III. Vertragsstruktur und Vertragssprache

Trotz des Umstandes, dass Brasilien ein Land des Civil Law mit kodifiziertem Recht ist, haben sich – diese Entwicklung entspricht derjenigen in Deutschland – bei größeren Transaktionen zunehmend **amerikanische Vertragsmuster** durchgesetzt. Grund dafür ist, dass die in größeren Anwaltskanzleien tätigen brasilianischen Juristen nach Abschluss ihres Rechtsstudiums häufig eine Zusatzausbildung in den USA machen. Die dabei erworbenen Rechtskenntnisse vertraglicher Strukturen (angefangen beim Definitionskatalog über die Aufzählung der „whereas" – im portugiesischen das „*considerando que*" – bis hin zum abundanten Regelungsgehalt) werden vielfach bedenkenlos übernommen, in die portugiesische Sprache übersetzt und das Vertragswerk dem brasilianischem Recht unterstellt. Der Einsatz derartiger Vertragsmuster ist allerdings vielfach auch den Wünschen und Vorstellungen ausländischer Mandanten geschuldet. Besonders bedenklich wird es, wenn die Verträge dann auch noch zweisprachig englisch/portugiesisch erstellt werden und keine Regelung darüber enthalten, welcher Sprache bei Mehrdeutigkeiten der Vorrang eingeräumt ist. 23

⊃ Die Verwendung amerikanischer Vertragsmuster in einem *Civil-Law*-Rechtskreis schafft Probleme, die auf der Hand liegen. Oberster Grundsatz sollte deshalb stets sein, dass „zwischen der im Vertrage verwendeten Rechtssprache und Regelungstechnik einerseits und dem auf den Vertrag im Streitfall anwendbaren Recht andererseits Kongruenz besteht" (*Graf von Westphalen*, ZVglRWiss 2003, 53 [67]). Das gilt ganz besonders dann, wenn es um Verträge zwischen Geschäftspartnern geht, die beide dem Rechtskreis des Civil Law angehören – wie dies bei Deutschland und Brasilien der Fall ist. Vorzuziehen sind deshalb die **auf dem brasilianischen Rechtssystem beruhenden Vertragsmuster** jedenfalls dann, wenn der Vertrag nach dem Willen der Parteien brasilianischem Recht unterstehen soll oder wegen zwingender Regelungen des brasilianischen Kollisionsrechts (*Lei de Introdução ao Código Civil*) unterstehen muss. Dazu raten in aller Regel gute brasilianische Anwälte. Diese Vertragsmuster sind überdies kürzer und im Streitfall eindeutiger, da sie – vergleichbar dem deutschen Recht – auf die bestehenden Rechtssätze brasilianischer Gesetze aufbauen.

Vertragssprache und anwendbares Recht sollten stets übereinstimmen. Wird die Anwendbarkeit brasilianischen Rechtes vereinbart oder ergibt sie sich aus zwingenden gesetzlichen Vorschriften, so sollte der Vertrag in der **portugiesischen** Sprache abgefasst sein. Eine gelegentlich genutzte Option sind die in Kolonnenform zweisprachig nebeneinander abgefassten Verträge, bei denen jedoch stets der Vorrang einer der beiden Sprachen im Falle von Auslegungsschwierigkeiten klar geregelt sein muss.

IV. Beglaubigung, Beurkundung, Formerfordernisse

24 Formerfordernisse ergeben sich im Einzelfall aus dem Gesetz. So erfordert in Brasilien die Gründung einer unternehmerischen Gesellschaft einen schriftlichen Vertrag. Ein Beurkundungserfordernis besteht indes nicht. Erforderlich ist aber, dass der Gründungsvertrag unter Mitwirkung eines bei der brasilianischen Anwaltskammer *OAB* zugelassenen Rechtsanwalts zustande kommt und von ihm sowie zwei weiteren Zeugen unterzeichnet wird. Überdies muss der Vertrag beim Handelsregister (*Junta Commercial*) desjenigen Bundesstaates registriert werden, in welchem die Gesellschaft ihren Sitz hat.

Sind an einer Gesellschaftsgründung ausländische Parteien beteiligt, so sind sie verpflichtet, beim brasilianischen Fiskus eine Steuernummer zu beantragen. Handelt es sich um juristische Personen, so sind den Gründungsdokumenten die erforderlichen Nachweise der Existenz und der Vertretungsverhältnisse beizufügen. Ist ein deutsches Unternehmen beteiligt, wird folglich ein aktueller beglaubigter Handelsregisterauszug benötigt, der in Deutschland von dem zuständigen brasilianischen Konsulat überbeglaubigt werden muss. Außerdem ist eine Übersetzung durch einen vereidigten Dolmetscher erforderlich.

Üblich ist in Brasilien überdies, Verträge auf allen Seiten mit Paraphen sämtlicher am Vertragsschluss beteiligter Personen zu versehen.

25 Einstweilen frei.

4 Vertragsverhandlung

	Rz.		Rz.
I. Verhandlungsatmosphäre	26	2. Unpünktlichkeit? Das Datum als ungefährer Zeitpunkt	33
1. Höflichkeit	27	3. Das „Amanhã-Syndrom"	36
2. Spontaneität und Improvisationsfähigkeit	28	4. Der Zeitunterschied „Fuso horario"	37
3. Brasilianischer Humor	29	**III. Kleidung**	38
4. Optimismus	30	**IV. Rechtsanwälte**	39
5. Geduld	31		
II. Der Zeitfaktor	32		
1. Das brasilianische Verständnis von Zeit	32		

I. Verhandlungsatmosphäre

In jeder Situation des Alltages – und dazu gehört auch das Geschäftsleben – legen Brasilianer großen Wert auf **entspannte Atmosphäre** und **höflichen, unverkrampftem Umgang** miteinander. Mit Anspannung, Rechthaberei und Druck wird man in Brasilien nichts oder wenig erreichen. Brasilianer werden sich dadurch nur in ihrer Kreativität blockiert fühlen und versucht sein, den „sturen" und unhöflichen Besucher auflaufen lassen: „Auf sein Recht pochen nutzt nichts." (*Tauber*). Gleiches gilt auch im Umgang mit Behörden. Wer dort „versucht, etwa auf deutsche Art durch Anspruchsdenken und Pochen auf sein gutes Recht seine Wünsche durchzusetzen, dem droht der lange Dienstweg und damit erfahrungsgemäß die Vergeblichkeit seiner Bemühung" (*Wolf Paul*).

26

⟳ Für Vertragsverhandlungen gilt also: Wer erfolgreich in Brasilien verhandeln will, sollte versuchen, **Druck** und **direkte Auseinandersetzung** mit dem Verhandlungspartner zu vermeiden. Jedes Pochen auf Rechtspositionen vergrößert die Gefahr des Scheiterns der Gespräche. Stattdessen ist anzuraten, auch – und gerade – in dringenden Angelegenheiten für eine entspannte Atmosphäre zu sorgen durch entsprechende Sprachführung, Gesten, rhetorisches Geschick und Aufmerksamkeiten. Der Smalltalk („*Papo Inicial*") zu Beginn jeder Verhandlung ist unerlässlich. Werden diese Rahmenbedingungen eingehalten, steht erfolgreichen Verhandlungen nichts im Wege. Eine entspannte Verhandlungsatmosphäre schließt keinesfalls aus, in der Sache hart zu verhandeln: das ist für die in der Tradition der erfolgreichen portugiesischen Kaufleute stehenden Brasilianer nicht nur selbstverständlich, sondern wegen ihrer Freude an Kommunikation auch eine Herausforderung, der sie sich jederzeit und gerne stellen.

1. Höflichkeit

27 Höflicher und zuvorkommender Umgang ist im brasilianischen Geschäftsleben eine **Selbstverständlichkeit**. Über die brasilianische Höflichkeit hat sich *Stefan Zweig* wie folgt geäußert: „Jeder Einzelne, den man befragt, wiederholt das Wort der ersten Ankömmlinge: É a gente mais gentil." Die angenehmen Umgangsformen haben allerdings auch eine Kehrseite, und hier lässt sich erneut *Stefan Zweig* zitieren: „Nicht nur sentimental, sondern sensitiv veranlagt, besitzt jeder Brasilianer ein sehr leicht verletzbares Ehrgefühl besonderer Art. Gerade weil er selbst so besonders höflich und persönlich bescheiden ist, empfindet er jede und auch die unbeabsichtigste Unhöflichkeit sofort als Missachtung."

> Höflichkeit hat in Brasilien also einen hohen Stellenwert und ist für den Geschäftserfolg sehr wichtig. Den Gesprächspartner in Verlegenheit zu bringen, ist unverzeihlich. Peinliche Situationen werden mit einem Lächeln überspielt. Manchen Stimmen gilt die Höflichkeit des Brasilianers gar als „unbegrenzt. Sie setzt sich über alle Hürden hinweg, die bei uns Ränge, Titel und Klassen bilden. Einen Mord aus gekränkter Ehre würde er zur Not verzeihen. Was er nie verzeiht: Mangel an *Cortesia*." (*Faber*, Saudade, 1954). Folglich spielt Höflichkeit auch in der Verhandlungssituation eine maßgebliche Rolle. Offene Kritik, Imponiergehabe, ein „mit der Faust auf den Tisch schlagen" haben in Brasilien nur eine Wirkung: Der Fremde wird als unsympathisch empfunden. Er missachtet Grundregeln der Kommunikation und verletzt damit Ehrgefühl und Selbstverständnis seines Gesprächspartners. Der Brasilianer wird seinen Wünschen folglich ablehnend gegenüberstehen. Der Verhandlungserfolg ist von vornherein in Frage gestellt.

Diese Affinität zur Höflichkeit ist einerseits sympathisch, hat andererseits aber auch die Schattenseite mangelnder Klarheit und Offenheit: „Was in Deutschland als Tugend gilt, das offene Manneswort, hier in Rio wäre es eine Untugend. *Cortesia* ist wichtiger. Der Ausspruch des Schwaben: „Ich sag's, wie's isch" wäre unter dem Zuckerhut undenkbar. Dort sagt man nicht, wie es ist, sondern wie es sein könnte. „Geschminkte Wahrheit ist noch lange keine Lüge." (*Faber*).

2. Spontaneität und Improvisationsfähigkeit

28 Brasilianer sind **spontan** und verfügen über ein **beachtliches Improvisationstalent**. Angesichts der Unwägbarkeiten „dieses so ungewissen Lebens" (*João Ubaldo Ribeiro*) sind sie es gewohnt, auf sich verändernde Umstände schnell zu reagieren und mehrere Dinge gleichzeitig zu tun. Insofern unterscheiden sie sich von den Deutschen, die meist bevorzugen, anstehende Aufgaben der Reihe nach abzuarbeiten und in Verhandlungen „Punkt für Punkt" vorzugehen.

I. Verhandlungsatmosphäre

Brasilianer führen Verhandlungen anders als Deutsche. Statt stringenten Festhaltens an einer vorgegebenen Tagesordnung ist durchaus zulässig, von einem Thema zum nächsten zu springen. Mitunter werden auch außerhalb der Agenda liegende Sachfragen aufgegriffen und dem deutschen Verhandlungspartner wichtig erscheinende Diskussionen genau dann abgebrochen, wenn es aus seiner Sicht endlich „richtig zur Sache geht". Viele Deutsche erleben dieses Vorgehen als sprunghaft und unkoordiniert. Schnell wird dann der Vorwurf erhoben, die Brasilianer seien an den Sachthemen gar nicht wirklich interessiert. Zweifel werden laut, ob sich mit einem Vertragspartner dauerhaft und erfolgreich zusammenarbeiten lasse, der so unsystematisch vorgehe.

Diese Zweifel sind unbegründet. Hinter dem brasilianischen Verhandlungsstil steckt eine sehr pragmatische Überlegung: Aus brasilianischer Sicht macht es überhaupt keinen Sinn, „sich an einem Punkt festzubeißen, bei dem es anscheinend nicht weitergeht, und damit in Kauf zu nehmen, dass die Kontroverse das Verhandlungsklima trübt. Da ist es doch allemal besser, auf ein anderes Sachthema zu springen, in dem vielleicht leichter Übereinstimmungen zu erzielen sind – oder auch auf ein „unsachliches" Thema, das die Stimmung wieder entkrampft." (*Daufenbach*, „Jeitinho" gehört in Brasilien zum Geschäft, Merkblatt der AHK São Paulo)

3. Brasilianischer Humor

Brasilianer mögen humorvolle Menschen. Derjenige, der Witze **(*Piadas*)** 29 gut erzählen kann und mangels Übung nicht jede Pointe gleich verdirbt, wird in Brasilien schnell Sympathien erwerben und Zugang zu seinen brasilianischen Verhandlungspartnern finden. Die Fähigkeit, eine gute *Piada* zu erzählen, ist ein ganz vorzügliches Instrument, schwierige und streitige Verhandlungen im richtigen Moment aufzubrechen, eine gelöste Atmosphäre zu schaffen und auf dieser Basis anschließend mit sehr viel größerer Leichtigkeit und bedeutend verbesserten Erfolgsaussichten fortzufahren. Dabei sind Brasilianer keineswegs zimperlich: Jedenfalls dann, wenn bei den Verhandlungen nur Männer zugegen sind, können Witze durchaus einmal recht drastisch sein. Das wird von Brasilianern aber nicht als ungehobelt oder rücksichtslos empfunden, sondern als Gelegenheit zum Verkrampfungen lösenden Lachen inmitten von Verhandlungen, so schwierig sie in der Sache auch sein mögen. Der ausländische Besucher, dem es gelingt, seine Ernsthaftigkeit zu überwinden, eine gute *Piada* zu erzählen und gemeinsam zu lachen, wird bei seinem brasilianischen Gesprächspartner schnell viele Pluspunkte gewinnen. Der Fremde rückt näher mit der Folge, dass das Vertrauen wächst. Vorsicht und Zurückhaltung mit *Piadas* ist allerdings geboten, wenn Damen zugegen sind. Denn die Höflichkeit gebietet dem Brasilianer, Damen unter keinen Umständen in Verlegenheit zu bringen.

4. Optimismus

30 *„Deus é brasileiro"* – „Gott ist Brasilianer": diese Redewendung ist jedem Brasilianer geläufig. So kommentierte die brasilianische Präsidentin *Dilma Rousseff* im März 2013 die Wahl des aus Argentinien stammenden Kardinals *Jorge Bergoglio* zum Papst *Franziskus I* mit den Worten: „*O papa é argentino, mas deus é brasileiro!*". – „Der Papst ist Argentinier, aber Gott ist Brasilianer!"

Die Bedeutung ist ambivalent. Einerseits sind Brasilianer voll **nationalen Stolzes** überzeugt, in einem von Gott mit allen Schätzen der Natur reich gesegneten Land zu leben, das alle Voraussetzungen dafür mitbringt, eine wichtige Rolle im globalen Kontext zu spielen. Andererseits kennzeichnet diese Redewendung eine gute Portion **Selbstironie**, mit der Brasilianer sich gerne über das eigene Schicksal und dasjenige ihres Landes lustig machen. Denn angesichts seines großen Reichtums an natürlichen Ressourcen, seiner kulturellen Vielfalt und seines jedenfalls im Süden und Südosten des Landes hohen Industrialisierungsgrades ist eigentlich verwunderlich, dass dieses „Land der Zukunft" *(Stefan Zweig)* den sich derzeit vollziehenden Aufstieg zu einem wirtschaftlichen und politischen Schwergewicht nicht schon viel früher geschafft hat. Von kritischen Beobachtern ist deshalb mitunter auch heute noch zu hören, dass die weiterhin bestehenden, wenngleich unstreitig im Laufe der letzten Jahre stark verringerten sozialen Missstände, die latente Korruption („Es gibt keine Politik und keine öffentliche Verwaltung ohne Korruption. Öffentliche Macht korrumpiert. Sich Vorteile zu verschaffen ist eine in Brasilien fest verwurzelte kulturelle und ökonomische Handlungsweise." – Folha de São Paulo vom 21.4.1999, zitiert nach *Wolf Paul*, Einleitung zu „Korruption in Deutschland und Brasilien", Band 29 der Schriften der Deutsch-Brasilianischen Juristenvereinigung, www.dbjv.de) und die inhomogenen Rahmenbedingungen in den verschiedenen Regionen dieses riesigen Landes mit seinen kontinentalen Ausmaßen zu Vorsicht statt allzu großer Zuversicht mahnen: „*Brasil é o pais do futuro e sempre será*" – „Brasilien ist das Land der Zukunft und wird es immer bleiben" ist eine in Brasilien auch heute noch häufig zitierte Redewendung.

Im Grunde ist der Brasilianer aber Optimist. Sein „Glaube an die Zukunft, die Gewissheit, es eines Tages zu schaffen, machen ihn zu einem optimistischen und fröhlichen Menschen" *(Tauber)*. Diese Lebenseinstellung veranlasst ihn, allzu pessimistischen Gesprächspartnern und übervorsichtig geführten, mit penibler Tagesordnung vorbereiteten Verhandlungen mit Unverständnis und Ablehnung zu begegnen. Brasilianer vertrauen auf ihre Spontaneität und darauf, dass am Ende immer alles gut gehen wird – bei Bedarf unter Einsatz eines *Jeitinho* (zum *Jeitinho* später mehr).

5. Geduld

Ihr Optimismus hilft den Brasilianern auch bei der Bewältigung des Alltags. Denn Brasilien ist ein Land mit **hohen bürokratischen Hürden**. Brasilianer erleben ihren Alltag vielfach „als Hindernislauf, der von aufdringlicher Ineffizienz und bürokratischer Hypertrophie geprägt ist. Seine auffälligsten Insignien sind die Langsamkeit, die Schwerfälligkeit und die Umständlichkeit" (*Wolf Paul*). 31

→ Folglich haben Brasilianer gelernt, geduldig zu sein: „*Paciência* ist die große Tugend der Brasilianer." (*Faber*). Das muss man als aus dem Ausland anreisender Besucher wissen. Unter Zeitdruck ist in Brasilien wenig zu erreichen. Ganz im Gegenteil: Wer schon zu Verhandlungsbeginn Terminknappheit signalisiert und auf den fest gebuchten Rückflug hinweist, bringt sich selbst in eine ungünstige Position. Der brasilianische Verhandlungspartner hat Zeit, Geduld und Ausdauer und wird diese im Sinne eines für ihn optimalen Verhandlungsergebnisses gerade dann nutzen, wenn er weiß, dass sein Gesprächspartner es eilig hat. Auch interpretieren Brasilianer derart offen demonstrierte Zeitknappheit leicht als Desinteresse, als mangelnde Wertschätzung und Missachtung ihres natürlichen Kommunikationsbedürfnisses. Auf diese Weise sind schon manche Vertragsschlüsse aus für den ausländischen Gast nicht nachvollziehbaren Gründen gescheitert oder Verträge zustande gekommen, die den ausländischen Besucher später gereut haben.

II. Der Zeitfaktor

1. Das brasilianische Verständnis von Zeit

„Brasilianer sind Millionäre an Zeit." (*Canstatt*) und „Das Leben ist hier wichtiger als die Zeit." (*Stefan Zweig*): mit diesen Zitaten lässt sich das brasilianische Verständnis von Zeit recht treffend charakterisieren. Europäische Gehetztheit und Termindruck sind dem Brasilianer suspekt – er setzt ihnen seine **tropische Gelassenheit** entgegen. Dies bedeutet aber keineswegs, dass in Brasilien nicht schnell und effizient gearbeitet – und verhandelt – würde. Das gilt ganz besonders in São Paulo und den weiteren Großstädten im Süden des Landes. Anders ist nur, dass nicht mit „deutscher Pünktlichkeit" auf dem Verhandlungsbeginn zur verabredeten Terminstunde bestanden wird und genügend Zeit und Gelegenheit besteht, die Gespräche bei einem Smalltalk über das Wetter, die Familie, Sport, die neuesten gesellschaftlichen oder politischen Ereignisse zu beginnen sowie gelegentlich bei einem Cafezinho (der brasilianischen Form des Espresso) zu unterbrechen. 32

2. Unpünktlichkeit? Das Datum als ungefährer Zeitpunkt

33 Brasilianer werden von ihren ausländischen Vertragspartnern schnell mit dem Stigma der „Unpünktlichkeit" versehen, wenn sie sich bei Besprechungsterminen (wiederholt) nicht zur verabredeten Stunde einfinden, vereinbarte Liefertermine nicht exakt einhalten und Zusagen nicht termingenau erfüllen.

Das ist ein Irrtum. Brasilianer sind nicht unpünktlich. Das verbietet ihnen schon ihre Höflichkeit. Sie haben nur ein **anderes Zeitverständnis**. Es setzt nicht voraus, dass ein auf 9.15 Uhr terminiertes Gespräch auch wirklich zu diesem Zeitpunkt beginnt oder zumindest alle Teilnehmer zur verabredeten Terminstunde anwesend sind. Für Brasilianer ist ein Erscheinen des Gesprächspartners um 9.30 Uhr oder gar 9.45 Uhr auch noch „pünktlich". Derartige „Verspätungen" sind aus seiner Sicht weder unhöflich noch rücksichtslos, sondern den Ungewissheiten des täglichen Lebens, den Unwägbarkeiten des Straßenverkehrs, den Unzulänglichkeiten der Logistik des Landes geschuldet, die – nicht zuletzt in Ermangelung der für Deutsche so selbstverständlichen Infrastruktur – nur mit gewisser Ungenauigkeit und Unzuverlässigkeit funktioniert.

Die ihm eigene positive, optimistische, lebensbejahende Sichtweise veranlasst den Brasilianer, seinem Gesprächspartner zunächst – bis zum Beweis des Gegenteils – nur **gute Absichten** und **bestes Bemühen** zu unterstellen. Wenn es mit termingerechter Lieferung oder Gesprächsbeginn zum verabredeten Zeitpunkt trotz aller Anstrengungen nicht klappt, sind im Zweifel die äußeren Umstände, gegebenenfalls aber auch ganz einfach die Inanspruchnahme durch andere Verpflichtungen dafür verantwortlich, nicht indes Unhöflichkeit, Nachlässigkeiten oder rücksichtsloses Verhalten. Wer käme angesichts der Unwägbarkeiten dieses Lebens auf den Gedanken, eine Verspätung um 15 oder 30 Minuten als Unpünktlichkeit, eine Lieferfristüberschreitung um einige Tage als Verzug zu bezeichnen? Jeder Brasilianer wird ein solches Verdikt als übertriebene Förmelei und unerträgliche Pedanterie empfinden.

> Ein von deutscher Seite als „fix" verstandener Liefertermin ist also aus Sicht eines Brasilianers oft nur eine ungefähre Zeitangabe: dieses Missverständnis kann weit reichende Folgen insbesondere dann haben, wenn der deutsche Geschäftspartner sich (Stichwort: Vertragsdurchführung und -controlling) „blind" und ohne wiederholte Nachfragen darauf verlässt, dass die brasilianische Seite ihre Lieferzusage taggenau einhalten werde.

34 Eine gute Nachricht gibt es in diesem Zusammenhange für den an deutsche Pünktlichkeit gewöhnten Fremden aber doch: Das **brasilianische** und das **mitteleuropäische Zeitverständnis** haben sich im Laufe der letzten Jahrzehnte zunehmend angenähert; diese Entwicklung gilt besonders für São Paulo und den gesamten Süden des Landes. In São Paulo, und bei Verhandlungen mit Vertragspartnern aus dieser Region, kann man sich also mit erheblich größerer Wahrscheinlichkeit als in weiter nördlich ge-

II. Der Zeitfaktor Rz. 36 Teil **9.5**

legenen Regionen Brasiliens darauf verlassen, dass Termine im europäischen Sinne pünktlich beginnen und Lieferfristen termingerecht eingehalten werden.

⇨ Wieder etwas anderes gilt für **gesellschaftliche Einladungen** am Abend. Zu diesen Einladungen, die im Geschäftsleben eine sehr wichtige Rolle spielen, darf der Eingeladene nicht überpünktlich erscheinen. Das wäre ein unverzeihlicher Fauxpas. Angemessen – und vom Gastgeber erwartet – ist bei solchen Einladungen eine „Verspätung" von wenigstens 30 Minuten; wer um 20.00 Uhr geladen ist, sollte also tunlichst nicht vor 20.30 Uhr erscheinen. Das gilt auch in São Paulo, wobei die „richtige Verspätung" regional durchaus verschieden ist. Der Fremde tut also gut daran, einen Ortskundigen zu befragen, wenn er eine gesellschaftliche Einladung erhält. 35

3. Das „Amanhã-Syndrom"

„Das Leben in Deutschland ist manchmal recht schwierig, wie zum Beispiel heute. Das Telefon klingelte, ich nahm ab, ein sympathischer höflicher Deutscher wollte wissen, ob ich für einen Vortrag am Mittwoch, dem 16. November um 20.30 Uhr Zeit hätte. Ich weiß, dass ein Deutscher nur schwer verstehen kann, warum ein Brasilianer eine solche Frage nicht begreift. Wie kann jemand mit solcher Genauigkeit so lange im Voraus etwas festlegen, diese Deutschen sind wirklich verrückt. Aber ich wollte nicht unhöflich sein, und wie immer bat ich meine Frau um Rat. „Frau", sagte ich, nachdem ich den Anrufer gebeten hatte, einen Augenblick zu warten, „habe ich irgendeine Verabredung am 16. November um 20.30 Uhr?" „Bist Du verrückt", sagte sie, „so eine Frage kann doch keiner beantworten." „Ich weiß, aber da ist ein Deutscher, der eine Antwort will." „Sag ihm, du gibst ihm morgen Bescheid." „Und wenn er morgen wieder anruft? Er ist Deutscher, er wird morgen anrufen, er weiß nicht, was morgen heißt!" (*João Ubaldo Ribeiro*)

Das Wort „*Amanhã*" (wörtlich übersetzt: „morgen") ist im brasilianisch-portugiesischen Sprachgebrauch ein unerhört vielschichtiger Begriff. Ihren Ursprung hat diese Vielschichtigkeit in der in Brasilien weit verbreiteten Gewohnheit, dringliche Dinge nicht im Voraus, sondern erst dann in Angriff zu nehmen, wenn die Zeit drängt. *Amanhã* ist immer noch früh genug. Abgesehen von der zeitlichen Ebene gibt es aber noch einen anderen Kontext, in welchem das *Amanha* bedeutsam ist: Höflichkeit und Mitgefühl verbieten den Brasilianern, eine Bitte abschlägig zu bescheiden, die Erfüllung des von einem Geschäftspartner vorgetragenen Wunsches also mit einem eindeutigen „Bedaure, aber das ist leider nicht möglich" abzulehnen. Der Brasilianer flüchtet stattdessen in das *Amanha*. 36

Das Spektrum der möglichen Bedeutungen des *Amanha* reicht also von der höflichen Umschreibung eines sehr bestimmten „Nein" oder „Niemals" (wie bereits gesagt: eine offene und klare Absage mit einem „Não" – also einem „Nein" – kommt Brasilianern fast nie über die Lippen) über ein „Lass uns das Thema wechseln", ein „Vielleicht" oder „Ich komme gegebenenfalls darauf zurück" bis hin zu dem wörtlich gemeinten „morgen".

⇒ Diese Vielschichtigkeit des Wortes *Amanha* ist wesentlicher Grund für viele Missverständnisse zwischen Brasilianern und ihren ausländischen Gesprächspartnern. Deutsche mit ihrem Hang zu genauer Zeitplanung und der Neigung, andere beim Wort zu nehmen, fallen solchen Missverständnissen besonders häufig zum Opfer: „Sie wissen nicht, was *Amanha* heißt." (*João Ubaldo Ribeiro*). Und sie ahnen nicht, dass sie ihren brasilianischen Gesprächspartner mit ihrem „deutschen" Wunsch nach genauer und frühzeitiger Terminplanung, nach klaren Antworten und präzisen Stellungnahmen unwissentlich immer wieder die Verwendung eines *Amanha* geradezu aufnötigen: Brasilianer halten allzu frühzeitige Festlegungen für überflüssig und das Beharren auf einer klaren, auch abschlägigen Antwort für eine Zumutung. Weshalb missachtet der Fremde den Erfahrungssatz, dass sich mit Flexibilität und Spontaneität jede Schwierigkeit beizeiten lösen lässt und alles gut werden wird? Weshalb besteht er darauf, ein dem höflichen und mitfühlenden Brasilianer widerstrebendes „Nein" zu hören, wenn durch Gesten, beredtes Schweigen und Andeutungen doch schon alles gesagt ist?

4. Der Zeitunterschied „Fuso horario"

37 Nicht zu unterschätzen ist bei Vertragsverhandlungen in Brasilien der Zeitunterschied zwischen Deutschland und Brasilien (im portugiesischen *Fuso horario*), der im Grundsatz vier Stunden beträgt, im europäischen Sommer wegen der Sommerzeit aber auf fünf Stunden verlängert und im europäischen Winter auf drei Stunden verkürzt ist. Derartige Zeitunterschiede und die lange Anreise nach Brasilien (ab Frankfurt per Non-Stop-Flug nach São Paulo oder Rio de Janeiro ca. 11,5 Stunden Reisezeit) sind für den anreisenden Vertragspartner ermüdend. Das kann bei Verhandlungen ein nicht zu unterschätzendes Handicap sein. Hinzu kommen die klimatischen Unterschiede, die insbesondere im europäischen Winter beträchtlich sind wegen des zeitgleich in Brasilien herrschenden Sommers: die Temperaturunterschiede können dann durchaus schon einmal 40 °C betragen.

III. Kleidung

38 Trotz ihrer flexiblen und unverkrampften Lebenseinstellung legen Brasilianer großen Wert auf äußere Formen: Bei Vertragsverhandlungen in São Paulo, Rio de Janeiro und Brasilia sind Anzug und Krawatte selbstverständlich. Etwas anders liegen die Dinge in anderen Städten und Bundesstaaten Brasiliens: dort ist die Krawatte schon einmal entbehrlich. Im Zweifel ist eine Nachfrage zu empfehlen.

IV. Rechtsanwälte

Angesichts der geschilderten rechtlichen und kulturellen Besonderheiten Brasiliens ist nachvollziehbar, dass die Beauftragung von erfahrenen Anwälten mit Kenntnissen im deutsch-brasilianischen Rechtsverkehr bereits in der Vertragsplanungsphase empfehlenswert ist. Vor Eingehung einer Partnerschaft und Gründung eines gemeinsamen brasilianischen Unternehmens „erscheint angesichts der umfangreichen, teils schwer überschaubaren gesetzlichen Bestimmungen die Einschaltung eines versierten Anwaltsbüros unerlässlich. Die steuerlichen Aspekte (gestaffelte Mehrwertsteuer, Zölle, Gewinntransfer, soziale Abgaben etc.) sind vorab von Fachleuten zu prüfen." (*Völckers*, „Brasilien konkret" in Übersee Rundschau, Februar/März 1989). 39

Über die brasilianischen **Anwaltshonorare** lassen sich allenfalls ungefähre Angaben machen. Internationale Abrechnungsstandards sind üblich. Die Begleitung von Vertragsverhandlungen wird also meist per Stundenhonorar und gegenüber ausländischen Mandanten in US-Dollar oder Euro abgerechnet. Die Höhe der Stundensätze ist in größeren Kanzleien nach amerikanischem Vorbild gestaffelt nach Seniorität des bearbeitenden Anwaltes. In São Paulo und Rio de Janeiro beträgt sie derzeit zwischen 500 Euro für sehr angesehene, bekannte und fachlich ausgewiesene Seniorpartner großer Kanzleien bis herab zu 80 Euro für Trainees. Auch Pauschalhonorare sind durchaus üblich, ebenso wie Cap-Vereinbarungen. 40

▷ Besonderheiten gelten für die Vertretung in gerichtlichen Streitigkeiten. An die Stelle eines Stundenhonorars tritt dann vielfach das mit einem pauschalierten Aufwandshonorar (*Pro Labore*, in der Regel 5 % des Gegenstandswertes) gekoppelte Erfolgshonorar, welches je nach Höhe der für den Rechtsstreit prognostizierten Erfolgsaussichten zwischen 5 und 15 % der letztlich erstrittenen Geldsumme bzw. der erfolgreich abgewehrten Klagforderung oder der Vergleichssumme betragen kann. Zum Anwaltshonorar des eigenen Anwaltes gehört bei Rechtsstreitigkeiten außerdem die *Sucumbência*; das ist derjenige Betrag, den die im Prozess unterliegende Partei dem Sieger zu erstatten hat. Sie wird vom Gericht in freier Würdigung aller Umstände des Verfahrens festgesetzt.

5 Vertragsdurchführung

	Rz.		Rz.
I. Gute Verträge gewährleisten noch keine guten Resultate	41	2. Der „Jeitinho Brasileiro"	42
1. Die Macht der persönlichen Beziehungen	41	**II. Die „Empresas de Serviços Paralegais", die „Despachantes" und der Umgang mit Behörden**	43

I. Gute Verträge gewährleisten noch keine guten Resultate

1. Die Macht der persönlichen Beziehungen

41 Gute Verträge sind – wie überall in der Welt – wichtig, gewährleisten in Brasilien aber noch keinen geschäftlichen Erfolg. Persönliche Beziehungen sind dort mindestens ebenso wichtig wie der exakte Wortlaut eines in allen Einzelheiten perfekt formulierten Vertrages. Erst die Pflege freundschaftlicher Verbindungen der Geschäftspartner untereinander und gemeinsame Ziele bei der Vertragsdurchführung bieten für den Verhandlungserfolg und die spätere Vertragstreue die gewünschte Gewähr. Das vergleichsweise stumpfe Schwert eines vertraglichen, im Bedarfsfalle nur unter Schwierigkeiten und mit hohem Kostenaufwand gerichtlich durchsetzbaren Anspruchs erweist sich dagegen oft als wirkungslos.

Die aus deutscher Sicht so wichtige frühzeitige Planung von Vertragsgesprächen" der Austausch von Vertragsentwürfen, die perfekte Verhandlungskoordination, die bis in alle Feinheiten ausformulierten Verträge sind also auch für Brasilianer durchaus von Bedeutung. Für den Brasilianer noch wichtiger ist aber das **vertrauensvolle** und **freundschaftliche persönliche Einvernehmen** mit dem (ausländischen) Geschäftspartner. Denn in Brasilien geschieht „wenig auf der Grundlage eines Rechts, einer Pflicht oder einer schriftlichen Vereinbarung. Eine persönliche Verpflichtung hingegen motiviert, für den anderen sein Bestes zu geben. Dies wiederum kann je nach Situation bedeuten, den formalen Pflichten nachzukommen, oder ihnen zuwider zu handeln." (*Daufenbach*, „Jeitinho" gehört in Brasilien zum Geschäft, Merkblatt der AHK São Paulo).

2. Der „Jeitinho Brasileiro"

42 Unmittelbarer Ausdruck der Wichtigkeit persönlicher Beziehungen ist die Existenz des „*Jeitinho*", der wohl „brasilianischsten" aller brasilianischen Erfindungen. Ebenso wie das „*Amanhã*" ist auch der „*Jeitinho*" im brasilianisch-portugiesischen Sprachgebrauch ein höchst vielschichtiger Begriff. Eine bedeutungsgetreue Übersetzung in die deutsche Sprache gibt es nicht. Sinngemäß geht es beim *Jeito* um den „**Kniff**" oder „**Ausweg**" (beim *Jeitinho* also um dessen Verkleinerungsform und die darin gleichzeitig liegende Verharmlosung). Gegenstand des *Jeitinho* ist die informelle Handlungsanleitung, mit deren Hilfe die Überwindung alltägli-

cher Hindernisse in Brasilien erst möglich wird. Denn Brasilianer sehen sich „als Überlebenskünstler und ihren Alltag als Hindernislauf", der ihnen großes Improvisationstalent abverlangt. Ohne *Jeitinho* wäre „in Brasilien kein Durchkommen", er „steckt allen Brasilianer im Blut" (*Wolf Paul*).

Der *Jeitinho* ist also das Elixier, welches den Brasilianern das aus ihrer Sicht anders nicht denkbare Überleben im Dickicht der vielfach widersprüchlichen gesetzlichen Vorschriften und der bis heute leider hohen Ineffizienz der Exekutive erst ermöglicht. Der *Jeitinho* gewährleistet für alle Probleme und Situationen eine Lösung. Auffälliges Merkmal der „*Jeitinho*-Kultur" ist deshalb nach der Auffassung kritischer – indes wohlmeinender – Stimmen der „nicht selten burleske Umgang mit bestehenden Normen, das Ignorieren förmlicher Verbote, das Unterlaufen oder Überlisten von Vorschriften" (*Wolf Paul*).

„*Por favor, da um jeitinho!*" („Bitte lass' Dir einen Ausweg einfallen!") und „*Nada é impossível, confie em mim, que eu dou um jeito.*" („Nichts ist unmöglich, vertraue auf mich, ich werde eine Lösung finden.") sind alltägliche Redewendungen. Die dahinter stehende Lebenseinstellung ist Ausdruck des „zwischen den äußeren Gesetzen und Normen der Zivilisation einerseits und den Bedürfnissen der privaten Personen andererseits hin- und hergerissenen Brasilianers" (*Goerdeler*). Sie schafft Flexibilität, geht anderseits aber auch mit einem fehlenden Unrechtsbewusstsein einher, die im Verdacht steht, nicht nur gelegentlich die Grenze „der einfachen Gefälligkeit zur Korruption zu überschreiten" (*Tauber*). Genau aus diesem Grunde ist der *Jeitinho* im heutigen Brasilien zunehmender Kritik ausgesetzt: er wird nicht selten als suspekte Form unseriöser Vorteilsverschaffung verurteilt und dafür verantwortlich gemacht, dass dieses „Land der Zukunft" erst jetzt auf dem – nunmehr allerdings bemerkenswert raschen – Wege zu außenpolitisch großer Bedeutung sowie innenpolitisch sozialer Stabilität und wirtschaftlicher Kraft ist.

➲ Dennoch: Kenntnis der Existenz des *Jeitinho* und Wissen um seine Wirkkraft ist für den ausländischen Besucher und Geschäftspartner von ganz maßgeblicher Bedeutung. Brasilianer vertrauen in erster Linie auf die Macht ihrer persönlichen Beziehungen. Das Gesetz, das Recht und seine Durchsetzbarkeit sind demgegenüber nicht unwichtig, aber nachrangig. Der Einsatz eines *Jeitinho* zur Überbrückung von Schwierigkeiten gilt in Brasilien „bedenkenlos als legitim" (*Wolf Paul*). Der *Jeitinho*, seine Macht, soziale Akzeptanz und der für den Brasilianer selbstverständliche Umgang mit diesem Instrument erlauben ihm, im Vertrauen auf seine Spontaneität, seine persönlichen Kontakte und das Motto vom „am Ende wird schon alles gut" auf manche Verhandlungs- und Vertragsstrukturen zu verzichten, die seinem ausländischen Vertragspartner unerlässlich erscheinen.

II. Die „Empresas de Serviços Paralegais", die „Despachantes" und der Umgang mit Behörden

43 Die brasilianische Bürokratie ist sehr komplex. Häufig fehlt es auch an zweckentsprechend organisierter Kommunikation zwischen den Behörden. Die Justiz ist vielfach ineffizient. Steuer- und Arbeitsrecht sind kompliziert, das Steuersystem höchst intransparent. Ohne die Begleitung von versierten Anwälten und von Fachleuten für Steuerfragen sind diese Schwierigkeiten kaum zu bewältigen. Notwendig sind dafür in Brasilien aber auch die *„Empresas de Serviços Paralegais"* und die *„Empresas de Serviços Aduaneiros"*, die ihre Auftraggeber beim Umgang mit Behörden unterstützen und – zumindest in den Großstädten – den Berufsstand der *„Despachantes"* zunehmend verdrängen, der **„professionellen Behördengänger"**.

Die *Empresas de Serviços Paralegais* – also Unternehmen, die juristische Hilfsleistungen erbringen – sind häufig Ausgründungen großer Anwaltskanzleien und entsprechend gut qualifiziert. Als Mittler zwischen Unternehmen und Behörden unterstützen sie bei Antragstellungen. Wegen ihrer genauen Kenntnis aller Formvorschriften und ihres täglichen Kontaktes mit den jeweils zuständigen Sachbearbeitern bei den unterschiedlichsten Ämtern sind sie in der Lage, für zügige Förderung von Genehmigungen, Anträgen auf Registrierung, Zollabfertigungen etc. zu sorgen.

Daneben existieren aber auch weiterhin die für den einfachen Bürger im Umgang mit Behörden unerlässlichen *Despachantes*. Sie haben „im brasilianischen Büro-Alltag die gleiche Funktion wie im menschlichen Kreislauf die roten Blutkörperchen" (*Goerdeler*): sie sorgen dafür, dass Anträge und Eingaben zügig befördert werden, statt in den Tiefen der Schubladen der öffentlichen Verwaltung „den Termiten und Computerviren zum Fraß zu fallen, verstaubt, gelöscht, erledigt".

Die *Empresas de Serviços Paralegais* und die *Despachantes* haben im brasilianischen Alltagsleben also immer dann, wenn ein Kontakt mit Behörden erforderlich ist, eine höchst wichtige Aufgabe. Viele von ihnen haben sich spezialisiert, vornehmlich in den Bereichen Zollabfertigung, Visum/Arbeitserlaubnis und Straßenverkehrsamt. Wer Hilfe benötigt, sollte „zunächst Empfehlungen einholen und sich dann entscheiden: wie stets, gibt es auch in diesem Berufsstand neben ernsthaften und kompetenten Profis zahlreiche weniger vertrauenswürdige Vertreter" („Willkommen in Brasilien", Veröffentlichung der AHK São Paulo). Die Honorare variieren, sind aber kalkulierbar, da *Empresas de Serviços Paralegais* und *Despachantes* meist mit Honorartabellen arbeiten, also festen Preisen für bestimmte Dienstleistungen.

Manche Anzeichen sprechen dafür, dass die Tage des Berufsstandes der *Despachantes* – oder jedenfalls ihrer heutigen Bedeutung – gezählt sind. Grund dafür ist, dass viele Genehmigungen und Bestätigungen, um die früher schriftlich oder per persönlicher Vorsprache nachgesucht werden musste, heute per elektronischem Datenverkehr bei den Behörden beantragt werden können.

6 Vertragscontrolling

	Rz.		Rz.
I. Das Erfordernis ständiger Kontaktpflege	44	II. Typische Gründe für Vertragsstörungen	45

I. Das Erfordernis ständiger Kontaktpflege

44 Weiter oben wurde bereits darauf hingewiesen: Ein von deutscher Seite als „fix" verstandener Liefertermin ist aus Sicht eines Brasilianers häufig nur eine ungefähre Zeitangabe. Dieses Missverständnis kann weit reichende Folgen insbesondere dann haben, wenn der deutsche Verhandlungspartner sich blind und ohne wiederholte Nachfragen darauf verlässt, dass die brasilianische Seite den geschriebenen Vertrag wortgetreu einhalten werde. Ein „Fixtermin" wird aus der Sicht des Brasilianers vielfach erst und nur dann zu einer genau einzuhaltenden Zeitvorgabe, wenn der Vertragspartner dies auch nach Vertragsschluss durch **wiederholtes Nachfassen** deutlich macht. Fehlt dieses Nachfassen, so werden Brasilianer schnell auf mangelnde Wertschätzung oder fehlendes Interesse des Vertragspartners und darauf schließen, dass es auf die termingerechte Lieferung nicht ankommt.

Das Nachfassen dient also nicht nur dazu, die pünktliche Leistungserbringung zu gewährleisten oder jedenfalls wahrscheinlicher zu machen. Sie dient vielmehr auch dazu, sich frühzeitig über etwaige Leistungsstörungen zu informieren und sich darauf einzustellen. Um ihr Gesicht zu wahren, scheuen Brasilianer nicht selten das rechtzeitige Eingeständnis, dass sie eine gegebene terminliche Zusage nicht werden einhalten können. Herausfinden wird man das nur durch ständige Kontaktpflege mit dem brasilianischen Lieferanten.

II. Typische Gründe für Vertragsstörungen

45 Vertragsstörungen treten in Brasilien typischerweise dann auf, wenn die **Kommunikation** zwischen den Vertragsparteien **gestört** ist, es also an der kontinuierlichen persönlichen Kontaktpflege fehlt. Schriftliche oder telefonische Kommunikation reicht nicht aus. Brasilianer werden solche Störungen nur selten von sich aus aufgreifen. Das Aussprechen unangenehmer Wahrheiten liegt Brasilianern nicht. Stattdessen werden aus Höflichkeit Zusagen oder Versprechungen gemacht, die nicht ernst gemeint sind. Wichtig ist also die direkte persönliche Kontaktaufnahme und Kontaktpflege durch Besuche vor Ort, um gute Geschäftsbeziehungen zu wahren bzw. eine gestörte persönliche Bindung zu erneuern oder wieder herzustellen.

II. Typische Gründe für Vertragsstörungen

Vertragsstörungen können indes auch ganz einfache äußere Gründe haben. So ist in der Zeit zwischen Weihnachten und Karneval (also der traditionellen Ferienzeit im Januar und der Vor-Karnevalszeit im Februar) stets mit **Verzögerungen** und generell einer deutlich verlangsamten Produktivität zu rechnen. Überhaupt sollte man Verzögerungen stets einkalkulieren: sie können auch durch eine Ressourcenknappheit, Lieferstockungen bei Vorlieferanten, behördliche Langsamkeit oder die im Vergleich zu deutschen Standards ineffiziente Infrastruktur bedingt sein.

7 Schlusswort

46 Dieser Beitrag beginnt mit einem Zitat von *Stefan Zweig*, der auch das Schlusswort haben soll. In dem kurz vor seinem Tode 1942 entstandenen Abschiedsbrief schrieb er:

„Es drängt mich, eine letzte Pflicht zu erfüllen: diesem wundervollen Lande Brasilien innig zu danken, dass es mir und meiner Arbeit so gut und gastlich Rast gegeben. Mit jedem Tage habe ich dieses Land mehr lieben gelernt …".

Dieses Zitat mag etwas idealisierend und pathetisch klingen – einem Dichter angemessen. Dennoch: Derjenige deutsche Besucher, der seinem brasilianischen Geschäftspartner mit Offenheit und vorurteilsfrei begegnet, wird für Brasilien und seine Menschen schnell Sympathie empfinden und belastbare freundschaftliche Verbindungen aufbauen. Das ist die beste Voraussetzung für gute Geschäfte mit brasilianischen Vertragspartnern.

9.6
Verhandeln in der Türkei

1 Einführung

	Rz.		Rz.
I. Allgemeines zum Lande	1	4. Steuerrechtliche Verstöße – ungeahnte Risiken?	20
1. Hintergrundinformationen	1	5. Korruption	27
a) Geschichtlicher Rahmen	1	**II. Zur Rechtsordnung im Allgemeinen**	28
b) Zur Entwicklung der türkischen Wirtschaft	4	1. Entwicklungen im türkischen Recht	28
c) Soziales Umfeld	7	2. Kritikpunkte	30
d) Zur Kultur und Sprache	9	3. Änderungen in der jüngeren Vergangenheit	31
2. Allgemeines zum türkischen Verhandlungspartner	12	4. Stellung der Ausländer vor den Gesetzen	32
3. Verhältnis des türkischen Verhandlungspartners zum deutschen Kulturkreis	17		

I. Allgemeines zum Lande

1. Hintergrundinformationen

a) Geschichtlicher Rahmen

Die soziale Struktur und somit die wirtschaftliche Beschaffenheit der Türkei sind im besonderen Masse geprägt von den Ereignissen, die sich im Zeitraum des ausklingenden Osmanischen Reichs und der Gründungsphase der jungen Türkischen Republik abgespielt haben. Dennoch lohnt es sich auch einen Blick darauf zu werfen, wie der Osmanische Staat bei seiner Gründung angelegt war: 1

Er entstand in den Ruinen des untergehenden Reichs der **Seldschuken** im Nordwesten Anatoliens. Schon bei seiner Gründung beinhaltete er einen erheblichen christlichen Bevölkerungsanteil und war daher multikulturell und multikonfessionell geprägt. Der Clan der **Osmanen** war nur eine der Adelsfamilien, die nach dem Niedergang der Seldschuken im von ihnen beherrschten Gebiet Anatoliens einen Staat gründeten. Dieses Gebilde war wesentlich erfolgreicher als die Fürstentümer der anderen türkischen Adelsfamilien und auch das mittlerweile geschwächte Byzantinische Reich. Der Grund hierfür liegt nach überwiegender Meinung darin, dass die Osmanen es besser verstanden, die große Zahl von Nichtmuslimen in ihre Gesellschaftsordnung (gemessen an den Maßstäben des Mittelalters) wirksam einzugliedern und ihre früheren Gegner zu Verbündeten zu machen.

Der Staat stand unter der strengen Leitung der Dynastie der Osmanen, das heißt den Nachkommen des ersten Sultans *Osman*. Aus Furcht, eine andere Adelsfamilie könnte zu viel Macht anhäufen und Rivalen für den Thron stellen, wurden die wichtigsten zivilen und militärischen Ämter über weite Zeit an Leibeigene übertragen, die ihrerseits aus den Kaderschmieden stammten, deren Nachwuchs von christlichen Familien schon im Kindesalter zwangsrekrutiert wurde.

Im Jahre 1815 umfassten die Grenzen des Reichs noch weite Gebiete auf dem Balkan, in Nordafrika, im Kaukasus und auf der Arabischen Halbinsel. Die überwiegende Mehrheit der Bevölkerung in diesen Provinzen war ethnisch dieselbe wie vor der Eroberung seitens der Türken. Aber ein bedeutender Anteil dieser Bevölkerung nahm im Laufe der Jahrhunderte konfessionell (durch Übertritt zum sunnitischen Islam) und kulturell die osmanische Identität an. Als das Reich mit seinen mittlerweile veralteten Strukturen in den Jahren von 1815 bis 1918 langsam, aber sicher auseinanderbrach, folgte ein Großteil dieser „osmanisierten" Bevölkerung den rapide schrumpfenden politischen Reichsgrenzen. War das Gebiet innerhalb der Grenzen der heutigen Türkei schon immer von kultureller und konfessioneller Diversität geprägt, haben diese Neuankömmlinge der Türkei ihre eigenen kulturellen Eigenschaften hinzugefügt.

2 Auf den Zerfall des Vielvölkerreiches folgte die **Gründung der türkischen Republik**. Dabei musste dieser junge Staat auch gleichzeitig seine eigene Nation bilden und er tat dies gemäß dem Vorbild des Europas der 1920er und 1930er Jahre. Es liegt dem Verfasser fern, die Verantwortung für unbewältigte Konflikte in der Türkei dem europäischen „Vorbild" anzulasten. Dennoch darf festgestellt werden, dass sich in den Gründungsjahren der türkischen Republik keine „Best Practices" in unmittelbarer Nähe aufdrängten, die vielleicht einen entkrampfteren Umgang mit den zahlreichen ethnischen und religiösen Minderheiten, der Hinterlassenschaft des Osmanischen Reichs, ermöglicht hätten. Auch war bei den Gründern der Republik, deren Führerschaft wohl der Tradition der „Jungtürken" zugerechnet werden kann, die Auffassung verbreitet, dass das Osmanische Reich daran gescheitert war, dass es zu religiös und zu dezentral ausgerichtet war. So wurden zum Zwecke einer jakobinischen Umerziehung des Volkes die Strukturen eines **Überstaates** geschaffen, der sich dazu berufen sah, seinen Bürgern neben einem neuen Staat eine neue Sprache, eine neue Kultur und letztlich eine neue Identität zu geben. Vordergründig wurde das Credo der Multikulturalität beibehalten, nur dass jedwede Art von Divergenz vom Typus des staatstreuen, ja gleichgeschalteten Bürgers sanktioniert wurde.

3 Das Erbe dieser Strukturen besteht teilweise heute noch weiter fort und stellt sich leider immer in den Dienst derjenigen, die, wenn an der Macht angelangt, den Bürgern nunmehr ihre eigene Weltanschauung aufzwingen wollen. Dies ist wohl das größte der Hindernisse, die auf dem Weg in eine offene Gesellschaft in der Türkei zu überwinden sind. Die um den Gezi Park im Sommer 2013 entfachte Diskussion wird diese Frage mehr

I. Allgemeines zum Lande	Rz. 5 Teil **9.6**

in den Mittelpunkt der öffentlichen Aufmerksamkeit rücken. Dies zu Recht, denn die Türkei ist die Speerspitze einer Gruppe von Nationen, die in den kommenden Jahrzehnten ihre inneren Strukturen werden neu definieren müssen.

b) Zur Entwicklung der türkischen Wirtschaft

Erste Bestrebungen, das in seiner Wirtschaftsstruktur mittelalterliche Reich zu modernisieren, begannen im 19. Jahrhundert in der Form einer staatlich gesteuerten Ansiedlung erster kleiner Industrien im Westen des Landes. Allerdings folgte darauf eine Periode von Kriegen, Aufständen und gewaltigen sozialen Umwälzungen bis 1922. Auch bot die allgemeine Verfassung des Reiches nicht die Rahmenbedingungen für ein starkes Wachstum der Wirtschaft. So brach die alte landwirtschaftlich geprägte Wirtschaftsordnung zusammen, ohne dass sie durch eine neue, industrialisierte ersetzt worden wäre. 4

Die Maßnahmen des Überstaates zur oben angeführten „Nationenbildung" lösten mehrere Auswanderungswellen der nichtmuslimischen Minderheiten aus, die einen bedeutenden Teil dessen ausmachten, was man im späten Osmanischen Reich und in der jungen Republik als das urbane Bürgertum hätte bezeichnen können. Auch war das Land zu diesem Zeitpunkt weder reich an eigenen Kapitalressourcen noch attraktiv für ausländische Investoren. So sahen sich die Kader der neugegründeten Türkischen Republik gezwungen, die Wirtschaft des Landes nach den Grundsätzen eines stark **merkantilistisch geprägten Staatskapitalismus** aufzubauen. Tatsächlich wurden eine Vielzahl von staatlichen Monopolgesellschaften gegründet und hohe Zollmauern errichtet, die das Wirtschaftsleben bis in die späten 70er Jahre des 20. Jahrhunderts hinein nachhaltig geprägt haben.

Die Liberalisierung der Wirtschaft in den 80er Jahren brachte mit sich bedeutende Erleichterungen bei den bislang sehr strengen Importregulierungen, freien Devisenhandel und die ersten Privatisierungen. Ebenso wurde der rechtliche Rahmen geschaffen, um ausländische Investoren anzuziehen, wie etwa im Rahmen von Build-Operate-Transfer und weiteren Finanzierungsmodellen – dabei konnten manche rechtlichen Probleme (etwa die Vereinbarkeit von Schiedsgerichtsklauseln bei Verträgen mit der öffentlichen Hand) erst nach Verstreichen längerer Zeit gelöst werden. Bis zu dieser Phase bestanden die führenden türkischen Großunternehmen aus einer kleinen Anzahl von familiendominierten Konglomeraten. Ein typisches Geschäftsmodell in der Industrie war die Produktion von Gütern für den inländischen Markt und unter dem Schutz hoher Schutzzölle gegen Importe. Dies erfolgte meist mit ausländischem Know-how und oftmals in einem Joint-Venture mit dem Inhaber entsprechenden Know-hows. Die Liberalisierungswelle wurde begleitet vom – rechtlich oftmals fragwürdigen – Einsatz staatlicher Förderungs- und Vergabemöglichkeiten zum Zwecke der Stärkung der türkischen Unterneh- 5 merklasse. Dieser Zeitraum war geprägt vom Entstehen einer neuen Unternehmerklasse und dem starken Wachstum der schon bestehenden Unternehmen.

6   Die folgende Zeit bis in die ersten Jahre des 21. Jahrhunderts brachte der Türkei eine gewisse Stagnation – eine politisch zersplitterte politische Landschaft, außer Kontrolle geratene Staatsausgaben, eine hohe Inflation, wuchernde Zinsen, einen labilen Bankensektor und aufeinander folgende Finanz- und Währungskrisen, namentlich in den Jahren 1994, 1998–1999 und 2001. Die seit 2002 einsetzende Stabilisierung der politischen Verhältnisse ermöglichte die Weiterführung des durch die umfassenden Wirtschaftsreformen von *Kemal Derviş* eingeschlagenen Konsolidierungskurses. Gestützt durch die an Weltmärkten einsetzende Liquidität, einen vorteilhaften Wechselkurs in der Form einer starken türkischen Lira sowie eine engere Bindung an die Europäische Union resultierte dies in einem stabilen, mehrere Jahre anhaltenden Wirtschaftswachstum. Diese Phase, wie schon der erste große Wachstumsschub der 80er Jahre, ist gekennzeichnet durch eine Ausweitung des Bürgertums über die bisherigen geographischen und weltanschaulichen Grenzen hinaus und sein Zusammenwachsen mit der konservativen Bevölkerung aus der anatolischen Provinz.

c) Soziales Umfeld

7   Wie schon aus dem oben Dargelegten hervorgeht, zeichnet sich die Türkei durch eine Diversität der Lebensauffassungen und der Herkunft ihrer Einwohner, aber auch ihrer Geographie und klimatischen Verhältnisse aus. Gemein ist den Türken grundsätzlich die Erfahrung mit einem in weite Bereiche des Lebens **eingreifenden Staat** (siehe Erläuterungen zur Nationenbildung bei Rz. 2). Die Auffassungen der Türken dazu, ob diese Eingriffe berechtigt sind, können auseinandergehen. Manche sehen darin eine dem Volke aufgezwungene Umerziehung jakobinischer Art, andere hingegen sind der Auffassung, dass es sich hierbei um ein notwendiges Übel handelt, das aufgrund der besonderen Umstände des Landes notwendig war. Es sei vermerkt, dass in den letzten Jahren die erstgenannte Auffassung starken Zulauf hat. Diese Frage bildet eine wichtige Weichenstellung bei der Bildung einer Ansicht zur türkischen Politik. Dabei kann die Einstellung des türkischen Gegenübers hierzu nicht immer richtig eingeschätzt werden. Daher lohnt es sich, diese Thematik mit äußerster Vorsicht anzugehen.

8   Für die Türkei ist auch kennzeichnend, dass sie sich während des vergangenen 20. Jahrhunderts einer sehr starken **Umsiedlung** ihrer Bevölkerungsmassen ausgesetzt sah. Nach der Einwanderungswelle aus den ehemaligen Gebieten des Osmanischen Reichs kam es zu einer Landflucht, die über mehrere Jahrzehnte anhielt und aufgrund derer die Einwohnerzahlen in den Großstädten des Westens explodiert sind. Schließlich sind auch die Rückkehrer aus dem europäischen Ausland – oftmals Kinder

der ursprünglich dorthin gewanderten Gastarbeiter – zu erwähnen, die immer noch zwischen zwei Kulturen leben. Es lässt sich feststellen, dass Bewohner der Türkei im Allgemeinen Neubürger des Ortes sind, an dem sie heute leben – und dies meistens erst in zweiter oder dritter Generation. Auf die Frage nach der örtlichen Herkunft antwortet ein Großteil der Türken immer noch mit der Angabe des Geburtsortes des Vaters oder Großvaters. Vor allem in Großstädten ist diese Bindung an die ursprüngliche Heimat für viele Menschen noch wichtig.

Auch ist der durchschnittliche Türke einer dauernden **Wechselwirkung** zwischen den Einflüssen der **Moderne** und des **Konservatismus** ausgesetzt. Der Einfluss der Modernität hat seine Gründe in der ursprünglich in seiner Tendenz aufklärerischen, aber mittlerweile doch anders anmutenden autoritären Einwirkung seitens des Staates und dem im Zuge der Globalisierung international einsetzenden Modernisierungsdruck. Das Erstarken des Konservatismus hingegen lässt sich im Wesentlichen als Reaktion auf diese inneren und äußeren Modernisierungszwänge erklären.

d) Zur Kultur und Sprache

Kulturell ist die Türkei angesichts der oben dargelegten historischen Einflüsse sehr vielfältig. Die kosmopolitischen Großstädte in den Küstenregionen des Westens und Südens unterscheiden sich stark von den eher ländlichen, konservativ geprägten Regionen des Landesinneren. Dort wiederum bilden die Hauptstadt Ankara und einige Städte mit bedeutendem Studentenanteil eine Ausnahme.

Türkisch ist der Ural-Altai-Sprachgruppe zugehörig und hat eine nahe Verwandtschaft mit Aserbaidschanisch und Turkmenisch. Von den europäischen Sprachen stehen dem Türkischen am nahesten, die ungarische und die finnische Sprache. Es besitzt Leihwörter aus fremden Sprachen, ursprünglich aus dem Persischen und Arabischen, dann aus den europäischen Sprachen. Bis auf diese Leihwörter ist Türkisch für den deutschsprachigen Gast völlig unverständlich. Türkisch ist eine agglutinierende Sprache, in welcher die grammatische Funktion eines Wortes durch das Anbringen von Affixen kenntlich gemacht wird. Die Grammatik und der Satzbau sind demgemäß anders strukturiert als in anderen europäischen Sprachen. Türkisch verwendet viele Redewendungen, Allegorien und Passivsätze. So besitzt die türkische Sprache kein Wort, das geeignet ist, „Präzision" genau zu umschreiben, dafür aber eine Vielzahl von Wörtern und Redewendungen, die der Umschreibung von zwischenmenschlichen Beziehungen und Emotionen dienen.

Übersetzer haben so manche Schwierigkeiten bei anspruchsvolleren Aufgaben, zu denen Vertragsverhandlungen oder die Übersetzung von juristischen Texte sicherlich zählen (siehe auch Rz. 65).

2. Allgemeines zum türkischen Verhandlungspartner

12 Das Bild des Deutschen vom türkischen Verhandlungspartner wird sehr oft von den türkischstämmigen Migranten in Europa und den Urlaubsreisen in die türkischen Touristenzentren geprägt. Dabei kann man „den Türken" als solchen angesichts der oben schon beschriebenen Vielfalt relativ schwer beschreiben. Die Auffassung von Verträgen und daher auch von Verhandlungen, die diese einleiten, richtet sich nach dem Typus des Verhandlungspartners. Dabei hat der Autor im Laufe seiner anwaltlichen Tätigkeit – bei allen Vorbehalten gegen Typisierungen – drei Hauptformen von türkischem Gegenüber in Verhandlungen ausmachen können:

13 In **Familienunternehmen traditioneller**, ja manchmal auch ländlicher **Prägung**, wird man Strukturen wiederfinden, die denen eines mittelständischen Betriebs in der deutschen Provinz – natürlich mit türkischem Einschlag – ähneln. Viele der Firmenangestellte sind auch Verwandte, oft arbeitet die gesamte Familie im Betrieb. Selbst wenn die Familie samt Betrieb schon in der Großstadt angesiedelt ist, bestehen die Verbindungen zum Land weiter fort. Hier kommen Emotionen stärker zum Ausdruck und der Vertrag wird nicht als pure geschäftliche Angelegenheit, sondern auch als sozialer Bund – ja als Heirat zweier Unternehmen – angesehen. Symbolische Gesten haben hier oftmals große Bedeutung und dies gilt umso mehr, als oftmals die Sprachbarriere eine präzise Kommunikation verhindert. Dieser Verhandlungspartner legt großen Wert darauf, ein gutes persönliches Verhältnis aufzubauen mit dem jeweiligen Gegenüber – es hat den Anschein, dass es oft um mehr geht als um das bloße Geschäft. Dies gilt natürlich mehr für langfristig angelegte Vertragsverhältnisse, wie etwa Joint-Ventures oder Distributionsverträge und weniger bei simplen Austauschverträgen mit einmalig erfolgenden Leistungen.

14 Das **familiendominierte** Unternehmen mit **professionellen Strukturen** ist eine weiterentwickelte Form des oben benannten Typus. Hier sind sprachlich gewandte Profis – oft mit einem MBA-Abschluss in den USA ausgestattet – in den Betrieb schon längst integriert und die wenigen im Betrieb tätigen Gesellschafter, ergo Familienmitglieder, sind in Verhandlungen persönlich nicht mehr anzutreffen. Ihr Einfluss ist aber immer noch enorm, da sie den Verhandlungsspielraum des türkischen Verhandlungspartners vorgeben und die – unter Zustimmungsvorbehalt – erarbeiteten Ergebnisse der Gespräche absegnen. Hier ist die Struktur weit komplexer als im klassischen, zuvor dargestellten Familienunternehmen, da sowohl die in den Verhandlungen anwesenden Manager des Unternehmens sich den sich manchmal widersprechenden Einflüssen der im Hintergrund agierenden Gesellschafter ausgesetzt sehen, als auch die Gesellschafter sich ihrerseits von den Ratschlägen der Manager leiten lassen.

15 Fast alle türkischen **Großunternehmen** stehen mehr oder weniger unter dem Einfluss einer Familie. Auch bei börsennotierten Gesellschaften ist der Prozentsatz der gehandelten Aktien am Gesamtkapital relativ nied-

rig, so dass immer noch eine Familienholding direkt oder indirekt beherrschenden Einfluss ausüben kann. Dennoch ist eine wachsende Zahl von türkischen vollprofessionell strukturierten Unternehmen auszumachen. Diese können dem Aktienportfolio einer der großen Pensionskassen oder eines Private Equity Fonds zugehörig sein, einer intensiven Staatsaufsicht unterstehen (da als Finanzinstitute oder in der Energiewirtschaft tätig), börsennotiert oder als Joint-Ventures zwischen größeren Unternehmen angelegt sein, so dass sie dem Einfluss einer Familie entzogen sind. Verhandlungen mit diesen gestalten sich grundsätzlich – bei allen kulturellen Besonderheiten – ähnlich wie es der deutsche Verhandlungspartner von anderen Erfahrungen im internationalen Geschäftsverkehr gewohnt ist. Es wird ergebnisorientiert ge- und verhandelt. Der Vertragsabschluss ist hier mehr Mittel zum Erreichen eines Unternehmenszwecks als ein persönlicher Bund zwischen den Beteiligten.

Wie schon oben erwähnt, ist **Typisierungen** vorsichtig zu begegnen. Wahrscheinlich wird die Zahl der Unternehmen, die einer Zwischenform der hier dargestellten Typen zuzurechnen ist, die derjenigen, auf die vorgenannte Beschreibung voll zutrifft, übersteigen.

3. Verhältnis des türkischen Verhandlungspartners zum deutschen Kulturkreis

Als Angehöriger einer bestimmten Nation oder eines Kulturkreises wird man im Ausland mit gewissen positiven und negativen Vorurteilen empfangen. Selbstverständlich sind solche Vorurteile bei weitgereisten Personen mit zahlreichen internationalen Verbindungen weniger ausgeprägt als bei Menschen lokaler Bildung und Ausrichtung. Dennoch ist es wichtig zu wissen, was Deutsche im türkischen Ausland erwartet beziehungsweise was Türken so über „den Deutschen" denken.

Deutsche bezeichnen sich und ihre Nachbarn gerne als Mitteleuropäer. Dabei ist der Begriff „Mitteleuropa" für Türken ausschließlich von geographischer Natur. Sie sehen in Deutschen **Westeuropäer**, die mit Engländern, Franzosen, Holländern und Belgiern viel mehr gemeinsam haben als mit Polen oder Tschechen. Und diese Westeuropäer haben, nach einer in den Schwellenländern stark verbreiteten und wohl zutreffenden Auffassung, gemeinsam mit den Nord-Amerikanern die Weltwirtschaft über die letzten Jahrzehnte hinweg dominiert. Sie werden typischerweise als Mitglieder eines exklusiven Clubs angesehen. Vereinzelt gilt immer noch das Klischee des „arroganten" Westeuropäers, der dem Geschäftspartner aus dem Schwellenland nicht auf Augenhöhe begegnen möchte und ihn in alter imperialistischer Gewohnheit zu übervorteilen versucht.

Dabei ist auch auf eine **Besonderheit des Verhältnisses** der Türken zu Westeuropa hinzuweisen. Es hat Türken schon in den Jahrzehnten vor der Gründung der Republik und umso mehr danach als Vorbild auf dem Wege in die Modernisierung gedient. Aber der Westen war ja nach einer weit verbreiteten Auffassung auch am Untergang des Osmanischen

Reichs (gemeinsam mit Russland) beteiligt. Dass ein veraltetes Gebilde zwangsläufig zusammenbrechen muss und dabei die dem Reich zugehörigen verschiedenen Nationen den Weg in die Freiheit suchen werden, wird in diesen Überlegungen nicht in Frage gestellt. Dennoch ist dieser Verweis auf das historische Erbe zum besseren Verständnis einer relativ weit verbreiteten türkischen Denkweise notwendig. Zugunsten Deutschlands kann dabei vermerkt werden, dass es in der Phase des osmanischen Zusammenbruchs erkennbar eher gegen als für ein Auseinanderbrechen des osmanischen Reiches gearbeitet hat.

18 Die Aufnahme der Türkei in die **Europäische Union** ist immer wiederkehrendes Thema in der öffentlichen Diskussion. In den Internetausgaben deutscher Zeitungen erscheint wohl kein Artikel über die Türkei, in dessen Anschluss sich bei den Leserkommentaren keine Diskussion über die „EU-Fähigkeit der Türkei" entfacht. Türken ist bewusst, dass ihr Land Besonderheiten aufweist gegenüber den Ländern, deren Aufnahmeprozesse innerhalb kürzester Zeit erfolgreich abgeschlossen werden konnten. Dennoch fühlen sie, dass sie zu lange in der Warteschlange gestanden sind und gegen gewisse Vorurteile anzukämpfen haben, die einer Aufnahme selbst dann im Wege gestanden hätten, wenn die Türkei ihre Hausaufgaben zeitgemäß erledigt hätte. Dieses doch etwas heikle Thema hat neuerdings ein wenig seine Brisanz verloren, wohl weil sich die Türkei nach dem sogenannten Credit-Crunch und der Eurokrise in wirtschaftlich relativ guter Verfassung befindet und die „Schadenfreude" über die wirtschaftlichen Probleme in der Eurozone den wegen der Abweisung entstandenen Frust erheblich abgemildert hat. Trotzdem sollte dieses Thema selbstverständlich mit Vorsicht angegangen werden.

19 „Der Deutsche" gilt in der Türkei typischerweise als diszipliniert, fleißig und technisch fortgeschritten. Vor allem bei industriellen Gütern hängt den Labels „Made in Germany" und „Designed in Germany" der Mythos an, dass sie technisch gut, robust und langlebig sind. Es ist sicher nicht schwierig, diesen Umstand zum Vorteil zu nutzen.

Wie alle Generalisierungen treffen die vorgenannten Ausführungen natürlich nicht immer zu: So wird ein international geschäftlich tätiger, Verträge verhandelnder Türke viele persönlichen Erfahrungen mit Deutschen gemacht haben und diese werden die hier dargelegten Vorurteile überlagern.

4. Steuerrechtliche Verstöße – ungeahnte Risiken?

20 Trotz erheblicher Bemühungen türkischer Behörden – insbesondere der Steueraufsicht – gegen die Schattenwirtschaft und gewisser Erfolge in den letzten Jahren ist deren Anteil immer noch höher als im westeuropäischen Wirtschaftsraum. Größere Unternehmen sowie solche, die in einem der regulierten Sektoren tätig sind, verhalten sich in der Regel rechtskonform. Ebenso werden Unternehmen, die den Großteil ihrer Ge-

schäfte mit ausländischen Geschäftspartnern oder mit den benannten rechtskonformen Unternehmen abwickeln, sich vorschriftsgemäß verhalten. Die Erfahrung lehrt aber, dass vornehmlich in Verhandlungen mit dem Ziel einer Unternehmensübernahme nach erfolgter Untersuchung der Steuerrisiken (sogenannte Tax Due Diligence) des Übernahmeziels manche unangenehmen Themen immer wieder auftauchen. Eine umfassende Darstellung der Praxis in diesem Bereich sprengt den Rahmen dieser Arbeit, doch lassen sich einige typische Fälle ausmachen:

Oft werden **Mitarbeiter großzügiger entlohnt**, als es in den Büchern angegeben beziehungsweise den Sozialversicherungs- und Steuerbehörden angezeigt wird. Dabei kann es sich um das Grundgehalt, aber auch um Prämien oder sonstige Zuwendungen handeln, die allesamt derselben Regelung unterliegen und folglich in vollem Umfang anzuzeigen sind. Folge dieser Praxis ist, dass das Unternehmen dem Risiko einer Nachzahlung von Sozialversicherungsprämien und Steuern ausgesetzt ist. 21

Eine weitere Problematik können sogenannte „**nicht-registrierte Aktivitäten**" des Unternehmens darstellen. Anfällig dafür sind vor allem Familienunternehmen traditioneller Art (Rz. 13). Hierbei handelt es sich meistens um Fälle, in denen ein industrielles Unternehmen einen Teil seiner Aktivitäten dergestalt vornimmt, dass das Rohmaterial „schwarz" eingekauft, verarbeitet und das Endprodukt dann so weiterverkauft wird. Dem Fiskus, der eher auf die Ein- und Verkaufszahlen schaut, kann diese unregistrierte Teilaktivität tatsächlich entgehen. Hieraus ergibt sich eine steuerfreie Nebenaktivität für das Unternehmen, welche den Gesellschaftern zugutekommt. Insbesondere in familiendominierten Unternehmen, in denen über Jahre hinweg keine Dividenden ausgeschüttet wurden und die Gesellschafter keine weiteren Nebeneinkünfte zu haben scheinen, ist Vorsicht geboten. 22

Eine weitere Steuerproblematik ergibt sich aus der sogenannten **Stempelsteuer**, die zu entrichten ist wenn ein schriftlicher Vertrag unterschrieben wird und deren Höhe sich nach dem Vertragswert richtet (mehr hierzu bei Rz. 74). Sie ist die wohl in der Türkei am häufigsten umgangene Steuer. Die allgemein in der Praxis geltende Hemmschwelle ist hier viel niedriger anzusetzen als bei anderen Verstößen gegen das Steuerrecht, wofür zwei Gründe ersichtlich sind. Zum einen wird diese Steuer von vielen als „eher ungerecht" empfunden; zum anderen ist ihr Anwendungsbereich unklarer als andere Steuertatbestände und daher anfälliger für eine Auslegung zu den eigenen Gunsten. Daher sollte hier mit äußerster Vorsicht vorgegangen werden. Auch bei Unternehmen, von denen normalerweise absolut korrektes Verhalten zu erwarten wäre, können in diesem Bereich Probleme auftauchen. 23

Bei **Immobiliengeschäften** kommt es vor, dass zur Umgehung der Grundbuchgebühren und weiterer Steuern die wahren Beträge beim Grundbuch und gegenüber anderen Behörden nicht angegeben werden und ein Teil 24 des Geldes „schwarz" gezahlt wird. Da dies weit verbreitet ist, kann es sein, dass eine hierzu entschlossene Partei nur sehr schwer zu einer Anzeige des vollen Betrags zu überreden sein wird.

25 Schließlich ist auf die weitverbreitete Problematik der **unerlaubten Verwendung des Gesellschaftsvermögens** hinzuweisen. Damit wird allgemein eine Umgehung der Dividendenbesteuerung bezweckt. Missbrauchstatbestände sind unterschiedlich und können auftauchen in der Form von Austauschverträgen zu Lasten der Gesellschaft, beziehungsweise der Übernahme von persönlichen Ausgaben der Gesellschafter durch die Gesellschaft, aber auch in Form der Gewährung von Darlehen an die Gesellschafter. Der Fiskus hat versucht, einige dieser Praktiken in die Schranken zu verweisen, so durch schärfere Kontrollen sowie die Erstellung und Durchsetzung von relativ strikten Transfer-Pricing-Regelungen. Dazu beinhaltete die ursprüngliche Fassung des im Rahmen des neuen Türkischen Handelsgesetzbuches (das Türkische Handelsgesetzbuch, Gesetz Nr. 6102, veröffentlicht im Amtsblatt vom 14.2.2011) verabschiedeten Gesellschaftsrechts ein grundsätzliches Verbot für Gesellschafter, Kredite jeder Art bei der Gesellschaft aufzunehmen. Diese Verbotsvorschrift wurde, neben weiteren ähnlichen Einschränkungen der gängigen Geschäftspraktiken, wenige Tage vor Inkrafttreten der neuen Regelung abgeändert und folglich erheblich aufgeweicht.

26 Es muss an dieser Stelle gesagt werden, dass in der Türkei das Unrechtsbewusstsein für Steuerverstöße wohl auf niedrigerer Ebene anzusiedeln ist als im deutschsprachigen Raum. Daher sollte es nicht verwundern, dass manchmal ein im geschäftlichen Bereich gegenüber seinen Partnern tadellos auftretender Geschäftsmann es bei den Steuern nicht so genau nimmt. Bei der Einschätzung der Vertrauenswürdigkeit einer Person kann wohl nur aufgrund von Verstößen gegen das Steuerrecht ein endgültiges Urteil noch nicht gefällt werden. Doch bei den Konsequenzen der Verstöße ist dennoch äußerste Vorsicht geboten. Die in der Türkei für diese Fälle geltenden Verzugszinsen und Strafen sind sehr hoch, so dass im Bericht des Steuerberaters ein bedrohlicher Risikobetrag stehen wird. Der Autor hat schon einige Unternehmenskäufe daran scheitern sehen, dass die Auffassungen der Parteien hinsichtlich der Risikoverteilung nach aufgedeckten Steuerverstößen nicht in Einklang gebracht werden konnten.

5. Korruption

27 Beim 2001 aufgestellten sogenannten Corruption Perception Index von Transparency International (*www.transparency.org*) rangierte die Türkei auf Platz 54 von 91 Ländern, wobei eine höhere Platzierung in der Liste grundsätzlich für weniger Korruption und mehr Transparenz stand. Im Jahre 2007 wurden erheblich mehr Länder in diese Bewertung einbezogen und die Türkei landete auf Platz 64 von 179. Schließlich konnte im Index vom Jahre 2012 ein 54. Platz unter 174 Ländern erreicht werden. Diese

Ergebnisse decken sich grundsätzlich mit den Erfahrungen eines in der Türkei tätigen Anwalts, wonach eine langsame Verbesserung der Situation eintritt, dieser Vorgang aber noch lange nicht beendet ist.

Die Entwicklung der letzten Jahre in den Rechtsordnungen einiger Länder (hier insbesondere zu nennen: Foreign Corrupt Practices Act in den USA und der strengere Bribery Act in Großbritannien) zeigt, dass das saubere Vorgehen auch im internationalen Geschäftsverkehr sich von einer Reputationsfrage zu einem rechtlichen Risiko mit enormer Tragweite gewandelt hat. Nicht zuletzt vor diesem Hintergrund ist die Zusammenarbeit mit Anwälten, die sich zur strikten Einhaltung der Spielregeln verpflichten, von enormer Bedeutung.

II. Zur Rechtsordnung im Allgemeinen

1. Entwicklungen im türkischen Recht

Im Zuge der Umwandlung der Reste des Osmanischen Reiches in die neue türkische Republik wandelte sich unter anderem auch das Rechtssystem grundlegend. Das neue türkische Recht wurde durch ein sogenanntes **Rezeptionsverfahren** in Anlehnung an kontinental-europäische Rechtsysteme ersetzt. Dabei wurde das Privatrecht nach dem Vorbild des deutschen und schweizerischen Rechtssystems aufgebaut. Im türkischen Privatrecht gilt zum Beispiel das Abstraktionsprinzip. Das öffentliche Recht wurde stark an das zentralistisch orientierte Verwaltungssystem Frankreichs angelehnt, wobei das Strafrecht nach dem italienischen Vorbild erlassen wurde. Die Rezeption ausländischen Rechts erfolgte oftmals durch direkte Übersetzung ausländischer Gesetzestexte Bei der Rechtsanwendung konnten über lange Zeit sowohl Kommentare und Lehrbücher als auch Gerichtsurteile des jeweiligen Ursprungslandes herangezogen werden. Auch war es durchaus üblich, dass der Türkische Kassationshof in privatrechtlichen Angelegenheiten sich in seinen Urteilsbegründungen auf Entscheidungen Schweizer Gerichte bezog.

Dieser starke Einfluss des jeweiligen Ursprungslandes ist mit der Zeit einer eigenen Praxis der hiesigen Gerichte und den sich allmählich entwickelnden Lehrmeinungen an türkischen Universitäten gewichen. Dazu wurden zahlreiche weitere Gesetze zur Füllung der Räume zwischen den in den Jahren der Rezeption erlassenen Hauptgesetzen verabschiedet. Diese folgten einer sich nunmehr entwickelnden **eigenen Rechtstradition**. Das sich so entwickelnde türkische Recht steht eindeutig in der kontinentaleuropäischen Rechtstradition. Eine Übernahme von Rechtsvorschriften aus dem angloamerikanischen Raum findet – bis auf die Ausnahme des Kapitalmarktrechts – nicht statt, und selbst hier befindet sich die Türkei wohl im Einklang mit dem europäischen Festland.

Trotz des Erstarkens konservativer Tendenzen in der Politik der letzten Jahre hat das **islamische Recht** praktisch keinen Einfluss auf das türkische Recht.

2. Kritikpunkte

30 Obgleich es mit dem kontinentalen Recht stark verwandt ist, steht die türkische Rechtstradition auch im Bereich des Wirtschaftsrechts noch immer für einen starken, autoritären Staat. So ist heute noch ein sogenanntes Gesetz zur Eintreibung von öffentlichen Forderungen (Gesetz Nr. 6183, veröffentlicht im Amtsblatt vom 28.7.1953) in Kraft, das dem **Staat** eine **privilegierte Stellung** als Gläubiger einräumt und zum Beispiel diesem einen direkten Durchgriff gegen Gesellschafter einer GmbH zugesteht, falls letztere ihre Schulden gegenüber der öffentlichen Hand nicht begleichen kann. Auch ist etwa die strengere Aufsicht über das Internet und damit über den elektronischen Handel anzuführen. Hier hat sowohl der Staat im Allgemeinen ein Auge auf dem normalerweise frei erreichbaren Inhalt, als auch die Steuer- und Zollbehörden, die das direkte Kontrahieren zwischen Anbietern von Dienstleistungen und Waren aus dem Ausland mit dem türkischen Konsumenten als Umgehung der türkischen Zoll- und Steuerbehörden verstehen.

3. Änderungen in der jüngeren Vergangenheit

31 Ein weiterer in vergangener Zeit im Zusammenhang mit der türkischen Rechtsordnung öfter geäußerter Kritikpunkt war der **Reformstau**. Es bestand weitgehend Einigkeit darüber, dass die Gesetze oft nicht mehr zeitgemäß waren. Namentlich im Bereich des Wirtschaftsrechts wurde bemängelt, dass die Rechtsordnung den in den vergangenen Jahrzehnten erfolgten Entwicklungen nicht hinreichend Rechnung trug.

Nicht zuletzt wegen der Stabilisierung der politischen Landschaft konnten in den vergangenen Jahren **Reformen** verabschiedet werden, die für unternehmerische Tätigkeit in der Türkei erhebliche Bedeutung haben werden. So trat 2002 das **neue Zivilgesetzbuch** (Gesetz Nr. 4721, veröffentlicht im Amtsblatt vom 8.12.2001) in Kraft, welches vom Umfang her etwa dem BGB (ohne allerdings das separat geregelte Schuldrecht) entspricht. Seit 2003 gelten im Bereich des Arbeitsrechts neue Regeln (das **Arbeitsgesetz**, Gesetz Nr. 4857, veröffentlicht im Amtsblatt vom 10.6.2003), die inhaltlich von den Richtlinien der Europäischen Union wesentlich beeinflusst wurden. Für Verträge wie sie im Rahmen dieser Arbeit behandelt werden, sind vor allem das Schuldrecht und das Handelsrecht wichtig – diese Bereiche wurden durch das **Obligationengesetz** (Gesetz Nr. 6098, veröffentlicht im Amtsblatt vom 4.2.2011) und das **Türkische Handelsgesetzbuch** mit Wirkung vom 1.7.2011 neu gefasst. Das Türkische Handelsgesetzbuch regelt auch weitgehende Bereiche des Gesellschaftsrechts, des Wertpapierrechts und des Versicherungsvertragsrechts.

4. Stellung der Ausländer vor den Gesetzen

Grundsätzlich stehen sämtliche Bereiche der wirtschaftlichen Betätigung ausländischen Unternehmen offen. Dies gilt jedoch nicht uneingeschränkt. Im Bereich der Medien- und der Rüstungsindustrien bestehen einige **Einschränkungen**. Der Erwerb von Grundstücken durch ausländische natürliche oder juristische Personen, gleich ob direkt oder über türkische Tochtergesellschaften, unterliegt strengen Einschränkungen. Dasselbe gilt auch für den Erwerb der Kontrollbeteiligung an einer türkischen Gesellschaft, die als Eigentümerin von Grundstücken eingetragen ist. Ein solcher Erwerb wird auf seine Konsequenzen für die nationale Sicherheit unter Berücksichtigung der Lage des Grundstücks und weiterer Kriterien überprüft. Bei negativem Ausgang muss das Rechtsgeschäft rückabgewickelt werden bzw. die übernommene Gesellschaft das Grundstück veräußern.

Das Verfahren der Erlangung von **Arbeitserlaubnissen** für Ausländer nimmt mehrere Monate in Anspruch und ist stark bürokratisch organisiert. Ausländer können aber die Positionen von Verwaltungsratsmitgliedern (in der Türkei gilt für Aktiengesellschaften das sogenannte One-Tier-System, ohne Trennung des Aufsichtsrats vom Vorstand) in Aktiengesellschaften oder Geschäftsführern in Gesellschaften mit beschränkter Haftung frei ausüben, falls sie nicht im Unternehmen angestellt werden.

Grundsätzlich kann festgestellt werden, dass Gerichte sich bei ihren Entscheidungen nicht von der Nationalität der Parteien leiten lassen. So muss das ausländische Unternehmen nicht besorgt darum sein, gegenüber einer türkischen Streitpartei nur deshalb im Nachteil zu sein. Allerdings bestehen immer noch erhebliche Schwierigkeiten bei **Zustellungen** an ausländische natürliche und juristische Personen. Diese erfolgen grundsätzlich über das Justizministerium und verursachen erhebliche Verspätungen.

2 Vertragsmanagement

	Rz.		Rz.
I. Vertragsplanung	33	2. Publizierung von Verhandlungsergebnissen?	66
1. Einschaltung des Anwalts	33	3. Einfluss von Drittparteien	67
a) Der eigene Anwalt	33	4. Einfluss des Steuerrechts	70
b) Der Rechtsberater des türkischen Verhandlungspartners	38	5. Psychologie	71
2. Zugang zu Informationen	39	**IV. Vertragsdurchführung**	72
a) Hinsichtlich der Türkei	39	1. Unterzeichnung	72
b) Über die Rechtsordnung	40	a) Die Unterschriften	72
c) Über den jeweiligen Verhandlungspartner	42	b) Das Unterschriftenzirkular	73
3. Vorvertragliche Phase	43	c) Die Stempelsteuer	74
a) Vorvertragliche Regelungsinstrumente	43	2. Formvoraussetzungen und Beweisvorschriften	77
b) Vorvertragliche Haftung	46	3. Vertragserfüllung	79
c) Vorbereitende Sicherung von Rechten	48	4. Der Erfüllungsanspruch	80
II. Vertragsdesign	50	5. Vollstreckung von Entscheidungen nichttürkischer Gerichte und Schiedsgerichte	83
1. Zur Sprache	50	**V. Vertragscontrolling**	85
2. Struktur	53	**VI. Quellen**	88
3. Vertragspartner und Haftungsfragen	55	1. Literatur	88
4. Absicherung von Krediten an die türkische Partei	58	a) Allgemeine Literatur	88
5. Wahl des zuständigen Gerichts und des anwendbaren Rechts	62	b) Juristische Literatur	89
III. Vertragsverhandlung	65	2. Hilfreiche Internetadressen	90
1. Sprachliche Barrieren	65	3. Zeitschriften	91
		a) Deutsch	91
		b) Englisch	92

I. Vertragsplanung

1. Einschaltung des Anwalts

a) Der eigene Anwalt

33 Die türkische Anwaltslandschaft weist keine großen Besonderheiten im Vergleich zum Markt in Deutschland auf. Es finden sich hier auch einige der internationale Kanzleien, die allerdings den internationalen Kanzleinamen wegen berufsrechtlicher Einschränkungen nicht offen vermarkten können. Dazu gibt es größere unabhängige türkische Kanzleien, die bei Transaktionen mit internationalem Bezug beraten und ein größere Zahl von Boutiquen, die im selben Markt konkurrieren. Schließlich befindet sich vor allem in Istanbul eine sehr große Zahl von Generalisten, die vornehmlich im lokalen Geschäft tätig sind.

34 Einige der Anwälte verfügen auch über Deutsch- oder Französischkenntnisse, doch gilt auch in diesem Bereich überwiegend die **englische Sprache**. Auch wenn die Verhandlungen und die Verträge auf Englisch ablaufen beziehungsweise aufgesetzt sind, kann die Wahl eines in Deutsch-

I. Vertragsplanung

land geschulten Anwalts sinnvoll sein, da oftmals komplexe Vertragswerke zu verhandeln sind und eine Vertrautheit des lokalen Anwalts mit den Konzepten des deutschen Rechtskreises die Kommunikation erleichtert. Eine – selbstverständlich unverbindliche – Liste von Anwälten mit starkem Bezug zum deutschsprachigen Raum findet sich auf den Internetseiten der deutschen Botschaft in Ankara sowie dem deutschen Generalkonsulat in Istanbul (siehe Rz. 90).

Es existiert ein Katalog mit **Mindestgebühren**, der vom Verband der Türkischen Anwaltskammern herausgegeben wird. Allerdings wenden Anwälte, die in Transaktionen mit internationalem Bezug eingeschaltet werden, diesen in der Praxis nicht an. Grundsätzlich wird dort nach **Stundensätzen** abgerechnet. Diese liegen hier wohl im Bereich dessen, was in Deutschland in vergleichbaren Situationen üblich ist.

Es ist oftmals möglich, einen **Abschlag** vom Standartstundensatz zu erreichen, falls dem Anwalt glaubhaft gemacht werden kann, dass in der Zukunft weitere Mandate folgen werden. Beliebt bei Mandanten sind auch in der Türkei **Honorareinschätzungen** (sogenannte *Fee Estimates*), die zu Projektbeginn aufgestellt werden. Hier wird vom Anwalt verlangt, diesen Betrag möglichst nicht zu überschreiten, und falls doch, dies zumindest dem Klienten im Voraus mitzuteilen und die Gründe für die Überschreitung zu erklären.

Auch **Fixhonorare** (Lumpsum Fees) oder **Honorarobergrenzen** (Fee Caps) können vereinbart werden, allerdings meistens in Verbindung mit Bedingungen (Qualifications), die detailliert ausgearbeitet werden und sich insbesondere beziehen auf verschiedene Umstände, die dem Rechtsberater erheblichen zusätzlichen Aufwand bereiten können. So werden zeitliche Rahmen festgesetzt, innerhalb dessen der Vertrag unterschrieben, beziehungsweise das Projekt abgeschlossen sein muss. Auch wird vorausgesetzt, dass der Verhandlungspartner ebenfalls von guten und erfahrenen Anwälten beraten wird und dass die Verhandlungen auf Englisch stattfinden, beziehungsweise die Dokumente in dieser Sprache aufgesetzt werden.

Schließlich werden gewisse Bereiche von der Vereinbarung ausgeschlossen, wie etwa Übersetzungsdienste, Verhandlungen mit Drittparteien (etwa Finanzierer, Arbeitnehmer oder Behörden), oder Rechtsstreitigkeiten (mit dem Verhandlungspartner oder einer Drittpartei), die sich im Laufe des Projektes ergeben können.

Grundsätzlich sind Anwälte in der Türkei bereit darauf einzugehen, wenn sie um Abschläge von Stundensätzen oder eine unverbindliche Kosteneinschätzung gebeten werden. Dagegen beinhalten Fixhonorare oder Honorarobergrenzen generell einen Aufschlag, der die für den Anwalt unkalkulierbaren Risiken abdeckt. Auch spricht das Vertrauen in den Klienten bei der Preisgestaltung eine erhebliche Rolle. Wenn dieser im Ruf steht, einen Fixpreis trotz zusätzlich erbrachter Dienstleistungen nicht anzupassen oder sich bei den Zahlungen erhebliche Verzögerungen zu erlauben, wird sich dies auf den Preis auswirken. Klienten aus dem deutschsprachigen Raum genießen insgesamt ein gutes Ansehen und können sicher einen gewissen Vertrauensvorschuss in Anspruch nehmen.

36 In der Praxis kommt es leider vor, dass manche Anwaltskollegen sich zu Beginn eines Projekts auf unrealistisch niedrige Fixhonorare oder Honorarobergrenzen einlassen, in der Erwartung, diese im Verlauf der Zusammenarbeit weiter nach oben zu korrigieren. Der Klient sieht sich dann oft gezwungen, auf diese Forderung einzugehen, um den Verlust des Rechtsberaters in dieser kritischen Phase nicht zu riskieren.

37 Eine Vergütung besonderer Art stellt das sogenannte „*Karşı Taraf Vekalet Ücreti*", welches man als wortgemäß als **Vertretungsentgelt der Gegenpartei** übersetzen könnte. Am Ende eines Rechtsstreits (oder auch eines Mahnverfahrens) steht nach dem Anwaltsgesetz (Gesetz Nr. 1136, veröffentlicht im Amtsblatt vom 7.4.1969) dem Rechtsvertreter der obsiegenden Partei gegenüber der anderen Partei ein solcher Anspruch zu, der bei niedrigen Beträgen 12 % des Streitwerts betragen kann, aber aufgrund einer gestaffelten Senkung dieses Prozentsatzes meist niedriger ausfällt. Diesen Betrag muss der Anwalt selbst eintreiben, der eigene Klient bekommt davon meist nichts mit. Die negative Wirkung dieser Vergütung ist, dass Anwälte oftmals nur um sich diesen Anspruch zu sichern, den Klageweg voreilig einschlagen, womit sie entgegen den Interessen ihrer eigenen Klienten handeln können.

b) Der Rechtsberater des türkischen Verhandlungspartners

38 Typischerweise, vor allem bei familiendominierten Unternehmen, werden in der Türkei externe Anwälte relativ spät eingeschaltet – mitunter sogar nach Unterschrift des Letter of Intent, der in der hiesigen Praxis die kommerziellen Eckpfeiler der Zusammenarbeit beinhaltet und dessen Inhalt wesentlichen Einfluss auch auf die rechtliche Gestaltung des endgültigen Vertrags haben kann. So kann es vorkommen, dass im Vorfeld getroffene Vereinbarungen im Nachhinein revidiert werden müssen, weil etwa der unter den Verhandlungspartnern abgemachte Projektablauf in den gesetzlich vorgegebenen Rahmen nicht passt, oder die Parteien zu Interessenverschiebungen nötigt, die so nicht vorgesehen waren. Bei Verhandlungspartnern, die interne Rechtsberater beschäftigen oder externe Anwälte zu Rate ziehen, werden sich diese Probleme früher zeigen und entsprechend behoben. In der Türkei gilt der Vertrag erst dann als abgeschlossen, wenn die Unterschriften auf das Papier gesetzt sind. Bis dahin bleibt Einiges noch in der Schwebe und es können neue Themen an den Verhandlungstisch gebracht werden. Daher sollte der in Verhandlungen mit einem familiendominierten Unternehmen stehende deutschsprachige Partner, falls er eine mündliche Vereinbarung etwa innerhalb seiner eigenen Organisation als abgeschlossenes Verhandlungsergebnis präsentieren möchte, vorher sichergehen, dass der türkische Verhandlungspart-

ner sämtliche Konsequenzen der Abmachung richtig verstanden und mit seinem Rechtsberater abgestimmt hat.

Es ist von Vorteil, dass auch die türkische Seite von einem Anwalt besserer Qualität vertreten wird. Dies erleichtert die Arbeit des eigenen Rechtsberaters und senkt die mit dessen Honorar verbundenen Kosten. Auch dient es dazu, den türkischen Verhandlungspartner besser in den Prozess einzubinden und verhilft den Zwischenergebnissen bei den Verhandlungen zu einer gewissen Verbindlichkeit. Schließlich ist zu bemerken, dass das Fehlen einer qualifizierten Rechtsberatung auf der Gegenpartei ungeahnte Nachteile mit sich bringen kann. So musste der Verfasser miterleben, dass seinem Klienten, den er im Rahmen eines Aktienkaufs vertrat, die erwünschte Versicherung für die dem Verkäufer auferlegten Gewährleistungsvorschriften (sogenannte Representations and Warranties Insurance) verweigert wurde, weil der Vertrag angeblich zu sehr zugunsten des eigenen Klienten, also des Käufers, ausgefallen sei.

2. Zugang zu Informationen

a) Hinsichtlich der Türkei

Zum Geschäftsklima im Allgemeinen können die zahlreichen meist englischsprachigen Berichte der internationalen Organisationen, Nichtregierungsorganisationen und Banken herangezogen werden, die über das Internet frei zugänglich sind. Als hilfreiche Informationsquelle kommt auch die **Investment Agency of the Republic of Turkey** *(ISPAT)* in Betracht, eine dem Amt des Ministerpräsidenten direkt unterstehende Behörde, die in vielen der Herkunftsländer der Investoren Vertretungen unterhält.

39

Auch unterhalten einige türkischen **Zeitungen** englischsprachige Ausgaben, sowohl in Druckform als auch im Internet.

Eine Liste der hilfreichen Internetadressen (inklusive der der hier angeführten Quellen) wird unten bei Rz. 90 zur Verfügung gestellt.

b) Über die Rechtsordnung

Es gibt eine Anzahl von Dienstleistern, die **Sammlungen von Gesetzen und höchstrichterlichen Urteilen** sowie auch normalerweise schwer zugängliche Entscheidungen von Behörden anbieten. Darüber hinaus sind die meisten Gesetze auch frei im Internet erhältlich – nur sollten diese Texte mit Vorsicht verwendet werden, da sie oftmals nicht auf dem neuesten Stand sind. Ein wahres Problem ist es, **Gesetzestexte in deutscher oder englischer Sprache** zu finden. Insbesondere sind nach den grundlegenden Änderungen nach 2002 (siehe Rz. 31) die vorhandenen Übersetzungen zum Großteil obsolet geworden. Ein solches Angebot findet sich grundsätzlich weder im Internet noch als gedrucktes Exemplar im Buchhandel. Vereinzelt sind Brocken von Rechtsvorschriften auf Englisch in bestimmten Internetseiten zu finden. Diese sind aber oftmals weder ak-

40

tuell, noch als vollständige Gesetzestexte verfügbar, so dass sie ein Studium des türkischen Rechts nicht ermöglichen.

Es existieren einige Quellen auf Deutsch und Englisch (Rz. 89), die einer Einführung in das türkische Recht dienen sollen. In diesen sind die umfassenden Änderungen der letzten Jahre (siehe Rz. 31) nur zum Teil enthalten. Diese Werke werden den Einstieg in die türkische Rechtsordnung sicher erleichtern, können eine anwaltliche Beratung aber nicht ersetzen.

41 Ein Vergleich ist hier notwendig: Der Zugang zu Informationen im Bereich des Rechts ist in Deutschland relativ einfach. Es existieren zahlreiche Gesetzeskommentare, Lehrbücher, Monographien und Entscheidungssammlungen zu fast allen Rechtsgebieten. Die inhaltliche Qualität der Darstellungen ist gut und die Begründungen der Gerichtsurteile grundsätzlich ausführlich. Dasselbe gilt in der Türkei (wie wohl in zahlreichen anderen Ländern) nicht uneingeschränkt. Mit der Ausnahme einiger zentraler Rechtsgebiete existieren auch in der türkischen Sprache **keine umfassenden und detaillierten Darstellungen des türkischen Rechts**. Auch sind die vorliegenden Quellen meist nicht praxisbezogen, so dass deren Inhalt vor allem in komplizierten Fragen eine abschließende Bewertung der Lage nicht unterstützt. Nicht alle höchstrichterlichen Urteile werden veröffentlicht, und diejenigen die zugänglich sind, zeichnen sich aufgrund der erheblichen Überlastung des Gerichte durch ihre knappe Sprache aus. Daher können aus ihnen oftmals nur bedingt Schlussfolgerungen für andere Fälle gezogen werden.

Der türkische Jurist findet sich deshalb häufiger als Kollegen in der Bundesrepublik in der Situation, dass die **gesetzliche Regelung unklar** ist und keine einschlägigen Lehrmeinungen oder Gerichtsurteile vorliegen. Auch die für die Umsetzung der Vorschrift zuständige Behörde vermag entweder selbst keine Antwort auf die Frage zu geben oder ist hierzu nur bereit, falls ein schriftlicher Antrag im Namen des Klienten gestellt wird, was meistens aus Vertraulichkeits- und Zeitgründen nicht machbar ist. Der Frust in diesen Fällen ist umso grösser, als sich der lokale Rechtsberater dann auch gegenüber seinem Auftraggeber rechtfertigen muss, um den Vorwurf abzuwehren, mangelhafte Dienstleistungen zu erbringen.

c) Über den jeweiligen Verhandlungspartner

42 Informationen über den türkischen Verhandlungspartner einzuholen ist nicht einfach. Öffentlich zugängliche Quellen sind inhaltlich nur zum Teil hilfreich und stehen auch nur in türkischer Sprache zur Verfügung.

Über das **Handelsregister** lässt sich Zugang zu wesentlichen Unterlagen einer türkischen Gesellschaft erlangen. Dies sind etwa die Satzung (beziehungsweise der Gesellschaftsvertrag bei einer GmbH) und das sogenannte Unterschriftenzirkular (siehe hierzu mehr unter Rz. 73). Auch sind hier etwaige Insolvenz- oder anderweitige Liquidationsverfahren ersichtlich, die gegen die Gesellschaft eröffnet wurden.

Für börsennotierte Gesellschaften lohnt sich auf alle Fälle eine Suche im KAP – **Kamuyu Aydınlatma Platformu**, ein von der Istanbuler Börse betriebenes und über das Internet zugängliches **elektronisches Archiv**. Hier sind sämtliche Veröffentlichungen enthalten, die das Kapitalmarktrecht vorschreibt, also jene die, die wesentlichen Entwicklungen in börsennotierten oder sonstigen Publikumsgesellschaften wiedergeben. Die hier erhältliche Information ist grundsätzlich gut sortiert und sehr detailliert, allerdings nur in türkischer Sprache verfügbar.

In der Türkei existieren über das Internet zugängliche **Register**, in denen der letzte **Stand von Prozessen** überprüft werden kann. Allerdings müssen hierfür die entsprechenden Daten (wie etwa das Gericht und die Aktennummer) eingegeben werden. Es ist nicht möglich, eine Suche mit dem Namen des Verhandlungspartners durchzuführen. Auch kann es trotz der grundsätzlichen Öffentlichkeit der Gerichtsverfahren schwierig sein, an detaillierte Informationen bezüglich eines Prozesses zu gelangen, wenn man nicht selbst Partei oder Vertreter einer der Parteien ist.

Banken können hinsichtlich der Bonität eines Verhandlungspartners aufgrund des Bankgeheimnisses keine Informationen zur Verfügung stellen. Es existieren **Detekteien**, die eine Liste der Vermögensgegenstände einer bestimmten (auch juristischen) Person erstellen können. Diese Dienstleistung wird in der Praxis eher vor Beginn von Forderungseintreibungen in Anspruch genommen als bei Vertragsverhandlungen – auch sind die dabei verwendeten Methoden rechtlich nicht immer einwandfrei. Schließlich kann auch über sogenannte private Bonitätsermittler Zugang zu Informationen bezüglich der finanziellen Situation des Verhandlungspartners erlangt werden. Einige dieser Unternehmen sind auch in der Türkei aktiv.

Das neu eingeführte Türkische Handelsgesetzbuch sieht vor, dass **Kapitalgesellschaften** eine **Internetseite** unterhalten und in dieser bestimmte Informationen veröffentlichen müssen. Der hierfür aufgestellte Katalog ist relativ umfangreich und erfasst auch die Ernennung oder Abberufung von Verwaltungsratsmitgliedern oder Geschäftsführern, Informationen und Dokumente bezüglich bedeutender Änderungen wie Fusionen, Änderungen der Satzung oder des Gesellschaftsvertrags, konzernrechtlich relevante Daten und Informationen bezüglich Hauptversammlungen. Auch diese Informationen und Dokumente sind nur in türkischer Sprache zwingend verfügbar zu machen.

3. Vorvertragliche Phase

a) Vorvertragliche Regelungsinstrumente

In der Praxis werden **Vertraulichkeitsvereinbarungen** eingegangen, wenn betriebswesentliche Informationen auszutauschen sind oder die Existenz 43 von Verhandlungen als solche (etwa weil einer der Verhandlungspartner börsennotiert ist) vertraulicher Natur ist.

44 Sobald die Parteien in den Verhandlungen über einzelne Bedingungen der zukünftigen Zusammenarbeit Einigkeit erzielen, werden diese oftmals in **Besprechungsnotizen** (im internationalen Verkehr als Minutes of Meeting bezeichnet) niedergelegt. Diese werden zumeist ohne Einschaltung der Rechtsberater aufgesetzt, mit der Begründung, dass ja noch keine juristischen Inhalte zur Debatte stünden beziehungsweise die Vereinbarungen nicht bindend seien. Diese Vorgehensweise ist aus mehreren Gründen nicht unbedenklich. Zum einen kann das bloße Unterschreiben eines Dokumentes steuerliche Konsequenzen haben (Rz. 74 und 75) und zum anderen hat auch das Eingehen eines unverbindlichen Rechtsgeschäfts gewisse Konsequenzen (Näheres hierzu bei Rz. 47).

45 Falls die Verhandlungserfolge sich weiter verdichten, werden oftmals **Vorverträge** eingegangen, die in der vom englischsprachigen Vokabular dominierten Praxis unterschiedlich als Memorandum of Understanding, Letter of Intent oder Term Sheet bezeichnet werden. Für diese gilt das oben für Besprechungsnotizen Gesagte umso mehr.

b) Vorvertragliche Haftung

46 Verletzungen von **Geheimhaltungsklauseln** werden in der Praxis sehr selten rechtlich geltend gemacht. Dies mag daran liegen, dass solche Verstöße nicht oft vorkommen, und falls doch, sie schwer nachzuweisen sind. Dennoch ist es ratsam, eine Vertraulichkeitsvereinbarung einzugehen, falls dies sachlich notwendig erscheint. Dies gilt umso mehr beim Umgang mit börsennotierten Gesellschaften, da anderenfalls im Falle eines Missbrauchs, etwa in der Form des Insider Trading seitens einer der involvierten Personen, die anderen Verhandlungs- oder Vertragspartner den sorgfältigen Umgang mit ihnen zur Verfügung stehenden und gestellten Information schwerer nachweisen können werden.

Wohl eher relevant sind **Verwertungseinschränkungen**, d.h. Verbote, die von der Gegenpartei erhaltenen betrieblichen Informationen für andere als die vereinbarten Zwecke zu verwenden. Oft erfolgt nach Abschluss des Vorvertrages ein umfangreicher Informationsaustausch, zum Teil auch im Rahmen einer umfassenden Due Diligence bei einer der (seltener auch: beider) Parteien. Die dabei in den Besitz der Gegenseite übergehenden Informationen etwa zu Zulieferern, Arbeitnehmern oder den Geschäftspraktiken können durchaus missbraucht werden und sind daher abzusichern.

47 Schließlich stellt sich die Frage, wie verbindlich die in den Besprechungsnotizen oder Vorverträgen niedergelegten kommerziellen Inhalte für die beiden Parteien sind. Grundsätzlich gilt auch im türkischen Recht, dass diese bis zum Abschluss als **unverbindliche Zwischenergebnisse** zu behandeln sind – zumal in diesen Dokumenten die Verbindlichkeit oftmals

ausdrücklich ausgeschlossen wird. Allerdings verpflichten sich beide Parteien durch den Abschluss einer entsprechenden Vereinbarung, den weiteren Verhandlungsprozess gutgläubig und auf Grundlage der erzielten Zwischenergebnisse weiter fortzuführen. Daher kann ein einseitiger Abbruch der Verhandlungen rechtliche Konsequenzen haben, wenn er bei Betrachtung des bisherigen Verlaufs der Vertragsverhandlungen und sonstigen Umstände nicht zu erwarten war.

Es ist eher abwegig, dass ein Abrücken von einem Vorvertrag der Gegenpartei zu einem rechtlichen Anspruch auf Abschluss des endgültigen Vertrages (oder Ersatzanspruch auf positives Interesse) verhilft. Es ist ohnehin – im Gegensatz zu einfachen Austauschverträgen – sehr schwierig festzustellen, wie sich eine langfristige Zusammenarbeit auf das Vermögen der beiden Parteien ausgewirkt hätte. Der auf den Vorvertrag gestützte Ersatzanspruch wird sich demgemäß wohl darin erschöpfen, dass die Gegenpartei vermögensmäßig so zu stellen sein wird, als ob die beiden Parteien nie mit Verhandlungen begonnen hätten (sogenanntes **negatives Interesse**). Konkret wird der Erstattungsanspruch hauptsächlich auf die bisherigen Kosten und eventuell erlittenen Schäden (etwa wegen einem Bruch der Vertraulichkeit) beschränkt sein.

Ein wichtiger Grund spätestens den Vorvertrag mit **anwaltlicher Unterstützung** anzugehen ist, dass dieser, falls falsch aufgesetzt, umfassendere Rechtsfolgen haben kann als beabsichtigt wurde. Bei Fehlen einer korrekt aufgesetzten Unverbindlichkeitsklausel, können die im Vorvertrag ausdrücklich erwähnten wesentlichen Bestandteile des betreffenden Vertragstyps im Zusammenspiel mit einer gut begründeten Schutzbedürftigkeit der Gegenpartei den Stand der Verhandlungen so verlagern, dass die Parteien rechtlich so gestellt werden, als ob ein endgültiger Vertrag abgeschlossen worden wäre.

c) Vorbereitende Sicherung von Rechten

Es kann sich lohnen, gewisse Rechte, wie etwa Domain-Names oder Marken, schon während der Verhandlungen zu sichern. 48

Die Türkei ist dem Madrider Abkommen über die internationale Registrierung von **Marken** 1999 beigetreten. Danach werden bei der Weltorganisation für geistiges Eigentum (WIPO) registrierte Marken auch hier Schutz genießen.

Die Registrierung von internationalen **Domain-Names** richtet sich nach den allgemeinen weltweit geltenden Regeln. Für türkische Domain-Names gilt neuerdings ein System, wonach Anmeldungen über Registrierungsinstitute zu machen sind, die vom Amt für Informatik und Kommunikation (BTK) hierzu ermächtigt werden.

Firmennamen können nicht reserviert werden, sondern müssen zum Zeitpunkt der Gesellschaftsgründung bei dem zuständigen Handelsregister beantragt werden. Die Aufnahme der Worte *„Türk"*, *„Türkiye"*, 49

„*Cumhuriyet*" (übersetzt: Republik) und „*Milli*" (übersetzt: National) in den Firmennamen bedarf der Zustimmung des Ministerrates, ist also praktisch nur in den seltensten Fällen machbar. In der früheren Praxis haben Handelsregister in extensiver Auslegung dieser Vorschrift auch Worte wie „*Turkey*" oder „*Turkish*" entsprechend eingeschränkt. Es ist jedoch festzustellen, dass sich hier zunehmend eine liberalere Praxis durchzusetzt.

Firmennamen müssen auch Aufschlüsse hinsichtlich des **Tätigkeitsbereichs** der Gesellschaft geben. Normalerweise setzen sich Firmennamen zusammen aus der Marke („*Meier*"), dem Sektor („*İçecek*" für Getränke), dem Typ der Aktivität („*Sanayi*" für Industrie) und dem Gesellschaftstypus („*Limited Şirketi*" für Gesellschaft mit beschränkter Haftung). Die dadurch zustande kommenden relativ langen Firmennamen sind einfach als Teil des hiesigen Geschäftslebens zu betrachten.

II. Vertragsdesign

1. Zur Sprache

50   Grundsätzlich ist **Englisch** im internationalen Rechtsverkehr vorherrschend. Verträge werden auf Englisch verhandelt und aufgesetzt. Dass Verhandlungen auf Deutsch oder Französisch stattfinden, ist wohl eher die Ausnahme.

51   **Verträge** und sonstige Rechtsgeschäfte (etwa Kündigungen oder Garantieerklärungen) **zwischen türkischen** (juristischen und/oder natürlichen) **Personen müssen in türkischer Sprache aufgesetzt** beziehungsweise vorgenommen werden. Dies folgt aus dem einem sogenannten Gesetz zur Verwendung der türkischen Sprache in wirtschaftlichen Einrichtungen (Gesetz Nr. 805, veröffentlicht im Amtsblatt vom 22.4.1926), wonach Rechte aus Verträgen nicht geltend gemacht werden können, falls diese dem besagten Gebot nicht Folge leisten. Der Anwendungsbereich erstreckt sich auch auf türkische Töchter von nichttürkischen Unternehmen. Es kommt hierbei auf den Ort an, an dem das Unternehmen seinen Sitz hat. Rechtliche Dokumente zwischen Türken können bilingual verfasst werden, falls im Zweifelsfall die türkische Sprache gilt.

Dieses aus den ersten Jahren der Republik (1926) stammende und wohl dem autoritären Erbe zuzurechnende Sprachgebot wird öfter übersehen als zu erwarten wäre. Vielen türkischen Laien ist es nicht bekannt. Dabei wird der Zwang zum Erstellen eines türkischen Originals von den meisten ausländischen Vertragsparteien (die durch eine türkische Tochter kontrahieren) als lästig empfunden. Er verursacht erhebliche zusätzliche Kosten und Zeitverlust, da die Qualität der Übersetzung sehr wichtig ist und diese daher besser von Anwälten vorzunehmen ist als von Übersetzern. Dazu muss man sich mit dem Gedanken anfreunden, dass der Ori-

II. Vertragsdesign

ginaltext in einer Fremdsprache aufgesetzt und daher für den Großteil der eigenen Organisation unzugänglich ist.

Die oben umschriebene sprachliche Einschränkung gilt **nicht**, falls zumindest **eine der Vertragsparteien** eine **nicht-türkische** juristische beziehungsweise natürliche **Person** ist. Mangels veröffentlichter einschlägiger richterlicher Entscheidungen ist unklar, in welchen Fällen die Einbindung einer ausländischen Vertragspartei als Umgehung des Gebots angesehen wird. In der Praxis werden jedenfalls die Anforderungen zur sachlichen Rechtfertigung für das Hinzuziehen einer zusätzlichen ausländischen Partei nicht sehr hoch gesetzt.

Falls das Rechtsgeschäft dem türkischem Recht unterliegt und in den Zuständigkeitsbereich der türkischen Gerichte fällt, kann es sich lohnen, eine von beiden Parteien anerkannte türkische Übersetzung **auf freiwilliger Basis** zu erstellen. Dadurch wird sichergestellt, dass das Gericht in einem zukünftigen Streitfall auf Grundlage einer seitens beider Parteien abgesegneten Übersetzung entscheiden kann. 52

2. Struktur

Die im Rechtsverkehr üblicherweise verwendeten Vertragsmuster sind von den international geltenden Standards beeinflusst. Dabei gilt hier wie auch allgemein in der kontinentaleuropäischen Tradition, dass vieles dem Gesetz überlassen, und nicht jedes kleinste Detail im Vertrag geregelt wird. 53

Zu Beginn erfolgt die Benennung der Parteien, danach folgen einführende Sätze hinsichtlich des Vertragszwecks und oftmals die Definitionen der im Vertrag verwendeten Begriffe. Darauf folgen die operativen Klauseln, die die Vertragsmechanismen enthalten und schließlich am Ende die sonstigen Vorschriften, die bei Verträgen allgemein, unabhängig vom Typus, zur Anwendung kommen (die sogenannten Boilerplates).

Falls der Vertrag wegen einer Rechtswahl oder einer entsprechenden Verknüpfung türkischem Recht unterliegt, gelten notwendigerweise zwingende Vorschriften des türkischen Rechts. Die sogenannten dispositiven, nicht zwingenden Vorschriften gelten bei Regelungslücken im Vertragswerk. 54

3. Vertragspartner und Haftungsfragen

Grundsätzlich wird der türkische Vertragspartner eine Kapitalgesellschaft, daher eine **Aktiengesellschaft** (*Anonim Şirket*) oder eine **Gesellschaft mit beschränkter Haftung** (*Limited Şirket*) sein. Diese haften grundsätzlich mit ihrem Gesellschaftskapital. Das durch das neue Türkische Handelsgesetzbuch eingeführte Konzernrecht sieht zwar nunmehr explizit vor, dass in bestimmten Fällen der herrschende Gesellschafter zur Verantwortung gezogen werden kann. Dennoch sind diese Regelun- 55 gen in der Praxis noch nicht so zum Zuge gekommen, dass Konkretes zur ihrer Handhabung durch die Gerichte gesagt werden könnte. Ein Durchgriff auf den dahinterstehenden Aktionär oder Gesellschafter nach den allgemeinen, schon vor dem neuen Konzernrecht geltenden Regeln, gelang in der Vergangenheit äußerst selten.

56 Falls mit **natürlichen Personen** kontrahiert wird, müssen weitere Umstände in Betracht gezogen werden. Im Todesfalle geht das Vermögen im Wege der Universalsukzession auf die Erben über. Allerdings ist die Erbengemeinschaft kein ebenso zuverlässiger Vertragspartner, vor allem wenn die Schuld nicht aus einer reinen Geldzahlung besteht.

57 Verhandlungen mit der **öffentlichen Hand** sind grundsätzlich anders strukturiert. Sie setzt – auch wegen vergaberechtlichen Zwängen – in den häufigsten Fällen die Verträge selbst auf, wobei die Verhandlungen nur ausnahmsweise Änderungen hervorbringen. Auch nach dem Vertragsschluss ist der Staat ein anders gearteter Partner. Oftmals ist es wegen den für den Staat vorteilhaften Beweisregelungen im Vertrag schwierig, Urteile gegen ihn zu erwirken. Dazu stehen einer Zwangsvollstreckung gegen staatliches Vermögen erhebliche praktische und rechtliche Hindernisse im Wege.

4. Absicherung von Krediten an die türkische Partei

58 Ein Kredit muss nicht unbedingt in der Form eines klassischen Gelddarlehens erbracht werden. Ungeachtet der Rechtsnatur des zugrunde liegenden Geschäfts, ist bei wirtschaftlicher Betrachtung jede Form des im Vertrauen an eine zukünftige Leistung der Gegenpartei eingegangenen Rechtsgeschäfts als ein Kredit anzusehen. So ist die Lieferung von Waren mit einer Fristvereinbarung für die nachträgliche Zahlung ebenso als ein Kredit einzuordnen, wie die Entgegennahme von Garantien bezüglich des Kaufgegenstandes (sogenannten Representations and Warranties) im Unternehmenskauf.

59 Ein Erlass der Finanzverwaltung regelt die Bedingungen, unter denen für einen Kredit im Wirtschaftsverkehr eine Gebühr in der Form des sogenannten **Unterstützungsfonds für Ressourcenverwendung** (in türkischer Praxis unter der Abkürzung „KKDF" bekannt) zu entrichten ist. Der Anwendungsbereich des Erlasses kann manchmal weiter sein als erwartet, daher ist die Heranziehung eines Steuerberaters zu empfehlen, wenn dem Geschäft ein Kredit zugrunde liegt.

60 Ob die Einholung einer **Sicherheit** für diese Risiken notwendig ist, wird in der Praxis für jeden Einzelfall getrennt zu prüfen sein. Dabei kommen die unterschiedlichsten Faktoren ins Spiel, wie etwa die finanzielle Stellung der Gegenpartei, deren wirtschaftliches Interesse an der Zusammenarbeit, die Dauer, für die das Risiko übernommen wird, wie selbstverständlich dessen Umfang. Auch kann es den Gepflogenheiten der je-

II. Vertragsdesign

weiligen Branche entsprechen, bei manchen Geschäftspartnern (etwa zur Unterstützung der Händler in einem Vertriebsnetzwerk) in Vorleistung zu gehen.

Die Strukturierung der Sicherheiten gehört zu den schwierigeren Themen bei Vertragsverhandlungen. Üblicherweise ist der **Eigenkapitalanteil** von türkischen Unternehmen (vor allem bei den kleinen und mittelgroßen Unternehmen) nicht sehr hoch. Daher können Forderungen nach Sicherheiten, die sich auf die Kreditlinie des Sicherungsgebers bei ihren Finanzierern auswirken (wie etwa Bankgarantien oder Bürgschaften seitens verbundener Unternehmen) auf Widerstand stoßen. Auch können die im Zuge der verhandelten Zusammenarbeit zu erhaltenen Beträge schon anderweitig verplant sein. Dies wird die Verhandlungen dann erschweren, wenn vorgeschlagen wird, dass ein zu leistender Betrag zur Sicherheit für eine gewisse Dauer einzubehalten (der Holdback) beziehungsweise bei einem Treuhänder zu deponieren (der sogenannte Escrow) sei.

In der Praxis verwenden vor allem kleine und mittelgroße Unternehmen **Schecks** als Sicherheiten. Hier ist die eigenartige Form des **nachdatierten Schecks** (*Vadeli çek*) entstanden, wonach der Empfänger sich bereit erklärt, diesen nicht vor einem vereinbarten Datum einzulösen. Eine solche Abmachung ist nach derzeitigem Stand (gemäß einer 2017 außer Kraft tretenden Regelung) immer noch gültig und bindend, obwohl dies den allgemeinen Grundsätzen des Scheckwesens widerspricht. Neuerdings wurden die rechtlichen Konsequenzen für das Erstellen ungedeckter Schecks (früher mit Haft bestraft) abgemildert.

Zu erwähnen ist schließlich, dass das in Deutschland beliebte Sicherungsmittel des **Eigentumsvorbehalts** nach türkischem Recht nur dann wirksam zustande kommt, wenn dieser in einem vom Notar geführten Register unter Angabe von Identifikationsdaten (wie etwa die Marke, das Modell, die Seriennummer, das Baujahr) eingetragen wird. Dies macht ihn in der Praxis ungeeignet für Waren, die verarbeitet, weiterverkauft oder verbraucht werden. **61**

5. Wahl des zuständigen Gerichts und des anwendbaren Rechts

Über diese Fragen können die Parteien in den meisten Fällen **frei entscheiden**. Die hier wohl wichtigsten **Ausnahmen** sind Streitigkeiten über dingliche Rechte an Immobilien und Angelegenheiten, die sich auf spezifisch gesellschaftsrechtliche Fragen einer türkischen Gesellschaft beziehen. Im letztgenannten Fall kann etwa ein Joint-Venture Vertrag, also die schuldrechtliche Ebene, einem anderen Recht unterliegen. Doch die gesellschaftsrechtliche Ebene als solche richtet sich nach türkischem Recht. **62**

Grundsätzlich ist anzuraten, die Wahl des zuständigen Gerichtes an der Rechtswahl zu orientieren. Einen Prozess nach fremdem Recht zu ent- **63** scheiden ist für das Gericht sehr mühsam und im Ergebnis wohl für beide Streitparteien unbefriedigend.

Die Entscheidung für ein **türkisches Gericht** (und wohl für türkisches Recht) kann Vor- und Nachteile mit sich bringen. Die eine Rechtsordnung kann zu besseren Ergebnissen für die eine Vertragspartei führen als für die andere. Dies muss für jeden Einzelfall konkret ermittelt werden. Darüber hinaus sind für türkische Gerichte im Vergleich zu den Gerichten im deutschsprachigen Raum negativ die grundsätzlich längere Dauer der Verfahren und die übermäßige Abhängigkeit von Sachverständigengutachten zu vermerken, obwohl die neue Zivilprozessordnung (Gesetz Nr. 6100, veröffentlicht im Amtsblatt vom 4.2.2011) einige Neuerungen beinhaltet, die insbesondere diese beiden Probleme anzugehen bezweckt. Als Vorteil hingegen ist hervorzuheben, dass das Urteil eines türkischen Gerichts in der Türkei direkt vollstreckbar ist und den mühsamen Weg eines Anerkennungsurteils in der Türkei erspart. Darauf wird es wohl gegen einen türkischen Vertragspartner am meisten ankommen.

64 Zu den bekannten **Schiedsgerichtssystemen** wie ICC oder UNCITRAL ergeben sich gegenüber anderen Ländern keine Unterschiede in der Türkei. Entscheidungen internationaler Schiedsgerichte bedürfen ebenfalls der Anerkennung seitens türkischer Gerichte, um hier vollstreckt werden zu können.

Als etwaige **Schiedsgerichte in der Türkei** kommen insbesondere in Betracht, die der Istanbuler Handelskammer, der Union türkischer Kammern und Börsen und schließlich der Deutsch-türkischen Industrie- und Handelskammer. Obwohl bei ihnen weniger Kosten anfallen als bei vergleichbaren Institutionen im Ausland ist in der Praxis festzustellen, dass sich diese nicht einer anderen Schiedsgerichten vergleichbaren Beliebtheit erfreuen. Die Entscheidungen der türkischen Schiedsgerichte sind ohne weiteres vollstreckbar.

III. Vertragsverhandlung

1. Sprachliche Barrieren

65 Bei den Verhandlungen kann ein **Kommunikationsdefizit** entstehen, wenn eine der Parteien in internationalen Transaktionen nicht hinreichend erfahren ist. Falls diese auf Englisch geführt werden, sind beide Parteien diesbezüglich keine Muttersprachler. Zwar werden die Vertreter der zweiten Generation in den Familienunternehmen sowie die Manager der größeren Unternehmen überwiegend englischsprachige Studien oder MBA-Programme absolviert haben. Dennoch ist Vorsicht geboten, da Türkisch über einen sowohl vom Deutschen als auch vom Englischen sehr unterschiedlichen Satzaufbau verfügt. Der Verfasser ist selbst bei „Verhandlungen auf hohem Niveau" regelmäßig Zeuge von Missverständnissen, die dazu von den Parteien als Nicht-Muttersprachler noch sehr schwer

zu bemerken sind. Ebenso sind akkurate Übersetzungen vor allem von juristischen Texten sehr schwer zu bekommen.

Der deutsche Verhandlungspartner sollte, falls er sich eines **Simultanübersetzers** bedient, immer kurze Sätze bilden und bei jedem Satzende abwarten, dass der Übersetzer „nachzieht". Bei türkischen Sätzen ist das Verb in der Regel am Ende und auch sonst ist die Reihenfolge der Wörter sehr unterschiedlich als im Deutschen. Daher ist es eine gewaltige Anstrengung, längere und verschachtelte Sätze richtig zu übersetzen.

2. Publizierung von Verhandlungsergebnissen?

Wenn die juristische Person börsennotiert oder anderweitig der Aufsicht der Kapitalmarktbehörde unterstellt ist, stellt sich die Frage nach Publizitätspflichten. Die bis 2009 geltenden Regelungen verlangten, dass die **Aufnahme von Verhandlungen** und danach sämtliche Zwischenergebnisse bei der Börse zu veröffentlichen sind. Diesem konnte in der Praxis nicht Folge geleistet werden, so dass meist kurz vor Vertragsschluss die Parteien ankündigten, sie hätten Verhandlungen aufgenommen. Dem folgte nach Unterschrift des Vertrages eine entsprechende zweite Veröffentlichung.

Die neue Regelung richtet sich nach dem europäischen Vorbild und verlangt prinzipiell die Offenlegung von **Insiderinformationen**, das heißt von Informationen, die geeignet sind, den Marktpreis von emittierten Papieren oder die Entscheidungen von Anlegern zu beeinflussen. Ob die Aufnahme von Verhandlungen oder der Abschluss eines Vertrages diese Schwelle überschreitet, muss für den Einzelfall im Einklang mit der eingeübten Veröffentlichungspraxis des betroffenen Unternehmens entschieden werden.

3. Einfluss von Drittparteien

In manchen Fällen sind die Vertragsverhandlungen sehr stark beeinflusst durch mögliche Reaktionen von Drittparteien, bei denen es sich dann meistens um die Geschäftspartner der einen Partei handelt. Der für das Einholen dieser Zustimmungen notwendige Zeitraum sollte in die Planungen miteinbezogen werden.

So kann es sein, dass etwa die einzelnen **Vertriebsmittler** im Netzwerk des türkischen Verhandlungspartners, seine großen **Zulieferer** oder aber seine **Hausbank** ein Wort mitzureden haben. Insbesondere wenn es sich um einen Unternehmenskauf handelt, sind oftmals eine Vielzahl von Zustimmungen seitens der zahlreichen Geschäftspartner (etwa die Kunden und Zulieferer) einzuholen. Banken nehmen in die Kreditverträge oft eine Vorschrift auf, wonach bei wesentlichen Maßnahmen für das Unternehmen ihre Genehmigung einzuholen ist. Als solche wesentlichen Maßnahmen gelten etwa die Änderung des beherrschenden Gesellschafters oder die Übertragung wesentlicher Anteile des Vermögens.

69 In manchen Fällen ist auch die **Erlaubnis einer Behörde** einzuholen, wenn ein Gesellschaftsanteil übertragen wird. Dies gilt etwa für fusionskartellrechtliche Genehmigungserfordernisse. Das türkische Kartellrecht ist sehr stark an das europäische angelehnt. Manchmal wird die Genehmigung der betroffenen Behörde benötigt, bevor die Anteile einer Gesellschaft übertragen werden, die eine bestimmte Lizenz hält. So verhält es sich etwa im Bereich der Elektrizitäts- und Gaswirtschaft, bei Rundfunkanstalten und bei Banken, die besonderen aufsichtsrechtlichen Regularien unterliegen.

4. Einfluss des Steuerrechts

70 Sehr oft folgt die rechtliche Struktur einer vorher entworfenen steuerrechtlichen Bewertung der Situation. Dann muss der Jurist die vom Steuerberater als die effizienteste Form der Zusammenarbeit gemachten Vorgaben in eine rechtliche Struktur bringen. Obwohl diese Reihenfolge natürlich erscheint, kann es sein, dass mancher türkischer Verhandlungspartner der aus dem Bereich der kleineren und mittelgroßen Unternehmen entstammt (siehe Rz. 13), mit seiner eigenen Steuerplanung erst im Laufe der Verhandlungen beginnt. Dies kann zur Folge haben, dass schon als vereinbart geltende Positionen zwingenderweise wieder in Frage gestellt werden. Das Problem kann sich auch noch dadurch zuspitzen, dass die Auffassungen der Verhandlungspartner zur Handhabung der nunmehr aufgedeckten Steuerproblematik auseinander gehen können (siehe insbesondere Rz. 20 f.).

5. Psychologie

71 Neben den allgemeinen Ausführungen in Rz. 12 ff. ist wohl zutreffend, dass Türken grundsätzlich **emotionaler** veranlagt sind und daher ihr Gemütszustand leichter in beide Richtungen ausschwanken kann, als dies bei Deutschen der Fall ist. Selbstverständlich gelten diese Verallgemeinerungen nicht so sehr, wenn es um im internationalen Rechts- und Geschäftsverkehr tätige Manager handelt. Daher sollte man, wie wohl überall auf der Welt, sich ein eigenes Bild vom konkreten türkischen Gegenüber machen.

Die direkte deutsche Art im Gespräch kann manchmal als schroff und unhöflich, ja gar als unzivilisiert angesehen werden. Die beim deutschen Verhandlungspartner bestehende Erwartung, dass in Verhandlungen „die Fetzen fliegen" dürfen, die Unstimmigkeiten aber nach Abschluss bei einem gemeinsamen Glas ausgeräumt werden, wird sich hier nicht immer erfüllen. Als beleidigend empfundene Gesten werden in der Türkei nur an der Oberfläche beiseitegelegt, wirklich verziehen werden sie nur sehr schwer.

Es lohnt sich, bei schwierigen Gesprächen einen freundlichen, aber bestimmten Ton anzunehmen und bei der Aussage die persönliche Verbundenheit mit dem Gegenüber immer miteinzubeziehen. Es gilt die Rede-

IV. Vertragsdurchführung   Rz. 73 Teil **9.6**

wendung „*Dost acı söyler*", was so viel bedeutet wie „Ein wahrer Freund spricht auch Unangenehmes offen an".

In einem Interessenkonflikt sollten vor allem die eigenen Beweggründe für eine unbequeme Entscheidung immer sehr genau erklärt werden. Man erreicht mehr, wenn man Empathie erweckt für die eigene Situation. Nur muss damit gerechnet werden, dass nach der ersten Anwendung dieser Praktik auch der Verhandlungspartner die Vorteile diese Methode in Anspruch nehmen wird.

Der typisch-deutsche feste Handshake wird hier oftmals als physische Herausforderung besonderer Art angesehen. Seiner Festigkeit wird hier nicht dieselbe Bedeutung wie die im deutschsprachigen Raum beigemessen.

IV. Vertragsdurchführung

1. Unterzeichnung

a) Die Unterschriften

Schriftliche Beweiskraft haben in der Türkei rechtliche Dokumente nur, wenn sie von den betreffenden Parteien mit **Originalunterschrift** versehen beziehungsweise **digital unterschrieben** werden. Fax- oder PDF-Kopien haben zwar eine gewisse Aussagekraft vor Gericht, werden aber nicht als schriftlicher Beweis erachtet. 72

Die internationale Praktik, wonach sämtliche Seiten eines Dokuments zu paraphieren sind, findet auch in der Türkei Anwendung.

Die Unterschriften sind in der Türkei oftmals flüssig und die Namen nicht leicht zu entziffern.

Wie überall empfiehlt es sich, die Unterschrift und die Paraphierung in blauer Farbe vorzunehmen und dies von der Gegenpartei (wenn möglich) so zu verlangen, da eine Originalunterschrift auf diese Weise besser nachzuweisen ist.

b) Das Unterschriftenzirkular

Falls es zum Vertragsschluss mit einer juristischen Person (also fast immer entweder mit einer Aktiengesellschaft oder einer Gesellschaft mit beschränkter Haftung) kommt, stellt sich die Frage, wie die Ermächtigung der unterschreibenden Person oder Personen nachgewiesen werden kann. Dasselbe gilt in den Fällen, in denen mit einer Vollmacht gehandelt wird für diejenigen, die die dahingehende Vollmacht ausgestellt haben. Das Unterschriftenzirkular (*İmza Sirküleri*) ist ein rechtliches Dokument, welches bei Aktiengesellschaften vom Verwaltungsrat und bei Gesellschaften mit beschränkter Haftung von den Gesellschaftern verabschiedet und im Handelsregisteranzeiger veröffentlicht wird. Es bezeichnet die **zur Vertretung** der Gesellschaft **rechtlich ermächtigten Per-** 73 sonen nach Namen, Titel und beinhaltet auch für jede dieser Personen drei Probeunterschriften. Derzeit kann im Unterschriftenzirkular grundsätzlich jede Art von Vertretungsstruktur festgelegt werden (aber siehe die erwartete Änderung, erläutert weiter unten unter dieser Randziffer). Dies kann je nach Wahl eine alleinige oder gemeinsame Vertretung in gewissen oder aber allen Fällen vorsehen. Ebenso können unterschiedliche Listen von Rechtsgeschäften angelegt werden, für die eine Gruppe von Personen, in Konstellationen nach freier Wahl, ermächtigt werden kann.

Wichtig ist es zu wissen, dass die sich hier befindenden Einschränkungen gegenüber **gutgläubigen Dritten** ungültig sind. Daher kann ein solcher Dritter, falls ein Dokument von zwei vertretungsbefugten Personen unterschrieben ist, davon ausgehen, dass hierbei die Gesellschaft wirksam vertreten worden ist – ohne Rücksicht darauf, ob diese Personen gemeinsam zur Vornahme dieses bestimmten Geschäfts ermächtigt waren oder nicht. Im Rechtsverkehr wird jeder seriöse Geschäftspartner die Vorlage eines aktuellen Unterschriftenzirkulars verlangen. Es ist zudem auch oftmals über das Internet erhältlich.

Zum Zeitpunkt der Fertigstellung dieser Arbeit mehren sich die Anzeichen dafür, dass das Ministerium für Zoll- und Handelsangelegenheiten einen Wechsel der Praktik zu Unterschriftenzirkularen plant. Danach sollen diese ab sofort **keine inhaltlichen Beschränkungen** hinsichtlich der Vertretungsbefugnisse beinhalten dürfen. Für den gegenüberstehenden Verhandlungspartner würde dies dazu führen, dass er weniger Möglichkeiten hat, von den Einschränkungen Kenntnis zu erlangen, und daher sich eher auf Gutgläubigkeit berufen dürfen wird.

c) Die Stempelsteuer

74 Gemäß dem Stempelsteuergesetz (Gesetz Nr. 408, veröffentlicht im Amtsblatt vom 11.7.1964) ist grundsätzlich für jedes unterschriebene Exemplar eines Vertrages eine Stempelsteuer in Höhe von 0,948 % des Vertragswertes zu entrichten. Dieselbe Pflicht gilt auch bei einer Vielzahl von weiteren einseitigen Rechtsgeschäften. Im Anhang des Gesetzes befinden sich steuerfreie Tatbestände und niedrigere Steuersätze für bestimmte Fälle. Die Obergrenze für die pro Exemplar zu entrichtende Stempelsteuer wird jährlich festgesetzt. Die für das Jahr 2014 geltende Grenze liegt bei etwa 515 000 Euro. Der Anwendungsbereich der Stempelsteuer erstreckt sich auch auf Dokumente, die unter Zuhilfenahme digitaler Unterschrift signiert werden.

Es kommt vor, dass Steuerbehörden den höchsten im Vertrag benannten Betrag als **Vertragswert** annehmen, obwohl der dem Geschäft zugrunde liegende Wert eigentlich niedriger ist. Dazu kann es zum Beispiel kommen beim Kauf eines Anteils einer Gesellschaft, wenn auch der Betrag des Gesellschaftskapitals im Vertrag benannt wird und höher als der Kaufpreis ist. Zwar gibt es gute Argumente gegen diese Praxis, nur müssten diese in einem Widerspruchsverfahren vor der Steuerbehörde und danach meist vor Gericht – nach erfolgter Zahlung der überhöhten Stempelsteuer beziehungsweise Erbringung entsprechender Sicherheiten – vorgebracht werden. Es lohnt sich daher, im Vertrag auf die Benennung von solchen hohen Beträgen zu verzichten, falls dies nicht unbedingt notwendig ist.

Bei **mehreren Dokumenten**, die ein und dasselbe Rechtsgeschäft betreffen, muss die Stempelsteuer nur einmal abgeführt werden. Nur ist die Auslegung der Steuerbehörden in diesen Fällen sehr unberechenbar, so dass im Zweifelsfalle das Einschalten eines Steuerberaters empfehlenswert ist.

Da die Stempelsteuer nach der **Anzahl der unterschriebenen Originaldokumente** berechnet wird, besteht ein guter Grund, nur ein Original zu unterzeichnen. Dies führt zur Diskussion darum, wer dieses Original aufbewahren darf. Eine notarielle Beglaubigung löst das Problem nicht, da auch diese erhebliche Kosten verursacht. Allerdings sind **Anwälte** gesetzlich ermächtigt, Verträge zu **beglaubigen** und müssen diese dann selbst verwahren. In der Praxis kommt es häufig vor, dass der Anwalt der einen Partei den Vertrag in zweifacher Kopie beglaubigt (ohne, dass zusätzliche Kosten anfielen) und den beiden Parteien je eine dieser Kopien zur Verfügung stellt. Diese anwaltlich beglaubigte Kopie des Dokuments hat vor Gericht dieselbe Beweiskraft wie die eines Originals.

Einstweilen frei.

2. Formvoraussetzungen und Beweisvorschriften

Viel häufiger als im deutschen Recht unterliegen gewisse Rechtsgeschäfte in der Türkei **zwingenden Formvorschriften**. So ist wie im deutschen Recht ein Vertrag, in dem sich eine Partei zur Übertragung eines Grundstücks verpflichtet, nur dann wirksam, wenn er vor einem Notar abgeschlossen wird. Alternativ kommt im türkischen Recht die Registrierung einer dahingehenden Vormerkung beim Grundbuchamt in Betracht. Der Abschluss vor einem Notar wird auch verlangt für Übertragungen von Kapitalanteilen an einer Gesellschaft mit beschränkter Haftung, und zwar sowohl für das Verpflichtungsgeschäft als auch für das Verfügungsgeschäft (also die eigentliche Übertragung). Wie schon oben (Rz. 61) erwähnt ist ein Eigentumsvorbehalt nur dann wirksam, wenn er in einem Register eingetragen wird, das Notare führen. Falls ein Vertreter zur Unterschrift eines Vertrages zu ermächtigen ist und dieser Vertrag eine Schiedsgerichtsklausel beinhaltet, so muss dies in der Vollmacht ausdrücklich erwähnt werden. Andernfalls ist die Vollmacht in dieser Hinsicht und daher die Schiedsgerichtsklausel insgesamt unwirksam. Bei einer Bürgschaft muss nach dem seit 2011 geltenden Recht der Bürge das Datum, die Haftungsobergrenze und, falls zutreffend, den Verzicht auf die Einrede der Vorausklage mit eigener Handschrift in das Dokument einfügen. Bei natürlichen Personen wird grundsätzlich auch die Zustimmung des Ehegatten verlangt.

78 Auch im Bereich der **Beweisführung** im Falle eines Rechtsstreits kommt der Einhaltung der Form besondere Bedeutung zu. So können Forderungen, die den Gegenwert von etwa 1000 Euro übersteigen, grundsätzlich nur durch schriftlichen Beweis nachgewiesen werden. Ebenso kann im Streitfall die Abgabe eines Schreibens zur Kündigung, zum Rücktritt oder für eine Abmahnung zwischen zwei Kaufleuten nur dann wirksam bewiesen werden, wenn dieses über einen Notar, per Einschreiben, per Telegramm oder durch qualifizierte elektronische Signatur geschehen ist.

3. Vertragserfüllung

79 Die Türkei gehört zu den Ländern, die immer noch eine relativ hohe Inflationsrate haben. Diese betrug im Jahre 2013 7,40 %, im Jahre 2012 6,16 % und im Jahr zuvor immerhin 10,45 %. In der Zeit zwischen 1980 und 2004 gab es Jahre, in denen die Inflationsrate bei über 100 % lag. Dazu sind die auch die realen Zinssätze trotz aller Bemühungen seitens der Regierungen seit 2002 relativ hoch. Es ist leider festzustellen, dass bei manchen Schuldnern deswegen die Tendenz, einige **Zahlungen hinauszuschieben**, bestehen kann. Auch kann bei manchen Unternehmen der relativ niedrige Eigenkapitalanteil zu Liquiditätsproblemen führen, und somit die Leistungsfähigkeit des Unternehmens beeinträchtigen. In der Praxis schützt sich der türkische Geschäftsmann dagegen durch hohe **Vertragszinsen** und, falls möglich, durch Erlangung von **Sicherheiten**. Zur Absicherung von Krediten kann auf die Anmerkungen oben unter Rz. 58 f. verwiesen werden.

4. Der Erfüllungsanspruch

80 In der türkischen Rechtsordnung haben Ansprüche auf Vertragserfüllung (im Sinne einer Specific Performance) **geringere Chancen auf tatsächliche Verwirklichung** als Ansprüche auf Schadensersatz. Dies liegt wohl am ehesten daran, dass der Verwaltungsapparat, dessen Mitwirkung aufgrund der doch ziemlich formalistisch ausgerichteten Rechtsordnung erforderlich ist (gemeint sind etwa Grundbuchämter, Handelsregister, Notare, Verkehrsregister für Kraftfahrzeuge und öffentliche Behörden allgemein), nicht darauf abgestimmt ist, einen gerichtlich erlangten Rechtsanspruch schnell und effektiv durchzusetzen. Daher muss immer kritisch hinterfragt werden, ob ein bestimmter vertraglich erlangter Anspruch auch tatsächlich so durchgesetzt werden kann. Vor allem Rechtsberatern, denen es an Erfahrung in einem bestimmten Sektor mangelt, werden Vertragsverhandlungen so führen, als ob alles, was auf dem Papier steht, auch in die Wirklichkeit übertragen werden würde. Dies ist keinesfalls immer sicher.

V. Vertragscontrolling

81 In der Praxis werden aus diesem Grund oftmals **Vertragsstrafen** vereinbart, die die betroffene Partei vor einem Vertragsbruch abschrecken sollen. Dies ist nach türkischem Recht grundsätzlich zulässig, obwohl in der Praxis türkische Gerichte dazu tendieren, die vereinbarten Vertragsstrafen in ihrer Höhe zu reduzieren.

82 Ein wichtiges und doch meistens unbeachtetes Detail ist, dass falls ein vertraglicher Schadensersatzanspruch geltend gemacht und durchgesetzt wird, Steuerbehörden dies als ein **Einkommen** des Begünstigten ansehen, welches danach wieder zu versteuern ist. Daher sollten Schadensersatzansprüche immer als Nettobeträge verhandelt und im Vertrag die einschlägigen Steuern dem Ersatzpflichtigen auferlegt werden.

5. Vollstreckung von Entscheidungen nichttürkischer Gerichte und Schiedsgerichte

83 Urteile oder Entscheidungen ausländischer Gerichte oder Schiedsgerichte können erst dann vollstreckt werden, wenn sie ein **Anerkennungsverfahren** vor einem türkischen Gericht durchlaufen. Es kann unter Umständen zwei bis drei Jahre dauern, bis das Urteil zur Anerkennung rechtskräftig wird. Dazu ist der Ausgang auch nicht immer sicher.

84 Zum einen muss bei Gerichtsurteilen zwischen dem Urteilsstaat und der Türkei die vertragliche oder faktische Gegenseitigkeit bei der Anerkennung von Gerichtsurteilen gegeben sein. Im Falle Deutschlands liegt faktische Gegenseitigkeit vor, wobei im Falle Österreichs diese vertraglich abgesichert ist (Abkommen vom 23.5.1989 zwischen der Republik Österreich und der Republik Türkei über die Anerkennung und die Vollstreckung von gerichtlichen Entscheidungen und Vergleichen in Zivil- und Handelssachen). Bei der Schweiz steht die Gegenseitigkeit in manchen Bereichen des Familienrechts auf vertraglicher Grundlage. In Handelssachen liegen keine türkischen Entscheidungen vor, die eine faktische Gegenseitigkeit eindeutig herstellen würden. Dennoch stehen die Chancen für eine Anerkennung in der Türkei eher gut.

Die Anerkennung kann daran scheitern, dass das Urteil gegen den türkischen **ordre public** verstößt. Dessen Umfang ist leider nicht sehr klar formuliert. In Handelssachen werden in der Praxis meistens formelle und zustellungsbezogene Probleme bemängelt.

Für türkische Schiedsgerichte, siehe Rz. 64.

V. Vertragscontrolling

85 Der Großteil der in international geprägten Geschäften tätigen Kanzleien verfügt über **elektronische Datenaufbewahrungssysteme**. Die Aufbewahrung der Originaldokumente übernehmen sie nur dann, wenn dies wirklich notwendig ist (etwa, wenn der betreffende Anwalt die Kopien selbst beglaubigt, Rz. 75). Andernfalls werden die Originale an die Partei(en) ausgehändigt. Bei Transaktionen mit umfangreicher Dokumentation fertigen Anwälte oft auch eine „**Bible**", in der sich sämtliche Verträge, Anhänge, die im Rahmen der Transaktion ausgetauschten Erklärungen und sonstigen Dokumente befinden. Diese sind für eine spätere Einsichtnahme in das Rechtsgeschäft äußerst hilfreich.

86 Ein Vertragscontrolling im wahren Sinne erfolgt wohl nur bei größeren Unternehmen und da auch eher im Bereich des Kerngeschäfts. Die den mit den Geschäftspartnern abgeschlossenen Verträgen entnommenen Daten werden an die operativ tätigen Abteilungen weitergeleitet, wo sichergestellt wird, dass das Unternehmen seinen vertraglichen Verpflichtungen nachkommt. In gleicher Weise wird überprüft, ob auch die Gegenpartei ihre Pflichten einhält. So wird, wenn ein Vertrag an unvorhersehbare Entwicklungen anzupassen ist, die Initiative meistens von den operativen Abteilungen ausgehen. Wenn die Verträge nicht das Kerngeschäft betreffen, sondern einzelne nicht wiederkehrende Transaktionen, findet eine systematische Erfassung und Verarbeitung der Daten nicht statt. Die Verantwortung liegt dann eher bei Personen als bei Abteilungen. Den in diesen Transaktionen tätigen Rechtsberatern kommt dann eine größere Verantwortung zu.

87 Der externe Berater ist auch dann gefordert, wenn es darum geht, die sogenannt „**Closing Checklist**" in Transaktionen zu erstellen. Aufgrund der großen Zahl von anfallenden Formalien und in manchen Fällen zwingender Reihenfolge, ist es unerlässlich, einen klaren Ablaufplan zu haben und die operativ tätigen Personen richtig anzuweisen.

VI. Quellen

1. Literatur

a) Allgemeine Literatur

88 *Alanyalı*, Gebrauchsanweisung für die Türkei, 2004; *Çalışkan*, Wirtschaftspartner Türkei: Ein Handbuch für erfolgreiche Unternehmer, 2007; *Güvenç*, Der Andere: Der lange Weg zur türkischen Identität, 2013; *Lewis*, The Emergence of Modern Turkey, 3. Aufl. 2002.

b) Juristische Literatur

89 *Adal*, Fundamentals of Turkish Private Law, 2012; *Ansay/Wallace*, Introduction to Turkish Law, 6. Aufl. 2011; *Güven*, General Principles of Turkish Law, 2007; *Kiygi*, Wörterbuch Recht und Wirtschaft, Band 2: Deutsch-Türkisch, 2. Aufl. 2013; *Oğurlu/Gürpınar*, Introduction to Turkish Law, 2010; *Rumpf*, Recht und Wirtschaft der Türkei – Ein Überblick für die Praxis, 3. Aufl. 2013; *Rumpf*, Einführung in das türkische Recht,

2. Aufl. 2014; *Wegen/Spahlinger/Barth*, Gesellschaftsrecht des Auslands, 2013.

2. Hilfreiche Internetadressen

Deutsch-türkische Industrie- und Handelskammer: *http://www.dtr-ihk. de/tr/* 90

Verzeichnis deutschsprachiger Rechtsanwälte und Dolmetscher im Amtsbezirk der Botschaft Ankara: *http://www.ankara.diplo.de/contentb lob/174914/Daten*

Verzeichnis deutschsprachiger Anwälte im Amtsbezirk des Generalkonsulats Istanbul: *http://www.istanbul.diplo.de/contentblob/475646/Daten*

Investment Agency of the Republic of Turkey (ISPAT):

http://www.invest.gov.tr/de-DE/turkey/factsandfigures/Pages/TRSnap shot.aspx (Deutsch)

http://www.invest.gov.tr/en-US/turkey/factsandfigures/Pages/TRSnap shot.aspx (Englisch)

TÜSIAD: *http://www.tusiad.org.tr*

3. Zeitschriften

a) Deutsch

http://www.turkeikurier.com 91

b) Englisch

http://www.hurriyetdailynews.com 92
http://www.todayszaman.com/mainAction.action
http://www.turkishweekly.net

9.7
Verhandeln in Indien

Literaturübersicht:
Bakshi, The Constitution of India, 11. Aufl. 2011; *Balasubramanian/Fürth*, Leben und Arbeiten in Indien, 2010; *Bhalla*, Quotes of Gandhi, 2011; *Blanpain/Colucci/ Bhadbhade*, Contract Law in India – 2nd Edition 2012; *Bölscher*, Business-Knigge für deutsche Manager in Indien, 2009; *Budhwar/Varma*, Doing Business in India, 2010; *Rappel*, Geschäftskultur Indien, 2012; *Rodewald*, Business Know-how Indien, 2007; *Rothermund*, Indien: Aufstieg einer asiatischen Wirtschaftsmacht, 2008; *Spiegel Online*, Verhandeln in Indien: Hindus, Kasten und heilige Kühe, 15.11.2006, http://www.spiegel.de/karriere/ausland/verhandeln-in-indien-hindus-kasten-und-heilige-kühe-a-752406.html.

1 Einführung

	Rz.		Rz.
I. Ausgangslage	1	4. Das Kastenwesen	8
II. Kulturelle, religiöse und soziologische Kontraste Indiens	4	5. Hierarchiesysteme als Kulturelement	9
1. Indien als „Vielvölkerstaat" – Pluralismus	5	6. Soziale Unterschiede	10
2. Religionen und Glaubensrichtungen	6	III. Wirtschaftslage Indiens	11
		1. Entwicklung	11
3. Sprachen und Schriftsysteme	7	2. Aktuelle Kennzahlen	12

„All compromise is based on give and take, but there can be no give and take on fundamentals. Any compromise on near fundamentals is a surrender. For it is all give and no take." (*Mahatma Ghandi*, 1940, zitiert aus: *Shalu Bhalla*, Quotes of Ghandi, 2011).

I. Ausgangslage

Aufgrund seiner weiten Ausdehnung, der wechselvollen Geschichte, der kulturellen, ethnischen sowie religiösen Vielfalt und dem sich daraus ableitenden Reichtum an Traditionen, in Wissenschaft, Kunst und Sprachen, aber auch wegen der enormen sozialen Unterschiede, fasziniert Indien seit jeher. Nicht zuletzt wurde Indien während der britischen Kolonialzeit als „Jewel in the Crown" bezeichnet. Während auf der einen Seite die soeben beschriebene Faszination steht, vermag Indien auf der anderen Seite auch abzuschrecken. Auf die diesbezüglichen Ausprägungen, wie zum Beispiel Armut, Bürokratie, Infrastruktur, Klima etc., wird einzugehen sein, und zwar – im Rahmen dieses Buches – insoweit diese Vertragsverhandlungen und Vertragsmanagement in Indien beeinflussen können bzw. sich auf selbige auswirken. Obwohl Indien in der jüngeren Geschichte wegen

1

der kolonialen Vergangenheit bei teilweiser Fortführung des kolonialen Erbes unter anderem in Politik, Wirtschaft, Verwaltung und Justiz sowie der Verbreitung der englischen Sprache prima facie für den „westlichen Besucher" **Widererkennungsmerkmale** bereit hält, sind **gravierende Unterschiede** im Vergleich zu Europa (und anderen Kontinenten) weder zu übersehen, noch zu umgehen. Wer Indien erwägt, egal ob als Reiseland oder für wirtschaftliche Unternehmungen, wird nicht umhinkommen, sich ständig mit indischen Eigenheiten konfrontiert zu sehen und sich mit diesen arrangieren zu müssen.

Dieses Kapitel befasst sich mit **einigen Besonderheiten**, die das Verhandeln und das Management speziell von Verträgen in (aber nicht zwangsläufig beschränkt auf) Indien betreffen, und berücksichtigt die Erfahrungen des Autors, der als „Halbinder" die Entwicklung Indiens seit früher Kindheit teilweise unmittelbar vor Ort miterlebt hat.

2 Wenn Indien zur Sprache kommt, fallen häufig die Begriffe „**Subkontinent**" bzw. „**größte Demokratie der Welt**". Zudem ist Indien (derzeit noch) nach China mit mehr als **1,2 Mrd. Einwohnern** (zum Vergleich: die Einwohnerzahl aller Mitgliedsstaaten der Europäischen Union zusammengenommen beträgt „nur" etwas mehr als 503 Mio.) der bevölkerungsreichste Staat der Erde. Die Begriffe „Subkontinent" und „größte Demokratie" sind somit in gewisser Weise zutreffend. Die Fläche Indiens umfasst mehr als 3,2 Mio. Quadratkilometer (zum Vergleich: alle Mitgliedsstaaten der europäischen Union zusammengenommen haben eine Gesamtfläche von knapp über 4,3 Mio. Quadratkilometern), wobei „*Bharat*" (so nennt sich Indien offiziell gemäß der Verfassung) einen **Bündnisstaat** darstellt, der sich aus **28 Einzelstaaten** und **sieben so genannten „Union Territories"** zusammensetzt (zum Vergleich: die EU ist derzeit ein aus 27 europäischen Staaten bestehender Staatenverbund – wobei die rechtliche Qualifizierung als „Staatenverbund" die herrschende Meinung reflektiert).

3 Der Staat Indien als **demokratische Republik** besteht erst seit dem 26.11.1949 (wobei die vollständige Verfassung sogar erst danach, nämlich am 26.1.1950, wirksam wurde). Zuvor hatte Indien am 15.8.1947 die **Unabhängigkeit von Großbritannien** erlangt. Auf die Zeit vor der Unabhängigkeit Indiens kann hier nicht eingegangen werden; ebenso wenig ist es möglich, die geschichtliche Entwicklung Indiens seit der Unabhängigkeit detailliert darzustellen. Im Zusammenhang mit der Unabhängigkeit Indiens sei allerdings darauf hingewiesen, dass die ehemalige Kolonie **zweigeteilt** wurde. Es entstanden **Indien und Pakistan**. Während **Pakistan**, welches sich zur **ersten Islamischen Republik** der Welt ausrief, überwiegend muslimisch bevölkert ist, sind in **Indien** alle **wesentlichen Religionen** und Glaubensrichtungen vertreten (siehe auch nachfolgend). Aus der Teilung, den damit einhergehenden kriegerischen Auseinandersetzungen und den unterschiedlichen Glaubensausrichtungen erklären sich zum einen die auch heute bestehenden **Spannungen** zwischen Indien und Pakis-

tan, zum anderen aber auch die innerstaatlichen Konflikte zwischen **Muslimen** und **Hindus** (sowie weiteren Glaubensrichtungen) in Indien. Dieser geschichtliche Hintergrund ist im Kontext von Vertragsverhandlungen in Indien durchaus bedeutsam; hierauf wird ebenfalls noch näher einzugehen sein.

II. Kulturelle, religiöse und soziologische Kontraste Indiens

Schon die Einführung zu diesem Kapitel hat die enorme **Komplexität der indischen Kultur**, die Bandbreite der Religions- und Glaubensrichtungen und die **Unterschiede in der Bevölkerung** hervorgehoben. Eine vertiefte Befassung mit diesen Themen ist nicht Ziel dieses Beitrages. Zudem gibt es speziell zu diesen Aspekten zahlreiche Einzelveröffentlichungen. Im Rahmen der Planung von Vertragsverhandlungen ist es jedoch äußerst wichtig, **rechtzeitig** ein **grundlegendes Verständnis** auch zu diesen Bereichen zu erwerben. Die mitunter anzutreffende **Enttäuschung** des ausländischen Verhandlungspartners in Bezug auf das Land Indien und/oder den indischen Verhandlungspartner ließe sich möglicherweise vielfach dadurch **vermeiden** oder zumindest abmildern, wenn sich der ausländische Verhandlungspartner bereits vor Aufnahme konkreter Verhandlungen ein Verständnis verschafft (z.B. vom religiösen und soziologischen Hintergrund der indischen Verhandlungspartner, deren Stellung, dem konkreten Ort der wirtschaftlichen Unternehmung in Indien etc.). Diese Art „vorbereitende Prüfung" ersetzt keinen „Due Diligence-Prozess" im engeren Sinne, der an späterer Stelle folgen sollte. Er erleichtert aber den Einstieg und kann damit dem späteren Verhandlungsprozess von Anfang an eine **wichtige positive Note** geben. Die nachfolgenden einführenden Anmerkungen sollen dazu dienen, die notwendigen Grundlagen zu benennen. Auf spezielle, für die Verhandlungen an sich relevante Themen (z.B. Verhandlungs- und Vertragssprache, Timing etc.) wird zudem später in den betreffenden Unterkapiteln dieses Beitrags eingegangen werden.

1. Indien als „Vielvölkerstaat" – Pluralismus

Befasst man sich mit „Indien" ergibt sich sehr schnell, dass es das eine „Indien" gar nicht gibt und wohl auch nicht geben kann. Zu groß ist das Land, zu wechselvoll die Geschichte und zu zahlreich sowie unterschiedlich die Bevölkerung. Auf Einzelheiten kann hier nicht näher eingegangen werden. Bemerkenswert ist allerdings, dass der indische Subkontinent – wenn auch mit wechselnden Grenzen, in Formen unterschiedlicher Strukturen und unter zahlreichen Herrschafter(-dynastie)n – bereits **weit vor Christus** ein **Großreich** bildete. Zu nennen sind in diesem Zusammenhang insbesondere die **vedische Zeit** (ca. 1500 bis 500 vor Christus), die **Maurya-Dynastie** (ca. ab 400 vor Christus) und das **Mogulreich** (ca. ab dem 16. Jahrhundert nach Christus). Die weitgehende Akzeptanz dieser **Vielfältigkeit**, sowie der sich daraus ergebende **Respekt** und die den Indern häufig zugeschriebene **Toleranz** unter der Bevölkerung („Diversity") stellt letztlich das Fundament dar, auf dem auch das heutige Indien als Bündnisstaat existiert. Der **Pluralismus** sowie die genannten Prinzipien Vielfalt, Respekt und Toleranz haben auch eine große Auswirkung auf den **Verhandlungsstil** indischer Verhandlungspartner, auf den nachfolgend noch näher eingegangen wird.

2. Religionen und Glaubensrichtungen

6   Jedenfalls **alle Weltreligionen**, viele weitere Religionen und vielfältige Glaubensrichtungen sind mit zahlreichen Anhängern in Indien vertreten. Die weit überwiegende Zahl der indischen Bevölkerung (mehr als 80 %) folgt dem **Hinduismus**. Die zweitgrößte Glaubensgruppe in Indien sind die **Muslime** (ca. 13 %), gefolgt von den **Sikhs** und den **Christen** (jeweils ca. 2 %). Weitere verbreitete Religionen und Glaubensrichtungen in Indien mit zum Teil erheblichem wirtschaftlichen bzw. politischen Einfluss sind die **Jains**, die **Buddhisten**, die **Parsen** und die **Bahais**. Große Teile der indischen Bevölkerung räumen dem **Glauben** eine **zentrale Bedeutung** ein. Religiöse Riten werden vielfach streng befolgt. Auch das indische Rechtssystem erkennt den Glauben und dessen Ausübung an und schützt diesen teilweise sogar mit ausgeprägten **Minderheitenrechten** bzw. spezifischen Rechtsvorschriften, die nur auf Angehörige bestimmter Glaubensrichtungen Anwendung finden. Hieraus ergeben sich mannigfaltige Auswirkungen auf Verhandlungen mit indischen Verhandlungspartnern (z.B. im Hinblick auf den Zeitpunkt, Tabuthemen und Befindlichkeiten) auf die in den weiteren Unterabschnitten dieses Beitrags an geeigneter Stelle einzugehen sein wird.

3. Sprachen und Schriftsysteme

7   Die indische Verfassung erkennt neben den offiziellen Amtssprachen **Hindi** und **Englisch** (auf Bundesebene) weitere **21 Sprachen** an, von denen viele als Amtssprachen der Einzelstaaten dienen. Viele der indischen Sprachen weisen komplett **eigenständige Schriftsysteme** auf. So unterscheidet sich beispielsweise das Schriftsystem für die Sprache Hindi (unter anderem in Delhi gebräuchlich) *„Devanagari"* erheblich von dem Schriftsystem des in Bengaluru (Bangalore) verwendeten *„Kannada"* bzw. des in Chennai (Madras) gebräuchlichen *„Tamil"*. Die Unterschiede zwischen den genannten Schriftsystemen sind zum Teil so erheblich wie die Abweichungen zwischen der **lateinischen Schrift** von der **arabischen** oder **chinesischen Schrift**. Treffen demzufolge Inder unterschiedlicher Bundesstaaten aufeinander, kann es sein, dass diese weder mündlich noch schriftlich miteinander kommunizieren können, sofern nicht beide „zufällig" die gleiche Sprache sprechen bzw. zumindest das gleiche Schriftsystem verwenden, aus denen sich Wörter unterschiedlicher Sprachen ableiten lassen. Dieser Umstand, die Kolonialisierung sowie Presse und Rundfunk (einschließlich Fernsehen und Film) haben dazu geführt, dass

sich die bundesweiten Amtssprachen, **Hindi** und **Englisch**, in Indien sehr weit über **Gesamtindien verbreitet** haben. Gerade die weite Verbreitung der englischen Sprache wird vielfach als wesentliche **Erleichterung** für **Vertragsverhandlungen** im internationalen Zusammenhang gesehen. Auf die Bedeutung der englischen Sprache im Kontext von Verhandlungen und als Vertragssprache sowie weitere Einzelheiten wird nachfolgend noch eingegangen werden.

4. Das Kastenwesen

Eine weitere Thematik, die unausweichlich mit Indien verbunden ist, ist das **Kastenwesen**. Bei dem Kastenwesen handelt es sich um eine **komplexe Gesellschaftsordnung**, die in Indien auch religiös geprägt ist. In Indien gibt es vier Hauptkasten (mit zahlreichen Unterkasten) und zusätzlich die sogenannten „**Unberührbaren**". Im engeren Sinne betrifft das Kastenwesen vor allem die Heirat und die Arbeit. Allerdings sagt entgegen weitverbreiteter Annahmen heutzutage die Zugehörigkeit zu einer bestimmten Kaste nicht zwangsläufig etwas über den Wohlstand oder das Prestige des einzelnen Kastenzugehörigen aus. So arbeiten heutzutage z.B. zahlreiche **Brahmanen** (traditionell die „höchste" Kaste) als Köche während mit *K. R. Narayanan* ein Mitglied aus dem Kreis der sogenannten „**Unberührbaren**" Staatspräsident Indiens wurde. Teile des Kastenwesens und der Begriff der Kaste an sich unterliegen derzeit einer **Überprüfung** durch das **indische Verfassungsgericht** (Supreme Court). Das Kastenwesen wird in den einzelnen Bundesstaaten Indiens **sehr unterschiedlich praktiziert**, ist für den Außenstehenden ohne vertieftes Studium nicht zu verstehen und – wie die Befassung des Supreme Court mit der Materie belegt – auch in Indien (sowie bekanntermaßen auch außerhalb Indiens) sehr **umstritten**. Aufgrund dieser Umstände ist es ratsam, dieses Thema ohne Not nicht von sich aus anzusprechen bzw. zu intensivieren. Sollte dies im Einzelfall dennoch unausweichlich sein, so empfiehlt es sich statt des Begriffs „**Kaste**" von „*Jati*" bzw. „*Community*" zu sprechen.

5. Hierarchiesysteme als Kulturelement

Indien und die **indische Gesellschaft** sind in vielen Aspekten stark **hierarchisch geprägt**. Dabei gibt es nicht nur ein Hierarchiesystem, sondern **mannigfaltige Hierarchiesysteme**, welche sich auf alle Lebensbereiche erstrecken (übrigens nicht nur bezogen auf den Menschen, wie etwa die Verehrung der Inder für die Kuh und die ausgeprägte hierarchische Ordnung der Götterwelt im Hinduismus zeigen). Zu nennen sind etwa Herkunft, Seniorität, Geschlecht, Beruf, wirtschaftliche Stellung etc. und mehr spezifisch beispielsweise: die Familiengeschichte, der persönliche Bildungsweg, die Zugehörigkeit (in einer bestimmten Position) zu einem spezifischen Unternehmen, die Wohnsituation, der PKW etc. Diese **Hierarchiesysteme formen einen erheblichen Teil der indischen Kultur** und sind wesentlich stärker ausgeprägt, als zum Beispiel in Europa. Das auch in der indischen Verfassung verankerte Gleichheitsprinzip und dessen spezielle Ausprägungen (Diskriminierungsverbot, Willkürverbot etc.) erscheinen in Indien nicht als Gegensatz zu den Hierarchiesystemen. Vielmehr dienen aus indischer Sicht die Hierarchiesysteme gerade zur Abgrenzung im Rahmen der Ermittlung dessen, was von dem Gleichheitsprinzip konkret im Einzelfall erfasst ist (vergleichbar dem in Deutschland nicht ungebräuchlichen Sprichwort: „Man kann Gleiches nicht mit Ungleichem und Ungleiches nicht mit Gleichem vergleichen"). Letztlich sind die Hierarchiesysteme Indiens Ausprägung der indischen Geschichte, der Religionen und des Pluralismus. Auf nichtindische Betrachter mögen die hierarchischen Systeme Indiens, denen eine **Über- und Unterordnung immanent** ist, zum Teil befremdlich wirken. Sie lassen sich jedoch nicht leugnen und es ist stets erforderlich, zumal in Verhandlungssituationen und im Umgang mit indischen Verhandlungspartnern, diese in Indien verankerte Denkweise im Hinterkopf zu behalten und zu berücksichtigen. Auch hierauf wird noch näher einzugehen sein.

6. Soziale Unterschiede

10   Soziale Unterschiede z.B. im Einkommensbereich, bei den Lebensumständen des Einzelnen, im Bildungswesen sowie in allen weiteren sozialen Bereichen sind in Indien besonders ausgeprägt. Nach Angaben der Weltbank haben 44 % der Inder weniger als 1 $ am Tag an Einkommen, wobei das durchschnittliche jährliche Pro-Kopf-Einkommen bei etwas über 800 $ liegt. Zu weiteren wirtschaftlichen Daten, die Indien als Investitionsland trotz dieser ernüchternden Durchschnittswerte durchaus attraktiv machen, sogleich.

III. Wirtschaftslage Indiens

1. Entwicklung

11   Die Wirtschaft und Wirtschaftspolitik Indiens unterlag seit der Unabhängigkeit teilweise gravierenden Wechseln. Eingeleitet durch die wirtschaftlichen Reformen der **New Industrial Policy** des damaligen Finanzministers (und späteren/derzeitigen Premierministers) *Manmohan Singh* aus dem Jahr 1991 wurde die vormals im Wesentlichen staatlich dominierte und stark regulierte indische Wirtschaft privatisiert und liberalisiert. Allerdings ist eine **Vergleichbarkeit** zu der Wirtschaft und der Wirtschaftspolitik der westlichen Industrienationen auch heute **nicht gegeben**. Neben der Planung des **Haushaltsjahres** (Annual Budget), welches jeweils von April eines Jahres bis zum März des Folgejahres währt, weist die indische Wirtschaftspolitik seit der Unabhängigkeit und auch heute noch planwirtschaftliche Elemente im engeren Sinne auf. So ist gegenwärtig der **zwölfte Fünf-Jahresplan** in Kraft, der noch bis 2017 gilt.

2. Aktuelle Kennzahlen

Trotz der Gemengelage und der bereits erwähnten stark **unterschiedlichen Wohlstandverteilung** sind **wesentliche Kennzahlen** der indischen Wirtschaft beeindruckend. Die jährliche **Wachstumsrate** des **Bruttoinlandsproduktes** Indiens betrug im Zeitraum zwischen 2005 und 2007 **über 9 %** und **über 5 %** (im Jahr 2012/2013) (Quelle: Deutsch-Indische Handelskammer).

Das weiterhin hohe Potential Indiens als Handelspartner Deutschlands verdeutlicht sich auch daran, dass das Volumen **deutscher Exporte** nach Indien im Zeitraum zwischen 2000 und 2011 zwar von 2 Mrd. Euro auf 10 Mrd. Euro angestiegen ist, das **exportstarke Deutschland** aber „nur" insgesamt **Rang 6** der **Top 10** Lieferländer einnimmt (zum Vergleich: das Volumen von Lieferungen aus China nach Indien – **China** belegt **Platz 1** der Top 10 Lieferländer Indiens – beträgt in den Jahren 2010/2012 mit 31 Mrd. $ mehr als das **Dreifache** der Lieferungen aus Deutschland und auch die Lieferungen aus der Schweiz nach Indien (die **Schweiz** belegt **Rang 3** der Top 10 Lieferländer) sind fast doppelt so hoch wie die aus Deutschland) (Quelle: Deutsch-Indische Handelskammer). Gleichzeitig sind die **Importe** Deutschlands aus Indien im Zeitraum zwischen 2000 und 2011 ebenfalls kräftig von 2,5 Mrd. Euro auf 7,5 Mrd. Euro angestiegen.

Noch deutlicher wird das **Potential** der Wirtschaftsbeziehungen zwischen Deutschland und Indien im Bereich der **Direktinvestitionen**: Hier belegt Deutschland nur **Rang 8** der **Top 10**.

Trotz der zum Teil deutlichen Verlangsamung einiger Kennzahlen in einzelnen Bereichen sind das **nachhaltige** und **konstante Wirtschaftswachstum** Indiens, der zunehmende **Wohlstand** eines Teiles der Bevölkerung und die wachsende **Binnenmarktnachfrage** ausschlaggebende Faktoren für die zunehmende **Attraktivität** Indiens sowohl als Handelspartner, aber auch als Investitionsstandort für Unternehmen und Investoren aus den Industrienationen.

2 Vertragsmanagement

	Rz.		Rz.
I. Vertragsplanung	14	3. Gestik, Mimik und Zeichensprache	41
1. „Planning is essential"	14	4. Preisverhandlungen, Berechnungsmethodik, Zahlenwerk – „Lakhs und Crores"	42
2. Wesentliche Elemente der Planung	17	5. Einigung und Nachverhandlung	43
3. Frühzeitige Auswahl geeigneter Berater	21	6. Erfahrungen zu Verhandlungen in Indien	44
4. Organisation von Reise und Reiseverlauf, Kleidung	22	**IV. Vertragsdurchführung**	46a
5. Quellen der Informationsbeschaffung	28	1. Persönliche Präsenz vor Ort	47
II. Vertragsdesign	29	2. Arbeitskräfte, Arbeitstage und Arbeitszeiten, staatliche Feiertage, religiöse Feiertage und Feste sowie „Special Leave"	48
1. Vorabüberlegung	29	3. „No problem", „Yes, we can do", „101 Percent", „Pakhar"	50
2. Das Common Law als Grundlage für das indische Vertragsdesign	30	4. Korruption und „Speed Money"	51
3. Besonderheiten des indischen Vertragsdesigns	31	5. Devisenbewirtschaftung (teilweise)	52
III. Vertragsverhandlung	36	6. Streitbeilegung	53
1. Grundlagen	36	**V. Vertragscontrolling**	54
2. Englisch als Verhandlungs- und Vertragssprache; das „indische Englisch"	37		

Literaturübersicht:
Siehe vor 1 Einführung.

I. Vertragsplanung

1. „Planning is essential"

14 Bereits an zahlreichen Stellen dieses Buches wurde die Bedeutung einer **sorgfältigen Planung** noch im **Vorfeld** der eigentlichen Vertragsverhandlungen und des Vertragsschlusses wie auch der Vertragsumsetzung hervorgehoben. Aufgrund der **Vielfältigkeit** des Landes und der Menschen gilt dies für die Aufnahme und Durchführung geschäftlicher Tätigkeiten in Indien ganz besonders und ist nahezu selbstverständlich.

Im Falle von Indien gibt es jedoch noch einen weiteren Aspekt, der eine genaue Planung unerlässlich macht. Dieser besteht in dem Umstand, dass auch und vor allem der indische Verhandlungspartner in aller Regel sorgfältig vorbereitet ist und bereits vor Aufnahme von Verhandlungen Erkundigungen aller Art über den jeweils anderen Verhandlungspartner eingeholt hat. Diese „**Sondierungsphase**", die in Indien besonders ausgeprägt ist, findet ihren Ursprung wiederum in der Vielfalt der indischen Gesellschaft und der ausgesprochenen Verwobenheit und räumlichen Nähe der indischen Bevölkerung sowie einer in Indien tief verwurzelten **Neugierde**.

I. Vertragsplanung

Wenn Inder unter sich verhandeln (und Inder werden häufig als „geborene Verhandler" bezeichnet), holen sie grundsätzlich im Vorfeld **mannigfaltige Erkundigungen** über ihren Verhandlungspartner und den Gegenstand der Verhandlungen ein. Besonders deutlich wird dies bei den sogenannten „arrangierten Hochzeiten", deren zahlenmäßige Bedeutung zwar rückläufig ist, die in Indien aber auch weiterhin sehr verbreitet sind. Sucht ein Elternpaar nach einem geeigneten Ehepartner für das eigene Kind (und sofern nicht ohnedies eine intensive Bekanntschaft besteht), werden auf beiden Seiten regelrechte Trupps (Verwandte, Bekannte, Arbeitgeber und Arbeitskollegen sowie Freunde) ausgeschickt, um den jeweiligen Ehekandidaten und die betreffende Familie komplett zu durchleuchten. Erst danach erfolgt die direkte Kontaktaufnahme.

Das Einholen von Erkundigungen im Vorfeld praktizieren indische Verhandlungspartner auch im geschäftlichen Umfeld und auch im Umgang mit ausländischen Verhandlungspartnern. Um hier eine gewisse **Waffengleichheit** zu gewährleisten ist es dringend angeraten, dass sich auch der ausländische Verhandlungspartner ausreichend **kundig macht**.

Auf Folgendes ist in diesem Kontext auch noch hinzuweisen: Zum einen bleibt Indien ein „exotisches Land" für den Aufbau bzw. die Erweiterung einer Unternehmenstätigkeit aus dem deutschsprachigen Raum (angloamerikanische Unternehmer haben hier eher Vorteile), zum anderen ist Indien insbesondere derzeit **weltweit** ein **interessanter Standort** (vgl. oben) – so dass eine gewisse Konkurrenzsituation bestehen kann. Eine gute **Planung** kann helfen, etwa bestehende Wettbewerbsnachteile **auszugleichen** bzw. sogar einen **Wettbewerbsvorteil zu verschaffen**.

2. Wesentliche Elemente der Planung

Wesentliche Elemente der Planung betreffen vor allen Dingen drei Aspekte, nämlich: (1) Was ist das **Ziel** der Verhandlung, (2) Wer ist der **Verhandlungspartner** und was ist der **Verhandlungsgegenstand**? sowie (3) Wie erfolgt die **Umsetzung**?

Schon der **erste Themenkomplex** kann sehr **unterschiedlich** geprägt sein. Z.B. kann sich das Verhandlungsziel erheblich unterscheiden, je nachdem, was der **Leistungsgegenstand** ist (Dienstleistung, Produktion, Handel, Finanzierung, Lizenz, etc.), wer **Leistungserbringer** und wer **Leistungsnehmer** ist und auch im Hinblick auf den avisierten Zeitraum des Projektes. Bei der Aufnahme einer unternehmerischen Tätigkeit in Indien können beispielsweise die folgenden Kriterien bei der Zielfindung relevant sein, wobei im Einzelfall weitere oder andere Kriterien bedeutsam sein mögen:

- **Struktur des Projektes**
  - Direktinvestition vs. Handels-/Servicebeziehung
  - Übernahme bzw. Eintritt in eine bestehende Einheit (z.B. Gesellschaft oder Kundenstamm) vs. Greenfield-Projekt (z.B. Gründung einer neuen Gesellschaft)
  - Gemeinschaftsunternehmen vs. Einzelunternehmen (z.B. gesellschaftsrechtliches oder rein vertragliches Joint Venture)
  - Sicherung bzw. Übertragung von Rechten (Lizenzen)
- **Ort und Infrastruktur**
- **Finanzierung** und Gestaltung der Finanzierung von Akquisitions- und Investitionskosten (in diesem Zusammenhang auch: Steuergestaltung, Devisenmanagement sowie Budgetierung)
- **Verwendung** bzw. **Repatriierung** von Ertrag
- **Aufgaben-, Beitrags- und Risikoverteilung**
- **Markt, Preis und Absatzmöglichkeiten**
- **Zeitrahmen**
- **Ggf. Streitbeilegung**
- **Exit**

19 Beim **zweiten Themenkomplex** der Verhandlungspartner und des Verhandlungsgegenstandes spiegelt sich in hohem Maße die Besonderheit Indiens wieder. So ist es wichtig, zur Vorbereitung von Verhandlungen möglichst **detaillierte Erkundigungen** über den **indischen Verhandlungspartner** und den **Verhandlungsgegenstand** einzuholen. Häufige **Recherchefelder**, die naturgemäß abschließend nicht aufgeführt werden können, sondern sich nach dem Einzelfall richten, sind:

- **Persönliche Stellung** des Verhandlungspartners (z.B. Unternehmensinhaber, oberste Führungsebene eines Unternehmens, leitender Angestellter, Beamter in einem bestimmten Dienstgrad etc.)
- **Seniorität**
- **Familienhintergrund** (hier kann der Name häufig bereits ein erster Ansatzpunkt für Recherchen sein)
- **Religions-** bzw. **Glaubenszugehörigkeit** (auch hier bietet der Name häufig einen ersten Ansatzpunkt: so weisen z.B. der Name „*Singh*" regelmäßig auf einen Angehörigen der Sikh-Religion und der Name „*Jain*" auf einen Angehörigen der Glaubensrichtung des Jainismus hin)
- **Bildungshintergrund**
- **Anteilsstruktur** an einem Unternehmen
- **Börsennotierung** eines Unternehmens

I. Vertragsplanung

Auch der **dritte Themenkomplex** der Umsetzung sollte im Hinblick auf die Entfaltung einer Geschäftstätigkeit in Indien sorgfältig geplant **werden**. Die lokalen **Unterschiede** insbesondere in den Bereichen **Klima, Infrastruktur** (z.B. Transportwege, Energie- und Wasserversorgung sowie **Arbeits-** [bzw. Fachkräfte-]**Markt**) und das **regulatorische Umfeld** sind zum Teil innerhalb Indiens sehr beträchtlich. Eine detaillierte Planung lohnt sich in der Regel immer.

3. Frühzeitige Auswahl geeigneter Berater

Gerade bei der Planung, Verhandlung und Umsetzung eines **Erstprojektes**, in aller Regel aber auch für **Folgeprojekte**, ist es **unerlässlich**, bereits **frühzeitig geeignete Berater auszuwählen** und zu beauftragen. Für den rechtlichen Bereich ist dies in Indien besonders wichtig, da der **indische Rechtsmarkt** stark **reguliert** und **reglementiert** ist. Etwas vereinfacht gesagt, ist es nicht in Indien zugelassenen Rechtsanwälten untersagt, in Indien rechtlich zu beraten. Gleichzeitig ist es in Indien zugelassenen Rechtsanwälten nicht gestattet, sich mit nicht in Indien zugelassenen Rechtsanwälten zu assoziieren oder vertragliche Kooperationen einzugehen. Dieser Umstand hat dazu geführt, dass die bekannten **internationalen Rechtsanwaltskanzleien** in Indien **nicht** mit eigenen Standorten **vertreten sind**. Die Auswahl und Kontaktaufnahme mit einer **indischen Rechtsanwaltskanzlei** ist daher **unerlässlich**. Diese sind zwar zahlreich vorhanden, jedoch verfügen nur vergleichsweise wenige über die notwendige praktische Erfahrung bei Projekten mit internationalem Bezug. Auch kann es ausgesprochen ratsam sein, zusätzlich einen deutschen Rechtsanwalt mit Indien-Erfahrung hinzuzuziehen, um die **Interessenwahrung** nach dem deutschen Rechtsverständnis ausreichend sicherzustellen. Der deutsche Rechtsanwalt darf zwar nicht im indischen Recht beraten, er untersteht allerdings nach indischer Rechtsprechung für den Zeitraum seiner vorübergehenden Tätigkeit in Indien dem **indischen Anwaltsprivileg**. Auch kann der deutsche Rechtsanwalt bei der Auswahl des indischen Rechtsberaters behilflich sein und eine zügige sowie reibungslose Kommunikation herstellen. Je nach Projekt kann es weiterhin empfehlenswert sein, steuerliche Berater, wirtschaftliche Berater oder etwa Finanzierungsexperten zu beauftragen. Zu der **Vergütung** externer Beratung in Indien, insbesondere durch Rechtsanwälte, deren Beratungsstandards im Einzelfall westlichem Niveau entsprechen, ist anzuführen, dass diese der **Vergütungsstruktur internationaler Wirtschaftskanzleien entspricht** und diese in Extremfällen noch übertrifft. Üblich ist eine Vergütung auf Stundenbasis, wobei – je nach Renommee der Kanzlei und Seniorität des Anwaltes – die Bandbreite üblicherweise zwischen 150 $ und 750 $ liegt. Auch hier lohnt sich das Verhandeln.

4. Organisation von Reise und Reiseverlauf, Kleidung

22 Zusätzlich zu der vorgenannten projektbezogenen Planung wird es für den Fall, dass die Verhandlungen in Indien stattfinden, erforderlich sein, die Reise und deren Ablauf zu organisieren.

23 Ein erster Schritt ist die Beschaffung des erforderlichen **Einreisevisums**. Die Erteilung von **Geschäftsreisevisa** für die Einreise nach Indien funktioniert mittlerweile in aller Regel **reibungslos** und ist derzeit zur Abwicklung von den indischen Auslandsvertretungen in Deutschland auf die Firma Cox and Kings GmbH mit Büros in Berlin und München übertragen worden. Alle weiteren Informationen sowie Online-Formulare finden sich im Internet unter der Adresse: *http://www.in.de.coxandkings.com/*. Es ist auch möglich, bei Cox and Kings GmbH anzurufen, um etwaige weitere erforderliche Informationen zum Erhalt eines Einreisevisums für Indien zu erhalten. Eine **persönliche Antragstellung** bei den indischen Auslandsvertretungen ist derzeit **nicht möglich**.

24 Im Rahmen der Visaantragstellung wird es erforderlich sein, ein bestätigtes Flugticket vorzulegen. Obwohl die Anzahl der **Flüge** aus dem Ausland nach Indien massiv aufgestockt wurden, kommt es mitunter immer noch zu erheblichen Engpässen. Gerade die non-stop Verbindungen aus bzw. nach Frankfurt a.M. und München sind häufig **aus- oder sogar überbucht**. Eine möglichst **frühzeitige Planung** ist daher dringend zu **empfehlen**, um hohe Kosten bzw. lange Reise- und Aufenthaltszeiten zu vermeiden. Sollten innerindische Flüge erforderlich sein, können diese noch von Deutschland aus oder in Indien vor Ort (möglicherweise auch im Vorfeld durch den indischen Berater) gebucht werden. Letztere Variante bedeutet häufig **einen erheblichen Preisvorteil**. Bei der Abwicklung speziell des innerindischen Luftverkehrs kommt es leider regelmäßig zu teils massiven **Beeinträchtigungen**. Ganz allgemein sind **Fahr- und Reisezeiten in Indien** erheblich **länger als in Europa**. Flug- und Zugverspätungen sowie Staus und Verkehrsstörungen sind an der Tagesordnung. Dies sollte für die Planung der Gesamtreisedauer berücksichtigt werden. Sofern in den größeren Städten verhandelt wird, sollten **kaum mehr als zwei Termine für den Tag und ein Termin für den Abend** eingeplant werden. In der Praxis hat es sich bewährt, für die Rückreise ein **flexibles Datum** vorzusehen, bzw. gleich von vornherein einen „Puffer" einzubauen. Dieser kann auch als strategisches Mittel für die Verhandlungen genutzt werden (hierzu später). Hohe Bedeutung in Indien haben auch die Feiertage, die in unterschiedlichen Bundesstaaten und je nach Religions- bzw. Glaubenszugehörigkeit teilweise erheblich variieren (hierzu ebenfalls später) und bei der Reiseplanung zu berücksichtigen sind.

25 Vergleichbar der Situation im Reiseverkehr ist die Buchungslage in den **Hotels** mit westlichem Standard. Auch diese sind in den großen Städten häufig **ausgebucht**, so dass sich eine **frühzeitige Buchung**, soweit möglich, empfiehlt. Schließlich sei im Hinblick auf die **Fortbewegung am Zielort** noch auf Folgendes hingewiesen: Die Fahrt vom Flughafen in das

I. Vertragsplanung

Hotel stellt kein Problem dar. Es gibt reichlich Taxen mit westlichem Standard und auch die Tarife sind weitgehend festgelegt, so dass ein Verhandeln der Preise nicht möglich ist (für Indien außergewöhnlich). Eine Alternative sind die von allen Hotels westlichen Standards angebotenen Hotel-Shuttles (individueller Transfer – im Vorfeld zu buchen). Ganz anders sieht die Situation ab dem Zeitpunkt der Ankunft im Hotel aus. Im Wesentlichen gibt es drei Varianten: Taxen westlichen Standards, „Private Car", Vermittlung durch den Verhandlungspartner oder lokalen Berater. Ferner gibt es auch die Möglichkeit, ein „indisches Taxi" zu benutzen. Die letzte Variante stellt sich häufig als schwierig dar, da die betreffenden Taxifahrer mitunter kein Englisch sprechen, die Ortskenntnis nicht immer gewährleistet und der Preis häufig Verhandlungssache ist. Bei den Taxen westlichen Standards, die regelmäßig per Telefon gebucht werden, kann es insbesondere in den Stoßzeiten dazu kommen, dass die Wartezeit für die Anfahrt bereits mehrere Stunden dauert, da auch hier Überbuchungen vorliegen und die Nachfrage das Angebot übersteigt. **„Private Cars"**, eine Art Mietwagen mit Chauffeur, stellen eine sinnvolle Variante dar. Diese können entweder vorweg (z.B. über Sixt, Hertz, Avis, etc.) oder vor Ort über das Hotel gebucht werden. Bei dieser Variante kommt eines hinzu, nämlich dass Inder in der Regel ausgesprochenen **Wert auf Status** legen. Dies entspringt der bereits oben geschilderten Hierarchieordnung. Mit einem „Private Car" zum Verhandlungstermin zu erscheinen, steigert den Status und ist in Indien durchaus bezahlbar. Ob es ratsam ist, ein Firmenfahrzeug (mit Chauffeur), welches der Verhandlungspartner geschickt hat, zu nutzen, ist im Einzelfall zu entscheiden und richtet sich in etwa nach den Kriterien, wie sie auch in den westlichen Industrienationen gelten.

Für die Frage von (Vertrags-)Verhandlungen gelten in Bezug auf **Arbeitstage, Arbeitszeiten und Feiertage** häufig **unterschiedliche Grundsätze je nach Religionszugehörigkeit und Verhandlungsort**. Sofern M&A-Vertragsverhandlungen anstehen, verhandeln Sie ohnedies mit den Prinzipalen bzw. deren (direkten) Vertretern. In Indien ist es durchaus **üblich, am Samstag** und **teilweise auch am Sonntag** zu verhandeln. Lässt sich der indische Vertragspartner bei den laufenden Verhandlungen vertreten, sind Samstage und auch Sonntage gut geeignet (insbesondere ganz zu Beginn der Verhandlungen, in der sich anbahnenden Schlussphase der Verhandlungen oder zwischendrin zur Lösung kritischer/kontroverser Punkte), auf ein Gespräch unmittelbar mit dem **Prinzipal** zu drängen; dieses kann auch ein informelles „Setting" haben z.B. beim Golfspiel (in Indien in der Oberschicht weit verbreitet), in einem Club (die Club-Tradition, wie sie in England praktiziert wird, ist auch in Indien sehr beliebt) oder in einem Hotel. Bei den letzten zwei genannten Möglichkeiten ist es wichtig, **unbedingt auf Diskretion zu achten**, da Inder quasi von Natur aus häufig neugierig sind und sich **Nachrichten** jeder Art **rasch verbreiten**. Sofern sich M&A-Vertragsverhandlungen tatsächlich über ein Wochenende hinziehen, kommt es vor, dass der Verhandlungspartner eine (Abend-)Einladung ausspricht. In der Praxis ist es durchaus üblich, im Rahmen ernsthafter M&A-Vertragsverhandlungen sonntags von Deutschland aus anzureisen, montags mit den Verhandlungen in Indien zu beginnen und diese auf das Ende der Woche zu terminieren (wobei der deutsche Verhandlungspartner sich intern einen zusätzlichen optionalen Rückflug samstags oder sonntags vorreserviert).

27 Die jahreszeitlich bedingten **Wetterschwankungen** sowie die Unterschiedlichkeit des lokalen Wetters **sind** in Indien **beträchtlich**. Dies hat auch Einfluss auf den Kleidungsstil in Indien. In Indien wird im Allgemeinen viel Wert auf das **persönliche Erscheinungsbild** gelegt – wobei es auch hier einige Besonderheiten zu berücksichtigen gibt. Insbesondere in der heißen bzw. feuchten Jahreszeit ist der „Verschleiß" von Kleidung beträchtlich. Es ist also wichtig, ausreichend Kleidung mitzunehmen. Im Winter kann es mitunter empfindlich kühl sein. Für Herren ist es jedenfalls üblich, eine Stoffhose und ein Hemd (üblicherweise mit langen Ärmeln) – möglichst gestärkt und gebügelt (hierauf wird besonderer Wert gelegt) zu tragen. Auf eine Krawatte und ein Sakko kann in der heißen Jahreszeit verzichtet werden. Damen sollten möglichst tief dekolletierte Blusen und kurze Röcke vermeiden. Auf gänzlich oder überwiegend weiße Kleidung sollte verzichtet werden – diese wird in Indien üblicherweise zu Traueranlässen getragen. Sollten Sie zu einer indischen Hochzeit eingeladen sein, empfiehlt es sich, überwiegend rote Kleidung nur nach Rücksprache mit dem Einladenden zu tragen. Die Farbe Rot ist bei Hochzeiten in Indien üblicherweise der Braut, den engsten Verwandten und Ehrengästen vorbehalten.

5. Quellen der Informationsbeschaffung

28 Bei der Suche nach geeigneten **Quellen** für die **Beschaffung von Informationen** stehen zunächst das **avisierte Projekt** und die konkret **gesuchte Information im Vordergrund**. Geht es zum Beispiel um rechtliche Informationen zu einem bestimmten Grundstück, so mögen die in Indien durchaus existenten „Land Registers" sinnvoll sein. Die Registerdichte ist allerdings nicht umfassend, die Daten nicht immer verlässlich und die Verfahrensdauer häufig lang. Geht es hingegen beispielsweise um Kennzahlen eines bestimmten börsennotierten Unternehmens, so wird ein Blick auf die online hinterlegten Daten der indischen Börsen erste, im Regelfall verlässliche Aufschlüsse liefern. Über die allgemein zugänglichen Quellen und Suchfunktionen über das **Internet** lassen sich eine Vielzahl von Informationen online ablesen, wobei nicht zu bestreiten ist, dass dieses Verfahren **oft unübersichtlich** und **nicht immer verlässlich** ist. Neben den genannten Quellen bieten unzählige Beratungs- und Research-Unternehmen ihre Dienste zu allen möglichen Themen an. Sie alle aufzuführen schließt sich naturgemäß aus, aber am Ende dieses Kapitels gibt es eine – wenn auch kurze – Aufstellung einiger Kontakte, die dann im Einzelfall weitere Auskünfte erteilen können.

Allerdings sei noch auf eines hingewiesen: Sofern es sich bei der betreffenden Information um eine **wesentliche Information** handelt, die entscheidende Auswirkungen auf die Verhandlung und den Abschluss bzw. die Durchführung eines Vertrages haben kann, lohnt es sich immer, einen **Experten** (Rechtsanwalt, Steuerberater, Wirtschaftsprüfer, Umweltexperten etc.) einzuschalten, der die Authentizität der betreffenden Information verifiziert.

II. Vertragsdesign

1. Vorabüberlegung

Das **Vertragsdesign** richtet sich nach dem **Recht**, dem der betreffende **Vertrag unterliegen** soll, und ggf. noch dem Land eines eventuellen **Streitbeilegungs- und Vollstreckungsverfahrens**. So sollte ein Vertrag, der deutschem Recht unterliegen soll, dem in Deutschland gebräuchlichen Design folgen. Demgegenüber sollte ein dem indischen Recht unterliegender Vertrag das indische Vertragsdesign als Standard haben. Zum deutschen Vertragsdesign wurde bereits ausführlich geschrieben (vgl. Teil 2, Rz. 217 ff.). Hierauf kann verwiesen werden. Zum indischen Vertragsdesign sogleich. Aus einem Vergleich ergibt sich, wie gravierend die Unterschiede sein können.

29

2. Das Common Law als Grundlage für das indische Vertragsdesign

Auf die koloniale Vergangenheit Indiens wurde bereits eingegangen. Das **indische Rechtssystem** ist tief im „**Common Law**" verwurzelt. Für vertragliche Rechtsbeziehungen bedeutet dies, dass – anders als in Kontinental-Europa meist üblich – **keine umfassenden kodifizierten Rechtsnormen** (in schriftlicher Gesetzesform) bestehen, auf die in Zweifelsfragen oder bei Lücken zurückgegriffen werden könnte, sondern die **Vertragsparteien** die **Inhalte autonom** und **möglichst abschließend unter sich aushandeln**. Da nach dem Common Law-Verständnis im Wesentlichen nicht das Gesetz die Quelle eines Vertrages ist, sondern der Vertrag selbst als Ausfluss des Willens der Parteien angesehen wird, sind die Parteien in Common Law-Verträgen stets bemüht, möglichst **zweifelsfrei** und **umfassend** sowie **abschließend** den **Vertragsgenstand** und **alle damit in Zusammenhang stehenden Maßnahmen niederzulegen**. Es wundert daher nicht, dass wichtigere Common Law-Verträge oft mehrere hundert Seiten stark sind (die Anlagen zum Teil noch gar nicht mitgezählt). Klar wird allerdings auch, dass den Vertragsverhandlungen, dem Inhalt des Vertrages und dem Vertragstext eine regelmäßig höhere Bedeutung beigemessen wird, als im Falle von kontinentaleuropäischen Verträgen.

30

3. Besonderheiten des indischen Vertragsdesigns

Das zuvor zu den Common Law-Verträgen Gesagte gilt auch im Hinblick auf das indische Vertragsdesign. Indische Gerichte tendieren dazu, **Ver-**

31

träge streng anhand des **Wortlautes** und der **mit dem Wortlaut verbundenen Intention** der Vertragsparteien zu überprüfen. Umso wichtiger ist demzufolge die Einschaltung eines indischen Rechtsanwaltes mit sowohl lokaler als auch internationaler Erfahrung speziell in diesem Verfahrensstadium. In aller Regel wird auch der indische Verhandlungspartner einen Rechtsanwalt beauftragen. Überlässt man das Vertragsdesign ausschließlich dem Rechtsanwalt des indischen Verhandlungspartners besteht die **Gefahr der Unausgewogenheit** schon aus Gründen des Vertragsdesigns. Auch sei darauf hingewiesen, dass zumindest bei komplexeren Verträgen die indischen Verträge eine Vertragsunterzeichnung („**Signing**"), die jedoch für sich noch **nicht zur (Voll-)Wirksamkeit des Vertrages führt**, und **zusätzlich** eine **Vertragsinkraftsetzung („Closing")** vorsehen. Dies ist von Bedeutung, da es aufgrund der Aufteilung zu einem **Schwebezustand** kommt, der durchaus einige Zeit in Anspruch nehmen kann (zum Beispiel wegen des Erfordernisses staatlicher Genehmigung, Pflichtangeboten bei börsennotierten Gesellschaften oder Vergabeverfahren etc.). Diese Phase ist **besonders sensibel** und sollte mit den beteiligten Beratern **sorgsam durchdacht** und **geplant** werden, auch und gerade für den Fall, dass es nicht zum Closing kommt. **Kernelemente eines Vertrages nach indischem Recht** dürften die folgenden sein, wobei auf die Vertragssprache (zum Beispiel Deutsch oder Englisch) ausführlich im nachfolgenden Kapitel zu den Vertragsverhandlungen eingegangen wird:

32 – **Genaue Bezeichnung** aller **Vertragsparteien** (einschließlich zum Beispiel Garantiegeber, Bürge etc.). Dieser Vertragspunkt setzt in Indien regelmäßig eine sorgfältige vorhergehende Due Diligence voraus, da vor allem die indischen **Unternehmerfamilien** und Konzerne **engverflochtene Einheiten** bzw. sogar regelrechte „**Imperien**" darstellen und die Zuordnung dieser Einheiten zu dem **gewünschten Vertragspartner nicht immer leicht** fällt.

– **Präambel (Einleitung).** Diese kann in Indien recht umfangreich ausfallen und erwähnt mitunter die Geschichte und Verdienste der Vertragsparteien in recht bildhafter Art.

– **Wichtige Definitionen**, durch die quasi eine „**Legaldefinition**" bestimmter bedeutsamer Begriffe aus und für den Vertrag bewirkt wird.

– **Gegenstand des Vertrages** (mit genauer Festlegung von **Leistungs-** und **Gegenleistungspflichten, Leistungszeiten, Leistungsorten, Risikoverteilung** sowie dem Umgang mit **Leistungsstörungen** bzw. -**mängeln**) – das indische Rechtssystem hält für Verträge streng am Prinzip der „**Consideration**" fest; das heißt, dass der Vertrag für eine **Leistung** auch immer eine **Gegenleistung** vorsehen muss.

– **Aufschiebende** und/oder **auflösende Bedingungen** für die Wirksamkeit des Vertrages bzw. als Voraussetzung für die Inkraftsetzung (Closing) des Vertrages. Hierzu kann insbesondere die Einholung etwaig erforderlicher **staatlicher Genehmigungen** oder zum Beispiel die **Sicherstellung** der **Finanzierung** zählen.

- **Garantieversprechen** im Hinblick auf den Vertragsgegenstand (sogenannte „**Representations & Warranties**"). Diese übersteigen in Indien vom Umfang mitunter noch die aus den angloamerikanischen Reps & Warranties bekannten Vertragsbestandteile und stellen naturgemäß die ideale Spielwiese verhandlungsfreudiger Inder dar.

- **Handlungspflichten** nach Vertragsunterzeichnung (so genannte „**Covenants**"). Diese sind in Indien in der Regel viel ausgeprägter und komplexer, als in Kontinental-Europa, da die indische Rechtspraxis für die Vertragsinkraftsetzung (Closing) **häufig Treuhänder** einsetzt. Auch hieran sollte frühzeitig gedacht werden.

- **Gewerblicher Rechtschutz** (sofern einschlägig). Das Thema Anerkennung gewerblicher Schutzrechte sowie ganz allgemein der Schutz von Know-how vor Kopien stellt in allen Entwicklungsländern ein Thema dar. In Indien ist das Thema **besonders brisant, da sowohl Politik, als auch teilweise die Rechtsprechung eine gespaltene Sichtweise vertreten** und die lokale Presse wie auch die internationale Presse gerne hierzu berichten. Beispielhaft sei nur auf die kontroversen Argumente in der Pharmaindustrie verwiesen in der einerseits der Patentschutz und die Forschungskosten sowie die Prinzipien der Marktwirtschaft, andererseits die medizinische Grundversorgung weiter Teile der Bevölkerung hervorgehoben werden. Indien hat die im sogenannten TRIPS-Abkommen vorgesehenen Mindeststandards in Bezug auf den Schutz geistiger Eigentumsrechte umgesetzt und ist auch Mitglied der WIPO (World Intellectual Property Organisation). **Wesentliche Schutzrechte sind in Indien demzufolge gewährleistet**, doch fällt die **Durchsetzung mitunter schwer**. Sofern der Schutz geistigen Eigentums – wie vielfach – im konkreten Projekt von Bedeutung ist, ist es unerlässlich einen Experten hinzuziehen, der sich den entsprechenden Vertragsklauseln widmet.

- **Vertragslaufzeit** und **Verlängerungsoptionen**, die der Verhandlung und Einigung unterliegen aber auch unter dem Gesichtspunkt des Exits und der Repatriierung von Kapital und Gewinn durchdacht sein müssen.

- **Rechtswahl**, bei der es angemessen ist, auf den **Ort der Hauptleistung**, die **Zuständigkeit** des **letztinstanzlichen Entscheidungsträgers sowie** den **Ort der Vollstreckung** abzustellen. Fallen alle drei genannten Kriterien zusammen (z.B. Kaufobjekt in Indien, indische Gerichtsbarkeit und Vollstreckung in das indische Kaufobjekt oder den indischen Veräußerer), sollte dies die Rechtswahl bestimmen (im genannten Fall: indisches Recht – zur Schiedsgerichtsbarkeit sogleich). Im Falle des Auseinanderfallens ist eine Einzelfallabwägung vorzunehmen.

- **Vertragsanpassung/Konfliktlösung/Streitvermeidung/Streitbeilegung.** „**Good-Faith-Negotiations**". Insbesondere aufgrund der sogar im Vergleich zu anderen Staaten häufig noch längeren **Dauer indischer Gerichtsverfahren** tendieren viele Vertragsparteien von Verträgen mit indischem Bezug dazu, **Schiedsklauseln** vorzusehen. Dies ist nach dem indischen Recht **grundsätzlich zulässig**, die Möglichkeit der „einfachen" Vollstreckung eines Schiedsspruchs in Indien sollte jedoch stets bedacht werden. In Indien grundsätzlich vollstreckungsfähig sind wohl Schiedssprüche der entsprechenden Gremien in **Singapur, London** und **New York**. Dabei variieren die Kosten erheblich. Die lange Verfahrensdauer vor indischen Gerichten einerseits sowie die Kosten von Schiedsverfahren andererseits haben dazu geführt, dass sich in Indien eine Reihe von so genannten alternativen Streitbeilegungsverfahren (z.B. Mediation) herausgebildet haben, die teilweise staatlich anerkannt sind bzw. sogar vorgeschrieben sind (soweit nicht bspw. durch eine Schiedsklausel ersetzt). Noch wichtiger im indischen Vertragsdesign ist das **Primat** der so genannten „**Good-Faith-Negotiations**", das letztendlich wiederum auf das indische Hierarchieverständnis zurückgreift. Im Kern geht es hierbei darum, zunächst intern, zwischen den Parteien auf sich hochschaukelnder Hierarchieebene zu einer Einigung zu kommen. Erst wenn sich sogar die Prinzipale nicht untereinander einigen können, erfolgt der Gang zum Schieds- oder staatlichen Gericht.

– **Vertraulichkeit.** Diese ist zum einen aufgrund der Dichte, Nähe und Verwobenheit der indischen Gesellschaft und zum anderen wegen der natürlichen Neugierde der indischen Bevölkerung fast nicht zu bewerkstelligen. Gerade deswegen stellt sie ein wesentliches Element des Vertragsdesigns in Indien dar. So enthalten indische Verträge häufig Klauseln, die im Vorfeld genau festlegen, welche individuelle Person(en) zu welchem Zeitpunkt und nach festgelegten Abstimmungsprozessen Verlautbarungen abgeben dürfen.

– **Schlussbestimmungen**, wobei hier keine wirklichen Besonderheiten zu Common Law-Verträgen bestehen.

33 **Timing als Element des Vertragsdesigns:** Wegen der bereits dargestellten, in Indien im Vertragsrecht üblichen **Trennung** zwischen **Vertragsunterzeichnung** (Signing) (dem Vertragsverhandlungen naturgemäß vorausgehen) und der **Vertragsinkraftsetzung** (Closing) kommt dem **Zeitelement** ein **gravierendes Gewicht** zu. Die Trennung findet ihre Ursache häufig im Erfordernis bestimmter Genehmigungen (auch z.B. in Bezug auf Devisentransfer – und häufig noch wichtiger – dem Retransfer von Kapital und Gewinn), einem strengen Regime für den Einstieg bzw. die Übernahme **börsennotierter** Unternehmen und den bereits erwähnten, zumindest aus deutscher Sicht häufig umständlichen, in Indien aber **üblichen Treuhandkonstruktionen** im Zusammenhang mit dem Closing. Die **genaue Abfolge** der **einzelnen Schritte** stellt einen **wichtigen Aspekt** des **indischen Vertragsdesigns** dar, wobei es aber auch erforderlich sein kann, diese gerade nicht vertragsevident werden zu lassen, soweit dies noch innerhalb anwendbarer (etwa börsenrechtlicher Bestimmungen) ge-

schieht, den Prozess aber fördert oder gar ermöglicht. Auch in diesem Komplex – soweit relevant – ist kompetente Beratung unausweichlich. Auch sollte bedacht werden, dass sowohl das so genannte **„Apostille"-Verfahren** (ein Art vereinfachter Legalisation), wie auch die **Legalisation** (eine Art „Überbeglaubigung"), durch die die Verwendung von Urkunden eines Staates in einem anderen Staat ermöglicht wird) im Verhältnis **zwischen Deutschland und Indien bereits seit geraumer Zeit ausgesetzt** sind. Sollte daher im Einzelfall ein beglaubigtes oder beurkundetes Dokument insbesondere von Behörden (z.B. Handelsregister) verlangt werden, findet ein Amtshilfeverfahren statt, welches sich durchaus über mehrere Monate hinziehen kann. Dies sollte frühzeitig berücksichtigt werden, um Verzögerungen bei der Vertragsunterzeichnung und/oder der Vertragsinkraftsetzung zu vermeiden.

„Side Letters"/„Side Agreements"/„Hand Shake Agreements". Die sogenannten „Side Letters" oder „Side Agreements" oder „Hand Shake Agreements" stellen streng genommen kein Element des Vertragsdesigns dar, erfolgen sie naturgemäß ja gerade nicht im eigentlichen Vertragswerk. Dennoch sind sie eine **in Indien häufig gewählte Form**, etwaige Neben- oder Zusatzvereinbarungen zu schließen. Diese Gestaltung findet ihre Wurzeln im hierarchischen Systems Indiens und der weitgehenden Unmöglichkeit, die Vertraulichkeit von Informationen, gleich welcher Art, sicherzustellen. Der **Abschluss** solcher Vereinbarungen **bedarf großer Vorsicht** im Hinblick auf deren Verbindlichkeit und Durchsetzbarkeit sowie im Hinblick auf Compliance und Governance Gesichtspunkte. Auch hier empfiehlt es sich, kompetenten Rat einzuholen. 34

„Bond Paper" und **„Stamp Duty"**. Während das Notariatswesen in Indien nur sehr eingeschränkt vorhanden ist, ist es durchaus üblich, wichtige Verträge auf sogenanntem „Bond Papers" zu vereinbaren. Bei dem Bond Paper handelt es sich um ein Papier, welches im oberen Bereich einen Aufdruck hat, der einer Banknote gleicht. Der aufgedruckte Betrag des Bond Papers fließt als eine Art Steuer ab und erhöht den Kaufpreis des Bond Papers. Teilweise ist die **Verwendung** von Bond Papers **zwingend erforderlich**, wobei auch die **Mindestsumme** des aufgedruckten Wertes vorgegeben sein kann. Zusätzlich oder stattdessen können in Indien so genannte „Stamp Duties" (Stempelsteuer) anfallen, die zum Teil **recht beträchtlich** sind. Im Hinblick auf beide Themen lohnt es sich, im Einzelfall Rechtsrat einzuholen, da die Notwendigkeit der Verwendung von Bond Papers bzw. der Entrichtung einer Stamp Duty die Wirksamkeit bzw. Durchsetzbarkeit eines Vertrages beeinflussen kann. 35

III. Vertragsverhandlung

1. Grundlagen

36 Dieses Kapitel startet mit einem Zitat von *Mahatma Gandhi* in dem das **Prinzip „Give and Take"** als ein **zentraler Bestandteil** des Kompromisses dargestellt wird. Gleichzeitig bezeichnet *Gandhi* das **„Give and Take of Fundamentals"** als **Auf- oder Preisgabe („Surrender")**, welches niemals Gegenstand eines Kompromisses sein kann. *Mohandas Karamchand Ghandi* (so der bürgerliche Name) war selbst als Rechtsanwalt in Großbritannien ausgebildet und zugelassen und beherrschte die Kunst der Verhandlung sogar mit dem Kolonialführer Indiens und mit dem Ergebnis des **Rückzugs Großbritanniens** aus Indien. Zugleich war *Gandhi* tief in der indischen Kultur und Denkweise verwurzelt und hat diese – bezogen auf das unabhängige Indien – maßgeblich mitgeprägt. Aus dem Zitat und der **für Indien symptomatischen Sicht** lässt sich jedenfalls ablesen, dass es einen Vertrag im Sinne eines Kompromisses einerseits ohne Verhandlung über das Nehmen und Geben eigentlich gar nicht geben kann, dass es andererseits zentrale Positionen gibt, die nicht verhandelbar sind. Vereinfacht lässt sich sagen, dass indische Verhandlungspartner **stets eine gewisse Erwartungshaltung** haben; allerdings für die Erfüllung der Erwartung aber auch bereit sind, etwas anzubieten. Nochmals anders gefasst: in Indien ist es üblich, zu verhandeln und eine etwaige Verweigerung der Verhandlung bedrängt sozusagen den diesbezüglichen Sportsgeist. Lässt sich der nicht indische Partner allerdings auf die Verhandlung ein, so stellt dies in aller Regel **keine Einbahnstraße zugunsten** des indischen Verhandlungspartners dar. Die ausgesprochene Verhandlungsaffinität in Indien belegt sich an Folgendem: Interessanterweise sind die großen Internet-Kaufplattformen (Ebay etc.) in Indien nicht sehr erfolgreich. Der Grund könnte darin liegen, dass sie keine Verhandlungs-, sondern allenfalls Auktionsplattformen zu bieten haben.

2. Englisch als Verhandlungs- und Vertragssprache; das „indische Englisch"

37 Unabhängig von der bereits dargestellten einzigartigen Vielfalt der Sprachen, Dialekte, regionalen Besonderheiten sowie auch Schriftarten in Indien ist es bei Verhandlungen mit internationalem Charakter überwiegend üblich, auf die in Indien weit verbreitete **englische Sprache** zurückzugreifen. Dies gilt mit wenigen Ausnahmen auch für die Sprache der meisten Vertragstexte an sich; mithin sind fast alle Verträge mit (aus indischer Sicht) ausländischem Bezug in englischer Sprache verfasst. Ausnahmen können sich bei Verhandlungen und Vertragsschlüssen mit Behörden bzw. bei öffentlich-rechtlichen Verträgen sowie bei Verträgen auf politischer Ebene ergeben, die ggf. in der jeweils regionalen Sprache bzw. zweisprachig geführt und abgeschlossen werden müssen.

III. Vertragsverhandlung

Für den Gebrauch der englischen Sprache durch Inder – insbesondere die Aussprache, aber auch die Wortwahl, die Wortbedeutung im Einzelfall und den Satzbau wie auch die Sprachgeschwindigkeit – gilt es, **einiges zu berücksichtigen**. Zwar bewegen sich das Sprachverständnis und auch die Sprachfähigkeit derjenigen Inder, die die englische Sprache sprechen, durchweg auf einem **sehr hohen Niveau**. Allerdings haben Inder häufig eine **sehr eigene Art**, die englische Sprache auszusprechen, wobei sich diese Art der Aussprache zum Teil sehr erheblich von der englischen-, bzw. US-amerikanischen Weise der Aussprache unterscheidet. Die diesbezüglichen Eigenheiten sind auch im Vergleich zu der in deutschsprachigen Ländern häufig anzutreffenden Aussprache des Englischen zum Teil gravierend. Hinzu kommt es, dass Inder entgegen ihrem sonst zurückhaltenden Ruf häufig **sehr schnell sprechen** – das Englische geradezu „herunterrattern". Des Weiteren sind die Telefonverbindungen nach Indien häufig ausgesprochen schlecht. Die Kombination aus der Qualität der Verbindung und der ungewohnten Sprachweise erschwert das Verständnis mitunter sehr erheblich. Hier lohnt es sich, ggf. bereits zu Beginn des Telefonates auf den Missstand der Verbindung hinzuweisen und erneut anzurufen. In Indien ist dies durchaus üblich.

Die vorgenannten Umstände haben selbstverständlich auch Auswirkungen auf das Verständnis der Parteien, wobei die indischen Verhandlungspartner es hier häufig etwas einfacher haben. Es scheint, dass sich das indische Ohr schneller an „ausländische" Ausspracheweisen des Englischen gewöhnt, als sich z.B. das „deutschsprachige" Ohr an die zunächst eher fremdländische Form der indischen Aussprachemethode. Selbstverständlich gibt es von dem Vorstehenden auch Ausnahmen. Insbesondere diejenigen Inder, die eine Zeit im Ausland verbracht haben, haben ihre Aussprache angepasst. Auch dies gilt jedoch nicht immer.

Eher Feinheiten, die gerade aber im Kontext von Vertragsverhandlungen und Vertragstexten durchaus erhebliche Relevanz bekommen können, ergeben sich im Hinblick auf die konkrete Wortbedeutung und den Satzbau. Das „indische Englisch" wird von Engländern selbst und Amerikanern mitunter als **„antiquiert"** bzw. sehr traditionell betrachtet. Ebenso ist es nur natürlich, dass indische Verhandlungspartner im Redefluss oder aus Taktik und im Zusammenwirken mit anwesenden Kollegen auf einzelne Wörter oder Redewendungen ihrer eigentlichen Muttersprache zurückfallen.

Üblicherweise wird es die indische Seite an sich nicht unangemessen finden, wenn ausländische Verhandlungspartner bei Verständnisschwierigkeiten nachfragen bzw. einen Experten hinzuziehen (hierzu sogleich).

Die **Sprache** an sich hat bei Vertragsverhandlungen und im Hinblick auf Vertragstexte in Indien einen **nicht zu unterschätzenden Stellenwert**. Kommt es zu Kontroversen z.B. zum Inhalt eines Letter of Intent bzw. Memorandum of Understanding, ist der gewählte Wortlaut sowie die in Indien üblicherweise gewählte Auslegung häufig das erste Argument, auf das der indische Verhandlungspartner zurückgreifen wird. Dies findet seine Erklärung in der Beobachtung, dass auch die indischen Gerichte, Schiedsgerichte und Mediationsspruchkörper dem **Wortlaut eines Vertragstextes** bzw. einer Verhandlungsniederschrift eine zentrale Bedeutung zukommen lassen – mehr noch, als dies z.B. in kontinentaleuropäischen Ländern der Fall ist.

Um zumindest eine „**Waffengleichheit**" **der Verhandlungsparteien** im Hinblick auf die Sprache für die Vertragsverhandlungen und den Vertragstext zu erzielen ist es dringend zu empfehlen, einen mit dem „indischen Englisch" eng vertrauten Berater hinzuziehen. Dies sollte möglichst frühzeitig geschehen und stößt von indischer Seite erfahrungsgemäß auf keinerlei Hindernisse. Umgekehrt sollte es selbstverständlich sein, auch der indischen Seite die Beiziehung eines Sprachexperten zuzugestehen, sollte dieser es für erforderlich halten.

3. Gestik, Mimik und Zeichensprache

41 Mindestens ebenso wichtig wie die Sprache an sich ist in Indien die nonverbale Kommunikation. Wer einmal die Gelegenheit hatte, eine **Kathakali-Aufführung** (eine Art Tanz, der sprachlos aufgeführt, jedoch von Musik begleitet wird und in der Höchstform eine nahezu unermessliche Körperbeherrschung voraussetzt) konzentriert zu beobachten, wird festgestellt haben, dass viele der unzähligen Bewegungen jedes Körperteils winzig, ja geradezu minimalistisch sind. Für den mit dem *Kathakali* unvertrauten Beobachter sind diese Bewegungen, ihre jeweiligen Sinngehalte und die zum Ausdruck gebrachten Bedeutungen kaum verständlich. Der Kenner kann die Fertigkeiten des jeweiligen Künstlers jedoch auf Anhieb erkennen – ihm entgeht nichts. Umgekehrt erscheint uns die oft dezidierte Form der aus Bollywood-Filmen bekannten z.B. Tanz-, Kopf- und Augenbewegungen indischer Schauspielgrößen oft übertrieben oder geradezu lächerlich. Allerdings wird auch diese Körpersprache – diesmal von nahezu allen Indern – erkannt und gedeutet. Spätestens ab dem Zeitpunkt der Ankunft in Indien, und zwar mit jeder Handlung z.B. gegenüber den Einreisebehörden, dem Handlingagenten der Fluggesellschaft, dem Zoll, dem Chauffeur/Taxifahrer, dem Check-In Agenten des Hotels etc. **unterliegt jeder in Indien einer in der Öffentlichkeit allgegenwärtigen Beobachtung**, die sich selbstverständlich auch in die Verhandlung von Verträgen erstreckt. In Bezug auf Gestik, Mimik und Zeichensprache ist es wichtig, das Bewusstsein zu haben, dass der **indische Verhandlungspartner** eine **ausgeprägte Beobachtungsgabe** hat. Umgekehrt gilt allerdings auch, dass es nicht als unangemessen angesehen wird, wenn der nicht indische Verhandlungspartner aufmerksam die körperlichen Signale beobachtet und für sich nutzt. Eine Besonderheit ist die in Indien weitverbreitete **Wiegebewegung des Kopfes**. Während der westliche Beobachter diese Kopfbewegung üblicherweise mit einem Zögern bzw. sogar einer Verneinung deuten würde, bedeutet sie in Indien eher Zustimmung.

III. Vertragsverhandlung								Rz. 43 Teil **9.7**

4. Preisverhandlungen, Berechnungsmethodik, Zahlenwerk – „Lakhs und Crores"

Während „**Made in Germany**" in Indien auch weiterhin einen geradezu **ehrfürchtigen Ruf** behält, haben Inder vielfach den Ruf, ausgesprochen **gute Mathematiker** zu sein. Dieser Umstand ist im Hinblick auf Preisverhandlungen und überhaupt bezogen auf Zahlenwerke **unbedingt zu berücksichtigen**. Verwirrend kommt hinzu, dass in Indien üblicherweise für die Zahl Einhunderttausend der Begriff „*Lakh*" und für die Zahl Zehn Millionen der Begriff „*Crore*" verwendet werden. Wird in Indien daher der Begriff 10 *Lakhs* verwendet, so handelt es sich um einen Betrag von einer Million, und 10 *Crores* repräsentieren einhundert Millionen. Noch verwirrender für den westlichen Verhandlungspartner ist die Schreibweise der genannten Beträge: die Zifferngruppen verschieben sich in Indien nämlich, indem Nullen weggelassen werden. So wird zum Beispiel der Betrag von 10 *Lakhs* (= 1 Mio.) in Ziffern folgendermaßen dargestellt: 10,00,000. 10 *Crores* werden wie folgt dargestellt: 10,00,00,000. Bei alledem gilt es, **Ruhe zu bewahren** und nicht voreilig zu handeln, sondern **vor dem Vertragsschluss sämtliche Zahlen nochmals zu kontrollieren und zu überprüfen**. Der indische Verhandlungspartner wird bei ernsthaften und ausgewogenen Vertragsverhandlungen stets dazu bereit sein, sein Berechnungsmodell und auch die ungewöhnliche Terminologie zu erklären. 42

5. Einigung und Nachverhandlung

Eine Vereinbarung wird in Indien erst dann als verbindlich akzeptiert, wenn sie **in schriftlichen Verträgen niedergelegt** und **unterschrieben** ist. Bis zu diesem Zeitpunkt werden üblicherweise alle Vertragspunkte, über die aus der Sicht des nicht-indischen Verhandlungspartners vermeintlich bereits Übereinkommen erzielt wurde, als offen betrachtet. Jeder einzelne Vertragspunkt, über den bereits vehement und lange verhandelt wurde, unterliegt aus indischer Sicht bis zur endgültigen Unterzeichnung des Gesamtwerkes einer möglichen **Nachverhandlung**. Gerade dieser Umstand ist für die nicht-indische Verhandlungsseite häufig schwer nachvollziehbar. Es ist daher äußerst wichtig, Zwischenergebnisse schriftlich zu fixieren und quasi zu vereinbaren, um den späteren Rekurs auf scheinbar durchverhandelte Themen zu erschweren. Aus indischer Sicht steht es auch dem jeweils anderen Verhandlungspartner frei, nachzuverhandeln, da dies als üblich angesehen wird. Auf der anderen Seite steht bei einer solchen Vorgehensweise natürlich immer das Zeitargument, da Nachverhandlungen stets eine Verzögerung des Vertragsschlusses bedeuten. Da für den nicht-indischen Vertragspartner die Technik des Nachverhandelns in aller Regel nicht üblich ist, ist äußerste Vorsicht geboten. Eine Abwägung, Nachverhandlungen grundsätzlich abzulehnen, sich auf diese einzulassen, oder von sich aus zu initiieren ist eine Frage des Einzelfalls. 43

6. Erfahrungen zu Verhandlungen in Indien

44 Nachfolgend erfolgt eine **Aufstellung von Erfahrungen deutscher Unternehmer** aus Verhandlungen mit indischen Verhandlungspartnern (eine Beurteilung ist hier ebenso wenig beabsichtigt, wie eine abschließende Behandlung des Themas).

45 – Indische Entscheidungs- und Verhandlungsstrukturen sind häufig eher **hierarchisch** (entschieden wird Top to Bottom, verhandelt wird Bottom to Top).

– Inder sind **genaue und schnelle Kopfrechner** – daher sollte man erst noch mal **gründlich nachrechnen**, ehe man einem Zahlenwerk oder einer Rechenformel zustimmt.

– Indische Verhandlungsführer sind an der Spitze oftmals Unternehmensinhaber oder haben einen starken eigenen Vorteil vom Verhandlungserfolg (Incentivierung). Sie sind daher mitunter **risikofreudig** und versuchen „Graubereiche" zu nutzen. Hinzu tritt der allgemein vertretene indische Erfindungsreichtum bei kreativen Lösungen (in Hindi auch *„Jugaad"*).

– Indische Verhandlungspartner sind häufig **harmoniebedürftig und beziehungsorientiert**; Umstände, die den Prozess durchaus in die Länge ziehen können. Gleichzeitig sind indische Verhandlungsführer aber durchaus formal – **laute Töne sind an sich verpönt**.

– In Verhandlungen mit indischen Verhandlungspartnern wird **vieles indirekt** und nicht direkt **angesprochen**. Ein „Yes" in Indien bedeutet nicht dasselbe wie ein „Ja" beispielsweise in Deutschland. Dies liegt daran, dass das „No" in Verhandlungen in Indien gemieden wird. Es kommt darauf an, zwischen den Zeilen zuzuhören und immer wieder nachzufragen, wie etwas gemeint ist. Die schriftliche Fixierung der Einigung ist essentiell.

– Die **Kompetenzstrukturen** in indischen Unternehmen sind mitunter **lange Zeit unklar**, so dass nicht sichergestellt ist, dass der Verhandlungspartner die geeignete Hierarchieebne repräsentiert.

– In Indien wird eine Einigung erst dann als verbindlich angesehen, wenn die Verträge unterschrieben sind und die Tinte getrocknet ist. Nachverhandeln vor Unterzeichnung der Verträge ist Volkssport.

46 Verhandlungen können stets nur mindestens zweiseitig geführt werden. Nachfolgend erfolgt daher auch eine **Aufstellung indischer Unternehmer** aus Verhandlungen mit deutschen Verhandlungspartnern, die ansonsten den Vorgaben zu vorstehender Aufstellung folgt (ceteris paribus)

– Deutschsprachige Verhandlungspartner haben ein (fast zu) hohes **Sicherheitsbedürfnis** im Hinblick auf die exakte **Einhaltung von Regeln und Vorgaben**. Dadurch können Chancen ungenutzt bleiben, die ein indischer Unternehmer zu akzeptieren bereit wäre.

IV. Vertragsdurchführung

- Deutschsprachige Verhandlungspartner werden von Indern häufig als diszipliniert, ziel-, sach- und zeitorientiert wahrgenommen.
- Auf den indischen Verhandlungspartner wirkt der deutsche Verhandlungspartner häufig als sehr direkt.
- Die in Deutschland relativ geringe Ausprägung hierarchischer Strukturen bildet einen starken Kontrast zur bereits ausgeführten gesellschaftlichen Hierarchieordnung in Indien.

IV. Vertragsdurchführung

Ist der Vertrag unterzeichnet (Signing) und in Kraft getreten (Closing) folgt die Phase der **eigentlichen Vertragsdurchführung**. Auch diese weist in Indien einige Besonderheiten auf.

46a

1. Persönliche Präsenz vor Ort

Bei der Durchführung von Verträgen in Indien ist die **persönliche Präsenz vor Ort** eine **absolut unerlässliche Voraussetzung für den Erfolg** eines Projektes. Dies gilt nicht nur für den Verhandlungsprozess sondern ebenso für die Phase der Vertragsdurchführung. Persönliche Präsenz bedeutet in diesem Zusammenhang, dass sich der ausländische Prinzipal **mindestens von Zeit zu Zeit persönlich in Indien zeigen sollte** und häufiger noch durch geeignete Personen vor Ort vertreten lässt. Noch besser ist es, zusätzlich **dauerhaft geeignete Vertreter nach Indien zu entsenden**. Eine Repräsentanz ausschließlich durch einen indischen Vertreter oder Beauftragten ist erfahrungsgemäß in aller Regel nicht zielführend. Die Häufigkeit der Präsenz vor Ort ist eine Frage des Einzelfalls und sollte mit den Beratern besprochen werden. Umgekehrt hat es sich bei Unternehmen bewährt, auch Mitarbeiter des indischen Unternehmens die Gelegenheit zu geben, das ausländische Unternehmen persönlich vor Ort kennenzulernen, um einen Integrationsprozess zu fördern. Für Arbeitsvisa gilt das zu den Einreisevisa bereits vorstehend kommentierte Verfahren entsprechend. Geht es um die Entsendung eines Vertreters nach Indien, ist der Auswahlprozess von entscheidender Bedeutung. Es macht keinen Sinn, jemanden nach Indien zu schicken, der mit Land, Leuten und Kultur vor Ort nicht zurechtkommt.

47

2. Arbeitskräfte, Arbeitstage und Arbeitszeiten, staatliche Feiertage, religiöse Feiertage und Feste sowie „Special Leave"

Der indische Arbeitsmarkt ist riesig, es bestehen jedoch **enorme Unterschiede** im Bildungsniveau, der Vergütungsstruktur und der Arbeitsqualität. Eine sorgfältige Auswahl ist daher unverzichtbar und lässt sich über entsprechende Agenturen bewerkstelligen.

48

49 In ganz Indien findet sich vom Grundsatz her **eine Sechs-Tage Arbeitswoche** mit dem Sonntag als Bank- und allgemeinem Feiertag. Am Samstag wird nicht in allen Unternehmen (Vollzeit) gearbeitet. Es gibt zahlreiche Unternehmen, in denen am Samstag nur vormittags bzw. bis zum früheren Nachmittag oder auch gar nicht gearbeitet wird. Auch rollierende Systeme, bei denen einzelne Samstage frei bzw. halbtageweise frei sind, oder solche, bei denen Gruppen von Mitarbeitern einzelne Samstage frei bzw. halbtageweise frei haben, gibt es.

In Indien gibt es sowohl **nationale staatliche Feiertage** (staatliche Feiertage, die in ganz Indien gelten) als auch **staatliche Feiertage einzelner Bündnisstaaten** und Unionsterritorien (staatliche Feiertage, die nur in den betreffenden Bündnisstaaten und Unionsterritorien gelten).

Nationale staatliche Feiertage (feste Feiertage) in Indien sind:

- 1. Januar (Neujahr)
- 26. Januar (Tag der Republik)
- 15. August (Tag der Unabhängigkeit)
- 2. Oktober (*Mahatma Gandhis* Geburtstag)
- 25. Dezember (Weihnachten)

Religiöse Feiertage und Feste:

Neben den staatlichen Feiertagen gibt es eine nahezu unüberschaubare **Zahl religiöser Feiertage**, die sich größtenteils **nach dem Mondkalender** richten und daher jährlich variieren (bewegliche Feiertage). Die religiösen Feiertage bestimmen sich zwar nach der Glaubensrichtung und umfassen daher prinzipiell nur die Anhänger der betreffenden Glaubensrichtung; teilweise gibt es jedoch auch religiöse Feiertage, die sich auf ganz Indien beziehen (zum Beispiel „*Holy*" [Frühlingsfest im März], „*Dusserha*" [Abschlussfest der neun Nächte im September/Oktober] und „*Diwali*" [ebenfalls im September/Oktober]). Eine gute Übersicht zu den religiösen Feiertagen findet sich im Internet unter *http://www.indien knigge.de*.

Indische Gläubige nehmen die bedeutenden religiösen Feiertage ernst und begehen diese. Auch gibt es bestimmte Fastenriten, die zwar im Regelfall nur für die Angehörigen der jeweiligen Glaubensrichtung Anwendung finden, die in der Planung dennoch berücksichtigt werden müssen.

Wie bereits ausgeführt, stellt die **Familie** regelmäßig einen **zentralen Mittelpunkt** im indischen **Wertesystem** dar. Familienfeiern (wie zum Beispiel Hochzeiten – auch von Verwandten, Todesfälle (weniger jedoch Geburtstage)) werden ausführlich (teilweise über mehrere Tage) gefeiert und es wird erwartet, für diese Zeiten zumindest teilweise „**Special Leave**" (Sonderurlaub) zu bekommen. Dabei sollte mit einkalkuliert werden, dass die Familienfeste weit entfernt vom Arbeitsort stattfinden können und die Größe des indischen Subkontinentes sowie die vergleichsweise schlechten Infrastrukturbedingungen geraume Reisezeiten verschlingen.

Bei einem Investment empfiehlt es sich daher, sich über die Gestaltung der Arbeitswoche, der Arbeitszeiten und die Feiertage für die jeweiligen Mitarbeiter sowie „Special Leaves" bereits frühzeitig Gedanken zu machen, da spätere Änderungen zu Lasten der Mitarbeiter schwer durchsetzbar sind. Zwar ist es im Rahmen dieses Kapitels nicht möglich, auf die zahlreichen regulatorischen Anforderungen des indischen (Gesetzes-)Rechtes zum Arbeits(zeit)schutz einzugehen, hingewiesen sei jedoch darauf, dass die indischen Arbeitnehmer über ihre Rechte regelmäßig gut informiert sind und häufig auch bereit sind, solche Rechte durchzusetzen. Auch aus diesem Grund sind ein solides Rahmenkonzept für die Beschäftigungszeiten sowie eine starke Motivierung unerlässlich, um eine loyale Bindung der Mitarbeiter an das Unternehmen sicherzustellen.

3. „No problem", „Yes, we can do", „101 Percent", „Pakhar"

50 Die indische Mentalität neigt mitunter zum Überschwang. Die Begriffe „No problem", „Yes, we can do", „101 Percent", *„Pakhar"* (letzteres bedeutet in etwa: „abgemacht") tauchen im indischen Alltag ständig auf und sollen bedeuten, dass sich der Gesprächspartner etwas zutraut. Die genannten Floskeln haben aber **nicht den verbindlichen Bedeutungsgrad**, den ein westlicher Gesprächspartner erwarten würde. Es lohnt daher, bei wesentlichen Themen nachzuhaken, um sicherzustellen, dass die Thematik auch wirklich verstanden wurde und der indische Gesprächspartner in der Lage und willens ist, die zugesagte Maßnahme vorzunehmen.

4. Korruption und „Speed Money"

51 Korruption ist naturgemäß ein heikles Thema. Es lässt sich allerdings nicht leugnen, dass Korruption in Indien weit verbreitet ist. Trotzdem ist **äußerste Vorsicht** geboten, da echte Korruption auch in Indien einen **Straftatbestand** darstellt, der wegen der Brisanz der Thematik **harten Strafen** unterliegt; zum anderen stellen Korruptionsfälle auch nach den Gesetzen des Heimatstaates des ausländischen Vertragspartners einen Verbotstatbestand dar. Nahezu alle Staaten der Welt haben für Unternehmen und Unternehmer Compliance und Corporate Governance Regeln aufgestellt. Diese gelten auch für im Ausland begangene Verstöße und können zu **erheblichen Bußen** und teilweise auch Strafen führen. Um jedem Risiko vorzubeugen kann es ratsam sein, jeden Korruptionsversuch der Central Vigilance Commission in Delhi oder dem Anti Corruption Bureau in Mumbai zu melden.

5. Devisenbewirtschaftung (teilweise)

52 Indien folgte lange Zeit einem **Regime der strengen Devisenbewirtschaftung**, welches **sukzessive gelockert** wurde. Im geschäftlichen Verkehr unterliegen der Devisentransfer und die Repatriierung zumindest prinzipiell keinen Beschränkungen mehr, sind jedoch zum Teil durch die Re-

serve Bank of India (RBI – staatliche Notenbank Indiens) **genehmigungspflichtig** bzw. dieser anzuzeigen. Auch hier ist dringend anzuraten, bereits frühzeitig kundigen Rat **einzuholen** und den diesbezüglichen Zeitaufwand einzuplanen.

6. Streitbeilegung

53 Auf die Mittel zur Streitbeilegung wurde bereits im Rahmen des Vertragsdesigns eingegangen (vgl. Rz. 32). Hierauf kann an dieser Stelle verwiesen werden.

V. Vertragscontrolling

54 Im Hinblick auf das Vertragscontrolling gelten in Indien kaum andere Regeln, als in anderen Staaten. Insofern kann auf das diesbezügliche Kapitel aus Teil 2 dieses Buches verwiesen werden. Wichtig sind allerdings zum einen die Auswahl geeigneter Controller und zum anderen die konsequente Wahrnehmung des Controllings an sich. In Indien bieten sich stets Alternativen, Umgehungs- und Vermeidungsstrategien sowie flexible Lösungen. Ein konsequentes Vertragscontrolling ist daher unerlässlich, um ein Projekt „on track" zu halten.

Wichtige Kontakte

Zum Abschluss sei noch auf einige Kontakte wie folgt hingewiesen:

Deutsche Botschaft in Indien (mit Konsulaten in: Bengaluru [vormals Bangalore], Chennai [vormals Madras] und Mumbai [vormals Bombay])
No. 6/50G, Shanti Path
Chanakyapuri
New Delhi 110021
India
Tel.: +91 (0) 11 44199 199
Fax: +91 (0) 11 2687 31 17
E-Mail: über *https://india.diplo.de/Vertretung/indien/de/Kontakt.html*
http://www.india.diplo.de/Vertretung/indien/de/02__Delhi/__Botschaft __New__Delhi.html

Indische Botschaft in Deutschland (mit Konsulaten in Frankfurt a.M., Hamburg und München)
Tiergartenstr. 17
10785 Berlin
Deutschland
Tel.: +49 (0) 30 25795611
Fax: +49 (0) 30 25795620
E-Mail: infowing@indianembassy.de
http://www.indianembassy.de/index.php

V. Vertragscontrolling

Cox and Kings GmbH (Visabeschaffung für Indien in Deutschland)
Wichmannstr. 6
10787 Berlin
Deutschland
Tel.: +49 (0) 30/26949750
Fax: +49 (0) 30/2694975
E-Mail: info.inber@coxandkings.com
http://www.in.de.coxandkings.com/berlin1/

und

Bruderstr. 5a
80538 München
Deutschland
Tel.: +49 (0) 89 23231590
Fax: +49 (0) 89 23231591
E-Mail: info.inmuc@coxandkings.com
http://www.in.de.coxandkings.com/munich1/

Deutsch-Indische Handelskammer
Deutsch-Indisches Informationsbüro e.V.
Citadellstr. 12
40213 Düsseldorf
Deutschland
Tel.: +49 (0) 211/36 05 97-98/36 27 49
Fax: +49 (0) 211/35 02 87
E-Mail: duesseldorf@indo-german.com
http://indien.ahk.de

Indo-German Chamber of Commerce
Maker Tower ‚E'
1st floor
Cuffe Parade
Mumbai (Bombay) 400 005
Indien
Tel.: +91 (0) 22/666 521 – 21
Fax: +91 (0) 22/666 521 – 20
E-Mail: bombay@indo-german.com
http://indien.ahk.de

Weitere Büros in:

New Delhi
German House, 2 Nyaya Marg, Chanakyapuri New Delhi 110 021,
delhi@indo-german.com

Chennai
117, G.N. Chetty Road, T.N. Nagar, Chennai (Madras) 600 017,
chennai@indo-german.com

Bengaluru
403, Shah Sultan, 4th Floor, Cunningham Road, Bengaluru (Bangalore) 560 052, bangalore@indo-german.com

Pune
710 Nucleus Mall Opp. Police Commissioner's Office 1, Church Road, Pune 411 001, pune@indo-german.com

Kolkata (Calcutta)
koetschau@indo-german.com

FICCI – Federation of Indian Chambers of Commerce and Industry
Federation House
Tansen Marg
India
Tel.: +91 (0) 11/23738760-70
Fax: + 91 (0) 11/23320714
http://ficci.com/index.asp

CII – Confederation of Indian Industry
http://www.cii.in/Index.aspx

Germany Trade and Invest
Gesellschaft für Außenwirtschaft und Standortmarketing mbH
Villemobler Str. 76, 53123 Bonn (Hauptsitz der Gesellschaft: Berlin)
Tel.: 0228 24993-0
FAX: 0228 24993 212
E-Mail info@gtai.de
http://www.gtai.de

Teil 10
Qualitätsmanagement von Vertragsprojekten
Typische Fehler von Managern im Umgang mit ihren Beratern aus Sicht des Beraters

	Rz.		Rz.
I. Berufsverständnis und Arbeitskontext	2	4. Die Definition der Lösungsspezifikationen	27
II. Fehler im Entscheidungsprozess	13	5. Die Suche nach Alternativen	31
1. Die präzise Bestimmung des Problems	14	**III. Typische Fehler in der Arbeitsweise**	33
2. Informationsmängel über Sachfragen des Unternehmens	17	1. Unkenntnis über die Informationsverarbeitungsgewohnheiten	36
3. Informationsmängel über Personen und die Funktionsweise der Organe	24	2. Wirksame Berichte	38
		IV. Fehlervermeidung als Aufgabe des Managers	41

Literaturübersicht:
Drucker, Die ideale Führungskraft, 1967; *Drucker*, Post-Capitalist Society, 1993; *Drucker*, Was macht eine effektive Führungskraft aus? in Drucker/Paschek (Hrsg.), Kardinaltugenden effektiver Führung, 2004; *Malik*, Führen – Leisten – Leben: Wirksames Management für eine neue Zeit, 17. Aufl. 2006

Die Arbeitswelt von Managern und Beratern ist so verschieden, dass selbst bei fachlicher Gemeinsamkeit, etwa aufgrund derselben akademischen Disziplin, Fehler im gegenseitigen Umgang selbst bei besten Absichten auf beiden Seiten nur dann zu vermeiden sind, wenn grundlegende Einsichten in den Verhandlungsprozess vorhanden sind und einige wichtige Regeln eingehalten werden. 1

I. Berufsverständnis und Arbeitskontext

Gute **Berater** pflegen mit Methodik und Systematik zu arbeiten. Ihre Kompetenzen sind in der Regel nicht nur Spezialwissen und Erfahrung, sondern auch die Beherrschung von speziellen Vorgehensweisen zur Lösung komplexer Probleme. Ihre Arbeitsweise ist von den Kriterien der Professionalität ihres Berufsstandes geprägt. Sie ist unter guten Beratern ähnlich, weitgehend unabhängig von ihrem akademischen Fach und ihrer Spezialisierung. Gemeinsam ist ihnen auch, dass ihre Arbeitsmethodik durch die Sichtweise des **Spezialisten** bestimmt ist. Ein Berater ist im Allgemeinen nur dann gut, wenn er sich eng spezialisiert, denn gerade das ist sein Kapital und bestimmt seinen Marktwert, erschwert aber gleichzeitig die Zusammenarbeit mit Managern, die zumeist Generalisten sind, insbesondere wenn sie nicht nur Funktionsbereiche, sondern 2

Geschäftsbereiche oder ganze Unternehmen leiten. Es ist dieser Typus Manager, der am häufigsten Gesprächspartner des Beraters ist, und über den Abschluss eines Vertrages entscheidet.

3 Auch die guten **Manager** haben ihre Systematik, aber im Gegensatz zu jener von Beratern ist sie von Person zu Person oft sehr verschieden. Mit der Arbeitsweise von Beratern hat sie wenig gemeinsam, selbst bei jenen Managern, die ursprünglich selbst einmal Berater waren. In der Verschiedenartigkeit der Arbeitsweisen von Führungskräften und Beratern steckt schon erhebliches Fehler- und Konfliktpotential.

4 Die typische Vielfalt der Arbeitsweise von Führungskräften hat ihre Ursache unter anderem darin, dass es den „**Beruf des Managers**", wie jenen etwa des Rechtsanwaltes oder Wirtschaftsprüfers, offiziell nicht gibt. Obwohl durchaus bekannt und allgemein zugänglich ist, worin richtiges und gutes Management besteht, gibt es Ausbildung für professionelles Management kaum. Selbst in jenem Fach, in dem am ehesten Managementausbildung erwartet wird, der Betriebswirtschaftslehre, gibt es eine solche nur rudimentär. Betriebswirtschafts- und Managementlehre sind nicht identisch, wie fast universell als selbstverständlich angenommen wird, sondern sie sind im Gegenteil grundverschieden. Das wird augenfällig, sobald Management nicht, wie üblich, ausschliesslich als eine Funktion des Wirtschaftsunternehmens verstanden wird, sondern als die gestaltende und lenkende Funktion in allen Arten von Institutionen der modernen Gesellschaft. Betriebswirtschaftliches Wissen ist, abgesehen davon, dass überall Geld eine Rolle spielt, für Institutionen im Nicht-Wirtschaftssektor wenig relevant und gelegentlich sogar kontraproduktiv.

5 Auch für die unüberblickbare Zahl von **MBA-Programmen** gilt, dass sie nur selten eine Managementausbildung sind. Zwar kommt in diesen Programmen das Wort „Management" häufig in der Sprache vor, aber kaum in der Sache. Marketingmanagement, Produktionsmanagement und Finanzmanagement sind vorwiegend Marketing, Produktion und Finanzen, was durch das Anhängsel „Management" verschleiert wird. MBA-Programme sind, ihrem Namen entsprechend, Business Administration-, aber keine Managementprogramme.

6 In **anderen akademischen Fächern** kommt Management überhaupt nicht vor, weder in den technischen Disziplinen noch in den Naturwissenschaften, noch in den Geistes- und Gesellschaftswissenschaften. In diesen Studiengängen hat Management nicht einmal als Wahl- oder Freifach Platz, was sich umso negativer auswirkt, als die meisten Absolventen später genau dort arbeiten, wo Management unverzichtbar ist, nämlich in leitenden Positionen in der Wissenschaft oder einem Wirtschaftsunternehmen. Das wiegt schwer, weil der Mangel an Managementkenntnissen meistens der entscheidende Grund ist, weshalb selbst bestaus-

gebildete Universitätsabsolventen aus ihrem Wissen, auch ihrem Talent, weit weniger machen als möglich wäre.

Wissen allein genügt längst nicht mehr, man muss es auch anwenden und damit Resultate erzielen. Management kann als die **Transformation von Wissen in Ergebnisse** verstanden werden. Das ist einer der fruchtbarsten Zugänge zu dem meistens mit großen Missverständnissen behafteten Begriff „Management". Auch die höchstqualifizierten Forscher können nur durch Ergebnisse erfolgreich werden und nur dadurch können sie Karriere machen. 7

Im Selbstverständnis von Managern, egal in welchen Fächern sie ausgebildet sind, gibt es also kein Berufsbild im selben Sinne wie zum Beispiel bei Rechtsanwälten, Wirtschaftsprüfern und teilweise Unternehmensberatern. Führungskräfte sind als Fachleute zumeist hoch qualifiziert, als Manager hingegen sind sie weitgehend **Autodidakten**. Nicht für ihre direkten Fach- und Sachaufgaben sind sie zwar hoch qualifiziert, für Führungsaufgaben fehlen ihnen aber häufig die professionellen Standards. 8

Die **Arbeitsweise** von Managern ist aus diesem Grunde nicht von Professionalitätskriterien eines Berufsstandes geprägt, sondern von individuellen Persönlichkeitsmerkmalen, von Erfahrung und dem Vorbild zufälliger früher Chefs, die sie zu Beginn ihrer Laufbahn hatten. 9

Ein weiterer gewichtiger Unterschied liegt im Arbeitskontext. Selbst in großen Beratungsunternehmen pflegen Berater allein oder in kleinen Teams zu arbeiten, weitgehend unberührt vom organisatorisch-strukturellen Rahmen ihrer Organisationen. Im Gegensatz dazu sind Strukturbedingungen in allen Arten von Institutionen höchst bestimmend – meistens einschränkend und erschwerend – für die Art, wie Manager arbeiten und arbeiten müssen. Nicht nur die Arbeitsweise, sondern auch die Arbeitswelten von Managern und Beratern haben somit kaum Gemeinsamkeiten. 10

Hinzu kommt, dass der **Berater Lieferant** ist, der **Manager** hingegen **Kunde**. Dessen Bereitschaft, auf die professionellen Erfordernisse des Beraters einzugehen ist limitiert, zu Recht oder nicht. Er will als Kunde behandelt sein. Dass diese Haltung der Qualität der Beratung im Wege stehen kann und es häufig tut, ist Managern selten bewusst. 11

Diesen Bedingungen entsprechend gibt es **Fehlerquellen**, die typisch für den je unterschiedlichen Arbeits- und Erfahrungskontext sind. Gerade weil sie typisch sind, sind sie aber relativ leicht erkennbar und könnten vermieden werden. Ich greife zwei Gruppen von Fehlern heraus: Die erste Gruppe steht in Zusammenhang mit der Systematik eines vernünftigen Entscheidungsprozesses. Die zweite Gruppe von Fehlern betrifft die persönliche Arbeitsmethodik sowohl von Managern als auch Beratern. 12

II. Fehler im Entscheidungsprozess

13 Verträge generell, somit auch solche mit Beratern, sind das Ergebnis von Entscheidungsprozessen. Für diese gibt es eine bewährte Systematik. Obwohl das Treffen von Entscheidungen eine der Kernaufgaben von Managern ist, darf ein Berater aber nicht voraussetzen, dass Führungskräfte dafür eine spezielle Methodik erlernt haben. Ihr Entscheidungsverhalten ist ebenso individuell wie ihre ganze Arbeitsweise. Beim Berater ist zu erwarten, dass er systematisch an Entscheidungen herangeht und bei echten Professionals ist das selbstverständlich.

Die Anwendung der Systematik des Entscheidens hilft Fehler zu vermeiden. Ein professioneller Entscheidungsprozess hat folgende Schritte:

1. Die präzise Bestimmung des Problems
2. Die Spezifikation der Anforderungen, die die Entscheidung erfüllen muss
3. Das Herausarbeiten aller Alternativen
4. Die Analyse der Risiken und Folgen für jede Alternative
5. Der Entschluss selbst
6. Der Einbau der Realisierung in die Entscheidung, das Aktionsprogramm
7. Die Etablierung von Feedback: Follow-up und Follow-Through

Die Hauptfehler, die Manager im Umgang mit Beratern machen, liegen in den ersten drei Schritten. Wenn diese beiden Schritte mit Sorgfalt gemacht werden, sind weitere Fehler in Zusammenhang mit Entscheidungen eher unwahrscheinlich.

1. Die präzise Bestimmung des Problems

14 Der erste Schritt jedes Entscheidungsprozesses muss die gründliche und vollständige Bestimmung des wirklichen Problems sein. Man hat weder als Berater noch als Manager sog. „Tatsachen" als Grundlage, wie das in vielen Lehrtexten unterstellt wird. Was verfügbar ist, sind **Meinungen** über Tatsachen und **Symptome** von Problemen. Beides genügt nicht. Man muss zu den Tatsachen und Ursachen hinter Symptomen und Meinungen vorstoßen.

15 Viele Manager machen in diesem ersten Schritt den typischen Fehler, zu schnell anzunehmen, das **Problem sei klar**. Sie wollen rasche Lösungen und haben eine Abneigung dagegen, über das vermeintliche Problem zu reflektieren und es von mehreren Seiten zu betrachten, um ein besseres Verständnis dafür zu bekommen. Das erscheint ihnen als „Theoretisieren" und bestätigt ein häufig bestehendes Vorurteil, durch welches Menschen in „Theoretiker" und „Praktiker" eingeteilt werden. Das führt nicht weiter, denn die Schwierigkeit liegt darin, dass aus einem falsch

oder mangelhaft verstandenen Problem kaum eine richtige Lösung folgen kann. Wird hingegen für ein richtig definiertes Problem der Berater eine falsche oder fehlerbehaftete Lösung vorgeschlagen, kann diese meistens erfolgreich korrigiert werden. Auch noch so viele Korrekturen an der Lösung eines falsch definierten Problems können aber nicht zu einer richtigen Problemdefinition führen.

⇨ Die methodische Prämisse muss deshalb sein, dass das Problem nie klar ist, sondern dass man es herausfinden muss. Das ist die erste und wichtigste Aufgabe in Zusammenhang mit Entscheidungen über Beratungsverträge. Die erforderliche Disziplin dieses ersten Schrittes kann gelockert werden, wenn Gegenstand des Beratungsvertrages gerade der erste Schritt selbst ist, nämlich die **Analyse der Probleme**.

Die größte Schwierigkeit ist meistens nicht die ausgesprochen falsche Bestimmung des Problems. Falsches Problemverständnis erkennen die meisten Führungskräfte ziemlich rasch. Die größte Falle ist die zwar plausible, aber **unvollständige**, nur **teilweise richtige Definition des Problems**, und das häufig zu beobachtende Verhalten, sich damit, oft aus Zeitmangel, vorschnell zufrieden zu geben. 16

2. Informationsmängel über Sachfragen des Unternehmens

Die Sprunghaftigkeit, mit der Führungskräfte als potentielle Auftraggeber für Berater in der Problembestimmungsphase oft vorgehen, führt regelmäßig dazu, dass dem Berater nicht ausreichend bekannt wird, wie der Gegenstand seiner Beratung, das **Unternehmen oder der Unternehmensteil**, beschaffen ist. Er bekommt zu wenig Information über die Geschäftstätigkeit und die Bedingungen, unter welchen sie stattfindet, das heißt, über Sachfragen. Als Folge ist der Berater in der Anwendung seiner Beratungsexpertise limitiert. 17

Es ist nicht Sorglosigkeit oder dergleichen, die Ursache für die chronischen Informationsmängel bei Beratern sind, sondern die intime **Vertrautheit des Managers** mit seinem Aufgabenbereich. Im einen Falle neigt er aufgrund dessen zur stillschweigenden Voraussetzung, dass andere auch genügend Kenntnisse haben, um ihre Arbeit zu tun. Er unterstellt unbewusst, dass der Berater das Unternehmen und seine Geschäftstätigkeit nach den üblichen Briefings ausreichend kennt, um eine gute Beratung zu geben. 18

Es gibt den gegenteiligen Fehler, dass der **Manager keine oder nur wenig Kenntnisse** über Geschäft und Unternehmen hat. Er erfüllt daher durchaus seine Informationspflicht gegenüber dem Berater, aber nicht in der Weise, die der Berater braucht. Der Manager hat seine eigenen Wahrnehmungskategorien, seine Begriffswelt, und er filtert seine Wahrnehmung anders als der Berater. 19

20 ⮕ In beiden Fällen gibt es nur eine Möglichkeit, die potentiellen Fehler im Rahmen der Problembestimmung und deren Folgen zu vermeiden. Der **Berater selbst** muss in Kenntnis dieser Fehlerquellen alles daran setzen, jene Information zu bekommen, die er braucht, um seinen Auftrag zu erfüllen. Das erfordert ein häufig unbequemes Insistieren auf dem vermeintlichen „Theoretisieren". Es besteht das Risiko, dass der Manager misstrauisch wird bezüglich der Kompetenz des Beraters für „sein" Problem und somit wächst die Gefahr, den Auftrag zu verlieren.

21 Man wird als Berater in dieser Phase häufig **Kompromisse** machen müssen. Diese wirken sich im weiteren Beratungsverlauf meistens negativ aus, selbst wenn der Berater davon ausgeht, dass sich die schlechte Informationsbasis im Laufe seiner Tätigkeit verbessern lässt. Die Offerten sind zu knapp kalkuliert, es entsteht die Notwendigkeit zusätzlicher Arbeitsschritte und unter Umständen muss die personelle Besetzung des Beratungsteams verändert werden. Die beiden ersten Folgen kann man vor dem Auftraggeber und dessen eigenen, meistens involvierten Fachleuten noch einigermaßen verschleiern, die Personalmutationen hingegen nicht. Sie tragen selten zur Zufriedenheit des Kunden bei.

22 ⮕ Erfahrene Führungskräfte vermeiden diese Fehler, indem sie nicht nur bereitwillig und offen über alles informieren, was der Berater braucht, um Bestleistung zu erbringen, sondern sie **fordern den Berater aktiv auf** und heraus, alle ihm erforderlichen **Fragen zu stellen**. Nicht selten ist das auch ein Test für Fachkenntnis und Erfahrung des Beraters, durch den ein kompetenter Manager dessen Qualitätsniveau beurteilen kann. Ein professioneller Berater bereitet sich daher auf die Informationsbeschaffungsphase entsprechend vor.

23 Manager mit Erfahrung gehen noch einen Schritt weiter, um einen typischen und gravierenden Fehler zu vermeiden. Sie wissen, dass der Berater ein Spezialist ist; das ist der Hauptgrund, warum sie ihn beiziehen. Sie wissen aber auch, dass Spezialisierung es unvermeidlich mit sich bringt, geradezu darauf beruht, dass die größeren Zusammenhänge ausgeblendet werden. Kompetente Manager arbeiten daher daran, dass der Berater nicht nur die Beratungsfragen im engeren Sinne sieht, sondern **Verständnis für den Gesamtkontext** erwirbt und für die Rahmenbedingungen, innerhalb welcher eine potentielle Lösung zu verwirklichen sein wird. Es ist der Manager, der dem Berater klar zu machen hat, dass zum Beispiel ein juristisches Problem in der Wirtschaft nicht allein juristisch, sondern unter Berücksichtigung wirtschaftlicher Bedingungen zu lösen ist, und ein technisches Problem nicht ohne Rücksicht auf den psychosozialen Kontext eine Lösung finden kann.

Die Spezialistenexpertise des typischen Beraters wird erst im Gesamtkontext zu einem echten Problemlösungsbeitrag. Der Schlüssel zu überlegenen Lösungen, die gelegentlich sogar Durchbrüche darstellen, erwächst so gut wie immer aus dem Zusammenwirken von Spezialisten und Generalisten. Dieses zu ermöglichen und effektiv zu gestalten ist Aufgabe des Managers, denn der Gesamtkontext, der seine Domäne als Führungskraft ist, muss eben auch den Spezialisten mitumfassen.

3. Informationsmängel über Personen und die Funktionsweise der Organe

Eng verbunden mit Informationslücken über die Geschäftstätigkeit und die damit verbunden Sachfragen des Unternehmens – aber dennoch zu unterscheiden von diesen – sind Kenntnislücken über die handelnden Personen sowie über die zuständigen Organe und deren Arbeitsweise.

24

Die Unterscheidung ist notwendig, weil selbst bei bester Sachinformation eine Beratung daran scheitern kann, dass die **innere Funktionsweise** des Unternehmens, die **institutionellen Entscheidungsprozesse** und das **Entscheidungsverhalten** der Organe und ihrer Mitglieder nicht bekannt sind oder nicht ausreichend berücksichtigt werden. Erfahrene Manager wissen um das Problem und werden einen Berater detailliert darüber informieren, welches Procedere zur Genehmigung oder auch nur Kenntnisnahme seiner Vorschläge erforderlich ist.

25

Ein erfahrener Berater weiß zum Beispiel um das Spektrum der Beziehungen, die es zwischen Exekutiv- und Aufsichtsorganen geben kann, von professioneller Offenheit und gegenseitigem Vertrauen im Interesse des Unternehmens bis zu phantasiereichen Varianten des Taktierens im Dienste eigener Privilegien und Machtpositionen.

Er weiß, dass einzelne Mitglieder eines Organes wichtiger für eine Entscheidung sein können als das Organ als Kollektiv. Zu dieser Art von Kenntnissen gehört das Wissen darüber, wie die involvierten Personen und Organe über den Verlauf einer Beratung zu informieren sind, damit dies überhaupt wirksam werden kann und der Berater sein ganzes Fachwissen für seinen Mandanten einbringen kann. Er muss von der auftraggebenden Führungskraft im Interesse einer effektiven Beratung, aber auch durch Eigeninitiative darüber informiert werden, welche Art der Kommunikation und Reihenfolge des Berichtens einzuhalten ist.

Beides ist kritisch für den Erfolg der Beratung. Berater wissen das, stoßen aber bei Managern häufig auf Unverständnis, Zeitknappheit oder andere Widerstände, wenn sie mehr Information fordern und vor allem dann, wenn sie ihre eigenen professionellen Methoden zur Informationsbeschaffung anwenden wollen. Diese beiden typischen Fehler bestimmen den weiteren Verlauf der Zusammenarbeit und die Qualität der Beratung so weitgehend, dass ein Berater seine Sorgfaltspflichten verletzen würde, wenn er auf die nötige Informationsbeschaffung verzichtete. Es gibt für Manager nur eine Möglichkeit, diese Fehler zu vermeiden, nämlich **absolute Offenheit** für die Fragen von Beratern, die das Problemverständnis betreffen und ausreichend Zeit für deren Beantwortung. Die Zeit, die in den Augen mancher Führungskräfte hierfür scheinbar verschwendet

26

wird, wird reichlich wettgemacht durch die zielsichere Arbeitsweise im weiteren Verlauf einer Beratung.

Wenn es keine ausreichende Informationsbasis zu den beiden Fragen gibt, kann ein Vertrag nicht verantwortet werden.

4. Die Definition der Lösungsspezifikationen

27 Der zweite Schritt des Entscheidungsprozesses erfordert es für den Manager, so präzise wie möglich herauszuarbeiten, welche Anforderungen die Entscheidung, also der Vertrag mit dem Berater und dessen nachfolgende Beratungsleistung erfüllen müssen. Das ist schwieriger als es scheint. Typisch ist, dass Manager diesem Schritt nicht genügend Aufmerksamkeit widmen und ausserdem die damit verbundenen Aufgaben falsch oder schlecht erfüllen.

28 Zwei Punkte sind wesentlich: Erstens, die Bestimmung der Spezifikationen darf sich nicht, wie üblich, am wünschbaren Maximum der zu erfüllenden Anforderungen orientieren, sondern muss auf das notwendige Minimum ausgerichtet sein. Das **Minimum** an Anforderungen, das eine Beratung zu erfüllen hat, muss klar und präzise definiert werden. Dieses ist der Standard, an dem die Beratungsleistung zu prüfen ist. Alles was die Entscheidung darüber hinaus noch bringt, ist willkommen und wird ausschlaggebend für die Auswahl eines Berater sein unter mehreren Anbietern sein. Das Minimum hingegen bestimmt die Funktionalität der Lösung.

Der Grund dafür ist einfach: Jede Beratung ist mit Arbeit, Kosten, Schwierigkeiten, Risiken und Unruhe in der Organisation verbunden, je wichtiger sie ist, desto mehr. Wenn fraglich ist, ob sie ein vorausbestimmtes Minimum an Wirkung hat, dann stehen die Risiken dazu in einem Missverhältnis.

29 Der zweite Punkt, der zu beachten ist, betrifft die Handhabung von **Kompromissen**. Ein typischer Fehler ist, Kompromisse bezüglich der Spezifikationen zu früh im Entscheidungsprozess zuzulassen. Zuerst muss durchdacht werden, was richtig wäre und das Problem wirklich lösen würde. Am Ende müssen fast immer Kompromisse gemacht werden, das ist normal. Es können jedoch nur dann praktisch brauchbare Kompromisse sein, wenn sie an einem Standard der richtigen Problemlösung gemessen werden können.

30 In der Spezifikation müssen diese beiden Punkte kombiniert werden und somit kommt man zu dem, was man den **minimalen Idealzustand** – nur scheinbar ein Widerspruch in sich – nennen kann, den die Entscheidung über den Vertrag herbeiführen soll.

5. Die Suche nach Alternativen

Der dritte Schritt im Entscheidungsprozess ist die Suche nach Alternativen. Hier dominieren wiederum zwei Fehler: Erstens, man **begnügt sich mit den ersten paar Alternativen**, die gefunden werden. Wirksame Führungskräfte wissen aber, dass es immer noch mehr Alternativen gibt, und sie zwingen daher sich selbst und ihre Berater, sich mit den Erstbesten nicht zufrieden zu geben. Sie verlangen möglichst viele Alternativen und bieten dem Berater Gelegenheit, sein Spezialistenwissen gerade in diesem Schritt auszuspielen.

Ein anderer Fehler ist, die sog. **Nullvariante**, den Status quo, als Alternative auszuklammern. Der Status quo, die gegebene Situation, ist auch eine Alternative. Oft ist sie nicht gut, sonst hätte man kein Problem und würde nicht eine Beratung suchen. Aber es ist nicht garantiert, dass andere Alternativen besser sind, zumindest muss man diese an der Nullvariante vergleichen. Es gibt Führungskräfte und Berater, die sich unter Entscheidungs- und Änderungszwang setzen lassen. Sie glauben, dass sie ihre Aufgabe nur dann erfüllen, wenn sie immer etwas Neues und Anderes veranlassen. Berater sind dafür besonders anfällig, weil sie aus guten Gründen den Vorwurf fürchten, sie hätten nichts geleistet, wenn sie empfehlen, den bestehenden Zustand weiterzuführen. Es ist der Manager, der sie vom typischen Berateraktionismus abhalten muss.

↪ Der Status quo mag Unvollkommenheiten aufweisen und mit Schwierigkeiten verbunden sein. Er hat aber den Vorteil, dass man diese Schwierigkeiten wenigstens kennt. Eine neue Alternative mag so aussehen, als würde sie alle Schwierigkeiten beseitigen. Man muss aber immer davon ausgehen, dass sie ihrerseits Schwierigkeiten und Probleme produzieren wird, nur kennt man diese noch nicht, und deswegen scheint sie überlegen zu sein. Die übersehenen Nachteile zeigen sich umso gravierender in der Realisierungsphase.

III. Typische Fehler in der Arbeitsweise

Wenn Fehler im Entscheidungsprozess vermieden werden, ist viel gewonnen. Die Erfolgswahrscheinlichkeit wird dadurch deutlich größer.

Es ist aber noch immer möglich, dass Manager die **Abwicklung** der Beratung, also die Erfüllung der Vertragsleistung, als schwierig, mühsam, Zeit raubend und letztlich als ineffizient empfinden, womit sich ein anderer Weg des Scheiterns auftut. Trotz fachlicher Qualität kann es dazu kommen, dass der Berater zwar den erteilten Auftrag erfüllt, aber keine neuen Aufträge erhält, weil er die Individualitäten der Arbeitsweise seines Auftraggebers nicht gekannt oder missachtet hat.

↪ Ein Manager, der das Beste aus einer Beratung holen will, muss klarstellen, wie er die Zusammenarbeit während der Mandatsdauer wünscht. Er muss es umso eher tun, je qualifizierter ein Berater ist und als Folge dessen Anspruch auf seine eigene Arbeitsweise bis zu Starallüren zu haben tendiert. Der Berater ist umso mehr auf arbeitsprozedurale Information seitens des Managers angewiesen, desto schwieriger eine Beratung in der Sache ist, und umso größer die Bedeutung der Beratung für den Auftraggeber hat.

35 Die Hauptquelle von Fehlern dieser Art ist der Umstand, dass es hier zum Teil um höchst **banale Dinge** zu gehen scheint und tatsächlich oft um solche geht. Es sind aber gerade die Banalitäten, die die Effektivität von Menschen verhindern und trotz bester Kenntnisse und größter Talente Grund für ihre Erfolglosigkeit sind. Sie sind erfolgsverhindernd, nur weil man sie nicht beachtet. Manager sind sich ihrer Arbeitsgewohnheiten, ja überhaupt ihrer Funktionsweise, selten bewusst. Sie achten darauf nicht, unter anderem deshalb, weil ihre direkten Mitarbeiter sich oft intuitiv an die Besonderheiten ihrer Chefs anpassen, so dass gar nicht auffallen kann, wie wichtig ihre Beachtung für die Effektivität des Arbeitens ist. Auffallend werden Besonderheiten, manchmal Skurilitäten, erst dann, wann man sie ignoriert, dann aber umso gravierender. Für eine gedeihliche, auf Dauer zielende Zusammenarbeit zwischen Manager und Berater und für ein vertrauensvolles, von Wertschätzung getragenes Mandatsverhältnis können Kleinigkeiten hohe Bedeutung haben. Die Rücksichtnahme auf scheinbare Banalitäten ist eines der Kennzeichen wahrer Professionalität eines Beraters, aber auch ein Prüfstein für die Professionalität eines Managers.

1. Unkenntnis über die Informationsverarbeitungsgewohnheiten

36 So ist es zum Beispiel wichtiger als viele Berater wahrhaben wollen, zu wissen, ob ein Manager der Typus des **Lesers** oder des **Hörers** ist, ob er also eher über das Auge oder das Ohr aufnimmt. Ein typischer Leser mag zum Beispiel Präsentationen nicht, zumindest nicht, bevor er sich auf schriftliche Weise orientieren kann. Er will ein Schriftstück haben, um es konzentriert, vielleicht mehrfach zu studieren, sich Notizen zu machen und seine Gedanken, Kommentare und Fragen schriftlich formulieren zu können. Erst danach empfindet der Lesertyp ein Gespräch als fruchtbar, und er wird präzise darauf vorbereitet ein, was wiederum für den Berater spezielle Vorbereitung erfordert. Präsentationen dienen dem Lesertypus eher dazu, Dritte zu orientieren, zum Beispiel die Mitglieder eines Gremiums, oder gewissen Konventionen und Moden Tribut zu zollen.

37 Der Typ des **Hörers** hingegen arbeitet gegensätzlich. Schriftlichkeit ist für ihn nicht hilfreich, er neigt dazu, sie als umständlich, „theoretisch", nicht selten als bürokratisch zu empfinden. Wenn er längere Schriftstücke zu lesen hat, tendieren seine Gedanken abzuschweifen. Lesebedingte Konzentration kostet ihn Kraft. Er will und braucht die persönliche Begegnung, das Gespräch, um Fähigkeiten wirksam zu machen. Er will Fra-

gen unmittelbar stellen können, will Antworten hören, seine Methode ist die mündliche Argumentation, der Disput. Eine schriftliche Ausarbeitung will er erst nach den Gesprächen haben, häufig nicht, um sie zu lesen, sondern nur für die Dokumentierung des Beratungsverlaufes.

2. Wirksame Berichte

Es liegt nicht allein, aber zu einem wesentlichen Teil am Manager, Berichte, die im Zuge eines Beratungsprojektes vorzulegen sind, wirksam zu machen. Beratungsberichte müssen nicht nur sachlich richtig sein. Das ist erst eine notwendige Voraussetzung für den Erfolg der Beratung. Berichte müssen zusätzlich wirksam sein. Wirksamkeit entsteht ausschließlich beim **Empfänger** eines Berichtes. 38

⇨ Schon die Anwendung weniger, einfacher Praktiken seitens des Beraters gestaltet die Zusammenarbeit zu seinem Mandanten fruchtbar und effizient. Weil Berater darauf aufgrund ihrer Ausbildung eher selten achten beziehungsweise an bestimmte, zumeist akademische Konventionen gewöhnt sind, machen sie oft unnötige Fehler. Manager hingegen haben im Laufe ihrer Praxis gelernt, dass ein Bericht sachlich perfekt sein und dennoch unwirksam bleiben kann. Der Manager muss den Berater unter anderem darüber informieren, wer die Empfänger eines Berichtes sind, damit dieser auf deren Gewohnheiten eingehen kann.

Der typische Bericht eines Beraters, der Jurist ist, wird von einem Manager meistens nicht von vorne nach hinten, sondern umgekehrt gelesen, weil der Jurist eine für den Manager oft langatmig wirkende Falldarstellung macht, alle denkbaren Möglichkeiten aufzeigt, die Judikatur zitiert, Vor- und Nachteile, Bedenken und Vorbehalte darlegt – und erst am Schluss eines für den Manager viel zu langen Papieres zu seinen **Empfehlungen** kommt. Nur diese sind es, um die es dem Manager geht. Erwägungen und Begründungen interessieren ihn sekundär. Öfter als es einem juristischen Berater recht sein kann, entsteht beim Manager der Eindruck, der Jurist wolle seine Gebildetheit darstellen oder sein Honorar rechtfertigen, statt ihm zu helfen. Er hätte ihm von Beginn an sagen sollen, was er wirklich will, denn je besser ein Jurist als Fachmann ist, umso mehr gebietet es seine Standesprofessionalität in genau der Weise vorzugehen, die den Interessen des Managers entgegensteht. Wirkung eines solchen Berichtes entsteht nur dort, wo die Empfänger selbst vorwiegend Juristen sind. 39

Sind die Empfänger hingegen Ingenieure, muss der Manager darauf bestehen, dass möglichst wenig Text, dafür viele Grafiken und besonders Kurvendarstellung in Koordinatensystemen, in einem Bericht vorkommen. Sind es Finanz- und Rechnungswesenspezialisten, haben Zahlenwerke in Tabellenform die beste Wirkung. Ist ein Gremium gemischt zusammengesetzt, muss sich idealerweise für jeden Typus etwas finden. Praktiker legen auch selten Wert auf Fußnoten. Zitierungen, Quellenhinweise und Detailausführungen sollten sich nicht im Haupttext, sondern in einem Anhang finden.

40 Von hoher Bedeutung ist die Handhabung von **Zeitaspekten**, und zwar nicht nur im selbstverständlichen Sinne, dass die Beratung als Ganzes und ihre einzelnen Schritte auf der Zeitachse terminiert, sind. Viele Berater arbeiten zwar formal termingerecht liefern aber immer zum spätestmöglichen Zeitpunkt; nicht notwendigerweise aus Mangel an eigener Arbeitsdisziplin, obwohl auch das vorkommt, sondern weil sie bis zum Schluss an einer Sache arbeiten um sie zu perfektionieren. Ein Anwalt, der seine Schriftsätze immer in letzter Sekunde und möglichst voluminös vorlegt, wird bei Managern auf wenig Verständnis stoßen, und mit der Zeit als Belastung empfunden werden, auch wenn er fachlich noch so gut ist. Führungskräfte haben keine Sympathie für Zeitdruck, weil sie diesem ohnehin ständig unterworfen sind.

↪ Der Manager muss dem Berater Klarheit geben über seine Terminwünsche. Es ist das gute Recht des Managers als Kunde, vom Berater zu verlangen, dass dieser seine Arbeitsweise maximal auf die Arbeitsweise des Kunden anpasst.

Das wird nie zu 100 Prozent möglich sein, jedoch kann ein Berater sich umso besser auf die Präferenzen seines Kunden einstellen, je besser er sie kennt.

IV. Fehlervermeidung als Aufgabe des Managers

41 Ein Manager muss von sich aus im Interesse der Sache Wert darauf legen, dass der Berater alles weiß, das ihn befähigt, sein Bestes zu geben. Der Manager, nicht der Berater, muss dafür sorgen, dass dieser die **breitestmögliche Perspektive** bekommt. Es ist Aufgabe des Managers, dafür zu sorgen, dass der Berater eine ganzheitliche Perspektive akzeptiert, statt sie abzuweisen, wie es aufgrund seiner professionellen Spezialisierung wahrscheinlich ist. Der Manager muss alle Voraussetzungen schaffen, die eine optimale Beratung ermöglichen.

42 Der Manager darf sich, wenn er wirklich gute Beratungsergebnisse bekommen will, **nicht auf die Position eines Kunden** zurückziehen. Er muss dem Berater gegenüber genau das tun, was richtiges und gutes Management bedeutet, nämlich die Stärken des Beraters zu voller Geltung zu bringen und ihm die besten Bedingungen zu schaffen, damit er Höchstleistung erbringen kann.

43 Es ist nicht Aufgabe von Managern, Menschen zu verändern. Wenn sie ihre Aufgabe professionell erfüllen wollen, dann sollten sie das gar nicht versuchen. Richtiges Management heißt, **Menschen so zu nehmen wie sie sind**, ihre Stärken zu erkennen und ihre Schwächen bedeutungslos zu

IV. Fehlervermeidung als Aufgabe des Managers

machen, nicht indem man sie beseitigt, sondern indem man die Aufgaben so gestaltet, dass die Schwächen sich nicht auswirken können. Das gilt für alle Menschen. Es gilt ausnahmslos für Berater jedweder Fachrichtung. Während es für Menschen im Allgemeinen von Vorteil ist, die Stärken zu nutzen, ist es für Berater eine Notwendigkeit. Es ist die einzige Möglichkeit, sie wirksam zu machen.

Je besser ein Berater ist, je mehr er Spezialist auf seinem Gebiet ist, was seine Qualität und Expertise definiert, je größer seine Stärken daher sind, desto **mehr Schwächen** hat er in der Regel. Es sind Schwächen, die jedoch der Manager selbst bedeutungslos machen kann, indem er die typischen Fehler vermeidet, auch wenn es ihm schwer fällt. Das Ergebnis ist Erfolg für beide, den Berater und den Manager.

Teil 11
Checklisten

11.1
Checklisten für Austauschverträge

	Rz.		Rz.
I. Dienstvertrag für freie Mitarbeiter	1	IV. Mietvertrag über Gewerbeimmobilie	4
II. Vertrag für Handelsvertreter	2	V. Lizenz- und Know-how-Vertrag	5
III. Vertrag eines GmbH-Geschäftsführers	3		

I. Dienstvertrag für freie Mitarbeiter

Weiterführende Literatur:

Kornbichler et al., Beck'sches Formularbuch Arbeitsrecht, 3. Aufl. 2014; *Kallmann* in Langenfeld, Münchener Vertragshandbuch, Band 5. Bürgerliches Recht I, 7. Aufl. 2013; siehe im Internet ferner Vertragsmuster der IHK Frankfurt a.M., abrufbar unter der URL *http://www.frankfurt-main.ihk.de/recht/mustervertrag/freie_mitarbeiter/*.

⊃ **1. Vertragliche Grundlagen**   1

1.1 Vertragsparteien

- Benennung der Vertragsparteien (Unternehmen und freier Mitarbeiter)
- ggf. Vertretung und Vollmachten

1.2 Vertragsgegenstand

- Benennung der Hauptleistungspflichten der Vertragsparteien
- Ziele der Parteien (etwa erwartete Qualifikation des freien Mitarbeiters und erwarteter Tätigkeitsbereich des Unternehmens und des freien Mitarbeiters innerhalb des Unternehmens)

1.3 Vertragsrecht

- Abgrenzung zum Arbeitsvertrag (z.B. Weisungsfreiheit sowie Freiheit in der Bestimmung von Arbeitsort und Arbeitszeit)
- ggf. Abgrenzung zum Kooperationsvertrag
- ggf. Rangfolge von Regelungen

2. Inhalt der Leistungen

2.1 Leistung des freien Mitarbeiters

- Arbeitsleistung: Form der Erbringung und Art der Leistung
- Tätigkeitsgebiet: genaue Beschreibung des räumlichen und sachlichen Tätigkeitsgebiets des Mitarbeiters; soweit geographisch, Definition in Anlage
- Weiterbildungspflicht: Verpflichtung des freien Mitarbeiters, sich in seinem Tätigkeitsgebiet weiterzubilden

2.2 Leistungen des Unternehmens

2.2.1 Vergütung

- Art der Vergütung, z.B. Einzelhonorar, Erfolgshonorar oder periodisches (z.B. monatliches oder jährliches) Fixum
- Vergütungsbestandteile
- Festvergütung
- variable Vergütung
    - z.B. abhängig vom Erreichen bestimmter Zielvorgaben
    - z.B. umsatz- oder gewinnabhängig (Festlegung der Kriterien für die Ermittlung erforderlich)
    - z.B. Festlegung von Sondertantiemen bei Erfüllung besonderer Tatbestände als Leistungsanreiz
- Sozialabgaben: durch freien Mitarbeiter zu entrichten
- Steuern: inkl. Umsatzsteuer; Einkommensteuer unmittelbar durch freien Mitarbeiter zu entrichten

2.2.2 Weitere Leistungen

- Pflicht des Unternehmers zum Aufwendungsersatz (vorherige Genehmigung der Aufwendungen durch Unternehmer; Nachweispflicht des Mitarbeiters über Aufwendungen; Art des Ersatzes; Pauschale oder tatsächliche Aufwendungen)
- Berechtigung zur Nutzung von Eigentum des Unternehmers, etwa von Räumlichkeiten und Fahrzeugen

3. Sicherung der Leistungen

3.1 Sicherung der Leistungen des freien Mitarbeiters

- Geheimhaltungsverpflichtung des freien Mitarbeiters (Verpflichtungserklärung als Anlage, u.a. mit Definition vertraulicher Informationen); ggf. Vertragsstrafe bei Zuwiderhandlung
- Wettbewerbsverbot des freien Mitarbeiters; ggf. Vertragsstrafe bei Zuwiderhandlung

3.2 Sicherung der Leistungen des Unternehmens

- z.B. Entgeltfortzahlung bei vorübergehender Arbeitsverhinderung des freien Mitarbeiters oder bei Annahmeverzug des Unternehmens
- z.B. Entgeltfortzahlung im Krankheitsfall

4. Vertragsdurchführung

4.1 Beginn des Vertrages

- kalendarische Bestimmung des Vertragsbeginns
- ggf. Übergabe von Gegenständen

4.2 Lauf des Vertrages

- ggf. Berichtspflichten zu bestimmten Terminen
- Zahlungsbedingungen
  - Vergütung und Steuern
  - Zahlungsweise
  - Fälligkeit
  - Verzug
  - Besonderheiten bei Auslandsberührung

4.3 Beendigung des Vertrages

4.3.1 Ordentliche Beendigung des Vertrages

- Variante 1 – befristeter Vertrag (Festlegung eines Termins nach dem Kalender oder eines zu definierenden Ereignisses, z.B. Auftragserfüllung), ggf. mit Verlängerungsoption (Bestimmung des Zeitpunks der Ausübung der Option und der Vertragsdauer nach Ausübung der Option)
- Variante 2 – unbefristeter Vertrag;
  - ggf. Festlegung von Kündigungsfristen
  - Schriftformbedürftigkeit der Erklärung

4.3.2 Außerordentliche Kündigung

- Vereinbarung wichtiger Gründe
- Schriftformbedürftigkeit der Erklärung

4.3.3 Pflichten nach Beendigung des Vertrages

- Pflicht des freien Mitarbeiters zur Herausgabe von Materialien und Dokumenten; Ausschluss eines Zurückbehaltungsrechts
- nachvertragliches Geheimhaltungsgebot und Wettbewerbsverbot (Festlegung von Frist und Karenzentschädigung); Vertragsstrafe bei Zuwiderhandlung

5. Allgemeine Bestimmungen

5.1 Anwendbares Recht

- ggf. Wahl deutschen Rechts

5.2 Gerichtsstand, Erfüllungsort, Verfahren, Zustellungen

- Vereinbarung eines ausschließlichen oder besonderen Gerichtsstands
- Vereinbarung des Erfüllungsorts
- ggf. Mediationsklausel
- ggf. Schiedsgerichtsklausel
- ggf. Regelung von Zustellungen

5.3 Schriftform

- Schriftformbedürftigkeit des Vertragsschlusses bzw. von Änderungen und Ergänzungen
- Schriftformbedürftigkeit von sonstigen rechtserheblichen Erklärungen
- Schriftform auch durch telekommunikative Übermittlung (z.B. per Telefax und/oder E-Mail) erfüllbar
- Vollständigkeit der Vertragsurkunde samt Anlagen

5.4 Vertragsauslegung

- salvatorische Klausel
- ggf. Rangfolge der Vereinbarungen
- ggf. Vereinbarung der Vertragssprache

6. Anlagen

- Vollmachten der Vertragsparteien
- Nachweis der Qualifikationen des Mitarbeiters in Kopie
- Definition der Leistungspflicht, soweit ein Werk geschuldet
- geographische Definition des Tätigkeitsgebiets
- Verschwiegenheitserklärung des Mitarbeiters

II. Vertrag für Handelsvertreter

Weiterführende Literatur:

Detzer/Ullrich, Verträge mit ausländischen Handelsvertretern, 5. Aufl. 2010; *Eberstein*, Der Handelsvertreter-Vertrag, 9. Aufl.2008; *Küstner*, Das neue Recht des Handelsvertreters, 5. Aufl. 2013; *Niebling*, Musterverträge für Handelsvertreter, Händler und Franchisepartner, 4. Aufl. 2009; *Stötter*, Das Recht der Handelsvertreter, 6. Aufl.2007; siehe im Internet ferner Vertragsmuster der IHK Frankfurt a.M., abrufbar unter der URL *http://www.frankfurt-main.ihk.de/recht/mustervertrag/ handelsvertreter/*.

 1. Vertragliche Grundlagen

1.1 Vertragsparteien
- Benennung der Vertragsparteien
- ggf. Vollmachten und Vertretung (Vollmachtsurkunde als Anlage)

1.2 Vertragsgegenstand
- Benennung der Hauptleistungspflichten der Vertragsparteien
- Ziele und Erwartungen der Vertragsparteien

1.3 Vertragsrecht
- ggf. Abgrenzung zu Arbeitnehmer
- ggf. Rangfolge von Regelungen

2. Inhalt der Leistungen

2.1 Leistungen des Handelsvertreters
- Bemühen um Vermittlung und/oder Abschluss von Verträgen; Festlegung des Tätigkeitsbereichs
  - Festlegung des sachlichen Tätigkeitsbereichs (Definition und Konkretisierung in Anlage)
  - falls Gebiets- oder Bezirksvertretung: Festlegung des räumlichen Tätigkeitsbereichs (Definition und Konkretisierung in Anlage)
    - ggf. Vereinbarung einer Exklusivität des Handelsvertreters in dem Gebiet, oder Recht des Unternehmers oder Dritter, im geschützten Bereich tätig zu werden
    - ggf. Recht des Handelsvertreters, über Bezirk hinaus tätig zu werden
    - ggf. Befugnis einseitiger Bezirksveränderung durch Unternehmer
  - ggf. Übernahme eines bestehenden Kundenstamms (Definition und Konkretisierung in Anlage)
- ggf. Umfang der Vollmacht zum Abschluss von Verträgen
- (Nicht-)Berechtigung oder Verpflichtung zum Inkasso
  - treuhänderische Tätigkeit des Handelsvertreters (Anderkonto; keine Berechtigung des Handelsvertreters zur Aufrechnung)
  - Festlegung des Umfangs des Inkasso
  - Festlegung unzulässiger Vereinbarungen zwischen Kunden und Handelsvertreter: Stundung, Ratenzahlung, Zahlungsziele

- ggf. Recht des Handelsvertreters zum Einsatz von Hilfspersonen; keine Entstehung von Vertragsbeziehungen der Hilfsperson mit dem Unternehmer
- ggf. Recht des Handelsvertreters, Delkredere abzugeben
- ggf. (Recht des Unternehmers auf) Festlegung der Preise, zu denen Handelsvertreter Angebot abgeben oder Vertrag mit Kunden des Unternehmers abschließen darf
- Informationspflicht
  - Berichterstattungspflicht des Handelsvertreters; Weisungsbefugnis des Unternehmers hinsichtlich Form, Häufigkeit und Zeitpunkt der Handelsvertreterberichte
  - unverzügliche Mitteilung des Handelsvertreters gegenüber dem Unternehmer von Vermittlung oder Abschluss eines Vertrages oder über bedeutsame Tatsachen, die Markt und Kunden betreffen
- weitere Pflichten, z.B.
  - zu Vertriebsfördermaßnahmen
  - zum Führen einer aktuellen Kundenkartei
  - zur Rechnungslegung

2.2 Leistungen des Unternehmens

2.2.1 Zahlung einer Vergütung

- Fixbetrag
- Provision
  - Provisionsvereinbarung
    - Berechnungsgrundlage für die Provision (nach Netto-Warenwert gestaffelter degressiver Prozentbetrag)
    - keine Provision für nachvertraglich zustande gekommene Verträge
    - keine Überhangprovision
    - Provisionskürzung in besonderen Fällen
    - Provisionsminderung bei Krankheit (Dauer, Fixbetrag, maximale Kürzung)
    - Provisionsminderung bei Entgeltreduzierungen
    - Mindestprovision
    - Ausdehnung der Provisionspflicht
    - Provision unabhängig von Entgeltzahlung
    - Provisionsvorschuss

- (teilweises) Entfallen der Provision, wenn Kunde nicht oder nur teilweise erfüllt
- Entfallen der Provision für Geschäfte, bei denen Provision ausgeschiedenem Handelsvertreter zusteht
- Inkassoprovision (Festlegung der Berechnungsgrundlage)
- Delkredereprovision (Festlegung der Berechnungsgrundlage)

2.3 Weitere Leistungen des Unternehmers

- Unterstützung des Handelsvertreters, etwa durch Bereitstellung von Mustern und Mitteln zur Absatzförderung (kein Übergang des Eigentums auf den Handelsvertreter)
- (kein) Aufwendungsersatzanspruch des Handelsvertreters
- Urlaub des Handelsvertreters (Bemessung des Urlaubsanspruchs; Pflicht der Rücksichtnahme des Handelsvertreters bei Planung der Urlaubszeit; ggf. Beschränkung auf Betriebsferien des Unternehmers oder der Kunden; Pflicht des Handelsvertreters, Betreuung der Kunden während der Abwesenheit sicherzustellen)
- unverzügliche Mitteilung des Unternehmers gegenüber dem Handelsvertreter
  - über Annahme oder Ablehnung des von Handelsvertreter vermittelten Geschäfts, soweit keine Abschlussvollmacht besteht
  - bei Plan des Unternehmers, zukünftig wesentlich weniger Geschäfte abschließen, als zu erwarten war
  - bei Preisänderungen und Änderung der Lieferbedingungen
  - bei Betriebsumstellung oder bei Betriebseinstellung

3. Sicherung der Leistungen

3.1 Sicherung der Leistungen des Handelsvertreters

- Pflicht des Handelsvertreters zur Geheimhaltung von Geschäfts- und Betriebsgeheimnissen; soweit Dritte unvermeidlich von Geschäfts- oder Betriebsgeheimnissen Kenntnis erlangen; Verpflichtung, diesen dieselben Verpflichtungen aufzuerlegen; Vertragsstrafe im Falle der Zuwiderhandlung
- Wettbewerbsverbot während der Vertragsbeziehung; schriftliches Zustimmungserfordernis des Unternehmers bei Aufnahme weiterer Tätigkeit des Handelsvertreters für Dritte während der Laufzeit dieses Vertrages; Vertragsstrafe im Fall der Zuwiderhandlung
- Verbot von Eigengeschäften des Handelsvertreters
- Verpflichtung des Handelsvertreters, Muster und sonstige Mittel der Absatzförderung sorgfältig aufzubewahren und zweckentsprechend zu verwenden

– Informationspflichten des Handelsvertreters bei Krankheit; Berechtigung des Unternehmers, bei längerer Krankheit selbst oder durch Dritte tätig zu werden

3.2 Sicherung der Leistungen des Unternehmens

– Stellung von Sicherheiten, z.B. Bürgschaft
– Entgeltfortzahlung im Krankheitsfall (Festlegung der Dauer und der Berechnungsgrundlage; keine Kürzung der Provision im Krankheitsfall)
– Pflicht zur Zahlung, wenn Unternehmer Geschäft durchführt oder hätte durchführen müssen
– Pflicht des Unternehmers zur Übergabe der durch Handelsvertreter abgeschlossenen oder vermittelten Verträge (Frist zur Übergabe; Genehmigungsfiktion, soweit Unternehmer nicht widerspricht)
– Pflicht des Unternehmers zur Übergabe der Liste der auf Delkredere durch Handelsvertreter abgeschlossenen oder vermittelten Verträge (Frist zur Übergabe; Genehmigungsfiktion, soweit Unternehmer nicht widerspricht)

4. Vertragsdurchführung

4.1 Beginn des Vertrages

– kalendarische Bestimmung des Vertragsbeginns
– ggf. Übergabe von Gegenständen

4.2 Lauf des Vertrages

– insbesondere Zahlungsbedingungen
  – Vergütung und Steuern
  – Zahlungsweise
  – Fälligkeit des Fixbetrages bzw. der Provisionen; Festlegung von Abrechnungsperioden
  – Verzug
  – Besonderheiten bei Auslandsberührung

4.3 Beendigung des Vertrages

4.3.1 Ordentliche Beendigung des Vertrages

– Variante 1 – befristeter Vertrag, ggf. mit Verlängerungsoption (Bestimmung des Zeitpunkts der Ausübung der Option und der Vertragsdauer nach Ausübung der Option)
– Variante 2 – unbefristeter Vertrag
  – ggf. Festlegung von Kündigungsfristen
  – Schriftformbedürftigkeit der Erklärung

- ggf. Beendigungsklausel für Sonderfälle
- Erreichen einer Altersgrenze (Vollendung des 65. Lebensjahres)
- Feststellung der Berufsunfähigkeit
- ggf. Vereinbarung zur Kündigung der Delkrederevereinbarung und zur Kündigung der Inkassoberechtigung mit Regelung, dass Vertrag im Übrigen fortbesteht

4.3.2 Außerordentliche Kündigung

- Festlegung wichtiger Gründe
- Schriftformbedürftigkeit der Erklärung

4.3.3 Pflichten nach Beendigung des Vertrages

- Rückgabepflichten des Handelsvertreters, etwa der Muster und sonstiger Mittel zur Absatzförderung, insbesondere der Kundenkartei
- nachvertragliches Geheimhaltungsgebot und Wettbewerbsverbot (Festlegung von Frist und Karenzentschädigung); Vertragsstrafe bei Zuwiderhandlung
- Ausgleichsanspruch des Handelsvertreters (Festlegung von Voraussetzungen, Höhe, Wegfall, Befristung)

5. Allgemeine Bestimmungen

5.1 Anwendbares Recht

- ggf. Wahl deutschen Rechts

5.2 Gerichtsstand, Erfüllungsort, Verfahren, Zustellungen

- Vereinbarung eines ausschließlichen oder besonderen Gerichtsstands
- Vereinbarung des Erfüllungsorts
- ggf. Mediationsklausel
- ggf. Schiedsgerichtsklausel
- ggf. Regelung von Zustellungen

5.3 Schriftform

- Schriftformbedürftigkeit des Vertragsschlusses bzw. von Änderungen und Ergänzungen
- Schriftformbedürftigkeit von sonstigen rechtserheblichen Erklärungen
- Schriftform auch durch telekommunikative Übermittlung (z.B. per Telefax und/oder E-Mail) erfüllbar
- Vollständigkeit der Vertragsurkunde samt Anlagen

5.4 Vertragsauslegung

- salvatorische Klausel
- ggf. Rangfolge der Vereinbarungen
- ggf. Vereinbarung der Vertragssprache

6. Anlagen

- Vollmachtsurkunden
- Definition des sachlichen Tätigkeitsbereichs des Handelsvertreters (z.B. durch Beschreibung der Produkte und Kundenprofile)
- evtl. Definition des geografischen Tätigkeitsbereichs des Handelsvertreters (z.B. durch Ausschnitt aus Landkarte und/oder Benennung von Postleitzahlenbereichen)

III. Vertrag eines GmbH-Geschäftsführers

Weiterführende Literatur:

Arens/Beckmann, Die anwaltliche Beratung des GmbH-Geschäftsführers, 2006; *Flore/Schmidt*, Checkbuch Geschäftsführer-Vergütungen, 2. Aufl. 2002; *Fuhrmann*, Der GmbH-Geschäftsführervertrag, 2001; *Hoffmann/Liebs*, Der GmbH-Geschäftsführer, 3. Aufl. 2009; *Jaeger*, Der Anstellungsvertrag des GmbH-Geschäftsführers, 5. Aufl. 2009; *Jehle/Lang/Meier-Rudolph*, Check Book für GmbH-Geschäftsführer, 6. Aufl. 2009; *Jula*, Der GmbH-Geschäftsführer, 4. Aufl. 2012; *Müller/Winkeljohann*, Beck'sches Handbuch der GmbH, 4. Aufl. 2009; *Oppenländer/Trölitzsch*, Praxishandbuch der GmbH-Geschäftsführung, 2. Aufl. 2011; *Prühs*, Der Anstellungsvertrag des GmbH-Gesellschafter-Geschäftsführers, 3. Aufl. 2011; *Römermann*, Münchener Anwaltshandbuch GmbH-Recht, 3. Aufl. 2014; *Spönemann*, Checkbuch Geschäftsführer-Anstellungsvertrag, 2001; *Spörlein/Tausend/Ballreich*, Handbuch für den Geschäftsführer der GmbH, 19. Aufl. 2008; *Stehle/Lenz*, Der erfolgreiche GmbH-Geschäftsführer, 11. Aufl. 2009; *Tillmann/Mohr*, GmbH-Geschäftsführer, 10. Aufl. 2013; siehe im Internet ferner Vertragsmuster der IHK Frankfurt a.M., abrufbar unter der URL *http://www.frankfurt-main.ihk.de/recht/mustervertrag/arbeitsvertrag_gmbh/index.html.*

1. Vertragliche Grundlagen

1.1 Vertragsparteien

- Benennung der Vertragsparteien (Geschäftsführer und Unternehmen)
- ggf. Vertretung und Vollmachten

1.2 Vertragsgegenstand

- Benennung der Hauptleistungspflichten der Vertragsparteien
- Ziele der Vertragsparteien, insbesondere Beschreibung des Tätigkeitsfelds des Unternehmens und der Qualifikationen und des bisherigen Tätigkeitsfelds des Geschäftsführers (ggf. Verweis auf Dokumente als Anlagen)

1.3 Vertragsrecht

- ggf. Hinweis auf Einfluss Dritter, z.B. Erfordernis der Zustimmung des Aufsichtsrats bei Unternehmen im Regelungsbereich des (Montan-)MitBestG oder Erfordernis der Zustimmung der Gesellschafterversammlung
- ggf. Rangfolge von Regelungen

2. Inhalt der Leistungen

2.1 Leistungen des Geschäftsführers

- Festlegung und Konkretisierung der Geschäftsführungsbefugnis (Führung der Geschäfte der Gesellschaft mit der Sorgfalt eines ordentlichen Kaufmanns) sowie Aufführung von zustimmungspflichtigen Geschäften; zugleich Festlegung und Konkretisierung von Pflichten und Verantwortlichkeiten, z.B. Aufstellung von Jahresabschluss und Geschäftsbericht, Informationspflichten gegenüber den Gesellschaftern etc.
- Festlegung und Konkretisierung der Vertretungsbefugnis; Befreiung des Geschäftsführers von den Beschränkungen des § 181 BGB (Selbstkontrahieren)
- weitere Einzelheiten
  - ggf. Versetzungs- und Delegationsvorbehalt des Unternehmens
  - ggf. Regelung zu Nebentätigkeiten
  - ggf. Regelungen zu Erfindungen und technischen Verbesserungsvorschlägen durch den Geschäftsführer

2.2 Leistungen des Unternehmens

2.2.1 Vergütung

- Festvergütung
- variable Vergütung
  - z.B. abhängig vom Erreichen bestimmter Zielvorgaben
  - z.B. umsatz- oder gewinnabhängig (Festlegung der Kriterien für die Ermittlung erforderlich)
  - z.B. Festlegung von Sondertantiemen bei Erfüllung besonderer Tatbestände als Leistungsanreiz
- Kombination von Festvergütung mit variablen Vergütungsbestandteilen
- Anpassung der Vergütung

2.2.2 Weitere Leistungen

- Sachleistungen wie Mobiltelefon, Dienstfahrzeug oder Dienstwohnung

- Zuschuss zur Kranken- und Pflegeversicherung; Abschluss von Versicherungen für den Geschäftsführer wie Unfallversicherung, Berufsunfähigkeitsversicherung und D&O-Versicherung
- Absicherung durch Altersversorgung (Pensionsansprüche) und Hinterbliebenenversorgung
- Spesen

2.2.3 Urlaub

- Umfang, ggf. Erhöhung nach Betriebszugehörigkeit oder Alter
- Übertragung von Urlaubsansprüchen auf das Folgejahr und Verfall von Urlaubsansprüchen
- Abgeltung des Urlaubsanspruchs

3. Sicherung der Leistungen

3.1 Sicherung der Leistungen des Geschäftsführers

- Wettbewerbsverbot für den Zeitraum des Bestehens des Anstellungsverhältnisses
- Vertragsstrafen
- Geheimhaltungspflichten
- Haftung

3.2 Sicherung der Leistungen des Unternehmens

- Vergütung bei Dienstverhinderung
- Vergütung bei Krankheit (Entgeltfortzahlung)
- Vergütung bei Tod des Geschäftsführers

4. Vertragsdurchführung

4.1 Beginn des Vertrages

- kalendarische Bestimmung des Vertragsbeginns bzw. Dienstantritts
- Übergabe von Gegenständen zum Dienstantritt
- bisherige Arbeits- und Dienstverhältnisse

4.2 Lauf des Vertrages

- insbesondere Zahlungsbedingungen
  - Vergütung und Steuern
  - Zahlungsweise
  - Fälligkeit
  - Verzug
  - Besonderheiten bei Auslandsberührung

4.3 Beendigung des Vertrages

4.3.1 Ordentliche Beendigung

– Variante 1 – befristeter Vertrag, ggf. mit Verlängerungsoption (Bestimmung des Zeitpunks der Ausübung der Option und der Vertragsdauer nach Ausübung der Option)

– Variante 2 – unbefristeter Vertrag

  – Festlegung von Kündigungsfristen, ggf. gestaffelt nach Zeit der Betriebszugehörigkeit

  – Festlegung des Adressaten der Kündigung

  – Schriftformbedürftigkeit der Erklärung

  – Auslegungsregel, dass Abberufung als Geschäftsführer im Zweifel auch ordentliche Kündigung des Anstellungsvertrages darstellt

  – ggf. Berechtigung des Unternehmens zur Freistellung des Geschäftsführers unter Anrechnung auf etwaigen noch offen stehenden Urlaub

– ggf. Beendigungsklausel für Sonderfälle

  – Erreichen einer Altersgrenze (Vollendung des 65. Lebensjahres)

  – Feststellung der Berufsunfähigkeit

4.3.2 Außerordentliche Kündigung

– Festlegung wichtiger Gründe, z.B.

  – Vornahme besonderer Geschäfte mit Zustimmungsvorbehalt der Gesellschafter

  – schwerer Verstoß gegen eine Weisung der Gesellschafterversammlung

  – Eröffnung des Insolvenzverfahrens über das Vermögen der Gesellschaft oder Auflösung der Gesellschaft

– ggf. Sonderkündigungsrechte, z.B. für den Fall der Übernahme des Unternehmens durch einen Dritten

– Formales:

  – Festlegung des Adressaten der Kündigung

  – Schriftformbedürftigkeit der Erklärung

4.3.3 Pflichten nach Beendigung

– Abfindungsregelungen

– Abgeltungsregelungen

– Herausgabe von Unterlagen (z.B. Schlüssel, Dokumente etc.) ohne Zurückbehaltungsrecht

- nachvertragliche Geheimhaltungspflichten und Wettbewerbsverbote
- Fortbestehen von Rechten, z.B. von Pensionsansprüchen

5. Allgemeine Bestimmungen

5.1 Anwendbares Recht
- ggf. Wahl deutschen Rechts

5.2 Gerichtsstand, Erfüllungsort, Verfahren, Zustellungen
- Vereinbarung eines ausschließlichen oder besonderen Gerichtsstands
- Vereinbarung des Erfüllungsorts
- ggf. Mediationsklausel
- ggf. Schiedsgerichtsklausel
- ggf. Regelung von Zustellungen

5.3 Schriftform
- Schriftformbedürftigkeit des Vertragsschlusses bzw. von Änderungen und Ergänzungen
- Schriftformbedürftigkeit von sonstigen rechtserheblichen Erklärungen
- Schriftform auch durch telekommunikative Übermittlung (z.B. per Telefax und/oder E-Mail) erfüllbar
- Vollständigkeit der Vertragsurkunde samt Anlagen

5.4 Vertragsauslegung
- salvatorische Klausel
- ggf. Rangfolge der Vereinbarungen
- ggf. Vereinbarung der Vertragssprache bei ausländischen Vertragspartnern

6. Anlagen
- Nachweis der Qualifikationen des Geschäftsführers
- Vollmacht zum Abschluss des Vertrages für die GmbH

IV. Mietvertrag über Gewerbeimmobilie

Weiterführende Literatur:

Adler, Praxisleitfaden Gewerbemietverträge, 2011; *Fritz*, Gewerberaummietrecht, 5. Aufl. 2013; *Grüter* in: Zwißer u.a., FormularBibliothek Vertragsgestaltung, Teil 1 § 2, 2. Aufl. 2012; *Hörndler*, Anwalts-Checkbuch Gewerberaummietverträge, 2002; *Lindner-Figura/Oprée/Stellmann*, Geschäftsraummiete, 3. Aufl. 2012; *Lützenkirchen*, Anwalts-Handbuch Mietrecht, 4. Aufl. 2010; *Nies/Gies*, Beck'sches Formularbuch Mietrecht, 2003; *Schultz*, Gewerberaummiete, 3. Aufl. 2007; siehe im Internet ferner Vertragsmuster der IHK Frankfurt a.M., abrufbar unter der URL *http://www.frankfurt-main.ihk.de/recht/mustervertrag/mietvertrag_gewerbe/*.

▷ **1. Vertragliche Grundlagen**

1.1 Vertragsparteien

- Benennung des Vermieters und des Mieters
- Ziele der Vertragsparteien (wesentliche Motive, die die Vertragsparteien mit dem Vertragsschluss verbinden)
- ggf. Vertretung, insbesondere Bevollmächtigung Dritter zur Abgabe oder Entgegennahme von Erklärungen

1.2 Vertragsgegenstand

- Benennung der Hauptleistungspflichten der Vertragsparteien
- Zweck zur Nutzung des Objekts durch den Mieter

1.3 Vertragsrecht

- ggf. Hinweis auf Einfluss Dritter (z.B. bei Wertsicherungsklausel oder einer Zweckentfremdungsgenehmigung zur Umwandlung von Wohnraum in Gewerberaum) und Bedingungen (falls die Wirksamkeit des Vertrages von der Zustimmung Dritter abhängt)
- ggf. Rangfolge von Regelungen

2. Inhalt der Leistungen.

2.1 Leistungen des Vermieters

- entgeltliche Überlassung einer Immobilie auf Zeit (Vermietung)
  - z.B. Beschreibung der Lage der Immobilie
  - z.B. Beschreibung des Zustand der Immobilie (ob renoviert oder renovierungsbedürftig; falls letzteres, Zusatz, dass Mieter mit dem Zustand einverstanden ist)
  - i.d.R. Verweis auf Anlagen
- Rechte des Mieters
  - z.B. (Verbot der) Untervermietung (ohne vorherige schriftliche Zustimmung des Vermieters): soweit Untervermietung gestattet, Verpflichtung des Mieters, Untermietvertrag so auszugestalten, dass Vermieter beim Ausscheiden des Mieters in den Vertrag eintreten kann; Widerruflichkeit der Zustimmung bei wichtigem Grund
  - z.B. Werbung: Berechtigung/Verbot, Werbung im Einklang mit gesetzlichen Regelungen anzubringen

2.2 Leistungen des Mieters

2.2.1 Zahlung einer Vergütung

- Höhe des Mietzinses
  - Fixbetrag: Zahlung einer bestimmten Summe in gewissen Intervallen
  - umsatzabhängiger Betrag: Mietzins, der (neben einem Fixbetrag) vom Umsatz/Gewinn des Mieters abhängig ist; Definition von Umsatz und Gewinn sowie davon prozentual zu entrichtendem Mietzins
  - ggf. Kombination beider Arten
- Mieterhöhung:
  - indexabhängige Erhöhung: Bezugsmaßstab der Erhöhung ist Index der Lebenshaltungskosten – oder
  - Spannungsklausel: Bezugsmaßstab der Erhöhung ist Vergleichsmiete
  - Gleitklausel: Erhöhung tritt automatisch mit Veränderung des Bezugsmaßstabs ein – oder
  - Leistungsvorbehalt: Bezugsmaßstab ist Grundlage vertraglicher Vereinbarung über die Erhöhung des Mietzinses
  - gestaffelte Erhöhung: Erhöhung des Fixbetrags nach gewissem Zeitraum
- Betriebskosten/Nebenkosten: z.B. monatlicher Fixbetrag, anteilige Heizkosten und sonstige Kosten; Definition in Anlage

2.2.2 Weitere Pflichten

- Nebenpflichten
- z.B. Duldungs- oder Mitwirkungspflicht des Mieters bei Sanierung und Instandsetzung

3. Sicherung der Leistung

3.1 Sicherung der Leistung des Vermieters

- Zusicherung: Vermieter versichert, zur Vermietung des Objekts zur gewerblichen Nutzung berechtigt zu sein; oder: Haftungsbegrenzung (s.u.)
- Beschränkung der Rechte des Mieters bei Mängeln (u.a. Mängelanzeige)
- Beschränkung der Haftung des Vermieters
- Versicherungsschutz: Verpflichtung des Mieters, Abschluss von in der Anlage aufgeführten Versicherungen nachzuweisen sowie Kopien der Policen dem Vermieter auszuhändigen

- Konkurrenzschutz: Verpflichtung des Vermieters, nicht im selben oder in naheliegendem Objekt an Konkurrenzunternehmen zu vermieten

3.2 Sicherung der Leistung des Mieters

- Vorleistungspflicht: Mieter hat im Voraus Zins zu entrichten
- Einzugsermächtigung: Berechtigung des Vermieters, Mietzins einzuziehen
- Verzugszinsen: Regelung über die Zinsen, die im Verzugsfalle durch Mieter zu zahlen sind
- Bürgschaft: unbedingte, unwiderrufliche, unbefristete selbstschuldnerische Bürgschaft einer deutschen Großbank oder Sparkasse
- Kaution: Höhe und Art (siehe Bürgschaft) sowie ggf. Verzinsung
- Aufrechnungsbefugnis des Mieters nur mit unbestrittenen oder rechtskräftig festgestellten Forderungen
- Zurückbehaltungsrecht: Mieter nur bei unbestrittenen oder rechtskräftig festgestellten Forderungen zur Zurückbehaltung berechtigt
- soweit Mietzins an Umsatz/Gewinn ausgerichtet, Pflicht des Mieters, Mietobjekt zum vertraglich vorgesehenen Gebrauch zu nutzen, und Einsichtnahmerecht des Vermieters in die Bücher des Mieters
- falls Untervermietung gestattet: Vorausabtretung der durch zukünftige Untervermietung entstehenden Ansprüche an den Vermieter in Höhe des vom Mieter geschuldeten Mietzinses
- Konkurrenzschutz: Verpflichtung des Mieters, kein Geschäft zu betreiben, dass in Konkurrenz zum Geschäft des Vermieters steht

4. Vertragsdurchführung

4.1 Beginn des Vertrages

- kalendarische Bestimmtheit der Übergabe
- Übergabe der Mietsache und der Schlüssel: Regelung der Übergabemodalitäten und Festlegung eines Übergabeprotokolls

4.2 Lauf des Vertrages

4.2.1 Leistungsbedingungen

- Informationspflicht: Verpflichtung des Mieters, Vermieter über Mängel der Mietsache zu informieren (andernfalls Schadensersatzanspruch des Vermieters)
- Betretungsrecht: Recht des Vermieters, selbst oder mit Dritten das Mietobjekt nach Ankündigung innerhalb der üblichen Besuchszeiten zu betreten

- Duldungspflicht: Pflicht des Mieters, bauliche Veränderungen oder Modernisierungsmaßnahmen zu dulden
- Schönheitsreparaturen: Verpflichtung des Mieters, innerhalb bestimmter, nach Räumen gestaffelter Fristen Schönheitsreparaturen auf eigene Kosten fachgerecht durchführen zu lassen (Verweis auf Anlage)
- Instandhaltung und Instandsetzung: Verpflichtung des Mieters, Mietobjekt instand zu halten und instand zu setzen
- Reinigung und Verkehrssicherung: Übernahme von Verkehrssicherungs- und Wegereinigungspflichten durch den Mieter (Verweis auf Anlage)
- Optionsrecht: Recht des Mieters, im Fall des Verkaufs des Mietobjekts dieses zu erwerben

4.2.2 Zahlungsbedingungen

- Vergütung und Steuern
- Zahlungsweise
- Fälligkeit: Mietzins und Nebenkosten sowie Abschlagszahlung für Betriebskosten regelmäßig zum dritten Werktag des Monats; Abrechnung der Betriebskosten nach Grundsätzen des Kontokorrent; Bestimmung der Fristen
- Verzug
- bei Auslandsberührung z.B. Regelungen zu Währung und Währungsrisiken, Bankverbindung, Steuern, Zöllen und Gebühren

4.2.3 Übertragung von Rechten und Pflichten

- Einverständniserklärung des Mieters mit Abtretung der Rechte des Vermieters an Dritte

4.3 Beendigung des Vertrages

4.3.1 Ordentliche Beendigung

- Variante 1 – befristeter Mietvertrag: Befristung (Lauf des Vertrages nur für eine bestimmte Zeit)
  - mit Optionsklausel: Mieter hat das Recht, nach Ablauf der Frist eine Verlängerung um einen hier festgelegten Zeitraum zu verlangen oder
  - mit Verlängerungsklausel: nach Ablauf der Frist verlängert sich der Vertrag um einen hier festgelegten Zeitraum, wenn er nicht von einer Partei gekündigt wird
- Variante 2 – unbefristeter Mietvertrag: z.B. Festlegung einer ordentlichen Kündigungsfrist oder einer einseitigen Befristung, wo-

nach nur der Vermieter darauf verzichtet, Vertrag innerhalb eines gewissen Zeitraums zu kündigen
- Schriftformbedürftigkeit der Erklärung

4.3.2 Außerordentliche Kündigung
- Vereinbarung wichtiger Gründe, z.B. Berechtigung des Vermieters bei Vorliegen im Vertrag bestimmter Gründe fristlos zu kündigen (z.B. Nutzung des Objekts für andere Zwecke als vertraglich vereinbart, Mietrückstände, die zu definieren sind)
- Schriftformbedürftigkeit der Erklärung

4.3.3 Pflichten nach Beendigung
- z.B. Übergabe der Immobilie
- z.B. Regelung zu Einbauten: Recht des Vermieters zur Übernahme und/oder Pflicht des Mieters zur Entfernung sowie Wiederherstellung des ursprünglichen Zustandes, soweit Vermieter nicht sein Übernahmerecht ausübt

5. Allgemeine Bestimmungen

5.1 Anwendbares Recht
- ggf. Wahl deutschen Rechts

5.2 Gerichtsstand, Erfüllungsort, Verfahren, Zustellungen
- Vereinbarung eines ausschließlichen oder besonderen Gerichtsstands
- Vereinbarung des Erfüllungsorts
- ggf. Mediationsklausel
- ggf. Schiedsgutachterklausel
- ggf. Schiedsgerichtsklausel
- ggf. Regelung von Zustellungen

5.3 Schriftform
- Schriftformbedürftigkeit des Vertragsschlusses bzw. von Änderungen und Ergänzungen
- Schriftformbedürftigkeit von sonstigen rechtserheblichen Erklärungen
- Schriftform auch durch telekommunikative Übermittlung (z.B. per Telefax und/oder E-Mail) erfüllbar
- Vollständigkeit der Vertragsurkunde samt Anlagen
- Ausschluss der Geltung von AGB der Vertragsparteien

5.4 Vertragsauslegung
- salvatorische Klausel
- ggf. Rangfolge der Vereinbarungen
- ggf. Vereinbarung der Vertragssprache

6. Anlagen
- Vollmachten der Parteien
- Beschreibung des Mietobjekts mittels Grundbuchauszug
- Auflistung der Betriebskosten nach § 27 der 2. Berechnungsverordnung i.V.m. § 2 BetrKV
- Liste der Nebenkosten: Festbetrag von Verwaltungs-, Reparaturkosten sowie der Instandhaltungsrücklage, der in seiner Höhe den Kosten zum Zeitpunkt des Vertragsabschlusses entspricht und auch im weiteren Vertragsverlauf nicht variabel ist
- Liste der durch den Mieter abzuschließenden Versicherungen (z.B.: Versicherung des durch die Gebäudeversicherung nicht gedeckten Inventars gegen Wasser, Feuer, Diebstahl; Betriebshaftpflicht gegen Personen- und Sachschäden; Betriebsunterbrechungsversicherung; Glasversicherung)
- Schönheitsreparaturen: Fristen für Schönheitsreparaturen nach Räumen gestaffelt
- Verkehrssicherungspflichten: Umfang der dem Mieter obliegenden Verkehrssicherungspflichten
- Übergabeprotokoll: detailliertes Protokoll über den Zustand der Mietsache zum Zeitpunkt der Übergabe

V. Lizenz- und Know-how-Vertrag

Weiterführende Literatur:

Bartenbach, Patentlizenz- und Know-how-Vertrag, 7. Aufl. 2013; *Buddeberg et al.*, Beck'sche Formularsammlung zum gewerblichen Rechtsschutz und Urheberrecht, 4. Aufl. 2009; *Groß*, Know-how-Lizenzvertrag, 6. Aufl. 2011; *Pagenberg/Beier*, Lizenzverträge, 6. Aufl. 2008; *Pfaff/Osterrieth*, Lizenzverträge, 3. Aufl. 2010; *Plassmeier/Steden*, Lizenzverträge in der anwaltlichen Praxis, 2007; *Stumpf/Groß*, Der Lizenzvertrag, 8. Aufl. 2005 (10. Auflage 2011); *Ulmer-Eilfort/Schmoll*, Technologietransfer – Lizenzverträge für Patente und Know-how, 2006; *Westermann*, Handbuch Know-how-Schutz, 2007.

1. Vertragliche Grundlagen

1.1 Vertragsparteien
- Benennung des Lizenzgebers (LG) und des Lizenznehmers (LN)
- Ziele der Vertragsparteien (wesentliche Motive, die die Vertragsparteien mit dem Vertragsschluss verbinden)
- ggf. Vertretung, insbesondere Bevollmächtigung Dritter zur Abgabe oder Entgegennahme von Erklärungen

1.2 Vertragsgegenstand
- Benennung der Hauptleistungspflichten der Vertragsparteien
- einleitende Beschreibung der vertragsgegenständlichen Lizenz und des vertragsgegenständlichen Know-hows sowie des beabsichtigten Verwendungszwecks
- ggf. Definitionen („Lizenz", „Lizenziertes Know-how", „Lizenzierte Patentrechte", „Anwendungsbereich", „Vertragsgebiet", „Vertragsprodukte", „Verwertung", „Inverkehrbringen", „Nettoverkaufspreis" etc.)

1.3 Vertragsrecht
- ggf. Klarstellung, dass es sich um einen Austauschvertrag handelt (Abgrenzung von Kooperationsverträgen)
- ggf. Festlegung des Vertragstypus und der anzuwendenden Vorschriften
- ggf. Hinweis auf Einfluss Dritter (Zustimmungserfordernisse: mögliche Zustimmungen Dritter, insbesondere nationaler und europäischer Kartellbehörden) und Bedingungen (falls die Wirksamkeit des Vertrages von der Zustimmung Dritter abhängt)
- ggf. Rangfolge von Regelungen

2. Inhalt der Leistungen

2.1 Leistungen des Lizenzgebers (LG)

2.1.1 Gewährung einer Lizenz
- nähere Beschreibung der Lizenz
  - Zweck (z.B. Entwicklung, Herstellung, Vermarktung)
  - ausschließlich/einfach; ggf. alleinige Lizenz
  - räumlich, z.B. beschränkt auf Vertragsgebiet, ggf. Konkretisierung bei Verwendung innerhalb Konzern, Unternehmern, Betrieb, Standort etc.
  - zeitlich, z.B. Vereinbarung einer Laufzeit

- sachlich, insbesondere Aufnahme von Beschränkungen der Befugnisse des LN (z.b. keine Weitergabe an Dritte und keine Berechtigung zur Unterlizenzierung)
- ggf. Verweis auf weitere Einzelheiten in Anlage

2.1.2 Überlassung von Know-how
- Lieferung an den LN in einer bestimmten Form zu einem bestimmten Zeitpunkt an einen bestimmten Ort
- ggf. Verweis auf weitere Einzelheiten in Anlage

2.1.3 Weitere Leistungen
- ggf. Einweisung der Mitarbeiter des LN
- ggf. Option/Vorlizenzrecht des LN und Einzelheiten der Ausübung der Option (z.B. Recht des LN, in Vertrag für anderen geographischen Bereich einzutreten, falls dort eine Lizenz zu vergeben ist)
- ggf. Zurverfügungstellung von Verbesserungen und Weiterentwicklungen des Know-hows durch den LG
- ggf. Regelung der Rechte an gemeinschaftlichen Erfindungen

2.2 Leistungen des Lizenznehmers (LN)

2.2.1 Zahlung der Vergütung
- umsatz- bzw. gewinnunabhängige Vergütung, ggf. Einmalzahlung oder Zahlung in Tranchen in bestimmten Intervallen
- umsatz- bzw. gewinnabhängige Vergütung, ggf. gestaffelt mit degressivem Prozentsatz (hierzu Festlegung absoluter Zahlen und des Prozentsatzes sowie der Anteile, die davon jeweils auf Lizenz und Know-how entfallen)
- ggf. Kombination beider Vergütungstypen
- ggf. Vereinbarung von Vorauszahlungen
- ggf. Vereinbarung für Unterlizenzierung
- ggf. Meistbegünstigung (Veränderung des Vertragsinhalts zu den für LN günstigsten Bedingungen, die LG mit Dritten vereinbart)

2.2.2 Weitere Leistungen
- ggf. Ausübungspflicht (insbesondere bei ausschließlicher Lizenz bzw. bei umsatz- bzw. gewinnabhängiger Vergütung, hier ggf. Festlegung von Mindestmengen)
- ggf. Regelung der Rechte an Verbesserungen und Weiterentwicklungen des Know-hows durch den LN (z.B. unentgeltliche oder entgeltliche Weitergabe neu gewonnener Erkenntnisse an LG)
- ggf. weitere Mitwirkungsleistungen des LN

3. Sicherung der Leistungen

3.1 Sicherung der Leistungen des LG

- Zusicherung des LG: Know-how geheim, wesentlich und individualisierbar; hinsichtlich Lizenz nichts bekannt, was Wirksamkeit des Schutzrechts aufheben könnte; keine Verletzung der Rechte Dritter durch das Schutzrecht; ggf. Aufrechterhaltung der lizenzierten Patentrechte
- Rechte bei Mängeln der Lizenz bzw. des Know-hows; ggf. Freistellungsverpflichtung
- Haftung; insbesondere Beschränkung und/oder Ausschluss; zu beachten: Haftung nach ProdHaftG bei Lizenzen, die der Produktion von Sachen dienen; ggf. Versicherung

3.2 Sicherung der Leistungen des LN

- insbesondere Sicherung der Vergütung durch Vorauszahlungen oder Stellung von Sicherheiten durch den LN; ggf. Beschränkung von Aufrechnungs- und Zurückbehaltungsrechten
- ggf. Informations- und Kontrollrechte des LG im Zusammenhang mit der Berechnung der Vergütung (Einsicht in Bücher); ggf. Mitteilungspflicht des LN bei Produktionsschwierigkeiten
- ggf. Lizenzvermerk (Verpflichtung des LN, Produkte durch Seriennummern mit dem Hinweis auf den LG zu versehen, über die Vergabe dieser Nummern und den Verbleib der Produkte Buch zu führen und dem LG Einsichtnahme in die Bücher zu gewähren)
- ggf. Qualitätssicherungspflichten des LN
- ggf. Bezugsbindung des LN

3.3 Sicherungen in beidseitigem Interesse

- Pflicht zur gegenseitigen Unterstützung und Information
- Beistandspflicht: Gemeinsame Verteidigung bei Angriff Dritter auf das Patent
- Pflicht des LN, Angriff auf das Patent weder selbst durchzuführen noch Dritte dabei zu unterstützen
- Geheimhaltung
- ggf. Wettbewerbsbeschränkungen

4. Vertragsdurchführung

4.1 Beginn des Vertrages

- Wirksamwerden des Vertrages mit Unterzeichnung
- ggf. abweichende Termine für Beginn der Leistungserbringung

4.2 Einzelheiten der Leistungserbringung

4.2.1 Leistungsbedingungen

- z.B. Überlassung des Know-hows durch LG an LN
- z.B. Einweisung von Mitarbeitern des LN durch LG

4.2.2 Zahlungsbedingungen

- Bestandteile der Vergütung und Steuern
- Zahlungsweise
- Fälligkeit
- Verzug
- bei Auslandsberührung z.B. Regelungen zu Währung und Währungsrisiken, Bankverbindung, Steuern, Zöllen und Gebühren

4.2.3 Übertragung von Rechten und Pflichten

- Berechtigung zur Abtretung von Geldforderungen
- Berechtigung zur Weitergabe von Know-how

4.3 Beendigung des Vertrages

4.3.1 Ordentliche Beendigung des Vertrages

- Var. 1: Befristung (Festlegung des Beendigungstermins)
- Var. 2: Ordentliches Kündigungsrecht:
  - kumulativ oder alternativ ein ordentliches Kündigungsrecht mit Festlegung der Fristen
  - Schriftformbedürftigkeit der Erklärung

4.3.2 Außerordentliche Kündigung

- Vereinbarung von wichtigen Gründen, z.B.:
  - Recht des LG: z.B. Zahlungsverzug und Zahlungsverweigerung des LN, Weitergabe des Know-hows an Dritte ohne Einwilligung des LG
  - Recht des LN: z.B. Know-how ist nicht mehr geheim und/oder das Patent wurde erfolgreich angegriffen
- beidseitige Rechte: z.B. Absatzschwierigkeiten des Produkts sowie sonstige nicht erfüllte, von beiden Seiten gehegte Erwartungen
- Schriftformbedürftigkeit der Erklärung

4.3.3 Pflichten nach Beendigung des Vertrages

- z.B. Herausgabepflicht: Pflicht des LN, alle vom LG erhaltenen Dokumente an diesen zurückzugeben und Kopien davon zu vernichten
- z.B. Unterlassungspflicht: Pflicht des LN, Know-how weiterhin geheim zu halten

5. Allgemeine Bestimmungen

5.1 Anwendbares Recht
- ggf. Wahl deutschen Rechts

5.2 Gerichtsstand, Erfüllungsort, Verfahren, Zustellungen
- Vereinbarung eines ausschließlichen oder besonderen Gerichtsstands
- Vereinbarung des Erfüllungsorts
- ggf. Mediationsklausel
- ggf. Schiedsgutachterklausel
- ggf. Schiedsgerichtsklausel
- ggf. Regelung von Zustellungen

5.3 Schriftform
- Schriftformbedürftigkeit des Vertragsschlusses bzw. von Änderungen und Ergänzungen
- Schriftformbedürftigkeit von sonstigen rechtserheblichen Erklärungen
- Schriftform auch durch telekommunikative Übermittlung (z.B. per Telefax und/oder E-Mail) erfüllbar
- Vollständigkeit der Vertragsurkunde samt Anlagen
- Ausschluss der Geltung von AGB der Vertragsparteien

5.4 Vertragsauslegung
- salvatorische Klausel
- ggf. Rangfolge der Vereinbarungen
- ggf. Vereinbarung der Vertragssprache

6. Anlagen
- Vollmachten der Vertragsparteien
- Definition des Know-hows
- Definition des geografischen Bereichs

11.2
Checklisten für Gesellschaftsverträge

	Rz.		Rz.
I. Gesellschaft bürgerlichen Rechts	1	III. Kommanditgesellschaft	5
II. Gesellschaft mit beschränkter Haftung	3	IV. Aktiengesellschaft	7

I. Gesellschaft bürgerlichen Rechts

Der Gesellschaftsvertrag einer Gesellschaft bürgerlichen Rechts (GbR) bedarf **grundsätzlich keiner Form**. Etwas anderes gilt dann, wenn er eine formbedürftige Leistungsverpflichtung eines Gesellschafters enthält (z.B. Einlage eines Grundstückes, § 311b Abs. 1 BGB oder eines GmbH-Anteils, § 15 Abs. 4 GmbHG). Notarielle Beurkundung ist ferner erforderlich, wenn eine Person unentgeltlich als Gesellschafter an der Gesellschaft beteiligt wird, d.h. die Gesellschaftsbeteiligung schenkweise zugewandt wird (§ 518 Abs. 1 BGB). Eine Eintragung des Gesellschaftsvertrags einer GbR in das Handelsregister erfolgt nicht. 1

Die gesetzlichen Bestimmungen (§§ 705 ff. BGB) gehen davon aus, dass die GbR durch ihre Vertreter am Rechtsverkehr teilnimmt und über ein Gesellschaftsvermögen (Gesamthandsvermögen) verfügt (sog. **Außengesellschaft**). Dies muss jedoch nicht zwangsläufig der Fall sein. Bei Fehlen eines Gesellschaftsvermögens und mangelnder Teilnahme der GbR am Rechtsverkehr liegt eine sog. Innengesellschaft vor. Der Gesellschaftsvertrag wird je nachdem, ob es sich um eine Außen- oder um eine Innengesellschaft handelt, unterschiedlich ausgestaltet sein. Die nachfolgende Checkliste geht von einer Außengesellschaft aus.

Bei der Gestaltung des Gesellschaftsvertrags einer GbR ist ferner zu berücksichtigen, ob die Struktur der Gesellschaft personalistisch oder kapitalistisch ausgestaltet sein soll. Besonderheiten können sich zudem bei einer GbR mit einer Vielzahl von Gesellschaftern (Publikums-GbR) ergeben.

Die gesetzlichen Regelungen der §§ 705 ff. BGB sind weitestgehend dispositiv.

⇒ **1. Vertragliche Grundlagen** 2

a) Errichtung/Zweck/Förderpflicht

aa) Zusammenschluss zu einer Gesellschaft bürgerlichen Rechts/Erklärung, eine GbR zu errichten

bb) Angabe des gemeinsam verfolgten Zwecks (Mindestinhalt)

– Grundsätzlich jeder gesetzlich zulässige Zweck

– Nicht jedoch: Betrieb eines Handelsgewerbes i.S.v. § 1 HGB, andernfalls, und zwar unabhängig von der Bezeichnung und dem Willen der Parteien, oHG oder KG

cc) **Förderpflicht: Verpflichtung der Gesellschafter, den gemeinsamen Zweck durch Beiträge zu fördern (Mindestinhalt)**

b) **Allgemeines**

aa) **Name/Sitz/Geschäftsjahr**

– Name

– Sitz

– Geschäftsjahr:

  – Geschäftsjahr entspricht dem Kalenderjahr

  – Vom Kalenderjahr abweichendes Geschäftsjahr ist mangels Handelsregistereintragung bei der GbR nicht möglich

bb) **Dauer der Gesellschaft**

c) **Beiträge/Einlagen/Gesellschafterkonten**

aa) **Beiträge (Leistungen zur Förderung des Gesellschaftszwecks), § 706 BGB**

– Bestimmung über Gegenstand und Inhalt der Beitragspflicht

– Jede Art von Leistung, die die Gesellschafter zur Förderung des gemeinsamen Zwecks versprechen: materielle oder immaterielle Leistungen, z.B. Geldleistung, Einbringung von Gegenständen oder Leistung von Diensten

– Einlage der Gesellschafter: die an die Gesellschaft bewirkten, d.h. tatsächlich geleisteten Beiträge

bb) **Bei kapitalistischer Ausgestaltung: Festlegung der Kapitalanteile der Gesellschafter möglich**

– Vereinbarung fester Kapitalanteile

cc) **Bei kapitalistischer Ausgestaltung: Festlegung der Gesellschafterkonten (abweichende Gestaltungen sind möglich)**

– (Fest)Kapitalkonto (Kapitalkonto I)

  – Buchung des festen Kapitalanteils der Gesellschafter

– Rücklagenkonto (Kapitalkonto II)

  – Buchung der den Gesellschaftern zustehenden, nicht entnahmefähigen Gewinne

– Verlustvortragskonto (Kapitalkonto III)

  – Buchung der die Gesellschafter treffenden Verluste und der Gewinne bis zum Ausgleich der Verluste

- Darlehenskonto
  - Buchung der entnahmefähigen Gewinnanteile, Entnahmen, etwaigen Tätigkeitsvergütungen sowie des sonstigen Zahlungsverkehrs zwischen der Gesellschaft und den einzelnen Gesellschaftern
- Verzinsung der Konten
- Festlegung des Charakters der Gesellschafterkonten:
  - Beteiligungscharakter
  - Forderungs- bzw. Verbindlichkeitencharakter

2. Innere Ordnung, Geschäftsführung und Vertretung

a) Geschäftsführung und Vertretung

aa) Gesetzlicher Grundsatz

- Gesamtgeschäftsführung, d.h. gemeinschaftliche Führung der Geschäfte durch alle Gesellschafter, § 709 BGB (**Einstimmigkeitserfordernis**)
- Vertretungsmacht richtet sich im Grundsatz nach der Geschäftsführungsbefugnis, § 714 BGB

bb) Abweichende gesellschaftsvertragliche Regelungen

- Mehrheitsprinzip (z.B. Mehrheit nach Köpfen oder nach Kapitalanteilen)
- Einzelgeschäftsführung und -vertretung; in diesem Fall Widerspruchsrecht der anderen Gesellschafter gemäß § 711 BGB
- Übertragung von Geschäftsführungsaufgaben an Dritte/entsprechende Bevollmächtigung Dritter (Grenze: **Grundsatz der Selbstorganschaft**: kein Ausschluss sämtlicher Gesellschafter von der Geschäftsführung und Vertretung der Gesellschaft; Besonderheiten insoweit bei der Publikums-GbR)

cc) Entziehung der Geschäftsführungs- und Vertretungsbefugnis, §§ 712, 715 BGB

- Entziehung durch (einstimmige oder mehrheitliche) Entscheidung der anderen Gesellschafter bei Vorliegen eines wichtigen Grundes

dd) Regelungen zur Niederlegung des Geschäftsführeramtes

ee) Weitergehende Regelungen

- Umfang der Tätigkeitspflicht der Geschäftsführer
- Sorgfaltspflicht, § 708 BGB (Haftung für die Sorgfalt in eigenen Angelegenheiten)
- Von § 708 BGB abweichende Haftungsregelung

– Festlegung einer Geschäftsführervergütung/Aufwandsentschädigung

ff) Haftungsbeschränkung auf das Gesellschaftsvermögen

– **Gesetzlicher Grundsatz**: Persönliche Haftung der Gesellschafter für Verbindlichkeiten der GbR analog § 128 HGB
– **Vertragliche Beschränkung der Haftung auf das Gesellschaftsvermögen:**
  – Grundsätzlich nicht möglich durch Verwendung eines Namenszusatzes „GbR mit beschränkter Haftung"
  – Nach der Rechtsprechung grundsätzlich nur durch eine individualvertragliche Regelung mit dem jeweiligen Vertragspartner möglich; daher Aufnahme einer gesellschaftsvertraglichen Regelung denkbar, wonach die geschäftsführenden Gesellschafter verpflichtet sind, sich darum zu bemühen, die Haftung durch entsprechende Vereinbarung mit dem jeweiligen Vertragspartner auf das Gesellschaftsvermögen zu beschränken.

b) Gesellschafterversammlung

aa) Keine gesetzliche Regelung der Gesellschafterversammlung bei der GbR; das Gesetz sieht eine Gesellschafterversammlung als Organ nicht vor; ggf. daher gesellschaftsvertragliche Regelung ratsam

bb) Formalien

– Ort
– Regelungen zur Einberufung
– Einberufungszuständigkeit
– Einberufungsfrist
– Form
– Tagesordnung

cc) Beschlussfähigkeit

dd) Versammlungsleiter/Protokollführer

– Wahl eines Versammlungsleiters/Protokollführers
– Aufgaben des Versammlungsleiters

ee) Ausübung des Stimmrechts durch Bevollmächtigte

– Zulassung durch gesellschaftsvertragliche Regelung oder Ad-hoc-Zustimmung der anderen Gesellschafter
– Form der Vollmacht
– Bestimmungen über die Person des Bevollmächtigten
– Ausschluss der Möglichkeit der Bevollmächtigung mehrerer Personen

c) Gesellschafterbeschlüsse

aa) Keine gesetzliche Regelung der Gesellschafterbeschlüsse bei einer GbR; ggf. daher gesellschaftsvertragliche Regelung ratsam

- Regelung, wonach alle den Gesellschaftern durch Gesetz oder Gesellschaftsvertrag zugewiesenen Entscheidungen durch Gesellschafterbeschluss getroffen werden

bb) Art der Beschlussfassung

- Beschlussfassung im Rahmen von Versammlungen
- Regelung, wonach mit Zustimmung aller Gesellschafter Gesellschafterbeschlüsse auch außerhalb von Versammlungen gefasst werden können, z.B. schriftlich, per Telefax oder E-Mail im Umlaufverfahren oder fernmündlich,

cc) Mehrheitserfordernisse

- **Gesetzlicher Grundsatz**: Einstimmigkeit, § 709 BGB (im Hinblick auf Geschäftsführungsangelegenheiten)
- Vom gesetzlichen Grundsatz abweichende Regelungen:
  - Zulassung von Mehrheitsbeschlüssen (einfache oder qualifizierte Mehrheit; Mehrheit der abgegebenen oder aller stimmberechtigten Stimmen; Mehrheit nach Köpfen oder Kapitalanteilen)
  - Beachtung des **Bestimmtheitsgrundsatzes**: Allgemeine, nicht näher spezifizierte Mehrheitsklauseln decken nur Beschlüsse über laufende Angelegenheiten/Geschäftsführungsangelegenheiten, nicht jedoch über sog. Grundlagengeschäfte; Bestimmtheitsgrundsatz gilt nicht für die Publikums-GbR
  - Eingriffe in den Kernbereich der Gesellschafterposition (z.B. Stimmrecht, Gewinnbezugs-, Geschäftsführungs-, Liquidationsbeteiligungsrecht) sind nur mit Zustimmung der betroffenen Gesellschafter zulässig (Kernbereichslehre, Einzelheiten jeweils umstritten)

dd) Stimmrechte

- **Gesetzlicher Grundsatz**:
- Stimmrecht steht jedem Gesellschafter in gleichem Umfang zu; Mehrheit ist im Zweifel nach der Zahl der Gesellschafter zu berechnen
- Entfall des Stimmrechtes bei Interessenkollision (Beschlussfassung nur der übrigen Gesellschafter gemäß §§ 712, 715, 737 BGB)
- Vom gesetzlichen Grundsatz **abweichende Regelungen**:
  - Bestimmung der Anzahl der Stimmen nach der Höhe des Kapitalanteils

- Weitergehende Regelungen zum Stimmrechtsausschluss (entsprechend § 47 Abs. 4 GmbHG, § 136 AktG, § 34 BGB):
- Erhöhtes Stimmrecht für einzelne Gesellschafter

ee) Protokollierung

- Erfordernis einer Protokollierung von Gesellschafterbeschlüssen
- Einzelheiten zum Protokollinhalt
- Protokollierung als Wirksamkeitsvoraussetzung oder zu Beweiszwecken

d) Verfügung über Gesellschaftsanteile

aa) Gesetzlicher Grundsatz: Übertragung setzt die Zustimmung aller Mitgesellschafter voraus

bb) Gesellschaftsvertragliche Regelungen hinsichtlich der Zustimmung

- Generelles Zustimmungserfordernis für die Übertragung der Beteiligung
- Festlegung der Mehrheitserfordernisse für die Zustimmungserteilung, z.B. Beschluss der übrigen Gesellschafter mit einer Mehrheit von 75 % der Stimmen
- Ausnahmen vom Zustimmungserfordernis: z.B. Übertragung an Mitgesellschafter oder an Angehörige
- Regelung hinsichtlich Anspruch auf Zustimmungserteilung in bestimmten Fällen
- Vertraglich vorab bereits erteilte Zustimmung, ggf. mit Regelung eines Widerrufsvorbehalts
- Ausschluss der Übertragbarkeit
- Formerfordernisse für die Übertragung

e) Wettbewerbsverbot

3. Jahresabschluss, Ergebnisverwendung

a) Jahresabschluss

aa) Gesetzlicher Grundsatz

- Pflicht zur Aufstellung eines **Rechnungsabschlusses** (im Sinne einer Rechenschaftslegung nach § 259 BGB am Schluss jedes Geschäftsjahres) nur bei Gesellschaften von längerer Dauer, § 721 Abs. 2 BGB; ansonsten Rechnungsabschluss und Verteilung des Gewinns und Verlustes erst nach Auflösung der Gesellschaft
- Nach bürgerlichem Recht grundsätzlich keine Pflicht zur **Buchführung** und Bilanzierung

- Ggf. Pflicht zur Buchführung nach steuerlichen Vorschriften, § 141 AO

bb) Gesellschaftsvertragliche Reglungen:

- Pflicht zur Aufstellung eines Jahresabschlusses durch den/die geschäftsführenden Gesellschafter, ggf. auch nur Pflicht zur Buchführung und Bilanzierung nach steuerlichen Vorschriften
- Frist für die Aufstellung eines Jahresabschlusses/für die Buchführung und Bilanzierung nach steuerlichen Vorschriften
- Regelung hinsichtlich der Feststellung des Jahresabschlusses
- Ausschlussfrist für die Geltendmachung von Einwendungen

b) Entnahmen/Ergebnis- bzw. Gewinnbeteiligung/Vergütungsregelungen

aa) Gesetzlicher Grundsatz: Verteilung von Gewinn und Verlust nach Köpfen, § 722 BGB

bb) Gesellschaftsvertragliche Regelungen

- Gewinn- und Verlustverteilungsabreden (z.B. Gewinn- und Verlustverteilung nach Maßgabe der Kapitalanteile, feste Verzinsung der Gesellschaftsanteile)
- Entnahmerechte für die Gesellschafter z.B. Regelung hinsichtlich eines „Steuerentnahmerechts"
- Regelung über Tätigkeitsvergütung für die geschäftsführenden Gesellschafter
- Regelung über Rücklagenbildung
- Entscheidung über Entnahmen und Gewinnverteilung durch Gesellschafterbeschluss

4. Ausscheiden, Auflösung

a) Ausscheiden von Gesellschaftern

aa) Ausschluss eines Gesellschafters gemäß § 737 BGB durch Beschluss

- Voraussetzungen:
  - Vorhandensein einer Fortsetzungsklausel gemäß § 736 BGB im Gesellschaftsvertrag
  - Vorliegen eines wichtigen Grundes in der Person eines Gesellschafters, der die übrigen Gesellschafter zur Kündigung gemäß § 723 Abs. 1 Satz 2 BGB berechtigen würde
  - Beschluss der Mitgesellschafter über die Ausschließung
  - Erklärung gegenüber dem auszuschließenden Gesellschafter

bb) Gesellschaftsvertragliche Regelungen

– Regelung der **Ausschließungsgründe** – Definition wichtiger Gründe

– Verzicht auf einen wichtigen Grund (bei sachlich gerechtfertigten Gründen); Problematik der Hinauskündigungsklauseln

– Regelung des Ausschlussverfahrens

– Verlangen nach Übertragung des Anteils auf einen anderen Gesellschafter oder einen Dritten gegen Zahlung einer Abfindung

cc) Abfindung bei Ausscheiden aus der Gesellschaft

– Höhe der Abfindung bei Ausscheiden aus der Gesellschaft, z.B. Abfindung in Höhe des Verkehrswertes

– Verfahren zur Ermittlung der Höhe des Abfindungsentgelts

– Modalitäten der Zahlung der Abfindung

– Schiedsgutachterklausel im Falle von Streitigkeiten über die Höhe der Abfindung

b) Auflösung der Gesellschaft

aa) Gesetzlicher Grundsatz: Auflösung der Gesellschaft im Falle

– der **Kündigung** der Gesellschaft durch einen Gesellschafter gemäß § 723 BGB

　– Ordentliche Kündigung jederzeit bei Gesellschaft für unbestimmte Dauer

　– Außerordentliche Kündigung bei Gesellschaft für bestimmte Dauer

– der **Kündigung** durch einen Pfändungspfandgläubiger nach Pfändung des Anteils eines Gesellschafters gemäß § 725 BGB

– des **Todes** eines Gesellschafters gemäß § 727 BGB

– der **Insolvenzeröffnung** gemäß § 728 BGB

　– über das Vermögen der Gesellschaft

　– über das Vermögen eines Gesellschafters

– der Erreichung oder der Unmöglichkeit der Erreichung des gemeinsamen Zwecks, § 726 BGB

bb) Gesellschaftsvertragliche Regelungen

– Vereinbarung einer **Fortsetzungsklausel** gemäß § 736 BGB

– Fortsetzung der Gesellschaft im Falle der Kündigung oder des Todes eines Gesellschafters oder der Insolvenzeröffnung über das Vermögen eines Gesellschafters, entweder automatisch oder nach einem dahingehenden Beschluss der Gesellschafter; Gesellschaftsvertrag kann weitere Fälle der Fortsetzung vorsehen

- Ausscheiden des betroffenen Gesellschafters
- Anteil des ausscheidenden Gesellschafters wächst den verbleibenden Mitgesellschaftern an
- Abfindungsanspruch des ausscheidenden Gesellschafters
  - Vereinbarung einer **Nachfolgeklausel**
- Regelung hinsichtlich der Vererblichkeit des Gesellschaftsanteils
- Regelung hinsichtlich eines Eintrittsrechts für den/die Erben

5. Allgemeine Bestimmungen
a) Erfüllungsort- und Gerichtsstandsregelung
b) Salvatorische Klausel

6. (Ggf.) Anlagen

II. Gesellschaft mit beschränkter Haftung

Der Gesellschaftsvertrag einer Gesellschaft mit beschränkter Haftung (GmbH) bedarf der **notariellen Beurkundung** und ist von allen Gesellschaftern zu unterzeichnen, § 2 Abs. 1 GmbHG. Änderungen des Gesellschaftsvertrages können nur durch Beschluss der Gesellschafter erfolgen. Der Beschluss ist notariell zu beurkunden und bedarf einer Mehrheit von 75 % der abgegebenen Stimmen. Der Gesellschaftsvertrag kann noch weitere Erfordernisse aufstellen, § 53 GmbHG. Die Änderung des Gesellschaftsvertrags wird erst wirksam mit Eintragung im Handelsregister, § 54 Abs. 3 GmbHG.

Im GmbH-Recht gibt es keine dem § 23 Abs. 5 AktG (Grundsatz der Satzungsstrenge) vergleichbare Regelung. § 3 Abs. 1 GmbHG gibt den **zwingenden gesetzlichen Mindestinhalt** vor, den jeder Gesellschaftsvertrag einer GmbH aufweisen muss. Durch § 3 Abs. 2 GmbHG werden bestimmte **fakultative Regelungen** unter den Vorbehalt des Gesellschaftsvertrages gestellt. Darüber hinaus enthält das GmbH-Gesetz an zahlreichen weiteren Stellen Bestimmungen, wonach bestimmte fakultative Regelungen dem Gesellschaftsvertrag vorbehalten sind, d.h. rechtswirksam nur im Rahmen des Gesellschaftsvertrags getroffen werden können, oder wonach von der (disponiblen) gesetzlichen Regelung nur durch den Gesellschaftsvertrag abgewichen werden kann. Abgesehen davon gibt es sonstige Bestimmungen, die im Rahmen des Gesellschaftsvertrages getroffen werden können, aber nicht zwangsläufig dort getroffen werden müssen, um wirksam zu sein.

Vielfach werden neben dem zu beurkundenden Gesellschaftsvertrag noch ergänzende schuldrechtliche Vereinbarungen der Gesellschafter getroffen (Gesellschaftervereinbarungen).

4 ⮕ **1. Vertragliche Grundlagen**

a) Allgemeines

aa) Firma/Sitz/Geschäftsjahr

– Firma (Mindestinhalt nach § 3 Abs. 1 Nr. 1 GmbHG)
– Sitz (Mindestinhalt nach § 3 Abs. 1 Nr. 1 GmbHG)
– Geschäftsjahr:
  – Geschäftsjahr entspricht dem Kalenderjahr
  – Vom Kalenderjahr abweichendes Geschäftsjahr

bb) Gegenstand des Unternehmens (Mindestinhalt nach § 3 Abs. 1 Nr. 2 GmbHG)

– Gesellschaften mit beschränkter Haftung können nach Maßgabe der Bestimmungen des GmbH-Gesetzes zu jedem gesetzlich zulässigen Zweck errichtet werden, § 1 GmbHG
– Regelungen, wonach Zweigniederlassungen errichtet werden können, die Gesellschaft sich an anderen Unternehmen beteiligen darf, andere Unternehmen erwerben oder gründen darf

cc) Dauer der Gesellschaft, § 3 Abs. 2 GmbHG

– Grundsatz: Unbestimmte Dauer der Gesellschaft
– Bei Festlegung einer bestimmten Dauer: Aufnahme in den Gesellschaftsvertrag erforderlich

b) Stammkapital

aa) Betrag des Stammkapitals (Mindestinhalt nach § 3 Abs. 1 Nr. 3 GmbHG)

– Mindestbetrag 25 000 Euro, § 5 Abs. 1 GmbHG

bb) Zahl und Nennbeträge der Geschäftsanteile, die jeder Gesellschafter gegen Einlage auf das Stammkapital (Stammeinlage) übernimmt (Mindestinhalt nach § 3 Abs. 1 Nr. 4 GmbHG)

– Mindestens 1,00 Euro, § 5 Abs. 1 GmbHG
– Ein Gesellschafter kann bei Errichtung der Gesellschaft mehrere Geschäftsanteile übernehmen, § 5 Abs. 2 Satz 2 GmbHG

cc) Bei Sacheinlagen, § 5 Abs. 4 GmbHG

– Festsetzung des Gegenstands der Sacheinlage
– Festsetzung des Nennbetrages des Geschäftsanteils, auf den sich die Sacheinlage bezieht

dd) Bei gemischter Sacheinlage

– Vereinbarung einer Sacheinlage
– Vereinbarung, wonach der Betrag, um den der Wert der Sacheinlage die von dem Gesellschafter übernommene Stammeinlage über-

II. Gesellschaft mit beschränkter Haftung

schreitet, diesem vergütet wird bzw. zugute kommen soll (z.B. Zahlung an den Gesellschafter oder Vereinbarung eines Darlehens)

– Einzelheiten der Festsetzung im Gesellschaftsvertrag sind umstritten

ee) Genehmigtes Kapital, § 55a GmbHG

– Ermächtigung der Geschäftsführer zur Kapitalerhöhung (im Rahmen der Gründungsatzung oder im Wege einer Satzungsänderung durch Gesellschafterbeschluss)

– Höhe des genehmigten Kapitals, § 55a Abs. 1 Satz 2 GmbHG: Höchstens die Hälfte des Stammkapitals, das zur Zeit der Ermächtigung vorhanden ist

  – Maßgeblicher Zeitpunkt: Zeitpunkt des Wirksamwerdens der Ermächtigung

– Zeitliche Grenze/Dauer, § 55a Abs. 1, 2 GmbHG: Höchstens für fünf Jahre nach Eintragung der Gesellschaft oder Eintragung der Satzungsänderung im Handelsregister

  – Angabe eines konkreten Datums oder konkrete Bezeichnung der Berechnungsgrundlage

– Einmalige oder mehrmalige Erhöhung/vollständige oder teilweise Ausübung der Ermächtigung

– Erhöhung gegen Bar- und/oder Sacheinlagen

– Ausschluss des Bezugsrechts der Gesellschafter oder Ermächtigung der Geschäftsführer zum Ausschluss des Bezugsrechts der Gesellschafter

c) Nebenleistungspflichten, § 3 Abs. 2 GmbHG: Weitere gesellschaftsrechtliche Leistungspflichten über die Stammeinlage hinaus

– Zwischen der Gesellschaft und allen oder einzelnen Gesellschaftern

– Barleistungen oder Sachleistungen

– Entgeltlich oder unentgeltlich

d) Nachschusspflichten, §§ 26–28 GmbHG

aa) 1.4.1 Unbeschränkte Nachschusspflicht

bb) Beschränkte Nachschusspflicht

2. Innere Ordnung, Geschäftsführung und Vertretung

a) Geschäftsführung und Vertretung

aa) Zahl der Geschäftsführer

bb) Regelungen zur Vertretungsberechtigung/Geschäftsführung

- Sofern nur ein Geschäftsführer: Einzelvertretungsbefugnis/Einzelgeschäftsführungsbefugnis
- Vorhandensein mehrerer Geschäftsführer
- Echte oder unechte Gesamtvertretung:
  - Einräumung von Einzelvertretungsbefugnis oder Regelung, wonach durch Gesellschafterbeschluss Einzelvertretungsbefugnis eingeräumt werden kann
  - Befreiung von den Beschränkungen des § 181 BGB oder Regelung, wonach durch Gesellschafterbeschluss von den Beschränkungen des § 181 BGB befreit werden kann
  - Übertragung der Befugnis zum Erlass einer **Geschäftsordnung** für die Geschäftsführer auf ein fakultatives Gremium, z.B. den Aufsichtsrat oder einen Beirat, sowie bindende Regelung von Einzelfragen der Geschäftsordnung (z.B. Mehrheitserfordernis für Beschlüsse der Geschäftsführung)

cc) Zustimmungsvorbehalt

- Regelung, wonach die Geschäftsführung bestimmte Geschäfte nur mit Zustimmung
  - der Gesellschafter (Erfordernis eines Gesellschafterbeschlusses)
  - eines etwaigen Aufsichtsrats
  - eines etwaigen Beirats

vornehmen darf

dd) Übertragung der Geschäftsführungsbefugnis – soweit gesetzlich zulässig – auf Dritte

ee) Widerruf der Geschäftsführerbestellung, § 38 GmbHG

- **Gesetzlicher Grundsatz**: Jederzeitiger freier Widerruf der Bestellung zum Geschäftsführer
- Gesellschaftsvertragliche Beschränkung der Zulässigkeit des Widerrufs auf das Vorliegen wichtiger Gründe möglich

b) Gesellschafterversammlung

aa) Formalien

- Ort
- Gesellschaftsvertragliche Regelungen zur Einberufung (in Abweichung von der gesetzlichen Regelung)
- Einberufungszuständigkeit (gesetzliche Regelung: § 49 Abs. 1 GmbHG: Geschäftsführer)
- Einberufungsfrist (gesetzliche Regelung: § 51 Abs. 1 GmbHG: eine Woche)

- Form (gesetzliche Regelung: § 51 Abs. 1 GmbHG: eingeschriebener Brief)
- Bekanntmachung der Tagesordnung, § 51 Abs. 2, Abs. 4 GmbHG

bb) Beschlussfähigkeit

- **Gesetzlicher Grundsatz**: Nach dem GmbH-Gesetz ist ein Quorum für die Beschlussfähigkeit nicht erforderlich
- Vom gesetzlichen Grundsatz abweichende Regelung: Erfordernis der Anwesenheit eines bestimmten Prozentsatzes des Stammkapitals
- Regelung für den Fall, dass das für die Beschlussfähigkeit erforderliche Quorum beim ersten Mal nicht erreicht wird: Erneute Einberufung einer Gesellschafterversammlung, die – sofern in der Einladung darauf hingewiesen wird – dann ohne Rücksicht auf das anwesende Stammkapital beschlussfähig ist

cc) Versammlungsleiter/Protokollführer

- Wahl eines Versammlungsleiters/Protokollführers
- Aufgaben des Versammlungsleiters

dd) Ausübung des Stimmrechts durch Bevollmächtigte, § 47 Abs. 3 GmbHG

- Abweichungen gegenüber dem gesetzlich vorgesehenen Erfordernis der Textform für die Vollmacht
- Bestimmungen über die Person des Bevollmächtigten
- Ausschluss der Möglichkeit der Bevollmächtigung mehrerer Personen

c) Gesellschafterbeschlüsse

aa) Art der Beschlussfassung

- **Gesetzlicher Grundsatz**: Beschlussfassung im Rahmen von Versammlungen, § 48 Abs. 1 GmbHG
- Gesellschaftsvertragliche Regelung, wonach mit Zustimmung aller Gesellschafter Gesellschafterbeschlüsse auch außerhalb von Versammlungen gefasst werden können, z.B. schriftlich, per Telefax oder E-Mail im Umlaufverfahren oder fernmündlich

bb) Mehrheitserfordernisse

- **Gesetzlicher Grundsatz**: Einfache Mehrheit der abgegebenen Stimmen, § 47 Abs. 1 GmbHG
- Von § 47 Abs. 1 GmbHG abweichende Regelung der Mehrheitserfordernisse:
  - Qualifizierte Mehrheit bis hin zur Einstimmigkeit
  - Erfordernis der Zustimmung durch bestimmte Gesellschafter

– Differenzierung hinsichtlich der Mehrheitserfordernisse nach einzelnen Beschlussgegenständen, z.b. qualifizierte Mehrheitserfordernisse für grundlegende Beschlüsse

– Bei Satzungsänderungen kann nur eine **größere** als die gesetzlich vorgeschriebene **Dreiviertelmehrheit** vorgesehen werden

– Regelung hinsichtlich von Stimmenthaltungen, z.B. Stimmenthaltungen zählen als Nein-Stimmen

cc) Stimmrechte

– **Gesetzlicher Grundsatz**: Jede 1,00 Euro eines Geschäftsanteils gewährt eine Stimme, § 47 Abs. 2 GmbHG

– Vom gesetzlichen Grundsatz abweichende Regelungen:

– Höherer oder geringerer Betrag als 1,00 Euro pro Stimme

– Stimmrecht nach Köpfen statt nach der Kapitalbeteiligung

– Schaffung von Geschäftsanteilen mit erhöhtem Stimmrecht

– Schaffung von stimmrechtslosen Geschäftsanteilen

– Regelungen zum Ausschluss des Stimmrechts/Modifikationen des § 47 Abs. 4 GmbHG

dd) Protokollierung

– **Gesetzlicher Grundsatz**: Gesetz verlangt – abgesehen von Ausnahmefällen, (§ 48 Abs. 3 GmbHG, § 53 Abs. 2 Satz 1 GmbHG, §§ 13 Abs. 3, 125, 193 Abs. 3 UmwG) keine Protokollierung/notarielle Beurkundung, förmliche Feststellung oder Verkündung von Gesellschafterbeschlüssen

– Vom gesetzlichen Grundsatz abweichende Regelungen:

– Erfordernis einer Protokollierung von Gesellschafterbeschlüssen

– Einzelheiten zum Protokollinhalt

– Protokollierung als Wirksamkeitsvoraussetzung oder zu Beweiszwecken

ee) Sonderbeschlusserfordernis

– Festlegung eines Sonderbeschlusserfordernisses für bestimmte Beschlussgegenstände

d) Fakultativer Aufsichtsrat/Beirat

aa) Fakultativer Aufsichtsrat

– Gesellschaftsvertrag kann die Bildung eines fakultativen Aufsichtsrats vorsehen

– **Gesetzlicher Grundsatz**: Die §§ 90 Abs. 3, 4, 5 Satz 1 und 2, 95 Satz 1, 100 Abs. 1 und 2 Nr. 2, 101 Abs. 1 Satz 1, § 103 Abs. 1 Satz 1 und 2, 105, 107 Abs. 4, 110 bis 114, 116 i.V.m. § 93 Abs. 1

und 2, §§ 170, 171 AktG sind entsprechend auf den fakultativen Aufsichtsrat bei der GmbH anzuwenden, § 52 Abs. 1 GmbHG
- Der Gesellschaftsvertrag kann hinsichtlich der entsprechenden Anwendung der vorgenannten aktienrechtlichen Regelungen etwas anderes bestimmen:
  - Keine entsprechende Anwendung der aktienrechtlichen Bestimmungen
  - Nur teilweise Anwendung der aktienrechtlichen Bestimmungen, im Übrigen Regelung durch den Gesellschaftsvertrag selbst, z.B. hinsichtlich Bildung, Zusammensetzung, Bestellung, Amtsdauer, Abberufung, Vergütung etc.

bb) Beirat
- Der Gesellschaftsvertrag kann die Bildung eines Beirats vorsehen
- Soll der Beirat organschaftliche Befugnisse haben, müssen diese und die zentralen materiellen Regelungen im Gesellschaftsvertrag enthalten sein; Einzelheiten können einer Geschäftsordnung vorbehalten bleiben
- Einzelregelungen:
  - Bildung und Zusammensetzung
  - Bestellung und Abberufung der Beiratsmitglieder
  - Aufgaben des Beirats (weitgehende Kompetenzverlagerung auf den Beirat grundsätzlich möglich; jedenfalls nicht zulässig: Übertragung der Befugnis zur Satzungsänderung und zur Beschlussfassung über andere Strukturmaßnahmen)
  - Beschlussfassung
  - Innere Ordnung/Erlass einer Geschäftsordnung für den Beirat
  - Vergütung der Beiratsmitglieder
  - Haftung der Beiratsmitglieder

e) Informations- und Kontrollrechte für Gesellschafter

aa) Gesetzliches Auskunfts- und Einsichtsrecht auf Verlangen, § 51a GmbHG

bb) Regelung weitergehender Informationspflichten der Geschäftsführer (nicht nur auf Verlangen der Gesellschafter)
- Gegenüber den Gesellschaftern oder anderen Organen, z.B. Aufsichtsrat, Beirat
- Umfang der Informationspflichten
- Turnus/Verfahren der Informationserteilung

f) Geschäftsanteile

aa) Verfügungen über Geschäftsanteile

- **Gesetzlicher Grundsatz**: freie Abtretbarkeit von Geschäftsanteilen
- Abweichung vom Grundsatz: Abtretung der Geschäftsanteile/bestimmter Geschäftsanteile nur mit **Zustimmung durch die Gesellschaft**, § 15 Abs. 5 GmbHG (Vinkulierung)
  - Erklärung der Zustimmung durch die Geschäftsführung
  - Regelung im Hinblick auf die Entscheidung über die Zustimmung durch z.B. die Gesellschafterversammlung, alle oder bestimmte Gesellschafter, den Aufsichtsrat oder den Beirat
  - Regelung der Gründe für die Erteilung oder Versagung der Zustimmung
  - Bestimmte Übertragungen, z.B. an Mitgesellschafter, können von der Vinkulierung ausgenommen werden
  - Statuierung weiterer Abtretungsvoraussetzungen, z.B. persönliche Eigenschaften des Erwerbers
- Ausschluss der Abtretbarkeit von Geschäftsanteilen

bb) Vorkaufsrechte

- Festlegung der Vorkaufsfälle
- Bestimmung der Vorkaufsberechtigten
- Umfang des Vorkaufsrechts, z.B. nach dem Verhältnis der Nennbeträge der von den Vorkaufsberechtigten gehaltenen Geschäftsanteile
- Mitteilungspflichten gegenüber der Gesellschaft/den Vorkaufsberechtigten
- Regelungen hinsichtlich der Ausübung des Vorkaufsrechts: Formalien, Fristen, einheitliche Ausübung des Vorkaufsrechts
- Weiteres Vorkaufsrecht für den Fall, dass nicht alle Vorkaufsberechtigten ihr Vorkaufsrecht ausüben
- Pflicht zur Erteilung einer ggf. erforderlichen Zustimmung für die Anteilsübertragung bei Nichtausübung des Vorkaufsrechts durch die Vorkaufsberechtigten, es sei denn wichtige Gründe in der Person des Erwerbers

cc) Regelung einer Andienungspflicht

dd) Teilung von Geschäftsanteilen

- **Gesetzliche Regelung in § 17 GmbHG weggefallen.**
- Erfordernis eines Gesellschafterbeschlusses für die Teilung, § 46 Nr. 4 GmbHG

- Gesellschaftsvertrag kann die Teilung erleichtern oder von zusätzlichen Voraussetzungen abhängig machen

g) Wettbewerbsverbote

aa) Während der Dauer der Gesellschafterstellung

- Für geschäftsführende Gesellschafter
- Für nicht geschäftsführende Gesellschafter

bb) Nach dem Ausscheiden als Gesellschafter

- Beachtung der sich aus § 138 BGB, Art. 12 GG, § 1 GWB, Art. 81 EG ergebenden Schranken
- Berechtigtes Interesse der Gesellschaft
- Beschränkung auf das zeitlich, räumlich und gegenständlich notwendige Maß

3. Jahresabschluss/Ergebnis-/Gewinnverwendung

a) Jahresabschluss – gesellschaftsvertragliche Regelungen

- Verkürzung der gesetzlich vorgesehenen Fristen für die Aufstellung (§ 264 HGB) und Feststellung des Jahresabschlusses (str., ob zulässig); Verlängerung ist jedenfalls nicht zulässig!
- Verpflichtung zur Erstellung und Vorlage eines Lageberichts, auch wenn nach dem Gesetz (§ 264 Abs. 1 Satz 3 HGB) keine derartige Pflicht besteht
- Anordnung einer Prüfungspflicht (§ 316 HGB) auch für Gesellschaften, die keiner gesetzlichen Prüfungspflicht unterliegen
- Vom Gesetz (Feststellung durch die Gesellschafter, § 46 Nr. 1 GmbHG) abweichende Regelung hinsichtlich der Feststellung des Jahresabschlusses
- Begründung einer (im Gesetz nicht vorgesehenen) Pflicht für die Geschäftsführung, zusammen mit dem Jahresabschluss einen Gewinnverwendungsvorschlag vorzulegen

b) Verwendung des Jahresergebnisses/Bilanzgewinns

- Von § 29 Abs. 3 GmbHG (Verteilung nach dem Verhältnis der Geschäftsanteile) abweichender Verteilungsmaßstab
- Regelung zu Abschlagszahlungen auf den konkret zu erwartenden Gewinnanspruch
- Ausschluss von Gewinnausschüttungen
- Regelungen zur Rücklagenbildung

4. Ausscheiden, Auflösung

a) Ausscheiden von Gesellschaftern

aa) Einziehung von Geschäftsanteilen, § 34 GmbHG
- Einziehung mit Zustimmung des betroffenen Gesellschafters
- Zwangseinziehung (ohne Zustimmung/gegen den Willen des Gesellschafters)
- Regelung der Einziehungsgründe
- Verfahren der Einziehung: Erklärung durch die Geschäftsführung; Beschlussfassung durch die Gesellschafter oder ggf. durch ein anderes Organ
- Ausschluss des Stimmrechts des von der Einziehung betroffenen Gesellschafters
- Festlegung des Einziehungsentgelts
- Modalitäten der Zahlung des Einziehungsentgelts: Ratenzahlung unter Beachtung des § 30 GmbHG, Sicherheitsleistung
- Vorsorglich: Wirksamwerden der Einziehung mit Zugang der Einziehungserklärung, unabhängig von der vollständigen Zahlung des Einziehungsentgelts
- Statt der Einziehung: Beschluss der Gesellschafter, wonach der Geschäftsanteil auf die Gesellschaft, auf einen oder mehrere Gesellschafter oder auf von der Gesellschaft benannte Dritte zu übertragen ist
- Einräumung eines Rechtes auf Einziehung

bb) Kündigungsregelungen
- Recht zur ordentlichen Kündigung der Gesellschaft durch die Gesellschafter
- Formalien der Kündigungserklärung
- Kündigungsfrist
- Kündigung mit der Folge der Auflösung der Gesellschaft (§ 60 GmbHG) oder Fortbestand der Gesellschaft bei Kündigung durch einen Gesellschafter
- Problematik der Hinauskündigungsklauseln

cc) Abfindung bei Ausscheiden aus der Gesellschaft
- Grundsätzlich: Anspruch auf den Verkehrswert des Geschäftsanteils
- Gesellschaftsvertragliche Regelungen:
  - Höhe der Abfindung bei Ausscheiden aus der Gesellschaft
  - Verfahren zur Ermittlung der Höhe des Abfindungsentgelts
  - Modalitäten der Zahlung der Abfindung
  - Schiedsgutachterklausel im Falle von Streitigkeiten über die Höhe der Abfindung

b) Auflösung

aa) Gesetzliche Auflösungsgründe, § 60 GmbHG

bb) Festlegung weiterer Auflösungsgründe durch den Gesellschaftsvertrag

5. Allgemeine Bestimmungen
a) Bekanntmachungen
– Form der Bekanntmachungen
– Bekanntmachung durch die **Gesellschaftsblätter**
– Bundesanzeiger
– Daneben: Bezeichnung anderer Blätter oder elektronischer Informationsmedien als Gesellschaftsblätter möglich

b) Sondervorteile/Gründungsaufwand
– Sondervorteile für einzelne Gesellschafter oder Dritte
– Z.B. Sonderrecht für einen Gesellschafter auf Geschäftsführung
  – Gründungsaufwand
– Gründungsentschädigung (Ersatz von Aufwendungen für die Kosten der Gründung und der Einlagenleistung, z.B. Steuern, Notar- und Gerichtsgebühren, Kosten der Gründungsprüfung, Druck von Aktienurkunden)
– Gründungslohn (Tätigkeitsvergütung für Mitwirkung bei der Gründung, Honorare für Gutachten, Beratung, gleichgültig, ob Leistung an Gesellschafter oder Dritte erfolgt)

c) Salvatorische Klausel

6. (Ggf.) Anlagen

III. Kommanditgesellschaft

Der Gesellschaftsvertrag einer Kommanditgesellschaft (KG) bedarf **grundsätzlich keiner Form**. Er ist ausnahmsweise formbedürftig, wenn ein Gesellschafter darin eine Verpflichtung übernimmt, die nur in bestimmter Form erbracht werden kann, z.B. Einbringung eines Grundstücks (§ 311b Abs. 1 BGB), des gesamten Vermögens, § 311b Abs. 3 BGB oder eines GmbH-Geschäftsanteils (§ 15 Abs. 4 GmbHG).

Mit Abschluss und Wirksamkeit des Gesellschaftsvertrages wird die Gesamthandsgemeinschaft begründet. Die Gesellschaft entsteht als Rechtsträger im **Innenverhältnis** mit der Begründung der Gesamthand durch die Gesellschafter. Für die Entstehung der KG im **Außenverhältnis** ist jedoch wegen der Konsequenzen für Dritte ebenso wie für die einzelnen Gesellschafter zusätzlich entweder die **Eintragung** der Gesellschaft im Handelsregister (die alle Gesellschafter beantragen müssen, §§ 161 Abs. 2, 162, 106, 108 Abs. 1 HGB) oder der **Geschäftsbeginn** im Einvernehmen aller Gesellschafter erforderlich, §§ 161, 123 Abs. 1 und 2 i.V.m. § 105 Abs. 2 HGB.

Bei der Gestaltung des Gesellschaftsvertrags einer KG ist ferner zu berücksichtigen, ob die Struktur der Gesellschaft personalistisch oder kapitalistisch ausgestaltet sein soll. Besonderheiten können sich zudem bei einer KG mit einer Vielzahl von Gesellschaftern (Publikums-KG) ergeben.

1. Vertragliche Grundlagen

a) Allgemeines

aa) Firma/Sitz/Geschäftsjahr

- Firma
- Sitz
- Geschäftsjahr:
    - Geschäftsjahr entspricht dem Kalenderjahr
    - Vom Kalenderjahr abweichendes Geschäftsjahr

bb) Gegenstand des Unternehmens

- Der Zweck muss auf den Betrieb eines Handelsgewerbes i.S.v. § 1 Abs. 2 HGB gerichtet sein, § 161 Abs. 1 HGB
- Bei Fehlen eines in kaufmännischer Weise eingerichteten Geschäftsbetriebs oder ausschließlicher Verwaltung eigenen Vermögens muss die Firma des Unternehmens in das Handelsregister eingetragen sein, um KG sein zu können, §§ 161 Abs. 2, 105 Abs. 2 HGB
- Regelungen, wonach Zweigniederlassungen errichtet werden können, die Gesellschaft sich an anderen Unternehmen beteiligen darf, andere Unternehmen erwerben oder gründen darf

cc) Dauer der Gesellschaft

b) Gesellschafter/Gesellschaftskapital/Gesellschafterkonten

aa) Gesellschafter

- Persönlich haftender Gesellschafter (Komplementär)
- Kommanditist(en)

bb) Kapitalanteile der Gesellschafter

- Komplementär mit oder ohne Kapitalanteil
- Verpflichtung zur Erbringung der **Kapitalanteile (Pflichteinlagen)**
    - Bareinlage

III. Kommanditgesellschaft   Rz. 6   Teil 11.2

- Sacheinlage (anders als bei GmbH und AG: keine besonderen gesetzlichen Vorschriften hinsichtlich Festsetzung im Gesellschaftsvertrag, Erbringung und Bewertung der Sacheinlage)
- Fälligkeitsregelung hinsichtlich der Leistung der Einlagen
- Regelungen für den Fall der Nichtleistung/nicht rechtzeitigen Leistung: Verzugszinsen, Ausschluss aus der Gesellschaft
- In Abweichung von dem **gesetzlichen Grundsatz der variablen Kapitalanteile**:
- Regelung, wonach die Kapitalanteile fest, d.h. unveränderlich sind und nur durch Modifikation des Gesellschaftsvertrags geändert werden können
- Regelung, wonach die Kapitalanteile maßgeblich sind für die Beteiligung am Gesellschaftsvermögen und die Ausübung von Gesellschafterrechten (z.B. Stimmrechten, Entnahmerechten)
- Festlegung der in das Handelsregister einzutragenden **Haftsumme** jedes Kommanditisten:
  - Freie Bestimmung der Höhe der Haftsumme
  - Haftsumme kann identisch mit der Pflichteinlage sein
  - Haftsumme kann niedriger als die Pflichteinlage sein
  - Bei Fehlen einer ausdrücklichen Regelung: Haftsumme entspricht der Pflichteinlage

cc) Regelung der Gesellschafterkonten (abweichende Gestaltungen sind möglich)

- (Fest)Kapitalkonto (Kapitalkonto I)
  - Buchung des festen Kapitalanteils der Gesellschafter
- Rücklagenkonto (Kapitalkonto II)
  - Buchung der den Gesellschaftern zustehenden, nicht entnahmefähigen Gewinne
- Verlustvortragskonto (Kapitalkonto III)
  - Buchung der die Gesellschafter treffenden Verluste und der Gewinne bis zum Ausgleich der Verluste
- Darlehenskonto
  - Buchung der entnahmefähigen Gewinnanteile, Entnahmen, etwaigen Tätigkeitsvergütungen sowie des sonstigen Zahlungsverkehrs zwischen der Gesellschaft und den einzelnen Gesellschaftern
- Verzinsung der Konten

- Festlegung des Charakters der Gesellschafterkonten
  - Beteiligungscharakter
  - Forderungs- bzw. Verbindlichkeitencharakter

2. Innere Ordnung, Geschäftsführung und Vertretung

a) Geschäftsführung und Vertretung

aa) Gesetzlicher Grundsatz

- Geschäftsführung und Vertretung der Gesellschaft durch die Komplementäre, § 164 HGB, §§ 114 ff., 125 ff. HGB
- Ausschluss der Kommanditisten von der Geschäftsführung und Vertretung
- Widerspruchsrecht der Kommanditisten nur bei Handlungen, die über den gewöhnlichen Betrieb des Handelsgewerbes der Gesellschaft hinausgehen

bb) Abweichende gesellschaftsvertragliche Regelungen

- Geschäftsführungsbefugnis für die Kommanditisten; fraglich, inwieweit Kommanditisten auch organschaftliche Vertretungsbefugnis eingeräumt werden kann; jedenfalls aber Bevollmächtigung möglich
- Übertragung von Geschäftsführungsaufgaben an Dritte/entsprechende Bevollmächtigung Dritter (Grenze: **Grundsatz der Selbstorganschaft**; kein Ausschluss sämtlicher Gesellschafter von der Geschäftsführung und Vertretung der Gesellschaft)
- Erweiterung, Einschränkung oder Ausschluss des Widerspruchsrechts der Kommanditisten, § 164 HGB

cc) Entziehung der Geschäftsführungs- und Vertretungsbefugnis, §§ 161 Abs. 2, 117, 127 HGB

- **Gesetzlicher Grundsatz**: Entziehung auf Antrag der übrigen Gesellschafter durch gerichtliche Entscheidung bei Vorliegen eines wichtigen Grundes
- Abweichende gesellschaftsvertragliche Regelung: Entziehung durch Beschluss der übrigen Gesellschafter

dd) Regelungen zur Niederlegung des Geschäftsführeramtes

ee) Weitergehende Regelungen

- Umfang der Tätigkeitspflicht der Geschäftsführer
- Sorgfaltspflicht
- Vergütung/Aufwandsentschädigung

b) Gesellschafterversammlung

aa) Keine gesetzliche Regelung der Gesellschafterversammlung bei einer KG; daher gesellschaftsvertragliche Regelung ratsam

bb) Formalien

- Ort
- Regelungen zur Einberufung
- Einberufungszuständigkeit
- Einberufungsfrist
- Form
- Bekanntgabe der Tagesordnung

cc) Beschlussfähigkeit der Gesellschafterversammlung

dd) Versammlungsleiter/Protokollführer

- Wahl eines Versammlungsleiters/Protokollführers
- Aufgaben des Versammlungsleiters

ee) Ausübung des Stimmrechts durch Bevollmächtigte

- Zulassung durch gesellschaftsvertragliche Regelung oder Ad-hoc-Zustimmung der anderen Gesellschafter
- Form der Vollmacht
- Bestimmungen über die Person des Bevollmächtigten
- Ausschluss der Möglichkeit der Bevollmächtigung mehrerer Personen

c) Gesellschafterbeschlüsse

aa) Nur rudimentäre gesetzliche Regelung des Zustandekommens von Gesellschafterbeschlüssen bei einer KG, keine Regelung eines bestimmten Beschlussverfahrens; daher gesellschaftsvertragliche Regelung ratsam:

bb) Art der Beschlussfassung

- Beschlussfassung im Rahmen von Versammlungen
- Regelung, wonach mit Zustimmung aller Gesellschafter Gesellschafterbeschlüsse auch außerhalb von Versammlungen gefasst werden können, z.B. schriftlich, per Telefax oder E-Mail im Umlaufverfahren oder fernmündlich,

cc) Mehrheitserfordernisse

- **Gesetzlicher Grundsatz**: Einstimmigkeit, §§ 161 Abs. 2, 119 HGB
- Von §§ 161 Abs. 2, 119 HGB abweichende Regelungen:

- Zulassung von Mehrheitsbeschlüssen (einfache oder qualifizierte Mehrheit; Mehrheit der abgegebenen oder aller stimmberechtigten Stimmen)
- Beachtung des Bestimmtheitsgrundsatzes: allgemeine, nicht näher spezifizierte Mehrheitsklauseln decken nur Beschlüsse über laufende Angelegenheiten; Bestimmtheitsgrundsatz gilt nicht für die Publikums-KG
- Eingriffe in den Kernbereich der Gesellschafterposition (z.B. Stimmrecht, Gewinnbezugs-, Geschäftsführungs-, Liquidationsbeteiligungsrecht) sind nur mit Zustimmung der betroffenen Gesellschafter zulässig (Kernbereichslehre, Einzelheiten jeweils umstritten)

dd) Stimmrechte

- **Gesetzlicher Grundsatz**: Mehrheit ist im Zweifel nach der Zahl der Gesellschafter zu berechnen, §§ 161 Abs. 2, 119 Abs. 2 HGB
- Von §§ 161 Abs. 2, 119 Abs. 2 HGB abweichende Regelungen:
  - Bestimmung der Anzahl der Stimmen nach der Höhe des Kapitalanteils
  - Regelungen zum gesetzlich nicht geregelten Stimmrechtsausschluss (entsprechend § 47 Abs. 4 GmbHG, § 136 AktG, § 34 BGB)
  - Erhöhtes Stimmrecht für einzelne Gesellschafter

ee) Protokollierung

- Erfordernis einer Protokollierung von Gesellschafterbeschlüssen
- Einzelheiten zum Protokollinhalt
- Protokollierung als Wirksamkeitsvoraussetzung oder zu Beweiszwecken

d) Verfügung über Gesellschaftsanteile

aa) Gesetzlicher Grundsatz: Übertragung setzt die Zustimmung aller Mitgesellschafter voraus

bb) Gesellschaftsvertragliche Regelungen hinsichtlich der Zustimmung

- Generelles Zustimmungserfordernis für die Übertragung der Beteiligung
- Festlegung der Mehrheitserfordernisse für die Zustimmungserteilung, z.B. Beschluss der übrigen Gesellschafter mit einer Mehrheit von 75 % der Stimmen
- Ausnahmen vom Zustimmungserfordernis: Z.B. Übertragung an Mitgesellschafter oder an Angehörige

- Regelung hinsichtlich Anspruch auf Zustimmungserteilung in bestimmten Fällen
- Vertraglich vorab bereits erteilte Zustimmung, ggf. mit Regelung eines Widerrufsvorbehalts
- Ausschluss der Übertragbarkeit
- Formerfordernisse für die Übertragung

e) Wettbewerbsverbot

aa) Gesetzlicher Grundsatz

- Gesetzliches Wettbewerbsverbot für Komplementär, §§ 161 Abs. 2, 112, 113 HGB
- Kein gesetzliches Wettbewerbsverbot für Kommanditisten, § 165 HGB; ggf. Wettbewerbsverbot aus Treuepflicht bei Vorliegen besonderer Voraussetzungen

bb) Gesellschaftsvertragliche Regelungen

- Vertragliches Wettbewerbsverbot auch für Kommanditisten
- Nachvertragliches Wettbewerbsverbot für alle oder einzelne Gesellschafter, Beachtung der sich aus § 138 BGB, Art. 12 GG, § 1 GWB, Art. 81 EG ergebenden Schranken
- Berechtigtes Interesse der Gesellschaft
- Beschränkung auf das zeitlich, räumlich und gegenständlich notwendige Maß
- Befreiung vom Wettbewerbsverbot, z.B.:
  - durch dahingehende Regelung im Gesellschaftsvertrag
  - durch Gesellschafterbeschluss

3. Jahresabschluss, Ergebnisverwendung

a) Jahresabschluss

aa) Aufstellung des Jahresabschlusses durch den geschäftsführenden Gesellschafter

bb) Gesellschaftsvertragliche Regelungen hinsichtlich der Feststellung des Jahresabschlusses

- Regelung der Zuständigkeit für die Feststellung des Jahresabschlusses, z.B.
  - Gesellschafter durch Mehrheitsbeschluss
  - Komplementär
  - Beirat
- Ausschlussfrist für die Geltendmachung von Einwendungen

b) **Entnahmen/Ergebnis- bzw. Gewinnbeteiligung/Vergütungsregelungen**

aa) **Gesetzlicher Grundsatz**

- Gewinnunabhängiges Entnahmerecht des Komplementärs gemäß §§ 161 Abs. 2, 122 HGB; kein Entnahmerecht für die Kommanditisten
- Anspruch auf Auszahlung des im Jahresabschluss festgestellten Gewinns des letzten Jahres, §§ 161 Abs. 2, 122, 169 HGB
- Verteilungsmaßstab: § 168 HGB:
  - Verteilung von bis zu 4 % auf die Kapitalanteile
  - Verteilung des Restes nach angemessenem Verhältnis, soweit nichts anderes vereinbart ist

bb) **Gesellschaftsvertragliche Regelungen**

- Entnahmerecht auch für Kommanditisten/Regelung hinsichtlich eines „Steuerentnahmerechts"
- Regelung über Tätigkeits- und Haftungsvergütung für den Komplementär
- Gewinn- und Verlustverteilungsabreden (z.B. Gewinn- und Verlustverteilung nach Maßgabe der Kapitalanteile, feste Verzinsung der Gesellschaftsanteile)
- Regelung über Rücklagenbildung
- Entscheidung über Entnahmen und Gewinnverteilung durch Gesellschafterbeschluss

4. Ausscheiden, Auflösung

a) **Ausscheiden von Gesellschaftern**

aa) **Ausschluss eines Gesellschafters**

- **Gesetzlicher Grundsatz:** Ausschluss aus wichtigem Grund durch gerichtliche Entscheidung, §§ 161 Abs. 2, 140 HGB (**Ausschließungsklage**)
- Von §§ 161 Abs. 2, 140 HGB abweichende Regelungen:
  - Gesellschaftsvertragliche Regelung des wichtigen Grundes
  - Verzicht auf einen wichtigen Grund (bei sachlich gerechtfertigten Gründen); Problematik der Hinauskündigungsklauseln
  - Mehrheitsentscheidung über die Erhebung einer Ausschlussklage
  - Antragsrecht für einzelne Gesellschafter

III. Kommanditgesellschaft

- Ausschließung durch bloßen Gesellschafterbeschluss (sowie ergänzend: Regelung zum Ausschluss des Stimmrechts des Betroffenen sowie zum Ruhen des Stimmrechts)
- Verlangen nach Übertragung des Anteils auf einen anderen Gesellschafter oder einen Dritten gegen Zahlung einer Abfindung

bb) Kündigungsregelung, §§ 161 Abs. 2, 105 Abs. 3 HGB, § 723 Abs. 1 Satz 1 BGB

- Recht zur ordentlichen Kündigung der Gesellschaft durch die Gesellschafter, §§ 161 Abs. 2, 105 Abs. 3 HGB, § 723 Abs. 1 Satz 1 BGB (gänzlicher Ausschluss des Kündigungsrechts ist nicht möglich)
- Formalien der Kündigungserklärung
- Kündigungsfrist (in Abweichung von §§ 161 Abs. 2, 132 HGB, wonach sechs Monate zum Schluss eines Geschäftsjahres vorgesehen sind)
- Nach § 131 Abs. 3 Nr. 3 HGB: Kündigung führt zum Ausscheiden des kündigenden Gesellschafters; davon abweichende gesellschaftsvertragliche Regelungen: Kündigung mit der Folge der Auflösung der Gesellschaft oder Regelung hinsichtlich der Übernahme des Gesellschaftsanteils durch andere Gesellschafter

cc) Gesellschaftsvertragliche Regelung eines Austrittsrechts aus wichtigem Grund

- Gesetzlicher Grundsatz: Keine gesetzliche Regelung eines Austrittsrechts aus wichtigem Grund
- Bei Vorliegen eines wichtigen Grundes:
- **Auflösungsklage § 133 HGB**
- **Ausschließungsklage § 140 HGB**
  - Gesellschaftsvertragliche Regelung: Austrittsrecht der Gesellschafter bei Vorliegen eines wichtigen Grundes

dd) Abfindung bei Ausscheiden aus der Gesellschaft

- Höhe der Abfindung bei Ausscheiden aus der Gesellschaft, z.B. Abfindung in Höhe des Verkehrswertes
- Verfahren zur Ermittlung der Höhe des Abfindungsentgelts
- Modalitäten der Zahlung der Abfindung
- Schiedsgutachterklausel im Falle von Streitigkeiten über die Höhe der Abfindung

b) Auflösung der Gesellschaft

aa) Gesetzlicher Grundsatz: Auflösung aus wichtigem Grund durch gerichtliche Entscheidung, §§ 161 Abs. 2, 133 HGB (**Auflösungsklage**); Auflösung in den Fällen des § 131 Abs. 1 HGB bb) Gesellschaftsvertragliche Regelungen

- (Außerordentliche) Kündigung eines Gesellschafters mit der Rechtsfolge der Auflösung der Gesellschaft
- Formalien der Kündigungserklärung
- Kündigungsgründe
  - Regelung weiterer Gründe, die in Abweichung von § 131 Abs. 3 HGB zur Auflösung der Gesellschaft statt zum Ausscheiden des betreffenden Gesellschafters führen

5. Allgemeine Bestimmungen

a) Erfüllungsort- und Gerichtsstandsregelung

b) Salvatorische Klausel

c) Tragung der Gründungskosten durch die Gesellschaft

6. (Ggf.) Anlagen

IV. Aktiengesellschaft

7 Die Satzung einer Aktiengesellschaft muss durch **notarielle Beurkundung** festgestellt werden, § 23 Abs. 1 AktG. Jede Satzungsänderung bedarf eines Beschlusses der Hauptversammlung mit einer Mehrheit von mindestens 75 % des bei der Beschlussfassung vertretenen Grundkapitals. Die Satzung kann eine andere Kapitalmehrheit, für eine Änderung des Unternehmensgegenstandes jedoch nur eine größere Kapitalmehrheit bestimmen. Sie kann zudem weitere Erfordernisse aufstellen, § 179 Abs. 1, 2 AktG. Die Satzungsänderung wird erst mit Eintragung im Handelsregister wirksam, § 181 Abs. 3 AktG.

Bei der Gestaltung der Satzung einer Aktiengesellschaft ist § 23 Abs. 5 AktG zu beachten (**Grundsatz der Satzungsstrenge**). Danach darf die Satzung nur dann von den Vorschriften des Aktiengesetzes **abweichen**, wenn es ausdrücklich zugelassen ist. **Ergänzende Bestimmungen** der Satzung sind zulässig, sofern das Aktiengesetz keine abschließende Regelung enthält.

Die nachfolgende Checkliste erfasst den **zwingenden gesetzlichen Mindestinhalt** der Satzung einer Aktiengesellschaft wie auch **fakultative Regelungen**.

Die Satzung einer Aktiengesellschaft wird unterschiedlich gestaltet sein, je nachdem ob es sich um eine personalistisch strukturierte Gesellschaft mit einem kleinen oder überschaubaren, ggf. persönlich bekannten Aktionärskreis oder um eine börsennotierte Publikumsgesellschaft handelt.

IV. Aktiengesellschaft

 1. Vertragliche Grundlagen

a) Allgemeines

aa) Firma/Sitz/Geschäftsjahr

- Firma, §§ 18, 30 HGB, § 4 AktG (Mindestinhalt nach § 23 Abs. 3 Nr. 1 AktG)
- Sitz, § 5 AktG (Mindestinhalt nach § 23 Abs. 3 Nr. 1 AktG)
- Geschäftsjahr
- Geschäftsjahr entspricht dem Kalenderjahr
- Vom Kalenderjahr abweichendes Geschäftsjahr

bb) Gegenstand des Unternehmens (Mindestinhalt nach § 23 Abs. 3 Nr. 2 AktG)

- Beschreibung des Unternehmensgegenstandes
- Regelungen, wonach Zweigniederlassungen errichtet werden können, die Gesellschaft sich an anderen Unternehmen beteiligen darf, andere Unternehmen erwerben oder gründen darf
- Ggf. Aufnahme einer Holdingklausel

cc) Form der Bekanntmachungen (Mindestinhalt nach § 23 Abs. 4 AktG)

- Bekanntmachung der Gesellschaft durch die **Gesellschaftsblätter**, § 25 AktG
- Bundesanzeiger
- Daneben: Bezeichnung anderer Blätter oder elektronischer Informationsmedien als Gesellschaftsblätter durch die Satzung möglich

dd) Dauer der Gesellschaft

b) Grundkapital und Aktien

aa) Höhe und Einteilung des Grundkapitals (Mindestinhalt nach § 23 Abs. 3 Nr. 3, 4 AktG)

- **Höhe des Grundkapitals**, Mindestbetrag: 50 000 Euro, § 7 AktG
- Bei **Nennbetragsaktien**: Angabe der Nennbeträge und der Zahl der Aktien jeden Nennbetrags; Nennbetragsaktien müssen auf mindestens einen Euro lauten, § 8 Abs. 2 Satz 1 AktG
- Bei **Stückaktien**: Angabe der Zahl der Stückaktien; der auf die einzelne Aktie entfallende anteilige Betrag des Grundkapitals darf einen Euro nicht unterschreiten, § 8 Abs. 3 Satz 3 AktG
- Gleichzeitige Ausgabe von Nennbetrags- und Stückaktien ist nicht möglich

bb) Aktiengattung, (Mindestinhalt nach § 23 Abs. 3 Nr. 4 AktG)

– Bestehen mehrere Aktiengattungen, Angabe der Gattung der Aktien und der Zahl der Aktien jeder Gattung:
– **Vorzugsaktien**, z.B. Vorzug bei der Verteilung des Liquidationserlöses, stimmrechtslose Vorzugsaktien mit Vorzug bei der Verteilung des Gewinns, §§ 139 ff. AktG
– **Stammaktien**

cc) Inhaber- oder Namensaktien/Vinkulierung/gemeinsame Vorschriften für alle Aktien

– Angabe, ob die Aktien auf den **Inhaber** oder auf den **Namen** lauten (Mindestinhalt nach § 23 Abs. 3 Nr. 5 AktG)
– Grundsätzlich freie Wahl, ob Inhaber- oder Namensaktien ausgegeben werden sollen
– Einschränkung der Wahlfreiheit: Verpflichtung zur Ausgabe von Namensaktien, wenn die Aktien vor der Leistung des vollen Ausgabebetrags ausgegeben werden sollen, § 10 Abs. 2 AktG
– Die Satzung kann gemäß § 24 AktG bestimmen, dass auf Verlangen eines Aktionärs seine Inhaberaktie in eine Namensaktie oder seine Namensaktie in eine Inhaberaktie umzuwandeln ist (individuelles Umwandlungsbegehren)
– Ggf. Regelung einer **Vinkulierung**: Bei Namensaktien kann die Übertragung der Aktien an die Zustimmung durch die Gesellschaft gebunden werden, § 68 Abs. 2 AktG
  – Die Zustimmung erteilt nach dem Gesetz der Vorstand
  – Die Satzung kann vorsehen, dass der Aufsichtsrat oder die Hauptversammlung über die Erteilung der Zustimmung beschließt, Erklärung der Zustimmung auch in diesem Fall durch den Vorstand im Außenverhältnis
  – Die Satzung kann Gründe vorsehen, aus denen die Zustimmung verweigert werden darf
  – Bestimmte Übertragungen, z.B. an Mitgesellschafter können von der Vinkulierung ausgenommen werden
– Ausschluss der Abtretbarkeit der Aktien (str., ob zulässig)
– Regelung einer von § 60 Abs. 2 Satz 3 AktG (pro-rata temporis Gewinnberechtigung der jungen Aktien) abweichende Gewinnberechtigung: Beteiligung der jungen Aktien am Gewinn des gesamten Jahres
– Ausschluss des Anspruchs auf (Einzel)Verbriefung der Aktien, § 10 Abs. 5 AktG

- Ausschluss des Anspruchs auf Verbriefung von Gewinnanteilen/ des Anspruchs auf Ausgabe von Gewinnanteils-(Coupons) und Erneuerungsscheinen (Talons)

dd) Bei Sacheinlagen oder Sachübernahmen, § 27 Abs. 1 AktG

- Festsetzung des Gegenstands der Sacheinlage oder Sachübernahme
- Bezeichnung der Person, von der die Gesellschaft den Gegenstand erwirbt
- Angabe des Nennbetrags, bei Stückaktien der Anzahl der bei der Sacheinlage zu gewährenden Aktien oder Angabe der bei der Sachübernahme zu gewährenden Vergütung

ee) Genehmigtes Kapital, §§ 202 ff. AktG

- Ermächtigung des Vorstands zur Kapitalerhöhung (im Rahmen der Gründungsatzung oder im Wege einer Satzungsänderung durch Hauptversammlungsbeschluss)
- Höhe des genehmigten Kapitals, § 202 Abs. 3 AktG: höchstens die Hälfte des Grundkapitals, das zur Zeit der Ermächtigung vorhanden ist
- Maßgeblicher Zeitpunkt: Zeitpunkt des Wirksamwerdens der Ermächtigung
- Zeitliche Grenze/Dauer, § 202 Abs. 1, 2 AktG: Höchstens für fünf Jahre nach Eintragung der Gesellschaft oder Eintragung der Satzungsänderung im Handelsregister
- Angabe eines konkreten Datums oder konkrete Bezeichnung der Berechnungsgrundlage
- Einmalige oder mehrmalige Erhöhung/vollständige oder teilweise Ausübung der Ermächtigung
- Erhöhung gegen Bar- und/oder Sacheinlagen
- Ausschluss des Bezugsrechts der Aktionäre oder Ermächtigung des Vorstands zum Ausschluss des Bezugsrechts der Aktionäre

ff) Bedingtes Kapital, §§ 192 ff. AktG

- Nach herrschender, wenn auch nicht unumstrittener Meinung in der Gründungsatzung unzulässig; danach Schaffung durch Hauptversammlungsbeschluss möglich

2. Innere Ordnung, Geschäftsführung und Vertretung

a) Vorstand

aa) Zahl der Mitglieder des Vorstands oder die Regeln, nach denen diese Zahl festgelegt wird, (Mindestinhalt nach § 23 Abs. 3 Nr. 6 AktG)

- Bei Gesellschaften mit einem Grundkapital von mehr als 3 Mio. Euro muss der Vorstand aus mindestens zwei Personen bestehen, es sei denn die Satzung bestimmt, dass er auch in diesem Fall nur aus einer Person bestehen kann, § 76 Abs. 2 Satz 2 AktG
- Angabe einer Mindest- und/oder einer Höchstzahl in der Satzung
- Regelung, wonach der Aufsichtsrat/die Hauptversammlung die Zahl der Vorstandsmitglieder festlegt
- Vorgabe bestimmter Eignungsvoraussetzungen für die Mitglieder des Vorstands (jedoch keine unzulässige Einschränkung des Auswahlermessens des Aufsichtsrats)

bb) Regelungen zur Vertretungsberechtigung/Geschäftsführung

- **Gesetzlicher Grundsatz**: Gesamtgeschäftsführung und Gesamtvertretung, §§ 77, 78 AktG
- **Mögliche Satzungsregelungen**:
- Echte oder unechte Gesamtvertretung
- Einräumung von **Einzelvertretungsbefugnis** oder Ermächtigung des Aufsichtsrats zur Einräumung von Einzelvertretungsbefugnis
- Befreiung von den Beschränkungen des § 181 BGB, soweit **Mehrfachvertretung** betroffen ist, oder Ermächtigung des Aufsichtsrats zur Befreiung von den Beschränkungen des § 181 BGB, soweit Mehrfachvertretung betroffen ist
- Übertragung der Befugnis zum Erlass einer **Geschäftsordnung** für den Vorstand auf den Aufsichtsrat, § 77 Abs. 2 Satz 1 AktG (Zuständigkeit des Vorstands ist subsidiär gegenüber der Erlasskompetenz des Aufsichtsrats; Satzung kann nicht vorsehen, dass der Vorstand anstelle des Aufsichtsrates tätig wird; möglich aber: Erlass einer Geschäftsordnung durch den Vorstand mit Zustimmung durch den Aufsichtsrat)
- Bindende Regelung von Einzelfragen der Geschäftsordnung (z.B. Mehrheitserfordernis für Beschlüsse des Vorstands, Stichentscheid durch den Vorstandsvorsitzenden, sofern der Vorstand aus mehr als zwei Personen besteht) durch die Satzung, § 77 Abs. 2 Satz 2 AktG

cc) Zustimmungsvorbehalt zugunsten des Aufsichtsrats, § 111 Abs. 4 Satz 2 AktG

- Regelung, wonach der Vorstand bestimmte Arten von Geschäften nur mit Zustimmung des Aufsichtsrats vornehmen darf, entweder durch die Satzung oder den Aufsichtsrat
- Katalog zustimmungspflichtiger Geschäfte kann in die Satzung aufgenommen werden (aus Praktikabilitätsgründen aber nicht zu empfehlen; besser: Regelung im Rahmen einer Geschäftsordnung)

IV. Aktiengesellschaft

b) Aufsichtsrat

aa) Zusammensetzung, Amtsdauer, Entsendungsrechte, Niederlegung

- **Festlegung der Zahl** der Aufsichtsratsmitglieder durch die Satzung:
  - Mindestens drei Aufsichtsratsmitglieder, § 95 AktG
  - Satzung kann eine höhere Zahl festlegen unter Beachtung des Erfordernisses der Teilbarkeit durch drei und der Höchstzahlen gem. § 95 Satz 4 AktG
- Festlegung von persönlichen Eignungsvoraussetzungen der Aufsichtsratsmitglieder (jedoch nicht für die Arbeitnehmervertreter), § 100 Abs. 4 AktG
- Festlegung der **Amtzeit** unter Beachtung der Höchstgrenze des § 102 AktG; Regelung zur Amtsdauer des Nachfolgers eines vor Ablauf der Amtzeit ausgeschiedenen Aufsichtsratsmitglieds ist sinnvoll, um verschiedene Amtszeiten zu vermeiden
- Begründung des Rechtes, Mitglieder in den Aufsichtsrat zu entsenden (**Entsenderechte**)
  - für bestimmte Aktionäre oder
  - für die jeweiligen Inhaber bestimmter Aktien
  - höchstens jedoch für ein Drittel der Zahl der Aufsichtsratsmitglieder, § 101 Abs. 2 AktG
- **Niederlegungsrecht** vor Ablauf der regulären Amtzeit (gesetzliche Regelung der Niederlegung ist nicht vorhanden)
  - Adressat: Erklärung gegenüber dem Vorstandsvorsitzenden oder Aufsichtsratsvorsitzenden
  - Frist
  - Form der Niederlegungserklärung
  - Ggf. Gründe für die Niederlegung
- Bestellung von **Ersatzmitgliedern, § 102 Abs. 2 AktG**
  - **Gesetzlicher Grundsatz**: Das Amt des Ersatzmitglieds erlischt spätestens mit Ablauf der Amtzeit des weggefallenen Aufsichtsratsmitglieds, § 102 AktG
  - Satzung kann eine kürzere Amtzeit der Ersatzmitglieder vorsehen, z.B. Erlöschen des Amtes, sobald ein Nachfolger für das weggefallene Aufsichtsratsmitglied gewählt wurde
  - Regelung hinsichtlich des Wiederauflebens der Stellung als Ersatzmitglied (bei Neuwahl für ein weggefallenes, durch das Ersatzmitglied ersetztes Aufsichtsratsmitglied)

bb) Vorsitz

- Regelungen zur Wahl des Aufsichtsratsvorsitzenden sowie eines Stellvertreters

cc) Innere Ordnung des Aufsichtsrats

- **Gesetzlicher Grundsatz**: Gesetz schreibt für die Einberufung von Aufsichtsrats-Sitzungen weder Formen noch Fristen vor; Regelung in der Satzung (oder der Geschäftsordnung für den Aufsichtsrat) daher sinnvoll
- **Einberufung von Sitzungen**
  - Einberufungszuständigkeit: Aufsichtsratsvorsitzender oder – bei dessen Verhinderung – stellvertretender Aufsichtsratsvorsitzender
  - Form
  - Frist für die Einberufung bzw. Möglichkeit zur Verkürzung der Einberufungsfrist in dringenden Fällen
  - **Bekanntgabe der Gegenstände der Tagesordnung** zusammen mit der Einberufung
- **Beschlussfähigkeit**
  - Aufsichtsrat ist nur beschlussfähig, wenn mindestens die Hälfte der Mitglieder, aus denen er nach Gesetz oder Satzung zu bestehen hat, an der Beschlussfassung teilnimmt, mindestens müssen jedoch drei Mitglieder an der Beschlussfassung teilnehmen, § 108 Abs. 2 Satz 3 AktG
  - Abweichende Satzungsregelungen sind zulässig, es müssen jedoch immer mindestens drei Aufsichtsratsmitglieder an der Beschlussfassung teilnehmen
- **Beschlussfassung**
  - **Form der Beschlussfassung**: Gesetzlicher Grundsatz: Schriftliche, fernmündliche oder andere vergleichbare Formen der Beschlussfassung sind vorbehaltlich einer näheren Regelung durch die Satzung nur zulässig, wenn kein Mitglied des Aufsichtsrates widerspricht, § 108 Abs. 4 AktG; Satzung kann davon abweichende Regelung treffen, z.B. Ausschluss des Widerspruchsrechts des einzelnen Aufsichtsratsmitglieds; Zulassung sog. gemischter Beschlussfassungen
  - **Mehrheitserfordernisse** (einfache Mehrheit im Grundsatz; Satzung kann für bestimmte Beschlüsse qualifizierte Mehrheit vorsehen, Einzelheiten streitig)
  - Recht zum **Stichentscheid** für den Aufsichtsratsvorsitzenden bei Stimmengleichheit

IV. Aktiengesellschaft

- **Vetorecht** für den Aufsichtsratsvorsitzenden oder einzelnen Aufsichtsratsmitglieder ist nicht zulässig
- Möglichkeit zur **Sitzungsteilnahme** von Personen, die nicht dem Aufsichtsrat angehören, anstelle von verhinderten Aufsichtsratsmitgliedern bei Ermächtigung in Textform, § 109 Abs. 3 AktG
- Einzelheiten über die **Niederschrift** über die Sitzungen des Aufsichtsrats

dd) Bildung von Aufsichtsratsausschüssen, § 107 Abs. 3 AktG

- Allein der Aufsichtsrat kann entscheiden, ob er von der ihm eingeräumten Möglichkeit der Ausschussbildung Gebrauch macht oder nicht
- Satzung kann die Bildung von Ausschüssen vorschreiben

ee) Vergütung der Aufsichtsratsmitglieder

- Festlegung einer Vergütung durch die Satzung; andernfalls Bewilligung durch die Hauptversammlung erforderlich, § 113 AktG:
  - Fixvergütung
  - variable Vergütung/ggf. zusätzlich Aufwandsentschädigung,
  - erhöhte Vergütung für den Aufsichtsratsvorsitzenden/stellvertretenden Aufsichtsratsvorsitzenden

ff) Ermächtigung des Aufsichtsrates, Änderungen, die nur die Fassung der Satzung betreffen, zu beschließen, § 179 Abs. 1 Satz 2 AktG

c) Hauptversammlung

aa) Ort

- Satzung kann anderen Ort bestimmen als den Gesellschafts- oder Börsensitz, § 121 Abs. 5 AktG

bb) Einberufung der Hauptversammlung

- **Einberufungszuständigkeit**
  - Vorstand oder Aufsichtsrat
  - Einberufung auf Verlangen einer Minderheit, § 122 AktG; Satzung kann das Recht, die Einberufung zu verlangen, an eine andere Form und an den Besitz eines geringeren als gesetzlich vorgesehenen Anteils am Grundkapital knüpfen
- Regelung zur Berechnung der **Einberufungsfrist** für die Hauptversammlung
- Teilnahmeberechtigung
  - **Gesetzlicher Grundsatz**: Teilnahmerecht der Aktionäre
  - Satzungsregelungen

- **Anmeldeerfordernis** als Voraussetzung für die Teilnahme an der Hauptversammlung oder die Ausübung des Stimmrechts
- **Frist**, innerhalb derer die Anmeldung erfolgen muss
- Anmeldung bei der Gesellschaft oder einer in der Einberufung bezeichneten Stelle
- Regelung der Anforderungen an den **Nachweis des Aktienbesitzes**
- Zeitpunkt, auf den sich der Nachweis bezieht
- Zeitpunkt, bis zu dem der Nachweis der Gesellschaft zugegangen sein muss
- Form und Sprache
- Bei **Namensaktien**: Einberufung durch eingeschriebenen Brief möglich, sofern die Satzung nichts anderes bestimmt, § 121 Abs. 4 AktG
- Sofern **keine Aktienurkunden** ausgegeben sind: Regelung, wonach in der Einberufung zur Hauptversammlung zu bestimmen ist, unter welchen Voraussetzungen die Aktionäre zur Teilnahme an der Hauptversammlung und zur Ausübung des Stimmrechts zugelassen werden

cc) Vorsitz

- Gesetz enthält keine Regelung über den Vorsitz in der Hauptversammlung, setzt das Vorhandensein eines Vorsitzenden jedoch voraus, § 130 Abs. 2 AktG
- Regelung des **Vorsitzes in der Hauptversammlung** (Versammlungsleiter) durch die Satzung: Z.B.
  - Aufsichtsratsvorsitzender oder ein anderes Aufsichtsratsmitglied
  - Wahl durch die Hauptversammlung, v.a. für den Fall, dass kein Mitglied des Aufsichtsrates anwesend ist
- **Befugnisse des Versammlungsleiters**:
- Leitung der Hauptversammlung
  - Bestimmung der Reihenfolge der Verhandlungsgegenstände
  - Bestimmung von Art, Form und Reihenfolge der Abstimmungen
  - Ermächtigung, das Frage- und Rederecht des Aktionärs zeitlich angemessen zu beschränken und Näheres dazu zu bestimmen

dd) Mehrheiten/Sonderbeschlüsse

- **Gesetzlicher Grundsatz**: Beschlüsse der Hauptversammlung bedürfen der Mehrheit der abgegebenen Stimmen (**einfache Stimmenmehrheit**), soweit nicht Gesetz oder Satzung eine größere

Mehrheit oder weitere Erfordernisse bestimmen, § 133 Abs. 1 AktG

– Von § 133 Abs. 1 AktG abweichende Regelung der Mehrheitserfordernisse: Größere Mehrheit als die einfache Stimmenmehrheit oder zusätzliche Erfordernisse

– Bestimmungen über **Wahlen** gemäß § 133 Abs. 2 AktG

– **Abweichende Mehrheitserfordernisse** z.B. bei Beschlussfassung über

 – Satzungsänderung, § 179 Abs. 2 Satz 2 und 3 AktG

 – reguläre Kapitalerhöhung, § 182 Abs. 1 Satz 2 AktG

 – bedingte Kapitalerhöhung, § 193 Abs. 1 Satz 2 AktG

 – genehmigtes Kapital, § 202 Abs. 2 Satz 3 AktG

 – Kapitalerhöhung aus Gesellschaftsmitteln, § 207 Abs. 2 AktG i.V.m. § 182 Abs. 1 Satz 2 AktG

 – Schuldverschreibungen, § 221 Abs. 1 Satz 3 AktG

 – Kapitalherabsetzung, § 222 Abs. 1 Satz 2 AktG

 – Auflösung der Gesellschaft, § 262 Abs. 1 Nr. 2 AktG

– Festlegung eines **Sonderbeschlusserfordernisses** für bestimmte Beschlussgegenstände, § 138 AktG

ee) Stimmrecht, § 134 AktG

– Pro Aktie eine Stimme

– **Gesetzlicher Grundsatz**: Beginn des Stimmrechts mit der vollständigen Leistung der Einlage, § 134 Abs. 2 Satz 1 AktG; abweichende Satzungsregelung möglich: Beginn des Stimmrechts, wenn auf die Aktie die gesetzliche oder höhere satzungsmäßige **Mindesteinlage** geleistet wurden

– Ausübung des Stimmrechts durch **Bevollmächtigte**

 – Textformerfordernis für die Vollmacht: Satzung kann Abweichendes regeln

– Bestimmungen über die Person des Bevollmächtigten

– Ausschluss der Möglichkeit der Bevollmächtigung mehrerer Personen

 – Ggf. Bestimmungen über die Form der Ausübung des Stimmrechts

 – Mehrstimmrechte sind unzulässig, § 12 Abs. 2 AktG

ff) Bild- und Tonübertragungen

– Regelung von Fällen, in denen die Teilnahme von Aufsichtsratsmitgliedern im Wege der Bild- und Tonübertragung erfolgen darf, § 118 Abs. 3 Satz 2 AktG

– Regelung hinsichtlich der vollständigen oder teilweisen Übertragung der Hauptversammlung in Ton und Bild, § 118 Abs. 4 AktG

3. Jahresabschluss/Gewinnverwendung

a) I.d.R. Wiedergabe der gesetzlichen Regelungen über

– die Aufstellung des Jahresabschlusses/des Lageberichts/des Konzernabschlusses und des Konzernlageberichts durch den Vorstand

– die Zuleitung an den Aufsichtsrat zusammen mit einem Vorschlag zur Verwendung des Bilanzgewinns, § 170 Abs. 1 und 2 AktG

– die Prüfung durch den Aufsichtsrat, § 171 AktG

– die Billigung des Jahresabschlusses durch den Aufsichtsrat, § 172 AktG

b) Regelungen über die Verwendung des Jahresüberschusses, § 58 AktG

– Ermächtigung von Vorstand und Aufsichtsrat zur Einstellung eines größeren oder kleineren Teils als der Hälfte des Jahresüberschusses in andere Gewinnrücklagen, § 58 Abs. 2 Satz 2 AktG

– Ermächtigung der Hauptversammlung, eine andere Verwendung des Bilanzgewinns als Einstellung in Gewinnrücklagen, als Gewinnvortrag oder als Verteilung unter die Aktionäre zu beschließen, § 58 Abs. 3 Satz 2 AktG

– Ausschluss der Verteilung des Bilanzgewinns unter die Aktionäre, § 58 Abs. 4 AktG

– Regelung, wonach die Hauptversammlung – in Abweichung von dem Grundsatz der Dividendenzahlung in Geld – eine Sachausschüttung beschließen kann, § 58 Abs. 5 AktG

c) Regelungen über die Gewinnverteilung, § 60 AktG

– **Gesetzlicher Grundsatz**: Die Anteile der Aktionäre am Gewinn bestimmen sich nach ihren Anteilen am Grundkapital, § 60 Abs. 1 AktG

– Satzung kann eine andere Art der Gewinnverteilung bestimmen, § 60 Abs. 3 AktG

d) Ermächtigung des Vorstandes zu Abschlagszahlungen auf den Bilanzgewinn, § 59 AktG

4. Ausscheiden, Auflösung

a) Einziehung von Aktien: Zwangseinziehung von Aktien, § 237 AktG

– Zwangseinziehung

– Aktien müssen eingezogen werden, wenn die Voraussetzungen hierfür vorliegen (**angeordnete Zwangseinziehung**)

- Aktien können – aufgrund eines Beschlusses der Hauptversammlung – eingezogen werden, wenn die Voraussetzungen hierfür vorliegen (**gestattete Zwangseinziehung**)
- **Voraussetzungen** für eine Zwangseinziehung
- Einziehungsgründe
- Einzelheiten zur **Durchführung** der Zwangseinziehung
- Verfahren der Einziehung
- Festlegung des Einziehungsentgelts
- Modalitäten der Zahlung des Einziehungsentgelts

b) Liquidation der Gesellschaft

aa) Gesetzlicher Grundsatz: Abwicklung durch die Vorstandsmitglieder, § 265 Abs. 1 AktG; abweichende Satzungsregelung ist möglich, § 265 Abs. 2 AktG

bb) Gesetzlicher Grundsatz: Verteilung des nach Berichtigung der Verbindlichkeiten verbleibenden Vermögens nach den Anteilen am Grundkapital, sofern keine abweichenden Satzungsregelungen (Aktien mit verschiedenen Rechten bei der Erlösverteilung) hinsichtlich der Verteilung des Liquidationserlöses vorhanden sind, § 271 Abs. 2 AktG

5. Allgemeine Bestimmungen

a) Sondervorteile/Gründungsaufwand, § 26 AktG

- Sondervorteile für einzelne Aktionäre oder Dritte
- Gründungsaufwand:
  - Gründungsentschädigung (Ersatz von Aufwendungen für die Kosten der Gründung und der Einlagenleistung, z.B. Steuern, Notar- und Gerichtsgebühren, Kosten der Gründungsprüfung, Druck von Aktienurkunden)
  - Gründungslohn (Tätigkeitsvergütung für Mitwirkung bei der Gründung, Honorare für Gutachten, Beratung, gleichgültig, ob Leistung an Gesellschafter oder Dritte erfolgt)

b) Gerichtsstandsklausel bei Vorhandensein ausländischer Aktionäre

c) Keine salvatorische Klausel wegen § 275 AktG

6. (Ggf.) Anlagen

Zu den Herausgebern

Benno Heussen, Prof. Dr., Rechtsanwalt in Berlin, befasst sich seit vielen Jahren mit Verträgen über Technologieprojekte im In- und Ausland. Er war Mitherausgeber des Computerrechtshandbuchs (C.H.Beck) und hat viel zum Anwaltsmanagement veröffentlicht. An der Universität Hannover lehrt er im Rahmen eines Post-Graduate-Kurses Vertragsentwurf und Vertragsmanagement. Dabei sind modulare Vertragssysteme entstanden, die sich auch in der Praxis bewährt haben.
(benno.heussen@heussen-law.de/www.heussen-law.de)

Gerhard Pischel, Dr., LL.M. (Univ. Lond.), ist als Rechtsanwalt in München und Brüssel zugelassen und beschäftigt sich mit Fragen des Vertriebs-, Lizenz- und Kartellrechts. Er unterrichtet daneben als Lehrbeauftragter Europäisches Kartellrecht an der Ludwig-Maximilians-Universität München sowie Vertragsverhandlung an der Hochschule Konstanz und ist Autor zahlreicher Veröffentlichungen zu Kartellrecht und Vertragsgestaltung.
(gerhard.pischel@heussen-law.de/www.heussen-law.de)

Zu den Autoren

Jan Curschmann, Dr., Rechtsanwalt in Hamburg, ist Partner der Taylor Wessing Partnerschaftsgesellschaft und seit mehr als 25 Jahren im deutsch-brasilianischen Rechtsverkehr tätig. Als Rechtsberater deutscher und brasilianischer Unternehmen hat er an zahlreichen Vertragsverhandlungen in Brasilien teilgenommen und an internationalen Schiedsverfahren mit brasilianischer Beteiligung mitgewirkt. Dabei hat er ausgeprägte Erfahrungen mit brasilianischer Verhandlungskultur und Lebensart sowie dem brasilianischen Recht erworben. Dr. Curschmann ist brasilianischer Honorarkonsul. Von 2000 bis 2012 war er Vorstandsvorsitzender der Deutsch-Brasilianischen Juristenvereinigung.
(j.curschmann@taylorwessing.com/www.taylorwessing.com)

Martin Imbeck, Dr., Rechtsanwalt in München, befasst sich seit mehr als 20 Jahren gebietsübergreifend mit der Gestaltung von nationalen und internationalen Verträgen. Aufgrund seiner langjährigen Erfahrung in Wissenschaft und Praxis auf diesem Gebiet erarbeitete er den Teil Aus-

tauschverträge einschließlich der allgemeinen Basischeckliste für Austauschverträge, die dazu dient, unabhängig vom Vertragstyp und vom Rechtssystem Austauschverträge zu entwickeln oder zu überprüfen.
(imbeck@imbeck-law.de/www.imbeck-law.de)

Markus Junker, Dr., Rechtsanwalt in München, ist im Bereich des Technologie- und Vertriebsrechts tätig und setzt modulare Vertragssysteme in der Praxis um. Er war zuvor wissenschaftlicher Mitarbeiter am Institut für Rechtsinformatik an der Universität des Saarlandes und ist u.a. Mitautor des Computerrechtshandbuchs und des juris-Praxiskommentars zum BGB und durch regelmäßige Veröffentlichungen in Fachzeitschriften ausgewiesen.
(markus.junker@heussen-law.de/www.heussen-law.de)

Selim Keki, Dr., Rechtsanwalt in Istanbul, ist Partner der Kanzlei Balcıoğlu Selçuk Akman Keki, die in enger Kooperation mit Dentons türkische und internationale Klienten im Bereich des Wirtschaftsrechts berät. Nach Studium und Promotion in Konstanz, erwarb er im Jahre 2000 die Zulassung für türkische Gerichte. Er ist seit über 15 Jahren vor allem im Bereich des Gesellschafts- und Handelsrechts tätig und spezialisiert sich auf M&A und Konzernrecht. Im Laufe seiner Tätigkeit hatte er die Gelegenheit, Vertragsverhandlungen in den unterschiedlichsten Konstellationen zu führen. In grenzüberschreitenden Transaktionen vertrat er türkische und ausländische Unternehmen sowohl in der Erwerber- wie in der Veräußererrolle. Unter seinen Klienten befinden sich börsennotierte Unternehmen, Private Equity Funds und familiengeführte Unternehmen. Er war für 4 Jahre Syndikusanwalt bei der Muttergesellschaft eines der führenden türkischen Unternehmen, wo er in die internen Entscheidungsprozesse direkt eingebunden war.
(skeki@baseak.com/www.baseak.com)

Dirk von dem Knesebeck, Dr., Rechtsanwalt in München, befasst sich seit vielen Jahren mit allen Fragen des Gesellschaftsrechts. Ein Schwerpunkt liegt im Bereich M&A (inklusive Venture Capital-Transaktionen), Kapitalmarktrecht sowie Restrukturierungen. Ein weiteres Tätigkeitsfeld ist die Beratung von Rechtsanwaltskanzleien in Strukturierungsfragen. Derartige Themen behandelt er auch auf diversen Vortragsveranstaltungen.
(dirk.knesebeck@heussen-law.de/www.heussen-law.de)

Dagmar Knigge, Dr., Rechtsanwältin in München, ist seit langen Jahren schwerpunktmäßig im Gesellschaftsrecht, insb. im Recht der Kapitalgesellschaften, tätig. Zu ihren Tätigkeitsfeldern gehören die gesellschaftsrechtliche Beratung von GmbHs und Aktiengesellschaften sowie deren Geschäftsführern bzw. Vorständen und Aufsichtsräten, insbesondere Beratung bei der Durchführung (öffentlicher) Hauptversammlungen, Kapitalmaßnahmen, Umstrukturierungen und bei der Einführung von Mitarbeiterbeteiligungsprogrammen, die Begleitung bei der Durchführung von Mezzanine-Finanzierungen (Ausgabe von Genussrechten, Wandelschuldverschreibungen etc.), die Begleitung von Venture Capital-Transaktionen und Unternehmenskäufen.

(dagmar.knigge@heussen-law.de/www.heussen-law.de)

Clemens Kochinke, MCL, Attorney at Law, Rechtsanwalt in Washington, D.C., ist nach Studien in Deutschland, Großbritannien und den USA und juristischer Tätigkeit in Frankfurt, Malta, London und Washington Partner in der Kanzlei Berliner, Corcoran & Rowe, LLP in Washington, D.C. Er ist als Anwalt bis zum Obersten Bundesgerichtshof der Vereinigten Staaten zugelassen, wirkt als Gutachter für internationales Recht, vertritt Unternehmen, Staaten und ihre Organe und berät Mandanten im US-amerikanischen Recht auf Deutsch. Er ist Autor zahlreicher Veröffentlichungen in Europa und Amerika.

(ck@bcr.us/www.kochinke.com)

Tim Goro Luthra, Dr., Rechtsanwalt in München, ist im Bereich des nationalen und internationalen Wirtschaftsrechts mit besonderem Fokus auf das Gesellschaftsrecht tätig. Er berät seit vielen Jahren Unternehmer und private sowie börsennotierte Unternehmen u.a. bei der Gestaltungsoptimierung (Konzernrecht – einschließlich der Konzerninnenfinanzierung, Fremd-(Re-)Finanzierung – einschließlich Private Equity und Venture Capital, sowie Umwandlung), in M&A-Transaktionen, bei IPOs und Delistings sowie in Compliance-Angelegenheiten. Dr. Tim Luthra ist gebürtiger Inder und seit früher Kindheit mit der Kultur und der Entwicklung des Subkontinentes vertraut. Er wurde mit einer Dissertation zu den Möglichkeiten des Rechtsschutzes privater Direktinvestitionen in Indien promoviert und verfügt über umfangreiche Erfahrung bei der Beratung und Verhandlung von Investitionen sowohl deutscher Unternehmen in Indien, als auch indischer Unternehmen in Deutschland.

(tim.luthra@luthra-law.com/www.luthra-law.com)

Fredmund Malik, Prof. Dr., ist habilitierter Professor für Unternehmensführung an der Universität St. Gallen, international ausgezeichneter Managementexperte sowie Gründer und Chairman von Malik St. Gallen. Er gehört zu den profiliertesten Managementvordenkern und ist regelmässiger Kolumnist in meinungsbestimmenden Medien.

Professor Malik ist mehrfach ausgezeichneter Bestsellerautor von mehr als zehn Büchern und 300 weiteren Publikationen. Sein Klassiker *Führen Leisten Leben* zählt zu den 100 besten Wirtschaftsbüchern aller Zeiten. Für seine ganzheitlichen ManagementSysteme© wurde er unter anderem mit dem Ehrenkreuz der Republik Österreich für Wissenschaft und Kunst ausgezeichnet. Ausserdem ist er Träger des Heinz von Foerster-Preises für Organisationskybernetik und „Special Professor" an drei chinesischen Universitäten.

(fredmund.malik@mzsg.ch/www.malik-management.com)

Wolfram Meven, Rechtsanwalt und Steuerberater in Düsseldorf, Partner bei Heuking Kühn Lüer Wojtek, ist seit vielen Jahren tätig im Bereich der steuerrechtlichen Strukturierung und Begleitung von Transaktionen einschließlich der steuerrechtlichen Due Diligence sowie der Projektverantwortung für Transaktionen, Umstrukturierung von Unternehmen und Unternehmensgruppen und der Nachfolgeplanung bei Familiengesellschaften. Diese Themen behandelt er auch auf Vortragsveranstaltungen, bevorzugt im Banken- und Immobilienbereich.

(w.meven@heuking.de/www.heuking.de)

Thomas Pattloch, Dr., LL.M.Eur., geboren 1971 in Offenbach/Main, promovierte mit einem Rechtsvergleich zum IPR des Geistigen Eigentums in China und Deutschland und war im Anschluss einer Tätigkeit als Wissenschaftlicher Mitarbeiter der Asienabteilung beim Max-Planck-Institut für Geistiges Eigentum, Steuerrecht und Wettbewerbsrecht zuerst als Rechtsanwalt in Shanghai, anschließend als Intellectual Property Officer der Europäischen Kommission in Beijing tätig. Seit April 2011 berät er als Rechtsanwalt und Partner bei Taylor Wessing in München im Bereich China zu Fragen des geistigen Eigentums, Lizenzrecht, Technologietransfer und Anti-Counterfeiting.

(t.pattloch@taylorwessing.com/www.taylorwessing.com)

Reiner Ponschab, Dr., Rechtsanwalt und Wirtschaftsmediator in München, ist seit 1973 Rechtsanwalt und arbeitet seit vielen Jahren als Wirtschaftsmediator. Neben dem Jurastudium in München und Freiburg und der Promotion in Tübingen absolvierte er ein Psychologiestudium an der Universität München und belegte an der Harvard-Law-School Kurse in

Negotiation und Mediation. Er absolvierte Ausbildungen in Transaktionsanalyse, Systemischer Beratung und NLP.

Zu den Themen Verhandlungsführung und Mediation hat er zahlreiche Bücher, Beiträge und Aufsätze veröffentlicht. Er unterrichtet Kommunikation, Verhandlungsführung und Wirtschaftsmediation an den Universitäten Bielefeld, Sofia, Passau sowie an der Hochschule Biberach und hält Seminare zum Thema Konfliktmanagement bei Unternehmen und verschiedenen IHK-Akademien.

Dr. Reiner Ponschab ist Vorsitzender des Vorstands des EUCON – Europäisches Institut für Conflict Management e.V. sowie Mitglied des Ausschuss für Außergerichtliche Konfliktbeilegung des DAV. 2005 erhielt er den Sokrates-Preis „für herausragende Leistungen auf den Gebieten des Konflikt-Managements und der Mediation".

(reiner.ponschab@heussen-law.de/www.heussen-law.de)

Benno Schwarz, Dr., Rechtsanwalt in München, ist Partner der amerikanischen Anwaltskanzlei Gibson, Dunn & Crutcher LLP. Seit 1992 ist Herr Schwarz rechtsberatend bei Fragen von Investitionen nach Russland und aus Russland heraus tätig. Seit Anfang der 90-er Jahre war Herr Schwarz Leiter des russischen und später eines osteuropäischen Büros einer international vertretenen deutschen Anwaltskanzlei. In dieser Funktion hat er unzählige Investitionsvorhaben deutscher und internationaler Unternehmen in Russland und dem übrigen Osteuropa begleitet. Seit über fünfzehn Jahren berät Herr Schwarz darüber hinaus russische Großunternehmen bei ihren deutschen und internationalen M&A-Strategien sowie international agierende Unternehmen bei internen und externen Ermittlungen zu Compliance-Sachverhalten mit russischem Bezug.

(bschwarz@gibsondunn.com/www.gibsondunn.com)

Mikio Tanaka, Rechtsanwalt mit japanischer Volljuristzulassung *(Bengoshi*, seit 1989) und Partner bei City-Yuwa Partners in Tokyo. Tätigkeitsschwerpunkte sind u.a. grenzüberschreitende M&A- und sonstige Transaktionen, erneuerbares Energierecht und Vermeidung und rechtliche Begleitung gesellschaftsrechtlicher Streitigkeiten.

12 Jahre war in Deutschland, wo er Grundschule und Gymnasium in Hamburg besuchte und bei einer Frankfurter Großkanzlei arbeitete. Während seiner anwaltlichen Tätigkeit in Frankfurt war er gleichzeitig für zwei Semester Dozent für japanisches Recht an der Universität Marburg. 2007 nahm er anlässlich des G8-Gipfeltreffens in Heiligendamm auf Einladung der deutschen Regierung als einer der 10 Rechtsgelehrten aus Japan an der „Experts Conference on the Rule of Law" in Berlin teil

und leitete die Arbeitsgruppe „Rule of Law and Economy" als co-chair mit. Er ist Autor der Artikel (monatlich seit Juli 2008) über japanisches Recht für den JAPANMARKT, die Zeitschrift der DIHK Japan sowie von „Handbuch des Vertriebsrechts" (C.H. Beck Verlag, Kapitel Japan).
(mikio.tanaka@city-yuwa.com/www.city-yuwa.com)

Bernd Wegmann, Prof. Dr., ist Notar in Ingolstadt. Einer seiner Arbeitsschwerpunkte ist die Gestaltung von Gesellschaftsverträgen. Er ist Honorarprofessor an der TH Ingolstadt mit den Lehrgebieten „International Business Law" und „Wirtschaftsprivatrecht".
(kontakt@notare-wa.de/www.notare-wa.de)

Gabrielle H. Williamson, Juris Doctor, Attorney-at-Law U.S.A., Solicitor, England and Wales, EuRAG Mitglied RAK Düsseldorf, Düsseldorf und Brüssel, kann auf eine lange Erfahrung im Umgang mit den Institutionen der EU und in der Beratung deutscher und internationaler Mandanten in europarechtlichen Angelegenheiten zurückgreifen. Seit 1987 in Düsseldorf und Brüssel tätig, von 1997–2012 Leitende Partnerin des Brüsseler Büros von Heuking Kühn Lüer Wojtek und seit 2012 Partnerin bei Luther Rechtsanwaltsgesellschaft mbH, berät Frau *Williamson* in ihren Tätigkeitsschwerpunkten Kartell-, Wettbewerbs- und Handelsrecht, gewerblicher Rechtsschutz, Umweltrecht sowie in produktspezifischen und produkthaftungsrechtlichen Fragen. Bei ihrer alltäglichen Arbeit spielen „Lobbying"-Aktivitäten bei EU-, deutschen und Institutionen anderer EU-Mitgliedstaaten eine wichtige Rolle.
(gabrielle.williamson@luther-lawfirm.com/www.luther-lawfirm.com)

Sachregister

Die fett gedruckten Zahlen verweisen auf den Teil,
die normal gedruckten Zahlen auf die Randziffern.

Abbruch der Verhandlungen s. *Vertragsverhandlungen*
Abendessen/-unterhaltung s.a. *Entertainment*
- Bedeutung bei Verhandlungen in China **9.3** 116
Abfindungen
- bei Vertragsbeendigung **3** 318
- Buchwertklauseln s. dort
- für den Aktionär bei Zwangseinziehung **4** 542
- Regelung in Gesellschaftsverträgen **4** 202 ff.
- Regelungen in GbR-Gesellschaftsverträgen **4** 289 ff.
- Stuttgarter Verfahren **4** 213 ff.
Abhilfe
- strukturelle ~maßnahmen im EU-Kartellrecht **8** 37
Ablauforganisation
- iRd Vertragsmanagements **1** 55
- Krisenmanagement **2** 148
- Rechtsmanagement **2** 159 ff.
- Vertrags-Controlling s. dort
- Vertragsdurchführung s. dort
- Vertragsverhandlungen s. dort
Abnahme
- Regelung der Durchführung **3** 316
- Vereinbarung einer ~verpflichtung **4** 6
Abrechnungen
- US-Kanzleien **9.1** 91
Abschlagszahlungen
- Regelung der Rechtsfolgen bei Ausbleiben **3** 258
Abschlussvereinbarung
- Klärung durch Mediator **7** 61
Abschlussvollmacht
- Umfang bei Austauschverträgen **3** 69 f.
Absichtserklärung
- Letter of Intent s. dort
- Memorandum of Understanding s. dort
Abstraktionsprinzip
- in englischsprachigen Verträgen **6** 11

Abteilungsleiter
- Rolle bei Vertragsverhandlungen in Russland **9.2** 73
Abtretung
- von Ansprüchen in Austauschverträgen **3** 138 ff.
- von Steuervergütungsansprüchen/-guthaben **5** 47 f.
Abtretungsverbot
- unter Genehmigungsvorbehalt **3** 178
- Vereinbarung in Austauschverträgen **3** 139 ff.
Abwarten
- bei Forderungen über den Vertragsinhalt **2** 537
Abwerbeverbot
- vorvertragliche Regelung in den USA **9.1** 29
Abwicklung
- Abfindungen s. dort
- der Beratung durch den Manager **10** 34
- eines Austauschvertrages **3** 318
- Herausgabepflichten s. dort
- nachvertragliche Pflichten s. dort
- Rück~ des Vertrages **2** 682 ff.
- Treuhandabwicklungen s. dort
- Vertrauensschutz bei Rück~ **3** 338
Ad-hoc-Verträge
- organisatorische Fragen beim Abschluss **2** 432 f.
Adjudikation
- als Verfahren des außergerichtlichen Konfliktbeilegung **7** 73
ADR s. *Alternative Dispute Resolution*
Advokat
- Funktion des russischen ~ **9.2** 10 f.
AG s. *Aktiengesellschaft*
AGB s. *Allgemeine Geschäftsbedingungen*
Akten
- Spiegel~ s. dort
Aktenkoffer
- Bedeutung bei Verhandlungen **2** 488

1297

Aktenvernichtung
– rechtswidrige ~ iRv US-Vertragsverhältnissen **9.1** 147
Aktien
– Erwerb in Russland **9.2** 46
– Inhaberaktien *s. dort*
– Namensaktien *s. dort*
– Nennbetragsaktien *s. dort*
– Stückaktien *s. dort*
– Verfügungen über Aktien **4** 539
Aktiengesellschaft *s.a. gesellschaftsrechtliche Verträge; s.a. Kapitalgesellschaften*
– Abfindungen **4** 542
– Aufsichtsrat **4** 531 ff.
– Ausschließung von Gesellschaftern **4** 182, 540
– Beurkundung **4** 62; **11.2** 7
– Buchführung/Bilanzierung **4** 530
– Checkliste Gesellschaftsvertrag **11.2** 7 f.
– Dauer der Gesellschaft **4** 522
– Einlagen **4** 511 ff., 576
– Einwendungsrechte **4** 535 f.
– Ergebnisverwendung **4** 537 f.
– Familien-AG **4** 484 ff.
– Firma **4** 490 f.
– Geschäftsführung **4** 525 ff.
– Geschäftsjahr **4** 523
– Gesellschafterstämme/-gruppen **4** 518 ff.
– Gesellschafterversammlung *s. dort*
– Gesellschafterwechsel **4** 169
– Gestaltung **4** 480 ff.
– Grundkapital **4** 501 ff.
– Grundlagen **4** 480, 490 ff.
– Grundsatz der Satzungsstrenge **11.2** 7
– Hauptversammlung **4** 535 f.
– Inhaber-/Namensaktien **4** 508 ff.
– Kleine AG **4** 481
– Namen der Gesellschafter **4** 101
– Namensrechte **4** 492 f.
– personalistische AG **4** 484 ff.
– SE/Europäische Aktiengesellschaft *s. dort*
– Sitz/Geschäftsanschrift **4** 494 f.
– Stimmrechte **4** 535 f.
– Tod des Gesellschafters **4** 197, 541
– türkische ~ als Vertragspartner **9.6** 55
– Unternehmensgegenstand **4** 496 ff.
– Verfügungen über Aktien **4** 539
– Vertretung **4** 526 ff.
– Wettbewerbsverbote **4** 152

Aktienoptionspläne
– statt Gesellschaftsvertrag **4** 7
Aktienregister
– Einsichtsrechte in Russland **9.2** 22
Alkohol
– bei Vertragsverhandlungen **2** 486
Allgemeine Geschäftsbedingungen
s.a. Standardverträge
– Arbeitskampfklauseln *s. dort*
– Begriff **3** 58
– bei Austauschverträgen **3** 57 ff.
– Einbeziehung **3** 61, 217 ff.
– Haftungsbeschränkungen **1** 78
– in Japan **9.4** 51
– Kollision von Klauseln **3** 220 f.
– persönlicher Anwendungsbereich **3** 60
– Preisgleitklauseln *s. dort*
– sachlicher Anwendungsbereich **3** 59
– Verbraucherverträge **3** 63 ff.
– Zulässigkeit der Klauseln **3** 62
Allgemeine Vertragsbestimmungen
– salvatorische Klausel *s. dort*
– Schiedsvereinbarungen *s. dort*
– Schriftformvereinbarung *s. dort*
Alternative Dispute Resolution
s.a. Außergerichtliche Konfliktbeilegung
– Entwicklung in den USA und anderen Ländern **7** 23 ff.
Alternativen
– als Vertragsbestandteil **1** 30a f.
– bei der Entwicklung vertraglicher Regeln **2** 366
– Entwicklung bei festgefahrenen Verhandlungen **2** 562 ff.
– nach Verhandlungsabbruch **1** 44
– Planung iRd Vertragsmanagements **2** 114
– Suche nach ~ durch den Manager **10** 31 f.
– zu gesetzlichen Lösung vertraglicher Probleme **2** 328 ff.
Altersversorgung
– als Faktor für die Wahl der Gesellschaftsform **4** 44
Analogiebildung
– bei der Entwicklung vertraglicher Regeln **2** 360 ff.
– Vergleich zwischen Risikoverteilung und Tatsachen **2** 364
Änderung *s. Vertragsänderungen*
Anfechtung
– arglistige Täuschung **3** 85
– Drohung **3** 85

- Insolvenzanfechtung **3** 89
- Irrtumsanfechtung **3** 82 ff.
- Rechtsfolgen bei ~ von Dauerschuldverhältnissen **3** 86 ff.

Angebot
- im japanischen Rechtssystem **9.4** 59 f.

Anhörung
- der nationalen Wettbewerbsbehörde durch Kommission **8** 34
- offizielle ~ durch die EU-Kommission **8** 118 ff.

Ankaufsrechte
- Vereinbarungen bei der GmbH & Co. KG **4** 469 ff.

Anlagen
- Aktualisierung bei Krisen **9.1** 120
- Aufzählung typischer ~ **3** 332
- bei modularen Austauschverträgen **2** 274
- in russischen Verträgen **9.2** 94
- in US-amerikanischen Verträgen **9.1** 39
- Schlussredaktion bei Verhandlungen **2** 482

Anmeldepflichten
- für staatliche Beihilfen **8** 81 ff.

Anmeldeverfahren
- für Unternehmenszusammenschlüsse **8** 70 ff.

Anmietungs- und Ankaufsrechte
- Regelung in GbR-Verträgen **4** 293

Annahme
- im japanischen Rechtssystem **9.4** 59 ff.

Annahmeverzug
- Regelung in Verträgen über Sachleistung **3** 240

Anordnungsbefugnisse
- der EU-Kommission im Kartellrecht **8** 37 ff.

Anpassungsfähigkeit s. *Flexibilität*

Anschaffungskosten
- steuerrechtliche Behandlung bei Kapitalgesellschaften **5** 130
- steuerrechtliche Behandlung bei Personengesellschaften **5** 115

Anscheinsvollmacht
- Vertragsabschluss in Russland **9.2** 40
- Voraussetzungen **3** 73

Anschrift
- Geschäftsanschrift s. *dort*

Ansprechpartner
- Benennung bei Verhandlungen in China **9.3** 51 f.

Anteilstausch
- des Kapitalgesellschafters **5** 182a

Anwachsung
- Gesellschaftsumstrukturierung **5** 187 f.

Anwaltsgeheimnis
- Bedeutung in den USA **9.1** 85

Anwaltshonorare s. *Rechtsanwaltsvergütung*

Anwartschaftsrechte
- Vormerkung s. *dort*

Anweisungen
- interne Änderungen von ~ während der Verhandlungen **2** 618

Arbeitnehmerbeteiligung
- Regelung bei Gründung einer SE **4** 558

Arbeitsebene
- Einführung iRd Vertragsplanung **2** 102

Arbeitserlaubnisse
- in der Türkei **9.6** 32

Arbeitsgemeinschaft
- zeitlich befristete Gesellschaft **4** 112

Arbeitskampfklauseln
- Streikrisiko als Leistungsvorbehalt **3** 238 f.

Arbeitsmarkt
- Besonderheiten in Indien **9.7** 48 f.

Arbeitsrecht
- Faktoren für die Wahl der Gesellschaftsform **4** 44 ff.
- Verschwiegenheitspflicht **3** 44
- Wettbewerbsverbote s. *dort*

Arbeitstage
- in Indien **9.7** 48 f.

Arbeitstechnik
- bei Vertragsentwürfen **2** 251 ff.
- Einsatz von Charts/Mind-Mapping **2** 257 f.
- Formatvereinheitlichung **2** 256
- Organisation von Verhandlungen **2** 474
- Projektteam s. *dort*
- Softwareeinsatz **2** 474 ff.
- Teamwork **2** 261
- Textausarbeitung **2** 259 f.
- Zeitmanagement s. *dort*
- Zettelsysteme **2** 253 ff., 474 ff.

Arbeitsweise
- unterschiedliche ~ von Managern und Beratern **10** 2 ff.

Arbeitszeiten
- in Indien **9.7** 48 f.

1299

Sachregister

Arbitration
- Erklärung über Drittbegünstigte in der ~ Clause **9.1** 46
- high-low- **7** 71
- last-offer- **7** 70
- tailored ~ **7** 68

Archiv
- Vertrags- und Dokumenten~ als Controlling-Tool **9.2** 97 f.

Arglistige Täuschung *s. Täuschung, arglistige*

Assistenten
- als Ansprechpartner iRv Verhandlungen in China **9.3** 51 f.
- zum Ausloten kritischer Punkte bei Verhandlungen in China **9.3** 121

Atypische Stille Gesellschaft *s. Stille Gesellschaft*

Atypische Unterbeteiligung *s. Unterbeteiligung*

Aufbauorganisation
- Berücksichtigung des Rechtsmanagements **2** 148, 150 ff.
- iRd Vertragsmanagements **1** 55
- Vertragsgestaltung *s. dort*
- Vertragsplanung *s. dort*

Aufbauschema
- Gesellschaftsverträge **4** 78

Auffangplanung
- iRd Vertragsplanung **2** 106

Aufgabenverteilung
- nach Servicegesichtspunkten iRd Vertragsmanagements **2** 155 ff.

Aufklärungspflichten
- bei Austauschverträgen **3** 37 ff.
- Beweislast für Verletzung **3** 56
- Folgen der Verletzung **3** 38

Auflösende Bedingung
- Regelung in englischsprachigen Verträgen **6** 47
- Regelung in indischen Verträgen **9.7** 32

Auflösung
- der Stillen Gesellschaft **4** 376 ff.
- Gründe für ~ der Unterbeteiligung **4** 390
- Regelung in modularen Gesellschaftsverträgen **2** 275

Aufrechnung
- Verbot in Austauschverträgen mit Geldleistungsvereinbarungen **3** 260

Aufschiebende Bedingung
- Regelung in englischsprachigen Verträgen **6** 46
- Regelung in indischen Verträgen **9.7** 32

Aufschläge
- in Abrechnungen von US-Kanzleien **9.1** 95

Aufsichtsrat
- als Kontrollorgan der AG **4** 531 ff.

Aufspaltung *s. Betriebsaufspaltung*

Auftraggeber
- für den ~ wichtige Punkte zur Vertragsbewertung **2** 544

Auftragnehmer
- für den ~ wichtige Punkte zur Vertragsbewertung **2** 545 f.

Aufwandsvergütung
- Vereinbarung in Austauschverträgen **3** 248

Ausbildungsverpflichtung
- des Mediators **7** 63

Auseinandersetzung
- nach Auflösung der Stillen Gesellschaft **4** 377
- nach Beendigung der Unterbeteiligung **4** 389 ff.

Ausfertigungen
- Mehrfach~ bei US-Verträgen **9.1** 110

Ausgewogenheit
- inhaltliche ~ des Vertrags **2** 315

Auskunft
- Lohnsteuer *s. dort*
- verbindliche ~ der Finanzbehörden **5** 21 ff.
- Verpflichtung zur ~ durch EU-Kommission **8** 32
- Zoll *s. dort*

Auslagen
- Abrechnung durch US-Kanzleien **9.1** 94

Ausländische Gesellschaften *s. Gesellschaften ausländischen Rechts*

Ausländische Kanzleien *s. Internationale Kanzleien*

Ausländische natürliche Personen
- Beteiligungsfähigkeit an Gesellschaften **4** 75

Auslegung
- Vertragsauslegung *s. dort*

Ausnahmen
- Regelung in englischsprachigen Verträgen **6** 49

Ausscheiden
- automatisches ~ des Gesellschafters **4** 201a, 238
- Regelung in modularen Gesellschaftsverträgen **2** 275

Sachregister

- von Gesellschaftern 2 326 ff., 337; 4 224
- von Kommanditisten 4 355
- Zwangs- bei der GmbH & Co. KG 4 479

Ausschließung
- von Familiengesellschaftern 4 238
- von Gesellschaftern 4 180 ff.
- von Gesellschaftern einer AG 4 540
- von Gesellschaftern einer GbR 4 282 f.

Ausschreibungen
- Vergabe von öffentlichen Aufträgen durch die EU-Kommission 8 168 f.

Ausschuss
- Aufgaben des ~ der Regionen 8 140
- parlamentarische Ausschüsse des EU-Parlaments 8 137, 176
- Vorbereitung von EU-Ratssitzungen durch ~ der Ständigen Vertreter 8 134
- Wirtschafts- und Sozial~ im EU-Gesetzgebungsverfahren 8 139

Außengesellschaft
- Bezeichnung im Gesellschaftsvertrag 4 81 ff.

Außergerichtliche Konfliktbeilegung
- Adjudikation s. dort
- Alternative Dispute Resolution s. dort
- Arbitration s. dort
- Darstellung einzelner Verfahren 7 48 ff.
- Entwicklung der Institutionen in den USA und anderen Ländern 7 23 ff.
- Entwicklung der Institutionen in der BRD 7 12 ff.
- in Japan 9.4 74 ff.
- Konfliktmanagement s. dort
- Mediation s. dort
- Mini-Verfahren s. dort
- Moderation s. dort
- Obligatorische Streitschlichtung s. dort
- Schiedsgutachten/Schiedsrichter s. dort
- Schiedsschlichtung s. dort
- Schlichtung s. dort
- Wesen und Bedeutung 7 1 ff.

Außergerichtliche Streitigkeit
- Streit über Vertragserfüllung in China 9.3 151

Außerordentliche Kündigung
- eines Austauschvertrages 3 310 f.
- englischsprachiger Verträge 6 69 f.

Austauschverträge
- Abnahme 3 316
- Allgemeine Geschäftsbedingungen s. dort
- allgemeine Haftungsvereinbarung 3 297 ff.
- allgemeine Leistungssicherung 3 292 ff.
- Anfechtbarkeit 3 81 ff.
- Anlagen 3 332
- Aufbau englischsprachiger ~ 6 28 ff.
- Aufklärungspflichten 3 37 ff.
- Auslegung 3 334
- Begriffsdefinition 3 206
- bereicherungsrechtliche Fragen 3 339
- Beweissicherung 3 342 ff.
- Checklisten s. dort
- Dissens 3 76 ff.
- Einfluss Dritter auf den Vertrag 3 170 ff.
- Einführung 3 1 ff.
- Erfüllungsort 3 323
- externe Effekte des Vertragsinhalts 3 192
- Formerfordernisse 3 42 ff., 102 ff., 325
- Formularverträge 3 57 ff.
- Geheimhaltungsvereinbarung 3 27
- Geldleistungen 3 243 ff.
- Geltungsbereich 3 207 f.
- Gerichtsstand 3 324
- Geschäftsgrundlage 3 90 ff.
- gesetzliche Verbote 3 100
- Haftungsrisiken 3 181 ff.
- Handelndenhaftung 3 35
- inhaltliche Gestaltung 3 42 ff.
- international einheitliche Module 1 60b f.
- Kosten 3 331
- Kündigung s. dort
- Leistungsbestimmungsrechte 3 262
- Leistungsstörungen 2 323 ff., 329 ff.
- Leistungsvollzug 3 305
- Letter of Intent 3 14 ff.
- Memorandum of Understanding 3 21 f.
- modulare ~ 2 273a ff.
- nachvertragliche Pflichten 3 318 ff.
- Nebenpflichten 3 317
- partiarische ~ s. dort
- Präambel 3 201 ff.
- Rangfolge von Regelungen 3 209 ff.
- Rechteübertragung 3 129 ff.
- Rechtswahl 3 321 f.

- Registerstand 3 205
- Rückabwicklung 3 338
- Sachleistungen 3 225 ff.
- salvatorische Klauseln 3 326 f.
- Scheinvertrag 3 79 f.
- Schiedsregelungen 3 328 ff.
- Schutzpflichten 3 40
- Sicherung der Geldleistung 3 276 ff.
- Sicherung der Sachleistung 3 269 ff.
- Sittenwidrigkeit 3 94 ff.
- Steuern 3 331; 5 1 ff., 30 ff.
- Third Party Legal Opinion 3 23 ff.
- Übergabe 3 316
- Verhältnis zu anderen Verträgen 3 164 ff.
- Verschulden bei Vertragsverhandlungen 3 49 ff.
- Vertragsanpassung 3 313 ff.
- Vertragsbeendigung 3 306 ff.
- Vertragsbeginn 3 306 ff.
- Vertragsdurchführung 2 635 ff.; 3 333 ff.
- Vertragspartner 3 143 ff.
- Vertragsrubrum 3 199 f.
- Vertragssprache 3 126; 5 32
- Vertrauensschadenshaftung 3 33 f.
- Vertraulichkeitspflichten 3 41 ff.
- Verzug 3 264 ff.
- Vollmachten 3 66 ff.
- Vorverträge 3 28 ff.
- Ziel der vertraglichen Bindung 1 13

Automatenaufstellvertrag
- Zuordnung des Vertragstyps 3 214

Bankette
- Vertragsabschlüsse in China 9.3 117

Bareinlage
- AG 4 513 f.
- GmbH 4 409 ff.
- UG (haftungsbeschränkt) 4 409 ff.

Bargaining
- als Wirksamkeitsvoraussetzung für US-Verträge 9.1 74

Basarhandel
- als strategisches Verhandlungsmodell 2 390a

Basarspiele
- zu hohe Forderungen bei Verhandlungen 2 592

Bauleitplanung
- Mediation iRd ~ 7 18

Bedingungen
- Abhängigkeit der Vertragswirksamkeit von einer ~ 2 649 f.
- auflösende ~ s. dort
- aufschiebende ~ s. dort
- Regelung in englischsprachigen Verträgen 6 44 ff.

Beeidigung
- Anforderungen bei US-Verträgen 9.1 51 ff.

Beendigung s.a. Vertragsbeendigung
- Auflösung s. dort
- Auseinandersetzung s. dort
- der KG 4 361
- der Stillen Gesellschaft 4 376
- der Unterbeteiligung 4 389 ff.

Befangenheit
- Kriterium für die Beraterauswahl 2 55

Beglaubigung
- Anforderungen bei brasilianischen Verträgen 9.5 24
- Anforderungen bei US-Verträgen 9.1 51 ff.

Begriff
- gesetzlicher ~ s. dort
- Zuordnung einer Rechtsordnung in englischsprachigen Verträgen 6 19 ff.

Begriffsdefinitionen s.a. Legaldefinitionen
- Aufnahme in den Vertrag 2 299a
- in US-amerikanischen Verträgen 9.1 38, 55 ff.
- Leistungsdefinitionen bei Austauschverträgen 3 227
- Platzierung im Vertrag 3 206

Begrüßung
- bei Vertragsverhandlungen 2 525
- des chinesischen Vertragspartners 9.3 98 ff.

Behörden
- Einbeziehung von ~ bei Verhandlungen in China 9.3 45, 79 f.
- Einfluss von ~ bei Verhandlungen in China 9.3 75
- Kommunikation mit ~ in Brasilien 9.5 43

Behördliche Genehmigung
- als Bedingung für Wirksamkeit des chinesischen Vertrags 9.3 89
- als Bedingung für Wirksamkeit des indischen Vertrags 9.7 32
- iRv Vertragsprojekten in der Türkei 9.6 69
- Vertragsabschlüsse in Russland 9.2 43 f.

Beihilfe
- de-minimis~ s. dort
- staatliche ~ s. dort

Beitragspflichten
- Dienstleistungsverpflichtungen s. dort
- Einlagen s. dort

Belehrungspflichten
- Verbrauchergeschäfte 3 125

Bemühen
- Regelung in englischsprachigen Verträgen 6 36 f.

Beneficiaries s. Drittbegünstigung

Bengoshi
- Volljuristen in Japan 9.4 37 f.

Benutzerhinweise
- in Vertragshandbüchern 2 168

Berater s.a. Experten
- Auswahl der ~ 2 60
- Auswahl der ~ in Indien 9.7 21
- Bedeutung des Berufsverständnisses für Vertragsprojekt 10 2 ff.
- Einsatz des ~ in der Vertragskrise 2 671 ff.
- für ausländisches Recht in Japan 9.4 43
- Haftung 2 79 ff.
- internationale Verträge 2 91a
- iRv Vertragsprojekten 2 53 ff.
- Lobbyist s. dort
- Notar s. dort
- Rechtsanwälte s. dort
- Steuerberater s. dort
- Technischer Gutachter s. dort
- typische Fehler von Managern im Umgang mit dem ~ 10 1 ff.
- Unternehmensberater s. dort
- Verträge mit ~ 2 61 ff.
- Wirtschaftsprüfer s. dort
- Zusammenarbeit der ~ beim Vertragsmanagement 2 66 ff.

Bereicherungsrecht
- Rückabwicklung von Austauschverträgen 3 339 ff.

Berichte
- wirksame ~ bei Vertragsprojekten 10 38 f.

Berichterstatter
- Rapporteur s. dort

Berufsrecht
- Hindernisse für Gesellschaftsgründung 4 13

Berufsverständnis
- unterschiedliches ~ von Beratern und Managern bei Vertragsprojekten 10 2 ff.

Beschaffenheitsvereinbarung
- bei Sachleistungen 3 228 ff.

Beschwerderechte
- Checkliste EU-Kartellrecht 8 60
- gegen Wettbewerber auf EU-Ebene 8 18, 53 ff.

Besiegelung s.a. Unternehmenssiegel
- Anforderungen bei US-Verträgen 9.1 51 ff.
- eines chinesischen Vertrags 9.3 81
- eines japanischen Vertrags 9.4 65

Besprechungsnotizen
- in der vorvertraglichen Phase in der Türkei 9.6 44

Bestätigungsschreiben, berufliches
- Letter of Intent als ~ 3 16

Bestätigungsschreiben, kaufmännisches
- Letter of Intent als ~ 3 16

Bestechung s. Korruption

Beteiligung
- Arbeitnehmerbeteiligung s. dort
- Unterbeteiligung s. dort

Beteiligungsfähigkeit
- von Gesellschaftern 4 72 ff., 103 f.

Beteiligungsidentische GmbH & Co. KG
- Vertragsgestaltung 4 450

Beteiligungsquote
- in Gesellschaftsverträgen 4 102

Betriebsaufspaltung
- echte ~ 4 563
- Erscheinungsformen 4 563 ff.
- Gestaltung einer ~ 4 560 ff.
- kapitalistische ~ 4 566
- mitunternehmerische ~ 4 567
- Nutzungsüberlassungsvertrag 4 568 ff.
- Regelung des Gesellschaftszwecks 4 297
- umgekehrte ~ 4 565
- Umstrukturierung der Gesellschaft 5 189 f.
- unechte ~ 4 564; 5 190
- Verzahnung der Gesellschaftsverträge 4 571

Betriebsgeheimnis
- bei Austauschverträgen 3 41 ff.

Betriebsprüfung
- verbindliche Auskünfte der Behörden nach ~ 5 22 ff.

Betriebsübernahme s.a. Firmenübernahme
- Haftungsrisiken 3 185 f.
- steuerrechtliche Haftung 5 116

Betriebsvermögen
- von Kapitalgesellschaften 5 125

– von Personengesellschaften **5** 109, 142
Betriebswirtschaft
– Checkliste für die Prüfung der Konzeptionierung von Gesellschaftsverträgen **4** 54 ff.
Beurkundung
– Anforderungen bei brasilianischen Verträgen **9.5** 24
– Anforderungen bei US-Verträgen **9.1** 51 ff.
– notarielle ~ *s. dort*
– Pflichten in Russland **9.2** 45 f.
Beweiskraft
– Auswirkung des Vertragsdesigns auf die ~ **2** 226
– mündlicher/schriftlicher Verträge **2** 228
Beweislast
– bei Vereinbarung einer Aufwandsvergütung **3** 248
– für Pflichtverletzung bei Vertragsanbahnung **3** 56
– iRd Beraterhaftung **2** 85 ff.
– Regelung in englischsprachigen Verträgen **6** 42 ff.
Beweislastumkehr
– in englischsprachigen Verträgen **6** 50
Beweissicherung
– eidesstattliche Versicherung *s. dort*
– Fotografien *s. dort*
– Gedächtnisprotokolle *s. dort*
– Privatgutachten *s. dort*
– selbständiges Beweisverfahren *s. dort*
– Telefon-Mitschnitte *s. dort*
– Videoaufnahmen *s. dort*
– vorsorgliche ~ **3** 342 ff.
Beweisvorschriften
– in der Türkei **9.6** 78
Bewertung
– Bilanz der Zugeständnisse bei Verhandlungen **2** 541 ff.
– der eigenen Verhandlungsposition **2** 538 ff.
– emotionale ~ von Zugeständnissen bei Verhandlungen **2** 557 f.
– Phase bei Vertragsverhandlungen **2** 520
– rechtliche ~ bei Vertragskrisen **2** 669 ff.
– rechtliche ~ von Zugeständnissen bei Verhandlungen **2** 559
– Risikobewertung *s. dort*
– Zwischenbilanz *s. dort*

Bezeichnung
– Gesellschaftsbezeichnung *s. dort*
Beziehungen *s.a. Netzwerke*
– Bedeutung von ~ für Verhandlungen in China **9.3** 17 ff.
– Bedeutung von ~ für Vertragsdurchführung in Brasilien **9.5** 41 f.
– Bedeutung von ~ für Vertragsdurchführung in Japan **9.4** 66
BGB-Gesellschaft *s. GbR*
Bible
– Dokumentation türkischer Vertragsprojekte **9.6** 85
Bilanzierung
– bei der AG **4** 530
– bei der GbR **4** 253 f.
– bei der GmbH **4** 425 f.
– bei der oHG **4** 322
– bei der SE **4** 559
– gesellschaftsvertragliche Regelung **4** 128
– gesetzliche Regelung **4** 127
– Pflichten für Gesellschaften **4** 114
– Unterbilanz bei der GmbH **4** 608 ff.
Bildtelefonie *s. Videokonferenzsysteme*
Bond Paper
– Verwendung in Indien **9.7** 35
Boni
– bei Leistungserfüllung in den USA **9.1** 114
– Regelung in Austauschverträgen **3** 259
Brainstorming *s. Ideensammlung*
Branchenschutzklauseln
– Zulässigkeit **4** 158
Brasilien
– Verhandeln in Brasilien *s. dort*
Briefing
– für Vorgespräche mit der EU-Kommission **8** 109 ff.
Buchführung
– bei der AG **4** 530
– bei der GbR **4** 253 f.
– bei der GmbH **4** 425 f.
– bei der oHG **4** 322
– bei der SE **4** 559
– gesellschaftsvertragliche Regelung **4** 128
– gesetzliche Regelung **4** 127
– Pflichten für Gesellschaften **4** 114
Buchwertklauseln
– Abfindung von Gesellschaftern **4** 210

Sachregister

Buddhismus
- religiöse Einflüsse auf japanische Rechtskultur **9.4** 5 ff.

Bürgschaft
- zur Sicherung der Geldleistung **3** 289
- zur Sicherung der Sachleistung **3** 274

Bürokratismus
- Projekt~ als Krisenauslöser **2** 664a

Business Plan
- iRv deutsch-amerikanischen Verträgen **9.1** 143

Case Law
- Unterschiede zum Codified Law **6** 5 ff.
- vertraglicher Regelungsbedarf **1** 5, 9

Change Requests s. Vertragsanpassung

Chaostheorie
- Bedeutung für Vertragsverhandlungen **2** 370
- zur Entschlüsselung komplexer Systeme **1** 46

Charts
- bei der Organisation der Vertragsverhandlungen **2** 480
- Einsatz iRv Vertragsprojekten **2** 257 f.
- zur Planung von Vertragsverhandlungen **2** 23

Cheapest Cost Avoider s. Kosten- und Risikovermeidung

Cheapest Insurer s. Risikoübernahme durch Dritte

Check and Balance
- Werkzeug zur Entwicklung vertraglicher Regeln **2** 356

Checklisten
- Basischeckliste Gesellschaftsverträge **4** 78
- Adressat einer EU-Kommissionsentscheidung **8** 41
- AG **11.2** 7 f.
- Austauschverträge **11.1** 1 ff.
- Austauschverträge/Ertragssteuern **5** 57 ff.
- Austauschverträge/Grunderwerbssteuer **5** 49 ff.
- Austauschverträge/Steuern **5** 33 ff.
- Austauschverträge/Umsatzsteuer **5** 34 ff.
- Austauschverträge/Verbrauchssteuern **5** 54 f.
- Austauschverträge/Zölle **5** 54 ff.
- Beihilfeverfahren **8** 86
- Dienstvertrag/Freie Mitarbeiter **11.1** 1
- EU-Institutionen/Verhandlungen im Gesetzgebungsverfahren **8** 164
- EU-Kartellrecht/Beschwerderecht **8** 60
- EU-Kommission/Verhandlungsdurchführung **8** 121
- EU-Kommission/Verhandlungsplanung **8** 102
- Fusionskontrolle **8** 76
- GbR **11.2** 1 f.
- Gesellschafterversammlung/Durchführung **4** 595
- Gesellschafterversammlung/Vorbereitung **4** 594
- Gesellschaftsgründung/Steuern **5** 132 ff.
- Gesellschaftsvertrag **11.2** 1 ff.
- Gesellschaftsvertrag/Betriebswirtschaftliche Aspekte **4** 54
- Gesellschaftsvertrag/Steuerliche Aspekte **4** 55
- GmbH **11.2** 3 f.
- GmbH-Geschäftsführervertrag **11.1** 3
- Handelsvertretervertrag **11.1** 2
- Information über Vertragspartner **2** 194
- Kapitalgesellschaft/Gesellschaftsform **5** 117 ff.
- KG **11.2** 5 f.
- Lizenz- und Know-how-Vertrag **11.1** 5
- Mietvertrag/Gewerbeimmobilie **11.1** 4
- Personengesellschaft/Gesellschaftsform **5** 102
- Personengesellschaft/Gesellschaftsvertrag **5** 135 ff.
- Vertragsplanung/-design/-verhandlung **2** 634a
- Wahl der Gesellschaftsform **5** 100
- für den Vertragsentwurf **2** 234
- in Vertragshandbüchern **2** 168
- iRd Vertragsdesigns **1** 60c; **2** 234 ff.
- Verbesserung von ~ iRd Vertrags-Controllings **5** 205
- zur Vertragsvorbereitung **2** 234

China
- Verhandeln in ~ s. dort

Chop s. Unternehmenssiegel

c.i.c. s. Verschulden bei Vertragsverhandlungen

Civil law
- Unterschiede zum Common law 6 5 ff.

Civil Procedure Rules (England)
- Regelung der außergerichtlichen Konfliktlösung 7 10

Closing
- Abschluss der Verhandlungen in den USA 9.1 7, 82 ff., 111
- Abschluss der Verhandlungen in Russland 9.2 68
- Besonderheiten in Indien 9.7 31
- Leistungsvollzug in englischsprachigen Verträgen 6 51
- vor dem ~ abgegebene Erklärungen 9.1 63, 71

Closing Checklist
- als Controlling-Mittel bei türkischen Vertragsprojekten 9.6 87

Codified law
- Unterschiede zum Case law 6 5 ff.

Common law
- als Grundlage für das indische Vertragsdesign 9.7 30
- Unterschiede zum Civil law 6 5 ff.

Compliance
- iRd Vertagsmanagements 2 137 f.

Compromise s. *Vergleich*

Computer
- Benutzung bei Vertragsverhandlungen 2 490
- Software s. *dort*

Consideration
- Bedeutung in englischsprachigen Verträgen 6 10

Controlling s. *Vertrags-Controlling*

Corporate Guarantee s. *Guarantee*

Covenants
- Handlungspflichten nach Vertragsunterzeichnung in Indien 9.7 32

Damages
- Schadensregelung in englischsprachigen Verträgen 6 64 f.

Danwei
- gesellschaftliche Organisationsform in China 9.3 4

Darlehen
- partiarisches ~ 3 252 ff.; 4 8

Datenaufbewahrungssysteme
- elektronische ~ s. *dort*

Datenbanken
- Abrechnung der Nutzung durch US-Kanzleien 9.1 93

- Bedeutung für die Vertragsentwicklung 2 241

Dauerschuldverhältnisse s.a. *Langzeitverträge*
- außerordentliche Kündigung 3 311
- Einbeziehung von AGB-Klauseln 3 222
- Kündigungsfrist 3 309
- Mietverträge s. *dort*
- Rechtsfolgen der Anfechtung 3 86 ff.
- Regelung der Laufzeit 3 307
- Sittenwidrigkeit 3 94
- Vertragsbeginn 3 306

Dealmaker/Dealbreaker
- bei Verhandlungen in China 9.3 66 f.
- letzte Forderung nach Verhandlungsabschluss 2 567

Default
- vorvertragliche Planungen in den USA 9.1 30 f.

Defined Terms s. *Begriffsdefinitionen*

Definitionen
- Begriffsdefinitionen s. *dort*
- Legaldefinitionen s. *dort*
- Leistungsdefinitionen s. *dort*

Delegation
- Unternehmensdelegation s. *dort*

Deliktsrecht
- Bedeutung bei der Durchführung von russischen Verträgen 9.2 89
- Bedeutung bei der Durchführung von US-Verträgen 9.1 124

De-minimis-Beihilfe
- Anmeldepflichten 8 81

Denkverbote
- interner Konflikt bei Verhandlungen 2 616 f.

Destruktivität
- bei Vertragsverhandlungen 2 402 ff., 586 ff., 605 ff.

Detaillieren
- als Werkzeug der Verhandlungsregie 2 518

Devisenbewirtschaftung
- in Indien 9.7 52

Devisenkontrolle
- Verträge mit russischen Vertragspartnern 9.2 44

Devisenrecht
- russisches ~ 9.2 49

Dezentralisierung
- im EU-Kartellrecht 8 26 ff.

Dienstleistungsverpflichtungen
- bei der AG 4 524

– bei der oHG **4** 313
– von BGB-Gesellschaftern **4** 244 ff.
– von Gesellschaftern **4** 121 f.; **5** 150
– von GmbH-Gesellschaftern **4** 418
Dienstvertrag
– Checkliste ~ für freie Mitarbeiter **11.1** 1
– mit Ergebnisbeteiligung statt Gesellschaftsvertrag **4** 7
Dinglicher Vollzug
– Formerfordernisse **3** 110
Direktbetroffenheit
– von Entscheidungen der EU-Kommission **8** 16
Diskriminierungsverbot
– Verletzung während Verhandlungen in den USA **9.1** 100
Dispositives Recht
– Abbedingung gesetzlicher Vergütungsregelungen **3** 244
– der Vertragstypen **3** 213 f.
Dissens
– offener Einigungsmangel **3** 77
– versteckter Einigungsmangel **3** 78
Disziplin
– Fehlen von Projekt~ als Krisenauslöser **2** 664a
Dokumentation
– als Mittel der Verhandlungsregie **2** 519
– Bedeutung iRd Vertragsmanagements **1** 75
– der Konzeptionierung von Gesellschaftsverträgen **4** 3
– iRd Controllings von US-Verträgen **9.1** 147
– iRd steuerrechtlichen Controllings **5** 202 f.
– iRd Vertrags-Controllings **2** 691 ff.
– iRd Vertragsvorbereitung **2** 193
Dokumente
– Management bei Verhandlungen **2** 487
– Schlussredaktion bei Verhandlungen **2** 482
Dolmetscher
– für Vertragsverhandlungen in China **9.3** 53 ff., 113
– für Vertragsverhandlungen in Russland **9.2** 54
– Sprachprobleme bei Verhandlungen **2** 497
Domainnamen
– Anmeldung in den USA **9.1** 34
– Anmeldung in der Türkei **9.6** 48

Doppelbesteuerungsabkommen
– Ertragssteuern bei Verträgen mit Auslandsbezug **5** 14 ff.
Doppelgesellschaften
– besondere Formerfordernisse **4** 69
– Regelung des Gesellschaftszwecks **4** 297
Drafting Prozess *s. Vertragsentwurf*
Drittbegünstigung *s.a. Vertrag zugunsten Dritter*
– in Austauschverträgen **3** 129 f.
– in US-amerikanischen Verträgen **9.1** 44 ff.
Drittbeteiligung
– bei der Fusionskontrolle **8** 75
– Vertragsverhandlungen in der Türkei **9.6** 67 ff.
Drittleistungen
– Risikoverteilung **2** 347
Drittsicherheiten
– Bürgschaften *s. dort*
– Garantien *s. dort*
– Schuldbeitritt *s. dort*
– zur Sicherung der Geldleistung **3** 288 ff.
Drohung
– Anfechtbarkeit des Vertrags **3** 85
– bei Vertragsverhandlungen **2** 613
Due Diligence
– M&A in Brasilien **9.5** 18
Duldungsvollmacht
– Voraussetzungen **3** 72
Durchführungsregie
– Begriffserläuterung **2** 645 f.
Durchführungsverbot
– durch öffentlich-rechtliche Beschränkungen **3** 171
Durchgriffshaftung
– bei Verträgen mit US-Unternehmen **9.1** 142

Effective Date
– Leistungszeit in englischsprachigen Verträgen **6** 51
EG-Recht *s.a. Europäisches Vertragsrecht*
– Begrenzung für Vertragsgestaltung **1** 12
Eid *s. Beeidigung*
Eidesstattliche Versicherung
– zur vorsorglichen Beweissicherung **3** 346 f.
Eigenkapital
– türkischer Unternehmen **9.6** 60

Eigentumsübergang
– in englischsprachigen Verträgen 6 11
Eigentumsvorbehalt
– als Sicherungsmittel für die Geldleistung 3 277
– als Sicherungsmittel in der Türkei 9.6 61
– Kontokorrentvorbehalt *s. dort*
– Konzernvorbehalt *s. dort*
– verlängerter ~ *s. dort*
Eigenverantwortlichkeit
– als Prinzip der Mediation 7 55
Einbehaltungspflichten
– steuerrechtliche ~ 5 80 f.
Einberufung
– Gesellschafterversammlung *s. dort*
Einbeziehung
– von Regelungssystemen außerhalb des Vertragstextes 3 215 f.
Einfuhrumsatzsteuer *s. Zölle*
Einführung
– Vertragseinführung *s. dort*
Einheitlichkeit
– der Begriffe in englischsprachigen Verträgen 6 15 ff.
Einheits-GmbH & Co. KG
– Vertragsgestaltung 4 451
Einigungsmangel *s. Dissens*
Einladung
– des brasilianischen Vertragspartners 9.5 35
– des japanischen Vertragspartners 9.4 57
– Formbrief für ~ zur Gesellschafterversammlung 4 596
Einlagen
– Bareinlage *s. dort*
– bei der AG 4 511 f.
– bei der oHG 4 311 ff.
– der BGB-Gesellschafter 4 243
– der Gesellschafter 4 117 ff.
– der GmbH-Gesellschafter 4 407 ff.
– des stillen Gesellschafters 4 367
– des Unterbeteiligten 4 384
– Geltendmachung von Einlagen 4 574 ff.
– Leistungsstörung bei der Erbringung 4 315 ff.
– Mischeinlagen *s. dort*
– Sacheinlagen *s. dort*
Einleitung
– Präambel *s. dort*
Einleitung des Verfahrens *s. Verfahrenseinleitung*

Einmann-Gesellschaften
– Zulässigkeit 4 42
Einnahmen-Überschussrechnung
– bei der GbR 4 254
Einstweilige Maßnahmen
– im EU-Kartellrecht 8 38
Einwanderer
– Einfluss deutscher ~ in Brasilien 9.5 3
Einwendungsdurchgriff
– bei Austauschverträgen 3 166 f.
Einwendungsrechte
– bei der AG 4 535 f.
– der GbR-Gesellschafter 4 257 f.
– der GmbH-Gesellschafter 4 428 f.
Einzelrechtsnachfolge
– Anteilstausch 5 182a
– Einbringung einer Sacheinlage 5 180 f.
– verdeckte Sacheinlage 5 182
Elektronische Datenaufbewahrungssysteme
– als Controlling-Mittel in der Türkei 9.6 85
Elektronische Signaturen
– Einsatz bei Vertragsprojekten 2 250
E-Mail
– bei Vertragsverhandlungen 2 492
– Formerfordernisse 3 122
Emotionen
– Bedeutung iRv Vertragsverhandlungen 1 66, 75; 2 381 ff., 426b
– bei Verhandlungen in China 9.3 131 f.
– bei Verhandlungen in der Türkei 9.6 71
– Berücksichtigung bei der Risikoverteilung 2 348
– Bewertung von Zugeständnissen 2 557 f.
– Entscheidungen iRv Vertragsprojekten 1 80
– Gefühlsausbrüche bei Verhandlungen 2 588
– Gefühlsschwankungen bei Verhandlungen 2 619 ff.
– Wirkung von Argumenten 2 381 f.
Empfangsvollmacht
– Vereinbarung im Austauschvertrag 3 149
Englisch in Verträgen *s. Vertragsenglisch*
Entertainment *s.a. Abendessen/-unterhaltung*

– bei Vertragsverhandlungen 2 495
Entnahmen
– Regelung bei der oHG 4 321
– Regelung bei der Unterbeteiligung 4 385
– von Vermögensgegenständen aus der Kapitalgesellschaft 5 118
– von Vermögensgegenständen aus der Personengesellschaft 5 103
Entscheidungen
– bei der Entwicklung vertraglicher Regeln 2 365
– Einfluss der Emotionen bei ~ iRd Vertragsprojektes 1 80
– Entschlossenheit iRd Vertragsmanagements 2 98 ff.
– iRd Vertragsverhandlungen 2 521
– typische Fehler von Managern bei ~ 10 13 ff.
Entscheidungsebene
– Einführung iRd Vertragsplanung 2 102
Entscheidungsfreiheit
– Regelung im Vertrag 2 305 ff.
Entscheidungskompetenz
– Klärung zu Verhandlungsbeginn 2 565
Entwurf
– Vertragsentwurf s. dort
Erbrecht
– Auswirkungen von Abfindungsregeln 4 217
Erbschaftssteuer
– bei Kapitalgesellschaften 5 128
– bei Personengesellschaften 5 113
Erfüllbarkeit
– eigener Zusagen ggü chinesischen Vertragspartnern 9.3 94
Erfüllung
– als Vertragsziel 1 36
– Controlling bei russischen Verträgen 9.2 95
– Erzwingbarkeit durch Vertrag 1 31
– Regelung in chinesischen Verträgen 9.3 90
– Streit über die ~ mit chinesischem Vertragspartner 9.3 151 ff.
– Vertrags~ von russischen Verträgen 9.2 82 f.
– Vertrags~ von türkischen Verträgen 9.6 79
– Vertrags~ von US-Verträgen 9.1 112 ff.
Erfüllungsgehilfe
– Haftung des Beraters 2 90 f.

– Haftungsausschluss 3 299
– Verschulden bei Vertragsverhandlungen 3 53
Erfüllungsort
– Vereinbarung in Austauschverträgen 3 323
– Vereinbarung in englischsprachigen Verträgen 6 56
Ergänzungspflegschaft
– für Minderjährigen bei Schenkungen 4 366
– für Minderjährigen bei Vertragsschluss 3 147
Ergebnis
– Fehlen eines ~ nach Verhandlung 2 567a
– Vertrags-Controlling des ~ 2 695
– Zusammenfassung als Werkzeug der Verhandlungsregie 2 511
Ergebnisverwendung
– bei der AG 4 537 f.
– bei der GbR 4 259 ff.
– bei der GmbH 4 430 ff.
– Fristen für ~beschluss 4 582
– Gewinne 4 138 f.
– Regelung in Gesellschaftsverträgen 4 136 ff.
– Regelung in modularen Gesellschaftsverträgen 2 275
– Rücklagenbildung s. dort
– Verlustbewältigung 4 262
– Verlustteilnahme 4 136 f.
– Zuständigkeit für Vorschlag zur ~ 4 580 f.
Erklärungspflichten
– iRd steuerrechtlichen Controllings 5 204
Erläuterungen s. Begriffsdefinitionen
Ermessen
– Regelung in englischsprachigen Verträgen 6 35
Ermittlungsbefugnisse
– der EU-Kommission 8 30 ff.
Ersetzungsklauseln
– in Austauschverträgen 3 327
Ertragssteuern
– Checkliste Austauschverträge 5 57 ff.
– Doppelbesteuerungsabkommen 5 14 ff.
– Einbehaltungspflichten 5 81
– internationales Kollisionsrecht 5 13
– Meldepflichten der Gesellschaften 5 160

1309

Sachregister

- Steuererklärungs- und Meldepflichten **5** 78
- Steuerklauseln in Austauschverträgen **5** 69 f.
- Übertragung der aufgedeckten stillen Reserven **5** 58

Erwartungen
- unerfüllte ~ als Krisenauslöser **2** 664

Eskalationsstrategien
- Vereinbarung in internationalen Verträgen **1** 4
- Vereinbarung zur Ermöglichung vorzeitiger Konfliktlösungen **1** 30a

Europäische Aktiengesellschaft *s. SE*
Europäische Institutionen *s.a. Verhandeln in Brüssel*
- Auftragsvergabe/Ausschreibungen **8** 166 ff.
- Checkliste für Verhandlungen **8** 164
- Durchführung der Verhandlungen mit ~ *s. dort*
- Europäische Kommission *s. dort*
- Europäisches Parlament *s. dort*
- Planung der Verhandlungen mit ~ **8** 141 ff.
- Rat der Europäischen Union *s. dort*
- Überblick über ~ **8** 173
- Verhandeln mit den ~ im Gesetzgebungsverfahren **8** 125 ff.
- Verträge mit ~ **8** 166 ff.

Europäische Kommission
- Anhörung **8** 118 ff.
- Befugnisse im Rahmen des Kartellrechts **8** 30 ff.
- Beschwerderechte des Wettbewerbers **8** 18
- Checkliste Adressat einer Entscheidung der ~ **8** 41
- Direktbetroffenheit des Unternehmens **8** 16
- Förderprogramme für Privatunternehmen **8** 167
- Fusionskontrolle *s. dort*
- Gesetzgebungsverfahren **8** 131 f.
- Identifizierung der zuständigen Abteilung **8** 96 ff.
- Kontaktaufnahme **8** 103 ff., 148 ff.
- Planung der Verhandlungen mit ~ **8** 16 ff.
- staatliche Beihilfen *s. dort*
- Überblick über Bereiche mit Exekutivbefugnissen **8** 19 f.
- Überblick über Direktionen/Dienststellen **8** 174 f.
- Verfahrenseinleitung **8** 112 ff.

- Verhandeln in Brüssel *s. dort*
- Verhandeln mit ~ als Vollzugsbehörde **8** 12 ff.
- Vorgespräche **8** 106 ff.

Europäische Union
- Aufnahme der Türkei in die ~ als Gesprächsthema bei Verhandlungen **9.6** 18
- Verhandeln in Brüssel *s. dort*

Europäische wirtschaftliche Interessenvereinigung *s. EWIV*

Europäisches Parlament
- Ausschuss *s. dort*
- Funktion im Gesetzgebungsverfahren **8** 135 ff.
- Kontaktaufnahme **8** 151 ff.
- Organisation **8** 137 f.
- Selbstverständnis des ~ **8** 136
- Überblick über die Ausschüsse **8** 176

Europäisches Vertragsrecht *s.a. EG-Recht; s.a. internationales Recht*
- Bedeutung in Austauschverträgen **3** 7

Europarecht
- Europäisches Vertragsrecht *s. dort*
- Kartellrecht *s. dort*
- Vollzug von EU-Recht *s. dort*

European Competition Network
- für die einheitliche Anwendung der EU-Wettbewerbsregeln **8** 27

EWIV
- Geschäftsführung **4** 334
- Rechte/Pflichten **4** 333
- Schriftformerfordernisse **4** 65
- vertragliche Grundlage **4** 332
- Vertretung **4** 334

Execution *s. Unterzeichnung*
Existenzvernichtender Eingriff
- Gesellschafterhaftung **4** 30

Exklusivbindungen
- vorvertragliche Planungen in den USA **9.1** 31

Experten *s.a. Berater*
- Hinzuziehung externer ~ für Verhandlungen in China **9.3** 50
- Hinzuziehung externer ~ für Verhandlungen mit der Kommission **8** 90 ff.

Fachleute *s. Experten*
Fachsprache
- in Verträgen **2** 282
- juristische ~ in Verträgen **2** 283

Fahrlässigkeit
- in englischsprachigen Verträgen **6** 63

Sachregister

Fairness
- bei Verhandlungen in den USA 9.1 97

Fälligkeitsvereinbarungen
- in Austauschverträgen über Geldleistung 3 257

Familien-AG
- Gestaltung 4 484 ff.

Familiengesellschaften
- Beteiligungsfähigkeit im Gesellschaftsvertrag 4 104 f.
- Regelung der Ermächtigung zum Ausschluss 4 238

Familienrecht
- Auswirkungen von Abfindungsklauseln 4 216
- schwebende Unwirksamkeit wg Genehmigungsbedürftigkeit 3 177

Fax s. Telefax

Fehler
- typische ~quellen bei Vertragsprojekten 10 12 ff.
- Vermeidung als Aufgabe des Managers 10 41 ff.
- von Managern im Entscheidungsprozess 10 13 ff.
- von Managern in der Arbeitsweise 10 33 ff.

Feiertage
- in Indien 9.7 48 f.

Festpreis
- Vereinbarung bei der Vergütung von Beratern 2 63
- Vereinbarung in Austauschverträgen 3 245

Finanzbehörde
- Einholung verbindlicher Auskünfte 5 21 ff.
- Meldepflichten der Gesellschaften 5 156 ff.
- Pflichten bei Korruptionsverdacht 9.2 78

Finanzen
- iRd Vertragsplanung 2 46 ff.

Firmenfortführung
- Haftungsrisiken 3 183 f.
- Regelungen für die oHG 4 300

Firmenkultur s. Unternehmenskultur

Firmennamen
- für Handelsgesellschaften 4 81 ff.
- Sicherung in den USA 9.1 33
- Sicherung in der Türkei 9.6 49
- Verbindung mit US-Gesellschaft 9.1 138
- Zusätze bei der oHG 4 299

Firmennetzwerk
- Einbindung der Anwälte in das ~ 2 247
- Einbindung des Vertragsprojekts in das ~ 2 246

Firmenrecht
- als Faktor für die Wahl der Gesellschaftsform 5 39
- Regelungen für die AG 4 490 f.
- Regelungen für die GmbH 4 395 ff.
- Regelungen für die GmbH & Co. KG 4 336, 454 f.
- Regelungen für die KG 4 336 f.
- Regelungen für die oHG 4 298 ff.
- Regelungen für die UG (haftungsbeschränkt) 4 395 ff.

Firmenübernahme s.a. Betriebsübernahme
- Verhandlungsszenario am Bsp einer ~ 2 375

Fixhonorare
- türkische Rechtsanwälte 9.6 35

Flexibilität
- Bedeutung für das Vertragsprojekt 1 81
- bei der Vertragsplanung 2 104 ff.
- bei Verhandlungen 1 42 ff., 71a; 2 383
- bei Verhandlungen in China 9.3 68 f.
- Berücksichtigung iRd Vertragsmanagements 1 75

Folgekündigung
- Regelung im Gesellschaftsvertrag 4 179
- Regelung im Gesellschaftsvertrag der GbR 4 281

Förderprogramme
- der EU-Kommission für Privatunternehmen 8 167

Forderungen
- letzte ~ nach Verhandlungsabschluss 2 566 f.
- Stellen von ~ bzgl des Vertragsinhalts 2 535 ff.
- ultimative ~ bei Verhandlungen 2 581 f.
- unsinnige ~ iRv Verhandlungen 2 578
- zu hohe/zu geringe ~ 2 592 f.

Forderungsabschläge
- am Laufzeitende des chinesischen Vertrags 9.3 156

Format
- Vereinheitlichung unterschiedlicher Entwurfs~ 2 256

Formerfordernisse
- Anhörungen vor der EU-Kommission 8 119
- Austauschverträge 3 102 ff.
- Auswirkungen auf das Vertragsdesign 2 224 ff.
- Einheitlichkeit der Urkunde 3 119 ff.
- elektronische Form 3 122
- gesellschaftsrechtliche Verträge 4 62 ff., 97, 572
- gesellschaftsrechtliche Verträge/AG 11.2 7
- gesellschaftsrechtliche Verträge/GbR 11.2 1
- gesellschaftsrechtliche Verträge/GmbH 11.2 3
- gesellschaftsrechtliche Verträge/KG 11.2 5
- gesetzliche ~ 3 105 ff.; 4 62 ff.
- Hinweis- und Belehrungspflichten 3 125
- in brasilianischen Verträgen 9.5 24
- in russischen Verträgen 9.2 32 ff.
- in türkischen Verträgen 9.6 77
- in US-amerikanischen Verträgen 9.1 47 ff.
- Kündigung eines Gesellschafters 4 173, 177
- notarielle Beurkundung *s. dort*
- Schriftformklauseln *s. dort*
- steuerliche Regelungen in Austauschverträgen 5 30 f.
- Textform 3 122
- Trennung von Urkunden 3 124
- Umfang bei Austauschverträgen 3 117 f.
- Unterzeichnung 3 123
- Vorverträge 3 30, 114 ff.
- Zugehörigkeit zu einem formbedürftigen Vertrag 3 165

Formularverträge *s.a. Allgemeine Geschäftsbedingungen; s.a. Vertragsmuster*
- Nachteile der Verwendung 1 60c

Formwechsel
- der Gesellschaft 5 179

Forschungs- und Entwicklungsverträge
- Controlling von Ergebnissen 2 695

Fortbildungspflichten
- des Mediators 7 63

Fotografien
- zur vorsorglichen Beweissicherung 3 349

Frauen
- Rolle von ~ bei Verhandlungen mit Chinesen 9.3 111

Freiberufler-Gesellschaften
- Beteiligungsfähigkeit im Gesellschaftsvertrag 4 104 f.
- Geschäftsführung 4 252a
- Regelung des automatischen Ausscheidens 4 238
- Regelung über Einlagen der Gesellschafter 4 243

Freie Mitarbeiter
- Checkliste Dienstvertrag für ~ 11.1 1

Freigabeklauseln
- Freigabeverpflichtung des Sicherungsnehmers 3 284 f.

Freistellung
- in englischsprachigen Verträgen 6 66

Freiwilligkeit
- iRd Mediationsverfahrens 7 54

Fremdorganschaft
- bei Kapitalgesellschaften 4 126, 160

Fremdsprache
- Faktor für Beauftragung eines Anwalts in Japan 9.4 45
- Faktor für Beauftragung eines Externen für Verhandlungen 8 95
- in Verträgen 2 284
- Vertragsenglisch *s. dort*

Fristen
- Vereinbarung in englischsprachigen Verträgen 6 15, 53 ff.
- Verwaltung von ~ bei russischen Verträgen 9.2 98

Fristsetzung
- mit Klageandrohung ggü US-Vertragspartner 9.1 128 ff.

Führung
- Koordinierung iRd Vertragsmanagements 1 46a f.
- Übertragung der ~ iRd Vertragsplanung 2 20a f.

Fusionen
- Risikofaktoren bei ~ 2 131 ff.

Fusionskontrolle
- Anmeldeverfahren 8 70 ff.
- Beteiligung Dritter 8 75
- Checkliste 8 76
- erhebliche Wettbewerbsbehinderung 8 68 f.
- europäische ~ 3 171; 8 61 ff.
- gemeinschaftsweite Bedeutung der Fusion 8 65 ff.

- Prüfung durch die EU-Kommission 8 73 ff.
- Zusammenschlusskontrolle s. dort

Garantien s.a. Gewährleistungsgarantien; s.a. Guarantee
- in indischen Verträgen 9.7 32
- Übernahme bei Sachleistungen 3 228 ff.
- zur Sicherung der Geldleistung 3 291

Gaststättenpacht
- Haftungsrisiken bei Firmenfortführung 3 184
- steuerliche Risiken bei Betriebsübereignung 3 187

GbR
- Abfindung s. dort
- Anforderungen an Gesellschafter 4 238
- Anmietung- und Ankaufsrechte 4 293
- Aufnahme weiterer Gesellschafter 4 275 ff.
- ausländische Beteiligungen 4 75 ff.
- Ausschließung von Gesellschaftern 4 180 ff., 282 f.
- Beteiligungsfähigkeit inländischer Gesellschaften 4 72
- Beteiligungsverhältnis der Gesellschafter 4 236 f.
- Bezeichnung im Gesellschaftsvertrag 4 82, 229 ff.
- Buchführung/Bilanzierung 4 253 f.
- Checkliste Gesellschaftsvertrag 11.2 1 f.
- Dienstleistungs- und Nutzungsüberlassungspflichten 4 244 ff.
- Einlagen der Gesellschafter 4 243, 575
- Einwendungsrechte 4 257 f.
- Ergebnisverwendung s. dort
- Familiengesellschaften s. dort
- Formerfordernisse Gesellschaftsvertrag 11.2 1
- Freiberufler-Gesellschaften s. dort
- Geschäftsführung 4 247 ff.
- Geschäftsjahr s. dort
- Gesellschafterstämme/-gruppen 4 239 f.
- Gesellschafterversammlung s. dort
- Gesellschafterwechsel 4 275 ff.
- gewerblich tätige Gesellschaft s. dort
- Gewinnverteilung 4 114
- grundstücksverwaltende Gesellschaft s. dort
- Haftungsbeschränkung 4 167, 268 ff.
- Haftungsrisiken bei Eintritt 3 190
- Kapital der Gesellschaft 4 243
- Kontrollrechte der Gesellschafter 4 255 f.
- Kündigung eines Gesellschafters 4 172, 278 ff.
- Namen der Gesellschafter 4 100
- Namensrechte 4 87
- Rechnungsabschluss 4 114
- Sitz 4 233 ff.
- Stimmrechte 4 257 f.
- Tod des Gesellschafters 4 187, 284 ff.
- Vertragsgrundlagen 4 229 ff.
- Vertretung der ~ 4 268 ff.
- Wettbewerbsverbote 4 145, 264 ff.

Gedächtnisprotokoll
- zur vorsorglichen Beweissicherung 3 348

Geduld
- als Faktor für Verhandlungen in Brasilien 9.5 31

Gefühle s. Emotionen

Gegenleistung
- in englischsprachigen Verträgen 6 10
- in US-Verträgen 9.1 75
- Verhandeln über ~ 2 551 ff.

Geheimhaltungsvereinbarung s.a. Geschäftsgeheimnis
- im Letter of Intent 2 215
- isolierte ~ 3 27
- mit chinesischen Vertragspartnern 9.3 95
- mit russischen Vertragspartnern 9.2 25
- mit türkischen Vertragspartnern 9.6 46
- Verwertungsverbote in den USA 9.1 28 f.
- zur Sicherung der Leistung 3 295

Gehör
- Gewährung für den gekündigten Gesellschafter-Geschäftsführer 4 607

Geistiges Eigentum s.a. gewerblicher Rechtsschutz; s.a. Urheberrecht
- Eintragung in den USA 9.1 26 f.
- Markenrechte s. dort
- Schutz in Brasilien 9.5 16
- Schutz in Russland 9.2 26 ff.
- vorbereitende Sicherung von Rechten in den USA 9.1 32 ff.

Geldbußen
- in EU-Wettbewerbsverfahren 8 35

1313

Geldleistung
- Drittsicherheiten 3 288 ff.
- Eigentumsvorbehalt zur Sicherung 3 277
- Kreditsicherheiten 3 278 ff.
- Sicherung des Zahlungsflusses 3 287
- Vereinbarung von Zahlungsmodalitäten 3 257 ff., 276
- Vergütungsvereinbarungen in Austauschverträgen 3 243 ff.
- Vertragsdurchführung bei Verträgen über ~ 2 653 ff.

Geltungsbereich
- räumlicher ~ 3 208
- sachlicher ~ 3 207

Gemeinkosten
- in Abrechnungen von US-Kanzleien 9.1 92

Gemeinschaftsunternehmen
- Fusionskontrolle 8 66

Gemischte Verträge
- in Russland 9.2 51

Genehmigung
- Abhängigkeit der Vertragswirksamkeit von einer ~ 2 649 f.
- behördliche ~ s. dort
- durch Vormundschaftsgericht für Verträge mit Minderjährigen 3 147
- familienrechtliche ~bedürfnisse 3 177
- Formerfordernisse 3 112 f.
- vormundschaftsgerichtliche ~ bei Schenkungen 4 366

Generaldirektor
- Funktion bei der Vertretung russischer Kapitalgesellschaften 9.2 35 ff.
- Rolle bei Vertragsverhandlungen in Russland 9.2 71

Geographische Rahmenbedingungen
- in Brasilien 9.5 2

Gerechtigkeit
- bei der Entwicklung vertraglicher Regeln 2 351

Gerichtsstandsvereinbarungen
- im Letter of Intent 2 214
- in Austauschverträgen 3 324
- in der Türkei 9.6 62 f.
- in der Vertragsstruktur 2 265
- in englischsprachigen Verträgen 6 19a
- in japanischen Verträgen 9.4 53 f.

Gesamthandsgemeinschaft
- oHG s. dort

Gesamtrechtsnachfolge
- Formwechsel 5 179

- Spaltung einer Gesellschaft 5 176 ff.
- Verschmelzung von Gesellschaften 5 173 ff.

Geschäftsanschrift
- inländische ~ der AG 4 494 f.
- inländische ~ der GmbH 4 400 f.

Geschäftsanteile
- GmbH-Geschäftsanteile s. dort
- Verfügungen bei der GmbH & Co. KG 4 466 ff.

Geschäftsfähigkeit
- der Vertragspartner 3 163

Geschäftsführung
- Abgrenzung zur Vertretungsmacht 4 123
- durch Gesellschafter 4 250 ff.
- durch Nichtgesellschafter 4 249 ff.
- Freiberuflergesellschaft s. dort
- GmbH-Geschäftsführer s. dort
- Kündigung des Gesellschafter-Geschäftsführers 4 603 ff.
- Regelung bei der AG 4 525 ff.
- Regelung bei der EWIV 4 334
- Regelung bei der GbR 4 247 ff.
- Regelung bei der KG 4 338
- Regelung bei der oHG 4 323
- Regelung bei der Unterbeteiligung 4 386
- Regelung in Gesellschaftsverträgen 4 123 ff.
- Regelung in modularen Gesellschaftsverträgen 2 275
- Verpflichtung der Gesellschafter 4 22

Geschäftsgeheimnis
- bei Austauschverträgen 3 41 ff.
- Schutz in den USA 9.1 24 f.
- Schutz in Russland 9.2 24 f.

Geschäftsgrundlage
- Fehlen der ~ 3 91
- Störung der ~ 3 90 ff., 314
- Wegfall der ~ 2 657; 3 91 ff., 314

Geschäftsjahr
- bei der AG 4 523
- bei der GmbH 4 417
- Bestimmung durch Kapitalgesellschaft 5 153
- Bestimmung durch Personengesellschaft 5 143 f.
- Regelung im Gesellschaftsvertrag 4 114 ff.

Geschenke
- bei Verhandlungen in China 9.3 115

Geschichte
- historische Einflüsse auf japanische Rechtskultur 9.4 9 ff.

– historischer Rahmen in der Türkei **9.6** 1 ff.
Gesellschaft bürgerlichen Rechts *s. GbR*
Gesellschaften ausländischen Rechts
– Beteiligung an Kapitalgesellschaften **5** 123
– Beteiligung an Personengesellschaften **5** 107
– Beteiligungsfähigkeit **4** 76 f.
– steuerrechtliche Zuordnung **5** 89
Gesellschafter
– Abfindungsregelungen **4** 202, 289 ff.
– Änderungen im Gesellschafterbestand **3** 155 f.
– Ausscheiden *s. dort*
– Ausschließung **4** 180 ff., 282 f.
– Befreiung von Schulden/Sicherheitsleistung **4** 221 ff.
– Beitritt weiterer ~ **4** 53, 168 ff., 275 ff., 354
– Beteiligungsfähigkeit **4** 72 ff., 103 f.
– Beteiligungsverhältnisse **4** 102, 236 f.
– Dienstleistungs- und Nutzungsüberlassungspflichten **4** 121 f., 418
– erforderliches Engagement **4** 18
– finanzielles Engagement **4** 19 ff.
– Geschäftsführung durch ~ **4** 250
– Gesellschafterbeschlüsse *s. dort*
– Gesellschafterstämme/-gruppen *s. dort*
– Gesellschafterwechsel *s. dort*
– Haftung *s. dort*
– Informationsrechte **4** 308, 341
– Kapital der ~ **4** 117 ff.
– Kontrollrechte *s. dort*
– Kündigung eines ~ **4** 171 ff., 278 ff.
– Namen der ~ **4** 100 f.
– Namensrechte nach Tod des ~ **4** 89
– Partnerschaftsgesellschaft *s. dort*
– Rückgewähransprüche **4** 220 ff.
– Stimmrechte *s. dort*
– Tätigkeitsverpflichtungen **4** 22 ff.
– Tod des ~ *s. dort*
– Übertragbarkeit der ~stellung **4** 37 f.
– Umwandlung der ~stellung **4** 358
– Unterbeteiligung *s. dort*
– Vererblichkeit der ~stellung **4** 37 f.
– Vertretung *s. dort*
Gesellschafterbeschlüsse
– Stimmrecht~ bei der KG **4** 340
Gesellschafterkonten *s.a. Kapitalkonten*
– bei der oHG **4** 318 ff.

Gesellschafterliste
– Einreichung bei Handelsregister **4** 591 f.
Gesellschafterstämme
– bei der AG **4** 518 ff.
– bei der GmbH **4** 414 f.
– Regelung des Stimmgewichts **4** 107 ff.
– Regelung des Stimmgewichts bei der GbR **4** 238 f.
Gesellschaftervergütungen
– Regelungen bei Kapitalgesellschaften **5** 150
– Regelungen bei Personengesellschaften **5** 136
– steuerrechtliche Einordnung **5** 104, 119
Gesellschafterversammlung
– als Entscheidungsforum **4** 132 f.
– auf Minderheitenverlangen **4** 600
– außerordentliche ~ **4** 597 ff.
– bei der GbR **4** 257 f.
– bei der GmbH **4** 428 f.
– Checkliste Durchführung **4** 595
– Checkliste Vorbereitung **4** 594
– Einberufung zur Einforderung von Einlagen **4** 577 f.
– Einberufung zur Kündigung des Geschäftsführers **4** 605
– Formulierungsbeispiel Einberufungsverlangen **4** 601
– Formulierungsbeispiel Einladungsschreiben **4** 596
– Gegenstand **4** 593
– Gestaltung **4** 134 f.
– ordentliche ~ **4** 593 ff.
Gesellschafterwechsel
– bei der GbR **4** 275 ff.
– bei der KG **4** 356
– in der Kapitalgesellschaft **4** 168 ff.; **5** 170 ff.
– in der Personengesellschaft **4** 170; **5** 167 ff.
Gesellschaftsanteile
– Haftungsrisiken beim Erwerb **3** 189 ff.
– Verfügung über ~ bei der oHG **4** 325
Gesellschaftsbezeichnung
– Außengesellschaften **4** 81 ff., 230 f.
– GbR **4** 229 ff.
– Innengesellschaften **4** 80, 229
Gesellschaftsform
– arbeitsrechtliche Aspekte für die Wahl **4** 44 ff.

Sachregister

- Checkliste Kapitalgesellschaft 5 117 ff.
- Checkliste Personengesellschaft 5 102
- GmbH s. dort
- steuerrechtliche Aspekte für die Wahl 4 46
- Wahl der ~ 5 100 ff.
- zivilrechtliche Aspekte für die Wahl 4 28 ff.

Gesellschaftsgründung
- berufsrechtliche Hindernisse 4 13
- Haftung in der Phase der ~ 4 32 ff.
- Kapitalgesellschaften s. dort
- kartellrechtliche Hindernisse 4 15
- Konzeptionierung ~ s. dort
- notarielle Beurkundung 4 62
- Nutzung vorhandener Gesellschaften 4 47 ff.
- Personengesellschaften s. dort
- steuerrechtliche Hindernisse 4 14
- wettbewerbsrechtliche Hindernisse 4 12

Gesellschaftskapital s. Kapital

Gesellschaftspolitische Rahmenbedingungen
- für Vertragsverhandlungen in Brasilien 9.5 4 f.
- für Vertragsverhandlungen in China 9.3 1 f.
- für Vertragsverhandlungen in der Türkei 9.6 7 f.
- für Vertragsverhandlungen in Indien 9.7 4 ff.

Gesellschaftsrechtliche Verträge
- Aktiengesellschaft s. dort
- Anfechtbarkeit 3 89
- Ausscheiden s. dort
- Beendigung 5 194 ff.
- Beteiligungen 4 72 ff.
- Betriebsaufspaltung s. dort
- Bilanzierung s. dort
- Buchführung s. dort
- Checkliste 4 78 ff.; 11.2 1 ff.
- Checkliste Gründung 5 133 ff.
- Checklisten zur Vertragsentwicklung 2 234c
- Dauer der Gesellschaft 4 16, 110 ff.
- Doppelgesellschaften s. dort
- Einlagen s. dort
- Europäische Aktiengesellschaft s. dort
- EWIV s. dort
- Familiengesellschaften s. dort
- Formerfordernisse 4 62 ff.
- Freiberufler-Gesellschaften s. dort
- GbR s. dort
- Geschäftsführer s. dort
- Geschäftsjahr s. dort
- Gesellschaftsform s. dort
- Gesellschaftszweck s. dort
- gesetzliche Verbote 3 100
- GmbH s. dort
- GmbH & Co. KG s. dort
- Haftungsbeschränkung s. dort
- international einheitliche Module 1 60b
- Kapitalgesellschaften s. dort
- Konzeptionierung ~ s. dort
- modulare ~ 2 275 f.
- ökonomische Analyse der Risikoverteilung im ~ 2 344
- Partnerschaftsgesellschaft s. dort
- Personengesellschaften s. dort
- Projektbezug 4 17
- Regelung der Firmierung mit US-Vertragspartner 9.1 138
- SE s. dort
- Sittenwidrigkeit 3 94
- Sitz der Gesellschaft 4 91 ff.
- steuerrechtliche Fragen 5 6 ff., 82 ff.
- Stille Gesellschaft s. dort
- Teilnichtigkeit 4 228
- UG (haftungsbeschränkt) s. dort
- Umstrukturierung (Steuern) 5 166 ff.
- Unterbeteiligung s. dort
- Vertragsabschluss 4 572 ff.
- Vertragsänderungen s. dort
- Vertragsdurchführung 2 635 ff.
- Vertragsdurchführung (Steuern) 5 156 ff.
- Vertragsgestaltung 4 62 ff.
- Vertragsgrundlagen 4 80 ff.
- Vertrauenshaftung 3 51
- Vertretung s. dort
- Vorbereitung von ~ 4 1 ff.
- Wettbewerbsverbote s. dort

Gesellschaftssitz s. Sitz

Gesellschaftsvermögen
- Formerfordernisse bzgl Grundbesitz 4 68
- unerlaubte Verwendung in der Türkei 9.6 25

Gesellschaftszweck
- gewerblich tätige Gesellschaft 4 99
- grundstücksverwaltende Gesellschaft 4 98
- Regelung im Gesellschaftsvertrag 4 94 ff.
- Regelungen für die GbR 4 235

- Regelungen für die oHG **4** 296 f.
- Ziel der vertraglichen Bindung **1** 13

Gesetzgebungsverfahren
- Darstellung des EU-Gesetzgebungsverfahrens **8** 177
- Prinzip der begrenzten Einzelermächtigung in der EU **8** 128 ff.
- Verhandeln mit europäischen Institutionen im ~ **8** 125 ff.

Gesetzliche Begriffe
- Bezugnahme im Vertrag **2** 312

Gesichtsverluste s. Wahren des Gesichts

Gesichtswahren s. Wahren des Gesichts

Gestaltung von Verträgen s. Vertragsgestaltung

Gestik s.a. Körpersprache
- Besonderheiten bei Verhandlungen in China **9.3** 112
- Besonderheiten bei Verhandlungen in Indien **9.7** 41

Getränke
- bei Vertragsverhandlungen **2** 483

Gewährleistung
- auf Planungsfehlern beruhende ~fälle **2** 125
- Konkurrenz zur Anfechtung **3** 84
- Regelung in englischsprachigen Verträgen **6** 59 f.
- Sicherung der Sachleistung **3** 269

Gewährleistungsausschluss
- Großschrift in US-Verträgen **9.1** 56
- in englischsprachigen Verträgen **6** 25

Gewährleistungsgarantie
- Abgrenzung zur Garantieübernahme bei Sachleistungen **3** 231
- Sicherung der Sachleistung **3** 270

Gewerbeimmobilie
- Checkliste Mietvertrag über ~ **11.1** 4

Gewerbesteuer
- bei Kapitalgesellschaften **5** 129
- bei Personengesellschaften **5** 114
- nach Veräußerung der Personengesellschaft **5** 195

Gewerblich tätige Gesellschaft
- Abfindungsregelungen **4** 292
- Bezeichnung im Gesellschaftsvertrag **4** 231

Gewerblicher Rechtsschutz s.a. Geistiges Eigentum
- in Indien **9.7** 32

Gewinn- und Verlustausgleich
- Besteuerung von Kapitalgesellschaften **5** 117

- Besteuerung von Personengesellschaften **5** 102

Gewinn- und Verlustzurechnung
- Besteuerung von Personengesellschaften **5** 111
- Regelung für Personengesellschaften **5** 138

Gewinnausschüttungen
- bei der GmbH **4** 431 f.
- Regelung in Gesellschaftsverträgen **4** 138 f.
- verdeckte ~ **5** 105, 120 f.
- vGA-Klausel **5** 149

Gewinnbeteiligung
- Stille Gesellschaft **4** 368
- Unterbeteiligung **4** 384

Gewinnermittlung
- Unterschied Handelsbilanz/Steuerbilanz **5** 151

Gewinnverteilung
- bei der GbR **4** 114
- bei der KG **4** 350
- Regelung in Kapitalgesellschaftsverträgen **4** 138 f.; **5** 152

Gläubigerbenachteiligung
- unwirksame Abfindungsklauseln **4** 210

Gliederung
- englischsprachiger Verträge **6** 29 ff.

Globalzession
- zur Sicherung der Geldleistung **3** 280

GmbH
- Abfindung s. dort
- ausländische Beteiligungen **4** 75 ff.
- Ausschließung von Gesellschaftern **4** 182 ff.
- Beteiligungsfähigkeit inländischer Gesellschaften **4** 74
- Beurkundung der Gründung **4** 62
- Buchführung/Bilanzierung **4** 425 f.
- Checkliste Gesellschaftsvertrag **11.2** 3 f.
- Dauer der Gesellschaft **4** 416
- Dienstleistungs- und Nutzungsüberlassungspflichten **4** 418
- einfache Unterbilanz **4** 608 ff.
- Einlagen **4** 407 ff., 576
- Ergebnisverwendung **4** 430 ff.
- Firma **4** 395 ff.
- Formerfordernisse Gesellschaftsvertrag **11.2** 3
- Geschäftsjahr **4** 417
- Gesellschafterstämme/-gruppen **4** 414 f.
- Gesellschafterversammlung s. dort

- Gesellschafterwechsel 4 168
- GmbH-Geschäftsanteile s. dort
- Gründungskosten 4 447
- Handwerks~ s. dort
- Kapitalverlust 4 611
- Kontrollrechte der Gesellschafter 427
- Kündigung durch den Gesellschafter 4 441 ff.
- Kündigung eines Gesellschafter-Geschäftsführers 4 603
- Kündigung eines Gesellschafters 4 172
- Namensrechte 4 101, 398 f.
- Sitz, inländische Geschäftsanschrift 4 400
- Stammkapital 4 404 ff.
- Stimmrechte/Einwendungsrechte 4 428 f.
- Tod des Gesellschafters 4 188 ff., 445
- türkische ~ als Vertragspartner 9.6 55
- UG (haftungsbeschränkt) s. dort
- Unternehmensgegenstand 4 401 f.
- vertragliche Grundlagen 4 395 ff.
- Vertragsänderungen s. dort
- Vertretung 4 419 ff.
- Wettbewerbsverbote 4 149 ff., 433 f.

GmbH & Co. KG
- Befreiung vom Selbstkonrahierungsverbot 4 458 ff.
- Erscheinungsformen 4 448 ff.
- Firmierung 4 454 f.
- Gestaltungsfragen 4 448 ff.
- Handelsregisteranmeldung/-eintragung 4 462
- Tod des Gesellschafters 4 475 ff.
- Unternehmensgegenstand 4 456 f.
- Verfügung von Geschäftsanteilen 4 466 ff.
- Verzahnung der Beteiligungen 4 463 ff.
- Zwangsausscheiden 4 479

GmbH-Geschäftsanteile
- Haftungsrisiken beim Erwerb 3 189
- Verfügung über ~ 4 435 ff.

GmbH-Geschäftsführer
- Checkliste Vertrag eines ~ 11.1 3
- Haftung 4 36
- Regelung im Gesellschaftsvertrag 4 422 ff.
- Wettbewerbsverbote 4 149

Good Faith
- Erfüllung von US-Verträgen 9.1 112
- Negotiations in Indien 9.7 32
- Verhandeln in den USA 9.1 97

Groß- und Kleinschreibung
- in englischsprachigen Verträgen 6 22 ff.
- in US-Verträgen 9.1 56

Grunderwerbssteuer
- bei Kapitalgesellschaften 5 127
- bei Personengesellschaften 5 112
- Bemessungsgrundlage 5 52
- Checkliste Austauschverträge 5 49 ff.
- internationales Kollisionsrecht 5 11
- Steuererklärungs- und Meldepflichten 5 75
- Steuergegenstand 5 50 f.
- Steuerklauseln 5 67
- Steuerschuldner 5 53
- Vermeidung 5 51

Grundfreiheiten
- im EU-Recht 8 87 ff.
- zuständige Abteilung innerhalb der EU-Kommission 8 100

Grundkapital
- der Aktiengesellschaft 4 501 ff.

Grundpfandrechte
- zur Kreditsicherung 3 281

Grundstücksverwaltende Gesellschaft
- Abfindungsregelungen 4 291
- Bezeichnung im Gesellschaftsvertrag 4 231
- Regelung über die Einlagen der Gesellschafter 4 243
- Regelung von Wettbewerbsverboten 4 266

Guanxi s.a. Beziehungen
- Bedeutung von Beziehungen in China 9.3 17 ff.

Guarantee s.a. Garantien
- corporate ~ 6 67
- Regelung in englischsprachigen Verträgen 6 61

Gutachten
- Privatgutachten s. dort
- Rechtsgutachten s. dort
- Verträge über die Erstattung von ~ 3 135

Gutachter
- Einsatz als Treuhandabwickler 2 652
- Projekt~ zur Reduzierung des Streitrisikos 2 335
- technische ~ s. dort

Haftsumme
- bei der KG 4 346 ff.

Haftung
- als Faktor für die Wahl der Gesellschaftsform 4 28 ff.

Sachregister

- Ansprüche aus Steuerschuldverhältnis 3 187 f.
- beim Erwerb von Gesellschaftsanteilen 3 189 ff.
- Berater s. dort
- Betriebsübernahme s. dort
- des überlegenen Risikoträgers 2 347
- Durchgriffs~ s. dort
- Firmenfortführung s. dort
- für eingeschaltete Dritte 2 90 f.
- ggü Dritten 2 83 f.
- GmbH-Geschäftsführer s. dort
- Haftungsausschluss s. dort
- Haftungsbegrenzung s. dort
- Haftungsrisiken s. dort
- in der Gründungsphase der Gesellschaft 4 32 ff., 349
- Kommanditgesellschaft 4 344 ff.
- Makler s. dort
- öffentlich-rechtliche ~ 3 191
- Regelung in englischsprachigen Verträgen 6 62 ff.
- Sachwalterhaftung s. dort
- Sekundär~ s. dort
- steuerrechtliche ~ von Kapitalgesellschaften 5 131
- steuerrechtliche ~ von Personengesellschaften 5 116
- Stille Gesellschaft 4 371
- türkischer Vertragspartner 9.6 55 ff.
- Vermögensübernahme s. dort
- Verschulden bei Vertragsverhandlungen s. dort
- Vertragsstrafen s. dort
- Vertrauensschaden s. dort
- Vertreter ohne Vertretungsmacht s. dort

Haftungsausschluss
- Großschrift in US-Verträgen 9.1 56
- im Letter of Intent 2 215
- in englischsprachigen Verträgen 6 25
- Verschulden des Erfüllungsgehilfen 3 299
- Verschulden unterhalb des Vorsatzes 3 300

Haftungsbegrenzung
- Höchstbeträge 3 300

Haftungsbeschränkungen
- im Gesellschaftsvertrag 4 167
- in Allgemeinen Geschäftsbedingungen 1 78
- Vereinbarung bei Gesellschaftsgründung 4 28

Haftungsdurchgriff
- Voraussetzungen bei Kapitalgesellschaften 4 30

Haftungsrisiken
- aus dem Leistungsaustausch 3 181 ff.
- vorvertragliche ~ in den USA 9.1 23 ff.
- vorvertragliche ~ in Russland 9.2 24 ff.

Haftungsvereinbarung
- bei modularen Austauschverträgen 2 273c
- im Letter of Intent 2 215
- mit Beratern 2 65
- Vereinbarungen von Haftungsmilderungen 3 299
- Vereinbarungen zur Sicherung der Leistung 3 297 ff.

Hand Shake Agreements
- in Indien 9.7 34

Handelsgesellschaften
- Aktiengesellschaft s. dort
- Bezeichnung im Gesellschaftsvertrag 4 81 ff.
- Geltendmachung von Einlagen 4 575
- Gesellschafterversammlung s. dort
- GmbH s. dort
- Kommanditgesellschaft s. dort
- Kündigung eines Gesellschafters 4 172
- Namen der Gesellschafter bei Personen~ 4 100
- Namensrechte 4 87
- Offene Handelsgesellschaft s. dort
- Offenlegungspflichten 4 585 ff.

Handelsrecht
- Internationales Handelsrecht s. dort

Handelsregister
- als Informationsquelle über türkischen Verhandlungspartner 9.6 42
- Eintrag der GmbH & Co. KG 4 462
- Eintrag des Vertretungsberechtigungsnachweises 4 166

Handelsvertreter
- Checkliste Vertrag für ~ 11.1 2

Handlungsvollmacht
- Umfang bei Austauschverträgen 3 67

Handwerks-GmbH
- Wahl der Gesellschaftsform 4 41

Hardware
- Ausstattung iRv Vertragsprojekten 2 249

Harmonie
- Streben nach ~ als Faktor für Verhandlungen in China **9.3** 12 ff.

Harvard-Konzept
- Konzept des Vertragsverständnisses **1** 24, 28
- Modell für Verhandlungsführung **2** 352, 391 ff.

Hauptbuchhalter
- Rolle bei Vertragsverhandlungen in Russland **9.2** 72
- Vertragsunterzeichnung in Russland **9.2** 39

Hauptleistungspflichten
- Regelung der Modalitäten **3** 235
- Regelung im Vertrag **2** 310
- Sachleistungsverpflichtungen **3** 225

Hauptversammlung
- der Aktiengesellschaft **4** 535 f.

Herausgabepflichten
- nach Vertragsbeendigung **3** 319

Hierarchieverhältnis s.a. *Rangfolge*
- Auswirkungen auf Verhandlungen in China **9.3** 9 ff.
- Berücksichtigung bei Vertragsverhandlungen in China **9.3** 128
- Berücksichtigung bei Vertragsverhandlungen in Indien **9.7** 9, 45 f.
- Berücksichtigung beim Eintritt in chinesischen Verhandlungsraum **9.3** 98
- der Teammitglieder bei Verhandlungen in China **9.3** 49

Hilfspersonen
- Assistenten s. dort

Hinweispflichten
- Verbrauchergeschäfte **3** 125

Historische Entwicklungen s. *Geschichte*

Höflichkeit
- Bedeutung für Verhandlungen in Brasilien **9.5** 27
- Bedeutung für Verhandlungen in China **9.3** 12
- Un~ bei Vertragsverhandlungen **2** 614

Holdinggesellschaften
- Vorsteuerabzug **5** 42

Holding-SE
- Voraussetzung für Gründung **4** 552

Honne/Tatemae
- Einflüsse auf japanische Rechtskultur **9.4** 27

Honorare
- Rechtsanwaltsvergütung s. dort

Honorareinschätzungen
- Rechtsanwälte in der Türkei **9.6** 35

Honorarobergrenzen
- Rechtsanwälte in der Türkei **9.6** 35

Humor
- bei Verhandlungen in Brasilien **9.5** 29
- bei Verhandlungen in China **9.3** 109

Ideelle Interessen
- Berücksichtigung bei der Risikoverteilung **2** 348

Ideensammlung
- iRd Vertragsvorbereitung **2** 182 ff.

Immobiliengeschäfte s.a. *Gewerbeimmobilie*
- steuerrechtliche Risiken in der Türkei **9.6** 24

Immobilienverwaltende Gesellschaft
s. *grundstücksverwaltende Gesellschaft*

Indemnification
- Freistellung in englischsprachigen Verträgen **6** 66

Information
- Bedeutung für die Verhandlungsregie **2** 516
- Bedeutung iRd Vertragsmanagements **1** 75; **2** 33 f.
- Bedeutung iRd Vertragsplanung **2** 24 ff.
- Erhalt von ~ **2** 30
- mangelhafte ~ über Personen/Organe **10** 24 ff.
- mangelhafte ~ über Sachfragen des Unternehmens **10** 17 ff.
- Preisgabe von ~ **2** 28 f.
- Prüfung der erhaltenen ~ **2** 31 f.
- unterschiedliche ~verarbeitungsgewohnheiten der Manager **10** 36 f.

Informationsbeschaffung
- öffentliche Register in Russland **9.2** 19 ff.
- Quellen der ~ in Indien **9.7** 28
- über US-Verhandlungspartner **9.1** 19 ff.
- über Vertragspartner **2** 194
- über Vertragspartner in Brasilien **9.5** 17 f.
- über Vertragspartner in China **9.3** 44
- zur Planung der Verhandungen in der Türkei **9.6** 39 ff.
- zur Planung der Verhandlungen mit EU-Institutionen **8** 141 ff.

Informationsbroker
– Einsatz von Juristen als ~ 2 144
Informationspflichten
– Vereinbarungen zur Sicherung der Leistung 3 294
Informationsrechte
– des Kommanditisten 4 341
– des Unterbeteiligten 4 387
– Vereinbarungen zur Sicherung der Leistung 3 294
Ingenieure *s.a. Technische Gutachter*
– Haftung ggü dem Auftraggeber 2 80
Inhaberaktien
– Unterschiede zur Namensaktien 4 508 ff.
Insiderinformationen
– Offenlegungspflichten in der Türkei 9.6 66
Insolvenz
– der SE 4 559
– des Vertragspartners 3 160
Insolvenzanfechtung
– Vermögensverschiebung 3 89
Insolvenzreife
– bei Kapital- und Personengesellschaften 4 612
Insolvenzverfahren
– Betriebsübernahme nach Eröffnung 3 185
Integration Clause *s. Merger Clause*
Intelligenz
– logische, komplexe, emotionale ~ bei Verhandlungen 2 426 ff.
Interessenkonflikte
– durch Aufgabenverteilung iRd Vertragsmanagements 2 155
Interessensicherung *s.a. Leistungssicherung*
– gegenseitige ~ in Verträgen 1 15
Internationale Kanzleien
– in Japan 9.4 46
– in Russland 9.2 14 f.
Internationales Handelsrecht
– Kompetenzen der EU-Kommission 8 17
Internationales Recht
– Entwicklung vertragsrechtlicher Rahmenbedingungen 1 1 ff.
– Grenzen der Vertragsgestaltung 1 12
– steuerrechtliche Fragen 5 9 ff.
Internetadressen
– für Verträge in der Türkei nützliche ~ 9.6 90
– für Verträge in Russland nützliche ~ 9.2 102

Interpunktion
– in englischsprachigen Verträgen 6 21
Investitionen
– Vor- *s. dort*
Investoren
– Einfluss deutscher ~ in Brasilien 9.5 3
Irrtum
– Anfechtbarkeit des Vertrags 3 82 ff.
Jahresabschluss
– bei der oHG 4 322
– Fristen 4 582
– Offenlegungspflichten 4 585 ff.
– Prüfung 4 583
– Regelung in modularen Gesellschaftsverträgen 2 275
– Verfahren bei Personenhandelsgesellschaften und GmbH 4 584
– Zuständigkeit 4 580 f.
Japan
– Verhandeln in Japan *s. dort*
Joint Debtors
– Leistungssicherung in englischsprachigen Verträgen 6 67
Joint Ventures *s. Gemeinschaftsunternehmen*
Juraschreiber
– juristischer Beruf in Japan 9.4 40 f.
Juristische Berufe
– Advokat, Russland *s. dort*
– Bengoshi *s. dort*
– Berater *s. dort*
– Notar *s. dort*
– Rechtsanwälte *s. dort*
– Schreiber *s. dort*

Kalkulation
– Nachkalkulation *s. dort*
Kanzleien
– internationale ~ *s. dort*
– russische ~ 9.2 18
kao no tatsu *s. Wahren des Gesichts*
Kapital
– der GbR 4 243
– Eigenkapital *s. dort*
– Grundkapital *s. dort*
– Stammkapital *s. dort*
Kapitalanteile
– Regelung bei der oHG 4 318 ff.
Kapitalaufbringungs-/erhaltungsvorschriften
– Ausfallhaftung 4 32
Kapitalerhöhungen
– verdeckte Sacheinlagen 4 35

Sachregister

Kapitalertragssteuern
- Meldepflichten ggü Finanzbehörde 5 164

Kapitalgesellschaften s.a. gesellschaftsrechtliche Verträge
- Abfindungsregelungen 4 203 ff.
- Aktiengesellschaften s. dort
- Anschaffungskosten 5 130
- Beendigung 5 197 ff.
- Beginn der steuerlichen Existenz 5 155
- Beteiligung ausländischer Gesellschafter 5 123
- Betriebsvermögen 5 125
- Beurkundung einer Gründung 4 62
- Checkliste Gesellschaftsform 5 117 ff.
- Dienstleistungsverpflichtungen s. dort
- Einmann-Gesellschaften s. dort
- Entnahme von Vermögensgegenständen 5 118
- Erbschaftssteuer 5 128
- Ergebnisverwendung s. dort
- Ertragssteuern 5 160 f.
- Finanzierung 5 124
- Fremdorganschaft s. dort
- Geschäftsjahr s. dort
- Gesellschaftervergütungen 5 119, 150
- Gesellschafterwechsel s. dort
- Gewerbesteuer 5 129
- Gewinn- und Verlustausgleich 5 117
- Gewinnermittlung 5 151
- Gewinnverteilung 5 152
- GmbH s. dort
- Grunderwerbssteuer 5 127
- Gründungskosten 5 154
- Haftung 4 28 ff.
- Haftungsbeschränkung 4 167
- Handelsgesellschaften s. dort
- Jahresabschluss s. dort
- Kapitalertragssteuer 5 164
- Körperschaft im steuerrechtlichen Begriffssystem 5 88
- Kündigung eines Gesellschafters 5 172
- Lohnsteuer 5 162
- Meldepflichten ggü Finanzbehörde 5 156 f.
- Namensrechte 4 87
- Offenlegungspflichten 4 585 ff.
- Pensionsrückstellungen 5 119
- Rechnungslegung/Publizität 4 43
- Sacheinlagen 5 148
- SE s. dort
- Sozialversicherung 5 162
- Steueranrechnung 5 126
- steuerrechtliche Aspekte bei der Gründung 5 132 ff.
- steuerrechtliche Haftung 5 131
- steuerrechtlicher Belastungsvergleich 5 97 ff.
- Übertragbarkeit der Gesellschafterstellung 4 37 f.
- Umsatzsteuervoranmeldungen 5 158
- Umstrukturierung 5 166 ff.
- Umwandlungen 5 172 f.
- Verbrauchssteuern 5 163
- verdeckte Gewinnausschüttungen 5 120 ff., 149
- Vererbbarkeit der Gesellschafterstellung 4 37 f.
- Verkehrssteuern 5 159
- Verträge der laufenden Geschäftstätigkeit 5 165
- Vertretung in russischen ~ 9.2 35 f.
- Wettbewerbsverbote 5 147
- Zeitpunkt der Ergebniszurechnung 5 122
- Zölle 5 163

Kapitalkonten
- von Personengesellschaften 5 135
- Zusammenhang der Abfindungsregelung mit ~ 4 215

Karaoke
- Bedeutung für Verhandlungen in China 9.3 116

Kartellabsprachen
- statt gesellschaftsrechtlicher Verbindung 4 9

Kartellrecht
- Bedeutung des EU~ 8 21 ff.
- Befugnisse der Kommission 8 30 ff.
- Beschwerderecht des Konkurrenten 8 53 ff.
- Dezentralisierung 8 26 ff.
- Hindernisse für die Gesellschaftsgründung 4 15
- Kronzeugenprogramm 8 42 ff.
- Vergleichsverfahren 8 45 ff.
- Verhandlungen mit der Europäischen Kommission 8 2

Kartellverbot
- Verhältnis zum Wettbewerbsverbot 4 154

Kastenwesen
- als Thema bei Verhandlungen in Indien 9.7 8

KG s. *Kommanditgesellschaft*

Sachregister

Klageandrohung
– ggü US-Vertragspartner 9.1 128 ff.
Klageerhebung
– iRd Durchführung eines US-Vertrages 9.1 127 ff.
– Streit über Vertragsauslegung in Japan 9.4 71 ff.
Klammerzusatz
– in englischsprachigen Verträgen 6 20
Kleidung
– bei Vertragsverhandlungen in Brasilien 9.5 38
– bei Vertragsverhandlungen in Indien 9.7 27
Kleine AG s. Aktiengesellschaft
Knebelung
– Verwertungsverbote in USA 9.1 28
Know-how
– Checkliste Know-how-Vertrag 11.1 5
– Vereinbarungen im Letter of Intent 2 215
– Vertraulichkeitspflichten 3 46
Kollision
– von AGB-Klauseln 3 220 f.
Kommanditgesellschaft
– Änderung der Kontrollrechte 4 342
– ausländische Beteiligungen 4 75 ff.
– Ausschließung von Gesellschaftern 4 182
– Beendigung der Gesellschaft 4 361
– Beteiligungsfähigkeit inländischer Gesellschaften 4 73
– Bilanzierung s. dort
– Buchführung s. dort
– Checkliste Gesellschaftsvertrag 11.2 5 f.
– Entnahmen s. dort
– Firma 4 336 f.
– Formerfordernisse Gesellschaftsvertrag 11.2 5
– Geschäftsführung 4 338
– Gesellschaftszweck 4 335
– Gewinn- und Verlustverteilung 4 350
– GmbH & Co. KG s. dort
– Haftung der Kommanditisten 4 344 ff.
– Haftungsbeschränkung 4 167
– Haftungsrisiken bei Eintritt 3 190
– Informationsrechte 4 341
– Regelstatut eines Kommanditisten 5 139
– Sitz 4 336 f.
– Stimmrecht-Gesellschafterbeschlüsse 4 340

– Strukturänderungen 4 353 ff.
– Tod des Gesellschafters 4 188
– Vertretung nach außen 4 352
– Wettbewerbsverbote 4 148, 343
– Widerspruchsrechte des Kommanditisten 4 338 f.
Kommunikation s.a. Verhandlungen; s.a. Vertragsverhandlungen
– außerhalb der offiziellen Verhandlungen in China 9.3 129
– Bedeutung iRd Vertragsmanagements 1 75; 2 92 ff.
– bei Vertragsverhandlungen in China 9.3 109 ff.
– direkte/indirekte ~ bei Verhandlungen 2 421 ff.
– Rituale bei Vertragsverhandlungen 2 381a
– Schweigen s. dort
– Störungen 2 126, 162
– unzureichende ~ als Krisenauslöser 2 664a
– Verhandlungen als ~plattform 1 18
Komplexität
– Anwendung der Chaostheorie 1 46
– Bedeutung für die Entwicklung vertraglicher Regeln 2 355
– bei Vertragsverhandlungen 2 426c
– Berücksichtigung iRd Vertragsmanagements 1 75
– Organisation komplexer Verträge 2 435
– Steuerung komplexer Systeme 1 33 f.
– Verträge und vernetztes Denken 1 29 ff.
Konditionen
– Nennung bei Verhandlungen in China 9.3 120
Konfliktmanagement s.a. Eskalationsstrategien
– Anwendung iRd Wirtschaftsmediation 7 22
– Regelung in indischen Verträgen 9.7 32
– Stufen des ~ bei Verträgen 7 30 ff.
– typische Konfliktelemente bei Verhandlungen 2 427 ff.
– ungeeignete Fälle 7 47
– Vorteile 7 35 ff.
Konfrontation
– offene ~ bei Vertragsverhandlungen 2 609
Konfuzius
– Bedeutung der Etikette 9.3 12 ff.

1323

Sachregister

- Einfluss auf japanische Rechtskultur **9.4** 7
- Gesicht und Vertragsverhandlungen **9.3** 28 ff.
- hierarchische Strukturen in der chinesischen Gesellschaft **9.3** 9 ff.
- Lehre als Basis für die chinesische Gesellschaft **9.3** 5 ff.

Kongruentes Deckungsgeschäft
- Vorbehalt der Selbstbelieferung **3** 237

Konjunktiv
- Verwendung bei Verhandlungen **2** 548

Konkurrenz
- Rolle der ~ Verhandlungen in China **9.3** 74

Konkurrenzschutz
- Wettbewerbsverbote *s. dort*
- zur Sicherung der Leistung **3** 296

Konstruktivität
- bei Vertragsverhandlungen **2** 405 f.

Kontaktadressen
- wichtige ~ in Indien **9.7** 54

Kontaktaufnahme
- mit dem Europäischen Parlament/Parlamentariern **8** 151
- mit dem Rat und Mitgliedstaaten **8** 160
- mit der Europäischen Kommission **8** 103 ff., 148 ff.
- mit Verbänden/Unternehmen vor Verhandlungen in Brüssel **8** 145 ff.
- mit Vertragspartnern in China **9.3** 77

Kontaktpersonen
- Benennung als Ansprechpartner für Verhandlungen in China **9.3** 51 f., 77

Kontaktpflege
- Bestandteil des Vertrags-Controllings in Brasilien **9.5** 44

Konten
- Gesellschafter~ *s. dort*
- Kapital~ *s. dort*

Kontokorrentvorbehalt
- zur Sicherung der Geldleistung **3** 277

Kontrollrechte
- Aufsichtsrat der AG **4** 531 ff.
- der GbR-Gesellschafter **4** 255 f.
- der Gesellschafter **4** 129 ff.
- der GmbH-Gesellschafter **4** 427
- des stillen Gesellschafters **4** 370
- des Unterbeteiligten **4** 387
- vertragliche Änderungen der ~ des Kommanditisten **4** 342

Konzeptionierung gesellschaftsrechtlicher Verträge
- betriebswirtschaftliche Prüfung der ~ **4** 54 ff.
- Engagement der Gesellschafter **4** 18 ff.
- gemeinsame Gesellschaft oder losere Kooperation **4** 5 ff.
- Gesellschaftsform **4** 27
- Gründungshindernisse **4** 11 ff.
- Interessen und Perspektiven **4** 16 ff.
- Organisation der Überprüfung der ~ **4** 56 ff.
- Prämissen **4** 1 ff.
- rechtliches Konzept **4** 4 ff.
- Schlusskonzept **4** 61
- steuerliche Prüfung der ~ **4** 54 ff.

Konzernvorbehalt
- zur Sicherung der Geldleistung **3** 277

Kooperation ohne Gesellschaftsbildung
- verschiedene Formen **4** 6 ff.

Körperschaften
- Kapitalgesellschaften *s. dort*
- Körperschaftssteuer *s. dort*
- steuerrechtliche Einordnung des Begriffs **5** 88
- steuerrechtliche Konsequenzen der Zuordnung **5** 90 ff.
- Zuordnung ausländischer Gesellschaftsformen **5** 89

Körperschaftssteuer
- Änderungen durch Unternehmenssteuerreformgesetz **5** 95

Körpersprache *s.a. Gestik*
- bei Vertragsverhandlungen **2** 415 ff.
- bei Vertragsverhandlungen in China **9.3** 112, 137
- bei Vertragsverhandlungen in Indien **9.7** 41

Korrespondenzanwalt
- Einschaltung des russischen ~ **9.2** 9 ff.
- Einschaltung des US~ **9.1** 15 ff., 85 ff.

Korruption
- in China **9.3** 23, 115
- in der Türkei **9.6** 27
- in Indien **9.7** 51
- Vertragsverhandlungen in Russland **9.2** 76 ff.

Kosten
- Gründung einer Kapitalgesellschaft **5** 154
- Gründung einer Personengesellschaft **5** 145

- Rechtsanwaltsvergütung *s. dort*
- Rechtsmanagement als ~faktor *s. dort*
- Regelung der ~tragung **3** 331
- Regelung im Letter of Intent **2** 215
- Vergütung *s. dort*

Kosten- und Risikovermeidung
- Vereinbarung einer ~ **2** 331

Kreditsicherheiten
- Absicherung von Krediten an türkische Partei **9.6** 58 ff.
- Grundpfandrechte *s. dort*
- Regelung der Sicherungsmodalitäten **3** 282 ff.
- Sicherungsübereignung *s. dort*
- Sicherungszession *s. dort*
- zur Sicherung der Geldleistung **3** 278 ff.

Krise
- mit Beratern iRd Vertragsprojektes **2** 75 ff.
- offene ~ bei Vertragsverhandlungen **2** 571 ff.
- Situationen iRd Rechtsmanagements **2** 159 ff.
- Vertrag in der ~ *s. dort*

Krisenmanager
- Einsatz von Juristen als ~ **2** 144

Krisensitzung
- richtige Vorgehensweise **2** 673 ff.

Kronzeugenprogramm
- im EU-Kartellrecht **8** 42 ff.

Kulanz
- iRd Vertragserfüllung in den USA **9.1** 115

Kulturelle Rahmenbedingungen
- für Verhandlungen in Brasilien **9.5** 4 ff.
- in der Türkei **9.6** 9
- in Indien **9.7** 4 ff.

Kündigung
- außerordentliche ~ *s. dort*
- des Austauschvertrags **3** 336
- des Vertrags mit chinesischem Partner **9.3** 158 f.
- eines Gesellschafters **4** 171 ff.
- eines Gesellschafters der GbR **4** 278 ff.
- Folgekündigung *s. dort*
- ordentliche ~ *s. dort*

Kündigungsfrist
- Dauerschuldverhältnis **3** 309

Lachen
- Bedeutung des ~ bei chinesischen Vertragsverhandlungen **9.3** 110

Landkarten
- Festlegung des räumlichen Geltungsbereichs **3** 208

Landnutzungsrechte
- Streit über ~ mit chinesischem Vertragspartner **9.3** 154

Langzeitverträge *s.a. Dauerschuldverhältnisse*
- Finanzplanung **2** 49

Lao-Tse
- Bedeutung der Schriften des ~ für das chinesische Vertragsverständnis **1** 25 ff.
- Flexibilität bei Verhandlungen **1** 42
- zu Planungsszenarien **2** 172

Laufzeit
- Abschläge am Ende der ~ bei chinesischem Vertrag **9.3** 156
- Regelung bei Dauerschuldverhältnissen **3** 307
- Regelung bei US-Verträgen **9.1** 109
- Regelung in Indien **9.7** 32

Leasingvertrag
- Zuordnung des Vertragstyps **3** 214

Legaldefinitionen *s.a. Begriffsdefinitionen*
- in indischen Verträgen **9.7** 32

Leibrentenversprechen
- Regelung der Preisverrentung **3** 250 f.

Leistungsänderung *s.a. Vertragsanpassung*
- während der Vertragsdurchführung **2** 656 ff.

Leistungsart
- Beschaffenheitsvereinbarung *s. dort*
- Eigenschaftszusicherung *s. dort*
- Garantien *s. dort*
- Geldleistung *s. dort*
- Hauptleistung *s. dort*
- Nebenleistung *s. dort*
- Obliegenheit *s. dort*
- Sachleistung *s. dort*
- Vorleistungen *s. dort*

Leistungsaustausch
- bei modularen Austauschverträgen **2** 273b
- Synallagma mit ~ in US-Verträgen **9.1** 57
- Verhandeln über ~ **2** 551 ff.

1325

Leistungsbeschreibung
- unvollständige ~ als Krisenauslöser 2 664a

Leistungsbestimmungsrechte
- durch Dritte 3 263
- in Austauschverträgen 3 262 f.
- Klarstellung des Leistungserbringers in den USA 9.1 35 f.

Leistungsdefinitionen
- bei Austauschverträgen 3 227

Leistungsinhalt
- Definition des ~ 2 347
- Veränderung des ~ 2 330

Leistungsmodalitäten
- Vereinbarung bei Austauschverträgen über Sachleistung 3 235

Leistungssicherung
- allgemeine ~ bei Austauschverträgen 3 292 ff.
- bei der Vertragsdurchführung 2 651
- bei modularen Austauschverträgen 3 273c
- Haftungsvereinbarungen 3 297 ff.
- in chinesischen Verträgen 9.3 90
- in der Vertragsstruktur 2 265
- in englischsprachigen Verträgen 6 67
- Sicherung der Geldleistung 3 276 ff.
- Sicherung der Sachleistung 3 269 ff.

Leistungsstörung
- als Auslöser für Vertragskrisen 2 664
- bei Austauschverträgen 2 323 ff., 329 ff.
- bei der Einlagenerbringung 4 315 ff.
- Mitwirkung von Outsourcern in den USA 9.1 36
- Stellung von Drittbegünstigten in US-Verträgen 9.1 45
- vorvertragliche Planungen in den USA 9.1 30 f.

Leistungsverpflichtung
- in englischsprachigen Verträgen 6 33 f.
- in indischen Verträgen 9.7 32

Leistungsverweigerungsrechte
- Vereinbarung bei Austauschverträgen 3 261

Leistungsvollzug
- Regelung in Austauschverträgen 3 305
- Regelung in englischsprachigen Verträgen 6 51

Leistungsvorbehalte
- Vereinbarung bei Austauschverträgen über Sachleistung 3 236 ff.

Leistungszeit
- in Austauschverträgen über Sachleistungen 3 242
- in englischsprachigen Verträgen 6 51 ff.

Lethargie *s. Vertrag in der Krise*

Letter of Intent
- Bedeutung für die Vertragsvorbereitung 2 214 ff.
- Begriff 3 14
- Einsatz in China 9.3 78
- Form 3 16
- Rechtsfolgen des Fehlens 3 18
- typische Inhalte 2 215
- Zweck 3 15

Liability
- Regelung in englischsprachigen Verträgen 6 63

Limao *s. Höflichkeit*

Liquidated Damages *s. Vertragsstrafe*

Liquidation
- einer Kapitalgesellschaft 5 198 f.
- einer Personengesellschaft 5 196

Liquidität
- Fehler bei der Planung der ~ 2 48

Literatur
- Bedeutung für die Vertragsentwicklung 2 240
- für türkische Vertragsprojekte nützliche ~ 9.6 88 f.

Lizenz
- Checkliste Lizenz-Vertrag 11.1 5
- Streit über erforderliche ~ mit chinesischem Vertragspartner 9.3 154

Lobbying
- auf EU-Ebene 8 4

Lobbyist
- Beauftragung von ~ für Verhandlungen mit der Kommission 8 91

Logik
- Bedeutung bei der Entwicklung vertraglicher Regeln 2 360 ff.
- Bedeutung bei Vertragsverhandlungen 1 66
- Beherrschung einer Vertragskrise mit Mitteln der ~ 1 32 ff.
- Intelligenz als Verhandlungsfaktor 2 426a

Logistik
- Berücksichtigung bei Verhandlungen in China 9.3 70

Lohnsteuer
- Auskunft 5 24
- Meldepflichten der Gesellschaft 5 162

Sachregister

Lösungsklauseln
– bei Insolvenz des Vertragspartners 3 160

Machiavelli
– iRd Harvard-Verhandlungskonzeptes 2 392c ff.

Machtspiele
– bei Vertragsverhandlungen 2 605 ff.

Machtverhältnisse
– als psychologischer Faktor bei Verhandlungen 2 380 ff.
– Bedeutung bei der Entwicklung vertraglicher Regeln 2 360 ff.
– Bedeutung im Harvard-Verhandlungskonzept 2 392f ff.
– Bedeutung iRd Vertragsplanung 2 35 ff.
– Bedeutung iRd Vertragsprojektes 1 76; 2 349 f.
– Differenzen bei Vertragsverhandlungen 1 61; 2 381 ff.
– Einfluss auf die Entwurfsregie 2 202

Makler
– Verschulden bei Vertragsverhandlungen 3 55

Manager
– Auswirkung des Berufsverständnisses auf Vertragsprojekte 10 2 ff.
– Fehlervermeidung als Aufgabe des ~ 10 41 ff.
– typische Fehler im Entscheidungsprozess 10 13 ff.
– typische Fehler im Umgang mit dem Berater 10 1 ff.
– typische Fehler in der Arbeitsweise 10 33 ff.
– Zusammenarbeit mit anderen Vertragsprojektbeteiligten 2 141

Mandantenschutzklauseln
– Zulässigkeit 4 158

Manipulation
– von Meinungen bei Verhandlungen 2 602 ff.
– von Tatsachen bei Verhandlungen 2 598

Markenrechte
– Anmeldung vor Verwendung auf US-Markt 9.1 33
– Schutz in Brasilien 9.5 16
– Sicherung in der Türkei 9.6 48

Massengeschäfte
– in den USA 9.1 74

Mediation
– Begriffsdefinition 7 5
– Darstellung des Verfahrens 7 52 ff.
– Familien~ 7 17
– im öffentlichen Bereich 7 18
– Mediationsklauseln 7 16
– Michigan ~ 7 69
– Prinzipien 7 53 ff.
– Verbreitung auf europäischer Ebene 7 29
– Verbreitung in den USA 7 25 ff.
– Verbreitung in Großbritannien 7 29
– Vereinbarung zur Reduzierung des Streitrisikos 2 335
– Wirtschafts~ s. dort

Mediator
– Aufgaben und Pflichten 7 57

Mehrfachausfertigungen s. Ausfertigungen

Meineide
– Verfolgung in den USA 9.1 53 f.

Meinungen
– Bewertung von ~ bei der Vertragsvorbereitung 2 187 ff.

Meji-Restauration
– historische Einflüsse auf japanische Rechtskultur 9.4 13 ff.

Meldepflichten
– steuerrechtliche ~ 5 71 ff., 156 ff., 204

Memorandum of Understanding
– bei Austauschverträgen 3 21 f.

Merger Clause
– in US-Verträgen 9.1 63, 70 f.

Mexican Stand-off s. Mexikanisches Duell

Mexikanisches Duell
– bei Ausscheiden eines Gesellschafters 2 337 ff.
– Muster für modifiziertes Verfahren 2 339 ff.
– Steuerung von Krisenverhandlungen 2 334

Mianzi s. Wahren des Gesichts

Mietvertrag
– Checkliste ~ über Gewerbeimmobilie 11.1 4
– Schriftform 3 107

Mimik s. Körpersprache

Mind-Mapping
– als Arbeitstechnik iRv Vertragsprojekten 2 257 f.

Minderjährige
– Vertretung bei Abschluss 3 147

Mindestgebühren
– Anwälte in der Türkei 9.6 35

1327

Mindestvergütung
- Festlegung in Austauschverträgen 3 246 f.

Mini-Verfahren
- zur außergerichtlichen Konfliktbeilegung 7 72

Mischeinlagen
- bei GmbH/UG 4 412

Missbrauchsverbot
- im EU-Kartellrecht 8 23

Misstrauen s.a. Skepsis
- bei Vertragsverhandlungen 2 385 ff.

Mitbestimmungsrecht
- als Faktor für die Wahl der Gesellschaftsform 4 44 ff.

Mitunternehmerschaft
- Definition 5 84
- Mitunternehmerinitiative 5 85 ff.
- Mitunternehmerrisiko 5 85 ff.
- steuerrechtliche Konsequenzen der Zuordnung 5 90 ff.
- Zuordnung ausländischer Gesellschaftsformen 5 89

Mitwirkungspflichten
- Regelung in Verträgen über Geldleistung 2 309
- Regelung in Verträgen über Sachleistung 2 309; 3 240

Mobiltelefone
- bei Vertragsverhandlungen 2 489

Modell
- für die Vorgehensweise bei der Entwicklung vertraglicher Regeln 2 360 ff.

Moderation
- iRd außergerichtlichen Konfliktbeilegung 7 51
- Verhandlungsregie bei Existenz eines Moderators 2 504

Modulare Vertragssysteme
- alternative Aufteilung der Module 2 276 ff.
- Grundstruktur bei Austauschverträgen 2 273a ff.
- Grundstruktur bei Gesellschaftsverträgen 2 275
- Vertragsdesign bei ~ 2 271 ff.
- zur Vermeidung von Streitrisiken 2 353

Motive
- unbewusste ~ bei Verhandlungen 2 382

Multi-Door-Courthouse
- als Modell für die außergerichtlichen Konfliktbeilegung 7 48

Mündliche Verträge
- Beweiskraft 2 228

Mura
- Einfluss der Mentalität auf japanische Rechskultur 9.4 23 ff.

Muster
- Vertragsmuster s. dort

Nachfolgeklauseln
- Regelungen für Todesfälle in der GbR 4 286 ff.
- Regelungen für Todesfälle in der GmbH & Co. KG 4 476 f.

Nachforderungen
- nach Abschluss der Verhandlungen in China 9.3 135

Nachfrist
- Setzung bei Verzug 3 267

Nachhaftungsbegrenzung
- bei Rechtsformwechsel 3 157

Nachkalkulation
- iRd Vertrags-Controllings 2 694

Nachprüfungsbefugnisse
- der EU-Kommission 8 30 ff.

Nachschusspflicht
- des stillen Gesellschafters 4 369

Nachtragsvertrag
- Formerfordernisse 3 120

Nachverhandlungen
- bei Unterschriftenzeremonien in China 9.3 134
- in Indien 9.7 43

Nachvertragliche Pflichten
- Handlungspflichten 3 320
- Unterlassungspflichten 3 320
- Wettbewerbsverbote s. dort

Namensaktien
- Unterschiede zu Inhaberaktien 4 508 ff.
- vinkulierte ~ 4 486a ff., 509 f.

Namensrechte
- bei gesellschaftsrechtlichen Verträgen 4 87 ff.
- Fortführungsrechte 4 89 f.
- Regelung bei der AG 4 492 f.
- Regelungen bei der GmbH 4 398 f.
- vorbereitende Sicherung von Rechten in den USA 9.1 32 ff.

Nationalbewusstsein
- Auswirkungen auf den Verhandlungsstil in China 9.3 38 f.

Natürliche Person
- als Vertragspartner in der Türkei 9.6 56

Nebenleistungspflichten
- bei Austauschverträgen 3 225
- Regelung im Vertrag 2 310

Nebenpflichten
- bei Austauschverträgen 3 317

Negative Formulierungen
- in englischsprachigen Verträgen 6 50

Nennbetragsaktien
- Grundkapital der AG 4 504 ff.

Netzwerke *s.a. Beziehungen*
- Bedeutung in China 9.3 18 ff.
- Bedeutung in internationalen Rechtskulturen 1 3a ff.
- Mura (Japan) *s. dort*

Neutrale Probleme
- iRv Vertragsverhandlungen 2 583 ff.

Neutraler Experte
- iRd außergerichtlichen Konfliktbeilegung 7 65

Neutralität
- bei Vertragsverhandlungen 2 400 f.
- des Mediators 7 58

Newsletter
- Bedeutung für die Vertragsentwicklung 2 241

Notar
- Einsatz als Berater iRv Vertragsprojekten 2 58
- Einsatz als Treuhandabwickler 2 652
- Haftung ggü dem Auftraggeber 2 80
- in Japan 9.4 44
- Probleme bei modularen Vertragssystemen 2 275 f.

Notaranderkonto
- zur Sicherstellung des Zahlungsflusses 3 287

Notarielle Beurkundung
- Gesellschaftsvertrag AG 11.2 7
- Gesellschaftsvertrag GmbH 11.2 3
- Gesellschaftsvertrag mit Grundstück als Unternehmensgegenstand 4 97
- Gründung einer Kapitalgesellschaft 4 62
- Schenkungen 4 366
- Umwandlungen 4 63

Nutzungsüberlassung
- iR einer Betriebsaufspaltung 4 560 ff.

Nutzungsüberlassungspflichten
- bei der Aktiengesellschaft 4 524
- der BGB-Gesellschafter 4 244 ff.
- der GmbH-Gesellschafter 4 418
- in Gesellschaftsverträgen 4 121 f.

Obliegenheiten
- bei Austauschverträgen 3 226

Obligatorische Streitschlichtung
- Bewertung der aktuellen Praxis 7 9 ff.
- Bundesländer mit Ausführungsgesetz 7 8
- Einführung von Gütestellen 7 14
- einschlägige Konflikte im Überblick 7 7

Offenbarungspflichten
- des Mediators 7 59

Offene Handelsgesellschaft *s.a. Personengesellschaft*
- ausländische Beteiligungen 4 75 ff.
- Ausschließung von Gesellschaftern 4 182
- Beitragsleistungen 4 311
- Beteiligungsfähigkeit inländischer Gesellschaften 4 73
- Buchführung/Bilanzierung 4 322
- Einlagen 4 311 ff.
- Entnahmen 4 321
- Ergebnisverwendung *s. dort*
- Firmierung 4 298 ff.
- Gegenstand des Unternehmens 4 302
- Geschäftsführung 4 323
- Gesellschafterkonten 4 318 ff.
- Gesellschafterpflichten/-rechte 4 303 ff.
- Gesellschaftszweck 4 296 f.
- Grundsatz der rechtlichen Selbständigkeit 4 310
- Haftungsbeschränkung 4 167
- Haftungsrisiken bei Eintritt 3 190
- Jahresabschluss 4 322
- Kapitalanteil 4 318 ff.
- Sitz 4 301
- Stimmrechte 4 303 ff.
- Verfügung über den Gesellschaftsanteil 4 325
- vertragliche Grundlagen 4 295
- Vertretung 4 324
- Wettbewerbsverbote 4 146 f.

Offenlegungspflichten
- im Gesellschaftsrecht 4 585 ff.

Öffentliche Aufträge
- durch europäische Institutionen 8 166

Öffentliche Hand *s.a. Staat*
- als Vertragspartner in der Türkei 9.6 57

Öffentliche Register *s. Register*

Öffentliches Recht
- Bedeutung in Austauschverträgen 3 4

1329

- Einfluss auf Erreichung des Vertragszwecks **3** 175
- Einfluss auf Wirksamkeit des Vertrags **3** 171 ff.
- Grenzen der Vertragsgestaltung **1** 11
- Haftungsrisiko bei Grundstückskäufen **3** 191

Öffentlichkeitsarbeit
- bei Vertragskrisen **2** 668
- iRd Durchführung von US-Verträgen **9.1** 126

Öffnungsklausel
- bei Wettbewerbsverboten **4** 150, 156
- bei Wettbewerbsverboten der GbR **4** 265 ff.

oHG *s. Offene Handelsgesellschaft*

Ökonomische Interessen
- Berücksichtigung bei der Risikoverteilung **2** 343 ff.

Optionsvertrag
- Abgrenzung zum Vorvertrag **3** 32

Ordentliche Kündigung
- eines Austauschvertrags **3** 309
- englischsprachiger Vertrag **6** 70

Organvorbehalte
- bei Vertragsabschluss mit russischen Kapitalgesellschaften **9.2** 41 f.

Ort
- der Vertragsverhandlungen **2** 465 ff., 494

Outsourcing
- im Bereich des Rechtsmanagements **2** 166
- Vorliegen eines Betriebsübergangs **3** 186

Overhead-Projektoren
- Einsatz bei Verhandlungen **2** 480

Parteimitglieder
- Einbeziehung von ~ bei Verhandlungen in China **9.3** 45

Partiarischer Austauschvertrag
- Abgrenzung zum Gesellschaftsvertrag **3** 252
- Bemessungsgrundlage **3** 253

Partnerschaftsgesellschaften
- Ausschließung von Gesellschaftern **4** 182
- Bezeichnung im Gesellschaftsvertrag **4** 83
- Kündigung eines Gesellschafter **4** 172
- Namensrechte **4** 87
- Rechte/Pflichten der Gesellschafter **4** 330

- Schriftform bei der Schließung **4** 64
- Vor- und Nachteile **4** 329

Patt-Situation
- Auflösen einer ~ bei Verhandlungen **2** 579 f.
- bei chinesischen Vertragsverhandlungen **9.3** 127
- iRv gesellschaftsrechtlichen Verträgen **1** 41

Pauschalierter Schadensersatz
- Abgrenzung zur Vertragsstrafe **3** 301 ff.
- Regelung in englischsprachigen Verträgen **6** 64

Pensionsrückstellungen
- steuerrechtliche Einordnung **5** 104, 119

Perjury *s. Meineid*

Personalistische AG
- Familien-AG *s. dort*
- Gestaltung **4** 484 ff.

Personengesellschaft *s.a. gesellschaftsrechtliche Verträge*
- Abfindungsregelungen **4** 202 ff.
- Anschaffungskosten **5** 115
- Beendigung **5** 195
- Beginn der steuerlichen Existenz **5** 146
- Beteiligung ausländischer Gesellschafter **5** 107
- Betriebsvermögen **5** 109
- Checkliste Gesellschaftsvertrag **5** 135 ff.
- Entnahme von Vermögensgegenständen **5** 103
- Erbschaftssteuer **5** 113
- Ergebnisverwendung *s. dort*
- Finanzierung **5** 108
- GbR *s. dort*
- Geltendmachung von Einlagen **4** 575
- Geschäftsjahr *s. dort*
- Gesellschaftervergütungen **5** 104, 136
- Gesellschafterwechsel **5** 0; *s. dort*
- Gewerbesteuer **5** 114
- Gewinn- und Verlustausgleich **5** 102
- Gewinn- und Verlustzurechnung **5** 111, 138
- Gewinnermittlung **5** 136
- Grunderwerbssteuer **5** 112
- Gründungsjahr **5** 145
- Haftung **4** 30
- Handelsgesellschaften *s. dort*
- Kapitalkonten **5** 135
- Kommanditgesellschaft *s. dort*

- Kündigung eines Gesellschafter-Geschäftsführers **4** 604 ff.
- Kündigung eines Gesellschafters **4** 172
- Offene Handelsgesellschaft s. dort
- Partnerschaftsgesellschaften s. dort
- Pensionsrückstellungen **5** 104
- Rechnungslegung/Publizität **4** 43
- Sacheinlagen **5** 140 f.
- Selbstorganschaftsgrundsatz **4** 39, 125
- Sitz **4** 91 ff.
- Sonderbetriebsvermögen **5** 142
- sonstige Gesellschafterkonten **5** 135
- steuerrechtliche Aspekte bei der Gründung **5** 132 ff.
- steuerrechtliche Gesetzesänderungen **5** 96
- steuerrechtliche Haftung **5** 116
- steuerrechtliche Meldepflichten **5** 156 ff.
- steuerrechtlicher Belastungsvergleich **5** 97 ff.
- steuerrechtlicher Unterschied zur Mitunternehmerschaft **5** 84 ff.
- Tod des Gesellschafters **4** 192 ff.
- Übertragbarkeit der Gesellschafterstellung **4** 37 f.
- Umstrukturierung **5** 166 ff.
- Umwandlungen **5** 172 ff.
- verdeckte Gewinnausschüttungen **5** 105
- Vererbbarkeit der Gesellschafterstellung **4** 37 f.
- Verträge der laufenden Geschäftstätigkeit **5** 165
- Vertragsänderungen s. dort
- Zeitpunkt der Ergebniszurechnung **5** 106

Pilotprojekt
- als Bestandteil der Vertragsplanung **2** 106 f.

Planänderungen s.a. Vertragsanpassung
- während der Vertragsdurchführung **2** 656

Planfeststellungsverfahren
- Mediation iRd ~ **7** 18

Planung s.a. Vertragsplanung
- der Vertragsdurchführung **2** 635 ff.

Positionen
- als psychologischer Faktor bei Verhandlungen **2** 380

Präambel s.a. Vertragseinführung; s.a. Vorbemerkung
- Funktion im Vertrag **3** 201 ff.
- in der Vertragsstruktur **2** 265
- in indischen Verträgen **9.7** 32

Präsenz
- Bedeutung für Vertragsdurchführung in Indien **9.7** 47

Preisgleitklauseln
- in Austauschverträgen **3** 249
- zur Erhaltung der Flexibilität **2** 112

Preisverhandlungen
- Besonderheiten bei Verhandlungsablauf **2** 551
- Besonderheiten in China **9.3** 120
- Besonderheiten in Indien **9.7** 42

Preisverrentung
- Regelung des Rentenversprechens **3** 250 f.

Presse s.a. Öffentlichkeitsarbeit
- Umgang mit der ~ bei Vertragskrisen **2** 668

Prinzipien
- Festhalten an ~ bei Verhandlungen **1** 42 f.; **2** 610 f.

Prioritäten
- Setzen von ~ iRd Vertragsplanung **2** 39 f.

Privatautonomie
- im russischen Zivilrecht **9.2** 48

Privatgutachten
- zur vorsorglichen Beweissicherung **3** 345

Problembestimmung
- durch den Manager bei Vertragsprojekten **10** 14 ff.

Projektdisziplin s. Disziplin

Projektgesellschaft
- zeitlich befristeter Gesellschaftsvertrag **4** 112

Projektmanagement
- bei Leistungsstörungen **2** 334

Projektmanager
- Einsatz eines ~ für das Vertragsmanagement **2** 50 ff.

Projektregeln
- Fehlen von ~ als Krisenauslöser **2** 664a

Projektteam s.a. Verhandlungsteams
- Einsatz eines ~ für das Vertragsmanagement **2** 50 ff.
- Kommunikation als Planungsfaktor **2** 95
- Koordinierung des Beratereinsatzes mit ~ **2** 56

Sachregister

– zur Vertragsdurchführung 2 647 ff.
Projektverträge
– nachträgliche Änderungsvereinbarungen 2 116
Prokura
– Umfang bei Vertragsverhandlung/-abschluss 3 66
Prompt
– Reaktionszeiten in englischsprachigen Verträgen 6 52
Prorogation s. Gerichtsstandsvereinbarungen
Prospekthaftung
– Vertrag mit Schutzwirkung zugunsten Dritter 3 136
Protokolle
– Verhandlungsprotokolle s. dort
Prozessrisikoanalyse
– durch den Mediator 7 55
Prüfungspflichten
– des Mediators 7 60
Prüfungsverfahren
– iRd Fusionskontrolle 8 73 f.
Psychologie
– Faktoren bei der Steuerung von komplexen Systemen 1 33 f.
– Faktoren bei Verhandlungen in China 9.3 47
– Faktoren bei Verhandlungen in den USA 9.1 96 ff.
– Faktoren bei Verhandlungen in der Türkei 9.6 71
– Faktoren bei Verhandlungen in Russland 9.2 71 ff.
– Faktoren bei Vertragsverhandlungen 2 378 ff.
Publikums-GmbH & Co. KG
– Vertragsgestaltung 4 452
Publizität
– als Faktor für die Wahl der Gesellschaftsform 4 43
– in der Türkei 9.6 66
Pünktlichkeit
– bei Verhandlungen in Brasilien 9.5 33 ff.
– bei Verhandlungen in China 9.3 97
– Un~ als Machtspiel bei Verhandlungen 2 380a
– Un~ bei Verhandlungen 2 587

Qualitätsmanagement
– Fehlervermeidung als Aufgabe des Managers 10 41 ff.
– typische Fehler von Managern im Entscheidungsprozess 10 13 ff.
– typische Fehler von Managern in der Arbeitsweise 10 33 ff.
– von Vertragsprojekten 10 1 ff.
Qualitätssicherungsvereinbarungen
– zur Sicherung der Sachleistung 3 273
Qualitätsstrukturen
– Fehlen von ~ als Krisenauslöser 2 664a
Quellen
– Internetadressen s. dort
– Kontaktadressen s. dort
– Literatur s. dort
– Zeitschriften s. dort

Rabatte
– Regelung in Austauschverträgen 3 259
Rahmenvertrag
– Abgrenzung zum Vorvertrag 3 31
– sachlicher Geltungsbereich 3 207
– zur Erhaltung der Flexibilität 2 108
Rangfolge
– bei Einbeziehung von Regelungssystemen 3 215 ff.
– interne ~ im Vertrag 3 223
– Regelung in englischsprachigen Verträgen 6 39 ff.
– Verhältnis zwischen Vertrag und Gesetz 3 209 ff.
– von Regelungen im Austauschvertrag 3 209 ff.
Rapporteur
– Berichterstatter im EU-Gesetzgebungsverfahren 8 138
Rat der Europäischen Union
– Gesetzgebungsverfahren 8 133 f.
– Kontaktaufnahme 8 160
Rauchen
– bei Verhandlungen in den USA 9.1 101
– bei Vertragsverhandlungen 2 484
Raumordnungsverfahren
– Mediation iRd ~ 7 18
Reaktionszeiten
– Regelung in englischsprachigen Verträgen 6 52
Realteilung
– Spaltung einer Personengesellschaft 5 186
Rechnungslegung
– als Faktor für die Wahl der Gesellschaftsform 4 43
– bei der GbR 4 114

Rechtsänderungen
- während der Vertragsdurchführung in Russland **9.2** 86

Rechtsanwälte *s.a. Berater*
- Anwaltsgeheimnis *s. dort*
- Auswahl in Indien **9.7** 21
- Auswahl in Japan **9.4** 45 ff.
- bei Vertragsverhandlungen in Brasilien **9.5** 39 f.
- bei Vertragsverhandlungen in China **9.3** 59 f.
- bei Vertragsverhandlungen in den USA **9.1** 85 ff.
- bei Vertragsverhandlungen in der Türkei **9.6** 33 ff.
- bei Vertragsverhandlungen in Russland **9.2** 69
- Einbindung der ~ in das Firmennetzwerk **2** 247
- Einsatz als Berater iRv Vertragsprojekten **2** 58
- Einsatz in der Vertragskrise **2** 669 ff.
- Haftung ggü dem Auftraggeber **2** 80
- internationale Kanzleien *s. dort*
- Juristen in Japan **9.4** 37 ff.
- Korrespondenz~ *s. dort*
- Rolle japanischer ~ bei Streitigkeiten **9.4** 70
- Zusammenarbeit mit ausländischen RA/Steuerberatern **5** 28 f.
- Zusammenarbeit mit Managern und Unternehmensjuristen **2** 137 ff.
- Zusammenarbeit mit Steuerberatern bei Vertragsplanung **5** 20

Rechtsanwaltsvergütung
- Anwälte in der Türkei **9.6** 35 ff.
- Anwälte in Indien **9.7** 21
- Beratung bei Vertragsprojekten **2** 62 ff.
- Fixhonorare *s. dort*
- Honorare für internationale Kanzleien in Russland **9.2** 17
- Honorareinschätzungen *s. dort*
- Honorarobergrenzen *s. dort*
- Mindestgebühren *s. dort*
- Streitigkeiten in Japan **9.4** 72
- Stundensätze *s. dort*
- Vertragsverhandlungen in Brasilien **9.5** 40
- Vertragsverhandlungen in den USA **9.1** 89 ff.
- Vertragsverhandlungen in Russland **9.2** 71

Rechtsbegriff *s. Begriff*

Rechtsberatungsverbote
- in Russland **9.2** 13

Rechtsbindungswille
- Feststellung durch US-Gerichte **9.1** 66

Rechtsfolgen
- Regelung im Vertrag **2** 311

Rechtsformwechsel
- Nutzung vorhandener Gesellschaften für Neugründung **4** 52
- während der Vertragsdurchführung **3** 157

Rechtsgutachten
- iRd Vertragsvorbereitung **2** 196

Rechtshandlungen
- iRd Vertragsdurchführung **2** 660

Rechtskultur *s.a. Vertragsverständnis*
- brasilianische ~ **9.5** 19 ff.
- Geschichte *s. dort*
- japanische ~ **9.4** 4 ff.
- Religion *s. dort*
- Unternehmenskultur *s. dort*

Rechtslage
- geschriebenes Recht in Brasilien **9.5** 19
- Informationen über ~ in der Türkei **9.6** 40 f.
- Prüfung der ~ iRd Vertragsvorbereitung **2** 195 ff.

Rechtsmanagement
- als Kostenfaktor **2** 164 ff.
- in der Ablauforganisation **2** 159 ff.
- in der Aufbauorganisation **2** 150 ff.
- in Unternehmen **2** 137 ff.
- Risikomanagement **2** 145 ff.

Rechtsordnung
- der Türkei **9.6** 40 f.
- Zuordnung in englischsprachigen Verträgen **6** 19 ff.

Rechtsprechung
- Bedeutung beim Vertragsdesign **2** 239

Rechtsrahmen
- Fehlen von ~ als Krisenauslöser **2** 664a
- Festlegung des ~ durch Vertrag **1** 30

Rechtssysteme *s.a. internationales Recht; s.a. Vertragsrecht*
- Bedeutung des Rechts iRv Vertragsprojekten **1** 77
- Entwicklung im türkischen Recht **9.6** 28 ff.
- Entwicklung vertragsrechtlicher Regelungen **1** 1 ff.

1333

Sachregister

- freie Vereinbarung von Verträgen **1** 60b
- gesetzlicher Rahmen in verschiedenen Rechtskulturen **1** 3b ff.
- hierarchisch organisierte Systeme **1** 3a
- Netzwerke **1** 3a
- Vertragsschluss in Japan **9.4** 58 ff.
- Vertragsverständnis in verschiedenen Kulturkreisen **1** 22 f.

Rechtswahl
- Berücksichtigung unterschiedlicher Rechtskulturen **1** 5
- konkludente ~ durch Wahl der Vertragssprache **3** 126
- Regelung im Letter of Intent **2** 215
- Regelung in Austauschverträgen **3** 321 f.
- Vereinbarung in China **9.3** 88
- Vereinbarung in der Türkei **9.6** 62 f.
- Vereinbarung in Indien **9.7** 32
- Vereinbarung in Japan **9.4** 52

Rechtsweggarantie
- Einschränkung durch obligatorische Streitschlichtung **7** 11

Recitals *s. Vertragseinführung*

Recourse
- Leistungssicherung in englischsprachigen Verträgen **6** 67

Redeanteil
- Abkürzen endloser Reden **2** 537a
- bei Vertragsverhandlungen **2** 420

Refinanzierung
- Fehler bei der Vertragsplanung **2** 48

Regeln
- Brechen von ~ als Mittel der Verhandlungsregie **2** 513 f.
- Projekt~ *s. dort*

Register
- Aktien~ *s. dort*
- Eintragungen iRd Abschlusses von Gesellschaftsverträgen **4** 573
- Handels~ *s. dort*
- öffentliche ~ in Russland **9.2** 19 ff.

Registerstand
- Wiedergabe im Vertrag **3** 205

Registrierungsbehörden
- Liste russischer ~ **9.2** 99

Reiseorganisation
- Verhandlungen in Indien **9.7** 22 ff.

Religion
- als Faktor für Verhandlungen in Indien **9.7** 4 ff.
- Buddhismus *s. dort*
- Einfluss der ~ auf Rechtskultur in Japan **9.4** 5 ff.
- Konfuzius *s. dort*
- Shintoismus *s. dort*

Representation *s.a. Garantien*
- Vertretungsberechtigung in englischsprachigen Verträgen **6** 58

Respekt
- bei Vertragsverhandlungen **2** 387a

Reverse-charge-Verfahren *s. Umsatzsteuer*

Risiko *s.a. Haftungsrisiko*
- Aufnahme von ~prognosen in den Vertrag **1** 16 f., 75
- Begrenzung durch Teilprojekte **2** 111
- Beschreibung des Vertrags- **2** 302 ff.
- Dokumentation der Risikobewertung durch Vertrag **1** 13
- gesetzliche Zuweisung des ~ **2** 345
- Kategorien **2** 347
- rechtliches ~management **2** 145 ff.
- Reduzierung des Streit- **2** 335 f., 353 f.
- Risikobewertung *s. dort*
- typische Vertragsrisiken **1** 13a
- Vermeidung **2** 347
- Verteilung des ~ im Vertrag **1** 14, 75; **2** 302 ff., 343 ff.
- Verteilungsmodell **2** 361b

Risikobewertung
- bei Zugeständnissen iRv Verhandlungen **2** 556
- iRd Vertragsmanagements **2** 127 ff.
- Streit~ **2** 666a f.

Risikoübernahme
- durch den Überlegenen **2** 333
- durch Dritte **2** 332

Römisches Recht
- Entwicklung vertragsrechtlicher Regelungen **1** 2

Rubrum *s. Vertragsrubrum*

Rückabwicklung *s. Abwicklung*

Rückbeziehung *s. Steuern*

Rückdatierung
- von Vertragsänderungen in Russland **9.2** 67

Rückgewähransprüche
- des Gesellschafters **4** 220 ff.

Rücklagen
- Bildung durch Gewinnthesaurierung bei der GbR **4** 261

Rücktritt
- bei Verzug **3** 265 f.
- Vereinbarung in Austauschverträgen **3** 312, 337

Rückwirkung
- von Vertragsänderungen in Russland **9.2** 66

Rügepflichten
- Vereinbarung zur Sachleistungssicherung **3** 271

Russland
- Verhandeln in ~ *s. dort*

Sacheinlagen
- bei der AG **4** 513 f.
- bei der GmbH **4** 411
- bei der oHG **4** 311 ff.
- bei Kapitalgesellschaften **5** 148
- bei Personengesellschaften **5** 140 f.
- Einbringung **5** 180 f.
- verdeckte ~ **4** 34 f.; **5** 182

Sachleistung
- Anwartschaften **3** 275
- Bürgschaften **3** 274
- Garantien **3** 270
- Gewährleistung **3** 269
- Leistungsarten **3** 225 ff.
- Qualitätssicherungsvereinbarungen **3** 273
- Rügepflichten **3** 271 f.
- Substitutionsbefugnis des Verpflichteten **3** 241
- Verhandeln über ~ **2** 551
- Vertragsdurchführung bei Verträgen über ~ **2** 653 ff.

Sachübernahmen
- bei der AG **4** 513 f.

Sachverständige *s.a. Gutachter*
- Einsatz externer ~ **2** 335

Sachwalterhaftung
- Verschulden bei Vertragsverhandlungen **3** 54

Salvatorische Klauseln
- Abbedingung der Vermutung des § 139 BGB **3** 326
- Ersetzungsklauseln *s. dort*
- Vertragsanpassung bei Austauschverträgen **3** 313
- zur Schließung von Regelungslücken **2** 313 f.

Schadensersatz
- Beraterhaftung **2** 85 ff.
- pauschalierter ~ *s. dort*
- Regelung in chinesischen Verträgen **9.3** 92
- Regelung in englischsprachigen Verträgen **6** 64 f.

Scheck
- als Sicherheit in der Türkei **9.6** 60

Scheinvertrag
- Voraussetzungen **3** 79 f.

Scheinzugeständnisse
- bei Vertragsverhandlungen **2** 550

Schenkungen
- Beteiligung von Angehörigen am Unternehmen **4** 365
- Formerfordernisse **4** 366
- iRd der KG **4** 359 f.
- vorweggenommene Erbfolge *s. dort*
- Wegfall der Geschäftsgrundlage **3** 93

Schiedsgerichte
- in der Türkei **9.6** 64

Schiedsgutachten
- Regelung in Austauschverträgen **3** 328

Schiedsgutachter
- iRd außergerichtlichen Konfliktbeilegung **7** 66
- Regelung über die Einbeziehung **2** 316 f.

Schiedsklausel
- gesonderte Regelung neben Austauschvertrag **3** 329 f.
- Vereinbarung mit chinesischem Vertragspartner **9.3** 86 f., 153
- Vereinbarung mit indischem Vertragspartner **9.7** 32
- Vereinbarung mit japanischem Vertragspartner **9.4** 55
- Vereinbarung mit russischem Vertragspartner **9.2** 90 ff.
- Vereinbarung mit US-Vertragspartner **9.1** 125

Schiedsrichter
- iRd außergerichtlichen Konfliktbeilegung **7** 66

Schiedsschlichtung
- in Japan **9.4** 76
- iRd außergerichtlichen Konfliktbeilegung **7** 67
- Schieds- und Schlichtungsstellen in der BRD **7** 12
- Schiedsmannamt **7** 13
- tailored arbitration **7** 68

Schiedsurteile
- Vollstreckung *s. dort*

Schlichtung
- Begriffsdefinition **7** 64
- obligatorische Streitschlichtung *s. dort*
- Schiedsschlichtung *s. dort*
- Verfahren in Japan **9.4** 74 f.

1335

Schlussbestimmungen
- Gerichtsstandsvereinbarungen s. dort
- in englischsprachigen Verträgen 6 72
- Rechtswahl s. dort
- salvatorische Klausel s. dort
- Schriftformklauseln s. dort

Schreiber
- Juraschreiber s. dort
- Verwaltungsschreiber s. dort

Schriftformklauseln s.a. Formerfordernisse
- konkludente Abbedingung 3 325
- Zustimmungsvorbehalte in englischsprachigen Verträgen 6 38

Schriftliche Verträge
- Vermutung der Vollständigkeit und Richtigkeit 2 228

Schriftsysteme
- in Indien 9.7 7

Schrifttypen
- in englischsprachigen Verträgen 6 27

Schuldanerkenntnis
- Formerfordernisse 3 109

Schuldbeitritt
- zur Sicherung der Geldleistung 3 290

Schuldbestärkung
- Schuldanerkenntnis s. dort
- Schuldversprechen s. dort

Schulden
- Befreiungsansprüche des Gesellschafters 4 221 ff.

Schuldrechtliche Beschränkungen
- für Austauschverträge 3 176

Schuldversprechen
- Formerfordernisse 3 109

Schutzpflichten
- bei Austauschverträgen 3 40
- zugunsten Dritter 3 131 ff.

Schweigen
- auf Forderungen des Verhandlungspartners 2 537, 549
- Bedeutung bei Verhandlungen in China 9.3 13, 138

SE
- als Gestaltungsalternative zur AG 4 480
- Arbeitnehmerbeteiligung 4 558
- Beurkundung der Gründung 4 62
- Buchführung/Bilanzierung 4 559
- Gründe für eine ~ 4 545 ff.
- Gründungsformen 4 550 ff.
- Holding-SE s. dort
- Insolvenz 4 559
- Organisationsformen 4 555 ff.
- rechtliche Grundlagen 4 544
- Steuern 4 559
- Tochter-SE s. dort

Seal s. Besiegelung

Sekretariatsdienste
- bei Vertragsverhandlungen 2 493

Sekundärhaftung
- von Beratern iRd Vertragsprojektes 2 88 f.

Selbständiges Beweisverfahren
- zur vorsorglichen Beweissicherung 3 343 f.

Selbständigkeit
- Grundsatz der rechtlichen ~ bei der oHG 4 310

Selbstkontrahierungsverbot
- Befreiung der GmbH & Co. KG 4 458 ff.

Selbstorganschaft
- Faktor für die Wahl der Gesellschaftsform 4 39
- Geschäftsführung durch Nichtgesellschafter trotz ~ 4 249
- im Personengesellschaftsrecht 4 125, 160

Service
- Aspekte iRd Risikomanagements 2 148
- Aufgabenverteilung unter ~gesichtspunkten 2 155 ff.

Settlement Decision s. Vergleichsverfahren

Shintoismus
- religiöse Einflüsse auf japanische Rechtskultur 9.4 5 ff.

Ship and deliver
- Erfüllungsort in englischsprachigen Verträgen 6 56

Sicherheitsleistung s.a. Kreditsicherheiten
- Befreiungsansprüche des Gesellschafters 4 221 ff.

Sicherungsabreden
- Regelung bei der Sicherung von Geldleistungen 3 282 ff.

Sicherungsübereignung
- zur Kreditbesicherung 3 279

Sicherungszession
- Globalzession s. dort
- zur Sicherung der Geldleistung 3 280

Side Agreement s. Side Letter

Side Letter
- Abschluss bei Nachverhandlungsverlangen in China 9.3 134
- in Indien 9.7 34

1336

Siegel
- Besiegelung *s. dort*
- Unternehmenssiegel *s. dort*

Signing *s.a. Unterzeichnung*
- Besonderheiten in Indien 9.7 31
- Unterzeichnung englischsprachiger Verträge 6 51

Sittenwidrigkeit
- als Grenze der Vertragsgestaltung 1 12
- des Austauschvertrags 3 94 ff.

Sitz
- Regelungen für die AG 4 494
- Regelungen für die GbR 4 233 f.
- Regelungen für die GmbH 4 400 f.
- Regelungen für die KG 4 336 f.
- Regelungen für die oHG 4 301
- vereinfachte Verlegung bei SE 4 547
- vertragliche Regelung im Gesellschaftsvertrag 4 91 ff.

Sitzordnung
- bei chinesischen Vertragsverhandlungen 9.3 100
- Organisation von Verhandlungen 2 477

Skepsis *s.a. Misstrauen*
- bei Vertragsverhandlungen 2 612

Skonti
- Regelung in Austauschverträgen 3 259

Skype *s. Videokonferenzsysteme*

Software
- Einsatz bei Vertragsverhandlungen 2 490
- Einsatz in der Vertragsentwicklung 2 242 ff.

Sollbruchstellen
- zur Reduzierung des Streitrisikos 2 335

Sonderbetriebsvermögen *s. Betriebsvermögen*

Sonderurlaub
- in Indien 9.7 49

Soziale Rahmenbedingungen *s. gesellschaftspolitische Rahmenbedingungen*

Sozialgerichtsprozess
- Zeugnisverweigerungsrecht des Mediators 7 53

Sozialrecht
- Bedeutung in Austauschverträgen 3 5

Sozialversicherung
- Meldepflichten 5 162

- Versicherungspflicht als Faktor für die Gesellschaftsformwahl 4 44

Spaltung
- einer Gesellschaft 5 176 ff.

special leave *s. Sonderurlaub*

Spiegelakten
- Vertrags-Controlling in Russland 9.2 95

Spieltheorie
- Bedeutung für Vertragsverhandlungen 2 370
- Machtverhältnisse iRd Vertragsprojektes 2 350

Sprache
- Bedeutung des Stils bei Verhandlungen 2 415 ff.
- Bedeutung für das Vertragsdesign 2 279
- Fachsprache *s. dort*
- Fremdsprache *s. dort*
- Körpersprache *s. dort*
- Probleme bei Verhandlungen 2 497 ff.
- Umgangssprache *s. dort*
- unterschiedliche Vertragsstile 2 287 ff.
- Verhandlungssprache *s. dort*
- Vertragsenglisch *s. dort*
- Vertragssprache *s. dort*

Staat
- als Vertragspartner in China 9.3 93
- als Vertragspartner in der Türkei 9.6 57

Staatliche Beihilfen
- Anmeldepflicht 8 82 ff.
- Begriff 8 79 ff.
- Rolle der Unternehmen im Verfahren 8 85
- Überblick über das Recht der ~ 8 77 ff.
- zuständige Abteilung in der EU-Kommission 8 98

Staatsangehörigkeit
- Bedeutung für Investitionen in die USA 9.1 141

Stabilität
- Bedeutung für das Vertragsprojekt 1 81

Stammkapital
- GmbH 4 404 ff.
- Verluste von mehr als dem halben ~ 4 611

Stamp Duty *s. Stempelsteuer*

Standardverträge *s.a. Allgemeine Geschäftsbedingungen*
- AGB-Recht als Gestaltungsgrenze **1** 12
- Entwurf iRd Rechtsmanagements **2** 154
- in Vertragshandbüchern **2** 168
- Verzicht auf Aushandeln **2** 206

Standstill Agreement *s. Stillhalteabkommen*

Statements
- in der Anfangsphase der Vertragsverhandlungen **2** 529 ff.

Status
- als psychologischer Faktor bei Verhandlungen **2** 380

Statute of Frauds
- Schriftform in US-amerikanischen Verträgen **9.1** 47 ff.

Stellvertretung *s. Vollmacht*

Stempelsteuer
- in der Türkei **9.6** 23, 74
- in Indien **9.7** 35

Steuerberater
- Einsatz als Berater iRv Vertragsprojekten **2** 59
- Haftung ggü dem Auftraggeber **2** 80
- Zusammenarbeit mit ausländischen Rechtsanwälten **5** 28 f.
- Zusammenarbeit mit Rechtsanwälten **5** 20

Steuererklärung
- Erklärungs- und Meldepflichten iRv Austauschverträgen **5** 71 ff.

Steuerklauseln
- in Austauschverträgen **5** 64 ff.

Steuern
- Anrechnung **5** 126
- Beendigung gesellschaftsrechtlicher Verträge **5** 194 ff.
- Behandlung der SE **4** 559
- Berücksichtigung von Steuerfolgen **3** 196
- Checkliste Austauschverträge **5** 33 ff.
- Checkliste Gesellschaftsgründung **5** 132 ff.
- Checkliste Prüfung des Konzepts eines Gesellschaftsvertrags **4** 55
- Checkliste Wahl der Gesellschaftsform **5** 100
- Einbehaltungspflichten **5** 80 f.
- Erbschaftssteuer *s. dort*
- Ertragssteuern *s. dort*
- Finanzbehörden *s. dort*
- Fragen in ausländischen Rechtssystemen **5** 14 ff.
- gesellschaftsrechtliche Verträge **4** 14; **5** 6 ff., 82 ff.
- Gewerbesteuer *s. dort*
- Grunderwerbssteuer *s. dort*
- Haftungsfragen bei Austauschverträgen **3** 187 f.; **5** 63
- Haftungsfragen bei Personengesellschaften **5** 116
- internationales Recht **5** 9 ff.
- Kapitalertragssteuer *s. dort*
- Kollisionsrecht **5** 9 ff.
- Körperschaften *s. dort*
- Meldepflichten **5** 71 ff.
- Mitunternehmerschaft *s. dort*
- Planung von Steuerfolgen **3** 197; **5** 19 ff.
- Probleme bei Wettbewerbsverboten **4** 155
- Regelung in Austauschverträgen **3** 331; **5** 1 ff., 30 ff.
- Rückbeziehungsvereinbarung **5** 61 f.
- Stempelsteuer *s. dort*
- Steuererklärung *s. dort*
- Umsatzsteuer *s. dort*
- Umstrukturierung der Gesellschaft **5** 166 ff.
- und Vertragsgestaltung **5** 1 ff.
- und Wahl der Gesellschaftsform **4** 46
- Verbrauchssteuern *s. dort*
- Verkehrssteuern *s. dort*
- Vertrags-Controlling **5** 200 ff.
- Vertragsdurchführung (Austauschverträge) **5** 71 ff.
- Vertragsdurchführung (gesellschaftsrechtliche Verträge) **5** 82 ff.
- Vertragsplanung (Austauschverträge) **5** 19 ff.
- Vertragsplanung (gesellschaftsrechtliche Verträge) **5** 156 ff.
- Vertragsprojekte in der Türkei **9.6** 20 ff., 70
- Zölle *s. dort*

Stichwortregister
- in Vertragshandbüchern **2** 168

Stille Gesellschaft
- atypische ~ **4** 370, 379
- Beendigung **4** 376 ff.
- Beteiligung von Angehörigen **4** 365 f.
- gesetzliche Regelung **4** 362 ff.
- Gewinn- und Verlustbeteiligung **4** 368
- Haftung **4** 371
- Kontrollrechte **4** 370

– Leistung der Einlage **4** 367
– Strukturänderungen **4** 374
– Verlustteilnahme des stillen Gesellschafters **4** 137
– Vertretung der Gesellschaft nach außen **4** 373
Stillhalteabkommen
– Muster für US-Verträge **9.1** 152
– US-Verträge in der Krise **9.1** 136
Stimmrecht
– Aktiengesellschaft **4** 535 f.
– Beteiligungsquote *s. dort*
– GbR **4** 237 f., 257 f.
– Gesellschafterversammlung **4** 134
– GmbH **4** 428 f.
– KG **4** 340
– oHG **4** 303 ff.
Störung der Geschäftsgrundlage *s. Geschäftsgrundlage*
Strafprozess
– Zeugnisverweigerungsrecht des Mediators **7** 53
Strafrecht
– Bedeutung in Austauschverträgen **3** 5
– Schutz bei Verstoß gg Vertraulichkeitspflichten **3** 47 f.
Strategie
– bei der Vertragsdurchführung **2** 641 ff.
– bei schwierigen Verhandlungssituationen **2** 568 ff.
– Entwurfs~ iRd Vertragsdesigns **2** 217 ff., 229 ff.
– Erfolgs- für Verhandlungen in Brasilien **9.5** 1
– iRd Vertragsgestaltung **1** 35 f.
– iRd Vertragsplanung **2** 1 ff.
– Kontrolle der Verhandlungs~ mit der EU-Kommission **8** 122 ff.
– Kontrolle der Verhandlungs~ mit EU-Institutionen **8** 165
– Modelle für Verhandlungen **2** 388 ff.
– Phasen der Vertrags~ **1** 37
– Verhandlungen in China **9.3** 118 ff.
– Verhandlungs~ **2** 368 ff.
Streikrisiko *s. Arbeitskampfklauseln*
Streitrisiko *s. Risiko*
Struktur
– Schaffung von ~ zur Erreichung des Verhandlungsziels **2** 515
Stückaktien
– Grundkapital der AG **4** 505 f.
Stufenplan
– Auffangplanung *s. dort*

Stundensätze
– Rechtsanwälte in den USA **9.1** 89 ff.
– Rechtsanwälte in der Türkei **9.6** 35
Stuttgarter Verfahren
– Abfindungen in Gesellschaftsverträgen **4** 213 ff.
Substitutionsbefugnis
– des Sachleistungsverpflichteten **3** 241
Subventionen
– staatliche Beihilfen *s. dort*
Sun-Tsu
– Bedeutung der Schriften des ~ für das östliche Vertragsverständnis **1** 26 f.
– Flexibilität bei Verhandlungen **1** 42
– Vertragsstrategie **2** 8; **9.3** 118
Superior Risk Bearer *s. Risikoübernahme durch den Überlegenen*
Synallagma
– mit Leistungsaustausch in US-Verträgen **9.1** 57
Systemverantwortung
– Regelung im Vertrag **2** 308
– Zuweisung **3** 168 f.

Tagesordnung
– außerordentliche Gesellschafterversammlung **4** 598
– bei Vertragsverhandlungen **2** 455
– Festlegung der ~ **2** 525
– ordentliche Gesellschafterversammlung **4** 593
– Zuordnung der Verhandlungsregie **2** 506
Taktik
– bei der Vertragsdurchführung **2** 641 ff.
– Erreichen der Entwurfsregie **2** 200 ff.
– Grenzen der Taktik iRd Vertragsplanung **2** 19 ff.
– iRd Vertragsplanung **2** 12 ff.
– iRd Vertragsverhandlung **1** 38 ff.
– Organisation von Vertragsverhandlungen **2** 446 ff.
– Taktieren bei Verhandlungen **2** 591 ff.
– Verhandlungen in China **9.3** 118 ff.
– Verzögerungen *s. dort*
Tao-Te-King *s. Lao-Tse*
Taschenrechner
– bei Vertragsverhandlungen **2** 491
Tatsachen
– Bedeutung bei Verhandlungen **2** 381b

1339

Sachregister

- Bewertung von ~ bei Vertragsvorbereitung 2 187 ff.
- Ermittlung von ~ zur Entwicklung vertraglicher Regeln 2 363
- Manipulation von ~ bei Verhandlungen 2 598 ff.

Tausch
- als Umwandlungsmöglichkeit 5 184 f.

Täuschung, arglistige
- Anfechtbarkeit des Vertrags 3 85

Teamwork s.a. Projektteam
- bei der Vertragsvorbereitung 2 179
- beim Vertragsdesign 2 261

Technische Gutachter s.a. Gutachter
- Haftung ggü dem Auftraggeber 2 80

Teilgewinnabführungsvertrag
- Vereinbarung von partiarischen Rechtsverhältnissen 3 254

Teilnehmer
- organisatorische Planung von Verhandlungen 2 456 ff.
- Verhandlungen unter vier Augen 2 456
- Verhandlungsteams 2 456a ff.

Teilnichtigkeit
- gesellschaftsrechtliche Verträge 4 228

Telefax
- bei Vertragsverhandlungen 2 492

Telefon
- Mitschnitte zur vorsorglichen Beweissicherung 3 350 f.

Term Sheet
- Verhandlungen in China 9.3 78
- Verhandlungen in Russland 9.2 62

Termination
- Kündigung englischsprachiger Verträge 6 69 f.

Terminierung
- Vertragsunterzeichnung in den USA 9.1 103
- Vertragsverhandlungen in China 9.3 96

Testamentsvollstreckung
- bei Tod des Gesellschafters 4 198 ff.

Third Party Legal Opinion
- Begriff 3 23 f.
- rechtliche Bedeutung 3 25
- Rechtsfolgen 3 25

Time of Essence
- Reaktionszeiten in englischsprachigen Verträgen 6 52

Titel
- Bedeutung für US-Vertragspartner 9.1 145

Tochter-SE
- Gründungsvoraussetzungen 4 553

Tod
- des GbR-Gesellschafters 4 284 ff.
- des Gesellschafters 4 186 ff.
- des Gesellschafters einer GmbH & Co. KG 4 475
- des stillen Gesellschafters 4 374 f.
- des Vertragspartners 3 162
- eines Aktionärs 4 541
- Nachfolgeklauseln s. dort

Torts s. Deliktsrecht

Treuhandabwicklungen
- Besonderheiten bei der Vertragsdurchführung 2 652

Türkei
- Verhandeln in der Türkei s. dort

Übergabe
- Regelung der Vertragsdurchführung 3 316

Überschriften
- in englischsprachigen Verträgen 6 26

Übertragung von Rechten
- Abtretung s. dort
- Drittbegünstigung s. dort
- Gesellschafterstellung 4 37 f.
- Unterbeteiligungen 4 388

UG (haftungsbeschränkt) s.a. GmbH
- Einlagen 4 407 ff.
- Firmenrecht 4 395 ff.
- Gestaltung des Gesellschaftsvertrags 4 394a ff.
- Stammkapital 4 404 ff.

Umgangssprache
- bei Verhandlungen in China 9.3 109
- Einsatz in Verträgen 2 281
- zur Festlegung vertraglicher Regeln 2 258

Umgehungsgeschäfte
- Gesetzesumgehung 3 193 f.
- Vertragsumgehung 3 193 f.

Umsatzschwellenwerte
- bei der Fusionskontrolle 8 67

Umsatzsteuer
- Abtretung des Vorsteuerguthabens 5 47 f.
- Befreiung 5 38
- bei Vereinbarung über Geldleistungen 3 256
- Bemessungsgrundlage 5 40
- Checkliste Austauschverträge 5 34 ff.
- Einbehaltungspflichten 5 80

- Haftungsfragen bei Austauschverträgen 5 63
- internationales Kollisionsrecht 5 10
- Meldepflichten der Gesellschaft 5 158
- Reverse-charge-Verfahren 5 40a
- steuerbarer Umsatz 5 36
- Steuerentstehung 5 45 f.
- Steuererklärungs- und Meldepflichten 5 72 ff.
- Steuerklauseln 5 66
- Steuersatz 5 39
- Unternehmer 5 37
- Vorsteuerabzug 5 41 ff.

Umstrukturierung
- der AG 4 539 ff.
- der GbR 4 275 ff.
- der GmbH 4 435 ff.
- der KG 4 353 ff.
- Gesellschafterwechsel s. dort
- Nutzung vorhandener Gesellschaft für Neugründung 4 51
- Stille Gesellschaft 4 374 f.
- Umwandlungen s. dort

Umwandlungen
- Anwachsung 5 187
- Betriebsaufspaltung 5 189 f.
- Beurkundung 4 63
- Einzelrechtsnachfolge 5 180 ff.
- Gesamtrechtsnachfolge 5 173 ff.
- Gesellschafterstellung in der KG 4 358
- Gründung einer SE 4 554
- Realteilung 5 186
- steuerrechtlich motivierte ~ 5 191
- steuerrechtliche Aspekte 5 172 ff.
- Tausch 5 184 f.

Unabhängigkeit
- des Mediators 7 57

Undeutlichkeiten
- bei der Gestaltung englischsprachiger Verträge 6 15 ff.
- bei der Zuordnung zu einer Rechtsordnung 6 19b

Unhöflichkeit s. Höflichkeit

Uniform Commercial Code
- Schriftformanforderungen 9.1 49 f.

UN-Kaufrecht
- Anwendbarkeit durch Rechtswahlvereinbarung 3 321

Unparteilichkeit
- des Mediators 7 57

Unpünktlichkeit s. Pünktlichkeit

Unterbeteiligung
- atypische ~ 4 381
- Auseinandersetzung 4 389 ff.
- Beendigung 4 389 ff.
- Begriff 4 380
- Geschäftsführung 4 386
- Kontroll- und Informationsrechte 4 387
- Rechte/Pflichten der Gesellschafter 4 383 ff.
- typische ~ 4 381
- Vermögensbeteiligung 4 391
- Vertretung 4 386
- Vor- und Nachteile 4 382
- Wechsel des Unterbeteiligten 4 388

Unterbrechungen
- Verhalten bei Verhandlungen 2 419

Unterkapitalisierung
- bei der GmbH 4 608 ff.
- Haftungsdurchgriff bei ~ 4 30

Unterlagen
- Herausgabe nach Ausscheiden aus der Gesellschaft 4 225
- Verhandlungsorganisation s. dort

Unternehmen
- Gemeinschaftsunternehmen s. dort
- Kontaktaufnahme mit ~ vor Verhandlungen in Brüssel 8 145 ff.
- staatliche Beihilfen s. dort

Unternehmensberater
- als Berater bei einem Vertragsprojekt 2 67
- Haftung ggü dem Auftraggeber 2 80

Unternehmensdelegation
- für Verhandlungen mit der EU-Kommission 8 108 ff.

Unternehmensgegenstand
- Festlegung bei der AG 4 496 ff.
- Festlegung bei der GmbH 4 402 f.
- Festlegung bei der GmbH & Co. KG 4 456 f.
- Festlegung bei der oHG 4 302
- Gesellschaftszweck s. dort

Unternehmensjuristen
- Zusammenarbeit mit anderen Vertragsprojektbeteiligten 2 141

Unternehmenskultur
- Berücksichtigung iRd Rechtsmanagements 2 163
- Einflüsse der japanischen Rechtskultur auf die ~ 9.4 28 ff.
- Ermöglichung von Ideensammlungen 2 182
- Kommunikation bei unterschiedlicher ~ 2 96

Unternehmensrecht
- Rechtsfragen bzgl. des Vertragsmanagements 2 137 ff.

Unternehmenssiegel *s.a. Besiegelung*
- Bedeutung in China 9.3 81

Unternehmenszusammenschlüsse
- Fusionskontrolle *s. dort*

Unternehmer
- Begriff im AGB-Recht 3 64
- Umsatzsteuerpflicht 5 37

Unternehmergesellschaft *s. UG (haftungsbeschränkt)*

Unterschriftenzirkular
- Bedeutung in der Türkei 9.6 73

Unterzeichnung *s.a. Signing*
- Elektronische Signaturen *s. dort*
- englischsprachiger Verträge 6 51
- Formanforderungen 3 123
- Handlungspflichten nach ~ in Indien 9.7 32
- plötzliche Nachverhandlungswünsche des chinesischen Vertragspartners bei ~ 9.3 134
- Verträge in den USA 9.1 105 ff.
- Verträge in der Türkei 9.6 72 f.
- Verträge in Russland 9.2 81

Urheberrecht *s.a. Geistiges Eigentum*
- Sicherung in den USA 9.1 33

Urkunde *s.a. Formerfordernisse*
- Anfertigung der Vertrags- 2 270
- Gestaltung bei gesellschaftsrechtlichen Verträgen 4 71
- Handelsregistereintrag als Legitimations~ 4 166
- Nachweis der Vertretungsberechtigung bei ausl ~ 3 143

USA
- Verhandeln in den ~ *s. dort*

Verärgerung
- des chinesischen Vertragspartners 9.3 137

Veräußerung
- der Kapitalgesellschaft 5 197
- der Personengesellschaft 5 195

Verbraucherverträge
- Begriff im AGB-Recht 3 63 ff.
- Hinweis- und Belehrungspflichten 3 125
- Vertrags-Controlling bei ~ mit US-Partnern 9.1 149 f.

Verbrauchssteuern
- Checkliste Austauschverträge 5 54 f.
- internationales Kollisionsrecht 5 12

- Meldepflichten der Gesellschaft 5 163
- Steuererklärungs- und Meldepflichten 5 76 f.
- Steuerklauseln 5 68

Verdeckte Gewinnausschüttung *s. Gewinnausschüttung*

Verdeckte Sacheinlagen *s. Sacheinlagen*

Vererbung
- der Gesellschafterstellung 4 37 f.
- Nachfolgeklauseln *s. dort*

Verfahrensbeteiligung
- Beihilfeverfahren 8 85

Verfahrenseinleitung
- für Verfahren bei der EU-Kommission 8 112 ff.

Vergleich
- Verhandlungen in den USA 9.1 80

Vergleichsverfahren
- im EU-Kartellrecht 8 45 ff.

Vergleichsverträge
- vor Gericht geschlossene ~ 2 229

Vergütung
- Abbedingung gesetzlicher Regelungen 3 244
- Abhängigkeit von Umsatz/Gewinn 3 252 ff.
- Aufwandsvergütung *s. dort*
- Berater~ 2 62 ff.
- Festpreisvereinbarung 3 245
- Mindestvergütung *s. dort*
- Preisgleitklauseln 3 249
- Preisverrentung 3 250
- Rechtsanwaltsvergütung *s. dort*
- Regelung in der Vertragsstruktur 2 265
- Umsatzsteuer 3 256
- Wertsicherungsklauseln 3 255

Verhalten *s.a. Verhandlungsstil*
- Formen bei Verhandlungen 2 415 ff.
- in schwierigen Verhandlungssituationen 2 568 ff.
- tatsachenorientiertes ~ bei Verhandlungen 2 507

Verhandeln auf EU-Ebene *s. Verhandeln in Brüssel*

Verhandeln in Brasilien
- Einführung 9.5 1 ff.
- Vertrags-Controlling 9.5 44 f.
- Vertragsdesign 9.5 19 ff.
- Vertragsdurchführung 9.5 41 ff.
- Vertragsplanung 9.5 6 ff.
- Vertragsverhandlungen 9.5 26 ff.

Verhandeln in Brüssel
- Besonderheiten der Interessenvertretung und des ~ 8 7 ff.
- Einführung 8 1 ff.
- Europäische Institutionen s. dort
- Europäische Kommission s. dort
- Europäisches Parlament s. dort
- Institutionen und Gesetzgebungsverfahren im Überblick 8 173 ff.
- mit der Kommission als Vollzugsbehörde 8 12 ff.
- mit europäischen Institutionen im Gesetzgebungsverfahren 8 125 ff.
- Rat der Europäischen Union s. dort
- Verträge mit den europäischen Institutionen 8 166 ff.

Verhandeln in China
- kulturelle Besonderheiten 9.3 1 ff.
- Verhandlungsstil s. dort
- Vertrags-Controlling 9.3 162 ff.
- Vertragsdesign 9.3 82 ff.
- Vertragsdurchführung 9.3 145 ff.
- Vertragsplanung 9.3 71 ff.
- Vertragsverhandlungen 9.3 96 ff.
- Vertragsverständnis s. dort
- Vertragsvorbereitung 9.3 40 ff.

Verhandeln in den USA
- Einführung 9.1 1 ff.
- Vertrags-Controlling 9.1 146 ff.
- Vertragsdesign 9.1 37 ff.
- Vertragsdurchführung 9.1 105 ff.
- Vertragsmanagement 9.1 8 ff.
- Vertragsplanung 9.1 8 ff.
- Vertragsverhandlungen 9.1 74 ff.

Verhandeln in der Türkei
- Allgemeines zum Lande 9.6 1
- Quellen 9.6 88 ff.
- türkische Rechtsordnung 9.6 28 ff.
- Vertrags-Controlling 9.6 85
- Vertragsdesign 9.6 50 ff.
- Vertragsdurchführung 9.6 72 ff.
- Vertragsplanung 9.6 33 ff.
- Vertragsverhandlungen 9.6 65 ff.

Verhandeln in Indien
- Einführung 9.7 1 ff.
- kulturelle/religiöse/soziologische Besonderheiten 9.7 4 ff.
- Vertrags-Controlling 9.7 54
- Vertragsdesign 9.7 29 ff.
- Vertragsdurchführung 9.7 47 ff.
- Vertragsplanung 9.7 14 ff.
- Vertragsverhandlungen 9.7 36 ff.
- Wirtschaftslage 9.7 11 f.

Verhandeln in Japan
- Einführung 9.4 1 ff.
- japanische Rechtskultur 9.4 4 ff.
- Streit über Vertragsauslegung 9.4 69 ff.
- Vertragsbeendigung 9.4 67 f.
- Vertrags-Controlling 9.4 77 f.
- Vertragsdesign 9.4 49 ff.
- Vertragsdurchführung 9.4 66
- Vertragsplanung 9.4 34 ff.
- Vertragsverhandlungen 9.4 56 ff.

Verhandeln in Russland
- Einführung 9.2 1 ff.
- Entwicklung rechtlicher und steuerlicher Rahmenbedingungen 9.2 5 f.
- nützliche Adressen 9.2 99 ff.
- Verhältnis Moskau zum übrigen Land 9.2 4
- Verhältnis von Russen zu Deutschen 9.2 3
- Vertrags-Controlling 9.2 93 ff.
- Vertragsdesign 9.2 30 ff.
- Vertragsdurchführung 9.2 81 ff.
- Vertragsmanagement 9.2 9 ff.
- Vertragsverhandlungen 9.2 53 ff.

Verhandeln mit der EU-Kommission s. *Verhandeln in Brüssel*

Verhandlungen
- als soziales Ritual 1 18 ff.
- iRd außergerichtlichen Konfliktbeilegung 7 50
- Psychologie bei Verhandlungen s. dort
- Vertragsverhandlungen s. dort

Verhandlungsablauf
- Anfangsphase 2 524 ff.
- Beeinflussung des ~ durch destruktives Verhalten 2 586 ff.
- Bewertung der eigenen Position 2 538 ff.
- Bilanz der Zugeständnisse 2 541 ff.
- Ergebnislosigkeit 2 567a
- Organisation des Verhandlungsabbruchs 2 567b
- Verhandlungen in China 9.3 96 ff.
- Verhandlungen über den Inhalt 2 529 ff.
- Verhandlungsprotokoll s. dort
- verschiedene Phasen im Überblick 2 522 ff.

Verhandlungsatmosphäre
- Höflichkeit s. dort
- Humor s. dort
- in Brasilien 9.5 26 ff.

Verhandlungsgleichgewicht
- Zahlengleichheit bei Verhandlungen in China 9.3 47

Verhandlungskonferenzen
- Entwurfsverhandlungen 2 440
- Krisensitzung s. dort
- Organisation 2 438 ff.
- Schlussverhandlungen 2 442 ff.
- Verträge ohne ~ 2 436 f.
- Vorverhandlungen 2 439

Verhandlungsorganisation
- Abendessen/-unterhaltung s. dort
- Ad-hoc-Verträge 2 432 f.
- Aktenkoffer 2 488
- Arbeitstechnik 2 474 ff.
- Beweis des Vertragsschlusses 2 434
- Entertainment s. dort
- Festlegungen in Anfangsphase der Verhandlungen 2 525
- komplexe Verträge 2 435
- Mobiltelefone 2 489
- Sekretariatsdienste 2 493
- Sitzordnung s. dort
- Sprachprobleme 2 497 ff.
- Tagesordnung 2 455
- taktische Überlegungen 2 446 ff.
- technische Ausstattung 2 490 ff.
- Teilnehmer 2 456 ff.
- Unterlagen/Dokumente 2 478, 482, 487
- Verhandlungskonferenzen s. dort
- Verhandlungsort s. dort
- Verhandlungsprotokoll s. dort
- Verhandlungsregie s. dort
- Verpflegung 2 483 ff.
- Visitenkarten s. dort
- visuelle Hilfsmittel 2 480
- Zeitplanung 2 468 ff., 496

Verhandlungsort
- bei Verhandlungen in China 9.3 97
- Betreten des ~ in China 9.3 98 ff.
- Wahl des ~ 2 465 ff., 494

Verhandlungspartner
- Identifizierung des richtigen ~ in China 9.3 41 ff.
- Informationen über ~ in der Türkei 9.6 42

Verhandlungsplanung s.a. Vertragsvorbereitung
- Strategie für Vertragsverhandlungen 2 373 ff.

Verhandlungsposition
- Berücksichtigung der eigenen ~ in China 9.3 73

Verhandlungsprotokoll s.a. Term Sheet
- Aufbau 2 481
- Vereinbarungen über ~ 2 525, 528
- Verhandlungen in China 9.3 106
- Verhandlungen in Russland 9.2 61 f.

Verhandlungsregie
- bei Verhandlungsteams 2 508 ff.
- Einfluss auf Verhandlungsorganisation 2 449 ff.
- Grundregeln 2 503
- tatsachenorientiertes Verhalten 2 507
- Übernahme der ~ 2 504 ff.
- Werkzeuge der ~ 2 502 ff., 510 ff.

Verhandlungssprache
- bei Verhandlungen in Brasilien 9.5 12 ff.
- bei Verhandlungen in der Türkei 9.6 9 ff., 34, 65
- bei Verhandlungen in Indien 9.7 7, 37 ff.
- bei Verhandlungen in Russland 9.2 53 f.

Verhandlungsstil
- aggressiver ~ in China 9.3 14
- Bedeutung von Hierarchien für den ~ in China 9.3 10
- Höflichkeit s. dort
- Humor/Witze in China 9.3 109
- Kommunikation außerhalb offizieller Verhandlungen in China 9.3 129
- Nationalbewusstsein und ~ in China 9.3 38 f.
- Streben nach Harmonie als Faktor für den ~ in China 9.3 12 ff.
- Umgangssprache s. dort
- Verfolgen von Zielen in China 9.3 61 ff.
- Verhalten bei Vertragsverhandlungen 2 395 ff.
- Verhandeln über den Vertragsinhalt 2 533
- Verhandeln über die Bilanz der Zugeständnisse 2 547

Verhandlungsteams s.a. Projektteam
- Frauen im ~ bei Verhandlungen in China 9.3 111
- organisatorische Vorbereitung der Verhandlung 2 456a ff.
- Verhandlungsregie bei Existenz von ~ 2 508 ff.
- Zusammenstellung des ~ für Verhandlungen in China 9.3 46 ff.

Verhandlungsvollmacht
- Umfang bei Austauschverträgen 3 67 f.

Verjährung
- Beraterhaftung 2 87

- Vereinbarung von kürzeren Fristen 3 304
- Vereinbarung von längeren Fristen 3 272
- Vertrauensschadenshaftung 3 34

Verkehrssteuern
- Meldepflichten der Gesellschaft 5 159

Verlängerter Eigentumsvorbehalt
- zur Sicherung der Geldleistung 3 277

Verlängerungsoptionen s. Vertragsverlängerung

Verlustbeteiligung
- Stille Gesellschaft 4 368
- Unterbeteiligung 4 384 f.

Verluste
- Bewältigung von ~ bei der GbR 4 262
- Bewältigung von ~ bei der GmbH 4 430
- Kapital~ von mehr als dem halben Stammkapital 4 611
- Regelungen bei der KG 4 350

Verlustteilnahme
- Ergebnisverwendung bei Gesellschaften 4 136 f.

Vermögensübernahme
- Haftungsrisiken 3 182

Vermögensverschiebung
- Haftungsdurchgriff 4 30
- Insolvenzanfechtung 3 89

Vermögensverschlechterung
- Wegfall der Geschäftsgrundlage wg. ~ 3 93

Vermutung der Richtigkeit und Vollständigkeit
- bei schriftlichen Verträgen 2 228

Vermutungsregeln
- in englischsprachigen Verträgen 6 43

Vernichtung
- Aktenvernichtung s. dort

Verpflegung s.a. Abendessen
- bei Vertragsverhandlungen 2 483 ff.

Verpflichtung
- Leistungsverpflichtung s. dort

Verschmelzung
- grenzüberschreitende ~ bei der SE 4 548
- Gründung einer SE durch ~ 4 551
- Nachhaftung der Gesellschafter 3 158
- steuerrechtliche Aspekte 5 173 ff.

Verschulden bei Vertragsverhandlungen
- bei Austauschverträgen 3 49 ff.
- Eigenhaftung des Vertreters 3 54 ff.

- Erfüllungsgehilfe 3 53
- Maklerhaftung 3 55
- Sachwalterhaftung 3 54
- Vertrauenshaftung 3 50 ff.
- wg Nichtabschluss eines Vertrags 3 114

Verschwiegenheitsverpflichtung
s.a. Vertraulichkeitsverpflichtung
- des Mediators 7 62

Versicherung
- zur Sicherung der Leistung 3 293

Vertrag in der Krise s.a. Konfliktmanagement
- Auslöser 2 664
- außergerichtliche Streitigkeit s. dort
- Beherrschung durch Logik 1 32 ff.
- bei brasilianischen Verträgen 9.5 45
- bei chinesischen Verträgen 9.3 145 ff.
- bei japanischen Verträgen 9.4 69 ff.
- bei russischen Verträgen 9.2 84 ff.
- bei US-Verträgen 9.1 117 ff.
- Bürokratismus 2 664a
- Einsatz von Beratern 2 671 f.
- Fehlen von Projektdisziplin 2 664a; 9.1 123
- Fehlen von Projektregeln 2 664a
- Fehlen von Qualitätsstrukturen 2 664a
- Fehlen von rechtlichen Rahmen 2 664a
- Klageandrohung 9.1 127 ff.
- Kommunikation s. dort
- Krisensitzungen 2 673 ff.
- Leistungsstörung s. dort
- rechtliche Bewertung 2 669 ff.
- Rückabwicklung 2 682 ff.
- Scheitern des Vertrages 1 31
- Sprachprobleme 9.1 144
- Stillhalteabkommen 9.1 136
- Strategie/Taktik 2 661
- typische Reibungspunkte (Russland) 9.2 85 f.
- typische Reibungspunkte (USA) 9.1 137 ff.
- Umgang mit der Presse 2 668
- unerfüllte Erwartungen 2 664
- unvollständige Leistungsbeschreibung 2 664a
- Verhinderung 2 665 ff.
- Vertragsbruch s. dort
- Vorbeugung (Russland) 9.2 87
- Vorbeugung (USA) 9.1 120 ff.

Vertrag mit ausländischen Geschäftspartnern
- Aspekte bei der Vertragsvorbereitung 2 210 f.
- Verhandeln in den USA s. dort
- Verhandeln in Russland s. dort
- Vertragsenglisch s. dort
- Vertragssprache s. dort

Vertrag mit Schutzwirkung zugunsten Dritter
- Beraterhaftung 2 84
- Vereinbarung 3 136 f.

Vertrag zugunsten Dritter
- Vertragsgestaltung 3 129 f.

Verträge sui generis
- in Russland 9.2 51

Vertragsabschluss s. Vertragsschluss
Vertragsabwicklung s. Abwicklung
Vertragsänderung s.a. Vertragsanpassung
- bei Gesellschaftsverträgen 4 227
- der Kontrollrechte des Kommanditisten 4 342
- einvernehmliche ~ 1 21

Vertragsanlagen s. Anlagen
Vertragsanpassung s.a. Vertragsänderung
- Aktualisierung bei Krisen 9.1 120 ff.
- Änderungsvereinbarungen nach Vertragsschluss 2 115 ff.
- bei Austauschverträgen 3 313 ff.
- Besonderheiten in China 9.3 157
- Besonderheiten in den USA 9.1 81
- Besonderheiten in Indien 9.7 32
- Besonderheiten in Russland 9.2 63 ff.
- Change Requests 2 304a f.
- Leistungsänderung 2 112 f., 304a f.
- Planänderung 2 304a f.

Vertragsaufbau s.a. Vertragsstruktur
- bei englischsprachigen Verträgen 6 28 ff.
- bei russischen Verträgen 9.2 47
- bei US-amerikanischen Verträgen 9.1 38 ff.
- Terminologie in US-Verträgen 9.1 58

Vertragsauslegung
- bei Austauschverträgen 3 334
- bei englischsprachigen Verträgen 6 6 ff.
- Streitigkeiten über ~ in Japan 9.4 69 ff.

Vertragsbeendigung
- Abfindungen s. dort
- außerordentliche Kündigung s. dort
- Besonderheiten in China 9.3 158 f.
- Besonderheiten in Japan 9.4 67 f.
- gesellschaftsrechtliche Verträge 5 194 ff.
- Herausgabepflichten s. dort
- Kündigung s. dort
- Liquidation s. dort
- ordentliche Kündigung s. dort
- Rücktrittsrechte s. dort
- Veräußerung s. dort

Vertragsbeginn
- Regelung in Austauschverträgen 3 306 ff.
- Regelung zur Laufzeit 3 307

Vertragsberatung s.a. Berater
- in der Vertragskrise 2 671 ff.

Vertragsbestandteile s.a. Vertragsaufbau
- dynamische Elemente 1 21 ff.
- statische Elemente 1 21 ff.

Vertragsbezeichnung
- bei US-Verträgen 9.1 65

Vertragsbruch
- als Auslöser für Vertragskrisen 2 664
- aus strategischen Gründen 2 642 ff.

Vertrags-Controlling
- Bandbreite 2 690
- Begriff 2 686
- bei brasilianischen Verträgen 9.5 44 f.
- bei chinesischen Verträgen 9.3 162 ff.
- bei indischen Verträgen 9.7 54
- bei japanischen Verträgen 9.4 77 f.
- bei modularen Austauschverträgen 2 273 f.
- bei russischen Verträgen 9.2 93 ff.
- bei türkischen Verträgen 9.6 85
- bei US-Verträgen 9.1 146 ff.
- Dokumentation 2 691 ff.; 5 202 f.; 9.1 147
- Erklärungs- und Meldepflichten 5 204
- Nachkalkulation 2 694
- Steuerplanung 5 201
- steuerrechtliche Aspekte 5 200 ff.
- Verbesserung von Checklisten 5 205
- Verbraucherverträge 9.1 149
- von Ergebnissen 2 695
- Vorkommen in der Praxis 1 74
- Werkzeuge für das ~ 2 687 ff.

Vertragsdesign s.a. Vertragsaufbau; s.a. Vertragsgestaltung
- Arbeitstechniken 2 251 ff.
- Begriffsdefinition 1 60 ff.; 2 221 ff.

- Besonderheiten bei Verträgen in Brasilien **9.5** 19 ff.
- Besonderheiten bei Verträgen in China **9.3** 82 ff.
- Besonderheiten bei Verträgen in der Türkei **9.6** 50 ff.
- Besonderheiten bei Verträgen in Indien **9.7** 29 ff.
- Besonderheiten bei Verträgen in Japan **9.4** 49 ff.
- Checkliste **2** 634a
- Elemente des ~ **2** 224, 263 ff.
- Entwurfsstrategie **2** 217 ff., 229 ff.
- System für die Entwicklung vertraglicher Regeln **2** 318 ff.
- Vertragsinhalte **2** 300 ff.
- Vorgehen beim ~ **1** 60b
- Werkzeuge für das ~ **2** 222a, 233 ff.
- Wissensmanagement **2** 233 ff.

Vertragsdurchführung
- Abnahme *s. dort*
- Abwicklung *s. dort*
- bei Austauschverträgen **3** 305 ff.
- bei gesellschaftsrechtlichen Verträgen **4** 574 ff.
- bei modularen Austauschverträgen **2** 273d
- Durchführungsregie **2** 645 f.
- Erfüllung *s. dort*
- Geldleistungen *s. dort*
- in Brasilien geschlossener Verträge **9.5** 41 ff.
- in China geschlossener Verträge **9.3** 145 ff.
- in den USA geschlossener Verträge **9.1** 105 ff.
- in der Türkei geschlossener Verträge **9.6** 72 ff.
- in Indien geschlossener Verträge **9.7** 47 ff.
- in Japan geschlossener Verträge **9.4** 66
- in Russland geschlossener Verträge **9.2** 81 ff.
- Konfliktmanagement *s. dort*
- Kontrolle der ~ bei US-Verträgen **9.1** 148
- Leistungs-/Planänderungen **2** 656 ff.
- Leistungssicherung *s. dort*
- Leistungsvollzug *s. dort*
- nachvertragliche Pflichten *s. dort*
- Nebenpflichten *s. dort*
- Planung der ~ **2** 635 ff.
- Projektteams *s. dort*
- Rechtshandlungen iRd ~ **2** 660
- Sachleistungen *s. dort*
- Strategie/Taktik **2** 641 ff.
- Treuhandabwicklungen **2** 652
- Übergabe *s. dort*
- Unterzeichnung *s. dort*
- Vertrag in der Krise *s. dort*
- Vertragsänderung *s. dort*
- Vertragsanpassung *s. dort*
- Vertragsbeendigung *s. dort*
- Vertragsbeginn *s. dort*
- Vertragstreue *s. dort*
- Wesen der ~ **1** 72 f.
- Wirksamkeit des Vertrages **2** 649 f.

Vertragseinführung
- bei englischsprachigen Verträgen **6** 9
- Präambel *s. dort*

Vertragsenglisch *s.a. Sprache*
- Aufbau englischsprachiger Verträge **6** 28 ff.
- Erläuterung einzelner Begriffe **6** 33 ff.
- Formulierungen in der Vertragsgestaltung **6** 51 ff.
- Grundlagen **6** 5 ff.
- in Indien **9.7** 37 ff.
- Klarheit der Sprache in US-Verträgen **9.1** 59 ff.
- Relevanz **6** 1 ff.
- Schwierigkeiten im internationalen Rechtsverkehr **1** 5
- Terminologie der Struktur in US-Verträgen **9.1** 58
- Verhandlungen in Russland **9.2** 53

Vertragsentwurf
- Arbeitstechniken beim ~ **2** 251 ff.
- Besonderheiten in China **9.3** 84, 122
- Dokumentenmanagement bei Verhandlungen **2** 487
- Einsatz von Checklisten **2** 234
- frühzeitige Erstellung aus taktischen Gründen **2** 200
- interne Abstimmung **2** 207 ff.

Vertragserfüllung *s. Erfüllung*

Vertragserläuterungen *s. Begriffsdefinitionen*

Vertragsformen *s.a. Vertragstypen*
- Überblick über verschiedene ~ **2** 217 ff.

Vertragsgerechtigkeit
- Grenzen der Vertragsgestaltung **1** 11a

Vertragsgestaltung *s.a. Vertragsaufbau; s.a. Vertragsdesign*
- Aktiengesellschaft *s. dort*

Sachregister

- Bedeutung der Sprache für die ~ **2** 279 ff.
- Bedeutung unterschiedlicher Rechtskulturen für die ~ **1** 4, 24
- Betriebsaufspaltung *s. dort*
- Europäische Aktiengesellschaft *s. dort*
- EWIV *s. dort*
- GbR *s. dort*
- Gesellschaftsverträge **4** 62 ff.
- Gestaltungsräume **2** 318
- GmbH *s. dort*
- GmbH & Co. KG *s. dort*
- Grenzen der ~ **1** 11 ff.
- Grundsätze bei Austauschverträgen **3** 198 ff.
- Grundsätze bei chinesischen Verträgen **9.3** 82
- Grundsätze bei englischsprachigen Verträgen **6** 15 ff.
- Grundsätze bei russischen Verträgen **9.2** 30 ff.
- Grundsätze bei US-amerikanischen Verträgen **9.1** 37 ff.
- Kommanditgesellschaft *s. dort*
- Offene Handelsgesellschaft *s. dort*
- Partnerschaftsgesellschaft *s. dort*
- Stille Gesellschaft *s. dort*
- Unterbeteiligung *s. dort*

Vertragsgrundlagen *s.a. Rechtssysteme*
- EWIV **4** 332
- Firmenrecht *s. dort*
- Funktion und Bedeutung im Rechtssystem **1** 1 ff.
- Gesellschaftsverträge **4** 80 ff.
- GmbH *s. dort*
- modulare Austauschverträge **2** 273b
- modulare Gesellschaftsverträge **2** 275
- Namensrecht *s. dort*
- Offene Handelsgesellschaft *s. dort*
- UG (haftungsbeschränkt) *s. dort*
- Verträge als private Gesetze **1** 8 ff.
- Verträge und vernetztes Denken **1** 29 ff.

Vertragshandbuch
- mögliche Elemente **2** 168

Vertragshindernisse
- bereits bestehende Verträge in den USA **9.1** 9

Vertragsinhalt *s.a. Vertragsgestaltung*
- bei Vertragsdesign zu berücksichtigende Aspekte **2** 300 ff.
- Verhandlung über ~ **2** 529 ff.
- Vertragsumfang *s. dort*

Vertragskrise *s. Vertrag in der Krise*
Vertragslaufzeit *s. Laufzeit*
Vertragsmanagement
- bei russischen Verträgen **9.2** 9 ff.
- bei US-amerikanischen Verträgen **9.1** 8 ff.
- Elemente des ~ **1** 47 ff.
- Führung iRd ~ **1** 46a f., 47a
- Grundregeln des ~ **1** 75
- umfassende Darstellung **2** 1 ff.
- Vertrags-Controlling *s. dort*
- Vertragsdesign *s. dort*
- Vertragsdurchführung *s. dort*
- Vertragsgestaltung *s. dort*
- Vertragsplanung *s. dort*
- Vertragsverhandlung *s. dort*

Vertragsmanager
- Einsatz von Juristen als ~ **2** 144

Vertragsmuster *s.a. Formulare; s.a. Vertragssammlungen*
- Einsatz amerikanischer ~ in Brasilien **9.5** 23
- Einsatz bei der Vertragsentwicklung **2** 237
- Einsatz in China **9.3** 83
- Einsatz in den USA **9.1** 104
- Nachteile der Verwendung von ~ **1** 60c

Vertragspartner
- Änderung der Person des ~ **3** 154 ff.
- ausländische ~ in China **9.3** 8
- Austesten der Eigenschaften während der Verhandlungen **1** 18
- Besonderheiten des türkischen ~ **9.6** 12 ff., 55 ff.
- Bezeichnung der Parteien in indischen Verträgen **9.7** 32
- Bezeichnung der Parteien in US-amerikanischen Verträgen **9.1** 43 ff.
- brasilianische ~ aus Sicht der Deutschen **9.5** 10 f.
- der chinesische Staat als ~ **9.3** 94
- deutsche ~ aus Sicht der Brasilianer **9.5** 9
- Erfahrung des chinesischen ~ mit ausländischen ~ **9.3** 72
- Geschäftsfähigkeit **3** 163
- Mehrheit von ~ **3** 152 f.
- Überprüfung des ~ in China **9.3** 43 f.
- Vertretung bei Abschluss **3** 143 ff.
- Zugangsvereinbarungen **3** 148 ff.

Vertragsplanung *s.a. Vertragsvorbereitung*
- Besonderheiten der ~ in Brasilien **9.5** 6 ff.

- Besonderheiten der ~ in China 9.3 71 ff.
- Besonderheiten der ~ in den USA 9.1 8 ff.
- Besonderheiten der ~ in der Türkei 9.6 33 ff.
- Besonderheiten der ~ in Indien 9.7 14 ff.
- Besonderheiten der ~ in Japan 9.4 34 ff.
- Besonderheiten der ~ in Russland 9.2 9 ff.
- Checkliste 2 634a
- Ermittlung der Vertragsziele 1 59
- Führung s. dort
- Planungsfaktoren 2 21 ff.
- Planungsszenarien 2 170 ff.
- Rechtsanwälte s. dort
- Risikobewertung 2 127 ff.
- steuerliche Aspekte in Austauschverträgen 5 19 ff.
- steuerliche Aspekte in gesellschaftsrechtlichen Verträgen 5 82 ff.
- Störfaktoren 2 119 ff.
- Strategie s. dort
- Taktik s. dort
- Zusammenarbeit einzelner Beteiligter 2 137 ff.

Vertragsrecht
- Bedeutung in den USA 9.1 124
- Bedeutung in Russland 9.2 89
- internationale Entwicklung verschiedener Rahmenbedingungen 1 1 ff.

Vertragsregeln
- System für die Entwicklung von ~ 2 318 ff.

Vertragsrisiken s. Haftungsrisiko; s. Risiko

Vertragsrubrum
- Gestaltung 3 199 f.

Vertragssammlungen
- Einsatz bei der Vertragsentwicklung 2 238

Vertragsschluss
- Änderungsvereinbarungen nach ~ 2 115 ff.
- Besonderheiten bei Gesellschaftsverträgen 4 572 ff.
- Beweis des ~ 2 434
- formeller ~ 2 629 ff.
- in Japan 9.4 58 ff.
- Nachforderungen s. dort
- Störfaktoren nach ~ 2 122 ff.
- typische Stufen bis zum ~ in China 9.3 76 ff.

Vertragssprache s.a. Sprache
- bei Austauschverträgen 3 126 ff.
- Dolmetscher s. dort
- in Brasilien 9.5 23
- in der Türkei 9.6 50 ff.
- in Indien 9.7 37 ff.
- Klarheit in US-Verträgen 9.1 59 ff.
- Probleme bei Verhandlungen 9.1 144
- steuerliche Regelungen in Austauschverträgen 5 32
- unklare Formulierungen 2 231
- Vertragsenglisch s. dort
- Vertragsstil s. dort
- Vorbereitung von Verträgen mit ausländischen Partnern 2 210 ff.

Vertragsstil
- destruktiver ~ 2 295
- eleganter ~ 2 297
- konstruktiver ~ 2 291 ff.
- neutraler ~ 2 290
- Reduktion auf das Notwendige 2 298 f.
- schlechter ~ 2 296

Vertragsstörung s. Vertrag in der Krise

Vertragsstrafe
- in chinesischen Verträgen 9.3 92
- in türkischen Verträgen 9.6 81
- in US-Verträgen 9.1 76 f.
- Regelung der Haftungsfolgen 3 301 ff.

Vertragsstrategie s. Strategie

Vertragsstruktur s.a. Vertragsaufbau
- Bedeutung für das Vertragsdesign 2 263 ff.
- Besonderheiten in Brasilien 9.5 23
- Besonderheiten in der Türkei 9.6 53 f.
- Gerichtsstandsvereinbarung s. dort
- Präambel s. dort
- strukturlose Verträge 2 263
- Strukturmängel 2 264
- Verträge als komplexes Gebilde 1 29 ff.

Vertragssysteme
- Modulare ~ s. dort

Vertragstaktik s. Taktik

Vertragstext
- Arbeitstechniken beim Vertragsdesign 2 259 f.
- frühzeitige Erstellung aus taktischen Gründen 2 200
- Trennung von den Anlagen 2 269

Vertragstreue
- Appell an ~ des chinesischen Vertragspartners 9.3 125

- bei der Durchführung **2** 639 f.
- in unterschiedlichen Rechtskulturen **1** 3b

Vertragstyp *s.a. Vertragsformen*
- gemischte Verträge *s. dort*
- im russischen ZGB geregelte Typen **9.2** 50
- Leistungsinhalt bei Typenmischung **3** 233
- modulare Vertragssysteme **2** 271 ff.
- Verträge sui generis *s. dort*

Vertragsübergang
- antizipierter ~ **3** 142

Vertragsüberschriften *s. Überschriften*

Vertragsumfang
- wesentliche Faktoren für den ~ **2** 301

Vertragsunterzeichnung *s. Unterzeichnung*

Vertragsurkunde *s. Urkunde*

Vertragsverhandlungen
- Abbruch der ~ **1** 44; **2** 540b, 567b, 622 ff.
- Abbruch der ~ (USA) **9.1** 62 ff.
- Abschluss (Russland) **9.2** 68
- Abschluss (USA) **9.1** 82 ff.
- Bedeutung unterschiedlicher Rechtskulturen für die ~ **1** 24
- Bestätigung des Abbruchs (USA) **9.1** 72
- Checkliste **2** 634a
- Closing *s. dort*
- Emotionen *s. dort*
- Ergebnisorientierung **2** 352
- formeller Vertragsschluss **2** 629 ff.
- Gesprächsthemen (Russland) **9.2** 56 ff.
- Gesprächsthemen (USA) **9.1** 78
- Harvard-Konzept *s. dort*
- Kleidung *s. dort*
- Komplexität *s. dort*
- Korruption *s. dort*
- Logik *s. dort*
- mit Briten **6** 12 ff.
- Pausen (USA) **9.1** 73
- Probleme durch Verwendung deutscher Begriffe (USA) **9.1** 144
- Psychologie bei Verhandlungen *s. dort*
- Rolle des Rechtsanwalts (Russland) **9.2** 69
- Rolle des Rechtsanwalts (USA) **9.1** 85 ff.
- schematischer Verlauf in China **9.3** 96 ff.
- schwierige Situationen **2** 568 ff.
- Störfaktoren **2** 119 ff.
- Strategie *s. dort*
- Taktik iRd ~ **1** 38 ff.
- Test für die Eigenschaften des Vertragspartners **1** 18
- typische Konkfliktelemente **2** 427 ff.
- Verhandeln in Brasilien *s. dort*
- Verhandeln in Brüssel *s. dort*
- Verhandeln in China *s. dort*
- Verhandeln in den USA *s. dort*
- Verhandeln in der Türkei *s. dort*
- Verhandeln in Indien *s. dort*
- Verhandeln in Japan *s. dort*
- Verhandeln in Russland *s. dort*
- Verhandlungsablauf *s. dort*
- Verhandlungsatmosphäre *s. dort*
- Verhandlungsorganisation *s. dort*
- Verhandlungspartner *s. dort*
- Verhandlungsregie **2** 500 ff.
- Verhandlungssprache *s. dort*
- Verhandlungsstil *s. dort*
- Voraussetzung erfolgreicher ~ **1** 71a f.
- Wesen der ~ **1** 61 ff.
- Zeitmanagement *s. dort*

Vertragsverlängerung
- Regelung in indischen Verträgen **9.7** 32

Vertragsverständnis
- im westlichen/östlichen Kulturkreis **1** 22 f.
- in China **9.3** 15 f.

Vertragsverstöße
- Einteilung in verschiedene Kategorien **1** 30a

Vertragsvorbereitung *s.a. Vertragsplanung*
- Einsatz von Checklisten **2** 234
- organisatorische ~ **2** 174 ff.
- Verhandlungen in China **9.3** 40 ff.
- Zusammenstellung eines Verhandlungsteams in China **9.3** 46 ff.

Vertragswirksamkeit
- und Vertragsdurchführung **2** 649 f.

Vertragsziel
- Ergebnisorientierung bei Vertragsmanagement **1** 75
- Statements über ~ in Anfangsphase der Verhandlung **2** 529 ff.
- Strategien zur Erreichung **1** 37 ff.
- Verfolgen von ~ in China **9.3** 61 ff.

Vertragszinsen
- in der Türkei **9.6** 79

Vertrauen
- bei Vertragsverhandlungen **2** 385 ff.

Vertrauensschaden
- Haftung bei Vertragsanbahnung 3 33
- Haftung bei Vertragsverhandlungen 3 50 ff.
- Verjährung der Haftung 3 34

Vertraulichkeitsverpflichtung *s.a. Verschwiegenheitsverpflichtung*
- bei Austauschverträgen 3 41 ff.
- bei indischen Vertragspartnern 9.7 32
- bei türkischen Verhandlungspartnern 9.6 43
- Betriebsgeheimnis *s. dort*
- Geschäftsgeheimnis *s. dort*
- im Arbeitsrecht 3 44
- iRd Mediationsverfahrens 7 53
- Know-how, sonstiges 3 46
- nach Ausscheiden des Gesellschafters 4 224
- strafrechtlicher Schutz 3 47 f.

Vertreter
- Eigenhaftung bei Verschulden bei Vertragsverhandlungen 3 54 ff.
- gesetzlicher ~ von juristischen Personen in Russland 9.2 35 f.

Vertreter ohne Vertretungsmacht
- bei Vertragsabschluss 3 144
- beim Vertragsabschluss in Russland 9.2 40
- Haftung bei Austauschverträgen 3 35, 74 f.

Vertretung
- bei Vertragsabschluss 3 143 ff.; 4 572
- im/außerhalb des Grundbuchverkehrs 4 270 ff.
- Minderjähriger 3 147
- Regelung bei der AG 4 526 ff.
- Regelung bei der EWIV 4 334
- Regelung bei der GbR 4 268 ff.
- Regelung bei der GmbH 4 419 ff.
- Regelung bei der KG 4 352
- Regelung bei der oHG 4 324
- Regelung bei der Stillen Gesellschaft 4 373
- Regelung bei der Unterbeteiligung 4 386
- Regelung in englischsprachigen Verträgen 6 58
- Regelung in Gesellschaftsverträgen 4 159 ff.
- Regelung in Japan 9.4 62 ff.
- Regelung in modularen Gesellschaftsverträgen 2 275
- Regelung in Russland 9.2 35 f.
- Unterschriftenzirkular in der Türkei 9.6 73
- Verpflichtung der Gesellschafter 4 22

Vertretungsmacht
- Abgrenzung zur Geschäftsführungsbefugnis 4 123
- Dokumentation der ~ 3 143
- Einräumung von ~ 3 145
- in Gesellschaftsverträgen 4 162 ff.
- Nachweis in Russland 9.2 36
- ohne/mit Haftungsauftrag bei der GbR 4 273 f.
- Überschreiten der ~ 3 35

Vertriebsrecht
- in Japan 9.4 52, 68

Vertriebsvermittler
- Rolle bei Verhandlungen in der Türkei 9.6 68

Verwaltungsgerichtsprozess
- Zeugnisverweigerungsrecht des Mediators 7 53

Verwaltungsschreiber
- juristischer Beruf in Japan 9.4 42

Verwaltungsverfahren
- Ergänzung durch Mediationsverfahren 7 18

Verweisung
- im Vertrag auf gesetzesähnliche Regelungssysteme 3 215

Verwertungsklauseln
- Regelung der Rechte des Sicherungsnehmers 3 286
- vorvertragliche Regelungen in den USA 9.1 28 f.
- vorvertragliche Regelungen in der Türkei 9.6 46

Verzögerungen
- als taktisches Mittel bei Verhandlungen in China 9.3 141 ff.

Verzug
- Annahmeverzug *s. dort*
- auf Grund von Planungsfehlern 2 125
- Vereinbarung abweichender Regelungen 3 264
- Zinssatz 3 268

vGA-Klausel
- im Gesellschaftsvertrag von Kapitalgesellschaften 5 149

Videoaufnahmen
- zur vorsorglichen Beweissicherung 3 349

Videokonferenzsysteme
- Einsatz iRv Vertragsprojekten 2 248

Vier-Augen-Gespräch
- Klärung sensibler Fragen in China 9.3 124

Vier-Augen-Prinzip
- Zuziehung von Fachleuten 2 55

Visitenkarten
- Austausch bei Verhandlungen 2 525
- Austausch bei Verhandlungen in China 9.3 99
- Austausch bei Verhandlungen in Japan 9.4 57
- Organisation von Verhandlungen 2 479

Visuelle Hilfsmittel
- Charts *s. dort*
- Overhead-Projektoren *s. dort*

Visum
- für Reisen nach Indien 9.7 23

Volljuristen *s.a. Rechtsanwälte*
- in Japan 9.4 37 f.

Vollmacht
- Abschlussvollmacht *s. dort*
- an Dritte 3 146
- Anscheinsvollmacht *s. dort*
- Duldungsvollmacht *s. dort*
- Empfangsvollmacht *s. dort*
- Formerfordernisse 3 112
- Handlungsvollmacht *s. dort*
- Prokura *s. dort*
- Stellvertretung in Russland 9.2 40
- Verhandlungsvollmacht *s. dort*

Vollständigkeitsklausel
- in Gesellschaftsverträgen 4 226

Vollstreckung
- von Schiedsurteilen in Russland 9.2 92
- von Urteilen/Schiedsurteilen in der Türkei 9.6 83 f.

Vollstreckungsunterwerfung
- Formerfordernisse 3 109

Vollzug
- Leistungsvollzug *s. dort*

Vollzug von EU-Recht
- Verhandeln mit der Kommission als Vollzugsbehörde 8 12

Vorabentscheidungsverfahren
- Auslegung von EU-Wettbewerbsregeln 8 29

Vorbehalt *s.a. Leistungsvorbehalte*
- der Selbstbelieferung 3 237

Vorbehaltskauf
- Regelung der Weiterveräußerungsmodalitäten 3 275

Vorbemerkung *s.a. Präambel*
- Funktion 3 201 ff.

Vorgespräch
- informelles ~ mit der Europäischen Kommission 8 106 ff.

Vorinvestitionen
- Verpflichtung im Letter of Intent 2 215

Vorkaufsrecht
- Einfluss auf die Vertragsdurchführung 3 179 f.
- Vereinbarung bei der GmbH & Co. KG 4 469 ff.

Vorleistungen
- Verantwortlichkeit bei Verträgen über Sachleistungen 3 241

Vormerkung
- zur Leistungssicherung 3 275

Vormundschaftsgerichtliche Genehmigung *s. Genehmigung*

Vorratsgesellschaft
- Erwerb einer ~ zur Vermeidung von Haftungsproblemen 4 32

Vorschüsse
- Regelung der Rechtsfolgen bei Ausbleiben 3 258

Vorstellung
- der Teilnehmer bei Verhandlungen 2 525

Vorsteuer *s. Umsatzsteuer*

Vorvertrag
- Abgrenzung zum Optionsvertrag 3 32
- Abgrenzung zum Rahmenvertrag 3 31
- bei Austauschverträgen 3 11, 28 ff.
- Formerfordernisse 3 30, 114 ff.
- Haftungsregelungen 3 298
- Letter of Intent als ~ 3 17
- Regelungsinstrumente in der Türkei 9.6 43 ff.
- Wirkung von Vereinbarungen in den USA 9.1 69 ff.
- Wirkung von Vereinbarungen in Russland 9.2 52

Vorweggenommene Erbfolge
- bei der KG 4 359 f.
- bei der Stillen Gesellschaft 4 365

Waffengleichheit
- Zuziehung von Beratern zur Herstellung von ~ 2 55

Wahren des Gesichts
- bei Vertragsverhandlungen 1 68 f.; 2 381c
- bei Vertragsverhandlungen in China 9.3 28 ff.

- Gesichtsverlust durch schlechten Stil **2** 296
- Terminvereinbarungen in China **9.3** 96
- Vermeidung von Gesichtsverlusten iRd Planung **2** 38

Warranty
- Express ~ in US-amerikanischen Verträgen **9.1** 40
- Gewährleistung in englischsprachigen Verträgen **6** 59
- Implied ~ in US-amerikanischen Verträgen **9.1** 41 f.
- Representations & ~ in indischen Verträgen **9.7** 32

Wegfall der Geschäftsgrundlage *s. Geschäftsgrundlage*

Werkvertrag
- Regelung der Abnahme und Übergabe **3** 316

Wertfestsetzungsverfahren
- bei Ausscheiden eines Gesellschafters **2** 337 ff.

Wertsicherungsklauseln
- bei Vergütungsvereinbarungen in Austauschverträgen **3** 255
- Vertragsanpassung in Austauschverträgen **3** 313

Wettbewerbsbehinderung
- durch Fusionen **8** 68 f.

Wettbewerbsbehörden
- Anhörung der nationalen ~ durch Kommission **8** 34

Wettbewerbsrecht
- Beschwerderechte *s. dort*
- Hindernisse für Gesellschaftsgründung **4** 12
- Kartellrecht *s. dort*
- Regelung in Gesellschaftsverträgen **4** 140 ff.
- zuständige Abteilung in der EU-Kommission **8** 96

Wettbewerbsverbote
- Formerfordernisse bei nachvertraglichen ~ **3** 111
- nachvertragliche ~ **4** 158
- Öffnungsklauseln *s. dort*
- Regelung bei der GbR **4** 264 ff.
- Regelung bei der GmbH **4** 433 f.
- Regelung bei der KG **4** 343
- Regelung bei Gesellschaftsgründung **5** 147
- Regelung im Arbeitsrecht **3** 320; **4** 142 f.

- Regelung in Gesellschaftsverträgen **4** 140 ff.
- zur Sicherung der Leistung **3** 296

Widerrufsrecht
- fehlende Vertretungsmacht bei Vertragsabschluss **3** 144

Widerspruchsrecht
- des Kommanditisten **4** 339

Wiederholen
- als Werkzeug der Verhandlungsregie **2** 512

Willkür
- Machtausübung iRv Vertragsprojekten **1** 77

Wirksamkeit
- Vertragswirksamkeit *s. dort*

Wirtschaftskultur
- Besonderheiten in Brasilien **9.5** 2
- Besonderheiten in den USA **9.1** 10 ff.
- Besonderheiten in der Türkei **9.6** 4 f.

Wirtschaftslage
- in Indien **9.7** 11 f.

Wirtschaftsmediation
- Entwicklung **7** 19
- Konfliktmanagementsysteme **7** 22
- unternehmensexterne Streitigkeiten **7** 20
- unternehmensinterne Streitigkeiten **7** 21

Wirtschaftsprüfer
- Haftung ggü dem Auftraggeber **2** 80

Wirtschaftsverbände
- Kontaktaufnahme mit ~ vor Verhandlungen in Brüssel **8** 145 ff.
- Liste russischer ~ **9.2** 100

Wissensmanagement
- Werkzeuge für das Vertragsdesign **2** 233 ff.

Without undue delay
- Reaktionszeiten in englischsprachigen Verträgen **6** 52

Witze *s. Humor*

Wucher
- Rechtsfolge **3** 99

Wutausbrüche
- als taktisches Mittel bei Verhandlungen in China **9.3** 132

Yokonarabi
- Grundsatz in der japanischen Rechtskultur **9.4** 21 f.

Zahlungsmodalitäten
- Abschlagszahlungen *s. dort*
- Aufrechnung *s. dort*

- Boni s. dort
- Fälligkeitsvereinbarungen s. dort
- Leistungsverweigerungsrechte s. dort
- Rabatte s. dort
- Skonti s. dort
- Vorschüsse s. dort
- Wahl der ~ zur Sicherung der Geldleistung **3** 276
- Zurückbehaltungsrechte s. dort

Zahlungsmoral
- des chinesischen Vertragspartners **9.3** 155

Zeitdruck
- Erzeugen von ~ als taktisches Verhandlungswerkzeug in China **9.3** 133

Zeitmanagement
- bei Verhandlungen in China **9.3** 70, 114
- bei Verhandlungen in Indien **9.7** 26, 33
- beim Vertragsdesign **2** 262a
- Festlegung des Bedarfs bei Verhandlungen **2** 525
- Organisation der Vertragsverhandlungen **2** 468 ff.
- Strukturierung bei der Vertragsplanung **2** 39 ff.
- Zeitansatz für Verhandlungen in Russland **9.2** 55
- zeitliche Abfolge bei der Konzeptionierung von Gesellschaftsverträgen **4** 2
- Zeitverständnis in Brasilien **9.5** 7, 32 ff.

Zeitschriften
- für türkische Vertragsprojekte nützliche ~ **9.6** 91

Zerschlagung
- im EU-Kartellrecht **8** 36

Zettelsysteme
- Einsatz iRv Vertragsprojekten **2** 253 ff.

Zeugnisverweigerungsrecht
- des Mediators **7** 53

Zinsen
- bei Verzug s. dort
- Vertragszinsen s. dort

Zivilprozess
- Zeugnisverweigerungsrecht des Mediators **7** 53

Zoll
- Checkliste Austauschverträge **5** 54 ff.
- Einholung einer Auskunft **5** 24
- internationales Kollisionsrecht **5** 12
- Kodex der EU **5** 56
- Meldepflichten der Gesellschaft **5** 163
- Steuererklärungs- und Meldepflichten **5** 76 f.
- Steuerklauseln in Austauschverträgen **5** 68

Zugangsvereinbarungen
- Empfangsvollmacht **3** 149
- in englischsprachigen Verträgen **6** 71
- Modifikation geltender Regeln **3** 150

Zugeständnisse
- bei Vertragsverhandlungen **1** 75; **2** 384a, 425, 541 ff.
- bei Vertragsverhandlungen in China **9.3** 66 f., 119
- bei Vertragsverhandlungen in den USA **9.1** 79
- Zurücknehmen von ~ **2** 595

Zuhören
- Verhalten bei Verhandlungen **2** 418

Zulieferer
- Rolle bei Vertragsverhandlungen in der Türkei **9.6** 68

Zulieferungsverträge
- Vereinbarung anstelle von gesellschaftsrechtlicher Verbindung **4** 6

Zurückbehaltungsrechte
- in Austauschverträgen **3** 261

Zusagen
- inhaltsleere ~ **2** 596

Zusammenarbeit
- mit Beratern bei Vertragsmanagement **2** 66
- Planung der ~ einzelner Beteiligter iRd Vertragsprojektes **2** 137 ff.

Zusammenfassung
- der Ergebnisse als Mittel der Verhandlungsregie **2** 511

Zusammenschlusskontrolle
- Fusionskontrolle s. dort
- kartellrechtliche ~ **3** 171

Zusicherung
- bei Sachleistungsvereinbarungen **3** 228 f.

Zuständigkeit
- Identifizierung der ~ bei Verhandlungen mit der EU-Kommission **8** 96 ff.

Zustellung
- einer Klage in den USA **9.1** 119
- gerichtliche ~ in der Türkei **9.6** 32
- Regelung der ~ in chinesischen Verträgen **9.3** 91

– Zugangsvereinbarungen *s. dort*
Zustimmung der Gesellschafter
– zur Aufnahme neuer Gesellschafter in die GbR **4** 277
Zustimmung des Dritten
– Formerfordernisse **3** 112 f.
Zustimmungsvorbehalte
– behördliche ~ *s. dort*
– bei Verträgen mit russischen Partnern **9.2** 42 f.
– in englischsprachigen Verträgen **6** 38

– Organvorbehalte *s. dort*
Zwangsausscheiden *s. Ausscheiden*
Zweifel
– unbegründete ~ in Verhandlungen **2** 597
Zwischenbilanz
– bei Vertragsverhandlungen **2** 538 ff.
Zwischenergebnisse
– bei Vertragsverhandlungen **2** 472
– in der vorvertraglichen Phase in der Türkei **9.6** 47